Ausgesondert
Stadtbibliothek
Wolfsburg

D1662919

**Verzeichnis der Abkürzungen**

E  Explosionsgefährlich

O  Brandfördernd

F  Leichtentzündlich

F+  Hochentzündlich

C  Ätzend

| | | | | |
|---|---|---|---|---|
| a | Jahr | Ges. | Gesellschaft |
| a. | auch, andere(n, m) in Zusammensetzungen wie: s.a., u.a. | gesätt. | gesättigt |
| Abb. | Abbildung | Geschw. | Geschwindigkeit |
| Abk. | Abkürzung | Gew. | Gewicht |
| ABl. | Amtsblatt der EG | ggf. | gegebenenfalls |
| abs. | absolut | Ggw. | Gegenwart |
| Abs. | Absatz | GMBl. | Gemeinsames Ministerialblatt |
| [α] | spezifische Drehung | GVO | gentechnische veränderte Organismen |
| ADI | acceptable daily intake = annehmbare tägliche Aufnahme | h | Stunde |
| allg. | allgemein | H. | Härte nach Mohs |
| Anh. | Anhang | Hdb. | Handbuch, Handbook |
| Anw. | Anwendung | Herst. | Herstellung |
| Aufl. | Auflage | Hrsg. | Herausgeber |
| BAT | Biologischer Arbeitsstoff Toleranzwert | HS | Harmonisiertes System |
| Bd. | Band, Bände | HWZ | Halbwertszeit |
| Beisp. | Beispiel | IE | internationale Einheit |
| bes. | besonders, besondere(r, s) | i.m. | intramuskulär |
| Bez. | Bezeichnung | Ind. | Industrie |
| BGBl. | Bundesgesetzblatt | Inst. | Institut(ion) |
| Btm | Betäubungsmittel | internat. | international |
| bzw. | beziehungsweise | i.p. | intraperitoneal |
| ca. | circa | i.Tr. | in der Trockenmasse |
| CAS | Chemical Abstracts Service-Nr. | IU | internationale Einheit |
| c.c. | closed up (geschlossenes Gefäß) | i.v. | intravenös |
| ChemG | Chemikaliengesetz | IZ | Iod-Zahl |
| d | Tag | Jh. | Jahrhundert |
| D. | Dichte | KBwS | Klassifizierung durch Kommission zur Bewertung wassergefährdender Stoffe beim BMU |
| Darst. | Darstellung | | |
| dest. | destilliert | Koeff. | Koeffizient |
| Dest. | Destillation | konz. | konzentriert |
| dgl. | dergleichen | Konz. | Konzentration |
| d.h. | das heißt | krist. | kristallisiert, kristallin |
| Diss. | Dissertation | Krist. | Kristallisation, Kristall |
| dtsch. | deutsch | Kurzz. | Kurzzeichen |
| ε | Extinktionskoeffizient | LC | letale Konzentration |
| E | englische Bezeichnung | LD | letale Dosis |
| EC | Enzyme Commission | Leg. | Legierung |
| ED | effektive Dosis | Lit. | Literatur |
| ehem. | ehemals, ehemalig | $\lambda_{max}$ | Absorptionsmaximum |
| Erg. | Ergänzung | lösl. | löslich |
| et al. | et alii = und andere | Lsg. | Lösung |
| etc. | et cetera = und so weiter | Lsm. | Lösemittel |
| evtl. | eventuell | MAK | Maximale Arbeitsplatz-Konzentration |
| f., ff. | die nächste folgende Seite, die folgenden Seiten | max. | maximal |
| | | Meth. | Methode |
| FAO | Food and Agriculture Organization of the United Nations | MHK | minimale Hemmkonzentration |
| | | MIC | minimale Hemmkonzentration |
| FP. | Flammpunkt | MIK | Maximale Immissions-Konzentration |
| G | Gefahrenklasse | | |
| gasf. | gasförmig | min | Minute |
| GefStoffV | Gefahrstoffverordnung | mind. | mindestens |
| GenTSV | Gentechniksicherheitsverordnung | Mio. | Million |

| | | | |
|---|---|---|---|
| Xi  Reizend | Xn  Gesundheits-schädlich | T  Giftig | T+  Sehr giftig | N  Umwelt-gefährlich |

| | |
|---|---|
| Modif. | Modifikation |
| mol. | molekular |
| Mol. | Molekül |
| $M_R$ | relative mol(ekul)are Masse (Molmasse) |
| Mrd. | Milliarde |
| Nachw. | Nachweis |
| nat. | national |
| n, $n_D$ | Brechzahl |
| neg. | negativ |
| o.c. | open cup (offenes Gefäß) |
| od. | oder |
| Oxid. | Oxidation |
| p.o. | peroral, per os |
| pos. | positiv |
| ppb | parts per billion $= 10^{-9}$ |
| ppm | parts per million $= 10^{-6}$ |
| ppt | parts per trillion $= 10^{-12}$ |
| Präp. | Präparat |
| prim. | primär |
| qual. | qualitativ |
| quant. | quantitativ |
| ® | Marke |
| Red. | Reduktion |
| s | Sekunde |
| s. (S.) | siehe |
| S. | Seite |
| s.c. | subcutan |
| Schmp. | Schmelzpunkt (Fusionspunkt) |
| Sdp. | Siedepunkt (Kochpunkt) |
| sek. | sekundär |
| Selbsteinst. | Klassifizierung in WGK gemäß Konzept zur Selbsteinstufung des VCI |
| sog. | sogenannt(e) |
| subl. | sublimiert |
| Subl. | Sublimation |
| Synth. | Synthese |
| Syst. | System |
| SZ | Säure-Zahl |
| TA | Technische Anleitung |
| Tab. | Tabelle |
| teilw. | teilweise |
| Temp. | Temperatur |
| tert. | tertiär |
| TH | Technische Hochschule |
| Tl. | Teil, Teile |
| TRgA | Technische Regeln für gefährliche Arbeitsstoffe |
| TRGS | Technische Regeln für Gefahr-stoffe |
| TRK | Technische Richtkonzentration |
| TU | Technische Universität |
| u. | und |
| u.a. | und andere, unter anderem |
| u.ä. | und ähnlich(e) |
| Univ. | Universität |
| unlösl. | unlöslich |
| u.U. | unter Umständen |
| UVV | Unfallverhütungsvorschrift |
| v.a. | vor allem |
| Vak. | Vakuum |
| Verb. | Verbindung |
| verd. | verdünnt |
| Verf. | Verfahren |
| Verl. | Verlag |
| Verw. | Verwendung |
| vgl. (Vgl.) | vergleiche, Vergleich(e) |
| VO | Verordnung |
| Vol. | Volumen |
| Vork. | Vorkommen |
| VwV | Verwaltungsvorschrift |
| VZ | Verseifungszahl |
| wäss. | wässrig |
| WGK | Wasser-Gefährdungs-Klasse |
| WHO | World Health Organization |
| Zers. | Zersetzung |
| Ziff. | Ziffer |
| z.T. | zum Teil |
| z.Z. | zur Zeit |
| °C | Grad Celsius |
| * | als Stichwort in diesem Werk behandelt |

# RÖMPP Lexikon Lebensmittelchemie

Herausgegeben von

## Gerhard Eisenbrand
## Peter Schreier

Lebensmittelrecht bearbeitet von

## Alfred Hagen Meyer

2., völlig überarbeitete und erweiterte Auflage

Das vorliegende Werk beruht auf einer
Auswahl aus dem Stichwortbestand des
Internet-Nachschlagewerks RÖMPP Online.

RÖMPP Online wird herausgegeben von

Wolf-Dieter Deckwer
Bernd Dill
Gerhard Eisenbrand
Burkhard Fugmann
Fred Robert Heiker
Herwig Hulpke
Andreas Kirschning
Georg Pohnert
Alfred Pühler
Rolf D. Schmid
Peter Schreier

# RÖMPP Lexikon Lebensmittelchemie

2., völlig überarbeitete und erweiterte
Auflage

Herausgeber

Prof. Dr. Gerhard Eisenbrand
Kaiserslautern

Prof. Dr. Peter Schreier
Würzburg

Lebensmittelrecht bearbeitet von

Prof. Dr. Alfred Hagen Meyer
München

Georg Thieme Verlag
Stuttgart · New York

Herausgeber
Prof. Dr. Gerhard Eisenbrand
Technische Universität Kaiserslautern
Fachbereich Chemie
Fachrichtung Lebensmittelchemie und Umwelttoxikologie
Erwin-Schrödinger-Straße
67663 Kaiserslautern

Prof. Dr. Peter Schreier
Universität Würzburg
Lehrstuhl für Lebensmittelchemie
Am Hubland
97074 Würzburg

Lebensmittelrecht
Prof. Dr. Alfred Hagen Meyer
Kanzlei meyer//meisterernst
Sophienstr. 5
80333 München

Redaktion
Norbert Fasching
Dr. Barbara Frunder
Dr. Dorothee Gollhofer
Dr. Thomas Kast
Ute Rohlf (Leitung)

In diesem Lexikon sind zahlreiche Gebrauchs- und Handelsnamen, Marken, Firmenbezeichnungen sowie Angaben zu Vereinen und Verbänden, DIN- Vorschriften, Codenummern des Zolltarifs, MAK- und TRK-Werten, Gefahrenklassen, Patenten, Herstellungs- und Anwendungsverfahren aufgeführt. Alle Angaben erfolgten nach bestem Wissen und Gewissen. Herausgeber und Verlag machen ausdrücklich darauf aufmerksam, dass vor deren gewerblicher Nutzung in jedem Falle die Rechtslage sorgfältig geprüft werden muss.

Das Werk, einschließlich aller seiner Teile, ist urheberrechtlich geschützt. Jede Verwertung außerhalb der engen Grenzen des Urheberrechtsgesetzes ist ohne Zustimmung des Verlages unzulässig und strafbar. Das gilt insbesondere für Vervielfältigungen, Übersetzungen, Mikroverfilmungen und die Einspeicherung und Verarbeitung in elektronischen Systemen.

1. Auflage 1995

© 1995, 2006 Georg Thieme Verlag KG
Rüdigerstraße 14
D-70469 Stuttgart
Unsere Homepage: http://www.thieme.de

Printed in Germany

Umschlaggestaltung: Thieme Verlagsgruppe
Grafik: Hanne Haeusler und Kornelia Wagenblast
Satz: Konrad Triltsch Print und digitale Medien GmbH, Ochsenfurt-Hohestadt
Druck: Grafisches Centrum Cuno GmbH und Co. KG, Calbe

ISBN 3-13-736602-X
ISBN 978-3-13-736602-7

123456

Der Stichwortbestand des RÖMPP Lexikon Lebensmittelchemie ist in verschiedene Themen unterteilt, die wiederum in Unterthemen eingeteilt werden. Eine Übersicht über die Themen und Unterthemen kann auf unserer Website www.roempp.com abgerufen werden. Während die Autorinnen und Autoren die Bearbeitung der Unterthemen übernehmen, erfolgt die Betreuung der Themen durch Themenverantwortliche. Diese begutachten die Beiträge der Autoren hinsichtlich ihrer wissenschaftlichen Korrektheit und Vollständigkeit.

Die Angaben zu den Gefahrenklassen wurden von Konrad Limberger, Seligenstadt, bearbeitet.

## Themenverantwortliche und die von ihnen betreuten Themen

| | | |
|---|---|---|
| Prof. Dr. Reinhold Carle | Stuttgart-Hohenheim | Pflanzliche Lebensmittel |
| Prof. Dr. Gerhard Eisenbrand | Kaiserslautern | Lebensmitteltoxikologie |
| Prof. Dr. Ulrich Engelhardt | Braunschweig | Lebensmittelanalytik |
| Prof. Dr. Karl Otto Honikel | Kulmbach | Tierische Lebensmittel |
| Prof. Dr. Alfred Hagen Meyer | München | Lebensmittelrecht, Verbände, Organisationen und Behörden |
| Prof. Dr. Lothar Motitschke | Hilden | Bedarfsgegenstände und kosmetische Mittel |
| Dr. Herbert Otteneder | Meersburg | Gewürze, Zucker und Süßwaren, Getränke, Tabak und Tabakprodukte, Kaffee, Tee, Kakao |
| Prof. Dr. Dr. Gerhard Rechkemmer | Freising-Weihenstephan | Ernährung und spezielle Lebensmittel |
| Prof. Dr. Rudi F. Vogel | Freising | Lebensmitteltechnologie und -mikrobiologie |
| Prof. Dr. Peter Winterhalter | Braunschweig | Lebensmittelinhalts- und -zusatzstoffe |

## Autoren der zweiten Auflage und die von ihnen verantworteten Unterthemen

| | | |
|---|---|---|
| Dr. Wolfgang Arneth | Bayreuth | Fleisch und Erzeugnisse aus Fleisch (Analytik) |
| Dr. Almut Barwinski | Hamburg | Zahnpflegemittel |
| Dr. Matthias Baum | Kaiserslautern | Toxikologische Grundlagen |
| Dr. Andreas Berk | Braunschweig | Futtermittel |
| Karsten Beutner | Berlin | Verpackungen |
| Prof. Dr. Wolfgang Blaß | Solingen | Kontamination von Lebensmitteln, Rückstände; Pflanzenschutzmittel |
| Dr. Ingrid Brehm | Nürnberg | Analytische Verfahren und Grundlagen |
| Dr. Bernd Brüger | Heilbronn | Suppen, Soßen, Brühen, Würzen |
| Prof. Dr. Monika Christmann | Geisenheim | Alkoholische Getränke (Wein) |
| Dr. Ingrid Clawin-Rädecker | Kiel | Milch, Milchprodukte, Milchproduktimitate und Speiseeis |
| Priv.-Doz. Dr. Sven Dänicke | Braunschweig | Futtermittel |
| Prof. Dr. Helmut Dietrich | Geisenheim | Erfrischungsgetränke |
| Prof. Dr. Ulrich Engelhardt | Braunschweig | Kaffee, Tee, Kakao (Tee); analytische Verfahren und Grundlagen |
| Dr. Eric Fabian | Ludwigshafen | Toxikologische Grundlagen |
| Dr. Peter Fleischmann | Braunschweig | Analytische Verfahren und Grundlagen |
| Dr. Willi Frank | Karlsruhe | Alkoholische Getränke (Spirituosen) |
| Prof. Dr. Dr. Fritz H. Frimmel | Karlsruhe | Wasser, Trink-, Mineral- und Tafelwasser |
| Prof. Dr. Michael Gänzle | Edmonton, Canada | Lebensmittelmikrobiologie; lebensmitteltechnologische Verfahren |
| Dr.-Ing. Bernd Glassl | Frankfurt am Main | Reinigungs-, Pflege- und Waschmittel |
| Dr. Stefan Gräber | Stuttgart | Getreide und Getreideprodukte, Backwaren |
| Dr. Sandra Gredel | Karlsruhe | Vitamine |
| Dr. Peter Grimm | Schorndorf | Ernährung (inkl. Bioprodukte, ökologischer Landbau, gentechnisch veränderte Lebensmittel) |
| Prof. Dr. Manfred Großmann | Geisenheim | Alkoholische Getränke (Wein) |
| Dr. Sabine Guth | Kaiserslautern | Toxikologische Grundlagen |
| Christiane Haber | Mainz | Toxikologische Grundlagen |
| Hans Haendler | Eupen, Belgien | Zucker, Zuckeralkohole, Süßwaren, Honig |
| Dr. Jenny Hartmann-Schreier | Remlingen | Enzyme; Lipide; Aromen, Aromastoffe, Riechstoffe, Geschmacksstoffe |
| Prof. Dr. Andrea Hartwig | Berlin | Mineralstoffe |

| | | |
|---|---|---|
| Dr. Monika Hofer | Zweibrücken | Toxikologische Grundlagen |
| Dr. Wolfgang Hoffmann | Kiel | Milch, Milchprodukte, Milchproduktimitate und Speiseeis |
| Dr. Gerold Jerz | Braunschweig | Analytische Verfahren und Grundlagen |
| Dr. Monika Kemény | Kaiserslautern | Toxikologische Grundlagen |
| Prof. Dr. Manfred Kietzmann | Hannover | Tierbehandlungsmittel |
| Dr. Holger Knapp | Fürth | Aminosäuren, Peptide, Proteine |
| Dr. Gerhard Krammer | Holzminden | Aromen, Aromastoffe, Riechstoffe, Geschmackstoffe |
| Dr. Ditmar Kühne | Kulmbach | Fette und Öle (tierisch) |
| Prof. Dr. Sabine Kulling | Potsdam-Rehbrücke | Spezielle Lebensmittel |
| Dr. Vera Lander | München | Kohlenhydrate |
| Priv.-Doz. Dr. Peter Christian Lorenzen | Kiel | Milch, Milchprodukte, Milchproduktimitate und Speiseeis |
| Dr. Dierk Martin | Kiel | Milch, Milchprodukte, Milchproduktimitate und Speiseeis |
| Prof. Dr. Hans Meisel | Kiel | Milch, Milchprodukte, Milchproduktimitate und Speiseeis |
| Prof. Dr. Alfred Hagen Meyer | München | Gesetze, Verordnungen, Richtlinien, Normen; Verbände, Organisationen, Behörden, Berufe |
| Dr. Joachim Molkentin | Kiel | Milch, Milchprodukte, Milchproduktimitate und Speiseeis |
| Dr. Jutta Möseneder | Karlsruhe | Vitamine |
| Dr. Wolf-Dietrich Müller | Kulmbach | Fleisch und Erzeugnisse aus Fleisch (Technologie) |
| Dr. Bernd Mussler | Lahr | Toxikologische Grundlagen |
| Dr. Sybille Neidhart | Stuttgart | Hülsenfrüchte |
| Dr. Susanne Nowitzki-Grimm | Schorndorf | Ernährung (inkl. Bioprodukte, ökologischer Landbau, gentechnisch veränderte Lebensmittel) |
| Prof. Dr. Jörg Oehlenschläger | Buchholz i. d. N. | Fische und Fischerzeugnisse, Krusten-, Schalen- und Weichtiere |
| Dr. Herbert Otteneder | Meersburg | Alkoholische Getränke (Wein) |
| Dr. Dirk Pangritz | Wedel | Tabak und Tabakprodukte |
| Dr. Claus-Dieter Patz | Geisenheim | Erfrischungsgetränke |
| Dr. Andreas Reinhart | München | Gesetze, Verordnungen, Richtlinien, Normen; Verbände, Organisationen, Behörden, Berufe |
| Priv.-Doz. Dr. Andreas Schieber | Stuttgart | Fette und Öle (pflanzlich); Gemüse und Gemüseprodukte |
| Prof. Dr. Peter Schieberle | Garching | Kaffee, Tee, Kakao |
| Dr. Sabina Schneider | München | Bedarfsgegenstände |
| Dr. Elisabeth Schwab | Marktheidenfeld | Zusatzstoffe |
| Dr. Fredi Schwägele | Kulmbach | Eier und Erzeugnisse aus Eiern; Fleisch und Erzeugnisse aus Fleisch (Biochemie) |
| Dr. Jürgen Seibel | Braunschweig | Kohlenhydrate |
| Dr. Fred Siewek | Walluf | Gewürze, Speisesalz, Essig, Senf |
| Dr. Jürgen Sigler | Freiburg | Alkoholische Getränke (Wein) |
| Dr.-Ing. Marc Stamm | Grünstadt | Alkoholische Getränke (Bier) |
| Dr. Karin Steinbrecht | Darmstadt | Kosmetische Mittel (Haarpflegemittel) |
| Dr. Gabriele Steiner | Fellbach | Bedarfsgegenstände |
| Dr. Sigrid Stiller | Bühl | Kosmetische Mittel (Zahnpflegemittel) |
| Dr. Florian Conrad Stintzing | Boll | Obst und Obstprodukte |
| Prof. Dr. Otto Vitzthum | Bremen | Kaffee, Tee, Kakao |
| Dr. Barbara Wagner-Roth | Hochheim | Toxikologische Grundlagen |
| Andrea Weber-Mußmann | Aachen | Kosmetische Mittel |
| Dr. Doris Wolf | Kaiserslautern | Toxikologische Grundlagen |
| Martin Zarnkow | Freising | Alkoholische Getränke (Bier) |

## Unter Mitarbeit von

| | | |
|---|---|---|
| Sascha Baur | Stuttgart | Hülsenfrüchte |
| Dr. Eva Kirchhoff | Garching | Kaffee, Tee, Kakao |
| Ralph Klaiber | Stuttgart | Hülsenfrüchte |
| Rainer Marx | Trier | Alkoholische Getränke (Wein) |
| Dr. Marion Thron | München | Bedarfsgegenstände |
| Regine Valet | Stuttgart | Hülsenfrüchte |
| Michael Zimmer | Trier | Alkoholische Getränke (Wein) |

# Vorwort

Die vorliegende zweite Auflage des RÖMPP Lexikon Lebensmittelchemie fasst in konzentrierter Form das Fachwissen zur Chemie und zu gesundheitlichen Wirkungen von Lebensmitteln und deren Bestandteilen zusammen. Gleichzeitig sind auch die einschlägigen aktuellen rechtlichen Regelungen dieses höchst umfangreichen Fachgebietes aufgenommen, das wie kaum ein zweites durch eine für den Einzelnen kaum noch fassbare Fülle von Fakten geprägt ist. Soweit zum Grundverständnis erforderlich, sind warenkundliche und insbesondere auch lebensmitteltechnologische Aspekte zusätzlich berücksichtigt. Daneben werden kosmetische Mittel sowie wichtige Aspekte der Ernährung behandelt.

Das Konzept, ein solches Kondensat Lebensmittelchemie aus dem umfangreichen Datenpool von RÖMPP Online zu erstellen, fand die tatkräftige Unterstützung des Verlages. Primär ist dieses Lexikon als schnell zugängliche, validierte Informationsquelle für Studierende der Lebensmittelchemie, Ernährungswissenschaften, Pharmazie, Medizin, Biologie sowie verwandter Disziplinen gedacht und zwar in Ergänzung zu den jeweiligen Lehrbüchern. Im Vergleich zur ersten Auflage sind zahlreiche Neuaufnahmen, Ergänzungen und Aktualisierungen vorgenommen worden. Nicht zuletzt hat das gesamte Gebiet der rechtlichen Regelungen vor dem europäischen Hintergrund eine vollständige Neubearbeitung erfahren.

Damit ist ein Nachschlagewerk hoher Informationsdichte entstanden, das trotz kompakter Anlage die Themenfülle des Faches angemessen und umfassend wiedergibt. Das Lexikon kann daher über den Kreis der Studierenden hinaus auch von Fachleuten aus Lebensmittelchemie und -technologie, Ernährungswissenschaft, Chemie und Pharmazie, aber auch von Lehrern, Juristen und Journalisten genutzt werden. Die Herausgeber hoffen, dass mit diesem Werk validierte fachrelevante Daten aus autoritativen Quellen so aufbereitet worden sind, dass sich sämtliche Facetten des Faches in fokussierter Form wiederfinden, ohne dass dabei essenzielle Informationen vernachlässigt wurden. Bewusst wurde die Ausgewogenheit zwischen älterer und aktueller Information im Auge behalten und so auch der jeweiligen Entwicklung der einzelnen Teilgebiete Rechnung getragen.

Ohne die Mitarbeit der Themenverantwortlichen und Autoren wäre der enorme Arbeitsaufwand bei der vollständigen Überarbeitung des Stichwortbestands der ersten Auflage nicht zu realisieren gewesen; ihnen allen gilt unser besonderer Dank. Für tatkräftige Mitarbeit danken wir insbesondere auch Herrn Diplomlebensmittelchemiker Dr. H. Kamp sowie den Diplomlebensmittelchemikerinnen Frau M. Kern und Frau S. Schäfer. Vor allem zu danken ist Herrn Diplomlebensmittelchemiker Dr. M. Habermeyer, der nicht nur die Arbeiten effizient mit koordiniert, sondern auch eine beachtliche Anzahl von Stichwortbearbeitungen und -ergänzungen mit Sorgfalt durchgeführt hat. Last but not least sei der RÖMPP-Redaktion, insbesondere Herrn Dr. S. Ballenweg und Frau U. Rohlf, für stets hilfreiche Unterstützung nicht nur bei der redaktionellen Bearbeitung herzlich gedankt.

Kaiserslautern und Würzburg,
im April 2006

Gerhard Eisenbrand und Peter Schreier

# Hinweise für Benutzer

## Abkürzungen

Häufig wiederkehrende Fachtermini und Wörter der Umgangssprache sind abgekürzt worden, wobei die Abkürzungen auch für die flektierten (konjugierten oder deklinierten) Formen gelten. Die in der weiter vorn aufgeführten Zusammenstellung nicht enthaltenen Abkürzungen sind im Buch an den betreffenden Stellen des Alphabets erläutert. Wird ein Stichwort im darauf folgenden Text wiederholt, so ist als Abkürzung vielfach nur der Anfangsbuchstabe (also etwa B. für Butylhydroxyanisol) oder ein geläufiges Akronym (z. B. BHA) eingesetzt. Die adjektivische Endung »isch« ist häufig abgekürzt und durch einen Punkt ersetzt worden.

## Alphabet

Im vorliegenden Werk folgt die Einordnung der Stichwörter der DIN 5007, d. h. Umlaute werden wie ae, oe, ue behandelt. Griechische Buchstaben gehen den lateinischen, klein geschriebene den Großbuchstaben voraus (Beispiel: rh, rH, Rh, RH). Bei Eigennamen bleiben Adelsprädikate und ähnliche Namensbestandteile im Allgemeinen bei der Einordnung unberücksichtigt. Vorsilben wie *primär-*, *cis-*, *endo-* und dergleichen werden in der alphabetischen Einordnung der Stammverbindungen zunächst übergangen; sie werden ebenso wie α- (alpha), *o-* (ortho), *N-* (Stickstoff) und dergleichen als Sortiermerkmale erst innerhalb der Einzelwörter wirksam. Ziffern bleiben bei der Einreihung eines Stichworts zunächst ebenfalls unberücksichtigt.

## Schreibweise

Als Schreibweise der Fachbegriffe wird jeweils die derzeit im wissenschaftlichen Schrifttum gebräuchlichste gewählt, auch wenn sie ggf. von der allgemeinsprachlichen Schreibweise (z. B. im DUDEN) abweicht. Wörter mit k oder z können auch unter c stehen. Dies gilt auch für den umgekehrten Fall, so wie für die Ä-, Ö- und E-Schreibweise.

## Zeichen und Auszeichnungen

Ein Sternchen (*) bedeutet, dass der darauf folgende Ausdruck als eigenes Stichwort gesondert behandelt wird. Die Kursivsetzung von Fachausdrücken ist ein Gliederungsmerkmal und dient der Hervorhebung; solcherart ausgezeichnete Ausdrücke *können* jedoch auch gesondert als Stichwörter behandelt werden.

## Nomenklatur

Im vorliegenden Werk werden die vorläufigen oder endgültigen Regeln der IUPAC, IUB etc. (soweit sie noch nicht in deutscher Übersetzung vorliegen, in freier Übertragung) angewendet. Dem Vorschlag der deutschen IUPAC-Nomenklaturkommission folgend, wird Cobalt statt Kobalt und Iod statt Jod, Eth... statt Äth... geschrieben; es heißt jetzt Ethen und Polyethylen.

## Marken (Warenzeichen)

Im vorliegenden Werk sind die eingetragenen Marken (Warenzeichen) nach bestem Wissen mit dem nachgestellten Symbol ® gekennzeichnet. Der Zusatz ® bezeichnet Eigenmarken unabhängig davon, ob eine Markenregistrierung in Deutschland erfolgt ist. Fehlt dieser Hinweis, so kann daraus *nicht* geschlossen werden, dass die betreffende Bezeichnung im Sinn der Warenzeichen- und Markenschutz-Gesetzgebung als frei zu betrachten wäre und daher von jedermann benutzt werden dürfte. Umgekehrt können aus der irrtümlichen Kennzeichnung einer Benennung mit ® in diesem Werk keine Schutzrechte abgeleitet werden.

## Literaturzitate

Bei den Literaturhinweisen am Ende des Stichworttextes wird zwischen speziellen und allgemeinen Literaturangaben unterschieden. Spezielle Literaturangaben werden gezählt und beziehen sich auf die durch hochgestellte Ziffern markierten Stellen im Stichworttext. Allgemeine Literaturangaben beziehen sich dagegen auf den gesamten Stichworttext und werden nicht gezählt. Ein Verzeichnis der in den Literaturhinweisen verwendeten Abkürzungen häufig zitierter Werke findet sich auf den folgenden Seiten.

Die Zitierweise erfolgt in Anlehnung an Chemical Abstracts Service. Herausgeberwerke sind i.d.R. unter dem Personennamen aufgenommen und nicht unter dem Sachtitel, da dieser meist nicht so einprägsam ist. Beispiele finden sich im nachstehenden Verzeichnis häufig zitierter Werke. Übersichtsartikel werden nach Möglichkeit mit Anfangs- und Endseitenzahl angegeben, selbst wenn für das betreffende Stichwort nur ein Ausschnitt aus der Arbeit von Bedeutung ist; für Ausleih- oder Kopierzwecke ist jedoch die Kenntnis des Gesamtumfangs unerlässlich, da sich im Allgemeinen die benötigten Literaturverzeichnisse auf den letzten Seiten befinden. Auf die Angabe der Autoren bei

Zeitschriftenartikeln wurde in der ersten Auflage aus Platzgründen verzichtet. Bei Zeitschriftenartikeln, die für die zweite Auflage neu aufgenommen wurden, werden jedoch alle Autoren genannt. Russische Namen sind meistens nicht nach DIN 1460 (April 1982) transliteriert, sondern (um den Anschluss an die angloamerikanische Literatur zu gewinnen) nach Chemical Abstracts.

### Codenummern des Zolltarifs

Bei der Mehrzahl der chemischen Verbindungen und Waren findet sich am Schluss des Literaturteils die *kursiv* gesetzte, in eckige Klammern eingeschlossene und mit *HS* gekennzeichnete Angabe des Codes der Nomenklatur des im Januar 1988 in Kraft getretenen »Harmonisierten Systems zur internationalen Bezeichnung und Codierung von Waren (HS)«. Die Angaben erfolgen nach bestem Wissen und Gewissen, aber ohne Gewähr.

### Gefahrenklasse

Für den Transport gefährlicher Güter auf der Straße, auf Schienen-, Wasser- und Luftwegen existieren eine Reihe von Bestimmungen. In Deutschland ist die wichtigste dieser Bestimmungen die GGVSE (Gefahrgutverordnung Straße und Eisenbahn = Verordnung über die innerstaatliche und grenzüberschreitende Beförderung gefährlicher Güter auf der Straße und mit Eisenbahnen). Dazu kommen für den Binnenschiffstransport die GGVBinSch, für den Lufttransport die IATA-DGR und für Seetransporte die GGVSee oder der IMDG-Code. Allen gemeinsam ist die Einteilung der Güter in sog. Gefahrklassen (in diesem Werk aus sprachlichen Gründen Gefahrenklassen genannt). Stoffe und Gegenstände, die im Sinn des Gefahrgutbeförderungsgesetzes (GGBefG) § 2 (1) – Begriffsbestimmungen – als gefährliche Güter eingestuft werden, sind Gefahrenklassen zugeordnet. Die Unterscheidung nach ihrer Gefährlichkeit erfolgt durch die Zuordnung einer Verpackungsgruppe (I = sehr gefährlich, II = gefährlich, III = weniger gefährlich). Für Stoffe der Klassen 1 (Sprengstoffe), 2 (Gase), 5.2 (organische Peroxide), 6.2 (ansteckungsgefährliche Stoffe) und 7 (radioaktive Stoffe) sowie die selbstzersetzlichen Stoffe der Klasse 4.1 (entzündbare feste Stoffe) gibt es keine Verpackungsgruppen. In diesen Fällen ist der Klassifizierungscode der jeweiligen Klassenzuordnung nachgestellt.

Die nach bestem Wissen und Gewissen, aber ohne Gewähr gemachten Angaben der Gefahrenklassen finden sich am Ende des Literaturteils, ggf. hinter der CAS-Nr., in eckige Klammern eingeschlossen und durch *G* gekennzeichnet. Soweit möglich, wird die Ziffer der Gefahrenklasse durch die Angabe der Verpackungsgruppe, alternativ den Klassifizierungscode ergänzt. Ein * weist darauf hin, dass es für das Gefahrgut unterschiedliche Stoffnummern gibt.

### MAK- und TRK-Werte

Die im vorliegenden Werk gemachten Angaben über die Einstufung giftiger Stoffe und Zubereitungen nach der Gefahrstoffverordnung wie MAK-, BAT-, TRK-Wert sowie $LD_{50}$, nach oraler Gabe, $LC_{50}$, NO(A)EL erfolgen nach bestem Wissen und Gewissen. Soweit zugänglich, wurden auch wichtige Umweltparameter wie Wasser-Gefährdungs-Klasse (WGK), Angaben zur biologischen Abbaubarkeit und Lipid-Löslichkeit aufgenommen.

### Gefahrensymbole

Viele der im vorliegenden Werk behandelten Chemikalien fallen in den Geltungsbereich der Gefahrstoffverordnung vom 26.8.1986 (früher: VO über Gefährliche Arbeitsstoffe), die diese Stoffe in mit Buchstaben und Bildsymbolen gekennzeichnete Gefahrengruppen einteilt. Die nachstehend wiedergegebenen Gefahrensymbole stehen in vereinfachter Darstellung bei den Stoffnamen, wobei die entsprechenden Kennbuchstaben aus Platzgründen links neben den Gefahrensymbolen platziert wurden; auch diese Angaben erfolgen nach bestem Wissen.

E  Explosionsgefährlich

O  Brandfördernd

F  Leichtentzündlich

F+  Hochentzündlich

C  Ätzend

Xi  Reizend

Xn  Gesundheitsschädlich

T  Giftig

T+  Sehr giftig

N  Umweltgefährlich

# Häufig zitierte Werke

| | |
|---|---|
| Aebi et al. | Aebi, Baumgartner, Fiedler u. Ohloff, Kosmetika, Riechstoffe u. Lebensmittelzusatzstoffe, Stuttgart: Thieme 1978 |
| Alberts et al. (4.) | Alberts , Johnson, Lewis, Raff, Roberts u. Walter, Molekularbiologie der Zelle, 4. Aufl., Weinheim: Wiley-VCH 2003; analog (3.) für 3. Aufl. 1995 |
| Amtliche Sammlung | Bundesgesundheitsamt (Hrsg.), Amtliche Sammlung von Untersuchungsverfahren nach § 35 LMBG, Berlin: Beuth seit 1980 |
| Analyt.-Taschenb. **1** | Analytiker-Taschenbuch, Bd. 1–21, Berlin: Springer seit 1980 |
| ApSimon **1** | ApSimon (Hrsg.), The Total Synthesis of Natural Products, Bd. 1–9, New York: Wiley 1973–1992 |
| Arctander | Arctander, Perfume and Flavor Materials of Natural Origin, Elisabeth, N. J.: Selbstverl. 1960; Reprint: Carol Stream, IL: Allured Publishing Corporation 2000 |
| Atta-ur-Rahman **1** | Atta-ur-Rahman (Hrsg.), Studies in Natural Products Chemistry, 28 Bd., Amsterdam: Elsevier seit 1988 |
| Barton-Nakanishi **1** | Barton u. Nakanishi, Comprehensive Natural Products Chemistry, Bd. 1–9, Amsterdam: Elsevier 1999 |
| Balows et al. **1** | Balows, Trüper, Dworkin, Harder u. Schleifer, The Prokaryotes, 2. Aufl., 4 Bd., Berlin: Springer 1992 |
| Baltes (5.) | Baltes, Lebensmittelchemie, 5. Aufl., Berlin: Springer 2000; analog (2.) für 2. Aufl. 1989, (3.) für 3. Aufl. 1992, (4.) für 4. Aufl. 1995 |
| Batzer **1** | Batzer, Polymere Werkstoffe, Bd. 1–3, Stuttgart: Thieme 1984/1985 |
| Bauer et al. (4.) | Bauer, Garbe u. Surburg, Common Fragrance and Flavour Materials – Preparations, Properties and Uses, 4. Aufl., Weinheim: Wiley-VCH 2001; analog (3.) für 3. Aufl. 1998, analog (2.) für 2. Aufl. 1990 |
| Baumgart (4.) | Baumgart, Mikrobiologische Untersuchung von Lebensmitteln, 4. Aufl., Hamburg: Behr's 1999; analog (2.) für 2. Aufl. 1990 |
| Bedoukian (3.) | Bedoukian, Perfumery and Flavoring Synthetics, 3. Aufl., Wheaton: Allured 1986 |
| Beilstein EIV **7** | Beilsteins Handbuch der Organischen Chemie, 4. Aufl., Berlin: Springer seit 1918 (hier 4. Ergänzungswerk, Bd. 7, 1969; analog EIII/IV **17**, 1000 für das 3./4. u. EV **17/11** für das 5. Ergänzungswerk) |
| Belitz-Grosch-Schieberle (5.) | Belitz, Grosch u. Schieberle, Lehrbuch der Lebensmittelchemie, 5. Aufl., Berlin: Springer 2001 |
| Bergey (9.) | Holt (Hrsg.), Bergey's Manual of Determinative Bacteriology, 9. Aufl., Baltimore: Lippincott Williams & Wilkins 1993 |
| Betina | Betina (Hrsg.), Mycotoxins, Production, Isolation, Separation and Purification, Amsterdam: Elsevier 1984 |
| Bisswanger (3.) | Bisswanger, Enzymkinetik: Theorie und Methoden, 3. Aufl., Weinheim: Wiley-VCH 1999; analog (2.) für 2. Aufl. 1994 |
| Blue List | Kemper, Lüpke, Umbach (Hrsg.), Blue List, Cosmetic Ingredients, mit CD-ROM, Aulendorf: Editio Cantor 2000 |
| Bornscheuer | Bornscheuer (Hrsg.), Enzymes in Lipid Metabolism, Weinheim: Wiley-VCH 2000 |
| Braun-Dönhardt | Braun u. Dönhardt, Vergiftungsregister, Stuttgart: Thieme 1975 |
| Braun-Frohne (7.) | Frohne, Heilpflanzenlexikon (begründet von Braun), 7. Aufl., Stuttgart: Wissenschaftliche Verlagsgesellschaft 2002; analog (6.) für 6. Aufl. 1994, (5.) für 5. Aufl. 1987 |
| Buchholz u. Kasche | Buchholz u. Kasche, Biokatalysatoren und Enzymtechnologie, Weinheim: Wiley-VCH 1997 |

| | |
|---|---|
| Büchel | Büchel, Pflanzenschutz und Schädlingsbekämpfung, Stuttgart: Thieme 1977 |
| Classen et al. (2.) | Classen, Elias, Hammes u. Winter, Toxikologisch-hygienische Beurteilung von Lebensmittelinhaltsstoffen und Zusatzstoffen, Hamburg: Behr's 2001; analog Classen et al. für die 1. Aufl. 1987 |
| Copeland (2.) | Copeland, Enzymes: A Practical Introduction to Structure, Mechanism, and Data Analysis, 2. Aufl., Weinheim: Wiley-VCH 2000; analog Copeland für die 1. Aufl. 1996 |
| DAB **2003** | Deutsches Arzneibuch 2003, Amtliche Ausgabe, Stuttgart: Deutscher Apotheker-Verl. 2003 (Loseblatt-Sammlung, alphabetisch); analog DAB **10** für die 10. Ausgabe mit Ergänzungen von 1991 (analog DAB **10/1** für die 1. Ergänzung der 10. Ausgabe; analog Komm. **10** für den Kommentar zur 10. Ausgabe); analog DAB **1997** für die 11. Ausgabe von 1997 |
| Dellweg | Dellweg, Biotechnologie, Weinheim: VCH Verlagsges. 1987 |
| DEV | Fachgruppe Wasserchemie der Gesellschaft Deutscher Chemiker u. Normenausschuß Wasserwesen im Dtsch. Inst. für Normung (Hrsg.), Deutsche Einheitsverfahren zur Wasser-, Abwasser- u. Schlammuntersuchung, Weinheim: Wiley-VCH, fortlaufend (Angabe mit Nr., Lieferung u. Jahr) |
| DFG (Farbstoffe) | DFG (Hrsg.), Farbstoffe für Lebensmittel, Weinheim: VCH Verlagsges. 1988 (Loseblattsammlung) |
| DFG-Methode | DFG (Hrsg.), Rückstandsanalytik von Pflanzenschutzmitteln, Mitteilung VI der Senatskommission für Pflanzenschutz-, Pflanzenbehandlungs- u. Vorratsschutzmittel, Methodensammlung der Arbeitsgruppe Analytik, Weinheim: VCH Verlagsges. (Loseblattsammlung) 11. Lieferung, 1991 |
| Domininghaus (5.) | Domininghaus, Die Kunststoffe und ihre Eigenschaften, 5. Aufl., Berlin: Springer 1998 |
| Elias (6.) **1** | Elias, Makromoleküle, Bd. 1–4, 6. Aufl., Weinheim: Wiley-VCH 1999–2002; analog Elias (5.) für die 5. Aufl., 2 Bd., 1990/1992 |
| Encycl. Gaz | L'Air Liquide (Hrsg.), Encyclopédie des gaz / Gas Encyclopaedia, Amsterdam: Elsevier 1976 ; 2. Reprint 1992 |
| Encycl. Polym. Sci. Eng. **1** | Kroschwitz (Hrsg.), Encyclopedia of Polymer Science and Engineering, 2. Aufl., 19 Bd., New York: Wiley 1985–1990 |
| Faber (5.) | Faber, Biotransformations in Organic Chemistry, 5. Aufl., Berlin: Springer 2004; analog Faber für die 4. Aufl. 2000 |
| Fiedler (5.) | Hoepfner, Reng u. Schmidt (Hrsg.), Fiedler – Lexikon der Hilfsstoffe für Pharmazie, Kosmetik u. angrenzende Gebiete, 2 Bd., 5. Aufl., Aulendorf: Editio Cantor 2002; analog (3.) für die 3. Aufl. von 1989 |
| Florey **1** bzw. Florey-Brittain **22** | Florey u. Brittain (Hrsg.), Analytical Profiles of Drug Substances and Excipients (ab Bd. 30: Profiles of Drug Substances, Excipients, and Related Methodology), 29 Bd. (ab Bd. 22: Hrsg. Brittain), New York: Academic Press, seit 1972 |
| Forth et al. (8.) | Forth, Henschler, Rummel, Starke u. Förstermann (Hrsg.), Allgemeine und spezielle Pharmakologie und Toxikologie, 8. Aufl., München: Urban & Fischer 2001; analog (7.) für 7. Aufl. 1996 |
| Fox **1** | Fox (Hrsg.), Developements in Dairy Chemistry, Bd. 1–4, London: Elsevier 1982–1989 |
| Frank (2.) | Frank, Lexikon Lebensmittel-Mikrobiologie, 2. Aufl., Hamburg: Behr's 1994 |
| Franzke (3.) | Franzke (Hrsg.), Allgemeines Lehrbuch der Lebensmittelchemie, 3. Aufl., Hamburg: Behr's 1996 |
| Fries-Getrost | Fries u. Getrost, Organische Reagenzien für die Spurenanalyse, Darmstadt: Merck 1975; Nachdruck 1977 |
| Frimmer (3.) | Frimmer, Pharmakologie und Toxikologie, 3. Aufl., Stuttgart: Schattauer 1986 |
| Fülgraff | Fülgraff, Lebensmittel-Toxikologie, Stuttgart: Ulmer 1989 |
| Gerhartz | Gerhartz (Hrsg.), Enzymes in Industry, Production and Applications, Weinheim: VCH Verlagsges. 1990 |
| Gildemeister **1** | Gildemeister u. Hoffmann, Die ätherischen Öle, 4. Aufl., 7 Bd. u. Teilbände, Berlin: Akademie-Verl. 1956–1968 |

| | |
|---|---|
| Glandorf | Zutatenliste von A bis Z, Hamburg: Behr's 1990 |
| Goldberg u. Williams | Goldberg u. Williams (Hrsg.), Biotechnology and Food Ingredients, New York: Van Nostrand Reinhold 1991 |
| Habermehl (5.) | Habermehl, Gift-Tiere und ihre Waffen, 5. Aufl., Berlin: Springer 1994 |
| Hager (5.) **1** | Hagers Handbuch der Pharmazeutischen Praxis, 5. Aufl., 9 Bd. + 5 Folgebd. (**F1 – F5**), Berlin: Springer 1990 – 1999; analog (4.) für 4. Aufl. 1967 – 1989; analog HagerROM 2004, auf CD-ROM ab 2004 |
| Handbook **80**, F 50 (auch zitiert als CRC Handbook) | CRC Handbook of Chemistry and Physics, 80. Aufl., Boca Raton: CRC Press 1999, hier 80. Aufl., Abschnitt F, S. 50; analog z.B. 66. Aufl. von 1985 |
| Harborne (1994) | Harborne (Hrsg.), The Flavonoids, Tl. 1 u. 2, London: Chapman & Hall 1975; mit Ergänzungs-Bd. 1 – 3: Advances in Research, zitiert als Harborne (1982); Advances in Research since 1980, Harborne (1988); Advances in Research since 1986, Harborne (1994) |
| Hegnauer **I** | Hegnauer, Chemotaxonomie der Pflanzen, Bd. I – XI, Basel: Birkhäuser 1962 – 1996 |
| Heiss (6.) | Heiss, Lebensmitteltechnologie, 6. Aufl., Berlin: Springer 2003; analog (4.) für 4. Aufl. 1991, (5.) 5. Aufl. 2001 |
| Helwig-Otto II | Arzneimittel. Ein Handbuch für Ärzte und Apotheker, 10. Aufl., Bd. I + II, Stuttgart: Wissenschaftliche Verlagsgesellschaft 2002 |
| Hess | Hess, Biotechnologie der Pflanzen, Stuttgart: Ulmer 1992 |
| Houben-Weyl **5/1a** | Houben u. Weyl, Methoden der organischen Chemie, 4. Aufl., Stuttgart: Thieme seit 1952 (analog **E1 – E22e** für die Erweiterungsbände bis 2003; Erweiterungsbände ab 1995 in Englisch; Nachfolgewerk siehe Science of Synthesis |
| H & R | Das H & R Buch Parfüm, Aspekte des Duftes. Geschichte, Herkunft, Entwicklung, Lexikon der Duftbausteine, Hamburg: Glöss 1991 |
| Hutzinger **1A** | Hutzinger (Hrsg.), The Handbook of Environmental Chemistry, Berlin: Springer seit 1980 (bis 2002 5 Bd. in Teil-Bd.) |
| Janistyn (3.) **1** | Janistyn, Handbuch der Kosmetika und Riechstoffe, 3. Aufl., 3 Bd., Heidelberg: Hüthig 1978 |
| Karlson (14.) | Karlson, Kurzes Lehrbuch der Biochemie, 14. Aufl., Stuttgart: Thieme 1994 |
| Karrer, Nr. 100 | Karrer, Cherbuliez, Engster u. Hürlimann, Konstitution und Vorkommen der organischen Pflanzenstoffe (exklusive Alkaloide), Basel: Birkhäuser 1958 (Hauptwerk), 1977 (Ergänzungs-Bd. 1), 1981 (Ergänzungs-Bd. 2/1), 1985 (Ergänzungs-Bd. 2/2) |
| Kirk-Othmer (4.) **1** | Kirk-Othmer (Hrsg.), Encyclopedia of Chemical Technology, 4. Aufl., 25 Bd.u. Supplement (**S**), New York: Wiley 1991 – 1998; analog 3. Aufl., 26 Bd., New York: Wiley 1978 – 1984; seit März 2004: 5. Aufl. (bandweise Aktualisierung); analog (5.) [Online, Monat Jahr] für 5. Aufl. |
| Knippers (8.) | Knippers, Molekulare Genetik, 8. Aufl., Stuttgart: Thieme 2001; analog (7.) für die 7. Aufl. 1997 |
| Korte (3.) | Korte, Lehrbuch der Ökologischen Chemie, Grundlagen u. Konzepte für die ökologische Beurteilung von Chemikalien, 3. Aufl., Stuttgart: Thieme 1992 |
| Krämer (4.) | Krämer, Lebensmittel Mikrobiologie, 4. Aufl., Stuttgart: Ulmer 2002; analog 3. Aufl. von 1997 |
| Kunz (2.) | Kunz, Grundriss der Lebensmittel-Mikrobiologie, 2. Aufl., Hamburg: Behr's 1994 |
| van Leeuwen u. Hermens | van Leeuwen u. Hermens, Risk Assessment of Chemicals: An Introduction, Dordrecht: Kluwer Academic 1996 |
| Lindner (4.) | Lindner, Toxikologie der Nahrungsmittel, 4. Aufl., Stuttgart: Thieme 1990 |
| Löscher et al.(6.) | Löscher, Ungemach u. Kroker, Pharmakotherapie bei Haus- u. Nutztieren, 6. Aufl., Berlin: Parey 2003; analog Löscher et al. für Aufl. von 1991 |
| Luckner (3.) | Luckner, Secondary Metabolism in Microorganisms, Plants and Animals, 3. Aufl., Berlin: Springer 1990 |
| Ludorff-Meyer | Ludorff u. Meyer, Fische u. Fischerzeugnisse, Berlin: Parey 1973 |
| Maarse | Maarse (Hrsg.), Volatile Compounds in Food and Beverages, New York: Marcel Dekker 1991 |

| | |
|---|---|
| Macholz-Lewerenz | Macholz u. Lewerenz, Lebensmitteltoxikologie, Berlin: Akademie 1989 |
| Maier | Maier, Lebensmittel u. Umweltanalytik, Darmstadt: Steinkopff 1990 |
| MAK-Werte-Liste 2005 | Deutsche Forschungsgemeinschaft, Senatskommission zur Prüfung gesundheitsschädlicher Arbeitsstoffe (Hrsg.), MAK- u. BAT-Werte-Liste 2005, Weinheim: VCH Verlagsges. 2005; jährliche Aktualisierung |
| Manske **1** | The Alkaloids, Chemistry and Pharmacology, 59 Bd. bis 2003, Hrsg.: Manske u. Holmes, Bd. 1–4; Manske, Bd. 5–16; Manske u. Rodrigo, Bd. 17; Rodrigo, Bd. 18–20; Brossi, Bd. 21–40; Brossi u. Cordell, Bd. 41; Cordell, Bd. 42–44, Cordell u. Brossi, Bd. 45–46, Cordell, Bd. 47–59, New York: Academic Press seit 1950 |
| Matissek et al. (2.) | Matissek, Schnepel u. Steiner, Lebensmittelanalytik, 2. Aufl., Berlin: Springer 1992; analog Matissek et al. für 1. Aufl. von1988 |
| Merck-Index (13.) | The Merck Index, An Encyclopedia of Chemicals, Drugs, and Biologicals, 12. Aufl., Whitehouse Station, N.J.: Merck & Co., Inc. 1996; analog 13. Aufl. von 2001 |
| Mutschler (8.) | Mutschler, Geisslinger, Kroemer u. Schäfer-Korting (Hrsg.), Mutschler Arzneimittelwirkungen. Lehrbuch der Pharmakologie und Toxikologie, 8. Aufl., Stuttgart: Wissenschaftliche Verlagsgesellschaft 2001; analog (7.) für 7. Aufl. 1996 |
| Negwer (8.) | Negwer, Organic-Chemical Drugs and their Synonyms, 8. Aufl., Weinheim: Wiley-VCH 2001; analog (7.) für die 7. Aufl. 1994, (6.) für 6. Aufl. 1987 |
| Nicolaou | Nicolaou u. Sorensen, Classics in Total Synthesis, Weinheim: VCH Verlagsges. 1996 |
| Ohloff | Ohloff, Riechstoffe u. Geruchssinn, Berlin: Springer 1990 |
| Paquette **1** | Paquette, Encyclopedia of Reagents for Organic Synthesis, Vol. 1–8, Chichester: Wiley 1995 |
| Perkow | Perkow u. Ploss, Wirksubstanzen der Pflanzenschutz- und Schädlingsbekämpfungsmittel, Berlin: Parey seit 1971 (Loseblattwerk, alpabetisch geordnet); Stand: Mai 2002, 3. Aufl. mit 4. Ergänzungslieferung |
| Pesticide Manual (13.) | Tomlin (Hrsg.), The Pesticide Manual, A World Compendium, 13. Aufl., Farnham: The British Crop Protection Council 2003; analog Pesticide Manual für 12. Aufl. 2000 |
| Pharm. Biol. (3.) **1** | Pharmazeutische Biologie (Bd. 2–4), Stuttgart: Fischer [analog (2.) bzw. (3.) für die 2. bzw. 3. Aufl. 1984, 1985] |
| Ph. Eur. **1997** | Deutsche Ausgabe des Europäischen Arzneibuchs, 3. Ausgabe 1997, Stuttgart u. Eschborn: Deutscher Apotheker-Verl. u. Govi-Verl. 1997 |
| Ph. Eur. **4** | Pharmacopoea Europaea, Europäisches Arzneibuch, Amtliche Deutsche Ausgabe, 4. Ausgabe 2002 mit Nachtrag 1–8, Stuttgart: Deutscher Apotheker Verlag 2002/2003 (alphabetisch geordnet); analog **4.1–4.8** für 1–8 Nachtrag; analog **5** für die 5. Ausgabe 2004 |
| Präve (4.) | Präve, Faust, Sittig, u. Sukatsch, Handbuch der Biotechnologie, 4. Aufl., München: Oldenbourg 1994 |
| Rehm-Reed (2.) **1** | Rehm u. Reed (Hrsg., in Kooperation mit Pfühler u. Stadler), Biotechnology, 2. Aufl., 12 Bd. + Index, Weinheim: Wiley-VCH 1992–2001; analog Rehm et al., Biotechnologie, 1. Aufl., 10 Bd., 1981 |
| Reiß (2.) | Reiß, Schimmelpilze, 2. Aufl., Berlin: Springer 1997; analog Reiß für 1. Aufl. von 1986 |
| Rippen | Rippen, Handbuch Umweltchemikalien, Landsberg: ecomed seit 1984 |
| Roth et al. | Roth, L.; Frank, H.; Korman, K., Giftpilze, Pilzgifte, Landsberg: ecomed 1990; Nachdruck: Hamburg: Nikol Verlagsgesellschaft 2001 |
| Ruttloff | Ruttloff, Lebensmittelbiotechnologie. Entwicklungen und Aspekte, Berlin: Akademie Verlag 1991 |
| Ruttloff (2.) | Ruttloff (Hrsg.), Industrielle Enzyme, 2. Aufl., Hamburg: Behr's 1994 |
| Ruttloff et al. | Ruttloff, Proll u. Leuchtenberger, Lebensmittel-Biotechnologie und Ernährung, Berlin: Springer 1997 |
| Rymon-Lipinski u. Schiweck | Rymon-Lipinski u. Schiweck, Handbuch Süßungsmittel, Hamburg: Behr's 1991 |
| Sax (11.) | Lewis (Hrsg.), Sax's Dangerous Properties of Industrial Materials, 11. Aufl., 3 Bd., New York: Wiley 2004; analog (10.) für 10. Aufl. 1999 |
| Scheuer I **1** | Scheuer, Marine Natural Products - Chemical and Biological Perspectives, Bd. 1–5, New York: Academic Press 1978–1983 |

| | |
|---|---|
| Schlee (2.) | Schlee, Ökologische Biochemie, 2. Aufl., Jena: G. Fischer 1992 |
| Schlegel (7.) | Schlegel, Allgemeine Mikrobiologie, 7. Aufl., Stuttgart: Thieme 1992 |
| Schomburg et al. **1** | Enzyme Handbook, Bd. 1–17 (Bd. 15–17 = 1. Supplement in 3 Tl.); Hrsg.: Bd. 1–5, Schomburg u. Salzmann; Bd. 6, Schomburg, Salzmann u. Stephan; Bd. 7–17, Schomburg u. Stephan, Berlin: Springer 1990–1998 (sortiert nach EC-Nummern); 2. Aufl. siehe Schomburg (2.) |
| Schomburg (2.) **1** | Schomburg u. Schomburg (Hrsg.), Springer Handbook of Enzymes, 2. Aufl., Bd. 1–15, Berlin: Springer 2001–2003 (sortiert nach EC-Nummern); 1. Aufl. siehe Schomburg et al. |
| Schriftenreihe Lebensmittelchemie **1** | Fachgruppe Lebensmittelchemische Gesellschaft in der GDCh (Hrsg.), Schriftenreihe Lebensmittelchemie, Lebensmittelqualität, Hamburg: Behr's seit 1983; Stand 2003: 25 Bd. erschienen |
| Schweppe | Schweppe, Handbuch der Naturfarbstoffe. Vorkommen, Verwendung, Nachweis, Landsberg: ecomed 1992 |
| Sinell (3.) | Sinell, Einführung in die Lebensmittelhygiene, 3. Aufl., Berlin: Parey 1992; analog (2.) für die 2. Aufl. 1985 |
| Souci et al. (6.) | Souci, Fachmann u. Kraut, Die Zusammensetzung der Lebensmittel. Nährwerttabellen, 6. Aufl., Stuttgart: medpharm Scientific Publishers 2000; analog (4.) für 4. Aufl. 1989/1990 |
| Steinkraus (2.) | Steinkraus (Hrsg.), Handbook of Indigenous Fermented Foods, 2. Aufl., New York: Marcel Dekker 1996 |
| Stryer 1996 | Stryer, Biochemie, Übersetzung der 4. amerikan. Aufl. (1995), Heidelberg: Spektrum Akademischer Verlag 1996 |
| Stryer 2003 | Berg, Tymoczko u. Stryer, Biochemie, Übersetzung der 5. amerikanischen Aufl. (2002), Heidelberg: Spektrum Akademischer Verlag 2003 |
| Taschenbuch für Lebensmittelchemiker **1** | Frede u. Osterroth (Hrsg.), Taschenbuch für Lebensmittelchemiker u. -technologen, 3 Bd., Berlin: Springer 1991–1993 |
| Tegge (3.) | Tegge (Hrsg.), Stärke und Stärkederivate, 3. Aufl., Hamburg: Behr's 2004 |
| Ternes (2.) | Ternes, Naturwissenschaftliche Grundlagen der Lebensmittelzubereitung, 2. Aufl., Hamburg: Behr's 1993, Nachdruck 1998; analog Ternes für 1. Aufl. 1990 |
| TNO-Liste (7.) | Nijssen, Maarse, Visscher, Willemsens u. Boelens (Hrsg.), Volatile Compounds in Food – Qualitative and Quantitative Data, 7. Aufl., Zeist: TNO Nutrition and Food Research Institute 1996 (Loseblattausgabe); analog TNO-Liste (6.) bzw. TNO-Liste (6.) Suppl. 1, für 6. Aufl. 1989–1994 [Suppl.: 1 (1990); 2 (1991); 3 (1992); 4 (1993); 5 (1994)]; analog TNO-Liste [Online], seit 2002: <www.tno.nl/vcf> |
| Uhlig (2.) | Uhlig, Industrial Enzymes and their Applications, 2. Aufl., New York: Wiley 1998 |
| Ullmann (6.) **A15** | Ullmann's Encyclopedia of Industrial Chemistry, 6. Aufl, Weinheim: Wiley-VCH 2002; analog 3. Aufl. (in deutsch), München: Urban und Schwarzenberg 1951–1970; 4. Aufl. (in deutsch), Weinheim: Verl. Chemie 1972–1984; 5. Aufl. (englisch), 1985–1995 (analog **E** für den Ergänzungs-Bd.); analog (7.) [CD-ROM] für 7. Aufl. auf CD-ROM, 2004; analog (7.) [Online] für 7. Aufl.: <www.interscience.wiley.com/ullmanns> |
| Umbach (2.) | Umbach, Kosmetik, 2. Aufl., Stuttgart: Thieme 1995; analog Umbach für die 1. Aufl. 1988 |
| Voet-Voet (3.) | Voet u. Voet, Biochemistry, 3. Aufl., New York: Wiley 2003; analog 2. Aufl. 1995; analog Voet-Voet für 1. Aufl. auf deutsch von 1994 |
| Voet-Voet-Pratt | Voet, Voet u. Pratt, Lehrbuch der Biochemie, Weinheim: Wiley-VCH 2002 |
| Wegler **1** | Wegler (Hrsg.), Chemie der Pflanzenschutz- und Schädlingsbekämpfungsmittel, Bd. 1–8, Berlin: Springer 1970–1982 |
| Weissermel-Arpe (5.) | Weissermel u. Arpe, Industrielle Organische Chemie, 5. Aufl., Weinheim: Wiley-VCH 1998; analog (4.) für 4. Aufl. 1994 |
| Wichtl (4.) | Wichtl, Teedrogen und Phytopharmaka, 4. Aufl., Stuttgart: Wissenschaftliche Verlagsgesellschaft 2002; analog (3.) für 3. Aufl. 1997 |
| Winnacker-Küchler (5.) | Winnacker u. Küchler, Chemische Technik, 5. Aufl., 8 Bd., Wiley-VCH: Weinheim ab 2003; analog (4.) für 4. Aufl. 1981–1986 |

| | |
|---|---|
| Wirkstoffe iva (2.) | Industrieverband Agrar e.V. (Hrsg.), Wirkstoffe in Pflanzenschutz und Schädlingsbekämpfungsmitteln. Physikalisch-chemische und toxikologische Daten, 2. Aufl., München: BLV Verlagsgesellschaft 1990 |
| Whitaker (2.) | Whitaker, Principles of Enzymology for the Food Sciences, 2. Aufl., New York: Dekker 1994 |
| Würdig-Woller | Würdig u. Woller, Chemie des Weines, Stuttgart: Ulmer 1989 |
| Zechmeister **1** | Zechmeister (Begründer), Herz, Falk u. Kirby (Hrsg.), Fortschritte der Chemie organischer Naturstoffe, Berlin: Springer seit 1938 (86 Bd. bis 2003) |
| Zipfel, C 100 | Zipfel, Lebensmittelrecht, Kommentar der gesamten Lebensmittel- u. weinrechtlichen Vorschriften sowie des Arzneimittelrechts, München: Becksche Verlagsbuchhandlung, Loseblattsammlung, Neuausgabe seit 1982 [hier Kommentar 100 zum Lebensmittelrecht; analog A (Text zum Lebensmittelrecht), D (Text u. Kommentar zum Arzneimittelgesetz)] |
| Zipfel-Rathke, C 100 | Zipfel u. Rathke, Lebensmittelrecht, Loseblatt-Kommentar aller wesentlichen Vorschriften für das Herstellen und Inverkehrbringen von Lebensmitteln, kosmetischen Mitteln, Tabakerzeugnissen und Bedarfsgegenständen, München: Beck; Stand 2003: 116. Ergänzungslieferung (November 2003); Bd. 5 |

# M

**M.** Ein-Buchstaben-Code für die *Aminosäure *Methionin.

**Macadamianuß** (Australische Haselnuß, Austral-nuß, Queenslandnuß). Die in den Regenwäldern Ost-Australiens entdeckte hartschalige Maca-damianuß (Proteaceae) wird heute auch auf Ha-waii, in Kalifornien, Kenia und in Mittel- und Süd-amerika angebaut. Sie gilt neben der *Mandel als teuerste und feinste Nußart. Botanisch handelt es sich um Balgfrüchte, deren Perikarp bei der Reife aufplatzt, um die Samen mit ihrer 2–3 mm dicken Schale freizusetzen. Da sie ihre volle Reife erst dann erreicht haben, wenn sie zu Boden fallen, werden Macadamias bei der Ernte nicht wie ande-re Nußarten vom Baum geschüttelt. Der cremefar-bene Samenkern (Embryo) kann von einer dicken, rauhen (*Macadamia tetraphylla* L. Johnson, Au-stralische Haselnuß, Macadamia Nut) oder von ei-ner dünneren und glatten Schale umgeben sein (*Macadamia ternifolia* F. v. Muell. var. *integrifolia* Maid. et Betche, syn. *Macadamia integrifolia* Maid. et Betche, Queenslandnuß, Queensland Nut). Be-liebter ist die letztgenannte Spezies, deren Samen sich leicht knacken lassen und die sich wegen ihres höheren Fett-, aber niedrigeren Zuckergehalts bes-ser zur Röstung eignen.

*Inhaltsstoffe:* Neben der *Pekan-Nuß weist die Macadamia mit 69–78% die höchsten Lipid-Gehal-te unter den Nüssen auf. Im Triacylglycerid-Ver-band überwiegen *Ölsäure (41–59%), Palmitolein-säure und *Palmitinsäure[1,2]. Der Anteil mehrfach ungesättigter Fettsäuren liegt bei 3–4,7%. β-*Sito-sterol, Δ5-Avenasterol, Campesterol und Stigmaste-rol stellen die *Sterol-Fraktion, ferner finden sich α- und δ-*Tocopherol[2]. Beim Einsatz von Mac-adamiaöl in Kosmetika empfiehlt sich zur Vorbeu-gung von Ranziditätserscheinungen ein Zusatz von Tocopherolen[3,4]. Der hohe Gehalt an ungesättigten Fettsäuren wurde mit einem positiven Einfluß auf den Blutfettspiegel in Zusammenhang gebracht[5]. Allerdings wird nach Verzehr von Macadamianüs-sen oder dem daraus gewonnenen Öl auch vom Auftreten allergischer Reaktionen berichtet[6,7].

*Verwendung:* Hierzulande kommen Macadamia-nüsse z.T. auch frisch mit Schale auf den Markt, meist werden sie jedoch geschält, geröstet und ge-salzen verkauft. Ihr hoher Fettgehalt läßt sie bei unsachgemäßer Lagerung rasch ranzig werden, weshalb sie in Vakuumdosen verpackt werden. Auf einen Ölzusatz bei der Röstung wird verzichtet, um den typischen Macadamia-Geschmack zu er-halten. Geröstete Macadamia-Samenkerne sind häufig Bestandteil von Schokoladen-, Keks- und Karamelmassen. – *E* Queensland nut, Macadamia nut, Australian nut

*Lit.:* [1]Ako, H.; Okuda, D.; Gray, D., *Nutrition*, (1995) **11**, 286. [2]Kaijser, A.; Dutta, P.; Savage, G., *Food Chem.*, (2000) **71**, 67. [3]Cummings, M.; Arquette, J.; Reinhardt, J., *Cosmet. Toiletries*, (1999) **114**, 75. [4]Kleiman, R.; Cummings, M., *Soap Cosmet.*, (2000) **76**, 31. [5]Curb, J. D.; Wergowske, G.; Dobbs, J. C.; Abbott, R. D.; Huang, B., *Arch. Intern. Med.*, (2000) **160**, 1154. [6]Sutherland, M. F.; O'Hehir, R. E.; Czarny, D.; Suphioglu, C., *J. Allergy Clin. Immunol.*, (1999) **104**, 889. [7]Teuber, S. S.; Brown, R. L.; Hapanen, L. A., *J. Allergy Clin. Immunol.*, (1997) **99**, 502.
*allg.:* Franke, W., *Nutzpflanzenkunde*, 6. Aufl.; Thieme: Stuttgart, (1997); S. 248 – *[HS 0802 90]*

**Maceration-carbonique-Verfahren** siehe *Rot-weinbereitung.

**Macis** siehe *Muskatnuß.

**Macisöl** siehe *Muskatnußöl.

**Maculotoxin** siehe *Tetrodotoxin.

**Mälzen.** Bezeichnung für das Keimenlassen von *Getreide unter künstlich geschaffenen und ge-steuerten Umweltbedingungen (Wassergehalt, Temperatur, Belüftung). Zweck des Mälzens ist: 1. die Bildung bzw. Aktivierung von bestimmten En-zymen (*Hemicellulasen, *Proteasen, *Amylasen) oder 2. die Umwandlung und der Abbau von Ge-treideinhaltsstoffen in einem gewünschten Umfang bei begrenzter Aktivierung von Enzymen. Das Endprodukt der Keimung heißt *Grünmalz* (Ver-wendung vor allem in der Brennerei, siehe auch *Malz); durch Trocknen und Darren wird es zu *Darrmalz* (Verwendung vor allem in der Brauerei sowie als Träger von Enzymen bzw. Röstaromen und Röstfarbe in der Lebensmittelverarbeitung und Bäckerei, siehe auch *Malz und *Bier). – *E* malting

*Lit.:* Narziß, L., *Abriß der Bierbrauerei*, 7. Aufl.; Wiley-VCH: Weinheim, (2004)

**Mäuseln** siehe *Weinkrankheiten.

**Magerfische** (im Engl. auch als *Weißfisch* be-zeichnet). Zu den M. gehören die Gadiden (Dorschfische) wie Kabeljau, Schellfisch u. See-lachs, sowie Alaska-Seelachs, Scholle, Schleie, Hecht, Forelle etc. (Fettgehalt unter 1%). Einen mittleren Fettgehalt (*Fischfett) haben der Rot-barsch, der Weiße Heilbutt u. der Karpfen (3–8%). Fettreichere Fische (Fettgehalt über 10%) bezeichnet man als Fettfische. Beispiele für Fettfische sind: Lachs, Aal (25% Fettgehalt), Schwarzer Heilbutt, Hering, Makrele, Sardine. Der Eiweißgehalt der M. liegt bei 17–19%. Die Haltbarkeit beträgt bei Lagerung bei −30°C 24 Monate, bei −18°C 12 Monate. – *E* lean fish, white fish

**Magermilch.** Magermilch ist entrahmte *Milch (Milchsorten) mit maximal 0,5% Fett. – *E* skim milk

**Magerquark** siehe *Speisequark.

**Magnesium** (von der griech. Landschaft Magnesia in Thessalien abgeleiter Begriff, chem. Symbol Mg). Metall. Element, Ordnungszahl 12, Atomgew. 24,3050. Natürliche Isotope (Häufigkeit in Klammern): 24 (78,70%), 25 (10,13%) u. 26 (11,17%).

*Eigenschaften:* Das 2-wertige Magnesium gehört zur 2. Gruppe des Periodensystems (Erdalkalimetalle), doch zeigt es zu den über u. unter ihm stehenden Elementen Beryllium u. Calcium weniger Verwandtschaft als zu Lithium (Schrägbeziehung) od. Zink (z.B. hinsichtlich Isomorphie u. Leichtlöslichkeit der Sulfate, Doppelsalzbildung) aufgrund der sehr ähnlichen Ionenradien.

*Vorkommen:* Etwa 1,9% der obersten, 16 km dicken Erdkruste bestehen aus Magnesium; es steht in der Häufigkeitsliste der Elemente an 8. Stelle. Am häufigsten ist Magnesium in den Silicaten verbreitet. Beim Eindunsten von 1 kg Meerwasser erhält man im Durchschnitt u.a. 3,8 g Magnesiumchlorid, 1,66 g Magnesiumsulfat u. 0,076 g Magnesiumbromid; das sind zusammen etwa 15% des gesamten Meersalzes. Über die Bedeutung von Magnesiumsalzen in natürlichen Wässern s.a. *Härte des Wassers[1].

*Lebensmittel:* Magnesium kommt in Lebensmitteln pflanzlichen und tierischen Ursprungs ubiquitär vor. Magnesium-reich sind bestimmte pflanzliche Produkte, wie Vollkorn (90–130 mg/100 g) und Vollkornprodukte, Weizenkleie (490 mg/100 g), Haferflocken (130 mg/100 g), Hülsenfrüchten (50–420 mg/100 g), Nüsse (130–270 mg/100 g) u. Kakaopulver (414 mg/100 g). In grünen Gemüsen ist Magnesium Bestandteil des *Chlorophylls. Magnesium-ärmer sind Milch und Milchprodukte, Fisch, Fleisch und Wurst (siehe hierzu Tab. 4 bei *Mengenelemente)[2]. Diese tragen jedoch aufgrund der besseren Bioverfügbarkeit und der hohen Verzehrsmengen ebenfalls zur Bedarfsdeckung bei. Bei bearbeiteten und verarbeiteten Lebensmitteln sind deutliche Verluste durch Auslaugen möglich. Abhängig von der Wasserhärte stellen auch Trinkwasser und Mineralwasser (2–120 mg/L) wichtige Magnesium-Quellen dar.

*Physiologie: Resorption und Ausscheidung:* Magnesium wird sowohl durch einen aktiven Transport als auch durch einfache Diffusion im Dünndarm und Dickdarm resorbiert, wobei die Absorption im distalen Jejunum und Ileum am effektivsten ist. Die Absorptionsrate (durchschnittlich 20–30%) ist abhängig von der aufgenommenen Magnesium-Menge, der Löslichkeit des Magnesium-

salzes und der Anwesenheit von absorptionsfördernden und absorptionshemmenden Nahrungsbestandteilen, wie Ballaststoffen, Kleie, Phytaten und Oxalaten. Die Niere spielt für die Aufrechterhaltung der Magnesium-Homöostase eine wichtige Rolle. Die Ausscheidung des resorbierten Magnesiums erfolgt fast ausschließlich dort, in geringen Mengen auch über den Schweiß (0,2–0,6 mmol/L). Etwa 20% des Gesamtkörper-Magnesiums erscheinen in 24 Stunden im Primärharn, 65–70% werden in der Henleschen Schleife, 20–30% im proximalen Tubulus reabsorbiert. Bei ausgeglichener Bilanz werden so täglich 4–5 mmol Magnesium mit dem Urin ausgeschieden, bei alimentären Magnesium-Defiziten sinkt die Ausscheidung.

*Verteilung:* Beim gesunden Erwachsenen befinden sich etwa 60% des Gesamtbestandes in den Knochen, wobei fest an Apatit gebundenes Magnesium nicht mobilisierbar, an Apatit adsorbiertes Magnesium (etwa 33% des Knochen-Magnesiums in der frühen Jugend, 50% im Erwachsenenalter, <10% im Alter) in Mangelsituationen mobilisierbar ist. Etwa 25–30% des Magnesium-Bestandes sind in der Muskulatur, 5–10% in anderen Geweben lokalisiert. 90% des intrazellulären Magnesiums sind an Adenosin-5′-triphosphat (ATP), Phospholipide, Nucleinsäuren und Polyamide gebunden, ca. 10% liegen in ionisierter biologisch aktiver Form vor, deren Konzentration in engen Grenzen reguliert wird. In der extrazellulären Flüssigkeit befindet sich nur 1% des Magnesium-Bestandes. Im Plasma (0,75–1,1 mmol/L) sind etwa 32% des Magnesiums an Albumin und andere Proteine gebunden, 13% bilden einen Komplex mit Citrat, Phosphat oder anderen Ionen und 55% liegen in der ionisierten Form vor.

*Physiologische Funktionen:* Magnesium, das vierthäufigste Kation im menschlichen Körper, ist ein Mengenelement. Biologisch aktives, ionisiertes, intrazelluläres Magnesium spielt bei mehr als 300 enzymatischen Reaktionen des Intermediärstoffwechsels, hauptsächlich bei enzymat. Phosphat-Übertragungen sowie Spaltung u. Bildung von Phosphatestern, eine bedeutende Rolle. Bei der anaeroben und aeroben Energiegewinnung (Photosynth., Citronensäure-Cyclus u. Atmungskette) ist es Bestandteil des ATP-Magnesium-Komplexes, der als Substrat derartiger Enzyme (ATPasen der Membranen, Phosphatasen u. Pyrophosphatasen) dient. Außerdem ist Magnesium als Enzymaktivator für alle Biosyntheseprozesse, wie zum Beispiel für die Fettsäure-Biosynthese und den glycolytischen Abbau von Glucose zu Pyruvat, essentiell. Magnesium ist auch notwendig für die Protein-Synth. im Cytosol, die Nucleinsäure-Synth. im Zellkern, für die Bildung des „second messengers" Adenosin-3′,5′-monophosphat (cAMP) u. die oxidative Phosphorylierung in den Mitochondrien. Zur Rolle von Magnesium bei der Aufrechterhaltung der Stabilität des Genoms siehe Literatur[3]. Weiterhin wirkt Magnesium sowohl bei der Muskelkontraktion als auch bei der Erregungsleitung an den Nervenendorganen mit u. zwar im Wechselspiel mit Calcium.

Im Muskel inhibiert Magnesium die ATPase u. erst die Überwindung dieser Magnesium-Inhibierung durch Calcium ermöglicht die Muskelkontraktion. Ähnliches spielt sich ab bei der Ausschüttung bestimmter Hormone, z. B. dem blutdrucksteigernden Vasopressin u. der Ausschüttung von Nervenüberträgerstoffen wie z. B. Acetylcholin. Im zentralen Nervensystem moduliert Magnesium die Reaktionen der Rezeptoren für erregende Aminosäuren, z. B. Glutamat. Allg. wirkt Magnesium im Gehirn als $Ca^{2+}$-Antagonist erregungsdämpfend.

*Ernährungsphysiologie:* Der Magnesium-Bestand beträgt bei Neugeborenen 0,7 g, bei fünfjährigen 5 g und bei Erwachsenen etwa 25 g (1 mol). In Bilanzstudien wurde der durchschnittliche Magnesium-Bedarf des Menschen mit 4,5 mg/kg Körpergewicht/Tag ermittelt. Die Zufuhrempfehlungen für Magnesium (siehe Tabelle) beziehen sich auf Personen mit normaler körperlicher Aktivität; hohe Schweißverluste infolge Leistungssport oder Hitzearbeit können sich bedarfserhöhend auswirken. In Deutschland beträgt die durchschnittliche tägliche Magnesium-Zufuhr mit einer Mischkost bei Frauen etwa 280 mg, bei Männern etwa 550 mg.

Tab.: Zufuhrempfehlungen für Magnesium.

| Alter | Zufuhr [mg/d] |
|---|---|
| 1–4 | 80 |
| 4–7 | 120 |
| 7–10 | 170 |
| 10–13 | 230 (männlich) |
| | 250 (weiblich) |
| 13–15 | 310 |
| 15–19 | 400 (männlich) |
| | 300 (weiblich) |
| 19–25 | 350 (männlich) |
| | 300 (weiblich) |
| ab 25 | 350 (männlich) |
| | 300 (weiblich) |
| Schwangere ab 19 | 310 |
| Stillende | 300 |

*Mangel:* Eine Magnesium-Unterversorgung (Hypomagnesiämie) ist oft assoziiert mit einer Kalium-Unterversorgung (Hypokaliämie), kann aber auch isoliert vorkommen. Sie ist ähnlich der des Kaliums durch eine Analyse der Plasmakonzentration nicht sicher zu erfassen, da diese durch aus dem Knochen freigesetztes Magnesium relativ konstant gehalten wird. Ursachen einer Magnesium-Unterversorgung können eine unzureichende Aufnahme und Retention, Alkoholismus, Malabsorption im Gastrointestinaltrakt, renale Magnesium-Verluste infolge hereditärer Stoffwechselstörungen oder durch Einnahme diuret. wirkender Medikamente sowie Diabetes mellitus sein. Zu den Mangelsymptomen zählen neuromuskuläre (Muskelkrämpfe, Muskelschwäche, Herzrhythmusstörungen) und gastrointestinale Störungen (Anorexie, Übelkeit, Erbrechen). Ein schwerer Magnesium-Mangel verursacht einen erheblichen Abfall der intrazellulären Kalium-Konz., besonders in den Herzmuskelzellen, und reduziert die Kalium-Reabsorption in der Niere[4]. Bisher konnte beim gesunden Menschen mit den üblichen Ernährungsgewohnheiten und Lebensgewohnheiten ein klinisch manifester Magnesium-Mangel nicht nachgewiesen werden.

Bei Pflanzen führt Magnesium-Mangel zu Magnesium-Mangelsymptomen, die sich z. B. in einem welken Eindruck der Pflanze u. in Aufhellungen des Blattgrüns äußern; bes. auffällig ist der Magnesium-Mangel in den Nadeln der durch Luftverunreinigungen geschädigten Nadelbäume[5,6]. Daher ist die Düngung mit magnesium-haltigen Düngemitteln wichtig, die unter Bez. wie Magnesiumbranntkalk, Magnesiumlöschkalk, Magnesiummergel, Magnesiummischkalk, Bittersalz im Handel sind bzw. waren.

*Überversorgung:* Eine Magnesium-Überversorgung (Hypermagnesiämie) ist bei intakter Nierenfunktion und sachgemäßer Einnahme praktisch ausgeschlossen, kann aber bei Personen mit einer Niereninsuffizienz auftreten. Dabei kann es durch Verminderung der Acetylcholin-Freisetzung zu einer Störung der neuromuskulären Impulsübertragung kommen, bis hin zur sog. Magnesium-Narkose mit peripheren und zentralen Lähmungen (mit Calcium-Ionen schnell reversibel). Beim gesunden Menschen verursachen hohe Magnesium-Gaben osmotisch bedingten Durchfall.

*Nahrungsergänzungsmittel:* Die europaweit zugelassenen Stoffverbindungen von Magnesium sind in der Nahrungsergänzungsmittelverordnung (NemV) positiv gelistet (Anlagen 1 und 2). In *Nahrungsergänzungsmitteln sind zahlreiche Magnesiumsalze als Einzelpräparate und Multipräparate im Handel. Magnesiumsulfat, Magnesiumphytat und Magnesiumgluconat sind enteral schlecht bioverfügbar. Gut resorbiert werden Salze mit den Kationen Fumarat, Lactat, Orotat, Pidolat, Taurinat, Chlorid oder Citrat. Vom Wissenschaftlichen Lebensmittelausschuß der EU (SCF) wurde für die zusätzliche Zufuhr leicht löslicher Magnesiumsalze und Verbindungen wie Magnesiumoxid über Nahrungsergänzungsmittel, Wasser oder angereicherte andere Lebensmittel und Getränke eine tolerierbare Obergrenze für die tägliche Aufnahme (*UL) von 250 mg/Tag (nicht für Kinder unter 4 Jahren) abgeleitet.

*Nachweis:* Magnesium bildet ein in Wasser schwerlösl. Magnesiumammoniumphosphat, dessen Bildung zur Analyse des Magnesiums herangezogen werden kann. Reagenzien für Magnesium sind auch Calmagit u. Cadion. Nach Veraschung der Probe kann Magnesium auch mit Hilfe der Atomabsorptionsspektrometrie (AAS) bei 285,2 nm quant. bestimmt werden[7]. Über komplexometr., photometr. u.a. Nachweismethoden u. Bestimmungsmethoden für Magnesium s. Literatur[8–10]; zur komplexometr. Titration von Calcium neben Magnesium s. Literatur[11]; zur Analytik von Magnesium in Abhängigkeit von seinen Bindungsformen, der sog. Elementspeziesanalytik, s. Literatur[9,12]. – *E* magnesium

*Lit.:* [1]Atlas zur Trinkwasserqualität der Bundesrepublik Deutschland (BIBIDAT), S. 16f., Berlin: Schmidt 1980.

[2]Souci et al.(6.), S. 532, 539, 541, 563, 579, 596, 809, 1008, 1113. [3]Hartwig, A., *Mutat. Res.*, (2001) **475**, 113. [4]Am. J. Cardiol. **63**, 31G–34G (1989). [5]Prinz, B.; Krause, G. H. M.; Stratmann, H., *Waldschäden in der Bundesrepublik Deutschland*; LIS-Berichte 28; Landesanstalt für Immissionsschutz Nordrhein-Westfalen: Essen, (1982); S. 77, 97, 137. [6]Chem. Unserer Zeit **24**, 117–130 (1990). [7]Welz, B.; Sperling, M., *Atomabsorptionsspektrometrie*, Wiley-VCH: Weinheim, (1997); S. 557. [8]Fresenius Z. Anal. Chem. **327**, 142 (1987). [9]Fries-Getrost, S. 222–232. [10]Onishi, H., *Photometric Determination of Traces of Metals, Volume 1, Part 2B, Individual Metals Magnesium to Zirconium*; 4. Aufl.; Wiley: New York, (1989); S. 3–30. [11]Int. J. Environ. Anal. Chem. **7**, 285–293 (1980). [12]Lebensmittelchem. Gerichtl. Chem. **42**, 36 (1988). *allg.:* Biesalski, H. K.; Köhrle, J.; Schümann, K., *Vitamine, Spurenelemente und Mineralstoffe*, Thieme: Stuttgart, (2002); S. 132 ▪ Bundesinstitut für Risikobewertung (BfR), *Verwendung von Mineralstoffen in Lebensmitteln. Toxikologische und ernährungsphysiologische Aspekte, Teil II*; BfR-Wissenschaft 04/2004; BfR: Berlin, (2004); http://www.bfr.bund.de ▪ Deutsche Gesellschaft für Ernährung (DGE); Österreichische Gesellschaft für Ernährung (ÖGE); Schweizerische Gesellschaft für Ernährungsforschung (SGE); Schweizerische Vereinigung für Ernährung (SVE), *Referenzwerte für die Nährstoffzufuhr*, Umschau/Braus: Frankfurt am Main, (2000); S. 169 ▪ Kirk-Othmer (4.) **15**, 622–674 (Mg and Alloys), 675–722 (Mg Compounds) ▪ Ullmann (5.) **A15**, 559–580 ▪ Winnacker-Küchler (4.) **4**, 301–325 – *[HS 8104; CAS 7439-95-4; G 4.1, III]*

**Magnesiumcarbonat** siehe *Carbonate.

**Magnesiumcitrat** siehe *Citrate.

**Magnesiumgluconat** siehe *Gluconate.

**Magnesiumlactat** siehe *Lactate.

**Magnesiumoxid** (gebrannte, calcinierte Magnesia, Bittererde, Magnesia usta). MgO, $M_R$ 40,30. Lockeres, weißes Pulver od. oktaedr. bzw. würfelförmige Krist., D. 3,58, Schmp. 2827±30°C, Sdp. ca. 3600°C, in Wasser unlösl., wird jedoch durch dieses langsam in schwer lösl. Magnesiumhydroxid umgewandelt.
*Verwendung:* Von den nach Art u. Temp. des Calciniervorgangs verschiedenen Magnesia-Qualitäten dient *Sintermagnesia* zur Herst. von Feuerfest- sowie auch Wärmespeichermaterialien. *Schmelzmagnesia* verwendet man als Isoliermaterial in der Elektrowärmeindustrie. Reaktionsfähiger *Magnesia-Kauster* (chem. Magnesia) wird eingesetzt in Magnesit-Bindern, als Putzkörper in Zahnpulvern, als Antacidum bei Magenübersäuerung u. Säurevergiftungen, als Streupuder, zur Fleckenreinigung (Aufsaugmittel), Uran-Gewinnung in Ionenaustauschern, als Brennstoffzusatz, zur Entkieselung von Wasser in Vollentsalzungsanlagen, in Futtermitteln, als Vulkanisationsverzögerer in Polychloropren u.a. Elastomeren, zur Absorption von Schwefeldioxid, als Eindickmittel für ungesätt. Polyesterharze, als Aufschlußmittel für geröstete Kakaokerne usw.
*Recht:* M. (E 530) ist ein Zusatzstoff, der nach Anl. 4 *ZZulV 1998 beschränkt zugelassen ist. Die Reinheitsanforderungen der *ZVerkV 1998 (Anlage 2) müssen erfüllt sein; siehe auch *Magnesium.
*Toxikologie:* Nach MAK-Werte-Liste 2005 als Feinstaub 1,5 mg/m$^3$ (alveolengängige Fraktion) bzw. 4 mg/m$^3$ (einatembare Fraktion).

*Analytik:* In Lebensmitteln wird der Gehalt an M. über Magnesium mittels *Atomabsorptionsspektrometrie (AAS) ermittelt. – *E* magnesium oxide
*Lit.:* Blue List ▪ Kirk-Othmer (4.) **15**, 703–707 ▪ Ullmann (5.) **A15**, 605–619 ▪ Winnacker-Küchler (4.) **2**, 328 – *[HS 2519 90; CAS 1309-48-4]*

**Magnesiumstearat** siehe *Stearate.

**Magnetische Kernresonanz-Spektroskopie** siehe *NMR-Spektroskopie.

**Mahlprozeß** (bei Getreide). Verfahren zur Zerkleinerung von *Getreidekörnern und zum selektiven Aufschluß in Fraktionen mit unterschiedlichen Anteilen der Kornbestandteile (Endosperm, Schale und Keimling) sowie verschiedenartigen ernährungsphysiologischen und backtechnologischen Eigenschaften. Vor dem eigentlichen Mahlprozeß wird das Getreide gereinigt (Abtrennung von Unkrautsamen, Mutterkorn, Metallteilchen, Strohteilen, Staub, Erde usw.) und konditioniert (Netzen mit Wasser). Während von altersher zwischen zwei Mahlsteinen vermahlen wurde, verwendet man heute in Großmüllereien Walzenstühle. Die Vermahlung erfolgt gestuft; jede Passage umfaßt die Zerkleinerung durch Druckkräfte und Scherkräfte im Walzenstuhl und die Trennung der Produkte nach Teilchengröße durch Sieben in Plansichtern. In den Walzenstühlen wird die Größe, Riffelung, Umdrehungszahl und der Abstand der verschieden schnell und entgegengesetzt laufenden Walzen dem Gut angepaßt.
Die in Plansichtern abgetrennten Produkte unterteilt man müllereitechnisch nach Partikelgröße in *Schrot (>500 µm), *Grieß (rundliche oder kantige Bruchstücke, bestehend aus fast reinem Endosperm, frei von Schalen und Keimlingen, chemische Zusammensetzung analog *Mehl mit geringem Ausmahlungsgrad, 0,2–1,0 mm), Dunst (120–200 µm), Mehl (15–120 µm) und als Rückstand anfallende *Kleie. Die aus den einzelnen Passagen hervorgehenden Mehle unterscheiden sich zum Teil erheblich in ihrer chemischen Zusammensetzung und ihren technologischen Eigenschaften. Die Passagemehle werden deshalb getrennt untersucht und entsprechend den Ergebnissen zu Handelsmehlen gemischt. In einer Vermahlungsanlage unterscheidet man folgende Prozeßstufen:
– *Schroten:* Aufbrechen des Korns in ca. fünf Passagen, Abziehen von Grieß, Dunst und Mehl nach Partikelgröße;
– *Putzen:* Reinigen der Grieße und Dunste durch Putzmaschinen;
– *Auflösung:* Auflösen der Grieße auf Glattwalzen zu Dunst und Mehl;
– *Mahlen:* Vermahlen der Dunste zu Mehl.
Mehle werden nach DIN 10355: 1991-12 entsprechend ihrem Aschegehalt in Typen eingeteilt, für Weizenmehle und Roggenmehle siehe *Mehltype.
Die verschiedenartigen Kornstrukturen der einzelnen Getreidearten und Sorten bedingen einen unterschiedlichen Mahlprozeß. Die Mahleigenschaften der Weizensorten werden im wesentlichen von

der Kornhärte geprägt. Der Mehlkörper von Roggen ist aufgrund des hohen *Pentosan-Gehaltes zäh; Roggen ist deshalb für eine Schrotung auf Grieß weniger geeignet als Weizen. Der Keimling fällt beim Roggen bei der Reinigung ab, beim Weizen erst in den Plansichtern; beim Mais wird er durch ein separates Verfahren (Trockenentkeimung oder Naßentkeimung) vor dem Mahlprozeß abgetrennt. Bei den Spelzgetreidearten Dinkelweizen, Gerste, Hafer, Reis und Hirse muß zur Entfernung der mit der Schale verwachsenen Spelzen vor dem Mahlprozeß ein Schälgang durchgeführt werden. – *E* milling process

*Lit.:* Tscheuschner, H.-D., Hrsg., *Gründzüge der Lebensmitteltechnik*, 3. Aufl.; Behr's: Hamburg, (2004) ▪ Ullmann (7.) [CD-ROM, 2004]

**Mahonienbeere** (Fieder-Berberitze). Stahlblaue, hell bereifte, erbsengroße, kugelige, roh nicht genießbare Beere des immergrünen Strauches *Mahonia aquifolium* (Pursh) Nutt. (syn. *Berberis aquifolium* Pursh, Berberidaceae). Der Strauch stammt ursprünglich aus Nordamerika, er kommt in Europa häufig verwildert bzw. als Unterholz oder Ziergehölz vor. Die Beeren enthalten einen sehr sauren, nach Zitrone schmeckenden, durch *Anthocyane gefärbten, dunkelpurpurfarbenen Saft. In der Wurzel- und Astrinde sind die Alkaloide *Berberin, Berbamin und Oxycanthin enthalten, deren Anwendung man u. a. in der Psoriasis-Therapie geprüft hat[1-3]. Berberin zeigt gute antimikrobielle Eigenschaften, welche gegenüber Bakterien stärker ausgeprägt sind als gegenüber Hefen und Schimmelpilzen[4]. Außerdem konnte man aus der Rinde ein Glucuronoxylan isolieren, das Hustenreiz lindern soll[5]. Die Frucht ist praktisch frei von Alkaloiden (durchschnittlicher Gehalt: 0,06 %); daraus gewonnene Extrakte zeigten im Tierversuch anti-Histamin- sowie anticholinerge Wirkung[6]. Der Farbstoff ist in Deutschland und verschiedenen anderen Ländern in der Lebensmittelverarbeitung nicht zugelassen[7]. Zur genauen Zusammensetzung der Inhaltsstoffe siehe Literatur[8,9]. – *E* barberry, Oregon grape

*Lit.:* [1] Phytomedicine **3**, 232–235 (1996). [2] Augustin, M.; Andrees, U.; Grimme, H.; Schopf, E.; Simon, J., *Forsch. Komplementarmed.*, (1999) **6**, Suppl. 2, 19–21. [3] Kardosova, A.; Kostalova, D., *Chem. Pap.*, (1999) **53**, 82. [4] Cernakova, M.; Kostalova, D., *Folia Microbiol.*, (2002) **47**, 375. [5] Kardosova, A.; Malovikova, A.; Patoprsty, V.; Nosalova, G.; Matakova, T., *Carbohydr. Polym.*, (2001) **47**, 27. [6] J. Ethnopharmacol. **64**, 161–166 (1996). [7] Dtsch. Lebensm. Rundsch. **94**, 217–220 (1998). [8] Dolezal, M.; Velisek, J.; Famfulikova, P., In *Biologically-active Phytochemicals in Food*, Pfannhauser, W.; Fenwick, G. R.; Khokhar, S., Hrsg.; The Royal Society of Chemistry: Cambridge, (2001); S. 241. [9] Richling, E., *Flüss. Obst.*, (2000) **67**, 7.

*allg.:* Franke, W., *Nutzpflanzenkunde*, 6. Aufl.; Thieme: Stuttgart, (1997); S. 270

**Maillard-Reaktion** (nichtenzymat. Bräunung). Die Reaktion von reduzierenden Zuckern mit Aminosäuren wurde nach L. C. Maillard, der sich 1912 erstmals mit Umsetzungen dieser Art befaßte, benannt[1]. Die äußerst komplexe Reaktion ist für die Farbgebung, das Aroma u. als Indikator einer Erhitzung von Lebensmitteln (z. B. Milch) von Bedeutung. Einige Produkte der M.-R. besitzen toxikolog. Relevanz. Daneben ist die M.-R. auch an physiolog. Reaktionen *in vivo* beteiligt.

In einer mehrstufigen Reaktion kommt es – ausgehend von reduzierenden Zuckern u. Amino-Verb. – über die Zwischenstufen 1-Amino-1-desoxyketosen (*Amadori-Umlagerung), 2-Amino-2-desoxyaldosen (Heyns-Umlagerung), *Furfural od. 5-(*Hydroxymethyl)furfural (Erhitzungsindikator in *Honig u. *Traubensaft) u. Aminoketone (Strecker-Abbau) schließlich zu schwer lösl. *Melanoidinen (s. a. *Lit.*[2]). Der *Strecker-Abbau* führt ausgehend von α-Dicarbonyl-Verb. u. Aminosäuren unter Transaminierung zu Aminoketonen, $CO_2$ u. Aldehyden, den sog. *Strecker-Aldehyden*, die ein im Vgl. zur Ausgangs-Aminosäure um ein C-Atom verkürztes Grundgerüst aufweisen (s. Tab.).

Tab.: Strecker-Aldehyde.

| Aminosäure | Strecker-Aldehyd | Formel |
|---|---|---|
| Glycin | Formaldehyd | $CH_2O$ |
| Alanin | Acetaldehyd | $H_3C-CHO$ |
| Valin | 2-Methylpropanal | $H_3C-CH(CH_3)-CHO$ |
| Leucin | 3-Methylbutanal | $H_3C-CH(CH_3)-CH_2-CHO$ |
| Isoleucin | 2-Methylbutanal | $H_3C-CH_2-CH(CH_3)-CHO$ |
| Phenyl-alanin | Phenylacet-aldehyd | $H_5C_6-CH_2-CHO$ |

Die im Verlauf des Strecker-Abbaus entstandenen Aminoketone können z. B. zu Pyrazinen (s. *Alkyl- u. *Methoxypyrazine) weiterreagieren, die häufig extrem niedrige Geruchsschwellen aufweisen u. somit zu den typ. Maillard-Aromen beitragen.

Die Geschw. der M.-R. hängt sowohl von der Konz., als auch der Struktur der Ausgangsverb. sowie dem Wassergehalt, dem pH-Wert u. der Temp. ab. Bas. Aminosäuren wie *Lysin, *Tryptophan u. *Histidin reagieren bes. schnell, wobei die Reaktion an der freien ε-Amino-Gruppe des Lysins bes. begünstigt ist. Pentosen sind als kleinere Mol. reaktiver als Hexosen, Di- od. *Oligosaccharide.

*Lebensmittelchem. Bedeutung:* Für Geruch, Geschmack u. die Farbe einer Vielzahl gebratener, gebackener od. gerösteter Lebensmittel (*Brot, Braten, *Kaffee, *Karamel) sind Produkte der M.-R. mit verantwortlich. Einen Beitrag zum *Fleischaroma liefern neben 2-Acetylthiazol u. 2-Acetylthiazolidin weitere Schwefel-haltige Verbindungen[3,4]. Für die typ. Röstnote von Weißbrotkruste ist 2-Acetyl-1-pyrrolin verantwortlich. Die Bildung erfolgt aus Ornithin und 2-Oxopropanal bei erhöhter Temperatur[5]. Pyrazine sind als Hauptkomponenten des Nußaromas beschrieben[6]. Typ. Reaktionsprodukte der M.-R., die einen Beitrag zum Geschmack von *Malz, *Kräckern, *Karamel, *Kaffee u. *Kakao liefern, sind *Maltol u. 4-Hydroxy-2,5-dimethyl-3(2*H*)-furanon (Furaneol®, siehe *Hydroxyfuranone). Für den Bittergeschmack Prolin-haltiger Lebensmittel (überhitzte Brotkruste od. Bierwürze)[7] können Bispyrrolidin-Verb.[8], Cyclopentazepinone[9], sowie bei Kaffee Diketopiperazine cyclo(Pro-Pro), cyclo(Pro-Leu), cyclo(Pro-Phe)[10] verantwortlich gemacht werden. Produkte der M.-R., die Redukton-Strukturen im Mol. tragen, können die Haltbarkeit von Lebensmitteln verlängern. Ernährungsphysiolog. bedeutsam sind die auf Reaktionen des M.-R.-Typs beruhenden Lysin-Verluste, die zu Produkten wie Pyrraline[11], *Lysinoalanin[12,13], Lysinomethylalanin[14], Furosin[15], *Pyridosin[15], Fructoselysin[16] u. Carboxymethyllysin[17,18] führen. Zu Produkten der M.-R. mit mutagenem u. carcinogenem Potential siehe Literatur[19]. Einen Überblick zur Bildung dieser Verb., z.B. heterocycl. aromat. Amine (HAA) u. Imidazochinoline (IQ) (s. *Aminosäuren-Pyrolyseprodukte), die zu den stärksten bekannten Mutagenen zu zählen sind u. aus Produkten der M.-R. u. *Kreatin entstehen, gibt *Lit.*[20,21]. Die Bildung der IQ-Verb. erfolgt nur unter drast. Bedingungen. Die Maillard-Reaktion ist auch für die Bildung von Acrylamid in erhitzten Lebensmitteln verantwortlich. Beteiligt sind hierbei u.a. die Aminosäuren Asparagin und Glutamin[22].

***Physiologische Bedeutung:*** Daß die M.-R. auch *in vivo* abläuft, wurde erstmals an der nichtenzymat. Fructosylierung des Hämoglobins gezeigt (Reaktion von Fructose mit N-terminalem *Valin). Als Folgeprodukte der Fructosylierung von *Proteinen sind sog. advanced glucosylation end products (AGE)[23] u. Carboxymethyllysin[18] *in vivo* nachgewiesen worden. Einige der AGE scheinen unerwünschte physiolog. Eigenschaften (Netzhauttrübungen, Nierenschäden)[23] zu besitzen. Die Quervernetzung von Proteinen (z.B. Collagenfasern, Aortengewebe), wie sie bei Diabetikern häufig auftritt, ist neben der Fructosylierung eine geeignete Meßgröße zur retrospektiven Überwachung des Blutzuckerspiegels u. gibt Hinweise auf die Stoffwechselsituation eines Menschen. Als bisher einzige Substanz aus der quervernetzenden Aktivität der Glucose mit Proteinen wurde 2-(2-Furoyl)-4-(2-furyl)-1*H*-imidazol identifiziert[24].

Wechselwirkungen zwischen *Zuckern, Produkten der M.-R. u. der DNA beschreibt *Lit.*[24,25]. Lebensmitteltechnol. wird die M.-R. zur Herst. von *Zuckercouleur gezielt eingesetzt. Die Zusammenhänge zwischen M.-R. u. künstlicher Hautbräunung werden unter *Dihydroxyaceton behandelt. Einen umfassenden Überblick zur M.-R. geben die Reviews von Ledl[26,27] u. Schleicher[28].

***Analytik:*** Die Bestimmung der maßgeblich am Aroma, Geschmack und Farbgebung von Lebensmitteln beteiligten Verb. der M.-R. gelingt mit Hilfe von Aromaextraktverdünnungsanalyse bzw. Geschmacksverdünnungsanalyse[29,30] sowie unter Anw. des Farbaktivitätskonzeptes[31,32]. Die Klärung der Bildungswege von Produkten der M.-R. erfolgt über Modellumsetzungen mit isotopen-markierten Ausgangsprodukten (fragment labeling technique bzw. carbohydrate modul labeling, Abk. CAMO-LA)[33]. – *E* Maillard reaction

*Lit.:* [1]C. R. Acad. Sci., Ser. B **154**, 66–68 (1912); **155**, 1554 (1912). [2]J. Agric. Food Chem. **1**, 928–943 (1953). [3]Z. Lebensm. Unters.-Forsch. **186**, 489–494 (1988). [4]Lebensmittel-

chemie **44**, 57–58 (1990). [5]Belitz-Grosch-Schieberle (5.), S. 719–720. [6]J. Agric. Food Chem. **22**, 264–269 (1974). [7]Z. Lebensm. Unters.-Forsch. **186**, 311–314 (1988). [8]Z. Lebensm. Unters.-Forsch. **181**, 386–390 (1985). [9]J. Agric. Food Chem. **35**, 340–346 (1987). [10]Lebensmittelchemie **53**, 150 (1999). [11]Belitz-Grosch-Schieberle (5.), S. 274. [12]J. Agric. Food Chem. **32**, 955–963 (1984). [13]Lebensmittelchem. Gerichtl. Chem. **42**, 58 (1988). [14]J. Agric. Food Chem. **37**, 304–307 (1989). [15]J. Agric. Food Chem. **37**, 1385–1391 (1989). [16]GIT Suppl. **1989**, Heft 2, 25–30. [17]Lebensmittelchem. Gerichtl. Chem. **41**, 87–97 (1987). [18]J. Agric. Food Chem. **41**, 427–431 (1987). [19]Carcinogenesis **5**, 921 (1984). [20]Ernähr. Umsch. **39**, 450ff., 482–494 (1992). [21]J. Agric. Food Chem. **39**, 2237ff. (1991). [22]Nature (London) **419**, 448–449 (2002). [23]Proc. Natl. Acad. Sci. USA **81**, 583 (1984); Science **258**, 651ff. (1992). [24]Spektrum Wiss. **1987**, Nr. 7, 44–51. [25]Proc. Natl. Acad. Sci. USA **81**, 105 (1984). [26]Angew. Chem. **102**, 597–626 (1990). [27]Z. Ernährungswiss. **30**, 4–17 (1991). [28]Z. Ernährungswiss. **30**, 18–28 (1991). [29]J. Agric. Food Chem. **49**, 231–238 (2001). [30]J. Agric. Food Chem. **49**, 1336–1344 (2001). [31]J. Agric. Food Chem. **46**, 3912-3917 (1998). [32]ACS Symp. Ser. **775**, 168–179 (2001). [33]Hofmann, T.; Schieberle, P., In *Flavour 2000, Perception, Release, Evaluation, Formation, Acceptance, Nutrition & Health*, Rothe, M., Hrsg.; Proceedings of the 6th Wartburg Aroma Symposium; Deutsches Institut für Ernährungsforschung: Bergholz-Rehbrücke, (2001); S. 311–322.

*allg.:* Belitz-Grosch-Schieberle (5.), S. 258–278 ▪ Ullmann (5.) **A2**, 80; **A4**, 378; **A11**, 497

**Mais.** Zu den Gräsern (Poales = Graminales) zählende, neben Weizen und Reis wichtigste *Getreide-Pflanze der Welt (*Zea mays* L., Welschkorn, Kukuruz; Poaceae = Gramineae). Mais stammt aus Amerika (Mexiko) und wurde dort schon vor Kolumbus angebaut. Heute wird Mais weltweit kultiviert. Die Weltproduktion betrug 2001 609 Mio. t. Hauptproduzent war dabei mit weitem Abstand die USA (39,6%), gefolgt von China, Brasilien und Rumänien. In der EU wurden 2001 40 Mio. t Mais erzeugt, was einem Anteil von 6,7% an der Weltproduktion entspricht.

Mais (Chromosomenzahl $2n = 20$) unterscheidet sich von den übrigen Getreidearten durch die Einhäusigkeit, die größeren Abmaße der Körner und durch die mit Mark-Parenchym gefüllten Sproßzentren. Obwohl Mais eine Pflanze der Tropen und Subtropen ist, gedeihen zahlreiche Sorten auch in gemäßigten Breiten. Die zahlreichen Sorten können anhand von morphologischen Unterschieden der Körner folgendermaßen eingeteilt werden:

*Zahnmais* (convar. *dentiformis*): zahnartige Kornform mit an den Seiten hornigem, sonst weichem Endosperm; wird vor allem in den USA mit hohen Erträgen angebaut.

*Hartmais* (convar. *vulgaris*): rundes Korn mit hartem Endosperm, wird vielfach in Europa angebaut.

*Zuckermais* (convar. s*accharata*): runzliges Korn mit glasigem Endosperm, das im oberen Teil bis zu 14% Zucker und im unteren Teil Dextrine anstelle von *Stärke enthält; kommt als sog. „Gemüse-Mais" in den Handel.

*Puffmais* (convar. *microsperma*): spitz bis abgerundetes Korn mit hartem Endosperm, wird vor allem zur Herstellung von *Popcorn verwendet.

*Stärkemais* (convar. *amylacea*): leicht gezähntes Korn mit weichem Endosperm zur Stärkegewinnung; wird hauptsächlich in Südamerika angebaut. *Wachsmais* (convar. *cerantina*): Mais mit einem hohen Anteil an hochverdaulichem Endosperm. Der periphere Teil des Kornes besteht aus Amylopektin (siehe *Stärke), die dem Korn ein wachsähnliches Aussehen verleihen. Die aus Wachsmais gewonnene Stärke ist von hoher Qualität.

*Inhaltsstoffe:* Je 100 g Maismehl enthalten durchschnittlich: 12 g Wasser, 7,8 g Proteine, 76,1 g Kohlenhydrate, 2,6 g Fette, 0,7 g Faserstoffe, ca. 0,5 g Mineralstoffe (im unvermahlenen Korn), 340 IE Vitamin A, Spuren von B-Vitaminen, im Mehl kein Vitamin C (53 mg im Korn). Ernährungsphysiologisch bedeutsam ist, daß das Protein, vor allem das *Zein, arm an *Lysin und *Tryptophan ist. Da außerdem *Niacin in einer nicht resorbierbaren Form vorliegt, besteht bei überwiegendem Maisverzehr die Gefahr der Niacin-Avitaminose (siehe *Pellagra). Daher ist die Züchtung Lysin-reicher Mutanten (Opaque-2- und Floury-2-Mais) mit erhöhtem Tryptophan-Gehalt wichtig. Durch Quellen des Korns in kalkhaltigem Wasser wird die Niacin-Freisetzung im Teig bei der traditionellen Herstellung von Fladen (Tortillas) verbessert. Durch Inzucht-Heterosis-Züchtung war mit Hybridmais-Sorten in den letzten Jahrzehnten eine Verdopplung der Hektarerträge erreicht worden. Mais wird von *Zöliakie-Kranken vertragen und kann daher für diätetische Lebensmittel im Rahmen einer *Gluten-freien Diät verwendet werden. Das Hauptpigment von gelbem Mais ist *Zeaxanthin. Außerdem enthalten Maiskörner den Pflanzenwuchsstoff Zeatin.

*Gentechnik:* Von besonderem Interesse für die Molekulargenetik war die Entdeckung von transposablen Elementen (auch Kontroll-Elemente genannt), z.B. den Ac-Elementen. Die Auswirkungen von Transpositionen lassen sich phänotypisch beobachten, sofern sie Strukturgene betreffen. Eine experimentelle Nutzung hat zur Isolation auch züchterisch wertvoller Gene aus Mais, aber auch – nach Übertragung der Transposons – aus anderen Nutzpflanzen geführt. Gentechnisch veränderter Mais (ein *genmodifiziertes Lebensmittel), vorrangig mit Herbizidresistenz und Resistenz gegen den Maiszünsler (siehe *Bt-Mais), wird in den USA seit 1996 großflächig angebaut. In der Europäischen Union wurden über 200 Freilandversuche durchgeführt, in Deutschland etwa 20 (Stand 1996); siehe auch Literatur[1,2].

*Verwendung:* Mais wird zu Grieß und Mehl verarbeitet, woraus Flocken (Cornflakes), Popcorn, Brei (Polenta) oder Fladen (Tortillas) hergestellt werden. Aus Mais wird vorwiegend Stärke, Glucose-Sirup, Traubenzucker sowie Keimöl gewonnen. Die Zugehörigkeit zu den sogenannten $C_4$-Pflanzen wird zum Authentizitätsnachweis von Maisderivaten benutzt. Aus der Maisstärke (v.a. aus Wachsmais) werden Puddingpulver, Dickungsmittel für Suppen und Soßen sowie Klebstoffe hergestellt. Das Protein ist Rohstoff für die Gewinnung von Aminosäuren und Speisewürze. Der größte Teil wird jedoch als Viehfutter verwendet (Maiskolbenschrot, Grünfutter, Silagefutter). – *E* maize, corn

*Lit.:* [1] Nature (London) **386**, 485 (1997). [2] Curr. Biol. **7**, R411 (1997).
*allg.:* White, P. J.; Lawrence, A., *Corn: Chemistry and Technology*, 2. Aufl.; American Association of Cereal Chemists (AACC): St. Paul, MN, (2003) – *[HS 1005 10, 1005 90]*

**Maische.** Bezeichnung für die durch Verzuckerung von Stärke-haltigen Rohstoffen oder durch Auspressen von Zucker-haltigen Früchten erhaltene Flüssigkeit, die das Substrat für die anschließende Vergärung mit Hefen oder Bakterien zu Alkohol-haltigen Lösungen darstellt oder die zur Fruchtsaft-Bereitung verwendet wird.

1. Bei der Weinbereitung Bezeichnung für gemahlene oder gequetschte *Weintrauben, die bei der *Weiß- und Roséweinbereitung direkt oder nach einer maximal 6–8stündigen *Maischestandzeit* (erhöhte Saftausbeute, erhöhte Gehalte an Gerbstoffen, Aromastoffen und Mineralstoffen, Oxidationsvorgänge, Tätigkeit von Mikroorganismen) gekeltert werden. Bei längeren Standzeiten wird die Maische meist geschwefelt (30–50 mg/L $SO_2$). Bei der *Rotweinbereitung wird zur Farbstoffextraktion aus den Beerenhäuten die Maische kurz erhitzt (Maischeerhitzung) oder auf der Maische vergoren (*Maischegärung), da die mechanische Maischeverarbeitung keine ausreichende Farbstoffausbeute gewährleistet.

2. Bei der Herstellung von *Bier Bezeichnung für die Mischung aus Malzschrot und Brauwasser (Verhältnis 1:3–1:5), aus der die *Würze bereitet wird. Zu den Maischeverfahren (*Maischen*) siehe *Würze. Vor dem Gärprozeß liegt die *süße Maische* vor, nach der Gärung spricht man von *endvergorener Maische*. Der bei der Gärung entstehende Alkohol wirkt sich stark hemmend auf die Gärrate der Mikroorganismen aus, weshalb es bei der *alkoholischen Gärung unter wirtschaftlichen Gesichtspunkten nur möglich ist, einen Ethanol-Gehalt von etwa 9–10% vol in der endvergorenen Maische anzustreben. Da die verwendeten Rohstoffe möglichst vollständig vergoren werden sollen, ist es daher sinnvoll, in der Maische eine Konzentration von 160–180 g/L an vergärbaren Stoffen nicht zu überschreiten. *Dickmaisch-Verfahren* sind solche, bei denen aus verschiedenen Gründen mit einer höheren Konzentration an vergärbaren Stoffen eingemaischt wird.

3. Bei der Herstellung von *Bränden die Bezeichnung für zerkleinerte oder entsteinte Früchte (Äpfel, Birnen, Kirschen, Mirabellen, Zwetschgen usw.), die der Gärung unterworfen werden.

4. In der *Fruchtsaft-Technologie wird mit Maische das Gemisch zermahlener Früchte bezeichnet, aus denen durch Abpressen der Fruchtsaft erhalten wird. – *E* mash, unfermented juice of grapes

*Lit.:* Narziß, L., *Abriß der Bierbrauerei*, 7. Aufl.; Wiley-VCH, (2004) ∎ Schobinger, U., *Frucht- und Gemüsesäfte*, 3. Aufl; Ulmer: Stuttgart, (2001); S. 108–122, 194–199, 269–271 ∎ Würdig-Woller

**Maischegärung.** Verfahren der *Rotweinbereitung, bei dem die *alkoholische Gärung mit dem
Ziel der Farbstoffextraktion durch Alkohol und
Gärungswärme (20–28°C) auf der entrappten
(entstielten) *Maische erfolgt.

Der Trester (Beerenhäute, Fruchtfleisch) wird
durch die Gärungskohlensäure nach oben flotiert
und zu einem „Tresterhut" kompaktiert. Da zur
Extraktion ein inniger Kontakt zwischen Saft (flüssige Phase) und Tresterkuchen (feste Phase) benötigt wird, haben sich verschiedene Verfahren zum
Aufbrechen und zur Vermischung der Maische entwickelt:

– Mechanisches Unterstoßen oder Umwälzen: bei
  diesem traditionellen *Rotweinbereitungsverfahren*
  wird der Tresterhut mit Stempeln, Rührwerken,
  Mischblechen in offenen oder geschlossenen Behältern aufgebrochen und untergestoßen.

– Wenden und Aufbrechen durch Druck in Druck-
  behältern (Druckwechselverfahren): hier wird
  ein unter Gärungskohlensäure stehender Behälter von maximal 2,5 bar in kürzester Zeit auf
  0,5 bar entspannt; es kommt zum schlagartigen
  Freisetzen von Kohlensäure und zum Aufsteigen
  der Flüssigkeit, was zu einem Zerbrechen und
  Überfluten des Tresterhutes führt. Gleichzeitig
  wird das Zellgewebe zerstört und es kommt zur
  Extraktion.

– Überfluten, Überschwallen des Tresterkuchens
  mit Most/Wein: über ein Sieb von Kernen und
  Pflanzenresten befreiter Most/Wein aus dem unteren Teil des Gärbehälters wird in den Kopf-
  raum des Gärbehälters gepumpt und dort mit
  Hilfe einer Sprüheinrichtung über den Tresterhut
  verteilt. Die Flüssigkeit durchnäßt den Trester, es
  kommt zur Auflockerung und Extraktion. Das
  Überschwallen wird oft mit dem mechanischen
  Unterstoßen gekoppelt.

In der Praxis haben sich weitere Verfahren entwickelt, die jedoch auf den oben genannten
Grundprinzipien beruhen. – **E** fermentation on
skins

*Lit.:* Boulton, R. B.; Singleton, V. L.; Bisson, L. F.; Kunkee,
R. E., *Principles and Practices of Winemaking*, Kluwer Academic Publishers: Boston, (1999)

**Maischen** siehe *Würze (1.).

**Maiskeimöl.** *Palmitinsäure-reiches *Getreidekeimöl mit schwachem, charakteristischem Geruch. M. ist lösl. in Ether u. Dichlormethan sowie
wenig lösl. in Alkohol; D. 0,914–0,927, Schmp. –
18°C bis –10°C, Sdp. 321°C.

*Herstellung:* Maiskeimöl wird durch Pressen der
Keime (Fettgehalt 3,5–5%, davon 80% im Keim,
20% im Endosperm), die als Nebenprodukt bei
der Stärkeherst. anfallen, u. anschließende Raffination gewonnen. Um Ausfällungen bei tieferen La-
gertemp. zu vermeiden, ist eine Winterisierung[1,2]
üblich. Handelsname: Mazola®.

*Zusammensetzung[3]:* Der unverseifbare Anteil (1–
3%) besteht aus *Sterolen[4], v.a. β-*Sitosterol u.
Campesterol, sowie *Tocopherolen (α-Tocopherol:
0,27%, γ-Tocopherol: 0,56%)[1]. Veränderungen in

Tab.: Zusammensetzung von Maiskeimöl.

| Fettsäure | Kurzschreibweise | Gew.-% am Fettanteil |
|---|---|---|
| Myristinsäure | 14 : 0 | 0,1–1,7 |
| Palmitinsäure | 16 : 0 | 8,0–12,0 |
| Stearinsäure | 18 : 0 | 2,5–4,5 |
| Ölsäure | 18 : 1 (9) | 19–49 |
| Linolsäure | 18 : 2 (9,12) | 34–62 |
| Linolensäure | 18 : 3 (9,12,15) | 1,0 |

der Sterol-Fraktion durch technolog. Prozesse (z.B.
Hydrieren) sind in *Lit.*[4] beschrieben.

*Verwendung:* Maiskeimöl ist ein hochwertiges
Speiseöl und wird auch zur Herstellung von *Margarine, *Mayonnaise und anderen Nahrungsmitteln
verwendet. Weiterhin wird es zur Produktion von
*Seifen, Haarpflegemitteln, Schmierstoffen u. Le-
derpflegemitteln eingesetzt.

*Ernährungsphysiologie:* Der Gehalt an β-Sitosterol u. Tocopherolen sowie das günstige Verhältnis
von ungesätt. zu gesätt. Fettsäuren führt nach Aufnahme von M. im Vgl. zu anderen Ölen zu niedrigen LDL-Cholesterol-Werten[5]. Dies ist günstig zu
beurteilen.

*Analytik:* VZ 188–193, IZ 109–133, Hydroxylzahl
8–12, unverseifbarer Anteil 1,3–3,0%. Der hohe
Anteil an *Linolsäure ist charakterist. für Maiskeimöl. Das Verhältnis von γ/β-Tocopherol sowie
das Auftreten von α-Tocotrienol[6] sind signifikant.
Eine Zumischung von *Sonnenblumenöl kann
über ein abweichendes Sterol-Muster (z.B. Δ[7]-Stig-
masterol) erkannt werden. M. kann auch mittels
$^{13}$C-NMR-Spektroskopie ($\delta^{13}$C-Werte um –14‰)
identifiziert werden, da Mais unter den Öl-liefern-
den Pflanzen die einzige $C_4$-Pflanze ist.

M. wird nach den Leitsätzen für Speisefette u.
Speiseöle[7] beurteilt. – **E** maize germ oil, corn germ
oil

*Lit.:* [1]Belitz-Grosch-Schieberle (5.), S. 223, 636, 650–651.
[2]Fat Sci. Technol. **90**, 322–325 (1988). [3]Fat Sci. Technol. **92**,
118–121 (1990). [4]Fat Sci. Technol. **91**, 23–27 (1989). [5]Fette,
Seifen, Anstrichm. **86**, 606–613 (1984). [6]J. Food Sci. **50**,
121–124 (1985). [7]Leitsätze für Speisefette u. Speiseöle.
*allg.:* Ullmann (5.) **A10**, 225 ■ Zipfel, C 296 – *[HS 1515 21,
1515 29; CAS 8001-30-7]*

**Maiwein, Maitrank** siehe *weinhaltige Getränke.

**Majoranöl** (FEMA 2663). Gelbes bis gelblich-grünes Öl mit einem eigentümlichen würzig-aromat.,
erdig-camphrigen Geruch u. einem typ. warm-würzigen, aromat., etwas bitteren Geschmack; $d_{25}^{25}$
0,890–0,906, $n_D^{20}$ 1,4700–1,4750, $[\alpha]_D^{20}$ +14° bis
+24°.

*Herstellung:* Durch Wasserdampfdest. aus dem
blühenden Majorankraut, *Origanum majorana*
(*Majorana hortensis* Moench), das vorwiegend im
Mittelmeerraum kultiviert wird.

*Zusammensetzung[1]:* Hauptbestandteile sind Sabinen (ca. 5%), α- (5–10%) u. γ-Terpinen (10–
15%), *cis*-Sabinenhydrat (10–15%) u. Terpinen-4-
ol (20–30%); die letzten beiden Verb. bestimmen
im wesentlichen den organolept. Charakter des
Majoranöls. Indisches M. enthält *Eugenol, Methylchavicol (siehe *Estragol) und *Geraniol[2].

(Echtes) M. ist nicht zu verwechseln mit sog. Span. M., das aus *Thymus mastichina* gewonnen wird u. zwischen 40 u. 70% 1,8-Cineol enthält.

*Verwendung:* Bei der Parfümherst. als krautig-würzige Komponente, v.a. in Herrennoten; zur Aromatisierung von Lebensmitteln wie Wurstwaren, Fleischzubereitungen, Soßen u. Salaten. – *E* sweet marjoram oil

*Lit.:* [1]Perfum. Flavor. **12** (4), 73 (1987); **14** (1), 32 (1989); **19** (4), 39 (1994). [2]Ziegler, E.; Ziegler, H., Hrsg., *Flavourings*, Wiley-VCH: Weinheim, (1998); S. 201.
*allg.:* Bauer et al. (4.), S. 204 ▪ H&R, S. 182 – *[HS 3301 29; CAS 8015-01-8]*

**Makrele** (*Scomber scombrus*). Pelagisch lebender, langsam wachsender Schwarmfisch des Nordostatlantiks sowie der Ostküste von Nordamerika. Erreicht eine Länge von 65 cm und ein Gewicht von 3 kg. Makrelen sind ausgesprochene Fettfische mit einem Fettgehalt bis zu 35% im Fleisch. Makrelen können bis zu 4% ihres Filetgewichtes hochungesättigte Fettsäuren enthalten. Sie werden zu Räucherfisch und Dauerkonserven verarbeitet. Weltweit wurden im Jahre 2000 637598 t Makrelen gefangen, davon 193638 t durch UK und 174173 t durch Norwegen. – *E* mackerel – *[HS 0302 64]*

**Makrosmaten** siehe *Geruch.

**Malabsorption.** Störung der Nahrungsaufnahme aus dem Darm-Trakt in die Blut- u. Lymphbahn, die auf einem Defekt der Dünndarmschleimhaut beruht. Eine selektive M. kann für bestimmte Stoffe angeboren sein (z.B. Kohlenhydrat-M., Methionin-M.), während eine generelle M. als Folge verschiedener Darmerkrankungen auftreten kann (z.B. nach schweren akuten od. chron. Darminfektionen, bei Stenose des Dünndarms od. nach Verschluß der Mesenterialgefäße). Eine Atrophie der Dünndarmschleimhaut, die zu genereller M. führt, kann bei genet. disponierten Personen schon im Kindesalter durch Prolamine aus Weizen, Roggen u. Gerste ausgelöst werden. Die Pathogenese dieser als *Zöliakie bezeichneten Erkrankung ist noch nicht im Detail geklärt. Folgen der M. sind Unterernährung, Vitamin- u. Eisen-Mangel, als Leitsymptome treten Gewichtsabnahme, chron. Durchfälle, Fettstuhl, Muskelschwäche, Haut- u. Schleimhautveränderungen sowie Anämie auf. – *E* malabsorption

*Lit.:* Thews, G.; Mutschler, E.; Vaupel, P., *Anatomie, Physiologie u. Pathophysiologie des Menschen*, 5. Aufl.; Wissenschaftliche Verlagsges.: Stuttgart, (1999); S. 386

**Malachitgrün** [C.I. Basic Green 4, Diamantgrün P od. Bx, Viktoriagrün B od. WB, 4,4′-Bis(dimethylamino)tritylium-chlorid]. $C_{23}H_{25}ClN_2$, $M_R$ 364,92, ein Triarylmethan-Farbstoff. Grüne, metall. glänzende Krist., sehr gut lösl. in Wasser, Ethanol, Methanol u. Amylalkohol.
*Herstellung:* Man erhitzt Benzaldehyd mit Dimethylanilin u. Schwefelsäure, hierauf wird das entstehende Bis[4-(dimethylamino)phenyl]phenylmethan (*Leukomalachitgrün*) mit Bleidioxid u. Salzsäure oxidiert.

*Verwendung:* Obwohl M. nur wenig echte Färbungen liefert (wird durch Chlor zerstört, durch Laugen entfärbt, durch Salzsäure rotgelb gefärbt), hat man es doch zur Grün- bzw. Bläulichgrünfärbung von Baumwolle (Beizung mit Tannin u. Brechweinstein nötig), Seide, Wolle, Jute, Leinen, Stroh, Papier u. zur Herst. von grünen Lackfarben verwendet. In der Mikroskopie dient M. zur Färbung von Pilz-infizierten Pflanzengeweben, Bakterien u.dgl., in der Tüpfelanalyse zum Schwefelsäure-Nachweis. Über einen Phosphat-Nachw. mit Hilfe von M. siehe Literatur[1]. Nach Werth[2] wirkt M. in Konz. von 3 mg/100 g tödlich auf Ratten. Aufgrund seiner starken antibakteriellen, fungiziden u. antiparasit. Eigenschaften wurde M. zur Bekämpfung von Ektoparasiten u. von Verpilzungen in der Teichwirtschaft (Forellen, Karpfen) eingesetzt. Im Fischorganismus wird M. zu über 90% zu *Leukomalachitgrün* metabolisiert, welches nur sehr langsam eliminiert wird. Daher treten hauptsächlich Rückstände von Leukomalachitgrün auf[3,4].

Leukomalachitgrün

Malachitgrün

*Analytik:* Neben der DC hat die HPLC die größte Bedeutung. Leukomalachitgrün wird entweder vor der Chromatographie oxidiert u. als M. erfaßt od. mit einem elektrochem. Detektor direkt bestimmt[3,5]. Auch die LC-MS-Kopplung kommt zur Anwendung[6].
*Recht:* Die Anw. von M. in der Teichwirtschaft ist in Deutschland nicht zugelassen. Seit dem 18.05.1992 gibt es Höchstmengen als rechtsverbindliche Normen für alle EG-Länder; in Deutschland gibt es eine Höchstmengenregelung im Rahmen veterinär-medizinisch genutzter Wirkstoffe[7]. – *E* malachite green

*Lit.:* [1]Z. Anal. Chem. **256**, 174 (1971). [2]Arzneim.-Forsch. **17**, 1–6, 155–158 (1967). [3]Dtsch. Lebensm. Rundsch. **87**, 350–353 (1991). [4]Arch. Lebensmittelhyg. **39**, 97–102 (1988). [5]Dtsch. Lebensm. Rundsch. **82**, 386–389 (1986). [6]Doerge, D. R.; Churchwell, M. I.; Gehring, T. A.; Pu, Y. M.; Plakas, S. M., *Rapid Commun. Mass Spectrom.*, (1998) **12**, 1625–1634. [7]Petz, M., *Lebensmittelchemie*, (1993) **47**, 26–31. *allg.:* Beilstein EIV **13**, 2279 ▪ Culp, S. J., et al., *Mutat. Res.*, (2002) **506/507**, 55–63 ▪ Hager (5.) **2**, 353 – *[CAS 569-64-2]*

**Malate.** Bez. für die Salze u. Ester der *Äpfelsäure. Die Salze haben die allg. Formel: 1. Hydrogen-M. $[HOOC–CHOH–CH_2–COO]^-$ $M^+$ od. $\frac{1}{2}M^{2+}$; 2. M. $[OOC–CHOH–CH_2–COO]^{2-}$ $2M^+$ od. $M^{2+}$ u. sind gut wasserlöslich. Zum Vork. s. *Äpfelsäure.

*Verwendung:* Malate werden als *Stabilisatoren u. *Säureregulatoren eingesetzt.

*Recht:* Als *Lebensmittelzusatzstoffe gemäß *ZZulV 1998 zugelassen (Anlage 4): Na-M. (Natriummalat, Natriumhydrogenmalat, E 350), K-M. (E 351), Ca-Hydrogen-M. u. Ca-M. (E 352). Die Reinheitsanforderungen der zugelassenen M. sind in der *ZVerkV 1998 (Anlage 2 Liste B) geregelt. – *E* malates – *[HS 2918 19; CAS 58214-38-3 (Na-mono-M.); 676-46-0 (Na-di-M.); 36507-64-9 (K-mono-M.); 585-09-1 (K-di-M.); 17482-42-7 (Ca-M.)]*

**Malathion** siehe *Organophosphor-Insektizide.

**Maldigestion.** Störung der Nahrungsaufnahme aus dem Darm-Trakt in die Blut- u. Lymphbahn bei intakter Dünndarmschleimhaut. Ursache der M. ist meist ein Mangel an Verdauungsenzymen (z.B. Ausfall der Pankreassekretion, angeborener Lipasemangel) od. an Galle (z.B. Störungen der Gallensekretion od. des Gallenabflusses). Bei z.B. Milchunverträglichkeit kann der Milchzucker nicht resorbiert werden, weil das in den Mikrovilli des Darmepithels lokalisierte Enzym β-*Galactosidase fehlt. Die *Lactose gelangt daher in die tieferen Darmabschnitte u. wird dort bakteriell u.a. zu Säuren abgebaut, die abführend wirken. M. kann auch bei verschiedenen *Lebensmittelallergien (Milcheiweiß, Eiereiweiß) auftreten od. psychogene Ursachen haben. Symptome der M. sind Gewichtsabnahme, Durchfälle u. Mangelerscheinungen. – *E* maldigestion

*Lit.:* Thews, G.; Mutschler, E.; Vaupel, P., *Anatomie, Physiologie u. Pathophysiologie des Menschen*, 5. Aufl.; Wissenschaftliche Verlagsges.: Stuttgart, (1999); S. 386

**Malo-Lactat-Fermentation** siehe *biologischer Säureabbau.

**Malon(di)aldehyd** (Propandial). $OHC–CH_2–CHO$, $C_3H_4O_2$, $M_R$ 72,06. Nur in wäss. Lsg. bekannt, reagiert stark sauer, Rotfärbung mit $FeCl_3$. Bei der Lipid-Peroxidation ungesätt. *Fettsäuren mit drei od. mehr Doppelbindungen wird M. insbes. bei höheren Temp. freigesetzt. Die Bildung wird als radikal. Zerfall bicycl. Fettsäuren-doperoxide diskutiert.

M. wird häufig als Indikator für eine Lipid-Peroxidation herangezogen, obwohl diese damit erst im Spätstadium erfaßbar ist. Die Bestimmung erfolgt

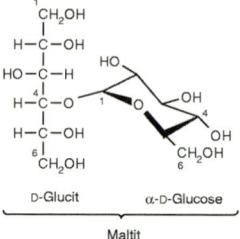

über den *Thiobarbitursäure-Test. Durch Schiffsche-Base-Reaktion mit den ε-Amino-Gruppen zweier Lysin-Reste kann der bifunktionelle M. Proteine vernetzen, wodurch es zu einer Abnahme der Protein-Löslichkeit kommt. Die fluorimetr. Erfassung der entstandenen Addukts kann ebenfalls zum Nachweis der Lipid-Peroxidation sowie solcher Vernetzungsreaktionen herangezogen werden. – *E* malondialdehyde

*Lit.:* Beilstein EIV **1**, 3634 ▪ Food Chem. **59**, 345–353 (1997) ▪ Halliwell, B.; Gutteridge, J. M. C., *Free Radicals in Biology and Medicine*, Oxford Univ. Press: New York, (1999)

**Malossol** siehe *Caviar.

**Malpighie** siehe *Acerola.

**Maltase** siehe *Glucosidasen.

**Maltit** (4-*O*-α-D-Glucopyranosyl-D-glucit, E 965).

D-Glucit / α-D-Glucose

Maltit

$C_{12}H_{24}O_{11}$, $M_R$ 344,31, weiße, gut wasserlösliche Kristalle, Schmp. 146 °C. Maltit ist der *Zuckeralkohol der *Maltose. Der Disaccharid-Zuckeralkohol Maltit besitzt im Vergleich zu Saccharose (= 1) eine relative Süße von 0,6–0,9 (zum Vergleich Glucose 0,5–0,8, Sorbit 0,5–0,6, Maltose 0,3–0,6, Fructose 1,1–1,7). Selbst bei hohen Temperaturen zeigt es kaum Bräunungsreaktionen. Mit 50–90% der Trockensubstanz repräsentiert Maltit die Hauptkomponente in *Maltitsirup.

*Physiologie:* Maltit wird im Intestinaltrakt nur sehr langsam zu *Glucose und *Sorbit hydrolysiert, demzufolge verzögert resorbiert bzw. in tieferen Darmabschnitten mikrobiell umgesetzt (Entstehung von $CO_2$, Fettsäuren, pH-Absenkung) oder ausgeschieden. Maltit besitzt nur einen geringen Einfluß auf den Blutzuckerspiegel. Nur etwa 50% des Maltits werden vom Erwachsenen energetisch genutzt; 30–50 g/d werden toleriert; es ist wenig kariogen und daher zahnschonend und besitzt einen reinen Süßgeschmack [$LD_{50}$ (Maus oral) >16 g/kg[1]]. Wie alle Zuckeralkohole weist Maltit einen laxierenden Effekt auf.

*Herstellung:* Mais- oder Kartoffelstärke werden mit α-*Amylase verflüssigt, dann mit (pflanzlicher oder bakterieller) β-*Amylase und α-Amylase in Gegenwart eines entzweigenden Enzyms (zumeist Isoamylase) zu Maltose gespalten und katalytisch hydriert. Nach Reinigung und Entfärbung (Aktivkohle, Ionenaustauscher) wird durch Verdampfung im Vakuum das Handelsprodukt[2] *Malbit® liquid* (ein Sirup mit 73–77% Maltit, 2,5–3,5% D-Sorbit, 9,5–13,5% hydrierten Trisacchariden und 6,5–13% hydrierten höheren Oligomeren in der Trockensubstanz, siehe *Maltitsirup) hergestellt. Durch Animpfen und weitere Reinigung wird *Malbit®* *crystallin* gewonnen (ein Trockenprodukt mit 86–90% Maltit, 1–3% Sorbit, 5–8% hydrierten Trisacchariden und 2–6% hydrierten höheren Oligomeren).

*Verwendung:* Als zahnfreundlicher *Zuckeraustauschstoff, vor allem für Diabetiker, Übergewichtige und Kinder (da wenig kariogen), für Süß-, Konditorei- und Dauerbackwaren, Marmeladen, Konfitüren, Fruchtkonserven, alkoholfreie Getränke, Eiscremes.

*Recht:* E 965 Maltit, Maltitsirup.

*Zulassung:* Nach Anlage 2 (zu § 4 Abs. 1 und § 7) Teil A (Zuckeraustauschstoffe) der *Zusatzstoff-Zulassungsverordnung (ZZulV 1998) ist Maltit ein Zuckeraustauschstoff, der zum Süßen von den in Spalte 3 der Anlage genannten Lebensmitteln (brennwertverminderte oder ohne Zuckerzusatz hergestellte Lebensmittel, Saucen, Senf, Erzeugnisse für besondere Ernährungszwecke, Nahrungsergänzungsmittel/Diätergänzungsstoffe in fester Form) ohne angegebene Höchstmengenbeschränkung (quantum satis, qs) zugelassen ist. Die Zulassung für Maltit wird erweitert durch Anlage 4 Teil B (zu § 5 Abs. 1 und § 7) der ZZulV 1998. Demgemäß ist Maltit für Lebensmittel allgemein zugelassen, ausgenommen für bestimmte Lebensmittel, die in Teil A der Anlage genannt sind oder gesonderter Regelung in Teil C unterliegen.

*Brennwert:* Nach Artikel 1 (*Nährwert-Kennzeichnungsverordnung) § 2 Punkt 3 der „Verordnung zur Neuordnung der Nährwert-Kennzeichnungsvorschriften für Lebensmittel" ist der Brennwert für alle mehrwertigen Alkohole aus rechtlicher Sicht einheitlich auf 10 kJ/g festgelegt.

*Reinheitsanforderungen:* Geregelt in der *Zusatzstoff-Verkehrsverordnung (ZVerkV 1998) nach Anlage 2 (zu § 3 Abs. 1) „Verkehrsbezeichnungen und Reinheitsanforderungen von für technologische Zwecke zugelassenen Zusatzstoffen" Liste B [Reinheitsanforderungen nach Richtlinie 95/31/EG vom 05.07.1995 (Amtsblatt der EG Nr. L 178, S. 1) geändert durch die Richtlinie 2001/52/EG vom 03.07.2001 (Amtsblatt der EG Nr. L 190, S. 18)] und Anlage 4 (zu § 4) „Zulassung als Trägerstoffe für Lebensmittelzusatzstoffe".

*Kenntlichmachung:* Maltit gehört als Zuckeraustauschstoff zu den Süßungsmitteln. Bei Lebensmitteln ist der Zusatz eines Süßungsmittels in Verbindung mit der Verkehrsbezeichnung durch die Angabe „mit Süßungsmittel" kenntlich zu machen (§ 9 Abs. 2 der ZZulV 1998).

Tafelsüßen mit den Zusatzstoffen Sorbit, Mannit, Isomalt, Maltit, Lactit und Xylit und andere Lebensmittel mit einem Gehalt an diesen Zusatzstoffen von mehr als 100 Gramm in einem Kilogramm oder in einem Liter dürfen nur in den Verkehr ge-

bracht werden, wenn der Hinweis „kann bei übermäßigem Verzehr abführend wirken" angegeben ist (§ 9 Abs. 5 ZZulV 1998).

Ein ADI-Wert ist nicht festgelegt. – *E* maltitol

*Lit.:* [1] The Amylase Research Society of Japan, Hrsg., *Handbook of Amylase and Related Enzymes*, Pergamon Press: Oxford, (1988); S. 203–206. [2] Swiss Food **6**, 13–19 (1984). *allg.:* Beilstein EV **17**/7, 145 ▪ Ruttloff (2.), S. 614f. ▪ Ruttloff et al., S. 224f. – *[HS 2940 00; CAS 585-88-6]*

**Maltitsirup** (Hydrierter Glucosesirup, HGS, E 965). Durch sauren und enzymatischen Abbau wird aus Maisstärke oder Kartoffelstärke ein *Glucosesirup mit hohem *Maltose-Anteil (bis 75% TS) gewonnen. Geeignete Enzyme sind α-*Amylase, β-*Amylase und *Pullulanase. Je nach Maltose-Gehalt erhält man nach katalytischer Hydrierung Maltitsirup unterschiedlicher Zusammensetzung: 1–8% *Sorbit, 50–80% *Maltit, 10–20% hydrierte Trisaccharide und 10–30% hydrierte *Oligosaccharide. Handelsprodukte sind Lycasin®, Malbit®, Finmalt® und Maltidex®.

Die relative Süßkraft liegt zwischen 0,3 und 0,7 (Saccharose = 1), Kariogenität[1] und physiologischer Brennwert sind geringer als bei Glucosesirup und hängen vom Maltit-Gehalt des Sirups ab. Etwas laxierend. Zur rechtlichen Beurteilung siehe *Maltit. – *E* maltitol

*Lit.:* [1] Myers (Hrsg.), Monographs in Oral Science, Vol. 11, Basel: Karger 1983. *allg.:* Baltes (3.), S. 176ff. ▪ Belitz-Grosch-Schieberle (5.), S. 849 ▪ Nabors u. Gelardi (Hrsg.), Alternative Sweeteners, S. 165ff., New York: Marcel Dekker 1990 ▪ Rymon-Lipinski u. Schiweck, S. 369ff. ▪ Süßwaren **38**, 14f. (1994)

**Maltodextrine.** Durch enzymatischen Abbau von *Stärke gewonnene wasserlösliche *Kohlenhydrate, die aus Glucose-Einheiten bestehen und ein Dextrose-Äquivalent (DE) <20 besitzen.

Maltodextrine werden Lebensmitteln zur Verbesserung der rheologischen und kalorischen Eigenschaften zugesetzt, schmecken nur wenig süß und neigen nicht zur *Retrogradation. Sie werden z.B. als Backmittel und Backgrundstoff für Feine Backwaren zur Verbesserung der Krumenstruktur und Verstärkung der Krustenbräunung verwendet. Des weiteren sind Maltodextrine in Sportlerprodukten als Kohlenhydrat-Quelle verbreitet. Handelsprodukte sind meist Trockenpulver mit einem Wassergehalt von 3–5% [1,2]. Der Zusatz von Maltodextrinen zu Lebensmitteln ist über das Zucker-Spektrum nachweisbar[3].

In den letzten Jahren werden Maltodextrine in der modernen Lebensmitteltechnologie als *Fettaustauschstoffe verwendet. Maltodextrine bilden in wäßriger Lösung thermoreversible Gele mit einem Mundgefühl und einer Textur die Ölen und Fetten entspricht. 20–40%ige wäßrige Lösungen werden deshalb eingesetzt, um den Fett- bzw. Ölgehalt in verschiedenartigen Lebensmitteln (z.B. emulgierte Saucen, Milcherzeugnisse, Desserts, Brotaufstriche, Bäckereiprodukte) zu vermindern. Dadurch ergibt sich pro Gramm ersetzten Fettes ein Brennwert von 1 statt 9 kcal. Im Handel befinden sich mehrere Produkte, die aus unterschiedlichen Pflanzenstärken hergestellt wurden. „N-Oil®" bzw. „N-Lite" sind aus Tapiokastärke hergestellte Maltodextrine, die in Eiscreme, Saucen, Dressings und Brotaufstrichen eingesetzt werden. „Paselli SA 2®" ist ein aus Kartoffelstärke gewonnenes Maltodextrin für den Einsatz in Backwaren und gefrorenen Desserts. Maltrin® ist ein entsprechendes Produkt aus Maisstärke[6].

*Recht:* Beurteilungsgrundlage für Maltodextrine ist die Richtlinie für Stärkeerzeugnisse des Bundes für Lebensmittelrecht und Lebensmittelkunde (*BLL)[4]. In Kapitel III Nr. 4 dieser Richtlinie ist folgende Definition gegeben: „Maltodextrin ist eine gereinigte und konzentrierte wäßrige Lösung von zur Ernährung geeigneten, aus Stärke gewonnenen Sacchariden oder das daraus hergestellte Trockenprodukt mit einem Dextrose-Äquivalent (DE) von mindestens 3%, jedoch weniger als 20%. Maltodextrin ist bis auf technisch unvermeidbare Anteile frei von Stärke." In der Richtlinie des BLL sowie in der *Zusatzstoff-Zulassungsverordnung[5] ist die Konservierung von Maltodextrinen geregelt. Diese darf maximal 50 mg/kg Schwefeldioxid enthalten. *Diätetischen Lebensmitteln für Diabetiker dürfen keine Maltodextrine zugesetzt werden (§ 12, Abs. 2, Nr. 2 DiätV). Werden Maltodextrine als Trägerstoffe z.B. in Streusüßen verwendet, darf ihr Anteil am verzehrsfertigen Lebensmittel nicht mehr als zwei Hundertteile betragen (§ 12, Abs. 2, Nr. 2 DiätV). Liegt ihr Gehalt über diesem Wert muß der Hinweis „enthält Maltodextrin, daher für Diabetiker nicht geeignet" angebracht sein.

Maltodextrine sind in den USA von der FDA als unbedenklich eingestuft und besitzen *GRAS-Status. – *E* maltodextrins

*Lit.:* [1]Starch/Stärke **41**, 395–401 (1989). [2]Starch/Stärke **41**, 428ff. (1989). [3]J. Agric. Food Chem. **37**, 926–930 (1989). [4]Richtlinien für Stärke und bestimmte Stärkeerzeugnisse, Schriftenreihe des BLL Heft 84, Behr's: Hamburg, (1976). [5]Zusatzstoff-Zulassungsverordnung in der Fassung von 29.01.1998 (BGBl. I, S. 231), Anlage 4 Liste B Nr. 14. [6]Ragotzky, K., *Fettaustausch und Fettersatz: Neue Lebensmittel auf dem Prüfstand*; Schriftenreihe Lebensmittelchemie, Lebensmittelqualität 23; Behr's: Hamburg, (1997); S. 69, 91–93.

**Maltol** (Larixin, Larixinsäure, 3-Hydroxy-2-methyl-4*H*-pyran-4-on; FEMA 2656).

$C_6H_6O_3$, $M_R$ 126,11, angenehm karamelartig riechende Nadeln od. Prismen, Schmp. 161–162 °C, (subl. ab 93 °C), $LD_{50}$ (Ratte oral) 1,4 g/kg; gut lösl. in heißem Wasser u. Chloroform, weniger in Alkohol, schlecht in Benzol, Ether u. Petrolether. M. ist unter alkalischen Bedingungen nicht stabil. M. entsteht aus Amadori-Verbindungen im Verlauf der *Maillard-Reaktion[1]; dementsprechend wurde M. als *Aromastoff in vielen therm. behandelten Lebensmitteln nachgewiesen, z.B. in Brot-, *Kakao-, *Kaffee-, Tee u. Sakearoma[2], in gerösteten Nüssen, aber auch in Erdbeeren, Lärchenrinde u.

Tannennadeln[3]. Die Hauptmenge wird jedoch aus Birkenteeröl, Melasse od. synthet.[4] hergestellt. Als prägender Aromastoff der gebrannten Gerste wurde M. bereits 1894 erkannt[5]. Aufgrund der geringen Flüchtigkeit liegt die Geruchsschwelle mit 35 mg/L sehr hoch[6], Geschmacksschwelle 5 mg/L; M. wirkt aber als *Geschmacksverstärker der Empfindung „süß" u. ersetzt bereits in Mengen von 5–75 ppm etwa 15% Zucker bei gleicher Intensität des Süßgeschmacks. Das als Lebensmittelzusatzstoff zugelassene *2-Ethyl-3-hydroxy-4H-pyran-4-on* („Ethylmaltol"; $C_7H_8O_3$, $M_R$ 140,14; E 637) ist im Geschmack 4–6 mal stärker als M. u. findet Verw. als Geschmacksverstärker (Höchstmenge 50 mg/kg Lebensmittel); in der Natur wurde es noch nicht nachgewiesen. Zur Enol-Carbonyl-Struktur als Voraussetzung für karamelartige Aromastoffe vgl. *Lit.*[7].

*Verwendung:* In Lebensmittelaromen mit Karamel-Note, als Geschmacksverstärker (E 636), z.B. in *Fruchtaromen (darin bereits unterhalb der Geschmacksschwelle von ca. 5 ppm[8] wirksam) od. in Limonaden als Teilersatz für Zucker[9]. – *E* maltol

*Lit.:* [1]Hopp u. Mori (Hrsg.), Recent Developments in Flavor and Fragrance Chemistry, S. 168–181, Weinheim: VCH Verlagsges. 1993. [2]TNO-Liste (6.) Suppl. 1, S. 447, 501. [3]US 5221756 (1993), Florasynth Inc. [4]J. Org. Chem. **45**, 1109ff. (1980); Org. Prep. Proced. Int. **24**, 95 (1992) (Synth.). [5]Ber. Dtsch. Chem. Ges. **27**, 806 (1894). [6]Perfum. Flavor. **16**(1), 1–20 (1991). [7]Ohloff, S. 38f. [8]Arctander, Nr. 1831. [9]Belitz-Grosch-Schieberle (5.), S. 267, 270, 351, 423.

*allg.:* Bauer et al. (4.) ▪ Beilstein EV **18/1**, 114 ▪ Ullmann (5.) **A 11**, 205 – *[HS 2932 99; CAS 118-71-8]*

**Maltose** (Malzzucker, Maltobiose, 4-*O*-α-D-Glucopyranosyl-D-glucose).

β-Form

$C_{12}H_{22}O_{11}$, $M_R$ 342,30. Süß schmeckende, feine Nadeln, Schmp. 160–165 °C, als Monohydrat Schmp. 102–103 °C, unlösl. in Alkohol, Ether, löslich in Wasser; $[\alpha]_D$ +112° → +130° ($H_2O$). Maltose besteht aus zwei Molekülen D-Glucose, die über eine α-1,4-Glycosid-Bindung verknüpft sind (*Disaccharid). Durch verdünnte Säuren und Maltase wird Maltose gespalten. Die rechtsdrehende Maltose zeigt Mutarotation, reduziert Fehlingsche Lösung und bildet mit Phenylhydrazin ein Osazon.

Andere aus 2 Glucose-Einheiten aufgebaute Disaccharide sind die zu Maltose stereoisomere *Cellobiose und das 1,6-verknüpfte Isomerenpaar *Gentiobiose und *Isomaltose (6-*O*-α-D-Glucopyranosyl-D-glucose); letztere fällt bei der Glucose-Gewinnung aus Stärke an. Andere Oligomaltosen sind Maltotriose, Maltotetraose und Maltopentaose, die im Maissirup vorkommen und bei der Amylolyse von Stärke entstehen.

Bei der Reduktion von Maltose entsteht *Maltit, der als Zuckeraustauschstoff Verwendung findet.

*Vorkommen:* Maltose ist neben Lactose und Saccharose das am häufigsten vorkommende natürliche Disaccharid. Man findet es in Pflanzenwurzeln und Pflanzenknollen, Blättern, in keimenden Getreidesamen und Keimanlagen der Kartoffel. Maltose entsteht aus Stärke und Glycogen unter dem Einfluß von Amylase. Kürzlich konnten Maltosebindende Proteine identifiziert werden, die zur Erkennung von Bakterien, deren Vermehrung und zur Vermittlung von Botenstoffen essentiell sind[1].

*Herstellung:* Maltose wird in technischem Maßstab aus Stärke über *Maltosesirup produziert.

*Analytik:* Siehe *Oligosaccharide.

*Verwendung:* Als Nährmittel und Süßmittel (siehe *Maltosesirup), Bestandteil von Nährböden, Bienenfutter, Stabilisator für Polysulfide usw. Technisch entsteht Maltose in hoher Ausbeute (80%) durch Einwirkung von Diastase (α-Amylase und β-Amylase) auf Stärke, beim Bierbrauen wird Maltose vergoren; außerdem bildet sie aufgrund von Maillard-Reaktionen mit Aminosäuren wesentliche Geschmackstoffe im Brot. Maltose besitzt bezogen auf Saccharose eine relative Süße von 0,3–0,6. – *E* maltose

*Lit.:* [1]Schafer, K.; Magnusson, U.; Scheffel, F.; Schiefner, A.; Sandgren, M. O.; Diederichs, K.; Welte, W.; Hulsmann, A.; Schneider, E.; Mowbray, S. L., *J. Mol. Biol.*, (2004) **335**(1), 261–274.

*allg.:* Beilstein EV **17/7**, 189ff. ▪ Merck-Index (13.), Nr. 5736 ▪ Schlegel, A.; Bohm, A.; Lee, S. J.; Peist, R.; Decker, K.; Boos, W., *J. Mol. Microbiol. Biotechnol.*, (2002) **4**, 301–307 – *[HS 1702 90; CAS 69-79-4 (Maltose allgemein); 6363-53-7 (Hydrat); 4482-75-1 (α-Anomer); 133-99-3 (β-Anomer)]*

**Maltosesirup** (Maltose-reicher Sirup). Bez. für Stärkehydrolysate, bei denen durch Einsatz geeigneter Enzyme u. entsprechende Reaktionsführung der Anteil der *Maltose an den Spaltprodukten bes. hoch ist. Bestimmte „maltogene" Pilz-α-*Amylasen[1] können bereits als einzige Enzymkomponente Sirupe mit relativ hohem Maltose-Anteil (bis zu 50% in der Trockenmasse) erzeugen. Werden hingegen α-Amylasen, debranching enzymes (z.B. *Pullulanase, Isoamylase) sowie bakterielle od. Malz-β-*Amylasen im Komplex eingesetzt, erhält man Maltosesirupe mit bis zu 90–95% Maltose in der Trockenmasse. Techn. Maltosesirupe enthalten zwischen 50 u. 95% Maltose in der Trockenmasse. Man bezeichnet sie als „Maltosesirup" (40–45% Maltose in der Trockenmasse), „Maltose-reich" (45–60%), „hoch Maltose-reich" (70–85%) od. als „hochreine Maltose" (90–95%)[2].

*Eigenschaften:* Maltosesirupe besitzen niedrige Viskositäten, geringe Hygroskopizität, geringe Süße, geringe Farbbildung u. gute Hitzestabilität.

*Verwendung:* In der Lebensmittel-Ind., insbes. bei der Herst. von Süßwaren (z.B. Karamellen, Fondantmassen), Back- u. Dauerbackwaren, Erzeugnissen der Obstverarbeitung, Eiscremes, alkoholfreien Getränken, Milchprodukten, in der Diätetik u. Krankenernährung (Flüssignahrung) als Nähr- u. Kräftigungsmittel, zur Stuhlregulierung bei Klein-

kindern; früher wurde hierfür vorrangig *Malzextrakt verwendet. Zur Analytik s. *Oligosaccharide. – *E* (high) maltose syrup

*Lit.:* [1]Starch/Stärke **38**, 205–210 (1986). [2]Ruttloff (2.), S. 611f.

*allg.:* Ruttloff et al., S. 215f. ▪ Uhlig (2.), S. 240 ▪ Whitaker (2.), S. 409f. – *[HS 1702 90]*

**Maltose-Zahl.** Maßzahl für die zu erwartende Triebkraft (sogenannte diastatische Kraft) eines *Mehles. Die Bestimmung erfolgt unter standardisierten Bedingungen durch eine quantitative Analyse der reduzierenden Zucker vor und nach Inkubation (27°C, 1 h) einer Mehlsuspension. Weizenmehle mit Maltose-Zahl <1% (Roggen <2%) gelten als triebschwach; bei Werten >2,5% (Roggen >3,5%) muß mit verminderten Backqualitäten infolge von *Auswuchs gerechnet werden. – *E* maltose number

**Maltulose** [*O*-α-D-Glucopyranosyl-(1→4)-D-fructose].

$C_{12}H_{22}O_{11}$, $M_R$ 342,29. Monohydrat: Kristalle, Schmp. 113–115°C; $[\alpha]_D^{20}$ +58°; Osazon: Schmp. 202–204°C; reduziert Fehlingsche Lösung. Vorkommen im Honig und in Bier. Bildung aus *Maltose in wäßriger Lösung bei der Einwirkung von Ammoniumhydroxid oder Calciumhydroxid.

Maltulose kann bei der Produktion von *Glucosesirup und *Maltosesirup als Nebenprodukt entstehen. Die Vorläufer werden im Verlauf der enzymatischen Stärkeverflüssigung (Enzym/Enzym-Verfahren mittels α-*Amylasen, zwischengeschaltete Autoklavierung) gebildet, und zwar durch chemische Isomerisierung reduzierender endständiger Glucose-Einheiten zu Fructose. Während der nachfolgenden Verzuckerung mit *Glucoamylase werden diese unter Bildung von Maltulose hydrolysiert. Bei saurer Verflüssigung vor der Verzuckerung findet keine Bildung von Maltulose-Vorläufern statt. Die Hydrierung der reduzierenden endständigen Glucose-Einheiten (zum Zuckeralkohol) nach der ersten α-Amylase-Behandlung (jedoch vor der Autoklavierung) verhindert die Entstehung von Maltulose; statt dessen wird *Maltit gebildet.

Maltulose gilt als nicht Karies verursachendes Disaccharid, da es von *Streptococcus mutans* nicht abgebaut wird. Neuere Untersuchungen zeigen, daß die Mundhöhle von anderen Bakterien besiedelt ist, die Maltulose fermentieren[1]. – *E* maltulose

*Lit.:* [1]Matsuyama, J.; Sato, T.; Hoshino, E.; Noda, T.; Takahashi, N., *Caries Res.*, (2003) **37**(6), 410–415.

*allg.:* Beilstein EV **17/7**, 214 – *[HS 1702 90; CAS 17606-72-3]*

**Malt Whisky** siehe *Whisky.

**Malvaliasäure** [7-(2-Octylcyclopropenyl)heptansäure].

$H_3C$—$(CH_2)_6$—$CH_2$          $CH_2$—$(CH_2)_5$—COOH

$C_{18}H_{32}O_2$, $M_R$ 280,45. Malvaliasäure ist eine Cyclopropenfettsäure und kommt in Kapokfett (ca. 10%), Baobafett (ca. 5%) sowie Baumwollsaatöl (ca. 0,3%) vor. Sie übersteht zwar die Raffination, nicht aber die Hydrierung von Baumwollöl.

*Toxikologie:* M. hemmt die sexuelle Reifung von Ratten u. Hühnern, senkt die Legeleistung von Hennen u. blockiert die Desaturase-Reaktion gesätt. Fettsäuren[1]. Zur Analytik siehe Literatur[2-4]. – *E* malvalic acid

*Lit.:* [1]Biochim. Biophys. Acta **1210**, 27–34 (1993). [2]Fette, Seifen, Anstrichm. **86**, 82ff. (1984). [3]Fette, Seifen, Anstrichm. **88**, 94f. (1986). [4]Fat Sci. Technol. **91**, 167f. (1989). – [CAS 503-05-9]

**Malvidin** siehe *Anthocyane.

**Malz.** *Getreide (meistens Gerste aber auch Weizen, Roggen, Hafer, Emmer, Einkorn, Triticale, Hartweizen, Dinkel usw.) wird durch Weichen mit Wasser zum Keimen gebracht und das so erhaltene *Grünmalz* durch Trocknen und Rösten in mehr oder weniger dunkles und aromareiches *Darrmalz* überführt (*Malzbereitung*). Der auf Trockenmasse bezogene Mälzungsverlust liegt bei 11–13%. Bis zur Verwendung als *Braumalz* zur Bierbereitung wird Darrmalz 4–6 Wochen gelagert.

*Herstellung:* 1. *Weichen:* Beim Weichen wird dem Getreide das zum Keimen notwendige Wasser zugeführt. Die Endwassergehalte liegen für helles Malz bei 42–44%, für dunkles Malz bei 44–46%. Der Prozeß läuft meist als Naß-Trocken-Prozeß, d.h. Weichwasser wird periodisch zu- und abgeführt. Das Getreide wird zunächst durch eine kurze Weiche von 4–6 h bei 12–15°C Wassertemperatur auf einen Wassergehalt von ca. 30% gebracht. In der folgenden Trockenperiode, die 18–20 h dauert, quellen die Körner und enzymatische Prozesse setzen verstärkt ein. In der zweiten Naßweiche bei ca. 18°C stellt sich in 2 h ein Wassergehalt von 38% ein. Eine gute Belüftung (15 m³/t/h) ist in allen Phasen von Bedeutung, da sie durch Entfernung des gebildeten Kohlendioxids keimungsfördernd wirkt. Die meist konischen Weichbehälter werden über Ringdüsensysteme belüftet und bewässert, gleichzeitig werden Kohlendioxid und Wasser abgeführt. Die normale Weichtemperatur liegt bei 12–24°C. Eine Alkalisierung des Weichwassers (CaO, NaOH) dient der Keimabtötung und der Entfernung unerwünschter Polyphenole aus den Spelzen.

2. *Keimen:* Wenn das Getreide den gewünschten Weichgrad erlangt hat (nach ca. 26 h) und die Auskeimung beginnt, läßt man es in Keimdarrkasten oder seltener in Trommeln keimen. Die Abführung von Kohlendioxid und Wärme erfolgt durch Einblasen von feuchter Luft (500 m³/t). In 16–20 h bei 16–18°C treibt der Keim aus. Der Wassergehalt des Getreides wird durch Besprühen zunächst auf ca. 41% und dann zur weiteren Unterstützung der Keimung gestuft bis auf 47% angehoben. Das Wachstum des Würzelchens setzt sich bis auf die 1 1/2fache Kornlänge fort. Zum Ende des Prozesses, der insgesamt 4–6 d dauert, wird die Temperatur auf 11–13°C gesenkt. In manchen Ländern erlaubt der Gesetzgeber Zusätze von Wuchsstoffen zur Beschleunigung der Keimung, z.B. *Gibberellinsäure. Dies ist in Deutschland jedoch nicht erlaubt.

3. *Darren:* Das als Grünmalz bezeichnete gekeimte Getreide mit einem Wassergehalt von 43–47% wird durch den Darrprozeß in lagerfähiges Darrmalz mit Wassergehalten von 2,5% (dunkles) bis 4,5% (helles) überführt.

Helles Malz erfordert zur Eindämmung der *Maillard-Reaktion eine schnelle Trocknung. Der Prozeß wird in Hochleistungsdarren bei einer Temperatur durchgeführt, die von 50 auf 65°C gesteigert wird; oberhalb von 40°C, bei einem auf 20% gesunkenen Wassergehalt, hört die Keimung auf. Die Aktivitäten von Hydrolasen (Endopeptidasen, α-Amylasen) steigen aber noch an, was erwünscht ist. Die Endtrocknung erfolgt bei 82–85°C, was zu unvermeidlichen Enzymverlusten führt.

Zur Herstellung von dunklem Malz wird die Feuchtigkeit so langsam entzogen, daß die Guttemperatur höher ist als beim hellen Malz. Dadurch wird die Keimung schon gehemmt, jedoch die Periode, in der die Aktivitäten von Hydrolasen zunehmen, verlängert. Entsprechend umfangreich verläuft der Abbau von Proteinen und Kohlenhydraten zu Vorläufern der Maillard-Reaktion. Abschließend wird das Malz bei 100 bis 105°C beschleunigt getrocknet, wobei die Maillard-Reaktion intensive Farb- und Aromastoffe liefert.

*Spezialmalze:* Spezialmalze werden für zahlreiche Sonderzwecke hergestellt. *Backmalz* (vorwiegend aus Weizen) hat eine hohe amylolytische Aktivität für Spezialbrote. Dunkles *Karamelmalz wird zur Verzuckerung der Stärke kurz bei 60–75°C gehalten und dann bei 150–180°C bis zum gewünschten Farbgrad geröstet. Das farbstoffreiche Malz ist frei von Diastase, ein guter Schaumbildner und dient hauptsächlich zum Aromatisieren von Malz- und Bockbieren. Helles Karamelmalz wird ähnlich wie das vorgenannte Malz gewonnen, jedoch nach der Verzuckerung bei niedriger Temperatur getrocknet. *Farbmalz* (siehe *Röstmalzbier) entsteht durch Rösten von Darrmalz ohne vorhergehende Verzuckerung bei 200–220°C. Es dient zur Verstärkung der Farbe dunkler Biere.

*Verwendung:* Vorrangig im Lebensmittelsektor, u. zwar als Brauereimalz, als Brennereimalz (enzymreiches, wenig gedarrtes Gersten-M., früher zur Verzuckerung von Getreide- u. Kartoffelstärke), als Backmalz, für Malzessig (Maische ausschließlich aus M.), für Malzkaffee (Kaffeesurrogat aus geröstetem Gersten-, Weizen- od. Roggen-M.), für *Malzextrakt, Malzsirup (mit 78% Trockensubstanz, aus gekeimter Gerste durch Ausziehen mit Wasser u. anschließendes Eindampfen im Vak., hoher Gehalt an leicht lösl. Kohlenhydraten, mindestens 55% Maltose, höchstens 12% Dextrine, 3–6% Rohprotein, auch als Pulver mit 98% Trockensubstanz, mit Eisen, Calciumsalzen u. Lecithin versehen als Nähr- u. Kräftigungsmittel für Kinder u. spezielle Zielgruppen) sowie für Malzwein (Vergärung von Heißwasserextrakt aus geschrotetem Malz, siehe *weinähnliche Getränke). Im mikrobiolog. Labor ist Malzextrakt ein wertgebender Bestandteil von M.-Agar-Nährböden. – *E* malt

*Lit.:* Narziß, L., *Abriß der Bierbrauerei*, 7. Aufl.; Wiley-VCH: Weinheim, (2004) ▪ Rehm-Reed (2.) **9**, 426ff. ▪ Ruttloff (2.), S. 189f., 746–753 ▪ Uhlig (2.), S. 254–271 – *[HS 1107 10, 1107 20]*

**Malzbier** siehe *Biereinteilung.

**Malzersatzstoffe** siehe *Rohfrucht.

**Malzextrakt.** Wäss. Auszug aus Gerstenmalz (künstlich zum Keimen gebrachte Gerste, s. *Mälzen), der durch schonendes Eindicken im Vak. od. Ausfrieren aufkonzentriert wird.
*Inhaltsstoffe:* Die nach dem Einwirken Malz-eigener Amylasen wasserlösl. Stoffe sind: *Maltose (40–50%), *Dextrine (10–21%), Eiweiß (4–6%), Glucose (10–12%), Wasser (höchstens 28%), Salze (1,5%, v.a. Phosphate) u. Vitamine (hauptsächlich B-Komplex). Zur Aminosäure-Zusammensetzung von Malz s. Literatur[1].
Der schwach süßliche, aromat. Geschmack von M. ist auf während dem Mälzen entstandene Röststoffe (*Maltol, Malzoxazin) u. karamelisierte Zucker zurückzuführen[2].
*Verwendung:* Als Pulver od. Sirup zur Herst. von Malzbonbons u. Malzkakao u. als Zusatz zu Dauerbackwaren u. Broten mit dem Ziel der Bräunung[3]. Er wird, mit Mineralstoffen (Eisen), Vitaminen u. Lecithin angereichert, als *diätetisches Lebensmittel od. Stärkungsmittel angeboten. In der Mikrobiologie ist M. zusammen mit Sojapepton u. Agar ein guter Nährboden für Pilze u. Hefen.
Werden andere Getreidesorten als Gerste verwendet, muß deren Namen dem Wort Malz vorangestellt werden (z.B. *Weizen-Malz*). – *E* malt extract

*Lit.:* [1]J. Agric. Food Chem. **34**, 1012–1016 (1986). [2]Angew. Chem. **102**, 597–626 (1990). [3]Getreide Mehl Brot **42**, 142–148 (1988).
*allg.:* Ullmann (5.) **8**, 709 – *[HS 1901 90]*

**Malzkaffee** siehe *Kaffee-Ersatzstoffe.

**Malzsurrogat** siehe *Rohfrucht.

**Malzwein** siehe *weinähnliche Getränke.

**Malzzucker** siehe *Maltose.

**Mamurabeere** siehe *Brombeere, Arktische.

**Man.** Kurzz. für *Mannose in der IUPAC/IUBMB-Notation für *Oligosaccharide.

**Mancozeb** siehe *Carbamate.

**Mandarine** (Echte Mandarine, Mittelmeer-Mandarine). Weltweit in den Subtropen angebaute Früchte der vermutlich von *Citrus reticulata* Blanco (Gewöhnliche Mandarine) abstammenden immergrünen *Citrus deliciosa* Ten. (Mittelmeer-Mandarine, Rutaceae), die in zahlreichen Sorten auftritt. Die durch *Carotinoide gefärbten, orangeroten bis roten Mandarinenfrüchte sind kleiner (80–120 g) als *Orangen, sind an den Polen abgeplattet und ihre Schale läßt sich leichter ablösen („Easy Peel-

er"). Die Mandarine hat ein sehr saftiges, zartes, orangefarbenes Fruchtfleisch, das in 9–12 Segmente unterteilt ist und rund 15–20 Kerne enthält. Die leuchtend roten Satsumas (*Citrus unshiu* Marc.) sind ebenso wie die *Tangerinen (*Citrus tangerina* Hort.) kernlos. Die *Clementine wird botanisch als intraspezifischer Mandarinen-Hybrid (Mandarine × Pomeranze) eingeordnet. Sie reift etwas früher als die Mandarine, schmeckt sehr süß und ist samenlos. Weitere Mandarinen-Hybriden sind Literatur[1,2] zu entnehmen.
*Inhaltsstoffe:* Das Fruchtfleisch enthält durchschnittlich 30 mg/100 g Vitamin C. Über die Zusammensetzung flüchtiger Verbindungen im Mandarinensaft vgl. Literatur[3]; zum Flavanon-Gehalt siehe Literatur[4,5]. In den Schalen hat man Polymethoxyflavone und Flavanon-Glycoside charakterisiert, die einerseits als chemotaxonomische Marker diskutiert werden und die andererseits eine wachstumshemmende Wirkung gegenüber Gram-negativen und Gram-positiven Bakterien zeigen[6]. Aus den Samen hat man zahlreiche Limonoide isoliert, denen u.a. antibakterielle und fungizide Eigenschaften zugesprochen werden[7].
*Verwendung:* Wegen der beim Verbraucher unbeliebten Kerne werden Mittelmeer-Mandarinen zunehmend verarbeitet, um aus den Ölzellen-reichen Schalen das wertvolle Mandarinenöl zu gewinnen, welches in der Likör-, Getränke-, aber auch in der Parfümindustrie Anwendung findet (vgl. *Mandarinenschalenöl). Bei uns kommen kernlose Sorten als Frischware von November bis Februar auf den Markt. Für Dosenware werden Satsumas bevorzugt. Außerdem werden Mandarinen zu Saft verarbeitet, dessen Zusatz zu Orangensaft zur Farbaufbesserung ist jedoch nicht erlaubt. – *E* mandarin(e)

*Lit.:* [1]Liebster, G., *Warenkunde Obst und Gemüse*, Hädecke: Weil der Stadt, (1999); Bd. 1, S. 334. [2]Bendel, L., *Das große Früchte- und Gemüselexikon*, Albatros: Düsseldorf, (2002); S. 192. [3]J. Agric. Food Chem. **45**, 3968–3972 (1997). [4]Sci. Hortic. **68**, 231–236 (1997). [5]Tomás-Barberán, F. A; Clifford, M. N., *J. Sci. Food Agric.*, (2000) **80**, 1073. [6]El-Shafae, A. M., *Chin. Pharm. J.*, (2002) **54**, 199. [7]Khalil, A. T.; Maatooq, G. T.; El-Sayed, K. A., *Z. Naturforsch.*, Teil C, (2003) **58**, 165.
*allg.:* Franke, W., *Nutzpflanzenkunde*, 6. Aufl., Stuttgart: Thieme, (1997); S. 291 ▪ Rapisarda, P.; Pannuzzo, P.; Romano, G.; Russo, G., *J. Agric. Food Chem.*, (2003) **51**, 1611 ▪ Souci et al. (6.) – *[HS 0805 20]*

**Mandarinen(schalen)öl** (FEMA 2657). In Abhängigkeit vom Reifegrad der Früchte grünliches bis rotoranges Öl, bläulich fluoreszierend. Frischer, leicht süßlicher typ. Mandarinenduft; der Geschmack ist charakterist. süß-sauer; $d_{20}^{20}$ 0,848–0,855, $n_D^{20}$ 1,474–1,478, $[\alpha]_D^{20}$ +64° bis +75°.
*Herstellung:* Durch „Kaltpressen" (s. *Citrusöle) der Schalen der Mandarine, *Citrus reticulata* Blanco (Rutaceae). *Herkunft:* Hauptsächlich Italien u. China, kleinere Mengen auch aus Spanien, Argentinien u. Brasilien. Gelbes und grünes M. werden vorwiegend nach dem Pellatrice-Verfahren hergestellt. Das rote M. wird aus der ganzen Frucht durch Zentrifugation hergestellt[1].

*Zusammensetzung*[2]: Hauptbestandteile sind *Limonen (ca. 70%) u. $\gamma$-Terpinen (ca. 20%). Wichtig für den organolept. Eindruck sind Spurenkomponenten wie Decanal (0,08%), $\alpha$-*Sinensale (0,3%), *Thymol (0,06%), Dodec-2-en-1-al (0,02%) sowie *N*-*Methylanthranilsäuremethylester (ca. 0,5%), der auch die blaue Fluoreszenz verursacht. Zur Authentizitätsbewertung mittels $\delta^{13}C$ u. $\delta^{15}N$-Isotopenverhältnisanalyse siehe Literatur[3].

*Verwendung:* Zur Parfümherst., v.a. in frischen Eaux de Toilette; zur Aromatisierung von Lebensmitteln wie Erfrischungsgetränken, Likören, Süßwaren usw., meist in Kombination mit Orangenaroma. – *E* mandarin oil

*Lit.:* [1]Ziegler, E.; Ziegler, H., Hrsg., *Flavourings*, Wiley-VCH: Weinheim, (1998); S. 176. [2]*Perfum. Flavor.* **16** (1), 53 (1991); **17** (4), 53 (1992); **19** (6), 29 (1994); Flavour Fragr. J. **9**, 105 (1994); **10**, 33 (1995); Biochem. Syst. Ecol. **28**, 61–78 (2000). [3]J. Agric. Food Chem. **45**, 2579–2583, 4719–4725 (1997).
*allg.:* Bauer et al. (4.), S. 188 ▪ ISO 3528: 1977 ▪ Ohloff, S. 133 – *[HS 3301 19; CAS 8008-31-9]*

**Mandel.** 1. Süße Mandel, süßsamige Varietät (var. *dulcis*): Spitzförmige, etwas abgeflachte, feste weißfleischige, je nach Sorte verschieden große Steinfrucht des Mandelbaumes (*Prunus dulcis* [Mill.] D. A. Webb., syn. *Amygdalus communis* L.; Rosaceae), welche von einem zimtbraunen Häutchen umgeben ist. Zur Sortenklassifizierung mittels DNA-Fingerprint siehe Literatur[1].

*Zusammensetzung:* 100 g genießbarer Anteil ohne Schale enthalten u.a. 18 g Protein, 54 g Fett, 16 g Kohlenhydrate, 835 mg K, 250 mg Ca, 455 mg P, 4 mg Fe, Vitamine A, $B_1$, $B_2$, C u. *Niacin, der Brennwert beträgt 2725 kJ (651 kcal). Hauptlieferant für Speisemandeln sind die USA, gefolgt von Spanien, Italien und Portugal. Der Anteil an bitteren Mandeln pro Charge (natürlicher Anteil im Durchschnitt 2%) darf 5% nicht überschreiten. Bei unsachgemäßer Lagerung können erhöhte Aflatoxin-Gehalte auftreten, deren Höchstmengen in der Mykotoxin-Höchstmengenverordnung (MHmV) festgelegt sind[2,3].

*Verwendung:* Süßmandeln eignen sich zum Frischverzehr. Die braune Samenschale läßt sich leicht entfernen, wenn man sie kurz mit heißem Wasser übergießt. Unzerkleinert, geröstet und gesalzen sind Mandeln ein beliebter Snack. Gebrannte Mandeln, mit Zucker und Gewürzen geröstet, werden auf Jahrmärkten und zur Weihnachtszeit angeboten. Weitere süße Mandelsorten sind die *Ambrosia*-Mandel aus Florenz (Italien), die *Prinzeß*-Mandel aus Frankreich bzw. Deutschland sowie die *Krach*- oder *Knack*-Mandel mit einer porösen, brüchigen und mürben Schale. Gehobelt, gehackt, gemahlen oder gestiftet sind Mandeln Bestandteil von *Marzipan, Mandelbrot oder als Dekor von Back- und Konditoreiwaren. Außerdem wird aus den Samen ein wertvolles Öl gewonnen (*Mandelöl). Die dabei zurückbleibenden Preßkuchen werden in der Kosmetikproduktion zur Herstellung von Mandelkleie, Mandelmilch und Mandelseife genutzt.

*Inhaltsstoffe und ernährungsphysiologische Bedeutung:* Mittels MALDI-TOF Massenspektroskopie wurden in Samenschalen der Mandel erstmals Flavonol-Glycoside vom Isorhamnetin- und Kämpferol-Typ nachgewiesen[4,5]. Die Dicarboxysäuren in den Samen sind mittels GC-MS zugänglich[6]. Amandin wurde als Hauptspeicherprotein der Mandel identifiziert mit den limitierenden Aminosäuren Methionin, Lysin und Threonin[7]. Über den Nachweis der Phyto-Estrogene Daidzein und Genistein informiert Literatur[8]. Außerdem hat man in den Samen eine Lipoxygenase charakterisiert[9].
Der Schalenextrakt enthält hohe Konzentrationen an Chlorogensäure, Kryptochlorogensäure und Neochlorogensäure im Verhältnis 80:15:5 (vgl. auch *Chlorogensäuren), worauf die antioxidative Wirkung zurückgeführt wurde[10,11]. Über allergische Reaktionen auf Mandelproteine und mögliche Kreuzreaktionen mit anderen Lebensmitteln ist berichtet worden[12–14]. Der Verzehr von Mandeln scheint sich positiv auf die Blutfett-Zusammensetzung auszuwirken[15].
Zum immunologischen Nachweis von Mandeln in Lebensmitteln siehe Literatur[16,17].
2. Bittere Mandel siehe *Bittermandel. – *E* almonds

*Lit.:* [1]Aust. J. Exp. Agric. **40**, 995–1001 (2000). [2]Leszczynska, J.; Kaslowska, J.; Owczarek, A.; Kucharska, U., *Czech. J. Food Sci.*, (2001) **19**, 8. [3]Candlish, A. A. G.; Pearson, S. M.; Aidoo, K. E.; Smith, J. E.; Kelly, B.; Irvine, H., *Food Add. Contamin.*, (2001) **18**, 129. [4]Frison-Norrie, S.; Sporns, P., *J. Agric. Food Chem.*, (2002) **50**, 2782. [5]Lugasi, S.; Hovari, J., *Acta Aliment.*, (2002) **31**, 63. [6]Dembitsky, V. M.; Goldshlag, P.; Srebnik, M., *Food Chem.*, (2002) **76**, 469. [7]Sathe, S. K.; Wolf, W. J.; Roux, K. H.; Teuber, S. S.; Venkatachalam, M.; Sze-Tao, K. W. C., *J. Agric. Food Chem.*, (2002) **50**, 4333. [8]Liggins, J.; Bluck, L. J. C.; Runswick, S.; Atkinson, C.; Coward, W. A.; Bingham, S. A., *J. Nutr. Biochem.*, (2000) **11**, 326. [9]Mita, G.; Gallo, A.; Greco, V.; Zasiura, C.; Casey, R.; Zacheo, G.; Santino, A., *Eur. J. Biochem.*, (2001) **268**, 1500. [10]Siriwardhana, S. S. K. W.; Shahidi, F., *J. Am. Oil Chem. Soc.*, (2002) **79**, 903. [11]Takeoka, G. R.; Dao, L. T., *J. Agric. Food Chem.*, (2003) **51**, 496. [12]Jaber, R., *Prim. Care*, (2002) **29**, 231. [13]Crespo, J. F.; Rodriguez, J.; James, J. M.; Daroca, P.; Reano, M.; Vives, R., *Allergy*, (2002) **57**, 946. [14]Venkatachalam, M.; Teuber, S. S.; Roux, K. H.; Sathe, S. K., *J. Agric. Food Chem.*, (2002) **50**, 3544. [15]Hyson; D. A.; Schneemann, B. O.; Davis, P. A., *J. Nutr.*, (2002) **132**, 703. [16]J. Food Prot. **63**, 252–257 (2000). [17]J. Allergy Clin. Immunol. **105**, 437 (Part 2), Suppl. S (2000).
*allg.:* Franke, W., *Nutzpflanzenkunde*, 6. Aufl.; Thieme: Stuttgart, (1997); S. 185, 251 – *[HS 0802 11, 0802 12]*

**Mandel, Grüne** siehe *Pistazie.

**Mandelöl.** Oleum amygdalarum dulcium verum, ein hellgelbes, dünnflüssiges, mild schmeckendes, nichttrocknendes, fettes Öl, das in Ether und Dichlormethan leicht, in Alkohol wenig löslich ist. D. 0,915–0,92.

*Herstellung:* Mandelöl erhält man durch kaltes Pressen von süßen *Mandeln (Ölgehalt 47–61%) in Ausbeuten von 40–45%. Das Öl wird nach der Pressung entschleimt.

*Eigenschaften:* Mandelöl ist bei −10°C noch flüssig u. sollte wegen seiner Lichtempfindlichkeit in dunklen Flaschen aufbewahrt werden.

*Zusammensetzung:* *Ölsäure (67–86%), *Linol-säure (7–25%), *Stearinsäure (0,5–2,0%) (nach DAB 10). Einen genauen Überblick gibt *Lit.*[1–3].

*Verwendung:* Im Lebensmittelsektor wird Mandel-öl nur zur Herst. von *Marzipan verwendet. In der Kosmetik als Basisöl für alle Hauttypen und viele andere kosmetische Zubereitungen.

*Analytik:* IZ 95–100, VZ 190–195, unverseifbarer Anteil <1,5%. Mandelöl läßt sich anhand des *Tocopherol-Spektrums von *Aprikosenkernöl un-terscheiden, was zur Differenzierung zwischen Marzipan u. Persipan wichtig ist[4]. Mandelöl ent-hält fast ausschließlich α-Tocopherol, Aprikosenöl dagegen überwiegend γ-Tocopherol[5]. Angaben zu Gehalt u. Zusammensetzung der Sterol-Fraktion sind *Lit.*[6] zu entnehmen. Von Mandelöl zu unter-scheiden ist *Bittermandelöl, das auch synthet. er-zeugt werden kann u. dessen Herkunft mit Hilfe der *Isotopenverdünnungsanalyse festgestellt wird[7]. Eine Unterscheidung zwischen Mandelöl u. Mandelsamenschalen-Öl ist anhand des Stearin-Musters möglich[8]. – *E* almond oil

*Lit.:* [1] Fette, Seifen, Anstrichm. **87**, 4–6 (1985). [2] Fat Sci. Technol. **90**, 464–470 (1988). [3] J. Agric. Food Chem. **36**, 695–697 (1988). [4] Belitz-Grosch-Schieberle (5.), S. 223, 867–868. [5] Lebensmittelchemie **44**, 59–61 (1990). [6] Fat Sci. Technol. **91**, 23–27 (1989). [7] J. Agric. Food Chem. **37**, 410–412 (1989). [8] Fat Sci. Technol. **89**, 230–235 (1987). – *[HS 1515 90; CAS 8007-69-0]*

**Mandelsäurenitril-β-gentiobiosid** siehe *Amyg-dalin.

**Mandioka** siehe *Maniok.

**Maneb** siehe *Carbamate.

**Mangan** siehe *Spurenelemente.

**Mango.** Grüne, gelblich-grüne oder orange, manchmal rot oder purpurfarbene, oval, birnen- oder nierenförmige, bis 25 cm lange und 10 cm breite und bis zu 2 kg schwere, druckempfindliche, glattschalige Steinfrucht des aus Indien stammen-den bis zu 30 m hohen Baumes *Mangifera indica* L. (Anacardiaceae). Das aprikosenfarbene Frucht-fleisch ist saftig und mit dem länglich-ovalen Kern fest verwachsen. Die Mango zählt nach Banane und Citrusfrüchten zu den mengenmäßig wichtig-sten tropischen Früchten und erfreut sich auf dem europäischen Markt sowohl als Frischfrucht als auch in verarbeiteter Form einer großen Nachfra-ge[1]. Weltweit werden jährlich 40 Millionen Tonnen Mangos erzeugt, 50% davon in Indien, gefolgt von Mexiko, China, Pakistan, Thailand, Indonesien, Ni-geria, den Philippinen und Brasilien. Mangos kom-men in ausgesprochen zahlreichen Formen und Sorten vor (>1500). Man unterscheidet indische, ostasiatische, westindische und Florida-Sorten. Wichtige Sortenbezeichnungen sind u.a.: „Alphon-so", „Tommy Atkins", „Keitt", „Kent" und „Haden".

Mangos zählen zu den *klimakterischen Früchten. Zur nicht destruktiven (zerstörungsfreien) Reife-bestimmung mittels Infrarot-Spektroskopie siehe Literatur[2,3].

*Inhaltsstoffe:* Bemerkenswert ist der hohe Caroti-noid-Gehalt von bis zu 3–5 mg/100 g, der in Ein-zelfällen auch noch höher liegen kann[4], der aber starken Schwankungen unterliegt. Bisherige Unter-suchungen stimmen darin überein, daß das Xan-thophyll *Violaxanthin[5] und das Carotinoid β-*Ca-rotin[6] die Hauptkomponenten darstellen. Weiter-hin wurde die Phenol-Fraktion untersucht, wobei insbesondere *Quercetin-Glycoside mittels HPLC-MS identifiziert werden konnten[7]. Die Mango ist ein ausgezeichneter Ballaststoff-Lieferant; die ent-haltenen Polysaccharide wurden strukturell und rheologisch charakterisiert[8,9]. Weitere Angaben zu nichtflüchtigen Inhaltsstoffen vgl. Literatur[10].

Das Aroma ist sortenabhängig und sehr unter-schiedlich zusammengesetzt. Es wird u.a. von Ter-pen-Kohlenwasserstoffen, z.B. α-*Pinen, Myrcen, *Limonen, (Z)-Ocimen, (E)-Ocimen, sowie Estern, Alkoholen, Aldehyden und Lactonen geprägt[10]; siehe auch *Fruchtaromen. Aktuelle Studien haben bislang 61 verschiedene Verbindungen identifi-ziert[11], deren Konzentration einerseits vom Reife-zustand[12] abhängt, andererseits aber auch inner-halb einer Frucht variieren kann[13]. Zur Enantio-meren-Differenzierung von chiralen Aromastoffen der Mangofrucht mittels GC vgl. Literatur[14].

*Verwendung:* Mangos, deren Fruchtfleischanteil bei 65–75% liegt, werden frisch verzehrt oder zu Säf-ten, Nektaren, Konfitüren, kandierten Früchten, Konserven oder in Eiskrem und Sorbets verarbei-tet. In manchen Ländern werden Mangos unreif mit Zitronensaft und Salz genossen. Als Rohware für die Herstellung von süß-sauren Chutneys als Beilage zu Fleisch- und Fischgerichten ist die Man-go sehr populär. Zur Verarbeitung von Mangos zu Püree, Nektar und Konzentrat siehe Literatur[15]. Die europaweit geltenden Referenz-Richtlinien für die chemischen Kenndaten von Mangosaft und Mangomark sind dem *Code of Practice zu ent-nehmen[16]. Zum konservierenden Trocknen von Mangos vgl. Literatur[17–19]. Das Mangokernfett ist aufgrund seiner Fettsäure- und Triglycerid-Zusam-mensetzung als *Kakaobutter-Ersatz diskutiert worden[20]. Das antimikrobielle Prinzip von Mango-kernen soll Phenol-Charakter haben[21]. Die unge-nießbaren Mangoschalen haben sich als ergiebige Quelle hochveresterten Pektins und ebenso als Po-lyphenol-reicher Wertstoff erwiesen[20,22,23]. Die Mango-Latex enthält in der nichtwäßrigen Phase sowohl Monoterpene[24] als auch Alkylresorcinole[25], wobei letztere als Kontaktallergene identifiziert worden sind. Außerdem soll die Latex antimikrobi-elle Eigenschaften besitzen[26]. In der wäßrigen Pha-se der Mango-Latex sind hohe Polyphenoloxidase- und Peroxidase-Aktivitäten gemessen worden[27]. In Mangos wurden Allergene identifiziert, welche Kreuzreaktionen mit Beifußpollen, Birkenpollen, Sellerie und Karotte zeigen[28]. – *E* mango

*Lit.:* [1] Loeillet, D., *Fruits*, (1994) **49**, 332. [2] Schmilovitch, Z.; Mizrach, A.; Hoffman, A.; Egozi, H.; Fuchs, Y., *Postharvest Biol. Technol.*, (2000) **19**, 245. [3] Duarte, I. F.; Barros, A.; Delgadillo, I.; Almeida, C.; Gil, A. M., *J. Agric. Food Chem.*, (2002) **50**, 3104. [4] Richling, E., *Flüss. Obst*, (2000) **67**,

7. [5]Breithaupt, D. E.; Bamedi, A., *J. Agric. Food Chem.*, (2001) **49**, 2064. [6]Burns, J.; Fraser, P. D.; Bramley, P. D., *Phytochemistry*, (2003) **62**, 939. [7]Schieber, A.; Ullrich, W.; Carle, R., *Innov. Food Sci. Emerg. Technol.*, (2000) **1**, 161. [8]Iagher, F.; Reicher, F.; Ganter, J. L., *Int. J. Biol. Macromol.*, (2002) **31**, 9. [9]Pelegrine, D. H.; Silva, F. C.; Gasparetto, C. A., *Lebensm. Wiss. Technol.*, (2002) **35**, 645. [10]Herrmann, K., *Inhaltsstoffe von Obst und Gemüse*, Ulmer: Stuttgart, (2001); S. 48, 57. [11]Lalel, H. J. D.; Singh, Z.; Tan, S. C., *Postharvest Biol. Technol.*, (2003) **27**, 323. [12]Lalel, H. J. D.; Singh, Z.; Tan, S. C., *J. Hortic. Sci. Biotechnol.*, (2003) **78**, 225. [13]Lalel, H. J. D.; Singh, Z.; Tan, S. C., *J. Hortic. Sci. Biotechnol.*, (2003) **78**, 131. [14]Z. Lebensm. Unters.-Forsch. **196**, 307–328 (1993). [15]Askar, A.; Treptow, H., In *Frucht- und Gemüsesäfte*, Schobinger, U., Hrsg.; Ulmer: Stuttgart, (2001); S. 256 ff. [16]Verband der Deutschen Fruchtsaft-Industrie, Hrsg., *A.I.J.N.-Code of Practice zur Beurteilung von Frucht- und Gemüsesäften*, Verband der Deutschen Fruchtsaft-Industrie e.V.: Bonn, (1996); ständige Aktualisierung. [17]Sablani, S. S.; Rahman, M. S., *Food Res. Int.*, (2003) **36**, 65. [18]Kameni, A.; Mbofung, C. M.; Ngnamtam, Z.; Doassem, J.; Hamadou, L., *Fruits*, (2003) **58**, 89. [19]Madamba, P. S.; Lopez, R. I., *Drying Technol.*, (2002) **20**, 1227. [20]Schieber, A.; Stintzing, F. C.; Carle, R., *Trends Food Sci. Technol.*, (2001) **12**, 401. [21]Kabuki, T.; Nakajima, H.; Arai, M.; Ueda, S.; Kuwabara, Y.; Dosako, S., *Food Chem.*, (2000) **71**, 61. [22]Tandon, D. K.; Garg, N., *Indian J. Environ. Protect.*, (1999) **19**, 924. [23]Sudhakar, D. V.; Maini, S. B., *J. Food Process. Preserv.*, (2000) **24**, 209. [24]Saby-John, K.; Jagan Mohan Rao, R. L.; Bhat, S. G.; Prasada Rao, U. J. S., *Phytochemistry*, (2003) **62**, 13. [25]Clifford, M. N., *J. Sci. Food Agric.*, (2000) **80**, 1126. [26]Negi, P. S.; Saby-John, K.; Prasada Rao, U. J. S., *Eur. Food Res. Technol.*, (2002) **214**, 327. [27]Saby-John, K.; Bhat, S. G.; Prasada Rao, U. J. S., *Phytochemistry*, (2003) **62**, 13. [28]Paschke, A.; Kinder, H.; Zunker, K.; Wigotzki, M.; Steinhart, H.; Wessbecher, R.; Vieluf, I., *Allergy*, (2001) **56**, 237. *allg.:* Chavasit, V.; Pisaphab, R.; Sungpuag, P.; Jittinandana, S.; Wasantwisut, E., *J. Food Sci.*, (2002) **67**, 375 ▪ Franke, W., *Nutzpflanzenkunde*, 6. Aufl.; Thieme: Stuttgart, (1997); S. 306 ▪ Souci et al. (6.) – *[HS 0804 50]*

**Mangoaroma** siehe *Mango und *Fruchtaromen.

**Mangostane.** Die Mangostane ist die Frucht des aus dem malaiischen Archipel stammenden, in den gesamten Tropen verbreiteten und bis zu 15 m hohen Baums *Garcinia mangostana* L. (Guttiferae). Die etwa mandarinen- bis orangengroßen, dunkelviolett bis bräunlich-purpur gefärbten Früchte werden aufgrund des intensiv süß-säuerlichen, „grün"-fruchtigen Aromas ihres Fruchtfleisches sehr geschätzt.

*Inhaltsstoffe:* Im Saft und in der 8 mm dicken, festen, lederartigen Fruchthülle wurden die gelbfarbenen Xanthon-Derivate α-*Mangostin* ($C_{24}H_{26}O_6$, $M_R$ 410,46) und γ-*Mangostin* ($C_{23}H_{24}O_6$, $M_R$ 396,44) nachgewiesen, welche als Antihistamin- und Antiserotonin-wirksame Substanzen beschrieben sind[1,2]. Für γ-Mangostin sind zudem Cyclooxygenase-hemmende Eigenschaften nachgewiesen[3], auf welche die entzündungslindernde Eigenschaft von Mangostane-Extrakten zurückgeführt wird[2]. Die

R = CH₃ : α-Mangostin
R = H : γ-Mangostin

Anthocyane Cyanidin-3-sophorosid und Cyanidin-3-glucosid sind als rote Farbstoffe in der Schale mit Gehalten bis zu 92 mg/100 g enthalten[4].

Das feinmilde, hitzelabile und oxidationsempfindliche Aroma des cremig-weißen Fruchtfleisches, das v.a. gekühlt zum Ausdruck kommt und das an Aprikosen, Trauben, Pfirsiche, Orangen und Ananas erinnert, wird auf Hexylacetat und *cis*-Hex-3-enylacetat zurückgeführt[5,6].

In den Samen sind Acyl-ACP-Thioesterasen charakterisiert worden[7]. In den Blättern hat man 2-Ethyl-3-methyl-maleinimid-*N*-β-D-glucopyranosid nachgewiesen[8].

*Verwendung:* Die Mangostane eignet sich zum Frischverzehr. Dazu werden die in 5–7 Sektoren gegliederten Früchte geviertelt und das aus vielen fleischigen Arillen mit 1–3 eßbaren Samenkernen bestehende Fruchtfleisch ausgelutscht. Hierzulande erzielen Mangostane einen sehr hohen Preis, da sie nur im reifen Zustand geerntet werden können, und ihre kurze Haltbarkeit eine rasche Beförderung aus den Exportländern Brasilien, Mittelamerika, Indien und Thailand per Luftfracht erforderlich macht. Zudem ist der eßbare Anteil der Frucht mit lediglich 30% verhältnismäßig gering. Mangostane werden ferner in kalte Süßspeisen, Cocktails, Obstsalat und Puddings verarbeitet. Mangostanen-Eiskrem oder -Sorbet gelten als besonders exklusive Produkte.

Die Schale der Mangostane wird aufgrund der darin enthaltenen Tannine in den Ursprungsländern auch als Mittel gegen Ruhr verwendet. – *E* mangosteen

*Lit.:* [1]Planta Med. **62**, 471–472 (1996). [2]Nakatani, K.; Atsumi, M.; Arakawa, T.; Oosawa, K.; Shimura, S.; Nakahata, N.; Ohizumi, Y., *Biol. Pharm. Bull.*, (2002) **25**, 1137. [3]Nakatani, K.; Nakahata, N.; Arakawa, T.; Yasuda, H.; Ohizumi, Y., *Biochem. Pharmacol.*, (2002) **63**, 73. [4]Mazza, G.; Miniati, E., *Anthocyanins in Fruits, Vegetables, and Grains*, CRC Press: Boca Raton, Florida, (1995); S. 140. [5]MacLeod, A. J.; Pieris, N. M., *Phytochemistry*, (1982) **21**, 117. [6]Pino, J. A., *Alimentaria*, (1997) **286**, 47. [7]Plant J. **13**, 743–752 (1998). [8]Krajewski, D.; Toth, G.; Schreier, P., *Phytochemistry*, (1996) **43**, 141. *allg.:* Franke, W., *Nutzpflanzenkunde*, 6. Aufl.; Thieme: Stuttgart, (1997); S. 260 ▪ Setiawan, B.; Sulaeman, A.; Giraud, D. W.; Driskell, J. A., *J. Food Compos. Anal.*, (2001) **14**, 169 – *[HS 0804 50; CAS 6147-11-1 (α-Mangostin); 31271-07-5 (γ-Mangostin)]*

**α- und γ-Mangostin** siehe *Mangostane.

**Maniok** (Mandioka, Cassava, Kassava, Yucca). Aus den tropischen Gebieten Amerikas stammendes und in Afrika, Indien und Ostasien angebautes Wolfsmilchgewächs (*Manihot esculenta* CRANTZ, Euphorbiaceae), das von allen Knollengewächsen den höchsten Stärke-Ertrag liefert. Die Pflanze ist äußerst genügsam, beansprucht eine geringere Bodenqualität als Zuckerrohr und könnte daher auch großflächig auf landwirtschaftlich bislang wenig genutzten Flächen angebaut werden. Dazu kommt die gute Widerstandskraft von Maniok gegen Trockenheit und Pflanzenkrankheiten. Nachteilig ist die leichte Verderblichkeit der geernteten Knollen sowie deren geringer Proteingehalt. Maniok ist in den Anbauregionen Hauptnahrungsmittel für ca. 500 Mio. Menschen. Aus sproßbürtigen Wurzeln erfolgt die Bildung zylindrischer bis kugelförmiger Knollen von 30–90 cm Länge, einem Durchmesser von 5–10 cm und einem Gewicht von 2–5 kg.

*Zusammensetzung:* Pro 100 g eßbare Substanz der Wurzel: 12,6 g Wasser, 0,6 g Proteine, 0,2 g Fette und 86,4 g Kohlenhydrate sowie 4 mg Na, 20 mg K, 12 mg Ca, 2 mg Mg, 1 mg Fe, 0,69 mg Mn, 12 mg P, 4 mg S und 16 mg Chlorid. Daneben enthält Maniok noch eine Reihe von Minor-Komponenten mit antinutritiven Eigenschaften, insbesondere die *cyanogenen Glycoside Linamarin (*Blausäure-Gehalte ca. 50 mg/100 g) und Lotaustralin, sowie Tannine (17–34 mg/100 g TS) und Phytate.

*Toxikologie:* Intakte cyanogene Glycoside sind für den Menschen nicht toxisch, sie können aber durch β-Glucosidasen der Darmbakterien unter Bildung von Blausäure gespalten werden. Eine Blausäure-Freisetzung erfolgt auch nach Verletzung des pflanzlichen Gewebes durch das pflanzeneigene Enzymsystem Linamarase und Hydroxynitril-Lyase. In bestimmten Gebieten Afrikas treten Cyanid-Vergiftungen (Ataxien) epidemisch auf. Zum Nachweis von Cyaniden in Maniok siehe Literatur[1]. Darüber hinaus enthält Maniok strumigene Thioglycoside, die nach entsprechender Aktivierung *Thiocyanat freisetzen, so daß eine einseitige Ernährung mit Maniok zu Iod-Mangelzuständen und zur *Kropf-Bildung führen kann. Für Euphorbiaceen typische hautsensibilisierende Inhaltsstoffe (Diterpene, z.B. Ingenol) sind in Maniok nicht enthalten[2].

*Verwendung und Wirtschaft:* Vor dem Verzehr der Knollen muß zwingend eine Detoxifizierung durch Freisetzung von Blausäure und deren thermische Entfernung (Sdp. 26°C) erfolgen. Maßnahmen hierfür sind Schälen, Zerkleinern und Einweichen, Erhitzen und Trocknen[3,4]. Eine Milchsäure-Fermentation ist eher hinderlich, da bei pH <4,0 das als Zwischenprodukt entstehende Acetoncyanhydrin (Sdp. 82°C) nicht weiter zu HCN gespalten wird. Während der Verarbeitung kann es jedoch zu einer Kontamination mit Schimmelpilzen kommen, wodurch auch eine Belastung des Maniokmehls mit *Mykotoxinen resultieren kann (einen Überblick hierzu gibt Literatur[5]). Maniokstärke wird als *Tapioka gehandelt. Aufgrund der hohen Heißviskosität und der guten Transparenz wird sie als *Verdickungsmittel eingesetzt. Die Blätter von Maniok enthalten bis zu 7% Eiweiß und werden von manchen Völkern als Gemüse verzehrt, enthalten aber ebenfalls antinutritive Verbindungen. Maniok wird industriell zu *Glucose und *Alkohol verarbeitet oder als Pellets in der Schweinemast verwendet. Die Weltproduktion im Jahr 2002 belief sich auf 184,9 Mio. t (Nigeria 34,5 Mio. t, Brasilien 23,1 Mio. t, Thailand 16,9 Mio. t, Indonesien 16,7 Mio. t). Um Ernteausfälle zu vermeiden und gleichzeitig ökologisch zu wirtschaften, werden biologische Verfahren zur Schädlingsbekämpfung bei Maniok entwickelt[6]. Notwendige züchterische

und biotechnologische Verbesserungen betreffen Krankheitsresistenz, Lagerfähigkeit und den Gehalt an cyanogenen Glycosiden[7]. – *E* manioc, cassava, mandioca

*Lit.:* [1] J. Sci. Food Agric. **55**, 277–290 (1991). [2] Interdiscip. Sci. Rev. **14**, 241–247 (1989). [3] Rawel, H. M.; Kroll, J., *Dtsch. Lebensm. Rundsch.*, (2003) **99**, 102–111. [4] Hillocks, R. J.; Thresh, J. M.; Bellotti, A. C., Hrsg., *Cassava. Biology, Production and Utilization*, CABI Publishing: Wallingford, (2001). [5] J. Assoc. Off. Anal. Chem. **72**, 22–26 (1989). [6] Naturwiss. Rundsch. **48**, 65f. (1995). [7] AgBiotech News Inf. **9**, 259N–266N (1997).
*allg.:* Franke, W., *Nutzpflanzenkunde*, 6. Aufl.; Thieme: Stuttgart, (1997); S. 66ff. ▪ Ullmann (5.) **A9**, 619 – [HS 0714 10]

**Manna** (das oder die Manna, von hebräisch man bzw. aramäisch manna = Geschenk). Alttestamentlicher Name für die beim Exodus der Juden vom Himmel gefallene Nahrung, bei der es sich wahrscheinlich um das Sekret (Honigtau) der auf Tamarisken (*Tamarix mannifera*) lebenden Manna-Schildlaus (*Coccus manniparus*) gehandelt hat. Heute Bezeichnung für den eingetrockneten süßen Saft der in Süditalien verbreiteten Manna-Esche (*Fraxinus ornus*, Ölbaumgewächs), der 5,9% Wasser, 0,2% Fett, 2,8% Protein, 5,2% anorganische Substanzen, 6,7% Cellulose, ca. 80% lösliche Kohlenhydrate [Glucose, Fructose (ca. 10%), Saccharose, Mannit (40–60%), Trehalose, Raffinose, Melezitose, Manninotriose usw.] enthält.

*Verwendung und Vorkommen:* Manna wird als Abführmittel und zur *Mannit-Gewinnung verwendet. Madagaskar-Manna, das Galactit liefert, stammt vom Wachtelweizen (*Melampyrum nemorosum*, Scrophulariaceae). Auch verschiedene andere Pflanzen liefern Manna, z.B. die Manna-Flechte (*Lecanora esculenta*), die Röhren-Kassie (*Cassia fistula*, Früchte als „Manna-Brot"), der Hülsenfrüchtler *Alhagi maurorum* (Ausscheidungen der Blätter als „Manna-Klee"), die nordamerikanische Zuckerkiefer (*Pinus lambertiana*, sogenanntes Kalifornisches Manna) und der Flutende Schwaden (*Glyceria fluitans*, Früchte). – *E* manna

*Lit.:* Franke, W., *Nutzpflanzenkunde*, 6. Aufl.; Thieme: Stuttgart, (1997) – [HS 1302 19]

**Mannazucker** siehe *Mannit.

**Mannit** (D-Mannit, D-Mannitol, Mannazucker, Mannitum, E 421).

$$
\begin{array}{c}
CH_2-OH \\
HO-C-H \\
HO-C-H \\
H-C-OH \\
H-C-OH \\
CH_2-OH
\end{array}
$$

$C_6H_{14}O_6$, $M_R$ 182,17, ein weißes, kristallines, nicht hygroskopisches, frei fließendes, geruchloses, süß schmeckendes Pulver, löslich in Wasser, wenig löslich in Ethanol, unlöslich in Ether; Schmp. 166–168°C, Sdp. 290–295°C (0,47 kPa), $D_4^{20}$ 1,52, $[\alpha]_D^{20}$ −0,5° ($H_2O$), +28,61° (12,8%ige Borax-Lösung).

Mannit ist ein sechswertiger *Zuckeralkohol und gehört damit zu den *Hexiten. Mannit kommt in zahlreichen Pflanzen vor und ist Hauptbestandteil (40–60%) von *Manna. Braunalgen (z. B. *Laminaria cloustoni*) bestehen im Sommer bis zu 40% ihres Trockengewichtes aus Mannit. Marine Tange bilden Mannit als frühes Photosyntheseprodukt. Mannit wird in Algen, Pilzen und Flechten als Reservestoff gespeichert[1]. Coccidien (parasitäre Mikroorganismen) verfügen über einen Mannit-Cyclus für ihre Energieversorgung[2].

*Herstellung:* Mannit wird technisch durch Hydrierung des Fructose-Anteils von Invertzucker gewonnen. Es fällt als Gemisch mit Sorbit an.

*Physiologie:* Mannit wird vom Menschen nur zu etwa 50% resorbiert und vermutlich in Fructose umgewandelt. Daraus resultiert ein physiologischer Brennwert (siehe Abschnitt Recht), der nur halb so hoch wie bei Zucker ist und ein stark laxierender Effekt (ab 10–20 g/d).

*Verwendung:* Mannit wird in Lebensmittel und kosmetischen Mitteln (z. B. Zahnpasta) als *Zuckeraustauschstoff und Feuchthaltemittel verwendet. Durch einen Zusatz von Mannit zu Seifen wird deren Schaumvermögen deutlich verbessert. In der Lebensmittelindustrie wird es auch zur Erhaltung der Streufähigkeit von hygroskopischen Stoffen eingesetzt, da es selbst nicht hygroskopisch ist.

Außerhalb seines Einsatzes in Lebensmitteln und Kosmetika dient es als Lötmittelzusatz, für Elektrolytkondensatoren, zur Produktion synthetischer Harze, als Füllstoff in der pharmazeutischen Industrie[2], für Bakteriennährböden, als Reagenz zur Borsäure-Titration, zur Synthese des gefäßerweiternd wirkenden Mannit(ol)hexanitrats sowie als Schmiermittel und Stabilisator.

*Recht:* E 421 Mannit.

*Zulassung:* Nach Anlage 2 (zu § 4 Abs. 1 und § 7) Teil A (Zuckeraustauschstoffe) der *Zusatzstoff-Zulassungsverordnung (ZZulV 1998) ist Mannit ein Zuckeraustauschstoff, der zum Süßen von in Spalte 3 der Anlage genannten Lebensmitteln (brennwertverminderte oder ohne Zuckerzusatz hergestellte Lebensmittel, Saucen, Senf, Erzeugnisse für besondere Ernährungszwecke, Nahrungsergänzungsmittel/Diätergänzungsstoffe in fester Form) ohne angegebene Höchstmengenbeschränkung (quantum satis, qs) zugelassen ist. Die Zulassung für Mannit wird erweitert durch Anlage 4 Teil B (zu § 5 Abs. 1 und § 7) der ZZulV 1998. Danach ist Mannit für Lebensmittel allgemein zugelassen, ausgenommen für bestimmte Lebensmittel, die in Teil A der Anlage genannt sind, oder gesonderter Regelungen in Teil C. Nach Anlage 6 (zu § 6 und § 7) der ZZulV 1998 ist der Zusatz von Mannit in Säuglings- und Kleinkindernahrung zulässig, sofern dieser als Trägerstoff für Vitamin $B_{12}$ dient, das Verhältnis von Vitamin $B_{12}$ zu Mannit darf dabei nicht kleiner als 1:1000 sein.

*Brennwert:* Nach Artikel 1 (*Nährwert-Kennzeichnungsverordnung) § 2 Punkt 3 der „Verordnung zur Neuordnung der Nährwert-Kennzeichnungs-

vorschriften für Lebensmittel" ist der Brennwert für alle mehrwertigen Alkohole aus rechtlicher Sicht einheitlich auf 10 kJ/g festgelegt.

*Reinheitsanforderungen:* Geregelt in der *Zusatzstoff-Verkehrsverordnung (ZVerkV 1998) nach Anlage 2 (zu § 3 Abs. 1) „Verkehrsbezeichnungen und Reinheitsanforderungen von für technologische Zwecke zugelassenen Zusatzstoffen" Liste B [Reinheitsanforderungen nach Richtlinie 95/31/EG vom 05.07.1995 (Amtsblatt der EG Nr. L 178, S. 1), geändert durch die Richtlinie 2001/52/EG vom 03.07.2001 (Amtsblatt der EG Nr. L 190, S. 18) und Anlage 4 (zu § 4) „Zulassung als Trägerstoffe für Lebensmittelzusatzstoffe".

*Kenntlichmachung:* Mannit gehört als Zuckeraustauschstoff zu den Süßungsmitteln. Der Zusatz eines Süßungsmittels ist bei Lebensmitteln in Verbindung mit der Verkehrsbezeichnung durch die Angabe „mit Süßungsmittel" kenntlich zu machen (§ 9 Abs. 2 der ZZulV 1998).

Tafelsüßen mit den Zusatzstoffen Sorbit, Mannit, Isomalt, Maltit, Lactit und Xylit und andere Lebensmittel mit einem Gehalt an diesen Zusatzstoffen von mehr als 100 Gramm in einem Kilogramm oder in einem Liter dürfen nur in den Verkehr gebracht werden, wenn der Hinweis „kann bei übermäßigem Verzehr abführend wirken" angegeben ist (§ 9 Abs. 5 ZZulV 1998).

Ein ADI-Wert ist nicht festgelegt. – *E* mannitol

*Lit.:* [1]Physiol. Veg. **23**, 95–106 (1985). [2]Parasitol. Today **5**, 205 (1989).

*allg.:* Beilstein EIV **1**, 2841ff. ▪ Hager (5.) **8**, 812ff. ▪ Ullmann (7.) [CD-ROM, 2004] – *[HS 2905 43; CAS 69-65-8, 87-78-5]*

**D-Mannitol** siehe *Mannit.

**Mannit-Stich** siehe *Weinkrankheiten.

**Mannitum** siehe *Mannit.

**Mannose** (D-Mannose, Seminose, Carubinose, Kurzzeichen Man).

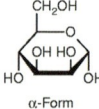

α-Form

$C_6H_{12}O_6$, $M_R$ 180,15, süß schmeckendes Pulver. Mannose bildet eine α-Pyranose-Form {Schmp. 133 °C, $[\alpha]_D^{20}$ +30° → +15° (Wasser)} und eine β-Pyranose-Form {Schmp. 132 °C (Zersetzung), $[\alpha]_D^{20}$ −16° → +15° (Wasser)}; Phenylosazon: Schmp. 210 °C; Phenylhydrazon: Schmp. 199–200 °C. Mannose ist leicht löslich in Wasser und Pyridin, löslich in Methanol und Ethanol, reduziert Fehlingsche Lösung und zeigt *Mutarotation. Mannose wird durch Hefe vergärt. Mannose gehört zu den Hexosen und ist das 2-Epimere der D-*Glucose.

*Vorkommen:* In freier Form in Orangenschalen und in Spuren in Früchten (Apfel, Pfirsich). Als Baustein vieler Polysaccharide, wie Mannane der Schalen von Nüssen und *Galactomannane (*Guar-Mehl, *Johannisbrotkernmehl), sowie Bestandteil der Oligosaccharid-Anteile von Glycoproteinen[1,2] (*Ovomucoid, Blutserum-Globuline) und in Hefen.

**Herstellung:** Saure Hydrolyse der Schalen von Steinnüssen und fraktionierte Kristallisation aus Alkohol. Der relative Süßwert von Mannose beträgt 59 bezogen auf Saccharose = 100 (10% wäßrige Lösung). Mannose wird nur unvollkommen vom Organismus resorbiert (12% der Resorptionsrate von D-Glucose). Zur Analytik siehe *Monosaccharide. Mannose ist bienengiftig[3]. – **E** mannose

*Lit.:* [1] Dressel, R.; Raja, S. M.; Höning, S.; Seidler, T.; Froelich, C. J.; Figura, K., von; Günther, E., *J. Biol. Chem.*, (2004) **279**, 20200–20210. [2] Willer, T.; Valero, M. C.; Tanner, W.; Cruces, J.; Strahl, S., *Curr. Opin. Struct. Biol.*, (2003) **13**, 621–630. [3] Science **131**, 297f. (1960).

*allg.:* Beilstein EIV **1**, 4328–4333 ■ Merck-Index (13.), Nr. 5772 – *[HS 2940 00; CAS 3458-28-4 (D-Mannose); 10030-80-5 (L-Mannose); 31103-86-3 (Mannose); 7296-15-3 (α-Pyranose-Form); 7322-31-8 (β-Pyranose-Form)]*

**MAP.** Abkürzung für englisch *modified atmosphere packaging.

**Maracuja** siehe *Passionsfrüchte.

**Maranta** (Pfeilwurz). Die von den Antillen stammende, bis 150 cm hohe Pflanze *Maranta arundinacea* L., Marantaceae, liefert die auch als *Arrowroot bezeichnete Maranta-Stärke, die aus dem Wurzelstock gewonnen wird. Die Stärkekörner (siehe *Stärke) weisen charakteristische querliegende Kernspalten auf.

Maranta-Mehl enthält durchschnittlich 84,4% Stärke, 14,5% Wasser, 0,7% Eiweiß und 0,2% Fett, verkleistert bei etwa 70°C, und wird zu Suppen, Saucen, diätetischen Nährmitteln, in der Textilindustrie usw. verwendet. – **E** maranta – *[HS 0714 90]*

**Margarine.** Margarine gehört zu den „Fetten" im Sinne der Verordnung (EG) Nr. 2991/94 mit Normen für Streichfette[1,2]. „Fette" sind Erzeugnisse in Form einer festen, plastischen Emulsion, überwiegend nach dem Typ Wasser in Öl, die aus festen und/oder flüssigen pflanzlichen und/oder tierischen Fetten gewonnen wurden, für die menschliche Ernährung geeignet sind und deren Milchfettgehalt im Enderzeugnis höchsten 3% des Fettgehalts beträgt.

„Margarine" ist dabei ein aus pflanzlichen und/oder tierischen Fetten gewonnenes Erzeugnis mit einem Fettgehalt von mindestens 80% und weniger als 90%. Damit werden Wasser-, Fett- und Energiegehalt von Butter erreicht.

„Dreiviertelmargarine" ist ein aus pflanzlichen und/oder tierischen Rohstoffen gewonnenes Erzeugnis mit einem Fettgehalt von mindestens 60% und höchstens 62%.

„Halbfettmargarine" ist ein aus pflanzlichen und/oder tierischen Fetten gewonnenes Erzeugnis mit einem Fettgehalt von mindestens 39% und höchstens 41%.

Alle Fette, die ebenfalls aus pflanzlichen und/oder tierischen Rohstoffen gewonnen wurden und deren Fettgehalte unter 80% und nicht in den %-Bereichen der Margarinen liegen, werden als „Streichfette" bezeichnet.

*Margarineschmalz* enthält mindestens 99% Fett und besteht aus nicht emulgierten Fetten pflanzlicher und/oder tierischer Herkunft.

Der Zusatz von *Phytosterolester in Margarine soll bei Personen mit erhöhtem Cholesterol-Serumgehalt den LDL-Plasma-Cholesterol-Spiegel senken.

**Herstellung:** Ausgangsstoffe für die Herstellung von Margarine sind pflanzliche und tierische Fette, die wichtigsten verfügbaren Fettarten und ihre Zusammensetzung sind in den Leitsätzen für Speisefette und Speiseöle[3] gegeben.

Man mischt diese flüssigen und festen Öle und Fette und/oder gehärteten Öle und erreicht durch alkalische Umesterung ein einheitliches Produkt mit einstellbarem Schmelzpunkt, das sich nicht mehr entmischt. Als flüssige Fette werden fast ausschließlich pflanzliche Fette eingesetzt, als feste Fette kommen vor allem einige pflanzliche Fette wie Kokos- und Palmkernfett, tierische Fette wie Rindertalg sowie gehärtete Fette in Frage.

Es entspricht inzwischen nicht mehr den „Regeln der Kunst" (lege artis), eine Teilhärtung (partielle Hydrierung) flüssiger Fette durchzuführen, da die dabei als Zwischenprodukt auftretenden trans-*Fettsäuren ernährungsphysiologisch negativ zu beurteilen sind.

Nach Zugabe der Zusatzstoffe wird das Gemisch homogenisiert und die Emulsion durch Emulgatoren stabilisiert. Als Wasserphase wird häufig Magermilch eingesetzt, die erwünschte Aromastoffe (*Butan-2,3-dion) und für Bräunungsreaktionen essentielle Zucker (Lactose) enthält.

Margarine wird heute kontinuierlich in Rohr- oder Kratzkühlern hergestellt, die auf −15°C vorgekühlt sind, wobei die drei Verfahrensschritte Emulgieren, Unterkühlen und Kristallisieren durchlaufen werden.

Einen Überblick über Sorten und Zusammensetzung gibt Literatur[4]. Für die Beurteilung der Merkmale und die Kennzeichnung von Margarine können das Milch- und Margarinegesetz sowie die Leitsätze für Margarine und Margarineschmalz[5] herangezogen werden.

**Zusammensetzung:** Neben den unter Herstellung aufgeführten Fetten als Ausgangsstoffen dürfen in Margarine Wasser, Kochsalz und die in der *Zusatzstoff-Zulassungsverordnung (vom 29.01.1998) und der *Aromen-Verordnung (vom 22.12.1981) aufgeführten Stoffe vorliegen.

In 100 g Margarine sind üblicherweise in Anlehnung an die Zusammensetzung von Butter 0,5 g Eiweiß, 80 g Fett, 16–19 g Wasser und 0,5 g Kohlenhydrate enthalten. Die Vitaminisierung mit technologisch erforderlichen Mengen (qs = quantum satis) der Vitamine A, D und E bzw. ihren zulässigen Verbindungen ist üblich. Zur Farbgebung dürfen nach der Zusatzstoff-Zulassungsverordnung Curcumin (E 100, qs) und Carotinoide [E 160, qs, Bixin, Norbixin (insgesamt 10 mg/kg)] zugesetzt werden. Kochsalz dient der Geschmacksabrundung (0,1–0,2%). Als Emulgatoren sind Lecithin (30 g/L) sowie die Monoglyceride und Diglyceride von

Speisefettsäuren (10 g/L) zugelassen, für nicht emulgierte Fette und Öle, die zum Braten und Backen sowie für Bratensaucen vorgesehen sind, unter anderem auch Ascorbinsäure und seine Fettsäureester (qs) sowie die Citronensäureester der Monoglyceride und Diglyceride von Speisefettsäuren. Als Antioxidantien sind Propyl-, Octyl- und Dodecylgallat und Butylhydroxyanisol (BHA) in einer Gesamtmenge von 200 mg/kg bzw. 100 mg/kg Butylhydroxytoluol (BHT) zulässig. Als Geschmacksverstärker dient Neohesperidin (5 mg/kg). Der Konservierung dienen Sorbinsäure bzw. Sorbate ($\geq$ 60% Fett 1 g/kg, unter 60% Fett 2 g/kg). Sonstige mögliche Zusatzstoffe sind: Natriumcalciumedetat (E 385, für Halbfettmargarine), Propylenglycolalginat (E 405), Sorbitanester (E 491–495).
Der Nährwert (3200 kJ/100 g) entspricht dem von Butter.

*Analytik:* Zur Analyse von Margarine stehen die Methoden nach § 64 *LFGB (ex § 35 LMBG) L 13.05-1 bis 13.05-6 zur Verfügung. Der Nachweis der essentiellen Linolsäure sollte nach einem gaschromatographischen Verfahren[6] erfolgen. Die Belastung von Margarine mit Halogenkohlenwasserstoffen liegt im Durchschnitt unter 0,1 mg/kg[7]. *Trans*-Fettsäuren können aus *cis*-Fettsäuren als Isomerisierungsprodukte am Hydrierungskatalysator in Margarine entstehen[8–10]. Die Nickel-Gehalte von Margarine (aus Hydrierungskatalysatoren) stellen keine Gefährdung des Verbrauchers dar[11–13]. Spuren von 4-Nitrosomorpholin (1 ppb) in Margarine konnten auf Migration aus dem Verpackungsmaterial[14] zurückgeführt werden. Zum Nachweis von Vitamin D in Margarine siehe Literatur[15]. – *E* margarine

*Lit.:* [1]Verordnung (EG) Nr. 2991/94 des Rates vom 05.12.1994 mit Normen für Streichfette (Amtsblatt der EG Nr. L 316, S. 23). [2]Meyer, A. H., *Lebensmittelrecht*, Beck: München, (Loseblattsammlung); Nr. 4650. [3]BMVEL, Hrsg., *Leitsätze für Speiseöle und Speisefette*, In *Deutsches Lebensmittelbuch, Leitsätze 2002*, Bundesanzeiger-Verlag: Köln, (2002); S. 276ff.; http://www.verbraucherministerium. de. [4]Belitz-Grosch-Schieberle (5.), S. 646, 647. [5]Leitsätze für Margarine und Margarineschmalz in der Fassung vom 10.04.1984, abgedruckt in Zipfel, C 291. [6]Deutsche Gesellschaft für Fettwissenschaft, Hrsg., *DGF-Einheitsmethoden*, 2. Aufl.; Wissenschaftliche Verlagsgesellschaft: Stuttgart, (Loseblattsammlung, Stand März 2004); Fettsäuremethylester TMSH-Methode. [7]Food Addit. Contam. **5**, 267–276 (1988). [8]Dtsch. Lebensm. Rundsch. **91**, 113f. (1995). [9]Ernähr. Umsch. **42**, 122–126 (1995). [10]J. Assoc. Off. Anal. Chem. **68**, 46–51 (1985). [11]Fresenius Z. Anal. Chem. **328**, 388f. (1987). [12]Fat Sci. Technol. **89**, 220–224 (1987). [13]Mitt. Geb. Lebensmittelunters. Hyg. **78**, 344–396 (1987). [14]J. Food Sci. **51**, 216f., 232 (1986). [15]Mitt. Geb. Lebensmittelunters. Hyg. **76**, 112–124 (1985).
*allg.:* Ullmann (5.) **A8**, 240 – *[HS 1517 10, 1517 90]*

**Margarineschmalz** siehe *Margarine.

**Mariage** siehe *Weinbrand.

**Marikultur** siehe *Aquakultur.

**Marille** siehe *Aprikose.

**Marinaden.** 1. Saure, gewürzhaltige *Aufgüsse zum Einlegen* von *Lebensmitteln, v.a. *Fleisch u.

*Fisch. M. enthalten meist Genußsäuren (häufig in Form von Essig, Wein od. Milch), Salz u. Gewürze; u.U. können auch andere pflanzliche Bestandteile (z.B. Zwiebeln) u. Öl zugesetzt werden. Das Einlegen in M. (*Marinieren*) wird angewendet, um die Konsistenz zu verbessern, eine erwünschte Geschmacksveränderung zu erzielen u. evtl. die Haltbarkeit der Lebensmittel zu verlängern. Bei *Wild wird das Marinieren häufig zur Milderung des strengen Wildgeschmackes angewendet, u. es ist auch eine Möglichkeit zur Dekontamination von Fleisch (Radiocaesium).
2. Als *Fisch-M.* bezeichnet man Erzeugnisse aus Fisch (od. Teilen, frisch od. gefroren), die ohne Wärmebehandlung durch Behandlung mit Essig, Genußsäuren, Salz u. evtl. Gewürzen *gargemacht* sind. Sie sind mit od. ohne pflanzliche Beigaben in Aufgüssen, Soßen, Cremes, Mayonnaise od. Öl eingelegt, auch unter Verw. von *Konservierungsmitteln. Fisch-M. werden meist aus *Hering (Rollmops, Bismarckhering) hergestellt. – *E* marinade

**Marmelade.** Der allgemeine Sprachgebrauch versteht unter „Marmelade" üblicherweise die in der Konfitürenverordnung als *Konfitüre oder *Gelee bezeichneten Erzeugnisse. Marmeladen im Rechtssinne sind jedoch definiert als streichfähige Zubereitungen aus Zuckerarten und Pülpe, Mark, Saft, wäßrigen Auszügen oder Schalen von *Citrusfrüchten unter Verwendung von mindestens 200 g Frucht, davon mindestens 75 g Endokarp, pro 1 kg Erzeugnis. Für die anderen Zubereitungen (Konfitüre, Gelee, Maronenkrem), die unter Verwendung von verschiedenen Zuckerarten und bestimmten Zutaten hergestellt werden, sind die entsprechenden lebensmittelrechtlichen Vorgaben bezüglich Rezeptur und Mengenverhältnissen ebenfalls in der Konfitürenverordnung aufgeführt.
*Herstellung:* Generell werden zur Marmeladen- und zur Konfitürenherstellung zunächst die Obstbestandteile mit Zucker vorgekocht. Gegen Ende des Einkochens werden dann die anderen Zutaten zugegeben. Der Kochprozeß kann im offenen Kessel unter Atmosphärendruck (Temperaturen bis 105°C) oder im geschlossenen Vakuumkessel bei Unterdruck (Temperaturen zwischen 65 und 80°C) ablaufen. Meist erfolgt eine automatische Kontrolle von Trockensubstanz-Gehalt und pH-Wert. Die fertig gekochte Marmeladenmasse gelangt in eine beheizte Abfüllwanne mit Rührwerk und wird mit Hilfe von Abfüllmaschinen heiß (Abfülltemperaturen von 70 bis 75°C) in Gläser abgefüllt. Üblich ist dabei eine Kopfraum-Bedampfung vor dem Verschließen. Anschließend durchlaufen die Gläser einen Tunnelkühler, bevor sie dann etikettiert und verpackt werden. – *E* marmalades – *[HS 2007 91]*

**Marmelolacton, Marmelooxid** siehe *Fruchtaromen (Quittenaroma).

**Marone** siehe *Eßkastanie.

**Marula** (Morula). Langgestielte, pflaumenähnliche, oval bis runde, 3–4 cm große Steinfrüchte des 10–20 m hohen, zweihäusigen Baumes *Sclerocarya*

*birrea* (A. rich.) Hochst. ssp. *caffra* (Anacardiaceae), der in den Tropen Ost- und Südafrikas heimisch ist. Heutzutage ist der Marulabaum in ganz Afrika, Madagaskar und in Australien verbreitet. In Südafrika und in der israelischen Negev-Wüste trifft man auch kommerzielle Plantagen an. Bis zu 1 t Früchte bringt ein Marulabaum pro Saison hervor. Die hellgrüne Schale der Früchte ist ledrig und umschließt das weiße, säuerlich süße Fruchtfleisch, das rund 40% der Gesamtfrucht ausmacht. Vitamin C, Citronensäure und Saccharose sind die wertgebenden Inhaltsstoffe des Fleisches. An flüchtigen Aromastoffen wurden Sesquiterpene und die Hauptkomponente β-Caryophyllen identifiziert[1]. Der Kern enthält nahrhafte Samen, die v. a. aus fettem Öl und Eiweiß bestehen[2,3]. Interessanterweise reifen die Marulas nicht am Baum, sondern fallen im noch grünen Zustand ab, wo sie am Boden nach knapp zwei Wochen reif aufgelesen werden. Aus den Blättern und der Borke des Marulabaumes hat man antibakteriell wirkende Fraktionen isoliert[4]. Die *Proanthocyanidine der Borke sind als Durchfall-hemmendes Prinzip beschrieben worden[5].

*Verwendung:* Die Marula ist eine vielseitig nutzbare Frucht. Ihr Fruchtfleisch eignet sich sowohl zum Frischverzehr als auch zur Herstellung von Saft, der zu Gelee, Wein oder Likör weiterverarbeitet werden kann. Das Fruchtfleisch dient auch als Konfitüren-Grundlage. Die nussig schmeckenden Samen werden roh verzehrt oder zu Gemüse- oder Fleischgerichten gegeben, als Mehl in Kuchen verbacken oder zu Öl gepreßt. – *E* marula (fruit), morula (fruit)

*Lit.:* [1]Pretorius, V.; Rohwer, E.; Rapp, A.; Holtzhausen, L.; Mandery, H., *Z. Lebensm. Unters. Forsch.*, (1985) **181**, 458. [2]Burger, A. E. C.; De Villiers, J. B. M.; Du Plessis, L. M., *S. Afr. J. Sci.*, (1987) **83**, 733. [3]Ogbobe, O., *Plant Foods Hum. Nutr.*, (1992) **42**, 201. [4]Eloff, J. N., *J. Ethnopharmacol.*, (2001) **76**, 305. [5]Galvez, J.; Crespo, M. E.; Zarzuelo, A.; De Witte, P.; Spiessens, C., *Phytother. Res.*, (1993) **7**, 25.

**Marzipan.** Eine durch Kneten (Anwirken) hergestellte Mischung aus *Marzipanrohmasse und gemahlener *Saccharose in einem Verhältnis von mindestens 1:1. Der Zucker kann teilweise durch *Glucosesirup (bis zu 3,5%) oder dem als Feuchthaltemittel wirkenden *Sorbit (bis zu 5%) ersetzt

werden. Wird die Bezeichnung *Edelmarzipan* verwendet, müssen mindestens 70% Marzipanrohmasse mit höchstens 30% Zucker vermischt werden. Näheres zu Herstellung und Zusammensetzung ist in den Leitsätzen für Ölsamen und daraus hergestellte Massen und Süßwaren[1] und aus der Richtlinie für Zuckerwaren[2] sowie aus Literatur[3,4,5] ersichtlich (siehe auch Tabelle). Marzipan ist durch seinen Zuckergehalt sehr anfällig für den Befall durch osmophile Hefen und Schimmelpilze. Laut *ZZulV[6] ist eine Konservierung unter Kennzeichnung erlaubt mit folgenden max. Dosierungen: 1,5 g/kg *Sorbinsäure, 1,5 g/kg *Benzoesäure, 1,5 g/kg *PHB-Ester (kg-Angaben bezogen auf Gesamtgewicht an verzehrsfertigem Lebensmittel). Ebenso kann eine Färbung mit den in Anlage 1 Teil A und B der ZZulV zugelassenen Farbstoffen erfolgen. Aromen, außer Rosenwasser, sind nicht einzusetzen, es sei denn, wenn Spirituosen, Trockenfrüchte und Erzeugnisse aus Früchten (wie Fruchtzubereitungen), Butter und Kaffee als geschmacksgebende Zusätze verwendet werden, soweit bei diesen natürliche Aromen erlaubt sind. Die folgenden Antioxidantien können, wenn sie in der Zutatenliste genannt werden, zugesetzt werden: Propylgallat, Octylgallat, Dodecylgallat (siehe *Gallussäureester), *Butylhydroxyanisol (jeweils höchstens 100 mg/kg, bezogen auf den Fettgehalt).

***Einteilung nach Beschaffenheit und Herkunft:*** Die bekannteste Art ist Königsberger Marzipan und Lübecker Marzipan. *Königsberger Marzipan* ist heute eine Gattungsbezeichnung, die auch von solchen Herstellern benutzt werden darf, die ihren Firmensitz nicht in Königsberg (heute: Kaliningrad) haben. Königsberger Marzipan ist ein meist aus Mittelmeermandeln hergestelltes Marzipan, das einem Abflämmprozess (Erhitzen der Oberfläche mit starker Oberhitze) unterworfen wird, bei dem die charakteristische Oberflächenbräunung mit dem arttypischen Geschmack entsteht. *Lübecker Marzipan* dagegen ist eine seit 1992 als geschützte Herkunftsbezeichnung[7,8] und darf nur von den im Raum Lübeck (dazu gehören auch die Orte Stockelsdorf und Bad Schwartau) ansässigen Firmen hergestellt werden. Es unterliegt strengen Qualitätsbestimmungen, die in einer RAL-Vorschrift[9] niedergelegt sind. Bei seiner Herstellung

Tabelle: Marzipan-Zusammensetzung.

| | | Marzipanrohmasse | Marzipan angewirkt 1:1 |
|---|---|---|---|
| Feuchtigkeit | Durchschnitt | 15 – 17% | 7 – 8,5% |
| | maximal | 17% | 8,5% |
| Fett (Mandelöl) | Durchschnitt | 30 – 33% | 15 – 16% |
| | mindestens | 28%*) | 14% |
| Saccharose u./od. Invertzucker zugesetzt | maximal | 35%*) | 67,5% |
| Saccharose analytisch (5% aus Mandel-TS), ohne Analysenfehlerberechnung | maximal | 37,4% | 68,7% |
| Glucose-Sirup zugesetzt | maximal | nicht zugelassen | 3,5% |
| Sorbit zugesetzt | maximal | nicht zugelassen | 5% |
| Mandel-TS | Durchschnitt | 50 – 55% | 25 – 27,5% |
| | mindestens | 48% | 24% |
| Asche | Durchschnitt | 1,4 – 1,6% | 0,7 – 0,8% |

*) bezogen auf 17% Feuchtigkeit in der Rohmasse.

dürfen auf 70 Teile Marzipanrohmasse höchstens 30 Teile Zucker zugesetzt werden. Wird die Bezeichnung Lückecker Edelmarzipan verwendet, ist das Verhältnis auf 90 Teile Rohmasse zu höchstens 10 Teile Zucker festgelegt. Die zur Herstellung von Lübecker Marzipan verwendete Rohmasse ist den genannten Vorschriften nicht unterworfen (wohl aber den Leitsätzen).

*Analytik:* Zum Nachweis von Antioxidantien in Marzipan existiert eine Methode nach § 64 *LFGB (ex § 35 LMBG) (L 43.16-1). Angaben zum Metall-Gehalt macht Literatur [10]. – *E* marzipan

**Lit.:** [1] Leitsätze für Ölsamen und daraus hergestellte Massen und Süßwaren in der Fassung vom 09.06.1987 (BAnz. Nr. 140a), geändert gemäß Bekanntmachung vom 10.10.1997 (BAnz. Nr. 239a). [2] Richtlinie für Zuckerwaren des Bundesverbandes der Deutschen Süßwarenindustrie (BDSI), 1995: Schriftenreihe des Bundes für Lebensmittelrecht und -kunde e.V., Heft 123, 1995. [3] Lebensmittelkontrolleur **4**, 22ff. (1989). [4] Belitz-Grosch-Schieberle (5.), S. 867. [5] Hoffmann, H.; Mauch, W.; Untze, W., *Zucker und Zuckerwaren*, 2. Aufl.; Behr's: Hamburg, (2002). [6] Verordnung über die Zulassung von Zusatzstoffen zu Lebensmitteln zu technologischen Zwecken (Zusatzstoff-Zulassungsverordnung – ZZulV) vom 29.01.1998 (BGBl. I, S. 230), geändert durch Artikel 1 der Ersten Verordnung zur Änderung zusatzstoffrechtlicher Vorschriften vom 13.11.2000 (BGBl. 1, S. 1520) § 7, Anlage 2 Teil B. [7] Verordnung (EWG) Nr. 2081/92 des Rates vom 14.07.1992 zum Schutz von geographischen Angaben und Ursprungsbezeichnungen für Agrarerzeugnisse und Lebensmittel (Amtsblatt der EG Nr. L208 vom 24.07.1992, S. 001–008). [8] Verordnung (EG) Nr. 1107/96 der Kommission vom 12.06.1996 zur Eintragung geographischer Angaben und Ursprungsbezeichnungen gemäß dem Verfahren nach Artikel 17 der Verordnung (EWG) Nr. 2081/92 des Rates (Amtsblatt der EG Nr. L148 vom 21.06.1996, S. 0001–0010). [9] RAL-RG 0132 vom Juni 1985: Lübecker Marzipan, Bezeichnung und Kennzeichnung, Bonn: RAL Deutsches Institut für Gütesicherung und Kennzeichnung e.V. [10] Knezevic, G., *Zucker Süßwaren Wirtsch.*, **39**, 162 (1986).

**allg.:** Hoffmann, H.; Mauch, W.; Untze, W., *Zucker und Zuckerwaren*, 2. Aufl.; Behr's: Hamburg, (2002) ▪ Ullmann (5.) **A7**, 417 ▪ Zipfel, C 355 – *[HS 1704 90]*

**Marzipanrohmasse.** Marzipanrohmasse ist nach den *Leitsätzen des Deutschen Lebensmittelbuches[1] die aus blanchierten geschälten *Mandeln, Zucker und/oder Invertzuckersirup sowie Wasser hergestellte Grundmasse für die Herstellung von *Marzipan. Marzipanrohmasse enthält max. 17% Wasser und 35% zugesetzten Zucker und/oder *Invertzucker sowie mind. 28% *Mandelöl (siehe Tabelle bei *Marzipan). In den Leitsätzen findet sich noch eine Festlegung hinsichtlich des Bittermandelgehaltes: Marzipan-Rohmasse mit der Bezeichnung M I darf bis zu 12% (blanchierte, geschälte) *Bittermandeln als geschmacksverstärkende Beimischung enthalten (in der Praxis werden selten 3–5% überschritten). Für die im Handel ebenfalls übliche, jedoch nicht in den Leitsätzen festgelegte Bezeichnung M 0 gilt ein maximaler Bittermandelzusatz von 1–2%, bei M 00 wird kein Bittermandelanteil erwartet. Entbitterte Bittermandeln und Bergmandeln dürfen Marzipanrohmasse nicht zugesetzt werden. Nach der Aromen-Verordnung[2] ist der Gehalt an Blausäure in Marzipanrohmasse auf 50 mg/kg begrenzt.

*Herstellung:* Grundsätzlich gibt es zwei Herstellungsverfahren. Bei beiden Verfahren werden die von der harten Schale befreiten, aber noch von der braunen Samenhaut umgebenen Mandeln zunächst in sehr heißem Wasser abgebrüht (blanchiert) und die Haut mittels Gummiwalzen entfernt. Beim traditionellen Verfahren werden die Mandeln nach dem Zerkleinern mit Zucker und/oder Invertzuckersirup vermischt und die Masse durch Granit- oder Porzellanwalzen bis zur gewünschten Feinheit zerkleinert. In offenen Röstkesseln wird bei ca. 90 °C die überschüssige Feuchtigkeit entfernt und danach in den gleichen Kesseln auf 30–40 °C abgekühlt.

Beim zweiten Verfahren erfolgt die gesamte Herstellung in einem einzigen, mit Messern (Drehzahl bis 3000 Umdrehungen/min) versehenen Behälter, indem die Rohstoffe gemeinsam gemischt, zerkleinert, mit direkt eingeleitetem gereinigtem Dampf auf bis zu 105 °C erhitzt und schließlich unter Anwendung von Vakuum und Kühlung mit Wassermantel auf die zum Abpacken geeignete Temperatur abgekühlt werden. Es gibt auch die Möglichkeit, nach der Zerkleinerung nach dem zweiten Verfahren die Rohmassenherstellung in traditionellen Röst- und Kühlkesseln zu vollenden. Vorteil des zweiten Verfahrens ist der kurze Zeitbedarf. Die nach den beiden Verfahren erhaltenen Marzipanrohmassen unterscheiden sich in Textur und sensorischen Eigenschaften. Produktion: 2002 wurden in Deutschland 18426 t Marzipan-Rohmasse hergestellt. – *E* marzipan raw paste

**Lit.:** [1] Leitsätze für Ölsamen und daraus hergestellte Massen und Süßwaren in der Fassung vom 09.06.1987 (BAnz. Nr. 140a), geändert gemäß Bekanntmachung vom 10.10.1997 (BAnz. Nr. 239a). [2] Aromenverordnung vom 22.12.1981 (BGBl. I, S. 1625, 1676), zuletzt geändert am 29.1.1998 (BGBl. I, S. 230, 298) und am 18.6.2001 (BGBl. I, S. 1178), (BGBl. III/FNA 2125-40-27).

**allg.:** Hoffmann, H.; Mauch, W.; Untze, W., *Zucker und Zuckerwaren*, 2. Aufl.; Behr's: Hamburg, (2002) – *[HS 1704 90]*

**Mascarpone.** Ursprünglich aus Italien stammender, vorzugsweise in der Lombardei hergestellter *Frischkäse der Doppelrahmstufe. Er wird aus frischer Sahne durch Fällung mit Citronensäure hergestellt und ist von cremig weicher Konsistenz. Die Produktion ist heute auch in Deutschland und anderen EU-Staaten üblich. Mascarpone wird hauptsächlich zur Herstellung von Süßspeisen (z.B. Tiramisu) und Torten verwendet. – *[HS 0406 10]*

**Maschinengeschirrspülmittel** siehe *Geschirrspülmittel.

**Maskarapräparate** siehe *Wimperntusche.

**Massai Tee** siehe *Rotbusch Tee.

**Massenselektiver Detektor** siehe *Detektoren.

**Massenspektrograph(ie)** siehe *Massenspektrometrie.

**Massenspektrometrie** (Massenspektroskopie, Abkürzung MS). Bezeichnung für ein physikalisches Verfahren, das Ionen entsprechend ihrem Verhältnis Masse/Ladung (m/z) auftrennt und registriert. Die Registrierung der getrennten Ionen kann entweder auf einer Photoplatte geschehen oder als Ionenstrom elektrisch erfolgen. Im ersten Fall spricht man von *Massenspektroskopie* und im zweiten (für die analytische Chemie wichtigeren) von *Massenspektrometrie*; die verwendeten Geräte bezeichnet man entsprechend als *Massenspektrograph* bzw. *Massenspektrometer*.

Ein Massenspektrometer besteht prinzipiell aus drei Teilen: einer Einrichtung zur Erzeugung von Ionen (*Ionenquelle*), einer Trennvorrichtung (*Analysator*) und schließlich dem Auffänger (Faraday-Käfig, Sekundärelektronen-Vervielfacher) zur Registrierung der Ionen. Zum Zubehör zählen neben der notwendigen Elektronik eine Datenverarbeitungsanlage sowie Pumpen für das benötigte Vakuum.

Massenspezifische Trennsysteme beruhen auf unterschiedlichen Prinzipien:

a) *Quadrupol-Massenspektrometer.* Sie enthalten 4 konzentrische, parallel zueinander angeordnete runde Stabelektroden (siehe Abbildung 1).

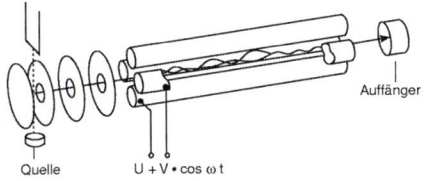

Abbildung 1: Quadrupol-Massenspektrometer.

An jedes Paar gegenüberliegender Elektroden legt man eine Gleichspannung U, die von einer hochfrequenten Wechselspannung V · cos (ω · t) überlagert wird. Ein Ionenstrahl im Inneren des Stabsystems wird durch das Hochfrequenzfeld zu Schwingungen angeregt, die massenabhängig sind. Nur für Ionen einer bestimmten Masse bleiben die Schwingungsamplituden so klein, daß sie das System passieren können und in den Auffänger gelangen. Die anderen Ionen treffen auf die Stäbe und werden eliminiert. Durch Ändern der Werte für Gleich- und Wechselspannung erreichen Ionen unterschiedlicher Massen den Auffänger, d.h. das sogenannte *Massenspektrum* kann durchfahren werden. In seinen Hauptleistungsdaten wie Massenbereich, Auflösung und Genauigkeit der Massenbestimmung ist das Quadrupolgerät eher mäßig. Es besticht aber durch seine Aufnahmegeschwindigkeit und Einfachheit. Infolge seines günstigen Preis-/Leistungs-Verhältnisses ist es das am häufigsten verwandte Massenspektrometer.

b) *Flugzeit-Massenspektrometer* (englisch time-of-flight MS, Abkürzung: TOF-MS). Bei diesen Geräten werden die Massen im eigentlichen Sinne nicht getrennt. Die in der Ionenquelle erzeugten Ionen werden durch einen kurzen Spannungsstoß beschleunigt und auf einer feldfreien Flugstrecke allein durch ihre massenabhängige Flugzeit unterschieden (Abbildung 2).

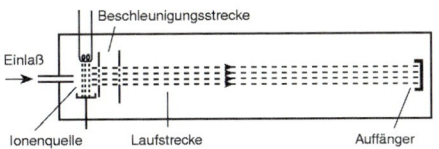

Abbildung 2: Flugzeit-Massenspektrometer.

Durch dieses Verfahren ist der Massenbereich unbegrenzt und nur von der Flugzeit abhängig. Die Aufnahmegeschwindigkeit dieser Geräte ist mit 10000 Spektren/s extrem hoch. Daher wurden derartige Geräte zur Untersuchung sehr schneller Reaktionen wie Explosionen herangezogen. Die Nachweisempfindlichkeit ist sehr gut; außerdem werden alle erzeugten Ionen detektiert. Die Auflösung ist dagegen mäßig. Spezielle Ionisierungsverfahren rücken diesen Gerätetyp zur Untersuchung von biologischen Makromolekülen mit relativen Molmassen von mehreren Hunderttausend in den Vordergrund.

c) *Fourier-Transform-Massenspektrometer* benutzen zur Massenanalyse ein Cyclotron. Sie zeichnen sich durch extrem hohe Auflösung bei niedrigen Massen aus. Sie benötigen dazu ein ultrahohes Vakuum (ca. $10^{-8}$ mbar). Bei höheren Massen nimmt die Auflösung ab, wobei die Empfindlichkeit gut bleibt.

d) *Sektorfeld-Massenspektrometer* ist der älteste Massenspektrometertyp. Es hat seinen Ursprung in den vor über 100 Jahren entdeckten Kanalstrahlen. Durchläuft ein monoenergetischer Ionenstrahl ein magnetisches Sektorfeld, so werden Ionen mit verschiedenen m/z-Verhältnissen unterschiedlich stark abgelenkt, wobei eine sogenannte Richtungsfokussierung stattfindet (Abbildung 3).

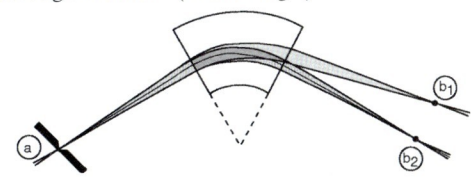

Abbildung 3: Sektorfeld-Massenspektrometer.

Analog der Terminologie aus der Optik wird dieser Vorgang als Abbildung des Spaltes a an den Stellen $b_1$ und $b_2$ beschrieben. Der Winkel des Sektorfeldes kann verschieden gewählt werden.

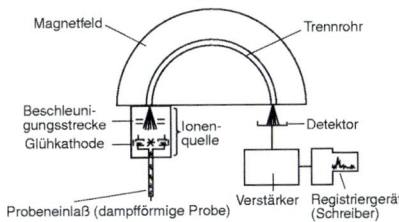

Abbildung 4: Massenspektrometer mit 180°-Sektorfeld.

In Abbildung 4 ist ein Massenspektrometer mit einem 180°-Sektorfeld dargestellt. Das sogenannte Trennrohr läßt bei vorgegebener Einstellung von elektrischen und magnetischen Feldern nur Ionen eines speziellen m/z-Verhältnisses passieren. Durch Änderung der Spannung des Beschleunigungsfeldes bei konstantem Magnetfeld oder durch Änderung des Magnetfeldes bei konstanter Beschleunigungsspannung läßt sich das Massenspektrum erzeugen. Bringt man zwischen Beschleunigungsstrecke und Magnetfeld noch ein homogenes elektrostatisches Feld an, so erhält man ein sogenanntes doppelfokussierendes Massenspektrometer, bei dem sowohl eine Richtungsfokussierung von Ionen gleichen m/z-Verhältnisses als auch eine Energie-(Geschwindigkeits-)Fokussierung erfolgt. Da hier Massen mit ppm-Genauigkeit bestimmt werden, können aus Tabellen, in denen die unterschiedlichen Massendefekte der an Molekül- und Fragment-Ionen beteiligten Atome und deren Stöchiometrie berücksichtigt sind, die entsprechenden Bruttoformeln gefunden werden. Zur Masseneichung benutzt man besonders Verbindungen auf Perfluoralkyl-Basis, z.B. Perfluorkerosin.

e) *Ionenfallen-Massenspektrometer.* In einem 3-dimensionalen Hochfrequenzfeld werden die Ionen zunächst einmal „gespeichert", bevor sie durch Veränderung der RF-Spannung je nach m/z-Verhältnis die Ionenfalle verlassen und zum Detektor gelangen. Abbildung 5 zeigt eine Quadrupol-Ionenfalle.

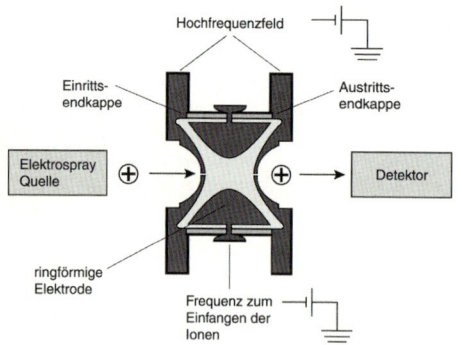

Abbildung 5: Schematischer Aufbau einer Quadrupol-Ionenfalle.

Durch Ionenfallen können auch MS/MS-Experimente durchgeführt werden („tandem in time"). Hierbei werden die Ionen eines bestimmten m/z-Verhältnisses isoliert, indem die anderen Ionen destabilisiert werden. Anschließend wird eine Fragmentierung (CID, collision induced fragmentation) durch Zusammenstoß mit Helium-Atomen induziert.

Die Vorteile der Ionenfallen liegen in den vergleichsweise hohen Arbeitsdrücken (ca. 0,13 Pa), der einfachen Kopplung mit chromatographischen Techniken, den niedrigen absoluten Nachweisgrenzen (komplette Spektren bei Substanzmengen <10 pg) und hohen Massenbereichen.

Die Ionisation des Untersuchungsmaterials, d.h. die Erzeugung der erforderlichen, zeitlich konstanten Ionenströme einheitlicher Energie, erfolgt im Hochvakuum in der Ionenquelle. Unter den ver-

schiedenen Ionisationstechniken ist die durch Beschuß mit Elektronen, die von einem glühenden Heizdraht ausgesandt werden, die verbreitetste. Die Ionisierung der Moleküle (M) durch *Elektronenstoß* (EI von englisch electron impact) verläuft formal nach: $e^- + M \rightarrow 2e^- + M^+$. Die Ionisierung wird üblicherweise bei etwa 70 eV vorgenommen. Dieser Energiebetrag übersteigt die Ionisationsenergie bei organischen Verbindungen um ein Mehrfaches, so daß sich an die Bildung des *Molekülions* im allgemeinen Zerfallsprozesse (Fragmentierungen) und Umlagerungen anschließen. In deren Folge entstehen weitere, für einzelne Substanzen, Substituenten und Bindungstypen charakteristische Ionen- und Neutralfragmente (letztere lassen sich natürlich nicht direkt nachweisen). Aus der Kenntnis der Fragmentierungs- und Umlagerungsmechanismen der im Massenspektrometer stattfindenden Abbaureaktionen läßt sich ein Massenspektrum wie das des Progesterons (Abbildung 6) interpretieren: Das Ion mit dem m/z-Verhältnis 314 ist das Molekülion ($M^+$, $M_R$ des Progesterons 314,45).

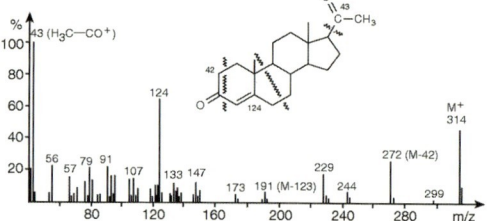

Abbildung 6: Massenspektrum des Progesterons.

Die Wellenlinien in der Strukturformel in Abbildung 6 symbolisieren einige Bruchstellen des Moleküls.

Mit dem Ziel, den Anwendungsbereich der MS auch auf energieempfindliche und nichtflüchtige Substanzen mit großer Molmasse auszudehnen, wurden eine Reihe weiterer Ionisierungsverfahren entwickelt. Eine viel verwendete Ionisierungsmethode ist die chemische Ionisation (CI von englisch chemical ionization), bei der zwischen Ionisation infolge Ladungsaustausch ($X^+ + M \rightarrow M^+ + X$) oder durch Ionen-Molekül-Reaktion unterschieden werden kann; als $X^+$ eignen sich insbesondere aus bestimmten Reaktantgasen wie Isobutan, Methan oder Ammoniak hervorgehende Ionen.

Für hochmolekulare, thermisch labile Verbindungen eignen sich Desorptionsmethoden, bei denen die Probe in „kondensierten" Phasen (Matrix, Folie) vorliegt. Hierzu zählen Ionisierung durch schnelle Edelgas-Atome (FAB, von englisch fast atom bombardment), Ionisierung durch Zerfallsprodukte aus Californium-252 (*PDMS* von englisch plasma desorption MS) sowie die *Matrix-unterstützte Laser-Desorption/Ionisation* (matrix assisted laser desorption ionisation, MALDI).

Im MALDI-Experiment wird die Probe mit einem großen Überschuß an Matrixverbindung, die streng die Wellenlänge des Lasers absorbiert, gemischt, auf ein Metall-Target aufgebracht und getrocknet. Ein Laserstrahl trifft die Probe in einem bestimmten Winkel und desorbiert Ionen, die dann in einem TOF-Gerät analysiert werden. Eine typische MALDI-Matrix muß bestimmte Eigenschaften aufweisen: Sie muß Energie bei der Laserwellenlänge absorbieren und ausreichend flüchtig sein, während die angeregten Matrixmoleküle die Analytmoleküle ionisieren sollen, üblicherweise durch Protontransfer. In der Originalarbeit von Hillenkamp wurde zur Analyse von Proteinen Nicotinsäure als geeignete Matrix bei einer Wellenlänge von 266 nm verwandt. Die am häufigsten verwandten Matrices sind zur Zeit 2,5-Dihydroxybenzoesäure, 3,5-Dimethoxy-4-hydroxyzimtsäure (Sinapinsäure) und HCCA (α-Cyano-4-hydroxyzimtsäure). Diese Substanzen absorbieren effektiv bei 337 nm (Stickstoff-Laser) und unterdrücken die Absorption der Probe selbst. MALDI in Verbindung mit einem TOF-Instrument ist eine sehr empfindliche Technik. Wegen der Probenbereitung ist 1 pmol Analyt erforderlich, während die eigentliche Analyse mit bedeutend weniger Substanz auskommt. MALDI hat darüber hinaus den Vorteil, daß mit steigender molarer Masse die Ionenausbeute nicht abnimmt und deshalb für einen größeren Bereich von Biopolymeren anwendbar ist, z.B. Proteine, Glycoproteine, Oligonucleotide und Polysaccharide. Diese Vorteile in Verbindung mit der einfachen Handhabung haben MALDI zur populärsten Technik im Bereich der Biochemie gemacht.

Mit der PDMS und vor allem mit MALDI sind Biopolymere mit Molmassen von 260000 und mehr analysierbar. Wegen ihres unbeschränkten Massenbereiches und ihrer großen Empfindlichkeit (große Ionentransmission, alle erzeugten Ionen werden detektiert) werden hierfür gern Flugzeitmassenspektrometer eingesetzt. Hierbei werden Nachweisgrenzen von $10^{-18}$ mol erreicht. Da diese Geräte jedoch eine geringe Auflösung besitzen, wurden doppelt fokussierende Sektorfeldgeräte mit großem Massenbereich entwickelt. Der Nachteil der „weichen" Ionisierung (soft ionization) liegt darin, daß man oft außer der Molmasse keinerlei weitere Information über die untersuchte Substanz erhält. Daher wurden CA-Kammern (von englisch collisional activation) entwickelt, die bis zu einem gewissen Druck mit Stoßgas (Edelgas) gefüllt werden. Die Molekülionen kollidieren mit den Molekülen des Stoßgases und fragmentieren. Das Ergebnis ist ein CID-Spektrum (von englisch collisional-induced dissociation).

Weitere Ionisierungsverfahren sind die *Feldionisation* (FI) mit starken elektrischen Feldern ($10^1$–$10^8$ V/cm) und die *Felddesorption* (FD), bei der sich auch thermisch sehr empfindliche Moleküle (Oligosaccharide, Glycoside, Nucleoside, Peptide) messen lassen. Der Felddesorptionsprozeß kann auch bei höheren Drücken angewandt werden, indem man durch Sprühen der Analytlösung Nebel von kleinen geladenen Tröpfchen erzeugt, aus denen dann nachfolgend Ionen gebildet werden. Der Spray kann dabei durch elektrische (Elektrospray, Elektrospray-Ionisation, ESI), thermische (Thermospray) oder aerodynamische Energie erzeugt werden. Bei der ESI können auch mehrfach geladene Ionen gebildet werden, so daß auch Substanzen mit großen Molmassen in Geräten mit eingeschränktem m/z-Bereich, wie Quadrupolgeräten, gemessen werden können. Ein wichtiger Vorteil der Spray-Ionisationen ist die Möglichkeit der direkten Kopplung von *Flüssigkeitschromatographie mit der MS. In der sogenannten „anorganischen" MS oder Atom-MS, die in Ergänzung zur Atomabsorptionsspektroskopie und Atomemissionsspektrometrie Elemente an verschiedenen Materialien mit unterschiedlicher Zielsetzung zu untersuchen gestattet, werden folgende Verfahren verwendet: Funkenionisation (SSMS von englisch spark source), thermische Ionisation (TIMS), Ionisation durch induktiv gekoppeltes Plasma (ICP-MS), Glimmentladung, Laser-Mikrosonde-Resonanz-Ionisation und andere.

*Verwendung:* Leistungsstarke Analysengeräte entstehen in Kopplung mit anderen Methoden. Hier steht an erster Stelle die Kopplung mit der *Gaschromatographie. Kleine Quadrupole und Ion-Trap-Detektoren werden als massenselektive Detektoren eingesetzt (Bench-Top-Geräte), aber auch die Kopplung mit größeren Quadrupolen und Sektorfeldgeräten wird angeboten. Zur Zeit sind die Ionisisationsmethoden, bei denen unter Atmosphärendruck ionisiert wird, wie ESI und APCI (atmospheric pressure chemical ionisation) für die HPLC-MS-Kopplung die Methode der Wahl. Auch APPI (atmospheric pressure photo ionisation) ist bei LC-MS als routinefähig einzustufen.

Ein Spezialfall ist die Tandem-MS, d.h. die Kopplung von mehreren MS-Systemen. Neben dem dreistufigen (englisch triple stage) Quadrupolgerät (3 Quadrupole in Serie), das interessante Experimente in der Spurenanalytik zuläßt, findet man die Kopplung aller Gerätetypen als MS/MS-Systeme. Neben den „triple-quads" gibt es auch Ion-Trap-Massenspektrometer, die $MS^n$-Experimente zulassen.

Typische Applikationen in der Lebensmittel- und Umweltanalytik ist die Bestimmung von Pflanzenschutzmitteln (vor allem mit GC-MS). Die Untersuchung von Proteinen, Peptiden und Proteomics wird häufig mittels MALDI- oder ESI-MS durchgeführt. Die weitere Verwendung der MS in Chemie, Physik, Medizin, Materialwissenschaften usw. ist so vielfältig, daß auf eine detaillierte Aufzählung verzichtet werden muß. – E mass spectrometry

*Lit.:* Ardrey, R. E., *Liquid Chromatograpy-Mass Spectrometry: An Introduction*, Wiley: Chichester, (2003) ▪ Hübschmann, H. J., *Handbook of GC/MS. Fundamentals and Applications*, Wiley-VCH: Weinheim, (2001) ▪ http://www.chemlin.de/chemie/massenspektrometrie.htm

**Massenspektroskopie** siehe *Massenspektrometrie.

**Masticin-, Masticadienonsäure, Masticonsäuren, Masticoresene** siehe *Mastix.

**Mastix** (Pistazienharz).

Masticadienonsäure
8,9-C=C : Isomasticadienonsäure

Harzartiges Exsudat (Wundsaft) von Pistazien-Bäumen (*Pistacia lentiscus*, Anacardiaceae), die im Mittelmeerraum heimisch sind; blaßgelbe oder gelblich-grüne Partikel (bis 2 cm Durchmesser) von schwach aromatischem Geruch, bitter gewürzhaftem Geschmack und glänzendem Bruch, D. 1,04–1,06, Schmp. 105–120 °C, löslich in Diethylether, zum Teil löslich in Ethanol und Terpentinöl. Hauptbestandteile des Mastix sind *Masticonsäuren* ($C_{32}H_{48}O_4$, $M_R$ 496,73; ca. 40 %), *Masticoresenen* ($C_{35}H_{56}O_4$, $M_R$ 540,83; ca. 50 %) sowie *Masticinsäure* ($C_{23}H_{36}O_4$, $M_R$ 376,54) und Bitterstoffe. Die Harzfraktion enthält unter anderem Triterpensäuren wie *Masticadienonsäure* ($C_{30}H_{46}O_3$, $M_R$ 454,69) und *Isomasticadienonsäure* ($C_{30}H_{46}O_3$, $M_R$ 454,69) sowie den Triterpenalkohol Tirucallol.

Mastix wird verwendet als Überzug für Lebensmittel sowie in Lacken, Klebern, Kunststoffen und Zahnzement. In Griechenland dient Mastix zum Harzen von Retsina-Wein. Zur Analytik siehe Literatur[1]. – *E* mastic

*Lit.:* [1]Amtliche Sammlung, Nr. L57.12-1.

*allg.:* Hager (5.) **1**, 656; **6**, 627f. ■ Ullmann (5.) **A23**, 78 – [HS 1301 90; CAS 61789-92-2 (Mastix); 514-49-8 (Masticadienonsäure); 5956-26-3 (Isomasticadienonsäure)]

**Mate** (Yerba-Mate, Paraguay-Tee). Aus den über Rauchfeuern geschwelten und anschließend zerkleinerten Blättern und Blattstielen der südamerikanischen Stechpalme *Ilex paraguariensis* St. Hil. (Aquifoliaceae) hergestellte Aufgüsse. Mate wird traditionellerweise mit metallischen Siebröhren (Bombilla) aus ausgehöhlten Flaschenkürbissen (Mate) getrunken, worauf der Name zurückzuführen ist.

*Zusammensetzung:* Mate enthält *Coffein (0,5– 1,5 %, etwa zur Hälfte an Chlorogensäure gebunden), *Theobromin (0,01–0,2 %), Gerbstoffe (5– 10 %) (Tannine) und Rohprotein (12 %), weiterhin verschiedene Chlorogensäuren und Flavonoide (Rutin, *Quercetin, Kaempferol)[1]. Die Herkunft des Coffeins ist anhand des $^{13}C/^{12}C$- bzw. $^{15}N/^{14}N$-Verhältnisses determinierbar[2,3].

*Physiologie:* Etwa ein Drittel des Coffeins geht in das Getränk über, dessen Wirkung als anregend (etwas milder als Kaffee) beschrieben werden kann. Da Mate als appetitanregend gilt, ist die appetizügelnde Wirkung von Mate-Extrakt-haltigen Schlankheitsmitteln zweifelhaft.

Eine Korrelation zwischen exzessivem Mate-Konsum (Mate wird sehr heiß getrunken) und Ösophaguscarcinom[4] ist beschrieben.

Die Aromastoffe von Mate[5] sollen über antibakterielle Aktivität verfügen[6]. In jüngster Zeit ist die antioxidative Wirkung von Mate herausgestellt worden[7].

Als Beurteilungsgrundlage sind die Leitsätze für Tee und teeähnliche Erzeugnisse[8] heranzuziehen; zur mikroskopischen Analyse von Mate siehe Literatur[9]. – *E* Brazil tea, Paraguay tea, maté

*Lit.:* [1]Filip, R.; López, P.; Giberti, G.; Coussio, J.; Ferraro, G., *Fitoterapia*, (2001) **72**(7), 774–778. [2]Phytochemistry **41**, 1073–1077 (1996). [3]Richling, E.; Höhn, C.; Weckerle, B.; Heckel, F.; Schreier, P., *Eur. Food Res. Technol.*, (2003) **216**, 544–548. [4]Goldenberg, D., *Oral Oncol.*, (2002) **38**(7), 646– 649. [5]Agric. Food Chem. **39**, 1275–1279 (1991). [6]Agric. Food Chem. **41**, 107–111 (1993). [7]Nutr. Res. **20**, 1437–1446 (2000). [8]Leitsätze für Tee, teeähnliche Erzeugnisse, deren Extrakte und Zubereitungen. In der Fassung vom 02. 11. 1998 (GMBl Nr. 11, S. 228, 26.04.1999). [9]Gassner, G.; Hofmann, B.; Deutschmann, B., *Mikroskopische Untersuchung pflanzlicher Lebensmittel*, 5. Aufl.; Fischer: Stuttgart, (1989); S. 246. – [HS 0903 00]

**Matjeshering** siehe *Hering.

**Matsutake-Alkohol** siehe (−)-(R)-*Oct-1-en-3-ol.

**Maulbeerbaum, Indischer** siehe *Noni.

**Maulbeere.** Sammelbezeichnung für die geschmacklich und äußerlich der *Brombeere ähnelnde Sammel-(Schein-)frucht des etwa 10 m hohen, ursprünglich aus Asien stammenden Maulbeerbaums. Von den zehn Maulbeer-Arten sind die Weiße Maulbeere, *Morus alba* L., die Rote Maulbeere, *Morus rubra* L. und die Schwarze Maulbeere, *Morus nigra* L. (Moraceae) am weitesten verbreitet. Die Weiße Maulbeere ist in China und dem Himalaya beheimatet und wird ebenso in gemäßigten, subtropischen, europäischen, asiatischen und amerikanischen Ländern genutzt, hauptsächlich aber wird sie in China und Japan in hoher Sortenvielfalt kultiviert. Seit 5000 Jahren dienen die kleinen Blätter als Futterpflanze für Raupen des Seidenspinners *Bombyx mori* (Seide). Diese Blätter des weißen Maulbeerbaums enthalten antioxidativ wirksame Kämpferol- und *Quercetin-Derivate[1]. Aus den Beeren wurden fünf neue Nortropan-Alkaloide und sechs neue Aminosäuren isoliert[2]. Weiße Maulbeeren schmecken fade. Rote Maulbeeren sind länglich-walzenförmig, schmecken sehr sauer und werden in mehreren Sorten in den USA angebaut. Für die Lebensmittel-Verarbeitung bedeutsamer ist die Schwarze Maulbeere mit ihren saftreichen, schwarz-violetten Früchten, welche reich an *Flavonoiden sind. So wurde z.B. Myricetin in hohen Konzentrationen von bis zu 45,3 mg/100 g Frucht gefunden[3]. Die *Anthocyane vom Cyanidin-Typ wurden mittels HPLC-MS identifiziert[4]. Flavonoide hat man ebenfalls in der Wurzelrinde und in Kalluskulturen von *Morus nigra* gefunden[5], darunter ein schmerzlinderndes Prenyl-Flavonoid[6]. Nicht nur die charakteristischen Kenndaten des Saftes aus schwarzen Maulbeeren, sondern auch das Aroma wurde mittels GC-MS charakterisiert[7].

*Verwendung:* Maulbeeren werden in der Regel nur in den Anbauländern frisch verkauft, weil sie nach der Ernte rasch verderben. Sie werden zu Wein, Sirup, Gelee oder Konfitüre verarbeitet. Die Früchte können außerdem zur Aromatisierung von Essig und Wodka dienen. In Afghanistan werden Maulbeeren wie Rosinen getrocknet und in Brot eingebacken. Der Anthocyan-reiche Saft schwarzer Maulbeeren eignet sich zur Färbung von Lebensmitteln. – *E* mulberry

*Lit.:* [1]Kim, S. Y.; Gao, J. J.; Lee, W.-C.; Ryu, K. S.; Lee, K. R.; Kim, Y. C., *Arch. Pharm. Res.*, (1999) **22**, 81. [2]Kusano, G.; Orihara, S.; Tsukamoto, D.; Shibano, M.; Coskun, M.; Guvenc, A.; Erdurak, C. S., *Chem. Pharm. Bull.*, (2002) **50**, 185. [3]Lugasi, A.; Hovari, J., *Acta Aliment.*, (2002) **31**, 63. [4]Dugo, P.; Mondello, L.; Errante, G.; Zappia, G.; Dugo, G., *J. Agric. Food Chem.*, (2001) **49**, 3987. [5]Ferrari, F.; Monacelli, B.; Messana, I., *Planta Med.*, (1999) **65**, 85–87. [6]De Souza, M. M.; Bittar, M.; Cechinel-Filho, V.; Yunes, R. A.; Messana, I.; Delle Monache, F.; Ferrari, F., *Z. Naturforsch., Teil C*, (2000) **55**, 256. [7]Elmaci, Y.; Altug, T., *J. Sci. Food Agric.*, (2002) **82**, 632.
*allg.:* Franke, W., *Nutzpflanzenkunde*, 6. Aufl.; Thieme: Stuttgart, (1997); S. 324 – *[HS 0810 20]*

**Maul- u. Klauenseuche** (MKS). Die Maul- und Klauenseuche ist eine fieberhafte Viruserkrankung der Klauentiere.
*Symptome:* Bei der akut verlaufenden Erkrankung kommt es zur Bildung von Bläschen (Aphthen) u. Erosionen an Schleimhäuten u. unbehaarten Teilen der Haut, insbes. im Bereich des Mauls u. der Klauen. Die Erkrankungsrate ist meistens hoch (fast 100 %), die Sterblichkeitsrate bei erwachsenen Tieren gering (2–5 %), bei Jungtieren kann sie jedoch bis zu 50–70 % betragen.
*Ursache u. Verbreitung:* Durch den großräumigen Handel mit Tieren wird die Verbreitung begünstigt. Ein „MKS-Gürtel" zieht sich weltweit vom asiat. Teil der Türkei über den Mittleren Osten, große Teile Afrikas, den ind. Subkontinent, Ostasien bis nach Südamerika. In Westeuropa, v. a. in Großbritannien, kam es nach einigen Jahren der Entspannung im Februar/März 2001 zum Ausbruch der Seuche.
Von MKS betroffen sind Hauswiederkäuer (Rind, Schaf, Ziege), Wildwiederkäuer (Rotwild, Rehwild, Damwild) sowie Haus- u. Wildschweine. Das Virus kann auf direktem Weg durch Kontakt von Tier zu Tier (infizierte Tiere scheiden schon vor dem Auftreten erster Symptome große Mengen an Viren aus) od. auf indirektem Weg über Zwischenträger (Fahrzeuge, Personen, Milch, Knochen, Häute, Fleisch, Luft etc.) übertragen werden. Beim Menschen löst das Virus keine od. bei intensivem Kontakt nur milde Symptome (z. B. Lippenbläschen) aus. Der MKS-Erreger ist ein leicht übertragbares Virus, das in verschiedenen Typen auftreten kann. Es zeichnet sich durch eine relativ hohe Widerstandsfähigkeit in der Außenwelt aus: Jahrelang infektiös bleibt es in Gefrierfleisch, monatelang im Erdboden, in Abwässern, in Jauche sowie in eingetrockneter Form (an Haaren, Kleidern, Schuhen etc.). Dagegen kommt es zu einer raschen Inaktivierung durch direkte Sonneneinstrahlung u. Hitzeeinwirkung (ca. 30 min, bei 60–65 °C; ca. 15–20 s bei 85–90 °C – z. B. beim Pasteurisieren von Milch), durch pH-Wert Veränderungen, sowohl in den sauren als auch in den alkal. Bereich, sowie durch die normale Fleischreifung (ca. 48 h).
*Nachweis:* Der ELISA ist die erste und schnellste Methode zur MKS-Diagnostik. In Verdachtsfällen wird der Test mit der Virusanzüchtung kombiniert. Der Nachweis virusspezifischer Nucleinsäure erfolgt mittels polymerase chain reaction (PCR).
*Maßnahmen:* Aufgrund der hohen Ansteckungsgefahr werden in Europa befallene Betriebe abgesperrt u. die Klauentierbestände getötet. In der EU wird seit 1992 keine vorbeugende Impfung gegen MKS mehr vorgenommen, da mehrere Probleme auftreten: 1. Durch die Existenz verschiedener Virus-Stämme u. Subtypen sind jeweils spezif. Impfstoffe erforderlich. – 2. Durch die Bildung von Antikörpern nach einer Impfung kann nicht mehr unterschieden werden, ob Kontakt mit dem Virus od. nur mit dem Impfstoff erfolgte. – 3. Geimpfte Tiere können das Virus unerkannt beherbergen u. übertragen. – *E* foot and mouth disease
*Lit.:* Bundesministerium für Verbraucherschutz, Ernährung und Landwirtschaft, Broschüre „Maul- und Klauenseuche – Erkennen, Vorbeugen, Bekämpfen", Herausgegeben vom Auswertungs- und Informationsdienst für Ernährung, Landwirtschaft und Forsten (aid) e. V., März 2001; http://www.verbraucherministerium.de

**Maumee-Verfahren** siehe *Saccharin.

**Maxiren®** siehe *Chymosin.

**Mayonnaise.** Eine Öl-in-Wasser-Emulsion, die aus Speiseöl pflanzlicher Herkunft (häufig *Sojaöl), Hühnereigelb, Zucker, Salz, Gewürzen u. Essig hergestellt wird. Glycerophospholipide des Eigelbs stabilisieren die Emulsion. Der Mindestfettgehalt beträgt 80 %, der Mindesteigelbgehalt 7,5 % des Fettgehalts.
Den Zusatz von Konservierungsmitteln regelt die *Zusatzstoff-Zulassungsverordnung (Anlage 5, Teil A). *Sorbinsäure und *Benzoesäure sind zugelassen. Die Mitverarbeitung von Farbstoffen od. färbenden Lebensmitteln ist nicht erlaubt. Produkte mit niedrigerem Fettgehalt (<50 %), sog. *Salat-M.*, können Dickungsmittel (*Pektin, *Gelatine, *Stärke) sowie Milch-Eiweiß enthalten. Kräuterhaltige M. mit mind. 50 % Fett werden als *Remouladen* bezeichnet.
*Zusammensetzung:* Eiweiß 2 %, Fett 80 % u. Kohlenhydrate 3 %. 100 g M. hat einen Nährwert von 3200 KJ.
*Analytik:* Zur Analyse von M. sind die Methoden nach § 64 *LFGB (ex § 35 LMBG) (L 20.01-1 bis 20.01/02-6) sowie die Untersuchungsmeth. der dtsch. Feinkostindustrie[1] anzuwenden. Zum Nachw. von EDTA, das zur Komplexierung von katalyt. wirksamen Metall-Ionen eingesetzt wird, siehe Literatur[2]. – *E* mayonnaise
*Lit.:* [1]Bundesverband der Deutschen Feinkostind. e. V. (Hrsg.), Untersuchungsmethoden für die Feinkostindustrie, Bonn: Bundesverband der dtsch. Feinkostind., Loseblattsammlung ab 1977. [2]Z. Lebensm. Unters.-Forsch. **181**, 35–39 (1985).
*allg.:* Zipfel, C 247, C 251 – *[HS 2103 90]*

**Mb.** Abk. für *Myoglobin.

**MCDD.** Abk. für Monochlordibenzo[1,4]dioxin(e), s. *Dioxine.

**MCDF.** Abk. für Monochlordibenzofuran(e), s. *Dioxine.

**3-MCPD.** Abkürzung für 3-Chlorpropan-1,2-diol, siehe *Chlorpropanole.

**MDGC.** Abkürzung für multidimensionale *Gaschromatographie (siehe dort).

**Mdha.** Abkürzung für 2-Methyldehydroalanin, siehe *Algentoxine.

**Medikamente** siehe *Arzneimittel.

**Medizinische Seife** siehe *Seifen.

**Meeresfische** siehe *Fische.

**Meerrettich** (Kren). Die 20–30 cm lange u. 3–4 cm dicke Pfahlwurzel der M.-Pflanze *Armoracia rusticana* (Brassicaceae), ein aus Südrußland stammendes Gewürz der Bauerngärten, besitzt einen scharf beißenden Geschmack u. Geruch. Dieser wird verursacht durch die aus den *Glucosinolaten (hauptsächlich Sinigrin u. Gluconasturtiin) beim Verletzen des Gewebes (z.B. Reiben) durch *Myrosinase freigesetzten *Senföle wie Allyl- od. Phenylethylisothiocyanat. Auch Peroxidase u. *Lysozym sind in M. enthalten. Geraspelt dient M. zum Würzen feiner Soßen, Fleisch- u. Fischgerichte, wird auch als Beikost gegessen u. als Konserve (z.B. Meerrettich-Senf) verkauft. – *E* horseradish

*Lit.:* Franke, W., *Nutzpflanzenkunde*, 6. Aufl.; Thieme: Stuttgart, (1997) ▪ Souci et al. (6.) – *[HS 0706 90]*

**MEG.** Abkürzung für Monoethylenglycol, siehe *Glycole.

**Mehl.** Mahlprodukt aus *Getreidekörnern mit einer Partikelgröße von 15–120 µm. Je nach mittlerer Partikelgröße unterscheidet man griffige Mehle, deren Partikel zwischen den Fingern noch fühlbar sind, von feineren, schliffigen Mehlen (mittlere Korngröße 40–50 µm). Getreide- und andere Stärkemehle werden zu *Brot, *Backwaren oder *Teigwaren verarbeitet oder auch zur Zubereitung von Suppen und Soßen gebraucht.

Berufsbedingte *Mehlstauballergien* sind im Müller- und Bäckerhandwerk sowie in Silobetrieben und Mälzereien mit einem Sensibilisierungsindex der Beschäftigten von 26–44%[1] relativ häufig. Sie werden durch genuine α-*Amylase-Inhibitoren verschiedener Getreidearten ausgelöst. Bäckerasthma ist unter dem Namen „obstruktive Atemwegserkrankung" als Berufskrankheit anerkannt.

*Zusammensetzung und Eigenschaften:* Die chemische Zusammensetzung der Mehle ist vom Ausmahlungsgrad bzw. der *Mehltype abhängig. Bei *Vollkornmehlen* sind alle Kornbestandteile (Schale, Keimling, Endosperm) enthalten. Mit abnehmendem Ausmahlungsgrad steigt der Stärkegehalt, die Gehalte der v.a. in den Randschichten des Kornes vorkommenden Bestandteile wie Ballaststoffe, Mineralstoffe, Vitamine und Lipide sinken (siehe Tabelle 1 und 2) und die Mehle werden heller. Auszugsmehle (Ausmahlungsgrad 40%, Mehltype 405) bestehen weitgehend aus den Bestandteilen des Mehlkörpers.

Tabelle 2: Mittlere Zusammensetzung von Roggenmehl.

|  | Type 815 | Type 997 | Type 1150 | Type 1370 |
|---|---|---|---|---|
|  | Ausmahlungsgrad [%] | | | |
|  | 69–72 | 75–78 | 79–83 | 84–87 |
| Wasser (%) | 14,3 | 14,6 | 13,6 | 13,4 |
| Protein (%) | 6,4 | 6,9 | 8,3 | 8,3 |
| Lipide (%) | 1,0 | 1,1 | 1,3 | 1,4 |
| Verwertbare Kohlenhydrate (%) | 71,0 | 67,9 | 67,8 | 66,7 |
| Ballaststoffe (%) | 6,5 | 8,6 | 8,0 | 9,0 |
| Mineralstoffe (%) | 0,7 | 0,9 | 1,0 | 1,2 |
| Vitamin $B_1$ (Thiamin, µg/100 g) | 180 | 190 | 220 | 300 |
| Vitamin $B_2$ (Riboflavin, µg/100 g) | 92 | 110 | 100 | 130 |
| Nicotinsäureamid (mg/100 g) | 0,60 | 0,80 | 1,15 | 1,60 |

Die besondere Bedeutung von *Weizenmehl* liegt in seinen einzigartigen physikalisch-technologischen Eigenschaften. Nach Vermengen mit Wasser entsteht ein visko-elastischer, kohäsiver *Teig, an des-

Tabelle 1: Mittlere Zusammensetzung verschiedener Weizenmehle im Vergleich mit Speisekleie.

|  | Type 405 | Type 550 | Type 812 | Type 1050 | Speisekleie |
|---|---|---|---|---|---|
|  | Ausmahlungsgrad [%] | | | | |
|  | 40–56 | 64–71 | 76–79 | 82–85 | |
| Wasser (%) | 13,9 | 13,7 | 14,7 | 13,7 | 11,5 |
| Protein (%) | 9,8 | 9,8 | 11,8 | 11,2 | 14,9 |
| Lipide (%) | 1,0 | 1,1 | 1,3 | 1,8 | 4,7 |
| Verwertbare Kohlenhydrate (%) | 70,9 | 70,8 | 66,7 | 67,2 | 20,5[a] |
| Ballaststoffe (%) | 4,0 | 4,1 | 4,8 | 5,2 | 42,4[b] |
| Mineralstoffe (%) | 0,4 | 0,5 | 0,7 | 0,9 | 6,2 |
| Vitamin $B_1$ (Thiamin, µg/100 g) | 60 | 110 | 260 | 430 | 650 |
| Vitamin $B_2$ (Riboflavin, µg/100 g) | 30 | 60 | 60 | 70 | 510 |
| Nicotinsäureamid (mg/100 g) | 0,70 | 0,50 | 0,89 | 1,42 | 17,7 |
| Vitamin $B_6$ (mg/100 g) | 0,18 | 0,10 | 0,28 | 0,28 | 2,5 |
| Pantothensäure (mg/100 g) | 0,21 | 0,40 | 0,62 | 0,63 | 2,5 |

[a] davon 9% Stärke
[b] davon 13,4% Cellulose

sen Ausbildung die Kleberproteine des Weizenmehls maßgeblich beteiligt sind (siehe auch *Gluten). Weizenmehl wird in großem Umfang zur Herstellung von Backwaren eingesetzt. *Roggenmehl* zeichnet sich ebenfalls durch seine Backfähigkeit aus. Allerdings bildet es beim Anteigen mit Wasser keinen Kleber aus, seine Backfähigkeit beruht auf dem hohen *Pentosan-Gehalt (6–8%) und auf bestimmten Proteinen. Die Backqualität eines Roggenmehls wird überwiegend vom Standort und der Witterung, weniger von der Sorte bestimmt. Sie kann durch Zusätze von *Quellstärke oder Säuerungsmittel verbessert werden.
Für jede Gebäcksorte werden Mehle mit typischen, oft sehr unterschiedlichen Eigenschaften benötigt. Der Begriff „Mehlqualität" ist somit relativ. So soll Weizenmehl für biologisch gelockerte Gebäcke (z. B. Brot, Kleingebäck, Zwieback) kleberreich, Kleber-stark und griffig, für chemisch gelockerte Gebäcke (z. B. Sandkuchen, Mürbegebäck) dagegen Kleber-arm und glatt sein.
Zur Gewinnung von Mehl siehe *Mahlprozeß. Zur Verwendung siehe einzelne Getreidearten. Mehl-Luft-Gemische können unter Umständen zündfähig sein (Staubexplosion). – *E* flour
*Lit.:* [1]Verband der chemischen Industrie (VCI), Hrsg., *Schriftenreihe: Chemie und Fortschritt, Allergien,* 2. Aufl.; VCI: Frankfurt, (1986); S. 9.
*allg.:* Souci et al. (6.), S. 565–572, 582–593 ▪ Ullmann (5.) **A6**, 115ff., 333f. ▪ Winnacker-Küchler (4.) **7**, 464ff. – *[HS 1101 00, 1102 00, 1102 90]*

**Mehlbanane** siehe *Banane.

**Mehlbehandlung.** *Methoden zur Farbveränderung:* Durch Einarbeiten von bis zu 2% Sojamehl, das reich an Typ-II-Lipoxygenasen ist, werden *Carotinoide co-oxidiert werden[1]. Die Bleichung des Mehls mit Chlor, Chlordioxid oder Ozon ist verboten; 99% des eingesetzten Chlors reagieren mit dem Mehl, dabei entstehen 45% Chlorid[2]. Außerdem wurden Chlor- und Chlorhydroxyfettsäuren[3] gefunden, welche auch zum Nachweis[4] einer Chlor-Behandlung herangezogen werden können. Diese Methoden werden mit dem Ziel der Farbaufhellung (Mehlbleichung) angewendet. Um Mehle, v. a. Roggenmehle, dagegen dunkler erscheinen zu lassen, wird häufig Zuckercouleur (vgl. *Karamel) zugesetzt. Dies ist nach der *Zusatzstoff-Zulassungsverordnung jedoch nicht erlaubt.

*Methoden zur Verbesserung der Backeigenschaften:* siehe *Mehlverbesserung. – *E* flour treatment
*Lit.:* [1]Belitz-Grosch-Schieberle (5.), S. 701ff. [2]J. Food Sci. **49**, 1136ff. (1984). [3]Z. Lebensm. Unters.-Forsch. **176**, 169–172 (1983). [4]Z. Lebensm. Unters.-Forsch. **176**, 173ff., 285–288 (1983).
*allg.:* Ullmann (5.) **A6**, 620; **A11**, 577

**Mehlbleichung** siehe *Mehlverbesserung.

**Mehlstauballergie** siehe *Mehl.

**Mehltype.** Bezeichnung für den mit dem Faktor 1000 multiplizierten Aschegehalt (Gew.-%) der *Mehl-Trockensubstanz. Es sind nur wenige, explizit festgelegte Typenzahlen für Mahlprodukte festgelegt. Diese stehen für einen gewissen Bereich des Mineralstoffgehaltes (siehe Tabelle). Die Typenzahlen sind für Weizen- und Roggenmehle unterschiedlich gewählt. Die Mehltype hängt ab vom Ausmahlungsgrad (aus 100 Gewichtsteilen Getreide ausgemahlene Menge an Mehl) und somit auch von der Zusammensetzung der Mehle. Mit steigender Typenzahl enthalten die Mehle einen höheren Anteil an Schale und Aleuronschicht (siehe *Getreidekorn); sie werden dunkler, der Gehalt an Protein, Lipiden, Ballaststoffen, Mineralstoffen und Vitaminen nimmt zu, der an Stärke ab (vgl. auch Tabelle 1 und 2 bei *Mehl). – *E* flour type
*Lit.:* DIN10355: 1991-12

**Mehlverbesserung.** Die Backeigenschaften von *Mehlen der *Brot-Getreide unterliegen großen Schwankungen, die insbesondere bei der automatisierten Herstellung von *Backwaren ausgeglichen werden müssen. Deshalb sind Zusätze zur Standardisierung des Mehls hinsichtlich Verarbeitungseigenschaften und Produktqualität notwendig.
L-*Ascorbinsäure* (2–6 g/100 kg Mehl): Durch Zusatz von L-*Ascorbinsäure zu kleberschwachem Weizenmehl werden *Teige mit größerem Dehnwiderstand und damit besserem Stand- und Gashaltevermögen erhalten, was zur Verkürzung der Ruhezeit des Teiges, der Erhöhung des Gebäck-Volumens und zu einer Porenverfeinerung führt. Diese Effekte beruhen auf der Oxidationswirkung von Dehydro-L-ascorbinsäure, die sich beim Anteigen durch Reaktion mit Luftsauerstoff bildet. In einer Folgereaktion wird endogenes *Glutathion dem Disulfid-Austausch mit entzogen, wodurch die De-

Tabelle: Gängige Mehltypen (mit Mindest- und Höchstwert des Mineralstoffgehalts in g/100 g Trockenmasse).

|        | Type | Verwendung | Mindestwert | Höchstwert |
|--------|------|------------|-------------|------------|
| Weizen | 405  | Auszugsmehl | – | 0,5 |
|        | 550  | Semmelmehl | 0,51 | 0,63 |
|        | 812  | Mischbrotmehl | 0,64 | 0,90 |
|        | 1050 |  | 0,91 | 1,20 |
|        | 1600 | Mischbrotmehl | 1,21 | 1,80 |
|        | 1700 | Backschrot | | 2,10 |
| Roggen | 815  | helles Brotmehl | – | 0,90 |
|        | 997  |  | 0,91 | 1,10 |
|        | 1150 | Misch- und Graubrotmehl | 1,11 | 1,30 |
|        | 1370 | Kommißbrotmehl | 1,31 | 1,60 |
|        | 1740 | Schwarzbrotmehl | 1,61 | 1,80 |
|        | 1800 | Backschrot | – | 2,20 |

polymerisation des *Gluten und damit eine Schwächung des Klebers verhindert wird, vgl. Literatur[1].

*Azodicarbamid* (Diazendicarbamid, 1–2 g/100 kg):

$$H_2N-CO-N=N-CO-NH_2$$

Verbesserung der Teigeigenschaften kleberschwacher Weizenmehle und Reduzierung des Energieaufwandes beim Knetprozeß. Die Wirkung beruht auf der beim Anteigen von Mehl mit Wasser sehr schnellen Oxidation von Thiol-Verbindungen nach:

$$-N=N- + 2RSH \rightarrow -NH-NH- + RSSR$$

Azodicarbonamid ist innerhalb der EU nicht als Mehlbehandlungsmittel zulässig.

*Alkalibromat* (2–5 g/100 kg): Zur Verhinderung einer zu starken Erweichung des Klebers bei der Teigherstellung durch Oxidation von endogenem Glutathion zum Disulfid[1]. Beim Backprozeß wird Bromat vollständig zu Bromid reduziert; eine Bromierung von Mehlbestandteilen findet nicht statt. Innerhalb der EU nicht als Mehlbehandlungsmittel zugelassen.

*Benzoylperoxid* (15–60 g/100 kg): Zeigt bei hohem Bleicheffekt Festigung der Kleberstruktur; innerhalb der EU nicht als Mehlbehandlungsmittel zugelassen.

*Cystein* (3–7 g/100 kg): Als Hydrochlorid eingesetzt, erweicht dieses den Kleber durch Reduktion der Disulfid-Bindungen von Kleberproteinen. Der Dehnwiderstand der Teige sinkt. Kleberstarke Mehle ergeben bei optimalem Zusatz ein höheres Gebäckvolumen, da der Teig vom Treibgas leichter gelockert werden kann. Glutathion und Natriumsulfid wirken ähnlich.

*Emulgatoren* (0,2–1,4%, bezogen auf Mehlmenge): *Lecithine, *Monoglyceride und Diglyceride der Speisefettsäuren und deren Ester von Essig-, Wein-, Milch-, Monoacetyl- und Diacetylweinsäure. Sie dienen zur Verbesserung der Teigeigenschaften, erhöhen die Gärstabilität, das Gashaltevermögen und das Backvolumen, verfeinern die Krumenstruktur und verbessern die Frischhaltung der Backware. Zur Erklärung ihrer Wirkungsweise wird u. a. angenommen, daß sie die Haftung zwischen Stärke und Kleber verbessern.

*Enzyme*: Durch Zusatz von α-*Amylasen in Form von Malzpräparaten oder Präparaten mikrobieller Herkunft wird der Stärkeabbau und damit das Wachstum der Hefe gefördert. Der Teig wird gleichmäßig gelockert, die Porung des Gebäcks verfeinert und die Elastizität der Krume erhöht. Zum Einsatz kommen Malzmehle, *Malzextrakte sowie Präparate aus Schimmelpilzen und Bakterien. In Sojamehl enthaltene *Lipoxygenase erhöht bei der Herstellung von Weißbrot die Knettoleranz des Teiges und verbessert insgesamt das Backergebnis. Die Wirkung beruht auf der Aktivität der Typ-II-Lipoxygenase, die aus den Acyllipiden des Mehles Peroxy-Radikale freisetzt, welche dann andere Inhaltsstoffe oxidieren. Erkennbar ist die Oxidation an der schnellen Bleichung der *Carotinoide, die bei Weißbrot erwünscht ist (*Mehlbleichung*). Die Anwendung von enzymaktivem Sojamehl ist durch die entstehenden geruchsaktiven Verbindungen auf Mengen unter 2% begrenzt. *Protease-Präparate mikrobieller oder pflanzlicher Herkunft werden kleberstarken Weizenmehlen zur Teigerweichung zugesetzt. Ihre Wirkung beruht auf der Spaltung von Peptid-Bindungen der Kleberproteine. Ein weiterer Effekt ist die Freisetzung von Aminosäuren, wodurch besonders in der Kruste die Aromabildung und Bräunungsreaktionen gefördert werden. – *E* flour improvement

*Lit.:* [1]Belitz-Grosch-Schieberle (5.), S. 701ff.
*allg.:* Ullmann (5.) **A 4**, 345ff.

**Mehlwurmfaktor** siehe *Carnitin.

**Mehrwegverpackung.** *Verpackungen, die dazu bestimmt sind, nach Gebrauch mehrfach zum gleichen Zweck wieder verwendet zu werden. Derartige Verpackungen werden im Leih- und Rückgabeverkehr benutzt und gegen Pfand abgegeben. Entscheidend ist, daß die Verpackungen objektiv geeignet sind, mehrfach zum gleichen Zweck wieder verwendet werden zu können sowie eine Logistik vorhanden ist, die das Kursieren einer Verpackung zwischen Abfüller, Vertreiber und Endverbraucher ermöglicht. Es müssen bei den Vertreibern Annahmestellen und bei den Abfüllern Waschanlagen vorhanden sein.

Einen hohen Anteil an Mehrwegverpackung gibt es vor allem im Bereich der *Getränkeverpackung*, insbesondere bei Mineralwasser, Erfrischungsgetränken und Bier.

Das Gegenteil der Mehrwegverpackung ist die *Einwegverpackung* (nicht wieder befüllbare Verpackung).

Im Rahmen der bei Getränkeverpackungen intensiv geführten Diskussion um die Umweltbelastungen von Einweg- und Mehrwegsystemen haben Studien gezeigt, daß eine pauschale Bevorzugung eines der beiden Systeme ökologisch nicht begründbar ist; es hängt von den jeweiligen Rahmenbedingungen ab (z. B. Transportentfernungen, Anzahl der Umläufe), ob Einwegverpackungen oder Mehrwegverpackungen ökologisch vorteilhafter sind. – *E* reusable packaging

*Lit.:* Flanderka, F., *Verpackungsverordnung, Kommentar und Einführung*, C. F. Müller: Heidelberg, (1999) ▪ Verordnung über die Vermeidung und Verwertung von Verpackungsabfällen (BGBl. I, S. 2379 vom 21.08.1998)

**Melanoid(in)e.** Braungefärbte, Stickstoff-haltige Pigmente heterogener Natur, die während der *Maillard-Reaktion entstehen u. zur Farbgebung gerösteter u. erhitzter Lebensmittel (z. B. *Brot, *Kaffee, Tabak) beitragen, aber auch für die unerwünschten Bräunungen z. B. bei Herst. u. Lagerung von Obstverarbeitungsprodukten verantwortlich sind. Unter physiologischen Bedingungen können ebenfalls Melanoidin-artige Pigmente entstehen (advanced glycylation end: AGE), deren Konzentration z. B. mit der Schwere von Diabetes-Erkrankungen in Zusammenhang gebracht wurde. An Modellsystemen mit reduzierenden Zuckern u. Aminosäuren durchgeführte Arbeiten zeigten, daß die Bildung der M. einer Kinetik 1. Ordnung folgt[1]. Die Melanoidin-Bildung kann auch einem

Radikalmechanismus folgen, wobei ein Protein-gebundenes Radikalkation [CROSSPY: 1,4-Bis-(5-amino-5-carboxy-1-pentyl-pyrazinium-Radikalkation)] entsteht[2]. Die physiologischen Wirkungen dieser Stoffgruppe sind bislang noch relativ unklar, weil die Strukturen unbekannt und damit konkrete biologische Tests nicht möglich sind. Maillard-Produkte sollen positive (z. B. antioxidative, Cholesterol-senkende), sowie negative Wirkungen haben[3]. Die Kontrolle der M.-Bildung kann über die Braunfärbung (Farbwerte) od. indirekt über die Bestimmung von 5-*Hydroxymethyl-furfural erfolgen. – *E* melanoidins

*Lit.:* [1] Takeuchi, H.; Nishioka, Y.; Fujishiro, M.; Muramatsu, K., *Agric. Biol. Chem.*, (1987) **51**(4), 969–976. [2] Hofmann, T.; Bors, W.; Stettmaier, K., *Agric. Biol. Chem.*, (1999) **47**, 391–396. [3] Friedmann, M., *J. Agric. Food. Chem.*, (1996) **44**(3), 631–653.
*allg.:* Ames, J. M.; Hofmann, T. F., Hrsg., *Chemistry and Physiology of Selected Food Colorants*, American Chemical Society: Washington, (2000)

**Melasse** (von lateinisch mel = Honig). Der sirupartige, viskose, tief dunkelbraun gefärbte, unangenehm schmeckende Rückstand (Endablauf, Mutterlauge) der Zuckerherstellung aus *Zuckerrüben oder *Zuckerrohr, aus dem sich mit konventionellen (Verdampfungs-)Methoden kein Zucker mehr kristallieren läßt. Dagegen lassen sich mit physikalisch-chemischen Entzuckerungsverfahren wie Ionentausch, Ionenausschluß-Chromatographie, Gelfiltration, Saccharat-Fällung weitere Zuckeranteile gewinnen.
*Einteilung:* Bei den Rohrzucker-Melassen unterscheidet man zwischen „blackstrap molasses" als Melassen der Rohrzucker- und Weißzuckerfabriken und Raffinerie-Melassen, dem Rückstand, der verbleibt, wenn raffinierter, weißer Zucker aus nichtraffiniertem, braunem Rohzucker rekristallisiert wird. Daneben sind sogenannte „High-test"-Melassen mit hohen Zuckergehalten (70–80%) im Handel, die eigentlich definitionsgemäß nicht als Melasse bezeichnet werden dürften. Es handelt sich um das Konzentrat nach der ersten Verkochung des Zuckerrohr-Dünnsaftes (auf die weiteren Verkochungen wird verzichtet), wobei die Saccharose invertiert wurde, um eine Kristallisation während der Lagerung zu vermeiden. High-test-Melassen können aber auch die echten Melassen sein, die nach der ersten Kristallisation anfallen, wenn sich keine weiteren Verkochungs- und Kristallisationsschritte anschließen. Abwässer aus der Melasse-Verarbeitung (z.B. Hefegewinnung und Hefe- mit Alkoholproduktion) sind sehr stark verschmutzt. Es muß mit *CSB-Werten von 38–53 kg/t, *BSB-Werten von 22–32 kg/t und absetzbaren Stoffen von 0,3 mg/L gerechnet werden.

*Zusammensetzung:* Melasse ist aufgrund ihrer Zusammensetzung und ihres relativ günstigen Preises einer der wichtigsten technischen Rohstoffe in der Fermentationsindustrie. Sie enthält alle extrahierbaren Stoffe der Zuckerrübe (bzw. des Zuckerrohrs), die dem Industriezucker bei seiner Herstellung entzogen wurden. Melasse dient als Kohlenstoff-Quelle und Energiequelle (ca. 50% Saccharose), enthält aber noch zahlreiche weitere wertvolle Verbindungen, die den Nährstoffbedarf für Mikroorganismen zumindest teilweise decken können, wie Stickstoff-Verbindungen (auch Aminosäuren), freie und gebundene Säuren, Magnesium, Wuchsstoffe wie Inosit, *Pantothensäure und *Biotin (nur Zuckerrohr-Melasse), siehe Tabelle. Zuckerrüben-Melasse unterscheidet sich von

Tabelle: Zusammensetzung von Melasse.

| | Zuckerrüben-Melasse | Rohrzucker-Melasse |
|---|---|---|
| Trockensubstanz [%] | 79–86 | 77–84 |
| pH-Wert | 7–9 | 4,5–6 |
| Gesamtzucker [%] | 47–53 | 48–56 |
| – davon *Saccharose | überwiegend | ca. 67 |
| – Invertzucker | sehr wenig | ca. 33 |
| – *Raffinose, *Kestosen | 0,5–2 | keine |
| Stickstoff-Gehalt [%] | ca. 1,4–1,7 | ca. 0,7 |
| – davon für Hefen assimilierbarer Stickstoff in % | ca. 50 | 15–20 |
| – Haupt-Stickstoff-Komponenten | ca. 50% Aminosäuren (25% Pyroglutamincarbonsäure) ca. 50% Betain | Aminosäuren (*Asparaginsäure) fast kein Betain |
| organische Stickstoff-freie Nichtzuckerstoffe [%] | 4–5 darunter Polyosen, organische Säuren, Melanoidine | 4–5 wie Rübenmelasse, jedoch mehr organische Säuren, insbes. *cis*-Aconitsäure |
| Aschegehalt [%] | 10–12 | 8–11 |
| Mineralstoffe [%] | | |
| K | 2,0–7,0 | 1,5–5,0 |
| Ca | 0,1–0,5 | 0,4–0,8 |
| P | 0,02–0,07 | 0,2–2,0 |
| Mg | ca. 0,01 | ca. 0,3 |
| Wuchsstoffe [ppm] | | |
| – *myo*-Inosit | 5000–8000 | 2500–6000 |
| – Pantothensäure | 50–100 | 15–60 |
| – Biotin | 0,02–0,1 | 1–3 |
| – Thiamin | 1–1,5 | 1,5–2 |

Rohrzucker-Melasse durch unterschiedliche Aminosäuren-Spektren, durch einen höheren Saccharose-Gehalt, durch einen wesentlich höheren Gehalt an Betainen und einen viel niedrigeren Biotin-Gehalt. Der Zuckergehalt in Zuckerrüben-Melasse ist weitgehend vom Aschegehalt abhängig, dessen Komponenten die Saccharose in Lösung halten. Kalium und Natrium wirken hierbei besonders stark erhöhend auf die Löslichkeit von Saccharose, wohingegen andere Ionen, insbesondere Magnesium, die Löslichkeit von Saccharose herabsetzen. Bei der Zuckergewinnung nach dem sog. Quentin-Verfahren werden K$^+$ und Na$^+$-Ionen über Ionenaustauscher gegen Magnesium-Ionen ausgetauscht, wodurch die Zuckerausbeute wesentlich erhöht werden kann. Die hierbei anfallende *Quentin-Melasse* enthält weit größere Mengen an Nichtzuckerstoffen und ist in der Regel nicht mehr als Fermentationsrohstoff geeignet. Für die Vermehrung von Mikroorganismen und die Eigenschaften der Fermentationsprodukte kann der Infektionsgrad der Melasse (Gehalt an organischen Säuren) eine große Rolle spielen, ferner die Intensität der thermischen Belastung während der Zuckerherstellung [Reaktionsprodukte von Zuckern mit Aminosäuren in der Hitze oder Bildung von z.B. 5-(*Hydroxymethyl)-furfural][1], oder Rückstände von Pestiziden aus dem Rübenanbau (zu Hemmeffekten von Melasse-Inhaltsstoffen auf Hefe siehe Literatur[2]).

*Verwendung:* Melasse dient nach Eindickung als Futtermittelzusatz sowie als Zusatz in der Silage. Nach dem Kochen mit verdünnter Schwefelsäure und Ionenaustauscherbehandlung oder in der Fermentationsindustrie mit biotechnologischen Verfahren werden zahlreiche Produkte aus Melasse hergestellt, z.B. Back(Preß-)hefe, Futterhefe, Monosaccharide (Glucose, Fructose), Ethanol, Citronensäure, Milchsäure, Gluconsäure, Zuckeralkohole (Mannit, Sorbit), Glycerol, Natriumglutamat, Aminosäuren und organische Säuren (bei der Aceton-Butanol-Fermentation). Zuckerrohr-Melasse liefert nach Vergären Arrak und Rum. In neuerer Zeit wurden Versuche unternommen, Melasse zur Bio-Energiegewinnung einzusetzen. Melasse wurde früher als minderwertiger Rohstoff zur Herstellung von Kaffee-Ersatz verwendet. Melasse aus der Stärkezuckerherstellung, d.h. die Mutterlauge der enzymatisch hydrolysierten Maisstärke nach der Glucose-Kristallisation, wird als Hydrol bezeichnet. Weltweit fallen derzeit etwa 4 Mio t/a (Europa 10,2 Mio t/a) Hydrol an. Der größte Teil davon wird als Viehfutter verwendet. Hydrol muß mindestens 43% reduzierende Zucker und mindestens 50% Gesamtzucker (beide berechnet als Dextrose) sowie mindestens 73% Gesamttrockenmasse enthalten. Das jährliche weltweite Aufkommen an Melasse beläuft sich auf 47,6 Mio t (2001/2002), der größte Teil davon geht in die Futtermittelindustrie[3]. In Nordeuropa werden Futter-Melassen mit mind. 43% Zucker gehandelt, während Qualitäts-Melassen für die Fermentationsindustrie mind. 47% Zucker enthalten müssen. Da außer dem Zusatz „gesund, reell, handelsüblich" in der Regel keine weiteren Spezifikationen erteilt werden, ist der Abnehmer selbst für eine genauere Überprüfung der Verwendbarkeit der Melasse für den jeweiligen Prozess zuständig. – *E* molasses

*Lit.:* [1] Branntweinwirtschaft **116**, 117–119 (1976). [2] Branntweinwirtschaft **119**, 154ff. (1979). [3] F.O. Lichts Internationaler Melasse- und Alkoholbericht **18**, 255ff. (1990).
*allg.:* Hoffmann, H.; Mauch, W.; Untze, W., *Zucker und Zuckerwaren*, 2. Aufl.; Behr's: Hamburg, (2002) ▪ Ullmann (5.) **A9**, 447, 616; **A25**, 345–412 ▪ Winnacker-Küchler (4.) **5**, 678ff., 706 ▪ Zipfel, C 375 – *[HS 1703 10, 1703 90]*

**Melatonin** [*N*-Acetyl-5-methoxytryptamin, MLT, 3-(2-Acetylamino-ethyl)-5-methoxyindol].

C$_{13}$H$_{16}$N$_2$O$_2$, M$_R$ 232,28. Blaßgelbe Blättchen, Schmp. 116–119 °C. Das synthetisch zugängliche Gewebshormon, ein *biogenes Amin aus der Epiphyse (Zirbeldrüse) von Wirbeltieren, wird aus *Serotonin durch Acetylierung mit einer im Dunkeln aktiven *N*-Acetyltransferase (EC 2.3.1.5) und Methylierung mit *N*-Acetylserotonin-*O*-Methyltransferase (EC 2.1.1.4) gebildet. Melatonin-Rezeptoren sind im Gehirn und in der Retina charakterisiert worden[1].

*Wirkung:* Melatonin soll die Chronobiologie oder den circadianen Rhythmus – die innere biologische Uhr – von Tieren regeln. So ist Melatonin für die nächtliche Absenkung der Körpertemperatur mitverantwortlich und induziert Schlaf. Daher kann es bei Schlafrhythmusstörungen verwendet werden[2]. Die Einnahme von Melatonin soll auch den „jet lag" bei Flugreisen ausgleichen[3,4]. Außerdem hemmt Melatonin die Sekretion des Corticotropin und der gonadotropen Hormone. Es wirkt somit auf die Gonaden in Abhängigkeit von der Tageslänge und der Jahreszeit. Melatonin wird noch mit einer Reihe anderer Wirkungen in Verbindung gebracht: es wirkt als Antioxidans[5] und seine nachlassende Produktion spielt möglicherweise eine Rolle beim Altern[6]. Man nimmt an, daß Melatonin immunverstärkende und antineoplastische Wirkung besitzt[7,8]. Außerdem werden synergistische Wirkungen mit 1α,25-Dihydroxycholecalciferol vermutet[9]. Melatonin wirkt bei Amphibien und Fischen als Gegenspieler des Melanotropins und führt über eine Kontraktion der Pigmentzellen (Melanophoren) zu einer Aufhellung der Haut.

Melatonin, das zeitweilig als „Wunderdroge", als „lebensverlängernd" und als wirksam gegen AIDS, Alzheimer und Krebs dargestellt wurde, ist nach Ansicht des *BgVV als Substanz mit pharmakologischer Wirkung nicht als Nahrungsergänzungsmittel verkehrsfähig und sollte grundsätzlich nur auf ärztlichen Rat hin eingenommen werden. Geringe Mengen von z.B. 0,1 mg Melatonin erhöhen den Plasmaspiegel bereits in einem Maß, wie er durch das körpereigene Hormon als Spitzenspiegel in der Nacht erreicht wird. Schon solche Plasmawerte können schlaffördernd wirken und zu einer Beeinträchtigung der Fahrtüchtigkeit führen. Nach Ansicht des BgVV sind weder Wirksamkeit noch Unbedenklichkeit der Substanz hinreichend wissenschaftlich belegt[10,11]. – *E* melatonin

*Lit.:* [1]FASEB J. **2**, 2765–2773 (1988). [2]J. Pineal Res. **21**, 193–199 (1996). [3]Chem. Ind. (London) **1996**, 637–640. [4]Chem. Eng. News (23.12.) **1996**, 27. [5]Life Sci. **60**, 2255–2271 (1997). [6]Aging – Clin. Exp. Res. **7**, 340–351 (1995). [7]Int. Arch. Allergy Immunol. **112**, 203–211 (1997). [8]Drugs of Today **33**, 25–39 (1997). [9]Naturwissenschaften **75**, 247–251 (1988). [10]BgVV Pressemitteilung 22/95 (1995). [11]Gemeinsame Presseerklärung des BfArM und BgVV 13/96 (1996). – *[HS 2933 90; CAS 73-31-4]*

**Melezitose** [*O*-α-D-Glucopyranosyl-(1→3)-β-D-fructofuranosyl-(2→1)-α-D-glucopyranose].

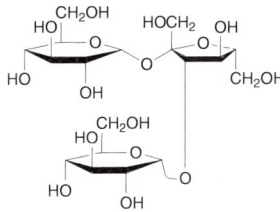

$C_{18}H_{32}O_{16}$, $M_R$ 504,44; Melezitose-dihydrat: Schmp. 148 °C; $[\alpha]_D$ +88,2°; reduziert Fehlingsche Lösung nicht; keine Vergärung durch Bäckerhefe. Melezitoseundecaacetat: Schmp. 117 °C.
Melezitose kommt in Ausscheidungen vieler Pflanzen wie jenen von Linden und Pappeln, in Manna sowie in den durch Insekten hervorgerufenen Exsudaten von Kiefern und Fichten (Honigtau) und im Honig (0,3% der Oligosaccharid-Fraktion) vor. Gebildet wird Melezitose aus Saccharose durch eine Glycosyltransferase, die in Larven von Insekten vorkommt. Man gewinnt Melezitose aus Honigarten, welche Honigtau als Quelle haben. Dieser wird mit Ethanol verdünnt, wobei Melezitose auskristallisiert. Enzymatische Spaltung zu *Turanose. – *E* melezitose, melicitose
*Lit.:* Beilstein EV **17/8**, 414 – *[HS 2940 00; CAS 597-12-6]*

**Melibiose** (6-*O*-α-D-Galactopyranosyl-D-glucopyranose).

$C_{12}H_{22}O_{11}$, $M_R$ 342,30, weiße Kristalle; α-Melibiose: Schmp. 184 °C, β-Melibiose-dihydrat: Schmp. 85–86 °C; süß, löslich in Wasser, wenig in Alkohol, unlöslich in Ether, reduziert Fehlingsche Lösung, wird durch untergärige Hefe vergoren. Phenylosazon: Schmp. 190–192 °C; Phenylhydrazon: Schmp. 145 °C; Oxim: Schmp. 186 °C; β-Melibiose-octaacetat: Schmp. 177–178 °C.
Spaltprodukt der *Raffinose.
*Vorkommen:* In Exsudaten aus Esche und Malve, in der Kakaobohne und in Spuren in manchen Weinen. – *E* melibiose
*Lit.:* Beilstein EV **17/7**, 206 – *[HS 1702 90, 2940 00; CAS 585-99-9]*

**Melissenöl** [FEMA 2111 (Melisse), FEMA 2113 (Melissenöl)]. Sehr komplex zusammengesetztes etherisches Öl aus der Zitronenmelisse (*Melissa officinalis*, Lippenblütler), $d_{15}^{15}$ 0,890–0,925. Es ist zum überwiegenden Teil in den Lamiaceen-Drüsenschuppen auf der Blattunterseite lokalisiert und besteht insgesamt aus ca. 72 Komponenten, von denen der größte Teil terpenoiden Ursprungs ist. Hiervon beträgt der Anteil an Monoterpenen ca. 61%. Dabei dominieren die *Citrale Neral mit 0,6–11,5% sowie Geranial mit 1,2–18,6%. Weitere Inhaltsstoffe sind *Linalool mit 0,8–1,9% und *Citronellal mit 12,1–38,3%, Geranylacetat und *Citronellol mit 6,2–17,9%, Nerol (0,4–1,3%) und *Geraniol (7,8–22,6%). Der Sesquiterpen-Anteil beträgt bis zu 37%. Caryophyllenoxid liegt im Bereich von 0,4–0,8% vor. Darüber hinaus kommen 3–5% an *Gerbstoffen vor. Melissenöl riecht citronenartig.
Neben den seit langem bekannten Wirkungen (sedativ, spasmolytisch, antibakteriell) wurde eine Reihe neuer Eigenschaften der Melisse entdeckt [unter anderem virustatisch (z.B. zur Herpes-simplex-Behandlung), immunstimulierende, antineoplastische Wirkung].
Zu antioxidativen Eigenschaften siehe Literatur[1], zur Authentizitätsbeurteilung mit Hilfe der enantioselektiven Analyse siehe Literatur[2]. Die Identifizierung von Subspecies mit Hilfe des sogenannten DNA-Fingerprinting siehe Literatur[3]. – *E* lemon balm oil, melissa oil

*Lit.:* [1]Zheng, W.; Wang, S., *J. Agric. Food Chem.*, (2001) **49**(11), 5165–5170. [2]Kreis, P.; Mosandl, A., *Flavour Fragr. J.*, (1994) **9**, 249–256. [3]Wolf, H.-T.; van den Berg, C.; Czygan, F.-C.; Mosandl, A.; Winckler, T.; Zündorf, I.; Dingermann, T., *Planta Med.*, (1999) **65**, 83–85.
*allg.:* Hager (5.) **1**, 566ff.; **4**, 1114; **5**, 811ff. ■ Teuscher, E., *Gewürzdrogen*, Wissenschaftliche Verlagsgesellschaft: Stuttgart, (2002); S. 236–240 – *[HS 3301 29; CAS 8014-71-9]*

**Melitose** siehe *Raffinose.

**Melitriose** siehe *Raffinose.

**Mellowfrucht** siehe *Pepino.

**Melone** siehe *Zuckermelone und *Wassermelone.

**Melonenaroma** siehe *Fruchtaromen.

**Melonenbirne** siehe *Pepino.

**Meloxin** siehe *Xanthotoxin.

**Membranelektroden** siehe *ionenselektive Elektroden.

**Membranlipide** siehe *Glyco- und *Phospholipide.

**Menachinone** siehe *Vitamin K.

**Menadion** siehe *Vitamin K.

**Menaphthon** siehe *Vitamin K.

**Mengenelemente.** Als Mengenelemente werden anorganische Nahrungsbestandteile bezeichnet, deren Essentialität beim Menschen in Mengen >50 mg/Tag experimentell nachgewiesen ist (siehe auch *Mineralstoffe). Dies sind die Elemente *Natrium, *Kalium, *Magnesium, *Calcium, *Phosphor, *Schwefel u. Chlor (zur Bedeutung als Mengenelement im Körper s. *Chlorid). Sie machen mehr als 99% der Gesamtaufnahme an Mineral-

Tab. 1: Bestand des menschlichen Körpers an Mengenelementen sowie tatsächliche u. empfohlene Aufnahme.

|  | Bestand g/kg | tägliche Aufnahme | empfohlene Aufnahme |
|---|---|---|---|
| Natrium | 1–1,5 | 5 g | 0,55 g[a] |
| Kalium | 2–2,5 | 3 g | 2 g[a] |
| Calcium | 10–20 | 1 g | 1–1,2 g |
| Magnesium | 0,4–0,5 | 0,2–0,3 g | 0,3–0,4 g |
| Phosphor | 6–12 | 1,4 g | 0,7–1,25 g |
| Chlor | 1–1,2 | 7 g | 0,83 g[a] |
| Schwefel | 2,1 | 1–2 g | keine Empfehlung |

[a] Schätzwerte für eine minimale Zufuhr

Tab. 2: Hauptfunktionen der Mengenelemente.

| Mengenelement | Hauptfunktionen |
|---|---|
| Natrium | hauptsächliches extrazelluläres Kation; beeinflußt Extrazellularflüssigkeitsvol., beteiligt an elektr. Erregungsleitung in Nerven u. Muskeln (zusammen mit Kalium), wichtig für aktiven Transport von Zuckern u. Aminosäuren durch die Zellmembran in die Zelle. |
| Kalium | hauptsächliches intrazelluläres Kation; bestimmt Zellwassergehalt, beteiligt an elektr. Erregungsleitung in Nerven u. Muskeln (zusammen mit Natrium), aktiviert Enzymsysteme beim Kohlehydrat- u. Fett-Abbau u. der Protein-Synthese. |
| Magnesium | wesentlich für alle energiegewinnenden u. -verbrauchenden Reaktionen im Körper durch Aktivierung von ATP, $Ca^{2+}$-Antagonist bei Muskel- u. Nervenreizung; *das* cardiovasculäre Kation. |
| Calcium | beteiligt an Knochen- u. Zahnaufbau, Cofaktor verschiedener Enzyme, beeinflußt Zellmembranpermeabilität, intrazellulärer Botenstoff („second messenger"), beteiligt an Muskelkontraktion, Nervenleitung, Blutgerinnung u. Sehprozeß, stabilisiert Ruhepotential der Zellmembran. |
| Phosphor | beteiligt an Knochen- u. Zahnaufbau, als organ. Phosphat beteiligt am Membranaufbau von Zellen u. Zellorganellen, Bestandteil der Nucleinsäuren, essentiell für Energieübertragungsprozesse u. biochem. Synthesen, Puffersystem. |
| Schwefel | in Schwefel-haltigen Aminosäuren (Cystein, Cystin, Methionin) beteiligt am Aufbau von Proteinen u. anderen wichtigen biolog. Verb. wie Vitamin $B_1$, Biotin, Coenzym A, Insulin, Glutathion. |
| Chlor | beteiligt am Säure-Basen-Gleichgewicht, Bestandteil der Magensäure, im intra- u. extrazellulären Raum Gegenion für vornehmlich Natrium u. Kalium. Chlorid-Verschiebung in Erythrocyten. |

stoffen bei Tier u. Mensch aus. Der Bedarf des Menschen an Schwefel wird mit einer ausreichenden Zufuhr von Schwefel-haltigen Aminosäuren (*Cystin, *Cystein, *Methionin) gedeckt. Die Zufuhr an Mengenelementen durch die Nahrung ist im allg. ausreichend. Während der Pubertät, Schwangerschaft, Stillzeit oder Adoleszenz kann der Bedarf an bestimmten Mengenelementen erhöht sein. Die Magnesium-Zufuhr ist abhängig von der Wasserhärte des Trinkwassers, die Natrium-Zufuhr von dem verzehrten *Speisesalz. In Tab. 1 wird die für Jugendliche und Erwachsene empfohlene tägliche Aufnahme mit der tatsächlichen Aufnahme verglichen.

Tabelle 2 gibt einen Überblick über die Funktionen der Mengenelemente im Organismus.

Die meisten Mengenelemente haben im Organismus im extra- u. intrazellulären Raum definierte Konz. (Tab. 3), die oft über komplexe Mechanismen konstant gehalten werden.

Durch Nahrungsaufnahme bedingte, meist aber pathologisch begründete Abweichungen führen in Abhängigkeit von ihrer Größe zu mehr od. weniger schweren Funktionsstörungen im Körper. Die Kenntnis der Mineralstoffgehalte der *Lebensmittel (Tab. 4), die übrigens anders als *Vitamine u. *Aromastoffe die Lagerung von Lebensmitteln verlustfrei überstehen, ermöglicht eine ausgeglichene Versorgung. – *E* macroelements

Tab. 3: Konzentration der Mengenelemente im Blutplasma, in der interstitiellen und in der intrazellulären Flüssigkeit.

|  | Plasma [mmol/L] | Interstitielle Flüssigkeit [mmol/L] | Intrazelluläre Flüssigkeit[a] [mmol/kg Wasser] |
|---|---|---|---|
| $Na^+$ | 142 | 144 | 10 |
| $K^+$ | 4 | 4 | 150 |
| $Ca^{2+}$ | 2,5 | 1,25 | 1 |
| $Mg^{2+}$ | 1,5 | 0,75 | 13 |
| $Cl^-$ | 103 | 114 | 3 |
| $HPO_4^{2-}$ | 1 | 1 | 50 |
| $SO_4^{2-}$ | 0,5 | 0,5 | 10 |

[a] Skelettmuskel, intrazelluläres Wasser 74%

Tab. 4: Durchschnittlicher Gehalt (mg/100 g) einiger Lebensmittel an Mengenelementen.

|  | Na | K | Ca | Mg | P | Cl | S |
|---|---|---|---|---|---|---|---|
| Wein | 30 | 90 | 8 | 10 | 7 | 15 | |
| Bier | 5 | 40 | 4 | 10 | 30 | 35 | |
| Milch | 48 | 157 | 120 | 12 | 92 | 102 | 330 |
| Zucker | 0,3 | 2 | 0,6 | 0,2 | 0,3 | 1,5 | |
| Honig | 7 | 47 | 5 | 6 | 18 | | |
| Öle/Fette | 0 | 0 | 0 | 0 | 1 | 0,1 | |
| Eier | 144 | 147 | 56 | 12 | 216 | 180 | |
| Brot | 550 | 175 | 25 | 35 | 130 | 1000 | 200 |
| Mehl | 2 | 155 | 25 | 25 | 200 | 300 | |
| Kartoffeln | 3 | 411 | 6 | 20 | 50 | 45 | |
| Obst | 2 | 200 | 15 | 10 | 20 | 4 | |
| Gemüse | 20 | 300 | 40 | 20 | 40 | 45 | 20–135 |
| Schnittkäse | 1000 | 100 | 800 | 30 | 500 | 1400 | 200–300 |
| Wurst | 900 | 250 | 20 | 15 | 150 | 1000 | |
| Fleisch | 80 | 300 | 10 | 20 | 20 | 50 | 200 |
| Fisch | 100 | 300 | 20 | 30 | 220 | 100 | 130–240 |

*Lit.:* Deutsche Gesellschaft für Ernährung (DGE); Österreichische Gesellschaft für Ernährung (ÖGE); Schweizerische Gesellschaft für Ernährungsforschung (SGE); Schweizerische Vereinigung für Ernährung (SVE), *Referenzwerte für die Nährstoffzufuhr*, Umschau/Braus: Frankfurt am Main, (2000); S. 151 ■ Rehner, G.; Daniel, H., *Biochemie der Ernährung*, Spektrum Akademischer Verlag GmbH: Heidelberg, (1999); S. 350

**3-*p*-Menthanole** siehe *Menthol.

**3-*p*-Menthanone** siehe *Menthon.

***p*-Mentha-1,3,8-trien** siehe *Petersilienöle.

***p*-Menthenole** siehe *Terpineole.

***p*-Menth-1-en-9,3-olid** siehe *Weinlacton.

***p*-Menth-1-en-8-thiol** (FEMA 3700).

(+)-(R)-Form

$C_{10}H_{18}S$, $M_R$ 170,31, Öl, Sdp. 40 °C (0,13 Pa), $D_4^{20}$ 0,948, $n_D^{20}$ 1,503. Eine der maßgeblichen aromabestimmenden Inhaltsstoffe flüchtigen Grapefruitsaft[1] mit extrem niedrigem Geruchsschwellenwert von 0,02 ppt für die (+)-(R)- u. 0,08 ppt für die (−)-(S)-Form. Bei Lagerung Cyclisierung möglich. Zur Enantiomerenanalytik siehe Literatur[2] – *E p*-menth-1-ene-8-thiol

*Lit.:* [1]J. Agric. Food Chem. **47**, 5189–5193 (1999). [2]Phytochem. Anal. **6**, 255–257 (1995).
*allg.:* Ohloff, S. 135 – *[CAS 71159-90-5]*

**(+)-Menthofuran** siehe *Pfefferminzöle.

**Menthol** [(−)-3-*p*-Menthanol, Pfefferminzcampher; FEMA 2665]. $C_{10}H_{20}O$, $M_R$ 156,26. M. hat drei asymmetr. C-Atome u. kommt demzufolge in vier diastereomeren Enantiomerenpaaren vor (vgl. die Formelbilder, die anderen vier Enantiomeren sind die entsprechenden Spiegelbilder).

(-)-Menthol (1)    (+)-Neomenthol (2)    (+)-Isomenthol (3)    (+)-Neoisomenthol (4)

Wichtigstes Isomer ist (−)-M., farblose, glänzende, stark süß, frisch, pfefferminzartig riechende Prismen, D. 0,890, Schmp. 31, 33, 35 u. 42,5–43 °C (existiert in vier verschiedenen Modif.), wenig lösl. in Wasser, leicht lösl. in Alkohol, Ether, Chloroform. M. wirkt in alkohol. Lsg. antisept., erhöht den Blutdruck, wirkt auf Magen, Darm, Gallenwege schwach krampflösend, regt die Gallenproduktion an u. stillt Juckreize. M. erzeugt beim Einreiben auf die Haut (bes. an Stirn u. Schläfen) infolge Oberflächenanaesthesierung u. Reizung der kälteempfindlichen Nerven bei Migräne u. dergleichen

Tab.: Daten von Menthol.

| Verbindung | Form | Sdp. (°C) | $[\alpha]_D$ | CAS |
|---|---|---|---|---|
| Menthol **1** | (−) | 216,5 | −50° ($C_2H_5OH$) | 2216-51-5 |
| | (±) | | | 1490-04-6 89-78-1 |
| Neomenthol **2** | (+) | 211,7 | +19,6° (unverdünnt) | 2216-52-6 |
| | (−) | 211,7 | | 20747-49-3 |
| Isomenthol **3** | (+) | 218,6 | +28,5° (Ether) | 23283-97-8 |
| | (−) | 218,6 | | 20752-33-4 |
| Neoisomenthol **4** | (+) | 214,6 | +2,2° ($C_2H_5OH$) | 20752-34-5 |

ein angenehmes Kältegefühl; tatsächlich zeigen die betreffenden Stellen normale bzw. erhöhte Temperatur. Diese Wirkungen besitzen die anderen Isomeren von M. nicht. Das Enantiomere (+)-M. riecht trocken-krautig, weniger minzig als (−)-M.[1]. Der geschätzte Weltverbrauch an (−)-M. lag im Jahre 1998 bei 11800 t[2]. Zur Enantiodifferenzierung siehe Literatur[3].

***Vorkommen:*** (−)-M. ist Hauptbestandteil des aus der Pfefferminze (*Mentha piperita*, Lamiaceae) gewonnenen *Pfefferminzöls; es findet sich in sehr großen Mengen (bis zu 90%) im ether. Öl der chines. u. japan. *Mentha arvensis* (Japan. Heilpflanzenöl).

***Isolierung:*** Japan. Pfefferminzöl wird gekühlt, die M.-Krist. werden durch Zentrifugieren abgetrennt. So erhaltenes (−)-M. wird durch Umkrist. aus tiefsiedenden Lsm. gereinigt. Pfefferminzöl aus *Mentha piperita* wird durch Krist. gereinigt, das enthaltene *Menthon (30–50%) hydriert u. vom entstandenen (+)-Neomenthol durch Krist. abgetrennt.

***Synthese:*** 1. (+)-*Citronellal wird in Ggw. saurer Katalysatoren, z.B. Kieselgel, cyclisiert. Die resultierende Mischung opt. aktiver Isopulegole wird aufgetrennt u. (−)-Isopulegol zu (−)-M. hydriert, od. das Gemisch wird hydriert u. die resultierenden M.-Isomere werden getrennt. – 2. Die katalyt. Hydrierung von (−)-Piperiton (Hauptbestandteil von *Eucalyptus-dives-Öl*) an Raney-Nickel ergibt eine Mischung von M.-Isomeren, von denen (−)-M. durch Krist. u. Verseifung des Chloracetats abgetrennt werden kann. – 3. Racem. (±)-M. (z.B. aus der katalyt. Hydrierung von Thymol) kann auf verschiedenen Wegen in die Enantiomeren gespalten werden. Dies kann techn. durch fraktionierte Krist. der (+)- od. (−)-Benzoesäurementhylester durch Impfung mit den jeweils opt. reinen Krist. erfolgen. Es wurden auch enzymat. Meth. zur Racematspaltung entwickelt[4]. Weitere Ausgangsprodukte sind: (+)-Pulegone, (−)-β-Phellandren, (−)-β-Pinen, (+)-Limonen, (−)-Δ-3-Caren und Myrcen. Bei letztgenanntem Edukt ist der chirale Rhodium-BINAP-Katalysator Schlüsselkomponente der asymetrischen Synthese.

***Verwendung:*** In der Likör- (0,1–0,2%), Süßwaren- (0,05–0,1%), Parfüm- (0,05–0,4%) u. Zigaretten-Ind., in Körperpflegemitteln wegen seiner desinfizierenden u. erfrischenden Wirkung, in Zahn- u.

Mundpflegemitteln (0,5–2,0%), Lotionen (0,2–0,3%) u. Haarwässern (0,2–0,5%). In der Medizin ist M. Bestandteil von Salben (bis zu 6%; z.B. bei Hautirritationen durch leichte Verbrennungen, Insektenstiche, Juckreiz) u. Einreibemitteln. Auf Schäden, ggf. Vergiftungserscheinungen, die auf Überdosierung zurückzuführen sind, speziell bei Säuglingen u. Kleinkindern, ist zu achten. Nach der *Tabakverordnung darf M. auch beim Sossieren von Schnupftabaken sowie bei Zigaretten (bis 2,0 mg) verwendet werden. Verb. von M. mit Säuren werden *Menthylester* genannt. M. u. Toluolsulfonsäurementhylester finden Verw. in der asymmetr. Synth.[5] u. zur Bestimmung der opt. Reinheit von Aminosäuren. – *E* menthol

*Lit.:* [1]Berger et al., Topics in Flavour Research, Proc. Int. Conf., S. 201–218, Marzling-Hangenham: Eichhorn 1985. [2]Perfum. Flavor. **23** (5.), 33–46 (1998). [3]Chem. Mikrobiol. Technol. Lebensm. **13**, 129–152 (1991). [4]Methods Enzymol. **136**, 293–302 (1987). [5]Fieser u. Fieser, Reagents for Organic Synthesis, Bd. 11, 312–313 (1984); Bd. 12, 294–298 (1986); Bd. 13, 172ff., (1988), New York: Wiley. *allg.:* Beilstein EIV **6**, 149–152 ■ Hager (5.) **4**, 468, 596; **5**, 824–838; **8**, 860f. ■ Ullmann (5.) **A11**, 167f. – *[HS 2906 11]*

**Menthon** [3-*p*-Menthanon; FEMA (1) u. (2) 3460]. $C_{10}H_{18}O$, $M_R$ 154,24. M. besitzt zwei asymmetr. C-Atome u. kommt demzufolge in zwei diastereomeren Enantiomerenpaaren vor: (1*R*,4*R*)-Form: (+)-Isomenthon, (1*S*,4*S*)-Form (−)-Isomenthon; (1*R*,4*S*)-Form: (−)-Menthon, (1*S*,4*R*)-Form: (+)-Menthon.

(−)-Menthon
(1)

(+)-Isomenthon
(2)

Es handelt sich um farblose Öle. (−)-M. duftet leicht nach Minze, hat einen bitteren Geschmack, ist in organ. Lsm. gut lösl., $D_4^{20}$ 0,896, $n_D^{23}$ 1,4490. M. wird durch Oxid. von *Menthol hergestellt.

*Vorkommen:* (−)-M. (ca. 35%) kommt in ether. Öl der Acker-Minze (*Mentha arvensis*, Lamiaceae), (+)-M. in *Micromeria biflora* (Lamiaceae) ca. 56%, (+)-Iso-M. in *Micromeria abyssinica* (Lamiaceae) ca. 42% u. (−)-Iso-M. im Geranium-Öl (*Pelargonium* spp., Geraniaceae) vor.

*Verwendung:* In der Parfümerie u. zur asymmetr. Synth.[1]. Weitere wichtige Menthanone u. *p*-Menthenone sind *Carvon, Dihydrocarvon u. α-*Santolinenon*[2] [(*R*)-1(7)-*p*-Menthen-2-on, $C_{10}H_{16}O$, $M_R$ 152,24]. – *E* menthone

*Lit.:* [1]Fieser u. Fieser, Reagents for Organic Synthesis Bd. 14, 201ff., New York: Wiley 1989. [2]Perfum. Flavor. **2**, 23 (1980). *allg.:* Beilstein EIV **7**, 87f. ■ Ullmann (5.) **A11**, 171f. – *[HS 2914 29; CAS 1196-31-2 (2); 491-07-6 ((−)-Form von 2); 14073-97-3 (1); 3391-87-5 ((+)-Form von 1); 93215-97-5 (α-Santolinenon)]*

**(−)-Menthylacetat** siehe *Pfefferminzöle.

**Mercaptoessigsäure** siehe *Thioglycolsäure.

## (+)-*trans*-8-Mercapto-*p*-menthan-3-on (FEMA 3177).

R = H, CO—CH₃

$C_{10}H_{18}OS$, $M_R$ 186,31, Sdp. 57 °C (1 Pa), $d_{20}^{20}$ 1,002–1,007, $n_D^{20}$ 1,493–1,497. M. und sein *S*-Acetyl-Derivat (R = CO—CH₃, $C_{12}H_{20}O_2S$, $M_R$ 230,35) kommen in dem afrikan. *Buccoblätteröl vor, das durch Wasserdampfdest. der Blätter der Rutaceen *Barosma betulina* u. *Barosma crenulata* gewonnen wird. Das Öl enthält als weitere charakteristische Bestandteile isomere Diosphenole. Die oben genannten Schwefel-haltigen Menthan-3-one zeigen in Verdünnung ein typisches Aroma nach schwarzen Johannisbeeren. Synthet. wird 8-Mercapto-*p*-menthan-3-on durch Reaktion von *Pulegon mit Schwefelwasserstoff in Ggw. einer Base gewonnen. Die Duftstoffe sowie das natürliche Bucco-Öl werden zur Parfümierung von Lebensmitteln u. Parfüms (auf Chypre-Basis) verwendet. – *E* (+)-*trans*-8-mercapto-*p*-menthane-3-one

*Lit.:* Mottram und Taylor (Hrsg.), 8. Weurman Flavor Research Symp., S. 38–45, London: Royal Chem. Soc. 1996 – *[CAS 38462-22-5, 35117-85-2 ((+)- bzw. (+)-trans Form); 57074-34-7 (S-Acetyl-Derivat)]*

## 3-Mercaptopropionsäureethylester siehe *Fruchtaromen (Weintraubenaroma).

## Mercaptursäuren siehe *Glutathion.

## Meßwein siehe *Weinarten.

## Met. 1. Drei-Buchstaben-Code für die *Aminosäure *Methionin.
2. Synonym für Honigwein, siehe *weinähnliche Getränke.

## Metabolismus-Sensoren siehe *Biosensoren.

## Metaformaldehyd siehe *Formaldehyd.

## Metaldehyd (2,4,6,8-Tetramethyl-1,3,5,7-tetroxocan).

Xn ✖

$C_8H_{16}O_4$, $M_R$ 176,21. M. ist das cycl. Tetramere des *Acetaldehyds (das Cyclotrimere ist der Paraldehyd). Überwiegend *all-cis*-Isomer, farblose bis weiße Krist., krist. Pulver od. Tabl., Schmp. 246 °C (in der Kapillare), subl. bei 112 °C, in Wasser lösen sich 222 mg/L (20 °C), lösl. in Benzol u. Chloroform.

*Herstellung:* Durch Polymerisierung von Acetaldehyd in Ggw. von HBr u. Erdalkalimetallbromiden (z.B. $CaBr_2$) bei Temp. unterhalb 0 °C.

*Verwendung:* *Molluskizid zusammen mit Ködermaterial (vorzugsweise Kleie) gegen Nacktschnecken, bes. Ackerschnecken. Gebräuchliche Anw. gekörnt (4–6%) (Handelsprodukt: Schneckenkorn)[1]. M. wirkt über Austrocknung der

Schnecken. Wird auch als Trockenbrennstoff bei Spielwaren, z.B. Spiel-Dampfmaschinen, verwendet. M. darf beim Herstellen od. Behandeln von kosmet. Mitteln nicht verwendet werden (Kosmetik-VO vom 07.10.1997).

*Recht:* In Deutschland als Pflanzenschutzmittel allg. zugelassen. Höchstmengen für M.-Rückstände: 1 mg/kg bei Gemüse, Erdbeeren, Getreide, Rapssaat; 0,2 mg/kg bei anderen pflanzlichen Lebensmitteln (nach der *Rückstands-Höchstmengenverordnung). Grenzwert in Trinkwasser nach der *Trinkwasser-Verordnung: 0,1 µg/L.

*Toxikologie:* Im Säuger Oxid. zu Essigsäure. Vergiftungssymptome nach oraler Aufnahme: Reizung des Magen- u. Darmtraktes, Gastroenteritis, Azidose. Bei schweren Vergiftungen auch Koma, Krämpfe, Atemstillstand. Staub u. Dämpfe führen zu Reizung der Augen, der Atemwege, der Lunge sowie der Haut. Kontakt mit dem festen Stoff bewirkt starke Reizung der Augen u. der Haut. M. greift am Zentralnervensyst. sowie dem Nervensyst. an u. verursacht Leber- u. Nierenschäden. Tödliche Dosis: ca. 2 g (Kinder), 4 g (Erwachsene)[2,3]. $LD_{50}$ (akut-oral) 600–1000 mg/kg (bei Hunden), 283 mg/kg (bei Ratten). $LD_{50}$ (Haut und Auge) >5000 mg/kg (bei Ratten). Reizwirkung auf Augen bei Kaninchen[1]. Nicht bienengefährlich bei zugelassener Anwendung.

*Analytik:* Zum Nachweis von M. siehe Literatur[4–7]. – *E* metaldehyde

*Lit.:* [1] Wirkstoffe iva (2.), S. 266. [2] Perkow. [3] Velvart, Toxikologie der Haushaltsprodukte (2.), S. 228, Bern: Huber 1989. [4] Amtliche Sammlung, Nr. L00.00-16. [5] DFG-Methode, Nr. 151-A. [6] DFG-Methode, Nr. 151. [7] Jones, A.; Charlton, A., *J. Agric. Food Chem.*, (1999) **47**, 4675–4677.
*allg.:* Beilstein EV **19/11**, 335 ▪ Hager (5.) **3**, 778 ▪ Ullmann (5.) **A1**, 41–44 – *[HS 2912 50; CAS 108-62-3 (tetramer); 9002-91-9 (polymer); G 4.1, III]*

## Metallothionein

**Metallothionein** (MT). Von Kägi und Vallee 1960 geprägte Bezeichnung für Metall- und Schwefelhaltige cytosolische Proteine, die in die Homöostase und Ausscheidung von Metallen bei Tier, Mensch, Pflanzen und Mikroorganismen eingreifen.

Ihre Molmasse liegt bei <7000 Da, der Metall-Gehalt bei 5–10%, der *Cystein-Gehalt bei 33%. Metallothionein der Säugetiere enthalten 61 bis 68 Aminosäuren, davon 20 hochgradig konservierte Cysteine, die bevorzugt in den Sequenzen Cys-X-Cys oder Cys-Cys auftreten, aber keine Disulfid-Brücken bilden. Charakteristisch ist das Fehlen von aromatischen Aminosäuren und L-Histidin sowie von freien SH-Gruppen. Bis zu sieben zweiwertige Metall-Ionen oder 12 monovalente Kupfer-Ionen werden über Schwefel-Atome in Thiolat-Clustern gebunden; die Bindungsaffinität ist am höchsten für Kupfer, gefolgt von Cadmium und Zink. Darüber hinaus werden aber auch Blei, Quecksilber, Silber und Bismut gebunden. Metallothionein hat zwei Untereinheiten, eine stabilere α-Untereinheit, mit vier divalenten Metall-Ionen und eine reaktivere β-Untereinheit mit drei Metall-Ionen.

Metallothioneine kommen in unterschiedlichen Konzentrationen in den verschiedensten Geweben vor. Ihre Synthese wird durch erhöhte Metall-Konzentrationen, durch Corticosteroide und durch Interferone induziert. Bislang wurden beim Menschen mindestens 10 Metallothionein-Gene identifiziert; die am weitesten verbreiteten Isoformen sind MT-1 und MT-2; MT-3 wird hauptsächlich im Gehirn exprimiert. Die physiologischen Funktionen umfassen die Zink-Homöostase, die Bindung von toxischen Metall-Ionen, z.B. Cadmium, sowie den Schutz vor oxidativem Stress und zelluläre Redox-Kontrolle. Entfernt man den metallischen Bestandteil der Metallothioneine, so bleibt *Apothionin* zurück, ein stark oxidationsempfindliches Protein ($M_R$ ca. 6200; 61 Aminosäure-Reste). – *E* metallothionein

*Lit.:* Maret, W., *J. Nutr.*, (2000) **130**, 1455 ▪ Romero-Isart, N.; Vasak, M., *J. Inorg. Biochem.*, (2002) **88**, 388 ▪ Waalkes, M. P.; Perez-Olle, R., In *Molecular Biology and Toxicology of Metals*, Zalups, R. K.; Koropatnick, J., Hrsg.; Taylor and Francis: London, (2000); S. 414

## Metallputzmittel

**Metallputzmittel.** Reiniger für bestimmte Metalltypen.

*Edelstahlreiniger* enthalten Lösemittel (bis 15%) zur Beseitigung fetthaltiger Verschmutzungen, Säuren (bis 3%, z.B. Citronensäure, Milchsäure), nichtionische oder anionische Tenside (bis 5%), Wasser, z.T. Verdicker, Duft- und Konservierungsmittel. In Produkten für glänzende Edelstahloberflächen sind auch sehr feine Polierkörper enthalten.

*Silberputzmittel* sind sauer eingestellt und enthalten Komplexbildner (z.B. Thioharnstoff, Natriumthiosulfat) zur Entfernung schwarzer Beläge von Silbersulfid. Angebotsformen: Putztücher, Tauchbäder, Pasten, Flüssigkeiten.

*Kupfer- und Buntmetallreiniger* (z.B. für Messing und Bronze) dienen zur Beseitigung dunkler Verfärbungen (Oxidschichten), sind schwach alkalisch (mit Ammoniak) eingestellt und enthalten Poliermittel sowie z.T. Ammoniumseifen und Komplexbildner. – *E* metal cleaners

*Lit.:* Hauthal, H. G., In *Reinigungs- und Pflegemittel im Haushalt*, Hauthal, H. G.; Wagner, G., Hrsg.; Verlag für chemische Industrie: Augsburg, (2003); S. 14, 202–203

**Metamitron** siehe *Triazin-Herbizide.

**Methamidophos** siehe *Organophosphor-Insektizide.

## Methanol

**Methanol** (Methylalkohol). $CH_3OH$, $CH_4O$, $M_R$ 32,04. Methanol ist eine farblose, leichtbewegliche, brennbare, giftige und brennend schmeckende Flüssigkeit.

T
F

*Vorkommen:* In der Natur kommt freies Methanol in *Heracleum*-Früchten, in Baumwollpflanzen und in verschiedenen Gräsern vor. In etherischen Ölen findet man vorwiegend seine Ester (Methylester) und Ether (Methylether, z.B. in Alkaloiden und Farbstoffen). Beim enzymatischen Abbau von Pektin und Lignin während der Gärung entsteht Methanol durch Abspaltung der Methoxy-Gruppen. Methanol ist deshalb auch in *Wein, vor allem aber in *Branntweinen aus Pektin-reichem Obst bzw. aus dessen *Trester vorhanden (siehe Tabelle 1). Beim Menschen ist Methanol, welches aus körpereigenen Stoffwechselprozessen stammt, in der Ausatmungsluft $(0,55 \text{ ng/L})$[1], im Blut $(1-23 \text{ mg/L})$[2] und im Harn $(58-277 \text{ μg/L})$[3] nachweisbar. Auch extra-terrestrische Vorkommen sind bekannt.

Tabelle 1: Methanol-Gehalte verschiedener Getränke und des Tabakrauchs im Vergleich[4-7].

|  | Methanol in mg* |
|---|---|
| Fruchtsäfte | 5 – 220 |
| Bier | 4 – 50 |
| Branntwein | 5 – 4500 |
| Rotwein | 120 – 200 |
| Weißwein | 40 – 106 |
| Tabakrauch | 0,1 – 0,2 |

\* Angaben in mg/L bzw. mg/Zigarette.

Einige Spirituosen weisen relativ hohe Methanol-Verunreinigungen auf, wie Tabelle 2 zeigt.

Methanol ist in kosmetischen Mitteln mit Einschränkungen zugelassen (Kosmetik-VO, Anlage 2, Nr. 52; zugelassen als Extraktionslösemittel). Mögliche zukünftige oder im Ausbau befindliche Einsatzgebiete für Methanol sind: 1. Kraftstoff oder Mischkomponente für Benzin, 2. Energieträger, 3. Synthese-Rohstoff, 4. Kohlenstoff-Quelle für Petro-Protein.

Eine ausführliche Darstellung über die heutige und künftige Nutzung von Methanol gibt Literatur[8].

*Toxikologie:* Flüssiges Methanol und seine Dämpfe verursachen eine Schädigung des Zentralnervensystems, insbesondere der Sehnerven, mit nachfolgender Erblindung. Die Flüssigkeit kann auch über die Haut aufgenommen werden. Nieren, Leber, Herz und andere Organe werden geschädigt, die Folgen treten mit Verzögerung auf. Die Gefährdung durch Einatmen der Dämpfe ist geringer als

bei direkter Methanol-Aufnahme durch den Mund. Vergiftungssymptome: Rausch, Bauchkrämpfe, Schwindel, Kopfschmerzen, Übelkeit und Erbrechen, Schwächeanfälle, leichte Narkose, später Sehstörungen, Bewußtlosigkeit, Atemstillstand. $LD_{50}$ (Ratte oral) 5628 mg/kg, $LD_{50}$ (Mensch oral) 428 mg/kg; MAK 200 ppm bzw. 270 mg/m³; Schwangerschaft: Gruppe C (MAK-Werte-Liste 2005); BAT-Wert 30 mg/L (Untersuchungsmaterial: Harn); WGK 1. Die tödliche Dosis wird bei oraler Aufnahme auf 80–150 g für einen Erwachsenen geschätzt.

Die hohe Toxizität rührt daher, daß Methanol im Organismus zu *Formaldehyd und Ameisensäure oxidiert wird. Formaldehyd blockiert in hohen Konzentrationen die Hexokinase der Netzhaut, was zur Erblindung führen kann, und die Ameisensäure kann wegen ihrer schlechten Ausscheidbarkeit eine Übersäuerung (Azidose) des Organismus mit vielfältigen Vergiftungserscheinungen verursachen. Die beim Rauchen aufgenommenen Mengen an Methanol liegen noch im subtoxischen Bereich. Im Frühjahr 1986 wurde über 19 Todesfälle in Italien durch Methanol-Vergiftungen berichtet. Ursache waren Billigweine, die in krimineller Weise mit Methanol versetzt worden waren. In Deutschland sind daraufhin bei einer umfangreichen Untersuchungsaktion 11 Wein-Proben mit einem Höchstwert von 6,7 g Methanol/L gefunden worden.

*Recht:* Im deutschen Lebensmittelrecht, aber auch im *Weinrecht der Europäischen Union, gibt es keine entsprechenden Grenzwerte für den Methanol-Gehalt. Bei Obstbränden ist ab 01.01.2000 nach den EU-Richtlinien ein Höchstgehalt an Methanol festgelegt (siehe Tabelle 3, S. 727).

Für Tresterbrände gilt ebenfalls der Höchstgehalt an Methanol von 1000 mg/100mL Alkohol. Sie dürfen lediglich in Ausnahmefällen Methanol-Gehalte bis 1,5 g/100 mL reiner Alkohol aufweisen[9,10].

Tabelle 2: Methanol-Gehalte ausgewählter Spirituosen.

| Obstbranntwein | mg/100 mL r.A.* | mL/100 mL r.A.* | % vol in trinkfertiger Ware |
|---|---|---|---|
| Kirschwasser | 475 – 951 | 0,6 – 1,2 | 0,25 – 0,50 |
| Zwetschgenwasser | 793 – 1269 | 1,0 – 1,6 | 0,42 – 0,67 |
| Williams | 795 – 1430 | 1,0 – 1,8 | 0,42 – 0,76 |
| Kernobsttresterbrand | 2370 – 3171 | 3,0 – 4,0 | 1,26 – 1,68 |
| Weintresterbrand | 948 – 1027 | 1,2 – 1,3 | 0,5 – 0,55 |
| Beerenbranntwein | 1580 | 2,0 | 0,84 |
| Enzian | 1580 – 2370 | 2,0 – 3,0 | 0,84 – 1,26 |
| Kernobstbrand | 40 – 950 | 0,05 – 1,2 | 0,02 – 0,50** |
| Himbeergeist (und andere „Geiste") | 2 – 5 | 0,003 – 0,06 | 0,0012 – 0,024 |
| Liköre | in der Regel: max. 10 mg/100 mL r.A.* | | |
| Topinambur | 350 – 550 | 0,45 – 0,7 | 0,18 – 0,28 |
| Weinhefe | 25 – 150 | 0,03 – 0,20 | 0,012 – 0,08 |
| Trester | 150 – 1600 | 0,20 – 2,0 | 0,08 – 0,8 |
| Rum | 0 – 5 | 0 – 0,01 | 0 – 0,004 |
| Scotch Malt Whisky | 8 – 20 | 0,01 – 0,025 | 0,004 – 0,01 |
| Bourbon Whisky | 10 – 30 | 0,01 – 0,04 | 0,004 – 0,016 |
| Deutscher Weinbrand | 40 – 110 | 0,05 – 0,14 | 0,02 – 0,056 |
| Französischer Weinbrand | 40 – 70 | 0,05 – 0,09 | 0,02 – 0,036 |

\* r.A. = reiner Alkohol

\*\* Die große Streuung rührt daher, daß Kernobst-Brände oft aus einem Gemisch von *Maische und *Most hergestellt werden. Der Methanol-Gehalt hängt letztlich vom Verhältnis beider Komponenten ab.

Tabelle 3: Obstbrände – Höchstgehalte an Methanol nach EU-Richtlinien.

| Obstbrände | Höchstgehalte an Methanol [mg/100 mL Alkohol] |
|---|---|
| Williamsbirne | 1350 |
| Johannisbeeren, Vogelbeeren, Holunder | 1350 |
| Birnen, Äpfel, Zwetschgen, Pflaumen und Mirabellen | 1200 |
| Himbeeren und Brombeeren | 1200 |
| übrige Früchte | 1000 |

(Übergangszeit für Portugal und für Kleinbetriebe bis 500 hL reiner Alkohol Jahresproduktion).

*Analytik:* Methanol-Bestimmung mittels Kapillar-GC bzw. GC-MS. – *E* methanol

*Lit.:* [1] J. Anal. Toxicol. **3**, 243f. (1979). [2] Forensic Sci. Int. **37**, 277f. (1988). [3] Am. Ind. Hyg. Assoc. J. **48**, 32f. (1987). [4] Wien. Klin. Wochenschr. **100**, 282f. (1988). [5] Marquart, H.; Schäfer, S.; McClellan, R.; Welsch, F., *Toxicology*, Academic Press: San Diego, (1999). [6] Haushofer, Handbuch der Getränketechnologie, S. 76, Stuttgart: Ulmer 1977. [7] Jakob, L., *Lexikon der Önologie*, 3. Aufl.; Meininger: Neustadt, (1995). [8] Weissermel-Arpe (5.). [9] VO (EWG) Nr. 1576/89 vom 29.05.1989 (Amtsblatt der EG Nr. L 160, S. 1). [10] VO (EWG) Nr. 1014/90 vom 24.04.1990 (Amtsblatt der EG Nr. L 105, S. 9).
*allg.:* Beilstein EIV **1**, 1227–1245 ■ Hager (5.) **3**, 787; **8**, 914 ■ Merck-Index (13.), Nr. 3984 ■ Ullmann (5.) **A7**, 216f.; **A16**, 465 – *[HS 2905 11; CAS 67-56-1; G 3]*

## *cis*-3,4-Methano-L-prolin siehe L-*Prolin.

## Methiocarb siehe *Carbamate.

## Methional [3-(Methylthio)propanal].

$H_3C-S-(CH_2)_2-CHO$, $C_4H_8OS$, $M_R$ 104,17, Sdp. 165°C; $LD_{50}$ (Ratte oral) 0,75 g/kg. Therm. od. enzymat. aus Methionin gebildeter Strecker-Aldehyd[1], dessen Geruch in Verdünnung an Bouillon u. gekochte Kartoffeln erinnert; Geruchsschwelle 0,2 ppb[2]. M. kommt in vielen therm. od. fermentativ zubereiteten Lebensmitteln vor u. ist z.B. wichtig für die Aromen von Brot[3], Kaffee[4], Kartoffeln (gekocht, Frites, Chips)[5], Malz[6] u. Käse[7]. M. ist auch als „Off-flavour"-Komponente von Bedeutung, z.B. in oxidiertem Wein[8] u. gealtertem Bier[9]. Modellversuche zeigten eine Apoptose-induzierende Wirkung von M.[10]. Verw. als Aromastoff, u.a. in Käsearomen. – *E* methional

*Lit.:* [1] Belitz-Grosch-Schieberle (5.), S. 773, 354. [2] Chem. Unserer Zeit **24**, 82–89 (1990); Lebensmittelchemie **44**, 57f. (1990). [3] J. Cereal Sci. **28**, 81–92 (1998). [4] Eur. Food Res. Technol. A **211**, 272–276 (2000); J. Agric. Food Chem. **48**, 868–872 (2000). [5] Veröff. Arbeitsgem. Kartoffelforsch. **21**, 54–61 (2000); WO 0103518 (2001). [6] Nahrung **42**, 371–375 (1998). [7] Int. Dairy J. **8**, 17–23 (1998). [8] J. Agric. Food Chem. **48**, 4268–4272 (2000). [9] J. Agric. Food Chem. **48**, 6196–6199 (2000). [10] Cytometry **31**, 10–19 (1998).
*allg.:* Arctander, Nr. 2244 ■ Beilstein EIV **1**, 3974 – *[HS 2930 90; CAS 3268-49-3]*

## Methionin [(S)-2-Amino-4-(methylthio)-buttersäure, Kurzz. Met od. M].

$C_5H_{11}NO_2S$; $M_R$ 149,21, farblose Kristalle, D. 1,34, Schmp. 280–281°C (Zers., geschlossene Kapillare), $[\alpha]_D^{25}$ −6,87° (Wasser), +22,5° (1 N Salzsäure), lösl. in Wasser (53 g/L bei 20°C) u. verd. Alkohol, unlösl. in Aceton, Benzol u. Ether, $pK_s$ 2,28 und 9,21, pI 5,74. Während L-Methionin geschmacklos ist, ist die D-Form süß. Die L-Form ist eine essentielle proteinogene Aminosäure. Methionin wurde 1923 von J. H. Müller bei der Hydrolyse von Casein entdeckt und 1929 von Barger und Coyne erstmals synthetisiert. In pflanzlichen Proteinen ist Methionin im allgemeinen nur zu 1–2% enthalten, in tierischen Proteinen zu 2–4%. Durchschnittlicher Gehalt in Proteinen 1,7%[1]. Der tägliche Methionin-Bedarf des Menschen (2,4–3,0 g/d) wird durch die Nahrung gedeckt. Bei jüngeren Menschen kann diese Mindestmenge zu 80–90% durch L-*Cystin ersetzt werden. Die Bestimmung kann iodometr. in Kaliumdihydrogenphosphat-/Dikaliumhydrogenphosphat-Lsg. erfolgen. Bei der Sequenzanalyse von Proteinen kann mit Hilfe von Bromcyan spezif. eine Spaltung der Polypeptid-Kette an der Carboxy-Seite von Met durchgeführt werden. Das Selen-Analogon des Methionin, das *Selenomethionin*, ist eine wichtige Selen-Quelle in der Nahrung[2].

*Synthese und Abbau:* Methionin gehört wie L-Threonin und L-Lysin zur Aspartat-Gruppe, deren gemeinsame Ausgangsverbindung im Stoffwechsel das Aspartat darstellt, das zum Asparaginsäure-Semialdehyd umgesetzt wird. Dieser reagiert einerseits mit Pyruvat über mehrere Zwischenstufen weiter zum Lysin, während andererseits aus dem Aldehyd durch Reduktion Homoserin gebildet wird, aus dem Threonin und Methionin hervorgehen. Der letzte Schritt der Methionin-Biosynthese im Säugetierorganismus erfolgt durch Übertragung einer Methyl-Gruppe von (6S)-5-Methyl-5,6,7,8-tetrahydrofolsäure auf Homocystein in einer Methylcobalamin-abhängigen Enzymreaktion unter Einwirkung von *Methionin-Synthase* (EC 2.1.1.13)[3]. Beim Abbau von Methionin entsteht zuerst S-Adenosylmethionin und via S-Adenosylhomocystein durch Transmethylierung *Homocystein, das mit Serin zu Cystathionin kondensiert wird, welches schließlich zu 2-Ketobutyrat und L-*Cystein zerfällt (Transsulfurierung). Daneben gibt es einen Methionin-Abbau durch Transaminierung (ohne vorausgehende Transmethylierung).

*Physiologie:* Neben L-Cystein ist Met die Hauptquelle des Schwefel-Gehalts von Eiweißkörpern. Met-Mangel führt bei Jungtieren zu Stoffwechselstörungen, die sich u.a. in vermindertem Wachstum, Leberverfettung, Nieren- u. Hodendegeneration, Anämie, Blutungen, Haut- u. Haarwuchsschäden usw. äußern. Met ist eine Initiatoraminosäure der Protein-Biosynth., genetischer Code: AUG, nimmt als Protein-Baustein eine Schlüsselstellung im Stoffwechsel ein u. übt als S-Adenosylmethionin die Funktion eines Methyl-Gruppen-Überträgers aus. Die Regeneration des Methionin erfolgt analog der Biosynthese.

Darmbakterien können aus Met übelriechende Zersetzungsprodukte bilden, die in die Atemluft übergehen können. Bei der Konservierung von Lebensmitteln durch mildes Ansäuern z.B. mit Essig (Acetaten) oder den Konservierungsstoffen Benzoesäure und Propionsäure blockiert man den Methionin-Katabolismus auf der Stufe des Homocysteins, wodurch der bakterielle Methionin-Pool verringert und das Bakterienwachstum gehemmt wird. Dies wurde für *Escherichia coli* bewiesen[4].

In Äpfeln und anderen Früchten ist Met Ausgangssubstanz für das Reifungshormon *Ethen. Das in *Escherichia coli* gebildete L-Ethionin {[(S)-2-Amino-4-(ethylthio)-buttersäure], $C_6H_{13}NO_2S$; $M_R$ 163,24; Schmp. (Racemat) 257–260°C (Zers.)}, ist im Unterschied zu Met wahrscheinlich carcinogen. Seleno-L-methionin ($C_5H_{11}NO_2Se$; $M_R$ 196,11) wird derzeit in der Krebsprävention erprobt[5].

*Herstellung:* DL-Methionin ist die bedeutendste, durch chemische Synthese gewonnene Aminosäure. 1996 sind ca. 350000 t/a DL-Methionin hergestellt worden, während im Jahr 2000 die Produktionskapazitäten der drei größten Hersteller Rhône-Poulenc, Degussa-Hüls Ltd. und Novus International Inc. zusammen bereits 643000 t/a betragen haben sollen[6]. Das Racemat, DL-Methionin, wird synthetisch aus Acrolein und Methanthiol über 3-(Methylthio)propionaldehyd hergestellt, der mit Cyanwasserstoff, Ammoniak und Kohlendioxid (Strecker-Synthese) über ein Hydantoin in DL-Methionin übergeführt wird. Das für pharmazeutische Zwecke erforderliche Enantiomer L-Methionin wird durch selektive enzymatische Hydrolyse des N-acetylierten Racemats mittels L-Aminoacylase (aus *Aspergillus oryzae*) gewonnen[7]. Alternativ kann L-Methionin durch mikrobielle (*Pseudomonas sp.*) Konversion des entsprechenden, am Kohlenstoff-Atom 5 substituierten, racemischen Hydantoins gewonnen werden[8]. Bei Einwirkung von elektr. Entladungen auf ein Gemisch von Methan, Stickstoff, Schwefelwasserstoff, Wasser u. Ammoniak bildet sich etwas Met, was die Entstehung in der Uratmosphäre erklären könnte.

*Verwendung:* Met ist auch für Haustiere eine essentielle Aminosäure. Da viele Futtermittel, z.B. Hefen u. Sojaprotein, ein Met-Defizit aufweisen, wird DL-Met – als Racemat, da D-Met im Organismus durch Transaminierung in die L-Form umgewandelt wird – als Futtermittelzusatzstoff bei Küken, Schweinen, Schafen etc. empfohlen. Pharmazeut. Verw. findet Met v.a. als Leberschutzpräparat und in Infusionslösungen[9,10]. Zur diätet. Supplementierung dienen sowohl Met als auch dessen Acetylierungsprodukt N-Acetylmethionin ($C_7H_{13}NO_3S$, $M_R$ 191,25). Bei Säuglingen gibt es Hinweise darauf, daß Methionin für die lebertoxischen Effekte einer totalen parenteralen Ernährung verantwortlich ist[11]. – *E* methionine

*Lit.:* [1]Klapper, M. H., *Biochem. Biophys. Res. Commun.*, (1977) **78**, 1018. [2]Schrauzer, G. N., *J. Nutr.*, (2000) **130**, 1653–1656. [3]Methods Enzymol. **281**, 189–213 (1997). [4]Roe, A.; O'Byrne, C.; Mc Laggan, D.; Booth, I. R., *Microbiology (Reading, UK)*, (2002) **148**, 2215–2222. [5]Carcinogenesis **18**, 1195–1202 (1997). [6]Mueller, U.; Huebner, S., In *Microbial Production of L-Amino Acids*, Scheper, T.; Faurie, R.; Thommel, J., Hrsg.; Advances in Biochemical Engineering/Biotechnology 79; Springer: Berlin, (2003); S. 137–170. [7]Dellweg, S. 203f. [8]Mondal, S.; Das, Y. B.; Chatteree, S. P., *Folia Microbiol.*, (1996) **41**, 465–472. [9]Kroeger, H.; Hauschild, A.; Ohde, M.; Bache, K.; Voigt, W. P.; Thefeldt, W.; Krueger, D., *Gen. Pharmacol.*, (1999) **33**, 203–206. [10]Abdel-Wahhab, M. A.; Nada, S. A.; Arbid, M. S., *J. Appl. Toxicol.*, (1999) **19**, 7–12. [11]Moss, R. L.; Haynes, A. L.; Pastuszyn, A.; Glew, R. H., *Pediatr. Res.*, (1999) **45**, 664–668.
*allg.:* Beilstein EIV **4**, 3189 ▪ Stryer 2003, S. 716, 738, 744 ▪ Voet-Voet-Pratt – *[HS 2930 40; CAS 63-68-3]*

**Methionin-Synthase** siehe *Homocystein, *Methionin.

**Methode Champenoise** siehe *Schaumweine (Gärverfahren).

**Methoden nach § 64 LFGB** siehe *Amtliche Sammlung von Untersuchungsverfahren.

**Methomyl** siehe *Carbamate.

**Methoprotryn** siehe *Triazin-Herbizide.

**Methoxychlor** siehe *Organochlor-Insektizide.

**4-Methoxy-2-methylbutan-2-thiol** siehe *Fruchtaromen (Johannisbeeraroma).

**2-Methoxyphenol** siehe *Guajakol.

**5-Methoxypsoralen** siehe *Bergapten.

**8-Methoxypsoralen** siehe *Xanthotoxin.

**Methoxypyrazine.** Gruppe sensorisch meist hochwirksamer substituierter Pyrazine, die als Spurenkomponenten in Lebensmitteln und *etherischen Ölen vorkommen und aufgrund teilweise extrem niedriger *Geruchsschwellenwerte zum Aroma von z.B. grünen Erbsen, Paprika, Wein, Koriander-, Galbanumöl, rohen Kartoffeln u.a. beitragen[1]; siehe Tabelle S. 729. Methoxypyrazine sind auch wichtige Aromaträger von geröstetem Kaffee[2-5]. In Wein ist trotz nur spurenweisem Vorkommen von 3-Isobutyl- und 3-Isopropyl-2-methoxypyrazin (1–40 ng/L) der Beitrag zum Aroma von Sauvignon blanc, Semillon und Carbernet-Typ von Bedeutung[6,7]. 3-Isobutyl-2-methoxypyrazin erhielt in den USA *GRAS-Status (mit Mengenbegrenzung bei 10 ppm)[8].

*Verwendung:* In Spuren in Lebensmittelaromen. – *E* methoxypyrazines

*Lit.:* [1]Belitz-Grosch-Schieberle (5.), S. 362f., 381. [2]Eur. Food Res. Technol. **211**, 272–276 (2000). [3]J. Agric. Food Chem. **48**, 868–872 (2000). [4]Flament, I., *Coffee Flavor Chemistry*, Wiley: New York, (2001); S. 321–324. [5]Clarke, R. J.; Vitzthum, O. G., Hrsg., *Coffee: Recent Developments*, Blackwell: Oxford, (2001); S. 68f. [6]Waterhouse, A. L.; Ebeler, S. E., Hrsg., *Chemistry of Wine Flavor*; ACS Symposium Series 714; American Chemical Society: Washington, DC, (1998); S. 31–38. [7]J. Sci. Food Agric. **80**, 1659–1667 (2000). [8]Food Chem. Toxicol. **38** (Suppl.), 125–126 (2000). [9]Suriyaphan, O.; Drake, M. A.; Chen, X. Q.; Cadwallader, K. R., *J. Agric. Food Chem.*, (2001) **49**(3), 1382–1387. [10]Czerny, C.; Grosch, W., *J. Agric. Food Chem.*, (2000) **48**(3), 868–872. [11]Jakobsen, H. B.; Hansen, M.; Christensen, M. R.; Brockhoff, P. B.; Olsen, C. E., *J. Agric. Food Chem.*, (1998) **46**(9), 3727–3734.
*allg.:* Ohloff, S. 175–177 – *[HS 2933 99]*

Tabelle: Kenndaten einiger Methoxypyrazine.

| $R^1$ | $R^2$ | Name Summenformel $M_R$ | Sdp. [°C] | Geruchs-schwelle [ppb] | Sensorik | Vor-kommen | CAS FEMA |
|---|---|---|---|---|---|---|---|
| $CH_2-CH(CH_3)_2$ | H | 3-Isobutyl-2-methoxypyrazin $C_9H_{14}N_2O$ 166,22 | 214–215 | 0,002 | grüne Paprika, Schokolade | Paprika | 24683-00-9 3132 |
| $CH(CH_3)_2$ | H | 3-Isopropyl-2-methoxypyrazin $C_8H_{12}N_2O$ 152,20 | | 0,002 | erbsenartig, Gemüse-Paprika, erdig | Käse[9], Kaffee[10], Erbsen[11], rohe Kartoffel | 25773-40-4 3358 |
| $C_2H_5$ | H | 3-Ethyl-2-methoxypyrazin $C_7H_{10}N_2O$ 138,17 | | 0,4 | | grüne Kaffebohnen | 25680-58-4 3280[*] |
| $CH_3$ | H | 3-Methyl-2-methoxypyrazin $C_6H_8N_2O$ 124,14 | | 7 | popcornartig | grüne Kaffeebohnen | 2847-30-5 3183 |
| $CH_3$ | $CH_3$ | 3,5-Dimethyl-2-methoxypyrazin $C_7H_{10}N_2O$ 138,17 | | | erdig | Kaffee | 92508-08-2 – |
| $CH(CH_3)-CH_2-CH_3$ | H | 3-(1-Methylpropyl)-, 3-sec-2-Butyl-2-methoxypyrazin $C_9H_{14}N_2O$ 166,22 | 218–219 | 0,001 | grüne Paprika, Erbse | Spargel, Bohnen, Capsicum, Karotten | 24168-70-5 3433 |
| H | H | 2-Methoxypyrazin $C_5H_6N_2O$ 110,12 | | 400–700 | nußartig, süß | gekochtes Rindfleisch | 3149-28-8 3302 |

[*] Mischung von verschiedenen Methylmethoxypyrazinen und Ethylmethoxypyrazinen.

**2-Methoxy-4-vinylphenol** siehe 4-*Vinylguajakol.

**2-Methoxyzimtaldehyd** siehe *Cassiaöl.

**Methylalkohol** siehe *Methanol.

**4-Methylanisol** siehe *Ylang-Ylang-Öle.

**Methylanthranilat** (Anthranilsäuremethylester, 2-Aminobenzoesäuremethylester; FEMA 2682).

$C_8H_9NO_2$, $M_R$ 151,16. Weiße Krist. (Schmp. 24–25°C) od. gelbliche Flüssigkeit (Sdp. 237°C) mit Orangenblüten-Duft, der Geschmack erinnert an Concord-Trauben, WGK 1, Schwellenwert in Wasser 3 ppb; D. 1,168; $LD_{50}$ (Ratte oral) 2910 mg/kg; wenig lösl. in Wasser, leicht lösl. in Alkohol u. Ether.

**Vorkommen:** M. kommt in einer großen Zahl von Blütenölen (z.B. Neroliöl, *Ylang-Ylang-Öle u. Jasmin-Absolue) u. *Citrusölen[1] vor u. ist als *Aromastoff u.a. in Trauben[2], Wein[3,4], Erdbeeren[5], Kakao[6] u. Tee[7] beschrieben. Der blumig-fruchtige Geruch des M. ist entscheidend für das charakterist. Aroma der amerikan. Concord-Traube (*Vitis labrusca*)[8], während es in europ. Trauben nicht vorkommt. M. ist auch für den fruchtartigen Geruch der Fruchtkörper von *Cortinarius odoratus* u. *Inocybe pyriodora* verantwortlich.

Die biotechnolog. Gewinnung von M. kann aus N-*Methylanthranilsäuremethylester durch Peroxidase-katalysierte Demethylierung erfolgen[9]. M. zeigt antimikrobielle[10] u. Vögel abwehrende Eigenschaften[11]. Eine empfindliche lumineszanzalyt. Bestimmungsmeth. ist für Honig u. Traubenmost beschrieben[12].

**Verwendung:** In der Parfümerie für Blütendüfte und zur Herst. von Schiffschen Basen, die ebenfalls als Duftstoffe Verw. finden. Die Anw. bei der Parfümierung von Seifen u. Kosmetika ist aber durch evtl. Verursachung von Verfärbungen begrenzt. In Lebensmitteln wird M. z.B. für Trauben- u. Citrusaromen verwendet. – *E* methyl anthranilate

**Lit.:** [1] Essenze Deriv. Agrum. **57**, 19 (1987); Sci. Aliments **7**, 459 (1987). [2] J. Food Sci. **50**, 280 (1985). [3] J. Agric. Food Chem. **26**, 1188 (1978). [4] Acree, T. E.; Lavin, E. H.; Shure, K., In *Connaissance Aromatique des Cépages et Qualité des Vins*, Bayonove, C.; Crouzet, J.; Flanzy, C.; Martin, J.C.; Sapis, J. C., Hrsg.; Revue Française d'Œnologie: Lattes,

(1994); S. 51f. [5]Z. Lebensm. Unters.-Forsch. **175**, 113 (1982). [6]J. Food Sci. **40**, 911 (1975). [7]Helv. Chim. Acta **57**, 209 (1974). [8]Ohloff, S. 36, 142. [9]J. Agric. Food Chem. **48**, 1949–1954 (2000). [10]WO 0024367 (2000). [11]J. Chem. Ecol. **26**, 1219–1234 (2000). [12]Luminescence **15**, 363–369 (2000). *allg.*: Bauer et al. (4.), S. 124f. ■ Beilstein EIV **14**, 1008 ■ Merck-Index (13.), Nr. 6049 – *[HS 2922 49; CAS 134-20-3]*

## N-Methylanthranilsäuremethylester (Methyl-N-methylanthranilat; FEMA 2718).

$$\begin{array}{c}\text{COOCH}_3\\ \text{NH—CH}_3\end{array}$$

$C_9H_{11}NO_2$, $M_R$ 165,19. Blaßgelbes, fluoreszierendes u. mandarinenartig, fruchtig riechendes Öl, Sdp. 256 °C, Schmp. 18,5–19,5 °C.

*Vorkommen:* Als Hauptkomponente in *Petitgrainöl aus Mandarinenblättern, in kleinen Mengen auch in *Mandarinen- u. a. *Citrusölen[1], sowie in der Sternfrucht (*Averrhoa carambola*, s. *Karambole) enthalten. Zur Authentizitätsbestimmung in Mandarinenöl dient die Isotopenanalytik[2]. M. wird in Mandarinenaromen u. in der Parfümerie verwendet. – *E* methyl N-methylanthranilate

*Lit.:* [1]Perfum. Flavor. **25**, 53–56 (2000). [2]J. Agric. Food Chem. **45**, 4719–4725 (1997). *allg.*: Bauer et al. (4.), S. 124f. ■ Beilstein EIV **14**, 1016 – *[HS 2922 49; CAS 85-91-6]*

## Methylbromid siehe *Bromid.

## 2-Methylbuttersäure siehe *Fruchtaromen (Erdbeeraroma).

## 2-Methylbuttersäureethylester (Ethyl-2-methylbutyrat; FEMA 2443).

$H_3C$–$CH_2$–$CH(CH_3)$–$COOC_2H_5$, $C_7H_{14}O_2$, $M_R$ 130,19, Sdp. 131–132 °C, farblose Flüssigkeit mit grün-fruchtigem, an Äpfel erinnernden Geruch, wenig lösl. in Wasser, mischbar mit Alkohol u. Ether.

*Vorkommen:* M. ist ein zu den Fruchtestern zählender *Aromastoff in einer Vielzahl von Früchten wie z. B. in Äpfeln, Weintrauben, Erdbeeren u. Citrusarten, aber auch in alkohol. Getränken wie z. B. Wein, Cognac od. Rum. Zur Bedeutung von M. für das Apfelaroma siehe Literatur[1]. Die Geruchsschwelle liegt bei 0,1–0,3 ppb[2]. M. kommt in der Natur in nahezu enantiomerenreiner Form vor; so weist M. aus z. B. Äpfeln, Ananas u. Erdbeeren jeweils (*S*)-Konfiguration auf. Zur Analytik der Enantiomeren von M. vgl. *Lit.*[3]; zur statist. Auswertung derartiger Daten siehe Literatur[4]; zu [13]C/[12]C-Daten siehe Literatur[5]; zu [2]H/[1]H-Daten siehe Literatur[6]. Bei Biogenesestudien hat man festgestellt, dass intermediär gebildetes Ethyltiglat für das Auftreten von 1–2%-Anteilen an (*R*)-M. verantwortlich ist[7]. Zum Vorkommen in ungerösteten Arabica-Kaffeebohnen siehe Literatur[8].

*Verwendung:* M. wird für Fruchtaromen vielfältig verwendet; es steht auch in biotechnolog. erzeugter („natürlicher") Form kommerziell zur Verfügung. – *E* ethyl 2-methylbutyrate

*Lit.:* [1]J. Agric. Food Chem. **15**, 29–34 (1967). [2]Perfum. Flavor. **16**, 1–19 (1991). [3]Dtsch. Lebensm. Rundsch. **86**,

375–379 (1990); Z. Lebensm. Unters.-Forsch. **191**, 265–268 (1990); High Resol. Chromatogr. Chromatogr. Commun. **13**, 202 (1990); LABO **1991**, 30; Phytochem. Anal. **2**, 184 (1991). [4]Z. Lebensm. Unters.-Forsch. A **208**, 130–133 (1999). [5]Phytochem. Anal. **5**, 32 (1994). [6]Schmidt, H.-L.; Roßman, A.; Werner, R. A., In *Flavourings*, Ziegler, E.; Ziegler, H., Hrsg.; Wiley-VCH: Weinheim (1998); S. 565. [7]Enantiomer **5**, 505–512 (2000). [8]Czerny, M.; Grosch, W., *J. Agric. Food Chem.*, (2000) **48**(3), 868–872. *allg.*: Bauer et al. (4.), S. 21 ■ Beilstein EIV **2**, 890 ■ Maarse, S. 285 – *[HS 2915 90; CAS 7452-79-1]*

## 3-Methylcarnosin siehe *Anserin.

## Methylcellulose (Cellulosemethylether, Kurzzeichen MC, E 461).

$$\begin{array}{c}\text{RO}\quad\quad\text{OR}\\ \text{O}\quad\text{RO}\quad\quad\text{O}\\ \text{RO}\quad\quad\text{OR}\\ \text{OR}\quad\quad\text{OR}\end{array}_n$$

R = H, CH₃

Als Methylcellulose werden Methylether der *Cellulose (siehe auch *Celluloseether) bezeichnet, die bei Einwirkung von Methylierungsmitteln wie Dimethylsulfat, Methylchlorid oder Methyliodid auf Cellulose in Gegenwart alkalisch reagierender Verbindungen anfallen.

*Eigenschaften:* Methylcellulosen sind bei technisch üblicher Herstellung in heterogenen Reaktionsgemischen bei einem durchschnittlichen Substitutionsgrad (DS) von ca. 0,7–1,4 in wäßrigen Alkalien, bei Substitutionsgraden von ca. 1,4–2,3 in kaltem Wasser oder in wäßrigen organischen Lösemitteln (z. B. Alkohole) und solchen von ca. 2,3 bis zu dem maximal erreichbaren DS von 3 in organischen Lösemitteln löslich. Aus wäßriger Lösung flocken die Methylcellulosen beim Erwärmen aus. Die Temperatur, bei der diese Flockung auftritt, die sog. Flockungstemperatur oder Geltemperatur, ist primär abhängig vom Methylierungsgrad der Methylcellulosen und wird durch den Gehalt an 2-Hydroxyalkyl-Gruppen und den Polymerisationsgrad beeinflußt. Methylcellulosen sind oberflächenaktiv. Ihre wäßrigen Lösungen sind in einem weiten pH-Bereich (ca. 3–12) beständig, anfällig jedoch gegen mikrobiellen Befall, gegen den sie durch Zusatz von Konservierungsmitteln geschützt werden können. Gerbstoffe (Tannin) bewirken Fällungen.

Beim Eintrocknen der wäßrigen Lösung bildet Methylcellulose durchscheinende weiße Filme, undurchlässig für Fett, Öl, organische Lösemittel, löslich in Wasser. Durch Vernetzung mit Harnstoff-Formaldehyd oder Glyoxal gelingt es, die Filme wasserunlöslich zu machen.

*Verwendung:* Speiseeis: Verminderung der Abschmelzgeschwindigkeit; Backwaren: Verbesserung der Krumenelastizität, Ersatzstoff für Gluten, Stabilisator für Kuchencremes; Mayonnaise: Konsistenzstabilisator; Instantprodukte: niedrig viskose Methylcellulose als Dispersionshilfe von sprühgetrockneten Produkten, Verbesserung der Rekonstitution (z. B. Instanttee); Tiefkühlkost: Verbesse-

rung der Gefrier-Taustabilität, bei Pommes frites verbessert Eintauchen der Kartoffelstücke vor dem Blanchieren und Fritieren die Festigkeit und vermindert die Fettaufnahme; pharmazeutische und kosmetische Industrie: Emulgator (z.B. bei Zahnpasten), Filmbildner und Dickungsmittel; Papierindustrie: Appreturmittel für Papieroberflächen zur Regulierung des Eindringens von Tinte, Klebemittel für Papierprodukte; Textilindustrie: Bindemittel für Textildruckpasten, Appreturmittel. Methylcellulosen sind thermoplastisch verarbeitbar.
Methylcellulosen sind nicht toxisch, $LD_{50}$ (Ratte oral) ca. 30 g/kg. Oral verabreichte Methylcellulosen werden unverändert mit dem Faeces ausgeschieden.
*Methylhydroxyethylcellulose* ist ein Derivat der Methylcellulose, bei welchem zusätzlich eine Veretherung mit Ethylenoxid vorgenommen wurde (Substitutionsgrad 1,5–2,0; Methoxy-Gehalt 15–30%). Die Verbindung dient als Dickungsmittel und Suspendiermittel, Hilfsemulgator und Filmbildner.
*Recht:* Methylcellulose ist als Lebensmittelzusatzstoff (E 461) beschränkt zugelassen (*ZZulV 1998, Anlage 4 Teil A); Reinheitskriterien siehe Richtlinie 96/77/EG[1] (in Verbindung mit Anlage 2 ZVerkV 1998). Nach Anlage 4 *ZVerkV 1998 ist M. auch als Trägerstoff und Trägerlösemittel für Lebensmittelzusatzstoffe zugelassen.
Weitere rechliche Regelungen finden sich in *Aromenverordnung, Anlage 5; *Tabakverordnung, Anlage 1; *Futtermittel-Verordnung, Anlage 3. – *E* methylcellulose
*Lit.:* [1] Richtlinie 96/77/EG der Kommission vom 02.12.1996 zur Festlegung spezifischer Reinheitskriterien für andere Lebensmittelzusatzstoffe als Farbstoffe und Süßungsmittel (Amtsblatt der EG Nr. L 339, S. 1).
*allg.:* Franklin, N. B.; Cooksey, K. D.; Getty, K. J., *J. Food Prot.*, (2004) **67**, 480–485 ▪ Houben-Weyl **E20/3**, 2061–2065 ▪ Ullmann (7.); http://dx.doi.org/10.1002/14356007.a05_461 [Online, Juni 2000] ▪ Whistler u. BeMiller (Hrsg.), Industrial Gums (3.), S. 475ff., San Diego: Academic Press 1993 – *[HS 3912 39; CAS 9004-67-5]*

**Methylchavicol** siehe *Estragol.

**3-Methylcyclopentadecanon** siehe *Muscon.

**2-Methyl-4,6-dinitrophenol** siehe *DNOC.

**3,4-(Methylendioxy)benzaldehyd** siehe *Piperonal.

**3,4-Methylendioxyphenol** siehe *Sesamol.

**4-Methylenprolin** siehe *Prolin.

***O*-Methyleugenol** siehe *Eugenolmethylether.

**Methylgallat** siehe *Gallussäureester.

**5-Methyl-2-hepten-4-on** siehe *Filberton.

**Methylhydroxyethylcellulose** siehe *Methylcellulose.

**4-Methylimidazol.**

$C_4H_6N_2$, $M_R$ 82,10. Gesundheitlich nicht unbedenklicher Stoff, der als Zwischenprodukt bei Pharmaka, photographischen und photothermographischen Chemikalien sowie Agrikulturchemikalien Bedeutung hat und in *Zuckercouleur neben 2-Acetyl-4-(1,2,3,4-tetrahydroxybutyl)-1*H*-imidazol (Antipyridoxin-Faktor) herstellungsbedingt vorkommen kann[1,2]. Die *Zusatzstoff-Verkehrsverordnung legt für Zuckercouleur (E 150) einen Maximalgehalt von 200 mg/kg Methylimidazol fest, der auch von der *OIV in den internationalen Weinkodex übernommen worden ist[3].
*Toxikologie:* Methylimidazol ist als blutbildverändernd und krampfauslösend beschrieben. Studien zur chronischen Toxizität weisen erhöhte Sterblichkeitsraten bei Ratten aus. Hinweise auf eine carcinogene Wirkung liegen nicht vor. Die Befunde zur Mutagenität sind widersprüchlich; WGK 2.
*Analytik:* Als Methoden stehen die Dünnschichtchromatographie und die GC-MS-Analytik[4] zur Verfügung. – *E* 4-methylimidazole
*Lit.:* [1] Z. Lebensm. Unters.-Forsch. **185**, 275–280 (1987). [2] Lebensm.-Ind. **33**, 261–266 (1986). [3] OIV, Resolution Oenologie 2004, OENO 20-2004; http://news.reseau-concept.net/images/oiv_de/Client/Oeno-20-2004%20DE.pdf. [4] Casl, S.; Fernades, J. O.; Oliveira, M. B.; Ferreira, M. A., *J. Chromatogr. A*, (2002) **976**, 285–291.
*allg.:* Chan, P. C., *NTP Technical Report on the Toxicity Studies of 2- and 4-Methylimidazole Administered in Feed to F344/N Rats and B6C3F₁ Mice*; Toxicity Report Series 67 (TOX-67); National Toxicology Programme: Research Triangle Park, NC, (2004); S. 1–12 – *[HS 2933 29; CAS 822-36-6]*

**3-Methylindol** siehe *Skatol.

**Methyljonone.**

n-Methyljonone
α–, β–, γ–

iso-Methyljonone
α–, β–, γ–

$C_{14}H_{22}O$, $M_R$ 206,32. Methyl-Substitutionsprodukte des *Jonons, bei denen die Seitenkette Methyl-substituiert ist. Die M. bilden α-, β- od. γ-Isomere mit 4,5-, 5,6- bzw. 6,13-Doppelbindung, die wiederum in *cis-trans-* u. bei den α-Isomeren darüber hinaus in opt. aktiven Formen vorliegen können. Man unterscheidet die sog. *n-M.* mit CH₃-Gruppe in 10-Stellung (α-M., β-M., γ-M.) von den *Iso-M.* mit CH₃ an C8 (α-, β-, γ-Isomere); auch im Duft sind die Isomeren, die nach Veilchen bzw. Zedernholz riechen, unterschiedlich. M. sind wichtige Riechstoffe für Blumen- u. Phantasiedüfte. Die *Irone sind zwar ebenfalls M. (2-Methyljonone), werden aber nicht unter dieser Bez. gehandelt. – *E* methyljonones
*Lit.:* Bauer et al. (4.), S. 63–64 ▪ Beilstein EIV **7**, 374f. ▪ Ohloff, S. 118f. ▪ Ullmann (5.) **A4**, 476; **A11**, 173f. – *[HS 2914 23; CAS 1335-46-2]*

**2-Methyljonone** siehe *Irone.

**Methylketone.** Sammelbez. für Alkan-2-one, die von bestimmten Schimmelpilzarten (z.B. *Penicilli-*

*um* u. *Aspergillus*, sowie einigen Ascomyceten, Phycomyceten u. Fungi imperfecti) über einen Seitenweg der β-Oxid. aus kurz- u. mittelkettigen *Fettsäuren (<C-14) gebildet werden. Nach enzymat. Hydrolyse der *Triglyceride entstehen dabei Alkan-2-one, deren C-Gerüst gegenüber der Ausgangsfettsäure um ein C-Atom verkürzt ist.

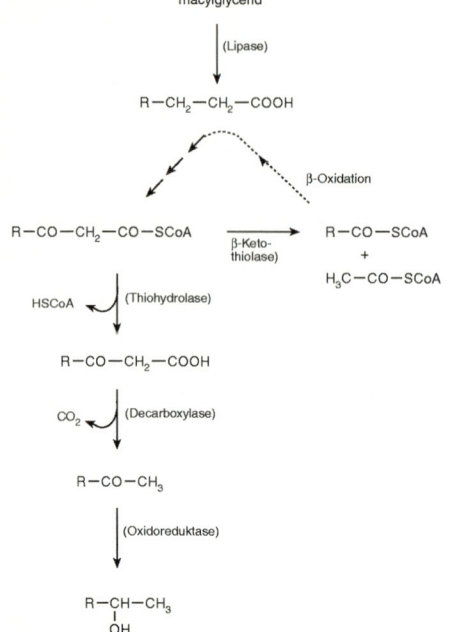

Triacylglycerid
(Lipase)
R—CH₂—CH₂—COOH
β-Oxidation
R—CO—CH₂—CO—SCoA
(β-Keto-thiolase)
R—CO—SCoA + H₃C—CO—SCoA
HSCoA (Thiohydrolase)
R—CO—CH₂—COOH
CO₂ (Decarboxylase)
R—CO—CH₃
(Oxidoreduktase)
R—CH—CH₃ | OH

Offensichtlich ist in den Schimmelpilzen die Thiohydrolase-Aktivität größer als diejenige der β-Ketothiolase. Decarboxylierung der entstandenen β-Oxosäure führt zur Bildung des Alkan-2-ons. Die Ketone werden anschließend teilw. zu den entsprechenden Alkan-2-olen reduziert (s. Schema)[1]. M. leisten einen wichtigen Beitrag zum Aroma von Roquefortkäsen (Blauschimmelkäse s. *Schimmelkäse) (s. Tab.).

Tab.: Geruchsschwellen von Methylketonen u. Konzentrationen in Blauschimmelkäse.

| Verbindung | Geruchsschwelle (mg/L H₂O) | Konz. (mg/kg Käsetrockenmasse) |
|---|---|---|
| Undecan-2-on | 0,18 | 1,2 – 5,9 |
| Nonan-2-on | 0,19 | 4,4 – 17,6 |
| Heptan-2-on | 0,65 | 3,8 – 8,0 |
| Pentan-2-on | 2,3 | 1,4 – 4,1 |

In Lebensmitteln, die Kokos- od. Palmkernöl bzw. Butterfett enthalten, kann durch mikrobielle Aktivität ein *Aromafehler entstehen, der als *Parfümranzigkeit* bezeichnet wird. Alkan-2-one entstehen auch bei der Autoxid. gesätt. Fettsäuren unter Einfluß hoher Temp., z.B. beim Fritieren. Die M. können in der flüchtigen Fraktion eines Lebensmittels gaschromatograph. erfaßt werden. – *E* methyl ketones

*Lit.:* [1]Molinari, F.; Bertolini, C.; Aragozzini, F., *Biocatal. Biotransform.*, (1998) **16**, 87.

*allg.:* Elgaali, H.; Hamilton-Kemp, T. R.; Newman, M. C.; Collins, R. W.; Yu, K.; Archbold, D. D., *J. Basic Microbiol.*, (2002) **42**, 373 – 380

**Methylmalonyl-Coenzym-A-Mutase** siehe *Vitamin B₁₂.

**3-Methyl-2-methoxypyrazin** siehe *Methoxypyrazine.

**Methyl-*N*-methylanthranilat** siehe *N*-*Methylanthranilsäuremethylester.

**Methylmetiram** siehe *Carbamate.

**2-Methyl-1,4-naphthochinone** siehe *Vitamin K.

***N*-Methylnicotinsäureamid** siehe *Niacin.

**Methylnitrosoharnstoff** siehe *Nitrosamine.

**3-Methyl-4-octanolid** siehe *Whiskylacton.

**3-Methyl-3-phenylglycidsäureethylester** (sog. „Aldehyd C16", „Erdbeeraldehyd", Ethyl-3-methyl-3-phenylglycidat, 3-Methyl-3-phenyloxiran-2-carbonsäureethylester; FEMA 2444).

H₃C—O / H₅C₆ —COOC₂H₅

$C_{12}H_{14}O_3$, $M_R$ 206,24, Sdp. 153–155 °C (2,4 kPa), Flüssigkeit mit stark süßlich-erdbeerartigem Geruch, die in der Natur nicht vorkommt. Nur die (2R,3R)-Verb. besitzt den typ. Erdbeergeruch, die anderen Isomeren haben ein schwaches, unspezif. Aroma[1]. Das kommerzielle Produkt ist ein Gemisch aller vier Isomeren.

*Verwendung:* Bei der Parfümierung von Haushaltsprodukten für Fruchtnoten[2]. – *E* ethyl 2,3-epoxy-3-phenylbutanoate
*Lit.:* [1]Z. Lebensm. Unters.-Forsch. **177**, 41 (1983). [2]Perfum. Flavor. **21**, 43–47 (1996).
*allg.:* Beilstein EV **18/6**, 385 – *[HS 2918 90; CAS 77-83-8]*

**5-Methyl-2-phenylhex-2-en-1-al** siehe *Kakaoaroma.

**4-Methylprolin** siehe L-*Prolin.

**3-(1-Methylpropyl)-2-methoxypyrazin** siehe *Methoxypyrazine.

**2-Methyl-4-propyl-1,3-oxathian** siehe *Fruchtaromen.

**2-Methylpyrazin** siehe *Alkylpyrazine.

**Methylquecksilber-Verbindungen** siehe *Minamata und *Quecksilber.

**Methylsalicylat** siehe *Salicylsäureester.

**5-Methyltetrahydrofolsäure** siehe *Folsäure.

**Methyltheobromin** siehe *Coffein.

**3-(Methylthio)propionsäureester** siehe *Fruchtaromen (Ananasaroma).

**3-(Methylthio)thiopropionsäure-*S*-methylester** siehe *Gemüsearomen (Spargel).

**12-Methyltridecanal** siehe *Fleischaroma.

**Methylxanthine** siehe \*Theophyllin und \*Theobromin.

**Metiram** siehe \*Carbamate.

**MetMb.** Abkürzung für Metmyoglobin, siehe \*Fleischfarbe und \*Myoglobin.

**Metmyoglobin** siehe \*Myoglobin und \*Fleischfarbe.

**Metobromuron** siehe \*Phenylharnstoff-Herbizide.

**Metribuzin** siehe \*Triazin-Herbizide.

**Mexicoapfel** siehe \*Sapote, Weiße.

**Mg.** Chem. Symbol für das Element \*Magnesium.

**MHD.** Abkürzung für \*Mindesthaltbarkeitsdatum.

**MHK** (Abkürzung für minimale Hemmkonzentration). Kleinste Konzentration eines Hemmstoffes, welche die Vermehrung bzw. das Wachstum einer Mikroorganismenart unterbindet. Sie gibt keine Auskunft darüber, ob die Zellen auch abgetötet wurden. Die MHK eines Hemmstoffes ist abhängig von der Art der Mikroorganismen, in der Regel sind Gram-positive Bakterien empfindlicher als Gram-negative. Hefen und Pilze sind im allgemeinen noch widerstandsfähiger. Faktoren wie Temperatur, Verschmutzungsgrad und -art, Beschaffenheit der Oberfläche, Einwirkungszeit spielen eine Rolle. Die MHK ist eine wichtige Angabe zur Beurteilung bzw. Auswahl von therapeutischen Antibiotika, Konservierungsmitteln oder Desinfektionsmitteln für die Praxis. In der Arzneimitteltherapie wird die MHK praktisch mit dem $EC_3$- oder $EC_{10}$-Wert (beobachtbarer Effekt bei 3 bzw. 10% der Versuchstiere) gleichgesetzt; siehe auch \*IC. – *E* minimal inhibition concentration

*Lit.:* Kayser, F. H.; Bienz, K. A.; Eckert, J.; Zinkernagel, R. M., *Medizinische Mirkrobiologie*, 10. Aufl.; Thieme: Stuttgart, (2001).

**Micko-Destillation.** Kurzbezeichnung für eine fraktionierte Destillation nach Micko, die zur sensorischen Beurteilung von \*Spirituosen durchgeführt wird. Nach einer ersten Destillation der zu untersuchenden Flüssigkeit wird das erhaltene Destillat durch abermaliges Destillieren in 6 Fraktionen zu je 25 mL geteilt. Dabei ist für jede Fraktion eine Destillationszeit von 15 min einzuhalten. Die Verkostung und Beurteilung der verdünnten Destillate erfolgt nach einem festen Schema, das Positiv- und Negativ-Merkmale betreffend Aussehen, Geruch und Geschmack berücksichtigt. Anschließend kann mit den Destillaten 2–4 eine Ausgiebigkeitsprüfung nach Wüstenfeld durchgeführt werden[1]. – *E* Micko distillation

*Lit.:* [1] Koch (Hrsg.), Getränkebeurteilung, S. 216–220, 246, Stuttgart: Ulmer 1986. *allg.:* Würdig-Woller

**Microbacterium lacticum.** Gram-positive unbewegliche Stäbchen, oft V-förmig oder palisadenartig angeordnet. Aerob, fakultativ anaerob. Aus Lactose wird L.(+)-Milchsäure gebildet, Katalase-

positiv, Lipase-negativ. Thermotolerant; 20 min 72 °C werden überlebt, d.h. keine Abtötung beim \*Pasteurisieren. *Vermehrung* bei 15–35 °C, bei 30 °C optimal; $a_w$ mindestens 0,95; bis 2,5% Kochsalz. *Microbacterium lacticum* kommt in Rohmilch und Milchprodukten vor.
*Bedeutung:* In pasteurisierter Trinkmilch bei Kühllagerung praktisch keine Vermehrung. In Milchpulver werden bis zu $10^5$ Keime/g gefunden; ein so stark kontaminiertes Produkt sollte nicht in tropische Gebiete ausgeführt werden. – *E* Microbacterium lacticum

*Lit.:* Baumgart (4.), S. 339

**Micrococcus** (von griechisch mikros = klein; coccus = Kern, Beere). Leitgattung der Familie der Micrococcaceae. Arten der Gattung *Micrococcus* wurden 1995 den neuen Gattungen *Kocuria* gen. nov. (*Kocuria varians, Kocuria kristinae* und *Kocuria roseus*), *Nesterenkonia* gen. nov. (*Nesterenkonia halobius*), *Dermacoccus* gen. nov. (*Dermacoccus nishinomiyaensis*), *Paracoccus* gen. nov. (*Paracoccus denitrificans*) und *Kytococcus* gen. nov. (*Kytococcus sedentarius*) zugeordnet[1].
Die meisten Vertreter der Micrococcaceae sind empfindlich gegenüber den gängigen Antibiotika (Penicilline, Streptomycine, Tetracycline u.a.). *Kytococcus sedentarius* (früher *Micrococcus sedentarius*) ist dagegen resistent gegen Penicillin und Methicillin.
*Vorkommen:* Der ursprüngliche, natürliche Lebensraum der Vertreter von *Micrococcus* ist die Haut von Säugetieren; in zweiter Linie sind sie in Fleisch, Molkereiprodukten, Boden und Wasser zu finden. Sie sind apathogen; einige Stämme können jedoch insbesondere bei immungeschwächten Patienten opportunistische Infektionen hervorrufen.
*Recht:* Sicherheitsstufe nach Anhang IB der Gentechnik-Sicherheits-VO 1990: Die Arten der Gattung *Micrococcus* sind in Risikogruppe 1 eingeordnet.
*Biotechnologie:* Für Oxidationen z.B. von Kohlenwasserstoffen und Steroiden. Mit Hilfe von immobilisierten *Micrococcus-luteus*-Zellen kann Urocansäure für Sonnenschutzmittel aus L-Histidin produziert werden[2]. Zur fermentativen Gewinnung von 5′-Nucleotiden, die als \*Geschmacksverstärker Verwendung finden, setzt man neben \*Bacillus und \*Brevibacterium auch *Micrococcus* ein, die in aeroben Submersverfahren auf Glucose-Medium mit Guanin-Zusatz Xanthosin-5′-monophosphat bilden. Dieses Produkt wird anschließend durch eine spezielle *Bacillus*-Mutante zu Guanosin-5′-monophosphat oder Inosin-5′-monophosphat umgesetzt. Darüber hinaus ist *Micrococcus* am Abbau geruchsintensiver Stoffe in Biofiltern beteiligt. Zur Produktion des Enzyms Katalase wird *Micrococcus luteus* (*lysodeikticus*) eingesetzt.
*Kocuria varians* (früher *Micrococcus varians*) wird zusammen mit Milchsäurebakterien als Reifungskulturen für Rohwurst eingesetzt und ist Bestandteil der Oberflächenflora auf Rohschinken. *Kocuria varians* wächst während der Rohwurstfermenta-

tion nicht, trägt jedoch durch die enzymatischen Aktivitäten Katalase und Nitrit-Reduktase zur Produktqualität bei. – *E* Micrococcus

*Lit.:* [1]Stackebrandt, E.; Koch, C.; Gvozdiak, O.; Schumann, P., *Int. J. Syst. Bacteriol.*, (1995) **45**, 682–692. [2]Biotechnol. Bioeng. **19**, 631–648 (1977).
*allg.:* Hammes, W. P.; Hertel, C., *Meat Sci.*, (1998) **49**, 125–138

**Microcystine** siehe *Algentoxine.

**Mikrobielle Lebensmittelvergiftungen** siehe *Lebensmittelvergiftungen.

**Mikrobielles Protein** siehe *Einzellerprotein.

**Mikrobiologische Schädlingsbekämpfung.** Teilgebiet der *biologischen Schädlingsbekämpfung mit Hilfe pathogener Mikroorganismen (einschließlich Viren) im Pflanzen- u. Hygieneschutz sowie auch zur Dezimierung sich zu stark entwickelnder Nagetierpopulationen. Bes. Interesse gilt der Bekämpfung von Insekten in der Land- u. Forstwirtschaft; daneben wird von Erfolgen bei der Unkrautbekämpfung berichtet. Die größten Erfolge mit prakt. Bedeutung sind mit *Bacillus thuringiensis*[1] erzielt worden, einem Sporenbildner, der parasporal ein sog. Kristalltoxin (Peptid, BT-Toxin) produziert, welches für viele Insektenlarven tox. ist. Die insektizide Wirkung von sporulierten *Bacillus-thuringiensis*-Kulturen ist jeweils auf bestimmte Wirtsspezies beschränkt. Daneben lassen sich Selektivitäten aus der Erkenntnis nutzen, daß zur Bekämpfung mancher Insekten neben den Toxinkristallen auch die aktiven Sporen erforderlich sind (z.B. gegen Schmetterlingsraupen), während gegen andere Larven die Toxinkristalle allein ausreichen. So wird durch Inaktivierung der Sporen (γ-Strahlung) von *Bacillus thuringiensis* var. *israelensis* ein selektives Mittel zur Bekämpfung der in Gewässern aufwachsenden Mücken- u. Kriebelmückenlarven (*Simulinum* sp.) ohne neg. Beeinflussung der übrigen Wasserfauna gewonnen (eingesetzt z.B. in der Oberrheinebene). Der Einsatz wirtsspezif., insektenpathogener Viren hat in zahlreichen Programmen Erfolge gezeigt u. im Ausland auch zu einigen registrierten Handelspräparaten geführt[2]. Für den Einsatz phytopathogener Pilze zur Unkrautbekämpfung[3] muß eine Wirtsspezifität gefordert werden, wie sie z.B. von Rostpilzen bekannt ist. In semiaquat. Kulturen (Reis) sind günstige Voraussetzungen hierfür gegeben. – *E* microbiological pest control

*Lit.:* [1]Hickle, L. A.; Fitch, W. L., Hrsg., *Analytical Chemistry of Bacillus thuringiensis*; ACS Symposium Series 432; American Chemical Society: Washington, DC, (1990). [2]Adv. Virus Res. **36**, 315–343 (1989). [3]Hoagland, R. E., Hrsg., *Microbes and Microbial Products As Herbicides*; ACS Symposium Series 439; American Chemical Society: Washington, DC, (1990).
*allg.:* Bloemberg, G. V.; Lugtenberg, B. J., *Curr. Opin. Plant. Biol.*, (2001) **4**, 343–350 ▪ Montesinos, E.; Bonaterra, A.; Badosa, E.; Frances, J.; Alemany, J.; Llorente, I.; Moragrega, C., *Int. Microbiol.*, (2002) **5**, 169–175

**Mikroelemente** siehe *Spurenelemente.

**Mikrofeine Cellulose** siehe *mikrokristalline Cellulose.

**Mikrokristalline Cellulose** (Hydrocellulose). Bezeichnung für Produkte, die bei partieller Hydrolyse von *Cellulosen unter Bedingungen anfallen, bei denen nur die amorphen Bereiche dieser teilkristallinen *Polysaccharide angegriffen und vollständig aufgelöst werden. Diese schonende Hydrolyse verläuft auch im alkalischen, wird aber bevorzugt im sauren Milieu durchgeführt, z.B. durch Einwirkung von verdünnter wäßriger Salzsäure oder Schwefelsäure. In Ausbeuten, die nahezu den kristallinen Anteilen (~70%) der Cellulosen entsprechen, resultieren zunächst *mikrofeine Cellulosen*, die in wäßriger Suspension unter mechanischer Krafteinwirkung in mikrokristalline Cellulose desaggregiert werden. Der Polymerisationsgrad (LODP, von englisch leveling-off degree of polymerization) der mikrokristallinen Cellulose korreliert eng mit der Kristallitgröße der Ausgangscellulosen und liegt im Bereich von ca. 30–400. Mikrokristalline Cellulose bildet mit Wasser schon in niedrigen Konzentrationen (z.B. 0,5 Gewichtsprozent) stabile Gele. Aus konzentrierten Suspensionen hergestellte Formkörper von elfenbeinähnlichem Aussehen zeichnen sich durch hohe Härte und Schwerentflammbarkeit aus. Mikrokristalline Cellulosen werden als weiße Pulver vermarktet.
*Verwendung:* Als Hilfsmittel für die Herstellung von Tabletten, Stabilisatoren für Suspensionen oder wärmestabile O/W-Emulsionen. Gegen den Einsatz der mikrokristallinen Cellulose im Nahrungsmittelsektor, z.B. zur Herstellung von Soßen oder kalorienarmen Zubereitungen bestehen Vorbehalte, da die Darmwände für mikrokristalline Cellulose permeabel sind. – *E* microcrystalline cellulose

*Lit.:* Guo, M.; Augsburger, L., *Pharm. Dev. Technol.*, (2003) **8**, 47–60 ▪ Kachrimanis, K.; Nikolakakis, I.; Malamataris, S., *J. Pharm. Sci.*, (2003) **92**, 1489–1501

**Mikrokristalline Paraffine** siehe *mikrokristalline Wachse.

**Mikrokristalline Wachse** (Mikrowachse, mikrokristalline Paraffine, E 905). Höher schmelzende Inhaltsstoffe des Erdöls. Sie bestehen aus einem Gemisch gesättigter Kohlenwasserstoffe (*iso*-Alkane) und enthalten noch Alkyl-substituierte Cycloparaffine und Alkyl-substituierte bzw. Naphthen-substituierte Aromaten.
In Wasser und in den meisten organischen Lösemitteln bei 20°C unlöslich, in Chlorkohlenwasserstoffen, Toluol, Xylol und Terpentinöl mittel bis leicht löslich. Die Löslichkeit nimmt mit steigender Molmasse rasch ab. Tropfpunkt 60–100°C[1].
Die mikrokristallinen Wachse werden in Abhängigkeit vom Raffinationsgrad in Petrolate, plastische Mikrowachse und Hartmikrowachse eingeteilt.
*Verwendung:* Als Kaumassegrundstoff bei der Kaugummiherstellung; bei Bedarfsgegenständen dienen sie als Korrosionsschutz. Weitere technische Anwendungen siehe Literatur[2].
*Toxikologie:* Nach einer Reihe von Untersuchungen hat das Expertengremium der FAO/WHO

über Lebensmittelzusatzstoffe 1987 unter anderem für mikrokristalline Wachse den ADI-Wert als „not specified" bezeichnet und dies, bis genauere Spezifikationen erarbeitet sind, als „vorläufig" angesehen[1]. Bei Anwendung eines Lippenstiftes, der als Grundlage mikrokristalline Wachse enthielt, wurde in Literatur[3] eine allergische Kontaktdermatitis beschrieben.

*Recht: Zulassung:* Mikrokristalline Wachse (E 905) sind nach *ZZulV 1998 Anlage 4 Teil B als Kaumasse für Kaugummi zugelassen; des Weiteren zur Oberflächenbehandlung von Süßwaren (außer Schokolade), Kaugummi, Melonen, Papayas, Mangos oder Avocados (ZZulV 1998 Anlage 4 Teil B). *Reinheitsanforderungen:* *ZVerkV 1998 Anlage 2 (zu § 3 Abs. 1) Liste B Reinheitsanforderungen nach Richtlinie 96/77/EG vom 2.12.1996, Amtsblatt der EG Nr. L 339 vom 30.12.1996, S. 1 (geändert). *Weitere rechtliche Regelungen:* § 2 und Anlage 2 Bedarfsgegenstände-Verordnung; Tabakverordnung Anlage 1. – *E* microwax

*Lit.:* [1]Schriftenreihe Lebensmittelchemie **18**, 171. [2]Von Matthaei, M.; Butz, T.; Geissler, A., *Erdöl, Erdgas, Kohle*, (2002) **118**, 406–410. [3]Contact Dermatitis **11**, 46 (1984). – *[HS 2712 90]*

**Mikronährstoffe** siehe *Spurenelemente.

**Mikrosmaten** siehe *Geruch.

**Mikrowellenerhitzung.** Wärmeerzeugung durch Mikrowellen im Wellenlängenbereich von 500 MHz bis 10 GHz. Der nicht reflektierte Teil der Mikrowellenstrahlung dringt ins Gut ein und wird in Wärme umgewandelt. Mikrowellen finden Einsatz zum Erhitzen und Auftauen im Haushaltsbereich; in der industriellen Lebensmittelverarbeitung sind Hauptanwendungen der Mikrowellenerhitzung das Auftauen, Trocknen, Pasteurisieren und Schmelzen. Da Mikrowellen auch in der Nachrichtentechnik verwendet werden, sind für die industrielle Mikrowellenerhitzung nur die Frequenzen von 2,45 GHz in den meisten westlichen Ländern bzw. 896 MHz in Großbritannien und 915 MHz in Nordamerika und Südamerika zugelassen. In der Analytik wird die Mikrowellenerhitzung zum Trocknen und Aufschließen von Probematerialien eingesetzt.

Die Wärmeerzeugung durch Mikrowellen in Lebensmitteln ist auf eine Anregung von Molekülen mit polarer Struktur (Dipole) zurückzuführen. Durch Mikrowellenerhitzung können Lebensmittel schneller und gleichmäßiger erhitzt werden als durch konventionelle thermische Verfahren. Bei stückigen Gütern bzw. Flüssigkeiten in großen Gebinden beruht die Erhitzung des Garguts im Inneren jedoch ebenfalls auf Wärmeleitung, da die Mikrowellen nur bis zu einer bestimmten Tiefe (ca. 1–5 cm in Abhängigkeit von Frequenz und Temperatur) in das Lebensmittel eindringen. Problematisch ist häufig die ungleiche Wärmeerzeugung im Gargut (englisch hot spots/cold spots), die sowohl auf der Inhomogenität des Mikrowellenfeldes als auch auf der inhomogenen chemischen Zusammensetzung des Lebensmittels beruhen kann.

Im Wesentlichen werden Lebensmittel durch Mikrowellenerhitzung genauso verändert wie durch konventionelle Erhitzungsverfahren bei gleicher Temperaturbelastung. Entsprechend ist die Wirkung von Mikrowellenerhitzung auf Mikroorganismen praktisch ausschließlich auf die thermische Inaktivierung zurückzuführen. Aufgrund der inhomogenen Temperaturverteilung in Lebensmitteln bei der Mikrowellenerhitzung findet diese nur vereinzelt Anwendung zur Inaktivierung von Mikroorganismen in Lebensmitteln.

Die Mikrowellenerhitzung hat nach heutiger Erkenntnis keine negativen Auswirkungen, die den Konsumenten in irgendeiner Weise schädigen[1]. Dies betrifft auch die von Mikrowellenöfen ausgehende Leckstrahlung, sofern die Höchstwerte nicht überschritten werden. Berichte, wonach es durch Mikrowellenerhitzung zu einer Isomerisierung von Aminosäuren (Prolin, Hydroxyprolin) kommen solle, haben sich als nicht zutreffend erwiesen[2–4].

Die Mikrowellenerhitzung hat keine bedeutenden Einflüsse auf die Migrationsraten aus Kochfolien und Bratfolien (Polyterephthalsäureester), so daß diese als mikrowellentauglich einzustufen sind[5]. Zur Sicherheit von Kunststoffverpackungen, die dazu bestimmt sind, mit dem abgepackten Lebensmittel im Mikrowellenofen erhitzt zu werden, siehe Literatur[6]. Die Bildungsraten flüchtiger *Nitrosamine (z.B. *N*-Nitrosodimethylamin) während der Mikrowellenerhitzung von gepökeltem Schinkenspeck (englisch bacon) sind aufgrund des veränderten Temperaturverlaufes im Vergleich zur konventionellen Erhitzung niedriger[7]. – *E* microwave heating

*Lit.:* [1]Food Chem. Toxicol. **33**, 245–256 (1995). [2]J. Agric. Food Chem. **39**, 1857–1859 (1991). [3]Bundesgesundheitsblatt **35**, 463f. (1992). [4]Ernähr. Umsch. **38**, 275–278 (1991). [5]Dtsch. Lebensm. Rundsch. **85**, 213–216 (1989). [6]Food Technol. **43**, 110–118 (1989). [7]Food Chem. Toxicol. **27**, 295–299 (1989). *allg.:* Doyle, M. P.; Beuchat, L. R.; Montville, T. J., Hrsg., *Food Microbiology*, ASM Press: Washington, (2001); S. 813ff. ■ Kessler, H. G., *Food and Bio Process Engineering – Dairy Technology*, A. Kessler: Freising, (2002) ■ Richardson, P., *Thermal Technologies in Food Processing*, CRC Press: Boca Raton, (2001)

**Milch.** Milch ist eine weiße, undurchsichtige Flüssigkeit, die aus Milchdrüsen weiblicher Säugetiere sezerniert wird. Die Milchproduktion (Laktation) wird hormonell (Prolactin, Oxytocin) gesteuert. Innerhalb der ersten 7 bis 14 Tage nach der Geburt wird die *Kolostralmilch (Kolostrum) sezerniert, die unter anderem einen deutlich höheren Proteingehalt (*Immunglobuline) als reife Milch aufweist. Physikalisch ist Milch als Emulsion zu charakterisieren, in der alle anderen Bestandteile kolloidal emulgiert oder echt gelöst vorkommen.

*Definition:* Die Bezeichnung „Milch" (Artikel 2 der VO (EWG) Nr. 1898/87, siehe Literatur) ist geschützt, sie ist vorbehalten dem durch regelmäßiges, vollständiges (siehe unten Fettgehalt) Ausmelken des gesunden Euters gewonnenen und gründlich durchgemischtem Gemelk von einer oder mehreren Kühen (*Kuhmilch*), aus einer oder mehreren Melkzeiten, dem nichts zugefügt und nichts entzogen ist. Die Bezeichnung Milch kann auch verwendet werden

– für im Fettgehalt standardisierte Milch (Milchsorten);
– zusammen mit einem oder mehreren Worten, um den Typ (z.B. teilentrahmte Milch), die Qualitätsklasse (Marken-Milch), den Ursprung (z.B. Bergbauern-Milch) und/oder die vorgesehene Verwendung der Milch zu bezeichnen oder um die physikalische Behandlung (z.B. *Sterilmilch) zu beschreiben;
– zur Bezeichnung von zusammengesetzten Erzeugnissen, bei denen die Milch einen nach Menge oder charakteristischer Eigenschaft wesentlichen Teil darstellt (z.B. Bananenmilch).

Die Herkunft der Milch muß, falls es sich *nicht* um Kuhmilch handelt, spezifiziert werden (*Ziegenmilch, *Schafmilch, *Büffelmilch, *Stutenmilch, *Sojamilch).

***Zusammensetzung und Qualität:*** *Allgemein:* Die Zusammensetzung von Milch (siehe Abbildung 1) variiert mit der Tierart (siehe Tabelle 1) und der Rasse, sie wird beeinflußt durch die individuelle Veranlagung (Voraussetzung für die Züchtung), den Zeitpunkt der Laktationsperiode (z.B. stetiger Anstieg des Eiweißgehaltes nach dem 2. Monat), das Melken, das Alter der Tiere, die Fütterung und den Gesundheitszustand (Mastitis). Die Qualität wird zusätzlich geprägt durch die Sorgfalt bei der Milchgewinnung, den Bedingungen beim Transport der Milch zur und in der Molkerei (Schädigung der *Fettkügelchenhülle durch mechanische Einflüsse), der Intensität der Kühlung, den Bedingungen beim

Erhitzen, evtl. auch beim Homogenisieren sowie bei der Lagerung (Sauerstoff-, Licht-, Temp.-Einfluß, Fremdgeruch und -geschmack aus der Verpackung oder aus der Umgebung).

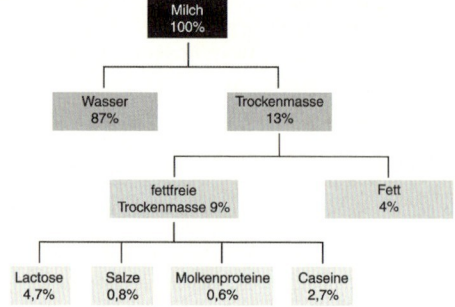

Abbildung 1: Hauptbestandteile der Kuhmilch.

*Fett:* Zu Beginn des Melkens enthält Milch nur etwa 2,5% Fett. Nachdem 50–60% der Milch gemolken sind, erhöht sich der Wert, die zuletzt ermolkene Milch enthält 10% Fett und mehr (Grund für die Definition). Vorzugsmilch kommt mit ihrem natürlichen Fettgehalt in den Handel, bei *Konsummilch kann dies der Fall sein, meist ist hier jedoch der Fettgehalt eingestellt. Der *Cholesterol-Gehalt von Milch und Milchprodukten korreliert mit dem Fettgehalt und beträgt etwa 3 mg/g Fett.

Das *Milchfett* liegt in Form von Fettkügelchen (mittlerer Durchmesser: 3–5 μm) vor, welche von einer 8–9 nm dicken Doppelmembran umgeben sind. Diese native Membran verleiht den Kügelchen eine hohe Emulsionsstabilität und Schutz gegen *Lipolyse. Die Zusammensetzung des Milch-

Tabelle 1: Durchschnittliche Zusammensetzung der Milch verschiedener Säugerarten (Gewichts-%) (nach Literatur[1]).

| | Wasser | Fett | Protein | Lactose[a] | Asche |
|---|---|---|---|---|---|
| Mensch | 87,6 | 3,8 | 1,0 | 7,0 | 0,2 |
| Artiodactyla (Paarhufer): | | | | | |
| Berggazelle | 63,9 | 19,0 | 12,4 | 3,3 | 1,5 |
| Büffel | 82,8 | 7,4 | 3,8 | 4,8 | 0,8 |
| Kamel | 88,7 | 3,3 | 2,7 | 4,7 | 0,8 |
| Kuh | 87,4 | 3,8 | 3,3 | 4,7 | 0,7 |
| Lama | 84,4 | 4,7 | 4,2 | 5,9 | 0,8 |
| Rentier | 67,3 | 18,1 | 10,5 | 1,5 | 2,6 |
| Rothirsch | 65,9 | 19,7 | 10,6 | 1,6 | 1,4 |
| Schaf | 80,7 | 7,4 | 5,5 | 4,8 | 1,0 |
| Schwein | 81,7 | 6,6 | 5,3 | 5,5 | 0,8 |
| Ziege | 86,8 | 4,5 | 2,9 | 4,1 | 0,8 |
| Perissodactyla (Unpaarhufer): | | | | | |
| Esel | 88,3 | 1,4 | 2,0 | 7,4 | 0,5 |
| Pferd | 88,8 | 1,9 | 1,5 | 6,2 | 0,5 |
| Carnivora (Raubtiere): | | | | | |
| Hund | 76,5 | 12,9 | 7,9 | 3,1 | 1,2 |
| Katze | 82,4 | 4,8 | 7,0 | 4,8 | 1,0 |
| Kegelrobbe | 32,3 | 53,2 | 11,2 | 2,6 | 0,7 |
| Rodentia (Nager): | | | | | |
| Meerschweinchen | 80,2 | 6,5 | 8,9 | 3,3 | 1,1 |
| Ratte | 79,0 | 10,3 | 8,4 | 2,6 | 1,3 |
| Sumpfbiber | 58,5 | 27,9 | 13,7 | 0,6 | 1,3 |
| Cetacea (Wale): | | | | | |
| Tümmler | 58,3 | 33,0 | 6,8 | 1,1 | 0,7 |

a In der Milch des kalifornischen Seelöwen konnte keine Lactose nachgewiesen werden.

fettes (siehe Tabelle 2) wird durch technologische Vorgänge (z. B. Butterung) verändert, so daß z. B. Rahm-, Butter- oder Molkenfett entstehen.

Tabelle 2: Zusammensetzung des Gesamtfettes der Milch (nach Literatur[1]).

| Bestandteil | Anteil an den Gesamtlipiden (%) |
|---|---|
| Monoglyceride | 0,02 – 0,1 |
| 1,2-Diglyceride | 0,3 – 1,6 |
| Triglyceride | 96 – 99 |
| Phospholipide | 0,2 – 1,0 |
| Cerebroside | 0,01 – 0,07 |
| Squalen | Spuren |
| Steroide | 0,2 – 0,4 |
| Wachse | Spuren |
| freie Fettsäuren | 0,1 – 0,4 |

Die Zusammensetzung der Triglyceride (siehe Abbildung 2) bzw. das Fettsäure-Muster (siehe *Butterfett) hängt in hohem Maße von der Fütterung ab.

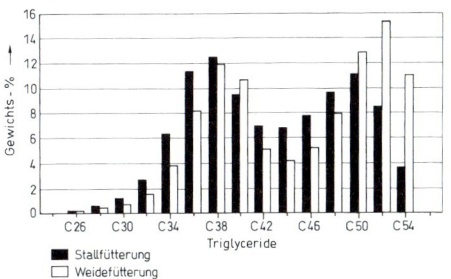

Abbildung 2: Triglycerid-Verteilung von Milchfett nach Weide- und Stallfütterung (nach Literatur[2]).

Mehrfach ungesättigte Fettsäuren sind im Milchfett nur wenig enthalten (1,2% *Linolsäure, 0,1% *Arachidonsäure). Im Futter enthaltene ungesättigte Fettsäuren werden von der Pansenflora reduziert, wobei im Mittel auch 3,83% trans-Fettsäuren entstehen. Die Anteile der *Elaidinsäure (trans-9-Octadecensäure) und der Vaccensäure (trans-11-Octadecensäure) an den gesamten $C_{18:1}$-Fettsäuren betragen etwa 1,0 bzw. 7,4% (0,24 bzw. 1,75% der Milchfettsäuren)[3]. Die kurzkettigen Fettsäuren befinden sich im Triglycerid-Molekül überwiegend in den äußeren Positionen (z. B. 95% der *Buttersäure).

*Eiweiß:* Kuhmilch enthält mit Ausnahme der Jersey-Rasse 3,08–3,70% Gesamtprotein (Gesamt-Stickstoff · 6,38). Ca. 5% des Gesamt-Stickstoffs sind Nichtprotein-Stickstoff-Verbindungen. Das sogenannte Reinprotein (Milcheiweiß siehe Tabelle 3) besteht zu etwa 80% aus den mit *Lab oder Säuren fällbaren *Caseinen und zu etwa 20% aus den unter diesen Bedingungen löslichen Molkenproteinen. Energiereiches Futter läßt den Eiweißgehalt der Milch ansteigen, hohe Tagestemperaturen bewirken eine Erniedrigung des Eiweiß- und Casein-Gehaltes (Abhängigkeit von der Jahreszeit).

*Kohlenhydrate:* *Lactose ist das Hauptkohlenhydrat der Milch, dessen Gehalt in der Kolostralphase ansteigt und in reifer Milch gesunder Tiere mit 4,7% konstant bleibt. In Milch euterkranker Tiere

Tabelle 3: Milcheiweiße.

| | g/L Milch | % in der Fraktion | % im Milcheiweiß |
|---|---|---|---|
| *Caseine* | 24 – 28 | 100 | 79 – 82 |
| – $α_{s1}$-Caseine | 12 – 15 | 39 | 30,6 – 31,3 |
| – $α_{s2}$-Caseine | 3 – 4 | 10 | 8,0 – 8,4 |
| – β-Caseine | 9 – 11 | 36 | 28,4 – 29,3 |
| – κ-Caseine | 3 – 4 | 13 | 10,1 – 10,5 |
| – γ-Caseine | 1 – 2 | 2 | 2,4 – 2,7 |
| *Molkenproteine* | 5 – 7 | 100 | 17,7 – 19,3 |
| – β-Lactoglobuline | 2 – 4 | 50 | 9,6 – 9,8 |
| – α-Lactalbumine | 1 – 1,5 | 19 | 3,7 – 3,8 |
| – Immunglobuline | 0,6 – 1,0 | 11 | 2,1 |
| – Serumalbumin | 0,1 – 0,4 | 5 | 0,7 – 1,3 |
| – andere | 0,4 | 5 | 1 |
| – Proteosepepton | 0,6 – 1,8 | 10 | 2 |
| – Fettkugelmembran-Proteine | 0,35 | – | – |

(Mastitis) ist der Lactose-Gehalt erniedrigt. Der Lactose- und Mineralstoff-Gehalt unterliegt in gesunden Tieren nur relativ geringen Schwankungen und bestimmt im Wesentlichen den Gefrierpunkt der Milch (siehe Tabelle 6, S. 738).

Als minore Kohlenhydratbestandteile wurden unter anderem Galactose und Galactosamin als Bestandteile des *Caseinmakropeptids im κ-Casein (siehe *Caseine) nachgewiesen. Lactotransferrine (*Lactoferrin) enthalten unter anderem Glucose und Fructose.

*Mineralstoffe:* Milch enthält durchschnittlich 0,74% Mineralstoffe (sogenannter Aschegehalt). Rasse, Stand der Laktation sowie Euterinfektionen (in Mastitis-Milch kann der Chlorid-Gehalt 0,3% betragen) beeinflussen den Aschegehalt ebenso wie den Gehalt einzelner Ionen (siehe Tabelle 4). Milch von Jersey-Kühen enthält mehr Calcium und Phosphat.

Tabelle 4: Mittlerer Gehalt an Mineralstoffen in Kuhmilch (Roh-, Vollmilch) bei normaler Sekretion [mg/kg] (nach Literatur[1,4]).

| | | | | | |
|---|---|---|---|---|---|
| K | 1570 | Zn | 3,8 | F | 0,17 |
| Ca | 1200 | Br | 2,24 | Ni | 0,017 |
| Cl | 1020 | Al | 0,46 | Mo | 0,042 |
| P | 920 | Si | 0,80* | Mn | 0,025 |
| Na | 480 | B | 0,27 | Se | 0,014 |
| S | 33* | Fe | 0,46 | Cr | 0,025 |
| Mg | 120 | I | 0,027 | Co | 0,008 |
| | | Cu | 0,1 | V | Spuren |

* Daten nach Literatur[1]

Extrem schwanken die in der Literatur zu findenden Angaben über den Gehalt an *Spurenelementen. Dies ist sicher nicht nur auf unterschiedliche Fütterung zurückzuführen, sondern auch analytisch bedingt. Einige Spurenelemente sind Bestandteile von Enzymen (Mo in Xanthin-Oxidase, Fe in der Lactoperoxidase, Mn und Zn in der alkalischen Phosphatase). Cobalt ist Bestandteil von Vitamin $B_{12}$. Mit dem Futter aufgenommenes Blei wird weitgehend mit den Exkrementen ausgeschieden.

*Säuren:* In Milch wurden eine Reihe von organischen Säuren nachgewiesen, dazu gehören unter anderen *Citronensäure (1,7 g/L), Brenztraubensäure (Pyruvat), Milchsäure (Lactat), Ameisen-(Formiat), Essig-, Propionsäure sowie freie Fettsäuren. Die im *Bifidus-Faktor enthaltene *N*-Acetylneuraminsäure ist in Kolostralmilch in höheren Konzentrationen vorhanden als in reifer Milch. Ein charakteristisches Merkmal für Kuhmilch ist Orotsäure (ca. 75 mg/L), sie ist ein möglicher Indikator zur Bestimmung des Milchanteils in Lebensmitteln. *Vitamine:* Die fettlöslichen Vitamine korrelieren mit dem Fettgehalt der Milch. Die Fütterung beeinflußt in besonderem Maße den Vitamin A- und den β-Carotin-Gehalt. Wenig beeinflußt durch die Fütterung sind Vitamin C und die B-Vitamine (siehe Tabelle 5). *Riboflavin wird als Sensibilisator bei der Entstehung des *Sonnenlichtgeschmacks der Milch diskutiert.

Tabelle 5: Mittlerer Gehalt bzw. Schwankungsbreiten an Vitaminen und Carotinoiden (μg/kg) in Kuhmilch (Vollmilch; nach Literatur[4]).

|  | Mittlerer Gehalt | Schwankungen |
|---|---|---|
| **Fettlösliche Vitamine** | | |
| Vitamin A | 320 | 270–350 |
| Carotinoide | 170 | |
| Vitamin D | 0,74 | 0,20–0,96 |
| Vitamin E | 1280 | 410–1400 |
| Vitamin K | 3,38 | 3,0–3,6 |
| **Wasserlösliche Vitamine** | | |
| Vitamin $B_1$ | 370 | 300–550 |
| Vitamin $B_2$ | 1800 | 1400–2200 |
| Nicotinamid | 900 | 700–1100 |
| Vitamin $B_6$ | 360 | 220–500 |
| Pantothensäure | 3500 | 2800–4200 |
| Folsäure | 67 | |
| Vitamin $B_{12}$ | 4,2 | 3,0–7,6 |
| Vitamin C | 17000 | 10000–24000 |

*Milchenzyme:* In Milch kommen etwa 60 Enzyme originär vor, zum Teil in der Magermilch (*Lactoperoxidase, Proteinasen), zum Teil in der Fettkügelchenmembran (40% der alkalischen Phosphatase, Xanthin-Oxidase). Analytische Bedeutung erlangt haben die alkalische Phosphatase und die Lactoperoxidase (Erhitzungsnachweise). Im Zusammenhang mit Qualität und Haltbarkeit von Milch spielen Proteasen und Lipasen eine Rolle. Sie stammen jedoch zum Teil von Mikroorganismen, insbesondere Pseudomonaden (siehe *Pseudomonas*). Solche Proteasen vermögen die UHT-Erhitzung zu überstehen und führen während der Lagerung zu langsamer Gelierung der Milch (Süßgerinnung).
*Aromastoffe:* In der Milch wurden über 400 flüchtige Verbindungen identifiziert (1–100 mg/kg). Für kurzzeiterhitzte Milch scheinen Dimethylsulfid, Butan-2,3-dion, 2-Methyl-1-butanol, (*Z*)-Hept-4-en-1-al und (*E*)-Non-2-en-1-al einen entscheidenden Beitrag zum Aroma zu leisten. Der typische Kochgeschmack hocherhitzter Milch ist vor allem auf Methylketone, Lactone und Schwefel-Verbindungen zurückzuführen. Das Aroma von UHT-Milch wird weitgehend von 2-Alkanonen, Decano- und Dodecanolactonen sowie Schwefel-Verbindun-

gen geprägt. Für den Sterilisationsgeschmack sind Maillard-Produkte wie Maltol, Isomaltol und Methylpyrazine verantwortlich. Neben dem Sonnenlichtgeschmack der Milch ist ein weiterer *Aromafehler ("stale"-off-flavour) der Milch beschrieben, der beim Erhitzen auftritt.
Zu den physikalischen Eigenschaften siehe Tabelle 6.

Tabelle 6: Physikalische Eigenschaften von Milch.

| | |
|---|---|
| pH (25°C) | 6,6 |
| Dichte (20°C) (nach Literatur[5]) | |
| – Magermilch | 1,035 g/cm³ |
| – Vollmilch (3,5% Fett) | 1,031 g/cm³ |
| Gefrierpunkt | < −0,526°C |
| Dynamische Viskosität (20°C) (nach Literatur[6]) | |
| – Vollmilch (3,5% Fett) | 2 mPa · s |
| – Magermilch | 15 mPa · s |
| Oberflächenspannung (20°C) (nach Literatur[7]) | |
| – Wasser | 0,0728 N/m |
| – Magermilch | 0,052 N/m |
| – Vollmilch (3,5% Fett) | 0,050 N/m |
| Elektrische Leitfähigkeit (25°C) (nach Literatur[8]) | 0,4–0,55 $\Omega^{-1}m^{-1}$ |
| Refraktionsindex $n_D^{20}$ (nach Literatur[5]) | 1,344–1,349 |

*Ernährungsphysiologie:* Milchprotein ist ein wichtiger Lieferant für Stickstoff und essentielle Aminosäuren (Baustoffe für Körpersubstanz). Milchproteine enthalten neben den Hauptbestandteilen Casein und Molkenprotein biologisch wirksame Minorproteine, z.B. Lysozym und Lactoferrin (wirken antimikrobiell) und verschiedene Wachstumsfaktoren. Außerdem sind in den höhermolekularen Milchproteinen biologisch aktive Peptide „versteckt" (siehe Tabelle 7), die während der intestinalen Verdauung im Darm freigesetzt werden oder auch während der Herstellung eines Milchprotein-haltigen Lebensmittels entstehen können. Die bioaktiven Peptide sind an der Regulation der Nährstoffaufnahme und des Stoffwechsels (Stimulierung der Sekretion verschiedener Hormone z.B. durch opioid-wirkende Peptide) beteiligt. Für biologisch aktive Peptide ergeben sich sowohl pharmazeuti-

Tabelle 7: Bioaktive Peptide aus Milchproteinen (nach Literatur[9]).

| Protein-Vorstufe | Bioaktives Peptid | Bioaktivität |
|---|---|---|
| α-, β-Casein | Casomorphine | opioid |
| α-Lactalbumin | α-Lactorphin | opioid |
| β-Lactoglobulin | β-Lactorphin | opioid |
| Serumalbumin | Serorphin | opioid |
| Lactoferrin | Lactoferroxine | opioid |
| κ-Casein | Casoxine | opioid |
| α-, β-Casein | Casokinine | antihypertensiv |
| α-Lactalbumin, β-Lactoglobulin | Lactokinine | antihypertensiv |
| κ-Casein | Casoplateline | antithrombotisch |
| Lactoferrin, α-Casein | Lactoferricin, Casocidin-I | antibakteriell |
| α-, β-Casein | Immunopeptide | immunstimulierend |
| α-, β-Casein | Phosphopeptide | mineralbindend |

sche als auch diätetische Anwendungsmöglichkeiten, z.B. als Ingredienzien von Nutraceuticals bzw. funktionellen Nahrungsmitteln (functional food). Milchfett ist aufgrund seiner Triglycerid-Struktur (hoher Anteil an kurz- und mittelkettigen Fettsäuren) und seiner feinen Verteilung leicht verdaulich. Die Fettverdaulichkeit wird durch Homogenisierung weiter begünstigt. Milch enthält im Vergleich zu anderen tierischen Produkten wenig Cholesterol. Milch ist ein wichtiger Lieferant für Vitamine ($B_2$, $B_{12}$, Niacin, Pantothensäure bzw. Vitamin A, K) und Mineralstoffe, insbesondere Calcium (leichte Resorption von Calciumlactat). Lactose (Milchzucker) verursacht im Mund keine Plaquebildung. Lactulose, ein Umwandlungsprodukt aus Lactose, ist als wachstumfördernd für Bifidusbakterien beschrieben[8]. Der Lactose-Abbau ist bei 10–20% der Mitteleuropäer aufgrund eines β-*Galactosidase-Mangels gestört (Lactose-Intoleranz). Einen geringen Lactose-Gehalt weisen Sauermilchprodukte bzw. verschiedene Käsesorten auf.

Frauenmilch – insbesondere Kolostralmilch – enthält Neuraminsäure (Sialinsäure), welche das Wachstum von Bifidusbakterien und damit die Entwicklung der frühkindlichen Darmflora begünstigt.

*Biologie:* In der Milch sind Milchsäurebakterien der Gattungen *Streptococcus*, *Leuconostoc* und *Lactobacillus* (Familie: Streptococcaceae) zu finden. Streptokokken (siehe *Streptococcus*) gelangen über das Melkgeschirr in die Milch, *Enterokokken stammen meist aus ungenügend gereinigtem Melkgeschirr oder sind Indikatororganismen für fäkale Verunreinigungen. Sie können *biogene Amine bilden. *Leuconostoc-Arten sind heterofermentativ und an der Bildung von Aromastoffen der Milch (*Butan-2,3-dion, *Acetoin) beteiligt. Lactobacillen, die heterofermentativ (+)- und (−)-Milchsäure bilden, spielen vor allem für Sauermilch-Erzeugnisse eine wichtige Rolle. Clostridien sind als Verursacher unerwünschter Prozesse in der Milchtechnologie (z.B. Spätblähung von Hartkäse) beschrieben. Bei längerem Stehen der Milch findet eine starke Vermehrung der Milchsäurebakterien statt (am raschesten bei 37°C); diese bauen Lactose zu Milchsäure ab, die die Gerinnung des Caseins verursacht. „Ansauere" Milch, die einen „Stich" hat, aber noch nicht geronnen ist, ruft bei Menschen und Haustieren Verdauungsstörungen hervor.

*Einteilung/Milchsorten:* Die Definition der Milchsorten erfolgt in der EG-Verordnung für Milch und Milcherzeugnisse, sie werden nach Fettgehalt unterschieden, siehe *Konsummilch.

*Analytik/Grenzwerte für Schadstoffe:* Zur Analyse von Milch stehen die Methoden nach § 64 *LFGB (ex § 35 LMBG) L 01.00-00 bis -79 sowie die Methoden L 01.01-1 bis -8 und L 01.02-1 bis -10 zur Verfügung sowie das Methodenbuch (Bd. 6) des Verbandes Deutscher landwirtschaftlicher Untersuchungs- und Forschungsanstalten (VDLUFA). Dies sind Methoden, die sich mit der mikrobiologischen Beschaffenheit, den qualitätsbestimmenden Parametern (*Lactose, *Lactulose, *Galactose, *Milch-

säure, Fett, Trockensubstanz) und toxikologisch relevanten Verunreinigungen (*Aflatoxin $M_1$)[10] befassen. Mit Methoden zur Bestimmung der Aktivität der alkalischen Phosphatase und der Peroxidase läßt sich die ordnungsgemäße Durchführung der *Pasteurisierung überprüfen, da diese Enzyme in entsprechenden Temperaturbereichen desaktiviert werden; siehe auch *Peroxidase-Probe und *Phosphatase-Probe. Zur Bewertung der Schadstoffbelastung in Milch sind Höchstgehalte für bestimmte Kontaminanten (z.B. Blei 0,02 mg/kg Milch) in der VO (EG) Nr. 466/2001 veröffentlicht[11]. Die Belastung von Milch mit Radionukliden (I-131, Sr-90, Cs-137) ist Literatur[12] zu entnehmen. Nach VO EURATOM 3954/87, 944/89, 2218/89 darf die Aktivität von Cs-134 und -137 in Milch 370 Bq/kg nicht überschreiten. Die Belastung mit Tierarzneimitteln geben nur in Ausnahmefällen Anlaß zu Bedenken. Zum Nachweis von gentechnologisch erzeugtem Somatotropin (recombinant bovine somatotropin, r-bST), das die Milchleistung von Kühen bis zu 20% steigern kann[13], steht eine ELISA-Methode zur Verfügung[14]. Nach Vorschlägen der EG sollen keine gentechnologisch erzeugten Hormone in Fleisch und Milch gelangen, was zu handelspolitischen Kontroversen mit den USA geführt hat[15]; dort ist die Gabe des Polypeptidhormons Somatotropin erlaubt. Einen Überblick über die Analytik von Milch gibt Literatur[16]. Die Erhitzung von Milch kann neben den Aktivitätsbestimmungen verschiedener *Enzyme, der Bestimmung von Lactulose oder β-Lactoglobulin anhand des Auftretens verschiedener Maillard-Produkte (siehe *Maillard-Reaktion)[17,18] [z.B. *Furosin, *Pyridosin und ihre Vorstufe Fructoselysin sowie 5-*Hydroxymethyl-furfural, $N$-ε-Carboxymethyllysin] oder *Lysinoalanin nachgewiesen werden[19]. Außerdem kann die Bildung des modifizierten Ribonucleosids $N^6$-Methyladenosin für die Beschreibung einer erfolgten Wärmebehandlung angewendet werden[20].

*Recht:* Nach § 10 der Milchverordnung darf Milch homogenisiert werden, wobei das Fett durch mechanische Einwirkung so fein verteilt wird, daß in der Zeit bis zum angegebenen *Mindesthaltbarkeitsdatum keine deutlich sichtbare Aufrahmung stattfindet. Dies wird dadurch erreicht, daß die Milch unter hohem Druck durch feine Düsen gepreßt wird. Bei *Milch-Wärmebehandlung sind die nach Anlage 6 Nr. 2 der Milchverordnung zugelassenen Verfahren beschrieben.

Die *Kennzeichnung* von wärmebehandelter *Konsummilch* erfolgt nach § 2 und 3 der Konsummilch-Kennzeichnungsverordnung und dem § 9 des Milch- und Margarinegesetzes. Danach sind die Milchsorte, das Verfahren der Wärmebehandlung, das Mindesthaltbarkeitsdatum, bei pasteurisierter Milch zusätzlich mit der Angabe „bei +8°C", sowie Name und Anschrift des Herstellers anzugeben. Als besondere Elemente der Kennzeichnung (§ 3 Konsummilch-Kennzeichnungsverordnung) sind der Fettgehalt und die Homogenisierung kenntlich zu machen. Für Milch in Fertigpackungen gilt im Übrigen die *Lebensmittel-Kennzeichnungsverordnung. Das Färben, Konservieren (außer den oben genannten physikalischen Verfahren) sowie der Zusatz von Zusatzstoffen im Sinne des § 2 LFGB und der *ZZulV 1998 ist nicht erlaubt. Die Höchstmengen an *polychlorierten Biphenylen (PCB) in Milch sind der Anlage zu § 1 der *Schadstoff-Höchstmengenverordnung zu entnehmen. Nach Anlage 2 Nr. 1 der VO über pharmakologisch wirksame Stoffe[21] beträgt die zulässige Höchstmenge an Chloramphenicol in Milch 0,001 mg/kg. – *E* milk

*Lit.:* [1] Schlimme, E., Buchheim, W., *Milch und ihre Inhaltsstoffe*, T. Mann: Gelsenkirchen-Buer, (1995). [2] Kieler Milchwirtsch. Forschungsber. **42**, 107 (1990). [3] Precht, D.; Molkentin, J., *Int. Dairy J.*, (1996) **6**, 791. [4] Souci et al. (6.). [5] Jenness, R.; Keeney, M.; Marth, E. H., *Fundamentals of Dairy Chemistry*, 3. Aufl.; Van Nostrand Reinhold: New York, (1988). [6] Wiedemann, M.; Buchberger, J.; Klostermeyer, H., *Dtsch. Molk. Ztg.*, (1993) **22**, 634–644. [7] Töpel, A., *Chemie der Milch*, 3. Aufl.; Behr's Verlag: Hamburg, (1991). [8] Walstra, P.; Jenness, R., *Dairy Chemistry and Physics*, John Wiley & Sons: New York, (1984). [9] Meisel, H., *Int. Dairy J.*, (1998) **8**, 363–373. [10] Bundesgesundheitsblatt **32**, 95–100 (1989). [11] Amtsblatt der EG Nr. L 77 vom 16.03.2001. [12] Jahresbericht zur Überwachung der Umweltradioaktivität, Hrsg.: Bundesministerium für Umwelt, Naturschutz und Reaktorsicherheit. [13] Fülgraff, S. 150. [14] J. Agric. Food Chem. **38**, 1358–1362 (1990). [15] Chem. Rundsch. **42**, Nr. 27, Nr. 38 (1989). [16] Lebensmittelchem. Gerichtl. Chem. **40**, 106 (1986). [17] Z. Lebensm. Unters.-Forsch. **182**, 19–24 (1986). [18] Angew. Chem. **102**, 597–626 (1990). [19] Lebensmittelchem. Gerichtl. Chem. **42**, 141–142 (1988). [20] Martin, D.; Kiesner, C.; Schlimme, E., *Nahrung*, (1997) **41** (5), 258–267. [21] VO über Stoffe mit pharmakologischer Wirkung vom 25.09.1984 in der Fassung vom 27.03.1996 (BGBl. I, S. 552).
*allg.:* Belitz-Grosch-Schieberle (5.), S. 490–535 ▪ Fox **4**, 1–55 ▪ Kessler, H. G., *Food and Bio Process Engineering – Dairy Technology*, A. Kessler: Freising, (2002) ▪ Verordnung über Hygiene- und Qualitätsanforderungen an Milch und Erzeugnisse auf Milchbasis (Milchverordnung) in der Fassung der Bekanntmachung vom 20.07.2000 (BGBl. I, S. 1178; mehrfach geändert). ▪ Zipfel, C 272, C 273 – *[HS 0401]*

**Milcheiweiß** siehe *Milch.

**Milcheiweißerzeugnisse.** M. werden aus entrahmter Milch, Buttermilch od. Molke nach Verf. hergestellt, die es gestatten, das Milcheiweiß in seiner Gesamtheit od. in Teilen anzureichern u. von den übrigen Milchbestandteilen mehr od. weniger weitgehend zu trennen. *Standardsorten sind: Milcheiweiß; – wasserlösl. Milcheiweiß; – Säure-Nährcasein (Säurecasein); – Labnährcasein; – Nährcaseinat (Kaseinate, Caseinat, aufgeschlossenes Milcheiweiß); – Labcasein; – Molkeneiweiß. Anforderungen an die Herst., die sensor. Eigenschaften sowie die Zusammensetzung (Protein-, Wasser-, Lactose-, Asche-Gehalt) enthält die *Milcherzeugnis-Verordnung (MilchErzV). – *E* milk protein products

**Milcherzeugnisse.** Als M. werden nur die in der Milcherzeugnis-Verordnung genannten Produkte bezeichnet, d. h. Sauermilch-, Joghurt-, Kefir-, Buttermilch-, Sahne-, ungezuckerte Kondensmilch-, gezuckerte Kondensmilch-, Trockenmilch-, Molken-, Milchzucker-, Milcheiweiß- und Milchmischerzeugnisse. Butter u. Käse dagegen sind sog. Milchprodukte. M. sind einem anerkannten *Milch-Wärmebehandlungs-Verf. gemäß Milchverordnung zu unterziehen, wenn das M. nicht, wie fast ausschließlich üblich, aus bereits wärmebehandelter Milch hergestellt wird.
Bei den zur Herst. von M. eingesetzten *Membranverf.* werden unterschieden (vgl. Abb.):
– *Mikrofiltration*, zum Abtrennen von Mikroorganismen aus Magermilch bzw. von Fett (z. B. aus Molke);
– *Ultrafiltration*, zur Anreicherung bzw. Abtrennung von Fett u. Eiweiß;
– *umgekehrte Osmose*, auch Hyperfiltration genannt, z. B. zum Konzentrieren von Lactose-Lsg., Trockensubstanz-Erhöhung für die Joghurt-Herst.;
– *Elektrodialyse*, zur Entmineralisierung von Molke, Lactose-Lsg. usw. (z. B. Herst. von diätet. Produkten, Säuglingsnahrung). – *E* milk products, dairy products
*Lit.:* [1] Milchwirtsch. Ber. Bundesanst. Wolfpassing Rotholz **105**, 209 (1990).
*allg.:* Kessler, H. G., *Food and Bio Process Engineering – Dairy Technology*, A. Kessler: Freising, (2002)

**Milch-Kühllagerung.** *Milch, die nicht innerhalb von 2 h nach dem Melken abgegeben wird, muß im Fall der täglichen Abgabe im Erzeugerbetrieb auf mindestens 8 °C, bei nicht täglicher Abgabe auf mindestens 6 °C gekühlt werden (Anl. 3 zur Milchverordnung). Im milchverarbeitenden Betrieb darf die Temperatur der *Rohmilch bis zur Weiterverarbeitung höchstens 5 °C betragen, es sei denn, sie wird innerhalb von 4 h wärmebehandelt (siehe *Milch-Wärmebehandlung). Kühlung der Milch

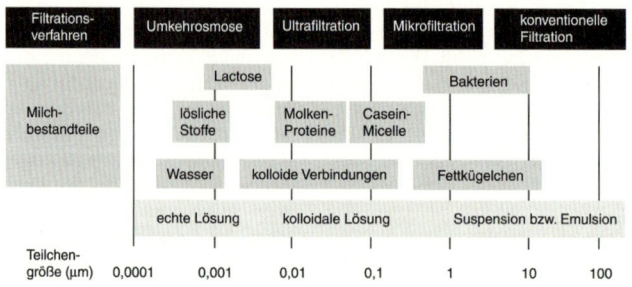

Abb.: Übersicht über Größenverhältnisse beim Trennen von Milchbestandteilen (nach *Lit.*[1]).

vermindert das Wachstum der mesophilen Keime, führt aber auch zu einer Verschiebung in der Zusammensetzung der Flora. Bei der früher üblichen Kühlung der Milch auf 12–15 °C durch Einstellen der Kannen in Leitungswasser überwogen in der Milch die säuernden Mikroorganismen. Tiefkühlung auf 4 °C bevorzugt dagegen die psychrotrophen Keime mit ihren äußerst hitzestabilen Proteasen, welche pasteurisierte Milch beim Verderb nicht sauer, sondern bitter werden lassen und sich auch negativ auf die Qualität von haltbarer Milch (*UHT-Milch) auswirken. Tiefkühlung auf 4 °C beeinträchtigt die Käsereitauglichkeit der Milch, sie verlängert die Gerinnungszeit; die Verfestigung der Gallerte verläuft deutlich langsamer als bei einer lediglich auf 12–16 °C gekühlten Milch. – *E* milk refrigeration

*Lit.:* DIN EN 13732: 2003-02 ▪ Kessler, H. G., *Food and Bio Process Engineering – Dairy Technology*, A. Kessler: Freising, (2002)

**Milchmischerzeugnisse.** Nach der *Milcherzeugnis-Verordnung (Gruppe XIV) bestehen M. zu mind. 70% aus Milch, Sauermilch-, Joghurt-, Kefir-, Buttermilch- od. Rahm-Erzeugnissen bzw. deren *Standardsorten u. enthalten somit höchstens 30% an sog. beigegebenen Lebensmitteln [z.B. Fruchtzubereitungen (Fruchtjoghurt), Zucker usw.]. M. dürfen Stärke, Gelatine u. Vitamine zugesetzt werden. – *E* milk products, dairy products

**Milch-Phosphatasen** siehe *Phosphatasen.

**Milchplasma** siehe *Milch-Serumproteine.

**Milchproteine** siehe *Milch.

**Milchpulver** siehe *Trockenmilcherzeugnisse.

**Milchsäure** (2-Hydroxypropionsäure, E 270). $C_3H_6O_3$, $M_R$ 90,08. Milchsäure wurde von Scheele 1780 in saurer Milch entdeckt. Stoffwechselprodukt im tierischen und pflanzlichen Organismus sowie bei Mikroorganismen. Von letzteren können die beiden Enantiomeren, aber auch die racemische Form in jeweils wechselnden Mengen gebildet werden (abhängig vom Stamm und den Kulturbedingungen). DL-Milchsäure bildet eine farblose, viskose, sauerschmeckende, hygroskopische Flüssigkeit bzw. Kristalle [Schmp. 17 °C, Sdp. 122 °C (19–20 kPa)]. L(+)-Milchsäure sowie D(−)-Milchsäure: Schmp. 53 °C {(R)-Form: $[\alpha]_D^{20}$ −2,6° ($H_2O$), $pK_s$ 3,83; (S)-Form: $[\alpha]_D^{15}$ +3,82 ° ($H_2O$), $pK_s$ 3,79 (25 °C)}. Alle Formen sind in Wasser und Alkohol leicht löslich. Die Salze der Milchsäure heißen *Lactate.

D(-)-M.          L(+)-M.
                „Fleischmilchsäure"

DL-M. ( „Gärungsmilchsäure")

*Vorkommen und Biochemie:* Bei der homofermentativen Milchsäure-Gärung werden überwiegend Milchsäure [>95%; D(−)-, L(+)- oder DL-Milchsäure], bei der heterofermentativen Milchsäure-

Gärung hingegen zusätzlich Essigsäure oder Ethanol und $CO_2$ gebildet (siehe *Milchsäurebakterien). Artspezifisch werden vorwiegend L(+)-Milchsäure (*Fleischmilchsäure*; Spezies siehe *Milchsäurebakterien) produziert. Milchsäure wird als Gärungsnebenprodukt auch von einigen Enterobakterien und Bacillen gebildet. Bekannte Milchsäureausscheidende Hefen und Schimmelpilze sind *Kluyveromyces*, *Candida* und *Geotrichum*. Milchsäure findet sich in Konzentrationen bis 2% in milchsauer fermentierten Lebensmitteln, z.B. Sauerkraut, sauren Gurken, Oliven und anderen Sauergemüsen, in Sauermilcherzeugnissen, Käse, Sauerrahmbutter, Silage, Sauerteigbrot. Die konservierende Wirkung der Milchsäure-Gärung beruht im Wesentlichen auf der damit verbundenen Säuerung, darüber hinaus ist Milchsäure schwach antibiotisch aktiv.

Im *Wein* kann während des Ausbaus ein Teil der Äpfelsäure durch *Oenococcus oeni* in Milchsäure und Kohlendioxid umgewandelt werden[1].

Bei der biologische Säuerung von Maische und Würze für die Herstellung von *Bier* entsteht DL-Milchsäure; nachträglich gebildete Milchsäure ist unerwünscht, da sie einen unangenehmen, spitzen Sauerton verursacht. Bei Bieren, die nicht nach dem deutschen Reinheitsgebot gebraut werden, ist in verschiedenen Ländern bei der Maische- und Würzesäuerung der Zusatz von DL-Lactat zulässig[2,3].

Im *Fleisch* ist Milchsäure als Folgeprodukt des postmortalen Abbaus von Glucose (Glycolyse) in einer Konzentration von 0,2–0,8% enthalten. Der undissoziierte Anteil ist an der Verzögerung des mikrobiellen Verderbs bei gut gereiftem Fleisch beteiligt[4].

In *Obst* kommt Milchsäure nur in Spuren vor, kann aber durch Mikroorganismen bei der Herstellung und Lagerung von *Obstprodukten*, besonders *Säften* gebildet werden, was negative Veränderungen zur Folge hat. Der Gehalt an Milchsäure ist daher in den *Leitsätzen des Deutschen Lebensmittelbuches (für Fruchtsäfte) auf 0,5 g/L begrenzt. Im arbeitenden Muskel entsteht durch Glycolyse des Blutzuckers L(+)-Milchsäure. Die Verwertbarkeit der ausschließlich bakteriell entstehenden D(−)-Milchsäure im Stoffwechsel des Menschen ist begrenzt: Zur Umwandlung in die L-Form wird Lactat-Racemase (EC 5.1.2.1) benötigt. Bei starker Überdosierung erfolgt der Abbau von D(−)-Milchsäure daher stark verlangsamt. Entgegen früheren Befürchtungen sind jedoch gesundheitliche Nachteile [z.B. das Auftreten von D(−)-Lactacidosen] nicht zu erwarten. Nur für Säuglinge gilt die Empfehlung, wegen der noch nicht ausgereiften Enzymausstattung täglich nicht mehr als 20 mg D(−)-Milchsäure (z.B. 15 mL Joghurt/d) zu verabfolgen. Da jedoch die meisten kommerziellen Joghurterzeugnisse inzwischen überwiegend L(+)-Milchsäure enthalten (z.B. „Bioghurt®"), sind auch diesbezüglich Bedenken gegenstandslos.

*Wirkung und Toxikologie:* Milchsäure wirkt schwach antibiotisch, v.a. auf Gram-negative Bakterien. Zur Abtötung bei 22 °C in 24 h benötigt man gegen *Staphylococcus aureus* 40 mg/L, gegen *Escherichi coli* 1000 mg/L und gegen *Pseudomonas aeruginosa* 300 mg/L[5].

Milchsäure wird von vielen Pilzen verstoffwechselt, wodurch die konservierende Wirkung abnimmt.

Im menschlichen Organismus wird sie metabolisiert, z. T. auch über den Urin ausgeschieden (Brennwert 3,6 kcal/g). Auf Haut und Schleimhaut wirkt konzentrierte Milchsäure ätzend, in starker Verdünnung als Lockstoff für Moskitos.

LD$_{50}$ (Racemat; Ratte oral) 3750 mg/kg.

*Gewinnung:* Kartoffel- oder Getreidestärke, Melasse, Zucker, zuckerhaltige Rohstoffe oder Molke werden in Hexosen überführt (enzymatische oder Säurehydrolyse) und mittels geeigneter Milchsäurebakterien (*Lactobacillus delbrueckii*, *Lactobacillus bulgaricus*, *Lactobacillus leichmannii*, *Mucor* sp., *Rhizopus* sp.) unter Zusatz von Nährstoffen und CaCO$_3$ bei 48–50 °C in 20–100 m$^3$-Reaktoren zu Milchsäure vergoren (2–4 d, Chargenbetrieb). Die Aufarbeitung der Calciumlactat enthaltenden Gärflüssigkeit erfordert folgende Stufen: Filtration, Zersetzung des Lactats mit Schwefelsäure, Abtrennung des CaSO$_4$, Reinigung mittels Aktivkohle und Ionenaustauscher, Filtration, Konzentrieren, Lösemittelextraktion (*Lebensmittelqualität*); zusätzliche Veresterung, Destillation, Hydrolyse (*Pharmaqualität*). Inzwischen sind auch kontinuierliche Verfahren sowie solche unter Einsatz von immobilisierten Zellen (in Alginat[6]) entwickelt worden [mit *Lactobacillus delbrueckii* 97% Ausbeute an L(+)-Milchsäure]. HWZ der Träger: 100 d.

*Verwendung:* Als Genußsäure im Lebensmittelbereich, so bei der Herstellung von Süßwaren (anstelle von Wein- oder Citronensäure; nur geringe Inversionswirkung), von Limonaden und Essenzen, als Na- oder Ca-Lactat (Zusatzstoff zu Backpulver), als Teigsäuerungsmittel in Roggenbroten, als Konservierungsmittel; in der Gerberei zum Entkalken und Schwelken der Häute, in der Textilindustrie zum Avivieren („glänzend machen") von Seide, als Hilfsstoff in der Druck- und Färbereitechnik. In der Medizin als Säuerungsmittel, Schleimhautantiseptikum und als Verdauungshilfe bei Kleinkindern. Neue industrielle Anwendungsbereiche für Milchsäure sind der Einsatz von D-Milchsäure als Synthesevorstufe für enantiomerenreine Herbizide, Milchsäureester als Ersatz für synthetische Lösemittel wie Ethylenglycol sowie bioabbaubare Polymere für die Medizin (Implantate) und mögliche technische Anwendung in der Nahrungsmittelverpackung etc. (Polymilchsäure/Polylactid).

*Analytik:* Zur Bestimmung vom Milchsäure in verschiedenen Lebensmitteln existieren z. T. unterschiedliche Methoden[7].

*Recht:* L(+)-Milchsäure, D(−)-Milchsäure und DL-Milchsäure sind, wie alle natürlich vorkommenden Genußsäuren, den Zusatzstoffen gleichgestellt und für Lebensmittel beschränkt zu technologischen Zwecken zugelassen (*ZZulV*). Die Reinheitsanforderungen von Milchsäure sind in der *ZVerkV* geregelt. – *E* lactic acid

*Lit.:* [1]Dittrich, H. H., *Mikrobiologie des Weines*, 2. Aufl.; Ulmer: Stuttgart, (1987). [2]Narziß, L., *Abriß der Bierbrauerei*, 6. Aufl.; Wiley-VCH: Weinheim, (1995). [3]Monatsschr. Braund. **41**, 152 (1988). [4]Prändl et al., Fleisch, Stuttgart: Ulmer 1988. [5]Food Technol. **44**, 76–83 (1990). [6]Food Biotechnol. **10**, 231–242 (1996). [7]Amtliche Sammlung, Nr. L02.00-16, L07.00-15.

*allg.:* Beilstein EIV **3**, 633–637 – [HS 2918 11; CAS 50-21-5 (*allgemein*); 598-82-3 (DL); 10326-41-7 (D); 79-33-4 (L)]

**Milchsäurebakterien.** Bezeichnung für eine Gruppe von Bakterien, die wichtige physiologische Eigenschaften teilen: Milchsäurebakterien sind Gram-positive, unbewegliche, nicht-sporenbildende Kokken oder Stäbchen, die Milchsäure als Hauptprodukt des Kohlenhydrat-Stoffwechsels bilden[1]. Historisch wurden vier Gattungen der Familie Lactobacteriaceae als Milchsäurebakterien bezeichnet, *Streptococcus*, *Lactobacillus*, *Leuconostoc* und *Pediococcus*, gegenwärtig werden folgende Gattungen zu den Milchsäurebakterien gerechnet: *Aerococcus*, *Alloiococcus*, *Carnobacterium*, *Dolosigranulum*, *Enterococcus* (früher: Fäkalstreptokokken), *Globicatella*, *Lactobacillus*, *Lactococcus* (früher: *Streptococcus* Lancefield-Gruppe N), *Leuconostoc*, *Oenococcus* (früher: *Leuconostoc*), *Pediococcus*, *Streptococcus*, *Tetragenococcus* (früher: *Pediococcus*), *Vagococcus* und *Weisella* (früher: *Leuconostoc* oder *Lactobacillus*). Die zur Zeit durchgeführte Revision der Taxonomie der Bakterien wird zu weiteren Neubeschreibungen von zu Milchsäurebakterien zuzurechnenden Gattungen führen[2]. Arten der Gattung *Bifidobacterium* werden oft zu den Milchsäurebakterien gerechnet, sind jedoch phylogenetisch nicht mit den Lactobacteriaceae verwandt und verwerten Kohlehydrate nach einem anderen Stoffwechselweg.

Milchsäurebakterien sind anaerob oder fakultativ anaerob, im allgemeinen nicht-atmend und unbeweglich. Einige Arten können bei Anwesenheit von Häminen im Medium Häm-abhängige Katalase-Aktivität und Cytochrome enthalten. Ein besonderes Kennzeichen der Milchsäurebakterien ist ihr Bedarf an Vitaminen, Aminosäuren, Purinen und Pyrimidinen.

*Stoffwechsel:* Kohlehydrate werden über zwei Stoffwechselwege verwertet: *homofermentative* und *heterofermentative Milchsäure-Gärung* (siehe Tabelle 1, S. 743). Fakultativ *heterofermentative Milchsäurebakterien* verfügen über die Enzyme beider Stoffwechselwege, Hexosen werden über den Embden-Meyerhof-Parnas-Weg zu Milchsäure, Pentosen über den Pentosephosphat-Weg zu Milchsäure und Acetat abgebaut. *Homofermentative Milchsäurebakterien* bilden in der Regel mehr als 90% Milchsäure aus Glucose. In Gegenwart von Sauerstoff setzen einige Arten Pyruvat überwiegend zu Acetat um, bei Substratlimitierung (niedrige Glucose-Konzentrationen) kann Pyruvat unter anaeroben Bedingungen zu Acetat, Ameisensäure und Ethanol umgesetzt werden. Heterofermentative Milchsäurebakterien benötigen zur Bildung von Acetat aus Acetylphosphat ein Co-Substrat zur Cofaktorregenerierung (artspezifisch Fructose, O$_2$, Glycerol u. a.).

*Lactococcus lactis* var. *diacetylactis* und *Leuconostoc mesenteriodes* produzieren neben Milchsäure aus Citronensäure α-Acetolactat, eine Vorläufersubstanz des Butteraromas (*Butan-2,3-dion), was bei der Herstellung von Sauerrahmbutter u.a. *Sauermilcherzeugnissen erwünscht ist. *Pediococcus* sowie mehrere *Lactobacillus-* und *Leuconostoc*-Arten bilden in Bier und Wein *Acetoin, das durch Luftsauerstoff zu Butan-2,3-dion oxidiert wird und hier Geschmacksfehler verursacht.

Die Milchsäure wird artspezifisch über verschiedene Stoffwechselwege entweder als D(−)-Form oder als L(+)-Form (*Fleischmilchsäure*) ausgeschieden. Einige Arten verfügen über Lactat-Racemase, wodurch intrazellulär aus der L(+)-Form das optisch inaktive Gemisch DL-Milchsäure entsteht.

Weitere physiologische Eigenschaften der Milchsäurebakterien mit Bedeutung für Lebensmittelfermentation und -verderb sind die proteolytischen Eigenschaften und Bildung von Aromastoffen aus Aminosäuren, die Bildung von Bakteriozinen, die Bildung von Exopolysacchariden und die Phagenresistenz.

**Vorkommen:** Milchsäurebakterien kommen in intakten und sich zersetzenden Pflanzen (Silage), im Darm und auf Schleimhäuten von Mensch und Tier vor. Milchsäurebakterien sind als wichtiger Bestandteil der Fermentationsflora in der überwiegenden Mehrzahl fermentierter Lebensmittel, z.B. in Sauermilcherzeugnissen, Käse, Rohwurst, Sauerteig und Sauerkraut zu finden. Auf vielen Lebensmitteln (Fleisch und Wurstwaren, Feinkostsalate, Bier, Wein, Fruchtsäfte) sind Milchsäurebakterien wichtige Verderbsorganismen.

**Anwendung:** Für die technische Herstellung von Milchsäure werden homofermentative Milchsäure-

Tabelle 1: Homo- und heterofermentative Milchsäure-Gärung.

| | Homofermentative Milchsäure-Gärung | Heterofermentative Milchsäure-Gärung |
|---|---|---|
| Endprodukt Glucose-Abbau | Milchsäure (Lactat: 90%) Embden-Meyerhof-Parnas-Weg | Milchsäure, Ethanol, Acetat Pentosephosphat-Weg (Hauptenzyme der Glycolyse fehlen: Aldolase und Triosephosphat-Isomerase) |
| | Glucose → Aldolase → Glyceraldehyd-(P) → Pyruvat → Lactat | Glucose → (CO₂) → Xylose-(P) → Ketolase → Glyceraldehyd-(P) → Pyruvat → Lactat; Acetyl-(P) → Ethanol, Acetat |
| Schlüsselenzyme | Aldolase | Ketolase |
| **Spezies** | | |
| Kokken | *Lactococcus lactis* *Enterococcus faecalis* *Streptococcus salivarius* *Streptococcus pyogenes* *Streptococcus thermophilus* *Pediococcus*-Arten *Tetragenococcus halophilus* | *Leuconostoc mesenteroides* *Leuconostoc cremoris* *Oenococcus oeni* *Weisella*-Arten |
| Stäbchen | *Lactobacillus helveticus* *Lactobacillus acidophilus* *Lactobacillus delbrueckii* | *Lactobacillus brevis* *Lactobacillus fermentum* *Lactobacillus viridescens* *Lactobacillus sanfranciscensis* *Lactobacillus reuteri* |
| Beide Schlüsselenzyme vorhanden | *Lactobacillus plantarum* *Lactobacillus casei* *Lactobacillus curvatus* *Lactobacillus sakei* | |

bakterien eingesetzt (siehe Tabelle 2). Mit *Leuconostoc mesenteroides* wird *Dextran hergestellt.

Tabelle 2: Technische Milchsäure-Gewinnung.

| Substrat | Spezies | Milchsäure |
|---|---|---|
| Rohglucose, | *Lactobacillus delbrueckii* | L-Milchsäure |
| Malz | *Lactobacillus pentosus* | L-Milchsäure |
| | *Lactobacillus leichmannii* | D-Milchsäure |
| | *Lactobacillus bulgaricus* | DL-Milchsäure |
| Molke | *Lactobacillus casei* | L-Milchsäure |
| | *Lactococcus lactis* | D-Milchsäure |
| | *Lactobacillus bulgaricus* | DL-Milchsäure |

Milchsäurebakterien sind als Einstamm-, Einart- oder Mischkulturen zum Einsatz als *Starterkultur für Lebensmittelfermentationen im Handel (z. B. *Lactobacillus, *Lactococcus, *Leuconostoc, *Pediococcus, *Streptococcus und *Tetragenococcus). In der Milchwirtschaft werden Starterkulturen auch als *Säurewecker bezeichnet, in der Bäckerei als Anstellgut. *Oenococcus oeni* und *Lactobacillus* spp. werden bei dem Ausbau von Wein eingesetzt; *Oenococcus oeni* baut mit Hilfe des Malolactat-Enzyms im Wein Äpfelsäure zu Milchsäure und Kohlendioxid ab. *Oenococcus-oeni*-Stämme können Sorbinsäure zu Sorbinol reduzieren (sogenannter Geranienton im Wein, siehe *Weinkrankheiten) und *Weintrübungen verursachen[3]. In der Landwirtschaft spielen Milchsäurebakterien eine entscheidende Rolle bei der Silageherstellung. In einer großen Zahl von Lebensmittelfermentation werden nach wie vor keine Starterkulturen eingesetzt, die Entwicklung der gewünschten Fermentationsflora wird durch die Prozeßführung (extrinsische und intrinsische Faktoren) gewährleistet (z. B. Sauerkraut, Oliven, Kakao).
Milchsäurebakterien werden seit einigen Jahren als *Probiotika eingesetzt. In den letzten Jahren konnte gezeigt werden, daß die regelmäßige Einnahme definierter Stämme lebender Milchsäurebakterien zur Vorbeugung von Krankheiten eingesetzt werden kann bzw. in der Therapie die Heilung beschleunigt (z. B. Lactose-Intoleranz, Infektionen des Gastrointestinaltraktes und entzündliche Darmkrankheiten). Neben Bifidobakterien werden v. a. Lactobacillen intestinaler Herkunft als Probiotika eingesetzt (*Lactobacillus reuteri, Lactobacillus johnsonii, Lactobacillus gasseri und Lactobacillus acidophilus*), vergleichbare positive Effekte auf die Gesundheit können möglicherweise auch durch Milchsäurebakterien aus fermentierten Lebensmitteln erreicht werden[4-6]. – *E* lactic acid bacteria

*Lit.:* [1]Orla-Jensen, S., *The Lactic Acid Bacteria*, Fred Høst and Son, Koeniglicher Hof-Boghandel: Copenhagen, (1919). [2]Garrity, G. M.; Winters, M.; Searles, D. B., *Taxonomic Outline of the Procaryotic Genera*, Bergey's Manual of Systematic Bacteriology, 2. Aufl.; (2001); Bd. 3; http://www.cme.msu.edu/bergeys/. [3]Lonvaud-Funel, A., *Antonie van Leeuwenhoek*, (1999) **76**, 317–334. [4]Salminen, S.; Deighton, M.; Benno, Y.; Gorbach, S., In *Lactic Acid Bacteria, Microbiology and Functional Aspects*, Salminen, S.; von Wright, A., Hrsg.; Marcel Dekker Inc.: New York, (1998); S. 211–254. [5]Ouwehand, A. C.; Salminen, S.; Isolauri, E., *Antonie van Leeuwenhoek*, (2002) **82**, 279–289. [6]Hammes, W. P.; Hertel, C., *Food Res. Int.*, (2002) **35**, 165–170.
*allg.:* Axelsson, L., In *Lactic Acid Bacteria, Microbiology and Functional Aspects*, Salminen, S.; Wright, A. von, Hrsg.; Marcel Dekker Inc.: New York, (1998); S. 1–72 ▪ Carr, F. J.; Chill, D.; Maida, N., *Crit. Rev. Microbiol.*, (2002) **28**, 281–370 ▪ Doyle, M. P.; Beuchat, L. R.; Montville, T. J., Hrsg., *Food Microbiology*, ASM Press: Washington, (2001); S. 813ff. ▪ Hammes, W. P.; Hertel, C., *Meat Sci.*, (1998) **49**, 125–138 ▪ Schlegel (7.), S. 296ff.

**Milchsäure-Gärung** siehe *Milchsäurebakterien.

**Milchsäure-Stich** siehe *Weinkrankheiten.

**Milchschimmel** siehe *Geotrichum.

**Milchschokolade** siehe *Schokoladenerzeugnisse.

**Milch-Serumproteine.** In Anlehnung an die Nomenklatur der Blutfraktionierung bezeichnet man als *Milchplasma* die von Fettkügelchen befreite Milch, was prakt. mit Magermilch ident. ist. *Milchserum* ist das von den *Caseinen befreite Milchplasma. Es enthält alle globulären Proteine (Molkenproteine) der Milch, dazu in Spuren die Proteine der Lipoprotein-Partikel. – *E* milk serum proteins

**Milchsorten** siehe *Konsummilch.

**Milchstein.** Beim Erhitzen von Milch und Milchprodukten in den entsprechenden Anlagen entstehen Beläge, die sowohl anorganische als auch organische Bestandteile enthalten. Milchstein ist der Sammelbegriff für festverkrustete Beläge aus Milchbestandteilen und je nach Definition die Summe aller Ablagerungen[1] oder nur deren anorganischer Anteil[2]. Milchstein aus Molke ist überwiegend anorganisch, aus Milch stark organisch durchsetzt. Milchstein bildet sich durch die Verschiebung der Dissoziationsgleichgewichte mehrbasischer Anionen, insbesondere der Phosphate in Folge der zunehmenden Wasserdissoziation durch die Erhitzung. Denaturierende Molkenproteine binden Calcium-Ionen ebenso wie Caseinate. Sie werden mit in die komplex zusammengesetzten Mineralablagerungen eingebaut.
Zur Entfernung des Milchsteins muß alkalisch unter Zusatz von Komplexbildnern (z. B. Nitrilotriessigsäure) und sauer gereinigt werden. Proteine und Lipide lösen sich bevorzugt in heißen Alkalien, die Mineralstoffe in sauren Medien (Salpetersäure oder Phosphorsäure). – *E* milk deposits

*Lit.:* [1]DIN-Fachbericht 18, Milchwirtschaftliche Anlagen, Reinigung und Desinfektion, Beuth: Berlin, (1988). [2]Kessler, H. G., *Food and Bio Process Engineering – Dairy Technology*, A. Kessler: Freising, (2002).

**Milch-Wärmebehandlung.** Wärmebehandelte *Milch ist gereinigte *Rohmilch, die nach einem anerkannten Verfahren thermisch behandelt ist.
Zur Milch-Wärmebehandlung sind nach Anlage 6 Nr. 2 der Milchverordnung[1] folgende Verfahren zugelassen:
1. *Pasteurisierung:
a) Dauererhitzung: 62–65°C, 30–32 min, *Phosphatase-Probe negativ, *Peroxidase-Probe positiv.

b) Kurzzeiterhitzung: kontinuierlicher Durchfluß, 72–75 °C, 15–30 s, Phosphatase-Probe negativ, Peroxidase-Probe positiv.

c) Hocherhitzung: kontinuierlicher Durchfluß, 85–127 °C, Peroxidase-Probe negativ.

2. Ultrahocherhitzung (UHT, siehe *UHT-Milch): kontinuierlicher Durchfluß, mindestens 135 °C, Abfüllen unter aseptischen Bedingungen in sterile, mit Lichtschutz versehene Packungen. Temperatur-/Zeitbedingungen müssen einen Sterilisationswert $F_0$ von mindestens 3 min erfüllen.

3. Sterilisierung: mindestens 110 °C in luftdicht verschlossenen Behältnissen. Temperatur-/Zeitbedingungen müssen einen Sterilisationswert $F_0$ von mindestens 3 min erfüllen.

4. Kochen: Erhitzen bis zum wiederholten Aufkochen der Milch.

Bei weitgehender Erhaltung des Rohmilchcharakters bewirkt die zum Bereich der Pasteurisierung gehörende Kurzzeiterhitzung eine völlige Abtötung der pathogenen und eine teilweise, für die Haltbarkeit der Milch bedeutungsvolle Beseitigung der nichtpathogenen Flora. Positiv auf die Erhaltung der Milchqualität wirkt sich auch die mehr oder weniger starke Inaktivierung der Milchenzyme (Abbildung) aus. Die Bestimmung der Desaktivierung der alkalischen Phosphatase und ein positiver Peroxidase-Nachweis kann zur Kontrolle einer ordnungsgemäßen Kurzzeiterhitzung genutzt werden.

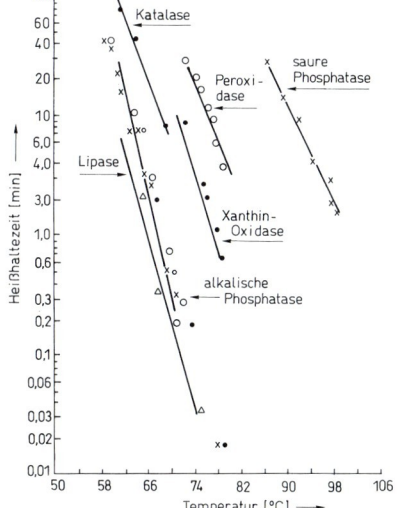

Abbildung: Temperatur-Zeit-Charakteristik der Inaktivierung von Milchenzymen.

Durch die Kurzzeiterhitzung werden die Proteine der Milch in ihrer biologischen Wertigkeit nicht gemindert, der Gehalt an essentiellen Aminosäuren bleibt erhalten. β-*Lactoglobulin, ein besonders hitzelabiles Protein, wird unter den Bedingungen der Kurzzeiterhitzung nur zu maximal 15% denaturiert. Mit der Denaturierung der Molkenproteine korreliert der Kochgeschmack (Freisetzung von SH-Gruppen), der schon in hocherhitzter

Milch auftreten kann. Lysin- und Vitamin-Verluste wurden bei der Kurzzeiterhitzung der Milch so gut wie nicht festgestellt.

Will man völlig keimfreie Milch erhalten (*UHT-Milch, *Sterilmilch, *Kondensmilch), so erfordert dies intensivere Wärmebehandlungsverfahren. Dabei gilt, daß die Schädigung der Milchbestandteile um so geringer ist, je höher die Temperatur und je geringer die Erhitzungsdauer gewählt wird. Zu den bakteriologischen, chemischen, biochemischen und physikalischen Veränderungen beim Erhitzen der Milch auf 100–150 °C siehe ausführlich in Literatur[2].

Mit optimal eingestellten Anlagen zur *Ultrahocherhitzung* ist es möglich, eine der pasteurisierten Milch im Geschmack und im ernährungsphysiologischen Wert nahestehende UHT-Milch herzustellen[3]. Unter UHT-Bedingungen sind nur die Vitamine $B_1$ (Thiamin), $B_6$, $B_{12}$ und die Ascorbinsäure (bei gleichzeitiger Gegenwart von $O_2$) hitzelabil. Der für UHT-Anlagen geforderte C-Wert entspricht einer Thiamin-Schädigung von maximal 3%. Wenn UHT-Milch, wie heute üblich, vor der eigentlichen UHT-Erhitzung eine intensive Vorerhitzung (90–95 °C, 120 s) erfährt, werden bis zu 90% des β-Lactoglobulins denaturiert. Dabei werden die Moleküle entfaltet, SH-Gruppen freigelegt, die mit Disulfid-Gruppen von β-Lactoglobulin (Bildung von Di- und Polymeren) reagieren oder mit SH-Gruppen von Caseinen und Fettkügelchenmembranproteinen[4]. Durch die Denaturierung allein wird die ernährungsphysiologische Qualität noch nicht beeinträchtigt, wohl aber werden die technologischen Eigenschaften beeinflußt. Unerwünscht sind denaturierte Molkenproteine bei der *Käse-Herstellung, eine möglichst vollständige Denaturierung dagegen wird bei der Herstellung von Joghurt angestrebt. Eine Minderung der Eiweiß-Qualität liegt vor, wenn Eiweiß nicht nur denaturiert wird, sondern auch an *Maillard-Reaktionen beteiligt und Lysin mehr oder weniger blockiert ist. Im Bestreben, für UHT-Milch eine obere Grenze für die Wärmebelastung festzulegen, wurden die verschiedensten Substanzen auf ihre Eignung zur Charakterisierung der Wärmebelastung geprüft. Neben der Aktivitätsbestimmung verschiedener Milchenzyme (alkalische Phosphatase, Lactoperoxidase) und dem Denaturierungsverhalten der einzelnen Molkenproteine (wie β-Lactoglobulin) kann die Wärmebelastung von Milch auch anhand von Umlagerungsprodukten (wie Lactulose, $N^6$-Methyladenosin) und anhand des Auftretens verschiedener Maillard-Produkte (siehe *Maillard-Reaktion; z.B. *Furosin, *Pyridosin) und ihrer Vorstufe Fructoselysin sowie 5-(*Hydroxymethyl)furfural, $N\varepsilon$-Carboxymethyllysin oder *Lysinoalanin nachgewiesen werden (siehe Tabelle, S. 746). – *E* heat treatment of milk

*Lit.:* [1] Milch-VO vom 20.07.2000 (BGBl. I, Nr. 36 vom 31.07.2000, S. 1178). [2] IDF, Hrsg., *Heat Treatments and Alternative Methods*; IDF Special Issue Nr. 9602; International Dairy Federation: Brüssel, (1996). [3] Kessler, H. G., *Food and Bio Process Engineering – Dairy Technology*, A. Kessler:

Tabelle: Gehalte unterschiedlicher Erhitzungsindikatoren in wärmebehandelter Milch[5-8].

| Erhitzungsindikator | Kurzzeiterhitzung | Dauererhitzung | Hocherhitzung | UHT | Sterilisierung |
|---|---|---|---|---|---|
| Lactulose [mg/kg Milch] | nicht nachweisbar | nicht nachweisbar | <100 | 100–400 | 200–700 |
| β-Lactoglobulin-Denaturierung [%] | <15 | ca. 5 | 10–95 | 94–98 | natives β-Lactoglobulin nicht mehr nachweisbar |
| Furosin [mg/100 g Protein] | 5–7 | >9,5 | 10–40 | 50–120 | 110–450 |
| $N^6$-Methyladenosin [µmol/L] | nicht nachweisbar | nicht nachweisbar | 0,01–0,13 | 0,02–0,06 | 0,06–0,37 |
| Lysinoalanin [mg/kg Protein] | 48 +/– 26 | | 15 +/– 20[a] | 90 +/– 40 | 492 +/– 253 |
| Nε-Carboxymethyllysin [mg/kg Protein] | nicht nachweisbar | nicht nachweisbar | nicht nachweisbar | nicht nachweisbar | 212 +/– 93 |
| 5-(Hydroxymethyl)furfural [µmol/L] | 1,8–3,8 | | 1,9–2,4 | 10,4–20,0 | 16,0–36,1 |
| blockiertes Lysin [%] | nicht nachweisbar | | nicht nachweisbar | 2,7 +/– 0,9 | 7,1 +/– 1,98 |

[a] nui FSH-Verfahren (falling steam heating)

Freising, (2002). [4]Milchwissenschaft **46** (2), 75 (1991). [5]Schlimme, E.; Clawin-Rädecker, I.; Einhoff, K.; Kiesner, C.; Lorenzen, P. C.; Martin, D.; Meisel, H.; Molkentin, J.; Precht, D., *Kieler Milchwirtsch. Forschungsber.*, (1996) **48**(1), 5–36. [6]Martin, D.; Kiesner, C.; Schlimme, E., *Nahrung/Food*, (1997) **41**(5), 258–267. [7]Faist, V.; Drusch, S.; Kiesner, C.; Elmadfa, I.; Erbersdobler, H. F., *Int. Dairy J.*, (2000) **10**, 339–346. [8]Drusch, S.; Faist, V.; Koehn, A.; Schlimme, E., *Dtsch. Milchwirtsch.*, (1996) **20**, 902–905.

**Milchzucker** siehe *Lactose.

**Mildgesäuerte Butter** siehe *Butter.

**Millethirse** siehe *Hirse.

**Milokorn** siehe *Sorghum.

**Milz** siehe *Innereien.

**Minamata.** Die Minamata-Krankheit[1], die beim Menschen Mißbildungen verursacht und Sehstörungen, Koordinationsschwierigkeiten und Lähmungen hervorruft, verlief in ca. 32,8% der 1957 bekannten Fälle tödlich[2]. In der Bucht von Minamata im Jahr 1969 gefangene Fische wiesen Gehalte bis zu 50 mg Quecksilber je kg Frischgewicht auf, wogegen die WHO maximal 0,5 mg/kg als tolerierbare Höchstgrenze empfiehlt. Die Bevölkerung von Minamata konsumiert, wie viele Japaner, fast täglich Fisch. In den Organismen liegen rund 80% des Quecksilbers in Form des lipophilen Methylquecksilbers vor, das die Placenta- und die Blut-Hirn-Schranke durchdringen und mit Proteinen und anderen Biomolekülen reagieren kann. Bei einer Untersuchung eines repräsentativen Bevölkerungsteils (1084 Probanden) von Minamata wurden 1987 bei 87,9% der untersuchten Personen auf Methylquecksilber zurückzuführende Nervenerkrankungen festgestellt[2]. Die Minamata-Krankheit wurde auch außerhalb Japans beobachtet, z.B. in Pakistan als Folge der Verwendung von mit Methylquecksilber gebeiztem Brotgetreide, welches zur Bereitung von Nahrungsmitteln verwendet worden war.

*Lit.:* [1]The Minamata Environmental Creation Development Project Steering Committee, Hrsg., *Ten Things to Know about Minamata Disease*, 2. Aufl.; Minamata Disease Museum: Minamata, (1997). [2]Environ. Geochem. Health **13**, 35–38 (1991).

**Mindesthaltbarkeitsdatum** (Abkürzung MHD). Der Begriff „Mindesthaltbarkeitsdatum" bezieht sich auf das Ende des Zeitraumes, innerhalb dessen ein Erzeugnis bei sachgerechter Aufbewahrung seine spezifischen Eigenschaften bzw. seine ursprüngliche Funktion behält. Das Mindesthaltbarkeitsdatum besagt *nicht*, daß nach dem angegebenen Datum das Produkt wertgemindert oder nicht mehr zum Verzehr bzw. zur Anwendung geeignet ist. Denn bei vorsichtiger Datierung durch den Hersteller kann die Haltbarkeit oft über das angegebene MHD nicht unerheblich hinausreichen.

*Lebensmittel in Fertigpackungen* dürfen nach § 3 Abs. 1 *Lebensmittel-Kennzeichnungsverordnung (LMKV) gewerbsmäßig nur in den Verkehr gebracht werden, wenn unter anderem das Mindesthaltbarkeitsdatum angegeben ist[1]. Nach § 7 LMKV ist das MHD unverschlüsselt mit den Worten „mindestens haltbar bis ..." unter der Angabe von Tag, Monat und Jahr anzugeben. Bei Mindesthaltbarkeit unter 3 Monaten kann das Jahr entfallen. Bei Mindesthaltbarkeit über 3 Monaten kann der Tag und über 18 Monaten der Tag und der Monat entfallen, wenn das MHD unverschlüsselt mit den Worten „mindestens haltbar bis Ende ..." angegeben wird. Das MHD ist im gleichen Sichtfeld wie die *Verkehrsbezeichnung und die Mengenkennzeichnung anzugeben (§ 3 Abs. 3 LMKV).

Die Angabe von Tag, Monat und Jahr kann aber auch an anderer Stelle erfolgen, wenn in Verbindung mit der Angabe „mindestens haltbar bis (Ende) ..." auf diese Stelle (z.B. „siehe Bodenprägung") hingewiesen wird. Ist die angegebene Mindesthaltbarkeit nur bei Einhaltung bestimmter Temperaturen oder sonstiger Bedingungen gewährleistet, so ist ein entsprechender Hinweis in Verbindung mit dem MHD anzubringen (§ 7 Abs. 5 LMKV).

Als Ausnahmen sind bestimmte Lebensmittel (z.B. frisches Obst, Zucker, Getränke mit einem Alkoholgehalt von 10 oder mehr Vol.-%) in § 7 Abs. 6 LMKV aufgeführt. Bier stellt insoweit keine Ausnahme (mehr) dar und muß mit einem MHD versehen werden, falls nicht ein Behältnis von mehr als 5 L gegeben ist (§ 7 Abs. 6 Nr. 3 LMKV).

*Kosmetika* dürfen nach § 5 Abs. 1 *Kosmetik-Verordnung gewerbsmäßig nur in den Verkehr gebracht werden, wenn unter anderem das MHD angegeben ist[2]. Die Angabe des MHD auf kosmetischen Mitteln ist in § 5 Abs. 2 KosmetikV näher geregelt. Es ist unverschlüsselt mit den Worten „mindestens haltbar bis …" unter Angabe von Monat und Jahr in dieser Reihenfolge anzugeben. Die Angabe von Monat und Jahr kann auch an anderer Stelle erfolgen, wenn in Verbindung mit der Angabe „mindestens haltbar bis …" auf diese Stelle (z.B. „siehe Bodenprägung") hingewiesen wird. Ist die angegebene Mindesthaltbarkeit nur bei Einhaltung bestimmter Aufbewahrungsbedingungen gewährleistet, ist ein entsprechender Hinweis in Verbindung mit dem MHD anzubringen. – *E* date of minimum durability, „sell by date"

*Lit.:* [1]Zipfel-Rathke, C 104: LMKV, § 7. [2]Zipfel-Rathke, C 500: KosmetikV, § 5.

*allg.:* Hagenmeyer, M., *LMKV – Lebensmittelkennzeichnungsverordnung, Kommentar,* C. H. Beck: München, (2001) ▪ Meyer, A. H., *Lebensmittelrecht – Leitfaden für Studium und Praxis,* Wissenschaftliche Verlagsgesellschaft: Stuttgart, (1998)

**Mineralstoffe.** Sammelbez. für die mineral. Bestandteile von pflanzlichen u. tier. Organismen (beim Menschen ca. 3,5 kg). Sie bleiben nach der Verbrennung als Asche zurück. Die Mineralstoffe werden in *Mengenelemente, *Spurenelemente und Ultraspurenelemente eingeteilt. Während Mengenelemente (Natrium, Chlor, Kalium, Calcium, Phosphor, Magnesium und Schwefel) für den Menschen in Mengen >50 mg/Tag essentiell sind, sind Spurenelemente (Eisen, Iod, Fluor, Zink, Selen, Kupfer, Mangan, Chrom, Molybdän, Cobalt und Nickel) in Konzentrationen <50 mg/Tag essentiell. Eine biochemische Funktion von Spurenelementen, deren Gehalt im Gewebe unter 50 mg/kg Feuchtgewicht liegt, ist nachgewiesen. Die Essentialität der Ultraspurenelemente (Aluminium, Antimon, Arsen, Barium, Bismut, Blei, Bor, Brom, Cadmium, Caesium, Germanium, Lithium, Quecksilber, Rubidium, Samarium, Silicium, Strontium, Thallium, Titan, Vanadium, Wolfram und Zinn) ist über mehrere Generationen tierexperimentell geprüft. Hier wurden Mangelerscheinungen gefunden, ohne daß die spezielle Funktion der Ultraspurenelemente bekannt ist. Der Nachweis von biochemischen Funktionen in Geweben und Organen würde zur Zuordnung zu den Spurenelementen führen.

M. können in Lebensmitteln mengenmäßig einige Prozente ausmachen; im allg. liegt ihr Gehalt um 1% od. darunter. Der M.-Gehalt von Mineralwasser kann über 1,5% liegen. Ihre Klassifizierung ist in der Mineral- und Tafelwasser-Verordnung festgelegt.

In der Haustierhaltung kennt man entsprechende Mineralfutter, u. im Anbau von Kulturpflanzen ist die Düngung mit mineral. Düngemitteln seit Liebig geläufig. Für die Kultur von Mikroorganismen u. die Gewebezüchtung sind M. in der Nährlsg. ebenso essentiell wie für Pflanzen in der Hydrokultur u. Plastoponik.

*Funktion:* Mengenelemente haben ihre Hauptfunktionen beim Aufbau von Skelettstrukturen, Bindegeweben, Nucleinsäuren, Proteinen u. Zellmembranen u. als Ionen im osmot. Bereich, bei der Muskelkontraktion sowie bei der elektr. Reizleitung, daneben aber auch bei der Signalübertragung (Calcium) oder als Cofaktor bei enzymatischen Reaktionen (Magnesium), siehe auch *Mengenelemente.

Spurenelemente wirken hauptsächlich katalytisch, d.h. sie sind Bestandteile von Enzymen, Hormonen u. Vitaminen od. aktivieren bzw. inhibieren Enzyme, siehe auch *Spurenelemente.

*Physiologie:* M. werden von Mensch u. Tier über den Darm, die Niere u. die Haut ausgeschieden (od. bei vielen Pflanzen durch den herbstlichen Blattfall u. Welkeprozeß wieder abgegeben) u. müssen zur Aufrechterhaltung ihrer Funktionen mit der Nahrung wieder aufgenommen werden (*Mineralstoffwechsel*). M. gehören daher zu den energiefreien Nährstoffen. Sie werden in Abhängigkeit von verschiedenen Faktoren unterschiedlich stark resorbiert (Bioverfügbarkeit) und im Körper verwertet.

Im allg. halten sich aufgrund der Evolution der Lebewesen Abgabe u. Zufuhr der M. die Waage, doch sind sowohl Unterversorgung wie Überversorgung möglich. Während längere Unterversorgung nach Abbau des Depots in den Bereich der Mangelerscheinung mündet, kann eine Überversorgung vom Körper weitgehend durch eine verminderte Resorption od. durch eine erhöhte Ausscheidung ausgeglichen werden. Die homöostat. Konz. werden im Organismus durch einen komplexen Mechanismus geregelt u. aufrechterhalten.

Im allg. sind die tox. Bereiche durch M.-Aufnahme über die Nahrung nicht zu erreichen. Nur bei Mangan, *Fluor u. *Selen liegen Bedarf u. tox. Bereich relativ eng beieinander[1]. Die häufigste Unterversorgung ist die von *Eisen, die zu der verbreitetsten Mangelkrankheit, der Anämie, führt. Völliges Fehlen eines essentiellen M. führt zum Tod des Organismus. Ein M. kann nicht durch einen anderen ersetzt werden. Mangelerscheinungen u. Mangelkrankheiten können durch M.-Gaben behoben werden. Für den Menschen wurden, abhängig vom Lebensalter, Zufuhrempfehlungen, Schätzwerte für die empfohlene Zufuhr beziehungsweise Richtwerte für die Gesamtzufuhr für die verschiedenen Mineralstoffe aufgestellt[2].

Auf der Annahme, daß Krankheiten die Folge eines gestörten Mineralstoffwechsels seien, beruhte ein von dem oldenburg. Arzt Schüßler (1821–

1898) begründetes Heilverf. (*Biochemie nach Schüßler*), bei dem 11 anorgan. Verb. ($CaF_2$, KCl, $K_2SO_4$, NaCl, $Na_2SO_4$, Ca-, Mg-, K-, Na- u. Fe-Phosphat, Kieselsäure) in homöopath. Verreibung mit Lactose, meist in der 6. Potenz, zur Anw. kamen.

*Verwendung in Nahrungsergänzungsmitteln:* Mineralstoffe werden in *Nahrungsergänzungsmitteln als Einzel- oder Multipräparate, auch in Kombination mit Vitaminen, und zur Anreicherung von Lebensmitteln des allgemeinen Verzehrs eingesetzt. Nach der EU-Richtlinie über Nahrungsergänzungsmittel[3] (in Deutschland umgesetzt durch die Nahrungsergänzungsmittelverordnung – NemV) dürfen die in Anlage I aufgeführten Mineralstoffe (Calcium, Magnesium, Eisen, Kupfer, Iod, Zink, Mangan, Natrium, Kalium, Selen, Chrom, Molybdän, Fluor, Chlor, Phosphor) in den in Anhang II aufgeführten Formen für die Herstellung von Nahrungsergänzungsmitteln verwendet werden. Das Bundesinstituts für Risikobewertung (*BfR) spricht sich allerdings dafür aus, daß als Nahrungsergänzungsmittel nur Calcium, Magnesium, Eisen, Kupfer, Iod, Zink, Selen, Chrom und Molybdän verwendet werden. Mangan und Fluor sollten in Nahrungsergänzungsmitteln grundsätzlich nicht verwendet werden. Da eine zu hohe Zufuhr von Mineralstoffen nachteilige Wirkungen haben kann, sind sichere Höchstmengen für diese in Nahrungsergänzungsmitteln erforderlich. Die neu zuständige Europäische Behörde für Lebensmittelsicherheit (*EFSA; früher wissenschaftlicher Lebensmittelausschuß der EU, SCF) ermittelt tolerierbare Obergrenzen für die tägliche Zufuhr (tolerable upper intake level, UL). Zur Ableitung von Höchstmengen für Mineralstoffe in Nahrungsergänzungsmitteln schlägt das BfR vor, von der tolerierbaren Obergrenze für die tägliche Gesamtaufnahme aus allen Quellen (UL) die Mineralstoffaufnahme mit der normalen Nahrung abzuziehen.

*Recht:* Laut § 2 Abs. 3 Nr. 2 *Lebensmittel- und Futtermittelgesetzbuch (LFGB) sind Mineralstoffe und Spurenelemente sowie deren Verbindungen außer Kochsalz – im Gegensatz zum EG-Recht (EG-RL 89/107) – den Lebensmittelzusatzstoffen gleichgestellt (siehe auch Begriffsbestimmung für *Lebensmittelzusatzstoffe). § 7 in Verbindung mit Anlage 2 der *Diät-Verordnung nennt u.a. Tages-Mindestmengen u. Tages-Höchstmengen von M. bei bilanzierten Diäten. Die *Nährwert-Kennzeichnungsverordnung nennt bei nährstoffbezogenen Angaben die M. u. Spurenelemente (§ § 1, 2), v.a. Kochsalz, Natrium-Verbindungen u. Kalium-Verbindungen (§ § 3, 7). Für die Anreicherung von *Nahrungsergänzungsmitteln sind bestimmte Mineralstoffe in der Nahrungsergänzungsmittel-Verordnung (NemV) positiv gelistet (Anlagen 1 und 2).

*Analytik:* Die Bestimmung der Gesamt-M. erfolgt durch Veraschen bei Temp. um 500 °C u. höher (für bestimmte Lebensmittel siehe Literatur[4]). Über instrumentelle Multi-Element-Analyse in der Lebensmittelanalytik siehe Literatur[5]. Die Analytik der metall. M. erfolgt heute weitgehend spektrometr. u. zwar flammenspektrometr.[6] bei Alkalimetallen u. mittels Atomabsorptions- (AAS)[7] bzw. Atomemissionsspektrometrie (AES)[8] bei den übrigen Metallen. Über die Bestimmung von Metallen u. a. Elementen im Spurenbereich in Lebensmitteln siehe Literatur[9]. Nichtmetall. M. werden mittels Ionenchromatographie analysiert[10]. Über Elementspezies-Analytik, d.h. die Bestimmung der Elemente in Abhängigkeit von ihrem Bindungszustand, siehe Literatur[11]. – *E* mineral nutrients

*Lit.:* [1]Bundesinstitut für gesundheitlichen Verbraucherschutz und Veterinärmedizin (BgVV), Hrsg., *Toxikologische und ernährungsphysiologische Aspekte der Verwendung von Mineralstoffen und Vitaminen in Lebensmitteln, Teil I*, vom 18.01.2002, S. 1; http://www.bfr.bund.de. [2]Deutsche Gesellschaft für Ernährung (DGE); Österreichische Gesellschaft für Ernährung (ÖGE); Schweizerische Gesellschaft für Ernährungsforschung (SGE); Schweizerische Vereinigung für Ernährung (SVE), Hrsg., *Referenzwerte für die Nährstoffzufuhr*, Umschau/Braus: Frankfurt am Main, (2000); S. 151. [3]Richtlinie 2002/46/EG des Europäischen Parlaments und des Rates vom 10. Juni 2002 zur Angleichung der Rechtsvorschriften der Mitgliedstaaten über Nahrungsergänzungsmittel. [4]Amtliche Sammlung. [5]Schwedt, in Sansoni (Hrsg.), Instrumentelle Multielementanalyse, Weinheim: Verl. Chemie 1985. [6]Matissek, R.; Steiner, G., *Lebensmittelanalytik*, 3. Aufl.; Springer: Berlin, (2006). [7]Welz, B.; Sperling, M., *Atomabsorptionsspektrometrie*, Wiley-VCH: Weinheim, (1997). [8]Spectrochim. Acta, Part B **43**(8), 881 (1988). [9]Association of Official Analytical Chemists (AOAC), Hrsg., *Official Methods of Analysis of AOAC International* (17.), Arlington/Virginia: AOAC International, (2003). [10]Weiß, Handbuch der Ionenchromatographie, Weinheim: Verl. Chemie 1985. [11]Fresenius Z. Anal. Chem. **327**, 142 (1987). *allg.:* Bundesinstitut für Risikobewertung (BfR), *Verwendung von Mineralstoffen in Lebensmitteln. Toxikologische und ernährungsphysiologische Aspekte, Teil II*; BfR-Wissenschaft 04/2004; BfR: Berlin, (2004); http://www.bfr.bund.de

**Mineralwasser.** Mineralwasser ist ein aus dem Kreislauf des Wassers entstammendes *Grundwasser, das meist Kohlendioxid aus entgasenden Magmen in größerer Tiefe und der geologischen Beschaffenheit der durchflossenen Gesteinsformationen entsprechende gelöste Mineralstoffe enthält[1]. *Natürliches Mineralwasser* ist nach der Mineral- und Tafelwasser-Verordnung (MinTafWV; § 2) ein Wasser, das besonderen Anforderungen zu genügen hat. Es muß seinen Ursprung in einem unterirdischen, vor Verunreinigungen geschützten Wasservorkommen haben und wird aus einer oder mehreren natürlichen oder künstlich erschlossenen Quellen (Brunnen) gewonnen. Mineralwasser ist von ursprünglicher Reinheit und besitzt aufgrund seines Gehalts an Mineralstoffen ernährungsphysiologische Wirkung.

Die Zusammensetzung eines Mineralwassers muß im wesentlichen konstant bleiben. Die Allgemeine VwV zur MinTafWV erläutert die Begriffsbestimmungen: Danach können *ernährungsphysiologische Wirkungen* einem Wasser zugesprochen werden, das mindestens 1000 mg gelöste Mineralstoffe oder mindestens 250 mg freie Kohlensäure pro Liter enthält. Daneben gelten auch Mindestgehalte an Calcium (150 mg/L), Magnesium (50 mg/L) oder

Fluorid (1 mg/L) als ernährungsphysiologisch wirksam. Der Nachweis der ernährungsphysiologischen Eigenschaften ist aber auch durch klinische Beobachtungen möglich. Eine im Rahmen natürlicher Schwankungen konstante Zusammensetzung ist bei Schwankungen von ±20% bei den das Wasser charakterisierenden, festen gelösten Bestandteilen gegeben; bei gelöstem Kohlendioxid werden Schwankungen von ±50%, toleriert[2]. Ursprünglich rein ist ein Wasser, das keine Kontamination mit Schadstoffen aus der Umwelt (z.B. Pestizide, leichtflüchtige Chlorkohlenwasserstoffe, erhöhte, nicht geogen bedingte Nitrat-Gehalte) aufweist. Die in der Mineral- und Tafelwasser-VO (Anlage 1) angegebenen Höchstwerte für Schwermetalle und Borat dürfen nicht überschritten werden, siehe Tabelle 1.

Tabelle 1: Liste der Grenzwerte für Stoffe in natürlichem Mineralwasser.

| Stoff | Grenzwert [mg/L] | berechnet als |
|---|---|---|
| Arsen | 0,04 | As |
| Cadmium | 0,005 | Cd |
| Chrom, gesamt | 0,05 | Cr |
| Quecksilber | 0,001 | Hg |
| Nickel | 0,05 | Ni |
| Blei | 0,05 | Pb |
| Antimon | 0,01 | Sb |
| Selen, gesamt | 0,01 | Se |
| Borat | 30 | $BO_3^-$ |
| Barium | 1 | Ba |

Natürliche Mineralwasser dürfen gewerbsmäßig nur in Verkehr gebracht werden, wenn sie amtlich anerkannt sind und eine Registriernummer erhalten haben (MinTafWV, § 3). Dies setzt eine eingehende Prüfung voraus. Ist ein natürliches Mineralwasser amtlich anerkannt, wird dies im Amtsblatt der Europäischen Gemeinschaft veröffentlicht[3,4]. Darüber hinaus erfolgt für deutsche Mineralwasser eine Veröffentlichung der amtlichen Anerkennung im Bundesanzeiger (Gesamtliste siehe Literatur[5]). Die Anforderungen an die mikrobiologische Beschaffenheit von Mineralwasser sind ebenfalls der MinTafWV (§ 4 und Anlage 3) zu entnehmen. Sollten diese nicht mehr erfüllt werden, muß der Abfüller unverzüglich jede Gewinnung von Mineralwasser einstellen und für Abhilfe sorgen.

*Herstellung:* Zur Herstellung von Mineralwasser sind nur bestimmte Verfahren (Abtrennung von Eisen- und Schwefel-Verbindungen, vollständiger oder teilweiser Entzug der freien Kohlensäure, Versetzen mit Kohlendioxid) erlaubt, wobei diese die Zusammensetzung des Mineralwassers nicht wesentlich beeinflussen dürfen. Die Enteisenung ist dann unerläßlich, wenn in Gegenwart von Luft-Sauerstoff Trübungen eintreten. Die Abfüllung, die nur am Quellort durchgeführt werden darf (gilt auch für Quellwasser, nicht aber für Tafelwasser), erfolgt in Fertigpackungen (Literatur[6], § 14), die mit einem Verschluß versehen sind, der die Authentizität der Verpackung garantiert. Anforderungen für weitere Kennzeichnungen, die über die Verkehrsbezeichnung natürliches Mineralwasser hinausgehen (Kohlensäure-haltig, mit eigener Quell-Kohlensäure versetzt u.a.), sind auch der Mineral- und Tafelwasser-VO (§ 8 Absatz 1–4) zu entnehmen.

*Recht:* Die über die Anforderungen der *LMKV (Angabe des Herstellers, des *Mindesthaltbarkeitsdatums u.a.) hinausgehenden Kennzeichnungsbestimmungen sind in der MinTafWV im einzelnen ausgeführt (§ 8); so sind u.a. die Herstellungsverfahren anzugeben (z.B. „enteisent"), die Bestätigung der amtlichen Anerkennung oder die Zusammensetzung in Form eines Analysenauszugs, sowie Quellname und -ort.

Säuerlinge sind natürliche Mineralwasser, deren Gehalt an natürlichem Kohlendioxid 250 mg/L überschreitet und die keine willkürliche Veränderung erfahren haben. Säuerlinge, die unter natürlichem Kohlensäure-Druck aus einer Quelle hervorsprudeln, dürfen auch als Sprudel bezeichnet werden. Dies gilt auch für natürliche Mineralwasser, die unter Kohlendioxid-Zusatz abgefüllt werden. Der allgemeine Sprachgebrauch bezeichnet als Sprudel häufig die Produktgruppen, die der Gesetzgeber als natürliches Mineralwasser, Quellwasser und Tafelwasser sowie als Kohlensäure-haltige Erfrischungsgetränke definiert hat.

Als *Fluorid-haltig* darf ein natürliches Mineralwasser ab einem Fluorid-Gehalt von 1,5 mg/L bezeichnet werden. Bei Fluorid-Gehalten über 5 mg/L ist das Etikett mit einem Warnhinweis zu versehen, aus dem hervorgeht, daß nur begrenzte Mengen dieses Mineralwassers verzehrt werden sollten (§ 8 MinTafWV). Neben den nach § 3 der *Lebensmittel-Kennzeichnungsverordnung geforderten Elementen der Kennzeichnung (Ausnahme Mindesthaltbarkeitsdatum), muß bei natürlichen Mineralwasser der Ort der Quellnutzung, der Name der Quelle sowie das Ergebnis der amtlich anerkannten Analyse angegeben werden. Die Analyse sollte nicht älter als drei Jahre sein. Ein natürliches Mineralwasser, das aus ein und derselben Quellnutzung stammt, darf nicht unter mehreren Quellnamen in Verkehr gebracht werden.

Wird bei natürlichem Mineralwasser auf eine besondere Eignung hingewiesen, sind folgende, der Anlage 4 der Mineral- und Tafelwasser-VO entsprechende Anforderungen einzuhalten (siehe Tabelle 2, S. 750).

Da die Aufnahme größerer Mengen Natrium einer der Hauptrisikofaktoren für die Entstehung der Hypertonie (Bluthochdruck) ist, galten Natrium-haltige Mineralwasser lange Zeit als kontraindiziert bei Hypertonie. Diverse Publikationen[7–9] weisen allerdings darauf hin, daß dies nur bedingt zutrifft, da das Natrium im Mineralwasser größtenteils als Natriumhydrogencarbonat vorliegt, das nicht blutdrucksteigernd wirken sollte. Natrium, das als Natriumchlorid vorliegt, scheint dagegen einen Blutdruckanstieg zu bewirken. Die Anforderungen des Codex Alimentarius an Mineralwasser sind Ullmann (siehe Literatur) zu entnehmen.

Uran-Verbindungen können natürlicher Bestandteil von Gesteinen und Mineralien sowie von Was-

Tabelle 2: Klassifizierung von Mineralwasser.

| Angaben | Anforderungen |
|---|---|
| mit geringem Gehalt an Mineralien | Der als fester Rückstand berechnete Mineralstoffgehalt beträgt nicht mehr als 500 mg/L. |
| mit sehr geringem Gehalt an Mineralien | Der als fester Rückstand berechnete Mineralstoffgehalt beträgt nicht mehr als 50 mg/L. |
| mit hohem Gehalt an Mineralien | Der als fester Rückstand berechnete Mineralstoffgehalt beträgt mehr als 1500 mg/L. |
| Bicarbonat-haltig | Der Hydrogencarbonat-Gehalt beträgt mehr als 600 mg/L. |
| Sulfat-haltig | Der Sulfat-Gehalt beträgt mehr als 200 mg/L. |
| Chlorid-haltig | Der Chlorid-Gehalt beträgt mehr als 200 mg/L. |
| Calcium-haltig | Der Calcium-Gehalt beträgt mehr als 150 mg/L. |
| Magnesium-haltig | Der Magnesium-Gehalt beträgt mehr als 50 mg/L. |
| Fluorid-haltig | Der Fluorid-Gehalt beträgt mehr als 1 mg/L. |
| Eisen-haltig | Der Gehalt an zweiwertigem Eisen beträgt mehr als 1 mg/L. |
| Natrium-haltig | Der Natrium-Gehalt beträgt mehr als 200 mg/L. |
| geeignet für die Zubereitung von Säuglingsnahrung | Der Gehalt an Natrium darf 20 mg/L, an Nitrat 10 mg/L, an Nitrit 0,02 mg/L und an Fluorid 1,5 mg/L nicht überschreiten. Die in § 4 Abs. 1 Satz 3 genannten Grenzwerte müssen auch bei der Abgabe an den Verbraucher eingehalten werden. |
| geeignet für Natrium-arme Ernährung | Der Natrium-Gehalt beträgt weniger als 20 mg/L. |

ser, Boden und Luft sein. Somit kann Uran in Spuren auch in Mineralwässern als natürlich vorkommendes Element vorhanden sein. Wegen seiner toxischen Eigenschaften sollten Lebensmittel jedoch grundsätzlich sowenig Uran wie möglich enthalten. In einer Stellungnahme des Bundesinstitutes für Risikobewertung (*BfR) wird darauf hingewiesen, daß bei Erwachsenen geringe Uran-Mengen tolerierbar sind und selbst bei regelmäßigem Konsum größerer Mengen kein gesundheitliches Risiko darstellen. In Mineralwässern, die als „geeignet für die Zubereitung von Säuglingsnahrung" bezeichnet werden, sollte Uran nicht nachweisbar sein[10]. Von natürlichem Mineralwasser zu unterscheiden sind *Quellwasser und *Tafelwasser (Verkehrsbezeichnung), deren Beurteilung ebenfalls nach der Mineral- und Tafelwasser-VO zu erfolgen hat. Mineral- und Tafelwasser darf nur in Verkehr gebracht werden, wenn die für Schwermetalle, Halogenkohlenwasserstoffe, polycyclische aromatische Kohlenwasserstoffe und bestimmte Anionen festgelegten Grenzwerte nicht überschritten sind (MinTafWV, § 11 Absatz 3 und Anlage 5). Die Begriffe Sole (Natursole, siehe § 11 Absatz 1 MinTafWV), alkalische Wässer, *Bitterwasser, Thermen (Thermalwasser) und *Heilwasser sind in Literatur[11] definiert. Danach sind *Sole* natürliche salzreiche Wässer, de-

ren Salzgehalt 14 g/L (5,5 g Natrium- und 8,5 g Chlorid-Ionen) beträgt. *Alkalische Wässer* enthalten v. a. Salze der Alkalimetalle, insbesondere Natriumhydrogencarbonat und wirken häufig laxierend. Nach dem bitteren Geschmack werden Wässer, die mehr als 1000 mg gelöste Salze, vorwiegend Magnesiumsulfat, enthalten, als *Bitterwasser* bezeichnet. *Thermen* sind Heilwässer, deren Temperatur von Natur aus über 20 °C liegt (z. B. Wiesbadener Kochbrunnen, Karlsbader Quellen). Natürliche *Heilwässer* stammen nach den Begriffsbestimmungen für Kurorte, Erholungsorte und Heilbrunnen vom 03.06.1979 aus Quellen und sind aufgrund ihrer chemischen Zusammensetzung, ihrer physikalischen Eigenschaften oder balneologischen Erfahrungen geeignet, Heilzwecken zu dienen.

Im folgenden seien einige historisch begründete Bezeichnungen für Heil- und/oder Mineralwässer erwähnt (in Klammern sind die hauptsächlichen Mineralstoffe aufgeführt): Alkalische Wässer ($NaHCO_3$), alkalisch-muriatische Wässer ($NaHCO_3$, $NaCl$), alkalisch-salinische oder Glaubersalz-Wässer ($Na_2SO_4$, $NaHCO_3$, $NaCl$), Bitterwässer ($MgSO_4$), Kochsalz-Quellen ($NaCl$), Eisen- oder Stahlwässer [$NaHCO_3$, $FeH(CO_3)_2$], Vitriolquellen ($FeSO_4$), Schwefel-Wässer ($H_2S$, Hydrogensulfide), Erdige Wässer [$CaSO_4$, $Ca(HCO_3)_2$, $Mg(HCO_3)_2$].

*Analytik:* Zur Analyse von natürlichem Mineralwasser, Quellwasser und Tafelwasser stehen die Methoden nach § 64 *LFGB (ex § 35 LMBG) L 59.11-1 bis L 59.11-25 zur Verfügung. Die Bestimmung von Stoffen, für die keine Methode nach § 64 LFGB existiert, sollte nach den Deutschen Einheitsverfahren[12] erfolgen. – *E* mineral water

*Lit.:* [1]Hütter, L. A., *Wasser und Wasseruntersuchung*, 6. Aufl.; Salle-Sauerländer: Frankfurt, (1994). [2]Bundesanzeiger Nr. 225 vom 30.11.1984. [3]Richtlinie 80/777/EWG des Rates vom 15.7.1980 zur Angleichung der Rechtsvorschriften der Mitgliedsstaaten über die Gewinnung von dem Handel mit natürlichen Mineralwässern (Mineralwasser-Richtlinie der EG, Amtsblatt der EG 23, Nr. L 229, 1, 1980). [4]Liste der von den Mitgliedstaaten anerkannten natürlichen Mineralwässer (Amtsblatt der EU C 59 vom 09.03.2005, S. 7). [5]Bekanntmachung der in der Bundesrepublik Deutschland amtlich anerkannten natürlichen Mineralwässer vom 21.10.2002 [BAnz Nr. 236, 18.12.2002 (Beilage), S. 26297]. [6]Bekanntmachung der Neufassung des Eichgesetzes vom 23.03.1992. [7]Clin. Sci. **74**, 577–585 (1988). [8]Münch. Med. Wochenschr. **127**, 1109ff. (1985). [9]Dtsch. Med. Wochenschr. **112**, 1391–1394 (1987). [10]BfR, *Uran in Mineralwasser;* Stellungnahme Nr. 024/2005 vom 13.05.2005; http://www.bfr.bund.de. [11]Höll, K., In *Wasser, Nutzung im Kreislauf, Hygiene, Analyse und Bewertung*, Grohmann, A., Hrsg., 8. Aufl.; Walter de Gruyter: Berlin, (2002). [12]Wasserchemische Gesellschaft, Hrsg., *Deutsche Einheitsverfahren zur Wasser-, Abwasser- und Schlammuntersuchung*, Wiley-VCH: Weinheim (Loseblattsammlung).

*allg.:* Meyer, A. H., *Lebensmittelrecht*, C. H. Beck: München, (Loseblattsammlung); Nr. 5850 ▪ Michel, G., In *Lehrbuch der Hydrogeologie*, Matthes, G., Borntraeger: Berlin, (1997) ▪ Richtlinie 2003/40/EG der Kommission vom 16.05.2003 zur Festlegung des Verzeichnisses, der Grenzwerte und der Kennzeichnung der Bestandteile natürlicher Mineralwässer und der Bedingungen für die Behandlung natürlicher Mineralwässer und Quellwässer mit ozonangereicherter Luft (Amtsblatt der EU Nr. L 126, S. 34) ▪ Ullmann (5.) **A4**, 38–42 ▪ Zipfel, C 100, C435, C520 – *[HS 2201 10]*

**Minimale Hemmkonzentration** siehe *MHK.

**Mirabelle** siehe *Pflaumen.

**Mirex** siehe *Organochlor-Insektizide.

**Mischbettaustauscher** siehe *Ionenaustauscher.

**Mischgetränke.** Nach dem Weingesetz werden Mischgetränke durch Vermischen von *Wein, *Schaumwein oder *Perlwein (letztere auch mit zugesetzter Kohlensäure) mit alkoholfreien oder alkoholhaltigen Getränken auf Fruchtbasis hergestellt. Der Anteil an Wein etc. muß dabei zwischen 15 und 50% betragen und ist auf Verpackungen, Getränkekarten usw. zusammen mit dem Wort „Mischgetränk" anzugeben. Im Unterschied zu den *weinhaltigen Getränken (Anteil von Wein etc. mindestens 50%) unterliegen die fertigen Mischgetränke nicht mehr dem Weinrecht, sondern dem *Lebensmittel- und Futtermittelgesetzbuch (LFGB) und seinen Verordnungen.
Andere Mischgetränke auf Basis von Wein etc. dürfen nur dann hergestellt und vertrieben werden, wenn sie nicht mit Erzeugnissen des Weinrechts verwechselbar sind. Als nicht verwechselbar gelten beispielsweise Mischungen von *Bier mit *Schaumwein („Pils mit Sekt").
Mischgetränke im weiteren Sinne sind auch: Mischungen auf der Grundlage von Bier, Limonade etc.; siehe auch *Alkopops; M. aus Weindestillat, Weinalkohol od. *Weinbrand mit alkoholfreien Getränken; M. aus Weindestillat od. Weinbrand. M. aus Wacholder, Whisky, Wodka, Rum, Korn, Bitteren od. *Likören mit Tafelwasser enthalten 12–15% vol Alkohol u. werden mit einer auf den Tafelwasserzusatz hinweisenden Wortverbindung (z.B. Whisky-Soda) bezeichnet (Biermischgetränke).
Der Begriff M. wird auch im Sinne von Mixgetränk (*Cocktail*) verstanden. Cocktails werden meist unmittelbar vor dem Genuß aus *Spirituosen, Likör, Wein, Essenzen, Frucht- u. Pflanzensäften gemischt u. unterliegen dann *keinen* Vorschriften über Zusammensetzung u. Kennzeichnung. Werden sie in Fertigpackungen in den Verkehr gebracht, so unterliegen sie als Spirituose den Vorschriften des LFGB sowie seinen Verordnungen. – *E* mixed drinks (cocktails)

**Miso** (Sojapaste). Sojapasten sind in Südostasien gebräuchliche fermentierte Lebensmittel (z.B. Jiang oder Chiang in China, Jang in Korea, Taucho in Indonesien, Taotsi auf den Philippinen), die sich in Rohmaterial, Aussehen, Geruch und Gebrauch stark unterscheiden. Ein entsprechendes japanisches Produkt mit erdnußbutterähnlicher Konsistenz wird als Miso bezeichnet; siehe auch *Sojabohnenerzeugnisse.
*Herstellung:* Der erste Schritt zur Herstellung von Reis-Miso ist die *Koji-Bereitung. Dazu wird geweichter und anschließend gekochter Reis mit Koji-Starterkultur (*Aspergillus oryzae*) beimpft und bei 30°C 15 h inkubiert. Dann wird der Reis

zur Fermentation ausgebreitet. Dabei werden von den Pilzen verschiedene Enzyme, vor allem *Proteasen, Amylasen, Glutaminase und *Lipasen gebildet. Ca. 40 h nach der Beimpfung ist der Reis vollständig mit weißem Mycel überzogen. Koji ist reif zur Ernte und wird mit Salz versetzt, um das Pilzwachstum zu stoppen. Auf 500 kg Reis und 1000 kg Sojabohnen kommen 430 kg Salz.
Parallel zur Koji-Herstellung werden die Sojabohnen durch Weichen, Kochen und gegebenenfalls Zerstampfen vorbereitet. Anschließend werden diese mit dem gesalzenen Reis-Koji sowie einer Starterkultur aus Hefen (insbesondere *Zygosaccharomyces rouxii*) und Milchsäurebakterien gemischt und zu einer homogenen Masse zerkleinert, die in Tanks gepackt wird. Die Fermentation erfolgt bei 30–38°C. Dabei wirken Koji-Enzyme auf Stärke, Proteine und Lipide der Rohwaren ein. So werden z.B. Einfachzucker freigesetzt, die dann von den Fermentationsorganismen verwertet werden können. Säuren bilden mit Alkoholen Ester, die zum Aroma des Produktes beitragen. Aminosäuren und Zucker reagieren zu Aromen und braunen Substanzen (Maillard-Verbindungen). Deshalb ist Miso mit der dunkelsten Farbe oft am aromareichsten. Je nach Miso-Typ beträgt die Fermentationsdauer 10–14 Tage für milde Produkte („sweet miso") oder auch 3–4 Monate („salty rice miso"). Nach der Fermentation wird Miso nochmals homogenisiert und anschließend pasteurisiert bzw. mit Konservierungsstoffen versehen.
Das Endprodukt weist einen hohen Salzgehalt auf (4–8% bei „white" und 11–13% bei „red" miso) und wird als Basis für Suppen sowie als Würzmittel verwendet. – *E* miso
*Lit.:* Steinkraus, K. H., In *Comprehensive Reviews in Food Science and Food Safety*, Bd. 1, S. 23–32; http://members.ift.org/IFT/Pubs/CRFSFS [Online, 2002]

**Mispel, Japanische** siehe *Loquat.

**Mispel, Westindische** siehe *Sapodilla.

**Mistellen** siehe *Likörweine.

**Mitizide** siehe *Akarizide.

**Mitochinone** siehe *Ubichinone.

**MKS.** Abk. für *Maul- u. Klauenseuche.

**MLCCC.** Abkürzung für multi-layer coil counter-current chromatography (Gegenstrom-Flüssig-Verteilungschromatographie), siehe *Gegenstromchromatographie.

**MLF.** Abkürzung für Malo-Lactat-Fermentation, siehe *biologischer Säureabbau.

**MLT.** Abkürzung für *Melatonin.

**MNC.** Abkürzung für Mononitrosocaffeidin, siehe *Caffeidine.

**Mo.** Chem. Symbol für das Element *Molybdän.

**Mobile Phase Ion Chromatography** siehe *Ionenpaarchromatographie.

**modified atmosphere packaging** (Abkürzung MAP). Methode zur Erhaltung der Frische von Früchten und Gemüse, Getreide und Ölsaaten, aber auch von Fleisch, Fisch oder Milchprodukten während der Lagerung und beim Transport. Eine spezielle Verpackungstechnologie sorgt dafür, daß der Stoffwechsel des verpackten, lebenden Gewebes durch selektiven Gasaustausch gezielt gedrosselt wird, wodurch eine längere Frischhaltung resultiert. Hierzu werden Spezialfolien mit definierter Porengröße und -anzahl pro Flächeneinheit, die durch eine definierte Beschichtung Feuchtigkeit, Kohlendioxid, Sauerstoff und Ethen selektiv zurückhalten bzw. durchlassen, verwendet. Für jede Frucht- bzw. Gemüsesorte oder für andere Produkte (Milch, Käse, Fleisch, Wurst) muß dabei ein optimales Verhältnis (Ratio) zwischen Sauerstoff, Kohlendioxid und Stickstoff eingestellt werden, damit keine anaeroben Verhältnisse geschaffen werden, die zu nachhaltigen Qualitätsänderungen führen. Andererseits gewährleistet dieses Ratio, daß Mikroorganismenwachstum verzögert bzw. verhindert wird. Auch produkteigene Sauerstoff-abhängige Enzyme können so in ihrer Aktivität eingeschränkt werden, wodurch die sensorische Qualität länger aufrecht erhalten werden kann. Die Temperatur und die Luftfeuchtigkeit müssen ebenfalls reguliert werden, um die Turgeszenz und das Aroma der Rohware optimal zu erhalten; vgl. auch *CA-Lagerung. – *E* modified athmosphere packaging

*Lit.:* Catalá, R.; Gavara, R., in *Trends in Food Engineering*, Lozano, J. E.; Anon, C.; Parada-Arias, E.; Barbosa-Canovas, G. V., Hrsg.; Technomic Publishing Company: Lancaster, USA, (2000); S. 311 ▪ Cutter, C. N., *Crit. Rev. Food Sci. Nutr.*, (2002) **42**, 151 ▪ Day, B. P. F., *Acta Hortic.*, (2001) **553**, 585 ▪ Kijowski, J.; Cegielska-Radziejewska, R.; Krala, L., *Pol. J. Food Nutr. Sci.*, (2001) **10**, 3 ▪ Lee, J.; Arul, J.; Lencki, R.; Castaigne, F., *Packag. Technol. Sci.*, (1996) **9**, 1 ▪ Mattheis, J.; Fellman, J. K., *HortTechnology*, (2000) **10**, 507 ▪ Mazza, G.; Jayas, D. S., In *Food Shelf Life Stability*, Eskin, N. A. M.; Robinson, D. S., Hrsg.; CRC Press LLC: Boca Raton, Florida, (2001); S. 149–173 ▪ Sivertsvik, M.; Jeksrud, W. K.; Rosnes, J. T., *Int. J. Food Sci. Technol.*, (2002) **37**, 107 ▪ Varoquaux, P.; Gouble, B.; Ducamp, M.-N.; Self, G., *Fruits*, (2002) **57**, 313

**Modifizierte Proteine.** Modifizierungsreaktionen erlauben es, neue Rohstoffe (z.B. Proteine pflanzlicher oder mikrobieller Herkunft) den jeweiligen technologischen Erfordernissen anzupassen. Die Modifizierung mit physikalischen Methoden wird unter *texturierte Proteine behandelt. Die Tabelle faßt chemische Reaktionen mit Bedeutung für Lebensmittel zusammen.
Eine *Succinylierung* mit Bernsteinsäureanhydrid verbessert im allgemeinen die Löslichkeit von Proteinen (z.B. succinylierter Weizenkleber, succinyliertes Casein, Soja- und Hefeprotein).
*Aminoacyl-Gruppen* können eingeführt werden durch Reaktion mit Carboxyanhydriden von Aminosäuren, Aminosäuren und Carbodiimiden oder Boc-Aminosäure-hydroxysuccinimiden und anschließender Abspaltung der Amino-Schutzgruppe. Durch eine solche kovalente Anbindung von essentiellen Aminosäuren an Proteine werden Pro-

Tabelle: Beispiel für lebensmitteltechnologisch interessante chemische Reaktionen an Proteinen.

| reaktive Gruppe | Reaktion | Produkt |
|---|---|---|
| $-NH_2$ | Acylierung | $-NH-CO-R$ |
| $-NH_2$ | reduktive Alkylierung mit HCHO | $-N(CH_3)_2$ |
| $-CONH_2$ | Hydrolyse | $-COOH$ |
| $-COOH$ | Veresterung | $-COOR$ |
| $-OH$ | Veresterung | $-O-CO-R$ |
| $-SH$ | Oxidation | $-S-S-$ |
| $-S-S-$ | Reduktion | $-SH$ |
| $-CO-NH-$ | Hydrolyse | $-COOH+H_2N$ |

bleme vermieden, die bei der Supplementierung mit freien Aminosäuren auftreten, wie Verluste bei der Verarbeitung, Aromafehler durch *Methional-Bildung etc.
Eine reduktive *Methylierung* von Amino-Gruppen mit Formaldehyd/Natriumborhydrid verringert die *Maillard-Reaktion. Eine intensive Prüfung solcher Produkte unter ernährungsphysiologischen/toxikologischen Gesichtspunkten steht noch aus.
*Disulfid-Bindungen* haben einen starken Einfluß auf die Eigenschaften von Proteinen. Weizenkleber kann z.B. durch Reduktion der Disulfid-Bindungen und deren anschließende Reoxidation unter variierenden Bedingungen modifiziert werden. Durch Reoxidation in verdünnter Lösung entsteht ein lösliches, weiches, adhäsives Produkt (Gluten A), durch Reoxidation in konzentrierter Lösung und in Gegenwart höherer Konzentration an Harnstoff entsteht ein unlösliches, strenges, kohäsives Produkt (Gluten C).
Am Beispiel von β-*Casein wurde gezeigt, daß die Löslichkeit in Gegenwart von Calcium durch partielle enzymatische *Dephosphorylierung* verbessert werden kann.
Die *Plastein-Reaktion erlaubt eine enzymatische Knüpfung von Peptid-Bindungen und damit den Aufbau von Polypeptiden mit einer $M_R$ ~3000 aus Partialhydrolysaten. Mit Hilfe der Plastein-Reaktion ist eine Verbesserung der biologischen Wertigkeit von Proteinen möglich, wie am Beispiel einer Anreicherung von *Zein mit Tryptophan, Threonin und Lysin gezeigt wurde. Die Plastein-Reaktion bietet weiterhin die Möglichkeit, die Löslichkeit eines Proteins zu verbessern, z.B. über eine Erhöhung des Gehaltes an Glutaminsäure, der sich bei einem Plastein aus Sojaprotein von ca. 25% auf 42% steigern ließ. Die Erhöhung des Gehaltes an Glutaminsäure hat noch einen interessanten sensorischen Effekt: Bei partieller Hydrolyse des modifizierten Plasteins tritt kein Bittergeschmack auf, dafür ist ein ausgeprägter Geschmack nach Fleischbrühe vorhanden. Die Entbitterung von Protein-Hydrolysaten (siehe *Speisewürzen) ist auch ohne Einbau von hydrophilen Aminosäuren möglich: Bitterpeptide, wie z.B. Leu-Phe, die bei der partiellen Hydrolyse freigesetzt werden, reagieren bei der anschließenden Plastein-Reaktion bevorzugt und werden in geschmacksneutrale höhermolekulare Peptide eingebaut. Die Vielseitigkeit der Plastein-Reaktion zeigt sich auch am Bei-

spiel der Entfernung unerwünschter Aminosäuren: Für bestimmte Stoffwechseldefekte (*Phenylketonurie) ist eine *Phenylalanin-freie Diät erforderlich, die mit Hilfe von Aminosäure-Gemischen zusammengestellt werden kann. Die Verwendung von Phenylalanin-freien höhermolekularen Peptiden ist aber in sensorischer und osmotischer Hinsicht günstiger.

Eine *Quervernetzung* von Proteinen ist mit Peroxidase möglich. Diese Quervernetzung erfolgt bei Inkubation mit Peroxidase/Wasserstoffperoxid über Dityrosin-Reste. – *E* modified proteins

*Lit.:* Micard, V.; Belrami, R.; Morel, M.; Guilbert, S., *J. Agric. Food Chem.*, (2000) **48**, 2948–2953 ▪ Zhao, Y.; Ma, C. Y.; Yuen, S. N.; Phillips, D. L., *J. Agric. Food Chem.*, (2004) **52**, 1815–1823

**Modifizierte Stärke.** Bezeichnung für technologisch (physikalisch und chemisch) hergestellte Umwandlungsprodukte der *Stärke.

Zu den physikalisch modifizierten Stärken zählt *Quellstärke, bei welcher durch Hitzebehandlung eine Verkleisterung durchgeführt wird.

Chemisch modifiziert Stärken sind unter anderem
– *dünnkochende Stärke:* Einwirkung von verdünnten Säuren (0,2% Salzsäure oder Schwefelsäure) auf eine Aufschlämmung von Stärkekörnern unterhalb der Verkleisterungstemperatur (Dauer 12–14 h). Die Lösungen dieser Produkte besitzen eine geringere Viskosität als jene nativer Stärke und bilden auch festere Gele;
– *oxidierte Stärke:* Behandlung von Stärke mit Natriumhypochlorit-Lösung bei pH 8–10 und 21–38 °C, wodurch Aldehyd-, Oxo- und Carboxy-Gruppen in das Stärkemolekül eingeführt werden. Die Lösungen dieser Produkte besitzen ebenfalls eine geringere Viskosität als native Stärke und gelieren nicht.

Weitere modifizierte Stärken sind Umsetzungsprodukte mit Säuren (*Stärkeester), mit Alkylhalogeniden und Epoxiden (*Stärkeether). Sie werden hauptsächlich in der Lebensmittelverarbeitung, Papier-, Textil- und Farbenindustrie eingesetzt. – *E* modified starch – *[HS 3505 10]*

**Möhren** (Mohrrüben, Gelbe Rüben, Karotten). Fleischige, lange, kegelförmige oder kugelige, meist gelbe bis gelb-rötliche, süßlich schmeckende Wurzeln von *Daucus carota* ssp. *sativus* (Apiaceae).

*Zusammensetzung:* Je 100 g eßbare Anteile enthalten durchschnittlich: 88,2 g Wasser, 1,0 g Eiweiß, 0,2 g Fett, 5,16 g Kohlenhydrate (Zucker und Pektine), außerdem 282 mg Kalium, geringe Mengen Natrium, Magnesium und Eisen, 12,0 mg Carotine, Vitamin C und E, Fruchtsäuren, Inosit, Cholin sowie kleine Mengen an fungiziden Verbindungen, z. B. *Benzoesäure, 4-Hydroxybenzoesäure und *Chlorogensäuren. An geruchsbestimmenden Stoffen wurden verschiedene Aldehyde und Terpene nachgewiesen. Der erdige, wurzelartige Geruch wird auf 3-Alkyl-2-methoxypyrazine zurückgeführt[1]. Eine Übersicht der Aromastoffe in rohen und gekochten Möhren enthält Literatur[2]; siehe

auch *Gemüsearomen. Die Carotinoid-Fraktion besteht vorwiegend aus β-*Carotin (häufig >50%), α-*Carotin (20–40%), ζ-Carotin (2–7%) und weiteren Minor-*Carotinoiden. Bei Pilzbefall oder durch abiotischen Streß (z. B. Kaltlagerung, UV-Strahlung) entsteht ein bitterer Geschmack, der auf 6-Methoxymellein zurückzuführen sein soll[3-5]. Nach neueren Untersuchungen sind Falcarinol und Falcarindiol für das Bitterwerden von Karotten verantwortlich[6]. Die sogenannte „Schwarze Karotte" (auch: black carrot, purple carrot) *Daucus carota* ssp. *sativus* var. *atrorubens* Alef. enthält acylierte Anthocyane (vorwiegend Cyanidinglycoside), die sich durch eine hohe Farbstabilität auszeichnen und die daher zum Färben von Lebensmitteln herangezogen werden[7].

*Verwendung und Wirtschaft:* Möhren enthalten geringe Mengen an extraktiv gewinnbarem etherischen Öl sowie fettes Öl [*Karotten(wurzel)öl*], das kosmetischen Zwecken dient. Dieses ist nicht zu verwechseln mit dem *Möhrensamenöl*, das je nach Herkunft größere Anteile an Carotol, Geranylacetat und ggf. *Asaron enthält. Möhrensamenöl wirkt als Diuretikum und findet unter anderem zur Lebensmittelaromatisierung und in der Parfümherstellung Verwendung. Die Möhren selbst nutzt man als Nahrungs- und Futtermittel, Diätetikum (Möhrensaft), zur Carotin-Gewinnung, gelegentlich auch als Anthelmintikum, Diuretikum und gegen Ernährungsstörungen (besonders bei Säuglingen). Die sogenannte „Morosche Karottensuppe" diente bereits zu Beginn des 20. Jahrhunderts in der Pädiatrie zur Therapie infektiöser Diarrhöen. Für die Wirkung werden Abbauprodukte des Pektins (Oligogalacturonsäuren) verantwortlich gemacht[8]. Der aus Möhren gewonnene Saft kommt entweder als solcher oder verdünnt als Nektar in den Handel. Häufig wird er in funktionellen Lebensmitteln (ACE-Getränke und Multivitaminsaft) als Provitamin A-Quelle eingesetzt[9,10]. Der bei der Saftproduktion anfallende Trester ist noch intensiv gefärbt und kann für die Gewinnung von Carotin weiterverarbeitet werden[11]. Die Weltproduktion an Möhren belief sich im Jahr 2002 auf über 21 Mio. t, wobei China (6,6 Mio. t), die USA (1,9 Mio. t) und Russland (1,5 Mio. t) die Hauptanbauländer darstellten (Deutschland: 430000 t). – *E* carrots

*Lit.:* [1]Lund, E. D., *J. AOAC Int.*, (1994) **77**, 416–420. [2]Maarse, S. 214–216. [3]Mercier, J.; Arul, J.; Julien, C., *Food Res. Int.*, (1994) **27**, 401–404. [4]Mercier, J.; Kuc, J., *J. Sci. Food Agric.*, (1997) **73**, 60–62. [5]Seljasen, R.; Bengtsson, G. B., Hoftun, H.; Vogt, G., *J. Sci. Food Agric.*, (2001) **81**, 436–447. [6]Czepa, A.; Hofmann, T., *J. Agric. Food Chem.*, (2003) **51**, 3865–3873. [7]Stintzing, F. C.; Stintzing, A. S.; Carle, R.; Frei, B.; Wrolstad, R. E., *J. Agric. Food Chem.*, (2002) **50**, 6172–6181. [8]Guggenbichler, J. P.; De Bettegnies-Dutz, A.; Meissner, P.; Schellmoser, S.; Jurenitsch, J., *Pharm. Pharmacol. Lett.*, (1997) **7**, 35–38. [9]Marx, M.; Schieber, A.; Carle, R., *Food Chem.*, (2000) **70**, 403–408. [10]Schieber, A.; Marx, M.; Carle, R., *Food Chem.*, (2002) **76**, 377–382. [11]Schieber, A.; Stintzing, F. C.; Carle, R., *Trends Food Sci. Technol.*, (2001) **12**, 401–413. *allg.:* Schobinger, U., *Frucht- und Gemüsesäfte*, 3. Aufl.; Ulmer: Stuttgart, (2001); S. 278–297 – *[HS 0706 10]*

**Möhrenaroma** siehe *Gemüsearomen.

**Möhrensamenöl** siehe *Möhren.

**Mohnöl.** In den luftgetrockneten Samen des Schlafmohns (*Papaver somniferum* L.; Papaveraceae) zu 40–50% vorkommendes hellgelbes, klares, angenehm schmeckendes, fettes Öl. Nach kalter Pressung (Ausbeute 12–18%) eignet es sich für die Verwendung als Speiseöl, während das durch heiße Nachpressung gewonnene „rote Mohnöl" nicht für Speisezwecke geeignet ist. VZ 189–198, IZ 133-143, Schmp. −17°C bis −19°C, D. 0,920–0,927, $n_D^{40}$ 1,467–1,470, *Unverseifbares 0,4–1,2%; *Linolsäure ca. 62%, *Ölsäure ca. 30%, *Palmitinsäure ca. 5%, *Stearinsäure ca. 3%. Angaben zu Sterol-Gehalten und -Zusammensetzung siehe Literatur[1].

*Verwendung:* Mohnöl dient als Speiseöl u. wird außerdem zur Herst. von Emulsionen u. Salben, in der Malerei zur Herst. von Ölfarben verwendet. Wegen der langsamen Trocknung u. der hervorragenden Mischbarkeit mit weißen *Pigmenten (Bleiweiß, Kremserweiß) ist es beliebt. Ölfarben auf der Basis von Mohnöl zeigen nur geringe Vergilbungstendenz. In der Medizin wurde iodiertes Mohnöl als Kontrastmittel für die Myelographie eingesetzt. – *E* poppy seed oil

*Lit.:* [1] Fat Sci. Technol. **91**, 23–27 (1989). *allg.:* Hager (5.) **3**, 285–312 ▪ Roth, L.; Kormann, K., *Ölpflanzen-Pflanzenöle*, Landsberg: ecomed, (2000); S. 137 ▪ Ullmann (5.) **A9**, 61; **A10**, 229 – *[HS 1515 90]*

**Mohrenhirse** siehe *Sorghum.

**Mohrenpfeffer** siehe *Pfeffer.

**Mohrrüben** siehe *Möhren.

**Molekularsiebchromatographie** siehe *Gelchromatographie.

**Molke.** Die in erheblichen Mengen bei der *Käse-, *Speisequark- u. *Casein-Herst. anfallende Flüssigkeit, die nach der vollständigen od. teilw. Abscheidung des Caseins u. des Fettes der Milch zurückbleibt. Die Beurteilung von M. ist nach der Milcherzeugnis-VO[1] durchzuführen. Darin (Anlage I Nr. X) sind die Herst.-Weisen u. bes. Merkmale aller M.-Erzeugnisse aufgeführt. Lactase darf zur Herst. aller M.-Erzeugnisse verwendet werden. *Süß-.M.* wird überwiegend durch Lab-, *Sauer-M.* überwiegend durch Milchsäure-Einwirkung hergestellt. *Süß-* od. *Sauer-M.-Pulver* (durch Entzug von Wasser aus Süß- od. Sauer-M. hergestellt) sind Erzeugnisse mit höchstens 5 bzw. 6% Wasser u. 70 bzw. 60% Milchzucker (siehe *Molkenpulver). *Eiweiß-angereicherte M.* muß mind. 22% Eiweiß enthalten. *M.-Sahne* (*Molkenrahm) erhält man durch Entrahmen von M. v.a. aus der Käseherstellung.

*Zusammensetzung:* Riboflavin wurde erstmals aus M. isoliert. Der Nährwert ist mit 110 kJ/100 g angegeben. Genauere Angaben zur Zusammensetzung von M. sind *Lit.*[2-4] zu entnehmen. M.-Proteine sind diejenigen Proteine der Milch, die durch Säuerung od. Lab-Zusatz nicht ausgefällt werden können. Unterschieden werden die M.-Proteine

Tab.: Zusammensetzung von Molke [g/100 g].

|  | Süßmolke | Sauermolke |
|---|---|---|
| Fett | 0,05 | <0,01 |
| Eiweiß | 0,75 | 0,4 |
| Lactose | 4,8 | 4,6 |
| Milchsäure | Spuren | 0,8 |
| Asche | 0,6 | 0,85 |
| Trockenmasse | 6,2 | 5,9 |

nach ihrem Bildungsort. β-*Lactoglobulin, das in mehreren genet. Varianten in der Milch vorkommt, u. α-*Lactalbumin werden in den Milchdrüsen gebildet, Serumalbumin u. Immunglobuline treten dagegen aus dem Blut in die Milch über. Die M.-Proteine sind hitzelabil[5] u. können durch Denaturierung über einen Thiol-Disulfid-Austausch mit κ-Casein reagieren. Diese Reaktion schützt κ-Casein vor einem Angriff durch Chymosin (*Lab), so daß die Lab-Gerinnung erhitzter Milch verzögert ist.

*Verwendung:* Aus M. werden die oben genannten M.-Erzeugnisse Molkenpulver und Molkenrahm hergestellt. Darüber hinaus können aus M. Lactose[6], M.-Protein, M.-Salze u. durch Fermentation Milchsäure od. Ethanol hergestellt werden. M. ist ein guter Ausgangsstoff zur Herst. von Viehfutter. In Notzeiten wurde M. zu einem bierähnlichen Getränk (M.-Bier) vergoren. Die in der Milcherzeugnis-VO[1] (Anlage 1) genannten M.-Mischerzeugnisse (z.B. Mischung von M. mit Fruchtsaft) gewinnen zunehmend an Bedeutung. Sauer-M. findet als diätet. Lebensmittel Verwendung. Die Verwertung von M. als Fermentationsrohstoff erfordert zur Vermeidung von Schaumproblemen normalerweise die Entfernung von Eiweiß-Resten (Lactalbumin u. Lactoglobulin). Das Disaccharid Lactose in der M. kann nur von einigen Mikroorganismen als Kohlenstoff-Quelle genutzt werden. Hierzu gehören die *Milchsäurebakterien (Bildung von Milchsäure) u. einige Hefen (zur Erzeugung von Ethanol od. Futterhefe aus M.). Rekombinante Mikroorganismen können M. in eine Reihe anderer Produkte umwandeln[7,8].

Molke wird zu jeweils ca. 50% in der Human- und in der Tierernährung verwendet. Die Entsorgung über das Abwasser findet nicht mehr statt[9,10].

*Ernährungsphysiologie:* M.-Proteine (v.a. β-Lactoglobulin) können bei entsprechender Disposition bei Kindern zu Unverträglichkeitsreaktionen führen u. als Allergene wirken. Die Antigenität kann durch techn. Maßnahmen[11-13] (enzymat. Hydrolyse mit Trypsin, Hitzedenaturierung) deutlich verringert werden. M.-Protein ist als ernährungsphysiolog. hochwertig einzustufen u. wird deshalb in zunehmendem Maße zur Protein-Anreicherung anderer Lebensmitteln zugesetzt[14].

*Analytik:* M.-Protein kann in anderen Lebensmitteln immunolog.[15] nachgewiesen werden. Als „Leitsubstanz" zum Nachw. von Lab-M. eignet sich das durch Lab-Einwirkung aus κ-Casein entstehende Glycomakropeptid[16]. Zur Bestimmung der

Phosphatase-Aktivität in M. existiert eine Methode nach § 64 LFGB (ex § 35 LMBG) (L 02.08-1); zum Nachw. von Vitamin C in M. siehe Literatur[17]. – *E* whey

*Lit.:* [1]VO über Milcherzeugnisse vom 15.7.1970 in der Fassung vom 14.10.1999 (BGBl.I, S. 1140, 1145). [2]Souci et al. (6.). [3]J. Dairy Sci. **70**, 892–895 (1987). [4]Neth. Milk Dairy J. **41**, 485–498 (1988). [5]J. Food Sci. **52**, 1522ff. (1987). [6]Milchwissenschaft **42**, 782–786 (1987). [7]Biotechnol. Lett. **19**, 1033–1035 (1997). [8]Biotechnol. Bioeng. **42**, 398–400 (1993). [9]The Importance of Whey and Whey Components in Food and Nutrition; Proceedings of the 3rd International Whey Conference, München, 2001; Behr's: Hamburg, (2001). [10]Whey; Proceedings of the 2nd International Whey Conference, Chicago, 1997; IDF: Brüssel, (1998). [11]Food Technol. **41**, 118–121 (1987). [12]Br. J. Nutr. **51**, 29–36 (1984). [13]J. Food Sci. **53**, 1208–1211 (1988). [14]Getreide Mehl Brot **44**, 183–186 (1990). [15]Fleischwirtschaft **67**, 611–615 (1987). [16]Lebensmittelchem. Gerichtl. Chem. **40**, 15f. (1986). [17]Z. Lebensm. Unters.-Forsch. **181**, 107–110 (1985). *allg.:* Ullmann (5.) **A6**, 169; **A8**, 240; **A9**, 418ff. – *[HS 0404 10]*

**Molkenkäse.** Unter Molkenkäse versteht man käseähnliche Zubereitungen, die auch unter Zusatz von Milch und Milchfett sowie Schafs- und Ziegenmilch hergestellt werden. Grundsätzlich können zwei Verfahren der Herstellung von Molkenkäse unterschieden werden:
1. Durch Erhitzen von *Molke, mit oder ohne Ansäuerung beziehungsweise Zusatz von Calcium-Salzen, werden die Molkenproteine denaturiert und zusammen mit dem Restfett vom verbleibenden Permeat, das den überwiegenden Teil der Lactose und Milchsalze enthält, abgetrennt (Typ Ricotta, vorzugsweise aus Italien).
2. Durch Erhitzung oder Umkehrosmose wird der Molke – beziehungsweise dem Molke-Milch-Gemisch – Wasser entzogen. Dabei werden alle Inhaltsstoffe der Molke bis auf Trockenmassen von 70–80% zu einem streichfähigen Produkt aufkonzentriert (Typ Myost, vorzugsweise aus Norwegen). In deutschsprachigen Ländern ist Molkenkäse unter dem Namen Ziger bekannt aber kaum verbreitet. – *E* whey cheese

*Lit.:* Pintado, M. E.; Macedo, A. C.; Malcata, F. X., *Food Sci. Technol. Int.*, (2001) **7**(2), 105–116 – *[HS 0406 10]*

**Molkenproteine** siehe *Milch und *Molke.

**Molkenpulver.** Gruppe X [Molken(erzeugnisse)] der Anlage 1 der Milcherzeugnis-Verordnung unterscheidet 2 *Standardsorten: *Süßmolkenpulver* (max. 5% Wasser, mind. 70% Lactose, hergestellt aus Süßmolke) u. *Sauermolkenpulver* (max. 6% Wasser, mind. 60% Milchzucker, hergestellt aus Sauermolke od. nachgesäuerter Süßmolke). Die entsprechenden *teilentzuckerten Süß-* od. *Sauermolkenpulver* sind durch einen geringeren Gehalt an Milchzucker gekennzeichnet. *Entsalztes Molkenpulver* ist durch Entsalzen aus Süß- od. Sauer-M. hergestellt u. enthält höchstens 2,5% Asche u. 6% Wasser.
*Herstellung:* Konz. süße od. schwach saure Molke läßt sich sowohl auf der Walze als auch im Sprühturm trocknen, wobei die direkte Sprühtrocknung des Labmolkenkonzentrats (TS 45–50%) ein sehr hygroskop. Pulver ergibt. Läßt man dagegen die Lactose erst als α-Lactosemonohydrat auskristallisieren, ist das Pulver kaum hygroskopisch. Schwierig ist die Trocknung von Sauermolke.
*Zusammensetzung:* Die Angaben unterliegen starken Schwankungen (Tab.).
*Verwendung:* Teilw. od. bis zu 90% entsalztes M. (z.B. für Säuglingspräparate) in der Lebensmittelindustrie zur Herstellung von Backwaren und Süßwaren. Teilentzuckertes u. teilentsalztes, sog. Eiweiß-angereichertes M. dient als Milchpulverersatz (z.B. für Schmelzkäse u. in der Backwaren-Ind.). – *E* whey powder

*Lit.:* [1]Milch & Markt Informationsbüro, 2002 (http://www.milch-markt.de).de). *allg.:* Sienkiewicz, T.; Riedel, C.-L., *Whey and Whey Utilization*, Th. Mann: Gelsenkirchen-Buer, (1990) ∎ The Importance of Whey and Whey Components in Food and Nutrition; Proceedings of the 3rd International Whey Conference, München, 2001; Behr's: Hamburg, (2001) – *[HS 0404 10]*

**Molkenrahm** (Molkensahne). Durch Zentrifugieren von Süßmolke (etwa 0,4% Fett) gewonnener *Rahm, als Standardsorte mit mind. 10% Fett. M. mit höherem Fettgehalt wird nicht nur durch Zentrifugieren von *Molke hergestellt, sondern auch durch Eindampfen von Molkenrahm. M. wird zur Verbesserung von Geruch u. Geschmack auch gewaschen, d.h. 10%iger M. wird mit Wasser verdünnt u. erneut zentrifugiert. Je nach Herst. vari-

Tab.: Zusammensetzung verschiedener Molkenprodukte (nach Literatur[1])

| | Lactose* [%] | Eiweiß [%] | Fett [%] | Asche [%] | Wasser [%] |
|---|---|---|---|---|---|
| Süßmolkenpulver | mind. 70 | mind. 12 | max. 1,5 | max. 8,5 | max. 3,5 |
| Sauermolkenpulver | mind. 65 | 9 +/− 1 | | 11 +/− 1 | max. 3,5 |
| Lactose edible | mind. 99 | max. 0,5 | | max. 0,3 | max. 5,5 |
| Lactose pharma | mind. 99,6 | | | max. 0,1 | max. 5,5 |
| Molkenprotein-Konzentrat nieder % | 46 +/− 2 | 35 +/− 2 | 3 +/− 1 | max. 8 | max. 5 |
| Molkenprotein-Konzentrat hoch % | 5 +/− 2 | 78 +/− 2 | 6 +/− 2 | max. 3,5 | max. 5,5 |
| entmineralisiertes Molkenpulver 50% | 78–82 | mind. 11 | max. 1,5 | max. 4 | max. 3 |
| entmineralisiertes Molkenpulver 90% | 80–84 | mind. 11 | max. 1,5 | max. 1,5 | max. 3 |
| Milchmineralien | max. 28 | max. 6 | max. 1 | mind. 69 | max. 6 |

* als Monohydrat

iert damit die Zusammensetzung u. sensor. Qualität von M. stark; ein Nachweis von M. in Rahm ist problematisch[1,2]. Verw. findet M. bei der Herst. von Butter [nach der Butter-VO[3] (§ 1) nur deutsche Molkereibutter, nicht deutsche Markenbutter] od. zur Fetteinstellung von Käsereimilch. – *E* whey cream

*Lit.:* [1] Dtsch. Milchwirtsch. **41**, 1384–1389 (1990). [2] Milchwirtsch. Ber. Bundesanst. Wolfpassing, Rotholz **107**, 61–65 (1991). [3] Butter-VO vom 03.02.1997 (BGBl. I, S. 144).

**Molkensahne** siehe *Molkenrahm.

**Molluskizide.** Von Mollusken abgeleitete Bez. für chem. Mittel zur Bekämpfung von Schnecken. Als Fraßschädlinge spielen Schnecken gegenüber anderen tier. Schädlingen nur eine untergeordnete Rolle. Sie können jedoch gelegentlich in großer Zahl auftreten u. erhebliche Schäden verursachen. Eine Weinbergschnecke kann z.B. in einer Nacht bis zu 200 cm$^2$ Kopfsalat verzehren. Zur Bekämpfung sind z.B. Ködermittel mit Wirkstoffen wie *Metaldehyd, Methiocarb od. Trimethacarb geeignet. Darüber hinaus dienen Schnecken einer Reihe von human- u. tierparasitären Würmern als Zwischenwirt. Ein bekanntes Beisp. sind die für die Bilharziose verantwortlichen Pärchenegel. Die von ihnen als Zwischenwirt benutzten Süßwasserschnecken (*Biomphalaria glabrata*) können z.B. durch Bayluscid® (Wirkstoff: Clonitralid) bekämpft werden. – *E* molluscicides

*Lit.:* Bundesamt für Verbraucherschutz und Lebensmittelsicherheit, Hrsg., *Pflanzenschutzmittel-Verzeichnis*, Saphir: Ribbesbüttel, (jährlich aktualisiert); Tl. 1 und 2; Online-Datenbank: http://www.bvl.bund.de ▪ Farran, A.; Ruiz, S., *J. Chromatogr. A*, (2004) **1024**, 267–274 ▪ Lin, H. H.; Sung, Y. H.; Huang, S. D., *J. Chromatogr. A*, (2003) **1012**, 57–66 ▪ Ullmann (5.) **A16**, 649–653 – *[HS 3808 40]*

**Molybdän** (von griech.: mólybdos = Blei). Metall. Element, chem. Symbol Mo, Ordnungszahl 42, Atom-gew. 95,94. Natürliche Isotope (Häufigkeit in Klammern): 92 (15,86%), 94 (9,12%), 95 (15,70%), 96 (16,50%), 97 (9,45%), 98 (23,75%), 100 (9,62%).

*Vorkommen:* Mo gehört zu den selteneren Elementen. In pflanzlichen Lebensmitteln hängt der Molybdän-Gehalt stark von den Bodenverhältnissen ab. Hülsenfrüchte (10–455 µg/100 g), Leber (165–220 µg/100 g), Rotkohl (127 µg/100 g) und Buchweizen (485 µg/100 g) sind relativ Mo-reich. Getreide, Getreideprodukte, Gemüse, Obst, Milch, Fleisch, Geflügel und Eier enthalten 1–80 µg Mo/100 g[2].

*Physiologie:* Mo ist ein essentielles *Spurenelement. Mo ist wie andere Übergangselemente an der enzymatischen Katalyse einer Reihe von Redoxreaktionen beteiligt, oft in Verbindung mit Eisen. Es ist als schwerstes der von Pflanzen benötigten Elemente Bestandteil der Enzyme Nitrogenase u. Nitrat-Reduktase, die bei der Stickstoff-Fixierung durch Blaualgen u. Knöllchenbakterien u. bei der Nitrat-Assimilation u. Nitrat-Dissimilation in grünen Pflanzen u. Bakterien beteiligt sind. Daher ruft das Fehlen von Mo bei verschiedenen Höhe-

ren Pflanzen Mangelkrankheiten hervor. Mo-Düngung bewirkte in einigen Ländern beträchtliche Ertragssteigerungen.

Beim Menschen ist Molybdän in Form eines Pterin-haltigen Cofaktors Bestandteil der Xanthin-Dehydrogenase/-Oxidase (Umwandlung von Hypoxanthin über Xanthin zu Harnsäure), der Aldehyd-Oxidase u. der Sulfit-Oxidase (Umsetzung von Sulfit zu Sulfat beim Abbau Schwefel-haltiger Aminosäuren). Seltene genetische Defekte in der Biosynthese der organischen Komponente dieses Cofaktors führen über eine zerebrale Atrophie bereits im frühen Kindesalter zum Tod. Eine mögliche kariostatische Wirkung von Mo ist unklar.

*Metabolismus:* Mo wird im Dünndarm bis zu 80% resorbiert; wasserlösliches Molybdat und Thiomolybdat werden gut absorbiert, schwer lösliches Molybdänsulfid kaum. Der Bestand eines Erwachsenen liegt bei 5–10 mg; im Körper liegt Molybdän überwiegend gebunden vor. Angereichert ist es in Leber (40–80 µg/100 g), Nieren und Knochen. Die tägliche Aufnahme über die Nahrung beträgt in Deutschland etwa 95 µg. Für Erwachsene wird die angemessene Zufuhr von Molybdän auf etwa 50–100 µg/Tag geschätzt. Über den Urin werden täglich 20–30 µg Molybdän ausgeschieden; darüber hinaus wird es auch über die Gallenflüssigkeit eliminiert. Im Mangelexperiment wurden bei Ratten und Hühnern Wachstumsverzögerungen, Skelettläsionen, eine erhöhte Sulfittoxizität und Fertilitätsstörungen beobachtet. Beim Menschen kam es in Einzelfällen nach lang andauernder, Molybdän-armer, parenteraler Ernährung zu erhöhter Atemfrequenz und Herzfrequenz, starken Kopfschmerzen und Koma; die Symptome konnten durch Molybdän-Gaben vollständig behoben werden. Die Aufnahme größerer Mo-Mengen führt bei Tieren zu Durchfall und Wachstumshemmungen; Cu kann die Mo-Wirkung verhindern.

*Toxikologie:* Für Molybdän und seine Verbindungen (außer Molybdäntrioxid, MAK-Werte-Liste 2005, krebserzeugend: Kathegorie 3B) können aufgrund unzureichender Informationen aus Tierversuchen derzeit keine MAK-Werte aufgestellt werden.

Eine extrem hohe Molybdän-Zufuhr aufgrund erhöhter Gehalte im Boden und damit auch in Lebensmitteln wird mit gichtähnlichen Symptomen und Störungen im Knochenstoffwechsel in Verbindung gebracht.

*Nachweis:* Zur Spurenanalyse von Mo in tier. u. pflanzlichem Gewebe siehe Literatur[3]. In anderen Syst. eignen sich zum Nachw. des Mo die Molybdänblau-Reaktion u. die Bildung von gelben Kaliummolybdatophosphaten bzw. Ammoniummolybdatophosphaten, $M_3[PO_4(Mo_3O_9)_4]$, od. Bleimolybdat sowie die Reaktion mit Karminsäure, 8-Chinolinol, Phenylfluoron, Cupron; elektrochem. u. spektroskop. Bestimmungs-Meth. s. Literatur[4–6]. Die Bestimmung von Mo in Lebensmitteln erfolgt nach Veraschen der Probe vornehmlich mittels Atomabsorptionsspektrometrie bei 313,3 nm[7] bzw. spektralphotometrisch.

*Recht: Nahrungsergänzungsmittel:* Europaweit sind Ammonium- und Natriummolybdat zur Anreicherung von *Nahrungsergänzungsmitteln zugelassen (Anlagen 1 und 2 Nahrungsmittelergänzungsverordnung – NemV). In Nahrungsergänzungsmitteln ist Molybdän (als Natriummolybdat) in Kombination mit anderen Mineralstoffen und Vitaminen im Handel. Für Erwachsene ab 18 Jahren wurde ein UL (upper level = tolerierbare Obergrenze für die tägliche Aufnahme) von 600 µg ermittelt; dieser gilt nicht für Kinder und Jugendliche. Aufgrund fehlender repräsentativer Daten über die Molybdän-Zufuhr in Deutschland schlägt das Bundesinstitut für Risikobewertung (*BfR) vor, die bisherige Obergrenze von 80 µg als Höchstmenge für die Verwendung von Molybdän in einzelnen Nahrungsergänzungsmitteln beizubehalten. – *E* molybdenum

*Lit.:* [1]Adv. Organomet. Chem. **31**, 1–51 (1990). [2]Souci et al., (6.); S. 12, 147, 201, 270, 301, 372, 521, 525, 633, 732, 809, 871. [3]Int. J. Environ. Anal. Chem. **10**, 305–308 (1981). [4]Fries-Getrost, S. 239–250. [5]Pure Appl. Chem. **54**, 787–806 (1982). [6]Townshend (Hrsg.), Encyclopedia of Analytical Science, S. 3286–3294, Oxford: Academic Press 1995. [7]Welz, B.; Sperling, M., *Atomabsorptionsspektrometrie*, Wiley-VCH: Weinheim, (1997); S. 560.
*allg.:* Biesalski, H. K.; Köhrle, J.; Schümann, K., *Vitamine, Spurenelemente und Mineralstoffe*, Thieme: Stuttgart, (2002); S. 218 ▪ Bundesinstitut für Risikobewertung (BfR), *Verwendung von Mineralstoffen in Lebensmitteln. Toxikologische und ernährungsphysiologische Aspekte, Teil II*; BfR-Wissenschaft 04/2004; BfR: Berlin, (2004); http://www.bfr. bund.de ▪ Deutsche Gesellschaft für Ernährung (DGE); Österreichische Gesellschaft für Ernährung (ÖGE); Schweizerische Gesellschaft für Ernährungsforschung (SGE); Schweizerische Vereinigung für Ernährung (SVE), *Referenzwerte für die Nährstoffzufuhr*, Umschau/Braus: Frankfurt/Main, (2000); S. 201 ▪ Heseker, H. *Ernähr. Umsch.*, (2000) **47**(6), 243 ▪ Kirk-Othmer (4.) **16**, 925–962 ▪ Ullmann (5.) **A16**, 655–698 – [HS 8102; CAS 7439-98-7]

**Monascus purpureus** (*Monascus ruber*). Dunkelrot gefärbter *Ascomycet. Verderb von Fruchtsäften und Fleisch. In Ostasien wird *Monascus purpureus* (auch: *Monascus anka*) auf Reis kultiviert. Nach etwa 3 Wochen bei 25–30 °C sind die Körner tief purpurn und werden getrocknet und gemahlen als Lebensmittelfarbe unter der Bezeichnung *Rotschimmelreis* [Ang-Kak, Ang-k(h)ak, Beni-koji, Aga-koji u.a.] gehandelt. Monascorubrin und Rubropunctatin sind die wichtigsten roten Pigmente und werden mit Hefeextrakt oder Nitrat als Stickstoff-Quelle optimal gebildet, zusätzlich werden gelbe und orange Pigmente gebildet.
Man versucht, den Farbstoff in Solid-State-Fermentation zu gewinnen[1]. Der Pilz braucht zum Wachstum nur eine sehr geringe Wasseraktivität der Matrix (bis zu einem $a_w$-Wert von 0,61). Da er auch ziemlich säureunempfindlich ist (Mindest-pH 3,2), spielt er als Verderber von Trockenobst eine gewisse Rolle. Er verträgt bis zu 3,2% Milchsäure. *Monascus-purpureus*-Extrakte wurden und werden immer wieder als partieller Nitrit-/Nitrat-Ersatz für Fleischwaren propagiert (sie sollen den Effekt der Nitrit-induzierten *Umrötung „imitie-

ren")[2]. Eine derartige Verwendung ist in Deutschland jedoch nicht zulässig; zur toxikologischen Bewertung ist eine Stellungnahme der SKLM erfolgt[3]. – *E* Monascus purpureus
*Lit.:* [1]Kunz, S. 427. [2]J. Food Sci. **59**, 862–865 (1994). [3]Eisenbrand, G., *Mol. Nutr. Food Res.*, (2006) **50**, 322–327.
*allg.:* J. Agric. Food Chem. **45**, 3980–3984 (1997) ▪ Weidenbörner, M., *Lebensmittelmykologie*, Behr's: Hamburg, (1999) ▪ Wild, D.; Toth, G.; Humpf, H. U., *J. Agric. Food Chem.*, (2003) **51**, 5493–5496 – [CAS 13283-90-4 (Monascorubrin); 514-67-0 (Rubropunctatin)]

**Mondbohnen** (Limabohne, Duffinbohne, Kapbohne, Butterbohne). Die Leguminose *Phaseolus lunatus* L. ist in Mittel- oder Südamerika beheimatet und wird heute aufgrund ihrer hohen Temperaturansprüche in den Tropen und Subtropen angebaut. Unter den zahlreichen deutschen Bezeichnungen sind „Mondbohne" und „Limabohne" am gebräuchlichsten. In der botanischen Taxonomie werden bei der Art *Phaseolus lunatus* von einigen Autoren zwei Varietäten unterschieden.
Die Lima- oder Birmabohne, auch Sichelhülsige Bohne (*Phaseolus lunatus* var. *macrocarpus* Bentham) besitzt 8–18 cm lange, 1,4–2 cm breite, sichelförmig gebogene Hülsen mit rauher, gelbbraun gefärbter Oberfläche. Sie enthalten 1–4 große, rundovale, nur wenig nierenförmige, weißliche Samen mit roter oder schwarzer Strahlenzeichnung um den Nabel oder rotweißer Samenschale. Die Samen enthalten stark unterschiedliche Mengen des Blausäureglycosids Linamarin (siehe auch *cyanogene Glycoside). Die Gehalte schwanken von 0,01–310 mg/100 g Bohnen. Weißschalige Sorten enthalten unter 0,01 mg und sind ungiftig.
Die Mond-, Sieva-, Rangoon-, Karolina- oder Kapbohne (*Phaseolus lunatus* var. *lunatus* L.) besitzt etwas kleinere, glatte, mondsichelförmige Hülsen. Auch die Samen sind kleiner, meist nierenförmig, einfarbig weiß oder braun.
Unreife Hülsen und reife Samen werden gekocht gegessen. Allerdings bedingt die erforderliche Abspaltung von Blausäure eine aufwendige Zubereitung mit 1–2 Tagen Einweichen und anschließendem Kochen, wobei das Kochwasser wegzuschütten ist.
Trockene Samen enthalten 11,5% Wasser, 20,6% Protein, 1,4% Fett, 45% verwertbare Kohlenhydrate, 14,2% Ballaststoffe und 3,7% Mineralstoffe (1167 kJ bzw. 275 kcal/100 g). Über nutritive und antinutritive Inhaltsstoffe sowie deren Beeinflussung durch technologische Maßnahmen gibt Literatur[1] Auskunft. In Literatur[2] wird Mondbohnenstärke charakterisiert. – *E* Lima bean, sieva bean, butter bean
*Lit.:* [1]Adeparusi, E.-O., *Nahrung*, (2001) **45**, 94–96. [2]Betancur-Ancona, D. A.; Chel-Guerrero, L. A.; Camelo-Matos, R. I.; Davila-Ortiz, G., *Starch/Stärke*, (2001) **53**, 219–226.
*allg.:* Franke, W., *Nutzpflanzenkunde*, 6. Aufl.; Thieme: Stuttgart, (1997); S. 135 ▪ Souci et al. (6.), S. 826–827 – [HS 0713 39]

**Monellin.** Intensiv süß schmeckendes Protein ($M_R$ 11086) in den Beeren („Serendipity-Beeren") des westafrikanischen Strauches *Dioscoreophyllum* *cumminsii.* Seine relative Süßkraft beträgt 1500–2000 (Saccharose = 1). Der süße Geschmack von Monellin ist noch bis zu einer Verdünnung von $10^{-8}$ mol/L wahrnehmbar. Monellin besteht aus zwei Polypeptid-Ketten (A und B, $M_R$ 5251 bzw. 5835) mit 44 bzw. 50 Aminosäuren, die nicht identisch und auch nicht kovalent verknüpft sind. Die Aminosäure-Sequenz und Konformation ist bekannt[1,2]. Monellin verliert seine Süßkraft, wenn die Tertiärstruktur (z.B. durch Hitzedenaturierung) aufgehoben wird; die Einzelketten sind ebenfalls nicht süß. Die Süßempfindung erreicht erst nach einigen Sekunden die volle Intensität, sie hält bis zu einer Stunde vor. Oberhalb 60 °C und unterhalb pH 2 ist Monellin instabil, weshalb es bisher kaum praktische Bedeutung erlangt hat.

Den Namen erhielt Monellin nach dem Institut[3,4], an dem es erstmals charakterisiert wurde (Monell Chemical Senses Center, University of Pennsylvania, USA). Es wurde 1967 entdeckt und war das erste bekannte Protein, das für den Menschen süß schmeckt; zur kristallographischen Analyse von Monellin siehe Literatur[5,6]. Trotz stark unterschiedlicher Aminosäure-Sequenz reagieren Antikörper gegen Monellin auch mit *Thaumatin und umgekehrt[7] (immunologische Kreuzreaktion).

*Gewinnung:* Nach Aufarbeitung und Reinigung liefert 1 kg Beeren 15 g Monellin. Der Süßstoff wurde sequenziert[2] und mittels rekombinanter DNA-Technologie bereits mikrobiell hergestellt. Hierzu hat man die Nucleotid-Sequenzen der beiden Peptid-Ketten, die aus Pflanzenmaterial in Form genomischer DNA oder über die mRNA als cDNA gewonnen wurden, über kurzkettige Linker miteinander verknüpft. Das auf diese Weise konstruierte Gen codiert für ein Einkettenprotein, welches hinsichtlich seiner Aminosäure-Zusammensetzung zu 80–90% derjenigen des natürlichen Produktes entspricht[8]. Durch Variation der Nucleotid-Sequenz mittels Insertion, Deletion oder Substitution konnten Gewinnung und Eigenschaften des Monellins verbessert werden, besonders hinsichtlich der Stabilität gegenüber verschiedenen chemischen und physikalischen Einflüssen, seiner Lagerbeständigkeit, der Qualität und Quantität des Süßempfindens sowie der Isolierung des Produktes. Durch speziell entwickelte Expressionsvektoren und Ankopplung einer Signalsequenz an das Gen kann man heute Monellin und davon abgeleitete Derivate mit verschiedenen pro- und eukaryotischen Mikroorganismen (z.B. *Escherichia coli, Bacillus subtilis, Saccharomyces cerevisiae, Aspergillus niger*) als extrazelluläre Fermentationsprodukte herstellen. Zur Festphasensynthese siehe Literatur[9,10].

*Recht:* Monellin ist in der EU nicht als Süßstoff zugelassen. – *E* monellin

*Lit.:* [1]Belitz-Grosch-Schieberle (5.), S. 428f. [2]Kohmura, M.; Nio, N.; Ariyoshi, Y., *Agric. Biol. Chem.*, (1990) **54**, 2219. [3]Morris, J. A.; Martenson, R.; Deibler, G.; Cagan, R. H., *J. Biol. Chem.*, (1973) **248**, 534. [4]*Science* **181**, 32 (1973). [5]Somoza, J. R.; Jiang, F.; Tong, L.; Kang, C. H.; Cho, J. M.; Kim, S. H., *J. Mol. Biol.*, (1993) **234**, 390. [6]Kim, S. H.; de Vos, A.; Ogata, C., *Trends Biochem. Sci.*, (1988) **13**, 13.

[7]Chem. Unserer Zeit **22**, 33f. (1988). [8]Sung, Y. H.; Shin, J.; Chang, H. J.; Cho, J. M.; Lee, W., *J. Biol. Chem.*, (2001) **276**(22), 19624–19630. [9]Kohmura, M.; Nio, N.; Ariyoshi, Y., *Agric. Biol. Chem.*, (1990) **54**, 1521; (1991) **55**, 539. [10]Ota, M.; Ariyoshi, Y.; Biosci. Biotechnol. Biochem., (1998) **62**, 2043. – *[CAS 9062-83-3, 121337-41-5]*

**Moniliformin** (Hydroxycyclobutendion-Kaliumsalz, Kaliumsalz der Semiquadratsäure).

$C_4HKO_3$, $M_R$ 136,14, leuchtend gelbe Kristalle, löslich in Wasser, Methanol, Wasser:Aceton = 7:3 und darin bei 22 °C ca. 2 Monate stabil; Schmp. >350 °C und 158 °C (freie Säure).

*Vorkommen:* Mykotoxin aus *Fusarium moniliforme (Gibberella fujikuroi)*, *Fusarium fusarioides* und *Fusarium sporotrichioides* (Obst- und Maisschimmelarten). In einheimischem Körnermais ist ein erheblicher Anteil der Proben mit Moniliformin belastet, die Gehalte betrugen in der Regel weniger als 500 µg/kg[1-3]. In Maissilage, Corn Cob Mix, Hafer, Gerste und Brotgetreide konnte 1982 nichts nachgewiesen werden[1].

*Toxikologie:* $LD_{50}$ (Eintagsküken p.o.) 4 mg/kg, (Maus p.o.) 21–30 mg/kg. Risikoabschätzung zur Zeit nicht möglich. Aszites und Hämorrhagien im Eingeweide. Aus Südafrika liegen Berichte über Schäden bei Haustieren vor. Moniliformin wirkt phytotoxisch sowie wachstumsregulierend in verschiedenen Pflanzensystemen. Schon bei sehr geringen Konzentrationen ($IC_{50}$ <5 mg/L) werden Pyruvat- und α-Ketoglutarat-Oxidase in den Mitochondrien gehemmt.

Zum Nachweis siehe Literatur[2]. – *E* moniliformin

*Lit.:* [1]Thalmann, Fusarientoxine in Futtermitteln u. Lebensmittelrohstoffen, Stuttgart: Ulmer 1986. [2]Fresenius Z. Anal. Chem. **319**, 60–62 (1984). [3]Noser, J.; Wenk, P.; Sutter, A.; Fankhauser, I.; Hirschi, H., *Mitt. Lebensm. Hyg.*, (2001) **92**, 90–103.

*allg.:* Weidenbörner, M., *Encyclopedia of Food Mycotoxins*, Springer: Berlin, (2001) – *[CAS 52591-22-7]*

**Monoacetoxyscirpenol** siehe *Trichothecene.

**Monoacylglyceride** siehe *Monoglyceride und Diglyceride der Speisefettsäuren.

**Monoanhydrosorbite** siehe *Sorbitane.

**Monoethylenglycol** siehe *Glycole.

**Monogalactosyldiacylglycerole** siehe *Glyceroglycolipide und *Glycolipide.

**Monoglyceride und Diglyceride der Speisefettsäuren.** Sammelbezeichnung für Monoacylglyceride bzw. Diacylglyceride. Veresterung von *Glycerol mit Essigsäure (E 472a), Milchsäure (E 472b), Citronensäure (E 472c), Weinsäure (E 472d), Monoacetylweinsäure und Diacetylweinsäure (E 472e), Essigsäure und Weinsäure (E 472f) führt zu synthetischen Verbindungen, die als Zusatzstoffe in Lebensmitteln Verwendung finden. In Abhängigkeit vom Fettsäure-Rest sind die Produkte flüssig oder fest (Wachs). Monoglyceride und

Diglyceride der Speisefettsäuren zeigen Umlagerungsreaktionen wie intermolekulare und intramolekulare Acyl-Wanderung und Hydrolyseempfindlichkeit[1].

*Herstellung:* Durch Umesterung eines natürlichen oder hydrierten Fettes mit Glycerol im Überschuß oder auch durch direkte Veresterung von Glycerol mit *Fettsäuren. Hierbei stellt sich ein Gleichgewicht von Monoglyceriden, Diglyceriden und Triglyceriden ein, das durch fraktionierte Destillation getrennt wird.

*Verwendung:* Als Überzugsmittel, z.B. für Fleischerzeugnisse (Würste) und getrocknete Weinbeeren, aber auch verstärkt als Emulgatoren, außerdem als Trägerstoff für Aromen und als Kaugummigrundstoff. E 472c besitzt antioxidative Eigenschaften und wird als Antioxidans eingesetzt. E 472a kommt auch in Pharmaka und Kosmetika zur Anwendung.

*Toxikologie:* Es bestehen keine grundsätzlichen gesundheitlichen Bedenken; ADI-Wert: nicht festgelegt. Hinzuweisen ist auf die Rolle von Diacylglyceriden in der Signaltransduktion und Zell-Zell-Kommunikation[2,3]. Die tägliche Gesamtaufnahme an organischen Säuren aus allen Zusatzstoffen inklusive dieser veresterten Produkten sollte im übrigen nach FAO/WHO 30 mg/kg nicht überschreiten.

*Recht:* Essigsäureester von Monoglyceriden und Diglyceriden von Speisefettsäuren (E 472a), Milchsäureester von Monoglyceriden und Diglyceriden von Speisefettsäuren (E 472b), Citronensäureester von Monoglyceriden und Diglyceriden von Speisefettsäuren (E 472c), Weinsäureester von Monoglyceriden und Diglyceriden von Speisefettsäuren (E 472d), Monoacetylweinsäureester und Diacetylweinsäureester von Monoglyceriden und Diglyceriden von Speisefettsäuren (E 472e), gemischte Weinsäureester und Essigsäureester von Monoglyceriden und Diglyceriden von Speisefettsäuren (E 472f).

*Zulassung:* Zusatzstoffe, die beschränkt zugelassen sind. *ZZulV 1998 Anlage 4 Teil A und C (zu § 5 Abs. 1 u. § 7). Höchstmengen für die Anwendung in Säuglingsnahrung und Kleinkindernahrung (Anlage 6 zu § 6 und 7 ZZulV).

*Reinheitsanforderungen:* *ZVerkV 1998 Anlage 2 (zu § 3 Abs. 1) Liste B Reinheitsanforderungen nach Richtlinie 96/77/EG vom 2.12.1996, Amtsblatt der EG Nr. L 339 vom 30.12.1996, S. 1 (geändert). *Weitere rechtliche Regelungen:* Aromen-Verordnung Anlage 5 (Zusatzstoffe); Weinverordnung Anlage 6. – *E* mono-, diglycerides from edible fats, oils

*Lit.:* [1]Schriftenreihe Lebensmittelchemie **18**, 203. [2]Serhan, C. N.; Haeggstrom, J. Z.; Leslie, C. C., *FASEB J.*, (1996) **10**, 1147–1158. [3]Kanoh, H.; Yamada, K.; Sakane, F., *J. Biochem. (Tokyo)*, (2002) **131**, 629–633. *allg.:* Watanabe, H.; Nagao, T.; Yasukawa, T.; Shimasaki, H., *World Rev. Nutr. Diet.*, (2001) **88**, 155–162

**Monolinuron** siehe *Phenylharnstoff-Herbizide.

**Mononitrosocaffeidin** siehe *Caffeidine.

**Monosaccharide.** Monosaccharide sind lineare Polyhydroxyaldehyde (*Aldosen) bzw. Polyhydroxyketone (*Ketosen).

Bei den Monosacchariden spielen vor allem die Pentosen ($C_5H_{10}O_5$) und Hexosen ($C_6H_{12}O_6$) eine Rolle. Wichtige Aldopentosen sind z.B. D-*Ribose, D-*Xylose und L-*Arabinose. Zu den wichtigsten Aldohexosen gehören D-*Glucose, D-*Mannose und D-*Galactose; bei den Ketohexosen sind vor allem D-*Fructose und *Sorbose zu nennen. Die 6-*Desoxyzucker L-*Fucose und L-*Rhamnose sind ebenfalls weit verbreitete Hexosen.

Monosaccharide mit mehr Kohlenstoff-Atomen (*Heptosen:* 7 Kohlenstoff-Atome, Octosen etc.) oder weniger Kohlenstoff-Atomen (*Triosen:* 3 Kohlenstoff-Atome) kommen in freiem Zustand in den Organismen nicht vor, spielen als Phosphorsäureester aber eine Rolle im Stoffwechsel der Kohlenhydrate; *Tetrosen* (4 Kohlenstoff-Atome): Erythrose, Threose sind relativ selten.

*Stereochemie:* Bei den natürlich vorkommenden Monosacchariden ist die D-Konfiguration weitaus häufiger. Die Synthese von L-Hexosen beschreibt Literatur[1–4].

Die große Zahl asymmetrischer C-Atome macht Monosaccharide zu einer idealen Quelle als Synthesebausteine in der asymmetrischen Synthese. Zu den relativen Konfigurationen von Triosen, Tetrosen, Pentosen und Hexosen siehe Abbildung bei *Kohlenhydrate.

Obwohl sich die meisten Reaktionen der Monosaccharide an Hand der offenkettigen Struktur erklären lassen, setzen doch einige Reaktionen (wie das Ausbleiben der Farbreaktion mit Schiffs Reagenz und die Bildung der *Glycoside) die Existenz einer Halbacetal-Form voraus, die durch die Reaktion der Carbonyl-Gruppe mit einer Hydroxy-Gruppe des eigenen Moleküls entsteht und zur Bildung eines Rings führt (Ring-Ketten-Gleichgewicht, siehe Abbildung). Monosaccharide bilden, sofern es möglich ist, intramolekulare Hemiacetale, so daß sich ringförmige Strukturen vom Pyran-Typ (Pyranosen, siehe *Aldosen) und Furan-Typ (Furanosen, siehe *Fructose) ergeben.

Abbildung: Gleichgewichtsreaktionen zwischen offenkettiger und Halbacetal-Form bei Glucose.

Bei den Aldohexosen kann der Ringschluß mit den Hydroxy-Gruppen an den C-Atomen 4, 5 oder 6 erfolgen. Im ersten Fall entsteht eine Furanose, im 2. Fall eine Pyranose und im 3. Fall eine Septanose. Kleinere Ringe sind instabil, größere Ringe nur in wäßriger Lösung beständig. Die Ringstrukturen der Kohlenhydrate haben Sessel- oder Wannenform, wobei die Sesselform bevorzugt ist. Die Bildung der Halbacetale ist ein dynamischer Prozeß, der von verschiedenen Faktoren wie Temperatur, Lösemittel, pH-Wert usw. abhängt. Meistens liegen Gemische beider anomeren Formen vor, teilweise auch als Gemische der Furanose- und Pyranose-Formen.

Bei der Ringbildung wird auch das C-Atom der Position 1 asymmetrisch, wodurch die mögliche Anzahl der Stereoisomeren nochmals verdoppelt wird (bei Hexosen: $2^5 = 32$). Dieses neue asymmetrische C-Atom nennt man *anomeres C-Atom*, und das Monosaccharid wird jeweils als α-Form oder β-Form – je nach der Konfiguration des anomeren C-Atoms – bezeichnet (vgl. *Glycoside sowie die Abbildung bei *Glucose). Wenn erforderlich, sollen in Abkürzungen nach den Richtlinien der IUPAC die *furanosiden* und *pyranosiden* Formen (vgl. die Abbildung bei *Fructose) durch die Suffixe *f* bzw. *p* gekennzeichnet werden. Die oben abgebildete cyclische Form wäre demnach als α-D-Glucopyranose und unter Verwendung der in der Kohlenhydratchemie üblichen Dreibuchstaben-Kurzbezeichnung als α-D-Glcp zu bezeichnen[5,6]. Die über eine Ringöffnung verlaufende Epimerisierung (α ⇌ β) ist auch der Grund für das Auftreten von *Mutarotation; zur Bestimmung des Carbonyl-Anteils in wäßriger Zuckerlösung läßt sich die $^{13}$C-NMR-Spektroskopie heranziehen[7]. Zur Untersuchung von Konformationen und Konfigurationen von Monosacchariden und Kohlenhydraten und zur Nomenklatur der Monosaccharid-Konformationen siehe Literatur[8-11].

Die Kohlenstoff-Kette der meisten bekannten Monosaccharide ist unverzweigt, doch besitzen manche pharmakologisch bedeutsamen Naturstoffe, insbesonders Antibiotika, nicht nur Anteile von verzweigten Zuckern (Beispiele: *Apiose, Hamamelose, Streptose), sondern auch von 6-Desoxyzuckern, Aminozuckern sowie Hydroxyaminozuckern. D-*Glucosamin ist in der Natur weit verbreitet als Bestandteil z.B. von Chitin, Mucopolysacchariden und Blutgruppensubstanzen. Zur Nomenklatur nach den IUPAC-Regeln siehe Literatur[12,13]. Übersichtsartikel über seltene Zucker siehe Literatur[14].

*Reaktionen:* Die Monosaccharide zeigen folgende gemeinsame Reaktionen:

1. Kupfersalze, Silbersalze und Wismutsalze werden in Lösung reduziert.
2. Mit Basen reagieren die Monosaccharide unter Bildung von Saccharaten (Alkoholaten), mit konzentrierten Laugen unter Verharzung; hierbei entstehen gelbe und dunkle Produkte.
3. Keine Reaktion mit Hydrogensulfiten oder Schiffs Reagenz, da bei den Aldosen die Aldehyd-Gruppe maskiert ist.
4. Bei der Reduktion erhält man mehrwertige Alkohole, z.B. *Hexite.
5. Bei der Oxidation entstehen Monocarbonsäuren und Dicarbonsäuren (Zuckersäuren).
6. Die Alkohol-Gruppen können verestert werden.
7. Blausäure wird addiert.
8. Mit Phenylhydrazin entstehen Osazone.

*Analytik:* Als geeignete Trennverfahren in der Analytik haben sich die Dünnschichtchromatographie[15] und die HPLC erwiesen[16-18], nach Derivatisierung lassen sich gaschromatographisch furanoide von pyranoiden Formen und Enantiomere voneinander trennen[19]. – *E* monosaccharides

*Lit.:* [1]Collins, P. M.; Ferrier, R. J., *Monosaccharides, Their Chemistry and Their Roles in Natural Products*, John Wiley & Sons: Chichester, UK, (1995); S. 317–326. [2]Lichtenthaler, F. W., In *Modern Synthetic Methods*, Scheffold, R., Hrsg.; VCH: Weinheim, (1992). [3]Bols, M., *Carbohydrate Building Blocks*, Wiley: New York, (1996). [4]Science **220**, 949ff. (1983). [5]McNaught, A. D., *Pure Appl. Chem.*, (1996) **68**, 1919–2008. [6]Pure Appl. Chem. **54**, 1517–1526 (1982). [7]Chem. Ztg. **103**, 232 f. (1979). [8]Annu. Rev. Biochem. **41**, 953–996 (1972). [9]Pure Appl. Chem. **53**, 1901–1905 (1981); **55**, 1269–1272 (1983). [10]Martin-Pastor, M.; Bush, C. A., *Carbohydr. Res.*, (2000) **323**(1–4), 147–155. [11]Bush, C. A.; Martin-Pastor, M.; Imberty, A., *Annu. Rev. Biophys. Biomol. Struct.*, (1999) **28**, 269–293. [12]J. Biol. Chem. **247**, 613–635 (1972). [13]Pure Appl. Chem. **54**, 207–215 (1982). [14]Angew. Chem. **81**, 415–423 (1969); **83**, 261–274 (1971); **84**, 192–206 (1972); Int. Ed. Engl. **8**, 401–409 (1969); **10**, 236–248 (1971); **11**, 159–173 (1972). [15]J. Chromatogr. **127**, 133–162 (1976); **180**, 1–16 (1979). [16]Hicks, K. B., *Adv. Carbohydr. Chem. Biochem.*, (1988) **46**, 17–72. [17]Carbohydr. Res. **183**, 11–17 (1988). [18]LABO **12**, 732ff. (1981). [19]Angew. Chem. **93**, 688ff. (1981).

*allg.:* Györgydeák u. Pelyvás (Hrsg.), Monosaccharide Sugars, San Diego: Academic Press 1998 ■ Ullmann (7.); http://dx.doi.org/10.1002/14356007.a05_079 [Online, Januar 2003]

**Mono- und Diacetylweinsäureester** siehe *Monoglyceride und Diglyceride der Speisefettsäuren.

**mono unsaturated fatty acids** siehe *MUFA.

**Montansäureester** (E 912). Montansäureester bestehen überwiegend aus Estern der Montansäure [$H_3C-(CH_2)_{26}-COOH$] mit Ethylenglycol und/oder 1,3-Butylenglycol sowie unveresterter Montansäure. Montansäure wird aus dem natürlichen Montanwachs (Bergwachs), einem fossilen Pflanzenwachs, gewonnen[1]. Zur Analytik siehe Literatur[2].

*Verwendung:* Als Überzugsmittel für Citrusfrüchte[1] sowie in der Kosmetik.

*Toxikologie:* Mit Montansäureestern wurden umfangreiche, bis zu zwei Jahren dauernd Fütterungsversuche an Ratten und Hunden durchgeführt. Die $LD_{50}$-Werte betragen mehr als 20000 mg/kg (Maus). Auch in Langzeitfütterungsversuchen mit bis zu 5% im Futter führten Montansäureester zu keinen erkennbaren toxischen Schädigungen der Versuchstiere. Die dermatologische Prüfung der Montansäureester führte auch zu keinen Hautreizungen und Schleimhautreizungen[3].

*Recht:* Montansäureester (E 912)

*Zulassung:* Zusatzstoff, der beschränkt (*quantum satis*) zugelassen ist zur Oberflächenbehandlung von frischen Citrusfrüchten, Melonen, Mangos, Papayas, Avocados oder Ananas [*ZZulV 1998 Anlage 4 Teil B (zu § 5 Absatz 1 und § 7)].

*Reinheitsanforderungen:* *ZVerkV 1998 Anlage 2 (zu § 3 Absatz 1) Liste B Reinheitsanforderungen

nach Richtlinie 96/77/EG vom 2.12.1996, Amtsblatt der EG Nr. L 339 vom 30.12.1996, S. 1 (geändert). *Kenntlichmachung:* § 9 Absatz 1 Nr. 7 ZZulV 1998; siehe auch § 9 Absatz 8 Nr. 2. § 6 Absatz 4 Nr. 2 in Verbindung mit Anlage 2 *LMKV. Weitere rechtliche Regelungen:* Bedarfsgegenstände-Verordnung Anlagen 2 und 3a. – *E* montanic acid esters; montan acid wax
*Lit.:* [1] Schriftenreihe Lebensmittelchemie **18**, 194. [2] Ritter, B.; Schulte, J.; Schulte, E.; Thier, H. P., *Eur. Food Res. Technol.*, (2001) **212**, 603–607. [3] Fiedler (3.), S. 827.
*allg.:* Blue List – *[CAS 68476-03-9]*

**Monuron** siehe *Phenylharnstoff-Herbizide.

**Moorbeere** siehe *Preiselbeere.

**Moorwurzel** siehe *Pastinak.

**Moosbeere** siehe *Cranberry.

**Moosstärke** siehe *Lichenine.

**8-MOP** siehe *Xanthotoxin.

**Morio-Muskat** siehe *Weintraube.

**Moromi-Maische** siehe *Sojasoße.

**Morpholin-Fungizide** siehe *Fungizide.

**Morula.** Synonym für *Marula.

**Moschus.** Schwarzbraune, gekörnte Masse mit ammoniakal.-animal. Geruch. Der eigentliche erogen-animal., trocken holzige M.-Duft entwickelt sich erst beim Bereiten einer Tinktur in ca. 70–80% leicht alkal. Ethanol. Wesentliche geruchsgebende Komponente ist (−)-*Muscon[1].
*Gewinnung:* M. ist das Sekret einer Abdominaldrüse des Moschustiers (*Moschus moschiferus*), einer kleinen geweihlosen Hirschart, die auf den Hochplateaus Ostasiens (Himalaya, Sibirien) lebt. Die männlichen Tiere benutzen das Sekret, um ihr Revier zu markieren u. weibliche Tiere anzulocken. In der Vergangenheit wurden die Tiere getötet u. die das Sekret enthaltenden Beutel herausgeschnitten. Die Beutel gelangten getrocknet in den Handel. Aus der darin enthaltenen schwarzbraunen Masse wurde ein alkohol. Auszug („M.-Tinktur") zur Herst. von Parfüms gewonnen. Etwa 40 M.-Beutel sind nötig, um 1 kg gekörnten M. zu erhalten. Wegen der jahrzehntelangen, intensiven Bejagung ist das M.-Tier vom Aussterben bedroht. Die Jagd auf das M.-Tier ist daher durch das Washingtoner Artenschutzabkommen verboten worden.
*Verwendung:* M. wurde früher als erogene Komponente in teuren Luxusparfüms eingesetzt. Heute wird echter M. in Europa u. den USA nicht mehr verwendet. M. ist in China, Korea und Japan als Wirkstoff in der traditionellen Medizin bekannt. – *E* musk, tonquin musk
*Lit.:* [1] Perfum. Flavor. **1** (5), 12 (1976).
*allg.:* Ohloff, S. 195, 200, 208 ▪ Synthesis **1999**, 1707 (Synthese) – *[HS 0510 00, 3301 90; CAS 68991-41-3]*

**Moschus-Ambrette** siehe *Nitromoschus-Verbindungen.

**Moschus-Keton** siehe *Nitromoschus-Verbindungen.

**Moschus-Mosken** siehe *Nitromoschus-Verbindungen.

**Moschusschafgarbe** siehe *Schafgarbenöl.

**Moschus-Verbindungen** siehe *Nitromoschus-Verbindungen und *polycyclische Moschus-Verbindungen.

**Moschus-Xylol** (1-*tert*-Butyl-3,5-dimethyl-2,4,6-trinitrobenzol, Xylolmoschus).

$C_{12}H_{15}N_3O_6$, $M_R$ 297,27, $LD_{50}$ (Ratte oral) >10000 mg/kg. Moschusartig riechende, gelbliche Kristalle, Schmp. 114 °C, in Alkohol schwer, in Benzylbenzol und Benzylsalicylat leichter löslich, vollsynthetisch herstellbar aus *m*-Xylol durch Alkylierung mit Isobuten zu 1-*tert*-Butyl-3,5-dimethylbenzol und anschließende Nitrierung mit Salpeter-/Schwefelsäure-Gemisch.
Moschus-Xylol wurde in großen Mengen als preisgünstiger *Moschus-Riechstoff (siehe auch *Nitromoschus-Verbindungen) hauptsächlich für technische Parfümierungen hergestellt. Aufgrund seiner ausgezeichneten Fettlöslichkeit kommt es zur Anreicherung in Klärschlamm, aquatischen Sedimenten und am Ende der aquatischen Nahrungskette. In Europa und USA wird kein Moschus-Xylol mehr hergestellt[1].
Zur Fischtoxizität siehe Literatur[2], zur Bioadsorption siehe Literatur[3], zur Analyse von Moschus-Xylol siehe Literatur[4,5], zur Synthese siehe Literatur[6], zur dermalen Adsorption siehe Literatur[7], zum Übergang von Moschus-Xylol in *Humanmilch siehe dort und Literatur[8], sensorische Eigenschaften siehe Literatur[1]. – *E* musk xylene, musk xylol
*Lit.:* [1] Fenn, R., *Perfum. Flavor.*, (1999) **24**(3–4), 18–20. [2] Carlsson, G.; Norrgren, L., *Arch. Environ. Contam. Toxicol.*, (2004) **46**(1), 102–105. [3] DiFrancesco, A. M.; Chiu, P. C.; Standley, L. J.; Allen, H. E.; Salvito, D. T., *Environ. Sci. Technol.*, (2004) **38**(1), 194–201. [4] Osemwengie, L. I.; Steinberg, S., *J. Chromatogr. A*, (2003) **993**(1–2), 1–15. [5] Llompart, M.; García-Jares, C.; Salgado, C.; Polo, M.; Cela, R., *J. Chromatogr. A*, (2003) **999**(1–2), 185–193. [6] Woock, M.; Tausch, M. W., *Praxis Naturwiss. Chem.*, (2002) **51**(3), 6–10. [7] Hawkins, D. R.; Elsom, L., F.; Kirkpatrick, D.; Ford, R. A.; Api, A. M., *Toxicol. Lett.*, (2002) **131**(3), 147–151. [8] Liebl, B.; Mayer, R.; Ommer, S.; Sönnichsen, C.; Koletzko, B., *Adv. Exp. Med. Biol.*, (2000) **487**, 289–305.
*allg.:* Bauer et al. (5.), S. 122 ▪ Beilstein EIV **5**, 1132 ▪ Ohloff, S. 208f. ▪ Ullmann (7.) [CD-ROM, 2004] – *[HS 2904 20; CAS 81-15-2]*

**Mosher-Reagenz** siehe *chirale Analytik.

**Most.** 1. Regionale, vorwiegend in Süddeutschland und den Alpenländern übliche Bezeichnung für Obstpreßsaft (*Fruchtsaft) besonders aus Äpfeln, Birnen oder Trauben. Apfel- oder Birnenmost

wird häufig aus speziellen säurereichen, gerbstoffhaltigen Sorten (Hordapfel) hergestellt und mit Wasser vermischt vergoren. Most nach Landesbrauch ist ein Erzeugnis aus Äpfeln und/oder Birnen, das unter Verwendung von höchstens einem Drittel Wasser hergestellt wird. Er wird als Schwäbischer, Württemberger oder Badischer Most bezeichnet[1]. Für unvergorenen Saft aus säurereichen Obstarten (Sauerkirschen) und Früchten (Rote und Schwarze Johannisbeeren), die ohne Zucker- und Wasserzusatz nicht genießbar sind, war die Bezeichnung *Süßmost* üblich. Für diese Erzeugnisse gilt heute die Verkehrsbezeichnung *Fruchtnektar. Der allgemeine Sprachgebrauch versteht unter Traubenmost ein Vorprodukt der Traubensaftherstellung oder *Traubensaft als solchen.
2. Bei *Traubenmost* handelt es sich nach Anhang I, Ziffer 2 der Verordnung (EG) Nr. 1493/1999[2] um ein aus frischen *Weintrauben auf natürlichem Wege oder durch physikalische Verfahren gewonnenes Erzeugnis, ein Alkoholgehalt von 1% vol wird geduldet. Traubenmost im Sinne des Gesetzgebers ist ein Erzeugnis, aus dem durch Vergären *Wein erzeugt werden soll. Zur Gewinnung von Traubenmost siehe *Mostgewinnung. Nach Literatur[3] sind im Traubenmost aus vorgetrockneten Trauben im Vergleich zu herkömmlichen Trauben höhere Gehalte an Zuckern, Weinsäure und deren Estern nachweisbar.
Zum *Nährwert und zu Veränderungen im Verlauf der alkoholischen Gärung siehe Literatur[4,5].

***Zusammensetzung:*** *Wasser* (70–80%).
*Kohlenhydrate:* Glucose und Fructose (Verhältnis 1:1) als Hauptkomponenten, Mannose bis ca. 50 mg/L, Galactose bis ca. 200 mg/L, L-Arabinose ca. 1 g/L, D-Xylose ca. 100 mg/L, D-Ribose ca. 100 mg/L, L-Rhamnose bis ca. 400 mg/L, Oligosaccharide (Saccharose nach Saccharase-Inhibierung beim Keltern ca. 10 g/L, ansonsten nicht nachweisbar; Maltose ca. 20 mg/L; Raffinose bis ca. 200 mg/L; Melezitose ca. 100 mg/L; Stachyose bis ca. 150 mg/L) und Polysaccharide (Kolloide/Pektine überwiegend aus Galacturonsäure, Glucuronsäure, Galactose, Mannose, Arabinose und Rhamnose mit einer Molmasse von ca. 20000–200000; entstehen auch durch Gärung und sind oft Ursache von *Weintrübungen).
*Säuren:* L-(−)-Äpfelsäure (Hauptsäure der Rebe, geht bei Reifung zurück, im Most ca. 4–10 g/L, nimmt ab durch Gärung und biologischen Säureabbau), L-(+)-Weinsäure (4–10 g/L), Citronensäure (bis 300 mg/L), Gluconsäure (durch Oxidation von Glucose, bis 300 mg/L, bei *Botrytis-cinerea*-Befall/*Edelfäule bis 6 g/L und mehr), Glucuronsäure (ca. 2 mg/L, bei *Botrytis*-Befall ca. 85 mg/L), Galacturonsäure (aus Pektin-Abbau, durchschnittlich ca. 250 mg/L, bei *Botrytis*-Befall ca. 450 mg/L), Schleimsäure/D-Galactarsäure (aus Pektin-Abbau durch *Botrytis*-Befall ca. 2 g/L, in gesunden Beeren nicht nachweisbar), Fumarsäure, Bernsteinsäure (ca. 100 mg/L), Phenolcarbonsäuren, Essigsäure und Milchsäure (stammen nicht aus gesunden Trauben, sondern können mikrobiell im Most gebildet werden).
*Stickstoff-Verbindungen:* Aminosäuren (60–70% des Stickstoffs, ca. 400–6500 mg/L, mit Beerenreife zunehmend, durch Edelfäule abnehmend, überwiegend Threonin, Serin, Glutaminsäure, Glutamin, Prolin, Alanin und Arginin), Eiweißstoffe (Globuline mit relativ niedriger Molmasse, z.T. an Gerbstoffe gebunden), Ammonium (mit Beerenreife zunehmend bis ca. 300 mg/L, durch Fäule abnehmend), Nitrat (ca. 5 mg/L als $N_2O_5$). Nach einer aktuellen Studie[6] beeinflussen die Aminosäuren und ihre Zusammensetzung im Traubenmost primär als Hefenährstoff, aber auch als Ausgangsstoff vieler sekundärer Weininhaltsstoffe, die Qualität der Weine. Insbesondere kann der Protein-Gehalt die Traubenreife und damit die Qualität umfassender beschreiben als andere subjektive Parameter wie Aussehen und Geschmack.
*Aromastoffe:* Vielkomponentengemisch aus Aldehyden, Alkoholen, Säuren, Monoterpenen (in Beerenhaut lokalisiert, z.T. glycosidisch gebunden), Norisoprenen und phenolischen Verbindungen mit rebsortenspezifischer Zusammensetzung (Fingerprintmuster)[7-9].
*Mineralstoffe:* Gehalte (3–7 g/L) sind abhängig von Klima, Boden, Rebsorte und Reifegrad; Hauptkomponenten sind $K^+$ (ca. 2 g/L), $Mg^{2+}$ (50–160 mg/L), $Ca^{2+}$ (mit Beerenreife zunehmend, ca. 30–50 mg/L), $Na^+$, $CO_3^{2-}$, $PO_4^{3-}$, $SO_4^{2-}$, $Cl^-$; im ppm-Bereich sind Fe, Mn, B, Zn, Si enthalten, im ppb-Bereich Al, Pb, Cu, Ni, Cd, F, Se, Cr, Br, Hf, Ag, Ta.
*Phenolische Verbindungen:* Phenolcarbonsäuren (Derivate der Benzoesäure und der Zimtsäure, ca. 0,1–30 mg/L, z.T. esterartige Verknüpfung mit Weinsäure), Flavone/Flavonole (an Beerenbestandteile gebunden, z.B. Kämpferol, Quercetin, Myricetin). *Anthocyane als Farbstoffe bei Rotweintrauben (Mono- und Diglucoside und acylierte Derivate der Anthocyanidine = Aglycone): Hauptkomponenten des Anthocyan-Spektrums von Trauben der Gattung *Vitis vinifera* sind Pelargonidin-3-glucosid, Cyanidin-3-glucosid, Päonidin-3-glucosid, Delphinidin-3-glucosid, Malvidin-3-glucosid und Petunidin-3-glucosid, Peonidin-3-acetyldiglusid, Malvidin-3-acetylglucosid, Päonidin-3-cumarylglucosid, Malvidin-3-cumarylglucosid. Charakteristischerweise treten die letztgenannten 4 acylierten Anthocyane nicht in Rebsorten der Burgundergruppe (Spätburgunder und Schwarzriesling) auf[10,11]. Anthocyanidindiglucoside, darunter als Hauptkomponente das Malvidin-3,5-diglucosid, sind typisch für Rebsorten, die nicht der Art *Vitis vinifera* angehören, z.B. *Vitis rotundifolia, Vitis riparia, Vitis rupestris* oder *Vitis labrusca* und deren Kreuzungen mit *Vitis vinifera* (Interspezifische Kreuzungen oder Hybriden). Nach Literatur[12] wurde mit der Verbindung Malvidin-3,5-diglucosid zwischen *Vitis vinifera* und anderen Arten unterschieden.
*Natürliche Gerbstoffe/Gallotannine:* Catechine (Polymere der 3-Flavonole) und Leukoanthocyanidine

(Polymere der 3,4-Flavondiole) mit einer Molmasse von 500–4000. Gelbbraune Verbindungen, die spezifisch mit Eiweißen abreagieren (Gerbung). Bedeutung: Farbgebung alter Rotweine, adstringierender Geschmack.

*Alkohole:* Glycerol (bei gesunden Trauben maximal 1 g/L, bei *Botrytis*-Befall bis ca. 20 g/L), *myo*- und *scyllo*-Inosit (bis ca. 640 mg/L bei roten Trauben), Zuckeralkohole (Mannit, Sorbit, Xylit, Arabit, Erythrit; durch *Botrytis*-Befall zunehmend), Ethanol (bei gesunden Trauben nicht nachweisbar), Methanol (aus Pektin-Abbau, ca. 40–200 mg/L). – *E* 1. must, 2. grape must

*Enzyme:* Oxidasen (Phenol-, Polyphenol-Oxidasen), Peroxidasen, Saccharase, Invertase, Malat-Dehydrogenase, Glycosidase, Esterasen (Pektin-Esterase, Polygalacturonase).

Öle (Traubenkerne: 10–20%), Fette (Beerenhaut: 0,3% Lipide, Saft: 0,1%), Wachse (auf der Beerenhaut, 160–900 mg pro kg Weinbeeren). – *E* 1. must, 2. grape must

*Lit.:* [1]Leitsätze für weinähnliche und Schaumweinähnliche Getränke vom 27.11.2002 (Gemeinsames Ministerialblatt vom 23.01.2003, S. 150). [2]Verordnung (EG) Nr. 1493/1999 des Rates vom 17.05.1999 über die gemeinsame Marktorganisation für Wein (Amtsblatt der EG Nr. L 179, S. 1). [3]Riv. Vitic. Enol. **50**, 33–41 (1997). [4]Plant Foods Human Nutr. **37**, 275–281 (1987). [5]Chem. Mikrobiol. Technol. Lebensm. **12**, 185–188 (1990). [6]Schwab, A.; Peternel, M.; Grebner, E., *Aminosäuren im Traubenmost*, Bericht der Bayerischen Landesanstalt für Weibau und Gartenbau (LWG): Veitshöchheim, (2004); http://www.stmlf-design2.bayern.de/lwg/Weinbau/berichte_2004/Aminosaeure.html. [7]Williams, P. J.; Strauss, C. R.; Wilson, B.; Dimitriadis, E., In *Progress in Flavour Research 1984*, Adda, J., Hrsg.; Proceedings of the 4th Weurman Flavour Research Symposium, Dourdan, France, 9–11 May 1984; Elsevier: Amsterdam, (1985). [8]Wilson, B.; Strauss, C. R.; Williams, P. J., *J. Agric. Food Chem.*, (1984) **32**, 919. [9]Rapp, A.; Suckrau, I.; Versini, G., *Z. Lebensm. Unters. Forsch.*, (1993) **197**, 249–254. [10]Eder, R.; Wendelin, S.; Barna, J., *Mitt. Klosterneuburg*, (1990) **40**, 68–75. [11]Mazza, G., *Crit. Rev. Food Sci. Nutr.*, (1995) **35**, 341–371. [12]Ribéreau-Gayon, P., *Dtsch. Lebensm. Rundsch.*, (1960) **56**, 217–223.

*allg.:* Zipfel, C 402; C 403; C 404 – *[HS 2009 61, 2009 69, 2204 30, 2206 00]*

**Mostgewicht.** Im deutschen Sprachraum übliches Maß für die relative Dichte von Traubenmosten (siehe *Most*) und Obstsäften. Da deren Dichte in erster Linie vom Zuckergehalt bestimmt wird, dient das Mostgewicht als bedeutendes Maß für Reife und Güte und ist entscheidend für die Zuteilung zu den einzelnen *Wein-Qualitätsstufen. Hierfür sind regions- und rebsortenspezifische Mindestmostgewichte rechtsgültig festgelegt. In Deutschland und der Schweiz wird das Mostgewicht traditionell in Grad Oechsle (°Oe) angegeben. Die Bezeichnung geht zurück auf den Pforzheimer Goldschmied Ferdinand Oechsle (1774–1852), der ein „Mostwaage" genanntes, spezielles *Aräometer in Form einer Senkspindel entwickelt hat, mit dem sich die relative Dichte (20 °C/20 °C) bestimmen und als Mostgewicht in Grad Oechsle direkt ablesen läßt. Für die Umrechnung gilt:

Mostgewicht [°Oe]=(relative Dichte −1)×1000

Ein Most mit einer relativen Dichte von 1,080 hat definitionsgemäß ein Mostgewicht von 80°Oe. Der Zahlenwert des Mostgewichts in Grad Oechsle gibt somit an, um wieviel Gramm ein Liter Most von 20 °C schwerer ist als ein Liter Wasser bei 20 °C. Der natürliche Alkoholgehalt (s. *Alkoholgehalt, natürlicher) als international gebräuchliche Meßgröße läßt sich aus dem Oechsle-Grad nach der in Anlage 8 der Weinverordnung[1] aufgeführten Tabelle ermitteln, danach entspricht ein Mostgewicht von 80°Oe einem natürlichen Alkoholgehalt von 10,6% vol. Überschlägig kann der ungefähre Zuckergehalt des Mostes in % nach der Formel

$$c[\%]=(°Oe/4)-3$$

berechnet werden. Ein Most von 80°Oe enthält demnach etwa 17% Zucker. In Österreich wird das Mostgewicht nicht in Oechsle-Graden, sondern in Klosterneuburger Mostwaage-Graden (°KMW) angegeben, welche unmittelbar die Zuckerprozente angeben. Die Umrechnung kann nach der Formel

$$°Oe=°KMW×[(0,022×°KMW)+4,54]$$

erfolgen[2]. 20°KMW entsprechen somit 99,6°Oe, weshalb in der Praxis überschlägig der Faktor 5 benutzt wird.

Zur Berechnung des ursprünglichen Mostgewichts s. *Lit.*[3]; die Zusammenhänge zwischen Oechsle-Grad, relativer Dichte (20°C/20°C), Brechzahl, *Brix-, Balling- und Baumé-Graden sind *Lit.*[4] zu entnehmen.

Schneller und einfacher als mit der herkömmlichen Mostwaage ist das Mostgewicht mittels Refraktometer zu bestimmen. Bei Hand-Refraktometern genügen hierfür wenige Tropfen Most oder Saft, Prozeß-Refraktometer erlauben die kontinuierliche Messung im Flüssigkeitsstrom. Da Aräometer und Refraktometer meist für eine Mosttemperatur von 20 °C kalibriert sind, muß für höhere oder niedrigere Temperaturen eine Korrektur vorgenommen werden. Hochwertige Refraktometer verfügen hierfür über eine automatische Temperaturkompensation. Genauere Dichte- und damit Mostgewichtsbestimmungen sind mittels Pyknometer, Mohrsche Waage oder Biegeschwinger möglich. Sämtliche Bestimmungsmethoden setzen voraus, daß die Moste und Säfte nicht angegoren sind. Gegebenenfalls muß zusätzlich der vorhandene Alkoholgehalt bestimmt und berücksichtigt werden. – *E* density of must

*Lit.:* [1]Weinverordnung in der Fassung der Bekanntmachung vom 28. August 1998 (BGBl. I S. 2609). [2]Schneyder, J., *Österreich. Weinbaukalender*, (1973), S. 191ff. [3]Gilbert, E., *Allgemeine Deutsche Weinfachzeitung* (1973) **109**, 883–886. [4]Jakob, L., *Lexikon der Önologie*, 3. Aufl.; Meininger: Neustadt an der Weinstraße, (1995).

**Mostgewinnung** (Keltern). Verf. zur Trennung des Saftes der *Weintrauben von den festen Bestandteilen (*Trester) der *Maische mittels Schneckenpressen (kontinuierlich) od. diskontinuierlichen Preßsystemen. Der Trester besteht aus 50% Beerenhülsen, 25% Kernen u. 25% Kämmen (Stielen); er kann zu Tresterbrand od. *Traubenkernöl verarbeitet sowie für die Gewinnung von

Weinsäure u. Tannin eingesetzt werden. In vielen Fällen erfolgt vor dem Keltern das *Entrappen*, d.h. das Entfernen der Kämme (Rappen) von den Beeren. Die Rappen enthalten ca. 20% der gesamten phenolischen Verbindungen der Trauben (Gerbstoffe, Catechine, Leukoanthocyane, Gallussäure), aber nur geringe Mengen an Zucker u. Säure. Bei der Mostgewinnung erhält man durchschnittlich 76% Traubenmost (siehe *Most), 20% Trester, 2% Rappen u. 2% Trub. – *E* must preparation

**Mostrich** siehe *Senf.

**Mostwaage** siehe *Mostgewicht.

**Moto** siehe *Sake.

**Mozzarella** siehe *Büffelmilch.

**MPIC.** Abk. für Mobile Phase Ion Chromatography, s. *Ionenpaarchromatographie.

**MS.** Abkürzung für *Massenspektrometrie.

**MT.** Abk. für *Metallothioneine.

**Mucinsäure** siehe *Galactarsäure.

**Mucopolysaccharidasen** siehe *Glycosaminoglycane.

**Mucopolysaccharide.** Veraltete Bezeichnung für *Glycosaminoglycane.

**Mucopolysaccharidosen** siehe *Glycosaminoglycane.

**Mucor.** *Schimmelpilz-Gattung der Zygomyceten mit schlauchförmigen, unseptierten Hyphen. Etwa 50 Arten. Zunächst weißes, später graues Luftmycel, das sich rasch ausbreitet. Saprophytisch auf abgestorbenen Pflanzenteilen, Früchten und vielen Lebensmitteln. Bei Sauerstoff-Entzug wächst der Pilz hefeartig und geht zur Gärung über (*Pasteur-Effekt). Wichtige *Mykotoxine wurden bisher bei der Gattung nicht nachgewiesen. *Mucor*-Mykosen sind bei Menschen und Haustieren beschrieben. Die Sporen sind bei Inhalation am Auftreten von Asthma bronchiale beteiligt. – *E* Mucor

**Lit.:** Eucker, J.; Sezer, O.; Graf, B.; Possinger, K., *Mycoses*, (2001) **44**, 253–260 ▪ Prabhu, R. M.; Patel, R., *Clin. Microbiol. Infect.*, (2004) **10**, Suppl. 1, 31–47

**Müller-Thurgau** siehe *Weintraube.

**MUFA** (Abkürzung für mono unsaturated fatty acids = einfach ungesättigte Fettsäuren). Obwohl zu den einfach ungesättigten Fettsäuren neben *Ölsäure (18:1), auch die Palmitoleinsäure (16:1, siehe *Fettsäuren), die Myristoleinsäure (14:1), die *Erucasäure (22:1) usw. gehören, wird in ernährungswissenschaftlichen Studien eine MUFA-reiche Ernährung im wesentlichen mit einer Ölsäure-reichen Ernährung gleichgesetzt. Dies rührt unter anderem daher, daß die Fettsäuren des *Olivenöles, die für eine Reihe günstiger ernährungsphysiologischer Eigenschaften verantwortlich gemacht werden zu 75% aus Ölsäure (*cis*-9-Octadecensäure) bestehen. Vor allem epidemiologische Untersuchungen zeigten, daß in Mittelmeerländern, in denen Olivenöl einen wesentlichen Anteil der aufge-

nommenen Fettmenge ausmacht, Herz-Kreislauf-Erkrankungen seltener auftreten als in nördlicher gelegenen Ländern.
Eine Reihe neuerer Untersuchungen zeigen, daß Ölsäure-reiche Nahrungsfette die Konzentration des *Cholesterols in den LDL (siehe *Lipoproteine) senken, während die HDL-Konzentration weitgehend unverändert bleibt. Im Vergleich zu einer PUFA-reichen Diät (PUFA = Abkürzung für englisch poly unsaturated fatty acids, z.B. Linolsäure, Linolensäure) ist die Cholesterol-senkende Wirkung allerdings geringer. Deshalb ist eine allgemein akzeptierte Meinung, daß Ölsäure sehr gut geeignet ist, gesättigte Fettsäuren in der Nahrung zu ersetzen, die hauptsächlich für einen Anstieg der Plasmacholesterol-Konzentration und LDL-Cholesterol-Konzentration verantwortlich gemacht werden. Wenn der tägliche Bedarf an essentiellen mehrfach ungesättigten Fettsäuren (PUFA) gedeckt ist, wird auch empfohlen, ein Überangebot mehrfach ungesättigter Fettsäuren durch Ölsäure zu ersetzen, da letztere weitaus oxidationsbeständiger ist. Schließlich können Ölsäure-reiche Fette in Diäten auch als Alternativen für Kohlenhydrate dienen, insbesondere bei Diäten für Diabetiker. Eine detaillierte Darstellung der ernährungsphysiologischen Wirkungen von MUFA ist in Literatur[1] nachzulesen.

**Lit.:** [1] Weber, N., In *Lipide als funktionelle Lebensmittel*; Schriftenreihe des Bundesministeriums für Verbraucherschutz, Ernährung und Landwirtschaft, Reihe A: Angewandte Wissenschaft, Heft 495; Landwirtschaftsverlag: Münster-Hiltrup, (2002); S. 253.

**Multidimensionale Gaschromatographie** siehe *Gaschromatographie.

**Mundspüllösungen.** Der Begriff Mundspüllösung wird für eine den Zahn- und Mundpflegemitteln zugehörige Gruppe von Produkten verwendet, die bei der Pflege der Zähne und der Mundhöhle im Rahmen der Mundhygiene hauptsächlich therapeutische, aber auch kosmetische Funktionen erfüllen. Die wesentliche Aufgabe der Mundspüllösung besteht in der Prophylaxe von Zahn- und Zahnfleischerkrankungen wie Karies, Gingivitis und Parodontitis sowie der Beseitigung bzw. Überdeckung von Mundgeruch. Mundspüllösungen sind gebrauchsfertige, wäßrige, meist auch Ethanol- und/oder Isopropylalkohol-haltige Lösungen, die oft eingefärbt sind.
Die heute verwendeten Mundspüllösungen enthalten in der Trockenmasse (Trägermedium Wasser/Ethanol durchschnittlich 80%) hauptsächlich folgende Bestandteile:

*Feuchthaltemittel* (bis 15%), die ein Austrocknen der Mundspüllösungen besonders am Flaschenverschluß während der Lagerung verhindern und den Mundspüllösungen „Körper" geben, z.B. *Glycerol, *Sorbit oder *Xylit.
*Schaummittel/Tenside* (bis 1%): Hauptsächlich zur Solubilisierung der Aroma- und Wirkstoffe. Neben Aniontensiden wie *Natriumdodecylsulfat (Natriumlaurylsulfat) werden meist nichtionische Tenside

wie Polysorbate [z. B. Polyoxyethylen(20)sorbitan-monolaurat], Polyethylenglycol-Derivate von hydriertem Ricinusöl (z. B. PEG-40 Hydrogenated Castor Oil) oder Polyoxypropylen-polyoxyethylen-Blockpolymere (Pluronics®) eingesetzt.

*Konservierungsmittel/antimikrobiell wirksame Stoffe*: Eine klare Differenzierung zwischen diesen beiden Stoffklassen ist nicht möglich, wobei den Konservierungsstoffen eher die Aufgabe zufällt, das Produkt vor mikrobiellem Befall zu schützen, während antimikrobiell wirksame Stoffe beim Gebrauch der Mundspüllösungen wirken. Beispiele für Konservierungsmittel: 4-*Hydroxybenzoesäureester, *Sorbinsäure od. *Benzoesäure und ihre Salze; Beispiele für antimikrobiell wirksame Stoffe: *Chlorhexidin, *Cetylpyridiniumchlorid, *Triclosan, Zink-Salze (bes. Zinkcitrat u. Zinkchlorid), etherische Öle u. a.

*Süßungsmittel* (bis ca. 0,3%): Zur Geschmacksverbesserung, besonders Natrium-*Saccharin, *Acesulfam-K, *Sorbit u. a.

*Aromatisierungsmittel* (bis ca. 0,4%): Durch den Zusatz von Aromen (häufig etherische Öle natürlichen Ursprungs) wird der Geschmack von Mundspüllösungen verbessert und eine Frischeleistung erzielt, wobei *Pfefferminzöle in Europa und *Wintergrünöle in Amerika die höchste Akzeptanz finden.

*Farbstoffe*: Zum Färben von Mundspüllösungen kommen wasserlösliche organische Farbstoffe zum Einsatz. Zur Färbung sind alle in Anl. 3 Tl. A der Kosmetik-Verordnung genannten Farbstoffe zugelassen, die in Spalte f (Anwendungsbereich) mit den Ziffern 1 oder 2 versehen sind.

*Spezielle Wirkstoffe* (soweit nach Lebensmittel-Gesetz u. Kosmetik-VO zulässig): Zur Karies-Prophylaxe dienen Fluor-Verb. wie Natriumfluorid, Kaliumfluorid, Zinn(II)-fluorid und verschiedene „*Aminfluoride". Antibakterielle Stoffe (siehe oben) reduzieren Bakterien, die Zahn- und Zahnfleischerkrankungen wie Karies, Gingivitis und Parodontitis sowie Mundgeruch verursachen können. Der Zahnsteinneubildung sollen z. B. Zink-Salze entgegenwirken; eine Entfernung schon gebildeten Zahnsteines ist jedoch mit Mundspüllösungen nicht möglich, sondern nur vom Zahnarzt auf mechanische Wege zu erreichen. Weitere Zusätze können sein: Adstringenzien wie Aluminium-Verbindungen (z. B. Aluminiumlactat, siehe *Lactate) oder Zink-Verbindungen, zahnfleischpflegende Stoffe wie *Allantoin, Azulen, (−)-α-Bisabolol, Vitamin A u. Vitamin E. – *E* ready-to-use mouthwashes (mouth rinses)

*Lit.:* Umbach (2.), S. 193–207

**Mundwässer.** Der Begriff Mundwasser wird meist als Sammelbezeichnung für eine den Zahn- und Mundpflegemitteln zugehörige Gruppe von Produkten verwendet, die bei der Pflege der Zähne und der Mundhöhle im Rahmen der Mundhygiene sowohl kosmetische wie auch therapeutische Funktionen erfüllen. Im engeren Sinne bezeichnet der Begriff Mundwasser *konzentrierte* Ethanol-,

Isopropylalkohol- und/oder 1,2-Propandiol-haltige Lösungen, die in der Regel vor der Anwendung mit Wasser verdünnt werden. *Gebrauchsfertige* Lösungen, die zum Teil ebenfalls Mundwässer genannt werden, werden zur Differenzierung als *Mundspüllösungen bezeichnet. Mundwässer enthalten hauptsächlich etherische Öle und Aromastoffe zur Erfrischung des Mund- und Rachenraums und zur Bekämpfung von Mundgeruch. Antimikrobielle Wirkstoffe zur Reduktion von Mundgeruchs- und Zahnbelagsbakterien, meist quartäre Ammonium-Verbindungen, Pyridinium-Verbindungen (z. B. *Cetylpyridiniumchlorid) oder *Chlorhexidin (meist als Chlorhexidindigluconat), Netzmittel, Harze, Adstringenzien [z. B. Aluminiumlactat (siehe *Lactate) oder Zink-Salze] oder zahnfleisch- u. mundschleimhautpflegende Substanzen [(−)-α-Bisabolol, Vitamin A, Salbei u. a.] können enthalten sein. – *E* mouthwashes (mouth rinses)

*Lit.:* Umbach (2.), S. 193–207

**Muramidasen** siehe *Lysozym.

**Murexid** (Ammoniumpurpurat).

$C_8H_8N_6O_6$, $M_R$ 284,18 ($C_8H_5N_5O_6 \cdot NH_3$). Murexid ist das Ammoniumsalz der auch natürlich vorkommenden Purpursäure. Als Monohydrat stellt es ein dunkelrotbraunes Pulver dar, wenig löslich in kaltem, etwas besser in heißem Wasser (wäßrige Lösung purpurrot, nach NaOH-Zusatz Blaufärbung), unlöslich in Alkohol und Ether. Murexid wird als Metallindikator in der Komplexometrie z. B. bei der Titration von Calcium, Nickel, Cobalt, Kupfer usw. mit EDTA verwendet. Es entsteht auch beim Harnsäure- oder Xanthin-Nachweis (*Murexid-Reaktion*): Durch Versetzen von Harnsäure mit oxidierend wirkender konzentrierter Salpetersäure und anschließendem Eindampfen des Reaktionsgemisches auf dem Wasserbad erhält man Alloxantin (aus Alloxan und Dialursäure), das durch Zugabe einiger Tropfen Ammoniak-Lösung in das die Lösung purpurrot färbende Murexid überführt wird. Alkylierte Xanthine (*Coffein, *Theobromin usw.) zeigen die Murexid-Reaktion nicht, es sei denn, man oxidiert sie mit $H_2O_2$/HCl oder $KClO_3$/HCl. Name von latein.: murex = Purpurschnecke. – *E* murexide

*Lit.:* Beilstein EV **25/16**, 94 ▪ Merck-Index (13.), Nr. 6330 – [HS 2933 51; CAS 3051-09-0]

**Muscheln** (Bivalvia). Mit ca. 8000 Arten bilden die M. eine große Gruppe innerhalb der Weichtiere. Die bekannteste M. ist die blauschwarze Miesmuschel, die im nördlichen Teil aller Ozeane verbreitet ist, sowie ihre nahe Verwandte, die grünlippige Miesmuschel (*Perna* sp.), die in der südlichen Hemisphäre verbreitet ist. Heute werden Miesmuscheln in künstlichen Anlagen im flachen Meer gezüchtet. Die Miesmuschel wird in der Regel nach sorgfältiger Reinigung lebend versandt. Abgestorbene Miesmuscheln erkennt man daran, dass sich die Schalen auf mechanischen Reiz hin nicht schließen. Beim Kochen müssen sich die Miesmuscheln öffnen, sonst sind sie ungenießbar. Das Miesmuschel-Fleisch wird industriell zu Miesmuschel-Suppe, Miesmuscheln im Aufguß od. in Gelee u. als Dauerkonserve verarbeitet. Miesmuscheln können pro Stunde etwa 2 L Wasser filtern. Dadurch können sich in stark verschmutzten Meeresregionen gefährliche Stoffe in ihrem Körper anhäufen. Weitere M.-Arten sind Kamm-, Herz-, Venus-, Trog-, Stumpf-, Messerscheide- u. Klaffmuschel sowie Scallops u. die *Austern. – **E** mussel

*Lit.:* Ludorff-Meyer, S. 58 ff. ■ Mosimann, A.; Hofmann, H.; Teubner, C., *Das große Buch der Meeresfrüchte*, Gräfe & Unzer: München, (1999) – *[HS 0307]*

**Muscheltoxine** siehe *Algentoxine.

**Muschelvergiftung** (Mytilotoxismus). Allgemeine Bezeichnung für Erkrankungen bei Mensch und Tier, welche durch den Verzehr von mit giftigen Stoffwechselprodukten aus *Algen und Cyanobakterien kontaminierten *Muscheln hervorgerufen werden. Nähere Informationen siehe *Algentoxine. – **E** shellfish poisoning

**Muscon** (Muskon, 3-Methylcyclopentadecanon; FEMA 3434).

(–)-(*R*)-M.

$C_{16}H_{30}O$, $M_R$ 238,41, Öl, Sdp. 328 °C (130 °C bei 0,16 kPa), $d_4^{17}$ 0,922, $n_D^{17}$ 1,4802, $[\alpha]_D^{22}$ −14°, wenig lösl. in Wasser, lösl. in Alkohol. Die (−)-(*R*)-Form ist der wichtigste Duftstoff des *Moschus, der als Fixateur in der Parfümindustrie von großer Bedeutung ist. Aus diesem Grund wurden zahlreiche racem. u. stereospezif. Synth. entwickelt. Die synthet. Abkömmlinge Cyclopentadecanon u. 5-Cyclohexadecenon ähneln in ihren Eigenschaften dem Muscon. – **E** muscone

*Lit.:* Bauer et al., (4.), S. 87 ■ Beilstein EIV **7**, 118 ■ Ullmann (5.) **A11**, 178 – *Synthese:* Chem. Pharm. Bull. **46**, 1484 (1998) – *[CAS 541-91-3 (±); 10403-00-6 (−)]*

**Musculamin** siehe *Spermin.

**Muskatellersalbeiöl** (FEMA 2321, Pflanzendroge FEMA 2320). Hellgelbes bis gelbes Öl mit einem süß-krautigen, lavendel-bergamottartigen Geruch mit einem Hauch von Ambra u. Tabak u. einem bitteren, aromat. Geschmack; $d_{20}^{20}$ 0,890–0,908; $n_D^{20}$ 1,4560–1,4660; $\alpha_D^{20}$ −10° bis −26°, Esterzahl 180–235.

*Herstellung:* Durch Wasserdampfdest. aus dem blühenden Kraut des Muskatellersalbeis (*Salvia sclarea*, Lamiaceae). *Herkunft*: Mittelmeerraum (z.B. Frankreich) u. das Gebiet der früheren UdSSR.

*Zusammensetzung[1]:* Hauptkomponenten sind Linalylacetat (45–70%) u. *Linalool (10–20%). Je

nach Dest.-Bedingungen sind auch geringe Mengen (bis einige %) des Diterpenalkohols (−)-*Sclareol* enthalten. Diese Komponente bildet mit ca. 70% den Hauptinhaltsstoff des mit Lsm. hergestellten Extrakts aus Muskatellersalbei ("Muskatellersalbei-Concrete"). In den USA, Israel u. im Gebiet der früheren UdSSR gibt es größere Anbaugebiete von Muskatellersalbei, die der Sclareol-Gewinnung dienen. (−)-Sclareol ist Ausgangsstoff für den begehrten Ambrariechstoff (−)-8,12-Epoxy-13,14, 15,16-tetranorlabdan ("*Ambra-Oxid*", "Ambrox", $C_{16}H_{28}O$, $M_R$ 236,40); Zwischenstufe ist meist das tricycl. Lacton (+)-*Norambreinolid* ("Sclareolid", $C_{16}H_{26}O_2$, $M_R$ 250,38).

Sclareol     (+)-Norambreinolid

(−)-Ambra-Oxid

*Verwendung:* Hauptsächlich zur Parfümherst., wo es breiten Einsatz findet, z.B. häufig in Eaux de Cologne u. frischen Eaux de Toilette; zum Aromatisieren von Kräuterlikören. – **E** clary sage oil

*Lit.:* [1] Perfum. Flavor. **1** (4), 32 (1976); **11** (5), 111 (1986); **15** (4), 69 (1990); Phytochemistry **24**, 188 (1985); **38**, 917 (1995).

*allg.:* Bauer et al. (4.), S. 217 ■ H&R, S. 157 ■ Ohloff, S. 145, 212 ■ Teuscher, E., *Gewürzdrogen*, Wissenschaftliche Verlagsges.: Stuttgart, (2003); S. 323 – *[HS 3301 29; CAS 8016-63-5, 6790-58-5 (−)-Ambra-Oxid); 564-20-5 (+)-Norambreinolid)]*

**Muskatnuß** (Nux moschata, Macisnüsse). Stumpfe, runde, 2,5–3,5 cm lange, 2 cm breite, unregelmäßig netzartig gerunzelte, ohne Samenmantel beigebraune od. durch Tauchen in Kalkmilch als früherem Schutz gegen Insektenfraß weiß bestäubte Samen von *Myristica fragrans* u.a. *Myristica*-Arten. Die Muskatnußbäume sind 10–15 m hohe Bäume, die etwa vom 9.–60. Jahr jährlich zweimal Steinfrüchte tragen u. in Westindien, Südamerika, Indonesien usw. angebaut werden.

*Verwendung:* In geraspelter, gemahlener Form zum Würzen. M. enthalten 25–40% fette Öle (*Muskatnußbutter*), 7–16% ether. Öle (*Muskatnußöl), ca. 30% Stärke, 10% Faserstoffe, 7% Protein u. ca. 2% Mineralstoffe. Der die M. umgebende Samenmantel (*Muskatblüte*) wird wegen seines Gehalts an ether. Ölen getrocknet als Gewürz (*Macis, Mazis*) gehandelt. M. wurden u. werden in der Volksmedizin als Analgetikum, Digestivum, Stomachikum, Hypnotikum, Aphrodisiakum u. Amenorrhoikum verwendet. Übermäßiger Genuß der

M. führt jedoch aufgrund ihres Gehalts an Elemicin u. Myristicin (s. *Safrol) zu Schweißausbruch, Harndrang, Übelkeit, Kopfschmerzen, Gleichgewichtsstörungen, Halluzinationen, Lachkrämpfen u. Stupor. Aus diesen Gründen ist auch die Verw. in Niespulver nicht zu empfehlen. – *E* nutmeg, mace

*Lit.:* Franke, W., *Nutzpflanzenkunde*, 6. Aufl.; Stuttgart: Thieme, (1997); S. 373ff. – *[HS 0908 10]*

**Muskatnußöl** (Macisöl; FEMA 2793). Farbloses bis hellgelbes Öl. Geruch frisch-würzig, aromat., leicht holzig, typ. nach Muskat; $d_{20}^{20}$ 0,885–0,907; $n_D^{20}$ 1,4750–1,4850; $[\alpha]_D^{20}$ +6° bis +18°.

*Herstellung:* Durch Wasserdampfdest. aus den Samen (Muskatnüssen) u. Samenmänteln (Macis) von *Myristica fragrans*.

*Zusammensetzung[1]:* Die Öle enthalten als Hauptbestandteile Monoterpenkohlenwasserstoffe wie α-, β-*Pinen u. Sabinen zu jeweils 20–30%. Zu den geruchs- u. geschmackstyp. Komponenten gehören kleinere Mengen Terpinen-4-ol, *Safrol, *Eugenol u. Isoeugenol. Charakterist. Inhaltsstoff ist Myristicin (s. *Safrol), das im indones. Öl, das mehr Hochsieder enthält, zu 5–10% enthalten ist. Zur toxikologischen Relevanz siehe *Lit.*[2].

*Verwendung:* In kleinen Mengen zur Parfümherst. (Herrennoten) u. Lebensmittelaromatisierung. Medizin. in Expectorantien zum Inhalieren, in antirheumat. Einreibemitteln, in Karminativa u. in Rhinologica; zu positiven Wirkungen auf die Insulin-Aktivität siehe Literatur[3]. – *E* nutmeg oil, mace oil

*Lit.:* [1] Perfum. Flavor. **10** (4), 47 (1985); **15** (6), 62 (1990); **17** (5), 146 (1992). [2] Hallström, H., *Nat. Toxins*, (1997) **5**, 186–192. [3] Broadhurst, C. L.; Polansky, M. M.; Anderson, R. A., *J. Agric. Food Chem.*, (2000) **48** (3), 849–852.
*allg.:* Bauer et al. (4.), S. 206 ▪ ISO 3215: 1998-12 – *[HS 3301 29; CAS 8007-12-3]*

**Muskelspritzpökelung** siehe *Pökeln.

**Mutagene.** Von lateineinisch mutare = vertauschen, ändern, verwandeln u. -gen (von griechisch ...genes = verursachend) abgeleitete Sammelbez. für chemische Stoffe, biologische od. physikalische Faktoren, die bei mikrobiellen, pflanzlichen u. tier. Organismen zu Veränderungen des Erbgutes von Keimzellen od. Körperzellen führen (Mutationen). Mutationen können spontan auftreten od. als Folge der Einwirkung von Mutagenen.

*Einteilung:* Bei den M. unterscheidet man biologische, chemische und physikalische M.:

1. *Biologische Mutagene*: Sogenannte Tumorviren werden auch als biologische Mutagene bezeichnet. Sie enthalten DNA, die in das Genom der Wirtszelle integriert werden kann (z. B. Epstein-Barr-Virus).

2. *Chemische Mutagene*: Die Wirkungsweise mutagener Agenzien ist nur bei einem Teil der Verb. bekannt.

– M., die nicht-replizierende DNA chem. verändern. Zu dieser Gruppe gehören salpetrige Säure (desaminierende Wirkung), Hydroxylamin, die alkylierenden Agenzien (z. B. *Aflatoxine), *Urethane u. *Nitrosamine. Die Wirkung dieser mutagenen Agenzien besteht in einer chem. Modif. der DNA-Basen (Änderung der Basenpaarungseigenschaften), die bei der folgenden DNA-Replikation od. DNA-Reparatur zu Fehlern führen (Desaminierung von Cytosin zu Uracil durch Salpetrige Säure führt zur Paarung mit Adenin statt mit Guanin).

– Basenanaloga (5-Bromuracil, 2-Aminopurin) werden anstelle der natürlichen Nucleinsäure-Basen eingebaut, aber paaren sich häufiger mit „falschen Basen". 5-Bromuracil z. B. wird während der DNA-Replikation anstelle von Thymin in die DNA eingebaut. Wegen der hohen Elektronegativität des Brom-Atoms liegt es häufiger in der Enol-Form vor als Thymin u. paart sich dann mit Guanin statt mit Adenin. 5-Bromuracil führt also zu AT → GC-Transitionen.

– Frameshift-M., die während DNA-Replikation od. DNA-Reparatur zur Insertion od. Deletion eines od. weniger Nucleotidpaare führen und damit eine Rasterverschiebung der Nucleotidpaare verursachen (z. B. interkalierende Stoffe wie Acridin-Farbstoffe, Homidiumbromid, Actinomycin[1]). Die Folge ist eine Veränderung des Leserasters, wodurch ein völlig anderes Protein synthetisiert werden kann.

– Spindelaktive Stoffe (z. B. Colchicin, Griseofulvin) verhindern die Ausbildung der Kernspindel u. damit die Verteilung der Schwesterchromatiden auf die Tochterkerne bei der Mitose u. Meiose.

– DNA-Strangbrecher, z. B. klastogene Substanzen wie 4-Nitrochinolin-1-oxid.

Einige chem. Stoffe werden erst durch Metabolismus in die biolog. wirksamen Formen der M. überführt (metabolische Aktivierung). Hierzu gehören die *polycyclischen aromatischen Kohlenwasserstoffe (z. B. Benzo[a]pyren), die als Epoxide mit der DNA reagieren, einige Azofarbstoffe [Buttergelb, s. 4-(*Dimethylamino)azobenzol], *Aflatoxin B$_1$ od. heterocycl. aromat. Amine (s. *Aminosäuren-Pyroloseprodukte).

Chem. M. können auch indirekt wirken, z. B. indem sie durch *Redox-Cycling *Sauerstoff-Radikale erzeugen, die die DNA schädigen können.

*Vorkommen in Lebensmitteln:* In Lebensmitteln vorkommende M. können endogenen Ursprungs sein (z. B. *Furocumarine, *Quercetin), aus Schimmelpilzen stammen (z. B. Aflatoxin B$_1$), Rückstände von Düngemitteln (*Nitrit) od. Pestiziden darstellen (z. B. 1,2-Dibrom-3-chlorpropan) sowie bei der Konservierung (z. B. Nitrosamine, *Urethan) od. bei der Zubereitung (polycyclische aromatische Kohlenwasserstoffe, *Aminosäuren-Pyroloseprodukte) entstehen.

3. *Physikalische Mutagene*: Zu den physikal. Mutagenen zählen kurzwellige (254 nm) UV-Strahlung, langwelliges UV-Licht (300–400 nm) in Kombination mit *Psoralenen, ionisierende Strahlung wie Röntgenstrahlung u. Gammastrahlung, kosmische Strahlung sowie erhöhte Temperatur.

UV-Strahlen erzeugen eine Reihe von chem. Veränderungen in den Nucleotid-Basen der DNA. Am häufigsten entstehen aus zwei benachbarten Thymin-Mol. bzw. Cytosin-Mol. durch photochem. (2+2)-Cycloaddition Dimere, die die Konformation der DNA bzw. RNA verändern u. bei der Replikation nicht gelesen werden können.

*Nachweis:* Bei der Beurteilung der Mutagenität einer Substanz ist im Einzelfall immer zu unterscheiden, an welchen Organismen die mutagene Wirkung zu beobachten ist (Mikroorganismen, Pflanzen, Insekten, Kleinsäuger, menschliches Zellmaterial). Vor einer bedingungslosen Extrapolation von einer Zellenart od. Organismenart auf die andere muß gewarnt werden, z.B. von Befunden an Hefen od. an *Drosophila melanogaster* auf die Wirkungsweise im menschlichen Erbmaterial. Es muß deshalb mit den verschiedenen Mutagenitätstests – bekanntestes Beisp. ist der *Ames-Test mit Defektmutanten – für jedes Problem eine geeignete Testkombination gefunden werden (Literatur[2-4]). Die Meth. der Gentechnik können ebenfalls zur Entwicklung von Mutagenitätstests eingesetzt werden[5].

*Bedeutung:* Das Auftreten von Mutationen ist eine entscheidende Voraussetzung für die Evolution. Gezielt eingesetzt wird die Mutagenese zur Züchtung von Hochleistungsstämmen bei der mikrobiellen Stammentwicklung od. in der Pflanzenzüchtung.

Mit M. in Nahrung od. Umwelt (u.a. polycycl. aromat. Kohlenwasserstoffe aus Kohle u. Ölschiefer, Metalle, Mineralien, Lsm.) besteht aber auch ein Gefährdungspotential, da viele M. auch als *Carcinogene u./od. *Teratogene wirken. So können Onkogene durch Punktmutationen aus Protoonkogenen aktiviert werden.

Die Induktion von Mutationen im Genom ist ungerichtet, wenn auch M.-spezif. bestimmte Bereiche mit gehäufter Mutationsentstehung (sog. „hot spots") vorliegen. Eine gezielte Mutagenese in bestimmten Genbereichen wurde erst durch die Meth. der Gentechnik möglich. – *E* mutagens

*Lit.:* [1]Hou, M.-H.; Robinson, H.; Gao, Y.-G.; Wang, A. H.-J., *Nucleic Acids Res.*, (2002) **30**, 4910–4917. [2]Mutat. Res. **114**, 117 (1983). [3]Mutat. Res. **310**, 187 (1994). [4]Naturwissenschaften **70**, 173 (1983). [5]LABO **15**, 97 (1984). *allg.:* Klaassen, C. D., Hrsg., *Casarett and Doulls Toxicology*, 6. Aufl.; McGraw-Hill: New York, (2001) ■ Knippers (7.), S. 245–258 ■ Mutat. Res. **400**, 479–492 (1998); **405**, 209–220 (1998)

**Mutarotase** siehe *Mutarotation.

**Mutarotation** (von lateinisch mutare = vertauschen). Die Veränderung des Drehwertes, die eintritt, wenn ein Zucker oder eine andere optisch aktive Substanz in Lösung sich mit ihrem Anomeren ins Gleichgewicht setzt. Diese erstmals von Dubunfaut 1846 entdeckte Erscheinung ist besonders gut für *Glucose untersucht. Löst man α-D-(+)-Glucose in Wasser und bestimmt augenblicklich den optischen Drehwert, so findet man $[\alpha]_D$ +112°; mit der Zeit nimmt dieser Wert bis auf +52,7° ab, um dann konstant zu bleiben. Das gleiche Phänomen beobachtet man bei der β-Form, deren Dreh-

wert von +18,7° auf den Gleichgewichtswert +52,7° ansteigt. Ursache für die Mutarotation ist, daß die offenkettige Aldohexose-Form der Glucose mit zwei epimeren Halbacetal-Formen (α-Pyranose und β-Pyranose, siehe Abbildung) im Gleichgewicht steht (Epimerisierung). Dabei liegt die α-D-(+)-Glucopyranose zu 36,5%, die β-D-(+)-Glucopyranose zu 63,5% im Gleichgewicht vor, wobei die offenkettige Aldehyd-Form zu weniger als 0,005% am Gleichgewicht beteiligt ist.

α-D-Glucopyranose

β-D-Glucopyranose

Die Mutarotation verläuft normalerweise langsam, kann aber durch Säuren oder Basen und besonders effizient durch Enzyme (Mutarotase, Aldose-1-epimerase) katalysiert werden. Da bei der Mutarotation das Massenwirkungsgesetz in leicht überschaubarer Weise eingehalten wird[1], kann die Reaktion zur Bestimmung von Glucose und Glucose-Derivaten eingesetzt werden. – *E* mutarotation

*Lit.:* [1]Chem. Unserer Zeit **8**, 121 ff. (1974).

**Mutatoxanthin** siehe *Carotinoide.

**Mutterkorn** siehe *Ährenpilze und *Claviceps.

**Mutterkorn-Alkaloide** siehe *Ergot-Alkaloide.

**Mutterkornzucker** siehe *Trehalose.

**Muttermilch** siehe *Humanmilch.

**Mycobacterium bovis.** Erreger der Tuberkulose beim Rind, Menschen, Hund, Katze und Schwein. Gram-positive, unbewegliche Stäbchen, obligat aerob.

*Vermehrung:* Temperaturoptimum 37 °C; pH-Optimum 5,8–6,9. Erhöhter Kohlendioxid-Gehalt in der Atmosphäre ist fördernd (Ausatemluft hat etwa 4,5%). Abtötung: Pasteurisieren; 3 min 65,5 °C. *Vorkommen* bei Mensch, Tier, Wasser, Erde; in *Rohmilch früher häufig, heute selten.

*Bedeutung:* Übertragung der Tuberkulose durch Milch spielt seit Einführung der Pasteurisation und der Sanierung der Tierbestände nach dem Krieg kaum noch eine Rolle. In tropischen Ländern sollte man allerdings nur abgekochte Milch trinken. Die Krankheit ist meldepflichtig und führt in Lebensmittelbetrieben zum Beschäftigungsverbot.

*Recht:* Sicherheitsstufe nach Anhang IB der Gentechnik-Sicherheits-VO 1990: *Mycobacterium bovis* wird in die Risikogruppe 3 eingeordnet. – *E* Mycobacterium bovis

*Lit.:* Baumgart (4.), S. 329 ■ Haddad, N.; Masselot, M.; Durand, B., *Res. Vet. Sci.*, (2004) **76**, 1–18 ■ Hahn, H.; Falke, D.; Kaufmann, S. H.; Ullmann, U., *Medizinische Mikrobiologie und Infektiologie*, 4. Aufl.; Springer: Berlin, (2001) ■ Krämer (4.) ■ Kumar, H.; Malhotra, D.; Goswami, S.;

Bamezai, R. N., *Crit. Rev. Microbiol.*, (2003) **29**, 297–312 ■
LoBue, P. A.; Betacourt, W.; Peter, C.; Moser, K. S., *Int. J. Tuberc. Lung Dis.*, (2003) **7**, 180–185 ■ Phillips, C. J.; Foster, C. R.; Morris, P. A.; Teverson, R., *Res. Vet. Sci.*, (2003) **74**, 1–15

**Mycose** siehe *Trehalose.

**Mycosterole** siehe *Sterole.

**Mykosterole** siehe *Sterole.

**Mykotoxikosen** siehe *Mykotoxine.

**Mykotoxine** (von griechisch mykes = Pilz und toxikon = Gift, Pfeilgift). Mykotoxine sind sekundäre Stoffwechselprodukte von *Schimmelpilzen und *Hefen, die bereits in geringer Konzentration toxisch auf Mensch und Tier wirken. Teilweise wirken Mykotoxine auch gegen andere Mikroorganismen, so daß die Abgrenzung zu den Antibiotika nicht immer eindeutig ist. Einige Mykotoxine wurden bei ihrer Entdeckung in den 40er Jahren als Antibiotika eingestuft, kamen aber wegen des geringen Abstandes zwischen therapeutischer und toxischer Dosis nie zum Einsatz, z.B. *Patulin, *Penicillinsäure, *Citrinin. Mykotoxine sind thermostabile, niedermolekulare, aromatische, selten aliphatische Substanzen, die aufgrund ihrer heterogenen Molekülstruktur verschiedensten Stoffgruppen zugeordnet werden. Mykotoxine werden bei luxurierendem Wachstum auf sehr nährstoffreichen Substraten (Lebensmittel, Futtermittel) gebildet, nicht aber im Erdboden. Definitionsgemäß gehören die Toxine der *Giftpilze nicht zu den Mykotoxinen.

Mykotoxinproduzenten sind v.a. *Aspergillus-, *Penicillium-, *Fusarium-, *Claviceps- und *Rhizopus-Arten. Bekannte Mykotoxine sind die *Aflatoxine (die stärksten oral wirkenden natürlichen Carcinogene), Citrinin, *Byssochlamsäure, Patulin, *Ochratoxin A, *Sterigmatocystin, *Moniliformin, *Ergot-Alkaloide, Ergochrome, *Cytochalasine, Penicillinsäure, *Penitreme, Zearalenon, *Rubratoxin B, *Trichothecene und andere. Mykotoxine können bereits vor der Ernte auf dem Feld oder während der Lagerung von Getreide bzw. Lebensmitteln gebildet werden (Feldpilze, *Lagerpilze). Mykotoxine vom Trichothecen-Typ haben als Kampfstoffe Aufmerksamkeit erregt[1,2].

Die meisten Mykotoxine sind organspezifisch wirksam, etliche auch mutagen, teratogen und/oder carcinogen. Einige werden vorübergehend im Tierkörper gespeichert und gelangen mit Fleisch oder Innereien an den Verbraucher oder sie werden z.T. mit der Milch oder den Eiern ausgeschieden (carry over). Eine *Risikoabschätzung* setzt umfangreiche toxikologische Studien an mindestens 2 Tierarten und systematische Sammlung von analytischen Daten bei Lebens- und Futtermitteln über mehrere Jahre voraus.

Fast alle Mykotoxine sind im Sauren und bei „Kochtemperatur" stabil. Im Alkalischen und durch starke Oxidationsmittel werden sie rasch zerstört, aber nicht immer entgiftet. Durch die bei der Bestrahlung üblichen Dosen werden sie fast nicht geschädigt. Brauchbare Methoden zur Entgiftung von Lebensmitteln während der Lebensmittelverarbeitung sind nur in Einzelfällen verfügbar[3]. Schutz vor Mykotoxinen bieten die Vermeidung von Pilzwachstum, was auf dem Feld durch den Einsatz von Fungiziden beginnen muß, verletzungsfreie Ernte und schonenden Transport, Trocknung oder Kühlung vor bzw. während der Lagerung voraussetzt. Bei empfindlichen Erzeugnissen ist der Einsatz von Konservierungsmitteln aktiver Verbraucherschutz.

*Vorkommen:* Generell kann man Mykotoxine in jedem Lebens- oder Futtermittel finden, das verschimmelt ist oder vor seiner Be- und Verarbeitung verschimmelt war. In der Praxis kommt nie ein Mykotoxin allein vor, da viele Pilzarten mehrere Mykotoxine bilden können und ein Produkt fast nie von einer Reinkultur besiedelt wird, sondern von vielen Arten. Zu den am stärksten befallenen Lebensmitteln gehören Getreideerzeugnisse, Backwaren, Nüsse, Preßkuchen von Ölpflanzen, Käse, Reis, Malz, Fruchtsäfte. Werden mykotoxinhaltige Futtermittel an Schlachttiere verfüttert, können Mykotoxine auch in Eiern, Fleisch oder Milch auftreten (Beispiel: Aflatoxin, Ochratoxin; „carryover", siehe oben). In *Milch* und daraus hergestellten Produkten findet man Aflatoxin M. Es entsteht aus Aflatoxin B, das mit dem Futter aufgenommen und bei der Passage durch den Tierkörper hydroxyliert wurde. Bei *Obst* verursachen Patulin-bildende Pilze Fäulnis. Fallobst oder verletzte Früchte bei Äpfeln und Birnen, aber auch bei Steinobst und andere Arten sind davon besonders betroffen. Bei Trockenobst, besonders Feigen, wurden Aflatoxine und Ochratoxin A gefunden. In Schalenobst, wie z.B. Erdnüssen, Mandeln oder Pistazien, aber auch in Muskatnüssen kommen Aflatoxine vor. In *Getreide* und Getreideprodukten wurden Ochratoxin A, Citrinin und die Fusarien-Toxine Zearalenon und Trichothecene nachgewiesen. In *Futtermitteln* aus tropischen Gebieten steht das Vorkommen von Aflatoxinen im Vordergrund, besonders durch die Preßrückstände von Ölsaaten (außer Soja). Wegen des carry over sind hier Höchstmengen EG-einheitlich reglementiert. Einheimische Futtermittel sind v.a. mit Fusarien-Toxinen und Ochratoxin A belastet. Letzteres kann auch in Fleischerzeugnisse gelangen. Über andere Mykotoxine ist noch wenig bekannt.

*Mykotoxikosen* sind Erkrankungen, die durch Mykotoxine ausgelöst werden können (z.B. Ergotismus, *Beri-Beri).

*Recht:* Zum Schutz des Verbrauchers vor den als Verunreinigungen in Lebensmitteln auftretenden Mykotoxinen gibt es derzeit in der EU-Höchstmengenregelungen für Aflatoxin und Ochratoxin A (Commission Regulation EC Nr. 472/2002 und 466/2001). Die Festlegung von Grenzwerten für weitere Mykotoxine wird gegenwärtig vorbereitet, ansonsten ist nur eine Beurteilung im Einzelfall nach Artikel 14 *Basis-Verordnung 178/2002 möglich. Gesetzliche Grenzwerte oder auch lediglich Richtwerte für Mykotoxine wurden in rund 50 Ländern festgelegt, wobei sie sich jedoch hauptsächlich auf Aflatoxine beziehen.

Unabhängig von der toxikologischen Bewertung ist bei Fruchtsaft nach dem heutigen Kenntnisstand ein Gehalt von mehr als 50 µg Patulin/L in der Regel ein Nachweis für die Verarbeitung von verschimmelten, d.h. nicht mehr gesunden Früchten (siehe Anhang I, Abschnitt 2, 2.3. Verordnung 466/2001[4]). Zum Nachweis von Mykotoxinen siehe Literatur[5-7]. – *E* mycotoxins

*Lit.:* [1]Nachr. Chem. Tech. **32**, 598 (1984). [2]Nature (London) **309**, 207 (1984). [3]de Vries, J. W.; Trucksess, M. W.; Jackson, L. S., Hrsg., *Mycotoxins and Food Safety*, Kluwer Academic/Plenum Publishers: New York, (2002). [4]Verordnung (EG) Nr. 466/2001 vom 08.03.2001 zur Festsetzung der Höchstgehalte für bestimmte Kontaminanten in Lebensmitteln (Amtsblatt der EG Nr. L 77, S. 1–13, mehrfach geändert). [5]J. Chromatogr. **815** (1) (1998). [6]Nachr. Chem. Tech. Lab. **47**, 553 (1999). [7]Lett. Appl. Microbiol. **10**, 155–160 (1990). *allg.:* Bennett, J. W.; Klich, M., *Clin. Microbiol. Rev.*, (2003) **16**, 497–516 ▪ Creppy, E. E., *Toxicol. Lett.*, (2002) **127**, 19–28 ▪ Karlson-Stiber, C.; Persson, H., *Toxicon*, (2003) **42**, 339–349 ▪ Weidenbörner, M., *Encyclopedia of Food Mycotoxins*, Springer: Berlin, (2001)

**Myoglobin** (Kurzz.: Mb). In Muskeln konzentriertes Eisen-Protein (*Hämoprotein*, roter Muskelfarbstoff, *Fleischfarbe*), das eine Sauerstoff-Transportfunktion in der Muskulatur der Wirbeltiere erfüllt, ähnlich wie dies Hämoglobin (Hb) im Blut besorgt. Die Affinität zum Sauerstoff, der als axialer Ligand am Häm-Eisen gebunden wird, ist jedoch beim Mb größer als beim Hb; daher wandert der Sauerstoff des Bluts ins Mb, wo er gespeichert u. bei Bedarf an die Muskeln abgegeben wird. Stark arbeitende Muskeln (z.B. Herzmuskel, Flügelmuskeln, Flossenmuskulatur) sind reich an Mb; Seehunde u. Wale können z.B. mit dem im Mb gespeicherten Sauerstoff längere Zeit unter Wasser verbringen. Aufgrund des Bohr-Effekts im Blut wird die Sauerstoff-Übertragung auf das Mb bei Ansäuerung noch gesteigert; andererseits wird im arbeitenden Muskel durch verstärkte Glycolyse Milchsäure gebildet, weshalb der pH-Wert abnimmt. Das Eisen(II)-enthaltende Mb ist – was die rote Farbe von Säugetierfleisch bedingt – purpurrot gefärbt; sein Sauerstoff-Addukt (MbO$_2$) ist ebenfalls leuchtend rot, während das Oxid.-Produkt mit Fe$^{3+}$ (*Metmyoglobin*, MetMb), das z.B. in gekochtem Fleisch auftritt, braun ist u. keinen Sauerstoff mehr binden kann. Seine rote Farbe kann allerdings wiederhergestellt werden (*Umrötung), wenn man ihm NO$_2^-$-Ionen od. NO (aus Nitriten) zuführt.

*Lebensmittelchemische Aspekte:* Myoglobin verschiedener Tierarten weist speziesspezif. Unterschiede in der Aminosäure-Sequenz auf u. ergibt bei der isoelektrischen Fokussierung charakterist. Protein-Muster, die eine *Tierartbestimmung bei Fleisch ermöglichen.

Der Mb-Gehalt ist u.a. abhängig von der Tierart, vom Muskel- u. Muskelfasertyp, von der Beanspruchung der Muskulatur u. vom Lebensalter (junge Tiere enthalten weniger Mb als ältere). Stark arbeitende Muskeln (z.B. Herz, Zwerchfell, Flügel, Flossen) weisen hohe Mb-Gehalte auf. Rindermuskeln sind allg. Mb-reicher u. daher dunkler als Schweinemuskeln. Beisp.: Mb-Gehalt (in mg/100 g Muskel) in Rückenmuskeln – Kalb (12 Tage alt) 70; Ochse (3 Jahre) 460; Rind 350–830; Schwein 70–310. Die glatte Muskulatur der inneren Organe (Magen, Darm, Harnblase, Uterus) enthält kein Mb. – *E* myoglobin

*Lit.:* Stryer 2003 – *[CAS 9047-17-0]*

**Myprocine** siehe *Natamycin.

**Myristicin** siehe *Safrol.

**Myrosin** siehe *Myrosinase.

**Myrosinase** (EC 3.2.3.1, Thioglucosid-Glucohydrolase). Eine früher *Myrosin* genannte, jetzt nach IUBMB-Empfehlung als *Thioglucosidase* zu bezeichnende Hydrolase, die Thioglycoside in Thiole und Zucker spaltet. Das bereits 1840 von Bussy in Senfsamen entdeckte Enzym (PDB entry 2myr) ist in einer Reihe von Pflanzenfamilien, speziell Brassicaceae (Cruciferae), enthalten und wird durch L-Ascorbinsäure aktiviert. *Glucosinolate ergeben wegen nichtenzymatischer Umlagerung des freigesetzten Aglycons (Thiols) nach der Spaltung *Senföle (Isothiocyanate; Formelschema siehe *Glucosinolate).

Von Myrosinase sind verschiedene Isoenzyme bekannt, die in ihren physikochemischen Eigenschaften differieren und in unterschiedlichen Organen lokalisiert sind[1-3]. Zumindest drei Unterfamilien von Myrosinase-Genen, MA (oder Myr1), MB (oder Myr2) und MC, sind bekannt[2]. Die Anzahl der zu jeder Unterfamilie zugehörigen Gene fand man in *Brassica napus* mit 5 (in MA), 10–15 (in MB) und 5 (in MC). Die Molmassen für Myrosinase von jeder Unterfamilie liegen bei 75 kDa, 65 kDa und 70 kDa. Die Unterschiede sind durch verschiedene Glycosilierungsgrade bedingt; üblicherweise liegt der Kohlenhydrat-Anteil bei 10–20%. Von MB- und MC-Myrosinasen ist bekannt, daß diese in höhermolekularen Formen von 250–800 kDa auftreten können; es handelt sich um Myrosinase-assoziierte Proteine (MyAP) sowie um Bindungsproteine (MBP; MBPRP)[1]. Sie sollen, wie auch epithiospezifische Proteine[4], in die Modifizierung der Glucosinolat-Abbauprodukte involviert sein.

Das Glucosinolat-Myrosinase-System spielt eine wesentliche Rolle bei der Interaktion von Pflanze und Insekten[5]. Trotz inzwischen bekannter hoher Vielfalt von Wechselwirkungen[6,7] wird das System weiterhin intensiv erforscht. – *E* myrosinase

*Lit.:* [1]Bones, A. M.; Rossiter, J. T., *Physiol. Plant.*, (1996) **97**, 194–208. [2]Rask, L.; Andreasson, E.; Ekbom, B.; Eriksson, S.; Pontoppidan, B.; Meijer, J., *Plant Mol. Biol.*, (2000) **42**, 93–113. [3]Eriksson, S.; Ek, B.; Xue, J.; Rask, L.; Meijer, J., *Physiol. Plant.*, (2001) **111**, 353–364. [4]Lambrix, V.; Reichelt, M.; Mitchell-Olds, T.; Kliebenstein, D. J.; Gershenzon, J., *Plant Cell*, (2001) **13**, 2793–2807. [5] Schooven, L. M.; Jermy, T.; Van Loon, J. J. A., *Insect Plant Biology*, Chapman and Hall: London, (1998). [6] Raybould, A. F.; Moyes, C. L., *Heredity*, (2001) **87**, 383–391. [7] Siemens, D. H.; Garner, S. H.; Mitchell-Olds, T.; Callaway, R. M., *Ecology*, (2002) **83**, 505–517.

*allg.:* Bones, A. M.; Rossiter, J. T., *Physiol. Plant.*, (1996), **97**, 194–208 ▪ Keum, Y. S.; Jeong, W. S.; Kong, A. N., *Mutat. Res.*, (2004) **555**, 191–202 ▪ Rask, L.; Andreasson, E.; Ekbom, B.; Eriksson, S.; Pontoppidan, B.; Meijer, J., *Plant Mol. Biol.*, (2000) **42**, 93–113 ▪ Wittstock, U.; Halkier, B. A., *Trends Plant Sci.*, (2002) **7**, 263–270

**Mytilotoxismus** siehe *Muschelvergiftung.

# N

**N.** Symbol für *Asparagin.

**Na.** Chem. Symbol für das Element *Natrium.

**NAB.** Abkürzung für *N*-Nitrosoanabasin, siehe *Nitrosamine.

**Nachwachsende Rohstoffe.** Bezeichnung für eine Gruppe von landwirtschaftlich und forstwirtschaftlich erzeugten Produkten, die einer Verwendung im Nichtnahrungsbereich zugeführt werden. Als Verwendungszweck der Rohstoffe aus der Natur gelten die industrielle Weiterverarbeitung, die Erzeugung von Wärme, Strom und anderen Energieformen. Nachwachsende Rohstoffe wurden in Deutschland im Jahr 2003 auf 835000 ha (8% der Gesamtackerfläche Deutschlands) angebaut. Gründe sind ökonomischer und ökologischer Art (Nachhaltigkeit). Nachwachsende Rohstoffe ersetzen ihre fossilen Konkurrenten in vielen Bereichen, um begrenzte Vorräte für nachfolgende Generationen zu schonen.

Zu den nachwachsenden Rohstoffen zählen sowohl primäre Rohstoffe wie Holz, als auch Produkte der ersten und zweiten Verarbeitungsstufe wie *Cellulose, *Stärke, monomere *Kohlenhydrate, *Chitin, Fette (auch tierische Fette) und Öle sowie – in bisher nur geringem Maße – *Proteine. Meist werden auch tierische Produkte wie z.B. Schurwolle, Leder und Häute, *Talg, *Gelatine und *Casein sowie organische Rückstände wie Stroh und dergleichen zu den nachwachsenden Rohstoffen gezählt.

Als Vorteile von nachwachsenden Rohstoffen, die sich im biologischen Kreislauf „erneuern", gelten die Neutralität hinsichtlich der globalen Kohlendioxid-Bilanz, die hohe Funktionalität („Synthesevorleistung der Natur") und in bestimmten Fällen ein besonders günstiges Ökoprofil.

Einsatz finden nachwachsende Rohstoffen vor allem dort, wo deren natürliche Funktionalität genutzt wird, z.B. für die Herstellung von Tensiden aus Pflanzenölen (Beispiel: *Alkylpolyglucoside), *Klebstoffen, oleochemischen Monomeren und Spezialpolymeren. Demgegenüber sind nachwachsende Rohstoffe für organische Grundstoffe, wie niedere Olefine, oder für die Energieerzeugung auf absehbare Zeit nicht konkurrenzfähig. Sinnvoll ist ihr Einsatz jedoch unter bestimmten ökologischen Randbedingungen, so in der Forstwirtschaft z.B. als Sägekettenöle. Mit zum Teil erheblichen Subventionen wird die Verwendung von einfach veredelten Rapsölen (Rapsölmethylester) als Treibstoff (Biodiesel) gefördert.

Um die Marktchancen von nachwachsenden Rohstoffen zu vergrößern, werden Anteil und Zusammensetzung von Inhaltsstoffen durch Züchtung oder gentechnisch modifiziert, z.B. das Fettsäure-Spektrum in Raps zugunsten von Laurinsäure oder in der Sonnenblume zugunsten von Ölsäure. – *E* renewable resources

*Lit.:* Fachagentur Nachwachsende Rohstoffe e.V. (FNR), *Nachwachsende Rohstoffe – Spitzentechnologie ohne Ende*; Hauptbroschüre der FNR; FNR: Gülzow, (2001) ▪ Knothe u. Derksen (Hrsg.), Recent Developments in the Synthesis of Fatty Acid Derivatives, Champaign: American Oil Chemists' Society 1999 ▪ Rybinski, W., von; Hill, K., *Angew. Chem.*, (1998) **110**, 1394–1413 ▪ http://www.nachwachsende-rohstoffe.de

**Nachweisgrenze** (Abkürzung NG). Kleinste Konzentrationen eines Stoffes, die in einer Analysenprobe noch sicher nachgewiesen werden kann[1-2]. Unterhalb der NG gilt ein Stoff als nicht nachweisbar (Ergebnis: n. n.). Mit abnehmender Konzentration eines Stoffes wird die relative Streuung der Ergebnisse bei der Analyse dieses Stoffes immer größer. Bei einer angemessenen Konzentration, die nur geringfügig oberhalb der Nachweisgrenze liegt, ist diese Streuung so groß, daß man keine genaue Zahl mehr als Analysenergebnis angeben kann. Der Stoff ist also nachgewiesen, aber nicht bestimmbar [*Bestimmungsgrenze* (BG), Ergebnis: n. b.]. Erst oberhalb der BG ist die Streuung klein genug, so daß man eine Zahl als Ergebnis mitteilen kann. Der Betrag von NG und BG sollte bei einer Ergebnismitteilung angegeben werden. Ebenso wie die NG ist die BG von besonderer Bedeutung in der Spurenanalytik. Zur Ermittlung von NG und BG gibt es unterschiedliche statistische Konzepte. Herkömmliche Konzepte berücksichtigen vor allem die Streuung des Blindwertes[3-5], neuere Konzepte gehen meist von der Streuung der Kalibriergeraden aus, meist ermittelt als Prognosebereich[6-9]. Wegen unterschiedlicher Ansätze führen die verschiedenen Konzepte auch zu unterschiedlichen Nachweis- und Bestimmungsgrenzen. – *E* detection limit

*Lit.:* [1]Funk, W.; Dammann, V.; Donnevert, G., *Qualitätssicherung in der Analytischen Chemie*, VCH Verlagsges.: Weinheim, (1992); S. 22–27. [2]DIN 1319-1: 1995-01. [3]EG-Entscheidung 87/410/EWG vom 14.7.1987 (Amtsblatt der EG Nr. L 223, S. 18, 1987). [4]Anal. Chem. **55**, 2210 (1983). [5]Analyst (London) **112**, 199 (1987). [6]Normenausschuß Chemische Terminologie im Dtsch. Inst. für Normung, Gelbdruck zu DIN 32645, Berlin: Beuth 1994. [7]DFG-Methode, Kap. XI-A. [8]Deutsche Gesellschaft für Fettwissenschaft e.V. Münster, Allgemeine Angaben Abt. A II 2b, Stuttgart: Wissenschaftliche Verlagsges. 1989. [9]GIT Fachz. Lab. **35**, 285 (1991).

**Nacktpfirsich** siehe *Nektarine.

**Nährbiere** siehe *Biereinteilung.

**Nährstoffbezogene Angaben** siehe *Nährwert-Kennzeichnungsverordnung.

**Nährstoffdichte.** Angabe zum Verhältnis von Nährstoffen zum *physiologischen Brennwert eines Nahrungsmittels. Zur Bewertung eines Lebensmittels für die Ernährung des Menschen ist der abs. Gehalt eines essentiellen Inhaltsstoffes, das Verhältnis der essentiellen Inhaltsstoffe zueinander, aber auch die N. zu berücksichtigen. Sie gibt die Menge eines Nährstoffes pro 1 Megajoule an. – *E* nutrition density

**Nährstoffzufuhr-Empfehlungen** siehe *Referenzwerte für die Nährstoffzufuhr.

**Nährwert.** Unter dem Nährwert versteht man allgemein den *physiologischen Brennwert eines Lebensmittels, d.h. den vom Organismus im Stoffwechsel verwertbaren Energiegehalt sowie den Gehalt an Nährstoffen wie z.B. den Hauptnährstoffen Fette, Proteine und Kohlenhydrate, den Vitaminen, Mineralstoffen und Spurenelementen, aber auch den Gehalt an Alkohol, Ballaststoffen, Cholesterol und sekundären Pflanzenstoffen. Für die Diätetik relevant sind weiterhin Angaben zu Nährstoffen wie z.B. *Broteinheit (BE), Fructose, Lactose, Galactose, Fettsäuren oder einzelnen Aminosäuren.
Der Gesetzgeber legt in der *Nährwert-Kennzeichnungsverordnung[1] Bestimmungsmethoden für Nährwerte fest. Für den Energiegehalt gelten die unter physiologischer Brennwert genannten Bedingungen. In der Diätetik verwendete Angaben sind in der Diät-Verordnung[2] geregelt. Unterschieden wird also nach *brennwertbezogenen* und *nährstoffbezogenen* Angaben. Der Nährwert einzelner Lebensmittel kann *Nährwerttabellen wie z.B. dem Bundeslebensmittelschlüssel oder dem „Souci-Fachmann-Kraut" entnommen werden. *Brennwert-* oder *nährstoffverminderte* Lebensmittel dürfen nur in Verkehr gebracht werden, wenn neben den obigen Angaben auch die Art und der Umfang der *Nährwertverminderung* kenntlich gemacht sind. Der Brennwert von Lebensmitteln, in deren Bezeichnung auf einen geringeren Brennwert hingewiesen wird, darf höchstens 210 kJ/100 g betragen. Für Getränke, Suppen und Brühen gilt ein Höchstwert von 84 kJ/100 mL. Angaben, die auf eine *Brennwertverminderung* hindeuten, dürfen nur dann gemacht werden, wenn die in Anlage 1 der Nährwert-Kennzeichnungsverordnung (siehe Literatur[1]) angegebenen Höchstwerte für spezielle Lebensmittel nicht überschritten werden oder der Brennwert den durchschnittlichen Brennwert vergleichbarer herkömmlicher Lebensmittel um weniger als 30 von Hundert unterschreitet (§ 6 Nährwert-Kennzeichnungsverordnung). Gleiches gilt für Angaben, die sich auf einen *verminderten Nährstoffgehalt* beziehen. Bei Wein (unterliegt nicht der

Lebensmittelgesetzgebung), der als „für Diabetiker geeignet" gekennzeichnet ist, müssen nach der Weinverordnung[3] der Brennwert des Alkohols und der physiologische Gesamtbrennwert angegeben sein. Die Angabe des Nährwertes erscheint in Anbetracht der immer stärkeren Gewichtung ernährungsbedingter Risikofaktoren (Übergewicht, unangemessene Nährstoffzusammensetzung, Mangel an essentiellen Nährstoffen) sinnvoll. Seitens der EG wurde mit dem Ziel der Vereinheitlichung der Nährwert-Angaben eine Nährwert-Kennzeichnungs-Richtlinie für Lebensmittel erlassen[4]. – *E* nutritive value

*Lit.:* [1]Nährwert-Kennzeichnungsverordnung vom 25.11.1994 in der gültigen Fassung. [2]VO über diätetische Lebensmittel vom 25.08.1988 in der gültigen Fassung. [3]VO über Wein, Likörwein und weinhaltige Getränke vom 01.09.1993 in der jeweils gültigen Fassung, § 17 Absatz 1-3. [4]Richtlinie (90/496/EWG) des Rates der EG über die Nährwertkennzeichnung von Lebensmitteln vom 24.09.1990.

**Nährwert-Kennzeichnungsverordnung** (Abkürzung NKV). Die Verordnung über nährwertbezogene Angaben bei Lebensmitteln und die Nährwertkennzeichnung von Lebensmitteln[1] regelt die nährwertbezogenen Angaben im Verkehr mit *Lebensmitteln und in der Werbung für Lebensmittel sowie die Nährwertkennzeichnung von Lebensmitteln, soweit sie zur Abgabe an den Verbraucher bestimmt sind. Die NKV gilt nicht für natürliches Mineralwasser, Trink- und Quellwasser (§ 1 Abs. 2 NKV). Mit Ausnahme des § 6 NKV (Verbot der Schlankheitswerbung) gilt die NKV auch nicht für *Nahrungsergänzungsmittel (§ 1 Abs. 3 NKV). Die Vorschriften der *Diät-Verordnung bleiben unberührt.
Werden nährwertbezogene Angaben im Verkehr mit Lebensmitteln oder in der Werbung für Lebensmittel mit Ausnahme produktübergreifender Werbekampagnen verwendet, so muß eine Nährwertkennzeichnung erfolgen. Als „nährwertbezogene Angabe" ist dabei jede im Verkehr mit Lebensmitteln oder in der Werbung für Lebensmittel erscheinende Darstellung oder Aussage zu verstehen, mit der erklärt, suggeriert oder mittelbar zum Ausdruck gebracht wird, daß ein Lebensmittel auf Grund seines Energiegehaltes oder Nährstoffgehaltes besondere Nährwerteigenschaften besitzt. Die durch Rechtsvorschrift vorgeschriebene Angabe der Art oder der Menge eines Nährstoffes sowie Angaben oder Hinweise auf den Alkoholgehalt eines Lebensmittels sind keine nährwertbezogenen Angaben im Sinne dieser Verordnung (§ 2 Nr. 1 NKV).
Nach § 4 Abs. 1 NKV hat die Nährwertkennzeichnung mit den „big four" (Brennwert in kJ/kcal, Gehalt an Eiweiß in g, Gehalt an Kohlenhydraten in g, Gehalt an Fett in g) oder den „big eight" zu erfolgen. Die Reihenfolge für die Angabe des Brennwertes und der einzelnen Nährstoffe ist zwingend vorgeschrieben (§ 5 Abs. 1 Satz 3 NKV). Bezieht sich die nährwertbezogene Angabe auf Zucker, gesättigte Fettsäuren, Ballaststoffe, Natrium oder Kochsalz, so hat die Nährwertkennzeich-

nung mit den Angaben nach § 4 Abs. 1 Nr. 2 NKV („big eight") zu erfolgen. Zusätzlich darf die Nährwertkennzeichnung den Gehalt der in § 4 Abs. 2 NKV aufgezählten Stoffe, insbesondere der in Anlage 1 der NKV aufgeführten und in signifikanter Menge vorhandenen Vitamine und Mineralstoffe enthalten. Angaben über Vitamine und Mineralstoffe müssen nach § 5 Abs. 6 NKV zusätzlich als Prozentsatz der in Anlage 1 empfohlenen Tagesdosen ausgedrückt werden.

Die Nährwert-Kennzeichnungsverordnung definiert weiterhin u. a. die Berechnungsgrundlagen des *physiologischen Brennwertes (§ 3 NKV) und schreibt insbesondere die Angaben der Energie- und Nährwertgehalte auf den Packungen, Behältnissen oder sonstigen Umhüllungen, den Sammelpackungen und bei offener Ware detailliert vor (§ 5 NKV).

*Lit.:* [1]Nährwert-Kennzeichnungsverordnung (Artikel 1 der Verordnung zur Neuordnung der Nährwertkennzeichnungsvorschriften für Lebensmittel) vom 25.11.1994 (BGBl. I, S 3526; mehrfach geändert).
*allg.:* Meyer, A. H., *Lebensmittelrecht – Leitfaden für Studium und Praxis*, Wissenschaftliche Verlagsgesellschaft: Stuttgart, (1998) ▪ Zipfel-Rathke, C 22: NKV

**Nährwerttabellen.** Nährwerttabellen enthalten Angaben zur Zusammensetzung einzelner Lebensmittel. Eine wichtige Datenbank ist der *Bundeslebensmittelschlüssel* (BLS), der aktuell in der Fassung II.3 von 1999 vorliegt und vom Bundesinstitut für Risikobewertung (*BfR) betreut wird. Der BLS gliedert sich in 3 Teile:
a) einem Schlüssel- und Kodiersystem für auf dem deutschen Markt befindliche Lebensmittel,
b) einer Datenbank für Lebensmittel sowie
c) einer Rezeptursammlung.
Die Datenbank enthält in der aktuellen Fassung 11432 Lebensmittel mit jeweils 147 Nährstoffen. Erstellt wurde die Datenbank anhand der Analysedaten von 1257 Lebensmitteln, aus denen die Nährwerte der weiteren Lebensmittel berechnet wurden. Der BLS ist Basis fast aller computergestützter Ernährungsprogramme und dient auch in epidemiologischen Studien als Datenbasis.
Eine weitere häufig verwendete Datenbasis ist der Souci-Fachmann-Kraut, worin Angaben zu ca. 750 Lebensmitteln und ca. 250 Inhaltsstoffen aus teils analysierten, teils berechneten Werten enthalten sind.
Nährwerttabellen gibt es in einer Vielzahl von Zusammenstellungen und Ausgaben. Sie reichen von einfacher Lebensmittelauswahl mit nur wenigen Angaben zu Energie und Hauptnährstoffen in Form von Printmedien bis hin zur Nutzung des BLS via PC. Für Verbraucher geeignete Nährwerttabellen zeichnen sich durch einfache Aufmachung und Mengenangaben pro Portion aus, während die Nutzung des gesamten BLS eher für wissenschaftliche Zwecke geeignet ist.
Einige aktuelle Tabellenwerke sind in der Literatur zusammengestellt. – *E* food composition tables

*Lit.:* Krüger, A.; Elmadfa, I.; Aign, W.; Muskat, E., *Die große GU Nährwert Kalorien Tabelle*, Gräfe & Unzer: München, (2002) ▪ Néstle Deutschland AG, Hrsg., *Kalorien*

*mundgerecht*, 12. Aufl.; Umschau/Braus: Frankfurt, (2000) ▪ Souci et al. (6.) ▪ Wirths, W., *Kleine Nährwerttabelle der Deutschen Gesellschaft für Ernährung e. V.*, Umschau/Braus: Frankfurt, (2002)

**Nagellack.** N. enthalten als Grundsubstanz den Lackbildner, meist eine mittelviskose Nitrocellulose, die bevorzugt in Estern, z. B. Ethylacetat, gelöst wird. Die Haftung u. Haltbarkeit des N. auf dem Nagel wird durch Zugabe eines Harzes (früher natürlichen Ursprungs, z. B. Schellack od. Kolophonium), heute meist ein Toluolsulfonamid-Formaldehyd-Harz bzw. durch Polyacryl- od. Polymethacrylsäureester, erreicht. Die Plastizität des entstehenden Filmes auf dem Nagel wird durch Zugabe eines *Weichmachers (Dibutylphthalat, *Campher, Acetyltributylcitrat usw.) erreicht. Die vorgenannten Bestandteile werden meist in einem Lsm.-Gemisch (Butylacetat, Ethylacetat, Toluol, 2-Propanol, 1-Butanol usw.) gelöst. Zugesetzt werden ferner *Farbmittel (*Eisenoxid-Pigmente, *Titandioxid, organ. Pigmente, *Perlglanzpigmente wie Bismutoxidchlorid od. Glimmer) u. *Thixotropiermittel (*Kieselsäuren, *Bentonit), die eine Sedimentation der Suspension verhindern sollen. Unterlacke sollen Unebenheiten in der Nageloberfläche ausgleichen; Decklacke dienen zum Schutz u. zur Festigung des farbigen Lacks.
Als *Nagellackentferner* dienen Lsm.-Gemische in ähnlicher Zusammensetzung wie in den N., ggf. in Kombination mit Aceton sowie mit pflegenden Zusätzen zur Rückfettung der Nägel, vorbeugend gegen ein Brüchigwerden.
*Analytik:* Zum Nachweis u. zur Identifizierung von organ. Farbstoffen mittels Dünnschichtchromatographie u. zum Nachweis anorgan. Pigmente siehe Literatur[1]. – *E* nail polish

*Lit.:* [1]Fette, Seifen, Anstrichm. **86**, 208–210 (1984); Mitt. Geb. Lebensmittelunters. Hyg. **75**, 221–226 (1984).
*allg.:* Ullmann (5.) **A24**, 230 ▪ Umbach (2.), S. 331–336 ▪ [HS 3304 30]

**Nagellackentferner** siehe *Nagellack.

**Nah-Infrarot-Spektroskopie** siehe *NIR-Spektroskopie.

**Nahrungsergänzungsmittel.** Den Rechtsrahmen für Nahrungsergänzungsmittel setzt die Nahrungsergänzungsmittel-Richtlinie 2002/46/EG vom 10.06.2002[1], die durch die am 28.05.2004 in Kraft getretene Nahrungsergänzungsmittelverordnung[2] in deutsches Recht umgesetzt wurde.
Nach der Legaldefinition in Artikel 2 der Richtlinie sind Nahrungsergänzungsmittel „Lebensmittel, die dazu bestimmt sind, die normale Ernährung zu ergänzen und die aus Einfach- oder Mehrfachkonzentraten von Nährstoffen oder sonstigen Stoffen mit ernährungsspezifischer oder physiologischer Wirkung bestehen und in dosierter Form in den Verkehr gebracht werden". Nahrungsergänzungsmittel können, wie Erwägungsgrund 6 der Richtlinie zeigt, eine breite Palette von Nährstoffen und anderen Zutaten enthalten, unter anderem, aber nicht ausschließlich, Vitamine, Mineralstoffe, Aminosäuren, essentielle Fettsäuren, Ballaststoffe und

verschiedene Pflanzen und Kräuterextrakte. Die Richtlinie erstreckt sich hinsichtlich der Kennzeichnung zwar auf (alle) „Nahrungsergänzungsmittel" im Sinne der Legaldefinition, erfaßt aber bezüglich der Rezeptur derzeit (und wohl auch auf längere Sicht) nur Vitamine und Mineralstoffe.

In der Richtlinie (Artikel 2b) wie auch in der deutschen Verordnung finden sich daher derzeit nur Regelungen für *Vitamine und *Mineralstoffe, die positiv gelistet sind. Andere als die gelisteten Vitamine und Mineralstoffe (einschließlich Spurenelemente) sind verboten; das Verbot betrifft namentlich Ultraspurenelemente wie Vanadium und Silicium, die nicht als essentiell gesehen werden.

Andere Stoffe mit „ernährungsspezifischer oder physiologischer Wirkung" wie Pflanzen und Kräuterextrakte bleiben hinsichtlich konkreter Anforderungen in Bezug auf Qualität und Quantität vorerst sowohl nach der Richtlinie als nach der deutschen Verordnung ausgespart. Die neue Richtlinie ist daher keine umfassende Regelung der Nahrungsergänzungsmittel; sie ist vielmehr lückenhaft. Die Richtlinie sieht die Festsetzung von Höchstmengen für Vitamine und Mineralstoffe vor (Artikel 5), die aber – obwohl essentiell – noch aussteht. Die Höchstmengen sollen sich an den wissenschaftlich anerkannten Verträglichkeitsgrenzen (upper tolerable levels = UL-Werte) orientieren, unter Berücksichtigung der unterschiedlichen Sensibilität einzelner Verbrauchergruppen und der Zufuhr von Stoffen aus unterschiedlichen Quellen.

Die Richtlinie enthält ein Verkehrsverbot für Produkte, die nicht ihren Anforderungen entsprechen (Artikel 3, 15), Reinheitskriterien (Artikel 4), die sich an internationalen Standards orientieren, sowie die Möglichkeit der Anzeigepflicht für den Hersteller (Monitoring nach Artikel 10), die nun in § 5 der deutschen Verordnung geregelt ist.

Artikel 6 bzw. § 4 regeln, in Ergänzung zur Etikettierungs-Richtlinie 2000/13/EG[3], die Kennzeichnung von Nahrungsergänzungsmitteln. – *E* food supplements

*Lit.:* [1]Richtlinie 2002/46/EG des Europäischen Parlaments und des Rates vom 10.06.2002 zur Angleichung der Rechtsvorschriften der Mitgliedstaaten über Nahrungsergänzungsmittel (Amtsblatt der EG Nr. L 183, S. 51). [2]Verordnung über Nahrungsergänzungsmittel (Nahrungsergänzungsmittelverordnung – NemV) vom 24.05.2004 (BGBl. I, S. 1011). [3]Richtlinie 2000/13/EG des Europäischen Parlaments und des Rates vom 20.03.2000 zur Angleichung der Rechtsvorschriften der Mitgliedstaaten über die Etikettierung und Aufmachung von Lebensmitteln sowie die Werbung hierfür (Amtsblatt der EG Nr. L 109, S. 29).

*allg.:* Erbersdobler, H. F.; Meyer, A. H., Hrsg., *Praxishandbuch Functional Food*, Behr's: Hamburg, (2004); II, 3.4, 7.3 ∎ Hagenmeyer, M.; Hahn, A., *ZLR – Z. Gesamte Lebensmittelrecht*, (2003), Nr. 4, 417–447 ∎ Hahn, A., *Nahrungsergänzungsmittel*, Wissenschaftliche Verlagsgesellschaft: Stuttgart, (2001) ∎ Meyer, A. H., *Lebensmittelrecht*, C. H. Beck: München, (Loseblattsammlung); Nr. 2500, 2550

## Nahrungsmittelallergie siehe *Lebensmittelallergien.

## Nangai-Nuß (Galipnuß, Indischer Kanaribaum, Kanariennuß). Der in Polynesien (Indonesien, Pa-

pua Neu-Guinea, den Salomonen Inseln und Vanuatu) beheimatete Nangai-Nuß-Baum *Canarium indicum* L. (syn. *Canarium amboinense* Hochr., *Canarium commune* L., *Canarium mehenbethene* Gaertn., *Canarium moluccanum* Blume, *Canarium zephrinum* Rumphius) gehört zur Familie der Balsamgewächse (Burseraceae) und ist in Europa praktisch unbekannt. Er wächst in den feuchten tropischen Gegenden. Der Nangai-Nuß-Baum kann im ausgewachsenen Stadium eine Höhe von bis zu 20–30 m und ein Blätterdach von bis zu 15–20 m Durchmesser aufweisen. Die länglich eiförmigen Früchte sind im unreifen Zustand grün und verfärben sich zunächst dunkelgrün, bei Reife schwarz. Sie weisen eine Länge von 3–6 cm und eine Breite von 2–4 cm auf. Ab dem 7. Jahr wird ein Hektarertrag von bis zu 750 kg Nüsse erzielt, der bis auf 4–7 t im 10. bis 15. Jahr ansteigt.

Die Nuß besteht aus der harten Schale (87%) und dem eßbaren Samen (13%). Letzterer setzt sich wie folgt zusammen (pro 100 g): 35,4 g Wasser, 8,2 g Protein, 45,9 g Fett, 0,3 g Stärke und 0,2 g Zucker; Kalium (627 mg) und Magnesium (284 mg) sind die wesentlichen Mineralstoffe, gefolgt von Eisen (3,5 mg), Zink (2,4 mg), Kupfer (1,6 mg) und Mangan (1,1 mg). An Vitaminen sind Niacin (1,7 mg) und L-Ascorbinsäure (8 mg) hervorzuheben[1].

Man nimmt an, daß interspezifische Hybridisierungen und die Polyploidie in der Evolution der *Canarium*-Spezies eine wesentliche Rolle gespielt haben[2]. Dies dürfte auch der Grund für die Vielzahl an Synonymen und die Probleme bei der zweifelsfreien Zuordnung der Früchte zu den jeweiligen Spezies sein.

Die Nangai-Nuß löste bei Pollenallergikern eine durch *Immunglobulin E (IgE) vermittelte Kreuzreaktion aus, obwohl die Probanden zuvor nie in Kontakt mit dieser Nuß gekommen waren. Die IgE bindenden Epitope hatten Kohlenhydrat-Charakter. Aufgrund dieser unerwarteten Kreuzreaktion wurde empfohlen, neue oder veränderte Lebensmittel bzw. -zutaten (z.B. Lebensmittel, die gentechnisch veränderte Organismen enthalten) generell vor der Markteinführung auf ihr allergenes Potential zu testen[3–5]. Hierzu könnte in Zukunft ein „*allergenomer Ansatz*" verfolgt werden, um die bis dato unbekannten Eigenschaften, die ein Allergen ausmachen, zu identifizieren. Dies würde durch Anlegen von Datenbanken mit definierten Patientenseren ermöglicht, wodurch in großangelegten Testreihen Homologien in der Aminosäure-Sequenz von neuen Proteinen und bekannten Allergenen aufgeklärt werden könnten[5].

*Verwendung:* Der Baum liefert u. a. ein wenig widerstandsfähiges Holz, das für den Haus- und Bootsbau verwendet wird, oder zu Heizzwecken dient. Die zerkleinerte Nuß wird in Polynesien zu Eiscreme verarbeitet und deren Öl traditionell in Körperpflegeprodukten angewendet[1]. Kürzlich wurde das Öl aus *Canarium indicum* auch als Insektenrepellent vorgeschlagen[6].

Wegen der hohen Hektarerträge wird der Nangai-Nuß ein großes Zukunftspotential zugeschrieben.

Hierzu ist allerdings ein genaueres Studium des Inhaltsspektrums dringend geboten, um potentielle Allergene und toxikologisch bedenkliche Inhaltsstoffe zu charakterisieren. – *E* blume galip, canarium nut, galipnut (Papua Neu-Guinea), java almond, java olive, kanari, kenari nut, nangai nut (Vanuatu), ngali, ngali nut (Salomonen Inseln)

*Lit.:* [1]Thomson, L. A. J.; Evans, B., Species Profiles for Pacific Island Agroforestry: *Canarium indicum* var. *indicum and C. harveyi* (canarium nut), (November 2004); http://www.agroforestry.net/tti/Canarium(canariumnut).pdf. [2]Sui, L.; Zee, F.; Manshardt, R. M.; Aradhya, M. K., *Sci. Hortic.*, (1997) **68**, 197. [3]Roux, K. H.; Teuber, S. S.; Sathe, S. K., *Int. Arch. Allergy Immunol.*, (2003) **131**, 234. [4]Sten, E.; Stahl Skov, P.; Andersen, S. B.; Torp, A. M.; Olesen, A.; Poulsen, L. K.; Bindslev-Jensen, C., *Allergy*, (2002) **57**, 398. [5]Poulsen, L. K., *Mol. Nutr. Food Res.*, (2003) **48**, 413. [6]Komai, K.; Hayase, T.; Hayase, M.; Miwata, M.; Sakurai, O.; Kuroki, O.; Mizuguchi, M., JP 2004099535 AA, (2004).

*allg.:* Entscheidung 2001/17/EC der Kommission vom 19.12.2000 zum Verbot des Inverkehrbringens von „Nangainüssen (Canarium indicum L.)" als neuartiges Lebensmittel oder neuartige Lebensmittelzutat im Sinne der Verordnung (EG) Nr. 258/97 des Europäischen Parlaments und des Rates (Amtsblatt der EG Nr. L 004, S. 35) ▪ SCF, *Opinion on the safety assessment of the nuts of the Ngali tree*, vom 08.03.2000; http://europa.eu.int/comm/food/fs/sc/scf/out54_en.pdf

**Nangka** siehe *Jackfrucht.

**Naphtholrot S** siehe *Amaranth.

**1-Naphthylessigsäure, 2-Naphthyloxyessigsäure** siehe *Auxine.

**Naranjilla** siehe *Lulo.

**Naringenin** siehe *Flavanone.

**Naringin** siehe *Flavanone.

**Naringinase** (α-L-Rhamnosidase, EC 3.2.1.40). Naringinase spaltet das bitter schmeckende, in Pulpe und Säften von Citrusfrüchten (insbes. *Grapefruit) vorkommende Naringin (siehe *Flavanone) in die weniger bitteren Bestandteile *Rhamnose u. Prunin[1]. Prunin wird nachfolgend von einer β-Glucosidase in Glucose u. Naringenin gespalten; s. a. *Entbitterung. Das Enzymgemisch aus Naringinase u. β-*Glucosidase läßt sich aus Pflanzenmaterial, aber auch unter Einsatz von Mikroorganismen (*Aspergillus niger, Coniothyrium diplodiella*) fermentationstechnisch gewinnen. Immobilisierte Formen sind beschrieben[2].

– *E* naringinase

*Lit.:* [1]Biotechnol. Adv. **18**, 207–217 (2000). [2]Enzyme Microb. Technol. **18**, 281–285 (1996); J. Food Sci. **63**, 61–65 (1998); Food Biotechnology **15**, 13–23 (2001). – *[CAS 37288-35-0]*

**Naringin-Dihydrochalkon** siehe *Dihydrochalkone.

**Naßpökelung** siehe *Pökeln.

**Naßvernetzungsverfahren** siehe *Pflegeleichtausrüstung.

**NAT.** Abkürzung für *N*-Nitrosoanatabin, siehe *Nitrosamine.

**Natamycin** (Pimaricin, Tennecetin, Myprocine, E 235).

$C_{33}H_{47}NO_{13}$, $M_r$ 665,75. Farblose Krist.-Nadeln, Zers. ab 180 °C. Bei 20 °C wenig lösl. in Wasser (0,41 g/L) u. Alkohol (0,55 g/L), lösl. in Methanol (9,7 g/L), Dimethylformamid u. a. polaren Lsm. (>20 g/L) sowie in Natronlauge (>20 g/L), fast unlösl. in unpolaren Lösemitteln. $\lambda_{max}$ 303 nm (ε 83220) sowie 290 u. 318 nm (Methanol), opt. aktiv ($[\alpha]_D^{20}$: +278 °C). Empfindlich gegen Oxid.-Mittel, Schwermetalle u. Licht; im pH-Bereich zwischen 4 u. 7 stabil.

*Herstellung:* Das zu den Makrolid-Antibiotika gehörende N. wird techn. durch Fermentation (*Streptomyces natalensis* u. *Streptomyces chattanoogensis*) u. anschließender Extraktion mit organ. Lsm. gewonnen.

*Verwendung:* Antibiotikum mit bes. breitem Wirkungsspektrum gegen Pilzerkrankungen (*Candida*-Infektionen der Haut), in einigen Ländern (EU) als Fungizid zur Oberflächenbehandlung von Hartu. Schnittkäse u. zur Konservierung von Würsten (Höchstmenge 1 mg/dm²) (s. auch *Konservierungsmittel). N. wirkt auch antiviral u. immunstimulierend.

*Recht:* E 235 Natamycin.

*Zulassung:* Zusatzstoff, der Lebensmitteln als Konservierungsmittel zur Oberflächenbehandlung von Käse und Würsten zugesetzt wird. *ZZulV 1998, Anlage 5 (zu § 5 Abs. 1 u. § 7) Teil C Liste 2 (Andere Konservierungsstoffe).

*Reinheitsanforderungen:* Für technolog. Zwecke zugelassener Zusatzstoff. *ZVerkV 1998, Anlage 2 (zu § 3 Abs. 1) Liste B Teil I Reinheitsanforderungen nach Richtlinie 96/77/EG vom 2.12.1996, Amtsblatt der EG Nr. L 339 vom 30.12.1996, S. 1.

*Kenntlichmachung:* § 9 ZZulV 1998. Bei Lebensmitteln mit einem Gehalt an Zusatzstoffen, die zur Konservierung verwendet werden, durch die Angabe mit „Konservierungsstoff" od. „konserviert" (§ 9 Absatz 1 Nr. 2, siehe auch § 9 Absatz 8, Nr. 2).

*Weitere Rechtsvorschriften:* Nach der Verordnung (EWG) Nr. 2377/90 des Rates vom 26. Juni 1990 zur Schaffung eines Gemeinschaftsverfahrens für die Festsetzung von Höchstmengen für Tierarzneimittelrückstände in Nahrungsmitteln tierischen Ursprungs ist N. bei Rindern u. Equiden nur zur äußerlichen Anwendung als Tierarzneimittel zugelassen (Anhang II Nr. 2).

*Toxikologie:* Die akute Toxizität von N. ist gering [$LD_{50}$ (Maus, Ratte oral): 1,5–4,5 g/kg]. N. wird im Verdauungstrakt prakt. nicht resorbiert, im sauren Magensaft werden 30–35% gespalten, doch haben sich auch die Spaltprodukte als inert erwiesen. Hinweise auf cancerogene, mutagene od. teratogene Effekte liegen nicht vor. Resistenzbildungen konnten bisher nur bei einigen *in-vitro*-Untersuchungen festgestellt werden. ADI-Wert (WHO, 1976): 0–0,3 mg/kg.

*Analytik:* Die Analyse von Natamycin kann spektralphotometr.[1], derivativspektroskop.[2], mittels DC od. HPLC- bzw. HPLC-MS[3-5] erfolgen. Auch ein Enzymimmunoassay zum Nachweis von N. wurde entwickelt[6]; s.a. *Oberflächenbehandlungsmittel.

– *E* natamycin

*Lit.:* [1]Capitan-Vallvey, L. F.; Checa-Moreno, R.; Navas, N., *J. AOAC Int.*, (2000) **83**, 802–808. [2]Z. Lebensm. Unters.-Forsch. **179**, 394–398 (1984). [3]J. Assoc. Off. Anal. Chem. **70**, 944–954 (1987). [4]Oesterr. Milchwirtsch. **41**, 53–55 (1986). [5]Strege, M. A.; Stevenson, S.; Lawrence, S. M., *Anal. Chem.*, (2000) **72**, 4629–4633. [6]Arch. Lebensmittelhyg. **41**, 112–115 (1990).

*allg.:* Ullmann (4.) **7**, 673ff.; (5.) **A2**; 494ff. – *[HS 2941 90; CAS 7681-93-8]*

**National Toxicology Program** siehe *NTP.

**Natrium** (chem. Symbol Na). Zur ersten Gruppe des Periodensystems gehörendes metall. Element (Alkalimetall), Atomgew. 22,989768, Ordnungszahl 11. Natrium gehört zu den anisotopen Elementen, d.h. es tritt in der Natur nur in Form des Isotops 23 auf; außerdem kennt man künstliche Isotope $^{19}Na$–$^{31}Na$ mit HWZ zwischen 17 ms u. 2,6 a, von denen z.B. $^{24}Na$ industrielle Verw. als Tracer findet.

*Vorkommen:* Etwa 2,43% der obersten, 16 km dicken Erdkruste bestehen aus chem. gebundenem Natrium; dieses steht in der Häufigkeitsliste der Elemente an 6. Stelle.

*In Lebensmitteln*[1-3]: Natrium kommt als Na$^+$-Ion in pflanzlichen u. bes. in tier. Nahrungsmitteln vor. Der Natrium-Gehalt von Lebensmitteln schwankt beträchtlich. Bei pflanzlichen Produkten, die nicht mit Kochsalz supplementiert sind, ist er im allgemeinen niedrig. So liefern Getreide etwa 20–65 mg Natrium/100 g, Gemüse 1–30 mg Natrium/100 g (Ausnahmen: Pilze etwa 250 mg/100 g, Spinat 65 mg/100 g) und Früchte etwa 0,5–4,5 mg Natrium/100 g. Der Natrium-Gehalt konservierter Gemüsearten liegt mit 260–470 mg Natrium/100 g deutlich höher. Alle Backwaren sind mit Natriumchlorid ergänzt. Der Natrium-Gehalt von Keksen, Kuchen und Zwieback schwankt zwischen 125–400 mg/100 g, von Brot und Brötchen zwischen 450–650 mg/100 g. Fertigsuppen sind ebenfalls mit Speisesalz supplementiert und liefern etwa 4 g Natrium/100 g. Milch (60 mg/100 g) und Molkereiprodukte (30–130 mg/100 g) sind mit Ausnahme von Butter (260 mg/100 g) Natrium-arm. Die meisten Käsearten enthalten mehr als 600 mg Natrium/100 g, Schmelzkäse sogar um die 1100 mg/100 g. Säuglingsnahrung und Kleinkindernahrung enthalten im allgemeinen wesentlich weniger Natrium als frische Vollmilch, berücksichtigt wird damit der niedrige Natrium-Gehalt der Frauenmilch. Schaffleisch (115 mg/100 g) enthält mehr als doppelt soviel Natrium wie Schweinefleisch (45 mg/100 g), der Natrium-Gehalt von Geflügelfleisch und Rindfleisch liegt mit 70–80 mg/100 g dazwischen. Das Hühnerei ist mit 145 mg/100 g Natrium-reicher als alle Fleischarten. Wurst, der Hauptlieferant für Natrium, ist mit Kochsalz auf 800–1600 mg/100 g angereichert. Naturbelassener Süßwasserfisch enthält im Mittel um 125 mg Natrium/100 g, bei Fischzubereitungen oder Räucherware liegt der Gehalt über Natrium-Zusätze zur Konservierung bei 450–850 mg/100 g. Seefisch kann 480–3700 mg Natrium/100 g enthalten, wobei aber ein Teil bei der Zubereitung verloren geht. Das vom Mischköstler aufgenommene Natrium stammt zu 56% aus tierischen, zu 42% aus pflanzlichen Lebensmitteln und zu 2% aus Getränken. Wurst (34%), Brot (29%), Käse (9%), Fisch (5%), Gebäck (4,5%) und Fleisch (2%) sind die wichtigsten Natrium-Lieferanten.

*Physiologie:* Während Natrium im Gegensatz zu *Kalium für die meisten Pflanzen nur ein Mikronährstoff ist, ist es in tier. Organismen ein lebenswichtiges *Mengenelement – auf rein pflanzliche Kost angewiesene Tiere müssen daher Natrium separat aufnehmen (Salzlecksteine!). Trotz seiner engen chem. Verwandtschaft zu Kalium ist Natrium im Körper mit diesem nicht austauschbar. Oftmals besteht eine antagonist. Wirkung zwischen Natrium u. Kalium (Kalium-Natrium-Antagonismus). Im Organismus ist das Natrium-Ion das hauptsächliche extrazelluläre Kation.

*Resorption und Ausscheidung:* Die Resorption der Na$^+$-Ionen erfolgt bereits in den obersten Dünndarmabschnitten nahezu quantitativ. Sie ist mit der von Glucose gekoppelt (Cotransport). Durch gleichzeitige Wasserresorption wird das osmot. Gleichgew. aufrecht erhalten. Ausgeschieden wird Natrium hauptsächlich mit dem Harn (100–300 mmol/Tag, Natrium/Kalium-Quotient im Harn circa 1,5), wobei 70% des glomerulär filtrierten Natriums im proximalen Tubulus rückresorbiert werden.

*Verteilung:* Die Hauptmenge der Na$^+$-Ionen (97,6%) befindet sich außerhalb der Zellen im Blut, in der Lymphe, in der übrigen interstitiellen Flüssigkeit sowie in Knochen, Sehnen u. Knorpeln. Im Blutplasma (141 mmol Natrium/L) liegen 98,5% des Gesamt-Natriums in freier, ionisierter Form vor; 1% sind an Plasmaproteine gebunden und 0,5% sind auf Natrium-Komplexe (Natriumcarbonat, Natriumhydrogencarbonat) verteilt. Die interstitielle Natrium-Konzentration beträgt 143 mmol/L (= 3,3 g/L), die intrazelluläre 15 mmol/L. Dieser physiolog. wichtige Konzentrationsgradient wird mittels des in den Zellmembranen vorhandenen Enzyms Natrium-Kalium-

ATPase (Kalium-Natrium-Pumpe) aufrecht erhalten. Unter Aufwand von Energie, geliefert von Adenosin-5′-triphosphat (ATP), werden hierbei gegen das Konzentrationsgefälle pro ATP drei Natrium-Ionen aus der Zelle heraus u. zwei Kalium-Ionen in die Zelle hinein transportiert.

*Physiologische Funktionen:* Als Hauptkation der Extrazellulärflüssigkeit bestimmt Natrium deren osmot. Eigenschaften u. damit den Hydratationszustand des Körpers. Es hat Einfluß auf das Blutvol. u. damit auf den Blutdruck. Natrium spielt im Säure-Basen-Haushalt und in den Verdauungssäften eine wichtige Rolle. Das durch die Natrium-Kalium-ATPase hervorgerufene Natrium-Konzentrationsgefälle bildet die energet. Basis für aktive Transportvorgänge. Weiterhin ermöglicht Natrium zusammen mit Kalium die Erregungsleitung im Nervensystem u. in der Muskulatur.

Innerhalb der Zelle aktiviert Natrium Enzyme, z. B. die α-Amylase. Meist wirkt Natrium hier jedoch antagonist., d. h. hemmend auf von Kalium geförderte Stoffwechselprozesse wie Glycolyse, Lipolyse, Gewebeatmung u. Protein-Synthese.

*Ernährungsphysiologie:* Der Natrium-Bestand des menschlichen Organismus liegt bei 1,4 g/kg. Der Mindestbedarf an Natrium wird beim Säugling auf unter 200 mg/Tag, beim Jugendlichen und Erwachsenen auf 550 mg/Tag geschätzt.

Die durchschnittliche Natrium-Aufnahme für weibliche und männliche Personen beträgt 2,7 und 3,1 g/Tag beziehungsweise 6,8 und 7,8 g Kochsalz/Tag. Die Natrium-Zufuhr des Erwachsenen erfolgt im wesentlichen in Form von Speisesalz und kann daher stark schwanken. Unter den Lebensbedingungen in Deutschland ist für den Erwachsenen eine Speisesalzzufuhr von 6 g/Tag ausreichend, von einer höheren Zufuhr sind keine Vorteile, wohl aber Nachteile zu erwarten. Eine Korrelation zwischen dem Speisesalzkonsum und der Häufigkeit von Bluthochdruck wird diskutiert. Außerdem ist die hypertone Wirkung des Natriums vom Gegenion *Chlorid abhängig. Andere Salze als Natriumchlorid, wie beispielsweise Natriumhydrogencarbonat in Mineralwasser, haben offenbar keinen entscheidenden Einfluß auf den Bluthochdruck. Daneben könnte auch das Verhältnis der Natrium-Zufuhr zur Kalium-Zufuhr für die Höhe des Blutdruckes bedeutsam sein. Bei postmenopausalen Frauen können Knochenabbauprozesse durch einen hohen Speisesalzkonsum verstärkt werden, da eine vermehrte Ausscheidung von Natrium mit dem Urin mit einer erhöhten renalen Calcium-Ausscheidung einhergeht.

Bei starkem Schwitzen gehen mehr als 0,5 g Natrium pro Liter Schweiß verloren. Natrium-Verluste des Körpers durch Schweiß u. a. Flüssigkeitsabgaben machen sich zunächst durch Durstgefühle bemerkbar, dann durch Appetitlosigkeit, Übelkeit u. Muskelkrämpfe; durch Kochsalzzufuhr lassen sich die Symptome leicht beheben. Bei der Regulation des Natrium-Haushalts spielt Angiotensin II eine wichtige Rolle[4]. Natrium-Verluste bei nässenden Hauterkrankungen und Mukoviszidose, die mit enorm hohen Natrium-Konzentrationen einhergehen, erfordern eine spezielle Substitution.

*Nahrungsergänzungsmittel:* Die europaweit zugelassenen Stoffverbindungen von Natrium sind in der Nahrungsmittelergänzungsverordnung (Anlagen 1 und 2 NemV) positiv gelistet. In *Nahrungsergänzungsmitteln ist Natrium in Kombination mit anderen Mineralstoffen und Vitaminen im Handel, unter anderem als Natriumhydrogencarbonat, Natriumcitrat, als Natriumcarboxymethylcellulose oder als Gegenion anderer Mineralstoffe wie beispielsweise in Natriumselenat oder Natriummolybdat. Das Bundesinstitut für Risikobewertung (*BfR) spricht sich gegen eine Verwendung von Stoffen wie Natrium in Nahrungsergänzungsmitteln aus, da ihre zusätzliche Zufuhr nicht notwendig ist.

*Nachweis:* Die bekannteste Nachweisreaktion für Natrium u. seine Verb. ist die kräftig gelbe Flammenfärbung, die auch für die quant. flammenspektroskop. Bestimmung bis herab zu pg-Mengen in nL-Proben von Bedeutung ist[5].

Die Bestimmung von Natrium in Lebensmitteln erfolgt mittels Atomabsorptionsspektrometrie (AAS) auf dem Dublett 589,0/589,6 nm[6]. Flüssige Proben werden direkt, feste Proben nach Veraschung oder Aufschluß untersucht.

*Verwendung:* Der größte Teil der Natrium-Produktion ging bisher in die Herst. der Antiklopfmittel Bleitetramethyl u. Bleitetraethyl, die wegen des zunehmenden Verbrauchs bleifreien Benzins in den letzten Jahren endlich zurückgefahren werden konnte.

Darüber hinaus werden Natrium-Verb. teilw. in größeren Mengen Lebensmitteln zugesetzt, z. B. zum Würzen (Speisesalz), zum Konservieren (Natriumchlorid in Salzheringen u. Sauerkraut, Natriumnitrit bzw. Natriumnitrat in Pökelfleisch), zur Herstellung von Schmelzkäse (Natriumphosphate, Natriumcitrat, Natriumbicarbonat, Natriumsalze der Propionsäure und Sorbinsäure), als Treibmittel in Backwaren (Natriumhydrogencarbonat, Natriumpyrophosphat), zur Teigsäuerung und Mikrobenhemmung (Natriumdiacetat).

*Recht:* Nach § 9 der *Diät-Verordnung in Verbindung mit Anlage 3 sind für diätetische Lebensmittel die Zusatzstoffe Kaliumsalze, Calciumsalze, Magnesiumsalze und Cholinsalze verschiedener organischer Säuren sowie Kaliumsulfat, Kaliumguanylat und Kaliuminosinat als *Kochsalz-Ersatzmittel (Diätsalze) zugelassen. Mit Hilfe von Diätsalzen läßt sich eine Senkung der Natrium-Aufnahme erreichen, ihr Einsatz hält sich jedoch aus Geschmacksgründen in Grenzen. In Japan sind nach vermindertem Speisesalzverzehr Bluthochdruckfolgen als Todesursache vom ersten auf den zweiten Platz zurückgegangen[7].

Nach § 6 Abs. 2 Nr. 4 der *Nährwert-Kennzeichnungsverordnung (NKV) ist ein Hinweis auf einen geringen Kochsalz-Gehalt oder Natrium-Gehalt verboten, wenn der Natrium-Gehalt verzehrsfertiger Lebensmittel bei mehr als 120 mg Natrium/100 g, von Getränken bei mehr als 2 mg Natrium/

100 mL liegt. Diätetische Lebensmittel für Natrium-Empfindliche dürfen nach § 13 der Diät-Verordnung als „*streng natriumarm*" oder „*natriumarm*" bezeichnet werden, wenn sie im verzehrsfertigen Zustand maximal 40 mg Natrium/100 g (entsprechend 0,1 g Kochsalz) beziehungsweise maximal 120 mg Natrium/100 g (entsprechend 0,3 g Kochsalz) enthalten. Dies ist für Personen von Bedeutung, die sich streng Kochsalz-arm (maximal 1 g Kochsalz/Tag, entsprechend 0,4 g Natrium) oder Kochsalz-arm (maximal 3 g Kochsalz/Tag, entsprechend 1,2 g Natrium) ernähren müssen. § 9 Abs. 3 der Mineral- und Tafelwasser-Verordnung sieht in Verbindung mit Anlage 4 für die Kennzeichnung als „*natriumhaltig*" einen Natrium-Gehalt von mehr als 200 mg/L, für die Kennzeichnung als „*geeignet für natriumarme Ernährung*" einen Natrium-Gehalt von weniger als 20 mg/L vor.

Auf eine *Kochsalz-* od. *Natrium-Verminderung* darf nur bei bestimmten Lebensmitteln (NKV § 7 Absatz 2 Nr. 3 u. Anlage 2) unter Berücksichtigung der in der VO angegebenen Höchstgehalte hingewiesen werden. – *E* sodium

*Lit.:* [1] Müller, R.; Anke, M.; Bugdol, G.; Lösch, E.; Schäfer, U., In *Mineralstoffe*, Anke, M.; Müller, R.; Schäfer, U., Hrsg.; Wissenschaftliche Verlagsgesellschaft: Stuttgart, (2001); S. 208. [2] Schäfer, U.; Anke, M.; Bergmann, K.; Lösch, E.; Müller, R.; Müller, M., In *Mineralstoffe*, Anke, M.; Müller, R.; Schäfer, U., Hrsg.; Wissenschaftliche Verlagsgesellschaft: Stuttgart, (2001); S. 222. [3] Anke, M.; Müller, M.; Dorn, W.; Bergmann, K.; Müller, R.; Schäfer, U.; Lösch, E., In *Mineralstoffe*, Anke, M.; Müller, R.; Schäfer, U., Hrsg.; Wissenschaftliche Verlagsgesellschaft: Stuttgart, (2001); S. 235. [4] De Caro et al. (Hrsg.), The Physiology of Thirst and Sodium Appetite, New York: Plenum 1986. [5] Townshend (Hrsg.), Encyclopedia of Analytical Science, S. 4680–4683, Oxford: Pergamon 1995. [6] Welz, B.; Sperling, M., *Atomabsorptionsspektrometrie*, Wiley-VCH: Weinheim, (1997); S. 562. [7] Z. Klin. Chem. **45**, 473–486 (1989).

*allg.:* Biesalski, H. K.; Köhrle, J.; Schümann, K., *Vitamine, Spurenelemente und Mineralstoffe*, Thieme: Stuttgart, (2002); S. 400 ▪ Bundesinstitut für gesundheitlichen Verbraucherschutz und Veterinärmedizin (BgVV), *Gesundheitliche Bewertung des Salzgehalts industriell vorgefertigter Gerichte*, Stellungnahme des BgVV vom August 2001; http://www.bfr.bund.de ▪ Bundesinstitut für Risikobewertung (BfR), *Verwendung von Mineralstoffen in Lebensmitteln. Toxikologische und ernährungsphysiologische Aspekte, Teil II*; BfR-Wissenschaft 04/2004; BfR: Berlin, (2004); http://www.bfr.bund.de ▪ Deutsche Gesellschaft für Ernährung (DGE); Österreichische Gesellschaft für Ernährung (ÖGE); Schweizerische Gesellschaft für Ernährungsforschung (SGE); Schweizerische Vereinigung für Ernährung (SVE), *Referenzwerte für die Nährstoffzufuhr*, Umschau/Braus: Frankfurt am Main, (2000); S. 151 ▪ Rehner, G.; Daniel, H., *Biochemie der Ernährung*, Spektrum Akademischer Verlag: Heidelberg, (2002) ▪ Schmidt, R. F.; Thews, G.; Lang, F., *Physiologie des Menschen*, Springer: Berlin, (2000); S. 772 ▪ Ternes (2.) ▪ Ullmann (5.) **A24**, 277–298 – *[HS 2805 11; CAS 7440-23-5; G 4.3, I]*

### Natriumalginat siehe *Alginate.

### Natriumarm siehe *Natrium.

### Natriumbenzoat siehe *Benzoesäure.

### Natriumcarbonat siehe *Carbonate.

### Natriumcitrat siehe *Citrate.

### Natriumcyclamat.

Internationaler Freiname für das Natriumsalz der Cyclohexansulfamidsäure, $C_6H_{12}NNaO_3S$, $M_R$ 201,21, angenehm süß schmeckende, farblose Kristalle, gut löslich in Wasser, nahezu unlöslich in Ether, Alkohol und Dichlormethan.

*Toxikologie:* $LD_{50}$ (Ratte oral) 15,25 g/kg. Der SCF hat im März 2000 auf der Basis einer Reihe ergänzender Untersuchungen eine Neubewertung des *Süßstoffes Cyclamat vorgenommen und den bis dahin vorläufigen ADI-Wert von 0–12,34 mg/kg Körpergewicht auf einen endgültigen ADI-Wert von 0–7 mg/kg Körpergewicht abgesenkt. Nach den in der SCF-Opinion angegebenen Cyclamat-Aufnahmeabschätzungen für einzelne EU-Staaten wie z.B. Spanien, Deutschland und die Niederlande wird der ADI-Wert auch von Konsumenten mit durchschnittlich hohem Cyclamat-Verzehr nicht überschritten[1]. Da aber nach *Zusatzstoff-Zulassungsverordnung (ZZulV) z.B. für aromatisierte Getränke auf Wasserbasis Cyclamat bis zu einer Höchstmenge von 400 mg/L zulässig ist, hielt das damalige *BgVV in einer Stellungnahme vom 31.05.2001 eine deutliche ADI-Wert-Überschreitung vor allem bei Personen denkbar, die derartige Getränke sowie andere Cyclamat gesüßte Lebensmittel in hoher Menge aufnehmen. Vom BgVV wurde deshalb die Auffassung vertreten, die Höchstmenge von Cyclamat in Getränken zu senken oder ganz auf den Einsatz von Cyclamat in diesen Lebensmitteln zu verzichten[2].

Arbeiten, die sich mit einem möglichen cocarcinogenen und teratogenen Potential von Natriumcyclamat und Süßstoffen allgemein befassen, sind in Literatur[3] zusammengefaßt. Untersuchungen zum genotoxischen Potential von Cyclamat und Calciumcyclamat schließen eine direkte Genotoxizität dieser Substanzen aus[4]. Zur Toxikologie künstlicher Süßstoffe hat die Kommission der EG mehrfach Stellung genommen[5], Natriumcyclamat wurde dabei, wie alle anderen zugelassenen Süßstoffe auch, als annehmbar eingestuft.

*Analytik:* Natriumcyclamat kann durch HPLC mit anschließender Ionenpaarextraktion[6] sowie durch prächromatographische Derivatisierung[7] nachgewiesen werden. Um die Reinheitsanforderungen an Natriumcyclamat zu überprüfen, existiert zur Bestimmung von Cyclohexylamin, Dicyclohexylamin und Anilin eine Methode nach § 64 LFGB (ex § 35 LMBG) (L 57.22.01-1). Der Natriumcyclamat-Gehalt von Süßstofftabletten ist ebenfalls nach einer Methode nach § 64 LFGB (ex § 35 LMBG) (L 57.22.99-1) bestimmbar. Inzwischen wurde in Natrium-haltigen Getränken die Bildung von 2-*Cyclohexen-1-on nachgewiesen[8].

*Recht:* Cyclohexansulfamidsäure sowie ihre Natriumsalze und Calciumsalze (E 952; Natriumcyclamat, Calciumcyclamat) sind zugelassene Zusatzstoffe zum Süßen von Lebensmitteln. Detaillierte Regelungen hinsichtlich der Zulassung für bestimmte Lebensmittelgruppen und der zulässigen Höchstmengen sind in Anlage 2 (zu § 4 Abs. 1 und § 7) Teil B (Süßstoffe) der Zusatzstoff-Zulassungsverordnung (ZZulV) zu finden.

*Reinheitsanforderungen:* Spezifische Reinheitskriterien sind in der *Zusatzstoff-Verkehrsverordnung (ZVerkV) Anlage 2 (zu § 3 Abs. 1) Liste B Teil I geregelt (Reinheitsanforderungen nach Richtlinie 95/31/EG vom 05.07.1995, Amtsblatt der EG Nr. L 178, S. 1, geändert durch die Richtlinie 2001/52/EG vom 03.07.2001, Amtsblatt der EG, Nr. L 190, S. 18).

*Kenntlichmachung:* Der Gehalt an einem Süßungsmittel in Lebensmitteln ist in Verbindung mit der Verkehrsbezeichnung durch die Angabe „mit Süßungsmittel" kenntlich zu machen (§ 9 ZZulV).

*Weitere rechtliche Regelungen:* Wein-Verordnung Anlage 3 (zu § 11 Abs. 4 Satz 2 Nr. 3). Bei der Herstellung von weinhaltigen Getränken dürfen als Süßungsmittel unter anderem Cyclohexansulfamidsäure, ihre Natriumsalze und Calciumsalze zugesetzt werden. – *E* sodium cyclamate

*Lit.:* [1] SCF, Revised Opinion on Cyclamic Acid and its Sodium and Calcium Salts, vom 09.03.2000; http://europa.eu.int/comm/food/fs/sc/scf/out53_en.pdf. [2] BgVV, *Süßstoff Cyclamat in Lebensmitteln*, Stellungnahme vom 31.05.2001; http://www.bfr.bund.de/cm/208/suessstoffcyclamatinlebensmitteln . pdf. [3] Williams, G. M., Hrsg., *Sweeteners: Health Effects*, Princeton Scietific Publishing: Princeton, NY, (1988); S. 127–136, 193–224, 235–246. [4] Environ. Mol. Mutagen. **14**, 188–199 (1989). [5] Dtsch. Lebensm. Rundsch. **85**, 266 (1989). [6] J. Assoc. Off. Anal. Chem. **71**, 934–937 (1988). [7] Z. Lebensm. Unters.-Forsch. **194**, 520–523 (1992). [8] Dtsch. Lebensm. Rundsch. **93**, 74ff. (1997).
*allg.:* Ullmann (5.) **A11**, 563 ▪ Zipfel, C 20 – *[HS 2929 90; CAS 139-05-9]*

**Natriumdisulfit** siehe *Schwefeldioxid.

**Natriumdodecylsulfat** (Natriumlaurylsulfat, Abkürzung NaLS oder SDS von englisch sodium dodecyl sulfate oder SLS von englisch sodium lauryl sulfate, INCI-Bezeichnung: Sodium Lauryl Sulfate).

$$H_3C-(CH_2)_{11}-O-SO_3Na$$

$C_{12}H_{25}NaO_4S$, $M_R$ 288,38, weiße, gut wasserlösliche Kristalle, bildet wasserlösliche Calciumsalze und Magnesiumsalze, ist also gegenüber den Härtebildnern des Wassers beständig. Wassergefährdender Stoff, WGK 2, $LD_{50}$ (Ratte oral) 1288 mg/kg.

Es besitzt ein gutes Schaumvermögen, Netzvermögen und Waschvermögen und wird in Kläranlagen rasch und praktisch vollständig mineralisiert.

Die Primär-Abbaubarkeit von Natriumdodecylsulfat nach OECD Confirmatory Test beträgt 99%, während die Total-Abbaubarkeit mit ca. 97% angegeben wird[1].

*Verwendung:* Natriumdodecylsulfat ist als anionisches *Tensid ein Waschrohstoff, der in vielen Bereichen und auch zur Herstellung kosmetischer Mittel (häufig in Zahn- u. Mundpflegemittel; Einsatzkonzentration: 0,5–2,0%) verwendet wird[2]. Laut CIR Expert Panel der CTFA (Final Report)

kann Natriumdodecylsulfat in den Konzentrationen, die für die Herstellung kosmetischer Mittel verwendet werden, als „safe" bezeichnet werden[3]. Als Detergens mit hoher Bindungsaffinität für Proteine (ca. 1,4 g SDS pro g Protein), bewirkt Natriumdodecylsulfat die Trennung nicht-kovalenter Bindungen zwischen Untereinheiten oligomerer Proteine und findet daher breite Anwendung in der SDS-PAGE zur Trennung und Molmassen-Bestimmung von Proteinen[4]. SDS wird weiterhin angewandt zur Solubilisierung von Membranproteinen und Glycoproteinen und zur DNA-Isolierung[5].

*Nachweis:* Zur Analytik von Natriumdodecylsulfat stehen sowohl dünnschichtchromatographische[4] als auch titrimetrische[6] und HPLC-Verfahren[7] zur Verfügung. – *E* sodium dodecyl sulfate, sodium lauryl sulfate

*Lit.:* [1] Falbe, Surfactants in Consumer Products, S. 465, 491, Berlin: Springer 1987. [2] Platzer, U., *Dtsch. Zahnärztl. Z.*, (1993) **48**, 745. [3] J. Am. Coll. Toxicol. **3**, 127 (1983). [4] Lewis, CRC Handbook of Electrophoresis, Boca Raton, Florida: CRC Press 1980; Crambach, The Practice of Quantitative Gel Electrophoresis, S. 177f., Weinheim: Verl. Chemie 1985. [5] Clin. Chem. **31**, 164 (1985). [6] Dtsch. Lebensm. Rundsch. **84**, 185 (1988); Seifen, Öle, Fette, Wachse **116**, 273 (1990). [7] Fresenius Z. Anal. Chem. **331**, 435 (1988). [8] Buschmann, N.; Starp, H., *Tenside Surf. Deterg.*, (1997) **34**(29), 84. [9] Kelly, M. A., *J. Chromatogr.*, (1997) **781**, 67.
*allg.:* Beilstein EIV **1**, 1847 – *[HS 2920 90; CAS 151-21-3]*

**Natrium-D-gluconat** siehe *Gluconate.

**Natrium-L-glutamat** (Mononatriumglutamat, englisch monosodium glutamate = MSG).

$$HOOC-CH_2-CH_2-\underset{\underset{H}{|}}{\overset{\overset{NH_2}{|}}{C}}-COONa$$

$C_5H_8NNaO_4$ (liegt als Monohydrat vor), $M_R$ 169,11. Weißes Kristallpulver, löslich in Wasser, kaum löslich in Alkohol; siehe auch *Glutaminsäure.

Natriumglutamat (nur die L-Form) wirkt als *Geschmacksverstärker für die Empfindung „salzig"/„umami" und wird deshalb in zahlreichen Lebensmitteln (z.B. Suppenprodukte, Fleisch- und Fischerzeugnisse) verwendet[1] (Einsatzkonzentration 0,2–0,8%). Für Natriumglutamat sind spezielle Geschmacksrezeptoren nachgewiesen worden, so daß der von Natriumglutamat (und von einigen anderen Substanzen wie z.B. Purin-5′-ribonucleotiden) alleine hervorgerufene Geschmackseindruck „süßsauer – leicht salzig" neben den vier klassischen Grundgeschmacksrichtungen „süß", „salzig", „sauer" und „bitter" als fünfter Grundgeschmack betrachtet und als *umami bezeichnet wird[2-7]. Seine größte Wirksamkeit entfaltet Natriumglutamat bei pH = 5,5–6,5. Natriumglutamat ist als Lebensmittelzusatzstoff zugelassen (E 621).

1908 entdeckte der japanische Wissenschaftler Ikeda, daß Natriumglutamat der Hauptgeschmacksstoff einer seit Jahrhunderten in China und Japan aus Seetang gewonnenen Suppenwürze ist.

Überhöhte Aufnahme von Natriumglutamat wurde bisher für Symptome wie Herzrasen, starkem Erröten, Benommenheit und Kopfschmerzen verantwortlich gemacht (das sogenannte China-Restaurant-Syndrom), wobei neue Studien dies als wenig wahrscheinlich erscheinen lassen[8,9].

Zur Beurteilung von Glutamat durch die Deutsche Gesellschaft für Ernährung (DGE) und dem Bundesinstitut für Risikobewertung (BfR) siehe *Glutamate.

*Herstellung:* Aus dem Gluten von Weizen, Mais, Soja, aus Rübenzuckermelasse usw., durch Fermentation aus Glucose[10] oder synthetisch mit anschließender Racemattrennung (der D-Antipode ist geschmacklos).

*Analytik:* siehe Literatur[1] und *Geschmacksverstärker.

*Recht:* siehe *Geschmacksverstärker. – *E* sodium L-glutamate

*Lit.:* [1] Lorenzo-Fernández, M.; López-Hernández, J.; Piñeiro-Sotelo, M.; Rodríguez-Bernaldo De Quirós, A., *Dtsch. Lebensm. Rundsch.*, (2002) **98**, 93–95. [2] Iida, Y.; Toko, K., *Sens. Mater.*, (1998) **10**, 475–485. [3] Rolls, E. T., *J. Nutr.*, (2000) **130**(4S), 960S–965S. [4] Dingledine, R.; Conn, P. J., *J. Nutr.*, (2000) **130**(4S), 1039S–1042S. [5] Iseki, K.; Hayashi, Y.; Oh, S.-H.; Teeter, J.; Restrepo, D.; Mori, T., *Sens. Neuron*, (2001) **3**, S. 155–167. [6] Scott, T. R.; Verhagen, J. V.; Giza, B. K.; Kárádi, P.; Oomura, Y., *Sens. Neuron*, (2001) **3**, 213–225. [7] Lin, W.; Ogura, T.; Kinnamon, S. C., *J. Neurophysiol.*, (2003) **89**, 1434–1439. [8] Taliaferro, P. J., *J. Environ. Health*, (1995) **57**, 8–12. [9] Geha, R. S.; Beiser, A.; Ren, C.; Patterson, R.; Greenberger, P. A.; Grammer, L. C.; Ditto, A. M.; Harris, K. E.; Shaughnessy, M. A.; Yarnold, P. R.; Corren, J.; Saxon, A., *J. Nutr.*, (2000) **130**(4S), 1058S–1062S. [10] Elhariry, H.; Kawasaki, H.; Auling, G., In *Recent Research Developments in Microbiology*, Research Signpost: Trivandrum, (2004); Bd. 8, S. 815–39.

*allg.:* Beilstein EIV **4**, 3031 – *[HS 2922 42; CAS 142-47-2, 6106-04-3 (Monohydrat)]*

**Natriumhexacyanoferrat(II)** siehe *Hexacyanoferrat(II)-Salze.

**Natriumhydrogensulfit** siehe *Schwefeldioxid.

**Natriumhypochlorit.** NaOCl, $M_R$ 74,44. N. ist das Na-Salz der Hypochlorigen Säure, das in fester Form als Hexahydrat isolierbar ist, sich jedoch leicht zersetzt.

*Herstellung:* Als Zwischenprodukt bei der Herst. von Natriumchlorat durch Einleiten von Chlor in verd. Natronlauge unter intensiver Kühlung. Die so erhaltene gelbgrüne, klare Flüssigkeit wird auch als Chlorbleichlauge (Javellsche Lauge) bezeichnet.

*Verwendung:* Festes N. wird als $Na_3PO_4$-Addukt, $4Na_3PO_4 \cdot NaOCl \cdot 44H_2O$, Bestandteil von Haushalts- u. Ind.-Reinigungsmitteln, als Bleichlauge (*Chlor-* od. *Natronbleichlaugen*) zum Bleichen von Papier, Seifen, Stroh-, Korbwaren, Baumwolle usw., zur Desinfektion u. Wasserentkeimung, in sog. Sanitärreinigern und Reinigern speziell in Lebensmittelbetrieben[1], als Aufhellungsmittel für Mikroskopie u. zur Entgiftung von cyanidhaltigen Abwässern verwendet. Die max. 12,5% wirksames Chlor enthaltenden N.-Lsg. gelangten früher unter der Bez. Eau de Labarraque in den Handel. Im Bereich der Lebensmittel wird N. ausschließlich zur Trinkwasserentkeimung verwendet (s. Anl. 3 der *Trinkwasser-Verordnung 1990 und Trinkwasser-Verordnung 2001, Anlage 6). Gegenüber Chlor

u. *Chlordioxid ist N. leichter in der Handhabung; es ist aber aufgrund der Basizität nicht immer anwendbar. Die Verw. als Bleichmittel (s. *Bleichen) für Mehl ist in der EU nicht zulässig. Reinheitsanforderungen nach Liste A *ZVerkV.

*Toxikologie:* Wäss. N.-Lsg. mit einem aktiven Chlor-Gehalt von mehr als 5% wirken bes. auf Schleimhäute stark reizend; höhere Gehalte ätzend. Bes. Gefahr besteht in der Abgabe von gasf. Chlor, welches giftig ist u. die Atmungsorgane schnell verätzt. Zur Cytotoxizität siehe Literatur[2].

*Analytik:* N. kann über das aktive Chlor bestimmt werden. – *E* sodium hypochlorite

*Lit.:* [1] Lappalainen, J.; Loikanen, S.; Havana, M.; Karp, M.; Sjoberg, A. M.; Wirtanen, G., In *Rapid Detection Assays for Food and Water*, Clark, S.; Thompson, K. C.; Keevil, C. W.; Smith, M., Hrsg.; RSC Special Publication 272; Royal Society of Chemistry: London, (2001); 121–125. [2] Hidalgo, R.; Bartolome, R.; Dominguez, C., *Chem. Biol. Interact.*, (2002) **139**, 265–282.

*allg.:* Kirk-Othmer (4.) **5**, 943ff. ■ Ullmann (5.) **A6**, 488–496, 520 ■ Winnacker-Küchler (4.) **1**, 448–451, 456f. – *[HS 2828 90; CAS 7681-52-9; G 5.1, II; 8]*

**Natriumlactat** siehe *Lactate.

**Natriumlaurylsulfat** siehe *Natriumdodecylsulfat.

**Natriumnitrat** siehe *Nitrate.

**Natriumnitrit.** $NaNO_2$ $M_R$ 68,99. Weiße od. schwach gelbliche Krist., D. 2,17. Schmp. 284°C, ab ca. 320°C Zers., etwas hygroskop., in Alkohol wenig, in Wasser sehr leicht löslich. N. ist ziemlich giftig, seine Wirkung beruht auf der reversiblen Bildung von Methämoglobin u. – infolge von Gefäßerweiterung – starkem Blutdruckabfall ggf. bis zur Cyanose u. zum Kreislaufkollaps; längerer Kontakt kann zu Haut- u. Augenreizungen führen. N. unterdrückt das Wachstum von Bakterien wie z.B. *Clostridium botulinum*. Mit sekundären Aminen kann Nitrit carcinogene *Nitrosamine bilden. Auch daher ist die Verwendung von Nitrit in Lebensmitteln z.B. in *Nitritpökelsalz gesetzlichen Beschränkungen unterworfen. Ascorbinsäure scheint die Bildung von Nitrosaminen zu hemmen. Nitrit kann auch aus Nitrat entstehen, z.B. durch die Wirkung von Nitrat-Reduktase im Speichel. Aus den genannten Gründen ist man bestrebt, die Gehalte an Nitrit (und Nitrat) in Lebensmitteln zu vermindern. In Fleischerzeugnissen sind Höchstmengen an Nitrit und Nitrat im Fertigprodukt festgelegt [Anlage 5 der Zusatzstoff-Zulassungs-VO (Teil C)].

*Verwendung:* Wegen der antioxidativen und antibakteriellen Wirkung als Konservierungsstoff im Nitritpökelsalz, darüber hinaus zur Diazotierung bei der Herst. von *Azofarbstoffen, Saccharin, Coffein u. Pestiziden, und der Herstellung einer Vielzahl technischer Produkte, als Gegengift bei Cyanid-Vergiftungen. – *E* sodium nitrite

*Lit.:* Ullmann (5.) **A17**, 281–284 – *[HS 2834 10; CAS 7632-00-0]*

**Natriumparabenate** siehe 4-*Hydroxybenzoesäureester.

**Natriumperborat** (Natriumperoxoborat-Trihydrat, INCI-Bezeichnung: Sodium Perborate). $NaBO_2 \cdot H_2O_2 \cdot 3H_2O$, $M_R$ 99,81. Das häufig auch als Natriumperborat-Tetrahydrat ($NaBO_3 \cdot 4H_2O$) bezeichnete Natriumperborat liegt in festem Zustand als cyclisches Peroxoborat und damit nicht, wie früher formuliert, als $H_2O_2$-Addukt vor:

Natriumperborat bildet ein weißes, geruchloses, kristallines Pulver, D. 1,731, Schmp. 65 °C, in Wasser mäßig löslich. Auch andere Hydrate und die wasserfreie Form („Oxoborat") sind bekannt. Die alkalische wäßrige Lösung gibt erst nach längerem Stehen langsam Sauerstoff ab; durch Erwärmung wird die Sauerstoff-Entwicklung beschleunigt.

*Verwendung:* Wegen der Entwicklung von bleichend wirkendem Sauerstoff wird Natriumperborat seit 1907 als Oxidations- und Bleichmittel vor allem in Waschmitteln (können bis zu 30% Natriumperborat enthalten), ferner in Reinigungs-, Geschirrspül- und Munddesinfektionsmitteln, Gebißreinigern, Fußbadzubereitungen, Fleckentfernern und dergleichen verwendet. Als Stabilisatoren sind z.B. Alkalisilicate und Magnesiumsilicat geeignet (*Per*borat-*Sili*cat = Persil®). Heute wird Natriumperborat in Wasch- und Reinigungsmitteln zunehmend durch Natriumpercarbonat ersetzt. Natriumperborat dient auch zum Bleichen von Stroh, Elfenbein, Schwämmen, Wachs, Textilien, Seifen und zum Nachoxidieren von Küpen- und Schwefel-Farbstoffen. Die Produktionskapazität für Natriumperborat betrug in Europa im Jahr 2003 ca. 590000 t. Einen Überblick zu ökonomischen und ökologischen Fragestellungen geben Literatur[1,2]. – *E* sodium perborate

*Lit.:* [1] SÖFW J. **118**, 1159–1168 (1992). [2] INFORM **4**, 74 (1993).
*allg.:* Kirk-Othmer (4.) **4**, 388, 392f.; **18**, 210 ▪ Smulders, E., *Laundry Detergents*, Wiley-VCH: Weinheim, (2002); S. 75–77 ▪ Ullmann (5.) **A4**, 273; **A8**, 358ff., 420; **A19**, 182ff. – [HS 2840 30; CAS 7632-04-4 (NaBO(O₂)); 90568-23-3 (Na₂[B(OH)₂(O₂)]₂); 125022-34-6 (Hexahydrat)]

**Natriumperoxoborat** siehe *Natriumperborat.

**Natriumpropionat** siehe *Propionsäure.

**Natriumsorbat** siehe *Sorbinsäure.

**Natriumsulfit** siehe *Schwefeldioxid.

**Natron** siehe *Backpulver.

**Natronbleichlauge** siehe *Natriumhypochlorit.

**Natta** siehe *Natto.

**Natto** (Natta, Sojakäse). Japanisches, käseähnliches Lebensmittel aus ganzen, fermentierten *Sojabohnen mit mildem Geschmack und viskosschleimiger Oberfläche; siehe auch *Sojabohnenerzeugnisse.

Itohiki-Natto (im allgemeinen als Natto bezeichnet): Die eingeweichten, gedämpften oder gekochten Sojabohnen werden mit *Bacillus natto*[1] beimpft und 14–20 h bei 40–45°C bebrütet. Überfermentation führt zur Freisetzung von Ammoniak. Anschließend erfolgt eine Reifung des leicht verderblichen Produkts (1–2 Tage bei 5°C). *Bacillus natto* bildet extrazelluläre Enzyme, vor allem Proteasen, γ-Glutamyltranspeptidase und Levan-Sucrase. Die klebrige Produktoberfläche besteht aus *Levan (Fructan) und γ-Polyglutaminsäure. Die Nährstoffe der Sojabohne, insbesondere Fette und Rohfaseranteile, bleiben in Natto weitgehend erhalten[2]. Neben charakteristischen Aromastoffen werden Acetoin, Butan-2,3-diol sowie Essigsäure, Propionsäure und Buttersäure gebildet. Mit der Verwendung von *Bacillus natto* als einer *Bacillus*-Art zur Lebensmittelproduktion stellt Natto eine Besonderheit dar. Systematisch wurde *Bacillus natto* teilweise auch als Stamm von *Bacillus subtilis* ssp. *subtilis* (DSM 1088, DSM 1092, DSM 3257) eingeordnet[3]. Die Gattung *Bacillus* unterliegt jedoch in der Bakteriensystematik einer Neuordnung[3].

Für Hikiwari-Natto werden geschälte, in Stücke gebrochene Sojabohnen verwendet.

Hanna-Natto/Hama-Natto (auch als schwarze Bohnen bezeichnet) ist dagegen ein *Miso-ähnliches Produkt aus ganzen Sojabohnen. Dazu werden geweichte, gedämpfte Sojabohnen mit Weizenmehl im Verhältnis 2:1 bis 10:1 gemischt und mit *Aspergillus oryzae* beimpft. Nach Fermentation (30–35°C, 50 h) werden die Bohnen getrocknet, mit Salzlake versehen und 6–12 Monate unter Druck gelagert. Die abermals getrockneten Bohnen können mit Ingwer in Sojasoße versehen werden. Hanna-Natto zeichnet sich durch 10% Kochsalz und einen hohen Gehalt an freien Fettsäuren aus.

*Verwendung:* Natto wird mit gekochtem Reis gegessen oder dient als würzende Beilage zu Fleisch, Meeresfrüchten und Gemüse. – *E* natto

*Lit.:* [1] Seki, T.; Oshima, T.; Oshima, Y., *Int. J. Syst. Bacteriol.*, (1975) **25**, 258–270. [2] Liu, K., *Soybeans*, Chapman & Hall: New York, (1997); S. 273–284. [3] Deutsche Sammlung von Mikroorganismen und Zellkulturen (DSMZ), http://www.dsmz.de/dsmzfind.htm.
*allg.:* Hosoi, T.; Kiuchi, K., In *Handbook of Fermented Functional Foods*, Farnworth, E. R., Hrsg.; CRC Press: Boca Raton, (2003); S. 227–250 ▪ Steinkraus, K. H., In *Comprehensive Reviews in Food Science and Food Safety*, Bd. 1, S. 23–32; http://members.ift.org/IFT/Pubs/CRFSFS/

**Natürlicher Alkoholgehalt** siehe *Alkoholgehalt, natürlicher.

**Natürliches Mineralwasser** siehe *Mineralwasser.

**Naturdärme** siehe *Därme.

**Naturkosmetik** siehe *Kosmetika.

**n. b.** Abkürzung für „nicht bestimmbar", siehe *Nachweisgrenze.

**NDBA.** Abk. für *N*-Nitrosodibutylamin, s. *Nitrosamine.

**NDEA.** Abk. für *N*-Nitrosodiethylamin, s. *Nitrosamine.

**NDELA.** Abk. für *N*-Nitrosodiethanolamin, s. *Nitrosamine.

**NDIR.** Abkürzung für nichtdispersive *IR-Spektroskopie.

**NDPA.** Abk. für *N*-Nitrosodipropylamin, s. *Nitrosamine.

**NEA.** Abk. für *N*-Ethyl-*N*-nitrosoanilin, s. *Nitrosamine.

**Nekrophyten** siehe *Saprophyten.

**Nektar** siehe *Fruchtnektar und *Honig.

**Nektarine** (Glattpfirsich, Nacktpfirsich, Nußpfirsich, Walnußpfirsich). Pfirsichgroße Steinobstfrucht (*Prunus persica* Batsch var. *nucipersica* [L.] C.K. Schneid), die aus einer Kreuzung von Pfirsich und Pflaume oder als Mutante des Pfirsichs in Asien um 1970 entstanden ist und seitdem als sehr beliebtes Obst gilt. Italien, Spanien, Frankreich, Griechenland, Kalifornien, Chile, Japan und Südafrika gelten als Hauptproduzenten der bei uns von Oktober bis März angebotenen Früchte. Im Gegensatz zum Pfirsich ist die Nektarine unbehaart und besitzt eine glatte, feste, gelb bis dunkelrote Haut, die ein weißes oder gelbes wohlschmeckend aromatisches, saftiges Fruchtfleisch umschließt, das sich im reifen Zustand sehr gut vom Kern löst („freestone nectarines"). Die Sortenzahl ist schwer überschaubar, da sie durch Neuzüchtungen, insbesondere von Spät- und Frühsorten zum Zwecke der Saisonverlängerung, starken Schwankungen unterworfen ist. Grundsätzlich lassen sich aber gelbfleischige Sorten von weißfleischigen unterscheiden. Von den Nektarinen sind die ebenfalls glattschaligen Brugnolen (syn. Brygnolen, Brügnolen) zu differenzieren, deren Früchte kleiner sind und deren Stein sich schwer vom Fruchtfleisch löst („clingstone nectarines").

*Inhaltsstoffe:* Nektarinen bestehen zu 89% aus Wasser. Geschmacksgebend sind Saccharose mit rund 5 g/100 g, Äpfelsäure mit ca. 560 mg/100 g und Citronensäure mit rund 370 mg/100 g. Zum Aroma tragen maßgeblich *Lactone, v.a. γ-Octalacton, γ-Decalacton, γ-Dodecalacton und δ-Decalacton bei[1]. Weitere wertgebende Inhaltsstoffe sind Vitamin C (rund 10 mg/100 g), *Carotinoide und phenolische Verbindungen. Erstere sind neben β-*Carotin die Carotinoidester *Capsanthin, β-*Cryptoxanthin, *Lutein, *Violaxanthin und *Zeaxanthin[2,3]. Dabei enthalten gelbfleischige Sorten die 10 bis 20fache Konzentration an Carotinoiden. Hydroxyzimtsäure-Derivate, *Proanthocyanidine und Flavonole stellen die Phenol-Fraktion in Nektarinen. In Einzelfällen wurden im Fruchtfleisch weißer Sorten bis zu 46 mg/100 g Hydroxyzimtsäuren und bis zu 55 mg/100 g Procyanidine gefunden[4].

*Verwendung:* Nektarinen werden vorzugsweise frisch verzehrt, aber auch zu Obstsalat und Kompott verarbeitet. Die Samen des Kerns sind stark ölhaltig und dienen daher als Rohstoff für kosmetische Produkte und Salbengrundlagen. – *E* nectarine

*Lit.:* [1]Herrmann, K., *Inhaltsstoffe von Obst und Gemüse*, Ulmer: Stuttgart, (2001); S. 23, 54, 55, 60, 62, 65. [2]Breithaupt, D. E.; Bamedi, A., *J. Agric. Food Chem.*, (2001) **49**, 2064. [3]Gil, M. I.; Tomás-Barberan, F. A.; Hess-Pierce, B.; Kader, A. A., *J. Agric. Food Chem.*, (2002) **50**, 4976. [4]Tomás-Barberan, F. A.; Gil, M. I.; Cremin, P.; Waterhouse, A. L.; Hess-Pierce, B.; Kader, A. A., *J. Agric. Food Chem.*, (2001) **49**, 4748.
*allg.:* Aubert, C.; Günata, Z.; Ambid, C.; Baumes, R., *J. Agric. Food Chem.*, (2003) **51**, 3083 ■ Bendel, L., *Das große Früchte- und Gemüselexikon*, Albatros: Düsseldorf, (2002); S. 219 ■ Lavilla, T.; Recasens, I.; Lopez, M. L.; Puy, J., *J. Sci. Food. Agric.*, (2002) **82**, 1842 – *[HS 0809 30]*

**Nelkenöle.** N. werden durch Wasserdampfdest. aus den verschiedenen Pflanzenteilen des hauptsächlich auf Madagaskar u. in Indonesien angebauten Gewürznelkenbaumes, *Syzygium aromaticum* (Myrtaceae), gewonnen. Das organolept. wertvollste Öl ist das Nelkenblütenöl, das mengenmäßig bedeutendste das Nelkenblätteröl. Weltweit werden jährlich zwischen 2000 u. 3000 t Nelkenöl erzeugt.

**1. Nelkenblütenöl** (FEMA 2323): Gelbes bis bräunliches, leicht viskoses Öl mit einem warmen, süß-würzigen, leicht fruchtig-frischen Geruch u. einem warm-würzigen, etwas brennenden Geschmack; $d_{20}^{20}$ 1,042–1,063; $n_D^{20}$ 1,5280–1,5380; $α_D^{20}$ −1,5° bis 0°. Wird aus den getrockneten Blütenknospen (Gewürznelken) hergestellt.

*Zusammensetzung[1]:* Hauptbestandteil u. wesentliche geruchs- u. geschmacksgebende Komponente ist *Eugenol. Der höhere Gehalt (5–10%) an Eugenylacetat (s. *Zimtöle) unterscheidet das Blütenöl von den aus den anderen Pflanzenteilen gewonnenen Ölen (s. unten). Weiterer Hauptbestandteil ist Caryophyllen (ca. 10%).

*Verwendung:* Bei der Parfümherst. in süß-würzigen u. blumigen Kompositionen, hauptsächlich jedoch zur Lebensmittelaromatisierung, bei der das Nelkenblütenöl breite Verw. findet, z.B. für Backwaren, Soßen u. Würzmischungen. Neben dem Öl wird für Aromatisierungen auch noch das Gewürznelken-Oleoresin eingesetzt, das durch verschiedene Extraktionsverf. gewonnen werden kann. In der Medizin wird Nelkenblütenöl in Karminativa u. in Mund- u. Rachentherapeutika verwendet.

**2. Nelkenblätteröl** (FEMA 2325): Das rohe Öl ist eine dunkelbraune bis lila-braune, etwas viskose Flüssigkeit mit einem phenol.-medizin., rauhen, brandigen Geruch; $d_{20}^{20}$ 1,039–1,049; $n_D^{20}$ 1,5280–1,5350. Für den Einsatz in Parfüms od. Aromen wird das rohe Öl meist rektifiziert u. ergibt als Produkt eine klare, gelbe bis hellbraune, bewegliche Flüssigkeit mit einem weniger brandigen, süß-würzigen Geruch, der aber trocken-holziger ist als der des Blütenöls. Wird aus den Blättern hergestellt.

*Zusammensetzung[1]:* Wie das Blütenöl enthält auch das Blätteröl als Hauptkomponente *Eugenol (ca. 85%) u. Caryophyllen (ca. 10% u. mehr), aber kaum Eugenylacetat.

*Verwendung:* Hauptsächlich zur Parfümherst. für krautig-würzige Kompositionen. Der größere Teil des Nelkenblätteröls wird destillativ zur Gewinnung von reinem Eugenol verarbeitet, das auch als Parfümkomponente verwendet od. zu weiteren Riechstoffen (z.B. Isoeugenol) umgesetzt wird. Aus dem als Nebenprodukt anfallenden Caryophyllen werden ebenfalls Riechstoffe hergestellt.

**3. Nelkenstielöl** (FEMA 2328): Gelbes bis hellbraunes Öl mit einem süß-würzigen, etwas holzigen Geruch, sehr ähnlich dem des Blütenöls, aber ohne dessen fruchtig-frische Kopfnote; $d_{20}^{20}$ 1,041– 1,059; $n_D^{20}$ 1,5310–1,5360; $\alpha_D^{20}$ −1° bis +1°. Wird aus den getrockneten Blütenstengeln hergestellt.

*Zusammensetzung[1]:* Das Stielöl ist ähnlich zusammengesetzt wie das Blütenöl, enthält aber deutlich weniger Eugenylacetat (meist 5% od. weniger). Wird wie das Blütenöl verwendet, ist aber von geringerer Qualität. Zur Analytik siehe Literatur[2]. – *E* clove oils

*Lit.:* [1]Perfum. Flavor. **12** (4), 69 (1987); **13**(6), 57 (1988); **16**(4), 49 (1991); **19**(5), 83 (1994); Dev. Food Sci. **34**, 483– 500 (1994). [2]Martin, J.; Quirke, E.; Hsu, Ya-Li; van Berkel, G. J., *J. Nat. Prod.*, (2000) **63**(2), 230–237.
*allg.:* Bauer et al. (4.), S. 190 ■ ISO 3141: 1986, 3142: 1974, 3143: 1975 ■ Teuscher, E., *Gewürzdrogen*, Wissenschaftliche Verlagsges.: Stuttgart, (2003); S. 131–142 – *[HS 3301 29; CAS 8000-34-8 (1.); 8015-97-2 (2.); 8015-98-3 (3.)]*

**Nelkenpfeffer** siehe *Piment.

**Nematizide.** Bez. für *Schädlingsbekämpfungsmittel (Pestizide) gegen phytopathogene Nematoden. Von bes. Bedeutung sind die wurzelbefallenden Bodennematoden, gegen die spezielle Bodenbegasungsmittel wie Methylbromid od. Methylisothiocyanat (Methylsenföl) eingesetzt werden. Wasserlösl. N., die auch bei bestehenden Kulturen eingesetzt werden können, sind z.B. Metam-Natrium sowie einige *Organophosphor-Insektizide u. insektizide *Carbamate. An oberird. Pflanzenteilen parasitierende Nematoden (Stengel-, Blattnematoden) lassen sich leichter mit bekannten Insektiziden, insbes. mit system. Wirkstoffen bekämpfen. Chem. Mittel zur Behandlung eines Nematodenbefalls bei Mensch u. Tier werden in der Medizin als Anthelmintika bezeichnet. – *E* nematicides

*Lit.:* Bundesamt für Verbraucherschutz und Lebensmittelsicherheit, Hrsg., *Pflanzenschutzmittel-Verzeichnis*, Saphir: Ribbesbüttel, (jährlich aktualisiert); Tl. 1–3; Online-Datenbank: http://www.bvl.bund.de ■ Chitwood, D. J., *Pest Manag. Sci.*, (2003) **59**, 748–753 ■ Ullmann (5.) **A17**, 125–133 – *[HS 3808 40]*

**Nematoden** (Fadenwürmer). Bez. für eine sehr artenreiche, auch viele Parasiten beherbergende Klasse des Tierstamms der Nemathelminthes (= Aschelminthes, Schlauch- od. Rundwürmer). Hierzu zählen insbes. bodenbewohnende, oft mikroskop. kleine, phytopathogene Arten, die Wurzelzellen anstechen u. aussaugen od. als echte Vollparasiten in Pflanzengewebe leben u. z.T. für Bodenmüdigkeit u. die Bildung von Gallen verantwortlich sind. Andere Nematodenarten sind auch hu-

man- u./od. tierpathogen wie z.B. Spulwürmer (Ascariden), Fadenwürmer (Filarien), Madenwürmer (Oxyuren), Hakenwürmer, Trichinen usw. Im Pflanzenschutz werden Nematoden als Wurzelschmarotzer bei Nutzpflanzen bekämpft (Südeuropa u. trop. u. subtrop. Gebiete). Besonders wirksam sind *Organophosphor-Insektizide (z.B. Fenamiphos). Mittel, die gegen N. wirken, werden im Pflanzenschutz *Nematizide, in der Medizin Anthelmintika genannt.

*Lebensmittelchemie:* Nematoden in Fischen (Fischparasiten): meist aus der Gattung *Anisakis* (Heringswurm) u. *Pseudoterranova* (Kabeljauwurm). Weltweit, meist in Fischeingeweiden mit unterschiedlicher, von der Fischart abhängiger Häufigkeit. Mangels geeigneter Endwirte keine Entwicklung in Binnengewässern, aber Verschleppung durch Wanderfische u. für Futterzwecke verwendete Küstenfische denkbar. Der Fisch ist im Entwicklungscyclus der 2. Zwischenwirt.

*Auswirkungen auf den Menschen:* Bei Verzehr lebender N. Erkrankungen des Magen-Darmtraktes. In Deutschland höchst selten, aus Europa sind keine epidemiolog. Studien bekannt. Größeres Datenmaterial gibt es nur aus Japan (dort höherer Rohfischverzehr). N. sind äußerst empfindlich u. werden beim Tiefgefrieren, Erhitzen (auch Heißräuchern), Salzen u. Marinieren abgetötet (Anl. 1, Fisch-Verordnung).

Fische u. Fischteile mit erkennbarem Nematodenbefall sind nach der Fisch-VO nicht verkehrsfähig. Durch sofortige Eiskühlung u. schnelles Ausnehmen nach dem Fang, Entfernen der Bauchlappen (Teile mit höchster Befallrate), unschädliche Beseitigung der Eingeweide (verhindert Infektion der noch frei lebenden Fische) u. Reduktion der Endwirtsbestände wird die N.-Zahl reduziert. – *E* nematodes

*Lit.:* Blaxter, M. L., *Adv. Parasitol.*, (2003) **54**, 101–195 ■ Jasmer, D. P.; Goverse, A.; Smant, G., *Annu. Rev. Phytopathol.*, (2003) **41**, 245–270 ■ Kucik, C. J.; Martin, G. L.; Sortor, B. V., *Am. Fam. Physician*, (2004) **69**, 1161–1168

**Nennfüllmenge.** Die Nennfüllmenge ist die auf einer Packung als Sollwert angegebene Menge des in ihr enthaltenen Packgutes. Die Angabe der Nennfüllmenge erfolgt in Abhängigkeit von der Art des Packgutes und den damit zusammenhängenden Möglichkeiten der Anwendung von Dosierverfahren entweder nach der Masse als Nenngewicht, oder wie für Flüssigkeiten, nach dem Volumen als Nennvolumen. Für spezifische Packgüter ist auch die Angabe nach der Länge oder Fläche sowie der Stückzahl möglich[1]. Die *Fertigpackungsverordnung nennt verbindliche Werte für Nennfüllmengen von Fertigpackungen mit Lebensmitteln sowie Anforderungen an Maßbehältnisse. – *E* nominal volume

*Lit.:* [1]Bleisch, G.; Goldhahn, H.; Schricker, G.; Vogt, H., *Lexikon Verpackungstechnik*, Behr's: Hamburg, (2003).

**Neoglucobrassicin** siehe *Glucosinolate.

**Neohesperidin** siehe *Flavanone.

**Neohesperidin-Dihydrochalkon** (Abkürzung NHDC). Neohesperidin-Dihydrochalkon ist ein hochintensiver *Süßstoff, der bei praxisüblichem Einsatz eine Süßkraft von 400–600 im Vergleich zu Saccharose hat.

$C_{28}H_{36}O_{15}$, $M_R$ 612,58. Die Löslichkeit von Neohesperidin-Dihydrochalkon in Wasser beträgt bei 20 °C ca. 0,4–0,5 g/L (bei 80 °C 650 g/L). Neohesperidin-Dihydrochalkon ist durch Hydrierung von Neohesperidin, einem Flavanonglycosid aus Citrusfrüchten, sowie durch alkalische Fragmentierung von Naringin (siehe *Flavanone) zugänglich. Neben den süßenden Eigenschaften wirkt Neohesperidin-Dihydrochalkon schon in geringen Mengen (<5 ppm) geschmacksmodifizierend und -verstärkend. Charakteristisch ist der menthol- bis lakritzartige Nachgeschmack, der die Anwendungsmöglichkeiten in Lebensmitteln begrenzt. Meist erfolgt der Einsatz in Kombination mit speziellen Aromen oder anderen Süßstoffen. Neohesperidin-Dihydrochalkon wird in Futtermitteln zur Überdeckung unangenehm schmeckender Komponenten eingesetzt, um bei Tieren die Akzeptanz für das Futter zu erhöhen. Vor allem in Medizinalfutter dient es zur Milderung bitter schmeckender Arzneistoffe. Zur Pharmakokinetik sowie zum Metabolismus von Neohesperidin-Dihydrochalkon im Menschen ist wenig bekannt. Man geht davon aus, daß es nur zu einem geringen Prozentsatz resorbiert und der überwiegende Teil unverändert mit dem Urin ausgeschieden wird. Der *ADI-Wert wurde auf 0–5 mg/kg Körpergewicht festgelegt (JECFA). In den USA besitzt Neohesperidin-Dihydrochalkon *GRAS-Status. Zur Analytik und zur Stabilität siehe Literatur[1–4]; siehe auch *Dihydrochalkone.
*Recht:* Neohesperidin-Dihydrochalkon (E 959) ist gemäß § 4 Abs. 1 *ZZulV 1998 als Süßungsmittel zum Süßen von Lebensmitteln zugelassen. In Anlage 2 Teil B ZZulV 1998 sind Anwendungsgebiete und Höchstmengen im Detail geregelt. – *E* neohesperidin-dihydrochalcone

*Lit.:* [1] Lebensmittelchemie **50**, 30f. (1996). [2] Z. Lebensm. Unters. Forsch. **201**, 541ff. (1995). [3] Food Chem. **52**, 263ff. (1995). [4] Montijano, H.; Cano, J.; Lopez-Cremades, F. J.; Banon, J.; Canales, I.; Borrego, F., *J. Chromatogr. A*, (1997) **758**, 163.
*allg.:* Beilstein EV **17/7**, 553 – [CAS 20702-77-6]

**Neoisomenthol** siehe *Menthol.

**Neokestose** siehe *Kestosen.

**Neomenthol** siehe *Menthol.

**Neosolaniol** siehe *Trichothecene.

**Neosugar®** siehe *Fructooligosaccharide.

**Neral** siehe *Citrale.

**Nerol** siehe *Geraniol.

**Neroliöl** siehe *Orangenblüten(absolue, -öl).

**Neroloxid** [3,6-Dihydro-4-methyl-2-(2-methylpropen-1-yl)-2*H*-pyran, FEMA 3661].

$C_{10}H_{16}O$, $M_R$ 152,24, rosenartig riechende Flüssigkeit mit grün-blumigem Geschmack; innerhalb der Terpene gehört Neroloxid zur Gruppe der Monoterpene. Vorkommen: Scheurebe, Wein. Neroloxid wird in der Parfümerie verwendet. – *E* nerol oxide
*Lit.:* Bauer et al. (4.), S. 141 – [CAS 1786-08-9]

**Nesterenkonia** siehe *Micrococcus.

**net protein utilisation** siehe *NPU.

**Netzannone** siehe *Annone.

**Netzschwefel.** Fein pulverisierter *Schwefel, der unter Zusatz von Netzmitteln in starker Verdünnung als fungizides Spritzmittel gegen echten Mehltau u. *Fusicladium*-Schorf sowie gegen einige Milbenarten verwendet wird. – *E* wettable sulfur
*Lit.:* Perkow – [HS 3808 20]

**Neuartige Lebensmittel** siehe *Verordnung über neuartige Lebensmittel.

**Neugewürz** siehe *Piment.

**Neuralrohr-Defekte** (dorsale Schlußstörung, offener Rücken). Neuralrohr-Defekte sind angeborene Fehlbildungen des Gehirns und des Knochenmarks. Jährlich sind weltweit ca. 400000 Kinder betroffen.
Zwischen dem 20. und dem 28. Tag nach der Konzeption formt sich die Neuralplatte zum Neuralrohr des sich entwickelnden Kindes und schließt sich. Das Neuralrohr wird schließlich zum Rückenmark, dem Rückgrat, dem Gehirn und dem Schädel. Ein Neuralrohr-Defekt tritt auf, wenn dieser Ablauf gestört ist und sich das Neuralrohr nicht vollständig schließt. Die beiden häufigsten Neuralrohr-Defekte sind *Anenzephalus* und *Spina bifida*. Bei Anenzephalus wird das obere Ende des Neuralrohrs nicht geschlossen, was sich in Spaltbildungen im Bereich des Kopfes äußert. Kinder mit diesen Fehlbildungen sind meist nicht überlebensfähig oder haben schwere körperliche und geistige Behinderungen. Bei Spina bifida bzw. dem offenen Rücken wird das untere Ende des Neuralrohrs nicht geschlossen. Es resultieren Spaltbildungen im Bereich der Wirbelsäule, die in der Regel kurz nach der Geburt operativ behandelt werden. Betroffene Kinder haben häufig Lähmungen und Gefühlsstörungen der Beine, Fehlstellung der Füße sowie Störungen der Blasenentleerung und Darmentleerung. Zusätzlich bildet sich bei fast allen Spina-bifida-Kindern ein Wasserkopf.

Die eigentliche Ursache der Neuralrohr-Defekte ist nicht bekannt. Das Risiko eines Neuralrohr-Defekts steigt bei mangelnder *Folsäure-Zufuhr 4 Wochen vor und nach der Konzeption an. Ursache der meisten Neuralrohr-Defekt-Fälle ist wahrscheinlich ein Defekt im Folsäure-Stoffwechsel. Verantwortlich scheint das Enzym Methionin-Synthase zu sein, dessen Aktivität entweder aufgrund eines enzymatischen Defekts oder aufgrund eines Folsäure-Mangels gehemmt ist. Mit der zusätzlichen Gabe von Folsäure kann diese Aktivitätshemmung aufgehoben werden. Gebärfähigen Frauen wird daher bei einer geplanten Schwangerschaft empfohlen, in dieser Zeit mindestens 0,4 mg/d Folsäure zu sich zu nehmen. Einen Überblick über gibt das Stichwort *Folsäure. Neben ernährungsbedingten und arzneimittelbedingten Ursachen werden auch genetische Ursachen für Neuralrohr-Defekte vermutet. – *E* neural tube defects

*Lit.:* Stegman, K., Dissertation, Phillips-Universität Marburg, (2000); http://archiv.ub.uni-marburg.de/diss/z2001/0004/pdf/dks.pdf

**Neuridin** siehe *Spermin.

**Neurospora** (von griechisch neuron = Sehne, Schnur; spora = Same). Etwa 10 Arten umfassende Pilzgattung in der Familie der Sordariaceae, die zur Ordnung Sphaeriales in der Klasse der *Ascomyceten gerechnet wird, Nebenfruchtformen *Chysonilia, Sordaria*. Die Sporen sind relativ hitzeresistent und ertragen Temperaturen bis zu 75 °C. Ein Lebenscyclus von *Neurospora* dauert etwa 3–4 Wochen.

**Wachstum:** Temperatur 4–44 °C, Optimum 36 °C; $a_w$ mindestens 0,88–0,90, Optimum 0,95–0,98; pH 3–8.

*Vorkommen: Neurospora*-Arten sind in tropischen Klimazonen verbreitet, wo sie insbesondere auf verkohltem Holz (nach Abbrennen der Vegetation) anzutreffen sind. *Neurospora* kommt im Erdboden, auf Backwaren, Fleisch u.a. Lebensmitteln vor. Früher führten *Neurospora*-Infektionen in Bäckereien zu großen Verlusten („roter Bäckeroder Brotschimmel"). Die wichtigste Art ist *Neurospora sitophila*, der rote Brot- oder Bäckerschimmel. Konidien und Sporen sind thermotolerant (5 min 75 °C); sie sind am Auftreten von Bäckerasthma beteiligt.

*Recht:* Sicherheitsstufe nach Anhang IB der Gentechnik-Sicherheits-VO 1990: Alle Arten der Gattung *Neurospora* sind in Risikogruppe 1 eingestuft.

*Anwendung: Neurospora*, insbesondere die Arten *Neurospora crassa, Neurospora sitophila* und *Neurospora tetrasperma* sind bewährte Objekte für genetische und physiologische Untersuchungen. Für ihre Grundlagenforschung an *Neurospora crassa* erhielten Beadle und Tatum 1958 den Nobelpreis für Medizin. Sie zeigten unter Verwendung von u.a. durch Röntgenstrahlen erzeugten Mutanten, daß jede biochemische Reaktion bzw. jedes Enzym durch ein Gen kontrolliert wird. *Neurospora*-Arten können zur Produktion von α-*Amylase sowie

zum Abbau von geruchsintensiven Stoffen wie Indol herangezogen werden.

In Indonesien wird mit Hilfe von *Neurospora sitophila* Onkom (Ontjom), ein Fleischersatz aus Erdnußpreßkuchen hergestellt. Der Pilz enthält einen hohen Anteil essentieller Aminosäuren und wird auch zur Produktion von *Einzellerprotein verwendet. – *E* Neurospora

*Lit.:* Krämer (4.) ▪ Weidenbörner, M., *Encyclopedia of Food Mycotoxins*, Springer: Berlin, (2001)

**neurotoxic shellfish poisoning** siehe *Algentoxine.

**Neutrale Proteasen** siehe *Proteasen.

**Neutralfette** siehe *Lipide.

**Neutralschmalz** siehe *Schweineschmalz.

**NFV.** Abkürzung für Novel-Food-Verordnung, siehe *Verordnung über neuartige Lebensmittel.

**NHDC.** Abkürzung für *Neohesperidin-Dihydrochalkon.

**Niacin** [Vitamin PP (pellagra preventing), Antipellagra-Faktor, Vitamin $B_3$ (veraltet)]. Unter der Bezeichnung Niacin werden die Vitamere *Nicotinsäure (NS) und *Nicotinsäureamid (NA, Nicotinamid) zusammengefaßt. Sie besitzen die gleiche Vitaminwirksamkeit und können vom Organismus ineinander umgewandelt werden. Niacin wird zum Vitamin-B-Komplex gezählt.

Gute Stabilität beider Vitamere gegenüber Oxidations- und Wämeeinflüssen sowie gute Wasserlöslichkeit. Verluste bei sachgemäßer Lagerung und Zubereitung von Lebensmitteln liegen bei pflanzlichen und tierischen Lebensmittel zwischen 10 und 35% (Auslaugverluste)[1].

*Vorkommen:* Nicotinsäureamid kommt vor allem in tierischen Lebensmitteln vor und wird fast vollständig resorbiert. Pflanzliche Lebensmitteln enthalten hauptsächlich Nicotinsäure, aber im Vergleich zu tierischen Lebensmitteln in geringeren Mengen. In Getreide ist Nicotinsäure zu über 80% in der Aleuronschicht lokalisiert und geht somit bei niedrigem Ausmahlen (helle Mehle) großteils verloren. Zudem liegt es in Getreideprodukten komplex an Eiweiß und/oder Polysaccharide gebunden als *Niacytin* (Niacinogen) vor (schlechte Bioverfügbarkeit, etwa 30%)[2]. Durch Alkalien wird Nicotinsäure aus Niacytin freigesetzt, z.B. bei der Herstellung von Tortillas mit Calciumhydroxid. Geröstete Kaffeebohnen enthalten bis zu 400 mg Nicotinsäure/kg, das durch Demethylierung von Trigonellin (Methylnicotinsäure) beim Rösten gebildet wird. Zum Vorkommen von Niacin in Nahrungsmitteln siehe Tabelle 1, S. 787.

*Biosynthese:* Im tierischen Organismus: L-*Tryptophan → Kynurenin → 3-Hydroxyanthranilsäure → Chinolinsäure (Pyridin-2,3-dicarbonsäure) → Nicotinsäure → Nicotinsäureamid.

In Bakterien und Höheren Pflanzen: aus L-*Asparaginsäure und einem $C_3$-Körper, wahrscheinlich D-Glyceraldehyd-3-phosphat. Außerdem durch Spaltung von NAD.

Tabelle 1: Niacin-Gehalt einiger Nahrungsmittel[3].

| Nahrungsmittel | Niacin [mg/ 100 g] | Tryptophan [mg/100 g] | Niacin-Äquivalente[a] [mg Äquivalente/100 g] |
|---|---|---|---|
| **tierisch** | | | |
| Butter | 0,03 | 9 | 0,18 |
| Hühnerei | 0,08 | 230 | 3,9 |
| Kuhmilch | 0,09 | 46 | 0,9 |
| Camembert 45% Fett i. Tr. | 1,1 | 330 | 6,6 |
| Salami | 2,6 | 176 | 5,5 |
| Schweinefleisch | 5,0 | 310 | 10,2 |
| Heilbutt (weißer Heilbutt) | 5,9 | 260 | 10,2 |
| Kalbfleisch | 6,5 | 300 | 11,5 |
| Lachs | 7,5 | 260 | 11,8 |
| Rindfleisch | 7,5 | 290 | 12,3 |
| Putenbrustfleisch | 11,0 | 220 | 14,7 |
| Rinderleber | 15,0 | 310 | 20,2 |
| Schweineleber | 16,0 | 310 | 21,2 |
| **pflanzlich** | | | |
| Apfel | 0,3 | 2 | 0,3 |
| Weizenmehl Type 550 | 0,5 | 120 | 2,5 |
| Kartoffeln | 1,2 | 30 | 1,7 |
| Reis poliert | 1,3 | 90 | 2,8 |
| Weizenmehl Type 1050 | 1,4 | 130 | 3,6 |
| Grünkohl | 2,1 | 64 | 3,1 |
| Erbsen grün | 2,4 | 100 | 4,1 |
| Reis unpoliert | 5,2 | 90 | 6,7 |
| Pfifferlinge | 6,5 | 48 | 7,3 |
| Erdnüsse | 15,0 | 320 | 20,3 |
| Weizenkleie | 18,0 | 250 | 22,2 |

[a] Summe aus Niacin und aus Tryptophan synthetisiertem Niacin (aus 60 mg Tryptophan wird etwa 1 mg Niacin gebildet = 1 mg Niacin-Äquivalent); Näheres dazu siehe Bedarf im Unterpunkt Ernährungsphysiologie.

**Metabolismus:** Freies Niacin wird teilweise bereits im Magen und vor allem im oberen Dünndarm fast vollständig resorbiert. Die Absorption niedriger Niacin-Dosen erfolgt über einen Natrium-abhängigen Carrier-Mechanismus, größere Niacin-Dosen werden durch eine erleichterte Diffusion absorbiert; Niacytin kann durch die Enzyme des Magen-Darm-Traktes nur teilweise aufgeschlossen werden. Weil das Amid im Darm hydrolysiert wird, gelangt in erster Linie Nicotinsäure in das Portalblut, wird von der Leber aufgenommen und zu NAD(P) umgewandelt. Alle Gewebe können die Coenzyme NAD und NADP synthetisieren. Die Gewebekonzentrationen werden durch die extrazelluläre Nicotinsäureamid-Konzentration kontrolliert, die durch die Leber reguliert wird. Überschüssiges Niacin wird in der Leber entweder gespeichert oder methyliert. Die Ausscheidung über die Niere erfolgt vorwiegend als *1-Methylnicotinsäureamid* (NMNA) und in Form verschiedener Oxidationsprodukte.

**Funktion:** Niacin ist in Form der beiden als Coenzym wirksamen Pyridinnucleotiden Nicotinamid-Adenin-Dinucleotid (NAD) und seines Phosphatesters Nicotinamid-Adenin-Dinucleotid-Phosphat (NADP, siehe Abbildung) im Stoffwechsel als wichtiger Wasserstoff-Überträger in der Zelle wirksam. NADP entsteht aus NAD durch Phosphorylierung am C2'-Atom mit Hilfe von NAD-Kinase und ATP; Phosphatasen regenerieren wiederum daraus NAD.

NAD: R = H      NADP: R = $PO_3H_2$

Abbildung: Strukturformeln von NAD und NADP.

Die Coenzyme NAD und NADP sind an über 200 Dehydrogenase-katalysierten Reaktionen beteiligt. NAD-abhängige Dehydrogenasen befinden sich vorwiegend im mitochondrialen Kompartiment und speisen Wasserstoff in die Atmungskette zur Oxidation und Energiegewinnung ein. NADP-abhängige Dehydrogenasen sind vorwiegend im Cytosol lokalisiert und liefern Wasserstoff für reduktive Biosyntheseprozesse wie z. B. Fettsäuren-Synthese oder Cholesterol-Synthese und Hydroxylierungen. Deshalb liegt NADP im Gegensatz zu NAD vorwiegend reduziert vor. Nicotinsäureamid ist der eigentliche als Wasserstoffakzeptor wirkende Bestandteil des NAD.

*Ernährungsphysiologie: Bedarf:* Die Deckung des Niacin-Bedarfs erfolgt nicht nur durch die Niacin-Aufnahme, sondern auch durch die körpereigene Biosynthese aus der essentiellen Aminosäure Tryptophan in Leber und Niere (für diese Reaktion muß ausreichend *Vitamin B₆ zur Verfügung stehen, bei L-Leucin-reicher Ernährung ist dieser Stoffwechselweg gestört). Dies ist bei den Empfehlungen und Zufuhrberechnungen zu berücksichtigen. Aus 60 mg Tryptophan wird etwa 1 mg Niacin gebildet (= 1 mg Niacin-Äquivalent), jedoch wird Tryptophan vorrangig für die Proteinsynthese verwendet. Eine abwechslungsreiche Mischkost mit 60 g Protein enthält etwa 600 mg Tryptophan (Proteine enthalten im Mittel 1% Tryptophan) und könnte bis zu 10 mg Niacin-Äquivalent liefern. Nach einem Vorschlag der WHO/FAO[4] werden die Zufuhrempfehlungen für Niacin auf Basis der Energiezufuhr berechnet: 6,7 mg/1000 kcal bzw. 1,6 mg/MJ. *RDA-Empfehlungen und D-A-CH-Empfehlungen (*Referenzwerte für die Nährstoffzufuhr) zur Niacin-Aufnahme siehe Tabelle 2, S. 788. Ein verringerter Energiebedarf sollte jedoch nicht zu einer Niacin-Zufuhr unter 13 mg Niacin-Äquivalente (mit Ausnahme bei Säuglingen und Kleinkindern) führen. Besonders in der Schwangerschaft wird aufgrund des erhöhten Energiebedarfs eine höhere Niacin-Aufnahme empfohlen, obwohl eine gesteigerte Umwandlung von Tryptophan in Niacin stattfindet. Auch Stillende weisen einen erhöhten Niacin-Bedarf auf, da Niacin über die Muttermilch (etwa 1,3 mg/750 mL) sezerniert wird.

*Mangel:* Die Niacin-Avitaminose wird als *Pellagra bezeichnet. Detaillierte Informationen zur Bestim-

Tabelle 2: Empfehlungen für die Niacin-Zufuhr in mg-Äquivalente/d.

D-A-CH

| | ♂ | ♀ |
|---|---|---|
| **Säuglinge** | | |
| 0– 4 Monate | 2 | |
| 4– 12 Monate | 5 | |
| **Kinder** | | |
| 1– 4 Jahre | 7 | |
| 4– 7 Jahre | 10 | |
| 7– 10 Jahre | 12 | |
| 10– 13 Jahre | 15 | 13 |
| 13– 15 Jahre | 18 | 15 |
| **Jugendliche und Erwachsene** | | |
| 15– 19 Jahre | 17 | 13 |
| 19– 25 Jahre | 17 | 13 |
| 25– 51 Jahre | 16 | 13 |
| 51– 65 Jahre | 15 | 13 |
| über 65 Jahre | 13 | 13 |
| **Schwangere** | | |
| ab 4. Monat | | 15 |
| **Stillende** | | 17 |

RDA

| | ♂ | ♀ |
|---|---|---|
| **Säuglinge** | | |
| 0– 6 Monate | 2 | |
| 7– 12 Monate | 4 | |
| **Kinder** | | |
| 1– 3 Jahre | 6 | |
| 4– 8 Jahre | 8 | |
| **Jugendliche und Erwachsene** | | |
| 9– 13 Jahre | 12 | 12 |
| 14– 18 Jahre | 16 | 14 |
| 19– 30 Jahre | 16 | 14 |
| 31– 50 Jahre | 16 | 14 |
| 51– 70 Jahre | 16 | 14 |
| über 70 Jahre | 16 | 14 |
| **Schwangere** | | |
| ab 4. Monat | | 18 |
| **Stillende** | | 17 |

mung des Niacin-Mangels sowie zur Beschreibung und Therapie des entstehenden Krankheitsbildes (3D-Krankheit) siehe *Pellagra.
Die *Hartnup-Erkrankung* ist eine genetisch bedingte Störung im Niacin-Stoffwechsel mit Pellagra-ähnlichem Erscheinungsbild. Sie beruht auf einem Transportdefekt der neutralen Aminosäuren über die Bürstensaummembranen von Niere und Dünndarm. Die verminderte Resorption der neutralen Aminosäure Tryptophan führt somit zu einer mangelnden Verfügbarkeit für die Niacin-Synthese. Die Hartnup-Erkrankung äußert sich in einer ausgeprägten Hyperaminoazidurie mit einer vermehrten Ausscheidung indolischer Verbindungen. Diese Indole werden im Darm durch bakteriellen Abbau des nicht resorbierten Tryptophans gebildet. Die Diagnose beruht auf dem Nachweis des charakteristischen Aminosäure-Musters im Urin. Die Therapie erfolgt durch Substitution mit 50–500 mg Niacin/d sowie einer erhöhten Proteinzufuhr.

*Toxikologie:* Dosierungen von über 3 g Niacin/d führen zu toxischen Leberschäden. Niacin-Mengen von mehr als 35 mg/d führen bei längerfristiger Einnahme zu gastrointestinalen Symptomen (unter anderem Magenschleimhautentzündungen).
*Pharmakologie:* In größeren Dosen wirkt die Nicotinsäure (nicht das Amid) vasodilatierend, außerdem wird der Gehalt des Serums an Gesamt-Cholesterol, LDL-Cholesterol und Triglyceriden gesenkt, der an HDL-Cholesterol dagegen erhöht[5]; Niacin kann deshalb zur Behandlung von Hyperlipidämien eingesetzt werden[6] und ist daher häufiger Bestandteil von Lipidsenkern[7]. Inwieweit dies bereits bei physiologischen Dosen langfristig möglich ist, ist bisher nicht untersucht. Allerdings weisen pharmakologische Dosen Nebenwirkungen auf (unter anderem Lebertoxizität), die einen präventiven Einsatz ohne eindeutige Indikationsstellung fragwürdig erscheinen lassen.
Da Niacin eine Schutzwirkung auf die β-Zellen des Pankreas ausübt, verhindert oder verzögert es die Progression des Insulin-abhängigen Diabetes mellitus in seinem Frühstadium[8].
Untersuchungen belegen, daß bei HIV-Infektionen eine Niacin-Depletierung eintritt. Ob die Verabreichung von Niacin über die Mangelbehebung hinaus einen positiven Effekt auf die Therapie hat, ist nicht ausreichend untersucht[9].
*Analytik:* Mit Hilfe der HPLC werden Analysen von Multivitaminpräparaten, Nahrungsmitteln, Gewebekonzentrationen und Analysen von Körperflüssigkeiten durchgeführt. In der analytischen Chemie dient Nicotinsäureamid als Bezugssubstanz für Elementaranalysen.
Die Bedarfsdeckung wird anhand der Ausscheidung von Niacin-Metaboliten im Urin wie 1-Methylnicotinsäureamid (NMNA, Nicotinsäuremethylamid; Normwert 5,8 ± 3,6 mg/24h) und 1-Methyl-2-pyridon-5-carboxamid (6-Pyridon, Normwert 20,0 ± 12,9 mg/24h) sowie durch einen Abfall der NAD-Konzentration in den Erythrocyten beurteilt. Der Quotient aus Pyridon und Methylnicotinsäureamid stellt einen empfindlichen Indikator für einen Niacin-Mangel dar und liegt bei einer guten Versorgung zwischen 1,3 und 4,0. Er sinkt bei einem Mangel, da die Ausscheidung von Pyridon früher abnimmt. Manche Untersuchungen haben aber gezeigt, daß dieser Quotient eher die Proteinversorgung als den Niacin-Status darstellt.
*Verwendung:* Industriell dient Niacin als Korrosionsschutzmittel für Metalle und als Hilfsmittel in der Galvanostegie von Zink. Weiterhin wird Niacin als Bestandteil von Multivitaminpräparaten sowie als Zusatz in Lebensmitteln und Futtermitteln eingesetzt. – *E* niacin
*Lit.:* [1]Bognàr, A., *Ernährung/Nutrition*, (1995) **19**, 411–416, 478–483, 551–554. [2]Eur. J. Clin. Nutr. **51**, Suppl. 1, S64f. (1997). [3]Souci et al. (6.). [4]FAO/WHO, Hrsg., *Human Vitamin and Mineral Requirements*; Report of a Joint FAO/WHO Expert Consultation, Bangkok, Thailand; FAO: Rom, (2002); Kapitel 3; http://www.fao.org/DOCREP/004/Y2809E/y2809e00.htm. [5]Ganji, S. H.; Kamanna, V. S.; Kashyap, M. L., *J. Nutr. Biochem.*, (2003) **14**, 298–305.

[6] Coron. Artery Dis. **7**, 321–326 (1996). [7] Coron. Artery Dis. **7**, 321–326 (1996). [8] Horm. Res. **45**, Suppl. 1, 39–43 (1996). [9] Murray, M. F., *Med. Hypotheses*, (1999) **53**, 375–379. *allg.:* Beilstein EV **22/2**, 57, 80 ▪ Biesalski, H. K.; Köhrle, J.; Schümann, K., Hrsg., *Vitamine, Spurenelemente und Mineralstoffe*, Thieme: Stuttgart, (2002); S. 117ff., 434 ▪ Deutsche Gesellschaft für Ernährung (DGE); Österreichische Gesellschaft für Ernährung (ÖGE); Schweizerische Gesellschaft für Ernährungsforschung (SGE); Schweizerische Vereinigung für Ernährung (SVE), *Referenzwerte für die Nährstoffzufuhr*, Umschau/Braus: Frankfurt am Main, (2000) – [HS 2936 29]

**Niacinogen** siehe *Niacin.

**Niacytin** siehe *Niacin.

**Nichtcarbonathärte** (NKH) siehe *Härte des Wassers.

**Nichtdispersive IR-Spektroskopie** siehe *IR-Spektroskopie.

**Nichteiweißstickstoff** siehe *Fleischerzeugnisanalyse.

**Nichtenzymatische Bräunung** siehe *Maillard-Reaktion.

**Nicht-extrahierbare Rückstände** (gebundene Rückstände). Nach IUPAC-Definition[1] versteht man unter n.-e. R. die Anteile von *Schädlingsbekämpfungsmitteln (einschließlich ihrer Umwandlungs- u. Abbauprodukte), die aus der Anw. als *Pflanzenschutzmittel bei guter landwirtschaftlicher Praxis stammen u. die sich nicht mit den üblichen Meth. der Rückstandsanalytik aus einer Pflanzen- od. Bodenprobe chem. unverändert extrahieren lassen, sondern nur mit drast. Meth., die die chem. Natur des Rückstandes verändern. Der Nachweis n.-e. R. gelingt in der Regel durch Einsatz eines radioaktiv markierten Wirkstoffes in einer Metabolismusstudie. Ursachen für eine Nichtextrahierbarkeit können sein: a) starke Adsorption an Matrixbestandteile, b) kovalente Bindung an hochmol., unlösl. Inhaltsstoffe wie Cellulose, Proteine, Lignin u. Cutin in Pflanzen bzw. Huminstoffe im Boden, entstanden auf dem Wege eines metabol. Prozesses od. einer therm. sowie photochem. Reaktion. Die Einschleusung niedermol. Wirkstoff-Fragmente od. Abbauprodukte in Biosynthesecyclen wird von der IUPAC-Definition ausdrücklich ausgenommen. Der Begriff der *gebundenen Rückstände* erfaßt alle (auch extrahierbare) Derivate von Wirkstoffen (Exocon), die an einen Pflanzen- od. Bodeninhaltsstoff (Endocon) kovalent gebunden sind, z.B. Konjugate mit Kohlenhydraten u. Aminosäuren od. photochem. entstandene Additionsverb. mit Lipiden des pflanzlichen Abschlußgewebes. Bei der Beurteilung einer toxikolog. Relevanz geht es in erster Linie um die Bioverfügbarkeit n.-e. R. od. gebundener Rückstände. Nach der IUPAC-Definition gilt ein n.-e. R. als nicht signifikant, wenn er im Boden für Pflanzen od. dort lebende Tiere nicht verfügbar u. weder persistent noch beweglich ist. Bei Pflanzen sind n.-e. R. dann nicht relevant, wenn sie entweder für Mensch u. Tier nicht bioverfügbar sind od. wenn sie nur in nichteßbaren Pflanzenteilen auftreten. N.-e. R. können unter Umständen im Boden durch Mikroorganismen z.T. freigesetzt u. von höheren Pflanzen mobilisiert werden. Die Bez. der gebundenen, n.-e. R. wird auch bei Rückständen von Tierarzneimitteln in tier. Lebensmitteln verwendet, als Anteile, die im Rahmen der Rückstandsanalytik nicht erfaßt werden können[2]. – *E* non-extractable residues

*Lit.:* [1] J. Assoc. Off. Anal. Chem. **65**, 1030–1032 (1982). [2] Proceedings of the EuroResidue Conference II, Veldhoven 1993, S. 685–689. *allg.:* Hartlieb, N.; Ertunc, T.; Schaeffer, A.; Klein, W., *Environ. Pollut.*, (2003) **126**, 83–91 ▪ Kreuzig, R.; Koineckel, A.; Bahadir, M., *J. Biochem. Biophys. Methods*, (2000) **43**, 403–409 ▪ Saison, C.; Perrin-Ganier, C.; Amellal, S.; Morel, J. L.; Schiavon, M., *Chemosphere*, (2004) **55**, 477–485

**Nichtionische Emulgatoren** siehe *Emulgatoren.

**Nichtionische Tenside** siehe *Tenside.

**Nichtklimakterische Früchte** siehe *klimakterische Früchte.

**Nichtproteinstickstoff** siehe *Fleischerzeugnisanalyse.

**Nickel** siehe *Spurenelemente.

**Nicotin** [3-((*S*)-1-Methyl-2-pyrrolidinyl)pyridin].    T+

(–)-(*S*)-Form
R = CH$_3$ : Nicotin
R = H  : Nornicotin

$C_{10}H_{14}N_2$, $M_R$ 162,23, farbloses, hygroskop., an der Luft rasch dunkelndes u. viskoses Öl, opt. aktiv (Naturstoff linksdrehend), D. 1,01 (20°C), Schmp. −80°C, Sdp. 246–247°C, wasserdampfflüchtig, leicht lösl. in Wasser, Alkohol, Ether u. Chloroform, mischbar mit den meisten organ. Lösemitteln. N. hat einen Pyridin-artigen Geruch u. einen kratzig brennenden Geschmack. Mit fast allen Säuren bildet es Salze, mit vielen Metallsalzen auch Doppelsalze. N. gehört zu den Solanaceen-Alkaloiden u. ist das Hauptalkaloid des Tabaks. So kommt Nicotin auch in anderen Solanaceen-Arten u. in zahlreichen Pflanzen anderer Familien [u.a. *Acacia*-Arten (Fabaceae), *Sedum*-Arten (Crassulaceae), *Equisetum*-Arten (Equisetaceae), *Lycopodium*-Arten (Lycopodiaceae)] als Spurenkomponente vor.

*Vorkommen:* Hauptbildungsort des N. im Tabak sind die Wurzeln. Von dort wird es in die Blätter transportiert u. abgelagert. Der Samen enthält kein Nicotin. Der N.-Gehalt der *Nicotiana tabacum*-Varietäten schwankt zwischen 0,3 u. 7%[1] des Trockengew., was ca. 6–100% des Gesamt-Alkaloid-Gehalts entspricht. In sog. N.-freien Tabaken wird das Alkaloid enzymat. zu Nornicotin abgebaut[2]. Diese Tabake enthalten weniger als 0,1% Nicotin[1]. Der N.-Gehalt der Handelstabake beträgt zwischen 0,3 u. 3%, bei schweren Sorten bis zu 7%. Beim Rauchen einer Zigarette verbrennen im Glutkegel ca. 30% des im Zigarettentabak enthaltenen Nicotins. Als Pyrolyseprodukte entstehen überwiegend

Pyridin, Cyanopyridin, Methylpyridin u. verwandte Verbindungen. Weitere ca. 40% des N. entweichen im Nebenstromrauch u. nur ca. 25–30% gehen in den Hauptstromrauch über[1,3–5]; s. dazu auch *Tabakrauch. In Zigarettenfiltern werden davon 40–70% zurückgehalten, während im Tabakstummel von filterlosen Zigaretten nur ca. 30% verbleiben. Vom im Hauptstromrauch freigesetzten N. nehmen inhalierende Raucher 66–95% auf, Mundraucher nur ca. 5%. Im Plasma von Rauchern werden in der Regel zwischen 5 u. 50 ng/mL N. gefunden[6]. Über die Bioverfügbarkeit von Nicotin siehe Literatur[7,8]

**Herstellung:** Das Alkaloid wird durch Extraktion bzw. Wasserdampf-Dest. aus N.-reichen Tabaken gewonnen, obwohl eine Vielzahl von Synth. für N. bekannt sind. Die *Biosynth.* erfolgt durch Kondensation zweier Vorstufen; die eine stammt aus dem Pyridin-Nucleotid-Cyclus (möglicherweise Nicotinsäure), die zweite ist *N*-Methylpyrrolin, das aus Ornithin od. Arginin entsteht.

**Analytik:** Die Bestimmung von N. im Tabak u. im Tabakrauchkondensat erfolgt spektralphotometr. nach DIN ISO 2881: 1998-06 bzw. DIN ISO 3400: 1998-05 od. über ein gaschromatograph. Verf. (DIN ISO 10315: 2000-12). Zur Analytik siehe auch Literatur[9–14].

**Wirkung**[15–17]**:** Die pharmakolog. bzw. toxikolog. Wirkungen[18–20] des N. im Organismus sind sowohl von der Dosis als auch von der individuellen Reaktionsbereitschaft abhängig. Beim gesunden Menschen erhöht N. in Mengen, wie sie beim Rauchen aufgenommen werden, die Herzfrequenz, den Blutdruck, das Schlag-Vol., das Herzminuten-Vol. u. die koronare Durchblutung[21]. Seine psychoaktive Wirkung zeigt sich in einer Verbesserung der Reaktions- u. Konzentrationsfähigkeit[22]. Es besitzt appetithemmende Eigenschaften, die zusammen mit der Steigerung des Grundumsatzes für das geringere Körpergew. der Raucher im Vgl. zu Nichtrauchern verantwortlich sind. Wie anderen psychoaktiven Medikamenten wird ihm ein suchterzeugendes Potential zugeschrieben[23–28]. N. ist in hoher Dosis ein schnellwirkendes u. starkes Gift bei subcutaner [LD$_{50}$ (Ratte s.c.) 50 mg/kg], parenteraler u. intravenöser [LD$_{50}$ (Maus i.v.) 300 µg/kg] Applikation, es ist im Tierexperiment teratogen[29]. Es kann über die Atmungsorgane od. die Haut aufgenommen werden. Die orale letale Dosis liegt beim Menschen bei 50 mg. Es hat auf vegetative Ganglien je nach Dosierung u. Dauer der Einwirkung erregende od. lähmende Wirkungen. Die postsynapt. Membran wird durch N. ähnlich wie durch Acetylcholin depolarisiert. Dies führt zunächst zu einer ganglionären Erregung, bei längerer Einwirkung aber zu einer anhaltenden Depolarisation u. damit zu einer Blockade der ganglionären Erregungsübertragung. Der Tod erfolgt durch Atemlähmung. Über die chron. Toxizität von N. in der beim Rauchen aufgenommenen Dosis ist nichts bekannt. Eine carcinogene u. teratogene Wirkung des N. läßt sich mit großer Wahrscheinlichkeit ausschließen (s.a. *Nitrosamine[30]). Mögliche teratogene Wirkungen werden untersucht im Zusammenhang mit Nicotin-Kaugummi[31]. Bei einigen chron. Erkrankungen wie Colitis ulcerosa[32], Morbus Parkinson u. Alzheimersche Krankheit soll N. auch therapeut. Effekte besitzen[19,20,33]. – *E* nicotine

***Lit.:*** [1] Voges, E., *Tobacco Encyclopedia*, Mainzer Verlagsanstalt: Mainz, (1984); S. 215. [2] Eberhardt, H. J., *Beitr. Tabakforsch. Int.*, (1995) **16**, 119. [3] Seeman, J. I.; Fournier, J. A.; Paine, J. B.; Waymack, E., *J. Agric. Food Chem.*, (1999) **47**, 5133. [4] Perfetti, T. A.; Norman, A. B.; Gordon, B. M.; Coleman, W. M.; Morgan, W. T.; Dull, G. M.; Miller, C. W., *Beitr. Tabakforsch. Int.*, (2000) **19**, 141. [5] Stevens, N. A.; Borgerding, M. F., *Anal. Chem.*, (1999) **71**, 2179. [6] Klin. Wochenschr. **66** (Suppl. XI), 5 (1988). [7] Dixon, M.; Lambig, K.; Seeman, J. I., *Beitr. Tabakforsch. Int.*, (2000) **19**, 103. [8] Nakajima, M.; Yamamoto, T.; Kuroiwa, Y.; Yokoi, T., *J. Chromatogr. B*, (2000) **742**, 211. [9] Häger, B.; Niessner, R., *Aerosol Sci. Technol.*, (1996) **26**, 163. [10] Wu, C.; Siems, W. F.; Hill, H. H.; Hannan, R. M., *J. Chromatogr. A*, (1998) **811**, 157. [11] Yang, S. S.; Smetena, I., *Chromatographia*, (1998) **47**, 443. [12] Matysik, F.-M., *J. Chromatogr. A*, (1999) **853**, 27. [13] Da Graça Lourenço, M.; Arlete, M.; Oliveira, M. O., *J. Chromatogr. A*, (2000) **898**, 235. [14] Franke, J. E.; Bennet, C. B.; Davis, R. E.; Thomson, H. V.; Johnston, K. S., *Beitr. Tabakforsch. Int.*, (2001) **19**, 251. [15] Ann. N. Y. Acad. Sci. **562**, 211–240 (1989). [16] Med. Chem. Res. **2**, 509, 522, (1993). [17] Dtsch. Apoth. Ztg. **130**, 2200f. (1990); **135**, 3253 (1995). [18] Haass, M.; Kübler, W., *Cardiovasc. Drugs Ther.*, (1996) **10**, 657. [19] Müller, C. E., *Dtsch. Apoth. Ztg.*, (1995) **36**, 17. [20] Benowitz, N. L., *Annu. Rev. Pharmacol. Toxicol.*, (1996) **36**, 597. [21] Forth et al. (8.). [22] Ilan, A. B.; Polich, J., *Nicotine Tob. Res.*, (1999) **1**, 233. [23] Huber, G. L.; Byrne, B.; Allen, T. G.; Pandina, R. J., *Semin. Respir. Crit. Care Med.*, (1995) **16**, 134. [24] Foulds, J.; Ghodse, A. H., *J. R. Soc. Health*, (1995) **115**, 225. [25] Brautbar, N., *Arch. Environ. Health*, (1995) **50**, 263. [26] Aceto, M. D., *Med. Chem. Res.*, (1996) **6**, 526. [27] Pidoplichko, V. I.; DeBiasi, M.; Williams, J. T.; Dani, J. A., *Nature (London)*, (1997) **390**, 401. [28] Dar, R.; Frenk, H., *Addict. Res. Theory*, (2002) **10**, 219. [29] Sax (8.). S. 2500f. [30] Hecht, S. S.; Haley, N. J.; Hoffmann, D., *Molecular Dosimetry and Human Cancer: Analytical, Epidemiological, and Social Considerations*, Groopmann, J. D.; Skipper, P. L., Hrsg.; CRC Press: Boca Raton, (1991); S. 325. [31] Hackman, R.; Kapur, B.; Koren, G., *N. Engl. J. Med.*, (1999) **341**, 1700. [32] Sandborn, W. J.; Rubins, S., WO 1997028801 A1, (1997). [33] Chem. Eng. News (27.3.) **2000**, 23–26.

***allg.:*** Balfour, D. J. K.; Ridley, D. L., *Pharm. Biochem. Behav.*, (2000) **66**, 79 ▪ Beilstein EIII/IV **23**, 999ff. ▪ Crooks, P. A., In *Analytical Determination of Nicotine and Related Compounds and their Metabolites*, Gorrod, J. W.; Jacob, III, Hrsg.; Elsevier: Amsterdam, (1999) ▪ Hager (5.) **3**, 870ff. ▪ Levin, E. D.; Slotkin, T. A., *Handbook of Developmental Neurotoxicology*, Slikker, W.; Chang, L. W., Hrsg.; Academic Press: San Diego, CA, (1998); S. 587 ▪ Merck-Index (13.), Nr. 6551 ▪ RCP, Hrsg., *Nicotine Addiction in Britain: A Report of the Tobacco Advisory Group of the Royal College of Physicians*, Royal College of Physicians: London, (2000) ▪ Ullmann (5.) **A1**, 360; **A14**, 271 – [HS 2939 70; CAS 54-11-5 (N.); 25162-00-9 ((R)-Form); 22083-74-5 (Racemat)]

**Nicotinamid** siehe *Nicotinsäureamid und *Niacin.

**Nicotinsäure** (Pyridin-3-carbonsäure).

$C_6H_5NO_2$, $M_R$ 123,11. Farblose Kristalle, in kaltem Wasser wenig, in heißem Wasser und Ether leichter löslich, Dichte 1,473, Schmp. 236–237 °C, sublimiert unzersetzt.

Nicotinsäure wird gemeinsam mit ihrem Amid (\*Nicotinsäureamid) als \*Niacin bezeichnet; zu Vorkommen, Biochemie und Analytik siehe \*Niacin. – *E* nicotinic acid

*Lit.:* Beilstein EV **22/2**, 57–59 – *[HS 2936 29; CAS 59-67-6]*

**Nicotinsäureamid** (Pyridin-3-carbamid, Nicotinamid).

$C_6H_6N_2O$, $M_R$ 122,13, Schmp. 128–131 °C, Sdp. 150–160 °C (0,07 Pa), gute Löslichkeit in Wasser.
Nicotinsäureamid wird gemeinsam mit \*Nicotinsäure als \*Niacin bezeichnet; zu Vorkommen, Biosynthese, Biochemie und Analytik siehe \*Niacin. – *E* nicotinamide

*Lit.:* Beilstein EV **22/2**, 80ff. – *[HS 2936 29; CAS 98-92-0]*

**Nieren** siehe \*Innereien.

**Nigakilacton D** siehe \*Quassinoide.

**Nigellinsäure** siehe \*Abscisinsäure.

**Nigerose** [Sakebiose, α-D-Glucopyranosyl-(1→3)-D-glucose].

$C_{12}H_{22}O_{11}$, $M_R$ 342,29, hygroskopische Kristalle, Schmp. 156 °C, im Kristall als α-D-Glucopyranosyl-(1,3)-β-D-glucopyranose vorliegend; $[\alpha]_D^{19}$ +138° (Endwert); Osazon: Schmp. 204–206 °C.
*Vorkommen:* Im Honig (1,7% der Oligosaccharid-Fraktion), Reversionsprodukt der Glucose bei Säureeinwirkung. – *E* nigerose

*Lit.:* Arias, V. C.; Castells, R. C.; Malacalza, N.; Lupano, C. E.; Castells, C. B., *Chromatographia*, (2003) **58**, 797–801 ■ Beilstein EV **17/7**, 185 – *[HS 2940 00]*

**Nigiri Sushi** siehe \*Sushi.

**Nimbosterol** siehe β-\*Sitosterol.

**Nipa-Ester** siehe 4-\*Hydroxybenzoesäureester.

**NIR-Spektroskopie** (Nah-Infrarot-Spektroskopie). Methode der \*Reflexionsspektroskopie unter Anwendung elektromagnetischer Strahlung im nahen Infrarot (4000–12500 cm$^{-1}$; 2,5–0,8 μm), die auch als NIRS (Nah-Infrarot-Reflexionsspektroskopie) bezeichnet wird, siehe auch \*IR-Spektroskopie. Die Probe wird von NIR-Strahlung definierter Wellenlänge bestrahlt und die diffus reflektierte Strahlung vermessen. Die Strahlung tritt mit zahlreichen funktionellen Gruppen in Wechselwirkung (Kombinations- und Oberschwingungen), so daß man für jeden Inhaltsstoff der komplexen Matrix typische Spektren erhält. Die Anwendung der NIRS zur Bestimmung setzt einen ausreichend großen Datensatz von Werten voraus, die mit einer Referenzmethode ermittelt wurden, z. B. zur Wasserbestimmung mittels NIRS muß zunächst mittels z. B. einer Trocknung im Trockenschrank oder Karl-Fischer-Titration der Wert ermittelt werden. Bei der quantitativen NIRS werden Spektren von Proben mit bekannter Konzentration des jeweiligen Analyten gemessen. Die Aufgabe der Kalibrierung ist es, aus den Spektraldaten und den Konzentrationsdaten eine mathematische Verknüpfung zu erstellen, mit deren Hilfe die Konzentrationen unbekannter Proben anhand ihrer NIR-Daten vorhergesagt werden können. Eingesetzt werden verschiedene Verfahren, z. B. partial least square regression (PLS oder PLSR), multiple linear regression (MLR) und principal component regression (PCR).

Die Qualität der Korrelation wird durch verschiedene statistische Größen beschrieben, z. B. den SECV (standard error of cross validation, Maß für die mittlere Vorhersagegenauigkeit der Kalibration), SEP (standard error of prediction, Vorhersagefehler) und $R^2$ (Bestimmtheitsmaß); Erläuterungen siehe unter Literatur[1].

Flüssigkeiten können mit Transmission, Feststoffe mit diffuser Reflexion gemessen werden.

*Verwendung:* In der Polymer- und Textilindustrie hat die NIR-Spektroskopie Bedeutung in der Prozeßkontrolle sowie in der Qualitätskontrolle der Rohstoffe erlangt, da die meisten Polymerstrukturen aliphatische, olefinische oder aromatische CH-Gruppen und meist auch funktionelle Gruppen wie –NH, –OH, –COOH, und –C=O oder deren Kombinationen aufweisen, die NIR-spekroskopisch gut zu erfassen sind.

In der Lebensmittelindustrie findet die NIR-Spektroskopie Anwendung in der Qualitätskontrolle. Da die zu bestimmenden Lebensmittelinhaltsstoffe, wie Protein, Fett, Wasser etc., ebenso wie zahlreiche Chemikalien typische Absorptions- und somit auch Reflexionsspektren aufweisen, kann die NIR-Spektroskopie bei einfacher Probenvorbereitung (Mahlen; Homogenisieren) zur schnellen qualitativen und quantitativen Bestimmung herangezogen werden.

Die schnelle Produktkontrolle von Lebensmitteln, wie z. B. Getreide und Backwaren, Hülsen- und Ölfrüchte, Fleisch und Fisch, Milchpulver, Schokolade, Malz und Zucker, Früchte (Melonen, Citrusfrüchte, Äpfel, Pfirsiche etc.) stellt ein breites Anwendungsgebiet dar. Meist wird der Wasser-, Protein-, Fett- und Kohlenhydrat-Gehalt bestimmt. Diese Werte können zur automatisierten Bestimmung z. B. des Geschmacks von Reis (als Funktion der Feuchtigkeit und des Gehaltes an Protein, Amylose, Fettsäuren und Mineralien) oder der Süße von Obst herangezogen werden.

In der medizinischen Diagnostik wird die NIR-Spektroskopie zur Bestimmung krankheitsbedingter Veränderungen von Proteinen, Chromophoren, Nucleinsäuren, Kohlenhydraten und Fetten eingesetzt. Anwendungsgebiete sind z. B. die nichtinvasive Messung des Oxigenierungszustandes des Hämoglobins, der cerebralen Hämodynamik, des Oxidationszustandes der Cytochrome der Zelle. – *E* near infrared spectroscopy

*Lit.:* [1] http://www.zeiss.de/C12567BB00539FFB.

*allg.:* Siesler, H. W.; Ozaki, Y.; Kawata, S.; Heise, H. M., *Near-Infrared Spectroscopy – Principles, Instruments, Applications*, Wiley-VCH: Weinheim, (2002)

**Nisaplin®** siehe *Nisin.

**Nisin** (Nisaplin®).

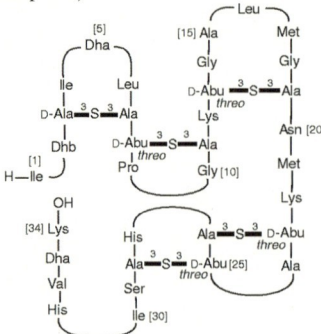

Abu: 2-Aminobuttersäure
Dha: Dehydroalanin (2-Aminoacrylsäure)
Dhb: Dehydrobutyrin (2-Amino-2-butensäure)

$C_{143}H_{230}N_{42}O_{37}S_7$, $M_R$ 3354,07. Krist. aus Alkohol. Hochmol. Peptid-Antibiotikum aus Stämmen von *Streptococcus lactis* und *Streptococcus cremoris*; es sind auch Di- u. Tetramere des N. beschrieben. Lösl. in verd. Säuren (pH 2: 57 mg/mL), Handelspräparate bilden in Wasser Suspensionen.
N. enthält 34 Aminosäuren, von denen einige in Proteinen üblicherweise nicht vorkommen (s. Formel). Durch die Ausbildung von 3,3-Sulfid-Brücken zwischen zwei nicht direkt benachbarten Alanin-Resten (bzw. zwischen Alanin u. 2-Aminobuttersäure) entstehen die Aminosäuren Lanthionin bzw. β-Methyllanthionin. Deren Auftreten gibt diesen Antibiotika den Gruppennamen Lantibiotika. Wie das sehr ähnliche Subtilin (u. das Diplococcin) besitzt N. fünf über Schwefel-Brücken geschlossene, cycl. Struktureinheiten, enthält aber kein Tryptophan. Chloramphenicol hemmt die Biosynth. von N., weshalb eine ribosomale Bildung angenommen wird. Die N.-Gene scheinen plasmidcodiert zu sein.
*Eigenschaften:* N. wirkt gegen Gram-pos. Bakterien u. besitzt sporozide Aktivität. Es scheint in die Peptidoglycan-Synth. der bakteriellen Zellwand einzugreifen, indem es den Aufbau der Murein-Struktur unterbindet. Ferner hat N. die Eigenschaft eines kation. Detergens. N. ist säure- u. hitzestabil, allerdings gegen verschiedene Proteasen, z.B. Chymotrypsin, empfindlich. N. hat antibakterielle, fungizide, antiprotozoale Wirkung u. besitzt Antimalaria-Aktivität, hat aber keinerlei klin. Anwendung.
*Herstellung:* Nisin kommt weit verbreitet in roher *Milch vor. Milch u. Milch-Produkte können daher natürlicherweise bis zu 17 µg N. (= 700 IU)/kg enthalten. Industriell wird N. durch Fermentation eines modifizierten Milchmediums durch spezielle *Streptococcus-lactis*-Stämme hergestellt, das N.-Konzentrat enthält etwa 2,5% N. u. kommt in Form standardisierter Zubereitungen z.B. als *Nisaplin®* in den Handel. N. ist auch synthet. herstellbar[1].
*Verwendung:* Die Wirkung von N. erstreckt sich auf Gram-pos. Bakterien (*Staphylococcus*, *Strepto-*

*coccus, Micrococcus, Lactobacillus*), wobei bes. die Sporenbildner (*Clostridium, Bacillus*) gehemmt werden. Die Wirksamkeit beruht v.a. auf der Auflösung der Cytoplasmamembran beim Auskeimen der Sporen, daher ist die Wirkung von N. gegen Sporen stärker als die gegen vegetative Zellen. Bereits hitzegeschädigte Sporen reagieren noch empfindlicher gegen Nisin. Wegen dieser Eigenschaft wird N. v.a. bei der Schmelzkäsezubereitung (Prozeß-Temp. 85–105 °C) in Mengen von 2–8 mg/kg eingesetzt, da Clostridien im *Schmelzkäse zur Bildung von Gas u. Fehlaromen führen können. Daneben werden durch die Verw. von N. auch sog. Spätblähungen im Hartkäse vermieden; die Haltbarkeit pasteurisierter Milch u. Milch-Produkte sowie von hitzesterilisierten Obst- u. Gemüsekonserven wird durch den Zusatz geringer Mengen N. erhöht. Ein zukünftiges Einsatzfeld könnte im Bereich der Bier- u. Wein-Herst. liegen, da N. zwar unerwünschte *Milchsäurebakterien hemmt, nicht jedoch die für die Gärung notwendigen Hefen[2].
*Recht:* E 234 Nisin.
*Zulassung:* Zusatzstoff, der Lebensmitteln zur Konservierung zugesetzt wird. *ZZulV 1998, Anlage 5 (zu § 5 Abs. 1 u. § 7) Teil C Liste 2 (andere Konservierungsstoffe).
*Reinheitsanforderungen:* Für technolog. Zwecke zugelassener Zuststoff. *ZVerkV 1998, Anlage 2 (zu § 3 Abs. 1) Liste B Reinheitsanforderungen nach Richtlinie 96/77/EG vom 2.12.1996, Amtsblatt der EG Nr. L 339 vom 30.12.1996, S. 1.
*Kenntlichmachung:* § 9 ZZulV 1998. Bei Lebensmitteln mit einem Gehalt an Zusatzstoffen, die zur Konservierung verwendet werden, durch die Angabe mit „Konservierungsstoff" od. „konserviert" (§ 9 Absatz 1 Nr. 2, siehe auch § 9 Absatz 8 Nr. 2).
*Toxikologie:* Die akute Toxizität von N. ist sehr gering [$LD_{50}$ (Maus oral): 9 g/kg]. N. wird im Verdauungstrakt sehr rasch enzymat. abgebaut; die Darmflora wird nicht geschädigt. In Untersuchungen zur chron. Toxizität konnten keine nachteiligen Wirkungen von N. festgestellt werden; der maximum-*NOAEL beträgt 83,2 mg/kg. Gentox. Studien ergaben keine Hinweise auf mutagene Eigenschaften. Kreuzresistenzen wurden bisher nicht beobachtet. ADI-Wert (SCF, 1991): 0–13 mg/kg für ein Produkt mit 40000 Einheiten/g[3].
*Analytik:* Zur Analyse von Nisin in Lebensmitteln stehen ELISA-[4], Flow-injection-immuno-[5] und Bioassay-Tests[6] zur Verfügung. – *E* nisin

*Lit.:* [1]Tetrahedron Lett. **29**, 795–798 (1988). [2]Food Technol. **44**, 100–117 (1990). [3]Kommission der EG (Hrsg.), Bericht des wissenschaftlichen Lebensmittelausschusses, 26. Folge, S. 11, Luxemburg: EUR 13913 DE 1992; http://europa.eu.int/comm/food/fs/sc/scf/index_en.html. [4]J. Appl. Bacteriol. **67**, XXVI (1989). [5]Nandakumar, R.; Nandakumar, M. P.; Mattiasson, B., *Biosens. Bioelectron.*, (2000) **15**(5–6), 241–247. [6]Wahlstrom, G.; Saris, P. E., *Appl. Environ. Microbiol.*, (1999) **65**(8), 3742–3745.
*allg.:* Kirk-Othmer (4.) **3**, 270, 285, 295 ■ Merck-Index (13.), Nr. 6592 ■ Thomas, L.V.; Clarkson, M. R.; Delves-Broughton, J., In *Natural Food Antimicrobial Systems*, Naidu, A. S., Hrsg.; CRC Press: Boca Raton, (2000); S. 463–524 – *[HS 2941 90; CAS 1414-45-5]*

**Nitrat-Ammonifikation** siehe *Denitrifikation.

**Nitrat-Atmung** siehe *Denitrifikation.

**Nitrate.** Anorgan. N. sind Salze der Salpetersäure ($HNO_3$), z.B. mit der allg. Formel $M^INO_3$. Diese N. sind in Wasser leicht lösl. u. farblos; sie entwickeln beim trockenen Erhitzen Sauerstoff u. können als Oxidationsmittel verwendet werden. Die wäss. Lsg. wirken im allg. nicht oxidierend, wohl aber die Schmelzen der reinen Nitrate. Man erhält die N. durch Auflösen von Metallen, Metalloxiden, Metallhydroxiden od. Carbonaten in Salpetersäure.

*Vorkommen:* Wegen ihrer Wasserlöslichkeit sind N., die in größeren Mengen auch beim Düngen in den Boden gelangen, allenthalben in der Hydrosphäre zu finden – N.-Minerale selbst treten nur in extremen Trockengebieten auf (Beisp.: Caliche). N. kommen sowohl im „sauren Regen" als auch im Trinkwasser u. in pflanzlichen Nahrungsmitteln (s. Tab. in Literatur[1]) vor. Durch Einwirkung von Nitrat-Reduktasen können aus N. Methämoglobinbildende[2] u. *Nitrosamine-bildende *Nitrite (siehe Abbildung dort) entstehen, weshalb der N.-Gehalt im Trinkwasser seit 1985 begrenzt ist (s. unter Recht; zur Strategie der Nitrat-Verminderung in der EU s. Literatur[3]).
Nicht verunreinigte Grundwässer enthalten weniger als 10 mg N./L. Höhere Konz. sind auf die landwirtschaftlichen Produktionsmeth. zurückzuführen[4]. Für das Trinkwasser in Deutschland wird ein arithmet. Mittelwert von 12 mg N./L geschätzt; etwa 3% der Bevölkerung erhält Trinkwasser mit N.-Gehalten über 50 mg/L. Eigenwasserversorgungen weisen im Vergleich zu öffentlichen Wasserversorgungen deutlich höhere N.-Gehalte auf[5].
Bei einigen Lebensmittelbetrieben kann Wasser mit relativ hohen N.-Gehalten zu Beeinträchtigungen führen, z.B. bei Brauereien (Störung der Gärungsprozesse), Zuckerfabriken (Melassebildung), Konservenfabriken (Red. zu Nitrit)[6]. Die Aufbereitung von Wasser zur Verringerung von N.-Gehalten ist problematisch. Prinzipiell kommen folgende Techniken in Betracht: Biochem. Verf.[7,8,9], Umkehrosmose, Ionenaustausch[10]. Die N.-Gehalte von Mineralwasser in Deutschland sind gering. Sie liegen überwiegend bei <1–10 mg/L.
Die *Denitrifikation (sog. Nitrat-Atmung) ist für die unerwünschte Verringerung des N.-Gehalts im mit Stickstoff-Dünger gedüngten Boden verantwortlich; umgekehrt entsteht N. aus $NH_3$ im Boden durch den Prozeß der Nitrifikation[11].

*Toxikologie:* In den mit Lebensmitteln üblicherweise aufgenommenen Mengen ist N. untoxisch. Der *ADI-Wert (WHO) liegt bei 3,65 mg/kg bzw. 219 mg/60 kg. Der ADI-Wert wird bei stärkerem Verzehr von N.-reichem Gemüse sehr rasch erreicht bzw. überschritten. Bei unsachgemäßer Lagerung v.a. von zubereitetem N.-reichem Gemüse u. nach dessen Verzehr kann N. teilw. in Nitrit umgewandelt werden.

*Analytik:* Zum Nitrat-Nachweis eignen sich z.B. Benzyltriphenylphosphoniumchlorid[12], Brucin[13], Chromotropsäure, Diphenylamin, Dimethylphenol, Indol, Nitron, Nixons Reagenz, Lunge-Reagenz, Phenazon und Hydrochinon[14]. Die Nitrat-Bestimmung in Wässern kann photometrisch[15] oder ionenchromatographisch[16] erfolgen. Zur Bestimmung des Nitrat-Gehaltes in Käse liegt eine amtliche Methode[17] vor, die auf dem Xylenol-Verfahren zur photometrischen Bestimmung des Nitrat-Gehaltes in Milch und Milchprodukten basiert[17]. Die amtlichen Meth. zur Bestimmung des Gesamtgehaltes an Nitrit u. N. in Fleischerzeugnissen u. in Wurstwaren beruhen auf einer Red. zu Nitrit, die im wäss. Probenextrakt entweder durch metall. Cadmium od. enzymat. durch eine Nitrat-Reduktase erfolgt[17]. Das gesamte Nitrit wird danach mit Sulfanilamid u. N-(1-Naphthyl)ethylendiammoniumchlorid zu einem roten Azofarbstoff umgesetzt, dessen Farbintensität photometr. gemessen wird. Neuere, hochdruckflüssigchromatograph. Verf. zur Bestimmung von Nitrit u. N. z.B. in Fleischprodukten liegen vor[18,19].

*Verwendung:* Als Zusatzstoffe werden lebensmitteltechnologisch nur zwei Alkalisalze der Salpetersäure verwendet: 1. Natriumnitrat (E 251) und 2. Kaliumnitrat (E 252). N. werden bei der Käse-Herst. der Kesselmilch zugegeben, um das Auftreten von bakteriell bedingter Spätblähung zu verhindern. Auch beim *Pökeln von Fleisch u. Fleischprodukten wirken N. nach ihrer Red. zu Nitrit gegen Verderbsbakterien u. hemmen toxigene Bakterien. Zugleich wird das spezif. Pökelaroma erzeugt u. die Umrötung des Fleisches herbeigeführt.

*Recht:* Natriumnitrat (E 251) und Kaliumnitrat (E 252).

*Zulassung:* Zusatzstoffe, die beschränkt zugelassen sind. *ZZulV 1998 Anlage 5 Teil C (andere Konservierungsstoffe).

*Reinheitsanforderungen:* *ZVerkV 1998 Anlage 2 (zu § 3 Abs. 1) Liste B Reinheitsanforderungen nach Richtlinie 96/77/EG vom 2.12.1996, Amtsblatt der EG Nr. L 339 vom 30.12.1996, S. 1 (geändert).

*Kenntlichmachung:* § 9 Abs. 1 Nr. 2 und 2b ZZulV 1998 („mit Konservierungsstoff" und „mit Nitrat"); s. auch § 9 Abs. 8 Nr. 2 u. § 6 Abs. 4 Nr. 2 in Verbindung mit Anlage 2 *LMKV.

*Weitere rechtliche Regelungen:* § 14 Abs. 1 Nr. 2 Diät-Verordnung (zu Nitrat in diätetischen Lebensmitteln für Säuglinge oder Kleinkinder siehe auch die Stellungnahme des *BfR vom 26.02.2003 in Literatur[20]); § 15 und Anlage 4 Mineral- und Tafelwasser-Verordnung; Trinkwasser-Verordnung 2001 Anlagen 2 und 5; Verordnung (EG) 466/2001 zur Festsetzung der Höchstgehalte für bestimmte Kontaminanten; Gefahrstoff-Verordnung Anlage V; § 4 Rückstands-Höchstmengenverordnung. – *E* nitrates

*Lit.:* [1]Belitz-Grosch-Schieberle (5.), S. 487. [2]Fan, A. M.; Steinberg, V. E., *Regul. Toxicol. Pharmacol.*, (1996) **23**, 35–41. [3]Goodchild, R. G., *Environ. Pollut.*, (1998) **102**, Suppl. 1, 737–740. [4]Kommission der EU (Hrsg.), Bericht des wissenschaftlichen Lebensmittelausschusses, 26. Folge, EUR 13913, Luxemburg 1992. [5]Institut für Wasser-, Boden- u. Lufthygie-

ne des Umweltbundesamts, Umwelt-Survey 1985/86, Bd. IIIb, Wohn-Innenraum: Trinkwasser (Wa-Bo-Lu-Hefte 3/1991), Berlin: Eigenverl. 1990. [6]Hütter, Wasser u. Wasseruntersuchung (4.), Frankfurt: Salle-Sauerländer 1990. [7]Vom Wasser **65**, 271 (1985). [8]Vom Wasser **75**, 287 (1990). [9]Vom Wasser **66**, 59 (1986). [10]DLG, Nitrat – ein Problem für unsere Trinkwasserversorgung?, Frankfurt/Main: DLG 1983. [11]Van Wiren, N.; Gazzarrini, S.; Frommer, W. B., *Plant Soil*, (1997) **196**, 191–199. [12]J. Chem. Educ. **61**, 60 (1984). [13]Townshend (Hrsg.), Encyclopedia of Analytical Science, S. 3331, London: Academic Press 1995. [14]Fries-Getrost, S. 267–272. [15]DEV D 9 (11/1982). [16]DEV D 19, D 20 (20/1988); DIN 38405-19: 1988. [17]Amtliche Sammlung, Nr. L03.00-16, L01.00-36, L07.00-12, L08.00-14. [18]J. Food Sci. **56**, 1123–1124 (1991). [19]Food Add. Contam. **7**, 455–461 (1990). [20]Bundesinstitut für Risikobewertung (BfR), *Nitrat in diätetischen Lebensmitteln für Säuglinge oder Kleinkinder – Neufestsetzung der Höchstmenge*, Stellungnahme vom 26.02.2003; http://www.bfr.bund.de/cm/208/nitrat_in_diaetetischen_lebensmitteln.pdf.
*allg.:* Burt et al. (Hrsg.), Nitrate, New York: Wiley 1993 ▪ Classen et al., S. 201–205 ▪ Hill, Nitrates and Nitrites in Food and Water, New York: Ellis Horwood 1991 ▪ Höll, K., *Wasser*, 8. Aufl., de Gruyter: Berlin, (2002) ▪ Lightfood, N. F.; Maier, E. A., *Mikrobiologische Analysen*, Springer: Berlin, (2003) – [HS 2834 21, 2834 29]

**Nitriloside** siehe *cyanogene Glycoside.

**Nitrilotriessigsäure** (Abkürzung NTA von englisch nitrilotriacetic acid, INCI-Bezeichnung: NTA). $N(CH_2-COOH)_3$, $C_6H_9NO_6$, $M_R$ 191,14, WGK 1. Farblose Kristalle, Schmp. 242°C (Zersetzung), Wasserlöslichkeit der Säure bei 20°C 1300 mg/L, des Trinatriumsalzes 640 g/L. Trinatriumsalz: $C_6H_6NNa_3O_6$, Trilon A, INCI-Bezeichnung: Trisodium NTA. NTA ist eine dreiwertige Carbonsäure; ihre $pK_a$-Werte betragen 1,9, 2,5 und 9,7.
Die Alkalisalze der NTA sind ausgezeichnete *Chelatbildner mit 4 Donorgruppen, von denen meist nur 3 aktiv sind. Die Stabilitätskonstanten der NTA-Komplexe der Erdalkalimetalle liegen bei $10^5$ bis $10^6$, die der Schwermetalle bei $10^7$ bis $10^{16}$.
*Herstellung:* Über die Zwischenstufe des Nitrilotriacetonitrils $[N(CH_2-CN)_3]$ aus Ammoniak, Formaldehyd und Blausäure. Die Herstellung der Natriumsalze von NTA erfolgt durch Cyanomethylierung von Ammoniak mit Formaldehyd und Natriumcyanid und anschließende Verseifung des intermediär entstehenden Zwischenprodukts Tris(cyanomethyl)amin (alkalischer Prozeß), das auch durch Umsetzung von Hexamethylentriamin mit Cyanwasserstoff in Schwefelsäure erhalten werden kann (saurer Prozeß). In Deutschland wurden im Jahr 2000 ca. 2700 t NTA verbraucht.
*Toxikologie:* Die IARC stuft NTA und ihr Natriumsalz als „möglicherweise carcinogen für den Menschen" (Gruppe 2B) ein, weil für die carcinogene Wirkung beim Versuchstier eine ausreichende Evidenz gegeben ist[1]. NTA verursacht hauptsächlich Schäden der Nieren und der ableitenden Harnwege. Bei hohen Expositionen wurde im Tierversuch Nieren- und Blasenkrebs beobachtet. Von der WHO wird ein Leitwert von 200 μg NTA/L Trinkwasser als toxikologisch akzeptabel angesehen, weil die in den Harnwegen auftretenden Tu-

moren nur mit höheren Dosen induziert werden. Aufgrund der Chelatisierung können bivalente Kationen (Ca, Zn) möglicherweise über einen Sauerstoffradikal-vermittelten Mechanismus nephrotoxisch wirken[2]. Einen umfassenden Überblick gibt Literatur[1,3,4].
Die $LD_{50}$ beträgt bei Ratten >2000 mg/kg, bei Rhesus-Affen 750 mg/kg. Eine Bioakkumulation sowie teratogene oder mutagene Effekte wurden nicht festgestellt. Bei den in den Gewässern zu erwartenden und den gemessenen NTA-Konzentrationen sind akute toxische Wirkungen auf Einzelorganismen oder Lebensgemeinschaften auszuschließen[5].
*Umweltaspekte und Abbau:* Die mittleren Konzentrationen von NTA in Rhein und Ruhr lagen im Jahr 2001 deutlich unter 10 μg/L und verschiedenen Flüssen bei 0,3–6,4 μg/L[6]. NTA selbst und seine Metallkomplexe sind von adaptierten Mikroorganismen aerob biochemisch abbaubar (Mineralisierung). In Meerwasser ist ebenfalls ein aerober Abbau möglich, jedoch ist dafür eine längere Adaptationszeit erforderlich. Im anaeroben Milieu ist ein Abbau von NTA nicht gesichert. Die Daphnientoxizität ($EC_{50}$) beträgt 600 mg/L.
NTA vermindert den Wirkungsgrad der Phosphat-Elimination aus Abwasser und erhöht gleichzeitig den Restgehalt an Fällungsmittel (Eisen bzw. Aluminium)[7].
NTA wird kaum an Böden gebunden; bei der Bodenpassage von Oberflächenwasser wird die Verbindung weitgehend abgebaut und kann bei der Trinkwasseraufbereitung durch Ozonung und Aktivkohle-Behandlung vollständig entfernt werden[8].
*Analytik:* Durch Komplexierung von Bismut und polarographische Quantifizierung des Komplexes[9] oder gaschromatographisch durch Veresterung und massenspektrometrische Bestimmung des Tributylesters[10].
Zum Nachweis von NTA in Trinkwasser und kosmetischen Mitteln (potentiometrisch[11], HPLC[12] oder GC[13]) siehe Literatur. Zum gaschromatographischen Nachweis nach den DEV siehe Literatur[14].
*Verwendung:* Über 90% der verwendeten NTA dienen, zum großen Teil in Form ihrer Natriumsalze, in einigen Ländern (z.B. Kanada) als Phosphat-Ersatzstoff in Wasch- und Reinigungsmitteln bzw. als Wasserenthärter. Der NTA-Gehalt der Textilwaschmittel ist in der Schweiz auf 5% begrenzt. In Deutschland wird NTA in Haushaltswaschmitteln nicht eingesetzt[15]. Daneben wird NTA in der Komplexometrie, in der Wasserenthärtung, zur Maskierung von Schwermetallen sowie für einige industrielle Zwecke (in der Textil-, Papier- und Galvanikindustrie) eingesetzt. – *E* nitrilotriacetic acid

*Lit.:* [1]IARC, Hrsg., *Some Flame Retardants and Textile Chemicals, and Exposures in the Textile Manufacturing Industry*; IARC Monographs on the Evaluation of Carcinogenic Risks to Humans 48; IARC: Lyon, (1990); S. 181–212. [2]WHO (Hrsg.), Guidelines for Drinking-Water Quality, Bd. 2, Genf: WHO 1993. [3]Crit. Rev. Toxicol. **15**, 1–101 (1984). [4]Lebensmittelchemie **46**, 87–90 (1992). [5]Ullmann

(7.) [Online, 2003]. [6]Schmidt, C. K.; Brauch, H.-J., *Aminopolycarbonsäuren in der aquatischen Umwelt*, DVGW Technologiezentrum Wasser Karlsruhe: Karlsruhe, (2003); S. 55–62. [7]Vom Wasser **64**, 169–185 (1985). [8]Vom Wasser **69**, 155–164 (1987). [9]DIN 38413-5: 1990-10. [10]Raksit, A., *J. AOAC Int.*, (2002) **85**, 50–55. [11]Anal. Chem. **59**, 209–211 (1987). [12]Anal. Chem. **60**, 301–305 (1988). [13]Mitt. Geb. Lebensmittelunters. Hyg. **80**, 324–334 (1989). [14]Fachgruppe Wasserchemie in der GdCh, Hrsg., *Deutsche Einheitsverfahren zur Wasser-, Abwasser- und Schlammuntersuchung*, Wiley-VCH: Weinheim, (Stand 2004); 1.–55. Lieferung. [15]Wagner, G., *Waschmittel – Chemie, Umwelt, Nachhaltigkeit*, 3. Aufl.; Wiley-VCH: Weinheim, (2005); S. 88, 226.
*allg.:* Beilstein EIV **4**, 2441 ▪ Merck-Index (13.), Nr. 6612 ▪ Schmidt, C. K.; Brauch, H.-J., *Aminopolycarbonsäuren in der aquatischen Umwelt*, DVGW Technologiezentrum Wasser Karlsruhe: Karlsruhe, (2003) ▪ Ullmann (7.) [Online, 2003] – *[HS 2922 49; CAS 139-13-9, 5064-31-3 (Natriumsalz)]*

**Nitrin** siehe *Nitrite.

**Nitrite.** Salze der Salpetrigen Säure ($HNO_2$) von der allgemeinen Formel $M^INO_2$, meist in Wasser gut löslich. Im Nitrit liegt der Stickstoff in der Oxidationsstufe +3 vor. Es ist redoxamphoter, kann also je nach Reaktionspartner sowohl als Reduktions- als auch als Oxidationsmittel wirken.

*Vorkommen:* Nitrit tritt als Zwischenprodukt der Oxidation von Ammonium-Verbindungen (Nitrifikation, Nitration) und der Reduktion von Nitrat (*Denitrifikation) im Stickstoff-Kreislauf der Natur auf. Eine Nitrit-Bildung erfolgt praktisch an allen Orten mikrobieller Aktivität, an denen Nitrat, aber kein gelöster Sauerstoff vorhanden ist. Endogen wird es im Organismus durch Reduktion des mit der Nahrung aufgenommenen Nitrates v. a. durch mikrobielle Nitrat-Reduktasen in der Mundhöhle (u. U. auch in Gastrointestinaltrakt) gebildet. Im Blut wird es unter Beteiligung von Oxyhämoglobin zu Nitrat oxidiert (Methämoglobin-Bildung). Beim Menschen werden etwa 25% des aufgenommenen Nitrats aus dem Blut wieder mit dem Speichel in die Mundhöhle sezerniert und dort teilweise zu Nitrit reduziert[1] (siehe Abbildung). Auch endogen gebildetes Stickstoffmonoxid (NO), das bei biologischen Signalprozessen als Transmitter von Bedeutung ist und bei Entzündungsprozessen gebildet wird, trägt zur endogenen Synthese von Nitrit bzw. Nitrat bei.

*Verwendung:* Bei Lebensmitteln hat nur das *Natriumnitrit Bedeutung. Es wird vermischt mit Kochsalz als *Nitritpökelsalz (landläufig nur als „Nitrit" bezeichnet) zur sogenannten *Umrötung von Fleischwaren als Schnellpökelsalz eingesetzt.

*Toxikologie, Grenzwerte:* Der $LD_{50}$-Wert von Nitrit liegt bei oraler Gabe für Mäuse bei 214 mg/kg Körpergewicht und für Ratten oder Kaninchen bei 180 mg/kg. Die letale Dosis für den Menschen beträgt zwischen 32 und 250 mg/kg (32 mg/kg letale Dosis für Kinder)[2]. Die Verwendung des reinen Stoffes hat wiederholt zu Vergiftungen geführt (*Nitrit-Vergiftung). Die akute Wirkung beruht auf der reversiblen Bildung von Methämoglobin und – infolge von Gefäßerweiterung – starkem Blutdruckabfall ggf. bis zur Cyanose und zum Kreislaufkollaps. Mit sekundären Aminen kann Nitrit in saurem Milieu (z. B. Magensaft) zu cancerogenen *Nitrosaminen reagieren. Man ist daher bestrebt, die Konzentrationen von Nitrit in Lebensmitteln und Trinkwasser so niedrig wie möglich zu halten. In unbelastetem, reinem Grundwasser ist Nitrit normalerweise nicht vorhanden. Nitrit ist neben Ammonium einer der wichtigsten *Verschmutzungsindikatoren im Wasser[3,4].
Erhöhte Nitrit-Gehalte im Oberflächenwasser weisen auf Reduktionsvorgänge und unvollständige Mineralisation infolge Sauerstoff-Mangels hin. Es kann auch im Trinkwasser durch Reduktion von Nitrat in verzinkten Rohren entstehen. Eine Elimination von Nitrit erfolgt bei der Chlorung und der Ozonung. Eine biologische Oxidation kann auch bei der Filtration stattfinden.
Toxizitäten für Regenbogenforelle: Bei 1–2 mg/L $Cl^-$ ein $LC_{50}$-Wert von 0,14–1,67 mg/L $NO_2^-$-Stickstoff; bei 8–10 mg/L $Cl^-$ erhöht er sich auf 3,7–12,1 mg/L $NO_2^-$-Stickstoff. Für Fischgewässer in der EG gilt ein Grenzwert von 0,003 mg/L $NO_2^-$-Stickstoff.
Der *ADI-Wert von Nitrit beträgt 0–0,06 mg/kg. In Europa liegt die Aufnahme von Nitrit bei 5–50% des ADI, wobei 30–35% aus Fleischerzeugnissen stammen. Der toxikologischen Bedeutung

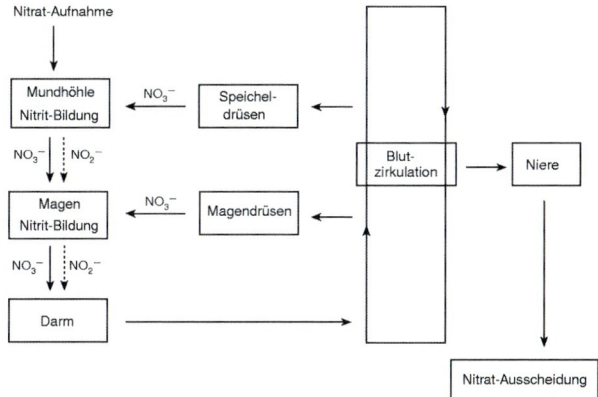

Abbildung: Nitrit- und Nitrat-Kreislauf im Organismus.

von Nitrit wird auch in der Trinkwasser-VO mit einem Grenzwert von 0,5 mg/L Rechnung getragen (siehe Tabelle 2 bei *Trinkwasser). Der Summenparameter Nitrat/50 + Nitrit/3 muß ebenfalls <1 mg/L sein. In *Mineralwasser ist Nitrit normalerweise nicht nachweisbar. Abgefülltes Wasser mit einem Hinweis auf Eignung zur Zubereitung von Säuglingsnahrung darf keine Nitrit-Gehalte über 0,02 mg/L aufweisen.

Einen Überblick zur Physiologie und Toxikologie gibt Literatur[5,6].

*Analytik:* Die wäßrige Lösung von Nitrit enthält infolge Hydrolyse stets die ihrerseits instabile Salpetrige Säure. Zum Nachweis kleiner Nitrit-Mengen eignen sich z.B. 2,4,6-Triaminopyridin, *Thioglycolsäure, die *Iodstärke-Reaktion mit Kalium-Iodid-Stärkepapier oder Trommsdorffs Reagenz, die Grieß-Ilosvay-Reaktion (auf deren Prinzip auch Teststreifen zum Schnellnachweis von Harnwegsinfekten beruhen), N-(1-Naphthyl)ethylendiamin-dihydrochlorid, Nixons Reagenz, Lunge-Reagenz, *Nitrin* (2-Aminobenzaldehyd-phenylhydrazon, $C_{13}H_{13}N_3$, $M_R$ 211,27, gibt in alkoholischer oder Aceton-haltiger Lösung mit Nitrit auf Zugabe von Säure eine rote Färbung).

Zur Bestimmung in Fleisch, Fleisch- und Wursterzeugnissen wird üblicherweise eine amtliche Methode (L 07.00-12; L 08.00-14) verwendet[7], die auf der photometrischen Vermessung eines roten Azofarbstoffes beruht, der durch Reaktion von Nitrit mit Sulfanilamid u. N-(1-Naphthyl)ethylendiamin gebildet wird. Daneben sind verschiedene hochdruckflüssigchromatographische Verfahren (z.B. mittels Ionenchromatographie) beschrieben[8–13].

*Recht: Zulassung:* Nach der ZZulV 1998 Anlage 5, Teil C (andere Konservierungsstoffe), Liste 1 (Nitrite und Nitrate).

*Reinheitsanforderungen:* ZVerkV 1998 Anlage 2, Liste B, Teil I (Zusatzstoffe mit E-Nummern): E 249 Kaliumnitrit, E 250 Natriumnitrit. – *E* nitrites

*Lit.:* [1]Nature (London) **313**, 620–625 (1985). [2]Macholz-Lewerenz. [3]Grohmann, A.; Aurand, K., Hrsg., *Die Trinkwasser-Verordnung*, 4. Aufl.; E. Schmidt: Berlin, (2003). [4]Höll, K., *Wasser*, 8. Aufl.; de Gruyter: Berlin, (2002). [5]Classen, H.-G., *Toxikologisch-hygienische Beurteilung von Lebensmittelinhaltsstoffen und Zusatzstoffen*, Behr's: Hamburg, (2001). [6]WHO, Hrsg., *Toxicological Evaluation of Certain Food Additives and Contaminants*; WHO Food Additive Series 50; WHO: Genf, (2003); S. 49–134. [7]Amtliche Sammlung von Untersuchungsverfahren nach § 64 LFGB (ex § 35 LMBG). [8]Dennis, M. J.; Key, P. E.; Papworth, T.; Pointer, M.; Massey, R. C., *Food Addit. Contam.*, (1990) **7**, 455–461. [9]Deutsche Einheitsverfahren zur Wasser-, Abwasser- und Schlammuntersuchung D10 (= DIN EN 26777: 1993-04); D19 (= DIN EN ISO 10304-1: 1995-04). [10]Arneth, W.; Herold, B., *Fleischwirtschaft*, (1992) **72**, 901. [11]Eggers, N. J.; Cattle, D. L., *J. Chromatogr.*, (1986) **254**, 490. [12]Merino, L.; Edberg U.; Fuchs, G.; Åman, P., *J. AOAC Int.*, (2000) **83**, 365. [13]Schoch, A.; Gibis, M.; Fischer, A., *Lebensmittelchemie*, (2000) **54**(2), 31. – *[HS 2834 10]*

**Nitritpökelsalz** (Abkürzung NPS). Nitritpökelsalz ist ein Gemisch aus *Speisesalz und *Natriumnitrit bzw. Kaliumnitrit, das neben den zulässigen Stoffen zur Erhaltung der Rieselfähigkeit keine anderen Substanzen enthält. Zum Erhalt der Rieselfähigkeit ist der Zusatz von 20 mg/kg Hexacyanoferrat(II) (berechnet als Kalium-Salz, siehe *Hexacyanoferrat(II)-Salze) erlaubt.

*Verwendung:* Nitritpökelsalz wird Fleischerzeugnissen zum Erzielen einer stabilen Pökelfarbe und des Pökelaromas, zur Konservierung sowie wegen seiner antioxidativen Effekte zugesetzt (siehe *Pökeln). Die konservierende Wirkung des Nitrits richtet sich bei ausreichend niedrigen pH-Werten und im Zusammenwirken mit Kochsalz v. a. gegen *Clostridium botulinum* (*Botulismus) und Salmonellen. Das *Myoglobin des Fleisches reagiert unter Ausbildung einer stabilen Pökelfarbe in Gegenwart von Stickstoffmonoxid, so daß leuchtend rotes Stickoxidmyoglobin entsteht. Als Reaktionspartner des NO kommt auch das dunkel gefärbte Metmyoglobin in Frage, wobei das ebenfalls leuchtend rote Stickoxidmetmyoglobin gebildet wird[1]. Diese Reaktionsfolge wird als *Umrötung bezeichnet. Neuere Untersuchungen weisen allerdings darauf hin, daß der Mechanismus der Umrötung weitaus komplexer ist (Übersicht bei Literatur[2]).

Reduktionsmittel wie Ascorbinsäure und Thiole beschleunigen die Umrötung durch Reduktion des Metmyoglobins zu Myoglobin. Darüber hinaus scheint Ascorbinsäure der möglichen Bildung von carcinogenen *Nitrosaminen in gepökelten Fleischwaren entgegenzuwirken[3].

*Recht: Zulassung:* Nach der *ZZulV 1998 (Anlage 5, Teil C, Liste 1) ist Zusatz von Nitrit zu Lebensmitteln nur in Form von Nitritpökelsalz erlaubt.

*Verwendungs- und Verkehrsverbote:* Nach § 5 Absatz 4 *ZVerkV 1998 dürfen Nitrite in Betriebe, die Lebensmittel herstellen, weder verbracht, noch in diesen Betrieben aufbewahrt oder gelagert werden. Dieses Verbot gilt nicht für das Verbringen von Natrium- und Kaliumnitrit in Betriebe, die Nitritpökelsalz (Mischungen aus Natrium- oder Kaliumnitrit mit Kochsalz, iodiertem Kochsalz oder Kochsalzersatz) herstellen. Wer Nitritpökelsalz herstellen will, bedarf der Genehmigung der zuständigen Behörde (Absatz 5).

Die Hackfleisch-Verordnung verbietet in § 2 die Verwendung von Nitritpökelsalz für Hackfleischerzeugnisse mit Ausnahme von Brühwursthalbfabrikaten.

*Reinheitsanforderungen:* ZVerkV 1998, Anlage 2, Liste B, Teil I (E 249/E 250), Reinheitsanforderungen nach Richtlinie 96/77/EG vom 02.12.1996 (Amtsblatt der EG Nr. L 339 vom 30.12.1996, S. 1, mehrfach geändert).

*Analytik:* Der Natriumnitrit-Gehalt von Nitritpökelsalz kann manganometrisch, cerimetrisch oder spektralphotometrisch bestimmt werden. Das manganometrische Verfahren ist Grundlage einer Methode nach § 64 LFGB (ex § 35 LMBG) (L 56.01.04-1).

Einen Überblick über Physiologie und Toxikologie des Nitrits gibt Literatur[3,4]. Der *ADI-Wert von Nitrit beträgt 0–0,13 mg/kg Körpergewicht. Angaben zur Lagerfähigkeit von Nitritpökelsalz macht Literatur[5]. – *E* nitrite pickling salt, curing salt

*Lit.:* [1]Belitz-Grosch-Schieberle (5.), S. 564–565, 583–584, 970. [2]Arneth, W., *Fleischwirtschaft*, (1998) **78**, 868. [3]Classen, H.-G., *Toxikologisch-hygienische Beurteilung von Lebensmittelinhaltsstoffen und Zusatzstoffen*, Behr's: Hamburg, (2001). [4]Food Chem. Toxicol. **27**, 565–571 (1989). [5]Lebensmittelchem. Gerichtl. Chem. **38**, 91–94 (1984). – [HS 3824 90]

**Nitrit-Vergiftung.** *Nitrit ($NO_2^-$) kann durch seine Verwendung in *Nitritpökelsalz direkt mit der Nahrung aufgenommen werden oder durch Reduktion aus *Nitrat ($NO_3^-$), in bakteriologisch nicht einwandfreiem Trinkwasser, in fertig zubereiteter Nahrung oder direkt im Verdauungstrakt entstehen[1].

*Toxikologie:* Eine akute Nitrit-Vergiftung kann bei Säuglingen und Kleinkindern bereits durch belastete Lebensmittel auftreten. Beim Erwachsenen tritt sie nur akzidentiell auf, z.B. durch Verwechslung von Pökelsalz mit Speisesalz.

Neben Gefäßerweiterung und Blutdrucksenkung führt Nitrit vor allem zur Bildung von Methämoglobin (Met-Hb), wobei das $Fe^{2+}$ des Hämoglobins (Hb) in einer gekoppelten Oxidation durch den Sauerstoff der Atemluft in $Fe^{3+}$ und Nitrit in Nitrat übergeführt werden. Methämoglobin hat keine Affinität zu Sauerstoff und fällt daher für die Sauerstoff-Versorgung des Gehirns und der anderen Organe aus. Ab 20% Methämoglobin tritt Blaufärbung (Cyanose) der Lippen und Schwindel auf, bei 30–40% Bewußtseinsschwund und vertiefte Atmung, bei 40–60% tiefe Bewußtlosigkeit, ab 60–70% tritt der Tod ein. Da bei hohen Methämoglobin-Spiegeln der Abtransport von Kohlendioxid mit dem Blut eingeschränkt ist, kommt es zu einer Azidose.

Als letale Dosis für den Erwachsenen gelten ca. 50 mg Natriumnitrit/kg, die $LD_{50}$ (Ratte oral) beträgt 85 mg Natriumnitrit/kg.

Methämoglobin wird in den Erythrocyten durch eine Reduktase in Hämoglobin zurückgeführt. Bei Säuglingen und Kleinkindern sowie bestimmten Erbkrankheiten und ethnischen Gruppen (Eskimos) ist die Reduktase-Aktivität stark verringert, weshalb diese Personen wesentlich empfindlicher auf Nitrit reagieren. Säuglinge sind verstärkt gefährdet, weil fetales Hämoglobin leichter oxidierbar ist als jenes des Erwachsenen. Nitrite erhöhen wegen der möglichen Bildung von carcinogenen *Nitrosaminen aus nitrosierbaren Stoffen in der Nahrung vermutlich das Krebsrisiko.

*Therapie:* Zur Therapie einer Methämoglobinämie werden Lösungen von Thionin oder Methylenblau intravenös injiziert. Diese Redoxfarbstoffe beschleunigen die enzymatische Reduktion von Methämoglobin in den Erythrocyten. In schweren Vergiftungsfällen ist eine Frischbluttransfusion angezeigt.

*Recht:* *Diätetische Lebensmittel für Säuglinge und Kleinkinder dürfen nach der geltenden deutschen *Diät-Verordnung Nitrat bis zu einer Höchstmenge von 250 mg/kg enthalten. Diese Höchstmenge wurde seinerzeit festgelegt, um die Säuglings-Methämoglobin-Bildung zu verhindern. Das akute Krankheitsbild (Cyanose) wird heute in Deutschland praktisch nicht mehr beobachtet[2]. Gesundheitliche Bedenken gegen eine überhöhte Nitrat-Aufnahme aus der Nahrung beziehen sich auf die mögliche Reaktionskette Nitrat–Nitrit–Nitrosamine.

Gemäß der *Trinkwasser-Verordnung (TrinkwV) gilt für Nitrat ein Grenzwert von 50 mg/L. Für Nitrit bestehen zwei Grenzwerte: 0,1 mg/L am Wasserausgangswerk und 0,5 mg/L am Zapfhahn des Verbrauchers. Die Summe der Konzentration Nitrat geteilt durch 50 und der Konzentration Nitrit geteilt durch 30 (beide in mg/L) darf zudem nicht größer als 1 sein. Dies bedeutet beispielsweise, daß bei Anwesenheit von Nitrit in grenzwertiger Höhe (0,5 mg/L) die Nitrat-Konzentration laut dieser Summenregel nicht mehr als 41,5 mg/L betragen darf.

Die Nitrat- bzw. Nitrit-Werte in natürlichen Mineralwässern liegen in der Regel sehr niedrig. Es gibt Orientierungswerte für zulässige Höchstmengen an Nitrat in Höhe von 25 mg/L und Nitrit in Höhe von 0,05 mg/L, die weit unter den gesetzlichen Höchstwerten für Trinkwasser gelten.

Für Spinat und Salat sind europaweit einheitliche Nitrat-Höchstwerte festgelegt (Verordnung EG Nr. 466/2001[3]).

Die deutsche *Zusatzstoff-Zulassungsverordnung sieht für Lebensmittel, denen Natrium- bzw. Kaliumnitrit als Zusatzstoff zugesetzt wurde, Höchstmengen vor. – *E* intoxication by nitrite

*Lit.:* [1]Umweltbundesamt, *Bundesgesundheitsblatt*, (2004) **47**, 1018–1020; http://www.umweltbundesamt.de/uba-info-presse/2004/pd04-120.htm. [2]Bundesinstitut für Risikobewertung (BfR), *Nitrat in diätetischen Lebensmitteln für Säuglinge oder Kleinkinder – Neufestsetzung der Höchstmenge*, Stellungnahme vom 26.02.2003; http://www.bfr.bund.de/cm/208/nitrat_in_diaetetischen_lebensmitteln.pdf. [3]Verordnung (EG) Nr. 466/2001 der Kommission vom 08.03.2001 zur Festsetzung der Höchstgehalte für bestimmte Kontaminanten in Lebensmitteln (Amtsblatt der EG Nr. L 077). *allg.:* Forth, W.; Henschler, D.; Rummel, W., *Allgemeine und Spezielle Pharmakologie und Toxikologie*, 9. Aufl.; Urban & Fischer: München, (2004) ▪ Macholz-Lewerenz, S. 460ff. ▪ Marquardt, H.; Schäfer, S. G., Hrsg., *Lehrbuch der Toxikologie*, 2. Aufl.; Wissenschaftliche Verlagsgesellschaft: Stuttgart, (2004) ▪ Seeger, R.; Neumann, H. G., *Giftlexikon*, Wissenschaftliche Verlagsgesellschaft: Stuttgart, (Loseblattausgabe)

**Nitrofen**   [(2,4-Dichlorphenyl)-4-nitrophenyl-ether].

$C_{12}H_7Cl_2NO_3$, $M_R$ 284. Herbizid, das bei Getreide, Reis, Baumwolle, Kartoffel und Gemüse angewendet wird. Es wird über Blatt und Wurzel aufgenommen. Wie alle nitrierten Diphenylether interferiert es bei der Photosynthese, insbesondere unter dem Einfluß von Licht.

*Toxikologie:* In Tierversuchen wurde Nitrofen als krebserregend und erbgutverändernd eingestuft. In den ersten 3 Schwangerschaftswochen gelten Frauen als Risikogruppe. $LD_{50}$ (Ratte akut-oral) 3050 ($\pm$500) mg/kg.

*Analytik:* Mit DFG-Sammelmethode S 19 (GC- u. HPLC-Verfahren).

*Recht:* In der EU sind Vertrieb und Anwendung seit 1988 verboten. In den neuen Bundesländern erfolgte ein Verbot von Nitrofen-Spritzpulver („Trazalex") in 1988, die anderen Nitrofen-haltigen Mittel wurden im Sommer 1990 verboten. Anfang der 90er Jahre begann man auch in den meisten osteuropäischen Ländern mit dem Verbot der Substanz bzw. dem Entzug der Zulassung.

In Deutschland gilt gemäß Rückstands-Höchstmengen-VO (RHmV) eine zulässige Höchstmenge von 0,01 mg/kg für Lebensmittel pflanzlicher und tierischer Herkunft.

*Umweltaspekte:* Der Wirkstoff gilt als relativ „persistent" und besitzt aufgrund seiner hohen Lipophilie eine nachgewiesene bioakkumulierende Wirkung in Fischen. Da Nitrofen stark an Bodenpartikel gebunden wird, ist die Verlagerung der Substanz mit dem Regenwasser im Boden gering, so daß eine Grundwassergefährdung ausgeschlossen werden kann. Der Abbau im Boden ($DT_{50}$-Wert) liegt bei ca. 50 Tagen und erfolgt im wesentlichen durch Mikroorganismen und photolytisch.

*Der Nitrofen-Skandal:* Ein ehemaliges Pestizid-Lager in Malchin/Mecklenburg-Vorpommern ist die Ursache für die Kontamination von 500 t Öko-Futtermittel und 130 t Getreide, die dort im Oktober 2001 zwischengelagert wurden. In einer Staubprobe dieser Halle wurde der zulässige Grenzwert für Lebensmittel um das 200000fache überschritten. Zahlreiche Bio-Betriebe, die mit dem Futter beliefert wurden, mußten gesperrt werden, Zehntausende Puten und Legehennen wurden getötet, Bio-Eier wurden in großem Umfang vernichtet.

*Rückstände in Lebensmitteln:* Nitrofen kann über Futtermittel auf Lebensmittel tierischer Herkunft (Eier, Fleisch usw.) übergehen. Bei Milch wurde Entwarnung gegeben. So stellte die Bundesanstalt für Milchforschung in Kiel Mitte 2002 fest, daß Nitrofen „kaum" in die Milch übergeht, sondern sich im Fettgewebe anreichert. Dies wurde vom BgVV bestätigt.

Zur toxikologischen Bewertung der Höchstmenge für Säuglings- und Kleinkindernahrung siehe die Stellungnahme des *BgVV vom 18.06.2002 in Literatur[1].

Hier einige Rückstandsdaten (zulässige Höchstmenge: 0,01 mg/kg, in Kindernahrung: 0,005 mg/kg): In Bio-Speisegetreide: 0,005 bis 0,03 mg/kg; in Bio-Eigranulat: 0,03 mg/kg; in Eiern: 0,07 und 0,17 mg/kg; in Bio-Putenleberwurst: 0,039 mg/kg; in einem Schweinefleisch produzierenden Demeter-Betrieb in Schleswig-Holstein wurden 0,041 bis 0,10 mg/kg festgestellt. – *E* nitrofen

*Lit.:* [1]Bundesinstitut für gesundheitlichen Verbraucherschutz und Veterinärmedizin (BgVV), *Nitrofen in Lebensmitteln – toxikologische Bewertung der Höchstmenge für Säuglings- und Kleinkindernahrung,* Stellungnahme

vom 18.06.2002; http://www.bfr.bund.de/cm/218/nitrofen_hoechstmenge_saeuglings_kleinkindernahrung.pdf.

*allg.:* http://www.waswiressen.de – *[CAS 1836-75-5]*

**Nitromoschus-Verbindungen.** Gruppe von synthetischen, in der Natur nicht vorkommenden Verbindungen mit *Moschus-artigen Geruchseigenschaften, die lange zu den wichtigsten Riechstoffen zur Parfümierung von Seifen, Detergenzien und anderen Haushaltsprodukten dienten.

Nitromoschus-Verbindungen sind ökologisch nicht unbedenklich, zeigen phototoxische Eigenschaften und sind biologisch schwer abbaubar. *Moschus-Ambrette* 1 (2,6-Dinitro-3-methoxy-4-*tert*-butyltoluol, $C_{12}H_{16}N_2O_5$, $M_R$ 268,27) sowie *Moschus-Mosken* 2 ($C_{18}H_{26}N_2O_4$, $M_R$ 334,41) und *Moschus-Xylol* 3 sind für die Verwendung in kosmetischen Mitteln verboten. Aufgrund von Rückständen von *Moschus-Keton* 4 (3,5-Dinitro-2,6-dimethyl-4-*tert*-butylacetophenon, $C_{14}H_{18}N_2O_5$, $M_R$ 294,31) in hohen Probenanteilen in Fischen[1] und in Humanmilch[2], ist deren Verwendung in kosmetischen Mitteln nur noch eingeschränkt erlaubt.

|  |  |
|---|---|
| **1**<br>Moschus-Ambrette | **2**<br>Moschus-Mosken |
| **3**<br>Moschus-Xylol | **4**<br>Moschus-Keton |

– *E* nitro musk compounds

*Lit.:* [1]Dtsch. Lebensm. Rundsch. **89**, 171–175, 175–177 (1993). [2]Chemische Landesuntersuchungsanstalt Freiburg, Jahresbericht 1993.

*allg.:* Opinion of the SCCNFP concerning Musk Ketone vom 8.12.1999; http://europa.eu.int/comm/health/ph_risk/committees/sccp/docshtml/sccp_out99_en.htm ■ Opinion of the SCCNFP concerning Musk Xylene, SCCNFP/0163/99 vom 8.12.1999; http://europa.eu.int/comm/health/ph_risk/committees/sccp/documents/out97_en.pdf ■ Schramm, K. W., *Water Res.*, (2000) **34**(9), 2626

**1-Nitro-2-phenylethan** siehe *Gemüsearomen (Tomate).

**Nitrosamine.** Sammelbegriff für Substanzklassen mit verschiedenen chem. u. biolog. Eigenschaften; die Bez. wird üblicherweise fast nur für Nitroso-Verb. von Aminen mit der allg. Struktur $R^1R^2N-N=O$ (*N*-Nitrosoamine) verwendet.

*Eigenschaften:* Flüssigkeiten od. Feststoffe, D. 0,9–1,2. Durch die $N-N=O$-Gruppierung relativ gute Löslichkeit in Wasser u.a. polaren Lösemitteln. Relativ stabil in neutraler od. schwach bas. Lsg., deutlich instabiler in saurer Lsg.; lichtempfindlich. Wichtige *N*-N., sind auch *N*-Nitrosamide (**10**, **11**)

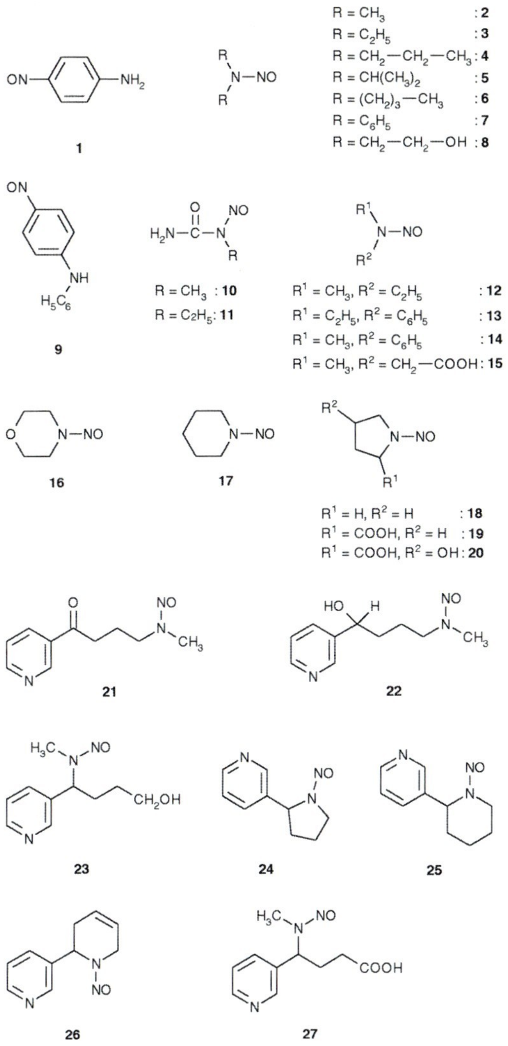

R = CH$_3$ : 2
R = C$_2$H$_5$ : 3
R = CH$_2$—CH$_2$—CH$_3$ : 4
R = CH(CH$_3$)$_2$ : 5
R = (CH$_2$)$_3$—CH$_3$ : 6
R = C$_6$H$_5$ : 7
R = CH$_2$—CH$_2$—OH : 8

**1**

R = CH$_3$ : 10
R = C$_2$H$_5$ : 11

R$^1$ = CH$_3$, R$^2$ = C$_2$H$_5$ : 12
R$^1$ = C$_2$H$_5$, R$^2$ = C$_6$H$_5$ : 13
R$^1$ = CH$_3$, R$^2$ = C$_6$H$_5$ : 14
R$^1$ = CH$_3$, R$^2$ = CH$_2$—COOH : 15

**9**

**16**    **17**

R$^1$ = H, R$^2$ = H : 18
R$^1$ = COOH, R$^2$ = H : 19
R$^1$ = COOH, R$^2$ = OH : 20

**21**    **22**

**23**    **24**    **25**

**26**    **27**

Abbildung 1: Wichtige Nitrosamine.

Tab. 2: Tabak-spezifische N-Nitrosamine in Tabakprodukten.

| | Tabak-spezif. N-Nitrosamine [mg/kg] | | |
|---|---|---|---|
| | NNN | NNK | NAB/NAT |
| Zigarettentabak[6,7] | | | |
|   USA | 0,6–7,9 | 0,1–1,3 | 0,5–5,8 |
|   Deutschland | 0,1–5,3 | 0–1,1 | 0,1–2,5 |
| Zigarrentabak[6] | | | |
|   USA | 3,0–11 | 1,1–3,5 | 2,5–33 |
|   Niederlande | 6,8–53 | 2,9–4,3 | 4,6–20 |
| Kautabak[6] | | | |
|   USA | 0,6–8,2 | 0–0,4 | 0–2,4 |
|   Deutschland | 0,5–2,3 | 0,03–0,4 | 0,4–3,7 |
| Schnupftabak[8] | | | |
|   Deutschland | 2,8–18,8 | 0,6–6,4 | |
|   England | 3,0–15,7 | 1,0–4,3 | |
| Snuff (feucht)[6] | | | |
|   USA | 3,1–135 | 0,1–13,6 | 0,6–339 |

Tab. 3: Nitrosamin-Gehalte im Haupt-(HSR) u. Nebenstromrauch (NSR) von Zigaretten.

| Nitrosamine | Zigaretten [ng/Zigarette] | |
|---|---|---|
| | HSR | NSR |
| NDMA | 4–31 | 597–685 |
| NPYR | 10–64 | 139–234 |
| NPIP | 0–14 | 5–20 |
| NNK | 4–432 | 1–11* |
| NNN | 5–625 | 1–5* |
| NAT/NAB | 6–353 | |
| Iso-NNAC | 0–3 | keine Angaben |
| Iso-NNAL | 5–11 | keine Angaben |

\* µg/m$^3$ im ETS (= Environmental Tobacco Smoke)

u. die *C*-Nitroso-Verbindungen(**1**, **9**)[1,2] (s. Abb. 1 und die Tab. 1, S. 800), weitere Beisp. s. Literatur[3].
**Vorkommen:** N. sind in vielen abiot. u. biot. Teilen von Hydrosphäre, Pedosphäre u. Atmosphäre nachgewiesen. Sie kommen in Tabakrauch, Lebensmitteln, Kosmetika, manchen Gummis, Kühlschmiermitteln u.a. Produkten vor.
*Vorkommen in Tabak:* Die (exogene) Belastung des Menschen rührt v. a. vom Tabakrauch bzw. von Drogen[2] her. In Tabak u. Tabakprodukten kommen flüchtige, nichtflüchtige u. die sog. *tabakspezifischen Nitrosamine* (TSNA) vor[4,5]. TSNA werden während des Trocknungsprozesses u. Fermentierungsprozesses durch Nitrosierung von \*Nicotin, Nornicotin, Anatabin u. Anabasin gebildet. Gehalte an TSNA in Tabakprodukten s. Tab. 2.
Zu Nitrosamin-Gehalten im Hauptstromrauch (HSR) u. Nebenstromrauch (NSR; s. \*Tabakrauch) von Zigaretten[7,9,10] s. Tab. 3.

Ursachen für das Vork. flüchtiger *N*-Nitrosamine: direkter Übergang vom Tabak in den Hauptstromrauch[9], pyrolyt. Decarboxylierung von *N*-Nitrosaminosäuren im Tabak[11], pyrolyt. Nitrosierung von Aminen u. pyrolyt. Decarboxylierung von Aminosäuren mit anschließender Nitrosierung. Durch Celluloseacetat-Filter lassen sich flüchtige *N*-Nitrosamine teilw. aus dem Hauptstromrauch entfernen.
*Vorkommen in Lebensmitteln:* In Lebensmitteln werden am häufigsten NDMA, NPYR u. NPIP nachgewiesen. Daneben findet man nitrosierte Aminosäuren wie NSAR, NHPRO u. NPRO. Einen Überblick über die Gehalte an NDMA in Lebensmitteln in Deutschland (1989–1990) gibt Tab. 4, S. 800[12].
Bier war früher eine wesentliche Quelle für NDMA. Stickoxid-Bildung beim Darren (direkte Beheizung, hohe Verbrennungstemp.) führte über die Nitrosierung von Aminen im Malz (Dimethylamin, Hordenin, Gramin) zur Bildung von NDMA. Eine Abnahme der durchschnittlichen NDMA-Gehalte in Bieren von 2,7 µg/kg in den Jahren 1977/1978[13] auf die heutigen Werte (s. Tab. 4) wurde durch Umstellung der Darrtechniken (indirekte Beheizung, niedrige Temp.) erreicht.
*Vorkommen in kosmetischen Mitteln:* Hauptkontamination in kosmet. Mitteln ist *N*-Nitrosodiethanolamin (NDELA), das entweder über kontami-

Tabelle 1: Wichtige Nitrosamine[1-3].

| Bezeichnung | Abk., Formel-Nr. | Summenformel | MR | Vorkommen | CAS |
|---|---|---|---|---|---|
| p-Nitrosoanilin | **1** | $C_6H_6N_2O$ | 122,12 | Farbstoff-Synthese | 659-49-4 |
| N-Nitrosodimethylamin | NDMA, **2** | $C_2H_6N_2O$ | 74,08 | Lebensmittel Tabak Tabakrauch technische Prozesse der Industrie | 62-75-9 |
| N-Nitrosodiethylamin | NDEA, **3** | $C_4H_{10}N_2O$ | 102,14 | | 55-18-5 |
| N-Nitrosodipropylamin | NDPA, **4** | $C_6H_{14}N_2O$ | 130,19 | | 621-64-7 |
| N-Nitrosodiisopropylamin | **5** | $C_6H_{14}N_2O$ | 130,19 | | 601-77-4 |
| N-Nitrosodibutylamin | NDBA, **6** | $C_8H_{18}N_2O$ | 158,24 | technische Prozesse der Industrie | 924-16-3 |
| N-Nitrosodiphenylamin | **7** | $C_{12}H_{10}N_2O$ | 198,22 | | 86-30-6 |
| N-Nitrosodiethanolamin | NDELA, **8** | $C_4H_{10}N_2O_3$ | 134,13 | Kosmetika Kühlschmiermittel | 1116-54-7 |
| p-Nitrosodiphenylamin | **9** | $C_{12}H_{10}N_2O$ | 198,22 | | 156-10-5 |
| N-Nitroso-N-methylharnstoff [a] | **10** | $C_2H_5N_3O_2$ | 103,08 | | 684-93-5 |
| N-Nitroso-N-ethylharnstoff [b] | **11** | $C_3H_7N_3O_2$ | 117,11 | | 759-73-9 |
| N-Nitrosoethylmethylamin | **12** | $C_3H_8N_2O$ | 88,11 | | 10595-95-6 |
| N-Ethyl-N-nitrosoanilin | NEA, **13** | $C_8H_{10}N_2O$ | 150,18 | | 612-64-6 |
| N-Methyl-N-nitrosoanilin | MNA, **14** | $C_7H_8N_2O$ | 136,15 | | 614-00-6 |
| N-Nitrososarkosin | NSAR, **15** | $C_3H_6N_2O_3$ | 118,09 | Lebensmittel | |
| N-Nitrosomorpholin | NMOR, **16** | $C_4H_8N_2O_2$ | 116,12 | | 59-89-2 |
| N-Nitrosopiperidin | NPIP, **17** | $C_5H_{10}N_2O$ | 114,15 | Lebensmittel | 100-75-4 |
| N-Nitrosopyrrolidin | NPYR, **18** | $C_4H_8N_2O$ | 100,12 | Gummi-Industrie, Lebensmittel, Tabakrauch | 930-55-2 |
| N-Nitrosoprolin | NPRO, **19** | $C_5H_8N_2O_3$ | 144,13 | Lebensmittel | |
| N-Nitrosohydroxyprolin | NHPRO, **20** | $C_5H_8N_2O_4$ | 160,13 | Lebensmittel | |
| 4-(Methylnitrosamino)-1-(3-pyridyl)-1-butanon | NNK, **21** | $C_{10}H_{13}N_3O_2$ | 207,23 | Tabak Tabakprodukte | |
| 4-(Methylnitrosamino)-1-(3-pyridyl)-1-butanol | NNAL, **22** | $C_{10}H_{15}N_3O_2$ | 209.25 | Tabakrauch | |
| 4-(Methylnitrosamino)-4-(3-pyridyl)-1-butanol | Iso-NNAL, **23** | $C_{10}H_{15}N_3O_2$ | 209,25 | Tabakrauch | |
| N-Nitrosonornicotin | NNN, **24** | $C_9H_{11}N_3O$ | 177,21 | Tabakrauch | |
| N-Nitrosoanabasin | NAB, **25** | $C_{10}H_{13}N_3O$ | 191,23 | Tabakprodukte | 16543-55-8 |
| N-Nitrosoanatabin | NAT, **26** | $C_{10}H_{11}N_3O$ | 189,22 | Tabak, Tabakprodukte | |
| 4-(Methylnitrosamino)-4-(3-pyridyl)-buttersäure | Iso-NNAC, **27** | $C_{10}H_{13}N_3O_3$ | 223.23 | Tabakrauch | |

[a] Englisch N-methyl-N-nitrosourea = MNU
[b] Englisch N-ethyl-N-nitrosourea = ENU

Tab. 4: Gehalte an N-Nitrosodimethylamin (NDMA) in Lebensmitteln.

| Lebensmittel | NDMA [µg/kg] | |
|---|---|---|
| | M | mind. – max. |
| Fleisch | 0,22 | n.n. – 0,8 |
| Geflügel | 0,93 | n.n. – 2,5 |
| Wurstwaren | 0,84 | 0,5 – 1,8 |
| Schinkenspeck | 1,01 | 0,5 – 1,6 |
| frische Fische | 3,00 | 0,5 – 0,8 |
| geräucherte Fische | 1,43 | 0,6 – 2,6 |
| konservierte Fische | 2,10 | 0,7 – 5,3 |
| Milch | 0,07 | n.n. – 0,6 |
| Käse | 0,24 | n.n. – 1,1 |
| Bier | 0,14 | n.n. – 0,6 |
| Malz | 0,63 | n.n. – 1,4 |
| Getreide | 0,18 | n.n. – 1,6 |
| Gewürze | 0,34* | n.n. – 1,4 |

M = arithmet. Mittelwert
n.n.= nicht nachweisbar
* NPIP: n.n. – 23 µg/kg; NPYR: n.n. – 29 µg/kg

nierte Grundstoffe (Alkanolamine, Fettsäurealkanolamide) eingetragen wird od. in Alkanolamin-haltigen Rezepturen bei Kontakt mit nitrosierenden Agenzien (Stickoxide) entsteht. Nachdem das BGA 1987[14] empfohlen hatte, sek. Amine zur Herst. kosmet. Mittel nicht mehr zu verwenden, ging die Kontamination deutlich zurück: Eine Produktübersicht zeigte bei mehr als 100 untersuchten Proben nur noch 15% kontaminierte Produkte (vorher 40%).

*Vorkommen in der Industrie:* In der metallverarbeitenden Ind. sind Expositionen v.a. auf Nitrosamin-kontaminierte Kühlschmiermittel (NDELA) zurückzuführen.
Zur Expositionssituation[15] siehe Abbildung 2, S. 801. Zur exogenen Belastung des Menschen mit Nitrosaminen s. Tab. 5, S. 801.
*Bildung:* Die N. werden aus sek. u. prim. Aminen durch Einwirkung von Salpetriger Säure gebildet (Nitrosierung), wobei ein niedriger pH-Wert u. hohe Temp. die Reaktion begünstigen. Allg. werden schwach bas. Amine bei gleichem pH-Wert schneller nitrosiert als stark basische. Darüber hinaus sind N. durch desalkylierende Nitrosierung von tert. Aminen zugänglich. Die Nitrosierungsgeschwindigkeit tert. Amine ist in der Regel deutlich geringer als die sek. Amine[20]. Neben Salpetriger Säure kommen auch Stickstoffoxide, Nitrosylchlorid, Salpetrigsäureester u. Nitroso-Verbindungen in

Tab. 5: Geschätzte exogene Belastung des Menschen durch Nitrosamine (µg/d/Person).

|                                    | flüchtige Nitrosamine | Tabak-spezifische Nitrosamine | NDELA   | Literatur |
| ---------------------------------- | --------------------- | ----------------------------- | ------- | --------- |
| Nahrung                            | 0,1 – 0,5             |                               |         | 12        |
| Körperpflege                       |                       |                               | 0 – 0,4 | 16        |
| Rauchen*                           | 0,3 – 2,0             | 4 – 32                        |         | 17        |
| Passivrauchen**                    | 0,25                  | 0,37                          |         | 10        |
| Rauchloser Tabak-Konsum (Snuff)    |                       | bis 400                       |         | 18        |
| Gummi-Industrie                    | 15 – 150              |                               |         | 19        |
| Metall-Industrie                   |                       | bis 40                        |         | 15        |

Annahme: * 20 Zigaretten/d
** 1 h Aufenthalt in stark mit Zigarettenrauch belastetem Innenraum

Frage. Bei unsymmetr. N. lassen sich ggf. Konformationsisomere trennen.

In der Atmosphäre bilden sich N. auch photochem. aus geeigneten Aminen durch Einwirkung von Stickstoffoxiden. Unvollständige Verbrennungsprozesse Stickstoff-haltiger Materialien wie Biomasse führen zu relativ starker N.-Bildung, da in den Abgasen neben flüchtigen u. kondensierten Aminen auch Stickstoffoxide hochkonzentriert vorliegen.

*Endogene Bildung:* Nitrosamine können auch im Körper (endogen) aus Reaktionen nitrosierbarer Präkursoren, wie Amine, Amide od. Aminosäuren mit nitrosierenden Agenzien (Nitrit, Stickoxide) gebildet werden. In ähnlicher Weise können N. auch aus Arzneimitteln od. Rückständen von Lebensmittel-Zusatzstoffen entstehen, sofern diese nitrosierbare Amino-Gruppen enthalten (siehe auch *Nitritpökelsalz).

Neben der chem. Nitrosierung im sauren Medium (Magen) können Bakterien des Verdauungstraktes (*Escherichia coli, Proteus*) die Bildung von Nitrosaminen aus Nitrat bzw. Nitrit u. Amin katalysieren, wobei eine Beteiligung bakterieller Enzymsysteme diskutiert wird. Diese Prozesse gelten als mögliche Risikofaktoren für Magenkrebs bei Patienten mit Achlorhydrie u. für Blasenkrebs bei Patienten mit chron. Harnwegsinfektion (z.B. Bilharziosepatienten) sowie bei Querschnittsgelähmten.

Ob auch Stickstoffmonoxid (NO), das bei vielen biolog. Signalprozessen als Transmitter eine Rolle spielt u. bei Entzündungsprozessen, z.B. in Makrophagen aus der Aminosäure Arginin, gebildet wird, zu endogenen Nitrosierungsreaktionen beiträgt, ist zur Zeit nicht geklärt.

Eine sichere Abschätzung der Belastung durch endogen gebildete *N*-N.-Verbindungen ist gegenwärtig angesichts der vielen individuell unterschiedlichen Einflußgrößen noch nicht möglich. Für Arzneimittel, die nitrosierbare Gruppen enthalten, ist die Testung auf Nitrosierbarkeit (z.B. NAP-Test der WHO[21]) Bestandteil präklin.-toxikolog. Prüfungen. Das Arzneimittel Aminophenazon wurde aufgrund seiner bes. leichten Nitrosierbarkeit (Bildung des starken Carcinogens *N*-Nitrosodimethylamin) in den meisten Ländern vom Markt genommen.

Die Bildung von N. läßt sich durch geeignete Inhibitoren – das sind Stoffe, die mit Salpetriger Säure schneller reagieren als (sek.) Amine – unterdrücken, wie z.B. mit Ascorbinsäure (Vitamin C).

*Toxikologie:* Die akute Toxizität von Nitrosaminen äußert sich v.a. in einer Schädigung der Leber (Menschen, Versuchstiere). Mit zunehmender Anzahl der Kohlenstoff-Atome in den Alkyl-Resten reduziert sich die akute Toxizität ($LD_{50}$). Zwischen akuter Toxizität u. carcinogener Wirkung besteht kein Zusammenhang.

Nitrosamine sind mutagen u.a. in *Salmonella* Typhimurium TA 100 bei metabolischer Aktivierung, d.h. Nitrosamine induzieren Punktmutationen.

Fast alle Nitrosamine (90%) induzieren *in vivo* Tumoren mit ausgeprägter Organspezifität. Die ausgeprägte Organotropie der Nitrosamine wird wesentlich durch ihre chem. Struktur geprägt: Während symmetrisch substituierte, offenkettige Nitrosamine v.a. Leberkrebs verursachen, induzieren unsymmetrisch substituierte, offenkettige Nitrosamine in der Regel Speiseröhrenkrebs. Weitere Einflußfaktoren sind die Tierspezies, die Applikationsart, die Dosierung u. die Dauer der Behandlung. Tumoren werden im Gehirn u. Nervensystem, Mundhöhle, Speiseröhre, Magen, Darmtrakt, Leber, Niere, Harnblase, Pankreas, hämatopoetischem System, Herz u. Haut induziert. Die zur Tumorinduktion notwendigen Dosen von Nitrosaminen sind gering bis sehr gering.

Nitroso-dialkylamine werden durch Cytochrom-P-450-abhängige α-C-Hydroxylierung unter Eliminie-

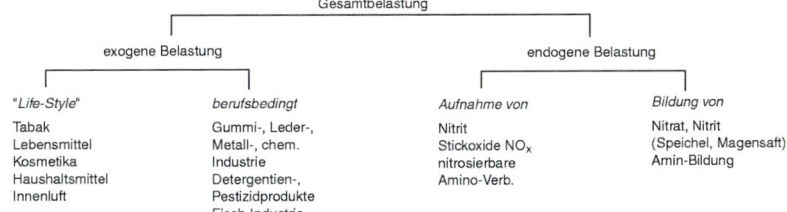

Abbildung 2: Expositionssituation bei Nitrosaminen.

Tab. 6: Toxizität von *N*-Nitroso-dialkyl(aryl)aminen.

| *N*-Nitroso-Verbindung | akute Toxizität: $LD_{50}$ Ratte, oral [mg/kg] | Hauptziel-Organ der Krebserzeugung | Kategorie (krebserzeugend) | |
|---|---|---|---|---|
| | | | MAK-Werte-Liste 2005 | IARC |
| *N*-Nitroso-dimethylamin (NDMA) | 40 | Leber | 2 | 2A |
| *N*-Nitroso-diethanolamin (NDELA) | >5000 | Leber, Niere, Atemwege | 2 | 2B |
| *N*-Nitroso-piperidin (NPIP) | 200 | Speiseröhre, (Nasenhöhle) | 2 | 2B |
| *N*-Nitroso-pyrrolidin (NPYR) | 900 | Leber | 2 | 2B |

rung einer Alkyl-Gruppe als Aldehyd zum entsprechenden Alkyldiazohydroxid bzw. Alkyldiazonium-Ion aktiviert[22] (hoch reaktive Alkylantien, die nucleophile Zentren von Biopolymeren alkylieren). Die Bestimmung von *S*-Methylcystein in Hämoglobin und methylierte DNA-Basen ($N^7$-Methylguanin oder $N^3$-Methyladenin) können zur Abschätzung der Exposition mit NDMA herangezogen werden. Einige Nitrosamine erweisen sich *in vivo* in hoher Dosierung als transplacentare Cancerogene, zeigten jedoch keine teratogenen Eigenschaften.
Akute Toxizität, Einstufung des krebserzeugenden Potentials u. Hauptziel-Organe ausgewählter *N*-Nitroso-dialkyl(aryl)amine sind in Tab. 6 zusammengestellt.
Die tabakspezif. Nitrosamine NNN, NNK und NNAL führen bei Mäusen, Ratten u./od. Hamstern zur Entstehung von benignen u. malignen Tumoren der oberen Luftwege, der Lunge u./od. des exokrinen Pankreas[6]. NAT u. Iso-NNAC sind dagegen nicht cancerogen, ebenso nicht cancerogen sind in Lebensmitteln vorkommende *N*-Nitrosaminosäuren, ausgenommen NSAR.
Die Organspezifität des carcinogenen Effektes kann bei verschiedenen Tierarten stark differieren (s. Tab. 7).

Tab. 7: Organspezifität des cancerogenen Effektes von Nitrosaminen.

| | Ratte | Maus | Hamster |
|---|---|---|---|
| NDMA | Leber, Niere | Lunge, Leber | Leber |
| NDEA | Leber, (Ösophagus) | Lunge | Trachea, Lunge, Ösophagus |
| NDBA | Harnblase, Leber | Vormagen, Harnblase | Harnblase, Vormagen |

Nitrosamine sind in der Regel direkt wirkende Alkylantien, die z.B. in *Salmonella* Typhimurium TA 100 ohne metabol. Aktivierung mutagen wirken. Einige Nitrosoharnstoff-Derivate wie Carmustin [*N,N'*-Bis(2-chlorethyl)-*N*-nitrosoharnstoff, BCNU] finden als antineoplast. Chemotherapeutika klin. Verwendung.
**Analytik:** Nach GC-Trennung Nachweis mittels Chemilumineszenz-Detektor (thermal energy analyzer) od. hochauflösende MS. Eine Bestimmung im Nanogramm- u. ppb-Bereich ist möglich.
**Verwendung:** N. sind wichtige Zwischenprodukte z.B. bei der Herst. von heterocycl. Verb. u. Farbstoffen. N. werden als Lsm., Antioxidantien für Öle u. Gummi sowie im Korrosionsschutz verwendet.
**Recht:** § 5 in Verbindung mit Anl. 4 der *Bedarfsgegenständeverordnung verbietet bei der Herst. von Beruhigungs- u. Flaschensaugern aus Elastomeren Verf., die einen Übergang von *N*-Nitrosaminen (≥0,01 mg/kg Elastomerenanteil) bzw. nitrosierbaren Stoffen (≥0,2 mg/kg) in eine Nitrit-haltige Speichel-Lsg. bewirken.
Der Einsatz von Bronopol u. Bronidox als Konservierungsmittel in kosmet. Präparaten ist auf eine Höchstkonz. von 0,1% beschränkt, wobei Nitrosamin-Bildung vermieden werden muß (*Kosmetik-Verordnung § 3a/2 in Verbindung mit Anl. 6 Tl. A laufende Nr. 20 u. 21). Mindestanforderungen für Bestandteile von kosmet. Mitteln u. Körperpflegemitteln zur Minimierung der Nitrosamin-Kontamination finden sich in der Kosmetik-VO u. in der Richtlinie der EU (92/86/EWG vom 21.10.92).
Orientierungswerte für Nitrosamine am Arbeitsplatz (1 µg/m³) geben die Technischen Regeln für Gefahrstoffe (TRGS 552, 9/98), Verwendungsbeschränkungen für Kühlschmierstoffe, bei deren Einsatz *N*-N. auftreten können, in TRGS 611 (5/97).
Nach § 15 Gefahrstoffverordnung bestehen für den Umgang mit *N*-N. allg. Beschäftigungsverbote u. -beschränkungen, von denen alle N. ausgenommen sind, bei denen kein Hinweis auf krebserzeugende Wirkung gefunden wurde; die VO nennt 10 Ausnahmen. Die WHO empfiehlt einen ADI für NDMA von 10 µg/d/Person. – *E* nitrosamines

**Lit.:** [1]Koch, Umweltchemikalien (3.), S. 302–309, Weinheim: VCH Verlagsges. 1995. [2]Richardson u. Gangolli, Dictionary of Substances and their Effects, Bd. 6, S. 223–269, Cambridge: Royal Chemical Soc. 1994. [3]IARC Monographs on the Evaluation of the Carcinogenic Risk of Chemicals to Humans, Bd. 37, S. 203–268, Genf: WHO 1985. [4]IARC Sci. Publ. **74**, 145–163 (1986). [5]J. R. Netherlands Soc. **97/6**, 177–179 (1978). [6]Cancer Surv. **8**, 271–294 (1989). [7]Carcinogenesis **10**, 1511–1517 (1989). [8]Adv. Pharm. Sci. **1992**, 109–113. [9]Carcinogenesis **12**, 257–261 (1991). [10]Carcinogenesis **8**, 729–731 (1987). [11]IARC Sci. Publ. **105**, 477 (1991). [12]Food Chem. Toxicol. **29**, 729–732 (1991). [13]Food Chem. Toxicol. **17**, 29–31 (1979). [14]Bundesgesundheitsblatt **12**, 27 (1988). [15]Preussmann (Hrsg.), Das Nitrosamin-Problem, S. 255–266, Weinheim: Verl. Chemie 1983. [16]Blankart, N-Nitrosoverbindungen in kosmetischen Mitteln, Dissertation Universität Kaiserslautern 1989. [17]Toxicol. Lett. **35**, 1–8 (1987). [18]Carcinogenesis **8**, 465–469 (1987). [19]IARC Lyon **84**, 550–552 (1987). [20]J. Am. Chem. Soc. **89**, 1147 (1967). [21]Coulston u.

Dunne, The Potential of Carcinogenicity of Nitrosatable Drugs, WHO-Symposium 1978, Norwood, N.J.: Ablex Publ. Corp. 1978. [22] Reichl, F. X., *Taschenatlas der Toxikologie*, 2. Aufl.; Thieme: Stuttgart, (2002). *allg.:* Beilstein EIV **4**, 3384–3399; **16**, 862–886 ▪ Eisenbrand, G.; Metzler, M.; Hennecke, F. J., *Toxikologie für Naturwissenschaftler und Mediziner*, 3. Aufl.; Wiley-VCH: Weinheim, (2005)

**Nitrosoharnstoffe** siehe *Nitrosamine.

**Nivalenol.** *Mykotoxin der *Trichothecen-Gruppe.

$C_{15}H_{20}O_7$, $M_R$ 312,33. Farblose rechtwinklige Kristalle, Schmp. 223–225 °C (Zersetzung), löslich in polaren Lösemitteln, schwach löslich in Wasser.
*Vorkommen:* Nivalenol wird von *Fusarium nivale*, *Fusarium sporotrichoides* und *Gibberella zeae* auf Getreide (Hafer, Weizen und Gerste) gebildet. Es ist meist mit anderen Trichothecenen vergesellschaftet. Nachgewiesen wurde es in Mais, Weizen und Gerste in Gehalten bis 0,8 μg/kg. Aus *Gibberella saubinetii* (anamorph: *Fusarium sulphureum*) und *Fusarium nivale* wurde das 4,15-Diacetat von Nivalenol, das sogenannte *Saubinin I* ($C_{19}H_{24}O_9$, $M_R$ 396,39) isoliert, das antineoplastisch und virostatisch wirkt. Nivalenol-4-acetat (Fusarenon-X, siehe *Trichothecene) wird ebenfalls von *Fusarium nivale*, aber auch von anderen *Fusarium*-Arten gebildet.
*Toxikologie:* $LD_{50}$ (Maus p.o.) 40 mg/kg. Hauttoxizität, bei Ratten und Meerschweinchen 1 μg/Flecken. Chronische Toxizität: 0,4 ppm im Futter. Stark hämorrhagische Nekrosen der Gewebe; Schwindel, Übelkeit, Erbrechen, Diarrhoe. Wie alle Trichothecene hemmt Nivalenol die Proteinbiosynthese. Risikoabschätzung ist zur Zeit nicht möglich. Das SCF der EU schlägt einen TDI von 0,7 μg/kg vor, die gegenwärtige Belastung durch Nivalenol beträgt ca. 0,05–0,09 μg/kg[1]. – *E* nivalenol
*Lit.:* [1] Opinion of the Scientific Committee on Food on Fusarium Toxins, Part 4, Nivalenol, 19 October 2000; http://europa.eu.int/comm/food/fs/sc/scf/index_en.html.
*allg.:* Beilstein EV **19/7**, 14 ▪ DeVries, J. W.; Trucksess, M. W.; Jackson, L. S., Hrsg., *Mycotoxins and Food Safety*, Kluwer Academic/Plenum Publishers: New York, (2002) ▪ Weidenbörner, M., *Encyclopedia of Food Mycotoxins*, Springer: Berlin, (2001) – *[CAS 23282-20-4 (Nivalenol); 14287-82-2 (Saubinin I)]*

**NIZO-Butter** siehe *Butter.

**NKV.** Abkürzung für *Nährwert-Kennzeichnungsverordnung.

**NLV.** Abkürzung für Neuartige Lebensmittel- und Lebensmittelzutaten-Verordnung; siehe *Verordnung über neuartige Lebensmittel.

**NMNA.** Abkürzung für *N*-Methylnicotinsäureamid, siehe *Niacin.

**NMOR.** Abk. für *N*-Nitrosomorpholin, s. *Nitrosamine.

**NMR-Spektroskopie.** Von englisch nuclear magnetic resonance = kernmagnetische Resonanz abgeleiteter Ausdruck für eines der wichtigsten spektroskopischen Verfahren zur Strukturaufklärung besonders von organischen und Metall-organischen, seltener von anorganischen Verbindungen; im deutschen Sprachgebrauch haben sich als synonyme Bezeichnungen *magnetische Kernresonanz-(MKR-)Spektroskopie, kernmagnetische Resonanz-(KMR-)Spektroskopie, Kern(spin)resonanz-Spektroskopie* und andere nicht einbürgern können. Das von den Nobelpreisträgern F.Bloch und E. M.Purcell 1946 entwickelte Verfahren beruht auf der Resonanzwechselwirkung zwischen Radiowellen (d.h. einem hochfrequenten magnetischen Wechselfeld) und bestimmten Atomkernen der zu untersuchenden, meist flüssigen (gelösten), seltener festen oder gasförmigen Substanz, die sich in einem sehr starken äußeren, homogenen Magnetfeld befindet. Grundlage der Messungen ist die Präzessionsbewegung, die Atomkerne mit Drehimpuls (Spin) und magnetischem Moment μ in einem äußeren Magnetfeld um die Richtung des Magnetfeldes mit einer bestimmten Frequenz (Larmor-Frequenz ω) ausführen. Die Einstellung von Spin und magnetischem Moment ist dabei nur in bestimmte Richtungen möglich (Richtungsquantelung), wobei die Anzahl der energetischen Einstellungsmöglichkeiten durch die Kernspinquantenzahl I bestimmt ist. Diese beträgt bei den meisten für die NMR-Spektroskopie interessanten Isotopen $\frac{1}{2}$, $\frac{3}{2}$, $\frac{5}{2}$ oder $\frac{7}{2}$. Dementsprechend weisen die untersuchten Elemente im allgemeinen ungerade Massenzahlen auf, dennoch sind unter bestimmten Voraussetzungen auch Kerne wie $^2H$ oder $^{14}N$ erfaßbar.
Die in der NMR-Spektroskopie am häufigsten untersuchten Kerne $^1H$, $^{13}C$, $^{19}F$, $^{31}P$ haben den Spin $\frac{1}{2}$ und deshalb zwei Einstellungsmöglichkeiten. Übergänge zwischen diesen Energieniveaus sind nur möglich, wenn sich dabei die Quantenzahl um eine Einheit ändert, also z.B. „der Spin umklappt" von $+\frac{1}{2}$ (paralleler Spin) zu $-\frac{1}{2}$ (antiparalleler Spin; siehe Abbildung 1).

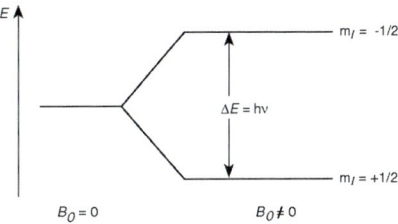

Abbildung 1: Energieniveauschema eines Kerns mit I = $\frac{1}{2}$; $B_0$ = Magnetfeld.

Derartige Übergänge werden – in prinzipiell gleicher Weise wie elektronische Übergänge zwischen den Energieniveaus der Elektronen durch Absorption oder Emission von sichtbarer oder ultravioletter Strahlung – durch Energiequanten erreicht, deren Frequenz der Larmor-Frequenz entspricht. Die Einstrahlung der Energie erfolgt mit Radiowellen einer solchen Frequenz, die zur Hervorrufung der Resonanzabsorption (Übereinstimmung der Kern-Larmor-Frequenz und der Meßfrequenz) in der Lage ist. Um diese erforderliche Resonanzfrequenz zu finden, kann man – da die Feldstärke H des Magnetfelds und Resonanzfrequenz $v$ der Radiowellen einander nach $hv = \mu H$ proportional sind – entweder das äußere Magnetfeld konstant halten und die Frequenz des Wechselfeldes so lange variieren, bis Resonanzabsorption eintritt, oder umgekehrt die Frequenz des Wechselfeldes konstant halten und die Stärke des Magnetfeldes so lange ändern, bis Resonanz eintritt. Meßverfahren, die mit konstantem Magnetfeld und variabler Frequenz arbeiten, nennt man *CW-Methode* (Continuous-Wave-Methode) zur Unterscheidung von der heute üblichen *Fourier-Transform-Technik* (FT-NMR), bei der das gesamte Radiofrequenzspektrum auf einmal eingestrahlt wird. Übrigens spricht man fachsprachlich (und auch in diesem Werk noch) oft von Feldstärke (H; Einheit A m$^{-1}$), meint aber die magnetische Induktion oder Flußdichte (B; Einheit Tesla, früher Gauss: 1 T = 10000 G oder Gs).

Bei der CW-Methode benötigt man für die Aufnahme eines Spektrums ohne Signalstörungen üblicherweise 500 s. Da ein NMR-Spektrum meist aus wenigen scharfen Peaks mit langen Perioden Rauschen besteht, war diese Methode wenig effektiv. Ernst und Anderson zeigten 1966, daß es effektiver ist, alle Signale simultan zu detektieren, indem man die Kerne durch Bestrahlen mit einem kurzen intensiven Puls mit Radiofrequenz anregt und die induzierte Magnetisierung in der Detektorspule verfolgt, wenn die Kerne in den Grundzustand zurückkehren. Das abfallende, zeitabhängige Signal, bekannt als FID (englisch free induction decay), wird durch Fourier-Transformation in das Frequenz-Domänen-Spektrum umgewandelt.

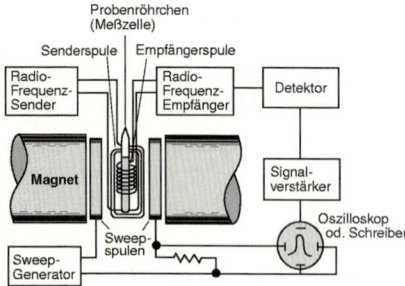

Abbildung 2: Blockdiagramm eines NMR-Spektrometers (Kreuzspulensystem nach Bloch, Purcell).

Abbildung 2 zeigt den prinzipiellen Aufbau eines NMR-Spektrometers. Augenfälligstes Merkmal ist der große Magnet mit geringem Polabstand, der ein extrem stabiles und homogenes Feld erzeugt, das über die sogenannten Sweep-Spulen variiert werden kann (englisch to sweep = durchfahren,

abtasten). Das die Untersuchungssubstanz in flüssiger Form enthaltende Probenröhrchen wird in Rotation um die senkrechte Achse versetzt, wodurch sich mögliche Feldinhomogenitäten ausmitteln. Die Probe wird von der Spule, die das hochfrequente magnetische Wechselfeld zur Anregung der Larmor-Präzession in den Kernen erzeugt, zwischen den Polen des Magneten derart umschlossen, daß das Wechselfeld senkrecht zur Richtung des Magnetfeldes des großen Magneten steht. Der Wechselstrom wird einem Quarz-gesteuerten Hochfrequenzgenerator entnommen, dessen Frequenz extrem stabil sein muß. Hält man die Hochfrequenz des Wechselfeldes konstant und variiert das Magnetfeld (oder umgekehrt), dann wird in Abhängigkeit von Art und struktureller Bindung der Kerne an einigen Stellen dem Hochfrequenzsender Energie entnommen, weil die Kernspins zum „Umklappen" gebracht werden, und es gibt über die Empfängerspule ein „Signal", das durch große Verstärkung auf einem Registriergerät (Oszillograph, Schreiber) sichtbar gemacht wird.

Üblicherweise untersucht man mit der NMR-Spektroskopie Lage, Zahl und Bindungsart von Wasserstoff-Kernen = Protonen in organischen Verbindungen – man spricht deshalb auch von *Protonenresonanz*-(PMR-)*Spektroskopie* – weil $^{1}$H sowohl eine hohe natürliche Häufigkeit von 99,9% als auch ein großes magnetisches Moment, das nur von dem des Tritiums übertroffen wird, aufweist. Deshalb werden NMR-Geräte meist nach der Feldstärke des Magneten eingeteilt. Zuerst arbeitete man mit Frequenzen um 30 MHz und später in Routinegeräten mit 60 MHz (entsprechend einer Feldstärke von ca. 1,4 Tesla). Sogenannte hochauflösende Geräte besitzen z.B. einen 2,325 Tesla starken Elektromagneten, in dem folgende Resonanzen beobachtbar sind: $^{1}$H bei 100 MHz, $^{2}$H (D) bei 15,3 MHz, $^{13}$C bei 25,1 MHz, $^{19}$F bei 94,1 MHz und $^{31}$P bei 40,5 MHz. Noch wesentlich stärkere Magnetfelder erhält man mit supraleitenden Magneten; die obere Grenze war bis 1993 14,1 T mit ca. 600 MHz, die mit der Entwicklung eines Magneten mit 17,63 T und einer Meßfrequenz von 750 MHz mittlerweile überschritten wurde. Im Frequenzbereich der Protonenresonanz gibt Deuterium kein Signal, weshalb *perdeuterierte Verbindungen* ideale Lösemittel darstellen; einige häufig benutzte Lösemittel sind CCl$_4$, CDCl$_3$, C$_6$D$_6$, D$_3$C–CO–CD$_3$, D$_2$O, D$_3$C–SO–CD$_3$, D–CO–N(CD$_3$)$_2$, C$_2$D$_5$OD und F$_3$C–COOD. Elemente wie Kohlenstoff ($^{12}$C), Sauerstoff ($^{16}$O) und andere entziehen sich der direkten Beobachtung – es sei denn, man nutzt beim Kohlenstoff den natürlichen Gehalt an Isotop $^{13}$C (siehe unten) und beim Sauerstoff an Isotop $^{17}$O aus.

***Anwendungen:*** Für die Anwendung der NMR-Spektroskopie in der Chemie ist es nun wesentlich, daß das angelegte äußere Magnetfeld durch die Induktionswirkung der Elektronen und durch die Felder benachbarter Kerne abgeschwächt wird, d.h. die „effektive Feldstärke" ist geringer als die angelegte. Man bezeichnet diesen Effekt auch als

Abschirmung (englisch shielding). Sie ist von Kern zu Kern in Abhängigkeit von der zugehörigen Elektronenverteilung verschieden, selbst bei Kernen gleicher Art, aber verschiedener Elektronendichte – beispielsweise, wenn solche in einem Molekül nicht unmittelbar verbunden, sondern durch ein oder mehrere Atome getrennt sind. Diese auf der Abschirmung durch die Elektronenhülle beruhende Verschiebung der Resonanzlinie gegenüber der des isolierten Atomkernes in Abhängigkeit vom Bindungszustand bezeichnet man jeweils als *chemische Verschiebung* (englisch chemical shift). Als Bezugspunkt hat man das Signal gewählt, das von den 4 x 3 einander vollkommen äquivalenten Protonen des Tetramethylsilans [$Si(CH_3)_4$, TMS] hervorgerufen wird. In der sogenannten δ-Skala wird diesem scharfen Signal der dimensionslose Wert δ = 0 zugeteilt. In der sogenannten τ-Skala hatte es den Wert τ = 10; als Beziehung galt τ = 10 – δ. Die üblicherweise von Protonen verursachten Signale liegen bei δ zwischen 0 und 10 (vgl. Abbildung 3). Zweckmäßigerweise setzt man die chemisch inerte, flüssige Bezugssubstanz TMS oder das verwandte Cyclosilan (1,1,3,3,5,5-Hexamethyl-1,3,5-trisilacyclohexan), bei Problemen mit der Löslichkeit auch 3-(Trimethylsilyl)propionsäure-2,2,3,3-$D_4$-Natriumsalz, der zu untersuchenden Substanz direkt als sogenannten *internen Standard* zu. Aus der chemischen Verschiebung kann man Rückschlüsse darauf ziehen, welche chemischen Gruppen vorliegen oder in welchen Bindungsverhältnissen die H-Atome stehen, denn beispielsweise absorbieren gleichartig gebundene Protonen jeweils bei ungefähr gleichen δ-Werten. Weiter lassen sich aus dem NMR-Spektrum (vgl. Abbildung 3, S. 806) Rückschlüsse auf die Anzahl der jeweiligen Protonen ziehen, indem man die Flächen der jeweiligen „Peaks" (Signale) auf dem Registrierpapier zueinander in eine (notwendigerweise ganzzahlige) Relation setzt; im Beispiel von links nach rechts 3:2:3. Heute wird diese Rechnung von Integratoren automatisch erledigt, und aus der Stufenhöhe der Integrationskurve auf dem NMR-Spektrum läßt sich die Protonenzahl leicht ablesen (vgl. Abbildung 3, S. 806). Weiter kann man aus der sogenannten Spin-Spin-Wechselwirkung (*Kopplung*) einzelner Kerne miteinander, die in einer Multiplett-Aufspaltung (Feinstruktur, siehe z. B. NMR-Spektrum δ = 2,3 ppm in Abbildung 3) infolge des Einflusses der magnetischen Momente von benachbarten Gruppen auf den jeweils beobachteten Kern resultiert, Rückschlüsse auf die Art der Verknüpfung der mit Hilfe der chemischen Verschiebung identifizierten Gruppen ziehen.

*Verwendung:* Die NMR-Spektroskopie hat heute im Forschungs- und Industrielaboratorium für Routineaufgaben wie Konstitutionsermittlung und Identitätsprüfung ebenso ihren Platz wie UV- und IR-Spektroskopie. Die Analyse von Kopplungskonstanten gibt Hinweise auf die Stereochemie, d. h. auf Konfiguration und Konformation von Molekülen. Mit der Linienformanalyse der Signale (*dynamische NMR-Spektroskopie*) erhält man Aus-

kunft über die Geschwindigkeit von Umlagerungs- und chemischen Austauschreaktionen. Zur Untersuchung von Radikalreaktionen bzw. von Triplettsystemen bieten sich besonders die Methoden des CIDNP bzw. die ODMR-Spektroskopie[1] an. Festkörper-NMR wird unter anderem zur Untersuchung von Kohlen, Polymeren, Zeolithen und dergleichen verwendet. Für die Chemie von Metall-organischen Verbindungen interessant ist die NMR-Spektroskopie von Kernen wie $^{11}B$, $^{23}Na$, $^{25}Mg$, $^{27}Al$, $^{29}Si$, $^{43}Ca$, $^{59}Co$, $^{77}Se$, $^{103}Rh$, $^{113}Cd$.

In der lebensmittelchemischen Analytik findet die *niedrig auflösende NMR-Spektroskopie* bisher Verwendung in der Fett- und Schokoladenindustrie bei der Bestimmung des Fett- und Wassergehaltes sowie des Fest/Flüssig-Verhältnisses (Hartfettindex) von Ölsaaten, Fetten, Margarine, Kakao und Schokolade[2]. Weitere Routinebestimmungen sind[3]:

– *$^1$H-NMR:* Fett in Hafer, Wurst, Käse; Festfett-Anteil in Trockensuppen; Wasser in zahlreichen Lebensmitteln[4]; Protein-Gehalte in Fleisch, Fleisch- und Sojaprodukten.
– *$^{13}$C-NMR:* Methanol, Diethylenglycol (Nachweisgrenze 10 mg/L), Ethanol, Glycerol, Glucose, Fructose und die wichtigsten organischen Säuren im Wein[5]; Hydroxyprolin in Hydrolysaten aus Fleisch und Fleischerzeugnissen etc. Über die Anwendung bildgebender NMR-Verfahren in der Lebensmittelindustrie unterrichtet Literatur[6]. Zur Isotopenverhältnisanalyse von $^2$H/$^1$H und $^{13}$C/$^{12}$C, die auch zur Herkunftsbestimmung von Lebensmitteln herangezogen werden kann[7], siehe *SNIF-NMR®.

In der Biochemie werden Proteine mittels Protonen-NMR bei hohen Feldstärken untersucht. Für energiereich gebundene Phosphate (ATP, NADP) auch in Geweben und Organen bietet sich die $^{31}$P-NMR-Spektroskopie an. Die NMR-Spektroskopie wird darüber hinaus zur Identifizierung und Strukturaufklärung, insbesondere auch zum Studium von Raumstrukturen, sowie für Stoffwechseluntersuchungen eingesetzt.

In der Medizin findet die NMR-Spektroskopie Anwendung in der Kernspintomographie, als bildgebendes diagnostisches Werkzeug zur Gewinnung von Schichtbildern des menschlichen Körpers (Nobelpreis 2003 an Paul C. Lauterbur und Sir Peter Mansfield). – *E* NMR spectroscopy

*Lit.:* [1]Clarke, Triplet State ODMR Spectroscopy: Techniques and Applications to Biochemical Systems, Ann Arbor: UMI (1992). [2]Baltes, W., Hrsg., *Schnellmethoden zur Beurteilung von Lebensmitteln und ihren Rohstoffen*, Behr's: Hamburg, (1998). [3]Maier, S. 118–121. [4]Z. Lebensm. Technol. Verfahrenstech. **44**, 122–124 (1993). [5]Dtsch. Lebensm. Rundsch. **83**, 375–378 (1987). [6]Food Technol. **46**, 77–83 (1992). [7]Cordella, C.; Moussa, I.; Martel, A. C.; Sbirrazzuoli, N.; Lizzani-Cuvelier, L., *J. Agric. Food Chem.*, (2002) **50**(7), 1751–1764.
*allg.:* Friebolin, H., *Basic One- and Two-Dimensional NMR-Spectrospcopy*, 4. Aufl.; Wiley-VCH: Weinheim, (2004)

**n. n.** Abkürzung für „nicht nachweisbar", siehe *Nachweisgrenze.

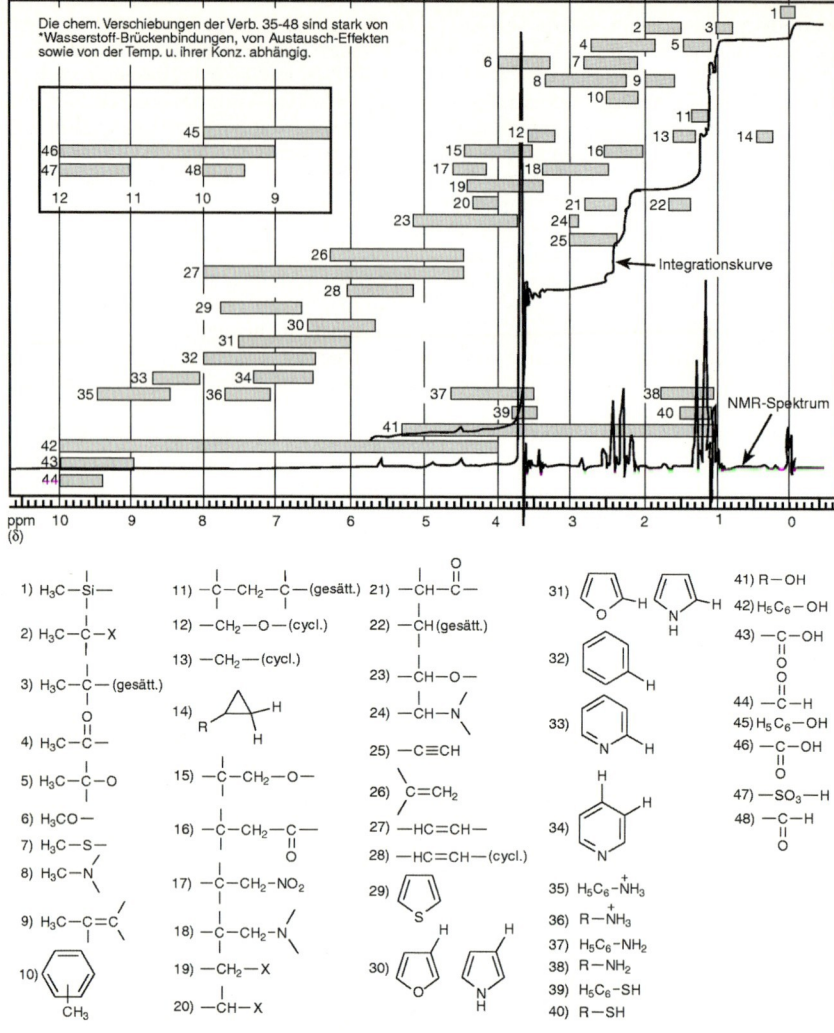

Abbildung 3: 60-MHz-NMR-Spektrum des Propionsäuremethylesters ($H_3C-CH_2-COOCH_3$) in Deuterochloroform und chemische Verschiebung charakteristischer Gruppen (gesätt. = gesättigter Rest, cycl. = cyclischer Rest, X = F, Cl, I).

**NNAL.** Abkürzung für 4-(Methylnitrosamino)-1-(3-pyridyl)-1-butanol, siehe *Nitrosamine.

**NNN.** Abkürzung für N-Nitrosonornicotin, siehe *Nitrosamine.

**NOAEL.** Abkürzung für no-observed-adverse-effect-level, siehe *Referenzdosis und *Sicherheitsfaktor.

**Nodularin** siehe *Algentoxine.

**Nonadien-1-ale** (FEMA 3212).

$C_9H_{14}O$, $M_R$ 138,21. Geruchsstarke Abbauprodukte der *Linolen- u. *Arachidonsäure[1], Geruchsschwelle in Wasser[2] ca. 0,01–0,09 ppb.

1. (E,Z)-Nona-2,6-dien-1-al (Veilchenblätteraldehyd): Sdp. 88 °C (1,3 kPa), $LD_{50}$ (Ratte oral) >5 g/kg; riecht fettig-grün, nach Veilchenblättern[3]; darin 1925 entdeckt[4], Zuordnung der (E,Z)-Struktur 1944[5]. Kommt auch in *Gemüsearomen[6,7] (*Impact compound in Gurke), *Fruchtaromen (Guave, Melone, Mango), *Fleisch-, Seafoodaromen[8], Fischen[9] und Tee[10] vor. Zur Synth. siehe Literatur[11].

2. (Z,Z)-Nona-3,6-dien-1-al: Riecht nach Gurke u. Melone u. ist darin auch enthalten[8], kommt auch in Fischen[9] vor.

3. (E,E)-Nona-2,4-dien-1-al: Sdp. 90 °C (0,8 kPa), riecht fettig-ölig u. wurde u.a. im Aroma von Guaven, Melone u. Hühnerfleisch gefunden[8]. Zum

Vork. in Milchschokolade und Kakaomassen siehe *Lit.*[12]. Zur Analytik siehe *Lit.*[13].

4. (*E,Z*)-*Nona-2,4-dien-1-al*: Kommt u.a. in Erbsen-, Endivien- u. *Teearoma vor. Zur Synth. von 2.–4. siehe Literatur[14–16].

Zum Vorkommen von (*E,E*)-Nona-2,6-dien-1-al in Früchten siehe *Lit.*[17,18].

*Verwendung:* (*E,Z*)-Nona-2,6-dien-1-al in kleinen Mengen in Aromen u. Parfümölen; (*E,E*)-Nona-2,4-dien-1-al v.a. in Fleischaromen. – *E* nonadien-1-als

*Lit.:* [1]Belitz-Grosch-Schieberle (5.), S. 194, 195; Maarse, S. 179ff. [2]Perfum. Flavor. **16** (1), 18 (1991). [3]Ohloff, S. 159–162. [4]J. Prakt. Chem. [2] **124**, 55ff. (1930). [5]Helv. Chim. Acta **27**, 1561 (1944). [6]Palma-Harris, C.; McFeeters, R. F.; Fleming, H. P., *J. Agric. Food Chem.*, (2002) **50**(17), 4875–4877. [7]Jensen, K.; Petersen, M. A.; Poll, L.; Brockhoff, P. B., *J. Agric. Food Chem.*, (1999) **47**(3), 1145–1149. [8]TNO-Liste (6.), Suppl. 5, S. 432. [9]Milo, C.; Grosch, W., *J. Agric. Food Chem.*, (1996) **44**(8), 2366–2371. [10]Kumazawa, K.; Masuda, H., *J. Agric. Food Chem.*, (2002) **50**, 5660–5663. [11]Bedoukian (3.), S. 26ff. [12]Schnermann, P.; Schieberle, P., *J. Agric. Food Chem.*, (1997) **45**(3), 867–872. [13]Lin, J.; Welti, D. H.; Vera, F. A.; Fay, L. B.; Blank, I., *J. Agric. Food Chem.*, (1999) **47**(7), 2813–2821. [14]Agric. Biol. Chem. **39**, 1617–1621 (1975). [15]J. Org. Chem. **23**, 1580ff. (1958). [16]Helv. Chim. Acta **57**, 1309 (1974). [17]Ong, P. K.; Acree, T. E.; Lavin, E. H., *J. Agric. Food Chem.*, (1998) **46**(2), 611–615. [18]Jordán, M. J.; Margaria, C. A.; Shaw, P. E.; Goodner, K. L., *J. Agric. Food Chem.*, (2002) **50**(19), 5386–5390. – *[HS 2912 19; CAS 557-48-2 (1.); 21944-83-2 (2.); 5910-87-2 (3.); 21661-99-4 (4.)]*

## (*Z,Z*)-**Nona-3,6-dien-1-ol** siehe *Fruchtaromen (Melonenaroma).

## (*Z,Z*)-**Nona-3,6-dienylacetat** siehe *Fruchtaromen (Melonenaroma).

## Noni

(Maulbeerbaum, Indischer). Als Noni wird die etwa kartoffelgroße, gelbe Frucht des 4–8 m hohen „Indischen Maulbeerbaumes", *Morinda citrifolia* L. (Rubiaceae) bezeichnet. Die Einzelfrüchte beherbergen einen glänzend dunkelbraunen, hohlen Samen. Der Indische Maulbeerbaum ist im Küstenbereich des Indischen Ozeans und der polynesischen Inselwelt (Hawaii, Neuseeland, Tahiti etc.) heimisch, er besitzt vierkantige Äste und eine graubraune bis gelblich braune Rinde. Der Geruch reifer Nonis nach ranzigem Käse wird auf die Fettsäuren Hexansäure, Octansäure und Decansäure zurückgeführt.

Glycoside[1], Trisaccharid-Fettsäureester[2] und eine immunmodulatorisch wirksame Polysaccharid-Fraktion[3] sind als Inhaltsstoffe des Noni-Saftes beschrieben worden. Weiterhin wurde über anticancerogene Wirkung *in vitro* berichtet[4]. Aus den Noni-Blättern hat man ein Iridoid isoliert[5].

In tropischen Regionen, wo die Noni-Frucht heimisch ist, werden die Früchte und Extrakte aus Bestandteilen der Pflanze *Morinda citrifolia* traditionell als Heilmittel (Diuretikum, Laxans, Antihypertonikum) verwendet. Auch in Deutschland versuchen die Hersteller, für ihre Produkte mit krankheitsbezogenen Aussagen zu werben.

Mit Entscheidung vom 05.06.2003 genehmigte die Europäische Kommission das Inverkehrbringen von Noni-Saft (Saft aus der Frucht der Spezies *Morinda citrifolia* L.) als neuartige Lebensmittelzutat in pasteurisierten Fruchtsaftgetränken im Sinne der *Verordnung über neuartige Lebensmittel. In einer Stellungnahme vom 04.12.2002 ist der seinerzeit zuständige Wissenschaftliche Lebensmittelausschuß der Kommission der Europäischen Gemeinschaften (SCF) zu der Auffassung gelangt, daß Tahitian-Noni®-Saft in den beobachteten Verzehrsmengen akzeptabel sei; ferner wies der Ausschuß darauf hin, daß die vorgelegten Angaben und verfügbaren Informationen keinerlei Beweis für besondere gesundheitsfördernde Wirkungen von „Noni-Saft" liefern, die über die von anderen Fruchtsäften hinausgehen[6]. Nach Artikel 2 der Entscheidung muß auf dem Etikett des Erzeugnisses selbst oder im Zutatenverzeichnis der Fruchtsaftgetränke, die das Erzeugnis enthalten, gemäß der Etikettierungs-Richtlinie 2000/13/EG (vgl. *Kennzeichnung von Lebensmitteln) die Bezeichnung „Noni-Saft" oder „Morinda citrifolia-Saft" erscheinen. Im Rahmen der Notifizierung nach der Verordnung über neuartige Lebensmittel wurde inzwischen das Inverkehrbringen weiterer Noni-Säfte angezeigt. – *E* noni

*Lit.:* [1]Wang, M.; Kikuzaki, H.; Jin, Y.; Nakatani, N.; Zhu, N.; Csiszar, K.; Boyd, C.; Rosen, R. T.; Ghai, G.; Ho, C. T., *J. Nat. Prod.*, (2000) **63**, 1182–1183. [2]Wang, M.; Kikuzaki, H.; Csiszar, K.; Boyd, C.; Maunakea, A.; Fong, S. F.; Ghai, G.; Rosen, R. T.; Nakatani, N.; Ho, C. T., *J. Agric. Food Chem.*, (1999) **47**, 4880–4882. [3]Hirazumi, A.; Furusawa, E., *Phytother. Res.*, (1999) **13**, 380. [4]Wang, M. Y.; Su, C., *Ann. N.Y. Acad. Sci.*, (2001) **952**, 161. [5]Sang, S.; He, K.; Liu, G.; Zhu, N.; Wang, M.; Jhoo, J.-W.; Zheng, Q.; Dong, Z.; Ghai, G.; Rosen, R. T.; Ho, C.-T., *Tetrahedron Lett.*, (2001) **42**, 1823. [6]SCF, *Opinion of the Scientific Committee on Food on Tahitian Noni® Juice*, 04.12.2002; http://europa.eu.int/comm/food/fs/sc/scf/out151_en.pdf.

*allg.:* Wang, M.-Y.; West, B. J., *Acta Pharmacol. Sinica*, (2002) **23**, 1127

## no-observed-adverse-effect-level siehe *Referenzdosis und *Sicherheitsfaktor.

## (+)-**Nootkaton** [4α,5α-Eremophila-1(10),11-dien-2-on; FEMA 3166].

$C_{15}H_{22}O$, $M_R$ 218,33, bitter schmeckende, nach Grapefruit duftende Krist., Schmp. 36–37 °C, $[\alpha]_D$ +195,5° (CHCl₃). Geruchsschwellenwert in Wasser: (+)-N. 0,001 mg/L, (–)-N. 1,0 mg/L; Sensorik: (+)-N. Grapefruit-ähnlich, (–)-N. terpenig, holzig.

*Vorkommen:* Das Sesquiterpen N. ist in Grapefruitsaft u. -öl enthalten u. verursacht den charakterist. Duft reifer Pampelmusen[1,2] u. anderer Citrusfrüchte. Weiterhin findet sich N. im Stammholz der in Nordamerika (bes. Alaska) beheimateten Nootka-Scheinzypresse (*Chamaecyparis nootkatensis*).

*Herstellung:* N. ist auf mikrobiolog. Wege od. synthet. aus dem Kohlenwasserstoff *Valencen zugänglich[3].

**Verwendung:** Zur Aromatisierung von Getränken. Zur Bedeutung von N. als Reifungsindikator siehe *Lit.*[4] und als Insektenrepellent siehe *Lit.*[5,6]. – *E* nootkatone

**Lit.:** [1] Jella, P.; Rouseff, R.; Goodner, K.; Widmer, W., *J. Agric. Food Chem.*, (1998) **46**(1), 242–247. [2] Lin, J.; Rouseff, R. L.; Barros, S.; Naim, M., *J. Agric. Food Chem.*, (2002) **50**(4), 813–819. [3] US 6200786 (2001), EP 1083233 (2001), WO 9722575 (1997). [4] Biolatto, A.; Sancho, A. M.; Cantet, R. J. C.; Güemes, D. R.; Pensel, N. A., *J. Agric. Food Chem.*, (2002) **50**(17), 4816–4819. [5] WO 9925196 (1999). [6] Miyazawa, M.; Nakamura, Y.; Ishikawa, Y., *J. Agric. Food Chem.*, (2000) **48**(8), 3639–3641. – *[CAS 4674-50-4]*

## (+)-Norambreinolid siehe *Muskatellersalbeiöl.

## Norbixin (E 160b, C.I. 75120, 6,6'-Diapo-6,6'-carotindisäure).

(9*E*)-Form

$C_{24}H_{28}O_4$, $M_R$ 380,48, rote Nadeln (aus Eisessig), Schmp. der (9*E*)-Form (β-N.) >300°C (Zers.), Schmp. der (9*Z*)-Form (α-N.) 256°C (Zers.). Leicht lösl. in Alkalien, gut lösl. in Eisessig u. Methanol, fast unlösl. in Ether. $\lambda_{max}$ 482 nm, E 1%/1 cm 2870 (0,1 m Natronlauge, reines N.).

**Stabilität:** *cis*-N. (labiles N.) wird beim Kochen mit wäss. Kalilauge in *all-trans*-N. (stabiles N.) überführt. Gegen Hitzeeinwirkung ist N. stabiler als das *cis*-*Bixin[1].

**Herstellung:** *Cis*-N. wird durch vorsichtiges Verseifen von *cis*-Bixin erhalten u. kommt in Form von Klumpen, Pulver, Paste od. einer rötlich-braunen, wäss. Lsg. als sog. wasserlösl. Annatto in den Handel. Es kann ebenso wie Bixin noch andere vom *Bixa-orellana*-Samen extrahierbare Stoffe enthalten.

**Verwendung:** Zusammen mit Bixin od. auch alleine wird N. zum Färben von Käse, Fruchtsäften, Suppen, Backwaren u. a. eingesetzt.

**Recht:** E 160b (Annatto, Bixin, Norbixin).

**Zulassung:** Zusatzstoff, der zum Färben nur für bestimmte Lebensmittel beschränkt zugelassen ist (*ZZulV 1998, Anlage 1, Teil C).

**Reinheitsanforderungen:** Für technologische Zwecke zugelassener Zusatzstoff. *ZVerkV 1998, Anlage 2 Liste B, Reinheitsanforderungen nach Richtlinie 95/45/EG.

Kenntlichmachung: § 9 ZZulV 1998. Bei Lebensmitteln mit einem Gehalt an Farbstoffen durch die Angabe „mit Farbstoff" (§ 9 Absatz 1 Nr. 1; siehe auch § 9 Absatz 8 Nr. 2).

**Toxikologie:** Das SCF (1983) hat für die Summe von Bixin u. N. einen ADI-Wert von 0–2,5 mg/kg festgelegt, während der ADI-Wert der JECFA 0–0,065 mg/kg beträgt. Erste Studien zur Bioverfügbarkeit liegen vor[2]. In Tierversuchen sind speziesabhängig Hyper- und Hypoinsulinämie beobachtet worden[3]. Zur oxidationsschützenden Wirkung von Norbixin finden sich widersprüchliche Informationen[4]. Zur Analytik stehen HPLC-Methoden zur Verfügung[5,6], s. auch *Lebensmittelfarbstoffe. – *E* norbixin

**Lit.:** [1] Lebensm. Wiss. Technol. **23**, 427 (1990). [2] Levy, L. W.; Regalado, E.; Navarrete, S.; Watkins, R. H., *Analyst*, (1997) **122**, 977–980. [3] Fernandes, A. C. S.; Almeida, C. A.; Albano, F.; Laranja, G. A. T.; Felsenszwalb, I.; Lage, C. L. S.; De Sa, C. C. N. F.; Moura, A. S.; Kovary, K., *J. Nutr. Biochem.*, (2002) **13**, 411–420. [4] Kovary, K.; Louvain, T. S.; Costa e Silva, M. C.; Albano, F.; Pires, B. B. M.; Laranja, G. A. T.; Lage, C. L. S.; Felzenszwalb, I., *Br. J. Nutr.*, (2001) **85**, 431–440. [5] Scotter, M. J.; Thorpe, S. A.; Reynolds, S. L.; Wilson, L. A.; Strutt, P. R., *Food Addit. Contam.*, (1994) **11**, 301–315. [6] Lancaster, F. E.; Lawrence, J. F., *J. Chromatogr. A*, (1996) **732**, 394–398. – *[HS 3203 00; CAS 542-40-5 (β-N.); 626-76-6 (α-N.)]*

**Norfuraneol** siehe *Hydroxyfuranone.

**Norgingerol** siehe *Gingerol.

**Nori** siehe *Sushi.

**Normalphasen-HPLC** siehe *NP-HPLC.

**Norpatchoulenol** siehe *Patchouliöl.

**Nortetrapatchoulol** siehe *Patchouliöl.

**Notatin** siehe *Glucose-Oxidase.

**Nothofagin** siehe *Rotbusch Tee.

**Nougat** siehe *Nugat.

**Novel Food** siehe *Verordnung über neuartige Lebensmittel.

**Novel-Food-Verordnung** siehe *Verordnung über neuartige Lebensmittel.

**NP-HPLC** (Normalphasen-HPLC). Bezeichnung für ein im allgemeinen als Säulenflüssigkeitschromatographie durchgeführtes Verfahren, bei dem die stationäre Phase polarer ist als die mobile Phase. Derartige chromatographische Verfahren standen am Anfang der Entwicklung der Flüssigchromatographie, woraus sich später die Bezeichnung Normalphasen-(Hochleistungs-)Chromatographie (NP-HPLC) ergab.

Die NP-HPLC ist eine Adsorptionschromatographie. Die Trennung der Probensubstanzen (Analyt) beruht auf der Stärke der Wechselwirkung des Analyten mit den aktiven Stellen der stationären Phase (z.B. Si-OH, -Si-O-Si-Gruppen des Kieselgels). Polare Probenmoleküle werden stärker adsorbiert als apolare. Dabei konkurriert der Analyt mit den Eluentmolekülen, die ebenfalls an der Oberfläche der stationären Phase adsobieren können, d.h. die Analytmoleküle müssen die Eluentmoleküle verdrängen, um retardiert zu werden[1]. Sehr polare Eluenten können deshalb nur geringfügig von der stationären Phase verdrängt werden, damit werden die Analyte rasch in der mobilen Phase eluiert, die Retentionszeiten sind kurz.

Als klassische stationäre Phasen mit hydrophiler polarer Oberfläche fanden zunächst Stärke, verschiedene Zucker, Calciumcarbonat, Magnesiumoxid, Aluminiumoxid, Kieselgel sowie weitere anorganische Absorbentien (Magnesiumsilicat, Calciumphosphat) Verwendung. Heute werden als stationäre Phasen vor allem Kieselgele, Aluminiumoxid und Florisil, ein Magnesiumsilicat, verwendet. Als polar modifizierte Kieselgele werden Aminopropyl-, Cyanopropyl-, Chloropropyl- und 1,2-Di-hydroxypropyl-Kieselgel (Diolphase) eingesetzt. Typische Fließmittel in der NP-HPLC sind *n*-Heptan, Cyclohexan, Toluol, Dichlormethan, *tert*-Butylmethylether, THF, Dioxan, Acetonitril, Ethanol und Methanol (zunehmende Polarität der genannten Lösemittel in der Reihenfolge der Nennung). Bei unpolaren Fließmitteln wie *n*-Heptan wird die Elutionskraft stark vom Wassergehalt beeinflußt.

Die Retention einer Substanz in der NP-HPLC nimmt zu mit
– steigender spezifischer Oberfläche der stationären Phase,
– abnehmender Polarität der mobilen Phase,
– steigender Polarität der Probensubstanzen,
– abnehmender relativer Wassersättigung der mobilen Phasen (bei unpolarem Fließmittel).

*Anwendung:* Die NP-HPLC findet Anwendung in der Umweltanalytik beim Nachweis von polaren Pestiziden, Fungiziden und deren Metaboliten, Sprengstoffen, polycyclischen aromatischen Kohlenwasserstoffen, Dioxinen oder auch chlorierten Kohlenwasserstoffen. Weiterhin bildet sie die Basis für die Trennung chiraler Substanzen, z.B. von Zuckern.

In der Lebensmittelanalytik ergeben sich Anwendungen in der Bestimmung von Tocopherolen (z.B. in Nüssen) oder bei Koppelung mit der RP-HPLC (reversed phase HPLC, siehe *HPLC) von Derivaten der Oligosaccharide bzw. bei Koppelung mit chemometrischen Methoden zur Bestimmung von Lipid-Klassen in tierischen und pflanzlichen Fetten. – *E* normal phase high-performance liquid chromatography
*Lit.:* [1]Ballschmiter, K.; Woessner, M., *Fresenius J. Anal. Chem.*, (1998) **361**(8), 743–755.
*allg.:* Meyer, V. R., *Praxis der Hochleistungs-Flüssigchromatographie*, Wiley-VCH: Weinheim, (2004)

**NPIP.** Abk. für *N*-Nitrosopiperidin, s. *Nitrosamine.

**NPN-Verbindungen** siehe *Fleischerzeugnisanalyse.

**NPS.** Abk. für *Nitritpökelsalz.

**NPU.** Von englisch net protein utilisation. Häufig angewandter Wert zur Charakterisierung der ernährungsphysiolog. Wertigkeit eines Proteins. Er gibt an, wieviel g Körper-Stickstoff ersetzt od. gebildet werden können durch 100 g mit dem Futter aufgenommenen Nahrungs-Stickstoff. Der NPU-Wert ist also die Verhältniszahl der im Körper zurückgehaltenen Stickstoff-Menge im Vergleich zu der über das Futter zugeführten. Die Bestimmung erfolgt *in vivo* an Versuchstieren[1]. Sie geht nicht von Stickstoff-Bilanzen aus, sondern von der direkten Ermittlung des Körper-Stickstoffs einer über 10 d mit einer 10% Protein-enthaltenden Diät gefütterten Gruppe heranwachsender Ratten im Vergleich mit einer entsprechenden, aber Protein-frei gefütterten Gruppe. Ein NPU-Wert von 100 entspricht dem Nährwert eines idealen Eiweißes. Vollei-Protein kommt diesem Wert relativ nah (s.

Tab.). Bei der NPU bleibt die Proteinverdaulichkeit unberücksichtigt. Die biologische Wertigkeit enthält diesen Faktor und stellt deshalb eine Verfeinerung der NPU dar.

Tab.: Eiweiß-Gehalt [%] u. -Nährwert [NPU-Einheiten] einiger Lebensmittel.

| Lebensmittel | Eiweiß-Gehalt | NPU-Wert |
|---|---|---|
| Vollei | 13 | 94 |
| Hülsenfrüchte | 21 – 26 | 30 |
| Sojabohnen | 37 | 72 |
| Weizenmehl | 10 – 12 | 35 |
| Kartoffeln | 2 | 67 |
| Rindfleisch (mager) | 19 | 76 |
| Fisch | ca. 18 | 80 |
| Milch | 3 – 4 | 86 |

– *E* net protein utilization, NPU
*Lit.:* [1]Br. J. Nutr. **9**, 383 (1955). [2]Spegg, Ernährungslehre u. Diätetik, 6. Aufl., Stuttgart: Dtsch. Apotheker-Verl. 1992.
*allg.:* Biesalski, H. K.; Grimm, P., *Taschenatlas der Ernährung*, Thieme: Stuttgart, (2002); S. 125

**NPYR.** Abk. für *N*-Nitrosopyrrolidin, s. *Nitrosamine.

**NSP-Toxine** siehe *Algentoxine.

**NTA.** Abkürzung für *Nitrilotriessigsäure.

**NTP.** Abkürzung für englisch National Toxicology Program. Das National Toxicology Program ist ein in den USA auf mehrere Behörden verteiltes Projekt mit der Zielsetzung, Chemikalien von öffentlichem Interesse rein wissenschaftlich anhand akzeptierter toxikologischer und molekularbiologischer Methoden auf ihr toxikologisches Potential zu untersuchen. In diesem Zusammenhang ist das National Toxicology Program mit der Entwicklung und Evaluierung neuer Technologien zur Bewertung toxikologischer Aspekte betraut.
*Lit.:* http://ntp-server.niehs.nih.gov

**Nuarimol** siehe *Pyrimidin-Fungizid.

**Nudeln.** *Teigwaren, bei deren Klassifizierung das Unterscheidungsmerkmal „äußere Form" maßgebend ist. Daneben kann auch nach der Art der verwendeten *Weizen-Rohstoffe und nach der Verwendung von Ei klassifiziert werden. Eiernudeln enthalten z.B. mindestens 100 g Vollei oder die entsprechende Menge Eigelb auf 1 kg Getreidemahlerzeugnisse. *Fadennudeln* haben einen Durchmesser bis 0,8 mm, *Bandnudeln* zwischen 2,4 und 8 mm und *Röhrennudeln* bis 5 mm. Gemüsenudeln enthalten Zubereitungen aus Spinat, Roten Beeten oder Mohrrüben, die ihnen einen charakteristischen Farbton und Geschmack geben.
*Zusammensetzung:* Die Anreicherung von Nudeln mit ca. 10% Vollfett-Sojamehl[1] ist im Hinblick auf den Protein-Gehalt positiv zu bewerten. Sensorisch sind solche Produkte den Nudeln aus Hartweizengrieß ebenbürtig, wobei die Leitsätze für Teigwaren nur dann die Bezeichnung Sojanudeln vorsehen, wenn der Gehalt an Sojaerzeugnissen mindestens 100 g auf 1 kg Getreidemahlerzeugnisse beträgt. Der allgemeine Sprachgebrauch benutzt die

Tabelle: Zusammensetzung handelsüblicher Nudeln (Angaben für 100 g Nudeln).

| | |
|---|---|
| Eiweiß | 13 g |
| Fett | 3 g |
| Kohlenhydrate | 72 g |
| Mineralstoffe: | |
| Natrium | 7 mg |
| Kalium | 155 mg |
| Calcium | 20 mg |
| Eisen | 21 mg |
| Phosphor | 195 mg |
| Vitamine: | |
| A | 0,06 mg |
| B$_1$ (Thiamin) | 0,2 mg |
| B$_2$ (Riboflavin) | 0,1 mg |
| Niacin | 2 mg |

Begriffe Nudeln und Teigwaren oft synonym; siehe auch *Teigwaren. – *E* noodles

*Lit.:* [1] Int. J. Food Sci. Technol. **24**, 111–114 (1989).
*allg.:* Leitsätze für Teigwaren vom 02.12.1998 (BAnz. Nr. 66a vom 09.04.1999, GMBl. Nr. 11, S. 231 vom 26.04.1999) – [HS 1902 11, 1902 19]

**Nüsse** (von lateinisch nux = Nuß). In der Botanik werden Nüsse als eine Gruppe von trockenen Schließfrüchten definiert, bei denen alle drei Perikarpschichten der Fruchtknotenwand zu einem harten, dickwandigen Gehäuse werden, das meist nur einen Samen umschließt und der bei der Reife nicht aufspringt (Haselnuß, Eichel, Buchecker, Nüßchen der Erdbeere). Im lebensmittelrechtlichen Sinn zählen nur *Haselnuß und *Walnuß zu den Nüssen. Handelsüblich werden unter den Begriff „Nuß" auch nußähnliche, botanisch jedoch anders definierte Fruchtformen einbezogen. Die *Erdnuß ist eine Hülsenfrucht, die Piniennuß ein einseitig geflügelter Samen und die *Muskatnuß eine Beere. Walnuß, Kokosnuß (vgl. *Kokospalme), *Cashewnuß, und *Pekan-Nuß sind genauso wie *Mandel und *Pistazie Steinfrüchte. Auch die mit dem Perikarp verwachsenen Samen von Grasfrüchten, zu denen Getreidekörner (Karyopsen) zählen, und sogenannte Pseudocerealien fallen unter diesen Begriff. Die handelsüblichen Nüsse sind eiweiß- und sehr fettreich (Fett-Gehalte liegen etwa zwischen 45 und 70%). Ihnen fehlt der für Obst typisch süß-saure Geschmack. Im Vergleich mit Obst und Gemüse enthalten sie relativ viele Vitamine der B-Gruppe, aber wenig Vitamin A und C. Viele Nüsse sind durch den Befall mit Mikroorganismen gefährdet, welche *Mykotoxine produzieren. Daher wird eine trockene Lagerung empfohlen. Wichtige Nußaromastoffe sind die Pyrazine; geschmacksverstärkend wirkt das sogenannte *Ahornlacton* (2-Hydroxy-3-methyl-2-cyclopenten-1-on, C$_6$H$_8$O$_2$, M$_R$ 112,13).

*Verwendung:* Die Hauptverwendung liegt in der Gewinnung von Speisefetten (Erdnußöl, Kokosfette) und im Verzehr als Nahrungsmittel, u. a. in Back- und Konditoreiwaren. Häufig ist Nußverzehr von allergischen Erscheinungen begleitet, die sich z. B. in Hautrötungen, Hautjucken, Atem- und Schluckbeschwerden äußern können. Vielfach werden Nüsse über Bleich-, Salz- oder Röstprozesse aufbereitet. Unter den zahlreichen (ca. 80) Nußarten der Erde finden sich auch medizinisch genutzte. Eine ganz andere Verwendung haben z. B. Behennüsse, die man in den Tropen zur Wasserreinigung nutzt, oder *Kola- und Betelnüsse, die eine berauschende und/oder stimulierende Wirkung besitzen, oder schließlich die sogenannten Elfenbeinnüsse der Steinnußpalme, welche man früher als „vegetabiles Elfenbein" zu Knöpfen verarbeitete. Ebenfalls genutzt werden Nußabfälle, etwa als Tierfutter oder gemahlene Nußschalen als Füllstoffe in der Kunststoffindustrie oder auch zur Herstellung von Aktivkohle. – *E* nuts

*Lit.:* Bendel, L., *Das große Früchte- und Gemüselexikon*, Albatros: Düsseldorf, (2002); S. 220 – [CAS 80-71-7 (Ahornlacton)]

**Nugat** (von provencalisch noga = Nuß). Die Schreibweise ist im deutschen Bereich laut Leitsätzen für Ölsamen und daraus hergestellten Massen und Süßwaren[1] „Nugat", jedoch ist auch „Nougat" laut Duden richtig, während im französischsprachigen Raum nur „Nougat" statthaft ist. Allerdings wird im französischen Sprachraum unter „Nugat" Nougat Montélimar verstanden, während das hier beschriebene Produkt Nugat dort „praliné" heißt.
Ausgewirkte Nugatmassen werden als Nugat oder Noisette bezeichnet. Unterschieden werden Nugat, Sahnenugat (mit mind. 5,5% Milchfett aus Sahne oder Sahnepulver) und Milchnugat (mit mind. 3,2% Milchfett und 9,3% fettfreier Milchtrockenmasse)[1]. *Nugatmassen* sind weiche schnittfeste Erzeugnisse, die höchstens 2% Feuchtigkeit enthalten u. aus enthäuteten Nußkernen od. blanchierten/geschälten *Mandeln durch Feinzerkleinerung unter Zusatz von *Zucker u. Kakaoerzeugnissen hergestellt werden. Nugatmassen können geringe Mengen geschmacksgebender Stoffe (*Vanillin) und/oder *Lecithin enthalten. Zu den Nugatmassen wird auch gesüßtes Nußmark gerechnet, das ohne Kakaoerzeugnisse und ohne Sahne- oder Milchpulver hergestellt wird.
*Zusammensetzung:* Durch Veränderung der Art und Anteile an Kernen, *Kakao- und Milchbestandteilen durch verfahrenstechnische Abwandlungen (z. B. mehr oder weniger starkes Rösten) werden Nugatmassen von unterschiedlicher Konsistenz und Farbe erhalten, die sich auch sensorisch unterscheiden. Ein Teil des Zuckers (bis zu 5% ohne Kenntlichmachung) kann durch andere Zuckerarten sowie durch Sahne-, Milch-, Magermilch- und/oder Molkenpulver ersetzt werden. Folgende der Kakaoverordnung[2] entsprechende Kakaoerzeugnisse können verwendet werden: Kakaokerne, Kakaopulver, Kakaobutter, Schokolade, Milchschokolade, Haushaltsmilchschokolade, Weiße Schokolade, Gefüllte Schokolade, Chocolate a la taza, Chocolate familiar a la taza und Praline.

Man unterscheidet nach den verwendeten Rohstoffen folgende Nugat-Arten, deren Zusammensetzung und Mindesanforderungen in der Tabelle wiedergegeben sind: Nugatmasse, Mandelnugatmasse, Mandel-Nuß-Nugatmasse, gesüßtes Nußmark, auch als gesüßtes Nußmus oder Nußpaste bezeichnet. Schicht-Nugat wird durch Übereinanderlegen von hellen und dunklen Nugat-Sorten erhalten. Nach der *ZZulV 1998 ist der Zusatz der Süßstoffe *Aspartam (bis 1000 mg/kg), *Acesulfam-K (bis 1000 mg/kg), Cyclohexansulfamidsäure und ihre Na- und Ca-Salze (siehe *Natriumcyclamat) (bis 500 mg/kg), *Saccharin und seine Na-, K- und Ca-Salze (bis 200 mg/kg) und *Neohesperidin-Dihydrochalkon (bis 50 mg/kg) zugelassen (einzeln bzw. insgesamt bis zur genannten Höchstmenge).

Tabelle: Einteilung von Nugatmassen.

| | Höchstgehalt an Zucker | Mindestfettgehalt | Rohstoffe |
|---|---|---|---|
| Nußnugatmasse | 50% | 30% | Nüsse |
| Mandelnugatmasse | 50% | 28% | Mandeln |
| Mandel-Nuß-Nugatmasse | 50% | 28% | Mandeln, Nußkerne |
| gesüßtes Nußmark(-mus) | 50% | 32% | geschälte Nußkerne, Zucker |

*Herstellung:* Die moderne, industrielle Herstellung erfolgt wie nachstehend beschrieben: Zunächst werden die Haselnußkerne (oder Mandeln, die schon vor dem Rösten enthäutet werden müssen) bei etwa 150–180 °C ca. 20 min geröstet, gekühlt und von den braunen Samenhäutchen befreit. Danach erfolgt die Vermahlung in Mühlen unterschiedlicher Bauart zu Nuß- (oder Mandel-)paste, die oft gleich mit Lecithin vermischt wird. In einem Mischkneter wird Puderzucker mit dieser Paste vermischt, dann werden die restlichen Zutaten hinzugegeben. Nach einer Knetzeit von ca. 10 min wird die so erhaltene grobe Nugatmasse in Walzwerken auf die erforderliche Endfeinheit gebracht. Durch unterschiedliche Mengen an Kakaomasse bzw. Schokolade wird hellerer oder dunklerer Nußnugat erhalten. – *E* praline

*Lit.:* [1]Leitsätze für Ölsamen und daraus hergestellte Massen und Süßwaren in der Fassung vom 09.06.1987 (BAnz. Nr. 140a), geändert gemäß Bekanntmachung vom 10.10.1997 (BAnz. Nr. 239a). [2]Verordnung über Kakao- und Schokoladenerzeugnisse (Kakaoverordnung) vom 15.12.2003 (BGBl. I, 2738).
*allg.:* Hoffmann, H.; Mauch, W.; Untze, W., *Zucker und Zuckerwaren*, 2. Aufl.; Behr's: Hamburg, (2002) ▪ Ullmann (5.) **A7**, 416 ▪ Zipfel, C 350, C 355 – *[HS 1806 20, 1806 90]*

**Nußöle** siehe *Erdnußöl, *Macadamianuß (Macadamiaöl) *Muskatnußöl, *Pekannuß (Pekannußöl) und *Walnußöl.

**Nutrasweet®.** Markenname für den Süßstoff *Aspartam.

**nvCJD.** Abkürzung für Creutzfeldt-Jakob disease, new variant (Creutzfeldt-Jakob-Krankheit, neue Variante), siehe *TSE.

**NVS.** Abkürzung für Nationale Verzehrstudie, siehe *Ernährungsepidemiologie.

**Nystose** siehe *Fructooligosaccharide.

# O

**Oberflächenaktive Stoffe** siehe *Tenside und *grenzflächenaktive Stoffe.

**Oberflächenbehandlungsmittel.** Sammelbezeichnung für eine Reihe chemisch unterschiedlich strukturierter *Lebensmittelzusatzstoffe, die in unterschiedlicher Weise zur Oberflächenbehandlung von Lebensmitteln zur Anwendung kommen. Gemäß *ZZulV sind dies: Aluminiumsilicat (E 559),*Bentonit (E 558), *Bienenwachs (E 901), *Candelillawachs (E 902), *Carnaubawachs (E 903), *Fettsäuren (E 570), *Gluconsäure (E 574), *Montansäureester (E 912), Polyethylenwachs-Oxidate (E 914), *Schellack (E 904), *Thiabendazol (E 233). – *E* surface treatment agents

**Obergäriges Bier.** Bezeichnung für eine nach dem Gärverfahren und der eingesetzten Hefe vom *untergärigen Bier zu unterscheidende Bierart, die sich neben der Farbe, hefetrüb (naturtrüb) oder filtriert, auch besonders in den zum Einsatz kommenden Malztypen (z.B. Weizenmalz, Roggenmalz, Hafermalz usw.) unterscheidet. Typische Vertreter dieser Art sind in Deutschland: Weizenbier, Roggenbier, Haferbier, Kölsch und Alt (siehe *Biereinteilung); auf den britischen Inseln, in den USA und Australien: Ale, Porter und Stout; in Belgien: Ale, Trappistenbiere und Lambic.
*Technologie:* Die obergärigen Biere unterscheiden sich von den untergärigen durch ihren Charakter, der primär und sehr stark von der obergärigen Hefe bestimmt ist. Die obergärige Hefe (*Saccharomyces cerevisiae*, siehe *Bierhefen) steigt im Verlauf und am Ende der wärmer geführten Gärung (12–25 °C) nach oben und kann von da gewonnen werden.
*Recht:* Nach § 9 Absatz 2 des Vorläufigen Biergesetzes darf zur Bereitung von obergärigem Bier neben Gerstenmalz auch *Malz anderer Getreidearten verwendet werden, beispielsweise Weizen-, Roggen-, Hafer-, Triticale-, Dinkel-, Einkorn-, Emmer-, Hartweizenmalz (z.B. Kamut). Außerhalb von Baden-Württemberg und Bayern sind neben diesen Malzen auch technisch reiner Rohr-, Rüben-, Invert- oder Stärkezucker und Farbmittel, die aus Zucker hergestellt sind, zulässig. – *E* top-fermented beer
*Lit.:* Narziß, L., *Abriß der Bierbrauerei,* 6. Aufl.; Wiley-VCH: Weinheim, (1995); S. 347 ▪ Zipfel-Rathke, A 410 § 9

**Obers** siehe *Rahm.

**Ob-Protein** siehe *Leptin.

**Obst.** Möglicherweise vom althochdeutschen „obaz" (= Beikost) abgeleitete Sammelbezeichnung für alle nicht als Grundnahrungsmittel geltenden Speisen. Heute versteht man unter Obst die in rohem Zustand eßbaren Früchte *mehrjähriger,* wild oder in Kultur wachsender Bäume, Sträucher, Stauden und Rankpflanzen. Die Früchte *einjähriger* Pflanzen sind *Gemüse oder *Getreide.
*Rechtliche Beurteilung:* Für die in Artikel 1 der VO (EWG) Nr. 1053/72 (Gemeinsame Marktordnung für Obst und Gemüse)[1] genannten Erzeugnisse sind EG-Qualitätsnormen festgelegt, die in den Artikeln 2–12 näher ausgeführt werden. Erzeugnisse, die nicht nach EG-Qualitätsnormen zu beurteilen sind, aber nach Handelsklassen (Hkl.) abgegeben werden, müssen den in der VO über gesetzliche Handelsklassen für frisches Obst und Gemüse[2] angegebenen Anforderungen bezüglich Zusammensetzung und Kennzeichnung genügen. Zur Beurteilung von *verarbeitetem* Obst sind die Leitsätze des deutschen Lebensmittelbuches heranzuziehen[3]. *Tiefgefrorenes* Obst wird nach den Leitsätzen für tiefgefrorenes Obst und Gemüse[4] beurteilt.
*Einteilung:* Obst wird häufig, wenn auch nicht unbedingt der botanischen Systematik folgend, in Steinobst (Steinfrucht), Kernobst, Beerenobst und Schalenobst unterteilt. Hinzu kommen noch Südfrüchte und Wildfrüchte. Dabei sind Melonen (Cucurbitaceae) strenggenommen nicht zum Obst zu zählen, da sie von einjährigen Pflanzen stammen.
Beim *Steinobst* umschließt das weiche, von einer dünnen Haut umgebene Fruchtfleisch einen sehr harten, samenhaltigen Steinkern. Steinobst gehört zur Familie der Rosaceae, Unterfamilie Prunoideae (Steinobstgewächse). Typische Vertreter sind *Kirsche, *Pflaume, *Pfirsich, *Nektarine, Reineclaude, Mirabelle und *Aprikose.
Beim *Kernobst* ist das häutige, pergamentartige Kerngehäuse, welches Kern und Samen enthält, vom genießbaren Fruchtfleisch umschlossen. Kernobst gehört zur Familie der Rosaceae, Unterfamilie Maloideae (Kernobstgewächse), beispielsweise: *Apfel, *Birne und *Quitte.
*Beerenobst* ist dadurch gekennzeichnet, daß der Samen entweder direkt im Fruchtfleisch oder an dessen Oberfläche sitzt. Beerenobst stammt aus verschiedenen Pflanzenfamilien, so daß neben echten Beeren [*Heidelbeere, Holunderbeere (siehe *Holunder), *Johannisbeere, *Stachelbeere, *Weintraube] auch Scheinbeeren (*Erdbeere) und Sammelfrüchte (*Himbeere, *Brombeere) zum Beerenobst zu zählen sind.

*Schalenobst* wird von manchen Autoren nicht zum Obst gerechnet, da nur der von einer verholzten Schale umgebene Samen genossen wird. Eßbare Nüsse und Kerne von *Walnuß, *Haselnuß, Edel-*Kastanie, *Macadamianuß, *Cashewnuß, *Mandel, *Paranüssen sowie von *Pekannuß und *Pistazie unterscheiden sich hinsichtlich ihrer chemischen Zusammensetzung sehr deutlich von oben genannten Obstsorten, da sie öl- und eiweißreich sind (siehe *Nüsse).

*Südfrüchte* gehören ebenfalls mehreren Pflanzenfamilien an. Sie gedeihen in der Regel nicht in nordeuropäischen Klimazonen und werden daher aus dem Mittelmeerraum, aus den Tropen und Subtropen importiert. Typische Vertreter: *Citrusfrüchte, *Datteln, *Feigen und *Bananen. Zum Teil werden auch *exotische Früchte* (z.B. *Ananas, *Kiwi, *Papaya) zu den Südfrüchten gerechnet.

*Wildfrüchte* sind die fleischigen Früchte wildwachsender, heimischer Sträucher und Bäume, z.B. *Hagebutten, *Sanddorn, *Schlehen.

Eine weitere Einteilung der Obstarten wird aufgrund der Reifezeit vorgenommen. Früh- oder Sommerobst ist in der Regel nur für kurze Zeit haltbar, Herbst-, Winter- und Dauerobst sollte nach der Ernte z.T. mehrere Wochen oder Monate gelagert werden, bis die sogenannte Genußreife erreicht ist.

*Verwendung:* Obst, das nicht direkt verzehrt wird, kann zu *Obstprodukten, z.B. Obstkonserven, Fruchtsäften, Fruchtsaftkonzentraten, Pülpen, Wein oder weinählichen Getränken (siehe *Obstbrand) sowie zu Konfitüren, Marmeladen und Gelee verarbeitet werden. Durch Trocknen und Kandieren erhält man Trockenobst und kandierte Früchte. Die Haltbarkeit von Obst kann durch *CA-Lagerung verlängert werden. Eine Verlängerung der Haltbarkeit durch *ionisierende Strahlung ist in Deutschland nicht zulässig. Nach § 2 der Lebensmittel-Bestrahlungs-VO[5] darf die Oberfläche von Obst jedoch mit ultravioletten Strahlen behandelt werden. Einen Überblick über die Bestrahlung von Obst gibt Literatur[6,7]. Der Nachweis einer Bestrahlung kann mit Methoden wie der Thermo-[8] oder der Chemolumineszenz[9] erbracht werden.

Weitere Methoden der Haltbarmachung von Obst vgl. Literatur[10]. Zur Belastung mit *Mykotoxinen siehe Literatur[11-16]. Die Haltbarkeit von verpacktem Obst wird durch Lagerung in modifizierten Atmosphären (*Modified atmosphere packaging, z.B. Kohlendioxid) erhöht[17].

*Zusammensetzung und Ernährungsphysiologie:* Für die Farbgebung von Obst sind *Anthocyane, *Betalaine, *Carotinoide, *Catechine, *Chlorophylle oder *Flavone sowie deren Mischungen verantwortlich. Angaben zur Zusammensetzung des Aromas von Obst sind Literatur[18-21] zu entnehmen. Daneben sind Zucker (*Glucose, *Fructose, *Saccharose), Fruchtsäuren (z.B. *Äpfelsäure, *Weinsäure, *Citronensäure) sowie deren Ester für den Geschmack von Obst verantwortlich. Das Braunwerden von angeschnittenem Obst (z.B. Ap-

fel) ist die Folge der Phenol-Oxidase-katalysierten Oxidation (*enzymatische Bräunung) von phenolischen Verbindungen zu Diphenolen und Chinonen. Obst ist bis auf wenige Ausnahmen (*Avocados, *Oliven, *Nüsse) fett- und eiweißarm, aber reich an *Vitaminen und *Mineralstoffen (v.a. Kalium und Phosphor). Eine anticarcinogene Wirkung von Obst, die auf so unterschiedliche Faktoren wie Vitamin- und Flavonoid-Gehalt zurückgeführt wird, ist in Literatur[22-24] beschrieben. Mit der antimutagenen Wirkung von Obst-Dialysaten befaßt sich Literatur[25]. Einen umfassenden Überblick über die physiologischen Effekte der *Flavonoide, einer z.T. in ihrer Wirkung kontrovers diskutierten Stoffklasse, gibt Literatur[26-29]. Der nutritive Wert von Obst liegt bei Frischverzehr am höchsten, da durch die Verarbeitung in der Regel ein Verlust an wertgebenden Inhaltsstoffen auftritt. Produktionszahlen, Daten zur Verarbeitung und zu flüchtigen und nichtflüchtigen Inhaltsstoffen, sowie Angaben über deren Veränderungen während der Reifung und Lagerung sind Literatur[21,30-33] zu entnehmen. Angaben zu toxischen Inhaltsstoffen endogener Natur finden sich bei Lindner und Fülgraff. Die mikroskopische Analyse von Obst kann nach Literatur[34] erfolgen.

*Analytik:* Die analytische Erfassung der flüchtigen und nichtflüchtigen Inhaltsstoffe ist bei den jeweiligen Stichwörtern nachzulesen. Der Sulfit-Gehalt sowie der lösliche trockene Rückstand von Obsterzeugnissen kann gemäß den Methoden nach § 64 LFGB (ex § 35 LMBG) L 30.00-1 und 2 bestimmt werden. Zum Nachweis von Pflanzenbehandlungsmitteln in Obst vgl. Literatur[35-38]. Die zulässigen Höchstmengen sind der Pflanzenschutz-Höchstmengen-VO[39] zu entnehmen. Angaben zur Schadstoffbelastung von Obst aus alternativem und konventionellem Anbau siehe Literatur[40]. Richtwerte für die Thallium-Belastung von Obst sind 1987 vom Bundesgesundheitsamt veröffentlicht worden (0,1 mg Thallium/kg Frischsubstanz)[41]. Dieser Wert wurde 1990 bestätigt[42]. Für Stein-, Beeren-, Kern- und Schalenobst sowie Citrusfrüchte werden auch die Richtwerte für *Blei (0,5 mg/kg), *Cadmium (0,05 mg/kg) und *Quecksilber (0,03 mg/kg) angegeben. Zur Schalenbehandlung von Obst vgl. *Oberflächenbehandlungsmittel und Literatur[43,44] sowie die Stichwörter zu den entsprechenden Obstsorten. – *E* fruit

*Lit.:* [1] VO (EWG) Nr. 1035/72 vom 18.05.1972 über eine gemeinsame Marktorganisation für Obst und Gemüse (Amtsblatt der EG Nr. L 118, S. 1). [2] Über die gesetzlichen Handelsklassen für frisches Obst und Gemüse (BGBl. I, S. 560). [3] Leitsätze für verarbeitetes Obst, abgedruckt in Zipfel, C 334. [4] Leitsätze für tiefgefrorenes Obst und Gemüse, abgedruckt in Zipfel, C 332. [5] Lebensmittel-Bestrahlungs-VO (BGBl. I, S. 1281 u. 1859). [6] Z. Lebensm. Unters.-Forsch. **180**, 357–368 (1985). [7] Ann. Falsif. Expert. Chim. Toxicol. **82**, 183–190 (1989). [8] Bundesgesundheitsblatt **32**, 388 (1989). [9] Mitt. Geb. Lebensmittelunters. Hyg. **79**, 217–223 (1989). [10] Ullmann (5.) **11**, 553–558. [11] Delage, N.; d'Harlingue, A.; Colonna Ceccaldi, B.; Bompeix, G., *Food Control*, (2003) **14**, 225. [12] Singh, P. K.; Khan, S. N.; Harsh, N. S. K.; Pandey, R., *Mycotoxin Res.*, (2001) **17**, 46. [13] Rundberget, T.; Wilkins,

A. L., *J. Chromatogr. A*, (2002) **964**, 189. [14] Fernández-Trevejo, E. O.; Verdés, J. A. A.; Espinosa; R. S., *Alimentaria*, (2001) **321**, 133. [15] Shephard, G. S.; Leggot, N. L., *J. Chromatogr. A*, (2000) **882**, 17. [16] Engelhardt, G.; Ruhland, M.; Wallnofer, P. R., *Adv. Food Sci.*, (1999) **21**, 88. [17] Crit. Rev. Food Sci. Nutr. **28**, 1–30 (1989). [18] Chem. Unserer Zeit **19**, 22–36 (1985). [19] Z. Lebensm. Unters.-Forsch. **190**, 228–231 (1990). [20] Z. Lebensm. Unters.-Forsch. **188**, 330ff. (1989). [21] Herrmann, K., *Inhaltsstoffe von Obst und Gemüse*, Ulmer: Stuttgart, (2001). [22] Int. J. Cancer **44**, 48–52 (1989). [23] Kalt. W., *Hortic. Rev.*, (2001) **27**, 269. [24] Vinson, J. A.; Su, X.; Zubik, L.; Bose, P., *J. Agric. Food Chem.*, (2001) **49**, 5315. [25] Shinohara, K.; Kuroki, S.; Miwa, M.; Kong, Z. L.; Hosoda, H., *Agric. Biol. Chem.*, (1988) **52**, 1369. [26] Dtsch. Apoth. Ztg. **129**, 2561–2571 (1989). [27] Mazza, G., In *Natural Food Colorants*, Lauro, G. J.; Francis, F. J., Hrsg.; Marcel Dekker Inc.: New York, (2000); S. 289–314. [28] Middleton, E.; Kandaswami, C.; Theoharides, T. C., *Pharmacol. Rev.*, (2000) **52**, 673. [29] Ross, J. A.; Kasum. C. M., *Annu. Rev. Nutr.*, (2002) **22**, 19. [30] Belitz-Grosch-Schieberle (5.), S. 827, 830. [31] Herrmann, K., In *Frucht- und Gemüsesäfte*; Schobinger, U., Hrsg; Ulmer: Stuttgart, (2001); S. 48–74. [32] Liebster, G., *Warenkunde Obst und Gemüse*, Hädecke · Weil der Stadt, (1999), Bd. 1. [33] Ternes, W., *Naturwissenschaftliche Grundlagen der Lebensmittelzubereitung*, Behr's: Hamburg, (1996); S. 437 ff. [34] Gassner, G., Hohmann, B.; Deutschmann, F., *Mikroskopische Untersuchung pflanzlicher Lebensmittel*, 5. Aufl.; G. Fischer: Stuttgart, (1989); S. 178–216. [35] J. Assoc. Off. Anal. Chem. **71**, 542–546 (1988). [36] Luckas, B., *Z. Lebensm. Unters. Forsch.*, (1987) **184**, 195. [37] Martínez Vidal, J. L.; Arrebola, F. J.; Mateu-Sánchez, M, *J. Chromatogr. A*, (2002) **959**, 203. [38] Navarro, M.; Picó, Y.; Marín, R.; Manes, J., *J. Chromatogr. A*, (2002) **968**, 201. [39] Pflanzenschutz-Höchstmengen-VO (PHmV) (BGBl. I, S. 1862). [40] Ind. Obst Gemüseverwert. **71**, 51–54 (1986). [41] Bundesgesundheitsblatt **30**, 331 (1987). [42] Bundesgesundheitsblatt **33**, 224ff. (1990). [43] Classen, H.-G.; Elias, P. S.; Hammes, W. P.; Schmidt, E. H. F., *Toxikologisch-hygienische Beurteilung von Lebensmittelinhaltsstoffen und Zusatzstoffen*, 2. Aufl.; Behr's: Hamburg, (2001); S. 171ff., 262f. [44] Täufel, A.; Ternes, L.; Tunger, L.; Zobel, M., *Lebensmittel-Lexikon*, Behr's: Hamburg, (1993); Bd. 2, S. 813f.

*allg.*: Franke, W., *Nutzpflanzenkunde*, 6. Aufl.; Thieme: Stuttgart, (1997); S. 50 ▪ Fülgraff ▪ Herrmann, K., *Inhaltsstoffe von Obst und Gemüse*, Ulmer: Stuttgart, (2001) ▪ Lindner (4.) ▪ Schobinger, U., *Frucht- u. Gemüsesäfte*, Ulmer: Stuttgart, (2001) ▪ Zipfel, C 330–C 334

**Obstbrand** (Obstwasser). Entsprechend der Verordnung (EWG) Nr. 1576/89 die *Spirituose, die ausschließlich durch alkoholische Gärung und Destillation einer frischen fleischigen Frucht oder des frischen Mosts dieser Furcht – mit oder ohne Steine – gewonnen wird. Sie muß zu weniger als 86 % vol so destilliert werden, daß das Destillat das Aroma und den Geschmack der verwendeten Frucht behält. Das Erzeugnis muß einen Gehalt an flüchtigen Bestandteilen von 200 g/hL reiner Alkohol (r.A.) oder mehr aufweisen und darf einen Höchstgehalt an Methanol von 1000 g/hL r.A. nicht überschreiten. Der *Blausäure-Gehalt (aus enzymatisch abgebautem *Amygdalin) darf bei Steinobstbränden 10 g/hL r.A. nicht überschreiten.

Die so gewonnene Spirituose wird unter Voranstellung des Namens der verwendeten Frucht als „-brand" bezeichnet: Kirschbrand oder Kirsch, Pflaumenbrand oder Slibowitz, Mirabellenbrand, Pfirsichbrand, Apfelbrand, Birnenbrand, Apriko-senbrand, Feigenbrand, Brand aus Citrusfrüchten, Brand aus Weintrauben oder Brand aus sonstigen Früchten. Die Spirituose kann auch unter Voranstellung des Namens der verwendeten Frucht als „-wasser" bezeichnet werden. Der Ausdruck „Williams" ist Birnenbrand vorbehalten, der ausschließlich aus Birnen der Sorte Williams gewonnen wird. Bei der Herstellung von Obstbränden oder Obstwässern werden die sortenreinen Früchte in Fässern oder Tanks eingemaischt und vergoren. Nach Beendigung der Gärung erfolgt die Destillation, wobei Vor- und Nachlauf sorgfältig abzutrennen sind und nur der rein schmeckende Mittellauf – das Herzstück – zu verwenden ist. Steinobstbrände enthalten Blausäure, die aus den zertrümmerten Steinen stammt und ins Destillat übergetrieben wird. Sie wird enzymatisch aus Amygdalin freigesetzt, trägt zur Aromabildung bei, ist aber auch für die Entstehung von Ethylcarbamat (siehe *Urethan) verantwortlich.

Werden die Maischen zweier oder mehrerer Obstarten destilliert, so wird das Erzeugnis als „Obstbrand" bezeichnet (früher Obstler). Ergänzend können die einzelnen Obstarten in absteigender Reihenfolge der verwendeten Mengen angeführt werden: z.B. Obstbrand aus Äpfel und Birnen.

Im Gegensatz zu den Obstbränden oder Obstwässern werden Geiste aus vornehmlich zuckerarmen Früchten d.h. Beeren wie z.B. Himbeeren, Brombeeren, Heidelbeeren u.a. hergestellt. Entsprechend der Verordnung (EWG) Nr. 1576/89[1] dürfen die durch Einmaischen ganzer, nicht vergorener Früchte in Ethanol landwirtschaftlichen Ursprungs und durch anschließendes Destillieren gewonnenen Erzeugnisse als „-geist" unter Voranstellung des Namens der verwendeten Frucht bezeichnet werden. Handelsüblich werden auf 100 kg Früchte 40–100 L Alkohol verwendet. Besonders Obstbrände und Obstwässer, gelegentlich auch Geiste, werden nach der Destillation gelagert um ihre harte und rauhe Note zu verlieren und die gewünschte Reife zu erlangen. Auch Faßlagerung ist möglich (Eschenholz). Eine Korrekturzuckerung bis zu 10 g/L ist, mit Ausnahme der Erzeugnisse, die ein Herkunftsbezeichnung tragen, zulässig. Der Mindestalkoholgehalt beträgt 37,5 % vol. Für die Erzeugnisse Schwarzwälder Kirschwasser, Schwarzwälder Himbeergeist, Schwarzwälder Mirabellenwasser, Schwarzwälder Williamsbirne und Schwarzwälder Zwetschgenwasser sowie Fränkisches Zwetschgenwasser und Fränkisches Kirschwasser ist ein Mindestalkoholgehalt von 40 % vol vorgeschrieben[1,2]. Fränkischer Obstler muß einen Mindestalkoholgehalt von 38 % vol aufweisen. Zudem unterliegen Schwarzwälder und Fränkische Obstbrände einer Rohstoffbindung, d.h. nicht nur die Herstellung muß dort erfolgen sondern auch die Früchte müssen aus dem Schwarzwald oder seines nahe gelegenen Vorlandes bzw. aus Franken stammen. – *E* fruit spirit

*Lit.*: [1] Verordnung (EWG) Nr. 1576/89 des Rates der EG vom 29.5.1989 zur Festlegung der allgemeinen Regeln für die Begriffsbestimmung und Bezeichnung und Aufmachung von Spirituosen (Amtsblatt der EG Nr. L 160/1–17). [2]Begriffsbestimmung für Spirituosen, abgedruckt in Zipfel, C 419. – *[HS 2208 90]*

**Obstdicksäfte.** Synonyme Bezeichnung für Fruchsaftkonzentrat, siehe *Fruchtsaft.

**Obst(extrakt)pulver** siehe *Fruchtpulver.

**Obsthonig** siehe *Obstkraut.

**Obstkonserve** (Obst-Naßkonserve, Obst-Sterilkonserve, Dosenobst). Früchte, welche durch Pasteurisieren oder Sterilisieren haltbar gemacht und in Gläsern (Einkochgläser, Konfitürengläser) oder Dosen (Weißblechdosen) luftdicht abgefüllt und gelagert werden. Die einwandfreie, nicht überreife Rohware wird zunächst gewaschen (Ausnahme: Himbeeren, Brombeeren), manche Früchte, wie z. B. Aprikosen, werden geschält und entsteint. Beeren bleiben bei der Verarbeitung als Ganzfrüchte erhalten, Kern- und Steinobst werden je nach Größe halbiert oder geviertelt. Bei industriell hergestellter Ware wird der Zuckerzusatz mit Angaben wie „stark gezuckert" (20–22%), „gezuckert" (17–18%), „leicht gezuckert" (14%) oder „sehr leicht gezuckert" deklariert. Dunstfrüchte sind hingegen ohne Weißzuckerzusatz konserviertes Obst.
Weitere erlaubte Zutaten sind Glucose, Stärkesirup (bei Preiselbeeren), Essig, Gewürze, Pektin, Genußsäuren und bei Himbeeren, Kirschen und Pflaumen bestimmte Farbstoffe. Zur Zusammensetzung einiger Obstkonserven siehe Literatur[1]. Im weiteren Sinne zählt man auch tiefgefrorenes Obst (Obst-Gefrierkonserve) zu den Obstkonserven. Textur- und Abtropfverluste nach Hitzekonservierung bzw. beim Auftauen von tiefgefrorenem Obst lassen sich durch das Hohenheimer Kaltaufguß-Verfahren vermeiden[2]. – *E* fruit preserve

*Lit.:* [1]Täufel, A.; Ternes, W.; Tunger, L.; Zobel, M., *Lebensmittel-Lexikon*, Behr's: Hamburg, (1993); Bd. 2, S. 247. [2]Carle, R.; Borzych, P.; Dubb, P.; Siliha, H.; Maier, O., *Food Aust.*, (2001) **53**, 343–348.

**Obstkraut** (Obsthonig, Seim). Als Obstkraut wird eine streichfähige, honigartige, durch Dämpfen oder Kochen, Abpressen und Eindämpfen des Preßsafts gewonnene Zubereitung verstanden. Als Rohware dienen meist Äpfel oder Birnen, deren Saft nach dem Einkochen auf höchstens 35% Wassergehalt heiß in Gläser abgefüllt wird. Das nach dem Erkalten zähflüssige Produkt wird üblicherweise als Brotaufstrich verwendet. In 1 kg Apfel-

kraut aus 2,7 kg Frucht werden mindestens 2,1 kg Äpfel und höchstens 600 g Birne verarbeitet. Birnenkraut besteht aus dem Saft von 4,2 kg Frischobst, wobei mindestens 3,5 kg Birnen und höchstens 700 g Äpfel eingekocht werden. Während hausgemachtes Obstkraut ohne Zuckerzusatz hergestellt wird, dürfen in industriell hergestellter Ware im Falle des Apfelkrauts höchstens 400 g, im Falle des Birnenkrauts maximal 300 g Zuckerarten eingearbeitet werden.

**Obstprodukte.** Dazu zählen u. a. *Trockenobst, *Obstkonserven, *tiefgefrorenes Obst, Rumfrüchte, Essigfrüchte, Dickzuckerfrüchte (wie Sukkade, Orangeat oder verschieden Belegfrüchte), *Marmelade, *Konfitüre, *Gelee, Pflaumenmus, *Obstkraut, *Fruchtsaft, *Fruchtnektar, *Fruchtpulver und die Halberzeugnisse *Fruchtpulpe, *Fruchtmark sowie *Obstdicksaft. – *E* fruit products

**Obstsaft** siehe *Fruchtsaft.

**Obstwasser** siehe *Obstbrand.

**Ochratoxine.** Stoffwechselprodukte von *Schimmelpilzen. Ochratoxine kommen in Lebens- und Futtermitteln vor.

| | X | $R^1$ | $R^2$ | $R^3$ | $R^4$ |
|---|---|---|---|---|---|
| Ochratoxin A (**1**) | Cl | H | H | H | H |
| Ochratoxin B (**2**) | H | H | H | H | H |
| Ochratoxin C (**3**) | Cl | H | H | H | $C_2H_5$ |
| *O*-Methylochratoxin C (**4**) | Cl | $CH_3$ | H | H | $C_2H_5$ |
| (4*R*)-4-Hydroxyochratoxin A (**5**) | Cl | H | OH | H | H |
| (4*S*)-4-Hydroxyochratoxin A (**6**) | Cl | H | H | OH | H |

*Bildung:* Bei Pilzwachstum auf Lebens- und Futtermitteln wird praktisch nur Ochratoxin A von *Aspergillus ochraceus*, *Aspergillus melleus*, *Aspergillus glaucus* und anderen *Aspergillus*- sowie *Penicillium*-Arten gebildet. Die meisten Produzenten bilden noch weitere Mykotoxine, z. B. Penicillsäure oder *Citrinin. Die für unser Klimagebiet wichtigste Art ist *Penicillium verrucosum*. Die Getreidekörner sind vom Feld her oberflächlich mit den Konidien kontaminiert, welche unter günstigen Bedingungen im Lager auskeimen. Wachstum beginnt bei −2 °C und hat ein Optimum bei 21–23 °C; der minimale *$a_w$-Wert liegt bei 0,81. Die Toxinbildung beginnt bei 4 °C und erreicht ihr Maximum bei

Tabelle: Physicochemische Daten von Ochratoxinen.

| Nr. | Summenformel | $M_R$ | Schmp. [°C] | $[\alpha]_D$ | CAS |
|---|---|---|---|---|---|
| **1** | $C_{20}H_{18}ClNO_6$ | 403,82 | 169–173 | −118° (CHCl$_3$) | 303-47-9 |
| **2** | $C_{20}H_{19}NO_6$ | 369,38 | 221 | −35° ($C_2H_5OH$) | 4825-86-9 |
| **3** | $C_{22}H_{22}ClNO_6$ | 431,87 | | −100° ($C_2H_5OH$) | 4865-85-4 |
| **4** | $C_{23}H_{24}ClNO_6$ | 445,89 | | | |
| **5** | $C_{20}H_{18}ClNO_7$ | 419,82 | | | |
| **6** | $C_{20}H_{18}ClNO_7$ | 419,82 | 216–218 | | 35299-87-7 |

24 °C und $a_w$ 0,95. Ochratoxin-bildende Pilze der *Aspergillus-glaucus*-Gruppe sind xerophil und gehören zur „Schrittmacher-Flora", welche die Besiedlung von gelagertem Getreide durch andere Pilze ermöglicht. Im Säugetier wird Ochratoxin A nach oraler Aufnahme zum Teil in (4S)- bzw. (4R)-Hydroxyochratoxin A umgewandelt, die toxikologisch ähnlich zu bewerten sind.

*Vorkommen:* Bei pflanzlichen Lebensmitteln vor allem in Getreide, Mais, Getreideprodukten und Backwaren. Bei Untersuchungen im Rahmen der Lebensmittelüberwachung waren von 1675 Proben 111 positiv, mit Konzentrationen zwischen 0,1 und 17,7 µg/kg. Daneben auch in Bier, Kaffeebohnen, Feigen, gemahlenen Haselnüssen, Erdnüssen, Olivenöl, Bohnenkernen und anderem. Maximalwerte: 500 bis 3000 µg/kg in schimmeligem Mehl[3]. In tierische Lebensmittel von Schwein und Geflügel gelangt Ochratoxin über Ochratoxin-haltige Futtermittel. Rindfleisch enthält kein Ochratoxin A, da es im Pansen metabolisiert wird. Zur Belastung siehe Literatur[2,4,5]. Verschimmelte Lebensmittel tierischer Herkunft können ebenfalls Ochratoxin enthalten, z.B. Rohwurst oder Käse. Die Gehalte liegen mit bis zu 400 µg/kg[1] erheblich über den alimentär bedingten Werten. Im Blut unserer Bevölkerung wurden 0,1–0,2 µg Ochratoxin A/L bei etwa 50% der untersuchten Personen nachgewiesen, wobei davon auszugehen ist, daß der übrige Teil weniger als die Nachweisgrenze enthält, aber nicht Ochratoxin A-frei ist. In Europa wird die mittlere tägliche Aufnahme auf 3,5 ng/kg geschätzt. Wein, Kaffee, Bier und Schweinefleisch werden als wichtigste Quellen von Ochratoxin angesehen[6]. Die mittlere tägliche Aufnahme beträgt nach einer Studie der DFG etwa 80 ng in Deutschland.

*Toxikologie:* Ochratoxin A ist ein Nephrotoxin, das in Dänemark und anderen skandinavischen Ländern für die häufig auftretende Nephropathie der Schweine verantwortlich gemacht wird. Wahrscheinlich verursacht es beim Menschen auch die „endemische Balkan-Nephropathie", in deren Gefolge häufig Tumoren der ableitenden Harnwege gefunden werden. Bei Mäusen und Ratten ist eine carcinogene Wirkung nachgewiesen[7]. Embryotoxizität, Teratogenität und immunsuppressive Eigenschaften sowie Strangbrüche der DNA und Bildung von DNA-Addukten sind beschrieben. Ochratoxin A hat eine hohe Bindungsaktivität an Blutplasma, so daß der Verbleib im Organismus unverhältnismäßig lang ist; die biologische HWZ im Schwein ist 90 h, im Affen 510 h und im Menschen wahrscheinlich noch größer. Ausscheidung über Harn und Faeces. $LD_{50}$ (Ratte oral) 21 mg/kg, (Meerschweinchen oral) 8,1 mg/kg, (Kaninchen oral) 0,3 mg/kg, (Katze oral) 0,55 mg/kg. Kombinationswirkungen mit anderen Nephrotoxinen sind nachgewiesen. Tolerierbare Höchstmengen in Lebensmitteln wurden bisher in Deutschland nicht festgelegt. Die FAO/WHO schlug jedoch für Ochratoxin A 112 ng/kg als *PTWI vor[8]. In Dänemark müssen Schlachtkörper von Schweinen, deren Nieren mehr als 25 µg/kg enthalten, ausgesondert wer-

den. Die ehemalige Tschechoslowakei hat für alle Lebensmittel den allgemeinen Grenzwert von 20 µg/kg, bei Kinder- bzw. Säuglingsnahrung die strengeren Werte von 5 bzw. 1 µg/kg eingeführt. In Brasilien gelten 50 µg/kg Ochratoxin A bei Reis, Gerste, Bohnen und Mais, in Rumänien dagegen 5 µg/kg für alle Lebens- und Futtermittel als Richtwert. Seit 2002 gibt es eine EU-Höchstmengenregelung (5 µg/kg für Getreide, 3 µg/kg für Getreideprodukte, die für die menschliche Ernährung bestimmt sind, 10 µg/kg für getrocknete Weintrauben), die gegenwärtig (2003) überprüft und ergänzt wird.

*Nachweis:* Nach Extraktion und Reinigung durch Säulenchromatographie Nachweis mittels DC[9–12] oder HPLC[12,13], zusätzliche Bestätigung über HPLC des Methylesters[14] oder MS[15], enzymimmunologisch mittels ELISA[16]. Nachweisgrenzen jeweils im Bereich 0,1–1 µg/kg mit Wiederfindungsraten von meist über 70%. – *E* ochratoxins

*Lit.:* [1]DFG (Hrsg.), Ochratoxin A, Weinheim: VCH Verlagsges. 1990. [2]Dtsch. Lebensm. Rundsch. **89**, 112 (1993). [3]Gareis, M.; Steffens, S., *Mitteilungsblatt der Bundesanstalt für Fleischforschung Kulmbach*, (2000) **39**, Nr. 147, 561–569. [4]Bayerisches Landesamt für Gesundheit und Lebensmittelsicherheit, Erlangen, Jahresbericht 2001. [5]Dtsch. Lebensm. Rundsch. **85**, 307 (1989). [6]Walker, R., In *Mycotoxins and Food Safety*, DeVries, J. W.; Trucksess, M. W.; Jackson, L. S., Hrsg.; Kluwer Academic / Plenum Publishers: New York, (2002); S. 249–255. [7]National Toxicology Program (NTP), Technical Report Series No. 358 (TR-358), Toxicology and Carcinogenesis Studies of Ochratoxin A in F344/N Rats, NIEHS: Research Triangle Park, NC, (1989). [8]Joint FAO/WHO Expert Committee on Food Additives, 37. Meeting, Geneva, 05.–14.06.1990. [9]Egan et al., Environmental Carcinogenes, Selected Methods of Analysis, Vol. 5, Some Mycotoxins. Ochratoxin A in Foodstuffs. S. 255, Lyon: IARC 1982. [10]Amtliche Sammlung, Nr. L 15.00-1. [11]Hadlok et al., Mykotoxine in vom Tier stammenden Nahrungsmitteln. Ochratoxin A und Sterigmatocystin in der Nahrungskette, Gießen: Justus-Liebig-Universität 1989. [12]Scott, P. M., In *Mycotoxins and Food Safety*, DeVries, J. W.; Trucksess, M. W.; Jackson, L. S., Hrsg.; Kluwer Academic/Plenum Publishers: New York, (2002); S. 117–134. [13]Mitt. Geb. Lebensmittelunters. Hyg. **79**, 151 (1988). [14]Analyst (London) **105**, 89 (1980). [15]J. Vet. Med. B **34**, 613 (1987). [16]Arch. Lebensmittelhyg. **39**, 133 (1988).
*allg.:* Creppy, E. E., *Toxicol. Lett.*, (2002) **127**, 19–28 ▪ Eisenbrand, G., Hrsg., *Lebensmittel und Gesundheit II (Food and Health II)*; DFG-SKLM Mitteilung 7; Wiley-VCH: Weinheim, (2005) ▪ Krska, R.; Welzig, E.; Berthiller, F.; Molinelli, A.; Mizaikoff, B., *Food Addit. Contam.*, (2005) **22**, 345–353 ▪ McMasters, D. R.; Vedani, A., *J. Med. Chem.*, (1999) **42**, 3075–3086 ▪ Niessen, L.; Schmidt, H.; Muhlencoert, E.; Farber, P.; Karolewiez, A.; Geisen, R., *Food Addit. Contam.*, (2005) **22**, 324–334

**Ochsenfleisch** siehe *Rindfleisch.

**Ochsenherz** siehe *Annone.

**(Z,Z)-9,12-Octadecadiensäure** siehe *Linolsäure.

**Octadecansäure** siehe *Stearinsäure.

**9,12,15-Octadecatriensäure** siehe *Linolensäure.

**Octadecensäuren** siehe *Elaidinsäure [= (*E*)-9-O.] und *Ölsäure [= (*Z*)-9-O.].

**(*Z*)-Octa-1,5-dien-3-on** siehe *Teearoma.

**(−)-(*R*)-Oct-1-en-3-ol** (Matsutake-Alkohol; FEMA 2805). $C_8H_{16}O$, $M_R$ 128,21, Sdp. 175°C, $[\alpha]_D^{20}$ −20,2°; $LD_{50}$ (Ratte oral) 340 mg/kg. Typ. *Pilzaroma (Geruchsschwelle 1 ppb[1,2]) mit erdig-pilzigem Geruch; *Impact compound im Champignon- u. Camembertaroma (s. *Käsearomen), aber auch in vielen *etherischen Ölen u. Aromen enthalten, z.B. in *Lavendel-, *Pfefferminz-, *Rosmarin- u. *Thymianöl, sowie in Seafoodaromen. Nur das in 90–97% Enantiomerenüberschuß auftretende (*R*)-Enantiomere zeigt den reinen Pilzgeruch, während die (*S*)-Verb. eher gemüseartig riecht. Zum Vorkommen in Pilzen siehe *Lit.*[3,4], in Sojabohnen *Lit.*[5] und in Reisgebäck *Lit.*[6]. Zur Bildung siehe *Lit.*[7].

*Biosynthese:* (−)-(*R*)-Oct-1-en-3-ol entsteht im Kultur-Champignon (*Agaricus bisporus*) durch Oxid. von *Linolsäure[8]. Dabei wird im ersten Schritt durch eine Lipoxygenase-katalysierte Oxid. (8*E*,10*S*,12*Z*)-10-Hydroperoxyocta-8,12-diensäure gebildet, die dann durch Hydroperoxid-Lyase in (−)-(*R*)-Oct-1-en-3-ol u. (*E*)-10-Oxodec-8-ensäure gespalten wird:

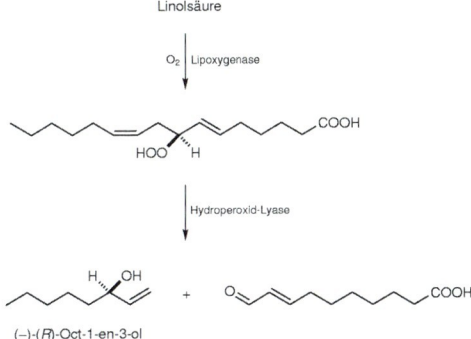

Synthet. kann O. durch Grignard-Reaktion von Vinylmagnesiumbromid mit Hexanal gewonnen werden. Zur biotechnolog. Gewinnung siehe Literatur[9,10]. Zur Analyse der (−)-(*R*)-Form in Pfifferlingen u. Champignons (78% bzw. 94% ee) siehe Literatur[11]. Zur Wirkung als Insektenlockstoff für Tsetsefliegen, Moskitos u. Kornkäfer siehe Literatur[12–14]. – *E* (−)-(*R*)-oct-1-en-3-ol

*Lit.:* [1]Chem. Rundsch. **1995**, Nr. 17, 3. [2]Perfum. Flavor. **16**(1), 1–19 (1991). [3]Beltran-Garcia, M. J.; Estarron-Espinosa, M.; Ogura, T., *J. Agric. Food Chem.*, (1997) **45**(10), 4049–4052. [4]Mau, J.-L.; Chyau, C.-C.; Li, J.-Y.; Tseng, Y.-H., *J. Agric. Food Chem.*, (1997) **45**(12), 4726–4729. [5]Lee, K.-G.; Shibamoto, T., *J. Agric. Food Chem.*, (2000) **48**(9), 4290–4293. [6]Buttery, R. G.; Orts, W. J.; Takeoka, G. R.; Nam, Y., *J. Agric. Food Chem.*, (1999) **47**(10), 4353–4356. [7]Kuribayashi, T.; Kaise, H.; Uno, C.; Hara, T.; Hayakawa, T.; Joh, T., *J. Agric. Food Chem.*, (2002) **50**, 1247–1253. [8]Z. Lebensm. Unters.-Forsch. **175**, 186 (1982) (Biosynth.). [9]Food Biotechnol. **4**, 77–85 (1990). [10]Acree u. Teranishi (Hrsg.), Flavor Science – Sensible Principles and Techniques, S. 225–258, Washington: ACS 1993. [11]Z. Lebensm. Unters.-Forsch. **186**, 417 (1988). [12]Bull. Entomol. Res. **75**, 209ff. (1985). [13]J.

Am. Mosq. Control Assoc. **5**(3.), 311 (1989). [14]J. Chem. Ecol. **17**,(3), 581–597 (1991). *allg.:* Beilstein EIV **1**, 2163 – [CAS 3687-48-7 (R)-Form]

**Oct-1-en-3-on** (FEMA 3515). $H_3C–(CH_2)_4–CO–CH=CH_2$, $C_8H_{14}O$, $M_R$ 126,20. Metall.-pilzartig riechende Flüssigkeit, Sdp. 63–65°C (1,8 kPa); Geruchsschwelle 0,1 ppb[1]. O. ist ein Abbauprodukt der *Linolsäure[2] u. kommt als *Pilzaroma u. in *Lavendelöl vor, sowie u.a. in Brot-, *Käse-, Seafood- u. *Teearomen[3], im Lecithin der Sojabohne[4], in gereiften Fleischwaren[5], in Milchschokolade[6], in Sauerteigbroten[7]. Zur Analyse siehe *Lit.*[8]. – *E* 1-octen-3-one

*Lit.:* [1]Ohloff, S. 62. [2]Belitz-Grosch-Schieberle (5.), S. 772. [3]TNO-Liste (6.) Suppl. 5, S. 453. [4]Stephan, A.; Steinhart, H., *J. Agric. Food Chem.*, (1999) **47**(7), 2854–2859. [5]Carrapiso, A. I.; Ventanas, J.; Garcia, C., *J. Agric. Food Chem.*, (2002) **50**(7), 1996–2000. [6]Schnermann, P.; Schieberle, P., *J. Agric. Food Chem.*, (1997) **45**(3), 867–872. [7]Kirchhoff, E.; Schieberle, P., *J. Agric. Food Chem.*, (2002) **50**(19), 5378–5385. [8]Lin, J.; Welti, D. H.; Vera, F. A.; Fay, L. B.; Blank, I., *J. Agric. Food Chem.*, (1999) **47**(7), 2822–2829. *allg.:* Beilstein EIV **1**, 3488 ▪ J. Chem. Soc., Perkin Trans. 1 **1995**, 1525 – [CAS 4312-99-6]

**Octopirox** siehe *Antischuppenmittel.

**Octopus** siehe *Tintenfische.

**Octylgallat** siehe *Gallussäureester.

**Oechsle-Grad** siehe *Mostgewicht.

**Öle** siehe *Fette und Öle und *etherische Öle.

**Ölsäure** [(*Z*)- od. *cis*-9-Octadecensäure, Oleinsäure].

$C_{18}H_{34}O_2$, $M_R$ 282,45. Farb- u. geruchlose Flüssigkeit, D. 0,8935, Schmp. 16°C (nach anderen Angaben 13°C), Sdp. 223°C (13 mbar), bei Normaldruck Zers. zwischen 80 u. 100°C, unlösl. in Wasser, gut löslich. in den üblichen organ. Lsm. An der Luft geht Ö. infolge Autoxid. in eine gelbliche bis braune, ranzige Flüssigkeit über. Ö. wird im wesentlichen aus ihren natürlichen Vork. in pflanzlichen u. tier. Fetten u. Ölen gewonnen. Dazu werden die Triglyceride zunächst einer Druckspaltung unterworfen u. die resultierenden Gemische der verschiedenen Fettsäuren durch das Verf. der Umnetzung in einen gesätt. Anteil (Stearin) u. einen ungesätt., weitgehend aus Ö. bestehenden Anteil (Olein) separiert. Durch Hydrierung kann die Ö. in Stearinsäure überführt werden, bei Erhitzen in Ggw. von Selen geht sie in das (*E*)- od. *trans*-Isomere (*Elaidinsäure) über. Unter Einwirkung von Perchlorsäure od. Schwefelsäure cyclisiert Ö. zu Stearolacton, die Umsetzung mit Schwefelsäure od. Schwefeltrioxid führt zu Ölsäuresulfaten u. Ölsäuresulfonaten, die als Aniontenside Bedeutung besitzen. Ester u. Salze der Ö. werden als Oleate bezeichnet. Die Bildung des Ether-lösl. Bleioleats kann bei der Herst. von Ö. benutzt werden, um die Ö. von den begleitenden Fettsäuren abzutrennen, deren Bleisalze nicht Ether-lösl. sind.

*Vorkommen:* Olivenöl (64–86%), Erdnußöl (50–70%), Avocadoöl (44–76%), Palmöl (37–42%),

Sesamöl (35–46%), Gänsefett (41–74%), Hammeltalg (31–56%), Rindertalg (26–45%), Schweineschmalz (36–52%). Säugetierorganismen sind zur Biosynth. der Ö. befähigt.

*Verwendung:* Zur Hydrophobierung von Textilien, Herst. von Oleaten, Schmiermitteln, Kosmetika, Salben, Metallputzmitteln, Futtermittelzusätzen etc. Zur Analytik s. *Fette u. Öle. – **E** oleic acid

*Lit.:* Beilstein EIV **2**, 1641 ▪ Leitsätze für Speisefette und Speiseöle vom 17.04.1997 (BAnz. Nr. 239a vom 20.12.1997, GMBl. Nr. 45 S. 864 vom 19.12.1997), geändert am 02.10.2001 (BAnz Nr. 199 vom 24.10.2001, GMBl. Nr. 38 S. 754ff. vom 30.12.2001) ▪ Ullmann (5.) **A10**, 245 – *[HS 2916 15; CAS 112-80-1]*

**Ölsüß** siehe *Glycerol.

**Ölsyndrom, spanisches** siehe *toxic oil syndrome.

**Öl/Wasser-Emulsionen** siehe *Emulsionen.

**Önologie** [Wein(bau)kunde, Kellerwirtschaft]. Von oinos (griechisch = Wein) und logos (griechisch = Wissenschaft, Kunde)[1]. Önologie umfaßt den Prozeß der *Weinbereitung, siehe dazu *Rotweinbereitung.

Während der Begriff Önologie die wissenschaftliche Seite der Weinbereitung und deren theoretische Zusammenhänge umschreibt, wird unter Kellerwirtschaft mehr die praktische Umsetzung verstanden.

Um der Bedeutung der Traubenerzeugung für die spätere Weinqualität mehr Gewicht zu verleihen, werden unter Önologie auch die beiden Teilgebiete Weinbau und Kellerwirtschaft verstanden[1]. – *E* oenology

*Lit.:* [1]Ambrosi, H., *Wein von A – Z, Der Große Ambrosi*, Gondrom Verlag: Bindlach, (2000).
*allg.:* Zipfel, A 402

**OES.** Abkürzung für Optische Emissionsspektrometrie, siehe *Atomemissionsspektrometrie.

**Off-flavour** siehe *Aromafehler und *Weinfehler.

**Ohmsche Erhitzung** (konduktive Erhitzung). Bei der Ohmschen Erhitzung wird ein elektrisch leitendes Gut als Widerstand in einen energieliefernden Stromkreis eingebunden und direkt von einem elektrischen Strom durchflossen. Die Leistungsintensität ist proportional zur elektrischen Leitfähigkeit des Gutes und dem Quadrat der elektrischen Feldstärke. Industrielle Anlagen werden mit Wechselspannung (50–60 Hz) betrieben, die Spannung, die für die Erhitzung benötigt wird, beträgt normalerweise 3,3 kV pro Phase.

Das Verfahren hat eine fast unbegrenzte Durchdringungstiefe, jedoch können Fette, Öle und Produkte mit kristallinem Gefüge wie Eis nicht direkt behandelt werden. Wichtige Vorteile des Verfahrens sind die direkte, schnelle Erhitzung und eine im Vergleich zu indirekten Verfahren günstige Energiebilanz. Bei heterogenen Suspensionen erfolgt jedoch in Abhängigkeit der Leitfähigkeit von Fluid und suspendierten Partikeln eine inhomogene Erwärmung des Produktes, daher sind Kombinationen der Ohmschen Erhitzung mit mittelbaren Erhitzungsverfahren oft technologisch vorteilhaft.

Die Auswirkung der Ohmschen Erhitzung auf das Produkt und Mikroorganismen resultieren praktisch ausschließlich auf den thermischen Effekten, zusätzlich können die gepulsten elektrischen Felder einen geringen Beitrag zur Abtötung von Mikroorganismen leisten. – *E* Ohmic heating

*Lit.:* Doyle, M. P.; Beuchat, L. R.; Montville, T. J., Hrsg., *Food Microbiology*, ASM Press: Washington, (2001); S. 813ff. ▪ Kessler, H. G., *Food and Bio Process Engineering – Dairy Technology*, A. Kessler: Freising, (2002) ▪ Richardson, P., *Thermal Technologies in Food Processing*, CRC Press: Boca Raton, (2001)

**OHZ, OH-Zahl.** Abkürzung für Hydroxyl-Zahl, siehe *Fettkennzahlen.

**Oidium lactis** siehe *Geotrichum.

**OIV.** Seit März 2004 Abkürzung für Organisation International de la Vigne et du Vin, davor für Office International de la Vigne et du Vin = Internationales Amt für Rebe und Wein, gegründet am 29.11.1924, mit Sitz in Paris. Zur Zeit sind 37 Staaten, unter anderem auch Deutschland, Mitglieder.

Ihre Ziele sind wissenschaftliche und technische Beschlüsse im Bereich Rebe und Wein zu fassen, die für die Entwicklung des internationalen Handels im Interesse der Erzeuger, Handelspartner und Verbraucher von maßgeblicher Bedeutung sind.

*Adresse:* 18 Rue d'Aguesseau, 75008 Paris, France.
*Publikationen:* Bulletin de l'OIV, La Lettre de l'OIV; Codex Œnologique International, Code International des Pratiques Œnologiques; Sammelbände zu Analysemethoden, Internationale Normen und diverse Fachbücher.
*Lit.:* http://www.oiv.int

**Okadainsäure** siehe *Algentoxine.

**Okara.** Unlöslicher Rückstand der Sojabohne, der bei der Herstellung von *Sojamilch durch Filtration abgetrennt wird. Dieser beträgt etwa 34% der eingesetzten Sojatrockenmasse. Okara zeichnet sich durch einen hohen Rohfasergehalt aus und enthält hochwertiges Protein (24%) sowie Fett (8–15%, bezogen auf die Trockenmasse). Daraus ergeben sich interessante Einsatzmöglichkeiten als Nahrungsergänzungsmittel. – *E* okara

**Olaflur** siehe *Aminfluoride.

**Oleanolsäure** (3β-Hydroxy-12-oleanen-28-säure).

$C_{30}H_{48}O_3$, $M_R$ 456,70, Krist., Schmp. 306–308 °C, $[\alpha]_D$ +79,5° ($CHCl_3$); unlösl. in Wasser, lösl. in Ether. Das Triterpen O. kommt in freier Form, acetyliert u. in zahlreichen Glycosiden in verschiedenen Pflanzen wie Misteln, Nelken, Zuckerrüben, Olivenblättern, Birken usw. vor. O. liegt das Oleanan-Gerüst zugrunde. Oleanolsäure ist antiinflammatorisch[1] und anti-HIV[2] wirksam. In Makrophagen (Maus) erwies sie sich regulatorisch auf die Nitritoxid-Synthese und auf die Genexpression des Tumornekrose-Faktors α (TNF-α) effektiv[3]. Zur Synthese siehe Literatur[4]; zur selektiven Partialsynthese siehe Literatur[5]. – *E* oleanolic acid

*Lit.:* [1]Giner-Larza, E. M.; Máñez, S.; Recio, M. C.; Giner, R. M.; Prieto, J. M.; Cerdá-Nicolás, M.; Ríos, J. L., *Eur. J. Pharmacol.*, (2001) **428**, 137. [2]Mengoni, F.; Lichtner, M.; Battinelli, L.; Marzi, M.; Mastroianni, C. M.; Vullo, V.; Mazzanti, G., *Planta Med.*, (2002) **68**, 114. [3]Choi, C. Y.; You, H. J.; Jeong, H. G., *Biochem. Biophys. Res. Commun.*, (2001) **288**, 49. [4]*J. Am. Chem. Soc.* **115**, 8873 (1993). [5]Assefa, H.; Nimrod, A.; Walker, L.; Sindelar, R., *Bioorg. Med. Chem. Lett.*, (2001) **11**, 1619.

*allg.:* Beilstein EIV **10**, 1164 ▪ Merck-Index (13.), Nr. 6897 – [CAS 508-02-1 (3β-O.)]

**Oleinsäure** siehe *Ölsäure.

**Oleomargarin** siehe *Rindertalg.

**Oleoresine.** Mehrdeutiger Begriff, der auch im Sinne von *Resinoiden verwendet wird; hiervon zu unterscheiden sind Oleoresine, die durch Konzentrierung von durch Lösemittelextraktion gewonnenen *Gewürzextrakten hergestellt werden. Hier findet die Extraktion mit überkritischem Kohlendioxid vielfältige Anwendung (SCFE, supercritical fluid extraction, Destraktion). Oleoresine enthalten häufig nicht nur flüchtige *Aromastoffe, sondern auch Scharfstoffe (Pfeffer-, Paprika-Oleoresine). Oleoresine werden zur Aromatisierung von Lebensmitteln verwendet. – *E* oleoresins

*Lit.:* Bauer et al. (4.), S. 171f.

**Oleostearin** siehe *Rindertalg.

**Olestra®.** *Fettersatzstoff aus der Gruppe der *Saccharoseester (SPE, Abkürzung für Saccharosepolyester), Mischung von Hexa-, Hepta- und Octaestern aus der Veresterung von *Saccharose mit den Fettsäuren aus *Rapsöl, *Sonnenblumenöl oder *Palmöl. Raffination, Bleichung, Desodorierung erfolgen wie bei konventionellem Fett. Die Viskosität ist im allgemeinen höher als bei einem Triglycerid derselben Fettsäure-Zusammensetzung, ist jedoch in weiten Grenzen variierbar: ungesättigte Fettsäuren liefern flüssige, langkettige, gesättigte Fettsäuren feste Produkte, die natürlichen Fetten weitgehend gleichen. Durch geeignete Auswahl der Fettsäure-Ketten, deren Anzahl, Länge und Sättigungsgrad, läßt sich Olestra mit fast jedem Schmelzpunkt und jeder beliebigen Viskosität produzieren.

Zur Herstellung, Toxikologie und Analytik siehe *Saccharoseester.

*Physiologie:* Die Größe und die sterische Struktur des Moleküls verhindern die Resorption im Gastrointestinaltrakt sowie den enzymatischen Abbau durch Lipasen oder die Darmflora, worauf ihre energetische Ineffizienz beruht. Beobachtete Nebenwirkungen sind Verdauungsstörungen sowie eine Verschlechterung der Bioverfügbarkeit von fettlöslichen Vitaminen, insbesondere von Vitamin A und E. Nach den bisher vorliegenden Daten aus Tierversuchen scheint Olestra keine signifikanten Auswirkungen auf die Darmflora zu haben. Ebensowenig scheinen Gallensäure-Status und die enterohepatische Zirkulation beeinflußt zu werden. Ein anfänglich beobachtetes Problem war der Durchtritt geringer Mengen von Olestra bzw. Olestrahaltigen Stuhls durch den geschlossenen Analsphincter (anal leakage). Dies wurde durch entsprechende Viskositätserhöhung gelöst.

*Verwendung:* Aufgrund seiner Eigenschaften ist Olestra in vielen Anwendungen denkbar, in denen zur Zeit extern zugesetzte Fette und Öle verwendet werden. Technisch mögliche Optionen sind beispielsweise Fritieröle, Salatöle, Margarinen. Ferner könnte Olestra in Backwaren, Fertiggerichten und Knabberartikeln eingesetzt werden.

*Recht:* Olestra ist seit Anfang 1996 in den USA zur Verwendung in Snack-Produkten, z.B. Kartoffelchips, zugelassen. In der EU ist Olestra bisher noch nicht als Novel Food (siehe *Verordnung über neuartige Lebensmittel) zugelassen.

*Lit.:* Eldridge, A. L.; Cooper, D. A.; Peters, J. C., *Obes. Rev.*, (2002) **3**(1), 17–25 ▪ Jandacek, R. J.; Kester, J. J.; Papa, A. J.; Wehmeier, T. J.; Lin, P. Y., *Lipids*, (1999) **34**(8), 771–83

**Oleum Amomi seu Pimentae** siehe *Pimentöl.

**Oleum Jecoris** siehe *Lebertran.

**Oleuropein** siehe *Oliven.

**Oligofructosen.** Chemisch gesehen sind Oligofructosen Vertreter der *Oligosaccharide und bestehen aus 2–10 Fructose-Einheiten, die unterschiedlich verknüpft sein können. Der Begriff Oligofructose im engeren Sinn wird im Zusammenhang mit *Prebiotika verwendet. Hier werden unter Oligofructosen Produkte verstanden, die bei der enzymatischen Hydrolyse von *Inulin entstehen. In diesem Zusammenhang wird zum Teil auch eine Abgrenzung zu den Fructooligosacchariden (FOS) vorgenommen; Näheres siehe *Fructooligosaccharide.

Es wird diskutiert, ob Oligofructosen den Lipid-Stoffwechsel günstig beeinflussen[1] und anticancerogene Eigenschaften besitzen[2].

*Analytik:* Die analytische Bestimmung von Oligofructosen in Lebensmitteln setzt eine enzymatische Behandlung (mit Inulinase, Amyloglucosidase) voraus. Die freigesetzten Zucker werden anschließend mittels HPAEC-PAD (high performance anion-exchange chromatography with pulsed amperometric detection) bestimmt[2]. – *E* oligofructose

*Lit.:* [1]Williams, C. M.; Jackson, K. G., *Br. J. Nutr.*, (2002) **87**, 261–264. [2]Taper, H. S.; Roberfroid, M., *J. Nutr.*, (1999) **129**, 1488S–1491S.

**Oligopeptide.** *Peptide, die sich aus etwa 2–10 *Aminosäure-Einheiten zusammensetzen. Oligopeptide entstehen entweder beim Abbau von Polypeptiden hydrolytisch auf chemischem oder enzymatischem Weg bzw. durch enzymatische Synthese oder Festphasentechnik. Beispiel Oligopeptide –

mit sehr unterschiedlichen physiologischen Funktionen – sind Neurohormone mit Releasing-Hormonen, Enkephaline, Angiotensine, Caerulein und andere Peptidhormone, Eledoisin und andere Kinine, Amanitine und andere Toxine, chemotaktisch wirkende Substanzen und die Peptid-Antibiotika, die oft Cyclopeptide sind und sich durch den Gehalt an seltenen und/oder D-Aminosäuren auszeichnen, opioide Peptide wie β-Casomorphine, Bitterpeptide wie sie durch partiellen Protein-Abbau in Lebensmitteln entstehen können, z.B. in Milch- und Sojaprodukten sowie das ubiquitäre *Glutathion. Nicht selten können Oligopeptide die physiologische Funktionen originär höhermolekularer Peptide wahrnehmen. – *E* oligopeptides

**Oligophosphate** siehe *Polyphosphate.

**Oligosaccharide** (veraltete Bezeichnung: Oligosen). Allgemeine Bezeichnung für Moleküle, die durch Kondensation von 2 bis ca. 10 *Monosacchariden entstehen. Hierbei können lineare, verzweigte und cyclische Oligosaccharide gebildet werden. Trisaccharide, Tetrasaccharide (z.B. *Stachyose, Acarbose) usw., früher auch als Biosen, Triosen, Tetraosen, Pentaosen usw. bezeichnet (nicht zu verwechseln mit Tetrosen, Pentosen usw.!). Die Oligomerisierung der Zucker führt theoretisch zu einer sehr großen Zahl von möglichen Stereoisomeren, von denen jedoch nur sehr wenige natürlich vorkommen. Zur Nomenklatur der Oligosaccharide siehe Literatur[1] und *Kohlenhydrate. Man unterscheidet Oligosaccharide, die Fehlingsche Lösung reduzieren, von solchen, deren anomere C-Atome durch glycosidische Bindungen blockiert sind. Oligosaccharide mit freiem anomerem C-Atom sind sehr selten, besonders wichtig ist *Lactose. Andere reduzierende Oligosaccharide wie *Maltose und *Cellobiose sind Spaltprodukte der *Polysaccharide *Amylose, *Cellulose und Amylopektin (siehe *Stärke), und deshalb nicht als native Oligosaccharide aufzufassen.
Zu den wichtigsten Vertretern der Oligosaccharide gehören[2]:
1. *Fructooligosaccharide (FOS).
2. Xylooligosaccharide (XOS): Ketten aus 2–7 β-D-(1,4)-gebundenen *Xylose-Einheiten, die industriell durch enzymatische Spaltung von Xylanpolymeren, die z.B. in Maiskolben vorkommen, hergestellt werden.
3. Galactooligosaccharide (GOS): es handelt sich chemisch um (Galactosyl)$_n$-Glucose, mit n = 1–7, die unter Einsatz von mikrobiellen Enzymen aus Lactose hergestellt werden können. GOS kommen im Gegensatz zu Kuhmilch in Humanmilch vor und wirken bifidogen (siehe *Bifidus-Faktoren).
4. Isomaltooligosaccharide (IMO): Gemisch aus α-(1,6)-verknüpften Glucose-Einheiten. Das Disaccharid wird als *Isomaltose bezeichnet. Handelsname für IMO ist z.B. Vitasugar®.
5. Soja-Oligosaccharide (SOS): bestehen überwiegend aus *Raffinose und Stachyose.
6. Raffinosezucker (raffinose family oligosaccharides, RFO): wasserlösliche α-1,6-Galactosyl-Saccha-

rosen. Dazu gehören vor allem Raffinose [Galactosyl-Saccharose, durchschnittlicher Polymerisationsgrad (DP) 3], Stachyose [(Galactosyl)$_2$-Saccharose, DP 4], Verbascose [(Galactosyl)$_3$-Saccharose, DP 5] und Ajugose [(Galactosyl)$_5$-Saccharose, DP 6].
*Vorkommen:* Oligosaccharide kommen in freier Form hauptsächlich im Pflanzenreich vor. Sie bestehen vorwiegend aus Hexosen, selten aus Pentosen oder Aminozuckern. Tierische Quellen sind besonders Milch und Honig.
In Kuhmilch sind große Mengen Lactose, in Frauenmilch ist auch *allo*-Lactose (6-*O*-β-D-Galactopyranosyl-D-glucose) enthalten. Die häufigsten nicht reduzierenden Oligosaccharide sind Saccharose, Raffinose und Trehalose. Oligosaccharide verfügen teilweise über antibiotische Wirkung, wichtigste Gruppe dieser Antibiotika sind die Aminozucker enthaltenden Aminoglycoside. Oligosaccharide kommen häufig als Bestandteile verschiedener Glycoside im Tier- und Pflanzenreich vor: z.B. Strophanthine, Herzglycoside, *Glycolipide, *Glycoproteine (hierzu zählen zahlreiche Serumproteine, Hormone, Membranproteine wie Blutgerinnungssubstanzen und Collagen), Glycohämoglobine. Dabei sind die Verknüpfungen der Monosaccharide für die Zell-Zell-Erkennung und -Wechselwirkung essentiell[3]. Sie fungieren als Rezeptoren für Proteine, Hormone und Viren und determinieren die Immunreaktion. Die Oligosaccharide werden durch *Glycosidasen, eine Untergruppe der Hydrolasen, gespalten.
*Analytik:* Qualitative Analyse durch Dünnschichtchromatographie (evtl. Durchlaufverfahren)[4,5] und Dünnschichtelektrophorese[6]. Quantitative Analyse enzymatisch nach Spaltung mit spezifischen Hydrolasen und anschließende Bestimmung eines Spaltproduktes[7]; durch Gaschromatographie (bis Hexasaccharide)[8], HPLC[9,10] und Kapillarelektrophorese[11] sowie durch Massenspektrometrie[12]. – *E* oligosaccharides

*Lit.:* [1]Pure Appl. Chem. **54**, 1517–1522 (1982); **55**, 605–622 (1983); **56**, 1031–1048 (1984). [2]Nakakuki, T., *Pure Appl. Chem.*, (2002) **74**, 1245–1251. [3]Ohrlein, R., *Mini Rev. Med. Chem.*, (2001) **1**(4), 349. [4]Churms, Handbook of Chromatography, Bd. 1, Carbohydrates, S. 137, Boca Raton: CRC 1982. [5]J. Chromatogr. **129**, 420–425 (1976). [6]Electrophoresis **11**, 18–22 (1990). [7]Bergmeyer, Methods of Enzymatic Analysis, 3. Aufl., Bd. VI, Weinheim: Verl. Chemie 1984. [8]Biermann u. McGinnis (Hrsg.), Analysis of Carbohydrates by GLC a. MS, Boca Raton: CRC 1989. [9]Macrae (Hrsg.), HPLC in Food Analysis, S. 71, London: Academic Press 1988. [10]Shaw (Hrsg.), Handbook of Sugar Separations in Food by HPLC, Boca Raton: CRC 1988. [11]Chromatographia **34**, 308–316 (1992). [12]Matamoros Fernández, L. E.; Obel, N.; Vibe Scheller, H.; Roepstorff, P., *J. Mass Spectrosc.*, (2003) **38**, 427.
*allg.:* Beilstein EV **17/7**, 196; **17/8**, 399, 403, 405 ▪ Karst, N. A.; Linhardt, R. J., *Curr. Med. Chem.*, (2003) **10**, 1993–2031 ▪ Schweizer, F., *Angew. Chem.*, (2002) **114**, 204; *Angew. Chem. Int. Ed. Engl.*, (2002) **41**, 231 ▪ Ullmann (5.) **A5**, 83

**Oliven.** Die Steinfrüchte des im Mittelmeerraum heimischen und dort kultivierten Oliven- oder Ölbaums (*Olea europaea* L. var. *europaea*, Oleaceae) sind ca. 1–20 g schwer, bis 3,5 cm lang und je nach Reifezustand grün, später rot und schließlich blauschwarz gefärbt. Außer zur Gewinnung von *Olivenöl dienen sie, in Öl oder Salzlösung eingelegt, auch selbst als Nahrungsmittel.

***Zusammensetzung und Wirtschaft:*** Tafeloliven (grün, mariniert) enthalten (Angaben in g/100 g[1]): $H_2O$ (74,8), Eiweiß (1,4), Fett (13,9), Kohlenhydrate (1,8), Mineralstoffe (5,8). Energiewert pro 100 g: 568 kJ (138 kcal). Unter den organischen Säuren wurden vor allem Essigsäure und Milchsäure sowie Citronensäure und Bernsteinsäure nachgewiesen[2]. Zum Vorkommen von biogenen Aminen siehe Literatur[3–5]. Oliven enthalten außerdem ein hypotensiv wirkendes α-Pyron-Derivat (*Elenolid*, $C_{11}H_{12}O_5$, $M_R$ 224,21, Schmp. 155°C) und einen iridoiden Bitterstoff (*Oleuropein*, $C_{25}H_{32}O_{13}$, $M_R$ 540,53, Schmp. 87–89°C).

Elenolid          Oleuropein

Je nach Erntezeitpunkt werden die Oliven grünreif (vor allem in Spanien) oder vollreif (schwarz) wie in Griechenland und der Türkei verwendet.

Bevor die Früchte in Salzwasser eingelegt werden, wird der Bitterstoff durch Behandeln mit verdünnter Natron- oder Kalilauge (dabei vertieft sich die Farbe) oder durch Gärung (Mischgärung aus *Lactobacillus*, *Pediococcus* und *Leuconostoc* spp. und verschiedenen Hefen; Olivenfermentation) entfernt. In Deutschland dürfen Oliven nach der *ZZulV unter Kenntlichmachung durch Luftoxidation der phenolischen Verbindungen und Stabilisierung der Schwarzfärbung mittels Eisengluconat „geschwärzt werden".

Aufgrund vermuteter gesundheitsfördernder Effekte wurden in den letzten Jahren vermehrt Untersuchungen über die in Oliven enthaltenen phenolischen Verbindungen, insbesondere Oleuropein und Hydroxytyrosol, durchgeführt[6–12]. Die Weltproduktion im Jahr 2002 belief sich auf über 15 Mio. t, wobei Spanien (5 Mio. t), Italien (2,6 Mio. t) und Griechenland (2,4 Mio. t) die Hauptanbauländer darstellten. – *E* olives

*Lit.:* [1]Souci et al. (6.), S. 991. [2]Cinha, S. C.; Ferreira, I. M. P. L. V. O.; Fernandes, J. O.; Faria, M. A.; Beatriz, M.; Oliveira, P. P.; Ferreira, M. A., *J. Liq. Chromatogr. Relat. Technol.*, (2001) **24**, 1029–1038. [3]Hornero-Mendez, D.; Garrido-Fernandez, A., *J. Food Prot.*, (1997) **60**, 414–419. [4]Cobo, M.; Silva, M., *Chromatographia*, (2000) **51**, 706–712. [5]Garcia-Garcia, P.; Brenes-Balbuena, M.; Romero-Barranco, C.; Garrido-Fernandez, A., *J. Food Prot.*, (2001) **64**, 374–378. [6]Bianco, A. D.; Muzzalipo, I.; Piperno, A.; Romeo, G.; Uccella, N., *J. Agric. Food Chem.*, (1999) **47**, 3531–3534. [7]Soler-Rivas, C.; Espin, J. C.; Wichers, H. L., *J. Sci. Food Agric.*, (2000) **80**, 1013–1023. [8]Visioli, F.; Poli, A.; Galli, C., *Med. Res. Rev.*, (2001) **22**, 65–75. [9]Uncella, N., *Trends Food Sci. Technol.*, (2001) **11**, 315–327. [10]Uncella, N., *Trends Food Sci. Technol.*, (2001) **11**, 328–339. [11]Saija, A.; Uncella, N., *Trends Food Sci. Technol.*, (2001) **11**, 357–363. [12]Bianchi, G., *Eur. J. Lipid Sci. Technol.*, (2003) **105**, 229–242. *allg.:* Franke, W., *Nutzpflanzenkunde*, 6. Aufl.; Thieme: Stuttgart, (1997); S. 155ff. – [HS 2005 70; CAS 32619-42-4 (Oleuropein); 24582-91-0 (Elenolid)]

**Olivenöl.** Fettes, nicht trocknendes Öl aus dem Fruchtfleisch von *Oliven, den Steinfrüchten des v. a. im mediterranen Raum wachsenden Olivenbaumes *Olea europaea* L., Oleaceae. Der Ölgehalt im Fruchtfleisch liegt bei 38–58 Gew.-%; D. 0,914–0,919; SZ 0,2–2,8, IZ 79–80, Hydroxyl-Zahl 4–12, VZ 185–196 (siehe *Fettkennzahlen); Trübungspunkt 6–10°C, Erstarrungspunkt 0°C, FP 225°C. Die Farbe des Olivenöls ist grün-bräunlich bis hellgelb; es ist löslich in Dichlormethan, schwerlöslich in Ethanol und unlöslich in Wasser.

***Herstellung und Wirtschaft:*** Natives Olivenöl wird ausschließlich durch mechanische oder physikalische (insbesondere thermische) Verfahren gewonnen, die nicht zu einer Veränderung des Öls führen. Die Früchte werden zunächst zerkleinert. Anschließend wird die Olivenmasse 30 Minuten lang gerührt (malaxiert). Die Abtrennung des Öls erfolgt durch Pressen, Zentrifugation (Dekanter) oder Perkolation. Nach den Vermarktungsvorschriften für Olivenöl [VO (EG) Nr. 1019/2002 vom 13. Juni 2002] ist die Angabe „Erste Kaltpressung" nur zulässig, wenn die erste mechanische Pressung bei höchstens 27°C in einer hydraulischen Presse gewonnen wurde. Raffiniertes Olivenöl wird durch Raffination aus nativem Olivenöl erhalten. Oliventresteröl stammt aus der Extraktion der Preßrückstände und wird erst durch Raffination genußtauglich. Olivenkernöl wird durch Pressen und Extraktion der Olivenkerne gewonnen. Die Weltproduktion an Olivenöl im Jahr 2002 belief sich auf ca. 2,3 Mio. t (Spanien ca. 830000 t, Italien ca. 507000 t, Griechenland 372000 t). Über 212000 t Olivenöl wurden weltweit aus den Preßrückständen gewonnen.

***Recht:*** Der Internationale Olivenöl-Rat (International Olive Oil Council, IOOC) hat mit dem Trade Standard Applying to Olive Oil and Olive-Pomace Oil einen Standard für die Analytik der Olivenöle herausgegeben. Der Codex Alimentarius Standard for Olive Oils and Olive Pomace Oils entspricht dem IOOC-Standard. Diese Vorgaben gingen in weiten Teilen in die Verordnung EWG Nr. 2568/91 über die Merkmale von Olivenölen und Oliventresterölen sowie die Verfahren zu ihrer Bestimmung ein, die zuletzt im Mai 2002 geändert wurde [VO (EG) Nr. 796/2002]. Mit Wirkung zum 01. November 2003 werden durch die VO (EG) Nr. 1513/2001 unter anderem auch die Definitionen und verbindlichen Bezeichnungen für die einzelnen Olivenöl-Kategorien geändert. Die Öle werden in folgende Güteklassen und Bezeichnungen eingeteilt (siehe Tabelle, S. 822).

Die Einteilung von Olivenölen nach den Leitsätzen für Speisefette und Speiseöle[1] beruht auf dem IOOC-Standard. Im Anhang der Leitsätze ist die Fettsäuren-Zusammensetzung von Olivenöl wiedergegeben. Witterungsbedingte Schwankungen

Tabelle: Klassifizierung und Gehalt an freien Fettsäuren von Ölivenöl.

| Olivenöl-Klasse | Gehalt an freien Fettsäuren (%) |
|---|---|
| 1. Native Olivenöle: | |
| a) Natives Olivenöl extra | ≤ 0,8 |
| b) Natives Olivenöl | ≤ 2,0 |
| c) Lampantöl | >2,0 |
| 2. Raffiniertes Olivenöl | ≤ 0,3 |
| 3. Olivenöl, bestehend aus nativem und raffiniertem Olivenöl | ≤ 1,0 |
| 4. Rohes Oliventresteröl | keine Angaben (etwa wie Lampantöl) |
| 5. Raffiniertes Oliventresteröl | ≤ 0,3 |

werden jährlich im nationalen Olivenöl-Index der Erzeugerländer veröffentlicht. Eine Zusammenfassung der Rechtsverordnungen enthält Literatur[2].

*Zusammensetzung und Ernährungsphysiologie:* Genaue Angaben zur Fettsäuren-Zusammensetzung siehe Literatur[1]. Unverseifbarer Anteil 0,5–1,3%, davon *Sterole 0,15% (Olivenöl extra) bzw. 0,37% (Oliventresteröl), vgl. Literatur[3–6]. Squalen 0,1–0,7% (der Gehalt ist vom aktuellen Reifezustand abhängig)[7], 0–10 ppm *Chlorophyll, Spuren von *Phospholipiden, *Carotinoiden und α-*Tocopherol[8], 300 IE *Vitamin A. Nährwert je 100 g: 3880 kJ. Olivenöle, v. a. der ersten Pressung, werden sowohl unter sensorischen als auch unter ernährungsphysiologischen Aspekten (hoher Gehalt an *Ölsäure, Einteilung in die Klasse der Öle, die reich an Monoensäuren sind) positiv bewertet[9,10]. Die antioxidativ wirksamen phenolischen Inhaltsstoffe, insbesondere Oleuropein und Hydroxytyrosol[11–14], werden im Zusammenhang mit einer cardio- bzw. canceroprotektiven Wirkung diskutiert. Der Gehalt dieser Wirkstoffe hängt stark von der Herstellungstechnologie ab. Der Gesamt-Sterol-Gehalt ist im Vergleich mit anderen pflanzlichen Speiseölen (*Sonnenblumenöl, *Maiskeimöl) dagegen eher gering[3].

*Toxikologie:* Über höhere Anteile von *polycyclischen aromatischen Kohlenwasserstoffen und Halogenkohlenwasserstoffen in nativem Olivenöl als in raffiniertem Olivenöl wurde berichtet[15,16]. Eine ungünstige Beeinflussung der Phagocytose des Menschen durch große Mengen Olivenöl ist nach Literatur[17] gegeben. Gemäß VO (EWG) 2568/91 darf der Gehalt an flüchtigen halogenierten Kohlenwasserstoffen 0,2 ppm in der Summe, bei einem Maximalgehalt von 0,1 ppm jeder Einzelverbindung, nicht übersteigen. Durch den Verkauf von Olivenöl, welches mit technischem, durch Anilin-Zusatz vergälltem *Rapsöl gestreckt worden war, kam es im Jahre 1981 in Spanien zu ca. 350 tödlichen Vergiftungsfällen (vgl. *toxic oil syndrome).

*Verwendung:* Als beliebtes Speiseöl der mediterranen Küche. Im kosmetischen Bereich (siehe *Sonnenschutzmittel), in der pharmazeutischen Produktion sowie in der Textilindustrie ist Olivenöl ein hochwertiger Rohstoff. Olivenöl der höchsten Qualität ist bei nicht zu kühler Lagerung zwei bis drei Jahre lang haltbar. Gefrorenes Öl sollte bei geöffneten Gefäßen langsam unter Klärung bei etwa 15–20°C auftauen. Auch die bei der Herstellung von Olivenöl anfallenden Nebenprodukte können verwertet werden, vgl. Literatur[33,34].

*Analytik:* Die Authentizität von Olivenöl kann sowohl anhand der Fettsäuren-Zusammensetzung[18] als auch anhand des Gehaltes an Alkanolen[19], n-Alkanen[20], polaren Bestandteilen[21] und der Struktur der *Diglyceride überprüft werden. Eine Zusammenfassung gibt Literatur[22]. Die Verfälschung mit Sansaöl (Oliventresteröl) ist über den Gehalt an Erythrodiol[23] (12-Oleanen-3β,28-diol) erkennbar. Zum Nachweis von Haselnußöl in Olivenöl siehe Literatur[24,25]. Weitere Methoden zur Authentizitätskontrolle von Olivenöl umfassen $^{13}$C-NMR-[26] und NIR-Spektroskopie[27,28] sowie GC-IRMS[29]. Auch das Carotinoid- und Chlorophyll-Muster kann zur Überprüfung von Olivenöl herangezogen werden[30]. Zur Bestimmung der Belastung mit Tetrachlorethen existiert eine EU-einheitliche GC-Headspace-Methode (vgl. Literatur[2]). Die für den Bittergeschmack von Jungfern-Olivenöl verantwortlichen Komponenten[31] lassen sich über *HPLC identifizieren. Der Reifegrad der zur Ölgewinnung verwendeten Oliven kann anhand des Gehaltes an phenolischen Verbindungen[32] erkannt werden. – *E* olive oil

*Lit.:* [1] Leitsätze für Speisefette und Speiseöle (Deutsches Lebensmittelbuch). [2] Fiebig, H.-J., *Ernähr. Fokus,* (2002) **2**, 278–283. [3] Fat Sci. Technol. **91**, 23–27 (1989). [4] Riv. Ital. Sostanze Grasse **64**, 131–136 (1987). [5] Riv. Ital. Sostanze Grasse **61**, 69–89 (1984). [6] Riv. Ital. Sostanze Grasse **61**, 205–213 (1984). [7] Riv. Ital. Sostanze Grasse **62**, 423–426 (1985). [8] J. Sci. Food Agric. **46**, 503–509 (1989). [9] Fette, Seifen, Anstrichm. **86**, 606–613 (1984). [10] Riv. Ital. Sostanze Grasse **65**, 559–599 (1988). [11] Soler-Rivas, C.; Espín, J. C.; Wichers, H. J., *J. Sci. Food Agric.,* (2000) **80**, 1013–1023. [12] Visioli, F.; Galli, C., *Crit. Rev. Food Sci. Nutr.,* (2002) **42**, 209–221. [13] Tuck, K. L.; Hayball, P. J., *J. Nutr. Biochem.,* (2002) **13**, 636–644. [14] Visioli, F.; Galli, C.; Galli, G.; Caruso, D., *Eur. J. Lipid Sci. Technol.,* (2002) **104**, 677–684. [15] Riv. Ital. Sostanze Grasse **65**, 447ff. (1988). [16] Z. Lebensm. Unters. Forsch. **200**, 266–272 (1995). [17] Lindner (4.), S. 53. [18] J. AOAC Int. **67**, 721–727 (1984). [19] Riv. Ital. Sostanze Grasse **62**, 287–293 (1985). [20] Webster, L.; Simpson, P.; Shanks, A. M.; Moffat, C. F., *Analyst,* (2000) **125**, 97–104. [21] Riv. Ital. Sostanze Grasse **62**, 281–286 (1985). [22] Mitt. Geb. Lebensmittelunters. Hyg. **84**, 99ff. (1993). [23] Riv. Ital. Sostanze Grasse **64**, 359–363 (1987). [24] Parcerisa, J.; Boatella, J.; Codony, R.; Rafecas, M., *J. Chromatogr. A.,* (2000) **881**, 149–158. [25] Ozen, B. F.; Mauer, L. J., *J. Agric. Food Chem.,* (2002) **50**, 3898–3901. [26] Mavromoustakos, T.; Zervou, M.; Bonas, G.; Kolocouris, A.; Petrakis, P., *J. Am. Oil Chem. Soc.,* (2000) **77**, 405–411. [27] Tay, A.; Singh, R. K.; Krishnan, S. S.; Gore, J. P., *Lebensm. Wiss. Technol.,* (2002) **35**, 99–103. [28] Downey, G.; McIntyre, P.; Davies, A. N., *Appl. Spectrosc.,* (2003) **57**, 158–163. [29] Spangenberg, J. E.; Ogrinc, N., *J. Agric. Food Chem.,* (2001) **49**, 1534–1540. [30] Gandul-Rojas, B.; Cepero, M. R.-L.; Minguez-Mosquera, M. I., *J. Am. Oil Chem. Soc.,* (2000) **77**, 853–858. [31] J. Food Sci. **54**, 68ff. (1989). [32] Riv. Ital. Sostanze Grasse **64**, 255–262 (1987). [33] Schieber, A.; Stintzing, F. C.; Carle, R., *Trends Food Sci. Technol.,* (2001) **12**, 401–413. [34] Visioli, F.; Galli, C., *Curr. Top. Nutraceut. Res.,* (2003) **1**, 85–88.

*allg.:* Ullmann (5.) **A10**, 176, 215, 219, 255 – [HS 1509 10, 1509 90]

**Omega-3-Fettsäuren** (ω-3-Fettsäuren). Mehrfach ungesätt. *Fettsäuren u. speziell die O. sind essentielle Fettsäuren. Die Klassifizierung erfolgt nach der Position der ersten Doppelbindung vom Methyl-Ende gerechnet, d.h. bei O. ist die erste Doppelbindung am 3. C-Atom lokalisiert. Zu den O. gehören *Linolensäure (C18:3) als Ausgangsverb. der ω-3-Reihe sowie die längerkettigen u. hochgradig ungesätt. (all-Z)-5,8,11,14,17-Eicosapentaensäure (EPA) (C20:5) u. Docosahexaensäure (DHA) (C22:6).

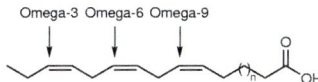

**Wirkung:** Als strukturelle Komponenten der Phospholipide in den Zellmembranen beeinflussen sie Membraneigenschaften u. -funktionen. Sie erhöhen die Fluidität u. Permeabilität der Zellmembran u. stimulieren hormonelle u. immunolog. Aktivitäten. Die funktionellen Wirkungen umfassen v.a. das Herz-Kreislaufsystem, das Immun- sowie das Zentralnervensystem.
Aus O. werden Eicosanoide gebildet, die an einer Vielzahl von Zellfunktionen beteiligt sind u. bioregulator. Funktionen ausüben. Die Wirkung der aus O. gebildeten Eicosanoide unterscheidet sich bzw. ist teilweise kompetitiv zur Wirkung von aus *Omega-6-Fettsäuren gebildeten Eicosanoiden. Insgesamt gesehen verschieben O. das Verhältnis auf die Seite der Gefäßerweiterung u. Gerinnungshemmung.
**Vorkommen:** Linolensäure ist in grünen Blattgemüsen wie Spinat u. Portulak, in Nüssen sowie in einigen Pflanzenölen enthalten. Aufgrund des geringen Gesamtfettgehaltes stellen grüne Blattgemüse jedoch keine nennenswerte Quelle für die menschliche Ernährung dar. In höheren Konz. kommt Linolensäure in Leinöl mit ca. 57% der Gesamtfettsäuren, sowie in Rapsöl, Sojaöl, Weizenkeimöl u. Walnußöl mit 7–13% der Gesamtfettsäuren vor. Weiterhin ist neben Leinöl Leinsamen eine gute Quelle.
Die längerkettigen O. EPA u. DHA sind v.a. in fetten Meeres- bzw. Seefischen u. Fischöl enthalten. Mittlerweile stehen auch biotechnolog. hergestellte EPA- u. DHA-reiche single-cell Öle, die aus Mikroorganismen wie Algen u. Pilzen gewonnen werden, zur Verfügung.
**Ernährungsphysiologie:** Studien in Grönland stellten fest, daß das geringere Arteriosklerose-Risiko der Inuit-Bevölkerung (Eskimos) trotz der extrem Fett- u. *Cholesterol-reichen Ernährung mit der hohen Aufnahme an O. zusammenhängt. Ähnliche Studien in Japan u. Norwegen zeigten, daß ein hoher Verzehr an Seefischen eine verringerte Thromboseneigung sowie eine Verlängerung der Blutungszeit bewirkt.
O. beeinflussen eine ganze Reihe von kardiovaskulären Risikofaktoren (Tab.). Es handelt sich dabei um eine meist moderate günstige Beeinflussung einzelner Risikofaktoren, die zusammen jedoch zur antiarterioskerot. Wirkung beitragen sollen.

Tab.: Protektive Wirkung von Omega-3-Fettsäuren bei kardiovaskulären Erkrankungen.

- Hypolipidäm. Effekte (Senkung der Triglyceride u. des VLDL-Cholesterols)
- Antithrombot. u. antiatherogene Effekte
- Antiarrhythm. Effekte
- Wachstumsverzögerung von atherosklerot. Plaques
- Inhibition der Cytokin-Freisetzung
- Verminderung der Blutviskosität
- Senkung der arteriellen Hypertonie

Die British Nutrition Foundation sowie die *DGE empfehlen, zur Versorgung mit O. 2–3mal pro Woche Fisch zu essen. Personen, die keinen Fisch oder Fischprodukte verzehren, wird empfohlen, täglich mind. ca. 200 mg langkettige O. auf andere Weise aufzunehmen.
Bes. bei Schwangeren u. Säuglingen muß auf eine ausreichende Zufuhr geachtet werden.
**Angereicherte Lebensmittel:** Alle Lebensmittel, in die eine Fettphase eingearbeitet werden kann, eignen sich zur Anreicherung von Omega-3-Fettsäuren. Zur Anreicherung einsetzen lassen sich sowohl konventionelle Quellen wie Leinöl, Leinsamen od. Fischöle sowie neuartige, biotechnolog. od. gentechn. gewonnene Produkte.
O.-angereicherte Produkte sind seit einiger Zeit in mehreren Ländern, z.B. in Großbritannien, in den Skandinavischen Ländern sowie in Korea, Taiwan u.v.a. in Japan auf dem Markt. Die Produktpalette reicht dabei von Erfrischungsgetränken über Suppen, fettarmen Streichfetten bis hin zu angereicherten Eiprodukten, Brot u. Fleischwaren. In Deutschland werden bisher Brot, Eier u. Wellnessdrinks angeboten. – E omega-3-fatty acids
**Lit.:** Chajes, V.; Bougnoux, P., World Rev. Nutr. Diet., (2003) **92**, 133–151 ▪ Din, J. N.; Newby, D. E; Flapan, A. D., BMJ – Br. Med. J., (2004) **328**(7430), 30–35 ▪ Mata Lopez, P.; Ortega, R. M., Eur. J. Clin. Nutr., (2003) **57**, Suppl. 1, S 22–S 25 ▪ Erbersdobler, H. F.; Meyer, A. H., Hrsg., Praxishandbuch Functional Food, Behr's: Hamburg, (Loseblattsammlung, ständig aktualisiert); I, 1.1 ▪ Ursin, V. M., J. Nutr., (2003) **133**, 4271–4274

**Omega-6-Fettsäuren** (ω-6-Fettsäuren). Unter Omega-6-Fettsäuren versteht man zweifach oder mehrfach ungesättigte *Fettsäuren, deren erste Doppelbindung sich zwischen dem 6. und 7., vom Methyl-Ende her gezählten Kohlenstoff-Atom befindet. Im Wesentlichen handelt es sich hierbei um *Linolsäure (C18:2 c9c12), γ-*Linolensäure (C18:3 c6c9c12, GLA) und *Arachidonsäure (C20:4 c5c8c11c14). Sie gehören zu den für den Menschen essentiellen Fettsäuren, wobei γ-Linolensäure und Arachidonsäure auch endogen aus Linolsäure gebildet werden können.
**Vorkommen:** Ein hoher Gehalt an Linolsäure ist in pflanzlichen Ölen, hier vor allem in Distelöl (ca. 75%), Sojaöl (50–57%), Traubenkernöl (58–78%), Sesamöl (ca. 45%) und Sonnenblumenöl (50–75%) enthalten. γ-Linolensäure findet sich hauptsächlich in Hanföl (ca. 19%), Nachtkerzenöl (10–11%) und Borretschöl (20–22%) (Angaben jeweils in Prozent der Gesamtfettsäuren). Arachi-

donsäure kommt in geringen Mengen in tierischen Fetten, Fleisch und Milch vor.

*Funktion:* Linolsäure, die wichtigste essentielle Fettsäure, kann im Körper gespeichert, zur Energiegewinnung oxidiert oder aber endogen zu γ-Linolensäure, Dihomo-γ-linolensäure (DGLA) und Arachidonsäure umgewandelt werden. Alle diese Fettsäuren haben im menschlichen Körper wichtige physiologische Funktionen. So sind Omega-6-ungesättigte-Fettsäuren essentielle strukturelle Bestandteile der Phospholipide jeder Zellmembran. Dort beeinflussen sie Membraneigenschaften und Membranfunktionen wie die Fluidität, den Transport von Elektrolyten sowie diverse hormonelle und immunologische Aktivitäten. Weiterhin stellen sie die Ausgangssubstanzen für die Synthese von Prostaglandinen und anderen Eicosanoiden dar. γ-Linolensäure fungiert unter anderem als indirekte Vorstufe für die Bildung von Prostaglandinen der Serie 1 (z.B. PGE$_1$). DGLA ist einerseits Ausgangsprodukt für Arachidonsäure, andererseits werden aus ihr die Eicosanoide der Serie 1 gebildet.

*Gesundheitliche Bewertung:* Enthält die Nahrung keine Omega-6-Fettsäuren, so kann es zu vielseitigen Mangelerscheinungen kommen, die das Nervensystem, das Wachstum und die Haut betreffen. Omega-6-Fettsäuren haben einen LDL-Cholesterol-senkenden Effekt. Die aus der DGLA gebildeten Eicosanoide der Serie 1 besitzen entzündungshemmende Eigenschaften, allerdings ist die DGLA auch Ausgangspunkt für die Synthese der entzündungsfördernden Arachidonsäure. Das aus der GLA gebildete Prostaglandin PGE$_1$ ist maßgeblich an der Immunregulation und der Hemmung der Histamin-Freisetzung beteiligt.

Eine generell zu hohe Zufuhr an Omega-6-Fettsäuren bewirkt ein Übergewicht an gerinnungsfördernden und entzündungsfördernden, gefäßverengenden und immunsuppressiv wirksamen Prostaglandinen und Leukotrienen. Bei Neurodermitis und rheumatischen Erkrankungen, die mit einem Mangel an γ-Linolensäure in Verbindung gebracht werden, werden γ-Linolensäure-reiche Öle zur Supplementierung empfohlen.

*Analytik:* Die qualitative und quantitative Erfassung erfolgt durch Gaschromatographie-FID und Gaschromatographie-MS der Fettsäuremethylester (Umesterung mit Natriummethylat). Eine Anreicherung der Minorfettsäuren (z.B. γ-Linolensäure) kann mittels geeigneter Trennmethoden (z.B. Argentationschromatographie) erfolgen. – *E* ω-6 fatty acids

*Lit.:* Anonymus, *Altern. Med. Rev.*, (2004) **9**, 70–79 ■ Brenna, J. T., *Curr. Opin. Clin. Nutr. Metab. Care*, (2002) **5**, 127–132 ■ Cleland, L. G.; James, M. J.; Proudman, S. M., *World Rev. Nutr. Diet.*, (2003) **92**, 152–168 ■ De Lorgeril, M.; Salen, P., *World Rev. Nutr. Diet.*, (2003) **92**, 157–173 ■ Kasper, H., *Ernährungsmedizin und Diätetik*, Urban & Fischer: München, (2000) ■ Simopoulos, A. P., *Biomed. Pharmacother.*, (2002) **56**, 365–379 ■ Zampelas, A.; Paschos, G.; Rallidis, L.; Yannakouris, N., *World Rev. Nutr. Diet.*, (2003) **92**, 92–108

**Oosporein** (Iso-Oosporein, Chaetomidin).

R = H : Phoenicin
R = OH : Oosporein

$C_{14}H_{10}O_8$, $M_R$ 306,23, bronzefarbene Kristalle, Schmp. 290–295 °C (als Tetraacetat gelbe Nadeln, Schmp. 190 °C), giftiges Benzochinon-Pigment aus Pilzen (*Oospora colorans, Chaetomium aureum, Chaetomium trilaterale, Beauveria-, Cordyceps-, Penicillium-, Verticillium-* und *Acremonium*-Arten). Bei Basidiomyceten wurde Oosporein bei *Phlebia* sp. gefunden. Das entsprechende Didesoxy-Derivat *Phoenicin* ($C_{14}H_{10}O_6$, $M_R$ 274,22) wurde in *Penicillium*-Arten gefunden. Aufgrund seiner weiten Verbreitung in nahrungsmittelbesiedelnden Pilzen kann Oosporein als Verunreinigung in Tiernahrung vorkommen. Es hat keine chronische, sondern nur akut toxische Wirkung [LD$_{50}$ (Küken p.o.) 6,12 mg/kg]. Oosporein hemmt die Malat-Synthase, ein Schlüsselenzym des Glyoxylat-Cyclus. – *E* oosporein

*Lit.:* Seger, C.; Sturm, S.; Langle, T.; Wimmer, W.; Stuppner, H.; Strasser, H., *J. Agric. Food Chem.*, (2005) **53**, 1364–1369 – [HS 2914 69; CAS 475-54-7 (Oosporein); 128-68-7 (Phoenicin)]

**Opportunisten.** Fakultative *Pathogene; Mikroorganismen, die unter bestimmten Bedingungen, z.B. nach schwerer körperlicher Belastung, bei Immunschwäche oder postoperativ bzw. unter dem Einfluß immunsuppressiver Medikamente, für den Menschen gesundheitsgefährdend werden können. Sie werden durch Lebensmittel, Wasser oder Geschirr z.B. in Krankenhäusern und Altenheimen übertragen. Hierzu rechnet man *Enterobakterien der Gattungen *Proteus, Providencia, Enterobacter* und *Serratia, Enterococcus* sowie *Pseudomonas aeruginosa* und *Aeromonas hydrophila. – *E* facultative pathogenes

*Lit.:* Hahn, H.; Falke, D.; Kaufmann, S. H.; Ullmann, U., *Medizinische Mikrobiologie und Infektiologie*, 4. Aufl.; Springer: Berlin, (2001) ■ Krämer (4.)

**Optische Aufheller** (Weißtöner). Bezeichnung für chemische Verbindungen, die Vergrauungen und Vergilbungen von Textilien, Papier, Kunststoffen usw. dadurch beseitigen, daß sie, wie Farbstoffe aus der Flotte auf der Faser aufgezogen bzw. in das betreffende Material eingearbeitet, eine Aufhellung bewirken und gleichzeitig eine Bleichwirkung vortäuschen, indem sie (unsichtbare) Ultraviolettstrahlung in (sichtbares) längerwelliges Licht umwandeln. Das aus dem Sonnenlicht absorbierte ultraviolette Licht wird als schwach bläuliche Fluoreszenz wieder abgestrahlt, also in der Komplementärfarbe der Vergilbung. Diese organischen Lumineszenzpigmente (Fluoreszenzpigmente) wirken somit wie optische Transformatoren.
Als optische Aufheller eignen sich vor allem 1,3,5-Triazinyl-Derivate von 4,4′-Diamino-2,2′-stilbendi-

sulfonsäure (Flavonsäure), 4,4′-Distyrylbiphenylen, Hymecromon (Methylumbelliferon), *Cumarin, Dihydrochinolinon, 1,3-Diarylpyrazolin, Naphthalsäureimid, über CH=CH-Bindungen verknüpfte Benzoxazol-Systeme, Benzisoxazol- und Benzimidazol-Systeme und durch Heterocyclen substituierte Pyren-Derivate.

*Eigenschaften:* An die Echtheit eines optischen Aufhellers gegenüber Waschen, Schweiß, Bügeln, Sonnenlicht und gegen gleichzeitig angewandte Textilhilfsmittel (Appreturen) werden hohe Anforderungen gestellt. Außerdem müssen für jeden Fasertyp spezifische optische Aufheller eingesetzt werden. Man verwendet sie in kleinen Mengen (meist 0,1 – 0,3%) auch in Wasch- und Spülmitteln; es genügt, wenn ein Liter Waschflotte 0,01 – 0,1 g optische Aufheller enthält. Die Wirkung ist verschieden von derjenigen, die bei den subtraktiven Methoden erzielt wird, wozu z. B. das Bläuen der Wäsche gehört: Hier wird die Gilbe durch die Komplementärfarbe (z. B. durch Zusatz von kleinen Mengen Ultramarin- oder Indanthrenblau) an der Rückstrahlung gehindert; dies erfolgt jedoch durch Auslöschung und nicht durch Aufhellung und hat deshalb eigentlich die Entstehung eines Grautons zur Folge. Die optischen Aufheller greifen außerdem die Fasern nicht an wie die Rasenbleiche oder chemische *Bleichen (deshalb wird hier auch der Begriff optische Aufheller statt *optische Bleichmittel* vorgezogen).

*Anwendung:* Man verwendet heute optische Aufheller zum *Weißtönen* von Baumwolle, Zellwolle, Papier, Wolle, Synthesefasern, Kunststoffen, Wachsen, Seifen, Wäschesteifen, Druckfarben, Photopapieren usw., während ihr Einsatz zur Lebensmittelschönung verboten ist. Die Verwendung von optischen Aufhellern in *Waschmitteln ist im Hinblick auf neue leistungsfähige Formulierungen besonders von sogenannten Colorwaschmitteln rückläufig.

*Toxikologie:* Nach den bisher vorliegenden Daten gibt es keine Anzeichen auf akut toxische oder unerwünschte Effekte wie Irritationen, Sensibilisierungen oder subchronische Toxizität. Die vermutete Carcinogenität von optischen Aufhellern hat sich im einzelnen nicht bestätigen lassen. In den bisher durchgeführten Studien konnten keine Hinweise auf mutagene oder teratogene Effekte gefunden werden[1,2]. Klärungsbedarf besteht wohl noch bei der Frage einer möglichen hormonellen Aktivität.

*Analytik:* Chromatographische Methoden können sowohl für die schnelle Identifizierung als auch für die Mengenbestimmung herangezogen werden. Für die quantitative Bestimmung wird auch die Spektralphotometrie eingesetzt. Die Farbechtheit von optisch aufgehellten Papieren und Pappen für den Lebensmittelkontakt wird nach DIN EN 648: 2003-06 bestimmt.

*Recht:* Für optische Aufheller existiert kein Anmeldungs- oder Zulassungsverfahren. Für *Bedarfsgegenstände wie z. B. Textilien, die optische Aufheller enthalten, gilt das *LFGB und die *Bedarfsgegenständeverordnung.

In den Kunststoff-Empfehlungen des *BfR sind für bestimmte Lebensmittelbedarfsgegenstände Anforderungen an die Zusammensetzung niedergelegt. Für Papier, Kartons und Pappen für den Lebensmittelkontakt (XXXVI.) wird für Stilben-Derivate eine Höchstmenge von 0,3% angegeben, während für Papier und Pappen für Backzwecke (XXXVI/2.) nach dieser Empfehlung keine optischen Aufheller verwendet werden dürfen[3]. – *E optical brighteners, fluorescent whitening (brightening) agents (FWA)*

*Lit.:* [1]Plautz, J.; Richner, P., *Fluorescent Brightener FWA-5*, A.I.S.E.: Brüssel, (2001); http://www.heraproject.com/RiskAssessment.cfm?SUBID=11. [2]Bundesinstitut für gesundheitlichen Verbraucherschutz und Veterinärmedizin (BgVV), *Stilbenderivate als Textilhilfsmittel und als Bestandteil von Waschmittel*, vom Oktober 2001; http://www.bfr.bund.de/cm/216/stilbenderivate.pdf. [3]Kunststoffempfehlungen des BfR; http://bfr.zadi.de/kse/.
*allg.:* Smulders, E., *Laundry Detergents*, Wiley-VCH: Weinheim, (2002) ▪ Ullmann (5.) **A8**, 367 – 371, 420 ▪ Ullmann (7.); http://dx.doi.org/10.1002/14356007.a18_153 [Online, Januar 2003] ▪ Zweifel, H., Hrsg., *Plastics Additives Handbook*, 5. Aufl.; Hanser: München, (2001); S. 882 – 900

**Optische Bleichmittel** siehe *optische Aufheller.

**Optische Emissionsspektrometrie** siehe *Atomemissionsspektrometrie.

**Optische Rotationsdispersion** siehe *Rotationsdispersion.

**Opuntie** siehe *Kaktusfeige.

**Orange** (Apfelsine, Chinaapfel, Sinaapfel, Süßorange). Gelbe bis orangefarbene, ovale bis kugelige Frucht des vermutlich in China beheimateten, in subtropischen Klimazonen [Brasilien (40% der Welternte), USA, Mittelmeerländer, Südafrika u. a.] angebauten, 6 – 10 m hohen Orangenbaumes (*Citrus sinensis* [L.] Osbeck., syn. *Citrus aurantium* Lour. ssp. *sinensis* Engler, Rutaceae). Die aus Flavedo (Exocarp) und Albedo (Mesocarp) bestehende Orangenschale umschließt das gelbe bis gelblich-orangefarbene, auch rötliche, süß bis säuerlich schmeckende, aromatische Fruchtfleisch, dessen 8 – 13 Segmente sich um die faserige Zentralachse (Columella) gruppieren und fest aneinanderhängen. Von den über 400 Sorten sind nur einige für den Weltmarkt von Bedeutung. Diese werden nach praktischen Gesichtspunkten des europäischen Handels eingeteilt in „Blond-Orangen" (November bis Januar; Topsorten: „Valencia", „Navel", „Shamouti", „Jaffa"; letztere ist generell als Herkunftsbezeichnung für Orangen aus Israel geschützt), dann die mittelfrühen Blut-Orangen (Januar bis April, z. B. „Doblefina") und schließlich die Spätfrüchte (April bis Juni, z. B. „Valencia late"). Deutschland importiert jährlich etwa 500000 t Orangen, wovon 60% aus Spanien stammen. Hauptlieferant für Blutorangen (40000 t jährlich) ist Italien.

*Inhaltsstoffe:* Das Fruchtfleisch enthält durchschnittlich 50 mg Vitamin C und Carotinoide wie *Lutein, β-*Cryptoxanthin-, *Violaxanthin- und β-Citraural-Ester[1,2] sowie Flavanon-glycoside, insbesondere Hesperidin[3]. Das typische Aroma wird vornehmlich durch Ethylbutanoat, *Linalool, *Limonen, *Citral und α-*Pinen bestimmt[5-7]. Zur enantioselektiven GC-Analytik chiraler Orangen-Inhaltsstoffe vgl. Literatur[8]. Angaben zu weiteren Inhaltsstoffen sind Literatur[3,7,9] zu entnehmen.

*Verwendung:* Neben dem Frischverzehr werden Orangen zu Orangensaft, Nektar, Saftgetränken, Fruchtpulver, Likör, Essenzen, Limonaden und zu Marmelade verarbeitet. Die kandierten Schalen sind als Orangeat im Handel. Zur Nutzung der etherischen Öle der Schale vgl. *Orangenschalenöle. – *E* orange

*Lit.:* [1]Breithaupt, D. E.; Bamedi, A., *J. Agric. Food Chem.*, (2001) **49**, 2064. [2]Oberholster, R.; Cowan, A. K.; Molnar, P.; Toth, G., *J. Agric. Food Chem.*, (2001) **49**, 303. [3]Herrmann, K., *Inhaltsstoffe von Obst und Gemüse*, Ulmer: Stuttgart, (2001); S. 37, 56, 62, 68, 72. [5]Cameron, R. G.; Manthey, J. A.; Baker, R. A.; Grohmann, K., *J. Agric. Food Chem.*, (2001) **49**, 4457. [6]Buettner, A.; Schieberle, A., *J. Agric. Food Chem.*, (2001) **49**, 2387. [7]Moufida, S.; Marzouk, B., *Phytochemistry*, (2003) **62**, 1283. [8]Ziegler, E., Ziegler, H., Hrsg., *Flavourings*, Wiley-VCH: Weinheim, (1998). [9]Proteggente, A. R.; Saija, A.; De Pasquale, A.; Rice-Evans, C. A., *Free Radical Res.*, (2003) **37**, 681.

*allg.:* Franke, W., *Nutzpflanzenkunde*, 6. Aufl.; Thieme: Stuttgart, (1997); S. 290 ■ Sánchez-Moreno, C.; Plaza, L.; De Ancos, B.; Cano, M. P., *J. Sci. Food Agric.*, (2003) **83**, 430 ■ Souci et al. (6.) – [HS 0805 10]

**Orangenblüten(absolue, -öl).** Beide Produkte werden aus frisch gepflückten Blüten des Bitterorangenbaumes (Pomeranze), *Citrus aurantium* ssp. *aurantium* [s.a. *Orangenschalenöle (bitteres)] gewonnen. Herkunft: Südfrankreich, Spanien, Marokko, Tunesien.

**1. Orangenblütenabsolue** (FEMA 2818): Rotbraune bis dunkelbraune Flüssigkeit. Intensiver schwerer, warmer Blütenduft mit bitteren u. herbwürzigen Akzenten; Geschmack: bitter-aromatisch.

*Herstellung:* Extraktion mit geeigneten Lsm. (meist Hexan) gibt das Concret (Ausbeute 0,2%), dessen Extraktion mit Ethanol das Absolue (Gesamtausbeute ca. 0,1%).

*Zusammensetzung[1]:* Die Hauptbestandteile u. wichtigsten Geruchsträger sind *Linalool (ca. 50%), Linalylacetat (ca. 20%), Nerolidol (4–8%), *Farnesol (7–12%), *Indol (2–5%) u. *Methylanthranilat (2–5%), *Limonen (ca. 1%).

*Verwendung:* Wegen der mühsamen Art der Gewinnung gehört Orangenblütenabsolue zu den kostbarsten Parfümerierohstoffen. Es wird daher nur in kleinsten Mengen in wertvollen Eaux de Toilette u. blumigen Parfüms eingesetzt.

**2. Orangenblütenöl** (Neroliöl; FEMA 2819): Gelbliche Flüssigkeit mit schwacher blauer Fluoreszenz; süßer terpenig-würziger, leicht bitterer Blütenduft. Geschmack: bitter-aromatisch. Herst. durch Wasserdampfdestillation.

*Zusammensetzung[1]:* Im Vgl. zum Absolue enthält das dest. Öl wesentlich mehr Monoterpenkohlenwasserstoffe wie β-*Pinen (7–15%), *Limonen (11–13%) u. andere. Hauptbestandteil ist Linalool (30–40%). Die übrige Zusammensetzung ähnelt qual. der des Absolues.

*Verwendung:* Essentieller Bestandteil klass. Eaux de Toilette („Kölnisch Wasser"), wegen seiner Kostbarkeit jedoch nur in kleinsten Mengen verwendet. Das bei der Dest. von Orangenblütenöl als Nebenprodukt anfallende Destillationswasser („O.-Wasser") ist ebenfalls ein populäres Aromatisierungsmittel. Die Extraktion mit Hexan ergibt das sog. *Orangenwasser-Absolue* (orange flower water absolute, absolue de l'eau de fleurs d'oranger), das hauptsächlich zum Aromatisieren von Lebensmitteln, z.B. Likören, verwendet wird. – *E* 1. orange flower absolute, 2. neroli oil

*Lit.:* [1]Perfum. Flavor. **16** (6), 1 (1991); Chromatographia **39**, 529 (1994); Perfum. Flavor. **22** (6), 45 (1997).

*allg.:* Bauer et al. (4.), S. 207 – [HS 3301 29; CAS 68916-04-1 (1.); 8030-28-2 (2.)]

**Orangensaft** (Apfelsinensaft). Nach § 1 der Fruchtsaftverordnung ein trüber, aus 100% Saft bestehender *Fruchtsaft, der nur aus dem Endokarp (inneres saftiges Fruchtfleisch) frischer Orangen durch mechanische Verfahren gewonnen wird. Beurteilung und Kennzeichnung erfolgen nach der Fruchtsaft-VO. Für dort nicht geregelte Merkmale können die *Leitsätze des Deutschen Lebensmittelbuches herangezogen werden.

*Herstellung:* Der größte Teil des auf dem deutschen Markt gehandelten Orangensaftes wird aus Orangensaft-Konzentrat (siehe *Fruchtsaft) durch Rückverdünnen mit Wasser geeigneter Qualität (mindestens Richtwerte der EG-Trinkwasser-Richtlinie) hergestellt. Dazu wird der frisch gepreßte Saft unter Abtrennung des Aromas („water phase" und „essence oil") meist noch im Ursprungsland (z.B. in Brasilien oder Florida) durch Verdampfen des Wassers aufkonzentriert und nach Europa verschifft. Hier erfolgt vor der Abfüllung (heiß- oder kaltaseptisch) die Rückverdünnung auf Trinkstärke unter Zusatz der anteiligen Aroma-Menge. Derart hergestellte Produkte müssen nach § 3 Abs. 3 Nr. 4 der Fruchtsaft-VO mit dem Hinweis „aus ...konzentrat" versehen sein.

Zur Entbitterung von Orangensaft durch Entfernung von *Limonin an einem unpolaren Harz vgl. Literatur[1,2]. Die Nutzung der aus der Orangensaft-Produktion anfallenden Wertstoffe ist in Literatur[3,4] beschrieben.

*Zusammensetzung:* Zur Authentizitätsbeurteilung sind detaillierte Kenntnisse zur Zusammensetzung notwendig[5-7]. Zunehmend kommen demzufolge Techniken der computergestützten analytischen Chemie zur Anwendung[8,9]. Zur Analytik von Orangensaft-Flavanonen und polymethoxylierten *Flavonen werden HPLC und HPLC-MS eingesetzt[10-12]; auch die Carotinoid-Zusammensetzung[13,14] und die der Anthocyane in Blutorangensaft (Hauptkomponente: Cyanidin-3-[6″-malonyl)-β-glucosid)[15-18] sind hiermit zugänglich. Als Marker für Schalenextrakte kann Phlorin (3,5-Dihydroxyphenyl-β-D-glucopyranosid) herangezogen werden[19]. In der Herkunftsanalytik werden Pyrolyse-MS[20] und Isotopen-MS-Techniken[21] eingesetzt. Ein Zusatz von Grapefruit wird anhand des Naringin-Anteils erfaßt[22]. Die bislang zur Bioaktivität vorliegenden Daten[23-30] einschließlich Bioverfügbarkeit[31,32] weisen auf antioxidative Effekte hin[33,34]. – *E* orange juice

*Lit.:* [1]Shaw, P. E.; Baines, L.; Milnes, B. A.; Agmon, G., In *Citrus Limonoids*; Berhow, M. A.; Hasegawa, S.; Manners, G. D., Hrsg.; ACS Symposium Series 758; American Chemical Society: Washington, DC, (2000); S. 120. [2]Ribeiro, M. H. L.; Silveira, D.; Ferreira-Dias, S., *Eur. Food. Res. Technol.*, (2002) **215**, 462. [3]Schieber, A.; Stintzing, F. C.; Carle, R., *Trends Food Sci. Technol.*, (2001) **12**, 401. [4]Di Mauro, A.; Arena, E.; Fallico, B.; Passerini, A.; Maccarone, E., *J. Agric. Food Chem.*, (2002) **50**, 5968. [5]Verband der Deutschen Fruchtsaft-Industrie e.V., Hrsg., *RSK-Werte*, Verlag Flüssiges Obst: Schönborn, (1987); S. 43–51. [6]Bundesgesundheitsblatt **31**, 398 (1988). [7]Verband der Deutschen Fruchtsaft-Industrie e.V., Hrsg., *A.I.J.N.-Code of Practice zur Beurteilung von Frucht- und Gemüsesäften*, Verband der Deutschen Fruchtsaft-Industrie e.V.: Bonn, (1996); ständige Aktualisierung. [8]Anal. Lett. **32**, 3131–3141 (1999). [9]J. Sci. Food Agric. **79**, 1949–1953 (1999). [10]J. Chromatogr. A **800**, 171–179 (1998). [11]Rapid Commun. Mass Spectrom. **13**, 2399–2405 (1999). [12]Mouly, P. P.; Gaydou, E. M.; Arzouyan, C., *Analusis*, (1999) **27**, 284. [13]Food Chem. **64**, 269–275 (1999). [14]Breithaupt, D. E.; Bamedi, A., *J. Agric. Food Chem.*, (2001) **49**, 2064. [15]Ital. J. Food Sci. **10**, 367–372 (1998). [16]J. Agric. Food Chem. **48**, 2249–2252 (2000). [17]J. Pharm. Biomed. Anal. **23**, 191–195 (2000). [18]Dugo, P.; Mondello, L.; Morabito, D.; Dugo, G., *J. Agric. Food Chem.*, (2003) **51**, 1173. [19]J. Agric. Food Chem. **46**, 4193–4197 (1998). [20]Food Chem. **69**, 215–220 (2000). [21]Food Chem. **70**, 385–390 (2000). [22]J. AOAC Int. **83**, 1155–1165 (2000). [23]Circulation **100**, Suppl. S, 4348 (1999). [24]J. Agric. Food Chem. **47**, 128–135 (1999). [25]J. Pharm. Exp. Ther. **293**, 230–236 (2000). [26]Nutr. Cancer **36**, 224–229 (2000). [27]Rapisarda, P.; Bellomo, S. E.; Intriglioli, F., *Recent Res. Dev. Agric. Food Chem.*, (2001) **5**, 217. [28]Gil-Izquierdo, A.; Gil, M. I.; Ferreres, F., *J. Agric. Food Chem.*, (2002) **50**, 5107. [29]Amorini, A. M.; Lazzarino, G.; Galvano, F.; Fazzina, G.; Tavazzi, B.; Galvano, G., *Free Radical Res.*, (2003) **37**, 453. [30]Vinson, J. A.; Su, X.; Zubik, L.; Bose, P., *J. Agric. Food Chem.*, (2001) **49**, 5315. [31]FASEB J. **14**, A491 (2000). [32]Gil-Izquierdo, A.; Gil, M. I.; Ferreres, F.; Tomás-Barberan, F. A., *J. Agric. Food Chem.*, (2001) **49**, 1035. [33]Sánchez-Moreno, C.; Plaza, L.; De Ancos, B.; Cano, M. P., *J. Sci. Food Agric.*, (2003) **83**, 430. [34]Proteggente, A. R.; Saija, A.; De Pasquale, A.; Rice-Evans, C. A., *Free Radical Res.*, (2003) **37**, 681. *allg.:* Schobinger, U., *Frucht- und Gemüsesäfte*, Ulmer: Stuttgart, (2001); S. 56, 96, 207ff. ∎ Ullmann (6.) ∎ Zipfel, C 331 – *[HS 2009 11, 2009 19]*

## Orangenschalenöle

(FEMA 2821; Orangenschalenöl, terpenfrei: FEMA 2822). In der Parfüm- u. Aromenindustrie werden zwei unterschiedliche Arten von Orangenölen verwendet. Die Herstellung erfolgt üblicherweise nach zwei Verfahren.

*Relatrice-Extraktion:* Schalen werden unter Wasserzufluß auf Schältrommeln abgerieben. Durch Zentrifugieren werden aus der abfließenden Emulsion Wasser, Öl und Feststoffe getrennt. Die Feststoffe werden nachgepreßt.

*Sumatrice-Extraktion:* Früchte werden halbiert. Fruchtfleisch und Saft entfernt. Aus den zurückbleibenden Schalen wird das Öl durch mechanischen Druck gepreßt. Dabei wird das Brechen der Schale vermieden, um Beimengungen von Zellsaft zu vermeiden.

**1. Süßes Orangenöl:** Gelbes bis rötlich-gelbes Öl mit einem hellen, frisch-fruchtigen, süßen Geruch nach frisch geriebenen Orangenschalen u. einem ebensolchen Geschmack. Optische Reinheit >99% $R(+)$, $d_{20}^{20}$ 0,842–0,850; $n_D^{20}$ 1,4700–1,4760; $[\alpha]_D^{20}$ +94° bis +99°; Aldehyd-Gehalt berechnet als Decanal 0,9–3,1%.

*Herstellung:* Durch mechan. Verf. („Pressen") aus den Schalen der süßen Orange, *Citrus sinensis*; *Herkunft:* Brasilien, USA (Kalifornien, Florida), Israel, Italien, Spanien. O. ist meist ein bei der Herst. von Orangensaft anfallendes Nebenprodukt. Mit einer Weltjahresproduktion von ca. 20000 t (2002) ist O. nach Terpentinöl das mengenmäßig bedeutendste ether. Öl.

*Zusammensetzung[1]:* Hauptinhaltsstoff ist (+)-*Limonen (meist >90%). Die organolept. Eigenschaften werden wesentlich von Komponenten wie Octanal, Decanal, *Citral (alle <0,5%), α- u. β-*Sinensal sowie *Nootkaton (alle <0,05%) bestimmt.

*Verwendung:* Zur Parfümherst., für frische Citrusnoten in vielen Anw.-Bereichen; zur Aromatisierung von Erfrischungsgetränken u. Backwaren, wofür meist konzentrierte O. mit einem geringeren Gehalt an Terpenkohlenwasserstoffen eingesetzt werden; zur Gewinnung von reinem (+)-Limonen.

**2. Bitteres Orangenöl** (FEMA 2823): Gelbes bis gelb-braunes Öl mit einem Geruch, der weniger aldehyd., aber herber, blumig-frischer ist als der des süßen Öls u. einem deutlich orangigen, aber „dry"-bitteren Geschmack; $d_{20}^{20}$ 0,840–0,861; $n_D^{20}$ 1,4720; $[\alpha]_D^{20}$ +88° bis +98°.

*Herstellung:* Durch mechan. Verf. („Pressen") aus der Schale der Bitterorange, *Citrus aurantium* ssp. *aurantium*. Herkunft z.B. Italien, Spanien. Die hergestellten Mengen sind im Vergleich zu süßem O. gering.

*Zusammensetzung[2]:* Die Zusammensetzung ist der des süßen O. sehr ähnlich. Üblicherweise ist der Gehalt an Aldehyden geringer und an Estern höher. Hauptbestandteil ist ebenfalls (+)-Limonen (>90%).

*Verwendung:* Zur Parfümherst., z.B. für Eaux de Cologne u. frische Eaux de Toilette. Wegen eines geringen Gehaltes an Furocumarinen, die phototox. Reaktionen auslösen können, wird das bittere O. in Parfümölen aber nur in begrenzten Mengen eingesetzt. Zum Aromatisieren vor allem von Likören, aber auch von Süß- u. Backwaren. – *E* orange oils

*Lit.:* [1]Perfum. Flavor. **16**(2), 17 (1991); **17**(5), 133 (1992); **19**(4), 33–41; (6), 29 (1994); Flavour Fragr. J. **9**, 105 (1994), **10**, 33 (1995). [2]Perfum. Flavor. **16**(6), 1; (2) 17 (1991); **19**(5), 83–96; (6), 29 (1994); Flavour Fragr. J. **10**, 33 (1995). *allg.:* Bauer et al. (4.), S. 189 ∎ H&R, S. 192 ∎ ISO 3140: 2005-09, Süßes Orangenöl, erhalten durch mechanische Behandlung ∎ ISO 9844: 1991-09, Bitterorangenöl ∎ Klöpffer, S. 132 ∎ Perfum. Flavor. **16**(6), 1 (1991) ∎ Ziegler, E.; Ziegler, H., Hrsg., *Flavourings*, Wiley-VCH: Weinheim (1998); S. 178–179 – *[HS 3301 12; CAS 8008-57-9 (1.); 68916-04-1 (2.)]*

## ORD.

Abkürzung für optische *Rotationsdispersion.

**Organfette** siehe *Lipide.

**Organisation International de la Vigne et du Vin** siehe *OIV.

**Organochlor-Insektizide.** Bez. für eine heterogene Gruppe insektizider Chlorkohlenwasserstoffe (s. Tab., S. 829).

*Geschichte:* Entdeckung der insektiziden Wirkung des DDT im Jahre 1939[1]. In der Stoffklasse der O.-I. folgten u.a. das Hexachlorcyclohexan (Lindan, 1940–1943), Chlordan (1944), Camphechlor (Toxaphen, 1948), Aldrin (1948), Dieldrin (1948) u. Endosulfan (1954). Zunehmende Erkenntnisse zur Persistenz u. Bioakkumulation einiger O.-I. führten zu Einschränkungen der Anw. bis hin zu Herst.- u. Anw.-Verboten in den meisten entwickelten Ländern[2] [s. *DDT (Recht)].

*Wirkstoffe:* Von den Analogen des DDT erlangte v.a. Methoxychlor (DMDT, Kelthane®) große Marktbedeutung wegen seiner geringen Persistenz u. Akkumulation sowie günstigerer toxikolog. Eigenschaften. Von den verschiedenen Stereoisomeren des Hexachlorcyclohexans (HCH, veraltet BHC = „Benzolhexachlorid") erwies sich nur das γ-Isomer Lindan als insektizid wirksam, weiteres s. *HCH. Camphechlor[3] wurde durch Photochlorierung von Camphen hergestellt[4] (nicht mehr zugelassen: BRD 1971, Kanada 1980, USA 1982). Der Synth.-Baustein Hexachlorcyclopentadien (HCCP) ist die Schlüsselsubstanz für eine Reihe gut wirksamer, sog. Cyclodien-Insektizide (Tab., S. 829). Für alle Cyclodien-Insektizide (bis auf Endosulfan) bestehen in Deutschland vollständige Anw.-Verbote (Pflanzenschutz-Anwendungsverordnung, s.a. *Lit.*[1]). Endosulfan[5] (Thiodan®) zeichnet sich aufgrund der Dioxathiepin-3-oxid-Gruppe (cycl. Sulfit) durch leichte biolog. Abbaubarkeit u. damit nicht nachweisbare Akkumulation in Organismen aus. Das techn. Produkt enthält beide Stereoisomeren (ca. 70% α- u. ca. 30% β-Endosulfan). Wegen relativ günstiger toxikolog. sowie nützlingsschonender Eigenschaften (Bienen, Marienkäfer) wird Endosulfan weiterhin eingesetzt (Obst- u. Weinbau). Es ist allerdings hoch fischtoxisch.

*Wirkung:* O.-I. sind breit wirksame *Insektizide mit allerdings nur mäßiger Wirkung gegen Blattläuse (s. *Aphizide) u. völliger Unwirksamkeit gegen Spinnmilben (s. *Akarizide). Die Wirkstoffaufnahme erfolgt beim Insekt hauptsächlich über Kontakt; einige O.-I. sind auch als Fraß- od. Atemgifte wirksam (z.B. Lindan). Der allen O.-I. gemeinsame biolog. Angriffsort ist das Nervensystem. An den Nervenmembranen bewirken sie die Auslösung eines Aktionspotentials (K/Na-Austausch) u. verhindern gleichzeitig die Wiederherstellung des Ruhepotentials [„Na-Pumpe", ATP-(Energie-)Verbrauch][6]. Die Symptome bestehen in unkontrollierbaren Kontraktionen u. Bewegungen, die nach Auswirkung auf zentrale Organe zum Tode des Insekts führen. – *E* organochlorine insecticides (chlorinated hydrocarbon insecticides)

*Lit.:* [1] Büchel, S. 10–13. [2] Rev. Environ. Contam. Toxicol. **114**, 23–55 (1990). [3] Rev. Environ. Contam. Toxicol. **118**, 1–85 (1991). [4] Nachr. Chem. Tech. Lab. **39**, 26–34 (1991). [5] Residue Rev. **83**, 1–165 (1982). [6] ACS Symp. Ser. **356**, 226–250 (1987).
*allg.:* Aguera, A.; Contreras, M.; Crespo, J.; Fernandez-Alba, A. R., *Analyst*, (2002) **127**, 347–354 ▪ De Mora, S.; Villeneuva, J. P.; Sheikholeslami, M. R.; Cattini, C.; Tolosa, I., *Mar. Pollut. Bull.*, (2004) **48**, 30–43 ▪ Marcotrigiano, G. O.; Storelli, M. M., *Vet. Res. Commun.*, (2003) **27**, Suppl. 1, 183–195 ▪ Moreno Frias, M.; Garrido Frenich, A.; Martinez Vidal, J. L.; Mateu Sanchez, M.; Olea, F.; Olea, M., *J. Chromatogr. B*, (2001) **760**, 1–15 ▪ Starek, A., *Int. J. Occup. Med. Environ. Health*, (2003) **16**, 113–124 ▪ Tsuda, H.; Naito, A.; Kim, C. K; Fukamachi, K.; Nomoto, H.; Moore, M. A., *Jpn. J. Clin. Oncol.*, (2003) **33**, 259–270 ▪ [HS 3808 10]

**Organophosphor-Insektizide.** Gruppenbez. für die sicherlich umfangreichste Wirkstoffklasse von *Schädlingsbekämpfungsmitteln, deren Entwicklung auf Arbeiten von Schrader[1] in den 40er Jahren zurückgeht. Im Vgl. zu den damals konkurrierenden *Organochlor-Insektiziden steht der leichten Abbaubarkeit der O.-I. eine zumeist hohe Warmblütertoxizität gegenüber, die beim Umgang mit diesen Wirkstoffen zu beachten ist. Neben *Insektiziden sind auch einige fungizide u. herbizide Organophosphor-Verb. entwickelt worden. Die sog. *Schradersche Acylformel* (s. Tab., S. 830) charakterisiert Phosphorsäureester mit insektizider Potenz u. war ein erster erfolgreicher Versuch, Struktur-Wirkungsbeziehungen aufzuklären; Beisp. s. Tabelle. Dieselbe Struktur besitzen auch Kampfstoffe und Nervengase wie Tabun, Sarin, Soman und VX.

*Wirkung:* O.-I. sind breit wirksame Insektizide, *Aphizide, *Akarizide u. *Nematizide. Die Wirkstoffaufnahme erfolgt beim Schädling hauptsächlich über Kontakt od. die Nahrung (beißende, saugende Insekten). Bei relativ hoher Flüchtigkeit kann eine Atemgiftwirkung überwiegen. Einige O.-I. verfügen auch über eine system. Wirkung in der Pflanze. Die tox. Wirkung beruht beim Schädling wie beim Warmblüter auf einer Hemmung der Acetylcholin-Esterase, die über eine reversible Hemmung in erster Stufe nach Phosphorylierung des aktiven Zentrums (*Serin) irreversibel blockiert wird und damit Acetylcholin nicht mehr spalten kann. Durch die schnelle Reaktion der O.-I. mit diesen neuronal bedeutenden Enzymen kommt es zu einer endogenen Vergiftung mit dem Neurotransmitter (vergleichbar mit einer Fliegenpilzvergiftung, Muscarin). Die Symptome sind vergleichbar denen, die durch insektizide *Carbamate (gleicher Wirkungsmechanismus) od. *Organochlor-Insektizide hervorgerufen werden: permanenter Nervenreiz mit anhaltenden Muskelkontraktionen (Energieverbrauch), der nach Auswirkung auf zentrale Organe zum Tode führt.

Antidote: Atropin und Toxogonin® (Wirkstoff Obidoximchlorid), das die Phosphorylierung der Acetylcholin-Esterase rückgängig macht. – *E* organophosphorus insecticides

*Lit.:* [1] Schrader, Die Entwicklung neuer insektizider Phosphorsäureester, Weinheim: Verl. Chemie 1963.

Tab.: Organochlor-Insektizide.

| Common name | X | R | Summenformel | $M_R$ | CAS |
|---|---|---|---|---|---|
| *DDT | Cl | $CCl_3$ | $C_{14}H_9Cl_5$ | 354,48 | 50-29-3 |
| Methoxychlor | $OCH_3$ | $CCl_3$ | $C_{16}H_{15}Cl_3O_2$ | 345,65 | 72-43-5 |
| *DDD (TDE) | Cl | $CHCl_2$ | $C_{14}H_{10}Cl_4$ | 320,04 | 72-54-8 |
| Perthane | $C_2H_5$ | $CHCl_2$ | $C_{18}H_{20}Cl_2$ | 307,2 | 72-56-0 |
| *Lindan ($\gamma$-HCH) | | | $C_6H_6Cl_6$ | 290,83 | 58-89-9 |

| | | | | | |
|---|---|---|---|---|---|
| Camphechlor | | | $C_{10}H_{10}Cl_8$ | 413,81 | 8001-35-2 |

(67–69% Chlor)

| Chlordecon | | | $C_{10}Cl_{10}O$ | 490,64 | 143-50-0 |
|---|---|---|---|---|---|

| Mirex | | | $C_{10}Cl_{12}$ | 545,55 | 2385-85-5 |
|---|---|---|---|---|---|

| Chlordan | | | $C_{10}H_6Cl_8$ | 409,78 | 57-74-9 |
|---|---|---|---|---|---|

| *Heptachlor | | | $C_{10}H_5Cl_7$ | 373,32 | 76-44-8 |
|---|---|---|---|---|---|

| Aldrin | | | $C_{12}H_8Cl_6$ | 364,91 | 309-00-2 |
|---|---|---|---|---|---|

| Isodrin | | | $C_{12}H_8Cl_6$ | 364,91 | 465-73-6 |
|---|---|---|---|---|---|

| *Dieldrin | | | $C_{12}H_8Cl_6O$ | 380,91 | 60-57-1 |
|---|---|---|---|---|---|

| Common name | X | R | Summenformel | $M_R$ | CAS |
|---|---|---|---|---|---|
| *Endrin | | | $C_{12}H_8Cl_6O$ | 380,91 | 72-20-8 |
| *Endosulfan | | α-E. β-E | $C_9H_6Cl_6O_3S$ | 406,92 | 115-29-7 |

Tab.: Beispiele für Organophosphor-Insektizide.

Schradersche Acylformel:

| Common name | $R^1$ | $R^2$ | X | Acyl | Summenformel | $M_R$ | CAS |
|---|---|---|---|---|---|---|---|
| *Parathion | $OC_2H_5$ | $OC_2H_5$ | S | | $C_{10}H_{14}NO_5PS$ | 291,25 | 56-38-2 |
| Parathion-methyl | $OCH_3$ | $OCH_3$ | S | | $C_8H_{10}NO_5PS$ | 263,20 | 298-00-0 |
| Fenthion | $OCH_3$ | $OCH_3$ | S | | $C_{10}H_{15}O_3PS_2$ | 278,32 | 55-38-9 |
| Sulfotep | $OC_2H_5$ | $OC_2H_5$ | S | $-OP(S)(OC_2H_5)_2$ | $C_8H_{20}O_5P_2S_2$ | 322,32 | 3689-24-5 |
| Malathion | $OCH_3$ | $OCH_3$ | S | $-S-CH-COOC_2H_5$ / $CH_2-COOC_2H_5$ | $C_{10}H_{19}O_6PS_2$ | 330,35 | 121-75-5 |
| *Dichlorvos | $OCH_3$ | $OCH_3$ | O | $-O-CH=CCl_2$ | $C_4H_7Cl_2O_4P$ | 220,98 | 62-73-7 |
| Demeton-S-methyl-sulfon | $OCH_3$ | $OCH_3$ | O | $-S-(CH_2)_2-SO_2-C_2H_5$ | $C_6H_{15}O_5PS_2$ | 262,27 | 17040-19-6 |
| Phoxim | $OC_2H_5$ | $OC_2H_5$ | S | $-O-N=C-C_6H_5$ / CN | $C_{12}H_{15}N_2O_3PS$ | 298,29 | 14816-18-3 |
| Methidathion | $OCH_3$ | $OCH_3$ | S | | $C_6H_{11}N_2O_4PS_3$ | 302,31 | 950-37-8 |
| Azinphos-ethyl | $OC_2H_5$ | $OC_2H_5$ | S | | $C_{12}H_{16}N_3O_3PS_2$ | 345,37 | 2642-71-9 |
| Methamidophos | $OCH_3$ | $NH_2$ | O | $-SCH_3$ | $C_2H_8NO_2PS$ | 141,12 | 10265-92-6 |
| Acephat | $OCH_3$ | $NH-CO-CH_3$ | O | $-SCH_3$ | $C_4H_{10}NO_3PS$ | 183,16 | 30560-19-1 |

allg.: Costa, L. G.; Richter, R. J.; Li, W. F.; Cole, T.; Guizzetti, M.; Furlong, C. E., *Biomarkers*, (2003) **8**, 1–12 ▪ Garcia, S. J.; Abu-Quare, A. W.; Meeker-O'Connell, W. A.; Borton, A. J.; Abou-Donia, M. B., *J. Toxicol. Environ. Health B*, (2003) **6**, 185–210 ▪ Mulchandani, A.; Chen, W.; Mulchandani, P.; Wang, J.; Rogers, K. R., *Biosens. Bioelectron.*, (2001) **16**, 225–230 ▪ Satoh, T.; Hosokawa, M., *Neurotoxicology*, (2000) **21**, 223–237 – *[HS 3808 10]*

**Organosiloxane** siehe *Silicone.

**Origanumöl** (FEMA 2828). Gelb-rötliches bis dunkelbraunes Öl. Phenolig-würziger, herb-krautiger, lediger, bitterer Duft u. Geschmack; $d_{20}^{20}$ 0,930–0,955; $n_D^{20}$ 1,5000–1,5130; $[\alpha]_D^{20}$ −5° bis +2°.

*Herstellung:* Durch Wasserdampfdest. von vorwiegend im mediterranen Raum wachsenden *Origanum*- u. verwandten Arten, hauptsächlich *Origanum vulgare* ssp. *hirtum* (sog. Griech. Origanum) u. *Coridothymus capitatus* (syn. *Thymbra capitata*, sog. Span. Origanum).

*Zusammensetzung*[1,2]**:** Hauptbestandteil ist *Carvacrol (50–70%), meist begleitet von *Thymol (0–20%), *p*-Cymol und γ-Terpinen.

*Verwendung:* Bei der Parfümherst. für würzigkrautige Noten; in Würzmischungen für die Lebensmittelaromatisierung. Antimikrobielle und fungizide Eigenschaften sind bekannt, siehe Literatur[3–6]. Zu antioxidativen Eigenschaften siehe Literatur[7]. – *E* origanum (oregano) oil

*Lit.:* [1] Perfum. Flavor. **13**(4), 75 (1988); **14**(1), 36–40 (1989); **18**(1), 53 (1993). [2] Baratta, M. T.; Dorman, H. J.; Deans, S. G.; Biondi, D. M.; Ruberto, G., *J. Essent. Oil Res.*, (1998) **10**, 618–627. [3] Manohar, V.; Ingram, C.; Gray, J.; Talpur, N. A.; Echard, B. W.; Bagchi, D.; Preuss, H. G., *Mol. Cell. Biochem.*, (2001) **228**(182), 111–117. [4] Sivropoulou, A.; Papanikolaou, E.; Nikolaou, C.; Kokkini, S.; Lanaras, T.; Arsenakis, M., *J. Agric. Food Chem.*, (1996) **44**(5), 1202–1205. [5] Aligiannis, N.; Kalpoutzakis, E.; Mitaku, S.; Chinou, I. B., *J. Agric. Food Chem.*, (2001) **49**(9), 4168–4170. [6] Abou-Jawdah, Y.; Sobh, H.; Salameh, A., *J. Agric. Food Chem.*, (2002) **50**(11), 3208–3213. [7] Zheng, W.; Wang, S. Y., *J. Agric. Food Chem.*, (2001) **49**(11), 5165–5170.

*allg.:* Bauer et al. (4.) ▪ Teuscher, E., *Gewürzdrogen*, Wissenschaftliche Verlagsgesellschaft: Stuttgart, (2003); S. 117–119 – *[HS 3301 29; CAS 8007-11-2]*

**Orlean** (C.I. Natural Orange 4, C.I. 75120, E 160b). Natürlicher, orangeroter Farbstoff, der aus der farbigen Außenschicht der in kapselartigen, pflaumengroßen Früchten befindlichen Samenkörner des tropischen Onotobaums, Rukubaums oder Urucubaums (*Bixa orellana*, Bixaceae, einheimisch in Zentralamerika, wird auch in Ostindien, Sri Lanka, Java, Borneo, Madagaskar und Zaire angebaut) gewonnen wird und als außen braunroter, innen lebhaft roter Teig oder in Form von Pulver bzw. Brocken in den Handel kommt. Der besonders im angloamerikanischen Schrifttum meist als *Annatto* bezeichnete echte Orlean enthält neben 5–10% Aschebestandteilen drei verschiedene Pigmente, von denen *Bixin am wichtigsten ist.

*Verwendung:* Früher zur Textilfärberei und bei zentralamerikanischen Indianerstämmen zur Körperbemalung verwendet. Orlean (E 160b) wird in der Kosmetik eingesetzt und ist nur für bestimmte Lebensmittel mit Höchstmengen von 10–20 mg/kg zugelassen (Schmelzkäse, Snacks, Knabbererzeugnisse, Desserts, Feine Backwaren, Liköre; *ZZulV Anlage 1 Teil B). ADI-Wert: 0–0,65 mg/kg. Im Tierversuch zeigte sich weder Mutagenität[1] noch Embryotoxizität[2]. Über die täglichen Aufnahmemengen von Orlean in verschiedenen Ländern berichtet Literatur[3]. Zur Analytik mittels HPLC siehe Literatur[4,5]. – *E* annatto

*Lit.:* [1] Alves de Lima, R. O.; Azevedo, L.; Ribeiro, L. R.; Salvadori, D. M. F., *Food Chem. Toxicol.*, (2003) **41**, 189–192. [2] Paumgartten, F. J. R.; De-Carvalho, R. R.; Araujo, I. B.; Borges, O. O.; Souza, C. A. M.; Kuriyama, S. N., *Food Chem. Toxicol.*, (2002) **40**, 1595–1601. [3] Verger, P., In *Safety Evaluation of Certain Food Additives and Contaminants*; WHO Food Additive Series 44; WHO: Genf, (2000); S. 485–492; http://www.inchem.org/documents/jecfa/jecmono/v44jec15.htm. [4] Scotter, M. J.; Wilson, L. A.; Appleton, G. P.; Castle, L., *J. Agric. Food Chem.*, (1998) **46**, 1031–1038. [5] Bareth, A.; Strohmar, W.; Kitzelmann, E., *Eur. Food Res. Technol.*, (2002) **215**, 359–364.

*allg.:* Brücher, Tropische Nutzpflanzen, 6. Aufl., S. 462f., Berlin: Springer 1997 ▪ Levy, L. W.; Rivadeneira, D. M., In *Natural Food Colorants*, Lauro, G. J.; Francis, F. J., Hrsg.; IFT Basic Symposium Series 14, Dekker: New York, (2000); S. 115–152 – *[HS 3203 00; CAS 1393-63-1]*

**Orn** siehe *Ornithin.

**L-Ornithin** [(*S*)-2,5-Diaminopentansäure, Kurzzeichen Orn].

$C_5H_{12}N_2O_2$, $M_R$ 132,16. Farblose, optisch aktive Kristalle, als L-(+)-Ornithin Schmp. 140°C, $[\alpha]_D^{25}$ +11,5° (Wasser); Monohydrochlorid: Schmp. 233°C (Zersetzung), $[\alpha]_D^{23}$ +11,0°; Dihydrochlorid: Schmp. 230–232°C (Zersetzung), $[\alpha]_D^{25}$ +16,7° (Wasser); in Wasser mit alkalischer Reaktion leicht löslich, $pK_a$ 1,94, 8,65 und 10,76, pI 9,70. Orn kommt zusammen mit L-Lysin und L-Histidin in manchen Fischeiweißen vor und wurde auch in niedermolekularen Peptiden (z.B. natürlichen Cyclopeptid-Antibiotika wie Tyrocidinen oder Gramicidin S) und Bakterienzellwänden nachgewiesen. In Gramicidin S findet sich auch die D-Form von Ornithin. Im allgemeinen gilt Orn als nicht-proteinogene Aminosäure und ist Intermediärprodukt im Harnstoff-Cyclus. Beim Fanconi-Syndrom tritt Orn auch im Urin auf. Orn wurde erstmalig 1877 von Jaffé als *L-Ornithursäure* ($N^2,N^5$-Dibenzoyl-L-ornithin, $C_{19}H_{12}N_2O_6$, $M_R$ 364,31, Schmp. 189°C) aus den Exkrementen von Hühnern isoliert, die mit Benzoesäure gefüttert wurden (daher der Name von griechisch ornis = Vogel). Sie findet sich besonders reichlich in Vogelexkrementen, siehe auch unten.

*Biochemie:* Für den Säugetierorganismus gehört Orn zu den nicht-essentiellen Aminosäuren; es entsteht bei der Ammoniak-Entgiftung des Körpers im sogenannten L-Ornithin- oder Harnstoff-Cyclus bei der Abspaltung von Harnstoff aus L-Arginin unter Einwirkung von Arginase und wird durch Ornithin-Carbamoyltransferase[1,2] (EC 2.1.3.3) mit Carbamoylphosphat zu L-Citrullin und Phosphat umgesetzt. Die Reaktionen des Cyclus sind wie folgt:

1. $2 ATP + HCO_3^- + NH_3 \rightarrow$ Carbamoylphosphat $+ 2 ADP + P_i$ [Carbamoylphosphat-Synthetase I (CPS I, EC 6.3.4.16)].

2. Carbamoylphosphat + Orn → Citrullin + Phosphat (Ornithin-Carbamoyltransferase, EC 2.1.3.3).

3. Cit + Asp + ATP → Argininosuccinat + AMP + $PP_i$ (Argininosuccinat-Synthetase, EC 6.3.4.5).

4. Argininosuccinat → Fumarat + Arg (Argininosuccinat-Lyase, EC 4.3.2.1).

5. Arg + $H_2O$ → Harnstoff + Orn (Arginase, EC 3.5.3.1).

Das Endprodukt Orn dient wieder zur Bindung von Carbamoylphosphat. Die enzymatischen Reaktionen 1. und 2. verlaufen in Mitochondrien und 3. bis 5. im Cytosol.

Die Qualität der mit der Nahrung zugeführten Proteine bestimmt offensichtlich deren Abbaurate über L-Ornithin im Harnstoff-Cyclus[3].

Durch die – z.B. auch in Fäulnisbakterien vorkommende – *Ornithin-Decarboxylase*[4,5] (L-Ornithin-Carboxylyase, EC 4.1.1.17, enthält Pyridoxal-5-phosphat) wird Orn in das Polyamin *Putrescin überführt und spielt so eine Schlüsselrolle im Polyamin-Stoffwechsel. Dieser Abbau kann durch 2-(Difluormethyl)-L-ornithin gehemmt werden, was sich bei der Bekämpfung von (Putrescin benötigenden) Trypanosomen (Erregern der Schlafkrankheit) als nützlich erwiesen hat. Vitamin-A-Mangel hemmt diese Reaktion im Lungengewebe ebenfalls, was man im Tierversuch bei Ratten festgestelllt hat[6]. Aktivatoren der Ornithin-Decarboxylase wirken übrigens als Cocarcinogene und man hat festgestellt, daß bei Prostatacarcinomen die Aktivitäten der Enzyme Arginase und Diamin-Oxidase (letztere ist am Metabolismus der aus Orn gebildeteten biogenen Amine beteiligt) erhöht sind[7]. Im pflanzlichen Stoffwechsel wird die Polyamin-Synthese direkt über die Hemmung der Translation der Ornithin-Decarboxylase-mRNA durch Polyamine gesteuert und nicht durch eine allgemeine Hemmung des Zellstoffwechsels durch die Edukte[8].

Durch δ-Transaminierung unter Wirkung von Ornithin-Oxosäure-Aminotransferase (EC 2.6.1.13) wird Orn aus L-Glutaminsäure-5-semialdehyd gebildet und ist somit Zwischenprodukt der L-Arginin-Synthese aus L-*Glutaminsäure (Abbau von L-Arginin und L-Ornithin durch Umkehrung dieses Weges). In Pflanzen verlaufen analoge Stoffwechselwege über *N*-Acetyl-L-glutaminsäure-5-semialdehyd. Im Vogelkörper entgiftet Orn die bei Zersetzung aromatischer Aminosäuren entstehende Benzoesäure durch Bildung von L-Ornithursäure[9], vgl. oben.

*Herstellung und Verwendung:* Eine direkte enantioselektive Synthese über ein chirales quaternäres Ammoniumsalz wird in Literatur[10] vorgestellt. Die technische Herstellung von Orn erfolgt durch Hydrolyse von L-Arginin in alkalischem Medium oder biotechnologisch mittels Arginase oder unter Verwendung von Defektmutanten. In der Medizin wird Orn auch als 2-Oxoglutarat oder L-Aspartat (Salz der 2-Oxoglutarsäure bzw. L-*Asparaginsäure) in Leberschutzpräparaten gegen drohende Ammoniak-Vergiftung bei hepatischem Koma eingesetzt sowie zur Förderung des Stickstoff-Stoffwechsels in der Leber. – *E* L-ornithine

*Lit.:* [1] Trends Genet. **6**, 335–339 (1990). [2] Metab. Brain Dis. **12**, 171–182 (1997). [3] Tujioka, K.; Lyou, S.; Hirano, E.; Sano, A.; Hayase, K.; Yoshida, A.; Yokogoshi, H., *J. Agric. Food Chem.*, (2002) **50**, 7467–7471. [4] Biochem. J. **306**, 1–10 (1995). [5] Trends Biochem. Sci. **21**, 27–30, 119 (1996). [6] Baybutt, R. C.; Hu, L.; Molteni, A., *J. Nutr.*, (2000) **130**, 1159–1165. [7] Keskinege, A.; Elgun, S.; Yilmaz, E., *Cancer Detect. Prev.*, (2001) **25**, 76–79. [8] Theiss, C.; Bohley, P.; Bisswanger, H.; Voigt, J., *J. Plant Physiol.*, (2004) **161**, 3–14. [9] Beilstein EIV **9**, 872. [10] Zhang, F.-Y.; Corey, E. J., *Org. Lett.*, (2000) **2**, 1097–1100.

*allg.:* Beilstein EIV **4**, 2644 ▪ Ullmann (5.) **A2**, 58, 60, 63, 86; (7.); http://dx.doi.org/10.1002/14356007.a02_057 [Online, März 2001] – *[HS 2922 49; CAS 7006-33-9 (allgemein); 348-66-3 (D); 616-07-9 (DL); 70-26-8 (L)]*

**Ornithin-Decarboxylase** siehe *Ornithin.

**Ornithursäure** siehe *Ornithin.

**Orthokieselsäure** siehe *Kieselsäuren.

**Orthophenylphenol** siehe 2-*Biphenylol.

**Orthophosphate.** Bez. für Salze u. Ester der *Phosphorsäure; die Ester werden als Phosphorsäureester beschrieben. Bei den in der Natur weitverbreiteten anorgan. O. kennt man die sich von der Phosphorsäure ($H_3PO_4$) ableitenden, häufig als Phosphate im engeren Sinne bezeichneten prim., sek. u. tert. Orthophosphate:

a) *prim.* (saure) O. der allg. Formel $M^I H_2 PO_4$ (z.B. $NaH_2PO_4$) u. $M^{II}(H_2PO_4)_2$ [z.B. $Ca(H_2PO_4)_2$]; sie sind alle in Wasser lösl. unter saurer Reaktion.

b) *sek.* O. der allg. Formel $M_2^I HPO_4$ u. $M^{II} HPO_4$ (z.B. $K_2HPO_4$ u. $CaHPO_4$); von diesen lösen sich nur die Alkalisalze (leicht) in Wasser, die Lsg. reagiert nahezu neutral.

c) *tert.* O. der allg. Formel $M_3^I PO_4$ u. $M_3^{II}(PO_4)_2$ [z.B. $Na_3(PO_4)$ u. $Ca_3(PO_4)_2$]; sie sind, mit Ausnahme der leichtlösl., alkal. reagierenden Alkalisalze, in Wasser prakt. unlöslich.

*Vorkommen:* Im menschlichen Organismus finden sich reichlich O. (ca. 700 g), davon ist ca. $\frac{2}{3}$ als Calciumphosphat in Knochen gebunden. Da der Calcium-Stoffwechsel u. der Phosphat-Stoffwechsel gekoppelt sind, wird durch Parathormon auch O. mobilisiert, so daß es im Harn z.B. mit Gallein nachweisbar ist; zum Transport durch die Nieren (renale Ausscheidung) s. Literatur[1].

Anorgan. O. sind in der belebten u. unbelebten Natur weit verbreitet u. im Kreislauf miteinander verbunden[2]; eine Übersicht über den Phosphat-Gehalt des Trinkwassers in Deutschland findet man in Literatur[3].

*Gewinnung:* Die für die O.-Gewinnung wichtigsten Minerale sind Apatit [$Ca_5(PO_4)_3(F,Cl,OH)$], bes. Fluorapatit u. Phosphorit [$Ca_{10}(PO_4)_6(OH,F,Cl)_2$].

*Verwendung:* O. können im Sinne eines Säuerungsmittels, Säureregulators, Stabilisators, Schmelzsalzes, Antioxidationsmittels (im Sinne eines Synergisten) in Mineralwässern, Backpulvern, zur Herstellung von Käse und Speiseeis usw. eingesetzt werden. Auch zur Wasserenthärtung, in Korrosionsschutzmitteln, Flammschutzmitteln, keram. Werkstoffen, pharmazeut. Präparaten, Waschmitteln und Geschirrspülmitteln sowie in Futtermittelzusatzstoffen sind O. enthalten. Calcium-Diphosphate werden auch als Putzkörper in Zahnpflegemitteln u. Mundpflegemitteln verwendet.

Der größte Teil der Phosphat-Erze (ca. 90%) dient zur Herst. von Düngemitteln.

*Analytik:* Als schwerlösl. Silber-O., Magnesium-O., Ammonium-O. u. Ammoniummolybdato-O., letztgenannte Bestimmung auch als Trübungsmessung[4]. Als Mikronachweis bieten sich die Fluoreszenzlöschung von Aluminium-Morin-Chelat durch O.-Spuren[5] u. die Analyse mit Phosphorylase an; zur photometr. Bestimmung s. Literatur[6], zur potentiometr. Bestimmung s. Literatur[7], zur titrimetr. und amperometr. Bestimmung sowie zur Atomabsorptionsspektrometrie u. anderen Meth. s. Literatur[8].

Zum Nachweis der O. in biolog. Systemen eignet sich die [31]P-NMR-Spektroskopie[9]. Zur Analyse der Reinheit von als Zusatzstoffe für Lebensmittel verwendeten O. s. Literatur[10].

*Recht:* Natriumphosphate (E 339), Kaliumphosphate (E 340), Calciumphosphate (E 341).
*Zulassung:* Zusatzstoffe, die beschränkt zugelassen sind. *ZZulV 1998 Anlage 4 Teil B.
*Reinheitsanforderungen:* *ZVerkV 1998 Anlage 2 (zu § 3 Abs. 1) Liste B Reinheitsanforderungen nach Richtlinie 96/77/EG vom 2.12.1996, Amtsblatt der EG Nr. L 339 vom 30.12.1996, S. 1 (geändert).
*Kenntlichmachung:* § 9 Abs. 1 Nr. 2 und 2b ZZulV 1998 („mit Phosphat"); s. auch § 9 Abs. 8 Nr. 2 und § 6 Abs. 4 Nr. 2 in Verbindung mit Anlage 2 *LMKV. – *E* phosphates

*Lit.:* [1]Rev. Physiol. Biochem. Pharmacol. **100**, 161ff. (1984). [2]Hutzinger **1A**, 147–167. [3]Aurand et al., Atlas zur Trinkwasserqualität (BIBIDAT), S. 24f., Berlin: Schmidt 1980. [4]Anal. Biochem. **30**, 51ff. (1969). [5]Mikrochim. Acta 1966, 1013. [6]Deutsches Einheitsverfahren zur Wasser-, Abwasser u. Schlammuntersuchung, Weinheim: VCH Verlagsges. 1992. [7]Int. Lab. **14**, Nr. 3, 50 (1984). [8]Townshend (Hrsg.), Encyclopedia of Analytical Science, S. 3957ff., London: Academic Press 1995. [9]Biol. Magn. Reson. **6**, 1ff. (1984). [10]Amtliche Sammlung, Nr. L.57.20.11.
*allg.:* Blue List

**Orthophosphorsäure** siehe *Phosphorsäure.

**Oryzarol** siehe *Eugenol.

**Oryzenin.** Bezeichnung für die *Glutelin-Fraktion von *Reis. Oryzenin ist die Hauptfraktion der Reserveproteine des Mehlkörpers (Anteil am Gesamtprotein: 77%) und wird aus Reismehl (Gehalt: 5,2 g/100 g) gewonnen (*Osborne-Fraktion). Die Aminosäure-Zusammensetzung ist im Vergleich zu den Reserveproteinen anderer Getreidearten ausgewogener. *Glutamin liegt mit 16% am höchsten und *Tryptophan (0,8%), *Cystein (1,2%) und *Methionin (1,3%) am niedrigsten. Natives Oryzenin besteht aus Protein-Aggregaten mit Molmassen von 100000 bis mehreren Mio. Dalton und ist in den meisten Lösemitteln unlöslich. Durch Reduktion der Disulfid-Bindungen wird eine Reihe von monomeren Proteinen ($M_R$ 10000–57000) erhalten. Die Zusammensetzung von drei Hauptkomponenten weicht voneinander und vom Gesamt-Oryzenin nur wenig ab. – *E* oryzenin
*Lit.:* Belitz-Grosch-Schieberle (5.), S. 663

**Oryzin.** Bezeichnung für die *Prolamin-Fraktion von *Reis. Das im Mehlkörper enthaltene Reserveprotein nimmt nur ca. 2% des Gesamtproteins ein. Es wird aus Mehl (Gehalt ca. 0,15%) durch Extraktion mit wäßrigem Alkohol, z.B. 70%igem Ethanol gewonnen. In der Aminosäure-Zusammensetzung dominieren *Glutamin (ca. 20%), *Leucin (ca. 10%) und *Alanin (ca. 9%). Lysin, Tryptophan und Methionin sind nur in Spuren vorhanden (vgl. *Prolamine). Oryzin besteht aus einer Reihe von Proteinen, die überwiegend monomer ($M_R$ ca. 15000) vorliegen. – *E* oryzin
*Lit.:* Belitz-Grosch-Schieberle (5.), S. 663

**Osborne-Fraktionen.** Protein-Fraktionen aus *Getreide-Mehlen, die nach T. B. Osborne (1907) durch sequentielle Extraktion mit Wasser, Kochsalzlösung und wäßrigem Ethanol erhalten werden. Dabei erhält man *Albumine, *Globuline und *Prolamine (Tabelle 1). Im Rückstand verbleiben die *Gluteline.
Die Einzelbezeichnungen der Prolamin- und Glutelin-Fraktionen der verschiedenen Getreidearten sind in Tabelle 2 wiedergegeben. Für die Albumin- und Globulin-Fraktionen existieren nur bei Weizen (*Leukosin* bzw. *Edestin*) und bei Hafer (*Avenalin) Trivialnamen. Zur Aminosäure-Zusammensetzung der Osborne-Fraktionen vgl. Literatur[1] und siehe einzelne Protein-Fraktionen. – *E* osborne groups
*Lit.:* [1]Belitz-Grosch-Schieberle (5.), S. 662ff.

**Osmogene** siehe *Riechstoffe.

**Osmophile** siehe *Osmotolerante.

**Osmotolerante.** In der älteren Literatur auch oft als Osmophile bezeichnete *Hefen und *Schimmelpilze, die in gesättigter Saccharose-Lösung oder bei 60% Glucose bzw. 75% Fructose ($a_w$ etwa 0,85) noch meßbare Stoffwechselaktivitäten zeigen. Die minimalen $a_w$-Werte (siehe *Wasseraktivität) der osmotoleranten Hefen *Zygosaccharomyces rouxii*, *Debaromyces hansenii* und *Zygosaccharomyces bailli* liegen bei 0,61, 0,65 bzw. 0,8. Osmotolerante Hefen und Schimmelpilze akkumulieren bei niedrigem $a_w$-Werten Osmoregulatoren wie Glycerol, Glucose oder Sorbit. Besiedler und Verderber von Honig, Marzipan, Schokoladenerzeugnissen, Fruchtpulpe u.ä. – *E* osmotolerants
*Lit.:* Baumgart (4.), S. 104, 539 ■ Krämer (4.)

**Osteomalazie** siehe *Vitamin D.

Tabelle 1: Verteilung der Mehlproteine auf die Osborne-Fraktionen (%).

| Fraktionen | Weizen | Roggen | Gerste | Hafer | Reis | Hirse | Mais |
|---|---|---|---|---|---|---|---|
| Albumine | 14,7 | 44,4 | 12,1 | 20,2 | 10,8 | 18,2 | 4,0 |
| Globuline | 7,0 | 10,3 | 8,4 | 11,9 | 9,7 | 6,1 | 2,8 |
| Prolamine | 32,6 | 20,9 | 25,0 | 14,0 | 2,2 | 33,9 | 47,9 |
| Gluteline | 45,7 | 24,5 | 54,5 | 53,9 | 77,3 | 41,8 | 45,3 |

Tabelle 2: Bezeichnungen für Osborne-Fraktionen.

|  | Weizen | Roggen | Gerste | Hafer | Reis | Hirse | Mais |
|---|---|---|---|---|---|---|---|
| *Prolamine | *Gliadin | *Secalin | *Hordein | *Avenin | *Oryzin | *Kafirin | *Zein |
| *Gluteline | *Glutenin | *Secalinin | *Hordenin | – | *Oryzenin | – | *Zeanin |

**Osteoporose** siehe *Calcium und *Vitamin D.

**Ovalbumin.** Hauptprotein des *Eiklars. Ovalbumin ist ein Glycophosphoprotein und macht ca. 54% des Gesamtproteins aus. $M_R$ 44500, Denaturierungstemp. 84,5°C, isoelektr. Punkt 4,5.
*Zusammensetzung:* O. enthält 3,2% Kohlenhydrate (5 Mol *Mannose, 3 Mol D-*Glucosamin pro Mol Protein). Der Kohlenhydrat-Anteil ist an den Aminosäure-Rest Asn 292 gebunden, an Ser 68 u. Ser 344 können Phosphorsäure-Gruppen gebunden sein, wobei die Einteilung in O. $A_1$, $A_2$ u. $A_3$ von der Anzahl der Phosphorsäure-Gruppen abhängt (Verhältnis beim Huhn $A_1:A_2:A_3 = 85:12:3$). Der Protein-Anteil besteht aus 385 Aminosäuren, die 4 Thiol- u. eine Disulfid-Gruppe enthalten, wobei die Thiol-Gruppen an der Umwandlung von nativem O. in hitzestabiles O. (Koagulationstemp.: 92,5°C) während der Lagerung beteiligt sind. Genauere Untersuchungen zur Struktur u. zu Veränderungen des O. während des Erhitzens sind in *Lit.*[1-3] publiziert. Die *Albumin-Fraktion des Eiklars, bestehend aus O., *Conalbumin u. *Ovomucoid, läßt sich von der *Globulin-Fraktion durch fraktionierte Fällung mit Ammoniumsulfat-Lsg. trennen. Neben der Hitzedenaturierung ist O. relativ leicht durch Schütteln koagulierbar.
*Ernährungsphysiologie:* O. ist mit einer biolog. Wertigkeit von 91 ein ernährungsphysiol. wertvolles Protein, das allerdings durch Reaktionen vom Maillard-Typ (s. *Maillard-Reaktion) u. durch Polymerisationsreaktionen Verluste in der Bioverfügbarkeit[4-6] von Aminosäuren erleiden kann; zu den Einflüssen technolog. Maßnahmen (z.B. Sprühtrocknung) auf O. siehe Literatur[7]. Die Effekte von Dehydroascorbinsäure (s. *Ascorbinsäure) auf die Polymerisation von Proteinen, wie sie bei der Herst. von *Surimi eine Rolle spielen, werden exemplar. an O. untersucht[8,9]. Die chem. Modif. von O. durch Kopplung an wasserlösl. Polysaccharide wie *Dextran stellen nach *Lit.*[10] eine elegante Meth. dar, um O. neue physikal. Eigenschaften (z.B. Emulgierfähigkeit) zu verleihen.
*Analytik:* Zum Nachw. von O. in erhitzten Fleischwaren existiert ein Elektro-Blotting-System[11]. Der Zusatz von O. zu Pilzkonserven kann immunolog. nachgewiesen werden[12]. Einen Überblick zur immunolog. Analytik von O. gibt *Lit.*[13]. – *E* ovalbumin

*Lit.:* [1] J. Agric. Food Chem. **36**, 1156–1159 (1988). [2] J. Agric. Food Chem. **35**, 953–957 (1987). [3] J. Agric. Food Chem. **35**, 633–637 (1987). [4] J. Agric. Food Chem. **36**, 808f. (1988). [5] J. Agric. Food Chem. **34**, 351–355 (1986). [6] J. Agric. Food Chem. **37**, 1077–1081 (1989). [7] J. Agric. Food Chem. **37**, 905–910 (1989). [8] J. Agric. Food Chem. **37**, 1539–1543 (1989). [9] J. Agric. Food Chem. **37**, 1544–1547 (1989). [10] J. Agric. Food Chem. **36**, 421–425 (1988). [11] J. Agric. Food Chem. **35**, 563–567 (1987). [12] J. Food Sci. **53**, 226–230 (1988). [13] J. Sci. Food Agric. **47**, 311–325 (1989).
*allg.:* Merck-Index (13.), Nr. 6970 ▪ Ullmann (5.) **A11**, 498

**Ovizide** siehe *Insektizide.

**Ovoflavoprotein** siehe *Flavoprotein.

**Ovoglobuline.** Proteine des *Eiklars (11,5% des Proteins) bestehen aus drei Komponenten $G_1$ (*Lysozym), $G_2$ u. $G_3$. O. $G_1$ aggregiert zwischen pH 5 u. pH 9 zu Dimeren. Die Inaktivierung der enzymat. Wirkung ist abhängig von pH u. Medium u. erfolgt in Eiklar bei pH <7 bei 63°C in 10 min. Die O. $G_2$ u. $G_3$ wirken durch Erniedrigung der Oberflächenspannung als gute Schaumbildner. – *E* ovoglobulins

**Ovoinhibitor, Ovomakroglobulin** siehe *Eiklar.

**Ovomucin.** *Glycoprotein des *Eiklars (1,5% des Protein-Anteiles), $M_R$ $8,3 \cdot 10^6$, isoelektr. Punkt 4,5–5,0. Es kann elektrophoret. in 3 Fraktionen u. nach dem Kohlenhydrat-Anteil in α-O. (15%) u. β-O. (50%) aufgetrennt werden. α-O. enthält je Mol. 21 *Galactose-, 46 *Mannose-, 63 *Glucosamin-, 6 Galactosamin- u. 7 Sialinsäure-Reste neben 15 Mol. veresterter Schwefelsäure. Es kann aus Eiklar durch Verdünnen mit dem zwei- bis dreifachen Vol. Wasser (pH 6 bis 8) gefällt werden.
O. trägt durch Bildung von Mikrofibrillen zur Viskosität des Eiklars, insbes. des dickflüssigen Anteiles, in dem seine Konz. vierfach über der im dünnflüssigen Eiklar liegt, bei. O. ist hitzestabil u. kann mit *Lysozym einen wasserunlösl. Komplex bilden, dessen Dissoziation mit steigendem pH-Wert bis zum isoelektr. Punkt des Lysozyms (10,7) zunimmt. Die Abnahme der Viskosität des Eiklars im Verlauf der Lagerung wird auf die Abspaltung von Kohlenhydrat-Anteilen des O. zurückgeführt. – *E* ovomucin

**Ovomucoid.** *Glycoprotein des *Eiklars (11% des Protein-Anteils), $M_R$ 28000, isoelektr. Punkt 4,1, Koagulationstemp. 70°C. O. besteht aus einer Polypeptid-Kette u. kann elektrophoret. in drei Formen getrennt werden. Es enthält 23% Kohlenhydrate, die je Mol. aus 2 *Galactose-, 7 *Mannose-, 23 *Glucosamin-Resten u. 1 Sialinsäure-Rest bestehen. Diese sind als drei Oligosaccharid-Einheiten über Asparagin-Reste gebunden. O. enthält 9 Disulfid-Brücken, die Hitzestabilität bei saurem pH-Wert bewirken. Es kann aus wäss. Lsg. denaturierten Eiklars mit Ethanol od. Aceton gefällt werden. O.-Proteaseinhibitor hemmt Trypsin vom Rind aber nicht vom Menschen. – *E* ovomucoid

**Ovotransferrin** siehe *Conalbumin.

**Oxamyl** siehe *Carbamate.

**Oxidationsfarbstoffe** siehe *permanente Haarfärbemittel.

**Oxidationshaarfarben** siehe *Haarfärbemittel und *permanente Haarfärbemittel.

**Oxidierbarkeit** (Wasser) siehe *Verschmutzungsindikatoren.

**Oximcarbamate** siehe *Carbamate.

**Oxoborat** siehe *Natriumperborat.

**Oxofettsäuren.** Sammelbegriff für *Fettsäuren mit einer Oxo-Gruppe im Molekül.
*Vorkommen:* Etwa 1% der Milchlipide besteht aus gesätt. ($C_{10}$–$C_{24}$) u. ungesätt. ($C_{14}$–$C_{18}$) O. gerader C-Zahl, wobei die Oxo-Gruppe die Positionen zwi-

schen 5 und 13 einnimmt. O. entstehen auch bei der Lipid-Peroxidation aus ungesätt. Fettsäuren. – *E* oxo fatty acids

**5-Oxo-4-hexanolid** siehe *Soleron.

**Oxymyoglobin** siehe *Fleischfarbe.

**Oxystearin** (geblasenes Sojaöl, thermooxidiertes Sojaöl, E 479). Bezeichnung für eine Gruppe öllöslicher W/O-Emulgatoren, die sich zur Stabilisierung von Margarineemulsionen, als wasserbindende Emulgatoren für Trennemulsionen sowie als Kristallisationsverzögerer für Salatöle eignen.
*Herstellung:* Ursprünglich wurde Sojaöl unter Durchleiten von Luft bei 220–250 °C bis zur Braunfärbung und Gelierung erhitzt. Schonendere Methoden arbeiten bei 150–190 °C unter kontrollierten Bedingungen. Die so hergestellten Emulgatoren stellen in ihrer Struktur nicht eindeutig aufgeklärte autoxidierte, polymerisierte Triacylglyceride dar. Durch Zugabe von 10–100 % frischem Sojaöl oder durch Zusatz von Monogliceriden und Diacylgliceriden werden weitere Produkte hergestellt. Speziell unter dem Namen Oxystearin versteht man oxy-polymerisierte Triacylglyceride, die anschließend noch hydriert werden.
*Toxikologie:* ADI-Wert für E 479a 0–3 mg/kg (WHO, 1992) bzw. 0–2,5 mg/kg (SCF, 1990) und für E 479b 0–30 mg/kg (WHO, 1992) bzw. 0–25 mg/kg (SCF, 1989).
*Recht:* E 479a thermooxidiertes Sojaöl, E 479b thermooxidiertes Sojaöl verestert mit Monogliceriden und Diglyceriden von Speisefettsäuren.
*Zulassung:* Zusatzstoff, der beschränkt zugelassen ist als Fettemulsion zum Braten mit einer Höchstmenge von 5 g/kg (*ZZulV 1998 Anlage 4 Teil B).
*Reinheitsanforderungen:* *ZVerkV 1998 Anlage 2 (zu § 3 Abs. 1) Liste B Reinheitsanforderungen nach Richtlinie 96/77/EG vom 2.12.1996, Amtsblatt der EG Nr. L 339 vom 30.12.1996, S. 1 (geändert). – *E* oxystearin, thermally oxidized soya bean oil
*Lit.:* Summary of Evaluations Performed by the Joint FAO/WHO Expert Committee on Food Additives, Oxystearin; http://www.inchem.org/documents/jecfa/jeceval/jec_1296.htm

**Ozonung.** Verfahren zur Entkeimung u. Aufbereitung von Wasser. Ozon (O₃) hat aufgrund seines sehr hohen Oxid.-Vermögens eine ausgezeichnete Entkeimungseigenschaft. Es wird durch elektr. Entladung in Luft od. Sauerstoff in bes. hierzu ent-

wickelten Ozonisatoren erzeugt. Die Ozonung wird – üblicherweise in Verbindung mit nachfolgender Aktivkohle-Filterung – zur Oxid. von Eisen u. Mangan (bes. wenn diese organ. gebunden sind, siehe *Enteisenung), von organ. Stoffen, von Geruchs-, Geschmacks- u. Farbstoffen, zur Erzeugung einer Mikroflockung sowie zur Desinfektion eingesetzt. In der bis Ende 2002 gültigen Trinkwasser-Verordnung[1] ist ein Grenzwert von 0,005 mg/L für Ozon u. von 0,01 mg/L für Trihalogenmethane als Reaktionsnebenprodukte festgelegt worden. In der neuen Trinkwasser-Verordnung[2] sind die Zusatzstoffe bei der Trinkwasseraufbereitung nicht mehr geregelt, sondern werden im Bundesgesundheitsblatt veröffentlicht.
Vorteil gegenüber der *Chlorung sind die wesentlich kürzeren Reaktionszeiten und die Reduzierung der gesundheitlich bedenklichen Chlorungsnebenprodukte (z.B. Haloforme, siehe auch *DNP). Von Nachteil sind der hohe Kostenaufwand für die Ozon-Erzeugung, die Aggressivität des Ozon-haltigen Wassers u. durch den raschen Ozon-Abbau die fehlende Langzeitwirkung bei der Desinfektion. Vor Abgabe des Wassers in das Rohrnetz wird daher häufig eine Chlorung nachgeschaltet. Außerdem muß mit der Bildung von Ozonungsnebenprodukten gerechnet werden (siehe *DNP).
Bei der Aufbereitung von Oberflächenwässern hat sich gezeigt, daß der Einsatz von Ozon u. der damit bewirkte oxidative Abbau makromol. organ. Verb. im Rohwasser als eine der Ursachen von Wiederverkeimungen im *Trinkwasser anzusehen ist. Dabei werden an sich schlecht abbaubare Makromol. (z.B. *Huminstoffe) „an-oxidiert" u. damit leichter mikrobiell abbaubar. Zudem werden in Chlorid-haltigem Wasser unter Ozon-Einwirkung aus organ. Spurenstoffen Haloforme bzw. *AOX gebildet. Bei Anwesenheit von Bromid im Rohwasser entstehen tox. Bromat-Ionen. – *E* ozonization
*Lit.:* [1] Verordnung über Trinkwasser und über Wasser für Lebensmittelbetriebe (Trinkwasser-Verordnung – TrinkwV) vom 05.12.1990 (BGBl. I, S. 2612) in der Fassung vom 14.12.2000 (BGBl. I, S. 1728). [2] Verordnung über Trinkwasser und über Wasser für Lebensmittelbetriebe (Trinkwasser-Verordnung – TrinkwV) vom 21.05.2001 (BGBl. I, S. 959).
*allg.:* Bernhardt, H.; Bretschneider, H., Hrsg., *Taschenbuch der Wasserwirtschaft*, Parey: Hamburg, (1993)

# P

**Päonidin** siehe *Anthocyane.

**PAH.** Englische Abkürzung für *polycyclische aromatische Kohlenwasserstoffe.

**PAK.** Abkürzung für *polycyclische aromatische Kohlenwasserstoffe.

**Palatinit®.** Früherer Markenname für einen jetzt als *Isomalt bezeichneten *Zuckeraustauschstoff.

**Palmfett** siehe *Palmöl.

**Palmitinsäure** (Hexadecansäure, veraltet Cetylsäure). $H_3C-(CH_2)_{14}-COOH$, $C_{16}H_{32}O_2$, $M_R$ 256,43. Farblose, krist. Plättchen, D. 0,8577, Schmp. 63 °C, Sdp. 390 °C, 267 °C (133 mbar), unlösl. in Wasser, wenig lösl. in kaltem Alkohol od. Petrolether, gut lösl. in heißem Alkohol, Ether, Propanol u. Chloroform. In den *Triglyceriden tier. sowie pflanzlicher Fette u. Öle mengenmäßig dominierende gesätt. *Fettsäure.
*Vorkommen:* Stillingiaöl (60–70%), Palmöl (41–46%), Rindertalg (23–29%), Butterfett (24–32%), Schweineschmalz (24–30%), Kakaobutter (23–30%), Baumwollsaatöl (21–27%), Avocadoöl (10–26%). Die übrigen Pflanzenöle enthalten meist weniger als 20%. In Form des Myricylesters ist P. darüber hinaus im Bienenwachs, als Cetylester im Walrat enthalten. Über eine stereospezif. Analyse der P. in den Triacylglyceriden von Olivenöl lassen sich Verfälschungen mit sog. Esterölen (s. *Olivenöl) erkennen. Zur Analytik s. *Fette u. Öle.
*Verwendung:* Herst. von Palmitaten, Schmierölen, Seifen, Imprägnierungen etc. sowie als Futterzusatzmittel. Der Name P. wurde nach der Isolierung aus Palmöl durch Frémy (1840) vergeben. – *E* palmitic acid
*Lit.:* Beilstein EIV **2**, 1157 ▪ Leitsätze für Speisefette und Speiseöle vom 17.04.1997 (BAnz. Nr. 239a vom 20.12.1997, GMBl. Nr. 45 S. 864 vom 19.12.1997), geändert am 02.10.2001 (BAnz. Nr. 199 vom 24.10.2001, GMBl. Nr. 38 S. 754ff. vom 30.12.2001) ▪ Ullmann (5.) **A10**, 245 – *[HS 2915 70; CAS 57-10-3]*

**Palmkernöl.** Aus den Samen (Nuß, Fettgehalt ca. 40–50%) der Ölpalme (*Eleais guineensis* JACQ., Palmae) gewonnenes weißlich-gelbes Fett, das in der Fettsäure-Zusammensetzung dem *Kokosfett ähnelt, sich hierin jedoch deutlich von dem aus dem Fruchtfleisch gewonnenen *Palmöl unterscheidet. Die Weltproduktion für Palmkernöl lag 2001 bei 2,9 Mio.t.
Die *Triglyceride weisen folgende Fettsäure-Zusammensetzung auf: *Laurinsäure 47–52%, Tetradecansäure (Myristinsäure) 16%, *Ölsäure 10–18%, *Palmitinsäure 6–9%, *Stearinsäure 2–3%, *Linolsäure 1–3%, Decansäure 5%, Octansäure 3%. *Unverseifbares 0,2–0,8%; VZ 242–254, IZ 14–20 (s. *Fettkennzahlen), Schmp. 23–30 °C, $n_D^{40}$ 1,449–1,452.
*Verwendung:* Raffiniertes Palmkernfett wird hauptsächlich zur *Margarine-Herstellung verwendet. Daneben dient es zu Koch- und Bratzwecken. Fraktionen des Palmkernöls, z.B. Palmkernstearin (Schmp. 30–32 °C), werden allein oder in Mischung mit Kokos-Stearin als Glasurfett oder als Füllmasse in Süß- oder Backwaren eingesetzt. Hydriertes Palmkernfett findet als *Fritierfett Verwendung. Zur Analytik s. *Fette u. Öle. – *E* palm kernel oil
*Lit.:* Roth, L.; Kormann, K., *Ölpflanzen – Pflanzenöle*, Landsberg: ecomed, (2000); S. 142 ▪ Ullmann (5.) **A10**, 176, 221 – *[HS 1513 21, 1513 29; CAS 8023-79-8]*

**Palmöl** (Palmfett). Aus dem Fruchtfleisch der Ölpalme (*Eleais guineensis* JACQ., Palmae) gewonnenes Öl (vgl. *Fettgewinnung), das aufgrund seines hohen Carotinoid-Gehalts (α-*Carotin, β-*Carotin, *Lycopin, *Xanthophylle) dunkelrot gefärbt ist. Die Bleichung erfolgt bei der *Fettraffination. In den *Triglyceriden liegt folgende Fettsäure-Zusammensetzung vor: *Ölsäure 37–42%, *Palmitinsäure 41–46%, *Linolsäure 8–12%, *Stearinsäure 4–6,5%, andere <2%. VZ 195–205, IZ 44–58 (s. *Fettkennzahlen), *Unverseifbares <0,5%, *Carotinoide 0,05–0,2%, $n_D^{40}$ 1,453–1,456; Erstarrungspunkt 30–37 °C. Zum Gehalt an *Sterolen s. Tab. dort.
*Verwendung:* Palmöl kann durch Fettfraktionierung in eine feste und in eine flüssige Fraktion getrennt werden. Das Palmöl-Stearin (Schmp. 50–52 °C) ist als Hartkomponente für *Margarine geeignet, das Palmöl-Olein als Fritierfett und zur Herstellung von Shortenings[1]. Ferner kann eine sog. Palmöl-Mittelfraktion gewonnen werden, die in den Kennzahlen und Eigenschaften der *Kakaobutter ähnlich ist. In Ländern, die eine Verwendung anderer Fette als Kakaobutter zur Schokoladeherstellung zulassen, werden solche Palmöl-Mittelfraktionen als Substitute eingesetzt. Weiterhin wird Palmöl zur Herstellung von Seifen, Kerzen und Schmierfetten, in der Pharmazie und Kosmetik, als Baumwollfinish-Material sowie als wichtiger Rohstoff für die Oleochemie eingesetzt. Zur Analytik s. *Fette u. Öle. – *E* palm oil, palm butter
*Lit.:* [1] Fat Sci. Technol. **90**, 375–380 (1989).

*allg.:* Belitz-Grosch-Schieberle (5.), S. 216, 220, 223, 632–633 ▪ Franke, W., Nutzpflanzenkunde, 6. Aufl.; Stuttgart: Thieme, (1997); S. 153–155 ▪ Roth, L.; Kormann, K., *Ölpflanzen – Pflanzenöle*, Landsberg: ecomed, (2000); S. 142–143 ▪ Ullmann (5.) **A10**, 218 – *[HS 1511 10, 1511 90; CAS 8002-75-3]*

**Palmwein** siehe *weinähnliche Getränke.

**Pampelmuse** siehe *Citrusfrüchte und *Grapefruit.

**Panose** [α-D-Glucopyranosyl-(1→6)-α-D-glucopyranosyl-(1→4)-D-glucose].

$C_{18}H_{32}O_{16}$, $M_R$ 504,44, Kristalle, Schmp. 224 °C, $[α]_D^{21}$ +154°; reduzierend, durch Bierhefe und Bäckerhefe nicht vergärbar.

*Vorkommen:* Im Honig (2,5% der Oligosaccharid-Fraktion); Struktureinheit von Amylopektin und Glycogen; Panose kann aus dem Partialhydrolysat der genannten Polysaccharide isoliert werden[1]. Die Bildung von Panose erfolgt aus Maltose durch *Aspergillus niger*[2], aus Saccharose und Maltose durch *Leuconostoc mesenteroides*[3]. Panose wird effizient aus *Pullulan durch enzymatische Hydrolyse mit immobilisierter Neopullulanase bei einem Temperaturoptimum von 55–60 °C und pH 6,9 produziert[4,5]. – *E* panose

*Lit.:* [1]Chem. Ind. (London) **1962**, 301. [2]Anindyawati, T.; Ann, Y.-G.; Ito, K.; Iizuka, M.; Minamiura, N., *J. Ferment. Bioeng.*, (1998) **85**(5), 465–469. [3]Dols, M.; Remaud-Simeon, M.; Willemot, R.-M.; Vignon, M. R.; Monsan, P. F., *Carbohydr. Res.*, (1998) **305**(3–4), 549–559. [4]Yun, J. W.; Lee, M. G.; Song, S. K., *Biotechnol. Lett.*, (1994) **16**(4), 359–362. [5]Kuriki, T.; Tsuda, M.; Imanaka, T., *J. Ferment. Bioeng.*, (1992) **73**(3), 198–202.
*allg.:* Beilstein EV **17/8**, 45 ▪ Belitz-Grosch-Schieberle (5.), S. 246, 286, 872

**Pantethein** siehe *Pantothensäure.

**Pantoinsäure** siehe *Pantothensäure.

**Pantothensäure**  [(*R*)-(+)-*N*-(2,4-Dihydroxy-3,3-dimethylbutyryl)-β-alanin, D-Pantoyl-β-alanin, Vitamin B₃, Vitamin B₅].

| | |
|---|---|
| Pantoinsäure | β-Alanin (R=COOH) |

Pantothensäure : R = COOH
Panthenol      : R = CH₂—OH
Pantethein     : R = CO—NH—CH₂—CH₂—SH

$C_9H_{17}NO_5$, $M_R$ 219,20. Hellgelbes, instabiles, zähflüssiges, extrem hygroskopisches Öl, $[α]_D^{25}$ +37,5°, löslich in Wasser, Ethylacetat, Dioxan und Eisessig, unlöslich in Benzol und Chloroform. Pantothensäure ist stabil in neutralen Lösungen. Alkalihydroxide und Säuren spalten sie leicht in β-Alanin und Pantoinsäure (bzw. Pantoinat). Pantoinsäure spaltet im sauren Milieu 1 Mol Wasser ab und bildet Pantolacton.

In den Handel gelangt Pantothensäure vorwiegend in Form der stabileren Calciumsalze und Natriumsalze (Ca-Pantothenat, Na-Pantothenat) oder als Alkohol (Panthenol). Natriumsalz (Panthoject®): $C_9H_{16}NNaO_5$, $M_R$ 241,22, sehr hygroskopische Kristalle, die nur in versiegelten Ampullen stabil sind, $[α]_D^{25}$ +27,1°; Calciumsalz (Pantholin®, Calpanat, BAN, USAN), $C_{18}H_{32}CaN_2O_{10}$, $M_R$ 476,54, Nadeln mit süßlichem Geschmack und bitterem Nachgeschmack, Zersetzung 195 °C, $[α]_D^{25}$ +28,2° ($H_2O$), weniger hygroskopisch als die reine Säure, nicht lichtempfindlich und stabil an der Luft, stabile Lösung bei pH 5–7. Das 4′-*O*-β-D-Glucopyranosid, $C_{15}H_{27}NO_{10}$, $M_R$ 381,38, kommt in Tomatensaft vor und wirkt in Mikroorganismen als Wachstumsfaktor. Die synthetische (*S*)-Pantothensäure ist ein viskoses Öl, $[α]_D^{21}$ −26,7° ($H_2O$) und zeigt keine biologische Aktivität. In der Natur kommt Pantothensäure stets in der (*R*)-(+)-Form vor.

*Vorkommen:* Pantothensäure ist in der Natur ubiquitär (griechisch: panthen = überall) und liegt fast ausschließlich in konjugierter Form als Bestandteil von Coenzym A (CoA) vor, daneben aber auch in freier Form und als Phosphopantethein. In besonders hoher Konzentration findet man Pantothensäure in Leber, Muskelfleisch, Fisch, Milch, Vollkornerzeugnissen und Hülsenfrüchten (siehe Tabelle 1). Das höchste Vorkommen wird mit 11–32 mg/100 g für Gelée Royale angegeben. Exakte Angaben sind wegen komplexer Analytik nur schwer zu machen. Die Darmflora produziert ebenfalls Pantothensäure, für den Menschen ist diese Quelle nach heutigem Wissen nicht verfügbar, wohl aber für koprophagierende Tiere (Kaninchen, Mäuse und andere).

Tabelle 1: Pantothensäure-Gehalt in ausgewählten Lebensmitteln[1].

| Nahrungsmittel | Pantothensäure [mg/100 g eßbare Substanz] |
|---|---|
| Schwein (Muskel) | 0,70 |
| Huhn (Brust) | 0,84 |
| Hering | 0,94 |
| Hühnerei (Stück) | 0,96 |
| Kuhmilch | 0,35 |
| Kohl | 0,20–1,00 |
| Karotten | 0,27 |
| Kartoffeln | 0,40 |
| Tomaten | 0,31 |
| Kopfsalat | 0,11 |
| Bäckerhefe | 3,50 |
| Erdnüsse | 2,70 |
| Hülsenfrüchte (trocken) | 0,87–2,00 |
| Weizenbrot (Vollkorn) | 0,65 |

*Synthese: Biosynthese:* Aus 2-Oxo-3-methylbutansäure entsteht in einem Nebenweg der L-Alanin-Biosynthese 4-Hydroxy-3,3-dimethyl-2-oxobutansäure, indem erstere durch Ketopantoaldolase (EC 4.1.2.12) an ein aus 5,10-Methylen-Tetrahydrofolsäure stammendes Formaldehyd-Synthon addiert wird. Das Produkt wird unter Katalyse von 2-Dehydropantoat-2-Reduktase (EC 1.1.1.169, Nicotinamid-Adenin-Dinucleotid-Phosphat als Coenzym) zu *(R)-Pantoinsäure* ($C_6H_{12}O_4$, $M_R$ 148,16, siehe Abbildung) hydriert und diese in Anwesenheit von Pantothenat-Synthetase (EC 6.3.2.1) und Adenosin-5'-triphosphat (ATP) mit β-Alanin zu *(R)*-Pantothensäure kondensiert. Alternativ kann diese auch aus *(R)*-Panthenol gebildet werden.

Die Biosynthese von Pantethein und Coenzym A aus *(R)*-Pantothensäure wird durch deren ATP-abhängige Phosphorylierung in 4'-Position durch Pantothenat-Kinase (EC 2.7.1.33) eingeleitet. In der Folgereaktion mit Cystein entsteht 4-Phosphopantothenylcystein, aus dem durch Decarboxylierung von Cystein zu Cysteamin 4-Phosphopantethein entsteht. Durch Reaktion mit 2 Mol ATP entsteht über die Zwischenstufe Dephospho-Coenzym A schließlich CoA.

*Industrielle Synthese:* Calcium-(R)-pantothenat wird durch Racematspaltung von Pantolacton und Umsetzung von *(R)*-Pantolacton mit Calcium-β-alaninat (dieses aus Acrylnitril) unter Ringöffnung des Lactons hergestellt.

*Funktion:* Pantothensäure ist in Form von 4'-Phosphopantethein Fettsäure-Trägermolekül in der Fettsäure-Synthase und Vorstufe für die Biosynthese des Coenzym A (siehe oben). Coenzym A wiederum ist als Acetyl-CoA universeller $C_2$-Gruppenüberträger im Energie-Stoffwechsel, Kohlenhydrat-Stoffwechsel, Fett-Stoffwechsel und Aminosäure-Stoffwechsel und in der Biosynthese von Steroiden, Häm, Acetylcholin und Taurin. Als Acyl-CoA ist es Überträger von Fettsäuren für die β-Oxidation in Mitochondrien und für die Triglycerid-, Phospholipid- und Sphingosin-Synthese.

*Ernährungsphysiologie: Resorption:* Coenzym A und Phosphopantethein werden im Darmlumen zu Pantethein dephosphoryliert und dann in freie Pantothensäure und Cysteamin gespalten. Neben passiver Diffusion wird Pantothensäure auch aktiv durch ein Transportprotein der Glucosetransporter-Familie in die Mucosazelle aufgenommen. Sie wird im Blut an Proteine gebunden transportiert, normale Plasmawerte liegen bei Erwachsenen zwischen 1 und 4 mg/L. Die durchschnittliche Gewebekonzentration erreicht ca. 1–10 mg/kg, besonders hohe Konzentrationen findet man im Herzmuskel, in Leber, Niere und Nebenniere. Ein Speicherorgan für Pantothensäure ist nicht bekannt.

*Bedarf:* Wegen der nur unter extremen Bedingungen auftretenden Mangelerscheinungen (siehe unten) und der schwierigen Analytik kann der Bedarf an Pantothensäure nur anhand der tatsächlichen, durchschnittlichen Zufuhr geschätzt werden; siehe Tabelle 2 und Literatur[2]. Überschüssige Pantothensäure wird unverändert zu etwa 70% (2–7 mg/d) im Urin und zu 30% im Faeces ausgeschieden.

*Mangel:* Ein klinisch manifester Mangel konnte bisher nur bei extremer Unterernährung und nach Gabe starker Vitamin-Antagonisten (ω-Methylpantothensäure) beobachtet werden. Die Symptomatik ist unspezifisch und beinhaltet unter anderem Kopfschmerzen, Müdigkeit, Magen-Darm-Stö-

Tabelle 2: Schätzwerte für eine angemessene Pantothensäure-Zufuhr[2,3].

| | | Pantothensäure [mg/d] | |
|---|---|---|---|
| | | *DGE | *RDA |
| Säuglinge | 0–6 Monate | 2 | 1,7 |
| | 7–12 Monate | 3 | 1,8 |
| Kinder | 1–3 Jahre | 4 | 2 |
| | 4–6 Jahre | 4 | 3 |
| | 7–10 Jahre | 5 | 3 |
| | 10–12 Jahre | 5 | 4 |
| Personen über 12 Jahre | | 6 | 5 |
| Schwangere | | 6 | 6 |
| Stillende | | 6 | 7 |

rungen und vermehrte Infektionen der oberen Luftwege.

Das sogenannte „burning-feet-syndrome" (= Parästhesien in Füßen und Waden) ist dagegen typisch und trat bei Kriegsgefangenen in Burma nach 3–4 Monaten Mangelernährung auf. Es konnte durch Gaben von Pantothensäure vollständig therapiert werden.

Mangelerscheinungen aus Tierversuchen sind Degeneration zentraler und peripherer Nervenbahnen mit Entmyelinisierung, Ataxien und Krämpfen, fettige Degeneration von Leberzellen, Atrophie und Insuffizienz der Nebennierenrinde sowie Testesdegeneration.

Bei Ratten führte Pantothensäure-Mangel zu Haarausfall und Haarergrauung, bei Schweinen und Kälbern zu Hautveränderungen und Schleimhautveränderungen, Wachstumsverzögerungen und Fortpflanzungsstörungen.

*Verwendung:* In Form des Natrium-Salzes oder Calcium-Salzes oder von *(R)*-Panthenol findet Pantothensäure medizinisch zur Wundheilung sowie in Haarbehandlungsmitteln und Futterzusätzen Anwendung.

*Toxizität:* Pantothensäure gehört zu den am wenigsten toxischen Vitaminen. Nebenwirkungen hochdosierter Gaben (bis 5 g/d) sind nicht bekannt.

*Pathologie:* Mutationen im Gen der Pantothenat-Kinase führen zu Schädigung des Nervengewebes und neurologischen Ausfällen (Hallervorden-Spatz-Syndrom oder PKAN, engl.: *pantothenate kinase associated neurodegeneration*). Zur Symptombehandlung kann Pantothensäure hochdosiert eingesetzt werden.

*Analytik:* Die Bestimmung des Gehalts in Lebensmitteln gestaltet sich schwierig und setzt eine doppelte enzymatische Behandlung mit alkalischer Phosphatase und Leberenzymen voraus. Mikrobiologische Methoden: Meistens an *Lactobacillus plantarum* ATCC 8014. In pharmazeutischen Präparaten erfolgt die Analyse mit HPLC[4]. Für Blut und Urin wurde eine RIA-Methode vorgeschlagen[5].

Es ist kein geeigneter Biomarker zur Beurteilung des Pantothensäure-Versorgungsstatus bekannt. Zur Ermittlung der aktuellen Aufnahme eignet sich Urin, da die Ausscheidung über die Niere besser mit dem Verzehr korreliert als die Konzentration in Blut oder Serum. – *E* pantothenic acid

*Lit.:* [1]Souci et al. (6.). [2]Deutsche Gesellschaft für Ernährung, Hrsg., *Referenzwerte für die Nährstoffzufuhr*, 1. Aufl.; Umschau/Braus: Frankfurt/Main, (2000). [3]Institute of Medicine, Hrsg., *Dietary Reference Intakes for Thiamin, Riboflavin, Niacin, Vitamin B₆, Folate, Vitamin B₁₂, Pantothenic Acid, and Choline*, National Academy Press: Washington, DC, (1998). [4]J. Assoc. Off. Anal. Chem. **70**, 510–513 (1987). [5]Clin. Chem. **25**, 108–110 (1979).
*allg.:* Beilstein EIV **4**, 2569f. ▪ Biesalski, H. K.; Hanck, A., In *Vitamine, Spurenelemente und Mineralstoffe*, Biesalski, H. K.; Köhrle, J.; Schümann, K., Hrsg.; Thieme: Stuttgart, (2002); S. 111 ff. ▪ Hager (5.) **9**, 14 ff. – *[HS 2936 24; CAS 79-83-4]*

**Papain** (Papaya-Peptidase I, EC 3.4.22.2). Aus dem Milchsaft (Latex) unreifer *Papayas* (*Carica papaya*) gewonnene Proteinase. Reines Papain ist ein kristallines Polypeptid mit einem $M_R$ von 23350, das aus einer Kette von 212 Aminosäure-Resten mit 4 Disulfid-Brücken besteht (PDB entry 9PAP). Neben Papain u. Kallase (Glucan-1,3-β-Glucosidase, EC 3.2.1.58) enthält der Latex des Roh-Papains das in verschiedenen, chromatographisch unterscheidbaren Formen auftretende *Chymopapain* (Papaya-Peptidase II, EC 3.4.22.6), das in Aufbau und Wirkung dem Papain ähnelt. Andere Papain-ähnliche pflanzliche Enzyme sind *Bromelain (EC 3.4.22.32 u. 3.4.22.33, aus *Ananas), *Ficin (Ficain, EC 3.4.22.3, aus *Feigen) u. *Asclepain* (EC 3.4.22.7, aus *Asclepia speciosa*). Papain zeigt starke proteolytische Aktivität (pH-Optimum 4–7, Temp.-Optimum 40–70 °C) und spaltet Proteine bis zu den Aminosäuren. Ester und Amide werden abgebaut, wobei die freie Sulfhydryl-Gruppe des Cysteins-25 sowie das Histidin-159 für die Enzymwirkung Voraussetzung sind (*Cystein-Protease).

*Verwendung:* Als Fleischzartmacher, zum Klären von Bier, zur Brot- und Hartkeksherstellung, in der Lederzubereitung, in der Textil-Industrie zum Entbasten von Seide und zur Verhinderung von Wollverfilzung, in der Tabak-Industrie zur Qualitätsverbesserung, zur Rückgewinnung von Silber aus verbrauchtem photographischen Material, ferner in der Bakteriologie zur Pepton-Gewinnung. In der Medizin dient Papain zur Unterstützung der Verdauung und zur enzymatischen Wundreinigung. Für Spezialzwecke werden Papain-Präparate auch an Kunststoffpolymere oder Agarose trägergebunden angeboten. Papain ist auch als Katalysator zur Synthese von *Oligopeptiden verwendet worden. Chymopapain wird medizinisch zur Behandlung von Bandscheibenschäden eingesetzt (*Chemonucleolyse*). – *E* papain

*Lit.:* Biochem. Soc. Trans. **25**, 84S, 88S–91S (1997) ▪ Proc. Natl. Acad. Sci. USA **94**, 4285–4288 (1997) ▪ Ullmann (5.) **A9**, 396 – *[HS 3507 90; CAS 9001-73-4 (Papain); 9001-09-6 (Chymopapain)]*

**Papaya** (Baummelone, Engelsfrucht). Melonenartige, eiförmig-längliche, bis 25 cm große, gelblich-grüne bis orangefarbene, 400 g bis 1 kg schwere Beerenfrucht mit glatter oder leicht rauher, dünner Schale. Papayas sind die Früchte der aus dem tropischen und subtropischen Amerika stammenden, bis zu 10 m hohen, krautigen Melonenbaumstaude (*Carica papaya* L., Caricaceae). Die bedeutendsten Anbauländer sind Brasilien, Costa Rica, Elfenbeinküste, Florida, Ghana, Hawaii, Indien, Japan, Kenia, Kolumbien, Mexico, Sri Lanka, Thailand, Venezuela und die karibischen Inseln.

*Inhaltsstoffe:* Reife Papayas erinnern im Geruch entfernt an Aprikosen. Das gelb-rote, süß-saftige, etwas fade Fruchtfleisch schmeckt nach einer Mischung aus Himbeere, Melone, Birne und Waldmeister. Hauptaromastoffe sind *Linalool und Linalool-Derivate (vgl. *Fruchtaromen)[1]. Die in einem milchigen Schleim eingebetteten, pfeffergroßen Papayasamen enthalten *Glucosinolate, welche den beim Zerkauen beißend-scharfen, durch Benzylisothiocyanat verursachten Geschmack bewirken. Damit gehört die Papaya neben der *Passionsfrucht zu den seltenen Taxa, die Glucosinolate und *cyanogene Glycoside gleichzeitig enthalten. Beide leiten sich biogenetisch von der Aminosäure *Phenylalanin ab[2,3]. Entfettete Papayasamen bestehen zu 40% aus Eiweiß und zu 50% aus Faserstoffen[4]. Unter den nichtflüchtigen Inhaltsstoffen[5] sind die farbgebenden *Carotinoide von Bedeutung – bei roten Früchten *Lycopin, bei gelben Früchten *Cryptoxanthin-Derivate[6–10].

*Verwendung:* Aus der unreifen Frucht kann ein Protease-haltiger Milchschleim (Latex, sog. Papayotin) entnommen werden, aus dem wiederum der getrocknete Extrakt, *Papain und Chymopapain, gewonnen und zu unterschiedlichen medizinischen Zwecken eingesetzt wird[11]. Erwähnenswert ist die Wirkung von Papain als Zartmacher von Fleisch. Reife Papayas werden in Cocktails und Obstsalaten, als Kuchenbelag oder zu Käse frisch verzehrt. Über die Weiterverarbeitung von Papayas zu Konzentrat, Püree und Fruchtnektar informiert Literatur[12].

*Pharmakologie:* Neben den im medizinischen Bereich angewandten Papain-Präparaten wurde von einer hepatoprotektiven Wirkung durch den Verzehr getrockneter Papayas berichtet[13]. In einer weiteren Studie ist von einer potentiell blutdrucksenkenden Wirkung von Papayasaft die Rede[14]. Papayas sollen auch eine höhere „Insulin-Response" als Brot (basierend auf der gleichen Kohlenhydrat-Konzentration) hervorrufen, was bei der Behandlung von Diabetikern vom Typ 2 zu berücksichtigen ist[15] (vgl. *Diabetes). Allergische Erscheinungen sollen sowohl durch die Pollen als auch durch die Frucht ausgelöst werden[16,17]. – *E* papaya

*Lit.:* [1]Ortega, A.; Pino, J. A., *Alimentaria*, (1997) **286**, 27. [2]Olafsdottir, E. S.; Jorgensen, L. B.; Jaroszewski, J. W., *Phytochemistry*, (2002) **60**, 269. [3]Seigler, D. S.; Pauli, G. F.; Nahrstedt, A.; Leen, R., *Phytochemistry*, (2002) **60**, 873. [4]Jagtiani, J.; Chan, H. T.; Sakai, W. S., *Tropical Fruit Processing*, Academic Press: San Diego, (1998); S. 105–147. [5]Schobinger, U., *Frucht- und Gemüsesäfte*, 3. Aufl.; Ulmer: Stuttgart, (2001); S. 51. [6]Breithaupt, D. E.; Bamedi, A., *J. Agric.*

*Food Chem.*, (2001) **49**, 2064. [7]Barua, A. B.; Olson, J. A., *J. Chromatogr. B*, (1998) **707**, 69. [8]Irwig, M. S.; El-Sohemy, A.; Baylin, A.; Rifai, N.; Campos, H., *J. Nutr.*, (2002) **132**, 3161. [9]Setiawan, B.; Sulaeman, A.; Giraud, D. W.; Driskell, J. A., *J. Food Compos. Anal.*, (2001) **14**, 169. [10]Kowsalya, S., *J. Food Sci. Technol.*, (2002) **39**, 183. [11]Pendzhiev, A. M., *Pharm. Chem. J.*, (2002) **36**, 315. [12]Schobinger, U., *Frucht- und Gemüsesäfte*, 3. Aufl.; Ulmer: Stuttgart, (2001); S. 272ff. [13]Rajkapoor, B.; Jayakr, B.; Kavimani, S.; Murugesh, N., *Biol. Pharm. Bull.*, (2002) **25**, 1645. [14]Eno, A. E.; Owo, O. I.; Itam, E. H.; Konya, R. S., *Phytother. Res.*, (2000) **14**, 235. [15]Fatema, K.; Liaquat, A.; Rahman, M. H.; Parvin, S.; Hassan, Z., *Nutr. Res.*, (2003) **23**, 9. [16]Blanco, C.; Ortega, N.; Castillo, R.; Alvarez, M.; Dumpierrez, A. G.; Carrillo, T., *Ann. Allergy Asthma Immunol.*, (1998) **81**, 171. [17]Brehler, R.; Theissen, U.; Mohr, C.; Luger, T., *Allergy*, (1997) **52**, 404.
*allg.*: Bendel, L., *Das große Früchte- und Gemüselexikon*, Albatros: Düsseldorf, (2002); S. 227f. ▪ Luximon-Ramma, A.; Bahorun, T.; Crozier, A., *J. Sci. Food Agric.*, (2003) **83**, 496 ▪ Richling, E., *Flüss. Obst*, (2000) **67**, 7 ▪ Souci et al. (6.), S. 993 – *[HS 0807 20]*

**Papayaaroma** siehe *Fruchtaromen.

**Papaya-Peptidase** siehe *Papain.

**Pappe.** P. zählt zu der Gruppe zellstoffhaltiger Werkstoffe (wie Papier u. *Karton) u. bildet den Oberbegriff für Vollpappe u. Wellpappe. P. ist ein flächiger Werkstoff, der zumeist aus pflanzlichen Fasern besteht u. durch Entwässern einer Faserstoffaufschwemmung auf einem Sieb gebildet wird. *Bedeutung für die Lebensmittelindustrie:* Im Bereich der Lebensmittelverpackungen hat die Graupappe (Rohstoff: Altpapier und Holzschliff) in den letzten Jahren stark an Bedeutung verloren. Sie findet heute noch Anwendung bei Joghurt-Steigen. Pappe in Form von Wellpappe wird in großem Maße für Transport- und Umverpackungen sowie Displays eingesetzt. Ein direkter Kontakt zum Lebensmittel ist selten (Beispiel: Obst- und Gemüsekisten). Pappe ist ohne Beschichtung (Beispiel: Kunststoff-, Wachsbeschichtung) feuchtempfindlich und bietet keine Sperrwirkung gegen Migration. Bei vergleichsweise geringem Materialeinsatz und Gewicht ist Wellpappe in der Lage die verpackten Lebensmittel beim Transport vom Hersteller zum Vertreiber vor unerwünschten Beanspruchungen (Beispiel: Produktverlust, Zerstören und/oder Beschädigen der Verkaufsverpackung) zu schützen. Die Transportverpackung verbleibt beim Vertreiber, der diese auch leicht entsorgen kann und der Wiederverwertung zuführt. Pappe und Kartonagen allgemein haben ein gutes Ökoimage. Zum Displaybau wird Wellpappe wegen der hohen Festigkeit und Stabilität verwendet. Dazu wird sie bedruckt und veredelt, funktioniert dann als Point of Purchase (Beispiel: Produktpräsentation außerhalb der Verkaufsregale) oder als *Thekenaufsteller*, wo sie die Werbewirkung und Präsenz der Produkte wesentlich unterstützt. – *E* board

*Lit.:* DIN 6730: 2003-08 ▪ DIN 55468: 2004-08 ▪ Fraunhofer Gesellschaft e.V., *Verpackungstechnik*, Hüthig: Heidelberg, (2001); Loseblattsammlung ▪ Rationalisierungs-Gemeinschaft „Verpackung" (RGV), Hrsg., *RGV-Handbuch Verpackung*, Erich Schmidt: Berlin, (1999); Loseblattsammlung

**Paprika** (Spanischer Pfeffer). Sammelbez. sowohl für die Früchte der heute in über 50 verschiedenen Kulturformen angebauten P.-Pflanze als auch für das aus den Früchten durch Zermahlen gewonnene *Gewürz. Die meist einjährigen, 20–50 cm hohen P.-Pflanzen (*Capsicum annuum* var. *annuum*, Solanaceae = Nachtschattengewächse) entwickeln zwischen ca. 5 u. 15 cm lange Früchte (Trockenbeeren) von grüner, gelber, roter od. bunter Färbung u. mild süßem bis brennendem Geschmack. Mehr od. weniger scharf schmecken auch die zahlreichen gelblichen Samen im Innern der Frucht, deren Schärfe u. den Speichelfluß fördernde Wirkung auf die Anwesenheit von Scharfstoffen wie *Capsaicin u. dessen Derivate zurückzuführen sind. Die rote u. gelbe Färbung beruht auf einem *Carotinoid-Gemisch, in dem bis zu 35% *Capsanthin neben *Cryptoxanthin- u. *Zeaxanthin, *Lutein u. *Capsorubin enthalten ist; die grüne Färbung ist durch die Ggw. von *Chlorophyll bedingt.
*Zusammensetzung:* Je 100 g eßbarer Substanz der Früchte enthalten durchschnittlich 92,8% Wasser, 1,2% Eiweiß, 0,2% Fett, 5,3% Kohlenhydrate, ferner 420 IE Vitamin A u. 128 mg Vitamin C (mehr als doppelt so viel wie Zitronen) sowie 0,3–0,5% Capsaicin u. 0,1–0,36% lipophile Carotinoide, Nährwert 100 kJ. Zur massenspektrometr. Carotinoid-Analytik siehe Literatur[1].
Anhand von nach P.-Verzehr im Blut gemessenen Capsanthin-Werten wird versucht, eine chemopräventive Wirkung von P. abzuleiten[2]. Die maßgeblichen Geruchskomponenten von P. sind kürzlich beschrieben worden[3]. Nach der Schärfe, d. h. dem Gehalt an Capsaicin, unterscheidet man allg. zwischen *Gemüse-P.* (rote Varietäten heißen auch *Pimiento*) u. *Gewürz-Paprika*. Aus den Früchten der letzteren Gruppe gewinnt man das gemahlene P.-Gewürz, das je nach Verw. der unterschiedlichen Fruchtteile in verschieden scharfen u. aromat. Sorten im Handel ist. Bei den 5 handelsüblichen Sorten Delikateß-, Edelsüß-, Halbsüß-, Rosen- u. Scharf-P. steigt in der genannten Reihenfolge die Schärfe, während das Aroma zurückgeht. Ein extrem scharfes P.-Gewürz wird aus den bes. kleinen, als *Chillies* od. *Peperoni* bezeichneten Früchten von *Capsicum frutescens* hergestellt (Capsaicin-Gehalt 0,5–1,5%) u. als *Cayenne-Pfeffer* gehandelt. Weitere Produkte hieraus sind das indones. *Sambal Oelek*, eine pastöse Zubereitung aus zerstoßenen Chillies, u. die aus Louisiana (Avery Island) stammende *Tabasco*®-Soße. Hauptanbaugebiete des aus Süd- u. Mittelamerika stammenden P. sind u. a. Brasilien, Israel, Ungarn, Spanien u. Südafrika, für Chillies bes. die trop. Gebiete Amerikas, Afrikas, Indiens u. Ostasiens. Es sei darauf hingewiesen, daß das sog. „Chili-Pulver" nichts mit Chillies zu tun hat, sondern aus amerikan. od. mexikan. Oregano, Knoblauchpulver, *Piment, Kreuzkümmel etc. besteht. – *E* red pepper, bell pepper, pimiento

*Lit.:* [1]J. Mass Spectrom. Soc. Jpn. **48**, 32–41 (2000); Eur. Food Res. Technol. **211**, 52–55 (2000). [2]J. Nutr. **127**, 1475–1479 (1997); Proc. Soc. Exp. Biol. Med. **224**, 116–122

(2000); Biosci. Biotechnol. Biochem. **64**, 1096–1098 (2000). [3]Eur. Food Res. Technol. **211**, 175–180 (2000).
*allg.:* Franke, W., *Nutzpflanzenkunde*, 6. Aufl.; Thieme: Stuttgart, (1997); S. 238f., 381f. ■ Hall, G.; Siewek, F.; Gerhardt, U., *Handbuch Aromen und Gewürze*, Behr's: Hamburg, (1999) – *[HS 0711 90, 0710 80]*

**Paprikaaroma** siehe *Gemüsearomen.

**Parabene.** Internationale Kurzbezeichnung für 4-Hydroxybenzoesäure und 4-*Hydroxybenzoesäureester.

**Paracasein** siehe *Casein.

**Paradeiser** siehe *Tomaten.

**Paradiesapfel** siehe *Tomaten.

**Paradiesfrucht** siehe *Banane.

**Paradieskörner** siehe *Pfeffer.

**Paradisapfel** siehe *Grapefruit.

**Paraffin(öl)** (Paraffinwachse, Weißöl, E 905). Bez. für ein festes od. flüssiges Gemisch gereinigter, gesätt. aliphat. Kohlenwasserstoffe (Paraffine), das farblos, geruchlos u. geschmacklos ist, sich in Ether u. Chloroform leicht, in Wasser u. 90%igem Alkohol nicht löst u. das nicht fluoresziert (Abwesenheit von aromat. Verb., insbes. von carcinogenen polycycl. Aromaten).
P. ist wasserabstoßend, mit Fetten, Wachs u. Walrat zu einheitlichen Massen zusammenschmelzbar, ungiftig, reaktionsträge, ziemlich beständig gegen Schwefelsäure, Brom u. kalte Salpetersäure u. wird im Gegensatz zu Fetten u. fetten Ölen nicht ranzig (d. h. es ist unverseifbar); es wird zum Unterschied von diesen mitunter fälschlicherweise auch als „Mineralfett" bezeichnet – die Verw. als Bratfett od. Backfett ist gesundheitsschädlich.
*Verwendung:* In Medizin u. Kosmetik zu Salben, Cremes u. dgl., flüssiges P. als mildes Laxans, außerdem zur Herst. von Kerzen, Fußbodenpflegemitteln, Holzpolituren u. Metallpolituren, Autopflegemitteln, Linoleum, gewachstem Papier, Hahnfetten, Baumwachs, Modelliermassen, Malstiften u. dgl., als Suspensionsmittel in der IR-Spektroskopie (Nujol®), Einbettungsmittel in der Mikroskopie usw., P.-Öle als Schmiermittel in der Feinmechanik.
In Kombination mit den anderen Mitteln als Überzugsmittel bei Obst u. Gemüse, bes. Citrusfrüchten sowie bei Trockenfrüchten wie Rosinen, Datteln, Feigen, Pflaumen, Aprikosen etc.[1]. Außerdem als Überzugsmittel auch bei der Hartkäse-Herst. u. Schnittkäse-Herst., als Trennmittel bei der Kaugummi-Herst. u. in der Bäckerei u. Süßwarenindustrie.
*Toxikologie:* ADI-Wert (WHO 1992): „not specified".
*Analytik:* In Literatur[2] werden spektralphotometr. u. kolorimetr. Bestimmungsmeth. der P. u. deren Verhalten gegenüber anderen Stoffen beschrieben.
*Recht: Zulassung:* Mikrokristalline Wachse (E 905) sind nach *ZZulV 1998 Anlage 4 Teil B als Kaumasse für Kaugummi zugelassen; des weiteren zur Oberflächenbehandlung von Süßwaren (außer

Schokolade), Kaugummi, Melonen, Papayas, Mangos oder Avocados (ZZulV 1998 Anlage 4 Teil B). *Reinheitsanforderungen:* *ZVerkV 1998 Anlage 2 (zu § 3 Abs. 1) Liste B Reinheitsanforderungen nach Richtlinie 96/77/EG vom 2.12.1996, Amtsblatt der EG Nr. L 339 vom 30.12.1996, S. 1 (geändert). *Weitere rechtliche Regelungen:* § 2 und Anlage 2 Bedarfsgegenstände-Verordnung; Tabakverordnung Anlage 1. – *E* paraffin
*Lit.:* [1]Schriftenreihe Lebensmittelchemie **18**, 161. [2]DAB **9**, 1135.
*allg.:* Blue List ■ Potier, M., *Pet. Tech.*, (2000) **425**, 18–21 – *[HS 2710 00 (Paraffinöl); 2712 20 (Paraffin); CAS 8002-74-2]*

**Paraformaldehyd** siehe *Formaldehyd.

**Paragenosen** siehe *Riechstoffe.

**Paráguave** siehe *Guaven.

**Paraguay-Tee** siehe *Mate.

**paralytic shellfish poisoning** siehe *Algentoxine.

**Paranuß** (Brasilnuß, Brasilianische Kastanie, Amazoniennuß, Amazonasmandel, Tucanuß, Yuvianuß). Braune, dreikantige, am Rücken gewölbte, 3–5 cm lange Samenkerne, die wie Orangensegmente fächerförmig zu 10–16 Stück im Innern der ca. 30 cm dicken und 0,3 bis 2 kg wiegenden Kapselfrucht des Paranußbaumes (*Bertholletia excelsa* Humb et Bonpl., Lecythidaceae) ruhen. Ein Baum trägt 100–600 solcher Kapselfrüchte. Sie sind nach dem Hauptanbauort, der nordbrasilianischen Pará-Provinz im Amazonasgebiet mit dem Ausfuhrhafen Pará (amtlich: Belém) benannt. Die Samen haben eine braune, harte, runzlige Schale, unter der eine weiche rotbraune Samenhaut liegt, die den weißen bis hellgelben, eßbaren Kern umschließt. Das Aroma erinnert an *Mandeln.
*Vorkommen:* Die Paranuß ist in Brasilien, Peru, Bolivien, Venezuela, den Urwäldern des Amazonas sowie am Orinoco beheimatet und verbreitet. Bis heute stammen die Paranüsse ausschließlich von diesen Wildstandorten, da gezielte Anbauversuche fehlgeschlagen sind. Sorten sind nicht bekannt; vielmehr richten sich die verschiedenen Bezeichnungen nach den Sammelgebieten der Nüsse bzw. nach deren Verladehäfen, z. B. „Bélem", „Manaus", „Santarém", „Óbidos" und anderen.
*Inhaltsstoffe und Physiologie:* Je 100 g genießbarer Anteil der Paranuß enthalten durchschnittlich 5,62 g Wasser, 14,0 g Eiweiß, 66,8 g Fett, 10,9 g Kohlenhydrate (davon 3,10 g Rohfaser), 3,65 g Mineralstoffe: 2 mg Natrium, 670 mg Kalium, 130 mg Calcium, 225 mg Magnesium, 3,4 mg Eisen, 600 mg Phosphor, 200 mg Schwefel, 60 mg Chlorid; Nährwert 2740 kJ (654 kcal). Ihr Vitamin-B[1]-Gehalt soll den von Schweinefleisch übertreffen. Die Paranuß hat den höchsten Kalorien- und Mineralstoff-Gehalt, aber den niedrigsten Kohlenhydrat-Gehalt unter den Nüssen.
Paranüsse enthalten Excelsin, ein Globulin. Bestimmte Protein-Fraktionen sollen Immunglobulin-E-vermittelte allergische Erscheinungen nach dem

Verzehr von Paranüssen zur Folge haben[1-5]. Außerdem enthalten Paranüsse Barium, [90]Strontium, [226]Radium und [228]Radium in auffällig hohen Mengen. Die Ursache wird mit der Fähigkeit des Paranußbaumes erklärt, entsprechende Salze aus Uran- und Thorium-haltigen Böden, wie sie in Brasilien vorkommen, über die Wurzeln aufnehmen zu können. An Radionukliden wurde für [90]Strontium bis zu 29, für [226]Radium bis zu 59 und für [228]Radium bis zu 49 Bq/kg ermittelt[6]. Aus strahlenschutzrechtlicher Sicht bestehen gegen die Gehalte an Radionukliden keine Bedenken[7]. Es wurden Barium-Gehalte von bis zu 4,5 g/kg gefunden[8]. Obwohl die Barium-Gehalte bei einer Verzehrsmenge von 200 g Paranüssen bereits im akut-toxischen Bereich liegen, sind bisher keine Vergiftungserscheinungen bekannt geworden. Dies gilt auch für Länder, in denen größere Mengen an Paranüssen verzehrt werden[9].

Erwähnenswert ist auch Selen, das an Protein, vor allem über die Aminosäure Methionin gebunden vorliegt[10].

Zur Analyse der Lipid-Fraktion aus Paranüssen berichten Literatur[11,12].

*Verwendung und Wirtschaft:* In Südamerika, wo die Paranuß ein bedeutendes Nahrungsmittel darstellt, werden die Samenkerne roh gegessen oder wie Mandeln oder Nüsse verarbeitet. Ganze Paranüsse auf dem deutschen Markt stammen fast ausnahmslos aus Brasilien (Import pro Jahr: 2000–2500 t), Kerne aus Bolivien, Brasilien und Peru. Hierzulande sind Paranüsse Bestandteil von Nußmischungen als Knabberartikel oder werden mit Schokolade überzogen verkauft. Hauptvermarktungszeit sind die Monate Oktober bis Dezember. Industriell werden Paranüsse zu Mehl und Speiseöl verarbeitet. Das aus den Samen gewonnene Feinöl (50–70%) enthält ca. 13,7% Palmitin-, 5,45% Stearin-, 42,8% Öl- und 26,5% Linolsäure. Es wird als Speiseöl und in der Pharma- und Kosmetikindustrie verwendet. Paranüsse werden roh gegessen, sind allerdings recht anfällig gegen *Aflatoxin-produzierende Schimmelpilze. Dunkel, trocken (65–75% relative Luftfeuchtigkeit) und kühl (0 bis −3°C) aufbewahrt, sind Paranüsse in gut belüfteten Lagern bis zu 1 Jahr haltbar, sofern ihr Wassergehalt vor der Einlagerung von ursprünglich 25–35% auf 8–10% abgesenkt wurde.

Die Weltproduktion wird auf 30000–40000 t geschätzt. – *E* Brazil nut

*Lit.:* [1]Blais, B. W.; Omar, M.; Philippe, L., *Food Agric. Immunol.*, (2002) **14**, 163. [2]Beyer, K.; Bardina, L.; Grishina, G.; Sampson, H. A., *J. Allergy Clin. Immunol.*, (2002) **110**, 154. [3]Asero, R.; Mistrello, G.; Roncarolo, D.; Amato, S., *Allergy*, (2002) **57**, 1080. [4]Sicherer, S. H.; Sampson, H. A., *Curr. Opin. Pediatr.*, (2000) **12**, 567. [5]Pumphrey, R. S.; Wilson, P. B.; Faragher, E. B.; Edwards, S. R., *Clin. Exp. Allergy*, (1999) **29**, 1256. [6]Landtag von Baden-Württemberg, Verkaufsverbot für Paranüsse, Drucksache 9/704 vom 06.11.1984. [7]Bundesgesundheitsamt, Radiochemische Untersuchungen von Paranußkernen, Geschäftszeichen: E-9100-00-175/84. [8]Chemische Landesuntersuchungsanstalten (CLUA) Baden-Württemberg, Gemeinsamer Jahresbericht 1984. [9]Bundesgesundheitsamt, Schreiben vom 20.11.1984 an das Bundesministerium für Jugend, Familie, Frauen und Gesundheit, Geschäftszeichen: CIV-2204-6978/84. [10]Kannamkumrath, S. S.; Wrobel, K.; Wrobel, K.; Vonderheide, A.; Caruso, J. A., *Anal. Bioanal. Chem.*, (2002) **373**, 454. [11]Hourant, P.; Baeten, V.; Morales, M. T.; Meurens, M.; Aparacio, R., *Appl. Spectrosc.*, (2000) **54**, 1168. [12]Vieira, T. M. F. S.; Regitano-D'Arce, M. A. B., *Arch. Latinoamer. Nutr.*, (1999) **49**, 271.

*allg.:* Bendel, L., *Das große Früchte- und Gemüselexikon*, Albatros: Düsseldorf, (2002); S. 231 ▪ Franke, W., *Nutzpflanzenkunde*, 6. Aufl.; Thieme: Stuttgart, (1997); S. 250 ▪ Liebster, G., *Warenkunde Obst und Gemüse*, Hädecke: Weil der Stadt, (1999); Bd. 1, S. 223 ▪ Liggins, J.; Bluck, L. J. C.; Runswick, S.; Atkinson, C.; Coward, W. A.; Bingham, S. A., *J. Nutr. Biochem.*, (2000) **11**, 326 – *[HS 0801 90]*

**Parasiten im Fisch.** Fische können von Natur aus mit Parasiten befallen sein. Nach den Standards für Fischerzeugnisse des Codex Alimentarius[1] müssen Fische und *Fischerzeugnisse frei von sichtbaren lebenden Parasiten sein, die schädlich für den Menschen sind u., soweit im Rahmen guter industrieller Praxis möglich, auch frei von Parasiten, die nicht für den Menschen schädlich sind. Die wichtigsten Parasiten in Fischen des Nordaltantiks sind die Nematoden *Anisakis simplex* und *Pseudoterranova accipiens*. – *E* fish parasites

*Lit.:* [1]Codex Alimentarius; http://www.codexalimentarius.net.

**Parasorbinsäure** siehe *Sorbinsäure.

**Parathion** (Parathion-ethyl, Ethylparathion, E 605). T

*O,O*-Diethyl-*O*-(4-nitrophenyl)thiophosphat, $C_{10}H_{14}NO_5PS$, $M_R$ 291,25, Schmp. 6°C, Sdp. 150°C (80 Pa), Wasserlöslichkeit 0,01 g/L (20°C), Dampfdruck 0,89 mPa (20°C); $LD_{50}$ (Ratte akut-oral) ca. 2 mg/kg (Wirkstoffe iva); MAK-Werte-Liste (2004): 0,1 mg/m³ (einatembare Fraktion), Schwangerschaft: Gruppe D; ADI 0,004 mg/kg (JMPR); WGK 3; von American Cyanamid 1947 und Bayer 1948 eingeführtes nicht-systemisches *Organophosphor-Insektizid und *Akarizid mit breitem Wirkungsspektrum in zahlreichen Kulturen.

Parathion wird durch Reaktion von *O,O*-Diethylphosphorochloridothioat mit dem Natriumsalz des 4-Nitrophenols hergestellt. Der Wirkstoff wird in biologisch aktiven Böden schnell abgebaut. Zulässige Höchstmengen nach *Rückstands-Höchstmengenverordnung 0,5 mg/kg für Obst und Gemüse und 0,1 mg/kg für andere pflanzliche Lebensmittel. Der Abbau führt über kurzlebige Zwischenprodukte wie Paraoxon [Diethyl(4-nitrophenyl)phosphat], Aminoparathion [*O*-(4-Aminophenyl)-*O,O*-diethylthiophosphat] oder *O,O*-Diethylhydrogenthiophosphat und 4-Nitrophenol zu Kohlendioxid. Neben dieser Mineralisierung werden Parathion und/oder seine Metaboliten fest in die Bodenmatrix eingebaut. Es konnte nachgewiesen werden, daß auch diese gebundenen Rückstände einem vollständigen Abbau zugänglich sind. Zur Analytik von Parathion siehe Literatur[1-3].

*Wirkung:* Acetylcholin-Esterase-Hemmer nach metabolischer, oxidativer Desulfurierung zum entsprechenden Oxon. – *E* parathion

*Lit.:* [1] Pugliese, P.; Molto, J. C.; Damiani, P.; Marin, R.; Cossignani, L.; Manes, J., *J. Chromatogr. A*, (2004) **1050**, 185–191. [2] Pagliuca, G.; Gazzotti, T.; Zivoni, E.; Sticca, P., *J. Chromatogr. A*, (2005) **1071**, 67–70. [3] Ferrer, C.; Gomez, M. J.; Garcia-Reyes, J. F.; Ferrer, I.; Thurman, E. M.; Fernandez-Alba, A. R., *J. Chromatogr. A*, (2005) **1069**, 183–194.

*allg.:* Eyer, F.; Meischner, V.; Kiderlen, D.; Thiermann, H.; Worek, F.; Haberkorn, M.; Felgenhauer, N.; Zilker, T.; Eyer, P., *Toxicol. Rev.*, (2003) **22**(3) 143–163 ▪ Galloway, T. S., Handy, R. D., *Ecotoxicology*, (2003) **12**, 345–363 – [HS 2929 10; CAS 56-38-2; G 6.1, I]

**Parathion-methyl** siehe *Organophosphor-Insektizide.

**Parathormon** siehe *Parathyrin.

**Parathyr(e)oidhormon** siehe *Parathyrin.

**Parathyrin** [Parathyr(e)oidhormon, Parathormon, PTH]. Ein Calcium-mobilisierendes Hormon, das durch Abspaltung eines Hexapeptids von einem in Abhängigkeit vom Blut-Calcium-Spiegel in den Nebenschilddrüsen (Glandulae parathyreoideae) gebildeten Prohormon entsteht. Parathyrin ist ein lineares Polypeptid aus 84 Aminosäuren bekannter Sequenz, $M_R$ ca. 9500. Hinsichtlich der Aminosäure-Folge zeigt sich ein Unterschied an 5–6 Positionen zwischen menschlichem und aus Rindern bzw. Schweinen gewonnenem Parathyrin, außerdem erwiesen sich Teilsyntheseprodukte aus 34 Aminosäuren bereits als biologisch aktiv.

Parathyrin ist der wichtigste Regulator der extrazellulären Calcium-Konzentration. Zusammen mit dem antagonistisch wirkenden Schilddrüsenhormon *Calcitonin regelt es in den Grenzen von 2,1–2,9 mmol/L den Calcium-Spiegel im Blut; erst im physiologischen Zusammenspiel beider Hormone kommt es zu einem ausbalancierten Calcium-Ionen-Haushalt und Phosphat-Ionen-Haushalt des Organismus. Parathyrin hat wie Calcitonin als Zielorgane Skelett, Darm und Niere und ist an der Aufnahme, Exkretion und Umverteilung von Calcium beteiligt. Ein geringfügiger Abfall des freien Serum-Calciums wird von Calcium-sensitiven Oberflächenrezeptoren (zwei bisher identifizierte Typ-III-Rezeptoren) wahrgenommen und führt innerhalb von Minuten zu erhöhter Parathyrin-Freisetzung. Nach 10–20 min wird Parathyrin wieder abgebaut.

Nach Freisetzung induziert Parathyrin die Aktivität der renalen 1α-Hydroxylase, die zirkulierendes Calcidiol (25-Hydroxycholecalciferol) in den aktiven Metaboliten von *Vitamin D, Calcitriol (1α,25-Dihydroxycholecalciferol, Vitamin-D-Hormon), überführt. Am Knochen stimuliert Parathyrin die Bildung und Aktivität von Osteoklasten und führt damit zu einem vermehrten Knochenabbau durch Freisetzung von Calcium und Phosphat. Im Darm steigt unter dem Einfluß von Calcitriol die duodenale Resorption von Calcium und Phosphat. In der Niere erhöht Parathyrin zusammen mit Calcitriol die Rückresorption von Calcium in der Henleschen Schleife. Das durch die Freisetzung aus dem Knochen beziehungsweise durch Resorption aus dem Darm vermehrt angefallene Phosphat wird mit dem Urin ausgeschieden, wobei Parathyrin die renale Rückresorption von Phosphat hemmt. Dadurch wird ein Überschreiten des Löslichkeitsproduktes von Calciumphosphat verhindert. Zusammen führen diese Mechanismen bei einem leichten Abfall der freien, extrazellulären Calcium-Konzentration zu einer raschen Normalisierung.

Bei einer Überfunktion der Nebenschilddrüsen[1] kommt es zu einer Parathyrin-Überproduktion, die eine Hyperkalzämie verursacht. Dieser erhöhte Calcium-Spiegel im Blut kann lebensbedrohlich sein (hyperkalzämische Krise; Akuttherapie: Calcitonin-Gabe). In etwa 80% der Fälle ist ein dem Parathyrin verwandtes, in zahlreichen Geweben gebildetes Hormon (*parathyroid hormone-related protein*, PTHrP, 141 Aminosäure-Reste) die Ursache einer Tumor-Hyperkalzämie bei soliden Tumoren. PTHrP kann aufgrund seiner Strukturverwandtschaft PTH-Rezeptoren und spezifische PTHrP-Rezeptoren aktivieren, siehe auch Literatur[2-4]; für die Calcium-Homöostase ist es unter physiologischen Bedingungen nicht von Bedeutung. PTHrP ist jedoch auch ein Produkt normaler erwachsener und fetaler Gewebe, wo es den Tonus der glatten Muskulatur, den Calcium-Transport durch Epithelien (Niere, Uterus, Eileiter, Milchdrüse) und die Organentwicklung[5,6], z.B. das Knochenwachstum[7,8], zu regulieren scheint. Auch von PTHrP sind aminoterminale Teilpeptide aktiv, z.B. PTHrP(1–36). Zur Hyperkalzämie und Zwergenwachstum (Jansensche Chondrodysplasie) bei genetisch verändertem Rezeptor siehe Literatur[9].

Eine Unterfunktion der Nebenschilddrüsen hat eine verminderte Parathyrin-Produktion zur Folge und damit einen erniedrigten Blut-Calcium-Spiegel. Bei dieser Hypokalzämie kommt es zu gesteigerter neuromuskulärer Erregbarkeit (tetanische Muskelkrämpfe). – *E* parathyrin, parathyroid hormone

*Lit.:* [1] Rothmund (Hrsg.), Hyperparathyreoidismus, Stuttgart: Thieme 1991. [2] *Am. J. Pathol.* **150**, 779–785 (1997). [3] *Int. Rev. Cytol.* **166**, 231–280 (1996). [4] M.S. – Méd. Sci. **12**, 183–188 (1996). [5] *Am. J. Med. Sci.* **312**, 287–294 (1996). [6] *Physiol. Rev.* **76**, 127–173 (1996). [7] *Curr. Biol.* **6**, 1577–1580 (1996). [8] *Science* **273**, 579, 613–622, 663–666 (1996). [9] *Science* **268**, 98ff. (1995).

*allg.:* Biesalski, H. K.; Fürst, P.; Kasper, H.; Kluthe, R.; Pölert, W.; Puchstein, C.; Stähelin, H. B., *Ernährungsmedizin*, 2. Aufl.; Thieme: Stuttgart, (1999); S. 168 ▪ Biesalski, H. K.; Köhrle, J.; Schümann, K., *Vitamine, Spurenelemente und Mineralstoffe*, 2. Aufl.; Thieme: Stuttgart, (2002); S. 127 ▪ Mundy, G. R.; Guise, T. A., *Clin. Chem.*, (1999) **45**(8), 1347 ▪ Rehner, G.; Daniel, H., *Biochemie der Ernährung*, Spektrum Akademischer Verlag: Heidelberg, (1999); S. 349 – [CAS 9002-64-6 (allgemein); 68893-82-3 (Human-Parathyrin)]

**parathyroid hormone-related protein** siehe *Parathyrin.

**Parboiling-Prozeß.** Verfahren zur Nährwertverbesserung von Getreide, speziell von *Reis (Parboiled-Reis). Der Parboiling-Prozeß besteht bei Reis aus drei Stufen:
1. Einweichen von Paddy-Reis in heißem Wasser,
2. Dämpfen im Autoklaven,
3. Trocknen durch Heißluft, im Vakuum oder mittels Infrarotstrahler.
Danach kann herkömmlich weiterverarbeitet werden (siehe Verarbeitung bei *Reis).
Beim Parboiling-Prozeß verkleistert die Stärke und retrogradiert bei der Trocknung z.T. wieder, woraus eine Verringerung der Kochzeit resultiert. Enzyme werden inaktiviert, die enzymatische Lipid-Hydrolyse bei der Lagerung wird gehemmt. Die Öltröpfchen werden gesprengt und die Lipide wandern zum Teil aus dem Endosperm in die äußeren Schichten des Korns. Da gleichzeitig Antioxidantien zerstört werden, ist Parboiled-Reis anfälliger gegen eine Lipid-Peroxidation. Mineralstoffe und Vitamine, insbesondere Thiamin, Niacin und Riboflavin, diffundieren aus den äußeren Kornschichten ins Innere des Endosperms und bleiben so nach dem Polieren erhalten. Heute werden weltweit etwa 25% des Paddy-Reises dieser Behandlung unterzogen. Auch bei *Gerste kann der Nährwert durch den Parboiling-Prozeß erfolgreich erhöht werden. – *E* parboiling process
*Lit.:* Belitz-Grosch-Schieberle (5.), S. 695 ∎ Niba, L. L., *Int. J. Food Sci. Nutr.*, (2003) **54**, 97–109

**Parfümranzigkeit** siehe *Methylketone.

**Parfüms.** Das eingedeutschte Wort „Parfüm" und das französische Stammwort „parfum" leiten sich ab von lateinisch per fumum = durch (Opfer-)Rauch (siehe Geschichte). Unter Parfüms versteht man alkoholische Lösungen geeigneter *Riechstoffe (Duftstoffe), aber auch den Duft selbst; in der deutschsprachigen Literatur wird gelegentlich auch Parfümerie und Parfüm gleichgesetzt.
Man unterscheidet nach dem Gehalt der Parfümöle in besonders reinem Ethanol, der gegebenenfalls mit Wasser auf bis zu 70% verdünnt sein kann: Parfüm („*Extrait*") 10–25%; Eau de Parfum 8–10%; Eau de Toilette 5–8%; Eau de Cologne (Kölnisch Wasser) 2–5%. Grundstoffe der Parfümöle sind *etherische Öle, Blütenöle, Extrakte aus pflanzlichen und animalischen Drogen, aus Naturprodukten isolierte, chemisch veränderte (halbsynthetisch) sowie rein synthetisch gewonnene Riechstoffe.
*Inhaltsstoffe:* Aus der Vielzahl pflanzlicher Ausgangsmaterialien seien erwähnt:
– Blüten z.B. von Lavendel (siehe *Lavendelöl), Rosen (siehe *Rosen-Absolue, -Öl), Jasmin, Neroli;
– tengel und Blätter z.B. von Geranium, Patchouli (siehe *Patchouliöl), Petitgrain (siehe *Petitgrainöle);
– Früchte, z.B. Anis, *Koriander, Kümmel (siehe *Kümmelöl), Wacholder (siehe *Wacholderbeeröl);
– Fruchtschalen z.B. von Agrumen wie Bergamotte (siehe *Bergamottöl), *Zitronen, *Orangen;
– Samen, z.B. Macis (siehe *Muskatnuss), Angelika, *Sellerie, *Kardamomen;
– Wurzeln, z.B. Angelika, Costus, Iris (siehe *Iriswurzelöl), Calmus;
– Holz, z.B. Sandelholz (siehe *Sandelholzöl), Guajakholz, Zedernholz (siehe *Zedernholzöle), Rosenholz (siehe *Rosenholzöle);
– Kräuter und Gräser, z.B. Estragon, Lemongras (siehe *Lemongrasöl), Salbei (siehe *Salbeiöle), Thymian (siehe *Thymianöl);
– Nadeln und Zweige z.B. von Fichten, Tannen, Kiefern, Latschen (siehe *Fichten- und Kiefernnadelöle);
– Harze und Balsame z.B. aus Galbanum(-Öl, -Resin), Elemi, Benzoe, Myrrhe, Olibanum, Opopanax.
Tierische Rohstoffe sind sehr selten und meist extrem kostspielig: Ambra, ein vom Pottwal ausgeschiedenes krankhaftes Stoffwechselprodukt; *Moschus, der Drüseninhalt eines zentralasiatischen geweihlosen Hirsches; *Zibet, das Drüsensekret der Zibetkatze; Castoreum, ein Drüsensekret des kanadischen Bibers. Entsprechende Duftkomponenten werden daher überwiegend synthetisch nachgestellt.
Von den halbsynthetischen, durch chemische Veränderung natürlicher Ausgangsstoffe gewonnenen Riechstoffen seien als Beispiele erwähnt: Isoeugenol aus *Eugenol, dem Hauptbestandteil des Nelkenöls, *Vanillin aus Isoeugenol, Hydroxycitronellal aus *Citronellal, *Citronellol aus *Geraniol oder Citronellal, Geranylacetat aus Geraniol, *Jonone und *Methyljonone aus Citral.
Bei den vollsynthetischen Riechstoffen gibt es naturidentische sowie solche, deren molekulare Strukturen ohne natürliches Vorbild sind.
*Gewinnung:* Zur Isolierung der Duftstoffkonzentrate aus den Rohstoffen werden verschiedene Verfahren angewendet: z.B. Auspressen der Fruchtschalen für Citrusöle, Extraktion von *Resinoiden aus Harzen, Balsamen, Flechten und Moosen mittels flüchtiger Lösemittel wie Alkohol oder Hexan, Wasserdampfdestillation vorher aufbereiteter zerkleinerter Pflanzenteile zur Gewinnung der etherischen Öle. Die bereits seit dem Altertum bekannte Enfleurage (Extraktion der besonders empfindlichen Blütenduftstoffe mittels geruchsneutraler Fette) wird heute nur noch selten angewendet, dafür hat die besonders schonende Destraktion mittels überkritischer Gase (z.B. Kohlendioxid) steigende Bedeutung erlangt.
Als Lösemittel für die Parfümöle dient fast ausschließlich reinster Ethanol, gegebenenfalls verdünnt mit Wasser zur Einstellung der erforderlichen Konzentration.
Beim Aufbau einer Parfümkomposition wird gegliedert in:
1. *Kopfnote* (Tête, Spitze, Angeruch), leicht flüchtige Riechstoffe meist frischen Charakters;

2. *Mittelnote* (Bouqet, Corps, Cœur, Herznote, Körper), mäßig flüchtige Riechstoffe oft blumigen Charakters;

3. *Basisnote* (Fond, Nachgeruch), wenig flüchtige Riechstoffe, die den Grundcharakter (Leitgeruch) des Parfüms bestimmen.

Der Basisnote sind auch die Fixateure zugeordnet, welche Bindung und Haftfestigkeit der flüchtigen Riechstoffe erhöhen und die Duftkomposition stabilisieren. Mit Adjuvantien können Kopfnote, Mittelnote und Basisnote enger miteinander verbunden und der Duftablauf fließender gestaltet werden.

Es wird unterschieden nach linearem und komplexem Aufbau eines Parfüms. Beim linearen Aufbau werden im wesentlichen definierte Riechstoffe zur Duftkomposition aus Kopfnote, Mittelnote und Basisnote gemischt, während beim komplexen Aufbau überwiegend bereits vorkonstruierte, aus zahlreichen Einzelkomponenten bestehende, in sich abgerundete Parfüm-„Basen" miteinander kombiniert werden. Ein Parfüm komplexen Aufbaus kann dabei aus mehreren hundert Einzelkomponenten bestehen.

*Einteilung:* Für die Geruchsrichtungen gibt es keine allgemein verbindliche Einteilung. Meist wird nach „Duftfamilien" bestimmter Noten unterschieden:

„*Grünnoten*" sind herb-frische Düfte und riechen nach Blättern, Gräsern, Wiesen usw.

„*Citrusnoten*" bestehen meist aus den etherischen Ölen der Citrusfrüchte mit erfrischendem Charakter und finden sich unter anderem in den klassischen Eaux de Cologne.

„*Lavendelnoten*" sind in vielen Kompositionen enthalten und bilden den Hauptbestandteil der „Lavendelwässer".

„*Blumige Noten*" sind überwiegend zusammengesetzt aus mehreren Einzelblumen-Noten, z. B. der Richtungen Jasmin, Flieder, Rose, Maiglöckchen, Iris/Veilchen, Nelke.

„*Aldehyd-Noten*" basieren überwiegend auf synthetischen Riechstoffen mit blumigem, zum Teil auch holzigem, balsamischem und animalischem Charakter; sie sind Bestandteil vieler Modeparfüms.

„*Chypre-Noten*" (Moosnoten) bestehen überwiegend aus Eichenmoosextrakten, zum Teil in Kombination mit Bergamotteöl, und haben herb-frischen Charakter.

„*Fougère-Noten*" (Farnnoten) sind den Chypre-Noten verwandt.

„*Gewürznoten*" enthalten Gewürzextrakte von z. B. Thymian, Pfeffer, Muskat, Zimt, Nelken, Ingwer, Majoran, Kardamom, Koriander usw., zum Teil auch synthetische Riechstoffe und speziell kombinierte Gewürzbasen.

„*Orientalische Noten*" kombinieren Gewürznoten mit schweren, süßen, balsamischen oder animalischen Noten zu Düften mit würzig-süßem bis süßlich-schwerem Charakter.

„*Holznoten*" basieren auf z. B. Zedernholzölen, Sandelholzölen und anderen Holzölen und Wurzelölen und variieren von herb-frisch bis holzig-herb.

„*Tabaknoten*" gibt es in vielen Variationen von frisch-herb-würzig bis schwer-süß-honigartig, ur-

sprünglich basierend auf dem Duft von Tabakblüten und fermentiertem Tabak.

„*Ledernoten*" erinnern an den Geruch feinster Lederwaren z. B. der Duftrichtung Juchten.

Die Geruchsrichtungen werden grob in „nachgebildete Noten" und „Phantasienoten" eingeteilt. Bei ersteren wird versucht, durch Kombination natürlicher und synthetischer Duftstoffe möglichst naturgetreu eine Nachbildung des vorgegebenen Geruchs zu erreichen; bei letzteren sind der kreativen Phantasie in der Komposition eines Parfüms keine Grenzen gesetzt. Ferner wird unterschieden zwischen Damenparfüms und Herrenparfüms.

***Wirtschaft:*** Bei einem Gesamtmarkt für Körperpflegemittel (siehe auch *Kosmetika) 2002 in Deutschland von ca. 11 Mrd. € (Endverbraucherpreise) betrug der Anteil für Damenparfüms/Damendüfte ca. 0,8 Mrd. € = 7,1 %[1]. – *E* perfumes

***Lit.:*** [1]IKW, Tätigkeitsbericht 2002/2003, Frankfurt: Industrieverband Körperpflege und Waschmittel 2003; http://www.ikw.org/pdf/broschueren/Taetigkeitsbericht_02_03.pdf.
*allg.:* Kirk-Othmer (4.) **17**, 594–603; **18**, 171–201 ▪ Ohloff ▪ Ullmann (5.) **A11**, 141–250 ▪ Umbach (2.), S. 343–360, 408–417 – *[HS 3303 00]*

**Passionsfruchtaroma** siehe *Fruchtaromen.

**Passionsfrüchte** (Granadilla, Grenadilla, Maracuja). Früchte der in den Tropen und Subtropen heimischen mehrjährigen immergrünen Rankenpflanzen der Gattung *Passiflora* (Passifloraceae). Der Name rührt vom Dornenkronen-artigen, bizarren Bau der großen Blüten her[1]. Eine wichtige Art ist die vornehmlich in Australien, Hawaii, Sri Lanka, Südafrika und Kenia kultivierte *Purpurgranadilla* (*Passiflora edulis* Sims. f. *edulis*) mit runden bis rund-ovalen, 3,5–5 cm großen Früchten, deren Schale durch *Anthocyane gefärbt ist[2,3]. Die ertragreichere Art *Passiflora edulis* f. *flavicarpa* (Maracuja) hat eine zitronengelbe bis rötliche Schale, mißt 6–8 cm im Durchmesser und ist rund bis eiförmig. Sie hat im Vergleich zur Purpurgranadilla einen mehrfach höheren *Carotinoid-Gehalt[4–6]. Durch ihren hohen Säure-Anteil eignet sie sich vornehmlich zur Nektargewinnung, jedoch weniger zum Frischverzehr.

Ähnliche Verwendung wie die Maracuja findet die im tropischen Amerika angebaute, gelblich-weiß gefleckte *Wasserlimone* (Gelbe Granadilla, Wasserzitrone, *Passiflora laurifolia* L.). Die größte Passionsfrucht ist mit bis zu 30 cm Länge und 10–16 cm Breite die im tropischen Amerika und Australien kultivierte *Riesengranadilla* (Barbadine, Königsgranate, Melonengranadilla, *Passiflora quadrangularis* L.), in deren stärkehaltigem Fruchtfleisch oxygenierte Monoterpene nachgewiesen worden sind[7]. Ebenfalls im tropischen Amerika wird die *Curuba* (*Passiflora mollissima* [HBK] Bailey) kultiviert, die ein zwar saures, aber hocharomatisches Fruchtfleisch aufweist[8]. Eßbar sind die gelbliche bis blaßrosafarbene, süß-säuerliche, aber schwach aromatische Pulpa, und die dicke, fleischige Fruchtwand, die als Kompott oder in unreifer Form als Gemüse verzehrt wird. In Südamerika (vor allem Mexico) und auf Hawaii wird die *Süße Granadilla* (*Passiflora ligularis* A. Juss.) angebaut, Importfrüchte in Deutschland stammen meist aus Kolumbien. Die kugelrunden, hellbraunen bis orangen Früchte haben einen Durchmesser von 7–10 cm und verjüngen zum Stielende hin. Die grauweiße Pulpa schmeckt weniger sauer als die der anderen Arten. Die in den Höhenlagen von Peru, Bolivien und Kolumbien beheimatete *Passiflora pinnatistipula* Cav., auch als *Cholupa* oder *Gulupa* bekannt, bringt gelblich-grüne bis bräunlich-purpurfarbene kugelrunde Früchte mit einem Durchmesser von 6–7 cm hervor. Ihre saure aromatische Pulpa eignet sich zum Rohverzehr, wird aber lokal auch zu Getränken und Konfitüre verarbeitet.

*Inhaltsstoffe:* Aromabestimmende Bestandteile bei den *Passiflora edulis*-Varietäten sind 2-Methyl-4-propyl-1,3-oxathian und andere Schwefel-Verbindungen, Edulane, Ester und Lactone[9–11] (vgl. *Fruchtaromen). Eine Reihe glycosidisch gebundener Aromastoffe wurden charakterisiert[12–17]. Auch das Vorkommen von *cyanogenen Glycosiden[18,19] und S-Cystein-Konjugaten wurde beschrieben[20,21], darunter die neue Stoffklasse der γ-Sultine[22]. Eine weitere Analyse des Aromas ergab >165 Komponenten: vor allem Ester, Alkohole, Lactone, Ketone, Carbonsäuren, Phenole, Jonon-Derivate, 1,3-Oxathiane und andere organische Schwefel-Verbindungen. Aromatragend sind außer letzteren die Ethyl- und Hexylbutyrate bzw. -capronate. Die Zusammensetzung des Passionsfruchtaromas läßt Beziehungen zu anderen Fruchtaromen wie z.B. *Ananas und *Himbeere erkennen[23]. An nichtflüchtigen, wertgebenden Inhaltsstoffen sind neben den bereits erwähnten Carotinoiden und den Vitaminen aus dem B-Komplex, Zucker sowie *Citronensäure zu nennen[24,25]. Referenzwerte für Passionsfruchtsaft sind Literatur[26] zu entnehmen.

Aus den Blättern von *Passiflora edulis* wurden mittels überkritsicher $CO_2$-Extraktion glycosylierte Flavonoide extrahiert[27]. In Blättern und Rindenmaterial wurden durch NMR-Analysemethoden Cycloartan-Derivate[28], aber auch cyanogene Alloside sowie cyanogene Glycoside charakterisiert[29]. Für die Analyse der Flavonoide in Blütentinkturen wurde eine HPLC-MS Methode vorgeschlagen[30].

*Verwendung:* Die reifen, leicht schrumpeligen Früchte eignen sich ausgezeichnet zum Frischverzehr. Aus den halbierten Früchten wird das gelatinöse und mit vielen eßbaren Samen durchsetzte Fruchtfleisch ausgelöffelt. Obstsalate, Speiseeis, Quarkspeisen, Nektar, Likör, aber auch Gelees und Konfitüren sind weitere Lebensmittel, in denen Passionsfrüchte gerne verwendet werden. Da Passionsfrüchte transportempfindlich sind, werden Saftkonzentrate bereits in den Anbauländern gewonnen. Auf dem europäischen Märkten stammen sie im wesentlichen aus Brasilien. Zur Saftgewinnung besonders geeignet ist die Gelbe Maracuja. Verfahren zur Saft- und Konzentratgewinnung sowie zur Herstellung trubstabiler Fruchtnektare sind Literatur[31–36] zu entnehmen.

*Ernährungsphysiologie und Pharmakologie:* Arzneiliche Anwendung als Sedativum findet das Kraut von *Passiflora incarnata*. Das wirksame Prinzip konnte bisher noch nicht zweifelsfrei identifiziert werden. Über das Vorkommen von Harman-Alkaloiden, die sedativ, blutdrucksenkend und antispasmodisch wirken, gibt es widersprüchliche Angaben[23,37]. – *E* passion fruits

*Lit.:* [1]GEO **1984**, Nr. 10, 56–63. [2]Kidoey, L.; Nygaard, A. M.; Andersen, O. M.; Pedersen, A. T.; Aksnes, D. W.; Dagfinn, W.; Kiremire, B. T., *J. Food Compos. Anal.*, (1997) **10**, 49–54. [3]Mazza, G.; Miniati, E., *Anthocyanins in Fruits, Vegetables, and Grains*, CRC Press: Boca Raton, FL, (1993); S. 131, 141 f. [4]Rodriguez-Amaya, D. B., *Arch. Latinoam. Nutr.*, (1999) **49** (Suppl. 1), 74S. [5]Mercadante, A. Z.; Britton, G.; Rodriguez-Amaya, D. B., *J. Agric. Food Chem.*, (1998) **46**, 4102. [6]Breithaupt, D. E.; Bamedi, A., *J. Agric. Food Chem.*, (2001) **49**, 2064. [7]Phytochemistry **53**, 97–101 (2000). [8]Dtsch. Lebensm. Rundsch. **91**, 185–190 (1995). [9]J. Agric. Food Chem. **46**, 1076–1093 (1998). [10]Jordan, M. J.; Goodner, K. L.; Shaw, P. E., *J. Agric. Food Chem.*, (2002) **50**, 1523. [11]Pino, A., *Alimentaria*, (1997) **280**, 73. [12]J. Agric. Food Chem. **45**, 2685–2689 (1997). [13]J. Agric. Food Chem. **46**, 4352–4357 (1998). [14]Chassagne, D.; Bayonove, C. L.; Brillouet, J.-M.; Baumes, R. L., *Phytochemistry*, (1996) **41**, 1497. [15]Chassagne, D.; Boulanger, R.; Crouzet, J., *Food Chem.*, (1999) **66**, 281. [16]Chassagne, D.; Crouzet, J.; Bayonove, C. L.; Baumes, R. L., *J. Agric. Food Chem.*, (1998) **46**, 4352. [17]Chassagne, D.; Crouzet, J.; Bayonove, C. L.; Baumes, R. L., *J. Agric. Food Chem.*, (1997) **45**, 2685. [18]Chassagne, D.; Crouzet, J.; Bayonove, C. L.; Baumes, R. L., *J. Agric. Food Chem.*, (1996) **44**, 3817. [19]Francisco, I. A., Pinotti, M. H. P., *Braz. Arch. Biol. Technol.*, (2000) **43**, 487. [20]J. Agric. Food Chem. **48**, 2874–2876 (2000). [21]Tominaga, T.; Dubourdieu, D., *J. Agric. Food Chem.*, (2000) **48**, 2874. [22]Yolka, S.; Dunach, E.; Loiseau, M.; Lizzani-Cuvelier, L.; Fellous, R.; Rochard, S., Schippa, C.; George, G., *Flavour Fragr. J.*, (2002) **17**, 425. [23]Rehwald, Dissertation ETH Zürich, (1995), Nr. 10959. [24]Talcott, S. T.; Percival, S. S.; Pittet-Moore, J.; Celoria, C., *J. Agric. Food Chem.*, (2003) **51**, 935. [25]Richling, E., *Flüss. Obst*, (2000) **67**, 7. [26]A.I.J.N.-Code of Practice zur Beurteilung von Frucht- und Gemüsesäften, Verband der deutschen Fruchtsaft-Industrie e.V., Bonn, (1996); ständige Aktualisierung. [27]Moraes, M. L. L.; Villegas, H. Y.; Lancas, F. M., *Phytochem. Anal.*, (1997) **8**, 257. [28]Yoshikawa, K.; Katsuta, S.; Mizumori, J.; Arihara, S., *J. Nat. Prod.*, (2000) **63**, 1377. [29]Seigler, D. S.; Pauli, G. F.; Nahrstedt, A.; Leen, R., *Phytochemistry*, (2002) **60**, 873. [30]Bilia, A. R.; Salvini, D.; Mazzi, G.; Vincieri, F. F., *Chromatographia*, (2001) **53**, 210. [31]Schobinger, U., *Frucht- und Gemüsesäfte*, 3. Aufl.; Ulmer: Stuttgart, (2001); S. 264ff. [32]Pereira, C. C.; Rufino, J. M.; Habert, A. C.; Nobrega, R.; Cabral, L. M. C.; Borges, C. P., *Desalination*, (2002) **148**, 57. [33]Shaw, P. E.; Lebrun, M.; Dornier, M.; Ducamp, M. N.; Courel, M.; Reynes, M., *Lebensmittel Wiss. Technol.*, (2001) **34**, 60. [34]Brat, P.; Olle, D.; Reynes, M.; Cogat, P.-O.; Brillouet, J.-M., *J. Food Sci.*, (2001) **66**, 542. [35]Okoth, M. W., *Food Control*, (2000) **11**, 305. [36]Mensah-Wilson, M.; Reiter, M.; Bail, R.; Neidhart, S.; Carle, R., *Fruit Process.*, (2000) **10**, 47. [37]Fisher, A. A.; Purcell, P.; Le Couteur, D. G., *J. Toxicol. Clin. Toxicol.*, (2000) **38**, 63.

*allg.:* Bendel, L., *Das große Früchte- und Gemüselexikon*, Albatros: Düsseldorf, (2002); S. 203, 250 ▪ Bundesanzeiger 223/30.11.85 ▪ Franke, W., *Nutzpflanzenkunde*, 6. Aufl.; Thieme: Stuttgart, (1997); S. 257f. ▪ Hager (5.) **6**, 34–49 ▪ Liebster, G., *Warenkunde Obst und Gemüse*, Hädecke: Weil der Stadt, (1999); Bd. 1, S. 225f. ▪ Pereira, C. A. M.; Vilegas, J. H. Y., *Rev. Bras. Plant. Med.*, (2000) **3**, 1 ▪ Wichtl (4.) – [HS 0810 90]

**Pasteur-Effekt.** Bezeichnung für das von Louis Pasteur 1860 für *Saccharomyces cerevisiae* beschriebene Phänomen, daß Sauerstoff die Glycolyse (Gärung) hemmt und bei fakultativen Anaerobiern bei geringerem Glucose-Umsatz eine höhere Zellausbeute bewirkt. Für den Pasteur-Effekt ist in erster Linie die allosterische Regulation der Phosphofructokinase verantwortlich. Hohe ATP-Konzentrationen bewirken eine Aktivitätshemmung. Unter aeroben Bedingungen bewirken die hohen ATP-Konzentrationen die Hemmung der Phosphofructokinase. Die Folge ist eine Anreicherung von Fructose-6-phosphat, das mittels Isomerase in Glucose-6-phosphat umgewandelt wird, welches schließlich durch Hexokinase-Hemmung den Glucose-Umsatz verringert. Wenn aerob gehaltenen Zellen Sauerstoff entzogen wird, nimmt die ATP-Synthese aus der Atmungskette ab und AMP akkumuliert. Die allosterische Hemmung der Phosphofructokinase wird durch AMP aufgehoben. Bei *Escherichia coli* tritt an Stelle von AMP als positiver Effektor ADP. Unter anaeroben Bedingungen führt die Senkung des Verhältnisses ATP zu AMP zu einer Aktivierung der Phosphofructokinase und zu einer Beschleunigung des glycolytischen Stoffflusses. Energetisch bringt diese Regulation des Substratumsatzes außerordentliche Vorteile: Aus 1 mol Glucose entstehen unter aeroben Bedingungen 38 mol ATP, unter anaeroben aber nur 2 mol ATP. – *E* Pasteur effect
*Lit.:* Schlegel (7.), S. 290f., 550ff.

**Pasteurisierung.** Hitzebehandlung unter 100 °C mit dem Ziel, alle eventuell vorkommenden pathogenen Mikroorganismen und 90 bis 99% der vegetativen Begleitflora abzutöten. Das Verfahren wurde von LouisPasteur zur Haltbarkeitsverlängerung von Fruchtsäften und Milch eingeführt. 1924 wurde es in einigen Großstädten der USA und 1931 in Deutschland per Gesetz zum Schutz des Verbrauchers vor *Lebensmittelvergiftungen für Trinkmilch vorgeschrieben. Im Gegensatz zur *Sterilisation werden thermoresistente Endosporen von *Bacillus* und *Clostridium* und teilweise thermodure Bakterien wie *Micrococcus* oder *Microbacterium* nicht oder nicht vollständig abgetötet. Durch Pasteurisierung wird in der Regel das Lebensmittel sensorisch verändert (sogenannter Kochton), jedoch ist die Veränderung des Produktes durch Pasteurisierung geringer als bei Sterilisation. Die erfolgreiche Anwendung setzt voraus, daß Rekontaminationen wirksam verhindert werden. Die Pasteurisierung wird zur Lebensmittelkonservierung eingesetzt, wenn das Auskeimen von Sporen durch tiefe pH-Werte, Kühllagerung oder weitere technologische Maßnahmen ausgeschlossen werden kann. Die Inaktivierungsenergie für Mikroorganismen (vegetative Formen) liegt im Bereich von ca. 250–350 kJ, die Aktivierungsenergie für chemische Umsetzungen (z.B. Zerstörung von Vitaminen, Bräunungsreaktionen) bei 100–200 kJ/mol. Daher steigt die Reaktionsrate der chemischen Umsetzungen mit steigender Temperatur langsamer an als die Inaktivierungsrate der Mikroorganismen. Aus diesem Grund ist es günstig, für die Pasteurisierung eine möglichst hohe Temperatur über sehr kurze Zeit einwirken zu lassen.

*Verfahren:* Flüssige und pastöse Güter werden in Durchlauferhitzern verschiedener Bauweise pasteurisiert, Blechdosen und Behältergläser in Wasserbädern, in Dampf-, Riesel- oder Sprühapparaturen, Weichpackungen zum Teil in Mikrowellengeräten, bei flüssigen Gütern wird das unverpackte Lebensmittel pasteurisiert und aseptisch verpackt (siehe *aseptisches Verpacken).

Pasteurisierung von *Milch* und *Milchprodukten* 62–65 °C für 30 min (Dauererhitzung), 72–75 °C und 15–30 s (Kurzzeiterhitzung) oder Hocherhitzung bei >85 °C; siehe auch *Milch-Wärmebehandlung.

Bei *Fruchtsäften* und *Gemüsesäften* hat die Pasteurisierung die Aufgabe, Verderbsorganismen abzutöten und Enzyme wie Phenol-Oxidasen oder Pektinasen zu inaktivieren[1]. Zusätzlich will man in manchen Fällen, z.B. bei Traubensaft, thermolabiles Eiweiß ausscheiden. Als Indikator für „Überbehandlung" kann 5-(*Hydroxymethyl)furfural angesehen werden.

Bei *Wein* erfolgt eine Abtötung unerwünschter, schädlicher Mikroorganismen durch eine Kurzzeitpasteurisierung (10–20 s, 85–90 °C) in vorgeklärtem Most. Kurzzeiterhitzte Moste zeigen jedoch einen hohen Säureanteil und eine schlechte Klärfähigkeit.

Das Pasteurisieren von *Bier* in Dosen oder Flaschen erfolgt in Tunnelpasteurisierungsapparaten mit Aufheizzonen, Heißhaltezonen und Rückkühlzonen. Zum Erreichen einer Kerntemperatur von 62 °C müssen ca. 20 min eingehalten werden. Bei Malzbieren und alkoholfreien Bieren sind mindestens 72 °C und 20 min erforderlich, da hier auch ascosporenbildende Hefen als Schädlinge auftreten können. Im Durchlauf ist eine Kurzzeitpasteurisierung bei 68–72 °C über 30–90 s üblich. – *E* pasteurizing
*Lit.:* [1]Schobinger, U., *Frucht- und Gemüsesäfte*, 3. Aufl.; Ulmer: Stuttgart, (2001).
*allg.:* Doyle, M. P.; Beuchat, L. R.; Montville, T. J., Hrsg., *Food Microbiology*, ASM Press: Washington, (2001); S. 813ff. ▪ Kessler, H. G., *Food and Bio Process Engineering – Dairy Technology*, A. Kessler: Freising, (2002)

**Pastinak** (der Pastinak, die Pastinake, auch: Hammelmöhre, Moorwurzel). Zu den Apiaceae (Doldenblütler) gehörende, in Europa heimische, gelb blühende, zweijährige Pflanze. Von *Pastinaca sativa* L. ssp. *sativa*, wird die möhrenartige, gelbliche, fleischige, aromatisch riechende und süßlichwürzig schmeckende Pfahlwurzel als Gemüse in Suppen, Salaten usw. verzehrt. Früchte und Wurzel des Pastinak werden auch als Hausmittel bei Magen-, Stein- und Blasenleiden verwendet. Bis in die Neuzeit angebaut, wurde die Pastinake inzwischen durch den Kartoffelanbau und durch die Möhren verdrängt. Verwilderte Exemplare an Feldrainen erinnern an die frühere Kultivierung.

*Zusammensetzung:* Die Pastinak-Wurzel enthält Pektine, Saccharose, Glucose (zusammen 17–18% Kohlenhydrate), etwas fettes Öl, Eiweiß, Phosphor, Calcium, Eisen und Vitamin C. Bemerkenswert ist der Gehalt an *Furocumarinen (*Psoralen, *Xanthotoxin und *Bergapten), die nicht nur photosensibilisierend, sondern auch carcinogen wirksam sind. Ihr Gehalt steigt insbesondere bei mikrobiellem Befall stark an[1,2]. In den oberirdischen Teilen enthält Pastinak ein etherisches Öl und besonders in den Samen ein fettes Öl mit dreifach ungesättigten Triglyceriden. – *E* parsnip

*Lit.:* [1]Ostertag, E.; Becker, T.; Ammon, J.; Bauer-Aymanns, H.; Schrenk, D., *J. Agric. Food Chem.*, (2002) **50**, 2565–2570. [2]Schrenk, D., *Chem. Unserer Zeit*, (2003) **37**, 140–146. *allg.:* Bendel, L., *Das große Früchte- und Gemüselexikon*, Albatros: Düsseldorf, (2002); S. 232 ■ Franke, W., *Nutzpflanzenkunde*, 6. Aufl.; Thieme: Stuttgart, (1997); S. 195f. – *[HS 0706 90, 1214 90]*

## Patchoulen, Patchoulenol, Patchoulenon, Patchoulialkohol siehe *Patchouliöl.

## Patchouliöl (FEMA 2838). Rötlich-braunes bis braunes, viskoses Öl mit einem typ. holzigen, camphrig-erdigen, balsam. süßen Geruch.

*Herstellung:* Durch Wasserdampfdest. aus den getrockneten (fermentierten) Blättern des Patchoulistrauches, *Pogostemon cablin* syn. *Pogostemon patchouli* (Lamiaceae), der vorwiegend im indones. Raum, aber auch in China, Brasilien u. Rußland wächst. Lsm.-Extraktion der Patchouliblätter liefert das sehr wertvolle Patchouli-Resinoid. Die Weltjahresproduktion dürfte bei ca. 800 t liegen. Zum Anbau, zur Verarbeitung und Anwendung siehe Literatur[1].

*Zusammensetzung[2,3]:* Hauptbestandteil u. Träger des holzigen Geruchs ist (−)-*Patchoulialkohol*[4–7] (ca. 40–50%) {**1**, $C_{15}H_{26}O$, $M_R$ 222,37, farblose, angenehm riechende Krist., Schmp. 55–56°C, $[\alpha]_D^{27}$ −129° (CHCl₃), lösl. in organ. Lsm.}. Dehydrierung führt zu dem pharmakol. wichtigen Guajazulen. Die erdigen Noten stammen von Abbauprodukten des Patchoulialkohols, die nur in relativ geringen Mengen enthalten sind, wie *Patchoulenol*[8–9] {**2**, $C_{15}H_{24}O$, $M_R$ 220,35, farblose Krist., Schmp. 74°C, $[\alpha]_D^{30}$ −54,23° (CHCl₃)}, *Patchoulenon*[10–13] (**3**, $C_{15}H_{22}O$, $M_R$ 218,34), *Norpatchoulenol* (**4**, $C_{14}H_{22}O$, $M_R$ 206,33) u. *Nortetrapatchoulol* (**5**, $C_{14}H_{22}O$, $M_R$ 206,33). Die übrigen Komponenten des P. sind Sesquiterpenkohlenwasserstoffe, die aber nur wenig zum Geruch beitragen, wie z.B. *Seychellen* (~6%), α-*Patchoulen*[14–16] (~3%) {**6**, $C_{15}H_{24}$, $M_R$ 204,36, Sdp. 53,5–54,5°C (18,62 Pa)] u. β-*Patchoulen* (~4%) {**7**, $C_{15}H_{24}$, $M_R$ 204,36, Sdp. 66,8°C (79,8 Pa) $[\alpha]_D^{30}$ −42,6° (CHCl₃)}, α-*Guajen* (~10%) {**8**, $C_{15}H_{24}$, $M_R$ 204,36} u. α-*Bulnesen* (~12%) {**9**, $C_{15}H_{24}$, $M_R$ 204,36). Der sensor. Beitrag der schwach riechenden sesquiterpenoiden Alkaloide *Patchoulipyridin* (**10**) u. *Guajapyridin* (**11**) wird im ether. Öl als unangenehm empfunden[17].

*Verwendung:* P. ist ein elementarer Parfümrohstoff für maskuline u. oriental. Duftnoten. Zum Einsatz

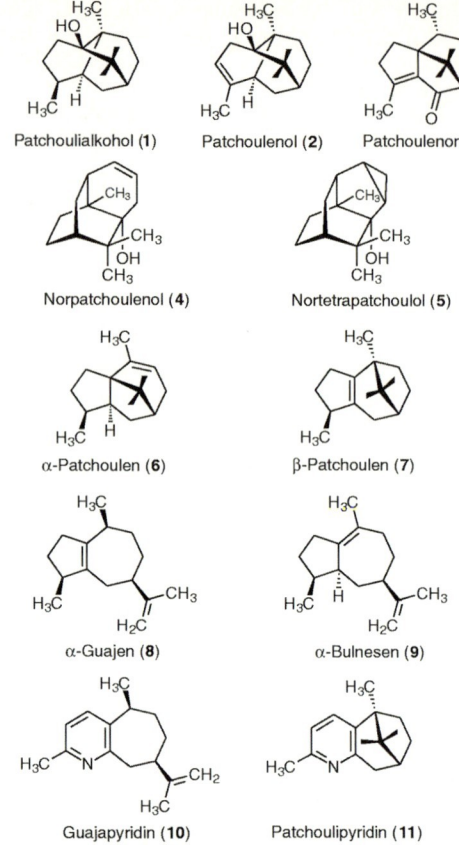

Patchoulialkohol (1)   Patchoulenol (2)   Patchoulenon (3)

Norpatchoulenol (4)   Nortetrapatchoulol (5)

α-Patchoulen (6)   β-Patchoulen (7)

α-Guajen (8)   α-Bulnesen (9)

Guajapyridin (10)   Patchoulipyridin (11)

als Insektenrepellent siehe Literatur[18]. Zu antibakteriellen Eigenschaften siehe Literatur[19]. – *E* patchouli oil

*Lit.:* [1]Sudha, S.; Kelkar, G. D.; Heble, M. R., *Chem. Ind. Digest*, (2000) **13**(5), 104–105. [2]Perfum. Flavor. **1**(2), 20 (1976); **6**(4), 73 (1981); **15**(2), 76 (1990); **20**(3), 67–73 (1995). [3]Ohloff, S. 147. [4]Collect. Czech. Chem. Commun. **24**, 1675 (1964). [5]J. Chem. Soc., Perkin Trans. 1 **1997**, 1385. [6]Helv. Chim. Acta **73**, 1730 (1990) (Synth.). [7]Phytochemistry **27**, 2105 (1988) (Biosynth.). [8]Chem. Pharm. Bull. **16**, 43 (1968) (Synth.). [9]Phytochemistry **40**, 125 (1995). [10]J. Nat. Prod. Rep. **11**, 548 (1994). [11]Magn. Reson. Chem. **30**, 295 (1992). [12]Chem. Commun. **1998**, 1851. [13]Phytochemistry **38**, 1037 (1995). [14]J. Am. Chem. Soc. **83**, 927 (1961); **84**, 1307 (1962) (Synth.). [15]Arch. Biochem. Biophys. **256**, 56 (1987). [16]Phytochemistry **26**, 2705 (1987) (Biosynth.). [17]J. Am. Chem. Soc. **88**, 3109 (1966). [18]Sugiyama, T.; Hayashi, M., JP 10130114 AA, (1996). [19]Yang, D.; Chaumont, J.-P.; Millet, J., *Neishengwuxue Zazhi*, (1998) **18**(4), 1–4, 16. *allg.:* Bauer et al. (4.), S. 212 ■ ISO 3757: 2002-11 – *[HS 3301 29; CAS 8014-09-3 (P.); 5986-55-0 (1); 17806-54-1 (2); 5986-54-9 (3); 41429-52-1 (4); 62731-84-4 (5); 560-32-7 (6); 514-51-2 (7); 3691-12-1 8); 3691-11-0 9)]*

## Patchoulipyridin siehe *Patchouliöl.

## Pathogene. Krankheitserregende Mikroorganismen, man unterscheidet Pflanzen-, Tier- und Humanpathogene. Fakultativ parasitisch lebende Arten werden durch Lebensmittel oder Wasser übertragen, z.B. *Salmonella enterica*, *Listeria monocytogenes*, *Yersinia* (z.B. *Yersinia enterocolitica*), *Cam-*

*pylobacter* (z. B. *Campylobacter jejuni*) u. a. (siehe auch \*Lebensmittelvergiftungen). Pathogene, die nur in ihrer Abwehr geschwächte Organismen schädigen können, bezeichnet man als \*Opportunisten bzw. bei Pflanzen als *Schwächeparasiten.* – *E* pathogens

**Patulin** {Clavacin, Clavatin, Claviformin, Expansin, Gigantin, Mycoin C₃, Leucopenin, Penicidin, Penantin und andere; 4-Hydroxy-4*H*-furo[3,2-*c*]pyran-2(6*H*)-on}.

C₇H₆O₄, M_R 154,12. Kompakte Prismen oder dicke Platten, farblos, Schmp. 110–111 °C, löslich in Wasser und den üblichen organischen Lösemitteln (außer Petrolether). Es reagiert wie andere ungesättigte Lactone leicht mit SH-Gruppen, z. B. Cystein. Stabilität in Lösung abhängig von Temperatur und Licht. Zunehmender Abbau in wäßriger Lösung mit Anstieg der Temperatur, des pH-Wertes und der Belichtung. Am stabilsten ist in Ethylacetat bei 4 °C im Dunkeln.

*Bildung:* Patulin ist ein \*Mykotoxin, das beim Wachstum vieler \*Schimmelpilze auf Lebens- und Futtermitteln gebildet und vom Mycel in das Substrat ausgeschieden wird. Lebensmitteltechnologisch wichtige Arten sind: \**Aspergillus terreus*, *Aspergillus clavatus*, *Byssochlamys fulva*, *Byssochlamys nivea*, *Paecilomyces varioti*, \**Penicillium griseofulvum*, *Penicillium expansum*, *Penicillium patulum*, *Penicillium roqueforti* und andere. Wachstum und Patulin-Bildung findet von ca. 4–25 °C bei pH 3–6,8 statt. Die Biosynthese des Tetraketids verläuft über 6-Methylsalicylsäure. Häufig wird Patulin zusammen mit \*Citrinin gebildet.

*Vorkommen:* Vor allem in braunfaulem Obst und daraus hergestellten Erzeugnissen, wie z. B. Obstsäften. 50% von untersuchten braunfaulen Äpfeln aus dem süddeutschen Raum enthielten Patulin. Der Patulin-Gehalt kann in den Faulstellen auf bis zu 1 g/kg ansteigen[1]. Bei Apfelsäften ist ein erheblicher Anteil der Proben positiv mit bis zu 150 µg/L[2]. Bei anderen Untersuchungen im Rahmen der Lebensmittelüberwachung wurde bei 15% von 583 Proben Patulin nachgewiesen. Positiv waren Kernobstsäfte, aber auch Kernobstfruchtweine[3]. Über das Vorkommen in anderen Obst- und Gemüsearten wurde ebenfalls berichtet[4]. Abnahme der Patulin-Gehalte erfolgt in Apfelsaft bei Lagerung. Durch Erhitzen bei haushaltsmäßiger Herstellung von Apfelmus Verringerung des Ausgangsgehalts um 50–90%[1,4]. Empfehlung der WHO: Maximal 50 ppb in Obstprodukten. Höchstmengen mit diesem Wert für Fruchtsaft und -konzentrate existieren in Finnland, Norwegen, Österreich, Schweden und als provisorische Toleranzgrenze in der Schweiz. Unabhängig von der toxikologischen Bewertung ist bei Fruchtsaft nach dem heutigen Kenntnisstand ein Gehalt von mehr als 50 µg Patulin/L in der Regel ein

Nachweis für die Verarbeitung von verschimmelten, d.h. nicht mehr gesunden Früchten.

*Toxikologie:* Patulin ist antibiotisch stark aktiv und gut wirksam gegen die Erreger der Tuberkulose, konnte jedoch wegen seiner toxischen Eigenschaften therapeutisch nicht eingesetzt werden. LD₅₀ (Maus, oral) 35 mg/kg. Subcutan erwies es sich bei der Ratte als carcinogen (Sarcome), oral jedoch bei Ratte und Maus nicht. Die wichtigsten pathologischen Veränderungen nach oraler Gabe sind Lungenödeme mit Hämorrhagien, Kapillarschäden in der Leber, Milz und Nieren sowie Ödeme im Gehirn. SH-gruppenhaltige organische Verbindungen und Alkalien entgiften Patulin sehr schnell, weshalb es in Fleischwaren und Milchprodukten keine Rolle spielt.

*Nachweis:* Nach Extraktion, bevorzugt mit Ethylacetat, Reinigung des Rohextrakts mittels Säulenchromatographie an Kieselgel[4]. Alternativ: Extraktion mit Extrelut®-Fertigsäulen[5]. Bestimmung mittels DC, GC, GC-MS, bevorzugt HPLC (Normal- und Reversed-Phasen)[6,7]. Nachweisgrenzen: DC 10–20 ppb, HPLC 1–7 ppb; Wiederfindung 80–90%. – *E* patulin

*Lit.:* [1]Z. Lebensm. Unters.-Forsch. **162**, 149 (1976). [2]Bayerisches Landesamt für Gesundheit und Lebensmittelsicherheit, Erlangen, Jahresbericht 2001. [3]Gemeinsame Jahresberichte der Chemischen Landesuntersuchungsanstalten Baden-Württemberg 1985–1989, Stuttgart: Chemische Landesuntersuchungsanstalten 1990. [4]Wittkowski/Bundesgesundheitsamt (Hrsg.), Beitrag zur Analytik von Patulin u. Alternaria-Toxinen in Obst- und Gemüseprodukten, MvP Heft 1/1984, 16ff., Berlin: BGA 1984. [5]Mitt. Geb. Lebensmittelunters. Hyg. **75**, 506 (1984). [6]Dtsch. Lebensm. Rundsch. **79**, 400 (1983). [7]DeVries, J. W.; Trucksess, M. W.; Jackson, L. S., Hrsg., *Mycotoxins and Food Safety*, Kluwer Academic/Plenum Publishers: New York, (2002).
*allg.:* Beilstein EV **18/3**, 5 ▪ Weidenbörner, M., *Encyclopedia of Food Mycotoxins*, Springer: Berlin, (2001) – [HS 2941 90; CAS 149-29-1]

**Pb.** Symbol für das Element \*Blei.

**PCB.** Abkürzung für \*polychlorierte Biphenyle.

**PCDD.** Abkürzung für polychlorierte Dibenzo[1,4]dioxine, siehe \*Dioxine.

**PCDF.** Abkürzung für polychlorierte Dibenzofurane, siehe \*Dioxine.

**PCP.** Abkürzung für \*Pentachlorphenol.

**PE.** 1. Abk. für Phosphatidylethanolamin, s. \*Kephaline.
2. Abk. für Pektin-Esterase, s. \*Pektin-spaltende Enzyme.

**Pediococcus.** Gattung der homofermentativen \*Milchsäurebakterien. Gram-positive Kokken, einzeln, paarig oder in Tetraden; mikroaerophil bis fakultativ anaerob, säuretolerant. Die meisten Arten bilden DL-Lactat aus Glucose. *Pediococcus* kommt auf der Oberfläche von Pflanzen vor.

*Bedeutung:* Beteiligung an der dritten Gärphase von Sauerkraut und sauren Gurken, da Pentosen vergärt werden können[1]. *Pediococcus pentosaceus* und *Pediococcus acidilactici* werden als \*Starterkultur bei der Herstellung von Rohwurst einge-setzt, um eine schnelle Säuerung bei relativ hohen Reifungstemperaturen zu erreichen[2]. *Pediococcus damnosus* ist häufig die Ursache für einen auf *Butan-2,3-dion-Produktion beruhenden Fehlge-schmack des Bieres ("Molketon"), der von Ausfäl-lungen, Biertrübungen und von einer Lactat-Pro-duktion (pH <4) begleitet sein kann. Als Kontami-nationspfade im Kellerbereich kommen sowohl Kulturhefen als auch das Jungbier selbst in Frage, so daß *Pediococcus damnosus* in vielen Brauereien latent vorhanden ist[3]. Weinverderb durch Säurebil-dung und Synthese hochmolekularer Glucane (Schleim) durch *Pediococcus damnosus* (Zähwer-den der Weine, siehe *Weinkrankheiten). Auch wird die Bildung von Histamin u.a. *biogenen Aminen teilweise auf die *Pediococcus*-Art zurück-geführt[4-6]. *Pediococcus halophilus* wurde in die neue Gattung *Tetragenococcus* eingeordnet. – *E* Pediococcus

*Lit.:* [1]Müller, G.; Holzapfel, W.; Weber, H., *Mikrobiologie der Lebensmittel, Lebensmittel pflanzlicher Herkunft*, Behr's: Hamburg, (1997). [2]Hammes, W. P.; Hertel, C., *Meat Sci.*, (1998) **49**, 125–138. [3]Back, W., *Farbatlas und Handbuch der Getränkebiologie*, Hans Carl: Nürnberg, (1994). [4]Würdig-Woller, S. 222, 388–404. [5]Dittrich, H. H., *Mikrobiologie des Weines*, 2. Aufl.; Ulmer: Stuttgart, (1987). [6]Lonvaud-Funel, A., *Antonie van Leeuwenhoek*, (1999) **76**, 317–331.
*allg.:* Stiles, M. E.; Holzapfel, W. H., *Int. J. Food Microbiol.*, (1997) **36**, 1–29

**Peeling-Präparate** siehe *Hautwasch- und -reini-gungsmittel.

**Pekannuß** (Hickorynuß). 3 bis 4 cm große Stein-früchte der in Nordamerika heimischen, bis zu 60 m hohen, subtropischen Pekannußbäume [= Hickorybaum, *Carya illinoinensis* (Wangenh.) K. Koch; Juglandaceae]. Die ausgewachsenen Bäume werden vor allem als Lieferanten des edlen Hicko-ryholzes geschätzt. Früher nur in den Flußtälern des Mississippis und dessen Nebenflüssen auf Schwemmlandböden angebaut, werden Pekanbäu-me heutzutage auch in Australien, Brasilien, Israel, Italien, Spanien, Kanada, Nordafrika, Südafrika und in Südchina kultiviert. Pekannüsse besitzen eine dünne, harte, hellbraune, leicht behaarte und fast glatte, Haselnuß-ähnliche Schale, die 40 bis 60% des Nußgewichtes ausmacht. Im Aussehen und vom Geschmack her ähneln sie den *Walnüs-sen; Pekannüsse sind jedoch länglicher und we-sentlich aromatischer. Weltweit sind mehr als 500 Sorten bekannt.

*Zusammensetzung:* Je 100 g eßbare Substanz [Nährwert 2880 kJ (687 kcal)] enthalten im Durch-schnitt: 3,4 g Wasser, 9,2 g Proteine, 71,2 g Fette und 14,6 g Kohlenhydrate, Mineralstoffe, beson-ders Kalium, Calcium, Magnesium und Phosphor. Daneben die Vitamine C, A sowie geringe Mengen an B-Vitaminen. In den USA (Schwerpunkt im Bundesstaat Georgia) werden jährlich 80000 bis 165000 t Pekannüsse geerntet. Mexiko gilt mit 30000 bis 40000 t als zweitgrößter Produzent, ge-folgt von Australien (Süd-Queensland).

*Verwendung:* Pekannüsse werden roh, gezuckert oder gesalzen, aber auch als Bestandteil verschie-dener Süßwaren und in Gebäcken verzehrt. Mit bis zu 75% Ölanteil hat die Pekannuß neben der *Ma-cadamianuß den höchsten Fettgehalt aller Nüsse und Früchte. Das aus Pekannüssen gewonnene Öl ist hoch-ungesättigt und reich an *Ölsäure und *Linolsäure. Bei 4–8°C und 75–80% relativer Luftfeuchtigkeit lassen sich Pekannüsse gut aufbe-wahren, ohne daß Ranziditätserscheinungen auf-treten. – *E* pecan, pecan nut, hickory nut

*Lit.:* Bendel, L., *Das große Früchte- und Gemüselexikon*, Albatros: Düsseldorf, (2002); S. 234 ▪ Franke, W., *Nutz-pflanzenkunde*, 6. Aufl.; Thieme: Stuttgart, (1997); S. 252f. ▪ Kanamangala, R. V.; Maness, N. O.; Smith, M. W.; Bruse-witz, G. H.; Knight, S.; Chinta, B., *J. Am. Soc. Hortic. Sci.*, (1999) **124**, 389 ▪ Liebster, G., *Warenkunde Obst und Gemü-se*, Hädecke: Weil der Stadt, (1999); Bd. 1, S. 228 ▪ Singanu-song, R.; Mason, R. L.; D'Arcy; B. R.; Nottingham, S. M., *J. Agric. Food Chem.*, (2003) **51**, 406 ▪ Wakeling, L. T.; Mason, R. L.; D'Arcy, B. R.; Caffin, N. A., *J. Agric. Food Chem.*, (2001) **49**, 1277 – *[HS 0802 90]*

**Pektat-Lyase** siehe *Pektin-spaltende Enzyme.

**Pektine** (von griechisch pēktós = verfestigt, ge-ronnen). Hochmoleklare glycosidische Pflanzenin-haltsstoffe, die in Früchten, Wurzeln und Blättern sehr verbreitet sind. Die Pektine bestehen im we-sentlichen aus Ketten von 1,4-α-glycosidisch ver-bundenen *Galacturonsäure-Einheiten, deren Säu-regruppen zu 20–80% mit Methanol verestert sind, wobei man zwischen hochveresterten Pekti-nen (HV-Pektine, >50%) und niedrigveresterten Pektinen (NV-Pektine, <50%) unterscheidet. Durch Esterhydrolyse erhält man *Pektinsäure* (Po-lygalacturonsäure, zum Beispiel ist das Citrus-Pek-tin eine reine Pektinsäure) und durch deren Salz-bildung *Pektate*; die Salze, die aus den nativen Pektinen durch Reaktion der noch freien Carboxy-Gruppen entstehen, nennt man hingegen *Pektinate*. Obst-Pektin enthält 95%, Rüben-Pektin bis 85% Galacturonsäure. Die Molmasse der verschiedenen Pektine variieren zwischen 10000 und 500000. Auch die Struktureigenschaften sind stark vom Po-lymerisationsgrad abhängig; so bilden z.B. die Obst-Pektine in getrocknetem Zustand asbestarti-ge Fasern, die Flachs-Pektine dagegen feine, körni-ge Pulver.

*Struktur:* Pektine zeigen keine exakten Struktu-ren[1]. Deren Hauptteil wird von homopolymeren, partiell methylierten α-(1→4)-D-Galacturonsäure-Resten ("smooth region") gebildet, die ergänzt werden von sogenannten "hairy regions" mit alter-nierenden α-(1→2)-L-Rhamnosyl-α-(1→4)-D-Ga-lacturonosyl-Sektionen, welche Verzweigungsstel-len mit meist neutralen Seitenketten (1–20 Reste) aus vorwiegend L-Arabinose und D-Galactose (Rhamnogalacturonan I) darstellen. Auch soge-nannte Rhamnogalacturonan-II-Seitenketten kom-men vor, die andere Reste wie D-Xylose, L-Fucose, D-Glucuronsäure, D-Apiose, 3-Desoxy-D-manno-2-octulosonsäure und 3-Desoxy-D-lyxo-2-heptuloson-säure enthalten[2].

**Vorkommen:** Pektin kommt in der Natur hauptsächlich in folgenden Formen vor:
1. gelöst im Zellsaft,
2. als unlösliches Calcium-Pektat in der Mittellamelle der Zellwände,
3. als unlösliches, wahrscheinlich mit Calcium-, Magnesium- und Phosphat-Ionen vernetztes *Protopektin* in der primären Zellmembran.
Die Hauptfunktion der Pektine scheint die von Gerüstsubstanzen und Kittsubstanzen zu sein, welche den Zusammenhalt der Zellen im Gewebsverband gewährleisten. Werden die Pektine durch Einwirkung *Pektin-spaltender Enzyme lysiert, so resultiert ein Gewebszerfall. Der Pektin-Gehalt der Pflanzen ist großen Schwankungen unterworfen; am meisten Pektin enthalten die jugendlichen, unverholzten Pflanzenteile.
Gehalt in Früchten: Apfel 1–1,5%, Aprikosen 1%, Kirsche 0,4%, Apfelsine 0,9–3,5%, Möhren 1,4%, Orangenschalen und Zitronenschalen 30%, Apfeltrester 15%.
**Gewinnung:** Aus Schalen der Citrusfrüchte (Orangen, Grapefruit, Limone) und Apfeltrester, die nach Trocknung bei 80–100 °C mit Säure (pH 1,5–3,5) extrahiert werden. Der Extrakt wird filtriert, adsorptiv gereinigt und im Vakuum bis auf 8–12% Trockensubstanz konzentriert. Aus dem Konzentrat wird Pektin a) durch organische Lösemittel (Ethanol, Isopropanol, Aceton) oder b) durch Aluminiumsalze als unlösliches Aluminium-Pektat gefällt. Durch Filtration und Trocknung erhält man bei a) ein hochverestertes Produkt (HV-Pektin). Bei b) wird das Aluminium-Pektat mit angesäuerten organischen Lösemitteln in das freie Pektin überführt, wobei man ebenfalls ein HV-Pektin erhält. Die Verringerung des Methoxy-Gehaltes führt zu niedrigverestertem Pektin (NV-Pektin) und geschieht durch Behandlung mit Säuren, Alkalien oder Enzymen. Die Entesterung mit alkoholischem Ammoniumhydroxid führt zu amidiertem Pektin (A-Pektin, E 440b).
**Biosynthese:** Die Biosynthese der Pektine erfolgt durch eine membrangebundene α-1,4-Galacturonosyltransferase (GalAT), die Galacturonsäure (GalA) von aktivierter GalA (UDP-GalA) auf das nicht-reduzierende Ende des Homogalacturonan-(HGA-)Akzeptors überträgt [3,4].
**Eigenschaften:** Weißes, geruchloses und geschmackloses Pulver. Hochverestertes und niedrigverestertes Pektin sowie die Alkalisalze der Pektinsäure sind löslich in Wasser, Dimethylformamid, Dimethylsulfoxid und warmem Glycerol. Pektinsäure ist in Wasser unlöslich, zweiwertige und dreiwertige Kationen sowie quartäre Ammonium-Verbindungen geben Niederschläge. pH-Stabilität zwischen pH 3–4, d.h. im schwach sauren Medium

unter pH 3 findet Abbau durch Hydrolyse, über pH 4 bei hochverestertem Pektin eine Spaltung der Kette durch β-Elimination statt. Bei Einwirkung von konzentrierter Säuren findet neben der Spaltung in Einzelbausteine Decarboxylierung unter Bildung heterocyclischer Verbindungen wie Reduktinsäure, Tetronsäure etc. statt. Mit Methanol läßt sich Pektin leicht, mit Ethanol schwer verestern. Ethylenoxid und Propylenoxid bilden entsprechend Hydroxyethylester und Hydroxypropylester. Zur enzymatischen Umwandlung von Pektin siehe *Pektin-spaltende Enzyme.
*Gelbildung:* Hochveresterte Pektine: Durch Wasserstoffbrücken-Bildung kommt es in Teilbereichen der Pektin-Kette zu Assoziationen, wodurch sich ein dreidimensionales Netzwerk ausbildet. Die Unregelmäßigkeiten im Molekül (u.a. L-Rhamnose) bewirken nur kurze Haftstellen. Zu deren Stabilisierung muß die Aktivität des Wassers herabgesetzt und die Dissoziation vermindert werden. Beides gelingt bei Zusatz von Zucker (z.B. Saccharose) und Säure (Fruchtsäuren wie Citronensäure und Apfelsäure). Man unterscheidet schnell gelierendes Pektin (20–70 s): Veresterungsgrad 72–74%; normal gelierendes Pektin (100–140 s): Veresterungsgrad 68–71%; langsam gelierendes Pektin (180–250 s): Veresterungsgrad 61–68%. Die Gele der hochveresterten Pektine sind nicht hitzereversibel.
Niedrigveresterte Pektine (20–45%): Sie benötigen zur Gelbildung $Ca^{2+}$-Ionen, welche mit den Carboxy- und Hydroxy-Gruppen der durch axial-axial Bindung verknüpften Galacturonsäure-Bausteine Kettenassoziate bilden. Calcium-Ionen müssen im Unterschuß bleiben und dürfen nur langsam mit dem Pektin-Molekül reagieren. Letzteres wird durch Verwendung von unlöslichen Calciumsalzen wie Citrat oder Phosphat erreicht. Calcium-Pektinat-Gele sind hitzereversibel.
Amidierte Pektine nehmen eine Mittelstellung ein. Sie benötigen Calcium-Ionen zur Gebildung, neigen aber nicht zur Koagulation bei Calcium-Überschuß.
**Verwendung:** Die technisch wichtigste Eigenschaft der Pektine ist ihre Fähigkeit zur Bildung von *Gelen. Die hochveresterten Pektine liefern in saurer (pH 3–3,5) wäßriger Lösung nach Zusatz von ca. 60–65% Zucker (und ggf. Säuren) klare, feste *Gelees. Man macht sich diese Eigenschaft zur Herstellung von Obstgelees, Marmeladen und Konfitüren und beim Eindicken von Einmachgut aller Art zunutze, indem man während des Kochens durch Zusatz von Pektin-Extrakten (Gelierpulver) oder vorgemischtem Gelierzucker ein Gelieren herbeiführt. Bei niederveresterten Pektinen ist die Gelbildung weitgehend unabhängig vom Zuckergehalt und Säuregehalt, erfordert dagegen die Anwesenheit von Calcium-Ionen. Pektine werden – meist in amidierter Form – z.B. zur Herstellung Nährstoff-reduzierter diätetischer Konfitüren und Marmeladen, für Tortenguß, zur Gelierung von Milchdesserts und als Verdickungsmittel und Schutzkolloid für Emulsionen in der Lebensmittel-

industrie, in der Pharma- und Kosmetikindustrie verwendet. Pektine finden weiterhin Verwendung als Stabilisatoren für Speiseeis sowie als Komplexbildner zur Entgiftung bei Schwermetallvergiftungen. Der ernährungsphysiologische Nutzen der Pektine besteht in ihrer Funktion als *Ballaststoffe[5]. Einige neuere Untersuchungen deuten auf immunstimulierende Effekte der Pektine hin[6].

*Recht:* Nach der *ZZulV 1998 sind Pektin und amidiertes Pektin (E 440) für Lebensmittel begrenzt zugelassen [Anlage 4 (zu § 5 Abs. 1 und § 7) Teil A (Zusatzstoffe, die für Lebensmittel allgemein, ausgenommen bestimmte Lebensmittel, zugelassen sind)]. Höchstmengen für die Anwendung in Säuglingsnahrung und Kleinkindernahrung (nur in gesäuerter Folgenahrung) [Anlage 6 (zu § 6 und 7)].

*Weitere rechtliche Regelungen:* Konfitürenverordnung Anlage 3 zu § 2 Abs. 2; Diät-Verordnung Anlage 2; § 7 Fertigpackungs-Verordnung; Aromenverordnung Anlage 5 (zugelassene Lösungsmittel und Trägerstoffe); I. Allgemeine Beurteilungsmerkmale und Anlage 1 zu Abschnitt II A Nr. 2 der Leitsätze für verarbeitetes Obst; Öko-Verordnung (EWG) 2092/91, Anlage VI; Futtermittel-Verordnung Anlage 3; Bedarfsgegenständeverordnung Anlage 3. – *E* pectins

*Lit.:* [1]Pérez, S.; Mazeau, K.; Hervé du Penhoat, C., *Plant Physiol. Biochem.*, (2000) **38**(1–2), 37–55. [2]Pérez, S.; Rodriguez-Carvajal, M. A.; Doco, T., *Biochimie*, (2003) **85**(1–2), 109–121. [3]Mohnen, D., In *Comprehensive Natural Products Chemistry*, Pinto, B. M., Hrsg.; Elsevier: Amsterdam, (1999); Bd. 3, S. 497. [4]Mohnen, D.; Sterling, J., *Pectin Biosynthesis: Identification of a Proposed Galacturonosyltransferase Gene Family in Arabidopsis thaliana*; Abstracts of Papers, CELL-119, 227th ACS National Meeting, Anaheim, United States, 28.03.–01.04.2004. [5]Biesalski, H. K.; Grimm, P., *Taschenatlas der Ernährung*, 3. Aufl.; Thieme: Stuttgart, (2004). [6]Paulsen, B. S., *Phytochem. Rev.*, (2002) **1**(3), 379–387.

*allg.:* Belitz-Grosch-Schieberle (5.), S. 304f. ■ Józefiak, D.; Rutkowski, A.; Martin, S. A., *Anim. Feed Sci. Technol.*, (2004) **113**, 1–16 ■ Ullmann (7.); http://dx.doi.org/10.1002/14356007.a21_a25.pub2 [Online, März 2003] ■ http://www.lsbu.ac.uk/water/hypec.html – *[HS 1302 20; CAS 9000-69-5]*

**Pektin-Enzyme** siehe *Pektin-spaltende Enzyme.

**Pektin-Esterase, -Glycosidase, -Lyase** siehe *Pektin-spaltende Enzyme.

**Pektinolytische Enzyme** siehe *Pektin-spaltende Enzyme.

**Pektinsäure** siehe *Pektine.

**Pektin-spaltende Enzyme** (Pektinenzyme, pektinolyt. bzw. pektolyt. Enzyme). Sammelbez. für ein Gemisch aus mehreren Enzymen, die am Abbau von *Pektinen (Galacturonan-methylester) als Substraten beteiligt sind.

*Biochemie:* Die wichtigsten Vertreter sind[1]:
1. *Pektin-Esterase* [PE, Pektin-Methylesterase; Pektin-Pektylhydrolase, EC 3.1.1.11, PDB entry 1QJV (*Erwinia chrysanthemi*)]: Hydrolyse der Methylester-Gruppen im Pektin, $M_R$ 24000–27000.

2. *Endo-Polygalacturonase* [Endo-PG, Polygalacturonase; Poly-(1,4-α-D-galacturonid)-Glycanohydrolase, EC 3.2.1.15, PDB entry 1IB4 (*Aspergillus aculeatus*)]: Hydrolyse von Pektinsäuren im Inneren der Mol., $M_R$ 30000–46000.

3. *Exo-Polygalacturonase* [Exo-PG, Galacturonan-1,4-α-Galacturonidase; Poly(1,4-α-D-galacturonid)-Galacturonohydrolase, EC 3.2.1.67]: Abspaltung von Galacturonsäure vom nichtreduzierenden Kettenende.

4. *Pektat-Lyase* [Pektat-Transeliminase; Poly(1,4-α-D-Galacturonid)-Lyase, EC 4.2.2.2, PDB entry 2PEC (*Erwinia chrysanthemi*)]: nicht-hydrolyt. Spaltung von Pektat nach einem Endo-Mechanismus, $M_R$ 30000–45000.

5. *Pektin-Lyase* [Pektin-Transeliminase; Poly(methoxy-galacturonid)-Lyase, EC 4.2.2.10]: eliminative Spaltung von Pektin nach einem Endo-Mechanismus, $M_R$ 30000.

Das Wirkungsoptimum der Endo- u. Exo-PG u. mikrobiellen PE liegt im pH-Bereich 4–5, während die Lyasen wie auch pflanzliche PE neutrale pH-Optima aufweisen. Die PE wirken als „Schrittmacher-Enzyme" für PG u. Pektat-Lyasen: Sie spalten aus den Methylester-Gruppen Methanol unter Freisetzung der Carboxy-Gruppen ab u. überführen damit Pektin in Pektinsäure, welche als Substrat für PG u. Pektat-Lyasen dient. Eine analoge Reaktion erfolgt übrigens auch durch die Intestinalflora auf Pektin-haltige Nahrungsbestandteile (d.h. Freisetzung von Methanol), ohne daß hieraus gesundheitliche Bedenken abzuleiten wären.

*Vorkommen:* PE u. PG finden sich in höheren Pflanzen u. zahlreichen Mikroorganismen (Exo-PG auch in Insekten). Lyasen werden nur in *Schimmelpilzen u. einigen *Bakterien angetroffen. *Aspergillus niger* produziert ein Gemisch aus PG u. PE, *Erwinia carotovora* vorzugsweise Pektat-Lyase. Die Tomate synthetisiert eine interessante PG (die gegenüber den üblichen pflanzeneigenen PG-Inhibitoren resistent ist) sowie eine PE.

*Gewinnung:* P.-s. E. werden vorwiegend durch Submersfermentation produziert. Der bevorzugte Produktionsstamm ist *A. niger*[2]. Er liefert ein Gemisch aus Endo-PG u. PE. Pektat-Lyase wird mittels *Erwinia carotovora* gewonnen. Die meisten kommerziellen Präp. enthalten PE, Endo- u. Exo-PG sowie Pektat-Lyase. Als Begleitenzyme werden *Cellulasen, *Hemicellulasen, Amylasen u. *Proteasen angetroffen. P.-s. E. werden auch in immobilisierter Form angeboten.

*Verwendung:* In der Obst- u. Gemüse-verarbeitenden Ind. zur Klärung trüber Preßsäfte (insbes. Apfelsaft), zur Depektinisierung von Fruchtsäften (für Konzentrate, Gelee- u. Likörherst.), zum Maischeaufschluß (Ausbeuteerhöhung) insbes. bei „Buntsäften", zur Gewinnung von fruchtfleischhaltigen „Nektaren", von Obst- u. Gemüsesäften, -mazeraten, -pürees, -mayonnaisen, -markkonzentraten, -cocktails u. -totalhydrolysaten, sowie von Tomaten-Mischmazeraten, zur Herst. schnellkochender Leguminosen, zum Ablösen des Fruchtfleisches bei der Naßfermentation von Kaffeebohnen, zum „enzymat." Schälen (Zwiebeln, Kartoffeln), zur Herst. von Dickzuckerfrüchten, zur Verbesserung der Ölextraktion aus Ölsamen u. -früchten, zur Steigerung der Ethanol-Ausbeute aus Kartoffeln, zum Aufschluß von Zuckerrübenschnitzeln. Im landwirtschaftlich/gärtner. Bereich zur Trennung des Fruchtfleisches von Samen bei der Saatgutgewinnung, bei der Fermentation von Tee- u. Tabakblättern, zur Unterstützung der Extraktion von Aromastoffen, Drogen u. Gewürzen aus pflanzlichem Material. In der Land- u. Forstwirtschaft zur Verbesserung der Futterverwertung, zur Behandlung von Weichhölzern (Verbesserung des Eindringens von Konservierungsstoffen in das Holz), zum Abbau von Nichtcellulose-Stoffen bei der Herst. von Flachsfasern, ferner als Verdauungshilfen. – *E* pectolytic enzymes

*Lit.:* [1] Webb, Enzyme Nomenclature 1992, San Diego: Academic Press 1992. [2] Food Biotechnol. **6**, 207–216 (1992).
*allg.:* Buchholz u. Kasche, S. 120–123 ▪ Gerhartz, S. 84f., 126ff. ▪ Rehm-Reed (2.) **9**, 707–710 ▪ Ruttloff (2.), S. 646–685 ▪ Schomburg et al. **1**, 4.2.2.2, 4.2.2.10; **3**, 3.1.1.11; **4**, 3.2.1.15 ▪ Uhlig (2.), S. 123–137, 303–323 ▪ Whitaker (2.), S. 425–436 – *[HS 3507 90; CAS 9025-98-3 (PE); 9032-75-1 (Endo-PG); 9015-75-2 (Pektat-Lyase); 9033-35-6 (Pektin-Lyase)]*

**Pelargonidin** siehe *Anthocyane.

**Pellagra** (italienisch pelle agra = rauhe Haut). *Avitaminose, die durch einen Mangel an Nicotinsäure und Nicotinsäureamid (Sammelbezeichnung *Niacin) verursacht wird.
Die klassische Pellagra findet man in bestimmten Teilen Afrikas und in Asien, wo in erster Linie Mais oder Jowar (indische Hirse) verzehrt wird. Ein Niacin-Mangel führt nur zu Symptomen, wenn zusätzlich auch die Niacin-Vorstufe *Tryptophan (eine essentielle Aminosäure) und die für die Umwandlung von Tryptophan in Niacin benötigten Nährstoffe *Vitamin $B_6$ (Pyridoxin), *Riboflavin und *Zink nicht ausreichend mit der Nahrung zugeführt werden. Bei Mais spielt neben der geringen Menge und Verfügbarkeit von Niacin auch eine ungünstige Zusammensetzung der Aminosäuren (hoher Leucin-Gehalt und geringer Tryptophan-Gehalt) eine Rolle, da Leucin die Umwandlung von Tryptophan in Niacin behindern kann.
Ein Niacin-Mangel kann auch bei chronischem Alkoholabusus (durch eine Mangelernährung bedingt), bei Malabsorption verschiedener Genese oder durch Interaktionen mit diversen Arzneimitteln (z.B. Isoniazid oder Mercaptopurin) auftreten. Als PP-Faktor (*pellagra preventing factor*) wurde 1937 *Nicotinsäureamid aus Leberextrakten rein dargestellt.
***Bestimmung des Mangels:*** Im klinischen Alltag wird die biochemische Diagnostik zur Ermittlung eines eventuellen Niacin-Mangels selten durchgeführt, da sie sehr aufwendig ist. Die Diagnose erfolgt somit aufgrund des klinischen Bildes und der Reaktion auf die Substitution. Die Ausscheidung von Niacin-Metaboliten im Harn (z.B. Methylnico-

tinsäureamid) wird als diagnostisches Hilfsmittel verwendet.
***Symptome:*** Die Erkrankung ist gekennzeichnet durch die „3 Ds": Dermatitis, Diarrhoe und Demenz (*3D-Krankheit*). Die Dermatitis äußert sich vor allem durch eine Pigmentierung lichtexponierter Hautflächen, die brennen und stark jucken, zusätzlich treten Entzündungen der Mundschleimhaut und des Zahnfleisches auf. Bei Nichtbehandlung der Krankheit tritt der Tod ein.
***Therapie:*** Die Behandlung erfolgt durch Zufuhr von Niacin. Beim Vollbild der Pellagra müssen rasch beginnend 3 x 200 mg/d oral verabreicht werden, danach 1–3 x 100 mg/d. Ansonsten sind orale Dosen im Bereich von 50–150 mg/d ausreichend. – *E* pellagra

*Lit.:* Biesalski, H. K.; Köhrle, J.; Schümann, K., Hrsg., *Vitamine, Spurenelemente und Mineralstoffe*, Thieme: Stuttgart, (2002); S. 122, 656 ▪ Karthikeyan, K.; Thappa, D. M., *Int. J. Dermatol.*, (2002) **41**, 476–481

**Penantin** siehe *Patulin.

**Penicidin** siehe *Patulin.

**Penicillinsäure.**

$C_8H_{10}O_4$, $M_R$ 170,16. Farblose Nadeln, Schmp. 83–85°C. In pH 2–9 bei 100°C über 15 min stabil. Löslich in heißem Wasser, Ethanol, Ether, Chloroform, Methanol; unlöslich in Pentan, Hexan.
***Bildung:*** *Mykotoxin, das von einer Vielzahl von Arten der Gattungen *Penicillium und *Aspergillus beim Wachstum auf Lebens- und Futtermitteln gebildet werden kann. Die optimale Temperatur schwankt von Art zu Art zwischen 1–28°C; $a_w$ >0,84.
***Vorkommen:*** Getreide, Mais, Bohnenkerne, Backwaren bei zu feuchter Lagerung. Penicillinsäure ist oft mit *Ochratoxin A oder *Patulin vergesellschaftet. Nicht in SH-Gruppen-reichen Substraten wie Fleischwaren oder Käse, da das ungesättigte Lacton ähnlich wie Patulin inaktiviert wird.
***Toxikologie:*** $LD_{50}$ (Maus oral) 35 mg/kg, (Geflügel) 90 mg/kg. Nephrotoxin, nephrotoxische Wirkung von Ochratoxin A wird bei gleichzeitiger Anwesenheit von Penicillinsäure erhöht. Penicillinsäure ist gegen Gram-negative Bakterien gut wirksam.
***Nachweis:*** Extraktion mit Ethylacetat mit nachfolgender DC. Nach Besprühen mit Anisaldehyd färben sich die Flecken grün und fluoreszieren in langwelligem UV-Licht blau. GLC, HPLC. – *E* penicillic acid

*Lit.:* Weidenbörner, M., *Encyclopedia of Food Mycotoxins*, Springer: Berlin, (2001) – *[HS 2918 90; CAS 90-65-3]*

**Penicillium** (von lateinisch: penicillus = Pinsel; Pinselschimmel). Die Arten der Gattung *Penicillium* von denen nur eine asexuelle Vermehrung durch Konidien bekannt ist, d.h. die nur ein imperfektes Stadium aufweisen (amorph), werden zu den *Fungi imperfecti (Klasse: Hyphomycetes) gerechnet. Existiert auch ein perfektes Stadium (tele-morph), d.h. ist eine sexuelle Vermehrung bekannt, werden die Penicillien den *Ascomyceten (Klasse: Plektomyces; Ordnung: Eurotiales, Gattungen *Eupenicillium* und *Talaromyces*[1,2]) zugeordnet. Gemeinsam ist allen Arten dieser Gattung die Bildung und der Aufbau von Konidien (Blastokonidien), der zum Namen „Pinselschimmel" geführt hat (siehe Abbildung).

Penicillien sind fast alle anspruchslose Saprophyten, einige sind Schwächeparasiten und nur wenige können auch parasitisch leben.

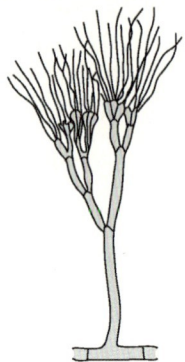

Abbildung: Konidienträger von *Penicillium* (nach Schlegel, siehe Literatur).

**Wachstum:** Von −2 bis 40°C; ab $a_W$ 0,78−0,82; Abtötung durch Pasteurisieren. Etwa 1/3 der Arten scheidet bei reichlichem Nitrat-Angebot Nitrit aus. Viele können *Mykotoxine bilden, z.T. mehrere verschiedene (Tabelle 1). Es fällt auf, daß viele dieser sekundären Stoffwechselprodukte auch von Vertretern der Gattung *Aspergillus* (vgl. Tabelle 1 dort) synthetisiert werden können, nicht aber von der Gattung *Fusarium* (vgl. Tabelle dort).

**Vorkommen:** Die Penicillien sind im Boden stark verbreitet. Saprophytische Penicillien (*Penicillium digitatum*; *Penicillium expansum*; *Penicillium italicus*) kommen auf Früchten vor und verursachen Fruchtfäule. Darüber hinaus sind viele Penicillien Schaderreger an organischem Material wie Leinen, Leder usw.

**Recht:** Sicherheitsstufe nach Anhang IB der Gentechnik-Sicherheits-VO 1990: Die Arten der Gattung *Penicillium* sind der Risikogruppe 1 (z.B. *Penicillium notatum*) oder 2 (z.B. *Penicillium marneffei*) zugeordnet.

**Bedeutung:** Verderb von Lebens- und Futtermitteln jeder Art; *Starterkulturen für Weichkäse mit Schimmel und schimmelgereifte Rohwurst (Tabelle 2, S. 855). Die große Bedeutung der Gattung *Penicillium* liegt in der Produktion von Antibiotika und Enzympräparaten begründet [*Penicillium chrysogenum* (synonym: *Penicillium notatum*): Penicilline; *Penicillium griseofulvum*: Griseofulvin]. Häufig sind auch allergene Isolate. − *E* Penicillium

*Lit.:* [1]Raper, Thom u. Fennell, A Manual of the Penicillia, Baltimore: Williams & Wilkins 1968. [2]Pitt, The Genus Penicillium and its Teleomorphic States Eupenicillium and Talaromyces, London: Academic Press 1979.

Tabelle 1: Einige Mykotoxine und Antibiotika, die von *Penicillium*-Arten gebildet werden können.

| Wirkstoff | *Penicillium* (Taxonomie nach Raper[1]) |
|---|---|
| *Citreoviridin | *Penicillium citreo-viride, Penicillium miczinksi, Penicillium ochrosalmoneum, Penicillium pulvillorum* |
| *Citrinin | *Penicillium canescens, Penicillium citreo-viride, Penicillium citrinum, Penicillium expansum, Penicillium fellutanum, Penicillium implicatum, Penicillium jensenii, Penicillium lividum, Penicillium palitans, Penicillium purpurrescens, Penicillium roqueforti, Penicillium spinulosum, Penicillium steckii, Penicillium viridicatum, Penicillium velutinum* |
| *Cyclopiazonsäure | *Penicillium caseicolum, Penicillium crustosum, Penicillium cyclopium, Penicillium patulum, Penicillium puberulum, Penicillium viridicatum* |
| *Emodin | *Penicillium avellanum, Penicillium frequentans, Penicillium islandicum* |
| Griseofulvin | *Penicillium albidum, Penicillium brefeldianum, Penicillium decumbens, Penicillium janthinellum, Penicillium melinii, Penicillium nigricans, Penicillium patulum, Penicillium puberulum, Penicillium raistrickii, Penicillium viridicatum* |
| *Kojisäure | *Penicillium citrinum, Penicillium daleae, Penicillium griseofulvum, Penicillium patulum, Penicillium rubrum, Penicillium urticae* |
| *Luteoskyrin | *Penicillium islandicum, Penicillium rugulosum* |
| *Ochratoxin A | *Penicillium chrysogenum, Penicillium commune, Penicillium cyclopium, Penicillium palitans, Penicillium purpurrescens, Penicillium purpurogenum, Penicillium variabile, Penicillium viridicatum, Penicillium verrucosum* |
| *Patulin | 15 Arten |
| Penicillin | *Penicillium chrysogenum, Penicillium notatum* |
| *Penicillinsäure | 21 Arten |
| *Penitrem A | 15 Arten |
| *Rubratoxin B | *Penicillium herquei, Penicillium purpurogenum, Penicillium rubrum* |
| *Rugulosin | *Penicillium canescens, Penicillium cyclopium, Penicillium islandicum, Penicillium rugulosum, Penicillium tardum, Penicillium variabile, Penicillium wortamnnii* |

*allg.:* DeVries, J. W.; Trucksess, M. W.; Jackson, L. S., Hrsg., *Mykotoxins and Food Safety*, Kluwer Academic/Plenum Publishers: New York, (2002) ■ Schlegel (7.) ■ Weidenbörner, M., *Encyclopedia of Food Mycotoxins*, Springer: Berlin, (2001)

**Penitreme** (Tremortine). Gruppe tremorgener nona-, deca- und undecacyclischer *Mykotoxine aus *Penicillium crustosum*, *Penicillium glandicola* und anderen *Penicillium*-Arten. Viele ursprüngliche Produzenten, wie *Penicillium palitans*, wurden inzwischen bei *Penicillium crustosum* eingeordnet.

**Toxikologie:** Die Penitreme wirken neurotoxisch. Bei Weidetieren rufen Penitreme Zittern, taumelnde Bewegungsabläufe und Krämpfe hervor, in schlimmen Fällen mit letalem Ausgang. Im Zen-

Tabelle 2: Im Lebensmittelbereich wichtige *Penicillium*-Arten.

| Art | Beschreibung | Wachstum | Bedeutung |
|---|---|---|---|
| *Penicillium caseicolum (Penicillium camemberti, Penicillium album, Penicillium candidum)* | rein weiß, weiße Konidien Camembert-Schimmel Ausscheidung von Lipasen und Proteasen, keine Amylasen | Temperatur mindestens 4 °C, Optimum 20 °C, maximal 30 °C | keine antibiotische Aktivität Bildung des Mykotoxins Cyclopiazonsäure; Herstellung von Camembert und Briekäse; der Schimmel entwickelt sich wegen seines Sauerstoff-Bedürfnisses nur auf der *Käse-Oberfläche und „reift" den Käse durch extrazelluläre Enzyme von außen nach innen; keine Beeinträchtigung des Verbrauchers, da auf dem Käse sehr geringe Mengen Cyclopiazonsäure gebildet werden |
| *Penicillium expansum* (wahrscheinlich identisch mit der in der älteren Literatur oft genannten *Penicillium-glaucum*-Art) | blaugrüner Schimmelrasen; scheidet Proteasen, Pektinasen, Cellulase, Lipasen und Amylasen aus, auf Nitrat-reichen Medien Ausscheidung von Nitrit *Vorkommen:* auf Lebensmitteln jeder Art, organischen Substanzen, Erdboden | Temperatur mindestens −3 °C, Optimum 22 °C, maximal 30 °C $a_w$ mindestens 0,82, Konidien ab 0,85 pH 2 – 9,6 Sauerstoff mindestens 0,5% $CO_2$ maximal 9% Abtötung: Pasteurisieren | viele Isolate sind antibiotisch aktiv und bilden Patulin, Citrinin und Penicillinsäure; Verderbspilz, auf Kern- und Steinobst, Tomaten, Gemüse und Zuckerrüben sogenannte Braunfäule, auch bei *CA-Lagerung; gebildete Mykotoxine gehen in die Produkte über; lagerndes Getreide wird (bei relativer Feuchte 82–84%) befallen; auch Befall von Packstoffen etc. |
| *Penicillium nalgiovense* | bei reichlichem Nitrat-Angebot Ausscheidung von Nitrit Proteasen-, Lipasen- und Amylasen-positiv | Temperatur mindestens 4 °C, Optimum 15 °C, maximal 30 °C $a_w$ mindestens 0,82 | Edelschimmel, Starterkultur bei der Herstellung schimmelpilzgereifter *Rohwurst (italienische oder ungarische Art), Südtiroler Bauernspeck, Bündner Fleisch und Knochenschinken; da unter den „natürlich" auf Fleischwaren auftretenden Schimmelpilzen Mykotoxin-Bildner sind, wurden in Kulmbach (BAFF) toxinfreie Stämme ausgewählt (Starterkultur: Konidiensuspension) |
| *Penicillium roqueforti* | Blauschimmel, blaugrüner Schimmelpilz; Proteasen-, Lipasen- und Lipoxygenasen-positiv; Amylasen-, Pektinasen- und Cellulasen-negativ; Triglyceride werden bevorzugt in 1- und 3-Stellung gespalten; bei reichlichem Nitrat-Angebot wird Nitrit ausgeschieden *Vorkommen:* Normalbesiedler in Kühlschränken, besiedelt Brot, Fett, Braugerste, Fruchtsaft sowie oft Flaschenkorken (Korkgeschmack) | Temperatur mindestens 4 °C, Optimum 22 °C, maximal 30 °C | Bildung der Mykotoxine *Roquefortin A und B, *PR-Toxin, Mycophenolsäure und Patulin; Verwendung als Starterkultur bei der Herstellung von Roquefort-Käse, Gorgonzola, Edelpilzkäse, Stilton und anderen Blauschimmelkäsen (siehe *Schimmelkäse) und zur Gewinnung von Roquefort-Aroma (2-Heptanon, 2-Nonanon); Mykotoxin-Konzentration sind so gering, daß gesundheitliche Gefährdung ausgeschlossen werden kann |

tralnervensystem von Wirbeltieren erhöhen Penitreme die spontane Freisetzung von Aminosäuren mit Neurotransmitterfunktion wie *Glutaminsäure, *Asparaginsäure und 4-Aminobuttersäure. Die Glycin-Bildung ist dagegen gehemmt. Die Effekte können durch Mephenesin aufgehoben werden. Die insektizide Wirkung von Penitremen wird dagegen durch Mephenesin erhöht. Die $LD_{50}$ für Penitrem A bei Mäusen ist 20 µg/Maus. Penitreme können in Fleisch- und Wurstwaren und Frischkäse bei Befall mit den entsprechenden Produzenten vorkommen. *Pennigritrem* ist ein strukturverwandtes Toxin aus *Penicillium nigricans*. Die Biosynthese geht von Tryptophan und einem Triterpen-Rest aus.

Folgende Penitreme wurden bisher beschrieben, siehe Abbildung S. 856.

**Nachweis:** DC auf Silicagel-Platten $F_{254}$. Grüne Fluoreszenz unter kurzwelligem UV-Licht direkt nach dem Besprühen mit Cer(IV)-sulfat, nach 10 min bei 100 °C purpurn. – **E** penitrems

*Lit.:* DeVries, J. W.; Trucksess, M. W.; Jackson, L. S., Hrsg., *Mycotoxins and Food Safety*, Kluwer Academic/Plenum Publishers: New York, (2002) ■ Weidenbörner, M., *Encyclopedia of Food Mycotoxins*, Springer: Berlin, (2001)

X = Cl , X' = OH : P. A
X = X' = H : P. B
X = H, X' = OH : P. E
X = Cl , X' = H : P. F

X = Cl , X' = H : P. C
X = X' = H : P. D

X = Cl , X' = OH : Pennigritrem

**Pennigritrem** siehe *Penitreme.

**Pennyroyalöl** siehe *Poleiöl.

**Pentachlorphenol** (PCP, Penta). T+ N

$C_6HCl_5O$, $M_R$ 266,35. Beständige, geruchlose, weiße, nadelförmige, wasserfreie Kristalle, D. 1,978, Schmp. 191°C, Sdp. 309–310°C (Zersetzung), Dampfdruck $2 \cdot 10^{-3}$ Pa. PCP reagiert schwach sauer, ist löslich in Wasser (80 mg/L bei 30°C), gut löslich in Laugen (Salzbildung, Na-PCP, 330 g/L), organischen Lösemitteln und in Fetten, lg $P_{OW}$ 5,1 (25°C, nicht ionisiert), $pK_a$ 4,7. Technisches PCP kann Verunreinigungen enthalten wie andere Chlorphenole, polychlorierte Dibenzofurane (PCDF) und Dibenzo[1,4]dioxine (PCDD) (siehe *Dioxine; Konzentration: OCDD > HpCDD > HxCDD ≫ PeCDD ≫ TCDD), polychlorierte Diphenylether (PCDE), Polychlorphenoxyphenole, chlorierte Cyclohexenone und Cyclohexadienone, *Hexachlorbenzol und *polychlorierte Biphenyle (PCB). Dioxine können aus PCP bei Pyrolyse von mit PCP imprägniertem Holz entstehen.

**Herstellung:** Durch Chlorierung von Phenol, Hydrolyse von Hexachlorbenzol oder Chlorierung von 2,4,6-Trichlorphenol mit Aluminiumchlorid als Katalysator. Produktion in den 1970er Jahren ca. 30000 t/a, weltweit stark rückläufig.

**Verwendung:** PCP wurde in Form des Phenols oder seines Natriumsalzes (PCP-Na) als Fungizid, Insektizid und nichtselektives Herbizid in Holzschutzmitteln (Dauerwirkung gegen Blauschimmel) sowie als Konservierungsmittel, Algizid und Desinfektionsmittel verwendet.

**Vorkommen:** *Holz:* Durch Einsatz als Konservierungsmittel und als Fungizid gegen Blauschimmel. *Innenraumluft, Hausstaub:* Nach Behandlung von Holz im Innenbereich wurden in 104 Haushalten als Medianwert 5 µg PCP/m³ Luft und als höchster Wert 25 µg PCP/m³ Luft ermittelt. Im Hausstaub wurden 13,3 µg PCP/g Staub als Medianwert festgestellt[1]. *Umwelt:* Wegen des langjährigen und vielseitigen Einsatzes ubiquitär in Spuren in Boden, Wasser und Luft[1,2]. Über Vorkommen von PCP in Oberflächengewässern und Abwässern siehe Literatur[3]. In Böden wird PCP sehr rasch metabolisiert. Erhebliche Konzentrationen in Böden wurden in Finnland in der Nähe von Sägewerken, die Holz mit PCP behandelt haben, festgestellt[4]. *Lebensmittel:* Untersuchungen auf PCP werden in Deutschland nicht routinemäßig durchgeführt, da PCP nicht als Pflanzenschutzmittel eingesetzt werden darf. Untersuchungen im Umkreis einer Pentachlorphenol-Fabrik ergaben keine im Vergleich zu unbelasteten Gebieten erhöhten Gehalte[5]. PCP konnte vereinzelt bei Lebensmitteln nachgewiesen werden, die Kontakt mit PCP-behandelten Holzkisten hatten. Bei der Untersuchung von 1184 Rheinfischen im Zeitraum 1984–1991 konnte PCP nicht, sondern nur der Metabolit Pentachloranisol mit Gehalten im Bereich von 0,02–0,12 mg/kg Fett (Medianwert von jeweils 2 a) nachgewiesen werden[6]. Bei Fischen aus finnischen Binnenseen wurden bis zu 69 µg/kg ermittelt[3]. Die Chlorung von Trinkwasser trägt auch zum Vorkommen von Spuren von PCP im Trinkwasser bei[7]. *Bedarfsgegenstände:* Mit PCP behandelte Leder (aus Indien und Argentinien) wurden auch nach Deutschland importiert und zu Schuhen, Handschuhen, Uhrenarmbändern und anderen Erzeugnissen mit Hautkontakt verarbeitet. Gehalte siehe Literatur[8].

**Abbau:** Der mikrobielle Abbau und die Metabolisierung von PCP gelingt unter aeroben Bedingungen ebenso wie unter anaeroben. Bei der Metabolisierung im Boden sind die wichtigsten Reaktionen: Methylether-Bildung, Acetylierung der OH-Gruppe, reduktive Dechlorierung zu Tetrachlorphenolen und Hydroxylierung zu Tetrachlorhydrochinon, das unter Ringöffnung zu chlorierten aliphatischen Verbindungen abgebaut wird[2,9,10]. Die Adaptionszeit für Mikroorganismen beträgt bis zu sieben Monate. In aeroben biologischen Klärstufen wurde ein Abbau von 40 mg/L PCP auf 0,5 mg/L in drei Tagen erreicht. Anaerob wurden 23 mg/L zu 0,4 mg/L abgebaut. In Böden bzw. Bodenwasser konnte PCP unter Laborbedingungen durch Zusatz spezialisierter Bakterienkulturen ausgehend von Konzentrationen von 300 mg/kg bzw. 200 mg/L auf 10–50 mg/kg bzw. 10–30 mg/L abgebaut werden[11]. Mit Flockungsmitteln läßt sich PCP zu maximal 65% aus dem Wasser entfernen. Die Anwendung von Ionenaustauschern sowie die Ozonung oder Behandlung mit Permanganat haben keine Wirkung. Einen schnellen und vollständigen abiotischen Abbau erreicht man bei der Behandlung des kontaminierten Wassers mit Titandioxid in Gegenwart von UV-Licht und Sauerstoff. Filterschlämme und feste Abfälle können durch Verbrennen oder durch Deponieren unter Tage entsorgt werden[2].

**Recht:** In Deutschland ist die Herstellung, das Inverkehrbringen und die Verwendung von PCP und seinen Verbindungen sowie daraus hergestellten Zubereitungen mit mehr als 0,01% PCP oder damit behandelten Erzeugnissen mit mehr als 5 ppm PCP seit 1989 durch die Pentachlorphenol-Verbotsverordnung[10] untersagt, seit 1993 durch entsprechende Regelungen in Chemikaliengesetz und Chemikalien-Verbotsverordnung (Abschnitt 15,

Anhang zu § 1). Die Anwendung ist auch nach der Pflanzenschutz-Anwendungsverordnung verboten.

***Toxikologie und Umweltaspekte:*** Wassergefährdungsklasse: WGK 3. PCP breitet sich im gasförmigen Zustand aus und wird an Staubpartikeln oder Aerosolen in der Luft bzw. an Trübstoffen oder Algen in der Hydrosphäre adsorbiert. Die PCP-Konzentrationen betragen in Oberflächenwässern <0,1 bis >2 µg/L, in kommunalem Abwasser bis 5 µg/L, in Grundwasser 1 bis 800 µg/L und in Flußsedimenten 5 bis 1500 µg/kg. In aquatischen Ökosystemen nimmt die Löslichkeit des Pentachlorphenols mit fallendem pH-Wert ab und die Akkumulationsneigung in Organismen und Sedimenten zu. Für Fische, Algen und Belebtschlamm wurden Bioakkumulationsfaktoren um 1000 und darüber gefunden. Die Aufnahme von PCP in den menschlichen Organismus erfolgt oral, inhalativ und dermal, wobei es sich vorwiegend in Leber und Niere anreichert. PCP kann in der Umwelt auch durch Metabolisierung bzw. chemische Reaktion anderer Chlor-organischer Verbindungen wie *Lindan oder Hexachlorbenzol entstehen.

Ebenso wie andere Chlorphenole ist PCP für Mikroorganismen (Bakterizid und Fungizid), Pflanzen (Algizid und Herbizid), Insekten, Mollusken, Fische und Warmblüter toxisch. Es entkoppelt die oxidative Phosphorylierung in der Zelle. In Konzentrationen von $10^{-5}$ mol/L hemmt es die Aufnahme von anorganischem Phosphat durch die Zelle vollständig. Bei Pflanzen inhibiert Pentachlorphenol das Zellwachstum und hemmt die Photosynthese, einschließlich Sauerstoff-Produktion. Die $LC_{50}$ bzw. $EC_{50}$ für Mollusken, Crustaceen und Daphnien liegen im allgemeinen bei <1 mg/L, oft <0,1 mg/L, für Fische im Mittel bei 0,5 mg/L[3,12].

PCP kann vom Menschen peroral, respiratorisch und über die Haut aufgenommen werden. Bei akut toxischer wie auch chronischer Exposition kommt es zu typischen Symptomen wie Gewichtsverlust, Schwindelgefühl, Mattigkeit, Kopfschmerzen, Übelkeit, Erbrechen, Atemnot, Beschleunigung von Puls und Atmung, erhöhter Körpertemperatur und Schweißausbrüchen. Bei berufsbedingter Exposition wurde über haut- und Augenreizungen einschließlich Chlorakne berichtet. Die Schwellenkonzentration für Haut- und Schleimhautreizungen beträgt bei ständigem oder wiederholtem Kontakt 0,1 bis 1%. PCP wird größtenteils über die Nieren, zum Teil als freies PCP und zu etwa 60% als Glucuronid ausgeschieden[13]. Bei chronischer Aufnahme kann es auch im Fettgewebe eingelagert werden. PCP ist von den Chlorphenolen die Verbindung mit höchster Toxizität[14–16]. Die für den Menschen akut letale Dosis von PCP wird auf 29 mg/kg Körpergewicht geschätzt[17]. Technische PCP-haltige Produkte sind im allgemeinen aufgrund von Nebenprodukten und Verunreinigungen toxischer als reines PCP[18–19]. PCP und sein Metabolit Tetrachlorhydrochinon induzieren *in vivo* Chromosomenaberrationen in peripheren Lymphocyten und *in vitro* Einzelstrangbrüche sowie alkalilabile Stellen in der DNA von CHO-Zellen[3,18,20].

PCP ist hepatocancerogen in Mäusen[18], im „mouse-skin-model" wirkt es tumorpromovierend[21], an Ratten ist die Carcinogenität nicht gesichert[19]. Jedoch konnten bei Mäusen und bei Ratten in der Leber erhöhte Werte an 8-Oxodeoxyguanosin (8-OxodG) festgestellt werden[22]. MAK-Werte-Liste (2004): krebserzeugend: Kategorie 2. Die WHO gibt für PCP einen TDI-Wert (tolerable daily intake, siehe *ADI) von 0,003 mg/kg/d an[23].

***Analytik:*** Zur Analyse stehen verschiedene Verfahren zur Verfügung, die von diversen Gaschromatographietechniken[24–27] bis zur Anwendung von Biosensoren[28,29] reichen. – *E* pentachlorophenol

***Lit.:*** [1] Landesanstalt für Umweltschutz Baden-Württemberg (LfU), Informationsblatt zu Pentachlorphenol, Karlsruhe: LfU 1992. [2] Korte (3.), S. 295. [3] Beratergremium für Umweltrelevante Altstoffe (BUA) der GDCh, Pentachlorphenol, BUA-Stoffbericht 3, Weinheim: Verlag Chemie 1986. [4] Chemosphere **13**, 835 (1984). [5] Ministerium für Ernährung, Landwirtschaft, Umwelt und Forsten sowie Ministerium für Arbeit, Gesundheit und Sozialordnung, Baden-Württemberg, Untersuchungen in Rheinfelden und Umgebung 1982– 1985, Ergebnisse und Bewertung, Stuttgart, 1986. [6] Chemische Landesuntersuchungsanstalt Freiburg (CLUA), Jahresberichte 1984–1991, Freiburg i.Br.: CLUA 1984–1991. [7] Z. Wasser Abwasser Forsch. **23**, 152 (1990). [8] Chemische Landesuntersuchungsanstalt Freiburg (CLUA), Jahresbericht 1988, S. 92; Jahresbericht 1989, S. 91, Freiburg i.Br.: CLUA 1988/1989. [9] Rüffer, H., *Zusammenfassende Berichte über einige ökotoxikologisch gefährliche Stoffe*; Abwassertechnische Vereinigung (ATV), Hrsg.; ATV Dokumentation und Schriftenreihe aus Wissenschaft und Praxis, Bd. 20; Gesellschaft zur Förderung der Abwassertechnik (GFA): St. Augustin, (1989). [10] Pentachlorphenol-Verbotsverordnung vom 12.12.1989 (BGBl. I, S. 2235). [11] Forum Mikrobiol. **9**, 402– 411 (1989). [12] Repetto, C.; Jos, A.; Hazen, M. J.; Molero, M. L.; del Peso, A.; Salguero, M.; Castillo, P. D.; Rodriguez-Vicente, M. C.; Repetto, M., *Toxicol. In Vitro*, (2001) **15**, 503. [13] Richardson und Gangolli, Dictionary of Substances and their Effects, Bd. 6, S. 448–452, Cambridge: Royal Chemical Society 1994. [14] Mutat. Res. **244**, 299 (1990). [15] IPCS, Hrsg., *Pentachlorphenol*; Health and Safety Guide 19; WHO: Genf, (1988). [16] IPCS, Hrsg., *Pentachlorphenol*; Environmental Health Criteria 71; WHO: Genf, (1987). [17] TRGS 901, Begründungen und Erläuterungen zu Grenzwerten in der Luft am Arbeitsplatz (BArbBl. Nr. 4/ 1997, S. 42) in der Fassung vom 29. April 2003 (BArbBl. Nr. 6/2003, S. 90). [18] National Toxicology Program (NTP), *Toxicology and Carcinogenesis Studies of Two Pentachlorophenol Technical-Grade Mixtures in B6C3F1 Mice (Feed Studies)*; NTP Technical Report 349; NTP: Research Triangle Park, (1989); http://ntp.niehs.nih.gov/ntp/htdocs/LT_rpts/tr349.pdf. [19] National Toxicology Program (NTP), *Toxicology and Carcinogenesis Studies of Pentachlorophenol in F344/N Rats (Feed Studies)*; NTP Technical Report 483; NTP: Research Triangle Park, (1999); http://ntp.niehs.nih.gov/ntp/htdocs/LT_rpts/tr483.pdf. [20] Seiler, J. P., *Mutat. Res.*, (1991) **257**, 27. [21] Chang, W. C.; Jeng, J. H.; Shieh, C. C.; Tsai, Y. C.; Ho, Y. S.; Guo, H. R.; Liu, H. I.; Lee, C. C.; Ho, S. Y.; Wang, Y. J., *Mol. Carcinog.*, (2003) **36**, 161. [22] Lin, P. H.; La, D. K.; Upton, P. B.; Swenberg, J. A., *Carcinogenesis*, (2002) **23**, 365. [23] Marquardt, H.; Schäfer, S. G.; McClellan, R.; Welsch, F., Hrsg., *Toxicology*, Academic Press: London, (1999). [24] Insa, S.; Salvado, V.; Antico, E., *J. Chromatogr. A*, (2004) **1047**, 15–20. [25] Kawaguchi, M.; Sakui, N.; Okanouchi, N.; Ito, R.; Saito, K.; Izumi, S.; Makino, T.; Nakazawa, H., *J. Chromatogr. B*, (2005) **820**, 49–57. [26] Bravo, R. et al., *J. Chromatogr. B*, (2005) **820**, 229–236. [27] Schellin, M.; Popp, P., *J. Chromatogr. A*, (2005) **1072**, 37–43. [28] Horswell, J.;

Dickson, S., *J. Anal. Toxicol.*, (2003) **27**, 372–376. [29] Awawdeh, A. M.; Harmon, H. J., *Biosens. Bioelectron.*, (2005) **15**, 1595–1601.
*allg.*: Beilstein EIV **6**, 1025 ▪ Proudfoot, A. T., *Toxicol. Rev.*, (2003) **22**, 3–11 – *[HS 2908 10; CAS 87-86-5 (PCP); 131-52-2 (Na-PCP); 27735-64-4 (Na-PCP · H₂O); G 6.1, II]*

**15-Pentadecanolid** (Exaltolid®, 15-Hydroxypentadecansäurelacton; FEMA 2840).

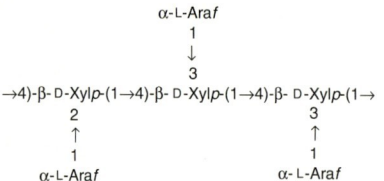

15-P.

$C_{15}H_{28}O_2$, $M_R$ 240,39. Krist. mit feinem Moschusduft, Schwellenwert in Wasser 1–4 ppb, Schmp. 37–38°C, Sdp. 176°C (2 kPa), $LD_{50}$ (Ratte oral) >5 g/kg. Strukturaufklärung des in Angelika(wurzel-, samen-)ölen (ca. 1%) gefundenen 15-P. 1927 durch Kerschbaum beschrieben[1]. Zur Synthese siehe Literatur[2,3], zur toxikologischen Bewertung Literatur[4] und zu antibakteriellen Eigenschaften Literatur[5].
*Verwendung:* Als naturident. Moschusriechstoff in Parfümölen, v.a. in der Feinparfümerie. – **E** 15-pentadecanolide
*Lit.:* [1]Ber. Dtsch. Chem. Ges. **60**, 902 (1927). [2]Helv. Chim. Acta **11**, 1159 (1928). [3]Bauer et al. (4.), S. 155; Ohloff, S. 199–207; DE 4115182 (1991), Haarmann & Reimer; Tetrahedron Lett. **34**, 6107 (1993). [4]Adams, T. B.; Greer, D. B.; Doull, J.; Munro, I. C.; Newberne, P.; Portoghese, P. S.; Smith, R. L.; Wagner, B. M.; Weil, C. S.; Woods, L. A.; Ford, R. A., *Food Chem. Toxicol.*, (1998) **36** (4), 249–278. [5]Nobuhiro, A., *Fragr. J.*, (1998) **26** (12), 122–128.
*allg.*: Bedoukian (3.), S. 301–322 ▪ Beilstein EV **17/9**, 106f. ▪ Ullmann (5.) A**11**, 207f. – *[HS 2932 29; CAS 106-02-5]*

**Pentahydroxyflavone** siehe *Quercetin.

**1,5-Pentandiamin** siehe *Cadaverin.

**Pent-1-en-3-on** siehe *Gemüsearomen (Tomate).

**Pentosane.** Aus Pentosen aufgebaute *Polysaccharide, welche im Pflanzenbereich unter anderem als Bestandteile der Primärwand (Hemicellulosen) der Pflanzenzelle vorkommen. In Lebensmitteln gehören diese zu den *Ballaststoffen. Besonders reichhaltig an Pentosanen sind *Getreide und Getreideprodukte. *Roggen (Mehl: 6–8%) enthält weit mehr Pentosane als *Weizen (Mehl: 2–3%). Ein Teil der Pentosane ist wasserlöslich (1–1,5% bei Weizen, 15–25% bei Roggen). Pentosane bestehen im wesentlichen aus einem linearen Arabinoxylan, welches in 80%igem Ethanol unlöslich ist.

α-L-Ara*f*
1
↓
3
→4)-β-D-Xyl*p*-(1→4)-β-D-Xyl*p*-(1→4)-β-D-Xyl*p*-(1→
2                                    3
↑                                    ↑
1                                    1
α-L-Ara*f*                          α-L-Ara*f*

Abbildung: Ausschnitt aus der Struktur eines wasserlöslichen Arabinoxylans aus Weizen.

Daneben existiert noch ein Ethanol-lösliches verzweigtes Arabinogalactanpeptid, wobei die Bindung von den β(1→3)- und β(1→6)-Galactopyranose-Einheiten zum Peptid-Anteil über 4-*trans*-Hydroxyprolin hergestellt wird. Arabinoxylane sind mit Ferulasäure (siehe *Hydroxyzimtsäuren) verestert. Durch Peroxidase erfolgt eine oxidative Vernetzung der Pentosane, was zur Abnahme ihrer Löslichkeit führt. Die unlöslichen Pentosane quellen bei der Wasserzugabe sehr stark. Sie sind bei der Teigherstellung mit Roggenmehlen maßgeblich an der Entstehung eines hochviskosen Mediums beteiligt und damit vor allem für die Backfähigkeit verantwortlich. Pentosane beeinflussen die Teig-Rheologie positiv, sie erhöhen die Saftigkeit der Krume (optimales Stärke-Pentosane-Gewichtsverhältnis 16:1). Ein Zusatz von Roggen-Pentosanen zu Weizenmehl verbessert die Backeigenschaften und ermöglicht den Verschnitt des Weizens mit 5–10% Nicht-Brotgetreide (z.B. Mais, Hirse) ohne Einbußen bei der Backqualität. Bei Gemüse und Früchten sind Pentosane mit *Pektin vergesellschaftet. Pentosane werden durch den menschlichen Organismus kaum verwertet. – **E** pentosans
*Lit.:* http://www.lsbu.ac.uk/water/hyara.html

**Peperoni** siehe *Paprika.

**Pepino** (Birnenmelone, Cachum, Cachun, Melonenbirne, Mellowfrucht). Die Pepino [*Solanum muricatum* L'Hérit. ex Ait. (Solanaceae)] ist eine mehrjährige, krautige Pflanze, die in den nördlichen Hochlagen der Anden (Kolumbien, Peru) beheimatet ist. Sie wird heutzutage auch in Bolivien, Brasilien, Chile, Ecuador, Venezuela, in Neuseeland, Australien, Äthiopien, den GUS-Staaten und in Spanien angebaut. Die zweikammrigen, manchmal samenlosen Beerenfrüchte ähneln äußerlich einer Melone. Sie sind eiförmig, rund oder länglich, 8–20 cm lang und 6–15 cm breit. Die Früchte können ein Erntegewicht bis zu 350 g erreichen. Ihre dünne, ledrige Schale ist grünlich-gelb bis goldgelb und mit violetten, teils unterbrochenen, mehr oder weniger breiten Streifen durchzogen. *Citronensäure bedingt den säuerlichen Geschmack[1]. Zur detaillierten chemischen Zusammensetzung siehe Literatur[1,2]. Das Aroma wird durch Ester dominiert und erinnert an Melone und *Mango[3-5].
*Pharmakologie:* Ein Gesamtextrakt aus der Frucht hat durch Induktion der Apoptose maligner Zellen inhibierende Wirkung auf die Tumorproliferation gezeigt[6]. In der Volksmedizin Südamerikas werden Früchte und Blätter zu medizinischen Zwecken genutzt, so etwa zur Bekämpfung von Schilddrüsenerkrankungen[7].
*Verwendung:* Reife Pepinos, die bei Druck leicht nachgeben und deren Schalenfarbe von grün nach cremefarben gewechselt hat, werden nach dem Entfernen der Schale und der Samen am besten gekühlt und roh verzehrt. Pepinos sind Bestandteil von Obst- oder Cocktailsalaten, sie werden mit Schinken als Vorspeise gereicht oder zu Säften, Kompott oder Konfitüre verarbeitet. Da sich die

Früchte nach dem Anschneiden rasch verfärben, sollte man sie erst bei Bedarf zerteilen und evtl. mit Citronensäure beträufeln. Bei $2-5\,°C$ sind sie bis zu 7 Wochen ohne Qualitätseinbußen lagerfähig[8]. – *E* pepino, mellowfruit

*Lit.:* [1]Redgwell, R. J.; Turner, N. A., *J. Food Sci. Agric.*, (1986) **37**, 1217. [2]Schaffer, A. A.; Rylski, I.; Fogelman, M., *Phytochemistry*, (1989) **28**, 737. [3]Ruiz-Beviá, F.; Font, A.; García, A. N.; Blasco, P.; Ruiz, J. J., *J. Sci. Food. Agric.*, (2002) **82**, 1182. [4]Shiota, H.; Young, H.; Paterson, V. J.; Irie, M., *J. Sci. Food. Agric.*, (1988) **43**, 343. [5]Pino, J. A., *Alimentaria*, (1999) **301**, 123. [6]Ren, W.; Tang, D. G., *Anticancer Res.*, (1999) **19**, 403. [7]Ebert, G.; Reppchen, A., *Naturwiss. Rundsch.*, (2001) **54**, 71. [8]Prono-Widayat, H.; Schreiner, M.; Huyskens-Keil, S.; Lüdders, P., *J. Food Agric. Environ.*, (2003) **1**, 35.
*allg.:* Bendel, L., *Das große Früchte- und Gemüselexikon*, Albatros: Düsseldorf, (2002); S. 234 ▪ Liebster, H., *Warenkunde Obst und Gemüse*, Hädecke: Weil der Stadt, (1999); Bd.1, S. 230 ▪ O'Donoghue, E. M.; Somerfield, S. D.; De Vre, L. A.; Heyes, J. A., *J. Sci. Food Agric.*, (1997) **73**, 455 ▪ Seidemann, J., *Flüss. Obst*, (2001) **68**, 780

**Pepsine.** Bez. für ein proteolyt. *Enzym, das sich im Magensaft der Wirbeltiere findet. Es gehört zur Gruppe der Aspartat-Proteinasen[1], die ihr pH-Optimum im sauren Bereich (pH $\leq$ 5) haben. Die genaue Bez. ist *Pepsin A* (Pepsin, EC 3.4.23.1), $M_R$ 34500, Temp.-Optimum $37\,°C$, pH-Optimum 1,5–4. P. A besteht aus 327 *Aminosäuren (AS) mit bekannter Molekülstruktur[2]. Es spaltet Peptid-Bindungen bevorzugt an hydrophoben – insbes. aromat. – AS-Resten. Dabei geht die Carboxy-Gruppe eines Glu-Restes im katalytischen Zentrum eine Transpeptidierung mit dem Stickstoff der zu spaltenden Peptid-Gruppe ein. Dadurch wird als erstes Spaltprodukt eine neue Carboxy-Gruppe u. erst in zweiter Phase (bei Regenerierung des Enzyms) die neue Amino-Gruppe freigelegt.
P. A wird in der Magenschleimhaut in seiner Vorstufe (*Pepsinogen A*, $M_R$ 42500) gebildet, das bei saurer Reaktion od. autokatalyt. (Einwirkung von P.) in aktives Enzym übergeht. Dabei werden mehrere Peptid-Fragmente abgespalten, von denen eines im neutralen pH-Bereich als Inhibitor wirkt. Der P.-Inhibitor-Komplex dissoziiert jedoch im sauren Bereich u. der Inhibitor wird vom P. gespalten.
Neben dem alkalilabilen P. A gibt es zwei weitere Typen mit engerer Spezifität: *Pepsin B* (Schweine-Gelatinase, EC 3.4.23.2) entsteht autokatalyt. aus *Pepsinogen B* u. baut Gelatine ab, ist alkalistabil u. greift Hämoglobin nur geringfügig an. *Gastricsin* (P. C, EC 3.4.23.3), autokatalyt. gebildet aus *Pro-Gastricsin*, ist ebenfalls alkalistabil u. hat eine hohe Aktivität gegenüber Hämoglobin. Es ist mit P. A strukturell verwandt.
*Herstellung und Verwendung:* Die techn. Gewinnung von P. erfolgt durch Extraktion der Magenschleimhaut von Schlachttieren (Schweine, Rinder). Es wird v. a. in Kombination mit *Lab bei der Herst. von Käse sowie im medizin. Bereich als Verdauungshilfe verwendet. – *E* pepsin

*Lit.:* [1]Webb, Enzyme Nomenclature 1992, San Diego: Academic Press 1992. [2]Fujinaga, M.; Chernaia, M. M.; Tarasova,

N. I.; Mosimann, S. C.; James, M. N. G., *Protein Sci.*, (1995) **4**, 960.
*allg.:* Präve et al. (4.), S. 655 ▪ Ruttloff (2.), S. 185, 787, 821 ▪ Uhlig (2.), S. 152f. ▪ Whitaker (2.), S. 491ff. – *[HS 3507 90; CAS 9001-75-6 (Pepsin A); 9012-71-9 (Pepsin C)]*

**Peptidasen** siehe *Proteasen.

**Peptide** (von griechisch peptos = verdaulich). Bezeichnung für durch Peptid-Bindungen Säureamidartig verknüpfte Kondensationsprodukte von *Aminosäuren.

Abbildung: Allgemeine Strukturformel der Peptide.

Bauen sich die Moleküle aus zwei Aminosäure-Resten auf, so spricht man von Dipeptiden, bei drei und mehr von Tripeptiden, Tetra-, Pentapeptiden etc.; Peptide mit 2–10 Aminosäure-Resten faßt man als *Oligopeptide, solche mit 10–100 als Polypeptide zusammen, doch ist der Übergang von den letzteren zu den höhermolekularen *Proteinen (Eiweißstoffen) nicht genau definiert. Peptide mit Bindungen zwischen den seitenständigen Amino-Gruppen von Diaminocarbonsäuren (z. B. Lysin) und seitenständigen Carboxy-Gruppen von Aminodicarbonsäuren (z. B. Glutaminsäure, Asparaginsäure) statt der üblichen Peptid-Bindungen zwischen der $\alpha$-Amino-Gruppe und der Carboxy-Gruppe nennt man *Isopeptide; die von mehrfunktionellen Aminosäuren wie Glutaminsäure, Asparaginsäure, Lysin, Arginin ausgehenden zusätzlichen Bindungen sind für die Entstehung von Peptid-Netzstrukturen verantwortlich. Peptide, deren Aminosäure-Sequenz relativ zu einem bestimmten anderen Peptid die gegenläufige Reihenfolge an Aminosäuren aufweisen, werden als *Retropeptide* bezeichnet. Zur Schreibung von Peptid-Formeln benutzt man meist Ein- oder Dreibuchstabennotationen für die *Aminosäuren, siehe dort Tabelle 1. Zum Beispiel stehen AG oder Ala-Gly für L-Alanylglycin, $[H_2N-CH(CH_3)-CO-NH-CH_2-COOH]$ und GA oder Gly-Ala für isomeres Glycyl-L-alanin $[H_2N-CH_2-CO-NH-CH(CH_3)-COOH]$; falls nicht anders gekennzeichnet (etwa durch: Gly←Ala), steht links die (freie oder protonierte) Amino-Gruppe und rechts die (freie oder deprotonierte) Carboxy-Gruppe.
*Biologische Bedeutung:* Auf die Bedeutung der makromolekularen Peptide für pflanzliche und tierische Organismen wird bei *Proteine ausführlich eingegangen. Eine gleichermaßen spezifische Rolle spielen Oligo- und Polypeptide im tierischen Organismus z. B. als Hormone (Peptidhormone), Wachstumsfaktoren, Cytokine, Neurotransmitter und Neuromodulatoren. Für die physiologische Wirkung der Peptide ist neben der Konfiguration die Konformation und die molekulare Dynamik von Bedeutung, und natürlich benötigen die Peptide, um als Mediatoren wirksam werden zu können, spezifische Rezeptoren.
Peptid-Ester können für süßen (z. B. *Aspartam) oder bitteren Geschmack verantwortlich sein, und

wieder andere Peptide treten als Toxine pflanzlichen oder tierischen Ursprungs in Erscheinung. Auch unter den Antibiotika finden sich eine Reihe von Peptiden (Peptid-Antibiotika[1]), die z.T. Aminosäuren der „unnatürlichen" D-Konfiguration enthalten, gegebenenfalls auch Hydroxycarbonsäuren, die über Ester-Bindungen verknüpft sind (Peptolide). Viele der physiologisch aktiven Peptide liegen als homodete oder heterodete Cyclopeptide vor.

*Analytik:* Zum qualitativen Nachweis von Peptiden sind einige der auch auf Aminosäuren anwendbaren Methoden geeignet, ferner die Biuret-Reaktion, die zusammen mit Folins Reagenz auch zur quantitativen Bestimmung geeignet ist (Lowry-Methode). Die Bestimmung der Aminosäure-Zusammensetzung von Peptiden ist erst nach hydrolytischer Spaltung möglich, die chemisch oder enzymatisch mit *Proteasen vorgenommen werden kann. Hochauflösende Auftrennungen und Charakterisierungen von Peptid-Gemischen können mit HPLC, Kapillarelektrophorese und Massenspektrometrie erfolgen. Zur Trennung der Aminosäuren bedient man sich chromatographischer Methoden (Dünnschicht-, Gas- und Ionenaustauschchromatographie, HPLC). Die Ionenaustauschchromatographie hat besonders breite Anwendung gefunden und ist als Moore-Stein-Analyse automatisiert worden.

Einen Aufschluß über den tatsächlichen Aufbau von Peptiden, d.h. über die Art der Verknüpfung der Aminosäure-Bausteine miteinander, erhält man aber erst durch die Sequenzanalyse, denn schon zwei Aminosäuren (z.B. Glycin und Alanin) können ja zu zwei verschiedenen Dipeptiden (siehe oben) zusammentreten. Die Sequenzanalyse ist prinzipiell eine Methode der Endgruppenbestimmung, bei der die Peptid-Kette wiederholt an einem Ende (meist der freien Amino-Gruppe) um jeweils einen Aminosäure-Rest verkürzt wird (z.B. mit Aminopeptidasen). Zum Markieren der Endgruppe führte Sanger 1945 bei der Insulin-Analyse das 1-Fluor-2,4-dinitrobenzol (Sangers Reagenz) ein, das sich mit den endständigen Aminosäuren zu 2,4-Dinitrophenyl-(Dnp-)Aminosäuren umsetzt, die nach Hydrolyse einzeln nachweisbar sind. Eine Weiterentwicklung ist die Dansylchlorid-Methode, bei der Dansyl-Aminosäuren anfallen. Da sich beim Peptid-Abbau die Reaktionsschritte wiederholen, sind schon früh Ansätze zur Mechanisation und Automation der Abläufe gemacht worden. Insbesondere für den *Edman-Abbau sind selbständig arbeitende Geräte in Benutzung, die den Zeit- und Substanzbedarf für eine Peptid-Sequenzanalyse auf einen Bruchteil des früher benötigten reduzieren – Sequenzanalysen sind heute schon mit Nanogramm-Mengen (pmol-Bereich) möglich. Bei der Analyse der Primärstruktur der Peptide, wie die Aminosäure-Sequenz auch bezeichnet wird, leistet auch die Massenspektrometrie gute Dienste. Die Untersuchung der Sekundär- bis Quartärstrukturen (Näheres siehe *Proteine) bedient sich vorwiegend physikalischer Methoden wie des Circulardichroismus, der Röntgenstrukturanalyse oder NMR-Spektroskopie.

Aus Proteinen werden Peptide durch Spaltung mittels chemischer Reagenzien (Bromcyan-Methode) oder durch enzymatische Verdauung mit Proteasen wie Trypsin (*tryptische Peptide*) erhalten. Durch Verfahren der Endgruppenbestimmung (z.B. Edman-Abbau) kann über die Sequenz der einzelnen Peptid-Spaltstücke schließlich die gesamte Protein-Sequenz bestimmt werden.

*Biosynthese:* Die Biosynthese von Peptiden erfolgt im allgemeinen gemäß der Protein-Biosynthese durch Translation der Sequenz der mRNA an Ribosomen, wobei die Peptide vielfach anschließend aus größeren Vorstufen proteolytisch herausgeschnitten werden.

In Mikroorganismen können Peptide auch durch nicht-ribosomale Synthese an Multienzym-Komplexen (z.B. verschiedene Peptid-Antibiotika) oder durch direkte Verknüpfung mit Hilfe einzelner Enzyme (z.B. *Glutathion) gebildet werden. – *E* peptides

*Lit.:* [1]Dutton, C. J.; Haxell, M. A.; McArthur, H. A. I.; Wax, R. G., Hrsg., *Peptide Antibiotics. Discovery, Modes of Action and Application*, Marcel Dekker: New York, (2001). *allg.:* Aguilar, M.-I., Hrsg., *HPLC of Peptides and Proteins*, Humana Press, Totowa, NJ, (2004) ▪ Doonan, S., *Peptides and Proteins*, Wiley: Chichester, (2003) ▪ Eichler, J., *Comb. Chem. High Throughput Screening*, (2005) **8**, 135–142 ▪ Futaki, S., *Adv. Drug Delivery Rev.*, (2005) **57**, 547–558 ▪ Grant, G. A., Hrsg., *Synthetic Peptides: A User's Guide*, 2. Aufl.; Freeman: New York, (2001) ▪ Greenberg, A.; Breneman, C. M.; Liebman, J.F., *The Amide Linkage: Structural Significance in Chemistry, Biochemistry and Material Science*, Wiley: Chichester, (2002) ▪ Jones, J., *Amino Acid and Peptide Synthesis*, 2. Aufl.; Oxford University Press: Oxford, (2002) ▪ Lazoura, E.; Apostopoulos, V., *Curr. Med. Chem.*, (2005) **12**, 629–639 ▪ Mollerau, C.; Roumy, M.; Zajac, J. M., *Curr. Top. Med. Chem.*, (2005) **5**, 341–355 ▪ Paizs, B.; Suhai, S., *J. Am. Soc. Mass Spectrom.*, (2004) **15**, 103–113 ▪ Shimizu, M., *Biofactors*, (2004) **21**, 43–47 ▪ Zamyatnin, A. A., *Biochemistry (Moscow)*, (2004) **69**, 1276–1282

**peptide feeding** siehe *Peptide.

**Peptid-Hydrolasen** siehe *Proteasen.

**Per.** Kurzzeichen für *Tetrachlorethen.

**Perchlorbenzol** siehe *Hexachlorbenzol.

**Perchlorethylen** (Per). Veraltete Bez. für *Tetrachlorethen.

**Perillaaldehyd** [4-(1-Methylethenyl)-1-cyclohexen-1-carbaldehyd; FEMA 3557].

R = (E)-CH=NOH : Perillaaldehydoxim ( **1** )
R = CHO       : Perillaaldehyd ( **2** )
R = CH₂OH     : Perillaalkohol ( **3** )

$C_{10}H_{14}O$, $M_R$ 150,22, Öl. Monocycl. Monoterpen-Aldehyd (s.a. *Terpene) mit süß-fruchtigen, Citrusähnlichen Geschmackseigenschaften, der in beiden enantiomeren Formen vorkommt: $(R)(+)$- u. $(S)$ $(-)$-P., Sdp. 104 °C (900 Pa), $[\alpha]_D$ ±150,7°. $LD_{50}$ (Ratte p.o.) 2500 mg/kg. $(-)$-P. kommt im „Perilla-Öl" von *Perilla arguta* u. *Perilla frutescens* var. *crispa* (Lamiaceae) zu ca. 50%, $(+)$-P. im philippin. „Sulpicia-Öl" von *Sulpicia orsuami* zu ca. 60% sowie in *Siler trilobum, Sium latifolium, Citrus reticulata* u. a. Pflanzen vor. Zur Analyse von Perilla-Blättern siehe Literatur[1] und zu toxikologischen Eigenschaften Literatur[2,3]. – *E* perillaaldehyde

*Lit.:* [1]Morinaka, Y.; Fukuda, N.; Takayanagi, K., *J. Jpn. Soc. Hortic. Sci.*, (2002) **71**(3), 424–433. [2]Boon, P. J.; van der Boon, D.; Mulder, G. J., *Toxicol. Appl. Pharmacol.*, (2000) **167**(1), 55–62. [3]Watanabe, K.; Matsuda, M.; Furuhashi, S.; Kimura, T.; Matsunaga, T.; Yamamoto, I., *J. Health Sci.*, (2001) **47**(3), 327–329.
*allg.:* Beilstein EIV **7**, 316 ■ Merck-Index (13.), Nr. 7244 ■ Ullmann (5.) **A10**, 228 – *[HS 2912 29; CAS 5503-12-8 ((+)-P.); 18031-40-8 ((−)-P.); 30950-27-7 (1)]*

**Perillaaldehydoxim** siehe *Perillaaldehyd.

**Perillaalkohol** [4-(1-Methylethenyl)-1-cyclohexen-1-methanol; FEMA 2664]. Formel s. *Perillaaldehyd. $C_{10}H_{16}O$, $M_R$ 152,24, Öl. Monocycl. Monoterpen-Alkohol, der in den beiden enantiomeren Formen vorkommt: $(R)(+)$- u. $(S)(-)$-P., Sdp. 119–121 °C (1,1 kPa), $[\alpha]_D$ ±68°. $(+)$-P. kommt im „Delftgras-Öl"[1] (*Cymbopogon polyneuros*, Poaceae), einem Gras, das in den Nilgiri-Bergen (Südindien) u. in den Bergen Ceylons heim. ist, vor; $(-)$-P. im unechten Lavendel-Öl (*Lavandula hybrida*, Lamiaceae)[2]. Weiteres Vorkommen in Gingergrasöl sowie Kümmel[3]. Zur Synthese siehe Literatur[4]. P. induziert Apoptose. Es ist in der Entwicklung gegen Brust- u. Prostatakrebs. – *E* perilla alcohol

*Lit.:* [1]Hegnauer **II**, 188. [2]Helv. Chim. Acta **28**, 1220 (1945). [3]Roth, L.; Kormann, K., *Duftpflanzen, Pflanzendüfte*, ecomed: Landsberg, (1996); S. 223–233. [4]J. Am. Chem. Soc. **91**, 6473f. (1969). – *[CAS 57717-97-2 (+)-P.); 18457-55-1 (−)-P.)]*

**Perlglanzpigmente** (Perlmuttpigmente). Nichtmetallische Glanzpigmente, die aus transparenten Blättchen mit hoher Brechzahl bestehen (DIN 55443: 2001-10). Moderne Perlglanzpigmente sind synthetische Produkte, die nach dem einfachen Prinzip der Perle aus mehreren Schichten aufgebaut sind. Auf ein Substrat, meistens Glimmer, werden eine oder mehrere Schichten von Metalloxiden aufgebracht, wobei die Art und Dicke der Metalloxid-Schicht den Effekt der Pigmente im jeweiligen Medium bestimmt. Perlglanz zeigt die Innenschicht vieler Meeresmuscheln, die überzogen sind mit Perlmutt, das einen charakteristischen Glanz bzw. ein Regenbogenfarbenspiel durch Mehrfachreflexion zeigt. Die schon frühzeitig im kosmetischen Bereich verwendeten Perlglanzpigmente bestanden im wesentlichen aus Fischsilber, das aus den Schuppen oder Blasen von Fischen gewonnen wurde; später kamen verschiedene Zink-, Blei-, Quecksilber- und Bismut-Verbindungen dazu, die in Form feiner Blättchen kristallisieren. Heute werden als Perlglanzpigmente Magnesiumstearat, Zinkstearat und Lithiumstearat oder Ethy-lenglycoldistearat bzw. *Polyethylenterephthalat verwendet, wenn Cremes oder andere Zubereitungen (Haarwaschmittel, Badezusätze usw.) Perlglanz zeigen sollen. Für spezielle Make-up-Präparate werden Perlglanzpigmente eingesetzt, die im wesentlichen aus Glimmer, *Titandioxid, Bismutoxidchlorid oder Guanin bestehen, und darüber hinaus mit Farbpigmenten [z.B. Eisenoxiden (siehe *Eisenoxid-Pigmente) oder *Chromoxide] überzogen sein können. Bei diesen Erzeugnissen steht nicht die Eigenfarbe des Produkts, sondern die färbende Wirkung an der Haut (z.B. *Lidschatten) oder den Fingernägeln (Perlnagellacke) im Vordergrund.

*Toxikologie:* Wegen der Unlöslichkeit in Wasser sind Perlglanzpigmente nicht biologisch abbaubar und stellen so keine Belastung für die Umwelt dar. Bei akuten Toxizitätsstudien an Ratten mit oralen Dosen von 15000 mg/kg bzw. 5000 mg/kg überlebten alle Tiere. Perlglanzpigmente zeigen keine Reizungen der Haut und keine Sensibilisierung. Studien zur akuten Toxizität (inhalativ) ergaben je nach Zusammensetzung der Perlglanzpigmente einen $LC_{50}$ zwischen >2 mg/L und >14,9 mg/L. Jedoch ist die Todesursache auf eine Überladung des Respirationstraktes zurückzuführen und nicht auf die „wahre" Toxizität der Perlglanzpigmente. Perlglanzpigmente weisen keine chronische Toxizität[1,2] auf. Ihnen wird nach Erkenntnissen der IARC kein mutagenes, teratogenes oder krebserzeugendes Potential zugeschrieben. – *E* pearlescent pigments

*Lit.:* [1]HLA Study, Nr. 2164-100, Hazleton Laboratories, Inc.: Vienna Virginia, (1987). [2]Bruce, K. B.; Osherhoff, M. R.; Hofmann, A.; Mennear, J. H., *J. Toxicol. Environ. Health*, (1989) **28**, 415. – *[HS 3203 00 (natürliche); 3206 49 (synthetische)]*

**Perlmuttpigmente** siehe *Perlglanzpigmente.

**Perltang** siehe *Carragen.

**Perlwein.** Perlendes Erzeugnis, das aus Tafelwein (siehe *Wein-Qualitätsstufen), *Qualitätswein b. A. oder deren Vorprodukten mit einem Gesamtalkoholgehalt (siehe *Alkoholgehalt, gesamter) von mindestens 9% vol hergestellt wird. Perlwein muß einen vorhandenen Alkoholgehalt von mindestens 7% vol und bei 20°C einen Kohlensäure-Überdruck zwischen 1 und 2,5 bar aufweisen[1]. Vom Erscheinungsbild her steht er damit zwischen Stillwein, welcher nicht sichtbar perlt, und *Schaumwein, der je nach Qualitätsstufe einen Überdruck von mind. 3 bis 3,5 bar aufweisen muß.

Perlwein wird meist durch Vergärung der Moste in Drucktanks oder durch Zusatz von Gärungskohlensäure (= endogene Kohlensäure) hergestellt. Das Zusetzen von gärungsfremdem Kohlendioxid (Imprägnierverfahren) führt hingegen zu „Perlwein mit zugesetzter Kohlensäure", der entsprechend gekennzeichnet werden muß.

An Qualitätsgruppen wird unterschieden: Qualitätsperlwein b. A. (siehe *Qualitätswein b. A.), (einfacher) Perlwein und Perlwein mit zugesetzter Kohlensäure. Durch Messung des $^{13}C/^{12}C$-Verhältnisses des Kohlendioxids, ggf. im Vergleich mit dem entsprechenden Verhältnis anderer organischer Bestandteile (Alkohol, Zucker etc.), lässt sich ermitteln, ob die Kohlensäure der Gärung entstammt oder ob gärungsfremde Quell- oder Prozeß-Kohlensäure zugesetzt worden ist[2].

Im Unterschied zu (stillem) Wein dürfen für die Geschmacksangaben „trocken" bis zu 35 g/L, für „halbtrocken" 33–50 g/L Restzucker vorhanden sein.

Bekannte Perlweine sind z.B. in Frankreich die Vins pétillants aus dem Anjou-Gebiet, in Italien die Vini frizzante aus den Rebsorten Lambrusco (rot) oder Prosecco (weiß). – *E* semi-sparkling wine

**Lit.:** [1] Verordnung (EG) Nr. 1493/1999 des Rates über die gemeinsame Marktorganisation für Wein vom 17. Mai 1999 (Amtsblatt der EG Nr. L 179, S. 1). [2] Boner, M.; Förstel, H., *Der Deutsche Weinbau*, (2001) **15**, 18. – *[HS 2206 00]*

## Permanente Haarfärbemittel (Oxidationshaarfarben).

Von allen Gattungen der *Haarfärbemittel haben die permanenten Haarfärbemittel die weiteste Verbreitung gefunden. Ihr Marktanteil beträgt ca. 80% mit steigender Tendenz (einschließlich demipermanenter Haarfärbemittel). Die permanente Haarfärbung ist weitestgehend beständig gegen Licht- und Witterungseinflüsse. Auch die tägliche Haarpflege, wie zum Beispiel die Shampoo-Wäsche, hat kaum Einfluß auf die Haltbarkeit der Haarfarbe. Alle 4–6 Wochen ist eine Koloration des in dieser Zeit nachgewachsenen Haarabschnitts (meist als „Ansatz" bezeichnet) notwendig, wobei dann auch die Farbgebung (Nuancierung) des früher gefärbten Haares aufgefrischt wird. Im Gegensatz zu *semipermanenten Haarfärbemitteln enthalten die permanenten Haarfärbemittel farblose Farbstoffvorstufen. Bei der Anwendung entstehen dann daraus im Haar die eigentlichen Farbstoffe.

*Wirkung und Inhaltsstoffe:* Alle permanenten Haarfärbemittel basieren auf einer oxidativen Kupplung der Farbstoffvorstufen entweder unter Verwendung von *Wasserstoffperoxid oder einfach mit Luftsauerstoff. Die Farbstoffvorstufen werden eingeteilt in die „oxidierbaren Basen" („Entwickler") und die „Nuancierer" bzw. „Modifier" („Kuppler")[1–3]. Bei der Farbstoffbildung laufen Oxidations- und Kondensationsreaktionen bzw. Kupplungsvorgänge ab. Als Entwickler dienen aromatische und heteroaromatische Verbindungen (zum Beispiel mit einem Benzol-, Pyridin-, Pyrazol-, *Indol- oder Chinolin-Gerüst), die am Ringsystem mindestens zwei elektronenabgebende Gruppen (Amino- und/oder Hydroxy-Gruppe) besitzen und damit leicht oxidierbar sind. Dominierend als oxidierbare Basen sind *p*-Phenylendiamin, *p*-Toluylendiamin und *p*-Aminophenol sowie einige ihrer Derivate. Als Nuancierer bzw. Kuppler werden ebenfalls aromatische Verbindungen mit Amin- und/oder Hydroxy-Seitengruppen – jedoch in *m*-Position – verwendet. Bekannte Vertreter sind *m*-Phenylendiamin, *m*-Aminophenol und *m*-Dihydroxybenzol (Resorcin) sowie deren Derivate[4]. Bevorzugtes Oxidationsmittel ist Wasserstoffperoxid in Gegenwart von Ammoniak oder Mono- bzw. Triethanolamin. Diese Alkalisierungsmittel sorgen für eine verbesserte Penetration der Wirkstoffe und einen optimalen pH-Bereich (um 9,5) bezüglich der Kupplungsreaktionen.

Der Mechanismus zur Bildung der Oxidationsfarbstoffe verläuft in mehreren Stufen und wird – ausgehend von *p*-Phenylendiamin als Beispiel – im folgenden Reaktionsschema dargestellt (Abbildung, S. 863).

Zunächst bildet sich durch Oxidation mit Wasserstoffperoxid ein Chinondiimin, das in zweiter Stufe mit einem Kuppler zu Diphenylaminen reagiert, die anschließend in einem weiteren Oxidationsschritt zu Farbstoffen umgesetzt werden. Die intermediär gebildeten Diphenylamine können ihrerseits auch als Kuppler fungieren und mit einem weiteren Molekül Chinondiimin reagieren. Nach erneuter Oxidation entstehen dann Indamin-Farbstoffe mit drei aromatischen Ringen, die eine weitere Gruppe von Oxidationsfarbstoffen darstellen. Durch fortschreitende Kondensationen können sich schließlich auch noch höhermolekulare Farbstoffe mit Pigmentcharakter bilden.

Die wichtigsten Inhaltsstoffe einer Oxidationshaarfarbe sind die Farbstoffvorstufen und Alkalisierungsmittel, wie beispielsweise wäßrige Ammoniak-Lösung oder Monoethanolamin. Bei manchen Farbnuancen werden außerdem Direktfarbstoffe zugesetzt, um die Brillanz zu erhöhen. Des Weiteren werden Antioxidantien wie *Ascorbinsäure und Natriumsulfit benötigt, um ein frühzeitiges Oxidieren der Farbstoffvorstufen mit Luftsauerstoff zu verhindern[3]. Weitere Zusatzstoffe sind *Chelatbildner, wie zum Beispiel EDTA-Salze und verwandte Verbindungen, die den möglichen – unkontrolliert ablaufenden – katalytischen Einfluß von Schwermetall-Ionen bei der Oxidationsreaktion inhibieren.

*Anwendung:* Das Färbemittel wird unmittelbar vor der Anwendung mit Wasserstoffperoxid-Lösung oder -Emulsion vermischt. Im Gegensatz zu semipermanenten und demipermanenten Färbemitteln kann das Haar auch in helleren Farbtönen, als es der natürlichen Haarfarbe entspricht, koloriert werden. Über die Erhöhung des pH-Wertes und der Wasserstoffperoxid-Konzentration wird neben der Bildung der Farbstoffe das natürliche Melanin-Pigment des Haares aufgelöst und dadurch aufgehellt. In diesem Zusammenhang spricht man auch von „Hellerfärbungen".

Im asiatischen und lateinamerikanischen Raum sind pulverförmige Produkte verbreitet, die vor der Anwendung mit Wasser vermischt werden. Als Oxidationsmittel sind im Pulver meist *Natriumperborat oder Wasserstoffperoxid-Addukte, beispielsweise Natriumpercarbonat, enthalten. Je nach gewünschtem Ergebnis liegen die Einwirkzeiten von permanenten Haarfärbemitteln zwischen 20 und 40 Minuten. Der Färbeprozeß kann durch Wärmezufuhr beschleunigt werden. Nach der Einwirkzeit wird gründlich gespült und eine *Farbnachbehandlung* (siehe unten) durchgeführt. Während

Abbildung: Mechanismus der Farbstoffbildung bei Oxidationsfarbstoffen; nach Literatur[5], S. 299.

von Zeit zu Zeit Kopfhautirritationen in Form von leichtem Juckreiz oder Brennerscheinungen bei den erhöhten pH-Werten (8,5 bis etwa 10) der gebrauchsfertigen Mischungen und bei erhöhter Wasserstoffperoxid-Konzentration beobachtet werden, sind allergische Reaktionen selten und werden eher von zugesetzten Parfümölen als von den Farbstoffen ausgelöst.

Als Alternative zu Wasserstoffperoxid kann die Oxidation einfach mit Luftsauerstoff ablaufen[1]. Wegen der geringeren Reaktivität ist der Färbeprozeß dann sehr langsam. Begünstigt sind hier aromatische und heterocyclische Farbstoffvorstufen mit erniedrigtem Redoxpotential, die dementsprechend leichter oxidierbar sind. Oft kuppeln bei dieser Reaktionsführung zwei gleiche Moleküle miteinander. Wichtigste Vertreter sind 5,6-Indoldiol und verwandte Indol-Typen, 1,2,4-Trihydroxybenzol, 4-Aminoresorcin, 4-Aminohydrochinon sowie 2,4-Diaminophenol. Indigo, als altbekannter Farbstoff natürlichen Ursprungs, entsteht durch Oxidation und Kupplung zweier Indoxyl-Moleküle nach deren Freisetzung aus der glycosidischen Bindung im Pflanzensubstrat. Die durch Luftoxidation erhaltenen Färbungen sind sehr haltbar, neigen jedoch manchmal dazu, mit der Zeit in Richtung Rot oder Gelb zu verschieben.

Grundsätzlich sollte nach der Verwendung von Oxidationshaarfarben (siehe auch *Blondiermittel) eine Farbnachbehandlung erfolgen. Neben der Neutralisation der Alkalisierungsmittel ist es wichtig, überschüssige Anteile von Wasserstoffperoxid und Farbstoffvorstufen zu entfernen. Falls dieses nicht gründlich genug geschieht, besteht die Gefahr, daß eine langsame („schleichende") Weiteroxidation stattfindet. Dieses kann sich als „Nachdunkeln" durch verzögerte Farbstoffkupplung oder als Aufhellung durch mögliche Zerstörung von Melanin-Pigmenten sowie unnötige Haarschädigung bemerkbar machen. Üblicherweise werden dazu entsprechende Haarpflegemittel insbesondere Haarspülungen oder Haarkuren mit saurem pH-Wert eingesetzt. – *E* permanent hair colors, hair dyes

*Lit.:* [1] Corbett, J. F., In *Hair Colorants: Chemistry and Toxicology*; Cosmetic Science Monographs 2; Micelle Press: Weymouth, (1998); S. 7f. [2] Zviac, C., In *The Science of Hair Care*, Zviak, C., Hrsg.; Marcel Dekker: New York, (1986); S. 263f., 271f., 279f. [3] Robbins, C. R., *Chemical and Physical Behavior of Human Hair*, 4. Aufl.; Springer: Berlin, (2002); S. 311ff. [4] Johnson, J. C., *Hair Dyes*, Noyes Data Corporation: Park Ridge, (1973); S. 250f., 331. [5] Umbach (2.), S. 297f., 300.

*allg.:* Anderson, J. S., In *Harry's Cosmeticology*, Rieger, M. M., Hrsg., 8. Aufl.; Chemical Publishing: New York, (2000); S. 670, 682–690

**Permanentverformung** siehe *Pflegeleichtausrüstung.

**Permeationschromatographie** siehe *Gelchromatographie.

**Permethrin** siehe *Pyrethroide.

**Peroxidase-Probe** (Hocherhitzungsnachweis). Unter den Bedingungen der Hocherhitzung von

*Milch (s. a. *Milch-Wärmebehandlung; 85 °C bis 127 °C) wird das Enzym *Lactoperoxidase inaktiviert. Für den qual. Nachweis waren früher verschiedene Reagenzien im Handel, heute hat noch die sog. Traventol-Reaktion (*Lit.*) Bedeutung. Ebenso wie in Milch kann der Nachweis in Butterserum geführt werden. Um Rohmilchdurchbrüche im Plattenerhitzer nachzuweisen, sollte die empfindlichere *Phosphatase-Probe angewendet werden, die bereits auf 0,3% *Rohmilch anspricht. – *E* peroxidase activity test

*Lit.:* VDLUFA Methodenbuch VI, 5. Ergänzungslieferung; VDLUFA: Darmstadt, (2000); Loseblattsammlung

**Peroxid-Zahl** (Abkürzung: POZ). In der traditionellen Fettchemie gebräuchliche Kennzahl zur Erfassung des Oxidationszustandes von Fetten (d. h. seines Gesamtgehaltes an Peroxiden). Es wurden zahlreiche Methoden entwickelt[1,2] von denen die POZ nach Wheeler (1932) in die Methodensammlungen von AOCS sowie DGF und IUPAC aufgenommen wurde. Bestimmt werden die mEq aktiven Sauerstoffs/kg Fett, die in einem Gemisch aus Chloroform und Eisessig in der Kälte aus Kaliumiodid elementares Iod freisetzen. Eine alternative Bestimmungsmethode ist der sogenannte Eisentest[3], der auf der Oxidation von $Fe^{2+}$ zu $Fe^{3+}$ durch die Fett-Peroxide beruht. Das entstandene $Fe^{3+}$ wird photometrisch als Thiocyanat erfaßt. Neuere Methoden basieren auf elektrochemischen Verfahren[4]. Daneben wurden FTIR-[5] und NIR-spektroskopische[6] Verfahren zur Bestimmung der Peroxid-Zahl entwickelt.

Die sensorische Beschaffenheit eines Fettes ist nicht zwingend mit der Höhe der POZ korreliert, da diese während des oxidativen Verderbs von Fetten und Ölen zunächst ansteigt und nach Erreichen eines Maximums wieder abfällt; siehe auch *Fette u. Öle. – *E* peroxide value

*Lit.:* [1]Fette, Seifen, Anstrichm. **60**, 264 (1958). [2]Fiebig, H.-J.; Godelmann, R., *Fett/Lipid*, (1997) **99**, 194–196. [3]J. Dairy Sci. **37**, 202 (1954); J. Am. Oil Chem. Soc. **54**, 490 (1977). [4]Fat Sci. Technol. **91**, 497–500 (1989). [5]Ma, K.; Van de Voort, F. R.; Sedman, J.; Ismail, A. A., *J. Am. Oil Chem. Soc.*, (1997) **74**, 897–906. [6]Moh, M. H.; Man, Y. B.; Van de Voort, F. R.; Abdullah, W. J. W., *J. Am. Oil Chem. Soc.*, (1999) **76**, 19–23.

**Persimone** siehe *Kaki.

**Perthane** siehe *Organochlor-Insektizide.

**Peruanische Judenkirsche** siehe *Kapstachelbeere.

**Pestizide.** Aus dem englischen Sprachgebrauch übernommene Bezeichnung für chemische *Pflanzenschutz- und *Schädlingsbekämpfungsmittel. – *E* pesticides

**PET.** Kurzz. (nach DIN 7728-1: 1988-01) für *Polyethylenterephthalate.

**PETE.** Kurzz. für *Polyethylenterephthalate.

**Petersiliencampher** siehe *Apiol.

**Petersilienöle** (FEMA 2836). In der Parfüm- u. Lebensmittel-Ind. werden zwei verschiedene Typen von ether. Ölen verwendet, die aus der Petersilie, *Petroselinum crispum*, gewonnen werden.

1. *Petersilienblätteröl:* Gelbliches bis gelblich-grünes Öl, in Geruch u. Geschmack sehr stark an das frische Petersilienkraut erinnernd: frisch krautigblättrig, aber auch warm u. würzig; $d_{25}^{25}$ 0,908– 0,940; $n_D^{20}$ 1,5030–1,5300; $[\alpha]_D^{26}$ –9° bis +1°.
*Herstellung:* Durch Wasserdampfdest. aus den oberird. Teilen der Petersilie (Kraut) inclusive der unreifen Früchte (Samen).
*Zusammensetzung[1]:* Die Zusammensetzung des etherischen Öles (0,02–0,9%) ist stark schwankend. In glattblättrigen Formen wird *p*-Mentha-1,3,8-trien ($C_{10}H_{14}$, $M_R$ 134,22) mit einem Gehalt bis 50% gefunden. Weitere Hauptkomponenten sind Myristicin (siehe *Safrol) sowie *Limonen, Myrcen, β-Phellandren, α- und β-*Pinen. Neuere Arbeiten haben gezeigt, daß *p*-Mentha-1,3,8-trien und Myrcen einen charakteristischen Beitrag zum Aroma leisten. Für die grünen Noten sind (*Z*)-Dec-6-en-1-al und (*Z*)-*Hex-3-en-1-al verantwortlich. Wichtige Aromastoffe sind auch Myristicin, 2-*sec*-Butyl-3-methoxypyrazin (siehe *Methoxypyrazine), (*E,E*)-Deca-2,4-dien-1-al, Methanthiol und β-Phellandren[2,3]. Das nach dem Trocknen häufig auftretende heuartige Fehlaroma wird auf das Auftreten von 3-Methyl-2,4-nonandion, das schwefel-/kohlartige Fehlaroma wird auf Dimethylsulfid-Bildung zurückgeführt[3]. Im Kraut sind Phytoestrogen-wirksame Glycoside gefunden worden[4].
*Verwendung:* Zur Aromatisierung von Lebensmitteln wie Soßen, Suppen, Fisch- u. Fleischzubereitungen, Essiggemüsen usw.

2. *Petersiliensamenöl:* Gelbes bis gelblich-braunes, viskoses Öl mit einem warm-würzigen, holzigen, süß-krautigen Geruch u. einem aromat., warmwürzigen, bitteren Geschmack.
*Herstellung:* Durch Wasserdampfdest. aus den reifen Früchten (Samen) der Petersilie.
*Zusammensetzung[1]:* Petersiliensamenöl enthält insgesamt weniger Monoterpenkohlenwasserstoffe als das Petersilienblätteröl, darunter nur α- u. β-Pinen in nennenswerter Menge. Charakterist. Hauptbestandteile sind *Apiol, Myristicin, Elemicin (s. *Safrol) u. *1-Allyl-2,3,4,5-tetramethoxybenzol* ($C_{13}H_{18}O_4$, $M_R$ 238,28). Apiol hat toxikologische Relevanz.

*p*-Mentha-1,3,8-trien          1-Allyl-2,3,4,5-tetramethoxybenzol

*Verwendung:* Zur Parfümherst. in geringen Dosierungen für würzig-krautige Duftnoten. – *E* parsley leaf/seed oil

*Lit.:* [1]Perfum. Flavor. **14**(5), 54 (1989); **16**(5), 81, 82 (1991); **19**(2), 63–76 (1994); Dev. Food Sci. **34**, 457–467 (1994); Flavour Fragr. J. **13**, 115–124 (1998). [2]Lebensm. Wiss. Technol. **25**, 55 (1992). [3]Z. Lebensm. Unters.-Forsch. **206**, 114–120 (1998). [4]Chem. Pharm. Bull. **48**, 1039–1044 (2000).

*allg.:* Bauer et al. (4.), S. 211 ▪ ISO 3527: 2000-10 ▪ Teuscher, E., *Gewürzdrogen*, Wissenschaftliche Verlagsgesellschaft: Stuttgart, (2003); S. 277–278 – *[HS 3301 29; CAS 8000-68-8 (P.); 18368-95-1 (p-Mentha-1,3,8-trien); 15361-99-6 (1-Allyl-2,3,4,5-tetramethoxybenzol)]*

**Petitgrainöle.** Als P. bezeichnet man ether. Öle, die aus den Blättern von Citrusbäumen gewonnen werden. Am bedeutendsten sind die aus den Bitterorangen-Arten hergestellten Öle; Bergamott-, Mandarinenpetitgrainöle (FEMA 2854) u. Zitronenpetitgrainöle (FEMA 2853) werden nur in begrenztem Umfang produziert.
1. *Petitgrainöl Paraguay:* Schwach gelbes Öl mit einem bitter-frischen, blumigen, leicht süßen u. holzigen, in der Kopfnote etwas strengen Geruch u. einem bitteren, aromat. Geschmack; $d_{20}^{20}$ 0,882–0,893; $n_D^{20}$ 1,455–1,463; $[\alpha]_D^{20}$ −6° bis −1°; lösl. in höchstens 4 Vol.-Tl. 70% Ethanol.
*Herstellung:* Durch Wasserdampfdest. aus den Blättern einer in Paraguay wildwachsenden u. kultivierten Varietät des Bitterorangenbaums *Citrus aurantium* L. subsp. *aurantium*; Ausbeute 0,5–1%. Mit etwa 300 t Jahresproduktion ist P. Paraguay das Bedeutendste.
*Zusammensetzung[1]:* Hauptbestandteile (−)-*Linalool (ca. 20–25%) u. (−)-Linalylacetat (ca. 50%). Zum typ. Geruchseindruck tragen aber noch eine Vielzahl von Neben- u. Spurenkomponenten bei.
*Verwendung:* Findet breiten Einsatz bei der Parfümherst., v.a. in frischen Noten, z.B. Eau de Colognes u. frischen Eau de Toilettes.
2. *Petitgrainöl bigarade* (FEMA 2855): Schwach gelbes bis gelbbraunes, leicht blau fluoreszierendes Öl mit einem angenehmen frisch-blumigen, an Orangenblüten erinnernden Duft; $d_{20}^{20}$ 0,888–0,898; $n_D^{20}$ 1,4560–1,4720; $[\alpha]_D^{20}$ −6° bis +1°.
*Herstellung:* Durch Wasserdampfdest. aus den Blüten des vorwiegend im Mittelmeerraum kultivierten Bitterorangenbaums *Citrus aurantium* L. subsp. *aurantium*; Ausbeute 0,1–0,3%. Zu den Inhaltsstoffen[2] u. Verw. s. Petitgrainöl Paraguay. – *E* petitgrain oils
*Lit.:* [1]Perfum. Flavor. **1**(6), 34 (1976); **5**(5), 28 (1980); **18**(5), 43 (1993). [2]Perfum. Flavor. **16**(6), 1 (1991); **18**(5), 43 (1993). *allg.:* Bauer et al. (4.), S. 213 ▪ ISO 3064: 2000-08 ▪ ISO 8901: 2003-03 ▪ Ohloff, S. 140 – *[HS 3301 29; CAS 8014-17-3]*

**Petunidin** siehe *Anthocyane.

**Pfeffer.** Von griech.: peperi od. latein.: piper = Pfeffer entlehnter Name für eines der bekanntesten *Gewürze – dank seiner Eigenschaft ist „pfeffrig" geradezu ein Synonym für „scharf". Man unterscheidet beim *echten P.* zwischen schwarzem, weißem u. grünem P.; daneben gibt es noch eine Vielzahl zwar scharfer, aber nicht od. nur z.T. zu den eigentlichen P.-Arten gehörende Gewürze (s. unten). Unter Schwarzem u. Weißem P. versteht man die kugeligen, 3–5 mm dicken Früchte von *Piper nigrum* (Piperaceae), einem Luftwurzeln bildenden trop. Schlingstrauch (Kletterhöhe bis 15 m). Dieser Strauch ist wahrscheinlich in Vorderindien (Travancore, Malabar) beheimatet, wird in

fast allen Tropenländern (bes. Sumatra, Thailand, Malakka) angebaut u. vom 3.–15. Jahr abgeerntet. *Schwarzer P.* stammt von ausgewachsenen, grünen bis gelben, noch unreifen Früchten, die beim Trocknen eine schwarzbraune Farbe annehmen. Je 100 solcher P.-Körnchen wiegen 3–9 g; sie schmecken sehr scharf u. brennend, der Geruch ist schwach gewürzhaft, die Oberfläche grob netzrunzlig. *Weißen P.* erhält man aus reifen, roten P.-Körnern, deren Fruchtfleisch durch *Fermentation entfernt wird. Der Weiße P. schmeckt etwas milder als der Schwarze P.; er besteht aus glatten, weißlichen od. hellgrauen, 4–5 mm dicken Kugeln, 100 Körner wiegen 3,5–5 g. Am mildesten ist der *Grüne P.;* er kommt vorwiegend aus Madagaskar, Brasilien und Indien u. besteht aus unreifen, grünen, getrockneten bzw. ungetrockneten u. statt dessen in Salzlake eingelegten P.-Körnern, die auch unter Essig od. Öl aufbewahrt werden können.
*Zusammensetzung:* Schwarzer P. enthält im Durchschnitt 12,5% Wasser (Weißer P. 13,5%); wasserfrei enthält Schwarzer P. (in Klammern Werte für Weißen P.) 12,8 (11,9)% Stickstoff-haltige Substanz, 9,1 (8)% Ether-Auszug, 2,25 (1,5)% ether. Öl, 7,5 (7,8)% Piperin, 0,6 (0,3)% Piperidin, 1,05 (0,35)% Harz, 10,3 (9,1)% Alkoholextrakt, 36,5 (56,8)% Stärke, 14 (4,4)% Cellulose, 5,15 (1,9)% Asche. Die Scharfstoffe sind vor allem Piperin[1], Piperanin u. Piperylin, der gewürzhafte Geruch u. Geschmack wird durch *Pfefferöl verursacht. Der scharfe Geschmack kommt durch Erregung der Thermorezeptoren zustande. Reflektor. wird dadurch die Speichel- u. Magensaftsekretion angeregt.
*Verwendung:* Schwarzer u. Weißer P. werden gleicherweise seit alter Zeit, Grüner P. erst seit den 70er Jahren als Küchengewürz benutzt, ferner zur Gewinnung scharfer Essenzen, zur Verschärfung des Branntweins u. zur Herst. des ether. Pfefferöls, gelegentlich auch für Niespulver. Die nahezu universelle Verwendbarkeit des P. als Speisengewürz (ggf. sogar in Süßspeisen) machten ihn schon von altersher zu einem begehrten Handelsartikel; in Europa soll er unter Alexander dem Großen erstmals eingeführt worden sein.
Weitere als „Pfeffer" benutzte Samen u./od. Früchte sind z.B.: *Langer P.* (aus *Piper longum* u. *Piper officinarum*), der bes. im Mittelalter gehandelt wurde, *Cubeben* od. *Stiel-P.* (*Piper cubeba*), *Aschanti-P.* od. *Falsche Cubeben* (*Piper clusii*) sowie die aus anderen Pflanzengattungen stammenden *Paradieskörner* od. *Guinea-P.* (*Aframomum melegueta*, Zingiberaceae), *Kani-* od. *Mohren-P.* bzw. *Burro-P.* (*Xylopia aethiopica* bzw. *Xylopia aromatica*, Annonaceae), *Molle-Saat* od. *Schinus-Früchte* des Peruan. Pfefferbaumes (*Schinus molle*, Anacardiaceae), *Mönchspfeffer* od. *Keuschlammfrüchte* (*Vitex agnus castus*, Verbenaceae) aus Südeuropa u. *Japan-* od. *China-P.* des Pfeffer-Gelbholzes (*Xanthoxylum piperitum*, Rutaceae) aus Ostasien. Diese Gewürze haben zumeist nur lokale Bedeutung. Der durch seinen *Capsaicin-Gehalt pfeffrigscharfe sog. *Cayenne-P.* (Roter od. Span. P.) gehört

zu den *Paprika-Gewächsen, aus denen auch die pfeffrig-scharfe Tabasco®-Soße hergestellt wird. *Nelkenpfeffer* ist ein Synonym für *Piment u. stammt von einer Myrtacee. Auch andere Wortzusammensetzungen spielen auf die typ. P.-Eigenschaften an, z. B. Pfefferkraut od. Bohnenkraut, Mauerpfeffer, Rauschpfeffer, aber auch Pfifferling (*Speisepilze), Pfefferminze u. Pfefferkuchen. – *E* pepper

*Lit.:* [1] Can. J. Chem. **74**, 419–432 (1996).
*allg.:* Franke, W., *Nutzpflanzenkunde*, 6. Aufl.; Thieme: Stuttgart, (1997); S. 382ff. ▪ Hager (5.) **3**, 387; **6**, 627 – [HS 0904 11, 0904 12]

**Pfefferminzöle.** Je nach verwendeter Pfefferminzart unterscheidet man folgende Pfefferminzölarten:
1. *Echtes Pfefferminzöl* (FEMA 2848): Hellgelbes bis hellgrünlich-gelbes Öl von *Mentha piperita* mit einem frischen, minzigen, krautig-süßen, balsam. Geruch u. einem süßen, frisch-minzigen, kühlenden Geschmack; $d_{20}^{20}$ 0,898–0,918; $n_D^{20}$ 1,459–1,465; $[\alpha]_D^{20}$ −30° bis −14°.
*Herstellung:* Durch Wasserdampfdest. aus dem blühenden Pfefferminzkraut, *Mentha × piperita*, hauptsächlich aus der Varietät „Black Mitcham". Hauptproduzent sind die USA, v.a. die Staaten Washington, Oregon u. Idaho.
*Zusammensetzung* [1-3]*:* Hauptbestandteile, die auch wesentlich den organolept. Charakter bestimmen, sind (−)-*Menthol (25–45%), (−)-*Menthon (20–30%), (−)-*Menthylacetat* (ca. 5%; $C_{12}H_{22}O_2$, $M_R$ 198,31) u. (+)-*Menthofuran* (2–10%; $C_{10}H_{14}O$, $M_R$ 150,22). Die toxikologischen Eigenschaften im Menthofuran sind derzeit in Diskussion. Die genaue Zusammensetzung hängt vom Anbaugebiet ab. Zur Zusammensetzung von Italo-Mitcham Pfefferminzöl siehe Literatur [1].

(+)-Menthofuran

*Verwendung:* Zum Aromatisieren von Süßwaren, Kaugummi, Mundpflegeprodukten (Zahnpasta, Mundwässer) u. Tabak. In der Medizin in Karminativa, Rhinologica, Urologica, Mund- u. Rachentherapeutica, in antirheumat. Einreibemitteln u. Bronchologica.
2. *Mentha-arvensis-Öl:* Auch als Cornmint oil oder Japanese mint oil bekannt. Farbloses bis hellgelbes Öl mit einem scharfen, frischen, minzigen Geruch u. einem kühlenden, minzigen, etwas bitter-scharfen Geschmack, der deutlich weniger süß u. voll ist als der von Pfefferminzöl; $d_{20}^{20}$ 0,890–0,910; $n_D^{20}$ 1,4570–1,4650; $[\alpha]_D^{20}$ −228° bis −138°.
*Herstellung:* Durch Wasserdampfdest. aus sog. Japan. Minze, *Mentha arvensis* var. *piperascens*, einer Kulturform der Ackerminze. Hauptproduzenten sind China u. Indien, die 1998 etwa 14400 t *Mentha-arvensis*-Öl erzeugt haben, was einer Menge

von 5400 t dementholisiertem Öl u. 9000 t Menthol entspricht [4].
*Zusammensetzung* [5]*:* Das rohe Öl enthält zwischen 70 u. 80% (−)-Menthol u. wird bei Temp. unter 20 °C fest. Es gelangt als solches nicht in den Handel, sondern dient vorwiegend zur Gewinnung von natürlichem (−)-Menthol durch Kristallisation. Das verbleibende dementholisierte Öl hat noch etwa 35–40% (−)-Menthol neben etwa 20% (−)-Menthon u. 10% (+)-Isomenthon.
*Verwendung:* Wie Pfefferminzöl, als zwar preiswerte, aber geringerwertige Alternative.
3. *Mentha-spicata-Öl:* Farbloses bis gelblich-grünes Öl mit frischem an Kümmel und Minze erinnernden Geruch; $d_{20}^{20}$ 0,921–0,938; $n_D^{20}$ 1,484–1,491; $[\alpha]_D^{20}$ −59° bis −48°.
*Herstellung:* Durch Wasserdampf-Destillation aus *Mentha spicata* L. (grüne Minze) und *Mentha cardiaca* Ger. (Scotch spearmint). Hauptproduzent sind mit jährlich 1500 t die USA.
*Zusammensetzung* [6]*:* Hauptbestandteile sind *Limonen (11,5–26,5%), *Carvon (60–67%), *Menthon (0,1–1,3%), wichtige Nebenkomponente *Viridiflorol* (0–0,5%), $C_{15}H_{26}O$, $M_R$ 222,36.

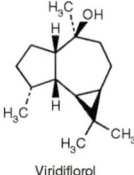

Viridiflorol

*Verwendung:* Hauptverwendung ist die Aromatisierung von Kaugummi und Zahnpasta.
Zu antimikrobiellen Eigenschaften von Pfefferminzölen siehe Literatur [7-9]; zur Analytik mit elektronischen Nasen siehe Literatur [10] und mit Hilfe der Isotopenverhältnis-Massenspektrometrie siehe Literatur [11,12]. Zum Herkunftsnachweis siehe Literatur [13]. – *E* peppermint oils

*Lit.:* [1] Roth, L.; Kormann, K., *Duftpflanzen, Pflanzendüfte*, ecomed: Landsberg, (1996); S. 147, 252. [2] Perfum. Flavor. **13**(5), 66 (1988); **14**(6), 21 (1989) (Unterscheidung von *Mentha-arvensis*-Ölen); **18**(4), 59–74 (1993). [3] Näf, R.; Velluz, A., *Flavour Fragr. J.*, (1998) **13**, 203–208. [4] Clark, G. S., *Perfum. Flavor.*, (1998) **23**(5), 33–45. [5] Perfum. Flavor. **8**(2), 61 (1983); **14**(1), 29 (1989); **19**(6), 57–62 (1994). [6] Kokkini, S.; Karousou, R.; Lanaras, T., *Bot. Acta*, (1997) **110**, 184–189. [7] Lis-Balchin, M.; Deans, S. G.; Hart, S., *Med. Sci. Res.*, (1997) **25**(3), 151–152. [8] Inouye, S.; Yamaguchi, H.; Takizawa, T., *J. Infect. Chemother.*, (2001) **7**(4), 251–254. [9] Iscan, G.; Kirimer, N.; Kurkcuoglu, M.; Husnu Can Baser, K.; Demirci, F., *J. Agric. Food Chem.*, (2002) **50**(14), 3934–3946. [10] Hanrieder, D.; Lauer, F.; Hirschfelder, M., In *Electronic Noses & Sensor Array Based Systems: Design & Applications*, Hurst, J., Hrsg.; Proceedings of the 5th International Symposium on Olfaction and the Electronic Nose; Lancaster: Technomic Publ., (1999); CAN 133:265800. [11] Culp, R. A.; Legato, J. M.; Otero, E., In *Flavor Analysis*, Mussinan, C. J.; Morello, M. J., Hrsg.; ACS Symposium Series 705; American Chemical Society: Washington, DC, (1998); S. 260–287. [12] Faber, B.; Krause, B.; Dietrich, A.; Mosandl, A., *J. Essent. Oil Res.*, (1995) **7**(2), 123–131. [13] Spencer, J. S.; Dowd, E.; Faas, W., *Perfum. Flavor.*, (1997) **22**(3), 37–45.
*allg.:* Bauer et al. (4.), S. 204f. ▪ ISO 856: 1981-07 – *Toxikologie:* Nair, B., *Int. J. Toxicol.*, (2001) **20**, Suppl. 3, 61–73 –

*[HS 3301 29; CAS 8006-90-4 (1.); 68917-18-0 (2.); 2623-23-6 ((−)-Menthylacetat); 17957-94-7 ((+)-Menthofuran); 552-02-3 (Viridiflorol)]*

**Pfefferöl** (FEMA 2845, Pfefferöl schwarz; FEMA 2851, Pfefferöl weiß). Farbloses bis gelbgrünes, würzig riechendes ether. Öl, das durch Wasserdampfdest. aus schwarzem *Pfeffer in 1,0–2,6% Ausbeute gewonnen wird. D. 0,87–0,916, lösl. im 10–15fachen Vol. 95%igem Alkohol, unlösl. in Wasser, enthält 22% α-*Pinen, 21% Sabinen, 17% β-Caryophyllen sowie β-Pinen, Phellandrene, *Limonen, 3-Caren u.v.a. Terpene u. Sesquiterpene[1–3]. P. findet Verw. in der Gewürz-Industrie. Zur Sensorik von Pfefferöl siehe Literatur[4].
– *E* pepper oil

*Lit.:* [1]Korány, K.; Amtmann, M., *Rapid Commun. Mass Spectrom.*, (1997) **11**, 686–690. [2]Nussbaumer, C.; Cadalbert, R.; Kraft, P., *Helv. Chim. Acta*, (1999) **82**(1), 53–58. [3]McCarron, M.; Mills, A.; Whittaker, D.; Kurian, T.; Verghese, I., *Flavour Fragr. J.*, (1995) **10**(1), 47–50. [4]Gopalakrishnan, M.; Menon, N.; Padmakumari, K. P.; Jayalekshmy, A.; Narayanan, C. S., *J. Essent. Oil Res.*, (1993) **5**(3), 247–253.
*allg.:* Ullmann (5.) **A11**, 237 ▪ Teuscher, E., *Gewürzdrogen*, Wiss. Verlagsges.: Stuttgart, (2003); S. 284 – *[HS 3301 29]*

**Pfeilwurz** siehe *Maranta.

**Pferdebohnen** siehe *Puffbohnen.

**Pfifferlinge** (Eierschwamm). *Cantharellus cibarius* Fr. (Cantharellaceae); Speisepilz, in Deutschland als gefährdete Art geschützt, wächst in Laub- und Nadelwäldern. Pfifferlinge werden häufig als Importware aus osteuropäischen Ländern angeboten. Sie kommen auch als Trockenprodukte in den Handel.
*Zusammensetzung:* Das dottergelbe Fleisch ist von scharfem, pfefferartigem Geschmack. Es enthält je 100 g Frischgewicht: 91,5 g Wasser, 1,5 g Protein, 0,5 g Fett, 5,5 g Kohlenhydrate und 0,8 g Mineralstoffe (davon 2 mg Natrium, 310 mg Kalium, 5 mg Calcium, 25 mg Phosphor und 4 mg Eisen).
*Analytik:* Der Echte Pfifferling kann anhand der Kohlenhydrat-Zusammensetzung (unter 3% Arabit) vom Falschen Pfifferling (*Hygrophoropsis aurantiaca*) unterschieden werden (28–56% Arabit bezogen auf den Kohlenhydrat-Anteil)[1]. Zur Differenzierung zwischen frischer und gesalzener Rohware aus Konserven dient der Phosphat-Gehalt[2,3]. Die Beurteilung der Pfifferlinge und daraus hergestellter Erzeugnisse (Pfifferlinge *ausgesucht klein*, Pfifferlinge *mittel*, Pfifferlinge *getrocknet*) erfolgt nach den in der Neufassung vorliegenden Leitsätzen für Pilze[4]; siehe auch *Speisepilze.
– *E* chanterelle

*Lit.:* [1]Laub, E., *Lebensmittelchem. Gerichtl. Chem.*, (1985) **39**, 101–103. [2]Ind. Obst Gemüseverwert. **72**, 460–463 (1987). [3]Ind. Obst Gemüseverwert. **73**, 235–238 (1988). [4]Leitsätze des Deutschen Lebensmittelbuches (Pilze und Pilzerzeugnisse).
*allg.:* Zipfel, C 325 – *[HS 0709 59]*

**Pfirsich.** Apfelgroße, samtig behaarte, gelbrote Steinfrucht des in China beheimateten, heute in allen Ländern der gemäßigten Klimazone (USA, Chile, Südafrika, Australien, in Europa: Italien, Griechenland, Spanien, Weingegenden in Deutschland) angebauten Pfirsichbaumes (*Prunus persica* [L.] Batsch, Rosaceae). Die Weltproduktion beträgt 10 Mio. Tonnen (zusammen mit Nektarinen), davon entfallen rund 20% auf China. Das saftige Fruchtfleisch schmeckt süß und aromatisch und hat eine feste Textur. Es kann weiß (Frühpfirsich), durch *Carotinoide[1] gelb (Aprikosenpfirsich) oder durch *Anthocyane[2] rot gefärbt sein (Blutpfirsich, Weinbergpfirsich).
*Inhaltsstoffe und Zusammensetzung:* Aufgrund des hohen Gehaltes an phenolischen Inhaltsstoffen, insbesondere an *Quercetin, Chlorogensäure, *Catechinen und *Proanthocyanidinen spricht man Pfirsichen ein hohes antioxidatives Potential zu[3–9]. Gleichzeitig lassen die leicht oxidierbaren Verbindungen, wie z.B. Chlorogensäure und Catechine, bei Sauerstoff-Zutritt das Fruchtfleisch rasch bräunen (vgl. *enzymatische Bräunung). Ein hoher Aminosäure-Gehalt, vor allem Asparagin und Glutamin[10] erklärt die Neigung zu nichtenzymatischen Bräunungsreaktionen (vgl. *Maillard-Reaktion) während der Lagerung von Pfirsichsaftkonzentrat[11,12]. Tryptophan-*N*-Glycokonjugate wurden in einer Konzentration von 0,2 mg/L Saft detektiert[13]. Die Bildung von β-Carbolinen scheint zwar technologisch bedingt, allerdings ist auch von einer fruchteigenen Synthese auszugehen[14].
Durchschnittsgehalte in 100 g eßbarem Anteil: Wasser 87,5 g, Eiweiß 0,8 g, Fett 0,1 g, verwertbare Kohlenhydrate 9,4 g (davon Glucose 1 g, Fructose 1,2 g, Saccharose 5,7 g, Sorbit 0,9 g), Gesamtballaststoffe 1,7 g (wasserlösliche Ballaststoffe 0,9 g), Mineralstoffe 0,5 g, Natrium 1,3 mg, Kalium 205 mg, Magnesium 9,2 mg, Calcium 7,8 mg, Mangan 0,1 mg, Eisen 0,5 mg, *Carotinoide 0,4 mg, Vitamin C 9,5 mg, Äpfelsäure 0,3 g, Citronensäure 0,2–0,3 g. Weitere Daten sind Literatur[15,16] zu entnehmen. Wesentlicher Bestandteil des Pfirsicharomas sind die γ-*Lactone $C_8$–$C_{12}$[16–18] (siehe auch *Fruchtaromen); zur GC-Enantiomeren-Differenzierung siehe Literatur[19].
Das Fruchtfleisch umgibt einen 3 bis 4 cm langen, ovalen, etwas abgeflachten, tief gefurchten, sehr harten Stein, der den ölreichen Samen einschließt. Löst sich der Stein leicht vom Fruchtfleisch, handelt es sich um sog. „freestone" Pfirsiche, im anderen Falle spricht man von „clingstone". Die Mehligkeit von Pfirsichen wird auf verminderte Exo- und Endo-Polygalacturonase-Aktivitäten bei unveränderter Pektinmethylesterase-Aktivität zurückgeführt[20,21]. Das aus dem Kern gewonnene *Pfirsichkernöl* ist dem *Aprikosenkernöl sehr ähnlich, weiteres siehe dort und vgl. Literatur[22,23]. Nach Auswaschen des Blausäure-Glycosids *Amygdalin (Entbitterung) kann der Pfirsichsamen zu Persipan verarbeitet werden, das als Marzipanersatz verwendet wird. *Benzaldehyd, das Hydrolyse-Produkt des auch in den Wurzeln der Pfirsichbäume enthaltenen Amygdalins, wirkt im Boden als Hemmstoff und verursacht die sog. „Pfirsichmüdigkeit".

Zur Herabsetzung der Allergenität ist eine Laugenschälung der Früchte mit anschließender Ultrafiltration des Saftes vorgeschlagen worden, da die üblichen Erhitzungsregime nicht zur Aktivitätsreduktion des allergenen Proteins beitragen konnten[24].

*Verwendung:* Rund 70% der frischen Pfirsiche auf dem deutschen Markt stammen aus Italien. Gewächshausware wird aus Belgien und aus den Niederlanden importiert. Überwiegend als Tafelobst, für Konserven (geschält und halbiert; geschält in Würfeln), als Belegware für Obsttorten, als Bestandteil von Bowlen, zur Herstellung von Mark, Nektar, Konfitüren, Fruchtzubereitungen, Likör, Sekt und Obstbrand. In verarbeiteten Produkten werden Pfirsiche häufig als Ersatz teurere Aprikosen verwendet (Verfälschung). Außerdem werden Pfirsiche als Trockenfrüchte angeboten. Alle Pfirsichsorten verderben auch bei Kühlhauslagerung, da nach etwa 6 Wochen das Fruchtfleisch vom Stein her braun wird, ohne daß dies äußerlich erkennbar ist. Bei zu kalter Lagerung kommt es zu Texturveränderungen (wooliness) durch veränderte Pektinase-Aktivitäten[21]. Zur Nutzung der Wertstoffe aus der Pfirsichverarbeitung informiert Literatur[25]. – **E** peach

*Lit.:* [1]Breithaupt, D. E.; Bamedi, A., *J. Agric. Food Chem.*, (2001) **49**, 2064. [2]Mazza, G.; Miniati, E., *Anthocyanins in Fruits, Vegetables, and Grains*, CRC Press: Boca Raton, FL, (1993); S. 67–69. [3]Asami, D. K.; Hong, Y.-J.; Barrett, D. M.; Mitchell, A. E., *J. Sci. Food Agric.*, (2003) **83**, 56. [4]Lugasi, A.; Hovari, J., *Acta Aliment.*, (2002) **31**, 63. [5]Sun, J.; Chu, Y.-F.; Wu, X.; Liu, R. H., *J. Agric. Food Chem.*, (2002) **50**, 7449. [6]Proteggente, A. R.; Pannala, A. S.; Paganga, G.; Van Buren, L.; Wagner, E.; Wiseman, S.; Van de Put, F.; Dacombe, C.; Rice-Evans, C. A., *Free Radical Res.*, (2002) **36**, 217. [7]Vinson, J. A.; Su, X.; Zubik, L.; Bose, P., *J. Agric. Food Chem.*, (2001) **49**, 5315. [8]Gil, M. I.; Tomás-Barberán, F. A.; Hess-Pierce, B.; Kader, A. A., *J. Agric. Food Chem.*, (2002) **50**, 4976. [9]De Pascual-Teresa, S.; Santos-Buelga, C.; Rivas-Gonzalo, J., *J. Agric. Food Chem.*, (2000) **48**, 5331. [10]Fabiani, A.; Versari, A.; Parpinello, G. P.; Castellari, M.; Galassi, S., *J. Chromatogr. Sci.*, (2002) **40**, 14. [11]Buedo, A. P.; Elustondo, M. P.; Urbicain, M. J., *Innov. Food Sci. Emerg. Technol.*, (2000) **1**, 281. [12]Buedo, A. P.; Elustondo, M. P.; Urbicain, M. J., *Innov. Food Sci. Emerg. Technol.*, (2000) **1**, 255. [13]Diem, S.; Bergmann, J.; Herderich, M., *J. Agric. Food Chem.*, (2000) **48**, 4913. [14]Herraíz, T.; Galisteo, J., *J. Agric. Food Chem.*, (2002) **50**, 4690. [15]Versari, A.; Castellari, M.; Parpinello, G. P.; Riponi, C.; Galassi, S., *Food Chem.*, (2002) **76**, 181. [16]Herrmann, K., *Inhaltsstoffe von Obst und Gemüse*, Ulmer: Stuttgart, (2001); S. 23, 54, 55, 60ff. [17]Lavilla, T.; Recasens, I.; Lopez, M. L.; Puy, J., *J. Sci. Food Agric.*, (2002) **82**, 1842. [18]Z. Lebensm. Unters. Forsch. **191**, 299 (1990). [19]J. Chromatogr. **481**, 363 (1989). [20]Obendland, D. M.; Carroll, T. R.; Lane, J., *J. Am. Soc. Hortic. Sci.*, (2000) **125**, 723. [21]Zhou, H. W.; Ben-Arie, R.; Lurie, S., *Phytochemistry*, (2000) **55**, 191. [22]Rev. Fr. Corps Gras **33**, 115–117 (1986). [23]Z. Lebensm. Unters. Forsch. **174**, 390–394 (1982). [24]Brenna, O.; Pompei, C.; Ortolani, C.; Pravettoni, V.; Farioloi, L.; Pastorello, E. A., *J. Agric. Food Chem.*, (2000) **48**, 493. [25]Schieber, A.; Stintzing, F. C.; Carle, R., *Trends Food Sci. Technol.*, (2001) **12**, 401.

*allg.:* Franke, W., *Nutzpflanzenkunde*, 6. Aufl.; Thieme: Stuttgart, (1997); S. 303 ▪ Schobinger, U., *Frucht- und Gemüsesäfte*, 3. Aufl.; Ulmer: Stuttgart, (2001); S. 49, 54, 58, 69, 75 ▪ Souci et al. (6.), S. 895 – *[HS 0809 30]*

**Pfirsicharoma** siehe *Fruchtaromen.

**Pfirsichkernöl** siehe *Pfirsich.

**Pflanzenfette** siehe *Fette und Öle.

**Pflanzenhormone** siehe *Pflanzenwuchsstoffe.

**Pflanzenschutzmittel** (Pflanzenbehandlungsmittel). Im Sinne des Pflanzenschutzgesetzes[1] (PflSchG, § 2 Absatz 9) sind Pflanzenschutzmittel Stoffe, die dazu bestimmt sind:
a) Pflanzen vor Schadorganismen oder nichtparasitären Beeinträchtigungen zu schützen,
b) Pflanzenerzeugnisse vor Schadorganismen zu schützen,
c) Pflanzen oder Pflanzenerzeugnisse vor Tieren, Pflanzen oder Mikroorganismen zu schützen, die nicht Schadorganismen sind,
d) die Lebensvorgänge von Pflanzen zu beeinflussen, ohne ihrer Ernährung zu dienen (Wachstumsregulatoren bzw. *Pflanzenwuchsstoffe),
e) das Keimen von Pflanzenerzeugnissen zu hemmen,
f) den in den Buchstaben a–e aufgeführten Stoffen zugesetzt zu werden, um ihre Eigenschaften oder Wirkungen zu verändern.

Ausgenommen sind Wasser, Düngemittel im Sinne des Düngemittelgesetzes und Pflanzenstärkungsmittel; als Pflanzenschutzmittel gelten auch Stoffe, die dazu bestimmt sind, Pflanzen (Ungräser und Unkräuter) abzutöten oder Flächen von Pflanzenwuchs freizumachen oder freizuhalten, ohne daß diese Stoffe unter die Buchstaben a oder d fallen. Pflanzenschutzmittel gelangen in zubereiteter Form in den Handel, d.h. sie enthalten neben dem Wirkstoff Zusätze, die eine auf die jeweilige Anwendung optimal abgestimmte Ausbringung, Verteilung und Entfaltung des Wirkstoffs ermöglichen sollen (Formulierung) und seiner Stabilität dienen. Sie lassen sich bezüglich der bekämpften Schadorganismen (*Schädlingsbekämpfungsmittel) in folgende Gruppen einteilen: *Akarizide, Algizide, *Aphizide, Bakterizide, *Fungizide, *Herbizide, *Insektizide, *Molluskizide, *Nematizide, *Rodentizide.

Die Entwicklung eines Pflanzenschutzmittels dauert heute 8–10 a und kostet ca. 150 Mio. €. Nur eine von ca. 40000 in der Forschung synthetisierten Verbindungen wird letztlich Handelsprodukt. Der Markteinführung gehen den Arzneimitteln vergleichbare umfangreiche Untersuchungen voraus. Neben Versuchen zur Wirkung und Pflanzenverträglichkeit sind dies vor allem Untersuchungen zur Toxizität und zur Umweltverträglichkeit. In Deutschland dürfen Pflanzenschutzmittel bis auf wenige in § 11 des Pflanzenschutzgesetzes genannte Ausnahmen nur in den Verkehr gebracht oder eingeführt werden, wenn sie vom Bundesamt für Verbraucherschutz und Lebensmittelsicherheit (*BVL) zugelassen sind. Im Zulassungsverfahren arbeitet das BVL mit drei Bewertungsbehörden zusammen: der Biologischen Bundesanstalt für Land- und Forstwirtschaft (*BBA) in Braunschweig, dem Bundesinstitut für Risikobewertung

(*BfR) und dem Umweltbundesamt (UBA). Einzelheiten des Zulassungsverfahrens regelt die Pflanzenschutzmittelverordnung[2]. Danach sind erforderlich:

1. Angaben über:

a) chemische und physikalische Eigenschaften des Pflanzenschutzmittels und der darin enthaltenen Wirkstoffe, Hilfsstoffe und Verunreinigungen sowie der Abbau- und Reaktionsprodukte,

b) Analyseverfahren zur Bestimmung der Wirkstoffe, Hilfsstoffe und Verunreinigungen;

2. Versuchsberichte über:

a) die Wirksamkeit des Pflanzenschutzmittels in allen im Antrag angegebenen Anwendungsgebieten,

b) die Wirkungsweise auf und in Pflanzen, Pflanzenerzeugnissen, Tieren und Mikroorganismen,

c) die Beeinflussung der Qualität des Erntegutes,

d) das Verhalten hinsichtlich der akuten, subchronischen und chronischen Toxizität, der erbgutverändernden, fruchtschädigenden, krebserzeugenden und fruchtbarkeitsverändernden Wirkungen sowie das Verhalten im Stoffwechsel bei Mensch und Tier,

e) das Verhalten auf und in Pflanzen und Pflanzenerzeugnissen, insbesondere über Abbau und Rückstände,

f) das Verhalten im Wasser,

g) das Verhalten im Boden,

h) das Verhalten in der Luft,

i) die Auswirkungen auf Bienen,

j) die Auswirkungen auf mehrere andere Nutzarthropoden,

k) die Auswirkungen auf andere Tiere und Pflanzen,

l) die Auswirkungen auf den Naturhaushalt.

Zu den einzureichenden Unterlagen gehört außerdem ein Entwurf der Gebrauchsanweisung und der Vorschlag für die Kennzeichnung nach Gefahrstoffverordnung mit den entsprechenden Gefahrensymbolen, Gefahrenbezeichnungen, Hinweisen auf die besonderen Gefahren (R-Sätze) und Sicherheitsratschlägen (S-Sätze) sowie den Wirkstoffgehalten. Neben Eigenschaften wie Entzünd-

lichkeit und Reizwirkung werden vor allem die in Tierversuchen (an der Ratte) ermittelten $LD_{50}$- bzw. $LC_{50}$-Werte für die Einstufung und Kennzeichnung herangezogen. Zugelassene Pflanzenschutzmittel erhalten eine Zulassungsnummer, die zusammen mit dem Zulassungszeichen „Ährenschlange im Dreieck" (siehe Abbildung 1) auf der Verpackung anzubringen ist.

Abbildung 1: Zulassungszeichen für Pflanzenschutzmittel.

Zu Zahlen, für wieviele Pflanzenschutzpräparate und -wirkstoffe in den letzten Jahren in Deutschland eine Zulassung bestand, siehe die Abbildung 2.

Im Juli 1997 waren in Deutschland 997 Pflanzenschutzmittel mit 264 Wirkstoffen zugelassen; von diesen unterlagen 40% keiner Kennzeichnungspflicht, 49% waren als reizend oder gesundheitsschädlich eingestuft, 8% als giftig oder sehr giftig[3]. Zu aktuell zugelassenen Pflanzenschutzmitteln und Wirkstoffen siehe Literatur[4].

Eine Übersicht über die prozentuale Verteilung der in der Deutschland 2002 produzierten Pflanzenschutzmittel auf die entsprechenden Wirkungsbereiche gibt Abbildung 3, S. 870.

Die im Industrieverband Agrar e.V. (IVA) zusammengeschlossenen Firmen produzierten 2004 85218 t Pflanzenschutzwirkstoffe. Die in Deutschland abgesetzte Wirkstoffmenge lag 2004 bei 26579 t. Davon entfielen 15113 t auf Herbizide, 7547 t auf Fungizide, 1183 t auf Insektizide. 80295 t

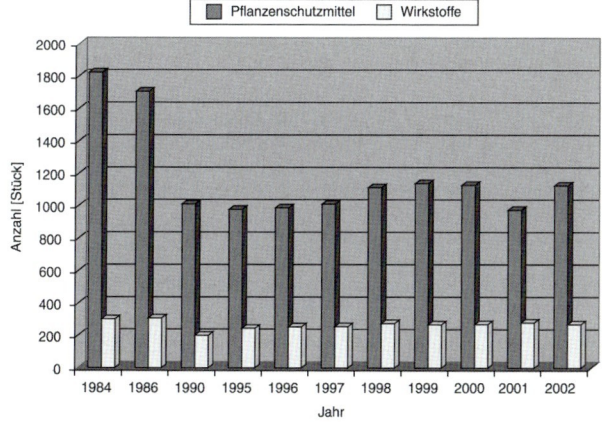

Abbildung 2: Entwicklung der in Deutschland zugelassenen Pflanzenschutzmittel und Wirkstoffe (in Stück), aus einer Zusammenstellung der BBA und dem statistischen Jahrbuch über Ernährung, Landwirtschaft und Forsten[3].

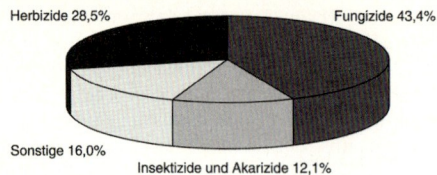

Abbildung 3: Wirkungsbereiche für die 2002 in Deutschland produzierten Pflanzenschutzmittel.

wurden exportiert. Wertmäßig belief sich der Export von Pflanzenschutzwirkstoffen aus Deutschland im Jahr 2004 auf 2 Mrd. €. Der Gesamtumsatz (inklusive des Nettoinlandsumsatzes) erreichte 2004 etwas mehr als 3 Mrd. €[5].
Bestimmte Wirkstoffe unterliegen in Deutschland Anwendungsverboten bzw. -beschränkungen. Die Tabelle gibt eine Übersicht über die Pflanzenschutzwirkstoffe, für die ein vollständiges Anwendungsverbot als und in Pflanzenschutzmitteln besteht (nach Pflanzenschutz-Anwendungsverordnung[6], in der auch weitere Einzelheiten geregelt sind).

Tabelle: Wirkstoffe, für die in Deutschland ein vollständiges Anwendungsverbot besteht (siehe auch Rückstands-Höchstmengenverordnung, Anlage 2, Liste B).

| | |
|---|---|
| Acrylnitril | Dieldrin |
| Aldrin | Dinoseb und seine Ester und Salze |
| Aramit | Endrin |
| Arsen-Verbin- | Ethylenoxid |
| dungen | Fluoressigsäure und Derivate |
| Atrazin | HCH-Isomere, einschließlich 3-HCH, |
| Binapacryl | nicht aber γ-HCH (Lindan) |
| Blei-Verbindungen | Blei-Verbindungen |
| Bromacil | Heptachlor einschließlich Heptachlor- |
| Cadmium-Verbin- | epoxid |
| dungen | Hexachlorbenzol |
| Captafol | Isobenzan |
| Carbaryl | Isodrin |
| Chlordan | Kelevan |
| Chlordecon | Maleinsäurehydrazid[b] |
| (Kepone) | Morfamquat |
| Chlordimeform | Nitrofen |
| Chloroform (Tri- | Pentachlorphenol |
| chlormethan) | Polychlorterpene wie Camphechlor |
| Chlorpikrin | (Toxaphen), Stroban |
| Crimidin | Quecksilber-Verbindungen |
| DDT/ DDD/ DDE | Quintozen |
| 1,2-Dibromethan | Schwefelkohlenstoff |
| 1,2-Dichlorethan | Selen-Verbindungen |
| 1,3-Dichlorpropen | 2,4,5-T |
| Dicofol[a] | Tetrachlorkohlenstoff |

[a] mit einem Gehalt von weniger als 780 g $p,p$'-Dicofol je kg oder mehr als 1 g DDT oder DDT-Derivaten je kg.
[b] Die Cholin-, Kalium- und Natriumsalze mit einem Gehalt von mehr als 1 mg freies Hydrazin je kg, ausgedrückt als Säureäquivalent sowie alle anderen Salze und freies Maleinsäurehydrazid.

*DDT wird durch das sogenannte DDT-Gesetz geregelt. Bei der Anwendung bienengefährlicher Pflanzenschutzmittel ist die Bienenschutzverordnung[7] zu beachten. In Baden-Württemberg wurde das Gesetz über die Einschränkung der Anwendung von Pflanzenschutzmitteln (PflSchAnwG) erlassen, ergänzt durch die Verordnung des Ministe-

riums Ländlicher Raum über die Zulassung von Ausnahmen von dem Verbot der Anwendung von Pflanzenschutzmitteln im Freien[8,9]. Es verbietet die Anwendung von Pflanzenschutzmitteln im Freien außerhalb landwirtschaftlicher, forstwirtschaftlicher oder erwerbsgärtnerisch genutzter Flächen. Die produzierten Lebensmittel dürfen in Deutschland nur bestimmte Höchstmengen an Pflanzenschutzmitteln enthalten. Die Werte sind in der *Rückstands-Höchstmengenverordnung[10] festgelegt; zu Expositionsgrenzwerten für Rückstände von Pflanzenschutzmitteln in Lebensmitteln siehe Stellungnahme des *BfR vom 08.07.2004 in Literatur[11]. Weitere Informationen zu Höchstmengen für Pflanzenschutzmittelrückstände in oder auf Lebensmitteln finden sich außerdem in der Stellungnahme des BfR vom 24.03.2003 in Literatur[12]. Die Menge der in Lebensmitteln vorhandenen Pflanzenschutzmittelrückstände hängt wesentlich von der Schnelligkeit des biologischen Abbaus der Wirkstoffe ab. Die zuständige Behörde kann deshalb für einzelne Präparate Wartezeiten zwischen der letztmaligen Anwendung und der Ernte vorschreiben. Im Zusammenhang mit dem Rückstandsverhalten von Pflanzenschutzmitteln spielt die in langfristigen Tierversuchen ermittelte Dosis eine Rolle, bei der kein erkennbarer Effekt – auch nicht bei den Nachkommen – eintritt (NOEL). Diese Dosis ergibt, geteilt durch einen Sicherheitsfaktor von in der Regel 100, den *ADI. Unabhängig von diesen Werten darf das Trinkwasser in Deutschland seit dem 01.10.1989 nicht mehr als 0,0001 mg/L eines einzelnen Pflanzenschutzmittel-Wirkstoffes enthalten. Bei gleichzeitigem Auftreten mehrerer Wirkstoffe sind in Summe max. 0,0005 mg/L zulässig (*Trinkwasser-Verordnung). Damit wurde eine bereits 1980 verabschiedete EG-Richtlinie in deutsches Recht übernommen. Die genannten Grenzwerte liegen mindestens um den Faktor 100, meistens sogar um den Faktor 1000 tiefer als jene stoffspezifischen Grenzwerte, die von der WHO für Pflanzenschutzmittel-Rückstände im Trinkwasser festgelegt wurden[13] und müssen daher als politische Vorsorgewerte angesehen werden, deren Überschreitung nicht automatisch mit einer Gesundheitsgefährdung verbunden ist.
Die *Aufwandmengen* für Pflanzenschutzmittel haben sich im Laufe der Jahre deutlich verringert. Mußten ältere Produkte wie Arsen-Verbindungen, Dithiocarbamate, Schwefel oder DDT noch in Mengen bis zu 5 kg/ha dosiert werden, kommt man bei neueren Wirkstoffen wie Deltamethrin, Chlorsulfuron und z.T. auch Triadimenol mit weniger als 100 g/ha aus; bei den Nitroguanidinen sind die Aufwandmengen noch geringer. Die Pflanzenschutzmittel werden in der Regel als verdünnte wäßrige Lösungen, Emulsion oder Suspension von Spritzpulvern, Lösungen, emulgierbaren Konzentraten oder Suspensionskonzentraten oder in fester Form als Stäubepulver oder Granulate ausgebracht. Dafür stehen dem Landwirt eine Vielzahl von Geräten unterschiedlichster Bauart zur Verfügung, die in Deutschland einer Art „Allgemeiner

Betriebserlaubnis" durch die BBA bedürfen (§ § 24–30 PflSchG) und zukünftig im Abstand von vier Jahren durch amtliche oder amtlich anerkannte Kontrollstellen überprüft werden müssen. Negative Auswirkungen von Pflanzenschutzmitteln auf die Biozönose des Bodens sind unter den empfohlenen Anwendungsbedingungen nicht zu erwarten. Durch Überdosierung verursachte Effekte werden in den meisten Fällen innerhalb weniger Tage oder Wochen wieder ausgeglichen [14]. Die Bodenbakterien werden in den bekannten Pflanzenschutzmitteln weder in Zahl noch in Artenvielfalt wesentlich beeinflußt. Trotz umfangreicher Forschungsarbeiten gibt es jedoch vor allem über den Verbleib der an Bodenbestandteile physikalisch oder chemisch gebundenen Abbauprodukte noch wenig Informationen.

Die Pflanzenschutzmittel-produzierenden Firmen in Deutschland haben sich im Industrieverband Agrar e.V. (IVA) zusammengeschlossen; internationaler Dachverband ist die CropLife International [früher Global Crop Protection Federation (GCPF)]. – *E* plant protection products

*Lit.:* [1] Gesetz zum Schutz der Kulturpflanzen (Pflanzenschutzgesetz – PflSchG) in der Fassung der Bekanntmachung vom 14.05.1998 (BGBl. I, S. 971, berichtigt S. 1527, 3512; mehrfach geändert). [2] Verordnung über Pflanzenschutzmittel und Pflanzenschutzgeräte (Pflanzenschutzmittelverordnung) in der Fassung der Bekanntmachung 09.03.2005 (BGBl. I, S. 734). [3] Bundesamt für Verbraucherschutz, Ernährung und Landwirtschaft, Hrsg., *Statistisches Jahrbuch über Ernährung, Landwirtschaft und Forsten 2002*, Landwirtschaftsverlag: Münster, (2002). [4] Bundesamt für Verbraucherschutz und Lebensmittelsicherheit (BVL), Hrsg., Pflanzenschutzmittel-Verzeichnis, Saphir: Ribbesbüttel, (jährlich aktualisiert; Verzeichnis zugelassener Pflanzenschutzmittel); Online-Datenbank: http://www.bvl.bund.de. [5] http://www.iva.de/branche_verband/br_pflanzenschutz.asp. [6] Verordnung über Anwendungsverbote für Pflanzenschutzmittel (Pflanzenschutz-Anwendungsverordnung) vom 10.11.1992 (BGBl. I, S. 1887). [7] Verordnung über die Anwendung bienengefährlicher Pflanzenschutzmittel (Bienenschutzverordnung) vom 22.07.1992 (BGBl. I, S. 1410). [8] Gesetz über die Einschränkung der Anwendung von Pflanzenschutzmitteln vom 17.12.1990 (GBl. S. 426) (Baden-Württemberg). [9] Verordnung des Ministeriums Ländlicher Raum über die Zulassung von Ausnahmen von dem Verbot der Anwendung von Pflanzenschutzmitteln im Freien vom 24.01.1991 (GBl. S. 81) (Baden-Württemberg). [10] Verordnung über Höchstmengen an Rückständen von Pflanzenschutz- und Schädlingsbekämpfungsmitteln, Düngemitteln und sonstigen Mitteln in oder auf Lebensmitteln und Tabakerzeugnissen (Rückstands-Höchstmengenverordnung – RHmV) in der Fassung der Bekanntmachung vom 21.10.1999 (BGBl. I, S. 2082, berichtigt. BGBl. 2002 I, S. 1004). [11] Bundesinstitut für Risikobewertung (BfR), *Expositionsgrenzwerte für Rückstände von Pflanzenschutzmitteln in Lebensmitteln*, Stellungnahme vom 08.07.2004; http://www.bfr.bund.de. [12] Bundesinstitut für Risikobewertung (BfR), *Informationen zu Höchstmengen für Pflanzenschutzmittelrückstände in Lebensmitteln*, Stellungnahme vom 24.03.2003; http://www.bfr.bund.de. [13] Bundesarbeitgeberverband Chemie e.V., Verband der Chemischen Industrie e.V. (VCI), Hrsg., *Fakten zur Chemie-Diskussion 40*, Haefner: Wiesbaden, (1989). [14] Z. Umweltchem. Ökotox. **3**, 230–232 (1991).

*allg.:* Lay, J. P., *Pflanzenschutzmittel im Trink- und Oberflächenwasser*, Erich Schmidt Verlag: Berlin, (2001) ▪ Ullmann (5.) **A1**, 17–29; **A4**, 77–97; **A8**, 61–81; **A14**, 263–320; **A16**, 649–653; **A17**, 125–133; **A28**, 165–202

**Pflanzenwachse** siehe *Wachse.

**Pflanzenwuchsstoffe.** Sammelbezeichnung für eine chemisch heterogene Gruppe von organischen Verbindungen, die dadurch zusammenfassend charakterisiert sind, daß sie allgemeine und spezielle pflanzliche Wachstums- wie auch Differenzierungs- und Entwicklungsvorgänge anregen und im Sinne von Katalysatoren oder Effektoren (Biokatalysatoren, Phytoeffektoren) regulieren oder hemmen. Unter allgemeinem Wachstum werden dabei vornehmlich Teilungs- und Streckungswachstum verstanden, unter speziellen Wachstumsleistungen z.B. die Blühinduktion, die Fruchtreifung und Keimung. Auch die pflanzliche Stoffspeicherung wird von Pflanzenwuchsstoffen beeinflußt. Während die Pflanzenwuchsstoffe bei Niederen Pflanzen und Bakterien vielfach essentielle Milieufaktoren mit Vitamin-Charakter sind, können die Höheren Pflanzen sie selbst synthetisieren. Sie wirken bereits in kleinsten Konzentrationen in meist mehrmillionenfacher Verdünnung, wobei der Bildungsort meist räumlich getrennt vom Wirkungsort ist. Mit derartigen Wirkungscharakteristiken erinnern die Pflanzenwuchsstoffe an die Hormone, und man bezeichnet sie daher oft auch als *Phytohormone* (Pflanzenhormone) bzw. als *Wachstumsregulatoren* (Phytoregulatoren, Wachstumsregler). Viele Pflanzenwuchsstoffe werden nach sorgfältiger Prüfung nach den Kriterien für *Pflanzenschutzmittel im Pflanzenschutz als *Herbizide und als *Entlaubungsmittel zur Ernteerleichterung, z.B. von Baumwolle, eingesetzt. Speziellere Anwendungen finden einige Pflanzenwuchsstoffe im gärtnerischen Bereich zur Förderung von Blüten- und Wurzelbildung, zur Induktion von Zwergwuchs, buschigeren Wuchsformen oder von Seitentrieben oder Ablegern („Verzweigungshormon"), in der Landwirtschaft als Halmfestiger zur Erhöhung der Standfestigkeit von Getreide durch Halmverkürzung und -verdickung, im Ernteschutz zur Beschleunigung der Fruchtreife z.B. bei Äpfeln, Bananen und Citrusfrüchten und in der Vorratshaltung zur Keimungshemmung bei Kartoffeln.

Man unterscheidet 5 Hauptgruppen natürlicher und synthetischer Pflanzenwuchsstoffe:
1. Derivate der *1H*-Indol-3-ylessigsäure (IES, Heteroauxin, u.a. früher auch als Auxin bezeichnet): diese an C-3 substituierten Indol-Derivate bewirken ein ausgeprägtes Streckungswachstum, stimulieren die Wurzel- und Blütenbildung und die Tätigkeit des Kambiums sowie beeinflussen die Fruchtreife und zahlreiche Entwicklungsvorgänge der Pflanze. Im angloamerikanischen Schrifttum werden zahlreiche chemisch verschieden konstituierte Verbindungen als *Auxine (siehe dort) bezeichnet, sofern sie eine der IES vergleichbare Wirkung haben.

2. Die Gibberelline sind nicht alle in gleicher Weise biologisch aktiv.

3. Die Cytokinine (früher: Phytokinine) stimulieren vor allem die Zellteilung und regulieren zusammen mit Auxinen und Gibberellinen Entwicklungs- und Differenzierungsprozesse bei der Fruchtbildung und -reife, Knospenbildung etc.

4. Die als Hemmstoff wirkende *Abscisinsäure (früher: Dormin) ist ein Antagonist der übrigen Pflanzenwuchsstoffe und reguliert Laubfärbung, Blattwelke und -fall (Seneszenz), Fruchtabwurf und Winterruhe.

5. *Ethen wird als Pflanzenwuchsstoff angesehen, weil es als Fruchtreifungshormon wirkt. Die Biosynthese des Ethens in der Pflanze wird durch Auxine stimuliert; Abscisinsäure und Cytokinine können – je nach Pflanzenart – stimulierend oder hemmend wirken, und Gewebsverletzungen der Pflanzen lassen sogenanntes „Wundethylen" entstehen[1]. Näheres siehe bei *Ethen.

Eine weitere Stoffgruppe mit Pflanzenhormon-Charakter wurde in den Leaf Movement Factors gefunden, die die schnelle Blattbewegung bei Mimosen und einigen anderen Pflanzen auslösen. Für die ihre Wirkung über eine Änderung des Turgordrucks entfaltenden Stoffe hat Schildknecht[2] den Namen Turgorine vorgeschlagen. Weitere Stoffgruppen mit Pflanzenhormoncharakter sind die Brassinosteroide, Jasmonate und Methyljasmonat, endogene Polyamine und *Salicylsäure.

Im Gegensatz zu tierischen Hormonen besitzen Pflanzenhormone nur geringe Organ- und Wirkungsspezifität. Fortschritte in der Biologie der Pflanzenwuchsstoffe werden ganz entscheidend durch die pflanzliche Molekularbiologie bestimmt[3,4]. Es konnten einige durch Pflanzenwuchsstoffe regulierte Gene und cDNAs isoliert und charakterisiert werden[5]. Ein Detailverständnis der Pflanzenwuchsstoff-Rezeptoren analog dem von eukaryotischen Rezeptoren fehlt noch. Es konnten jedoch Pflanzenwuchsstoff-bindende Proteine und ihre Gene isoliert und charakterisiert werden[5]; zum Nachweis siehe Literatur[6]. – E plant growth substances

*Lit.:* [1]Carle, R., *Pharm. Unserer Zeit*, (1992) **21**, 167–173. [2]Angew. Chem. **95**, 689–705 (1983). [3]Annu. Rev. Plant Physiol. Plant Mol. Biol. **42**, 529–551 (1991). [4]Physiol. Plant. **90**, 230–237 (1994). [5]J. Plant Growth Regul. **12**, 197–205, 171–178 (1993). [6]Annu. Rev. Plant Physiol. Plant Mol. Biol. **44**, 107–129 (1993).

*allg.:* Berleth, T.; Krogan, N. T.; Scarpella, E., *Curr. Opin. Plant Biol.*, (2004) **7**, 553–563 ▪ Carter, C. J.; Bednarek, S. Y.; Raikhel, N. V., *Curr. Opin. Plant Biol.*, (2004) **7**, 701–707 ▪ Chang, C.; Bleecker, A. B., *Plant Physiol.*, (2004) **136**, 2895–2899 ▪ Fleming, A. J., *Curr. Opin. Plant. Biol.*, (2005) **8**, 53–58 ▪ Gomi, K.; Matsuoka, M., *Curr. Opin. Plant Biol.*, (2003) **6**, 489–493 ▪ Guo, H.; Ecker, J. R., *Curr. Opin Plant Biol.*, (2004) **7**, 40–49 ▪ Halliday, K. J., *Curr. Biol.*, (2004) **14**, R1008–R1010 ▪ Klee, H. J., *Plant Physiol.*, (2004) **135**, 660–667 ▪ Oritani, T.; Kiyota, H., *Nat. Prod. Rep.*, (2003) **20**, 414–425 ▪ Scholz-Starke, J.; Gambale, F.; Carpaneto, A., *Arch. Biochem. Biophys.*, (2005) **434**, 43–50 ▪ Ueda, M.; Koshino-Kimura Y.; Okada, K., *Curr. Opin. Plant Biol.*, (2005) **8**, 71–76 ▪ Weijers, D.; Jurgens, G., *Curr. Opin. Plant Biol.*, (2004) **7**, 687–693 ▪ Xiong, L.; Zhu, J.-K., *Plant Physiol.*, (2003) **133**, 29–36 – *[HS 3808 30]*

**Pflaumen.** Steinfrüchte des sommergrünen, bis zu 4 m hohen Pflaumenbaumes (*Prunus domestica* L., Rosaceae). Neben der landläufig als Pflaume bezeichneten Steinfrucht (*Prunus domestica* L. ssp. *domestica*, syn. Europäische Pflaume, Hauspflaume) zählt die Zwetsche (*Prunus domestica* L. ssp. *domestica*, syn. Zwetschge, Zwetschke, Quetsche), die Reneklode (*Prunus domestica* L. ssp. *italica* [Borkh.] Gams., syn. Reineclaude, Edelpflaume, Ringlotte) und die Mirabelle (*Prunus domestica* L. ssp. *syriaca* [Borkh.] Janchen) ebenfalls zu den Pflaumen.

*Vorkommen:* Wildformen sind bereits in der Jungsteinzeit nachweisbar. Heute sind mehr als 2000 verschiedene Sorten bekannt. Heutzutage werden Pflaumen vor allem in Europa, Asien und Nordamerika angebaut. Pflaumenfrüchte sind rund bis oval, blau bis violett, seltener rot, gelb oder grünlich, mit einer glatten Schale, die durch Wachse „bereift" ist (sog. „Duftfilm"). Der Stein löst sich eher schwer vom Fruchtfleisch. Kennzeichnend ist die ausgeprägte längs verlaufende Bauchnaht, wodurch man sie unter anderem von der etwas kleineren, eher spitz-ovalen und länglicheren Zwetsch(g)e unterscheidet, deren Reifezeit später liegt (August bis Oktober) und deren Stein sich leicht vom Fruchtfleisch lösen läßt. Das grünlichgelbe bis goldgelbe, mitunter rötlich-braune, sehr saftige und süße Fruchtfleisch der Pflaumen ist weich und zerfällt beim Kochen. Der Fruchtstein ist rundlich bis länglich-ellipsoid und enthält einen ungenießbaren Samen. Verwandte der Pflaumen sind ferner Reineclauden (englisch greengage), aprikosengroße, meist gelbgrüne, runde, festfleischige und aromatische Früchte mit fest verwachsenem Stein wie auch die Mirabellen (englisch mirabelle fruit), kirschgroße, runde, gelbe oder rotbis violettfarbene Früchte mit einem leicht vom festen Fruchtfleisch lösbaren Kern.

*Inhaltsstoffe:* Zum typischen Pflaumenaroma tragen vor allem *Linalool, *Benzaldehyd, Methylcinnamat und γ-*Decalacton bei[1–3]. Zur Aromazusammensetzung vgl. *Fruchtaromen. Alle genannten Pflaumenvarietäten sind reich an *Ballaststoffen, Kalium und Vitaminen der B-Gruppe. Geschmacksgebend sind Glucose, Fructose und Saccharose und die für Rosaceae typische *Äpfelsäure. Pflaumen sind Phenol-reiche Früchte[4–6], wobei *Quercetin als Haupt-Flavonoid bis zu einer Konzentration von 23,3 mg/kg Frischgewicht gefunden wurde[7]. Typisch sind auch hohe Gehalte an Chlorogensäure-Derivaten und deren Isomeren (Neochlorogensäure, Kryptochlorogensäure, Chlorogensäure)[6–9]. Auf letztere führt man neben *Catechin und *Proanthocyanidinen die antioxidativen Eigenschaften von Pflaumen zurück[4,8,10]. Während die rotviolette bis blaue Farbe der Pflaumenvarietäten durch *Anthocyane vom Cyanidin- und Päonidin-Typ[11] bewirkt wird, tragen *Carotinoide zur Gelbfärbung[12,13] bei. Im Pflaumensaft wurden ferner Tryptophan-Glycokonjugate vom β-Carbolin-Typ gefunden[16].

Zu den Inhaltsstoffen von Pflaumen und deren ernährungsphysiologischen Relevanz siehe Literatur[14,15].

*Verwendung:* Pflaumen werden bevorzugt frisch verzehrt sowie zu Obstbrand (z.B. Slibowitz, unter teilweisem Zerquetschen der Kerne), Konserven, Kompott, Pflaumenmus, Konfitüre und Trockenpflaumen verarbeitet. Halbiert und entsteint bieten sie einen köstlichen Belag für Hefekuchen, als Mus oder Kompott auch für andere süße Backwaren. Die getrockneten Früchte (Backpflaumen, Dörrpflaumen) werden als mild laxierendes Mittel angesehen. Der Kern enthält 2,5% *Amygdalin. Reneclauden und Mirabellen werden frisch verzehrt oder zu Kompott eingekocht. Aus Letzteren wird zudem Obstbrand und Mirabellengeist hergestellt.

*Zibarte* (syn. Zibärtle, Ziberl, Spilling, Spenling) ist eine vorwiegend in den Alpen, in Österreich, der Schweiz und Süddeutschland vorkommende Wildpflaume, die *Prunus insititia* L. zugeordnet wird. Aus den Früchten läßt sich ein sehr aromatischer Brand herstellen. – *E* plums

*Lit.:* [1]Ernähr. Umsch. **39**, 288–291 (1992). [2]Dirninger, N.; Schaeffer, A.; Humbert, N., *Sci. Aliments*, (1989) **9**, 725. [3]Etievant, P. X.; Guichard, E. A.; Issanchou, S. N., *Sci. Aliments*, (1986) **6**, 417. [4]Vinson, J. A.; Su, X.; Zubik, L.; Bose, P., *J. Agric. Food Chem.*, (2001) **49**, 5315. [5]Kim, D.-O.; Seung, W. J.; Chang, Y. L., *Food Chem.*, (2003) **81**, 321. [6]Nakatani, N.; Kayano, S.-I.; Kikuzaki, H.; Sumino, K.; Katagiri, K.; Mitani, T., *J. Agric. Food Chem.*, (2000) **48**, 5512. [7]Lugasi, A.; Hovari, J., *Acta Aliment.*, (2002) **31**, 63. [8]Kayano, S.-I.; Yamada, N. F.; Suzuki, T.; Ikami, T.; Shioaki, K.; Kikuzaki, H.; Mitani, T.; Nakatani, N., *J. Agric. Food Chem.*, (2003) **51**, 1480. [9]Los, J.; Wilska-Jeszka, J.; Pawlak, M., *Pol. J. Food Nutr. Sci.*, (2000) **9**, 35. [10]Kayano, S.-I.; Kikuzaki, H.; Fukutsaka, N.; Mitani, T.; Nakatani, N., *J. Agric. Food Chem.*, (2002) **50**, 3708. [11]Mazza, G.; Miniati, E., *Anthocyanins in Fruits, Vegetables, and Grains*, CRC Press: Boca Raton, FL, (1993); S. 69f. [12]Breithaupt, D. E.; Bamedi, A., *J. Agric. Food Chem.*, (2001) **49**, 2064. [13]Mueller, H., *Z. Lebensm. Unters. Forsch.*, (1997) **204**, 88. [14]Stacewicz-Sapuntzakis, M.; Bowen, P. E.; Hussain, E. A.; Damayanti-Wood, B. I.; Farnsworth, N. R., *Crit. Rev. Food Sci. Nutr.*, (2001) **41**, 251. [15]Herrmann, K., *Inhaltsstoffe von Obst und Gemüse*, Ulmer: Stuttgart, (2001); S. 24, 54, 55, 60ff. [16]Diem, S.; Albert, J.; Herderich, M., *Eur. Food Res. Technol.*, (2001) **213**, 439.
*allg.:* Franke, W., *Nutzpflanzenkunde*, 6. Aufl.; Thieme: Stuttgart, (1997); S. 301f. ▪ Souci et al. (6.), S. 900 – [HS 0809 40]

**Pflaumenaroma** siehe *Fruchtaromen.

**Pflegeleichtausrüstung.** Die Pflegeleichtausrüstung steht in erster Linie für eine Hochveredlung von Cellulose-Fasern und Wolle mit dem Ziel, diese Materialien den Synthesefasern in ihren Eigenschaften ähnlicher zu machen. Zur Erzielung von Bügel-, Krumpf-, Filz- und Knitterfreiheit, Dimensionsstabilität und raschem Trocknen kommen folgende Verfahren zum Einsatz:
Beim *Trockenvernetzungsverfahren* (z.B. Permanent-Press-Verfahren) werden vorkondensierte Aminoplaste direkt auf das Gewebe aufgebracht und mit Hilfe von Katalysatoren (organische Säuren, Ammoniumchlorid, Ammoniumsulfat, Mono- und Dihydrogenphosphat, Salze organischer Basen

sowie Metallsalze) bei Temperaturen von 150–190 °C vernetzt. Bei Geweben aus Baumwolle, Leinen oder Regeneratcellulose spielt die Bildung von Kunstharzkondensaten an oder in der Faser eine Rolle, wobei die in Textilien verbleibende Menge bis zu 8% des textilen Warengewichts beträgt. Es kommen sowohl Quellfestmittel auf der Basis von Harnstoff/Formaldehyd bzw. Melamin/Formaldehyd zum Einsatz als auch sogenannte Reaktantharze (z.B. Ethen- bzw. Propylenharnstoff-Derivate sowie Triazonharze bzw. Carbamate), die mit der Faser unmittelbar reagieren. Bei Kunstharzkondensaten kann als Folge dieser Vernetzungsreaktion der allergene Formaldehyd direkt nach dem Aufbringen der Appretur oder erst beim Lagern unter bestimmten Bedingungen wieder freigesetzt werden. Textilien mit einem freien Formaldehyd-Gehalt von >0,15% müssen laut Gefahrstoffverordnung unter anderem folgenden Hinweis tragen: „Enthält Formaldehyd".
Bei den *Naß-* und *Feuchtvernetzungsverfahren* wird vorgequollene Cellulose in stark alkalischem oder mineralsaurem Medium vernetzt. Der Prozeß verläuft bei 20 °C diskontinuierlich (Dauer: ca. 24 h) und ist aufgrund seiner ungünstigen Ökologie nur noch für die Ausrüstung von Bett- und Tischwäsche von Bedeutung.
Beim *Zweistufenverfahren* schließlich werden in zwei aufeinanderfolgenden Arbeitsgängen zunächst die Harzbildung und anschließend die Vernetzung durchgeführt, dadurch wird das Baumwollgewebe besonders geschont.
Bei Wollstoffen erzielt man die Krumpffreiausrüstung durch Vernetzung der Fasern mit Polyamiden oder Polyurethanen.
Zur Pflegeleichtausrüstung zählt auch die Soil-Release-Ausrüstung, die bei Mischgeweben und rein synthetischen Fasern (z.B. Polyacrylate) die Ablösung der Schmutzpartikeln bei niedrigen Waschtemperaturen von der dann hydrophilen Faser erleichtert. Eine Behandlung mit perfluorierten Verbindungen, Silicon-Emulsionen etc. macht Gewebe hydrophob und dadurch wasser- und schmutzabweisend.
Die Filzfreiausrüstung erfolgt durch Chlorung und Oxidation (Dichlorisocyanursäure/Peroxomonoschwefelsäure) oder das Aufbringen von Epichlorhydrinharzen bzw. Polyamid, während die *Permanentverformung* (z.B. für Bügelfalten) durch Behandlung mit Reduktionsmitteln und anschließende Luftoxidation erfolgt. – *E* easy care finishing, wash and wear finishing

*Lit.:* Bundesinstitut für gesundheitlichen Verbraucherschutz und Veterinärmedizin (BgVV), *Einführung in die Problematik der Bekleidungstextilien* (Stand: 08.08.2002); http://www.bfr.bund.de ▪ Rouette, H. K., *Handbuch Textilveredlung*, 14. Aufl.; Deutscher Fachverlag: Frankfurt, (2003); Bd. 2, S. 96f., 278f. ▪ Ullmann (6.) **36**, 1–130, 347–403

**PGC.** Abkürzung für Pyrolyse-Gaschromatographie, s. *Gaschromatographie.

**Phagen** (Bakteriophagen). Von griechisch: phagein = essen abgeleitete Bezeichnung für Viren, die *Bakterien spezifisch befallen. Die meisten Phagen (96%) gliedern sich in einen ikosaedrischen (20flächigen) „Kopf" und ggf. einen länglichen „Schwanz". Das Nucleocapsid (der Kopf) des Phagen stellt eine regelmäßig gebaute Kapsel aus identischen Proteinen dar, die Nucleinsäuren (DNA bzw. RNA, manchmal mit ungewöhnlichen Basen) enthalten. Der aus kontraktilen Proteinen aufgebaute Schwanz – falls vorhanden – ist hohl und dient zur Injektion des genetischen Materials. Andere Phagen sind filamentös (stabförmig). Daneben gibt es pleomorphe (verschieden gestaltete) Formen. Genom-Nucleinsäure ist bei den meisten Phagen doppelsträngige DNA (dsDNA). Es kommen aber auch einzelsträngige DNA (ssDNA) sowie einzel- und doppelsträngige RNA (ssRNA bzw. dsRNA) vor. Außerdem können die Nucleinsäuren linear oder circulär vorliegen. Einige Phagen lassen sich kristallisieren und können durch Röntgenstrukturanalyse aufgeklärt werden.

*Lebensmittelchemische Aspekte:* In der Milchwirtschaft ist Phagenbefall der *Starterkultur oft für Säuerungsstörungen bei der Herstellung von Sauermilch(erzeugnissen), Frischkäse und Labkäse verantwortlich. Wirksame Vorbeugung besteht in der Starterrotation, der Verwendung von Mehrstammkulturen bzw. von phagenresistenten Starterkulturen und durch intensive Reinigung und Desinfektion der Produktionstanks oder -wannen mit Peressigsäure- oder Aktivchlor-Präparaten. Betriebsstarter müssen in über mindestens 30 min auf 90 °C erhitzter Milch steril angezogen werden[1,2].

*Gentechnik:* Phagen sind für Untersuchungen in der Molekularbiologie, z.B. über Regulation der Transkription und Biosynthese der Proteine und als Vektoren in der Gentechnik geeignet; zur potentiellen Verwendung zur Detektion und Bekämpfung pathogener Bakterien in Lebensmitteln siehe Literatur[3]. Der temperente Lambda-Phage, dessen Genomaufbau und Genregulation sehr gut untersucht sind, dient als Vektor zur molekularen Klonierung von DNA und kann zum Aufbau von Genbanken verwendet werden. Der virulente ssDNA-Phage M13 wird ebenfalls als Klonierungsvektor eingesetzt. Große praktische Bedeutung hat er insbesondere für die DNA-Sequenzanalyse, bei der er in Verbindung mit dem Didesoxy-Verfahren verwendet wird.

*Phage display:* Zufallsmischungen von Peptiden[4–6] oder Proteinen (z.B. *Antikörper[7]) können in Nucleinsäuren codiert und die Sequenz-Information so in Phagengene eingebaut werden, daß die Peptide auf der Oberfläche der Phagen zur Schau gestellt werden. Aus diesen oft Mrd. verschiedener Peptide umfassenden *Peptid-Bibliotheken* können – z.B. bei der Arzneimittel-Entwicklung – in zweckdienlichen Tests solche mit bestimmten Affinitäten oder Aktivitäten selektiert werden mit dem Vorteil, in dem selektierten Phagen die zugehörige Nucleinsäure im Beipack zu haben und vermehren zu können. Besteht der Test in der Bindung normaler Peptide an synthetische Proteine, die aus D-Aminosäuren bestehen, so kann aus Symmetrie-

gründen auf die Wirksamkeit entsprechender D-Peptide, die gegenüber den L-Peptiden pharmazeutische Vorteile aufweisen (geringere Abbaubarkeit), beim spiegelbildlichen, normalen Protein geschlossen werden (*mirror image phage display*)[8]. Eine elegante Variante eines Protein-/Ligand-Bindungstests besteht darin, Phagen zu konstruieren, die nur bei positivem Ausgang infektiös sind und sich vermehren (*selectively infective phages*)[9]. – *E* phages

*Lit.:* [1]Coffey, A.; Ross, R. P., *Antonie van Leeuwenhoek*, (2002) **82**, 303–321. [2]Desiere, F.; Lucchini, S.; Canchaya, C.; Ventura, M.; Brüssow, H., *Antonie van Leeuwenhoek*, (2002) **82**, 73–91. [3]Biospektrum **3**, 32–35 (1997). [4]Anal. Biochem. **238**, 1–13 (1996). [5]Annu. Rev. Biophys. Biomol. Struct. **26**, 27–45, 401–424 (1997). [6]Methods Enzymol. **267**, 3–168 (1996). [7]Curr. Opin. Biotechnol. **8**, 503–508 (1997). [8]Science **271**, 1854–1857 (1996). [9]Biol. Chem. **378**, 445f. (1997).

*allg.:* Birge, E. A., *Bacterial and Bacteriophage Genetics*, 4. Aufl.; Springer: Berlin, (2000) ■ Watson, J. D.; Baker, T. A., *Molecular Biology of the Gene*, 5. Aufl.; Addison Wesley: New York, (2003)

**Phanerochaete chrysosporium** siehe *Dioxine und *Pigmente.

**Pharmakologisch wirksame Stoffe** siehe *Verordnung über Stoffe mit pharmakologischer Wirkung.

**Phaseolunatin** siehe *cyanogene Glycoside.

**Phasin** siehe *Lektine und *Bohnen.

**PHB-Ester.** Kurzbez. für 4-*Hydroxybenzoesäureester.

**Phenethylalkohol** siehe 2-*Phenylethanol.

**Phenmedipham** siehe *Carbamate.

**Phenolase** siehe *Tyrosinase.

**Phenolcarbonsäuren.** Sammelbezeichnung für phenolische Verbindungen, die in vielen Obst- und Gemüsearten anzutreffen sind. Im allgemeinen handelt es sich um *Hydroxyzimtsäuren, Hydroxycumarine und Hydroxybenzoesäuren und deren Derivate, die vorwiegend in Früchten der Rosaceae sowie in Kartoffeln, in rotem Wein und in Kaffee anzutreffen sind[1,2]. Über das Vorkommen von Phenolcarbonsäuren in verschiedenen Obstarten vgl. die Tabelle, S. 875. Die Phenolcarbonsäuren liegen frei, als Ester mit anderen Säuren, als Ester an Zucker gebunden, als Glycoside decarboxylierter Säuren oder als Ester mit Alkoholen vor. Sie treten auch als Acyl-Komponente in *Flavonoiden auf. Phenolcarbonsäuren lassen sich qualitativ und quantitativ mittels HPLC und HPLC-MS[3–5] oder GC-MS erfassen[6]. Über die humanphysiologische Relevanz dieser Verbindungen informiert Literatur[1,2].

Phenolcarbonsäuren stellen Substrate der *Phenol-Oxidasen dar und sind so in die Prozesse der *enzymatischen Bräunung einbezogen. Einige Phenolcarbonsäuren zeigen eine konservierende und antioxidative Wirkung. – *E* phenol carboxylic acids

*Lit.:* [1]Clifford, M. N., *J. Sci. Food Agric.*, (2000) **80**, 1033. [2]Tomás-Barberán, F. A.; Clifford, M. N., *J. Sci. Food Agric.*,

Tabelle: Vorkommen von Phenolcarbonsäuren in verschiedenen Obstarten (nach Belitz-Grosch-Schieberle).

| Obstart | 1[a] | 2 | 3 | 4 | 5 | 6 | 7 | 8 | 9 | 10 | 11 | 12 | 13 | 14 | 15 | 16 | 17 |
|---|---|---|---|---|---|---|---|---|---|---|---|---|---|---|---|---|---|
| Birne | + | + | + | + | | | | | | | | | | | | | |
| Quitte | + | + | + | | + | + | | | | | | | | | | | |
| Kirsche | + | + | + | + | | + | | | | | | | | | | | |
| Pflaume | + | + | + | + | + | + | | | | | | | | | | | |
| Pfirsich | + | + | + | | | | + | | | | | | | | | | |
| Brombeere | + | + | | | + | | | | | | | | | | | | |
| Erdbeere | + | + | | | + | + | | | | | + | + | + | + | + | + | + |
| Himbeere | + | + | | | + | | | | | | | | | | | | |
| Johannisbeere | + | + | | | + | + | | | | | | | | | | | |
| Stachelbeere | + | + | | | + | | | | | + | | | | | | | |
| Weintraube | + | + | + | + | | | + | | + | + | + | | | | | | |
| Orange | | | | | + | + | + | + | | | + | | + | | | | |
| Grapefruit | | | | | + | + | + | + | | + | + | | + | | | | |
| Zitrone | | | | | + | + | + | + | | | + | | + | | | | |

[a] 1 = *Chlorogensäure, 2 = Neochlorogensäure, 3 = Isochlorogensäure, 4 = Kryptochlorogensäure, 5 = Ferulasäure, 6 = p-Cumarsäure, 7 = Kaffeesäure, 8 = Sinapinsäure, 9 = Zimtsäure, 10 = *Chinasäure, 11 = *Salicylsäure, 12 = 4-Hydroxybenzoesäure, 13 = Gentisinsäure, 14 = Gallussäure, 15 = Ellagsäure, 16 = Protocatechusäure, 17 = Vanillinsäure.

(2000) **80**, 1024. [3]Schieber, A.; Keller, P.; Carle, R., *J. Chromatogr. A*, (2001) **910**, 265. [4]Sakakibara, H.; Honda, Y.; Nakagawa, S.; Ashida, H.; Kanazawa, K., *J. Agric. Food Chem.*, (2003) **51**, 571. [5]Mattila, P.; Kumpulainen, J., *J. Agric. Food Chem.*, (2002) **50**, 3660. [6]Zuo, Y.; Wang, C.; Zhan, J., *J. Agric. Food Chem.*, (2002) **50**, 3789.
*allg.*: Belitz-Grosch-Schieberle (5.), S. 807–812

**Phenole** (Hydroxybenzole). Gruppenbez. für aromat. Hydroxy-Verb., bei denen die Hydroxy-Gruppen direkt an den Benzol-Kern gebunden sind. Bekannte P. sind Phenol selbst, die Kresole u. Xylole (*Methylphenole*) – wegen ihres Vork. im Teer auch *Teersäuren* genannt –, *Thymol (*2-Isopropyl-5-methylphenol*), Brenzcatechin (*Benzol-1,2-diol*), Resorcin (*Benzol-1,3-diol*), *Hydrochinon (*Benzol-1,4-diol*), Pyrogallol (*Benzol-1,2,3-triol*), Phloroglucin (*Benzol-1,3,5-triol*), α- u. β-Naphthol. Ebenso wie der Grundkörper sind viele P. licht-, luft- u. schwermetallempfindlich. Sie sind schwache Säuren, da die *phenol.* OH-Gruppen wegen der beträchtlichen Elektronenaffinität des aromat. Kerns polarisiert u. dissoziationsfähig sind; die mit Alkalilaugen entstehenden Salze heißen Phenolate.

*Vorkommen:* Im menschlichen Organismus entstehen P. als normale Stoffwechselprodukte z.B. des Tyrosins od. als Metabolite von aromat. Fremdstoffen (z. B. von Pharmaka) über Arenoxide. In der Natur sind P. weit verbreitet als Bestandteile von *etherischen Ölen u. von Farb-, Gerb-, Riech-, Geschmacks- u. Wuchsstoffen (*Guajakol, 4-*Vinylguajakol, 4-*Vinylphenol, *Eugenol, *Vanillin) in vielen Pflanzen, so auch im Tabak. Bei der Tabakpyrolyse entstehen P. aus *Polyphenolen, Chlorogensäure, Rutin u. anderen phenolischen Inhaltsstoffen des Tabaks; siehe *Tabakrauch und Literatur[1–4]. Sie gehen größtenteils in die Partikelphase des Hauptstromrauchs über. Bisher sind im Hauptstromrauch der Zigarette etwa 200 verschiedene P. identifiziert worden. Ihre Gesamtmenge beträgt ca. 300–1400 µg/Zigarette[2]. Der Nachweis erfolgt mittels Gaschromatographie[5], Hochdruck-Flüssigkeitschromatographie[6,7], Massenspektrometrie[8] oder Elektrochromatographie[9]. Brom-P. wurden aus Algen u. anderen Meeresorganismen isoliert.

Im *Räucherrauch zählen P. zu den wichtigsten Verbindungen. Bisher wurden 156 verschiedene Mono-, Di- u. Trihydroxy-P. bzw. deren Derivate, die überwiegend in *o-, o'-* u. *p*-Stellung substituiert sind, nachgewiesen.

P. sind für die Aromen, die Konservierung u. Farbgebung geräucherter Lebensmittel von entscheidender Bedeutung. Sie tragen dazu bei, daß diese sowohl gegen mikrobiolog. Veränderungen als auch insbes. gegen eine Fett-Oxid. geschützt sind, da P. fett- u. wasserlösl. sind u. Fettsäure-Radikale abfangen.

*Nachweis:* P. lassen sich mit Folins Reagenz nachweisen. Die Benzoylierung nach Schotten-Baumann bzw. Einhorn, kann zur Derivatisierung u. Charakterisierung von P. herangezogen werden.

*Toxikologie:* Die gesamte P.-Fraktion gilt aus toxikolog. Sicht als unbedenklich, obwohl einzelne P. sich im Test als mutagen od. cocarcinogen erwiesen haben. Durch Reaktion mit Nitrit bzw. Nitrat können Nitrophenole entstehen, die aber nur in sehr geringen Mengen nachweisbar sind. Durch Nitrosierung können aus den P. des Räucherrauches auch Nitrosophenole gebildet werden, die als Katalysatoren für eine Bildung von *Nitrosaminen gewertet werden. Da Nitrosophenole sehr rasch zu Nitrophenolen oxidiert werden, wurden bisher in Fleischerzeugnissen keine Nitrosophenole nachgewiesen. Die P. lassen sich aus Fleischerzeugnissen durch Wasserdampfdest. bei erhöhter Temp.[10] nahezu quant. gewinnen. Aus wäss. Kondensaten werden die P. bei einem pH-Wert von 7 mit Diethylacetat ausgeschüttelt, die Extrakte eingeengt u. die P. nach Derivatisierung als Trimethylsilylether kapillargaschromatograph. getrennt. Nachweisgrenze etwa 1–10 ppb.

Die physiologische Wirkung von Phenolen wird stark durch die Substitution bestimmt. So ist beispielsweise Phenol ein starkes Protoplasmagift, worauf die bakteriostatische Wirkung beruht (MAK-Werte-Liste 2004, krebserzeugend: Katego-

Tabelle: Phenolether-Herbizide.

| Common name | $R^1$ | $R^2$ | $R^3$ | Summenformel | $M_R$ | CAS |
|---|---|---|---|---|---|---|
| *Nitrofen | H | Cl | Cl | $C_{12}H_7Cl_2NO_3$ | 284,10 | 1836-75-5 |
| Fluorodifen | H | $NO_2$ | $CF_3$ | $C_{13}H_7F_3N_2O_5$ | 328,20 | 15457-05-3 |
| Bifenox | $COOCH_3$ | Cl | Cl | $C_{14}H_9Cl_2NO_5$ | 342,14 | 42576-02-3 |
| Acifluorfen | COOH | Cl | $CF_3$ | $C_{14}H_7ClF_3NO_5$ | 361,66 | 50594-66-6 |

rie 3B). Je nach Substituion können Phenole über die Haut, Magen-Darm- und Respirationstrakt resorbiert werden. Im Körper kann eine rasche Glucuronidierung oder Sulfatierung und Ausscheidung über den Urin erfolgen[11]. Phenol ist giftig u. reizt in Konz. >3,5% die Augen; bei wiederholter Applikation werden neuro-, immuno-, nephro- u. hämatotox. Effekte beobachtet. Resorcin ist mindergiftig in akuten u. auch in subakuten Studien; es wirkt sensibilisierend u. lokal reizend.
Das JECFA evaluierte 48 als Aromastoffe eingesetzte Phenol-Derivate und kam zu dem Schluß, daß die Substanzen in den als Aromastoff eingesetzten Konzentrationen keinen Anlaß zu Bedenken geben[12].
*Verwendung:* Alkyl-P. spielen eine Rolle als Antioxidantien u. Ausgangsprodukte für nichtion. Tenside, Dermatika u. andere Pharmaka sowie Pestizide. Verschiedene Alkyl-, Aryl- u. Halogen-P. sind wirksame Desinfektionsmittel u. Antimykotika (*Beisp.:* Kresole, Thymol, 2-Phenylphenol, Hexachlorophen). Die Amino-P. haben techn. Bedeutung als Zwischenprodukte für Azo- u. Schwefel-Farbstoffe, u. Hydrochinon, Brenzcatechin u. *p*-Aminophenol sind reversibel zu den entsprechenden Chinonen bzw. Chinoniminen oxidierbar, weshalb sie auch als photograph. Entwickler Verw. finden. Weitere wichtige P.-Derivate sind die Phenolether, Phenolaldehyde, Phenolester, Halogenphenole (insbes. Chlorphenole), Phenylphenole, Naphthole, *Phenoxycarbonsäuren. Ersetzt man die OH-Gruppe der P. durch eine SH-Gruppe, gelangt man zu *Thiophenolen. – *E* phenols
*Lit.:* [1]Rubin, H., *Carcinogenesis*, (2001) **22**, 1903. [2]Klus, H.; Kuhn, H., *Beitr. Tabakforsch. Int.*, (1982) **11**, 229. [3]Formella, K.; Braumann, T.; Elmenhorst, H., *Beitr. Tabakforsch. Int.*, (1992) **15**, 123. [4]Davis, D. L.; Nielsen, M. T., Hrsg., *Tobacco: Production, Chemistry and Technology*; Blackwell Science: Oxford (1999); S. 280, 310. [5]Clark, T. J.; Bunch, J. E., *J. Chromatogr. Sci.*, (1996) **34**, 275. [6]Keinänen, M.; Oldham, N. J.; Baldwin, I. T., *J. Agric. Food Chem.*, (2001) **49**, 3553. [7]Adeyoju, O.; Iwuoha, E. I.; Smyth, M. R.; Leech, D., *Analyst*, (1996) **121**, 1885. [8]Zimmermann, R.; Heger, H. J.; Kettrup, A., *Fresenius J. Anal. Chem.*, (1999) **363**, 720. [9]Saeed, M.; Depala, M.; Craston, D. H.; Anderson, I. G. M., *Chromatographia*, (1999) **49**, 391. [10]Acta Aliment. Pol. **3**, 195 (1977). [11]WHO, Hrsg., *Re-evaluation of Some Organic Chemicals, Hydrazine and Hydrogen Peroxide*; IARC Monographs on the Evaluation of Carcinogenic Risks to Humans 71; IARC: Lyon, (1999); S. 749. [12]WHO, Hrsg., *Evaluation of Certain Food Additives and Contaminants*; Technical Report Series 46; WHO: Genf, (2000).

**Phenolether-Herbizide** (Diphenylether-Herbizide). Bezeichnung für eine Gruppe von *Herbiziden mit einer 4-Nitrophenylether-Gruppierung als Strukturmerkmal, siehe Tabelle.
Ihre Anwendung richtet sich hauptsächlich gegen Unkräuter in Getreide-, Reis-, Baumwoll- und Sojakulturen. In Deutschland ist allein das Bifenox noch im Handel, für Nitrofen besteht ein vollständiges Anwendungsverbot. – *E* diphenyl ether herbicides
*Lit.:* Büchel, S. 166

**Phenolische Verbindungen.** Sammelbezeichnung für die in Lebensmitteln natürlich vorkommenden sowie aus technologischen Gründen zugesetzten *Phenole und Phenolether. Zur erstgenannten Gruppe gehören unter anderem die farblosen *Hydroxyzimtsäuren, die *Phenolcarbonsäuren, *Catechine, *Proanthocyanidine, Dihydrochalcone und *Flavanone, die hellgelben Flavonole und die farbigen *Anthocyanidine, welche auch unter dem Sammelbegriff *Polyphenole subsummiert werden und oft zwei oder mehrere Phenol- bzw. Phenolether-Gruppen im Molekül aufweisen. Ferner zählt man die in Pflanzen häufig anzutreffenden einfachen Phenole und Phenolether wie z.B. *Thymol, *Carvacrol, *Eugenol, *Anethol, *Safrol, Myristicin und andere hinzu
Bei den zu Lebensmittel zugesetzten phenolischen Verbindungen handelt es sich z.B. um (die auch natürlich vorkommenden) Hydroxybenzoesäuren und *Tocopherole sowie die synthetischen Antioxidantien *Butylhydroxyanisol (BHA), *Butylhydroxytoluol (BHT), Propyl-, Octyl- sowie Dodecylgallate (siehe *Gallussäureester). Über den Beitrag phenolischer Verbindungen zur Qualität pflanzlicher Nahrungsmittel informiert Literatur[1]. – *E* phenolic compounds
*Lit.:* [1]Tomás-Barberán, F. A.; Espín, J. C., *J. Sci. Food Agric.*, (2001) **81**, 853.
*allg.:* Belitz-Grosch-Schieberle (5.), S. 845

**Phenol-Oxidasen** (Polyphenol-Oxidasen, EC 1.10.3.1). Kupfer-haltige Oxidasen, die unter Beteiligung von Luftsauerstoff die Überführung von Monophenolen über 1,2-Diphenole zu den entsprechenden Chinonen katalysieren (*Beisp.:* *Tyrosinase). P. sind in der Natur weit verbreitet; sie bewirken z.B. die Bräunung der Schnittflächen bei Kartoffeln, Obst u. Pilzen (siehe *enzymatische Bräunung), die Braun- u. Schwarzfärbung abgefallenen Herbstlaubes, die Entstehung der *Phlobaphene aus \*Polyphenolen u. die Pigmentfärbung sowie Cuticula-Härtung der Insekten. Durch Melanin-Bildung sind sie wesentlich an der Hautbräunung beteiligt; ihr Fehlen hat Albinismus zur Folge. Sie werden durch Sonnen-, α- od. Röntgenstrahlung aktiviert, durch Kochen zerstört u. durch L-Ascorbinsäure, Schwefeldioxid, Blausäure, Kohlenmonoxid u. Hydrochinonbenzylether gehemmt. Polyphenol-Oxidasen (*Beisp.:* Laccase) sind auch beim Lignin-Abbau beteiligt[1]. Außerdem spielen sie eine wichtige Rolle bei der Fermentation von Tee und Tabak. Fungale Phenol-Oxidasen sind aufgrund der breiten Substratspezifität für vielfältige industrielle Anwendungen interessant[2]. – *E* phenol oxidases

*Lit.:* [1]Appl. Environ. Microbiol. **63**, 2637–2646 (1997); FEBS Lett. **407**, 89–92 (1997). [2]Gouka, R. J.; Van der Heiden, M.; Swarthoff, T.; Verrips, C. T., *Appl. Environ. Microbiol.*, (2001) **67**, 2610. – *[HS 3507 90]*

**Phenothrin** siehe \*Pyrethroide.

**Phenoxycarbonsäure-Herbizide** siehe \*Phenoxycarbonsäuren.

**Phenoxycarbonsäuren.** Bezeichnung für eine Gruppe chemischer Verbindungen die in Form von Estern und Salzen als \*Pflanzenschutzmittel bzw. \*Pflanzenwuchsstoffe Bedeutung erlangt haben, z. B. 2,4-D [(2,4-Dichlorphenoxy)essigsäure], 2,4,5-T [(2,4,5-Trichlorphenoxy)essigsäure], MCPA (4-Chlor-*o*-tolyloxyessigsäure), Dichlorprop-P, Fenoprop, Mecoprop, 2,4-DB [4-(2,4-Dichlorphenoxy)-buttersäure], MCPB [4-(4-Chlor-*o*-tolyloxy)buttersäure].

Bei der Suche nach synthetischen Substanzen, die wie das natürliche Pflanzenhormon 1*H*-Indol-3-yl-essigsäure das Wachstumsverhalten von Pflanzen beeinflußen können, stieß man Anfang der 40er Jahre auf die Verbindung 2,4-D und MCPA. Die Entdeckung, daß diese Stoffe nicht nur als Wachstumsregulatoren, sondern in höherer Konzentration auch als selektive \*Herbizide gegenüber zweikeimblättrigen (dikotylen) Pflanzen wirkten, war der Beginn der modernen Unkrautbekämpfung. Mitte der 40er Jahre kam mit 2,4,5-T ein weiteres Phenoxyessigsäure-Derivat zum Einsatz. Die Abkömmlinge der 2-Phenoxypropionsäure (z. B. Dichlorprop, Fenoprop, MCPA), die ausschließlich in der D-(+)-Form aktiv sind, und der 4-Phenoxybuttersäure (z. B. 2,4-DB, MCPB), die in der Pflanze durch β-Oxidation in die entsprechenden Phenoxyessigsäure-Derivate umgewandelt werden können, wurden in den 50er und 60er Jahren eingeführt. Entsprechende Derivate der 3-Phenoxypropionsäure besitzen interessanterweise nur eine schwach ausgeprägte herbizide Wirkung. – *E* phenoxycarboxylic acid

*Lit.:* Kirk-Othmer (3.) **12**, 311–315; **21**, 272–275 ■ Winnacker-Küchler (4.) **7**, 284–286

**Phenylacetaldehyd** (Benzolacetaldehyd; veraltet: α-Tolualdehyd; FEMA 2874).
$H_5C_6-CH_2-CHO$, $C_8H_8O$, $M_R$ 120,15. Farblose, ölige, leicht polymerisierende Flüssigkeit, honigartiger Geruch, blumig, an Hyazinthen erinnernd, Geruchsschwellenwert in Wasser 4 ppb.; D. 1,023, Schmp. 33–34 °C, Sdp. 195 °C, $d_4^{20}$ 1,0272; $n_D^{20}$ 1,5255; $LD_{50}$ (Ratte oral) 3,89 g/kg; lösl. in Alkohol, Ether, wenig in Wasser. P. wird an der Luft leicht zu Phenylessigsäure u. Benzoesäure oxidiert.

*Vorkommen:* P. wurde in vielen ether. Ölen u. als flüchtiger Bestandteil von Nahrungsmitteln nachgewiesen; er ist ein Aromabestandteil von schwarzem Tee, Honig[1,2] und Kakao[3] und auch für die Off-flavor-Bildung in Bier bekannt[4].

*Herstellung:* Durch Oxid. von Phenylethanol mit Chromsäure od. von Styrol mit Perameisensäure u. nachfolgende Isomerisierung des Styroloxids. Zur Bildung durch Strecker-Abbau siehe Literatur[4].

*Verwendung:* In der Parfümerie; zur Herst. von Pharmazeutika, Insektiziden u. Desinfektionsmitteln; zur Synth. von DL-Phenylalanin über die Kondensation mit Hydantoin. – *E* phenylacetaldehyde

*Lit.:* [1]Perez, R. A.; Sanchez-Brunete, C.; Calvo, R. M.; Tadeo, J. L., *J. Agric. Food Chem.*, (2002) **50**(9), 2633–2637. [2]Zhou, Q.; Wintersteen, C. L.; Cadwallader, K. R., *J. Agric. Food Chem.*, (2002) **50**(7), 2016–2021. [3]Schieberle, P.; Pfnuer, P., In *Flavor Chemistry: Thirty Years of Progress*, Teranishi, R.; Wich, E. L.; Hornstein, I., Hrsg.; Kluwer Academic/Plenum Publishers: New York, (1999); S. 147–153. [4]Weenen, H.; Van der Ven, J. G. M., In *Aroma Active Compounds in Foods*, Takeoka, G.; Güntert, M.; Engel, K.-H., Hrsg.; ACS Symposium Series 794; American Chemical Society: Washington, DC, (2001); S. 183–195.

*allg.:* Bauer et al. (4.), S. 104 ■ Beilstein EIV **7**, 664 ■ Merck-Index (13.), Nr. 7349 ■ Ullmann (5.) **A1**, 341 – *[HS 2912 29; CAS 122-78-1]*

**L-Phenylalanin** [(*S*)-2-Amino-3-phenylpropansäure, α-Amino-β-phenylpropionsäure, Kurzzeichen: Phe oder F].

$C_9H_{11}NO_2$, $M_R$ 165,19. Farblose Blättchen oder Nadeln, Schmp. 283 °C (Zersetzung), Schmp. (D-Phenylalanin) 283–284 °C, (DL-Phenylalanin) 266–267 °C. Sublimiert im Vakuum, $[\alpha]_D^{25}$ −34,5° (Wasser), −4,5° (5 M Salzsäure), $pK_s$ 1,83, 9,13, pI 5,48. Wenig löslich in Wasser [27 g/L (20° C)], Methanol, Ethanol. Aromatische, essentielle, proteinogene Aminosäure. Durchschnittlicher Gehalt in Proteinen 3,5 %[1]. Der Erwachsene benötigt pro Tag etwa 2,2 g, die durch die Ernährung zugeführt werden müssen. Das aus Milcheiweiß, Zein, Fibrin etc. oder aus Bakterienkulturen isolierbare L-Phenylalanin schmeckt bitter, das seltener, z. B. in den Antibiotika Gramicidin S, Tyrocidinen und einigen Mikroorganismen vorkommende D-Phenylalanin schmeckt, ebenso wie das Racemat, süß. Die freie Form kommt in den meisten Pflanzen und Pilzen vor. Phenylalanin wurde 1881 von E. Schulze in Lupinen entdeckt. Genetischer Code: UUU, UUC.

*Biosynthese und Katabolismus:* Die Biosynthese von Phenylalanin in Pflanzen und Mikroorganismen verläuft von Shikimi- über Chorismin-, Prephen- und Phenylbrenztraubensäure; in einigen Organismen wird Phenylalanin jedoch durch eine Prätyrosin-Dehydratase aus Prätyrosin gebildet, das sich durch Transaminierung mit Hilfe einer Prephenat-Aminotransferase aus Prephensäure ableitet. Der Abbau erfolgt über L-*Tyrosin und Homogentisinsäure.

In Pflanzen wird durch Einwirkung von Phenylalanin-Ammoniak-Lyase auf Phenylalanin und Eliminierung von Ammoniak mit *trans*-Zimtsäure die Vorstufe für Flavonoide und Lignin bereitgestellt.

*Physiologie:* Bei Fehlen von oder Mangel an *Phenylalanin-4-Monooxygenase* (Phenylalanin-4-Hydroxylase, EC 1.14.16.1)[2], die Phenylalanin mit Hife von Tetrahydrobiopterin als Coenzym zu Tyrosin hydroxyliert, wird Phenylalanin zu Phenylbrenztraubensäure abgebaut, die im Harn ausgeschieden wird (*Phenylketonurie, geht einher mit pathologisch erniedrigter Intelligenz).

Weiterhin verursacht ein genetischer Defizit an Homogentisat-1,2-Dioxygenase Alkaptonurie, die sich in Gelenkentzündungen manifestiert.

*Analytik:* Ebenso wie L-Tryptophan und L-Tyrosin zeigt Phenylalanin die zum Nachweis nutzbare Xanthoprotein-Reaktion. Die quantitative Bestimmung des Phenylalanin/Tyrosin-Verhältnisses im Harn und Blut hat Bedeutung zur Erkennung der Phenylketonurie bzw. zur Überprüfung der bei dieser Erkrankung notwendigen Diät. Als neue Schnellmethode werden hierzu verstärkt gekoppelte MS-Techniken eingesetzt[3–6]. Bei der Bestrahlung von Lebensmitteln zur Keimreduzierung entsteht u.a. aus Phenylalanin o-Tyrosin, das als Marker für eine Lebensmittelbestrahlung diskutiert wird[7].

*Herstellung und Verwendung:* DL-Phenylalanin erhält man synthetisch, z.B. aus 2-Acetaminozimtsäure, aus 2-Brom-3-phenylpropionsäure oder aus Benzaldehyd durch Kondensation mit Hydantoin. Stereospezifische Synthesen von Phenylalanin bedienen sich optisch aktiver Übergangsmetall-Katalysatoren oder enzymatischer Prozesse.

Heute wird Phenylalanin überwiegend aus Glucose mit Mutanten von *Escherichia coli* oder Corynebakterien gewonnen[8,9].

Phenylalanin wird vor allem zur Herstellung des Süßstoffes *Aspartam, aber auch in Infusionslösung für die parenterale Ernährung verwendet. Die Jahresproduktion an Phenylalanin betrug 1999 ca. 11000 t[10]. – *E* phenylalanine

*Lit.:* [1]Klapper, M. H., *Biochem. Biophys. Res. Commun.*, (1977) **78**, 1018–1024. [2]Adv. Enzymol. Rel. Areas Mol. Biol. **67**, 77–264 (1993). [3]Deng, C. H.; Deng, Y. H.; Wang, B.; Yang, X. H., *J. Chromatogr. B*, (2002) **780**, 407–413. [4]Namera, A.; Yashiki, M.; Nishida, M.; Kojima, T., *J. Chromatogr. B*, (2002) **776**, 49–55. [5]Hardy, D. T.; Hall, S. K.; Preece, M. A.; Green, A., *Ann. Clin. Biochem.*, (2002) **39**, 73–75. [6]Ceglarek, U.; Müller, P.; Stach, B.; Buhrdel, P.; Thiery, J.; Kiess, W., *Clin. Chem. Lab. Med.*, (2002) **40**, 693–697. [7]Miyahara, M.; Ito, H.; Nagasawa, S.; Kamimura, T.; Saito, A.; Kariya, M.; Izumi, K.; Kitamura, M.; Toyoda, M.; Saito, Y., *J. Health Sci.*, (2000) **46**, 192–199. [8]J. Ferment. Bioeng. **70**, 253–260 (1990). [9]Takagi, M.; Nishio, Y.; Oh, G.; Yoshida, T., *Biotechnol. Bioeng.*, (1996) **52**, 653–660. [10]Ullmann (7.); http://dx.doi.org/10. 1002/14356007.a02_057 [Online, März 2001].

*allg.:* Beilstein EIV **14**, 1552 ▪ Rehm-Reed (2.) **6**, 465–502 ▪ Stryer 2003, S. 715, 719, 747 – *[HS 2922 49; CAS 63-91-2]*

**Phenylalanin-4-Hydroxylase** siehe L-*Phenylalanin und L-*Tyrosin.

**Phenylalanin-4-Monooxygenase** siehe *Phenylalanin.

**2-Phenylethanol** (Phenethylalkohol, Xn ❌ INCI-Bez.: Phenethyl Alcohol; FEMA 2858). $H_5C_6$—$CH_2$—$CH_2$—OH, $C_8H_{10}O$, $M_R$ 122,16, eine farblose, nach Rosenöl riechende Flüssigkeit. Die Geruchsschwelle liegt bei 0,7–1,1 ppm[1]. D. 1,017, $n_D$ 1,530, Schmp. −27°C, Sdp. 219–221°C, Löslichkeit in Wasser ca. 2%; lösl. in verschiedenen Lösemitteln. $LD_{50}$ (Ratte oral) 1790 mg/kg; (Kaninchen, dermal) 790 mg/kg; schwach bakterizide Wirkung[2].

*Vorkommen:* Hauptbestandteil in *Rosen-Absolue u. Rosenwasser; kommt in kleinen Mengen in vielen Aromen u. *etherischen Ölen vor, z.B. Bieraroma, Brotaroma, *Kakaoaroma u. *Teearoma, sowie Geraniumöl, Neroli- [s. *Orangenblüten(-Absolue, -Öl)] u. *Ylang-Ylang-Öl. Auch in glycosid. gebundener Form ist P. in der Natur häufig zu finden, z.B. in Rosen u. Weintrauben (s. *gebundene Aromastoffe)[3–6].

*Herstellung:* Durch Friedel-Crafts-Reaktion von Ethylenoxid mit Benzol, Hydrierung von Styroloxid an Raney-Nickel, Red. von Phenylessigsäureestern mit Na in abs. Alkohol od. aus Phenylmagnesiumbromid u. Ethylenoxid mit nachfolgender Hydrolyse. Zur biotechnologischen Herstellung siehe Literatur[7–9], zur Synthese Literatur[10].

*Verwendung:* Als *Riechstoff in Rosen- u. Blütenparfüms, sowie als *Aromastoff. Laut CIR Expert Panel der CTFA (Final Report) kann P. in den Konz., die zur Herst. kosmet. Mittel verwendet werden, als „safe" bezeichnet werden[11]. – *E* phenethyl alcohol

*Lit.:* [1]Perfum. Flavor. **16**, 1–19 (1991). [2]Ullmann (5.) **A8**, 555. [3]J. Food Sci. **47**, 1743f. (1982). [4]Biosci. Biotechnol. Biochem. **59**, 738 (1995). [5]J. Agric. Food Chem. **42**, 1732 (1994). [6]Nat. Prod. Lett. **10**, 39 (1997). [7]Stark, D.; Muench, T.; Sonnleitner, B.; Marison, I. W.; von Stockar, U., *Biotechnol. Progr.*, (2002) **18**(3), 514–523. [8]Bluemke, W., EP 1158042 A2, (2001). [9]Fabre, C. E.; Blanc, P. J.; Goma, G., *Biotechnol. Progr.*, (1998) **14**(2), 270–274. [10]Broecker, F. J.; Aquila, W.; Buechele, W.; Etzrodt, H.; Schaefer-Luederssen, U.; Schwab, E., DE 19936208 A1, (2001). [11]J. Am. Coll. Toxicol. **9**(2), 165-183 (1990).

*allg.:* Bauer et al. (4.), S. 98 ▪ Beilstein EIV **6**, 3067 ▪ Merck-Index (13.), Nr. 7304 – *[HS 2906 29; CAS 60-12-8]*

**Phenylethylsalicylat** siehe *Salicylsäureester.

**β-Phenylethylsenföl** siehe *Senföle.

**Phenylharnstoff-Herbizide.** Sammelbezeichnung für eine Klasse von *Herbiziden, die sowohl als Totalherbizide als auch zur selektiven Unkrautbekämpfung breite Anwendung finden und große wirtschaftliche Bedeutung erlangt haben (Beispiele siehe Tabelle, S. 879). Die Wirkstoffaufnahme der Phenylharnstoff-Herbizide erfolgt hauptsächlich über das Wurzelsystem, der Wirkungsmechanismus beruht auf einer Hemmung der Photosynthese. Die Selektivitätseigenschaften resultieren aus physikalisch-chemischen Faktoren, wie Aufnahme und

Tabelle: Beispiele bedeutender Phenylharnstoff-Herbizide.

$R^1$—(Ring)—NH—C(=O)—N(CH$_3$)($R^3$), mit $R^2$ am Ring

| Common name | $R^1$ | $R^2$ | $R^3$ | Summenformel | $M_R$ | CAS |
|---|---|---|---|---|---|---|
| Monuron | Cl | H | CH$_3$ | C$_9$H$_{11}$ClN$_2$O | 198,65 | 150-68-5 |
| Monolinuron | Cl | H | OCH$_3$ | C$_9$H$_{11}$ClN$_2$O$_2$ | 214,65 | 1746-81-2 |
| Metobromuron | Br | H | OCH$_3$ | C$_9$H$_{11}$BrN$_2$O$_2$ | 259,10 | 3060-89-7 |
| Diuron | Cl | Cl | CH$_3$ | C$_9$H$_{10}$Cl$_2$N$_2$O | 233,10 | 330-54-1 |
| Linuron | Cl | Cl | OCH$_3$ | C$_9$H$_{10}$Cl$_2$N$_2$O$_2$ | 249,10 | 330-55-2 |
| Isoproturon | CH(CH$_3$)$_2$ | H | CH$_3$ | C$_{12}$H$_{18}$N$_2$O | 206,29 | 34123-59-6 |
| Chlortoluron | CH$_3$ | Cl | CH$_3$ | C$_{10}$H$_{13}$ClN$_2$O | 212,68 | 15545-48-9 |
| Chloroxuron | Cl—(Ring)—O— | H | CH$_3$ | C$_{15}$H$_{15}$ClN$_2$O$_2$ | 290,75 | 1982-47-4 |

Transport in der Pflanze wie auch z. T. auf einer leichten Metabolisierbarkeit durch bestimmte Pflanzen. – *E* phenylurea herbicides
*Lit.:* Amine-Khodja, A.; Boulkamh, A.; Boule, P., *Photochem. Photobiol. Sci.*, (2004) **3**, 145–156 ∎ Scribner, E. A.; Thurman, E. M.; Zimmermann, L. R., *Sci. Total Environ.*, (2000) **248**, 157–167

**Phenylketonurie** (PKU, Föllingsche Krankheit). Eine 1934 von dem norwegischen Physiologen A. Fölling (1880–1972) entdeckte erbliche Stoffwechselerkrankung, bei der der Organismus aufgrund eines Mangels oder Defekts des Enzyms (Enzymopathie) *Phenylalanin-4-Monooxygenase* (siehe auch *Phenylalanin) nicht fähig ist, Phenylalanin in *Tyrosin umzuwandeln und damit dessen Abbau einzuleiten. Statt dessen wird Phenylalanin durch Transaminierung in Phenylbrenztraubensäure überführt, die vermehrt im Harn ausgeschieden wird. Die Phenylketonurie wird autosomal rezessiv vererbt (d. h. beide Elternteile müssen Träger des defekten Gens sein und die Krankheit entwickelt sich, wenn die Nachkommen zwei mutierte Allele des Gens besitzen) und tritt in Deutschland mit einer Häufigkeit von etwa 1:6550 auf. Die Krankheitssymptome sind schwerer Schwachsinn, verkümmertes Wachstum und allgemeiner Pigmentmangel. – *E* phenylketonuria
*Lit.:* Voet-Voet (2.)

**Phenylmethanol** siehe *Benzylalkohol.

*o*-**Phenylphenol** siehe 2-*Biphenylol.

**Phenylsalicylat** siehe *Salicylsäureester.

**3-Phenyl-2-thiohydantoine** siehe *Edman-Abbau.

**Pheromone** (von griechisch pherein = tragen und hormon = antreibend). Unter dem 1959 von Karlson und Lüscher anstelle des früheren Namens *Ektohormone* eingeführten Begriff versteht man schon in äußerst geringen Konzentration wirksame Signalstoffe, die der chemischen Verständigung von Organismen einer Art dienen (im Gegensatz zu Allomonen). Pheromone kommen in den Kommunikationssystemen nahezu aller Lebewesen von Einzellern bis zu Säugetieren vor. Das Sexualpheromon der Eber ist 5α-Androst-16-en-3-on, das der Elefanten (7*Z*)-Dodec-7-enylacetat. Pheromone spielen insbesondere bei Insekten eine zentrale Rolle und wurden dort am intensivsten untersucht. Umfang und Bedeutung pheromonaler Kommunikation (besonders die des oben erwähnten Steroid-Derivats, das auch in männlichem Achselschweiß in erhöhter Konzentration nachgewiesen wurde) beim Menschen sind umstritten. Die wirksamsten menschlichen Pheromone sind vermutlich *Androsta-4,16-dien-3-on* und *1,3,5(10),16-Estratetraen*[1–4]. Häufig bilden Pheromone Gemische aus mehreren Substanzen, von denen jede einzelne Pheromon-Komponente nur relativ geringe Wirkung hat (Bouquet-Effekt, Synergismus). Die chemischen Strukturen der Pheromone sind sehr vielfältig und können ganz unterschiedlichen Biogenesewegen entstammen.

*Einteilung:* Man kennt *Sexualpheromone*[5], die zur Anlockung des Geschlechtspartners abgesondert werden. Ihrer chemischen Struktur nach stellen nur die Sexuallockstoffe weiblicher Schmetterlinge eine einigermaßen einheitliche Gruppe dar, und zwar Polyene sowie mono- oder polyolefinische Alkohole, deren Ester und Aldehyde (Beispiel: Bombykol aus Seidenspinnern). Die zugehörigen Männchen benutzen als entsprechende Stoffe verschiedene aromatische Verbindungen, Pyrrolizin-Derivate, aliphatische Aldehyde, Ketone, Alkohole und Säuren sowie Terpenoide, die Borkenkäfer besonders Terpenalkohole und bicyclische Ketale als Sexual- und *Aggregationspheromone* (Beispiel: Ipsdienol), während anderen Käfern ganz unterschiedliche Verbindungen als Pheromone dienen. Bei der geschlechtlichen Fortpflanzung bestimmter Hefen spielen Lipid-lösliche Peptide (z. B. Tremerogene und Rhodotorucine) als *Paarungspheromon* eine Rolle. Aggregationspheromone werden nur von je einem Geschlecht einer Art produziert, aber locken beide Geschlechter an.

*Spurpheromone* werden insbesondere von Ameisen und Termiten zur Markierung von Wegen zwischen Futterquellen und Nest eingesetzt; sie bestehen häufig aus mehreren Komponenten, deren chemische Strukturen sehr unterschiedlich sein können. Bekannte Beispiele sind *trans,trans*-α-Farnesen (Wegmarkierungspheromon bei Feueramei-

| | |
|---|---|
| Einbindiger Traubenwickler | (9*Z*)-Dodec-9-enylacetat |
| Bekreuzter Traubenwickler -Weinbau | (7*E*,9*Z*)-Dodec-7,9-dienylacetat |
| Fleckenminiermotte -Apfel bzw -Kaffee | 5,9-Dimethylheptadecan |
| Apfelglasflügler | (3*Z*,13*Z*)-Octadeca-3,13-dienylacetat |
| Nutzholzborkenkäfer | 1,5-Dimethyl-6,8-dioxabicyclo[3.2.1]-octan (Frontalin) + *trans*-Verbenol |
| Pink Bollworm | |
| Fruchtschalenwicker | (11*Z*)-Tetradec-11-enylacetat (Gemisch mit (9*Z*)-Tetradec-9-enylacetat) |
| Apfelwicker (Obstmade) | (8*E*,10*E*)-Dodeca-8,10-dien-1-ol |
| Pfirsichtriebbohrer | (*Z*/*E*)-Dodec-8-enylacetat (93% *Z*, 7% *E*) |
| Pfirsichmotte | (5*E*)-Dec-5-enylacetat (87% OAc, 13% OH) |

Abbildung: Sexualpheromone verschiedener Falter und Käfer.

sen), Ethyl- und Butyldiglycol bei Termiten [auch in Kugelschreiberpasten (!)], Faranal aus verschiedenen Blattschneiderameisen der Gattung *Atta*. Um Spurpheromone handelt es sich auch bei den von bestimmten Meeresschnecken (*Navax*-Arten) gelegten Spuren, den von Säugetieren abgegebenen Verbindungen, die den Wildwechsel oder das Territorium markieren, und den Arealmarkierungssubstanzen, die Wildbienen und Hummeln zu ihrer Orientierung einsetzen (Terrestrol).

Pheromone können auch als Warnhinweis abgesondert werden (*Alarmpheromone*) oder als *Ablenk-* oder *Abwehrpheromone* eingesetzt werden, um Artgenossen zu vertreiben und dadurch eine Überbesiedelung eines Areals zu verhindern. Aus der Vielfalt dieser Pheromone seien hier erwähnt: *trans*-β-Farnesen (Alarmpheromon bei Blattläusen), Dendrolasin, Heptan-2-on, Dimethyltrisulfid (Alarmpheromon bei Ameisen), Dioxaspiro-Verbindungen (Abwehrpheromon bei Wespenarten), Hexen-1-al und Octenal (Abwehrpheromon bei

Wanzen), Citral (Angriffspheromon bei Ameisen), Isopentylacetat (Alarmpheromon bei Honigbienen) usw.

Verständlicherweise sind die Grenzen zwischen Pheromonen und tierarteigenen „chemischen Waffen" oder Wehrstoffen (*Repellentien) nicht scharf zu ziehen.

***Wirkung und Analytik:*** Die *Chiralität der Pheromone spielt bei der selektiven Wirkung eine bemerkenswerte Rolle, sei es, daß nur ein Enantiomeres wirksam ist oder daß zum Wirkungseintritt ein bestimmtes Verhältnis zweier Enantiomerer zueinander nötig ist, oder sei es, daß die Anwesenheit eines „falschen" Enantiomeren die Pheromon-Wirkung unterdrückt (z.B. bei sympatrischen, d.h. denselben Lebensraum bewohnenden Insekten). Die Messung der Aktivität von Pheromonen mit Mikroelektroden, die an den Riechhaaren der Antennen von Männchen angebracht werden, liefert über die Potentiale ein sogenanntes Elektro-Antennogramm. Auch auf anderem Wege läßt sich eine Lockstoffeinheit definieren. Zur stereochemischen Analyse chiraler Pheromone läßt sich die sogenannte Komplexierungsgaschromatographie heranziehen. Angesichts der Mannigfaltigkeit der Organismen und der Pheromon-Strukturen ist es nicht verwunderlich, daß quantische Struktur-Wirkungsbeziehungen (QSAR) noch nicht aufgestellt werden konnten.

Zu neuronaler Wirksamkeit von Pheromonen und Pheromon-bindenen Proteinen siehe Literatur[6].

*Verwendung:* Die Isolierung, Strukturaufklärung und Möglichkeiten zur stereospezifischen, organisch-präparativen Synthese haben große Hoffnungen ausgelöst, Pheromone als ökologisch unbedenkliche Mittel im Pflanzenschutz einzusetzen. Bislang haben jedoch nur wenige Pheromone eine Praxisreife erlangt. Beim Einsatz von Pheromonen werden zwei Techniken genutzt: *Lockstoff-Fallen* (die gleichzeitig ein Insektizid zur Abtötung enthalten) zum Massenfang oder zur Diagnose einer Populationsdichte und die sogenannte *Konfusionsmethode*, bei der durch Anbringen von Dispensern ein Sexuallockstoff gleichmäßig über einer räumlich begrenzten landwirtschaftlichen Kultur (Biotop) verteilt wird („Duftglocke"), wodurch dem männlichen Insekt das Auffinden des Geschlechtspartners nahezu unmöglich gemacht wird[7]. Erfolgreich sind Konfusionsmethoden bei der Bekämpfung des Traubenwicklers im Weinberg [(9Z)-Dodec-9-enylacetat; zur Zeit einziges Handelsprodukt in Deutschland] sowie verschiedener anderer Falter in Obstkulturen (siehe Abbildung, S. 882). Auch gegen Borkenkäfer und Baumwollkapselkäfer werden Pheromone erfolgreich eingesetzt (Fallenmethode); siehe auch *Attraktantien. – E* pheromones

*Lit.:* [1]Dragoco Rep. **46**, Nr. 1, 4–28 (1999). [2]Mattingley, J. B.; Husain, M.; Rorden, C.; Kennard, C.; Driver, J., *Nature (London)*, (1998) **392**, 177. [3]Berliner, D., EP 562843 A2, (1993). [4]GIT Fachz. Lab. **1994**, 780. [5]Arn, Toth u. Priesner, List of Sex Pheromones and Sex Attractants (2.), Montfavet: International Organization for Biological Control 1992. [6]Biochem. Biophys. Res. Commun. **250**, 217 (1998). [7]Mori, K., In *Chirality in Agrochemistry*, Kurihara, N.; Miyamoto, J., Hrsg.; Wiley: Chichester, (1998); S. 199–257.
*allg.:* Amrein, H., *Curr. Opin. Neurobiol.*, (2004) **14**, 435–442 ▪ Blomquist, G. J.; Vogt, R., Hrsg., *Insect Pheromone Biochemistry and Molecular Biology: The Biosynthesis and Detection of Pheromones and Plant Volatiles*, Academic Press: New York, (2003) ▪ Buck, L., *Nutr. Rev.*, (2004) **62**, S184–S188 ▪ Grammer, K.; Fink, B.; Neave, N., *Eur. J. Obstet. Gynecol. Reprod. Biol.*, (2005) **118**, 135–142 ▪ Savic-Berglund, I., *Nutr. Rev.*, (2004) **62**, S205–S207 ▪ Wyatt. T. D., *Pheromones and Animal Behaviour*, Cambridge University Press: Cambridge, (2003) ▪ Zechmeister **37**, 1–190

**Phlobaphene** (Gerbstoffröte). Von griechisch „phloios" = innere Rinde und „baphe" = Farbstoff. Als Phlobaphene werden die in Wasser und organischen Lösemitteln unlöslichen, rotbraunen, amorphen und chemisch wenig definierten, hochpolymeren Kondensationsprodukte bezeichnet, die aus wasserlöslichen *Polyphenolen durch Einwirkung von *Phenol-Oxidasen bei der *enzymatischen Bräunung entstehen.

Substrate sind in der Regel monomere Flavanole (*Catechine) und deren Di- und Trimere (Leuko- und *Proanthocyanidine) sowie Phenolcarbonsäuren (Gallussäure). Phlobaphene entstehen auch durch Säureeinwirkung aus hochmolekularen, kondensierbaren Gerbstoffen (kondensierbare Tannine). In fermentierten Produkten wie Kaffee, Tee, Kakao und Tabak sind sie nicht nur an der Färbung, sondern auch an der Geschmacksausbildung beteiligt. Bei den im Tabak vorkommenden Phlobaphenen handelt es sich um dunkelbraune Pigment-Komplexe (Eisen-Protein-Chlorogensäure-Rutin-Komplex), die für luftgetrocknete Tabake charakteristisch sind und welche beim Rauchen pyrolytisch zersetzt werden. Die dabei entstehenden Phenole des *Tabakrauchs (z.B. Brenzcatechin, *Eugenol, *Guajakol) tragen mit zur Qualität des Raucharomas bei.

Die rotbraune Färbung der Ratanhiawurzel und der Tormentillwurzel, aber auch der Zimtrinde, der Nelkenblüte und des *Kolanuß-Samens sind ebenfalls auf Phlobaphene zurückzuführen. Letztere wirken aber im Gegensatz zu den Proanthocyanidinen nicht adstringierend. In vielen anderen pflanzlichen Lebensmitteln ist die durch Phlobaphene bedingte Braunfärbung unerwünscht. Sie läßt sich durch Reduktionsmittel wie Ascorbinsäure und Sulfit oder Inhibitoren der Polyphenol-Oxidase zurückdrängen. Die chemische Zusammensetzung der Phlobaphene ist komplex und mit derjenigen der Gerbstoffe verknüpft. – *E* phlobaphenes

*Lit.:* Hänsel, R.; Sticher, O.; Steinegger, E., *Pharmakognosie – Phytopharmazie*, Springer: Berlin, (1999); S. 873f.

**Phoenicin** siehe *Oosporein.

**Phomin** siehe *Cytochalasine.

**Phosphagene** siehe *Kreatinphosphat.

**Phosphatasen.** Eine Gruppe von Enzymen (EC 3.1.3), die die Hydrolyse von Phosphorsäureestern organ. Verb. katalysieren u. deshalb der Gruppe der Hydrolasen (EC 3) od. spezieller der Esterasen (EC 3.1) zugerechnet werden. Die unspezif. P. sind monomere od. dimere Enzyme mit Molmassen zwischen 10000 u. 100000, die als Isoenzyme vorkommen. Nach ihrem pH-Wirkungsoptimum unterscheidet man *saure P.* (EC 3.1.3.2), die in Lysosomen u. im Cytosol verschiedener tier. Gewebe wie Niere, Prostata u. Fett, aber auch in Weizen, Kartoffeln u.a. Pflanzen vorkommen, u. die vorzugsweise aus Bakterien, Niederen Tieren u. Organen (Leber, Knochen) Höherer Tiere sowie Milch (*Milch-Phosphatasen) isolierten *alkal. P.* (EC 3.1.3.1)[1], die Zink-Proteine darstellen. Eine alkal. P. ist bei der Knochen-Mineralisation beteiligt, u. in Osteoclasten (Knochen-abbauenden Zellen) u. Leukocyten kommt eine Tartrat-resistente purpurrote saure P. (*E purple acid phosphatase*) vor[2]. Bei vielen Stoffwechselvorgängen spielen spezifischere P. eine Rolle, z.B. bei der Gluconeogenese (Glucose-6-phosphatase, EC 3.1.3.9, Fructose-1,6-bisphosphatase, EC 3.1.3.11), im Nucleinsäure-Stoffwechsel (z.B. Nucleotidasen, EC 3.1.3.5–3.1.3.7, 3.1.3.31

u.a.) u. im Phospholipid-Stoffwechsel (z.B. Phosphatidat-Phosphatase, EC 3.1.3.4)[3]. Im Bereich der Signalübertragung u. Regulation sind spezielle P. am Abbau der Inositphosphate u. Phosphoinositide[4] beteiligt. Als Gegenspieler der Protein-Kinasen dephosphorylieren sie phosphorylierte Rezeptoren, Enzyme u.a. Proteine.

*Nachweis:* Als Substrate für Nachw. u. Bestimmung der P. eignen sich organ. Phosphate wie 4-Nitrophenylphosphat, Naphtol-AS®-phosphat, Natrium-*sn*-glycerol-3-phosphat u.dgl., die unter Einwirkung der alkal. P. od. der sauren P. kolorimetrierbare Spaltprodukte liefern. Die Bestimmung der sauren P. in Serum ist von Bedeutung bei der Tumor-Diagnostik (Prostatacarcinom); ebenso ist die Serum-Konz. der alkal. P. bei verschiedenen Tumoren der Knochen u.a. Krankheiten erhöht. Um Frischmilch von erhitzter Milch zu unterscheiden, bestimmt man die Aktivität der alkal. P. (siehe *Phosphatase-Probe): Ist dieses thermolabile Enzym noch nachweisbar, kann geschlossen werden, daß die Milch nicht od. nur ungenügend erhitzt (pasteurisiert) wurde.

Die Phosphorsäureanhydrid-Bindungen hydrolysierenden *Pyrophosphatasen* (EC 3.6.1, z.B. Adenosintriphosphatase) werden im allg. ebensowenig zu den P. gezählt, wie die Phosphodiesterasen. – *E* phosphatases

*Lit.:* [1]Annu. Rev. Biophys. Biomol. Struct. **21**, 441–483 (1992). [2]Leukemia **11**, 10–13 (1997); Science **268**, 1489–1492 (1995). [3]Lipids **31**, 785–802 (1996). [4]Trends Biochem. Sci. **22**, 427–431 (1997). – *[CAS 9013-05-2]*

## Phosphatase-Probe (Kurzzeiterhitzungsnachweis).

Dient dem Nachweis einer nicht ausreichenden Pasteurisierung (Kurzzeiterhitzung; *Pasteurisieren) bzw. von Rohmilchdurchbrüchen im Plattenerhitzer. Qual. wird Milch-Phosphatase zumeist mit Lactognost® nachgewiesen, einer Testkombination, bestehend aus einer Puffertablette u. dem Substrat Dinatriumphenylphosphat, aus dem bei noch ausreichender Phosphatase-Aktivität Phenol freigesetzt wird, welches mit Dibromchinonchlorimid zu Indophenolblau führt. Auf der gleichen Reaktionsfolge beruhen auch verschiedene Meth. zur quant. Bestimmung der Phosphatase-Aktivität, z.B. Methode nach § 64 LFGB (ex § 35 LMBG) L 02.06-E(EG) Nr. 7. Da es die Aktivität Null bei der quant. Bestimmung nicht gibt, wurden für verschiedene Produkte in mehreren Ländern Grenzwerte festgelegt. Neben Dinatriumphenylphosphat haben sich weitere Phosphorsäureester als Substrate bewährt, z.B. Phenolphthaleinmonophosphat, *p*-Nitrophenylphosphat usw. Sehr exakt u. in nur 3 min lassen sich niedrigste Phosphatase-Aktivitäten mit dem Fluorophos®-Verf. bestimmten (*Lit.* [1–2]). – *E* phosphatase activity test

*Lit.:* [1]VDLUFA Methodenbuch VI, 5. Ergänzungslieferung; VDLUFA: Darmstadt, (2000); Loseblattsammlung. [2]DIN EN ISO 11816-1: 2005-03; Milch und Milchprodukte, Bestimmung der Aktivität der Alkalischen Phosphase mit einem fluorimetrischen Verfahren.
*allg.:* Martin, D.; Lorenzen, P. C.; Kiesner, C.; Schlimme, E., *Dtsch. Milchwirtsch. (Leipzig)*, (2001) **52**(2), 62–64

## Phosphate.

Bezeichnung für die Salze und Ester der verschiedenen *Phosphorsäuren.

Bei den anorganischen Phosphaten kennt man die von der Orthophosphorsäure ($H_3PO_4$) abgeleiteten *primären* (sauren) Orthophosphate (Dihydrogenphosphate), die *sekundären* Orthophosphate (Hydrogenphosphate) und die *tertiären* Orthophosphate (systematische Bezeichnung: Phosphate). Näheres siehe *Orthophosphate.

Von den sauren Salzen der Orthophosphorsäure leitet sich die umfangreiche Gruppe der beim Erhitzen durch Wasseraustritt entstehenden kondensierten Phosphate ab, die sich wiederum in Metaphosphate und kettenförmige *Polyphosphate unterteilen lassen; bekannte Trivialnamen sind: Grahamsches Salz, Kurrolsches Salz und Maddrellsches Salz sowie Schmelzphosphate oder Glühphosphate.

Daneben kennt man noch düngemitteltechnische Bezeichnungen wie Super-Phosphate, Doppel-Phosphate und Tripelsuper-Phosphate für $Ca(H_2PO_4)_2$ mit jeweils 18%, 35% und 46% $P_2O_5$.

*Verwendung:* Ca. 90% des Weltverbrauchs an Phosphat entfällt auf die Landwirtschaft. Der größte Teil dient zur Herstellung von Düngemitteln. Die restliche Menge wird für Futtermittel und z.T. noch als Builder in Waschmitteln gebraucht. Anorganische Phosphate sind außerdem enthalten in Mineralwässern, Zahncremes, Backpulvern, Speiseeis, Korrosionsschutzmitteln, Flammschutzmitteln, keramischen Werkstoffen, pharmazeutischen Präparaten. Im Laboratorium benutzt man Gemische aus primären und sekundären Alkali-Phosphaten als Puffersubstanzen im neutralen pH-Bereich. Polymere Phosphate (sogenannte Schmelz-Phosphate) finden z.B. Verwendung bei der Wasseraufbereitung und Käseerzeugung.

Unter dem Blickwinkel des Umweltschutzes ist der Phosphat-Einsatz in verschiedenen Produkten nicht unproblematisch, da ein wesentlicher Teil des Phosphats (über Haushaltsabwässer und Industrieabwässer rund 75%, durch Tierhaltung, Düngemittelauswaschung und Bodenerosion rund 25%) in die Gewässer gelangt und insbesondere in stehenden Gewässern (Seen, Staustufen) eine bedenkliche Rolle bei der Überdüngung (Eutrophierung) spielt[1,2]. Die seit 1978 aufgrund gesetzlicher Auflagen erfolgte Verringerung des Phosphat-Gehalts in Waschmitteln und Reinigungsmitteln reicht zur Behebung dieses Problems nicht aus. Zur weitgehenden Senkung des Phosphat-Gehalts in Abwässern erfolgt in Kläranlagen eine Ausfällung des Phosphats mittels Aluminium-Ionen, Eisen(III)-Ionen oder Kalk; die Fällungsreinigung kann mit einem biologischen Verfahren kombiniert sein (siehe auch Literatur[3]). Durch die Verwendung von Klärschlämmen als Düngemittel läßt sich Phosphat aus dem Abwasser weitgehend wieder nutzbar machen, vgl. Literatur[4]. – *E* phosphates

*Lit.:* [1]Ullmann (5.) **A10**, 408f. [2]Chem. Unserer Zeit **22**, 201–207 (1988). [3]Gewässerschutz, Wasser, Abwasser **100**, 637–669 (1987). [4]Chem. Ind. (Düsseldorf) **36**, 20–23 (1984). *allg.:* Ullmann (5.) **A19**, 421–463, 465–503

**Phosphatidasen** siehe *Phospholipasen.

**Phosphatide** siehe *Phospholipide.

**Phosphatidsäuren** siehe *Phospholipide.

**Phosphatidylcholine** siehe *Lecithine.

**Phosphatidylethanolamine** siehe *Kephaline.

**Phosphatidylglycerole** siehe *Phospholipide.

**Phosphatidylinosite** (Abkürzung: PI, auch: Inositphosphatide od. Inositide).

Gruppenbez. für solche *Glycerophospholipide*, die sich aus Fettsäuren, Glycerol, Phosphorsäure u. *myo*-Inosit durch Veresterung ableiten u. daher auch zu den *Inosit-(Phospho-)Lipiden* gerechnet werden. Die in biolog. Membranen vorkommenden PI sind am *P.-Cyclus* beteiligt, der bei Stimulation verschiedener Rezeptoren in Gang gebracht wird. Er führt durch schrittweise Phosphorylierung über die Phosphoinositide (PI-Phosphate) 1-Phosphatidyl-D-*myo*-inosit-4-phosphat (PtdIns-4-P, PIP; Abb.: $R^3 = R^4 = H$, $R^5 = PO_3^{3-}$) u. 1-Phosphatidyl-D-*myo*-inosit-4,5-bisphosphat (PtdIns-4,5-$P_2$, $PIP_2$; Abb.: $R^3 = H$, $R^4 = R^5 = PO_3^{2-}$) zu D-*myo*-Inosit-1,4,5-trisphosphat (Ins-1,4,5-$P_3$, $IP_3$). Dieses kann sich von der Membran entfernen u. eine Freisetzung von Calcium-Ionen ins Cytoplasma bewirken. Im weiteren Verlauf des PI-Cyclus kommt es zur Bildung von Diacylglycerolen (DG), die die Protein-Kinase C aktivieren. $IP_3$ u. DG bilden sich bei der Signaltransduktion aus $PIP_2$ durch Einwirkung der Rezeptor-aktivierten *Phospholipase C (Phosphoinositidase)*, wobei außerdem das *P.-Transfer-Protein* benötigt wird[1,2], u. üben Funktionen als second messengers bei der Signal-Übertragung aus. $IP_3$ wird durch *Phosphatasen über D-*myo*-Inosit-1,4-bisphosphat u. D-*myo*-Inosit-4-phosphat zu *myo*-Inosit dephosphoryliert, während die DG durch eine Kinase zu Phosphatidsäuren phosphoryliert u. nach Aktivierung durch Cytidin-5′-triphosphat als CDP-Diacylglycerole mit *myo*-Inosit zu PI kondensieren u. somit den PI-Cyclus abschließen. – *E* phosphatidyl inositols

*Lit.:* [1]Curr. Biol. **7**, 184–190 (1997). [2]FEBS Lett. **410**, 44–48 (1997).
*allg.:* Gardocki, M. E.; Jani, N.; Lopes, J. M., *Biochem. Biophys. Acta*, (2005) **1735**(2), 89–100

**Phosphatidylserine** siehe *Kephaline.

**Phosphocreatin** siehe *Kreatinphosphat.

**Phosphoinositidase** siehe *Phospholipasen.

**Phosphokreatin** siehe *Kreatinphosphat.

**Phospholipasen** (Abkürzung PL). Eine Gruppe von Hydrolasen, spezieller: Esterasen, die *Phospholipide hydrolyt. spalten; meist versteht man einschränkend die *Phosphatidasen*, d.h. auf Glycero-phospholipide wirkende Phospholipasen. Diese lösen entweder Carbonsäureester- (Phospholipasen A u. B, Carbonsäure-Esterasen) od. Phosphodiester-Bindungen (Phospholipasen C u. D, Phosphodiesterasen); bei P., die Phosphatidylcholine (PC, *Lecithine) hydrolysieren, spricht man auch speziell von *Lecithinasen*. Man unterscheidet die P. nach ihrem Angriffspunkt (s. Abb.).

Die *Phospholipasen A* trennen aus PC bzw. PE (Phosphatidylethanolaminen, s. *Kephaline) eine Fettsäure ab unter Hinterlassung von Lyso-PC (*Lysolecithinen) bzw. Lyso-PE, zerstören dadurch die Zellwandstruktur u. bewirken Hämolyse der roten Blutkörperchen. Dabei spaltet P. $A_1$ (EC 3.1.1.32) endständige, P. $A_2$ (EC 3.1.1.4 aus PC u. PE, EC 3.1.1.52 aus PI, 1-Phosphatidyl-D-*myo*-inositen) mittelständige, meist ungesätt. Fettsäuren ab, die im Fall von *Arachidonsäure zu Eicosanoiden metabolisiert werden. Dies kann durch Rezeptor-Aktivierung ausgelöst u. durch Annexine gehemmt werden. Die P. $A_2$ aus Schweine-Pankreas, bestehend aus 123 Aminosäure-Resten, wird aus einem Zymogen ($M_R$ 14660) aus 130 Aminosäure-Resten bekannter Sequenz durch Trypsin freigesetzt. Andere Quellen für P. $A_2$ sind Bienen-, Wespen- u. Schlangengifte (PDB entry 1A3F, Naja Naja Venom). Weitere bei Säugern sezernierte Formen der P. $A_2$ (sPLA$_2$, $M_R$ ca. 14000) siehe Literatur[1]. Eine Calcium-Ionen-sensitive im Cytosol vorkommende P. $A_2$ (cPLA$_2$, $M_R$ 85000) spaltet in stimulierten Zellen Arachidonsäure-haltige Phospholipide[2]. Da die Spaltprodukte entzündungsfördernd sind, ist diese P. ein potentielles Ziel neuartiger Antiphlogistika. Die ebenfalls cytosol., aber Ca$^{2+}$-unabhängige P. $A_2$ (iPLA$_2$, $M_R$ 80000) ist wahrscheinlich an der Regulation der Phospholipid-Zusammensetzung der Membranen beteiligt[3]. *Phospholipasen B* (EC 3.1.1.5) spalten aus Lyso-PC eine weitere Fettsäure ab (*Lysophospholipasen* bzw. *Lysophosphatidasen*), wobei Glycerolphosphorsäurecholinester übrigbleiben; pH-Optimum bei 6,0–6,3, Temp.-Optimum bei 25 °C; Vork. in Reiskleie, Gerstenmalz, Erbsen, Kartoffeln, Getreide, Schimmelpilzen, tier. Gewebe, Wespengift. *Phospholipase C* [EC 3.1.4.3, eine Phosphodiesterase, PDB entry 1AH7 (*Bacillus cereus*)] greift PE unter Bildung von Diacylglycerolen u. Phosphorylethanolamin an; Vork. in den Kulturfiltraten einiger pathogener Mikroorganismen vom Typ des Gasbranderregers, im Hirn u. in Schlangengiften. Auf PI bzw. deren 4,5-Bisphosphate (PIP$_2$) wirken PI-Phosphodiesterase (EC 3.1.4.10) bzw. PIP$_2$-Phosphodiesterase (*Phosphoinositidase*, EC 3.1.4.11), die als *Rezeptor-gekoppelte P. C* eine Rolle bei der Übertragung von Hormon-, Neurotransmitter- u.a. Signalen (Signaltransduktion) spielt[4,6].

Die Phosphodiesterase *Phospholipase D* (EC 3.1.4.4)[5] setzt aus Phosphatidylestern Phosphatidsäuren frei; Vork. in Tieren, Pflanzen, Bakterien u. Hefe. Das in den Membranen tier. Zellen vorkommende Enzym unterliegt der Regulation durch ARF (ADP-Ribosylierungs-Faktor), Rho-Proteine, Phosphatidylinosit-4,5-bisphosphat u. Protein-Kinase C[6].

***Biotechnologische Bedeutung:*** P. werden zur Bestimmung der Struktur von Phospholipiden eingesetzt. P. können in der Lebensmittel-Ind. zur Abtrennung von Phospholipiden bei der Herst. von Speiseölen eingesetzt werden[7]. P. D lassen sich auch für die organ. Synth. zum Kopfgruppenaustausch einsetzen[8]. Dabei wird meist vom entsprechenden Phosphatidylcholin ausgehend in einem Zweiphasensyst. (z.B. Puffer – Essigsäureethylester) Cholin durch ein anderes Nucleophil (z.B. Glycerol, Ethanolamin, Glucose, Vitamin C, Nucleoside etc.) z.B. unter Verw. rekombinanter P. D aus *Streptomyces antibioticus*[9] ersetzt. – *E* phospholipases

*Lit.:* [1]J. Biol. Chem. **272**, 17247–17250 (1997); Trends Biochem. Sci. **22**, 1f. (1997). [2]J. Biol. Chem. **272**, 16709–16712 (1997); FEBS Lett. **410**, 49–53 (1997). [3]J. Biol. Chem. **272**, 16069–16072 (1997). [4]J. Biol. Chem. **272**, 15045–15048 (1997); Tobin, The Phospholipase C Pathway. Its Regulation and Desensitation, Berlin: Springer 1996. [5]Chem. Phys. Lipids **80**, 1–116 (1996); J. Biol. Chem. **272**, 15579–15582 (1997); Physiol. Rev. **77**, 303–320 (1997); Semin. Cell Develop. Biol. **8**, 305–310 (1997); Trends Plant Sci. **2**, 261–266 (1997). [6]Annu. Rev. Biochem. **66**, 475–509 (1997). [7]Fett/Lipid **100**, 152–156 (1998). [8]J. Chem. Soc., Chem. Commun. **1994**, 1709f.; Tetrahedron **53**, 14627–14634 (1997); Tetrahedron Lett. **38**, 1369f. (1997). [9]Appl. Microbiol. Biotechnol. **42**, 290–299 (1994). – *[HS 3507 90; CAS 9043-29-2 (PLA₁); 9001-84-7 (PLA₂); 9001-86-9 (PLC); 9001-87-0 (PLD)]*

**Phospholipide.** Phospholipide sind Phosphorsäuredi-, seltener -monoester, die wegen ihrer fettähnlichen Löslichkeitseigenschaften aufgrund der lipophilen und hydrophilen Komponenten zu den *Lipiden gerechnet werden und im Organismus als *Membranlipide* am Aufbau von Schichtstrukturen, den Membranen, beteiligt sind. Besonders reichlich sind Phospholipide in der Hirnsubstanz und im Myelin vorhanden. Phospholipide sind in Wasser unlöslich. Suspendiert man sie, so vereinigen sie sich zu geordneten Aggregaten wie Micellen, Lamellen, Liposomen und anderen Membranstrukturen. Die Fettsäure-Ketten sind dabei parallel ausgerichtet wie in flüssigen Kristallen und die Phosphorsäureester-Gruppen weisen in die wäßrige Phase. So bilden Phospholipide eine Matrix, in

der bei biologischen Membranen die Membran-Proteine eingelagert und orientiert sind – viele dieser Proteine sind nur in Gegenwart von spezifischen Phospholipiden aktiv. Als Lösevermittler für die Blutfette findet man Phospholipide in mehreren *Lipoprotein-Fraktionen. Das Gehirn benötigt sogenannte *essentielle Phospholipide*, worunter man Phosphatidylcholine (*Lecithine) mit hochungesättigten Fettsäuren versteht. Unter dem Einfluß bestimmter Arzneimittel kann es zu Fehlentwicklung in der Phospholipid-Speicherung kommen (*Phospholipidosen*).

Eine besondere Gruppe der Phospholipide, die sich vom Sphingosin ableitet, wird bei den *Sphingolipiden behandelt. Die meisten Phospholipide sind jedoch Derivate des Glycerols bzw. des *sn*-Glycerol-3-phosphats als hydrophiler Komponente und werden auch als Glycerophospholipide oder Phosphatide bezeichnet (letzteres auch veraltete Bezeichnung für Phospholipide insgesamt). Ohne Phosphorsäure-Rest und daher *nicht* zu den Phospholipiden gehörig – obgleich prinzipiell und im Vorkommen verwandt – sind die *Cerebroside, Ganglioside und Sulfatide; sie sind bei den *Glycolipiden einzureihen.

Zur Analyse der Phospholipide siehe Literatur[1]. In der Lipid-Nomenklatur hat sich für asymmetrische Glycerol-Derivate die sogenannte *stereospezifische Nummerierung* (Abkürzung: *sn-*, nach IUPAC/IUBMB-Regel Lip-1.13[2]) als nützlich erwiesen, bei der die (freie oder substituierte) Hydroxy-Gruppe in Position 2 des Glycerol-Teils nach links weisend und das geminale Wasserstoff-Atom nach rechts gezeichnet und als über die Papierebene ragend gedacht werden, woraufhin das Kohlenstoff-Atom 1 des Glycerol-Teils nach oben, Kohlenstoff-Atom 3 jedoch nach unten gerichtet sind:

$$\begin{array}{c} {}^{1\text{-}sn}\text{CH}_2-\text{O}-\text{R}^1 \\ | \\ \text{R}^2-\text{O}-\text{C}\blacktriangleleft\text{H} \\ | \\ {}^{3\text{-}sn}\text{CH}_2-\text{O}-\text{R}^3 \end{array}$$

*Phosphatidsäuren* sind Glycerol-Derivate, die in 1-*sn*- und 2-Stellung mit Fettsäuren (1-*sn*-Position: meist gesättigt, 2-Position: meist ein- oder mehrfach ungesättigt), an Atom 3-*sn* dagegen mit Phosphorsäure verestert sind (Abbildung: R$^1$, R$^2$ = Acyl, R$^3$ = Phosphoryl). Die Phosphatidsäuren selbst haben wahrscheinlich regulatorische Funktionen für Cytoskelett, Membrantransport und Sekretion, werden durch *Phospholipase D aus Phosphatiden freigesetzt und nur in kleinen Konzentrationen im Gewebe gefunden; ihr Phosphat-Rest ist meist verestert mit Aminoalkoholen wie Cholin (Lecithin = 3-*sn*-Phosphatidylcholin, Abkürzung: PC) oder 2-Aminoethanol (Ethanolamin) bzw. L-Serin (*Kephalin = 3-*sn*-Phosphatidylethanolamin bzw. -L-serin, Abkürzung PE bzw. PS), mit *myo*-Inosit zu den in Geweben häufigen Phosphoinositiden [1-(3-*sn*-Phosphatidyl)-D-*myo*-inositen], mit Glycerol zu den im Fruchtwasser nachgewiesenen *Phosphatidylglycerolen*, die auch beim Protein-Export aus Gram-negativen Bakterien eine Rolle spielen sollen. *Cardiolipine* (1,3-Bisphosphatidylglycerole) sind aus Mitochondrienmembranen des Herzmuskels isolierte Phospholipide aus zwei über Glycerol verknüpften Phosphatidsäuren. *Lysophospholipide* erhält man, wenn aus Phospholipiden ein Acyl- (Fettsäure-)Rest durch Phospholipase A abgespalten wird; Beispiel: *Lysolecithine. *Phosphatasen und Phosphodiesterasen wie die Phospholipasen C und D spalten Phospholipide demgegenüber an den Phosphat-Bindungen. Zu den Phospholipiden rechnet man ferner die *Plasmalogene, in denen statt einer Fettsäure in 1-Stellung ein Aldehyd (in Form eines Enolethers) gebunden ist; die den Phosphatidylcholinen entsprechenden *O*-1-*sn*-Alkenyl-Verbindungen z.B. heißen Phosphatidylcholine. Vom Namen Plasmalogen leitet sich die Sammelbezeichnung *Plasmensäuren* her für Phospholipide mit einer Enolether-Gruppierung in 1-, einer (ungesättigten) Acyl-Gruppe in 2- und einer Phosphorsäure-Gruppe in 3-Stellung; die entsprechenden 1-Alkylether-Derivate heißen *Plasmansäuren* und desacylierte Derivate z.B. *Lysoplasmenylserin*; zur Nomenklatur siehe Literatur[2]. Einige Plasmansäuren und Plasmensäuren können als Mediatoren in der Zellaktivierung dienen und eventuell als intrazelluläre Signalmoleküle wirken[3]. Ein weiteres Phospholipid ist der *Thrombocyten-aktivierende Faktor* (platelet activating factor, PAF, siehe die Abbildung mit $R^1$ = Octadecyl, $R^2$ = Acetyl und $R^3$ = Phosphorylcholin). In Ciliatenmembranen wurden *Phosphonolipide* entdeckt, deren Funktion möglicherweise darin besteht, ein Überleben in Anwesenheit von – selbst sezernierten – Phospholipasen zu ermöglichen.

*Biosynthese und Abbau:* Phosphatidyl-L-serine und Phosphatidylinosite entstehen durch enzymatische Reaktion von L-Serin bzw. *myo*-Inosit mit 3-Cytidin-5′-diphosphat-1,2-Diacyl-*sn*-glycerolen unter Freisetzung von Cytidin-5′-monophosphat (CMP). Phosphatidylethanolamine bilden sich bei Decarboxylierung von Phosphatidyl-L-serinen, Phosphatidylcholine wiederum durch schrittweise Methylierung der Ethanolamin-Derivate. Andererseits können freigesetztes Cholin und Ethanolamin mit Hilfe von Cytidin-5′-triphosphat aktiviert werden zu den Cytidin-5′-diphosphat-(CDP-)Derivaten und dann mit 1,2-Diacyl-*sn*-glycerolen unter Abspaltung von CMP zu den korrespondierenden Phosphoglyceriden reagieren. Deren Abbau erfolgt durch *Phospholipasen, Näheres siehe dort. Phosphatidsäuren werden durch eine Phosphatase (EC 3.1.3.4) dephosphoryliert. – *E* phospholipids

*Lit.:* [1]J. Chromatogr. B **692**, 145–156 (1997). [2]Eur. J. Biochem. **79**, 11–21 (1997). [3]Rice, G. C.; Brown, P. A.; Nelson, R. J.; Bianco, J. A.; Singer, J. W.; Bursten, S., *Proc. Natl. Acad. Sci. USA*, (1994) **91**, 3857–3861.
*allg.:* Poynter, S. E.; LeVine, A. M., *Crit. Care Clin.*, (2003) **19**, 459–472 ∎ Pulfer, M.; Murphy, R. C., *Mass Spectrom. Rev.*, (2003) **22**, 332–364

**Phospholipidosen** siehe *Phospholipide.

**Phosphonolipide** siehe *Phospholipide.

**Phosphoproteine.** Sammelbezeichnung für Proteine, die kovalent gebundene Phosphorsäure-Reste enthalten, z.B. *Casein, *Ovalbumin, *Pepsin, *Phosvitin, Vitelline. Viele Proteine werden zur Regulation ihrer Aktivität durch Protein-Kinasen in Phosphoproteine überführt und durch Protein-Phosphatasen wieder dephosphoryliert (Beispiel: Phosphorylase). – *E* phosphoproteins

**Phosphor** (chem. Symbol P). Nichtmetall. Element der 15. Gruppe des Periodensystems. Der Name kommt von griechisch phōsphóros = lichtbringend. Phosphor ist ein anisotopes Element, Atomgew. 30,973762, Ordnungszahl 15.

*Vorkommen:* Phosphor kommt infolge seiner Reaktionsfähigkeit nie elementar, sondern fast ausschließlich in Form der beständigen *Phosphate, sehr selten auch in Phosphonaten[2] vor. Mit ca. 0,1 Gew.-% ist Phosphor am Aufbau der obersten, 16 km dicken Erdkruste beteiligt u. steht damit in der Häufigkeitsliste der Elemente an 12. Stelle zwischen Chlor u. Kohlenstoff. Der Kreislauf des Phosphors in der Natur ist wegen der Nichtflüchtigkeit sowohl der anorgan. als auch der organ. Phosphate auf Lithosphäre u. Hydrosphäre beschränkt. Im lithosphär. Cyclus wird im Boden vorhandenes Phosphat von den Pflanzen aufgenommen u. in Ester umgewandelt: oxidative u. photosynthet. Phosphorylierung. Zurück in den Boden gelangt das Phosphat durch Verrottung der Pflanzen od. – über die Nahrungskette mit den Gliedern Pflanzen, Tiere u. Menschen – teils durch Exkremente, teils durch Verwesungsprozesse. Aus dem Boden ausgewaschenes od. von Abwässern eingeschlepptes Phosphat wird von den Flüssen in Seen u. Ozeane transportiert. In aquat. Syst. läuft der Phosphor-Cyclus sehr viel rascher ab. Insbes. Algen vermögen Phosphor außerordentlich schnell aufzunehmen u. zu verwerten (sog. „Algenblüte" bei Eutrophierung von Gewässern). Sie spielen im Wasser die gleiche Rolle wie die Pflanzen an Land. Ein großer Teil des über Zooplankton u. Fische weiterverwerteten Phosphors wird am Boden des Gewässers als Phosphat-Gestein bildendes Sediment aus dem Kreislauf ausgeschleust; Näheres dazu s. Literatur[3].

*In Lebensmitteln*[4]: Phosphor kommt in praktisch allen Lebensmitteln in gebundener Form, vornehmlich als Phosphorsäureester, vor. Weizenkeime u. Weizenkleie sind mit 1000-1250 mg/100 g Phosphor-reich. Milch enthält ca. 90 mg/100 g, Joghurt 150 mg/100 g und die verschiedenen Käsesorten je nach Trockenmasse u. Fettgehalt 300–600 mg/100 g. Der Phosphor-Gehalt von *Schmelzkäse ist aufgrund des als Schmelzsalz zugesetzten Phosphats mit ca. 950 mg/100 g hoch. In Hühnereiern sind 190 mg/100 g, u. zwar im Eigelb 590 mg/100 g, im Eiklar jedoch nur 21 mg/100 g; weitere Phosphor-Gehalte von Lebensmitteln s. Tab. 4 unter *Mengenelemente.

*Physiologie: Resorption und Ausscheidung:* Phosphat wird im Jejunum (Leerdarm) beim Erwachsenen aus einer gemischten Kost zu 55–70%, beim gestillten Säugling bis zu 90% resorbiert. Die Phosphor-Absorption erfolgt vorwiegend durch erleichterte Diffusion, in geringerem Umfang auch über einen aktiven, Vitamin-D-abhängigen Prozeß. Sie wird durch Calcitriol (1α,25-Dihydroxychole-calciferol, siehe *Vitamin D) gefördert. Aluminiumsalze hemmen die Phosphat-Resorption infolge Bildung schwer lösl. Verbindungen. Organ. Phosphat-Verb. werden im Darm mittels unspezifischer *Phosphatasen hydrolysiert. Erst die abgespaltenen *Orthophosphate werden resorbiert. Auch *Polyphosphate werden erst nach Hydrolyse resorbiert. Mit steigendem Kondensationsgrad ist diese erschwert u. damit die Resorption vermindert.

Ausgeschieden wird Phosphat zu etwa 60% über die Niere, die glomulär Primärharn bildet, aus dem tubulär 80–90% des Phosphats rückresorbiert werden. Die Ausscheidungsrate ist *Parathyrin-abhängig; Parathyrin hemmt die tubuläre Rückresorption von Phosphat. Wie die Phosphat-Konz. im Plasma unterliegt auch die im Urin einem (Parathyrin-unabhängigem) Tag-Nacht-Rhythmus. Eine quant. Bestimmung muß deshalb in einem 24-h-Urin erfolgen. Über den Darm werden ca. 40% ausgeschieden, nämlich ca. 30% nicht resorbiertes Phosphat u. 10% in den Darm sezerniertes.

*Verteilung:* Mehr als 85% des Phosphors sind im Skelett und in den Zähnen, 14% im Weichgewebe und <1% im Extrazellularraum enthalten. Die Phosphat-Konz. im Blutplasma (0,8–1,4 mmol/L) ist abhängig insbesondere vom Lebensalter, wobei sie bei älteren Menschen niedriger ist als bei jüngeren, und von der Ausscheidungskapazität der Niere. Sie wird aber auch durch die alimentäre Phosphor-Aufnahme bestimmt. Circa 10% des anorganischen Phosphats ist nicht kovalent an Plasmaproteine gebunden, der Rest ist je zur Hälfte komplexiert od. ionisiert. Zusätzlich kommen im Plasma auch organische Phosphat-Verbindungen in Form von Phosphatestern und Lipid-gebundenen Phosphaten vor. Bei einem Plasma-pH-Wert von 7,4 liegt Phosphat zu 80% als Hydrogenphosphat und zu 20% als Dihydrogenphosphat vor und wirkt als Puffersubstanz pH-stabilisierend. Die intrazelluläre Hydrogenphosphat-Konz. beträgt 60 mmol/L, wobei der größte Teil organisch gebunden ist. In die Zellen gelangt Phosphat passiv zusammen mit Kationen.

*Funktionen:* Phosphor ist ein für den Körper lebensnotwendiger Mineralstoff, u. zwar ein sog. *Mengenelement. Zusammen mit Calcium ist anorgan. Phosphat als Hydroxylapatit am Aufbau des Knochengewebes (Knochenmaterial) u. der Zahnsubstanz beteiligt, bestimmte organ. Phosphat-Verb. wie Phosphoglyceride (z.B. Lecithin) am Aufbau von Zellmembranen u. Membranen der Zellorganellen wie Mitochondrien u. Ribosomen. Zellkerne u. Mitochondrien sind bes. reich an polymeren Phosphaten wie den Nucleinsäuren als Träger der genet. Information (die Nucleoside werden erst durch Phosphorsäure zu Ketten verknüpft). In Form zahlreicher organ. P-Verb. wie z.B. Phosphoproteinen, Phospholipiden, bestimmten Zwischenprodukten des Kohlenhydrat-Stoffwechsels wie Hexosephosphaten u. Triosephosphaten ist Phosphor prakt. in allen Zellen des Organismus bei lebenswichtigen Energieübertragungsprozessen u. biochem. Synth. beteiligt. Als Cofaktor spielen Phosphate für die Funktion der meisten B-Vitamine eine Rolle.

Biosynthesen, aber auch andere wichtige energieverbrauchende Prozesse wie Muskelkontraktion, Erregungsleitung in Nerven u. Muskel sowie aktive Transportvorgänge beziehen ihre Energie aus energiereichen Verb., deren wichtigste das ATP (Adenosin-5′-triphosphat) ist. ATP liegt meist als lösl. Mg-Komplex vor (s. *Magnesium). ATP-abhängige Phosphorylierungen aktivieren od. hemmen wichtige Enzyme wie z.B. die des Glycogen-Stoffwechsels. Im Muskel liegt mit dem *Kreatinphosphat eine weitere wichtige energiereiche Verb. vor, die bei plötzlich auftretendem Energiebedarf schnell in ATP umgewandelt werden kann. ATP-Konz.-Änderungen spielen bei *postmortalen Veränderungen im Muskel eine Rolle; s. dazu auch PSE-Fleisch u. DFD-Fleisch bei *Fleischfehler. Bei Reaktionen mit Adenylat-Transfer wie Aktivierung von Fettsäuren u. Aminosäuren, der Biosynth. von Carbamylphosphat sowie der Bildung von Adenosin-3′,5′-monophosphat (cAMP, ein intrazellulärer Botenstoff od. sog. second messenger), entsteht Pyrophosphat, das durch Pyrophosphatasen größtenteils zu Orthophosphaten hydrolysiert wird.

***Ernährungsphysiologie:*** Der Phosphor-Bestand des Neugeborenen beträgt etwa 17 g, der des Erwachsenen circa 600–700 g. Der durchschnittliche Bedarf eines Erwachsenen an Phosphor liegt bei 580 mg/d. Für Jugendliche und Erwachsene ab 19 Jahren wird eine Zufuhr von 700 mg/d, für Kinder und Jugendliche zwischen 10 und 19 Jahren eine Zufuhr von 1250 mg/d und für Schwangere und Stillende ab 19 Jahren eine Zufuhr von 800 beziehungsweise 900 mg/d empfohlen. Die Notwendigkeit zur Einhaltung eines bestimmten Calcium-Phosphat-Verhältnisses besteht nach heutigem Kenntnisstand nicht. Die tatsächliche Aufnahme liegt bei 1000 mg/d für Frauen und 1300 mg/d für Männer. Sie erfolgt zu ca. 30% aus Milch u. Milchprodukten, zu ca. 30% aus Fleisch, Fisch u. Eiern, zu ca. 20% aus Getreideerzeugnissen, zu je ca. 10% aus Kartoffeln u. aus Obst u. Gemüse.

Mangelerscheinungen, die sich in Hypophosphatämie und allgemeiner körperlicher Schwäche äußern, sind bei kompletter parenteraler Ernährung beobachtet worden. Auch eine Überfunktion der Nebenschilddrüse mit erhöhtem Parathyrin-Spiegel (Hyperparathyreoidismus), eine gestörte intestinale Absorption sowie eine gesteigerte Mineralisierung des Knochens können Hypophosphatämie auslösen. Eine Phosphat-Überversorgung, die kurzfristig zu gastrointestinalen Störungen und langfristig zu einer negativen Beeinflussung des Calcium-Stoffwechsels mit Calciumphosphat-Ablagerungen in Nieren, Gelenken und Haut sowie zu einem erhöhten Osteoporoserisiko führen kann, ist meist Folge von Nierenfunktionsstörungen und Hypoparathyreoidismus. Eine Phosphor-Intoxikation aufgrund einer überhöhten alimentären Zufuhr ist beim Gesunden nicht bekannt. Der obere Grenzwert für physiologische Serum-Phosphat-Spiegel des Erwachsenen würde bei einer täglichen Aufnahme von 3,5 g Phosphor erreicht. Die Überaktivität von Kindern wurde mit der Phosphor-Aufnahme über Lebensmittel in Verbindung gebracht, was sich aber in wissenschaftlichen Studien nicht belegen ließ.

*Nahrungsergänzungsmittel:* Die europaweit zugelassenen Stoffverbindungen von Phosphor sind in der Nahrungsergänzungsmittelverordnung (Anlagen 1 und 2 NemV) positiv gelistet. In *Nahrungsergänzungsmitteln ist Phosphor in Form von Phosphat häufig als Gegenion von Mineralstoffen wie Calcium oder Kalium im Handel. Das Bundesinstitut für Risikobewertung (*BfR) spricht sich gegen eine Verwendung von Phosphor in Nahrungsergänzungsmitteln aus, da eine zusätzliche Zufuhr nicht notwendig ist.

*Toxikologie:* Weißer Phosphor ist sehr giftig [MAK-Werte-Liste (2005): Grenzwert 0,1 mg/m³, gemessen als einatembare Fraktion, Schwangerschaft: Gruppe D)], doch kommen akute Vergiftungen kaum vor, denn sie setzen Inhalation von Dampf od. Staub od. orale Aufnahme voraus, was in der Praxis leicht vermeidbar ist. Als Symptome treten Kollaps, Atemlähmung u. Koma auf. Subakute Vergiftungen (z.B. durch Dämpfe od. Hautresorption) äußern sich durch Übelkeit u. Erbrechen, später durch blutige Durchfälle, Nierenschäden u. Lebernekrosen, die noch nach 3 Wochen zum Tode führen können. Lokal verursacht Weißer Phosphor schwere Verbrennungen mit tiefen, sehr schlecht heilenden Wunden. Chron. Vergiftungen haben Knochendegenerationen mit Verdickung, Schleimhautblutungen u. Kiefernekrosen zur Folge. Bei dem an sich ungiftigen Roten Phosphor kann es nach Inhalation größerer Mengen von Phosphor-Staub ggf. zu Pneumonien kommen.

*Nachweis:* In Form des Phosphats als schwerlösl. Silberphosphat, Magnesiumammoniumphosphat (mittels Magnesiamixtur), Ammoniummolybdatophosphat, durch Polarographie in nichtwäss. Lösemitteln. Aufgrund seines Kernspins 1/2 läßt sich $^{31}$P in seinen Verb. NMR-spektroskop. untersuchen, sofern gewisse Einschränkungen (Literatur[5,6]) berücksichtigt werden.

*In Lebensmitteln*[7]: Phosphat wird in Lebensmitteln nach trockener od. nasser Veraschung der Probe als Molybdänblau bei 720 nm, alternativ nach Zusatz von Molybdat-Vanadat bei 430 nm photometr. bestimmt. Gravimetr. ist Phosphor als Ammoniummolybdatophosphat quantifizierbar. Kondensierte Phosphate (z.B. *Diphosphate u. Triphosphate) können nach Homogenisieren der Probe mit Trichloressigsäure dünnschichtchromatograph. qual. u. halbquant. bestimmt werden.

*Verwendung:* Nahezu 90% des in den weltweit abgebauten Phosphat-Mineralien enthaltenen Phosphor werden zu Düngemitteln verarbeitet. Zum Einsatz von Phosphaten in der Lebensmittelindustrie. s. *Diphosphate u. *Orthophosphate sowie Literatur[8]. – *E* phosphorus

*Lit.:* [1] Naturwissenschaften **80**, 78–80 (1993). [2] Naturwissenschaften **78**, 514–517 (1991). [3] Hutzinger **1A**, 147–167. [4] Souci et al. (6.). [5] Gorenstein, Phosphorus-31 NMR, Orlando: Academic Press 1984. [6] Int. Lab. **14**, Nr. 3, 50–59 (1984). [7] Matissek, R.; Steiner, G., *Lebensmittelanalytik*, 3. Aufl.; Springer: Berlin, (2006). [8] Mollenhauer (Hrsg.), Phosphate – Anwendung u. Wirkung in Lebensmitteln, Hamburg: Behr 1984.
*allg.:* Biesalski, H. K.; Köhrle, J.; Schümann, K., *Vitamine, Spurenelemente und Mineralstoffe*, 2. Aufl.; Thieme: Stuttgart, (2002); S. 334 ▪ Bundesinstitut für Risikobewertung (BfR), *Verwendung von Mineralstoffen in Lebensmitteln. Toxikologie und ernährungsphysiologische Aspekte, Teil II*; BfR-Wissenschaft 04/2004; BfR: Berlin, (2004); http://www.bfr.bund.de ▪ Deutsche Gesellschaft für Ernährung (DGE); Österreichische Gesellschaft für Ernährung (ÖGE); Schweizerische Gesellschaft für Ernährungsforschung (SGE); Schweizerische Vereinigung für Ernährung (SVE), Hrsg., *Referenzwerte für die Nährstoffzufuhr*, Umschau/Braus: Frankfurt am Main, (2000); S. 165 ▪ Schmidt, R. F.; Thews, G.; Lang, F., *Physiologie des Menschen*, 28. Aufl.; Springer: Berlin, (2000); S. 755, 772, 785 ▪ Ullmann (7.) [CD-ROM], 2004] – *[HS 2804 70; CAS 7723-14-0 (Phosphor allgemein); 100320-09-0 (weißer Phosphor)]*

**Phosphorsäure.** Die wichtigste Oxosäure des Phosphors, von der sich die Di- u. die kondensierten Meta- u. Polyphosphorsäuren ableiten, ist die dreibasige, auch *Orthophosphorsäure* genannte P., $(HO)_3P(O)$, $M_R$ 98,00, die sich bei stufenweisem Ersatz der H-Atome zu prim. (sauren), sek. u. tert. *Phosphaten umsetzen läßt (Näheres s. dort). P. bildet in reinem Zustand wasserklare, harte, an der Luft zerfließliche, rhomb. Säulen, D. 1,87, Schmp. 42,35 °C, die in Wasser in jedem beliebigen Verhältnis lösl. sind. Abgesehen von der Ätzwirkung der konz. P. ist, bes. von verd. Lsg., keine gesundheitsschädigende Wirkung bekannt – der menschliche Körper enthält in Form von Phosphorsäureestern, *Phospholipiden und *Phosphoproteinen sowie Nucleinsäuren ca. 700 g P u. benötigt ca. 0,8–1,2 g P/d. Die Nachw.-Reaktionen entsprechen denen der *Phosphate.

*Verwendung:* Hauptsächlich zur Herst. von Phosphat-Düngemitteln (in den USA >90% der Produktion), von Phosphaten, Porzellankitten, Emaillen, in der Textil-Ind. zum Färben, Sauerstellen u. Krumpffreimachen von Wolle, zur Wasseraufbereitung, als Katalysator für Polymerisation u. Hydratisierung, zum Phosphatieren, als Ätzmittel für Offsetplatten u. Halbleiter, zum Abbeizen u. elektrolyt. Polieren von Metallen, zur Herst. von Aktivkohle, Klebstoffen, piezoelektr. Krist., Flammschutzmitteln, als P.-Lieferant bei der Gewinnung von Hefen, Antibiotika, Enzymen, Silofutter, Arzneimitteln u. Kosmetika, zu Speziallacken, für flüssige WC-Reiniger. Eine farblose, leicht wasserlösl. Additionsverb. aus Harnstoff u. P. wird als starker Säureträger u. Ersatz für flüssige P. verwendet. Über ihre Verw. als Säuerungsmittel siehe Literatur[1].

*Recht:* In Lebensmitteln ist P. gemäß *ZZulV 1998 (Anlage 4 Teil B) ein beschränkt zugelassener Zusatzstoff (E 338). Die Reinheitsanforderungen an P. sind in Liste 2 Teil B der *ZVerkV 1998 geregelt; entsprechende Meth. gibt Literatur[2] wieder. – **E** phosphoric acid

*Lit.:* [1]Food Technol. **44**, 76–83 (1990). [2]Amtliche Sammlung, Nr. L 57.20.10-1(EG) und -2(EG).

*allg.:* Blue List ■ Ullmann (5.) **A19**, 465–503 – *[HS 2809 20; CAS 7664-38-2]*

**Phosphoserin** [*O*-Phosphono-L-serin, Kurzzeichen Ser (*P*), Pse].

$$O=\overset{\overset{\displaystyle OH}{|}}{\underset{\underset{\displaystyle OH}{|}}{P}}-O-CH_2-\overset{\overset{\displaystyle NH_2}{|}}{C}\cdots COOH$$

$C_3H_8NO_6P$, $M_R$ 185,07, Schmp. 166–167 °C. Phosphorsäureester der Aminosäure *Serin. Phosphoserin kommt in größeren Mengen in Phosphoproteinen (z.B. *Phosvitin, *Casein) vor und wird in Kombination mit L-Glutamin und Vitamin $B_{12}$ in Roborantien eingearbeitet. Phosphoserin soll Literatur[1–3] zufolge die primäre Bindungsstelle für Zink und Calcium in Milchproteinen sein. Phosphoserin ist auch Kopfgruppe der Phosphatidylserine (siehe *Kephaline). – **E** phosphoserine

*Lit.:* [1]Singh, H.; Flynn, A.; Fox, P. F., *J. Dairy Res.*, (1989) **56**, 235–248. [2]Farrell, H. M., Jr.; Kumosinski, T. F.; Malin, E. L.; Brown, E. M., In *Calcium-Binding Protein Protocols, Volume 1: Reviews and Case Studies*, Vogel, H., Hrsg.; Methods in Molecular Biology 172; Humana Press: Totowa, NJ, (2002); S. 97–140. [3]Belloque, J.; De La Fuente, M. A.; Ramos, M., *J. Dairy Res.*, (2000) **67**, 529–539.

*allg.:* Beilstein EIV **4**, 3126 ■ Merck-Index (13.), Nr. 7449 – *[HS 2922 50; CAS 407-41-0]*

**Phosvitin.** Wasserlösl., zu ca. 4,6% im *Eidotter vorkommendes Glycophosphoprotein, in dem bis zu 54% der Aminosäure-Reste *Phosphoserin-Reste sind. P. besteht aus zwei Komponenten, α- u. β-P. (s. *Lit.*[1]), die Protein-Aggregationen mit molaren Massen von 160000 bzw. 190000 darstellen. α-P. enthält 3 Subeinheiten ($M_R$ 37500, 42500 u. 45000), β-P. nur eine Subeinheit ($M_R$ 45000). Neuere Arbeiten zur Charakterisierung des P. mittels isoelektr. Fokussierung weisen noch auf eine dritte Komponente hin[2]. Die Aminosäure-Sequenz wird aus reinen Blöcken von Phosphoserin-Resten (6–8 Reste) gebildet, die von gemischten Blöcken anderer *Aminosäuren unterbrochen werden. Der Kohlenhydrat-Anteil ist *N*-glycosid. an $N^4$ eines *Asparagin-Restes gebunden u. besteht aus 13 Einheiten: 3 *Mannose, 3 *Galactose, 5 *N*-Acetylglucosamin u. 2 *N*-Acetylneuraminsäure. P. kann Eisen(III), Calcium u. Magnesium so komplexieren, daß deren ernährungsphysiolog. Verfügbarkeit abnimmt. – **E** phosvitin

*Lit.:* [1]J. Food Sci. **48**, 1755ff. (1983). [2]J. Food Sci. **54**, 756–764 (1989).

*allg.:* Merck-Index (13.), Nr. 7451 – *[CAS 9008-96-2]*

**Photodermatitis** siehe *Furocumarine.

**Photodiodenarray** siehe *Diodenarray.

**Phototoxizität.** Unter Phototoxizität versteht man eine akute, toxische Reaktion der Haut (Erytheme, Ödeme, Blasenbildung), die erst nach einer ersten dermalen oder systemischen Exposition mit phototoxischen Substanzen und nachfolgender Lichteinwirkung (langwelliges UV-Licht, UV-A,

selten UV-B) auftritt. Im Gegensatz dazu versteht man unter Photosensibilisierung oder Photoallergie eine verzögerte Hautreaktion nach Lichtexposition und wiederholter Applikation des Fremdstoffs.

Phototoxische Substanzen absorbieren UV-Licht und gehen in einen energetisch höheren Zustand über[1]. Die aufgenommene Energie wird dann an andere Moleküle abgegeben. Dadurch kommt es z.B. zur Oxidation von Biomolekülen, zur Bildung von reaktiven Sauerstoffspezies, zur Bildung eines toxischen Photoprodukts oder zur kovalenten Bindung an Biopolymere. Dies kann sich in der Schädigung der Zellen äußern.

Bekannte phototoxische Verbindungen sind z.B. Chlorpromazin, *Cumarine, *Psoralene, Promethazin, Tetracycline, *polycyclische aromatische Kohlenwasserstoffe wie Anthracen, Phenanthren, Fluoranthen u.a., Sulfonamide und verschiedene Farbstoffe (Eosin, Acridin-Farbstoffe u.a.). Die cytotoxische Wirkung von *Xanthotoxin wurde früher zur Behandlung der Hautkrankheit Psoriasis (Schuppenflechte) ausgenutzt.

Als Methode der Wahl zur Untersuchung auf akute Phototoxizität steht seit 2000 der *in vitro* Test Balb/c 3T3 NRU Phototoxicity Test an Fibroblasten der Maus zur Verfügung und wird von europäischen Behörden anerkannt[2,3]. Er ist seit 2004 auch von der OECD (OECD Test Guideline 432) zugelassen. – **E** phototoxicity

*Lit.:* [1]Spielmann, H.; Lovell, W. W.; Hölzle, E.; Johnson, B. E.; Maurer, T.; Miranda, M. A.; Pape, W. J. W.; Sapora, O.; Sladowski, D., *ATLA – Altern. Lab. Anim.*, (1994) **22**, 314–348. [2]Richtlinie 2000/33/EG vom 25.04.2000 (Amtsblatt der EG Nr. L 136, S. 90–108). [3]Muller, L.; Brendler-Schwaab, S.; Kasper, P.; Kersten, B., *ALTEX – Altern. Tierexp.*, (2001) **18** (2), 117–121.

*allg.:* Eisenbrand, G.; Metzler, M.; Hennecke, F. J., *Toxikologie für Naturwissenschaftler und Mediziner*, 3. Aufl.; Wiley-VCH: Weinheim, (2005) ■ Klaassen, C. D., Hrsg., *Casarett and Doull's Toxicology*, 6. Aufl.; McGraw-Hill Companies: New York, (2001)

**Phoxim** siehe *Organophosphor-Insektizide.

**Phthalate** siehe *Phthalsäureester.

**Phthalide** [1(3*H*)-Isobenzofuranone].

$$\underset{R}{\overset{O}{\text{(Struktur)}}}$$

Nach IUPAC-Regel C-473 Gruppenbezeichnung für substituierte Lactone der 2-(Hydroxymethyl)-benzoesäure, bei denen die Wasserstoff-Atome der Methylen-Gruppe durch aliphatische und/oder aromatische Reste ersetzt sein können. Phthalid-Derivate kommen in der Natur als typische Geruchsstoffe der etherischen Öle von *Sellerie und Liebstöckel in Form von *3-Butyl-* und *3-Butylidenphthalid* vor, ferner als Bestandteile von Alkaloiden, z.B. (−)-α-Narcotin. Einige Phthalide dienen auch als Arzneimittel. Der Grundkörper ist das heute meist 1(3*H*)-Isobenzofuranon genannte *Phthalid*, farblose Tafeln, Schmp. 68–72 °C, Sdp. 290 °C, löslich in Ethanol und anderen polaren organischen Lösemitteln; unlöslich in kaltem Wasser, WGK 1. Zum Vorkommen in Liebstöckel siehe Literatur[1]. Zur chiralen Analyse in Stauden und Knollensellerie sowie Fenchel siehe Literatur[2-4]. Zur Extraktion mit Hilfe von überkritischem $CO_2$ siehe Literatur[5]. Zur Chemoprävention gegen Krebs siehe Literatur[6-7]. – *E* phthalides

*Lit.:* [1]Bylaite, E.; Venskutonis, R. P.; Roozen, J. P., *J. Agric. Food Chem.*, (1998) **46**(9), 3735–3760. [2]Bartschat, D.; Beck, T.; Mosandl, A., *J. Agric. Food Chem.*, (1997) **45**(12), 4554–4557. [3]Manzardo, G. G.; Kuersteiner-Laube, S.; Perrin, D., *Z. Lebensm. Unters. Forsch.*, (1996) **203**(6), 501–506. [4]Bartschat, D.; Mosandl, A., *GIT Labor-Fachz.*, (1997) **41**(9), 874–876. [5]Dauksas, E.; Venskutonis, R. P.; Sivik, B.; Nillson, T., *J. Supercritical Fluids*, (2002) **22**(3), 201–210. [6]Zheng, G. Q.; Kenney, P. M.; Zhang, J.; Lam, L. K. T., *Nutr. Cancer*, (1993) **19**(1), 77–36. [7]Zheng, G. Q.; Zhang, J.; Kenney, P. M.; Lam, L. K. T., In *Food Phytochemicals for Cancer Prevention I*; Huang, M.-T.; Osawa, T.; Ho, C.-T.; Rosen, R. T., Hrsg.; ACS Symposium Series 546; American Chemical Society: Washington, DC, (1994); S. 230–238.
*allg.:* Beilstein EV **17/10**, 7 ▪ Ullmann (5.) **A1**, 375; **A20**, 183 – *[HS 2932 29]*

**Phthalocyanin-Farbstoffe.** Eine umfangreiche Gruppe von Metall-haltigen organ. Pigmenten auf der Basis von Phthalocyanin. Die bekannteste und am meisten verwendete Verbindung *Kupfer-Phthalocyanin* (Heliogenblau B, C.I. 74160; $C_{32}H_{16}CuN_8$, $M_R$ 576,08) wird aus Phthalsäuredinitril mit Kupfer(I)-chlorid hergestellt.

Kupfer-Phthalocyanin

*Phthalocyaninblau* (C13; C.I. 74100, 74140, 74160) u. *Phthalocyaningrün* (C14; C.I. 74260) wurden früher zum Stempeln der Oberfläche von Lebensmitteln u. ihren Verpackungsmitteln sowie zum Färben u. Bemalen von Eierschalen verwendet.
*Recht:* In der EU sind P.-F. für die oben genannten Zwecke nicht mehr zugelassen.
*Toxikologie:* Ein ADI-Wert wurde nicht festgelegt. Zur Analytik s. Literatur[1] und *Lebensmittelfarbstoffe. – *E* phthalocyanine dyes

*Lit.:* [1]Morkved, E.; Kjosen, H.; Vedde, J.; Uggerud, E., *Eur. J. Mass Spectrom.*, (2002) **8**, 35–39.
*allg.:* Beilstein EV **26/19**, 599–611, 634 ▪ Blue List ▪ Kirk-Othmer (4.) **6**, 794 ▪ Ullmann (5.) **A20**, 234f. – *[HS 3204 14, 3204 15, 3204 17; CAS 147-14-8 (Kupferphthalocyanin)]*

**Phthalsäureester** (Phthalate, Phthalsäuredialkylester).

Die wichtigste Gruppe der P. sind die Ester, die aus Phthalsäure oder Phthalsäureanhydrid mit C4–C10-Alkoholen gebildet werden; es sind im allg. farblose, wenig wasserlösl., schwer flüchtige Flüssigkeiten. Die u. a. als Weichmacher eingesetzten P. haben eine geringe Eigenfarbe, sind chem. u. photochem. stabil, gut Polymer-lösl. u. über einen z. T. beachtlich großen Temp.-Bereich flüssig [Di(2-ethylhexyl)phthalat (DEHP) z. B. von $-50\,°C$ bis $+384\,°C$].

*Vorkommen:* P. sind nahezu ubiquitär. Ursachen hierfür sind u. a. hohe Produktionsmengen u. Anwendungsmengen, eine Vielzahl von Einsatzbereichen (diffuse Eintragsquellen in die Umwelt), sowie die Bioakkumulationstendenz u. Geoakkumulationstendenz[1].

*Verteilung in der Umwelt:* In der Luft befinden sich $\leq 3\,ng/m^3$ (z. B. über dem Nordatlantik u. dem Nordpazifik) bis zu $130\,ng/m^3$ (in Städten) meist partikelgebunden, im Regenwasser bis zu 0,2 µg/L (über dem Meer). Das „wash-out" der Atmosphäre ist offensichtlich die Hauptquelle der P. für die Gewässer – in den Binnengewässern werden bis zu 10 µg/L, im Meerwasser bis zu 0,7 µg/L gefunden. In geschlossenen Räumen mit PVC-Fußboden können P.-Konz. von 150–260 µg/m³ in der Luft auftreten. Auch die typ. riechende Luft in neuen Autos enthält an heißen Tagen bis zu 300 µg/m³ Phthalsäureester. Im Boden scheinen die P. an Huminstoffe gebunden zu sein, was für ihre Mobilität wesentlich ist. P. wurden u. a. in Rohöl u. fossilem Material gefunden. Es ist allerdings nicht sicher, ob sie natürlich gebildet wurden, doch ist bekannt, daß sie auch durch hydrolyt. u. oxidative Zersetzungsreaktionen entstehen können[2,3,4].

*Lebensmittel:* In Nahrungsmitteln enthaltene P. stammen hauptsächlich aus der Verpackung. Nahrungsmittel mit höherem Fettgehalt sind im allg. stärker kontaminiert. Im Fettanteil von Milch u. Käse wurden 5–35 ppm DEHP gefunden, in Brot, Eiern, Fleisch u. Mehl weniger. Die P.-Konz. von Fischen reichen teilw. bis in den ppm-Bereich. Im Herzmuskel von Säugetieren u. im Seehundsfett wurden bis über 10 ppm P. gefunden. Bei Warmblütern findet man P. außerdem in Leber u. Lunge. In Blutkonserven wurden (1974) z.B. nach 11-tägiger Aufbewahrung in Kunststoffbeuteln DEHP-Konz. von 26,4 mg/L u. nach 24-tägiger von 102 mg/L gefunden[2,3].

*Toxikologie:* Zwar ist die akute Toxizität der P. im allg. gering[5], jedoch haben Untersuchungen zur chron. Toxizität des häufig verwendeten DEHP Hinweise dafür erbracht, daß bei langfristiger Einwirkung mit Organveränderungen der Leber, der Nieren sowie mit Schädigungen des ZNS gerechnet werden muß, wenn sehr hohe Dosen vom Organismus aufgenommen werden. Dosen von 10 g DEHP bzw. DBP (Dibutylphthalat) verursachten Durchfall, Brechreiz, Schwindelgefühl, Ausschlag u. Nierenentzündung. Bei chron. Inhalation traten Schleimhautirritationen bzw. Schleimhautsensibilisierungen auf.

DEHP wurde von der IARC (International Agency for Research on Cancer) in Gruppe 2B (möglicherweise carcinogen für den Menschen) eingestuft[6]. MAK-Werte-Liste (2005): Grenzwert 10 mg/m³; krebserzeugend: Kategorie 4; Schwangerschaft: Gruppe C[7]. Nach einer Entscheidung der EU ist DEHP nicht als krebserzeugender Stoff einzustufen[8]. Einen ausführlichen Überblick zur Toxikologie dieser Verb. geben Literatur[6,7]. DEHP wirkt im Versuchstier als Peroxysomen-Proliferator u. als Lebercarcinogen [bei Ratten u. Mäusen führt die ständige Fütterung mit DEHP (3–12 g je kg Futter) zu einem Anstieg der Lebertumoren], ist nicht mutagen u. zeigt keine genotox. Aktivität. Daher wird für DEHP ein epigenet., möglicherweise rezeptorvermittelter Mechanismus angenommen[9–12].

Des weiteren hemmen einige P. die für die Detoxifizierung von Fremdstoffen wichtigen Glutathion-Transferasen[13]. DEHP wirkt an Ratte u. Maus reproduktionstox. u. embryotoxisch. Da der MAK-Wert von 10 mg/m$^3$ einen Sicherheitsfaktor zum NO(A)EL von >25 ergibt, wurde DEHP in Gruppe C eingestuft (Risiko der Fruchtschädigung bei Einhaltung des MAK-Wertes nicht zu befürchten)[7]. DMP (Dimethylphthalat) zeigt im Gegensatz zu DEHP mutagene Aktivität u. bindet an hepat. Makromoleküle[14]. Für DBP (Dibutylphthalat) sind bisher keine hepatocarcinogene Effekte wie für DEHP nachgewiesen[9–12].

DBP, DMP u. DEP (Diethylphthalat) wurden vom CIR Expert Panel der CTFA in den Konz., die zur Herst. kosmet. Mittel empfohlen od. verwendet werden, als „safe" bezeichnet[15].

Die LD$_{50}$ (Ratte oral) beträgt für DBP 8000 mg/kg und für DMP 6800 mg/kg. P. verringern die Bindung von Estrogenen an Rezeptoren bei Forellen; eine eindeutige endokrine Wirkung ist jedoch nicht nachgewiesen[16].

P.-Konz. im oberen µg/L-Bereich hemmen das Wachstum von Algen. Die LC$_{50}$ liegt für Fische u. Daphnien im allg. im unteren mg/L-Bereich, jedoch verhindert die geringe Löslichkeit der P. unter Umständen das Erreichen der tox. Konzentration. DEHP-Konz. im Boden bis zu einigen g/kg haben keinen od. nur einen geringen Effekt auf das Wachstum von Raps u. Hafer, jedoch wurden bei Landpflanzen auch Wachstumshemmungen gefunden.

*Nachweis:* Summar. durch die Umsetzung mit Phenol in Schwefelsäure, bei der sich Phenolphthalein bildet. Einzelverb. können gaschromatograph. in Mengen ab 1 bis 5 ng mit massenspektrometr. Meth., Flammenionisationsdetektion od. Elektroneneinfangdetektion u. flüssigchromatograph. (HPLC) ab Konz. von 1 bis 2 µg/L bestimmt werden. Aufgrund der ubiquitären Verteilung der P. können durch die Probenaufarbeitung Kontaminationen bis zu 10–15 µg/L entstehen[2,3]. Zum Nachweis von P. mittels HPLC u. zum Nachweis von DEHP in biolog. Matrices s.a. Literatur[17,18].

*Verwendung:* P. finden Anw. als Wirkstoff in Insekten-Repellants (DEP, Diethylphthalat) sowie in Munition u. zur Vergällung von Ethanol. In techn. Prozessen dienen P. als Schmiermittel u. Lsm. od. Carrier (DEHP löst z.B. Naturharze u. Synthetikharze), als Textilhilfsmittel u. als Entschäumer in der Papierherstellung. Die Flüchtigkeit der P. aus

der Polymer-Matrix korrespondiert qual. mit dem Dampfdruck, ihre Extrahierbarkeit mit Wasser ist wegen der geringen Wasserlöslichkeit im allg. <0,1% in 24 h bei 50 °C. Die Extrahierbarkeit mit Kerosin nimmt mit der Kettenlänge zu[2,3,19].

In der Lackindustrie finden sie als Weichmacher, Bestandteile von Schaumverhütungsmitteln, Lösemitteln u. als Lackharze Verwendung. Infolge ihrer physikal.-chem. Eigenschaften werden die P. darüber hinaus in der Kosmetikindustrie z.B. in Nagellacken, Haarsprays, Parfümen und Deodorants und im medizin. Bereich verwendet. – *E* phthalic esters, phthalates

*Lit.:* [1] Koch, Umweltchemikalien (3.), Weinheim: VCH Verlagsgesellschaft 1995. [2] Hutzinger **3C**, 67–135. [3] Korte, S. 266ff. [4] Ullmann (5.) **A20**, 193. [5] Kemper et al., Zum Thema Weichmacher, Phthalsäuredialkylester, pharmakologische und toxikologische Aspekte, Frankfurt: VKI 1983. [6] IARC Monogr. **29**, 269 (1982); **42**, 261 (1987); Suppl. 7, 62 (1987). [7] Greim (Hrsg.), Toxikologisch-arbeitsmedizinische Begründung von MAK-Werten, Weinheim: Wiley-VCH (Loseblattsammlung, fortlaufend). [8] Entscheidung 90/420/EWG vom 25.07.1990 über die Einstufung, Verpackung und Kennzeichnung von Di(2-ethylhexyl)phthalat (Amtsblatt der EG Nr. L 222/49 vom 17.08.1990). [9] Drug Metab. Rev. **21**, 3–12, 55–63, 65–102 (1989). [10] Food Chem. Toxicol. **28**, 427–434 (1990). [11] Carcinogenesis **11**, 2111–2115 (1990). [12] Trends Pharmacol. Sci. **13**, 241 (1992). [13] Toxicol. In Vitro **5**, 207–210 (1991). [14] J. Toxicol. Environ. Health **33**, 29–46 (1991). [15] J. Am. Coll. Toxicol. **4**, 267 (1985). [16] Toxicol. Appl. Pharmacol. **128**, 216–223 (1994). [17] Chromatographia **513**, 360–366 (1990). [18] J. Agric. Food Chem. **38**, 415–418 (1990). [19] Vollmer, G.; Hahn, A.; Vollmer, A., *Gefahrstoffe*, Thieme: Stuttgart, (1990); S. 197.

*allg.:* Beilstein EIV **9**, 3170–3259 ■ Kirk-Othmer (4.) **18**, 1004f. ■ Opinion of the SCCNFP concerning Diethyl Phthalate, SCCNFP/0411/01 final vom 4.6.2002; http://europa.eu.int/comm/health/ph_risk/committees/sccp/documents/out168_en.pdf ■ Ullmann (5.) **A1**, 437; **A20**, 193ff. – *[HS 2917 39]*

**Phycokolloide** siehe *Gele.

**Phycotoxine** siehe *Algentoxine.

**Phyllochinon** siehe *Vitamin K.

**phylogenetische Stammbäume** siehe *Proteine.

**Physalien** siehe *Zeaxanthin.

**Physiologischer Brennwert.** Der physiologische Brennwert gibt den vom Organismus im Stoffwechsel verwertbaren Energiegehalt eines Lebensmittels an. Die Maßangabe ist Kilojoule (kJ), in der Praxis steht gleichrangig daneben die ältere Angabe in Kilokalorien (kcal). Bei Fetten und Kohlenhydraten entspricht der physiologische Brennwert eines Lebensmittels dem physikalischen, da Fette und Kohlenhydrate im Organismus komplett zu Wasser und Kohlendioxid abgebaut werden. Bei Proteinen z. B. ist dies nicht der Fall, deshalb ist der physikalische Brennwert größer als der physiologische. Zur Berechnung des physiologischen Brennwerts sind nach § 2 *Nährwert-Kennzeichnungsverordnung folgende Zahlen zugrunde zu legen:

| 1 g | Fett | 37 kJ bzw. 9 kcal |
|-----|------|-------------------|
| 1 g | Eiweiß | 17 kJ bzw. 4 kcal |
| 1 g | Kohlenhydrate | 17 kJ bzw. 4 kcal |
| 1 g | Ethylalkohol | 29 kJ bzw. 7 kcal |
| 1 g | organ. Säure | 13 kJ bzw. 3 kcal |
| 1 g | mehrwertige Alkohole | 10 kJ bzw. 2,4 kcal |

Die Energieangaben in *Nährwerttabellen oder in der *Diät-Verordnung (§ 12, 14a, 19) entsprechen dem physiologischen Brennwert. – *E* physiological energy value

*Lit.:* Rehner, G.; Daniel, H., *Biochemie der Ernährung*, Spektrum Akademischer Verlag: Heidelberg, (1999)

**Phytagglutinine** siehe *Lektine.

**Phytase** [Phytat-6-Phosphatase, EC 3.1.3.16, PDB entries 1DKL (*Escherichia coli*), 1POO (*Bacillus* sp.)]. Im Magen-Darm-Trakt, in Pflanzen, bes. im Endosperm von Cerealien, in der Weizenkleie, in unreifen Kartoffeln u. in einigen Mikroorganismen vorkommende *Phosphatase, die *Phytinsäure u. Phytat in *myo*-Inosit spaltet. Die Bildung von Protein-Phytat-Mineralsalz-Komplexen kann die Ursache der schweren Verfügbarkeit von Calcium- u. Magnesium-Salzen in der Nahrung (Weizenkleie 2,6–5,4% Phytat) sein, wenn diese größere Mengen von unfermentierten Cerealien mit hohem Phytin-Gehalt enthält. Wegen der Unzugänglichkeit der Phosphorsäure im *Phytin erfordert die Tierernährung den Zusatz von Phosphat. Der Phytin-*Phosphor tier. Ausscheidungen kann zu einer signifikanten Umweltbelastung werden. Die Verw. von techn. hergestellter P. kann den ausgeschiedenen Phosphor um bis zu 50% senken.[1,2] – *E* phytase

*Lit.:* [1]Heindl, U., *Kraftfutter*, (2000) **83**(4), 144. [2]Mullaney, E. J.; Daly, C. B.; Ullah, A. H. J., *Adv. Appl. Microbiol.*, (2000) **47**, 157. – [HS 3507 90; CAS 37341-58-5]

**Phytin.**

$R = PO_3^{\ominus}$

In Getreide natürlich vorkommendes Alkali-Erdalkalisalz (meist Kalium-Calcium-Magnesiumsalz) der *Phytinsäure, hier als Beisp. s. Formel, $Ca_5Mg(C_6H_{12}O_{24}P_6 \cdot 3 H_2O)_2$. P. wird allg. aus Getreide (Soja, Mais) gewonnen u. ist aufgrund der Phosphorsäureester-Gruppen ein guter *Chelatbildner[1].

*Verwendung:* Hauptsächlich bei der Herst. von Wein u. weinhaltigen Getränken als *Schönungsmittel, um Eisen-Ionen als schwerlösl. voluminösen Eisen-Phytat-Niederschlag abzutrennen. Im Gegensatz zur Blauschönung werden Kupfer- u. Zink-Ionen nicht ausgefällt.

*Physiologie:* Neben der Rolle der Phytinsäure als antinutritiver Faktor (vermindert z.B. die Resorption von Calcium u. Magnesium) werden auch protektive Funktionen diskutiert[2,3]. Erste Studien zur oralen Absorption und renalen Exkretion liegen vor[4].

*Recht:* In Deutschland ist P. als Calcium- u. Calcium-Magnesium-Phytat in Anl. 2 Liste C der *ZVerkV 1998 als Zusatzstoff aufgeführt, jedoch nicht durch die *ZZulV für Lebensmittel zugelassen. – *E* phytin

*Lit.:* [1]Sarkar, S.; Das, S.; Pal, M. K., *J. Indian Chem. Soc.*, (1999) **76**, 13–16. [2]Ernähr. Umsch. **40**, 400 (1993). [3]Onomi, S.; Katayama, T.; Sato, K., *Nutr. Res.*, (1999) **19**, 1401–1409. [4]Grases, F.; Simonet, B. M.; Vucenik, I.; Prieto, R. M.; Costa-Bauza, A.; March, J. G.; Shamsuddin, A. M., *Biofactors*, (2001) **15**, 59–61.
*allg.:* Merck-Index (13.), Nr. 7471 – [HS 2919 00; CAS 3615-82-5 (Ca-Mg-Phytat); 7776-28-5 (Ca-Phytat)]

**Phytinsäure** (Inosithexaphosphorsäure, *myo*-Inositol-hexakis-dihydrogenphosphat; internationaler Freiname: Fytinsäure).

$C_8H_{18}O_{24}P_6$, $M_R$ 660,08, sirupöse, strohfarbene Flüssigkeit, mischbar mit Wasser, Ethanol (95%ig) und Glycerol. Phytinsäure findet sich meist in Form des Calcium-Magnesiumsalzes in pflanzlichen Organen, vor allem in Samen (Phosphat-Speicherfunktion); vgl. *Phytin. Sie ist auch Bestandteil tierischer Gewebe und Organe. Im Darm beeinträchtigt sie die Calcium-, Magnesium- und Eisen-Resorption durch konkurrierende Chelatisierung. Das Getreidekorn enthält ca. 1% Phytinsäure, überwiegend als Kalium-Magnesiumsalz zum Großteil in den Randschichten (Schale, Aleuronschicht) und im Keimling. Infolgedessen ist der Gehalt in Kleie sehr hoch (2,8–6,7%), in Weißbrot dagegen niedrig (0,03%). Bei der Samenkeimung und der Herstellung von *Hefe- und *Sauerteig (70–80%) wird ein Teil der Phytinsäure durch das Enzym *Phytase zu *myo*-Inosit und Phosphat hydrolysiert. Die Reaktion ist ernährungsphysiologisch erwünscht, da Phytinsäure mit Calcium- und Eisen-Ionen unlösliche und sehr schlecht resorbierbare Salze bildet.

*Verwendung:* Für Druckgaspackungen wird Phytinsäure als Korrosionsinhibitor empfohlen. Außerdem dient sie als Chelatbildner mit Schwermetallen bei der Fettsynthese und sie wird als Alternative zu Kaliumhexacyanoferrat bei der Rotwein-Schönung eingesetzt. Phytinsäure wird zur Behandlung von hartem Wasser genutzt und wirkt (als Natriumsalz) als Hypokalzämikum (Phytate Natrium, USAN). – *E* phytic acid

*Lit.:* Beilstein EIV **6**, 7927 ■ Belitz-Grosch-Schieberle (5.), S. 682 ■ Fox, C. H.; Eberl, M., *Complement. Ther. Med.*, (2002) **10**, 229–234 ■ Merck-Index (13.), Nr. 7471 ■ Hurrell, R. F., *J. Nutr.*, (2003) **133**, 2973S–2977S ■ Raboy, V., *Phytochemistry*, (2003) **64**, 1033–1043 ■ Vucenik, I.; Shamsuddin, A. M., *J. Nutr.*, (2003) **133**, 3778S–3784S – [HS 2919 00; CAS 83-86-3]

**Phytoaggressine** siehe *Phytonzide und *Repellentien.

**Phytoalexine.** Durch K. O. Müller und Börger 1940 geprägte und von griechisch phytón = Pflanze und alexein = abwehren abgeleitete Bezeichnung für solche Stoffe, die von Pflanzen aufgrund einer Infektion *(postinfektionell)* zur Abwehr des Schadorganismus – meist Pilze – gebildet werden. Die Akkumulation solcher Phytoalexine wird u.a. für die Resistenz bestimmter Pflanzen gegenüber pathogenen Pilzen verantwortlich gemacht. Damit lassen sich die Phytoalexine mit den Interferonen der Säugetiere vergleichen: Beide sind wirtsspezifisch, werden auf einen äußeren Reiz hin gebildet, wirken aber ziemlich unspezifisch. Zur Rolle der Phytoalexine innerhalb der pflanzlichen „Überlebensstrategie" siehe Literatur[1-3]. Die Phytoalexine gehören sehr unterschiedlichen Stoffgruppen an (Beispiele in Klammern): Terpenoide und Sesquiterpenoide (*Gossypol, Rishitin aus Kartoffeln, Capsidiol aus Paprikafrüchten), Isoflavonoide [Pisatin, Phaseolin, Sativan, Glyceollin aus Sojabohnen], Furanoterpenoide (*Ipomeamaron), Polyine (Safinol aus Saflor, Wyeron und Wyeronsäure aus Saubohnen), Dihydrophenanthrene (Orchinol), Furocumarine (*Xanthotoxin) und anderen Gruppen[4,5]. Einige dieser für das Immunsystem der Pflanzen wichtigen Verbindungen sind dort auch als *präinfektionelle* Abwehrstoffe (vgl. *Phytonzide) wirksam, so daß die Zuordnung nicht immer eindeutig ist. Auslöser der Phytoalexin-Bildung sind nicht nur Pilzinfektionen, sondern auch die Einwirkung von Bakterien, Viren, Nematoden, aber auch Verletzungen, Kälte, UV-Strahlung, Schwermetalle etc. Im einzelnen wird die Phytoalexin-Synthese durch bestimmte Polysaccharide der Pilzzellwand eingeleitet. Als derart auslösende Stoffe, für die Keen 1972 die Bezeichnung *Elicitoren* (von lateinisch: elicere = hervorlocken) einführte, wirken Glucane, Glycoproteine, Polypeptide und Enzyme[6-8]. Man nimmt an, daß die Wirkung der Elicitoren über Enzyminduktionen erfolgt. Andererseits besitzen die Pilze ihrerseits Mechanismen zur Überwindung der pflanzlichen Resistenz, z.B. durch Blockierung der Phytoalexin-Biogenese[9,10] oder durch Metabolisierung[11] der Phytoalexine zu unwirksamen Produkten. Die genetischen Grundlagen zur Manipulation von antimikrobiell wirksamen sekundären Pflanzeninhaltsstoffen sind teilweise vorhanden[12]. Es gelang die Expression von fremden Phytoalexinen in Kulturpflanzen[13]. – *E* phytoalexins

*Lit.:* [1]Angew. Chem. **93**, 164–183 (1981); Int. Ed. Engl. **20**, 164 (1981). [2]ACS Symp. Ser. **439** (Microbes and Microbial Products as Herbicides), 114–129 (1990); **445** (Naturally Occurring Pest Bioregulators), 198–207 (1991). [3]Ciba Found. Symp. **154** (Bioact. Comp. Plants), 126–132, 140–156, 213–228 (1990). [4]Angew. Chem. **90**, 668–681 (1978); Int. Ed. Engl. **17**, 635 (1978). [5]Zechmeister **34**, 187–248. [6]Naturwissenschaften **68**, 447–457 (1981). [7]Pure Appl. Chem. **53**, 79–88 (1981). [8]Science **201**, 364 (1978). [9]Naturwissenschaften **64**, 643f. (1977); **67**, 310f. (1980). [10]Annu. Rev. Phytopathol. **30**, 391–418 (1992). [11]Weltring, in Stahl u. Tudzynski (Hrsg.), Molecular Biology of Filamentous Fungi, Proceedings of the EMBO-Workshop, Meeting Date 1991, S. 111–124, Weinheim: VCH Verlagsges. 1992. [12]Dixon, R. A.; Paiva, N. L., In *Opportunities for Molecular Biology in Crop Protection*; BCPC Monographs 55; British Crop Protection

Council: Farnham, (1993); S. 111–118. [13]Curr. Opin. Biotechnol. **5**, 125–130 (1994).
*allg.:* Dixon, R. A., *Nature (London)*, (2001) **411**, 843–847 ▪ Grayer, R. J.; Kokubun, T., *Phytochemistry*, (2001) **56**, 253–263 ▪ Heil, M.; Bostock, R. M., *Ann. Bot. (London)*, (2002) **89**, 503–512 ▪ Jeandet, P.; Douillet-Breuil, A. C.; Bessis, R.; Debord, S.; Sbaghi, M.; Adrian, M., *J. Agric Food Chem.*, (2002) **50**, 2731–2741

**Phytohämagglutinine** siehe *Lektine.

**Phytohormone** siehe *Pflanzenwuchsstoffe.

**Phytomenadion** siehe *Vitamin K.

**Phytone** siehe *Phytonzide.

**Phytonzide.** Von griechisch phytón = Pflanze und lateinisch: ...cida = ...mörder, ...töter abgeleitete Bezeichnung für wasserlösliche oder gasförmige pflanzliche Naturstoffe, mit denen sich Pflanzen gegen pathogene Mikroorganismen schützen. Diese von Höheren Pflanzen *präinfektionell* in aktiver oder aktivierbarer Form gebildeten und bei Bedarf oder ständig an die Umgebung abgegebenen Stoffe werden manchmal per se, manchmal zusammen mit den *Phytoalexinen, als Phytoantibiotika bezeichnet. Naturstoffe mit Phytonzid-Wirkung gehören den verschiedensten Stoffklassen an: Phenole, Cumarine, Tannine, Flavonoide, hydroxylierte aliphatische Carbonsäuren, ungesättigte Lactone, Steroid-Saponine, Glucosinolate, cyanogene Glycoside und flüchtige Terpenoide. Phytonzide liegen meist (außer in etherischen Ölen) als Glycoside vor, die bei Verletzung der Pflanze enzymatisch freigesetzt werden und so eine Infektion mit pathogenen Keimen verhindern. Rein empirisch wurde die antibiotische Wirkung in zahlreichen Heilpflanzen schon seit Jahrtausenden genutzt, vgl. die Zusammenstellung bekannter pflanzlicher Antibiotika und ihrer Stammpflanzen in Literatur[1]. Zu den Phytonziden kann man auch die *Wundgase* – insbesondere *Ethen, $C_6$- und $C_9$-Aldehyde und -Alkohole [am verbreitetsten ist (*E*)-*Hex-2-en-1-al] – rechnen, die aus den verletzten Membranen entweichen. Für solche Stoffe, die nicht nur Mikrobizid-, sondern z.T. auch Wuchsstoffeigenschaften haben, hat Schildknecht die Bezeichnung *Phytone* vorgeschlagen. In erweitertem Sinn könnte man auch die allelopathischen Abwehrstoffe Höherer Pflanzen zu den Phytonziden rechnen. Bei diesen *Allelopathika* (von griechisch: allēlōn = gegenseitig, einander und pathos = Leid, mit denen sich Pflanzen gegenseitig hemmen, handelt es sich in der Regel um *Pflanzenwuchsstoff-Antagonisten, die auch für bestimmte Formen von Bodenmüdigkeit verantwortlich gemacht werden. Diese Hemmstoffe wirken z.T. auch als Keimungshemmstoffe und befähigen innerhalb der „chemischen Ökologie der Pflanzen" einzelne Individuen, sich gegen andere mit chemischen Mitteln durchzusetzen. Gelegentlich spricht man auch von *Phytoaggressinen* oder chemischen Waffen der Pflanzen. – *E* phytoncides
*Lit.:* [1]Pharm. Unserer Zeit **1**, 42–53 (1972).

**Phytophthora.** Gattung obligat pflanzenpathogener Pilze. *Phytophthora infestans* ist der Erreger der Kraut- und Knollenfäule bei Kartoffeln. *Phytophthora infestans* verbreitet sich bei einer relativen Luftfeuchtigkeit von mehr als 80% und Temperaturen von 10–26 °C über Sporangien und Zoosporen. Schwere Epidemien in West- und Mitteleuropa, z. B. 1845–1850 in Irland, sollen eine Auswanderungswelle nach Nordamerika ausgelöst haben. Durch gezielten Einsatz geeigneter Pflanzenbehandlungsmittel auf dem Feld ist ein Rückgang zu verzeichnen. Von *Phytophthora infestans* befallene Kartoffeln bilden zur Abwehr des Parasiten im reifen Zustand die *Phytoalexine Solanidin (siehe α-*Solanin), Chaconin, Scopolin, Rishitin und Chlorogensäure aus. Andere *Phytophthora*-Arten können Kernobst und Citrusfrüchte im Lager verderben (Braunfäule, Lederfäule). – *E* Phytophthora

*Lit.:* Weidenbörner, M., *Lebensmittelmykologie*, Behr's: Hamburg, (1999)

**Phytoregulatoren** siehe *Pflanzenwuchsstoffe.

**Phytosphingosin** siehe *Sphingosin.

**Phytostanole** (Stanole). Phytostanole sind die gesättigten Analoga der Phytosterole. In pflanzlichen Lebensmitteln sind Phytostanole hauptsächlich in Cerealien zu finden. In der Natur kommen Phytostanole wie auch die Sterole in freier Form und als Ester von Carbonsäuren (Sterolester bzw. Stanolester) vor. Des weiteren können sie an einen Zuckerrest gebunden vorliegen. In Getreidearten wie Mais, Weizen und Roggen liegen die Phytostanole hauptsächlich als Ferulasäureester (siehe *Hydroxyzimtsäuren) und *p*-Cumarsäureester vor[1,2]. Während die tägliche Aufnahme an Phytosterolen in den Industrieländern in Abhängigkeit von der Ernährungsweise 200–800 mg beträgt, wird die tägliche Aufnahme an Phytostanolen und deren Estern auf ca. 20–50 mg geschätzt[3].

*Herstellung:* Phytostanole sowie Phytosterole fallen bei der Raffination von pflanzlichen Ölen als Nebenprodukt in den Brüdenkondensaten des Dämpfungsprozesses an. Außerdem können sie aus Holz gewonnen werden. Dort sind sie in dem sogenannten Tallöl enthalten, das beim Aufschluß von Holz zur Papierherstellung als Nebenprodukt entsteht.

*Physiologie:* Ähnlich den Phytosterolen sind auch die Stanole in der Lage, die Aufnahme von Cholesterol im Darm zu hemmen und so zu einer Senkung des Cholesterol-Plasmaspiegels beizutragen (siehe auch *Phytosterolester in Margarine).
Phytostanole und ihre Ester beeinflussen ähnlich wie die Phytosterole und ihre Ester die Resorption von Carotinoiden negativ. Ergebnisse zum Einfluß auf die Plasmakonzentration von Retinol (Vitamin A), Tocopherolen, Vitamin $K_1$ und 25-Hydroxycholecalciferol sind nicht einheitlich[4,5].

*Toxikologie:* Bei toxikologischen Untersuchungen mit Stanolester-Präparationen auf der Basis pflanzlicher Öle zur Genotoxizität, akuten oralen und dermalen Toxizität, Haut- und Augenreizung, Sensibilisierung, estrogenen Wirkung, Embryotoxizität,

Teratogenität und Reproduktionstoxizität (2-Generationen-Studie[6]) zeigten sich, abgesehen von Veränderungen der Plasmakonzentrationen der Vitamine E, D und $K_1$ in der 90-Tage-Studie, keine gesundheitlich relevanten Effekte. Nach einer Stellungnahme des *BgVV zur Verwendung von Phytostanolestern in Brotaufstrichen ist eine abschließende toxikologische Bewertung aber noch nicht möglich. Vor allem Stanolester-Präparationen auf Tallöl-Basis sind weniger umfassend untersucht als Stanolester-Präparationen aus pflanzlichen Ölen. Auch ist unklar, ob eine langfristige Zufuhr von Phytostanolestern in höherer Konzentration wie dies bei kumulativer Aufnahme von mehreren Phytostanol-angereicherten Lebensmitteln denkbar ist, gesundheitlich unbedenklich ist[7,8].

*Lit.:* [1]Ragotzky, K., In *Praxishandbuch Functional Food*, Ebersdobler, H. F.; Meyer, A. H., Hrsg.; Behr's: Hamburg, (1999). [2]Moreau, R. A.; Powell, M. J.; Hicks, K. B., *J. Agric. Food Chem.*, (2003) **51**, 6663–6667. [3]Czubayko, F.; Beumers, B.; Lammsfuss, S.; Lutjohann, D.; Bergmann, K., *J. Lipid Res.*, (1991) **32**, 1861–1867. [4]Andersson, A.; Karlström, B.; Mohsen, R.; Vessby, B., *Eur. Heart J.*, (1999) Suppl. 1, 80–90. [5]Hallikainen, M. A.; Sarkkinen, E. S.; Uusitupa, M. I. J., *J. Nutr.*, (2000) **130**, 767–776. [6]Whittaker, M. H.; Frankos, V. H.; Wolterbeek, A. P., Waalkens-Berendsen, D. H., *Regul. Toxicol. Pharmacol.*, (1999) **29**, 196–204. [7]BgVV, *Brotaufstriche mit Zusatz von Phytostanolestern*, Stellungnahme vom 14.09.2001; http://www.bfr.bund.de. [8]DFG-Senatskommission zur Beurteilung der gesundheitlichen Unbedenklichkeit von Lebensmitteln (SKLM), *Einsatz von Phytosterolen und Phytosterolestern in Lebensmitteln*, Beschluß vom 21.09.2001; http://www.dfg.de.
*allg.:* Weber, N.; Mukherjee, K. D., In *Lipide als funktionelle Lebensmittel*; Schriftenreihe des Bundesministeriums für Verbraucherschutz, Ernährung und Landwirtschaft, Reihe A: Angewandte Wissenschaft, Heft 495; Landwirtschaftsverlag: Münster-Hiltrup, (2002); S. 189–209

**Phytosterolämie** siehe *Phytosterolester in Margarine.

**Phytosterolester in Margarine.** Phytosterolester werden durch Veresterung von Phytosterolen (ungesättigte Analoga der *Phytostanole) mit mehrfach und einfach ungesättigten *Fettsäuren hergestellt. Als Quelle der Fettsäuren wird zumeist *Sonnenblumenöl verwendet. Die Veresterung der Phytosterole wird zur Verbesserung der Fettlöslichkeit durchgeführt.

*Eigenschaften:* Phytosterolester werden als neuartige Lebensmittelzutaten gemäß der Verordnung (EG) Nr. 258/97 über neuartige Lebensmittel und neuartige Lebensmittelzutaten (*Verordnung über neuartige Lebensmittel) *Margarine zugesetzt, um bei Personen mit erhöhtem Cholesterol-Serumgehalt (Hypercholesterinämie) den LDL-Plasma-Cholesterol-Spiegel zu senken. Wirkungsvermittler sind die Phytosterole, die nach hydrolytischer Spaltung durch Carboxylester-Lipasen der Bauchspeicheldrüse aus den Estern freigesetzt werden[1]. Als Wirkungsprinzip wird neben einer reduzierten intestinalen Cholesterol-Absorption in den Enterocyten aufgrund einer veränderten Zusammensetzung der Micellen desweiteren eine Erhöhung der LDL-Rezeptor-Expression einhergehend mit einer verringerten LDL-Bildung und eine verstärkte Expression von Cholesterol-Efflux-Transportern diskutiert[2].

Bei Personen mit Hypercholesterinämie reduziert der tägliche Verzehr von etwa 1–3 g Phytosterolen den LDL-Cholesterol-Spiegel im Blutplasma um 5–15%. Höhere Dosierungen verstärken diesen Effekt nicht[3]. Zur Erreichung der wirksamen Dosis wird Margarine mit etwa 8 g Phytosterolen/100 g angereichert, so daß die empfohlene tägliche Verzehrsportion von 20 g, was dem durchschnittlichen Margarine-Verzehr in Europa entspricht, die wirksame Menge von etwa 1,6 g enthält. Nach Ansicht der Senatskommission zur Beurteilung der gesundheitlichen Unbedenklichkeit von Lebensmitteln (SKLM) der Deutschen Forschungsgemeinschaft (DFG) sind mit Phytosterolen bzw. deren Estern angereicherte Produkte funktionelle Lebensmittel für die Zielpopulation der Hypercholesterolämiker[4,5].

*Toxikologie:* Die Bewertung der Sicherheit von Phytosterolestern in Streichfetten erfolgte im April 2000 durch das SCF (Scientific Committee on Food) und wurde im September 2002 durch eine Bewertung des „Post Launch Monitorings" ergänzt, welches die Einhaltung der empfohlenen Verzehrsmenge und die Erreichung der Zielpopulation bestätigte[1,6]. Da die Wirkungsweise der Phytosterolester auf einer Freisetzung der Phytosterole basiert, erscheint hier der Hinweis auf Stellungnahmen zur Bewertung der Einnahme von Phytosterolen sinnvoll. Eine Zusammenstellung von zum Teil produktbezogenen Bewertungen kann über die Seiten des Bundesinstituts für Risikobewertung (*BfR) unter den Stichwörtern „Phytosterole" und „Phytosterin-/Phytostanolzusatz" erhalten werden[7].

Bislang wurden am Menschen keine schädlichen Nebenwirkungen beobachtet. Diskutiert wird ein mögliches Risiko durch Dauereinnahme oder kumulierte Einnahme in verschiedenen Nahrungsmitteln. Kontraindiziert ist der Verzehr bei Menschen mit *Phytosterolämie,* einer angeborenen Störung der Cholesterol-transportierenden ABC-Transporter, der eine erhöhte Resorption von Pflanzensterolen aus der Nahrung ermöglicht. Weltweit sind weniger als 100 Fälle dieser Krankheit beschrieben, die sich durch gutartige Haut- und Sehnengeschwülste, einen gestörten Cholesterol-Stoffwechsel und Arteriosklerose auszeichnet. Häufig erkranken Phytosterolämiker bereits in jugendlichem Alter an koronaren Herzerkrankungen[8,9]. Phytosterole zeigen eine additive Wirkung mit Statinen und anderen Cholesterol-Senkern. Von einem Verzehr absehen sollten Schwangere und stillende Mütter. Es gibt Hinweise darauf, daß Phytosterole die Aufnahme von fettlöslichen Vitaminen beeinträchtigen. So wurden verminderte Carotin- und Vitamin-E-Spiegel (α-Tocopherol) und Lycopin-Spiegel festgestellt. Die Aufnahme von Vitamin D wird nicht beeinträchtigt[3,10]. – *E* phytosterol esters in yellow fat spreads

*Lit.:* [1]SCF, *Opinion of the Scientific Committee on Food on a Request for the Safety Assessment of the Use of Phytosterol Esters in Yellow Fat Spreads,* 06.04.2000; http://europa.eu.int/comm/food/fs/sc/scf/out56_en.pdf. [2]Plat, J.; Mensink, R. P., *Am. J. Cardiol.,* (2005) **96**(1), Supplement 1, 15–22 (Review). [3]SCF, *General View of the Scientific Committee on Food on the Long-term Effects of the Intake of Elevated Levels of Phytosterols from Multiple Dietary Sources, with Particular Attention to the Effects on β-Carotene,* 26.09.2002; http://europa.eu.int/comm/food/fs/sc/scf/out143_en.pdf. [4]DFG, Senatskommission zur Beurteilung der gesundheitlichen Unbedenklichkeit von Lebensmitteln (SKLM), *Einsatz von Phytosterolen und Phytosterolestern in Lebensmitteln,* Beschluß vom 21.09.2001; http://www.dfg.de. [5]DFG, Senatskommission zur Beurteilung der gesundheitlichen Unbedenklichkeit von Lebensmitteln (SKLM), Hrsg., *Functional Food: Safety Aspects,* Wiley-VCH: Weinheim, (2004). [6]SCF, *Opinion on a Report on Post Launch Monitoring of „Yellow Fat Spreads with Added Phytosterol Esters",* (26.09.2002); http://europa.eu.int/comm/food/fs/sc/scf/out144_en.pdf. [7]http://www.bfr.bund.de. [8]Bundesinstitut für gesundheitlichen Verbraucherschutz und Veterinärmedizin (BgVV), *BgVV-Informationen zu Pflanzensterinen,* (2002); http://www.bfr.bund.de. [9]Berge, K. E.; Tian, H.; Graf, G. A.; Yu, L.; Grishin, N. V.; Schultz, J.; Kwiterovich, P.; Shan, B.; Barnes, R.; Hobbs, H. H., *Science,* (2000) **290**(5497), 1771–1775. [10]EFSA, *Opinion of the Scientific Panel on Dietetic Products, Nutrition and Allergies (NDA) on a Request from the Commission Concerning Aspects of Serum Levels of Phytosterols,* 21.04.2005; http://www.efsa.eu.int/science/nda/nda_opinions/950_it.html.
*allg.:* Kiefer, I.; Haberzettl, C.; Panuschka, C.; Rieder, A., *J. Kardiol.,* (2002) **9**(3), 96–101 ▪ Miettinen, T. A.; Gylling, H., *Ann. Med.,* (2004) **36**(2), 126–34 ▪ Watzl, B.; Rechenkemmer, G., *Ernähr. Umsch.,* (2001) **48**(4), 161–164

**pH-zone refining** siehe *Gegenstromchromatographie.

**PI.** Abk. für *Phosphatidylinosite.

**PIC.** Abkürzung für *Ionenpaarchromatographie (von englisch paired-ion chromatography).

**Pichia.** Zu den *Ascomyceten (Klasse: Endomycetes; Ordnung: Endomycetales; Familie: Saccharomycetaceae) gehörend erscheint *Pichia* mit ca. 100 Arten als extrem heterogene Gattung. Der Stoffwechsel ist breit gefächert (fermentative und nichtfermentative Arten, Methanol-Nutzung). Bei *Pichia* sind die Coenzyme Q-7, -8 oder -9 zu finden.

Die Taxonomie dieser Gattung kann nicht als abgeschlossen betrachtet werden. Folgende biotechnologisch interessante Arten wurden der Gattung *Pichia* zugeordnet: *Candida guilliermondii als *Pichia guilliermondii* und *Hansenula polymorpha* als *Pichia angusta.*

*Vorkommen:* *Pichia* ist weit verbreitet und kommt im Boden, Wasser, Holz, Früchten, Insekten und klinischen Proben vor. *Pichia* kann maßgeblich am Lakenverderb und am Qualitätsverlust von Wein, Sauerkraut, Feinkosterzeugnissen u.ä. durch Verbrauch von Milchsäure beteiligt sein. *Pichia membranefaciens* und *Pichia fermentans* sind häufig bei der spontanen Kakaofermentation beteiligt.

*Recht:* Sicherheitsstufe nach Anhang IB der Gentechnik-Sicherheits-VO 1990: Die Arten der Gattung *Pichia* sind nicht humanpathogen und werden der Risikogruppe 1 zugeordnet.

*Biotechnologie:* Die biotechnologische Bedeutung von *Pichia* wächst laufend. Neben konventionellen Fermentationen wird insbesondere *Pichia pastoris* für die Produktion von heterologen Proteinen eingesetzt. Durch Kombination von *Pichia pinus* mit einem Feldeffekttransistor wurde ein mikrobieller Sensor zur Alkohol-Bestimmung entwickelt[1]. – *E* Pichia

*Lit.:* [1] Anal. Chim. Acta **271**, 203–208 (1993). *allg.:* Präve (4.) ▪ Rehm-Reed (2.) **1**, 516–542; **2**, 507–528

**Picrocrocin** siehe *Safranal.

**Pigmente** (von latein.: pigmentum = Malerfarbe). Nach DIN 55943: 1993-11 u. DIN 55945: 1996-09 ist ein Pigment „ein in Anwendungsmedium praktisch unlösliches, anorganisches od. organisches, buntes od. unbuntes *Farbmittel". Die für die P. benötigte Unlöslichkeit läßt sich durch den Ausschluß löslichmachender Gruppen, durch die Bildung unlösl. Salze („Verlackung") von Carbonsäuren u. insbes. Sulfonsäuren u. durch die Einführung von die Löslichkeit herabsetzenden Gruppen (z. B. Carbonsäureamid-Gruppen) erreichen. Viele anorgan. P. fungieren auch als Füllstoffe (Extender) u. umgekehrt.

*Einteilung:* Eine Einteilung der P. läßt sich in Anlehnung an DIN 55944: 1990-04 (vgl. *Farbmittel) vornehmen:
Anorganische Pigmente:
1. In der Natur vorkommende *anorgan. P.*, erhalten durch mechan. Behandlung wie Mahlen, Schlämmen, Trocknen usw.; Beisp.: Kreide, Ocker, Umbra, Grünerde, Terra di Siena gebrannt, Graphit.
2. *Synthet. anorgan. P.*, insbes. Weiß- u. Schwarzpigmente, anorganische Buntpigmente u. Glanzpigmente, die man aus anorgan. Grundstoffen durch chem. u./od. physikal. Umwandlung wie Aufschließen, Fällen, Glühen usw. erhält. Beispiele: *Weißpigmente* wie Titanweiß (*Titandioxid), basisches Bleicarbonat, Zinkweiß, *Schwarzpigmente* wie Ruß (über 90% Marktanteil), Eisenoxidschwarz (s. *Eisenoxid-Pigmente), Manganschwarz, Cadmiumgelb, Ultramarin (*Ultramarin-Pigmente), Eisenoxidrot (s. *Eisenoxid-Pigmente), Chromoxidgrün u. viele andere (z. B. *Perlglanzpigmente). Aus der Zusammensetzung resultiert die evtl. Giftigkeit (Schwermetalle) einiger P., die eine Verw. z. B. zur Einfärbung von Nahrungsmittelverpackungen, Kosmetika, Spielzeug, Fingermalfarben usw. ausschließt.
Organische Pigmente:
1. In der Natur vorkommende *organ. P.*; Beisp.: Gummigutt(i), Knochenkohle, Kasseler Braun, Indigo, *Chlorophyll u. a. Pflanzenpigmente. Ebenfalls zu den P. sind die Farblacke (z. B. Krapplacke) zu zählen.
2. *Synthet. organ. P.*; Beisp.: Azo-P. (s. *Azofarbstoffe, größte Pigmentgruppe), Indigoide, Dioxazin-Pigmente, Chinacridon-Pigmente, Phthalocyanin-P., Isoindolinon-Pigmente, Perylen-Pigmente u.

Perinon-P., Metallkomplex-Pigmente, Alkaliblau-Pigmente.

*Eigenschaften:* In erster Linie werden von P. ausgezeichnete physikal. Eigenschaften erwartet in bezug auf hohes Deckvermögen od. gute Transparenz (Lasur), großes Aufhellvermögen od. Färbevermögen, bei Weißpigmenten möglichst großer Brechungsindex, möglichst vollständige Unlöslichkeit in Bindemitteln (z. B. Kunststoffen) u. Lsm. (z. B. Wasser), große u. gleichmäßige Feinheit der P.-Teilchen, leichte Verteilbarkeit der P.-Teilchen im Bindemittel.

*Verwendung:* Zur Herst. von Druckfarben, zum Färben von Lacken u. Anstrichmitteln, für die Einfärbung von Kunststoffen, Papier, Textilien, Zement, Beton, Keramik, Glas u. Email (v. a. anorgan. P. wegen ihrer hohen Temperaturbeständigkeit) und Lebensmitteln, für die Spinnfärbung. Im Bereich der Kosmetik werden P. zur Herst. von deckenden (od. abdeckenden) Hautpflegemitteln, als deckender od. farbgebender Anteil zur Herst. von Make-up-Präparaten (Lippenstifte, Augenkosmetika, Nagellack), als Puderrohstoff od. auch als Wirkstoffträger verwendet.

*Abbau:* Die wichtigsten anorgan. P. sind prakt. chem. inert u. nicht bioverfügbar. Organ. P. gelten als biolog. nicht abbaubar. Allerdings ist nachgewiesen, daß einige organ. P. (z. B. durch Lignin-Peroxidase aus dem Pilz *Phanerochaete chrysosporium*) oxidativ[1] sowie z. B. Azofarbstoffe reduktiv abgebaut werden können.

*Recht:* Die P., die als Farbstoffe für die Herst. kosmet. Mittel zugelassen sind, werden in Anl. 3 Tl. A der *Kosmetik-Verordnung aufgeführt. Einen umfassenden Überblick zur Chemie u. Toxikologie aller für den Bereich kosmet. Mittel zugelassenen P. gibt Literatur[2]. – *E* pigments

*Lit.:* [1] Appl. Environ. Microbiol. **59**, 4010–4016 (1993). [2] Farbstoffkommission DFG (Hrsg.), Kosmetische Färbemittel (3.), Weinheim: VCH Verlagsges. 1991. *allg.:* Ullmann (5.) **A3**, 145ff.; **A20**, 326ff.; **A27**, 191ff. ▪ Umbach (2.)

**Pigniolen** siehe *Pinienkerne.

**Pilchard** siehe *Sardinen.

**Pilzaroma.** Der Geruch nach Pilzen wird wesentlich von dem in Pilzen ubiquitär vorkommendem (−)-(*R*)-*Oct-1-en-3-ol bestimmt[1–3]. Artunterschiede sind dennoch erkennbar. So gibt es charakteristische Duftnoten, die zur Arterkennung beitragen können, so z. B. der Fenchelgeruch des Fenchelporlings (*Gloeophyllum odoratum*), der Aasgeruch der Stinkmorchel oder der Bonbongeruch von *Cortinarius odoratus*. Bestimmte Aromakomponenten sind vor allem Schwefel-Verbindungen zusammen mit unter anderem aromatischen Aldehyden, Estern, Alkoholen und Terpenen. Zur Analytik des Shiitake-Aromas mittels Gaschromatographie-Olfaktometrie siehe Literatur[4]. Die bereits seit längerem postulierte biogenetische Entstehung von (−)-(*R*)-Oct-1-en-3-ol aus 10-Hydroperoxylinolsäure hat man kürzlich bestätigt[5]. – *E* mushroom flavor

**Lit.:** [1]Experientia **36**, 406f. (1980). [2]Lebensm. Wiss. Technol. **9**, 371ff. (1976). [3]Z. Lebensm. Unters.-Forsch. **160**, 401–405 (1976); **176**, 16 (1983). [4]Eri, S.; Da Costa, N., In *State-of-the-Art in Flavour Chemistry and Biology*, Hofmann, T.; Rothe, M.; Schieberle, P., Hrsg; DFA: Garching, (2005); S. 284–291. [5]Matsui, K.; Sasahara, S.; Akakabe, Y.; Kajiwara, T., *Biosci. Biotechnol. Biochem.*, (2003) **67**, 2280–2282.

**Pilze** (lateinisch: fungi, griechisch: mykes). Im weiteren Sinne Bezeichnung für eine polyphyletische Gruppe Chlorophyll-freier, heterotropher, eukaryotischer Organismen. Die Bezeichnung Pilze kann als Oberbegriff für „echte Pilze" (Fungi) und „pilzähnliche Protisten" gelten. Das Reich der Fungi besteht aus ca. 120000 Arten, die aufgrund der Merkmale ihrer geschlechtlichen Entwicklung (Teleomorphe) eingeteilt werden in die Abteilungen Zygomycota (Jochpilzartige), Ascomycota (Schlauchpilzartige, *Ascomyceten) und Basidiomycota (Ständerpilzartige, *Basidiomyceten). Echte Pilze, deren Entwicklung unvollständig ist oder unvollständig bekannt ist, werden als Deuteromycota (*Fungi imperfecti) bezeichnet. Als pilzähnliche Protisten werden 6 phylogenetisch voneinander unabhängige Abteilungen wie z.B. die Schleimpilze (Myxomycota, Oomycota und Chytridiomycota) zusammengefaßt.

*Vorkommen und Lebensweise:* Pilze sind weltweit verbreitet und leben überwiegend auf dem Land, etwa 2% finden sich im Wasser (meist Süßwasser, seltener Meerwasser). Voraussetzung für pilzliches Wachstum ist oft die vorausgegangene oder gleichzeitige Besiedlung durch andere Organismen. Besonders viele Pilze leben unter leicht sauren Bedingungen wie in Wald- oder sauren Ackerböden (pH 6,5–3,5). Die Lebensweise der Pilzen ist saprophytisch, parasitisch oder symbiontisch; aufgrund ihres Chlorophyll-Mangels ernähren sie sich chemoorganoheterotroph durch oxidativen Abbau organischer Substanzen, wozu sie durch eine Vielzahl von Enzymen befähigt sind (neben Oxidasen z.B. Amylasen, Lipasen, Trehalasen, Peptidasen). Wegen ihres ubiquitären Vorkommens sind Pilze am globalen Kohlenstoff-Kreislauf in erheblichem Maße beteiligt.

Oftmals ist der biologische Abbau – z.B. von Nahrungsmitteln, Vorräten oder Gegenständen – durchaus unerwünscht, weshalb man Konservierungsmaßnahmen ergreifen muß. Die Basidiomyceten vermögen wie viele Ascomyceten, Cellulose abzubauen, aber im Gegensatz zu Ascomyceten auch das Lignin-Gerüst des Holzes; sie werden daher als holzzerstörende Pilze bezeichnet (Beispiel: *Coniophora puteana, Coriolus versicolor, Lentinus tigrinus, Poria placenta, Serpula lacrymans*). Als *Saprophyten kommen Pilze in und auf abgestorbenen organischen Substraten vor, z.B. auf krautigen Pflanzenresten und auf (in) Holz. In letzterem Fall zersetzen sie die abgestorbenen Holzgewächse, wirken aber auch als Bauholzschädlinge, die durch geeignete Holzschutzmittel ferngehalten oder bekämpft werden müssen (z.B. die verschiedenen Hausschwamm-Arten, der Kellerschwamm und der Zaun- und Tannenblättling). Viele Pilze und pilzähnliche Organismen leben als Parasiten und sind in dieser Eigenschaft häufig pathogen. Man kennt human- und tierpathogene Pilze, die als krankheitserregende Hygieneschädlinge Ursachen von *Lebensmittelvergiftungen und von Mykosen (z.B. *Candida albicans, Aspergillus fumigatus*) sind. Zu Pilzen, die für den Menschen giftig sind, siehe *Giftpilze. Nicht weniger zahlreich sind phytopathogene Pilze, die als Erreger von Pflanzenkrankheiten wie Brand (*Brandpilze), Rost (z.B. an Getreide und Kaffee), Mehltau, Fäule usw. großen Schaden verursachen, mitunter auch regelrechte Epidemien hervorrufen, wie z.B. die Ulmenkrankheit. Die natürlichen Schutzmechanismen der Pflanzen (*Phytoalexine) helfen nicht immer gegen Pilzinfektionen und auch die Bekämpfung mit *Fungiziden ist oft unzureichend.

*Bedeutung und Verwendung:* Bei der Herstellung von Lebensmitteln nutzt man mikrobielle Gärungsprozesse, an denen besonders *Hefen und andere Pilze beteiligt sind, z.T. schon seit Jahrtausenden bei der Herstellung von Brot, alkoholischen Getränken (besonders *Wein und *Bier). Pilze werden als *Starterkultur zur Reifung von *Käse und *Rohwurst eingesetzt. In asiatischen Lebensmittelfermentationen werden Pilze z.B. bei der Herstellung von Shoyu und *Sake zur Hydrolyse von Stärke und Proteinen eingesetzt (*Koji). Zu *Speisepilzen siehe dort.

Pilze werden biotechnologisch zur Gewinnung von organischen Säuren (besonders Citronensäure), von Eiweiß (*Einzellerprotein, Futterhefe) aus Alkanen oder Stärke, zur Bildung von Enzymen (Amylasen, Cellulasen etc.), von Antibiotika (Penicillin) und anderen Pharmaka genutzt.

Auch in der Umwelttechnologie spielen Pilze eine beträchtliche Rolle, z.B. zur Bodenreinigung die Gattung *Fusarium. Pilze sind für die globalen Stoffkreisläufe als Zersetzer von Cellulose, Lignin und auch anthropogenen und nicht-anthropogenen Spurenstoffen (unter anderem polychlorierte Biphenyle, Dioxine) sowie als Quelle umweltrelevanter Stoffe wie Chlormethan überaus bedeutsam. Eine sehr wichtige Rolle spielen Pilze auch bei der Zersetzung organischer Stoffe im Boden und bei der Kompostierung von Abfällen. In der mesophilen und thermophilen Rottephase entwickeln sich massenhaft Schimmelpilze (*Thermomyces, Thermoascus, Chaetomium* und andere).

Durch Pilzbefall von Lebens- und Futtermitteln (Verderb) sowie lebender Pflanzen (Pflanzenmykosen) werden erhebliche Schäden verursacht. Besonders die *Schimmelpilze (saprophytisch lebende und mycelbildende Pilze, die verschiedenen Verwandtschaftsgruppen angehören, z.B. aus den Gattungen *Penicillium, *Aspergillus, *Mucor, *Rhizopus, Fusarium, Monilia* und andere) sind daran beteiligt. Zu *Mykotoxinen siehe dort. – **E** fungi (allgemein), mushrooms

**Lit.:** Carlile, M.; Watkinson, S., *The Fungi*, 2. Aufl.; Elsevier: Amsterdam, (2001) ■ Sitte, P., von; Weiler, E. W.; Kadereit, J. W.; Bresinsky, A.; Körner, C., *Strasburger – Lehrbuch der Botanik*, 35. Aufl.; Spektrum: Heidelberg, (2002)

**Pilzgeruchsstoffe** siehe *Pilzaroma.

**Pilzgifte** siehe *Giftpilze und *Mykotoxine.

**Pimafucin** siehe *Natamycin.

**Pimaricin** siehe *Natamycin.

**Piment** (Allgewürz). Die kurz vor der Reife geernteten, getrockneten Früchte des hauptsächlich auf Jamaica u. Kuba kultivierten immergrünen Pimentbaumes, *Pimenta dioica* L. Merrill (= *Pimenta officinalis*, Myrtaceae), werden als ganze Früchte od. gemahlen unter dem Namen P. in den Handel gebracht. *Neugewürz, Nelkenpfeffer* u. *Jamaicapfeffer* sind umgangssprachliche Bez. für Piment. Der Geschmack erinnert an Nelken, *Zimt, *Pfeffer u. *Muskatnuß.
*Analytik:* Verfälschungen von P. mit Walnußschalen u. gedörrtem Obst od. roten Eisen-haltigen Pigmenten sind mikroskop. nachweisbar.
*Verwendung:* Pimentbeeren werden Marinaden u. Beizen zugesetzt. Die Gewürzdroge wird verschiedenen Wurstarten (Blutwurst, Leberwurst, Zungenwurst) zugesetzt u. ist Bestandteil von *Curry, Chili-Pulver (s. *Paprika), Pfefferkuchengewürz u. Würzsoßen (Worcestersauce). P. besitzt antimikrobielle[1] u. antioxidative[2] Eigenschaften; daher ist die Belastung von P. mit anaeroben Sporenbildnern im Vgl. zu anderen Gewürzen (*Kardamomen, *Koriander) gering[3]. Aus pharmakolog. Sicht ist P. ein Stomachikum. – *E* allspice, pimento, Jamaica pepper
*Lit.:* [1]Int. J. Food Microbiol. **5**, 165–180 (1987). [2]J. Food Prot. **50**, 25ff. (1987). [3]Z. Lebensm. Unters.-Forsch. **185**, 281–287 (1987).
*allg.:* Herrmann, Exotische Lebensmittel (2.), S. 140, Berlin: Springer 1987 ▪ Zipfel, C 380 – *[HS 0904 00]*

**Pimentöl** (Oleum Amomi seu Pimentae, FEMA 2018). Oberbegriff für das durch Wasserdampfdestillation aus den Beeren oder Blättern des Pimentbaumes [*Pimenta dioica* L. Merrill. (Myrtaceae)] gewonnene, gelblich-bräunliche, nelkenartig riechende Pimentbeeren- und Pimentblattöl. Pimentöl wurde bis zur Entdeckung der analytischen und sensorischen Ähnlichkeit genannter Öle ausschließlich aus Pimentbeeren hergestellt. Eine Unterscheidung ist anhand des Caryophyllen- und Methyleugenol-Gehaltes möglich[1].
*Zusammensetzung:* Pimentöl enthält *Eugenol (70%), Methyleugenol (10%) sowie β-Caryophyllen, α-Phellandren und das Campher-artig riechende 1,8-Cineol. Kenndaten: $d^{20}_{20}$ 1,027 bis 1,048; $n_D^{20}$ 1,5250 bis 1,5400; $[\alpha]_D^{20}$ −5° bis 0°. Neuere Untersuchungen berichten über den erstmaligen Nachweis von *Camphen, β-Phellandren und Guanin in Pimentbeerenöl[2]. Der Geschmack ist scharf, würzig, nelkenähnlich, je nach Varietät mit leichter Bitternote. Zur Zusammensetzung siehe Literatur[3,4]. Zur Unterscheidung des enthaltenen Methyleugenol-Anteiles von anderen Quellen siehe Literatur[5]. Zu antioxidativen Eigenschaften siehe Literatur[6]. Zu antimikrobiellen Eigenschaften von Pimentöl siehe Literatur[7,8].

*Verwendung:* In der Likörfabrikation ist Pimentöl ein preiswerter Konkurrent des *Nelkenöls und wird in Kräuterlikör (z.B. Chartreuse) und Magenbitter eingearbeitet. Die Verwendung in der Backwaren- und Essenzen-Industrie ist steigend. Das sog. Bayöl, das aus *Pimenta racemosa* (Bayrumbaum) extrahiert wird, ist Bestandteil von Haarwässern und Seifen. Es enthält weniger Eugenol, aber mehr Chavicol als Pimentöl. – *E* piment essential oil, allspice oil
*Lit.:* [1]Fleischwirtschaft **69**, 320–330 (1989). [2]Nahrung **33**, 717–720 (1989). [3]Lawrence, B. M., *Perfum. Flavor.*, (1990) **15**, 63–64. [4]García, D.; Alvarez, A.; Tornos, P.; Fernandez, A.; Sáenz, T., *Z. Naturforsch., Teil C*, (2002) **57**(5/6), 449–451. [5]Ruff, C.; Hör, K.; Weckerle, B.; König, T. Schreier, P., *J. Agric. Food Chem.*, (2002) **50**(5), 1028–1031. [6]Teissedre, P. L.; Waterhouse, A. L., *J. Agric. Food Chem.*, (2000) **48**(9), 3801–3805. [7]Delespaul, Q.; De Billerbeck, V. G.; Roques, C. G.; Michel, G.; Marquier-Viñuales, C.; Bessière, J.-M., *J. Essent. Oil Res.*, (2000) **12**(2), 256–266. [8]Hammer, K. A.; Carson, C. F.; Riley, T. V., *J. Appl. Microbiol.*, (1999) **86**(6), 985–990.
*allg.:* Teuscher, E., *Gewürzdrogen*, Wissenschaftliche Verlagsgesellschaft: Stuttgart, (2003); S. 289–292 ▪ Ullmann (5.) **A11**, 238 – *[HS 3301 29; CAS 8006-77-7]*

**Pimiento** siehe *Paprika.

**Pimpernuß** siehe *Pistazie.

**Pimpinellin** siehe *Furocumarine.

**Pinene** (α-Pinen = 2,6,6-Trimethylbicyclo[3.1.1]hept-2-en, FEMA 2902; β-Pinen = 6,6-Dimethyl-2-methylenbicyclo[3.1.1]heptan, FEMA 2903).

(+)-α-Pinen    (+)-β-Pinen

$C_{10}H_{16}$, $M_R$ 136,24, terpentinartig riechende, leicht entzündbare Flüssigkeiten (FP. 33°C). α-Pinen: $LD_{50}$ (Ratte oral) 3700 mg/kg; β-Pinen: $LD_{50}$ (Ratte oral) 4700 mg/kg. Geruchsschwelle α-Pinen 120 mg/L. Ungesättigte bicyclische Monoterpene mit Pinan-Struktur, die leicht eine Umlagerung in das Bornan- oder das Menthan-Gerüst eingehen. Von α- u. β-Pinen gibt es in der Natur je zwei Enantiomere: (1R,5R)(+)- und (1S,5S)(−)-α-Pinen, Sdp. 155–156°C, $[\alpha]_D$ ±52,4° (unverdünnt); (1R,5R)(+)- und (1S,5S)(−)-β-Pinen, Sdp. 164–165°C, $[\alpha]_D$ ±22,7° (unverdünnt).
*Vorkommen:* Pinene kommen in den etherischen Nadel- und Zapfen-Ölen der meisten Nadelhölzer (Coniferen, siehe *Fichten- und Kiefernnadelöle) vor. Vielfach in etherischen Ölen, Früchten sowie Citrus-Produkten identifiziert (siehe Literatur[1]). Industriell werden Pinene aus *Terpentinöl (etherische Öle der *Pinus*-Arten, Pinaceae) gewonnen. α-Pinen und β-Pinen sind wichtige Aromastoffe des schwarzen und weißen Pfeffers.
*Verwendung:* Zur Synthese von *Campher und Insektiziden, als Lösemittel für Wachse, Harze, Kautschuk und als Weichmacher für Kunststoffe, zur Herstellung chiraler Reagenzien für die enantiose-

lektive Synthese. Zur Bioconversion von Pinen siehe Literatur[2]. – *E* pinenes

*Lit.:* [1]Lota, M.-L.; de Rocca Serra, D.; Tomi, F.; Jacquemond, C.; Casanova, J., *J. Agric. Food Chem.*, (2002) **50**(4), 796–805. [2]Yoo, S. K.; Day, D. F.; Cadwallader, K. R., *Process Biochem.*, (2001) **36**(10), 925–932.
*allg.:* Bauer et al. (4.), S. 51 ■ Beilstein EIV **5**, 452–459 ■ Merck-Index (13.), Nr. 7527, 7528 ■ Ullmann (5.) **A9**, 536; **A11**, 155f., 167–171 – *[HS 2902 19; CAS 7785-70-8 (+)-α-Pinen); 7785-26-4 (−)-α-Pinen); 19902-08-0 (+)-β-Pinen); 18172-67-3 (−)-β-Pinen)]*

**Pine Oil.** Anglo-amerikanische Bezeichnung, die im wesentlichen mit *Terpentinöl im deutschen Sprachgebrauch identisch ist (in DIN 53248: 1995-01 und DIN 53249: 1995-01 sind solche Produkte genormt). Farblose bis hellgelbe Flüssigkeit, D. 0,9–0,97, Sdp. 180–230 °C, FP. 43–90 °C, unlöslich in Wasser, in organischen Lösemitteln löslich. Pine Oil hat einen herb-frischen, kernigen, etwas bitteren Geruch.

*Herstellung:* Pine Oil wird in den USA aus harzhaltigen Stubben und Wurzelholz verschiedener Kiefernarten, z. B. *Pinus palustris*, durch Extraktion mit Benzin oder Chlorkohlenwasserstoffen und nachfolgende fraktionierte Destillation gewonnen, wobei als Fraktionen Holzterpentinöl (siehe *Terpentinöl) und Pine Oil anfallen, während das Harz (sog. Wurzelharz, vgl. *Kolophonium) im Destillationsrückstand verbleibt. Der größte Teil des marktgängigen Pine Oil wird heute allerdings synthetisch durch Hydratisierung von Terpentinöl hergestellt. Andere Pine-Oil-Typen werden aus Sulfatterpentinöl (siehe *Terpentinöl) oder synthetisch aus *Pinen durch säurekatalysierte Hydratisierung erzeugt. Man rechnet Pine Oil zu den sog. "naval stores oils".

*Zusammensetzung:* Pine Oil ist ein Gemisch wechselnder Zusammensetzung von α-Terpineol (ca. 60%), β-Terpineol (siehe *Terpineole), Borneol und Isoborneol, Dihydro-α-terpineol, *Fenchon, α-Fenchol, *Campher, *Anethol, *Estragol. Aus Kienteer durch Destillation erhaltene Öle (*Kienöle*) bestehen aus ca. 15% Terpentinöl, hauptsächlich Dipenten (siehe *Limonen), *p*-Cymol und wenig α-*Pinen, D. 0,85–0,865, bis 170 °C destillieren 60%, bis 180 °C über 90%, Rückstand max. 2%. Die begriffliche Abgrenzung des Pine Oil als Kiefernöl gegenüber ähnlichen, ebenfalls den Terpentinölen zuzurechnenden Qualitäten scheint schwierig zu sein.

*Verwendung:* Für preiswerte Parfümierungen vor allem im technischen Bereich; zur Gewinnung von reinem α-Terpineol. Die wohl größten Mengen Pine Oil werden Alkydharz-Lacken zugegeben. Außerdem Verwendung als Ausgangsmaterial für α-Terpineol, in der Textil-Industrie zum Entbasten und als Netzmittel, als Flotationsöl bei der Aufarbeitung von Cu-, Pb- und Zn-Erzen, zur Herstellung von Schmierseifen, Türkischrotölen (Anteil bis zu 20%), Desinfektionsmitteln (Phenol-Koeffizient 3,5–4), Desodorierungsmitteln, Lösemitteln, Antischaummitteln, als Zusatz zu Insektiziden, Druckfarben, Holzschutzmitteln, Emulsionen, Schuhcremes, Bohnermassen, Polituren, Metallreinigern, Badeölen und dergleichen. – *E* pine oil

*Lit.:* Sax (7.), S. 2793f. ■ Ullmann (5.) **A24**, 472 ■ Winnacker-Küchler (3.) **3**, 497f. – *[HS 3805 20; CAS 8002-09-3]*

**Pinienkerne** (Indianernüsse, Piniennüsse, Pigniolen, Piniolen, Pignoli, Pinonsamen). Pinienkerne sind die weißen, schmalen, stiftförmigen, leicht gekrümmten, an den Enden abgerundeten 7 mm langen Samen aus den Zapfen der bis zu 30 m hohen mediterranen Pinie (*Pinus pinea* L., Pinaceae). Die Samen enthalten rund 39% Eiweiß und 50% Fett. Über das Fettsäure-Spektrum berichtet Literatur[1]. Pinienkerne haben einen ölig-nußigen, an *Mandeln erinnernden Geschmack. Sie sind mit Schale lange haltbar, werden jedoch im geschälten Zustand aufgrund des hohen Fettgehaltes innerhalb von 2 bis 3 Monaten ranzig. Über Allergieerscheinungen nach dem Verzehr von Pinienkernen wurde vereinzelt berichtet[2–5].

*Vorkommen:* Pinienbäume gedeihen in China, Frankreich, Italien, Portugal, Spanien, der Türkei und in Israel, auf den Kanarischen Inseln und auf Madeira. Die besten Pinienkerne sollen aus der Toskana stammen. Plantagenanbau wird nicht betrieben. Insgesamt gibt es elf weitere Kiefernarten, die eßbare Samen hervorbringen, darunter die als *Zirbelnüsse* bekannten Samen der in den Alpen beheimateten Zirbelkiefer (syn. Arve, *Pinus cembra* L., Pinaceae) oder die Samen von *Pinus cembra* L. var. *sibirica* (syn. *Pinus sibirica* Du Tour), die sogenannten *Zedernüsse*.

*Verwendung:* Roh, leicht angeröstet und gesalzen werden Pinienkerne in Knabbermischungen, zu Gemüse, zu Salat und zum Backen verwendet. Als „Pesto" ist eine Mischung aus zerkleinerten Pinienkernen, Olivenöl, Knoblauch und Basilikum bekannt, die in der traditionellen italienischen Küche als Würzsoße zu Pastagerichten gereicht wird. Außerdem werden Pinienkerne als Kanarienfutter verwendet. – *E* pine nut

*Lit.:* [1]Wolff, R. L.; Bayard, C. C., *J. Am. Oil Chem. Soc.*, (1995) **72**, 1043. [2]Maselli, J. P.; Sanz, M. M. L.; Fernandez-Benitez, M., *Allergol. Immunopathol. (Madrid)*, (2002) **30**, 104. [3]Senna, G.; Roncarolo, D.; Dama, A.; Mistrello, G., *J. Investig. Allergol. Clin. Immunol.*, (2000) **10**, 44. [4]Rubira, N.; Botey, J.; Eseverri, J. L.; Marin, A., *Allerg. Immunol. (Paris)*, (1998) **30**, 212. [5]Falliers, C. J., *Ann. Allergy*, (1989) **62**, 186. – *[HS 0802 90]*

**Piennüsse** siehe *Pinienkerne.

**Pinuela.** Die Pinuela (*Bromelia plumieri* Kartens, Bromeliaceae) wird als Wildform im tropischen Südamerika in Höhen von 400–1000 m angetroffen. Die Rosettenpflanze bildet eine gestauchte Achse aus, an der linealförmige, scharf eingesägte Blätter stehen, die sich am Grunde zu einem Becher zusammenschließen, in welchem 60 bis 80 einzelne, bis zu 10 cm lange, ei- bis spindelförmige Beeren mit schwarzen Kernen und weißem Fruchtfleisch heranreifen. Diese verwachsen jedoch nicht zu einem einheitlichen Fruchtverband wie von der bekannten Kulturform, der *Ananas [Ananas comosus* (L.) Merr.] bekannt.

Das Aroma der Frucht[1] wird durch Verbindungen des Phenylpropan-Stoffwechsels geprägt, was auch durch die Charakterisierung der beiden Aroma-Vorläufersubstanzen *1-O-β-D-Glucopyranosyl-anthranilat*[2] (1): $C_{13}H_{17}NO_7$, $M_R$ 299,28 und *3,4-Dimethoxyphenyl-O-β-D-glucopyranosid* (2) als Tetraacetat: $C_{22}H_{28}O_{12}$, $M_R$ 484,45 belegt wird[3]. Die aus der Frucht isolierte Proteinase Karatasin stimmt in 14 Aminosäuren mit der Gesamtpeptid-Sequenz von *Papain und *Bromelain überein[4].

1

2

– *E* pinuela

*Lit.:* [1]Parada, F.; Duque, C., *J. High Resolut. Chromatogr.*, (1998) **21**, 577–581. [2]Parada, F.; Krajewki, D.; Duque, C.; Jaeger, E.; Herderich, M.; Schreier, P., *Phytochemistry*, (1996) **42**, 871. [3]Parada, F.; Krajewki, D.; Herderich, M.; Duque, C.; Schreier, P., *Nat. Prod. Lett.*, (1995) **7**, 69. [4]Montes, C.; Amador, M.; Cuevas, D.; Cordoba, F., *J. Agric. Food Chem.*, (1990) **54**, 17. – *[CAS 55798-72-6 (1); 136112-51-1 (2 als Tetraacetat)]*

**Piperonal** [Heliotropin, Piperonylaldehyd, 3,4-(Methylendioxy)benzaldehyd, FEMA 2911].

$C_8H_6O_3$, $M_R$ 150,13; $LD_{50}$ (Ratte oral) 2700 mg/kg. Süßlich heliotropartig riechende, glänzende Kristalle. Schmp. 37 °C. Sdp. 263 °C, in kaltem Wasser sehr schwer, in 70%igem Alkohol zu 5%, in reinem Alkohol und Ether sehr leicht löslich. Piperonal zersetzt sich an Licht und Luft allmählich unter Dunkelfärbung und Bildung von 3,4-Dihydroxybenzaldehyd und abgeleiteten Säuren sowie Polymeren. Piperonal kommt in geringen Mengen in den Blütenölen von Veilchen, Mädesüß (Spierstaude) und Robinien (*Robinia pseudoacacia*, Fabaceae) sowie in Vanillearten vor.

*Herstellung:* Durch Oxidation von Isosafrol mit Kaliumdichromat oder aus Brenzcatechin und Glyoxylsäure. Zur Herstellung siehe auch Literatur[1].

*Verwendung:* Als Basis für Heliotropgerüche, zur Seifenparfümierung oder in Parfüms, wobei auch die anti-inflammatorische Wirkung genutzt wird[2]. Zur Expositionsbewertung siehe Literatur[3,4]. Als Aromastoff z.B. für Kirsch- und Vanillearomen, als Glanzzusatz beim Verzinken. – *E* piperonal

*Lit.:* [1]Harada, K.; Shirai, M.; Shiba, K.; Furuya, T., WO 2001057016 A1, (2001). [2]Baur, M.; Stiehm, T., DE 19847691 A1, (2000). [3]Rastogi, S. C.; Johansen, J. D.; Menné, T.; Frosch, P.; Bruze, M.; Andersen, K. E.; Lepoittevin, J. P.; Wakelin, S.; White, I. R., *Contact Dermatitis*, (1999) **41**(2), 84–88. [4]Rastogi, S. C.; Heydorn, S.; Johansen, J. D.; Basketter, D. A., *Contact Dermatitis*, (2001) **45**(4), 221–225.

*allg.:* Bauer et al (4.), S. 136 ■ Beilstein EV **19/4**, 225 ■ Merck-Index (13.), Nr. 7556 ■ Ullmann (5.) **A11**, 200 – *[HS 2932 93; CAS 120-57-0]*

**Pirimicarb** siehe *Carbamate.

**Pisangfrucht** siehe *Bananen.

**Pistazie** (Echte Pistazie, Grüne Mandel, Pimpernuß, Pistazienmandel). Ölhaltige, haselnußgroße, grüne, spitzovale Samen der im Mittelmeerraum schon vor 4000 Jahren kultivierten Pistazie (*Pistacia vera* L., Anacardiaceae). Pistazien wachsen an bis zu 10 m hohen, laubabwerfenden, zweihäusigen Bäumen, die mehrere 100 Jahre alt werden können und die mit dem Cashewbaum verwandt sind. Sie benötigen als relativ salztolerante, subtropische Pflanzenart kühle Winter und heiße trockene Sommer. Hauptanbaugebiete sind Vorderasien und die Südstaaten der USA. Pro Jahr werden rund 40000 Tonnen Pistazien nach Deutschland importiert, von denen 97% aus dem Iran, der Rest aus den USA, der Türkei und aus Italien stammen.

*Zusammensetzung:* Das durch Cyanidin-3-galactosid[1] rot gefärbte, pergamentartige Samenhäutchen umschließt den durch Chlorophyll grün gefärbten, delikat-aromatischen, essbaren Anteil (Embryo) der Pistazie, der sich wie folgt zusammensetzt (Angaben pro 100 g): 5,9 g Wasser, 20,8 g Eiweiß, 51,6 g Fett, 12,5 g Kohlenhydrate, 6,5 g Ballaststoffe und 2,7 g Mineralstoffe, dazu 0,9 mg Vitamin B und 7,0 mg Vitamin C. Wegen ihres hohen Fettgehaltes neigen Pistazien zum Ranzigwerden. Das Pistazienöl wurde mittels GC und GC-MS charakterisiert und enthielt unter anderem α-*Pinen, β-Pinen, *Limonen, Terpinen-4-ol, α-*Terpineol[2]. Die Fettsäure-Zusammensetzung kann als Herkunftsnachweis dienen[3]. Die Dicarboxylsäuren in Pistazien wurden mittels GC-MS charakterisiert[4]. Idealerweise sollten Pistazien kühl (6–10 °C) und trocken (bei 65–70% relativer Luftfeuchtigkeit) gelagert werden. Eventueller Schimmelbefall wird durch den Nachweis von *Aflatoxinen nachgewiesen[5–7]. Über die chemische Zusammensetzung von Pistazienblattextrakten und deren fungizide Eigenschaften berichtet Literatur[8,9].

*Verarbeitung und Verwendung:* Bei der Ernte fallen neben den geöffneten (sog. „lachenden") Früchten auch 30–40% geschlossene, leere Früchte an. Innerhalb von 24 h werden in mit Wasser gefüllten und mit Propellern durchwirbelten Fässern die absinkenden Steinkerne vom aufschwimmenden Mesokarp (Schale) und den leeren Früchten getrennt. Eine anschließende rasche Trocknung auf 6% Feuchtigkeitsgehalt ist unbedingt erforderlich, um die Ausbreitung von Schimmelpilzen zu unterbinden.

Pistazien werden wie Mandeln verwendet, z.B. für Gebäck, Torten, Speiseeis und Konfekt, dazu zur Aromatisierung von Wurstwaren (z.B. Mortadella) und als gesalzenes Schalenobst in Knabbermischungen, Nußsortimenten und Snack-Artikeln. Andere Pistazienarten scheiden Harze aus wie *Pistacia lentiscus* L. (Mastix) und *Pistacia terebinthus* L. (Terpentin). – *E* pistachio nut

*Lit.:* [1]Miniati, E., *Fitoterapia*, (1981) **52**, 267. [2]Duru, M. E.; Cakir, A.; Kordali, S.; Zengin, H.; Harmandar, M.; Izumi, S.; Hirata, T., *Fitoterapia*, (2003) **74**, 170. [3]Aslan, M.; Orhan, I.; Sener, B., *Int J. Food Sci. Technol.*, (2002) **37**, 333. [4]Dembitsky, V. M.; Goldshlag, P.; Srebnik, M., *Food Chem.*, (2002) **76**, 469. [5]Papadopoulou-Bouraoui, A.; Stroka, J.; Anklam, E., *J. AOAC Int.*, (2002) **85**, 411. [6]Barbagallo, R. N.; Russo, C., *Ind. Aliment.*, (1999) **38**, 533. [7]Pearson, S. M.; Candlish, A. A. G.; Aidoo, K. E.; Smith, J. E., *Biotechnol. Tech.*, (1999) **13**, 97. [8]Kordali, S.; Cakir, A.; Zengin, H.; Duru, M. E., *Fitoterapia*, (2003) **74**, 164. [9]Duru, M. E.; Cakir, A.; Kordali, S.; Zengin, H.; Harmandar, M.; Izumi, S.; Hirata, T., *Fitoterapia*, (2003) **74**, 170.
*allg.:* Franke, *Nutzpflanzenkunde*, 6. Aufl.; Thieme: Stuttgart, (1997); S. 253f. ▪ Liebster, G., *Warenkunde Obst und Gemüse*, Hädecke: Weil der Stadt, (1999); Bd. 1, S. 242 – [HS 0802 50]

**Pistazienharz** siehe *Mastix.

**Pitahaya** siehe *Pitaya.

**Pitanga** (Brasilianische Kirsche, Cayennekirsche, Surinamkirsche). Aus Brasilien stammendes, heute in den Subtropen und den Tropen weit verbreitetes, kleines Gehölz *Eugenia uniflora* L. (syn. *Myrtus brasiliana* L., syn. *Eugenia michalii* Lam., Myrtaceae). Die kugeligen, im reifen Zustand bis zu 4 cm Durchmesser erreichenden, hellrot- bis violettfarbenen, rippenwülstigen Beeren haben eine mit der *Kirsche vergleichbare Textur. Das saftige, erfrischend süß-säuerliche, mitunter harzig-bitterliche Fruchtfleisch ist reich an L-*Ascorbinsäure (30 mg/100 g) und Carotinoiden (*Lycopin)[1,2]. Es erinnert im Geschmack an Pfirsiche und enthält ein bis zwei Samenkerne.
In der Pulpa wurden neben *Anthocyanen und *Flavonoiden[2], Tannine und die Fettsäuren *Palmitinsäure und *Linolensäure gefunden[3]. Die Samen enthalten viel Stärke sowie Palmitin- und *Linolsäure[3]. Dunkle Pitangasorten sind saurer als die hellroten. Aus Pitangablättern wurden die α-Glucosidase-Inhibitoren Uniflorine A und B [(−)-(1$S$,2$R$,6$S$,7$R$,8$R$,8a$R$)-1,2,6,7,8-Pentahydroxyindolizidin; (+)-(1$S$,2$R$,5$R$,7$R$,8$S$,8a$S$)-1,2,5,7,8-Pentahydroxyindolizidin)] isoliert[4]. Eine weitere Untersuchung widmete sich den Blattölen, welche sich als Sesquiterpen-reich erwiesen[5].
*Pharmakologie:* Der Gesamtfruchtextrakt zeigte blutdrucksenkende Eigenschaften[6,7].
*Verwendung:* Reife Pitangas werden in den Anbauländern frisch verzehrt oder als Zutat für Obstsalate, Sorbets oder Speiseeis verwendet. Als Belegfrucht für Torten oder für die Herstellung von Erfrischungsgetränken, Wein, Konfitüren oder Gelees eignet sich die Pitanga gleichermaßen. Unreife Früchte werden zu Chutneys verarbeitet oder vor dem Verzehr in Salz und Essig eingelegt. Auf europäischen Märkten sind Pitangas praktisch nicht vertreten. – *E* Brazilian cherry, pitanga, Surinam cherry

*Lit.:* [1]Arch. Latinoam. Nutr. **49** (Suppl.), 74S–84S (1999). [2]Galvao de Lima, V. L. A.; Melo, E.; Da Silva Lima, D. E., *Sci. Agric. (Piracicaba, Braz.)*, (2002) **59**, 447. [3]Guimares, F. A.; De Holanda, L. F. F.; Maia, G. A.; Moura F., J., *Ciênc. Tecnol. Aliment.*, (1982) **2**, 208. [4]Matsumura, T.; Kasai, M.; Hyashi, T.; Arisawa, M.; Momose, Y.; Arai, I.; Amagaya, S.; Komatsu, Y., *Pharm. Biol.*, (2000) **38**, 302. [5]Onayade, O. A.; Adebajo, A. C.; Looman, A., *Nigerian J. Nat. Prod. Med.*, (1999) **3**, 79. [6]Consolini, A. E.; Sarubbio, M. G., *J. Ethnopharmacol.*, (2002) **81**, 57. [7]Consolini, A. E.; Baldini, O. A.; Amat, A. G., *J. Ethnopharmacol.*, (1999) **66**, 33.
*allg.:* Seidemann, J., *Flüss. Obst*, (2001) **68**, 780

**Pitaya.** Der Begriff „Pitaya" oder „Pitahaya" wird in Mittel- und Südamerika für die eßbaren Früchte verschiedener, teils wilder, teils domestizierter, kletternder Kakteenarten (Cactaceae) der Gattungen *Cereus*, *Hylocereus*, *Selenicereus* und *Stenocereus* verwendet. Unter der Vielzahl der Pitayas haben im internationalen Handel bislang hauptsächlich die nachfolgend aufgeführten fünf Arten Bedeutung erlangt:
1. *Selenicereus megalanthus* [Schum.] Britt. & Rose (Gelbe Pitaya, syn. Kolumbianische Pitaya): Die Früchte haben eine gelbes Perikarp und eine weiße Pulpa. Sie sind 10 bis 15 cm lang und 5 bis 8 cm breit bei einem Gewicht von 100–300 g[1–3]. Die Gelbe Pitaya ist das ganze Jahr hindurch in Deutschland im Handel verfügbar. Lieferungen kommen vor allem aus Kolumbien, Ecuador, inzwischen auch vereinzelt aus Israel.
2. *Hylocereus costaricensis* [Weber] Britt. & Rose: Die Früchte sind rund und kleiner als die der Gelben Pitaya. Ihr Perikarp ist rot und die Pulpa rot bis violett gefärbt[4]. Ursprünglich aus Südamerika stammend, werden inzwischen vereinzelte Anbauversuche in Israel und in Frankreich unternommen.
3. *Hylocereus polyrhizus* [Weber] Britt. & Rose: Die Früchte haben ein rotviolettes Perikarp und eine tiefviolette Pulpa, deren nichtflüchtige Inhaltsstoffe, darunter *Betalaine, charakterisiert wurden[5–10]. Die 8 bis 12 cm breiten, länglich-ovalen, 250–450 g schweren Früchte auf dem hiesigen Markt stammen aus Israel und sind von Mai bis September erhältlich.
4. *Hylocereus undatus* [Haworth] Britt. & Rose (syn. Drachenfrucht, Erdbeerbaumfrucht): Die Früchte in der Größe von Hylocereus polyrhizus haben ein rosa bis rotes Perikarp und eine Weiße oder rote Pulpa[6,9–12]. Die Früchte findet man sporadisch auf den hiesigen Märkten, sie stammen aus Israel (Juli bis Dezember), Guatemala (Juni bis August) oder Nicaragua (Juni bis November). Die weißfleischige Varietät ist noch seltener anzutreffen und kommt aus Israel (Juli bis Dezember) oder aus Vietnam (Juni bis September), vereinzelt auch aus Thailand. Pitayas asiatischer Herkunft können ein Gewicht von bis zu 1 kg erreichen.
5. *Cereus peruvianus* [L.] Mill. (syn. Apfelkaktus, Koubo): Die 7 bis 10 cm langen, 6 bis 7 cm breiten, 120–250 g schweren Beerenfrüchte mit gelber, oranger, dunkelroter oder violetter Schale enthalten ein weißes saftiges Fruchtfleisch mit zahlreichen (<3000) kleinen Samen[13]. Der süße Duft des Fruchtfleischs ist angenehm aromatisch und wird maßgeblich durch *Linalool bestimmt[14]. Seit einigen Jahren sind Plantagen in Südkalifornien und Israel entstanden, die seit 1997 den EU-Markt versorgen (Mai bis August). Die Anbauzahlen des

Apfelkaktusses sind im Steigen begriffen, so daß diese Frucht in Zukunft vermehrt auf europäischen Märkten zu finden sein dürfte.

Äußerlich haben alle Pitayas schuppenförmig angeordnete, fleischige oder verholzte Auswüchse. Sie tragen keine Stacheln oder Glochidien wie die *Kaktusfeige. Außerdem ist allen Früchten gemeinsam, daß sie ein mild ausgeprägtes Aroma und einen leicht säuerlichen Geschmack aufweisen, der vor allem durch *Äpfelsäure bedingt ist. Ihre Farbe erhalten sie durch *Betalaine. Die zahlreichen Samen in der Pulpa sind wie bei der *Kiwi sehr klein und können mitverzehrt werden. Das Zuckerspektrum wird maßgeblich durch Fructose und Glucose besimmt, die in Folge hoher *Invertase-Aktivitäten aus Saccharose gebildet werden. Die Früchte sind nichtklimakterisch, d.h. sie reifen nach der Ernte nicht nach (vgl. *klimakterische Früchte).

*Verwendung:* Pitayas werden frisch, am besten gekühlt, genossen, indem man das Perikarp entfernt und das Fruchtfleisch in mundgerechte Stücke teilt, oder man löffelt das Fruchtfleisch wie bei einer Kiwi aus der längs halbierten Frucht. Pitayas werden zu Saft verarbeitet oder vermust und für die Herstellung von Eiscremes, Milchshakes, Säften oder Konfitüren verwendet. Aktuelle Arbeiten beschäftigen sich damit, die Früchte als *Betalain-Quelle für die natürliche Färbung von Lebensmitteln zu verwerten[6]. – *E* pitaya

*Lit.:* [1] Weiss, J; Scheinvar, L.; Mizrahi, Y., *Cactus Succulent J.*, (1995) **67**, 280. [2] Nerd, A.; Mizrahi, Y., *J. Am. Soc. Hortic. Sci.*, (1998) **123**, 560. [3] Nerd, A.; Mizrahi, Y., *Postharv. Biol. Technol.*, (1999) **15**, 99. [4] Le Bellec, F.; Judith, R.-C., *Fruits*, (2002) **57**, 219. [5] Stintzing, F. C.; Schieber, A.; Carle, R., *Food Chem.*, (2002) **77**, 106, 517. [6] Stintzing, F. C.; Schieber, A.; Carle, R, *Eur. Food Res. Technol.*, (2003) **216**, 303. [7] Wybraniec, S.; Platzner, I.; Geresh, S.; Gottlieb, H. E.; Haimberg, M.; Mogilnitzki, M.; Mizrahi, Y., *Phytochemistry*, (2001) **58**, 1209. [8] Wybraniec, S.; Mizrahi, Y., *J. Agric. Food Chem.*, (2002) **50**, 6086. [9] Raveh, E.; Weiss, J.; Nerd, A.; Mizrahi, Y., In *New Crops*, Janick, J.; Simon, J. E., Hrsg.; Wiley: New York, (1993); S. 491–495. [10] Nerd, A.; Gutman, F.; Mizrahi, Y., *Postharv. Biol. Technol.*, (1999) **17**, 39. [11] Barbeau, G., *Fruits*, (1990). **45**, 141. [12] Wu, M. C.; Chen, C. S., *Proc. Florida State Hortic. Soc.*, (1997) **110**, 225. [13] Weiss, J.; Nerd, A.; Mizrahi, Y., In *New Crops*, Janick, J.; Simon, J. E., Hrsg.; Wiley; New York, (1993); S. 486–471. [14] Ninio, R.; Lewinsohn, E.; Mizrahi, Y.; Sitrit, Y., *J. Agric. Food Chem.*, (2003) **51**, 797.

*allg.:* Anderson, E. F., *The Cactus Family*, Timber Press: Portland/Oregon, (2001) ■ Bauer, R., *Cactaceae Syst. Init.*, (2003) **17**, 3 ■ Herbach, M.; Stintzing, F. C.; Carle, R., *Eur. Food Res. Technol.*, (2004) **219**, 377 ■ Nobel, P. S., Hrsg., *Cacti – Biology and Uses*, University of California Press: Berkeley, (2002) ■ Seidemann, J., *Flüss. Obst*, (2001) **68**, 780 ■ Tel-Zur, N.; Abbo, S.; Bar-Zvi, D.; Mizrahi, Y., *Ann. Bot.*, (2004) **94**, 527 ■ Tel-Zur, N.; Abbo, S.; Bar-Zvi, D.; Mizrahi, Y., *Sci. Hortic.*, (2004) **100**, 279

**PKU.** Abk. für *Phenylketonurie.

**Planare Chiralität** siehe *Chiralität.

**Plasmalogene.** Sammelbez. für Gruppe von Glycerophospholipiden, in denen die 1-Stellung des *Glycerols über eine Enolether-Bindung (*cis*-Dop-

pelbindung) mit einem langkettigen Aldehyd verknüpft ist. Diese „Vinylether"-Bindung ist verantwortlich für die besondere Reaktivität von Plasmalogenen gegenüber Säuren, zweiwertigen Metallionen und reaktiven Sauerstoffspezies.

Plasmalogen [1-*O*-(1-Alkenyl)-2-*O*-acylglycerophospholipid]

P. sind in geringen Mengen in tier. Geweben sowie anaeroben Mikroorganismen weit verbreitet, bei Lebensmitteln ist die Milch der Hauptträger. Im Menschen machen Plasmalogene etwa 18% des gesamten *Phospholipid-Anteils aus; Herz, Gehirn und Blutserum enthalten größere Anteile, während die Leber nur sehr wenig Plasmalogene enthält.

Bereits in Ggw. von schwachen Säuren wird die Enolether-Bindung unter Freisetzung des Aldehyds gespalten. Auf dieser Aldehyd-Reaktion im Cytoplasma (Plasmalreaktion) beruht die Namensgebung. Die Biosynth. der P., die nur ungesät. Fettsäuren sowie als bas. Gruppen Cholin u. Ethanolamin enthalten, erfolgt durch Dehydrierung des entsprechenden gesätt. Glycerolethers.

Plasmalogene und deren Veränderungen werden im Zusammenhang mit Herzerkrankungen und -infarkt sowie der Alzheimer-Erkrankung intensiv untersucht. Die Analyse kann nach Säurespaltung anhand der Erfassung der gebildeten Spaltprodukte selektiv erfolgen[1]. – *E* plasmalogens

*Lit.:* [1] Stadelmann-Ingrand, S.; Wahl, A.; Favrelière, S.; Barbot, F.; Tallineau, C., *Anal. Biochem.*, (2000) **280**, 65–72.

*allg.:* Nagan, N.; Zoeller, R. A., *Prog. Lipid Res.*, (2001) **40**, 199–229

**Plasmansäuren** siehe *Phospholipide.

**Plasmensäuren** siehe *Phospholipide.

**Plasmin** (Fibrinolysin, Fibrinase, EC 3.4.21.7). *Serin-Protease, die aus Fibrin bestehende Blutgerinnsel zu lösl. Produkten (Fibrinopeptiden) abbauen kann (*Fibrinolyse*), d.h. als Fibrinolytikum (Thrombolytikum) wirksam ist. Die Fibrinopeptide hemmen Thrombin u. verhindern somit eine fortgesetzte Blutgerinnung. Menschliches P. besteht aus 2 über eine Disulfid-Brücke verbundenen Ketten vom $M_R$ 65000 (A-, H- od. schwere Kette) u. 27700 (B-, L- od. leichte Kette mit dem aktiven Zentrum). Bei Bedarf entsteht P. am Ort des Gerinnsels aus der inaktiven Vorstufe Plasminogen. P. wirkt auch auf Blutgerinnungsfaktoren u. auf das Komplement-System. Außerdem spaltet P. Laminin u. aktiviert Matrix-Metall-Proteinasen, was im Nervensyst. möglicherweise zur Degeneration von Nervenzellen führt[1]. Körpereigene P.-Inhibitoren sind $\alpha_2$-Antiplasmin, $\alpha_2$-Makroglobulin, Aprotinin (letzteres allerdings nicht im Plasma vorkommend) u. a. Protease-Inhibitoren. Plasmin hat insofern Bedeutung für die Lebensmittelverarbeitung als Substrate für P. in Milch, insbes. β- u. $α_{s2}$-Caseine, erkannt wurden; $α_{s1}$- u. k-Casein sind in Milch stabil. In Milch, die mehrere Tage bei 4 °C gehalten wird, findet man die erstgenannten Caseine oft nicht mehr, was zu Eiweiß-Verlusten von 10% u. mehr in der Käserei führen kann. P. spielt auch eine essentielle Rolle bei der Käsereifung. Aufgrund der Thermostabilität des Enzyms wird es für die sog. Süßgerinnung langlebiger Milchprodukte verantwortlich gemacht. – *E* plasmin

*Lit.:* [1]Curr. Biol. **8**, R274–R277 (1998). – *[HS 3507 90; CAS 9001-90-5]*

**Plasteine** siehe *Plastein-Reaktion.

**Plastein-Reaktion.** Enzymatisch katalysierte Bildung einer Mischung aus *Oligo- und Polypeptiden (sogenannte „*Plasteine*") mit unterschiedlicher Kettenlänge aus *Proteinen bzw. *Eiweiß-Hydrolysaten. Ihre Struktur ist mit derjenigen denaturierter Proteine zu vergleichen: Sie weisen die typischen sekundären und tertiären Strukturen nicht auf, lassen sich jedoch mit Trichloressigsäure fällen, geben die Ninhydrin-Reaktion, bilden Komplexe mit Calcium-Ionen und sind zur Gel-Bildung befähigt.

*Herstellung:* Enzymatisch hydrolysierte Proteine ($M_R$ 500–2000) werden in hoher Konzentration (10–40%) in wäßriger Lösung erneut der Einwirkung einer *Protease unterworfen (insbesondere Proteasen vom *Papain-, Chymotrypsin-, *Pepsin-Typ, Verwendung allein oder in Kombination). Hierbei erfolgen in der Hauptreaktion Transpeptidierungen (Umordnungen der Aminosäure-Kette), bei der die mittlere Molmasse nicht ansteigt[1]. Gleichzeitig kommt es durch nicht-kovalente Wechselwirkungen zur Aggregation der gebildeten Peptide (Anstieg der Viskosität bis hin zur Gel-Bildung[2,3]). Nach anderen Autoren[4] erfolgt eine Aggregation ohne vorangegangene Transpeptidierung.

*Verwendung:* Veränderung von natürlichen Proteinen, die für die Humanernährung nicht optimale oder nachteilige Eigenschaften aufweisen: Abtrennung von off-flavour (Aromafehler, insbesondere Bitterstoffe, „Bohnengeschmack")[5] oder von unerwünschten Farbstoffen und toxischen Substanzen; Anreicherung von limitierenden essentiellen Aminosäuren (insbesondere Methionin, Lysin, Tryptophan) durch Zugabe von Aminosäureethylester vor der Plastein-Reaktion; Herstellung von Plasteinen mit vermindertem Gehalt an Phenylalanin (für Patienten mit *Phenylketonurie); Modifizierung der funktionellen Eigenschaften (z.B. Herstellung von antioxidativ wirksamen Plasteinen[6]). Insgesamt hat die Plastein-Reaktion ein bemerkenswertes Potential für die Wertverbesserung von vorrangig unkonventionellen Proteinen für Nahrungszwecke (siehe z.B. auch Literatur[7]). Sie hat sich aus ökonomischen Gründen jedoch bisher großtechnisch noch nicht durchsetzen können; siehe auch *modifizierte Proteine. – *E* plastein reaction

*Lit.:* [1]Acta Aliment. **18**, 325–330 (1989). [2]Lorenzen, P. C.; Schieber, A.; Brueckner, H., Schlimme, E., *Nahrung/Food,*

(1996) **40**, 7–11. [3]Doucet, D.; Gauthier, S. F.; Otter, D. E.; Foegeding, E. A., *J. Agric. Food Chem.,* (2003) **51**, 6036–6042. [4]Food Chem. **35**, 243–261 (1990). [5]Synowiecki, J.; Jagielka, R.; Shahidi, F., *Food Chem.,* (1996) **57**, 435–439. [6]Ono, S.; Kasai, D.; Sugano, T.; Ohba, K.; Takahashi, K., *J. Oleo Sci.,* (2004) **53**, 267–274. [7]Lee, K. T.; Park, S.-M.; Lee, S.-H.; Ryu, H.-S.; Yoon, H.-D., *J. Food Sci. Nutr.,* (1997) **2**, 321–327.

**Plastination** siehe *Silicone.

**Plattfische** (Pleuronectiformes). Das wesentliche Merkmal der P. ist ihre platte, seitlich verbreiterte Körperform. Sie treten in warmen Flachwassergebieten der Meere in großer Anzahl auf. Die wichtigsten P. für den dtsch. Markt sind *Scholle, Kliesche, Rotzunge, Flunder, *Steinbutt, Weißer od. Schwarzer *Heilbutt u. *Seezunge. Die P. werden als Frischfisch od. tiefgefroren zum Kochen od. Backen angeboten. Aus Schollenfilets werden zahlreiche Convenience Erzeugnisse (gefüllt, in Blätterteig) im Tiefkühl-Bereich angeboten. Die Anforderungen an die Qualität von P.-Filets sind im Codex Alimentarius Standard niedergelegt[1]. – *E* flatfish

*Lit.:* [1]Codex Alimentarius, http://www.codexalimentarius. net.
*allg.:* Ludorff-Meyer, S. 37ff. ■ Mosimann, A.; Hofmann, H.; Teubner, C., *Das große Buch vom Fisch*, Gräfe & Unzer: München, (1999)

**Plicadin** siehe *Cumestrol.

**PM.** Abkürzung für Pyridoxamin, siehe *Vitamin $B_6$.

**PMD** siehe *Dünnschichtchromatographie.

**PN.** Abkürzung für Pyridoxin, siehe *Vitamin $B_6$.

**POC.** Abkürzung für *E* particulate organic carbon, siehe *TOC.

**Pökelaroma** siehe *Pökeln.

**Pökelfarbe** siehe *Pökeln und *Fleischfarbe.

**Pökelfleischerzeugnisse.** Als P. werden einerseits *Fleischerzeugnisse aus der Produktgruppe der rohen P. od. *Rohpökelwaren*, andererseits Fleischerzeugnisse aus der Produktgruppe der gekochten P. od. *Kochpökelwaren* bezeichnet.

*1. Kochpökelwaren (gegarte Pökelfleischerzeugnisse):* Kochpökelwaren sind nach den *Leitsätzen des Deutschen Lebensmittelbuches (Fleisch u. Fleischerzeugnisse) umgerötete u. gegarte, z.T. geräucherte Fleischerzeugnisse, denen kein Brät zugesetzt ist, soweit dieses nicht zur Bindung großer Fleischteile dient (z.B. Kaiserfleisch). Als Pökelstoff ist nur die Verw. von *Nitritpökelsalz, mit Ausnahme von Diätfleischwaren, gestattet. Bei Bez. ohne Hinweis auf die Tierart handelt es sich – soweit in den Leitsätzen nichts Gegenteiliges angegeben ist – um Teile von Schweinen; im übrigen wird auf die Tierart hingewiesen (z.B. gekochter Rinderschinken, gekochtes Rinderpökelfleisch).

*Fleischeiweiß im fettfreien Anteil:* Von Knochen, Schwarte u. etwaiger Gallerte sowie sichtbarem Fettgewebe befreite Kochpökelwaren von Schweinen enthalten mind. 19% (von Rind u. Kalb 18,5%) Eiweiß. Sind etwaige Speck- u. Schwartenanteile nicht sichtbar, z. B. bei Dosenschinken, so betragen sie zusammen weniger als 20% des Gesamtgew., Halbfabrikate einer Kochpökelware (z. B. Rohkasseler zum Selbstkochen od. Surfleisch) enthalten im fettfreien Anteil mind. 17% Eiweiß.

*Bez.:* Soweit nicht der Kotelettstrang ohne Kamm (Karree, Karbonadenstück) zugrundeliegt, wird bei Kochpökelwaren des Schweines *Kasseler* (Kaßler) nur in Verbindung mit der entsprechenden Teilstückbez. verwendet (z. B. Nacken-Kasseler, Kasseler Kamm, Kasseler Bauch); entsprechend behandelte Teilstücke anderer Tierarten werden nach Kasseler Art bezeichnet. Bei Kochpökelwaren am Stück od. in Scheiben, die in Gallerte in den Verkehr kommen, ist die Bez. entsprechend ergänzt (z. B. Eisbein in Gelee, Schinken in Aspik, Sülzkotelett). *Kochschinken* sind Kochpökelwaren von gehobener Qualität. Bei Bez. ohne Hinweis auf einen Tierkörperteil handelt es sich um Teile der Hinterextremität (Hinterschinken, Schlegel, Keule); Schinken aus der Vorderextremität wird als Vorderschinken (Schulterschinken) bezeichnet. Hinterschinken, der nicht zerlegt worden ist, enthält in den von Schwarten u. sichtbarem Fettgewebe befreiten Anteilen mind. 85% *BEFFE im Fleischeiweiß. Formschinken, die ganz od. teilw. aus kleineren Muskelstücken zusammengesetzt sind, enthalten mind. 90% BEFFE im Fleischeiweiß.

*Herst.:* Durch *Naßpökelung*, bei größeren Fleischstücken überwiegend durch *Spritzpökelverf.*, bei kleineren Stücken teilw. auch durch *Lakepökelverf.*; s. a. *Pökeln. Bei der *Muskelspritzpökelung* werden 10–20 Gew.-% Pökellake mit Nitritpökelsalz-Gehalten von 10–20% (abhängig von der Einspritzmenge) verwendet. Kasseler, früher auch Kochschinken, werden nach der Muskelspritzung für 1–2 d bei 0°–5°C in eine Pökellake eingelegt; während dieser Zeit kommt es zu einem teilw. Konzentrationsausgleich u. der Pökelprozeß findet statt; Näheres zur Herst. s. *Pökeln.

**2. Rohpökelwaren (rohe Pökelfleischerzeugnisse):** Rohpökelwaren sind nach den Leitsätzen für Fleisch u. Fleischerzeugnisse durch Pökeln od. Salzen haltbar gemachte rohe, abgetrocknete, geräucherte od. ungeräucherte Fleischstücke von stabiler Farbe, typ. Aroma (Pökelaroma) u. von einer Konsistenz, die das Anfertigen dünner Schnitte ermöglicht. Rohpökelwaren werden untergliedert nach Zuschnittformen:

*Rohschinken:* geschlossene Schinken (Knochenschinken), Flachschinken [Spalt-, Kern-, (Roll-) Schinken], Teilstückschinken (Schinkenspeck, Nuß- u. Lachsschinken, Rinderrauchfleisch).

*Sonstige Rohpökelwaren:* nicht aus Schinken stammende Portionen (z. B. Speck, Bauchspeck, Räuchernacken, gepökelte Gänsebrust).

Prim. stammen Rohpökelwaren vom Schwein, auf andere Tierarten wird hingewiesen. Bei Rohschinken wird der Wassergehalt im weichsten (zentra-

len) Magerfleischanteil (Abtrocknungsgrad) limitiert. Je nach Sorte variieren die Festlegungen von max. 72% (Lachsschinken) bis 62% (Knochenschinken langgereift).

*Herst.:* Durch Trockenpökelung, Lakepökelung, Spritzpökelung, s. dazu *Pökeln. Nach dem Pökeln, Brennen (Salzausgleich Rand/Kern, Aromabildung) u. Trocknen (Räuchern) je nach Sorte bei 10–45°C. Herstellungszeit je nach Abtrocknungs- u. Reifungsgrad zwischen 3 d (Bauchspeck) bis 9 Monaten (Parmaschinken). – *E* cured (salted, pickled) meat products

*Lit.:* Leitsätze für Fleisch u. Fleischerzeugnisse vom 27./ 28.11.1994, zuletzt geändert am 02.10.2001 (GMBl. Nr. 38, S. 754ff. vom 30.10.2001) ▪ Wirth, F.; Barciaga, J.; Krell, U., *Handbuch Fleisch und Fleischwaren*, Behr's: Hamburg, (2001); Loseblattsammlung

**Pökelflora.** Ein Gemisch aus verschiedenen Bakterien- und Hefearten, das sich durch die selektierende Wirkung der mikrobiologlogisch wirksamen Bestandteile der Pökellake, besonderst Nitrit und Kochsalz (Natriumchlorid), nach kurzer Zeit einstellt. Die normale Pökelflora besteht in erster Linie aus Vertretern der Gattungen *Micrococcus, Enterococcus, *Lactobacillus und *Staphylococcus. Technologisch erwünscht sind Keime, die Nitrat-Reduktase bilden und damit das erforderliche Nitrit bereitstellen, was die Entwicklung von *Clostridium botulinum verhindert und zur Ausbildung von Pökelfarbe und Pökelaroma (siehe *Pökeln) beiträgt. – *E* microorganisms in curing brine

*Lit.:* Krämer (3.), S. 299 ▪ Sinell (3.), S. 154 ▪ Weber, H., Hrsg., *Mikrobiologie der Lebensmittel, Fleisch – Fisch – Feinkost*, Behr's: Hamburg, (2003); S. 260

**Pökelhilfsstoff** siehe *Pökeln.

**Pökeln.** Unter P. versteht man ein häufig in der Fleischtechnologie angewendetes Verf., dessen Ziel die Konservierung durch Einsalzen u. Farbstabilisierung durch Umrötung von Fleisch u. Fleischerzeugnissen ist. Zur Pökelung dürfen neben *Nitritpökelsalz Red.-Mittel wie Ascorbat, Gluconsäure-5-lacton und Genußsäuren verwendet werden.

Die konservierende Wirkung des P. richtet sich v. a. gegen *Clostridium botulinum[1]. Die Oxidationsempfindlichkeit wird vermindert.

Chem. betrachtet besteht das P. in der Anlagerung von Stickstoffmonoxid an eine „freie" Koordinationsstelle des Eisen(II)-Ions des *Myoglobins (Ausbildung leuchtend roter, hitzestabiler Stickoxidmyoglobin-Komplexe = *Pökelfarbe). Stickstoffmonoxid entsteht langsam im schwach sauren Milieu des Fleisches aus Nitrit-Ionen:

$$2NO_2^- + 2H^+ \rightarrow 2HNO_2$$
$$2HNO_2 \rightarrow N_2O_3 + H_2O$$
$$N_2O_3 \rightarrow NO + NO_2$$

Bei Verw. von Nitrat, dessen Zusatz zum Nitritpökelsalz bei der Herst. großer Rohschinken u. lange gereifter *Rohwürste gesetzlich erlaubt ist, wird durch Einwirkung Nitrat-reduzierender Mikroorganismen Nitrit gebildet, woraus Stickstoffmonoxid entsteht.

Ein Zusatz von sog. *Pökelhilfsstoffen* soll den Pökelvorgang durch schnellere Bereitstellung von Stickstoffmonoxid beschleunigen u. das Pökelergebnis (gleichmäßige Pökelfarbe) verbessern. Pökelhilfsstoffe wirken durch Erniedrigung des pH-Wertes des zu pökelnden Erzeugnisses (D-*Gluconsäure-5-lacton, Genußsäuren u. verschiedene Zuckerarten, die durch mikrobiolog. Abbau zu Milchsäure umgesetzt werden) od. durch reduzierende Wirkung auf das Distickstofftrioxid (Ascorbinsäure, Natriumascorbat).

Beim Erhitzen von Pökelwaren (*Pökelfleischerzeugnisse) tritt ein typ. *Pökelaroma* auf, das sensor. deutlich vom Aroma des erhitzten ungepökelten Fleisches abweicht u. dessen Ursachen noch nicht vollständig geklärt sind. Obwohl einige Ergebnisse sensorischer Analysen auf eine große Bedeutung des Natriumchlorids in bezug auf das Pökelaroma hinweisen, ist es die vorherrschende Ansicht, daß das Nitrit den wesentlichen Faktor für die Entstehung des typ. Pökelaromas darstellt, wobei bereits geringe Mengen wie 50 mg $NaNO_2$/kg Fleisch ausreichen. Hinsichtlich der chem. Beschaffenheit des Pökelaromas werden qual. ähnliche gaschromatograph. Profile von gepökelten u. ungepökelten Produkten erhalten, wobei die Fraktionen der Carbonyl-Verb., insbes. von Aldehyden mit mehr als fünf Kohlenstoff-Atomen als Abbauprodukte ungesättigter Fettsäuren im gepökelten Fleisch deutlich kleiner sind. Das Pökelaroma besteht wie das *Fleischaroma allg., aus einer Vielzahl geruchswirksamer Substanzen, in deren Spektrum jedoch die Anteile der Fett-Oxidationsprodukte durch die antioxidative Wirkung des Nitrits verringert sind. Einen Überblick über die äußerst komplexen Reaktionen während des P. gibt Lit.[2-4].

*Pökelverfahren:* Angewendete Verf. s. Abbildung.
1. *Trockenpökelung:* Wird wie auch eine kombinierte Trocken-/Naßpökelung v.a. bei der Herst. von *Rohpökelwaren* verwendet; bei *Kochpökelwaren* (s. *Pökelfleischerzeugnisse) nur noch vereinzelt üblich.
2. *Naßpökelung.*

2.1. *Lakepökelung:* Bei kleineren Fleischstücken noch teilw. angewendet. Salzgehalt der Pökellaken: zwischen ca. 6 u. 20% Nitritpökelsalz. Lake-Fleisch-Verhältnis: Bei zu hohem Lakeanteil wird das Produkt, v.a. bei hohen Lakekonz., zu salzig; bei zu geringem Lakeanteil wird das Wachstum unerwünschter Bakterien begünstigt. Optimal ist ein Verhältnis Lake-Fleisch von 1:2 bis 1:3. Zur Verbesserung der Farbe wird den Spritzlaken 0,03 bis 0,05% Natriumascorbat (bezogen auf das Fleisch) als Pökelhilfsstoff zugesetzt. Ascorbinsäure darf nicht verwendet werden, da diese in der Pökellake spontan mit dem Nitrit reagiert, wodurch Nitrit in Form von nitrosen Gasen entweicht u. für die Pökelung verlorengeht.

2.2. *Spritzpökelung:* Der richtigen Injektion der Pökellake in das zu pökelnde Fleisch kommt bei der Herst. von Kochpökelwaren entscheidende Bedeutung zu. Die eingestellte Einspritzmenge sollte bei allen Fleischstücken möglichst exakt eingehalten werden. Die vorgesehene Lakemenge sollte nicht in Form von *Lakedepots*, sondern möglichst gleichmäßig über das ganze Stück verteilt eingespritzt werden.

2.2.1. *Aderspritzpökelung:* Für das Verf., bei dem die Pökellake über das arterielle Gefäßsystem in das Muskelfleisch eingespritzt wird, ist ein intaktes Blutgefäßsystem Voraussetzung. Deshalb können zum Aderspritzen nur nicht entbeinte Stücke wie Hinter- (Roh- u. Kochpökelwaren) u. Vorderschinken sowie Zungen verwendet werden. Der Spritzdruck sollte 2,5 bar nicht überschreiten, damit Gefäßzerreißungen vermieden werden. Vorteil der Aderspritzung: gleichmäßige Verteilung der Pökellake, auch bis an die Knochen, so daß bei Schinken mit Knochen eine bessere Konservierung des mikrobiolog. anfälligen Knochenmarkes u. der Knochenhaut erreicht wird als mit den anderen Verfahren. Das Verf. ist allerdings sehr arbeitsintensiv u. wird deshalb heute nur noch selten praktiziert.

2.2.2. *Muskelspritzpökelung:* Die Pökellake wird über ein System von Hohlnadeln direkt in das Muskelfleisch injiziert (Spritzdruck 1–2 bar), entweder manuell od. mit automatisierten Multinadel-

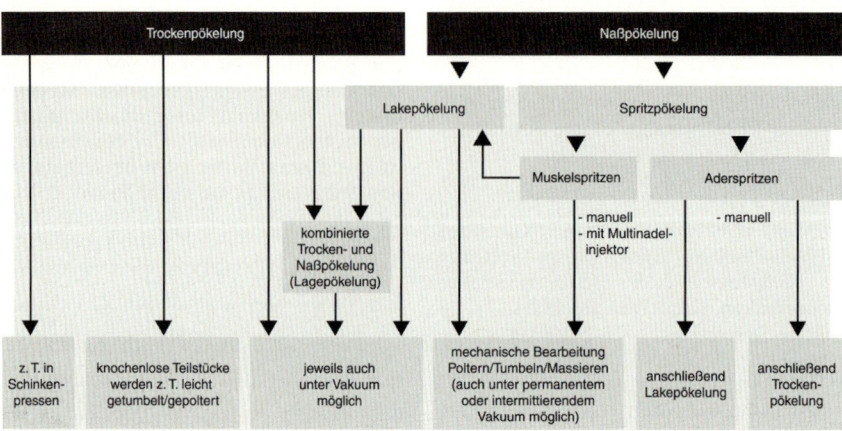

Abb.: Pökelverfahren.

injektoren. Bei der Spritzpökelung sind Sauberkeit des Injektors bzw. einzuhaltende Hygienemaßnahmen wichtig. Zu den Pökelverfahren siehe auch *Lit.*[5].

Zur rechtlichen Beurteilung s. *Nitritpökelsalz.

*Toxikologie:* Durch das Vorhandensein von Nitrit in saurem Medium besteht während des P. (exogen) u. nach Aufnahme gepökelter Fleischwaren (endogen) die Gefahr der Bildung carcinogener *Nitrosamine. *N*-Nitrosopyrrolidin[6] u. 3-Nitroso-2-thiazolidinmethanol[7] konnten neben *N*-Nitrosodimethylamin (NDMA)[8] nachgewiesen werden. Über die Bildung von *N*-Nitrosodibutylamin in gepökelten u. von Gumminetzen umhüllten Fleischerzeugnissen (Rollbraten) berichtet *Lit.*[9]. Die nitrosierbaren Amine stammen in diesen Fällen aus den Gumminetzen. Aus diesen Gründen existieren Bestrebungen, Nitrit-reduzierte bzw. Nitrit-freie Pökelsyst. zu etablieren[10].

*Analytik:* Der Nachw. von Nitrit in Fleisch u. Fleischerzeugnissen erfolgt nach den Methoden nach § 64 LFGB (ex § 35 LMBG) L 06.00-12; s. a. *Lebensmittelkonservierung und *Nitritpökelsalz. – *E* salting, curing

*Lit.:* [1]Lett. Appl. Microbiol. **24**, 95–100 (1997). [2]J. Agric. Food Chem. **36**, 909–914 (1988). [3]Z. Lebensm. Unters.-Forsch. **191**, 293–298 (1990). [4]Meat Mater. Sci. **26**, 141–153 (1989). [5]Prändl et al., Fleisch, S. 568–594, Stuttgart: Ulmer 1988. [6]J. Assoc. Off. Anal. Chem. **72**, 19–22 (1989). [7]J. Agric. Food Chem. **37**, 717–721 (1989). [8]J. Agric. Food Chem. **35**, 346–350 (1987). [9]J. Food Sci. **53**, 731–734 (1988). [10]J. Food Prot. **49**, 691–695 (1986).

*allg.:* Ullmann (4.) **16**, 84; (5.) **A11**, 573 ▪ Wirth, F.; Barciaga, J.; Krell, U., *Handbuch Fleisch und Fleischwaren*, Behr's: Hamburg, (2001); Loseblattsammlung ▪ Zipfel, C 234, 235

**Pökelsalz** siehe *Nitritpökelsalz.

**Polarimetrie.** Polarimetrie nennt man die Messung der Drehung der Polarisationsebene von monochromatischem Licht zur Konzentrationsbestimmung optisch aktiver Substanzen. Hierzu gilt:

$$[\alpha]_\lambda^T = \frac{\alpha}{l \cdot c}$$

Das Drehvermögen optisch aktiver Substanzen ist von mehreren Faktoren abhängig:
1. Wellenlänge des polarisierten Lichts λ [nm];
2. Temperatur T [°C];
3. Art des Lösemittels (meist Wasser);
4. Konzentration der Meßlösung c [g/mL];
5. durchstrahlte Schichtdicke l [dm].

Die spezifische Drehung $[\alpha]_\lambda^T$ einer Substanz ist unter definierten Meßbedingungen eine Stoffkonstante. Als Standardwellenlänge wird meist die der Natrium-D-Linie (598,3 nm) und als Standardtemperatur 20 °C festgelegt. Bei Kenntnis von $[\alpha]_\lambda^T$ sowie der durchstrahlten Schichtdicke *l* kann durch Messung von α und Auflösung der obigen Gleichung nach c der Gehalt, z.B. einer Zuckerlösung, quantitativ ermittelt werden.

Zur Kennzeichnung der Drehrichtung wurden verschiedene Konventionen eingeführt, die aber oft in unkritischer Weise nebeneinander gebraucht wurden. So wurde früher allgemein ein „*d*" (von latei-

nisch dexter = rechts) oder „*l*" (von lateinisch laevus = links), bei Racematen ein „*d,l*" oder „*dl*" vorgesetzt. Heute kennt die IUPAC-Nomenklatur diese Bezeichnungen nicht mehr, sondern empfiehlt zur Kennzeichnung des Drehsinns ausschließlich die Zeichen (+) bzw. (−), woraus (±) für Racemate resultiert. Ist die absolute Konfiguration einer Verbindung bzw. eines optisch aktiven Zentrums bekannt, so kommt zur Benennung die von Cahn, Ingold und Prelog eingeführte und lateinisch: rectus = rechts bzw. sinister = links abgeleitete (*R*)- und (*S*)-Terminologie zum Zuge (siehe *Chiralität).

*Verwendung:* Die Polarimetrie findet hauptsächlich Anwendung bei der quantitativen Bestimmung von Kohlenhydraten, vor allem von Stärke, Saccharose, Invertzucker, Glucose und anderen Stärke-Abbauprodukten sowie von Sorbit und ähnlichen Zuckeralkoholen. Dementspechend ist die Polarimetrie ein in der Lebensmittelanalytik zur Bestimmung der genannten Substanzen häufig eingesetztes Verfahren. – *E* polarimetry

*Lit.:* Maier, S. 124–127 ▪ Matissek, R.; Steiner, G., *Lebensmittelanalytik*, 3. Aufl.; Springer: Berlin, (2006) ▪ Ullmann (6.)

**Polarographie.** Bezeichnung für ein Analysenverfahren der *Voltammetrie, bei dem eine Quecksilber-*Tropfelektrode* als Indikator- oder polarisierbare Elektrode („Tropfkathode") dient. Das für qualitative und quantitative analytische Bestimmungen geeignete Verfahren beruht auf der elektrolytischen Abscheidung (im allgemeinen durch Reduktion, seltener durch Oxidation) von Stoffen aus der zu untersuchenden Lösung, wobei eine Strom-Spannungs-Kurve aufgenommen wird. Soll beispielsweise die Konzentration an $Cu^{2+}$-Ionen in einer wäßrigen Kupfer(II)-chlorid-Lösung bestimmt werden, so bringt man in ein Kölbchen etwas Quecksilber als praktisch unpolarisierbare Bezugselektrode (Bodenanode, „See"), gießt die Kupferchlorid-Lösung darüber und läßt in diese eine mit einem Quecksilber-Reservoir verbundene Glaskapillare von 0,05–0,1 mm lichter Weite eintauchen, aus deren Öffnung alle 3–6 s (bei der sogenannten Rapid-Polarographie alle 0,2–0,25 s) ein Quecksilber-Tropfen von ca. 0,5 mm Durchmesser austritt und abfällt, so daß immer eine neue Mikroelektrode mit frischer Oberfläche gebildet wird. Um Störungen durch Sauerstoff auszuschließen, leitet man Inertgas (wie Stickstoff, Argon) durch die zu untersuchende Lösung. Zwischen Bodenanode und Tropfkathode legt man eine Gleichspannung von z. B. 0,5 V an. Der Spannungsabfall im Elektrolyten wird durch Zusatz eines sogenannten *Leitsalzes* oder Grundelektrolyten (z.B. eines indifferenten, d. h. schwer zu reduzierenden und in großem Überschuß vorhandenen Elektrolyten wie Kaliumchlorid) vernachlässigbar klein gemacht; das Leitsalz bewirkt den Stromfluß und die $Cu^{2+}$-Ionen gelangen dann allein durch Diffusion und nicht infolge von elektrolytischer Überführung an die abfallenden, negativ geladenen Quecksilber-Tröpfchen.

Diese reduzieren die $Cu^{2+}$-Ionen in ihrer nächsten Umgebung (im vorliegenden Beispiel in einer Zone von einigen hundertstel Millimeter um die Tropfenoberfläche herum) zu Kupfer-Atomen, die sich im Quecksilber-Tropfen unter Bildung von Kupferamalgam auflösen. An der Bodenanode wird im Gegenzug das Quecksilber-Metall zu Quecksilber-Ionen oxidiert; es entsteht hier unter Beteiligung der Chlorid-Ionen unlösliches Quecksilberchlorid, das auf dem Boden-Quecksilber liegen bleibt. Die Zahl der Kupfer-Ionen, die an den Quecksilber-Tröpfchen entladen werden, ist proportional der Konzentration der $Cu^{2+}$-Ionen in der Lösung. Bezeichnet man die aus jedem Tropfen aufgenommene Elektrizitätsmenge mit Q und die Lebensdauer eines Tropfens mit t, so ist die mittlere Stromstärke Q/t. Diese Stromstärke ist um so größer, je höher die Konzentration der Kupfersalz-Lösung im Kölbchen gewählt wird. Im Gegensatz zu den gewöhnlichen elektroanalytischen Verfahren reduziert man also hier nicht das ganze Kupfer-Salz, sondern an jedem Quecksilber-Tröpfchen nur einen kleinen Bruchteil davon. Lösungen von bekannter $CuCl_2$-Konzentrationen dienen zum Eichen.

Die Stromstärke (ungefähr $10^{-6}$ A) sinkt beim Abfallen eines Tropfens fast auf Null und wächst bei jedem neuen Tropfen wieder an. Da man die mittleren Werte der Stromstärke registrieren möchte, wählt man ein „träges" Galvanometer. Die zwischen den Elektroden angelegte Spannung läßt man über ein Potentiometer langsam ansteigen. Der gemessene Strom wird bei modernen Geräten als Strom-Spannungs-Kurve mit einem X,Y-Schreiber registriert (Polarogramm). Dieses stellt sich als Folge scharfer Maxima- und Minima-Ausschläge (Oszillationen) dar, deren Mittelwerte graphisch oder rechnerisch abgeleitet werden. Falls die Lösung mehrere reduzierbare Metall-Ionen mit unterschiedlichen Normalpotentialen enthält, bekommt man eine stufenförmige Kurve (siehe Abbildung). Bei kleinen Spannungen fließt nur der niedrige Grundstrom. Wird durch Erhöhung der Spannung die Zersetzungsspannung E einer leicht reduzierbaren Ionenart erreicht (in Abbildung bei $E_I$), so nimmt die Stromstärke bei anwachsendem (negativem) Potential stark zu, weil die Reduktion dieser Ionen einsetzt. Beim Erreichen eines bestimmten Grenzwertes der Stromstärke (Diffusions- oder Grenzstrom, $I_{grenz}$) bleibt die Stromstärke auch bei weiterer Erhöhung der Spannung konstant, denn die aus dem Innern der Lösung durch Diffusion an die Elektrode gelangenden Ionen werden an dieser sofort reduziert. Da die Diffusionsgeschwindigkeit bei konstanter Temperatur allein von der Differenz zwischen der Konzentration im Innern der Lösung und an der Elektrodenoberfläche (dort ist sie Null!) bestimmt wird, ist also dieser Diffusionsgrenzstrom direkt proportional der Konzentration des reduzierbaren Stoffes (vom sogenannten Reststrom sei hier abgesehen). Bei Kenntnis der Anzahl der bei der Elektrodenreaktion ausgetauschten Elektronen z, der Größe der Arbeitselektrodenoberfläche A, der Dicke δ der Diffusions-

schicht und der Größe des Diffusionskoeffizienten D gilt allgemein:

$$I_{grenz} = \frac{z \cdot F \cdot A \cdot D}{\delta} \cdot c$$

(F: Faraday-Konstante).
Angewandt auf die Quecksiber-Tropfelektrode gilt die von Ilkovich abgeleitete Beziehung:

$$I_{grenz} = Konst. \cdot z \cdot m^{2/3} \cdot t^{1/6} \cdot D^{1/2} \cdot c$$

(m: Quecksilber-Strömungsgeschwindigkeit in mg/s, t: Tropfzeit in s).
Der Einfachheit halber wird zur Konzentrationsbestimmung meist eine Eichkurve benutzt, bei der die Stufenhöhen bekannter Konzentrationen der zu bestimmenden Verbindung unter identischen Bedingungen aufgenommen und gegen die Konzentration aufgetragen werden.
Die Tatsache, daß der Grenzstrom durch eine Diffusionserscheinung und nicht durch elektrostatische Anziehung bedingt ist, ergibt sich unter anderem auch daraus, daß auch negative Ionen an der negativen Elektrode abgeschieden werden können, wie z.B. $BrO_3^-$, $IO_3^-$, $ZnO_2^{2-}$, $CrO_4^{2-}$; hier lautet die Elektrodenreaktion:

$$CrO_4^{2-} + 3e^- + 5H^+ \rightarrow Cr(OH)_3 + H_2O.$$

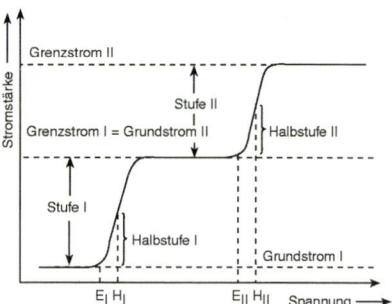

Abbildung: Idealisiertes Polarogramm einer zwei reduzierbare Komponenten (I und II) enthaltenden Lösung. $E_I$ und $E_{II}$ bedeuten die Abscheidungspotentiale der beiden verschiedenen Ionen, $H_I$ und $H_{II}$ ihre Halbstufenpotentiale.

Wenn das Elektrodenpotential den Wert des Abscheidungspotentials der nächsten Ionenart erreicht (in Abbildung bei $E_{II}$), wiederholt sich der Vorgang. Enthält eine Lösung 3 verschiedene Ionen, so wird bei kleinen Spannungen nur die erste, bei mittleren Spannungen werden die erste und zweite Ionensorte und bei großen Spannungen alle 3 Ionensorten reduziert. Das Abscheidungspotential, bei dem eine Stufe oder Welle einsetzt, ist abhängig von Art und Menge der übrigen in der Lösung befindlichen Ionen (Grundelektrolyt, pH-Wert) und von der Konzentration des an der Kathode reduzierten Stoffes, der auch als Depolarisator bezeichnet wird. Es ist deshalb nur wenig zur qualitativen Identifizierung der reduzierten Substanz geeignet. Statt dessen verwendet man hierfür das sogenannte *Halbstufen*- oder *Halbwellenpotential*, das dem Wendepunkt der Stromspannungskurve entspricht; dieses ist bei konstanten Bedingungen weitgehend unabhängig von der Konzentration und für den reduzierten Stoff charakteristisch (in Abbildung durch $H_I$ und $H_{II}$ gekennzeichnet). Das Halbstufenpotential ist bei reversiblen Elektrodenreaktionen annähernd identisch mit dem Redoxpotential, während es bei irreversiblen kathodischen Reaktionen wesentlich negativer (bei anodischen Reaktionen positiver) als das Redoxpotential ist. Die in der Literatur angegebenen Halbstufenpotentiale beziehen sich meist auf das Potential der 1-n Kalomel-Elektrode bzw. der gesättigten Kalomel-Elektrode, die bei 25 °C ein Potential von +280 bzw. +241 mV besitzen und heute meist anstelle des Boden-Quecksilbers als Bezugselektroden verwendet werden. Die Quecksilber-Tropfelektrode ist im Bereich von +0,4 bis −2,8 V (gegenüber der gesättigten Kalomel-Elektrode) anwendbar; zu Halbstufenpotentialen von Kationen in nichtwäßrigen Lösemitteln siehe Literatur[1].

*Verwendung:* Die Polarographie wird als schnelles elektroanalytisches Verfahren in Metallurgie, Halbleitertechnik, Toxikologie, Pharmakologie, Biologie, Katalyse usw. angewandt. Polarographisch gut bestimmbar sind viele Metalle, Halogenide, $O_2$, NO, $SO_2$ und organische Verbindungen mit reaktiven Gruppen wie Aldehyde, Ketone, Nitro-, Schwefel-, Halogen-Verbindungen und Heterocyclen. Schlecht oder nicht bestimmbar sind Be, Mg, Al, As(V), Se, Sc, Seltenerdmetalle, Nb, Ta, Ti, Th, Zr. Die Empfindlichkeit der polarographischen Analyse ist außerordentlich groß, und es lassen sich noch sehr kleine Ionenkonzentrationen (je nach Methode bis herab zu $10^{-9}$ Mol/L, bei der inversen Polarographie bis $10^{-12}$ Mol/L) bestimmen. Ein wesentlicher Vorteil der Methode ist, daß sich bei hinreichend großen Unterschieden der Abscheidungspotentiale mehrere Ionenarten nebeneinander bestimmen lassen. Die Polarographie gehört zu den analytischen Standardmethoden des chemischen Laboratoriums. Die wichtigste Anwendung in der Lebensmittelanalytik ist die Spurenbestimmung von Schwermetallen. – *E* polarography

*Lit.:* [1] Pure Appl. Chem. **62**, 1839 (1990).
*allg.:* Henze, G., *Polarographie und Voltammetrie*, Springer: Berlin, (2001)

**Poleiöl** (Poleyöl, Pennyroyalöl, FEMA 2839). Etherisches Öl aus dem mit der Pfefferminze verwandten Flohkraut (Poleiminze, *Mentha pulegium*, Lamiaceae), D. 0,928–0,940. Poleiöle mit minzigaromatischem Geruch enthalten *Pulegon und *Menthon und werden in Brasilien, den Mittelmeerländern und den USA gewonnen. Für Pulegon besteht eine Beschränkung der Anwendung in Lebensmitteln; die seit längerem bekannten toxischen Eigenschaften von Poleiölen sind weiterhin Thema umfangreicher Forschungen[1–3].

*Verwendung:* Zur Gewinnung von Pulegon und zur Parfümierung von Seifen und Mundpflegemitteln. Als Poleiöl bezeichnet man auch ein etherisches Öl ähnlicher Zusammensetzung aus der in Nordamerika heimischen *Hedeoma pulegioides* (Lamiaceae). – *E* pennyroyal oil

*Lit.:* [1] Khojasteh-Bakht, S. C.; Chen, W.; Koenigs, L. L.; Peter, R. M.; Nelson, S. D., *Drug Metab. Dispos.*, (1999) **27**, 574–580. [2] Chen, L. J.; Lebetkin, E. H.; Burka, L. T., *Drug Metab. Dispos.*, (2001) **29**, 1567–1577. [3] Chen, L. J.; Lebetkin, E. H.; Burka, L. T., *Drug Metab. Dispos.*, (2003) **31**, 1208–1213.
*allg.:* Ullmann (5.) **A11**, 234 – *[HS 3301 25; CAS 8013-99-8]*

**Polenske-Zahl** siehe *Fettkennzahlen.

**Poleyöl** siehe *Poleiöl.

**Polyamid-Chromatographie.** Bezeichnung für ein Verfahren der *Chromatographie, bei dem als stationäre Phase Polyamide verwendet werden. Es werden vor allem Polycaprolactam (PA 6) und Polyundecanamid (PA 11) benutzt.

Die Polyamid-Chromatographie wird häufig zur Isolierung von (Poly)phenolen aus komplexen Matrices eingesetzt[1]. Durch Wechselwirkung (Wasserstoff-Brücken) werden die Phenole des wäßrigen Extraktes auf der Polyamid-Phase zurückgehalten und nach Waschen durch organische Lösemittel (z.B. Methanol/Wasser-Gemische, Aceton, DMF) eluiert. Eine fraktionierte Elution ist möglich. Die Affinität der Phenole wird durch Anzahl und Position der OH-Gruppen bestimmt. Als Faustregel gilt, daß eine zweite oder dritte OH-Gruppe in *m*- oder *p*-Position die Wechselwirkung verstärkt, während OH-Gruppen in *o*-Stellung diese schwächen.

Eine weitere Anwendung ist die Isolierung und Anreicherung von Lebensmittelfarbstoffen. Weiterhin kann die Polyamid-Chromatographie als *Dünnschichtchromatographie[2] zur Trennung von verschiedenen Lebensmittelinhaltsstoffen genutzt werden. – *E* polyamide chromatography

*Lit.:* [1] Analyt.-Taschenb. **15**, 151. [2] Gocan, S., *J. Chromatogr. Sci.*, (2002) **40**(10), 538–549.

**Polychlordibenzofurane** siehe *Dioxine.

**Polychlorierte Biphenyle** (Abkürzung PCB, Chlorbiphenyle).

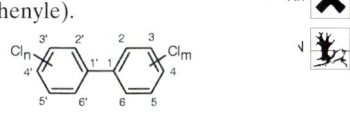

Eine Verbindungsklasse mit 209 Vertretern (Kongeneren, siehe Tabelle 1, S. 908), die sich durch Anzahl und Stellung der Chlor-Atome am Biphenyl-System unterscheiden. Zur Bezeichnung nach Ballschmiter und Zell mit der sogenannten BZ-Nummer (IUPAC-Nr.) siehe Literatur[1]. Im Unterschied zu den *Dioxinen sind die Phenyl-Ringe bei den PCB um die Sigma-Bindung relativ frei drehbar. Liganden in den ortho-Positionen (2,2′,6,6′) schränken die freie Drehbarkeit um die Sigma-Bindung ein und bewirken eine Drehung der Biphenyl-Ringe aus der gedachten gemeinsamen

Tabelle 1: Isomeren der polychlorierten Biphenyle.

| Anzahl Chlor-Atome | Bezeichnung/Abkürzung | Summenformel | $M_R$ | Anzahl Isomere | Chlor [%] |
|---|---|---|---|---|---|
| 1 | Monochlorbiphenyle, MCB, MoCB | $C_{12}H_9Cl$ | 188,65 | 3 | 18,8 |
| 2 | Dichlorbiphenyle, DiCB | $C_{12}H_8Cl_2$ | 223,10 | 12 | 31,8 |
| 3 | Trichlorbiphenyle, TrCB | $C_{12}H_7Cl_3$ | 257,54 | 24 | 41,3 |
| 4 | Tetrachlorbiphenyle, TeCB | $C_{12}H_6Cl_4$ | 291,99 | 42 | 48,6 |
| 5 | Pentachlorbiphenyle, PeCB | $C_{12}H_5Cl_5$ | 326,43 | 46 | 54,3 |
| 6 | Hexachlorbiphenyle, HxCB | $C_{12}H_4Cl_6$ | 360,88 | 42 | 58,9 |
| 7 | Heptachlorbiphenyle, HpCB | $C_{12}H_3Cl_7$ | 395,32 | 24 | 62,8 |
| 8 | Octachlorbiphenyle, OcCB, OCB | $C_{12}H_2Cl_8$ | 429,77 | 12 | 66,0 |
| 9 | Nonachlorbiphenyle, NoCB | $C_{12}HCl_9$ | 464,21 | 3 | 68,7 |
| 10 | Decachlorbiphenyl, DeCB | $C_{12}Cl_{10}$ | 498,66 | 1 | 71,1 |

Ebene (Aufhebung der Coplanarität). Es können 78 Rotationsisomere (Atropisomere) existieren, die Enantiomerenpaare bilden. Enantiomere einiger Atropisomere mit 3 oder 4 Chlor-Substituenten in den ortho-Positionen konnten getrennt werden [2]. Die Enantiomere unterscheiden sich hinsichtlich Reaktionen mit chiralen Reaktanten, z. B. bei der Bindung an Enzyme. Da man ursprünglich annahm, daß die PCB ohne ortho-Substituenten planar sind, werden diese Verbindungen oft als (co)planar bezeichnet, der Rest als nicht (co)planar.

*Herstellung:* Wegen der vielseitigen technischen Anwendung wurden bisher weltweit über 2 Mio. t PCB produziert. Marken waren z.B. Aroclor, Askarel, Clophen, Kanechlor, Santotherm und Sovol. Kommerzielle Zubereitungen wurden nach physikalischen Eigenschaften gehandelt. Sie waren schwer trennbare Gemische mit einem Chlor-Gehalt von ca. 30–60% und bestanden stets aus einer Vielzahl von Isomeren. Einige Gemische enthielten u. a. PCDF (meist ⩽15 mg/kg), wohingegen PCDD (siehe *Dioxine) nicht nachweisbar waren [1]. Verfahren siehe die Abbildung:

Gomberg-Reaktion

Ullmann-Reaktion

*Eigenschaften:* PCB sind farblose bis gelbe Flüssigkeiten (Siedebereiche zwischen 270 und 420 °C) mit mäßiger bis hoher Viskosität, extrem niedriger elektrischer Leitfähigkeit, D. 1,2–1,6. PCB sind in den meisten organischen Lösemitteln gut, in Wasser (bis 6 mg/L), Glycerol und Glycolen nur in Spuren löslich. Mit zunehmendem Chlorierungsgrad nehmen Wasserlöslichkeit, Flüchtigkeit und Reaktivität (Metabolisierungstendenz) ab, Lipoid-Löslichkeit, Geo- und Bioakkumulation und Persistenz zu. Der $P_{OW}$ steigt mit zunehmendem Chlor-

Gehalt (lg $P_{OW}$ ca. 4,6 für Monochlorbiphenyle, lg $P_{OW}$ >8 für Decachlorbiphenyl).
PCB besitzen große chemische und thermische Stabilität. Sie sind beständig gegenüber Oxidationsmitteln und reagieren mit NaOH nur unter extremen Bedingungen zu phenolischen Verbindungen. Die Pyrolyseprodukte (Brandruß) enthalten Spuren von PCDF und keine oder sehr geringe Mengen an PCDD.

*Verwendung:* Als flammfeste dielektrische Isolier- und Kühlflüssigkeiten in Hochspannungs-Transformatoren und Kondensatoren, als Hydrauliköle im Bergbau, früher auch in Drucktinten, in Weichmachern und Spezialklebstoffen, als Imprägnier- und Flammschutzmittel, Dispergier-, Schmier- und Stabilisierungsmittel usw. In Deutschland durften PCB ab 1983 nur noch in geschlossenen Systemen eingesetzt werden. Die TRGS 616 (05/1994) nennt Ersatzstoffe, Ersatzverfahren und Verwendungsbeschränkungen für PCB.

*Vorkommen in der Umwelt:* PCB sind in Atmo-[3], Hydro-[4–6], Pedo-[5] und Biosphäre [5,6] nachweisbar. Sie werden durch Strömungen von Luft und Wasser – gelöst, in Gasphase und an Partikel gebunden – global verteilt [7]. Infolge weltweit rückläufiger Herstellung und Emissionen [7,8] zeigt sich als Trend eine Abnahme der Konzentration von PCB in der Umwelt [5]. Aufgrund ihrer sehr geringen Wasserlöslichkeit, guten Fettlöslichkeit und hohen Stabilität gegen chemischen und biologischen Abbau verteilen sich PCB ubiquitär und reichern sich in Nahrungsketten an. Typische Werte für den Gehalt an PCB sind: Luft 0,05–5 ng/m³, Ozeane 0,2 ng/L, Flußwasser 10 bis 300 ng/L, Gewässersedimente 0,01 bis 1 mg/kg TS, Böden bis 1 mg/kg, Hausmüll und Klärschlamm 0,5 bis 10 mg/kg TS. Folgende am Genfer See gemessenen Werte (in ppm bezogen auf TS) liefern ein Beispiel für die Anreicherung von PCB in Nahrungsketten: Sediment 0,02, Wasserpflanzen 0,04–0,07, Plankton 0,39, Muscheln 0,60, Fische 3,2–4,0, Eier von Haubentauchern 5,6.

*Vorkommen in Lebensmitteln:* Polychlorierte Biphenyle sind zwar „Altlasten", stellen aber dennoch bis heute hartnäckige Umweltkontaminanten dar. Aufgrund ihrer langsamen Abbaubarkeit bzw. hohen Persistenz verschwinden sie nur allmählich aus der Umwelt. Die Substanzen kontaminieren über Boden, Wasser und Luft sowie über Futtermittel auch Lebensmittel. Wegen ihrer hohen Lipidlöslichkeit treten sie über die Fettphasen in die menschliche Nahrungskette ein. Es ist wenig sinnvoll, Lebensmittel pflanzlicher Herkunft auf PCB zu untersuchen: Die gefundenen Werte liegen zumeist unterhalb der Nachweis- bzw. Bestimmungsgrenzen. Selbst in Lebensmitteln tierischer Herkunft werden in den allermeisten Fällen lediglich Konzentrationen von nur wenigen µg/kg erreicht und damit Werte, die weit unterhalb der zulässigen Höchstmengen (siehe *Schadstoff-Höchstmengenverordnung) liegen. Noch relativ häufig werden in Lebensmitteln tierischer Herkunft die drei PCB-Indikatorkongenere 138, 153 und 180 angetroffen. In Käse wurden im Rahmen des „Lebensmittel-Monitoring 1995–2002" PCB-153-Gehalte zwischen 0,26 und 0,91 µg/kg Fett nachgewiesen (zulässige Höchstmenge: 50 µg/kg Fett); in Fleischwaren lagen die PCB-153-Gehalte um 0,25 µg/kg Fett. Von den Fettfischen ist Aal mit Abstand am stärksten kontaminiert: Bezogen auf das Frischgewicht liegen die mittleren Gehalte bei 0,039 mg/kg (PCB-180), 0,05 mg/kg (PCB-138) und 0,052 mg/kg (PCB-153). Wenn man die Werte auch hier auf Fett bezieht, müssen sie mit 4 multipliziert werden, da Aal einen Fettgehalt von 25% aufweist.

Sinnvoll ist die Bestimmung der PCB am Ende der Nahrungskette, also in Humanmilch, da man auf diesem Wege eine Tendenz der Kontamination feststellen kann. Die Hintergrundbelastung von Humanmilch mit PCB (Gesamtgehalt) liegt zur Zeit in Deutschland bei ≤1 mg/kg Milchfett; Tendenz: langsam abnehmend.

*Toxikologie:* Die sehr lipophilen PCB werden aus dem Gastrointestinaltrakt und bei Hautkontakt gut resorbiert. Der Metabolismus besteht hauptsächlich aus der über Arenoxide verlaufenden Hydroxylierung mit anschließender Konjugation der phenolischen Gruppen mit *Glucuronsäure; Konjugation der Arenoxide mit *Glutathion und anschließender Abbau führt zu verschiedenen S-haltigen Metaboliten. Die Hydroxylierung wird als Entgiftungsreaktion gesehen; neuere Studien zeigen, daß verschiedene hydroxylierte PCB estrogene Wirkung haben. Mit steigendem Chlor-Gehalt und bei Substitution in den *para*-Stellungen nimmt die Geschwindigkeit der Hydroxylierung stark ab, so daß penta-, hexa- und noch höher chlorierte Kongenere langsamer ausgeschieden werden und stärker im Fettgewebe angereichert werden als niedriger chlorierte. PCB passieren die Plazenta und sind in Humanmilch nachweisbar[9]. Die höher chlorierten Biphenyle sind starke Induktoren von Cytochrom P-450. Die meisten PCB besitzen geringe akute Toxizität, die $LD_{50}$ bei Ratte und Maus (oral) beträgt 2 bis 11 g/kg je nach Chlorierungsgrad. Der *NOAEL-Wert für Ratten liegt für verschiedene Effekte zwischen 0,5 mg/kg und Tag und 10 mg/kg und Tag[10]. Sogenannte „planare" polychlorierte Biphenyle zeigen qualitativ die gleiche Toxizitätsform wie einige polychlorierte Dibenzodioxine, sind jedoch meist um den Faktor $10^3$ und höher weniger wirksam als das hochtoxi-

sche TCDD (vgl. Tabelle 2). Allerdings kann oft auch die Konzentration $10^3$ mal höher sein als die der Dioxine. Somit können die Toxizitätsäquivalente vergleichbar groß werden. In einem technischen Gemisch kann der Beitrag verschiedener „planarer" Kongenere zur toxischen Wirkung, wie

Tabelle 2: Toxizitätsäquivalenzfaktoren (TEF) für PCB-Isomere im Vergleich zu Dioxinen (PCDD und PCDF)[11,12].

| Kongener | Struktur | TEF |
|---|---|---|
| **Polychlorierte Dibenzodioxine** | | |
| 2,3,7,8-Tetrachlordibenzodioxin | TCDD | 1 |
| 1,2,3,7,8-Pentachlordibenzodioxin | 1,2,3,7,8-PeCDD | 1 |
| 1,2,3,4,7,8-Hexachlordibenzodioxin | 1,2,3,4,7,8-HxCDD | 0,1 |
| 1,2,3,6,7,8-Hexachlordibenzodioxin | 1,2,3,6,7,8-HxCDD | 0,1 |
| 1,2,3,6,7,9-Hexachlordibenzodioxin | 1,2,3,6,7,9-HxCDD | 0,1 |
| 1,2,3,4,6,7,8-Heptachlordibenzodioxin | 1,2,3,4,6,7,8-HpCDD | 0,01 |
| Octachlordibenzodioxin | OCDD | 0,0001 |
| **Polychlorierte Dibenzofurane** | | |
| 2,3,7,8-Tetrachlordibenzofuran | 2,3,7,8-TCDF | 0,1 |
| 1,2,3,7,8-Pentachlordibenzofuran | 1,2,3,7,8-PeCDF | 0,05 |
| 2,3,4,7,8-Pentachlordibenzofuran | 2,3,4,7,8-PeCDF | 0,5 |
| 1,2,3,4,7,8-Hexachlordibenzofuran | 1,2,3,4,7,8-HxCDF | 0,1 |
| 1,2,3,6,7,8-Hexachlordibenzofuran | 1,2,3,6,7,8-HxCDF | 0,1 |
| 1,2,3,7,8,9-Hexachlordibenzofuran | 1,2,3,7,8,9-HxCDF | 0,1 |
| 2,3,4,6,7,8-Hexachlordibenzofuran | 2,3,4,6,7,8-HxCDF | 0,1 |
| 1,2,3,4,6,7,8-Heptachlordibenzofuran | 1,2,3,4,6,7,8-HpCDF | 0,01 |
| 1,2,3,4,7,8,9-Heptachlordibenzofuran | 1,2,3,4,7,8,9-HpCDF | 0,01 |
| Octochlordibenzofuran | OCDF | 0,0001 |
| **'Nicht-ortho'-polychlorierte Biphenyle** | | |
| 3,3',4,4'-Tetrachlorbiphenyl (PCB 77) | 3,3',4,4'-TCB | 0,0001 |
| 3,4,4',5-Tetrachlorbiphenyl (PCB 81) | 3,4,4',5-TCB | 0,0001 |
| 3,3',4,4',5-Pentachlorbiphenyl (PCB 126) | 3,3',4,4',5-PeCB | 0,1 |
| 3,3',4,4',5,5'-Hexachlorbiphenyl (PCB 169) | 3,3'4,4',5,5'-HxCB | 0,01 |
| **'Mono-ortho'-polychlorierte Biphenyle** | | |
| 2,3,3',4,4'-Pentachlorbiphenyl (PCB 105) | 2,3,3',4,4'-PeCB | 0,0001 |
| 2,3,4,4',5-Pentachlorbiphenyl (PCB 114) | 2,3,4,4',5-PeCB | 0,0005 |
| 2,3',4,4',5-Pentachlorbiphenyl (PCB 118) | 2,3'4,4',5-PeCB | 0,0001 |
| 2,3',4,4',5'-Pentachlorbiphenyl (PCB 123) | 2,3',4,4',5'-PeCB | 0,0001 |
| 2,3,3',4,4',5-Hexachlorbiphenyl (PCB 156) | 2,3,3',4,4',5-HxCB | 0,0005 |
| 2,3,3',4,4',5'-Hexachlorbiphenyl (PCB 157) | 2,3,3',4,4',5'-HxCB | 0,0005 |
| 2,3',4,4',5,5'-Hexachlorbiphenyl (PCB 167) | 2,3',4,4',5,5'-HxCB | 0,00001 |
| 2,3,3',4,4',5,5'-Heptachlorbiphenyl (PCB 189) | 2,3,3',4,4',5,5'-HPCB | 0,00001 |

bei den Kongeneren einiger polychlorierter Dibenzodioxine und Dibenzofurane, durch *Toxizitätsäquivalenzfaktoren (TEF) erfaßt werden, wobei das 2,3,7,8-TCDD als Referenz auf TEF = 1 gesetzt wird[11].

Durch chronische Gabe von PCB können bei Nagern Lebervergrößerung und Lebertumoren, Reproduktionsstörungen und Mißbildungen der Nachkommen ausgelöst werden. Für die tumorigene Wirkung wird eher eine Promotor- als eine Initiator-Rolle angenommen. Beim Menschen sind die meisten Symptome durch zwei Massenvergiftungen bekannt geworden, die durch den Verzehr von PCB kontaminiertem Reisöl verursacht wurden: die Yusho-Krankheit 1968 in Japan und Yu-Cheng 1979 in Taiwan[10].

Bei chronischen Vergiftungsfällen durch PCB-Gemische wurden Chlorakne, Porphyrie, Leberschäden, Nervensystemschäden, Blutbildveränderungen, Störungen des Immunsystems sowie Veränderungen an Thymus und Milz beobachtet. Aufgrund der langen Halbwertszeiten der PCB im Körper wurde von *JECFA ein PTMI (provisional tolerably monthly intake) von 70 pg/kg Körpergewicht vorgeschlagen[3], um einem möglichen Langzeitrisiko und Expositionsschwankungn gerecht zu werden. Die WHO hat als duldbare tägliche Aufnahme (TDI) einen Wert von 1−4 pg WHO-Dioxinäquivalente/kg Körpergewicht festgelegt[12,13]. Die geschätzte tägliche Aufnahme in Deutschland liegt zur Zeit bei unter 1 pg WHO-Dioxinäquivalent/kg Körpergewicht[13].

In der EU sind seit Juli 2002 für Lebens- und Futtermittel Höchstgehalte für Dioxine als WHO-PCDD/F-TEQ − also unter Ausschluß Dioxin-ähnlicher PCB − festgelegt worden. Dies hängt sowohl mit der schwierigen Bestimmung dieser PCB zusammen als auch mit einer derzeit noch unzureichenden Datenlage. Aus Untersuchungsergebnissen ist bekannt, daß die WHO-PCB-TEQ-Konzentrationen in Milch gleich oder höher sind als die WHO-PCDD/F-TEQ-Konzentrationen[13].

*Abbau:* In der Atmosphäre werden PCB photochemisch − direkt oder indirekt − abgebaut. Eine rasche Photodechlorierung von PCB ist an Partikeloberflächen und in Anwesenheit von Photosensibilisatoren (z.B. Natriummethylsiliconat) im UV- (und sichtbaren) Licht möglich.

*Entsorgung:* Bei unvollständiger Verbrennung von PCB entstehen PCDF und PCDD (siehe *Dioxine). Die Entsorgung von PCB-Abfällen darf daher nur von dafür zugelassenen Entsorgungsunternehmen in zugelassenen Anlagen erfolgen; siehe auch Abschnitt Recht.

*Recht:* Die Entsorgung der PCB-Bestände in der EU regelt die Richtlinie 96/59/EG[14].

Nach Gefahrstoffverordnung[15] Anhang IV, Nr. 14 dürfen PCB und polychlorierte Terphenyle nicht hergestellt und verwendet werden mit wenigen genau definierten Ausnahmen, welche Altlasten entsorgen oder beseitigen helfen. Dieses Verbot betrifft auch Zubereitungen mit Gehalten über 50 mg/kg, daraus hergestellte Erzeugnisse sowie

Erzeugnisse, die in Verdacht stehen, oben genannte Stoffe zu enthalten; siehe auch TRGS 518 (Elektroisolierflüssigkeiten, die mit PCDD oder PCDF verunreinigt sind, Ausgabe 04/1994), Störfall-Verordnung Anhang II und *Schadstoff-Höchstmengenverordnung.

In der *Trinkwasser-Verordnung vom 21.05.2001 (geändert am 25.11.2003) werden PCB selbst nicht mehr aufgeführt, da sie offensichtlich keine Kontamination mehr darstellen im Gegensatz zu früheren Fassungen.

*Analytik:* Eine vollständige Auftrennung der PCB-Kongeneren und ihre quantitative und qualitative Bestimmung ist nur durch Kapillargaschromatographie mit Elektroneneinfangdetektor oder/und (gekoppelter) Massenspektrometrie möglich[1]. Bei der Analyse sind auch die als Verunreinigung enthaltenen polychlorierten Dibenzofurane und Dibenzodioxine sowie Rückstände von *Organochlor-Insektiziden zu berücksichtigen. Zur Enantiomerentrennung siehe Literatur[2]. − *E* polychlorinated biphenyls

*Lit.:* [1] IPCS, Hrsg., *Polychlorinated Biphenyls and Terphenyls*; 2. Aufl.; Environmental Health Criteria 140; WHO: Genf, (1993); S. 19−479, 626f. [2] Chemosphere **32**, 2133−2140 (1966). [3] Environ. Sci. Technol. **30**, 1032−1037 (1996). [4] Environ. Sci. Technol. **29**, 2368−2376 (1995). [5] Chemosphere **29**, 2201−2208 (1994). [6] Environ. Sci. Technol. **29**, 2038−2046 (1995). [7] Koch, Umweltchemikalien (3.), S. 319−323, Weinheim: VCH Verlagsgesellschaft 1995. [8] Environ. Sci. Technol. **32**, 1656 (1998); Environ. Pollut. **103**, 45 (1998); Chemosphere **36**, 1247 (1998). [9] Newsome, C. H.; Davies, D., Chemosphere, (1996) **33**, 559. [10] Marquart, H.; Schäfer, S. G.; McClellan, R.; Welsch, F., Hrsg., *Toxicology*, Academic Press: London, (1999). [11] Berg, M., van den; Peterson, R. E.; Schrenk, D., *Food Addit. Contam.*, (2000) **17**, 347. [12] WHO, Hrsg., *Safety Evaluation of Certain Food Additives and Contaminants*; WHO Food Additives Series 48; WHO: London, (1999). [13] Bundesinstitut für Risikobewertung (BfR), *Festlegung von Dioxin-Zielwerten für Futtermittel und Milchfett*, Stellungnahme vom 18.03.2003; http://www.bfr.bund.de. [14] Richtlinie 96/59/EG des Rates vom 16.09.1996 über die Beseitigung polychlorierter Biphenyle und polychlorierter Terphenyle (PCB/PCT) (Amtsblatt der EG Nr. L 243 vom 24.09.1996, S. 31−35). [15] Verordnung zur Anpassung der Gefahrstoffverordnung an die EG-Richtlinie 98/24/EG und andere EG-Richtlinien vom 23.12.2004 (BGBl. I, S. 3758).

*allg.:* U.S. Department of Health and Human Services, Public Health Service, Agency for Toxic Substances and Disease Registry (ATSDR), Hrsg., *Toxicological Profile for Polychlorinated Biphenyls (PCBs)*, ATSDR: Atlanta, GA, (2000); http://www.atsdr.cdc.gov/toxprofiles/tp17.html − *[HS 2903 69]*

**Polychlorierte Dibenzodioxine** siehe *Dioxine.

**Polychlorierte Dibenzofurane** siehe *Dioxine.

**Polycyclische aromatische Kohlenwasserstoffe** (PAK, englisch PAH, auch kondensierte od. mehrkernige aromat. Kohlenwasserstoffe). Sammelbez. für aromat. Verb. mit kondensierten Ringsystemen (einige Beispiele siehe Tabelle 1, S. 911).

*Eigenschaften:* Sdp. oft bei 300−500 °C, Dampfdruck bei 20 °C $10^{-2}−10^{-8}$ Pa. PAK sind feste, meist farblose Verb., einige Vertreter zeigen eine ausgeprägte Fluoreszenz im UV-Licht. Sie sind lipophil, ihre Löslichkeit in Wasser ist sehr gering

(z. B. Benzo[a]pyren 3 μg/L, Benzo[ghi]perylen 0,26 μg/L), jedoch können sie durch Detergenzien solubilisiert werden[1]. Typ. Verteilungskoeff. Octanol/Wasser[2] $P_{OW} = 10^3$ bis $10^8$. Zur Darstellung des Umweltverhaltens der PAK wurden aus den mehreren hundert bekannten Verb. sechs typ., in der Umwelt häufig vorkommende u. relativ leicht nachweisbare Vertreter ausgewählt, die in Tab. 1 aufgeführt sind[3,4].

a

b

c

d

e

f

Benzo[a]pyren dient in der Regel als Leitsubstanz. Die Ringsyst. der PAK, z.B. von Naphthalin, Anthracen, Phenanthren u. Picen, finden sich – meist reduziert u. mit funktionellen Gruppen u. weiteren Resten – in tausenden biogenen Naturstoffen.

*Bildung:* PAK entstehen – formal durch Kondensation von Benzol-Molekülen – bei unvollständiger Verbrennung aus prakt. allen organ. Stoffen, z.B. durch Waldbrand[5], Großfeuerungsanlagen[6], Hausbrand, Verbrennungsmotoren, Grillen, *Räuchern u. Rauchen. Verbrennungstemp. unter 1000 °C (Hausbrand) führen überwiegend zur Bildung 3- bis 4-kerniger PAK, oberhalb 1000 °C (in Verbrennungsmotoren) entstehen dagegen hauptsächlich 5- bis 7-kernige PAK[7]. Für den carcinogenen Effekt der Diesel-Emissionen werden aber auch Rußpartikel als solche verantwortlich gemacht. Einige PAK (u.a. Anthracen, Benzo[a]pyren, Perylen) werden durch Stickstoffdioxid ($NO_2$) z.B. in Auto-

abgasen, Verbrennungsgasen u. Kohlekraftwerksabgasen nitriert[3]. Einige Verb. werden industriell hergestellt u. zu Farbstoffen, Herbiziden, Pestiziden u. Pharmazeutika weiterverarbeitet[1]. Sie entstehen außerdem aus Huminsäuren durch Kondensationsreaktionen[8]. Biogene (Sauerstoff-haltige) PAK entstehen in Mikroorganismen, Pilzen, Pflanzen u. Tieren z.B. über den Isopren-Stoffwechselweg, aus Aminosäuren durch Ringschluß, Umlagerungen, Alkylierung, Oxid. etc., bes. über Polyketide.

*Vorkommen:* In Mineralölen, Bitumen, Pech, Teer, Ruß u. daraus hergestellten Produkten, im Tabakrauch, in Flugasche, in Abgasen u. darin enthaltenen feinen Stäuben aus prakt. allen Verbrennungsvorgängen u. folglich auch in der Atmosphäre[5]. Auf den Boden, in Gewässer, auf Oberflächen von Pflanzen u.a. Organismen gelangen PAK durch Deposition aus der Luft. Bodenbelastungen durch PAK finden sich zudem häufig auf Altstandorten von Mineralöllagern, Kokereien, Teer- u. Pech-verarbeitenden Betrieben sowie unter alten Deponien. Im Boden zeigen PAK aufgrund geringer Wasserlöslichkeit, niedrigem Dampfdruck u. starker Adsorption an organ. u. anorgan. Material geringe Mobilität u. verbleiben weitgehend in den Bodenschichten, in die sie bei der Deposition gelangt sind. Transport erfolgt dort meist nur mit Bodenverunreinigungen (Mineralöle, Detergenzien, Lösemittel) od. an Partikeln adsorbiert. Wie *Dioxine u. *PCB werden PAK in den Feinsedimenten von Boden u. Gewässern angereichert. Tiere u. der Mensch können PAK über die Lunge u. die Nahrung aufnehmen; bei Nichtrauchern (weder Aktiv- noch Passiv-Rauchern) spielt die Aufnahme über die Luft in der Regel eine geringe Rolle. Es kann eine Bioakkumulation bes. in fettreichen Geweben, Membranen u. Exkreten (Milch) erfolgen. Die Bioakkumulationsfaktoren für Benzo[a]pyren betragen z.B. für Algen ca. 3000 (bezogen auf das Frischgew.), für Salzwasserfische 146 bis 440, für Goldrote ca. 480 u. für Bakterien ca. 10000[1]; im Säugetier werden die PAK allerdings schnell metabolisiert.

*Toxikologie und Aufnahme:* PAK werden gut aus dem Magen-Darm-Trakt, über die Haut u. über die Lunge resorbiert. Sie besitzen geringe akute Toxizität u. akkumulieren wegen ihres raschen Stoff-

Tab. 1: Eigenschaften ausgewählter polycyclischer aromatischer Kohlenwasserstoffe.

| Name | Summen-formel | $M_R$ | Kristallform | Schmp. [°C] | Sdp. [°C] | CAS |
|---|---|---|---|---|---|---|
| Fluoranthen (**a**) | $C_{16}H_{10}$ | 202,26 | farblose Nadeln od. Tafeln | 110 | 383 | 206-44-0 |
| Benzo[b]fluoranthen (Benzo[e]acephenanthrylen) (**b**) | $C_{20}H_{12}$ | 252,32 | farblose Nadeln | 168 | 481 | 205-99-2 |
| Benzo[k]fluoranthen (**c**) | $C_{20}H_{12}$ | 252,32 | farblose Nadeln | 217 | 481 | 207-08-9 |
| Benzo[a]pyren (Benzo[def]chrysen) (**d**) | $C_{20}H_{12}$ | 252,32 | gelbliche Nadeln od. Plättchen | 179 | 496 | 50-32-8 |
| Indeno[1,2,3-cd]pyren (**e**) | $C_{22}H_{12}$ | 276,34 | gelbe Plättchen | 163 | Zers. >500 | 193-39-5 |
| Benzo[ghi]perylen (**f**) | $C_{22}H_{12}$ | 276,34 | blaß gelbgrüne Plättchen | 278 | Zers. >500 | 191-24-2 |

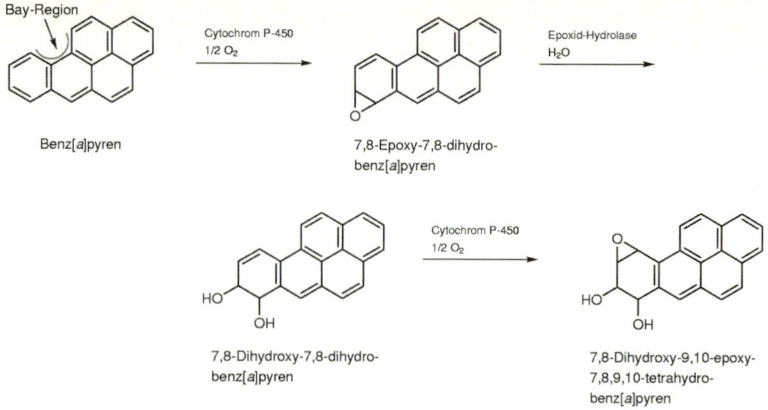

Abb. 1: Schematische Darstellung der metabolischen Aktivierung von Benz[a]pyren.

wechsels nicht im Organismus. Metabol. werden aus PAK zunächst Epoxide gebildet, die spontan zu Phenolen umgelagert, mit *Glutathion konjugiert od. durch Epoxidhydrolase zu Dihydrodiolen geöffnet werden. Letztere liefern nach metabol. Oxid. Catechole. Catechole u. Phenole werden als Glucuronide od. Sulfate zusammen mit den Glutathion-Konjugaten od. ihren Abbauprodukten ausgeschieden (Entgiftung). In geringerem Ausmaß können aus Dihydrodiolen Dihydrodiolepoxide gebildet werden, die teilweise hochreaktiv sind. Verbindungen mit einer sogenannten Bay-Region wie Benzo[a]pyren, methylierte Verbindungen wie 7,12-Dimethylbenz[a]anthracen, 5-Methylchrysen od. Verbindungen, die eine sogenannte Fjord-Region aufweisen wie Dibenzo[a,l]pyren, werden metabolisch häufig zu hochreaktiven Endprodukten gegiftet, die genotox., mutagenes (siehe *Mutagene) und carcinogenes Potential aufweisen (Mechanismus der Krebsentstehung siehe *Carcinogene). DNA, RNA- u. Protein-Addukte von vielen aus diesen Verbindungen abgeleiteten Dihydrodiolepoxiden wurden identifiziert. Der Hauptweg der Biotransformation von Benz[a]pyren ist in Abbildung 1 dargestellt.

Bei der Umsetzung von 7,8-Dihydroxy-9,10-epoxy-7,8,9,10-tetrahydro-benz[a]pyren mit DNA entsteht als Haupt-Addukt das 10-Desoxyguanosin-$N^2$-yl-7,8,9,10-tetrahydro-7,8,9-trihydroxy-benz[a]pyren (siehe Abb. 2)[9].

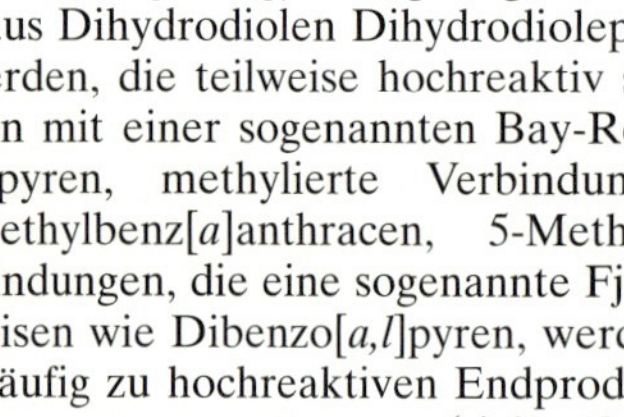

Abb. 2: 10-Desoxyguanosin-$N^2$-yl-7,8,9,10-tetrahydro-7,8,9-trihydroxy-benz[a]pyren.

Im Tierversuch führen carcinogene PAK nach system. Aufnahme zu Tumoren in verschiedenen Organen, v.a. in Lunge u. Leber, nach Auftragen auf die Mäusehaut entstehen lokale Hauttumoren. Für mindestens 15 PAK wurde gentoxisches/mutagenes Potential nachgewiesen, allerdings gilt nur Benz[a]pyren als adäquat getestet. Die Fjord-Region-Verbindung Benzo[c]phenanthren, welche in ähnlichen Mengen wie Benzo[a]pyren z.B. in PAK-kontaminierten Lebensmitteln vorkommt, ist im Nager nicht carcinogen, während eine Reihe von in-vitro-Versuchen mit humanen Cytochrom-P450-Enzymen eine effiziente Giftung zum Mutagen beim Menschen nahelegen[10]. Im Hinblick auf PAK-Profile in Lebensmitteln scheint Benzo[a]pyren als Marker für PAK-Belastungen geeignet zu sein. Als „virtually safe dose" (Tumorrisiko 1:1 Mio.) wurde eine tägliche Benzo[a]pyren-Aufnahmemenge von 0,06 bis 0,5 ng/kg Körpergewicht und Tag abgeleitet, unter der Annahme, daß Benzo[a]pyren zu ca. 10% zum gesamten carcinogenen Potential von PAK-Mischungen beiträgt. Das SCF äußert Bedenken gegen die Anwendung solcher mathematischer Extrapolationsmodelle zur Risikocharakterisierung von PAK und empfiehlt die Anwendung des ALARA-Prinzips (as low as reasonably achievable)[11]. Beim Menschen tragen die PAK im Zigarettenrauch vermutlich zur erhöhten Lungenkrebsrate bei Rauchern bei. Tabakrauch leistet den Hauptbeitrag für die PAK-Belastung des Menschen (20 ng Benzo[a]pyren pro Zigarette)[11]. Für Nichtraucher sind Nahrungsmittel die Hauptaufnahmequelle für PAK, welche für die häufigsten Verbindungen wie Anthracen, Fluoranthen und Pyren auf 60–80 ng/kg Körpergewicht und Tag geschätzt wird. Die Aufnahmemenge für die einzelnen carcinogenen PAK wird auf eine Größenordnung niedriger geschätzt. Die tägliche Benzo[a]pyren-Aufnahme über Nahrungsmittel wird auf 5–6 Größenordnungen niedriger geschätzt als die im Tierversuch carcinogenen Dosen[11]. Aber auch die berufsbedingte Exposition in Kokereien, der Aluminium- u. Graphitelektrodenproduktion u. bei Asphaltarbeiten leistet einen wesentlichen Beitrag, während umweltbedingte Faktoren eher von untergeordneter Bedeutung zu sein scheinen. PAK bestimmen die Gefährlichkeit vieler Produkte, Emissionen und vor allem der Stoffgemische, in denen sie vorkommen. PAK-haltige Pyrolyse-Produkte aus organischem Material wie Braun- und Steinkohleteeren werden als krebserzeugend in Kategorie 1 (MAK-Werte-Liste 2005) eingestuft. Dieselmotoren-Emissionen enthalten auch PAK, werden aber als krebserzeugend in Kategorie 2 eingestuft, da für den in Tierversuchen nachgewiesenen carcinogenen Effekt wahrscheinlich Rußpartikel ausschlaggebend sind. Benzo[a]pyren ist zudem als keimzellmutagen in Kategorie 2 eingestuft. Reproduktionstoxische Wirkungen konnten bisher nur bei im Vergleich zur carcinogenen Wirkung relativ hohen Dosen Benzo[a]pyren festgestellt werden. Auch über immuntoxische Wirkungen wurde berichtet, wobei im wesentlichen Benzo[a]pyren und 7,12-Dimethylbenz[a]anthracen untersucht wurden. Bei PAK-exponierten Hochofenarbeitern wurde über immunsuppressive Effekte berichtet[11]. Zu aktuellen Forschungsfeldern siehe Literatur[12].

PAK sind Substrate für den zellulären Ah-Rezeptor, welcher über eine Signalkaskade die Expression und damit die Aktivität vieler fremdstoffmetabolisierender Enzyme steuert, u.a. jene, die für den Metabolismus der PAK selbst verantwortlich sind wie humanes Cytochrom P-450 1A1 und 1A2. Zu Grenzwerten, Herst.- u. Verwendungsverboten siehe Tab. 2, S. 914.

*Abbau:* PAK werden sowohl abiotisch wie biotisch in der Umwelt abgebaut. Direkte Photolyse kann durch UV-Strahlung wie teilw. auch durch sichtbares Licht verursacht werden; für Pyren u. Anthracen wird in Wasser bei vollem Sonnenlicht eine Lebensdauer von ca. 1 h angegeben[13]. Einige PAK (z.B. Benzo[a]pyren) unterliegen nach Eintrag in die Atmosphäre einem photooxidativen Abbau, wobei die entsprechenden Photooxidationsprodukte im Verdacht stehen, ebenfalls mutagene oder carcinogene Wirkung zu entfalten (die PAK-Gehalte in der Luft sind im Winter bei kurzer u. wenig intensiver Sonneneinstrahlung stets höher als im Sommer)[14]. Einige PAK, u.a. auch Benzo[a]pyren, werden durch Adsorption an natürliches partikuläres Material, wie Rußteilchen, gegen die Photooxid. stabilisiert, andere werden dagegen destabilisiert. PAK reagieren mit vielen Oxid.-Mitteln. Die Reaktionen mit Radikalen wie OH, RO, $HO_2$, $RO_2$ (R = organ. Rest), NO, $NO_2$, $NO_3$ beginnen mit der Addition des Radikals an eine Doppelbindung, worauf in der Atmosphäre die Addition von Sauerstoff od. eine Eliminierungsreaktion folgt. Bes. wichtig für den Abbau sind in der Atmosphäre u. im Wasser die Hydroxyl-Radikale[15]. In der Atmosphäre wird für Benzol eine mittlere Lebensdauer von einigen Wochen, für Naphthalin von wenigen Tagen u. für Anthracen von weniger als einem Tag errechnet. Die Bedeutung der Ozonolyse steigt stark mit der Ringzahl, wobei z.B. bei der Ozonisierung von Trinkwasser mit einem mg Ozon/L die Halbwertszeit von Benzol mit ca. 3 h, von Naphthalin mit 10 s, von Phenanthren mit ca. 2 s u. von Pyren u. Benzo[a]pyren mit weniger als 1 s angegeben werden[16]. Mikrobieller Abbau von PAK ist nachgewiesen, sowohl unter aeroben Bedingungen[17,18] als auch unter anaeroben[19] u. denitrifizierenden[20]. Abbauwege s. z.B. Literatur[21]. Voraussetzung ist wahrscheinlich, daß PAK in die wäss. Phase übergehen[22]. Art u. Ausmaß des mikrobiellen Abbaus hängen von der Zahl der annelierten Ringe ab. Während Naphthalin in Sedimenten zu 60–70% mineralisiert wurde, zeigten höherkernige PAK wesentlich niedrigere Abbauraten[23]. Bei der Belastung von Böden mit PAK, z.B. an ehemaligen Standorten von Gaswerken u. Kokereien oder nach Düngung mit Klärschlamm, spielt die Zusammensetzung des Bodens ebenfalls eine Rolle, da nur ungebundene Anteile für den mikrobiellen Abbau zur Verfügung stehen. In Hafensedimenten wurde beobachtet, daß innerhalb von 8 bis 82 Tagen Naphthalin, Phenanthren u. Benzo[a]pyren abgebaut werden konnten[24]. Viele PAK lassen sich durch eine Behandlung mit Chlordioxid aus Trinkwasser entfernen. Die Bildung von PAK kann bei der Verbrennung durch einen mäßigen Sauerstoff-Überschuß u.a. techn. Maßnahmen vermindert werden[25].

*Rückstände in Lebensmitteln:* Zu den häufig mit PAK belasteten Lebensmitteln zählen Obst u. insbesondere Blattgemüse, v.a. wenn der Anbau in der unmittelbaren Umgebung von PAK-Emissionsquellen (Industrie, Straßenverkehr) erfolgt[26]. Die Belastung läßt sich jedoch durch gründliches Waschen dieser Lebensmittel vor dem Verzehr deutlich reduzieren. Bei Getreideerzeugnissen führt direkte Trocknung über offenem Feuer (Rauchtrocknung) zu höheren Gehalten[27]. Transport der PAK aus dem Boden in die Pflanze konnte bei Karotten u. Petersilie gezeigt werden[27]. Andere Nutzpflanzen haben offensichtlich eine Barriere zwischen Boden und Wurzelaufnahme bzw. zwischen Wurzeln und Sproß oder zwischen Sproß und generativen Pflanzenteilen. Rohe Öle können erhebliche Verunreinigungen mit PAK aufweisen [Fischöl (Südamerika) über 2000 µg/kg, Kokosöl (Philippinen) über 4500 µg/kg[28]]. Bei Pflanzenölen sind die Verunreinigungen auf die im Fernen Osten u. in Afrika übliche Rauchtrocknung zurückzuführen[28,29]. Bei der Fettraffination werden durch Desodorierung mittels Heißdampf die leichten u. durch Aktivkohle-Behandlung die schweren PAK weitgehend entfernt. Ein Grenzwert von 25 µg/kg für 13 PAK wurde bei raffinierten Ölen vorgeschlagen. Die Gehalte an PAK mit ≥5 Ringen sollten dabei unter 5 µg/kg liegen[30]. Verzehrfertige Öle u. Fette enthalten meist wenig PAK, jedoch können native Olivenöle in Einzelfällen höher kontaminiert sein[29]. Laut „Lebensmittel-Monitoring 2000"[31] lagen die Benzo[a]pyren-Gehalte in nativem Olivenöl zwischen 0,2 u. 0,6 µg/kg. Hohe PAK-Gehalte (bis 43 µg/kg) wurden in Ölen aus rauchgasgetrockneten Traubenkernen gefunden[32]. Hohe Gehalte an Benzo[a]pyren (50–570 µg/kg) wurden gelegentlich bei sog. Schwarz- bzw. Heißgeräuchertem festgestellt[33]. Bei geräucherten Schinken befinden sich über 95% der PAK in einer ca. 1 cm dicken äußeren Schicht. Bei richtiger Räuchertechnologie, z.B. mittels Friktions- od. Dampfrauchverf. bzw. niederer Raucherzeugungstemp. u. rußfreier Räucherung (Glimmrauchverf.) kann ein Benzo[*a*]pyren-Gehalt von 1 µg/kg eingehalten werden[33]. Für Flüssigrauchpräparate hat der Europarat 1992 Grenzwerte für Benzo[*a*]pyren (10 µg/kg) u. Benzo[*a*]anthracen (20 µg/kg) empfohlen, wobei die Anwendungsmengen so bemessen sein sollen, daß diese zu weniger als 0,03 µg/kg Benzo[*a*]pyren bzw. 0,06 µg/kg Benzo[*a*]anthracen im Endlebensmittel führen sollen[34]. Die DFG-SKLM empfiehlt in einem im Jahr 2000 verabschiedeten Beschluß[35], daß zusätzlich die 16 PAK-Einzelverbindungen nach US-EPA bestimmt werden sollten. Der Gehalt an PAK in gegrillten Fleischerzeugnissen hängt im wesentlichen vom Fettgehalt des Fleisches, von der Grilltechnik u. den verwendeten Brennmaterialien ab (Harthölzer wie Eiche und Buche sind beim Grillen das Brennmaterial der Wahl); mageres Fleisch u. Bratwürste, die über glühender Holzkohle od. Gasflamme gegrillt wurden, enthielten nur geringe Mengen an PAK; durch Verw. von Brennmaterialien wie Papier, Holz, Kiefern- od. Fichtenzapfen entsteht rußendes Feuer, das zu hohen PAK-Gehalten führt (Benzo[*a*]pyren ≥140 µg/kg)[36]. Bei Fleischerzeugnissen mit hohem Fettgehalt kann durch Verbrennen des herabtropfenden Fetts eine Pyrosynth. u. somit eine stärkere Kontamination mit PAK erfolgen. Durch Verw. von Alufolie oder Grillschalen kann PAK-Bildung vermieden werden.

Laut „Lebensmittel-Monitoring 2000"[31] weisen 90% der Proben Benzo[*a*]pyren-Gehalte bis 4 µg/kg für geräucherten Schinken (Frischsubstanz) bzw. bis etwa 0,35 µg/kg für das ungeräucherte Erzeugnis auf. Dabei wurde die zulässige Höchstmenge nur bei 5 Proben (≙ 4,4% der Proben) überschritten.

*PAK in Trinkwasser:* Aufgrund der ubiquitären Verbreitung der PAK, sind beachtliche Konz. (bis 0,5 µg/L u. darüber) in Regenwasser nachweisbar[37]. Beim Versickern des Regenwassers werden Spuren dieser Stoffe in das Grundwasser eingebracht (Konz. im Grundwasser 0,001 bis 0,01 µg/L). Bei Konz. >0,1 µg/L besteht berechtigter Verdacht auf Verunreinigung z. B. mit Abwasser od. anderen Abfallstoffen[37]. Trinkwasser kann ebenfalls geringe Spuren an PAK, vorwiegend Fluoranthen enthalten. Aus Isolieranstrichen auf Bitumen- bzw. Teerbasis bei Wasserrohren können zusätzlich über längere Zeiträume meßbare Mengen an PAK in Trinkwasser übergehen. Durch Verf. der Trinkwasseraufbereitung (z. B. durch Flockung, Fällung u. Filtration sowie Aktivkohleadsorption) können PAK weitgehend entfernt werden[37].

*PAK in Tabakrauch:* PAK entstehen bei der Tabakpyrolyse in der Glimmzone der Zigarette u. gehen von dort in die Partikelphase von Hauptstrom- u. Nebenstromrauch über[38]; s. a. *Tabakrauch. PAK mit drei Ringen (z. B. Benz[*a*]anthracen u. Phenanthren) gelangen auch in die Gasphase. Burley-Tabake mit hohem Nitrat-Gehalt liefern weniger PAK als Nitrat-arme Virgin-Tabake.

*Recht:*

Tab. 2: Wichtige Regelungen u. Empfehlungen zum Schutz vor PAK.

| Bezeichnung für Regelwerk u. Herausgeber | Regel |
|---|---|
| Richtlinie 98/83/EG über die Qualität von Wasser für den menschlichen Gebrauch | – PAK: 0,10 µg/L (Summe aus 9 spezifischen Verbindungen) <br> – Benzo[*a*]pyren 0,010 µg/L |
| Guidelines for drinking water quality (1993) WHO | Benzo[*a*]pyren 0,7 µg/L (guideline value) |
| *Trinkwasser-Verordnung vom 21.05.2001 (in der Fassung vom 25.11.2003) | – Grenzwerte für Benzo[*a*]pyren: 0,001 µg/L <br> – Summe aus Benzo[*b*]fluoranthen, Benzo[*k*]fluoranthen, Benzo[*ghi*]perylen und Indeno[1,2,3-*cd*]pyren: 0,01 µg/L |
| *Aromenverordnung vom 22.12.1981 (in der Fassung vom 13.01.2004) | Verkehrsverbot für Lebensmittel, denen mehr als 0,03 µg/kg Benzo[*a*]pyren durch Aromen zugeführt werden (Ausnahme: mit frisch entwickeltem Rauch geräucherte Lebensmittel) |
| Chemikalienverbotsverordnung Anhang, Abschnitt 17 | Beschränkungen für das Inverkehrbringen von Teerölen und Teeröl-behandelten Holzprodukten |
| Gefahrstoffverordnung § 35 Anhang IV, Nr. 13 | Herst.- u. Verwendungsverbot für Teeröle mit > 5 mg/m³ Benzo[*a*]pyren in Holzschutzmitteln |

*Analytik:* Einzelne PAK lassen sich nach Trennung aus komplexen Gemischen durch HPLC, Gas- od. Dünnschichtchromatographie mittels Fluoreszenz-, UV- od. Massenspektroskopie nachweisen u. bestimmen[39]; die in Tab. 1 aufgeführten Verb. sind so in Konz. ab etwa 2,5 bis 5 ng/L sicher bestimmbar[40-42]. Da die Mengenverhältnisse der verschiedenen PAK (sog. PAK-Profile) v. a. von der Bildungstemp. abhängen, werden meist nur wenige PAK od. allein Benzo[*a*]pyren als Leitsubstanz gemessen. – *E* polycyclic aromatic hydrocarbons, PAH, polynuclear aromatic hydrocarbons

*Lit.:* [1]Hutzinger **3A**, 109–131. [2]Chemosphere **23**, 199–213 (1991). [3]Bjørseth (Hrsg.), Handbook of Polycyclic Aromatic Hydrocarbons, S. 507ff., New York: Dekker 1983. [4]Reichl, F. X., *Taschenatlas der Toxikologie*, 2. Aufl.; Thieme: Stuttgart (2002). [5]Chemosphere **21**, 1285–1301 (1990). [6]IARC Monogr. **32**, 35f. (1983). [7]Umweltwiss. Schadstoff-Forsch. **3**(3), 176ff. (1991). [8]Hutzinger **1C**, 1–24. [9]Eisenbrand, G.; Metzler, M.; Hennecke, F. J., *Toxikologie für Naturwissenschaftler und Mediziner*, 3. Aufl.; Wiley-VCH: Weinheim, (2005). [10]Baum, M.; Amin, S.; Guengerich, F. P.; Hecht, S. S.; Köhl, W.; Eisenbrand, G., *Chem. Res. Toxicol.*, (2001) **14**, 686–693. [11]Scientific Committee on Food, Hrsg., *Opinion of the Scientific Committee on Food on the Risks to Human Health of Polycyclic Aromatic Hydrocarbons in Food*, European Commission: Brüssel, (2002). [12]Senatskommission der DFG zur Prüfung gesundheitsschädlicher Arbeitsstoffe, Hrsg., *Polycyclische aromatische Kohlenwasserstoffe (PAH)*,

Wiley-VCH: Weinheim, (2004). [13] Fresenius Z. Anal. Chem. **319**, 119–125 (1984). [14] Classen et al., S. 215–220. [15] Environ. Sci. Technol. **31**, 2252–2259 (1997). [16] Naturwissenschaften **73**, 129–135 (1986). [17] Appl. Microbiol. Biotechnol. **43**, 521–528 (1995). [18] Hurst et al. (Hrsg.), Manual of Environmental Microbiology, S. 766–775, Washington: ASM Press 1997. [19] Microbiol. Rev. **45**, 180–209 (1981). [20] Appl. Environ. Microbiol. **54**, 1182–1187 (1988). [21] Appl. Microbiol. Biotechnol. **34**, 528–535, 671–676 (1991). [22] Appl. Environ. Microbiol. **58**, 1142–1152 (1992). [23] Bioengineering **9**(1), 50–58 (1993). [24] Chemosphere **35**, 487–502 (1997). [25] VDI-Ber. **888** (1991). [26] WHO, Hrsg., *Toxicological Evaluation of Certain Food Additives and Contaminants*; WHO Food Additives Series 28; WHO: Genf, (1991); S. 301 ff. [27] Z. Lebensm. Unters.-Forsch. **191**, 442 (1990). [28] Fat Sci. Technol. **90**, 76 (1988). [29] J. High Resolut. Chromatogr. **13**, 104 (1990). [30] Fette, Seifen, Anstrichm. **83**, 541 (1981). [31] BgVV, Hrsg., *Lebensmittel-Monitoring 2000*, Bundesinstitut für gesundheitlichen Verbraucherschutz und Veterinärmedizin: Berlin, (1999). [32] Food Addit. Contam. **12**, 703 (1995). [33] Fleischwirtschaft **65**, 908 (1985). [34] Council of Europe, Hrsg., *Health Aspects of Using Flavours as Food Ingredients*, Council of Europe Publishing: Straßburg, (1992). [35] DFG-Senatskommission zur Beurteilung der gesundheitlichen Unbedenklichkeit von Lebensmitteln (SKLM), *Flüssigrauchpräparate*, Beschluß vom 05.12.2000; http://www.dfg.de. [36] Z. Lebensm. Unters.-Forsch. **169**, 447 (1979). [37] Aurand et al. (Hrsg.), Die Trinkwasser-Verordnung (3.), Berlin: E. Schmidt 1991. [38] Toxicol. Lett. **35**, 117 f. (1987). [39] DIN 38407-8: 1995-10; DIN 38414-21: 1996-02. [40] DIN 38407-7: 2000-09. [41] DIN 38414-23: 2002-02. [42] DIN EN ISO 17993: 2004-03.

**Polycyclische Moschus-Verbindungen.** Eine Gruppe von synthetischen Tetralin-, Indan- und Benzopyran-Abkömmlingen mit Moschus-artigen Geruchseigenschaften, die neben *Nitromoschus-Verbindungen und makrocyclischen Moschus-Verbindungen in Wasch- und Reinigungsmitteln sowie in kosmetischen Mitteln als Duft- oder Haftstoffe eingesetzt werden. Vertreter dieser Stoffklasse sind HHCB, AHTN, ADBI, AETT, AHMI, DPMI und AITI[1,2]. Die mengenmäßig bedeutendsten Vertreter sind HHCB und AHTN, die in der EU und den USA jährlich in Mengen von über 1000 t verbraucht werden.

HHCB        AHTN        ADBI

AETT        AHMI        DPMI

AITI

Polycyclische Moschus-Verbindungen gelangen über den Einsatz in Waschmitteln und Kosmetika in Abwasser und Oberflächengewässer. Aufgrund ihrer Lipophilie reichern sie sich in Fischen und über die Nahrungskette im menschlichen Gewebe an. Die hauptsächliche Exposition des Menschen erfolgt über die Haut durch Verwendung kosmetischer Mittel und Wasch- und Reinigungsmittel[3]. Untersuchungen zeigen sowohl eine ubiquitäre Verbreitung in Oberflächengewässern als auch eine Anreicherung in Humanmilch.

Entscheidend für die Risikobewertung ist das ökotoxikologische Profil der Substanzklasse. Es gibt Hinweise auf hormonelle Wirkungen einzelner Vertreter dieser Substanzklasse. So zeigte AHTN im E-Screen-Assay estrogene Wirkung[4]. HHCB und AHTN werden durch den wissenschaftlichen Ausschuß für Kosmetik und Bedarfsgegenstände der Europäischen Gemeinschaften (SCCNFP) bewertet. Eine Risikobewertung zur Verwendung dieser Substanzen in Kosmetika wurde 2002 abgeschlossen[5,6]. Zur Verwendung von polycyclischen Moschus-Verbindungen in kosmetischen Mitteln hat das Bundesinstitut für Risikobewertung (*BfR) 2003 eine Pressemitteilung erstellt[7]. Humanbiomonitoring-Daten wurden vom Umweltbundesamt Österreichs zusammengestellt[8].

*Analytik:* Die Analytik der lipophilen Chemikalien erfolgt nach der Extraktion und der anschließenden Reinigung mit Gelpermeations- und Kieselgeladsorptionschromatographie mittels Gaschromatographie/Massenspektrometrie. – *E* polycyclic musk compounds

*Lit.:* [1] Eschke, H.-D.; Traud, J.; Dibowski, H.-J., *Umweltwiss. Schadstoff-Forsch. – Z. Umweltchem. Ökotox.*, (1994) **6**, 183–189. [2] Eschke, H.-D.; Dibowski, H.-J., *Umweltwiss. Schadstoff-Forsch. – Z. Umweltchem. Ökotox.*, (1995) **7**, 131–138. [3] DFG, Senatskommission zur Beurteilung der gesundheitlichen Unbedenklichkeit von Lebensmitteln (SKLM), Hrsg., *Lebensmittel und Gesundheit: Sammlung der Beschlüsse, Stellungnahmen und Verlautbarungen aus den Jahren 1984 bis 1996*, Wiley-VCH: Weinheim, (1998). [4] Bitsch, N.; Dudas, C.; Korner, W.; Failing, K.; Biselli, S.; Rimkus, G.; Brunn, H., *Arch. Environ. Contam. Toxicol.*, (2002) **43**, 257. [5] Opinion of the SCCNFP Concerning Hexahydro-hexamethyl-cyclopenta(γ)-2-benzopyran (HHCB), vom 17.09.2002; http://europa.eu.int/comm/health/ph_risk/committees/sccp/documents/out179_en.pdf. [6] Opinion of the SCCNFP concerning 6-Acetyl-1,1,2,4,4,7-hexamethyltetraline (AHTN), vom 17.09.2002; http://europa.eu.int/comm/health/ph_risk/committees/sccp/documents/out176_en.pdf. [7] BfR-Information, *Polyzyklische Moschusverbindungen in kosmetischen Mitteln*, vom 26.03.2003; http://www.bfr.bund. de. [8] Endbericht des österreichischen Umweltbundesamt: Humanbiomonitoring von Moschusduftstoffen, vom 13.02.2003; http://www.bmgf.gv.at.

**Polydextrose.** Polydextrose ist ein wasserlösliches Polymer, das durch Polykondensation von *Glucose mit *Sorbit und *Citronensäure im Verhältnis 90:10:1 hergestellt wird, so daß es hauptsächlich aus 1–6 glucosidischen Bindungen besteht. Allerdings sind auch andere Bindungstypen vorhanden. Der durchschnittliche Polymerisationsgrad wird mit 10–12 angegeben. Kommerzielle Produkte enthalten kleine Mengen freier Glucose,

Sorbit und 1,6-Anhydro-D-glucose (Levoglucosan). Verfahrensoptimierungen führten in den letzten Jahren zu einem reinweißen, nahezu geschmacksneutralen Produkt. Schmp. 130°C, $M_R$ 100–20000, Hauptfraktion (80%): $M_R$ 1000–5000.

*Physiologie:* Polydextrose wird im Dünndarm weder verdaut noch resorbiert. Im Dickdarm wird ein kleiner Teil durch Darmbakterien zu Kohlendioxid und kurzkettigen Fettsäuren verstoffwechselt. Der Hauptteil wird unverändert mit den Faeces ausgeschieden. Die Aufnahme von Polydextrose führt daher zu einem größeren Stuhlvolumen, reduzierten Transitzeiten und einem niedrigeren pH-Wert des Stuhls. Die Verträglichkeit ist im allgemeinen gut. Polydextrose wirkt schwächer kariogen als Saccharose und ist für Diabetiker geeignet. Ab 90 g/d wirkt Polydextrose laxierend. Ein ADI-Wert ist für Polydextrose nicht festgelegt. Detaillierte Daten zur Sicherheitsbewertung von Polydextrose sind in Literatur[1] zusammengefaßt.

*Verwendung:* Polydextrose schmeckt nicht süß, sondern verbessert die Textur und den Geschmackseindruck von Lebensmitteln (*bulking agent) und wird in Lebensmitteln im allgemeinen als Trägerstoff, Füllstoff oder Feuchthaltemittel eingesetzt. In Kombination mit *Süßstoffen (z.B. *Acesulfam-K)[2] wird Polydextrose als Ersatz für Saccharose zu Speiseeis, Backwaren, Desserts und Süßspeisen zugesetzt. Darüber hinaus kann durch Polydextrose ein Teil des Fettes ersetzt werden, z.B. in Nuß-Nougat-Cremes (hierfür liegen Ausnahmegenehmigungen vor).

*Analytik:* Da Polydextrose in 80%igem Ethanol löslich ist, kann es mit der AOAC-Standardmethode für Ballaststoffe nicht analysiert werden. Gaschromatographisch ist eine Bestimmung nach enzymatischem Abbau und Ultrafiltration möglich[3]. Weniger zeitaufwendig ist eine HPLC-Methode mit refraktometrischer[4], amperometrischer[5,6] oder UV-Detektion[7]. In einem Ringversuch erwies sich auch eine ionenchromatographische Methode als geeignet[8].

*Recht:* E 1200 Polydextrose.
*Zulassung:* *Zusatzstoff-Zulassungsverordnung (ZZulV) Anlage 4 (zu § 5 Abs. 1 und § 7) Teil A (Zusatzstoffe die für Lebensmittel allgemein, ausgenommen bestimmte Lebensmittel zugelassen sind). *Zusatzstoff-Verkehrsverordnung (ZVerkV) Anlage 4 (zu § 4) (Trägerstoffe und Trägerlösungsmittel für Lebensmittelzusatzstoffe)
*Reinheitsanforderungen:* Für technologische Zwecke zugelassener Zusatzstoff. *Zusatzstoff-Verkehrsverordnung (ZVerkV) Anlage 2 (zu § 3 Abs. 1) Liste B (Reinheitsanforderungen nach Richtlinie 96/77/EG vom 01.12.1996, Amtsblatt der EG Nr. L 339, S. 1, geändert durch Richtlinie 2002/82/EG vom 15.19.2002, Amtsblatt der EG Nr. L 292, S. 1). – *E* polydextrose

*Lit.:* [1]Burdock, G. A.; Flamm, W. G., *Food Chem. Toxicol.*, (1999) **37**, 233–264. [2]J. Food Sci. **54**, 625 (1989). [3]Mitt. Geb. Lebensmittelunters. Hyg. **81**, 51–67 (1990). [4]J. Assoc. Off. Anal. Chem. **73**, 51ff. (1990). [5]Lebensmittelchemie **45**, 35 (1991). [6]Z. Lebensm. Unters.-Forsch. **195**, 246–249 (1992).

[7]J. Assoc. Off. Anal. Chem. **74**, 571ff. (1991). [8]Craig, S. A.; Holden, J. F.; Khaled, M. Y., *J. AOAC Int.*, (2001) **84**, 472–478.
*allg.:* Flood, M. T.; Auerbach, M. H.; Craig, S. A., *Food Chem. Toxicol.*, (2004) **41**, 1531–1542 ▪ Murphy, O., *Br. J. Nutr.*, (2001) **85**(1), 47–53 – *[CAS 68424-04-4]*

**Polydimethylsiloxan** siehe *Silicone.

**Polyethylenterephthalate** (Kurzz. PET, PETE). Polyethylenterephthalate sind Polyester aus der Gruppe der Polyalkylenterephthalate.

*Eigenschaften:* Das heutige PET ist ein veredelter Polyester mit verbesserten Materialeigenschaften und wird sowohl in kristalliner (opak weiß) als auch in amorpher (transparent) Form für Verpackungszwecke eingesetzt. Die Dichte von kristallinem PET beträgt 1,37 g/cm³, Schmp. ca. 260°C, die Dichte von amorphen PET beläuft sich auf 1,33 g/cm³. PET sind teilkristalline Produkte mit hoher Festigkeit, Steifheit und Maßbeständigkeit, guten Gleit- und Verschleiß-Eigenschaften sowie hoher Chemikalienbeständigkeit.

*Verwendung:* Als thermoplastischer Kunststoff ist PET unter Hitze formbar und kann in nahezu jede beliebige Form gebracht werden. Aufgrund der Temperaturbeständigkeit kann PET zwischen 40°C und 100°C (kurzzeitig auch darüber) eingesetzt werden. PET eignet sich u.a. für die Herstellung von z.B. Flaschen, Schalen, Dosen, Mono- und Verbundfolien, Fasern. Flaschen werden überwiegend im Spritz-(Streck-)Blasverfahren hergestellt, Folien werden extrudiert. Eingesetzt werden PET Verpackungen heute vor allem in den Bereichen Lebensmittel (z.B. Getränke), Kosmetika (z.B. Duschbäder), Reinigungsmittel (z.B. Handgeschirrspülmittel) und der Medizin. Zur Anpassung an die für die einzelnen Anwendungsgebiete gestellten Anforderungen werden die PET auch in modifizierter Form, z.B. als Blends mit Polycarbonaten oder Polybutylenterephthalaten eingesetzt.

Für die Erhöhung der Barriereeigenschaften wird insbesondere bei Getränkeflaschen die Oberfläche der Verpackung veredelt:

1. *Einsatz von Multilayern:* Beim Einsatz von Multilayern besitzen die Verpackungen einen Sandwich-Aufbau. Üblicherweise befindet sich bei diesen Materialien zwischen zwei PET-Schichten eine dünne Schicht eines Barrierematerials. Aus Kostengründen werden Multilayer-Flaschen (z.B. Schalbach-Lubeca, Bind-Ox-Barriere) eher selten für Verpackungszwecke eingesetzt.

2. *Einsatz von Barrierebeschichtungen:* Bei der Barrierebeschichtung werden die fertigen Flaschen mit einer sehr dünnen Barriereschicht überzogen. Die Beschichtung kann innen, außen oder auf beiden Seiten der Flasche erfolgen.

3. *Beimischung von PEN (Polyethylen-2,6-naphthalat):* Ziel ist es, die Temperaturbeständigkeit der Verpackungen zu verbessern. Üblicherweise beträgt die Zugabe von PEN etwa 1–10%. Nachteil

dieser Verpackungen sind die vergleichsweise hohen Materialkosten aufgrund der hohen PEN-Preise.

**Wirtschaft:** Der Weltverbrauch an PET-Formmassen lag 2001 bei 7,3 Mio. t. Wichtigstes Anwendungsgebiet ist der Verpackungssektor (Flaschen, Tiefziehfolien) mit rund 2,5 Mio. t. Für die Herstellung von Verpackungen wurden im Jahr 2000 in Europa ca. 1,5 Millionen Tonnen PET verbraucht. Nach Italien, Frankreich, Großbritannien und Spanien war Deutschland im Jahr 2000 mit ca. 0,1 Millionen Tonnen lediglich ein kleiner Abnehmermarkt. Insbesondere durch die zunehmende Umstellung im Getränke-Bereich von Glas-Flaschen auf Kunststoff-Flaschen werden zukünftig deutlich höhere Verbrauchsmengen erwartet. Für 2010 wird weltweit eine Produktion von 18,5 Mio. t PET prognostiziert.

Das Grundmaterial für Polyethylenterephthalat wurde bereits 1941 in den USA entwickelt und wird seitdem als hochwertige Kunstfaser – beispielsweise „Trevira" – in der Textilindustrie verwendet. – *E* polyethylene terephthalates.

*Lit.:* [1] Kunststoffe **85**, 1586 (1995).
*allg.:* Domininghaus (5.), S. 753ff. ▪ Elias (5.) **2**, 196 ▪ Haenle, S.; Harsch, G.; Hellerich, W., *Werkstoff-Führer Kunststoffe*, Hanser: München, (2001) – [HS 3907 60; CAS 25038-59-9]

**Polyfructosane** siehe *Fructane.

**Polyfructosen** siehe *Fructane.

**Polygalacturonase** siehe *Pektin-spaltende Enzyme.

**Polygalacturonsäure** siehe *Pektine.

**Polygalit** siehe *Sorbitane.

**Polyglucosane** siehe *Glucane.

**Polyglycane** siehe *Polysaccharide.

**Polykieselsäuren** siehe *Kieselsäuren.

**Polyorganosiloxane** siehe *Silicone.

**Polypeptide** siehe *Peptide und *Proteine.

**Polyphenole.** Sammelbezeichnung für *phenolische Verbindungen mit meist mehr als 2 Phenol-(Polyole) oder Phenolether-Gruppen, die unterschiedlichen Stoffklassen angehören:
(a) *Hydroxyzimtsäuren, 6,7-Dihydroxycumarine, Hydroxybenzoesäuren,
(b) *Catechine und *Leukoanthocyanidine,
(c) *Anthocyanidine,
(d) *Flavanone und
(e) *Flavone, Flavonole.

**Vorkommen:** Weit verbreitet sind *p*-Cumarsäure, Ferulasäure, Kaffeesäure und Sinapinsäure. Sie liegen kaum frei, sondern überwiegend als Derivate vor (siehe *Hydroxyzimtsäuren); Kaffeesäure z.B. verestert mit Chinasäure als Chlorogensäure. Aus der Gruppe der 6,7-Dihydroxycumarine ist *Scopoletin aus Pflaumen, Aprikosen und Tabak bekannt. Zu den Phenol-Derivaten zählen die Dihydroxybenzole (Brenzcatechin, Resorcin, Hydrochinon) sowie Phloroglucin, Pyrogallol oder Hexahydroxybenzol. In der Natur treten freie und veretherte Polyphenole in Blütenfarbstoffen (Anthocyanidine, Flavone), in Gerbstoffen (Catechine, Tannine), als Flechten- oder Farninhaltsstoffe (Usninsäure, Acylpolyphenole), in Ligninen, als Gallussäure-Derivate usw. auf. Enzymatische Oxidationen durch Phenol-Oxidasen spielen eine Rolle in Bräunungsprozessen bei angeschnittenen Äpfeln, Kartoffeln etc., bei der Fermentation von Kakao oder Tee (*Phlobaphene) und bei der Oxidation von niedermolekularen Verbindungen, die beim Lignin-Abbau durch Einwirkung von Peroxidasen anfallen.

Zum Vorkommen von Hydroxybenzoesäuren in Obst vgl. *Phenolcarbonsäuren. Die Hydroxybenzoesäuren resultieren aus den Hydroxyzimtsäuren durch eine zur β-Oxidation der Fettsäuren analogen Reaktionsfolge.

Die wesentlichen Polyphenole des Tabaks sind in der Tabelle zusammengestellt. Der Hauptanteil wird bei der Tabakpyrolyse zersetzt. Dabei entstehen spezifische, das Raucharoma mitbeeinflussende Phenole des *Tabakrauchs[2].

Im Bier finden sich 100–180 mg/L Polyphenole, wovon etwa 2/3 aus dem Malz und 1/3 aus dem Hopfen stammen (Polyphenole machen 4–14% der Hopfen- bzw. 0,1–0,2% der Malz-Trockensubstanz aus). Bezüglich des Vorkommens von Polyphenolen in *Most und *Wein siehe dort.

Ein Teil der Polyphenole, wie z.B. Flavonole und Anthocyane, sind bereits im monomeren Zustand gelbe bzw. rote Farbstoffe. Andere Polyphenole sind monomer farblos, wie z.B. die Hydroxyzimtsäure-Verbindungen und die Catechine. Alle Polyphenole sind, allerdings mit unterschiedlicher Affinität, Substrate der Phenol-Oxidasen und können in Gegenwart von Luftsauerstoff zu braun gefärbten polymeren Verbindungen reagieren. Hierdurch werden Farbe und Geschmack beeinflußt. Einige Polyphenole, beispielsweise Catechine und Proanthocyanidine, besitzen einen adstringierenden Charakter[3,4] und tragen damit zum Geschmacksbild von Obst und Fruchtsäften bei. Einige Flavanon-Glycoside sind bitter, z.B. Naringin (Grape-

Tabelle: Polyphenol-Gehalt von Burley und flue-cured Tabaken im grünen Blatt und nach der Trocknung[1].

| Polyphenole (mg/g Trockengewicht) | flue-cured Tabak | | Burely | |
|---|---|---|---|---|
| | Grünes Blatt | flue curing | Grünes Blatt | Lufttrocknung |
| Chlorogensäure | 36,2 | 30,9 | 13,4 | 6,7 |
| Rutin | 9,0 | 8,6 | 3,3 | 3,4 |
| Scopolin | 1,6 | 1,4 | – | – |
| Scopoletin | – | 0,9 | – | – |

fruit). Oberhalb pH 4 können Polyphenole mit Schwermetallen zu blaugrauen bis blauschwarzen Verfärbungen führen. Zu den Möglichkeiten der Steuerung des Gehaltes an Polyphenolen während der Verarbeitung des Obstes vgl. *enzymatische Bräunung.

**Analytik:** Der Gesamt-Polyphenol-Anteil kann über die Reaktion der phenolischen Gruppen mit (Dodeca-)Molybdo-phosphorsäure erfolgen (Folins Reagenz, Folin-Ciocalteu-Test oder Folin-Denis-Test, Lowry-Methode). Ohne Vortrennung angewandt, ist diese Reaktion jedoch unspezifisch, da sie durch Schwefeldioxid, Ascorbinsäure, Tyrosin, Eisen(II) und andere in Lebensmitteln vorkommende, reduzierende Agenzien gestört wird. Zudem bereitet die Auswahl geeigneter Referenzsubstanzen Schwierigkeiten[5,6]. Mit weiteren Gruppenbestimmungen, die bei den Einzelverbindungen beschrieben werden, sind begrenzt spezifische Analysen möglich. Generell empfiehlt sich eine Abtrennung der Polyphenole aus der Lebensmittelmatrix vor der Analyse, wobei die Säulenchromatographie über Polyamid[7], über Gele[8,9], aber auch die Festphasenextraktion[10-14] oder eine Ethylacetat-Fraktionierung[15,16] eingesetzt wird. Die quantitative Bestimmung der Polyphenole erfolgt am günstigsten nach Auftrennung über Reversedphase-HPLC mit UV/VIS-Detektion (siehe auch *Reversed-phase-Chromatographie)[15-17]. Über LC-MS kann man die molekülspezifischen Massen als Pseudo-Molekular-Ionen mit den jeweils typischen Fragmentierungsmustern mittels Ionenspray im negativen oder positiven Modus oder über APCI erfassen[18-24]. Als Nachweis kann ferner die Dünnschichtchromatographie mit gruppenspezifischen Reagenzien verwendet werden[25-27].

**Pharmakologie:** Die Wirkung der Polyphenole auf den Humanmetabolismus ist bei den jeweiligen Textstichwörtern beschrieben. – E polyphenolics

**Lit.:** [1]Beitr. Tabakforsch. Int. **10**, 57 (1979). [2]IARC Monogr. **38**, 105 (1985). [3]Crit. Rev. Food Sci. Nutr. **27**, 1–40 (1988). [4]Phytochemistry **26**, 2937–2942 (1987). [5]Ind. Obst Gemüseverwert. **69**, 567–572 (1984). [6]Schieber, A.; Hilt, P.; Conrad, J.; Beifuss, U.; Carle, R., *J. Sep. Sci.*, (2002) **25**, 361. [7]Rommel, A.; Wrolstad, R. E., *J. Agric. Food Chem.*, (1993) **41**, 1951. [8]Lu, Y.; Foo, L.Y., *Food Chem.*, (1997) **59**, 187. [9]Schieber, A.; Ullrich, W.; Carle, R., *Innov. Food Sci. Emerg. Technol.*, (2000) **1**, 161. [10]Dtsch. Lebensm. Rundsch. **86**, 1–3 (1990). [11]Oszmianski, J.; Ramos, T.; Bourzeix, M., *Am. J. Enol. Vitic.*, (1988) **39**, 259. [12]Kraemer-Schafhalter, A.; Fuchs, H.; Pfannhauser, W., *J. Sci. Food Agric.*, (1998) **78**, 435. [13]Li, Z.; Wang, L.; Yang, G.; Shi, H.; Jiang, C.; Liu, W., *J. Chromatogr. Sci.*, (2003) **41**, 1–5. [14]Palma, M.; Piñeiro, Z.; Barroso, C. G., *J. Chromatogr. A*, (2002) **968**, 1–6, 10. [15]Delage, E.; Bohoun, G.; Baron, A.; Drilleau, J.-F., *J. Chromatogr.*, (1991) **555**, 125–136. [16]Schieber, A.; Keller, P.; Carle, R., *J. Chromatogr. A*, (2001) **910**, 265. [17]Sakakibara, H.; Honda, Y.; Nakagawa, S.; Ashida, H.; Kanazawa, K., *J. Agric. Food Chem.*, (2003) **51**, 571. [18]Wolfender, J.-L.; Waridel, P.; Ndjoko, K.; Hobby, K. R.; Major, H. J.; Hostettmann, K., *Analusis*, (2000) **28**(10), 895–906. [19]Fang, N.; Yu, S.; Prior, R. L., *J. Agric. Food Chem.*, (2002) **50**(12), 3579–3585. [20]Pellilo, M.; Biguzzi, B.; Bendini, A.; Toschi, T. G.; Vanzini, M.; Lercker, G., *Food Chem.*, (2002) **78**(3), 369–374. [21]Stobiecki, M., *Phytochemistry*, (2000) **54**(2), 237–256. [22]Cuyckens, F.; Ma, Y. L.; Pocsfalvi, G.; Claeys, M., *Analusis*, (2000) **28**(10), 888–895. [23]Cuyckens, F.; Shahat, A. A.; Pieters, L.; Claeys, M., *J. Mass Spectrom.*, (2003) **37**, 1272. [24]Hvattum, E.; Ekeberg, D., *J. Mass Spectrom.*, (2003) **38**, 43. [25]Dtsch. Lebensm. Rundsch. **75**, 248–253 (1979). [26]J. Chromatogr. **67**, 105–111 (1972). [27]Greenham, J.; Harborne, J. B.; Williams, C. A., *Phytochem. Anal.*, (2003) **14**, 100–118.

*allg.:* Santos-Buelga, C.; Williamson, G., Hrsg., *Methods in Polyphenol Analysis*, Royal Society of Chemistry: Cambridge, (2003)

**Polyphenol-Oxidasen** siehe *Phenol-Oxidasen.

**Polyphosphate.** Bez. für Salze und Ester der sog. Polyphosphorsäure. Bei der Verknüpfung von Monophosphaten durch Wasserabspaltung entstehen über eine Sauerstoff-Brücke *Diphosphate(V) und in weiterer Folge die sogenannten kondensierten Phosphate. Die größte Gruppe bilden die kettenförmigen, systemat. als *catena*-P. zu bezeichnenden P. mit der allg. Formel $M^I_{n+2}[P_nO_{3n+1}]$ bzw. $M_n^I[H_2P_nO_{3n+1}]$ ($M^I$ = einwertiges Metall) (s. Abb.).

$$MO-\underset{\underset{MO}{|}}{\overset{\overset{O}{\|}}{P}}-O-\left[\underset{\underset{MO}{|}}{\overset{\overset{O}{\|}}{P}}-O-\right]_n\underset{\underset{OM}{|}}{\overset{\overset{O}{\|}}{P}}-OM$$

Die ringförmig kondensierten P. heißen Metaphosphate (*cyclo*-P.) [allg. Formel $M_n^I(PO_3)_n$, Kondensationsgrad 3 bis 8].

Darüber hinaus gibt es noch sog. Ultra-P. mit Netzstruktur (allg. Formel $M_{n2x}P_n3_{nx}$). Im allg. rechnet man auch niedere Glieder der P. mit n = 2–10 (*Oligophosphate*) zu den Polyphosphaten, z.B. das z.T. noch in Waschmitteln eingesetzte Pentanatriumtripolyphosphat.

**Eigenschaften:** Die P. sind Polyelektrolyte, besitzen Ionenaustauscher-Eigenschaften in Lsg. u. vermögen so mehrwertige Ionen z.B. $Ca^{2+}$, $Mg^{2+}$, $Zn^{2+}$ u. Eisen-Ionen an der Ausfällung durch Anionen, mit denen sie sonst schwerlösl. Salze bilden, zu hindern. Diese Eigenschaft der *catena*-P., nicht aber der *cyclo*-P., zeigt sich bereits bei Konz., die weit unter der stöchiometr. Komplexierung liegen (Threshold-Effekt).

Die Lsg. der neutralen Salze reagieren alkalisch. Soweit die höherkondensierten Salze therm. aus Dihydrogenmonophosphaten hergestellt werden, sind die H-Atome der als Endgruppe gebundenen sauren OH-Gruppen nicht durch Metall-Ionen ersetzt; P. liegen also in der Regel als saure Salze vor.

Hochpolymere Salze sind prakt. in Wasser unlösl., nur in Ggw. von Lösevermittlern (Natriumsalze) erhält man viskose Lösungen.

Während die höhermol. P. in neutraler u. schwach alkal. Lsg. bei gewöhnlicher Temp. sehr beständig sind, werden sie bei Temp. über 100 °C hydrolyt. abgebaut. In Lsg. liegen die P.-Ketten wahrscheinlich gefaltet od. als Spirale gewunden vor, wobei die Faltung z.T. durch Wasser-Mol., die über H-Brückenbindungen an O-Atome gebunden sind, aufrechterhalten wird.

Von allen P. besitzen die hochpolymeren Salze das beste Eiweißlösevermögen; ihre Quellwirkung u.

Hydratationswirkung auf Casein u. andere Eiweißstoffe ist mittelstark, das Ionentauscherverhalten u. die Fähigkeit, Eiweiße unabhängig vom pH-Wert schonend zu lösen, gut ausgeprägt. Lineare (*catena*-)P. haben als Polyanionen ein größeres Bindungsvermögen für mehrwertige Kationen als Orthophosphate, wobei insbes. der Bereich bis etwa 10 $PO_3$-Einheiten sich unterschiedlich verhält. Oberhalb 100 $PO_3$-Einheiten/Mol. ist das Dissoziationsverhalten prakt. konstant.

*Toxikologie:* P. sind tox. als *Orthophosphate, wenn sie unter Umgehung des Verdauungstraktes (s.c., i.v.) verabreicht werden. Linear kondensierte P. werden an der Darmschleimhaut hydrolyt. gespalten, wobei Orthophosphat entsteht. Zum Metabolismus von Polyphosphaten s. Literatur[1]. ADI-Wert: 0–70 mg/kg. Zur Analytik s. *Diphosphate(V).

*Verwendung:* P. sind überall dort einzusetzen, wo es um das Abfangen von Calcium-Ionen u. Magnesium-Ionen etc. geht (Wasserenthärtung); hierauf beruht auch der bakteriostat. Effekt. Alle P. wirken im Sinne eines Stabilisators, Säureregulators u. Schmelzsalzes.

Der Einsatz als Builder in Waschmitteln u. Reinigungsmitteln hat keine Bedeutung mehr.

*Recht:* Polyphosphate (E 452).

*Zulassung:* Zusatzstoffe, die beschränkt zugelassen sind. *ZZulV 1998 Anlage 4 Teil B.

*Reinheitsanforderungen:* *ZVerkV 1998 Anlage 2 (zu § 3 Abs. 1) Liste B Reinheitsanforderungen nach Richtlinie 96/77/EG vom 2.12.1996, Amtsblatt der EG Nr. L 339 vom 30.12.1996, S. 1 (geändert).

*Kenntlichmachung:* s. § 6 Abs. 4 Nr. 2 in Verbindung mit Anlage 2 *LMKV.

*Weitere rechtliche Regelungen:* Weinverordnung Anlagen 2 und 6; Verordnung (EWG) Nr. 1538/91 der Kommission vom 5.6.1991 über bestimmte Vemarktungsnormen für Geflügelfleisch, Amtsblatt der EG Nr. L 143, S. 11. – *E* polyphosphates

*Lit.:* [1]Kulaev, I.; Vagabov, V.; Kulakovskaya, T., *J. Biosci. Bioeng.*, (1999) **88**, 111–129.
*allg.:* Prakash, A., In *Natural Food Antimicrobial Systems*, Naidu, A. S., Hrsg.; CRC Press: Boca Raton, (2000); S. 725–736 ■ Ullmann (5.) **A19**, 485ff. – *[HS 2835 31, 2835 39]*

**Polysaccharide** (von Poly... und griechisch sakcharon = Zucker). Polysaccharide (*Glycane, Polyglycane*) ist die Sammelbezeichnung für makromolekulare *Kohlenhydrate, deren Moleküle aus einer großen Zahl (mindestens >10, gewöhnlich jedoch erheblich mehr) glycosidisch miteinander verknüpfter Monosaccharid-Moleküle (Glycosen) bestehen.

Zu den Polysacchariden gehören vor allem die als Reservestoffe wichtigen Biopolymeren *Stärke und Glycogen sowie das Struktur-Polysaccharid *Cellulose, die ebenso wie *Dextran und Tunicin als Polykondensationsprodukt der D-Glucose aufgefaßt werden können (Polyglucosane, Glucane), *Inulin als Polykondensat der D-Fructose (Polyfructosan, Fructan), *Chitin, *Alginsäure und andere. Zum Stoffwechsel siehe *Kohlenhydrate.

*Klassifizierung:* Die Benennung von Polysacchariden mit gleichartigen Bausteinen erfolgt mit der Endsilbe ...an: *Glucan, Mannan, Galactan, Xylan usw. Eine andere Art der Bezeichnung besteht darin, diese Polysaccharide gewissermaßen als Polymerisationsprodukte des – meist hypothetischen – Zuckeranhydrids (-osan) zu betrachten und sie z.B. als Poly-α-1,4-glucosan (*Amylose), Poly-β-1,4-glucosan (*Cellulose) oder – weniger spezifiziert – als Polyfructosan, Polyglucosan usw. anzusprechen. Auch sind die Begriffe Pentosane, Hexosane usw. noch immer in der Literatur anzutreffen. Während die erwähnten Polysaccharide jeweils nur eine Art von Bausteinen – wenn auch gegebenenfalls in wechselnder glycosidischer Verknüpfung – enthalten und darum *Homopolysaccharide* (Homoglycane) genannt werden, bestehen die vor allem in Pflanzengummen, Körperschleimen und Bindegewebe vorkommenden *Heteropolysaccharide* oder *Heteroglycane* aus verschiedenartigen Monomer-Einheiten. Bekannte Heteroglycane sind *Pektine, *Glycosaminoglycane (Mucopolysaccharide) wie z.B. Chondroitinsulfate, Heparin, *Hyaluronsäure. Diese treten im Stützgewebe und Bindegewebe sowie als Gleitsubstanzen und Schutzsubstanzen auf. In nicht wenigen Polysacchariden tragen die Monomer-Einheiten Carboxy-Gruppen und/oder Sulfonyl-Gruppen, was diesen Polysacchariden Polyelektrolyt-Charakter verleiht. Polysaccharid-haltige Konjugate sind manche *Glycoproteine, die Proteoglycane und Murein (Peptidoglycan) sowie ein Teil der *Glycolipide und die Lipopolysaccharide. Nomenklaturempfehlungen für Polysaccharide siehe Literatur[1–4].

*Eigenschaften:* Polysaccharide lassen sich wie die anderen Kohlenhydrate derivatisieren und durch Säuren oder Glycosidasen aufspalten. Sie sind relativ alkalibeständig, jedoch nicht süß und reduzieren Fehlingsche Lösung praktisch nicht. In kaltem Wasser lösen sie sich schwer oder gar nicht bzw. nur kolloidal, quellen jedoch darin mehr oder weniger auf, erhöhen die Viskosität von wäßriger Lösung und können Gele bilden.

*Analytik:* Die Polysaccharide liegen oft in geordneten räumlichen Strukturen vor, indem sie bestimmte Sekundärstrukturen wie z.B. Bänder oder Helices ausbilden[5,6]. Die Analytik der Polysaccharide macht Gebrauch von Farbreaktionen (Periodsäure/Schiffs Reagenz), enzymatischer bzw. chemischer Hydrolyse (zu Oligosacchariden, Monosacchariden), Methylierung, Gaschromatographie, Massenspektrometrie, Röntgenstrukturanalyse, NMR-Spektroskopie und anderen Methoden.

*Verwendung:* Mit Polysacchariden als Carrier kann eine gezielte Freisetzung von Arzneimitteln (drug delivery system) zu verschiedenen Kompartimenten im Körper erreicht werden[7]. In der Chromatographie werden Polysaccharide und ihre Derivate als Trennmittel verwendet, auch für Enantiomerentrennung[8]. Als Ballaststoffe, Rohstofflieferanten und Energielieferanten spielen Polysaccharide eine zentrale Rolle nicht nur in der Ernährung (vgl. *Kohlenhydrate). Manche Polysaccharide finden dank ihrer gelbildenden, pseudoplastischen Eigenschaften (als sogenannte *Hydrokolloide*) technisch Verwendung als Verdickungsmittel, Emulsionsstabilisatoren und dergleichen in der Lebensmittelindustrie, Pharmaindustrie, Kosmetikindustrie und anderen Industrien. Einige dieser Polysaccharide werden auf biotechnologischem Weg mit Hilfe von Mikroorganismen hergestellt, z.B. Dextran, Pullulan, bakterielle Alginate, Agar(-Agar), Curdlan, Glucan, Levan, Skleroglucan, Bakteriencellulose, Phosphomannan[9,10]. – *E* polysaccharides

*Lit.:* [1]Eur. J. Biochem. **126**, 439ff. (1982). [2]J. Biol. Chem. **257**, 3352ff. (1982). [3]Pure Appl. Chem. **54**, 1523–1526 (1982). [4]IUPAC/IUBMB, Biochemical Nomenclature and Related Documents, 2. Aufl., S. 127–179, London: Portland Press 1992. [5]Henderson, T. J.; Venable, R. M.; Egan, W., *J. Am. Chem. Soc.*, (2003) **125**, 2930–2939. [6]Yoshiba, K.; Ishino, T.; Teramoto, A.; Nakamura, N.; Miyazaki, Y.; Sorai, M.; Wang, Q.; Hayashi, Y.; Shinyashiki, N.; Yagihara, S., *Biopolymers*, (2002) **63**, 370–381. [7]Mehvar, R., *Curr. Pharm. Biotechnol.*, (2003) **4**, 283–302. [8]Angew. Chem. **110**, 1072–1095 (1998). [9]Buchholz, K.; Monsan, P. F., In *Handbook of Food Enzymology*, Whitaker, J. R.; Voragen, A. G. J.; Wong, D. S. W., Hrsg.; Dekker: New York, (2003); S. 589. [10]Buchholz, K.; Seibel, J., In *Oligosaccharides in Food and Agriculture*, Eggleston, G.; Côté, G. L., Hrsg.; ACS Symposium Series 849; American Chemical Society: Washington, DC, (2003); S. 63–75.
*allg.:* Ullmann (7.); http://dx.doi.org/10.1002/14356007.a21_a25.pub2 [Online, März 2003]

**Polysorbate** siehe *Sorbitane.

**Polystyrol** (Polyphenylethylen, Polyvinylbenzol). Kurzz. PS nach DIN 7728-1: 1988-01. Bez. für thermoplast. Polymere der Struktur

Techn. wird P. fast ausschließlich durch radikal. Polymerisation von Styrol hergestellt. Amorphes P. ist glasklar, steif u. ziemlich spröde; es ist gegen Säuren, Laugen, Alkohol u. Mineralöl beständig, gegen die meisten Lsm. dagegen unbeständig (Spannungsriß-Bildung) od. in ihnen löslich. Auch die Lichtbeständigkeit ist aufgrund leichter Photooxidierbarkeit gering, ebenso die Wasseraufnahme. Von bes. Bedeutung sind die guten dielektr. Eigenschaften, in denen es mit Polyethylen u. Polytetrafluorethylen vergleichbar ist.
P. läßt sich vielfältig formen, biegen, bedrucken, polieren u. kleben, z.B. mit Lsm. wie Toluol, Xylol, 2-Butanon, Butylacetat od. Gemischen aus diesen. P. wird vorwiegend im Spritzguß verarbeitet u. zu 35% zu Platten u. Folien extrudiert u. thermogeformt. Standard-P.-Teile sind allerdings spröde u. schlagempfindlich. Es ist daher oft erforderlich, deren Eigenschaften durch z.B. Copolymerisation des Styrols mit geeigneten Comonomeren od. durch Abmischen mit anderen Polymeren zu P.-Blends zu modifizieren.
*Physiologische Eigenschaften:* P. als solches gilt als physiolog. unbedenklich u. ist deshalb für Lebensmittelverpackungen zugelassen. Bei der Polymeri-

sation fällt es im allg. in großer Reinheit an. Evtl. vorhandene Rückstände (z.B. in Baumaterial) an monomerem Styrol – dieses ist als Reizstoff eingestuft u. im Tierversuch mutagen – können durch Pyrolyse-Gaschromatographie, spektroskop. Meth. od. z.B. auch bromatometr. bestimmt werden. Auch beim Erhitzen der Polymeren können Styrolhaltige Dämpfe auftreten, die aber aufgrund ihres schon in äußerst geringer Konz. unangenehmen Geruches gut feststellbar sind.

*Verwendung:* Standard-Polystyrol (PS) u. *schlagzähes Polystyrol* (SB) werden eingesetzt u.a. in der Feinwerk- u. Elektrotechnik zur Herst. von Gehäuseteilen für Fernseh-, Rundfunk-, Tonband-, Foto- u. Filmgeräte, Relaisteilen, Spulen, Schaugläsern u. Leuchten; in der Haushaltstechnik zur Herst. von Gehäusen für elektr. Küchengeräte, Kühlschrankteilen, Trinkbechern, Einweggeschirr, Toilettengeräten, Kleiderbügeln, Kleinmöbeln u.a.; P. wird weiter verwendet für Verpackungen jeder Art, die Herst. von Spielwaren, Dia-Rähmchen u. Stapelkästen.
Die Verarbeitung von PS zu Folien, Packmitteln und Schaumstoff (meist thermisch geformte Behältnisse, z.B. Eierbehälter, Schalen für Fleischwarenverpackungen) ist für die Lebensmittelindustrie von Bedeutung. Im kosmetischen Bereich werden P-Emulsionen als Perlglanzpigment und/oder Trübungsmittel bei der Herstellung von Badepräparaten, Haarwaschmitteln usw. eingesetzt. – *E* polystyrene

*Lit.:* Haenle, S.; Harsch, G.; Hellerich, W., *Werkstoff-Führer Kunststoffe*, Hanser: München, (2001) ▪ Ullmann (5.) **21A**, 615–663 – *[HS 3903 11, 3903 19; CAS 9003-53-6]*

**Polyvinylchloride** (Kurzz. PVC). Bez. für die bei der radikal. Homopolymerisation von Vinylchlorid (VC) anfallenden Polymeren der Struktur

Die Makromoleküle sind nicht streng linear: Sie haben in Abhängigkeit vom Monomer-Umsatz u. der Polymerisations-Temp. ca. 3–20 kurze Seitenketten pro 1000 C-Atome. Techn. P. haben Molmassen von ca. 30000–130000 g/mol, die K-Werten von 45–80 entsprechen.
P. wird techn. durch Suspensionspolymerisation (S-PVC), Mikro-Suspensionspolymerisation, Emulsionspolymerisation (E-PVC) u. Substanz- bzw. Massepolymerisation (M-PVC) hergestellt.
Das hochtox., cancerogene, nicht umgesetzte Vinylchlorid wird destillativ weitestgehend aus den Polymerisationsansätzen entfernt u. durch Intensiventgasung auf zulässige niedrigste Restgehalte, z.B. <1 ppm bei P. für Lebensmittel-Verpackungen, abgesenkt. Gemäß *Bedarfsgegenständeverordnung dürfen *Bedarfsgegenstände aus PVC max. 1 mg/kg Vinylchlorid enthalten.
Die so erhaltenen P. werden durch Extrudieren, Kalandrieren, Blasformen, Spritzgießen, Pressen od. Sintern verarbeitet u. zwar mit Gehalten an *Weichmachern von 0–12% (*Hart-PVC*), >12%

(*Weich-PVC*) bzw. sehr hohem Weichmacher-Gehalt (Plastisole, PVC-Paste). Hart-PVC ist gegen Wasser, Säuren, Laugen, Alkohole, Benzine u. Öle beständig. Viele Lsm. (Benzol, Treibstoff-Gemische) wirken jedoch quellend. Zusätze von Weichmachern (Dioctylphthalate u.a. Phthalate, Adipate u. Phosphate) verringern die Chemikalien-Beständigkeit; dieser Effekt tritt weniger stark bei Verw. von Polymer-Weichmachern auf. Auch um deren Migration vorzubeugen, werden zunehmend Weichmacher mit geringer Flüchtigkeit eingesetzt.

*Verwendung:* Verarbeitbar zu Folien, Packmitteln und Beschichtungen. Infolge möglicher Migration von *Weichmachern in das Lebensmittel wird *Weich-PVC* (früher Verpackungsfolie für Frischfleisch und Geflügel, Schrumpffolie zur Bündelung von Mehrstückverpackungen, Schrumpfhauben und Dichtungsmaterial für Flaschenverschlüsse) für das Verpacken von Lebensmitteln fast nicht mehr eingesetzt.

Wegen der guten Sperreigenschaften und der guten Warmformbarkeit ist der Einsatz von PVC-Folie für das Verpacken von Tabletten in Blisterverpackungen üblich.

Weiterhin in Rohrleitungen, Apparaten, Kabeln, Drahtummantelungen, Fensterprofilen, im Innenausbau, im Fahrzeug- u. Möbelbau, in Bodenbelägen, zur Herst. von Kühlschrank-Dichtungen, Folien, Schallplatten (zusammen mit 5–15% PVAC), Kunstleder, Koffern, Vorhängen, Verpackungsbehältern, Klebebandfolien, Bekleidung, Schuhen, geblasenen Hohlkörpern, Pasten für Deckanstriche; zur Tapetenbeschichtung, als Plastisole zur Beschichtung, als Pulver zum Kunststoffspritzen, zum Unterbodenschutz, als Fasern für Gewebe u. Filter etc.

*Wirtschaft:* In Westeuropa ist PVC mit einem Verbrauch von 5,1 Mio. t/a (1999) ein wichtiger Kunststoff. Mehr als 50% der Menge wird zu Bauprodukten verarbeitet, weitere 11% gehen in die Verpackungsindustrie.

Trotz des aus ökolog. Gründen umstrittenen Images von PVC steigen die Verbrauchsmengen nach dem konjunkturell bedingten Einbruch am Anfang der 90er Jahre wieder beständig an. 2001 wurden weltweit 26,2 Mio. t PVC produziert; bis 2010 werden bei 4,2% Zuwachs 38 Mio. t prognostiziert. Wichtige Aspekte der Diskussion über die Verw. von PVC u. daraus resultierenden Umweltproblemen faßt *Lit.*[1] zusammen. – *E* poly(vinyl chloride)s

*Lit.:*[1] Kunststoffe **85**, 1515 (1995).
*allg.:* Haenle, S.; Harsch, G.; Hellerich, W., *Werkstoff-Führer Kunststoffe*, Hanser: München, (2001) – *[HS 3904 10; CAS 9002-86-2]*

**Polyvinylpyrrolidone** [Poly(1-vinyl-2-pyrrolidinone); Kurzz. PVP]. Bez. für Polymere der allg. Formel:

*Eigenschaften:* Handelsübliche P. haben Molmassen im Bereich von ca. 2500–750000 g/mol, die über die Angabe der K-Werte charakterisiert werden u. – K-Wert-abhängig – Glasübergangstemperaturen von 130–175°C besitzen. Sie werden als weiße, hygroskop. Pulver od. als wäss. Lsg. angeboten. P. sind gut lösl. in Wasser u. einer Vielzahl von organ. Lösemitteln.

*Herstellung:* Sie werden hergestellt durch radikalische Polymerisation von 1-Vinylpyrrolidon nach Verf. der Substanzpolymerisation, Lösungspolymerisation od. Suspensionspolymerisation unter Einsatz von Radikalbildnern (Peroxide, Azo-Verb.) als Initiatoren u. meist in Ggw. aliphat. Amine, die die im sauren Medium erfolgende Zers. des Monomers unterbinden. Die ionische Polymerisation des Monomeren liefert nur Produkte mit niedrigen Molmassen.

*Toxikologie:* P. kann als ungiftig bezeichnet werden; $LD_{50}$ (Ratte oral) ca. 100 g/kg; ADI-Wert: 0–50 mg/kg; P. wird nach oraler Aufnahme nicht resorbiert.

*Verwendung:* Als Filmbildner z.B. in Haarpflegemitteln (als Copolymer mit Vinylacetat auf Grund der hohen Affinität zum Haarkeratin); reines P. als Bindemittel u. rheolog. Additiv. P. wird in Haushaltsreinigern als Hautschutz u. in Desinfektionsmitteln (verträglich mit kationaktiven Substanzen) eingesetzt. Weitere Anw. sind: als Hilfsmittel in der Textilverarbeitung, als Klebstoff, Schutzkolloid u. Verdickungsmittel. Der P.-Komplex mit Iod (PVP-Iod, Polyvidon-Iod, Povidon-Iod) wirkt als Iodophor.

Unlösl., vernetzte P. (Kurzbez.: Crospovidon, früher: *Polyvinylpolypyrrolidon*, PVPP) entstehen beim Erhitzen von Vinylpyrrolidon mit Alkalien od. Divinyl-Verb. als sog. Popcorn-Polymere. Sie sind unlösl. in allen Lsm. u. werden zur Stabilisierung u. Klärung von Bier, Wein, Fruchtsäften, Pflanzenextrakten, als Tablettensprengmittel, als Adsorptionsmittel in der Humanmedizin u. als Adsorbens für die Chromatographie verwendet. – *E* poly(vinylpyrrolidones)

*Lit.:* Encycl. Polym. Sci. Eng. **17**, 199–236 ▪ Fiedler (5.), S. 1392–1395 ▪ Houben-Weyl **E20/2**, 1267–1276; **14/1**, 1106–1118 ▪ Ullmann (5.) **21**, 752–754 – *[HS 3905 99; CAS 9003-39-8]*

**Pomeranze** siehe *Bitterorange.

**Pomeranzenblütenöl** siehe *Orangenblüten(absolue, -öl).

**Pommes frites** siehe *Kartoffelerzeugnisse.

**Ponceau 4R** siehe *Cochenillerot A.

**Popcorn.** Durch Dämpfen heller *Mais- oder *Reis-Körner bei Überdruck und plötzlicher Druckreduktion erhält man unter Zerbersten und erheblicher Volumenzunahme Popcorn (siehe auch *Puffgetreide). Bei der Herstellung von Popcorn in der Mikrowelle spielt die Feuchtigkeit der Körner eine große Rolle[1]. Kornschäden beeinflussen in unterschiedlicher Weise das Aufspringen[2]. Für das typische, auch im Reis auftretende Popcornaroma[3] ist das Maillard-Produkt 2-*Acetyl-1-pyrrolin verantwortlich.

Darüber hinaus sind Deca-2,4-dien-1-al, 2-*Furylmethanthiol und 4-*Vinylguajakol besonders aromaaktive Verbindungen[4]. Neue qualitative Kapillar-GC-MS-Studien zu Farb- und Aromastoffen in Popcorn ergaben unter anderem, daß Schwefelwasserstoff eine der Dufthauptkomponenten ist, welche während des Aufspringens emittiert werden[5]. Über die häufige Kontamination von Popcorn mit Zearalenon berichtet Literatur[6]. – *E* popcorn

*Lit.:* [1] J. Food Sci. **53**, 1746–1749 (1988). [2] Cereal Chem. **74**, 672–675 (1997). [3] J. Food Sci. **55**, 1466–1469 (1990). [4] J. Agric. Food Chem. **39**, 1141–1144 (1991). [5] J. Agric. Food Chem. **45**, 837–843 (1997). [6] J. Food Prot. **50**, 502f., 526 (1987).
*allg.:* Kulp, K.; Ponte, J. G., Jr., Hrsg., *Handbook of Cereal Science and Technology*, 2. Aufl.; Dekker: New York, (2000) – *[HS 2008 99]*

**Poriferasterol** siehe *Sterole.

**Porree** siehe *Lauch.

**Porreearoma** siehe *Gemüsearomen.

**Porto** siehe *Portwein.

**Portugieser** siehe *Weintraube.

**Portwein.** Portwein ist ein portugiesischer *Likörwein (Qualitätslikörwein bestimmter Anbaugebiete; Qualitätslikörwein b. A.) mit einem Alkoholgehalt von 18 bis 21% vol. Nur Qualitätslikörweine aus dem Gebiet des oberen Dourotales dürfen als Portwein (oder „Porto") bezeichnet werden[1]. Sie gelangen erst nach einer mindestens dreijährigen Lagerzeit in den Handel. Portweine aus dunklen Trauben (full) werden mit zunehmendem Alter heller (tawny), solche aus hellen Trauben dunkler. Die Farbveränderungen sind auf Schwankungen im *Anthocyan-Muster zurückzuführen[2]. Der Anthocyan-Gehalt (Leitsubstanz: Malvidin-3-glucosid) nimmt bei dunklen Portweinen mit der Zeit ab und führt zur Aufhellung[3]. Die Gehalte an Ethylcarbamat in Portwein schwanken zwischen 30 und 120 µg/kg[4,5] (vgl. *Urethan).
*Herstellung:* Portwein wird aus dunkelroten Tannin- und Mineralstoff-reichen aromatischen Trauben gekeltert, die sich für eine oxidative Alterung sehr gut eignen. Das mazerierte (60–70°C, 15 min) Lesegut wird bei 25 bis 28°C unter häufigem Umpumpen (zur Erzielung einer erhöhten Farbstoffausbeute) vergoren. Die Gärung wird mit 77% vol Alkohol (Weindestillat oder gespriteter Traubenmost) abgebrochen und der Alkoholgehalt danach auf 16 bis 20% vol eingestellt. Es folgt eine meist dreijährige Lagerung in Kastanienholzfässern und Flaschen.
*Zusammensetzung:* Extrakt: 67,6; Alkohol: 166,5; Zucker: 47; Glycerol: 2,8; titrierbare Gesamtsäure: 4,5 (Durchschnittswerte; alle Angaben in g/L). – *E* port (wine)

*Lit.:* [1] VO (EG) Nr. 1607/2000 der Kommission vom 24.07.2000 mit Durchführungsbestimmungen zur VO (EG) Nr. 1493/1999 über die gemeinsame Marktorganisation für Wein, insbesondere Qualitätsweine bestimmter Anbaugebiete (Amtsblatt der EG Nr. L 185, S. 17). [2] Vitis **25**, 203–214 (1986). [3] Int. Analyst **2**, 28–33 (1988). [4] Food Addit. Contam. **7**, 477–496 (1990). [5] Food Addit. Contam. **6**, 383–389 (1989). – *[HS 2204 21, 2204 29]*

**Posthumulon** siehe *Humulon.

**Postlupulon** siehe *Lupulon.

**Postmortale Veränderungen.** Alle Vorgänge, die nach dem Schlachten im Lebensmittel Fleisch ablaufen. Die Zeit bis zum Erreichen des End-pH-Werts (englisch conditioning) dauert beim Schwein 5–9 h, beim Rind 15–30 h. Der nachfolgende Teil der p. V. wird unter *Fleischreifung zusammengefaßt (englisch ageing). Der Verlauf der p. V. in der „conditioning"- u. „ageing"-Periode ist entscheidend für die Fleischqualität (s. unten).
Mit dem Tod eines Tieres hört der Blutkreislauf auf. Die Zufuhr von energiereichen Substanzen u. von Sauerstoff wird beendet, aber ebenso auch der Abtransport von Stoffwechselprodukten. Die Zelle muß die vorhandenen Energiereserven ohne Sauerstoff (anaerob) zur Aufrechterhaltung eines „quasi"-Lebendzustands nutzen (Abb.).

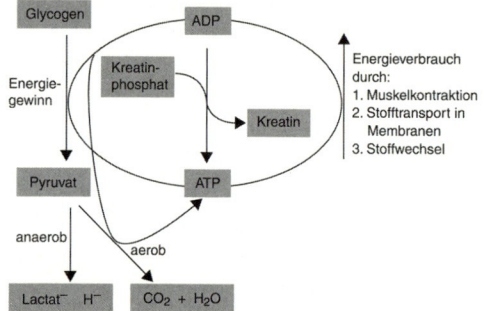

Abb.: Schema des Energiekreislaufs im Muskel beim (aerob) u. nach (anaerob) dem Schlachten.

*Milchsäure-Bildung* (pH-Wert-Absenkung): Im Muskel wird von den hauptsächlich vorhandenen Kohlenhydraten Glycogen u. Glucose das Glycogen bevorzugt abgebaut, da aus Glycogen in der Glycogenolyse pro Glucose-Einheit 3 ATP-Mol. gebildet werden, bei der Glycolyse aus freier Glucose nur 2 ATP-Moleküle. Durch den Sauerstoff-Mangel endet der Abbau bei L(+)–Milchsäure. Im ausgeruhten Muskel liegen je nach Muskel u. Tierart Konz. von 5–10 mg Glycogen/g (30–60 µMol/kg) vor, entsprechend werden 5–10 mg Milchsäure/g Fleisch (0,5–1% des Fleischgew.) gebildet. Dies führt zum pH-Abfall um ca. 1,5 pH-Einheiten (pH ca. 7 im Muskel des lebenden Tieres auf ca. pH 5,5).
Die Geschwindigkeit u. das Ausmaß der pH-Absenkung sind bedeutsam für die resultierende Fleischqualität (s. *Fleischfehler).
Die Säurebildung (pH-Wert-Senkung) macht Fleisch mikrobiolog. haltbarer u. sensor. ansprechender. Milchsäure zählt zu den Genußsäuren. Der pH-Wert unter 5,8 erhöht die Pökelbereitschaft des Fleisches durch verstärkte NO-Bildung aus salpetriger Säure ($HNO_2$), die aus Nitrit im Pökelsalz (*Nitritpökelsalz) entsteht. Der End-pH-Wert des Fleisches liegt nahe dem isoelektr. Punkt (IP) der Muskelproteine (IP = pH 5,3). Daher

nimmt das Wasserbindungsvermögen nach dem Schlachten mit fallendem pH-Wert ab.

***Energiereiche anaerob nutzbare Verb.:*** Im ausgeruhten Muskel liegen ca. 20–30 mMol *Kreatinphosphat/kg u. 3–10 mMol ATP/kg vor. Nach dem Schlachten wird zuerst Kreatinphosphat in ATP umgewandelt, bevor Glycogen zur ATP-Resynth. abgebaut wird. ATP wird für Stoffwechselvorgänge, das Pumpen von Stoffen (z.B. Ionen) durch Membranen od. Muskelkontraktionen (*cold shortening) benötigt. Erschöpfen sich die Glycogen-Reserven u. sinkt somit die ATP-Konz. unter Bildung von erhöhten Mengen an ADP, wird mit Hilfe der Adenylatkinase (Myokinase) aus 2 ADP = ATP + AMP. AMP wird enzymat. zu *IMP + Ammoniak desaminiert. Aus IMP wird während der Fleischreifung langsam Inosin u. Hypoxanthin. Durch Proteasen wie *Kathepsine werden postmortal Aminosäuren u. Peptide gebildet, durch Lipasen aus Phospholipiden u. Triglyceriden freie Fettsäuren, Monoglyceride u. Diglyceride. Im Warmblüterfleisch ist die Aktivität von Lipasen jedoch niedrig. – *E* post mortem changes

*Lit.:* Schwägele, F., In *Kühlen, Zerlegen, Kühllagerung, Reifung – Einfluß auf die Fleischqualität,* Bundesanstalt für Fleischforschung, Hrsg.; BAFF: Kulmbach, (1998); S. 7

**POZ** siehe *Peroxid-Zahl.

**Präcalciol, Prächolecalciferol** siehe *Vitamin D.

**Prähumulon** siehe *Humulon.

**Präisocalamendiol** siehe *Kalmusöl.

**Prälupulon** siehe *Lupulon.

**Präservativ** siehe *Kondom.

**Prävitamin D** siehe *Vitamin D.

**Prebiotika.** Prebiotika sind spezifisch unverdauliche Stoffe, die selektiv Bifidiobakterien (**Bifidobacterium*) und möglicherweise auch andere Mikroorganismen in ihrem Wachstum im Darm fördern und dadurch positive gesundheitliche Wirkungen erzielen[1]. Für die gleichzeitige Anwendung von *Probiotika und Prebiotika wurde der Begriff „Synbiotika" geprägt. Prebiotika, für die bereits hinreichende Untersuchungsdaten vorliegen, sind *Stachyose und *Raffinose, Lactitol, *Lactulose und Fructane vom *Inulin-Typ, einschließlich nativem Inulin, enzymatisch hydrolysiertem Inulin oder *Oligofructose, und synthetische Fructooligosaccharide. Inulin und Oligofructose sind natürlich in verschiedenen eßbaren Früchten und Gemüsen (z.B. Schwarzwurzel, Artischocke) enthalten und werden durch Lactobacillen (*Lactobacillus) aus Saccharose gebildet[2,3]. Hauptsächlich aus Zichorien (Wurzel) und Topinambur isolierte Fructane vom Inulin-Typ werden als Fett- (nur Inulin) oder Zuckerersatz sowie zur Texturverbesserung in verschiedenen Produkten wie Desserts, Bäckereierzeugnissen, Brotaufstrichen und Säuglingsnahrung eingesetzt[4].

Aufgrund der vorliegenden β-Konfiguration widerstehen Fructane vom Inulin-Typ einer Spaltung im oberen Teil des Gastrointestinaltraktes und werden auch nicht in signifikanten Mengen absorbiert. Diese Verbindungen stehen daher als Substrat für endogene Bakterien zur Verfügung, werden von diesen fermentiert und sind daher in der Lage, als Energielieferanten das Wachstum dieser Bakterien zu stimulieren. Weitere mögliche positive Effekte sind eine Erleichterung der Mineralstoffabsorption im Darm und eine Modulation des Triacylglycerid-Metabolismus[4].

Zukünftige Forschungsgebiete sind: Prävention intestinaler Störungen, Modulation der Immunantwort, Prävention der Coloncarcinogenese, Reduktion der Serumkonzentrationen von Triglyceriden und Cholesterol, verbesserte Bioverfügbarkeit von Mineralstoffen[4]. – *E* prebiotics

*Lit.:* [1]BgVV, Arbeitsgruppe „Probiotische Mikroorganismenkulturen in Lebensmitteln", Abschlußbericht vom 01.10.1999; http://www.bfr.bund.de. [2]van Hijum, S. A. F. T.; van Geel-Schutten, G.; Rahaoui, H.; van der Maarel, M. J.; Dijkhuizen, L., *Appl. Environ. Microbiol.*, (2002) **68**, 4390–4398. [3]Campbell, J. M.; Bauer, L. L.; Fahey, G. C.; Hogarth, A. J. C. L.; Wolf, B. W.; Hunter, D. E., *J. Agric. Food Chem.*, (1997) **45**, 3076–3082. [4]Am. J. Clin. Nutr. **71** (Suppl.), 1682S–1687S (2000).

*allg.:* Delzenne, N.; Cherbut, C.; Neyrinck, A., *Curr. Opin. Clin. Nutr. Metab. Care,* (2003) **6**, 581–586 ▪ Doyle, M. P.; Beuchat, L. R.; Montville, T.J., Hrsg., *Food Microbiology,* ASM Press: Washington, (2001); S. 797ff. ▪ Reid, G.; Sanders, M. E.; Gaskins, H. R.; Gibson, G. R.; Mercenier, A.; Rastall, R.; Roberfroid, M.; Rowland, I.; Cherbut, C.; Klaenhammer, T. R., *J. Clin. Gastroenterol.,* (2003) **37**, 105–118 ▪ Tuohy, K. M.; Probert, H. M.; Smejkal, C. W.; Gibson, G. R., *Drug Discov. Today,* (2003) **8**, 692–700

**Preiselbeere** (Kronsbeere, Steinbeere). Kugelige bis ovale, etwa 1 cm große, hellrot bis scharlachrot gefärbte Beerenfrüchte des immergrünen, mit unterirdischen Ausläufern propagierenden und bis zu 30 cm hoch wachsenden Zwergstrauchgewächses *Vaccinium vitis-idaea* L. (Ericaceae). In Nadelwäldern, trockenen Heiden und Mooren Eurasiens heimisch, wurde seit Beginn der 70er Jahre mit der Inkulturnahme der Preiselbeere begonnen, um die teure und mühsame Ernte bei der Wildsammlung zu vermeiden. So sind etwa in der Lüneburger Heide bereits ausgedehnte Ertragsanbauflächen entstanden. Die Früchte sind wenig saftig und enthalten zahlreiche Samen. Aufgrund ihrer Gerbstoffe schmecken Preiselbeeren adstringierend. Die Beeren sind wegen hoher Gehalte der fungistatisch wirkenden *Benzoesäure und *Salicylsäure lange haltbar.

***Zusammensetzung:*** 100 g frische Preiselbeeren enthalten durchschnittlich 87,4 g Wasser, 0,3 g Eiweiß, 0,5 g Fett, 6,2 g Kohlenhydrate (davon 2,9 g Faserstoffe), 12 mg Vitamin C, sind aber arm an Mineralstoffen; Nährwert: 176 kJ (42 kcal). Der Säuregehalt liegt bei 2–2,5%. Außer Citronen-, Äpfel- und Benzoesäure, die den Preiselbeeren ihren charakteristischen, sauren Geschmack verleihen, sind auch China- und Salicylsäure enthalten. Glucose und Fructose tragen maßgeblich zur Süße bei[1]. Die

Farbstoffe der Preiselbeere sind vor allem *Anthocyane vom Cyanidin- und Pelargonidin-Typ und in geringerer Menge auch *Carotinoide[2,3]. Neben zahlreichen phenolischen Säuren und *Flavonoiden[4,5], kommt 1-O-trans-Cinnamoyl-glucose in einer Konzentration von 8,4 mg/100 g Frischgewicht vor[6]. In den flüchtigen Aromastoffen der Preiselbeere sind aliphatische Alkohole, Aldehyde, Terpene und weitere aromatische Verbindungen enthalten. Darunter ist 2-Methylbuttersäure die wichtigste Aromakomponente. In den Samen wurden Sterole, vorwiegend *Sitosterol und Campesterol (siehe *Sterole) nachgewiesen[7,8].

*Vewendung:* Preiselbeeren sind in rohem Zustand wegen ihres hohen Pektin- und Säuregehalts wenig schmackhaft, sie werden aufgrund ihres charakteristischen, herb-säuerlichen Geschmacks in verarbeiteter Form jedoch sehr geschätzt. Als Preiselbeerkompott werden sie zu Wild, Sauerbraten, Geflügel, zu gebackenem Camembert oder zu Süßspeisen wie Pfannkuchen oder Waffeln gereicht. Preiselbeeren werden außerdem zu Branntwein, Obstwein, Likör, Saft und Gelee verarbeitet. Die Haupterntezeit von Preiselbeeren liegt im September, das Hauptexportland ist Schweden.

*Pharmakologie:* Aufgrund der hohen Gehalte an phenolischen Inhaltsstoffen[3-5,9], insbesondere dem Flavonoid *Quercetin[10], das nach dem Verzehr von Preiselbeeren im Humanserum detektiert werden konnte, wird Preiselbeeren ein hohes antioxidatives und gesundheitsförderndes Potential zugeschrieben. Über die Wirkung phenolischer Inhaltsstoffe der Preiselbeere auf die Mikroorganismenflora des Darmes und der Mundhöhle wurde berichtet[11,12]. Dabei wurde den Tanninen eine therapeutische Wirkung gegenüber Parodontose zugesprochen[12]. Getrocknete Preiselbeeren dienen als Antidiarrhoikum und Adstringens. In der Volksheilkunde werden sie auch gegen Lungen- und Gebärmutterblutungen empfohlen. Die Blätter des Preiselbeerstrauches enthalten 4–9% Arbutin, junge auch freies Hydrochinon, sowie 8% Gerbstoffe und die *Flavonoide Avicularin, Hyperin und Quercetin[13]. Daher werden Preiselbeerblätter kurativ als Tee bei Husten, Blasenleiden, Gicht und Rheuma verwendet.

Nahe Verwandte der Preiselbeere sind die *Moosbeere* (*Vaccinium oxycoccos* L., englisch: small cranberry, European cranberry), die in sumpfigen, torfigen Gegenden der nördlichen Breitengrade heimisch ist, sowie die aus Nordamerika stammende und in größerem Maßstab kultivierte *Großfruchtige Moosbeere* oder *Kranbeere* (*Vaccinium macrocarpon* Ait., siehe *Cranberry). Die auf Hoch- und Zwischenmooren wachsende *Moorbeere* (Rausch- oder Trunkelbeere, Sumpfheidelbeere; *Vaccinium uliginosum* L., englisch: bog whortleberry) ist blaubereift, ähnelt der *Heidelbeere und ruft beim Genuß gelegentlich Vergiftungserscheinungen hervor (Übelkeit, rauschartige Erregungszustände, Schwindel, Sehstörungen). Dies wird möglicherweise durch einen häufig in der Beere schmarotzenden Pilz (*Sclerotina megalospora*) ver-

ursacht. Alle hier genannten *Vaccinium*-Arten bilden zusammen eine zu den Kieselpflanzen zählende Gruppe. – *E* cowberry, foxberry, lingonberry, mountain cranberry

*Lit.:* [1]Viljakainen, S.; Visti, A.; Laakso, S., *Acta Agric. Scand., Sect. B*, (2002) **52**, 101. [2]Mazza, G.; Miniati, E., *Anthocyanins in Fruits, Vegetables, and Grains*, CRC Press: Boca Raton, FL, (1993); S. 92, 114. [3]Zheng, W.; Wang, S. Y., *J. Agric. Food Chem.*, (2003) **51**, 502. [4]Häkkinen, S.; Heinonen, M.; Kärenlampi, S.; Mykkänen, H.; Ruuskanen, J.; Törrönen, R., *Food Res. Int.*, (1999) **32**, 345. [5]Häkkinen, S. H.; Kärenlampi, S. O.; Heinonen, I. M.; Mykkänen, H. M.; Törrönen, R. A., *J. Agric. Food Chem.*, (1999) **47**, 2274. [6]Latza, S.; Gansser, D.; Berger, R. G., *Phytochemistry*, (1996) **43**, 481. [7]Yang, B.; Koponen, J.; Tahvonen, R.; Kallio, H., *Eur. Food. Res. Technol.*, (2003) **216**, 34. [8]Piironen, V.; Toivo, J.; Puupponen-Pimiä, R.; Lampi, A.-M., *J. Sci. Food Agric.*, (2003) **83**, 330. [9]Häkkinen, S. H.; Kärenlampi, S. O.; Mykkänen, H. M.; Törrönen, A. R., *J. Agric. Food Chem.*, (2000) **48**, 2960. [10]Erlund, H.; Marniemi, J.; Hakala, P.; Alfthan, G.; Meririnne, E.; Aro, A., *Eur. J. Clin. Nutr.*, (2003) **57**, 37. [11]Puupponen-Pimiä, R.; Nohynek, L.; Meier, C.; Kähkönen, M.; Heinonen, M.; Hopia, A.; Oksman-Caldentey, K.-M., *J. Appl. Microbiol.*, (2001) **90**, 494. [12]Ho, K. Y.; Tsai, C. C.; Huang, J. S.; Chen, C. P.; Lin, T. C.; Lin, C. C., *J. Pharm. Pharmacol.*, (2001) **53**, 187. [13]Smolarz, H. D.; Matysik, G.; Wojciak-Kosior, M., *J. Planar Chromatogr. – Mod. TLC*, (2000) **13**, 101.

*allg.:* Hager (5.) **4**, 330 ■ Herrmann, K., *Inhaltsstoffe von Obst und Gemüse*, Ulmer: Stuttgart, (2001); S. 33f. – [HS 0810 40]

**Premier jus** siehe *Rindertalg.

**Prenylflavonoide** siehe *prenylierte Flavonoide.

**Prenylierte Flavonoide** (Prenylflavonoide). Prenyl- ($C_5H_9$) bezeichnet im engsten Sinne die vom Isopren abgeleitete 3-Methyl-2-butenyl-Gruppe. Allerdings treten in Naturstoffen auch modifizierte Prenyl-Reste auf, wie beispielsweise 3-Hydroxyisopentanyl (3-Hydroxy-3-methylbutyl), 1-Isopentenyl (3-Methyl-1-butenyl) und 3-Hydroxy-isopentenyl (3-Hydroxy-3-methyl-1-butenyl)[1,2]. Sind *Flavonoide als als typische Verbindungen in höheren Pflanzen mit einem oder mehreren Prenyl-Resten substituiert, so liegen prenylierte Flavonoide vor.

*Vorkommen:* Prenylierte Flavonoide wurden in Vertretern der Pflanzenfamilien Asclepiadaceae, Asteraceae, Berberidaceae, Cannabaceae, Clusiaceae, Fabaceae, Moraceae, Platanaceae, Ptaeroxylaceae, Rutaceae, Sapindaceae und Scrophulariaceae nachgewiesen[2-5], wo sie unter anderem als Schutz vor Insekten und anderen Herbivoren vor allem in Drüsen-, Wurzel- und Korkgeweben akkumuliert werden.

Zu den prenylierten Flavonoiden zählen prenylierte Benzophenone, prenylierte Chalkone, prenylierte *Cumarine, prenylierte *Flavanone, prenylierte Isoflavanone, prenylierte Isoflavone, prenylierte 2-Phenoxychromone, prenylierte Pterocarpane, prenylierte Retrochalkone und prenylierte Xanthone. Neben monoprenylierten Derivaten treten auch di- und triprenylierte Strukturen auf[2,4,6-9]. Polyprenylierte Flavonoide sind unter anderem in Johanniskraut (*Hypericum perforatum*, Clusiaceae)[10] (sogenannte Hyperforine) und anderen *Hypericum*-Arten[7] (sogenannte Sampsonione) beschrieben worden. Die meisten Vetreter Prenylflavonoid-akkumulierender Pflanzen sind im Tribus Leguminosae der Fabaceae (z.B. *Bituminaria* sp., Asphaltklee; *Erythrina* sp., Korallenstrauch; *Glycyrrhiza* sp., Süßholz; *Lupinus* sp., Lupine; *Psoralea* sp., Drüsenklee) anzutreffen[11-27]. Die prominenteste Quelle ist Hopfen (*Humulus lupulus*, Cannabaceae)[4]. Aber auch im Wurzelgeweben von *Citrus* sp.[28] und im Kittharz der Bienen (Propolis) hat man prenylierte Flavanoide gefunden[29].

Bier ist die Hauptquelle an prenylierten Flavonoiden in der Nahrung und wurde auf 0,14 mg pro Tag geschätzt[4]. Die Hauptverbindung der prenylierten Flavonoide in Hopfen stellt das Chalkon *Xanthohumol dar.

***Biosynthese:*** Die Biosynthese verläuft, wie für Flavonoide üblich, zunächst über das Intermediat *p*-Cumaroyl-CoA zum Naringenin-Chalkon (siehe *Flavonoide). Man nimmt an, daß an dieser Stelle die membrangebundene aromatische Prenyltransferase die Prenylierung katalysiert und im folgenden weitere Derivatisierungen und Umlagerungen erfolgen, die zur Vielfalt der bekannten prenylierten Flavonoide führen. Die für die Prenylierung verantwortlichen Enzyme konnten allerdings bislang nur in wenigen Fällen isoliert werden[4,11,30-34].

***Pharmakologie:*** Zwei wesentliche pharmakologische Wirkungen werden mit prenylierten Flavonoiden in Zusammenhang gebracht: die anticarcinogene Wirkung[35,36] und die Eigenschaft als Phyto-Estrogen[4,37,38].

Darüberhinaus wurden den prenylierten Flavonoiden in *in-vitro*-Tests antioxidative Eigenschaften zugeschrieben, die einerseits auf die gleichzeitige Anwesenheit einer 4-Oxo-Gruppe und einer 5-Hydroxy-Gruppe, andererseits auf die α,β-ungesättigte Oxo-Gruppe von prenylierten Chalkonen zurückzuführen sind[3,4,39,40]. Auch blutgerinnungshemmende Eigenschaften wurden beschrieben[41]. Darüberhinaus sollen prenylierte Verbindungen antiinflammatorische Wirkung zeigen[42-44]. Schließlich wurde von antimikrobiellen[42,45], antiviralen[46] und antihelminthischen Eigenschaften berichtet[5].

Hyperforine werden für die stimmungsaufhellende Wirkung von Johanniskraut verantwortlich gemacht[10]. Ferner sollen Hyperforine antibakterielle Eigenschaften besitzen[47].

Damit diese Wirkungen im Humanmetabolismus nachweisbar sind, ist allerdings eine ausreichende Bioverfügbarkeit erforderlich, die im Falle des Xanthohumols allerdings weit unter 1% lag[4]. Im Plasma wurden unter anderem Glucuronide, Methylester als auch Isomere des Xanthohumols nachgewiesen[48,49].

1999 wurde 8-Prenylnaringenin erstmals aus Hopfen isoliert[50], das bis heute als stärkstes Phytoestrogen gilt, obwohl dessen Wirkung nur etwa 1% der von 17β-Estradiol ausmacht. Während die 2*S*- und 2*R*-Enantiomere von 8-Prenylnaringenin keine Aktivitätsunterschiede zeigen, ist das 6-Prenyl-Isomer weitaus weniger potent[38]. Die Lipophilie des 8-Prenylnaringenins, mit der eine höhere Löslichkeit in Membranen einhergeht[51], wird für die 25 mal stärkere Wirkung im Vergleich zum Genistein aus Soja verantwortlich gemacht[38], während diprenylierte Flavonoide eine schwächere Wirkung und das Methyl-Derivat von 8-Prenylnaringenin keine estrogene Wirkung zeigen[52]. Da die Konzentration von 8-Prenylnaringenin um das 500fache unter der niedrigsten Dosis liegt, die in Mäusen estrogene Effekte hervorruft (100 µg/mL bzw. 15 mg/kg Körpergewicht/d) und die Absorption unter 1% liegt, wird bezweifelt, daß Bier estrogene Wirkungen hat[53].

Aktuelle Studien befassen sich mit der Möglichkeit, prenylierte Verbindungen durch chemische Syntheseverfahren bereitzustellen, um dies in der gezielten Pharmakotherapie (drug targeting) bei der Medikamentenentwicklung nutzen zu können[54-58].

***Analytik:*** Prenylierte Flavonoide lassen sich mittels LC-ESI-MS, LC-APCI-MS und FAB-MS nachweisen, wobei typische Fragmentierungsmuster zur Differenzierung von Stellungsisomeren herangezogen werden können[4-6,25,59-61]. Zur Strukturaufklärung dienen ferner NMR-Untersuchungen[5,6]. – *E* prenylated flavonoids, prenylflavonoids

***Lit.:*** [1] Adinnarayana, D.; Ramachandraiah, P., *Biochem. Syst. Ecol.*, (1987) **15**, 16. [2] Tahara, S.; Ibrahim, R. K., *Phytochemistry*, (1995) **38**, 1073. [3] Rajendran, M.; Mansankar, P.; Gandhidasan, R.; Murugesan, R., *J. Agric. Food. Chem.*, (2004) **52**, 7389. [4] Stevens, J. F.; Page, J. E., *Phytochemistry*, (2004) **65**, 1317. [5] Xiang, W.; Li, R.-T.; Mao, Y.-L.; Zhang, H.-J.; Li, S.-H.; Song, Q.-S.; Sun, H.-D., *J. Agric. Food Chem.*, (2005) **53**, 267. [6] Da Costa, C. T.; Dalluge, J. J.; Welch, M. J.; Coxon, B.; Margolis, S. A.; Horton, D., *J. Mass Spectrom.*, (2000) **35**, 540. [7] Hu, L. H.; Sim, K. Y., *Tetrahedron*, (2000) **56**, 1379. [8] Takayama, M.; Fukai, T.; Hano, Y.; Nomura, T., *Heterocycles*, (1992) **33**, 405. [9] Randrianarivelojosia, M.; Mulholland, D. A.; Mc Farland, K., *Biochem. Syst. Ecol.*, (2005) **33**, 301. [10] Boubakir, Z.; Beuerle, T.; Liu, B.; Beerhues, L., *Phytochemistry*, (2005) **66**, 51. [11] Yenesew, A.; Irungu, B.; Derese, S.; Midiwo, J. O.; Heydenreich, M.; Peter, M. G., *Phytochemistry*, (2003) **63**, 445. [12] Atindehou, K. K.; Queiroz, E. F.; Terreaux, C.; Traore, D.; Hostettmann, K., *Planta Med.*, (2002) **68**, 181. [13] Oh, W. K.; Lee, H. S.; Ahn, S. C.; Ahn, J. S.; Mbafor, J. T.; Wandji, J.; Fomum, Z.T.; Cheng, H. K.; Kim, Y. H., *Phytochemistry*, (1999) **51**, 1147. [14] Wandji, J.; Awanchiri, S. S.; Fomum, Z.T.; Tillequin, F.; Michel-Daniwicz, S., *Phytochemistry*, (1995) **38**, 1309. [15] Nkgenfack, A. E.; Vardamides, J. C.; Fomum, Z.T.; Meyer, M., *Phytochemistry*, (1995) **40**, 1803. [16] Nkengfack, A. E.; Vouffo, T. W.; Vardamides, J. C.; Fomum, Z.T.; Bergendorff, O.; Sterner, O., *J. Nat. Prod.*, (1994) **57**, 1172. [17] Nkengfack, A. E.; Sanson, D. R.; Fomum, T. Z.; Tempesta, M. S., *Phytochemistry*, (1989) **28**, 2522. [18] Rao, E. V.; Prsad, Y. R.; Ganapaty, S., *Phytochemistry*, (1992) **31**, 1015. [19] Fukai, T.; Nishizawa, J.; Nomura, T., *Phytochemistry*, (1994) **36**, 225. [20] Mizuno, M.; Tamura, K.; Tanaka, T.; Iinuma, M., *Chem. Pharm. Bull.*, (1989) **37**, 195. [21] Pistelli, L.; Noccioli, C.; Appendino, G.; Bianchi, F.; Sterner, O.; Ballero, M., *Phytochemistry*, (2003) **64**, 595. [22] Bojase, G.; Wanjala, C. C.; Majinda, R. R., *Phytochemistry*, (2001) **56**, 837. [23] Yamamoto, H.; Ichimura, M.; Ishikawa, N.; Tanaka, T.; Iinuma, M.; Mizuno, M., *Z. Naturforsch., Teil C*, (1992) **47**, 535. [24] Makmur, L.; Syamsurizal, S.; Tukiran, T.; Achmad, S. A.; Aimi, N.; Hakim, E. H.; Kitajima, M.; Takayama, H., *J. Nat. Prod.*, (2000) **63**, 243. [25] Tahara, S.; Katagiri, Y.; Ingham, J. L.; Mizutani, J., *Phytochemistry*, (1994) **36**, 1261. [26]Bednarek, P.; Franski, R.; Kerhoas, L.; Einhorn, J.; Wojtaszek, P.; Stobiecki, M., *Phytochemistry*, (2001) **56**, 77. [27]Queiroz, E. F.; Atindehou, K. K.; Terreaux, C.; Antus, S.; Hostettmann, K., *J. Nat. Prod.*, (2002) **65**, 403. [28]Ito, C.; Mizuno, T.; Matsuoka, T.; Kimura, Y.; Sato, K.; Kajiura, I.; Omura, M.; Juichi, M.; Furukawa, H., *Chem. Pharm. Bull.*, (1988) **36**, 3292. [29]Midorikawa, K.; Banskota, A. H.; Tezuka, Y.; Nahgaoka, T.; Matsushige, K.; Message, D.; Huertas, A. F.; Kadota, S., *Phytochem. Anal.*, (2001) **12**, 366. [30]Laflamme, P.; Khouri, H.; Gulick, P.; Ibrahim, R., *Phytochemistry*, (1993) **34**, 147. [31]Welle, R.; Grisebach, H., *Phytochemistry*, (1991) **30**, 479. [32]Biggs, D. E.; Welle, R.; Grisebach, H., *Planta Med.*, (1990) **181**, 244. [33]Tahara, S.; Tanaka, M.; Barz, W., *Phytochemistry*, (1997) **44**, 1031. [34]Courdavault, V.; Burlat, V.; St-Pierre, B.; Giglioli-Guivarc'h, N., *Plant Sci.*, (2005) **168**, 1097. [35]Simon, P. N.; Chaboud, A.; Darbour, N.; Di Pietro, A.; Dumontet, C.; Lurel, F.; Raynaud, J.; Barron, D., *Anticancer Res.*, (2001) **21**, 1023. [36]Cidade, H. M.; Nacimento, M. S. J.; Pinto, M. M. M.; Kijjoa, A.; Silva, A. M. S.; Herz, W., *Planta Med.*, (2001) **67**, 867. [37]Ahn, E.-M.; Nakamura, N.; Akao, T.; Nishihara, T.; Hattori, M., *Biol. Pharm. Bull.*, (2004) **27**, 548. [38]Cos, P.; De Bruyne, T.; Apers, S.; Vanden Berghe, D.; Pieters, L.; Vlietnick, A. J., *Planta Med.*, (2003) **69**, 589. [39]Stevens, J. F.; Miranda, C. L.; Frei, B.; Buhler, D. R., *Chem. Res. Toxicol.*, (2003) **16**, 1277. [40]Mahabusarakam, W.; Proudfoot, J.; Taylor, W.; Croft, K., *Free Radical Res.*, (2000) **33**, 643. [41]Lin, X.; Li, W.-K.; Xiao, P.-G., *Pharm. Pharmacol. Commun.*, (1999) **5**, 701. [42]Achmad, S. A.; Emilo, N. A.; Ghisalberti, L.; Hakim, E. H.; Kitajima, M.; Makmur, L.; Mujahidin, D.; Syah, Y. M.; Takayama, H., *J. Chem. Soc. Pakistan*, (2004) **26**, 316. [43]Chi, Y. S.; Jong, H. G.; Son, K. H.; Chang, H. W.; Kang, S. S.; Kim, H. P., *Biochem. Pharmacol.*, (2001) **62**, 1185. [44]Laupattarakasem, P.; Houghton, P.; Hoult, J.; Robin, S., *Planta Med.*, (2004) **70**, 496. [45]Mitscher, L. A.; Rao, G. S. R.; Khanna, I.; Veysoglu, T.; Drake, S., *Phytochemistry*, (1983) **22**, 573. [46]Jiang, D.; He, Z,-D.; Jiang, R.-W.; Ye, W.-C.; Xu, H.-X.; But, P. P.-H., *Phytochemistry*, (2003) **62**, 1235. [47]Schempp, C. M.; Pelz, K.; Wittmer, A.; Schöpf, E.; Simon, J. C., *Lancet*, (1999) **353**, 2129. [48]Nookandeh, A.; Frank, N.; Steiner, F.; Ellinger, R.; Schneider, B.; Gerhauser, C.; Becker, H., *Phytochemistry*, (2004) **65**, 561. [49]Yilmazer, M.; Stevens, J. F.; Deinzer, M. L.; Buhler, D. R., *Drug. Metab. Dispos.*, (2001) **29**, 223. [50]Milligan, S. R.; Kalita, J. C.; Heyerick, A.; Rong, H.; De Cooman, L.; De Keukeleire, D., *J. Clin. Endocrinol. Metab.*, (1999) **84**, 2249. [51]Barron, D.; Di Pietro, A.; Dumontet, C.; McIntosh, D. B., *Phytochem. Rev.*, (2003) **1**, 325. [52]Milligan, S. R.; Kalita, S. R.; Pocock, V.; Van de Kauter, V.; Stevens, J. F.; Deinzer, M. L.; Rong, H.; De Keukeleire, D., *J. Clin. Endocrinol. Metab.*, (2000) **85**, 4915. [53]Cornwell, T.; Cohick, W.; Raskin, I., *Phytochemistry*, (2004) **65**, 995. [54]Barron, D.; Balland, C.; Possety, F.; Ravanel, P.; Desfougeres, A., *Acta Bot. Gallica*, (1996) **143**, 503. [55]Tsukkayama, M.; Li, H.; Tsurumoto, K.; Nishiuchi, M.; Kawamura, Y., *Bull. Chem. Soc. Jpn.*, (1998) **71**, 2673. [56]Galm, U.; Dessoy, M. A.; Schmidt, J.; Wessjohann, L. A.; Heide, L., *Chem. Biol.*, (2004) **11**, 173. [57]Wessjohann, L. A.; Sontag, B.; Dessoy, M.-A., In *Bioorganic Chemistry*, Diederichsen, U.; Lindhorst, T. K.; Westermann, B.; Wessjohann, L. A., Hrsg.; Wiley-VCH: Weinheim, (1999); S. 79–88. [58]Wessjohann, L. A.; Sontag, B., *Angew. Chemie Int. Ed. Engl.*, (1996) **35**, 1697. [59]Avula, B.; Ganzera, M.; Warnick, J. E.; Feltenstein, M. W.; Sufka, K. J.; Khan, I. A., *J. Chromatogr. Sci.*, (2004) **42**, 378. [60]Stevens, J. F.; Taylor, A. W.; Deinzer, M. L., *J. Chromatogr. A*, (1999) **832**, 97. [61]Takayama, M.; Fukai, T.; Ichikawa, K.; Nomura, T., *Rapid Commun. Mass Spectrom.*, (1991) **5**, 67.

**Presshonig** siehe *Honig.

**Primäre aromatische Amine** siehe *Arylamine.

**Primärfluoreszenz** siehe *Fluoreszenzspektroskopie.

**Primärweichmacher** siehe *Weichmacher.

**Primasprit** siehe *Ethanol.

**Prionen.** 1982 von Prusiner geprägtes Akronym aus englisch proteinaceous infectious particles (infektiöse Eiweißpartikel). Prionen sind zylinderförmige Proteine mit einem Durchmesser von 4–6 nm und sind die Erreger verschiedener übertragbarer Hirnerkrankungen bei Menschen und Tieren, die als transmissible spongiforme Enzephalopathien (*TSE) oder Prionerkrankungen bezeichnet werden. Sie besitzen eine außerordentliche Resistenz gegenüber Inaktivierung mit ionisierender bzw. ultravioletter Strahlung und sind stabil gegenüber Nucleinsäure modifizierende oder zerstörende Agenzien. In vielen Fällen sind Prionen auch resistent gegenüber Proteasen, wobei an infektiösen Hamsterprionen (Hirnhomogenat) die Proteolyseresistenz durch eine Druckanwendung von mehreren hundert MPa deutlich reduziert werden konnte [1].

Prionen wurden erstmals aus mit Scrapie, einer Schafe befallenden Seuche, infiziertem Gewebe isoliert. Als Hauptbestandteil der infektiösen Präparationen wurde das sogenannte *Prion-Protein (PrP) identifiziert, das sich zu Amyloid-ähnlichen Aggregaten zusammenlagern kann. Diese pathogene Form entstammt einem natürlicherweise im Organismus vorkommenden Prion-Protein, dessen zelluläre Funktion weitgehend ungeklärt ist. Die häufigste durch Prionen hervorgerufene Erkrankung des Menschen ist die Creutzfeldt-Jakob-Krankheit (Abkürzung CJD). Die Krankheit kann sowohl spontan als auch infektiös oder genetisch bedingt auftreten. – *E* prions

*Lit.:* [1]Fernandez-Garcia, A.; Heindl, P.; Voigt, H.; Büttner, M.; Wienhold, D.; Butz, P.; Stärke, J.; Tauscher, B.; Pfaff, F., *J. Gen. Virol.*, (2004) **85**, 261–264.
*allg.:* Court u. Dodet, Transmissible Subacute Spongiform Encephalopathies: Prion Diseases, Amsterdam: Elsevier 1996 ▪ Curr. Opin. Neurol. **10**, 273–281 (1997) ▪ Doerr, H. W.; Gerlich, W. H., Hrsg., *Medizinische Virologie*, Thieme: Stuttgart, (2002); S. 409–427 ▪ Hörnlimann, B.; Riesner, D.; Kretzschmar, H., Hrsg., *Prionen und Prionkrankheiten*, Walter de Gruyter: Berlin, New York, (2001) ▪ Post, K.; Riesner, D., *biologen heute*, (1999) **6**; http://www.vdbiol.de (Prionen und ZMS-Erkrankungen)

**Prion-Protein** (PrP). In Eukaryonten verbreitetes *Glycoprotein ($M_R$ 33000–35000). Das PrP wird im gesunden Organismus als sogenanntes zelluläres Prion-Protein (PrP$^c$) gebildet. Seine Funktion ist noch weitgehend unverstanden. Die krankheitserzeugende Scrapie-Form des Prion-Proteins (PrP$^{Sc}$) unterscheidet sich von PrP$^c$ in der Sekundär- und folglich auch Tertiär- und Quartärstruktur: hoher Anteil an α-Helix bei PrP$^c$, an β-Faltblatt bei PrP$^{Sc}$ (Grundstrukturen siehe *Proteine).
Die Aminosäure-Sequenz, die posttranslationalen Modifikationen und die kovalenten Bindungen sind hingegen identisch. PrP$^c$ ist ein Zelloberflä-

chenprotein, das auf den meisten Säugetierzellen vorkommt, vor allem jedoch von Neuronen produziert wird. Die Fixierung an der Zellmembran *in vivo* erfolgt durch einen Glycosyl-Phosphatidylinositol-Lipid-Anker am C-Terminus. Zwei weitere Glycosylierungsstellen sind vorhanden. PrP$^c$ liegt in löslicher, monomerer Form vor und wird durch Proteinase K vollständig proteolytisch gespalten. PrP$^{Sc}$ liegt dagegen in unlöslicher, oligomerer Form vor und besitzt nach Abspaltung eines kleinen N-terminalen Restes einen Proteinase-K-resistenten Kern. An infektiösen Hamsterprionen (Hirnhomogenat) konnte durch eine Druckanwendung von mehreren hundert MPa die Proteolyseresistenz deutlich reduziert werden[1]. Die Struktur von PrP$^{Sc}$ ist im Gegensatz zu PrP$^c$ aufgrund der Unlöslichkeit bisher einer Analyse nicht zugänglich. Das pathologische PrP ist thermisch und chemisch sehr stabil, erst bei Erhitzen für 20 Minuten unter Druck (mindestens 134 °C bei 3 bar) kommt es zu einer vollständigen Inaktivierung. Herkömmliche Formaldehyd- oder Alkohol-haltige Desinfektionsmittel sowie eine Behandlung mit ultravioletter oder ionisierender Strahlung sind wirkungslos[2,3].

*Prion-Hypothese:* Die Hypothese, 1982 von Prusiner[4] formuliert (1997 wurde Prusiner dafür mit dem Nobelpreis für Medizin bedacht), besagt, daß das infektiöse Agens (*Prion) mit PrP$^{Sc}$ identisch ist. Bei der Infektion wird die Polypeptid-Kette nicht neu synthetisiert, sondern PrP$^{Sc}$ „zwingt" dem körpereigenen PrP$^c$ die pathologische Konformation auf. Unterstützt wird die Prion-Hypothese durch die Tatsache, daß PrP-knockout-Mäuse, denen das Gen für PrP fehlt, Prionen nicht vermehren können und nach einer Infektion gesund bleiben[5]. Ein weiterer Hinweis ist die beobachtete Hypersensitivität von transgenen Mäusen, die PrP$^c$ überexprimieren, gegenüber dem Erreger. Der direkte Beweis für die Prion-Hypothese gelang Forschern in den Laboratorien Prusiners 2004 mittels rekombinant in *Escherichia coli* erzeugtem Maus-Prion-Protein. Dieses polymerisierte *in vitro* in Amyloid-ähnlichen Aggregaten mit β-Faltblatt-reichen Strukturen. Eine Inkubation von transgenen Mäusen mit diesen Präparationen war infektiös und führte nach 380 bis 660 Tagen zu neurologischen Dysfunktionen. Damit ist bis auf weiteres bestätigt, daß die krankmachende Form PrP$^{Sc}$ spontan aus dem zellulären Protein entstehen kann und, einmal im Organismus vorhanden, die weitere Umformung von PrP$^c$ in PrP$^{Sc}$ autokatalysiert[6].

*Funktion:* Die biologische Funktion ist nicht eindeutig aufgeklärt. Unterschiedliche Befunde deuten darauf hin, daß die Kupfer-bindende Eigenschaft von PrP$^c$ von zentraler funktioneller Bedeutung ist. Cu(II) bindet mit hoher Affinität spezifisch und kooperativ an Oktapeptid-Motive im N-Terminus. Mögliche physiologische Funktionen dieser PrP$^c$-Cu(II)-Komplexe könnten bei der synaptischen Übertragung, der Neuroprotektion oder bei Redoxenzymaktivitäten anzusiedeln sein[7].

*Neuroinvasion:* Beim Transport der Prionen von der Peripherie ins Gehirn spielen Zellen des Immunsystems (B-Lymphocyten) sowie spezialisierte Zellen der Milz, die follikulären dendritischen Zellen, eine wichtige Rolle[8].

*Nachweis:* Schnelltests auf Prion-Protein basieren methodisch auf dem ELISA. Zum Nachweis des pathologischen PrP$^{Sc}$ wird dessen, im Vergleich zum zellulären Prion-Protein vorhandene, Resistenz gegen einen vollständigen Proteinase-K-Verdau genutzt[9]. – *E* prion protein

*Lit.:* [1]Fernandez-Garcia, A.; Heindl, P.; Voigt, H.; Büttner, M.; Wienhold, D.; Butz, P.; Stärke, J.; Tauscher, B.; Pfaff, F., *J. Gen. Virol.*, (2004) **85**, 261–264. [2]*Nachr. Chem. Tech.* **49**, 454–461 (2001). [3]Wiss. Hintergrundinformationen zum Thema BSE, Stand: 15.02.2001, Bayer. Landesanstalt für Ernährung. [4]*Science* **216**, 136 (1982). [5]*Cell* **73**, 1339 (1993). [6]Legname, G.; Baskakov I. V.; Nguyen, H. O.; Riesner, D.; Cohen, F. E.; DeArmond, S. J.; Prusiner, S. B., *Science*, (2004) **305**(5684), 673–676. [7]*J. Biol. Chem.* **275** (25), 19121–19131 (2000). [8]*Science* **288**, 1257 (2000). [9]Perkel, J. M., *News from the Scientist*, (2004) **5**(1), 20040112-02.
*allg.:* Rasmussen, S. E.; Frederiksen, H., Struntze Krogholm, K.; Poulsen, L., *Mol. Nutr. Food Res.*, (2005) **49**(2), 159–174

**Proanthocyanidine** (Procyanidine). Gruppenbezeichnung für Polyflavan-3-ole, die als Di-, Oligo- und Polymere der *Catechine (Flavan-3-ole) und der *Leukoanthocyanidine (Flavan-3,4-diole, Flavan-4-ole) aufzufassen sind. Die Bezeichnung Proanthocyanidine leitet sich von deren Eigenschaften ab, bei Erhitzung mit Säuren und in Anwesenheit von Sauerstoff in die entsprechenden *Anthocyanidine überzugehen[1]. Im Braugewerbe werden sie auch als Anthocyanogene bezeichnet. Die Verknüpfung der Catechin-Grundeinheiten erfolgt meist als $C_4$–$C_8$-Kondensation, seltener sind $C_4$–$C_6$-Verbindungen anzutreffen. Solche, über einfache Flavanyl-Brücken verknüpfte Monomere sind als Proanthocyanidine vom B-Typ bekannt. Proanthocyanidine vom A-Typ (in Erdnußschalen, in der Wurzel des Aprikosenbaumes, in der Cranberry-Frucht), welche eine zweite Ether-Gruppierung aufweisen, sind dagegen weitaus seltener. Während reine Catechin/Epicatechin-Kondensate, die auch als Procyanidine bezeichnet werden, recht gut untersucht sind, sind die seltener vorkommenden Kondensate aus Catechin/Gallocatechin bislang weniger intensiv erforscht[2,3]. Zur Biosynthese siehe Literatur[1,2,4–6].

*Vorkommen und Bedeutung:* Proanthocyanidine sind in pflanzlichem Material, Obst, Gemüse und Getreide anzutreffen[2,7–9]. Proanthocyanidine kommen in der Natur bis zu einer Molmasse von etwa 7000 (entspricht 20 Flavan-3-ol-Einheiten) vor. Sie werden auch als kondensierbare Gerbstoffe oder Catechin-Gerbstoffe bezeichnet. Häufig in der Rinde und im Holz von Bäumen deponiert, inaktivieren sie Pathogene in einer Phenol-Protein-Fällung (Gerbung), um damit darunterliegendes, empfindlicheres Gewebe zu schützen. Von einem derartigen Wirkmechanismus ist bei der Wachstumshemmung von *Botrytis cinerea* durch Erdbeer-Proanthocyanidine auszugehen[10]. Proanthocyanidine sind aufgrund ihres bitteren bis adstringierenden Geschmacks von besonderer Bedeutung für die sensorischen Eigenschaften von alkoholischen Getränken wie Wein, Cidre[11,12], Weinbrand, Sherry, aber auch von Fruchtsäften[13]. Während die Tetramere am bittersten schmecken, wirken höhere Polymere eher adstringierend[2,11]. Bei geringer Kettenlänge sind Proanthocyanidine farblos, mit zunehmender Polymerisation gelb und bei größeren Molmassen bis etwa 7000 braun gefärbt.

*Analytik:* Zur Isolierung und Charakterisierung von Proanthocyanidinen aus Früchten und anderen pflanzlichen Materialien wird eine Fraktionierung, evtl. eine Thiolyse, vorgenommen und anschließend eine HPLC-UV, HPLC-MS oder NMR-Analyse durchgeführt[3,14-20].

*Pharmakologie:* Proanthocyanidine senken den Blutdruck (ACE-Hemmung), wirken antiatherosklerotisch, antibakteriell, antiviral, antiallergen, antiinflammatorisch und antioxidativ, beeinflussen die Blutplättchenaggregation und verbessern die Kapillarpermeabilität und -stabilität[3,8,21-24]. Die antibakteriellen Eigenschaft der Proanthocyanidine vom A-Typ aus Cranberries wird bei der Behandlung von durch uropathogene *Escherichia coli* verursachten Harnwegserkrankungen genutzt[25,26]. – *E* proanthocyanidins

*Lit.:* [1]Phytochemistry **16**, 1625–1640 (1977). [2]Crit. Rev. Food Sci. Nutr. **27**, 1–40 (1988). [3]Ferreira, D.; Slade, D., *Nat. Prod. Rep.*, (2002) **19**, 517. [4]Jaakola, L.; Määttä, K.; Pirttila, A. M.; Törrönen, R.; Kärenlampi, S.; Hohtola, A., *Plant Physiol.*, (2002) **130**, 729. [5]Kennedy, J. A.; Hayasaka, Y.; Vidal, S.; Waters, E. J.; Jones, G. P., *J. Agric. Food Chem.*, (2001) **49**, 5348. [6]Kennedy, J. A.; Matthews, M. A.; Waterhouse, A. L., *Phytochemistry*, (1999) **55**, 77. [7]Hanefeld, M.; Hermann, K., *Z. Lebensm. Unters. Forsch.*, (1976) **161**, 243. [8]Santos-Buelga, C.; Scalbert, A., *J. Sci. Food Agric.*, (2000) **80**, 1094. [9]Grigelmo-Miguel, N.; Martin-Belloso, O., *Lebensm. Wiss. Technol.*, (1999) **32**, 503. [10]Herbert, C.; Charles, M. T.; Gauthier, L.; Willemot, C.; Khanizadeh, S.; Cousineau, J., *Acta Hortic.*, (2002) **567**, 659. [11]J. Sci. Food Agric. **29**, 478–496 (1978). [12]Flüss. Obst **57**, 230–239 (1990). [13]Ann. Nutr. Aliment. **32**, 1051–1061 (1978). [14]Svedström, U.; Vuorela, H.; Kostiainen, R.; Huovinen, K.; Laakso, I.; Hiltunen, R., *J. Chromatogr. A*, (2002) **968**, 53. [15]Gu, L.; Kelm, M.; Hammerstone, J. F.; Beecher, G.; Cunningham, D.; Vannozzi, S.; Prior, R. L., *J. Agric. Food Chem.*, (2002) **50**, 4852. [16]Foo, L. Y.; Lu, Y., *Food Chem.*, (1999) **64**, 511. [17]Sun, B.; Belchior, G. P.; Ricardo da Silva, J. M.; Spranger, M. I., *J. Chromatogr. A*, (1999) **841**, 115. [18]Mämmelä, P.; Savolainen, H.; Lindroos, L.; Kangans, J.; Vartiainen, T., *J. Chromatogr. A*, (2000) **891**, 75. [19]Fulcrand, H.; Guyot, S.; Le Roux, E.; Remy, S.; Souquet, J.-M.; Doco, T.; Cheynier, V., *Basic Life Sci.*, (1999) **66**, 223. [20]Kennedy, J. A.; Taylor, W. A., *J. Chromatogr. A*, (2003) **995**, 99. [21]Luximon-Ramma, A.; Bahorun, T.; Soobrattee, M. A.; Aruoma, O. I., *J. Agric. Food Chem.*, (2002) **50**, 5042. [22]Bagchi, D.; Bagchi, M.; Stohs, S. J; Das, D. K.; Ray, S. D.; Kuszynski, C. A.; Joshi, S. S; Pruess, H. G., *Toxicology*, (2000) **148**, 187. [23]Fine, A. M., *Altern. Med. Rev.*, (2000) **5**, 144. [24]Torres, J. L.; Varela, B.; García, M. T.; Carilla, J.; Matito, C.; Centelles, J. J.; Cascente, M.; Sort, X.; Bobet, R., *J. Agric. Food Chem.*, (2002) **50**, 7548. [25]Howell, A. M., *Rev. Food Sci. Nutr.*, (2002) **42** (Suppl. 3), 273. [26]Foo, L. Y.; Lu, Y.; Howell, A. B.; Vorsi, N., *J. Nat. Prod.*, (2000) **63**, 1225. *allg.:* Rasmussen, S. E.; Frederiksen, H.; Struntze Krogholm, K.; Poulsen, L., *Mol. Nutr. Food Res.*, (2005) **49**, 159–174

**Probiotika.** Probiotika sind definierte lebende Mikroorganismen, die in ausreichender Menge in aktiver Form in den Darm gelangen und hierbei positive gesundheitliche Wirkungen erzielen[1].

Probiotische Kulturen können in Lebensmitteln des allgemeinen Verzehrs in Verkehr gebracht werden oder in diätetischen Lebensmitteln. In isolierter Angebotsform („Kapseln") werden sie dagegen in Deutschland nicht als Lebensmittel angesehen und sind daher auch keine Nahrungsergänzungsmittel. Die meisten probiotischen Lebensmittel findet man heute unter den fermentierten Milchprodukten[2].

*Wirkung:* Bei den eingesetzten probiotischen Mikroorganismen handelt es sich um Stämme der Gattungen *Bifidobacterium*, *Enterococcus*, *Lactobacillus*, *Lactococcus* und *Streptococcus*. Diese müssen definitionsgemäß ausreichend magen- und gallensäuretolerant und resistent gegen Verdauungsenzyme sein, um nach dem Verzehr das Zielorgan, im allgemeinen den unteren Dünndarm und den Dickdarm, lebend und in aktiver Form zu erreichen. Dort können sie die Darmflora beeinflussen und bestimmte Durchfallerkrankungen verhindern oder lindern, indem sie pathogene Bakterien durch Senkung des pH-Wertes sowie durch die Produktion organischer Säuren und antimikrobieller Substanzen unterdrücken. In der Regel kommt es aber nicht zu einer dauerhaften Ansiedlung. Die Probiotika lassen sich in klinischen Versuchen nur für begrenzte Zeit (meist 2 Tage bis 2 Wochen) nach dem Ende der Verzehrsperiode in Darminhalt und Stuhl nachweisen[2].

Spezifische gesundheitsbezogene Wirkungen von Probiotika sind zur Zeit noch umstritten, da unzweifelhafte Aussagen nur mit sehr hohem experimentellem und epidemiologischem Aufwand zu erhalten sind. Diskutiert werden weiterhin eine Verstärkung des Barriereeffekts der Darmmukosa, indem das Eindringen von pathogenen Bakterien und Toxinen durch eine Adhäsion der Probiotika verhindert wird, sowie immunmodulatorische Eigenschaften, indem sich Probiotika bzw. deren Stoffwechselprodukte oder Zellwandbestandteile im Darm als nicht pathogene Antigene präsentieren[2].

Eine mögliche Verringerung des Krebsrisikos wird überwiegend auf indirekte Mechanismen zurückgeführt. Durch Absorption, Verstoffwechselung oder Beeinflussung der Intestinalflora können probiotische Mikroorganismen die Konzentration mutagener und (pro)cancerogener Nahrungsbestandteile oder Stoffwechselprodukte der Intestinalflora im Darm senken.

Ein möglicherweise hypocholesterolämischer Wirkmechanismus wird kontrovers diskutiert. In neueren Studien konnten bei den relevanten Verzehrsmengen an probiotischen Produkten keine signifikanten Effekte nachgwiesen werden[3].

Die Förderung der Lactose-Verdauung im Dünndarm durch mikrobielle β-Galactosidase wird dagegen nicht als probiotische Eigenschaft angesehen. Joghurt zeigt diese Wirkung stärker als die meisten probiotischen Kulturen[2]. – *E* probiotics

*Lit.:* [1]BgVV, Arbeitsgruppe „Probiotische Mikroorganismenkulturen in Lebensmitteln", Abschlußbericht vom 01.10.1999; http://www.bfr.bund.de. [2]Erbersdobler, H. F.; Meyer, A. H., Hrsg., *Praxishandbuch Functional Food*, Behr's: Hamburg, (Loseblattsammlung, ständig aktualisiert); I, 7. [3]Am. J. Clin. Nutr. **71** (Suppl.), 1682S–1687S (2000). *allg.:* Doyle, M. P.; Beuchat, L. R.; Montville, T. J., Hrsg., *Food Microbiology*, ASM Press: Washington, (2001); S. 797ff. ■ Hammes, W. P.; Hertel, C., *Food Res. Int.*, (2002) **35**, 165–170 ■ Ouwehand, A. C.; Salminen, S.; Isolauri, E., *Antonie van Leeuwenhoek*, (2002) **82**, 279–289

**Procholecalciferol** siehe *Vitamin D.

**Prochymosin** siehe *Lab und *Chymosin.

**Procollagen** siehe *Collagene.

**Procyanidine** siehe *Proanthocyanidine.

**Procymidon.**

Common name für 3-(3,5-Dichlorphenyl)-1,5-dimethyl-3-azabicyclo[3.1.0]hexan-2,4-dion, $C_{13}H_{11}Cl_2NO_2$, $M_R$ 284,14, Schmp. 164–166 °C, gut löslich in organischen Lösemitteln (Aceton, Chloroform, DMF), schlecht löslich in Wasser (4,5 mg/L bei 25 °C), stabil gegen Licht, Hitze und Feuchtigkeit. Von Sumitomo 1967 eingeführtes schwach systemisches *Fungizid mit estrogenen Eigenschaften.

*Anwendung:* Procymidon ist ein präventiv und kurativ wirksames systemisches Fungizid. Es hemmt die Triglycerid-Synthese in Pilzen. Anwendung gegen *Botrytis, Sclerotinia, Monilinia* und *Helminthosporium* im Bohnen-, Getreide-, Steinobst-, Wein-, Acker-, Raps-, Erdbeer-, Zierpflanzen- und Gemüseanbau. Aufnahme durch die Wurzeln, Transport zu Blättern und Blüten[1].

*Recht:* In Deutschland als *Pflanzenschutzmittel allgemein zugelassen. Höchstmenge für Procymidon-Rückstände in Lebensmitteln: 0,02–10 mg/kg. Höchstmengen an Rückständen für spezielle Lebensmittel sind in der *Rückstands-Höchstmengenverordnung festgesetzt. Grenzwert in Trinkwasser nach der *Trinkwasser-Verordnung: 0,1 μg/L.

*Toxikologie:* $LD_{50}$ (Ratte akut-oral) ca. 7000 mg/kg; keine Reizwirkung auf Haut und Schleimhaut bei Kaninchen[2]; nicht bienengefährlich; Fischtoxizität: $LC_{50}$ (96 h) 7,2 mg/L (bei Regenbogenforellen).

*Analytik:* Zum Nachweis von Procymidon siehe Literatur[3-7] (GC mit ECD- oder FID-Detektion). – *E* procymidone

*Lit.:* [1]Perkow. [2]Wirkstoffe iva (2.), S. 335. [3]Amtliche Sammlung, Nr. L 00.00-15 und L 00.00-16. [4]DFG-Methode, Nr. S8 und S19. [5]Rodriquez, R.; Boyer, I.; Font, G.; Pico, Y., *Analyst*, (2001) **126**, 2134–2138. [6]Correia, M.; Delerue-Matos, C., Alves, A., *Fresenius J. Anal. Chem.*, (2001) **369**, 647–651. [7]Sandra, P.; Tienpont, B.; Vercammen, J.; Tredoux, A; Sandra, T.; David, F., *J. Chromatogr. A*, (2001) **928**, 117–126. – [HS 2925 19; CAS 32809-16-8]

**Proenzyme** siehe *Enzyme.

**Progoitrin** siehe *Glucosinolate.

**Prolamine.** Unter der Bezeichnung Prolamine werden Reserveproteine aus Getreidearten (einige Beispiele: *Gliadin aus Weizen, *Secalin aus Roggen, *Hordein aus Gerste und *Zein aus Mais) zusammengefasst, die mit wäßrigen Alkoholen ohne Reduktionsmittel extrahierbar sind, vgl. *Osborne-Fraktionen. In einem Teil der neueren Literatur werden auch jene Proteine zu den Prolaminen gezählt, die erst nach Reduktion der Disulfid-Bindungen extrahierbar sind (vgl. *Gluteline).

Die Prolamine sind im Mehlkörper des *Getreidekorns deponiert und können aus Mehl entweder direkt oder nach Abtrennung der Lipide, Albumine und Globuline z.B. mit 70%igem Ethanol oder 55%igem Propan-2-ol extrahiert werden. In Mehlen der einzelnen Getreidearten werden unterschiedlich hohe Gehalte an Prolaminen gefunden, sie reichen von 0,15% bei Reismehl bis zu 3,15% bei Weizenmehl. Prolamine sind globuläre Proteine ($M_R$ 10000–100000), deren Aminosäure-Zusammensetzung bei den nahe verwandten Triticeen Weizen, Roggen und Gerste weitgehend übereinstimmt [>35% L-Glutamin(säure), ca. 20% L-Prolin]. L-Lysin ist sehr wenig, L-Tryptophan gar nicht vorhanden. Die Triticeen-Prolamine können *Zöliakie hervorrufen. Von ernährungsphysiologischer Bedeutung sind die niedrigen Werte der essentiellen Aminosäuren *Lysin, *Tryptophan und *Methionin. Durch Züchtung versucht man den Anteil der Prolamine zu reduzieren und somit die biologische Wertigkeit des Gesamtproteins zu erhöhen. Gelungen ist dies bei Lysin-reichen Sorten von Gerste, *Sorghum* und Mais. Die Prolamine heben sich von den übrigen Osborne-Fraktionen deutlich ab. Mit Hilfe von elektrophoretisch oder chromatographisch erhaltenen Prolamin-Mustern ist eine Sortenidentifizierung möglich. – *E* prolamines

**L-Prolin** [(S)-Pyrrolidin-2-carbonsäure, Kurzzeichen Pro oder P].

$C_5H_9NO_2$, $M_R$ 115,13; hygroskopische Kristalle, Schmp. 220–222 °C (L-Form, Zersetzung), Monohydrochlorid, Schmp. 115 °C, Schmp. 215–220 °C (D-Form, Zersetzung) bzw. 210 °C (Racemat); $[\alpha]_D^{25}$ −86,2° (Wasser), −60,4° (5 M Salzsäure), $pK_s$ 1,99, 10,60, pI 6,30. In Wasser sehr gut [1550 g/L (20 °C)], in Alkohol gut (im Gegensatz zu anderen Aminosäuren), in Aceton und Benzol wenig und in Ether nicht löslich. Proteinogene nichtessentielle *Aminosäure (Iminosäure). Durchschnittlicher Gehalt in Proteinen 4,6%[1]. Einige Proteine enthalten Prolin (meist zusammen mit 4-*Hydroxyprolin) in sehr hoher Konzentration: z.B. *Casein (12,3%), Weizenproteine (ca. 10,3%) und *Collagen bzw. *Gelatine (bis 12,8%)[2]. Prolin wurde 1901 von Emil Fischer im Casein und Eialbumin entdeckt. Genetischer Code: CCU, CCC, CCA, CCG.

*Biosynthese:* Die Biosynthese von Prolin erfolgt mit Hilfe der Pyrrolin-5-carbonsäure-Reduktase (EC 1.5.1.2) ausgehend von Glutamat, zu dem es auch wieder katabolisiert wird. Gemeinsames Zwischenprodukt des Auf- und Abbaus ist (S)-3,4-Dihydro-2H-pyrrol-2-carbonsäure; diese steht mit Hilfe des Flavoenzyms *Prolin-Dehydrogenase* (EC 1.5.99.8) im Gleichgewicht mit Prolin.

*Physiologie:* Prolin ist in geringerem Maß als andere Aminosäuren zur Beteiligung an α-Helices (siehe *Proteine) befähigt, kommt aber sehr häufig in den haarnadelförmigen β-Schleifen vor. Daher ist es als „*Helixbrecher*" (Unterbrechung der α-Helix-Struktur) von besonderer Bedeutung für die Protein-Struktur. Die Amino-seitige Peptid-Bindung von Prolin ist in besonderem Maß rotationsbehindert; die korrekte Faltung Prolin-haltiger Proteine scheint deshalb durch Peptidylprolyl-*cis-trans*-Isomerasen katalysiert zu werden. Zu Peptidasen, die spezifisch Prolin-Reste erkennen, siehe Literatur[3].

Unterliegt der pflanzliche Stoffwechsel einer Streßsituation (Wasser- oder Stickstoff-Mangel, erhöhte Schwermetall-Konzentration, Salzstreß), wird oft freies Prolin angereichert[4-7].

Bei transgenen Mikroalgen konnte gezeigt werden, daß durch eine verstärkte Prolin-Bildung ein verbessertes Wachstum in toxischen Cadmium-Konzentrationen resultiert. Ursache hierfür soll ein antioxidativer Effekt des freien Prolins sein, der offenbar eine erhöhte Glutathion-Konzentration und eine Hemmung der Lipid-Peroxidation zur Folge hat[8,9].

Prolin soll zusammen mit Hefemetaboliten an der Bildung des sensorisch im wesentlichen auf 2-*Acetyl-1-pyrrolin basierenden Aromas der Weißbrotkruste beteiligt sein, das durch die *Maillard-Reaktion entsteht[10]. Das innere Salz (Betain) von 1,1-Dimethylprolin (*Stachydrin*) ist ein in Pflanzen, z.B. im Ziest, verbreitetes Pyrrolidin-Alkaloid, das wiederum von bestimmten Bakterien verstoffwechselt werden kann[11].

Vom Prolin abgeleitete nichtproteinogene Aminosäuren (siehe Abbildung) kommen in verschiedenen Pflanzengeweben frei vor[2], so z.B.:

- *trans*-4-Methyl-L-prolin [**1**, $C_6H_{11}NO_2$, $M_R$ 129,16, Schmp. 239–240°C (Zersetzung), $[\alpha]_D^{18}$ −56,6° (Wasser), $[\alpha]_D^{20}$ −23,9° (3 M Salzsäure)] in Apfel und Birne,
- 4-Methylen-DL-prolin (**2**, $C_6H_9NO_2$, $M_R$ 127,14, Schmp. 243–245°C) in der japanischen Wollmispel (*Eriobotrya japonica*)[12],
- *cis*-3,4-Methano-L-prolin [**3**, *cis*-3,4-Methylen-L-prolin, $C_6H_9NO_2$, $M_R$ 127,14, Schmp. 243–245°C, $[\alpha]_D^{20}$ −94° (Wasser)] in den Samen von *Aesculus parviflora* und *Blighia sapida*[13],
- *cis*-4-Hydroxymethyl-L-prolin (**4**) in der Apfelschale, *trans*-4-Hydroxymethyl-D-prolin (**5**) und -L-prolin (**6**) wiederum in der japanischen Wollmispel[2,14],
- *cis*-3-Amino-L-prolin (**7**) in Speisemorcheln[2].

Weitere natürlich vorkommende Prolin-Analoga siehe Literatur[15].

*Herstellung:* Der Bedarf an L-Prolin mit ca. 800 t/a (1999) wird durch Extraktion aus Proteinhydrolysaten und durch Fermentation gedeckt, wenn auch inzwischen chemische Synthesen, z.B. von Acrolein

Abbildung: Von Prolin abgeleitete, nichtproteinogene Aminosäuren.

ausgehend, verfügbar sind[16,17]; zur Synthese siehe auch Literatur[18].

*Analytik:* Bei Obst entfallen durchschnittlich 50% der löslichen Stickstoff-Verbindungen auf freie Aminosäuren. Deren Verteilung ist für die Obstarten charakteristisch und kann zur Authentizitätskontrolle von Obstprodukten herangezogen werden (vgl. *RSK-Werte). Bei Citrussäften ist vor allem der Prolin-Gehalt ein Standardkriterium. Er wird durch eine Farbreaktion des Prolin mit Ninhydrin und anschließender Extraktion mit Essigsäure-n-butylester photometrisch bestimmt[19,20].

– *E* proline

*Lit.:* [1]Klapper, M. H., *Biochem. Biophys. Res. Commun.*, (1977) **78**, 1018–1024. [2]Belitz-Grosch-Schieberle (5.), S. 10, 12. [3]Cunningham, D. F.; O'Connor, B., *Biochim. Biophys. Acta*, (1997) **1343**, 160–186. [4]Plant Cell Physiol. **38**, 1095–1102 (1997). [5]Neogy, M.; Datta, J.; Roy, A. K.; Mukherji, S., *Indian J. Plant Physiol.*, (2002) **7**, 62–65. [6]Almansouri, M.; Kinet, J. M.; Lutts, S., *J. Plant Physiol.*, (1999) **154**, 743–752. [7]Lutts, S.; Majerus, V.; Kinet, J. M., *Physiol. Plant.*, (1999) **105**, 450–458. [8]Siripornadulsil, S.; Traina, S.; Verma, D. P. S.; Sayre, R. T., *Plant Cell*, (2002) **14**, 2837–2847. [9]Mehta, S. K.; Gaur, J. P., *New Phytol.*, (1999) **143**, 253–259. [10]Schieberle, P., In *Thermal Generation of Aromas*, Parliment, T. H.; Ho, C.-T.; McGorrin, R. J., Hrsg.; ACS Symposium Series 409; American Chemical Society: Washington, DC, (1989); S. 265, 268–275. [11]Burnet, M., W.; Goldmann, A.; Message, B.; Drong, R.; El, A. A.; Loreau, O.; Slightom, J.; Tepfer, D., *Gene*, (2000) **244**, 151–161. [12]Manfre, F.; Kern, J. M.; Biellmann, J. F., *J. Org. Chem.*, (1992) **57**, 2060. [13]Stammer, C. H., *Tetrahedron*, (1990) **46**, 2231. [14]Wagner, I.; Musso, H., *Angew. Chem. Int. Ed.*, (2003) **22**, 816–828. [15]Manger, A. B., *J. Nat. Prod.*, (1996) **59**, 1205–1211. [16]Rehm-Reed (2.) **6**, 465–502. [17]Ullmann (7.); http://dx.doi.org/10.1002/14356007.a02_057 [Online, März 2001]. [18]Lafquih Titouani, S.; Lavergne, J.-P.; Viallefont, P.; Jacquier, R., *Tetrahedron*, (1980) **36**, 2961–2965. [19]Matissek, R.; Steiner, G., *Lebensmittelanalytik*, 3. Aufl.; Springer: Berlin, (2006). [20]Amtliche Sammlung, Nr. L 31.00-7.

*allg.:* Beilstein EV **22/1**, 30–34 ▪ Stryer 2003, S. 716, 741 – *[HS 2933 99; CAS 147-85-3 (L-Prolin); 344-25-2 (D-Prolin); 609-36-9 (DL-Prolin); 23009-50-9 (trans-4-Methyl-L-prolin, **1**); 2370-38-9 (4-Methylen-DL-prolin, **2**); 22255-16-9 (cis-3,4-Methano-L-prolin, **3**)]*

**Promecarb** siehe *Carbamate.

**Propandial** siehe *Malon(di)aldehyd.

**Propansäure** siehe *Propionsäure.

**Propanthial-*S*-oxid** (Thiopropionaldehyd-*S*-oxid; tautomere Form: 1-Propen-1-sulfensäure).

$C_3H_6OS$, $M_R$ 90,14; Propanthial-*S*-oxid ist der aus (+)-*S*-[(*E*)-1-*Propenyl]-L-cystein-(*R*)-sulfoxid durch das Enzym *Alliinase freigesetzte Tränenreizstoff der Zwiebel (*Allium cepa*), der zu ca. 95% in der (*Z*)-Form vorliegt, und das einzige bisher bekannte natürlich vorkommende Thiocarbonyl-*S*-oxid. Propanthial-*S*-oxid hydrolysiert mit Wasser leicht unter Freisetzung von Propionaldehyd, Schwefelsäure und Schwefelwasserstoff. – *E* propanethial *S*-oxide

*Lit.:* Merck-Index (13.), Nr. 7894 – [CAS 32157-29-2]

**Propan-1,2,3-triol** siehe *Glycerol.

**Propazin** siehe *Triazin-Herbizide.

**Propenal** siehe *Acrolein.

**1-Propen-1-sulfensäure** siehe *Propanthial-*S*-oxid.

**2-Propenthiosäure-*S*-methylester** siehe *Gemüsearomen (Spargel).

**(+)-*S*-((*E*)-1-Propenyl)-L-cystein-(*R*)-sulfoxid** {CA Index Name: 3-[(*S*)-(1*E*)-1-Propenylsulfinyl]-L-alanin, Isoalliin}. *S*-Propenyl-L-cysteinsulfoxid (I, $C_6H_{11}NO_3S$, $M_R$ 177,22) ist die Vorläufersubstanz des tränenreizenden Prinzips der Küchenzwiebel (*Allium cepa* L., siehe *Zwiebel) und stellt die wichtigste Schwefel-haltige Verbindung im *Knoblauch (*Allium sativum* L.). 1 kg Knoblauch enthält ca. 2,4 g *S*-Propenyl-L-cysteinsulfoxid, aus welchem beim Zerkleinern des Gewebes unter dem Einfluß des Enzyms *Alliinase der für die Tränenreizung verantwortliche Stoff *Propanthial-*S*-oxid (II) sowie weitere am Knoblaucharoma beteiligte Stoffe (z.B. *Allicin)[1–3] entstehen.

Als Vorstufen der Aromastoffe von Zwiebel und Knoblauch sind neben *S*-Propenyl-L-cysteinsulfoxid auch *S*-Methyl- und *S*-Propyl-L-cysteinsulfoxid von Bedeutung. Die Bildung von Allicin aus *S*-Propenyl-L-cysteinsulfoxid ist pH-abhängig und hat ihr Optimum bei pH 6,5[4]. Zum Nachweis von Allicin siehe Literatur[5,6]. – *E* (+)-*S*-((*E*)-1-propenyl)-L-cysteine (*R*)-sulfoxide

*Lit.:* [1]Chem. Unserer Zeit **22**, 193–200 (1988). [2]Chem. Unserer Zeit **23**, 102 (1989). [3]J. Agric. Food Chem. **37**, 725–730 (1989). [4]J. Chromatogr. **462**, 137–145 (1989). [5]J. AOAC Int. **72**, 917–920 (1989). [6]Lebensmittelchemie **44**, 110f. (1990). *allg.:* Belitz-Grosch-Schieberle (5.), S. 775 – [CAS 16718-23-3]

**Propenylguaethol** [2-Ethoxy-5-(1-propenyl)phenol, FEMA 2922].

$C_{11}H_{14}O_2$, $M_R$ 178,23; Propenylguaethol kommt in *cis*- und in *trans*-Form vor, farblose bis weiße Kristalle, Schmp. 35–36°C bzw. 86°C, wenig in Wasser, zu 10% in Alkohol, gut in Öl löslich. Herstellung aus Isosafrol möglich. Das *trans*-Isomere besitzt einen süß-vanilleartigen Geruch und einen würzig-süßen, vanilleartigen Geschmack. Das in der Natur als Aromastoff noch nicht nachgewiesene Propenylguaethol ist nach der *Aromen-Verordnung für bestimmte Lebensmittel mit einer Höchstmenge von 25 mg/kg zugelassen.

*Verwendung:* Als Riechstoff in der Parfümerie, z.B. zur Erzeugung vanilleartiger Noten, selten als künstlicher Aromastoff zur Verstärkung von Vanillenoten. – *E* propenyl guaethol

*Lit.:* Bauer et al. (4.), S. 131 ▪ Beilstein EIV **6**, 6325 – [HS 2909 50; CAS 94-86-0]

**Propham** siehe *Carbamate.

**Propineb** siehe *Carbamate.

**Propionate.** Bezeichnung für Salze der *Propionsäure (z.B. Natriumpropionat) und Propionsäure-ester.

**Propionibacterium.** Gram-positive unbewegliche Stäbchen, anaerob bis aerotolerant, Katalase-positiv. Aus Monosacchariden und Lactat werden Propionsäure, Essigsäure und Kohlendioxid neben etwas Valeriansäure und Ameisensäure gebildet. Die für die Käserei wichtigen Arten (*Propionibacterium shermannii* und *Propionibacterium freudenreichii*) vermehren sich nach Abschluß der Milchsäure-Gärung in Hart- und Schnittkäse bei 22–24°C gut. Die dabei gebildeten organischen Säuren bestimmen Geschmack und Aroma des Käses (siehe *Propionsäure-Gärung), und das gebildete Kohlendioxid sorgt für die Lochbildung. *Propionibacterium* kommt in Erdboden, Pansen und Darm von Wiederkäuern, Milch, Käse, Kälberlab vor. *Propionibacterium acne* ist Bestandteil der natürlichen Hautflora, ein vermehrtes Vorkommen findet sich bei Acne vulgaris.

*Bedeutung:* *Starterkultur für die Herstellung von verschiedenen Käsesorten aus pasteurisierter Milch. Wird für die Gewinnung von Cobalaminen (*Vitamin $B_{12}$) im technischen Maßstab eingesetzt[1]. – *E* Propionibacterium

*Lit.:* [1]DFG (Hrsg.), Starterkulturen u. Enzyme für die Lebensmitteltechnik, Weinheim: VCH Verlagsges. 1987. *allg.:* Baumgart (4.), S. 339 ▪ Eady, E. A.; Gloor, M.; Leyden, J. J., *Dermatology*, (2003) **206**, 54–56 ▪ Gollnick, H., *Drugs*, (2003) **63**, 1579–1596 ▪ Hahn, H.; Falke, D.; Kaufmann, S. H.; Ullmann, U., *Medizinische Mikrobiologie und Infektiologie*, 4. Aufl.; Springer: Berlin, (2001) ▪ Jappe, U., *Acta Derm. Venereol.*, (2003) **83**, 241–248 ▪ Schlegel (7.), S. 304ff.

**Propionsäure** (Propansäure, E 280). $H_3C-CH_2-COOH$, $C_3H_6O_2$, $M_R$ 74,08. Farblose, stechend riechende Flüssigkeit, D. 0,992, Schmp. $-22\,°C$, Sdp. $141\,°C$, FP. $50\,°C$ c.c., mit Wasser beliebig mischbar, lösl. in Alkohol, Ether u. Chloroform. Azeotrope Gemische (Sdp. $99,98\,°C$) mit Wasser enthalten 17,7% Propionsäure. Die Dämpfe u. die Nebel reizen sehr stark die Augen u. die Atmungsorgane, Kehlkopfödem u. Lungenödem möglich. Kontakt mit der Flüssigkeit führt zu Verätzung der Augen u. der Haut, WGK 1.

Zu den wichtigsten Salzen s. Tabelle.

*Vorkommen:* In der Natur kommt die freie P. in einigen ether. Ölen vor. Propionsäureester sind in geringen Mengen Bestandteile vieler natürlicher Aromen. Die freie Säure bildet sich unter anderem beim therm. Abbau von tier. od. pflanzlichen Materialien. So ist sie im Holzessig u. im Steinkohlenteer enthalten. P. entsteht ferner in wechselnden Mengen bei verschiedenen Gärungsvorgängen u. Fermentationsvorgängen. Bei der Vergärung von Kohlenhydrat-Gemischen mit *Lactobacillus casei* sowie von Cellulose in Zellstoffablaugen durch *Bacillus subtilis* u. von Eiweiß od. Kohlenhydraten durch Spaltpilze, wie z.B. *Propiobacterium pentosaceum*, ist sie das Hauptprodukt. P. tritt auch während der Verdauung im Pansen von Wiederkäuern auf. P. wird bei der *Propionsäure-Gärung gebildet, so z.B. in Emmentaler-Käse in Konz. bis 1% u. in anderen Molkereiprodukten.

*Herstellung:* Nach Reppe aus Ethen, Kohlenmonoxid u. Wasser, als Nebenprodukt bei der Leichtbenzin-Oxid. zu Essigsäure, hauptsächlich aber durch Hydroformylierung von Ethen mit nachfolgender Oxidation.

*Verwendung:* Zur Synthese von Estern, z.B. Pentylpropionat als Lsm. für Harze u. Cellulose-Derivate oder Vinylpropionat als Comonomer. Eine weitere, wichtige Anwendung ist die Herstellung von Herbiziden.

In der Lebensmittelindustrie werden P. und ihre Salze als *Konservierungsmittel eingesetzt. Die antimikrobielle Wirkung der P. ist im Vergleich zu anderen Konservierungsmitteln schwach, weshalb höhere Dosierungen zur Konservierung angewendet werden müssen. Wie bei anderen Konservierungssäuren ist die Wirksamkeit von P. pH-abhängig; wegen ihres günstigen $pK_S$-Wertes vermag sie ihre Wirkung vor allem gegen Schimmelpilze schon bei pH-Werten um 5 zu entfalten. Gram-neg. Bakterien werden ebenfalls gehemmt, dage-

gen ist die Wirkung gegen Hefen sehr gering. Aufgrund dieser Eigenschaften sind die Propionate zur Konservierung von Brot und anderer hefegetriebenen Backwaren (0,1–0,3%) geeignet. Die Konservierung von Käse mit P. ist nur noch von geringer Bedeutung. Einen umfassenden Überblick über die Verw. von P. in Lebensmitteln gibt Literatur[1].

*Recht:* Propionsäure (E 280).
*Zulassung:* Zusatzstoff, der als Konservierungsmittel beschränkt zugelassen ist für u.a. vorgebackenes und abgepacktes Brot und bestimmte Feine Backwaren [*ZZulV 1998 Anlage 5 Teil C Liste 2 (andere Konservierungsmittel)].
*Reinheitsanforderungen:* *ZVerkV 1998 Anlage 2 (zu § 3 Abs. 1) Liste B Reinheitsanforderungen nach Richtlinie 96/77/EG vom 2.12.1996, Amtsblatt der EG Nr. L 339 vom 30.12.1996, S. 1 (geändert).
*Kenntlichmachung:* § 9 Abs.1 Nr. 2 ZZulV 1998 („mit Konservierungsstoff" oder „konserviert"); s. auch § 9 Abs. 8 Nr. 2 und § 6 Abs. 4 Nr. 2 in Verbindung mit Anlage 2 *LMKV.
*Weitere rechtliche Regelungen:* Verordnung (EWG) Nr. 2092/91 des Rates über den ökolog. Landbau Anlage II; Bedarfsgegenstände-Verordnung Anlage 3 und 3a; Kosmetik-Verordnung Anlage 6 (Konservierungsstoffe für kosmetische Mittel); Futtermittel-Verordnung Anlage 3 Nr. 8 (Konservierungsstoffe).

*Analytik:* Nach extraktiver od. destillativer Isolierung kann ohne Derivatisierung gaschromatograph.[2,3] untersucht werden. Da P. im längerwelligen UV-Bereich keine Absorption zeigt, sind hochdruckflüssigchromatograph. Methoden[4] weniger gebräuchlich; dünnschichtchromatograph. Bestimmungen erfordern spezielle Detektionsverfahren. Zur Anwendung der Kapillarzonenelektrophorese s. Literatur[5,6]. Amtliche Meth. zur Bestimmung von P. in Brot (L 17.00-14) u. in Feinen Backwaren (L 18.00-11) liegen vor. – *E* propionic acid

*Lit.:* [1]Lück u. Jager, Chemische Lebensmittelkonservierung, S. 151–157, Berlin: Springer 1995. [2]J. Assoc. Off. Anal. Chem. **70**, 763 (1987). [3]Dtsch. Lebensm. Rundsch. **83**, 315 (1987). [4]Zeppa, G.; Conterno, L.; Gerbi, V., *J. Agric. Food Chem.*, (2001) **49**, 2722–2726. [5]Hagberg, J.; Dahlen, J.; Karlsson, S.; Allard, B., *Int. J. Environ. Anal. Chem.*, (2000) **78**, 385–396. [6]Izco, J. M.; Tormo, M.; Jimenez-Flores, R., *J. Dairy Sci.*, (2002) **85**, 2122–2129.
*allg.:* Beilstein EIV **2**, 695 ■ Cornils, B.; Herrmann, W. A., Hrsg., *Applied Homogeneous Catalysis with Organometallic Compounds*, 2. Aufl.; Wiley-VCH: Weinheim, (2002) ■ Merck-Index (13.), Nr. 7917 ■ Ullmann (5.) **A5**, 223; **A11**, 567 – [HS 2915 50; CAS 79-09-4; G 8, III]

Tab.: Propionate.

| | Summen-formel | $M_R$ | Löslichkeit[a] | | | | EG-Nr. | CAS |
|---|---|---|---|---|---|---|---|---|
| | | | in Wasser | | in Alkohol | | | |
| | | | 25 °C | 100 °C | | | | |
| Natriumpropionat | $C_3H_5NaO_2$ | 96,7 | >50 | 150 | 4,1 | | E 281 | 137-40-6 |
| Calciumpropionat | $C_6H_{10}CaO_4$ | 186,22 | 30 | 55,8 | wenig löslich | | E 282 | 4075-81-4 |
| Kaliumpropionat | $C_3H_5KO_2$ | 112,18 | löslich | – | – | | E 283 | 137-40-6 |

[a] Löslichkeit in g/100 mg Lösemittel.

**Propionsäure-Gärung.** Essentieller Fermentationsschritt für Hartkäse des Typs „Emmentaler" (s. *Käse). Propionibakterien reduzieren Pyruvat in Ggw. von Biotin auf kurzem Wege zu Propionsäure[1], Lactat wird hingegen zu Propionsäure, Essigsäure u. $CO_2$ vergoren. In der Emmentaler-Käserei arbeitet man mit Zusatz von Propionibakterien[2] (s. *Propionibacterium; Rein- od. Molkekulturen). Der Käse wird nach dem Salzbad (2–3 d) 10–14 d getrocknet, dann im „Heizkeller" bei 22–24°C (6–8 Wochen) fermentiert. Dabei entstehen die Lochung ($CO_2$) u. der charakterist. Geschmack. Die Reifung ist erst nach etwa 25 Wochen abgeschlossen. Propionibakterien sind relativ salztolerant[3], werden aber von Nitrit unterdrückt. Hartkäsen darf Nitrat wegen der Unterdrückung der P.-G. nicht zugesetzt werden. – E propionic acid fermentation

*Lit.:* [1] Bender, Biologie u. Biochemie der Mikroorganismen, S. 159f., Weinheim: Verl. Chemie 1970. [2] Teuber, Mikrobiologie für das Molkereifach (2.), Gelsenkirchen: Th. Mann 1987. [3] Fox (Hrsg.), Cheese-Chemistry, Physics and Microbiology, Bd. 1, S. 251f., London: Elsevier 1987.

**Propoxur** siehe *Carbamate.

**Propylenbisdithiocarbamate** siehe *Carbamate.

**Propylenchlorhydrine** siehe *Chlorpropanole.

**1,2-Propylenglycol** siehe *Glycole.

**Propylenglycolalginat** siehe *Alginsäureester.

**Propylgallat** siehe *Gallussäureester.

**Prorennin** siehe *Lab.

**Protease-Inhibitoren.** 1. Bezeichnung für *Proteine ($M_R$ 6000–46000), die sich aufgrund ihrer Disulfid-Brücken-reichen Struktur durch eine hohe Stabilität gegen thermische Denaturierungen und den Abbau durch intrazelluläre *Proteasen auszeichnen. Die Spezität der Protease-Inhibitoren ist sehr unterschiedlich, so hemmen einige ausschließlich *Serin-Proteasen, z.B. Antithrombin III das Thrombin. Kallikrein und andere Proteasen, die an den Vorgängen der Blutgerinnung beteiligt sind, werden irreversibel gehemmt. Protease-Inhibitoren bilden dabei temporäre oder permanente Komplexe mit den Proteasen.

Von Bedeutung sind auch die Protease-Inhibitoren aus tierischem und pflanzlichem Gewebe. In Tabelle 1, S. 934 sind die lebensmittelchemisch wichtigsten Quellen von Protease-Inhibitoren und deren Spezitäten zusammengestellt. Besonders hohe Konzentrationen enthalten die Samen der Leguminosen (Sojabohne ca. 20 g/kg, weiße Bohne ca. 3,6 g/kg, Kichererbse ca. 1,5 g/kg, Mungobohne ca. 0,25 g/kg), die Knollen der Solanaceae (Kartoffel ca. 1–2 g/kg) und die Getreidekörner (ca. 2–3 g/kg). In vielen Pflanzen kommt mehr als ein Inhibitor vor (25 in Gerste, 13 in Kartoffeln, 4–6 in Leguminosen). Viele Inhibitoren wurden isoliert und in ihrer Struktur aufgeklärt. Das reaktive Zentrum enthält häufig eine Peptid-Bindung, die für das gehemmte Enzym spezifisch ist, z.B. Lys-X oder Arg-

X im Fall von Trypsin-Inhibitoren, und Leu-X, Phe-X oder Tyr-X im Fall von Chymotrypsin-Inhibitoren. Einige „double-headed" Inhibitoren enthalten zwei verschieden reaktive Zentren, die z.B. beide gegen Trypsin oder aber gegen Trypsin und Chymotrypsin gerichtet sind (*Bowman-Birk-Inhibitoren* der Leguminosen). Die biologischen Funktionen der meisten Protease-Inhibitoren pflanzlichen Ursprungs sind unbekannt.

Üblicherweise wird die Inhibitoraktivität mit kommerziellen tierischen Enzymen bestimmt, also z.B. mit Rindertrypsin oder Rinderchymotrypsin. Humantrypsin wird durch Protease-Inhibitoren aus Leguminosen im allgemeinen im gleichen Umfang oder etwas weniger gehemmt als Rindertrypsin. Humanchymotrypsin wird dagegen von den meisten Leguminosen wesentlich stärker gehemmt. *Ovomucoid und Ovoinhibitor aus *Eiklar (siehe dort) sowie der *Kazal-Inhibitor* aus Rinderpankreas hemmen die Humanenzyme nicht. Der *Kunitz-Inhibitor* aus Rinderpankreas hemmt Trypsin, aber nicht Chymotrypsin vom Menschen. Die Stabilität eines Inhibitors bei der Magenpassage muß für die Beurteilung einer potentiellen Wirkung ebenfalls berücksichtigt werden. So wird z.B. der Kunitz-Inhibitor der Sojabohne durch Magensaft des Menschen völlig inaktiviert, der Bowman-Birk-Inhibitor aus der gleichen Quelle dagegen nicht. Aus den verfügbaren Daten folgt, daß die vom Menschen durchschnittlich produzierte Tagesmenge an Trypsin und Chymotrypsin durch Extrakte aus 100 g rohen Sojabohnen oder 200 g Linsen bzw. anderen Hülsenfrüchten vollständig hemmbar ist.

Im allgemeinen sind die Protease-Inhibitoren thermolabil, so daß sie durch geeignete Erhitzungsverfahren mehr oder weniger weitgehend inaktiviert werden können, wobei die Prozeßparameter (Zeit, Temperatur, Druck, Wassergehalt der Probe) von großem Einfluß sind.

*Verwendung:* Biotechnologisch gewonnene Protease-Inhibitoren aus Mikroorganismen (siehe Tabelle 2, S. 934) erlangen zunehmende Bedeutung als pharmazeutische Präparate. In der Medizin werden einige Protease-Inhibitoren zur Stimulierung des Immunsystems in der Antitumor-Therapie verwendet.

2. *Synthetische Protease-Inhibitoren* haben als antivirale Wirkstoffe in der HIV-/AIDS-Behandlung Bedeutung erlangt. Die Protease-Inhibitoren hemmen die HIV-Protease, ein Enzym, das für die Reifung des Viruspartikels erforderlich ist. Allgemein besitzen Protease-Inhibitoren unter anderem für folgende Krankheiten therapeutische Bedeutung: mikrobielle Infektionen, virale Infektionen, parasitäre Erkrankungen (z.B. Malaria), Entzündung, Asthma, Metastasierung und Tumorwachstum, neurodegenerative Erkrankungen (z.B. Alzheimer); darüber hinaus beim Gerinnungsgeschehen, bei immunologischen Interventionen und Apoptose.

Protease-Inhibitoren dienen auch als Modelle für die Entwicklung von synthetischen Inhibitoren, die

Tabelle 1: Lebensmittelchemisch relevante Protease-Inhibitoren tierischen und pflanzlichen Ursprungs.

| Quelle/Inhibitor | | $M_R$ | Hemmung von[a] | | | | | | |
|---|---|---|---|---|---|---|---|---|---|
| | | | T | CT | P | Bs | AP | Sg | PP |
| **Tierische Gewebe** | | | | | | | | | |
| Rinderpankreas | Kazal-Inhibitor | 6153 | + | − | − | | | | |
| | Kunitz-Inhibitor | 6512 | + | + | − | − | − | + | |
| Hühnerei | Ovomucoid | 27000–31000 | + | − | | − | − | | |
| | Ovoinhibitor | 44000–52000 | + | + | − | + | + | | |
| | Ficin-Papain-Inhibitor | 12700 | − | − | + | − | | | |
| **Pflanzliche Gewebe** | | | | | | | | | |
| Cruciferae | | | | | | | | | |
| *Raphanus sativus* [b] | | 8000–11200 | + | ± | − | + | | + | |
| *Brassica juncea* [b] | | 10000–20000 | + | ± | | | | | |
| Leguminosae | | | | | | | | | |
| *Arachis hypogaea* [b] | | 7500–17000 | + | + | | | | | |
| *Cicer arietinum* | | 12000 | + | | | | | | |
| *Dolichos lablab* [b] | | 9500–23500 | + | + | − | | | | |
| *Glycine max* | Kunitz-Inhibitor | 21500 | + | + | − | − | | | |
| | Bowman-Birk-Inhibitor | 8000 | + | + | − | | | + | |
| *Lathyrus odoratus* | | 11800 | + | + | | | | | |
| *Lathyrus sativus* [b] | | | + | | | | | | |
| *Phaseolus aureus* [b] | | 8000–18000 | + | ± | + | | | | |
| *Phaseolus coccineus* [b] | | 8800–10700 | + | + | | | | | |
| *Phaseolus lunatus* [b] | | 8300–16200 | + | + | − | − | | ± | |
| *Phaseolus vulgaris* [b] | | 8000–10000 | + | + | − | | | | |
| *Pisum sativum* [b] | | 8000–12800 | + | + | | | | | |
| *Vicia faba* [b] | | 23000 | + | + | | | | | |
| *Vigna sinensis* | | 9500–13300 | + | + | | | | | |
| Convolvulaceae | | | | | | | | | |
| *Ipomoea batatas* [b] | | 23000–24000 | + | − | | | | | |
| Solanaceae | | | | | | | | | |
| *Solanum tuberosum* [b] | | 22000–42000[c] | ± | ± | − | ± | ± | ± | ± |
| Bromeliaceae | | | | | | | | | |
| *Ananas comosus* [b] | | 5500 | + | | + | | | | |
| Gramineae | | | | | | | | | |
| *Hordeum vulgare* [b] | | 14000–25000 | ± | − | − | ± | ± | ± | |
| *Oryza sativa* [b] | | | ± | − | | + | | | |
| *Secale cereale* [b] | | 10000–18700 | + | + | − | | | | |
| *Triticum aestivum* [b] | | 12000–18500 | ± | − | − | | | | |
| *Zea mays* [b] | | 7000–18500 | + | + | | | | | |

[a] T: Trypsin, CT: α-Chymotrypsin, P: Papain, Bs: *Bacillus-subtilis*-Proteasen, AP: *Aspergillus*-spp.-Proteasen, Sg: *Streptomyces-griseus*-Proteasen, PP: *Penicillium*-spp.-Proteasen; +: gehemmt, −: nicht gehemmt, ±: gehemmt durch einige Inhibitoren.
[b] Die Eigenschaften verschiedener Inhibitoren sind zusammengefaßt.
[c] Untereinheiten 6–10000.

Tabelle 2: Protease-Inhibitoren aus Mikroorganismen (Beispiele).

| Inhibitor | Inhibiertes Enzym | Mikroorganismus | Anwendung |
|---|---|---|---|
| Pepstatine | saure Proteasen, z. B. Pepsin | *Streptomyces testaceus, Streptomyces argenteolus* | Magengeschwüre |
| Antipain | Papain | *Streptomyces yokusukanensis, Streptomyces michiganensis* | fiebersenkend |
| Chymostatine | Chymotrypsin | *Streptomyces hygroscopicus, Streptomyces lavendulae* | fiebersenkend |
| Elastinal | Elastase | *Streptomyces griseoruber* | Pankreatitis |
| Leupeptine | Trypsin, Plasmin | *Streptomyces* spp. | fiebersenkend |
| Bestatin | Aminopeptidasen | *Streptomyces olivoreticuli* | krebshemmend |

zur biospezifischen Chromatographie (*Affinitäts-chromatographie) eingesetzt werden.

Die ebenfalls zu den Protease-Inhibitoren zählenden synthetischen Substanzen Diisopropylfluorophosphat (DFP, Fluostigmin, Isofluorphosphat) und Phenylmethansulfonylfluorid (PMSF) reagieren mit Serin am aktiven Zentrum von Serin-Proteasen und führen dadurch zu einem irreversiblen Aktivitätsverlust. Komplexbildner wie EDTA (*Ethylendiamintetraessigsäure) und EGTA sind Inhibitoren für Metalloproteasen. Solche nieder-molekularen Protease-Inhibitoren werden beim Aufschluß von Mikroorganismen zugesetzt, um die Proteolyse durch freigesetzte Proteasen zu unterdrücken. – *E* protease inhibitors

*Lit.:* Crommentuyn, K. M.; Huitema, A. D.; Beijnen, J. H., *J. Pharm. Biomed. Anal.*, (2005) **38**, 139–147 ▪ Dubin, G., *Cell Mol. Life Sci.*, (2005) **62**, 653–669 ▪ Ogden, R. C.; Flexner, C. W., *Protease Inhibitors in AIDS Therapy (Infection Diseases and Therapy)*, Dekker: New York, (2001) ▪ Owen, A.; Khoo, S. H., *J. HIV Ther.*, (2004) **9**, 97–101 ▪ Vogel, M.; Rockstroh, J. K., *Expert. Opin. Drug Saf.*, (2005) **4**, 403–420

**Proteasen** (Peptidasen, Peptid-Hydrolasen, EC 3.4). Sammelbez. für Enzyme, welche die hydrolyt. Spaltung der Peptid-Bindung (*Proteolyse*) in Proteinen u. Peptiden katalysieren, daher systemat. zu den Hydrolasen gerechnet u. in *Endopeptidasen* (Proteinasen) u. Exopeptidasen (früher: Peptidasen) unterteilt werden.

*Vorkommen:* In allen Lebewesen, intrazellulär im Cytoplasma (*Calpaine), in Lysosomen, Vakuolen (in Pflanzenzellen) u.a. Organellen, vielfach jedoch als Exoenzyme (Ektoenzyme, sekretor. Enzyme), so z.B. im Verdauungstrakt der Tiere, im Blutplasma u. als Ausscheidungen von Mikroorganismen u. Pilzen in deren Kulturfiltraten.

*Eigenschaften:* Nach dem pH-Optimum ihrer Wirkung teilt man die P. in *saure, neutrale* u. *alkal.* P. ein. Nach den im aktiven Zentrum für die Katalyse verantwortlichen Gruppen, auf die man mit spezif. Hemmstoffen schließen kann, unterscheidet man *Serin-, Cystein-, Aspartat-* u. *Metalloproteasen.* Die *Serin-Proteasen wie Chymotrypsin, Subtilisin, Elastase, Trypsin werden durch Diisopropylfluorophosphat, *Cystein-Proteasen (Thiol-P., wie z.B. *Calpain, manche *Kathepsine, *Papain) durch Schwermetalle od. Oxid.-Mittel, Aspartat-P. (z.B. Pepsin, Rennin des Labs) durch Pepstatin A, Metalloproteasen durch *Ethylendiamintetraessigsäure gehemmt. Eine Übersicht über P.-Familien siehe Literatur[1].

*Physiologische Funktion:* Unspezif. P. des Magens, Darms u. Pankreas wirken als Verdauungsenzyme; unter ihrer Einwirkung werden die Nahrungsproteine in immer kleinere Bruchstücke zerlegt u. schließlich zu Aminosäuren abgebaut. In Lysosomen u. Vakuolen dienen sie dem Abbau (intrazelluläre Verdauung) von eigenen od. fremden (durch Phagocytose aufgenommenen) Proteinen, z.B. bei Entzündungsprozessen. Im Blutplasma befindliche spezif. P. besitzen Funktionen bei Steuerung der Blutgerinnung u. Fibrinolyse, dem Komplement-Syst. u. der proteolyt. Aktivierung von Peptidhormonen u. Proenzymen (s. unten). Beim Protein-Transport durch Membranen, etwa in Mitochondrien, werden durch P. Signalpeptide abgespalten (Signalpeptidasen); bei der Konzeption ist die P. Acrosin beteiligt. Im Cytoplasma werden zelleigene Proteine durch *Proteasomen* Adenosin-5'-triphosphat-(ATP-)abhängig gespalten, u. zwar einerseits bei der Antigen-Präsentation mit Klasse-I-Mol. u. andererseits beim Abbau mit Ubiquitin markierter Proteine. Die Antigen-Präsentation durch Klasse-II-Mol. ist auf endosomale P. (*Kathepsine) angewiesen[2]. Die bakteriellen ATP-abhängigen P. Clp u. FtsH sowie verwandte mitochondriale P. können alternativ als Chaperone wirken[3]. P. wie Thrombin u. Trypsin können auch geeignete Rezeptoren durch Spaltung aktivieren (*Proteinase-aktivierte Rezeptoren*), die über G-Proteine Signalketten auslösen[4]. Mikroorganismen setzen P. zum Teil zur Erhöhung ihrer Virulenz (Angriff auf den Makroorganismus) ein; spezif. virale P. werden für die Bildung der Virus-Proteine aus Polyproteinen benötigt; deshalb verwendet man Inhibitoren der P. des Virus HIV-1 als AIDS-Therapeutika, wobei die

Entstehung resistenter Virus-Stämme noch ein Problem darstellt[5]. Einige P. fördern Tumorwachstum u. Metastasierung[6]. Wegen der Beteiligung bestimmter P. an verschiedenen weiteren Krankheiten (z.B. Asthma, Osteoporose, Thrombose, Erkältung, Schistosomiasis) werden ebenfalls spezif. Inhibitoren als potentielle Heilmittel gesucht[7]. Auch bei verschiedenen Stadien der Apoptose spielen P. bedeutende Rollen[8].

Der potentiell zerstörerischen Wirkung der proteolyt. Enzyme wird von den Organismen auf verschiedene Weise Rechnung getragen. Die meisten innerzellulären P. befinden sich in durch Membranen abgegrenzten Reaktionsräumen (Lysosomen, Endosomen); wenn nicht, unterliegen sie bestimmten Regulationsmechanismen. So werden z.B. die im Cytoplasma lokalisierten Calpaine durch Calcium-Ionen aktiviert; Proteasomen u. andere selbstaggregierende P.[9] verbergen ihre proteolyt. aktiven Zentren im Inneren von Kanälen, die diese Protein-Komplexe durchziehen. Signalpeptidasen wirken selektiv bei Vorhandensein bestimmter Signalsequenzen (Signalpeptide). Im Blutplasma (wo sie ca. 10% des Proteins ausmachen) wie auch in anderen Geweben befinden sich verschiedene natürliche *P.-Inhibitoren*[10], d.h. Polypeptide, die – meist spezif. – die Aktivität der P. hemmen, z.B. $\alpha_1$-Antitrypsin, Antithrombin III, Aprotinin, (pankreat. Trypsin-Inhibitor), $\alpha_2$-Makroglobulin, Protease-Nexine. Pflanzensamen (z.B. Sojabohnen), Gemüseknollen u. -wurzeln (z.B. Kartoffeln) enthalten ebenfalls P.-Inhibitoren, weshalb sie in rohem Zustand schwer verdaulich sind. Die Verdauungsenzyme sowie die P. des Blutgerinnungs- u. Komplement-Syst. werden als inaktive Vorstufen (*Proenzyme, Zymogene*) synthetisiert, die durch andere P. aktiviert werden müssen.

*Verwendung:* In der *enzymatischen Analyse, zur Endgruppenbestimmung, Sequenzanalyse u. Reinigung von Proteinen, techn. in der Leder-Ind. zur Enthaarung, Weiche u. Beize, in der Waschmittel-Ind. (z.B. Subtilisin), in der Nahrungsmittel-Ind. bei der Herst. von Käse (Lab od. mikrobielle P.), Brot, Keksen u. in der Behandlung von Mehl, Milch, Bier sowie in der Futtermittelindustrie. In Umkehrung der normalerweise katalysierten Spaltungsreaktion können P. auch zur Peptid-Synth. benutzt werden[11]. – *E* proteases

*Lit.:* [1]Barrett, Handbook of Proteolytic Enzymes, San Diego: Academic Press 1998. [2]Science **280**, 394f. (1998); Trends Biochem. Sci. **22**, 377–382 (1997). [3]Trends Biochem. Sci. **22**, 118–123 (1997). [4]Am. J. Physiol. – Cell Physiol. **43**, C1429–C1452 (1998). [5]Exp. Opin. Ther. Patents **7**, 111–121 (1997). [6]Cancer J. **10**, 80–86 (1997). [7]Science **277**, 1602f. (1997). [8]Cell Death Different. **4**, 457–462 (1997); FASEB J. **10**, 587–597 (1996). [9]Trends Biochem. Sci. **22**, 399–404 (1997). [10]Biochem. J. **315**, 1–9 (1996); Cheronis u. Repine, Proteases, Protease Inhibitors and Protease-Derived Peptides. Importance in Human Pathophysiology and Therapeutics, Basel: Birkhäuser 1993; J. Insect Physiol. **43**, 885–895 (1997). [11]Biol. Chem. **377**, 455–464 (1996). – *[HS 3507 90]*

**Protein-Bestimmung.** Ermittlung der Protein-Menge in biologischen Proben bzw. in gepufferten

Tabelle: Übersicht über gebräuchliche Protein-Bestimmungsmethoden.

| Methode | Reaktionsprinzip | Empfind-lichkeits-bereich | Störungen | Bemerkungen |
|---|---|---|---|---|
| Biuret | Farbkomplex zwischen Peptid-Bindung und Kupfer-Ionen | 1 – 10 mg | Trübung durch Lipide, Puffer (Tris) | wenig sensitiv, geringe Störanfälligkeit |
| Mikrobiuret | wie Biuret | 0,1 – 2 mg | Tris, Ethanolamin, Histidin, Threonin, Serin | |
| Lowry | Kombination der Biuret-Reaktion mit der Reduktion des Folin-Reagenzes durch aromatische Aminosäuren | 0,01 – 0,3 mg | Puffer (Tris, HEPES, Tricine), Zucker, Ammoniumsulfat, Salze, EDTA, reduzierende Agenzien, Ficoll, Triton X-100, Ampholine u. a. | sehr störanfällig, geringe Linearität, instabil bei alkalischem pH |
| BCA | Kombination der Lowry-Methode mit Bicinchonin-Reagenz | 0,2 – 50 μg | EDTA, Ammoniumsulfat, Zucker | weniger störanfällig als Lowry |
| Amidoschwarz | Bindung an basische Aminosäuren des Proteins | 1 – 100 μg | Phosphat, Glycerol, Polyethylenglycol | Waschen und Extraktion des Farbstoffs erforderlich |
| Coomassie Brilliant Blue | Bindung an Proteine und Verschiebung des Absorptionsmaximums | 0,2 – 50 μg | Tris, EDTA, Harnstoff, Detergenzien (Triton X-100, SDS) Ampholyte, Phenol | einfaches Verfahren, unterschiedliche Intensität bei verschiedenen Proteinen, nicht-lineare Standardkurven |
| Absorption 280/260 nm | Verhältnis Absorptionsmaxima aromatischer Aminosäuren/ Nucleotiden | 0,1 – 2 mg | andere absorbierende Verbindungen | kein Protein-Verlust, einfache Methode, abhängig von der Aminosäure-Zusammensetzung |
| Absorption 224 – 233,3 nm | isoabsorptive Wellenlängen von Nucleotiden | 0,01 – 0,3 mg | andere absorbierende Verbindungen, Puffer | einfache Methode, kein Protein-Verlust |
| Absorption 205 nm | Peptid-Bindung | 0,01 – 0,1 mg | vielerlei absorbierende Substanzen, Puffer, Salze | gutes Spektrometer erforderlich, geringer Einfluß der Aminosäure-Zusammensetzung |
| Kolloidales Gold | Absorptionsverschiebung durch Protein-Bindung | 0,02 – 0,7 μg | Adsorption an Glas und Kunststoff | äußerst empfindliche Methode, fehlerhafte Werte bei Überladung |
| Fluorescamin | Protein-Fluorescamin-Komplex | 0,5 – 50 μg | Amine, Amin-haltige Puffer | Fluorimeter erforderlich |

wäßrigen Lösungen. Nach ihren Reaktionsprinzipien lassen sich die wesentlichen Methoden in drei Klassen einteilen: Chemische Reaktionen (Biuret-Reaktion, Lowry-Methode, BCA-Protein-Test), Farbstoffbindung [Amidoschwarz, Coomassie® Brilliant Blue (Bradford-Bestimmung)] und Absorptionsmethoden.

Die Methoden differieren stark bezüglich ihrer Empfindlichkeit und störender Einflüsse durch Puffer, Salze, Detergenzien usw. (siehe Tabelle). Präzipitation bzw. Dialyse der Protein-Proben vor dem Test ist zu empfehlen. Die verschiedenen Methoden der Protein-Bestimmung beruhen zumeist auf der Reaktion mit bestimmten Aminosäure-Resten der Proteine und werden demzufolge durch die relative Aminosäure-Zusammensetzung beeinflußt. Für Absolutbestimmung ist es erforderlich, Standardkurven des zu bestimmenden Proteins zugrunde zu legen. Zur Bestimmung des Stickstoff-Gehaltes bzw. der Proteine in Lebensmitteln wird häufig die *Kjeldahl-Methode eingesetzt. – *E* protein determination, protein measurement

*Lit.:* Renneberg, R.; Wollenberger, U.; Bier, F. F., *Analytische Biochemie*, Wiley-VCH: Weinheim, (2003)

**Protein-Biosynthese** siehe *Proteine.

**Proteine** (Eiweiße, Eiweißstoffe). Auf Berzelius zurückgehende, seit Mulder (1838) gebräuchliche und von griechisch proteuein = „der Erste sein" abgeleitete Sammelbezeichnung für natürlich vorkommende Copolymere, die sich in der Regel aus 20 verschiedenen α-*Aminosäuren (im folgenden: AS) als Monomere zusammensetzen. Von den nahe verwandten Polypeptiden werden sie aufgrund ihrer molekularen Größe unterschieden, wenn auch nicht immer streng abgegrenzt: Ab etwa 100 Monomer-Einheiten (AS-Resten) spricht man meist von Proteinen. Es ergeben sich $M_R$ von 10000 bis mehrere Millionen.

Die Aufeinanderfolge der einzelnen Bausteine (Primärstruktur) unterliegt im Allgemeinen keinen offensichtlichen Gesetzmäßigkeiten, so daß potentiell jede Kombination möglich ist. Gäbe es von jedem möglichen Protein-Molekül nur ein Exemplar und würden nur Molekülgrößen entsprechend 150 AS-Einheiten betrachtet, so ergäbe sich bei 20 verschiedenen AS die unvorstellbar große Zahl von $20^{150}$ (eine Zahl mit 195 Stellen) unterschiedlicher Moleküle, die unser Weltall etwa $10^{90}$mal auffüllen könnten. Die Auswahl aus dieser Fülle treffen die Lebewesen nach Maßgabe der genetischen Information (siehe im Abschnitt Biosynthese). Man schätzt, daß in unserem Lebensraum ca. $10^{11}$ verschiedene Proteine vorkommen; ein Höherer Organismus soll ca. $10^5$–$10^6$ verschiedene Proteine enthalten.

Man teilt die Proteine nach Gestalt und Verhalten gegen Wasser und Salze ein in globuläre Proteine z.B. *Albumine, *Globuline, *Gluteline, Histone, *Prolamine, Protamine, sowie *Skleroproteine, z.B. *Keratine, Fibroin, *Elastin, *Collagene. Nach der Zusammensetzung trifft man die Einteilung in einfache Proteine, deren Hydrolyse nur AS ergibt, und zusammengesetzte Proteine (*konjugierte Proteine*, veraltet Proteide), die außer AS für die spezifischen Eigenschaften essentielle Nichtprotein-Komponenten – die prosthetischen Gruppen (im folgenden in Klammern; gegebenenfalls mit Beispiel) – enthalten: Nucleoproteine (Nucleinsäuren; Chromatin), *Glycoproteine (Kohlenhydrate; Lektine, Antikörper, Blutgruppensubstanzen), *Lipoproteine (Lipide), *Phosphoproteine (Phosphorsäure; Casein, Vitelline), Chromoproteine (Farbstoffe; Hämoglobin, Cytochrome, Katalase, Rhodopsin), Metallproteine (Metalle; Caeruloplasmin, Transferrin, Ferredoxin und andere Eisen-Proteine) und andere mehr.

*Vorkommen und biologische Bedeutung:* Proteine sind in der belebten Welt allgegenwärtig. Neben Kohlenhydraten und Fetten sind sie die dritte große Gruppe von Nahrungs- und Reservestoffen. Auf der Anwesenheit bestimmter Proteine beruhen Struktur, Funktion und Stoffwechsel aller lebenden Zellen und Gewebe; in gewissem Sinn sind die Proteine die Träger der Lebensfunktionen schlechthin. Man findet sie gleichermaßen in Tieren, Pflanzen und Mikroorganismen, so z.B. in den Muskeln (Actin, *Myoglobin, Myosin), im Blut (Hämoglobin), in Bindegewebe, Sehnen und Bändern (*Collagene, *Elastin), im Serum (Fibrinogen, *Immunglobuline), in Wolle, Haaren, Hörnern, Hufen, Klauen, Nägeln usw. (*Keratine), in den Seidenfäden (Fibroin), in Weichtierschalen (Conchagene), in Knochen (Ossein), in der Milch (*Albumine, *Casein) usw. – eine vollständige Aufzählung erscheint weder möglich noch sinnvoll. Der Protein-Gehalt tierischer und pflanzlicher Organe ist sehr verschieden, z.B. Fleisch (Muskelgewebe, Rind) 19%, Fisch 16–18%, Knochen (Rind) 30%, Haut 90–97%, Horn, Klauen, Haare 90–100%, Blut (Mensch) 21%, Milch (Mensch) 1%, (Kuh) 3,2%, (Schaf) 5,6%, Eiklar (Huhn) 12–13%. Pflanzliches Protein ist vorwiegend in Samen, Knollen usw. gespeichert, z.B. in Getreidekörnern (10–12%), Lupinensamen (37%), Sojabohnen (36%), Kartoffelknollen (nur 2%).

Vielfältig sind auch die Funktionen der Proteine im Organismus: Als *Enzyme (Beispiele siehe dort), Transport- und Speichermoleküle (Ferritin, Hämoglobin), molekulare Motoren (Dynein, Kinesin, Myosin), Gerüstsubstanzen (*Skleroproteine) mit mechanisch stützenden Funktionen (*Keratine, *Collagene, Ossein), im Immunsystem (*Immunglobuline, Komplement), als Hormone [Follitropin (FSH), Thyrotropin], Hormon- und Neurotrans-

mitter-Rezeptoren, Regulatoren (Enzym-Inhibitoren, Transkriptionsfaktoren), Schlangengifte, *Bakterientoxine, als Reservestoffe (*Gliadin, *Zein, Edestin) in Pflanzenorganen usw.

*Eigenschaften: Dissoziation:* Die Proteine sind wie die Aminosäuren amphotere Stoffe. Im Gegensatz zu diesen liegen sie aber in Abhängigkeit vom pH-Wert als polyvalente Kationen, Anionen oder Zwitterionen vor. Der Hauptanteil an dissoziablen Gruppen wird von den funktionellen Gruppen der Aminosäuren-Seitenketten gestellt. Im Gegensatz zu den Aminosäuren können die Werte bei Proteinen sehr stark schwanken, da die Dissoziation durch Nachbargruppen im Makromolekül beeinflußt wird. Man unterscheidet zwischen der Gesamtladung eines Proteins (englisch total charge) und der Überschußladung (englisch net charge), die je nach pH-Wert positiv, Null oder negativ sein kann. Da Proteine nicht nur mit Protonen, sondern auch mit anderen Ionen in Wechselwirkung treten, muß zwischen einem isoionischen und einem isoelektrischen Punkt unterschieden werden. Der *isoionische Punkt* ist definiert als der pH-Wert einer Protein-Lösung bei unendlicher Verdünnung, die keine anderen Ionen als die des Wassers enthält. Der isoionische Punkt ist eine Stoffkonstante, während der isoelektrische Punkt sich in Abhängigkeit von Art und Konzentration der anwesenden Ionen ändern kann.

*Optische Eigenschaften:* Die optische Aktivität von Proteinen geht nicht nur auf die Asymmetrie der Aminosäuren, sondern auch auf die chirale Anordnung der Peptid-Kette zurück, so daß aus Messungen der Rotationsdispersion und des Circulardichroismus Rückschlüsse auf die Konformation möglich sind. $\alpha$-Helix bzw. $\beta$-Struktur (siehe unten und Sekundärstruktur) führen zu einem negativen Cotton-Effekt mit Maxima bei 199 bzw. 205 nm, ungeordnete (englisch random-coiled, Zufallsknäuel) Strukturen zu einer Verschiebung der Maxima nach kürzeren Wellenlängen bzw. zu einem positiven Cotton-Effekt.

*Löslichkeit, Hydratation, Quellbarkeit, Schaumbildung und -stabilisierung:* Im allgemeinen sind Proteine nur in stark polaren Lösemitteln wie z.B. Wasser, Glycerol, Formamid, Dimethylformamid, Ameisensäure löslich; in weniger polaren Lösemitteln, wie z.B. Ethanol ist nur in Ausnahmefällen (*Prolamine) eine merkliche Löslichkeit vorhanden. Neutralsalze haben allgemein einen zweifachen Einfluß auf die Löslichkeit von Proteinen. In niedrigeren Konzentrationen wirken sie infolge der Zurückdrängung von elektrostatischen Protein-Protein-Wechselwirkungen löslichkeitserhöhend („Einsalzeffekt"). Der Logarithmus der Löslichkeit (S) ist in diesem Bereich der Ionenstärke ($\mu$) proportional $\log S = k \cdot \mu$.

In höheren Konzentrationen setzen Neutralsalze infolge der Hydratationsneigung der Ionen dagegen die Löslichkeit von Proteinen herab („Aussalzeffekt"). Es besteht folgende Beziehung ($S_0$: Löslichkeit bei $\mu = 0$, K: Aussalzkonstante): $\log S = \log S_0 - K \cdot \mu$.

Die Ionen lassen sich bei jeweils gleichen Gegenionen nach der Größe des Aussalzeffektes in folgende Reihen ordnen (Hofmeistersche Reihen):

$$K^+ > Rb^+ > Na^+ > Cs^+ > Li^+ > NH_4^+$$

$$SO_4^{2-} > Citrat^{2-} > Tartrat^{2-} > Acetat^- > Cl^- > NO_3^- >$$
$$Br^- > I^- > CNS^-$$

Schäume sind Dispersionen von Gasen in Flüssigkeiten. Proteine stabilisieren diese durch Bildung flexibler, kohäsiver Filme um die Gasblasen. Während des Aufschlagens kommt es zur Adsorption des Proteins an der Grenzfläche über hydrophobe Bereiche, der eine partielle Auffaltung folgt (Oberflächendenaturierung). Die durch Protein-Adsorption bedingte Herabsetzung der Oberflächenspannung erleichtert die Bildung neuer Grenzflächen und weiterer Gasblasen. Die partiell aufgefalteten Proteine assoziieren unter Bildung stabilisierender Filme. Besonders geeignet sind Protein-Gemische, wie z.B. *Eiklar; Ovomucin stabilisiert den Schaum und Ovalbumin und Conalbumin fixieren ihn durch thermische Koagulation.

***Struktur:*** *Elementaranalyse:* Sie weist bei Proteinen (neben Sauerstoff, in % Trockengewicht) Kohlenstoff (50–52%), Wasserstoff (6,8–7,7%), Stickstoff (15–18%) und Schwefel (0,5–2%) nach. Häufig findet man auch noch Phosphor, gelegentlich auch Spuren von Eisen, Kupfer, Zink, Mangan, Chlor, Brom, Iod und dergleichen, die Coenzymen angehören können.

*Aminosäure-Zusammensetzung:* Der für Proteine besonders kennzeichnende Stickstoff-Gehalt ist auf ihre Grundbausteine, die AS, zurückzuführen. Mit Hilfe von Säuren, Laugen oder *Proteasen lassen sich alle Proteine nahezu restlos hydrolytisch in AS zerlegen. Die Analyse dieser *Eiweiß-Hydrolysate ergibt, daß Proteine – neben selteneren *Aminosäuren (siehe dort) – immer wieder dieselben 20 AS enthalten, wenn auch in unterschiedlichen Anteilen und nicht immer alle zugleich, nämlich Glycin (Gly), L-Alanin (Ala), L-Serin (Ser), L-Cystein (Cys), L-Phenylalanin (Phe), L-Tyrosin (Tyr), L-Tryptophan (Trp), L-Threonin (Thr), L-Methionin (Met), L-Valin (Val), L-Prolin (Pro), L-Leucin (Leu), L-Isoleucin (Ile), L-Lysin (Lys), L-Arginin (Arg), L-Histidin (His), L-Asparaginsäure (Asp), L-Asparagin (Asn), L-Glutaminsäure (Glu) und L-Glutamin (Gln). Alle optisch aktiven AS der Proteine haben also L-Konfiguration, was im folgenden bei Nennung einzelner Aminosäuren nicht mehr speziell angegeben wird.

*Peptid-Bindung:* Der Zusammenschluß dieser AS zu den hochmolekularen Proteinen geschieht durch die Bildung von Säureamid-Bindungen zwischen den Carboxy- und Amino-Gruppen verschiedener AS-Moleküle. Die Zusammensetzung aus AS und die Art der Bindung, die man als Peptid-Bindung bezeichnet, haben die Proteine mit den weniger hochmolekularen *Peptiden gemeinsam (siehe dort).

Die Polypeptid-Ketten eines makromolekularen Proteins sind sowohl in Lösung als auch im Kristall in charakteristischer Weise gewunden und gefaltet

und besitzen unter gegebenen Bedingungen eine ganz bestimmte Konformation. Bei der Struktur der Proteine unterscheidet man nach Linderstrøm-Lang zwischen Primär-, Sekundär-, Tertiär- und Quartärstruktur. Für diesen Strukturaufbau sind nicht nur die Säureamid-Bindungen, sondern darüber hinaus kovalente Disulfid-Brücken und verschiedene Arten von Nebenvalenzbindungen maßgebend, unter diesen besonders die Wasserstoff-Brückenbindung (in Abbildung 1 durch Punktlinien dargestellt).

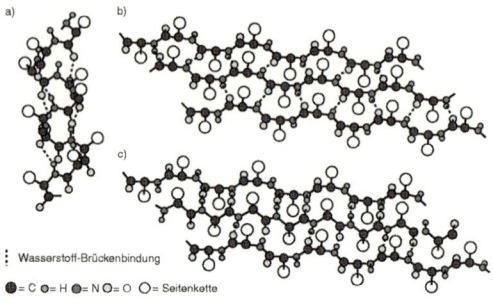

Wasserstoff-Brückenbindung
● = C ◐ = H ● = N ○ = O ○ = Seitenkette

Abbildung 1: a) α-Helix, b) paralleles und c) antiparalleles β-Faltblatt. Von den Wasserstoff-Atomen sind aus Gründen der Übersichtlichkeit nur die polarisierten gezeigt, die an Wasserstoff-Brückenbindungen teilnehmen können.

*Primärstruktur:* Aminosäure-Sequenz der Polypeptid-Kette eines Proteins. Viele Proteine werden nach der Translation, teilweise noch an der wachsenden Polypeptid-Kette modifiziert. Vielfach werden sie zunächst in Form längerer, inaktiver Vorstufen gebildet, so die Prä- und Pro-Formen von Hormonen (z.B. Präproinsulin) und Enzymen (Zymogene, z.B. Chymotrypsinogen und andere). Andererseits werden bestimmte Proteine nach ihrer Synthese mit Kohlenhydrat-Anteilen (*Glycoproteine) oder Lipiden (*Lipoproteine) kovalent modifiziert. Reversible, kovalente Modifikationen dienen der Regulation insbesondere von Enzym-Aktivitäten, wie die reversible Phosphorylierung bei verschiedenen Schlüsselenzymen des Stoffwechsels oder die Adenylylierung und Uridylylierung des Enzyms Glutamin-Synthetase.

Die Primärstruktur von Proteinen ist wegweisend für die Ausbildung übergeordneter Strukturen. Obwohl theoretisch eine außerordentlich große Zahl von Strukturen eines Protein-Moleküls denkbar ist, nehmen native Proteine der gleichen Art immer identische Konformationen ein.

*Sekundärstruktur:* Faltung von Bereichen der Polypeptid-Kette in reguläre Elemente (α-Helix, Faltblattstruktur etc.). Die Sekundärstruktur von Proteinen wird bestimmt durch Wechselwirkungen benachbarter Aminosäure-Reste. Die 1951 von LinusPauling postulierte α-Helix ist das verbreitetste Sekundärstrukturelement.

Die Faltblattstruktur (β-Faltblatt, englisch β-pleated sheet) ist die zweite häufige reguläre Sekundärstruktur von Proteinen.

Die β-Schleife ist ein Sekundärstrukturelement, das eine abrupte Umkehr der Polypeptid-Kette um

Tabelle 1: Reguläre Strukturelemente (Sekundärstrukturen) bei Proteinen.

| | $\phi$ | $\psi$ | $n^a$ | $d^b$ [nm] | $r^c$ [nm] | |
|---|---|---|---|---|---|---|
| Faltblatt parallel (β-Struktur) | −119 | +113 | 2,0 | 0,32 | 0,11 | kommt gelegentlich bei benachbarten Kettenabschnitten vor |
| Faltblatt antiparallel (β-Struktur) | −139 | +135 | 2,0 | 0,34 | 0,09 | verbreitet in Proteinen und synthetischen Polypeptiden |
| $3_{10}$-Helix | −49 | −26 | 0,30 | 0,20 | 0,19 | wurde an den Enden von α-Helices beobachtet |
| α-Helix (rechtsgängig) | −57 | −47 | 0,36 | 0,15 | 0,23 | verbreitet in globulären Proteinen, als „coiled coil" in fibrillären Proteinen |
| α-Helix (linksgängig) | +57 | +47 | 0,36 | 0,15 | 0,23 | Poly-D-aminosäuren, Poly(β-benzyl)-L-aspartat |
| π-Helix Polyglycin I | −57 | −70 | 0,44 | 0,115 | 0,28 | hypothetisch ähnlich der antiparallelen Faltblattstruktur |
| Polyglycin II (linksgängig) | −80 | +150 | 3,0 | 0,31 | | synthetisches Polyglycin ist ein Gemisch von rechts- und linksgängiger Helix, in einigen Seidenfibroinen kommt die linksgängige Helix vor |
| Polyglycin II (rechtsgängig) | +80 | −150 | 3,0 | 0,31 | | |
| Poly-L-prolin I | −83 | +158 | 3,3 | 0,19 | | synthetisches Poly-L-prolin, nur cis-Peptid-Bindungen |
| Poly-L-prolin II | −78 | +149 | 3,0 | 0,31 | | wie linksgängiges Polyglycin II, als Tripelhelix in Collagen |

[a] Rest pro Umdrehung
[b] Fortgang in Achsrichtung pro Rest
[c] Radius der Helix

180° in die Gegenrichtung bewirkt. Neben diesen regulären Sekundärstrukturelementen finden sich auch mehrere unregelmäßig geknäuelte Bereiche (Zufallsknäuel).

Aufgrund sterischer und elektrostatischer Bedingungen, durch Berechnungen von Bindungswinkeln zwischen den Atom-Gruppen der Aminosäure-Reste sowie durch vergleichende Analyse der Aminosäure-Positionen in bekannten Protein-Strukturen ist es in begrenztem Umfange möglich, aus der Primärstruktur (Sequenz) Voraussagen auf Sekundärstrukturen unbekannter Proteine zu machen.

Tabelle 1 gibt einen Überblick über reguläre Strukturelemente bei Proteinen. Die Tendenz zur Ausbildung regulärer Strukturelemente ist bei den verschiedenen Aminosäure-Resten unterschiedlich ausgeprägt. Aus der Analyse globulärer Proteine mit bekannter Konformation folgt, daß Met, Glu, Leu und Ala starke Helix-Bildner sind, Gly und Pro dagegen starke Helix-Brecher. Val, Ile und Leu begünstigen die Ausbildung von Faltblattstrukturen, während Asp, Glu und Pro sie verhindern. Über die beteiligten Bindungstypen unterrichtet Tabelle 2.

*Supersekundärstrukturen:* Verschiedene Sekundärstrukturelemente können ihrerseits zu Supersekundärstrukturen aggregieren. Hier wären vor allem die linksgängige Superhelix (coiled coil), die β×β-Einheit (auch βξβ) und die Rossman-Faltung zu nennen.

*Domänen:* Sie sind die nächsthöhere Struktureinheit von Proteinen, die den Übergang zur Tertiärstruktur markiert.

*Tertiärstruktur:* Faltung der gesamten Polypeptid-Kette. Die genaue Anordnung der Atome eines Proteins im Raum ergibt sich aus der Kombination der Sekundärstrukturelemente bzw. Domänen verschiedener Typen.

Tabelle 2: Bindungstypen bei Proteinen.

| Typ | Beispiel | Bindungsenergie [kJ/mol] |
|---|---|---|
| kovalente Bindung | —S—S— | ca. −230 |
| elektrostatische Wechselwirkung[a] | $—COO^-$ + $H_3\overset{+}{N}—$ | −21 |
| | \C=O   O=C/ | +1,3 |
| Wasserstoff-Brücken | —O—H·····O | −4 |
| | N—H·····O=C | −3 |
| hydrophobe Bindung | $CH_3$ / $H_3C$ ... —CH— ... CH— / $CH_3$ $H_3C$ | 0,00025[b] |
| | —Ala ... Ala— | −3 |
| | —Val ... Val— | −8 |
| | —Leu ... Leu— | −9 |
| | —Phe ... Phe— | −13 |
| | —Trp ... Trp— | −19 |

[a] für ε = 4
[b] pro nm Oberfläche

*Quartärstruktur:* Aggregation mehrerer Polypeptid-Ketten zu funktionellen Protein-Molekülen (Oligomere). Die überwiegende Zahl von Proteinen ist aus mehr als einer Polypeptid-Kette aufgebaut, die nicht-kovalent durch Van-der-Waals-Kräfte, hydrophobe Kontakte, Wasserstoff-Brücken oder ionische Bindungen assoziiert sind.

*Denaturierung:* Unter Denaturierung versteht man die reversible oder irreversible Änderung der nativen Konformation (Tertiärstruktur) eines Proteins, die ohne Lösung von kovalenten Bindungen (mit Ausnahme von Disulfid-Bindungen) erfolgt. Die Denaturierung kann durch Einflüsse verursacht werden, die Wasserstoff-Brücken oder hydrophobe Bindungen lösen, z.B. durch Temperatur- und pH-

Änderung, Vergrößerung der Phasengrenzfläche, Zusatz von organischen Lösemitteln, Salzen, Harnstoff, Guanidinhydrochlorid und Detergenzien wie Natriumdodecylsulfat. Bei der Auffaltung einer Peptid-Kette können auch reaktive Gruppen, z.B. Thiol-Gruppen, freigelegt werden, die durch Bildung kovalenter Bindungen, z.B. Disulfid-Brücken, zu einer irreversiblen Denaturierung führen können (Reaktion zwischen κ-Casein und β-*Lactoglobulin beim Erhitzen von Milch).

Eine durch Auffaltung globulärer Proteine bedingte Aggregation der Peptid-Ketten ist mit einer Abnahme der Löslichkeit oder der Quellbarkeit verbunden. So wird der in verdünnter Essigsäure lösliche Anteil von Weizenkleber mit zunehmender thermischer Belastung kleiner (z.B. vermindertes Volumen von Brot aus rekombinierten Mehlen). Bei fibrillären Proteinen (siehe *Skleroproteine) führt eine Denaturierung im allgemeinen zu einer Zunahme der Löslichkeit bzw. Quellbarkeit (z.B. Übergang von Collagen in *Gelatine). Gezielt beeinflußt durch Salze und pH-Änderungen wird der Quellungszustand der fibrillären Muskelproteine bei der Herstellung von Brüh- (Quellung) und Hartwürsten (Entquellung).

Gut untersucht ist die thermische Denaturierung der Molkenproteine β-*Lactoglobulin und α-*Lactalbumin. Aus reaktionskinetischen und thermodynamischen Daten folgt, daß sich die Aktivierungsenergie der Gesamtreaktion im Bereich von 80–90 °C ändert. Die höheren $E_a$-Werte bei niedrigeren Temperaturen sind der Auffaltung zuzuordnen, die bei Temperaturen <90 °C die geschwindigkeitsbestimmende Teilreaktion ist. Bei höheren Temperaturen (>95 °C) dominiert dann die Aggregation, der die niedrigere Aktivierungsenergie entspricht. Bei der Milchverarbeitung haben die Daten z.B. ermöglicht, die Abscheidung von Molkenproteinen an Erhitzungsapparaten zu vermeiden und die Eigenschaften von Joghurt-Gelen zu optimieren.

Bei biologisch aktiven Proteinen ist die Denaturierung im allgemeinen mit dem Verlust der Aktivität verbunden, die bei der Lebensmittelverarbeitung im Falle von Enzymen und Enzym-Inhibitoren häufig erwünscht ist. Ernährungsphysiologisch ist von Bedeutung, daß die Angreifbarkeit von Proteinen durch Enzyme im denaturierten Zustand meist größer ist.

*Evolution:* Der Aufbau von Proteinen kann einen Einblick in deren Evolution und damit in die der Organismen geben. Vergleiche der Primärstrukturen gleichartiger Proteine (z.B. von Cytochrom c) aus verschiedenen Organismen zeigen, daß eine unmittelbare Beziehung besteht zwischen den Veränderungen der Aminosäure-Sequenz (wie auch der Basen-Sequenz der DNA) und dem Verwandtschaftsverhältnis der Arten zueinander. Je enger die Arten einander verwandt sind, um so seltener sind Aminosäure-Austausche, so daß sich aus Sequenzunterschieden *phylogenetische Stammbäume* entwickeln lassen. Proteine unterschiedlicher Funktion im gleichen Organismus zeigen oft Übereinstimmungen in der Primärstruktur wie auch in höheren Strukturen. Dies gilt insbesondere für funktionell verwandte Proteine (z.B. Dehydrogenasen mit einer strukturell nahezu übereinstimmenden Nucleotid-Bindungsdomäne und einer, der Verschiedenartigkeit der Funktionen entsprechenden stärker veränderten katalytischen Domäne), doch finden sich auch auffallende Ähnlichkeiten bei funktionell verschiedenartigen Proteinen, wie die αβ-*Barrel-Struktur* bei Triosephosphat-Isomerase, Pyruvat-Kinase und anderen Enzymen oder die „*Kringel*"-Domäne bei Urokinase, dem Plasminogen-Aktivator und dem Thrombin.

*Reaktionen bei der Lebensmittelverarbeitung:* Veränderungen an Proteinen hängen von vielen Parametern ab, z.B. von der Zusammensetzung der Lebensmittel, Prozeßbedingungen wie Temperatur, pH-Wert, Anwesenheit von Sauerstoff. Die Folge solcher Reaktionen kann eine Verminderung der biologischen Wertigkeit eines Proteins sein, z.B. durch Zerstörung essentieller Aminosäuren, Überführung essentieller Aminosäuren in Derivate, die im Stoffwechsel nicht verwertbar sind, oder Herabsetzung der Verdaulichkeit durch intra- oder interchenare Vernetzungen.

In Gegenwart reduzierender Zucker steht die *Maillard-Reaktion mit den ε-Amino-Gruppen der *Lysin-Reste im Vordergrund, die z.B. mit Lactose oder Glucose zu Protein-gebundenem ε-*N*-Desoxylactulosyl-L-lysin oder ε-*N*-Desoxyfructosyl-L-lysin führt. Lysin ist in dieser Form biologisch nicht verfügbar. Bei der Säurehydrolyse dieser primären Reaktionsprodukte entstehen neben Lysin die Folgeprodukte *Furosin und *Pyridosin in konstantem Verhältnis. Auch nicht-reduzierende Zucker (Saccharose) können Lysin-Verluste verursachen, wenn die Reaktionsbedingungen ihre Hydrolyse begünstigen. Bei höheren pH-Werten treten Verluste an Lysin, Cystin, Serin, Threonin, Arginin und anderen Aminosäuren auf. In Hydrolysaten entsprechend behandelter Proteine finden sich unter anderem *Ornithin, 2,3-Diaminopropionsäure, *Lysinoalanin, Ornithinoalanin, Lanthionin, Methyllanthionin und D-Alloisoleucin neben D-Aminosäuren. Folgende Reaktionen liegen ihrer Bildung zugrunde: 1,2-Eliminierung führt bei Hydroxy- und Thioaminosäuren zu 2-Aminoacrylsäure (Dehydroalanin) bzw. 2-Aminocrotonsäure. Im Fall von *Cystin kann das eliminierte Thiolcystein zu einem zweiten Rest Dehydroalanin abreagieren. Alternativ ist bei *Cystein auch eine Lösung der Disulfid-Bindung durch nucleophilen Angriff am Schwefel möglich, der über Thiol und Sulfinat ebenfalls wie oben zu Dehydroalanin führt. Durch Addition von Aminen, Amiden und Thiolen bilden sich intra- und interchenare Vernetzungen aus. Auch Ammoniak kann addiert werden. Bei der Säurehydrolyse solcher vernetzter Proteine resultieren die in Tabelle 3, S. 941, zusammengestellten Aminosäuren. Ornithin entsteht durch Spaltung von Arginin. Die Bildung von D-Aminosäuren erfolgt über das durch Abstraktion eines Protons an Kohlenstoff-Atom 2 gebildete Carbanion. Besonders auffallend ist die Reaktion beim L-*Isoleucin, da hier das diastereomere D-Alloisoleucin entsteht, das im Gegensatz zu anderen D-Aminosäuren aufgrund seiner unterschiedlichen Retentionszeit im Aminosäure-Chromatogramm zu erkennen ist. Beim trockenen Erhitzen von Proteinen im Neutralbereich entstehen Isopeptid-Bindungen zwischen den ε-Amino-Gruppen von Lysin-Resten und den β- bzw. γ-Carboxamid-Gruppen von Asparagin- und Glutamin-Resten. Diese Isopeptid-Bindungen werden bei der Säurehydrolyse gespalten und führen demzufolge nicht zum Auftreten ungewöhnlicher Aminosäuren. Beim stärkeren Erhitzen von Proteinen in Gegenwart von Wasser tritt ein weitergehender Abbau ein. Oxidative Veränderungen an Proteinen betreffen vor allem *Methionin, das relativ leicht Methioninsulfoxid bildet.

Tabelle 3: Bei der Alkalibehandlung von Proteinen gebildete, ungewöhnliche Aminosäuren.

| Name | Formel |
|---|---|
| 3-$N^6$-Lysinoalanin (R = H)<br>3-$N^6$-Lysino-3-methylalanin<br>(R = CH₃) | COOH     COOH<br>H₂N—CH   CH—NH₂<br>R—CH—NH—(CH₂)₄ |
| 3-$N^5$-Ornithinoalanin (R = H)<br>3-$N^5$-Ornithino-3-methylalanin<br>(R = CH₃) | COOH     COOH<br>H₂N—CH   CH—NH₂<br>R—CH—NH—(CH₂)₃ |
| Lanthionin (R = H)<br>3-Methyllanthionin (R = CH₃) | COOH     COOH<br>H₂N—CH   CH—NH₂<br>R—CH—S—CH₂ |
| 3-Aminoalanin (R = H)<br>2,3-Diaminobuttersäure (R = CH₃) | COOH<br>H₂N—CH<br>R—CH—NH₂ |

**Biosynthese:** Die Biosynthese der Proteine aus AS oder Translation findet in eukaryontischen Zellen an den Ribosomen des Cytoplasmas, des rauhen endoplasmatischen Retikulums (ER) und der Kernhülle statt. Etwas andersgeartete Ribosomen besitzen Bakterien, Mitochondrien und Plastiden. Die genannten Zellorganellen besitzen also auch die Fähigkeit zur Protein-Synthese, importieren daneben aber viele Proteine aus dem Cytoplasma. Die Synthese der Proteine beginnt am Amino-Ende und endet am Carboxy-Terminus. Man nimmt an, daß sie sich schon während des Synthesevorgangs zu falten beginnen. Viele sekretorische Proteine tauchen – auch schon während ihrer Synthese – mit ihren aminoterminalen Erkennungssequenzen (Signalpeptiden) in die Membran des ER ein und werden dort eingeschleust. Dabei spielt ein bestimmtes Nucleoprotein, das *Signalerkennungspartikel* (englisch signal recognition particle, Abkürzung SRP), eine Vermittlerrolle. Proteine, die anschließend im ER zu verbleiben haben, besitzen das Retentionssignal KDEL (Lys-Asp-Glu-Leu). Im Cytoplasma synthetisierte, für den Import z.B. in Mitochondrien vorgesehene Proteine besitzen ebenfalls Signalsequenzen und werden durch die äußere und die innere Membran, und zwar an deren Kontaktstellen, transportiert. Haben diese Proteine die Membranen passiert, werden sie durch spezifische *Proteasen ihres Signalpeptids entledigt, wodurch der Transport irreversibel wird, und

falten sich mit Unterstützung durch das Hitzeschock-Protein hsp60. Für die innere Mitochondrienmembran oder den Membranzwischenraum besitzen bestimmte Proteine weitere Signalsequenzen. Noch komplizierter ist der Protein-Transport in Chloroplasten, da bei diesen zusätzlich das Kompartiment der Thylakoide als Bestimmungsort in Frage kommt. In den Zellkern gelangen Proteine, welche die dementsprechende Signalsequenz besitzen, durch die Kernporen mit Hilfe des Kernporen-Komplexes und verschiedener löslicher Proteine wie Importin und des kleinen GTP-bindenden Proteins Ran.

Während der Translation (cotranslational) finden mit der Acetylierung und/oder Entfernung eines Methionin-Rests bei Eukaryonten bereits Modifizierungen des Amino-Terminus des entstehenden (naszierenden) Proteins statt. Im ER und im Golgi-Apparat, über den die Proteine per Vesikeltransport zum Bestimmungsort wandern (z.B. Cytoplasma-Membran, Vakuole, Lysosomen), aber auch im Cytoplasma erfolgen etliche posttranslationale Modifizierungen, darunter Acylierung, Carboxylierung (in Position 4 von Glutaminsäure-Resten – *Vitamin-K-abhängig), Glycosylierung, Glypiierung (Anknüpfung eines Glycosylphosphatidylinosit-Ankers), Prenylierung, Disulfid-Isomerisierung (durch Protein-Disulfid-Isomerase, EC 5.3.4.1), Hydroxylierung (von Lysin und Prolin – L-*Ascorbinsäure-abhängig, siehe *Collagene), Phosphorylierung (an Threonin, Serin, Tyrosin), Sulfatierung (an *Tyrosin), Protein-Spleißen. Auch Proteohormone bzw. Peptid-Hormone und sekretorische Enzyme müssen aus (nicht oder anders aktiven) Vorstufen (Prohormonen bzw. Proenzymen oder Zymogenen) „herausgeschnitten" werden.

**Abbau:** Von außen mit der Nahrung zugeführte Proteine werden im Verdauungstrakt, körpereigene dagegen meist intrazellulär zu AS abgebaut. Bei der Verdauung erfolgt im Magen und Darm eine Aufspaltung in Peptide bzw. AS durch Proteasen, die allerdings zuvor erst aus ihren Zymogenen freigesetzt werden müssen. Die Spaltprodukte wandern durch die Darmwand und werden in den arbeitenden Zellen (nach erfolgter Desaminierung) zu Kohlendioxid und Wasser oxidiert (Katabolismus) oder aber mit Hilfe von Nucleinsäuren und Enzymen zu arteigenen Eiweißstoffen zusammengefügt (Anabolismus). Beim vollständigen Abbau ergibt 1 g Protein die Energie von etwa 17,2 kJ (4,1 kcal).

Durch oxidative Prozesse und Glycosidierung altern die Proteine. Die menschlichen Eiweißstoffe der Leber werden in 10–20 Tagen, diejenigen der Haut und Muskulatur in ca. 160 Tagen zur Hälfte erneuert. Die Hälfte des menschlichen Bluteiweißes wird in 10 Tagen ab- und wieder aufgebaut, und täglich werden 9% der Plasma-Albumine umgesetzt. Bei Eukaryonten werden intrazelluläre Proteine, die im Cytoplasma abgebaut werden sollen, von einem Multienzym-Komplex an ihrem aminoterminalen AS-Rest sowie einer AS im Inneren der Kette erkannt und mit mehreren Molekülen des Polypeptids Ubiquitin verknüpft. Dies ist das „Brandzeichen" für einen Adenosin-5'-triphosphat-abhängigen Protease-Komplex (Proteasom), der die ubiquitinierten Proteine verdaut. Bei Proteolyse innerhalb von tierischen Zellen spielen auch Lysosomen und die darin enthaltenen *Kathepsine eine wichtige Rolle. Dabei werden Proteine, die bestimmte AS-Sequenzen enthalten, schneller abgebaut als andere.

*Ernährungsphysiologie*: Bei der Nutzung der Proteine denkt man zunächst an die Ernährung von Mensch und Tier. Unter allen Nahrungsmitteln kann das Protein dabei am wenigsten entbehrt werden. Durch gesteigerte Eiweiß-Verbrennung läßt sich ein Ausfall an Fetten und Kohlenhydraten für einige Zeit ausgleichen, dagegen erfolgt bei völlig fehlender Protein-Zufuhr (selbst bei überreichlicher Zufuhr an Fett und Kohlenhydraten) eine nach kurzer oder längerer Zeit tödliche Auszehrung, da der Erwachsene täglich ca. 30 g seines Körpereiweißes verbrennt. Der tägliche Mindestbedarf an Protein (Milcheiweiß) wird von der WHO auf 37 g für einen Mann von 65 kg und auf 29 g für eine Frau von 55 kg berechnet; es gibt allerdings auch Auffassungen, daß diese Werte zu niedrig angesetzt seien. Man erwartet im allgemeinen, daß etwa 15% des Brennwertbedarfs durch Proteine gedeckt werden.

Übrigens sind die Proteine der verschiedenen Nahrungsmittel wegen unterschiedlicher AS-Zusammensetzung für den Menschen biologisch nicht gleichwertig. Wenn man z.B. für Milcheiweiß die Vergleichszahl 100 setzt, ergibt sich für Protein aus Rindfleisch 104, für Fisch-Protein 95, Reis-Protein 88, Kartoffel-Protein 79, Erbsen-Protein 55 und für Weizenmehl-Protein 40. Der biologische Wert von Hefe-Protein liegt zwischen dem von tierischem und pflanzlichem Eiweiß. Der Mensch kann also z.B. aus 100 g Fleisch-Protein bedeutend mehr körpereigene Substanz aufbauen als etwa aus 100 g Weizen-Protein oder Mais-Protein. Mangel an Protein führt besonders bei Kindern der Protein-armen, feuchten Tropengebiete oft zu ausgesprochenen, manchmal tödlichen Protein-Energie-Mangelsyndromen (PEM) wie Marasmus (kalorische Unterernährung) oder Kwashiorkor (Mehlnährschaden). Kwashiorkor wird heute zusätzlich auf eine Schädigung der Leber durch *Aflatoxine zurückgeführt.

*Herstellung:* Angesichts der großen biologischen und ernährungsphysiologischen Wichtigkeit der Eiweißstoffe kommt der ausreichenden Protein-Produktion besondere Bedeutung zu. Schon seit Jahren hält man daher nach möglichen Quellen für die zukünftige Protein-Versorgung durch unkonventionelle Methoden Ausschau. Grundsätzlich bieten sich hier die folgenden Möglichkeiten an.

*Chemisch/biochemisch/biotechnologische Methoden:* Bei den biochemischen Verfahren ließ man zunächst Zucker (Glucose, Xylose) und Stickstoffhaltige Nährsalze mit Hilfe bestimmter Wildhefen (z.B. *Torula*-Hefen) statt zu Alkohol zu Proteinen „vergären". Später fand man durch systematische

Untersuchungen – Arbeitsgebiet ist die Biotechnologie – weitere Substrate, die sich zusammen mit Stickstoff-, Schwefel- und Phosphor-Quellen zur Protein-Gewinnung eigneten, z.B. Cellulose, Sulfit-Ablaugen, Melasse und andere Abfallprodukte, Erdöl-Paraffine (zur Deckung des Weltbedarfs an Proteinen aus Erdöl würden weniger als 2% der Welterdölförderung genügen), Ethanol, Methan und Methanol. Als zur mikrobiellen Protein-Herstellung geeignete Organismen erwiesen sich neben Hefen auch Algen und Bakterien, also einzellige Mikroorganismen. Daher bezeichnet man die so produzierten Proteine heute bevorzugt als *Einzellerproteine (englisch single cell protein, Abkürzung SCP). Zwar haben sich die ursprünglichen Hoffnungen hinsichtlich der großtechnischen Gewinnung von Nahrungsprotein bisher nicht erfüllt – die meisten Protein-Qualitäten sind wegen ihres Aminosäure-Ungleichgewichts und erhöhten Nucleinsäure-Gehalts nicht ohne weiteres für den menschlichen Verzehr geeignet –, doch dürfte das SCP auf dem Umweg über Futtermittel beim Ausgleich des globalen Protein-Defizits von Nutzen sein. Einschränkend ist festzustellen, daß zur Zeit die Herstellung von Protein aus Erdöl (Petroproteine), verglichen mit derjenigen aus Methan(ol) oder gar aus Soja- oder Fischmehl (englisch fish protein concentrate, *Fischproteinkonzentrat, Abkürzung FPC), nicht wirtschaftlich ist.

Im Gegensatz zu den SCP sind Proteine aus pflanzlichen Quellen, gegebenenfalls nach Supplementierung defizitärer Aminosäuren (*Fortifikation*) und nach Texturierung (vgl. *texturierte Proteine), direkt für die menschliche Ernährung geeignet. Aus Sojabohnen lassen sich die als „textured vegetable proteins" (TVP) bekanntgewordenen, fleischähnlichen Protein-Produkte (siehe *Fleischsurrogat) gewinnen; ähnlich ist auch das von Courtaulds entwickelte „edible spun protein", das aus Puff- oder Saubohnen hergestellt wird. Als weitere pflanzliche Protein-Quellen kommen in Frage: Baumwollsamen, Sonnenblumen, Sesam, Raps, Leinsamen, Luzerne, Lupinen, Erdnüsse und selbst Gräser (englisch leaf protein concentrate, LPC).

In zunehmendem Maß werden heute die Methoden der Gentechnik zur Synthese bestimmter Proteine angewendet (englisch protein engineering; z.B. Interferon, Somatostatin, Insulin), bei denen man sich der das betreffende Protein codierenden DNA bedient, indem man diese entweder durch Total- oder Teilsynthese bereitstellt bzw. komplementäre DNA verwendet oder natürlich vorkommende DNA gezielt modifiziert (englisch site directed mutagenesis).

*Biologische Methoden:* Sie bedienen sich der systematischen und kontrollierten Züchtung von Fischen, Krebsen (z.B. Krill), Geflügel und fleischliefernden Säugetieren bzw. der qualitativen und quantitativen Verbesserung Protein-liefernder Pflanzen durch züchterische Maßnahmen.

*Reinigung:* Die Isolierung bestimmter Proteine aus biologischem Material und ihre Reinigung erfolgt klassisch durch fraktionierte Fällung mit Neutralsalzen (z. B. Ammoniumsulfat) oder organischen Lösemitteln (z. B. Aceton), durch Adsorption (z. B. an Hydroxylapatit), durch Ionenaustausch- und Gelchromatographie, verschiedene Elektrophorese-Verfahren, präparative Ultrazentrifugation. Sie wird erleichtert durch neue Entwicklungen bei der HPLC (FPLC®-System) oder durch Chromatofokussierung. Ein sehr effizientes Mittel ist oft die *Affinitätschromatographie.

*Analytik:* Zum qualitativen und teilweise quantitativen Nachweis von Proteinen siehe *Protein-Bestimmung.

*Ermittlung von Molekülgröße und Form:* Die Molmassen der makromolekularen Proteine können in Ultrazentrifugen bestimmt werden, oder sie lassen sich aus der Lichtstreuung berechnen: Protein-Lösungen sind opaleszierend (Tyndall-Effekt), und aus der Intensität des gestreuten Lichts läßt sich auf die Molmasse schließen. Als Schnellmethode hat sich die Gelelektrophorese bewährt; daneben findet die *Gelchromatographie (Gelpermeationschromatographie, Gelfiltration) Anwendung. Bei Protein-Kristallen läßt sich die Molmasse recht genau durch Röntgenmessungen ermitteln, wertvolle Aufschlüsse liefert auch die *Massenspektrometrie. Messungen der Viskosität und Strömungsdoppelbrechung haben ergeben, daß Hämoglobin, Globulin, Ovalbumin kugelförmige oder rotationsellipsoide Moleküle von Kolloidgröße, Fibrinogen, Myosin, Collagen und Seidenfibroin langgestreckte, Wollkeratin dagegen zickzackartig gefaltete Moleküle besitzen. Mit dem Elektronenmikroskop kann man zahlreiche Protein-Komplexe sichtbar machen; z. B. Tabakmosaikvirus, ATP-Synthase, Pyruvat-Dehydrogenase-Komplex. Zur Untersuchung von Proteinen siehe auch *IR-Spektroskopie.

*Aminosäure-Analyse:* Zur quantitativen Bestimmung der Zusammensetzung eines Proteins aus AS müssen diese zunächst hydrolytisch freigesetzt werden. Am häufigsten wird zu dieser Proteolyse Säure verwendet. Man erhitzt dazu das Protein 20 Stunden oder länger mit der mehrfachen Menge seines Gewichts an 6 m Salzsäure im geschlossenen Röhrchen auf 110 °C. Die heute meist automatisierte Trennung des AS-Gemisches erfolgt traditionell nach S. Moore und Stein (Nobelpreis für Chemie 1972) durch Ionenaustauschchromatographie auf sulfonyliertem Polystyrol bei steigenden pH-Werten (Moore-Stein-Analyse). Nachweis der AS durch Ninhydrin.

*Sequenzanalyse:* Nach der AS-Analyse und der Endgruppenbestimmung werden gegebenenfalls die verschiedenen Polypeptid-Ketten unter reduktivem Aufbrechen der Disulfid-Brücken getrennt. Einzeln werden sie spezifisch in Teil-Peptide „zerschnitten", z. B. enzymatisch mit Trypsin, das an der Carboxy-Gruppe von Lysin und Arginin angreift, oder chemisch mit Bromcyan an Methionin. Das Ziel ist, ausreichend kurze Peptide zu erhalten, deren Sequenzen sich in bezug auf die Gesamtsequenz überlappen, so daß eindeutig auf letztere geschlossen werden kann. Zur Ermittlung der

AS-Sequenzen sind spezifisch schrittweise arbeitende und daher mechanisierbare bzw. automatisierbare Abbaumethoden entwickelt worden (v. a. der *Edman-Abbau), die den Zeitaufwand für die Strukturermittlung von Proteinen sehr stark zu reduzieren vermögen.

*Ermittlung der Raumstruktur:* Der Helix-Anteil der Sekundärstruktur kann aus *Circulardichroismus und optischer *Rotationsdispersion abgeschätzt werden (vgl. oben bei optische Eigenschaften). Bei der Klärung der räumlichen Struktur von Proteinen hat die Kristallstrukturanalyse mit Röntgen- und Neutronen-Beugung besonders wichtige Aufschlüsse geliefert (erreichte Auflösung ca. 0,2 nm). Kendrew und Perutz (Nobelpreis für Chemie 1962) lieferten die ersten Röntgenstrukturen von Myoglobin bzw. Hämoglobin. Kleinere in Lösung befindliche Proteine sind der Strukturaufklärung durch mehrdimensionale *NMR-Spektroskopie zugänglich, wobei aufgrund der Flexibilität und Bewegung der Moleküle jeweils zahlreiche verschiedene Konformationen ermittelt werden können. Als Informationsquelle dient auch die Protein Data Bank.

*Immunchemische Charakterisierung:* Antigen-Antikörper-Reaktionen, d. h. Reaktionen zwischen für einen bestimmten Wirbeltierorganismus artfremden Proteinen (Antigenen) und körpereigenen Immunglobulinen (Antikörpern) werden in Forschung und medizinischer Diagnostik benutzt, um Proteine nachzuweisen und gegebenenfalls selektiv zu identifizieren (Immunpräzipitation, *Immunelektrophorese, Immunfluoreszenz, Immunfixation, Immunoassay, Immun-Blotting).

*Anwendung:* In der Biotechnologie, aber auch im chemischen Laboratorium, werden Proteine vor allem als Enzyme „beschäftigt". Für Untersuchungen zum Stoffwechsel, in der Cytochemie, enzymatischen Analyse und für medizinische und andere Anwendungen benötigt man oft markierte Proteine; zur Markierung eignen sich neben Radioisotopen besonders die sogenannten Fluoreszenz-, Spin- und Photoaffinity-Label bzw. Photo-Affinitätsmarkierung. Gentechnik und industrielle Mikrobiologie ermöglichen die Erzeugung pharmakologisch wichtiger Proteine in großem Maßstab; Beispiel: Peptidhormone, Interferon, Interleukin, Somatotropin, Lymphokine, Blutgerinnungsfaktoren, Impfstoffe. Da die meisten Menschen in ihren Ernährungsgewohnheiten konservativ sind und die Synthese-Proteine zudem oft AS-Ungleichgewicht und überhöhten Nucleinsäure-Gehalt aufweisen, sind die SCP vorläufig nur als Futtermittel (statt Fischmehl) verwendbar. Für die menschliche Ernährung eher nutzbare Protein-Quellen sind die Extraktionsrückstände von Ölpflanzen, *Sojabohnen (siehe auch *Sojabohnen-Erzeugnisse), in Zukunft vielleicht auch aus dem Jojoba-Strauch. Abschließend sei noch darauf hingewiesen, daß Proteine – freilich in wirtschaftlich untergeordnetem Maße – auch außerhalb des Nahrungs- und Futtermittelgebietes Verwendung finden, z. B. in Form von Eiweißfasern, Casein-Kunststoffen und Casein-Leimen, *Gelatine, *Collagenen und *Eiweiß-Hydrolysaten in Haar- und Hautkosmetika, Fettsäure-Kondensationsprodukten als Tenside (siehe *Eiweiß-Fettsäure-Kondensate), als schäumende Komponenten in Feuerlöschmitteln etc. – *E* proteins

*Lit.:* Aguilar, M.-I., Hrsg., *HPLC of Peptides and Proteins*, Humana Press: Totowa, NJ, (2004) ■ Chapman, J. R., *Mass Spectrometry of Proteins and Peptides*, Humana Press: Totowa, NJ, (2000) ■ Doonan, S., *Peptides and Proteins*, Wiley: Chichester, (2003) ■ Eichler, J., *Comb. Chem. High Throughput Screening*, (2005) **8**, 135–142 ■ Futaki, S., *Adv. Drug Delivery Rev.*, (2005) **57**, 547–558 ■ Grant, G. A., Hrsg., *Synthetic Peptides: A User's Guide*, 2. Aufl.; Freeman: New York, NY, (2001) ■ Greenberg, A.; Breneman, C. M.; Liebman, J. F., *The Amide Linkage: Structural Significance in Chemistry, Biochemistry and Material Science*, Wiley: Chichester, (2002) ■ Ho, R. J. Y.; Gibaldi, M., *Biotechnology and Biopharmaceuticals*, Wiley-VCH: Weinheim, (2003) ■ Jones, J., *Amino Acid and Peptide Synthesis*, 2. Aufl.; Oxford University Press: Oxford, (2002) ■ Kinter, M.; Sherman, N. E., *Protein Sequencing and Identification Using Tandem Mass Spectrometry*, Wiley-VCH: Weinheim, (2000) ■ Krawetz, S. A.; Womble, D. D., *Introduction to Bioinformatics*, Humana Press: Totowa, NJ, (2003) ■ Kuhn, L. A.; Thorpe, M. F., *Protein Flexibility and Folding*, Elsevier: Amsterdam, (2001) ■ Lazoura, E.; Apostopoulos, V., *Curr. Med. Chem.*, (2005) **12**, 629–639 ■ Lesk, A., *Introduction to Protein Science: Architecture, Function, and Genomics*, Oxford University Press: Oxford, (2004) ■ Liebler, D. C., *Introduction to Proteomics*, Humana Press: Totowa, NJ, (2001) ■ Mollerau, C.; Roumy, M.; Zajac, J. M., *Curr. Top. Med. Chem.*, (2005) **5**, 341–355 ■ Nolding, B., *Protein Folding Kinetics. Biophysical Methods*, 2. Aufl.; Springer: New York, (2005) ■ Paizs, B.; Suhai, S., *J. Am. Soc. Mass Spectrom.*, (2004) **15**, 103–113 ■ Sanchez, J. C.; Corthals, G. L.; Hochstrasser, D. F., Hrsg., *Biomedical Applications of Proteomics*, Wiley-VCH: Weinheim, (2004) ■ Shimizu, M., *Biofactors*, (2004) **21**, 43–47 ■ Siuzdak, G., *The Expanding Role of Mass Spectrometry in Biotechnology*, MCC Press: San Diego, CA, (2003) ■ Walsh, G., *Biopharmaceuticals. Biochemistry and Biotechnology*, Wiley: New York, (2001) ■ Westermeier, R.; Haven., T., *Proteomics in Practice: A Laboratory Manual of Proteome Analysis*, Wiley-VCH: Weinheim, (2002) ■ Zamyatnin, A. A., *Biochemistry (Moscow)*, (2004) **69**, 1276–1282 – *Datenbanken:* Protein Reviews on the Web (PROW); http://mpr.nci.nih.gov/prow ■ Structural Classification of Proteins (SCOP); http://scop.mrc-lmb.cam.ac.uk/scop ■ Swiss-Prot. Protein Knowledgebase; http://www.expasy.ch/sprot

**Proteinhydrolysate** siehe *Eiweißhydrolysate und *Speisewürze.

**Protektine** siehe *Lektine.

**Proteolipide** siehe *Lipoproteine.

**Proteus.** Gattung Gram-negativer, beweglicher Stäbchen, aerob bis fakultativ anaerob, die zu den *Enterobakterien gerechnet werden. Sie bilden aus Nitrat Nitrit, das ausgeschieden wird, können Lactose nicht verwerten und sind Katalase-positiv, Urease-positiv sowie Schwefelwasserstoff-Produzenten. *Proteus vulgaris* vermehrt sich in Milch noch bei 0 °C langsam. Abtötung beim Pasteurisieren. Der Keim kommt im Erdboden, im Darm, in *Rohmilch und Abwasser vor.
*Bedeutung:* Verderb eiweißreicher Lebensmittel. *Proteus*-Arten werden im weitesten Sinn zu den

*Opportunisten gezählt und lösen v. a. Harnwegsinfektionen aus. Bei hoher Keimbelastung ist die Beteiligung von *Proteus* an *Lebensmittelvergiftungen möglich; nach Nachweis von *Proteus* in einem Lebensmittel wird dieses aber nicht als „gesundheitsschädlich" eingestuft[1]. – *E* Proteus

*Lit.:* [1] Sinell (3.), S. 42.
*allg.:* Baumgart (4.), S. 322 ■ Hahn, H.; Falke, D.; Kaufmann, S. H.; Ullmann, U., *Medizinische Mikrobiologie und Infektiologie*, 4. Aufl.; Springer: Berlin, (2001) ■ Krämer (4.)

**Protocatechualdehyd-3-ethylether** siehe *Ethylvanillin.

**Protonenmagnetische Resonanz** siehe *NMR-Spektroskopie.

**Protopektin** siehe *Pektine.

**provisional tolerable weekly intake** siehe *vorläufig duldbare wöchentliche Aufnahme.

**Provitamin-A-Carotinoide.** *Carotinoide, die über mindestens einen unsubstituierten Ring in β-Konfiguration verfügen und deshalb in *Vitamin A umgewandelt werden können. Gegenwärtig sind etwa 50 Carotinoide bekannt, die diese Bedingung erfüllen. Zu den wichtigsten Vertretern zählen β-*Carotin, α-*Carotin und β-*Cryptoxanthin.
Zu Vorkommen, Biochemie und Analytik siehe *Carotinoide sowie die angeführten Vertreter. – *E* provitamin A carotenoids

*Lit.:* Watzl, B.; Bub, A., *Ernähr. Umsch.*, (2001) **48**, 71–74 ■ Yeum, K. J.; Russell, R. M., *Annu. Rev. Nutr.*, (2002) **22**, 483–504

**Provitamin D** siehe *Vitamin D.

**Provitamin D₃** siehe *Vitamin D.

**Provitamine.** Bezeichnung für Vorstufen von *Vitaminen, die erst im Organismus oder *in vitro* in diese überführt werden.
Beispiele: β-*Carotin wird durch oxidative Spaltung zu Vitamin A, Ergosterol durch Belichtung zu Vitamin D₂ und *Tryptophan dient als Vorstufe für Niacin. – *E* provitamins

**PrP.** Abkürzung für *Prion-Protein.

**PRT.** Abk. für *PR-Toxin.

**PR-Toxin** (*Penicillium-roqueforti*-Toxin).

R = CHO : PR-Toxin
R = CH₃ : Eremofortin A
R = CH₂OH : Eremofortin C (12-Hydroxyeremofortin A)
R = CONH₂ : Eremofortin E

Eremofortin B

PR-Imin

*Mykotoxin; wird zusammen mit den strukturverwandten, nicht toxischen Eremofortinen und PR-

Imin von *Penicillium roqueforti* gebildet. Letzteres entsteht auch spontan aus PR-Toxin in wäßriger methanolischer Ammoniak-Lösung. Alle Verbindungen sind Sesquiterpene mit Eremophilan-Grundstruktur.

*Vorkommen:* Beim Wachstum von *Penicillium roqueforti* auf geeigneten Substraten. Nachgewiesen wurde es in verschimmeltem Reismehl, nie jedoch in (Blau-)*Schimmelkäse oder anderen Käsen oder in Fleischwaren, obwohl der Pilz hier als Kontamination häufig ist.

*Toxikologie:* $LD_{50}$ (Maus p.o.) 58–100 mg/kg, (Ratte p.o.) 115 mg/kg. Degenerative Veränderungen in Leber und Niere. Mutagen im *Ames-Test. DNS-Schäden im rec-Test, Hemmung der Proteinsynthese *in vivo* und *in vitro*, Hemmung der Nucleinsäure-Synthese *in vitro*. Cytotoxisch für tierische und menschliche Zellkulturen.

*Entgiftung:* Bei der Reaktion von PR-Toxin mit freien Aminosäuren, Aminen, Ammoniak, Casein und seinen Abbauprodukten entsteht instabiles PR-Imin, z.B. in Käse, das wesentlich weniger toxisch ist, od. es wird ganz entgiftet[1]. Der Abbau durch viele Mikroorganismen ist beschrieben[2].

Eine gesundheitliche Gefahr scheint, nach dem was bisher bekannt ist, für den Verbraucher nicht zu bestehen. – *E* PR toxin

*Lit.:* [1]Reiß, S. 106. [2]Karlovsky, P., *Nat. Toxins*, (1999) **7**, 1–23.
*allg.:* Beilstein EV **19/6**, 233 ■ Weidenbörner, M., *Encyclopedia of Food Mycotoxins*, Spinger: Berlin, (2001)

**Prulaurasin** siehe *cyanogene Glycoside.

**Prunasin** siehe *cyanogene Glycoside.

**Prunelle** siehe *Schlehe.

**PS.** Kurzz. für *Polystyrol.

**PSE-Fleisch.** Unter der aus dem Engl. entlehnten Kurzbez. PSE-F. ist Schweinefleisch minderer Qualität zu verstehen, das durch seine blasse Farbe (pale) u. seine weiche (soft), wäss. (exudative) Konsistenz charakterisiert ist. Unter wäss. ist kein erhöhter Wassergehalt, sondern ein vermindertes Wasserbindevermögen auf Grund teilw. denaturierter Proteine zu verstehen. Dies führt beim Erhitzen zu einem starken Schrumpfen des Fleisches. Bei Schweinerassen, die auf hohe Futterverwertung bei gleichzeitig geringem Fettansatz selektiert sind, tritt dieser genet. bedingte *Fleischfehler bes. häufig auf. Als pathophysiolog. Befunde werden Streßanfälligkeit, Hyperthermie u. Krampfen im Halothan-Test beschrieben.

*Physiologie:* Die Ausbildung von PSE-F. ist auf eine verstärkte postmortale Glycolyse zurückzuführen, die zu einer Milchsäure-Anreicherung u. zu einem raschen pH-Abfall im Muskelfleisch innerhalb von 45 min post mortem führt (unter pH 5,8; normal pH 7,0). Als Ursache für die erhöhten Glycolyse-Raten werden sowohl die massive Freisetzung von Adrenalin u. Noradrenalin vor dem Schlachten (Aktivierung der Glycogen-Phosphorylase über mehrere Zwischenstufen) als auch Membrandefekte, die zu einem mitochondrialen Calcium-Efflux führen, genannt[1,2].

Die Qualität von PSE-F. läßt sich durch sehr rasches Kühlen verbessern[3]. Eine photometr. Meth. zur Differenzierung von PSE-F. beschreibt *Lit.*[4]; s.a. *Fleischfehler. – *E* pale soft exudative meat, PSE meat

*Lit.:* [1]Forschungsmitteilungen der DFG **1985**, Nr. 3–4. [2]Fleischwirtschaft **65**, 1125–1130 (1985); **66**, 349–353 (1986). [3]Fleischwirtschaft **69**, 875–878 (1989). [4]Can. J. Animal Sci. **76**, 455–457 (1996).
*allg.:* Warriss, P. D., *Vet. Rec.*, (2003) **153**(6), 170–176

**Pseudomonas.** Zur Familie der Pseudomonadaceae gehörende Gattung Gram-negativer Stäbchenbakterien ($0,5–1 \times 1–4$ μm). Sie sind in der Regel chemoorganotroph, Katalase-positiv und obligat aerob. Unter Sauerstoff-Mangel können denitrifizierende Arten Nitrat als Wasserstoffakzeptor verwenden (Nitrat-Atmung, siehe *Denitrifikation), echte Gärung kommt nicht vor. *Pseudomonas*-Arten wachsen auf mineralischen Nährlösungen mit Ammonium oder Nitrat als Stickstoff-Quelle. Zucker werden über den KDPG-Weg (2-Keto-3-desoxy-6-phosphogluconat-Weg) abgebaut. Bei einigen Pseudomonaden ist die Zucker-Oxidation unvollständig, Gluconsäure und 2-Oxogluconat werden ausgeschieden. Daneben können Pseudomonaden eine Vielzahl organischer Verbindungen wie Paraffine, Aromaten und Heterocyclen verwerten.

*Vorkommen: Pseudomonas*-Arten sind weit verbreitet in Boden, Wasser, auf Pflanzen und Nahrungsmitteln, die gute Quellen für die Isolierung dieser überwiegend als *Saprophyten lebenden Mikroorganismen darstellen. Ein typisches Bodenbakterium ist z.B. *Pseudomonas putida*, ein typischer Wasserbewohner ist dagegen *Pseudomonas fluorescens*. Einige *Pseudomonas*-Arten sind pathogen für Pflanzen, Tiere und Menschen (siehe Tabelle 1, S. 946). Als humanpathogenes Bakterium besonders gefürchtet ist *Pseudomonas aeruginosa* (früher *Pseudomonas pyocyanea*, Erreger des blaugrünen Eiters), der bei abwehrgeschwächten Individuen schwere Infektionen bis zu Bakteriämien verursacht. *Pseudomonas aeruginosa* ist gegen die Mehrzahl gebräuchlicher Desinfektionsmittel und Antibiotika resistent (Resistenz-Faktoren), zur Behandlung werden Polymyxin B und Gentamicin eingesetzt. Viele pflanzenpathogene Stämme werden unter *Pseudomonas syringae* zusammengefaßt. Im Lebensmittelbereich tritt *Pseudomonas* als Verderbsorganismus in kühlgelagerten, eiweißreichen Lebensmitteln auf (Fisch, Fleisch, siehe Tabelle 2, S. 946). *Pseudomonas aeroginosa* bildet auf Oberflächen und in Leitungen Biofilme. Die Biofilmbildung beruht auf des Synthese eines Matrixpolymers (Alginat) und ist in *Pseudomonas* in Abhängigkeit der Zelldichte reguliert (Quorum sensing)[1]. Zellen, die in die Biofilm-Matrix eingebettet sind, weisen eine höhere Resistenz gegenüber Hitze und Desinfektionsmitteln auf als „freie" Organismen.

*Abtötung:* Viele *Pseudomonas*-Arten sind ziemlich resistent gegen Desinfektionsmittel, Konservie-

Tabelle 1: Pathogene *Pseudomonas*-Arten.

| | Spezies | Krankheit |
|---|---|---|
| Tier- und menschenpathogen | *Pseudomonas aeruginosa* (nektrotisches Toxin, Exotoxin A) | Haut- und Lungeninfektion, Mittelohrvereiterung |
| | *Pseudomonas mallei (Burckholderia mallei)* (Endotoxin Mallein) | Rotzkrankheit bei Einhufern |
| | *Pseudomonas pseudomallei (Burckholderia pseudomallei)* | |
| Pflanzenpathogen | *Pseudomonas syringae* pv. *syringae* | Bakterienbrand bei Kern- und Steinobst |
| | *Pseudomonas syringae* pv. *phaseolicola* | Fettfleckenkrankheit der Buschbohne |

rungsmittel und Antibiotika[2]. Eine Abtötung erfolgt durch Pasteurisieren. *Pseudomonas aeruginosa* überlebt in Mineralwasser bei 20 °C >28 d, in Trinkwasser bei 3–37 °C >300 d, auf Gemüse >10 d[3]. Bei *Pseudomonas fluorescens* ist auch eine Abtötung mit 5 ppm verfügbarem Chlor bei pH 6 und 21 °C möglich; Bakteriostase mit Sorbinsäure bei pH 6 in 2500 µg/mL. Der Keim überlebt in Meerwasser bei 18 °C etwa 40 d, in gefrosteten Lebensmitteln mehrere Jahre[3].

*Biotechnologie:* *Pseudomonas*-Arten werden für die biotechnologische Erzeugung von Enzymen, Aminosäuren, Vitaminen und organischen Säuren (siehe Tabelle 3) sowie auf Grund ihrer Abbauleistungen im Umweltschutz (Altlastensanierung, Kläranlagen) eingesetzt. Von *Pseudomonas*-Arten werden auch Antibiotika gebildet, z.B. Pseudomon(in)säuren, Pyrrolnitrin oder *Pseudomonas aeruginosa* Pyocyanase, das u.a. den tiefblauen Phenazin-Farbstoff Pyocyanin und das gelbe Pyoluteorin[7] enthält. Pyocyanase wurde 1898 von Emmerich entdeckt. Es gilt als das erste klinisch getestete und technologisch hergestellte Antibiotikum,

Tabelle 3: Biotechnologischer Einsatz von *Pseudomonas*-Arten.

| Produkt | Spezies |
|---|---|
| **organische Säuren** | |
| 2-Oxogluconsäure | *Pseudomona fluorescens* |
| 2-Oxoglutarsäure | *Pseudomonas fluorescens* |
| D(+)-Weinsäure | *Pseudomonas fluorescens* |
| **Aminosäuren** | |
| L-Asparaginsäure | *Pseudomonas maltophila (Xanthomonas maltophila)* |
| L-Dopa (3,4-Dihydroxyphenylalanin) | *Pseudomonas maltophila (Xanthomonas maltophila)* |
| L-Alanin | *Pseudomonas dacunhae* |
| L-Citrullin | *Pseudomonas putida* |
| **Vitamine** | |
| Vitamin B12 | *Pseudomonas denitrificans* |
| **Antibiotika** | |
| Monobactame (β-Lactam) | *Pseudomonas acidophila* und *Pseudomonas mesoacidophila* |
| Pyrrolnitrin | *Pseudomonas pyrrocinia* |
| **Enzyme** | |
| neutrale Protease | *Pseudomonas aeruginosa* |
| Pullulanasen | *Pseudomonas saccharophila* |
| Lipasen | *Pseudomonas fragi* |
| **Polysaccharide** | |
| Alginat | *Pseudomonas aeruginosa* |
| *Einzellerprotein | *Pseudomonas methylotrophus* (Methan, Methanol) |
| | *Pseudomonas facilis* (Oxidation molekularen Wasserstoffs) |

das allerdings wegen seiner Giftigkeit keine dauernde Anwendung fand.

*Recht:* Sicherheitsstufe nach Anhang IB der Gentechnik-Sicherheits-VO 1990: *Pseudomonas mallei (Burkholderia mallei)* und *Pseudomonas pseudomallei (Burkholderia pseudomallei)* sind in der Risikogruppe 3 eingeordnet. Die übrigen Arten gehören zur Risikogruppe 1 (z.B. *Pseudomonas fluorescens, Pseudomonas putida, Pseudomonas pyrrocinia*) oder 2 (z.B. *Pseudomonas maltophila = Xanthomonas maltophila*). – *E* Pseudomonas

*Lit.:* [1]Davies, D. G.; Parsek, M. R.; Pearson, J. P.; Iglewski, B. H.; Costerton, J. W.; Greenberg, E. P., *Science*, (1998) **280**, 295–289. [2]Antibiot. Chemother. Basel **42**, 287 (1989). [3]Mitscherlich u. Marth, Microbial Survival in the Environment, S. 303, 312, Berlin: Springer (1984). [4]Baumgart (4.), S. 201. [5]Amtliche Sammlung, Nr. L 59.00-3. [6]Wallhäußer, K.

Tabelle 2: Im Lebensmittelbereich wichtige *Pseudomonas*-Arten.

| Art | Vorkommen | Bedeutung |
|---|---|---|
| *Pseudomonas aeruginosa (Pseudomonas pyocyanea)* (Nachweis siehe Literatur[4,5]) | Boden, Oberflächenwasser, auf der Oberfläche von Obst und Gemüse, Mischsalat, Rohmilch, Butter, Kosmetika; besiedelt das Harz von Ionenaustauschern und feuchte Oberflächen von Bedarfsgegenständen (Zahnbürsten usw.); durch seine Anspruchslosigkeit vermehrt sich der Keim in Trinkwasser, Rohrleitungen, Tanks usw. | Bildung des antibiotisch wirksamen Pyocyanins (tiefblau) und Pyoluteorins (gelb); rascher Verderb von Lebensmitteln, Lebensmittelvergiftungen (hitzelabiles enterotoxisches Protein) können nicht ausgeschlossen werden; Problemkeim in Krankenhäusern und Sanatorien |
| *Pseudomonas fluorescens* (Nachweis siehe Literatur[6]) | Erde, Wasser, Milch, Rahm, Butter, auf Eierschalen; Fäces von Fliegen, Schaben und anderen Insekten, auf der Oberfläche von Fleisch bei 4–7°C; gute Vermehrung in Trinkwasser | Bildung eines wasserlöslichen gelb-grün fluoreszierenden Pigments; Verderb von Eiern (Grünfäule), Fischen (Bildung von *Trimethylamin), Milch, Rahm und Butter (Ranzidität), gekühltem Fleisch (schleimige Oberfläche, Geruchsveränderung) |

H., *Praxis der Sterilisation, Desinfektion, Konservierung*, 5. Aufl.; Stuttgart: Thieme (1995). [7]Karrer, Nr. 4345.
*allg.:* Doyle, M. P.; Beuchat, L. R.; Montville, T. J., Hrsg., *Food Microbiology*, ASM Press: Washington, (2001) ▪ Hahn, H.; Falke, D.; Kaufmann, S. U.; Ullmann, U., *Medizinische Mikrobiologie und Infektiologie*, 4. Aufl.; Springer: Berlin, (2001) ▪ Loeffler, J. M.; Garbino, J.; Lew, D.; Harbarth, S.; Rohner, P., *Scand. J. Infect. Dis.*, (2003) **35**, 843–850 ▪ Ong, C. T.; Kuti, J. L.; Nightingale, C. H.; Nicolau, D. P., *Conn. Med.*, (2004) **68**, 11–15

**Psoralen** (7*H*-Furo[3,2-*g*][1]benzopyran-7-on, Ficusin).

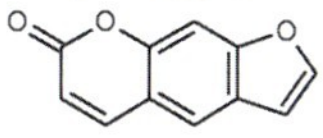

$C_{11}H_6O_3$, $M_R$ 186,17; Kristalle, Schmp. 171 °C (161–165 °C). Psoralen kommt in der asiatischen Hülsenfrucht *Psoralea corylifolia* (bis zu 1000 ppm) und in mehr als 20 weiteren Pflanzenarten der Rutaceae (Bergamotte, Limonen, Nelken), Umbelliferae, Fabaceae und Moraceae vor. Es ist Grundkörper einer Reihe weiterer, v. a. in Citrusölen vorkommender Psoralene, Beisp.: 5-Methoxypsoralen (*Bergapten) in Bergamottöl. Psoralene sind *Phytoalexine und dienen höheren Pflanzen als Defensivsubstanzen gegen Insektenfraß und Pilzbefall. Psoralene zeigen photodynamische Effekte (photosensibilisierend, phototoxisch) bei Säugetieren und Menschen und werden in der Photochemotherapie gegen Vitiligo (Weißfleckenkrankheit), Psoriasis (Schuppenflechte), atopische Dermatitis (Neurodermitis) und Mycosis fungoides (Krebserkrankung der T-Lymphocyten, gehört zu den niedrigmalignen Non-Hodgkin-Lymphomen hauptsächlich der Haut) eingesetzt. Psoralen und andere bifunktionelle, lineare *Furocumarine führen zu DNA-Quervernetzung, dies gilt als das therapeutische Prinzip der *PUVA*-(= Psoralen-UVA-)Therapie gegen Psoriasis (s. Toxikologie)[1].
Psoralen repräsentiert den Grundkörper der „linearen" Furocumarine, während Angelicin den Grundkörper der „gewinkelten" (angular) Furocumarine darstellt.
Photoaktivierte Psoralene binden kovalent an Pyrimidine der DNA, bilden Monoaddukte und Brücken („cross links") aus und hemmen dadurch DNA-Synthese und Zellproliferation (Abb. 1).

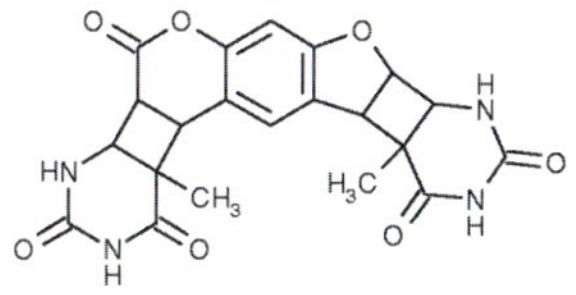

Abb. 1: Unter der Einwirkung langwelliger UV-Strahlung bindet Psoralen kovalent an die Pyrimidin-Basen der DNA (unter 2+2-Cycloaddition des Furan und Lacton-Rings) und hemmt dadurch die DNA-Synthese.

**Biosynthese:** Schlüsselschritt der Psoralen-Biosynthese ist die oxidative Desalkylierung des (+)-Marmesins in einem Schritt durch Cytochrom P 450 zu Psoralen und Aceton (Syn-Eliminierung)[2], Abb. 2.
**Toxikologie:** Psoralen ist genotoxisch[3] und phototoxisch[4]. Der Kontakt mit Psoralen-haltigen

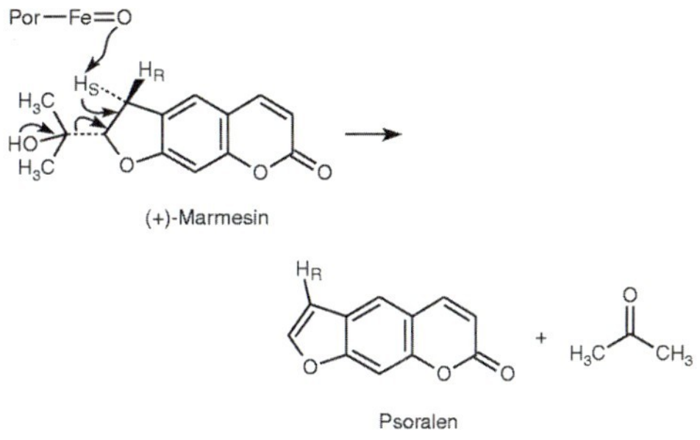

Abb. 2: Schlüsselschritt der Psoralen-Biosynthese.

Pflanzenteilen oder -saft (in Mitteleuropa v. a. der Wiesenbärenklau *Heracleum sphondylium* und die Herkulesstaude *Heracleum mantegazzeanum*) und Sonneneinstrahlung führt zu „Verbrennungen" der Haut mit einhergehender Rötung, Schwellung, Blasenbildung bis hin zur Nekrose („Wiesen-Dermatitis"). Orale Aufnahme führt in seltenen Fällen zu einer generalisierten Sonnenüberempfindlichkeit der Haut; hierbei kann schon geringfügige Sonnenbestrahlung zu Sonnenbrand, aber auch zu Ödemen, Schwindelanfällen, Übelkeit und Erbrechen führen.
Psoralen steigert die Empfindlichkeit der Haut gegenüber Sonnenlicht; hierbei ist Psoralen das wirksamste Furocumarin, gefolgt von *Xanthotoxin und Bergapten. Verantwortlich hierfür sind vermutlich sterische Faktoren, die dazu führen, daß gering substituierte Furocumarine zu einem höheren Anteil DNA-Schäden hervorrufen können als komplex substituierte Verbindungen[5,6].
**Recht:** Nach Anl. 1, laufende Nr. 358 der Kosmetik-Verordnung dürfen Furocumarine nicht in kosmetischen Mitteln verwendet werden. Ausgenommen ist der normale Gehalt in natürlichen etherischen Ölen[7]. – **E** psoralen

*Lit.:* [1]Laube, S.; George, S. A., *J. Dermatol. Treat.*, (2001) **12**(2), 101–105. [2]Stanjek, V.; Miksch, M.; Boland, W., *Tetrahedron*, (1997) **53**(52), 17699–17710. [3]Kevekordes, S.; Mersch-Sundermann, V.; Burghaus, C. M.; Spielberger, J.; Schmeiser, H. H.; Arlt, V. M.; Dunkelberg, H., *Mutat. Res.*, (1999) **445**(1), 81–91. [4]Gocke, E.; Albertini, S.; Chételat, A. A.; Kirchner, S.; Muster, W., *Toxicol. Lett.*, (1998) **102/103**, 375–381. [5]Stern, R. S., *Toxicol. Lett.*, (1998) **102/103**, 389–392. [6]Barre, F.; Asseline, U.; Harel-Bellan, A., *J. Mol. Biol.*, (1999) **286**(5), 1379–1387. [7]30. VO zur Änderung der Kosmetik-Verordnung vom 21.12.2000 (BGBl. I, S. 1848), Anlage 1.
*allg.:* Ho, P. C.; Saville, D. J.; Wanwimolruk, S., *J. Pharm. Pharm. Sci.*, (2001) **4**(3), 217–227 ▪ Morison, W. L., *Photodermatol. Photoimmunol. Photomed.*, (2004) **20**, 315–320 – [HS 2932 29; CAS 66-97-7]

**PSP-Toxine** siehe *Algentoxine.

**Psychorheologie** siehe *Textur.

**PteGlu.** Abk. für *N*-Pteroyl-L-glutaminsäure, s. *Folsäure.

**Pteroinsäure** siehe *Folsäure.

**N-Pteroyl-L-glutaminsäure** siehe *Folsäure.

**PTH.** Abkürzung für *Parathyrin.

**PTH-Aminosäuren** siehe *Edman-Abbau.

**PTHrP** siehe *Parathyrin.

**PTWI.** Abkürzung für die *vorläufig duldbare wöchentliche Aufnahme.

**Ptyalin** siehe α-*Amylasen.

**Puderzucker** siehe *Saccharose.

**Puerto-Rico-Kirsche** siehe *Acerola.

**PUFA.** Abkürzung von englisch für poly unsaturated fatty acids, siehe *MUFA.

**Puffbohnen** (Ackerbohnen, Feldbohnen, Pferdebohnen, Saubohnen, Dicke Bohnen). Puffbohnen (*Vicia faba* L. ssp. *faba*) gehören zu den wickenartigen Leguminosen. Sie zählen zu den ältesten Kulturpflanzen und werden weltweit kultiviert. 2002 wurden ca. 1 Mio. t grüne Puffbohnen vor allem im Mittelmeerraum produziert. Von den 4,26 Mio. t getrockneten Puffbohnen entfallen fast 50% auf China.
Die dickschaligen, samtartig behaarten, aufrechten oder hängenden gedunsenen Hülsen werden 12–18 cm lang und bergen 3–7 rundlich-ovale bis rechteckige, abgeplattete Samen von 18–28 mm Länge, 12–24 mm Breite und 6–11 mm Dicke. Kleinsamige Sorten liefern Körnerfutter, das als Kraftfutter für das Vieh eingesetzt wird (Pferdebohne, Saubohne, Ackerbohne, *Vicia faba* ssp. *faba* var. *minor* und *equina*), großkörnige Sorten dienen der menschlichen Ernährung (Dicke Bohne, Große Bohne, *Vicia faba* ssp. *faba* var. *major*).
Puffbohnen sollen nur gekocht, z.B. als Gemüse oder Eintopf, verzehrt werden. Der Genuß roher unreifer Samen, aber auch schon das Einatmen des Blütenstaubs löst bei Menschen mit angeborenem Mangel an Glucose-6-phosphat-Dehydrogenase (vor allem im Mittelmeerraum weit verbreitet) *Favismus aus. Hierfür verantwortlich sind L-Dopa sowie Divicin und Isouramil, die als β-Glycoside Vicin und Convicin mit 0,5% in Puffbohnen vorkommen (zur Entfernung dieser Substanzen siehe Literatur[1]).
Unreife Puffbohnen enthalten 84,1% Wasser, 5,4% Proteine, 0,3% Fette, 7,3% Kohlenhydrate, 2,1% Faserstoffe und 0,7% Asche, reife getrocknete Samen 14% Wasser, 23% Proteine, 2% Fette, 55% Kohlenhydrate und 6,2% Faserstoffe. Aufgrund des hohen Gehalts an L-Dopa ergeben sich pharmakologische Einsatzmöglichkeiten bei Parkinson-Erkrankten[2]. – *E* fodder-beans, horse-beans, broad beans, faba beans, ticks

*Lit.:* [1]Jamalian, J., *J. Sci. Food Agric.*, (1999) **79**, 1909–1914. [2]Kirakosyan, A.; Kaufman, P. B.; Duke, J. A.; Warber, S.; Bolling, S., *Evid.-Based Integr. Med.*, (2004) **1**(2), 131–135. *allg.:* Muschiolik, G.; Schmandke, N., *Funktionelle Eigenschaften von Ackerbohnenprodukten (Vicia faba)*, Shaker: Aachen, (2000) – *[HS 0708 90, 0713 50]*

**Puffgetreide.** Bezeichnung für *Getreidekörner, die durch Erhitzen auf das Mehrfache ihres Volumens aufgebläht wurden. Die dabei entstandene, typische Schaumstruktur ist auf die Expansion des Endosperms (Nährgewebe), insbesondere der verkleisterten *Stärke, zurückzuführen. Dabei werden hauptsächlich zwei unterschiedliche Verfahren angewendet: Puffmais (*Popcorn) gewinnt man durch kurzes, trockenes Erhitzen auf etwa 300 °C und rasches Abkühlen unter Einsatz von Maiskörnern spezieller Sorten (Hart-, Zahn-, Puffmais). Zur Herstellung von Puffreis oder Puffweizen werden dagegen die Körner bestimmter Sorten (Langkornreis bzw. Durumweizen) in einer Puffkanone unter Druck (ca. 15 bar) auf ca. 220 °C erhitzt und unter schlagartiger Druckreduzierung ausgestoßen. Da beim Puffprozeß infolge der hohen Temperatur die Vitamine der Ausgangsrohstoffe restlos zerstört werden, wird Puffgetreide häufig nachträglich wieder mit Vitaminen angereichert. Popcorn stellt man auch mit süßen Würzungen oder Überzügen, Puffreis außerdem in Mischungen mit Schokolade her. – *E* puffed grains

*Lit.:* Fast, R. B.; Caldwell, E. F., Hrsg., *Breakfast Cereals and How they Are Made*, American Association of Cereal Chemists (AACC): St. Paul, (1990); S. 29ff. ■ Kulp, K.; Ponte, J. G., Jr., Hrsg., *Handbook of Cereal Science and Technology*, 2. Aufl.; Dekker: New York, (2000)

**Pulasan** siehe *Rambutan.

**Pulegon** [(*R*)-*p*-Menth-4(8)-en-3-on, (*R*)-2-Isopropyliden-5-methylcyclohexanon; FEMA 2963].

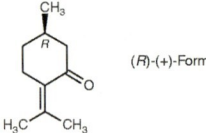

$C_{10}H_{16}O$, $M_R$ 152,24, farblose Flüssigkeit mit einem Geruch zwischen Pfefferminze und Campher, Sdp. 224 °C, D. 0,932; $n_D^{20}$ 1,4894, $[\alpha]_D^{20}$ +22,5°; $LD_{50}$ (Ratte oral) 470 mg/kg. Pulegon ist unlöslich in Wasser, löslich in Alkohol und empfindlich gegen Licht, Luft, Eisen und Alkalien (Bildung von Iso-Verbindungen). Die (−)-Form ist synthetisch zugänglich, kommt aber auch natürlich in *Agastache formosanum* und bis zu 10% in *Buccoblätteröl* vor. Pulegon ist im europäischen *Poleiöl (aus *Mentha pulegium*) zu 80 bis 94% und im etherischen Öl der mit der Pfefferminze verwandten südamerikanischen Muna-Pflanze zu 33% enthalten. Das *Terpen Pulegon kommt vor allem in Ölen aus Lippenblütlern (Lamiaceae) vor. Pulegon gehört zu den sogenannten „Active Principles" (Verbindungen mit toxischer Relevanz).
*Verwendung:* Zur Menthol- und Menthofuran-Synthese und zur Aromatisierung in Lebensmitteln und Mundpflegeprodukten. Pulegon ist für den Einsatz in Lebensmitteln beschränkt. In der Aromenrichtlinie 88/388 EEC Annex II ist ein Höchstwert für Lebensmittel von 25 mg/kg und 100 mg/kg für Getränke festgelegt. Ausnahmen bilden mit Pfefferminze oder Minze aromatisierte Getränke und Süßwaren. Das Scientific Committee on Food (SCF) der EU[1] weist auf die hepatoxischen Eigenschaften von (*R*)-Pulegon und (*R*)-Menthofuran hin. – *E* pulegone

*Lit.:* [1] Scientific Committee on Food, *Opinion of the Scientific Committee on Food on Pulegone and Menthofuran*, 25.07.2002; http://europa.eu.int/comm/food/fs/sc/scf/index_en.html.
*allg.:* Beilstein EIV **7**, 188 ■ Merck-Index (13.), Nr. 8028 –
[HS 2914 29; CAS 89-82-7 (+)-Pulegon; 3391-90-0 (−)-Pulegon)]

**Pullulan.** Extrazellulares *Polysaccharid des hefeähnlichen Pilzes *Aureobasidium pullulans* (Synonym.: *Pullularia pullulans, Dematium pullulans*), der in stehenden Gewässern weit verbreitet ist. P. ist ein Homopolysaccharid mit D-*Glucose als einziger Baustein. In Ketten sind Maltotriose-Einheiten (repeating units) durch α-1,6-Bindungen miteinander verbunden, $M_R$ 10000–400000. Neben Maltotriose sind auch Maltotetraose und einige -1,3-Verknüpfungen nachweisbar. Mittels Pullulanase und einiger α-Amylasen werden P. durch Spaltung der α-1,6-glycosid. Bindung zu reduzierenden Zuckern abgebaut.

*Physikal. und chem. Eigenschaften:* Weißes, farbu. geruchloses, quellfähiges Pulver, leicht lösl. in Wasser, unlösl. in organ. Lösemitteln. Die Viskosität 1%iger Lsg. bewegt sich zwischen 50–500 mPa · s je nach Molmasse.
*Herstellung:* Fermentationstechn. (submers) unter Einsatz von *Aureobasidium pullulans* mit *Stärke, Saccharose, *Glucose, *Fructose, *Maltose, Mannose, Xylose od. Arabinose als Kohlenstoff-Quelle [1].
*Verwendung:* P. kann zu dünnen, durchsichtigen Folien, Filmen u. Formteilen gegossen od. gepreßt werden [2], es ist kombinierbar mit Polypropylen od. Cellophan u. bildet Fasern mit hoher Festigkeit (ähnlich Nylon). Wäss. Lsg. dienen als Klebstoff, zur Beschichtung u. Laminierung von Sperrholz u. dergleichen. Im Lebensmittelsektor als luftdichtes, durchsichtiges Verpackungsmaterial (eßbar bzw. biolog. abbaubar), als stark quellfähiger Zusatzstoff (viskositätssteigernd, texturgebend, mit „mouth feeling"), ähnlich sättigend wie Stärke. P. wird im Intestinaltrakt nicht gespalten u. resorbiert, höchstens partiell mikrobiell umgesetzt u. besitzt damit Ballaststoff-Charakter. Sein techn. Einsatz ist bisher begrenzt. – *E* pullulan
*Lit.:* [1] Adv. Carbohydr. Chem. Biochem. **36**, 265 (1979); Crit. Rev. Biotechnol. **12**, 279–298 (1992). [2] Crit. Rev. Biotechnol. **13**, 275–304 (1993).
*allg.:* Shingel, K. I., *Carbohydr. Res.*, (2004) **339**, 447–460 – [CAS 9057-02-7]

**Pullulanase** (α-Dextrin-Endo-1,6-α-Glucosidase, Grenzdextrinase, Debranching enzyme, Amylopektin-6-Glucanohydrolase; α-Dextrin-6-Glucanohydrolase, EC 3.2.1.41). P. spaltet 1,6-α-Bindungen in *Pullulan (vorrangig zu Maltotriose u. wenig Maltotetraose), Amylopektin (siehe *Stärke), Glycogen u. β-Grenzdextrinen (s. *Dextrine). Bevorzugt werden niedermol., verzweigtkettige Substrate mit relativ kurzen Seitenketten („Stümpfe" bis zu 3 Glucose-Einheiten). Die $M_R$ der meisten P. liegen zwischen 55000 u. 150000, die pH-Optima zwischen 5,0 u. 7,0 [1].
*Vorkommen:* Vorrangig in *Bakterien [*Aureobasidium pullulans (Pullularia pullulans), Aerobacter aerogenes, Klebsiella pneumoniae, Bacillus stearothermophilus, Bacillus acidopullulyticus, Escherichia intermedia*] sowie in einigen Pflanzen (Gerste, Hafer, Ackerbohne).
*Gewinnung:* P. wird fermentationstechnisch aus Bakterien gewonnen [2].
*Verwendung:* Zusatz von P. zu *Glucoamylase bei der *Glucose-Produktion aus *Stärke erhöht die Produktivität des Verf.; gleiches gilt für den Abbau von Stärkekörnern zu *Maltose durch Kombination von β-*Amylase u. Pullulanase. – *E* pullulanase
*Lit.:* [1] Tonozuka, T.; Sakano, Y., *J. Appl. Glycosci.*, (1999) **46**, 179. [2] Lu, J.; Chong, G., *Niangjiu* (1998), 1.
*allg.:* Präve et al. (4.), S. 649 ■ Rehm-Reed (2.) **9**, 669 ■ Schomburg et al. **4**, 3.2.1.41 – [HS 3507 90; CAS 9075-68-7]

**Pulpe** siehe *Fruchtpulpe.

**Pulpenextrakt** siehe *pulp wash.

**pulp wash.** Unter pulp wash oder Pulpenextrakt ist der wäßrige Extrakt zu verstehen, welcher bei der Citrussaftgewinnung nach Extraktion der vom Rohsaft abgetrennten *Fruchtpulpe mit Wasser anfällt. Man unterscheidet hier den sogenannten „inline pulp wash" (syn. WESOS = *w*ater *e*xtractable *s*oluble *s*olids) vom sogenannten „off-line pulp wash". Im ersten Falle wird die Pulpenextraktion parallel zur Saftgewinnung vorgenommen und der gewonnene Pulpenextrakt dem Saft vor der Konzentration wieder zugesetzt. In den USA und in Brasilien dürfen Orangensäfte mit Pulpenextrakt vermarktet werden. Nach Anhang I, Nr. II, Abs. 2 der Richtlinie 2001/112/EG („Fruchtsaftrichtlinie") ist das sogenannte In-line-Verfahren lediglich zur Herstellung von Fruchtsaftkonzentraten erlaubt [1,2]. Bei separater Aufarbeitung und Konzentrierung von Pulpenextrakt spricht man vom „off-line pulp wash". Dieses Produkt ist in Deutschland und in der EU zwar für die Orangen- bzw- Grapefruitsaftherstellung ebenfalls zugelassen, es wird in der Getränkeindustrie jedoch als preisgünstige Möglichkeit zur Trubstabilisierung von *Limonaden und *alkoholfreien Erfrischungsgetränken eingesetzt. Die grobe Pulpe wird mit Passiermaschinen aus dem Saft abgetrennt. Der gewonnene Extrakt kann nach Einwirkung von pektolytischen Enzymen auf ca. 60–65°Brix konzentriert werden. Die US Food and Drug Administration (FDA) erlaubt bei der Herstellung von gefrorenem, konzentriertem *Orangensaft einen ordnungsgemäß aufbereiteten Pulp-wash-Zusatz (nicht von Pulp-wash-Konzentrat) aus entfernte, überschüssiger Pulpe dieser Saftpartie [3] (dies wird als „fairly prepared" bezeichnet – gemäß FDA-Vorschrift 21 CFR 146.146). Pulp wash aus Orangen ist verglichen mit aus dem Endokarp gepresstem Orangensaft (Primärsaft) reicher an wasserlöslichem *Pektin, *Flavonoiden, Natrium und Calcium, aber ärmer an *Carotinoiden [4].

**Analytik:** Einen Hinweis auf Pulp-wash-Zusatz in Orangensaft erlauben erhöhte Natrium- oder Calcium-Werte, ein reduziertes Verhältnis Hesperidin/ Narirutin (Ratio <1 in pulp wash, Ratio >2 in Orangensaft) sowie quantitative UV-Bestimmungen oder Fluoreszenzmessungen[5]. Ein direkter Nachweis von pulp wash in Citrussäften ist über das Spektrum polymethoxylierter Flavonoide möglich[6]. Die Calcium- und Flavonoid-Gehalte, die einen Pulp-wash-Zusatz vermuten lassen, sind den *RSK-Werten bzw. dem *Code of practice[7,8] für die einzelnen Fruchtsäfte zu entnehmen. Mittels $^1$H-NMR ist es gelungen, neben Dimethylprolin als Marker für einen unerlaubten Zusatz von pulp wash zu Orangensaft weitere charakteristische Signale zu identifizieren[9]. Schließlich wurde im Sinne einer Reststoffverwertung vorgeschlagen, *Anthocyane und weitere *phenolische Verbindungen wie Hesperidin und *Hydroxyzimtsäure-Derivate aus dem Pulpenextrakt von Blutorangen zu isolieren, die zur Färbung und als Antioxidantien in der Lebensmittelproduktion eingesetzt werden könnten[10]. – E pulp wash

*Lit.:* [1]Verordnung über Fruchtsaft, einige ähnliche Erzeugnisse und Fruchtnektar (Fruchtsaftverordnung) vom 27.05.2004 (BGBl. I, S. 1016). [2]Richtlinie 2001/112/EG des Rates vom 20.12.2001 über Fruchtsäfte und bestimmte gleichartige Erzeugnisse für die menschliche Ernährung (Amtsblatt der EG Nr. L 010, S. 58–66). [3]Flüss. Obst **1989**, 11. [4]Schobinger, U., Hrsg., *Frucht- und Gemüsesäfte*, 3. Aufl.; Ulmer: Stuttgart, (2001); S. 226. [5]Flüss. Obst **1992**, 4. [6]Lebensmittelchemie **45**, 36–37 (1991). [7]A.I.J.N., Hrsg., *A.I.J.N.-Code of Practice zur Beurteilung von Frucht- und Gemüsesäften*, Verband der deutschen Fruchtsaftindustrie e.V.: Bonn, (1996); ständige Aktualisierung. [8]Verband der deutschen Fruchtsaftindustrie e.V., Hrsg., *RSK-Werte – Die Gesamtdarstellung*, Verlag Flüssiges Obst: Schönborn, (1987). [9]Le Gall, G.; Puaud, M.; Colquhoun, I. J., *J. Agric. Food Chem.*, (2001) **49**, 580. [10]Di Mauro, A.; Arena, E.; Fallico, B.; Passerini, A.; Maccarone, E., *J. Agric. Food Chem.*, (2002) **50**, 5968.

**purge and trap.** Probenaufarbeitungsverfahren, bei dem leichtflüchtige Stoffe aus einer erwärmten Probelösung mit einem Trägergas (Helium) ausgetrieben (englisch: purge = ausspülen) und in einer Absorptionsfalle (englisch: trap = in die Falle gehen lassen) angereichert werden. Nach der thermischen Desorption erfolgt üblicherweise eine Bestimmung mittels *Gaschromatographie oder GC/MS. Geräte für dieses Verfahren sind kommerziell erhältlich.

Das Verfahren kann für die Bestimmung flüchtiger organischer Komponenten aus Wasser sowie aus Lebensmittelproben (z.B. Milch, Honig, Wasser, Fisch) oder auch aus Bodenproben eingesetzt werden. – E purge and trap

*Lit.:* Wilkes, J. G.; Conte, E. D.; Kim, Y.; Holcomb, M.; Sutherland, J. B.; Miller, D. W., *J. Chromatogr. A*, (2000) **880**, 3–33.

**Purin-Alkaloide** siehe *Purine.

**Purine.** Eine Gruppe wichtiger, in der Natur weit verbreiteter und an menschlichen, tierischen, pflanzlichen und mikrobiellen Stoffwechselvorgängen beteiligter Verbindungen, die sich vom Grund-

körper Purin durch Substitution mit OH, NH$_2$, SH in 2-, 6- und 8-Stellung (siehe Abbildung 1) und/ oder mit CH$_3$ in 1-, 3-, 7-Stellung (siehe Abbildung 2) ableiten.

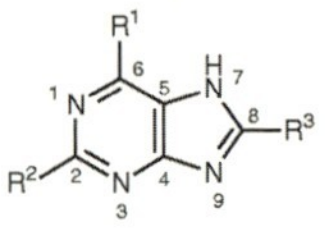

Purin : R$^1$ = R$^2$ = R$^3$ = H
Adenin : R$^1$ = NH$_2$, R$^2$ = R$^3$ = H
Guanin : R$^1$ = OH, R$^2$ = NH$_2$, R$^3$ = H
Harnsäure : R$^1$ = R$^2$ = R$^3$ = OH
Hypoxanthin : R$^1$ = OH, R$^2$ = R$^3$ = H
6-Purinthiol : R$^1$ = SH, R$^2$ = R$^3$ = H
6-Thioguanin : R$^1$ = SH, R$^2$ = NH$_2$, R$^3$ = H
Xanthin : R$^1$ = R$^2$ = OH, R$^3$ = H

Abbildung 1: Purine.

**Biosynthese und Abbau:** Die Biosynthese der Purine erfolgt auf der Stufe der Nucleotide aus Glycin und Kohlendioxid sowie kleinen Molekülbruchstücken des L-Glutamins, der L-Asparaginsäure und der 10-Formyltetrahydrofolsäure. Im Stoffwechsel werden Purin-Basen freigesetzt, die in den Zellen zum Teil wiederverwertet, d.h. ineinander umgewandelt werden (englisch salvage pathway). Die Purine stehen chemisch in naher Verwandtschaft zu den Pteridinen, die auf biochemischem Weg aus Purinen entstehen können. Der Abbau verläuft über Hypoxanthin und Harnsäure zu Allantoin und in weiteren Schritten zu Harnstoff und Glyoxylsäure. Die Menschen, denen das Enzym Uricase fehlt, müssen allerdings als Endprodukt Harnsäure ausscheiden (*Urikotelier*).

**Nachweis, Vorkommen, Funktion:** Zu Nachweis und Bestimmung der Purine sind enzymatische Methoden, die Murexid-Reaktion und die UV-Spektroskopie geeignet. Zu den wichtigsten Purinen gehören Adenin und Guanin, die – zusammen mit den Pyrimidinen Uracil, Thymin und Cytosin – Bestandteile der Nucleinsäuren sind, ferner Hypoxanthin, Xanthin und Harnsäure (Abbildung 1) als Stoffwechselprodukte von Menschen und Tieren sowie die pflanzlichen, vielfach als *Purin-Alkaloide* bezeichneten Purine *Coffein, *Theobromin und *Theophyllin (siehe Abbildung 2), die im Kaffee, Kakao bzw. Tee vorkommen. Ebenfalls zu den Purinen zu zählende Pflanzenwuchsstoffe sind Zeatin und Kinetin (Cytokinine).

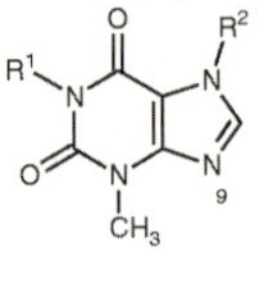

Coffein : R$^1$ = R$^2$ = CH$_3$
Theobromin : R$^1$ = H, R$^2$ = CH$_3$
Theophyllin : R$^1$ = CH$_3$, R$^2$ = H

Abbildung 2: Purin-Alkaloide.

Unter den tierischen Nahrungsmitteln sind die Innereien reich an Purinen, auch Fisch und grüne Erbsen enthalten relativ viel.

Purine besitzen zentrale Funktionen im Stoffwechsel aller Lebewesen (z.B. ATP als primärer Energielieferant für Muskelkontraktion, Stofftransport durch Membranen etc.). Die Purin-Derivate Adenosin und Adenosin-5′-triphosphat wirken als Hormone und Neutrotransmitter an Purin-Rezeptoren (Purinozeptoren). Unter anderem zeigen sie Wirkungen auf Herz und Gefäße[1] und auf Leukocyten[2,3]. Zu einem Modell des menschlichen Purin-Stoffwechsels siehe Literatur[4].

*Verwendung:* Eine Reihe von Purin-Derivaten und -Analoga, die Purin-Nucleosid-Antibiotika, werden als Antimetaboliten pharmazeutisch genutzt.

***Lebensmittelchemische Aspekte:*** Im Falle von Störungen des Purin-Stoffwechsels oder der Nierenfunktion kann es durch Erhöhung des Harnsäure-Spiegels im Blut (Hyperurikämie, siehe unten) und in anderen Körperflüssigkeiten zu Gichtanfällen kommen. Neben der Erbanlage sind Nahrungsfaktoren, unter denen der Purin-Gehalt der Nahrung der wichtigste ist, Ursachen für das Auftreten von Gicht. Im tierischen Muskelgewebe ist ein hoher Purin-Gehalt aus energiereichen Verbindungen wie ATP, AMP, IMP, aber auch aus der DNA der Zellkerne und der RNA im Sarkoplasma vorhanden. Während in Fleisch (mageres Fleisch) und Fleischerzeugnissen (außer abgetrockneten Rohfleischwaren) die Werte um oder unter 150 mg Harnsäure/ 100 g Lebensmittel liegen (1 mg Harnsäure $\triangleq$ 0,42 mg Purine), sind diese Werte bei Innereien (höherer Zellkerngehalt als in Muskelfleisch und Fettgewebe pro Gewichtseinheit Gewebe), Leberwurst, vielen Fischen und Leguminosen sowie Keimlingen und Hefe höher.

Gicht gilt als Wohlstandskrankheit und wurde auch schon in früheren Jahrhunderten mit Völlerei und exzessivem Essen und Trinken verknüpft. Durch Alkohol wird die körpereigene Harnsäure-Synthese gesteigert und manche Alkoholika (wie Bier) enthalten darüber hinaus nicht unerhebliche Mengen Purine.

Normalwerte im Blutserum liegen zwischen 2,5–6 (Frauen) und 3,5–7 mg (Männer) Harnsäure/dL Blutserum. Steigt der Spiegel über einen Wert von 6,0 (Frauen) bzw. 7,0 mg (Männer) Harnsäure/dL Blutserum an, spricht man von einer Hyperurikämie, die sich in Form eines akuten Anfalls zu einer Gicht manifestieren kann. Überdurchschnittlich häufig leiden Menschen mit Diabetes, Bluthochdruck, Übergewicht und Fettstoffwechselerkrankungen an Gicht. – *E* purines.

*Lit.:* [1] Clin. Sci. **92**, 13–24 (1997). [2] Drug Dev. Res. **39**, 377–387 (1996). [3] Gen. Pharmacol. **28**, 345–350 (1997). [4] Biochem. J. **324**, 761–775 (1997).

*allg.:* Stryer 2003 ▪ Voet-Voet-Pratt

**Putenfleisch.** P. (= Truthahnfleisch) ist Fleisch von Tieren (Puten) verschiedenen Alters u. Geschlechts. Der Anteil am *Geflügelfleisch-Verzehr beträgt ca. 34% u. steigt weiter. Folgende Produktionsformen werden angeboten:

*Baby-Puten* (Mastalter 8–12 Wochen, Lebendgewicht 3–5 kg).

*Leichte Puten* [Mastalter 10–14 Wochen, Lebendgewicht 4–5 kg (Hennen), 6–7 kg (Hähne)].

*Mittelschwere Puten* [Mastalter 14–18 Wochen, Lebendgewicht 5–6 kg (Hennen), 8–11 kg (Hähne)].

*Schwere Verarbeitungsputen* [Mastalter 16–22 Wochen, Lebendgewicht 5–9 kg (Hennen), 15–18kg (Hähne)].

Als einziges Geflügel zeigt die Pute helle (Brust) u. dunkle Muskulatur (Keule). Die dunkle Muskulatur weist einen leichten Wildgeschmack auf. Zur Zusammensetzung siehe Literatur[1] u. Tab. bei *Geflügelfleisch.

Der Cholesterol-Gehalt in der Rohware liegt zwischen 40 mg/100 g (Brustfleisch) und 80 mg/100 g (Oberkeule). P. ist eine gute Quelle für Mineralstoffe (v.a. Eisen u. Zink) u. für B-Vitamine.

*Verwendung:* Als Ganzkörper und in Teilstücken als Frischfleisch und zur Herstellung von Fleischerzeugnissen. Die meisten Teilstücke sind fettarm u. eiweißreich u. eignen sich deshalb gut für Reduktionsdiäten. – *E* turkey meat

*Lit.:* [1] Souci et al. (6.). – *[HS 0207 24, 0207 26]*

**Putrescin** (1,4-Butandiamin). $H_2N–(CH_2)_4–NH_2$, $C_4H_{12}N_2$, $M_R$ 88,15, Schmp. 27–28 °C, Sdp. 158–159 °C, lösl. in Wasser u. allen gängigen organ. Lösemitteln. P. ist ein *biogenes Amin, das durch Decarboxylierung von *Ornithin od. Abbau von *Arginin über Agmatin entsteht. P. ist die biosynthet. Vorstufe von *Spermidin, *Spermin u. weiteren Polyaminen. In Pflanzen ist P. die biogenet. Vorstufe wichtiger Alkaloide, u.a. der Tropan-Alkaloide, Tabak-Alkaloide u. Pyrrolizidin-Alkaloide. – *E* putrescine

*Lit.:* Beilstein EIV **4**, 1283 ▪ Merck-Index (13.), Nr. 8038 ▪ Ullmann (5.) **A2**, 27 – *[HS 2921 29; CAS 110-60-1]*

**PUVA** siehe *Psoralen.

**PVC.** Kurzz. (nach DIN 7728-1: 1988-01) für *Polyvinylchloride.

**PVP.** Kurzz. für *Polyvinylpyrrolidone.

**Pyrethrin, Pyrethrolon** siehe *Pyrethrum.

**Pyrethroide.** Bezeichnung für lipophile synthetische Verbindungen mit näher oder ferner struktureller Verwandtschaft zu den Wirkprinzipien des *Pyrethrums, deren *Insektizid-Wirkung wie bei dessen Hauptwirkstoff, dem Pyrethrin I, auf einer starken Beeinflussung der Natrium-Kanäle in den Nervenmembranen beruht. Die Abbildung auf S. 952 zeigt die wichtigsten synthetischen Wirkstoffe.

Als erstes synthetisches Pyrethroid erschien bereits 1950 *Allethrin* auf dem Markt, das Allyl-Homologe des natürlich vorkommenden Cinerin I (siehe *Pyrethrum). Weitergehende Modifikationen der natürlichen Pyrethroide betrafen zunächst die alkoholische Komponente und führten zum Resmethrin mit deutlich besserer Wirkung gegen Insekten bei gleichzeitig stark reduzierter Warmblütertoxizität. Aufgrund ihrer geringen Stabilität gegenüber Licht und Sauerstoff eigneten sich diese ersten Pyrethroide nicht für den Einsatz im Freiland. Die 1977 entwickelten stabileren Produkte Permethrin, Cypermethrin und Deltamethrin haben bis heute große praktische Bedeutung in dieser Insektizid-Gruppe, wie auch das später hinzugekommene Fluor-Derivat Cyfluthrin. Auch die Cyclopropancarbonsäure-Komponente ließ sich ersetzen. Substituierte Phenylessigsäureester wie Fenvalerat und Esfenvalerat erwiesen sich als hochaktive, photostabile Insektizide und *Akarizide. Wie die Beispiele Fenvalerat, Flucythrinat und Tau-Fluvali-

| $R^1, R^2$ | $R^3$ | $R^4$ | |
|---|---|---|---|
| CH=CCl₂, H | CN | H | Cypermethrin: (±)-Gemisch<br>α-Cypermethrin: (1 RS,αSR)-cis<br>β-Cypermethrin: (1 RS,αRS)-cis |
| CH=CCl₂, H | CN | F | Cyfluthrin: (±)-Gemisch<br>β-Cyfluthrin: (1 RS,αSR)-cis/trans |
| CH=C(CF₃, Cl), H | CN | H | Cyhalothrin: (±)-(Z)-Gemisch<br>λ-Cyhalothrin: (1 RS,αSR)-(Z)-cis |
| CH=CBr₂, H | CN | H | Deltamethrin: (1 R,αS)-cis |
| CH₃, CH₃ | CN | H | Fenpropathrin: (±)-Gemisch |
| CH=CCl₂, H | H | H | Permethrin: (±)-Gemisch |
| CHBr—CBr₃, H | CN | H | Tralomethrin: (1R,1'RS),αS |
| CH=C(CH₃)₂, H | H | H | Phenothrin: (±)-Gemisch |

Resmethrin: (±)-Gemisch

Bioresmethrin: (1R)-trans

Cismethrin: (1R)-cis

Tetramethrin: (±)-Gemisch

Allethrin: (±)-Gemisch

Bioallethrin: (1R,1'S)-trans

(S)-Bioallethrin: (1R,1'S)-trans

Fenvalerat: (±)-Gemisch

Flucythrinat: (2 S,αRS)

Tau-Fluvalinat: (2 R,αRS)

Etofenprox

Abbildung: Die wichtigsten Pyrethroide.

nat zeigen, ist selbst der Cyclopropan-Ring für die insektizide Wirkung nicht unbedingt notwendig. Auch Wirkstoffe ohne Carboxy-Gruppe sind bekannt.

Während bei Insektiziden aus der Gruppe der chlorierten Kohlenwasserstoffe, Carbamate und Phosphorsäureester Aufwandmengen von >1 kg Wirksubstanz/ha nötig sind, kommt man bei den Pyrethroiden mit rund 50–200 g/ha, teilweise sogar mit nur 10–25 g/ha aus. Die Pyrethroide besitzen in der Regel eine starke, schnell einsetzende Kontakt- und Fraßgiftwirkung gegen fast alle Insekten (ausgenommen Schildläuse, Milben und bodenlebende Arten). Von Nachteil ist ihre Giftigkeit gegenüber Bienen (mit Ausnahme von Fluvalinat), die jedoch zum Teil durch eine gleichzeitige Repellent-Wirkung nicht zum Tragen kommt, und Fischen. Die Warmblütertoxizität der Pyrethroide ist gering bis mäßig. Die meisten sind als gesundheitsschädlich eingestuft oder kommen ohne Gefahrklasseneinstufung aus. Im Warmblüterorganismus werden Pyrethroide schnell unter Hydrolyse der Esterbindung metabolisiert (siehe Tabelle).

Auch im Boden erfolgt schnelle Metabolisierung durch Hydrolyse und weiteren oxidativen Abbau. Die HWZ liegen zwischen 1 und 3 Monaten.

**Wirkung:** Pyrethroide wirken als Kontaktgifte auf das Nervensystem. Sie beeinflussen die Natrium-Kanäle in den Nervenmembranen und stören die Reizleitung des Nervensystems. Sie zeichnen sich durch einen starken „Knock-down"-Effekt aus, wobei bereits sehr geringe Mengen ausreichen [z.B. LD₅₀ (Stubenfliege) <1 mg/kg]. Zur Verlängerung der Knock-down-Wirkung werden häufig *Synergisten (z.B. Piperonylbutoxid) zugesetzt, die hemmend in den Entgiftungsprozeß der Pyrethroide beim Insekt eingreifen. Sie blockieren die MFO (mischfunktionelle Oxygenasen), die die Substanzen *in vivo* metabolisieren. Zum Metabolismus und Photoabbau vergleiche Literatur[1], zur Toxikologie Literatur[2].

**Analytik:** Zur Rückstandsanalytik in Lebensmitteln, Wasser und Boden kommt bevorzugt die Gaschromatographie auch in Kombination mit MS zum Einsatz[3–6]. – **E** pyrethroids

*Lit.:* [1]Pestic. Sci. **27**, 375–385 (1989). [2]Rev. Environ. Contam. Toxicol. **108**, 133–178 (1989). [3]DFG-Methode, Nr. S23. [4]Loper, B. L.; Anderson, K. A., *J. AOAC Int.*, (2003) **86**, 1236–1240. [5]Ramesh, A.; Ravi, P. E., *J. Chromatogr. B*, (2004) **802**, 371–376. [6]Liu, W.; Gan, J. J., *J. Agric. Food. Chem.*, (2004) **52**, 736–741.
*allg.:* Kolaczinski, J. H.; Curtis, C. F., *Food Chem. Toxicol.*, (2004) **42**, 697–706 ■ Laskowski, D. A., *Rev. Environ. Contam. Toxicol.*, (2002) **174**, 49–170 ■ Ullmann (5.) **A14**, 273–

Tabelle: Daten einiger Pyrethroide.

| Pyrethroid | lg P_OW (WGK) | akute Toxizität Ratte [mg/kg Körpergewicht] | | Metabolisierung im Körper |
|---|---|---|---|---|
| | | oral | dermal | |
| Cypermethrin | 6,6 (3) | 200–800 | >16000 | schnell |
| Beta-Cyfluthrin | 4,91 (3) | 250–500 | >5000 | rasch (98% nach 48 h). |
| Deltamethrin | – (3) | 128–138 | >2940 | Ausscheidung innerhalb 2–4 d (Ratte) |
| Lambda-Cyhalothrin | 7,0 (–) | 56–79 | 632–696 | schnelle Ausscheidung über Urin und Faeces |

277 ■ Vais, H.; Williamson, M. S.; Devonshire, A. L.; Usherwood, P. N., *Pest Manag. Sci.*, (2001) **57**, 877–888 ■ Winnacker-Küchler (4.) **7**, 308–312 – [G 6.1, I, II; 3, I]

**Pyrethrum.** Aus den getrockneten Blütenköpfen verschiedener *Chrysanthemum*-Arten durch Pulverisieren oder Extraktion gewonnenes *Insektizid, dessen Hauptwirkstoffe in der Literatur auch häufig unter der Sammelbezeichnung Pyrethrine geführt werden. Hierbei handelt es sich um die insgesamt sechs optisch aktiven Ester der (+)-*trans*-*Chrysanthemumsäure*[1] {$C_{10}H_{16}O_2$, $M_R$ 168,24, Schmp. 17–21 °C, $[\alpha]_D^{20}$ +14,2° ($C_2H_5OH$)} und der (+)-*trans*-Pyrethrinsäure {$C_{11}H_{16}O_4$, $M_R$ 212,25, Schmp. 84 °C, $[\alpha]_D^{18}$ +103,9° ($CCl_4$)} mit den Hydroxyketonen (+)-*Pyrethrolon* [Pyrethrolon B$_2$, $C_{11}H_{14}O_2$, $M_R$ 178,23, Öl, Sdp. 140–142 °C (120 Pa), $[\alpha]_D^{20}$ +17,8° (Ether)}, (+)-*Cinerolon* {$C_{10}H_{14}O_2$, $M_R$ 166,22, Öl, Sdp. 180–184 °C (133 Pa), $[\alpha]_D^{25}$ +9,9° ($C_2H_5OH$)} und (+)-*Jasmolon* {$C_{11}H_{16}O_2$, $M_R$ 180,25, Öl, Sdp. 140 °C (6,6 Pa)] (siehe Abbildung).

| $R^1$ | $R^2$ | |
|---|---|---|
| CH$_3$ | CH=CH$_2$ | Pyrethrin I |
| COOCH$_3$ | CH=CH$_2$ | Pyrethrin II |
| CH$_3$ | CH$_3$ | Cinerin I |
| COOCH$_3$ | CH$_3$ | Cinerin II |
| CH$_3$ | C$_2$H$_5$ | Jasmolin I |
| COOCH$_3$ | C$_2$H$_5$ | Jasmolin II |

Abbildung: Die insektiziden Bestandteile des Pyrethrums und ihre Bausteine.

Die sechs Ester kommen in den Pflanzen in verschiedenen Mengenverhältnissen vor, Hauptkomponenten sind Pyrethrin I und II, gefolgt von Cinerin I und II, während die Jasmoline den geringsten Anteil ausmachen (Pyrethrine/Cinerine/Jasmoline ca. 10:3:1). Alle sechs Verbindungen sind farblose Flüssigkeiten, löslich in Alkohol, Petrolether und Tetrachlormethan, die leicht oxidieren, ihre Aktivität an Licht und Luft schnell verlieren und auch gegen Feuchtigkeit und Alkalien empfindlich sind.
*Herstellung:* Hauptproduzenten von Pyrthrum sind Kenia und Tansania. Bei den pulverisierten Blüten unterscheidet man im Handel zwischen „dalmatinischem" und „persischem" Insektenpulver; das dalmatinische Produkt gewinnt man aus *Tanacetum cinerariifolium* (syn. *Chrysanthemum cinerariaefolium, Pyrethrum cinerariaefolium*), das persische aus *Tanacetum coccineum* (syn. *Chrysanthemum coccineum, Pyrethrum roseum, Pyrethrum carneum*). Kurz nach dem Aufblühen werden die Blüten geerntet, getrocknet und gemahlen (Stäube mit Wirkstoffgehalten von 0,3 bis 2%) oder mit Lösemittelgemischen wie Methanol/Kerosin, Petrolether/Acetonitril oder Petrolether/Nitromethan extrahiert (Konzentrate bis zu 25% Wirkstoffgehalt).
*Verwendung:* Pyrethrum wird seit altersher in Asien als natürliches Insektenvernichtungsmittel und auch heute noch in Form von Stäubemitteln oder Sprays als *Insektizid eingesetzt, vorwiegend im Hygienesektor (Ektoparasiten), im *Vorratsschutz und gegen Hausungeziefer (Fliegen, Moskitos usw.); dagegen nur begrenzt als *Pflanzenschutzmittel (Zierpflanzen, unter Glas), da seine geringe Stabilität und die hohen Herstellungskosten einem ökonomisch sinnvollen Einsatz in der Landwirtschaft entgegenstehen. Für die breite Verwendung im Veterinär- und Pflanzenschutzbereich wurden deshalb selektive, hochwirksame synthetische Verbindungen mit analogem Wirkmechanismus, die sogenannten *Pyrethroide, entwickelt.
*Wirkung:* Die Inhaltsstoffe von Pyrethrum wirken als reine Kontaktgifte, die rasch in das Nervensystem gelangen und bei Insekten die hierfür charakteristischen Symptome (starke Erregung, gefolgt von Koordinationsstörungen, Lähmung und schließlich Tod) hervorrufen. Die Anfangswirkung setzt dabei sehr schnell ein, d.h. das Insekt ist innerhalb weniger Minuten bewegungsunfähig. Dieser „Knock-down"-Effekt wird besonders bei Fliegen nur von wenigen Insektiziden erreicht. Die hierfür nötige Dosis reicht aber meist nicht für eine tödliche Wirkung aus, da die Wirkstoffe des Pyrethrums im Insekt durch enzymatische Oxidation schnell umgewandelt werden, so daß sich ein Teil der Tiere wieder erholen kann. Dies kann durch Zusatz von *Synergisten oder Wirkstoffen aus der Gruppe der Phosphorsäureester und Carbamate verhindert werden. Für Menschen und Warmblüter (Vögel, Säugetiere) gelten Pyrethrine – v.a. unter den empfohlenen Anwendungsbedingungen – als mindertoxisch. Noch unbedenklicher als das Naturprodukt sind jedoch die neueren synthetischen *Pyrethroide. Pyrethrum ist für Säugetiere bei peroraler Aufnahme weitaus geringer toxisch als für Insekten, da es im Magen-Darm-Trakt leicht hydrolysiert wird. z.B. Pyrethrin I: $LD_{50}$ (Ratte oral) 420 mg/kg; $LD_{50}$ (Stubenfliege, Kontakt) 30 mg/kg[2]. Laut *Rückstands-Höchstmengenverordnung liegen die zulässigen Höchstmengen für Pyrethrine in Lebensmitteln pflanzlicher Herkunft zwischen 0,5 und 3 mg/kg.
*Wirkmechanismus:* Pyrethrine und Pyrethroide erhöhen den Natrium-Einstrom in Nervenzellen über eine Verlängerung der Öffnungszeiten bestimmter Natrium-Kanäle. Dies führt zur Übererregung sowohl bei Säugetieren als auch bei Invertebraten. Resistenzerscheinungen beruhen u.a. auf einer Veränderung des Wirkortes der Pyrethrine und Pyrethroide.
*Analytik:* Zur Rückstandsanalytik in Lebensmitteln, Wasser und Boden wird bevorzugt die Gaschromatographie eingesetzt[3]. – *E* pyrethrum

*Lit.:* [1] J. Org. Chem. **62**, 1886 (1997) (Synthese). [2] Pestic. Sci. **27**, 337–351 (1989). [3] DFG-Methode, Nr. S22.

*allg.*: Isman, M. B., *Annu. Rev. Entomol.*, (2006) **51**, 45–66 – [HS 1211 90, 1302 14; CAS 4638-92-0 ((+)-trans-Chrysanthemumsäure); 497-96-1 (Pyrethrinsäure); 26767-71-5 ((+)-trans-Pyrethrinsäure); 487-67-2 ((+)-Pyrethrolon); 22054-39-3 ((+)-Jasmolon)]

**Pyridin-3-carbamid** siehe *Nicotinsäureamid.

**Pyridosin** [(*S*)-2-Amino-6-(5-hydroxy-2-methyl-4-oxo-1(4*H*)-pyridyl)hexansäure].

$C_{12}H_{18}N_2O_4$, $M_R$ 254,28. Pyridosin wurde 1969 isoliert und identifiziert[1]. Es entsteht neben *Furosin bei der sauren Hydrolyse der Amadori-Verbindungen Lactuloselysin und Fructoselysin, die bei der Reaktion zwischen ε-Amino-Gruppen der Proteine und reduzierenden Zuckern (z. B. dem Disaccharid Lactose) gebildet werden (*Maillard-Reaktion). Pyridosin kann als Erhitzungsindikator herangezogen werden (siehe *Milch). Es wurde in vielen erhitzten Lebensmitteln (z. B. Milchpulver) nachgewiesen. Der Nachweis von Pyridosin und anderen Hitzeschädigungsprodukten kann zum Nachweis der Wärmebehandlung in bestimmten Lebensmitteln genutzt werden[2,3]. Zur Analytik siehe Literatur[4], zur Synthese siehe Literatur[5,6]; siehe auch *Furosin. – **E** pyridosin

*Lit.:* [1] Experienta **25**, 134 (1969). [2] Lebensmittelchem. Gerichtl. Chem. **41**, 88–89 (1987). [3] Bundesgesundheitsblatt **29**, 166 (1986). [4] Z. Lebensm. Unters.-Forsch. **168**, 6–8 (1979). [5] Z. Lebensm. Unters.-Forsch. **198**, 66f. (1994). [6] Krause, R.; Knoll, K.; Henle, T., *Eur. Food Res. Technol.*, (2003) **216**, 277–283.

*allg.*: Beilstein EIV **21**, 2509 ▪ Belitz-Grosch-Schieberle (5.), S. 67–71, 274 – [CAS 31489-08-4]

**Pyridoxal** siehe *Vitamin $B_6$.

**Pyridoxamin** siehe *Vitamin $B_6$.

**Pyridoxin** siehe *Vitamin $B_6$.

**Pyridoxin-5′-phosphat** siehe *Vitamin $B_6$.

**Pyrimidin-Fungizide.** Verbindungsklasse von *Fungiziden mit systemischer Wirkung und hoher Aktivität gegen echte Mehltauarten an Getreide, Obst, Gemüse und Zierpflanzen. Zu den einzelnen Verbindungen siehe die Tabelle.
Der Wirkungsmechanismus der Pyrimidin-Fungizide beruht, wie auch bei den Morpholin-Fungiziden, auf einer Hemmung der Ergosterol-Biosynthese in der Pilzzelle (Cytochrom P-450 auf der Stufe der 14α-Demethylierung)[1]. Insofern lassen sich die Pyrimidin-Fungizide zur Gruppe der sogenannten *SBI-Fungizide* (englisch sterol biosynthetic inhibitors) rechnen, obwohl dieser Begriff zumeist für die große Verbindungsklasse der *Azol-Fungizide verwendet wird. Zur toxikologischen Bewertung von Fenarimol siehe Literatur[2], zur Analytik siehe Literatur[3-4]. – **E** pyrimidine fungicides

*Lit.:* [1] Pestic. Sci. **15**, 133 (1984). [2] Vinggaard, A. M.; Jacobsen, H.; Metzdorff, S. B.; Andersen, A. R.; Nellemann, C., *Toxicology*, (2005) **207**, 31–34. [3] Sannino, A.; *J. AOAC Int.*, (2004) **87**, 991–996. [4] Lee, J. K.; Park, S. H.; Lee, E. Y.; Kim, Y. S.; Kyung, K. S., *J. Agric. Food. Chem.*, (2004) **52**, 7206–7213.

*allg.*: Perkow ▪ Pesticide Manual (12.) – [HS 2933 59]

**Pyrogallol-Gerbstoffe** siehe *Gerbstoffe.

**Pyrolyse-Gaschromatographie** siehe *Gaschromatographie.

Tabelle: Pyrimidin-Fungizide.

| Common name | R[1] | R[2] | Summenformel | $M_R$ | CAS |
|---|---|---|---|---|---|
| Ethirimol | $-NH-C_2H_5$ | $-OH$ | $C_{11}H_{19}N_3O$ | 209,29 | 23947-60-6 |
| Dimethirimol | $-N(CH_3)_2$ | $-OH$ | $C_{11}H_{19}N_3O$ | 209,29 | 5221-53-4 |
| Bupirimat | $-NH-C_2H_5$ | $-O-SO_2-N(CH_3)_3$ | $C_{13}H_{24}N_4O_2S$ | 316,43 | 41483-43-6 |
| Fenarimol | | | $C_{17}H_{12}Cl_2N_2O$ | 331,20 | 60168-88-9 |
| Nuarimol | | | $C_{17}H_{12}ClFN_2O$ | 314,75 | 63284-71-9 |
| Triarimol | | | $C_{17}H_{12}Cl_2N_2O$ | 331,20 | 26766-27-8 |

**Pyrrolidin-2-carbonsäure** siehe *Prolin.

**Pyrrolysin** siehe *Aminosäuren.

**P-Zahl.** Die P-Zahl ist eine empirische Kennzahl. Sie bezeichnet den Quotienten aus dem Hundertfachen des Gesamtphosphor-Gehaltes (berechnet als % $P_2O_5$) und dem prozentualen Gehalt an Fleischeiweiß. Von analytischer Bedeutung ist die P-Zahl dann, wenn zu einem Fleischerzeugnis zugesetztes Di- oder Triphosphat durch muskeleigene Enzyme abgebaut und ein direkter Nachweis dieser Verbindungen durch DC deshalb nicht mehr möglich ist[1,2]. Da der physiologische Wert der P-Zahl – er liegt bei maximal 2,4 – durch einen Phosphat-Zusatz angehoben wird, läßt sich über eine Bestimmung der P-Zahl in vielen Fällen der indirekte Nachweis eines Phosphat-Zusatzes führen.

Eine Modifikation der P-Zahl stellt die sog. Säure-P-Zahl („SP-Zahl") dar, bei deren Bestimmung der oben genannte Quotient in einem Säureextrakt der Probe erbracht wird. Offensichtliche diagnostische Vorteile weist diese methodische Variante nicht auf. – *E* P index

*Lit.:* [1] Lebensmittelchem. Gerichtl. Chem. **7**, 173 (1953). [2] Lebensmittelchem. Gerichtl. Chem. **19**, 170–177 (1965).

# Q

**Q.** In den Ein-Buchstaben-Notationen für *Aminosäuren u. Nucleoside Kurzz. für *Glutamin u. Abkürzung für Chinone, bes. für Coenzym Q (*Ubichinon).

**Q. b. A.** siehe *Qualitätswein b. A. und *Wein-Qualitätsstufen.

**QMS.** Abkürzung für *Qualitätsmanagementsystem.

**Qualitätsmanagementsystem** (Abkürzung QMS). Die „Qualität" eines *Lebensmittels ist der Erfüllungsgrad der Bedürfnisse der Kunden nach einwandfreien, genußtauglichen Lebensmitteln. Zu den Zielen eines QMS zählt daher nicht nur die Vermeidung nicht akzeptabler Gesundheitsrisiken, sondern darüber hinaus die Ermittlung und Festlegung notwendiger Vorkehrungen und (Eingriffs-)Maßnahmen auf der Urproduktion folgenden Stufen (Zubereitung, Verarbeitung, Herstellung, Behandlung, Verpackung, Lagerung, Beförderung, Verteilung und das Anbieten von Lebensmitteln), um vorgegebene Qualitätsforderungen erfüllen zu können und hierdurch alle Abweichungen von der Qualität unter bestmögliche Kontrolle zu bringen. Dies erfordert ein Vorsorgeverfahren mit frühest möglicher Kontrolle von Rohware, Herstellung bzw. Be- und Verarbeitung von Waren, Produktionsumgebung, Personal und anderem, also eine Prozeßlenkung durch ein QMS. Vom Wareneingang bis zum Warenausgang muß die Be- und Verarbeitung der Erzeugnisse unter beherrschten Bedingungen nach entsprechenden Vorgaben ablaufen. Drei Konzepte sind hierfür unabdingbar: ein Konzept zur Sicherstellung der Verarbeitung einwandfreier Lebensmittel (Qualitätskonzept), ein Konzept zur Sicherstellung eines einwandfreien hygienischen Betriebes (Hygienekonzept) sowie ein Konzept zur Sicherstellung eines reibungslosen Betriebsablaufs (Havariekonzept).
Dies erfordert unter anderem Vorgaben über die Warenbeschaffung, -verarbeitung und -verwendung, die Lenkung fehlerhafter Erzeugnisse, eine Personal- und Betriebshygiene, eine Prüfmittelüberwachung, Schulungen der Mitarbeiter, Förderung ihrer Motivation und (Mit-)Verantwortung, eine Dokumentation (der zuvor aufgeführten Daten: Messungen, Eingriffsmaßnahmen etc.) sowie ein internes Qualitätsaudit (Verifizierung).
Zur Bewältigung dieser umfangreichen und dauerhaften Aufgabe bieten sich verschiedene „Qualitätswerkzeuge" an; hierzu gehört unter anderem

auch ein *HACCP-Konzept [gemäß Artikel 5 – Gefahrenanalyse und kritische Kontrollpunkte – Verordnung (EG) Nr. 852/2004[1]].
Ist ein solches QMS umfassend, geht es also über die Mindestanforderungen eines funktionsfähigen QMS hinaus, wird häufig anstelle von QMS von einem *total quality management (system)* (TQM bzw. TQMS) gesprochen. In Erweiterung traditioneller Vorstellungen von Qualität betont das TQM, daß Qualität sich am Kunden bzw. am Markt orientieren muß und daß die Aufgabe eines QMS nur unter der Einbeziehung der Mitarbeiter in Entscheidungsprozesse durchgeführt werden kann.
Qualitätsmanagementsysteme der Lebensmittelwirtschaft orientieren sich häufig an den internationalen, branchenübergreifenden Regelwerken DIN EN ISO 9000ff. Diese Normen sind anerkannter Standard und die Bezugsgrundlage zur Anleitung und konkreten Übernahme von Forderungen, die an betriebliche Qualitätsmanagementsysteme zu richten sind. – *E* quality management system

*Lit.:* [1] Verordnung (EG) Nr. 852/2004 des Europäischen Parlaments und des Rates vom 29.04.2004 über Lebensmittelhygiene (Amtsblatt der EU Nr. L 139 vom 30.04.2004, S. 1).
*allg.:* Bund für Lebensmittelrecht und Lebensmittelkunde (BLL), *Qualitätssicherungs-Handbuch*, ILWI: Bonn, (2000)

**Qualitätsschaumwein** siehe *Schaumweine (Typen).

**Qualitätswein b. A.** Das Weinrecht der Europäischen Union unterscheidet die Gütegruppen Tafelwein (inkl. Landwein) und Qualitätswein bestimmter Anbaugebiete (= Qualitätswein b. A.; Abkürzung Q. b. A.). Während unter Qualitätswein b. A. im engeren Sinne gehobener Stillwein verstanden wird, umfaßt die Gruppe der Qualitätsweine b. A. im weiteren, rechtlichen Sinne folgende 4 Kategorien[1]: Qualitätslikörwein b. A. (siehe *Likörweine), Qualitätsschaumwein b. A. (= Sekt b. A., siehe *Schaumweine), Qualitätsperlwein b. A. sowie Qualitätswein b. A. in Form von Stillwein.
Die stillen Qualitätsweine b. A. werden in Deutschland unterteilt in (einfache) Qualitätsweine und in Qualitätsweine mit Prädikat, andere Mitgliedstaaten der EU haben teils ähnliche Differenzierungen (Näheres siehe *Wein-Qualitätsstufen). – *E* quality wines produced in specified regions (quality wines psr)

*Lit.:* [1] Verordnung (EG) Nr. 1493/1999 des Rates über die gemeinsame Marktorganisation für Wein vom 17.05.1999 (Amtsblatt der EG Nr. L 179, S. 1).

**Qualitätswein bestimmter Anbaugebiete** siehe *Qualitätswein b. A.

**Qualitätswein mit Prädikat** siehe *Wein-Qualitätsstufen.

**quantitative ingredient declaration** (Abkürzung QUID). Mit der Richtlinie 97/4/EG[1] wurde die quantitative Zutatenkennzeichnung eingeführt; in deutsches Recht umgesetzt mit § 8 der *Lebensmittel-Kennzeichnungsverordnung (LMKV)[2]. Danach müssen bestimmte Zutaten nicht nur im *Zutatenverzeichnis in absteigender Reihenfolge ihres Gewichtsanteils angeführt werden, sondern darüber hinaus auch mit ihrer Menge angegeben werden; vorgesehen ist dies (Auslösetatbestände),
1. wenn die Bezeichnung der Zutat oder der Gattung von Zutaten in der *Verkehrsbezeichnung des Lebensmittels angegeben ist,
2. wenn die Verkehrsbezeichnung darauf hindeutet, daß das Lebensmittel die Zutat oder die Gattung von Zutaten enthält,
3. wenn die Zutat oder die Gattung von Zutaten auf dem Etikett durch Worte, Bilder oder eine graphische Darstellung hervorgehoben ist oder
4. wenn die Zutat oder die Gattung von Zutaten von wesentlicher Bedeutung für die Charakterisierung des Lebensmittels und seiner Unterscheidung von anderen Lebensmitteln ist, mit denen es aufgrund seiner Bezeichnung oder seines Aussehens verwechselt werden könnte.
Von diesen Vorgaben gibt es allgemeine und besondere Ausnahmetatbestände (§ 8 Abs. 2 und 3 LMKV). Die Menge der Zutaten oder der Gattung von Zutaten ist in Gewichtshundertteilen, bezogen auf den Zeitpunkt ihrer Verwendung bei der Herstellung des Lebensmittels, anzugeben (§ 8 Abs. 3 Satz 1; Ausnahmen § 8 Abs. 3 Satz 3). Die Angabe hat in der Verkehrsbezeichnung, in ihrer unmittelbaren Nähe oder im Verzeichnis der Zutaten bei der Angabe der betroffenen Zutat oder Gattung von Zutaten zu erfolgen (§ 8 Abs. 3 Satz 2).
*Lit.:* [1]Richtlinie 97/4/EG des Europäischen Parlaments und des Rates vom 27.01.1997 zur Änderung der Richtlinie 79/112/EWG (Amtsblatt der EG Nr. L 43 vom 14.02.1997, S. 21). [2]Verordnung über die Kennzeichnung von Lebensmitteln (Lebensmittel-Kennzeichnungsverordnung – LMKV) in der Fassung der Bekanntmachung vom 15.12.1999 (BGBl. I, S. 2464; mehrfach geändert).

**Quantitative Zutatenkennzeichnung** siehe *quantitative ingredient declaration.

**Quantum satis.** Legaldefinition, die sich in § 7 Abs. 2 *Zusatzstoff-Zulassungsverordnung (ZZulV 1998) findet. Wenn in den Anlagen der ZZulV 1998 Zusatzstoffe für Lebensmittel „Quantum satis" (qs) zugelassen sind „dürfen sie nach der guten Herstellungspraxis nur in der Menge verwendet werden, die erforderlich ist, um die gewünschte Wirkung zu erzielen und unter der Voraussetzung, daß der Verbraucher dadurch nicht irregeführt wird".

**Quark** siehe *Sauermilchquark und *Speisequark.

**Quassinoide.** Eine Gruppe strukturell komplexer, abgebauter Triterpene mit verschiedenen tetra- und pentacyclischen $C_{18}$-, $C_{19}$-, $C_{20}$- und $C_{25}$-Grundstrukturen. Das $C_{20}$-Picrasan-Gerüst hat die weiteste Verbreitung. Quassinoide kommen vor allem im Holz des in Brasilien und Surinam heimischen Baumes *Quassia amara* sowie in*Picrasma excelsa* der Karibik (Simaroubaceae, Bitterholzgewächse) vor. Sie wirken auf Insekten fraßhemmend und schmecken sehr bitter. Wichtigster Vertreter der Quassinoide ist das *Quassin* (2,12-Dimethoxy-picrasa-2,12-dien-1,11,16-trion, Nigakilacton D), $C_{22}H_{28}O_6$, $M_R$ 388,46; Kristalle, Schmp. 221–222 °C, $[\alpha]_D^{20}$ 34,5° ($CHCl_3$), löslich in Chloroform, Aceton – ein partiell hydriertes Phenanthren-Derivat.

Quassin

Quassin ist ein im Lebensmittelbereich verwendeter *Bitterstoff. Nach der Aromenrichtlinie 88/388/EEC Anhang II dürfen Lebensmittel und Getränke bis zu 5 mg/L Quassin enthalten. Ausnahmen sind Süßwaren mit 10 mg/L und Trinkbranntweine mit bis zu 50 mg/L. Quassin schmeckt noch in 1:60000facher Verdünnung bitter. Bei Säugetieren kann Quassin eine Erniedrigung der Herzfrequenz bewirken und in hohen Konzentrationen Muskelzittern und Lähmungen hervorrufen. Eine Risikobewertung ist nach Meinung des Scientific Committee on Food (SCF) der EU[1] auf Basis der vorläufigen Daten zur Zeit nicht möglich. Das „Quassin" des Handels ist ein Gemisch aus Quassin, Neoquassin, Isoquassin und 18-Hydroxyquassin. Quassin kann Emetin-Hydrochlorid ersetzen. Einige pentacyclische Quassinoide besitzen antivirale, antiparasitische, insektizide, fraßhemmende, amöbizide u. entzündungshemmende Eigenschaften. – *E* quassin, quassinoids
*Lit.:* [1]Scientific Committee on Food; *Opinion of the Scientific Committee on Food on Quassin*, 02.07.2002; http://europa.eu.int/comm/food/fs/sc/scf/index_en.html.
*allg.:* Beilstein EV **18/5**, 175 ▪ Merck-Index (13.), Nr. 8115 – [*HS 2932 29; CAS 76-78-8 (Quassin)*]

**Quebrachol** siehe β-*Sitosterol.

**Quecksilber** (chemisches Symbol Hg). Metallisches Element, Ordnungszahl 80, Atomgewicht 200,59. Natürliche Isotope (Häufigkeit in Klammern): 196 (0,14%), 198 (10,02%), 199 (16,84%), 200 (23,13%), 201 (13,22%), 202 (29,80%), 204 (6,85%).
Toxikologisch bedeutsam, weil Lipid-löslich, sind solche Quecksilber-organische Verbindungen, die sich in Organismen aus Hg oder Quecksilber-Verbindungen enzymatisch bilden können.
*Analytik:* Mit Prüfröhrchen sind Quecksilber-Dämpfe im Bereich von 0,1–2 mg/m³ nachweisbar. Angesichts der allgemeinen Verbreitung und der Toxizität von Hg sind eine Vielzahl von mehr oder

weniger spezifischen Nachweisverfahren entwickelt worden, die zum Teil auf chemischen Grundlagen basieren, z.B. die Reaktionen mit 2-Aminobenzoesäure, 5-[4-(Dimethylamino)benzyliden]rhodanin, mit Thionalid, Dithizon, 1,3-Benzothiazol-2-thiol, 1,5-Diphenylcarbonohydrazid, 1,5-Diphenylcarbazon, Thio-Michlers Keton, 4-Methoxy-2-(2-thiazolylazo)phenol und Natrium-diethyldithiocarbamat; Näheres siehe in Literatur[1-3]. Auch eine Chelatisierung mit S-(Carboxymethyl)thiophthalat oder ein Nachweis durch Ionenaustausch kommen in Frage. Für die Spurenanalyse von Hg benutzt man physikalische Methoden: Atomabsorptionsspektroskopie (eine speziell für Hg in Lebensmitteln und biologischem Material geeignete Standardmethode nach IUPAC wird in Literatur[4] beschrieben), Emissionsspektroskopie, Neutronenaktivierungsanalyse oder Gaschromatographie/Massenspektrometrie[5,6]. Spezifisch für elementares Hg ist die Adsorption (Amalgam-Bildung) auf dünnen Gold-Filmen[7]. Die meisten Methoden gestatten einen Nachweis im Nanogramm-Bereich, aber durch Verbund von Aufschluß, Anreicherung und Bestimmung kann die Erfassungsgrenze auf <1 pg gedrückt werden; über wesentliche Entwicklungen bei der Spurenanalytik von Hg, insbesondere der *Atomabsorptionsspektrometrie (AAS), informiert Literatur[8].

*Toxikologie:* Quecksilber-Dampf und flüchtige organische Verbindungen werden in der Lunge zu 80% resorbiert, wovon wieder 80% in den Blutkreislauf gelangen. Die Resorption von metallischem Quecksilber über den Gastrointestinaltrakt ist wahrscheinlich aufgrund der Reaktion mit Schwefel-haltigen Molekülen sehr gering (<0,01%). Quecksilber(I)-Salze werden ebenfalls nur wenig resorbiert, wohingegen Quecksilber(II)-Salze bis zu 15% der Dosis aufgenommen werden können. Organische Quecksilber-Verbindungen werden intestinal bis zu 95% resorbiert. Als Aufnahmeweg für Quecksilber und Quecksilber-Verbindungen spielt die Ernährung (Fische und andere Meeresorganismen, siehe *Fisch-Umweltschadstoffe) die größte Rolle; siehe auch *Minamata.

Die Verteilung von Quecksilber und Quecksilber-Verbindungen hängt von der chemischen Form, vom Aufnahmeweg und der Dosis ab. Nichtpolare Formen (Quecksilber-Dampf, Methylquecksilberchlorid) können die Blut-Hirn-Schranke besser passieren als polare wie Quecksilberchlorid, was auch die unterschiedliche Wirkung auf das Zentralnervensystem erklärt. Elementares Quecksilber (Hg$^0$) wird intrazellulär zu Hg$^{2+}$ oxidiert. Im Gehirn verursacht diese Oxidation eine Akkumulation, da Hg$^{2+}$ die Blut-Hirn-Schranke nicht überwinden kann. Dies stellt daher ein großes Risiko für eine Langzeitexposition selbst kleinster Dosen von Quecksilber-Dämpfen dar. Quecksilber(I)-Salze disproportionieren im Organismus zu Hg$^0$ und Hg$^{2+}$. Hg$^{2+}$ kann auch zu Hg$^0$ reduziert werden. Alkylquecksilber-Verbindungen werden langsam zu Hg$^{2+}$ metabolisiert. Desalkylierungen geschehen größtenteils durch die Darmflora. Elementares Quecksilber wird innerhalb 24 h (einmalige Exposition) im Körper verteilt. Es wird an ekto- und endodermales Endothel gebunden, was neben einer Akkumulation an Gehirncortex, Nieren, Leber, Pankreas und Testes auch zu einer Anlagerung in der intestinalen Mucosa, in Speichel- und Schweißdrüsen und im Schuppenepithel von Haut und Haaren führt. Zweiwertige Quecksilber-Salze akkumulieren vor allem an tuberläres *Metallothionein im Nierencortex. Die kurzkettigen Alkylquecksilber-Verbindungen werden in den gesamten Organismus verteilt. Ihre Mobilität läßt sich durch ihre lipophilen Eigenschaften und schnellen Austausch zwischen SH-Liganden erklären.

Die Ausscheidung nach inhalativer Aufnahme von Hg$^0$ erfolgt meist renal und durch die Faeces, es kann aber auch abgeatmet werden. Die biologische Halbwertszeit in den Nieren beträgt ca. 58 Tage. Hg$^{2+}$ wird zu gleichen Teilen renal und durch die Faeces ausgeschieden. Kleine Mengen können auch über Speichel und Schweiß sowie über die Atemluft ausgeschieden werden.

Die Elimination von organischen Quecksilber-Verbindungen hängt wesentlich von der Umsetzung zu Hg$^{2+}$ ab. Einmalige Dosen von Methylquecksilber werden zu 90% durch die Faeces ausgeschieden. Ein Teil des Methylquecksilbers liegt mit ca. 70 Tagen etwas höher als die der anorganischen Quecksilber-Verbindungen.

Der Mechanismus der Toxizität beruht auf der Reaktion mit Amino- und Thiol-Gruppen von Proteinen. Dies führt unter anderem zu Veränderungen in der Proteinsynthese und im Carrier-vermittelten Transport.

Eine akute Vergiftung (>0,1 mg Quecksilber/m$^3$) mit Quecksilber-Dampf ist sehr kritisch. Symptome sind Atemnot, Bronchitis und auch Fieber und Kopfschmerzen. Symptome chronischer Vergiftungen sind Enzephalopathien, Tremor und nephrotisches Syndrom. Oral aufgenommenes Quecksilber ist normalerweise nicht schädlich. Quecksilber(II)-Salze verursachen nach oraler Aufnahme gastrointestinale Schäden bis hin zu starkem Protein- und Elektrolyt-Verlust, der zu Kreislaufversagen und Schock führen kann. Organische Quecksilber-Verbindungen haben toxische Effekte auf das ZNS, wie Parästhesie, Ataxie bis hin zum Koma oder Tod.

Eine reproduktionstoxische oder mutagene/cancerogene Wirkung von Quecksilber und -Verbindungen ist bislang noch nicht hinreichend geklärt. Zur Behandlung von Vergiftungen werden Aktivkohle und Komplexbildner (Beispiel: Dimercaprol, Dimercaptobernsteinsäure, Unitiol) verwendet[9-11].

*Vorkommen:* Hg gehört zu den seltenen Elementen der Erde; sein Anteil an der obersten, 16 km dicken Erdkruste wird auf ca. 10$^{-7}$ geschätzt. Typische Quecksilber-Konzentrationen in der Umwelt sind[12,13] (in ng/m$^3$): Luft über dem Südatlantik 1,33, über dem Nordatlantik 1,96; in industriellen Regionen bis 50 mit Spitzenwerten bis 150 im Umkreis von 1 km einer Emissionsquelle (99% des luftgetragenen Hg sind elementar[12], ionisch gebundenes Hg 50–150 pg/m$^3$, Methylquecksilber-Verbindungen <1 bis 8 pg/m$^3$, partikelgebundenes Hg 5–115 pg/m$^3$). Durchschnittliche Boden- und Sedimentgehalte 10–1000 µg/kg TS für Gesamt-Hg (starke Variabilität im Bindungszustand), Meer 0,2–0,4 ng/L, Ästuarien 0,2–1,2 ng/L, Flüsse 0,3–1,06 ng/L (Hg gelöst), 40–140 µg/kg TS (partikelgebunden), Grundwasser 0,5 ng/L. Im Regen werden Quecksilber-Konzentrationen von 5,1–37,1 ng/L beobachtet[12].

Jährlich gelangen durch Vulkanismus und Verwitterung 500–5000 t Hg in die Hydrosphäre (bei einem einzigen Vulkan auf Hawaii wurde eine jährliche Ausstoßmenge von 260 t Hg gemessen), 25000–150000 t entweichen gasförmig aus der Erdkruste, 23000 t aus dem Meer und 3800 t stammen aus Flüssen und Gletschern[14]. Selbst 2000 Jahre alte Fische und 1000 Jahre altes Grönlandeis weisen überhöhte Hg-Gehalte auf. Zu diesen natürlichen Hg-Emissionen addieren sich etwa 8000–38000 t/a aus anthropogenen Quellen: 6000–10000 t von der Quecksilber-verarbeitenden Industrie, 1500–20000 t aus der Erz- und Mineralaufbereitung und 100–8000 t aus der Verbrennung fossiler Brennstoffe; auch bei der Müllverbrennung wird Hg emittiert. Bei einer lokalen Bodenkontamination mit Quecksilber-Konzentration >10,1 g/kg muß der Boden ausgetauscht und in Sondermülldeponien gelagert werden.

*Gesetzliche Bestimmungen:* MAK-Werte-Liste (2004): 0,1 mg/m$^3$ (metallisches Quecksilber und anorganische Quecksilber-Verbindungen), krebserzeugend: Kategorie 3B (metallisches Quecksilber, anorganische und organische Quecksilber-Verbindungen), BAT 25 µg/L Blut, 100 µg/L Urin (Quecksilber elementar und anorganische Quecksilber-Verbindungen). Die WHO hat einen tolerierbaren Blutgehalt von 5 µg/kg vorgeschlagen. *Vorläufige duldbare wöchentliche Aufnahme (PTWI) und deren Ausschöpfung unter Zugrundelegung der üblichen Verzehrsmengen siehe die Tabelle.

Die Chemikalienverbotsverordnung (Anhang, Abschnitt 9) und die Gefahrstoffverordnung (Anhang IV, Nr. 7) verbieten das Inverkehrbringen bzw. das Verwenden von Quecksilber-Verbindungen und Quecksilber-haltigen Zubereitungen für Antifoulingfarben, zum Holzschutz, zur Imprägnierung von Schwertextilien und zur Aufbereitung von Wasser.

Nach der *Schadstoff-Höchstmengenverordnung ist für Pulmonata und daraus hergestellte Erzeugnisse eine Höchstmenge von 0,5 mg/kg vorgesehen. Höchstmengen nach *Trinkwasser-Verordnung 1 µg/L. Klärschlammverordnung <8 mg/kg TS auf Böden mit Hg-Gehalt <1 mg/kg TS.

Die organischen und anorganischen Quecksilber-Verbindungen sind der WGK 3 zugeordnet.

Für Quecksilber-haltige Batterien besteht eine freiwillige Recyclingsverpflichtung der Industrie. – *E* mercury.

*Lit.:* [1]Fries-Getrost, S. 293–300. [2]DIN 38406-2: 1983-05. [3]Chem. Labor Betr. **37**, 619–624 (1986). [4]Pure Appl. Chem. **57**, 1507–1514 (1985). [5]Analyt.-Taschenb. **1**, 391–402. [6]Townshend (Hrsg.), Encyclopedia of Analytical Science, S. 3050–3059, London: Academic Press 1995. [7]Int. Lab. **13**, Nr. 7, 56–60 (1983). [8]Z. Chem. **29**, 157–165 (1989). [9]Marquardt, H.; Schäfer, S. G.; Mc Clellan, R. O.; Welsch, F., *Toxicology*, Academic Press: San Diego, CA, (1999). [10]Tchounwou, P. B.; Ayensu, W. K.; Ninashvili, N.; Sutton, D., *Environ. Toxicol.*, (2003) **18**(3), 149–175. [11]Bates, N., *Emerg. Nurse*, (2003) **11**(1), 25–31. [12]Welsh, Falter und Wilken, Mercury in the Environment, ESWE-Bericht 1998. [13]Siemer, Schuster und Seiler, Atmosphärisches Hg, Verteilung, Zusammensetzung und Kreislauf, in Fortschrittsberichte der Max-Planck-Gesellschaft 1993. [14]Hutzinger **1A**, 169–227; **3A**, 1–58. [15]WHO, Hrsg., *Evaluation of Certain Food Additives and Contaminants*; Technical Report Series 631; WHO: Genf, (1978). [16]Weigert et al., Arsen, Blei, Cadmium und Quecksilber in und auf Lebensmitteln, ZEBS-Hefte 1/1984, Berlin: ZEBS beim Bundesgesundheitsamt 1984. [17]DGE (Hrsg.), Ernährungsbericht 1988, S. 76, Frankfurt: DGE 1988. [18]AID-Verbraucherdienst **35**, 245 (1990). [19]Mitt. Geb. Lebensmittelunters. Hyg. **76**, 206 (1985). *allg.:* Ullmann (5). **A16**, 269–298 – [*HS 2805 40; CAS 7439-97-6; G 8, III*]

**Quellmehle** siehe *Quellstärke.

**Quellstärke** (Quellmehle). Bezeichnung für physikalisch *modifizierte Stärke, die als Trockenprodukte mit mind. 70% *Stärke-Gehalt in den Handel gelangen.

*Herstellung:* Die physikalische Modifizierung der Stärke (z.B. Getreide, Kartoffelstärke) erfolgt durch Herstellen einer wäßrigen Suspension, welche meistens auf Walzentrocknern über die Verkleisterungstemperatur hinaus erhitzt wird, wodurch eine irreversible Zerstörung der Struktur eintritt. Man erhält ein trockenes, feinblättrig strukturiertes Produkt mit einem Wasserbindungsvermögen von 8–16 g je g Trockenprodukt. Erfolgt die Vorverkleisterung in Wasser-Ethanol-Gemischen, erhält man Stärken, die der nativen sehr ähnlich sind und sturzfähige Gele liefern. Durch

Tabelle: Vorläufige duldbare wöchentliche Aufnahmemengen und deren Ausschöpfung unter Zugrundelegung der üblichen Verzehrsmengen.

| | vorläufige duldbare wöchentliche Aufnahme, WHO-Wert[15] [mg] | Ausschöpfung | | | |
|---|---|---|---|---|---|
| | | über Warenkorb ZEBS[16] [%] | nach DGE[17] [%] | über Tagesverpflegung[18] [%] | über Tagesverpflegung[19] [%] |
| Männer (70 kg) | 0,35 | 35,1 | 33,5 | <20 | <10 |
| Frauen (58 kg) | 0,29 | 32,2 | 32,4 | <24 | <12 |

Zusatz von Chemikalien (u. a. Alkali) gelingt es, Quellstärke ganz bestimmten Einsatzzwecken anzupassen. Quellstärken sind in kaltem Wasser löslich und nehmen das Mehrfache ihres Eigengewichtes an Flüssigkeit auf. Die Tendenz zur Ausbildung von Gelen ist gering.

Quellstärken enthalten mitunter Zusätze an *Johannisbrotkernmehl, *Guarmehl oder *Alginat sowie *Lecithin und organischen Säuren (z. B. *Milchsäure, *Citronensäure, *Weinsäure). Besonders geeignet sind Quellmehle als Zusatz (Menge ca. 2-3%) zu hellen Weizen- und Roggenmehlen.

*Verwendung:* Als *Backmittel zur Regulierung der $H_2O$-Bindung im *Teig, zur Verbesserung der Krumenbeschaffenheit, der Frischhaltung u. der Bekömmlichkeit der Gebäcke. Ihre Wirkung beruht auf der erhöhten Wasseraufnahme der verkleisterten *Stärke. Aufgrund der guten Löslichkeit werden sie auch in *Instant-Produkten (Instant-Puddingpulver) verwendet. Zur Beurteilung von Quellstärke ist die Richtlinie für Stärke u. bestimmte Stärkeerzeugnisse heranzuziehen[1]. – *E* swell-starch flour

*Lit.:* [1] Richtlinie für Stärke u. bestimmte Stärkeerzeugnisse veröffentlicht am 22.Oktober 1975, abgedruckt in Zipfel, C 303.
*allg.:* Ullmann (5.) **A4**, 333, 344f. ▪ Zipfel, C 303, Abschnitt III Nr. 3 u. Anhang I Nr. 2 – *[HS 3505 10]*

**Quellton** siehe *Bentonite.

**Quellungsmittel** siehe *Verdickungsmittel.

**Quellwasser** (frühere Bez.: mineralarmes Wasser). Q. ist nach § 10(1) der Mineral- u. Tafelwasser-Verordnung (MinTafWV) Wasser, das aus einem unterird. Wasservork. stammt u. aus einer od. mehreren natürlichen od. künstlich erschlossenen Quellen gewonnen wird. Die zulässigen Aufbereitungsverf. sind wie bei natürlichem *Mineralwasser beschränkt (§ 10 MinTafWV). Q. muß am Quellort abgefüllt werden (§ 12 MinTafWV). Im Unterschied zu Mineralwasser benötigt Q. jedoch keine amtliche Anerkennung.

Für Q. gelten die in der Trinkwasser-VO, Anl. 2 u. 3 (ausgenommen Grenzwert für Temp.) für *Trinkwasser (s. dort) festgelegten Grenzwerte für chem. Stoffe (§ 11 MinTafWV). Die Reinheitsanforderungen (z.B. bezüglich *Nitrat, *leichtflüchtiger Halogenkohlenwasserstoffe od. *Pestiziden) sind demnach nicht so streng wie für natürliches Mineralwasser. Die mikrobiolog. Anforderungen für Q. entsprechen denen für natürliches Mineralwasser (§ 13 MinTafWV).

*Recht:* Es gelten die Vorschriften der *LMKV. Zur eindeutigen Unterscheidung von Mineralwasser gibt § 15 MinTafWV zusätzliche Kennzeichnungsvorschriften. So sind Hinweise auf eine bestimmte geograph. Herkunft, auf die chem. Zusammensetzung od. Bez., die zu einer Verwechslung mit natürlichen Mineralwässern führen könnten (z.B. „Quelle", „Brunnen", „Sprudel"), nicht zulässig. Wenn bestimmte mikrobiolog. u. chem. Anforderungen (Natrium max. 20 mg/L, Nitrat max. 10 mg/L, Nitrit max. 0,02 mg/L) eingehalten werden, darf

Q. mit einem Hinweis auf seine Eignung für die Säuglingsernährung versehen werden. – *E* spring water

*Lit.:* Zipfel, C 435 – *[HS 2201 10]*

**Quentin-Melasse** siehe *Melasse.

**Quercetin** [IUPAC-Bezeichnung 3,3',4',5,7-Pentahydroxyflavon, Chemical-Abstract-Bezeichnung 2-(3,4-Dihydroxyphenyl)-3,5,7-trihydroxy-4*H*-1-benzopyran-4-on].

Natürlich vorkommendes *Flavon $C_{15}H_{10}O_7$, $M_R$ 302,24, zitronengelbe Nadeln mit Schmp. 312–316 °C (bei 95–97 °C Verlust des Kristallwassers). In Wasser schwer, in siedendem Ethanol, Essigsäure und verdünnter Natronlauge leicht löslich.

*Vorkommen:* Als Glycosid weit verbreitet in Baumrinden, bes. der amerikan. Färbereiche u.a. Eichenarten u. der Douglasfichte. Die pulverisierte, schmutziggelbe Rinde der Färbereiche heißt *Quercitron* (lateinisch: quercus und citron); diese enthält neben freiem Quercetin viel *Quercitrin* (Quercetin-3-*O*-rhamnosid, $C_{21}H_{20}O_{11}$, $M_R$ 448,38), das hellgelbe Nadeln bildet (Schmp. 176 °C, in heißem Wasser, Alkohol lösl., wirkt diuret.). Ferner sind Quercetin-glycoside besonders häufig in Rinden u. Schalen vieler Früchte u. Gemüse sowie in deren Blättern, auch in gelben Blüten (Goldlack, Stiefmütterchen), zu finden. Vorwiegend findet man sie in Blättern von *Adonis vernalis* (Frühlings-Teufelsauge), Roßkastanie, Zwiebel, Kamille, Weißdorn, Hopfen, Apfelbaum, Stiefmütterchen, Eichen, Rosen, Ericaceae u.v.a.; in Kreuzdornbeeren u.a. Gelbbeeren kommen u.a. *Rhamnetin* (Quercetin-7-methylether) u. *Rhamnazin* (Quercetin-3',7-dimethylether) vor; mit diesem färbte man in China die Alaun-gebeizte Seide der Mandaringewänder. *Isoquercitrin* (Quercetin-3-*O*-β-D-glucofuranosid, $C_{21}H_{20}O_{12}$, $M_R$ 464,38), gelbe Nadeln, Schmp. 225–227 °C, kommt in den Blüten der Baumwolle, Roßkastanie, Kapuzinerkresse, Arnika u.a. vor. *Quercimeritrin* (Quercetin-7-*O*-glucosid), Schmp. 247–249 °C, ist in Baumwollblüten u. Chrysanthemenblättern nachweisbar u. *Spiraeosid* (Quercetin-4'-*O*-glucosid), Schmp. 209–211 °C, in den Blüten der Spierstaude. Quercetin ist auch Aglycon von Rutin (Quercetin-3-*O*-rutinosid), *Hyperin* (Quercetin-3-*O*-galactosid aus Johanniskraut) u.a. *Flavonoiden.

*Lebensmittelchemische Aspekte:* Der Gehalt liegt bei den meisten pflanzlichen Lebensmitteln im Bereich von 0,1–50 mg Quercetin/100 g und schwankt nach Region, Jahreszeit und Qualität. Je nach Eßgewohnheiten beträgt die mit Gemüse, Obst und Getränken (Fruchtsäfte, Tee, Kaffee, Bier, Wein) täglich zugeführte Menge an Quercetin 20–300 mg pro Person. Die tägliche Gesamteinnahme an Gesamtflavonoiden mit der Nahrung wird auf 50–1000 mg geschätzt[1].

*Biosynthese:* Die Biosynthese des A-Rings erfolgt durch Kondensation von 3 Einheiten Malonyl-CoA. C-und B-Ring entstehen ebenfalls aus dem Glucose-Metabolismus des Shikimisäure-Signalweges über die Zwischenprodukte Zimtsäure und Cumarsäure. Als CoA-Derivate kondensieren diese C-9-Verbindungen mit dem C-6-Produkt des Malonats zu einem C-15-Chalkon. Durch nachfolgenden Ringschluß und Hydratation entstehen Catechine, Tannine, Procyanidine und 3,4-Diolflavonoide wie Quercetin[2].

*Anwendung:* Das Vorkommen von Quercetin in Baumrinden nutzte man früher zum Färben und Bedrucken von Stoffen, als Antioxidans und als Schutzmittel gegen UV-Strahlung, als Reagenz zum Nachweis von Hafnium, Zink und Zinn. Quercetin werden vielfältige gesundheitsfördernde Wirkungen zugeschrieben. Im Mittelpunkt des Interesses steht die antioxidative Kapazität von Quercetin und anderen Flavonoiden. Quercetin wird wie *Resveratrol mit dem *French Paradoxon, d.h. der vergleichsweise geringen Inzidenz von kardiovaskulären Erkrankungen bestimmter französischer Bevölkerungsgruppen bei einer relativ hohen Fettaufnahme, in Zusammenhang gebracht[3].

*Physiologie:* Quercetin und *trans*-Resveratrol hemmen die Thrombocytenaggregation. Zusätzlich vermindern sie die Bildung gefäßverengender Thromboxane und führen durch eine vermehrte NO-Freisetzung aus dem Endothel zu einer Gefäßerweiterung im arteriellen System[4,5], was hinsichtlich des koronaren Blutflusses auch beim Menschen belegt wurde: Nur Rotwein, nicht aber Weißwein oder Wodka führte zu einer Zunahme der koronaren Flußreserve bei japanischen Studenten[6]. Quercetin und anderen Polyphenolen wird ein hohes antioxidatives Potential zugeschrieben[7].

*Toxikologie:* Quercetin zeigt in verschiedenen *in-vitro*-Testsystemen mutagene Wirkungen. In *Salmonella* Typhimurium (Ames-Test) ist Quercetin mutagen, in Untersuchungen zum Schwesterchromatidaustausch (SCE) ist Quercetin ebenfalls positiv und induziert in polychromatischen Säugererythrocyten Mikrokerne. Quercetin induziert jedoch in Chinesischen Hamsterovarialzellen (CHO) keine Vorwärtsmutation des HPRT-Gens[8,9]. In neueren Untersuchungen zeigt Quercetin auch antimutagene Wirkung in Kombination mit potenten Mutagenen[10]. Quercetin ist in weiblichen Ratten nicht carcinogen und zeigt nur in männlichen Tieren Adenome (benigne) in der Niere (Tubulus). Quercetin wird auch von der International Agency for Research on Cancer (IARC) als nicht carcinogen eingestuft (Gruppe 3)[11]. Quercetin wirkt als Antioxidans und hemmt im Tierversuch die Tumorinduktion durch verschiedene bekannte Carcinogene[8,9]. – *E* quercetin

*Lit.:* [1]Watzl, B.; Rechkemmer, G., *Ernähr. Umsch.*, (2001) **48**(12), 498–502. [2]Formica, J. V.; Regelson, W., *Food Chem. Toxicol.*, (1995) **33**(12), 1061–1080. [3]Geleijnse, J. M.; Launer, L. J.; von der Kuip, D. A.; Hofman, A.; Witteman, J. C., *Am. J. Clin. Nutr.*, (2002) **75**(5), 880–886. [4]Pace-Asciak, C. R.; Rounova, O.; Hahn, S. E.; Diamandis, E. P.; Goldberg, D. M., *Clin. Chim. Acta*, (1996) **246**, 207–219. [5]Flesch, M.; Schwarz, A.; Böhm, M., *Am. J. Physiol. Heart Circ. Physiol.*, (1998) **275**, H1183–H1190. [6]Shimada, K.; Watanabe, H.; Hosoda, K.; Takeuchi, K.; Yoshikawa, J., *Lancet*, (1999) **354**, 1002. [7]Ross, J. A.; Kasum, C. M., *Annu. Rev. Nutr.*, (2002) **22**, 19–34. [8]Chemical Carcinogenesis Research Information System – Carcinogenicity, Mutagenicity, Tumor Promotion, and Tumor Inhibition Data Provided by the National Cancer Institute (NCI), CCRIS Record Number: 1639, Last Revision Date: 20030307: http://toxnet.nlm.nih.gov. [9]Hazardous Substances Databank Number: 3529, Last Revision Date: 20021108: http://toxnet.nlm.nih.gov. [10]Malaveille, C.; Hautefeuille, A.; Pignattelli, B.; Talaska, G.; Vineis, P.; Bartsch, H., *Mutat. Res.*, (1998) **402**(1/2), 219–224. [11]IARC, Hrsg., *Some Chemicals that Cause Renal or Urinal Bladder Tumours in Rodents, and some other Substances*; IARC Monographs on the Evaluation of Carcinogenic Risks to Humans 73; IARC: Lyon (1999); S. 510.
*allg.:* Beilstein EV **18/5**, 494 ■ Hager (5.) **4**, 30f.; 59f.; 183f.; 462f.; 618f.; 727f.; 798f.; 1198f.; **3**, 1024 ■ Merck-Index (13.), Nr. 5241, 8122–8124 ■ Schweppe, S. 331, 358–378 – [HS 2932 90; CAS 117-39-5 (Quercetin); 21637-25-2 (Isoquercitrin); 491-50-9 (Quercimeritrin); 20229-56-5 (Spiraeosid); 482-36-0 (Hyperin)]

**Quercimeritrin** siehe *Quercetin.

**Quercitrin, Quercitron** siehe *Quercetin.

**Quercus-Lacton** siehe *Whiskylacton.

**Querstromfiltration** siehe *Filtration.

**QUID.** Abkürzung für *quantitative ingredient declaration.

**Quito-Orange** siehe *Lulo.

**Quitte** (Baumwollapfel, Gemeine Quitte). Mit gelber, ledrig-harter Schale und weißlich-filzigem Flaum bedeckte, zum Kernobst zählende Sammelbalgfrucht des in Zentralasien, auf Kreta, in Japan und Nordamerika beheimateten Strauches bzw. kleinen Baumes *Cydonia oblonga* Mill. (Rosaceae), der heute vornehmlich im Mittelmeergebiet (Spanien) angebaut wird. Die apfelförmige Varietät (var. *maliformis*) ist auch als *Apfelquitte* bekannt. Ihre Früchte sind wenig aromatisch und das mit Steinzellen durchsetzte, feste und trockene Fruchtfleisch ist durch *Anthocyane vom Cyanidin-Typ rötlich gefärbt[1]. Die weiter verbreitete, birnenförmige Varietät (var. *pyriformis*), die *Birnenquitte*, ist sehr aromareich mit goldgelbem, weich-zartem Fruchtfleisch. Von der portugiesischen Bezeichnung „Marmelo" für die Birnenquitte leitet sich der deutsche Begriff „Marmelade" ab. *Inhaltsstoffe:* Das typische Quittenaroma wird unter anderem durch die sogenannten Marmelolactone und andere Carotinoid-Derivate gebildet[2,3] (vgl. *Fruchtaromen). Die Synthese solcher Marmelolactone beschreibt Literatur[4]. Das Profil phenolischer Inhaltsstoffe ist durch *Quercetin-, Kaempferol- sowie Caffeoyl- und *Chinasäure-Derivate charakterisiert. Es kann zur Authentizitätsbeurteilung von mit Quitten hergestellten Produkten herangezogen werden[5,6]. Eine aktuelle Studie beschreibt die Verteilung organischer Säuren in der Frucht und daraus hergestellter Gelees: Neben den Hauptsäuren *Äpfelsäure und *Citronensäure wurden *Ascorbinsäure, Chinasäure, Shikimisäure und *Fumarsäure nachgewiesen[7].

Aus der Quittenschale wurde eine sogenannte Carotinase isoliert, welche die Bildung von Carotinoid-Abbauprodukten einleitet, was sich in einer Verstärkung des Aromas bemerkbar macht[8]. Das Fruchtfleisch ist praktisch frei von Carotinoiden[9]. Das Pektin des Fruchtfleisches macht 0,5% des Frischgewichtes aus und weist einen mittleren Veresterungsgrad von 59% auf[10].

Die 8 bis 16 flachen, braunen Quittensamen bilden nach Quellung in Wasser ein Gel aus, das reich an Glucuronoxylanen, Arabinoxylanen sowie an Cellulose-Mikrofibrillen ist[11,12]. Rohe Quittensamen haben einen mandelartigen Geschmack und setzen bei Zerkleinerung die leichtflüchtige und hochgiftige *Blausäure frei. Deshalb sollten Quittensamen nicht verzehrt werden. Quittenöl enthält ca. 24% Farnesen und daneben Ethylester gesättigter und ungesättigter Fettsäuren. Aus den Blättern des Quittenbaums wurden Ionon-glycoside[13,14] als Aromapräkursoren isoliert sowie Kaempferol, Quercetin und Cyanidin-Derivate[1].

*Verwendung:* Zum direkten Verzehr ist die Quitte wegen ihres herben, adstringierenden Geschmacks und des harten, an Steinzellen reichen Fruchtfleisches kaum geeignet. Aufgrund ihres zitronenähnlichen, intensiven Aromas wird sie als gekochte und passierte Frucht zur Herstellung von Kompott, Konfitüren, Speiseeis, Quittenbrot (=schnittfeste Paste aus eingekochten Quitten), Nektar, Likör, Edelbränden, Wein usw. verwendet. Überwiegend werden Quitten aber zu Gelee verarbeitet. Wegen ihres hohen Gehaltes an Schleimstoffen, Pektinen und Gerbstoffen werden Quitten im medizinischen Bereich zu Husten-, Magen- und Darmmitteln, der Schleim der Samen auch für Emulsionen in der Kosmetik[15] und als Appretur für Textilien benutzt. Quittensträucher werden oft als Unterlage für Propfungen mit Birnen-Edelreisern verwendet. – *E* quince

*Lit.:* [1] Mazza, G.; Miniati, E., Hrsg., *Anthocyanins in Fruits, Vegetables and Grains*, CRC Press: Boca Raton, FL, (1993); S. 45. [2] Lutz, A.; Winterhalter, P., *Tetrahedron Lett.*, (1992) **33**, 5169. [3] Lutz, A.; Winterhalter, P., *J. Agric. Food Chem.*, (1992) **40**, 1116. [4] Shimizu, H.; Kitahara, T., *Biosci. Biotechnol. Biochem.*, (2002) **66**, 743. [5] Silva, B. C.; Andrade, P. B.; Valentao, P.; Mendes, G. C.; Seabra, R. M.; Ferreira, M. A., *Food Chem.*, (2000) **71**, 281. [6] Silva, B. M.; Andrade, P. M.; Ferreres, F.; Domingues, A. L.; Seabra, R. M.; Ferreira, M. A., *J. Agric. Food Chem.*, (2002) **50**, 4615. [7] Silva, B. M.; Andrade, P. B.; Mendes, G. C.; Seabra, R. M.; Ferreira, M. A., *J. Agric. Food Chem.*, (2002) **50**, 2313. [8] Fleischmann, P.; Studer, K.; Winterhalter, P., *J. Agric. Food Chem.*, (2002) **50**, 1677. [9] Breithaupt, D. E.; Bamedi, A., *J. Agric. Food Chem.*, (2001) **49**, 2064. [10] Forni, E.; Penci, M.; Polesello, A., *Carbohydr. Polym.*, (1994) **23**, 231. [11] Vignon, M. R.; Gey, C., *Carbohydr. Res.*, (1998) **307**, 107. [12] Forgacs, K.; Jodal, I.; Wagner, H.; Nanasi, P., *ACH – Mod. Chem.*, (1998) **135**, 953. [13] Lutz-Roder, A.; Schneider, M.; Winterhalter, P., *Nat. Prod. Lett.*, (2002) **16**, 119. [14] Gueldner, A.; Winterhalter, P., *J. Agric. Food Chem.*, (1991) **39**, 2142. [15] Turkoz, S.; Kusmenoglu, S.; Koca, U., *Acta Pharmaceut. Turc.*, (1998) **40**, 39. *allg.:* Franke, W., *Nutzpflanzenkunde*, 6. Aufl.; Thieme: Stuttgart, (1997); S. 311 ▪ Herrmann, K., *Inhaltsstoffe von Obst und Gemüse*, Ulmer: Stuttgart, (2001); S. 20, 54, 55 ▪ Souci et al. (6.), S. 882 – *[HS 0808 20]*

**Quitte, Chinesische und Japanische** siehe *Scheinquitte.

**Quittenaroma** siehe *Fruchtaromen.

**Quittenoxepan, Quittenoxepin** siehe *Fruchtaromen (Quittenaroma).

# R

**R.** In biochemischen Ein-Buchstaben-Notationen bedeutet R *Arginin oder ein beliebiges Purin-Nucleosid.

**Radiccio** siehe *Zichorien.

**Radieschen.** Weiße bis rote, kugelförmige oder längliche Pfahlwurzeln von *Raphanus sativus* L. var. *sativus* (Brassicaceae), die im allgemeinen roh (zum Vesper) verspeist werden. Die Bezeichnung leitet sich ab vom lateinischen radix (= Wurzel). Aus ehemals länglichen, weißen Formen entstanden in Italien und Frankreich erst Ende des 18. Jahrhunderts durch Zuchtauswahl die heutigen roten, runden Sorten (vgl. *Rettich).

*Zusammensetzung:* Je 100 g eßbare Substanz enthalten 94,4 g Wasser, 1,1 g Eiweiß, 0,1 g Fette, 2,2 g Kohlenhydrate (dazu 1,6 g Fasermaterial), 0,9 g Mineralstoffe und 29 mg Vitamin C; Nährwert 75 kJ (18 kcal). Radieschen werden wegen ihres scharfen, beißenden Geschmacks geschätzt. Dieser geht auf *Senföle – z.B. die im Verhältnis 4:1 vorliegenden *trans*- und *cis*-4-(Methylthio)-3-buten-1-yl-isothiocyanate – zurück, welche aus den entsprechenden *Glucosinolaten enzymatisch freigesetzt werden. Das schwach antibiotisch wirksame Sulfoxid dieser Verbindungen (Sulforaphen, siehe *Senföle) ist in den Samen enthalten. – *E* small radish

*Lit.:* Franke, W., *Nutzpflanzenkunde*, 6. Aufl.; Thieme: Stuttgart, (1997); S. 201 ■ Herrmann, K., *Inhaltsstoffe von Obst und Gemüse*, Ulmer: Stuttgart, (2001); S. 102–104 – [HS 0706 90]

**Radioallergosorbens-Test** siehe *Radioimmunoassay.

**Radiochromatographie.** Bezeichnung für die Kombination aus *Chromatographie und Radiographie bzw. Radiometrie. Bei Radiochromatographie (*radiometrische Adsorptionsanalyse*) handelt es sich um die Trennung von radioaktiv markierten Verbindungen bzw. von Substanzen, denen relativ kleine Mengen von Radioindikatoren zugesetzt wurden. Die Radiochromatographie wird sowohl als *Dünnschicht- und Papierchromatographie, als auch als *Säulenchromatographie (HPLC, GC) ausgeführt.

*Anwendung:* Nachweis von Kernzerfallsprodukten in Lebensmitteln, z.B. in Milch[1]. – *E* radiochromatography

*Lit.:* [1]Gerhart, P.; Macasek, F.; Rajec, P., *J. Radioanal. Nucl. Chem.*, (1998) **229**, 83–86.

**Radioimmunoassay** (Abkürzung: RIA). Aus dem Englischen (assay = Versuch, Probe, Analyse) übernommene Bezeichnung für eine Reihe von Verfahren der Nuklearmedizin und der analytischen Immunchemie, bei denen *in vitro* mit Hilfe spezifisch wirkender *Antikörper (Ak, meist monoklonale Antikörper) und eines radioaktiven Indikators *Antigene (Ag) und Haptene (siehe *Antigene) quantitativ bestimmt werden. Alternativ können Ak unter Zuhilfenahme von Ag oder anderen Ak bestimmt werden. Proteine werden üblicherweise mit dem Iod-Nuklid $^{125}$I markiert. Der RIA stellt somit eine Kombination der hochspezifischen Antigen-Antikörper-Reaktion mit der sehr präzisen Aktivitätsmessung von Radioindikatoren dar; dementsprechend ist ein empfindlicher Nachweis auch in komplexen Gemischen in spezifischer Weise möglich. Heute steht eine große Zahl kommerzieller Reagenziensätze (RIA-Kits) zur routinemäßigen Anwendung der Methode zur Verfügung. Vergleiche können gezogen werden zu nichtradioaktiven Immunoassays, wie z.B. zum *Enzymimmunoassay (EIA), bei dem eine enzymatische Reaktion zur Indikation verwendet wird. Eine verwandte Methode ist auch der *Radiorezeptor-Test*, der auf der Rezeptor-Ligand-Wechselwirkung beruht.

Man unterscheidet verschiedene Varianten (siehe Abbildung, S. 964). Beim *kompetitiven* RIA wird die Probe des zu bestimmenden Ag mit einer bekannten Menge von radioaktiv markiertem, ansonsten gleichartigem Ag' versetzt. Bei der Reaktion mit einem spezifischen Ak[1] wird umso weniger Ag' gebunden, je mehr Ag die Probe enthielt. Vor dem Nachweis des Ag'-Ak[1]-Komplexes im Szintillationszähler muß er von freiem Ag' getrennt werden. Dies geschieht durch Ausfällung mit einem gegen Ak[1] gerichteten Ak[2] und Zentrifugation. Beim *Radioimmunosorbens-Test* (RIST) ist dagegen Ak[1] und somit auch der Ag'-Ak[1]-Komplex an eine feste Phase (z.B. Sephadex® oder eine Mikrotiterplatte) gebunden (immobilisiert), die sich leicht von ungebundenem Ag' freiwaschen läßt – oft mit *Immunglobulin E (IgE) als Ag verwendet. Beim *immunradiometrischen Assay* (IRMA) reagiert ein markierter Ak[1'], und das zu bestimmende Ag tritt mit immobilisiertem Ag in Kompetition. Dabei kann die Markierung des Ak[1] in einer Bindung eines gegen ihn gerichteten markierten Ak[2] bestehen (Ak[1]-Ak[2]-Komplex statt Ak[1']; Doppelantikörper-IRMA).

Beim *nichtkompetitiven* RIA muß die Probe (Ag bzw. Ak[1]) mit einem Überschuß an radiomarkier-

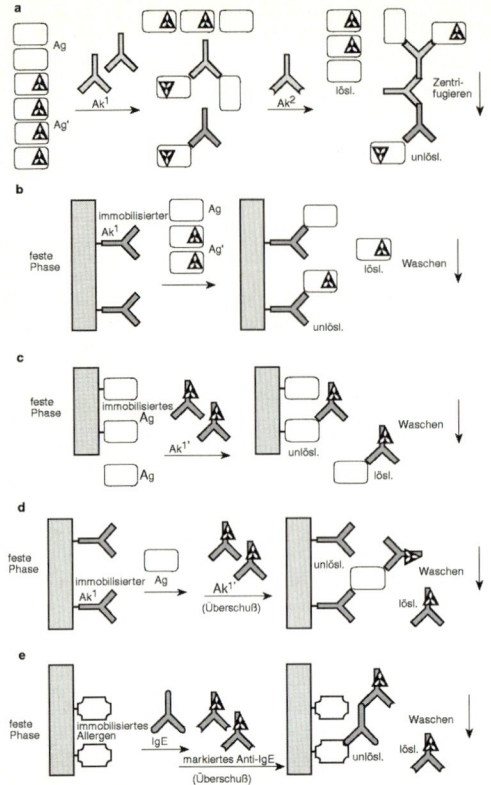

Abbildung: Schematische Darstellung verschiedener RIA-Varianten: a) kompetitiver RIA, – b) RIST, – c) IRMA, – d) nichtkompetitiver RIA, – e) RAST.

tem Reagenz ($Ak^{1'}$ bzw. Ag', in letzterem Fall gegebenenfalls auch markiertem Protein A) zur Reaktion gebracht und der resultierende Komplex von überschüssigem Reagenz abgetrennt werden. Dies geschieht meist durch Bindung an feste Phase mit Hilfe von immobilisiertem $Ak^1$ oder Ag und anschließendem Waschen (Zwei-Seiten- oder Sandwich-Test). Speziell beim *Radioallergosorbens-Test* (RAST) wird IgE an ein spezifisch immobilisiertes Ag (Allergen) gebunden und mit einem markierten Anti-IgE-Ak detektiert.

*Verwendung:* Zur Bestimmung von Peptidhormonen und anderen Hormonen, zur Diagnose von Krebs[1], Infektionen (z.B. mit Hepatitis-Viren) oder Stoffwechselkrankheiten (z.B. Hypothyreose), in der Pharmakologie, als RAST zur Bestimmung von spezifischem IgE, als RIST zur Bestimmung von Gesamt-IgE, weiter zum Nachweis von Fremdstoffen (z.B. Anabolika oder PCB) in Nahrungsmitteln, von Rauschmitteln in der forensischen Chemie, zum Screening in der Gesundheitsvorsorge, zur Rückstandsanalyse in Bodenproben.

In der lebensmittelchemischen Analytik[2] zur Spurenbestimmung von Proteinen (z.B. proteolytische Enzyme in Bier) sowie zur quantitativen Bestimmung von z.B. Diethylstilbestrol, 17β-Trenbolon,

Zeranol, Chloramphenicol, *Ochratoxin A, *Aflatoxin etc. – *E* radioimmunoassay

*Lit.:* [1] J. Nucl. Med. **33**, 803–814 (1992). [2] Maier, S. 278–285. *allg.:* Schmidt, A.; Bilitewski, U., In *Instrumentation and Sensors for the Food Industry*, Kress-Rogers, E.; Brimelow, Ch. J. B., Hrsg., 2. Aufl.; Woodhead Publishing: Cambridge, (2001); S. 714 – 739

**Radioimmunosorbens-Test** siehe *Radioimmunoassay.

**Radiorezeptor-Test** siehe *Radioimmunoassay.

**Räuchermittel** (Räucherwerk). Sammelbezeichnung für Stoffmischungen aus brennbarem Material (z.B. Kohlepulver, Aluminium-Pulver, Holzmehl und dergleichen), Oxidations- (Nitraten, Chloraten) und Bindemitteln, die beim Abbrennen Rauch oder Dämpfe entwickeln, um Duftstoffe oder Wirkstoffe freizusetzen.

Räucherkerzen, -kegel, -stäbchen usw., mit denen man angenehme Gerüche erzeugen und unangenehme überdecken kann, enthalten außerdem wohlriechende Gummen, Balsame, Harze und etherische Öle (Beispiele: Opopanax und Weihrauchöl). Andere Räuchermittel werden in speziellen Gefäßen wie Räucherfäßchen auf glühender Holzkohle erhitzt [z.B. Olibanum (Weihrauch)]. *Riechstoff-haltige Räuchermittel spielten schon im Altertum bei Kultgebräuchen, und in der Heilkunst eine Rolle. Weihrauch wird auch in der katholischen Liturgie verwendet. Räucherpatronen sind mit Räuchermittel gefüllte Papphülsen, deren Zündmasse Schwefel enthält, der beim Abbrennen Schwefeldioxid entwickelt; sie werden zur Bekämpfung von Wühl- und Erdmäusen in deren Gängen entzündet; siehe auch *Fumigantien und vergleiche auch *Räuchern.

*Recht:* Räuchermittel gehören nach § 2 Absatz 6 *Lebensmittel- und Futtermittelgesetzbuch (LFGB, vom 01.09.2005) zu den Bedarfsgegenständen, da sie zur Geruchsverbesserung in Räumen eingesetzt werden, die zum Aufenthalt von Menschen bestimmt sind. Daher dürfen sie nach § 30 LFGB bei bestimmungsgemäßem oder vorhersehbarem Gebrauch durch ihre stoffliche Zusammensetzung, insbesondere durch toxikologisch wirksame Stoffe oder durch Verunreinigungen, nicht die Gesundheit schädigen. – *E* fumigating agents, incense

*Lit.:* Franke, W., *Nutzpflanzenkunde*, 6. Aufl.; Thieme: Stuttgart, (1997); S. 452 – *[HS 3307 41, 3307 49, 3808 10]*

**Räuchern** (Selchen). Räuchern ist eine althergebrachte Form der Konservierung von Fleisch und Wurstwaren sowie von Fischen, ggf. auch von Hartkäse. Rauch (*Räucherrauch) ist in der *Aromen-Verordnung definiert als frisch entwickelter, äußerlich einwirkender Rauch aus naturbelassenen Hölzern und Zweigen, Heidekraut, Nadelholzsamenständen und Gewürzen. Der Aspekt der Konservierung spielt nur noch bei wenigen Produkten wie Rohschinken und Dauerwurst eine Rolle, die positive Beeinflussung von Aussehen, Geruch und Geschmack steht in der Regel im Vordergrund.

Dies gilt neben Fleischerzeugnissen hauptsächlich für Whisky und Bier (Bamberger Rauchbier). Zur Beeinflussung von Geruch und Geschmack können auch *Raucharomen eingesetzt werden. Hierbei wird Rauch in gekühlte Flüssigkeiten geleitet; lipophile Teerstoffe werden abgeschieden, während Geschmackstoffe sich in der wäßrigen Phase konzentrieren.

*Verfahren:* Beim Räuchern wirken Gase und Dämpfe unvollständig verbrannter Pflanzenteile (meist Holz) auf Lebensmittel ein. Dazu wird das Räuchergut in sogenannten Räucherkammern eingebracht, in denen der Rauch einwirkt. Zur Raucherzeugung wird das Glimmrauchverfahren im Glutbett bei 400–800°C eingesetzt, alternative Verfahren sind das Reibrauchverfahren, das Dampfrauchverfahren und das Fluidisationsverfahren, in welchen aufgrund der geringeren Temperatur der Teerstoffgehalt des Rauches wesentlich geringer ist.

Neben den in der Tabelle aufgeführten Verfahren kennt man das sogenannte Katenräuchern, bei dem neben Holz auch Torf und Heidemoos als *Räuchermittel verbrannt werden.

Eine *Schwarzräucherung* (Dunkelräuchern) wird durch Verwendung harzreicher Wurzelhölzer erreicht und führt zu einem rußigen Belag (toxikologisch bedenklich) auf derart geräucherten Fleischwaren. Verfahrenstechnische Aspekte des Räucherns sind Literatur[1] zu entnehmen. Einen Überblick und eine Diskussion moderner und zukünftiger Methoden der Anwendung von Raucharomen, wie z.B. aerosolstatische und elektrostatische Methoden oder Injektion von Raucharomen, gibt Literatur[2].

Zur Zusammensetzung von *Räucherrauch siehe dort, siehe auch *Rauchkondensate.

*Analytik:* Zum Nachweis von Benzo[*a*]pyren in geräucherten Fleischwaren gibt es die Methoden nach § 64 LFGB (ex § 35 LMBG) L 07.0026, 27 und 40. Die weitgehende Beschränkung auf Benzo[*a*]pyren erscheint problematisch, da diese Verbindung mengenmäßig nicht immer dominiert und andere polycyclische aromatische Kohlenwasserstoffe teilweise ein höheres carcinogenes Potential besitzen.

*Recht:* Die Verwendung von Rauch wird allgemein nach der Aromen-Verordnung (Anl. 1) geregelt, produktspezifische Regelungen finden sich in den Leitsätzen für Fleisch- und Fischerzeugnisse. Der Höchstgehalt an Benzo[*a*]pyren wird auf 1 µg/kg Lebensmittel festgelegt.

Die Verwendung von Raucharomen ist in der Verordnung (EG) über Raucharomen in Lebensmitteln geregelt[3].

Käse-Verordnung in Anl. 3 zu § 23 (1): Zugelassen wird für Käse und Käseerzeugnisse zur äußerlichen Anwendung: a) frisch entwickelter Rauch (siehe oben) und b) daraus hergestellte Raucharomen, bei deren Herstellung zum Auffangen des Rauchs keine anderen Flüssigkeiten als Wasser oder Ethanol verwendet wurden.

Die genannten Zulassungen zum Räuchern gelten gemäß § 6 (1) Diät-Verordnung auch für diätetische Lebensmittel, ausgenommen Säuglings- und Kleinkinderlebensmittel. – *E* smoking, smoke-drying, curing

*Lit.:* [1]Sielaff, H., Hrsg., *Fleischtechnologie*, Behr's: Hamburg, (1995). [2]*Alimentaria* **274**, 45–53 (1996). [3]Verordnung (EG) Nr. 2065/2003 des Europäischen Parlaments und des Rates vom 10.11.2003 über Raucharomen zur tatsächlichen oder beabsichtigten Verwendung in oder auf Lebensmitteln (Amtsblatt der EG Nr. L 309, S. 1–8).

*allg.:* Opinion of the Scientific Committee on Food on the Risks to Human Health of Polycyclic Aromatic Hydrocarbons in Food, vom 04.12.2002; http://europa.eu.int/comm/food/fs/sc/scf/out153_en.pdf ■ Zipfel, C 120 **2**, 76–77; C 232 **1**, 14; C 235 **1**, 88–96

**Räucherrauch.** R. ist ein Gemisch aus zahlreichen Verb., von denen bisher etwa 800 identifiziert wurden. R. entsteht bei geringer Luftzufuhr durch Pyrolyse von Holz. Je weniger Luftsauerstoff im Verlaufe der Pyrolyse mit den Bestandteilen des Holzes reagiert, umso reicher ist der R. an gesätt. od. ungesätt. Kohlenwasserstoffen. Bei höherer Luftzufuhr nimmt der Anteil an Oxid.-Produkten wie Alkoholen, Aldehyden u. Säuren zu. Die Menge an Luftsauerstoff beeinflußt neben der Feuchtigkeit des Holzes auch die *Raucherzeugungstemp.*, die ganz entscheidend für den Anteil an erwünschten u. unerwünschten Verb. ist. Zwischen 650 u. 750°C verläuft die Pyrolyse sehr stark zu Gunsten der Verb., die sowohl für die Konservierung als auch für Farbe (*Räucherfarbe*; Braun- bis Dunkelfärbung) u. Geschmack verantwortlich sind. Auftretende *Räucherstoffe*: Phenole, Alkohole, Carbonyle u. Säuren aliphat. u. cycl. Kohlenwasserstoffe. Neben den Carbonylen sind die *N*-Heterocyclen im wesentlichen für die Farbe verantwortlich. Das Aroma (*Raucharoma*) wird überwiegend durch Phenole (4-Methylguajakol, Isoeugenol, Dimethylphenol, Syringaaldehyd) u. Terpenkohlenwasserstoffe sowie deren Derivate bestimmt. In der Phenol-Fraktion dominieren bei

Tabelle: Räucherverfahren in der Fleischtechnologie.

| Verfahren | Temperatur [°C] | Räucherdauer | Erzeugnisse |
|---|---|---|---|
| Kalträucherung | 18 (12–24) | mehrere Tage bis Wochen | Rohwürste, Rohpökelwaren, Brühdauerwurst, Kochwurst |
| Feuchträucherung (selten) | bis 30 | 2–3 d | schnellgereifte Rohwurst |
| Warmräucherung (selten) | bis 45 | 1–3 h | großkalibrige Brühwurst |
| Heißräucherung | 60–100 | 20–60 min | Brühwurst, Kochwurst |

Hartholzrauch Syringaaldehyd, bei Weichholzrauch 4-Methylguajakol u. *Guajakol. Die konservierenden Eigenschaften werden neben den Phenolen v. a. durch Carbonyle verursacht.

Die im R. vorkommenden *polycyclischen aromatischen Kohlenwasserstoffe (PAK) sind wegen ihrer teilw. carcinogenen od. cocarcinogenen Wirkung unerwünscht. Die Benzo[a]pyren-Konz. u. die Konz. anderer PAK steigt bis zu Temp. von mehr als 1000 °C linear an. Je nach Auswahl des Holzes od. den Pyrolysebedingungen besteht R. überwiegend aus einer Gas- od. Partikelphase. Beide Phasen sind für die Aromatisierung, Farbgebung u. Konservierung wichtig. R. sollte aber so wenig Ruß als möglich enthalten, da der Ruß Transportmittel für höhermol. polycycl. Kohlenwasserstoffe wie Benzo[a]pyren ist. Der Rußanteil ist bes. hoch bei der Pyrolyse von sehr trockenen Weichhölzern, insbes. von Kienspanholz (in Extremfällen wurden bei rußiger Oberfläche von Fleischerzeugnissen Werte >100 ppb Benzo[a]pyren beobachtet).

*Verwendung:* Zum *Räuchern (s. a. dort) von Lebensmitteln allg., bes. von Fleisch u. Fleischerzeugnissen u. von Käse. Zur rechtlichen Beurteilung siehe *Räuchern. – *E* curing smoke

**Räucherverfahren** siehe *Räuchern.

**Raffinase** siehe *Raffinose.

**Raffination** siehe *Fettraffination und *Saccharose.

**Raffinose.** α-D-Galactopyranosyl-(1→6)-D-α-glucopyranosyl-(1→2)-β-D-fructofuranosid, Melitriose, Gossypose, Melitose].

$C_{18}H_{32}O_{16}$, $M_R$ 504,46, farblose Prismen. R.-Pentahydrat: Schmelzbereich 80–82 °C, $[α]_D^{20}$ +104° ±2° ($H_2O$); R. (wasserfrei): Schmelzbereich 80–82 °C (Zers.), $[α]_D^{20}$ +123° ($H_2O$), von indifferentem Geschmack, sehr gut lösl. in Wasser, Methanol, schwerlösl. in Ethanol, unlöslich in Ether; süß (Süßwert: 22 bezogen auf Saccharose = 100). R. reduziert Fehlingsche Lsg. nicht, ist gegen Alkalien beständig u. bildet kein Osazon. Als Trisaccharid (Triose) aus je 1 Mol. D-Galactose, D-Glucose u. D-Fructose wird R. durch verd. Säuren u. *Invertase (β-Fructosidase) in Fructose u. Melibiose, durch Emulsin u. α-*Galactosidasen in Saccharose u. Galactose, durch starke Säuren in alle drei Monosaccharide gespalten.

*Vorkommen und Gewinnung:* R. kommt in Zuckerrüben-*Melasse (<2%), Baumwollsamen u. Eucalyptusmanna, jedoch nicht im Zuckerrohr vor. Bei der Raffination von *Saccharose aus Zuckerrüben reichert sich R. im Muttersirup an u. mindert die Saccharose-Ausbeute durch Störung des Krist.-Wachstums. Zum R.-Abbau kann die Zucker-Ind. α-Galactosidasen einsetzen, die entwe-

der gentechnolog. (aus *Escherichia-coli*-Bakterien[1]) od. biotechnolog. (als sog. *Raffinase* aus dem Schimmelpilz *Mortierella ovinacea*[2]) erhalten werden. R. wird zur Herst. von Melibiose u. als Bakterien-Nährbodenzusatz verwendet. – *E* raffinose

*Lit.:* [1]Chem. Unserer Zeit **17**, 54–58 (1983). [2]Rehm-Reed **6a**, 443–447.
*allg.:* Beilstein EV **17/8**, 403 ▪ Merck-Index (13.), Nr. 8188 ▪ Ullmann (5.) **A5**, 83, 86; **A14**, 34 – [HS 2940 00; CAS 512-69-6]

**Rahm** (Sahne, Obers). Rahm ist der fettreiche, spezifisch leichtere Anteil der *Milch, der sich durch Stehenlassen an der Oberfläche bildet oder der durch Zentrifugieren abgetrennt wird. Bei dem früher üblichen Aufrahmen in Satten (*Schöpfrahm*) blieb etwa noch 1% Fett in der Magermilch, beim heute üblichen Zentrifugieren wird die Magermilch bis auf etwa 0,03% entfettet. Obwohl die Begriffe Rahm und Sahne häufig synonym verwendet werden, meint Rahm oftmals das Zwischenprodukt während der Bearbeitung und Sahne mehr das Endprodukt. Gemäß Anlage 1 zu § 1 der *Milcherzeugnis-Verordnung (MilchErzV) werden bei den Sahneerzeugnissen die *Kaffeesahne mit mindestens 10% Fett und die *Schlagsahne mit mindestens 30% Fett unterschieden. Schlagsahne kann in der Milchtrockenmasse angereichert werden, Schlagsahneerzeugnisse zudem mit Milcheiweißerzeugnissen. In der *Zusatzstoff-Zulassungsverordnung sind alle Regelungen für Zusatzstoffe in Sahneerzeugnissen zu technologischen Zwecken zusammengefaßt. Die mittlere Zusammensetzung von Rahm mit 10 bis 40% Fett zeigt die Tabelle. Im Jahre 2000 wurden in Deutschland 551000 t Sahneerzeugnisse hergestellt und 7,8 kg pro Kopf und Jahr verbraucht.

Tab.: Mittlere Zusammensetzung von Rahm mit 10 bis 40% Fett.

| | | | | |
|---|---|---|---|---|
| Fett (%) | 10 | 20 | 30 | 40 |
| Eiweiß (%) | 3,1 | 2,7 | 2,4 | 2,1 |
| Milchzucker (%) | 4,5 | 4,0 | 3,5 | 3,0 |
| fettfreie Trockenmasse (%) | 8,3 | 7,4 | 6,5 | 5,5 |
| Wasser (%) | 82 | 73 | 63 | 54 |

Rahm ist auch wertgebender Bestandteil verschiedener Erzeugnisse (z. B. *Speiseeis oder Sahnelikör) und Ausgangsprodukt für *Butter. Kondensmilch mit einem Fettgehalt von 10% ist kein Sahneerzeugnis. Saure Sahne (*Sauerrahm) mit ebenfalls 10% Fett gehört zu den *Sauermilcherzeugnissen, die unter Verwendung von mesophilen Milchsäurebakterien hergestellt werden (s. ebenfalls Anlage 1 zu § 1 der MilchErzV). In der gleichen Gruppe ist auch Crème fraiche (Küchensahne) enthalten, die mindestens 30% Fett aufweisen muß und unter Zusatz von 15% Saccharose produziert werden kann. Sahnepulver ist ein Milchpulver (siehe *Trockenmilcherzeugnisse) mit mindestens 42% Fett. – *E* cream – [HS 0401 10, 0401 20]

**Rahmfrischkäse.** Standardsorte der *Frischkäse (Anlage 1 zu § 7 der Käse-VO). Frischkäse enthalten mehr als 73% Wasser in der fettfreien Käsemasse. Rahmfrischkäse dürfen nur aus *Milch, *Rahm oder entrahmter Milch hergestellt werden. Gefordert werden mindestens 39% Trockenmasse und mindestens 50% Fett in der Trockenmasse (Rahmstufe). Die Käse sollen einen milchigweißen bis schwachgelben Farbton aufweisen, keine Lochung und einen pastenartigen und streichfähigen Teig zeigen und von leicht säuerlichem Geschmack sein. – *E* fresh cream cheese – *[HS 0406 10]*

**Rahmkäse.** Kein einheitlich definierter Begriff. Wird z. T. als Kurzbezeichnung für *Rahmfrischkäse (s. dort) oder für Käse der Rahmstufe (mindestens 50% Fett in der Trockenmasse) verwendet. Im englischsprachigen Raum wird Cream Cheese für eine heterogene Gruppe von relativ fettreichen *Frischkäsen verwendet, die aus homogenisierter Milch hergestellt und heiß oder kalt (hot-pack, cold-pack) abgefüllt werden. – *E* cream cheese – *[HS 0406 10]*

**Rahmreifung** siehe *Butter (Herstellung).

**RAL-Zeichen.** Das Deutsche Institut für Gütesicherung und Kennzeichnung e. V. vergibt über 160 RAL-Gütezeichen in Deutschland aus den Bereichen Bau, Landwirtschaft und Ernährung und Dienstleistungen. Gütezeichen basieren auf bestimmten festgelegten und überprüften Qualitätskriterien. Die Abkürzung RAL geht auf den *Reichs-Ausschuß* für *Lieferbedingungen* zurück, der in der Weimarer Republik gegründet wurde. Das RAL-Zeichen Messer und Gabel wird z. B. als Kennzeichnungssymbol für *Bedarfsgegenstände mit Lebensmittelkontakt aus Kunststoff verwendet. Es ist in der DIN 7725: 1967-01 definiert und zeigt Messer und Gabel in gekreuzter Anordnung mit der Umschrift „FÜR LEBENSMITTEL", siehe auch Abbildung. Zusätzlich ist ein Kurzzeichen zur Identifizierung des Anwenders enthalten. Mit dem Anbringen dieses Zeichens bescheinigt der Hersteller, daß sein Fertigerzeugnis dem gültigen Lebensmittelrecht entspricht. Rechtlich dürfen Lebensmittelbedarfsgegenstände nur in Verkehr gebracht werden, wenn ein Hinweis „Für Lebensmittel", ein anderer geeigneter Hinweis auf ihren Verwendungszweck oder das Symbol aus einem stilisierten Becher mit Gabel angegeben ist (siehe Abbildung und Anlage 8 zu § 10 Absatz 1 Nr. 1 der *Bedarfsgegenständeverordnung).

Gütezeichen nach DIN 7725     Symbol der Europäischen Gemeinschaften

*Lit.:* RAL, Deutsches Institut für Gütesicherung und Kennzeichnung e. V., Sankt Augustin; http://www.ral.de

**Raman-Effekt, -Linien** siehe *Raman-Spektroskopie.

**Raman-Spektroskopie.** Ein Teilgebiet der Spektroskopie, das sich des sogenannten *Raman-Effekts* (*Smekal-Raman-Effekt*) bedient. Unter diesem versteht man die 1923 von Smekal vorausgesagte und 1928 von Raman, einige Monate später auch von Landsberg und Mandelstam experimentell nachgewiesene Erscheinung, daß das Streulichtspektrum von festen, flüssigen oder gasförmigen, mit monochromatischem Licht bestrahlten, chemischen Verbindungen außer der Linie (Primärfrequenz) des anregenden Lichtes noch davon verschiedene, schwache Linien (sogenannte *Raman-Linien*) enthält, die auf Schwingungen und Rotationen der streuenden Moleküle zurückzuführen sind. Die Frequenz der Raman-Linien ergibt sich zu: $v_{RA} = v_0 \pm v_S \pm v_R$, wobei die Frequenzen $v_{RA}$ die der Raman-Linien, $v_0$ die der Erregerlinie, $v_S$ die Schwingungseigenfrequenzen und $v_R$ die Rotationsfrequenzen der streuenden Moleküle sind. Eine zum Nachweis des Raman-Effekts geeignete Versuchsanordnung zeigt die Abbildung 1. Hier wird das in der 90°-Richtung gestreute Licht spektral zerlegt.

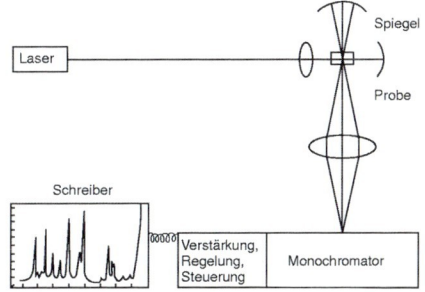

Abbildung 1: Schematischer Aufbau eines Raman-Spektrometers.

Die auf elastische Streuung an Molekülen zurückgehende Streustrahlung, deren Frequenz gegenüber der einfallenden Strahlung nicht verschoben ist, nennt man Rayleigh-Strahlung. Die Intensität der Rayleigh-Strahlung ist proportional dem Quadrat der Polarisierbarkeit des Moleküls, die Raman-Strahlung dagegen dem Quadrat der Änderung der Polarisierbarkeit bei der beobachteten Schwingung. Da das „Raman-Licht" im Vergleich zum „Rayleigh-Licht" etwa tausendmal schwächer ist, mußte man bei Aufnahme der Raman-Spektren zunächst von extrem optisch klaren Proben ausgehen, d. h. farblosen, niedermolekularen Flüssigkeiten; dagegen mußten stark gefärbte und fluoreszierende Stoffe, kolloidale Lösungen, hochpolymere Flüssigkeiten ausscheiden. Seitdem Laser als intensive Anregungsquellen in modernen Raman-Spektrometern die Quecksilberdampflampen ersetzt haben und damit Monochromatoren besserer Auflösungen eingesetzt werden konnten, gelten diese Einschränkungen nur noch teilweise. Bei den eingesetzten Lasern handelt es sich vor allem um Edelgas-Ionen-Laser (He/Ne: 632,8 nm, Ar: 514,5 bzw. 488,0 nm, Kr: 752,6, 676,4 bzw. 647,1 nm), schmalbandige Diodenlaser und durchstimmbare

Farbstofflaser (z. B. Rhodamin B: 690–590 nm). Das monochromatische Licht wird durch eine Linse auf die Probe fokussiert; zwei Spiegel verdoppeln durch Reflexion die Intensität des Anregungs- bzw. des Streulichts. Letzteres wird in einem Monochromator spektral zerlegt. Das Spektrum wird mit Photomultipliern im Scanningbetrieb bzw. mit Polychromatoren und Vielkanaldetektoren (heute vor allem mit CCD-Kameras), die mittels Computer gesteuert und ausgelesen werden, aufgezeichnet. Raman-Spektrometer mit langwelliger Anregungswellenlänge (ab 800 nm) arbeiten nach dem Fourier-Prinzip.

Die in der Raman-Spektroskopie angewandte monochromatische Strahlung liegt im nahen infraroten bis ultravioletten Wellenlängenbereich. Im Raman-Spektrum findet man neben der Erregerlinie (Rayleigh-Strahlung, $\nu_{RA} \doteq \nu_0$) längerwellige (rotverschobene, *Stokes-Linien*) und kürzerwellige (blauverschobene, *Anti-Stokes-Linien*) Trabanten. Dies läßt sich nach der klassischen Mechanik dadurch erklären, daß nach der Anregung durch das auftreffende und inelastisch gestreute Lichtquant das Molekül nicht in den Grundzustand, sondern in einen höher liegenden, schwingungsangeregten Zustand zurückkehrt (Stokes-Linien, $\nu_{RA} = \nu_0 - \nu_S$) oder – falls das streuende Molekül gerade thermisch angeregte Schwingungen ausführte – ein Schwingungsquant zusätzlich emittiert (Anti-Stokes-Linien, $\nu_{RA} = \nu_0 + \nu_S$); letztere sind allerdings bei Raumtemperatur von geringerer Intensität. In Gasen existiert neben dem *Schwingungs-Raman-Spektrum* auch ein *Rotations-Raman-Spektrum*, bei dem allerdings die Frequenzverschiebungen wesentlich geringer sind. Das Glied $\pm\nu_R$ der Gleichung bewirkt demnach das Entstehen einer Feinstruktur im Raman-Spektrum (Rotationsschwingungsspektrum).

Die Bedeutung der Raman-Spektren für die Konstitutionsaufklärung von komplizierten Molekülen beruht darauf, daß Raman- und IR-Spektren häufig komplementäre Bilder des Schwingungsspektrums liefern: Die Raman-Linien zeigen die Modulation der Polarisierbarkeit bei einer Schwingung, die IR-Banden die des Dipolmoments. Ein Molekül aus n Atomen besitzt 3n−6 (3n−5, falls es linear ist) Eigenschwingungen. Raman- bzw. IR-Aktivität dieser Schwingungen werden von den Symmetrieeigenschaften des Moleküls bestimmt[1]. Besitzt z.B. ein Molekül ein Symmetriezentrum, so gilt das Alternativverbot: Zum Symmetriezentrum symmetrische Schwingungen dürfen nicht IR-aktiv, dazu antisymmetrische nicht Raman-aktiv sein. So besitzt z.B. (E)-Dichlorethen 6 Raman-aktive und 6 IR-aktive Schwingungsmoden. Das Raman-Spektrum dieses Moleküls ist in Abbildung 2 dargestellt, wobei die einzelnen Banden näherungsweise klassifiziert werden. Zum Beispiel steht die Bezeichnung γ(C−H) für eine symmetrische Schwingung vor allem der H-Atome aus der Molekülebene heraus.

Die Raman-Spektroskopie eignet sich vor allem zur Charakterisierung unpolarer oder wenig polarer Bindungen (z.B. C≡C, C=C, N=N, C−C,

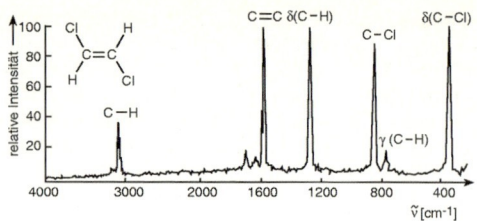

Abbildung 2: Laser-Raman-Spektrum von (*E*)-Dichlorethen (nach Literatur[2]) und näherungsweise Zuordnung der Banden (nur symmetrische Schwingungen sind Raman-aktiv)

O−O, S−S, von ringförmigen Verbindungen, Metall-Metall-Bindungen und anderen). Die zugehörigen Schwingungen sind mit erheblichen Änderungen der Polarisierbarkeit verknüpft. Im IR-Spektrum erscheinen solche Banden hingegen nur schwach – falls sie nicht aus Symmetriegründen ganz verboten sind (siehe oben).

Im Gegensatz zur *IR-Spektroskopie stellt Wasser in der Raman-Spektroskopie ein optimales Lösemittel dar, da Wasser ein linienarmes und wenig intensives Raman-Spektrum besitzt. Mit der Raman-Spektroskopie lassen sich auch Metall-Metall-Streckschwingungen und Gitterschwingungen in Festkörpern untersuchen, die bei – der Routine-IR-Spektroskopie aus apparativen Gründen nicht zugänglichen – Wellenzahlen <300 cm$^{-1}$ auftreten. Der Substanzbedarf für die Raman-Spektroskopie läßt sich unter Umständen auf <1 μL reduzieren, und durch Mikro-Raman-Spektroskopie, bei der die Optik eines Mikroskops verwendet wird, lassen sich sogar Staubkörner untersuchen – theoretisch liegt die Nachweisgrenze der Raman-Spektroskopie im Pikogramm-, die der IR-Spektroskopie dagegen im Nanogramm-Bereich.

Durch die Aufnahme der Raman-Spektren von Substanzen in Lösung bzw. von Flüssigkeiten, vor allem in Kombination mit IR-Spektroskopie, lassen sich Konstitutionsfragen der Organischen und Anorganischen Chemie und der Biochemie[2–5] klären und viele Strukturprobleme lösen. Die Raman-Spektren sind im allgemeinen um so einfacher, je höher die Symmetrie und je niedriger die Atomzahl der betreffenden Moleküle ist. So haben z.B. $NH_3$, $H_2S$ und $CCl_4$ wenige Raman-Linien, während diese z.B. schon bei den höheren Kohlenwasserstoffen erheblich zahlreicher sind. Starre vielatomige Moleküle, z.B. Steroide, geben Spektren mit vielen schmalen Linien, die sich gut zur Identifizierung (Fingerprint) eignen. Aus der Tatsache, daß die Raman-Streustrahlung polarisiert ist, lassen sich zusätzliche Informationen über den Molekülbau gewinnen, zumal mit einem zwischen Probe und Monochromator eingeschobenen Polarisator die Polarisation bzw. der Depolarisationsgrad ρ leicht zu messen ist. Die Raman-Spektroskopie kann auch zur Bestimmung der absoluten Konfiguration von organischen Molekülen herangezogen werden, sogenannte chirale Raman-Spektroskopie zur Bestimmung der Raman-optischen Aktivität (ROA).

*Verwendung:* Die Resonanz-Raman-Spektroskopie findet inzwischen einen weiten Anwendungsbereich in Chemie, Physik und Biologie: zur Strukturaufklärung anorganischer und organischer Verbindungen sowie zur Konformationsanalyse von Proteinen, zur Untersuchung von Mikroproben wie Einzelfasern und Staubkörnchen (z. B. Asbeststaub), Mineralien, Analyse von Polymeren; in der Gasanalytik zur quantitativen Mehrkomponentenanalyse; zur quantitativen Analyse, zur Untersuchung von Wasser, Halbleitern, Biochemikalien, insbesondere Naturstoffen wie Carotinoiden, Rhodopsin und Hämoglobin sowie Lebensmittelzusatzstoffen. Eine ausführliche Erläuterung des Resonanz-Raman-Effekts und einige seiner Anwendungen in der Anorganischen Chemie findet man in Literatur[6].

Gegenüber der IR-Spektroskopie hat die Raman-Spektroskopie den Vorteil, daß auch wäßrige Lösungen biologischer Moleküle gut auswertbare Spektren liefern. – *E* Raman spectroscopy

*Lit.:* [1]Weidlein, J.; Müller, U.; Dehnicke, K., *Schwingungsspektroskopie*, 2. Aufl.; Thieme: Stuttgart, (1988). [2]Hesse, M.; Meier, H.; Zeeh, B., *Spektroskopische Methoden in der organischen Chemie*, 6. Aufl.; Thieme: Stuttgart, (2002). [3]Graselli et al., Chemical Applications of Raman Spectroscopy, New York: Wiley (1981). [4]Carey, Biochemical Applications of Raman and Resonance Raman Spectroscopies, New York: Academic Press (1982). [5]Spiro, Biological Applications of Raman Spectroscopy (3 Bd.), New York: Wiley (1987, 1988). [6]Angew. Chem. **98**, 131–160 (1986).

*allg.:* Chalmers, J. M.; Griffiths, P. R., Hrsg., *Handbook of Vibrational Spectroscopy*, Wiley: Chichester, (2002); Bd. 1– 5 ■ Long, D. A., *The Raman Effect, A Unified Treatment of the Theory of Raman Scattering by Molecules*, Wiley: Chichester, (2001)

**Rambutan** (Behaarte Litschi, Falsche Litschi, Haarige Litschi, Französiche Litschi). Kastaniengroße, eiförmig bis runde, gelb- oder rotschalige, mit langen, weichen rotbraunen Stacheln besetzte Frucht des im malaiischen Archipel beheimateten, im tropischen Asien und in Costa Rica angebauten, 15 bis 20 m hohen Baumes *Nephelium lappaceum* L. (syn. *Euphoria nephelium* Poir., Sapindaceae). Mit der Rambutan eng verwandte Arten sind der *Pulasan* (syn. Kapulasan, *Nephelium mutabile* Blume) und der *Bulala* (*Nephelium philippinense*). Während ersterer im Vergleich mit der Rambutan kürzere, dickere und mehr fleischige Stachelauswüchse zeigt und zum Teil auch samenlose Sorten hervorbringt, hat der Bulala kürzere Stacheln als die Rambutan und ist vorwiegend auf philippinischen Märkten anzutreffen.

*Zusammensetzung:* Das weiße, transparente, saftige, süß-saure Fruchtfleisch enthält in 100 g durchschnittlich 53 mg Vitamin C. Rambutanaroma, als Mischung fruchtig-süßer „Grün-Noten" mit würzig-holzigen Anteilen beschrieben, wird im wesentlichen von den Aromastoffen β-*Damascenon, Ethyl-2-methylbutanoat, *Nona-2,6-dien-1-al, (*E*)-Non-2-en-1-al und Nonanal bestimmt[1]. Der ca. 2 cm große, mandelähnliche, fest am Fruchtfleisch haftende Samen ist sehr fettreich (35–55%). Die Sorten unterscheiden sich vor allem in der Scha-

lendicke, der Schalenfarbe, der Fruchtfleischdicke, der Fruchtfleischqualität und der Löslichkeit des Steins vom Fruchtfleisch. Insgesamt sind die Früchte etwas kleiner als Litschies und verderben auch rascher. Da sie einen geringeren Ertrag hervorbringen, haben sie sich auf dem Weltmarkt gegenüber der *Litchipflaume nicht behaupten können.

*Verwendung:* Meist frisch verzehrt, werden Rambutans auch zu Fruchtsoßen, Desserts, Kompott, Konfitüre und zu Konserven verarbeitet und dienen als Dekorfrüchte oder als exotische Beigabe zu Obstsalaten. Das aus den Samen gewonnene Öl wird zu Nahrungsfett aufgearbeitet oder zur Herstellung von Seifen und Kerzen genutzt. – *E* rambutan, hairy litchi

*Lit.:* [1]Ong, P. K. C.; Acree, T. E.; Lavin E. H., *J. Agric. Food Chem.*, (1998) **46**, 611.

*allg.:* Franke, W., *Nutzpflanzenkunde*, 6. Aufl.; Thieme: Stuttgart, (1997); S. 260 – *[HS 0810 90]*

**Rancimat-Methode** siehe *Swift-Test.

**Randen** siehe *Rote Rüben.

**Rangoonbohnen.** Seltenere synonyme Bezeichnung für *Mondbohnen.

**Raphanin** siehe *Senföle.

**Raps** (Reps, Kohlraps, Kohlsaat). Ebenso wie der eng verwandte Rübsen zu den Kreuzblütlern (Brassicaceae) zählende, wichtige einheimische Ölpflanze, die heute weltweit in den gemäßigten Zonen kultiviert wird. Der mit Kohl verwandte Raps (*Brassica napus* L. ssp. *napus*) und der Rübsen (Rübsaat, Rübsamen, Rübenkohl, -gras, -reps; *Brassica rapa* L. ssp. *oleifera*) sind ein- oder zweijährig, 60–120 cm hoch und gelb blühend. Im Weltmittel wurden Erträge von ca. 14 dt/ha erhalten. Aus den Keimblättern der Samen lassen sich 40–50% Öl durch Quetschen zwischen Walzen oder in Schneckenpressen gewinnen. Raps-Samen enthalten *Glucosinolate, z.B. Progoitrin. Das außerordentlich proteinreiche Rapsschrot wird als Tierfutter verwendet. – *E* rape

*Lit.:* Franke, W., *Nutzpflanzenkunde*, 6. Aufl.; Thieme: Stuttgart, (1997); S. 159ff. – *[HS 1205 10, 1205 90]*

**Rapsöl.** Aus den Samen von *Raps od. Rübsen (s. *Raps) durch Quetschen zwischen Walzen oder durch Schneckenpressen gewonnenes Öl. Rapssaat enthält ca. 40–50% Öl u. ca. 30% Eiweiß. Das kaltgepreßte Öl ist gelb bis bräunlichgelb, raffinierte Öle sind fast farblos. Weltproduktion (2001) an Rapsöl: 13,7 Mio. t, in Deutschland 1,78 Mio. t. Hauptanbauländer: China, Kanada, Indien, Deutschland.

Alte Raps-Sorten (E high erucic acid rapeseed, HEAR) enthalten hohe Anteile an *Erucasäure, *Gondosäure* [(Z)-11-Eicosensäure, $C_{20}H_{38}O_2$, $M_R$ 310,52, Schmp. 24–25 °C] und (Z)-15-Tetracosensäure neben *Ölsäure, *Linolsäure und *Linolensäure. Wegen möglicher gesundheitsschädlicher Wirkung auf die Herzmuskulatur darf Rapsöl aus alten Sorten nur noch als technisches Öl genutzt werden. Neue Raps-Sorten (sog. 0-Raps) enthalten gewöhnlich <2% der langkettigen Monoenfettsäuren ($\geq$20 C-Atome) und liefern ernährungsphysiologisch hochwertige Öle[1]. Die Fettsäure-Zusammensetzung der *Triglyceride alter und neuer Raps-Sorten sowie physikalische Daten und Fettkennzahlen sind in der Tabelle dargestellt. Die Züchtung neuer Sorten führte in jüngster Zeit zu sog. „Doppelnull"- oder „00-Sorten" (E *low erucic acid rapeseed*, LEAR; „Canola"), die sowohl Erucasäure als auch *Glucosinolate nur noch in Spuren enthalten, während sie reich an Ölsäure, Linolsäure und Linolensäure sind.

*Verwendung:* Im Nahrungsmittelbereich findet Rapsöl als Speiseöl bzw. als Salatöl sowie partiell gehärtet bei der Margarine-Herstellung bzw. als Brat- und Backfett Verwendung. Weiterhin wird es für technische Zwecke eingesetzt, z.B. als Schmiermittel und als Füllmaterial („Faktis") bei der Herstellung von Gummiwaren. Fettsäuremethylester aus Rapsöl (sog. Rapsölmethylester, RME) werden als „Biodiesel" verwendet[2]. In den letzten Jahren gewinnt die gentechnische Steuerung des Fettsäurespektrums in Rapsöl rasch an Bedeutung. Um Rapsöl als *nachwachsendem Rohstoff in der Industrie neue Chancen zu eröffnen, sind z.B. transgene Rapspflanzen mit hohem Anteil an Ölsäure (>80%) oder der für die Synthese von *Tensiden wichtigen *Laurinsäure bereits in Freilandkultur[3]. Auch ein Einsatz als Pflanzenschutzmittel im biologischen Anbau ist beschrieben, der auf der erstickenden Wirkung des Ölfilms auf die Schadinsekten samt ihren Eiern beruht.

Tabelle: Fettsäure-Zusammensetzung der Triglyceride sowie physikalische Daten und Fettkennzahlen von Ölen alter (HEAR) und neuer (LEAR) Raps-Sorten.

| | Alte Sorten (HEAR) | Neue Sorten (LEAR) |
|---|---|---|
| C16:0 *Palmitinsäure | 1,9–2,8% | 1,0–5,0% |
| C18:0 *Stearinsäure | 1,0–3,5% | 1,0–4,0% |
| C18:1 *Ölsäure | 12,3–24,0% | 50,0–65,0% |
| C18:2 *Linolsäure | 12,0–15,8% | 15,0–30,0% |
| C18:3 *Linolensäure | 6,5–9,9% | 5,0–13,0% |
| C20:1 Eicosensäure | 3,5–6,0% | 1,0–3,0% |
| C22:1 *Erucasäure | 45,0–52,5% | 0,0–2,0% |
| Dichte (20°C) | 0,910–0,920 | 0,914–0,917 |
| $n_D^{40}$ | 1,465–1,469 | 1,465–1,467 |
| VZ | 168–181 | 188–193 |
| IZ | 94–120 | 110–126 |
| Unverseifbares | <1,5% | <1,5% |

– *E* rapeseed oil

*Lit.:* [1]Raps **11**, 137 (1993). [2]Chem. Unserer Zeit **25**, 232 (1991). [3]Eierdanz (Hrsg.), Perspektiven nachwachsender Rohstoffe in der Chemie, Weinheim: VCH Verlagsges. 1993; Murphy (Hrsg.), Designer Oil Crops, Weinheim: VCH Verlagsges. 1994. – *[HS 1514 11, 1514 19; CAS 8002-13-9 (R.); 5561-99-9 (Gondosäure)]*

**RAST.** Abkürzung für Radioallergosorbens-Test, siehe *Radioimmunoassay.

**Ratio** siehe *Zucker-Säure-Verhältnis.

**Raucharoma.** Nach der Aromenrichtline 88/388 EWG Artikel 1 Absatz 2e ist Raucharoma die Bezeichnung für eine Zubereitung aus *Räucherrauch, der bei den herkömmlichen Verfahren zum *Räuchern von Lebensmitteln verwendet wird (zu rechtlichen Regelungen siehe auch *Räuchern). Für Raucharoma gilt – wie für Aromen allgemein – eine Höchstmenge von 0,03 µg an Benzo[a]pyren (siehe *polycyclische aromatische Kohlenwasserstoffe), bezogen auf das verzehrfertige Lebensmittel. Raucharomen werden aus frisch entwickeltem Rauch aus naturbelassenen Hölzern (vgl. Artikel 5 der Richtlinie 88/388), auch unter Mitverwendung von *Gewürzen durch Auffangen in Wasser oder Ethanol hergestellt (siehe auch *Räucherrauch). Anschließende Reinigungsschritte sind üblich. Das Raucharoma wird neben heterocyclischen Komponenten ganz besonders von *Phenolen geprägt, deren Aromaprofil sich mit der Holzart ändert. Im Räucherrauch aus Harthölzern überwiegen die Syringolphenole, während im Räucherrauch aus Weichhölzern Guajakolphenole dominierend sind. Die Verordnung (EG) Nr. 2065/2003 legt ein Verfahren zur Sicherheitsbewertung und Zulassung von Raucharomen fest.[1] – *E* smoke flavour

*Lit.:* [1]Verordnung (EG) Nr. 2065/2003 vom 10.11.2003 über Raucharomen zur tatsächlichen oder beabsichtigten Verwendung in oder auf Lebensmitteln (Amstblatt der EG Nr. L 309, S. 1).

**Rauchkondensate.** Kondensate, die bei der trockenen Dest. von Holz z.B. während der Holzkohlegewinnung anfallen. Diese R. können fraktioniert od. als Gesamtkondensat aufgefangen werden. Bei der fraktionierten Kondensation wird eine Teerphase gewonnen, die reich an Aromastoffen des Holzes, aber auch reich an polycycl. aromat. u. anderen mutagenen u. carcinogenen Verb. des *Räucherrauches ist. Außerdem wird als wäss. Phase ein Holzessig gewonnen, der in der Essigproduzierenden Ind. gerne als Rohstoff verwendet wird. Das Gesamtkondensat kann in einem geeigneten Misch- u. Trennverf. in einen aromat. *Flüssigrauch u. in einen Teerrückstand umgewandelt werden. – *E* smoke condensate

**Rauchpunkt.** Temp., bei der die therm. Zersetzung eines Fettes einsetzt (Rauchen). Analyt. wird die Bestimmung des R. insbes. zur Bewertung der Qualität von *Fritierfetten genutzt.

**Rauschbeere** siehe *Preiselbeere.

**Rautenöl.** Durch Wasserdampfdestillation erhältliches etherisches Öl der blühenden Edelraute (Garten-, Kreuz-, Weinraute) *Ruta graveolens* (Rutaceae; FEMA 2994) und verwandter Arten, die im Mittelmeerraum und Indien heimisch sind und in Amerika und Afrika kultiviert werden. Die Pflanze war bereits den griechischen und römischen Ärzten der Antike bekannt.

*Zusammensetzung:* Das aromatisch riechende Rautenöl (FEMA 2995) hat eine Dichte von 0,826–0,838, löst sich in der 2–3fachen Menge 70%igen Alkohols und enthält ca. 80% Undecan-2-on, 10% 2-Nonanon, ferner *Methylanthranilat und die den Methylketonen entsprechenden sekundären Alkohole[1–3].

*Verwendung:* Früher zur Aromatisierung von Backwaren und anderen Lebensmitteln sowie zur Gewinnung der Ketone, als Hautreizmittel und Abortivum.

Die Blätter der Pflanze enthalten Rutin, Cumarin- und phototoxische *Furocumarin-Derivate. – *E* rue oil

*Lit.:* [1] Strashenko, E. E.; Acosta, R.; Martinez, J. R., *J. Biochem. Biophys. Methods*, (2000) **43**, 379–390. [2] De Feo, V.; De Simone, F.; Senatore, F., *Phytochemistry*, (2002) **61**, 573–578. [3] Ivanova, A.; Kostova, I.; Rodriguez Navas, H.; Villegas, J., *Z. Naturforsch. C*, (2004) **59**, 169–173. – *[HS 3301 29; CAS 8014-29-7]*

**RDA.** Abkürzung für englisch recommended (daily) dietary allowance = empfohlene (tägliche) Nährstoffzufuhr. Der RDA entspricht der Menge an Energie, Hauptnährstoffen, Vitaminen, Mineralstoffen und Spurenelementen, bei der 97–98% der jeweiligen Personengruppe ausreichend versorgt sind. Die Angaben gibt es für verschiedene Altersgruppen, für männlich und weiblich sowie für Schwangere und Stillende. Der RDA dient der Beurteilung des Versorgungszustands von Einzelnen. Er ist nur für Gesunde geeignet. Der RDA ist die älteste Empfehlung für die Nährstoffzufuhr und wird in den USA vom National Research Council herausgegeben. Dem RDA entsprechend gibt es in Deutschland die *Referenzwerte für die Nährstoffzufuhr (D-A-CH-Werte), erarbeitet unter anderem von der Deutschen Gesellschaft für Ernährung (*DGE).

Die Tabelle gibt einen Überblick über die RDA-Werte von einigen Vitaminen und Mineralstoffen. Die Nährwertkennzeichnungsrichtlinie der EG[1] sieht vor, daß Angaben über Vitamine und Mineralstoffe zusätzlich als Prozentsatz der empfohlenen Tagesdosen (RDA) ausgedrückt werden müssen.

Inzwischen ist der RDA neben dem EAR (estimate average requirement), dem AI (acceptable intake), dem UL (upper tolerable level) sowie dem NO(A)EL (no observed adversed effect level) Teil der DRI-Werte (dietary reference intakes, erarbeitet von USA – Food and Nutrition Board/Institute of Medicine, und Kanada – Health Canada), die den RDA ablösen. Die Veröffentlichung der DRI-Reports wurde 2004 abgeschlossen[2]. – *E* recommended (daily) dietary allowance

*Lit.:* [1] Richtlinie (90/496/EWG) des Rates der EG über die Nährwertkennzeichnung von Lebensmitteln vom 24.09.1990 (Amtsblatt der EG 33, Nr. L 276, 40). [2] Institute of Medicine of the National Academies – Food and Nutrition Board; http://www.iom.edu/CMS/3788.aspx.

**Reaktionsaromen.** Nach der Aromenrichtline 88/388 EWG Artikel 1 Absatz 2d ist Reaktionsaroma die geregelte Bezeichnung für eine Kategorie von Lebensmittelaromen, die durch Erhitzen von Substraten, die Aminosäuren und reduzierende Zucker enthalten, gewonnen werden (*Maillard-Reaktion). Der Erhitzungsschritt darf max. 15 min dauern und eine Temperatur von 180 °C nicht überschreiten. Für die Bildung von heterocyclischen aromatischen Aminen (HAA, siehe *Aminosäuren-Pyrolyseprodukte) werden für bestimmte HAA Maximalwerte auf EU-Ebene diskutiert {3,4,8-Trimethyl-3$H$-imidazo[4,5-$f$]chinoxalin-2-amin (4,8-DiMeIQx) 15 µg/kg; 1-Methyl-6-phenyl-1$H$-imidazo[4,5-$b$]pyridin-2-amin (PhIP) 15 µg/kg}. Reaktionsaromen dürfen unter Deklaration verschiedenen Lebensmitteln zur Aromatisierung zugesetzt werden; Reaktionsaromen werden hauptsächlich zur Erzielung von Fleisch-, Brot-, Malz- und Kaffee-Aromen verwendet. – *E* reaction flavours, process flavourings

**reaktive Sauerstoff-Spezies** siehe *Sauerstoff-Radikale.

**Rebanbaufläche** siehe *Weinanbau.

**Rebaudin** siehe *Steviosid.

**Rebfläche** siehe *Weinanbau.

**Rebsorten** siehe *Weintraube.

**recommended dietary allowance** siehe *RDA.

**Redox-Cycling.** Unter Redox-Cycling wird die in Zellen als Kreisprozeß ablaufende Einelektronen-Reduktion und -Oxidation von Fremdstoffen verstanden, die zur Bildung von reaktiven Sauerstoff-Spezies (siehe *Sauerstoff-Radikale) führt. Redox-Cycling findet v.a. mit $p$- und $o$-Chinonen sowie mit bestimmten Nitro- und Bispyridylium-Verbindungen (z.B. Paraquat) statt und ist nachfolgend für Menadion gezeigt.

Das Menadionsemichinon, das durch enzymatische Einelektronen-Reduktion aus Menadion entsteht, überträgt sein Elektron auf molekularen Sauerstoff unter Bildung des Superoxid-Radikal-Anions ($O_2^{\cdot-}$) und von Menadion. Verschiedene Enzymsy-

Tabelle: Mittlere RDA-Werte von Vitaminen und Mineralstoffen.

| | |
|---|---|
| Vitamin A | 800 µg |
| Vitamin D | 5 µg |
| Vitamin E | 10 mg |
| Vitamin C | 60 mg |
| Thiamin | 1,4 mg |
| Riboflavin | 1,6 mg |
| Niacin | 18 mg |
| Vitamin B6 | 2 mg |
| Folsäure | 200 µg |
| Vitamin B12 | 1 µg |
| Biotin | 0,15 mg |
| Pantothensäure | 6 mg |
| Calcium | 800 mg |
| Phosphor | 800 mg |
| Eisen | 14 mg |
| Magnesium | 300 mg |
| Zink | 15 mg |
| Iod | 150 µg |

steme sind in der Lage, solche Einelektronen-Übergänge zu katalysieren, z. B. die NADPH-Cytochrom-c-Reduktase, die NADH-Cytochrom-b5-Reduktase, die Xanthin-Oxidase und die Aldehyd-Oxidase. Menadion wird unter Verbrauch von zellulären Reduktionsmitteln wie NADPH und NADH wieder zum Menadionsemichinon reduziert, während aus dem Superoxid-Radikal-Anion eine Reihe von reaktiven Sauerstoff-Formen entsteht, z. B. Wasserstoffperoxid, Hydroxyl-Radikale und Singulett-Sauerstoff (siehe *Sauerstoff-Radikale).

Substanzen, die Redox-Cycling eingehen, erhöhen den "oxidativen Stress", der zum Zelltod führen oder an Prozessen der Carcinogenese oder Alterung beteiligt sein kann.

*Lit.:* Eisenbrand, G.; Metzler, M.; Hennecke, F. J., *Toxikologie für Naturwissenschaftler und Mediziner*, 3. Aufl.; Wiley-VCH: Weinheim, (2005)

**Referenzdosis** (RfD). Die Referenzdosis ist definiert als eine Abschätzung (mit einem Unsicherheitsfaktor, der sich über eine Größenordnung erstrecken kann) einer täglichen Exposition der Bevölkerung (einschließlich empfindlicher Untergruppen), die voraussichtlich ohne nennenswerte schädliche Wirkungen während der gesamten Lebenszeit bleibt.

Die RfD wird generell von der US-amerikanischen Umweltbehörde für die Risikobewertung nicht-carcinogener Verbindungen benutzt.

Die RfD wird nach folgender Formel bestimmt:

$$\text{RfD} = \text{NOAEL oder LOAEL}/\text{UF} \times \text{MF}$$

– NOAEL (no-observed-adverse-effect-level): Expositionsniveau, bei welchem keine statistisch oder biologisch signifikanten Zunahmen in der Häufigkeit und Schwere der schädigenden Wirkungen zwischen der exponierten Population und der entsprechenden Vergleichsgruppe auftreten. Eventuell treten bei diesem Expositionsniveau einige Effekte auf, diese werden jedoch nicht als nachteilig angesehen, noch stellen diese Wirkungen Vorläufer spezifischer widriger oder gar schädigender Effekte dar. In einem Experiment mit verschiedenen NOAEL-Werten konzentriert sich das regulatorische Hauptaugenmerk auf den höchsten beobachteten NOAEL. Diese Praxis führt dazu, daß der Begriff NOAEL üblicherweise die höchste Exposition ohne widrige Wirkung beschreibt.

– LOAEL (lowest-observed-adverse-effect-level): niedrigstes Expositionsniveau, bei welchem statistisch oder biologisch signifikante Zunahmen in der Häufigkeit und Schwere der schädigenden Wirkungen zwischen der exponierten Population und der entsprechenden Vergleichsgruppe auftreten.

– UF [Unsicherheitsfaktor (englisch uncertainty factor), auch *Sicherheitsfaktor]: Einer mehrerer Faktoren, standardgemäß Faktor 10, der genutzt wird, die RfD aus experimentellen Daten abzuleiten.

– MF (englisch modifying factor): Unsicherheitsfaktor, der größer Null und kleiner bzw. gleich 10 ist. Die Größe des MF hängt von der professionellen Bestimmung der wissenschaftlichen Unsicherheiten der Studie und der Berücksichtigung der Standard-Unsicherheitsfaktoren (z. B. Tierzahl) ab. Standardwert des MF ist Faktor 1.

Die RfD (oral) oder RfC (reference concentration, inhalativ) dienen als Bezugspunkte, um potentielle Wirkungen anderer Dosen abzuschätzen. Dosen auf Höhe der RfD bzw. unter der RfD oder entsprechende Konzentrationen auf Höhe der RfC (oder geringer) sind höchstwahrscheinlich nicht mit einem Gesundheitsrisiko verbunden und werden regulatorisch nicht berücksichtigt.

Im Gegensatz dazu steigt mit Expositionen über der RfD bzw. RfC die Wahrscheinlichkeit, widrige oder sogar schädigende Wirkungen in der Bevölkerung zu beobachten. Entsprechend gelten für solche Situationen schärfere gesetzliche Maßnahmen[1].

Von einer kategorischen Einteilung der Risiken entsprechend der RfD bzw. RfC warnt jedoch die Environmental Protection Agency (EPA) der USA; vielmehr verlangen die Behörden eine möglichst gute wissenschaftliche Bestimmung der Referenzwerte und eine nach höchstmöglichem Standard durchgeführte Bewertung des NOAEL und der Unsicherheitsfaktoren.

Für im Tierversuch als carcinogen identifizierte Verbindungen werden andere Bewertungsverfahren herangezogen.

Die RfD wird üblicherweise in μg Substanz pro kg Körpergewicht der Person pro Tag angegeben[2,3,4].

In der aktuellen Diskussion werden von Wissenschaftlern und Behörden verfeinerte Berechnungsverfahren vorgestellt und empfohlen. Diese Verfahren verlangen im allgemeinen verbesserte mechanistische toxikologische Kenntnisse und/oder toxikokinetische Kenntnisse[5]. – **E** reference dose

*Lit.:* [1] Barnes, D. G.; Dourson, M. L., *Regul. Toxicol. Pharmacol.*, (1988) **8**, 471–486. [2] Dourson, M. L., *Scand. J. Work Environ. Health*, (1993) **19** (Suppl. 1), 115–118. [3] Gaylor, D. W.; Kodell, R. L., *Regul. Toxicol. Pharmacol.*, (2002) **35**, 137–141. [4] Gaylor, D. W.; Kodell, R. L., *Risk Anal.*, (2000) **20**, 245–250. [5] Gundert-Remy, U.; Sonich-Mullin, C., *Sci. Total Environ.*, (2002) **288**(1–2), 3–11.

**Referenzwerte für die Nährstoffzufuhr.** Die „Empfehlungen für die Nährstoff-Zufuhr" wurden seit 1956 von der *DGE herausgegeben (im mehrjährigen Abstand, 5. und letzte Überarbeitung von 1991). Im Jahr 2000 haben die Deutsche (DGE), die Österreichische (ÖGE), die Schweizerische Gesellschaft für Ernährung (SGE) sowie die

Schweizerische Vereinigung für Ernährung (SVE) in 1. Auflage die Referenzwerte für die Nährstoffzufuhr herausgegeben[1]. Als Kurzbezeichnung wird auch „D-A-CH-Referenzwerte" verwendet (nach den üblichen Länderkennzeichen für Deutschland, Österreich und die Schweiz). In dieser Fassung sind Empfehlungen, Schätzwerte und Richtwerte für 38 Nährstoffe aufgeführt und kommentiert, getrennt für Männer und Frauen sowie den einzelnen Altersklassen und Lebensumständen wie z.B. Schwangerschaft und Stillzeit angepaßt.

Bei fundierter Datenlage werden Empfehlungen ausgesprochen. Dies trifft für Proteine, n-6-Fettsäuren, viele Vitamine, Mineralstoffe und Spurenelemente zu. Bei *Pantothensäure, *Biotin, *Vitamin E und *Vitamin K sowie einigen *Spurenelementen (Kupfer, Selen, Mangan, Chrom, Molybdän) sind aufgrund des unzureichenden Erkenntnisstands sogenannte Schätzwerte angegeben. Richtwerte dienen als Orientierungshilfen, wenn eine Regelung der Zufuhr in bestimmten Bereichen sinnvoll und notwendig ist. So gibt es z.B. für Wasser, Fluorid und Ballaststoffe eine Begrenzung nach unten, für Fett, Cholesterol, Alkohol und Natriumchlorid eine solche nach oben. Auch für die Energiezufuhr werden Richtwerte genannt.

Bereits seit 1941 werden vom National Research Council Empfehlungen für die Nährstoffzufuhr, d.h. den Tagesbedarf an Protein, Vitaminen und Mineralstoffen, ausgesprochen, siehe dazu *RDA. Neben den RDA und den Referenzwerten existieren mittlerweile in vielen Ländern eigene Empfehlungen für die Nährstoffzufuhr (z.B. RNI in Kanada, RDA in Großbritannien, RDI in Australien). Auch der wissenschaftliche Lebensmittelausschuß der Europäischen Union (EC-SCF) gibt seit 1993 Empfehlungen heraus, z.B. den LTI (= lowest threshold intake), EAR (= estimated average requirement) und PRI (= population reference intake). – *E* nutritional requirements recommendations

*Lit.:* [1]Deutsche Gesellschaft für Ernährung, Österreichische Gesellschaft für Ernährung, Schweizerische Gesellschaft für Ernährungsforschung, Schweizerische Vereinigung für Ernährung, Hrsg., *Referenzwerte für die Nährstoffzufuhr,* 1. Aufl.; Umschau Braus: Frankfurt, (2000).

**Reflexionsspektroskopie.** Spektroskopie der Strahlung, die von diffus streuenden Stoffen reflektiert wird. Da diffuse Reflexion oft Remission (Rückstrahlung) genannt wird, bezeichnet man die Reflexionsspektroskopie auch als *Remissionsspektroskopie.* Die Reflexionsspektroskopie eignet sich zur Untersuchung der Lichtabsorption lichtundurchlässiger und unlöslicher Stoffe. Unter der Voraussetzung, daß Streuung und Lumineszenz vernachlässigbar sind, ist die Summe von Transmission, Absorption und Reflexion = 1.

Die Geräte zur Reflexionsspektroskopie nennt man Remissions- oder Reflexionsphotometer, Reflektometer oder gar Reflometer. Daneben sind sogenannte Reflexionszusätze zu den handelsüblichen Spektralphotometern für den sichtbaren und UV-Bereich entwickelt worden. Auch im IR ist die

Reflexionsspektroskopie anwendbar; besondere Bedeutung hat die sogenannte ATR-Variante der Reflexionsspektroskopie (von englisch attenuated total reflectance = abgeschwächte Totalreflexion) in der *IR-Spektroskopie gefunden.

In der Lebensmittelanalytik ist das Verfahren insbesondere für die qualitative und quantitative Auswertung von Dünnschichtchromatogrammen von Bedeutung. – *E* reflectance spectroscopy

*Lit.:* Maier, S. 90–96

**Refraktion** (von lateinisch: refringere = zer-, aufbrechen). Unter Refraktion oder *Lichtbrechung* versteht man die Ablenkung (Richtungsänderung), die ein Lichtstrahl erfährt, wenn er in ein optisch andersartiges Medium (z.B. beim Übergang aus Luft in Glas oder Wasser und dergleichen) eintritt, in dem auch seine Fortpflanzungsgeschwindigkeit (c = Lichtgeschwindigkeit im Vakuum, c/n = Lichtgeschwindigkeit im Medium mit der Brechzahl n) anders ist (siehe Abbildung 1). Augenfällig werden Brechungsunterschiede demonstriert beim Mischen von Flüssigkeiten oder bei der Bildung von Luftspiegelungen über heißen Flächen (Schlieren). Bei senkrechtem Eintritt findet keine Brechung statt. In dem bereits von Snellius (1615) aufgestellten Lichtbrechungsgesetz

$$\frac{\sin\alpha}{\sin\beta} = \frac{n_2}{n_1}$$

bedeuten $n_1$ bzw. $n_2$ die Brechzahlen der beiden Medien, $\alpha$ den Winkel des Lichtstrahles zum Einfallslot im Medium 1 und $\beta$ den entsprechenden Winkel im Medium 2. Beim Übergang vom optisch dichteren zum optisch dünneren Medium ($n_1 > n_2$) tritt für Winkel $\alpha > \alpha_G$ [$\alpha_G = \arcsin(n_2/n_1)$, Grenzwinkel, siehe Abbildung 1b] Totalreflexion ein.

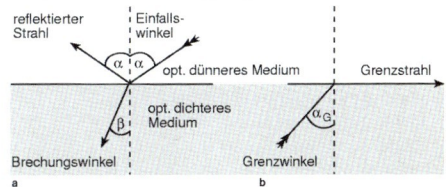

Abbildung 1: Refraktion eines Lichtstrahles beim Übergang vom a) optisch dünneren ins optisch dichtere Medium (z.B. Luft – Glas oder Luft – Wasser) und b) vom optisch dichteren ins optisch dünnere Medium.

Die Brechzahl von Luft unter Normalbedingungen ist im sichtbaren Spektralbereich n = 1,00028. Für viele Anwendungen wird $n_{Luft}$ = 1 gesetzt. Die explizite Abhängigkeit von $n_{Luft}$ von der Wellenlänge sowie eine Tabelle über die Brechzahlen verschiedener Materialien gibt Literatur[1] an. Da die Refraktion von der Wellenlänge der einfallenden Strahlung abhängig ist (kurzwelliges, z.B. violettes Licht wird stärker abgelenkt als langwelliges, z.B. rotes; man bezeichnet diese Eigenschaft als normale Dispersion; bei der anomalen ist es umgekehrt), mißt man die Brechzahl n nach Übereinkunft bei der Standardwellenlänge, der (gelben) D-Linie des

Natriums (ca. 589 nm), und kennzeichnet dies durch $n_D$.

Man kann die Bestimmung der Brechzahl auch mit „weißem" Licht ausführen, wenn das Meßgerät ein sogenanntes geradsichtiges Dispersionsprisma (z.B. ein dreiteiliges Amiciprisma, vgl. Abbildung 2, Abbe-Refraktometer) enthält, das nur eine Farbe ohne Ablenkung durchläßt und die übrigen wegbricht.

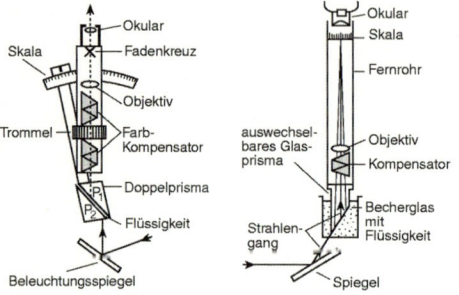

Abbildung 2: Abbe-Refraktometer (linke Abbildung) und Eintauchrefraktometer (rechte Abbildung).

Geräte zur Messung der Refraktion heißen *Refraktometer*. In Abbildung 2 sind zwei Instrumente wiedergegeben, mit denen die Brechzahl von Flüssigkeiten im Meßbereich $n_D$ 1,3 bis $n_D$ 1,7 mit einer Genauigkeit von ±0,0002 und darunter bestimmt werden kann, nämlich das *Abbe-* und das *Eintauchrefraktometer*. Bei letzterem wird nach dem Prinzip des Abbe-Refraktometers mit streifend unter einem Einfallswinkel ($\alpha$) von 90° eintretendem Lichtstrahl gemessen; da das eine optische Medium stets das gleiche Glas von bekannter Brechzahl ist, braucht man bei den verschiedenen Flüssigkeiten nur den jeweiligen Grenzwinkel $\beta$ genau zu messen, von dem man dann aus Tabellen oder durch Ablesung von am Instrument angebrachten Skalen die $n_D$-Werte erhält. Beobachtet wird immer eine ausgeprägte Hell/Dunkel-Grenze, auf die mit Hilfe eines Fadenkreuzes scharf eingestellt wird. Für schnelle Refraktionsbestimmungen von Flüssigkeiten genügt oft das *Jelley-Refraktometer*, bei dem ein Tropfen Substanz in ein keilförmiges Hohlprisma gefüllt und die Minimalablenkung eines senkrecht einfallenden Lichtstrahls an der 2. Prismenfläche gemessen wird. Die Brechzahl ist nicht nur von der Meßwellenlänge abhängig, sondern auch von der Dichte und der Temperatur, vgl. das Beispiel Wasser in Literatur[2]. Die Brechzahl nimmt mit steigender Temperatur etwas ab, weshalb man die Meßtemperatur stets angeben muß; z.B.: $n_D^{25}$ bedeutet, daß die Brechzahl bei 589 nm und 25°C gemessen wurde. Fehlt die Temperaturangabe, ist im allgemeinen 20°C gemeint ($n_D^{20}$). Organische Flüssigkeiten haben in der Regel Brechzahlen zwischen 1,3 und 1,7. Bei Lösungen steigt n mit der Konzentration; Beispiel: Wäßrige Lösung von HCl der Massenkonzentration 10, 20, 50, 100 und 150 g HCl/L haben $n_D^{17,5}$=1,33551, 1,33779, 1,34449, 1,35528 und 1,36565. Man kann somit durch Bestimmung der Brechzahl die Kon-

zentration von Lösungen und Flüssigkeitsgemischen rasch ermitteln.

*Anwendung:* Dieses Verfahren wird besonders zur Konzentrationsbestimmung von Zuckersäften, Fruchtsirupen, Milchfett, Alkohol in alkoholischen Getränken (bzw. Extraktgehalt von Bier), Gefrierschutzmitteln und dergleichen, ferner bei der Reinheitsprüfung von Glycerol, Kohlenwasserstoffen, Mineralölen, etherischen Ölen, Wachsen, Fetten usw. angewendet. Die Industrie verwendet dazu auch eine Reihe von – gegebenenfalls automatisch, zum Teil auch kontinuierlich und in strömenden Systemen arbeitenden – Spezialrefraktometern, so z.B. das Butterrefraktometer, das Milchfettrefraktometer, das direkt die Oechsle-Grade (siehe *Mostgewicht) anzeigende Hand-Zuckerrefraktometer und das Saccharimeter. Eine überraschend einfache Beziehung zwischen der Iod-Zahl (*Fettkennzahlen) von Fetten und Ölen und der Brechzahl wird in Literatur[3] aufgezeigt. Auf der Messung von Konzentrationsänderungen beruht die Verwendung von Differentialrefraktometern als Detektoren bei der HPLC, wobei gegen eine Referenzzelle gemessen wird; als Meßprinzip kann z.B. die Interferometrie dienen[4]. – *E* refraction

*Lit.:* [1]Kohlrausch, F., *Praktische Physik*, 24. Aufl.; Teubner: Stuttgart, (1996); Bd. 3, S. 405ff. [2]J. Phys. Chem. Ref. Data **14**, 933 (1985). [3]Nachr. Chem. Tech. **14**, 169 (1966). [4]LABO **14**, 86 (1983).

**Refraktometer** siehe *Refraktion.

**Reichert-Meissl-Zahl** siehe *Fettkennzahlen.

**Reineclaude** siehe *Pflaumen.

**Reis** (*Oryza sativa* L.). Zu den Gräsern (Poaceae) zählende, in tropischen und subtropischen Regionen vielfach kultivierte Getreideart. Das Hauptanbaugebiet für Reis (ca. 90% der Weltproduktion) ist Südostasien (China, Indien, Indonesien, Vietnam u.a.), aber auch die USA, Mexiko, Brasilien, Westafrika und Südeuropa sind Produktionsgebiete. Im Anbau unterscheidet man Sumpf- oder Wasserreis sowie Trocken- oder Bergreis. Die Weltjahresproduktion liegt bei 546 Mio. t und dient ca. 2,2 Mrd. Menschen als Grundnahrungsmittel.

*Verarbeitung und Zusammensetzung:* Die nach dem Drusch vorliegenden bespelzten Körner (*Roh-* oder *Paddy-Reis*) werden zunächst entspelzt, wodurch man ernährungsphysiologisch wertvollen *Braunreis* erhält. Durch Schleifen und Polieren werden Frucht- und Samenschale (Silberhäutchen), der Keimling und die Aleuronschicht (vgl. *Getreidekorn) entfernt. Diesen Reis bezeichnet man als *Weißreis*, wobei man je nach Korngröße und Form Rund-, Kurz-, Mittel- oder Langkornreis unterscheidet. 100 g unpolierter Reis enthalten durchschnittlich 13,1 g Wasser, 7,4 g Proteine, 2,4 g Lipide, 75,4 g Kohlenhydrate, 0,67 g Rohfaser, 1,2 g Mineralstoffe und B-Vitamine. Polierter Reis ist im Vergleich zu unpoliertem Reis sehr arm an Mineralstoffen und Vitaminen. Der ausschließliche Genuß von poliertem Reis führte bei Teilen der ostasiatischen Bevölkerung zur *Beri-Beri-Krankheit (Thiamin-*Avitaminose). Ein im Nährwert verbessertes Produkt wird durch den sogenannten *Parboiling-Prozeß gewonnen.

Als wichtigste Aromakomponente von gekochtem Reis wurde 2-*Acetyl-1-pyrrolin isoliert. Im Unterschied zu Europa und den USA sind in Asien Reissorten beliebt, die beim Kochen ein „popcornartiges" Aroma entwickeln. Es beruht auf der Bildung von 2-Acetyl-1-pyrrolin. Außer Vollreis oder Ganzreis (Ausbeute 45–55%) fallen in der Reismüllerei Bruchreis bzw. Reismehl (20–35%) und Spelzen bzw. *Kleie (20–24%) an.

*Verwendung:* Langkornreis wird für Parboiled-Reis, Schnellkochreis sowie Dosen- und Suppenreis verwendet; Kurz- und Mittelkornreis werden dagegen für Trockengetreideprodukte, für Babynahrung und zur Bierherstellung verwendet. Rundkornreis ist als Milchreis im Handel. Vollreis wird zur Herstellung von *Puffgetreide (Puffreis) und insbesondere in Ostasien zur Herstellung von Wein (Sake) und Schnaps (Arrak) benutzt. Da Reis keine *Zöliakie-auslösenden Proteine enthält, kann er zur Zubereitung von *Gluten-freier Diät verwendet werden. Bruchreis wird zu Grieß, Mehl, Stärke oder zu Reispuder (für Kosmetika) verarbeitet. Aus Reiskleie wird hochwertiges Kraftfutter oder Keimöl hergestellt. Die beim Schälen anfallenden Spelzen dienen als Verpackungs-, Heiz- und Isoliermaterial.

*Gentechnik:* Reis besitzt ein kleines Genom (430 Mio. Basenpaare) und dient deshalb als Modellgenom für die Genomforschung an Getreide. Erfaßt werden möglichst viele Gene durch Ansequenzierung der entsprechenden cDNA; die Totalsequenzierung des Genoms wurde begonnen[1–3]. Reis ist relativ einfach transformierbar und Linien mit verschiedenen, gentechnologisch erzeugten Resistenzen (die jährlichen Verluste durch Insekten-, Virus- und Pilzbefall werden auf 45–75 Mio. t geschätzt) werden im Freiland getestet. Von besonderer Bedeutung sind Versuche, den Gehalt an *Provitamin A im Endosperm des Reiskorns gentechnologisch zu erhöhen[4], um dadurch den in Südostasien noch weit verbreiteten Mangelkrankheiten vorzubeugen. – *E* rice

*Lit.:* [1]Yu, J., et al., *Science*, (2002) **296**, 79–92. [2]Goff, S. A., et al., *Science*, (2002) **296**, 92–100. [3]Proc. Natl. Acad. Sci. USA **95**, 2027–2028 (1998). [4]Plant J. **11**, 1071–1078 (1997). *allg.:* Champagne, E. T., *Rice: Chemistry and Technology*, American Association of Cereal Chemists (AACC): St. Paul, MN, (2004) – *[HS 1006 10, 1006 20]*

## Reis(keim)öl.

Aus der den fettreichen Keimling (24%) enthaltenden *Reis-*Kleie (8–16% Ölgehalt) durch Extraktion mit Hexan u. anschließende Reinigung u. Entsäuerung gewonnenes gelbes *Getreidekeimöl. VZ 181–194, IZ 89–108, $n_D^{25}$ 1,470–1,473, Unverseifbares 1–5%. R. ist ein Speiseöl mit einem hohen Anteil an ungesätt. *Fettsäuren (40–43% *Ölsäure, 35–38% *Linolsäure) u. *Vitamin E sowie *Sterolen, *Wachsen usw., das auch in *Kosmetika u. dermatolog. Arzneimitteln

Verw. findet. Aus dem R. läßt sich das Wachs extrahieren, das u. a. als Basis für Lippenstifte dient. R. ist wie *Olivenöl Squalen-reich (3,3 g/kg). Zur ernährungsphysiolog. Qualität ungeesterter R.-Produkte siehe Literatur[1]. Die gute Haltbarkeit von R. scheint hauptsächlich auf antioxidativ wirksame C-glycosid. *Flavonoide (z.B. Isovitexin) u. weniger auf Oryzanol u. Vitamin E zurückzuführen zu sein[2]. – *E* rice [germ] oil

*Lit.:* [1]Fette, Seifen, Anstrichm. **87**, 486–489 (1989). [2]J. Agric. Food Chem. **37**, 316–319 (1989). *allg.:* Belitz-Grosch-Schieberle (5.), S. 216 ▪ Merck-Index (13.), Nr. 8292 ▪ Ullmann (5.) **A10**, 176, 226 – *[HS 1515 90; CAS 685531-81-1]*

## Reismelde.

Reismelde gehört zur Familie der Gänsefußgewächse (Chenopodiaceae). Aufgrund der Zusammensetzung ihrer Körner, die der von Getreidekörnern sehr ähnlich ist, zählt man die Reismelde zu den Pseudocerealien.

Reismelde wird in den Tropen und Subtropen sowie im Gebirge der gemäßigten Zone südlicher Breite angebaut. Für den Anbau als Körnerfrucht kommen die in der Tabelle genannten Arten in Frage.

Tabelle: Kulturformen der Gattung *Chenopodium*[1].

| Bezeichnung | Verbreitung | Anmerkungen |
|---|---|---|
| *Chenopodium quinoa* Willdenow „Quinoa" | Ecuador, Peru, Bolivien, Chile | wichtigste in Südamerika domestizierte Art, Anbau in Hochlagen bis 3500 m möglich, bei uns auch als Reismelde bezeichnet |
| *Chenopodium pallidicaule* Aellen „Cañihua" | Hochanden | ertragsschwache, nur in Extremlagen (bis 4300 m) kultivierte „Indianermelde" |
| *Chenopodium nuttallia* Safford „Huauzontle" | Mexico | vermutlich nur eine Landsorte von *Chenopodium quinoa;* Anbau befindet sich in starkem Rückgang |

Die hellen, fast weißen, selten auch gelben, roten, braunen oder schwarzen Samenkörner haben einen Durchmesser von 1,7 bis 2,0 mm. Sie enthalten im Durchschnitt 58% Stärke, 15% Proteine, 8% Fett, 12% Ballaststoffe und 2% Mineralstoffe in Trockensubstanz. Der Gehalt an Lysin ist deutlich höher als beim Weizen. Die biologische Wertigkeit der Reismelde wird mit 87% angegeben[2].

Antinutritiv wirkt sich der Gehalt an *Saponinen aus. Diese bitter schmeckenden Stoffe, die im Körper membranolytisch wirken, können durch Weichen oder Polieren der Reismelde-Körner entfernt werden.

*Verwendung:* Reismelde-Mehl oder -Körner kommen in Gebäck und Pfannkuchen zum Einsatz. Teilweise werden Frühstückscerealien, Müsliriegel oder Snackartikel daraus hergestellt. Aufgrund ihrer *Gluten-Armut sind die Produkte auch zur Herstellung *Gluten-freier Diät geeignet. – *E* quinoa

*Lit.:* [1]Alkämper, J., *Getreide Mehl Brot*, (1992) **46**, 3–6. [2]Ruales, J.; Nair, B., *Plant Foods Hum. Nutr.*, (1992) **42**, 1–11.
*allg.:* Aufhammer, W., *Pseudogetreidearten – Buchweizen, Reismelde und Amarant*, Ulmer: Stuttgart, (2000)

**Reißbeere** siehe *Berberitze.

**Reisstärke** siehe Abbildung 3 bei *Stärke.

**Reiswein** siehe *Sake.

**Remissionsspektroskopie** siehe *Reflexionsspektroskopie.

**Remouladen** siehe *Mayonnaise.

**Remsen-Fahlberg-Verfahren** siehe *Saccharin.

**Reneklode.** Umgangssprachliche, phonetische Schreibweise für *Reineclaude*, siehe *Pflaumen.

**Reng** siehe *Henna und *Haarfärbemittel.

**Rennin** siehe *Chymosin und *Lab.

**Repellentien** (Repellents). Von lateinisch repellere = zurücktreiben, abweisen abgeleitete Bezeichnung für natürliche und synthetische Substanzen, die abwehrend oder vertreibend auf andere Lebewesen, insbesondere Schädlinge und Lästlinge, wirken. Viele der Mittel veranlassen durch ihren unangenehmen Geruch und Geschmack, daß die Tiere sich von Nahrung, bestimmten Plätzen, Nutzpflanzen, Nutztieren oder auch vom Menschen fernhalten. Hierzu gehören Mittel zur dermalen Anwendung in Form von Sprays, Lotionen, Stiften, Milchen und Gelen, die Insekten von der Haut fernhalten und damit auch der Übertragung von Krankheiten vorbeugen können. Ihre Wirkung wird vor allem auf das Ansprechen der für den „Geruchssinn" verantwortlichen Sensoren (Antennen) zurückgeführt. Bei einigen Substanzen wurde auch eine Wirkung über den „Geschmackssinn" (Fußglieder) beobachtet (*Kontaktrepellentien*). Früher wurden häufig Pflanzenextrakte oder *etherische Öle (Eucalyptus, Anis, Zimt u.a.) zu diesem Zweck verwendet. Heute werden hauptsächlich synthetische Repellentien eingesetzt. Häufig verwendete Wirkstoffe sind Dimethylphthalat (siehe *Phthalsäureester), *N,N*-Diethyl-*m*-toluamid oder 2-Ethyl-1,3-hexandiol.
Zu den Repellentien gehören Mittel zur Abschreckung von Insekten und Spinnen, ferner manche Holzschutzmittel sowie *Fraßhemmstoffe* oder *Fraßschutzmittel*, z.B. im Pflanzenschutz, für Saatgut (siehe *Vorratsschutz) oder für Textilien (Mittel zur Mottenbekämpfung, gegen Silberfischchen und Teppichkäfer). In erweitertem Sinne gelten als Repellentien auch alle Mittel, die zur Vertreibung von Nagetieren und Vögeln (*Vogelrepellentien*, oft auch fälschlich als Avizide bezeichnet) z.B. in Obstkulturen, Weinbergen usw. dienen, Wildverbißmittel zum Schutz der jungen Forstkulturen sowie Mittel, die Hunde und Katzen abschrecken sollen, bestimmte Stellen zu verunreinigen (z.B. Undecan-2-on). Zur Abschreckung von Vögeln (z.B. Krähen) kann man Brechreiz auslösende Stoffe wie Anthrachinon oder Methiocarb benutzen, aber auch akustische oder optische Vergrämungsmittel, wie sie als anthropogene Zivilisationsranderscheinungen auch ungewollt auftreten.
Bei vielen niederen und höheren Pflanzen und Tieren gehört die Entwicklung spezifischer Repellentien zur Überlebensstrategie. Manche Tiere nehmen toxisch wirkende Stoffe mit der Nahrung auf (Pharmakophagie) und funktionieren diese zu Repellentien um. Auch Pflanzen verfügen über Abwehrstrategien, und zwar sowohl gegen andere Pflanzen (Allelopathika, Phytoaggressine) als auch gegen Fraßfeinde, gegen die sie sich mit sekundären Pflanzenstoffen wie *Phytonziden, giftigen *Alkaloiden, *Glucosinolaten, Nachahmungen von Insektenhormonen (Precocene) und Pheromonen zur Wehr setzen. Tomatenpflanzen können benachbarte Kohlpflanzen vor dem Befall mit Kohlweißlingen (Schmetterlingsart) bewahren. Möhren werden z.B. durch nahe Zwiebelpflanzen vor der Möhrenfliege geschützt. Alarm-*Pheromone können als Repellentien verstanden werden, wenn sie bei Artgenossen Flucht auslösen. – *E* repellents

*Lit.:* Klun, J. A.; Ma, D.; Gupta, R., *J. Med. Entomol.*, (2000) **37**, 182–186 ▪ Knepper, T. P., *Water Sci. Technol.*, (2004) **50**, 301–308 ▪ Nentwig, G., *Parasitol. Res.*, (2003) **90** (Suppl. 1), S40–S48 ▪ Stibich, A. S.; Cabonaro, P. A.; Schwartz, R. A., *Dermatology*, (2001) **202**, 193–197

**Reps** siehe *Raps.

**Reserve-Cellulose** siehe *Lichenine.

**Resinoide.** Von Resina abgeleitete, in der Parfümerie gebräuchliche Bezeichnung für Extraktprodukte aus pflanzlichen oder tierischen Drogen, Balsamen, Gummen, Harzen und dergleichen; als Extraktionsmittel kommen Alkohol, Aceton, Petrolether, Benzol und dergleichen in Betracht. Eine besonders schonende Methode ist die Destraktion mit überkritischem Kohlendioxid. Die Zusammensetzung der wegen ihrer Konsistenz auch *Oleoresine genannten Resinoide entspricht der der *etherischen Öle; allerdings enthalten die Resinoide auch noch Harze, Wachse, Farbstoffe und Lipide, soweit diese in dem betreffenden Extraktionsmittel löslich sind. Die extrahierten Resinoide sind gewöhnlich hochviskos und werden manchmal (z.B. mit Phthalaten oder Benzylbenzoat) verdünnt, um sie gebrauchsfertig zu machen. Die manchmal „nachgestellten" (synthetischen) Resinoide werden u.a. als Fixateure in Parfümkompositionen und in Seifen als Parfümbasen verwendet (Verfärbung durch Chlorophyll-Gehalt möglich). Beispiele sind Eichenmoos-, Baummoos-, Opoponax- und Benzoe-Resinoide. Im Handel werden auch Produkte als Resinoide bezeichnet, die zur erleichterten Weiterverarbeitung einen höheren Anteil Lösemittel enthalten. – *E* resinoids

*Lit.:* Bauer et. al. (4.), S. 171 ▪ Ullmann (7.); http://dx.doi.org/10.1002/14356007.a11_141 [Online, Januar 2003]

**Resistente Stärke** (RS). Als resistente *Stärke werden Fraktionen, Abbauprodukte und Modifikationen natürlicher Stärken bezeichnet, die im Dünndarm des Menschen nicht durch α-*Amylase abgebaut werden.

*Einteilung:* Man unterscheidet vier Typen von resistenter Stärke, die sich hinsichtlich ihrer Struktur und ihrer physiologischen Relevanz als Nährstoff für die intestinale Darmflora unterscheiden:
1. die physikalisch unzugängliche Stärke in Amyloblasten (RS Typ 1; grob zerkleinerte Weizenkörner, Hülsenfrüchte),
2. die granuläre Stärke (RS Typ 2; rohe Kartoffelstärke, Erbsenstärke und Bananenstärke),
3. die retrogradierte Stärke (RS Typ 3; gekochte, abgekühlte Kartoffeln, Cornflakes),
4. die chemisch modifizierte Stärke (RS Typ 4; Citratstärke, Phosphatstärke und Acetatstärke).

*Ernährungsphysiologie:* Im Dickdarm entstehen durch Hydrolyse und mikrobielle Fermentation von resistenter Stärke, wie bei anderen Kohlenhydraten auch, als hauptsächliche Endprodukte die kurzkettigen Fettsäuren Acetat, Propionat und Butyrat. Butyrat ist die wichtigste Energiequelle für die Zellen des Dickdarmepithels. Bei Patienten mit Dickdarmtumoren wurden, bezogen auf die gesamte Menge der kurzkettigen Fettsäuren, niedrigere Mengen an Butyrat in den Faeces gefunden als bei Gesunden. Da Butyrat *in vitro* die Regulation der Teilung und Differenzierung von Tumorzellen beeinflußt, wird vermutet, daß resistente Stärke über die Bildung der C4:0-Fettsäure zum Schutz vor Dickdarmkrebs beitragen kann.

Die postprandialen Glucose- und Insulin-Spiegel werden durch resistente Stärke nur wenig beeinflußt. Auch konnte beim Menschen keine signifikante Wirkung auf die Blutlipid-Spiegel festgestellt werden.

In Westeuropa beträgt die Aufnahme an resistenter Stärke 3–6 g/Tag.

*Anwendung:* Eine höhere Zufuhr an resistenter Stärke wird in bezug auf eine Prävention von Dickdarmkrebs als vorteilhaft angesehen. Darüber hinaus bieten sich resistente Stärken an, um eine Verringerung der Energiedichte in der Ernährung zu erreichen. Resistente Stärken sind aufgrund ihrer ernährungsphysiologischen Eigenschaften als *Prebiotika anzusehen und eignen sich zum Einsatz in funktionellen Lebensmitteln. – E resistant starches

*Lit.:* Bird, A. R.; Brown, I. L.; Topping, D. L., *Curr. Issues Intest. Microbiol.*, (2000) **1**, 25–37 ▪ Jacobasch, G.; Schmiedl, D., *Ernähr. Umsch.*, (2002) **49**, 4–9 ▪ Wisker, E., *Ernähr. Umsch.*, (2000) **47**, 49–53

**Resmethrin** siehe *Pyrethroide.

**Restextrakt.** Der Restextrakt (RE) wurde ursprünglich von Rebelein[1] in die Weinbeurteilung eingeführt. Die Wein- und Fruchtsaft-Analysenkommission des damaligen Bundesgesundheitsamtes (BGA) hatte diese Weinkennzahl wie folgt definiert (1977):
Gesamtextrakt abzüglich
– der reduzierenden Bestandteile im Sinne der Zuckerbestimmung;
– der wesentlichen organischen Säuren, die schon in der Traube vorhanden sind (Weinsäure, Äpfelsäure, Citronensäure);

– der organischen Säuren, welche durch den Hefestoffwechsel (Bernsteinsäure) oder den Bakterienstoffwechsel (Milchsäure) gebildet werden;
– der bei der alkoholischen Gärung gebildeten Sekundärprodukte (z.B. Glycerol, Butan-2,3-diol).

Alle Werte werden jeweils erst nach Umrechnung auf die Massenverhältnisse (relative Dichte 20/20 °C) nach der amtlichen Extrakttabelle und der Standardisierung auf einen bestimmten Weinsäure-Gehalt eingesetzt.

Gilbert[2] hatte zur Berechnung des Restextrakts die folgende Formel entwickelt:

$$RE = rfE - (WS \times 1{,}18) - \ddot{A}S - (MS \times 0{,}61) - CiS - (flS \times 0{,}37) - (vA \times 0{,}06)$$

Mit RE = Restextrakt (g/L), rfE = reduktionsfreier Extrakt (g/L), WS = Weinsäure (g/L) ÄS = Äpfelsäure (g/L), MS = Milchsäure (g/L), CiS = Citronensäure (g/L), flS = flüchtige Säure (g/L), vA = vorhandener Alkohol (g/L).

In der Laborpraxis wird weiterhin diese Kurzformel angewandt:

$$RE = 0{,}92 \times rfE - 0{,}9 \times Gesamtsäure - 0{,}6 \times Glycerol$$

Die Werte für den Restextrakt hängen von der erzielten Qualität des Weines ab. Sie können ggf. Hinweise auf eine unzulässige Anreicherung von Prädikatsweinen oder auf eine Wässerung eines Weines geben. Ihre Aussagekraft ist jedoch begrenzt, da der Restextrakt von den angewandten oenologischen Verfahren beeinflußt wird (z.B. Entsäuerung). Deshalb werden Verfälschungsnachweise (Anreicherung oder Wässerung) über die quantitative, stellungsspezifische Bestimmung des D/H-Isotopenverhältnisses (*SNIF-NMR) geführt[3,4], wobei Restextrakt und Magnesium-Gehalt eine unterstützende Rolle spielen; siehe auch *amtliche Weinanalyse. – E residual extract

*Lit.:* [1]Rebelein, H., *Mitt. Klosterneuburg*, (1962) **12**, 227–258. [2]Gilbert, E., *Wein Rebe*, (1976) **58**, 118–127. [3]Martin, G. J.; Zhang, B. L.; Naulet, N.; Martin, M. L., *J. Am. Chem. Soc.*, (1986) **108**, 5116–5122. [4]Guillou, C.; Jamin, E.; Martin, G. J.; Reniero, F.; Wittkowski, R.; Wood, R., *Bull. OIV*, (2001) **74**, 26.

**Restsüße** siehe *Restzucker.

**Restzucker** (Restsüße). Restzucker ist der nicht vergorene Zucker, der durch natürliche oder gezielte Gärunterbrechung (bei der *alkoholischen Gärung) bzw. durch gezielte Süßung im trinkfertigen *Wein vorhanden ist.

*Recht:* Neben den bei der Süßung geltenden rechtlichen Rahmenbedingungen sind für den *Restzuckergehalt* bezeichnungsrechtlich und für die Verbraucherinformation bedeutende *Geschmacksangaben* (siehe Tabelle, S. 978) definiert, die jedoch bei Wein nicht zwingend vorgeschrieben sind (vergleiche *Schaumweine).

Weitere Restzuckerregelungen betreffen die Typenweine:
*Classic*, bei dem der *Restzuckergehalt* maximal 15 g/L bzw. das Doppelte der Gesamtsäure erreichen darf.

Tabelle: Zugelassene Geschmacksangaben und deren Grenzwerte für Wein aller Wein-Qualitätsstufen außer Landwein*[1].

| Geschmacksangabe | Restzuckergehalt bis zu |
|---|---|
| Trocken | 4 g/L bzw. 9 g/L wenn der Gesamtsäuregehalt höchstens um 2 g/L niedriger ist als der Gehalt an Restzucker (Säure + 2) |
| Halbtrocken | 12 g/L bzw. 18 g/L wenn der Gesamtsäuregehalt höchstens um 10 g/L niedriger ist als der Gehalt an Restzucker (Säure + 10) |
| Lieblich | 45 g/L |
| Süß | >45 g/L |

* Landwein darf den für halbtrocken (18 g/L) zulässigen Restzuckergehalt nicht übersteigen.

*Selection*, bei dem die Regelungen der Bezeichnung „trocken" bzw. bei Weinen aus der Rebsorte Riesling maximal 12 g/L bzw. das Eineinhalbfache der Gesamtsäure nicht überschritten werden dürfen. – *E* residual sweetness

**Lit.:** [1] VO (EWG) 3201/90 der Kommission über Durchführungsbestimmungen für die Bezeichnung und Aufmachung der Weine und der Traubenmoste vom 16.10.1990 in der Fassung vom 24. April 2001 (Amtsblatt der EG Nr. L 128, S. 54). *allg.:* VO (EG) Nr. 1493/1999 des Rates über die gemeinsame Marktorganisation für Wein vom 17. Mai 1999 (Amtsblatt der EG Nr. L 179, S. 1)

# Resveratrol (*trans*-Stilben-3,4′,5-triol).

$C_{14}H_{12}O_3$, $M_R$ 228,25. Resveratrol ist ein bekanntes *Phytoalexin, das u.a. in Weinreben (*Vitis vinifera*) als hauptsächlich durch Pilzinfektionen induzierbarer Abwehrstoff von Bedeutung ist[1]. Hohe Konzentrationen von Resveratrol sind in den Schalen von Weintrauben enthalten und finden sich daher v.a. in Rotweinen in Konzentrationen von 0,1–15 mg/L[2]. Resveratrol ist das aktive Prinzip der traditionellen chinesischen/japanischen Medizin Ko-jo-kon (*Polygonum cuspidatum* Sieb. et Zucc.), die bei Gefäß-, Herz und Lebererkrankungen sowie Pilzinfektionen und Entzündungen eingesetzt wird[3]. Aufgrund der Hinweise auf kardioprotektive Wirkungen wird u.a. Resveratrol mit dem *French Paradoxon, d.h. der vergleichsweise geringen Inzidenz von kardiovaskulären Erkrankungen bestimmter französischer Bevölkerungsgruppen bei einer relativ hohen Fettaufnahme, in Zusammenhang gebracht[2].

**Biosynthese:** Aus 3 Malonyl-CoA-Einheiten entsteht zunächst unter Decarboxylierung mit *p*-Cumaroyl-CoA ein $C_{15}$-Gerüst. Resveratrol entsteht daraus durch Cyclisierung, Abspaltung von Coenzym A und einer Decarboxylierung. Schlüsselenzym ist die Stilben-Synthase[4].

**Verwendung:** Im biotechnologischen Pflanzenschutz: Durch Übertragung des Stilben-Synthase-Gens in Nutzpflanzen wird in transgenen Pflanzen eine erhöhte Pilzresistenz hervorgerufen. Diese verbesserte Pilzresistenz kann auch durch gezielte Kreuzungen konventionell erreicht werden.

Als Nutraceutical: Aufgrund der unter Wirkung beschriebenen „health claims" (positive Wirkungen) wird Resveratrol in der Health Care Industrie ein erhebliches Potential zugemessen.

**Wirkungen:** *In vitro* sind antioxidative Effekte (Abfangen von reaktiven Sauerstoff-Spezies), antiinflammatorische Effekte (Hemmung der Cyclooxygenase 1 und 2 sowie der induzierbaren NO-Synthase), krebshemmende/krebspräventive Wirkungen (Wachstumshemmung durch Eingriffe in Signaltransduktion und Zellcyclus, Apoptoseinduktion), kardioprotektive Effekte (Hemmung der Plättchenaggregation, Modulation der Ficosanoid-Synthese und des Lipid-/Lipoprotein-Metabolismus) sowie dosisabhängige estrogene (hohe Konzentrationen) bzw. antiestrogene (niedrige Konzentrationen) Wirkungen beschrieben[2].

Vermehrt werden in jüngster Zeit auch positive Wirkungen von Resveratrol *in vivo* nachgewiesen[5,6]. *In vivo* zeigt Resveratrol keine estrogene Aktivität in Ratten[7].

**Toxikologie:** Resveratrol ist in bakteriellen Mutationstests (*Ames-Test) negativ, induziert *in vitro* Chromosomenaberrationen, Mikrokerne und Schwesterchromatidaustausch (SCE) und zeigt ein schwaches aneuploides Potential auf[8,9]. Weiterhin induziert Resveratrol *in vitro* einen über Estrogen-Rezeptoren vermittelten Wachstumsstimulus in menschlichen Brustkrebszellinien. Eine 28-Tage-Studie in Spraque-Dawley-Ratten zeigt keinen Einfluss von Resveratrol auf das Körpergewicht sowie den Nahrungs- und Wasserverbrauch der Tiere. Auch klinische/biochemische und hämatologische Parameter und die Histopathologie der Tiere zeigen keine schädigenden Effekte[3].

**Recht:** Natürliches Resveratrol ist in den USA nach dem Dietary Supplement Health and Education Act of 1994 (DSHEA) aufgrund eines dokumentierten lang andauernden sicheren Gebrauchs durch den Menschen durch das Federal Drug Administration/Center for Food Safety and Applied Nutrition Committee (CFSAN) als „dietary supplement" zugelassen.

Synthetisches Resveratrol bedarf einer 75-Day New Dietary Ingredient Notification mit einer vollständigen toxikologischen Prüfung. Eine Zulassung und eine Bestätigung eines *GRAS-Status ist bislang nicht erfolgt[10,11].

In der EU ist Resveratrol als Novel Food oder Nahrungsergänzungsmittel nicht zugelassen. – *E* resveratrol

**Lit.:** [1] Hain, R.; Bieseler, B.; Kindl, H.; Schroder, G.; Stocker, R., *Plant Mol. Biol.*, (1990) **15**(2), 325–335. [2] Gehm, B. D.; McAndrews, J. M.; Chein, P. Y.; Jameson, J. L., *Proc. Natl. Acad. Sci. USA*, (1997) **94**, 14138–14143. [3] Juan, M. E.; Vinardell, M. P.; Planas, J. M., *J. Nutr.*, (2002) **132**(2), 257–260. [4] Jeandet, P.; Douillet-Breuil, A. C.; Bessis,

R.; Debord, S.; Sbaghi, M.; Adrian, M., *J. Agric. Food Chem.*, (2002) **50**, (10), 2731–2741. [5]Bhat, K. P. L.; Kosmeder, J. W. II; Pezzuto, J. M., *Antioxid. Redox. Signal*, (2001) **3**(6), 1041–1064. [6]Schneider, Y.; Duranton, B.; Gosse, F.; Schleiffer, R.; Seiler, N.; Raul, F., *Nutr. Cancer*, (2001) **39**(1), 102–107. [7]Freyberger, A.; Hartmann, E.; Hildebrand, H.; Krotlinger, F., *Arch. Toxicol.*, (2001) **74**(11), 709–715. [8]Matsuoka, A.; Furuta, A.; Ozaki, M.; Fukuhara, K.; Miyata, N., *Mutat. Res.*, (2001) **494**(1/2), 107–113. [9]Schmitt, E.; Lehmann, L.; Metzler, M.; Stopper, H., *Toxicol. Lett.*, (2002) **136**(2), 133–142. [10]http://vm.cfsan.fda.gov. [11]http://www.fda.gov/opacom/laws/dshea.html.

## Retentionsindex

**Retentionsindex** (RI). Von Kováts 1959 eingeführte Kenngröße, die die Lage eines Peaks in einem Gaschromatogramm (siehe *Gaschromatographie) angibt und insoweit eine ähnliche Funktion wie ein *$R_f$-Wert (genaugenommen ein Analogon zur Retentionszeit) hat. Der Retentionsindex ist für jede Substanz charakteristisch und stark abhängig von der verwendeten stationären Phase und der Meßtemperatur. Er wird ermittelt durch Interpolieren zwischen den Retentionsindices von zwei dem Teststoff im Chromatogramm benachbarten Verbindungen, im allgemeinen Alkanen. Für diese Bezugsstoffe sind die Retentionsindices *per definitionem* zu (100 · Zahl der C-Atome des Alkans) festgesetzt; Beispiel: RI (Ethan) = 200, RI (Heptadecan) = 1700. In die Berechnung des Retentionsindex einer Testsubstanz gehen außerdem die Bruttoretentionszeiten aller 3 Stoffe und die Totzeit (die Aufenthaltszeit der Stoffe in der mobilen Phase) ein. – *E* retention index

*Lit.:* Heberger, K.; Goergenyi, M.; Kowalska, T., *J. Chromatogr. A*, (2002) **973**, 135–142

## Retinal

**Retinal** (Vitamin-$A_1$-Aldehyd).

11-*cis*-Retinal

*all-trans*-Retinal, Retinal

$C_{20}H_{28}O$, $M_R$ 284,44, orangerote Kristalle, Schmp. von *all-trans*-Retinal 61–64°C und von 11-*cis*-Retinal 63,5–64,5 °C. Diterpen vom Cyclophytan-Typ. Löslich in allen gängigen organischen Lösemitteln. Nähere Hinweise zu Vorkommen, Biochemie und Analytik siehe *Vitamin A.

Retinal entsteht durch oxidative Spaltung von Carotinen und wird deshalb in der älteren Literatur oft als *Retinen* bezeichnet. Alle 16 möglichen Stereoisomere, von denen die *all-trans*-Form das stabilste ist, sind bekannt.

Retinal bildet in Form einer Schiffschen Base an Opsine gebunden die Sehpigmente *Rhodopsin und Iodopsin sowie das andere Funktionen wahrnehmende Bakteriorhodopsin. 11-*cis*-Retinal

kommt nur in Augen sehender Lebewesen (Wirbeltiere, Gliedertiere und Weichtiere) vor und wird dort als Sehchromophor verwendet.

Der Sehprozeß wird in der Netzhaut (Retina) durch eine photochemische Isomerisierung initiiert: Im Rhodopsin wandelt sich die Schiffsche Base des 11-*cis*-Retinals in ihr *all-trans*-Gegenstück um, woraufhin über mehrere Intermediate *all-trans*-Retinal und Opsin freigesetzt werden. Zur Aufrechterhaltung des Sehprozesses muß anschließend das 11-*cis*-Retinal wiederhergestellt werden, was über den Sehcyclus geschieht: Das *all-trans*-Retinal wird zunächst zum *all-trans*-*Retinol (Vitamin $A_1$) reduziert und danach verestert. Dieser *all-trans*-Retinylester wird wahrscheinlich direkt in das 11-*cis*-Retinol umgewandelt, wobei die zur Isomerisierung benötigte Energie durch die Hydrolyse der Esterbindung gewonnen wird. Durch Oxidation wird schließlich das 11-*cis*-Retinal zurückgebildet und reagiert mit Opsin weiter zum Rhodopsin[1]. In letzter Zeit werden vermehrt Untersuchungen durchgeführt, die sich mit den Ursachen sowie den potentiellen Therapiemöglichkeiten von Erkrankungen des Sehvorgangs, die auf Genmutationen der im Sehcyclus ablaufenden Prozesse beruhen, beschäftigen[2].

Altersbedingte Erblindung wird mit der Bildung eines Pyridinium-Bisretinoids („AZ-E", orange Farbe) in Verbindung gebracht[3]. – *E* retinal

*Lit.:* [1]Angew. Chem. **102**, 507–526 (1990); **108**, 419 (1996); Int. Ed. **29**, 461–480 (1990); **35**, 367–387 (1996). [2]Thompson, D. A.; Gal, A., *Prog. Retin. Eye Res.*, (2003) **22**, 683–703. [3]J. Am. Chem. Soc. **118**, 1559f. (1996). – *[HS 2936 21; CAS 116-31-4]*

## Retinoesäure

**Retinoesäure** siehe *Vitamin A.

## Retinoide

**Retinoide.** Retinoide sind natürlich vorkommende oder synthetische Abkömmlinge von *Retinol und sind durch eine ähnliche biologische Aktivität wie ihre Muttersubstanz charakterisiert. Sie sind lipophil und haben eine hormonartige Wirkung auf verschiedene biologische Prozesse.

Die Definition der Retinoide hat sich im Laufe der Jahre gewandelt. Die ursprünglich von der IUPAC-IUB-Kommission für Biochemische Nomenklatur vorgeschlagene Definition[1], daß Retinoide eine Gruppe von natürlich vorkommenden oder synthetischen Abkömmlingen von Retinol sind, die eine bestimmte chemische Struktur (vier Isopren-Reste in einer Kopf-Schwanz-Struktur) aufweisen, war aufgrund neuerer wissenschaftlicher Erkenntnisse nicht ausreichend. Nach der Entdeckung der Retinoid-Rezeptoren wurde die Definition auf Substanzen erweitert, die eine spezifische biologische Wirkung durch die Bindung an diese Rezeptoren und deren Aktivierung verursachen. Mittlerweile sind aber auch Retinoide bekannt, deren biologische Wirkung auf anderen Mechanismen beruht.

*Einteilung:* Zu den Retinoiden werden Retinol selbst, *Retinal und seine Isomere, die Retinylester, *all-trans*-Retinsäure, 9-*cis*-Retinsäure und 13-*cis*-Retinsäure sowie weitere verwandte Substanzen gezählt, die für ihre vielfältige biologische Wirkung insbesondere auf Wachstum und Differenzierung bekannt sind.

Synthetische Retinoide werden in drei Gruppen eingeteilt: nichtaromatisch (z. B. Isotretinoin), monoaromatisch (z. B. Acitretin) und polyaromatisch (sogenannte Arotinoide, z. B. Tazarotene, die eine spezifische Wirkung auf einzelne Retinoid-Rezeptoren haben[2]).

Zwei große Familien von Retinoid-Rezeptoren sind bekannt: RAR (retinoid acid receptor) und RXR (retinoid X receptor), die unterschiedliche Affinitäten für die einzelnen Retinoide aufweisen. Der Retinsäure-Rezeptor-Komplex aktiviert bestimmte Gene und führt somit zur Proteinsynthese (Retinoid-Wirkung auf Proteinebene).

*Wirkung:* Retinoide üben auf Epithelzellen eine Vielzahl von Wirkungen aus. So ist *all-trans*-Retinsäure essentiell für eine normale fetale Entwicklung, Retinoide sind aber auch *Teratogene. Darüber hinaus wirken sie hemmend auf Zellwachstum und Zelldifferenzierung sowie modulierend auf das Immunsystem.

*Anwendung:* Die vielfältige Wirkung der Retinoide schaffte die Voraussetzung für neue Anwendungsmöglichkeiten in der Dermatologie und Onkologie (Behandlung maligner Erkrankungen mit Retinoiden in Kombination mit anderen Medikamenten wie Cytostatika)[3]. Das Hauptgebiet der klinischen Anwendung liegt jedoch bei der Therapie von Hyperkeratosen und Dyskeratosen wie der Psoriasis und der schweren Akne, wobei hier in erster Linie oral anwendbare Retinoide wie Isotretinoin, Acitretin oder Tretinoin (Retinsäure) eingesetzt werden. In letzter Zeit wurden Retinoide auch zur Behandlung weiterer Erkrankungen (z. B. Autoimmunerkrankungen) eingesetzt.

Nähere Hinweise zu Vorkommen, Biochemie und Analytik siehe *Vitamin A. – *E* retinoids

*Lit.:* [1]Pure Appl. Chem. **55**, 721–726 (1983). [2]Tsukada, M.; Schroeder, M.; Roos, T. C.; Chandraratna, R. A.; Reichert, U.; Merk, H. F.; Orfanos, C. E.; Zouboulis, C. C., *J. Invest. Dermatol.*, (2000) **115**, 321–327. [3]Lippman, S. M.; Lotan, R., *J. Nutr.*, (2000) **130**, 479–482.

## Retinol [Vitamin A₁, (*all-E*)-3,7-Dimethyl-9-(2,6,6-trimethyl-1-cyclohexenyl)-2,4,6,8-nonatetraen-1-ol, Axerophtol (veraltet)].

*all-trans*-Retinol, Retinol

$C_{20}H_{30}O$, $M_R$ 286,46, gelbe Prismen, Schmp. 63–64 °C, Sdp. 120–125 °C (0,6 Pa); unlöslich in Wasser, löslich mit charakteristisch grüner Fluoreszenz in Alkohol, Ether und Ölen. Durch UV-Licht wird Retinol inaktiviert und gegen Sauerstoff und Schwermetall-Ionen (Kupfer, Kobalt) ist es sehr empfindlich. Singulett-Sauerstoff kann Retinol durch Peroxid-Bildung völlig zerstören. Mit Säuren bildet Retinol Ester, die beständiger gegen Autoxidation sind.

Nähere Informationen zu Vorkommen, Physiologie und Analytik siehe *Vitamin A.

Von den möglichen Stereoisomeren des Retinols kommen nur einige (z. B. 11-*cis*-Retinol und 13-*cis*-Retinol) in der Natur vor. Im Pflanzenreich kommt Retinol nur selten vor; allerdings ist sein *Provitamin β-*Carotin weit verbreitet. Tierische Produkte wie Milch, Butter oder Eidotter stellen hingegen gute Retinol-Lieferanten dar, besonders hervorzuheben sind hier Fischöle (Lebertran). Letztere enthalten auch das 3,4-Didehydroretinol (Vitamin A₂), dessen Aldehyd im Sehprozeß eine Rolle spielt (siehe *Retinal); Wal-Leberöl enthält ein Provitamin A (*Kitol*, $C_{40}H_{60}O_2$, $M_R$ 572,92, Schmp. 88–90 °C, ein Diels-Alder-Dimer von Retinol).

Kitol
(relative Konfiguration)

Aufgrund des hohen Retinol-Gehaltes erfolgte die Gewinnung in früheren Zeiten überwiegend aus Fischölen, heute fast ausschließlich synthetisch[1–5]. – *E* retinol

*Lit.:* [1]Angew. Chem. **109**, 804 (1997); Int. Ed. **36**, 779 (1997). [2]Pure Appl. Chem. **43**, 527–552 (1975). [3]Justus Liebigs Ann. Chem. **1995**, 717. [4]Kirk-Othmer (4.) **25**, 172–192. [5]Tetrahedron Lett. **28**, 65 (1987); **32**, 4115, 4117 (1991). *allg.:* Beilstein EIV **6**, 4133 ■ Merck-Index (13.), Nr. 10073 – [HS 2936 21; CAS 68-26-8 (Vitamin A₁); 4626-00-0 (Kitol)]

## Retrofette.
Als Retrofette oder *inverse Fette* bezeichnet man synthetische *Fettersatzstoffe aus kurzkettigen Polycarbonsäuren und *Fettalkoholen. Die Namensgebung bezieht sich darauf, daß die funktionellen Carbonsäureester-Bindungen gewissermaßen „umgekehrt" gebildet werden, da anstelle des Polyalkohols Glycerol (als Gerüst der *Triglyceride) bei den Retrofetten eine Polycarbonsäure Verwendung findet. Eingesetzt werden Propan-1,2,3-tricarbonsäure (Tricarballylsäure) und Butan-1,2,3,4-tetracarbonsäure. Daneben können aber auch *Citronensäure und Dicarbonsäuren wie z. B. Malonsäure oder *Fumarsäure als Polycarbonsäure-Komponenten zur Synthese von Retrofetten dienen.

Retrofette sind im Gegensatz zu den Triglyceriden von Pankreas-Lipase nicht spaltbar und sind deshalb kalorisch nicht verwertbar. *Trialkoxytricarballylat* (TATCA), ein Retrofett, das aus Propan-1,2,3-tricarbonsäure durch Veresterung mit langkettigen Alkoholen hergestellt wird, führte im Tierversuch zu Diarrhoe, in sehr hohen Dosen traten weitere Nebenwirkungen wie Schwächezustände und depressives Verhalten der Tiere auf. – *E* retro fats

*Lit.:* Akoh, C. C., In *Food Lipids*, Akoh, C. C.; Min, D. B., Hrsg.; Dekker: New York, (1998); S. 559

## Retrogradation.
Unter dieser Bezeichnung versteht man die Eigenschaft von verkleisterten Stärkelösungen oder von Stärkegelen, bei der Aufbe-

wahrung ihre Struktur zu ändern. Verkleisterte Stärkelösungen zeigen irreversible Ausflockungen, Stärkegele schrumpfen unter Austritt von Wasser (*Synärese).

Für die Retrogradation der Stärke sind in erster Linie *Amylose-Moleküle mit durchschnittlichem Polymerisationsgrad von 80 verantwortlich[1,2]. Die stabile Makrokonformation der Amylose ist die einer einfachen Helix. In der natürlich vorkommenden *Stärke sind die Amylose-Moleküle allerdings in das physikalische Netzwerk des Amylopektins eingebettet. Dieses hindert die Amylose an der Ausbildung größerer Helix-Segmente und hält sie so weitgehend amorph.

Wird Stärke mit heißem Wasser extrahiert, so gehen die Amylose-Moleküle zunächst als statistisches Knäuel, bestehend aus ungeordneten Kettensegmenten und kurzen Helixstücken, in Lösung, während das Amylopektin als unlösliches Netzwerk zurückbleibt. Ist die erhaltene Amylose-Lösung hinreichend verdünnt, so wachsen die schon vorgeformten, kurzen Helix-Stücke rasch zu langen Helix-Segmenten heran. Diese lagern sich ihrerseits wieder zu mehreren zusammen, wodurch die anfangs lösliche Amylose allmählich unlöslich wird und aus ihrer wäßrigen Lösung auskristallisiert. Es kommt dabei durch Ausbildung von Wasserstoff-Brückenbindungen zwischen den einzelnen Amylose-Ketten zur Ausbildung von unlöslichen Amylose-Aggregaten. Kristallite vom Typ A entstehen bei über 50°C, die B-Form bei 20°C und die V-Formen in Gegenwart komplexierender Agenzien. Sind die wäßrigen Stärke-Extrakte andererseits zu konzentriert, so behindern sich die einzelnen Amylose-Ketten gegenseitig so stark, daß sich längere Helix-Segmente kaum ausbilden. In diesem Fall assoziieren bereits die kurzen Helixsegmente intra- und intermolekular, was unter Ausbildung eines physikalischen Netzwerkes zur Gelierung der konzentrierten Amylose-Lösung führt.

Die Retrogradation wird begünstigt durch niedere Temperaturen (~0°C), neutralen pH-Wert, hohe Konzentrationen und Fehlen grenzflächenaktiver Stoffe. Auch Amylopektin zeigt diese Eigenschaften, wenn auch wesentlich schwächer[3]. Retrogradation verursacht das Nachhärten von jenen stärkehaltigen Lebensmitteln, bei denen eine Verkleisterung stattgefunden hat, wie Hartwerden von Brot (*Altbackenwerden)[4], die Lagerinstabilität von den aus reiner Stärke hergestellten Puddings und die mangelnde Gefrier-Tau-Stabilität von derartigen tiefgefrorenen Fertiggerichten. Der Grad der Retrogradation läßt sich in Lebensmitteln enzymatisch bestimmen[5]. – *E* retrogradation

*Lit.:* [1] Fredriksson, H.; Silverio, J.; Andersson, R., Eliasson, A.-C.; Åman, P., *Carbohydr. Res.*, (1998) **35**, 119–134. [2] Brant, D. A., Hrsg., *Solution Properties of Polysaccharides*; ACS Symposium Series 150; Washington, DC, (1981); S. 548–558. [3] Starch/Stärke **40**, 1–7 (1988). [4] Ribotta, P. D.; Cuffini, S.; León, A. E.; Añón, M. C., *Eur. Food Res. Technol.*, (2004) **218**, 219–223. [5] Starch/Stärke **42**, 213–216 (1990).

*allg.:* Ullmann (5.) **A11**, 502

**Retropeptide** siehe *Peptide.

**Rettich.** Fleischig verdickte Pfahlwurzeln von *Raphanus sativus* L. var. *niger* (Mill.) S. Kerner (Brassicaceae). In Asien und dem Mittelmeerraum heimisch und als schwarzschalige (var. *niger*, Schwarzer oder Winterrettich) oder weißschalige Varietät (var. *albus*, Weißer, Garten- oder Mairettich, Münchener Bierrettich) sowie vielen Abarten (z.B. *Radieschen) kultiviert. Durch die Römer gelangte der Rettich über die Alpen nach Mitteleuropa.

*Zusammensetzung:* Der im allgemeinen roh oder als Saft verzehrte Rettich enthält je 100 g eßbarer Substanz durchschnittlich: 93,5 g Wasser, 1 g Eiweiß, 0,2 g Fett und 2 g Kohlenhydrate, außerdem verschiedene Spurenelemente und Vitamin C (27 mg, als Ascorbigen, vgl. *Ascorbinsäure). Der scharfe Geschmack geht auf den Gehalt an *Glucosinolaten zurück, aus denen *Senföle (*Allylisothiocyanat, Benzylisothiocyanat und andere *Isothiocyanate) durch das Enzym *Myrosinase freigesetzt werden. Bei den Anthocyanen der Schale handelt es sich um Pelargonidin-Glycoside, die zumeist mit Hydroxyzimtsäuren bzw. mit Malonsäure acyliert sind[1-4]. Weitere Inhaltsstoffe sind Indolessigsäure und -acetonitril, ein Cytokinin, Peroxidasen und Phytosterole – in den Rettichsamen auch Sulforaphen (siehe *Senföle).

*Verwendung:* Rettich wirkt choleretisch und anregend auf die glatte Muskulatur, antibakteriell, in größerer Menge auch Schleimhaut-reizend durch freie Isothiocyanate, ggf. auch strumigen (*Kropfbildend). Rettich wird als Krampflöser in Hustenmitteln und Medikamenten gegen Bronchitis sowie in Präparaten zur Anregung der Gallensaftsekretion eingesetzt. Nicht zu den eigentlichen Retticharten, wohl aber zu den Brassicaceae, gehört der ebenfalls Glucosinolat-haltige *Meerrettich (*Armoracia rusticana* Ph. Gaertn., Mey. et Scherb.). – *E* radish

*Lit.:* [1] Giusti, M. M.; Wrolstad, R. E., *J. Food Sci.*, (1996) **61**, 322–326. [2] Rodriguez-Saona, L. E.; Giusti, M. M.; Wrolstad, R. E., *J. Food Sci.*, (1999) **64**, 451–456. [3] Rodriguez-Saona, L. E.; Giusti, M. M.; Durst, R. W.; Wrolstad, R. E., *J. Food Process. Preserv.*, (2001) **25**, 165–182. [4] Otsuki, T.; Matszfuji, H.; Takeda, M.; Toyoda, M.; Goda, Y., *Phytochemistry*, (2002) **60**, 79–87.

*allg.:* Franke, W., *Nutzpflanzenkunde*, 6. Aufl.; Thieme: Stuttgart, (1997); S. 197 ■ Herrmann, K., *Inhaltsstoffe von Obst und Gemüse*, Ulmer: Stuttgart, (2001); S. 102–104 – [HS 0706 90]

**Reutericyclin.**

$C_{20}H_{31}NO_4$, $M_R$ 349,47, gelbbraunes Öl. Reutericyclin ist ein antimikrobiell wirksames Tetramsäure-Derivat, das vorwiegend gegen Gram-positive Bakterien aktiv ist. Gram-negative Bakterien sind aufgrund der Architektur der äußeren Membran resistent gegen Reutericyclin; das Wachstum von Hefen und Pilzen wird durch Reutericyclin ebenfalls nicht beeinträchtigt.

*Physiologie:* Reutericyclin wird von einigen Stämmen von *Lactobacillus reuteri* gebildet, die aus industriellen Sauerteig-Fermentationen isoliert wurden. Reutericyclin liegt in Sauerteig-Fermentationen mit *Lactobacillus reuteri* in aktiven Konzentrationen vor. – *E* reutericyclin

*Lit.:* Angew. Chem. Int. Ed. **39**, 2766–2767 (2000) ▪ Appl. Environ. Microbiol. **66**, 4325–4333 (2000)

**Reuterin.** R. ($M_R$ <200) ist eine antimikrobiell, vorwiegend gegen Bakterien wirkende Substanz. R. ist resistent gegen die Wirkung von Proteasen u. wird deshalb nicht der Klasse der Bakteriozine zugeordnet[1].

*Physiologie:* R. wird von einigen *Lactobacillus reuteri*-Stämmen[2,3] unter bestimmten Bedingungen gebildet. R. wurde isoliert, gereinigt u. identifiziert als eine im Gleichgew. stehende Mischung aus hydratisierter monomerer u. cycl. dimerer Form von β-Hydroxypropionaldehyd[4,5]. Es entsteht durch Umlagerung aus Glycerol in Abhängigkeit von Coenzym $B_{12}$[6].

*Verwendung:* Es gibt Untersuchungen hinsichtlich der Möglichkeit, R. produzierende Mikroorganismen od. R. direkt Fleischwaren od. Seetieren zuzusetzen, um deren Haltbarkeit zu verlängern[7,8]. Der Einsatz in der Tierernährung[9] gegen pathogene Keime im Darm von Nutztieren wurde zeitweise diskutiert. Die gesundheitliche Unbedenklichkeit von R. ist jedoch noch nicht vollständig nachgewiesen, so daß z.Z. der Zusatz zu Lebensmitteln nicht gestattet ist. – *E* reuterine

*Lit.:* [1]Microb. Ecol. Health Dis. **2**, 131–136 (1989). [2]Zentralbl. Bakteriol. Parasitenkd. Infektionskr. Hyg. Abt. 1 Orig. **C1**, 264–269 (1980). [3]Int. J. Syst. Bacteriol. **32**, 266ff. (1982). [4]Antimicrob. Agents Chemother. **32**, 1854f. (1988). [5]Antimicrob. Agents Chemother. **33**, 674–679 (1989). [6]Microb. Ecol. Health Dis. **2**, 137–144 (1989). [7]Food Technol. **43**, 164–167 (1998). [8]Microbiol. Rev. **87**, 149–163 (1990). [9]Lücke, Einsatzmöglichkeiten von Schutzkulturen, in Dehne u. Bögl, Die biologische Konservierung von Lebensmitteln. Ein Statusbericht. SozEp-Heft 4 des BGA, S. 16–33 (1992).

**Reversed-Phase-Chromatographie** (Umkehrphasenchromatographie, RPC). Bezeichnung für ein im allgemeinen als Säulenflüssigkeitschromatographie durchgeführtes Verfahren, bei dem die stationäre Phase weniger polar ist als die mobile Phase. Die RPC von Biopolymeren ist eine *Adsorptionschromatographie, während die kleiner Biomoleküle der *Verteilungschromatographie zugeordnet wird, wenn deren Absorption in der stationären Phase möglich ist[1]. Die Entwicklung der RPC ist eng mit der der *HPLC verbunden. Im Vergleich zur *hydrophoben Interaktionschromatographie werden sehr unpolare stationäre Phasen eingesetzt, die eine hohe Grenzflächenspannung im Kontakt mit Wasser aufweisen. Dadurch reicht bereits die Kohäsion reinen Wassers aus, eine Adsorption der hydrophoberen Oberflächenbereiche von Biopolymeren mit der stationären Phase zu er-

zwingen. Die Verringerung der Oberflächenspannung durch Zusatz von mit Wasser mischbaren organischen Lösemitteln (z.B. Acetonitril, Methanol oder *n*-/*i*-Propanol) bewirkt die Elution in der Reihenfolge hydrophober Eigenschaften der zu trennenden Substanzen. Der Mechanismus der RPC von Biopolymeren wird durch die solvophobe Theorie beschrieben[2].

Stationäre Phasen sind in der Regel poröse Kieselgele, deren Polarität durch die kovalente Bindung von Alkyl-Gruppen unterschiedlicher Kettenlänge umgekehrt wurde (Umkehrphasen). Gebräuchlich sind Ketten mit *n*-Octyl- und *n*-Octadecyl-Gruppen; für die Protein-Trennung wird vereinzelt auch vom Einsatz von *n*-Butyl-Gruppen berichtet. Alternativ werden hydrophobe Polymer-Gele, z.B. Poly(styrol-divinylbenzol)-Copolymere, eingesetzt, die eine höhere pH-Stabilität (2<pH<14), jedoch im allgemeinen eine geringere Trennleistung aufweisen. Der Einsatz keramischer Träger (z.B. Zirconiumdioxid) mit dem Überzug eines hydrophoben Polymers stellt eine Neuentwicklung dar[3]. Die Retention kleiner Biomoleküle (z.B. Peptide) nimmt mit der Kettenlänge und Dichte der Alkyl-Ketten zu (Verteilung); diese werden im allgemeinen um so stärker zurückgehalten je geringer die Löslichkeit in Wasser ist. Die Retention von Biopolymeren ist weitgehend unabhängig von der Kettenlänge, jedoch wird deren Wiederfindung von der Beschaffenheit und der Qualität der stationären Phase bestimmt. Durch chemische Nachbehandlung von Umkehrphasen mit speziellen Alkylsilanen werden restliche Hydroxy-Gruppen an der Kieselgel-Oberfläche besser abgeschirmt und eine höhere Wiederfindung erreicht; diese Behandlung wird *endcapping* genannt.

Niedermolekulare Substanzgemische werden durch isokratische Elution in wasserhaltigen organischen Lösemitteln getrennt, schwer trennbare Gemische und solche mit Biopolymeren durch Gradientenelution mit steigendem Anteil des organischen Lösemittels. Das organische Lösemittel bewirkt eine Änderung der Konformation des Biopolymers, was zur Denaturierung führen kann[4].

Die Zusammensetzung des Eluens wird durch Variation des pH-Werts und des Puffersalzes an das jeweilige Trennproblem angepaßt[5]. Ähnlich wie in der *Ionenpaarchromatographie bewirkt der Zusatz oder Wechsel von *Ionenpaar-Reagenzien* eine Anpassung der Hydrophobizität einzelner Biomoleküle und wird zur Optimierung eines Trennproblems eingesetzt (siehe Abbildung, S. 983). Speziell bei stationären Phasen mit einer hohen Dichte langer Alkylketten (z.B. Octadecyl-Gruppen) wird eine Umordnung der Alkyl-Gruppen an der Oberfläche beim Übergang zu niedriger Temperatur beobachtet[6] (Bildung einer nematischen Phase). Dieser Temperatureffekt ist bei der Zuordnung von Elutionsmustern zu berücksichtigen.

*Anwendung:* Die RPC ist die am häufigsten angewendete Methode für die chromatographische Analyse von Biomolekülen, die entweder direkt (z.B. bei Peptiden und Proteinen) oder nach einer

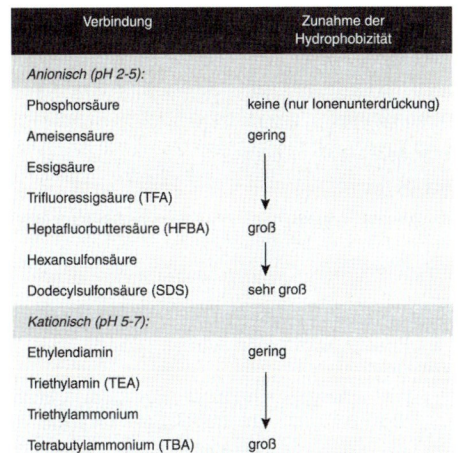

| Verbindung | Zunahme der Hydrophobizität |
|---|---|
| **Anionisch (pH 2-5):** | |
| Phosphorsäure | keine (nur Ionenunterdrückung) |
| Ameisensäure | gering |
| Essigsäure | |
| Trifluoressigsäure (TFA) | ↓ |
| Heptafluorbuttersäure (HFBA) | groß |
| Hexansulfonsäure | ↓ |
| Dodecylsulfonsäure (SDS) | sehr groß |
| **Kationisch (pH 5-7):** | |
| Ethylendiamin | gering |
| Triethylamin (TEA) | |
| Triethylammonium | |
| Tetrabutylammonium (TBA) | groß |

Abbildung: Verbindungen, die die Hydrophobizität von Proteinen in der Reversed-Phase-Chromatographie durch Bildung eines Ionenpaares erhöhen.

Vorsäulenderivatisierung (z.B. bei Aminosäuren) zur Anwendung kommt. Durch spezielle Zusätze zur mobilen Phase wird sie zur Trennung von Ionen, Enantiomeren und andern Substanzen herangezogen. Sie ist Standardmethode zur Trennung von Peptid-Fragmenten mit dem Ziel der Aufklärung der Proteinstruktur. Sie wird zur Online-Prozeßkontrolle sowie zur Kontrolle der Reinheit in der Produktendkontrolle (z.B. Pharmaproteinen) verwendet. Zur präparativen Trennung im technischen Maßstab wird sie für solche Biomoleküle eingesetzt, die unter den Elutionsbedingungen nicht denaturieren (primäre und sekundäre Metabolite, Vitamine, Antibiotika, Oligo- und Polypeptide, Hormone und andere).

In der lebensmittelchemischen Analytik findet die RPC Verwendung zum Nachweis von z.B. Vitaminen, Pflanzenschutzmitteln, Antibiotika oder Hormonen in Lebensmitteln. – *E* reversed-phase chromatography

*Lit.:* [1]J. Chromatogr. A **775**, 1 (1997). [2]Adv. Chem. Phys. **12**, 283 (1967). [3]Anal. Chem. **67**, 3717 (1995). [4]McNay, J. L. M.; Fernandez, E. J., *Biotechnol. Bioeng.*, (2001) **76**(3), 224–232. [5]McNay, J. L. M.; O'Connell, J. P.; Fernandez, E. J., *Biotechnol. Bioeng.*, (2001) **76**(3), 233–240. [6]Anal. Chem. **64**, 1317 (1992).
*allg.:* Eppert, G. J., *Flüssigchromatographie*, 3. Aufl.; Springer: Berlin, (2000) ▪ Lindsay, S., *Einführung in die HPLC*, Springer: Berlin, (2000) ▪ Meyer, V. R., *Praxis der Hochleistungsflüssigkeitschromatographie*, 9. Aufl.; Wiley-VCH: Weinheim, (2004) ▪ Schluter, H., In *Protein Liquid Chromatography*, Kastner, M., Hrsg.; Journal of Chromatography Library 61; Elsevier: Amsterdam, (2000); S. 147–234

**Reversed-Phase-Ionenpaarchromatographie** siehe *Ionenpaarchromatographie.

**Reverse Osmose** siehe *umgekehrte Osmose.

**Reversionsgeschmack** siehe *Sojaöl.

**Rezeptortest** (englisch auch microbial receptor assay; Charm Test II). Verfahren zum Nachweis von *Antibiotika-Rückständen in Lebensmitteln.

Der Rezeptortest beruht auf einer Bindungsreaktion zwischen bestimmten funktionellen Gruppen der Antibiotika mit einem Rezeptor auf einer mikrobiellen Zelle. Die Bindung von [14]C- oder [3]H-markierten Tracern wird durch ein Szintillationsmeßgerät bestimmt und mit einer Standard-Null-Probe verglichen. Je größer der Antibiotika-Gehalt in der Probe, desto geringer die Anzahl der Counts[1,2]. Der von Charm entwickelte Test kann β-Lactam-Antibiotika, Chloramphenicol, Tetracycline, Makrolid-Antibiotika, Sulfonamide und Aminoglycosid-Antibiotika erfassen[3-5]. – *E* receptor test

*Lit.:* [1]J. Assoc. Off. Anal. Chem. **71**, 204–205 (1988). [2]Charm, S. E.; Skiffington, R.; Markovsky, R. J.; Zomer, E., *PCT Int. Appl.*, (1999) 39ff. [3]J. Assoc. Off. Anal. Chem. **71**, 304–316 (1988); Milchwissenschaft **41**, 749–753 (1986); **42**, 493–496 (1987). [4]Korsrud, G. O.; Salisbury, C. D. C.; Fesser, A. C. E.; Macneil, J. D., *J. Food Prot.*, (1995) **58**, 1129–32. [5]Nouws, J. F. M.; Loeffen, G.; Schouten, J.; Van Egmond, H.; Keukens, H.; Stegeman, H., *J. Dairy Sci.*, (1998) **81**, 2341–2345.

**Rezeptor-Tyrosin-Kinasen** siehe L-*Tyrosin.

**RfD.** Abkürzung für *Referenzdosis.

**$R_f$-Wert** (von englisch retention factor). Bezeichnung für eine die Wanderungsgeschwindigkeit einer Substanz charakterisierende Größe bei der Papier- und *Dünnschichtchromatographie; sie ist definiert durch das Verhältnis der Wanderungsstrecke einer Substanz zur Wanderungsstrecke der Laufmittelfront (vgl. Abbildung 1 bei *Dünnschichtchromatographie). – *E* $R_f$ value

**Rhamnazin, Rhamnetin** siehe *Quercetin.

**Rhamnose** (6-Desoxymannose, veraltet Isodulcit).

α-L-Rhamnose      L-Rhamnose

$C_6H_{12}O_5$, $M_R$ 164,16. L-Rhamnose: Erst süß, dann bitter schmeckende Kristalle (Süßwert: 33 bezogen auf Saccharose = 100). Die in der linken Abbildung dargestellte pyranoide Form stellt α-Rhamnose dar, die gewöhnlich als Monohydrat vorliegt, Schmp. 92–94 °C, bei 105 °C (200 Pa) Sublimation, $[\alpha]_D^{20}$ −9→+8° ($H_2O$). Die β-Form, Schmp. 122–126 °C, $[\alpha]_D^{20}$ +38→+9° ($H_2O$) ist hygroskopisch und geht unter Einwirkung von Luftfeuchtigkeit in die α-Form über (*Mutarotation). Gleichgewicht in $D_2O$: 60% α-L-Rhamnose und 40% β-L-Rhamnose; löslich in Ethanol, unlöslich in Ether. Rhamnose gärt nicht mit Hefe, reduziert Fehlingsche Lösung. Osazon: Schmp. 222 °C; 2,4-Dinitrophenylhydrazon: Schmp. 164–165 °C.

D-Rhamnose (Monohydrat): Schmp. 90–91 °C, $[\alpha]_D^{20}$ −8° ($H_2O$); ist selten und kommt in bestimmten Kapselpolysacchariden Gram-negativer Bakterien vor.

**Vorkommen:** ʟ-Rhamnose ist die bekannteste 6-Desoxyaldohexose; sie kommt in freier Form (0,02–0,04%) im Wein und im Giftsumach vor, als *Rhamnosid* gebunden in der Rutinose (Disaccharid) und in vielen natürlichen Glycosiden, so z.B. in Xanthorhamnin, Quercitrin (siehe *Quercetin), Strophanthin, Naringin (siehe *Flavanone), Hesperidin und verschiedenen *Anthocyanen. ʟ-Rhamnose ist auch in der Arabinsäure, dem Hauptbestandteil von *Gummi arabicum, und als Rhamnogalacturonan im Polysaccharid pflanzlicher Zellwände enthalten. Der Name Rhamnose ist von der botanischen Bezeichnung für Kreuzdornarten (Rhamnaceae) hergeleitet, die viel ʟ-Rhamnose glycosidisch an Quercetin und seine Methylether gebunden enthalten.

**Gewinnung:** Aus Rutin und Citrus-Flavonoiden wird Rhamnose durch saure Hydrolyse gewonnen. Rhamnose ist auch biotechnologisch zugänglich[1]. Mit *Pseudomonas* sp. DSM 2874 gelingt die Synthese von Rhamnolipiden[2].

**Verwendung:** Für enzymatische und biochemische Untersuchungen als Nährmedium sowie als Synthesebaustein[3] („chiral pool"). Rhamnose hat als Vorstufe für Reaktionsaromen und als chiraler Baustein in der chemischen Synthese Bedeutung. – *E* ʟ-rhamnose

**Lit.:** [1]Hauthal, H. G., *Nachr. Chem. Tech. Lab.*, (1994) **42**, 285. [2]Trummler, K.; Effenberger, F.; Syldatk, C., *Eur. J. Lipid Sci. Technol.*, (2003) **105**, 563–571. [3]Yang, K. L.; Haack, T.; Blackman, B.; Diederich, W. E.; Roy, S.; Pusuluri, S.; Georg, G. I., *Org. Lett.*, (2003) **5**, 4007–4009.
**allg.:** Beilstein EIV **1**, 4260 ▪ Merck-Index (13.), Nr. 8256 ▪ Zatonsky, G. V.; Zdorovenko, E. L.; Shashkov, A. S.; Knirel, Y. A.; Ovod, V., *Carbohydr. Res.*, (2004) **339**(3), 733–736 – [HS 1702 90, 2940 00; CAS 3615-41-6 (α-ʟ-Form); 634-74-2 (ʟ-Form)]

α-ʟ-**Rhamnosidase** siehe *Naringinase.

**Rheosmin** siehe *Himbeerketon.

**Rhizomucor.** *Rhizomucor miehei* u. *Rhizomucor pusillus* sind thermophile *Schimmelpilze mit einem Wachstumsoptimum von 40°C, die zur biotechn. Gewinnung von *Lab-Austauschstoffen eingesetzt werden. – *E* Rhizomucor

**Rhizopus.** *Schimmelpilz-Gattung mit schlauchförmigen Hyphen; 9 Arten. Sehr schnellwüchsiges, wattiges Mycel, ähnlich wie bei *Mucor, das am Fuß der unverzweigten Sporangienträger wurzelartige sog. Rhizoide ausbildet, die in das Substrat einwachsen. Sporangien sind bräunlich bis schwarz, mit bloßem Auge gut sichtbar. Lactose u. Nitrat können nicht assimiliert werden. *Mykotoxine konnten nicht nachgewiesen werden.

**Vorkommen:** Weltweit verbreitete *Saprophyten u. Schwächeparasiten auf Obst u. Gemüse. Einige Arten wachsen auf Fleisch im Kühlhaus od. Kühlschrank.

**Bedeutung:** *Rhizopus oryzae* wird zur Herst. von Arrak u. verschiedenen ostasiat. Spezialitäten verwendet, *Rhizopus stolonifer* zur Gewinnung von *Fumarsäure. – *E* Rhizopus

**Lit.:** Baumgart, J., Hrsg., *Mikrobiologische Untersuchung von Lebensmitteln*, Behr's: Hamburg, (2002) (Loseblattsammlung)

**RHmV.** Abkürzung für *Rückstands-Höchstmengenverordnung.

**Rhodeose** siehe *Fucose.

**Rhodopsin** (Sehpurpur, von griechisch rhódeos = rosig, rosenrot und ópsis = das Sehen). Ein labiles, tiefrotes Chromoprotein ($M_R$ von Rhodopsin aus *Drosophila* CRh6 z.B. 41691[1]) in den gestapelten, scheibenartigen Membranstrukturen in den Außensegmenten von tierischen Sehstäbchenzellen, das als Photorezeptor für den Sehprozeß dient.

Das *Sehpigment* Rhodopsin (Absorptionsmaximum bei 500 nm) besteht chemisch aus dem Chromophor *Retinal als prosthetischer Gruppe und Opsin als Protein-Komponente. Bei Belichtung bzw. während des Sehprozesses geht der Chromophor (ein 5fach konjugierter Aldehyd) aus der gewinkelten 11-*cis*-Form in die gestreckte *all-trans*-Form über (siehe Abbildung).

all-trans-Retinal                    11-cis-Retinal

Gleichzeitig löst sich der Chromophor aus seiner Bindung an das Opsin. Im Dunkeln erfolgt unter Einfluß einer spezifischen Isomerase die Rückbildung des Rhodopsins zur 11-*cis*-Form.

Die gewinkelte 11-*cis*-Form ist nach Art einer Schiffschen Base an eine ε-Amino-Gruppe eines ʟ-Lysin-Rests im Opsin gebunden, und zwar an der Innenseite eines aus 7 membrandurchspannenden α-Helices gebildeten Zylinders. Im photoerregten Zustand wirkt Rhodopsin auf Transducin (ein G-Protein) ein; diese Wechselwirkung dient der Weiterleitung des Lichtsignals[2]. Nach Phosphorylierung durch die Rhodopsin-Kinase (EC 2.7.1.125) bindet Rhodopsin das Inhibitor-Protein Arrestin (retinales S-Antigen) und verliert die Fähigkeit zur Transducin-Aktivierung – ein Mechanismus zur Hell-Adaptation.

Für eine Form der Retinitis pigmentosa (einer Netzhautdegeneration) wurde eine Punktmutation von Rhodopsin verantwortlich gemacht[3–5]. Zum Vorkommen von Rhodopsin in einem photoaktiven Einzeller siehe Literatur[6].

Dem Rhodopsin ähnlich in Bau und Funktion sind die Sehpigmente Cyanopsin, Iodopsin und Porphyropsin. Auch Melanocyten (Melanophoren) aus Froschhaut besitzen die Fähigkeit, auf Licht zu reagieren, und enthalten *Melanopsin*, das überraschenderweise dem Rhodopsin der Wirbellosen näher verwandt ist als dem des Frosches[7]. Weitere verwandte Retinalproteine sind die lichtgetriebenen Ionenpumpen Bakteriorhodopsin und Halorhodopsin. Das 7-Helix-Motiv ist etlichen weiteren Membranrezeptoren gemeinsam, z.B. dem muscarinischen Acetylcholin-Rezeptor, den Adrenozeptoren und den Dopamin-Rezeptoren. Zu archäalen (archäbakteriellen) sensorischen Rhodopsinen siehe Literatur[8,9]. – *E* rhodopsin

*Lit.:* [1]FEBS Lett. **406**, 6–10 (1997). [2]Maeda, T.; Imanishi, Y.; Palczewski, K., *Prog. Retin. Eye Res.*, (2003) **22**, 417–34. [3]Chem. Unserer Zeit **33**, 140–151 (1999). [4]Nachr. Chem. Tech. Lab. **38**, 352f. (1990). [5]Nature (London) **343**, 316f., 364–366 (1990). [6]Biochemistry (USA) **28**, 819–824 (1989). [7]Nature (London) **391**, 632f. (1998). [8]Annu. Rev. Biophys. Biomol. Struct. **26**, 223–258 (1997). [9]Mol. Microbiol. **28**, 1051–1058 (1998).

*allg.:* Stojanovic, A.; Hwa, J., *Recept. Channels*, (2002) **8**, 33–50 – [CAS 9009-81-8]

**Rhodotorucine** siehe *Pheromone.

**Rhodotorula.** Gattung der „Roten Hefen". Imperfekte *Hefen mit durch Carotinoide rot oder gelb gefärbten Kolonien, bestehend aus runden oder ovalen Zellen (4–10 × 2–5 μm) mit multilateraler Sprossung, selten Bildung von Pseudo-Mycel. *Rhodotorula*-Arten besitzen keine Fähigkeit zur Vergärung von Zuckern, sie leben als *Saprophyten. Häufig auf Getreide, im Boden, Wasser und in der Luft, von wo die Zellen auf Lebensmittel gelangen und bei Wachstum Verfärbungen zur Folge haben. – *E* Rhodotorula

*Lit.:* Schlegel (7.), S. 84–88, 182ff. ■ Weidenbörner, M., *Encyclopedia of Food Mycotoxins*, Springer: Berlin, (2001)

**RI.** Abkürzung für *Retentionsindex.

**RIA.** Abkürzung für *Radioimmunoassay.

**Rib.** Kurzz. für *Ribose.

**Ribiseln** siehe *Johannisbeeren.

**Riboflavin** {Lactoflavin, Vitamin B$_2$, E 101, 10-(1-Desoxy-D-ribit-1-yl)-7,8-dimethylisoalloxazin, 7,8-Dimethyl-10-(D-*ribo*-2,3,4,5-tetrahydroxypentyl)-benzo[*g*]pteridin-2,4(3*H*,10*H*)-dion}.

R = H        : Riboflavin
R = P(O)(OH)$_2$: Riboflavin-5'-phosphat

Internationaler Freiname für das im deutschen Sprachgebrauch früher bevorzugt Lactoflavin genannte Vitamin B$_2$; C$_{17}$H$_{20}$N$_4$O$_6$, M$_R$ 376,36, bitter schmeckende, gelbe bis orangegelbe Kristalle, Schmelzpunkt 275–282°C (Zersetzung); $[\alpha]_D^{20}$ −115° bis −135° (c 0,5/0,1 M NaOH), $[\alpha]_D^{25}$ +59° (37% HCl), $[\alpha]_D$ −9,8° (H$_2$O), λ$_{max}$ (0,1 M HCl) 223, 267 nm (A$_{1cm}^{1\%}$ 760, 854), pK$_a$ 1,9, 10,2; in Wasser sehr wenig löslich mit gelbgrüner Fluoreszenz, in siedendem Ethanol und in höheren Alkoholen schwach löslich, unlöslich in Ether und Aceton, leicht löslich in Alkalien (unter Zersetzung).

Riboflavin ist optisch aktiv. Das heterocyclische Ringsystem wird als Isoalloxazin bezeichnet.

Riboflavin ist empfindlich gegen Licht und UV-Strahlen (bei Belichtung in alkalischer Lösung entsteht Lumiflavin, in neutraler oder saurer Lösung dagegen Lumichrom), stabil gegenüber Wärme und Luftsauerstoff. Verluste bei sachgemäßer Lagerung und Zubereitung von Lebensmitteln (hauptsächlich Auslaugverluste) liegen bei etwa 5% (Fleisch) bis 35% (Gemüse)[1].

Weitere Riboflavin-Derivate sind:

*Lyxoflavin*: 4'-Epimeres des Riboflavin mit Arabit-5-yl (= Lyxit-1-yl) als Kohlenhydrat-Rest, C$_{17}$H$_{20}$N$_4$O$_6$, M$_R$ 376,37, die D-Form – Schmelzpunkt 276°C, $[\alpha]_D^{20}$ +46° (0,05 m NaOH) – kommt in Fischmehl und Leberpräparaten vor und wird dem Viehfutter zur Wachstumsförderung beigemischt; die L-Form – Schmelzpunkt 283–284°C (Zersetzung), $[\alpha]_D^{20}$ −49° (0,05 m NaOH) – ist in menschlichem Herzgewebe enthalten.

*Riboflavin-5'-malonsäureester*: C$_{20}$H$_{22}$N$_4$O$_9$, M$_R$ 462,42, Pigment des Blaulichtrezeptors und für den Phototropismus der Pflanzen verantwortlich.

*Riboflavin-5'-carbonsäure* (Schizoflavin 1, Vitamin B$_2$-Säure): C$_{17}$H$_{18}$N$_4$O$_7$, M$_R$ 390,35, gelbe Nadeln, Schmelzpunkt 250°C, aus *Schizophyllum commune* und anderen Basidiomyceten; ist gegen Algen (*Chartonella antigua*) wirksam.

*Lampteroflavin* (Riboflavin-5'-α-D-ribofuranosid): C$_{22}$H$_{28}$N$_4$O$_{10}$, M$_R$ 508,49, verantwortlich für ein grünes Leuchten der Hutunterseite des japan. "Moon Night Mushroom" *Lampteromyces japonicus* (Tsukiyo-take, Basidiomycetes), siehe auch Literatur[2,3].

*Vorkommen:* Riboflavin ist in pflanzlichen und tierischen Lebensmitteln weit verbreitet. Besonders aus Milch und anderen tierischen Produkten ist die Absorption – bedingt durch den höheren Anteil an freiem Riboflavin – begünstigt. Zum Vorkommen von Riboflavin in Nahrungsmitteln siehe Tabelle 1.

Tabelle 1: Riboflavin-Gehalt einiger Nahrungsmittel[4].

| Nahrungsmittel | Riboflavin-Gehalt [mg/100 g] |
|---|---|
| **pflanzlich** | |
| Obst | <0,1 |
| Trockenfrüchte | 0,1 |
| Gemüse und Leguminosen | 0–0,2 |
| Pilze | 0–0,4 |
| Nüsse | 0,1–0,6 |
| Weizenkleie | 0,5 |
| Weizenkeime | 0,7 |
| **tierisch** | |
| Fisch | 0–0,3 |
| Fleisch und Wurstwaren | 0,1–0,3 |
| Milch und Milchprodukte | 0,1–0,4 |
| Camembert, Parmesan | 0,6 |
| Innereien | 0,8–3,0 |
| Molkenpulver | 2,5 |
| Schweineleber | 3,3 |

*Herstellung:* Die Jahresproduktion von Riboflavin betrug im Jahr 2000 weltweit ca. 4500 t. Riboflavin wird als Futtermittel- und Nahrungsmittelzusatz sowie in human- und veterinärmedizinischen Präparaten verwendet. Drei Methoden werden benutzt[5,6]:

1. chemische Synthesen ausgehend von 6-Chloruracil;
2. mikrobielle Umwandlung von Glucose zu D-Ribose durch Mutanten von *Bacillus pumilus* oder *Bacillus subtilis* und anschließende chemische Umsetzung von Ribose mit 3,4-Xylidin, Benzoldiazoniumsulfat und Barbitursäure zu Riboflavin (Ausbeute >60%) sowie
3. direkte Fermentation der Ascomyceten *Eremothecium ashbyii* (auf Kohlenwasserstoff-freien Medien mit Lipiden als Energiequelle) und *Ashbya gossypii* (auf Glucose, Saccharose oder Maltose), von *Candida* sp. (auf Zucker) oder *Clostridium acetobutylicum* (auf Getreidemaische oder schwach Eisen-haltigem Weizenschrot-Medium). Mit Hochleistungsstämmen kann Riboflavin in Konzentrationen von 10–15 g/L im Fermenter produziert werden. Das als Futtermittelzusatz verwendete Riboflavin wird überwiegend durch Fermentation hergestellt.

**Biosynthese:** Die Biosynthese von Riboflavin aus Purin-Vorstufen (besonders Guanosin) findet nur in Pflanzen und Mikroorganismen statt, Menschen und Tiere sind nicht in der Lage, Riboflavin aufzubauen[7,8].

**Funktion:** Riboflavin bildet in Form des Flavin-Adenin-Dinucleotids (FAD, Riboflavin-5'-Adenosindiphosphat) und des Riboflavin-5'-phosphats (Flavinmononucleotid, FMN) die Coenzyme der *Flavoproteine*, die in biologischen Redoxsystemen eine wichtige Rolle spielen; aus dieser Funktion erklärt sich sein Vitamin-Charakter. In den Flavoproteinen ist Riboflavin über das 8α-C-Atom an einen L-Cystein oder L-Histidin-Rest gebunden.

Insgesamt sind in Säugetierorganismen mehr als 60 FMN- oder FAD-abhängige Flavin-Enzyme (Flavoproteine) bekannt. In vielen Flavin-Enzymen ist das Coenzym sehr fest mit dem Apoenzym verknüpft und hat mehr den Charakter einer prosthetischen Gruppe. Manche Flavin-Enzyme enthalten Spurenelemente (Eisen, Molybdän) als wichtigen Bestandteil.

Eine Übersicht über die biologischen Funktionen, die von Flavin-Enzymen katalysiert werden, gibt Tabelle 2. Flavin-Coenzyme zählen zu den wichtig-

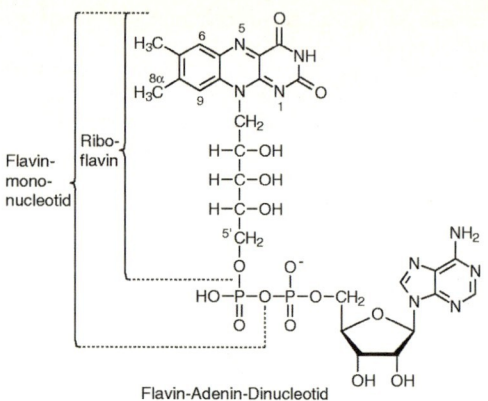

Abbildung: Strukturformeln von FAD und FMN.

sten Elektronenakzeptoren und Elektronendonoren biologischer Redoxsysteme. Die Schlüsselstellung der Flavoproteine im aeroben Stoffwechsel basiert auf der Fähigkeit, 1-Elektronen- als auch 2-Elektronenübergänge zu katalysieren. Flavin-Enzyme können darüber hinaus mit molekularem Sauerstoff reagieren und diesen für Entgiftungsprozesse innerhalb des mikrosomalen Cytochrom P-450-Systems aktivieren. Redoxübergänge finden im Sinne einer reversiblen Umwandlung von Flavochinon (oxidierte Form) zu Flavohydrochinon (reduzierte Form) statt. Bei 1-Elektronenverschiebungen erfolgt der Übergang über das instabile Semichinon (Flavin-Radikal). Im Cytosol der Körperzellen ist ein biologisches Redoxsystem an die Funktion der FAD-abhängigen *Glutathion-Reduktase gebunden, durch deren Tätigkeit ein hoher Spiegel an reduziertem Glutathion aufrecht erhalten wird, wodurch intrazelluläre Proteine vor Inaktivierung geschützt werden. Dies ist z.B. in Erythrocyten wichtig, in denen Glutathion die SH-Gruppen von Hämoglobin, Enzymen und Proteinen vor oxidativer Schädigung schützt, dabei arbeiten Glutathion-Reduktase und *Glutathion-Peroxidase (Selen-abhängig) eng zusammen. Auch in der Augenlinse läßt sich ein relativ hoher Glutathion-Spiegel und eine erhöhte Glutathion-Reduktase-Aktivität nachweisen, was eine Stabilisierung der Linsenproteine bewirkt. Trübung der Augenlinse infolge einer Katarakterkrankung sind häufig

Tabelle 2: Biologische Funktionen, die von Flavin-Enzymen katalysiert werden.

| Funktionsklassen | Typische Reaktionen | Typische Enzyme (Systeme) |
|---|---|---|
| Dehydrogenierung | $-\underset{\underset{H}{\mid}}{C}-\underset{\underset{H}{\mid}}{X} \longrightarrow \phantom{x}C=X + 2\,H^+ + 2\,e^-$ <br> (X = CH$_2$, NH, O) | generelle Acyl-CoA-Dehydrogenase, Lactat-Oxidase, D-Aminosäure-Oxidase |
| Aktivierung von O$_2$, Hydroxylierung, Monooxygenierung | $O_2 + 4\,e^- + 4\,H^+ \rightarrow 2\,H_2O$ | *p*-Hydroxybenzoat-Hydroxylase, Lactat-Oxidase, bakterielle Luciferase |
| Elektronentransfer (Transport), Elektronenpaar-„Splitting" | $+e^-, -e^- \rightarrow (2e^- \rightarrow 1e^- + 1e^-)$ | Flavodoxin „ETF" (Elektronentransfer-Flavoprotein), Transhydrogenasen |
| Lichtemission | Erzeugung von angeregten Chromophoren | Bakterielle Luciferase |
| Photo(bio)chemie | Phototropismus, Photoreduktion von DNA-Dimeren | „Blaulicht"-Rezeptoren |

zusammen mit einem schlechten Riboflavin-Status anzutreffen.

Riboflavin weist zudem eine hohe antioxidative Aktivität auf (Lipidperoxidation). Riboflavin ist weiterhin in der Lage, die Bildung von DNA-Addukten bekannter Carcinogene *in vivo* zu senken[8].

*Ernährungsphysiologie: Resorption und Verteilung:* Riboflavin liegt in Nahrungsmitteln vorwiegend in Form von Flavoproteinen vor. Durch die Magensäure, Phosphatasen und Pyrophosphatasen des oberen Gastrointestinaltraktes wird Riboflavin freigesetzt. Kovalent gebundene Flavine werden nur unvollständig hydrolysiert. Die Resorption erfolgt im proximalen Jejunum aktiv nach einer Sättigungskinetik; sehr hohe Mengen an Riboflavin werden nur per Diffusion resorbiert. Resorptionsfördernd wirken Gallensalze.

Der Transport von Riboflavin im Plasma erfolgt proteingebunden durch Plasmaalbumine und Immunglobuline. Zur Bioverfügbarkeit von Riboflavin siehe Literatur[9]. Die Flavoproteine des Plasmas bestehen hauptsächlich aus FAD. Da nur freies Riboflavin Zellmembranen passieren kann, wird es zum Transport in die Zelle durch Phosphatasen (plasmatisch) freigesetzt. Intrazellulär erfolgt jedoch erneut die Umwandlung in die Coenzymformen. Leber, Niere, Herz und Darmmucosa weisen besonders hohe Umwandlungsraten auf.

Die Retention findet durch die intrazelluläre Bindung an die Apo-Flavin-Enzyme statt, ungebundenes freies Riboflavin ist nur in Spuren vorhanden. Für Transport und Metabolismus sind Riboflavinbindende Proteine wichtig. Spezifische aktive Transportsysteme finden sich in Leber und Niere. Länger bekannt sind spezielle Riboflavin-bindende Carrierproteine im Ovidukt von Vögeln, die die Vitaminversorgung des Embryos sicherstellen. Riboflavin-Bindungsproteine steuern auch die Flavokinase-Aktivität, die FMN für die nachfolgende FAD-Biosynthese bereitstellt. Da Riboflavin-bindende Proteine auch durch Estrogene stimuliert werden, wird deren Serumspiegel zur Eignung als Biomarker zur Brustkrebsfrüherkennung in Erwägung gezogen[10].

Der Metabolismus des Riboflavins steht unter hormoneller Kontrolle und ist abhängig vom individuellen Riboflavin-Status. Triiodthyronin stimuliert die Flavokinase-Aktivität und somit die Bildung von FMN. Die FAD-Biosynthese wird durch Endproduktinhibierung kontrolliert.

*Ausscheidung:* Die Flavin-Ausscheidung erfolgt überwiegend als freies Riboflavin, FMN und FAD sind im Harn nicht nachzuweisen. Etwa 40% der Gesamtausscheidung entfallen auf Metabolite wie 7-Hydroxymethyl-Riboflavin oder 8-Hydroxymethyl-Riboflavin. Zwischen der Aufnahme und Ausscheidung von Riboflavin besteht kein linearer Zusammenhang. Unterhalb der Gewebesättigung verändert sich die Ausscheidungsrate nur langsam, ein ausgeprägter Anstieg zeigt das Erreichen des Sättigungspunktes, der oftmals für Bedarfsfestlegungen Verwendung findet. In der Schwangerschaft und auch bei Krebserkrankungen werden niedrigere renale Riboflavin-Ausscheidungen beobachtet.

*Bedarf:* Eine Harnausscheidung von weniger als 10% der Riboflavin-Aufnahme ist mit einem Riboflavin-Defizit gleichzusetzen. In Belastungsstudien ergab sich ein charakteristischer Sättigungspunkt der Harnausscheidungsrate oberhalb einer Aufnahme von 1,1 mg/d, die somit mit dem Minimalbedarf des Erwachsenen gleichgesetzt wurde. Die Beziehung der Flavoproteine zum Proteinstoffwechsel ist deutlich (eine negative Stickstoffbilanz führt zu einer erhöhten Urinausscheidung des freien Riboflavins), trotzdem wird in Zufuhrempfehlungen der Energieumsatz als Basis gewählt. Als Mindestbedarf wird (auch bei verringerter Energiezufuhr) 1,2 mg Riboflavin/Tag angesetzt. Als Bezugsgröße für eine ausreichende Riboflavin-Aufnahme werden bezogen auf den Nährwert für Erwachsene 0,6 mg/1000 kcal angesetzt. *RDA-Empfehlungen und D-A-CH-Empfehlungen (*Referenzwerte für die Nährstoffzufuhr) zur Riboflavin-Aufnahme siehe Tabelle 3.

Tabelle 3: Empfehlungen für die Riboflavin-Zufuhr in mg/d.

**D-A-CH**

| | ♂ | ♀ |
|---|---|---|
| **Säuglinge** | | |
| 0–4 Monate | | 0,3 |
| 4–12 Monate | | 0,4 |
| **Kinder** | | |
| 1–4 Jahre | | 0,7 |
| 4–7 Jahre | | 0,9 |
| 7–10 Jahre | | 1,1 |
| 10–13 Jahre | 1,4 | 1,2 |
| 13–15 Jahre | 1,6 | 1,3 |
| **Jugendliche und Erwachsene** | | |
| 15–19 Jahre | 1,5 | 1,2 |
| 19–25 Jahre | 1,5 | 1,2 |
| 25–51 Jahre | 1,4 | 1,2 |
| 51–65 Jahre | 1,3 | 1,2 |
| über 65 Jahre | 1,2 | 1,2 |
| **Schwangere** | | |
| ab 4. Monat | | 1,5 |
| **Stillende** | | 1,6 |

**RDA**

| | ♂ | ♀ |
|---|---|---|
| **Säuglinge** | | |
| 0–6 Monate | | 0,3 |
| 7–12 Monate | | 0,4 |
| **Kinder** | | |
| 1–3 Jahre | | 0,5 |
| 4–8 Jahre | | 0,6 |
| **Jugendliche und Erwachsene** | | |
| 9–13 Jahre | 0,9 | 0,9 |
| 14–18 Jahre | 1,3 | 1,0 |
| 19–30 Jahre | 1,3 | 1,1 |
| 31–50 Jahre | 1,3 | 1,1 |
| 51–70 Jahre | 1,3 | 1,1 |
| über 70 Jahre | 1,3 | 1,1 |
| **Schwangere** | | |
| ab 4. Monat | | 1,4 |
| **Stillende** | | 1,6 |

*Mangel:* Die Bestimmung eines Riboflavin-Mangels bzw. Riboflavin-Status erfolgt durch:
1. die Beurteilung der Harnausscheidung (schwerer Mangel: <27 µg Riboflavin/g Kreatinin);
2. die FAD-abhängige erythrocytäre Glutathion-Reduktase-Aktivität und deren *in vitro* Stimulierbarkeit durch das Coenzym (EGRAC), wobei ein Aktivitätskoeffizient von über 1,4 auf einen schweren Vitaminmangel (Normalbereich <1,2) hinweist;
3. den Riboflavin-Gehalt der Erythrocyten (schwerer Mangel: <10 µg Riboflavin/100 mL Sediment). Die Symptome eines Riboflavin-Mangels verlaufen oftmals unspezifisch und überaus vielfältig, da Flavin-Enzyme im Intermediärstoffwechsel sehr weit verbreitet sind; zusätzlich sind Flavin-Enzyme im Niacin-Stoffwechsel, Pyridoxal-Stoffwechsel und Folsäure-Stoffwechsel eingebunden. Riboflavin-Mangel ist charakterisiert durch Entzündungen der Haut und Schleimhäute. Es kommt zu entzündlichen Veränderungen und Rissen an den Mundwinkeln (Stomatitis angularis), Verdünnung des Lippenepithels (Cheilosis), Rötung und Entzündung der Zunge (Glossitis), seborrhoischen Hautveränderungen (nasolabial). Schwerer Mangel führt zu normochromer Anämie und Degeneration des Nervengewebes.
Bei Säuglingen und Kindern können Wachstumsstillstand und Gewichtsabnahme eintreten, weshalb Riboflavin früher auch als *Wachstumsvitamin* bezeichnet wurde.
Wegen der weiten Verbreitung von Riboflavin ist in den entwickelten Ländern ein reiner Riboflavin-Mangel selten.

*Toxikologie:* Riboflavin ist bedingt durch seine limitierte intestinale Resorption und seine rasche renale Ausscheidung extrem untoxisch [$LD_{50}$ (Ratte i.p.) 560 mg/kg].

*Pharmakologie:* Therapeutischer Einsatz von Riboflavin (120 mg/d) bei kongenitaler Methämoglobinämie infolge NADH-Methämoglobin-Reduktase-Mangels und prophylaktischer Einsatz gegen Migräne (400 mg/d über einige Monate)[11].

*Verwendung:* Als Lebensmittelfarbstoff in Mayonnaise, Eiscreme, Pudding etc., L-Lyxoflavin wird als Futtermittelzusatz zur Wachstumsförderung verwendet.

*Analytik:* Quantitative Bestimmung von Riboflavin: enzymatisch, fluorimetrisch bei 525 nm oder mittels HPLC[12] und anschließender UV-Detektion oder Fluoreszenz-Detektion.

*Recht:* E 101 Riboflavin, Riboflavin-5′-phosphat.

*Gleichstellung:* Den Zusatzstoffen gleichgestellter Stoff, soweit als Farbstoff verwendet. *ZVerkV Anlage 1 (zu § 2).

*Zulassung:* Zusatzstoff, der zum Färben von Lebensmitteln oder zum Erzielen von Farbeffekten bei Lebensmitteln zugelassen ist. *ZZulV Anlage 1 (zu § 3 Abs. 1 u. § 7) Teil A (Farbstoffe, die für Lebensmittel allgemein, ausgenommen bestimmte Lebensmittel, zugelassen sind) und Teil C (Lebensmittel, für die nur bestimmte Farbstoffe zugelassen sind).

*Reinheitsanforderungen:* Für technologische Zwecke zugelassener Zusatzstoff. ZVerkV Anlage 2 (zu § 3 Abs. 1) Liste B Teil I Reinheitsanforderungen nach Richtlinie 95/45/EG vom 26.07.1995, Amtsblatt der EG Nr. L 226 vom 22.09.1995, S. 1.

*Kenntlichmachung:* § 9 ZZulV. Bei Lebensmitteln mit einem Gehalt an Farbstoffen durch die Angabe „mit Farbstoff".

*Weitere Rechtsvorschriften:* Arzneimittelfarbstoffverordnung (AMFarbV); Nahrungsergänzungsmittelverordnung; Diätverordnung Anlage 2 (zu § 7), für diätetische Lebensmittel zu ernährungsphysiologischen und diätetischen Zwecken zugelassene Zusatzstoffe Liste A Pkt. 4.3; Weinverordnung Anlage 4 (zu § 11 Abs. 5, Farbstoffe, die bei der Herstellung bestimmter Erzeugnisse zugesetzt werden dürfen); Verordnung über vitaminisierte Lebensmittel, § 1a, Allgemeine Zulassung zur Vitaminisierung von Lebensmitteln. – *E* riboflavine

*Lit.:* [1]Bognàr, A., *Ernährung/Nutrition*, (1995) **19**, 411–416, 478–483, 551–554. [2]Tetrahedron **47**, 6215–6222 (1991). [3]Tetrahedron Lett. **31**, 717–718 (1990). [4]Souci et al. (6.). [5]Ullmann (7.) [Online, 2003]. [6]J. Chem. Technol. Biotechnol. **53**, 313–327 (1992). [7]Bacher, S.; Eberhardt, S.; Fischer, M.; Kis., K.; Richer, G., *Annu. Rev. Nutr.*, (2000) **50**, 153–67. [8]Food Chem. Toxicol. **31**, 745–750 (1993). [9]Bates, C. J., *Eur. J. Clin. Nutr.*, (1997) **51**, Suppl. 1., 38–42. [10]Rao, P. N.; Levine, E.; Myers, M. O.; Prakash, V.; Watson, J.; Stolier, A.; Kopicko, J. J.; Kissinger, P.; Raj, S. G.; Raj, M. H., *Cancer Epidemiol. Biomarkers Prev.*, (1999) **8**(11), 985–990. [11]Silberstein, S. D.; Goadsby, P. J., *Cephalalgia*, (2002) **22**(7), 491–512. [12]J. Assoc. Off. Anal. Chem. Int. **76**, 1156–1160, 1276–1280 (1993).

*allg.:* Beilstein EV **26/14**, 334–356 ■ Biesalski, H. K.; Köhrle, J.; Schümann, K., Hrsg., *Vitamine, Spurenelemente und Mineralstoffe*, 2. Aufl.; Thieme: Stuttgart, (2002), S. 95ff. ■ Deutsche Gesellschaft für Ernährung (DGE); Österreichische Gesellschaft für Ernährung (ÖGE); Schweizerische Gesellschaft für Ernährungsforschung (SGE); Schweizerische Vereinigung für Ernährung (SVE), Hrsg., *Referenzwerte für die Nährstoffzufuhr*, Umschau/Braus: Frankfurt am Main, (2000) ■ Hager (5.) **9**, 510ff. ■ Massey, V., *Biochem. Soc. Trans.*, (2000) **28**(4), 283–96 (1997) – *[HS 2936 23; CAS 83-88-5, 146-17-8 (Riboflavin-5′-Phosphat); 482-12-2 (D-Lyxoflavin); 13123-37-0 (L-Lyxoflavin); 88623-79-4 (Riboflavin-5′-Malonsäureester); 59224-03-2 (Riboflavin-5′-Carbonsäure); 114590-52-2 (Riboflavin-5′-α-d-ribofuranosid)]*

**Riboflavin-5′-carbonsäure** siehe *Riboflavin.

**Riboflavin-5′-malonsäureester** siehe *Riboflavin.

**Riboflavin-5′-phosphat** siehe *Riboflavin.

**D-Ribose** (Kurzzeichen Rib).

β-D-Ribofuranose          D-Ribose

$C_5H_{10}O_5$, $M_R$ 150,13, hygroskopische, farblose Kristalle; β-D-Ribopyranose: Schmp. 93–94 °C; Gleichgewicht der Tautomeren in $D_2O$ bei 31 °C: 58,5% β-D-Ribopyranose, 21,5% α-D-Ribopyranose, 13,5% β-D-Ribofuranose, 6,5% α-D-Ribofuranose. Ribose wird durch Hefe nicht vergoren, $[\alpha]_D^{22}$ −23,7° (Endwert); Phenylosazon: Schmp. 163−164 °C; 2,4-Dinitrophenylhydrazon: Schmp. 165 °C; in Wasser leicht, in Alkohol wenig löslich. Ribose zeigt in Lösung komplexe *Mutarotation[1]. Beim Erhitzen mit Phloroglucin und Salzsäure gibt Ribose eine Rotfärbung. Die Pentose D-Ribose ist ein in der Natur weit verbreiteter Zucker, z.B. in Ribonucleinsäuren, Ribonucleosiden und Ribonucleotiden, Coenzymen sowie als 2-Hydroxyadenosin (Isoguanosin, Crotonosid) in Crotonbohnen. In DNA ist Ribose durch 2-Desoxy-D-ribose ersetzt. Als Ribose-5-phosphat ist Ribose Zwischenprodukt des Pentosephosphat-Weges und als 5-Phospho-α-ribosyl-pyrophosphat Ausgangssubstanz für die Biosynthese von Histidin und von Purinen. Ribose kann ausgehend von L-Arabinose[2] bzw. D-Mannono-1,4-lacton[3] synthetisiert werden. In Lebensmitteln kommt Ribose in geringen Mengen in freier Form im Muskelfleisch von Schlachttieren vor (Rind: 0,001−0,01%). Ferner ist Ribose Baustein bakterieller Polysaccharide (Salmonellen etc.). – *E* D-ribose

*Lit.:* [1]Adv. Carbohydr. Chem. Biochem. **42**, 15 (1984). [2]Akagi, M.; Omae, D.; Tamura, Y.; Ueda, T.; Kumashiro, T.; Urata, H., *Chem. Pharm. Bull.*, (2002) **50**, 866−868. [3]Takahashi, H.; Iwai, Y.; Hitomi, Y.; Ikegami, S., *Org. Lett.*, (2002) **4**, 2401−2403.
*allg.:* Beilstein EIV **1**, 4211 ff.; **31**, 21 ∎ Berger, F.; Ramírez-Hernández, M. H.; Ziegler, M., *Trends Biochem. Sci.*, (2004) **29**, 111−118 ∎ Merck-Index (13.), Nr. 8288 – *[HS 1702 90, 2940 00; CAS 50-69-1 (D-Ribose); 36468-53-8 (β-D-Ribofuranose); 7296-60-8 (β-D-Ribopyranose)]*

**D-Ribulose** (D-*erythro*-2-Pentulose, D-Adonose; Kurzzeichen Rul).

D-Ribulose          D-Ribulofuranose

$C_5H_{10}O_5$, $M_R$ 150,13; farbloser bis hellgelber, süßlich schmeckender Sirup, in Wasser leicht löslich, $[\alpha]_D^{24}$ −15° ($H_2O$). Ribulose-5-phosphat ist ein Zwischenprodukt im Pentosephosphat-Weg der Glycolyse, Ribulose-1,5-diphosphat eine der Schlüsselverbindungen im Calvin-Cyclus der Photosynthese[1−4]. In freier Form tritt Ribulose in Algen, Zuckerrübenblättern und Gerstenkeimblättern in Erscheinung. Die Produktion von D-Ribulose kann durch *Corynebacterium* sp. 208 erfolgen[5]. L-Ribulose kann durch Oxidation von Ributol durch *Acetobacter aceti* IFO 3281 (1,2 g/L/h) hergestellt werden[6]. – *E* D-ribulose

*Lit.:* [1]Biol. Rundsch. **23**, 207−224 (1985). [2]Int. Rev. Cytol. **115**, 67−138 (1989). [3]Photosynth. Res. **16**, 117−139 (1988); **23**, 119−130 (1990). [4]Plant Biol. **10**, 119−132, 191−224 (1990). [5]Shimamura, M.; Yoshitake, J.; Imai, T., *Agric. Biol. Chem.*, (1973) **37**, 2245−2251. [6]Kylmä, A. K.; Granström, T.; Leisola, M., *Appl. Microbiol. Biotechnol.*, (2004) **63**, 584−591.
*allg.:* Beilstein EIV **1**, 4256 ∎ Merck-Index (13.), Nr. 8291 – *[HS 2940 00; CAS 488-84-6]*

**Richtsalze** siehe *Schmelzkäse.

**Ricinolsäure** [(*R*)-12-Hydroxy-(*Z*)-9-octadecensäure].

$C_{18}H_{34}O_3$, $M_R$ 298,47. Gelbliche, viskose Flüssigkeit, D. 0,940, Schmp. 5,5 °C, Sdp. 245 °C (13 mbar), $[\alpha]_D^{22}$ + 6,67°; unlösl. in Wasser, leicht lösl. in Alkohol, Eisessig, Ether u. Chloroform. Natriumsalz: *Soricin, Colidosan,* weißes bis blaßgelbes, geruchloses Pulver, lösl. in Wasser u. Alkohol.
*Vorkommen:* R. dominiert in den *Triglyceriden von Ricinusöl (ca. 90%), aus dem sie – (unter Wahrung der Deklaration „natürlich") mit Hilfe von Lipase(n)[1] – durch Hydrolyse gewonnen wird.
*Wirkung:* Eine weitere Quelle ist mit 62% R. das Samenöl von *Althae rosea*[2]. Beim Verzehr von Ricinusöl bewirkt die im Dünndarm lipolyt. aus den Triacylgiceriden freigesetzte R. durch Schleimhautreizung erhöhte Darmperistaltik. Die Beteiligung von NO bei der laxativen Wirkung wird postuliert[3]. Ferner wird R. antiinflammator. Wirkung zugesprochen[4]. Im Aromengebiet ist R. ein geschätzter Rohstoff zur mikrobiellen Gewinnung von „natürlichem" γ-*Decalacton[5].
*Isoricinolsäure* [(*S*)-9-Hydroxy-(*Z*)-12-octadecensäure] kommt als Glycerolester in den Samenölen von *Wrightia tinctoria* u.a. Apocynaceen sowie in Mikroorganismen vor.
*Verwendung:* Für Seifen, Ricinoleate, Schmiermittel, Desodorantien, Textilhilfsmittel, Herst. von Sebacinsäure, Heptanol, 12-Hydroxystearinsäure. – *E* ricinoleic acid

*Lit.:* [1]Kagaku Kogaku Ronbunshu **26**, 402−405 (2000). [2]J. Oil Technol. Assoc. India **32**, 8−9 (2000). [3]Int. J. Pharmacogn. **35**, 364−370 (1997). [4]Mediat. Inflamm. **9**, 223−228 (2000). [5]FEMS Microbiol. Lett. **188**, 69−72 (2000).
*allg.:* Beilstein EIV **3**, 1026 ∎ Kuo, T. M.; Gardner, H. W., *Lipid Biotechnology*, Dekker: New York, (2002) ∎ Merck-Index (13.), Nr. 8295 ∎ Ullmann (5.) **A10**, 255 – *[HS 2918 19; CAS 141-22-0 (R.); 26806-10-0 (Isoricinolsäure)]*

**Ricinusöl** (Rizinusöl, Castoröl, Oleum Ricini). Fast farbloses bis schwach gelbes, viskoses, brennbares und unverdauliches Öl mit sehr schwachem charakteristischen Geruch und unangenehmen Geschmack, das an der Luft verdickt, ohne jedoch in dünnen Filmen zu erstarren (d.h. kein „trocknendes" Öl). D. 0,961−0,963 (höchstes spezif. Gew. aller Öle), Schmp. −10 °C bis −18 °C, VZ 176−190, IZ 82−90; $n_D$ 1,477−1,479; in Chloroform, Alkohol, Ether, Eisessig u.a. leicht lösl., unlösl. in Aliphaten (Benzin), löst jedoch kleine Mengen derselben klar auf. R. besteht zu 80−85% aus dem Glycerid der *Ricinolsäure, auf der die abführende Wirkung des R. beruht, daneben aus Glyceriden der *Ölsäure (7%), *Linolsäure (3%), *Palmitinsäure (2%) u. *Stearinsäure (1%).
*Herstellung:* Durch Kaltpressen aus den Samen der Ricinusstaude (*Ricinus communis* L., Euphor-

biaceae, Wolfsmilchgewächs trop. u. subtrop. Länder), die bis zu 50% R., 20% Proteine (vorwiegend Globuline, bes. Edestin, wenig Albumine u. Glycoproteine), Rest Kohlenhydrate, Cellulose u. Alkaloide enthalten. Anforderungen u. Prüfung sind in DIN 55939: 1992-11 beschrieben. Die Preßrückstände sind sehr giftig wegen ihres Gehalts an Ricin u. Ricinin und können daher nicht als Viehfutter genutzt werden.

Die Ricinusstaude ist eine wirtschaftlich bedeutende Ölpflanze. 1998/1999 wurden weltweit ca. 0,43 Mio. t Ricinusöl produziert; Hauptproduzent der Samen ist Indien.

*Verwendung:* In der Human- u. Tiermedizin als Abführmittel, zur Herst. von Kosmetika, Farben, Lacken, Kunststoffen, Polier- u. Schmiermitteln usw., zur Synth. von Sebacinsäure, 12-Hydroxystearinsäure u. deren Metallseifen sowie von Polyamid 11. Die Sulfonierung ergibt Türkischrotöl, die Umsetzung von hydriertem R. mit Ethylenoxid gibt Lsm. u. Emulgatoren für die kosmet., pharmazeut. u. Textil-Ind., u. die Dehydratisierung von R. mit Hilfe von Schwefelsäure, Phosphorsäure, Metalloxid-Katalysatoren (z.B. $Al_2O_3$, $MoO_3$, $WO_3$, $ThO_3$), Mono- u. Dicarbonsäuren, Trimellithsäureanhydrid, Natriumhydrogensulfat, Bleicherde u.dgl. führt zum Ricinenöl, das zur Herst. von Farbanstrichen, Klar- u. Emaillelacken, Druckfarben, lithograph. Firnis, Öltuch, Linoleum, ölmodifizierten Alkydharzen u.dgl. dient. Als *Synourinöl* od. *Scheiberöl* (nach Scheiber) bezeichnete man ein Ricinenöl, das durch Verseifung, Dehydratisierung u. erneute Veresterung mit Glycerol hergestellt wurde. Eine bes. Verw. fand früher der Globulin-reiche R.-Schrot, nämlich als Casein-Ersatz in der Malerei.

Zum Nachweis von Ricinusöl in Speiseölen siehe Literatur[1-3]. – *E* castor oil

*Lit.:* [1] Krishnamurthy, M. N., *J. Food Sci. Technol. India,* (1993) **30**, 231–238. [2] Husain, S.; Kifayatullah, M.; Sastry, G. S. R.; Raju, N. P., *J. Am. Oil Chem. Soc.,* (1993) **70**, 1251–1254. [3] Babu, S.; Sudershan, R. V.; Sharma, R. K.; Bhat, R. V., *J. Am. Oil Chem. Soc.,* (1996) **73**, 397–398.

*allg.:* Franke, Nutzpflanzenkunde, 6. Aufl., Stuttgart: Thieme 1997 (5.) **6**, 474–490 ▪ Ullmann (5.) **A10**, 233, 239, 241 – *[HS 1515 30; CAS 8001-79-4]*

**Riechstoffe.** Sammelbez. für einheitliche, definierte chemische Verbindungen mit Geruch und/oder Geschmack. Geruchsstoffe, Osmogene (von griech.: osme = *Geruch*). Alle Stoffe oder deren Gemische, die von Mensch und Tier als Geruch empfunden werden. Um geruchlich wahrgenommen werden zu können, muß ein Stoff bestimmte molekulare Voraussetzungen erfüllen: Niedrige Molmasse (max. 300) mit entsprechend hohem Dampfdruck, Oberflächenaktivität, minimale Wasser- und hohe Lipid-Löslichkeit sowie schwache Polarität. Ein stark hydrophober und ein schwach polarer Molekülteil genügen zur Auslösung der *sensorischen Aktivität* (siehe *Sensorik*). Die Bedeutung der polaren funktionellen Gruppen für die Riechstoff-Eigenschaften wurden früh erkannt, und man bezeichnete sie als osmophore Gruppen,

wie z.B. Teilstrukturen mit $-OH$, $-OR$, $-CHO$, $-COR$, $-COOR$ (*Euosmophore*, mit angenehmer Geruchswirkung) oder Teilstrukturen mit $-SH$, $-SR$, $-CHS$, $-CSR$, $-NH_2$ (*Kakosmophore*, mit unangenehmer Geruchswirkung). Ferner spielt die Stereochemie, d.h. die räumliche Konfiguration der Moleküle, für die Eigenschaften eines Stoffes als Riechstoff eine wichtige Rolle. Zum heutigen Stand der Kenntnisse über die Beziehungen zwischen Molekülstruktur u. Geruch der Riechstoffe vgl. Literatur[1], S. 11–56. Die Versuche, mittels QSAR-Methode (quantitative structure-activity relationship) und Hansch-Analyse quantitative Relationen zwischen Struktur und Geruchscharakter von Riechstoffen aufzufinden, zeigen erfolgversprechende Ansätze (siehe Literatur[1], S. 45–48). Die geringste geruchlich noch wahrnehmbare Konzentration eines Stoffes wird als „Geruchsschwelle" (Erkennungsschwelle) bezeichnet. Niedriger liegt die „Wahrnehmungsschwelle" d.h. die Konzentration, bei der die Verbindung schon wahrzunehmen ist, bei der die Aromaqualität aber nicht eindeutig festgestellt werden kann. Als *Aromastoffe* werden geruchsaktive Stoffe in Lebensmitteln bezeichnet. Die Bezeichnung wird sowohl in Verbindung mit typischen Geruchsnoten wie auch mit Fehlgerüchen (off-flavour) benutzt. Die Wahrnehmung erfolgt durch Einziehen durch die Nase (orthonasal) und über den Rachenraum nach oder während des Kauens (retronasal). Verbindungen mit extrem niedrigen Geruchsschwellenwerten sind z.B. 2-Isobutyl-3-methoxypyrazin mit 0,000002 mg/L in Wasser oder *p*-*Menth*-1-en-8-thiol mit 0,00000002 mg/L in Wasser[2]. *Benzaldehyd* hat zum Vergleich einen Geruchsschwellenwert von 0,35 mg/L in Wasser[3]. Für *Buttersäure* wurde die Wahrnehmungsschwelle auf ca. $2,4 \cdot 10^9$ Mol. pro mL Luft berechnet. Näheres zur quantitativen Geruchswahrnehmung siehe Literatur[1], S. 57–69 und zur Funktion der Geruchswahrnehmung Literatur[4-11]. Wichtiges Instrument auch der wissenschaftlichen Untersuchung von Riechstoffen ist nach wie vor der menschliche Geruchssinn. Dieser vermag unter mehreren Tausend verschiedener Gerüche zu unterscheiden, ist allerdings individuell unterschiedlich ausgeprägt. Zur Erzielung möglichst objektiver Ergebnisse bedarf es daher möglichst breit angelegter statistischer Vergleiche. Eine Objektivierung der Daten wird mit Hilfe der Olfaktometrie sowie insbesondere auch mit deren Kombination mit der Gaschromatographie angestrebt. Für die auch künstlerisch ausgerichtete Tätigkeit des *Parfümeurs* ist ein besonders fein differenzierender Geruchssinn und ein verläßliches „Geruchsgedächtnis" notwendig.

*Verwendung:* Der Schwerpunkt der Verwendung von Riechstoffen liegt auch heute in der Herstellung von *Parfüms* und der Parfümierung vieler Gebrauchsartikel. Bis zur 2. Hälfte des 19. Jahrhunderts waren die Riechstoffe ausschließlich natürlichen Ursprungs. Sie wurden überwiegend aus Pflanzen gewonnen (siehe auch *etherische Öle*), einige wenige, allerdings besonders kostbare, auch aus tierischen Produkten (Ambra, Castoreum, *Moschus, *Zibet). Bei der Riechstoff-Synthese versuchte man zunächst, die natürlichen Riechstoff-Komponenten nach ihrer Strukturaufklärung synthetisch zu gewinnen und durch Rekombination der Komponenten die Duftnoten möglichst natur-identisch nachzustellen (*Rekonstitution, Rekonstruktion*). Hierbei spielen auch sogenannte *Paragenosen* eine Rolle – Wechselwirkungen zwischen einzelnen Riechstoffen, die den Duft positiv od. negativ beeinflussen können. Inzwischen werden eine Vielzahl von Riechstoffen synthetisch hergestellt (z. B. *Cumarin, *Jonone, *Vanillin) und zusätzlich Riechstoffe synthetisiert, die keinen natürlichen Vorbildern entsprechen und zur Komposition von „Phantasie-Duftnoten" dienen.

Eine systematische Ordnung der Riechstoffe erfolgt nicht nach chem. Strukturmerkmalen, sondern nach einer Geruchs-Charakteristik. Man ordnet nach „Duft-Familien" und nach charakteristischen Duftnoten, siehe *Parfüms als Beispiele *Anethol, *Geraniol, *Citral, *Eugenol, *Menthol. Riechstoffe finden außer zur Herstellung von *Parfüms vielfältige Verwendung z. B. zur Parfümierung von Seifen, Desodorantien, Haarbehandlungsmitteln u. a. Körperpflegemitteln, von Wasch- und Reinigungsmitteln u. a. Haushaltsartikeln, als Geruchsverbesserungsmittel in technischen Produkten, in Raumlufterfrischern bzw. Raumsprays, in der Nahrungs- und Genußmittel-Industrie als *Aromen, *Essenzen und *Gewürz-Bestandteile (Lebensmittel-Zusatzstoffe), auch zur Aromatisierung von Arzneimitteln sowie in *Räuchermitteln auch für den sakralen Bereich.

Der Weltmarkt der Riechstoffe und Aromastoffe betrug 2002 15,1 Mrd. US-$[12].

*Klassifizierung:* Man unterscheidet grob folgende Verbindungsklassen (ungefährer Wertanteil in %): Terpenoide (40%), Brenzcatechin-Derivate (17%), Phenol-Derivate (13%), sonstige Aromaten (20%), Aliphaten, Alicyclen und Heterocyclen (10%).

Bei qualitativer und quantitativer Geruchsbewertung resultieren Geruchsprofile[13] zur Klassifizierung[14–16], die datenmäßig gespeichert werden können. Ein gutes Raster bietet der H&R-Duftkreis nach U. Harder[17] und eine weiterentwickelte Geruchslandschaft nach J.-N. Jaubert[18]. Zu den Geruchsklassen siehe die Tabelle. – *E* odorants, fragrance raw materials

*Lit.:* [1]Ohloff. [2]Grosch, W., *Chem. Unserer Zeit*, (1990) **24**, 82. [3]Belitz-Grosch-Schieberle (5.), S. 331. [4]Ohloff, Irdische Düfte – himmlische Lust, S. 10–69, Basel: Birkhäuser 1992. [5]Theimer (Hrsg.), Fragrance Chemistry, S. 1–25, San Diego: Academic Press 1982. [6]Ohloff, S. 1–9. [7]H&R, S. 49–56. [8]Müller u. Lamparsky (Hrsg.), Perfumes: Art, Science and Technology, S. 127–149, 481–498, London: Elsevier Applied Science 1991. [9]Bedoukian (3.), S. XI–XV. [10]Ohloff, S. VII–X. [11]H&R, S. 11–37. [12]http://www.leffingwell.com. [13]Hopp u. Mori (Hrsg.), Recent Developments in Flavor and Fragrance Chemistry, S. 29–67, Weinheim: VCH Verlagsges. 1993. [14]Bauer et al. (4.), S. 1–8. [15]Müller u. Lamparsky (Hrsg.), Perfumes: Art, Science and Technology, S. 3–12, 251–286, 333–335, London: Elsevier Applied Science 1991. [16]Theimer (Hrsg.), Fragrance Chemistry, S. 28–76, San

Tabelle: Geruchsklassen.

| Geruchsklasse | Geruchliche Charakterisierung | typische Beispiele |
| --- | --- | --- |
| 1 Blumig | Blütengerüche (Rose, Jasmin etc.) | *Geraniol, *Jonon |
| 2 Citrus | nach Citrusfrüchten | *Citral |
| 3 Grün | Gras, grüne Blätter | *Hex-3-en-1-ol |
| 4 Krautig | grüne (Gewürz-) Kräuter | Thujan-3-one |
| 4a Minzig | Pfefferminz, Krauseminz | Menthon, (−)-*Carvon |
| 4b Camphrig | Zelluloid, erdig | *Campher |
| 5 Aldehyd | fettig, wachsig, ozonartig, wäßrig | Alkanale und Alken-1-ale $C_8$–$C_{13}$ |
| 6 Fruchtig | Fruchtgerüche | Fruchtester, *Lactone |
| 7 Süßbalsamisch | nach Harzen und Schokolade | *Vanillin |
| 8 Würzig | Gewürznoten | *Eugenol |
| 9 Holzig | nach Edelholz: Zeder, Sandelholz | Santalol, Cedrol |
| 10 Animalisch | Moschus, Ambra, Zibet | *Muscon, Ambraoxid, *Zibet |

Diego: Academic Press 1982. [17]H&R Contact **23**, 18–27 (6/1979). [18]Parfums Cosmet. Arômes **77**, 53–56 (1987); **78**, 71–82 (1987).

*allg.:* Bauer et al. (4.), S. 1–5 ∎ Ullmann (5.) **A11**, 141–250

**Riesenkürbis** siehe *Kürbis.

**Riesling** siehe *Weintraube.

**Riesling-Hochgewächs** siehe *Wein-Qualitätsstufen.

**Rigor mortis** (Totenstarre). Durch den Abbau der nach dem Tode verfügbaren Energiereserven (*postmortale Veränderungen) sinkt die ATP-Konz. im Muskel, beim Eintritt des R. m. beträgt sie etwa 1 µMol ATP/g Muskel. Actin u. Myosin bleiben dauernd im Actomyosin-Komplex verknüpft, der Muskel wird starr. Der Rigor dauert an, bis Reifungsenzyme (*Fleischreifung) die geordnete Filamente u. Fibrillenstruktur lockern. Abhängig von der Tierart u. dem Zustand des Muskels tritt der R. m. 1 bis ca. 30 h nach dem Schlachten ein. DFD-Fleisch (s. *Fleischfehler) mit höherem pH-Wert (>6,2) u. stärkerer Quellung der Fibrillen ist weniger starr als Fleisch mit einem normalen pH-Wert (5,5–5,8).

*Lit.:* Schwägele, F., In *Kühlen, Zerlegen, Kühllagerung, Reifung – Einfluß auf die Fleischqualität*, Bundesanstalt für Fleischforschung, Hrsg.; BAFF: Kulmbach, (1998); S. 7

**Rigorverkürzung.** In Muskeln tritt kurz vor Eintritt des *Rigor mortis bei pH-Werten von 5,7–6,0 eine R. auf, deren Ausmaß bei Temp. über 20°C 10–15% der Muskellänge übersteigt. In isolierten Muskeln bei 30–35°C kann es zur Verkürzung um 50% kommen. Mangel an ATP u. tiefer pH-Wert führen zur Desaktivierung der in der Membran des sarkoplasmatischen Retikulums vorhandenen Calcium-Pumpe, so daß Calcium-Ionen nicht mehr aus dem myofibrillären Raum entfernt werden. Der Ablauf des Vorgangs ist mit *cold shortening vergleichbar, nur verlangsamt dort eine niedrige

Temp. die Effektivität der Calcium-Pumpe. Auch die Folgen sind vergleichbar: Beide liefern zähes Fleisch mit erhöhtem Tropfsaft-Verlust. Unter den üblichen Kühlbedingungen dtsch. Schlachthöfe bleibt die R. unter 15%, nur bei Elektrostimulierung od. fehlender Kühlung kann R. verstärkt eintreten. – *E* rigor shortening

*Lit.:* Schwägele, F., In *Kühlen, Zerlegen, Kühllagerung, Reifung – Einfluß auf die Fleischqualität*, Bundesanstalt für Fleischforschung, Hrsg.; BAFF: Kulmbach, (1998); S. 7

**Rinderbandwurm** siehe *Taenia.

**Rinderfett** siehe *Rindertalg.

**Rinderfettgewebe** siehe *Fettgewebe.

**Rinderhackfleisch** siehe *Hackfleisch.

**Rinder-Serumalbumin** siehe *Serumalbumin.

**Rinderseuche** siehe *BSE.

**Rindertalg** (Rinderfett). Rindertalg wird aus verschiedenen Fettgeweben des Rindes hergestellt und hat auf Grund seines hohen Anteils an Glyceriden langkettiger gesättigter Fettsäuren einen hohen Schmelzpunkt (40–50°C). Rindertalg ist nach den *Leitsätzen des Deutschen Lebensmittelbuches (Fleisch und Fleischerzeugnisse) der von Wasser und Eiweiß befreite, durch Erhitzen, Abpressen und Zentrifugieren gewonnene Anteil des Fettgewebes des Rindes.

VZ 193–200, IZ 32–47 (siehe *Fettkennzahlen), Unverseifbares 0,3–0,8%. Durch Carotinoide aus dem Futter schwankt die Farbe vor Rindertalg je nach Fütterung (Weide oder Stall) zwischen gelb und weißgrau. Ausgelassener Rindertalg ist bei Zimmertemperatur nicht streichfähig, sondern hart und spröde. Die Fettsäure-Zusammensetzung wird durch Futter weniger als beim Schwein beeinflußt. Zur Fettsäure-Zusammensetzung siehe Literatur[1] und *Talg.

*Herstellung:* Rindertalg erhält man durch schonendes Auslassen von Fettgewebe des Rindes (80–100°C für 15–20 Minuten) in Talgschmelzen. Die anschließende Filtration befreit den Rindertalg von Grieben.

*Einteilung:* Folgende Handelssorten (Qualitäten) werden unterschieden:

*Feintalg* (Premier Jus) wird aus frischen, ausgesuchten Teilen mit Wasser bei 50–55°C ausgeschmolzen. Die Säurezahl als Maß für lipolytische Vorgänge darf 1,3 (d.h. 0,65% freie Fettsäuren) nicht übersteigen.

Aus dem auf 30–34°C erwärmten Feintalg werden zwei Fraktionen, das flüssige Oleomargarin und das feste Oleostearin gewonnen.

*Oleomargarin* ist ein Weichfett mit einer dem Butterschmalz ähnlichen Konsistenz. Es findet in der Margarine- und Backwarenindustrie Verwendung.

*Oleostearin* (Preßtalg) besitzt einen hohen Schmelzpunkt von 50–56°C und dient zur Herstellung von Ziehmargarine.

*Speisetalg* (Sekundatalg) wird bei 60–65°C mit Wasser ausgeschmolzen und gereinigt. Es besitzt den typischen Talggeruch und -geschmack. Der Gehalt an freien Fettsäuren darf maximal 1,5% betragen.

*Verwendung:* Nach den Leitsätzen für Speisefette und Speiseöle[1] dient Rindertalg als Back- und Kochfett und wird zur Margarineherstellung verwendet. Rindertalg besonders hoher Qualität wird als *Premier Jus* bezeichnet. Früher wurde Rindertalg auf Grund seines ähnlichen Fettsäure-Musters zur Streckung von Kakaobutter verwendet. Bereits in frühen Kulturen wurde Rindertalg in Form von Seifen, Salben und Beleuchtungsmitteln genutzt. Heute stellt Rindertalg einen wichtigen Rohstoff für die Herstellung von chemischen Zwischenprodukten wie Fettsäuren oder Fettalkoholen dar. – *E* beef tallow, beef fat

*Lit.:* [1]Leitsätze für Speisefette und Speiseöle vom 17.04.1997 (GMBl. Nr. 45, S. 864 vom 19.12.1997); geändert am 02.10.2001 (GMBl. Nr. 38, S. 754 vom 30.10.2001). – *[HS 1502 00, 1503 00; CAS 61789-97-7]*

**Rinderwahnsinn** siehe *BSE.

**Rindfleisch.** Fleisch von Rindern unterschiedlichem Alters, Geschlechts u. verschiedener Rasse. Der Anteil von Rindfleisch am Gesamtfleischverzehr (ca. 59 kg/Kopf und Jahr) betrug im Jahr 2001 11,8%. Nach der VO über gesetzliche Handelsklassen für Rindfleisch teilt man in 7 Kategorien ein:

*Kalbfleisch* (Bezeichnung: KA): Fleisch mit Kalbfleischeigenschaften von Tieren, deren Schlachtkörper als Kälber zugeschnitten sind; feinfasrig, zart, hellrot.

*Jungrindfleisch* (Bezeichnung: JR): Fleisch von anderen nicht ausgewachsenen männlichen und weiblichen Tieren; feinfasrig, zart, gut marmoriert.

*Jungbullenfleisch* (Bezeichnung: A): Fleisch von ausgewachsenen (Lebendgewicht >300 kg) jungen männlichen nicht kastrierten Tieren von weniger als zwei Jahren; sehr mager, hell- bis mittelrot, mittelfeine Fasern.

*Bullenfleisch* (Bezeichnung: B): Fleisch von anderen ausgewachsenen männlichen nicht kastrierten Tieren; Kräftig- bis durnkelrot, grobfasrig, dunkelgelbes Fett.

*Ochsenfleisch* (Bezeichnung: C): Fleisch von ausgewachsenen männlichen kastrierten Tieren; mittelrot, feinfasrig, hellgelbes Fett, stärkere Marmorierung, aromatisch.

*Kuhfleisch* (Bezeichnung: D): Fleisch von ausgewachsenen weiblichen Tieren, die bereits gekalbt haben; mittelrot bis dunkelrot, mittelfein bis grobfasrig, gelbes Fett, marmoriert.

*Färsenfleisch* (Bezeichnung: E): Fleisch von anderen ausgewachsenen weiblichen Tieren; kräftig rot, feinfasrig, weißes Fett, marmoriert.

Die beste Qualität zeigt Ochsen- u. Färsenfleisch. Den größten Anteil bei Schlachtungen von Rindern in- und ausländischer Herkunft in Deutschland hatte im Jahr 2001 das Bullenfleisch mit etwa

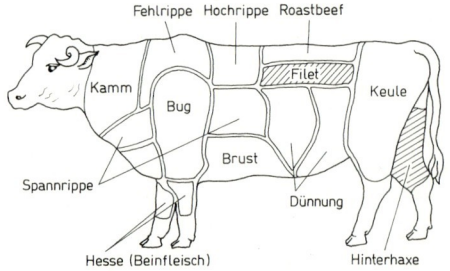

Abb.: Teilstücke beim Rind.

48%, gefolgt von Kuhfleisch mit 37%, Färsenfleisch mit 15% und Ochsenfleisch mit 1,3%. *Kalbfleisch wird üblicherweise gesondert betrachtet. Bei der Einstufung nach Handelsklassen (siehe *Fleisch) wird nach Fleischigkeitsklassen (E, U, R, O, P = vorzüglich, sehr gut, gut, mittel, gering) sowie nach Fettgewebeklassen (1–5, sehr gering bis sehr stark) unterschieden.

*Zusammensetzung:* Variiert deutlich je nach Teilstückzuschnitt (s. Abb., S. 992) des R., je nach Anteil an Muskelfleisch u. Fettgewebe; aber auch Rasse, Kategorie u. Mastintensität spielen eine Rolle.

Tab.: Durchschnittliche Zusammensetzung von Teilstücken des Rindes (nach *Lit.* [1]).

| Teilstück | Eiweiß [%] | Fett [%] | Energie [kJ bzw. kcal/100 g] |
|---|---|---|---|
| Brust | 18,6 | 14,0 | 834/200 |
| Bug | 20,2 | 5,3 | 540/129 |
| Roastbeef | 22,5 | 4,4 | 546/130 |
| Hochrippe | 20,6 | 8,0 | 647/155 |
| Hüfte | 21,5 | 2,3 | 452/107 |
| Hals | 19,3 | 8,0 | 625/149 |
| Oberschale | 20,7 | 4,5 | 519/123 |
| Unterschale | 21,8 | 3,0 | 483/114 |

R. muß im Gegensatz zu anderen *Fleischarten nach der Schlachtung bis zum Verzehr länger gelagert (*Fleischreifung) werden, um die gewünschte Zartheit des Fleisches zu erreichen; z.B. für Kochfleisch 4–5 d, große Braten 14 d, Steaks u. Roastbeef 3–4 Wochen. – *E* beef

*Lit.:* [1] Souci et al. (6.).

*allg.:* Branscheid, W.; Honikel, K. O.; Lengerken, G., von; Troeger, K., Hrsg., *Qualität von Fleisch und Fleischwaren*, Deutscher Fachbuchverlag: Frankfurt/Main, (1998) – *[HS 0201 10, 0201 20, 0201 30]*

**Rindfleischextrakt** siehe *Fleischextrakt.

**Risikoanalyse.** Die Europäische Kommission definiert die Risikoanalyse in ihrer Mitteilung vom 30.04.1997 [1] als ein systematisches Vorgehen, das folgende Schritte umfaßt: wissenschaftliche Evaluierung der Gefahren und der Wahrscheinlichkeit ihres Auftretens in einem gegebenen Kontext (Risikobewertung), Bewertung sämtlicher Maßnahmen, die die Erzielung eines angemessenen Schutzniveaus ermöglichen (Risikomanagement), und Informationsaustausch mit allen Betroffenen, nämlich Entscheidungsträgern, Kontrolleuren, Verbrauchern und Erzeugern, um die Gründe für eine vorgeschlagene Maßnahme zu erklären und diese zu rechtfertigen (Risikomitteilung bzw. -kommunikation).

Die Risikobewertung ist dabei ein wissenschaftliches Verfahren, das darin besteht, eine Gefahr zu ermitteln und zu beschreiben, die Exposition zu bewerten und das Risiko zu bezeichnen; siehe auch *Risikobewertung. Die zuständige öffentliche Stelle muß dabei die wissenschaftliche Risikobewertung unter Beachtung der anwendbaren Vorschriften wissenschaftlichen Experten übertragen, die ihr nach Abschluß dieses wissenschaftlichen Verfahrens wissenschaftliche Gutachten vorlegen.

Fundierte und aktuelle Gutachten setzen wiederum eine umfangreiche Informationserhebung und -analyse voraus. Netze für Überwachung und Monitoring im Bereich der öffentlichen Gesundheit und der Tiergesundheit, Informationssysteme für die Landwirtschaft, Schnellwarnsysteme sowie Forschungs- und Entwicklungsprogramme spielen eine wichtige Rolle bei der Gewinnung wissenschaftlicher Erkenntnisse.

Artikel 6 Basis-Verordnung 178/2002 [2] enthält kursorische Vorgaben für die Risikoanalyse bei Lebensmitteln und Futtermitteln: Die Risikobewertung soll auf den verfügbaren wissenschaftlichen Erkenntnissen beruhen und ist in einer unabhängigen, objektiven und transparenten Art und Weise vorzunehmen. Beim Risikomanagement ist den Ergebnissen der Risikobewertung, insbesondere den Gutachten der Europäischen Behörde für Lebensmittelsicherheit (*EFSA), anderen angesichts des betreffenden Sachverhalts zu berücksichtigenden Faktoren sowie – falls die in Artikel 7 Absatz 1 dargelegten Umstände vorliegen – dem Vorsorgeprinzip Rechnung zu tragen, um die allgemeinen Ziele des Lebensmittelrechts gemäß Artikel 5 *Basis-Verordnung 178/2002 zu erreichen. – *E* risk assessment

*Lit.:* [1] Europäische Kommission, Mitteilung vom 30.04.1997, Gesundheit der Verbraucher und Lebensmittelsicherheit, KOM (1997) 183 endg., S. 20. [2] Verordnung (EG) Nr. 178/2002 des Europäischen Parlaments und des Rates vom 28.01.2002 zur Festlegung der allgemeinen Grundsätze und Anforderungen des Lebensmittelrechts, zur Errichtung der Europäischen Behörde für Lebensmittelsicherheit und zur Festlegung von Verfahren zur Lebensmittelsicherheit (Amtsblatt der EG Nr. L 031, S. 1).

*allg.:* Europäische Kommission, Weißbuch zur Lebensmittelsicherheit, KOM (1999) 719 endg., vom 12.01.2000; http://europa.eu.int/comm/dgs/health_consumer/library/pub/pub06_de.pdf

**Risikobewertung.** In der Lebensmittelmittelsicherheit ist Risikobewertung neben Risikomanagement und *Risikokommunikation ein Baustein des Gesamtprozesses der *Risikoanalyse.

Risikobewertung ist ein wissenschaftlicher Prozeß, der aus folgenden vier Stufen besteht:
1. *Gefahrenerfassung* (hazard identification) ist die Identifizierung des biologischen, chemischen oder physikalischen Agens, das möglicherweise zu den gesundheitlichen Auswirkungen führt und das in einem Lebensmittel oder in einer Lebensmittelgruppe vorhanden sein kann.
2. *Gefahrencharakterisierung* (hazard characterization) ist die qualitative und/oder quantitative Beurteilung der Art der Gesundheitsschädigung, die durch das eventuell im Lebensmittel vorhandene biologische, chemische und physikalische Agens bewirkt werden kann. Bei chemischen Stoffen ist eine Bewertung der Dosis-Wirkungsbeziehung vorzunehmen. Bei biologischen und physikalischen Stoffen sollte die Bewertung der Dosis-Wirkungsbeziehung vorgenommen werden, sofern die entsprechenden Daten verfügbar sind.
3. *Expositionsabschätzung* (exposure assessment) ist die qualitative und/oder quantitative Beurtei-

lung der wahrscheinlichen Aufnahme des biologischen, chemischen und physikalischen Agens über die Nahrung sowie ggf. über Belastung durch andere Quellen.

4. *Risikocharakterisierung* (risk characterization) ist die qualitative und/oder quantitative Einschätzung der Wahrscheinlichkeit der Häufigkeit und Schwere der bekannten oder potentiellen, schädlichen Auswirkungen auf die Gesundheit in einer bestimmten Bevölkerung auf der Grundlage der Gefahrenerfassung, der Gefahrencharakterisierung und der Expositionsabschätzung – unter Berücksichtigung der mit der Bewertung verbundenen Unsicherheiten.

In einigen Kontexten wird für diesen mehrstufigen Prozeß auch der Begriff Risikoabschätzung verwendet. Als Risikobewertung bezeichnet man dann das Verfahren der rationalen Urteilsfindung über die Akzeptabilität eines Risikos, in dem die Schlußfolgerungen aus der Risikoabschätzung auf deren Zumutbarkeit für die Gesellschaft oder bestimmte Gruppen oder Individuen geprüft werden. Die Risikobewertung begründet Entscheidungen über Handlungsbedarf und fungiert so als Schnittstelle zwischen Risikoabschätzung und Risikomanagement[1]. – *E* risk evaluation

*Lit.:* [1]Hertel, R. F.; Henseker, G., Hrsg., *ERiK – Entwicklung eines mehrstufigen Verfahrens der Risikokommunikation*; BfR-Wissenschaft 02/2005; BfR: Berlin, (2005); http://www.bfr.bund.de.
*allg.:* Bundesinstitut für Risikobewertung (BfR): http://www.bfr.bund.de ■ Europäische Kommission, Weißbuch zur Lebensmittelsicherheit, KOM (1999) 719 endg., vom 12.01.2000; http://europa.eu.int/comm/dgs/health_consumer/library/pub/pub06_de.pdf

**Risikokommunikation.** In der Lebensmittelsicherheit wird Risikokommunikation als interaktiver Prozeß des Austausches von Informationen und Meinungen zu Risiken zwischen wissenschaftlichen Experten, Risikomanagern (Behörden), Vertretern von Interessengruppen, Verbrauchern (Betroffenen) und interessierter Öffentlichkeit verstanden (siehe auch *Risikoanalyse).

Der Informationsaustausch bezieht sich dabei auf das Schadenspotential des Risikos, die verbleibenden Ungewißheiten, die Bedeutung des Risikos sowie politische oder gesellschaftliche Entscheidungen, Handlungen oder Maßnahmen, die darauf abzielen, die Risiken zu vermeiden, zu begrenzen und zu regulieren. Risikokommunikation hat damit die Funktion, durch die Vermittlung von Argumentationszusammenhängen und durch Selbstdarstellung in Beziehung zum Kommunikationspartner zu treten. Dabei ist es nicht das Ziel, die jeweils andere Seite zu überzeugen, ein Risiko sei tragbar oder unzumutbar, sondern vielmehr die Betroffenen durch Angebote der Information, des Dialogs oder durch Einladung zur aktiven Beteiligung in die Lage zu versetzen, ihren Anspruch auf Wahlfreiheit einzulösen[1].

Lebensmittelkrisen wie der *BSE-Skandal haben Ende der 1990er Jahre das Vertrauen der Verbraucher in die EU-Politik der *Lebensmittelsicherheit erschüttert. Vor diesem Hintergrund hat die Europäische Kommission im Januar 2000 das Weißbuch zur Lebensmittelsicherheit[2] veröffentlicht, das die strategischen Ziele, Prioritäten und das Arbeitsprogramm für Lebensmittelsicherheit und das Lebensmittelrecht zusammenfaßt. In Folge wurde die Europäische Behörde für Lebensmittelsicherheit (*EFSA) gegründet. In Deutschland wurde im November 2002 im Zuge der Neuorganisation des gesundheitlichen Verbraucherschutzes außerdem das Bundesinstitut für Risikobewertung (*BfR) errichtet. Die vom BfR zu betreibende Risikokommunikation ist dabei als kontinuierlicher und interaktiver Prozess der Öffnung der Bewertungsarbeit gegenüber der Öffentlichkeit, der Wissenschaft und anderen Beteiligten oder interessierten Kreisen zu verstehen. – *E* risk communication

*Lit.:* [1]Hertel, R. F.; Henseker, G., Hrsg., *ERiK – Entwicklung eines mehrstufigen Verfahrens der Risikokommunikation*; BfR-Wissenschaft 02/2005; BfR: Berlin, (2005); http://www.bfr.bund.de. [2]Europäische Kommission, Weißbuch zur Lebensmittelsicherheit, KOM (1999) 719 endg., vom 12.01.2000; http://europa.eu.int/comm/dgs/health_consumer/library/pub/pub06_de.pdf.
*allg.:* FAO/WHO, Report of the Joint FAO/WHO Expert Consultation: Application of Risk Analysis to Food Standards Issues, Genf, Schweiz (13.–17.03.1995); http://www.who.int/foodsafety/publications/micro/en/march1995.pdf ■ Verordnung (EG) Nr. 178/2002 des Europäischen Parlaments und des Rates vom 28.01.2002 zur Festlegung der allgemeinen Grundsätze und Anforderungen des Lebensmittelrechts, zur Errichtung der Europäischen Behörde für Lebensmittelsicherheit und zur Festlegung von Verfahren zur Lebensmittelsicherheit (Amtsblatt der EG Nr. L 031, S. 1)

**RIST.** Abkürzung für Radioimmunosorbens-Test, siehe *Radioimmunoassay.

**RLCCC.** Abkürzung von englisch rotation locular countercurrent chromatography; siehe *Gegenstromchromatographie.

**RNAA** siehe *Aktivierungsanalyse.

**Rodentizide.** Von lateinisch rodere = nagen und …zid abgeleitete Bezeichnung für Mittel zur Bekämpfung kommensaler Nagetiere, insbesondere von Ratten (Wanderratte, Hausratte) und Mäusen (Hausmaus). Der wirtschaftliche Schaden durch Nagetiere resultiert nicht nur aus der Vernichtung und Verschmutzung von Vorräten sowie der Zerstörung von Baulichkeiten und Nutzflächen – ein Wühlmauspärchen kann pro Jahr 2300 Nachkommen haben –, sondern auch aus der Übertragung gefährlicher Infektionskrankheiten wie Pest, Typhus, Paratyphus, Ruhr, Leptospirose und Trichinose auf Menschen. Die heute zu ihrer Bekämpfung eingesetzten Mittel lassen sich in akut, subakut und chronisch wirkende Gifte einteilen, die in Form von Ködern (Pellets) oder Streupulvern angewendet werden.

*Akut* wirkende Mittel sind bereits bei einmaliger Aufnahme voll wirksam. Beispiele für diesen Typ von Rodentiziden sind Bromethalin, Calciferol (*Vitamin $D_2$), Cholcalciferol (Vitamin $D_3$), α-Chloralose, Fluoressigsäure-Derivate, Scillirosid, Thallium(I)-sulfat und Zinkphosphid.

Zu den *subakut* oder *chronisch* wirkenden Rodentiziden gehören die Antikoagulantien. Die als Folge auftretenden inneren Blutungen führen zu einem unauffälligen Tod. Zum Einsatz kommen Cumarin- und Indandion-Derivate wie Brodifacoum, Bromadiolon, Chlorphacinon, Cumachlor, Cumatetralyl, Difenacoum, Diphacinon, Flocoumafen, Pindon und Warfarin sowie Difethialon, ein 4-Hydroxy-1-benzothiopyran-2-on. Die Verbindungen besitzen eine verzögert einsetzende Wirkung, können in geringer Konzentration ausgebracht werden und sind relativ sicher zu handhaben. Außerdem steht mit Vitamin K$_1$ ein zuverlässiges Antidot zur Verfügung. Nachteilig bei dieser Art von Verbindungen ist die Fähigkeit der Nager, im Laufe der Zeit eine Resistenz gegen einzelne Wirkstoffe zu entwickeln. Die akut wirkenden Mittel sind von diesem Phänomen nicht betroffen. – *E* rodenticides

*Lit.:* Bundesamt für Verbraucherschutz und Lebensmittelsicherheit, Hrsg., *Pflanzenschutzmittel-Verzeichnis*, Saphir: Ribbesbüttel, (jährlich aktualisiert; Verzeichnis zugelassener Pflanzenschutzmittel); Online-Datenbank: http://www.bvl.bund.de ▪ Fritsma, G. A., *Clin. Lab. Sci.*, (2004) **17**, 118–123 ▪ Hanley, J. P., *J. Clin. Pathol.*, (2004) **57**, 1132–1139 ▪ Perkow ▪ Ullmann (5.) **A23**, 211–220 – *[HS 3808 90]*

**Röstaromastoffe.** Bezeichnung für *Aromastoffe, die sich beim *Rösten (trockenem Erhitzen, „Röstaroma") von Lebensmitteln bilden. Das Rösten führt zu einer intensiven *Maillard-Reaktion unter Ausbildung typischer Farb-, Geruchs- und Geschmackskomponenten. Besondere Bedeutung haben die Röstaromastoffe z.B. für das Brot-, *Kaffee-, und *Kakao-Aroma, sowie das Aroma von Popcorn und Malz. Zu den Röstaromastoffen zählen Vertreter verschiedener Stoffklassen wie z.B. *Alkyl- und *Methoxypyrazine, Pyrrole, Pyrroline, aliphatische und cyclische Dicarbonyl-Verbindungen, Furane, Thiole, Thiazole; typische Beispiele finden sich bei der *Maillard-Reaktion.

Zur Aufklärung der Reaktionsabläufe, die zu speziellen Röstaromastoffen führen, bedient man sich meist der Untersuchung von Modellreaktionsgemischen aus Aminosäuren und verschiedenen Zuckern. Diese Strategie wird zunehmend durch Anwendung von Mikroemulsionen als Mikroreaktoren ergänzt[1]. – *E* roast(ed) flavours

*Lit.:* [1]Blank, I., In *State-of-the-Art in Flavour Chemistry and Biology*, Hofmann, T.; Rothe, M.; Schieberle, P., Hrsg.; DFA: Garching, (2005); S. 171–181.

*allg.:* Fayle, S. E.; Gerrard, J. A., *The Maillard Reaction*; RSC Food Analysis Monographs; Royal Society of Chemistry: Cambridge, (2002) ▪ Hofmann, T.; Ho, C. T.; Pickenhagen, W., Hrsg., *Challenges in Taste Chemistry and Biology*; ACS Symposium Series 867; American Chemical Society: Washington, DC, (2004) ▪ Weerasinghe, D. K.; Sucan, M. K., Hrsg., *Process and Reaction Flavors: Recent Developments*, American Chemical Society: Washington, DC, (2005)

**Rösten.** Bezeichnung für ein sowohl in der Lebensmitteltechnologie als auch im privaten Haushalt etabliertes Erhitzungsverfahren, das auf Grund direkter Kontaktwärme, auf Grund von Wärmestrahlung oder von Konvektionswärme zur Bildung charakteristischer Farbkomponenten und Aromakomponenten („Röstaroma", *Röstaromastoffe) führt.

Besondere Bedeutung hat das Rösten für die Herstellung von Brot, Kaffee, Kakao, Popcorn, Malz und Zwieback. Zum Einfluß der Röstbedingungen auf die Aromaintensität von Kakaobohnen und zum Aroma von Kaffee und Getreideprodukten siehe Literatur[1–3]. Ausschlaggebend für das Röstaroma ist neben den Röstbedingungen in besonderem Maße der Gehalt der zu röstenden Lebensmittel an sogenannten Aromavorstufen (Precursor)[4]. Das Rösten führt generell zu einer Feuchtigkeitsabnahme im Lebensmittel (vgl. Literatur[5]) und in speziellen Fällen (z.B. Popcorn) zu einer erheblichen Volumenzunahme. Die Pyrolyse von Kohlenhydraten, Proteinen, Lipiden und anderen Bestandteilen führt zur Bildung einer großen Anzahl flüchtiger Verbindungen, wobei unter anderem über die *Maillard-Reaktion (Strecker-Abbau) Röstaromastoffe (Pyrazine, Pyrroline, aliphatische und cyclische Dicarbonyl-Verbindungen, Thiole) entstehen.

*Melanoidine und Röstdextrine (Röstprodukte aus angesäuerter verkleisterter Stärke, die dem Brot eine glänzende Kruste verleihen) sind als späte Maillard-Produkte für die dunkle Farbe von gerösteten Lebensmitteln verantwortlich. Zur Bildung toxischer Stoffe unter drastischen Röstbedingungen (z.B. heterocyclische aromatische Amine = HAA) siehe *Aminosäuren-Pyrolyseprodukte und *Maillard-Reaktion; siehe auch *Kaffee-Aroma. – *E* roasting, torrefying

*Lit.:* [1]Food Control **7**, 117–120 (1996). [2]Grosch, W., *Nahrung*, (1998) **42**, 344–350. [3]Grosch, W.; Schieberle, P., *Cereal Chem.*, (1997) **74**, 91–97. [4]Association Scientifique Internationale du Café (ASIC), Hrsg., *10th International Scientific Colloquium on Coffee*, ASIC: Paris, (1982); S. 279–292. [5]Ind. Aliment. **35**, 945–950 (1996).

**Röstkaffee** siehe *Kaffee.

**Röstmalzbier.** Produkt zur nachträglichen Farbvertiefung von *Würze oder *Bier. Röstmalzbier muß nach dem Reinheitsgebot eingebraut werden. Die übliche Herstellung erfolgt mit Hopfengabe aus Farbmalz und kurzer Vergärung. Der *Stammwürze-Gehalt liegt bei 40–45%, die Farbe bei ca. 8000–9000 *EBC. Das *Farbmalz* wird durch Rösten von befeuchtetem, hellen Malz bei 200–220°C in Rösttrommeln hergestellt. Seine maximale Einsatzmenge beträgt 1–2% der Malzschüttung, seine Färbekraft 1300–1600 EBC. – *E* liquid malt color – *[HS 2203 00]*

**Rogen** siehe *Fischrogen.

**Roggen** (*Secale cereale* L.). Wichtiges Brot-*Getreide in Mittel-, Nord- und Osteuropa bis Sibirien, aber auch in Vorder- und Zentralasien, Nordafrika und Nord-Amerika. Roggen wächst im Gegensatz zu *Weizen auf armen Böden. *Secale*-Wildarten finden sich oft als Unkraut in Getreidefeldern. Urheimat ist vermutlich das Kaukasusgebiet, von wo der Roggen wohl als Verunreinigung des Weizens etwa um 1000 v. Chr. als „sekundäre Kulturpflanze" nach Europa gelangt ist.

Roggen unterscheidet sich vom Weizen durch einen höheren Keimölgehalt, einen geringeren Gehalt an *Stärke (vgl. Abbildung dort) und B-Vitaminen sowie durch das Fehlen von Kleber (siehe *Gluten). Eine Verfälschung von Weizen- durch Roggenmehl ist am Gehalt an *Graminin*, einem Polyfructosan, zu erkennen. Bei den Reserveproteinen des Roggens unterscheidet man zwischen *Secalin und *Secalinin, welche den *Prolaminen und *Glutelinen entsprechen. Eine Kreuzung aus Weizen und Roggen wird *Triticale genannt. Mit ihr will man eine höhere Frostresistenz (als beim Weizen) erreichen, außerdem eine höhere Krankheitsresistenz und einen höheren Eiweiß-Gehalt der Körner. Bei der Verarbeitung von Roggengetreide muß man auf den möglichen Befall mit *Claviceps purpurea* (Mutterkorn-Pilz) achten.

*Verwendung:* Roggen dient hauptsächlich als Brotgetreide; seine Backfähigkeit beruht auf den *Pentosanen und bestimmten Proteinen, deren Quellungszustand durch Säuerung so verändert wird, daß sie an der Gashaltung mitwirken können (vgl. *Sauerteig). Weniger bedeutend ist die Produktion von Branntwein und die Nutzung von Roggen als Futtergetreide, da in der Samenschale 5-Alkylresorcine enthalten sind, die beim Verfüttern an Tiere Appetitlosigkeit und Hauterkrankungen verursachen können. Roggen kann bei bestimmten Personen *Zöliakie hervorrufen. – *E* rye

*Lit.:* Franke, W., *Nutzpflanzenkunde*, 6. Aufl.; Thieme: Stuttgart, (1997); S. 86f. – *[HS 1002 00]*

**Roggenmehl** siehe *Mehl.

**Rohfaser.** In der Ernährungsphysiologie veraltete Bezeichnung für *Ballaststoffe.

**Rohfrucht** (Malzersatzstoffe, Malzsurrogat). Um die beim Mälzungsprozeß auftretenden Mälzungsverluste zu umgehen und Stärke sowie Produktionskosten zu sparen, werden Stärke-haltige Materialien wie Reis, Mais, Sorghum, aber auch ungemälzte Gerste, eventuell auch Weizen in einem bestimmten Anteil zum Brauen verwendet. Darüber hinaus wurden auch verschiedene Zuckerarten eingeführt.

Die Malzersatzstoffe müssen durch die Enzyme des *Malzes in eine lösliche Form übergeführt werden. Aus diesem Grunde, aber auch aus Gesichtspunkten der Gärung, der Hefeernährung und nicht zuletzt aus Erwägungen des Biergeschmacks, kann eine ganz bestimme Menge an „Rohfrucht" nicht überschritten werden. Erst in den letzten Jahren wurde durch Zusatz von Enzympräparaten zu ungemälzter Gerste eine weitergehende Einschränkung des Malzbedarfes bewirkt. Die Verwendung von Rohfrucht ist in Deutschland verboten.

*Analytik:* Zum Nachw. von R.-Proteinen im Bier existiert eine immunolog. Methode nach § 64 LFGB (ex § 35 LMBG) (L 36.00-1). Mais- u. Reiszusätze können über weitere immunchem. Meth.[1] u. über HPLC[2] erkannt werden. – *E* adjuncts, unmalted grain, raw grain

*Lit.:* [1]Brauwissenschaft **41**, 319–323 (1988). [2]Lebensmittelchemie **44**, 106 (1990).

**Rohkaffee** siehe *Kaffee.

**Rohmilch.** Das durch ein- oder mehrmaliges tägliches Melken gewonnene, unveränderte Eutersekret von zur Milchgewinnung gehaltenen Kühen (*Milch), das nicht über +40°C erwärmt worden ist. Voraussetzung für die Abgabe an andere (Molkerei, Milch-Ab-Hof-Abgabe, Vorzugsmilch) ist die Erfüllung bestimmter Anforderungen an den Tierbestand, den Erzeugerbetrieb, das Melken, das Behandeln der Milch und an Stallarbeiten im Erzeugerbetrieb sowie an das damit befaßte Personal [Milchverordnung vom 20.07.2000 (BGBl. I, S. 1178, mehrfach geändert), Verordnung (EG) Nr. 853/2004]. – *E* raw milk

**Rohmilchkäse.** Nach § 3 der Käse-Verordnung ist die Verwendung von *Rohmilch nur für die Herstellung von *Frischkäse und *Sauermilchquark untersagt (mit Ausnahmen). Für Allgäuer Emmentaler und Allgäuer Bergkäse aus bestimmten Landkreisen oder Städten darf ausschließlich Rohmilch aus dem Herstellungsgebiet verwendet werden (Anlage 1b zu § 8 der Käse-Verordnung). Zur Herstellung von Rohmilchkäse sind besonders hygienische Bedingungen erforderlich, damit unerwünschte Keime, welche die Qualität der Käse und die Gesundheit der Konsumenten gefährden, nicht aufkommen. Rohmilchkäse weisen eine stärkere Proteolyse auf als Käse aus pasteurisierter oder nach anderen Verfahren (z.B. Entkeimungszentrifugation oder Mikrofiltration) aus weniger entkeimter Milch. Großlochrohmilchkäse zeigen eine beschleunigte *Propionsäure-Gärung und einen ausgeprägten Citrat-Abbau. – *E* raw milk cheese

**Rohpökelwaren** siehe *Pökelfleischerzeugnisse.

**Rohprotein** siehe *Gesamteiweiß.

**Rohrzucker** siehe *Saccharose.

**Rohsprit** siehe *Ethanol.

**Rohtabak-Durchführungsverordnung** siehe *Tabakverordnung.

**Rohwurst.** R. ist ein durch *Pökeln sowie mikrobielle Fermentation u. Trocknung (s.a. *Lufttrocknung) haltbar gemachtes Fleischgemenge, bei dem die Fleisch- u. Fettgewebspartikel durch ausgetretenes Muskeleiweiß im Gelzustand miteinander verbunden werden (*schnittfeste R.:* z.B. Salami, Cervelat, Mettwurst, Plockwurst) od. bei dem Fett in der äußeren Phase die Fleischpartikel aneinander gleiten läßt (*streichfähige R.:* z.B. Teewurst, grobe Schmiermettwurst). R. sind unangeschnitten ungekühlt lagerfähig. Im Norden Europas überwiegt geräucherte, im Süden luftgereifte (schimmelpilzgereifte) Rohwurst. Definitionen u. Beurteilungsmerkmale finden sich in den *Leitsätzen des Deutschen Lebensmittelbuches (Fleisch u. Fleischerzeugnisse). Der wertbestimmende Magerfleischanteil (*BEFFE) muß je nach Sorte mind. 7 bis 14% betragen.

*Herstellung:* Das eingesetzte Rohmaterial sollte einen pH von <5,8 haben. *Schnittfeste R.:* Zerkleinerung von gefrorenem Material größtenteils im Kutter (besseres Schnittbild), Zugabe von etwa 2,8–3,2% *Nitritpökelsalz bzw. Kochsalz u. Nitrat (max. 300 ppm), 0,2–1,0% Zucker, Pökelhilfsmittel, ggf. *Starterkulturen (Lactobacillen u. Mikrokokken) u./od. ᴅ-*Gluconsäure-5-lacton u. Gewürze. Abfüllung in Naturdärme od. wasserdampfdurchlässige Kunstdärme. *Schimmelpilzgereifte R.* werden nach dem Füllen in eine Schimmelpilz-Suspension getaucht. Die Reifung u. Trocknung erfolgt in Klima-Rauchanlagen, wobei mit zunehmender Säuerung u. Abtrocknung die Temp. von anfänglich 25–20 °C auf 15 °C u. die relative Luftfeuchte von 95–90% auf 75% abgesenkt werden (Luftgeschwindigkeit 0,5–0,1 m/s). Je nach Kaliber, Fett/Wasser-Gehalt u. gewünschtem Abtrocknungsgrad variiert der Trocknungsverlust von 5 bis 40% (s. unten R.-Reifung). *Streichfähige R.:* Zerkleinerungs- (Salzzugabe 2–2,4%) u. Herstellungsbedingungen so, daß eine frühzeitige Festigkeitszunahme möglichst vermieden wird, indem weicheres Fett verwendet, dieses intensiver zerkleinert u. eine geringe Säuerung (weniger Zucker) angestrebt wird. Die Reifungszeit (Abtrocknung) ist außerdem geringer.

*Reifung:* Ablauf mikrobiell-biochem., chem. sowie physikal. Prozesse, die eine Veränderung der Rohwurstmasse (Rohwurstbrät, Kochsalz, Gewürze, Nitrit, Nitrat) hinsichtlich Wassergehalt, pH-Absenkung (Milchsäure-Bildung), Textur, Geschmack, Aroma u. Farbe (*Umrötung) herbeiführen. Die Mikroorganismen sind bereits in der Wurstmasse vorhanden bzw. gelangen z.T. bei der Herst. in diese hinein. Als weitere einflußnehmende Faktoren kommen hinzu: Räucherprozeß, Temp.-Führung, Luftfeuchte, Wasseraktivität, Nitrat/Nitrit-Verhältnis, Gewürze u. weitere Zusätze (z.B. Glucono-δ-lacton zur raschen pH-Absenkung, Zucker als Nährstoff für die Mikroflora). Die einzelnen Prozesse sollen die vom Verbraucher erwünschte Qualität u. Haltbarkeit herbeiführen. Während sich bei der spontanen, natürlichen Reifung eine erwünschte Mikroflora herausbildet [Mikrokokken, Streptokokken, Lactobacillen, Actinomyceten, Streptomyceten, Pediokokken, Staphylokokken, Hefen, Schimmelpilze u.a.], werden unerwünschte Keime (insbes. Eiweißzersetzer, Toxin-Bildner) in ihrer Entwicklung gehemmt (z.B. *Proteus-, Escherichia-, Enterobacter*-Arten, *Clostridium*). Hierbei kommt es ständig zu Veränderungen der Keimzahl u. -arten. Bei R. haben *Lactobacillus*-Vertreter einen Selektionsvorteil, da sie sich anaerob vermehren u. damit auch im Inneren der Wurst wachsen können. Je nach Reifeverf. kommt es zu einer mehr od. weniger schnellen Vermehrung der Lactobacillen (Säuerung), deren Selektionsvorteil bes. dann besteht, wenn ein von den Lactobacillen schnell verwertbarer Zucker, wie Glucose od. Saccharose, u. Anfangsreifetemp. von 20–26 °C eingesetzt werden. Um jedoch den Prozeß der Reifung reproduzierbar zu gestalten bzw. die Reifung durch ra-

schen Aufbau der gewünschten Mischpopulation zu beschleunigen, werden Starterkulturen eingesetzt (die ursprünglich von sehr guten Reifungsverläufen abgeimpft u. vermehrt wurden). Als solche sind u.a. folgende Stämme erfolgreich getestet bzw. eingesetzt worden: Milchsäurebakterien (*Lactobacillus plantarum, Lactobacillus sake, Lactobacillus curvatus, Lactobacillus casei; Streptococcus lactis, Streptococcus acidilactici; Pediococcus pentosaceus, Pediococcus cerevisiae*), Mikrokokken (*Mikrococcus varians, Staphylococcus carnosus, Staphylococcus xylosus*), Streptomyceten (*Streptomyces griseus*), Hefen (*Candida famata, Saccharomyces sp.*), Schimmelpilze (*Penicillium nalgiovensis, Penicillium chrysogenum, Penicillium expansum, Penicillium candidum, Penicillium camemberti*).

Während der Reifung ist der Wassergehalt der Wurst möglichst gleichmäßig zu vermindern. Unterschieden wird allg. zwischen *Klimareifung* u. *Naturreifung* (heute noch in kleineren Betrieben, bei Hausschlachtungen; ohne techn. Kühlung, Heizung od. Be- u. Entfeuchtung). Bei der Klimareifung wird, abhängig von der benötigten Zeitdauer, von einer schnellen (erst 26–20 °C dann 15–10 °C), mittleren u. einer langsamen (von Anfang an <15 °C) Reifung gesprochen. Durch die Möglichkeit, Temp., relative Luftfeuchtigkeit (je nach Verf. von anfänglich 95–90% auf 75% gesenkt) u. Luftbewegung zu regeln, ist man in der Lage, R. unabhängig vom Klima das ganze Jahr über herzustellen. – *E* fermented dry sausage

*Lit.:* Wirth, F.; Barciaga; Krell, *Handbuch Fleisch und Fleischwaren*, Behr's: Hamburg, (2001); Loseblattsammlung – [HS 1601 00]

**Rohzucker** siehe *Saccharose.

**Rollmops** siehe *Hering.

**Rooibos Tee** siehe *Rotbusch Tee.

**Roquefortine.** Neurotoxische *Mykotoxine vom Indol-Alkaloid-Typ (siehe Abbildung, S. 998) aus vielen Schimmelpilzen der Gattung *Penicillium, z.B. *Penicillium roqueforti, Penicillium cyclopium, Penicillium commune, Penicillium crustosum, Penicillium chrysogenum, Penicillium griseofulvum.

*Vorkommen:* Roquefortin C wird beim Wachstum von *Penicillium roqueforti, Penicillium expansum, Penicillium notatum* und anderen auf geeigneten Substraten gefunden. Es wurde in Kanada in Blauschimmelkäse (siehe *Schimmelkäse) mit maximal 4,7 ppm nachgewiesen. In den USA soll es in Bier gefunden worden sein. Heute werden zur Käseherstellung toxinfreie Stämme verwendet. Roquefortine D entstehen aus Tryptophan, Histidin (Diketopiperazin-Teil) und Mevalonsäure.

*Toxikologie:* Die akute Toxizität ist gering (190 mg/kg i.p. bei der Maus). Bei einem Tag alten Hunden wurden nach oraler Gabe neurologische Symptome beobachtet. Die antibakterielle Aktivität ist auf Gram-positive Bakterien beschränkt, was aber bei der Herstellung von Blauschimmelkäse keine Schwierigkeiten bereitet. – *E* roquefortines

R = CO–CH₃ : Roquefortine A
R = H : Roquefortine B

Roquefortine C
Roquefortine D : 3,12-Dihydro

*Lit.:* Kokkonen, M.; Jestoi, M.; Rizzo, A., *Food Addit. Contam.*, (2005) **22**, 449–456 ▪ Weidenbörner, M., *Encyclopedia of Food Mycotoxins*, Springer: Berlin, (2001)

**ROS.** Abkürzung für englisch reactive oxygen species, siehe *Sauerstoff-Radikale.

**Rosen-Absolue, -Öl.** In der Parfüm- und Aromenindustrie werden zwei unterschiedliche Produkte verwendet, die aus Rosenblüten gewonnen werden.
*1. Rosenöl:* Hellgelbes, viskoses Öl mit einem warmen, blumig-rosigen Duft mit würzigen und honigartigen Nuancen und einem bitteren, nur in hoher Verdünnung angenehmen Geschmack (Rosenöl, bulgarisch, *Rosa damascena* Mill., FEMA 2989).
*Herstellung:* Durch Wasserdampfdestillation aus den Blütenblättern der Rosenarten *Rosa damascena* (Bulgarien, Türkei) und *Rosa centifolia* (Marokko).
*Zusammensetzung[1]:* Hauptinhaltsstoffe sind (–)-*Citronellol (um 40%), *Geraniol (um 15%) und Nerol (siehe *Geraniol) (um 7%). Im Gegensatz zum Rosenabsolue (siehe unten) enthält das Rosenöl kaum 2-*Phenylethanol (ca. 2%). Zum typischen Geruch des Rosenöls tragen eine ganze Anzahl von Komponenten bei, die z.T. nur als Spuren vorhanden sind, darunter z.B. *Rosenoxid, die *Damascone und β-*Damascenon.
*2. Rosenabsolue:* Rötlich-braune Flüssigkeit mit einem haftfesten, süß-balsamischen Rosenduft (FEMA 2988).
*Herstellung:* Durch Extraktion von Blüten der Rosenart *Rosa centifolia* (Südfrankreich: „rose de mai"; Marokko) mit Lösemitteln.
*Zusammensetzung[1]:* Hauptbestandteil des flüchtigen Anteils ist mit ca. 70% 2-Phenylethanol.
*Verwendung:* Wegen der arbeitsaufwendigen Gewinnung und der geringen Ausbeute gehören Rosenöl u. Rosenabsolue mit zu den kostbarsten Parfümrohstoffen. Die jährlich erzeugte Menge dürfte nur bei etwa 10 t liegen. Die natürlichen Rosenprodukte werden daher nur in sehr geringen Men-

gen eingesetzt, z.B. in teuren Parfümölen oder auch für Aromatisierungen, z.B. von Süß- und Backwaren. Zur Analyse von Aromastoff-Prekursoren in Rosenblüten siehe Literatur[2]. – *E* rose oil/absolue

*Lit.:* [1]Perfum. Flavor. **1**(1), 5; (6), 34 (1976); **3**(2), 47 (1978); **4**(2), 56 (1979); **16**(3), 43, 64 (1991); **17**(1), 55 (1992). [2]Winterhalter, P.; Knapp, H.; Straubinger, M.; Fornari, S.; Watanabe, N., In *Flavor Analysis – Developments in Isolation and Characterization*, Mussinan, C. J.; Morello, M. J., Hrsg.; ACS Symposium Series 705; American Chemical Society: Washington, DC, (1998); S. 181–192.
*allg.:* Bauer et al. (4.), S. 215 ▪ ISO 9842: 2003-09 – *[HS 3301 29; CAS 8007-01-0]*

**Rosenapfel** (Apfeljambuse, Aprikosenjambuse, Jambos). Ellipsoid-kugelige, gelbrote, bis 8 cm große, Beerenfrucht des im malaiischen Archipel bzw. im tropischen Asien kultivierten, 20 m hohen Baumes bzw. Strauches *Syzygium jambos* (L.) Alston (syn. *Eugenia jambos* L., syn. *Jambosa vulgaris* D.C., Myrtaceae). Charakteristisch ist der grüne, harte, 4-teilige Kelch, der sich auch im reifen Zustand nicht von der Frucht löst. Unter der dünnen, glatten Fruchthaut befindet sich ein Pektin-reiches, trocken-mehliges bis knackig-saftiges, weißliches, flachsüß und etwas säuerlich schmeckendes, nach Rosen duftendes Fruchtfleisch. Hieraus wurden eine Reihe von *Flavonoiden[1] und 43 flüchtige Verbindungen[2] charakterisiert. In der Fruchthöhle befinden sich 1 bis 4 rauhschalige, 1–1,5 cm große, harte, braune, rundliche Samen, die sich leicht von der Fruchtwand lösen und ein thermisch stabiles Lektin enthalten[3]. In den Blättern wurden Flavonoid-Glycoside vom *Quercetin- und Myricetin-Typ gefunden[4], worauf die antiinflammatorische Wirkung der Blätter zurückgeführt wird[5].
*Verwendung:* Die Früchte müssen bei Vollreife geerntet werden, da sie als sogenannte nichtklimakterische Früchte nicht nachreifen. Zudem sind sie sehr leicht verderblich und druckempfindlich, weshalb man sie selbst in den Produktionsländern nur selten vermarktet. Rosenäpfel werden meist frisch verzehrt oder kandiert genossen, zu Kompott und anderen Desserts verkocht, zu Gelee und Konfitüre verarbeitet oder in der Küche als Sirup und zur Geschmacksabrundung von Soßen verwendet. – *E* rose apple

*Lit.:* [1]Phytochem. Anal. **8**, 176–180 (1997). [2]Wong, K. C.; Lai, F. Y., *Flavour Fragr. J.*, (1996) **11**, 61. [3]Tabora, E.; De Bertrand, L., *Rev. Latinoam. Quim.*, (1980) **11**, 134. [4]Slowing, K.; Sollhuber, M.; Carreterro, E.; Villar, A., *Phytochemistry*, (1994) **37**, 255. [5]Slowing, K.; Carretero, E.; Villar, A., *Phytother. Res.*, (1996) **10**, Suppl. 1, S126.

**Rosenholzöl** (Brasilianisches Rosenholzöl, Bois-de-rose-Öl; FEMA 2156). Hellgelbes Öl mit Geruch nach Linalool; $n_D^{20}$ 1,4620–1,4690, $d_{20}^{20}$ 0,870–0,887. Es wird aus dem wohlriechenden Holz des im Amazonasgebiet heimischen Baumes *Aniba rosaeodora* var. *amazonica* (Lauraceae) durch Wasserdampfdestillation mit 0,7–1,2% Ausbeute gewonnen.
*Zusammensetzung:* *Linalool (bis 85%), *Terpineol, *p*-Methylacetophenon, Sesquiterpene.

*Verwendung:* Früher zur Parfümierung von Seifen, heute durch synthetisches Linalool ersetzt. Zur Authentizitätsbewertung von Linalool ist die Enantiomerenanalytik[1] von der Stabilisotopenanalytik[2] abgelöst worden. – *E* rosewood oil

*Lit.:* [1]Bernreuther, A.; Schreier, P., *Phytochem. Anal.*, (1991) **2**, 167–171. [2]Hör, K.; Ruff, C.; Weckerle, B.; König, T.; Schreier, P., *J. Agric. Food Chem.*, (2001) **49**, 21–25. *allg.:* Roth, L.; Kormann, K., *Duftpflanzen, Pflanzendüfte*, ecomed: Landsberg, (1996); S. 256 ▪ Ullmann (5.) **A11**, 156, 239 – *[HS 3301 29; CAS 8015-77-8]*

**Rosenketone** siehe *Damascone.

**Rosenkohl** siehe *Kohlarten.

**Rosenoxid** [4-Methyl-2-(2-methyl-1-propenyl)tetrahydropyran, FEMA 3236].

(2R,4R) (–)          (2S,4R) (–)

$C_{10}H_{18}O$, $M_R$ 154,25, Öl. Monoterpen mit Tetrahydropyran-Struktur, das in zwei C-2-epimeren Konfigurationen in der Natur im *Rosen- und Geraniumöl sowie im Abwehrsekret bestimmter Käfer[1] (Cerambycidae) vorkommt; biologische Aktivität in Verbindung mit etherischen Ölen ist bekannt[2]; biosynthetische Studien mit isotopenmarkiertem Rosenoxid wurden mit *Pelargonium*-Spezies durchgeführt[3,4]; als Prekursor von Rosenoxid in Rosenblättern wurde (*S*)-3,7-Dimethyl-5-octen-1,7-diol identifiziert[5]; zum Vorkommen in Weinsorten siehe Literatur[6].
(2*R*,4*R*)(–)-Rosenoxid (*trans*), Sdp. 70–71°C, $[\alpha]_D$ –41,5° (unverdünnt); (2*S*,4*R*)(–)-Rosenoxid (*cis*), Sdp. 75–76°C (12 hPa), $[\alpha]_D$ –18,0° (unverdünnt), beide Isomere riechen blumig, an Rosen erinnernd; zur chirospezifischen Analyse siehe Literatur[7]; Geruchsschwellenwert in Wasser ca. 0,1 ppb, Geruchsschwellenwert in Luft: (*cis*)-Rosenoxid 0,1–0,2 ng/L, (*trans*)-Rosenoxid 80–179 ng/L.
*Synthese:* Photooxidation von *Citronellol liefert nach Reduktion ein 1:1-Gemisch von *cis*- und *trans*-Rosenoxid.
*Verwendung:* Rosenoxid wird für Parfüms mit Rosen- und Geranienduft verwendet. Einsatz in Aromen für fruchtig-blumige Noten. – *E* rose oxide

*Lit.:* [1]Habermehl (5.), S. 64. [2]Atta-ur-Rahman **21**, 571–631. [3]Wüst, M.; Beck, T.; Mosandl, A., In *Natural Product Analysis: Chromatography, Spectroscopy, Biological Testing*, Schreier, P., Hrsg.; Symposium Würzburg 1997; Vieweg: Wiesbaden, (1998); S. 281–288. [4]Wüst, M.; Beck, T.; Mosandl, A., *J. Agric. Food Chem.*, (1998) **46**(8), 3225–3229. [5]Knapp, H.; Straubinger, M.; Fornari, S.; Oka, N.; Watanabe, N.; Winterhalter, P., *J. Agric. Food Chem.*, (1998), **46**(5), 1966–1970. [6]Belitz-Grosch-Schieberle (5.), S. 908–909. [7]Werkhoff, P.; Brennecke, S.; Bretschneider, W.; Guentert, M.; Hopp, R.; Surburg, H., *Z. Lebensm. Unters. Forsch.*, (1993) **196**(4), 307–28.
*allg.:* Bauer et al. (4.), S. 143 ▪ Beilstein EV **17/1**, 256 ▪ Ullmann (5.) **A11**, 204 – *[HS 2932 99; CAS 16409-43-1 (Rosenoxid); 5258-10-6 ((2R,4R)(–)-Rosenoxid); 3033-23-6 ((2S,4R)(–)-Rosenoxid)]*

**Roséwein** siehe *Weinarten.

**Roséweinbereitung** siehe *Weiß- und Roséweinbereitung.

**Rosinen.** Sammelbegriff für alle Arten getrockneter Weinbeeren, die bis zur Überreife am Weinstock (*Vitis vinifera* L.) verbleiben und im Anschluß luftgetrocknet werden. Je nach Resorte wird *Trockenobst als *Zibeben* (syn. Cypro-Rosinen), *Sultaninen* (syn. Sultanas, Türkische Rosinen), *Korinthen* (syn. Krents) oder *Traubenrosinen* (syn. Muskatel-Rosine) bezeichnet.
*Sultaninen*: abgestreift, getrocknet, größer als Korinthen; rundlich, kernlos, goldgelb bis rötlichbraun, dünnschalig, vollfleischig, saftig, honigsüß, sehr aromatisch.
*Korinthen*: abgestreift, getrocknet, klein, rötlichblau oder schwarzviolett bis braunschwarz, matt, zarthäutig, kernlos, ungeschwefelt, süß-säuerlich, aromatisch.
*Traubenrosinen*: groß, fleischig, meist nicht abgestreift oder abgerebelt.
*Zibeben*: 2 cm groß, harte Schale, viele Kerne, braunschwarz, plattgedrückt.
*Zusammensetzung:* Aus 2 bis 3 kg Trauben erhält man nach Trocknung 500 g Rosinen mit einem Zuckergehalt von 55–70% und einem Wassergehalt von 15–18%. Zur Wassergehaltsbestimmung siehe Literatur[1]. Generell sind die Inhaltsstoffe der *Weintraube in der Rosine um das 5-fache aufkonzentriert. Bemerkenswert sind die Gehalte an Kalium und Eisen, welche die von *Kiwi und *Banane übertreffen. Zur Zusammensetzung siehe Tabelle 1 und 2.

Tabelle 1: Zusammensetzung von Rosinen.

| Inhaltsstoff | Gehalt (in %) |
| --- | --- |
| Wasser | 24,2 |
| Eiweiß | 2,2 |
| Fett | 0,5 |
| Verwertbare Kohlenhydrate | 64,2 |
| Ballaststoffe | 7,0 |
| Mineralstoffe und Vitamine (vgl. Tabelle 2) | 1,9 |

Tabelle 2: Vitamine und Mineralstoffe in Rosinen.

| Vitamine/Mineralstoffe | Gehalt (mg/100 g) |
| --- | --- |
| Vitamin C | 1,00 |
| Carotinoide | 0,03 |
| Vitamin $B_1$ | 0,12 |
| Vitamin $B_2$ | 0,06 |
| Vitamin $B_6$ | 0,11 |
| Niacin | 0,50 |
| Calcium | 31,00 |
| Eisen | 3,00 |
| Kalium | 630,00 |
| Magnesium | 65,00 |
| Natrium | 144,00 |

Für den Nachweis von Pflanzenbehandlungsmittelrückständen (Fungizide und Pestizide)[2,3] und dem Aflatoxin *Ochratoxin A[4] in Rosinen sind verschiedene Methoden vorgeschlagen worden.

*Ernährungsphysiologie:* Aufgrund ihres hohen Phenol-Gehaltes[5] ist Rosinen ein hohes antioxidatives Potenzial zugesprochen worden[6-8]. Der hohe Anteil an Ballaststoffen vermag Gallensäuren zu binden[9], was wiederum eine Senkung des Cholesterolspiegels bewirken kann.

*Verwendung und Wirtschaft:* Der Handel unterscheidet je nach Traubensorte, Herkunftsland, Größe und Behandlungsart unterschiedlichste Qualitätsstufen, die vor allem im Haushalt sowie in der Backwaren- und Süßwarenindustrie Verwendung finden (Beispiele: Rosinenbrötchen, Apfelstrudel, Stollengebäck). Aber auch als Grundlage für Süßweine und für Raki, einen aus Rosinen und Anissamen gewonnenen Branntwein, werden Rosinen verwendet. Sie sind eine beliebte Naschware (z.B. in „Studentenfutter") sowie Zutat von Obstsalaten, Süßspeisen und Frühstückscerealien. Trocken, kühl und luftig gelagert sind Rosinen gut 1 Jahr haltbar. Sie kommen meist in transparenten Verpackungen auf den Markt, damit man evtl. Schädlingsbefall erkennen kann. Die Weltproduktion an Rosinen beläuft sich auf rund 1 Mio t. Afrika, Australien, Griechenland, Iran, Kalifornien, Spanien, Türkei und Zypern sind die Hauptproduzenten. Griechenland ist der größte Erzeuger von Korinthen und mit den USA und der Türkei die Hauptexportnation.

*Zusatzstoffe:* Als Überzugsmittel sind acetylierte *Monoglyceride und Diglyceride der Speisefettsäuren (E 472a), nicht aber *Paraffin(öl), zugelassen. Das Zusammenkleben der verpackten Rosinen soll so unterbunden werden. Zur Konservierung von Rosinen ist nach Anlage 5 Teil B, Liste 1 und 2 *ZZulV 1998 *Schwefeldioxid bis 2000 mg/kg zugelassen. Dies ist durch die Angabe „geschwefelt" kenntlich zu machen. Das Bleichen von Rosinen (z.B. mit Soda) ist nicht zulässig. – *E* raisin

*Lit.:* [1]Katsaboxakis, K., *J. AOAC Int.*, (1997) **80**, 439. [2]Cabras, P.; Angioni, A.; Garau, V. L.; Melis, M.; Pirisi, F. M.; Cabitza, F.; Pala, M., *J. Agric. Food Chem.*, (1998) **46**, 2309. [3]Cabras, P.; Angioni, A.; Garau, V. L.; Piriso, F. M.; Cabitza, F.; Pala, M.; Farris, G. A., *J. Agric. Food Chem.*, (2000) **48**, 6128. [4]MacDonald, S.; Wilson, P.; Barnes, K.; Damant, A.; Massey, R.; Mortby, E.; Shepherd, M. J., *Food Addit. Contam.*, (1999) **16**, 253. [5]Karadeniz, F.; Durst, R. W.; Wrolstad, R. E., *J. Agric. Food Chem.*, (2000) **48**, 5343. [6]Karakaya, S.; El, S. N.; Tas, A. A., *Int. J. Food Sci. Nutr.*, (2001) **52**, 501. [7]Miller, H. E.; Rigelhof, F.; Marquert, L.; Prakash, A.; Kanter, M., *J. Am. Coll. Nutr.*, (2000) **19**, Suppl. 3, S312. [8]Yeung, C. K.; Glahn, R. P.; Wu, X.; Liu, R. H.; Miller, D. D., *J. Food Sci.*, (2003) **68**, 701. [9]Camire, M. E.; Dougherty, M. P., *J. Agric. Food Chem.*, (2003) **51**, 834. – *[HS 0806 20]*

**Rosmarinöl** (FEMA 2992). Durch Wasserdampfdestillation werden aus Blüten und Blättern von *Rosmarinus officinalis* (Lamiaceae) ca. 1–3% etherisches Öl gewonnen (vorwiegend in Spanien, Tunesien und Frankreich, daneben in Marokko, Algerien, den Ländern des ehemaligen Jugoslawiens, Griechenland sowie den USA). Rosmarinöl ist eine farblose bis gelbgrüne Flüssigkeit mit herbkrautigem, manchmal Lavendel-, leicht Campherartigem, erfrischendem Geruch; D. 0,894–0,920, $n_D^{20}$ 1,464–1,476. Rosmarinöl enthält als Hauptbestandteile 16–50% Cineol, 6–20% *Campher, Bornylacetat, ferner α-*Pinen, Myrcen, *Limonen, *p*-Cymol, bis 18% Borneol sowie *Camphen und Verbenon, das für das typische Rosmarinöl-Aroma von Bedeutung ist. Nordafrikanische Öle (z.B. aus Tunesien) sind relativ reich an Cineol. Spanische Öle enthalten weniger Cineol, aber bis zu 20% Campher und 30–40% Monoterpen-Kohlenwasserstoffe. Zur Zusammensetzung siehe Literatur[1,2].

*Verwendung:* In der Parfümerie, in Raumsprays, Desinfektions- und Geruchsverbesserungsmitteln sowie in medizinischen Bädern und Salben. Rosmarinöl enthält *Rosmarinsäure, die entzündungshemmende Eigenschaften aufweist[3], und weitere antioxidativ wirkende Inhaltsstoffe[4,5], deren Wirksamkeit z.T. höher ist als die üblicher *Antioxidantien wie z.B. *Butylhydroxytoluol. Ein bekannter Vertreter ist das Diterpen Carnosol mit Abietan-Struktur sowie die entsprechende Carnosol-Säure[6].

Bei der Parfümherstellung ein bedeutender, vielseitig anwendbarer Baustein, v.a. für frische, kräuterartige Noten; Rosmarinöl wird in großem Umfang für technische Parfümierungen eingesetzt (Seifen, Shampoos, Badeöle, Saunaöle usw.). Medizinische Anwendungsbereiche sind z.B. Rhinologica, Inhalationsmittel, antirheumatische Einreibemittel und Balneotherapeutika. Im Lebensmittelbereich wird Rosmarinöl zum Aromatisieren von Fleischzubereitungen, Soßen usw. und in Würzmischungen verwendet. Zum Herkunftsnachweis siehe Literatur[7]. Entsprechende, meist entaromatisierte Rosmarin-Extrakte oder -Öle werden teilweise in Lebensmitteln als natürliche Antioxidantien verwendet. Als Wilder Rosmarin werden verschiedene Pflanzen bezeichnet, u.a. *Gamander*- und *Porst*-Arten[8] sowie die Rosmarinheide (*Andromeda polifolia*, Heidekrautgewächs), die aufgrund ihres Gehalts an Andromedotoxin (ist auch in *Rhododendron*-Arten enthalten) stark giftig ist. – *E* rosemary oil

*Lit.:* [1]Elamrani, A.; Zrira, S.; Benjilali, B.; Berrada, M., *J. Essent. Oil Res.*, (2000) **12**(4), 487–495. [2]Perfum. Flavor. **14**(2), 49 (1989); **16**(2), 59 (1991); **17**(6), 57 (1992); **20**(1), 47 (1995). [3]Agents Actions **19**, 376 (1986). [4]Min u. Smouse (Hrsg.), Flavor Chemistry of Lipid Foods, S. 302–325, Champaign: Am. Oil Chem. Soc. 1989. [5]Z. Lebensm. Unters.-Forsch. **195**, 95–98, 99–103, 104–107 (1992). [6]Frankel, E. N.; Huang, S.-W.; Aeschbach, R.; Prior, E., *J. Agric. Food Chem.*, (1996) **44**(1), 131–135. [7]Asche, S.; Mosandl, A., *Lebensmittelchemie*, (2000), **54**(6), 131–124. [8]Hager **3**, 82; **5**, 479; **6b**, 172–176; **6c**, 73; **7b**, 23f.

*allg.:* Bauer et al. (4.), S. 216f. ■ Teuscher, E., *Gewürzdrogen*, Wissenschaftliche Verlagsgesellschaft: Stuttgart, (2003); S. 308–313 ■ Ullmann (5.) **A11**, 239 – *[HS 3301 29]*

**Rosmarinsäure.**

$C_{18}H_{16}O_8$, $M_R$ 360,31, Kristalle, Schmp. (Dihydrat) 204 °C (Zersetzung), $[\alpha]_D^{20}$ +145°. Inhaltsstoff von *Rosmarinus officinalis*, aber auch anderer Lamiaceae und weiterer Pflanzenfamilien, z. B. der Heilpflanzen und -kräuter Rosmarin, Melisse, Thymian, Oregano, Bohnenkraut, Pfefferminze und Salbei[1-4]. In der Pflanze kommt allein die *trans*-Rosmarinsäure vor.

*Physiologie:* Rosmarinsäure ist wirksam gegen rheumatische Erkrankungen und Entzündungen[5-9], inhibiert Synthese und Freisetzung der Leukotriene im Biosynthese-Weg aus *Arachidonsäure[10] und hemmt indirekt die Prostacyclin-Synthese[11]. Wirksam ist Rosmarinsäure auch gegen Akutes Respiratorisches Distress-Syndrom (ARDS, Schocklunge) u. a. Schocksyndrome[12,13] sowie als Hyaluronidase-Inhibitor[14]. Wirksam gegen bestimmte Viren, z.B. Influenza-, Herpes- und Polio-Viren[15]. Rosmarinsäure hat antiproliferative Wirkung[16] und niedrige Toxizität[17]. Als Metabolite im tierischen Stoffwechsel (Ratte) hat man Cumarsäure-, Kaffeesäure- und Ferulasäure-sulfate nachgewiesen[18].

*Herstellung:* Rosmarinsäure kann chemisch aus ihren beiden Bestandteilen synthetisiert werden, wobei sie als Racemat erhalten wird. Enzymatisch kann Rosmarinsäure durch Veresterung der (+)-(R)-(3,4-Dihydroxyphenyl)milchsäure mit Kaffeoyl-Coenzym A in Anwesenheit des Enzyms Rosmarinsäure-Synthase[19] hergestellt werden. Auch aus Pflanzenzellkulturen der Buntnessel (*Coleus blumei*) kann Rosmarinsäure in hoher Konzentration gewonnen werden[20-22]. Zur Synthese siehe auch Literatur[23-25]. – *E* rosmarinic acid

*Lit.:* [1]Phytochemistry **51**, 91–94 (1999). [2]Z. Naturforsch., Teil C **54**, 11–16 (1999). [3]J. Microbiol. Biotechnol. **15**, 711–714 (1999). [4]J. Agric. Food Chem. **49**, 2–8 (2001). [5]SÖFW J. **124**, 634–636, 639–640, 642 (1998). [6]Phytomedicine **7**, 7–13 (2000). [7]Yamamoto, H.; Okada, T.; Murai, H., JP 10298098 AA, (1998). [8]Arch. Pharm. (Weinheim, Ger.) **318**, 1090 (1985). [9]US 6140363 A, (2000). [10]J. Nat. Prod. **50**, 392 (1987). [11]Biochem. Pharmacol. **35**, 1397 (1986). [12]Drugs Future **19**, 756 (1985). [13]Br. J. Pharmacol. **84**, 317 (1985). [14]Food Sci. Technol. Res. **6**, 74–77 (2000). [15]Pharm. Unserer Zeit **14**, 112 (1985). [16]Nephrol. Dial. Transplant. **15**, 1140–1145 (2000). [17]Nuytinck et al., in Novelli u. Ursini (Hrsg.), Oxygen Free Radicals in Shock, International Workshop Florence 1985, S. 185, Basel: Karger 1986. [18]J. Nat. Prod. **61**, 993–996 (1998). [19]Rao, N. N.; Wandrey, C.; Petersen, M.; Alfermann, A. W., DE 3841914 C1, (1990). [20]Ulbrich, B.; Wiesner, W.; Arnes, H., DE 3247610 A1, (1982). [21]Trends Biotechnol. **2**, 145–146 (1984). [22]Naturwissenschaften **64**, 585 (1977). [23]Synthesis **1996**, 755. [24]Can. J. Chem. **75**, 1783–1794 (1997). [25]Recl. Trav. Chim. Pays-Bas **110**, 199–205 (1991). – *[CAS 20283-92-5]*

**Roßkastanie** siehe *Kastanien.

**Rotationsdispersion** (ORD, optische Rotationsdispersion). Als optische Rotation bezeichnet man die Abhängigkeit des optischen Drehvermögens eines optisch aktiven Stoffes von der Wellenlänge des linear polarisierten Lichtstrahls. Bei nicht optisch aktiven Stoffen nimmt der Brechungsindex mit abnehmender Wellenlänge des Lichts stetig zu (Dispersion).

Normalerweise nimmt der Drehwinkel [α] – oft wird statt spezifischer Drehung [α] die sogenannte molare Drehung [M] oder $[\Phi] = 0{,}01 \cdot [\alpha] \cdot M_R$ angegeben – von langen zu kurzen Wellenlängen des Meßlichts zu. Im Bereich der Absorptionsbanden optisch aktiver Substanzen treten jedoch in der sonst stetig ansteigenden („normalen") ORD-Kurve Anomalien auf, weil sich bei der ORD *Circulardichroismus-Effekte überlagern. Für den Drehwinkel [α] eines optisch aktiven Stoffes bedeutet dies, daß er zu- oder abnehmen kann (siehe Abbildung). Diese sogenannte normale ORD wird im Bereich von Absorptionsbanden gestört. Man spricht vom sogenannten Cotton-Effekt, den man als positiv definiert, wenn [α] beim Fortschreiten von längeren zu kürzeren Wellenlängen (λ) zuerst einen peak (Gipfel) und danach ein trough (Tal) durchläuft (Abbildung a); für negative Cotton-Effekte gilt das Umgekehrte (Abbildung b). Ausführlichere Definitionen zu den erwähnten Begriffen siehe Literatur[1].

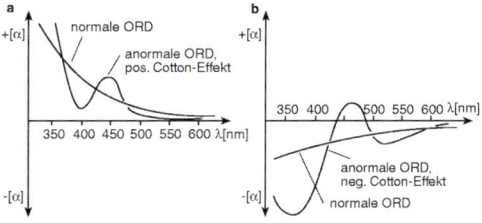

Abbildung: ORD mit unterschiedlichen Cotton-Effekten.

Als eine der wichtigeren chiroptischen Meßmethoden (vgl. *Chiralität*) hat die Messung der ORD seit den 50er Jahren zur Untersuchung der Stereochemie von Naturstoffen große Bedeutung erlangt. Im Handel sind automatisch registrierende *Spektralpolarimeter*, mit denen der Wellenlängenbereich bis ins Ultraviolett durchmessen werden kann. Einige Geräte gestatten auch die Bestimmung des Circulardichroismus. Zur Messung benutzt man dieselben Lösemittel wie in der herkömmlichen *Polarimetrie; in bestimmten Fällen kann die Verwendung nematischer flüssiger Kristalle als Lösemittel zweckmäßig sein[2]. Die Aufnahme der ORD-Kurven einheitlicher Substanzen und die Interpretation der Cotton-Effekte erlauben Aussagen über die Molekülgeometrie, d.h. die Festlegung relativer, gegebenenfalls auch absoluter Konfigurationen einzelner chiraler Zentren (siehe *Chiralität*) und der Konformation der Moleküle. Dabei hat sich die zunächst empirisch abgeleitete Oktantenregel bewährt: Auch bei optisch isotropen Verbindungen kann man eine – allerdings erst unter dem Einfluß eines angelegten Magnetfeldes erzwungene – ORD beobachten; diese Erscheinung ist als MORD (magneto-optische Rotationsdispersion) bekannt geworden. – *E* optical rota[to]ry dispersion

*Lit.:* [1]Pure Appl. Chem. **59** (1987). [2]Angew. Chem. **89**, 830–832 (1977).

*allg.:* Hesse, M.; Meier, H.; Zeeh, B., *Spektroskopische Methoden in der organischen Chemie*, 6. Aufl.; Thieme: Stuttgart, (2002); S. 21–25

**Rotavirus.** Virus aus der Familie der Reoviridae, HRV (human rotavirus). Rotaviren bestehen aus zwei ineinander verpackten Capsiden, das Genom liegt als doppelsträngige RNA vor, 60–80 nm groß.
*Vorkommen:* Rotaviren sind im Tierreich weit verbreitet. Am häufigsten werden bei Mensch und Tier Rotaviren der Gruppe A isoliert. Aufgrund der Resistenz gegenüber chemischen und physikalischen Einflüssen auch in verunreinigtem Wasser und Lebensmittel. Rotaviren sind stabil im pH-Bereich von 3–10, werden während der Kühllagerung auf Gemüse nicht inaktiviert. Inaktivierung durch Pasteurisierung.
*Bedeutung:* Humanpathogen, Erreger von Gastroenteritis, überwiegend bei Kindern bis zum 5. Lebensjahr. Das Krankheitsbild ist durch Diarrhoe, Erbrechen und Fieber gekennzeichnet. Kleinkinder sind durch die Dehydratation besonders gefährdet, Rotaviren tragen signifikant zur Kindersterblichkeit in Entwicklungsländern bei. Die Viren vermehren sich in den Epithelzellen des Zwölffinger- und oberen Dünndarms. Rasche, epidemieartige Ausbreitung. Erwachsene erkranken nur selten, fungieren als gesunde Ausscheider und Überträger. Übertragung primär fäkal-oral durch Schmierinfektion, selten durch Lebensmittel. – *E* rotavirus
*Lit.:* Anderson, E. J.; Weber, S. G., *Lancet Infect. Dis.*, (2004) **4**, 91–99 ▪ Doyle, M. P.; Beuchat, L. R.; Montville, T. J., Hrsg., *Food Microbiology*, ASM Press: Washington, (2001); S. 507 ▪ Hahn, H.; Falke, D.; Kaufmann, S. H.; Ullmann, U., *Medizinische Mikrobiologie und Infektiologie*, 4. Aufl.; Springer: Berlin, (2001); S. 772 ▪ Krämer (4.)

**Rotbarsch** (*Sebastes marinus* und *Sebastes mentella*). Beide Arten kommen im Nordatlantik vor und sind lebendgebärende *Fische. Die Flachwasserform *Sebastes marinus* und die Tiefenform *Sebastes mentella*, die sich nur schwer unterscheiden lassen, werden gemeinsam gefangen und als Rotbarsch vermarktet. Rotbarsch erreicht eine Länge von 1 m und ein Gewicht von 15 kg. Rotbarsch ist ein mittelfetter Seefisch mit einem Fettgehalt von 3–8%. Er besitzt ein wohlschmeckendes Fleisch und ist ein geschätzter Speisefisch. Er wird frisch und tiefgefroren gehandelt und zumeist als Bratfisch zubereitet. Daneben kann er auch heißgeräuchert werden. Rotbarsch ist ein langsam wachsender Fisch, der bei Erreichen hohen Alters erhöhte Mengen an Schadstoffen (besonders Quecksilber) enthalten kann. Der Weltfischfang an Rotbarsch (*Sebastes* sp.) betrug im Jahre 2000 207412 t. – *E* redfish – *[HS 0302 69]*

**Rotbusch Tee** (Rooibos Tee, Massai Tee). Zerkleinerte, getrocknete (unfermentierter Rotbusch Tee) bzw. zusätzlich fermentierte Triebspitzen (fermentierter Rotbusch Tee) des in Südafrika beheimateten und dort auch kultivierten, 1–2 m hohen Strauches *Aspalathus linearis* (Burm.f.) R. Dahlgr. syn. *Aspalathus contaminata* DC oder *Psoralea linearis* Burm. (Familie Fabaceae), mit den Unterarten ssp. *latipetala* Dahlgr., ssp. *pinifolia* Marl. und ssp. *linearis*. Rotbusch Tee gehört zu den *teeähnlichen Erzeugnissen.

*Inhaltsstoffe:* Rotbusch Tee enthält kein *Coffein; die Zusammensetzung der Aromastoffe weist Ähnlichkeiten zu der von schwarzem bzw. grünem *Tee (*Camellia sinensis* L.) auf[1].
Als wertgebende Inhaltsstoffe in unfermentiertem Rotbusch Tee gelten die C-Glucosid-Dihydrochalkone *Aspalathin* (1, $C_{21}H_{24}O_{11}$, $M_R$ 452) und *Nothofagin* (2, $C_{21}H_{24}O_{10}$, $M_R$ 436), von denen Aspalathin bei der „Fermentation" zu den diastereomeren Flavanonen (*S*)- und (*R*)-Eriodictyol-6-C-β-D-glucopyranosid (3a/3b) umgewandelt wird[2].

1: $R^1$ = OH;
   $R^2$ = C-C-β-D-glucopyranosyl
2: $R^1$ = H;
   $R^2$ = C-C-β-D-glucopyranosyl

3a: ⌇⌇⌇ = ▬▬▬ ;
    R = C-C-β-D-glucopyranosyl
3b: ⌇⌇⌇ = ⁞⁞⁞⁞
    R = C-C-β-D-glucopyranosyl

Abb.: Strukturformeln von Aspalathin (1), Nothofagin (2) und der diastereomeren Flavanone (3a, 3b) von Aspalathin.

Der Wirkungswert von Rotbusch Tee wird auf seine antioxidativen Eigenschaften zurückgeführt, auch antimutagene, anticarcinogene, entzündungshemmende und antivirale Eigenschaften werden diskutiert[3,4].
Zur Analytik der Inhaltsstoffe zieht man HPLC und NIR heran[5-7].
Im Jahre 2002 war Rotbusch Tee mit 2000 t in Deutschland unter den 5 meistgetrunkenen Kräutertees und Früchtetees. Zu aktuellen Marktdaten siehe Literatur[8]. – *E* rooibos tea
*Lit.:* [1]J. Agric. Food Chem. **41**, 633–636 (1993). [2]Phytochemistry **55**, 43–49 (2000). [3]Edenharder, R.; Sager, J. W.; Glatt, H.; Muckel, E.; Platt, K. L., *Mutat. Res.*, (2002) **521**(1–2), 57–72. [4]Kunishiro, K.; Tai, A.; Yamamoto, I., *Biosci., Biotechnol., Biochem.*, (2001) **65**(10), 2137–2145. [5]Food Chem. **55**, 403–411 (1996). [6]Dtsch. Apoth. Ztg. **140**, 3809–3815 (2000). [7]Bramati, L.; Minoggio, M.; Gardana, C.; Simonetti, P.; Mauri, P.; Pietta, P., *J. Agric. Food Chem.*, (2002) **50**(20), 5513–5519. [8]http://www.wkf.de. – *[HS 1211 90; CAS 6027-43-6 (Aspalathin); 11023-94-2 (Nothofagin)]*

**Rote Beete** siehe *Rote Rüben.

**Rote-Beete-Aroma** siehe *Gemüsearomen.

**Roter Reis** siehe *Monascus purpureus.

**Rote Rüben** [Rote Be(e)te, Randen]. Die in Europa seit dem 13. Jahrhundert verwendete, zweijährige Gemüsepflanze *Beta vulgaris* L. ssp. *vulgaris* var. *vulgaris* (Chenopodiaceae) ist eine Kulturform der Runkelrübe.
*Zusammensetzung und Verwendung:* Je 100 g eßbarer Anteil enthalten durchschnittlich: 86,2 g Wasser, 1,5 g Protein, 0,1 g Fett und 8,4 g Kohlenhydrate (hauptsächlich Saccharose) sowie 2,5 g Rohfaser. Bemerkenswert sind die hohen Gehalte an Oxalsäure (ca. 180 mg, in Blättern jedoch >900 mg), *Nitrat (200 mg) und *Natrium (58 mg);

der Nährwert beträgt 175 kJ (41 kcal)[1]. Daneben ist die Rote Rübe reich an Folsäure[2]. Die dunkelrote Farbe beruht auf dem Gehalt an Betanin (Beetenrot, Rot 53, E 162) und anderen *Betalainen. Aufgrund der Farbtreue der Betalaine bei pH 3–7 werden Saftkonzentrate der Roten Rübe zur Färbung schwach saurer bis neutraler Lebensmittel (z.B. Molkereiprodukte, Wurst- und Fleischwaren, Süßwaren und Backwaren) eingesetzt[3]. Der typische Geruch wird auf *Geosmin zurückgeführt. Neuere Untersuchungen deuten darauf hin, daß diese Verbindung nicht nur von bestimmten Mikroorganismen (unter anderem *Streptomyces, Penicillium*) gebildet wird, sondern daß die Rote Rübe ebenfalls ein endogenes Biosynthese-Potential für Geosmin besitzt[4]. Die fleischigen Wurzeln der Roten Rübe werden gekocht, zu Salat und Gemüse verarbeitet oder auch in Suppen verwendet, z.B. für die traditionelle russische „Borschtsch". – *E* beet roots, red beets

*Lit.:* [1] Souci et al. (6.), S. 676–678. [2] Jastrebova, J.; Witthöft, C.; Grahn, A.; Svensson, U.; Jägerstad, M., *Food Chem.*, (2003) **80**, 579–588. [3] Stintzing, F. C.; Schieber, A.; Carle, R., *Obst Gemüse Kartoffelverarb.*, (2000) **85**, 196–204. [4] Lu, G.; Edwards, C. G.; Fellman, J. K.; Mattinson, D. S.; Navazio, J., *J. Agric. Food Chem.*, (2003) **51**, 1026–1029.
*allg.:* Franke, W., *Nutzpflanzenkunde*, 6. Aufl.; Thieme: Stuttgart, (1997); S. 200–201 ▪ Herrmann, K., *Inhaltsstoffe von Obst und Gemüse*, Ulmer: Stuttgart, (2001); S. 98–99 – [HS 0706 90]

**Rotfäule.** Nach Wachstum von *Trichothecium roseum* auf Kernobst. Verderb von Eiern durch *Pseudomonas, *Serratia und anderen pigmentierten Bakterien. – *E* red rot, pink rot

**Rotkohl, Rotkraut** siehe *Kohlarten.

**Rotling** siehe *Weinarten.

**Rotschimmelreis** siehe *Monascus purpureus.

**Rotschmierebakterium** siehe *Brevibacterium linens.

**Rotschmierekäse.** Käse, deren gelblich-rötliche bis braune Schmiere durch das Zusammenwirken bestimmter Bakterien und Hefen entsteht. Zur Rotschmiere gehören nicht nur die bekannten *Brevibacterium linens und *Debaryomyces hansenii*, sondern auch Spezies von *Corynebacterium, Arthrobacter* und *Staphylococcus, die z.T. auch über das Salzbad auf den Käse gelangen können. Bei geschmierten Käsen erfolgt die Reifung vom Rand in das Innere. Zu den Standardsorten gehören Bergkäse, Tilsiter, Steinbuscher, Romadur, Limburger, Münsterkäse, *Sauermilchkäse sowie die freien Sorten Weinkäse, Mainauer Käse, Mondseer. – *E* red smear cheese

*Lit.:* Corsetti, A.; Rossi, J.; Gobbetti, M., *Int. J. Food Microbiol.*, (2001) **69**, 1 ▪ Bikash, C.; Ghosh, T.; Sienkiewicz, T.; Krenkel, K., *Milchwissenschaft* (2000) **55**, 628 ▪ Bockelmann, W., *Dtsch. Molk. Ztg.*, (2002) **123**, 93 – [HS 0406 90]

**Rotwein** siehe *Weinarten.

**Rotweinbereitung.** Bei dem Prozeß der Rotweinbereitung stehen vorwiegend die Farbstoffgewinnung, -stabilisierung sowie Geschmacksharmonie im Vordergrund, wobei dabei die Gerbstoffe eine bedeutende Rolle einnehmen. Die gesamte Verarbeitung der blauen Trauben ist somit auf die möglichst vollständige Extraktion der bei den Reben der Gattung *Vitis vinifera* in der Beerenhaut lokalisierten Farbstoffe ausgerichtet. Lediglich bei der Färbertraube befinden sich Farbstoffe im Beerenfleisch.

Von *Botrytis cinerea und anderen Rebschädlingen befallenes Traubenmaterial kann auf Grund der Farbverluste und des längeren Maischekontaktes nicht (*Maischegärung) bzw. nur bedingt (Maischeerhitzung) zu Rotwein verarbeitet werden. Diese Trauben werden negativ ausgelesen, verworfen bzw. zu Roséweinen (siehe *Weiß- und Roséweinbereitung) verarbeitet.

Die Rotweinbereitung wird in die Teilschritte Traubenverarbeitung, Farbgewinnung, Gärung, Weinausbau und Abfüllung untergliedert.

*Traubenverarbeitung:* Da bei faulen Trauben die Farbstoffe durch die Fäulniserreger mittels Oxidationsenzymen zu einem Teil zerstört werden, wird Rotwein vorwiegend mit der Hand geerntet, um somit durch Ausselektionieren der faulen Trauben nur gesundes Lesegut zu erhalten. Wird mit der Maschine gelesen, muß das Traubenmaterial gesund bzw. mit der Hand vorselektiert sein. Die Trauben gelangen dann über unterschiedlichste Transportsysteme vom Weinberg zur Weiterverarbeitung ins Kelterhaus. Im Gegensatz zur Weiß- und Roséweinbereitung ist die Maischeverarbeitung über eine Abbeermaschine zur Entfernung der gerbstoffhaltigen Stiele (geschmacksfördernd) und ein zusätzliches Quetschen der Beeren durch eine Traubenmühle (extraktionsfördernd) fachliche Praxis. Ausnahme bildet hier das Maceration-carbonique-Verfahren, bei dem die Trauben ganz bleiben.

*Farbgewinnung:* Aufgrund der Notwendigkeit der Farbstoffextraktion aus der Beerenhaut haben sich verschiedene Rotweinbereitungsverfahren entwickelt, bei denen *Maische als Ausgangsrohstoff dient.

Um die Farbstoffe aus dem Zellgewebe zu gewinnen, werden nach dem mechanischen Aufbrechen der Zellwände der bei der Gärung entstehende Alkohol (Maischegärung), thermische Energie (Maischeerwärmung, Maischeerhitzung), erzeugter Druck (Cell-Cracking-Verfahren) oder eine Kombination aus Alkohol und Druck (Druckwechselverfahren u. a.) genutzt.

Bei dem *Maceration-carbonique-Verfahren* erfolgt eine alkoholische Gärung unter Kohlendioxid-Atmosphäre in den ganzen Beeren (typisches Beispiel: Beaujolais nouveau). Der entstehende Alkohol und der Kohlendioxiddruck dienen hier zum extrahieren der Farbstoffe.

*Gärung:* Bei der Maischeerhitzung und dem Cell-Cracking erfolgt nach ausreichender Maischestandzeit wenn notwendig eine Abkühlung, bevor die Maische wie bei *Weiß- und Roséweinbereitung gekeltert und weiterverarbeitet wird.

Dient Gärungsalkohol der Extraktion (Maischegärung, Maceration carbonique-Verfahren), so verläuft der Prozeß der *alkoholischen Gärung je nach Rebsorte und gewünschtem Rotweintyp mehr oder weniger lange auf der Maische (von wenigen Tagen bis mehreren Wochen). Bei diesen Verfahren werden meist Reinzuchthefen der Maische zugesetzt. In diesem Stadium erfolgt auch, wenn notwendig, die Anreicherung, um den vermehrten Alkohol zur besseren Farbauslaugung zu nutzen.

Die Rotweinmaische gelangt nach der Maischestandzeit auf die Kelter, wo mittels pneumatisch, hydraulisch oder mechanisch erzeugtem Druck eine Phasentrennung (fest/flüssig) des Traubenmaterials in *Trester und Jungwein erreicht wird.

Je nach Vergärungsgrad des ablaufenden Jungweines erfolgt die Endvergärung in geschlossenen Behältern.

*Weinausbau:* Im Gegensatz zu den Weißweinen wird bei der Rotweinbereitung in der Regel die Säureharmonisierung mit Hilfe des *biologischen Säureabbaus erreicht. Dieser erfolgt teils in der abklingenden Gärung (Nutzung der Gärungswärme), teils nach einer groben Vorklärung in Holz-, Metall-, Kunststoff- oder Glasbehältern, wobei die Holzfaßlagerung auf Grund der Materialeigenschaften einen besonderen Stellenwert einnimmt und die Alterungs- bzw. Oxidationsprozesse, die bei den phenolhaltigen Rotweinen zwecks Geschmacksharmonisierung erwünscht sind, fördern.

Ist der biologische Säureabbau beendet, wird der Rotwein geschwefelt und dem weiteren Weinausbau unterzogen. Dieser dient neben der Geschmacksharmonisierung auch der Stabilisierung und ist vergleichbar mit dem Weinausbau der Weiß- und Roséweinbereitung. – *E* vinification

*Lit.:* Boulton, R. B.; Singleton, V. L.; Bisson, L. F.; Kunkee, R. E., *Principles and Practices of Winemaking*, Kluwer Academic Publishers: Boston, (1999)

**roundup ready soja.** Gentechnisch veränderte, gegen das Herbizid „roundup" (= Glyphosat) tolerante Soja. „Roundup" inhibiert ein für die Synthese von aromatischen Aminosäuren essentielles Enzym, die 5-*O*-Enolpyruvylshikimat-3-phosphat-Synthese (EPSPS). Roundup ready soja ist durch eine genetische Modifikation geschützt. Das Einbringen einer bakteriellen Version von EPSPS macht die Pflanzen unempfindlich gegen das Herbizid, so daß zwar Unkräuter, nicht aber die Sojapflanzen absterben. Zur Analyse mittels PCR-Techniken (polymerase chain reaction) siehe Literatur[1-2].

*Lit.:* [1] Shindo, Y.; Kuribara, H.; Matsuoka, T.; Futo, S.; Sawada, C; Shono, J.; Akiyama, H.; Goda, Y.; Toyoda, M.; Hino, A., *J. AOAC Int.*, (2002) **85**, 1119–1126. [2] Rott, M. E.; Lawrence, T. S.; Wall, E. M.; Green, M. J., *J. Agric. Food Chem.*, (2004) **52**, 5223–5232.
*allg.:* Carman, J., *The Problem with the Safety of Roundup Ready Soybeans*, Physicians and Scientists for Responsible Application of Science and Technology (PSRAST): Stockholm; http://www.psrast.org/subeqau.htm

**RP-IPC.** Abkürzung für Reversed-Phase-*Ionenpaarchromatographie.

**(R,R)-9,10-Dihydroxyoctadecansäure** siehe *Hydroxyfettsäuren.

**RSK-Werte.** Die RSK-Werte sind Beurteilungshilfen (keine Rechtsnormen) zur Bewertung der Echtheit von *Fruchtsäften und daraus hergestellten Erzeugnissen. Die Buchstaben RSK stehen für *Richtwerte* und *Schwankungsbreiten* bestimmter *Kennzahlen*. Sie beziehen sich auf Inhaltsstoffe, welche zur Beurteilung der Identität und Reinheit von Fruchtsäften herangezogen werden. Auf Grund von Einzelwerten ist die Authentizität eines Saftes normalerweise nicht festzustellen[1]. Bei Verdacht auf eine Verfälschung ist daher immer das gesamte Analysenbild zu begutachten. Häufig sind dazu weitere, in den RSK-Werten nicht aufgeführte Parameter zu ermitteln. Zur Möglichkeit der Kombination von RSK-Werten mit anderen Analyseverfahren siehe Literatur[2]. Das RSK-System umfaßt auch Kommentare zu einzelnen Kennzahlen sowie RSK-Analysenmethoden. Die RSK-Werte sind neben den Analysenmethoden im EU-weit geltenden *Code of Practice (CoP) aufgegangen. – *E* RSK-values, guide values and ranges of specific reference numbers for fruit juices

*Lit.:* [1] Arbeitskreis lebensmittelchemischer Sachverständiger (ALS), *Bundesgesundheitsblatt* (1988) **31**, 398. [2] *Z. Lebensm. Unters. Forsch.* **191**, 259–264 (1990).
*allg.:* A.I.J.N., Hrsg., *A.I.J.N.-Code of Practice zur Beurteilung von Frucht- und Gemüsesäften*, Verband der deutschen Fruchtsaftindustrie e. V.: Bonn, (1996); ständige Aktualisierung ▪ Schobinger, U., Hrsg., *Frucht- und Gemüsesäfte*, 3. Aufl.; Ulmer: Stuttgart, (2001)

**Rubratoxin B.** *Mykotoxin von *Penicillium purpurogenum* und *Penicillium rubrum*.

$C_{26}H_{30}O_{11}$, $M_R$ 518,52, farblose Kristalle, $[\alpha]_D^{20}$ +67°C (Aceton); löslich in Ethanol, Aceton, Acetonitril, unlöslich in polaren Lösemitteln.

*Vorkommen:* Rubratoxin B kommt neben Rubratoxin A in verschimmeltem Getreide, Sonnenblumenkernen und Leguminosen sowie daraus hergestellten Produkten vor. Die Bedeutung von Rubratoxin B für Lebensmittel wird als eher gering eingeschätzt.

*Toxikologie:* $LD_{50}$ (Maus p.o.) 120 mg/kg, (Ratte) 450 mg/kg, (Huhn) 83 mg/kg, (Küken) 60 mg/kg. Bei intraperitonealer Applikation spielt das Vehikel eine große Rolle. In Propylenglycol gelöst liegt die $LD_{50}$ von Rubratoxin B für die Maus und das Huhn bei 3,5 bzw. 4 mg/kg, in Dimethylsulfoxid dagegen bei 0,3 bzw. 0,2 mg/kg. Rubratoxin B verursacht degenerative Veränderungen der Leber mit Nekrosen, z.T. auch Schäden in den Nieren. Bei Mäusen teratogene Wirkung, Carcinogenese wahrscheinlich.

Rubratoxikose, ein hämorrhagisches Syndrom, wurde in den USA bei Schweinen, Rindern und Geflügel durch verschimmelten Mais ausgelöst. – *E* rubratoxin B

*Lit.:* Beilstein EV **19/10**, 693 ▪ Nagashima, H.; Nakamura, K.; Goto, T., *Biochem. Biophys. Res. Commun.*, (2001) **287**, 829–832 ▪ Weidenbörner, M., *Encyclopedia of Food Mycotoxins*, Springer: Berlin, (2001) – [CAS 21794-01-4]

**Rüben** siehe *Rote Rüben, *Möhren, *Zuckerrüben und *Raps.

**Rübenkraut** (Rübensirup, Rübensaft). Der aus gekochtem od. auf mind. 78% Trockenmasse eingedickte Saft der *Zuckerrüben. R., raffiniert od. doppelt raffiniert, wird mechan. durch Filterpressen unter Anw. von Filterhilfsmitteln gereinigt. R. findet Verw. als Brotaufstrich. – *E* beet syrup – [HS 1702 90]

**Rübensaft** siehe *Rübenkraut.

**Rübensirup** siehe *Rübenkraut.

**Rübenzucker** siehe *Saccharose.

**Rübsen** siehe *Raps.

**Rückstand.** Allgemeine Bezeichnung für den nach Durchführung eines Verfahrensschrittes zurückbleibenden stofflichen Rest, z. B. höher siedende Reste in Destillationsblasen, unlösliche Reste auf einem Filter oder unlösliche Bestandteile beim Aufschluß im Tiegel. Im engeren, lebensmittel- und umweltrechtlichen Sinn bezeichnet Rückstand die Restmengen von Chemikalien und Substanzen, die als Folge ihrer Anwendung in Ernteprodukten und Nahrungsmitteln oder in der Umwelt verbleiben. Zu diesen angewendeten Substanzen gehören die bei der Erzeugung pflanzlicher Produkte (pflanzliche Nahrungsmittel, Baumwolle) eingesetzten *Pflanzenschutzmittel, die in der Produktion tierischer Nahrungsmittel (Milch, Fleisch, Eier) und Produkte (Wolle) verwendeten Tierarzneimittel und Masthilfsmittel sowie die bei der Lagerung zum Schutz vor Schadorganismen eingesetzten Substanzen. Bei den verbleibenden Resten kann es sich sowohl um die originär eingesetzte Verbindungen als auch um durch Abbaureaktionen entstandene Metaboliten handeln.

Deutlich von Rückständen zu unterscheiden sind Verunreinigungen und Kontaminationen. Diese gelangen unbeabsichtigt aufgrund der allgemeinen Gegebenheiten und der herrschenden Situation in die Umwelt und/oder in Nahrungsmittel (z. B. *Mykotoxine, *Schwermetalle, chlorierte Kohlenwasserstoffe).

Um Verbraucher wirksam vor negativen Auswirkungen durch Rückstände zu schützen, wurden vom Gesetzgeber auf europäischer und nationaler Ebene Verordnungen erlassen, die die erlaubten Mengen an Rückständen in Nahrungsmitteln und in der Umwelt festlegen. Die wichtigsten Regelungen sind die EU-Verordnungen über Höchstmengen für Tierarzneimittelrückstände in Lebensmitteln[1], die *Verordnung über Höchstgehalte an Pestizidrückständen, die *Rückstands-Höchstmen-

genverordnung und das *Lebensmittel- und Futtermittelgesetzbuch (LFGB); dazu kommen im Einzelfall weitere Vorschriften (z. B. Fleisch-Verordnung). Wichtigstes Instrument zur Umsetzung dieser Vorschriften durch die europäischen und nationalen Behörden [in Deutschland durch das Bundesinstitut für Risikobewertung (*BfR) und Bundesamt für Verbraucherschutz und Lebensmittelsicherheit (*BVL)] ist die Festlegung von maximalen Rückstandsgrenzwerten (MRL, von englisch maximum residue limits). Auf Basis umfangreicher toxikologischer Untersuchungen wird für jeden Wirkstoff ein *ADI-Wert (von englisch acceptable daily intake) festgelegt. Ausgehend von diesem Wert und unter Einbeziehung eines *Sicherheitsfaktors erfolgt die Festlegung von MRL für diesen Wirkstoff in all denjenigen Lebensmitteln, in denen er aufgrund seiner Anwendung auftreten kann. Diese Grenzwerte dürfen dann nicht überschritten werden. Wirkstoffe, für die keine MRL festgelegt sind, dürfen in Europa nicht mehr in den Handel gebracht werden. Häufig ermöglicht die Anwendung von „Guter landwirtschaftlicher Praxis" (GAP) ein weiteres Absenken der MRL bei Pflanzenschutzmitteln. Ein Überschreiten der MRL bedeutet nicht zwangsläufig ein toxikologisches Risiko.

Die Kontrolle der Einhaltung dieser Grenzwerte erfolgt von staatlicher Seite durch die chemischen Untersuchungsämter, von seiten der Lebensmittelindustrie durch deren Qualitätskontrolle. Voraussetzung für die Kontrolle ist eine effektive Rückstandsanalytik; Literatur[2,3] informiert über die verwendeten Methoden.

Entgegen der allgemeinen Auffassung, die Belastung der Lebensmittel nehme ständig zu, ist die Tendenz rückläufig, da die strengen Rückstandsverordnungen und die strengen Kontrollen Wirkung zeigen. Ein Grund für die oben genannte Annahme ist die kontinuierliche Verbesserung der Nachweisgrenzen in der Analytik. Dies führt dazu, daß heute extrem geringe Spuren von Rückständen und Verunreinigungen (im ppb- bis ppt-Bereich) nachweisbar sind. Ein anderer Grund sind die Lebensmittelskandale der 90er Jahre, die auf zum Teil ernste Mängel und Lücken in der Überwachung hindeuteten. Einen Überblick über die Belastung von Lebensmitteln geben die jährlichen Monitoring-Berichte des Bundesamt für Verbraucherschutz und Lebensmittelsicherheit (BVL)[4]. – *E* residue

*Lit.:* [1] Verordnung (EWG) Nr. 2377/90 des Rates vom 26. Juni 1990 zur Schaffung eines Gemeinschaftsverfahrens für die Festsetzung von Höchstmengen für Tierarzneimittelrückstände in Nahrungsmitteln tierischen Ursprungs (Amtsblatt der EG Nr. L 224). [2] Thier und Frehse, Rückstandsanalytik von Pflanzenschutzmitteln, Stuttgart: Thieme 1986. [3] Rüssel, Rückstandsanalytik von Wirkstoffen in tierischen Produkten, Stuttgart: Thieme 1986. [4] http://www.bvl.bund.de (Presse/Informationen für Verbraucher/Informationsmaterial). *allg.:* Amerongen, A., van; Barug, D.; Lauwaars, M., Hrsg., *Rapid Methods for Biological and Chemical Contaminants in Food and Feed*, Wageningen Academic Publishers: Wageningen, (2005) ▪ Ebdon, L.; Cornelis, R.; Crews, H.; Pitts, L.;

Donard, O. F. X.; Quevauviller, P., Hrsg., *Trace Element Speciation for Environment, Food and Health*, Royal Society of Chemistry: Cambridge, (2001) ■ Merian, E.; Anke, M.; Ihnat, M.; Stoeppler, M., Hrsg., *Elements and their Compounds in the Environment – Occurrence, Analysis and Biological Relevance*, 2. Aufl.; Wiley-VCH: Weinheim, (2004), Bd. 1–3 ■ Riviere, J., *Chemical Food Safety – A Scientist's Perspective*, Blackwell Publishing: Oxford, (2002) ■ Watson, D., Hrsg., *Pesticide, Veterinary and other Residues in Food*, Woodhead Publishing Limited: Cambridge, (2004)

**Rückstands-Höchstmengenverordnung** (Abkürzung RHmV). Die RHmV[1] nennt aus Gründen des Gesundheitsschutzes des Verbrauchers Höchstmengen an *Rückständen von *Pflanzenschutzmitteln und sonstigen Mitteln für *Lebensmittel tierischen Ursprungs und pflanzlicher Herkunft sowie für Tabakerzeugnisse (§ 5), die beim gewerbsmäßigen Inverkehrbringen nicht überschritten sein dürfen. Sie regelt auch die Höchstmengenberechnung für zusammengesetzte Lebensmittel (§ 2).
Die Angabe erfolgt in mg/kg, auf den jeweiligen Bezug ist aber genau zu achten: In der Regel beziehen sich die Höchstmengenangaben bei Lebensmitteln tierischen Ursprungs auf den Fettgehalt, bei Lebensmitteln pflanzlicher Herkunft auf das Frischgewicht. *Sonderregelungen:* z.B. Eier = ohne Schale; fettarme Milcherzeugnisse = Gesamtgewicht; Gewürze, Tee = getrocknete Erzeugnisse.
Für Lebensmittel pflanzlicher Herkunft, die in den Anlagen bei dem jeweiligen Stoff nicht genannt sind, gilt für bestimmte Lebensmittel die jeweils höchste genannte Menge als Höchstmenge, ansonsten allgemein für Lebensmittel die Zehntel-Toleranz, ausgehend von der niedrigsten Menge, mindestens jedoch 0,01 mg/kg. Eine *allgemeine Höchstmenge* von 0,01 mg Wirkstoff/kg Lebensmittel wird für bestimmte Stoffe festgelegt (§ 1 Abs. 4).
Für die Probenahme der amtlichen Kontrolle ist das Verfahren der *Amtlichen Sammlung von Untersuchungsverfahren nach § 64 LFGB (ex § 35 LMBG) verbindlich vorgeschrieben und damit strikt einzuhalten (§ 4). Die Verordnung ist die Umsetzung verschiedener EG-Richtlinien, ebenso zahlreiche Höchstmengen der Anlagen; Regelungen über Rückstände finden sich auch in der *Trinkwasser-Verordnung und *Diät-Verordnung.
*Lit.:* [1] Verordnung über Höchstmengen an Rückständen von Pflanzenschutz- und Schädlingsbekämpfungsmitteln, Düngemitteln und sonstigen Mitteln in oder auf Lebensmitteln und Tabakerzeugnissen (Rückstands-Höchstmengenverordnung – RHmV) in der Fassung der Bekanntmachung vom 21.10.1999 (BGBl. I, S. 2082, berichtigt BGBl. 2002 I, S. 1004; mehrfach geändert).
*allg.:* Meyer, A. H., *Lebensmittelrecht*, C. H. Beck: München, (Loseblattsammlung); Nr. 1360

**Rugulosin.**

(+)-Form

$C_{30}H_{22}O_{10}$, $M_R$ 542,50, Schmp. 290 °C (Zersetzung). $[\alpha]_D$ +466° (Dioxan). Modifiziertes Bianthrachinon und hepatotoxisches *Mykotoxin, das von verschiedenen Schimmelpilzen, insbesondere *Penicillium islandicum* [(−)-Form] u. *Penicillium rugulosum* [(+)-Form], gebildet wird. Von *Penicillium islandicum* sind außer Rugulosin 20 Bianthrachinone und eine Reihe einfacher Anthrachinone bekannt (z.B. Chrysophanol, *Emodin, Islandicin, *Skyrin, *Luteoskyrin).
*Vorkommen:* Rugulosin wird beim Wachstum der verschiedenen *Penicillium*-Arten auf Getreide und Fleischprodukten gebildet. Weitere Rugulosin-Produzenten sind *Endothia parasitica* (Verursacher des „Kastaniensterbens"), *Myrothecium verrucaria* und Flechten (Flechten-Farbstoffe).
*Toxikologie:* Rugulosin und Luteoskyrin sind für die Symptome der in Asien häufig auftretenden Mykotoxikose „yellow rice disease" verantwortlich. Rugulosin ist hepatotoxisch und carcinogen, erzeugt Chromosomenaberrationen und hemmt die Replikation, Transkription und Reparatur von DNA in der Zelle. $LD_{50}$ für (+)-Rugulosin (Ratte i.p.) 44 mg/kg. Sowohl (+)- als auch (−)-Rugulosin wirken antibakteriell und cytotoxisch. (+)-Rugulosin induziert in Mäusen Leberzirrhose und -tumoren. – **E** rugulosin
*Lit.:* DeVries, J. W.; Trucksess, M. W.; Jackson, L. S., Hrsg., *Mycotoxins and Food Safety*, Kluwer Academic/Plenum Publishers: New York, (2002) ■ Weidenbörner, M., *Encyclopedia of Food Mycotoxins*, Springer: Berlin, (2001) – [CAS 23537-16-8 (+)-Rugulosin); 21884-45-7 (−)-Rugulosin)]

**Rul.** Kurzz. für D-*Ribulose.

**Ruländer** siehe *Weintraube.

**Rum.** 1. Die *Spirituose, die ausschließlich durch alkoholische Gärung und Destillation von aus der Herstellung von Rohrzucker stammender *Melasse oder Sirup oder aber vom Saft des Zuckerrohrs selbst gewonnen und auf weniger als 96% vol destilliert wird. Das Destillat muß in wahrnehmbaren Maße die besonderen organoleptischen Merkmale von Rum aufweisen.
2. Die ausschließlich aus der alkoholischen Gärung und der Destillation von Saft aus *Zuckerrohr gewonnene Spirituose, die die besonderen Aromamerkmale von Rum sowie einen Gehalt an flüchtigen Stoffen von mindestens 225 g/hL reinen Alkohol (r.A.) aufweist. Diese Spirituose darf mit der Bezeichnung „landwirtschaftlich" als Ergänzung der Bezeichnung „Rum" zusammen mit einer der geographischen Bezeichnungen der französischen überseeischen Departemente gemäß Anhang II vermarktet werden (VO (EWG) 1576/89 vom 29.05.1989, Amtsblatt der EG Nr. L 160). Der Alkoholgehalt beträgt mindestens 37,5% vol.
Vermutlich stammt der Name aus dem malaiischen Wort brum für Brand. Im 18. Jahrhundert bezeichneten die Franzosen Tumulte unter Alkoholeinfluss als „rumbullion", abgeleitet von dem Wort „rébellion". Die Maische wird aus Melasse, den sogenannten „skimmings" (sehr zuckerhaltiger

Schaum, der beim Zuckersieden entsteht) und „dunder" (Rumschlempe aus dem vorhergegangenen Prozeß) bereitet. Die Schlempe (Rückstand aus der Destillationskolonne nach Abtrennung des Alkohols) wird in offenen Bottichen einer sehr übel riechenden Säuregärung mit Mischpopulationen unterworfen. Früher verwandte man als Mikroorganismenflora Flüssigkeiten aus Abfallgruben, um durch die unreine Gärführung die Aromabildung zu begünstigen. Heute werden gezüchtete, geheimgehaltene Mischpopulationen eingesetzt. Der hohe Säureanteil in der Maische führt zu einer vermehrten Ester-Bildung. Nach 3–12 Tagen Gärzeit wird die Maische abdestilliert.

Rum ist ursprünglich wasserhell (weißer Rum), braun wird er durch Zusatz von *Karamel oder *Zuckercouleur. Wichtige Herstellungsgebiete sind französische Überseedepartements (Martinique, Guadeloupe, Réunion, Guyana), sowie Jamaika, Kuba, Barbados, Puerto Rico, Surinam, Mauritius und Madagaskar. „Original-Rum" erfährt im Inland keinerlei Veränderungen mehr, während „Echter Rum" im Inland auf Trinkstärke (mindestens 37,5% vol Alkohol) herabgesetzt wurde. Bekanntester Rum in Deutschland ist der Bacardi-Rum.

*Strohrum* ist ein österreichisches Produkt der Firma Sebastian Stroh und enthält 38, 60 oder 80% vol Alkohol. – *E* rum

*Lit.:* Kolb, E., Hrsg., *Spirituosen-Technologie*, Behr's: Hamburg, (2002); S. 56, 533 – *[HS 2208 40]*

**Rundmaul** siehe *Fisch.

# S

**SA.** Abk. für *Serumalbumin.

**Saatgutbehandlung.** Pflanzenschutzmaßnahme, um ausgebrachte Saat (auch Pflanzkartoffeln) vor Pilzinfektionen sowie Insekten und Vogelfraß zu bewahren. Diese sogenannten *Beizmittel* enthalten verschiedene Kombinationen von *Insektiziden, *Fungiziden und Vogel-*Repellentien, die in Form einer Flüssig- oder Trockenbeize in Mischern auf die Saat aufgezogen oder als Lösung gesprüht werden. Bei pilliertem Saatgut sind die Wirkstoffe Bestandteile der Umhüllung. Insektizide und Fungizide mit systemischer Wirkung werden bevorzugt verwendet, da sie auch den wachsenden Keimling eine Zeit lang schützen. – *E* seed protectants

*Lit.:* Bundesamt für Verbraucherschutz und Lebensmittelsicherheit, Hrsg., *Pflanzenschutzmittel-Verzeichnis*, Saphir: Ribbesbüttel, (jährlich aktualisiert; Verzeichnis zugelassener Pflanzenschutzmittel); Tl. 1 und 2; Online-Datenbank: http://www.bvl.bund.de

**Saatplatterbsen** siehe *Erbsen.

**3-Sabinanon** siehe *Thujon.

**Sabinen** siehe *Terpene.

**Sabinenhydrat** siehe *Terpene.

**Sabinsäure** siehe *Hydroxyfettsäuren.

**Saccharase** siehe *Invertase.

**Saccharase-Zahl.** Die Saccharase-Zahl (auch α-Invertase-, Glucosidase-Zahl genannt) ist ein Maß für die Saccharase-Aktivität (s. *Invertase) in *Honig. Sie gibt an, wie viele Gramm Saccharose von den in Honig enthaltenen Enzymen unter den Versuchsbedingungen in 1 h gespalten werden[1]. Die Saccharase-Zahl wird in Verbindung mit der Amylase-Zahl (*Diastase-Zahl) zur Beurteilung des Grades der Hitzebehandlung von Honig benutzt. Honige mit einer Saccharase-Zahl von mindestens 7 gestatten den Zusatz von qualitätshervorhebenden Angaben, wie „kalt geschleudert", „mit natürlichem Fermentgehalt", „feinster", „bester"[2]. Übersteigt die Saccharase-Zahl den Wert 10, kann bei einem solchen Honig auf den erhöhten Enzymgehalt durch die Angabe „fermentreich" hingewiesen werden. Honige zeigen bereits vom Ursprung her große Unterschiede des Enzymgehalts: bei frisch gewonnenem Honig liegt die Saccharase-Zahl bei etwa 10–25, bei enzymarmen Sorten zwischen 8 und 12. Bei Handelshonig schwanken die Werte zwischen 2 und 10, bei einer Schädigung durch Erwärmung können sie bis auf unter 0,5 ab-

sinken. Honige mit hoher Saccharase-Zahl dürfen keinesfalls mit Angaben wie „gesundheitsfördernd" in den Handel gebracht werden. – *E* saccharase number

*Lit.:* [1]Hadorn, H.; Zürcher, K., *Dtsch. Lebensm. Rundsch.*, (1966) **62**, 195–201. [2]*Schweizerisches Lebensmittelbuch*, 5. Aufl.; Eidgenössische Drucksachen- und Materialzentrale: Bern, (seit 1964); Bd. 2, Kap. 23 (seit 2001 als Neubearbeitung auf CD-ROM).
*allg.:* Leitsätze für Honig des Deutschen Lebensmittelbuches vom 15./16.03.1972 in der Fassung vom 31.03.1977 (BAnz. Nr. 67 vom 06.04.1977), geändert am 29./30.11.1983 (Beilage zum BAnz. Nr. 100 vom 26.05.1984, GMBl. Nr. 14, S. 228)

**Saccharide** siehe *Kohlenhydrate, *Monosaccharide, *Disaccharide, *Oligosaccharide und *Polysaccharide.

**Saccharin** [1,2-Benzisothiazol-3(2*H*)-on-1,1-dioxid, 2-Sulfobenzoesäureimid, Benzosulfimid].

$C_7H_5NO_3S$, $M_R$ 183,18. Farblose, sehr süß schmeckende Kristalle mit schwach bitterem Nachgeschmack, D. 0,828, Schmp. 229–230 °C, schwerlöslich in kaltem Wasser, löslich in siedendem Wasser mit saurer Reaktion, löslich in Alkohol, leicht löslich in Alkalicarbonat-Lösung. Saccharin hat die 550fache Süßkraft von *Saccharose. Es schmeckt noch in einer Verdünnung von 1:200000 süß. Wegen der besseren Löslichkeit wird Saccharin meist als Natriumsalz, $C_7H_4NNaO_3S \cdot 2H_2O$, $M_R$ 205,16 (450mal süßer als Saccharose) verwendet; siehe auch *Süßstoffe. Saccharin besitzt keinen physiologischen Brennwert.
*Herstellung:* Aus Toluol über *o*-Toluolsulfonsäureamid und Oxidation mit Kaliumpermanganat zu 2-Sulfamoylbenzoesäure (*Remsen-Fahlberg-Verfahren*, 1879) oder von Phthalsäureanhydrid ausgehend (*Maumee-Verfahren*).
*Toxikologie:* Saccharin unterliegt nur einer geringfügigen Metabolisierung und wird zu 99% unverändert mit dem Urin ausgeschieden. Der vorläufige ADI-Wert beträgt 0–5 mg/kg Körpergewicht/Tag. Als NOEL (Ratte) werden 500 mg/kg Körpergewicht/Tag angegeben[1]. Das Natriumsalz des Saccharins wirkt an der Ratte bei sehr hoher Dosierung (5% im Futter) über zwei Generationen hinweg als Blasencarcinogen oder zumindest als Tumorpromotor[2,3]. Das Kation ist für diese Effekte

entscheidend, denn das Kaliumsalz und Calciumsalz zeigen diese Wirkung nicht[4]. Die carcinogene Wirkung, die nicht auf einem genotoxischen Mechanismus beruht[5,6], wurde nur an Ratten und an keiner anderen Spezies beobachtet. Epidemiologische Studien geben keine schlüssigen Hinweise auf eine carcinogene Wirkung am Menschen[7,8]. In den USA besitzt Saccharin zwar keinen *GRAS-Status, ist aber seit 1987 unter entsprechenden Warnhinweisen wieder zugelassen. Zur Aufnahme von Saccharin bei durchschnittlicher Ernährung siehe Literatur[9]. Eine Zusammenfassung der Toxikologie gibt Literatur[7,8,10,11]. Saccharin besitzt antikariögene Wirkung[12]. Berichte über einzelne Fälle photoallergischer Wirkungen von Saccharin nach oraler Exposition aus den 70er Jahren, die vereinzelt in medizinischen Nachschlagewerken genannt werden, konnten in neueren Studien nach dermaler Applikation von Saccharin nicht bestätigt werden. Nach einer Stellungnahme des *BgVV von 2002 ist mit dem Verzehr Saccharin-haltiger Lebensmittel kein erhöhtes Risiko für eine photoallergene Wirkung verbunden[13].

*Analytik:* Zum Nachweis von Saccharin in Lebensmitteln und Futtermitteln stehen photometrische[14], dünnschichtchromatographische[15], HPLC-[16,17] und ionenchromatographische[18] Verfahren zur Verfügung [siehe auch die Methoden nach § 64 *LFGB (ex § 35 LMBG) L 57.22.02-1 und L 57.22.99-2]. Saccharin wird auch technisch als Härtebildner für Dispersionsschichten in galvanischen Nickelbädern eingesetzt. Zum Nachweis von Saccharin in diesem Zusammenhang siehe Literatur[19].

*Recht:* E 954 Saccharin und seine Natrium-, Kalium- und Calciumsalze.

*Zulassung:* Zum Süßen von bestimmten Lebensmitteln zugelassener Zusatzstoff nach *Zusatzstoff-Zulassungsverordnung (ZZulV) Anlage 2 (zu § 4 Abs. 1 und § 7) Teil B (Süßstoffe). Dort sind auch die Höchstmengen an Saccharin für die jeweiligen Lebensmittel geregelt.

*Reinheitsanforderungen:* *Zusatzstoff-Verkehrsverordnung Anlage 2 (zu § 3 Abs. 1) Liste B Teil I (Reinheitsanforderungen nach Richtlinie 95/31/EG vom 05.07.1995, Amtsblatt der EG Nr. L 178, S. 1, geändert durch die Richtlinie 2001/52/EG vom 03.07.2001, Amtsblatt der EG Nr. L 190, S. 18).

*Kenntlichmachung:* § 9 Abs. 2 ZZulV: Der Gehalt an einem Süßungsmittel in Lebensmitteln ist generell in Verbindung mit der Verkehrsbezeichnung durch die Angabe „mit Süßungsmittel" kenntlich zu machen.

*Weitere rechtliche Regelungen:* Neben anderen ist laut Weinverordnung Anlage 3 (zu § 11 Abs. 4 Satz 2 Nr. 3) auch E 954 Saccharin bei der Herstellung von weinhaltigen Getränken als Süßungsmittel zugelassen.

Des weiteren ist Saccharin nach Anlage 1 zu § 1 Tabakverordnung als Zusatzstoff bei Kautabak zugelassen. Allerdings muß der Gehalt an diesem Stoff nach § 3 Abs. 4 durch die Angabe „mit Süßstoff Saccharin" kenntlich gemacht werden. – *E* saccharin

*Lit.:* [1]Food Add. Contam. **7**, 463–475 (1990). [2]Cancer Res. **49**, 3789–3794 (1989). [3]Carcinogenesis **16**, 2743–2750 (1995). [4]Toxicol. in vitro **3**, 201–205 (1989). [5]Food Chem. Toxicol. **26**, 637–644 (1988). [6]Food Chem. Toxicol. **27**, 143–149 (1989). [7]Crit. Rev. Toxicol. **20**, 311–326 (1990). [8]Food Chem. Toxicol. **32**, 207–213 (1994). [9]Z. Lebensm. Unters.-Forsch. **186**, 11–15, 197–200 (1988). [10]IARC, Hrsg., *Overall Evaluations of Carcinogenicity: An Updating of IARC Monographs Volumes 1 to 42*; IARC Monographs on the Evaluation of Carcinogenic Risks to Humans, Supplement 7; IARC: Lyon, (1987); S. 334–338. [11]Regul. Toxicol. Pharmacol. **15**, 253–270 (1992). [12]Z. Ernährungswiss. **27**, 155–169 (1988). [13]BgVV, *Wirkt Saccharin photoallergen?*, Stellungnahme vom 06.06.2002; http://www.bfr.bund.de. [14]Nahrung **33**, 83ff. (1989). [15]Nahrung **31**, 105–108 (1987). [16]J. Assoc. Off. Anal. Chem. **71**, 1210ff. (1988). [17]Dtsch. Lebensm. Rundsch. **86**, 348–351 (1990). [18]J. Chromatogr. **463**, 463–468 (1989). [19]GIT Fachz. Lab. **1994**, Nr. 4, 298–303. *allg.:* Belitz-Grosch-Schieberle (5.), S. 427 ▪ Merck-Index (13.), Nr. 8390 ▪ Ullmann (5.) **A9**, 242; **A11**, 563 – *[HS 2925 11; CAS 81-07-2]*

**Saccharomyces** (von Sanskrit: sarkara = aus Bambus gewonnener Zucker). Leitgattung der Familie der Saccharomycetaceae (echte *Hefen*), die zur Ordnung Endomycetales in der Klasse der Endomycetes (Abteilung: Ascomycota, *Ascomyceten*) gerechnet wird. *Saccharomyces*-Stämme verfügen über einen ausgeprägten Gärungsstoffwechsel und können in der Regel verschiedene Zucker (z.B. Glucose, Maltose, Galactose, Raffinose) zu Ethanol vergären (*alkoholische Gärung*). Polymere Kohlenwasserstoffe müssen vor der Umsetzung im allgemeinen erst zu niedermolekularen Zuckern abgebaut werden.

*Vorkommen:* *Saccharomyces*-Arten leben in der Natur vorwiegend auf Früchten sowie in Pflanzensaftflüssen und sind nicht pathogen.

*Recht:* Sicherheitsstufe nach Anhang IB der Gentechnik-Sicherheits-VO 1990: Alle Hefen der Gattung *Saccharomyces* sind der Risikogruppe 1 zugeordnet.

*Biotechnologie und Gentechnik:* Die sogenannten Kulturhefen, bei denen es sich in der Regel um verschiedene Stämme von *Saccharomyces cerevisiae* handelt, werden v.a. bei der Produktion von Nahrungs- und Genußmitteln eingesetzt. Reinkulturen obergäriger Stämme dieser Hefe werden als Backhefe bei der Weißbrotherstellung (Treibmittel) benötigt und finden bei der Ethanol-Produktion sowie als *Bierhefen* Verwendung. Ebenfalls zur Art *Saccharomyces cerevisiae* gehören die als *Saccharomyces carlsbergensis* bezeichneten untergärigen Bierhefen, die als *Saccharomyces sake* bekannten Reisweinhefen und die als *Saccharomyces ellipsoides* bezeichneten Weinhefen. Die osmophile Hefe *Saccharomyces rouxii* (= *Zygosaccharomyces rouxii*) wird zur Herstellung von *Sojasoße* (Shoyu) und Sojapaste (*Miso*) benötigt, ist in Nahrungsmitteln mit hohem Zuckeranteil enthalten und wird bei der Glycerol-Gärung eingesetzt. *Saccharomyces-cerevisiae*-Stämme sind u.a. an der Kakaofermentation beteiligt und werden zur Gewinnung von Xylit aus Xylulose herangezogen. *Saccharomyces cerevisiae* wird zur Herstellung von

*Hefeextrakt verwendet. Für die Produktion der Enzyme *Invertase und β-*Galactosidase ist *Saccharomyces fragilis* (= *Kluyveromyces marxianus* var. *marxianus*) geeignet. *Saccharomyces carlsbergensis* (= *Saccharomyces cerevisiae*) liefert α-*Glucosidase. Auch *Biotransformationen können mit Hilfe von *Saccharomyces* durchgeführt werden. So wird der erste Schritt der technischen Synthese von (−)-Ephedrin von *Saccharomyces cerevisiae* katalysiert. Darüber hinaus liefern *Saccharomyces*-Hefen RNA zur Produktion der Nucleotide 5′-*IMP und 5′-*GMP. In Japan dient *Saccharomyces carlsbergensis* (= *Saccharomyces cerevisiae*) zur Gewinnung von CDP-Cholin[1,2].

*Saccharomyces cerevisiae* war die erste Hefe, deren Genom vollständig sequenziert wurde (Genomdatenbank[3]). Die meisten Stämme von *Saccharomyces cerevisiae* enthalten das kleine 2-Mikron-Plasmid, die sogenannte 2μ-DNA. Mit diesem Plasmid konnten Vektoren konstruiert werden, die die Expression von Fremdgenen in *Saccharomyces cerevisiae* ermöglichen (Einzelheiten über 2μ-Vektoren siehe Literatur[4]). Bei der gentechnischen Herstellung von Eukaryonten-Proteinen hat *Saccharomyces cerevisiae* oftmals *Escherichia coli* als Klonierungswirt abgelöst (z.B. Hirudin-Produktion). Die Vektoren für *Saccharomyces cerevisiae* sind meistens Hybride aus Hefe-DNA und *Escherichia-coli*-Plasmiden und können als Pendelvektoren eingesetzt werden (Zusammenfassung siehe Literatur[5]). Mit Hilfe gentechnischer Methoden lassen sich z.B. auch verbesserte Fermentationseigenschaften erzielen (z.B. *Saccharomyces-cerevisiae*-Stämme mit α-*Amylase aus *Bacillus subtilis* zur direkten Vergärung Stärke-haltiger Substrate). Bei der Wein-, Bier-, Sake- und Ethanol-Herstellung können die leistungsfähigen Hefe-Rassen vor unerwünschter Hefekontamination durch Übertragung des Killer-Faktors aus dem Wildtyp geschützt werden. – *E* Saccharomyces

*Lit.:* [1] Annu. Rev. Ferm. Proc. **3**, 253–274 (1979). [2] Ogata et al., Microbial Production of Nucleic Acid Related Substances, Tokyo: Kodansha Ltd. (1976). [3] http://mips.gsf.de/proj/yeast/CYGD/hemi. [4] Curr. Top. Microbiol. Immunol. **96**, 119–144 (1982). [5] Saunders u. Saunders, Microbial Genetics Applied to Biotechnology. Principles and Techniques of Gene Transfer and Manipulation, London: Croom Helm (1987).
*allg.:* Barnett, J. A.; Payne, R. W.; Yarrow, D., *Yeasts: Characteristics and Identification*, Cambridge Univ. Press: Cambridge, (2000) ▪ Weidenbörner, M., *Encyclopedia of Food Mycotoxins*, Springer: Berlin, (2001)

## Saccharose

(β-D-Fructofuranosyl-α-D-glucopyranosid, α-D-Glucopyranosyl-β-D-fructofuranosid, Rohrzucker, Rübenzucker, Sucrose, Sukrose).

$C_{12}H_{22}O_{11}$, $M_R$ 342,30, farblose Krist. (zeigen Tribolumineszenz), Schmp. 185–186°C (Zers. ab ca. 160°C, Karamelisierung) od. Pulver, $[\alpha]_D^{20}$ +66,5°, D. 1,5879, Schüttdichte 0,930 t/m³ (Kristallzucker)

bzw. ca. 0,600 t/m³ (Puderzucker). Saccharose ist ein aus α-Glucose u. β-Fructose aufgebautes *Disaccharid, leicht lösl. in Wasser (2,4 g/g bei 20°C, 4,87 g/g bei 100°C), in Pyridin, Dimethylformamid u. Dimethylsulfoxid, wenig lösl. in Ethanol, unlösl. in Diethylether. Die wichtigste Eigenschaft der Saccharose ist ihr süßer Geschmack (Bezugssubstanz bei Messung des Süßwertes S = 100, vgl. *Süßstoffe), auf dem ihre große wirtschaftliche Bedeutung beruht. Bei 5°C schmeckt Fructose süßer als Saccharose, bei höheren Temp. (>40°C) ist es umgekehrt. Der intensivste Geschmack wird von Saccharose bei 32–38°C erreicht.

*Eigenschaften:* Die Carbonyl-C-Atome der Glucose-Einheit u. der Fructose-Einheit sind an der glycosid. Bindung des Saccharose-Mol. beteiligt. Daraus folgt: Es existieren keine anomeren Formen; *Mutarotation, Osazon-Bildung u. die Red. Fehlingscher Lsg. finden nicht statt. Durch saure od. enzymat. Hydrolyse (s. *Invertase) wird Saccharose in Glucose u. Fructose gespalten (*Invertzucker). Saccharose ist sehr säureempfindlich, weshalb bei der Zuckergewinnung in den Zuckerfabriken der pH-Wert streng kontrolliert werden muß. Die Hydrolyse beginnt bereits bei pH 8,5, in wäss. Lsg. ist Saccharose bei pH 9,0 am stabilsten. Starke Alkalien überführen Saccharose in Gemische organ. Säuren (überwiegend Milchsäure), Ketone u. cycl. Kondensationsprodukte. Der Mechanismus ist unklar, Hydrolyse zu Glucose u. Fructose tritt nicht ein. Die therm. Zers. von Saccharose beginnt ab 160°C zu komplexen Gemischen von nicht reduzierenden Trisacchariden (*Kestosen).

*Vorkommen:* In größeren Mengen im Zuckerrohr, der Zuckerrübe u. Zuckerpalmen (Palmzucker); in kleinen Mengen in zahlreichen Pflanzen, z.B. Datteln, Zuckermais, Baumsäften (u.a. Ahornsaft).

*Gewinnung:* Die kommerzielle Gewinnung der Saccharose erfolgt durch Extraktion von Zuckerrohr (siehe Abbildung) od. Zuckerrüben.

1. *Gewinnung von Rübenzucker:* *Zuckerrüben (*Beta vulgaris* spp. *vulgaris* var. *altissima* u. *saccharifera*, Chenopodiaceae) werden vorwiegend in Europa, von der Poebene bis Südschweden, angebaut u. sind die Feldfrüchte mit der höchsten Nährwertproduktion je Flächeneinheit, die Ackerfläche betrug 2002 1,8 Mio. ha, davon 0,455 Mio. ha in Deutschland. Als optimale Pflanzenzahl gelten 65000–80000 Rüben je ha. Aufgrund des großen Blattanteils (wesentlich größer als bei der Futterrübe) ist die Assimilationsfläche je ha um ein Vielfaches größer als bei anderen Kulturpflanzen. In Deutschland wurden 2003 4,0 Mio. t Zucker hergestellt u. 2,8 Mio. t verbraucht. Zuckerrüben haben einen Saccharose-Gehalt von etwa 16–20%. Bei einem durchschnittlichen Rübenertrag von 45 t/ha erhält man 6 t Saccharose pro ha. In Deutschland ist eine nahezu vollständige Eigenversorgung mit Zucker gegeben. 3% des Weltmarktes an Pflanzenschutzmitteln gehen in den Rübenanbau.

Die Rüben werden während der „Zuckerkampagne", diese liegt in den jeweiligen Haupterntezeiten, an die Zuckerfabriken geliefert. Der Saccharose-Gehalt verringert sich durch enzymat. Abbau rasch, weshalb die Rüben gleich nach der Ernte verarbeitet werden sollten. Über sog. Schwemmkanäle entlang von Schmutzsammlern werden sie zur Waschanlage befördert, wo sie über verschiedene Waschvorrichtungen u. Siebe von anhaftendem Schmutz befreit u. mit unterschiedlichen Zerkleinerungssyst. zu sog. *Rübenschnitzeln* verarbeitet werden. Das Waschwasser enthält bereits zuviel Saccharose, um es ohne Klärung (zu hoher biolog. Sauerstoff-Bedarf) abzuleiten, weshalb es in Klärbecken vorbehandelt werden muß. Das teilw. Denaturieren der Zellwände kann durch Erwärmung der Schnitzel nach dem Schnitt je nach deren Unversehrtheit auf 50–70°C erfolgen. Diese Erwärmung reduziert auch die mikrobiolog. Aktivität. Die Rübenschnitzel werden im Gegenstromprinzip mit Wasser (ca. 5–20% mehr als Rübeneinwaage) extrahiert, Verweilzeit in der Extraktionsanlage ca. 40–60 min. Bei gesunden, ungefrorenen Rüben tritt die Saccharose aus den Zellen in den Extrakt aus, die anderen Zellbestandteile bleiben weitgehend in den Zellen. Der Rohsaft enthält neben 13–15% Saccharose auch Proteine, Pektine, freie Aminosäuren (Glutamin), organ. Säuren u. anorgan. Salze, ist dunkelgrau trübe von Zellbestandteilen, sehr feinem Schmutz u. kolloidalen Verunreinigungen, insgesamt enthält er >70% Feststoffe. Die extrahierten Schnitzel (Wassergehalt 92%, Saccharose-Gehalt 1%) werden bis auf einen Wassergehalt von 75% ausgepreßt. Insgesamt gehen 2% des Saccharose-Gehaltes der Zuckerrüben mit den ausgepreßten Schnitzeln verloren, die als Viehfutter Verw. finden. Das Preßwasser wird in die Extraktionsanlage zurückgespeist. Falls notwendig werden dann noch Desinfektionsmittel zugeführt. Der Rohsaft wird mit Kalkmilch od. gebranntem Kalk versetzt, 2–5% bezogen auf die eingesetzte Rübenschnitzelmenge. Diese Kalkung (Scheidung) bewirkt das Ausfällen von Calciumsalzen der enthaltenen organ. Säuren, von Pektinen

u. Proteinen sowie die Umwandlung des Invertzuckers in organ. Säuren, die keine unlösl. Calciumsalze bilden. Dann erfolgt eine pH-Senkung mit Kohlendioxid; Calciumcarbonat wird hierbei ausgefällt (Carbonation od. Carbonatation). Der Dünnsaft wird filtriert u. ein zweites Mal mit Kohlendioxid behandelt (98°C), wobei sich weniger Schlamm bildet als beim ersten Mal. Der sog. Scheideschlamm dient als Düngemittel. Der Extrakt wird beim Eindampfen zur Entfärbung mit Schwefeldioxid behandelt (Sulfitation, 150 ppm) u. vom ausgefällten Calciumsulfit abfiltriert. Der so erhaltene klare Zuckersaft (*Dünnsaft* von 10–15% Saccharose) wird zu *Dicksaft* eingedampft. Die Dicksaftreinheit (gewöhnlich bei 93% Saccharose u. 7% Nichtzucker) ist ein Qualitätsmerkmal für die Zuckerausbeute. Der Dicksaft wird in Kochapparaten im Vak. bis zur Übersättigung weiter eingedampft u. mit Saccharose-Krist. geimpft. Das Eindampfen erfolgt kontinuierlich. Das Kristall/Sirup-Gemisch (*Muttersirup*) wird zentrifugiert. Man erhält Rohzucker, der gleich weiterverarbeitet werden kann u. *Grünsirup*, der in einem zweiten Kochapparat erneut zur Krist. gebracht wird. Dieser Rohzucker ist weniger rein u. wird dem frischen Dicksaft zugeführt. Der zweite Grünsirup kann eventuell noch einmal aufkonzentriert u. ein noch schlechterer Zucker gewonnen werden. Der Sirup, der noch an den Rohzuckerkrist. haftet, wird mit aufgesprühtem Wasser in Zentrifugen entfernt. Der Endsirup aus der dritten Stufe, aus dem durch Krist. kein Rohzucker mehr gewonnen werden kann, heißt *Melasse. Die Entzuckerung von Melasse mit Ionenaustauscher-Harzen ist bei der Rübenzuckergewinnung üblich. Dort enthält die Melasse noch 50% Saccharose u. nur 1–2% Invertzucker, die Zuckerrohrmelassen enthalten dagegen 20–30% Saccharose neben 15–20% Invertzucker, so daß die Gewinnung von Saccharose hier zu teuer wird.

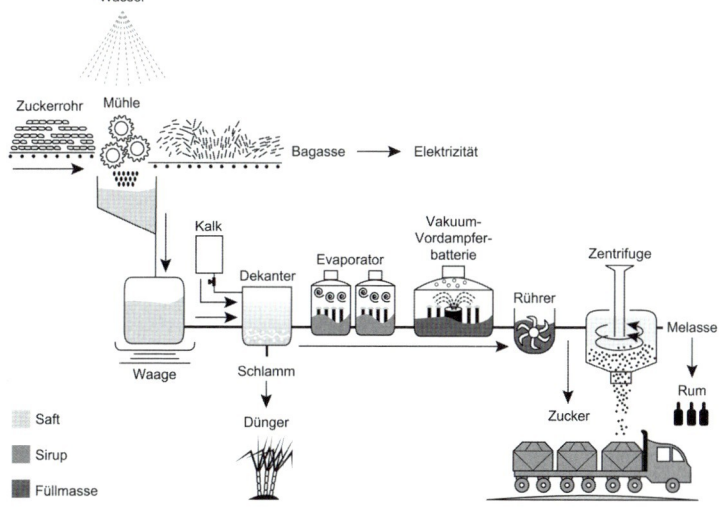

Abbildung: Gewinnung von Rohrzucker.

Bei der *Zuckerraffination* bzw. *Zuckeraffination* wird der Rohzucker mit wenig Wasser versetzt („gedeckt" 30%) u. zur „Kläre" gelöst, mit Aktivkohle (Carbonation), Kieselgur (Filtration) u./od. Entfärberharzen (früher Knochenkohle) gereinigt u. zu schneeweißer Raffinade (*Weißzucker*) verkocht.

2. *Gewinnung von Rohrzucker:* \*Zuckerrohr (*Saccharum officinarum*, Poaceae) wird in den Anbaugebieten ausgepreßt u. zu Rohrzucker verarbeitet. Nach der Ernte verringert sich der Saccharose-Gehalt durch enzymat. Abbau, so daß die Verarbeitung schnell erfolgen muß (Anlieferzeiten möglichst <24 h). Die Weiterverarbeitung zu Raffinaden kann weltweit ganzjährig stattfinden.

Die Ernte erfolgt per Hand (0,5 t/h) od. vollmaschinell (30 t/h). Wichtigste Produktionsschritte: Waschung (falls Zuckerrohr aus sumpfigen Anbaugebieten kommt, z. B. Hawaii, Louisiana); Häckseln u. Schreddern des Rohrs; Pressung der Fasern mit Walzen, hierbei wird zur besseren Ausbeute Wasser hinzugefügt; Klärung der gesammelten Extrakte (11–16% Saccharose) durch Erhitzen (98–100°C, beendet Enzymaktivität), Zusatz von Kalkmilch in Zuckerlsg. (pH 7) u. Flockungsmitteln (üblicherweise Polyacrylamide), sog. Defekation; die Kontrolle des pH bei 7–11,5 ist sehr wichtig (siehe oben, chem. Eigenschaften von Saccharose). Die Weiterverarbeitung zu Rohrzucker erfolgt wie für Rübenzucker beschrieben. Die Rohrzuckerfabriken erzeugen ihre Energie durch Verbrennung des Zuckerrohrstrohs, der Bagasse, die nach der Extraktion noch 50% Wasser enthält. Der farbige Rohrzucker kann durch *Sulfitation* entfärbt werden, indem Schwefeldioxid in den Dünnsaft eingeleitet wird. Hierbei bleiben alle Nichtzuckerbestandteile des Rohrzuckers erhalten, er wird nur reduktiv entfärbt. Dieser Zuckertyp ist der meistverwendete Rohrzucker der Welt, jedoch für industrielle Zwecke ungeeignet (Rückstände, Trübungen, reduzierende Zuckerbestandteile). Raffinierten Rohrzucker erhält man wie bei Rübenzucker beschrieben. Neue Entwicklungen bei der Zuckergewinnung sind die energiesparende *Membranfiltration* zur Entfernung von Feststoffen außer Saccharose aus den Zuckersäften u. Sirupen. Hierdurch kann direkt aus dem Zuckerrohrsaft ohne Sulfitation u. Bleichung Weißzucker gewonnen werden.

3. *Gewinnung von Zucker ohne Zentrifugen:* In Südamerika u. Mittelamerika, in Asien (bes. Indien u. Pakistan) wird Zucker durch Kochen des Zuckerrohrsaftes in offenen Kesseln gewonnen. Beginnt der Saft zu kristallisieren, wird er in Formen gegossen u. ausgehärtet. Es sind hellbraune bis dunkelbraune Kuchen, die noch alle Verunreinigungen aus dem Zuckerrohr enthalten.

4. *Gewinnung von Palmzucker:* Besitzt in Indien u. Burma Bedeutung. Die Palmen werden an der Krone od. Blütenständen angezapft u. der Saccharose-haltige Zellsaft (11–14% Saccharose) durch Eindampfen auf offenen Pfannen zu einem dicken Sirup konzentriert, aus welchem Saccharose aus-

kristallisiert. Man erhält pro Baum u. Kampagne zwischen 20–180 kg Palmzucker.

5. *Gewinnung von Ahornzucker:* s. \*Ahornsirup.

**Handelsformen:** Saccharose kommt in vielen Formen in den Handel. Die wichtigsten davon sind:

*Kristallzucker:* Übliche Handelsform.

*Würfelzucker:* Kompakte Zuckerwürfel, welche entweder nach dem Gußverf. od. Preßverf. hergestellt werden.

*Puderzucker:* Man gewinnt ihn durch Mahlen von Zucker in Prallmühlen od. Hammermühlen. Die Herst. benötigt spezielle Sicherheitsmaßnahmen wegen der Gefahr der Staubexplosion.

*Instant-Zucker:* Sehr schnell lösl. Zucker. Herst. durch Agglomerieren von Puderzucker mit überhitztem Dampf.

*\*Kandiszucker:* Auskrist. einer reinen konz. Zuckerlsg. an Fäden unter langsamer Abkühlung. Man erhält farblose große Krist. = weißer Kandis. Beim Zusatz von Karamelzucker od. Zuckercouleur erhält man braunen Kandiszucker.

*Zuckerhüte, Zuckerbrot:* Feste Formen der Saccharose, welche heute in Deutschland ohne prakt. Bedeutung sind.

*Karamelzucker:* Erhitzen (Schmelzen) von Saccharose bzw. Saccharose-Lsg., dabei wird durch die begonnene therm. Zers. ein charakterist. Geschmack (Karamelgeschmack) erhalten.

*Gelierzucker:* Zubereitung aus Kristallzucker, Trockenpektin, Weinsäure od. Citronensäure. Gehalt an Pektin 0,8–1,3%, Weinsäure 0,4–0,7%, Citronensäure 0,6–0,9%. Bildet in wäss. Lsg. stabiles Gel.

*Flüssigzucker:* Ist heute eine Versandform der Saccharose, die wegen der leichten Transportierbarkeit u. Verteilbarkeit verwendet wird. Zur Herst. wird Weißzucker in heißem salzarmen Wasser gelöst, filtriert u. bei 138°C 8 s sterilisiert. Nach Abkühlung auf 15–20°C wird das Produkt steril gelagert u. transportiert.

Die Zusammensetzung der im Handel befindlichen Zuckerarten ist durch die Zuckerarten-Verordnung geregelt.

**Analytik:** Die opt. Rotation wäss. Saccharose-Lsg. kann zur Bestimmung des Saccharose-Gehaltes u. der Reinheit genutzt werden. Neben der Polarimetrie sind Refraktometrie u. moderne instrumentelle Meth. wie GC u. HPLC üblich.

**Verwendung:** Als Nahrungsmittel (95,5%): Mengenmäßig ist Saccharose eine der bedeutendsten Lebensmittelzutaten. Ihr Hauptnutzen in Lebensmitteln ist der Geschmack, aber auch andere Eigenschaften wie Körper, Struktur, Feuchtigkeitsrückhaltevermögen (Backwaren bleiben länger frisch), Geschmacksverstärkung u. Konservierung sind bedeutsam. Saccharose dient Hefe u.a. Backtriebmitteln (Teiglockerungsmitteln) als Nahrung u. Treibgasquelle. Reduzierende Zucker, die bei der Hydrolyse von Saccharose entstehen, gehen die Maillard-Reaktion zu \*Melanoidinen ein. Saccharose erhöht die Gelatinisierungstemp. von Stärke, so daß Gebäck besser aufgeht, also lockerer wird, die Schaum-Struktur von Biskuit-Teigen wird stabilisiert. Die Reaktion mit Milcheiweiß erzeugt den Karamelgeschmack einiger Süßwaren. Saccharose ist Fermentationssubstrat von Milchsäurebakterien in Buttermilch u. erniedrigt den Gefrierpunkt von Eiscreme. In den USA wird in den letzten Jahren vermehrt der sehr preiswert durch enzymat. Hydrolyse von Maisstärke gewonnene *Isomeratzucker (high-fructose corn syrup, HFCS) als Saccharose-Ersatz verwendet. In der Getränkeindustrie werden dort seit den 80er Jahren zur Süßung nur Isomeratzucker u. *Süßstoffe statt Saccharose eingesetzt.

*Als Substrat für chem. Synth.* (0,5%): Saccharose bildet mit Fettsäuren Ester (Veresterungsrate 1 bis 8), die aufgrund ihrer variablen Lipophilie breite Anw. finden; Saccharosemonoester (SME) als nichtion. Tenside u. Emulgatoren sowie als Konservierungsmittel in Getränken, Saccharosepolyester (SPE, *Olestra®) werden als niedrigkalor. Fettersatz in USA verwendet, andere *Saccharoseester dienen zur Denaturierung von Alkohol, finden sich in Kunststoffen, Kosmetika, Schmierstoffen. Saccharose-Acrylat-Derivate sind in Polymeren enthalten, die als Flockungsmittel, Wasserabsorbentien, Bioimplantate u. Arzneimittelhilfsstoffe dienen. Saccharoseether finden Verw. als Beschichtungsmittel u. zur Synth. von Polyurethanen sowie als Zusatz in Isolier-, Verpackungs- u. Holzersatzmaterialien. Durch Chlorierung erhält man *Sucralose. Auf enzymat. Wege erhält man aus Saccharose nützliche Derivate: Aus Saccharose u. Stärkehydrolysaten mit Cyclodextrin-Transferase die Süßstoffe Glucosylsaccharose u. Maltooligosylsaccharose (in Japan gebräuchlich), od. auf ähnlichem Wege Fructosyloligosaccharide, ebenfalls Süßstoffe, die zwar weniger süß sind als Saccharose, jedoch weniger zahnschädigend, kalorienärmer u. mit pos. Wirkung auf die Darmflora. Zahlreiche Saccharose-Derivate befinden sich jedoch noch in ökonom. Konkurrenz zu Produkten petrochem. Ursprungs.

*Als Substrat in biotechnologischen Verfahren:* In Form von Melasse als Edukt für diverse organ. Verb., bes. Milchsäure, Glutaminsäure, Citronensäure, Glycerol, Herst. von Bäckerhefe u. Brauhefe u. Rum. Zur fermentativen Gewinnung von Ethanol (hierbei fällt als Nebenprodukt Kohlendioxid an), Dextran, Levan (ein Süßkraftverstärker) u. Alteran, einem Verdickungsmittel u. Füllmittel zur Herst. von kalorienreduzierten Speisen, Isomalt (Palatinit®) u. Zuckerersatz (nicht in Deutschland).

*In Arzneimitteln:* Zur Geschmacksverbesserung, als Verdünnungsmittel u. Bindemittel, in Tablettenüberzügen, in Mitteln zur Wundheilung.

*Bedeutung:* Die Weltzuckerproduktion betrug im Jahre 2003 142,6 Mio. t, hiervon 106,7 Mio. t Rohrzucker u. 35,9 Mio. t Rübenzucker. Der pro-Kopf-Verbrauch von Saccharose lag 2003 in Deutschland bei ca. 36,4 kg. Daß ein solch hoher Verbrauch in Zusammenhang mit der Karieshäufigkeit steht, wird heute als erwiesen angesehen. Im Kampf gegen die Folgen von Saccharose-Fehlernährung kommt den *Zuckeraustauschstoffen (Fructose,

Sorbit, Xylit) u. den Süßstoffen bes. Bedeutung zu. Als unabdingbar erweist sich deren Verw. in allen Fällen ernährungsphysiolog. Sonderlagen, in denen wie bei Hyperglykämie u. beim Diabetes die Saccharose bzw. der Blutzucker infolge Insulin-Mangels nicht verwertet werden kann.

Zur gesundheitlichen Bedeutung s. *Zucker. – *E* sucrose, saccharose

*Lit.:* Beilstein EV **17/8**, 399 ▪ Buchholz, K.; Monsan, P. F., In *Handbook of Food Enzymology*, Whitaker, J. R.; Voragen, A. G. J.; Wong, D. S. W., Hrsg.; Dekker: New York, (2003); S. 58 ▪ Ullmann (7.); http://dx.doi.org/10.1002/14356007.a25_345 [Online, Juni 2000] ▪ Wirtschaftliche Vereinigung Zucker und Verein der Zuckerindustrie; http://www.zuckerwirtschaft.de – *[HS 1701 11, 1701 12, 1701 99; CAS 57-50-1]*

**Saccharoseester** (Zuckerester, Zuckertenside). Bezeichnung für Ester insbesondere der *Saccharose, im weiteren Sinne auch von *Zuckeralkoholen, mit organischen oder anorganischen Säuren, die je nach Säurerest sehr unterschiedliche technische Verwendung finden.

Unter Saccharoseestern werden im Lebensmittelsektor meist Saccharosepolyester von Fettsäuren (Abkürzung SPE, siehe auch *Olestra®) verstanden. Technisch wichtigste Zuckerester sind die Mono- und Diester der Zucker, vor allem der Saccharose, mit höheren Fettsäuren wie Laurin-, Myristin-, Palmitin-, Stearin-, Ölsäure oder mit Talgfettsäuren. Diese besitzen ausgeprägte grenzflächenaktive Eigenschaften, weshalb man sie heute als eigenständige sogenannte Zuckertenside betrachtet.

*Herstellung:* SPE mit einem durchschnittlichen Veresterungsgrad von 6 bis 8 sind durch lösemittelfreie Umesterung einer Schmelze von Saccharose und Fettsäureethylestern [1,2] oder durch Alkali-katalysierte Umesterung von Saccharoseoctaacetat (siehe unten) mit Triglyceriden zugänglich [3].

*Toxikologie:* SPE werden von Pankreaslipase nicht gespalten und werden daher nicht resorbiert [4], d.h. sie sind ohne kalorischen Wert. Toxische Nebenwirkungen sind beim Menschen bisher bis auf die laxierende Wirkung nicht bekannt [5]. SPE zeigen weder genotoxisches Potential, noch sind sie teratogen [6]; *ADI-Wert: 0–10 mg/kg [7].

*Analytik:* Die Identifizierung gelingt mittels Hochtemperatur-GC [8,9].

*Verwendung:* SPE besitzen je nach der Art der verwendeten Fettsäuren die Konsistenz eines Fettes oder Öles, sie sind temperaturstabil und daher als *Fettaustauschstoffe für kalorienarme Lebensmittel besonders interessant. Auf Grund ihrer grenzflächenaktiven Eigenschaften eignen sich SPE auch als Emulgatoren [3]. Für diese Anwendung sind sie in den USA bereits zugelassen [10], in Deutschland nicht. Sie fallen hier unter die Novel-Food-Verordnung (*Verordnung über neuartige Lebensmittel), die die Zulassung aller neuartigen Lebensmittel oder Lebensmittelzutaten regelt. Durch SPE-Behandlung läßt sich das Lagerverhalten von Äpfeln erheblich verbessern [11] sowie die Gefriertoleranz von Mayonnaise erhöhen. Ziel einer Anwendung beim Menschen sind Gewichtsreduktion und Senkung des Cholesterol-Spiegels. Einen Überblick zur Anwendung gibt Literatur[5,12].

Saccharoseester (Mono- und Diester der Laurin-, Palmitin- und Stearinsäure) spielen auch im Bereich der kosmetischen Mittel als gut hautverträgliche Tenside und als Emulgatoren eine größere Rolle [INCI-Bezeichnung: z.B. Sucrose(di)stearate oder INCI Pending]. Marken: Cordesta®, Grilloten®, Marlosan®.

Das synthetische Sucralfat dient als Gastritismittel und Ulcusmittel.

Analytisch und synthetisch nützlich sind die *Zuckeracetate*, die man mit Eisessig oder Essigsäureanhydrid herstellt, gegebenenfalls in Gegenwart von Katalysatoren wie Zinkchlorid, Schwefelsäure, Pyridin usw. *Saccharoseacetatisobutyrat* (SAIB) ist verträglich mit vielen Harzen, Filmbildnern und Weichmachern und dient zum Modifizieren von Schutzanstrichen für elektrische Isolierungen, Celluloseacetat-Kunststoffe oder hochschmelzende Anstriche. *Saccharoseoctaacetat*, $C_{28}H_{38}O_{19}$, $M_R$ 678,58, ist ein Bitterstoff mit etwa dem gleichen Bitterwert wie *Chinin und wird unter anderem als Bitterstoff zu Fingermalfarben (Verzehrsprophylaxe) zugesetzt[13]. Saccharoseoctaacetat eignet sich auch zur Papierimprägnierung, als Weichmacher für Celluloseester und synthetische Harze, in Klebstoffen, zur Denaturierung von Alkohol. – E sucrose esters

*Lit.:* [1]Nachr. Chem. Tech. Lab. **38**, 860–867 (1990). [2]J. Food Sci. **55**, 236–243 (1990). [3]Nahrung **33**, 517–525 (1989); **34**, 845–851, 857–867 (1990). [4]Food Chem. Toxicol. **29**, 231–236 (1991). [5]Fette, Seifen, Anstrichm. **88**, 154–158 (1986). [6]Food Chem. Toxicol. **29**, 223–230 (1991). [7]WHO, Hrsg., *Toxicological Evaluation of Certain Food Additives and Contaminants*; WHO Food Additives Series 26; WHO: Geneva, (1990). S. 5–8. [8]Henkel Ref. **28**, 60–64 (1992). [9]J. High Resolut. Chromatogr. **15**, 585–589 (1992). [10]Cereal Chem. **64**, 222–225 (1987). [11]J. Food Sci. **52**, 1283–1285 (1987). [12]Food Technol. **43**, 66–74 (1989). [13]Lebensmittelchemische Gesellschaft (Hrsg.), Spielwaren und Scherzartikel, S. 72f., Hamburg: Behr's 1990. *allg.:* Belitz-Grosch-Schieberle (5.), S. 280, 455 ■ Merck-Index (13.), Nr. 8967, 8968 – [*HS 2940 00; CAS 126-14-7 (Saccharoseoctaacetat)*]

**Saccharosepolyester** siehe *Saccharoseester und *Olestra®.

**Sättigung.** In der Ernährung wird unter Sättigung der Zustand verstanden, bei dem die Empfindung des Hungers nicht auftritt. Sättigung und *Hunger stellen ein komplexes System mit Zentrum in Hypothalamus und Hypophyse dar.
Für die Entstehung von Sättigung kommen folgende Mechanismen in Frage:
a) hoher Füllungszustand im Gastrointestinaltrakt,
b) gute Verfügbarkeit von Glucose (glucostatische Theorie),
c) Variationen des Depotfettes (lipostatische Theorie),
d) Entstehung von Aminosäure-Metaboliten/Neurotransmittern (aminostatische Theorie),
e) gastrointestinale und pankreatische Hormone, z.B. Cholecystokinin (CCK).

Zu den Substanzen, die zu einer Verminderung der Nahrungsaufnahme führen (Appetitzügler oder Anorexigene), zählen Cholecystokinin (CCK), Glucagon-artige Peptide (GLP-1), Glucagon, Bombesin und andere. Über teilweise noch ungeklärte Mechanismen greift auch *Leptin in diesen Prozeß ein. – E repletion, saturation

*Lit.:* Klaus, S.; Meyerhof, W., *Ernähr. Fokus*, (2001) **6**, 142 ■ Klaus, S.; Meyerhof, W., *Ernähr. Fokus*, (2001) **7**, 176 ■ Rehner, G.; Daniel, H., *Biochemie der Ernährung*, Spektrum Akademischer Verlag: Heidelberg, (1999); S. 157–174

**Sättigungsindex** siehe *Calciumcarbonat-Sättigung.

**Säuerlinge** siehe *Mineralwasser.

**Säuerung** (bei der Weinbereitung). Anhebung des Säuregehaltes mittels *Weinsäure bei frischen *Weintrauben, *Most, teilweise gegorenem Traubenmost (siehe *Most), Jungwein und *Wein nur in den wärmeren Weinbauzonen (C II und C III; siehe *Weinanbau). Die Verwendung von Äpfelsäure ist in der EU nur zulässig, wenn die Mitgliedstaaten, dies gesondert erlauben. Sonderregelungen für die Säuerung mit *Äpfelsäure bestehen auf Grund von Einzelabkommen für die USA, Südafrika, Australien und neuerdings auch Argentinien. Die Säuerung im Inland und den nördlichen Weinbauzonen (Weinbauzone A: Deutschland, mit Ausnahme des Anbaugebietes Baden; Weinbauzone B: Baden, Frankreich, nördliche Weinbaugebiete, Elsaß, Lothringen, Champagne, Jura, Savoyen und Österreich) ist nicht zugelassen.

Die Säuren dürfen bis zu maximal 1,5 g/L (berechnet als Weinsäure) zu Traubenmost und teilweise gegorenem Traubenmost, bis zu maximal 2,5 g/L zu Wein zugesetzt werden. Säuerung und *Entsäuerung sowie Säuerung und Anreicherung beim gleichem Wein schließen einander aus. Beim *Gipsen der Weine* wird der Gehalt an freier Säure durch Zusatz von Gips ($CaSO_4$, 150–300 g/hL) erhöht (pH-Senkung). Dabei setzt sich Weinstein (*Kaliumhydrogentartrat) zu unlöslichem Calciumtartrat, Kaliumsulfat und freier Weinsäure um. Dieses traditionelle Verfahren wird in Südeuropa (Portugal, Spanien) vor allem bei der Rotweinbereitung (Erhöhung der Farbintensität) praktiziert, ist aber in Deutschland verboten.

Zu den rechtlichen Aspekten siehe *Entsäuerung. – E acidification

**Säuerungsmittel.** Anlage 7 (zu § 5 Abs. 2) der *ZZulV definiert im Bereich der Zusatzstoffe für bestimmte technologische Zwecke Säuerungsmittel als Stoffe, die den Säuregrad eines Lebensmittels erhöhen und/oder diesem einen sauren Geschmack verleihen. Hierzu zählen die Genußsäuren und deren Salze sowie andere sauer wirkende Stoffe. Zu letzteren gehören unter anderem auch anorganische Säuren wie *Salzsäure (E 507), *Schwefelsäure (E 513) und *Phosphorsäure (E 338) (siehe auch *Säureregulatoren).

Durch die Zugabe von Säuerungsmitteln, aber auch durch die Entwicklung von Säuren im Lebensmittel werden das Wachstum von Mikroorganismen, die Enzymaktivitäten und wichtige physikalisch-chemische Eigenschaften beeinflusst. Die mikrobiozide Wirkung von Säuren beruht einerseits auf einer pH-Senkung und andererseits auf der direkten Wirkung einiger undissoziierter Säuren, die als Konservierungsmittel im eigentlichen Sinne verwendet werden. Die Säuerung wird häufig mit dem Verfahren der Pasteurisation verbunden, wobei die Abnahme der Hitzeresistenz von Mikroorganismen bei erniedrigten pH-Werten ausgenutzt wird.

Zur Untersuchung von Säuerungsmitteln gibt es die Methoden nach § 64 *LFGB (ex § 35 LMBG) L 52.04-1 und 2. – *E* acids, acidifying agents

**Säuglings- und Kleinkinderlebensmittel.**
*Diätetische Lebensmittel im Sinne der *Diät-Verordnung, da sie für eine besondere Ernährung bestimmt sind und den besonderen Ernährungserfordernissen für gesunde Säuglinge oder Kleinkinder entsprechen müssen.

In § 14 der Diät-Verordnung sind die Anforderungen an Säuglings- und Kinderlebensmittel in stofflicher Hinsicht im Detail geregelt. So z.B. die Höchstmengen für Nitrat, Pflanzenschutz- und Schädlingsbekämpfungsmittel sowie Aflatoxine sowie die Grenzwerte für Keimzahlen in Milch und Milcherzeugnissen. Ferner werden Aussagen hinsichtlich der erforderlichen Verfügbarkeit und Zusammensetzung der eingesetzten Kohlenhydrate gemacht.

§ 22 der Diät-Verordnung regelt die Kennzeichnungsanforderungen; das Säuglingsnahrungswerbegesetz regelt die Werbung für Säuglingsanfangs- und Folgenahrung. – *E* baby food

**Säulenchromatographie** (SC). Bezeichnung für diejenigen Methoden der *Chromatographie, bei denen die stationäre Phase in senkrecht stehende Glasrohre eingefüllt ist. Unterarten der Säulenchromatographie sind die *Adsorptions-, *Verteilungs-, *Ionenaustausch-, *Gel-, *Flüssigkeits- und die Trockensäulenchromatographie, im übertragenen Sinne auch die *Gaschromatographie. Während die klassischen Methoden der Säulenchromatographie mit offenen Systemen arbeiten, erfordern Gaschromatographie und die *HPLC, die heute die gebräuchlichste säulenchromatographische Methode ist, ein geschlossenes System. – *E* column chromatography

*Lit.:* Eppert, G. J., *Flüssigchromatographie*, 3. Aufl.; Springer: Berlin, (2000) ▪ Lindsay, S., *Einführung in die HPLC*, Springer: Berlin, (2000) ▪ Meyer, V. R., *Praxis der Hochleistungsflüssigkeitschromatographie*, 9. Aufl.; Wiley-VCH: Weinheim, (2004)

**Säureabbau, biologischer** siehe *biologischer Säureabbau.

**Säure-P-Zahl** siehe *P-Zahl.

**Säureregulator.** Anlage 7 (zu § 5 Abs. 1) der *ZZulV definiert im Bereich der Zusatzstoffe für bestimmte technologische Zwecke Säureregulatoren als Stoffe, die den Säuregrad oder die Alkalität eines Lebensmittels verändern oder steuern.

Der Zusatz von Säureregulatoren bewirkt weiterhin erwünschte Eigenschaften bei der Herstellung und Verarbeitung von Lebensmitteln wie geschmacksbildende, komplexbildende, synergistische, stabilisierende, emulgierende Effekte, bessere Gelierfähigkeit, Erhöhung der Wasserbindefähigkeit z.B. von nicht schlachtwarmem Fleisch (*Kutterhilfsmittel), teilweise Verwendung als Schmelzsalze. Zugelassenen Säureregulatoren siehe z.B. Literatur[1]. – *E* acidity regulators

*Lit.:* [1] VIS Bayern, Zusatzstoffe – Liste nach Funktionsgruppen und nach aufsteigender E-Nummer; http://vis-ernaehrung.bayern.de.

**Säurewecker.** Bezeichnung für *Starterkulturen (*Milchsäurebakterien) in der Molkerei, die zur Herstellung milchsauer fermentierter Produkte verwendet werden. Die Säurewecker werden als definierte Einstamm- oder Mehrstammkulturen oder als Mischkulturen angeboten. In der Käseherstellung werden Starterkulturen direkt der Kesselmilch zugesetzt (direct-to-vat-set) oder als Säurewecker bezogen und in der Molkerei fortgeführt (Betriebskulturen).

*Zusammensetzung:* Für Sauermilchprodukte und viele Käse: vor allem *Lactococcus lactis* spp. *lactis*, *Lactococcus lactis* spp. *cremoris*, *Leuconostoc mesenteroides*; für Joghurt: *Streptococcus thermophilus* und *Lactobacillus delbrückii* spp. *bulgaricus*, in vielen Fällen Zusatz von probiotischen Kulturen; für Hartkäse: *Streptococcus thermophilus*, *Lactobacillus helveticus* und andere Arten der Lactobacillen, bei Emmentaler Propionibakterien (*Propionibacterium*). – *E* starter

*Lit.:* Doyle, M. P.; Beuchat, L. R.; Montville, T. J., Hrsg., *Food Microbiology*, ASM Press: Washington, (2001)

**Säurezahl** siehe *Fettkennzahlen.

**Safloröl** (Distelöl, Färberdistelöl). Aus den Samen der Färberdistel (Saflor, *Carthamus tinctorius* L., Compositae) gewonnenes trocknendes Öl, $D_{25}^{25}$ 0,9211–0,9215, $n_D^{25}$ 1,472–1,475, VZ 188–194, IZ 140–150, SZ 1,0–9,7, Rhodan-Zahl 83–86. S. enthält 76–79% *Linolsäure, 10–20% *Ölsäure, 0,1% *Linolensäure, 7% *Palmitinsäure u. 3% *Stearinsäure als Glyceride sowie 0,2% *Arachinsäure u. *Vitamin E (ca. 310 mg/L S.). Neuzüchtungen von Saflor sind reich an Ölsäure (>60%). Wegen seines außerordentlich hohen Gehalts an ungesätt. Fettsäuren findet S. Verw. in diätet. Lebensmitteln wie Margarine, Speisefetten u. -ölen, in Kosmetika, in der Pharmazie für dermatolog. Präp. u. Arzneimittel zur Herabsetzung des Cholesterol-Spiegels bei Arteriosklerose. S. wird zur Herst. farbtonstabiler, lufttrocknender Alkydharze für weiße Malerlacke, mit abnehmender Bedeutung auch für Standöle u. Firnisse verwendet. – *E* safflower oil

*Lit.:* Belitz-Grosch-Schieberle (5.), S. 218, 637, 639 ▪ Hager (5.) **2**, 903 – *[HS 1512 11, 1512 19]*

**Safran** (von arab. zafaran = Gelbsein). Getrocknete, aromat. riechende Blütennarben der in Südeuropa verbreiteten S.-Pflanze (*Crocus sativus*, Iridaceae), die den gelben Farbstoff Crocin u. den Bitterstoff *Picrocrocin* (Safranbitter, s. *Safranal), ein Glucosid des Dehydrocitrals, enthalten. Charakteristische Aromastoffe von Safran sind *Safranal, Isophoron und 2,6,6-Trimethyl-1,4-cyclohexadien-1-carbaldehyd. Safran wird als Gewürz in der Küche, in der Teigwaren- u. Essenzen-Ind., zum Gelbfärben von Likören, Backwerk, Zuckerwerk, Tinten, Parfüms, Haarwässern u. dgl. verwendet. Um 1 kg S. zu erhalten, werden 100000–200000 Blüten benötigt, deren Narben mit der Hand entfernt werden müssen, was den hohen Preis (u. die häufigen Verfälschungen) erklärt. Hauptproduzenten sind Spanien, Iran, Griechenland, Italien, Frankreich u. die ehem. UdSSR. Die Vermehrung erfolgt nur vegetativ über Tochterknollen. Safran ist einer der ältesten Textilfarbstoffe u. wird bereits auf einer akkad. Tontafel aus dem 2. Jahrtausend v. Chr. erwähnt[1]. Eine Übersicht über die Inhaltsstoffe von S. gibt *Lit.*[2]. Zur Analytik von *Crocetin u. Crocin-Isomeren mittels HPLC siehe Literatur[3]. – *E* saffron

*Lit.:* [1]Schweppe, S. 172ff. [2]Food Rev. Int. **16**, 39–59 (2000). [3]J. Chromatogr. A **849**, 349–355 (1999).
*allg.:* Franke, W., *Nutzpflanzenkunde*, 6. Aufl.; Thieme: Stuttgart, (1997); S. 372 ■ Hager (5.) **1**, 572–582 – [HS 0910 20]

### Safranal (2,6,6-Trimethyl-1,3-cyclohexadien-1-carbaldehyd; FEMA 3389).

Safranal Picrocrocin β-Isophoron

$C_{10}H_{14}O$, $M_R$ 150,22, Sdp. 72 °C (4 hPa). Monocyclisches Monoterpen-Aldehyd. Safranal ist wesentlicher Geruchsstoff des *Safrans und entsteht aus dem bitteren Safranglucosid *Picrocrocin* {$C_{16}H_{26}O_7$, $M_R$ 330,38, Schmp. 156 °C, $[\alpha]_D^{20}$ −58° (Wasser)}. Weitere Aromastoffe des Safrans sind der isomere 2,6,6-Trimethyl-1,4-cyclohexadien-1-carbaldehyd sowie Isophoron (3,5,5-Trimethyl-2-cyclohexen-1-on) und dessen Isomer 3,5,5-Trimethyl-3-cyclohexen-1-on (β-Isophoron). Eine Übersicht findet man in Literatur[1,2]. Safranal wirkt als Androtermon, d.h. als eine das männliche Geschlecht bestimmende Substanz der Grünalge *Chlamydomonas eugametus*. Safranal kommt im Safranöl (*Crocus sativus*, Iridaceae)[3,4] vor und wird z.B. aus *Citral[5] hergestellt. – *E* safranal

*Lit.:* [1]Food Rev. Int. **16**, 39–59 (2000). [2]Cadwallader, K. R., In *Carotenoid-Derived Aroma Compounds*, Winterhalter, P.; Rouseff, R. L., Hrsg.; ACS Symposium Series 802; American Chemical Society: Washington, DC, (2002); S. 220–239. [3]J. Agric. Food Chem. **45**, 459 (1997). [4]Phytochemistry **10**, 2755 (1971). [5]Tetrahedron Lett. **1974**, 3175.
*allg.:* Merck-Index (13.), Nr. 8394 – [HS 2912 29; CAS 116-26-7 (Safranal); 138-55-6 (Picrocrocin); 471-01-2 (β-Isophoron)]

### Safrol [5-(2-Propenyl)-1,3-benzodioxol, 4-Allyl-1,2-methylendioxybenzol].

R = H : Safrol
R = OCH₃: Myristicin

Elemicin

$C_{10}H_{10}O_2$, $M_R$ 162,19, farblose bis blaßgelbe Flüssigkeit, Geruch nach Safran, Sdp. 232–234 °C, Prismen, Schmp. 11 °C. Safrol ist Hauptbestandteil des *Sassafrasöls (bis zu 90%) und kommt in größeren Mengen auch in Campheröl vor. In zahlreichen anderen essentiellen Ölen, unter anderem in Sternanis, Basilikum, Fenchel, Anis, Zimt, schwarzem Pfeffer und in *Muskatnüssen ist Safrol neben kleineren Mengen Myristicin enthalten. Biosynthetisch wird Safrol aus Phenylalanin gebildet.
*Myristicin* [4-Methoxy-6-(2-propenyl)-1,3-benzodioxol], $C_{11}H_{12}O_3$, $M_R$ 192,21, Öl, Sdp. 149–149,5 °C (2 kPa), 95–97 °C (27 Pa), löslich in Ether und Benzol, kommt unter anderem im *Petersilienöl, in Möhren, in *Anisöl und in der Muskatnuß vor, wo es von Safrol und *Elemicin* [1,2,3-Trimethoxy-5-(2-propenyl)benzol], $C_{12}H_{16}O_3$, $M_R$ 208,26, Öl, Sdp. 144–147 °C (13 Pa), begleitet ist. Myristicin verursacht den typischen Muskatnußduft.

*Toxikologie:* Safrol: $LD_{50}$ (Ratte, Maus p.o.) 1950–2350 mg/kg; Myristicin: $LD_{50}$ (Ratte p.o.) 4260 mg/kg.
*Wirkung:* Safrol wirkt antiseptisch und insektizid, im Tierversuch genotoxisch und cancerogen[1–5] und ist für den Einsatz in Lebensmitteln eingeschränkt zugelassen. In der Aromenrichtlinie 88/388 EEC Annex II ist ein Höchstwert für aromatische Lebensmittel und Getränke von 1 mg/kg festgelegt. Ausnahmen bilden alkoholische Getränke (mehr als 25% vol) mit 5 mg/kg und Lebensmittel mit Muskatnuß-Würzungen mit 15 mg/kg. In der Parfümerie und Kosmetik darf es nur in Mengen bis 100 mg/kg, in Zahn- und Mundpflegemitteln bis 50 mg/kg verwendet werden. Myristicin wird die halluzinogene Wirkung von Muskatnüssen zugesprochen[6]. Wie andere Methylendioxybenzol-Derivate (*Apiol, *Dill-Apiol) hat es insektizide Eigenschaften und wirkt synergistisch mit anderen Insektiziden.
*Verwendung:* In der Parfüm-Industrie zum Denaturieren von Fetten bei der Seifenherstellung; zur Herstellung von Piperonal, Isosafrol, Piperonylbutoxid und Herniarin sowie von Prostaglandinen. Safrol ist Ausgangsstoff für die (illegale) Synthese von Designerdrogen (Ecstasy).
*Analytik:* Zur Analytik mit Hilfe der elektronischen Nase siehe Literatur[7]. Zur Analyse von Zimtölen siehe Literatur[8]. Zu GC/MS-Methoden siehe Literatur[9]. – *E* safrole

*Lit.:* [1]Food Chem. Toxicol. **28**, 537 (1990). [2]Food Cosmet. Toxicol. **19**, 657–666 (1981). [3]Mutat. Res. **241**, 37–48 (1990). [4]Scientific Committee on Food, *Opinion of the Scientific Committee on Food on the Safety of the Presence of Safrole (1-allyl-3,4-methylene dioxy benzene) in Flavourings and other Food Ingredients with Flavouring Properties*, vom 12.12.2001; http://europa.eu.int/comm/food/fs/sc/scf/index_

en.html. [5]Chakraborty, I.; Sharma, G. P.; Dutt, P., *Asian J. Chem. Rev.*, (1994), **5**(1–2), 79–84. [6]Angew. Chem. **83**, 392–396 (1971). [7]Dahlenburg, R.; Heinz, D., In *GTFCh-Symposium: Nachweis Berauschender Mittel im Strassenverkehr – Forensische Aspekte der Toxischen Praeparation von Lebensmitteln*, Beiträge zum XI. Symposium der Gesellschaft für Toxikologische und Forensische Chemie, Pragst, F.; Aderjan, R., Hrsg.; Dr. Dieter Helm: Heppenheim (1999); S. 146–151. [8]Jirovetz, L.; Buchbauer, G.; Eberhardt, R., *Ernährung*, (2000) **24**(9), 366–369. [9]Otto, F.; Wohlschlager, H.; Gruner, S.; Weinreich, B.; Parlar, H., *Adv. Food Sci.*, (2001) **23**(1), 31–35.
*allg.:* Beilstein EV **19/1**, 553 ▪ Merck-Index (13.), Nr. 8935 – [*HS 2932 94*; *CAS 94-59-7 (Safrol); 607-91-0 (Myristicin); 487-11-6 (Elemicin)*]

**Safthaltevermögen** siehe *Wasserbindungsvermögen des Fleisches.

**Sahne** siehe *Rahm.

**Sahnesauermilch** siehe *Sauerrahm.

**Sahneschokolade** siehe *Schokoladenerzeugnisse.

**SAIB.** Abkürzung für Saccharoseacetatisobutyrat, siehe *Saccharoseester.

**Sake** (Reiswein, Sakhi, Saké, Samschu). Ursprünglich aus China stammendes, alkoholisches Nationalgetränk (hauptsächlich in Japan), mit 14 bis über 15% vol Alkohol; Sake wird meist warm getrunken.
*Herstellung und Inhaltsstoffe:* Der vom Erscheinungsbild weinähnliche, von der Produktion her jedoch eher bierähnliche Sake wird durch Vergärung von gequollenem und gedämpften *Reis mit dem Schimmelpilz *Aspergillus oryzae* hergestellt, durch den Reisstärke verzuckert wird (sog. *Koji). Dazu wird der während einer ca. 18-tägigen Gärung bei 10–35 °C entstehende, hefereiche *Moto* (enthält 3–10% vol Alkohol, unvergorenen Zucker und 0,5–0,8% Säure, hauptsächlich *Milchsäure) einem Gemenge von gedämpftem Reis und Wasser zugesetzt und dieses Gemisch dann bei 10–15 °C noch etwa 2 bis 3 Wochen lang weiter vergoren unter Zusatz von *Saccharomyces*-Hefen. Nach mehrmonatiger Lagerung erhält man daraus den fertigen Sake; der Alkoholgehalt im Endprodukt variiert sehr stark, desgleichen der Restzuckergehalt (trocken bis süß). Die Art der Herstellung bestimmt die Qualität des Sake: Je stärker die Reiskörner des speziellen Stärkereises poliert (d. h. geschält) werden, umso feiner wird das spätere Produkt. Das Verfahren der Sakeherstellung ist in Japan schon seit über 2000 Jahren bekannt. Ein Vergleich der verschiedenen Reissorten hinsichtlich ihrer Eignung zur Sakeherstellung ist Literatur[1] zu entnehmen.

Tabelle: Inhaltsstoffe von Sake.

| | |
|---|---|
| Gesamtzucker (als Glucose) | 4,2 g/100 mL |
| direkt vergärbarer Zucker (als Glucose) | 3,46 g/100 mL |
| gesamte organische Säuren | 115,2 mg/100 mL |
| Glutaminsäure | 20,2 mg/100 mL |
| Gesamtstickstoff | 72,6 mg/100 mL |
| Formolstickstoff | 28,8 mg/100 mL |
| Alkohol | bis über 15% vol |

Der bei der Sakeherstellung eingesetzte Schimmelpilz *Aspergillus oryzae* bildet unter besonderen Bedingungen die *Mykotoxine Maltoryzin und *Kojisäure[2] oder auch Vitamin C[3]. Zur Ethylcarbamat-Belastung siehe *Urethan.
Eine neue Methode zur sensorischen Bewertung von Sake ist in Literatur[4] beschrieben. – *E* sake
*Lit.:* [1]Seibutsu-Kogaku Kaishi **74**, 97–103, 245–254 (1996). [2]Lindner (4.), S. 129f. [3]Seibutsu-Kogaku Kaishi **74**, 1–6 (1996). [4]Seibutsu-Kogaku Kaishi **74**, 17–21 (1996).
*allg.:* Gauntner, J., *The Saké Companion*, Running Press: Philadelphia, (2000) – [*HS 2206 00*]

**Sakhi** siehe *Sake.

**Salatrims.** Akronym für maßgeschneiderte kurz- und langkettige *Triglyceride (short- and long-chain acyl triglyceride molecules) mit zumindest einer langkettigen *Fettsäure (üblicherweise Stearinsäure) und einer oder zwei kurzkettigen Fettsäuren (Essigsäure, Propionsäure oder Buttersäure), die durch nichtenzymatische *Fettumesterung von Triacetin (siehe *Glyceroltriacetat), Tripropionin, Tributyrin oder deren Mischungen mit hydrierten Ölen, wie Raps-, Soja-, Baumwoll- und Sonnenblumenöl gewonnen werden. Typische molare Verhältnisse und Eduktquellen finden sich in der Tabelle.

Tabelle: Salatrims.

| Salatrim-Familie[*] | Edukt kurzkettige Fettsäure | Edukt langkettige Fettsäure | molares Verhältnis |
|---|---|---|---|
| 4CA | Tributyrin | hydriertes Rapsöl | 2,5:1 |
| 4SO | Tributyrin | hydriertes Sojaöl | 12:1 |
| 23CA | Triacetin, Tripropionin | hydriertes Rapsöl | 11:1:1 |
| 23SO | Triacetin, Tripropionin | hydriertes Sojaöl | 11:1:1 |
| 32CA | Tripropionin, Triacetin | hydriertes Rapsöl | 11:1:1 |
| 43SO | Tributyrin, Tripropionin | hydriertes Sojaöl | 11:1:1 |
| 234CS | Triacetin, Tripropionin, Tributyrin | hydriertes Baumwollöl | 4:4:4:1 |
| 234CA | Triacetin, Tripropionin, Tributyrin | hydriertes Rapsöl | 4:4:4:1 |
| 234SO | Triacetin, Tripropionin, Tributyrin | hydriertes Sojaöl | 4:4:4:1 |

[*]Die Bezeichnung ist abgeleitet vom Edukt [CO = Canola (Raps); SO = Soja; CS = cotton seed (Baumwollsaat); Kettenlänge der Fettsäuren in abnehmendem Anteil in der Mischung].

Die Salatrims sind demnach eine Gruppe kalorienreduzierter Triglyceride mit 6 kcal/g bzw. 25 kJ/g, die zum Einsatz als *Fettsatzstoffe in Bäckereiprodukten, Süßwaren und Schokolade vorgesehen sind. Nach umfangreichen toxikologischen Studien und ausführlichen Bewertungen durch *JECFA[1] und das SCF[2] hat die EU-Kommission 2003 Salatrims als neue Lebensmittelzutaten (Novel Food) zugelassen[3]. Die gesetzliche Kennzeichnung ist „brennwertgeminderte Fett (Salatrims)" mit dem Hinweis „kann bei übermäßigem Verzehr zu Magen- und Darmbeschwerden" führen. Ferner muß darauf hingewiesen werden, daß das Produkt nicht für Kinder bestimmt ist. Die Änderungen des Nährstoffgehaltes bei Salatrims sind besonders für Diabetiker und Hersteller von diabetischen Lebensmitteln von Bedeutung. – **E** short- and long-chain acyl triglyceride molecules (salatrims)

*Lit.:* [1] JECFA/WHO, Hrsg., *Salatrim*; WHO Food Additives Series 50; WHO: Genf, (2003); http://www.inchem.org/documents/jecfa/jecmono/v50je08.htm. [2] SCF (Scientific Committee on Food), *Opinion of the Scientific Committee on Food on a Request for the Safety Assessment of Salatrims for Use as Reduced Calorie Fats Alternative as Novel Food Ingredients*; Stellungnahme vom 13.12.2001; http://europa.eu.int/comm/food/fs/sc/scf/out117_en.pdf. [3] Entscheidung 2003/867/EG der Kommission vom 01.12.2003 zur Genehmigung des Inverkehrbringens von Salatrims als neuartige Lebensmittelzutaten im Sinne der Verordnung (EG) Nr. 258/97 des Europäischen Parlaments und des Rates (Amtsblatt der EU Nr. L 326 vom 13.12.2003, S. 32–34).
*allg.:* Mukherjee, K. D., *ForschungsReport (BMVEL)*, (1998), Nr. 1, 38–41

## Salbeiöle.
Als Salbeiöle bezeichnete Produkte werden aus zwei unterschiedlichen Salbei-Arten gewonnen. In Zusammensetzung und Sensorik deutliche Unterschiede zu *Muskatellersalbeiöl (Salvia sclarea L.).

1. *Dalmatinisches (offizinelles) Salbeiöl* (FEMA 3001): Farbloses bis grünlich-gelbes Öl mit einem charakteristischen, starken, frischen, krautig-camphrigen, warm-würzigen Geruch und einem scharfen, bitteren Geschmack. Gelbe bis grün-gelbe Flüssigkeit $d^{20}_{20}$ 0,910–0,930; $n_D^{20}$ 1,4580–1,4740; $[\alpha]_D^{20}$ +2° bis +30°.

*Herstellung:* Durch Wasserdampfdestillation aus dem Kraut des offizinellen Salbeis, *Salvia officinalis.*

*Zusammensetzung:* Hauptbestandteile und wesentliche geruchsgebende Inhaltsstoffe sind 1,8-Cineol mit 6–13%, *Campher mit 3–9% sowie α- und β-*Thujon mit 8–43% bzw. 3–9% (Zedernblätteröl)[1,2]. Für Dalmatinisches Salbeiöl sind im Deutschen Arzneimittel-Codex folgende Grenzwerte angegeben: Cineol 6–16%, (–)-Thujon und (+)-Thujon mindestens 20%, Campher 14–37%, Bornylacetat höchstens 5%, Borneol höchstens 5%.

*Verwendung:* Zur Parfümherstellung für frische, krautig-würzige Kompositionen, vor allem in Herrennoten, zum Aromatisieren von Likören und Bitterspirituosen; wegen der Toxizität von Thujon ist die Dosierung jedoch begrenzt. Laut *Aromenverordnung dürfen Bitterspirituosen nur 35 ppm Thujon enthalten und andere Getränke und Lebensmittel nur 0,5 ppm. In der Medizin z.B. in Mund- und Rachentherapeutika. Antioxidative Eigenschaften von Salbeiölen sind bekannt[3].

2. *Spanisches Salbeiöl:* Leicht gelbliches Öl mit einem frischen, camphrigen, Eucalyptus-artigen Geruch. Farblose bis schwach gelbe Flüssigkeit; $d^{20}_{20}$ 0,913–0,933; $n_D^{20}$ 1,467–1,473; $[\alpha]_D^{20}$ –12° bis +0°.

*Herstellung:* Durch Wasserdampfdestillation aus dem Kraut des Spanischen Salbeis, *Salvia lavandulifolia.*

*Zusammensetzung:* Hauptkomponenten und geruchsbestimmende Inhaltsstoffe sind 1,8-Cineol (ca. 20%) und Campher (ca. 30%). Im Gegensatz zum Dalmatinischen enthält das Spanische Salbeiöl kein Thujon[4].

*Verwendung:* Zur Parfümherstellung, vorwiegend für technische Parfümierungen mit frischer Note; in Badeölen und pharmazeutischen Präparaten wie Rhinologica. Im Vergleich zum Dalmatinischen ist das Spanische Salbeiöl von relativ geringer Bedeutung.

3. *Griechisches Salbeiöl:* Wird durch Wasserdampfdestillation aus *Salvia triloba* gewonnen. Der Geruch erinnert an *Eucalyptusöl. Die Zusammensetzung umfaßt 1,8-Cineol (ca. 50%), Campher (ca. 10%), Thujon (ca. 5%) sowie Caryophyllen. – **E** sage oils

*Lit.:* [1] Perfum. Flavor. **13**(3), 53 (1988); **14**(6), 90 (1989); **16**(4), 51 (1991); **19**(6), 61 (1994). [2] Perry, N. B.; Anderson, R. E.; Brennan, N. J.; Douglas, M. H.; Heaney, A. J.; McGimpsey, J. A.; Smallfield, B. M., *J. Agric. Food Chem.*, (1999) **47**(5), 2048–2054. [3] Exarchou, V.; Nenadis, N.; Tsimidou, M.; Gerothanassis, I. P.; Troganis, A.; Boskou, D., *J. Agric. Food Chem.*, (2002) **50**(19), 5294–5299. [4] Perfum. Flavor. **13**(1), 48 (1988); **15**(1), 62 (1990); **19**(2), 70 (1994).
*allg.:* Bauer et al. (4.), S. 217f. ■ ISO 3526: 2005-07 ■ ISO 9909: 1997-05 ■ Teuscher, E., *Gewürzdrogen*, Wissenschaftliche Verlagsgesellschaft: Stuttgart, (2003); S. 320–325 – *Toxikologie:* Farhat, G. N.; Affara, N. I.; Gali-Muhtasib, H. U., *Toxicon*, (2001) **39**(10), 1601–1605 ■ Gali-Muhtasib, H. U.; Affara, N. I., *Phytomedicine*, (2000) **7**(2), 129–136 – [HS 3301 29; CAS 8022-56-8 (1.); 95371-15-6 (2.); 84082-79-1 (Extrakt von Salvia officinalis)]

## Salicylsäure
(2-Hydroxybenzoesäure, Spirsäure, INCI-Bez.: Salicylic Acid).

$C_7H_6O_3$, $M_R$ 138,12, feine, geruchlose, kratzend süßsäuerlich schmeckende Kristalle von unangenehmem Nachgeschmack[1], die sich bei Lichteinwirkung verfärben, Schmp. 157–159°C, Sdp. 211°C (2,7 kPa), subl. bei 76°C, wasserdampfflüchtig, $\lambda_{max}$: 234 u. 302 nm, $E^{1\%}_{1\,cm}$: 547 u. 285 (Methanol); $pK_{s1}$ 2,98, $pK_{s2}$ 13,6 (25°C); pH-Wert der gesätt. wäss. Lsg.: 2,4. Beim raschen Erhitzen kommt es zur Decarboxylierung.

S. ist schwer lösl. in kaltem, leichter lösl. in heißem Wasser (1,8 g/L bei 20°C; 20,5 g/L bei 80°C), leicht lösl. in Ethanol, Ether, Aceton, wenig lösl. in Dichlormethan, Fetten u. Glycerol, mäßig lösl. in Chloroform.

*Vorkommen:* Freie S. kommt in allen Teilen der Spierstaude (*Filipendula ulmaria*, syn. *Spiraea ulmaria*), in Sennesblättern u. den Blüten der echten Kamille (*Chamomilla recutita*, syn. *Matricaria chamomilla*) vor; Ester u. Glycoside der S. sind in äther. Ölen u. Baumrinden (z.B. Gaultheriaöl, Wintergrünöl) weit verbreitet (s. Literatur[2]). In 20 von 27 Nutzpflanzen konnte S. nachgewiesen werden. Zum Vorkommen von S. in Lebensmitteln s. Literatur[3].

*Physiologie:* S. wirkt antifungal und in höheren Konzentrationen auch antibakteriell, verhindert die alkoholische Gärung des Zuckers, das Sauerwerden der Milch, die Essigsäure-Bildung in alkohol. Getränken u. wurde deshalb früher zur Lebensmittelkonservierung genutzt.

S. beeinflußt bei Pflanzen das Wachstum von Blüten, Knospen u. Wurzeln (Phytohormon-Wirkung)[4] und hält, dem Wasser zugegeben, Schnittblumen länger frisch. Zur Biosynthese und zum Metabolismus s. Literatur[5,6].

Als Keratolytikum löst S. die unversehrte Haut (Hornhaut) langsam u. schmerzlos auf. S. u. viele ihrer Derivate hemmen die Prostaglandin-Synth., worauf ihre Wirkung als Analgetika, Antiphlogistika, Antipyretika u. Antirheumatika beruht.

*Toxikologie:* S. wird vom Körper schnell u. vollständig resorbiert. Die Ausscheidung als freie S. (10–85%, je nach pH-Wert des Urins), Salicylursäure (bis 70%), Salicylat-glucuronid (bis 20%) od. Gentisinsäure (bis 1%) erfolgt nur langsam, so daß die Gefahr der Kumulation besteht.

In akuten Dosen verursacht sie eine Schädigung der Schleimhäute, Störungen des Zentralnervensystems u. des Gefäßsystems, des Gehörs u. der Nieren. $LD_{50}$ (Ratte oral) 0,89 g/kg, (Kaninchen oral) 0,5–1,3 g/kg, (Hund oral) 0,2–0,5 g/kg, (Maus oral) 0,48 g/kg, (Maus i.v.) 0,184 g/kg.

S. ist ein Antagonist von Vitaminen der B-Gruppe u. wird als Auslöser von Pseudoallergien angesehen. Studien ergaben keinen Hinweis auf eine teratogene Wirkung. Die zuständige Codex-Alimentarius-Kommission der FAO/WHO hat Salicylsäure 1973 wegen ihrer toxikolog. Eigenschaften als „gesundheitlich nicht harmlos" bezeichnet.

*Analytik:* Nach der Isolierung durch Wasserdampf-Dest. u./od. Extraktion kann S. kolorimetr. nach Umsetzung mit Eisen(III)-Salz[7] (Rotviolett-Färbung), dünnschichtchromatographisch[8], gaschromatographisch[8], hochdruckflüssigchromatographisch[9–11] od. mittels Differential-Puls-Voltammetrie[12] bestimmt werden. Zur Analytik von Salicylsäure mit SFE-gekoppelter GC-MS sowie mittels Kapillarzonenelektrophorese s. Literatur[13,14]. Eine Chemolumineszenz-Technik beschreibt Literatur[15].

*Verwendung:* Als Zwischenprodukt für pharmazeut. Produkte, z.B. für Acetylsalicylsäure (Aspirin), in Streupulver, Salben, Antiseptika, zur Konservierung von Tinte, Leim, Gerbstoffen, bei der Herst. von Pflegemitteln, Kosmetika, Riechstoffen, Sonnenschutzmitteln, Gießereihilfsmitteln, Vulkanisationsverzögerern u. Textilhilfsmitteln, als Zwischenprodukt für Farbstoffe, in der Kosmetik als desodorierender, antisept. Schweißpuderzusatz.

Im Haushaltsbereich (bis 1959) zur Konservierung von Gurken sowie von Obst u. Obsterzeugnissen (Konfitüren, Säfte etc.). In kosmet. Mitteln wird S. als Konservierungsmittel eingesetzt. Bei äußerlicher Anw. wirkt S. in niedrigen Konz. keratoplast., in höheren dagegen keratolytisch[16].

*Recht:* S. ist seit 1959 als Konservierungsstoff für Lebensmittel nicht mehr zugelassen u. auch in den USA sowie den meisten anderen Ländern für diesen Zweck verboten. S. u. ihre Salze sind gemäß \*Kosmetik-Verordnung als Konservierungsstoffe in kosmet. Mitteln bis zu einer Konz. von 0,5% zugelassen. Mit Ausnahme von Shampoos gilt diese Zulassung nicht für Mittel, die für Kinder unter 3 Jahren verwendet werden. Ein entsprechender Warnhinweis ist obligat. – *E* salicylic acid

*Lit.:* [1] Plant Physiol. **99**, 799 (1992); **104**, 1109 (1994). [2] TNO-Liste (6.), Suppl. 5, S. 291. [3] Ernähr. Umsch. **34**, 287–296 (1987); **37**, 108–112 (1990). [4] Wobbe, K. K.; Klessig, D. F., In *Signal Transduction in Plant Growth and Development*, Verma, D. P. S., Hrsg.; Springer: Wien, (1996); S. 167–196. [5] Lee, H. I.; Leon, J.; Raskin, I., *Proc. Natl. Acad. Sci. USA*, (1995) **92**, 4076–4079. [6] Verberne, M. C.; Muljono, R. A. B.; Verpoorte, R., *New Compr. Biochem.*, (1999) **33**, 295–312. [7] Helrich (Hrsg.), Official Methods of Analysis (15.), Bd. II, S. 1155 f., Arlington: AOAC 1990. [8] *Z. Lebensm. Unters.-Forsch.* **171**, 193–199 (1980). [9] J. Chromatogr. **469**, 317–328 (1989). [10] Samanidou, V. F.; Antoniou, C. V.; Papadoyannis, I. N., *J. Liq. Chromatogr. Related Technol.*, (2001) **24**, 2161–2176. [11] Shui, G.; Leong, L. P., *J. Chromatogr. A*, (2002) **977**, 89–96. [12] Analyst (London) **114**, 943–945 (1989). [13] Shimmo, M.; Hyotylainen, T.; Hartonen, K.; Riekkola, M. L., *J. Microcolumn Sep.*, (2001) **13**, 202–210. [14] Chen, Z.; Krishnamurti, G. S. R.; Naidu, R., *Chromatographia*, (2001) **53**, 179–184. [15] Cui, H.; Li, S.; Li, F.; Sun, Y.; Lin, X., *Anal. Bioanal. Chem.*, (2002) **372**, 601–604. [16] Leveque, J. L.; Saint-Leger, D., In *Skin Moisturization*, Leyden, J. J.; Rawlings, A. V., Hrsg.; Cosmetic Science and Technology Series 25; Dekker: New York, (2002); S. 353–364. *allg.:* Beilstein EIV **10**, 125 ▪ Chem. Unserer Zeit **33**, 213–220 (1999) (Review) ▪ Classen et al., S. 107 f. ▪ Gabard, B., Hrsg., *Dermatopharmacology of Topical Preparations*, Springer: Berlin, (2000) ▪ Hager (5.) **5**, 184 f.; **9**, 555 f. ▪ Merck-Index (13.), Nr. 8411 ▪ Schlossman, M. L., Hrsg., *Chemistry and Manufacture of Cosmetics*, 3. Aufl.; Allured: Carol Stream, (2002) ▪ Ullmann (5.) **A2**, 272; **A3**, 36; **A23**, 477, 480, 482 – [HS 2918 21; CAS 69-72-7]

## Salicylsäureester. Ester der \*Salicylsäure.

a) R = $CH_3$
b) R = $(CH_2)_3-CH_3$
c) R = $CH_2-CH(CH_3)_2$
d) R = $CH_2-CH(CH_3)_2$
e) R = $(CH_2)_5-CH_3$
f) R = (Z)-$(CH_2)_2-CH=CH-CH_2-CH_3$
g) R = cyclo-$C_6H_{11}$
h) R = $C_6H_5$
i) R = $CH_2-C_6H_5$
j) R = $(CH_2)_2-C_6H_5$

Besondere Bedeutung haben:

a) *Salicylsäuremethylester* (Methylsalicylat, „künstliches Wintergrünöl", „Gaultheriaöl"; FEMA 2745): $C_8H_8O_3$, $M_R$ 152,14; gelbliche, ölige, charakteristisch riechende Flüssigkeit, Geruchsschwellenwert in Wasser 40 ppb, $d_4^{18,5}$ 1,851, Schmp. −8,6 °C, Sdp. 223,3 °C, wenig löslich in Wasser, leicht löslich in Alkohol, Eisessig und Ether sowie in fetten und etherischen Ölen. Der Ester kommt im Wintergrünöl vor (96–99%). Er entsteht dort aus seinem Primverosid Gaultherin (siehe \*Wintergrünöl). Er ist auch im Birkenrindenöl, Tuberosenöl, \*Rautenöl und \*Nelkenöl enthalten; er wird technisch durch Kochen von Salicylsäure und Methanol mit Schwefelsäure hergestellt. Methylsalicylat kann im sauren Milieu hydrolysiert werden[1]. Dies ist auch für Anwendung mit alkalischem pH-Wert bekannt.

b) *Salicylsäurebutylester* (Butylsalicylat; FEMA 3650): $C_{11}H_{14}O_3$, $M_R$ 194,23; süß, blumig riechende Flüssigkeit, $d_{25}^{25}$ 1,080.

c) *Salicylsäureisopentylester* (Isoamylsalicylat; FEMA 2084): $C_{12}H_{16}O_3$, $M_R$ 208,25; orchideenartig riechende Flüssigkeit, D. 1,048, Sdp. 274–278 °C, unlöslich in Wasser, mischbar mit Ethanol, Ether, Chloroform.

d) *Salicylsäureisobutylester* (Isobutylsalicylat; FEMA 2213): $C_{11}H_{14}O_3$, $M_R$ 194,22; kleeartig riechende Flüssigkeit, D. 1,065, Schmp. +6 °C, Sdp. 262 °C, unlöslich in Wasser und Glycerol, löslich in Ethanol und Mineralölen. Kommt in *Brunfelsia grandiflora* vor[2].

e) *Salicylsäurehexylester* (Hexylsalicylat): $C_{13}H_{18}O_3$, $M_R$ 222,28; grün, blumig-würzig riechende Flüssigkeit, $d_{25}^{25}$ 1,035, $n_D^{25}$ 1,5049, Sdp. 167–168 °C (1,6 kPa).

f) *Salicylsäure-(Z)-3-hexenylester* [(Z)-3-Hexenylsalicylat]: $C_{13}H_{16}O_3$, $M_R$ 220,27; süß, grün-balsamisch riechende Flüssigkeit, $d_{25}^{25}$ 1,0589, $n_D^{25}$ 1,5210, Sdp. 125 °C (1,5 kPa).

g) *Salicylsäurecyclohexylester* (Cyclohexylsalicylat): $C_{13}H_{16}O_3$, $M_R$ 220,27; aromatisch, blumig-balsamisch riechende Flüssigkeit, $d_{25}^{25}$ 1,112, $n_D^{20}$ 1,532–1,536, Sdp. 115 °C (4 kPa).

h) *Salicylsäurephenylester* (Phenylsalicylat): $C_{13}H_{10}O_3$, $M_R$ 214,21; kristallines Pulver, mit schwach aromatischem Geruch, D. 1,26, Schmp. 41–43 °C, Sdp. 173 °C (16 hPa), löslich in Ethanol, Ether, Benzol, Chloroform, sehr wenig löslich in Wasser. Der Phenylester wirkt antiseptisch und antirheumatisch sowie als Lichtschutzfaktor für die Haut und als Stabilisator in Kunststoffen.

i) *Salicylsäurebenzylester* (Benzylsalicylat; FEMA 2151): $C_{14}H_{12}O_3$, $M_R$ 228,25; viskose, angenehm riechende Flüssigkeit, D. 1,175, Schmp. 24 °C, Sdp. 211 °C (27 hPa), wenig löslich in Wasser, leicht löslich in Alkohol und Ether; aus dem etherischen Öl der Gartennelke isolierbar, wird als Stabilisator für Parfüms und in Sonnenschutzmitteln eingesetzt.

j) *Salicylsäurephenylethylester* (Phenylethylsalicylat): $C_{15}H_{14}O_3$, $M_R$ 242,27; blumig-balsamisch riechender Feststoff, Schmp. 44 °C.

**Verwendung:** In Parfümerie und Kosmetik, gegen Frostbeulen, Stechfliegen und chronischen Gelenkrheumatismus, zur Aromatisierung von Zahnpasten, in der Mikroskopie als Aufhellungsmittel, als Textilschutzmittel und als Stabilisator für Butadien.
– *E* salicylic acid esters, salicylates

*Lit.:* [1]Ducruet, V.; Fournier, N.; Saillard, P.; Feigenbaum, A.; Guichard, E., *J. Agric. Food Chem.*, (2001) **49**, 2290–2297. [2]Castioni, P.; Kapetanidis, I., *Sci. Pharm.*, (1996) **64**(1), 83–91.
*allg.:* Bauer et al. (4.), S. 139–140 – *[HS 2918 23; CAS 119-36-8 (a); 2052-14-4 (b); 87-20-7 (c); 87-19-4 (d); 6259-76-3 (e); 65405-77-8 (f); 25485-88-5 (g); 118-55-8 (h); 118-58-1 (i); 87-22-9 (j)]*

**Salmonella.** Nach dem amerikanischen Bakteriologen D. E. Salmon (1850–1914) benannte Gattung in der Familie der *Enterobakterien* (Enterobacteriaceae), die eng mit *Escherichia coli, *Shigella* und *Citrobacter* verwandt ist. *Salmonella* wird in zwei Arten unterteilt, *Salmonella enterica*, in Unterarten mit zusammen mehr als 2200 serologisch verschiedenen sogenannten Serovaren untergliedert, und *Salmonella bongori* (siehe Tabelle). Die Typisierung nach Serovaren basiert auf Oberflächen- (LPS-), Flagellaren- und Kapselantigenen (O-, H- und $V_i$-Antigene). Salmonellen sind für den Menschen pathogen und können durch Lebensmittel übertragen werden. Serovare von *Salmonella enterica* spp. *enterica* sind an warmblütige Tiere angepaßt und sind für > 99% der Salmonellen-Infektionen verantwortlich (z.B. *Salmonella enterica* spp. *enterica* serovar Typhimurium, kurz *Salmonella* Typhimurium), andere Salmonellen sind an wechselwarme Tiere angepaßt und von geringer Bedeutung für die Lebensmittelhygiene. Unter epidemiologischen Gesichtspunkten kann *Salmonella* in drei Gruppen unterteilt werden (siehe unten): obligat humanpathogene Salmonellen (*Salmonella* Typhi, *Salmonella* Paratyphi A und C), an bestimmte Tiere angepaßte Salmonellen (z.B. *Salmonella* Choleraesuis) und Salmonellen ohne Anpassung an bestimmte Wirte (z.B. *Salmonella* Typhimurium).

Tabelle: Taxonomie der Gattung *Salmonella* mit Art- bzw. Serotypbeispielen.

| Untergattung | Art und Unterart | Anzahl Serovare |
|---|---|---|
| I | *Salmonella enterica* spp. *enterica* | 1454 |
| II | *Salmonella enterica* spp. *salamae* | 489 |
| III | *Salmonella enterica* spp. *arizonae* (IIIa) | 94 |
| | *Salmonella enterica* spp. *diarizonae* (IIIb) | 324 |
| IV | *Salmonella enterica* spp. *houtenae* | 70 |
| VI | *Salmonella enterica* spp. *indica* | 12 |
| V | *Salmonella bongori* | 20 |

Der Stoffwechsel von Salmonellen kann sowohl respiratorisch als auch fermentativ sein. Im allgemeinen wird aus Glucose Gas ($CO_2$, Wasserstoff) gebildet. Die meisten *Salmonella*-Stämme können mit Citrat als Kohlenstoff-Quelle leben; Lactat wird nur von Untergattung III (Arizona-Gruppe) verwertet. Die meisten Salmonellen-Typen produzieren Schwefelwasserstoff. Nitrat wird von allen Stämmen zu Nitrit reduziert. Etwa 5% der *Salmonella*-Stämme produzieren Bakteriozine, die gegen *Escherichia coli*, *Shigella* und/oder *Salmonella* gerichtet sind.

**Vermehrung:** Temperatur mindestens 2–7 °C, Optimum 37 °C, maximal 45–50 °C; $a_w$-Wert mindestens 0,93; $pH_{min}$ 4,0 oder höher, je nach Art der Säure. *Abtötung:* Pasteurisieren; 4–5 kGy Bestrahlung; 70% Ethanol 10 s; empfindlich gegen Desinfektionsmittel, Chlor, Propionsäure u. a.[1,2]; Gefrieren, Salzen und Räuchern sind praktisch unwirksam.

**Vorkommen:** Reservoir für typhoide und paratyphoide Salmonellen sind Dauerausscheider und subklinisch Infizierte, nach fäkaler Kontamination Wasser und Abwasser (*Salmonella* Typhi und Paratyphi, Anpassung der *Salmonella*-Stämme an Menschen). Andere Salmonellen sind an bestimmte Tierarten angepaßt (Anthropozoonosen), wichtige Reservoirs sind der Kot von Nutztieren (z.B. *Salmonella* Gallinarum, Geflügel, *Salmonella* Dublin, Rind, *Salmonella* Abortus-equi, Pferd, *Salmonella* Choleraesuis, Schweine), Haustieren (z.B. Hunde 1–30% Ausscheider, Katzen 1–15%, Tauben bis 60%). Einige Gruppen von Salmonellen (*Salmonella* Enteritidis und *Salmonella* Typhimurium) haben keinen spezifischen Wirt und können zwischen verschiedenen Tierarten und dem Menschen zirkulieren. Die Auslösung schwer kontrollierbarer Infektionen wird durch die relativ hohe Widerstandsfähigkeit in der Umwelt und die Ausscheidung durch chronisch Infizierte begünstigt.

Verbreitung durch Lebensmittel oder Wasser, die mit den genannten Fundstellen in Berührung kamen, z.B. Verbreitung durch Fliegen u.a. Insekten; Oberfläche von Schlachtkörpern durch Kontamination beim Ausnehmen, besonders bei Geflügel (Spinchiller!); Enteneier, auch Hühnereier können über die Blutbahn im Inneren infiziert sein[3]; Handelsfuttermittel mit Tierkörpermehl. Mit zunehmender Produktion von Fisch und Meeresfrüchten in Aquakulturen wurden auch diese Lebensmittel ein wichtiges Reservoir von Salmonellen.

*Bedeutung:* Salmonellen sind fakultativ intrazelluläre Parasiten. Einige Serovare von *Salmonella* sind Erreger von Typhus und Paratyphus, cyclischen Allgemeininfektionen mit teilweise hoher Letalitätsrate (Paratyphus C: 20%). Typhus und Paratyphus treten vorwiegend in Entwicklungsländern auf; in Deutschland wenige Fälle überwiegend bei Reisenden, die aus Entwicklungsländern zurückkehren.

Erreger von Salmonellen-Enteritiden, *Salmonellose, der in den meisten Industriestaaten zahlenmäßig bedeutsamsten Lebensmittelvergiftung. Symptome: 8–72 h nach Aufnahme der Erreger Durchfall, Erbrechen und Fieber, das Krankheitsbild hält wenige Tage an. Die Infektionsdosis liegt oberhalb von $10^5$ Zellen, bei Kindern und Immungeschwächten $10^2$ oder weniger. Bei etwa 5% der Fälle gelangen Enteritis-Salmonellen über die Lamina propria hinaus in die Blutbahn, v.a. bei Immunschwäche auf dem Bereich der T-Zell-abhängigen Immunität. Nach extraintestinal verlaufenden Formen in einigen Fällen chronische Infektionen, die durch Antibiotika behandelt werden müssen.

Die durch *Salmonella* hervorgerufene Diarrhoe wird auf die Invasion von Enterocyten und M-Zellen des Darmepithels zurückgeführt. Die Bedeutung des von Salmonellen gebildeten *Enterotoxins, Stn, für den Krankheitsverlauf ist unklar. Wichtige Pathogenitätsfaktoren von Salmonellen sind die Resistenz gegenüber Säure und reaktivem Sauerstoff (Singlett-Sauerstoff, Superoxid-Anion, $H_2O_2$ und Hydroxyl-Radikale) als Voraussetzung für das Überleben im bakteriziden Milieu der Phagolysosomen und Proteine, die für Adhäsion an das Darmepithel und dessen Invasion verantwortlich sind (attachment and invasion). Die Anwendung von Fütterungsantibiotika in der Tierernäh-

rung führte zu einer steigenden Zahl von antibiotikaresistenten *Salmonella*-Stämmen.

*Biotechnologie:* In der Genetik ist *Salmonella* Typhimurium ein beliebtes Forschungsobjekt und die Regulation des Histidin-Operons ist bei *Salmonella* am besten untersucht. Die Genkarte von *Salmonella* Typhimurium ähnelt der von *Escherichia coli* K12. Eine Genübertragung durch Konjugation zwischen *Salmonella* und *Escherichia coli* ist möglich. Darüber hinaus wurde die Genübertragung durch Phagen (Transduktion) erstmals bei *Salmonella* Typhimurium beobachtet. Bei diesem Organismus und *Escherichia coli* konnte ebenfalls erstmals eine Mutationserzeugung durch Integration von IS-Elementen und transposable Elemente gezeigt werden[4]. Zur Anreicherung auxotropher Mutanten von *Salmonella* wird anstelle von Penicillin Nalidixinsäure verwendet. *Salmonella*-Stämme können Plasmide enthalten, die für Antibiotika-Resistenzen codieren.

*Salmonella enterica* wird in verschiedenen Ländern zur Bekämpfung von Ratten und Mäusen eingesetzt. Die im Submersverfahren kultivierten Mikroorganismen werden mit Futtermitteln für diese Nager vermischt. Das Produkt (Ratin) wird z.B. in Osteuropa eingesetzt. Es ist in Deutschland und den USA aus hygienischen Gründen verboten.

*Recht:* Sicherheitsstufe nach Anhang IB der Gentechnik-Sicherheits-VO 1990: Alle Arten der Gattung *Salmonella* gehören in die Risikogruppe 2. – E Salmonella

*Lit.:* [1] Mitscherlich u. Marth, Microbial Survival in the Environment, S. 329ff., Berlin: Springer 1984. [2] Wallhäußer, Praxis der Sterilisation, Desinfektion, Konservierung, 5. Aufl., Stuttgart: Thieme 1995. [3] Arch. Lebensmittelhyg. **44**, 59–63 (1993). [4] Plasmid **3**, 241–259 (1980).

*allg.:* Doyle, M. P.; Beuchat, L. R.; Montville, T. J., Hrsg., *Food Microbiology*, ASM Press: Washington, (2001) ▪ Fisker, N.; Vinding, K.; Molbak, K.; Hornstrup, M. K., *Clin. Infect. Dis.*, (2003) **37**, 47–52 ▪ Hahn, H.; Falke, D.; Kaufmann, S. H., *Medizinische Mikrobiologie und Infektiologie*, 4. Aufl.; Springer: Berlin, (2001) ▪ Miliotis, M.; Bier, J., Hrsg., *International Handbook of Foodborne Pathogens*, Marcel Dekker: New York, (2003) ▪ Robinson, R. K.; Batt, C. A.; Patel, P. D., Hrsg., *Encyclopedia of Food Microbiologyy*, Academic Press: San Diego, (2000) ▪ Santamaria, J.; Toranzos, G. A., *Int. Microbiol.*, (2003) **6**, 5–9

**Salmonellose** (Enteritis infectiosa). Die klass. Lebensmittelinfektion (s. *Lebensmittelvergiftungen). Salmonellen sind in der Regel bewegliche, Gram-negative Stäbchen, die als Serovaren (Stämme mit gleichen Antigenen) deklariert werden. Von den bisher bekannten über 2400 *Salmonella-Serovaren sind nur zwanzig bis dreißig als Erreger von lebensmittelbedingten Erkrankungen in der Epidemiologie von Bedeutung (zur serologischen und taxonomischen Klassifizierung der Salmonellen siehe *Salmonella). Epidemiologisch gesehen, stehen dabei weltweit *Salmonella* Thyphimurium und *Salmonella* Enteritidis im Vordergrund. Die minimale Infektionsdosis liegt für den Erwachsenen bei ungefähr $10^4$ bis $10^6$ Keimen. Wenn sich Salmonellen in stark fetthaltigen Lebensmitteln wie Käse oder Schokolade befinden, können Erkrankungen bereits bei Infektionsdosen unter 100 Keimen auftreten, ebenso bei immungeschwächten Menschen, wie Säuglingen, Kleinkindern oder alten Menschen. Die Infektion erfolgt durch den Verzehr infizierter oder kontaminierter Nahrungsmittel. Um sie abzutöten müssen Salmonellen mindestens 10 Minuten lang Temperaturen von über 70°C ausgesetzt werden. Infektionsquellen sind vor allem Geflügelfleisch, Fleisch und Fleischprodukte, Hühnereier und roheihaltige Zubereitungen, wie Mayonnaise und damit zubereitete Salate, Cremes und Speiseeis. Inzwischen wurden Salmonellen in verschiedenen Ausbrüchen aber auch mit dem Verzehr von Sprossen, Tomaten, geräuchertem Aal und Schokolade in Verbindung gebracht[1]. Die meisten Erkrankungen kommen durch sogenannte Schmierinfektionen (Hände, Messer, Schneidebretter, Spüllappen etc.) im häuslichen Bereich zustande. Nach einer Inkubationszeit von 5–72 h (max. 7 Tage) beginnt ein akuter Brechdurchfall, meist mit erhöhter Temperatur und abdominalen Krämpfen, sowie Kopfschmerzen. Bei 5% der Infizierten können erhebliche klinische Komplikationen auftreten. Die Beschwerden klingen nach einigen Tagen auch unbehandelt ab. Die Keimausscheidung dauert jedoch durchschnittlich drei bis sechs Wochen. Während dieser Zeit besteht weiterhin Ansteckungsgefahr. Die Letalität liegt bei <0,1%. Dauerausscheidung über sechs Monate ist relativ selten. Gemäß § 7 IfSG (Infektionsschutzgesetz), das seit 1. Januar 2001 in Kraft ist, ist jeglicher Nachweis von Salmonellen unverzüglich dem zuständigen Gesundheitsamt zu melden. Die Zahl der in der Bundesrepublik gemeldeten Fälle lag 2005 bei 51979. Damit hat sich der seit 1992 eingesetzte rückläufige Trend fortgesetzt. Der Anteil der gemeldeten Krankheitsfälle wird jedoch nur auf 10% der tatsächlichen Erkrankungen geschätzt[1–3]. – *E* salmonellosis

*Lit.:* [1]Merkblatt für Ärzte, Robert Koch-Institut und Bundesinstitut für gesundheitlichen Verbraucherschutz und Veterinärmedizin, Erstveröffentlichung im Bundesgesundheitsblatt 01/1997, aktualisiert: 12/2002. [2]Robert-Koch-Institut (RKI), Epidemiologisches Bulletin, 03/2006, S. 26. [3]Robert-Koch-Institut (RKI), Epidemiologisches Bulletin, 46/2003, S. 374; http://www.rki.de.
*allg.:* Kayser, F. H.; Bienz, K. A.; Eckert, J.; Zinkernagel, R. M., *Medizinische Mikrobiologie*, 10. Aufl.; Thieme: Stuttgart, (2001) ▪ Science **287**, 50–51 (2000) ▪ Sinell (3.), S. 31 ff.

**Salz** siehe *Speisesalz.

**Salzgemüse** siehe *Gemüseerzeugnisse.

**Salzhering** siehe *Hering.

**Salzig** siehe *Geschmack.

**Salzkraut** siehe *Kalium.

**Salzlakenkäse.** Bezeichnung für Weich- und Schnittkäse unterschiedlicher Herstellung, die in einer Salzlake reifen und in den Handel kommen. Der Salzgehalt im Endprodukt liegt etwa zwischen 3 und 4,5%. Während diese Käse ursprünglich in den Ländern des östlichen Mittelmeers beheimatet waren, wird heute insbesondere *Feta-Käse, dessen Herstellungsverfahren industrialisiert wurde und

z. T. die Ultrafiltration von *Milch beinhaltet, in großen Mengen in westeuropäischen Ländern produziert. 1999 hat die EU-Kommission die Bezeichnung Feta aus dem Verzeichnis der geschützten Ursprungsbezeichnungen gestrichen, 2002 aber wieder aufgenommen. Zu den Salzlakenkäsen gehören außer Feta (ursprünglich aus Griechenland) z.B. Brinza (Israel), Domiati (aus bereits gesalzener Milch, Ägypten) oder Halloumi (Zypern). – *E* pickled cheese

*Lit.:* EG-Verordnung Nr. 1829/2002 vom 14.10.2002 ▪ EG-Verordnung Nr. 1070/1999 vom 25.05.1999 ▪ Robinson, R. K.; Tamime, A. Y., Hrsg., *Feta and Related Cheeses*, Ellis Horwood: New York, (1991) – *[HS 0406 90]*

**Salzsäure** (Chlorwasserstoffsäure, E 507). Unter dem Begriff S. versteht man die wäss. Lsg. von Chlorwasserstoff. 1 L Wasser löst bei 0°C 825 g (= 525 L) HCl-Gas; eine bei 20°C HCl-gesätt. Lsg. ist 40,4%ig, u. ihre D. beträgt 1,200. S. im Konz.-Bereich zwischen 10 u. 25% muß mit dem Gefahrensymbol „Reizend" gekennzeichnet werden.

Heute übliche Handelsformen von S. sind *konz.* mit etwa 30% HCl u. S. mit 36–38% HCl, die früher auch als *Rauchende S.* bezeichnet wurde; *verd. S.* ist gewöhnlich etwa 7%ig (D. 1,035, 2n HCl). Chem. reine S. (konz. od. verd.) ist eine farblose, wasserklare Flüssigkeit, die an offener Luft um so mehr raucht (Bildung feinster S.-Tröpfchen aus HCl-Gas u. Luftfeuchtigkeit) u. um so stechender riecht, je konzentrierter sie ist. Die als sog. *techn. reine S.* im Handel erhältliche Säure enthält als Verunreinigung hauptsächlich Eisen(III)-chlorid [in Form des Hexachloroferrat(III)-Ions] u. ist daher oft leicht gelb gefärbt.

*Physiologie und Toxikologie:* Stark verd. (0,1%ige bis 0,5%ige) S. findet sich im Magensaft (pH 0,9–2,3) des Menschen u. der Höheren Tiere; diese unterstützt die Eiweiß-verdauenden Enzyme (Pepsin) u. hemmt schädliches Bakterienwachstum. Bei Störungen der Magensäure-Produktion (neben S. kann hier auch Milchsäure beteiligt sein) entsteht oft ein brennendes Gefühl in Rachen u. Speiseröhre (Sodbrennen), dem man durch Wassertrinken od. Einnehmen von säurebindenden od. säureneutralisierenden Stoffen wie Magnesiumoxid u. a. Antacida, Adsorbentien od. Ionenaustauschern begegnen kann.

Einatmung von S.-Dämpfen führt zu Lungenentzündung, schließlich werden die feinen Lungenbläschen angeätzt, so daß Blut in die sonst luftgefüllten Lungenhohlräume eintritt. S.-Dämpfe schädigen auch die Zähne.

Wird höher konz. S. versehentlich getrunken, so entstehen sehr schmerzhafte Verätzungen in Rachen, Speiseröhre u. Magen, später beobachtet man Heiserkeit, Atemnot, Herzschwäche u. Ohnmachtsanfälle. Die Vergiftung kann tödlich enden; MAK-Werte-Liste 2005: Grenzwert 3,0 mg HCl/m$^3$, Schwangerschaft: Gruppe C. Gegenmittel: Eingeben von Milch, Eiweißwasser, Magnesiumoxid (neutralisiert), Auspumpen des Magens.

Auf der Haut ruft S. Hautrötung, Blasen u. brennende Schmerzen hervor. S., die auf die Haut gekommen ist, muß mit viel Wasser abgespült, anschließend mit verd. Natriumhydrogencarbonat-Lsg., Soda-Lsg. u.dgl. behandelt werden.

Gewebe (z.B. Baumwollstoffe), die mit S. in Berührung kommen, werden nach einiger Zeit, oft erst nach Wochen, brüchig; Flecke sollten möglichst rasch mit verd. wäss. Ammoniak-Lsg. ausgewaschen werden.

Bei der Würze-Herst. mit S. können *Chlorpropanole entstehen[1]. Bei der Eiweißhydrolyse mit Enzymen entstehen Chlorpropanole nicht.

*Nachweis:* S. gibt auch in starker Verdünnung mit Silbernitrat-Lsg. einen weißen Niederschlag von Silberchlorid ($AgNO_3 + HCl \rightarrow AgCl + HNO_3$), der sich in Ammoniakwasser, aber auch in konz. HCl klar auflöst. Beim Erwärmen von (konz.) S. mit Braunstein entsteht Chlorgas. Die genaue Bestimmung des Gehalts einer S. erfolgt durch Titration mit Natronlauge od. durch Dichtebestimmung mit dem Aräometer. Eine photometr. Bestimmung von S. u. Chloriden ist mit dem Quecksilbersalz der Chloranilsäure möglich[2]. Prüfröhrchen enthalten Bromphenolblau, das mit S. zu einem gelben Produkt reagiert. Die S. im Magensaft läßt sich mit Günzburgs Reagenz bestimmen.

*Verwendung:* Als starke anorgan. Säure spielt S. in der chem. Ind. u. in anderen Ind.-Zweigen eine vielfältige Rolle. Weiterhin findet S. Verw. bei der Holzverzuckerung u. Glucose-Gewinnung, zur Auflösung von Knochensubstanz bei der Knochenleimgewinnung, bei Farbstoff-Synth., als Zusatz zu Fällbädern in der Chemiefaser-Ind., zum Entkalken u. Pickeln in der Gerberei, zum Aufschließen tier. u. pflanzlicher Eiweiße sowie zur Herst. von Kräuterextrakten, die nach Neutralisation mit Natronlauge als Würze für Suppen u. dgl. verwendet werden.

In der chem. Analytik dient S. zur Auflösung von Proben, zur Ausfällung von Metallen der Salzsäure-Gruppe, zur Alkalimetrie usw.

*Recht:* Salzsäure (E 507).

*Zulassung:* Zusatzstoff, der beschränkt zugelassen ist (*ZZulV 1998 Anlage 4 Teil A und Anlage 6 Teil D).

*Reinheitsanforderungen:* *ZVerkV 1998 Anlage 2 (zu § 3 Abs. 1) Liste B Reinheitsanforderungen nach Richtlinie 96/77/EG vom 2.12.1996, Amtsblatt der EG Nr. L 339 vom 30.12.1996, S. 1 (geändert).

*Kenntlichmachung:* sofern als Konservierungsstoff eingesetzt s. § 9 Abs. 1 Nr. 2 ZZulV 1998 („mit Konservierungsstoff"); s. auch § 9 Abs. 8 Nr. 2 und § 6 Abs. 4 Nr. 2 in Verbindung mit Anlage 2 *LMKV.

*Weitere rechtliche Regelungen:* Diät-Verordnung Anlage 3 (für diätetische Lebensmittel als Kochsalzersatz zugelassene Zusatzstoffe); Bedarfsgegenstände-Verordnung Anlage 3a; Futtermittel-Verordnung Anlage 3 Nr. 8 (Konservierungsstoffe). – *E* hydrochloric acid

*Lit.:* [1] Z. Lebensm. Unters.-Forsch. **193**, 224–229 (1991).
[2] Fries-Getrost, S. 110–113.

*allg.:* Kirk-Othmer (4.) **13**, 894–925 ■ Ullmann (5.) **A13**, 283–296 – [HS 2806 10; CAS 7647-01-0; G 8]

**Sambal Oelek** siehe *Paprika.

**Sambunigrin** siehe *cyanogene Glycoside.

**Samschu** siehe *Sake.

**Sandbeere** siehe *Sanddorn.

**Sanddorn** (Fasanbeere, Korallenstrauchbeere, Sandbeere, Sandkreuzdorn, Seekreuzdorn, Weidendornbeere). Orangerote bis rote, leuchtende, erbsengroße, runde, ovale oder walzenförmige Scheinbeere mit nußartiger Innenfrucht (eigentlich Nußfrucht) des kleinen bis mittelgroßen Sanddornstrauches *Hippophaë rhamnoides* L. (Elaeagnaceae), der bisweilen auch zu einem Baum von bis zu 5 m Höhe auswachsen kann. Das natürliche Habitat der Pflanze sind die Küstenbereiche (spp. *rhamnoides*) oder Berge und Flusstäler (spp. *fluviatilis*) Eurasiens. Sie ist zweihäusig und wird durch Wind bestäubt. An den sparrigen bedornten Ästen sitzen lanzettförmige, spitze weidenähnliche Blätter, deren Oberseite dunkelgrün, die Unterseite hingegen weiß-filzig erscheint.

Die Ernte der Früchte ist sehr mühsam; die Äste mit den Früchten werden abgeschnitten und in einem Tuch aufgefangen, wodurch sich die Sanddornbeeren unverletzt von den Ästen lösen. Weitere Erntemethoden stellen das maschinelle Abrütteln der Beeren sowie die Schockfrostung der Aststücke mit anschließendem Abschlagen dar.

*Inhaltsstoffe:* Die Schale der Beere erhält ihre Farbe durch eine Mischung aus Chlorophyllen, vorwiegend aber *Carotinoiden und *Anthocyanen, wobei die Intensität der Farbe mit dem Vitamin-C-Gehalt korreliert[1]. Die schleimige gelbliche Pulpa ist vor allem bei Beeren aus alpinen Regionen reich an Vitamin C (450 mg/100 g Frischgewicht). Sie enthält reichlich Kalium (135 mg/100 g) und überdurchschnittlich hohe Calcium- (40 mg/100 g) und Magnesium-Konzentrationen (30 mg/100 g). Neben dem beachtlichen Provitamin-A-Gehalt von 1500 mg/100 g, sind die B-Vitamine Thiamin (35 µg/100 g) und Niacin (250 µg/100 g) erwähnenswert[2]. *Äpfelsäure und *Chinasäure sind kennzeichnend für das Vorkommen organischer Säuren, während Oxalsäure, *Citronensäure und *Weinsäure Minorkomponenten darstellen[3]. Das Fruchtfleisch enthält 7% Fett mit 47% gesättigten und 53% ungesättigten Fettsäuren, begleitet von Vitamin E und Carotinoiden als Antioxidantien. Letztere liegen als Carotinoid-Lipoprotein-Komplexe (Galactolipide, Phospholipide) vor[4]. Das Samenfett ist vorwiegend ungesättigt mit 39,6% *Linolsäure, 21,8% *Linolensäure und 17,4% *Ölsäure und weist *Tocopherole und Tocotrienole als natürlichen Oxidationsschutz auf. Die herbsauren Früchte sind bei Beginn der Fruchtreife am aromatischsten und verlieren mit zunehmender Reife sowohl an Farbe als auch an Vitamin C. Neben dem optimalen Erntezeitpunkt haben Anbauort und Sorte Einfluß auf den Geschmack sowie die wertgebenden Inhaltsstoffe[5–10], einschließlich der Öl-qualität[8,11].

Der Anteil phenolischer Verbindungen umfasst Isorhamnetin-3-glucosid und Isorhamnetin-3-rutinosid[1], *Quercetin und Myricetin, *Catechin und Chlorogensäure[12].

*Verwendung:* Sanddornbeeren müssen sofort nach der Ernte verarbeitet werden, um insbesondere den hohen Vitamin-C-Gehalt zu erhalten. Dabei werden die Beeren samt Ast mit Packpressen zu Saft gequetscht oder die Einzelbeeren mit einer Passiermaschine zu Mark verarbeitet. Mit Honig oder etwas Zucker gesüßt wird der Saft zu Gelee, Sirup und Likör, das Mark zu Fruchtmus und Konfitüre verarbeitet und als solche bei der Herstellung von Eiskrem, Quark und Joghurt verwendet. Getrocknet findet man sie in Müsliprodukten.

Zum Einfluss der Herstellungstechnologie auf die Saftqualität siehe Literatur[3,13].

Sanddornbeerenprodukte dienen zur Vitaminisierung von Getränken (z.B. Mehrfruchtnektare bzw. Multivitaminnektare), Suppenwürzen, Arzneimitteln, Kosmetika und Zahnpasta.

*Pharmakologie:* Sanddornsaft wirkt durch den hohen Vitamin-C-Gehalt unterstützend bei der Behandlung von Erschöpfungszuständen, Zahnfleischbluten, grippalen Infekten und ähnlichem. Unreife Früchte wirken durch den hohen Gehalt an *Proanthocyanidinen lindernd bei Durchfallerscheinungen und blutstillend. Generell wird Sanddornbeeren eine antioxidative Wirkung im Humanmetabolismus zugesprochen[14–16].

Das in Fruchtfleisch und Samen enthaltene Öl wird direkt aus den Beeren oder den Pressrückständen (Trester) aus der Saftgewinnung gewonnen. Dieses hoch ungesättigte Öl wird in Russland traditionell äußerlich zur Behandlung von Strahlenschäden (Röntgenstrahlen, Sonnenbrand), Akne und zur allgemeinen Wundbehandlung eingesetzt. Die positive Wirkung bei der Behandlung von Patienten mit atopischer Dermatitis[17], bei Studien an Tieren, die an Gastritis[18] oder unter erhöhter Thrombosegefahr leiden[19], wurde belegt. Das Kernöl wird außerdem in der Kosmetik verwendet[20–22]. – *E* sea buckthorn

*Lit.:* [1]Mazza, G.; Miniati, E., *Anthocyanins of Fruits, Vegetables, and Grains*, CRC: Boca Raton, (1993); S. 203. [2]Schobinger, U., *Frucht- und Gemüsesäfte*, Ulmer: Stuttgart, (2001); S. 51. [3]Beveridge, T.; Harrison, J. E.; Drover, J., *J. Agric. Food Chem.*, (2002) **50**, 113. [4]Pintea, A.; Marpeau, A.; Faye, M.; Socaciu, C.; Gleizes, M., *Phytochem. Anal.*, (2001) **12**, 293. [5]Kallio, H., Yang, B.; Peippo, P., *J. Agric. Food Chem.*, (2002) **50**, 6136. [6]Tang, X., *J. Hortic. Sci. Biotechnol.*, (2002) **77**, 177. [7]Vereshchagin, A. G.; Tsydendambaev, V. D., *J. Plant Physiol.*, (1999) **155**, 453. [8]Tsydendambaev, V. D.; Vereshchagin, A. G., *J. Agric. Food Chem.*, (2003) **51**, 1278. [9]Yang, B.; Kallio, H., *J. Food Compos. Anal.*, (2002) **15**, 143. [10]Tang, X.; Kalvainen, N.; Tuorila, H., *Lebensm. Wiss. Technol.*, (2001) **34**, 102. [11]Aitzetmüller, K.; Xin, Y., *Nahrung*, (1999) **43**, 228. [12]Vaher, M.; Koel, M., *J. Chromatogr. A*, (2003) **990**, 225. [13]Beveridge, T.; Harrison, J. E., *Lebensm. Wiss. Technol.*, (2001) **34**, 458. [14]Eccleston, C.; Baoru, Y.; Raija, T.; Kallio, H.; Rimbach, G. H.; Minihane, A. M., *J. Nutr. Biochem.*, (2002) **13**, 346. [15]Gao, X.; Ohlander, M.; Jeppsson, N.; Bjoerk, L.; Trajkovski, V., *J. Agric. Food Chem.*, (2000) **48**, 1485. [16]Suleyman, H.; Gumustekin, K.; Taysi, S.; Keles, S.; Oztasan, N.; Aktas, O.; Altinkaynak, K.; Timur, H.; Akcay, F.; Akar, S.; Dane, S.; Gul, M., *Biol. Pharm. Bull.*, (2002) **25**, 1133. [17]Yang, B.; Kalimo, K. O.; Mattila, L. M.; Kallio, S. E.; Katajisto, J. K.; Peltola, O. J.; Kallio, H. P., *J. Nutr. Biochem.*, (1999) **10**, 622. [18]Xing, J.; Yang, B.; Dong, Y.; Wang, B.; Wang, J.; Kallio, H. P., *Fitoterapia*, (2002) **73**, 644. [19]Cheng, J.; Kondo, K.; Suzuki, Y.; Ikeda, Y.; Meng, X.; Umemara, K., *Life Sci.*, (2003) **72**, 2263. [20]Heilscher, K.; Noll, F., *Bioforum*, (1999) **22**, 718. [21]Heilscher, K.; Morsel, J.-T.; Westphal, G., *Parfüm. Kosmet.*, (1999) **80**, 10. [22]Partanen, R.; Yoshii, H.; Kallio, H.; Yang, B.; Forssell, P., *J. Am. Oil Chem. Soc.*, (2002) **79**, 219. – [HS 0810 90]

**Sandelholzöl** (FEMA 3005). Farbloses bis gelbliches, leicht viskoses Öl mit einem typisch holzig-süßen, animalisch-balsamischen, sehr haftfesten Geruch, $D_{20}^{20}$ 0,968–0,983, $n_D^{20}$ 1,5030–1,5080.

*Herstellung:* 1. *Sandelholzöl, ostindisch:* Durch Wasserdampfdestillation aus dem Holz des hauptsächlich in Südindien wachsenden Sandelholzbaumes, *Santalum album* (Santalaceae). Die jährliche Produktion liegt zwischen 100 und 200 t. Da Sandelholzbäume mehrere Jahrzehnte wachsen müssen, bis sich die Holz- und Ölgewinnung lohnt, wegen ihrer semi-parasitären Lebensweise schlecht zu kultivieren sind und die Destillation aufwendig ist, sind die auf dem Markt zur Verfügung stehenden Ölmengen begrenzt und entsprechend teuer.

2. *Sandelholzöl, westindisch:* Gewonnen aus *Amyris balsamifera* L. (Balsambaum), Rutaceae. Herkunftsregionen sind die Karibik und der Golf von Mexico.

*Zusammensetzung[1–4]:* Hauptbestandteile des ostindischen Sandelholzöls sind Alkohole (~90%) mit α- (ca. 50%) und β-Santalol (ca. 20%); letzterer Komponente wird der typische Sandelholzgeruch zugeschrieben. Weitere Bestandteile sind Kohlenwasserstoffe (~6%) wie α- und β-Santalen. Ferner finden sich *epi*-β-Santalen, α-Photosantalol, *epi*-β-Photosantalol, β-Bisabalol, Cyclosantalal, α-Santalal, *epi*-Cyclosantalal, β-Santalal, Campherenol, (Z)-*trans*-α-Bergamotol, *epi*-β-Santalol, (Z)-β-Curcumenol, *cis*-Lanceol, *cis*-Nuciferol, Spirosantalol. Westindisches Sandelholzöl enthält Sesquiterpenoide wie Elemol, Eudesmol und α-Agarofuran.

*Verwendung:* Ostindisches Sandelholzöl ist ein klassischer Parfümbestandteil mit breiter Anwendung. Wegen seines hohen Preises wird es nur noch in teuren Parfüms verwendet. Der weitaus größte Teil des Bedarfs an Sandelholzduftstoffen wird heute durch preisgünstigere synthetische Verbindungen gedeckt[5–9]. Mit Hilfe von QSAR-Modellen werden gezielt synthetische Ersatzstoffe gesucht[10–11]. Haupterzeugerländer sind Indien, Indonesien und Sri Lanka. Die geschätzte Jahresproduktion für Indien war rückläufig und lag 1999 bei ca. 30 t (siehe Interview mit Satoskar, K. G. in Literatur[12]). Frühere Schätzungen beziffern die Jahresproduktion in Indien auf 50 t sowie weltweit auf 70 t[13]. Als Ersatzstoff für ostindisches Sandelholzöl ist neben synthetischen Sandelholzriechstoffen auch das aus *Santalum spicatum* gewonnene westaustralisches Sandelholzöl im Gespräch, siehe Literatur[14].

Zu toxikologischen Eigenschaften siehe Literatur[15]. – *E* sandalwood oil

*Lit.:* [1]Perfum. Flavor. **1**(1), 5; (5), 14 (1976); **6**(5), 32 (1981); **16**(6), 50 (1991); **23**(5), 19–20, 22–24 (1998). [2]Brunke, E.-J.; Fahlbusch, K.-G.; Schmaus, G.; Vollhardt, J.; *Riv. Ital. Eppos*, (1997) **1**, 49-83. [3]Braun, N. A.; Meier, M.; Pickenhagen, W., *J. Essent. Oil Res.*, (2003) **15**, 63–65. [4]Shankaranarayan, K. H.; Ravikumar, G.; Rangaswamy, C. R., *Indian Perfum.*, (2001) **45**(2), 79–80. [5]Müller u. Lamparsky (Hrsg.), *Perfumes, Art, Science and Technology*, S. 298, London: Elsevier Appl. Sci. 1991. [6]Frater, G.; Bajgrowicz, J. A.; Kraft, P., *Tetrahedron*, (1998) **54**, 7633–7703. [7]Kraft, P.; Bajgrowicz, J. A.; Denis, C.; Frater, G., *Angew. Chem. Int. Ed.*, (2000) **39**, 2980–3010. [8]Kraft, P.; Bajgrowicz, J. A.; Denis, C.; Frater, G., *Angew. Chem.*, (2000) **112**(17), 3106–3138. [9]Gautschi, M.; Bajgrowicz, J. A.; Kraft, P., *Chimia*, (2001) **55**, 379–387. [10]Kovatcheva, A.; Buchbauer, G.; Golbraikh, A.; Wolschann, P., *J. Chem. Inf. Comput. Sci.*, (2003) **43**(1), 259–266. [11]Bajgrowicz, J. A.; Frater, G., *Enantiomer*, (2000) **5**, 225–234. [12]Raghavan, R., Hrsg., *Chemical Weekly*, (1999) **45**(18), 112. [13]Mortier, J. P.; Ellena, B., *Dragoco Rep.*, (2003) Nr. 3, 104–116. [14]Valder, C.; Neugebauer, M.; Meier, M.; Kohlenberg, B.; Hammerschmidt, F.-J.; Braun, N. A., *J. Essent. Oil Res.*, (2003) **15**, 178–186. [15]Dikshit, A.; Husain, A., *Fitoterapia*, (1984) **55**(3), 171–176.

*allg.:* Bauer et al. (4.), S. 218 ▪ ISO 3518: 2002-03 ▪ Ohloff, S. 172 – *[HS 3301 29; CAS 8006-87-9 (1.); 68916-10-9 (2.)]*

**Sangria** siehe *weinhaltige Getränke.

**Santen** siehe *Fichten- und Kiefernnadelöle.

**Santolinenon** siehe *Menthon.

**Sapodilla** (Breiapfel, Chico, Sapotillpflaume, Sapotillapfel, Sapote, westindische Mispel, Nispero). Sortenabhängig in Form (kugelrund, eiförmig, spindelförmig) und Farbe sehr unterschiedliche, meist runde bis elliptische, rötliche bis gelbbraune, 3–10 cm hühnerei- bis apfelgroße Frucht des vor allem in den amerikanischen Tropen, aber auch in Asien und vereinzelt in Afrika (Kamerun) vorkommenden, bis zu 20 m hohen Baumes *Achras zapota* L. (syn. *Manilkara zapota* V. Roy, syn. *Sapota achras* Mill., Sapotaceae; Kaugummibaum).
Die rauhe, bei Unreife grüne Schale nimmt bei reifen Sapodillas Zimtfarbe an. Das Fruchtfleisch schmeckt unreif durch Tannine adstringierend, wird bei Reife als weich, schmelzend, bisweilen körnig beschrieben und erscheint dann durch *Carotinoide gelbbraun bis orangefarben. Charakteristisch sind die Latexkanäle, die in unreifen Früchten am deutlichsten ausgeprägt sind. In den einzelnen Fruchtfächern sind ein bis drei 2 cm lange dunkelbraun bis schwarzglänzende ungenießbare Kerne enthalten, deren Öl-Zusammensetzung mit rund 30% gesättigten und 70% ungesättigten Fettsäuren angegeben wird[1]. Das Aroma erinnert an Karamel und Vanille. Die sensorischen Eigenschaften unterschiedlicher Sapodilla-Varietäten wurden beschrieben[2].

Den verhältnismäßig kleinen Anlagen zur Obstgewinnung stehen in Mexiko und Mittelamerika große Pflanzungen gegenüber, die zur Gewinnung des Milchsaftes (Latex) aus dem Bastteil der Rinde zur Produktion von *Chiclegummi*, einem Grundstoff des Kaugummis, dienen. Chiclegummi wird durch Kochen des gehärteten Latex gewonnen. Der Milchsaft enthält 20–40% gummiartige Substanzen, die mit Oligosacchariden substituierte Xylanpolymere darstellen[3].

Als Breiapfelbaum oder Sternapfel-Baum wird bisweilen auch *Chrysophyllum cainito* L. (Sapotaceae) bezeichnet, der vor allem als Zierbaum gepflanzt wird und dessen apfelgroße kugelrunde Früchte im zerteilten Zustand ein neunstrahliges Kerngehäuse zeigen, das von einem durch *Anthocyane gefärbten Fruchtfleisch umgeben ist.

*Verwendung:* Die längs oder quer halbierten reifen Früchte werden nach Entfernen der Schale und der Samenkerne im allgemeinen als Dessertfrüchte verzehrt und zum Teil zu Konfitüre, Getränken und Trockenprodukten verarbeitet[4,5]. – *E* sapota

*Lit.:* [1]Khatri, L. M.; Nasir, M. K. A.; Saleem, R.; Noor, F., *Pakistan J. Sci. Ind. Res.*, (1995) **38**, 428. [2]Velez-Colon, R.; De Caloni, I. B.; Martínez-Garrastazu, S., *J. Agric. Univ. Puerto Rico*, (1992) **76**, 103. [3]Dutton, G. G. S.; Kabir, S., *Carbohydr. Res.*, (1973) **28**, 187. [4]*J. Food Eng.* **37**, 323–330 (1998). [5]Ganjyal, G. M.; Hanna, M. A.; Devdattam, D. S. K., *J. Food Sci.*, (2003) **68**, 517. – *[HS 0810 90]*

**Saponine.** Von Sapo (latein. Seife) abgeleitete Bezeichnung für eine Gruppe von im allg. pflanzlichen Glycosiden, die als oberflächenaktive Verbindungen in Wasser kolloidale, seifenartige Lösungen bilden. Die Saponine werden nach der Art ihrer Aglycone, der *Sapogenine*, in Triterpen-Saponine u. Steroid-Saponine unterteilt, wobei von manchen Autoren die Steroidalkaloide vom Spirosolan-Typ und Solanidan-Typ als dritte Gruppe der Steroidalkaloidglycoside hinzugezählt werden[1–3]. Der Kohlenhydrat-Anteil kann aus bis zu 11 Monosaccharid-Resten (meistens D-Glucose, D-Galactose, L-Rhamnose, L-Arabinose, D-Xylose, D-Fucose, D-Glucuronsäure) bestehen. Sind alle Zucker an nur einer Hydroxy-Gruppe des Aglycons (meist C-3) gebunden, so spricht man von *monodesmosidischen* Saponinen, anderenfalls von *bidesmosidischen* Saponinen. Viele Saponine besitzen *in vitro* und nach intravenöser Applikation eine starke hämolytische Aktivität[2], so daß sie auch in hoher Verdünnung die Auflösung roter Blutkörperchen bewirken können, und sind antimikrobiell sowie als Fischgifte wirksam. Daher wurde diese in ihrer Struktur sowie in ihrer biologischen Wirkungsweise sehr heterogene Gruppe sekundärer Pflanzenstoffe lange als toxisch bzw. antinutritiv eingestuft. Wechselwirkungen mit Cholesterol, die geringe Bioverfügbarkeit der Saponine sowie strukturspezifische Unterschiede in der biologischen Wirksamkeit innerhalb dieser Stoffgruppe lassen jedoch nur ein geringes Hämolyse-Risiko beim Verzehr Saponin-reicher Lebensmittel erwarten[4,5]. Aufgrund spezifischer physiologischer Wirkungen in Abhängigkeit ihrer individuellen Struktur gewinnen die Saponine als bioaktive Substanzen[6] zunehmend Bedeutung in pharmazeutischen Erzeugnissen, aber auch als gesundheitsfördernde Inhaltsstoffe von herkömmlichen Lebensmitteln[5,7]. Infolge der

Bedeutung von Saponinen in der traditionellen Volksheilkunde liegen derzeit Nachweise der biologischen Aktivität primär für Saponine aus Medizinalpflanzen und Kräutern der traditionellen Heilkunde vor[2,5-9]. Bedingt durch die geringe Bioverfügbarkeit ist die physiologische Wirkung der Saponine in Lebensmitteln hauptsächlich auf den Magen-Darm-Trakt beschränkt (Hemmung der Entstehung von Dickdarmkrebs im Tierversuch in Verbindung mit der Bindung von Cholesterol und primären Gallensäuren und mit der Stimulation des Immunsystems sowie der Adjuvans-Wirkung, Cholesterol-senkend, antioxidativ, Blutzucker-senkend je nach Art des Saponins)[4,7]. Saponine kommen in zahlreichen pflanzlichen Nahrungsmitteln vor (0,1–1,0% der Trockenmasse[4]), darunter insbesondere Hülsenfrüchte und andere Gemüse (z.B. Spinat, Spargel) sowie Getreidearten (z.B. Hafer)[7], wobei Gehalte und Saponin-Spektrum beeinflußt werden von Sorte, Alter, physiologischem Zustand und geographischem Ursprung der Pflanzen[5,7]. Saponin-Gehalt und -Zusammensetzung der Pflanzen kann durch die Lebensmittelherstellung und Nahrungszubereitung (z.B. Weichen, Kochen, Sterilisieren) je nach Art der Saponine reduziert bzw. modifiziert werden[5,7]. Die tägliche Saponin-Aufnahme aus Gemüse wird von 15 mg/Tag bei durchschnittlicher europäischer Ernährung bis über 200 mg/Tag bei vegetarischer Ernährung geschätzt[5,7]. Erhebliche Saponin-Mengen können über Lakritze aufgenommen werden[4], so daß wegen der Blutdruck-erhöhenden Wirkung des Hauptsaponins *Glycyrrhizin ein Grenzwert für dieses Saponin in Lakritze diskutiert wird. Die wichtigsten in Lebensmitteln vorkommenden Saponine, die *Oleanolsäure-Saponine (Zuckerrübe)[8], Glycyrrhizin (Süßholzwurzel)[2] u. die Sojabohnen-Saponine (s. Abb.)[1,5,10], gehören der Reihe der Triterpen-Saponine an. Letztere wurden u.a. auch in der Erdnuß nachgewiesen, weiterhin sind Saponine auch in den Blättern von grünem Tee[1] enthalten.

*Verwendung:* Die Verwendung von Saponinen als Lebensmittelzusatzstoffe ist derzeit in der Europäischen Gemeinschaft bzw. in Deutschland begrenzt auf die Verwendung Saponin-reicher Extrakte aus der Rinde des Panama- oder Seifenrindebaumes (Quillaja-Extrakt, E 999[5,9]) zur Stabilisierung in alkoholfreien, aromatisierten Getränken auf Wasserbasis zulässig (max. 200 mg/L, berechnet als wasserfreier Extrakt)[11,12]. In der Kosmetik werden sie als Netz- u. Dispergiermittel bzw. Schaumbildner bei Zahnpulvern, Mundwässern u. Shampoos eingesetzt[13]. Technische Anwendungen bestehen in der Filmindustrie[13]. Weitere Applikationsbeispiele siehe *Lit.*[5]. – *E* saponins

*Lit.:* [1]Hostettmann, K.; Marston, A., *Saponins*, Cambridge Univ. Press: Cambridge, (1995). [2]Sticher, O., In *Pharmakognosie – Phytopharmazie*, Hänsel, R.; Sticher, O.; Steinegger, E., Hrsg., 6. Aufl.; Springer: Berlin, (1999); S. 526–570. [3]Oleszek, W. A., In *Natural Food Antimicrobial Systems*, Naidu, A. S., Hrsg.; CRC Press LLC: Boca Raton, (2000); S. 295–324. [4]Watzl, B., *Ernähr. Umsch.*, (2001) **48**, 251–253. [5]Waller, G. R., In *Biologically Active Natural Products: Agrochemicals*, Cutler, H. G.; Cutler, S. J., Hrsg.; CRC Press LLC: Boca Raton, (1999); S. 243–274. [6]Rao, A. V.; Gurfinkel, D. M., *Drug Metab. Drug Interact.*, (2000) **17**, 211–235. [7]Rao, A. V.; Gurfinkel, D. M., *Proc. Phytochem. Soc. Eur.*, (2000) **45**, 255–270. [8]Lacaille-Dubois, M. A., *Proc. Phytochem. Soc. Eur.*, (2000) **45**, 205–218. [9]Lacaille-Dubois, M. A.; Wagner, H., *Stud. Nat. Prod. Chem.*, (2000) **21**, 633–687. [10]Oleszek, W. A.; Hoagland, R. E.; Zablotowicz, R. M., In *Principles and Practices in Plant Ecology*, Inderjit, S.; Dakshini, K. M. M.; Foy, C. L., Hrsg.; CRC Press LLC: Boca Raton, (1999); S. 451–465. [11]Richtlinie 95/2/EG über andere Lebensmittelzusatzstoffe als Farbstoffe und Süßungsmittel vom 20.02.1995 (Amtsblatt der EG Nr. L 061), Annex IV. [12]Zusatzstoffzulassungsverordnung vom 29.01.1998 (BGBl. I, S. 230), Anlage 4B. [13]Kasei, R.; Yamasaki, K.; Tanaka, O., In *Naturally Occurring Glycosides*, Ikan, R., Hrsg.; John Wiley & Sons: Chichester, (1999); S. 295–310. – *[HS 2938 90]*

**Saposine** siehe *Sphingolipide.

**Sapote** siehe *Sapodilla.

**Sapote, Weiße** (Mexicoapfel, Mexikanischer Apfel, Casimiroa). Orangengroße, gelblich-grüne, an den Polen abgeplattete, 5-fach gerippte, an kurzen Stielen in Büscheln wachsende Frucht des subtropischen vor allem in Mexico und Mittelamerika angebauten bis zu 15 m hohen Baumes *Casimiroa*

Abb.: Hydrolyse des vergleichsweise labilen Sojasaponin (s. Lit.[5,7]).

*edulis* La Llave et Lex (Rutaceae), der eine charakteristische grau gefleckte Borke besitzt.

Die Frucht ist trotz ihres Namens nicht mit den Sapotengewächsen (Sapotaceae) verwandt und hat wenig Ähnlichkeit mit den zur gleichen Familie zählenden Citrusgewächsen. Die membranartige, dünne Schale umschließt ein cremeweißes bis gelboranges, weiches, süß-zartbitter bis nussig-karamelig schmeckendes Fruchtfleisch mit 2–5 hellen und oval-muschelförmigen Samen. Extrakte aus letzteren zeigten im Tierversuch blutdrucksenkende[1], spasmolytische[2] und antimutagene Wirkung[3]. Aktive Verbindungen, die diese pharmakologischen Befunde begründen, sind Histamin-Derivate, ein Aminosäure-Gemisch aus *N*-Methylprolin, $\gamma$-Aminobuttersäure und *Prolin, sowie das Histaminamid Casimiroedin. Diese Ergebnisse stützen aztekische Überlieferungen, nach denen die Blätter, die Rinde und die Samen der Frucht eine blutdrucksenkende, beruhigende und schmerzlindernde Wirkung haben sollen. Daher rührt auch die Bezeichnung „schlafproduzierende Frucht" für die Weiße Sapote.

*Verwendung:* In unseren Breiten kaum bekannt, wird die Weiße Sapote in den Anbauländern meist frisch verzehrt, wozu die gekühlte Frucht halbiert und mit etwas Zitronensaft beträufelt wird. In Stücke geschnitten wird sie als Fruchtsalat oder auf Obstkuchen, als Frucht zu Joghurt genossen oder zermust in Eiscremes oder Milchshakes eingearbeitet. – *E* white sapote

*Lit.:* [1]Magos, G. A.; Vidrio, H.; Reynolds, W. F.; Enriquez, R. G., *J. Ethnopharmacol.*, (1999) **64**, 35. [2]Garzon de la Mora, P.; García-López, P. M.; García-Estarda, J.; Navarro-Ruiz, A.; Villanueva-Michel, T.; Villareal de Puga, L. M.; Casillass-Ochoa, J., *J. Ethnopharmacol.*, (1999) **68**, 275. [3]J. Agric. Food Chem. **46**, 3509–3516 (1998).

**Sapotillapfel, -pflaume** siehe *Sapodilla.

**Saprophyten** (selten auch Nekrophyten, von griechisch: sapros = faulig; phyton = Pflanze). Lebensform vieler Bakterien und Pilze. Diese „Fäulnisbewohner" leben als chemoorganotrophe Mikroorganismen von organischen Nährstoffen, die sie aus pflanzlichen und tierischen Rückständen beziehen (Fleisch, Früchte, Textilien, Leder etc.). Als Kohlenstoff-Quelle können neben Kohlenhydraten, Fetten oder Proteinen auch Alkohole, organische Säuren, Erdöl, Paraffin, Benzol und Naphthalin dienen. Hochmolekulare Substanzen (z.B. Lignin, Cellulose, Protein) werden oft vor der Aufnahme zunächst mit Hilfe von Exoenzymen zu resorbierbaren Substraten abgebaut. Den meisten Saprophyten genügen Ammonium-Ionen (Bakterien, Hefen), vielen auch Nitrat (*Aspergillus niger) oder seltener molekularer Stickstoff als Stickstoff-Quelle. Einige Organismen haben sich stark an bestimmte Substrate angepaßt; so verarbeitet *Penicillium glaucum* aus einem Racemat von (+)- und (−)-Weinsäure nur die in vielen Früchten frei oder als Salz vorkommende natürliche (+)-Weinsäure. Saprophyten leben in der Natur meist in Gemeinschaften, in denen die einen von den Abfallprodukten der anderen profitieren. Auf diese Weise remineralisieren sie abgestorbene Pflanzen oder Tiere und sorgen für die biologische Selbstreinigung verschmutzten Wassers und üben somit eine wichtige Rolle im Stoffkreislauf der Natur aus. – *E* saprophytes

*Lit.:* Howard, S. T.; Byrd, T. F., *Microbes Infect.*, (2000) **2**, 1845–1853 ▪ Sitte, P; Weiler, E. W.; Kadereit, J. W.; Bresinsky, A.; Körner, C., *Strasburger Lehrbuch der Botanik*, 35. Aufl.; Spektrum Akademischer Verlag: Heidelberg, (2002)

**Sardellen** (Synonym: Anchovis). *Engraulis encrasicholus* (L.), Knochenfisch (Engrauliden), Familie der Clupeidae, bis 20 cm (normal 9–12 cm) langer Meeresfisch.

*Vorkommen:* Atlantik, von Dänemark bis Nordwest-Afrika, Mittelmeer, Schwarzes Meer.

*Verwendung:* S. gelangen entweder gesalzen[1] bzw. als Halbkonserve in den Handel od. werden zu S.-Erzeugnissen (*S.-Butter*, *S.-Paste*) verarbeitet. Die Anforderungen an die Kennzeichnung u. Beschaffenheit von S. u. S.-Erzeugnissen sind den Leitsätzen[2], Abschnitt C u. D, u. einem ALS-Beschluß[3] zu entnehmen. Qual. Veränderungen in geschmacklicher, mikrobiolog. u. chem. Hinsicht sind nach *Lit.*[4] in tiefgekühlten S. innerhalb von ca. 1/2 Jahr kaum nachweisbar u. beeinflussen nicht die Genießbarkeit des Produktes. Veränderungen im Gehalt an 10 *biogenen Aminen von in Öl gelagerten S. werden in *Lit.*[5] untersucht. Demnach steigt bes. der Gehalt an Histamin, Tyramin u. $\beta$-Phenylethylamin auch bei niedrigen Temp. an. Zu mikrobiolog. Veränderungen in gesalzenen S. siehe Literatur[6]. – *E* anchovies

*Lit.:* [1]J. Food Sci. **52**, 919–921 (1987). [2]BMVEL, Hrsg., *Deutsches Lebensmittelbuch, Leitsätze 2003*, Bundesanzeiger Verlag: Köln, (2003); S. 115f. (Leitsätze für Fische, Krebs- u. Weichtiere und Erzeugnisse). [3]Bundesgesundheitsblatt **31**, 397 (1988). [4]Int. J. Food Sci. Technol. **31**, 527–531 (1996). [5]J. Agric. Food Chem. **45**, 1385–1389 (1997). [6]J. Korean Soc. Food Sci. Nutr. **25**, 885–891 (1996). – *[HS 0302 69]*

**Sardinen** (*Sardina pilchardus*). Bis zu 25 cm langer Meeresfisch (Knochenfisch/Clupeidae); s.a. *Hering.

*Vorkommen:* Schelfgewässer von Südnorwegen bis Marokko, Mittelmeer, Schwarzes Meer.

*Verwendung:* Kleinere Exemplare werden als *Sardinen* bezeichnet, größere als *Pilchard*. S.-Erzeugnisse[1] sind *Öl-S.*, *gesalzene S.*, *S.-Paste* u. *geräucherte Sardinen*[2]. S. können auch zu *Surimi verarbeitet werden[3]. Darüber hinaus sind S. eine wichtige Protein-Quelle[4]. Zur mikrobiolog.-hygien. Situation bei S.-Konserven siehe Literatur[5]. *Histamin-Kontaminationen treten in S.-Erzeugnissen selten auf[6]. – *E* sardines, pilchard

*Lit.:* [1]BMVEL, Hrsg., *Deutsches Lebensmittelbuch, Leitsätze 2003*, Bundesanzeiger Verlag: Köln, (2003); S. 115f. (Leitsätze für Fische, Krebs- u. Weichtiere und Erzeugnisse). [2]Z. Lebensm. Unters.-Forsch. **189**, 317–321 (1989). [3]Int. J. Food Sci. Technol. **23**, 607–623 (1988). [4]J. Sci. Food Agric. **38**, 263–269 (1987). [5]J. Food Prot. **49**, 428–435 (1986); **51**, 979–981 (1988). [6]J. Food Prot. **49**, 904–908 (1986).
*allg.:* Ullmann (5.) **A10**, 236, 255 – *[HS 0302 61]*

**Sashimi.** Sashimi ist in Streifen geschnittener roher Fisch oder Meeresfrüchte, die mit Zutaten wie Wasabi (scharfer grüner Meerrettich), Sojasoße und süß-sauer eingelegtem Ingwer angeboten und verzehrt werden. Beliebte für Sashimi verwendete Meerestierarten sind (Japanisch/Deutsch): Akagai/ Klaffmuschel, Anago/Meeraal, Ebi/Großgarnele, Hotate-gai/Jakobsmuschel, Ika/Kalmar, Katsuo/Bonito, Khaki/Auster, Ma-kajki/Schwertfisch, Maguro/Thunfisch, Saba/Makrele, Sake/Lachs (in Europa mit am beliebtesten, aber eigentlich nicht traditionell), Tako/Octopus, Unagi/Aal.

Da der Fisch roh serviert wird, darf nur der frischeste und qualitativ beste Fisch für Sashimi verwendet werden. Sashimi-Chefs werden für das richtige Zuschneiden der Fischstücke und ihre Präsentation intensiv ausgebildet.

Rohe Meeresfrüchte müssen in Deutschland zur sicheren Abtötung von Parasiten über Nacht (24 Stunden) bei mindestens −20°C tiefgefroren werden. Dies hat bei einwandfrei frischer Ware keinen Einfluß auf den Geschmack. – E sashimi

*Lit.:* Dekura, H., *Sashimi. Die kleinen japanischen Köstlichkeiten*, Collection Rudolf Heyne: München, (2001)

**Sassafrasöl.** 1. Etherisches Öl (FEMA 3010) aus den Wurzeln des im atlantischen Nordamerika heimischen Fenchelholzbaumes *Sassafras albidum* (Lauraceae), gelbliche bis rötliche Flüssigkeit, $n_D^{20}$ 1,527–1,310, charakteristischer Geruch nach *Safrol.

*Herstellung:* Wasserdampfdestillation der Wurzelrinde von *Sassafras albidum*.

*Zusammensetzung:* 80–90% *Safrol, α-*Pinen und Phellandren ca. 10%, D-*Campher ca. 7%. Zur Zusammensetzung siehe Literatur[1].

*Verwendung:* Zur Gewinnung von Safrol, allerdings wegen dessen cancerogener Wirkung nicht mehr zu Parfümzwecken. Zur toxikologischen Prüfung siehe Literatur[2].

2. Brasilianisches Sassafrasöl wird durch Wasserdampfdestillation aus den Wurzeln, Stämmen und Zweigen des wild in Südamerika wachsenden Baumes *Ocotea pretiosa* (Nees) Mez. (Lauraceae) gewonnen. Die gelbe bis bräunliche Flüssigkeit riecht deutlich nach Safrol, das auch die Hauptkomponente des etherischen Öls ausmacht. $d_{20}^{20}$ 1,079– 1,098, $n_D^{20}$ 1,5330–1,5370; $[α]_D^{20}$ −2,2 bis −0,8°.

3. Als Chinesisches Sassafrasöl bezeichnet man Öle oder Fraktionen mit besonders hohem Safrol-Gehalt, die von verschiedenen Arten des Campherbaumes gewonnen werden. – E sassafras oil, ocotea oil

*Lit.:* [1]Zwaving, J. H.; Bos, H., *J. Essent. Oil Res.*, (1996) **8**(2), 193–195. [2]Johnson, B. M; Bolton, J. L.; Breemen, R. B., *Chem. Res. Toxicol.*, (2001) **14**(11), 1546–1551. *allg.:* Bauer et al. (4.), S. 219 ▪ Hager (5.) **6**, 610 ▪ Teuscher, E., *Gewürzdrogen*, Wissenschaftliche Verlagsgesellschaft: Stuttgart, (2003); S. 331–333 ▪ Ullmann (5.) **A11**, 240 – *[HS 3301 29; CAS 8006-87-9 (1.); 91770-39-7 (2.); 68917-09-9 (3.)]*

**Satsumas** siehe *Mandarine.

**Saubinin I** siehe *Nivalenol.

**Saubohnen** siehe *Puffbohnen.

**Sauer** siehe *Geschmack.

**Sauerdorn** siehe *Berberitze.

**Sauerfäule** siehe *Edelfäule und *Botrytis cinerea.

**Sauerkirsche** siehe *Kirsche.

**Sauermilch(erzeugnisse).** Unter Sauermilcherzeugnissen wird einerseits die gesamte heterogene Gruppe der gesäuerten *Milcherzeugnisse verstanden (Joghurt, Sauermilch, saure *Buttermilch, *Kefir, *Kumys u.a.). Nach Anlage 1 zu § 1 der Milcherzeugnis-Verordnung (MilchErzV) beschränken sich die Sauermilcherzeugnisse dagegen auf Sorten, die aus Milch oder Sahne unter Verwendung von mesophilen *Milchsäurebakterien-Kulturen hergestellt werden, auch unter Erhöhung der Milchtrockenmasse und/oder angereichert mit Milcheiweißerzeugnissen. Wie bei Konsummilch (einschließlich Sahne) und Joghurterzeugnissen gibt es verschiedene Fettstufen von der mageren (entrahmten) bis zur Sahne-Sorte (mind. 10% Fett), außerdem zwei verschiedene Konsistenzarten (dickgelegt = *Dickmilch*, trinkfähig). Die Gruppe wird durch *Crème fraiche* (Küchenrahm) mit 30% Fett vervollständigt. Sauermilch mit natürlichem Fettgehalt dürfte die älteste Form eines sauren Milcherzeugnisses überhaupt sein. Sie gehörte noch vor hundert Jahren zum täglichen Speiseplan vor allem der Landbevölkerung, wobei die Milch in flachen Schüsseln an warmen Orten der Selbstsäuerung überlassen wurde. Heute sind besonders Erzeugnisse mit Fruchtzubereitungen und Zucker beliebt, die eine Vielfalt an Aroma und Geschmack bieten.

*Ernährungsphysiologie:* Vorliegen der Lactose in teilhydrolysierter u. damit gut verträglicher Form (insbes. für Patienten mit Lactose-Intoleranz); bessere Verdaulichkeit des hochwertigen Milcheiweißes; Verminderung des Harnstoff-Gehaltes der Milch, intestinale pH-Absenkung, Begünstigung der Zusammensetzung der Darmflora, Unterdrückung pathogener Keime, dadurch Förderung der Verdauungsvorgänge u. Schutz vor Infektionen; Anreicherung von einigen *Vitaminen der B-Gruppe (mikrobielle Tätigkeit); möglicherweise anticarcinogene Wirkung im Dickdarmbereich. – E curdled milk – *[HS 0403 90]*

**Sauermilchkäse.** Zur Herstellung von Sauermilchkäse wird laut Käse-VO[1] *Sauermilchquark eingesetzt. Der Sauermilchquark muß aus entrahmter Milch unter Verwendung von *Milchsäurebakterien, auch unter Mitverwendung von *Lab oder Lab-Austauschstoffen und unter Wärmeeinwirkung hergestellt sein. Er muß eine fettfreie Milchtrockenmasse von mindestens 32% aufweisen. Dem Sauermilchquark dürfen Frischkäse und bis zu 9% seines Gewichtes Milcheiweißerzeugnisse zugesetzt sein. Näheres zu den Anforderungen an Sauermilchkäse und zu den Möglichkeiten der Zugabe sogenannter beigegebener Lebensmittel und Zusatzstoffe regelt die Käse-VO. Diese unterscheidet darüber hinaus die in der Tabelle aufgeführten Standardsorten, die ausschließlich in der Magerstufe hergestellt werden.

Tabelle: Sauermilchkäse-Standardsorten.

| Standardsorte | Herstellung |
|---|---|
| Harzerkäse, Mainzerkäse | Reifung nur mit Gelbschmiere- oder Rotschmierebakterien (Typ „Gelbkäse“); auch mit Kümmel |
| Handkäse, Bauernhandkäse, Korbkäse, Stangenkäse, Spitzkäse | Herstellung mit Gelbschmiere- oder Rotschmierebakterien (Typ „Gelbkäse“) oder mit Camembertschimmel (Typ „Edelschimmelkäse“); auch mit Kümmel |
| Olmützer Quargel | Herstellung nur mit Gelbschmiere- oder Rotschmierebakterien (Typ „Gelbkäse“); auch mit Kümmel |

*Herstellung:* Zur Herstellung von Sauermilchkäse Typ „Gelbkäse“ werden dem Sauermilchquark Kochsalz, Reifungssalze und eventuell Kümmel zugesetzt. Die Reifungssalze (Natriumhydrogencarbonat und Calciumcarbonat) führen zu einer Anhebung des pH-Wertes von 4 auf 4,8–5,0. Danach wird gemischt, gemahlen und die charakteristischen Käseröllchen werden geformt. Diese werden auf Horden 1–3 Tage bei 25–30 °C und hoher Luftfeuchte bebrütet. Anschließend werden die Käse mit Salzwasser und Rotschmierekultur (*Brevibacterium linens*) behandelt und – nach Abtrocknung der Oberfläche – bis zu 3 Tage bei 12–18 °C gereift. Die Haltbarkeit der Käse beträgt bei 4–6 °C ca. 6 Wochen[2].

Zur Herstellung von Sauermilchkäse Typ „Edelschimmelkäse“ werden dem Sauermilchquark weniger Reifungssalze zugesetzt, weil die Edelschimmel, die nach dem Formen der Käse aufgesprüht werden, milchsaure Wachstumsbedingungen bevorzugen. Zur Entwicklung der Schimmel werden die Käse bei 12–15 °C und einer relativen Luftfeuchte von 70–80 % gereift und anschließend verpackt[3].

Einer der beliebtesten Rezepte mit Sauermilchkäse ist „Handkäs mit Musik“. Dazu wird reifer Sauermilchkäse (Typ „Gelbkäse“) in eine Marinade aus Essig, Öl und Zwiebeln eingelegt. – *E* sour curd cheese

*Lit.:* [1] Käse-Verordnung vom 14.04.1986 (BGBl. I, S. 412). [2] Engel, E.; Rösch, N., *Kieler Milchwirtsch. Forschungsber.*, (1995) **47**(2), 97–112. [3] Bruckert, W., *Dtsch. Milchwirtsch.*, (1998) **49**(12), 493–494.

**Sauermilchquark.** Sauermilchquark wird aus entrahmter Milch unter Verwendung von *Milchsäurebakterien, auch unter Mitverwendung von *Lab oder Lab-Austauschstoffen und unter Wärmeeinwirkung hergestellt; er muß mindestens 32 % fettfreie Milchtrockenmasse aufweisen. Näheres regelt die Käse-Verordnung.

Die Säuerung wird bis zu einem pH-Wert von 4,6 ausgeführt. Die Trennung in Sauermilchquark und

Sauermolke erfolgt mittels Zentrifugation. Sauermilchquark wird überwiegend zur Herstellung von *Sauermilchkäse und Kochkäse eingesetzt. – *E* lactic acid curd – *[HS 0406 10]*

**Sauermolke** siehe *Molke.

**Sauermolkenpulver** siehe *Molkenpulver.

**Sauerorange** siehe *Bitterorange.

**Sauerrahm** (saure Sahne, Sahne- od. Rahmsauermilch). S. ist eine *Standardsorte der *Sauermilcherzeugnisse mit mind. 10 % Fett (nach der Milcherzeugnis-Verordnung).

*Herstellung:* Rahm mit 10 % Fett wird hocherhitzt, homogenisiert und mit mesophilen *Milchsäurebakterien versetzt. Zu den am häufigsten eingesetzten Kulturen gehören *Lactococcus lactis* subsp. *lactis*, *Lactococcus lactis* subsp. *cremoris*, *Lactococcus lactis* var. *diacetylactis* und *Leuconostoc mesenteroides* subsp. *cremoris*. *Lactobacillus acidophilus*[1] spielt eine zunehmende Rolle wegen seiner positiven gesundheitlichen Wirkung. Die Bebrütung bis zum gewünschten pH-Wert (ca. 4,6) findet bei ca. 20–24 °C entweder in der Endverpackung oder in einem Steriltank für 14–24 h statt. Eine Temperaturerhöhung verkürzt die Bebrütungszeit. S. sollte wie Sauerrahmbutter riechen, d.h. der Gehalt an *Butan-2,3-dion sollte mind. dem von S.-Butter (s. *Butter) entsprechen. Die Konsistenz von S. ist umso besser, je höher der Fettgehalt ist (optimal: 18–24 %). Eine Erhöhung der fettfreien Trockenmasse (Eindampfen od. Magermilchpulverzusatz) verbessert die Konsistenz. – *E* cultured cream

*Lit.:* [1] Klupsch, H. J., *Saure Milcherzeugnisse, Milchmischgetränke u. Desserts*, 2. Aufl.; Mann: Gelsenkirchen-Buer, (1992). – *[HS 0403 90]*

**Sauerrahmbutter** siehe *Butter.

**Sauerstoff-Radikale.** Bezeichnung für reaktionsfreudige Formen des Sauerstoffs mit Radikal-Struktur, d.h. mit einem oder mehreren ungepaarten Elektronen. Hierzu zählen das Superoxid-Radikal-Anion ($O_2^{\cdot-}$) und das Hydroxyl-Radikal ($^{\cdot}OH$), aber auch Alkoxy-Radikale ($R-O^{\cdot}$) und Peroxy-Radikale ($R-O-O^{\cdot}$, $H-O-O^{\cdot}$). Die Sauerstoff-Radikale werden zusammen mit reaktionsfähigen, nichtradikalischen Formen des Sauerstoffs, wie *Singulett-Sauerstoff, Wasserstoffperoxid und Alkylhydroperoxiden, zu den sogenannten „reaktiven Sauerstoff-Spezies“ (ROS, von englisch reactive oxygen species) zusammengefaßt, zu denen im weiteren Sinn auch Carbonyl-Verbindungen im Triplett-Zustand ($R-CO^*-R$) und die aus reaktiven Sauerstoff-Spezies gebildeten Substanzen unterchlorige Säure (HOCl), Chlor-Radikale ($Cl^{\cdot}$) und Chloramine ($R-NH-Cl$) zählen. ROS spielen eine wichtige Rolle bei vielen pathologischen Prozessen wie Nekrosen, Entzündungen, Altern, Arteriosklerose, Mutagenese und Carcinogenese.

*Bildung:* Sauerstoff-Radikale werden zusammen mit anderen ROS in gewissem Ausmaß in jeder lebenden Zelle ausgehend vom „normalen“ Triplett-Sauerstoff gebildet und durch verschiedene enzymatische und nichtenzymatische (Schutz-)Mechanismen abgebaut.

Abbildung: Zusammenhang zwischen Bildung und Reaktionen einzelner ROS (vereinfacht).

Triplett-Sauerstoff reagiert mit Alkyl- oder Aryl-Radikalen zu Peroxy-Radikalen, die z. B. durch Cytochrom P-450 unter Bildung von Singulett-Sauerstoff zu Alkoholen bzw. Phenolen reduziert werden. Peroxy- und Oxy-Radikale können durch phenolische *Antioxidantien abgefangen werden, vor allem durch Tocopherole. Singulett-Sauerstoff kann seine Anregungsenergie auf *Carotinoide übertragen und dadurch in den Triplett-Zustand „gequencht" werden. Das Superoxid-Radikal-Anion stellt ein Nebenprodukt der mitochondrialen Atmung dar. Durch *Superoxid-Dismutase (SOD) entsteht daraus Wasserstoffperoxid, das durch Katalase und Glutathion-Peroxidase entfernt wird (Entgiftung), in Anwesenheit von $Fe^{2+}$-Ionen jedoch das hochreaktive Hydroxyl-Radikal freisetzen kann, für das die Zelle keinen Schutzmechanismus hat. Beim „oxidativen Stress" der Zelle, z. B. ausgelöst durch einen Fremdstoff mit der Fähigkeit zum *Redox-Cycling, kann die Bildung von $O_2^{\cdot-}$ und der nachgeschalteten ROS die Schutzmechanismen überfordern und eine Schädigung von zellulären Makromolekülen auslösen. Bei der Phagocytose durch Makrophagen, Monocyten und polymorph-kernige Leukocyten trägt die als „oxidative burst" bekannte Mehrbildung von Superoxid-Radikal-Anion, Wasserstoffperoxid und anderen ROS zum Abbau der phagocytierten Partikel bei. Außerdem wird in den polymorph-kernigen Leukocyten Chlorid durch das Enzym Myelo-Peroxidase mit Wasserstoffperoxid zu der aggressiven unterchlorigen Säure HOCl oxidiert, die im Gleichgewicht mit Chlor-Radikalen steht und mit Aminen zu reaktiven Chloraminen führt. Bei der Reaktion von HOCl mit $H_2O_2$ entsteht neben Chlorid und Wasser noch Singulett-Sauerstoff.

*Gentoxizität:* Die genannten Sauerstoff-Radikale und anderen ROS unterscheiden sich unter zellfreien Bedingungen deutlich in ihrer Reaktivität und Lebensdauer (vgl. Tabelle). Während die hochreaktiven Hydroxyl-Radikale und Singulett-Sauerstoff sowohl Lipide als auch Proteine oxidieren und mit DNA reagieren können, sind von dem relativ reaktionsträgen Superoxid-Radikal-Anion keine DNA-Modifikationen bekannt.

Auch in intakten Zellen werden von ROS DNA-Läsionen verursacht, z. B. Bildung von 8-Hydroxyguanin. Bisher ist jedoch nicht gezeigt, daß ROS als Initiatoren der Carcinogenese wirken. Dagegen sprechen zahlreiche Befunde für eine Rolle der ROS bei der Promotionsphase. Der tumorhemmende Effekt von Antioxidantien und die tumorfördernde Wirkung einer chronischen Entzündung kann über die verminderte bzw. vermehrte Bildung von ROS erklärt werden.

*Analytik:* Zur *in-vivo*-Messung der Aktivität von Sauerstoff-Radikalen siehe Literatur[1]. – *E* oxygen radicals

*Lit.:* [1]Townshend, A., Hrsg., *Encyclopedia of Analytical Science*, London: Academic Press, (1995); S. 3679–3688.
*allg.:* Halliwell, B.; Gutteridge, J. M. C., *Free Radicals in Biology and Medicine*, 3. Aufl.; Oxford University Press: Oxford, (1999)

**Sauerteig.** Bezeichnung für einen *Teig, dessen Mikroorganismen, wie z. B. *Milchsäurebakterien und Hefen (Backhefe), sich im aktiven Zustand befinden und dessen Säuerung sich fortlaufend vollzieht, wobei die Lebensfähigkeit der Mikroorganismen niemals vollständig unterbrochen war. Teile eines Sauerteigs können als Impfgut für neuen Sauerteig verwendet werden. Sauerteig wird vornehmlich zur Herstellung von Roggenbrot herangezogen, da Roggenmehl erst durch *Teigsäuerung* (Absenken des pH-Wertes auf 4,0–4,3) backfähig wird. Außerdem entstehen über enzymatische Prozesse Geruchs- und Geschmacksstoffe, die für Roggenbrot typisch sind.

*Herstellung:* Ein Sauerteig kann nach verschiedenen Techniken geführt werden. Die *dreistufige Führung* (16–24 h) berücksichtigt die unterschiedlichen Anforderungen von Hefe und Bakterien an Temperatur (ca. 26°C bzw. 35°C) und Feuchtigkeit. Die *reduzierten Führungen* (zwei- und einstufig) sind nur auf die Säuerung des Teiges abgestellt. Der fehlende Trieb wird durch Zugabe von Preßhefe ausgeglichen; der „Kurzsauer" ist dann frühestens nach etwa 3 Stunden einsatzbereit. Unter den ein- und zweistufigen Führungen gibt es viele Variationen, die bekanntesten sind der „Ber-

Tabelle: Reaktivität und Lebensdauer von Sauerstoff-Radikalen.

| Spezies | zelluläre Bildungsreaktion | Lebensdauer | DNA-Modifikation |
|---|---|---|---|
| $O_2^{\cdot-}$ | Fremdstoffmetabolismus, Redox-Enzyme | variabel | keine |
| $HO^{\cdot}$ | Fenton-Reaktion, ionisierende Strahlung | 1 nsec | Strangbrüche, Dihydrothymidine, Basenverlust (AP-Läsion) |
| $^1\Delta gO_2$ | aus Lipidperoxiden, Photosensibilisierung | 1 μsec | modifizierte Guanosine, Strangbrüche, Basenverlust (AP-Läsion) |

liner Kurzsauer", die „Detmolder Einstufenfüh-
rung", die „Detmolder Zweistufenführung" und
die „Radikalsauerführung". Literatur[1] gibt einen
umfassenden Überblick über die unterschiedlichen
Sauerteigführungen. Mischungen mit Säuerungsmitteln (*kombinierte Führung*), wie organische
Säuren (z. B. Milch- und Weinsäure) oder *Trockensauer* (Sauerteigkonzentrat oder mit Milchsäurebakterien vergorene Getreidemaische, die durch
Vermischen mit *Quellstärke in trockene Form gebracht wird) erlauben eine weitere Zeitersparnis.
Unter Umgehung eines betriebseigenen Sauerteigs
können zur Teigsäuerung im Handel erhältliche
Sauerteige in Trockenform eingesetzt werden.
– *E* sourdough, leaven

*Lit.:* [1] Spicher, G.; Stephan, H., *Handbuch Sauerteig: Biologie, Biochemie, Technologie*, 5. Aufl.; Behr's: Hamburg,
(1999).

**Saure Dauerwelle** siehe *Dauerwelle.

**Saure Proteasen** siehe *Proteasen.

**Saure Sahne** siehe *Sauerrahm.

**Saxitoxin** siehe *Algentoxine.

**SBI-Fungizide** siehe *Pyrimidin-Fungizide und
*Azol-Fungizide.

**SC.** Abkürzung für *Säulenchromatographie.

**Schabefleisch** siehe *Hackfleisch.

**Schadstoff-Höchstmengenverordnung** (Abkürzung SHmV). Die Verordnung[1] nennt Höchstmengen für bestimmte *polychlorierte Biphenyle
(PCB) in Lebensmitteln tierischen Ursprungs (Anlage Liste A), für *Quecksilber in Pulmonata und
daraus hergestellten Erzeugnissen (Anlage Liste B) sowie Lösungsmittel (Anlage Liste C).
Die oben genannten Kongeneren kommen dem
durchschnittlichen Verteilungsmuster des in den
kontaminierten Lebensmitteln anzutreffenden
PCB am nächsten und erlauben im Einzelnen eine
konkrete Bewertung. Ihre Auswahl erfolgte *nicht*
unter toxikologischen Gesichtspunkten. Besonders
zu beachten ist die in den Fußnoten genannte Be-
rechnungsbasis (Gesamtgewicht, Frischgewicht,
Frischgewicht eßbarer Anteile, berechnet auf den
Fettgehalt, Eier ohne Schale). Da PCB in Lebensmitteln pflanzlicher Herkunft praktisch nicht als
Verunreinigung auftreten, werden für sie keine
Höchstmengen festgelegt.
Die Verordnung trat am 24.12.2003 in Kraft;
gleichzeitig trat die Schadstoff-Höchstmengenverordnung vom 23.03.1988 (BGBl. I, S. 422) und die
Lösungsmittel-Höchstmengenverordnung       vom
25.07.1989 (BGBl. I, S. 1568) außer Kraft.

*Lit.:* [1] Verordnung über Höchstmengen an Schadstoffen in
Lebensmitteln (Schadstoff-Höchstmengenverordnung –
SHmV) vom 19.12.2003 (BGBl. I, S. 2755).
*allg.:* Meyer, A. H., *Lebensmittelrecht*, C. H. Beck: München, (Loseblattsammlung); Nr. 130

**Schädlingsbekämpfungsmittel** (Pestizide). Im
Sinne der Gefahrstoffverordnung sind Schädlingsbekämpfungsmittel Zubereitungen, die 1. *Pflan-

zenschutzmittel im Sinne des Pflanzenschutzgesetzes sind oder 2. dazu bestimmt sind, Schädlinge
und Schadorganismen – außer Schadorganismen
im Sinne des Pflanzenschutzgesetzes – oder lästige
Organismen unschädlich zu machen, zu vernichten
oder ihrer Einwirkung vorzubeugen. Nach der Definition der FAO/WHO[1] versteht man unter
Schädlingsbekämpfungsmitteln jede Substanz, die
bei Erzeugung, Lagerung, Transport, Verteilung
und Verarbeitung von Lebensmitteln, landwirtschaftlichen Erzeugnissen oder Futtermitteln zum
Verhüten, Vernichten, Anlocken, Abschrecken
oder Bekämpfen eines Schadorganismus, einschließlich unerwünschter Pflanzen- oder Tierarten
bestimmt ist oder die an Tieren zur Bekämpfung
von Ektoparasiten angewendet werden kann.
Die *Pflanzenschutzmittel bilden nur einen Teilbe-
reich innerhalb der Schädlingsbekämpfungsmittel.
Der Begriff Schädlingsbekämpfungsmittel umfaßt
auch Substanzen, die zur Verwendung als *Pflanzenwuchsstoffe, Defoliantien, Desikkantien, Keimungshemmstoffe oder für den *Vorratsschutz bestimmt sind. Zu den unter 2. genannten Präparaten
gehören u. a. Mittel gegen Hygieneschädlinge wie
Fliegen, Bremsen, Mücken, Schaben, Wanzen oder
Flöhe, die Krankheiten auf Mensch und Tier übertragen können, gegen Vorratsschädlinge wie z. B.
Ratten, Mäuse, Käfer, Schaben oder Motten sowie
zum Schutz von verarbeitetem Holz und sonstigen
Materialien. Die Einteilung der Schädlingsbekämpfungsmittel erfolgt nach ihrer Wirkungsweise
bzw. nach ihren Zielorganismen in: *Akarizide, Algizide, *Aphizide, Avizide, Beizmittel (siehe *Saatgutbehandlung), Chemosterilantien, *Entlaubungsmittel, *Fungizide, Graminizide, *Herbizide, *Insektizide, Juvenilhormone, Keimungshemmstoffe,
Larvizide, *Molluskizide, *Nematizide, Ovizide,
*Pheromone, *Repellentien, *Rodentizide, *Pflan-
zenwuchsstoffe. Andere literaturübliche Sammelbezeichnungen wie botanische Pestizide oder virale
Pestizide beziehen sich auf die Herkunft der Mittel. – *E* pesticides

*Lit.:* [1] Codex Alimentarius Commission, CCPR (Codex
Committee on Pesticide Residues), ALINORM 85/24, Ap-
pendix V, Annex I, FAO: Rom, (1985). [2] Richtlinie des Rates
vom 23.11.1976 über die Festsetzung von Höchstgehalten an
Rückständen von Schädlingsbekämpfungsmitteln auf und in
Obst und Gemüse (76/895/EWG) (Amtsblatt der EG Nr.
L 340, S. 26; mehrfach geändert).
*allg.:* Pestizid-Datenbank des Pesticide Action Network
North America (PANNA); http://www.pesticideinfo.org ■
Pestizid-Internetseite der amerikanischen Umweltschutzbe-
hörde Environmental Protection Agency (EPA); http://www.
epa.gov/pesticides/ ■ Pestizid-Internetseite der Food and
Drug Administration (FDA) und des Center for Food Safety
and Applied Nutrition (CFSAN); http://www.cfsan.fda.gov/
~lrd/pestadd.html ■ Pestizid-Internetseite der National Library of Medicine (NLM) und der National Institutes
of Health (NIH); http://www.nlm.nih.gov/medlineplus/
pesticides.html ■ Rubin, C.; Esteban, E.; Hill, R. H.; Pearce,
K., *Environ. Health Perspect.*, (2002) **110**, Suppl. 6, 1037–
1040 – *Wirkstoffverzeichnisse:* Bundesamt für Verbraucherschutz und Lebensmittelsicherheit, Hrsg., *Pflanzenschutzmittel-Verzeichnis*, Saphir: Ribbesbüttel, (jährlich aktuali-

siert; Verzeichnis zugelassener Pflanzenschutzmittel); On-line-Datenbank: http://www.bvl.bund.de ∎ Perkow ∎ Wirkstoffe iva (2.)

**Schaffleisch.** Sammelbegriff für das Fleisch von Schafen verschiedener Altersstufen u. Geschlechter (weibliche, männliche u. kastrierte).
Schafschlachtkörper werden nach der Verordnung (EWG) Nr. 2137/92 in die Kategorien „Schlachtkörper von unter 12 Monate alten Lämmern" sowie „Schlachtkörper anderer Schafe" eingeteilt. Die Klassifizierung erfolgt durch Bewertung der Fleischigkeit (E, U, R, O, P; vorzüglich, sehr gut, gut, mittel, gering) und des Fettgewebes (1–5; sehr gering bis sehr stark). Der Verzehr an Schaf- und Ziegenfleisch betrug in Deutschland im Jahr 2001 zusammen 0,8 kg/Kopf.

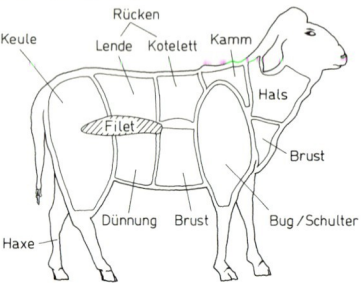

Abb.: Teilstücke des Schafes.

*Zusammensetzung:* Ist abhängig von Rasse, Mastintensität, Fütterung, Geschlecht u. Alter u. kann stark schwanken.

Tab.: Zusammensetzung (Durchschnittswerte) von Schaffleisch (nach *Lit.*[1]).

|  | Eiweiß [%] | Fett [%] | Wasser [%] | Energie [kJ bzw. kcal/ 100 g] |
|---|---|---|---|---|
| Lamm (Muskulatur) | 20,8 | 3,7 | 74,3 | 491/117 |
| Hammel (Kotelett) | 14,9 | 32,0 | 52,0 | 1437/348 |
| Hammel (Keule) | 18,0 | 18,0 | 64,0 | 972/234 |
| Hammel (Brust) | 12,0 | 37,0 | 48,0 | 1573/381 |
| Schaf | 17,6 | 16,6 |  | 941/225 |

S. ist ein guter Lieferant für B-Vitamine u. die Mineralstoffe Eisen u. Zink. Lämmer zeigen generell einen geringeren Fettansatz u. das Fett ist weicher, gelber u. öliger (höherer Anteil an ungesätt. Fettsäuren) im Vgl. zum Hammel (*Hammeltalg). Der Gehalt an mehrfach ungesätt. Fettsäuren schwankt zwischen 3 u. 5%. Je älter die Tiere, umso höher der Anteil an gesätt. Fettsäuren. Außerdem hat das Fett älterer Tiere einen strengen arteigenen Geschmack, der durch Einlegen in *Marinaden abgeschwächt werden kann. Bei Lammfleisch liegt die optimale Dauer der *Fleischreifung bei 4–5 d. – *E* mutton, lamb

*Lit.:* [1]Souci et al. (6.). – *[HS 0204 10, 0204 21, 0204 22, 0204 23]*

**Schafgarbenöl.** Dunkelblaues, in Ausbeuten von 0,1–0,4% aus den Blüten und Blättern der Gemeinen Schafgarbe (*Achillea millefolium*, Asteraceae) gewonnenes etherisches Öl. *Achillea millefolium* enthält im blühenden Kraut (FEMA 3117) Aromastoffe, Flavone, verschiedene Betaine, Bitterstoffe und Chamazulen. Letzteres findet sich auch im etherischen Öl, dessen Terpen-Anteil von β-*Pinen, 1,8-Cineol, Borneol und β-Caryophyllen bestimmt wird[1,2]. Schafgarbenextrakte zeigen antioxidative und antimikrobielle Wirksamkeit[3]. Zur taxonomischen Differenzierung der leicht hybridisierenden Schafgarbe scheint die gaschromatographische Enantiomerenanalyse chiraler Monoterpene geeignet zu sein[4].

*Verwendung:* Als Amarum mit spasmolytischen, karminativen und cholagogen Wirkungen. Die Pflanzendroge ist Bestandteil von Teemischungen. Hautwirkung: Sensibilisierung ist bei äußerem Kontakt mit der Frischpflanze möglich.
Die *Moschusschafgarbe* (*Achillea erba-rotta* ssp. *moschata*) hat eine vergleichbare Zusammensetzung; sie ist ihrer Aromastoffe wegen in Chartreuse enthalten. – *E* milfoil oil, yarrow oil

*Lit.:* [1]Gherase, F.; Spac, A.; Dorneanu, V.; Stanescu, U.; Grigorescu, E., *Rev. Med. Chir. Soc. Nat. Iasi*, (2003) **107**, 188–191. [2]Agnihotri, V. K.; Lattoo, S. K.; Thappa, R. K.; Kaul, P.; Qazi, G. N.; Dhar, A. K.; Kapahi, B. K.; Saxena, R. K.; Agarwal, S. G., *Planta Med.*, (2005) **71**, 280–283. [3]Candan, F.; Unlu, M.; Tepe, B.; Daferera, D.; Polissiou, M.; Sokmen, A.; Akpulat, H. A., *J. Ethnopharmacol.*, (2003) **87**, 215–220. [4]Orth, M.; Juchelka, D.; Mosandl, A.; Czygan, F. C., *Pharmazie*, (2000) **55**, 456–459.
*allg.:* Rohloff, J.; Skagen, E. B.; Stehen, A. H.; Iversen, T. H., *J. Agric. Food Chem.*, (2000) **48**, 6205–6209 ∎ Wichtl (4.) – *[HS 3301 29; CAS 8022-07-9]*

**Schafmilch.** Die Weltproduktion an Schaf- und *Ziegenmilch ist etwa gleich und beträgt zusammen etwa 3,5% der Kuhmilcherzeugung. Die Milchleistung der Schafe beträgt etwa 500 kg pro Laktationsperiode (etwa 150 d). Menge u. Zusammensetzung hängen stark von der Rasse u. den Lebensbedingungen ab (Tab.). Dichte = 1,037–1,040 (g · mL$^{-1}$).
In der EU hat die Erzeugung von Schafmilch besonders in den Mittelmeerländern eine traditionelle Bedeutung. Aufgrund des im Vgl. zu Kuhmilch hohen Fett- und Eiweiß-Gehaltes (s. Tab. 1 bei

Tab.: Prozentuale Zusammensetzung von Schafmilch unterschiedlicher Provenienz.

|  | Trockensubstanz | Fett | Eiweiß | Milchzucker | Mineralstoffe |
|---|---|---|---|---|---|
| Frankreich | 19,3 | 7,5 | 6,0 | 4,9 | – |
| Irak | – | 4,8 | 5,4 | 4,3 | – |
| Italien | – | 7,9 | 4,9 | – | – |
| Spanien | 17,6 | 7,3 | 5,7 | 4,3 | 0,9 |
| ehem. UdSSR | – | 6,3 | 6,0 | 5,1 | 0,9 |

*Milch) eignet sich S. bes. zur Herst. von *Sauermilcherzeugnissen, z.B. stichfestem Joghurt u. zur Herst. von *Käse (*Schafmilchkäse). – *E* ewes' milk

*Lit.:* Mark, P.; Schöne, A., *Dtsch. Molk. Ztg.*, (2000) **121**, 448 – [HS 0401 30]

**Schafmilchkäse.** *Käse aus *Schafmilch; die bekanntesten Vertreter sind *Feta, ein *Salzlakenkäse, der in den Balkanländern u. in der Türkei beheimatet ist; *Roquefort*, ein halbfester Schnittkäse (Edelpilzkäse) aus Frankreich u. der italienische *Pecorino*, ein Hartkäse[1], außerdem Manchego, ein spanischer Hartkäse.

Im Vgl. zu Kuhmilch ist bei der Verkäsung von Schafmilch wegen des höheren Fett- und Eiweiß-Gehaltes zu beachten, daß die Aufrahmung stärker ist; – die Säuerung langsamer voranschreitet; – die 1,5–2fache *Lab-Menge benötigt wird; – die Gallerte nach ausreichender Ausdickungszeit schnell auf die erforderliche Teilchengröße des Bruches zu schneiden ist; – der Bruch wegen des höheren Trockenmassegehaltes der *Milch weniger *Molke abgibt; – die Konsistenz der S. bei gleichem pH-Wert u. bei gleicher Trockenmasse „kürzer" ist als die von Käse aus Kuh- od. Ziegenmilch u. – die Teigfarbe bei bestimmten Futterverhältnissen eine leicht grünliche Farbnuance aufweisen kann[2].

*Analytik:* Prüfungen durch die Dtsch. Landwirtschaftsges. von S. werden seit 1988 durchgeführt. Der Nachweis von 0,2–0,5% Kuhmilch in S. erfolgt mittels *isoelektrischer Fokussierung[3,4]. 0,01% Kuhmilch sind mit der Kreuzimmunelektrophorese nachweisbar. – *E* cheese from sheep's milk

*Lit.:* [1]Mair-Waldburg, Handbuch der Käse, München: Volkswirtschaftl. Verl. 1974. [2]Kammerlehner, Labkäse-Technologie, Bd. II, S. 328ff., Gelsenkirchen-Buer: Mann 1988. [3]Berner, Bestimmung von Kuhmilch in Schaf-, Ziegen- u. Büffelmilchkäsen unter Berücksichtigung der Käsereifung, Dissertation, TU München-Weihenstephan 1990. [4]Amtliche Sammlung, Nr. L 01.00-39. – [HS 0406 90]

**Schalenobst** siehe *Obst.

**Schankbier** siehe *Biergattung.

**Scharbock** siehe *Skorbut.

**Schardinger-Enzym** siehe *Xanthin-Oxidase.

**Scharfer Geschmack.** Einige Lebensmittel, die unter anderem in der Küche als Gewürze Verwendung finden, schmecken scharf. Beispiele hierfür (mit den jeweiligen Scharfstoffen in Klammern) sind *Ingwer (*Gingerol), *Meerrettich (*Senföle), *Paprika und Chilis (*Capsaicin) sowie *Pfeffer (Piperin). Scharfe Speisen verstärken den Speichelfluß, und die Thermoregulation wird beeinflußt, man beginnt zu schwitzen.

Sensorisch kann die *Geschmacksschärfe* (z.B. von Chilis) durch die von W. Scoville bereits 1912 eingeführte *Geschmacksverdünnungsanalyse (Scoville-Test) abgeschätzt werden. Heute liefert die instrumentelle Analytik z.B. via HPLC einen exakten Einblick in die stoffliche Zusammensetzung scharf schmeckender Komponenten.

Die für den scharfen Geschmack verantwortlichen Substanzen wirken nicht durch das gustatorische System (siehe *Sensorik), sondern regen direkt Sinneszellen der Mundschleimhaut an, die ansonsten auch auf schädliche Wärmereize (>43°C) reagieren, also als Nozizeptoren dienen. Die Reizvermittlung erfolgt über den Vanilloid-Rezeptor (Subtyp-1; VR1; Transient-receptor-potential-Familie, mit TRPA1 und TRPV1); es werden nicht-spezifische Ionenkanäle geöffnet, die vor allem $Ca^{2+}$-Ionen in den intrazellulären Raum strömen lassen und so einen Reiz auslösen[1,2]. Der Reiz wird an das Gehirn weitergeleitet und dort als Schmerz wahrgenommen. Zur Lokalisierung auf der Zunge liegen Tierversuche mit Capsaicin vor[3]. *Allicin hat man kürzlich als für die Aktivierung von TRPA1 und TRPV1 verantwortliche, scharf schmeckende Substanz des frischen Knoblauchs verantwortlich gemacht[4]. – *E* pungency

*Lit.:* [1]Caterina, M. J.; Schumacher, M. A.; Tominaga, M.; Rosen, T. A.; Levine, J. D.; Julius, D., *Nature (London)*, (1997) **389**, 816–824. [2]Clapham, D. E., *Nature (London)*, (1997) **389**, 783–784. [3]Ishida, Y.; Ugawa, S.; Ueda, T.; Murakami, S.; Shimada, S., *Brain Res. Mol. Brain Res.*, (2002) **107**, 17–22. [4]MacPherson, L. J.; Geierstanger, B. H.; Viswanath, V.; Bandell, M.; Eid, S. R.; Hwang, S.; Patapoutian, A., *Curr. Biol.*, (2005) **15**, 929–934.
*allg.:* Caterina, M. J., *Pain*, (2003) **105**, 5–9 ▪ Caterina, M. J.; Julius, D., *Annu. Rev. Neurosci.*, (2001) **24**, 487–517 ▪ Clapham, D. E., *Science*, (2002) **295**, 2228–2229 ▪ Koltzenburg, M., *Novartis Found. Symp.*, (2004) **260**, 206–213 ▪ Robbins, W., *Clin. J. Pain*, (2000) **16**(2), S86–S89

**Scharlachbeere** siehe *Kermesbeere.

**Schattenmorelle** siehe *Kirsche.

**Schaumbekämpfungsmittel** siehe *Schaumverhütungsmittel.

**Schauminhibitoren** siehe *Schaumverhütungsmittel.

**Schaumverhütungsmittel** (Antischaummittel, Schauminhibitoren, Schaumdämpfer, Schaumbremsen, Schaumbekämpfungsmittel). Bezeichnung für Substanzen, die schäumenden Flüssigkeiten zugesetzt werden, um deren Schaumbildung zu reduzieren oder zu verhindern. Die Schaumverhütungsmittel sind entweder grenzflächenaktive Stoffe, welche die Schaummittel aus der Grenzfläche verdrängen, ohne selbst Schaum zu erzeugen, oder aber Produkte, welche die Oberflächenspannung des Wassers erhöhen.

Verwendet werden natürliche Fette und Öle, langkettige Alkohole (z.B. 2-Ethylhexanol, Hexadecanol, Octadecanol) oder hochpolymere Glycole, Gemische dieser Alkohole mit Fetten, Fettsäurepolyglycolester, Trialkylmethylamine; auch Silicone, die in der schäumenden Flüssigkeit unlöslich sein sollten, haben sich bewährt.

*Verwendung:* Der Einsatz von Schaumverhütungsmitteln ist sowohl im Haushalt (z.B. maschinelle Geschirrspülmittel, Waschmittel) als auch in der Industrie (z.B. Herstellung von Papier, Lebensmittelverarbeitung, Fermentationsprozesse etc.) unumgänglich.

Bei biotechnologischen Prozessen (z. B. stark gerührten und belüfteteten Fermentationsprozessen) kommt es oft zu starker Schaumbildung. Der Schaum kann in die Abluftleitung gelangen und verstopft die Abluftfilter bzw. bedeutet Infektionsgefahr und Substanzverluste. Bei der Auswahl eines Schaumverhütungsmittels müssen verschiedene Kriterien beachtet werden: Das Produkt darf auch in niedrigen Konzentrationen nicht toxisch auf die eingesetzten Organismen wirken. Ferner können Schaumverhütungsmittel das Koaleszenz-Verhalten der Gasblasen stark verändern, was die Sauerstoff-Eintragsrate beträchtlich verringern kann[1]. Auch durch Anreicherung des (nichtlöslichen) Schaumverhütungsmittels in der Gas-Flüssigkeitsphasengrenze kann der Sauerstoff-Übergang behindert werden. Es ist auch immer damit zu rechnen, daß sich, abhängig von der Zahl und Art der Aufarbeitungsschritte, Rückstände von Schaumverhütungsmitteln in den Endprodukten eines Fermentationsprozesses finden können. So dürfen z. B. bei Herstellung von Backhefe nur lebensmittelrechtlich zugelassene Schaumverhütungsmittel eingesetzt werden.

Besondere Sorgfalt bei der Auswahl von Schaumverhütungsmitteln ist bei der Herstellung von komplexen Substanzen für die direkte therapeutische Anwendung geboten, z. B. bei Proteinen aus rekombinierten Organismen, Vaccinen, Impfstoffen und dergleichen.

Über die Anwendung von Schaumverhütungsmitteln in Lebensmitteln bzw. bei Fermentationsprozessen finden sich Übersichten in Literatur[2,3].
– **E** anti-foaming agents

**Lit.:** [1] Rehm-Reed **2**, 551–556. [2] Garrett, P. R., In *Food Colloids 2000 – Fundamentals of Formulation*, Dickinson, E.; Miller, R., Hrsg.; RSC Special Publication 258; Royal Society of Chemistry: London, (2001); S. 55–72. [3] Pelton, R., *J. Ind. Microbiol. Biotechnol.*, (2002) **29**, 149–154.
*allg.:* Pugh, R. J., In *Handbook of Applied Surface and Colloid Chemistry*, Holmberg, K., Hrsg.; Wiley: Chichester, (2002); S. 153–157 ■ Ullmann (5.) **A11**, 465–490

**Schaumweine.** Nach EG-VO 1493/1999[1] sind Schaumweine durch erste oder zweite Gärung aus Tafelwein bzw. Qualitätswein gewonnene Produkte, aus denen beim Öffnen der Flasche aus der Gärung stammendes oder zugesetztes Kohlendioxid entweicht. Schaumwein muß im geschlossenen Behältnis einen Mindestüberdruck von 3 bar (20°C) aufweisen im Gegensatz zu 1–2,5 bar bei Perlwein. Der Pro-Kopf-Verbrauch an Schaumwein in Deutschland betrug 2001 4,2 L[2].

**Herstellung:** Die Grundweine der erforderlichen Qualität werden direkt oder nach Verschnitt mehrerer *Weine (Cuvée) mit 1–3% *Saccharose (Fülldosage) und Hefe nach verschiedenen Gärverfahren vergoren. Vergären von 20–25 g Saccharose/L liefert den geforderten Kohlendioxid-Überdruck von 4,5 bar. Nach entsprechender Lagerzeit werden die *Hefen je nach Gärverfahren unterschiedlich entfernt. Zur Erzielung der gewünschten Geschmacksrichtung werden unterschiedliche Mengen an Versanddosage, im wesentlichen eine

Lösung von Saccharose oder Kandiszucker in Wein zugesetzt, wobei der vorhandene Alkohol-Gehalt um maximal 0,5% vol erhöht werden darf[1]. Die Vermarktung erfolgt in speziellen druckstabilen Flaschen. Obligatorisch ist, daß Schaumwein in Flaschen abgefüllt wird, die mit einem pilzförmigen Stopfen mit Haltevorrichtung (Agraffe) verschlossen sind und deren Flaschenhals ganz oder teilweise mit Folie umkleidet ist (siehe VO EWG Nr. 1493/1999, Anhang VIII[1]). Die Regelung dient dazu, Schaumwein in besonderer Weise vor Verwechselung mit ähnlichen Erzeugnissen zu schützen.

**Gärverfahren:** Es werden sowohl *Flaschengärverfahren* (Méthode Champenoise oder traditionelles Flaschengärverfahren und Transvasierverfahren) als auch *Großraumgärverfahren* (Tankgärverfahren oder „Produit en cuve close") eingesetzt. Das Imprägnierverfahren hat auf Grund qualitativer Nachteile geringere Bedeutung.
1. *Méthode Champenoise* (traditionelle Flaschengärung): Das älteste und aufwendigste Verfahren zur Schaumwein-Bereitung; Grundlage bildet ein Jungweinverschnitt (Cuvée), um ein möglichst gleichartiges Ausgangsprodukt zu garantieren. Dieser speziell gewonnene Wein wird nach Zugabe von Saccharose (20–25 g/L) mit Reinzuchthefen auf der Flasche vergoren. Dabei wird ein Überdruck von etwa 4–6 bar erzeugt. Nach Vergärung erfolgt eine Lagerung von 1–3 Jahren, die mit einer Ablagerung der Hefen auf den Flaschenwandungen verbunden ist. Anschließend erfolgt das tägliche „Rütteln" der Flaschen mit dem Ziel, die Hefe auf dem Korken zu sammeln. Der Korken wird dann unter Kühlung entfernt und die Hefe mit Kohlendioxid ausgetrieben. Alternativ kann die Hefe auf dem Korken auch durch eine Kältemischung ausgefroren und als Eispfropf entfernt werden (*Degorgieren*). Die Hefe wird jedoch nicht vollständig entfernt. Nach Zugabe der Versanddossage werden die Flaschen wieder verschlossen. Der Schaumwein verläßt die Flasche bei beiden Verfahren nicht.
2. *Transvasierverfahren:* Ein vereinfachtes Verfahren, bei dem das langwierige Rütteln und Degorgieren entfällt. Der Schaumwein wird mittels Gegendruckfiltration (Transvasierapparat) unter Kühlung enthefet und in neue Flaschen gefüllt.
3. *Großraumgärverfahren:* Hier erfolgt die Gärung (3 bis 4 Wochen bei 7 bar Überdruck) in Edelstahltanks. Nach der gesetzlich vorgeschriebenen Lagerzeit wird die Hefe im Gegendruckverfahren abfiltriert, die Versanddosage zugegeben und unter Kühlung auf Flaschen gefüllt. Dieses Verfahren hat in vielen Firmen das aufwändigere Flaschengärverfahren bereits verdrängt.
4. *Imprägnierverfahren:* Ein einfaches Verfahren, bei dem das Kohlendioxid im Gegensatz zu den Verfahren 1 bis 3 nicht durch Gärung sondern durch Zudosierung in den Schaumwein gelangt (*Schaumwein mit zugesetzter Kohlensäure, Fruchtschaumwein*). Das Imprägnierverfahren ist laut Gesetz deklarierungspflichtig.

*Einteilung, Schaumweintypen:* Die EG-VO 1493/1999[1] unterscheidet je nach Qualität der Grundweine, Gärverfahren, Lagerzeit und Zusammensetzung des Endproduktes verschiedene Schaumwein-Typen (siehe Tabelle 1).

1. *Sekt* (Qualitätsschaumwein) bzw. Sekt b. A. (bestimmtes Anbaugebiet): Deutschsprachige Ausdrücke für Qualitätsschaumwein bzw. Qualitätsschaumwein b. A.; der Name leitet sich von *vino secco* ab. Die Bezeichnung ist inländischen Produkten vorbehalten, deren Kohlendioxid-Überdruck durch Zweitgärung (Vergärung von Saccharose-Zusatz mittels Hefe) erzeugt wurde, eine amtliche Prüfungsnummer ist vorgeschrieben. Zu typischen Analysedaten von Sekt siehe Literatur[3].

2. *Champagner:* Schaumwein aus dem Gebiet der Champagne (Frankreich). Gegen Ende des 18. Jahrhunderts lernt man in der Champagne, durch Zuckerzusatz eine zweite Gärung im stillen Wein auszulösen. Im 18. Jahrhundert entstanden in der Champagne einige größere Kellereien, die auch heute noch Weltruhm besitzen (Pommery, Mercier und andere). Grundwein bilden die Rebsorten *Pinot noir, Pinot meunier* und *Chardonnay.* Voraussetzungen für die Bezeichnung sind: Grundwein aus zugelassenen Weinbergen der Champagne, traditionelles Flaschengärverfahren, Lagerzeit von mindestens 1 Jahr über der Hefe. Werden diese Anforderungen nicht vollständig erfüllt, so ist der Schaumwein nur unter der Bezeichnung *Vin mousseux* (4–4,5 bar Überdruck) bzw. *Grandmousseux*-Schaumwein (4,5–5 bar) verkehrsfähig. Die Champagner-Erzeugung lag 2002 bei 307 Mio. Flaschen[4].

3. *Schaumwein mit zugesetzter Kohlensäure:* In Frankreich als *Vin mousseux gazéifié* bezeichnet. Im Gegensatz zu den obigen Schaumwein-Typen erfolgt hier keine Zweitgärung. Die Kohlensäure wird direkt zugesetzt (Imprägnierverfahren), dabei entfällt das Degorgieren (siehe bei Gärverfahren). Dieses Verfahren wird vor allem für Fruchtschaumwein verwendet. Inländische Schaumweine, die nach diesem Verfahren hergestellt wurden, sind mit der Bezeichnung *„Schaumwein mit zugesetzter Kohlensäure"* zu kennzeichnen, da deutliche Qualitätsunterschiede zu den oben genannten Produkten bestehen.

4. *Fruchtschaumwein:* siehe *weinähnliche Getränke.*

5. *Schaumwein für Diabetiker geeignet:* Hier ist ein Zusatz von *Zuckeraustauschstoffen erlaubt. Spezifische Anforderungen bezüglich Zusammensetzung (z. B. maximal 4 g/L Glucose, keine Saccharose, maximal 40 g/L Fructose, maximal 185 mg/L Gesamtschweflige Säure) und Kennzeichnung (z. B. physiologischer Gesamtbrennwert) sind zu erfüllen[5].

6. *Cava:* Als Cava wird der in Spanien nach der „méthode champenoise" erzeugte Schaumwein bezeichnet. Zur Gewinnung des Grundweines dienen Moste aus den weißen *Xarello-* und *Perellada-* sowie roten *Morastell*-Trauben; zunehmend kommt auch *Pinot Chardonnay* zur Anwendung.

7. *Crémant:* Nach EG-VO 1493/1999[1] wird als Crémant ein Qualitätsschaumwein b. A. bezeichnet, der aus ganzen Trauben gewonnen wurde, bei der Kelterung eine Ausbeute aus 100 L Most aus 150 kg Lesegut nicht überschreitet, einen Höchstgehalt an *Schwefeldioxid von 150 mg/L und einen Zuckergehalt von maximal 50g/L aufweist.

*Definitionen:* Herkunftsangaben: Erlaubt ist die Bezeichnung „deutsch" für Schaumwein, „deutsch" ergänzt durch den Namen des Weinbaugebietes und ihrer Untergebiete für Sekt bzw. Qualitätsschaumwein. Für Qualitätsschaumwein b. A. bzw. Sekt b. A. sind die für Qualitätswein b. A. zugelassenen geographischen Bezeichnungen, wenn die erforderliche Mindestpunktzahl bei der Qualitätsprüfung erreicht wurde, zulässig.

*Jahrgangsangaben:* Nur für Qualitätsschaumwein bzw. Qualitätsschaumwein b. A. erlaubt. 85% der verwendeten Trauben müssen aus dem angegebenen Jahrgang stammen.

*Rebsortenangabe:* Nur bei Qualitätsschaumwein. bzw. Qualitätsschaumwein b. A. erlaubt, wenn 85% der verwendeten Trauben von der angegebenen Rebsorte stammen.

*Geschmacksangabe:* Zusatz der sogenannten Versanddosage (siehe bei Herstellung) zum durchgegorenen Schaumwein führt basierend auf dem

Tabelle 1: Charakteristika von Schaumweintypen.

| Bezeichnung | Qualität der Grundweine | Alkoholgehalt der Grundweine* | Überdruck (20°C) | Herstell- bzw. Lagerdauer unter Druck | | Gesamte Schweflige Säure |
|---|---|---|---|---|---|---|
| | | | | | mit Hefetrieb | |
| Schaumwein | Tafelwein | 9,5% vol | 3,0 bar | keine | keine | maximal 235 mg/L |
| Qualitätsschaumwein | Qualitätswein | 10% vol | 3,5 bar | | | maximal 185 mg/L |
| – Flaschengärverfahren | | | | 9 Monate | 9 Monate | bei Crémant 150 mg/L |
| – Transvasierverfahren | | | | 6 Monate | 90 Tage | |
| – Großraumgärverfahren | | | | 6 Monate | 90 Tage bzw. 30 Tage** | |
| Schaumwein mit zugesetzter Kohlensäure | Tafelwein | 9,5% vol | 3,0 bar | keine | keine | maximal 260 mg/L |

\* mindestens
\*\* bei Tanks mit Rührvorrichtung

*Restzucker-Gehalt zu folgender Einteilung (siehe Tabelle 2).

Tabelle 2: Geschmacksangaben für Schaumweine [1,6].

| Bezeichnung | Restzuckergehalt [g/L] |
|---|---|
| naturherb, brut nature, bruto natural, pas dosé, dosage zéro, dosaggio zero | 0–3, kein Zuckerzusatz |
| extra herb, extra brut, extra bruto | 0–6 |
| herb, brut, bruto | 0–15 |
| extra trocken, extra dry, extra secco | 12–20 |
| trocken, dry, sec, secco, asciutto | 17–35 |
| halbtrocken, demi-sec, medium dry, abboccato, semi seco, meio seco | 33–50 |
| mild, doux, dolce, sweet, dulce, doce | über 50 |

– *E* sparkling wine

*Lit.:* [1] Verordnung (EG) Nr. 1493/1999 des Rates über die gemeinsame Marktorganisation für Wein vom 17.05.1999 (Amtsblatt der EG Nr. L 179, S. 1). [2] Deutsches Weininstitut (DWI), *Deutscher Wein – Statistik 2002/2003*, Informationsdienst des Deutschen Weininstituts: Mainz, (2003). [3] Postel, W.; Görg, A.; Prasch, E., *Mitt. Höheren Bundeslehr-Versuchsanstalt Wein – Obstbau Klosterneuburg*, (1980) **30**, 20–26, 107–116. [4] Union des Maisons de Champagne (UMC), Hrsg., *Economie & Statistiques*, Reims, (2003); http://www.maisons-champagne.com/orga_prof/statistiques/statistiques_sommaire.htm. [5] Leitsätze für weinähnliche und schaumweinähnliche Getränke, Bundesanzeiger vom 07.03.2003, Jahrgang 55, S. 7–10. [6] Verordnung (EG) Nr. 554/95 der Kommission vom 13.03.1995 mit Durchführungsbestimmungen für die Bezeichnung und Aufmachung von Schaumwein und Schaumwein mit zugesetzter Kohlensäure (Amtsblatt der EG Nr. L 56, S. 3).
*allg.:* Koch, H.-J., *Weinrecht-Kommentar* [CD-ROM], Deutscher Fachbuchverlag: Frankfurt, (2002) (Stichwort Schaumwein) ■ Staatliches Weinbauinstitut Freiburg, Hrsg., *Weinrecht zum Anfassen*, Promo: Freiburg, (2001) ■ Würdig-Woller – *[HS 2204 10]*

**Scheiberöl** siehe *Ricinusöl (Verwendung).

**Scheinquitte** (Zierquitte, Cido-Buschquitte). Die Japanische Quitte [*Choenomeles japonica* (Thunb.) Lindl. ex Spach, syn. *Cydonia japonica* Pers., Rosaceae] und die Chinesische Quitte [*Choenomeles speciosa* (Sweet) Nakai, Rosaceae] sind bei uns auch als Gartenzierpflanzen bekannt. Die 1 bis 3 m hohen, immergrünen Sträucher haben gezähnte Blätter und lange Kurztriebdornen. Im Spätherbst bringt der Scheinquittenstrauch 4–5 cm große, grüne bis gelbfarbene, birnen- (var. *pyriformis*) oder apfelförmige (var. *maliformis*) Sammelbalgfrüchte hervor. Im Unterschied zur *Quitte haben Scheinquitten eine glatte Schale und sind steinzellenfrei.

**Inhaltsstoffe:** Bisher wurden an flüchtigen Komponenten 84 Verbindungen in der Schale und 42 Verbindungen im Fruchtfleisch gefunden. Das typische Aroma der Chinesischen Quitte wird auf Alkyl- und Alkenylester der ω-Alkensäuren sowie auf 5-Hexenylester aliphatischer Säuren zurückgeführt. Die Schale wird gegenüber dem Fruchtfleisch als aromareicher beschrieben [1]. Aktuelle Studien haben die *Ballaststoff-Fraktion (0,04% des Frischgewichts) des Fruchtfleisches der Japanischen Quitte untersucht. Diese setzt sich aus ca. 35% Pektin, 9% Hemicellulosen und 56% Cellulose zusammen [2–4].

**Pharmakologie:** In der Chinesischen Quitte wurden *Chinasäure-Derivate identifiziert, die eine entzündungshemmende Wirkung zeigen [5,6]. Ein ethanolischer Quittenextrakt enthält Triterpene und Sitosterol und hat antibakterielle sowie antihämolytische Eigenschaften [7].

**Verwendung:** Das sehr feste Fruchtfleisch wird gedämpft, um Saft zu gewinnen, welcher dann zu Gelee oder zu Sirup eingekocht wird. Das Fruchtfleisch wird zu Mus verarbeitet und kommt als Brotaufstrich in den Handel oder wird als Kompott genossen. Roh sind Scheinquittenfrüchte ebenso ungenießbar wie die der Gemeinen Quitte. Die Früchte der Scheinquitte werden auch zu Parfüm (sogenannte „Essence de Kananga") verarbeitet. – *E* Japanese quince, Chinese quince

*Lit.:* [1] Mihara, S.; Tateba, H.; Nishimura, O.; Machii, Y.; Kishino, K., *J. Agric. Food Chem.*, (1987) **35**, 532. [2] Thomas, C.; Crepeau, M. J.; Rumpunen, K.; Thibault, J. F., *Lebensm. Wiss. Technol.*, (2000) **33**, 124. [3] Thomas, M; Thibault, J.-F., *Carbohydr. Polym.*, (2002) **49**, 345. [4] Rumpunen, K.; Thomas, M.; Badilas, N.; Thibault, J.-F., *Lebensm. Wiss. Technol.*, (2002) **35**, 490. [5] Osawa, K.; Arakawa, T.; Shimura, S.; Takeya, K., *Nat. Med. (Tokyo)*, (2001) **55**, 255. [6] Osawa, K.; Miyazaki, K.; Imai, H.; Arakawa, T.; Yasuda, H.; Takeya, K., *Nat. Med. (Tokyo)*, (1999) **53**, 188. [7] Osawa, K.; Yasuda, H.; Morita, H.; Takeya, K.; Itokawa, H., *Nat. Med. (Tokyo)*, (1997) **51**, 365.
*allg.:* Franke, W., *Nutzpflanzenkunde*, 6. Aufl.; Thieme: Stuttgart, (1997); S. 311

**Schellack** (E 904). S. ist das einzige natürliche Harz tier. Ursprungs mit kommerzieller Bedeutung. S. wird gewonnen aus Lac, dem Sekret der weiblichen Lackschildläuse (*Kerria lacca*, früher *Laccifer lacca*, Familie Coccideae). Diese 0,5–0,6 mm langen parasit. Insekten – von denen mehr als 60 bekannten Unterarten haben nur 3–4 eine wirtschaftliche Bedeutung – leben in riesigen Kolonien (Lac ist abgeleitet von dem Hindhi-Wort Lakh für 100000) auf Bäumen u. Sträuchern im südasiat. Raum (Indien, Burma, Südchina). Zu den wichtigsten Wirtspflanzen u. Erzeugerregionen s. Literatur [1,2].

S. ist ein hartes, zähes Harz mit einer durchschnittlichen Molmasse von ca. 1000 g/mol. Seine Hauptbestandteile sind Hydroxycarbonsäuren, die z.T. ungesätt. sind, Aldehyd-Gruppen enthalten u. in Esterod. Lacton-Form vorliegen. Hauptkomponenten sind *Aleuritinsäure* (Aleurinsäure, 9,10,16-Trihydroxypalmitinsäure, $C_{16}H_{32}O_5$, $M_R$ 304,42, Schmp. 100–101 °C, s. Formel I) mit bis zu ca. 32 Gew.-% u. *Shellolsäure* [$C_{15}H_{20}O_6$, $M_R$ 296,33, Schmp. 204–207 °C, $[\alpha]_D$ +26° (CHCl$_3$), s. Formel II].

I

II

*Schellackwachs* (Schmp. 72–82 °C) ist Bestandteil (ca. 6%) des S., aus dem es durch Extraktion mit Petrolether abgetrennt wird. Es enthält 80–82% Ester von meist gesätt. Fettsäuren u. Fettalkoholen, z. B. Ceryllignocerat u. Cerylcerotat (= Hexacosyl-tetra- u. hexacosanoat), sowie 10–14% freie Fettsäuren, z. B. Cerotinsäure, Triacontansäure u. *Laccersäure* [Dotriacontansäure, $C_{32}H_{64}O_2$, $M_R$ 480,86, Schmp. 96,1–96,3 °C], ferner Kohlenwasserstoffe.

**Eigenschaften:** Schellack ist gut lösl. in Alkoholen, organ. Säuren u. wäßrigen Laugen, weniger in Estern u. Ketonen u. unlösl. in Kohlenwasserstoffen und Wasser.
Handelsübliche Blätter-S. haben folgende Werte (Angaben in Klammern gelten für gebleichten S.): OHZ 250–280, SZ 65–80 (80–95), VZ 190–230 (220–280), IZ 14–18 (4–14), Schmp. im Bereich von ca. 65–85 °C; siehe auch Gewinnung.

**Gewinnung:** Die Lackschildläuse sondern ihr hauptsächlich dem Schutz ihrer Brut dienendes Sekret in dicken Schichten um die Zweige der Wirtspflanzen ab, von denen es zweimal jährlich durch Abkratzen od. Abschneiden der umkrusteten Zweige als sog. *Stocklack* geerntet wird. Der Stocklack wird in Körnerlackfabriken zerkleinert u. in Holzbestandteile u. Harz aufgetrennt, das zur Entfernung eines wasserlösl. Farbstoffs (Laccainsäure) mit einer schwachen wäßrigen Base gewaschen u. luftgetrocknet wird. Es resultiert ein durch einen wasserunlösl. Farbstoff (*Erythrolaccain*) gelb bis orange gefärbtes, als *Körnerlack* bezeichnetes Produkt.
Daraus wird nach unterschiedlichen Meth. (s. Literatur[1,2]) der eigentliche S. als wachshaltiges od. wachsfreies Harz isoliert. Dessen Farbtönungen werden durch variierende Anteile nicht abgetrennter Farbstoffe bestimmt; seine Eigenschaften sind abhängig sowohl von der Provenienz des Körnerlacks als auch von den zu seiner Aufbereitung benutzten Verfahren.
Der nach einem Schmelzfiltrationsverf., bei dem aufgeschmolzener Körnerlack zur Abtrennung von Begleitstoffen filtriert wird, hergestellte S. (Handelsnamen: *Lemon, TN, Ivory, Orange, Honey*) hat noch den natürlichen Wachsanteil von ca. 4–6%. Farbveränderungen treten bei diesem Verf. nicht auf.
Gebleichter S. fällt bei der Einwirkung von Chlorbleichlauge (Natriumhypochlorit) auf Körnerlack als weißes Pulver an; er wird wachshaltig od. wachsfrei angeboten.
Aus Körnerlack durch Lsm.-Extraktion unter (partieller) Entfärbung mit Aktivkohle gewonnener wachsfreier S., der beim Trocknen in Form dünner Blättchen anfällt, wird als Blätterschellack (englisch: dewaxed orange shellac) gehandelt.

**Toxikologie:** Die Verwendung von Schellack gilt allgemein als unbedenklich. Auf allergenes Potential im kosmetischen Bereich ist hingewiesen worden[3,4].

**Analytik:** Dünnschichtchromatograph. (DC) Nachweise von S. werden in Literatur[5] u. gaschromato-graph. (GC) Nachweise in Literatur[6–8] beschrieben.

**Verwendung:** Früher zur Herstellung von Schallplatten. In der Pharmazie u.a. zum Beschichten magensaftresistenter Tabl., Kapseln u. Wirkstoffe sowie zum Coaten von Vitaminen; in der Lebensmittelindustrie u. angrenzenden Bereichen zur Beschichtung von Dragees, Kaugummi, Konfekt, Citrusfrüchten u. Äpfeln, außerdem als Glasiermittel für Kaffeebohnen, als Bindemittel für Eierfarben u. Lebensmittelstempelfarben von Eierschalen und Käseüberzügen sowie zur Mikroverkapselung von Aromen; zur Controlled-release-Beschichtung von Saatgut, Insektiziden, Pestiziden u.ä.; in der Kosmetik in Haarsprays, Haarfestigern, Shampoos u. Nagellacken; zur Herst. von Klebstoffen, Isolierlacken, Fußbodenpflegemitteln, Möbelpolituren, Druckfarben, Tinten, Tuschen, Holzlacken u. Papierlacken (das Wort Lack ist abgeleitet von Lac), Hutsteifen u. Lederappreturen.
Die bei der Gewinnung des Körnerlacks anfallende Laccainsäure (Naturrot 25) wurde früher als Textilfarbstoff, heute in Japan als natürlicher Farbstoff in Lebensmitteln u. kosmet. Produkten eingesetzt.

**Recht:** Schellack (Schellackwachs, E 904) ist gemäß *ZZulV (Anhang 4 Teil B) für bestimmte Lebensmittel ohne Angaben von Höchstmengen (*quantum satis*) zugelassen. Bei Verwendung zur Oberflächenbehandlung von frischen Früchten muß die Deklaration lauten: gewachst. ADI-Wert nicht festgelegt. – *E* shellac

**Lit.:** [1]Seifen, Öle, Fette, Wachse **116**, 221–224 (1990). [2]SÖFW J. **120**, 3 (1994). [3]Orton, D. I.; Salim, A.; Shaw, S., *Contact Dermatitis*, (2001) **44**, 250. [4]Le Coz, C. J.; Leclere, J. M.; Arnoult, E.; Raison-Peyron, N.; Pons-Guiraud, A.; Vigan, M., *Contact Dermatitis*, (2002) **46**, 149,152. [5]Lebensmittelchem. Gerichtl. Chem. **43**(3), 55f. (1989). [6]Lebensmittelchem. Gerichtl. Chem. **40**, 38f. (1986). [7]J. Chromatogr. **325**, 229 (1985). [8]Dtsch. Lebensm. Rundsch. **86**(1), 4f. (1990).
*allg.:* Blue List – [HS 1301 10; CAS 9000-59-3 (S.); 17941-34-3 (Aleuritinsäure); 3625-52-3 (Laccersäure); 4448-95-7 (Schellolsäure)]

**Schellfisch** (*Melanogrammus aeglefinus*). Der S. gehört zur Gruppe der Gadiden (s. *Magerfische). Er kommt im Nordostatlantik und vor der Ostküste Nordamerikas in Tiefen zwischen 40–300 m vor. Er unterscheidet sich von den anderen Fischen dieser Gattung durch einen runden schwarzen Fleck auf silbergrauem Grund an der Seitenlinie über der Brustflosse. Der S. wird bis zu 1 m lang und erreicht ein Gewicht bis zu 12 kg. Der S. ist ein ausgesprochen magerer Fisch (<0,4% Fett im Muskel) und wird vorwiegend als Frischfisch in den Verkehr gebracht, daneben auch tiefgefroren und geräuchert. – *E* haddock – [HS 0302 62]

**Scheuermittel.** Pulverförmige, flüssige od. pastöse Reiniger mit hohem Gehalt an wasserunlösl. Abrasiv-Komponenten wie Marmormehl, zuweilen auch Kreide, Feldspat u. Bimsstein. Zur Schonung der zu behandelnden Flächen muß der Abrasivstoff eine sehr feine u. einheitliche Körnung besit-

Tabelle: Typische Zusammensetzung von pulverförmigen Scheuermitteln.

| Inhaltsstoff (Funktionsbausteine) | Anteil [%] | Wirkungsrichtung (Funktion) |
|---|---|---|
| *Tenside, darunter Alkansulfonate, Alkylbenzolsulfonate, *Alkylpolyglucoside, Fettalkoholpolyglycolethersulfate, Fettalkoholpolyglycolether | 0 bis 5 | Benetzung von Oberflächen und Schmutz, Ablösen von Fett und anderen Verschmutzungen |
| Putzkörper, darunter Calciumcarbonat (siehe *Carbonate), Silicate, Aluminiumoxide (Tonerden) | 40 bis 90 | Beseitigung von Verschmutzungen durch mechanische Einwirkung |
| Parfümöl | <1 | Ästhetik |

zen. Zur Verbesserung des Reinigungsvermögens enthalten die meisten S. *Tenside, *Phosphate, Soda u. ggf. auch bleichende od. desodorierende Wirkstoffe. S. sind geeignet zum Reinigen von Holz, Metall, Steingut, Emaille u. Stein in Haushalt u. Gewerbe. Zur Zusammensetzung pulverförmiger Scheuermittel vgl. Tabelle.

Flüssige S. des Handels enthalten als Abrasivstoff meist Marmormehl, das wegen seiner geringen Härte auch auf mechan. empfindlichen Oberflächen, z. B. Fliesen, Glas u. Emaille keine Kratzspuren hinterläßt. Die meisten S. reagieren schwach alkalisch. Für Scheuerzwecke in der Küche dienen auch Scheuerschwämme u. Kissen aus Stahl od. Kunststoff, z. T. mit Tensiden imprägniert. – *E* scouring agents

*Lit.:* Hauthal, H. G., In *Reinigungs- und Pflegemittel im Haushalt*, Hauthal, H. G.; Wagner, G., Hrsg.; Verlag für chemische Industrie: Augsburg, (2003); S. 197–198 – [HS 3405 40]

**Scheurebe** siehe *Weintraube.

**Schichtkäse.** *Standardsorte der Gruppe *Frischkäse (s. a. *Speisequark). Die dickgelegte *Milch wird schichtweise in Formen gegeben, aus denen die *Molke ablaufen kann. Die Schichten müssen erkennbar sein. Sie können sich im Fettgehalt unterscheiden, wobei gelbliche Schichten fettreicher als hellere Schichten sein müssen. S. ist formfest mit nur wenigen Bruchlöchern, besitzt eine zartgeschmeidige Konsistenz u. einen reinen milchsauren Geschmack. S. darf nur mit einem Fettgehalt in der Trockenmasse ≥10% in den Verkehr gebracht werden. – *E* layered white cheese – [HS 0406 10]

**Schillerlocken** siehe *Hai.

**Schillerwein** siehe *Weinarten.

**Schimmelkäse.** Unterschieden werden Weiß- u. Blauschimmelkäse. *Weißschimmelkäse* sind bevorzugt Weichkäse, *Standardsorten sind Camembert u. Brie. Nur die Oberfläche ist von weißem Schimmel (meist *Penicillium candidum*) bedeckt.

*Blauschimmelkäse* werden mit *Penicillium roqueforti* hergestellt. In die frischen *Käse werden Luftkanäle eingestochen. Dadurch wachsen die aeroben Schimmel nicht nur auf der Käseoberfläche, sondern auch im Inneren. Die Farbe des Schimmels reicht von blau über blaugrün, graugrün bis grün. Bekannteste Vertreter sind der franzöс. *Roquefort* (hergestellt aus *Schafmilch), der italien. *Gorgonzola* u. der dtsch. Edelpilzkäse. Zum

Beitrag von Methylketonen zum Aroma von Roquefortkäsen s. *Methylketone. – *E* mould ripened cheese

*Lit.:* Addis, E.; Fleet, G. H.; Cox, J. M.; Kolak, D.; Leung, T., *Int. J. Food Microbiol.*, (2001) **69**, 25 – [HS 0406 40]

**Schimmelpilze.** Trivialbezeichnung für eine sehr große Gruppe von Pilzen, die systematisch nicht klar definierbar ist. Zu ihr gehören die Deuteromyceten (siehe *Fungi imperfecti), viele *Ascomyceten, manche *Basidiomyceten und *Brandpilze. Nach Weidenbörner (Literatur) stellen Schimmelpilze keine taxonomische, sondern eine ökologische Einheit dar.

*Vorkommen:* Schimmelpilze sind auf organischen Substraten aller Art zu finden wie Lebensmitteln, Textilien, Leder, Holz und anderen. Im Gegensatz zu Hefen können Schimmelpilze eher feste Substrate besiedeln. Von Schimmelpilzen können fast alle in Nahrungsmitteln vorkommenden Kohlenhydrate verwertet werden. Einige Arten bilden in symbiontischer Lebensweise mit Algen oder Cyanobakterien die Flechten.

*Kardinalparameter des Wachstums:* Schimmelpilze sind weit überwiegend strikt aerob, einzelne Arten der Gattungen *Amylomyces*, *Mucor*, *Rhizopus* u. a. vermögen anaerob zu wachsen. Da Schimmelpilze im allgemeinen und die xerophilen (Trockenheit liebenden) Schimmelpilze wie *Aspergillus* oder *Penicillium* im besonderen eine niedrige Wasseraktivität ($a_w$ = 0,65–0,8) benötigen, können sie noch sehr trockene Substrate besiedeln. Das Wachstum zahlreicher Schimmelpilze wird im pH-Bereich von 3–8 kaum beeinträchtigt, das pH-Minimum liegt bei einzelnen Schimmelpilzen unter 2,0. Schimmelpilze können bei Temperaturen ab −7 °C wachsen. Konidien, Ascoporen und vegetative Zellen werden in der Regel durch Pasteurisierung abgetötet.

*Bedeutung:* Einige Schimmelpilze sind pathogen. Je nach Lokalisation und dem pathogenen Vermögen der Erreger verursachen Schimmelpilze tiefe oder Systemmykosen (Lunge, v. a. *Aspergillus fumigatus*). Dermatomykosen, Aspergillosen und *Mucor*-Mykosen treten als opportunistische Pilzinfektionen v. a. bei immungeschwächten Organismen auf. Schimmelpilzsporen verursachen Allergien.

*Lebensmittelvergiftungen können auch durch Sekundärstoffwechselprodukte von Schimmelpilzen, die sogenannten *Mykotoxine, verursacht werden. Zu den gefürchtetsten Mykotoxinen gehören die *Aflatoxine, die von dem auf Brot, Nüssen und

Obst häufig anzutreffenden *Aspergillus flavus* gebildet werden. Zur Schimmelpilzbekämpfung im Hygiene- und Lebensmittelsektor dienen Antimykotika, Desinfektions- und Konservierungsmittel, im technischen Bereich Fungizide.
Schimmelpilze sind wichtige Verderbsorganismen, denen jährlich weltweit etwa 5% unserer Erntegüter zum Opfer fallen; der Anteil kann in tropischen Gebieten 30% übersteigen. Im Abbau pflanzlicher und tierischer „Reste" – zusammen mit den Bakterien – liegt die eigentliche Bedeutung der Schimmelpilze im Ökosystem (Recycling). Schimmelpilze haben eine sehr große Bedeutung in der Biotechnologie als Produzenten von organischen Säuren, von Antibiotika u.a. Sekundärmetaboliten wie Alkaloiden, Wuchsstoffen und Toxinen. Schimmelpilze dienen zur Gewinnung eiweißreicher Futtermittel und zur Erzeugung zahlreicher Enzyme. Schimmelpilze sind auch beteiligt an vielen Herstellungs- und Reifungsprozessen in der Lebensmitteltechnologie, an der Vorbehandlung landwirtschaftlicher Erzeugnisse sowie am biologischen Abbau von Abläufen und Abfallprodukten. Als Substrate eignen sich dabei z.B. Bagasse, Abwässer der Nahrungsmittelindustrie, Holzpulpen (*Aspergillus fumigatus*) und Abwässer bei der Kartoffelstärkeherstellung (*Penicillium digitatum*). In der Gentechnik haben besonders *Aspergillus niger* und *Aspergillus nidulans* Bedeutung erlangt. *Edelschimmel* Kulmbach = *Penicillium nalgiovense* dient zur Reifung von Rohwurst. Zur biotechnologischen und lebensmitteltechnologischen Anwendungen der Schimmelpilze siehe auch *Pilze, *Aspergillus, *Penicillium, *Koji, *Fusarium. – *E* molds (USA), moulds (GB)
*Lit.:* Hardin, B. D.; Kelman, B. J.; Saxon, A., *J. Occup. Environ. Med.*, (2003) **45**, 470–478 ▪ Kayser, F. H.; Bienz, K. A.; Eckert, J.; Zinkernagel, R. M., *Medizinische Mikrobiologie*, 10. Aufl.; Thieme: Stuttgart, (2001) ▪ Krämer (4.) ▪ Sitte, P; Weiler, E. W.; Kadereit, J. W.; Bresinsky, A.; Körner, C., *Strasburger Lehrbuch der Botanik*, 35. Aufl.; Spektrum Akademischer Verlag: Heidelberg, (2002) ▪ Weidenbörner, M., *Encyclopedia of Food Mycotoxins*, Springer: Berlin, (2001)

**Schinken.** 1. Als Teilstück des Schlachttierkörpers Hintergliedmaße des Schweines (Synonym: Hinterschinken, Keule, Schlegel), wird beim weiteren Zerlegen unterteilt in Ober-, Unterschale, Kugel, Hüfte, Hintereisbein. Zum Braten in großen Stücken, aber auch zugeschnitten zu Schnitzeln geeignet u. Ausgangsmaterial einer Vielzahl von *Fleischerzeugnissen.
2. Als Fleischerzeugnis ohne weitere Zusätze in der Bez. *Kochpökelware*, wobei der Begriff auch in Wortverbindungen nur für Erzeugnisse gehobener Qualität verwendet wird, die auch als *Rohpökelwaren* in den Verkehr kommen; s.a. *Pökelfleischerzeugnisse.
Die *Leitsätze des Deutschen Lebensmittelbuches (Fleisch u. Fleischerzeugnisse) nennen eine Vielzahl S.-Erzeugnissen u. enthalten Beschreibungen über Ausgangsmaterial, Verarbeitung, Mindestan-

forderungen an die Zusammensetzung[1] u. Regelungen zur Bezeichnung. – *E* ham
*Lit.:* [1] Souci et al. (6.).

**Schlachten.** Unter Schlachten wird die Tötung eines Tieres durch Blutentzug verstanden. Das Tierschutzgesetz vom 25.05.1998 (BGBl. I, S. 1105, berichtigt S. 1818), die Tierschutz-Schlachtverordnung vom 03.03.1997 (BGBl. I, Nr. 13, S. 405) sowie die Fleischhygiene-Verordnung vom 29.06.2001 (BGBl. I, S. 1366) schreiben den Vorgang des Schlachtens detailliert vor (siehe Übersicht).

Tabelle: Regelungen für das Schlachten.

| Schlachtort |
| --- |
| *Schlachtraum* mit besonderem Platz für Betäubung und Entblutung<br>*Schlachtvorgang* nur durch Fachleute (Sachkundennachweis) |
| **Betäubung** |
| *Betäubungszwang* für alle Schlachttiere (außer Notschlachtungen; rituelles Schlachten mit Ausnahmegenehmigung der zuständigen Behörde)<br>*Betäubungsvorgang* schnell, anhaltend bis zum Eintritt des Todes durch Blutentzug<br>*Betäubungsgeräte*: erlaubt sind Bolzenschußapparat, Elektrobetäubungsgeräte, Gas (Kohlendioxid); verboten sind Genickstich, Brechen des Genickes, Aufhängen an den Hinterfüßen vor Betäubung (außer Hausgeflügel) |
| **weitere Regelungen** |
| (Kopf-)*Fixierung* erst unmittelbar vor Betäubung gestattet<br>*Blutentzug* nur nach Betäubung (Ausnahme: rituelles Schlachten, Notschlachtungen)<br>*weitere Schlachtschritte*: Beginn nicht vor Erlöschen aller Bewegungen gestattet<br>*Strafbestimmungen*: Geldstrafe bzw. Freiheitsentzug bei Verletzen der Einzelbestimmungen |

Die Fleischhygiene-Verordnung Anlage 2 (Kapitel III Nr. 2) regelt weitere Details beim Schlachten von Tieren: das Verbringen in den Schlachtraum, das Enthäuten, das Ausweiden, die Untersuchung aller Teile der Tiere, das Herrichten der Schlachttierkörper usw. – *E* slaughtering

**Schlachtfette.** Schlachtfette sind Fette, die aus ausgesuchten *Fettgeweben von Schlachttieren und Schlachtgeflügel ausgelassen werden. Schlachtfette unterliegen dem Fleischhygienegesetz und dem Geflügelfleischhygienegesetz. Sie können nach ihrer Konsistenz (*Schmalze, *Talge) und nach der Tierart (*Schweineschmalz oder *Rindertalg) eingeteilt werden. Der Anteil von Schlachtfetten am Schlachtgewicht beträgt bei Rindern etwa 6,7%, bei Kälbern 3,3% und bei Schweinen aus gewerblicher Schlachtung 16,5%. Der Pro-Kopf-Verbrauch an Schlachtfetten lag im Jahr 2000 bei etwa 5,3 kg. Schätzungsweise stammen etwa 75% aller Schlachtfette vom Schwein. Schlachtfette werden zum menschlichen Verzehr und zu technischen Zwecken verwendet. – *E* slaughter grease

**Schlagrahm** siehe *Schlagsahne.

**Schlagsahne** (Schlagrahm). Bezeichnung sowohl für flüssige, ungeschlagene als auch für geschlagene Sahne (*Rahm). Nach der Milcherzeugnis-Verordnung (MilchErzV, Anlage 1 zu § 1) muß das Produkt mindestens 30% Fett aufweisen und kann als *Standardsorte in der Milchtrockenmasse erhöht sein und als Sahneerzeugnis auch mit Milcheiweißerzeugnissen angereichert sein. Mögliche Zusatzstoffe sind in der *Zusatzstoff-Zulassungsverordnung geregelt.

*Herstellung:* *Rohmilch wird im Separator zwischen 55 u. 60 °C (bei tieferen Temperaturen Schädigung der *Fettkügelchenhülle) in *Magermilch u. *Rahm getrennt, wobei der Fettgehalt über den Rahmdurchfluß gesteuert werden kann. Die Pasteurisierung wird bei mind. 85 °C durchgeführt. Bei der wärmebehandelten kühlpflichtigen Sahne und der ultrahocherhitzten H-Sahne wird der Rahm zweimal erhitzt, beim zweiten Mal über 100 bzw. bei mindestens 135 °C. Zur Verringerung der Aufrahmung wird bisher meist nur *Carrageen eingesetzt (mit etwa 0,02%). Außerdem wird H-Sahne nach der Erhitzung noch mit geringem Druck aseptisch homogenisiert, um die Lagerstabilität zu verbessern.

Die Aufschlageigenschaften der gut vorgekühlten Sahne (24 Std. bei ca. 5 °C) werden mit Hilfe einer standardisierten Aufschlagapparatur geprüft (erstmals beschrieben von Mohr und Bauer 1937). Die Sahne gilt als aufgeschlagen, wenn die Leistung, um die beiden Schläger zu betreiben, abnimmt. Gemessen wird die Volumenzunahme der Sahne, ihre Festigkeit und die abgesetzte Flüssigkeitsmenge nach 1 und 2 Std. Herausragende Bedeutung bei einem Produkt wie Schlagsahne, das zur Verfeinerung und Abrundung von Lebensmitteln und Speisen dient, hat der Geschmack. Im Jahr 2000 wurden in Deutschland 427000 t Schlagsahne hergestellt. – *E* whipping cream

*Lit.:* Kessler, H. G., *Food and Bio Process Engineering – Dairy Technology*, A. Kessler: Freising, (2002) – [HS 0406 30]

**Schlauchpilze** siehe *Ascomyceten.

**Schlehe** (Dornschlehe, Prunelle, Schlehenpflaume). Blaue, 10–15 mm große, kugelig bis ovale, bereifte, mit Kirsche und Zwetschge verwandte Steinfrucht des an kalkhaltigen Standorten von Waldrändern, Gebüschen und Hecken vorkommenden bis zu 4 m hohen Schwarzdornstrauches (syn. Eschendorn, Hagdorn, Schlehdorn; *Prunus spinosa* L., Rosaceae), die erst nach dem ersten Frost (Oktober, November) genießbar ist.

*Inhaltsstoffe:* Schlehen enthalten Gerbstoffe, Pektin, Vitamin C (10–60 mg/100 g), organische Säuren und Zucker und haben einen herben, säuerlichen, adstringierenden Geschmack. Ihre Farbe erhalten Schlehen durch *Anthocyane vom Päonidin- und Cyanidin-Typ in Konzentrationen von 365–2154 mg/100 g Frischfrucht. Außerdem wurde neben *Quercetin-Glycosiden 3′-Caffeoylchinasäure (Neochlorogensäure) als häufigstes *Hydroxyzimtsäure-Derivat gefunden[1]. Schlehen enthalten

einen im Verhältnis zur Gesamtfrucht großen, leicht abgeflachten Kern, der fest mit dem Fruchtfleisch verwachsen ist. Die früher als die Blätter erscheinenden weißen Blüten enthalten Kaempferol- und *Quercetin-Glycoside[2–5], *Cumarin-Derivate, phenolische Säuren (vor allem 4-Hydroxybenzoesäure)[6], Triterpene und *Sterole[7], und in Spuren ein Blausäureglycosid (*Amygdalin). In den Blättern sind neben den genannten Flavon-Derivaten[8], den phenolischen Säuren [vor allem Kaffeesäure und Ferulasäure (siehe *Hydroxyzimtsäure)[6]], Triterpene und Sterole[7], Gerbstoffe und Bitterstoffe enthalten. Schlehen werden nicht in Plantagen angebaut, weil insbesondere die Ernte per Hand sehr kostenintensiv ist.

*Verwendung:* Schlehenblätter, vor allem aber die Blüten wirken harntreibend und leicht abführend, weshalb diese häufig Bestandteil sogenannter Blutreinigungs-, Nieren- und Abführtees sind. Die Beeren werden zur Herstellung von Konfitüre, Kompott, Saft, Likör, Wein und Schlehengeist verwendet, wurden aber traditionell auch vielfach zur Behandlung von Mund-, Rachen- und Zahnfleischentzündungen eingesetzt. Als Pacharan ist ein spanischer Schlehenlikör bekannt, dem Anis zugesetzt wird[9–11]. – *E* sloe, sloe plum, blackthorn

*Lit.:* [1]Mazza, G.; Miniati, E., *Anthocyanins in Fruits, Vegetables, and Grains*, CRC Press: Boca Raton, FL, (1993); S. 75f. [2]Olszewska, M.; Wolbis, M., *Acta Pol. Pharm.*, (2001) **58**, 367. [3]Olszewska, M.; Wolbis, M., *Acta Pol. Pharm.*, (2002) **59**, 133. [4]Olszewska, M.; Wolbis, M., *Acta Pol. Pharm.*, (2001) **58**, 199. [5]Stefova, M.; Kulevanova, S.; Stafilov, T., *J. Liq. Chromatogr. Related Technol.*, (2001) **24**, 2283. [6]Olszewska, M.; Wolbis, M., *Herba Pol.*, (2000) **46**, 249. [7]Wolbis, M.; Olszewska, M.; Wesolowski, W. J., *Acta Pol. Pharm.*, (2001) **58**, 459. [8]Olszewska, M.; Wolbis, M., *Pol. J. Chem.*, (2002) **76**, 967. [9]Fernandez-Garcia, T.; Casp, A., *Alimentaria*, (1998) **297**, 147. [10]Fernandez-Garcia, T.; Casp, A., *Z. Lebensm. Unters. Forsch.*, (1998) **206**, 414. [11]Fernandez-Garcia, T.; Casp, A., *Z. Lebensm. Unters. Forsch.*, (1998) **207**, 395.

*allg.:* Franke, W., *Nutzpflanzenkunde*, 6. Aufl.; Thieme: Stuttgart, (1997); S. 300 – [HS 0809 40]

**Schleimsäure** siehe *Galactarsäure.

**Schlüssel-Schloß-Theorie** siehe *Enzyme.

**Schmalz.** Sammelbezeichnung für streichfähige tierische Fette etwas körniger Konsistenz, insbesondere für *Schweineschmalz, Butterschmalz und Gänseschmalz. Schmalz darf nach den Leitsätzen für Speisefette und Speiseöle[1] (Abschnitt I D, Nr. 4, *Leitsätze des Deutschen Lebensmittelbuches) nur in den Handel gelangen, wenn die Tierart, von der das Schmalz stammt, angegeben ist.
Zu *Schweineschmalz siehe dort.

*Gänseschmalz* wird aus dem Fettgewebe von Gänsen hergestellt. Es hat einen Schmelzpunkt von etwa 25 °C und wird deshalb zur Konsistenzverbesserung häufig mit Schweineschmalz gemischt (maximal 10%, Kennzeichnungspflicht). Iod-Zahl 73 (59–81), Verseifungszahl 195 (191–198). Zur Zusammensetzung von Gänseschmalz siehe auch Literatur[2].

*Butterschmalz* ist das nach dem Auslassen von Butter durch Zentrifugieren von Wasser und Eiweiß befreite goldgelbe, reine Milchfett. Es eignet sich sehr gut zum Backen und Braten. Die Aufbewahrung soll in kühlen, luftigen, dunklen Räumen erfolgen; im Sonnenlicht wird es ranzig, doch ist es wesentlich haltbarer als Butter.

*Verwendung:* Haushalt, Margarineindustrie, Seifenherstellung, Schmiermittelherstellung, früher als Salbengrundlage. – *E* fat, grease, lard

*Lit.:* [1] BMVEL, Hrsg., *Deutsches Lebensmittelbuch, Leitsätze 2003*, Bundesanzeiger: Köln, (2003). [2] Souci et al. (6.).
*allg.:* Bockisch, M., *Handbuch der Lebensmittel-Technologie – Nahrungsfette und -öle*, Ulmer: Stuttgart, (1993) ▪ Lawson, L., *Food Oils and Fats – Technology, Utilization, and Nutrition*, Chapman & Hall: New York, (1995) – *[HS 1501 00; CAS 61789-99-9]*

**Schmelzkäse.** Nach § 1 Absatz 4 der Käseverordnung[1] wird Schmelzkäse aus *Käse unter Verwendung von Wärme, auch unter Verwendung von *Schmelzsalzen* (Richtsalzen) hergestellt. Für Schmelzkäsezubereitungen darf auch Schmelzkäse als Grundlage verwendet werden, außerdem ein Zusatz anderer *Milcherzeugnisse oder beigegebener Lebensmittel erfolgen. Die Mindesttrockenmassegehalte bei streichfähigen, schnittfesten und aus Hartkäse hergestellten Schmelzkäsen und -zubereitungen für die verschiedenen Fettstufen sind in Anlage 2 zu § 12 der Käseverordnung angegeben. Den Zusatz von Schmelzsalzen regelt die *Zusatzstoff-Zulassungsverordnung[2].

*Herstellung:* Bei gereiftem Käse, in dem das Netzwerk aus para-Caseinmicellen und die Fettkugelmembranen (*Fettkügelchenhülle) durch proteolytische *Enzyme mehr oder weniger stark abgebaut sind, würde ein Schmelzen zu einer Phasentrennung führen. Um eine glatte Schmelze ohne Phasentrennung zu bereiten, werden neben Wasser bestimmte Natrium- (oder Kalium-) Salze als *Ionenaustauscher zugesetzt. Diese sog. Schmelzsalze entziehen dem Gel Calcium-Ionen und neutralisieren die freiwerdenden negativen Ladungen der (Calcium-) Caseinate mit Natriumionen. Durch eingeschleustes Hydratwasser um die Natriumionen und polaren Carboxyl-Gruppen beginnt eine Vereinzelung der para-Caseinsubmicellen. Parallel zum Aufschluß der Protein-Aggregate erfolgt eine Feindispergierung und Emulgierung des freien Fettes durch die para-Caseinsubmicellen. Der Grad des Aufschlusses des Micellenverbundes und der Fettfeinverteilung wird als Cremieren bezeichnet. Mit den Schmelzsalzen wird außerdem der optimale pH-Wert eingestellt (meist zwischen 5,5 und 5,9)[3]. Für die Herstellung von Schmelzkäse wird als Rohware in der Regel relativ junger, wenig geschmacksintensiver Käse vom Typ Cheddar, Edamer, Gouda oder Emmentaler mit hohem Gehalt an intaktem *Casein (insgesamt mind. 12%) verwendet. Als Schmelzsalze (ca. 3%) werden vorwiegend Natriumphosphate (siehe *Orthophosphate) und Natriumcitrate eingesetzt. Mit dem Polymerisationsgrad der Phosphate steigt deren Ionenaustauschvermögen, während die Fähigkeit zur pH-

Verschiebung sinkt[8]. Langkettige Polyphosphate besitzen eine gute Hemmwirkung gegen grampositive Bakterien, die man sich zur Verbesserung der Produktsicherheit zunutze macht (Verhinderung der Spätblähung)[4]. Citrat wird auch zur Erreichung eines gewissen Frischegeschmacks eingesetzt. In der Regel wird ein Gemisch aus mehreren Schmelzsalzen verwendet, um die Produkteigenschaften präzise zu steuern[5,6].

Der Schmelzprozeß (Temperaturbelastung, Rührintensität) richtet sich nach dem gewünschten Endprodukt. Für streichfähigen Schmelzkäse wird eine kräftige Behandlung gewählt (starkes Cremieren), für schnittfeste Blockware eine sehr schonende und für toastfähige Scheiben eine äußerst schonende Behandlung. Nach dem Schmelzprozeß erfolgt eine Heißabfüllung mit anschließender Kühlung[3].

Bei Schmelzkäsezubereitungen werden als Milcherzeugnisse besonders Magermilchpulver (zur Einstellung der Trockenmasse), Butter (Fettgehalt) und Eiweißerzeugnisse (Emulgator) eingesetzt. Als beigegebene Lebensmittel dienen z.B. Gewürze, Schinken oder Pilze.

Schmelzen als wichtigstes Konservierungsverfahren für Käse wird zunehmend auch für pasteurisierte Produkte mit Frischecharakter eingesetzt und dient ebenfalls zur Herstellung von Käseimitaten (cheese analogues), bei denen Milchfett und/oder Milcheiweiß durch pflanzliche Produkte ersetzt werden[7].

*Schmelzkäse-Fehler:* Sensor. Abweichungen, Konsistenzfehler, Marmorierung (falsche Schmelzsalz-Zusammensetzung), Bräunung[9], Verbrennen beim Überbacken, mangelnde Fließfähigkeit u. das Auftreten feiner weißer Punkte (Krist. von NaCa-Citrat[10]). Wegen der zu garantierenden langen Haltbarkeit sind strenge Hygienemaßnahmen erforderlich.

*Analytik:* Zur Untersuchung von S. (Fettgehalt, Trockenmasse, Chlorid, Keimzahl, Staphylokokken) sind die gleichen Methoden wie bei Käse anzuwenden. Zur Bestimmung u. dem Gehalt an *biogenen Aminen siehe Literatur[11]. Zur Bestimmung von Festigkeit u. Streichfähigkeit (zwei qualitätsrelevanten Parametern) siehe Literatur[12,13]. Produktionszahlen (Deutschland, 2000): 171000 t. – *E* processed cheese

*Lit.:* [1] Käse-VO vom 14.4.1986 in der Fassung vom 3.2.1997 (BGBl. I, S. 144). [2] Zusatzstoff-Zulassungsverordnung vom 29.01.1998 (BGBl. I, S. 230). [3] Berger et al., Die Schmelzkäseherstellung (JOHA Leitfaden), Ladenburg: Benckiser-Knapsack 1989; Vollmer et al., Lebensmittelführer (2.), Bd. 1, S. 55 f., Stuttgart: Thieme 1995. [4] Maier, S.; Scherer, S.; Loessner, M. J., *Dtsch. Molk. Ztg.*, (1999) **120**, 922. [5] Brunner, Untersuchungen von Caseinatgelen u. Caseinat-Lipid-Emulsionen, Diss. TU München, 1992. [6] Kieler Milchwirtsch. Forschungsber. **40**, 219 (1988). [7] Bachmann, H.-P., *Int. Dairy J.*, (2001) **11**, 505. [8] Fachgruppe Lebensmittelchemie in der GdCh (Hrsg.), Phosphate, Hamburg: Behr's 1983. [9] Aust. J. Dairy Technol. **24**, 185 (1969). [10] Milchwissenschaft **38**, 582 (1983); **39**, 195 (1984). [11] Mitt. Geb. Lebensmittelunters. Hyg. **81**, 82–105 (1990). [12] Z. Lebensm. Unters.-Forsch. **194**, 531–535 (1992). [13] Stellrecht, P., *Dtsch. Molk. Ztg.*, (2000) **121**, 188.
*allg.:* Zipfel, C 277 – *[HS 0406 30]*

**Schmelzmagnesia** siehe *Magnesiumoxid.

**Schmelzsalze** siehe *Schmelzkäse und *Polyphosphate.

**Schminkbeere** siehe *Kermesbeere.

**Schnecken.** Die S. bilden die ca. 85000 Arten umfassende Mollusken-Klasse der Gastropoda (Bauchfüßer) mit Abmessungen zwischen 1 mm u. 60 cm. Die meisten S. sind Pflanzenfresser, doch kommen manche als Räuber u. Parasiten vor. Unter den S., bes. unter den Meeresbewohnern, gibt es einige giftige Arten (z.B. Kegelschnecken), u. nicht wenige sind Lästlinge, Pflanzen- od. Vorratsschädlinge od. Zwischenwirte für Krankheitserreger. Als *S.-Bekämpfungsmittel* (s. *Molluskizide) werden Köder auf der Basis von *Metaldehyd od. Mercaptodimethur eingesetzt. Sehr wirksam sind auch „Bierfallen" (mit verd. Bier halbgefüllte, eingegrabene Einmachgläser). Die für den Verzehr bekannteste Art ist die 4–5 cm große *Weinbergschnecke* (*Helix pomatia*). Verzehrt werden auch *Helix aspersa* und *Helix lucorum* sowie die Achatschnecke (*Achatina* sp.). 100 g des Fleisches der Weinbergschnecke enthalten 82 g Wasser, 15 g Eiweiß, 1 g Fett, 2 g Kohlenhydrate sowie auffällig viel Mg (250 mg); vorhandenes *Lektin wird beim Erhitzen zerstört. Zu den S. gehören auch die Meerohren od. Seeohren (Haliotidae), auch *Abalone* (indian. Begriff) genannt. Es handelt sich dabei um Meeres-S., obwohl sie im Aussehen den *Muscheln ähneln, da der große Saugfuß die Öffnung des einteiligen Gehäuses ausfüllt. Dieser Saugfuß gilt neben dem Weichkörper als Delikatesse. Weitere Arten sind die Napf-, Strand-, Flügel-, Wellhorn-Schnecke. Die Schalen der Kauri-S. dienten in Teilen der Südsee u. Afrikas als Zahlungsmittel. – *E* snails, slugs

*Lit.:* Mosimann, A.; Hofmann, H.; Teubner, C., *Das große Buch der Meeresfrüche*, Gräfe & Unzer: München, (1999) – [HS 0307 60, 0307 91]

**Schnittkäse** siehe *Käse.

**Schönung.** 1. *Bier:* Bei britischem *obergärigem Bier (Ale) erfolgt eine Klärung durch *Schönungsmittel (z.B. *Collagen), dieses Verfahren ist in Deutschland nicht erlaubt.
2. *Wein:* siehe *Weinbehandlung und Schönung.
3. *Fruchtsäfte:* siehe *Fruchtsäfte (Herstellung) und *Schönungsmittel. – *E* clarification, fining

**Schönungsmittel.** Begriff für eine Reihe von Zusatzstoffen, die in der Produktion von flüssigen Lebensmitteln als technologische Hilfsstoffe zur Beseitigung von Trübungen verwendet werden. Die Entfernung kann sowohl durch Fällung bzw. Klärung als auch durch Adsorption erfolgen.
Besonders bei der Herstellung von Wein, Fruchtsäften und Gemüsesäften sowie weiterer klarer, flüssiger Lebensmittel werden im Rahmen der gültigen Rechtsvorschriften Schönungsmittel wie z.B. Eiweiß (Gelatine, Casein, Eiklar und andere), Agar-Agar, Phytate, Tannin, pektolytische Enzyme, kolloidale Kieselsäure, Silicate (Bentonit, Talkum, Kaolin, und andere), Weinhefe und Aktivkohle verwendet.
Rechtliche Bedenken bestehen bei Lebensmitteln, die unzulässigerweise mit Schönungsmitteln behandelt worden sind, hinsichtlich der Vortäuschung einer besseren Beschaffenheit als der tatsächlichen (Verbrauchertäuschung, § 11 Abs. 2 Nr. 2c *LFGB). Zur Verwendung der Schönungsmittel siehe auch *Weinbehandlung und Schönung. – *E* clarifying agents

*Lit.:* Schobinger, U., Hrsg., *Handbuch der Lebensmitteltechnologie*, 3. Aufl.; Ulmer: Stuttgart, (2001)

**Schöpfrahm** siehe *Rahm.

**Schokolade.** Schokolade ist ein durch Vermischen, Zerkleinern, weitere mechanische Verarbeitung und anschließendes Formen gewonnenes Produkt aus nicht aufgeschlossener Kakaomasse, Saccharose, Kakaobutter, Emulgatoren, Aromastoffen (z.B. Vanillin) und zum Teil weiterer Zutaten wie Milchbestandteilen, Nußmassen, Kaffeepasten und anderen. Bezüglich der Warenkunde ist Schokolade den *Süßwaren zuzuordnen. Rheologisch betrachtet ist Schokolade ein Cassonscher Stoff.

*Recht:* Die Kakao-Verordnung[1] definiert die Begriffe Kakao und Schokoladenerzeugnisse und enthält Regelungen zu deren Herstellung. Nach Nr. 3 der Anlage 1 zur Kakao-VO enthält Schokolade Mindestgehalte der folgenden Zutaten: 35% Kakaotrockenmasse, davon 14% fettfreie Kakaotrockenmasse, und 18% Kakaobutter. Die Begriffsbestimmung der *Schokoladenerzeugnisse Milchschokolade, Haushaltsmilchschokolade, weiße Schokolade, gefüllte Schokolade, Sahneschokolade, Magermilchschokolade, Schokoladestreusel, Kuvertüre und Gianduja (Haselnußschokolade) sind der Anlage 1 der Kakao-VO zu entnehmen.

*Herstellung:* Zunächst wird durch eine intensive Bearbeitung der Grundbestandteile Kakaomasse, Saccharose, Kakaobutter und Milchpulver (bei Milchschokoladen) in Knetmischern eine homogene plastische Schokoladengrundmasse erzeugt (siehe Abbildung, S. 1043 und *Kakao). Es folgt eine Feinstvermahlung der Grundmasse auf mehrstufigen Walzwerken zu einem bei Raumtemperatur trockenen und pulverförmigen Produkt mit einer Partikelgröße $\leq$ 30–40 μm. Dieses läßt man in Wärmekammern bei 45–50°C ca. 24 h ausreifen, wobei eine teigartige Konsistenz der Schokoladenmasse erreicht wird. Aus dieser Rohmasse werden Koch- und Konsumschokoladen gewonnen. Zur Erzielung einer besonderen Glattheit und eines verbesserten Aromas der Schokoladenmasse wird diese einem Veredlungsschritt unterworfen, d.h. conchiert. Der Prozeß des *Conchierens verläuft mehrstufig, zum Teil über mehrere Tage. Der Schokoladengrundmasse wird Kakaobutter und gegen Ende des Prozesses Lecithin zugefügt. Es erfolgt unter mechanischer Bearbeitung eine Phasenumkehr, so daß eine homogene Schokoladenmasse entsteht, in der die Kakaopartikel in Kakaobutter suspendiert sind. Die weitere Verarbeitung der Schmelzmasse besteht aus einer Vorkristallisation der Fettphase durch Temperierung ("Tempern"), mit dem Ziel möglichst viele kleine Fettkristalle mit hohem Schmelzpunkt zu erhalten, welche beim Abkühlen eine homogene, feinkristalline und wärmestabile Fettstruktur mit guten Schmelzeigenschaften und Oberflächenglanz erzeugen. In diesem Verarbeitungsschritt begangene Fehler führen zu einem Produkt mit grobkristalliner Struktur und schlechter Haltbarkeit. Die so vorbereitete Schokoladenmasse (30–32 °C) wird mittels Dosierpumpen in vorgewärmte Formen gepumpt, durchläuft zur Entlüftung Klopfbahnen und wird unter Abkühlung auf 10 °C fertiggestellt. Zum Verpacken von Schokolade werden geruchlich neutrale, luftdicht verschlossene und lichtundurchlässige Materialien eingesetzt. Zur Lagerung über längere Zeiträume eignet sich eine Temperatur von $15 \pm 1$ °C, für Langzeitlagerung $10 \pm 1$ °C (jeweils bei 55–65% Luftfeuchtigkeit).

Zur Warenkunde und Beurteilung von Schokolade siehe *Schokoladenerzeugnisse. Zu den besonderen physikalischen Eigenschaften der Kakaobutter und Methoden der Optimierung ihrer Rheologie siehe Literatur[2–4]. Zu Entwicklungen fett- und zuckerreduzierter Schokoladenerzeugnisse siehe Literatur[5,6].

***Ernährungsphysiologie:*** Der Nährwert von Schokolade ist relativ hoch: 100 g Milchschokolade (milchfreie Schokolade jeweils in Klammern) enthalten nach Literatur[7] durchschnittlich 9,2 (5,3) g Eiweiß, 31,5 (30,0) g Fett, 54,1 (62,0) g Kohlenhydrate, 2,2 (1,2) g Mineralstoffe und 1,4 (0,9) g Wasser. Der physiologische Brennwert liegt bei 2240 (2000) kJ bzw. 535 (480) kcal pro 100 g. Die Purin-Gehalte von dunkler Schokolade liegen bei ca. 0,4–0,8%, helle Schokolade enthält ca. 0,2–0,4%, davon ca. 85% *Theobromin und 15% *Coffein[8]. Der hohe Gehalt an *Polyphenolen in Kakao und Kakaoerzeugnissen wird bezüglich der gesundheitsfördernden Wirkung in der Humanernährung diskutiert (siehe *Kakaokerne). Der Gehalt an *biogenen Aminen in Schokolade ist relativ gering.

***Analytik:*** Zum Nachweis von Fremdprotein (z.B. Sojaprotein) sowie zur Bestimmung der qualitätsbestimmenden Parameter (fettfreie Kakaotrockenmasse, Gesamtfett, Saccharose, Lactose, Gesamtstickstoff) stehen die Methoden nach § 64 *LFGB (ex § 35 LMBG) (L 44.00-1 bis L 44.00-6) und des Schweizerischen Lebensmittelbuches zur Verfügung[9,10]. Die Authentizität der Kakaobutter bzw. Mischungen mit Kakaobutterersatzfetten und Verfälschungen mit Fremdfetten lassen sich durch eine Analyse der Triglyceride feststellen[11–13]. Lecithin in Schokolade läßt sich nach Literatur[14] bestimmen. Zur Berechnung des Milchfettanteils siehe Literatur[15]. Über Aromafehler bei der Schokoladenherstellung (Rauchgeschmack), die auf niedermolekulare Phenole zurückzuführen sind[16] und über das Auftreten von 3,5-Octadien-2-onen, die einen Alterungsgeschmack hervorrufen sollen, be-

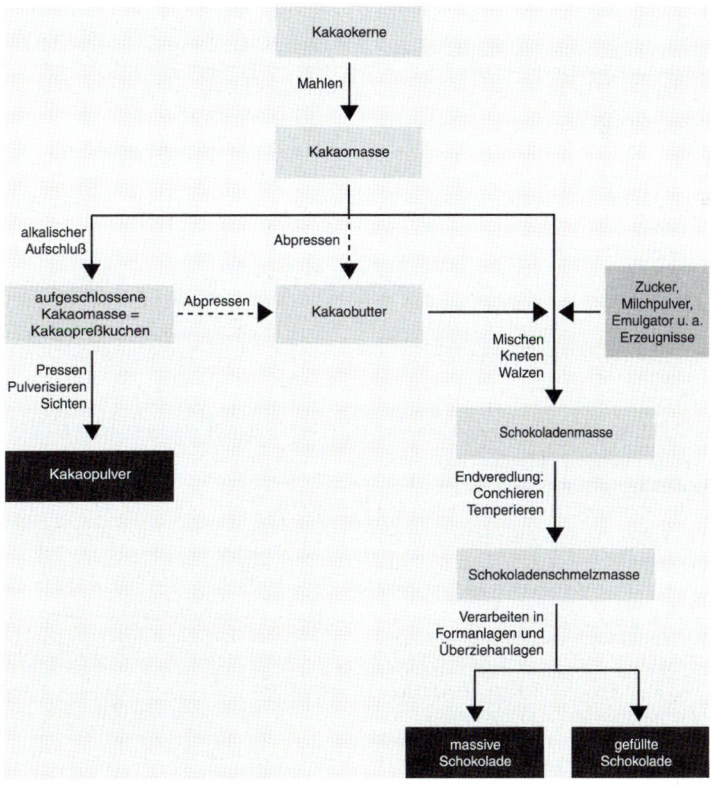

Abbildung: Verarbeitungsschritte bei der Schokoladenherstellung.

richtet Literatur[17]. Zu Fett- und Zuckerreif der Schokolade siehe Literatur[18,19].

**Wirtschaft:** Produktionszahlen nach dem Bundesverband der Deutschen Süßwarenindustrie (BDSI) (Deutschland, 2002, Angabe als Schokolade und Schokoladenerzeugnisse, unter anderem in Form von Tafeln, Riegeln, gefüllten Schokoladenerzeugnissen und Pralinen): 751400 t; Pro-Kopf-Verbrauch von Schokolade und Schokoladenwaren 2002: 8,2 kg/Jahr[20]. – *E* chocolate

**Lit.:** [1]VO über Kakao- und Schokoladenerzeugnisse vom 15.12.2003 (BGBl. I, S. 2738). [2]Beckett, S. T., *Industrial Chocolate Manufacture and Use*, 3. Aufl.; Blackwell Science: London, (1999). [3]Padley, F. B., In *Lipid Technologies and Applications*, Gunstone, F. D.; Padley, F. B., Hrsg.; Marcel Dekker: New York, (1997); S. 391. [4]Fryer, P.; Pinschower, K., *MRS Bull.*, (2000) **25**, 25. [5]Candy Ind. **161**, 36 (1996). [6]Shukla, V. K. S., *INFORM*, (1997) **8**, 152. [7]Souci et al. (6.). [8]Matissek, R., *Z. Lebensm. Unters. Forsch.*, (1997) **205**, 175. [9]Bundesamt für Verbraucherschutz und Lebensmittelsicherheit (BVL), Hrsg., *Amtliche Sammlung von Untersuchungsverfahren nach § 35 LMBG*, Beuth: Berlin, (Loseblattsammlung). [10]*Schweizerisches Lebensmittelbuch*, Eidgenössische Drucksachen- und Materialzentrale: Bern, (Loseblattsammlung); Kapitel 36. [11]Ulberth, F.; Buchgraber, M., *Eur. J. Lipid Sci. Technol.*, (2003) **105**, 32. [12]Matissek, R., *Lebensmittelchemie*, (2000) **54**, 25. [13]Lipp, M.; Anklam, E., *Food Chem.*, (1998) **62**, 99. [14]Food Add. Contam. **3**, 277–288 (1986). [15]Fat Sci. Technol. **92**, 275–281 (1990). [16]Sandmeier, D., *Zucker Süßwaren Wirtsch.*, (1987) **40**, 40. [17]Ziegleder, G., *Dtsch. Lebensm. Rundsch.*, (1990) **86**, 311. [18]Pszczola, D., *Food Technol.*, (1997) **51**(3), 28. [19]Ziegleder, G.; Schwingshandl, I., *Fett/Lipid*, (1998) **100**, 411. [20]Bundesverband der Deutschen Süßwarenindustrie (BDSI) e.V., Bonn; http://www.bdsi.de/schoko/schoko.html.
**allg.:** Bundesverband der Deutschen Süßwarenindustrie (BDSI), Hrsg., *Süßwarentaschenbuch 2002*, BDSI: Bonn, (2002) ▪ Ullmann (7.) [Online, April 2004] – *[HS 1806, 1704 90 (weiße Schokolade)]*

**Schokoladenaroma.** Die Ausbildung des typischen, angenehm abgerundeten Aromas von *Schokolade wird einerseits durch die zahlreichen Verarbeitungsschritte von der rohen Kakaobohne bis zum Endprodukt Schokolade sowie durch die Rezepturbestandteile beeinflußt. Das Aroma des wichtigsten Bestandteils, des *Kakaos, variiert in Abhängigkeit von der eingesetzten Varietät und den verschiedenen technologischen Veränderungen während der Verarbeitung, z.B. der Fermentation und der Röstung (siehe *Kakaoaroma). In Kakao sind bis heute über 550 und in Kakaomasse mehr als 75 flüchtige Verbindungen identifiziert worden[1]. Erkenntnisse über die flüchtigen Verbindungen, insbesondere die aromaaktiven Verbindungen im Kakaoerzeugnis Schokolade sind bislang noch lückenhaft. Untersuchungen des Aromas von Milchschokolade mittels Aromaextraktverdünnungsanalyse (AEVA) mit anschließenden quantitativen Studien mittels Isotopenverdünnungsanalyse (IVA) ergaben 5-Methyl-2-hepten-4-on (*Filberton, nußartig), *Vanillin (vanilleartig), 2-Methylbuttersäure/3-Methylbuttersäure (schweißig), δ-Oct-2-enolacton (kokosartig) und 3-Methylbutanal (malzig) mit hohen *Aromawerten als wesentliche zum Aroma der Milchschokolade beitragende Verbindungen[2]. Über systematische Studien des Rohstoffs Kakaomasse, Bitterschokolade sowie Milchschokolade mittels AEVA konnte gezeigt werden, daß die Verbindungen 2-/3-Methylbuttersäure, 3-Methylbutanal, 3-Isopropyl-2-methoxypyrazin (erdig, siehe *Methoxypyrazine), 2-Ethyl-3,6-dimethylpyrazin und 2-Methyl-3-(methyldithio)furan (fleischartig) aus der Kakaomasse in die Schokolade eingebracht werden[3,4]. Das Aroma der Bitterschokolade war im Vergleich zur Milchschokolade durch eine höhere Intensität des karamelartig riechenden 4-Hydroxy-2,5-dimethyl-3(2H)-furanon sowie 3-Isopropyl-2-methoxypyrazin gekennzeichnet. Die Verbindungen 5-Methyl-2-hepten-4-on, (R)-δ-*Decalacton (pfirsichartig) und *Butan-2,3-dion (butterartig) konnten nur in Milchschokolade identifiziert werden, damit ist ihr Eintrag durch die Haselnußmasse bzw. die Milchbestandteile dieser Schokolade naheliegend. Vanillin wird zur Aromatisierung von Schokolade verwendet und ist somit Rezepturbestandteil. Zu Bildungswegen aromarelevanter Verbindungen und Geschmacksstoffe von Kakao vgl. *Kakao und *Kakaoaroma. Eine Übersicht zum Schokoladen- bzw. Kakaoaroma gibt Literatur[5]. – *E* chocolate flavour

**Lit.:** [1]Volatile Compounds in Food 8.1, TNO Nutrition and Food Research, Zeist, Niederlande; http://www.voeding.tno.nl/vcf/. [2]Pfnuer, P.; Schieberle, P., In *Abstracts of Papers – American Chemical Society* (2000), 220th AGDF-029. [3]Schnermann, P.; Schieberle, P., *J. Agric. Food Chem.*, (1997) **45**, 867. [4]Schieberle, P.; Pfnuer, P., In *Flavor Chemistry: Thirty Years of Progress*, Teranishi, R.; Wick, E. L.; Hornstein, I., Hrsg.; Kluwer Academic/Plenum Publishers: New York, (1999); S. 147. [5]Parliment, T. H.; Ho, C.-T.; Schieberle, P., Hrsg., *Caffeinated Beverages*, ACS Symposium Series 754; American Chemical Society: Washington, DC, (2000); Kapitel 27–30, S. 262–304.

**Schokoladenerzeugnisse.** Schokoladenerzeugnisse bzw. Kakaoerzeugnisse umfassen (nach Literatur[1]) die folgenden Produktgruppen: Schokolade, Voll-/Milchschokolade, Halb-/Bitterschokolade, Edelschokolade, Sahneschokolade, Gianduja-Haselnußschokolade, weiße Schokolade, gefüllte Schokolade, Kuvertüre, Schokoriegel und Pralinen. Die Bezeichnungen und Begriffsbestimmungen werden, mit Ausnahme des Schokoriegels, durch § 1 in Verbindung mit der Anlage 1 der Kakao-Verordnung geregelt. Dort sind neben den aufgeführten Schokoladensorten folgende Rohstoffe und Halbfertigerzeugnisse beschrieben: Kakaopulver, die Kakaopulverarten und die Kakaobutterarten. Tabelle 1 auf S. 1045 gibt einen Überblick über die Rezepturen wichtiger Schokoladenarten und deren durchschnittlicher Nährstoffzusammensetzung. In Tabelle 2 auf S. 1045 sind die rechtlichen Anforderungen der Kakao-Verordnung an die Schokoladenarten bezüglich ihrer prozentualen Rohstoffzusammensetzung zusammengefaßt.

**Analytik:** Zur Analytik der Produkte siehe unter *Schokolade und die Zusammenstellung in Literatur[3]. – *E* chocolate products

**Lit.:** [1]Matissek, R., *Süsswaren*, (1999) **6**, 28. [2]Gordian, (1987) **11**, 224. [3]Taschenbuch für Lebensmittelchemiker **1**, 419.

Tabelle 1: Beispiele für Rezepturen und die sich daraus ergebenden durchschnittlichen Zusammensetzungen (%) einiger wichtiger Schokoladenarten (modifiziert nach Literatur[1]).

| | milchfreie Schokoladen | | milchhaltige Schokoladen | | |
|---|---|---|---|---|---|
| | Schokolade „halb-bitter" | Schokolade „bitter" | Sahneschokolade | Vollmilchschokolade | weiße Schoko-lade |
| **Rezeptur** | | | | | |
| Kakaomasse | 45 | 60 | 20 | 15 | – |
| Kakaobutter | 5 | – | 13 | 18 | 26 |
| Saccharose | 50 | 40 | 41 | 47 | 45 |
| Vollmilch-TS[a] | – | – | 6 | 20 | 23 |
| Lactose und/oder Molken-pulver | – | – | – | – | 5 |
| Sahne-TS (42% Fett) | – | – | 20 | – | – |
| Lecithin | 0,4 | 0,4 | 0,4 | 0,4 | 0,4 |
| **Zusammensetzung** | | | | | |
| Wasser | 0,9 | 1,2 | 1,5 | 1,2 | 1,0 |
| Kakaobutter | 30 | 33 | 24 | 26 | 26 |
| Milchfett | – | – | 10 | 5,4 | 6,0 |
| Saccharose | 50 | 40 | 41 | 47 | 45 |
| Lactose | – | – | 8,5 | 7,9 | 14 |
| Eiweiß (Milch und Kakao-eiweiß) | 5,3 | 7,1 | 8,2 | 7,0 | 6,3 |
| Stärke (kakaoeigene) | 2,8 | 3,7 | 1,1 | 0,9 | – |
| Ballaststoffe[b] | 9 | 11 | 4 | 3 | – |
| Theobromin + Coffein | 0,7 | 0,8 | 0,3 | 0,2 | <0,01 |
| Mineralstoffe | 1,2 | 1,6 | 1,8 | 1,5 | 1,6 |
| Phosphatide | 0,4 | 0,4 | 0,4 | 0,4 | 0,4 |

[a] TS = Trockenmasse
[b] berechnet aus dem durchschnittlichen Gesamtballaststoffgehalt von Kakaokernen

Tabelle 2: Zusammenstellung von Inhaltsstoffen (%) gemäß der Anforderungen der Kakao-VO an einzelne Schokoladearten.

| | Gesamtkakao-TS[a] | fettfreie Kakao-TS[a] | Milch-TS[a] | Kakao-butter | Milch-fett | Gesamt-fett[b] | Hasel-nüsse[c] |
|---|---|---|---|---|---|---|---|
| **Schokolade** (ohne Qualitätshinweis) | ≥35 | ≥14 | | ≥18* | | | |
| Zusätzliche Anforderungen für weitere Schokoladearten mit speziellen Bezeichnungen: | | | | | | | |
| – mit Qualitätshinweis | ≥43 | | | ≥26* | | | |
| – -Streusel/-Flocken | ≥32 | ≥14 | | ≥12* | | | |
| – Kuvertüre | ≥35 | ≥2,5 | | ≥31* | | | |
| – Gianduja[d] | ≥32 | ≥8 | ≤5 | | | | ≥20≤40 |
| **Milchschokolade** (ohne Qualitätshinweis) | ≥25 | ≥2,5 | ≥14 | | ≥3,5[e] | ≥25 | |
| Zusätzliche Anforderungen für weitere Milchschokoladearten mit speziellen Bezeichnungen: | | | | | | | |
| – mit Qualitätshinweis | ≥30 | | ≥18 | | ≥4,5** | | |
| – -Streusel/-Flocken | ≥20 | | ≥12 | | | ≥12 | |
| – Kuvertüre | | | | | | ≥31 | |
| – Gianduja[d] | | | ≥10 | | | | ≥15≤40 |
| **Haushaltsmilchschokolade** | ≥20 | ≥2,5 | ≥20 | | ≥5 | ≥25 | |
| **Weiße Schokolade** | | | ≥14 | ≥20 | ≥3,5** | | |

[a] TS = Trockensubstanz
[b] aus Kakaobutter und Milchfett
[c] feingemahlen
[d] oder Gianduja-Haselnußschokolade, zusätzlich ist ein Zusatz von Nüssen einschließlich Haselnüsse ≤60% vom Gesamtge-wicht zulässig
[e] Sahneschokolade ≥5,5 und Magermilchschokolade ≤1
* von Gesamtkakao-TS
** von Milch-TS

*allg.:* Schuhmacher, K.; Forsthofer, L.; Rizzi, S.; Teubner, C. P., *Das große Buch der Schokolade – Warenkunde, Patisserie, Confiserie und Getränke,* 2. Aufl.; Teubner Edition: Füssen, (2001) – *[HS 1806, 1704 90 (weiße Schokolade)]*

**Schokoladenpulver.** Unter Schokoladenpulver versteht man nach der Kakao-Verordnung vom 15.12.2003 eine Mischung von Kakaopulver (siehe \*Kakao) und Zuckerarten mit mindestens 32% Kakaopulveranteil. Trinkschokoladenpulver aus den entsprechenden Rezepturbestandteilen enthält mindestens 25% Kakaopulver.

*Lit.:* VO über Kakao- und Schokoladenerzeugnisse vom 15.12.2003 (BGBl. I, S. 2738) – *[HS 1806 10]*

**Schokoladentrunk** siehe *Trinkschokolade.

**Schokoladeüberzugsmasse** siehe *Überzugsmassen.

**Scholle** (*Pleuronectes platessa*). Magerer *Plattfisch, der die Augen auf der rechten Körperseite trägt und durch zahlreiche rote Flecke auf der Oberseite leicht zu identifizieren ist; kommt auf dem europäischen Schelf und vor Südgrönland vor; wird bis zu 90 cm lang, bis zu 7 kg schwer und bis zu 30 Jahre alt. Die Scholle ist ein sehr beliebter Speisefisch von charakteristischem Eigengeschmack und wird traditionell als Bratfisch zubereitet. Schollenfilets sind heute Bestandteile von tiefgekühlten Convenience-Erzeugnissen. Im Jahre 2000 betrug der Weltfischfang 115158 t, davon 4500 t durch deutsche Fischer. – *E* plaice – [*HS 0302 22*]

**Schonkaffee** siehe *Kaffee.

**Schrot.** Bezeichnung für ein Mahlprodukt aus *Getreide mit grober, ungleichmäßiger Körnung, welches bis auf den Keimling noch alle Bestandteile des Korns enthält. Je nach Art der Schrotung werden die Körner lediglich leicht gequetscht (= *weicher* Schrot) oder aber zerschnitten (= *scharfer* Schrot). Durch Sieben erhält man Schrot in unterschiedlichen Feinheitsgraden: feiner Schrot (Körnungsgröße<250 µm), mittlerer Schrot (<700 µm), grober Schrot (<1400 µm).
Der zur Herstellung von Schrot-*Broten (z.B. Grahambrot, Pumpernickel) und Kleingebäck aus Weizen und Roggen verwendete Schrot wird auch als *Backschrot* bezeichnet. Der bei der Herstellung von Backschrot erzielte Ausmahlungsgrad liegt zwischen 90 und 100%, die *Mehltype bei 1700 (Weizen) bzw. 1800 (Roggen) mit einem zulässigen Mineralstoffgehalt von maximal 2,1% bei Weizen bzw. 2,2% bei Roggen. Im Vergleich zu Mehlen mit niedrigem Ausmahlungsgrad ist Backschrot wesentlich reicher an Ballaststoffen, Mineralstoffen und Vitaminen (genaue chemische Zusammensetzung siehe *Mehl). Wegen des höheren Enzym-Anteils aus den Randschichten des Korns ist Backschrot max. zwei Monate lagerfähig (bei niedriger Temperatur, möglichst trocken). – *E* grist

**Schüßler** siehe *Mineralstoffe.

**Schuppenannone** siehe *Annone.

**Schutzschicht** (Wasser). Bei Trinkwasserversorgungsanlagen Bez. für die Inkrustierung an der Innenwand von Leitungsrohren aus Stahl, die das Eisen vor Angriff durch das *Wasser schützt (früher auch Kalk-Rost-S. genannt). Die S. bildet sich durch komplexe Vorgänge bevorzugt bei Wasser, das sich annähernd im Kalk-Kohlensäure-Gleichgew. befindet. Zunächst bewirkt eine Sauerstoff-Korrosion des Eisens die Bildung von Eisen(II)-Ionen u. eine lokale pH-Anhebung ($2Fe + O_2 + 2H_2O \rightarrow 2Fe^{2+} + 4OH^-$), die zu einer Abscheidung von Calciumcarbonat führt. In die an die Rohrwand angrenzenden Schichten wird Eisen(II)-

carbonat ($FeCO_3$) eingebaut, dem bei der Bildung guter Deckschichten eine Schlüsselstellung zukommt. Zur Seite des Sauerstoff-haltigen Wassers hin werden dagegen Eisen(III)-Verb. (Eisenoxid u. Eisenoxidhydrat) eingelagert.
Bei Wasser, das höhere pH-Werte als dem Kalk-Kohlensäure-Gleichgew. entsprechend aufweist (pos. Sättigungsindex, s. *Calciumcarbonat-Sättigung), kommt es zu einer relativ raschen Abscheidung von Calciumcarbonat ohne Einbau nennenswerter Anteile von Eisen(II)-carbonat, was zu einer körnigen Schicht führt, die nur eine geringe Schutzwirkung zeigt u. zum Abplatzen neigt. Bei Wasser mit stark neg. Sättigungsindex bildet sich keine schützende Deckschicht. Hier kommt es zur Bildung von schwerlösl. Eisen(III)-oxidhydrat, das zu einer bräunlichen Verfärbung u. Wassertrübung führt. Zur Förderung der S.-Bildung werden dem *Trinkwasser auch Phosphate u. Silicate zudosiert; zu gesetzlichen Regelungen s. *Trinkwasser-Verordnung. – *E* protective layer

**Schwächeparasiten** siehe *Pathogene.

**Schwarzbeere** siehe *Heidelbeere.

**Schwarzer Holunder** siehe *Holunder.

**Schwarzer Tee** siehe *Tee.

**Schwarzriesling** siehe *Weintraube.

**Schwarzwurzel.** Die aus Südeuropa stammende Schwarzwurzel (*Scorzonera hispanica* L., Asteraceae) findet heute als Gemüse breite Verwendung. Früher dienten die getrockneten und gerösteten Wurzeln u.a. als *Kaffee-Ersatzstoff. Die gelegentlich auch als „Winterspargel" bezeichnete Schwarzwurzel enthält das Reserve-Kohlenhydrat *Inulin und eignet sich aus diesem Grund für Diabetiker-Nahrung.
*Zusammensetzung:* Angaben in g/100 g: Wasser (78,6), Eiweiß (1,4), Fett (0,4), verwertbare Kohlenhydrate (1,6), Ballaststoffe (17), Mineralstoffe (1). Nährwert: 66 kJ (16 kcal). Unter den Aromastoffen dominieren aliphatische Säuren und Kohlenwasserstoffe sowie Sesquiterpene[1]. – *E* black salsify

*Lit.:* [1] MacLeod, G.; Ames, J. M., *Phytochemistry*, (1991) **30**, 883–888.
*allg.:* Herrmann, K., *Inhaltsstoffe von Obst und Gemüse*, Ulmer: Stuttgart, (2001); S. 100, 132 – [*HS 0706 90*]

**Schwefel** [lateinisch sulfur od. sulp(h)ur, chem. Symbol S]. Nichtmetall. Element der 6. Hauptgruppe (16. Gruppe) des Periodensystems, Ordnungszahl 16, Atomgew. 32,066. Isotope (Häufigkeit in Klammern): 32 (95,02%), 33 (0,75%), 34 (4,21%), 36 (0,02%).
*Vorkommen:* Schwefel gehört zu den häufigeren Elementen; sein Anteil an der obersten, 16 km dicken Erdkruste wird auf 0,048% geschätzt; damit steht Schwefel in der Häufigkeitsliste der Elemente an 15. Stelle. Vulkan. Gase enthalten oft Schwefelwasserstoff u. Schwefeldioxid; beide Gase reagieren miteinander unter Bildung von dichten Schwefel-Wolken:

$$SO_2 + 2H_2S \rightarrow 3S + 2H_2O.$$

Der plötzliche Austritt größerer Mengen solcher Gase aus Unterwasservulkanen kann katastrophale Folgen für Lebewesen haben.

Aufgrund ihrer olfaktor. Eigenschaften fallen viele Schwefel-organ. Verb. auf; Beispiele: Stinktier u. a. Musteliden, Kater, aber auch Kaffee, Cassis, viele Früchte, Spargel, Fleischaroma[1].

*In Lebensmitteln*[2]: Schwefel kommt v. a. in Form Schwefel-haltiger Aminosäuren wie *Cystein u. *Methionin im Eiweiß pflanzlicher u. tier. Lebensmittel vor. Lebensmitteleiweiß enthält im Mittel 1% Schwefel. Nichtproteingebundener Schwefel kommt vor allem in Gemüse (zum Beispiel *Allicin in Knoblauch) vor. Reich an Schwefel sind z. B. geröstete Erdnüsse mit 375 mg/100 g, aber auch Miesmuscheln mit 365 mg/100 g u. Parmesankäse mit 340 mg/100 g. Kakaopulver, Haferflocken, Sojamehl u. Haselnüsse enthalten je 200 mg/100 g. Auch Fleisch, Hartkäse sowie Hühnereier sind mit ca. 200 mg/100 g relativ Schwefel-reich. Milch enthält etwa 330 mg/100 g. Bei Fischen schwankt der Schwefel-Gehalt je nach Fischart zwischen 130 u. 240 mg/100 g, bei den verschiedenen Gemüsesorten zwischen 20 u. 135 mg/100 g. Weitere Schwefel-Gehalte von Lebensmitteln s. Tab. 4 bei *Mengenelemente. Sulfat kommt in Lebensmitteln kaum vor.

***Physiologie:*** Schwefel ist für den Körper ein lebenswichtiger Mineralstoff, u. zwar ein sog. *Mengenelement. Schwefel wird vornehmlich über Cystein-haltige u. Methionin-haltige Eiweiße pflanzlicher u. tier. Lebensmittel dem menschlichen Organismus zugeführt.

*Resorption und Ausscheidung:* Der Resorptionsmechanismus entspricht dem der Aminosäuren. Beim Abbau von Methionin u. Cystein wird Schwefelwasserstoff gebildet, der enzymatisch zu anorgan. Sulfat oxidiert wird. Dies wird hauptsächlich als sog. anorgan. Schwefel über den Urin ausgeschieden. Mit dem Urin ausgeschiedenes Cystein u. a. Schwefel-haltige Aminosäuren werden als *Neutralschwefel* bezeichnet, die im Urin ausgeschiedenen Entgiftungsprodukte des Körpers (siehe unten) als *Ether-Schwefel-Fraktion.* Bei gemischter Ernährung werden täglich etwa 1000–1300 mg Schwefel mit dem Urin eliminiert.

*Verteilung:* Schwefel-haltige Aminosäuren kommen bes. im Keratin (Haare, Nägel, Hufe, Federn etc.) vor; es enthält zwischen 2 u. 6% Schwefel, in Ausnahmefällen bis 16%. Die Sulfat-Konzentration im Plasma liegt zwischen 0,5 u. 1,5 mmol/L. In der interstitiellen und intrazellulären Flüssigkeit beträgt diese 0,5 mmol/L beziehungsweise 10 mmol/L.

*Funktionen:* Keratin-Verb. sind beteiligt am Aufbau von Stützgeweben wie Bindegewebe od. von Cytoskeletten (Zellskeletten). Sulfat dient auch der Biosynthese sulfatierter Mucopolysaccharide und Cerebroside. Eine wichtige Funktion erfüllt der Schwefel in Schwefel-haltigen Eisen-Proteinen wie Ferredoxin, Rubredoxin, Xanthin-Oxidase, Ni-

trogenase u. a. Enzymen u. Coenzymen; wichtigstes Beispiel: Coenzym A. Schwefel ist Baustein von für Biosynth. wichtigen Verb. wie Thiamin, Biotin u. Insulin (Proteohormon, dessen zwei Peptid-Ketten über zwei Disulfid-Brücken miteinander verknüpft sind).

Über Thiol-Gruppen in Cystein und Methionin ist Schwefel außerdem an Redoxreaktionen beteiligt und für die Tertiärstruktur von Proteinen (zum Beispiel durch Disulfid-Brücken) von Bedeutung. Zur Funktion der *Metallothioneine (Regelung der Homöostase u. der Ausscheidung zweiwertiger Spurenelemente) u. von *Methionin (Methyl-Gruppen-Donor) s. jeweils dort. Beim Cystein-Abbau wird ein Teil des Sulfats aktiviert zu 3'-Phosphoadenosin-5'-Phosphosulfat (PAPS, „aktives" Sulfat), das als Sulfat-übertragendes Coenzym agiert, aber auch in der Leber Sulfat-Gruppen auf Steroide, Phenole u. Indoxyl überträgt u. diese Verb. damit wasserlösl., d. h. harnfähig u. ausscheidbar macht. Über den gleichen Mechanismus erfolgt im Körper die Entgiftung von Pharmaka u. Drogen. Methylmethioninsulfonium (Vitamin U nach Cheney) schützt als Antiulcusfaktor Schleimhäute im Magen u. Darm. Isothiocyanate wirken antibiot. bei Infektionen der Harnwege u. Erkrankungen der Atemwege. Sie steigern die körperliche Abwehr durch Förderung der Membrandurchlässigkeit von Zellen sowie der Enzymaktivitäten. Über analoge Effekte der Thiocyanate siehe Literatur[3].

Der Schwefel-Bestand des Menschen liegt bei 2,1 mg/kg Körpergewicht; ein 70 kg schwerer Mann enthält knapp 150 g Schwefel. Über den Bedarf an Schwefel gibt es keine Informationen. Empfehlungen hinsichtlich täglicher Aufnahme sind nicht ausgesprochen. Die tatsächliche Aufnahme liegt bei 1–2 g Schwefel/Tag. Der Bedarf des Menschen an Schwefel wird mit einer ausreichenden Zufuhr von Schwefel-haltigen Aminosäuren (Cystin, Cystein, Methionin) gedeckt[4]. Mangelerscheinungen sind nicht bekannt.

Auf der Haut bewirkt Schwefel-Pulver erst nach längerer Zeit eine leichte Reizung; aus diesem Grund wird Schwefel gelegentlich zur Reizkörpertherapie genutzt. Auch auf Niedere Tiere u. Pflanzen zeigt Schwefel kaum Wirkung; er wirkt aber giftig, wenn er bei Berührung mit der lebenden Substanz in Schwefeldioxid od. Schwefelwasserstoff umgewandelt wird (Bekämpfung von Rebenmehltau mit elementarem Schwefel). In feinster Verteilung wirkt Schwefel am stärksten; so kann man z. B. mit *Netzschwefel Pilzkrankheiten u. Spinnmilben im Weinbau, Obstbau u. Gartenbau erfolgreich bekämpfen. Eingenommener Schwefel passiert den Magen unverändert, wirkt jedoch etwas abführend. Reibt man bei Krätze 5%ige Schwefel-Salbe (Schwefel-Blumen) in die Haut ein, so entwickeln sich Spuren von Schwefelwasserstoff, welche die Krätzemilben abtöten. Schwefel-Salben u. Schwefel-Puder können bei Pilzflechten u. dgl. desinfizierende Wirkung zeigen. Schwefel ist für die Pflanze ein in relativ großen Mengen benötigter Nährstoff, der durch die Wurzeln in Form von Sulfaten od., bes. in Industriegegenden, in Form von $SO_2$ durch die Blätter aufgenommen wird. Ein Überangebot von *Schwefeldioxid u. seinen Folgeprodukten $SO_3$ u. $H_2SO_4$ führt zu erheblichen Schäden; es sei in diesem Zusammenhang an sauren Niederschlag u. Waldschäden erinnert.

*Nachweis:* Zur Analytik von Schwefel in Lebensmitteln s. *Schwefeldioxid sowie Literatur[5,6].

*Verwendung:* 85–90% der Schwefel-Produktion werden für die Herst. von Schwefelsäure – hauptsächlich zur Düngemittelherst. – sowie von Sulfiten u. Hydrogensulfiten (z.B. von Calciumhydrogensulfit in der Celluloseindustrie) eingesetzt. Anw. findet er ferner zur Vulkanisation von Kautschuk u. Hartgummi, zur Herst. von Kunststoffen, in der Viskoseindustrie (in Form von Schwefelkohlenstoff). Schweflige Säure, ihre Salze sowie Schwefeldioxid werden als Konservierungsmittel bestimmten Lebensmitteln zugesetzt (siehe *Schwefeldioxid und *Weinbehandlung und Schönung). – *E* sulfur (in GB auch: sulphur)

*Lit.:* [1]Food Rev. Int. **1**, 121–129 (1985). [2]Scholz, Mineralstoffe u. Spurenelemente, Stuttgart: Trias 1990. [3]Dtsch. Lebensm. Rundsch. **88**, 307–313 (1992). [4]Deutsche Gesellschaft für Ernährung (DGE); Österreichische Gesellschaft für Ernährung (ÖGE); Schweizerische Gesellschaft für Ernährungsforschung (SGE); Schweizerische Vereinigung für Ernährung (SVE), Hrsg., *Referenzwerte für die Nährstoffzufuhr*, Umschau/Braus: Frankfurt am Main, (2000); S. 151. [5]Matissek, R.; Steiner, G., *Lebensmittelanalytik*, 3. Aufl.; Springer: Berlin, (2006). [6]Informationsschrift Fa. Boehringer GmbH, Methoden der biochemischen Analytik und Lebensmittelanalytik, S. 118, Mannheim: Boehringer 1987. *allg.:* Biesalski, H. K.; Grimm, P., *Taschenatlas der Ernährung*, 2. Aufl.; Thieme: Stuttgart, (2002); S. 214 ■ Rehner, G.; Daniel, H., *Biochemie der Ernährung*, Spektrum Akademischer Verlag: Heidelberg, (1999); S. 235, 348 ■ Schmidt, R. F.; Thews, G.; Lang, F., *Physiologie des Menschen*, 28. Aufl.; Springer: Berlin, (2000); S. 772 ■ Ullmann (7.) [CD-ROM, 2004] – *[HS 2503 00, 2802 00; CAS 7704-34-9; G 4.1, III]*

## Schwefelchemilumineszenzdetektor   siehe
*Gaschromatographie.

## Schwefeldioxid. $SO_2$, $M_R$ 64,065.
Farbloses, stechend riechendes Gas, Gasdichte T ☠ 2,927 g/L (ca. 2,3mal schwerer als Luft), Schmp. −72,7°C, Sdp. −10,02°C, krit. Druck 7,911 MPa, krit. D. 0,524, krit. Temp. 157,6°C. Da die krit. Temp. recht hoch liegt, ist $SO_2$ leicht (durch Kompression in Druckpumpen) zu einer farblosen, leichtbeweglichen Flüssigkeit (D. 1,434 bei −10°C) kondensierbar; die Flüssigkeit entsteht auch, wenn man einen $SO_2$-Strom durch eine trockene U-Röhre leitet, die von einer Kältemischung (unter −10°C) umgeben ist.

*Vorkommen:* $SO_2$ ist neben anderen Komponenten in Vulkangasen (*Fumarolen*) enthalten und wird auch aus verschiedenen anthropogenen Quellen freigesetzt, z.B. bei Verbrennung fossiler Brennstoffe, Schmelzen u. Rösten von Erz, Erdölraffination, Bleichprozessen (Lebensmittel, Zucker, Textilien, Stroh), Papier-Herst. u. Glas-Herst., Schwefeln von Behältern, Ausräuchern von Insekten usw.

Bei der *alkoholischen Gärung tritt S. bzw. Sulfit als natürliches Nebenprodukt z.B. im Wein auf.

Im menschlichen Organismus werden täglich etwa 1680 mg S. – zumeist aus Cystin – gebildet u. ebenso wie mit der Nahrung zugeführtes S. verstoffwechselt u. ausgeschieden.

*Toxikologie:* $SO_2$ ist stark tox. [MAK-Werte-Liste (2004): 1,3 mg/$m^3$, Gruppe C (Schwangerschaft)] u. ruft in Mischung mit Luft schon in einer Konz. von 0,03% Vergiftungserscheinungen (Hornhauttrübung, Atemnot, Entzündungen der Atmungsorgane) hervor.

Einen Überblick über die toxikolog. Eigenschaften bei oraler Aufnahme gibt Literatur[1]. Lsg. von $SO_2$ in Wasser (3:1000) verätzen die Magenwände. In abgeschlossenen Räumen wirken 2 Vol.-% $SO_2$ innerhalb 6 h insektentötend; viele Mikroorganismen werden durch $SO_2$ in ihrem Wachstum gehemmt, weshalb man früher mit Schwefel-Räucherungen (16 g S. je $m^3$ Raum) Krankenzimmer desinfiziert u. Wohnungen von Wanzen befreit hat.

Trotz der Interaktion von Sulfit mit Thiamin, die zu dessen Zerstörung führt, wurde von der WHO (1974) ein ADI-Wert von 0–0,7 mg/kg abgeleitet. Risikogruppen sind Sulfit-empfindliche Asthmatiker[2] (ca. 1–10% der Asthmatiker) sowie Personen mit einem sehr selten vorkommenden, angeborenem Defizit an Leber-Sulfitoxidase. Aufgrund der toxikolog. Bewertung von S. sind Bemühungen erkennbar, das S. durch andere Stoffe od. Herst.-Verf. zu ersetzen[3].

Giftig wirkt $SO_2$ auch auf Pflanzen, insbes. auf Nadelhölzer; kleinere Mengen $SO_2$ können aber dennoch wachstumsfördernd wirken, da $SO_2$ zum Aufbau der Aminosäuren Methionin u. Cystein verwendet wird, ein Teil wird auch zu Sulfat oxidiert.

*Analytik:* In höheren Konzentrationen ist $SO_2$ am stechenden Geruch kenntlich („Schwefel-Geruch", an dem man im Mittelalter den Teufel zu erkennen glaubte). Mit Prüfröhrchen kann es im Bereich 0,5–5000 ppm nachgewiesen werden. Die dabei freigesetzte Säure wird durch Methylrot (Orangefärbung) angezeigt.

Bei Lebensmitteln wird bei den heute noch gebräuchlichen „klassischen" Methoden nach Reith-Willems[4] u. Monier-Williams[5] die gebundene schweflige Säure aus dem Lebensmittel in eine mit Wasserstoffperoxid-Lösung beschickte Vorlage überführt und die dabei gebildete Schwefelsäure acidimetrisch bestimmt. Daran kann sich zur Absicherung eine gravimetrische oder indirekte komplexometrische Bestimmung des Sulfates[6] durch Fällung mit überschüssigem Bariumchlorid anschließen. Neuere Methoden beruhen auf einer alkalischen Extraktion des gesamten Schwefeldioxids mit anschließender ionenaustauschchromatographischer oder ionenausschlußchromatographischer Trennung und elektrochemischer Detektion[7]. Enzymatische Verfahren sind in der amtlichen Methodensammlung[8,9] für die Bestimmung des Gesamt-Sulfits in Frischobst, Obstprodukten u. Bier angegeben. Weitere Analysenverfahren werden in Literatur[2–5,10] beschrieben. Zur getrennten Bestimmung der freien und der gebundenen schwefligen Säure s. *amtliche Weinanalyse.

***Verwendung:*** Im Lebensmittelsektor nimmt Schwefeldioxid, das traditionell zum *Schwefeln von Lebensmitteln*, insbesondere von Most u. Wein (s.a. *Weinbehandlung u. Schönung), eingesetzt wird, unter den Zusatzstoffen eine Sonderstellung ein, da es zugleich antimikrobiell, enzymhemmend, reduzierend u. antioxidativ wirkt.

Antimikrobiell wirksam ist hauptsächlich das undissoziierte $SO_2$, so daß nur stärker saure Lebensmittel (pH<4) wie z.B. Obstmark u. Obstpulpe mit $SO_2$ konserviert werden können. Da Schwefeldioxid vor allem gegen Bakterien wirksam ist (Schimmelpilze u. insbes. Hefen werden weniger stark gehemmt), wird es häufig mit dem mehr fungistatisch wirkenden Konservierungsmittel Sorbinsäure kombiniert.

Neben der Hemmung enzymat. Bräunungsreaktionen werden durch S. auch nichtenzymat. Reaktionen verhindert (sog. *Maillard-Reaktion). Aus diesem Grund werden *Schwefeldioxid-entwickelnde Stoffe* (Sammelbezeichnung für Substanzen, die in saurer Lösung Schwefeldioxid freisetzen, s. Tabelle) z.B. bei der Herst. von Kartoffeltrockenerzeugnissen eingesetzt. Der genaue Wirkungsmechanismus der Verhinderung der Maillard-Reaktion ist noch nicht aufgeklärt[11,12].

***Recht:*** Eine Übersicht der Schwefeldioxid-entwickelten Stoffe zeigt die Tabelle.

Gemäß *ZZulV 1998 sind in einer Vielzahl von Lebensmitteln Schwefeldioxid, seine wäßrige Lösung, die schweflige Säure, und Schwefeldioxid entwickelnde Stoffe zugelassen: E 220 Schwefeldioxid, E 221 Natriumsulfit, E 222 Natriumhydrogensulfit, E 223 Natriumdisulfit, E 224 Kaliumdisulfit, E 226 Calciumsulfit, E 227 Calciumhydrogensulfit und E 228 Kaliumhydrogensulfit.

*Zulassung:* Zusatzstoffe, die beschränkt zugelassen sind (ZZulV 1998 Anlage 5 Teil B Liste 1, Schwefeldioxid und Sulfite). Die Höchstmengen (als Summe von Schwefeldioxid und Sulfiten) reichen je nach Anwendungsgebiet von 20–400 mg/kg (berechnet als Schwefeldioxid), in Ausnahmefällen bis

2000 mg/kg (Trockenfrüchte und Traubensaftkonzentrat). Alle übrigen Lebensmittel, die nicht ausdrücklich genannt werden, dürfen maximal 10 mg/kg Schwefeldioxid aufweisen [s. Amtliche Anmerkung, ZZulV 1998 Anlage 5 Teil B Liste 2 (am Ende)].

*Reinheitsanforderungen:* *ZVerkV 1998 Anlage 2 (zu § 3 Abs. 1) Liste B Reinheitsanforderungen nach Richtlinie 96/77/EG vom 2.12.1996, Amtsblatt der EG Nr. L 339 vom 30.12.1996, S. 1 (geändert).

*Kenntlichmachung:* § 9 Abs. 1 Nr. 2 („mit Konservierungsstoff" oder „konserviert") und 5 ZZulV 1998 („geschwefelt"); s. auch § 9 Abs. 8 Nr. 2 und § 6 Abs. 4 Nr. 2 in Verbindung mit Anlage 2 *LMKV. Pflicht zur Kenntlichmachung besteht nicht immer, z.B. bei Wein, da keine Zutatenliste vorgeschrieben ist, ferner, wenn Schwefeldioxid nach dem Zusatz im Verlauf der Verarbeitung wieder entfernt wird (§ 5 Abs. 2 Nr. 2), z.B. in Fruchtzubereitungen. Weitere rechtliche Regelungen auf dem Gebiet des Weinrechts s.a. *Weinbehandlung und Schönung.

*Weitere rechtliche Regelungen:* FruchtsaftV § 2 Abs. 6 (Höchstmengen), FruchtnektarV § 2 Abs. 1, KonfitürenV § 3.

Leitsätze für Erfrischungsgetränke sowie Leitsätze für verarbeitetes Obst des Deutschen Lebensmittelbuches.

Richtlinie für Stärke u. bestimmte Stärkerzeugnisse, Schriftenreihe des BLL, Heft 84, 1976. Weinverordnung, § 9; Verordnung (EG) Nr. 1493/1999 des Rates über die gemeinsame Marktorganisation für Wein vom 17. Mai 1999 (Amtsblatt der EG Nr. L 179/1) Anhang IV, V, VI u. VIII; Weinbauverfahren-Gemeinschaftskodex-Verordnung 1622/2000/EG Art. 19 und Anhang XIIa; TrinkwasserV 1990 Anlage 3 (Zulassung von E 220, E 221 u. E 226 zur Trinkwasseraufbereitung). Futtermittelverordnung Anlage 1a. – **E** sulfur dioxide

**Lit.:** [1] WHO (Hrsg.), Food Additive Series Nr. 21, S. 173–219, Genf: WHO (1987). [2] Adv. Food Res. **30**, 1–76 (1986). [3] Food Technol. **47**, Nr. 10, 14 u. 75–84 (1993). [4] Handbuch der Lebensmittelchemie, Bd. II/2, S. 886–897, Berlin: Springer 1967. [5] Helrich (Hrsg.), Official Methods of Analysis of the AOAC (15.), Vol. II, S. 1157–1160, Arlington/USA:

Tab.: Zum Schwefeln von Lebensmitteln verwendete Schwefeldioxid-entwickelnde Stoffe.

| Verb. | Natrium-sulfit | Natrium-hydrogen-sulfit | Natrium-disulfit | Kalium-disulfit | Kalium-hydrogen-sulfit | Calcium-sulfit | Calcium-hydrogen-sulfit |
|---|---|---|---|---|---|---|---|
| Synonyma | Dinatrium-sulfit | Natrium-bisulfit | Natrium-pyrosulfit (Natrium-metabisulfit) | Kalium-pyrosulfit (Kalium-metabisulfit) | Kalium-bisulfit | – | Calcium-bisulfit |
| E-Nr. | E 221 | E 222 | E 223 | E 224 | E 228 | E 226 | E 227 |
| Formel | $Na_2SO_3$ | $NaHSO_3$ | $Na_2S_2O_5$ | $K_2S_2O_5$ | $KHSO_3$ | $CaSO_3$ | $Ca(HSO_3)_2$ |
| $M_R$ | 126,06 | 104,07 | 190,11 | 222,31 | 120,17 | 120,14 | 202,22 |
| Handelsformen (Gehalte) | wasserfreies Pulver ($\geq$ 95%); Heptahydrat ($\geq$ 48%) | wäss. Lsg. (ca. 40%) | wasserfreies Pulver ($\geq$ 95%) | wasserfreies Pulver ($\geq$ 90%) | wäss. Lsg. ($\geq$ 28%) | Dihydrat, Pulver ($\geq$ 73%) | wäss. Lsg. (10–14%, Gew./Vol.) |
| $SO_2$-Gehalte | $\geq$ 48% bzw. 24% | $\geq$ 24% | $\geq$ 64% | $\geq$ 51,8% | $\geq$ 15% | $\geq$ 39% | 6–8,8% |

AOAC 1990. [6]Food Add. Contam. **7**, 189–195 (1990). [7]J. Assoc. Off. Anal. Chem. **73**, 77–79, 216–222 (1990). [8]J. Sci. Food Agric. **56**, 85–93 (1991). [9]Amtliche Sammlung, Nr. L 29.00-2, L 30.00-1, L 36.00-8. [10]Food Addit. Contam. **7**, 433–454, 575–581 (1990). [11]Lebensmittelchemie **45**, 19 (1991). [12]Food Technol. **47**, 75–84 (1993).
*allg.*: Ullmann (5.) **A25**, 569–612 – *[HS 2811 23; CAS 7446-09-5; G 2, 2 TC]*

**Schwefeldioxid-entwickelnde Stoffe** siehe *Schwefeldioxid.

**Schwefeln** siehe *Schwefeldioxid und *Weinbehandlung und Schönung.

**Schwefelsäure** (E 513). $H_2SO_4$, $M_R$ 98,07. Die 100%ige $H_2SO_4$ – in der Technik auch häufig als Monohydrat (von Schwefeltrioxid) bezeichnet – ist eine klare, farblose u. geruchlose, ölige, stark hygroskop. Flüssigkeit, D. 1,8356, Schmp. 10,37°C.
*Toxikologie:* S. wirkt zerstörend auf menschliche, tier. u. pflanzliche Gewebe. MAK-Werte-Liste (2004): 0,1 mg/m$^3$ (einatembare Fraktion), Kategorie 4 (krebserzeugend) und Gruppe C (Schwangerschaft). Beim Umgang mit Oleum ist bes. Vorsicht nötig, denn Oleum wirkt noch wesentlich stärker wasserentziehend u. zerstörend. Auf der Haut verursacht Oleum ebenso wie S. heftig schmerzende u. schwer heilende Verbrennungen.
Bei inhalativer Aufnahme kann es zu Bronchienverengungen kommen, die eine Überreaktion auf den Reizeffekt darstellen.
Eingenommene konz. S. ruft starke Schmerzen u. lebensgefährliche Magenverätzungen hervor. Bei Vergiftungen sollte sofort ärztliche Hilfe zu Rate gezogen werden; eine mögliche Gegenmaßnahme ist bei innerlicher Vergiftung zunächst die Verabreichung von Milch, Öl od. Fett (salzfreie Butter), dann eines Breies aus 75 Tl. Magnesia (MgO) u. 500 Tl. Wasser zur Neutralisation (MgO + $H_2SO_4 \rightarrow MgSO_4 + H_2O$).
S. auf der Haut, auf Papier, Kleidern usw. sollte rasch mit einem trockenen Lappen abgewischt u. dann mit viel Wasser behandelt werden. Letzte Säure-Reste kann man durch Nachspülen mit verd. Natriumhydrogencarbonat-Lsg. od. Ammoniak-Lsg. neutralisieren.
*Verwendung:* S. spielt eine vielfältige Rolle, so daß hier nur einige wesentliche Einsatzgebiete genannt werden können: Zum Aufschließen von Phosphaten u. zur Herst. von Ammoniumsulfat in der Düngemittel-Ind., zum Aufschluß von Titan-Mineralen für die Titandioxid-(Weißpigment-)Produktion, in der organ. Synth. zum Sulfonieren, Sulfatieren (z.B. zur Herst. von Farbstoffen, Weichmachern, Tensiden usw.), für Fällbäder der Kunstseide-Ind., zur Herst. von Natriumsulfat (für die Glasfabrikation) u.a. Sulfate, als Akkumulatorensäure, als Trockenmittel z.B. für Gase od. (auf Träger aufgebracht) zur Beschickung von Exsikkatoren, als nichtwäßriges Lösemittel u. allg. als wichtige Säure im Laboratorium.
*Recht:* Im Lebensmittelsektor ist Schwefelsäure (E 513) gemäß *ZZulV allgemein zugelassen ohne

Höchstmengenangaben (*quantum satis*). Im Falle des Einsatzes als *technischer Hilfsstoff muß keine Deklaration auf der Zutatenliste erfolgen. ADI-Wert nicht festgelegt. – *E* sulfuric acid
*Lit.:* Kirk-Othmer (4.) **23**, 363–408 ▪ Ullmann (5.) **A25**, 635–703 – *[HS 2807 00; CAS 7664-93-9; G 8, I, II]*

**Schweinebandwurm** siehe *Taenia.

**Schweinefett.** Nach den *Leitsätzen des Deutschen Lebensmittelbuches (Fleisch und Fleischerzeugnisse) ist Schweinefett der von Wasser und Eiweiß befreite, durch Erhitzen, Abpressen oder Zentrifugieren gewonnene Anteil des Schweinefettgewebes. Im allgemeinen Sprachgebrauch wird Schweinefett synonym für das Schweinefettgewebe (siehe *Fettgewebe) oder das *Schweineschmalz verwendet. Im Mittel enthält Schweinefett über 50% ungesättigte Fettsäuren, davon ist der Hauptanteil monoungesättigt (v. a. *Ölsäure). Die Triacylglycerid-Zusammensetzung ist von der Fütterung abhängig, daher sind die *Fettkennzahlen als Grenzwerte zu verstehen: Iod-Zahl 60 (europäisch) bzw. 70 (USA, wegen des Öl- bzw. Linolsäure-reichen Futters); Verseifungszahl 193–202, Unverseifbares 0,1–1%. Im Schweineschmalz liegen vornehmlich *Triglyceride des Typs SUU, USU, UUU vor (S: gesättigte Fettsäure, U: ungesättigte Fettsäure). Das Schmelzintervall ist daher im Vergleich zum *Rindertalg (SSU, SSS, SUS) erniedrigt. Weiterhin liegen niedrigere Konzentration an *Arachidonsäure (0,4–0,9%), an verzweigtkettigen ungeradzahligen Fettsäuren sowie vier- und fünffach ungesättigten $C_{20}$- und $C_{22}$-Fettsäuren vor. Neben *Cholesterol können diese Fettsäuren analytisch als Indikatoren für die Anwesenheit tierischer Fette in pflanzlichen Fetten genutzt werden. Die *Fettraffination von Schweinefett bzw. tierischen Fetten allgemein ist in Deutschland nur mit Sondergenehmigung erlaubt. – *E* porcine fat – *[HS 1501 00; CAS 61789-99-9]*

**Schweinefettgewebe** siehe *Fettgewebe.

**Schweinefleisch.** Als Frischfleisch angeboten wird heute fast ausschließlich Fleisch von jungen Schweinen (5–7 Monate) mit einem Mastendgew. von 90–110 kg. Wirtschaftlich unbedeutend ist Fleisch von sehr jungen Tieren (Spanferkel). Fleisch von älteren Tieren wird vorwiegend für die Herst. von *Fleischerzeugnissen eingesetzt. Der Anteil von Schweinefleisch (2001: 3,9 Mio. t) am Gesamtfleischverzehr (ca. 59 kg/Kopf und Jahr)

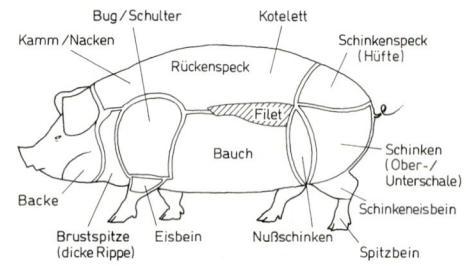

Abb.: Teilstücke des Schweines.

betrug im Jahr 2001 in Deutschland etwa 65%. Bei der Einstufung in *Handelsklassen* (s. *Fleisch) wird S. nach Muskelfleischanteil u. Geschlecht (Eber, Sauen) beurteilt. S. kommt ca. 48–72 h nach der Schlachtung in den Handel.

*Zusammensetzung:* Variiert deutlich je nach Teilstückzuschnitt des S., je nach Anteil an Muskelfleisch u. Fettgewebe; aber auch Rasse, Fütterung u. Mastintensität spielen eine Rolle. Der Gehalt an Mikronährstoffen (Vitamine, Mineralstoffe) ist vergleichbar mit *Rindfleisch u. *Schaffleisch. S. ist ein wichtiger Lieferant für B-Vitamine, v. a. weist es hohe Konz. an Thiamin (ca. 1 mg/100 g) auf. Ernährungsphysiolog. ist S. nicht schlechter zu beurteilen als die anderen *Fleischarten. Unterschiede im Gehalt an Cholesterol u. Purinen sind unbedeutend gering. Großen Einfluß auf die Qualität von S. (Fleischqualität) hat Rasse, Züchtung, Transport der Tiere u. der Schlachtprozeß. Nach dem Schlachten ist optimales Kühlen bes. wichtig. Es können *Fleischfehler auftreten, z.B. PSE- u. DFD-Fleisch.

Tab.: Durchschnittliche Zusammensetzung von Teilstücken des Schweines (nach *Lit.*[1]).

| Teilstück | Eiweiß [%] | Fett [%] | Energie [kJ bzw. kcal/ 100 g] |
|---|---|---|---|
| Bauch | 17,8 | 21,1 | 1083/261 |
| Filet | 22,0 | 2,0 | 448/106 |
| Eisbein (Haxe) | 19,0 | 12,2 | 774/186 |
| Kamm | 18,3 | 13,8 | 822/197 |
| Kotelett | 21,6 | 5,2 | 558/133 |
| Oberschale (Schnitzel) | 22,2 | 1,9 | 448/106 |
| Rückenspeck | 4,1 | 82,5 | 3122/759 |
| Bug (Schulter) | 17,5 | 16,5 | 908/218 |

– *E* pork

*Lit.:* [1] Souci et al. (6.).
*allg.:* Branscheid, W.; Honikel, K. O.; Lengerken, G., von; Troeger, K., Hrsg., *Qualität von Fleisch und Fleischwaren*, Deutscher Fachbuchverlag: Frankfurt/Main, (1998) – *[HS 0203 11, 0203 12, 0203 19]*

**Schweinehackfleisch** siehe *Hackfleisch.

**Schweinemett** siehe *Hackfleisch.

**Schweineschmalz.** Schweineschmalz (meist nur *Schmalz genannt) ist das von Wasser und Eiweiß befreite Fett aus verschiedenen *Fettgeweben des Schweines (*Schweinefett, Wassergehalt höchstens 0,5%), mit Ausnahme von Darm und Gekröse (Leitsätze für Fleisch und Fleischerzeugnisse des Deutschen Lebensmittelbuches, Ziffer 1.22).
*Herstellung:* Herstellung v. a. aus dem Bauchwandfett (Flomen), Gekrösefett und Netz- oder Bauchfett durch Ausschmelzen.
*Neutralschmalz* (SZ <0,8), die beste Qualität, wird bei niedriger Temperatur aus dem Fettgewebe langsam ausgeschmolzen.
Rückstände der Neutralschmalzgewinnung werden zusammen mit anderen Fettgewebsteilen zur Herstellung des *Dampfschmalzes* (SZ <1,5) verwen-

det. Dabei wird im Autoklaven (120–130 °C) durch Wasserdampf ausgeschmolzen.
Außerdem wird noch zwischen nichtbehandeltem *Rohschmalz* und *raffiniertem Schmalz* unterschieden. In Deutschland ist die Raffination von Schlachttierfetten nur mit Sondergenehmigung erlaubt.
Rückstände an zerkleinertem Zellgewebe (v. a. Bindegewebe), die nach dem Ausschmelzen des Fettes aus frischem Rückenspeck oder Flomen bei der Schweineschmalzherstellung zurückbleiben, nennt man *Grieben*. Diese können dem Schweineschmalz mit oder ohne Gewürze wieder zugesetzt werden, das man dann als *Griebenschmalz* bezeichnet.
*Liesenschmalz* (SZ <1,0) wird aus Liesen und Rückenspeck vorwiegend mit Dampf ausgeschmolzen.
*Zusammensetzung:* Ca. 0,2–0,5% Wasser; 0,1% Eiweiß; 99,0–99,7% Fett; ca. 75 mg/100 g *Cholesterol; Energiegehalt: ca. 3700 kJ bzw. 900 kcal/ 100 g. Iod-Zahl: 58 (46–66), Verseifungszahl: 197 (193–200), Peroxid-Zahl: bis 4,0; Säurezahl: bis 1,3. Schmelzbereich 26–39 °C[1,2].
Geschmack, Geruch und Farbe des Schweineschmalzes sind von der Zusammensetzung des Fettgewebes, speziell dem Fettsäure-Muster, abhängig. Das Fettsäure-Muster kann durch die Fütterung der Schweine beeinflußt werden. – *E* lard
*Lit.:* [1] Souci et al. (6.). [2] BMVEL, Hrsg., *Deutsches Lebensmittelbuch, Leitsätze 2003*, Bundesanzeiger: Köln, (2003); Leitsätze für Speisefette und Speiseöle. – *[HS 1501 00]*

**Schweißverhütende Mittel** siehe *Antihidrotika.

**Schwellendosis** siehe *Schwellenwert.

**Schwellenwert.** Kleinster Wert einer Größe, der als Ursache für eine erkennbare Wirkung (= Reaktion) ausreicht (Wirkschwelle). Im Unterschied zu Schwellenwerten liegen politisch vorgegebene Grenzwerte in der Regel weit unter den bekannten Konzentrationen für gesundheitsgefährdende Wirkungen; vgl. *ADI.
*Toxikologie:* Man spricht von Schwellendosis bzw. -konzentration, wenn die Einwirkung schädlicher Stoffe oder Strahlung unterhalb einer bestimmten Dosis (Konzentration) keine Schäden erwarten läßt. Ein echter wirkungsfreier Bereich ist nur von einem sogenannten Konzentrationsgift zu erwarten, dessen Wirkung reversibel ist und einer Dosis/ Wirkungsbeziehung folgt (z.B. Kohlendioxid). Der größte Konzentrationswert, bei dem keine erkennbare Wirkung auftritt, wird als NOEL, NOAEL bzw. NOEC, NOAEC [Abkürzung für no-observed-(adverse-)effect level bzw. concentration] bezeichnet. Die niedrigste Konzentration, bei der noch erkennbare Wirkungen auftreten, ist die LOAEL bzw. LOAEC (von lowest observable adverse effect level bzw. concentration), siehe auch *Sicherheitsfaktor und *Referenzdosis. Es wird postuliert, daß gentoxische *Carcinogene und *Mutagene stets proportional zu ihrer Dosis bzw. Kon-

zentration (stochastische) Schäden verursachen und daß damit für diese Substanzen bzw. Strahlungen keine Schwellenwerte existieren. Wird die Substanz wiederholt gegeben, addieren sich die Schäden schließlich zu einer sichtbaren Wirkung. Die Exposition gegenüber solchen Stoffen sollte vermieden oder zumindest minimiert werden[1,2]. Hinsichtlich Geschmack bzw. Geruch siehe *Geschmacks- und *Geruchsschwellenwert. – *E* threshold value

**Lit.:** [1] Eisenbrand, G.; Metzler, M.; Hennecke, F. J., *Toxikologie für Naturwissenschaftler und Mediziner*, 3. Aufl.; Wiley-VCH: Weinheim, (2005). [2] Marquardt, H.; Schäfer, S. G., Hrsg., *Lehrbuch der Toxikologie*, 2. Aufl.; Wissenschaftliche Verlagsgesellschaft: Stuttgart, (2004).

**Schwermetalle.** Bezeichnung für die umfangreiche Gruppe der Metalle, die sich ihrer Dichte nach an die Leichtmetalle anschließen. Als Grenze gilt D. 3,5–5. Neben den bekannten „schweren Metallen" zählen auch Zink, Quecksilber, Wolfram, die sogenannten Buntmetalle und die Seltenerdmetalle zu den Schwermetallen. Schwermetalle stellen einen großen Anteil der Nichteisenmetalle dar, während die Edelmetalle im allgemeinen als gesonderte Gruppe betrachtet werden; zu den Definitionen siehe Literatur[1].

Einige Schwermetalle sind als Spuren- oder Mikronährstoffe für den Stoffwechsel von Mikroorganismen, Pflanzen und Tieren essentiell, so z.B. als Bestandteile von Metallproteinen in Enzymen (*Spurenelemente). Andererseits entfalten zahlreiche Schwermetalle, nicht nur als elementarer Staub, sondern besonders in Form der löslichen Salze schon in sehr geringen Konzentrationen toxische Wirkungen; siehe die in der Tabelle 1 wiedergegebene Klassifizierung.

Tabelle 1: Klassifizierung von Schwermetallen (Literatur[2]).

| | $E_p$ | $E_t$ | $T_p$ | $T_t$ |
|---|---|---|---|---|
| *Blei | | | • | • |
| *Cadmium | | | • | • |
| Chrom | | • | | |
| Cobalt | | • | | |
| *Eisen | • | • | | |
| Kupfer | • | • | • | • |
| Mangan | • | • | • | |
| *Molybdän | • | • | | • |
| Nickel | | • | • | |
| Platin-Metalle | | | • | |
| *Quecksilber | | | • | • |
| *Selen | | • | • | • |
| Silber | | • | | |
| Vanadium | • | • | | |
| *Zink | • | • | • | |
| Zinn | | • | | |

$E_p$ = essentiell für Pflanzen
$E_t$ = essentiell für Tiere
$T_p$ = toxisch für Pflanzen
$T_t$ = toxisch für Tiere

Die wachstumshemmende oder abtötende Wirkung von Schwermetallen auf Mikroorganismen (Oligodynamie) wird bei verschiedenen Methoden der Trinkwasserentkeimung ausgenutzt. Manche Pflan-

zen wirken als Schwermetall-Indikatoren; es werden sogar sogenannte Metall-hyperakkumulierende Pflanzen beschrieben[3].

**Vorkommen:** Die meisten Schwermetalle kommen in der Natur (Gesteine, Böden, Wasser, Pflanzen) nur in sehr geringen Konzentrationen vor. Beim Übergang von der mineralischen Sphäre in die belebte Natur sind im allgemeinen Methylierungs-Schritte und *Metallothioneine am Transport beteiligt[3]. Schwermetalle finden sich in verschiedenen Bindungsformen in pflanzlichen und tierischen Lebensmitteln. Die Quellen sind häufig anthropogen, wie z.B. Immissionen durch Autoabgase, Industrie, Abfälle, Erzabbau, Pflanzenschutz[4–5]. Mit Ausnahme von tierischen Stoffwechsel- und Ausscheidungsorganen, wie Leber und Niere, sowie bestimmten Meerestieren sind pflanzliche Lebensmittel im allgemeinen stärker belastet. Die Verunreinigung hängt ab von der Größe der Oberfläche, Standortbedingungen und besonders von der Akkumulationsfähigkeit. Vorwiegend vegetarische Ernährung ist mit höheren Aufnahmemengen verbunden[6,7]. Durch küchenmäßige Verarbeitung wie Putzen, Kochen und Schälen lassen sich die Verunreinigungen bis zu 80% verringern (Ausnahme: Cadmium, das sich homogener in den Pflanzen verteilt)[8]. Zu Schwermetall-Gehalten in Lebensmitteln siehe Tabelle 2.

Tabelle 2: Arsen- und Schwermetall-Gehalte (Mittelwerte) in Deutschland 1997 – 2002[9].

| Lebensmittel | As gesamt [µg/kg] | Pb [µg/kg] | Cd [µg/kg] | Hg gesamt [µg/kg] |
|---|---|---|---|---|
| Pflanzliche Öle und Fette | 5 | 36 | 6 | 6 |
| Früchte | 6 | 27 | 5 | 2 |
| Gemüse | 27 | 40 | 29 | 11 |
| Nüsse und Samen | 29 | 120 | 20 | 4 |
| Getreideprodukte | 50 | 32 | 29 | 7 |
| Fleisch | 9 | 67 | 16 | 12 |
| Innereien | 20 | 81 | 102 | 5 |
| Fleischerzeugnisse | 33 | 54 | 7 | 6 |
| Fisch | 694 | 22 | 11 | 173 |
| andere Meeresfrüchte | 1409 | 99 | 116 | 29 |
| Eier | 5 | 21 | 3 | 5 |
| Milch | 3 | 17 | 6 | 4 |
| Käse | 4 | 31 | 3 | 4 |
| Tee/Kaffee | 144 | 537 | 55 | 10 |
| Wasser | 4 | 17 | 0,3 | 0,3 |
| Salz | 97 | 940 | 23 | 11 |
| Säuglingsnahrung | 12 | 35 | 5 | 4 |

**Toxikologie:** Akute Vergiftungen sind selten und auf Unfälle bzw. außergewöhnliche Umstände zurückzuführen. Wichtiger sind bei Lebensmitteln Angaben über chronische Toxizitätsdosen, insbesondere bei Cadmium, das sich in Nieren anreichert. Die WHO hat als Bewertungsmaßstab Werte für die *vorläufig duldbare wöchentliche Aufnahme (PTWI) von Arsen, Blei, Cadmium, Quecksilber herausgegeben[10,11]. Zur Gegenüberstellung mit den tatsächlich aufgenommenen Mengen siehe das jeweilige Schwermetall. Nach Literatur[12] ist eine Gefährdung der Gesundheit der Verbraucher durch übliche Verzehrsgewohnheiten nicht erkennbar. Von dem übermäßigen Verzehr von Innereien älterer Schlachttiere, Wild sowie Wildpilzen wird abgeraten[13].

**Recht:** Höchstmengen, bei deren Überschreitung das Lebensmittel nicht mehr verkehrsfähig ist, sind für Cu bei pflanzlichen Lebensmitteln in der *Rückstands-Höchstmengenverordnung, für Cd, Hg und Pb als EU-harmonisierte Höchstmengen in der Verordnung (EG) Nr. 466/2001[14], für Hg bei Pulmonata und daraus hergestellten Erzeugnissen in der *Schadstoff-Höchstmengenverordnung, für Al, As, Pb, Cd, Cu, Zn, Sn bei Wein in der Wein-Verordnung (siehe *Weinrecht) und für As, Pb, Cd, Cr, Ni, Hg, Sb, Se bei Trink-, Mineral-, Tafel- und Quellwasser in der *Trinkwasser-Verordnung und der Mineral- und Tafelwasser-Verordnung erlassen. Dagegen wurden für zahlreiche Lebensmittel, einschließlich Trinkwasser bezüglich Cu und Zn, sogenannte Richtwerte festgelegt[15]. Sie stellen die Obergrenze einer „normalen" Belastung dar. Überschreitungen sollen Ursachenforschung und Maßnahmen zur Verringerung auslösen. Für Fleisch sind in der Fleischhygiene-Verordnung (Anlage 6) Beurteilungswerte für Schwermetalle festgelegt. Zu einer Zusammenstellung der Beurteilungsgrundlagen siehe Literatur[16].

**Analytik:** Die Schwermetall-Analytik profitiert von den hochentwickelten Methoden der Spurenanalyse. Oftmals muß – z.B. in der Lebensmittelchemie – der Analyse auf Schwermetall-Rückstände ein Anreicherungsschritt vorangehen, wobei Chelatbildner besonders hilfreich sind. In der Regel erfolgt eine küchenmäßige Vorbereitung, da der Schwermetall-Gehalt auf den verzehrsfähigen Anteil bezogen wird. Das Lebensmittel wird durch Veraschung oder Säureaufschluß mineralisiert. Zur Messung wird vor allem die *Atomabsorptionsspektrometrie (Flammen- und Graphitrohr-AAS) eingesetzt; des weiteren polarographische Verfahren, z.B. differenzielle Puls- und Pulsinversvoltammetrie; für Multielementbestimmungen induktiv gekoppelte Plasma-*Atomemissionsspektrometrie (ICP-AES), sowie die AES-MS. Zu den bei Wasser- und Abwasseruntersuchungen angewandten Verfahren siehe Literatur[17], über die umweltchemische Analyse und Bewertung von Metall-kontaminierten Schlämmen siehe Literatur[18] und zur Bestimmung von Schwermetallen in Lebensmittelfarbstoffen siehe Literatur[19].
Die Entfernung von Schwermetallen bereitet Schwierigkeiten. Die Maskierung von Schwermetall-Ionen mit *Chelatbildnern, die einerseits als Antidote bei Schwermetall-Vergiftungen eine wichtige Rolle spielen, führt auf der anderen Seite zu erheblichen Problemen in der Wasserreinigung, weil bereits abgelagerte Schwermetalle remobilisiert werden können. Dieselben Bedenken gelten für die Verwendung von Komplexbildnern wie Nitrilotriessigsäure (NTA) in Waschmitteln. – **E** heavy metals
**Lit.:** [1]Winnacker-Küchler (4.) **4**, 1f. [2]Merian (Hrsg.), Metalle in der Umwelt, Weinheim: Verlag Chemie 1984. [3]Chem.

Unserer Zeit **23**, 193–199 (1989). [4]Der Rat von Sachverständigen für Umweltfragen, Derzeitige Situation und Trends der Belastung der Lebensmittel durch Fremdstoffe, Stuttgart: Kohlhammer 1988. [5]Umweltbundesamt, Daten zur Umwelt 1988/89, Berlin: E. Schmidt 1989. [6]Dtsch. Lebensm. Rundsch. **86**, 11 (1990). [7]Mitt. Geb. Lebensmitteluntersuch. Hyg. **76**, 206 (1985). [8]Klein, Einfluß von Herstellungs- und Zubereitungsverfahren auf den Arsen-, Blei-, Cadmium- und Quecksilbergehalt in Lebensmitteln, ZEBS-Hefte 3/1982, Berlin: Reimer 1982. [9]Scientific Co-Operation (SCOOP), *Assessment of the Dietary Exposure to Arsenic, Cadmium, Lead and Mercury of the Population of the EU Member States – Task 3.2.11*, Final Draft 05.12.2003. [10]WHO, Hrsg., *Evaluation of Certain Food Additives and the Contaminants Mercury, Lead and Cadmium*; Technical Report Series 505; WHO: Genf, (1972). [11]WHO, Hrsg., *Evaluation of Certain Food Additives and Contaminants*; Technical Report Series 696; WHO: Genf, (1983). [12]DGE (Hrsg.), Ernährungsbericht 1992, S. 121 und 129, Frankfurt: Druckerei Henrich 1992. [13]Bundesgesundheitsamt (BGA), Verzehrempfehlungen des BGA, Pressemitteilung 1/1991, vom 03.01.1991. [14]Verordnung (EG) Nr. 466/2001 der Kommission vom 8. März 2001 zur Festsetzung der Höchstgehalte für bestimmte Kontaminanten in Lebensmitteln (Amtsblatt der EG Nr. L 077, S. 1). [15]Bundesgesundheitsblatt **36**, 210 (1993). [16]Dtsch. Lebensm. Rundsch. **79**, 48 (1983); **80**, 383 (1984); **83**, 113 (1987). [17]Keckel und Kumar, Kritische Bestandaufnahme der bei Wasser- und Abwasseruntersuchungen angewandten Meß- und Analysenverfahren für die Schwermetalle As, Pb, Cd, Tl und Zn, Düsseldorf: VDI 1985. [18]Leschker und Loll (Hrsg.), ATV-Handbuch Klärschlamm (4.), S. 56, 518f., Berlin: Ernst & Sohn 1996. [19]Pharm. Ind. **45**, 886–892 (1983).
*allg.:* Merian, E.; Anke, M.; Ihnat, M.; Stoeppler, M., Hrsg., *Elements and their Compounds in the Environment – Occurrence, Analysis and Biological Relevance*, 2. Aufl.; Wiley-VCH: Weinheim, (2004), Bd. 1–3

**Schwertbohnen** siehe *Canavanin.

**Scirpentriol** siehe *Trichothecene.

**Sclareol** siehe *Muskatellersalbeiöl.

**Sclerotinia sclerotiorum.** Zu den *Ascomyceten gehöriger Pilz, der auffällige, schwarze Sklerotien als Dauerorgane zur Überwinterung bildet. In den gemäßigten Zonen weltweit verbreiteter Pflanzenparasit, besonders auf Bohnen, Kartoffeln, Salat, verschiedenen Wurzelgemüsen, Raps usw.
Optimales *Wachstum* zwischen 15 und 25 °C bei pH 4–5,5. Auf Sellerieknollen und Möhren im Lager bildet der Pilz ziegelrote Flecken und provoziert das Pflanzengewebe zur Produktion von *Bergapten u.a. *Furocumarinen (Phytoalexine). *Mykotoxine wurden nicht gefunden. – **E** Sclerotinia sclerotiorum
**Lit.:** Hegedus, D. D.; Rimmer, S. R., *FEMS Microbiol. Lett.*, (2005) **251**, 177–184

**Scopoletin** (Chrysatropasäure, Gelseminsäure, 6-Methoxyumbelliferon, Aesculetin-6-methylether, 7-Hydroxy-6-methoxycumarin).

$C_{10}H_8O_4$, $M_R$ 192,17; hygroskopische Nadeln, Schmp. 202–204 °C, löslich in heißem Ethanol, Chloroform, Eisessig, wenig löslich in Wasser, reduziert Fehling-

sche Lösung und Tollens Reagenz; die ethanolische Lösung von Scopoletin zeigt eine weiß-hellblaue Fluoreszenz im UV-Bereich bei 365 nm.
*Vorkommen:* Neben Scopolamin frei oder als 7-O-β-Glucosid (Scopolin), in Wurzeln von *Scopolia carniolica* Jacq. und *Atropa belladonna* L. (Tollkirsche), ferner in *Convolvulus scammonia* L., in Tabakpflanzen, Haferkeimlingen, Oleanderrinde, Gelsemiumwurzeln und dergleichen. Zahlreiche weitere Glycoside sind bekannt, die Zuckerreste liegen teilweise acetyliert vor. – *E* scopoletin
*Lit.:* Beilstein EV **18**/3, 203 – [HS 2932 29; CAS 92-61-5]

**Scotch Whisky** siehe *Whisky.

**Scrapie** siehe *BSE, *TSE und *Prionen.

**Scymnol** (Gallenalkohol) siehe *Gallensäuren.

**SDE.** Abkürzung für *simultane Destillationextraktion.

**Se.** Chem. Zeichen für das Element *Selen.

**Secale-Alkaloide** siehe *Ergot-Alkaloide.

**Secalin.** Bezeichnung für die *Prolamin-Gesamtfraktion des *Roggens und deren Protein-Komponenten (Anteil im Mehl: ca. 1,3%, am Gesamtprotein: ca. 21%). Secalin ist im Mehlkörper als Reserveprotein deponiert und kann aus Mehl durch Extraktion mit wäßrigem Alkohol, z.B. 60%igem Ethanol, gewonnen werden. In der Aminosäure-Zusammensetzung ist Secalin zu *Gliadin und *Hordein verwandt; typisch ist der hohe Gehalt an *Glutamin (ca. 35%) und *Prolin (ca. 18%) sowie der niedrige Gehalt an *Tryptophan, *Lysin und *Methionin. Secalin besteht aus zahlreichen Komponenten, die man nach Aminosäure-Zusammensetzung und Molmasse in drei Gruppen zusammenfassen kann: Die ω-Secaline sind ω-Gliadinen und C-Hordeinen ähnlich (kein *Cystein, hohe Werte mit Glutamin und Prolin). Dagegen besitzen die γ(40 K)-Secaline intramolekulare Disulfid-Bindungen und sind mit den α- und γ-Gliadinen sowie den B-Hordeinen verwandt. Die dritte Gruppe, die γ(70 K)-Secaline, sind über intermolekulare Disulfid-Bindungen verknüpft.
Als Secaline werden außerdem die erst nach Reduktion der Disulfid-Bindungen mit wäßrigem Alkohol extrahierbaren Komponenten aus der *Secalinin-Fraktion bezeichnet. Dabei handelt es sich um hochmolekulare Untereinheiten (HMW-Secaline), die den HMW-*Gluteninen von *Weizen und D-Hordeinen von *Gerste strukturell entsprechen, und um Proteine, die den γ-Secalinen ähnlich sind. Wie Gliadin und Hordein kann Secalin *Zöliakie hervorrufen. – *E* secalin
*Lit.:* Vader, L. W.; Stepniak, D. T.; Bunnik, E. M.; Kooy, Y. M.; de Haan, W.; Drijfhout, J. W.; Van Veelen, P. A.; Koning, F., *Gastroenterology*, (2003) **125**, 1105–1113

**Secalinin.** Selten gebrauchte Bezeichnung für die *Glutelin-Fraktion von *Roggen. Secalinin enthält einen Teil der Reserveproteine des Mehlkörpers (Anteil am Gesamtprotein: 25%) und wird aus Roggenmehl (Gehalt ca. 1,5%) gewonnen. Häufig

vorkommende Aminosäuren sind *Glutamin (ca. 20%), *Prolin und *Glycin (je ca. 9%). *Tryptophan und *Cystein kommen nur in Spuren (<1%) vor. Bemerkenswert ist der innerhalb der Gluteline höchste Gehalt an *Lysin (4%). Natives Secalinin besteht aus zahlreichen aggregierten Proteinen, die nach Reduktion der Disulfid-Bindungen in wäßrigem Alkohol, z.B. 60%igem Ethanol, löslich sind. Sie werden als *Secaline bezeichnet und können in zwei Gruppen zusammengefaßt werden. Die eine Gruppe entspricht den γ-Secalinen (40 K- und 75 K-Komponenten), die zweite Gruppe enthält hochmolekulare Untereinheiten (HMW-Secaline); vgl. *Secaline. – *E* secalinin

**Secalonsäuren.** Schwach giftige Stoffwechselprodukte des Mutterkorns (*Claviceps purpurea*) u.a. Pilze.

Secalonsäure A, $C_{32}H_{30}O_{14}$, $M_R$ 638,59, zitronengelbe Nadeln, löslich in Dioxan, Pyridin, Dimethylformamid, wenig löslich in Chloroform, Aceton, Methylenchlorid. Schmp. 246–248°C (Zersetzung). Secalonsäure D, stereoisomer zu Secalonsäure A, wurde in Maisstaub in den USA nachgewiesen. – *E* secalonic acids
*Lit.:* DeVries, J. W.; Trucksess, M. W.; Jackson, L. S., Hrsg., *Mycotoxins and Food Safety*, Kluwer Academic/Plenum Publishers: New York, (2002)

**Secbumeton** siehe *Triazin-Herbizide.

**Sedanenolid** siehe *Sellerieöl.

**Sedimentationswert.** Maßzahl für die Klebermenge und -qualität von Weizenmehlen. Die Bestimmung beruht auf dem Quellvermögen des *Klebers und erfolgt mit dem Sedimentationstest nach Zeleny. Dazu wird das Versuchsmehl unter standardisierten Bedingungen in einer Lösung von *Milchsäure in wäßrigem Propan-2-ol aufgeschlämmt. Das Volumen des sich überwiegend aus Kleber bildenden Sedimentes ergibt den sog. Sedimentationswert. Die Sedimentationswerte liegen im allgemeinen zwischen 8 (Kleber-schwaches Mehl mit niedrigem Protein-Gehalt) und 78 (Kleber-starkes Mehl mit hohem Protein-Gehalt). Werte zwischen 30 und 40 versprechen das beste Backergebnis für Brot und Kleingebäck. Höhere oder tiefere Werte können je nach Produkt erwünscht sein. – *E* sedimentation value
*Lit.:* Internationale Gesellschaft für Getreidechemie, Hrsg., *Determination of Sedimentation Value (ac. to Zeleny) as an Approximate Measure of Baking Quality*, ICC Standard Nr. 116/1; http://www.icc.or.at

**Seefische** siehe *Fische.

**Seekreuzdorn** siehe *Sanddorn.

**Seelachs.** Der S. ist ein *Magerfisch (Fettgehalt 0,4–1%), dem Kabeljau nahe verwandt, gehört zur Familie der Gadiden und hat eine leicht graue

Fleischfarbe. Er hat nichts gemein mit dem echten Lachs. Es gibt 2 Arten: Köhler (Blaufisch, *Pollachius virens*) und Steinköhler (Pollack, *Pollachius pollachius*). S. wurde früher viel zu Klippfisch u. Stockfisch verarbeitet. Er wird heute in großer Menge als Frischfisch u. in Form von tiefgefrorenen Fischerzeugnissen (Fischfilet u. Fischstäbchen etc.) angeboten. S. wird hauptsächlich bei der Herst. des Erzeugnisses „Seelachs in Öl" (*Lachsersatz) verwendet, dem er seinen Namen verdankt. Der sog. Alaska-S. (*Theragra chalcogramma*), der im nördlichen Pazifik lebt, ist nicht mit dem Seelachs verwandt und besitzt ein weißes Fleisch. Er liefert mit ca. 4 Mio. t/a zur Zeit den höchsten Fischereiertrag einer Magerfischart. – *E* saithe, coalfish, pollack, pollock, Boston bluefish – *[HS 0302 63]*

**Seetieröle.** Sammelbezeichnung für die in rohem Zustand hellgelben bis braunen, fischartig riechenden Öle, die aus dem Fettgewebe oder aus den Lebern großer Meeressäugetiere (Robben, Wale, Walrosse, Delphine) oder aus Fischen (Kabeljautran, Haitran, Heringstran und Sardinentran) durch Auspressen oder Erhitzen mit kochendem Wasser oder Wasserdampf gewonnen werden. Heringsöl, Menhadenöl, Sardinenöl usw. die aus den ganzen Körpern von Heringsfischen oder aus Abfällen der Fischbearbeitung gewonnen werden (Weltproduktion an Seetierölen 2000: 886516 t, davon 16111 t Fischleberöl, 867023 t Fischöl und 3382 t Öl von Meeressäugern) werden in der Regel als *Fischöle, weniger als Trane bezeichnet. Aus dem Pottwal wurden keine eigentlichen Trane, sondern das sogenannte Spermöl gewonnen, aus dem sich der *Walrat absetzt. Ein Blauwal von 130 t Gewicht ergab durch Naßschmelzung etwa 25–28 t Öl. Ein häufig verwendetes Fischöl ist das *Heringsöl* (D. 0,919–0,927, VZ 185–191, IZ 123–142). *Lebertran stammt aus den Lebern von Dorsch, Heilbutt und anderen Fischen und enthält beträchtliche Mengen an den Vitaminen A und D. Kennzeichen der Seetieröle sind hochungesättigte *Fettsäuren unter denen C18:4 (6, 9, 12, 15); C20:5 (5, 8, 11, 14, 17); C22:5 (7, 10, 13, 16, 19) und C22:6 (4, 7, 10, 13, 16, 19) (vergleiche die Tabelle) vorherrschen.

Tabelle: Mittlere Fettsäure-Zusammensetzung (Gewichts-%) von Seetierölen.

| Fettsäure | Blauwal (*Balaenoptera musculus*) | Hering (*Clupea harengus*) |
|---|---|---|
| 14:0 | 5 | 7,5 |
| 16:0 | 8 | 18 |
| 16:1 | 9 | 8 |
| 18:0 | 2 | 2 |
| 18:1 | 29 | 17 |
| 18:2 | 2 | 1,5 |
| 18:3 | 0,5 | 0,5 |
| 18:4 | 0,4 | 3 |
| 20:1 | 22 | 9,5 |
| 20:4 | 0,5 | 0,5 |
| 20:5 | 2,5 | 9 |
| 22:1 | 14 | 11 |
| 22:5 | 1,5 | 1,5 |
| 22:6 | 3 | 7,5 |

Aufgrund der leichten Anfälligkeit dieser Fettsäuren gegenüber einer *Autoxidation sind Seetieröle nur nach einer *Fetthärtung und anschließender *Fettraffination als Speisefette verwendbar. Gehärtete Seetieröle werden in Backfetten sowie in Konserven und Trockensuppen verwendet. Bereits vor vielen Jahren wurde auf die Bedeutung der Eicosapentaen- (C20:5) und Docosahexaensäure (C22:6) (siehe *Omega-3-Fettsäuren) bei der Prophylaxe und Therapie der Arteriosklerose (Herzinfarkt) hingewiesen[1]. Relativ hohe Gehalte werden in Makrelen-, Thunfisch- und Lachsöl gefunden.
*Verwendung:* Bei den Inuit (Eskimos) der nördlichen Polargebiete als traditionelle Nahrungsfette, zu Beleuchtungszwecken, zum Kochen sowie als Lederfett, zur Herstellung von Sämischleder (Trangerberei), Lickern, Margarine, Seifen. Da Waltran infolge der Einstellung des kommerziellen Walfangs nicht mehr verfügbar ist, muß der Fettbedarf aus anderen Quellen – z.B. Jojobaöl als Substitut für Spermöl – gedeckt werden. – *E* marine oils
*Lit.:* [1] Aktuel. Ernähr. Med. **14** (1989); **15** (1990).
*allg.:* Belitz-Grosch-Schieberle (5.), S. 631f. – *[HS 1504]*

**Seezunge** (*Solea solea*). Beliebter, hochpreisiger *Plattfisch mit den Augen auf der linken Körperseite. Die Seezunge kommt nur in den europäischen Küstengewässern vor, fehlt im nördlichen Skandinavien. Bis maximal 60 cm und 3 kg. Ein ausgesprochen magerer Fisch mit charakteristischem Eigengeschmack. Zubereitung nach Entfernen der Haut fast nur in gebratener Form oder gegart als Seezungenröllchen. Spitzenfisch der Gastronomie. Weltfischfang 2000 nur 50000 t. – *E* sole – *[HS 0302 23]*

**Sehpurpur** siehe *Rhodopsin.

**Seifen** (von latein.: sapo).
1. Gewöhnlich bezeichnet man mit S. die wasserlösl. Natriumsalze od. Kaliumsalze der gesät. u. ungesätt. höheren *Fettsäuren, der Harzsäuren des *Kolophoniums (gelbe Harzseifen) u. der Naphthensäuren, die als feste od. halbfeste Gemische in der Hauptsache für Waschzwecke u. Reinigungszwecke verwendet werden. Salze der gleichen Säuren mit anderen Metallen, z.B. Calcium, Zink od. Barium, werden als Metallseifen bezeichnet, die als Gleitmittel bei der Kunststoff-Herst. od. als PVC-Stabilisatoren von Bedeutung sind.
Man unterscheidet *harte S.* (Kernseifen, Natronseifen, Toilettenseifen) auf Basis der Natriumsalze der Fettsäuren u. *weiche S.* (Schmierseifen, Kaliseifen) auf Basis der Kaliumsalze der Fettsäuren. Hochgetrocknete Natrium-S. können auch zu S.-Flocken od. S.-Nadeln verarbeitet werden.
*Eigenschaften:* S. sind in weichem Wasser gut lösl. u. bilden oberhalb der krit. Micell-Konz. Micellen, in hartem Wasser entstehen mit den Härtebildnern (Calcium-Ionen u. Magnesium-Ionen) schwerlösl. Salze. Beim Einsatz von S. als *Tenside in Formulierungen müssen daher auch Builder u. Cotenside mit eingearbeitet werden. Die oberflächenaktiven Eigenschaften der S. werden durch die Länge des

Fettsäure-Rests bestimmt u. sind im allg. weniger ausgeprägt als bei synthet. Tensiden. Als Salze schwacher Säuren u. starker Basen reagieren sie in Wasser alkalisch. Beim Einsatz dieser Emulgatoren muß berücksichtigt werden, daß durch hydrolyt. Spaltung der S. eine alkal. Reaktion eintritt, die der Haut abträglich sein kann u. daß S. in Ggw. von Elektrolyten zur Instabilität neigen. Dies kann zur Trennung der Emulsion führen.

Zur Herstellung siehe Literatur[1,2].

*Einteilung:* a) Toilettenseifen (Feinseifen): Wichtigster S.-Typ für die Körperreinigung, hergestellt aus hochwertigen Fetten (für gute Schäumeigenschaften sind 20–50% Kokosöl erforderlich, dazu kommen Rindertalg, Palmöl u. Olivenöl), mit einem Fettsäureanteil (bevorzugt $C_{12-14}$-Fettsäuren) von mind. 80%. Weitere Inhaltsstoffe sind Überfettungsmittel (Rückfettungsmittel) wie Fettalkohole, Glycerol, Lanolin, Mandelöl od. Fettsäureethanolamide, kosmet. Farbstoffe, Titandioxid (für die Brillanz), Parfümöle, Antioxidantien u. Komplexbildner

b) Spezielle Seifen-Typen:

*Luxusseifen* – enthalten bis zu 5% Parfümöle.

*Cremeseifen, Babyseifen* – enthalten bes. viel Überfettungsmittel, letztere wenig Parfümöle u. zusätzlich pflanzliche Wirkstoffe, z.B. auf Basis Kamille od. Calendula.

*Hautschutzseifen* – enthalten wenig Parfümöle, viel Rückfettungsmittel, zusätzlich Proteine u. substantive Hautschutzstoffe zum Schutz gegen Berufsdermatosen.

*Deoseifen* – enthalten Wirkstoffe, wie 3,4,4′-Trichlorcarbanilid (Triclocarban), die das für die Geruchsbildung aus Schweiß verantwortliche Bakterienwachstum hemmen.

*Rasierseifen* u. *Rasiercremes* – Gemisch von Natrium-S. u. Kalium-S. mit einem Feuchthaltemittel (Glycerol) u. Parfümölen.

*Abrasivseifen, Sandseifen, Scheuerseifen* – enthalten zur mechan. Entfernung von hartnäckigem Schmutz Abrasivstoffe, wie Bimssteinmehl, Sand od. Kunststoffmehl.

*Medizinische Seifen* – enthalten Desinfektionsmittel od. pharmazeut. Wirkstoffe. Medizin. S. haben den Anforderungen des Dtsch. Arzneibuchs od. anderer Arzneibücher zu entsprechen (sapo medicatus). Des weiteren bezeichnet man aber auch S. auf Basis von Alkalisalzen höherer Fettsäuren, denen Wirkstoffe zugesetzt werden, die neben einer Hautwaschung od. Haarwaschung eine heilende Wirkung ausüben sollen, z.B. die Teerseifen, als medizin. Seifen.

*Flüssigseifen* – Kalium-S. mit einem Fettsäureanteil von 15–20% (überwiegend Kokosfettsäuren u. Ölsäure), vorzugsweise in S.-Dispensern verwendet. Flüssige S. sind auf eine höhere Viskosität eingestellte wäss. Lsg. von synthet. Tensiden, denen meist Farbstoffe u. Riechstoffkompositionen zugesetzt werden.

*Schmierseifen* – Kalium-S. von streichfähiger Konsistenz.

*Schwimmseifen* – S., d.h. Alkalisalze höherer Fettsäuren (meist Natriumsalze), deren spezif. Gew. unter 1 g/cm$^3$ liegt, so daß sie auf der Wasseroberfläche „schwimmen". Schwimmseifen erhält man, wenn man beim Pilieren der S. Luft einarbeitet od. wenn man beim Überführen der fertigen S.-Schnitzel in den S.-Strang dafür sorgt, daß im Innern des S.-Stranges ein Luftraum entsteht.

*Kernseifen* – veraltete Bez. für „feste S.", die beim Sieden (Kochen) von Talg od. ähnlichen Fetten od. Ölen mit Natronlauge entstehen. Kernseifen werden prakt. nicht mehr zur Hautwaschung verwendet.

c) siehe *Syndets.

*Physiologie:* Beim Reinigen der Haut mit S.-Lsg. wird die Hautatmung dadurch normalisiert, daß Pigmentschmutz, Hauttalgstauungen, Puderreste u. Cremereste aus den Poren entfernt werden. Die S. greifen den Fettmantel der Haut an, während der Einfluß des S.-Alkalis auf den – auch schon beim Waschen mit reinem Wasser angegriffenen – Säuremantel der Haut bei reichlicher Nachspülung nach dem Waschen in 30 min ausgeglichen ist. Auch die Quellwirkung einer S.-Lsg. auf die Haut ist im gesunden Zustand ohne jegliche Bedeutung, kann aber im krankhaften Zustand zum Austrocknen u. zur Rißbildung führen.

S. mit höheren Anteilen an kurzkettigen, gesätt. Fettsäuren können zu Hautreizungen führen; allerg. Hautreaktionen werden jedoch eher durch die verwendeten Parfümöle u. Zusatzstoffe als durch die eigentlichen S.-Bestandteile ausgelöst. Durch Auswahl der Fettsäuren u. durch Zusatz von rückfettend wirkenden Substanzen können Hautirritationen, die vorwiegend durch die alkal. Reaktion der S.-Lsg. hervorgerufen werden, erheblich reduziert werden. Echte Irritationen sind selten u. treten nur noch dann auf, wenn nach der Hautwaschung nicht für eine ausreichende Spülung, der oft substantiv aufziehenden S.-Reste gesorgt wird[3].

*Umweltaspekte:* S. sind biolog. gut abbaubar. Dies läßt sich jedoch nur durch Einsatz aufwendiger Analytik (z.B. Umwandlung der zuvor angereicherten Natriumsalze der Fettsäuren in deren Methylester, deren gaschromatograph. Trennung u. FID) verfolgen, da S. nicht Methylenblau-aktiv sind. – *E* soaps

*Lit.:* [1]Stanzl, K., *Parfüm. Kosmet.*, (1990) **71**, 696–703. [2]Raschper, H. G., *SÖFW J.*, (1993) **119**, 350–353. [3]Korting, G. W., *Dermatologie in Praxis und Klinik*, Thieme: Stuttgart, (1980); Kapitel 7–26.
*allg.:* Ullmann (5.). **A24**, 247–266 ▪ Umbach (2.), S. 94–105 – [HS 3401 11, 3401 19, 3401 20]

**Seim** siehe *Obstkraut.

**Sekishon** siehe *Asarone.

**Sekt** siehe *Schaumweine (Typen).

**Sekundärfluoreszenz** siehe *Fluoreszenzspektroskopie.

**Sekundärweichmacher** siehe *Weichmacher.

**Sekundasprit** siehe *Ethanol.

**Selbstglanzpflegemittel** siehe *Fußbodenpflegemittel.

**Selchen** siehe *Räuchern.

**Selection** siehe *Wein-Qualitätsstufen.

**Selen** (chem. Symbol Se). Halbmetall. Element der 16. Gruppe des Periodensystems, Atomgew. 78,96, Ordnungszahl 34. Natürliche Isotopen (Häufigkeit in Klammern): 74 (0,9%), 76 (9,0%), 77 (7,6%), 78 (23,6%), 80 (49,7%), 82 (9,2%).

*Vorkommen:* Selen gehört zu den weniger häufigen Elementen; der Anteil an den obersten 16 km der festen Erdkruste wird auf nur 0,09 ppm geschätzt.

*Lebensmittel:* Selen kommt in pflanzlichen und tierischen Eiweißen als Selenocystein und *Selenomethionin* vor. Besonders Selen-reich sind Innereien (Leber: 21–56 µg/100 g, Niere: 40–206 µg/100 g, Milz: 31–35 µg/100 g), rotes Muskelfleisch (Schweinefleisch: 12 µg/100 g, Rindfleisch: 5,4 µg/100 g, Hühnerfleisch: 11 µg/100 g), Meerestiere (Meeresfisch: 10–80 µg/100 g, Süßwasserfisch: 20–45 µg/100 g), Paranüsse (103 µg/100 g), Haferflocken (9,7 µg/100 g), Hülsenfrüchte (1,3–19 µg/100 g), Bierhefe (8–90 µg/100 g) und Eier (10 µg/100 g). Niedrigere Selen-Gehalte finden sich in Milch (1,4 µg/100 g) und Milchprodukten, Brot (Roggenbrot: 3 µg/100 g, Weißbrot: 5 µg/100 g), Kartoffeln (1,5 µg/100 g), Gemüse (Blumenkohl: 0,9 µg/100 g, Zwiebel: 1,5 µg/100 g) und Obst (Apfel: 1,4 µg/100 g, Erdbeere: 1,3 µg/100 g)[1]. Landwirtschaftliche Nutztiere und Geflügel werden in der EU mit Selen in Mineralstoffmischungen (bis zu 500 µg Selen/kg Körpergewicht/Tag) versorgt. Bei pflanzlichen Lebensmitteln korrelieren Selen- und Protein-Gehalt[2]. Ausnahmen stellen Pflanzen dar, die Selen akkumulieren.

Trinkwasser enthält meist unter 1 µg Selen/L. Laut § 6 der *Trinkwasser-Verordnung in Verbindung mit Anlage 2 Teil I liegt der Grenzwert bei 0,01 mg Selen/L. An der täglich zugeführten Selen-Menge sind Schweinefleisch, Rindfleisch und Hühnerfleisch zu 28,1%, Wurst und Fleischwaren zu 7,7%, Fisch und Fischwaren zu 9,7%, Brot und Backwaren zu 7,5%, Eier zu 13,3%, Milch und Milchprodukte zu 6,4%, Gemüse und Kartoffeln zu 6,9%, Nährmittel zu 6,9% sowie Getränke und Sonstiges zu 13,5% beteiligt. Geogen bedingt weisen die Böden in Mitteleuropa, Neuseeland und anderen Regionen der Welt einen niedrigen Selen-Gehalt auf. In Finnland wurden die Böden in den 80er Jahren durch eine Ergänzung des landwirtschaftlichen Düngers mit Selen angereichert.

*Physiologie:* Selen ist ein essentielles *Spurenelement für Höhere Tiere u. den Menschen. Alimentär zugeführtes Selen wird zu 50–90% resorbiert. Im Duodenum wird Selen aus pflanzlichen Lebensmitteln vorwiegend als Selenomethionin über ein Natrium-abhängiges Aminosäure-Transportsystem aufgenommen. Selenit wird vermutlich über den Natriumsulfat-Cotransporter im Gastrointestinal-trakt, Selenat über ein aktives Aufnahmesystem resorbiert. Selenomethionin wird direkt und statistisch anstelle des *Methionins in Proteine eingebaut. Daher ist Selen aus Selenomethionin erst nach dem Abbau der entsprechenden Proteine bioverfügbar. Selenit und Selenat, Vorstufen zur Synthese von Selenocystein, sind direkt verfügbar; Selenocystein muss zunächst durch die Selenocystein-Lyase (EC 4.4.1.16) abgebaut werden. Die Ausscheidung erfolgt zu ähnlichen Teilen mit dem Urin und dem Stuhl, in geringem Umfang auch über die Haut; etwa 1% wird als Dimethylselen (knoblauchartiger Geruch nach verfaultem Rettich) abgeatmet.

Die höchsten Selen-Gehalte weisen endokrine Organe, Gonaden (insbesondere Testis), Gehirn, Thrombocyten und rote Muskeln auf. Mehr als 45% des gesamten Körperbestandes sind im Skelettmuskel, etwa 26% in Knochen, Haut und Darm sowie 8% in der Leber lokalisiert. Die Normalwerte für Selen im Serum liegen bei 0,7–1,3 µmol/L. Die Leukocyten weisen von den Blutzellen den höchsten Selen-Gehalt auf. 50–70% des Plasma-Selens sind im Selenoprotein P enthalten, das von der Leber sezerniert wird.

*Biochemische Funktionen:* Selen ersetzt in Proteinen einen Teil des Schwefels in *Cystein u. Methionin. Als Bestandteil Selenocystein-haltiger Enzyme ist Selen über *Glutathion-Peroxidasen am Abbau von Wasserstoffperoxid, von niedermolekularen Hydroperoxiden und von Phospholipid-Hydroperoxiden, über Deiodasen an der Aktivierung des Prohormons Thyroxin zum Schilddrüsenhormon 3,3′,5-Triiod-L-thyronin sowie über die Selenophosphat-Synthase an der Kontrolle des ersten Schrittes der Biosynthese anderer Selenoproteine beteiligt. Selenocystein-haltige Thioredoxin-Reduktasen vermitteln direkt oder über Thioredoxin die Protein-Faltung durch eine Reduktion von Disulfid-Brücken, regulieren redoxsensitive Transkriptionsfaktoren und sind an der DNA-Biosynthese beteiligt.

Ferner gibt es Hinweise dafür, daß Selenoprotein P und andere Selenoproteine antioxidative Eigenschaften besitzen. Eine anticancerogene oder chemopräventive Rolle von Selen bei Krebserkrankungen wird diskutiert[3]. Weiterhin ist Selen für das Immunsystem, wahrscheinlich aufgrund seiner antioxidativen Funktion, bedeutsam. Selenat wird eine Insulin-imitierende Wirkung, ähnlich der des Vanadats zugeschrieben. Beim Schutz von Lipiden vor einer Oxidation scheint eine synergistische Beziehung des Selens zu den Tocopherolen zu bestehen.

*Ernährungsphysiologie:* Der Selen-Bestand des Erwachsenen liegt bei 10–15 mg. In Deutschland beträgt die durchschnittliche Selen-Zufuhr etwa 30 µg/Tag für die Frau und 41 µg/Tag für den Mann. Der Schätzwert für eine angemessene Zufuhr liegt für Jugendliche und Erwachsene ab 15 Jahren sowie für Schwangere und Stillende bei 30–70 µg Selen/Tag.

*Mangel:* Eine Selen-Unterversorgung wurde bei der Keshan-Krankheit[4], bei der langfristigen totalen parenteralen Ernährung von Neugeborenen, bei speziellen Diäten (zum Beispiel Phenylketonurie-Diät) und bei Absorptionsstörungen (Mukoviszidose, Kurzdarmsyndrom) beobachtet. Zu den Risikogruppen für Selen-Mangel zählen auch Personen mit einseitiger Ernährung wie beispielsweise Veganer. Die in einer Selen-Mangelregion in China aufgetretene Keshan-Krankheit, eine Kardiomyopathie, konnte durch die Zufuhr von 13–19 µg Selen/Tag verhindert werden. Im Tierversuch konnte gezeigt werden, daß die Virulenz des Coxsackievirus bei Selen-Mangel eine erhebliche Steigerung erfährt und so eine Kardiomyopathie auslösen kann. Bei parenteral ernährten Neugeborenen kam es zu Kardiomyopathie, Leberschäden oder Muskelschmerzen und Muskelverhärtung. Die Kashin-Beck-Erkrankung, eine Osteochondropathie, die zu schweren Gelenkdeformationen und Arthrose führt, wird mit einem Selen-Mangel, aber auch mit einem Iod-Mangel und Mykotoxinen, in Zusammenhang gebracht. Aus epidemiologischen Studien gibt es Hinweise, daß ein niedriger Selen-Status mit einem erhöhten Herz-Kreislauf-Erkrankungsrisiko korreliert.

*Nahrungsergänzungsmittel:* Zur Anreicherung von *Nahrungsergänzungsmitteln sind Natriumselenat, -hydrogenselenit und -selenit europaweit zugelassen (Anlagen 1 und 2 Nahrungsergänzungsmittelverordnung – NemV). In Nahrungsergänzungsmitteln ist Selen sowohl in Einzelpräparaten als auch in Kombination mit anderen Mineralstoffen und Vitaminen unter anderem in Form von Selenhefe, Bierhefe, Natriumselenat und Natriumselenit im Handel. Die durch den Lebensmittelausschuß der EU (SCF) abgeleiteten tolerierbaren Obergrenzen für die tägliche Aufnahme (*UL) aus allen Nahrungsquellen betragen für Kinder 60 µg Selen/Tag (1–3 Jahre), 90 µg/Tag (4–6 Jahre) und 130 µg/Tag (7–10 Jahre), für Jugendliche 200 µg/Tag (11–14 Jahre), 250 µg/Tag (15–17 Jahre) und für Erwachsene ab 18 Jahren 300 µg/Tag[5]. Da repräsentative Daten über die Selen-Aufnahme in Deutschland nicht vorliegen und damit auch kein tolerierbarer Gehalt in der Tagesration eines Nahrungsergänzungsmittels berechnet werden kann, empfiehlt das BfR Obergrenzen von 30 µg Selen/Tagesration eines Nahrungsergänzungsmittels (nicht für Kinder unter 7 Jahren).

*Toxikologie:* Akute Selen-Intoxikationen (250 mg Selen/Tag) führen zu Übelkeit, Erbrechen, Nagelveränderungen, Haarausfall und einem nach Knoblauch riechenden Atem[5]. Bei akuten sowie langfristigen, therapeutisch indizierten und ärztlich kontrollierten Selen-Gaben von 200–400 µg/Tag wurden keine toxischen Effekte beobachtet. Dagegen kam es in China durch die längerfristige Aufnahme von etwa 5000 µg Selen/Tag nach einer regionalen Kontamination mit Verhüttungsasche zur sogenannten Selenose. Personen mit Selenose wiesen Blutwerte von mehr als 1000 µg Selen/L auf; außerdem traten die oben angegebenen Erscheinungen auf. Arsen wirkt als Antidot bei Selen-Vergiftungen und umgekehrt.

Für Selen und seine anorganischen Verbindungen beträgt der MAK-Wert (2004) 0,05 mg/m³ (einatembare Fraktion), für Selenwasserstoff 0,05 mg/m³ bzw. 0,015 ppm. Nach der MAK-Werte-Liste (2004) sind beide Gruppen außerdem eingestuft in Kategorie 3B (krebserzeugend) und Gruppe C (Schwangerschaft). Zur Genotoxizität von Selen siehe Literatur[6].

*Nachweis:* Mit Natriumphosphinat (Thieles Reagenz); zur Spurenbestimmung eignen sich 3,3′,4,4′-Tetraaminobiphenyl, das mit Se(IV) eine Piazselenol genannte Verb. liefert (UV-spektralphotometrische Bestimmung bei 334 nm), 2,3-Diaminonaphthalin (525 nm), Methylenblau u.a. Verb. (vgl. Literatur[7]). Bestimmungen sind auch möglich mit der Neutronenaktivierungsanalyse u. Isotopenverdünnungsanalyse; zu den Meth. zur Untersuchung von biolog. Proben s. Literatur[8,9].

Die Bestimmung von Selen in Lebensmitteln erfolgt nach Veraschen der Probe vornehmlich mittels Atomabsorptionsspektrometrie (AAS) bei 196,0 nm[10].

*Verwendung: Kosmetische Mittel:* Laut § 1 der *Kosmetik-Verordnung in Verbindung mit Anlage 1 (laufende Nr. 297) dürfen Selen und seine Verbindungen mit Ausnahme von Selendisulfid zum Herstellen und Behandeln von Kosmetika nicht verwendet werden. Selendisulfid ist nach § 2 der Kosmetik-Verordnung in Verbindung mit Anlage 2 Teil A Nr. 49 in Antischuppenshampoos mit einer Höchstkonzentration von 1% (Hinweis: „Enthält Selendisulfid. Kontakt mit den Augen und gereizter Haut vermeiden") zugelassen. – *E* selenium

*Lit.:* [1]Souci et al. (6.), S. 12, 147, 203, 401, 453, 541, 605, 612, 639, 694, 754, 809, 873, 908, 1024, 1129. [2]Acta Nutrimenta Sinica **8**, 27 (1986). [3]Whanger, P. D., *Br. J. Nutr.*, (2004) **91**, 11. [4]Adv. Nutr. Res. **6**, 203–231 (1984). [5]SCF, *Opinion of the Scientific Committee on Food on the Tolerable Upper Intake Level of Selenium*, 28.11.2000, S. 5, 11; http://europa.eu.int/comm/food/fs/sc/scf/out80g_en.pdf. [6]Shamberger, R. J., *Mutat. Res.*, (1985) **154**, 29. [7]Fries-Getrost, S. 314–317. [8]Angew. Chem. **97**, 446f. (1985). [9]Townshend (Hrsg.), Encyclopedia of Analytical Science, S. 4567–4583, London: Academic Press 1995. [10]Welz, B.; Sperling, M., *Atomabsorptionsspektrometrie*, Wiley-VHC: Weinheim, (1997); S. 586. *allg.:* Biesalski, H. K.; Köhrle, J.; Schümann, K., *Vitamine, Spurenelemente und Mineralstoffe*, Thieme: Stuttgart, (2002); S. 161 ▪ Bundesinstitut für Risikobewertung (BfR), *Verwendung von Mineralstoffen in Lebensmitteln. Toxikologische und ernährungsphysiologische Aspekte, Teil II*; BfR-Wissenschaft 04/2004; BfR: Berlin, (2004); http://www.bfr.bund.de ▪ Bundesinstitut für Risikobewertung (BfR), *Selenverbindungen in Nahrungsergänzungsmitteln*, Stellungnahme Nr. 015/2005 vom 17.12.2004; http://www.bfr.bund.de – [HS 2804 90; CAS 7782-49-2; G 6.1]

**Selenomethionin** siehe *Selen und *Methionin.

**Sellerie** (Eppich, Geilwurz). In Südeuropa heimisch, jedoch in ganz Europa, Westasien, Indien, Amerika und Afrika angebaute, ein- oder zweijährige Gewürzpflanze [*Apium graveolens* L. var. *rapaceum* (Mill.) Gaud., Apiaceae]. Bereits im alten Ägypten wohl für kultische Zwecke genutzt. Kam im frühen Mittelalter aus Italien nach Deutschland. Der Sellerie wird in verschiedenen Anbauarten wegen der *Knolle* (Knollen-Sellerie), der *Blattstiele* (Bleich-Sellerie; Aufzucht unter Lichtabschluß, daher Chlorophyll-Mangel) oder der *Blätter* (Schnitt-Sellerie) als würziges Küchenkraut und -gemüse geschätzt. Das Kraut wird als Suppenbeigabe verwendet, die Früchte dienen zum Würzen von Konserven u., aus den Knollen kann man Salate und Gemüsespeisen zubereiten. Sellerie-Salz ist ein Gemisch aus Kochsalz und fein zerkleinerten, getrockneten Sellerie-Samen bzw. einem Sellerieknollen-Auszug. Die Wurzeln des wilden Selleries können wegen des ähnlichen Geruchs leicht mit denen des giftigen Wasser-Schierlings verwechselt werden.

*Zusammensetzung:* Die Sellerieknollen enthalten in 100 g eßbarem Anteil ca. 1,55 g Eiweiß, 0,3 g Fett, 2,3 g Kohlehydrate und 88,6 g Wasser; daneben kleine Mengen an Bitterstoffen, Chlorogensäure, Kaffeesäure, Tyrosin, Cholin, Asparagin und etherischem Öl, welches vermehrt in den Blättern und besonders in den Samen auftritt (Details siehe *Sellerieöl). Über die Identifizierung von Phthaliden[1-3] und *Furocumarinen (Psoralene)[4,5] wurde berichtet. Letztere sind für Hautentzündungen bei Selleriearbeitern verantwortlich[6,7]. Personen mit Allergien gegen Beifuß- und Birkenpollen reagieren häufig auch auf Sellerie überempfindlich[8-10]. Die oft behauptete aphrodisierende Wirkung des Selleries könnte – wenn nicht bloß auf die Symbolträchtigkeit der Knollenformen – allenfalls auf Diurese-fördernde Bestandteile des etherischen Öls zurückgehen. Sellerie-Blätter enthalten außerdem Apiin. Selleriepflanzen bilden bei Infektionen *Phytoalexine aus der Gruppe der Furocumarine. – *E* celery

*Lit.:* [1] Tang, J.; Zhang, Y.; Hartman, T. G.; Rosen, R. T.; Ho, C. T., *J. Agric. Food Chem.,* (1990) **38**, 1937–1940. [2] Pino, J. A.; Rosado, A.; Fuentes, V., *J. Essent. Oil Res.,* (1997) **9**, 719–720. [3] Bartschat, D.; Beck, T.; Mosandl, A., *J. Agric. Food Chem.,* (1997) **45**, 4554–4557. [4] Jarvenpaa, E. P.; Jestoi, M. N.; Huopalahti, R., *Phytochem. Anal.,* (1997) **8**, 250–256. [5] Lombaert, G. A.; Siemens, K. H.; Pellaers, P.; Mankotia, M.; Ng, W., *J. AOAC Int.,* (2001) **84**, 1135–1143. [6] Scheel, L. D.; Perone, V. B.; Larkin, R. L.; Kupel, R. E., *Biochemistry,* (1963) **338**, 1127–1131. [7] Seligman, P. J.; Mathias, C. G.; O'Malley, M. A.; Beier, R. C.; Fehrs, L. J.; Serrill, W. S.; Halperin, W. E., *Arch. Dermatol. Res.,* (1987) **123**, 1478–1482. [8] Wüthrich, B.; Stäger, J.; Johansson, S. G. O., *Allergy,* (1990) **45**, 566–571. [9] Vieths, S.; Brockmann, S.; Schöning, B., *Allergologie,* (1992) **15**, 367–379. [10] Vieths, S., *Environ. Toxicol. Pharmacol.,* (1997) **4**, 61–70.

*allg.:* Herrmann, K., *Inhaltsstoffe von Obst und Gemüse*, Ulmer: Stuttgart, (2001); S. 98, 122, 130, 134 ■ Souci et al. (6.) ■ Ullmann (5.) **A11**, 220 – *[HS 0709 40, 0706 90]*

**Sellerieöl** (FEMA 2271). Farbloses, charakteristisch riechendes Öl, $d_{20}^{20}$ 0,867–0,908; $n_D^{20}$ 1,4780-14880; $[\alpha]_D^{20}$ +65° bis +78°, SZ unter 4, Esterzahl über 30, in Wasser wenig löslich, in 10 Vol. 90%igen Ethanols vollständig löslich. Das aus den Samen des wildwachsenden *Selleries in 2–2,5% Ausbeute durch Wasserdampfdestillation gewinnbare Sellerieöl enthält ca. 60% *Limonen, 15–

20% α- und β-Selinen. Weitere Bestandteile sind β-*Pinen (0,5–0,9%), α-Pinen (0,1–0,2%), Myrcene (0,8–1,2%), Caryophyllene (0,1–0,5%). Wesentlich für den typischen organoleptischen Eindruck sind *Phthalide[1-3] wie z.B. *3-Butylphthalid* [ca. 3%, $C_{12}H_{14}O_2$, $M_R$ 190,24, Sdp. 177–178°C (15 hPa)] und *Sedanenolid* (ca. 5%, $C_{12}H_{16}O_2$, $M_R$ 192,26). Weitere Phthalide sind 3-Isobutylidenphthalid, 3-Butylidenphthalid (Ligusticum Lacton), 3-Butylhexahydrophthalid, 3-Isobutyliden-3a,4-dihydrophthalid, 3-Butyliden-3a,4,5,6-tetrahydrophthalid (Sedanolid) und 3-Butyliden-4,5-dihydrophthalid (Ligustilid), siehe auch *Phthalide.

3-Butylphthalid                 Sedanenolid

*Verwendung:* Zum Würzen von Speisen, Backwerk, Selleriesalz, als Diuretikum, Zusatz zu Getränken und unangenehm schmeckenden Arzneimitteln, auch für Herrenparfüms. Antimikrobielle Eigenschaften von Sellerieöl sind beschrieben[4,5]. – *E* celery oil

*Lit.:* [1] Ludwiczuk, A.; Najda, A.; Wolski, T.; Baj, T., *J. Planar Chromatogr.,* (2001) **14**, 400–404. [2] Chowdhury, A. R.; Kapoor, V. P., *J. Med. Aromat. Plant Sci.,* (2000) **22**, 621–623. [3] Teuscher, E., *Gewürzdrogen*, Wissenschaftliche Verlagsgesellschaft: Stuttgart, (2003); S. 346–351. [4] Momin, R. A.; Nair, M. G., *J. Agric. Food Chem.,* (2001) **49**(1), 142–145. [5] Momin, R. A.; Ramsewak, R. S.; Nair, M. G., *J. Agric. Food Chem.,* (2000) **48**(9), 3785–3788.

*allg.:* Bauer et al. (4.), S. 182–183 – *[HS 3301 29; CAS 8015-90-5 (Sellerieöl); 6066-49-5 (3-Butylphthalid); 62006-39-7 (Sedanenolid)]*

**Selter(s)wasser** siehe *Tafelwasser.

**Semicarbazid** (Hydrazincarboxamid, Carbamidsäurehydrazid, SEM).

$CH_5N_3O$, $M_R$ 75,07. Farblose, prismatische Kristalle, Schmp. 96°C, leicht löslich in Wasser und Ethanol, unlöslich in Ether, Benzol. Semicarbazid zerfällt in der Hitze in Hydrazin ($H_2N-NH_2$) und 1,2-Hydrazindicarboxamid ($H_2N-CO-NH-NH-CO-NH_2$).

*Vorkommen in Lebensmitteln:* Für die Kontamination von Lebensmitteln mit Semicarbazid sind verschiedene Eintragswege zu berücksichtigen. Die Migration von Semicarbazid als Abbauprodukt von *Azodicarbonamid aus Dichtungen der Metalldeckel von Gläsern und Flaschen stellt die größte bekannte Kontaminationsquelle dar[1]. In diesem Fall entsteht Semicarbazid durch den thermischen Abbau von Azodicarbonamid, einem Treibmittel zum Aufschäumen der Kunststoffdichtungen. Diese Dichtungsmassen werden verwendet, um eine hohe mikrobiologische Sicherheit der in Glas verpackten Lebensmittel zu gewährleisten, womit eine besondere Bedeutung für Babynahrung einhergeht.

Eine statistische Auswertung von Gehalten in Babygläschen (Zeitraum 2003–2004) ergab einen mittleren Semicarbazid-Gehalt von 13 μg Semicarbazid pro kg Lebensmittel. Daneben wurden weitere, allerdings unbedeutendere Expositionsquellen identifiziert. Semicarbazid kann auch in Lebensmitteln aus Mehl, dem Azodicarbonamid als Teigverbesserer (siehe *Mehlverbesserung) zugesetzt worden ist, gefunden werden[2], wobei diese Nutzung von Azodicarbonamid in der EU nicht erlaubt ist. Semicarbazid wird offenbar auch als Reaktionsprodukt von Hypochlorit mit Lebensmittelzusatzstoffen wie *Carrageen und mit Lebensmitteln wie Eiweißpulver gebildet[3]. Schließlich kann Semicarbazid in niedrigen Konzentrationen auch natürlich vorkommen, in geringen Konzentrationen beim Trocknen einiger Lebensmittel entstehen und auch aus bisher noch unbekannten Quellen stammen. Semicarbazid ist ein Metabolit des Tierarzneimittels Nitrofural (in der EU verboten).

*Toxikologie:* Zur umfangreichen toxikologischen Bewertung, vgl. Literatur[1].

Die akute Toxizität bei Mäusen und Ratten ist hoch: $LD_{50}$ (Ratte i.p.) 212 mg/kg, Maus (oral, i.p., i.v.) 123–176 mg/kg. Semicarbazid ist bei Mäusen carcinogen, nicht jedoch bei Ratten. Die Daten zur Gentoxizität deuten darauf hin, daß Semicarbazid in einigen *in-vitro*-Testsystemen mutagen, jedoch nicht klastogen ist, insbesondere bei fehlendem exogenen Stoffwechselsystem. *In vivo* wurden negative Ergebnisse in Untersuchungen auf DNA-Schädigungen in Leber und Lunge von Mäusen sowie im Mikrokerntest bei der Maus berichtet.

Semicarbazid wird von der *EFSA als ein schwaches, nicht-gentoxisches Carcinogen eingestuft, für das ein Schwellenmechanismus angenommen werden kann. Es besteht ein großer Sicherheitsabstand von mindestens fünf Größenordnungen zwischen der Dosis, die bei Versuchstieren Tumoren verursacht, und der Exposition von Menschen[1].

*Recht:* Die EU-Kommission hat aus Vorsorgegründen die Richtlinie 2004/1/EG[4] erlassen, wonach seit dem 02.08.2005 Azodicarbonamid in Materialien, die mit Lebensmitteln in Berührung kommen, nicht mehr verwendet werden darf. Die Industrie wurde aufgefordert, alternative Technologien für das Schäumen von Dichtmassen zu entwickeln, die zur Reduktion bzw. Vermeidung der Semicarbazid-Belastung in Lebensmitteln, insbesondere bei Babykost, führen, bei Einhaltung des hohen Standards für die mikrobielle Sicherheit der Lebensmittel. – *E* semicarbazide

*Lit.:* [1]EFSA, *Gutachten des Wissenschaftlichen Gremiums AFC über das Vorkommen von Semicarbazid (SEM) in Lebensmitteln*, vom 30.06.2005; http://www.efsa.eu.int/science/afc/afc_opinions/1005_de.html. [2]Pereira, A. S.; Donato, J. L.; De Nucci, G., *Food Addit. Contam.*, (2004) **21**, 63–69. [3]Hoenicke, K.; Gatermann, R.; Hartig, L.; Mandix, M.; Otte, S., *Food Addit. Contam.*, (2004) **21**(6), 526–537. [4]Richtlinie 2004/1/EG der Kommission vom 06.01.2004 zur Änderung der Richtlinie 2002/72/EG betreffend die Aussetzung der Verwendung von Azodicarbonamid als Treibmittel (Amtsblatt der EU Nr. L 007, S. 45).

*allg.:* Beilstein EIV **3**, 177 ▪ Bundesinstitut für Risikobewertung (BfR), *Semicarbazid als Kontaminante in glasverpackten Lebensmitteln*, Vorläufige Bewertung des BfR vom 31.07.2003; http://www.bfr.bund.de ▪ Bundesinstitut für Risikobewertung (BfR), *Semicarbazid in Lebensmitteln*, Ergänzende Stellungnahme des BfR vom 15.10.2003; http://www.bfr.bund.de ▪ IARC, Hrsg., *Overall Evaluations of Carcinogenicity: An Updating of IARC Monographs Volumes 1 to 42*; IARC Monographs on the Evaluation of Carcinogenic Risks to Humans Supplement 7; IARC: Lyon, (1987); S. 71 ▪ Ullmann (5.) **A13**, 189 – [HS 2928 00; CAS 57-56-7 (Semicarbazid); 563-41-7 (Semicarbazidhydrochlorid)]

**Seminose** siehe *Mannose.

**Semipermanente Haarfärbemittel** (Haartönungsmittel, Tönungen). Im Gegensatz zu *temporären Haarfärbemitteln verleihen semipermanente Haarfärbemittel[1,2] dem Haar stärker ausgeprägte und etwas haltbarere Färbungen, die bis zu acht Haarwäschen beständig sind. Im allgemeinen Sprachgebrauch werden diese Färbemittel auch als *Haartönungsmittel* oder kurz *Tönungen* bezeichnet. Um die erwähnte Haltbarkeit zu erreichen, müssen geeignete Farbstoffe entweder entsprechend tief in den Faserstamm (Cortex) des Haares eindringen können oder eine hohe Affinität zur Oberfläche des Haares besitzen ohne in die Struktur des Haares chemisch einzugreifen. Diese Farbstoffe werden Direktfarbstoffe oder auch Direktzieher genannt. Bei diesen ist eine Unterscheidung in nichtionische, kationische und anionische sinnvoll.

Von größter Bedeutung sind die so genannten Nitro-Farbstoffe wie zum Beispiel 2-Nitro-1,4-phenylendiamin, Nitroanilin oder 4-Amino-3-nitrophenol sowie ihre Derivate[3,4]. Den meisten Vertretern dieser Klasse liegt Nitrobenzol zugrunde, das einen oder zwei (zueinander meist *p*-ständige) Elektronendonor-Substituenten (Auxochrome) trägt. Der große Vorteil von Nitro-Farbstoffen ist ihre geringe relative Größe und der normalerweise nichtionische Zustand. Sie zeigen deshalb nur schwache Wechselwirkungen mit der anionischen Oberfläche des Haares und können verhältnismäßig tief ins Haar penetrieren. Färbungen bis in den äußeren Faserstamm des Haares sind üblich, vollständige Durchfärbung des Haares läßt sich bei erhöhter Einwirkzeit von mehr als 45 Minuten erreichen.

Aus der Klasse der kationischen Farbstoffe sind vor allem die Arianor®-Typen[3] erwähnenswert. Es handelt sich dabei um Azo- oder Chinonimin-Verbindungen mit quartären Ammonium-Gruppen. Der räumliche Anspruch und die positive Ladung dieser Farbstoffe verhindert zwar ein tiefes Eindringen in den Faserstamm, aber durch die elektrostatische Wechselwirkung mit der anionischen Haaroberfläche werden dennoch Färbungen erreicht, die mehrere Haarwäschen überstehen können. Dieser Farbstofftyp zieht naturgemäß an den meist poröseren Haarspitzen mit der erhöhten negativen Ladungsdichte besonders gut auf. Die Kombination aus kationischen und nichtionischen Direktfarbstoffen sorgt dafür, daß über das gesamte Haar, unabhängig vom Ladungszustand, eine möglichst gleichmäßige Haarfärbung erzielt wird.

Semipermanente Haarfärbemittel finden in den verschiedensten Einsatzgebieten Anwendung. Die Palette reicht von Tönungsfestigern und Tönungsschäumen (Mousse), die auf dem Haar verbleiben, über leicht färbende Shampoos bis hin zu gel- oder cremeartigen Präparaten mit hoher Farbstoffkonzentration. Letztere werden nach einer geeigneten Einwirkzeit wieder abgespült. Die typische pH-Wert-Einstellung für Tönungsmittel liegt im neutralen bis schwach sauren Bereich. Zusätze von Glycolethern, Cyclohexanol oder *Benzylalkohol sowie deren Derivate in den Zubereitungen zeigen oft Carrier-Wirkung[3] und fördern die Penetration und das Aufziehen.

Die anionischen Farbstoffe, von denen viele im Lebensmittelsektor Verwendung finden[4,6], nehmen eine Sonderstellung ein. Unter neutralen pH-Wert-Bedingungen sind die Sulfonsäure-Gruppen dieser Direktfarbstoffe vollständig deprotoniert und liegen wie die sauren Gruppen der Haaroberfläche als Anionen vor. Die elektrostatische Abstoßung der Anionen verhindert ein brauchbares Aufziehen der Farbstoffe. Erniedrigt man jedoch den pH-Wert des Präparates auf etwa 2–3, wird das Gleichgewicht in Richtung der nicht-dissoziierten Säuren verschoben und damit die negative Ladungsdichte verringert. Bestimmender Parameter für die Eindringtiefe ist unter diesen Bedingungen die Molekülgröße, so daß Färbungen der Schuppenzellschicht (Cuticula) möglich werden. Als problematisch hat sich dabei die hohe Affinität dieser Farbstoffe zur Kopfhaut erwiesen, die auf dunkelbraunem oder schwarzem Haar durch das Nicht-Färben eines etwa 2 mm großen Abschnitts am Haaransatz mit speziellen Auftragetechniken vermieden werden kann. Auf hellerem Haar ist dieses wegen der guten Sichtbarkeit eines ungefärbten Ansatzes nicht akzeptabel. Die anionischen Direktfarbstoffe haben deshalb nur in asiatischen und lateinamerikanischen Märkten eine gewisse Bedeutung. – *E* semipermanent hair colors

*Lit.:* [1]Corbett, J. F., *Hair Colorants: Chemistry and Toxicology*; Cosmetic Science Monographs 2; Micelle Press: Weymouth, (1998); S. 27f. [2]Zviac, C., In *The Science of Hair Care*, Zviak, C., Hrsg.; Marcel Dekker: New York, (1986); S. 244f. [3]Johnson, J. C., *Hair Dyes*, Noyes Data Corporation: Park Ridge, (1973); S. 43ff., 113ff., 276ff. [4]Zollinger, A., *Color Chemistry*, VCH: Weinheim, (1987); S. 83ff, 325f. [5]Umbach (2.), S. 295–296. [6]Nassau, K., *The Physics and Chemistry of Color*, John Wiley & Sons: New York, (1983); S. 286f. *allg.:* Anderson, J. S., In *Harry's Cosmeticology*, Rieger, M. M., Hrsg., 8. Aufl.; Chemical Publishing: New York, (2000); S. 670, 676–682

**Senf** (Mostrich, Mostert, Speisesenf). S. ist eine verzehrsfertige Zubereitung, die auf der Grundlage von S.-Körnern (S.-Samen) hergestellt wird u. zum Würzen von Speisen dient.

*Herstellung:* S. wird aus den Samen (geschält, nicht geschält, entölt, nicht entölt) von *Brassica nigra* (schwarzer S.) od. *Brassica juncea* (*Sinapis alba*, weißer S.) unter Verw. von Wasser, *Essig u./ od. organ. Säuren, Salz u. Gewürzen hergestellt, wobei die Samen feingemahlen u. mit Wasser ge-

quollen werden (24 h). In sog. S.-Mühlen erfolgt die weitere Vermahlung, bis die gewünschten rheolog. Eigenschaften erzielt sind (1–4 h, $<60°C$). Werden die Schalen der S.-Samen vor dem Abfüllen in Gläser od. Tuben entfernt, spricht man von *Dijon-Senf*. Als weitere geschmacksgebende Zutaten können Kräuter, Meerrettich, Tomaten, Wein, Zuckerarten, mit Süßstoffen gesüßter Essig u. Zuckeraustauschstoffe verwendet werden. Der Mindestfettgehalt von S. beträgt 1,6 g/100 g, die Mindesttrockenmasse 15 g/100 g. *Süßer S.* (*bayr. S.*) schmeckt deutlich süß u. enthält noch zusätzlich Senfschalen bis zu 1,5 g/100 g des fertigen Senfes.

*Zusammensetzung:* Das S.-Korn enthält ca. 30% *Senföl, das beim Entfetten der S.-Samen (teilw. mit überkrit. Kohlendioxid[1] u. nach enzymat. Vorbehandlung[2]) anfällt, sowie 28% Protein. Zur Charakterisierung der S.-Proteine siehe Literatur[3]. Für den scharfen Geschmack des S. sind *Allylisothiocyanat (ca. 1%), das photometr. durch die Methode nach § 64 *LFGB (ex § 35 LMBG) L 52.06-4 bestimmt werden kann, u. 4-Hydroxybenzylisothiocyanat verantwortlich. Beide werden in einer durch das Enzym *Myrosinase katalysierten Reaktion aus den *Glucosinolaten Sinigrin u. Sinalbin gebildet u. sind auch für die strumigenen (kropferzeugenden) Eigenschaften des S. verantwortlich. Drei Glucosinolate wurden aus den Samen von *Brassica juncea* isoliert u. charakterisiert; als Hauptkomponente wurde 4-Hydroxybenzyl-glucosinolat (Glucosinalbin) identifiziert[4]. Die Farbe des S. stammt entweder aus der S.-Saat selbst od. aus dem *Curcuma-Gewürz. Der Zusatz von Lebensmittelfarbstoffen zu S. ist unzulässig. Die Anlage 5, Liste 1 und 2 der *Zusatzstoff-Zulassungsverordnung (ZZulV 1998) erlaubt zwar die Verw. der Konservierungsmittel *Sorbinsäure und *Benzoesäure, doch ist die Verw. unüblich, da S. auf Grund des stark sauren pH-Wertes (Essig als Zutat) kaum verdirbt. S. kann nach einer Richtlinie des Bundes für Lebensmittelrecht u. Lebensmittelkunde e. V. (BLL) bzw. nach den europ. Beurteilungsmerkmalen für Speisesenf[5] beurteilt werden[6]. – *E* mustard

*Lit.:* [1]Agric. Biol. Chem. **51**, 413–417 (1987). [2]Appl. Microbiol. Biotechnol. **29**, 39–43 (1988). [3]J. Agric. Food Chem. **36**, 1150–1155 (1988). [4]Phytochemistry **45**, 525ff. (1997). [5]Richtlinie des BLL zur Beurteilung von Senf vom April 1981, abgedruckt in Zipfel, C 383. [6]Dtsch. Lebensm. Rundsch. **90**, 59–61 (1994). – *[HS 2103 30]*

**Senföle.** Historisch bedingte Bezeichnung für organische *Isothiocyanate, R–N=C=S, besonders für solche, die als stechend riechende, geschmacksgebende Bestandteile der etherischen Öle vorwiegend in Brassicaceae (Kreuzblütlern) vorkommen (siehe Tabelle, S. 1062). Die Senföle liegen dort glycosidisch gebunden als *Glucosinolate (siehe die Formeln dort) vor, aus denen sie – unter Umlagerung – durch Thioglucosidasen (Beisp.: *Myrosinase) freigesetzt werden.

Senföle haben neben ihren ggf. erwünschten Scharfstoff-Eigenschaften noch mikrobizide und fungistatische Wirkungen. Senföle dienen den Pflanzen oft als Abwehrstoffe[1-4]. Lebensmittelto-

Tabelle: Struktur u. Daten von Senfölen.

| Name (CAS) | R | Summenformel $M_R$ | Sdp. [°C] [Schmp.] optische Aktivität | Vorkommen |
|---|---|---|---|---|
| Allylsenföl (*Allylisothiocyanat) (57-06-7) FEMA 2034 | $CH_2 - CH = CH_2$ | $C_4H_5NS$ 99,16 | 151 (Öl, scharf riechend) [-80] 44 (1,6 kPa) | Kohlarten (*Brassica* spp.) Meerrettich |
| 3-Methylthiopropyl-senföl (505-79-3) FEMA 3312 | $(CH_2)_3 - S - CH_3$ | $C_5H_9NS$ 147,26 | | Kohlarten, Radieschen |
| Butylsenföl (592-82-5) | $(CH_2)_3 - CH_3$ | $C_5H_9NS$ 115,19 | 167 58 – 59 (1,2 kPa) | Kohlarten |
| 3-Butenylsenföl (3386-97-8) | $(CH_2)_2 - CH = CH_2$ | $C_5H_7NS$ 113,18 | 78,5 (3,5 kPa) 57,5 – 58,5 (1,5 kPa) | Rapssamen (*Brassica napus*) |
| Erucin (4430-36-8) | $(CH_2)_4 - S - CH_3$ | $C_6H_{11}NS_2$ 161,28 | 136 (1,6 kPa) | Samen von *Eruca sativa* |
| Erysolin (504-84-7) | $(CH_2)_4 - SO_2 - CH_3$ | $C_6H_{11}NO_2S_2$ 193,29 | [60 – 60,5] | *Erysimum perovskianum* |
| Hirsutin (31456-68-5) | $(CH_2)_8 - SO - CH_3$ | $C_{10}H_{19}NOS_2$ 233,39 | 122 (40 Pa) $[\alpha]_D^{23}$ −47° (wäss. $C_2H_5OH$) | Wurzeln von *Rorippa sylvestris*, Samen von *Arabis hirsuta* u. *Sibara virginica* |
| Isopropylsenföl (2253-73-8) | $CH(CH_3)_2$ | $C_4H_7NS$ 101,17 | 55 – 58 (67 Pa) | Meerrettich (*Armoracia rusticana, Armoracia lapathifolia*), *Lunaria* sp., *Sisymbrium* sp. u. *Patranjiva* sp. |
| β-Phenylethyl-senföl (2257-09-2) | $CH_2 - CH_2 - C_6H_5$ | $C_9H_9NS$ 163,24 | 143 – 145 (1,6 kPa) 106 (0,3 kPa) | Kreuzblütler |
| Sulforaphan (4478-93-7) | $(CH_2)_4 - SO - CH_3$ | $C_6H_{11}NOS_2$ 177,28 | 130 – 135 (4 Pa) $[\alpha]_D$ −79,3° ($CHCl_3$) | Blätter von *Lepidum draba* u. *Brassica-, Eruca-* u. *Iberis*-Arten |
| Sulforaphen (Raphanin) (2404-46-8) | $(CH_2)_2 - CH = CH - SO - CH_3$ | $C_6H_9NOS_2$ 175,26 | Öl $[\alpha]_D$ −108° ($CHCl_3$) | Samen von Rettich u. Radieschen (*Raphanus sativus* var. *alba* bzw. *radicula*) u. Levkojen (*Matthiola bicornis*) |

xikologisch besitzen sie Relevanz, da sie allgemein stark reizend und/oder giftig sind und wie die Glucosinolate kropfbildende Eigenschaften besitzen. Einige Senföle wie Sulforaphan und Sulforaphen aus Broccoli sollen vor Krebs schützen[5-8]. Sulforaphen wirkt antibiotisch.

*Toxikologie:* Allylsenföl (*Allylisothiocyanat) ist stark schleimhautreizend, mutagen und giftig, $LD_{50}$ (Ratte p.o.) 108,5 mg/kg. Zur Synthese siehe Literatur[9-12]. – E mustard oils, isothiocyanates (from plants)

*Lit.:* [1] ACS Symp. Ser. **380**, 155–181 (1988). [2] Ann. Appl. Biol. **123**, 155–164 (1993). [3] Pesticide Outlook **1997**, Nr. 4, 28–32. [4] Plant Soil **129**, 277–281 (1990). [5] Chem. Eur. J. **1997**, 713. [6] Proc. Natl. Acad. Sci. USA **89**, 2399–2403 (1992); **91**, 3147 (1994). [7] J. Med. Chem. **37**, 170 (1994). [8] ACS Symp. Ser. **546**, 181–196 (1994). [9] Org. Prep. Proced. Int. **26**, 555ff. (1994). [10] Tetrahedron Lett. **26**, 1661–1664 (1985). [11] Tetrahedron Lett. **32**, 3503–3506 (1991). [12] Can. J. Chem. **64**, 940ff. (1986).

*allg.:* Belitz-Grosch-Schieberle (5.), S. 773, 774 – [HS 3301 29]

**Senföl-Glucoside** siehe *Glucosinolate.

**Senkwaagen** siehe *Aräometer.

**Sensorik** (von lateinisch sensus = Gefühl, Empfindung). 1. Gesamtheit der im Rahmen von Sinneswahrnehmung ablaufenden physiologischen Prozesse. 2. Bezeichnung für die wissenschaftliche Disziplin, die sich mit der Bewertung von Lebensmitteln auf Grund von Sinneseindrücken befaßt. Die sensorische Beurteilung eines Lebensmittels erfolgt anhand der visuellen, olfaktorischen, gustatorischen, haptischen und auditiven Eindrücke.

*Visuelle Eindrücke*: alle mit dem Auge wahrnehmbaren Merkmale (Farbe, Form, Struktur).

*Olfaktorische Eindrücke*: alle beim Einziehen von Luft durch die Nase wahrnehmbaren Geruchseindrücke, die häufig in Anfangsgeruch (Kopfnote), Hauptgeruch (Mittelnote, Körper) und Nachgeruch (Ausklang) differenziert werden können. Auch die erst beim Kauen freigesetzten flüchtigen Stoffe tragen zum olfaktorischen Eindruck bei.

*Gustatorische Eindrücke*: alle mit Zunge, Mundhöhle und Rachen wahrnehmbaren Merkmale, zu denen neben dem Geschmack und dem Temperaturempfinden auch chemästhetische Eindrücke (z. B. adstringierend) zu zählen sind. Die vier klassischen Geschmackseindrücke süß, sauer, salzig und bitter werden in der Sensorik durch *Saccharose, *Citronen- oder *Weinsäure, Natriumchlorid und Chininhydrochlorid (siehe *Chinin) bzw. *Coffein beschrieben. Als fünfter Grundgeschmackseindruck hat sich *Umami etabliert[1–2].
*Haptische Eindrücke*: alle Empfindungen der Zunge, der Mundhöhle und des Rachens, an denen keine Geschmacksreize beteiligt sind und die vornehmlich Gefüge und Konsistenz betreffen.
Die Gesamtheit der haptischen, gustatorischen und olfaktorischen Eindrücke wird als „flavour" bezeichnet (siehe auch *Aromafehler).
*Auditive Eindrücke*: mit den Ohren wahrnehmbare Geräusche, die beim Kauen bzw. Beißen entstehen.
**Anwendung:** Die Sensorik wird vor allem zur Beurteilung der Qualität von Lebensmitteln und kosmetischen Mitteln (z. B. Parfüms) herangezogen und ist ein wertvolles Hilfsmittel der Aromaforschung.
**Praktische Durchführung:** Man unterscheidet bei der sensorischen Prüfung analytische und hedonische Verfahren (Beliebtheitsprüfungen). Analytische Prüfungen sind objektiv, d.h. die Prüfer müssen die Produkte nach bestimmten Vorgaben untersuchen. Bei den analytischen Prüfungen sind wiederum Unterschiedsprüfungen (z. B. „welche Probe schmeckt saurer") und deskriptive Prüfungen zu unterscheiden (siehe Abbildung).
Die sensorische Prüfung von Lebensmitteln und kosmetischen Mitteln sollte, um wissenschaftlich exakt zu sein, nur von ausgebildeten Prüfern (Sensorikern, Parfumeuren) in speziellen Räumen un-

ter definierten Bedingungen mit codierten Proben durchgeführt werden. Zur Abstufung von sensorischen Eindrücken stehen verschiedene Skalen (Nominalskala, Ordinalskala und andere)[3] zur Verfügung. Neben den Unterschiedsprüfungen (paarweise Unterschiedsprüfung, Dreiecksprüfung, Duo-Trio-Test), bei denen die Frage nach sensorisch feststellbaren Unterschieden beantwortet werden soll, sind beschreibende Prüfungen (Profilprüfung, Verdünnungsprüfung) und bewertende Prüfungen (Klassifizierung, Rangordnung) weit verbreitet (siehe auch *sensorische Analyse). Schwellenwertprüfungen dienen der Ermittlung der Reiz- oder Erkennungsschwelle (siehe *Micko-Destillation).
Zur sensorischen Beurteilung einzelner Lebensmittel (Wein, Fruchtwein, Sekt, Spirituosen und andere) sind von der deutschen Landwirtschaftsgesellschaft (DLG) Schemata erarbeitet worden. Speziell für Wein existiert neben dem 20-Punkte-Schema der DLG ein Prüfschema des Internationalen Weinamts (*OIV) und ein vorgegebener Prüfrahmen (Anlage 5, Nr. II der Weinverordnung[4]), nach dem Wein bei Antrag auf Erteilung einer amtlichen Prüfnummer zu beurteilen ist. Zur sensorischen Prüfung spezieller Lebensmittel siehe Literatur[3].
Neben der sensorischen Beurteilung eines komplexen Lebensmittelaromas besteht die Möglichkeit, nach gaschromatographischer Trennung die einzelnen Aromastoffe beim Verlassen der Säule mit Hilfe eines „sniffing-ports" abzuriechen und ihren Beitrag zum Gesamtaroma anhand des parallel aufgezeichneten Chromatogramms, das eine Quantifizierung erlaubt, abzuschätzen (Schnüffel-Technik, Sniffing-GC, Gaschromatographie-Olfaktometrie)[5]. Eine Verkostung der getrennten Aromastoffe ist mittels „micro-water-trap" möglich[6]. Eine Wichtung von Aromastoffen auf der Basis von *Aromawerten (Quotient aus Konzentration und

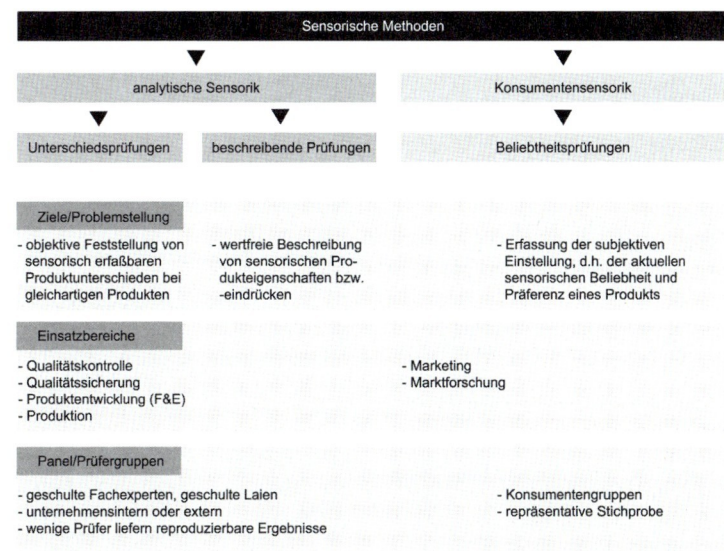

Abbildung: Sensorische Methoden zur Lebensmittelbewertung und Produktentwicklung.

*Geruchsschwellenwert) ist anhand der Verdünnungsfaktoren (FD-Faktoren, Flavour-dilution-Faktoren), die sich aus der Aromaextraktverdünnungsanalyse (AEVA) ergeben[6], möglich.

Bei Geschmacksprüfungen hat sich ein ähnliches Konzept (*Geschmacksverdünnungsanalyse, TDA) etabliert. – *E* sensory

*Lit.:* [1]Symrise, Hrsg., *Schmecken Sie auch umami?*, Webzine; http://webzine.symrise.de/de/pdf/sym_umami_de.pdf. [2]Zhao, G. Q.; Zhang, Y.; Hoon, M. A.; Chandrashekar, J.; Erlenbach, I.; Ryba, N. J. P.; Zuker, C. S., *Cell*, (2003) **115**, 255–266. [3]Koch (Hrsg.), Getränkebeurteilung, S. 45–81, 152–166, 180–191, 215–224, 245–252, 275–286, 321–322, 371–377, Stuttgart: Ulmer 1986. [4]Weinverordnung vom 14.05.2002 (BGBl. I, S. 1583; mehrfach geändert). [5]LaborPraxis **14**, 51–58 (1990). [6]Chem. Unserer Zeit **24**, 82–89 (1990).

*allg.:* Bauer et al. (4.) ▪ Busch-Stockfisch, M., Hrsg., *Praxishandbuch Sensorik in der Produktentwicklung und Qualitätssicherung*, Behr's: Hamburg, (Loseblattsammlung) ▪ DLG, Hrsg., *Elemente der Lebensmittelsensorik*, Sensorik-Seminare, (2/2000); http://www.dlg.org/de/ernaehrungswirtschaft/ sensorik/Sensorikforschung.pdf ▪ Amtliche Sammlung von Untersuchungsverfahren nach § 35 LMBG, Sensorik, L 00.90-1 bis -15, Beuth: Berlin

**Sensorische Analyse.** Bezeichnung für ein Analysenverfahren, das die menschlichen Sinneswahrnehmungen Geruch, Geschmack, Sehen und Tastempfinden zum Teil auch Reiz- und Temperaturempfindungen für die Beurteilung und Bewertung von *Lebensmitteln nutzt. Die sensorische Analyse macht dabei von der Möglichkeit Gebrauch, den sensorischen Gesamteindruck integral zu erfassen. Nachteile der sensorischen Analyse sind die Subjektivität des Eindrucks, eine leichte Beeinflußbarkeit der Prüfpersonen und die dadurch bedingte starke Streuung sensorischer Analyseergebnisse. Diesen Schwächen begegnet man heute durch den Einsatz von Gruppen geschulter Prüfpersonen, gegenseitige Abschirmung der Prüfer in Kabinen oder durch Blenden, geeignete Prüfmethoden sowie statistische Auswertung der meist zahlreichen Analysedaten. In der Qualitätsbewertung von Lebensmitteln und der betrieblichen bzw. staatlichen Kontrolle (siehe auch Literatur[1]) spielt die sensorische Analyse immer noch eine sehr wichtige Rolle.

*Verfahren: Punktbewertungsmethoden:* Bei den eingeführten Punktbewertungsmethoden verwendet man Skalen, die das Ergebnis in Form einer Punktzahl bzw. Note ausdrücken. Die einzelnen Merkmale werden getrennt bewertet und ggf. entsprechend ihrer Bedeutung für den Gesamteindruck mit einem Wichtungsfaktor multipliziert. In der Lebensmittelkontrolle geht die Punktbewertung meist weniger von der Intensität der Wahrnehmung als vom Vorhandensein mehr oder weniger starker Abweichungen von einer Standardqualität aus (Fehleranalyse).

*Unterschiedsprüfungen:* Sie sind die am häufigsten in der Forschung und Entwicklung genutzten Methoden der sensorischen Analyse. Man unterscheidet paarweise Unterschiedsprüfung, Dreieckstest und Duo-/Trio-Test. Die Aufgabe beschränkt sich

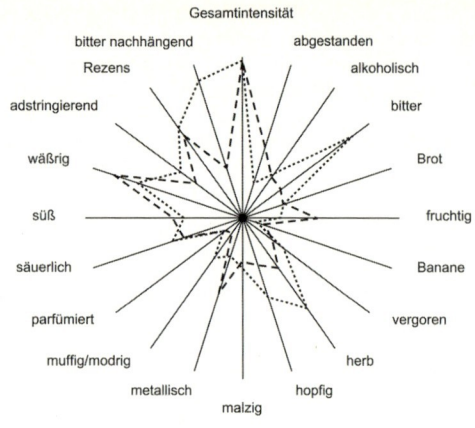

Abbildung: Ergebnis einer sensorischen Profilanalyse; Beispiel: 2 Bier-Sorten; Rezens ist eine Geschmacksempfindung beim Antrunk eines Bieres.

auf die Erkennung eines von mehreren Proben oder von einer Kontrollprobe abweichenden Musters. Einen höheren Schwierigkeitsgrad besitzen solche Prüfungen, welche der Prüfperson die Aufgabe stellen, das Ausmaß des Unterschieds zu einer Kontrollprobe zu ermitteln. Schwellenwertsprüfungen sind eine spezielle Variante von Unterschiedsprüfungen und dienen der Ermittlung der Grenzkonzentrationen der Wahrnehmung bzw. der Aromawirksamkeit von Aroma- und Geschmacksstoffen (siehe auch *Geruchs- und *Geschmacksschwellenwert).

*Rangordnungsprüfungen:* Während bei Unterschiedsprüfungen innerhalb eines Tests nur zwei Proben miteinander verglichen werden, ist bei der Rangordnungsprüfung eine Reihenfolge von drei und mehr Proben festzulegen und zwar nach Intensität, Qualität, Beliebtheit oder Ähnlichkeit mit einer Vergleichsprobe. Diese (einfache) Methode eignet sich z. B. für eine Vorauswahl von Proben in der Produktoptimierung oder in der Marktforschung.

*Sensorische Profilanalysen*: Sie nutzen deskriptive Methoden, welche die sensorische Gesamtqualität im Detail anhand ihrer sensorischen Teileindrücke charakterisieren. Sie erfordern ein längeres Training der Prüfgruppe, das mit der Sammlung von Begriffen für wahrgenommene Eindrücke beginnt, diese ordnet und schließlich unter Oberbegriffen zusammenfaßt. Die Aussagekraft ist hoch, da Hinweise auf die Ursachen nachgewiesener Qualitätsveränderungen möglich sind. Die Abbildung auf S. 1065 zeigt das Ergebnis einer solchen Prüfung.

*Beliebtheitsprüfungen*: Als zentrales Element der modernen Marktforschung werden sie in Form von Verbrauchertests durchgeführt. Im Gegensatz zu den übrigen (objektiven) Methoden der sensorischen Analyse erfordern sie ein impulsives, subjektiv geprägtes Urteil und infolge der meist gegebenen Vielzahl unterschiedlicher Meinungen eine

hohe Anzahl ungeschulter Prüfpersonen (mindestens 80, meist mehrere Hundert).
*Statistische Auswertung:* Das methodische Instrumentarium bei der statistischen Auswertung reicht von der einfachen und multiplen Korrelations- und Regressionsanalyse über Cluster- und Diskriminanzanalyse bis zur häufig genutzten Hauptkomponentenmethode und Faktoranalyse, welche eine Wichtung der meist zahlreichen Einflußfaktoren auf die Geschmacksqualität ermöglichen. Aktuell ist auch die Kombination von Ergebnissen der sensorischen Analyse mit instrumentalanalytisch erhaltenen Daten (z.B. CHARM-Analyse, siehe *Aromawert, *Geschmacksverdünnungsanalyse, Aromaextraktverdünnungsanalyse, siehe auch *Sensorik). – *E* sensory analysis

*Lit.:* [1] Amtliche Sammlung, Nr. L 00.90-1.
*allg.:* Busch-Stockfisch, M., Hrsg., *Praxishandbuch Sensorik*, Behr's: Hamburg, (Loseblattsammlung)

**Sepia** siehe *Tintenfische.

**Sequenator** siehe *Edman-Abbau.

**L-Serin** [(*S*)-2-Amino-3-hydroxypropionsäure, Abkürzung Ser oder S].

$C_3H_7NO_3$, $M_R$ 105,09; Schmp. 228 °C (Zersetzung), Sublimation bei 150 °C (<0,01 Pa); $[\alpha]_D^{20}$ −6,83° (Wasser), +14,45° (5,6 M Salzsäure); löslich in Wasser [360 g/L (20 °C)], Mineralsäuren, unlöslich in Ethanol, Ether; $pK_s$ 2,21, 9,15, pI 5,68; weißes, feinkristallines Pulver oder nadelförmige Kristalle; schmeckt süßlich. Das Racemat, DL-Serin, bildet monoklinprismatische Blättchen. In fast allen Proteinen vorkommende nichtessentielle, polare *Aminosäure. Durchschnittlicher Gehalt in Proteinen 7,1% [1]. Serin wurde 1865 von Cramer aus dem Sericin isoliert. Genetischer Code: UCU, UCC, UCA, UCG.
*Biosynthese:* Serin bildet sich aus 3-Phosphoglycerat durch 3-Phosphoglycerat-Dehydrogenase (EC 1.1.1.95) und NAD⁺, Phosphoserin-Aminotransferase (EC 2.6.1.52) und Phosphoserin-Phosphatase (EC 3.1.3.3).
*Physiologie:* Beim metabolischen Abbau überträgt Serin seine Hydroxymethyl-Gruppe durch *Serin-Hydroxymethyltransferase* (EC 2.1.2.1) auf Tetrahydrofolsäure, bildet Glycin und ist damit am Ein-Kohlenstoff-Kreislauf beteiligt [2,3]. Andererseits bildet sich durch *Serin-Dehydratase* (EC 4.2.1.13) Pyruvat.
Bei der Photorespiration in den Mitochondrien der Grünpflanzen entstehen Serin und Kohlendioxid aus zwei Molekülen Glycin [4]. Da die Biosynthese von Cystein in Pflanzen von Serin aus über *O*-Acetyl-L-serin verläuft, kann man Serin als Bindeglied zwischen den Photosynthese-Prozessen, dem Stickstoff-Metabolismus und der Schwefel-Assimilierung ansehen [5].
Serin spielt eine wichtige Rolle bei der Stabilisierung der dreidimensionalen Struktur der Proteine

durch Wasserstoff-Brückenbindungen. Es befindet sich im aktiven Zentrum von *Serin-Proteasen (Enzymgruppe EC 3.4.21, z.B. Trypsin, Chymotrypsin, Elastase, Thrombin, Plasmin usw.) und Serin-Carboxypeptidase II (EC 3.4.16.1). Letztere ist nicht nur an hydrolytischen Prozessen beteiligt, sondern spielt im pflanzlichen Sekundärmetabolismus zum Teil eine Rolle als Acyl-Gruppenüberträger [6]. Phosphoserin ist Bestandteil einiger (Phospho-)Proteine wie dem *Casein und *Phosvitin und hier neben *Threonin der Träger der Phosphorsäure. Die Phosphorylierung von Serin-Resten in Proteinen ist ein wichtiges Regulationsprinzip *in vivo*.
Serin kann in *Sphingosin, Phosphatidylserine, Phosphatidylethanolamine (siehe *Kephaline und *Phospholipide), Phosphatidylcholine (siehe *Lecithine), *Cholin und Acetylcholin umgewandelt werden und an der Biosynthese von Purinen, Pyrimidinen, Porphyrinen, L-Cystein, L-Cystathionin (mit L-Homocystein) und L-Tryptophan teilnehmen.
In Glycoproteinen sind Oligosaccharide an Serin-, Threonin- oder im Falle von Collagen an 5-Hydroxylysin-Reste gebunden.
Bei der Alkalibehandlung oder Erhitzung von Proteinen sind Serin-Reste durch eine 2,3-Eliminierung Ausgangspunkt für Quervernetzungen z.B. durch *Lysinoalanin [7].
D-Serin ist Teil einiger Antibiotika, wie Echinomycin (Chinomycin A) und Polymyxin D. Nichtproteinogenes D-Serin [Prismen, Schmp. 228 °C (Zersetzung), $[\alpha]_D^{20}$ +6,9 (Wasser)] wird im Gehirn von Säugetieren synthetisiert und fungiert dort als Neurotransmitter. Gemeinsam mit Glutamat aktiviert es den *N*-Methyl-D-aspartat-Rezeptor (NMDA-Rezeptor). Die Aktivierung dieses Rezeptors wird unter anderen Vorgängen im Gehirn mit dem Gedächtnis und Lernprozessen, aber auch mit dem Tod von Nervenzellen bei Schlaganfall in Verbindung gebracht [8].
*Verwendung:* Die jährlich benötigten ca. 300 t Serin (Stand: 1999) [9] werden aus Eiweißhydrolysaten extrahiert oder fermentativ aus Glycin gewonnen, racemisches Serin auch synthetisch aus Glycolaldehyd [10,11]. L-Serin wird zur Herstellung von Aminosäure-Infusionslösung verwendet, DL-Serin zur Herstellung von L-Tryptophan und Cycloserin. Zur Maillard-Reaktion vgl. *Threonin.
*Analytik:* Zur Analytik siehe *Aminosäuren. Für die Serin-Bestimmung in Humanproben sind u.a. Kapillarelektrophorese- [12], GC- [13] und HPLC-Methoden [14] veröffentlicht. In der Lebensmittelanalytik zu beachten sind die Hydrolysezeiten der Proteine, die sich stark auf die Wiederfindungsraten insbesondere auch des Serins auswirken [15]. Für Serin wurde auch eine Methode zur Bestimmung mittels immobilisiertem Enzym veröffentlicht [16]. – *E* L-serine

*Lit.:* [1] Klapper, M. H., *Biochem. Biophys. Res. Commun.*, (1977) **78**, 1018–1024. [2] Chem. Rev. **90**, 1275–1290 (1990). [3] Karlson (14.). [4] Richter (6.). [5] Hoefgen, R.; Kreft, O.; Willmitzer, L.; Hesse, H., *Amino Acids*, (2001) **20**, 291–299.

[6]Shirley, A. M.; McMichael, C. M.; Chapple, C., *Plant J.*, (2001) **28**, 83–94. [7]Friedman, M., *J. Agric. Food Chem.*, (1999) **47**, 1295–1319. [8]Wolosker, H.; Blackshaw, S.; Snyder, S. H., *Proc. Natl. Acad. Sci. USA*, (1999) **96**(23), 13409– 13414. [9]Ullmann (7.); http://dx.doi.org/10.1002/14356007. a02_057 [Online, März 2001]. [10]Rehm-Reed (2.) **6**, 465–502. [11]Ikeda, M., In *Microbial Production of L-Amino Acids*, Faurie, R.; Thommel, J., Hrsg.; Advances in Biochemical Engineering/Biotechnology 79; Springer: Berlin, (2003); S. 15. [12]Shen, Z. J.; Sun, Z. M.; Wu, K.; Sun, S. Q.; Huang, Z. B., *J. Chromatogr. A*, (2002) **979**, 227–232. [13]Namera, A.; Yashiki, M.; Nishida, M.; Kojima, T., *J. Chromatogr. B*, (2002) **776**, 49–55. [14]Tscherkas, Y. V.; Kartsova, L. A.; Krasnova, I. N., *J. Chromatogr. A*, (2001) **913**, 303–308. [15]Wubben, J. E.; Albin, D. M.; Gabert, V. M., *J. Sci. Food Agric.*, (2000) **80**, 757–762. [16]Sobolevsky, T. G.; Revelsky, A. I.; Revelsky, I. A.; Miller, B.; Oriedo, V., *Talanta*, (2001) **55**, 1181–1186.

*allg.*: Beilstein EIV **4**, 3118ff. ■ Stryer 2003, S. 707, 741 – *[HS 2922 50; CAS 56-45-1 (Serin); 312-84-5 (D-Serin)]*

**Serin-Proteasen** (Serin-Peptidasen). Bez. für *Proteasen, die im aktiven Zentrum einen für die Katalyse essentiellen L-*Serin-Rest enthalten u. durch Substanzen, die diesen Rest modifizieren (z.B. Diisopropylfluorophosphat), inaktiviert werden[1]. *Beisp.*: Chymotrypsin, Elastase, Granzyme[2], Kallikrein, *Plasmin, Trypsin, Thrombin, Subtilisin, verschiedene Faktoren der Blutgerinnung u. des Komplements sowie die *Serin-Carboxypeptidasen* (EC 3.4.16) u. Leucin-Aminopeptidase. S.-P. können auch spezif. durch bestimmte Proteine (Inhibitoren) gehemmt werden, von denen es mehrere Familien gibt, z.B. *Kürbis-Inhibitoren* (Polypeptide aus Kürbissamen, 27–33 Aminosäure-Reste, 3 Disulfid-Brücken)[3], *Kunitz-Inhibitoren* (170–200 Aminosäure-Reste, 3 Disulfid-Brücken, Prototyp: Aprotinin) od. Serpine. Der essentielle L-Serin-Rest in den meisten bekannten S.-P. ist Teil der *katalyt. Triade*, die aus 3 Aminosäure-Resten besteht, welche sich in der Raumstruktur nahe kommen. Ein L-Histidin-Rest übernimmt während der Katalyse das Proton der Hydroxy-Gruppe des L-Serins, die dadurch für den nucleophilen Angriff auf die zu spaltende Peptid-Kette aktiviert wird, während ein L-Aspartat-Rest durch seine neg. Ladung auf den Übergangszustand stabilisierend wirkt. Insoweit sich ein Serin-abhängiger Mechanismus bei Endopeptidasen (Proteinasen) findet, spricht man auch von *Serin-Proteinasen* (EC 3.4.21). Darüber hinaus kennt man Esterasen, die eine katalyt. Triade mit dem Serin-Rest enthalten (*Serin-Esterasen*, z.B. Acetylcholin-Esterase). Andererseits wurden S.-P. entdeckt, bei denen keine katalyt. Triade beteiligt ist. So besitzt z.B. die *Leader-Peptidase* (EC 3.4.21.89) von *Escherichia coli*, ein Membrangebundenes Protein ($M_R$ 36000), das Signalpeptide vom Amino-Ende sekretor. u. periplasmat. Proteine abspaltet, eine *katalyt. Dyade* aus Serin u. Lysin[4]. – *E serine proteinases*

*Lit.*: [1]Walker, B.; Lynas, J. F., *Cell Mol. Life Sci.*, (2001) **58**, 596. [2]J. Leukocyte Biol. **60**, 555–562 (1996). [3]Acta Biochim. Pol. **43**, 431–444 (1996). [4]Trends Biochem. Sci. **22**, 28–31 (1997).

*allg.*: http://biochem.wustl.edu/~protease – *[HS 3507 90]*

**Serotonin** [3-(2-Aminoethyl)-indol-5-ol, 5-Hydroxytryptamin, Abk.: 5-HT].

$C_{10}H_{12}N_2O$, $M_R$ 176,22, $pK_{s1}$ 9,98, $pK_{s2}$ 11,26 (20 °C); S. ist als Hydrochlorid ($C_{10}H_{13}ClN_2O$, $M_R$ 212,68) beständig. Als solches bildet es hygroskop., lichtempfindliche Krist., Schmp. 167–168 °C, lösl. in Wasser, die wäss. Lsg. ist bei pH 2–6,4 stabil. S. zählt zu den Catecholaminen u. zu den *biogenen Aminen. Als Indol-Derivat hat es strukturelle Beziehungen zu den Indol-Alkaloiden u. einer Reihe von Halluzinogenen wie z.B. Bufotenin, Psilocybin u. Lysergsäurediethylamid (LSD). S. wurde erstmalig 1948 aus Blutserum isoliert.

*Vorkommen*: S. ist im Tier- u. Pflanzenreich weit verbreitet, bes. in Ananas, Bananen, im Gift von Brennesseln u. Hohltieren sowie im Hautdrüsensekret von Amphibien. Beim Menschen kommt S. hauptsächlich (90%) in der Magen-Darm-Schleimhaut (enterochromaffine od. helle argentaffine Zellen), im Gehirn u. in den Thrombocyten vor. In letzteren wird es gespeichert u. bei der Blutgerinnung freigesetzt. Bei Nagetieren u. Rindern wird es aus Mastzellen bei allerg. Reaktionen freigesetzt. Bei Tumoren der enterochromaffinen Zellen (Carcinoid) wird S. in großen Mengen gebildet.

*Biosynthese*: S. entsteht aus L-*Tryptophan durch Hydroxylierung in 5-Stellung (durch *Tryptophan-5-Monooxygenase*, EC 1.14.16.4; 5,6,7,8-Tetrahydrobiopterin als Cofaktor) u. Decarboxylierung (aromatische L-Aminosäure-Decarboxylase, Dopa-Decarboxylase, EC 4.1.1.28). Normalerweise wird es im Organismus zu 5-Hydroxyindolacetaldehyd u. weiter zu 5-Hydroxyindolessigsäure abgebaut [katalysiert durch Monoamin-Oxidase (MAO) bzw. Aldehyd-Dehydrogenasen, z.B. EC 1.2.1.3]. Bei Genuß von Alkohol wird der Abbau gestört, da der aus jenem entstehende Acetaldehyd die Aldehyd-Dehydrogenase hemmt u. dadurch den reduktiven Abbau des S. zu *5-Hydroxytryptophol* [3-(2-Hydroxyethyl)-indol-5-ol] begünstigt. Eine Störung des S.-Stoffwechsels im Gehirn wird nach einer Hypothese ursächlich mit Depressionen in Verbindung gebracht. Ein Oxidationsprodukt des S. soll an neurodegenerativen Fehlfunktionen des Gehirns beteiligt sein[1].

*Wirkung*: S. hat die Funktion eines Neurotransmitters im zentralen u. peripheren Nervensyst. u. eines Gewebshormons. Da es die glatte Muskulatur erregt, wirkt es blutdrucksteigernd, die Darmperistaltik anregend, uterus- u. gefäßkontrahierend (vasokonstriktor., v.a. in Lunge u. Niere); letztere Wirkung kann jedoch u.U. durch Stickstoffmonoxid kompensiert werden, dessen Ausschüttung durch S. im Gefäßendothel stimuliert wird, so daß S. indirekt auch gefäßerweiternd (vasodilator., v.a. in Skelettmuskulatur) wirken kann. Es sind 7 Typen von S.-Rezeptoren[2] (*5-HT-Rezeptoren*) mit einigen Untertypen bekannt. LSD u. Reserpin hemmen die S.-Wirkung an den 5-HT$_2$-Rezeptoren. Durch Umwandlung von S. in *Melatonin wird die innere biolog. Uhr gesteuert (z. B. Schlaf-Wach-Rhythmus): Durch Hemmung der S.-Synth. mit 4-Chlorphenylalanin läßt sich Schlaflosigkeit erzeugen. Neben anderen Faktoren spielt S. auch eine Rolle im Regelkreis Hunger/Sättigung[3], beim Alkoholkonsum, beim Auftreten von Migräne[4], Übelkeit[5] u. Schmerz, bei Lernen[6] u. Gedächtnis, Angst u. Verteidigungsverhalten[7] sowie Cocain-Sucht[8]. Zu den Wirkungen des S. auf Herz u. Kreislauf s. Literatur[9], auf die Fortpflanzungsorgane s. Literatur[10].

*Verwendung:* Der therapeut. Verw. steht u.a. Tachyphylaxie im Wege. Rauvolfia-Alkaloide (z. B. Reserpin) verstärken die S.-Ausschüttung, MAO-Hemmer verhindern den Abbau, was man für die Therapie von Depressionen ausnutzt. Selektive S.-Wiederaufnahme-Hemmer wie Citalopram, Fluoxetin, Fluvoxamin, Paroxetin u. Sertralin verhindern die Wiederaufnahme des als Neurotransmitter ausgeschütteten S. durch den S.-Transporter u. werden ebenfalls als Antidepressiva verwendet[11]. In Kulturen glatter Gefäßmuskelzellen wirkt S. als Wachstumsfaktor (Mitogen)[12]. – *E* serotonin

*Lit.:* [1]Jiang, X.-R.; Wrona, M. Z.; Dryhurst, G., *Chem. Res. Toxicol.*, (1999) **12**, 429–436. [2]Neuropharmacology **36**, 419–428 (1997). [3]CNS Drugs **9**, 473–495 (1998). [4]Cephalalgia **17**, 3–14 (1997). [5]Exp. Opin. Ther. Pat. **6**, 471–481 (1996). [6]Prog. Neuro-Psychopharmacol. Biol. Psychiatry **21**, 273–296 (1997). [7]Neurosci. Biobehav. Rev. **21**, 791–799 (1997). [8]Nature (London) **393**, 118f., 175–178 (1998). [9]Drug Discovery Today **2**, 294–300 (1997). [10]J. Endocrinol. **154**, 1–5 (1997). [11]CNS Drugs **7**, 452–467 (1997). [12]Am. J. Physiol. Lung Cell. Mol. Physiol. **16**, L795–L806 (1997). *allg.:* Beilstein EV **22/12**, 16ff. ▪ Hager (5.) **9**, 603ff. ▪ Merck-Index (13.), Nr. 8536 – [*HS 2933 90; CAS 50-67-9*]

**Serratia marcescens** (*Bacterium prodigiosum*, Hostienpilz). Gattung der Enterobakterien, Gram-negative, bewegliche Stäbchen, Katalase-positiv, stark proteolytisch. Auf eiweißreichen Substraten Bildung von Schwefelwasserstoff, auf Kohlenhydrat-reichen Substraten Bildung eines fettlöslichen blutroten Farbstoffs (Prodigiosin). Glucose wird zu Essigsäure, Ameisensäure, Bernsteinsäure, Milchsäure, Ethanol und Kohlendioxid abgebaut. Aerob bis fakultativ anaerob. Nitrit-Bildner.

*Vermehrung:* Temperaturoptimum 25–30 °C, mindestens −1 °C, maximal 37 °C; a$_w$ mindestens 0,945. Gute Vermehrung in Milch, auf gekühltem Fleisch, im Darm von Insekten; langsame Vermehrung in Trinkwasser, destilliertem und entmineralisiertem Wasser. *Abtötung* durch Pasteurisieren. *Überleben* in Hausstaub 14 d, auf der Haut 8 d, in Honig 14 d und auf trockenen Textilien 60 d.

*Vorkommen:* Erdboden, auf Pflanzen, Oberflächenwasser, besonders im Herbst; Darm von Menschen, Säugetieren und Insekten; Milch, Brot und viele andere Lebensmittel.

*Bedeutung:* Verderb von Lebensmitteln, Verfärbung von Gebrauchsgegenständen aus Kunststoff. Bei oraler Übertragung auf geschwächte Personen wird der Keim manchmal zum *Opportunisten und kann generalisieren (Hospitalismus). – *E* Serratia marcescens

*Lit.:* Baumgart (4.), S. 321 ▪ Kayser, F. H.; Bienz, K. A.; Eckert, J.; Zinkernagel, R. M., *Medizinische Mikrobiologie*, 10. Aufl.; Thieme: Stuttgart, (2001); S. 306ff. ▪ Krämer (4.) ▪ Schlegel (7.)

**Serumalbumin** (SA). Bei der Elektrophorese schnell wanderndes, durch Elastase spaltbares Serumprotein (vgl. *Albumine). Ca. 55% des Blutes bestehen aus Serum, dieses zu ca. 7,5% aus Proteinen, wovon 55–62% Serumalbumin ist (44±10 g/L). Außer zur Osmoregulation dient es als Protein-Reserve und wegen seines reversiblen Bindungsvermögens für lipophile Stoffe auch als Transportmittel, z. B. für *Bilirubin und Lysophosphatidsäuren. Serumalbumin ist ein gut kristallisierendes Einkettenprotein ungewöhnlicher Länge: Humanes Serumalbumin (HSA) hat 584 Aminosäure-Reste, bovines Serumalbumin (BSA) 582. Die Molmassen betragen 64500 (HSA) bzw. 66267 (BSA). Die Raumstruktur ist bekannt[1]. Serumalbumin zählt zu den wenigen nicht glycosylierten Proteinen des Blutes.

Wie die meisten sekretorischen Proteine entsteht Serumalbumin aus einem höhermolekularen Vorläufer (Proalbumin) bei proteolytischer Spaltung, z. B. durch Furin. Beim Fetus übernimmt das α-Fetoprotein die Funktion des Serumalbumins. α$_1$-Mikroglobulin bindet Serumalbumin; durch Acetylsalicylsäure wird Serumalbumin acetyliert. Bei Diabetikern mit Nierenschädigung tritt Serumalbumin auch im Harn auf (Albuminurie); zu seiner Bestimmung kann Bromkresolpurpur oder Bromkresolgrün verwendet werden[2]. Bei Verbrennungen kann die Zufuhr von humanem Serumalbumin zur Aufrechterhaltung des kolloidosmotischen Drucks notwendig werden[3].

*Lebensmittelchemische Aspekte:* Serumalbumin geht teilweise auch in die Milch über, bei Mastitis bis zur doppelten Menge der Normalwerte. Kuhmilch enthält in der Regel 0,4 g/L. In *Humanmilch fällt der Gehalt mit Fortschritt der Laktation von 1,8 g/L auf 0,9 g/L.

Serumalbumin ist der Hauptbestandteil von Bluteiweißerzeugnissen. Problematisch ist die relativ niedrige Denaturierungstemperatur. Bereits bei 40–50 °C beginnt Serumalbumin zu präzipitieren, weil aufgefaltete Moleküle hydrophob assoziieren – andererseits wird selbst bei langem Erhitzen auf 65 °C nur ein Teil der Moleküle denaturiert. Man glaubt, dem denaturierten Anteil eine Schutzfunktion für native Moleküle zuschreiben zu können[4]. Das Ionenmilieu hat entscheidenden Einfluß auf das Denaturierungsverhalten.

*Analytik:* In Milch und Milchprodukten kann auch natives Serumalbumin elektrophoretisch wegen Bandenverbreiterung nur schlecht bestimmt werden[5], erfolgreicher sind chromatographische Techniken[6,7]. HSA und BSA sind in kristalliner Form häufig verwendete Standards zur Kalibrierung bei der Protein-Analytik.

*Verwendung:* Verwendung in der Biochemie als Standard bei Proteinbestimmungen und als „inertes" Protein zum Beschichten von Testgefäßen, Separationsmitteln, Harzpartikeln[8] usw. zur Verhinderung unspezifischer Analytprotein-Bindung an diesen Oberflächen. – *E* serum albumin

*Lit.:* [1]Nature (London) **358**, 209 (1992). [2]Clin. Chim. Acta **258**, 3–20 (1997). [3]Presse Med. **26**, 474ff. (1997). [4]Wong (Hrsg.), Fundamentals of Dairy Chemistry (3.), S. 593, New York: Van Nostrand Reinhold 1988. [5]Milchwissenschaft **44**, 692 (1989). [6]Ital. J. Food Sci. **1** (3.), 51 (1989). [7]Clawin-Rädecker, I.; Kiesner, C.; Schlimme, E., *Kieler Milchwirtsch. Forschungsber.*, (2000) **52**, 323–334. [8]Micron **28**, 189–195 (1997). – *[HS 3502 90]*

## Sesamin, Sesaminol, Sesamolin siehe *Sesamol.

## Sesamöl.
Fettes Öl aus den Samen der vermutlich ältesten Ölpflanze, der aus Afrika stammenden u. in den Tropen u. Subtropen kultivierten Sesampflanze (*Sesamum indicum* L., Pedaliaceae), in denen es zu 50–55% enthalten ist. S. ist kalt gepreßt hellgelb, mild schmeckend, fast geruchsfrei, warm gepreßt dagegen dunkler, scharf schmeckend. Die Qualität des Öls ist deutlich von der auf die Samen angewandten Rösttemp. u. -zeit abhängig[1].

*Zusammensetzung:* S. besteht hauptsächlich aus den Glyceriden der *Öl- u. *Linolsäure. Genauere Angaben sind den *Leitsätzen des Deutschen Lebensmittelbuches (Speisefette u. Speiseöle) zu entnehmen. Hauptsterole des S. sind β-*Sitosterol u. Spinasterol, wobei der Gesamtsterol-Gehalt bei ca. 600 mg/kg liegt[2]. Des weiteren enthält der unverseifbare Anteil (0,9–2,3%) erhebliche Mengen an *Tocopherolen, die neben *Sesamol die gute Lagerfähigkeit von S. bedingen. Die Anteile an Sesamol, das als Antioxidans wirkt, u. an *Sesamolin (siehe *Sesamol) betragen 0,1–0,2%; synergist. Wirkung entfalten beim Rösten gebildete *Melanoidine[3]. Nach Literatur[1] wurden 134 flüchtige Aroma-Komponenten aus S. isoliert, getrennt u. mittels MS identifiziert. Zu den Hauptkomponenten gehören u.a. 1-(5-Methyl-2-furanyl)-1-propanon, 3-Thiophencarbaldehyd, 2-Propyl-4-methylthiazol sowie Pyrrole u. Pyrazine.

*Analytik:* Sesamöl bildet mit Furfural u. Salzsäure in Ethanol einen roten Farbstoff (*Baudouin-Reaktion*), der in einigen Ländern zur Identifikation von *Margarine, die S. enthalten muß, herangezogen werden kann. Als weitere Nachweismeth. stehen der Bettendorf-Test u. der *Kreis-Test* (Farbreaktion mit 3% Wasserstoffperoxid u. 75% Schwefelsäure) zur Verfügung. D. 0,922–0,923, Erstarrungspunkt −3 bis −6 °C, IZ 104–118, VZ 186–195. Neben den klass. Farbreaktionen ist S. anhand des Fettsäurespektrums zu identifizieren.

*Verwendung:* S. dient als Speiseöl u. zur Margarine-Herstellung. Die gerösteten Samen der Sesampflanze werden zu Backzwecken verwendet. Zerquetscht u. mit Zucker versetzt sind sie als Türkischer Honig bekannt, u. das aus den Samen gewonnene Mehl dient als Nahrungsmittel. In den Anbauländern werden die Blätter der Pflanze als Gemüse verzehrt. Die Preßrückstände enthalten bis zu 35% Proteine, die bes. reich an *Methionin sind u. ein wertvolles Viehfutter liefern. Pharmazeut. werden die Samen für Pflaster bei Verbrennungen, ferner als Laxans u. Diuretikum angewandt. – *E* sesame oil

*Lit.:* [1]J. Sci. Food Agric. **75**, 19–26 (1997). [2]Fat Sci. Technol. **91**, 23–27 (1989). [3]Agric. Biol. Chem. **50**, 857–862 (1986). *allg.:* Roth, L.; Kormann, K., *Ölpflanzen – Pflanzenöle*, ecomed: Landsberg, (2000); S. 150 – *[HS 1515 50; CAS 8008-74-0]*

## Sesamol
(3,4-Methylendioxyphenol, 1,3-Benzodioxol-5-ol). Die fettlösl. Furolignane *Sesamin* {$C_{20}H_{18}O_6$, $M_R$ 354,36, Schmp. 123–124 °C, $[\alpha]_D^{20}$ +78,4° (CHCl$_3$)} u. *Sesamolin* {$C_{20}H_{18}O_7$, $M_R$ 370,36, Schmp. 94 °C, $[\alpha]_D$ +220° (CHCl$_3$)} sind Hauptkomponenten der unverseifbaren Anteile des *Sesamöls. Phenol. Derivate dieser beiden Verbindungen sind *Sesamol* ($C_7H_6O_3$, $M_R$ 138,12, Schmp. 65–66 °C) und *Sesaminol* {$C_{20}H_{18}O_7$, $M_R$ 370,36, Schmp. 146–148 °C, $[\alpha]_D$ +42,7° (CHCl$_3$)}. Sie kommen ebenfalls in Spuren im nativen Sesamöl vor, entstehen aber v.a. durch Bleichung des Sesamöls an sauren Bleicherden während der Fettraffination. Zur Entstehung siehe Abbildung.

Abbildung: Entstehung von Sesamol und weiteren Derivaten bei der Hydrolyse von Sesamolin.

Auch beim Erhitzen von Sesamolin wird Sesamol abgespalten. Wegen ihres phenol. Charakters haben Sesamol u. Sesaminol antioxidative Eigenschaften; sie tragen daher zur Oxidationsstabilität des Sesamöls bei.

*Analytik:* Sesamol bildet mit Furfural u. Salzsäure in Ethanol einen roten Farbstoff (*Baudouin-Reaktion*), der zur Identifizierung von Sesamöl in Fetten u. Ölen herangezogen wird[1]. – *E* sesamol

*Lit.:* [1]Pardun, Analyse der Nahrungsfette, S. 30, Berlin: Parey 1976. – *[HS 2932 90; CAS 533-31-3 (Sesamol); 607-80-7 (Sesamin); 526-07-8 (Sesamolin); 74061-79-3 (Sesaminol)]*

## β-Sesquiphellandren siehe *Ingweröl.

**Sesquiterpene** siehe *Terpene.

**Sevilla-Orange** siehe *Bitterorange.

**Sexualpheromone** siehe *Pheromone.

**SFC.** Abkürzung für *supercritical fluid chromatography.

**°SH** siehe *Soxhlet-Henkel-Grade.

**Sharonfrucht** siehe *Kaki.

**Sheabutter.** Aus den Samen (ca. 45% Fett) des vornehmlich in Westafrika beheimateten, ca. 20 m hohen Butterbaumes *Vitellaria paradoxa* GAERTN. f. [syn. *Butyrospermum parkii* (G. Don.) KOTSCHY], Sapotaceae, gewonnenes, zähbutterartiges Fett, das relativ stabil gegen Oxid. ist u. in den Erzeugerländern (z.B. Sudan) direkt zu Nahrungszwecken verwendet wird. Weiterhin findet Sheabutter Einsatz in Kosmetika. VZ 178–196, IZ 55–67 (s. *Fettkennzahlen), *Unverseifbares 2–11%, Schmp. 32–42 °C, $n_D^{40}$ 1,4629–1,4679. Wegen der *Kakaobutter-ähnlichen Schmelzeigenschaften wurde S. bzw. eine durch Krist. gewonnene hochschmelzende Fraktion, das sog. *Sheastearin* (2-Oleo-distearin) als Kakaobutterersatz vorgeschlagen. Die wichtigsten Fettsäuren in den *Triglyceriden sind: *Ölsäure 49–50%, *Stearinsäure 36–42%, *Palmitinsäure 5–6% u. *Linolsäure 4–5%. Die Exportmengen betragen ca. 50000 t/a. Der analyt. Nachweis von S. in Kakaobutter gelingt gaschromatograph. über das Triacylglycerid- od. das Sterol-Muster. – *E* shea butter

*Lit.:* Franke, W., *Nutzpflanzenkunde*, 6. Aufl.; Stuttgart: Thieme, (1997); S. 186 ▪ Roth, L.; Kormann, K., *Ölpflanzen – Pflanzenöle*, ecomed: Landsberg, (2000); S. 151 ▪ Ullmann (5.) **A10**, 223 – *[HS 1515 90; CAS 68424-60-2]*

**Sheastearin** siehe *Sheabutter.

**Shellolsäure** siehe *Schellack.

**Sherry** (Jerez, Xeres, Jerezwein). Sherry ist ein spanischer *Likörwein (Qualitätslikörwein b. A.), der vorwiegend aus Trauben der Rebsorten Palomino und Pedro Ximénez im Anbaugebiet Albarizas (Provinz Càdiz) hergestellt wird. Man unterscheidet dabei grundsätzlich zwischen fünf verschiedenen Sherry-Typen. Die Bezeichnung „Sherry" ist nach VO (EG) Nr. 1607/2000[1] geschützt und eng an die geographische Herkunft gebunden. Erzeugnisse, die in Deutschland nach den traditionellen Verfahren der Sherry-Herstellung hergestellt werden, müssen als „weinhaltiger Aperitif" gekennzeichnet sein.
*Herstellung:* Die speziellen Sherry-Weine werden in mehrjähriger Bearbeitung ausgebaut. Dabei bildet sich auf der Oberfläche des Weines im nur zu $\frac{3}{4}$ gefüllten Faß eine Schicht echter Weinhefen („flor de vino"), welche für das arteigene Bukett von Bedeutung sind. Zur Steuerung des Reifeprozesses wird Weindestillat zugesetzt. Für das Sherry-Aroma sind v.a. Acetale, Aldehyde, Ketone und Sotolon (siehe *Hydroxyfuranone) verantwortlich[2,3]. Zu Veränderungen im Gehalt an phenolischen Komponenten im Zusammenhang mit Bräunungserscheinungen während der biologischen Alterung von hellem Sherry siehe Literatur[4]. Demnach scheint es, daß Sherry gegen starke Bräunung hauptsächlich auf Grund der Abnahme im Gehalt an Flavan-3-ol-Derivaten (siehe *Catechine) sowie Vanillinsäure und Ferulasäure (siehe *Hydroxyzimtsäuren) geschützt ist. In diesem Sinne sollte auch der Schutz vor Luftkontakt durch die an der Oberfläche wachsenden Hefen einzuschätzen sein. Veränderungen im Gehalt an Stickstoff-Verbindungen wie Harnstoff, Ammonium-Verbindungen und freien Aminosäuren während der Lagerung von Sherry sind Literatur[5] zu entnehmen. Als Hauptstickstoffquelle für die eingesetzten Hefen wurde L-*Prolin identifiziert. Beim Lager- bzw. Reifungsprozeß in Fässern wird Sherry verschiedener Jahrgänge (bis zu 20 Jahre alt) in einem speziellen Verfahren (sogenanntes Solera-System) gemischt. Die Bezeichnung „Solera-System" leitet sich ab von den langen, meist dreifach geschichteten Holzfaßreihen, in denen sich die Gärung vollzieht und die in Spanien „Solera" genannt werden.
*Analytik:* Mit der Authentizität von Sherry-Weinen hat man sich schon früh befaßt[6]. Als Kriterium werden die Gehalte an flüchtigen Verbindungen, organischen Säuren und Spurenelementen herangezogen. Für das „weinige" Aroma von Sherry sind chirale γ-Lactone (*Soleron, *Sherrylacton) verantwortlich[7,8]. Zur Stereodifferenzierung dieser Aromastoffe vgl. Literatur[9]. – *E* sherry

*Lit.:* [1] Verordnung (EG) Nr. 1607/2000 der Kommission vom 04.07.2000 mit Durchführungsbestimmungen zur Verordnung (EG) Nr. 1493/1999 über die gemeinsame Marktorganisation für Wein, insbesondere Qualitätsweine bestimmter Anbaugebiete (Amtsblatt der EG Nr. L 185, S. 17). [2] Belitz-Grosch-Schieberle (5.), S. 352. [3] J. Food Sci. **53**, 1900f., 1904 (1988). [4] J. Agric. Food Chem. **45**, 1647–1652 (1997). [5] Biotechnol. Bioeng. **53**, 156–162 (1997). [6] Z. Lebensm. Unters. Forsch. **188**, 324–329 (1989). [7] Lebensmittelchemie **45**, 2–7 (1991). [8] J. High Resolut. Chromatogr. **14**, 133ff. (1991). [9] Z. Lebensm. Unters. Forsch. **195**, 540–544 (1992).
*allg.:* Koch, H.-J., *Kommentar zum Weinrecht* [CD-ROM], Deutscher Fachverlag: Frankfurt a.M., (2002) – *[HS 2204 21, 2204 29]*

Tabelle: Sherry-Typen.

| Sherry-Typ | Farbe | Geschmack | Alkoholgehalt [% vol] |
|---|---|---|---|
| Manzanilla | hellgelb/„very pale" | aromatisch, herb, trocken, wenig Säure | 15,5–17 |
| Fino | strohgelb/„pale" | Mandelaroma | 15,5–17 |
| Amontillado | bernsteinfarben/„light gold" | herb | 16–18 |
| Oloroso | topas-, altgoldfarben/„golden" | süß | 18–20 |
| Cream/Dulce | bläulich-braun bis tiefbraun | sehr süß | 15–16 |

**Sherrylacton** (5-Hydroxy-4-hexanolid, 4,5-Dihydroxyhexansäure-γ-lacton, Solerol).

(4*R*,5*R*)          (4*R*,5*S*)

(4*S*,5*R*)          (4*S*,5*S*)

$C_6H_{10}O_3$, $M_R$ 130,14; Sherrylacton existiert in zwei Enantiomerenpaaren und wurde als *Aromastoff in *Sherry in Konzentrationen von 2–40 ppb nachgewiesen[1,2]. Sein Beitrag zum Weinaroma ist, ähnlich wie bei *Soleron, gering. Auch in Trockenfeigen hat man Sherrylacton gefunden[3]. Zur Biogenese siehe *Soleron; zur Enantiomerentrennung siehe Literatur[3,4]. – *E* sherrylactone

*Lit.:* [1]Am. J. Enol. Vitic. **34**, 61–71 (1983). [2]Häring, D.; Boss, B.; Herderich, M.; Schreier, P., In *Chemistry of Wine Flavor*, Ebeler, S. E., Hrsg.; ACS Symposium Series 714; American Chemical Society: Washington, DC, (1998); S. 116–123. [3]Z. Lebensm. Unters.-Forsch. **201**, 378–380 (1995). [4]J. High Resolut. Chromatogr. **20**, 351–354 (1997).
*allg.:* Beilstein EV **18/1**, 20 ▪ Phytochemistry **40**, 1251 (1995) – [HS 2932 29; CAS 105814-63-9]

**Shiga-Toxin** (Shigella-Toxin). Toxisches Protein, das aus *Shigella dysenteriae*, dem Erreger der Bakterienruhr, nach Befall durch den lysogenen Bakteriophagen H30 gebildet wird. Shiga-Toxin behindert in betroffenen Zellen die Protein-Biosynthese (Translation) durch Inaktivierung der Ribosomen. Shiga-Toxin hat eine relative Molmasse von 70000 und hemmt die Protein-Biosynthese durch Modifikation der 28S-RNA. Wie andere Ribosomen-inaktivierende Proteine (z.B. Ricin) besteht Shiga-Toxin aus einer A-Kette ($M_R$ 32000), die für die enzymatische (EC 3.2.2.22) Inaktivierung der Ribosomen verantwortlich ist, und mehreren B-Ketten ($M_R$ 7700), die spezifisch am Glycolipid-Rezeptoren der Zelloberfläche binden und die Aufnahme des Toxins in die Zielzelle bewirken. Offenbar ebenfalls nach Befall durch Phagen kann es in bestimmten Stämmen des normalerweise harmlosen Darmbakteriums *Escherichia coli* (siehe *EHEC) zur Bildung *Shiga-ähnlicher Toxine* (*Verotoxine, englisch shiga-like toxins) kommen. – *E* shiga toxin

*Lit.:* Alexandre, M.; Prado, V., *Expert Rev. Mol. Diagn.*, (2003) **3**, 105–115 ▪ Cherla, R. P.; Lee, S. Y.; Tesh, V. L., *FEMS Microbiol. Lett.*, (2003) **228**, 159–166 ▪ Doyle, M. P.; Beuchat, L. R.; Montville, T. J., Hrsg., *Food Microbiology*, ASM Press: Washington, (2001) ▪ Nuttika, A.; Binnington-Boyd, B.; Lingwood, C.A., *Methods Mol. Med.*, (2003) **73**, 197–208 ▪ Ochoa, T. J.; Cleary, T. G., *Curr. Opin. Infect. Dis.*, (2003) **16**, 259–263 ▪ Sandvig, K., *Toxicon*, (2001) **39**, 1629–1635 ▪ Wieler, L. H.; Bauerfeind, R., *Methods Mol. Med.*, (2003) **73**, 75–89

**Shigella.** Gattung der *Enterobakterien. Es sind 4 Arten (*Shigella dysenteriae*, *Shigella flexneri*, *Shigella boydii* und *Shigella sonnei*) mit zusammen etwa 41 Serotypen bekannt, die fast alle für den Menschen pathogen sind. Gram-negative unbewegliche Stäbchen, aerob und fakultativ anaerob, Katalase-positiv, Oxidase-negativ. *Vermehrung:* Temperatur mindestens 6–8 °C, Optimum 37 °C, maximal 44–45 °C; pH-Wert >4,8. *Abtötung:* Pasteurisieren; pH-Wert <4,5.

*Vorkommen:* Darm des Menschen und einiger Primaten. Verbreitung über Fäces von Erkrankten oder Ausscheidern, durch Fliegen u. a. Insekten, die Lebensmittel oder Gebrauchsgegenstände kontaminieren. Als Vehikel werden genannt: Milch, Wasser, Gemüse, Obst, Salate, Garnelen und Eierspeisen[1].

*Bedeutung:* Erreger der bakteriellen Ruhr (Shigellose, Dysenterie, siehe auch *Shiga-Toxin), einer schweren Erkrankung, die gemäß Bundesseuchengesetz meldepflichtig ist. Nach einer Infektion vermehrt sich *Shigella* in den Zellen des Darmepithels und löst eine akute Entzündung der Mucosa aus. Bereits 1000 Zellen oder weniger können die Erkrankung auslösen. Die Infektion erfolgt meist in warmen Ländern mit schlechten hygienischen Verhältnissen. Die Zahl der gemeldeten Fälle liegt in Deutschland zwischen 1000 und 2000/a. Die Letalität ist gering (0,25%). – *E* Shigella

*Lit.:* [1]Sinell (3.), S. 43.
*allg.:* Doyle, M. P.; Beuchat, L. R.; Montville, T. J., Hrsg., *Food Microbiology*, ASM Press: Washington, (2001) ▪ Kayser, F. H.; Bienz, K. A.; Eckert, J.; Zinkernagel, R. M., *Medizinische Mikrobiologie*, 10. Aufl.; Thieme: Stuttgart, (2001) ▪ Sansonett, P. J., *FEMS Microbiol. Rev.*, (2001) **25**, 3–14

**Shigella-Toxin** siehe *Shiga-Toxin.

**SHmV.** Abkürzung für *Schadstoff-Höchstmengenverordnung.

**Shoyu** siehe *Sojasoße.

**Shyobunon** siehe *Kalmusöl.

**SI.** 1. Kurzzeichen für Poly(dimethylsiloxane) u. a. *Silicone.
2. Abkürzung für Sättigungsindex, s. *Calciumcarbonat-Sättigung.

**Sicherheitsfaktor** (Unsicherheitsfaktor, Abkürzung UF, USF). Sicherheitsfaktoren stellen wesentliche Einflußgrößen bei der Abschätzung von für den Menschen oder für Ökosysteme auftretenden Risiken gegenüber Einflüssen von chemischen Verbindungen dar. Empirische Daten belegen typischerweise Dosis-Wirkungsbeziehungen für mögliche Schädigungen: Mit zunehmender Dosis eines Stoffes nimmt auch die Wahrscheinlichkeit zu, einen gesundheitlichen Schaden zu erleiden. Klassisch wird zwischen einem Schwellenwertansatz („threshold") für nicht-genotoxische Verbindungen und einem Nicht-Schwellenwertansatz („non-threshold") für genotoxische Verbindungen unterschieden. Für genotoxische Verbindungen wird allgemein nach dem ALARA-Prinzip (von englisch as low as reasonable achieveable) oder Minimierungsgebot vorgegangen.

Neuere wissenschaftliche Untersuchungen diskutieren jedoch auch für genotoxische Verbindungen aufgrund von Apoptose und weiteren Reparaturmechanismen bestimmte *Schwellenwerte. Dies führt zu Forderungen, auch die *Risikobewertung und das Risikomanagement zu vereinheitlichen. Unterstützung erfährt diese Forderung auch durch Diskussionen um spezielle Effekte, die experimentell statistisch signifikant als Hormesis beschrieben werden. Hierbei kommt es bei extrem geringen Konzentrationen eines schädigenden Agens zu messbaren Effekten, die im Verlauf einer Dosis-Steigerung abnehmen und bei zunehmender Konzentration wieder deutlich zunehmen, man spricht je nach Situation auch von „U-shaped" oder „J"-Kurven. Die Verfolgung des ALARA-Prinzips könnte hier nachteilig sein und würde aus regulatorischer Sicht eine zu konservative Vorgehensweise darstellen[1].

Die klassische Risikobewertung geht für nicht-genotoxische Verbindungen davon aus, Aufnahmemengen bestimmen zu können, von denen für den Menschen auch bei täglicher Exposition über die gesamte Lebenszeit kein nennenswertes Risiko hervorgerufen wird. Dieses Paradigma führte zu einer Vielzahl von Risikobewertungssystemen: *ADI (WHO); RfD (US-EPA, *Referenzdosis); deren Terminologie unterscheidet sich zwar, wesentliche Bestandteile folgen jedoch dem genannten Ansatz. Sicherheit ist hier nicht als absoluter Wert zu verstehen, vielmehr eine Abwägung zwischen Risiko, Vorteil und Aufwand. Der Gebrauch von Sicherheitsfaktoren soll eine Risikoabschätzung bei einer Abwägung von Vorteilen und Kosten auch bei nicht vollständiger Datenlage erlauben. Im günstigen Fall wird von einem subchronischen (90 Tage) oder chronischen (1 Jahr) Tierversuch mit mehreren Dosierungen ausgegangen. Der normalerweise herangezogene Endpunkt, der als Ersatzwert für den Schwellenwert herangezogen wird, ist der NOAEL-Wert (no-observed-adverse-effect-level), der bereits als konservativ gelten kann, da er einen Wert unterhalb eines Schwellenwertes in der untersuchten Tierspezies darstellt (siehe Abbildung 1).

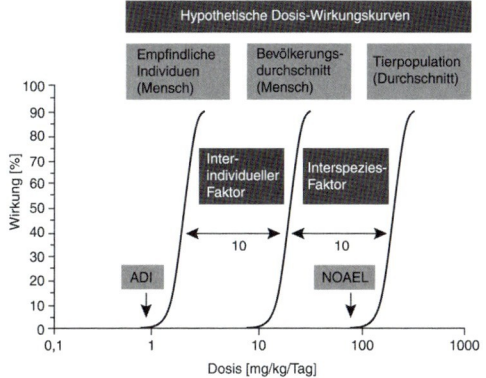

Abb. 1: Zusammenhang zwischen Dosis-Wirkungskurven und Sicherheitsfaktoren (nach Literatur[3]).

Der NOAEL-Wert ausgedrückt auf Basis des Körpergewichtes (z. B. mg/kg Körpergewicht/Tag) wird durch die Sicherheitsfaktoren geteilt, um den Wert der Exposition des Menschen zu ermitteln, der keine signifikant schädigende Wirkung hervorruft. Üblicherweise wird der Faktor 100 als Sicherheitsfaktor angenommen. Darin enthalten ist ein Faktor 10 für die Interspezies-Extrapolation Tier-Mensch und ein weiterer Faktor 10 für die Interindividuelle-Extrapolation, um Schädigungen empfindlicher Bevölkerungsgruppen zu vermeiden.

Sicherheitsfaktoren sollen Folgendes berücksichtigen:

1. Unsicherheit der Extrapolation zwischen Versuchstierdaten und der Situation des Menschen (Interspezies-Extrapolation).
2. Unsicherheit über die Streuung der Empfindlichkeit gegenüber Noxe in der Gesamtbevölkerung (Interindividuelle Streuung).
3. Unsicherheit der Extrapolation von Daten, die aus Studien gewonnen wurden, die keine Lebenszeitexposition garantieren (Extrapolation von subchronischer zu chronischer Exposition).
4. Unsicherheit bei der Nutzung von Daten, die auf einem LOAEL- (lowest-observed-adverse-effect-level) und nicht auf NOAEL-Werten beruhen.
5. Unsicherheit aus einer einzigen Studie oder aus einer unvollständigen Datenbasis auf sämtliche mögliche widrigen Wirkungen im Menschen zu schließen.

Neuere Weiterentwicklungen zur verbesserten Risikobewertung unterscheiden den Prozess einer möglichen schädigenden Wirkung nach toxikokinetischen (Verteilung) und toxikodynamischen (physiologische Antwort des Zielorgans) Aspekten in Tier und Mensch. Da sich der Standardfaktor 100 historisch als adäquat für einen sicheren Umgang mit Chemikalien erwiesen hatte, soll an diesem Faktor prinzipiell festgehalten werden. Aktuell werden verfeinerte Standardwerte diskutiert, die durch eine verbesserte Datenlage individuell verändert werden können. Der Trend in der wissenschaftlichen und regulatorischen Diskussion verfolgt das Ziel *Chemikalien-spezifische Anpassungsfaktoren* (CSAFs) für die im Einzelfall zu bewertende Verbindung je nach Umfang der Datenlage zu etablieren[2,8,9].

Schema für die Risikobewertung von nicht-genotoxischen Verbindungen siehe Abbildung 2, S. 1072.

Weitergehende Risikobewertungsansätze verfolgen mittels rechnerunterstützter physiologisch basierter pharmako-/toxikokinetischer Modelle („physiologically based pharmacokinetic modeling", PBPK) verfeinerte Methoden[7]. Hierdurch lassen sich auch vermehrt Daten und Erkenntnisse aus *in-vitro*-Untersuchungen für eine regulatorische Bewertung einer Verbindung nutzen[2,3,4]. – ***E** safety factor

*Lit.:* [1]Calabrese, E. J.; Baldwin, L. A., *Toxicol. Sci.*, (2003) **71**, 246–250. [2]Gundert-Remy, U.; Sonich-Mullin, C., *Sci. Total Environ.*, (2002) **288**, 3–11. [3]Edler, L.; Poirier, K.; Dourson, M.; Kleiner, J.; Renwick, A.; Slob, W.; Walton, K.; Würtzen, G., *Food Chem. Toxicol.*, (2002) **40**, 283–326. [4]Blaauboer, B. J., *Toxicol. Lett.*, (2003) **138**, 161–171. [5]Eu-

$$100 \text{ (klassisch)} = \frac{\text{Interspezies-Unterschiede}}{10} \cdot \frac{\text{Interindividuelle Unterschiede}}{10}$$

$$100 \text{ (modifiziert)} = \frac{\text{Kinetik} \cdot \text{Dynamik}}{4{,}0 \cdot 2{,}5} \cdot \frac{\text{Kinetik} \cdot \text{Dynamik}}{3{,}2 \cdot 3{,}2}$$

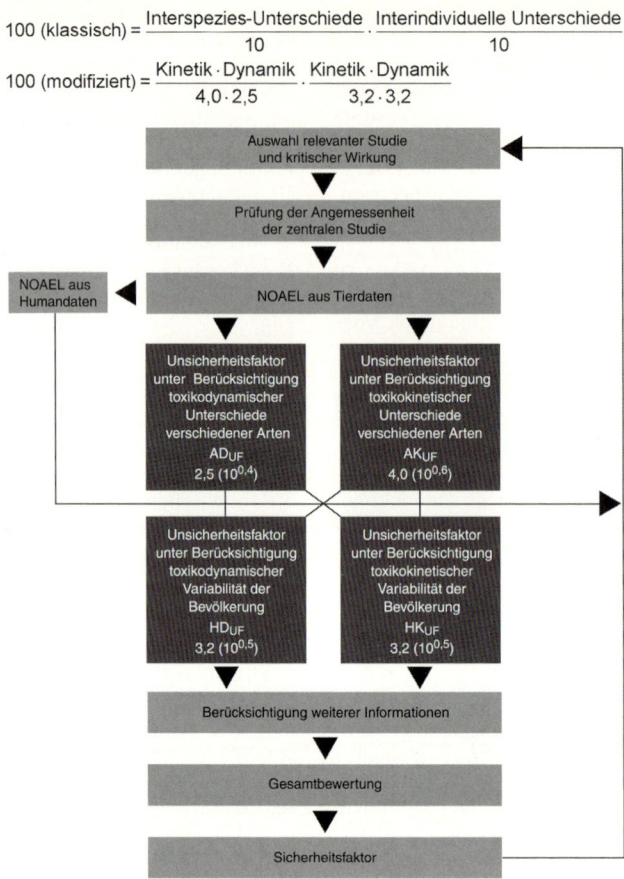

Abb. 2: Schema der einzelnen Aspekte der Risikobewertung nach IPCS/WHO.
$AD_{UF}$: Animal (Toxiko-)*D*ynamik (Unsicherheitsfaktor)

ropean Commission, Health & Consumer Protection Directorate, Scientific Steering Commitee, First Report on the Harmonisation of Risk Assessment Procedures Part I and II, 26.–27.12.2000; http://europa.eu.int/comm/food/fs/sc/ssc/out83_en.pdf. [6]WHO, Hrsg., *Principles for Assessment of Risk to Human Health from Exposure to Chemicals*; Environmental Health Criteria 210; WHO: Genf, (1999). [7]Gentry, P. R.; Covington, T. R.; Andersen, M. E.; Clewell, H. J., III, *Regul. Toxicol. Pharmacol.*, (2002) **36**, 51–68. [8]IPCS, International Programme on Chemical Safety, World Health Organization, 2001; http://www.who.int/pcs/harmon_site/harmonize/guid_doc_CSAFs_page.htm. [9]Renwick, A. G.; Lazarus, N. R., *Regul. Toxicol. Pharmacol.*, (1998) **27**, 3–20.

**Silberlactat** siehe *Lactate.

**Silberung.** Bezeichnung für die Einführung von Silber-Spuren in wäßrigen Systemen mit dem Ziel, die Eigenschaften von Silber zur Desinfektion und Konservierung, im häufigsten Fall zur Entkeimung von *Trinkwasser auszunutzen. Die Silberung kann außer für die Trinkwasserentkeimung – allerdings sind bestimmte pathogene Keime wie Staphylokokken gegen Silber-Ionen resistent – auch zur algiziden Aufbereitung von Brauchwasser und Bade-

wasser, d.h. im Sinne von Schwimmbadpflegemitteln eingesetzt werden. Zu theoretischen Grundlagen der antimikrobiellen Wirkung von Silber-Ionen siehe Literatur[1,2].

**Recht:** In Deutschland war nach der alten Trinkwasser-Verordnung von 1990 „bei nicht systematischen Gebrauch" (nur in Notsituationen) bis maximal 0,08 mg Silber (E 174) je Liter Trinkwasser zugelassen, seit 2001 ist das Verfahren zur Trinkwasseraufbereitung nicht mehr vorgesehen[3].
Für Wein beträgt die maximale Konzentration 0,1 mg/L. – *E* silver-ion sterilization

*Lit.:* [1]Lück u. Jager, Antimicrobial Food Additives, S. 222ff., Berlin: Springer 1995. [2]Müller u. Weber, Mikrobiologie der Lebensmittel, Grundlagen, S. 341, 370, Hamburg: Behr's 1996. [3]Trinkwasserverordnung vom 21.05.2001 (BGBl. I, S. 959).

**Silicat-Pigmente** siehe *Ultramarin-Pigmente.

**Siliciumdioxid** siehe *Kieselsäuren.

**Silicone.** Von dem amerikan. Chemiker F. S. Kipping eingeführte Bez. für eine umfangreiche Gruppe von synthet. polymeren Verb., in denen Silicium-Atome über Sauerstoff-Atome kettenartig u./ od. netzartig verknüpft u. die restlichen Valenzen des Siliciums durch Kohlenwasserstoff-Reste (meist Methyl-Gruppen, seltener Ethyl-Gruppen, Propyl-Gruppen, Phenyl-Gruppen u.a.) abgesätt. sind.

**Struktur:** Einfache linear-polymere S. sind nach dem Schema $(R_2SiO)_x$ aufgebaut. Die Bez. „S." wurde aus *Silici*um u. *...on* gebildet, da $R_2SiO$ als Baueinheit einem Keton der allg. Formel $R_2C=O$ entspricht. Diese Analogie beschränkt sich jedoch auf die Summenformel, da eine Si,O-Doppelbindung im Gegensatz zur C,O-Doppelbindung nicht stabil ist. Systemat. werden die S. als *Polyorganosiloxane* bezeichnet; diese Namensbildung basiert auf der Benennung der Si−O−Si-Bindung als Siloxan-Bindung u. hat sich in der wissenschaftlichen Lit. eingebürgert. Ein Polymer der allg. Formel

$$H_3C-\underset{\underset{CH_3}{|}}{\overset{\overset{CH_3}{|}}{Si}}-O\left[\underset{\underset{CH_3}{|}}{\overset{\overset{CH_3}{|}}{Si}}-O\right]_n\underset{\underset{CH_3}{|}}{\overset{\overset{CH_3}{|}}{Si}}-CH_3$$

wird als Poly(dimethylsiloxan) (Dimethylpolysiloxan) bezeichnet, kann aber nach den IUPAC-Regeln zur Benennung linearer organ. Polymerer auch Poly[oxy(dimethylsilylen)], nach den Regeln für anorgan. Makromol. (Literatur[1]) *catena*-Poly[(dimethylsilicium)-μ-oxo] genannt werden; der internat. Freiname der Verb. ist Dimeticon. Die S. nehmen eine Zwischenstellung zwischen anorgan. u. organ. Verb., insbes. zwischen Silicaten u. organ. Polymeren ein. Die Zusammensetzung der Siloxan-Einheit ergibt sich unter Berücksichtigung der Tatsache, daß jedes O-Atom als Brückenglied zwischen je zwei Si-Atomen liegt, zu $R_nSiO_{(4-n)/2}$ (n = 0, 1, 2 od. 3). Die Anzahl der an ein Si-Zentralatom gebundenen Sauerstoff-Atome bestimmt die Funktionalität der betreffenden Siloxan-Baueinheit. Diese Einheiten sind also monofunktionell, difunktionell, trifunktionell od. tetrafunktionell, wofür die symbol. Schreibweisen M, D, T u. Q eingeführt wurden: [M] = $R_3SiO_{1/2}$, [D] = $R_2SiO_{2/2}$, [T] = $RSiO_{3/2}$ u. [Q] = $SiO_{4/2}$. Die große Vielfalt der Verb.-Typen, die in der Silicon-Chemie anzutreffen ist, gründet sich darauf, daß verschiedene Siloxan-Einheiten im Mol. miteinander kombiniert werden können.

**Einteilung:** In Anlehnung an die Systematik organ. Polymere kann man nach Noll die folgenden Gruppen unterscheiden:

(a) *Lineare Polysiloxane:* Diese entsprechen dem Bautyp [MDM] od. $R_3SiO[R_2SiO]_nSiR_3$, s. das Formelbild (R=CH$_3$).

(b) *Verzweigte Polysiloxane:* Diese enthalten als verzweigende Bausteine trifunktionelle od. tetrafunktionelle Siloxan-Einheiten; Bautyp $[M_nD_mT_l]$. Die Verzweigungsstelle ist entweder in eine Kette od. einen Ring eingebaut.

(c) *Cycl. Polysiloxane:* Diese sind ringförmig aus difunktionellen Siloxan-Einheiten aufgebaut, Bautyp $[D_n]$.

(d) *Vernetzte Polymere:* In dieser Gruppe sind kettenförmige od. ringförmige Mol. mit Hilfe von T-

Einheiten u. Q-Einheiten zu zweidimensionalen od. dreidimensionalen Netzwerken verknüpft. Für den Aufbau hochmol. S. sind Kettenbildung u. Vernetzung die dominierenden Prinzipien.

Innerhalb jeder Polymeren-Gruppe läßt sich eine weitere Gliederung je nach der Art der am Silicium-Atom gebundenen Substituenten vornehmen. Das Siloxan-Gerüst kann mit verschiedenartigen Kohlenwasserstoff-Resten beladen sein, es kann außerdem Silicium-funktionelle od. organofunktionelle Gruppen od. beide zugleich enthalten. Dementsprechend ist eine Unterteilung der Polymeren-Gruppen in *nichtfunktionelle* u. in *Silicium-funktionelle* od. *organofunktionelle Polysiloxane* zweckmäßig.

Die S. können je nach Kettenlänge, Verzweigungsgrad u. Substituenten niedrigviskos bis hochviskos od. fest sein. Sie sind wärmebeständig, hydrophob u. gelten in der Regel als physiolog. verträglich (nicht gesundheitsschädlich, vgl. die Untersuchung an Fischen, Literatur[2]), weshalb sie in den gewerblichen Hautschutz, in die kosmet. Hautpflege u. plast. Chirurgie Eingang gefunden haben[3].

**Herstellung:** Als Ausgangsstoffe dienen v.a. Methylchlorsilane, die unter Verw. von Cu als Katalysator bei der Umsetzung von staubfein gemahlenem Si mit Methylchlorid bei ca. 300 °C in Fließbett-Reaktoren gebildet werden (*Müller-Rochow-Synth.*). Das Gemisch von Methylchlorsilanen wird durch fraktionierte Dest. in die einzelnen Bestandteile zerlegt.

**Toxikologie:** Dimethylpolysiloxan wird als unbedenklich eingestuft; erweiterte Studien sind im Gange. ADI-Wert: 0–1,5 mg/kg.

**Nachweis:** Es sind physikal. Analysenverf. einsetzbar[4], z.B. die IR-Spektroskopie u. die Pyrolyse-Gaschromatographie. Die Molmassenverteilung ist mittels Gel-Permeationschromatographie bestimmbar[5].

**Verwendung:** Nach ihren Anwendungsgebieten lassen sich die S. in Öle, Harze u. Kautschuke einteilen.

*Siliconöle:* Lineare *Polydimethylsiloxane* der oben dargestellten allg. Struktur, die zu Emulsionen, Antischaummitteln, Pasten, Fetten u. dgl. verarbeitet werden; auch Poly(methylphenylsiloxane) kommen zum Einsatz.

Siliconöle finden Verwendung als Schaumdämpfungsmittel, Hydrauliköl, Formtrennmittel, zum Hydrophobieren von Glas (z.B. in der Pharmazie), Keramik, Textilien, Leder usw. In Medizin u. Kosmetik dienen S.-Öle als Bestandteil von Hautschutzsalben, Salbengrundlagen, zur Frisurstabilisierung, als Fixateur für Duftstoffe u. Bestandteil von Zahnpasten (zur Verw. von S. in der Kosmetik s. Literatur[6]).

*Siliconharze:* Die gewöhnlich in der Technik verwendeten S.-Harze sind mehr od. minder vernetzte Polymethylsiloxane od. Polymethylphenylsiloxane, deren Elastizität u. Wärmebeständigkeit mit dem Gehalt an Phenyl-Gruppen steigt; reine Methyl-S.-Harze sind relativ spröde u. mäßig wärmebeständig. Als *S.-Kombinationsharze* bezeichnet man auch Copolymerisate aus niedermol., hydroxyfunktionellen S. mit Polyestern, Alkydharzen u. Acrylharzen, die zu sog. *Siliconemail*, einer dekorativen, hitzebeständigen Beschichtung für Küchengeräte etc. verarbeitet werden.

*Siliconkautschuke:* Diese sind in den gummielast. Zustand überführbare Massen, welche als Grundpolymere Polydiorganosiloxane enthalten, die Vernetzungsreaktionen zugängliche Gruppen aufweisen. Als solche kommen vorwiegend H-Atome, OH-Gruppen u. Vinyl-Gruppen in Frage, die sich an den Kettenenden befinden, aber auch in die Kette eingebaut sein können. In dieses Syst. sind Füllstoffe als Verstärker eingearbeitet, deren Art u. Menge das mechan. u. chem. Verhalten der Vulkanisate deutlich beeinflussen.

S.-Elastomerschläuche finden in der chem. Ind. u. Medizin (z.B. bei der Bluttransfusion), im Flugzeugbau u. Raketenbau etc. Verwendung. Eine Spezial-Anw. ist das *Plastination* genannte Präparations-Verf. von anatom.-zoolog. Objekten, wobei das Wasser in den Zellen durch S.-Kautschuk verdrängt wird, der anschließend aushärtet[7].

*Fluorsilicone:* Temperaturbeständige u. oxidationsbeständige S., bei denen die Methyl-Gruppen durch Fluoralkyl-Gruppen ersetzt sind. Sie finden Verw. als Schmiermittel für extreme Temp., Entschäumer, Kompressorenöle, Hydrauliköle, Dämpfungsmedien usw.

*Recht: Zulassung:* Dimethylpolysiloxan (E 900) ist gemäß *ZZulV 1998 Anhang 4 Teil B für bestimmte Lebensmittel unter Höchstmengenbegrenzung (je nach Anwendungsgebiet zwischen 10–100 mg/kg) zugelassen. Verwendung unter anderem als Schaumverhüter bei der Herstellung von Konfitüren, Suppen, Süßwaren (außer Schokolade) und Kaugummi. *Reinheitsanforderungen:* *ZVerkV 1998 Anlage 2 (zu § 3 Abs. 1) Liste B Reinheitsanforderungen nach Richtlinie 96/77/EG vom 2.12.1996, Amtsblatt der EG Nr. L 339 vom 30.12.1996, S. 1 (geändert). *Kenntlichmachung:* Klassennamen s. § 6 Abs. 4 Nr. 2 ZZulV 1998 in Verbindung mit Anlage 2 *LMKV. *Weitere rechtliche Regelungen:* Bedarfsgegenstände-Verordnung Anlagen 2 und 3a. – E silicones

*Lit.:* [1]Pure Appl. Chem. **57**, 149–168 (1995). [2]Toxicol. Environ. Chem. **13**, 265–285 (1987). [3]Chem. Unserer Zeit **31**, 311 (1997). [4]Plaste Kautsch. **26**, 630ff. (1979). [5]Int. Lab. **13**, Nr. 5, 10–24 (1983). [6]Parfüm. Kosmet. **67**, 232–239, 326–336, 384–389 (1986); **68**, 195–203 (1987). [7]Nachr. Chem. Tech. Lab. **32**, 887 (1984).

*allg.:* Blue List ▪ Ullmann (5.) **A24**, 57–93 – *[HS 3910 00]*

**Silvaner** siehe *Weintraube.

**Simazin** siehe *Triazin-Herbizide.

**Simmondsia-Wachs** siehe *Jojobaöl.

**Simplesse®.** *Fettaustauschstoff, der durch Mikropartikulation von Proteinen hergestellt wird. Simplesse-Produkte wurden 1987 erstmals durch die NutraSweet Company (USA) auf den Markt gebracht. Die Variante „Simplesse® 300" wurde unter Verwendung von Eiklarprotein, Magermilch sowie Zucker, Pektin und Citronensäure hergestellt. Die Variante Simplesse® 100 stellt dagegen

ein speziell behandeltes Konzentrat aus ultrafiltrierter Molke dar.

Bei der Herstellung wird das Eiweiß während der durch Hitze ausgelösten Koagulation einem Scherprozeß sowie einer Ultrafiltration unterworfen, wodurch sich kugelförmige Protein-Mikropartikel mit Durchmessern von 0,1–0,3 μm ausbilden, die ein ähnlich cremiges Mundgefühl wie emulgiertes Fett bewirken. Einer Erhitzung hält es nur sehr bedingt stand. Das Produkt bindet das doppelte seines Gewichtes an Wasser. Es ist voll verdaulich, der Brennwert pro g TS liegt bei 17 kJ.

*Verwendung:* Simplesse wurde in zahlreichen Lebensmitteln als Fettaustauschstoff eingesetzt, insbesondere bei Milcherzeugnissen (Sauermilcherzeugnisse, Schmelzkäsezubereitungen), wurde aber auch in Speiseeis, Desserts, Dressings und Brotaufstrichen eingesetzt. Da sich der ökonomische Erfolg jedoch nicht einstellte, ist Simplesse heute weitgehend vom Markt verschwunden.

*Recht:* Die Food and Drug Administration (FDA) hat Simplesse® 100 im Jahr 1991 den *GRAS-Status erteilt. In Deutschland ist Simplesse als Lebensmittel anerkannt. Simplesse wird damit weder als Lebensmittelzusatzstoff noch als neuartiges Lebensmittel angesehen. – E simplesse

*Lit.:* Hoffmann, W.; Buchheim, W., In *Fettersatzstoffe, Fettaustauschstoffe, Designer-Lipide*; Schriftenreihe des Bundesministeriums für Ernährung, Landwirtschaft und Forsten, Reihe A: Angewandte Wissenschaft, Heft 484; Landwirtschaftsverlag: Münster-Hiltrup, (1999)

**Simultane Destillation-Extraktion** (SDE). Methode der schnellen *Probenvorbereitung*, meist unter Verwendung einer (modifizierten) *Likens-Nickerson-Apparatur*[1,2] (vgl. Abbildung in Literatur[2,3]). Die SDE wird vor allem in der Aroma-Analytik eingesetzt[3]. Vergleiche mit anderen Isolierungsmethoden für Aromen (z.B. SPME) finden sich in Literatur[4–7]. SDE wird auch zur Isolierung von Schadstoffen, z.B. Polycyclen aus Tabakrauch oder von chlorierten Verbindungen verwendet[8,9]. – E simultaneous steam distillation-extraction

*Lit.:* [1]Am. Soc. Brew. Chem. Proc. **1964**, 5–13. [2]J. Agric. Food Chem. **25**, 446–449 (1977). [3]Lebensmittelchem. Gerichtl. Chem. **41**, 25–34 (1987). [4]Maneerat, C.; Hayata, Y.; Kozuka, H.; Sakamoto, K.; Osajima, Y., J. Agric. Food Chem., (2002) **50**(12), 3401–3404. [5]Kim, N. S.; Lee, D. S., J. Chromatogr. A, (2002) **982**(1), 31. [6]Cai, J.; Liu, B.; Su, Q., J. Chromatogr. A, (2001) **930**(1–2), 1. [7]Bestmann, H. J.; Haberkorn, K.; Vostrowsky, O.; Ferstl, R.; Eggert, F., Z. Naturforsch., Teil C, (1996) **51**(11–12), 849. [8]Forehand, J. B.; Dooly, G. L.; Moldoveanu, S. C., J. Chromatogr. A, (2000) **898**(1), 111. [9]Wittke, K.; Hajimiragha, H.; Dunemann, L.; Begerow, J., J. Chromatogr. B, (2001) **755**(1–2), 215–228.

**Sinalbin** siehe *Glucosinolate.

**Sinapinsäure** siehe *Hydroxyzimtsäuren.

**Sina-Salz.** Kaliumreicher Kochsalzersatz (*Kochsalzersatzmittel) auf der Basis von Kaliumchlorid, -adipat, -glutamat, -tartrat, -inosinat und -guanylat für natriumarme Diät.

## Sinensale.

CH₃ ... α-Sinensal

trans-β-Sinensal

α-*Sinensal* ($C_{15}H_{22}O$, $M_R$ 218,34) und das isomere *trans*-β-*Sinensal* [Sdp. 92–95°C (6,7 Pa)] sind geruchsprägende Aromakomponenten (ca. 0,1%) kaltgepreßten *Orangenschalenöls* (*Citrus sinensis*)[1]. *Mandarinen(schalen)öl (*Citrus reticulata*) besitzt den höchsten Gehalt an α-Sinensal (0,2%). α-Sinensal kommt in Form von 2 Isomeren vor (*E,E,E*- und *E,E,Z*-Konfiguration) und besitzt einen ausgeprägten Apfelsinencharakter mit einer sehr niedrigen Geruchsschwelle von 0,05 ppb für das *all-trans*-Isomer. β-Sinensal wird von einem stark metallisch-fischigen Unterton begleitet, der in höheren Konzentrationen als unangenehm empfunden wird. Beide Sinensale neigen zur Polymerisation, wenn sie Luft und Licht ausgesetzt sind. Zum Einfluß von Sinensalen auf die Sensorik von Citrus-Produkten siehe Literatur[2-4]. Zur Herstellung siehe Literatur[5]. – *E* sinensals

*Lit.:* [1]Ohloff, S. 132. [2]Tamura, H.; Fukuda, Y.; Padrayuttawat, A., In *Biotechnology for Improved Foods and Flavors*, Takeoka, G. R.; Teranishi, R.; Wiliams, P. J.; Kobayashi, A., Hrsg.; ACS Symposium Series 637; American Chemical Society: Washington, DC, (1996); S. 282–294. [3]Gaffney, B. M.; Haverkotte, M.; Jacobs, B.; Costa, L., *Perfum. Flavor.*, (1996) **21**(4), 1–2, 4–5. [4]Lin, J.; Roussef, R. L., *Flavour Fragr. J.*, (2001) **16**(6), 457–463. [5]Wada, S.; Shirakawa, T.; Ito, N.; Hasebe, A., JP 11279103 AA, (1999); CAN 131:272039.
*allg.:* Bauer et al. (4.), S. 189 – *[CAS 17909-77-2 (α-Sinensal); 3779-62-1 (trans-β-Sinensal); 17909-87-4 (cis-β-Sinesal)]*

## Single-cell protein siehe *Einzellerprotein.

## Single Malt Whisky siehe *Whisky.

## Singulett-Sauerstoff.
Im Gegensatz zu den meisten Molekülen liegt Sauerstoff im Grundzustand (d. h. elektronisch nicht angeregt) als sogenanntes Triplett-Molekül vor, mit parallel gerichteten Spins zweier (ungepaarter) π*-Elektronen; symbolhafte Darstellung: $^3O_2$. Im *Triplettzustand* ist $O_2$ biradikalisch und paramagnetisch. Elektronisch angeregter Sauerstoff kann dagegen *Singulett-Zustände* mit antiparallel gerichteten Spins der beiden Elektronen einnehmen. Diese energiereichen und besonders reaktionsfähigen Spezies, die z. B. im Sonnenlicht bei Anwesenheit bestimmter Farbstoffe aus $^3O_2$ entstehen, bezeichnet man als Singulett-Sauerstoff; symbolhafte Darstellung: $^1O_2$. Dieser existiert in mehreren elektronischen Zuständen und wurde bereits in den 30er Jahren von Kautsky postuliert. Man unterscheidet den ersten $^1\Delta_g$ mit den beiden einsamen Elektronen im gepaarten Zustand und den (noch energiereicheren) zweiten $^1\Sigma_g^+$, wobei wiederum ein Diradikal vorliegt mit den beiden ungepaarten 2p-Elektronen mit antiparallelen Spins, siehe *Sauerstoff-Radikale.
Der Nachweis von $^1O_2$ in chemischen und biologischen Systemen ist selbst im Picomol-Bereich noch möglich[1]. Über die Bildung von $^1O_2$ in biologischen Systemen siehe Literatur[2]; zu den toxikologischen Eigenschaften siehe Literatur[3]. – *E* singlet oxygen

*Lit.:* [1]Forth et al. (6.), S. 330. [2]J. Photochem. Photobiol. B **4**, 335–442 (1990). [3]Briviba, K.; Klotz, L. O.; Sies, H., *Biol. Chem.*, (1997) **378**(11), 1259. – *[CAS 17778-80-2]*

## Sinigrin siehe *Glucosinolate.

## Sintermagnesia siehe *Magnesiumoxid.

## SIRA.
Abkürzung für stable isotope ratio analysis, siehe *Isotopenverhältnisanalyse.

## β-Sitosterin siehe β-*Sitosterol.

## β-Sitosterol
(Quebrachol, Nimbosterol, β-Sitosterin, Cinchol, Stigmast-5-en-3β-ol; Name von griechisch sitos = Korn, Weizen).

$C_{29}H_{50}O$, $M_R$ 414,69. Farblose Blättchen, Schmp. 140°, wird durch Digitonin gefällt. S. als das verbreitetste pflanzliche *Sterol* (Phytosterol) kommt als Gemisch mehrerer homologer Doppelbindungs- u. Stereoisomere (α- bis ε-S.) in Weizenkeimen, Maiskeimöl, Baumwollsaatöl, Reiskeimöl, Sojaöl, Löwenzahn-Wurzel, Kartoffeln, Kiefernrinde, Chinarinde, Ginseng, Quebracho, Kat usw. vor. Zur Gewinnung von β-S. sind bes. Sojaöl – man nennt deshalb S. manchmal das wichtigste *Sojasterol* (100000 t/a) – u. Tallöl geeignet. Es sind verschiedene Methoden zur Gewinnung von β-Sitosterol beschrieben[1-3].

*Verwendung:* S. ist neben Diosgenin der wichtigste Rohstoff zur Herst. (Partialsynth.) anderer Steroide wie Corticoide, Estrogene u. a. Sexualhormone sowie Kontrazeptiva. Da β-S. mit *Cholesterol einen Komplex bildet, der die Darmwand nicht passieren kann, wird es als Lipidsenker zur Prophylaxe von Arteriosklerose u. Hyperlipidämie sowie gegen Prostatabeschwerden eingesetzt. Zur Erzielung einer Cholesterol-senkenden Wirkung ist die tägliche Aufnahme von 2–3 g β-Sitosterol erforderlich[4-7]. Als funktionelles Lebensmittel ist β-Sitosterol(-stanol)-haltige Margarine im Handel[8,9], siehe *Phytosterolester in Margarine. – *E* β-sitosterol

*Lit.:* [1]Huibers, D. T. A.; Robbins, A. M.; Sullivan, D. H., US 6107456 A, (2000); CAN 133:179295. [2]Alasti, P., US 6160143 A, (2000); CAN 134:43699. [3]Berezin, M. Y.; Dzenitis, J. M.; Hughes, B. M.; Ho, S. V., *Phys. Chem. Chem. Phys.*, (2001) **3**, 2184–2189. [4]Nguyen, T. T., *J. Nutr.*, (1999) **129**, 2109–2112. [5]Plat, J.; Mensink, R. P., *Nutr. Metab. Cardiovasc. Dis.*, (2001) **11**, 31–40. [6]Nestel, P.; Cehun, M.; Pomeroy, S.; Abbey, M.; Weldon, G., *Eur. J. Clin. Nutr.*, (2001) **55**, 1084–1090. [7]Nigon, F.; Serfaty-Lacrosnière, C.; Beucler, I.; Chauvois, D.; Neveu, C.; Giral, P.; Chapman, M. J.; Brukkert, E., *Clin. Chem. Lab. Med.*, (2001) **39**, 634–640. [8]Law, M. R., *West. J. Med.*, (2000) **173**, 43–47. [9]Avery, J. K., *Cleve. Clin. J. Med.*, (2001) **68**, 194–198.

*allg.:* Bonic, P. J., *Curr. Opin. Clin. Nutr. Metab. Care*, (2001) **4**, 471–475 ▪ Meade, L. T.; Ross, B. S.; Blackston, J. W., *Adv. Nurse Pract.*, (2001) **9**, 55-56 ▪ Micttinen, T. A.; Gylling, H., *Int. J. Vitam. Nutr. Res.*, (2003) **73**, 127–134 ▪ Ntanios, F. Y.; Duchateau, G. S., *Int. J. Vitam. Nutr. Res.*, (2002) **72**, 32–39 ▪ Schaller, H., *Prog. Lipid Res.*, (2003) **42**, 163–175 – [HS 2906 13; CAS 83-46-5]

**Skatol** (3-Methyl-1*H*-indol, FEMA 3019).

$C_9H_9N$, $M_R$ 131,18. An der Luft braun verfärbende Schuppen, Schmp. 96°C, Sdp. 266°C, löslich in organischen Lösemitteln; $LD_{50}$ (Ratte oral) 1,75 g/kg; Geruch fäkalisch, nur in starker Verdünnung warm-animalisch; Geruchsschwelle 15,6 ppb in Sonnenblumenöl[1]. Skatol entsteht durch Fäulnis aus *Tryptophan, kommt u. a. in *Zibet, Fäkalien und Steinkohlenteer vor. Zum Problem Tryptophan-abhängiger Fehlaroma-Noten in Wein[2] siehe 2-*Aminoacetophenon. Verwendung in synthetischem Zibet und spurenweise in Aromen, z. B. *Käsearomen. Zur Analytik siehe Literatur[3]. – *E* skatole

*Lit.:* [1]Belitz-Grosch-Schieberle (5.), S. 381. [2]Christoph, N.; Gessner, M.; Simat, T. J.; Hoenicke, K., *Adv. Exp. Med. Biol.*, (1999) **467**, 659–669. [3]Gibis, M.; Fischer, A., *Dtsch. Lebensm. Rundsch.*, (1993) **89**(10), 313–316.
*allg.:* Bauer et al. (4.), S. 163, 175 ▪ Ullmann (5.) **A14**, 167 – [HS 2933 90; CAS 83-34-1]

**Skelettproteine** siehe *Skleroproteine.

**Skimmetin** siehe *Umbelliferon.

**Skleroglucan.**

Skleroglucan ist ein β-1,3-*Glucan, welches jeweils am 3. Zucker einen Glucose-Rest als Seitenkette aufweist. Das mikrobielle Exopolysaccharid hat eine Molmasse von etwa 540 kDa. Skleroglucan ist in Wasser gut löslich und ergibt hohe Viskositäten. Skleroglucan enthaltende Lösungen zeigen ein pseudoplastisches Verhalten.
*Gewinnung:* Skleroglucan wird aus *Sclerotium*-Arten (*Sclerotium glucanicum*) gewonnen, die ein Nährmedium aus Glucose, Nitrat und Mineralsalzen benötigen. Das Polysaccharid wird nach einer Filtration mit Alkohol ausgefällt.
*Verwendung:* Skleroglucan dient im Lebensmittelbereich als *Verdickungsmittel. Es bildet beim Trocknen Filme und kommt deshalb für Schutzüberzüge in Frage (*edible coating*). Skleroglucan dient ebenfalls zur Herstellung von Hydrogelen, die als Drug-delivery-System genutzt werden. – *E* scleroglucan

*Lit.:* Aasprong, E.; Smidsrød, O.; Stokke, B. T., *Biomacromolecules*, (2003) **4**, 914–921 ▪ Coviello, T.; Grassi, M.; La-

pasin, R.; Marino, A.; Alhaique, F., *Biomaterials*, (2003) **24**, 2789–2798 ▪ de Nooy, A. E.; Rori, V.; Masci, G.; Dentini, M.; Crescenzi, V., *Carbohydr Res.*, (2000) **324**, 116–126

**Skleroproteine** (Gerüst-, Skelett-, Strukturproteine, Gerüsteiweiß). Bezeichnung für eine Gruppe von Proteinen, die im Organismus Stützfunktionen ausüben. Die Skleroproteine sind im Gegensatz zu den globulären Proteinen in Wasser unlöslich und haben Faserstruktur, weshalb sie gelegentlich auch als *fibrilläre*, *Linear-*, *Gerüst-* oder *Faserproteine* bezeichnet werden. Zu den Skleroproteinen gehören die *Keratine der Haare, Nägel, Federn und der Wolle sowie das Seiden-Fibroin, außerdem die *Collagene von Stütz- und Bindegewebe, Haut, Knochen und Knorpel und die ebenfalls im Bindegewebe vorkommenden *Elastine. Die Conchagene der Muschelschalen sind aus *Chitin und Protein aufgebaut. – *E* scleroproteins

**Skorbut** (Scharbock). Vitamin-Mangel-Erkrankung (*Avitaminose), die durch einen Mangel an ʟ-*Ascorbinsäure (Vitamin C) infolge geringer Zufuhr von Obst und frischem Gemüse hervorgerufen wird.
Der Skorbut ist seit vielen Jahrhunderten bekannt, die ältesten Überlieferungen stammen von den Griechen und Römern. Besonders unter Seefahrern verursachte die Krankheit etwa bis zur Mitte des 18. Jahrhunderts große Verluste, bis der Genuß von Citrusfrüchten und Sauerkraut auf Empfehlung des schottischen Arztes James Lind vorgeschrieben wurde. Anfang des 20. Jahrhunderts gelang die Isolierung des Antiskorbut-Faktors Ascorbinsäure.
In der industrialisierten Welt ist der Skorbut heutzutage sehr selten, kann jedoch bei älteren Menschen bedingt durch eine einseitige Vitamin-C-arme Ernährung[1], bei Magen-Darm-Krankheiten bedingt durch eine ungenügende Resorption, bei verstärkter physiologischer Beanspruchung des Körpers (Schwangerschaft und Stillzeit oder Stress) bzw. bei Krankheiten (insbesondere bei Infektionen) oder bei Rauchern bedingt durch den erhöhten Bedarf sowie bei der falschen Lagerung und Zubereitung von Nahrungsmitteln bedingt durch die Zerstörung von Vitamin C, auftreten.
Die Krankheit beginnt mit einer Latenzzeit (Zeitpunkt vom ersten Mangel des Vitamins bis zur klinischen Symptomatik) von einigen Monaten, klinische Zeichen sind zu erwarten wenn der Vitamin-C-Körperpool auf 0,02–0,5 mg abgesunken ist (Plasma-Vitamin-C-Gehalt <11µmol/L). Bereits 10 mg Vitamin C pro Tag genügen, um das Auftreten von Skorbut zu verhindern[2].
*Symptome*: Die klinischen Zeichen sind Muskelschmerzen (vor allem in stärker beanspruchten Muskeln wie Waden), allgemeine spontane Blutungen (durch schwere Störungen im Bindegewebsstoffwechsel bedingt), die an der Haut zu reibeisenähnlichen Veränderungen führen (Lichen scorbuticus) und an den Schleimhäuten, vor allem an Zahnfleisch Entzündungen mit Zahnverlust bedingen. Die Folge dieser Blutungen ist häufig eine

Anämie. Bei Säuglingen und Kindern treten zusätzlich Störungen der Knochenentwicklung und Knochendeformitäten (Möller-Barlowsche Krankheit oder rachitischer Säuglingsskorbut) auf.

Die psychischen Veränderungen sind Gleichgültigkeit, Persönlichkeitsveränderungen, Müdigkeit, Schwermütigkeit und Depression.

*Therapie*: Die Behandlung erfolgt durch die tägliche Zufuhr von 150–2000mg Vitamin C (intramuskulär oder intravenös). – *E* scurvy

*Lit.:* [1] Richardson, T. I.; Ball, L.; Rosenfeld, T., *Postgrad. Med. J.*, (2002) **78**, 292–4. [2] Weber, P.; Bendich, A.; Schalch, W., *Int. J. Vitam. Nutr. Res.*, (1996) **66**, 19–30.

*allg.:* Biesalski, H. K.; Köhrle, J.; Schümann, K., Hrsg., *Vitamine, Spurenelemente und Mineralstoffe*, Thieme: Stuttgart, (2002); S. 65–66

**Skyrin.**

$C_{30}H_{18}O_{10}$, $M_R$ 538,47, orangerote Kristalle, Schmp. >380°C. Dimeres Anthrachinon (siehe auch *Rugulosin und *Luteoskyrin), das aus zwei *Emodin-Molekülen besteht und von *Penicillium islandicum*, *Penicillium wortmannii* und anderen *Penicillium*-Arten sowie Ascomyceten der Gattungen *Hyphomyces*, *Endothia* und *Cryphonectria* inklusive ihren Nebenfruchtformen gebildet wird. Skyrin kommt auch in Fruchtkörpern von *Cortinarius*- umd *Dermocybe*-Arten sowie in Flechten (z.B. *Cladonia*, *Trypetheliopsis*, *Physcia* und *Pyxine*) vor. Biosynthetisch werden Skyrin und Analoge aus den entsprechenden Monomeren bzw. ihren Anthronen gebildet. Die Monomere werden über den Polyketid-Weg (Octaketid) synthetisiert. Emodinanthron wird in *Penicillium-islandicum*-Kulturen besser als Emodin in Skyrin eingebaut. Viele monomere und dimere Anthrachinone, unter ihnen auch Skyrin, sind Entkoppler der oxidativen Phosphorylierung in Rattenlebermitochondrien. Skyrin ist an der Verfärbung von „gelbem" Reis beteiligt (*Luteoskyrin). – *E* skyrin

*Lit.:* Beilstein EIV **8**, 3767 – [CAS 602-06-2]

**Smekal-Raman-Effekt** siehe *Raman-Spektroskopie.

**Sniffing-GC** siehe *Gaschromatographie und *Sensorik.

**SNIF-NMR®.** Abkürzung von englisch site-specific natural isotope fractionation NMR. Bezeichnung für ein von G. Martin in Nantes entwickeltes, patentiertes Analysenverfahren, das durch regioselektive Bestimmung des Deuterium/Wasserstoff-Verhältnisses in organischen Molekülen auf deren Herkunft (z.B. natürlich oder synthetisch) schließen läßt (siehe auch *Isotopenverhältnisanalyse).

*Verwendung:* Wichtige Anwendung in der Weinanalytik (Nachweis einer Zuckerung über Ethanol) oder Aromaanalytik (Unterscheidung natürlicher/naturidentischer Aromastoffe).

*Lit.:* Ogrinc, N.; Kosir, I. J.; Spangenberg, J. E.; Kidric, J., *Anal. Bioanal. Chem.*, (2003) **376**(4), 424–30 ▪ Verordnung (EG) Nr. 2676/90 vom 17.09.1990 zur Festlegung gemeinsamer Analysemethoden für den Weinsektor (Amtsblatt der EG Nr. L 272 vom 03.10.1990) ▪ Verordnung (EG) Nr. 2729/2000 vom 14.12.2000 zu Durchführungsbestimmungen für die Kontrolle im Weinsektor (Amtsblatt der EG Nr. L 316 vom 15.12.2000) ▪ Wüst, M., *Nachr. Chem.*, (2003) **51**, 349–351

**SOD.** Abkürzung für *Superoxid-Dismutase.

**Sodawasser** siehe *Tafelwasser.

**Sojabohne.** Als Sojabohne wird die erbsenartige, gelb, grün oder schwarz gefärbte Frucht der Leguminose *Glycine max* L. MERR. (synonym *Soja hispida* MOENCH, Fabaceae, Hülsenfrüchtler) bezeichnet. Die Sojapflanze ($C_4$-Pflanze) wurde vor mehr als 3000 Jahren in China domestiziert und gelangte Ende des 18. Jahrhunderts nach Europa bzw. 1804 nach Amerika. Wildformen sind nicht bekannt. Die Sojabohne ist die weltweit bedeutendste Fabaceenfrucht und dient als Hauptquelle für pflanzliches Eiweiß und Öl.

Die einjährige, 20–100 cm hohe Pflanze trägt an ihren Stengeln 3- bis 5-teilige, unpaarige Blätter. Stiele und Blätter sind rotbraun behaart. Die in dichten Trauben in den Blattachseln stehenden Blüten sind sehr klein und weißlich-blaßviolett bis blau. Die stark behaarten, 3–7 cm · 1 cm großen Hülsen enthalten zwei bis fünf erbsenähnliche, runde oder flache meist cremeweiße Samen von 5–12 mm Durchmesser. Sorten mit grünen und roten bis schwarzbraunen Samen sind ebenfalls bekannt.

*Zusammensetzung:* Getrocknete Sojabohnen enthalten pro 100 g im Durchschnitt 8,5 g Wasser, 37,6 g Protein, 18,3 g Fett, 6,3 g Kohlenhydrate, 22,0 g Ballaststoffe und 4,7 g Mineralstoffe, ferner die Vitamine A, $B_1$, $B_2$, $B_6$ und E, Nicotinsäure, Pantothensäure sowie Kalium, Calcium, Magnesium, Eisen und Phosphor[1]. Sojaprotein ist biologisch wertvoll (bezüglich der Zusammensetzung an essentiellen Aminosäuren vgl. Literatur[2,3]), allerdings weisen die Proteine aus Hülsenfrüchten allgemein ein Defizit an Schwefel-haltigen Aminosäuren auf. Eine Aufwertung der biologischen Wertigkeit erfolgt daher zum Teil durch *Methionin-Zusatz. Weiter enthalten Sojabohnen Phytoestrogene, *Stachyose, *Raffinose, *Saponine, *Protease-Inhibitoren, *Hämagglutinine (siehe auch *Lektine) und *Phytoalexine (z.B. Glyceollin).

*Verwendung:* Die Sojabohne findet in menschlichen Nahrungsmitteln vielfache Verwendung (zur Zeit enthalten mehr als 2000 Nahrungsmittel Sojamehl). Unreife Samen und Keimlinge werden als Gemüse gegessen, Sojaschrot dient als Kraftfutter und die Grünpflanzen als Futter bzw. Silage. Aus geschroteten Sojabohnen wird durch Pressen und Hexan-Extraktion *Sojaöl und Sojalecithin gewonnen, während der Rückstand (Sojaschrot) zur Gewinnung von Sojaprotein dient; siehe *Sojabohnenerzeugnisse.

*Wirtschaft:* In den USA wurden 1997 bereits 25% der Anbauflächen mit gentechnisch veränderten Soja bestellt, die in erster Linie Herbizidresistenz aufweisen.

Zu Wirtschaftsdaten siehe Literatur[4]. – *E* soybeans

*Lit.:* [1]Scherz, H.; Senser, F., *Food Composition and Nutritional Tables*, 6. Aufl.; Medpharm Scientific Publishers: Stuttgart, (2000); S. 837–838. [2]Belitz-Grosch-Schieberle (5.), S. 731–756. [3]Friedman, M.; Brandon, D. L., *J. Agric. Food Chem.*, (2001) **49**, 1069–1086. [4]Faostat Data 2004; http://faostat.fao.org.

*allg.:* Bendel, L., *Das große Früchte- und Gemüselexikon*, Albatros: Düsseldorf, (2002); S. 297–298 ■ Franke, W., *Nutzpflanzenkunde*, 6. Aufl.; Thieme: Stuttgart, (1997); S. 142–144, 158–159 ■ Liebster, G., *Warenkunde Obst und Gemüse*, Hädecke: Weil der Stadt, (2002); Bd. 2, S. 221–222 – *[HS 1201 00]*

**Sojabohnenerzeugnisse.** Sojabohnenerzeugnisse sind durch Verarbeitung aus *Sojabohnen* (*Glycine max*, Fabaceae) hergestellte Produkte. Aus geschroteten Sojabohnen wird durch Pressen und Extraktion mit Hexan *Sojaöl und Sojalecithin gewonnen, während der Rückstand (Sojaschrot) eine wichtige Eiweißquelle darstellt und als Basis für die Gewinnung von Proteinkonzentraten dient.

*Sojaprotein* ist biologisch wertvoll (zur Zusammensetzung an essentiellen Aminosäuren vgl. Literatur[1,2]), allerdings weisen die Proteine aus Hülsenfrüchten allgemein ein Defizit an Schwefel-haltigen Aminosäuren auf. Eine Aufwertung der biologischen Wertigkeit erfolgt daher zum Teil durch *Methionin-Zusatz.

Die Gewinnung von *Sojaprotein-Konzentraten* erfolgt überwiegend aus flockiertem und entfettetem Sojamehl, dem Rückstand der Ölgewinnung. Sie umfaßt das Einweichen der Flocken in Wasser, Ansäuern auf pH 4–5, Abtrennung löslicher Inhaltsstoffe durch Zentrifugation, sowie Waschen und Trocknen des Rückstands. Neben den oben genannten Proteinkonzentraten werden *Sojaprotein-Isolate*, die einen höheren Eiweißgehalt aufweisen (vgl. Tabelle 1), hergestellt. Nach Extraktion der löslichen Inhaltsstoffe des Sojamehls mit Wasser oder verdünntem Alkali (pH 8–9) werden die Proteine durch Einstellen auf pH 4–5 aus dem Extrakt gefällt. Texturiert und aromatisiert werden sie als *Fleischsurrogate angeboten[3].

Tabelle 1: Zusammensetzung von Sojaprotein-Konzentrat und Sojaprotein-Isolat in %.

| Produkt | Protein | Rohfaser | Asche |
|---|---|---|---|
| Konzentrat | 72 | 3,5 | 5,5 |
| Isolat | 95,6 | 0,2 | 4,0 |

*Verwendung:* Sojaprotein wird zur Verbesserung der Proteinversorgung oder zur Hebung der Verarbeitungsqualität unter anderem bei der Herstellung von Fleischwaren, Kindernahrungsmitteln, Back- und Teigwaren, weiterhin zur Gewinnung von *Glutamat und zur Herstellung von Suppenwürze (*Speisewürze) eingesetzt. Nach Auflösen in Alkalien kann Sojaprotein zu Fäden versponnen werden, die durch Aromatisierung kaubare Produkte mit fleischähnlicher Textur liefern (sogenanntes „künstliches Fleisch" bzw. TVP = „textured vegetable proteins", siehe auch *texturierte Proteine). TVP kann auch durch Extrudieren oder durch enzymatische Vernetzung von Sojaprotein mittels Transglutaminase erhalten werden[4].

Besonders in Ostasien wird eine Vielzahl von Speisen aus Sojabohnen gewonnen, die milch-, cremeoder quarkartige Konsistenz besitzen und zu ihrer Herstellung zum Teil Fermentationsschritte benötigen; Beispiele siehe Tabelle 2, S. 1079.

Industrielle Verwendung findet Sojaprotein auch in Klebstoffen, Emulsionsfarben, synthetischen Fasern, zum Stabilisieren von Feuerlöschschaum usw. – *E* soy bean products

*Lit.:* [1]Belitz-Grosch-Schieberle (5.), S. 734. [2]Friedman, M.; Brandon, D. L., *J. Agric. Food Chem.*, (2001) **49**, 1069–1086. [3]Belitz-Grosch-Schieberle (5.), S. 751–754. [4]Schäfer, C.; Schott, M.; Brandl, F.; Neidhart, S.; Carle, R., *J. Agric. Food Chem.*, (2005) **53**, 2830–2837.

*allg.:* Chang, K. C.; Hou. H. J., In *Handbook of Vegetable Preservation and Processing*, Hui, Y. H.; Ghazala, S.; Graham, D. M.; Murrell, K. D.; Nip, W.-K., Hrsg.; Marcel Dekker: New York, (2004); S. 443–478 ■ Ogawa, T.; Samoto, M.; Takahashi, K., *J. Nutr. Sci. Vitaminol.*, (2000) **46**, 271–279 ■ Steinkraus, K. H., In *Encyclopedia of Microbiology*, Lederberg, J., Hrsg., 2. Aufl.; Academic Press: San Diego, (2000); Bd. 2, S. 350–360 ■ Steinkraus, K. H., *Compr. Rev. Food Sci. Food Saf.* [Online], (2002) **1**, 23–32; http://www.ift.org/publications ■ Yoneya, T., In *Handbook of Vegetable Preservation and Processing*, Hui, Y. H.; Ghazala, S.; Graham, D. M.; Murrell, K. D.; Nip, W.-K., Hrsg.; Marcel Dekker: New York, (2004); S. 251–272

**Sojabohnenquark** siehe *Tofu.

**Sojakäse** siehe *Natto.

**Sojamilch.** Sojamilch ist ein wäßriger Extrakt aus Sojabohnen, siehe auch *Sojabohnenerzeugnisse.

*Herstellung:* Über Nacht eingeweichte Sojabohnen werden mit Wasser vermahlen (Verhältnis Wasser zu Sojabohnen 5:1 bis 10:1). Die daraus resultierende Sojamilch wird durch Filtration vom unlöslichen Rückstand (*Okara) abgetrennt. Eine Erhitzung erfolgt vor oder nach der Phasentrennung. Diese auf traditionelle Art hergestellte Sojamilch weist bei Konsumenten außerhalb der Ursprungsländer durch ihren bohnigen, bitteren Geschmack keine hohe Akzeptanz auf. Die Entstehung dieser Aromakomponenten aus mehrfach ungesättigten Fettsäuren wird durch *Lipoxygenasen katalysiert. Sojabohnen stellen die reichste Quelle für diese Enzyme dar. Aus diesem Grund zielen moderne Verfahren zur Sojamilchherstellung darauf ab, die Bildung dieser Aromastoffe durch frühzeitige Hitzeinaktivierung der Enzyme bereits bei der Vermahlung zu verhindern. Weitere Vorteile von Erhitzungsschritten im Verlauf der Sojamilchherstellung bestehen darin, in der Sojabohne enthaltene antinutritive Stoffe (z.B. Trypsin-Inhibitoren) auszuschalten, die Verdaulichkeit der Proteine durch Denaturierung zu verbessern und die Haltbarkeit des Endprodukts zu verlängern.

Tabelle 2: Herstellung von Sojaspeisen.

| Name | verwendeter Organismus | Ausgangs-material | Beschaffenheit | Land | Verwendung |
|---|---|---|---|---|---|
| *Tempeh | *Rhizopus oligosporus* | Sojabohnen | fest | Indonesien und Nach-barn | |
| *Sufu | *Actinomucor elegans* und *Mucor* sp. | Sojabohnen | fest | China und Taiwan | Käse |
| *Miso | *Aspergillus oryzae, Saccharomyces rouxii* | Sojabohnen, Reis u. a. | Paste | Japan, China u. a. Länder | Suppen-Grundlage, Würzmittel für Fleisch-, Fisch- und Gemüse-gerichte |
| *Sojasoße (Shoyu) | *Aspergillus oryzae* und *Aspergillus soyae*, salztolerante Milchsäurebakterien und Hefen, vor allem *Lactobacillus delbrueckii*, *Hansenula* und *Saccharomyces* | Sojabohnen und Weizen | flüssig | China, Japan u. a. Länder | Würzmittel für Fleisch-, Fisch- und Gemüse-gerichte |
| *Natto | *Bacillus natto* | Sojabohnen | fest | Japan | |
| *Sojamilch | eingeweichte Sojabohnen mit Wasser ge-mahlen, erhitzt (15–20 min), filtriert und homogenisiert | Sojabohnen | flüssig mit Calci-um und Vitami-nen angereichert | | als Ernährung für Säuglinge, die keine Kuhmilch vertragen |
| *Tofu (Sojaquark) | Eiweiß der Sojamilch wird bei 70–80 °C ausgeflockt und abgepreßt | Sojamilch | fest | Asien | |

*Zusammensetzung:* Je nach eingesetztem Wasser/Sojabohnen-Verhältnis beträgt der Trockensubstanzgehalt von Sojamilch 6–10%, darunter im Mittel 3,6% Protein, 2% Fett, 2,9% Kohlenhydrate und 0,5% Asche. Im Vergleich zu Kuhmilch weist sie einen höheren Protein-Gehalt, aber einen geringeren Kohlenhydrat-Gehalt bzw. Fettgehalt auf. Bei letzterem überwiegt der Anteil an ungesättigten Fettsäuren. Der Calcium-Gehalt ist erniedrigt, der Eisen-Gehalt dagegen erhöht. Ferner ist Sojamilch Lactose-frei und Cholesterol-frei. Dadurch wird sie auch in den westlichen Ländern als pflanzliche Alternative zur Kuhmilch verwendet[1,2]. Zum Einfluß von thermischen Maßnahmen auf die Produktqualität und die Verarbeitungseigenschaften von Sojamilch siehe Literatur[3]. – *E* soy milk, soya milk

*Lit.:* [1] Woodside, J. V.; Morton, M. S., In *Beverages in Nutrition and Health*, Wilson, T.; Temple, N. J.; Jacobs, D. R., Jr., Hrsg.; Humana Press: Totowa, (2004); S. 223–234. [2] Muraro, M. A.; Giampietro, P. G.; Galli, E., *Ann. Allergy Asthma Immunol.*, (2002) **89**, 97–101. [3] Kwok, K.-C.; Niranjan, K., *Int. J. Food Sci. Technol.*, (1995) **30**, 263–295.
*allg.:* Liu, K., *Soybeans*, Chapman & Hall: New York, (1997); S. 138–165 ∎ Odo, T., In *Encyclopedia of Food Sciences and Nutrition*, Caballero, B.; Trugo, L. C.; Finglas, P. M., Hrsg.; Academic Press: Amsterdam, (2003); Bd. 9, S. 5403–5406

**Sojaöl.** S. ist ein gelbliches bis braungelbes, fettes, halbtrocknendes Öl, das durch Pressen u./od. Extraktion mit Kohlenwasserstoffen (z.B. Hexan) aus *Sojabohnen* (*Glycine max* (L.) MERR., Fabaceae) od. Sojaschrot gewonnen wird. Ölgehalt der Sojabohnen: 17–22%.
*Zusammensetzung:* Zum Fettsäure-Muster siehe Literatur[1]. 55–65% der Gesamtfettsäuren des S. sind mehrfach ungesätt. *Fettsäuren. Der Sterol-Gehalt von S. beträgt durchschnittlich 0,37% (davon Cholesterol 0,3–0,5%)[2]. Neben Cholesterol finden sich in S. v.a. β-*Sitosterol, Stigmasterol und Campesterol[3] (siehe *Sterole). Durch Raffina-

tion läßt sich der Sterol-Gehalt um ca. 30% senken. Darüber hinaus enthält S. freie Fettsäuren, *Lecithin u. bis zu 0,8% *Tocopherol. Schon vor Jahren hat man Herst. u. Anw. von natürlichem Vitamin-E-Öl aus S. mit einem Vitamin-E-Gehalt von >60% beschrieben[4]. Zur Belastung mit *polycyclischen aromatischen Kohlenwasserstoffen siehe Literatur[5].
*Herstellung:* S. durchläuft, wie die meisten Öle, die zu Ernährungszwecken bearbeitet werden, die einzelnen Schritte der Raffination, wobei der Entlecithinierung (Anreicherung der Phospholipide nach Wasserzusatz an der Grenzschicht u. Abtrennung in Separatoren) bes. Bedeutung für Herst. von *Sojalecithin* zukommt. Zum Ablauf der Ölgewinnung aus Sojabohnen siehe die Abbildung. Sojalecithin ist als *Emulgator für Lebensmittel zugelassen und wird als Pigmentbenetzungsmittel verwendet. Einen Überblick zur Technologie gibt Literatur[6].
*Verwendung:* Als Speiseöl, auch im Verschnitt mit *Olivenöl, zur Herst. von Margarine, Süßwaren und Seife. Die Verw. als Rohstoff für Fettsäuren

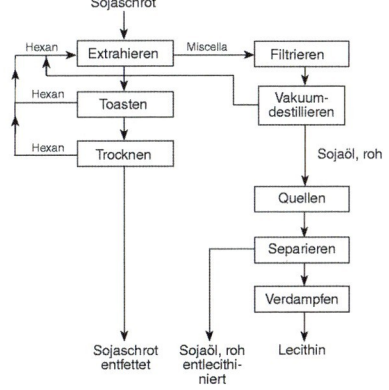

Abb.: Ölgewinnung aus Sojabohnen; Miscella = Lsg. von Öl in Hexan.

(*Sojafettsäuren*) wird durch den Zwangsanfall von Glycerol behindert. S. steht mengenmäßig an der Spitze der Weltproduktion pflanzlicher Öle für Ernährungszwecke.

*Analytik:* D. 0,916–0,922, Schmp. −15 bis −8 °C, FP. 282 °C, $n_D^{40}$ 1,466–1,470, VZ 188–195, IZ 120–136, SZ 0,3–3,0, unverseifbarer Anteil 0,5–1,5%. Zum Nachw. von *epoxidiertem Sojaöl* (ESO), das durch Migration aus Kunststoffverpackungen in Lebensmittel gelangen kann, siehe Literatur[7]. Über die Zusammensetzung des Aromas von S. u. Veränderungen während der Lagerung gibt Literatur[8] Auskunft. Für die als Härtungs- u. *Reversionsgeschmack* (butterartig, grasig) bekannten Aromafehler des S. sind (*E*)-Non-6-en-1-al u. 3-Methylnonan-2,4-dion verantwortlich. Eine Unterscheidung zwischen S. u. *Sonnenblumenöl ist anhand des Tocopherol-Spektrums möglich[9].

Weltproduktion (2001): 24,6 Mio. t; davon in den USA 8,2 Mio. t u. in Brasilien 4,2 Mio. t. – *E* soja oil, soybean oil

*Lit.:* [1] Leitsätze des Deutschen Lebensmittelbuches für Speisefette u. Speiseöle. [2] Fat Sci. Technol. **89**, 27–30 (1987). [3] Fat Sci. Technol. **91**, 23–27 (1989). [4] Food Sci. (Taiwan) **23**, 377–383 (1996). [5] Fat Sci. Technol. **90**, 76–81 (1988). [6] Cereal Foods World **34**, 268–272 (1989). [7] Fantoni, L.; Simoneau, C., *Food Addit. Contam.*, (2003) **20**(11), 1087–1096. [8] J. Am. Oil Chem. Soc. **64**, 749–753 (1987). [9] Fat Sci. Technol. **93**, 519–526 (1991).

*allg.:* Roth, L.; Kormann, K., *Ölpflanzen – Pflanzenöle*, ecomed: Landsberg, (2000); S. 151 – *[HS 1507 10, 1507 90; CAS 8001-22-7 (S.); 8013-07-8 (epoxidiertes S.)]*

## Sojapaste siehe *Miso.

## Sojaprotein siehe *Sojabohnenerzeugnisse.

## Sojasoße

(Shoyu). In Ostasien durch Fermentation gewonnene dunkelbraune salzige Flüssigkeit (Würzsoße) mit einem angenehmen fleisch- od. nußähnlichen Aroma aus *Sojabohnen (od. entfettetem Sojamehl), Weizen u. Kochsalz. Sie enthält 57–70% Wasser sowie 13–18 g Protein (bzw. Abbauprodukte), 1–2 g Fett, 28–35 g Kohlenhydrate u. 25–30 g Kochsalz je 100 g TS; s. a. *Sojabohnenerzeugnisse.

*Herstellung:* Ganze Sojabohnen (traditionell) bzw. entfettetes Sojaschrot werden nach Waschen u. Einweichen gedämpft od. gekocht u. mit geröstetem, grob gequetschtem Weizen vermischt. Nach Beimpfung mit *Aspergillus oryzae* u. *Aspergillus soyae* wird das Gemisch (26% Feuchte) 24 h bei 30 °C u. dann 48 h bei Temp.-Anstieg bis auf 40 °C einer Festphasen-Fermentation unterworfen; man erhält „Soja-*Koji". Durch Zugabe von Kochsalz-Lsg. wird eine *Maische *(Moromi)* mit 17–19% Kochsalz erhalten. Das Gemisch gärt spontan (u. a. Beteiligung von *Pediococcus halophilus, Saccharomyces* sp., *Torulopsis* sp.) od. wird mit Milchsäurebakterien u. Hefen beimpft (*Lactobacillus delbrueckii, Hansenula* sp.); es wird unter Belüften u. öfterem Rühren (aerobe Bedingungen) für 8–12 Monate (u. länger) fermentiert. Aus der gereiften Moromi-Maische wird die rohe S. durch Abpressen gewonnen; sie wird pasteurisiert (70–80 °C), fil-

triert u. – ggf. nach Zusatz von Konservierungsmitteln (z. B. *Benzoesäure) – in Flaschen abgefüllt. Schon vor Jahren hat man in der Lit. Verf. zur Produktion von S. mittels immobilisierter ganzer Zellen (Bioreaktor-Syst.) beschrieben[1]. Herstellungsbedingt können in Sojasoßen Rückstände an 3-MCPD (3-Chlorpropan-1,2-diol, siehe *Chlorpropanole) auftreten, die vermeidbar sind. Der Nachweis erfolgt mittels GC/MS[2].

*Verwendung:* Aufwertung jeglicher Kohlenhydrathaltiger Nahrung. In ostasiat. Ländern als Würzsauce zu allen Speisen. Die hohe Kochsalz-Konz. steht einer größeren Verbreitung in der westlichen Hemisphäre hinderlich im Wege. – *E* soy sauce

*Lit.:* [1] Food Biotechnol. **8**, 119–124 (1994). [2] J. Chromatogr. A **802**, 325–333 (1998).

*allg.:* Rehm-Reed (2.) **9**, 507–518 ▪ Ruttloff, S. 119–125 ▪ Steinkraus (2.), S. 511–528

## Solanidin siehe α-*Solanin.

## α-Solanin.

$C_{45}H_{73}NO_{15}$, $M_R$ 868,08. Trisaccharid des Steroid-Alkaloids Solanidin ($C_{27}H_{43}NO$, $M_R$ 397,64).

Solanidin

*Vorkommen:* In Früchten, Sprossen u. Blättern von *Solanum*-Arten, wie z. B. in unreifen *Tomaten u. *Kartoffeln od. im Bittersüßen u. Schwarzen Nachtschatten. Bei Kartoffeln reichert es sich in den Keimen, den Augen u. an grünen Stellen an. In der Nähe des Korkgewebes ist die Konz. ebenfalls höher. Der normale S.-Gehalt von 0,002 bis 0,01% ist unschädlich. Einzelne Sorten erreichen aber auch höhere Gehalte. Nach falscher (zu viel Tageslicht) od. zu langer Lagerung können Gehalte von 0,02–0,04% erreicht werden. Die dabei ablaufende Alkaloid-Biosynth. muß nicht mit der Zunahme an *Chlorophyll verbunden sein, d. h. auch unverfärbte Kartoffeln können giftig sein[2]. Gut geschälte u. gekochte Knollen enthalten nur noch wenig S. (5–10% der ursprünglichen Menge), da es mit dem Abschlußgewebe u. über das Kochwasser weitgehend entfernt wird. Da durch das Kochen Solanin nicht zerstört wird, sollte das Kochwasser nicht weiter verwendet werden.

Unreife, grüne Tomaten enthalten 9–32 mg Solanin/100 g, in roten wurde nur noch 0–0,7 mg Solanin/100 g gemessen. In Konfitüren aus grünen Tomaten wurden 35% niedrigere Werte gemessen, bedingt durch die Zugabe von Zucker, die zu einer Verdünnung führt. Wegen der geringen Portionsmenge (20 g/Portion) bestehen daher keine Bedenken gegen den Verzehr derartiger Konfitüren. Bei süß-sauer eingelegten grünen Tomaten werden 90% des Solanin-Ausgangswertes wiedergefunden. Da hier die üblichen Verzehrmengen höher liegen (ca. 100–150 g) und wegen der starken Schwankungen des Solanin-Gehaltes in grünen Tomaten, kann der physiologisch bedenkliche Bereich der Solanin-Konzentration eher erreicht werden[3].

**Toxikologie:** Solanin schädigt lokal die Schleimhäute, resorptiv vor allem das Zentralnervensystem. Ca. 25 mg Solanin führen beim Erwachsenen zu Vergiftungserscheinungen. Sie äußern sich durch Brennen u. kratzendes Gefühl im Hals, Kopfschmerzen, Erbrechen, Magen- u. Darmbeschwerden. In schweren Fällen kommt es zu Nierenentzündung, Hämolyse, Störungen der Kreislauf- u. Atemtätigkeit, Koma bis hin zum Exitus[4]. Die tödliche Dosis an Solanin liegt beim Erwachsenen bei ca. 400 mg[5]. Die Therapie erfolgt symptomatisch. Ein Beisp. für Massenvergiftung durch Kartoffeln ist in *Lit.*[6] beschrieben. Zum Nachweis mittels DC siehe Literatur[1]. – *E* solanine

*Lit.:* [1] J. Sci. Food Agric. **32**, 419 (1981). [2] Adv. Food Res. **21**, 307 (1975). [3] DGE-Info, Beratungspraxis (1997). [4] Lindner (4.), S. 41. [5] Forth et. al (8.). [6] Q. J. Med. **48**, 227 (1979). – *[HS 2939 90; CAS 20562-02-1]*

**Solerol** siehe *Sherrylacton.

**Soleron** [5-Oxo-4-hexanolid, 5-Acetyldihydro-2(3*H*)-furanon].

$C_6H_8O_3$, $M_R$ 128,13; $[\alpha]_D^{25}$ +13,4° (Methanol). Soleron kommt mit bis zu 500 µg/L in Wein vor; sein sensorischer Beitrag zum Wein(Sherry-)aroma ist entgegen früherer Annahme nur gering[1]. Auch in Trockenfeigen hat man Soleron gefunden[2]. Biogenetisch kann Soleron aus Glutaminsäure-5-ethylester via Ethyl-4-oxobutanoat und anschließender Acyloin-Kondensation entstehen. Als Alternative kommt die Kondensation von 2-Oxoglutarsäure-5-ethylester mit Acetaldehyd zu Ethyl-5-hydroxy-4-oxohexanoat in Frage[3]. Zur Enantiomerentrennung siehe Literatur[4,5]. – *E* solerone

*Lit.:* [1] J. Agric. Food Chem. **39**, 1501–1503 (1991). [2] Flavour Fragr. J. **10**, 243–247 (1995). [3] ACS Symp. Ser. **714**, 116–123 (1998). [4] Z. Lebensm. Unters.-Forsch. **193**, 234–236 (1991). [5] Haring, D.; König, T.; Withopf, B.; Herderich, M.; Schreier, P., *J. High Resolut. Chromatogr.*, (1997) **20**(7), 351–354. *allg.:* Beilstein EV **17/11**, 15 – *[CAS 29393-32-6]*

**Solexol-Verfahren.** Raffinationsverfahren für Fette und Öle durch selektive Extraktion mit flüssigem Propan. Es hat sich besonders für die Fraktionierung von Fischölen und Fischleberölen bewährt. – *E* Solexol process

*Lit.:* Ullmann (5.) **A10**, 202, 207

**Soltriol** siehe *Vitamin D.

**Sommerkürbis** siehe *Gartenkürbis.

**Sonnenblumenöl.** Hellgelbes bis dunkles, fettes Öl aus den Samen der in der ehem. UdSSR u. Osteuropa, auf dem Balkan, in China u. Indien häufig angebauten Sonnenblume (*Helianthus annuus* L., Asteraceae), in denen es zu 22–35% enthalten ist. VZ 188–194, IZ 125–144 (s. *Fettkennzahlen), *Unverseifbares 0,4–1,4%, $n_D^{40}$ 1,466–1,468, D. 0,92–0,93, Erstarrungspunkt −16°C bis −18°C. Sonnenblumenöl gehört zu den trocknenden Ölen. Infolge seines hohen Gehaltes an *Linolsäure ver-

harzt es an der Luft in dünner Schicht nach 2–3 Wochen.

**Zusammensetzung:** Vitamin E 50 mg/100 g, physiologischer Brennwert 3700 kJ/100 g. Der Gesamtsterol-Gehalt beträgt ca. 0,4%, wobei der Cholesterol-Anteil bei 0,3% des Gesamtsterol-Gehaltes liegt[2]. Die Hauptsterole sind *Sitosterol, Campesterol sowie Stigmasterol u. $\Delta^5$-Avenasterol[3,4] (siehe *Sterole). S. ist ein ernährungsphysiolog. wertvolles Öl (bes. Ölsäure-reiche Varietäten), dessen Tendenz zu oxidativen Veränderungen im Verhältnis zum Anteil an ungesätt. *Fettsäuren gering ist[5].

**Verwendung:** Hauptsächlich als Speiseöl u. zur Margarineherst., auch in Lacken, Farben u. zu Seifen, die durch Verseifung gewonnenen S.-Fettsäuren (als Gemisch) für Schmierstoffe u. dgl. Die aus Mexiko u. dem Süden der USA stammende, mit *Topinambur verwandte Sonnenblume wurde im 16. Jh. nach Europa eingeführt u. ist heute eine der wichtigsten Ölpflanzen der Erde. Bei Befall der Sonnenblumenkerne durch Schimmelpilze kann *Rubratoxin B, ein *Mykotoxin, gebildet werden.

**Analytik:** Der Nachw. von S. in *Safloröl (Samenöl der Färberdistel) ist, da beide Öle ähnliche Fettsäure- u. *Tocopherol-Muster besitzen, nur über die Sterol-Zusammensetzung möglich[6]. Der Verschnitt von Sojaöl u. S. ist anhand des Tocopherol-Spektrums nachweisbar[7]. Zum Nachw. einer oxidativen Veränderung siehe Literatur[8]. Zur Belastung mit *polycyclischen aromatischen Kohlenwasserstoffen siehe Literatur[9]. Zur Bestimmung von Sterolen in S. mittels Kapillar-GC-MS siehe Literatur[10]. Eine Meth. zur quant. Bestimmung von *Phospholipiden in S. ist *Lit.*[11] zu entnehmen. Weltproduktion (2001): 9,2 Mio. t, davon 2,0 Mio. t in der EU. – *E* sunflower oil

*Lit.:* [1] Leitsätze des Deutschen Lebensmittelbuches für Speisefette u. Speiseöle. [2] Fat Sci. Technol. **89**, 27–30 (1987). [3] Fat Sci. Technol. **91**, 23–27 (1989). [4] Lebensmittelchemie **42**, 60f. (1988). [5] Fat Sci. Technol. **92**, 121–126 (1990). [6] Fat Sci. Technol. **89**, 381–388 (1987). [7] Fat Sci. Technol. **93**, 519–529 (1991). [8] Fat Sci. Technol. **91**, 80ff. (1989). [9] Fat Sci. Technol. **90**, 76–81 (1988). [10] Chromatographia **44**, 37–42 (1997). [11] J. Am. Oil Chem. Soc. **74**, 511–514 (1997). *allg.:* Belitz-Grosch-Schieberle (5.), S. 168, 223, 650, 651 ▪ Franke, W., *Nutzpflanzenkunde*, 6. Aufl.; Thieme: Stuttgart, (1997); S. 176 ▪ Hager (5.) **5**, 413 ▪ Ullmann (5.) **A9**, 56–60; **A10**, 76, 226 – *[HS 1512 11, 1512 19; CAS 8001-21-6]*

Tab.: Verteilung der Fettsäuren in Triacylglycerid-Anteil von Sonnenblumenöl; Angabe der Schwankungsbreiten u. des häufigsten Durchschnittswertes in Gew.-% der Gesamtfettsäuren (nach Belitz-Grosch-Schieberle (5.), S. 651).

| | |
|---|---|
| C 16:0 | 3–10 (6,2) |
| C 16:1 | <0,1 |
| C 18:0 | 1–10 (4,75) |
| C 18:1 | 14–65 (19,8) |
| C 18:2 | 20–75 (67,0) |
| C 18:3 | <0,7 |
| C 20:0 | <1,5 |
| C 20:1 | <0,5 |
| C 22:0 | <1,0 |

**Sonnenlichtgeschmack.** Durch die photooxidative Umwandlung der *Aminosäure *Methionin zu *Methional hervorgerufener *Aromafehler der *Milch. Neben diesem Aromafehler führt die Bestrahlung mit Sonnenlicht bei Milch zu Verlusten an *Riboflavin, das bei der Entstehung des Sonnenlichtgeschmacks als Sensibilisator wirkt, und an Vitamin C[1]. Die Vitamin-Verluste betragen je nach Beleuchtungsstärke (700–2300 Lux) und Bestrahlungsdauer 15–40%[2]. Als geeignete Präventivmaßnahme wird die Abfüllung von Milch in braune Glasflaschen angeregt[2]. Ähnliche Effekte werden für Joghurt beschrieben[3].

Bei Bier entsteht der Sonnenlichtgeschmack durch die Photolyse von Humulon sowie Reaktion eines Spaltproduktes mit Schwefelwasserstoff zu 3-Methyl-2-buten-1-thiol[4]. – *E* sunlight flavour

*Lit.:* [1]J. Food Prot. **43**, 314–320 (1980). [2]Dtsch. Molk. Ztg. **110**, 1006–1009 (1989). [3]Mitt. Geb. Lebensmittelunters. Hyg. **80**, 77–86 (1989). [4]Belitz-Grosch-Schieberle (5.), S. 33.

**Sonnenschutzfaktor** siehe *Sonnenschutzmittel.

**Sonnenschutzmittel.** Bez. für diejenigen Lichtschutzmittel, die für den Schutz der menschlichen Haut gegenüber schädigenden Einflüssen der direkten u. indirekten Strahlung der Sonne im Gebrauch sind. Die für die – aus modischen Gründen oft erwünschte – Hautbräunung verantwortliche Ultraviolettstrahlung der Sonne unterteilt man in die Abschnitte UV-C (Wellenlängen 200–280 nm), UV-B (280–315 nm) u. UV-A (315–400 nm). Die Intensität der wirksamen Strahlung ist von geograph., klimat. (Schneereflexion) u.a. Faktoren abhängig u. natürlich auch von evtl. Luftverunreinigungen. Der kürzestwellige Anteil (UV-C) tritt am Erdboden kaum in Erscheinung, da diese Strahlung in der Atmosphäre durch das dort vorhandene Ozon vollständig absorbiert wird.

Die Pigmentierung normaler Haut unter dem Einfluß der Sonnenstrahlung, d.h. die Bildung von Melaninen, wird durch UV-B u. UV-A unterschiedlich bewirkt. Bestrahlung mit UV-A-Strahlen („langwelligem UV") hat die Dunkelung der in der Epidermis bereits vorhandenen Melaninkörper zur Folge, ohne daß schädigende Einflüsse zu erkennen sind. Anders bei dem sog. „kurzwelligen UV" (UV-B). Dieses bewirkt die Entstehung von sog. Spätpigment durch Neubildung von Melaninkörpern. Ehe jedoch das (schützende) Pigment gebildet ist, unterliegt die Haut der Einwirkung der ungefilterten Strahlung, die – je nach Expositionsdauer – zur Bildung von Hautrötungen (*Erythemen*), Hautentzündungen (*Sonnenbrand*) u. gar Brandblasen führen kann. Die mit derartigen Hautläsionen verbundenen Belastungen des Organismus (z.B. *Histamin-Ausschüttung etc.) können Kopfschmerzen, Mattigkeit, Fieber sowie Herzstörungen u. Kreislaufstörungen (*Sonnenstich*) zur Folge haben. Die Schmerzhaftigkeit des Sonnenbrands wird mit der Bildung von Prostaglandinen in Verb. gebracht, die aus der durch UV-Bestrahlung freigesetzten *Arachidonsäure entstehen.

Die auf die Haut gebrachten S. haben die Aufgabe, die sonnenbrandserzeugenden Strahlungsanteile zurückzuhalten u. die hautbräunenden Lichtwellen unverändert passieren zu lassen. Als UV-Filter od. Lichtfilter, die also die UV-Strahlung – im allg. durch sog. *strahlungslose Desaktivierung* – in unschädliche Wärme umwandeln, kommen in erster Linie Benzophenon-Derivate, Hydroxynaphthochinone, Phenylbenzoxazole u. Phenylbenzimidazole, Digalloyltrioleat, Aminobenzoesäureester, *Salicylsäureester, alicycl. Dienone, Zimtsäureester, Benzalazin etc. in Frage. Der Einsatz dieser Lichtfilterstoffe ist in der EU in der Kosmetik-Richtlinie gesetzlich geregelt. Ein körpereigenes S. ist die Urocansäure.

Die S. des Handels werden als Sonnenöl, Sonnenmilch (Emulsion), Sonnencreme, Sonnengelee, Sonnenlotion, Sonnensprayöl u. Sonnensprayemulsion angeboten. Ihre Wirksamkeit, die sich vorwiegend gegen UV-B richten soll, ist von der Art des verwendeten Lichtfilters u. von dessen Konz. abhängig. Zur Beurteilung hat man sog. *Lichtschutzfaktoren* od. *Sonnenschutzfaktoren* festgelegt, die dem Benutzer die Auswahl eines seinem Hauttyp entsprechenden S. erleichtern sollen: S. mit Faktor 4 sind für sonnengewöhnte u. weniger empfindliche Haut, mit Faktor 8–10 für normal empfindliche u. solche mit Faktor 15–16 für empfindliche Haut geeignet. Zum Schutz gegen sehr starke Sonnenstrahlung (z.B. im Hochgebirge mit Schneereflexion) werden S. mit Faktor 20 u. höher angeboten (sog. „sun-blocker"). Manchen S. werden zusätzlich Mittel wie *Dihydroxyaceton, β-*Carotin od. Walnuß-Schalenextrakte hinzugefügt, die eine künstliche Hautbräunung hervorrufen.

Um die optimal benötigte Konz. der Lichtfiltersubstanzen in S. zu bestimmen u. um deren Gesamtwirkung zu testen, bedient man sich sowohl physikal. als auch biolog. Meth. durch Erprobung auf der menschlichen Haut. In Europa erfolgt die Ermittlung des Sonnenschutzfaktors nach der sog. COLIPA-Methode, in der sowohl die verwendete Strahlungsquelle, die Menge der aufzutragenden Lichtschutzmittel, die Probandenzahl als auch die klimatischen Bedingungen während der Messung genau festgelegt sind[1].

Aufgrund von Erkenntnissen über die spätschädigenden Folgen des UV-A Lichts werden Lichtschutzmitteln heute auch solche Lichtfiltersubstanzen zugesetzt, die das UV-Licht aus dem UV-A Spektrum filtern. – *E* sun-screen products, sun protection products

*Lit.:* [1]Rohr, M; Schrader, A.; Schrader, K., *Parfüm. Kosmet.*, (1998) **79**(5), 12–19.
*allg.:* Janistyn (3.) **1**, 569–572, 853f. ▪ Kirk-Othmer (4.) **7**, 398f. ▪ Levy, S. B., In *Handbook of Cosmetic Science and Technology*, Barel, A.; Paye, M.; Maibach, H. I., Hrsg.; Dekker: New York, (2001); S. 451–462 ▪ Ullmann (5.) **A24**, 231–239 ▪ Umbach (2.), S. 147–163, 231–239 – *[HS 3304 99]*

**Sorbate.** Bezeichnung für Salze und Ester der Sorbinsäure, die wie diese als Konservierungsmittel verwendet werden; Näheres siehe unter \*Sorbinsäure. – *E* sorbates

**Sorbensextraktion** siehe \*Festphasenextraktion.

**Sorbet** siehe \*Speiseeis.

**Sorbin** siehe \*Sorbose.

**Sorbinose** siehe \*Sorbose.

**Sorbinsäure** [(*E,E*)-2,4-Hexadiensäure, E 200].

Sorbinsäure      Parasorbinsäure
[natürliche (+)-(*S*)-Form]

$C_6H_8O_2$, $M_R$ 112,12. Farblose Nadeln (aus Wasser) von schwach aromat. Geruch u. leicht säuerlichem Geschmack. D. 1,204, Schmp. 134,5 °C, Sdp. 228 °C (Zers.), subl. ab 60 °C. Unter schwach saurer Reaktion (pK$_S$: 4,76, 25 °C) in Wasser wenig lösl. (1,6 g/L, 25 °C; 3,9 g/L, 100 °C), wasserdampfflüchtig. Gut lösl. in Alkohol (ca. 130 g/L), Eisessig, Benzol, Dioxan, Toluol u. Aceton, weniger lösl. in unpolaren organ. Lsm. u. in fetten Ölen (0,6–1 g/100 g Öl). Im alkal.-wäss. Medium löst sich S. unter Salz-Bildung (s. Tab).
In Vogelbeeren (Eberesche, *Sorbus aucuparia*, Rosaceae) findet sich *Parasorbinsäure* [(6*S*)-5,6-Dihydro-6-methyl-2*H*-pyran-2-on].

Tab.: Sorbate.

| | Kaliumsorbat | Calciumsorbat |
|---|---|---|
| Summenformel | $C_6H_7KO_2$ | $C_{12}H_{14}CaO_4$ |
| $M_R$ | 150,22 | 262,32 |
| Löslichkeit in Wasser[a] | 138 | 1,2 |
| Stabilität | in reiner Form (<1% Wasser) stabil | bes. stabil gegen Oxidation |
| E-Nr. | E 202 | E 203 |

[a] Löslichkeit in g/100 g Wasser (25 °C)

***Herstellung:*** Durch Kondensation von 2-Butenal mit Keten in Ggw. von Zn-Salzen, Cd-Salzen od. anderen 2-wertigen Salzen.
***Verwendung:*** Wegen ihrer physiolog. Unbedenklichkeit u. organolept. Indifferenz ist S. zusammen mit ihren Salzen das wichtigste \*Konservierungsmittel für Lebensmittel; daneben wird S. auch zur Konservierung von Futtermitteln[1] sowie pharmazeut. u. kosmet. Präparaten[2,3] verwendet.
Ihre antimikrobielle Wirkung richtet sich hauptsächlich gegen Hefen u. Schimmelpilze sowie Katalase-pos. Bakterien, kaum gehemmt werden Katalase-neg. Bakterien wie z.B. Milchsäurebakterien u. Clostridien. Die Konservierungswirkung beruht auf der Hemmung der Dehydrogenase, von Thiol-Gruppen enthaltenden Enzymen der Enolasen u. der Reaktion mit Coenzym A.
S. zeigt wegen ihres relativ hohen pK$_S$-Wertes auch bei pH-Werten bis 6,0 noch eine gute Wirkung. Dies ist v.a. im Hinblick auf die Verw. in Hautpflegeprodukten (pH um 5,5) von bes. Interesse. Zudem hat sie einen vergleichsweise günstigen Ver-

teilungskoeffizienten zwischen Ölphase u. Wasserphase, so daß bei Emulsionen ein relativ hoher Anteil an S. in der allein mikrobiolog. anfälligen Wasserphase verbleibt. Wegen dieser Eigenschaften ist S. für die Anw. in zahlreichen unterschiedlichen Lebensmitteln geeignet.
Aus technolog. Gründen wird zumeist das gut wasserlösl. Kaliumsalz verwendet.
Große Bedeutung hat S. in Kombination mit Schwefeldioxid bei der Stabilisierung von Wein gegen Nachgärungen erlangt. Für diese Anw. stehen Spezialqualitäten (z.B. Vinosorb®) zur Verfügung.
Nachdem eine bes. grobkörnige Form der S. entwickelt wurde, die sich während der Herst. von Brotteig nicht auflöst u. die Hefegärung nicht hemmt (Panosorb®), wurde der Einsatz von S. in Schnittbrot möglich. In Backwaren wirkt S. stärker antimikrobiell als Propionsäure, in Konz. von 0,1–0,2% auch gegen Kreideschimmel u. Aflatoxin-Bildner.
Im Zuge hygien. nicht einwandfreier Produktionsbedingungen können aus S. *Off-flavor*-Komponenten (durch Red. zu Sorbinol u. anschließender Bildung von 5-Ethoxyhexa-1,3-dien) gebildet werden (Geranienton[4,5]).
Calciumsorbat eignet sich zur Herst. konservierend wirkender Verpackungsmaterialien.
***Analytik:*** Die Isolierung u./od. Reinigung der S. kann durch saure Wasserdampf-Dest., mittels Festphasenextraktion od. durch Extraktion mit organ. Lsm. od. methanol.-wäss. Puffer erfolgen. Die ggf. konz. u. filtrierten Extrakte werden mittels DC[6,7] u. HPLC[7,8] untersucht, aber auch UV-photometr. u. kolorimetr. Meth.[9] sind noch von Bedeutung. Auch gaschromatograph. Verf.[10] finden Anwendung. Weiterhin sind neben der enzymatischen Bestimmung[11] die Kapillarelektrophorese (CE)[12,13] und die MEEC[14] sowie die Isotachophorese[15] zu nennen. Zu Amtlichen Meth. zur Bestimmung von S. neben Benzoesäure u. den 4-\*Hydroxybenzoesäureestern s. dort[7]. Zum Nachw. in kosmet. Mitteln s. Literatur[16,17].
***Toxikologie:*** Für den Menschen ist Sorbinsäure physiolog. unbedenklich, sie reizt aber als Staub die Augen u. den Atemtrakt. Sorbinsäure ist ungiftig für Warmblüter u. Fische sowie für Invertebraten. Die akute Toxizität von S. ist außerordentlich gering [LD$_{50}$ (Ratte oral) 7,4–10,5 g/kg, 6–7 g/kg für das Natriumsalz].
S. wird im Darm rasch u. quant. resorbiert u. durch β-Oxid. analog einer ungesätt. Fettsäure abgebaut. Langzeitfütterungsversuche an Ratten ergaben einen NOAEL von 5% S.-Zusatz zum Futter. S. ist gesundheitlich unbedenklich u. hat demzufolge den höchsten ADI-Wert (0–25 mg/kg) von allen antimikrobiell wirksamen Stoffen.
Für das nicht in Lebensmitteln verwendete u. auch nicht im techn. Maßstab hergestellte *Natriumsorbat* konnten bereits vor Jahren nach längeren Lagerzeiten in wäss. Medium schwache genotox. Effekte *in vitro* nachgewiesen werden[18]. Für diese Effekte scheinen Oxid.-Produkte des in wäss. Lsg. Oxid.-

empfindlichen Natriumsorbats verantwortlich zu sein [19]. Eine Zusammenfassung gibt Literatur [20].

*Verteilung in der Umwelt:* S. kommt als solche in der Natur nicht vor. Sie ist unter Gewässerbedingungen biolog. bereits nach 5 d zu 78% abgebaut. Der lg $P_{OW}$ beträgt 1,3, danach dürfte Bioakkumulation nicht zu erwarten sein.

**Recht:** *Zulassung:* Sorbinsäure (E 200), Kaliumsorbat (E 202) und Calciumsorbat (E 203) sind in Anlage 5 Teil A zur *ZZulV 1998 als Zusatzstoffe zur Konservierung in Liste 2 definierter Lebensmittel unter jeweils bestimmter Höchstmengenbeschränkung aufgeführt.

*Reinheitsanforderungen:* *ZVerkV 1998 Anlage 2 (zu § 3 Abs. 1) Liste B Reinheitsanforderungen nach Richtlinie 96/77/EG vom 2.12.1996, Amtsblatt der EG Nr. L 339 vom 30.12.1996, S. 1 (geändert).

*Kenntlichmachung:* § 9 Abs. 1 Nr. 2 ZZulV 1998 (mit „Konservierungsstoff" oder „konserviert"); s. auch § 9 Abs. 8 Nr. 2 und § 6 Abs. 4 Nr. 2 in Verbindung mit Anlage 2 *LMKV.

*Weitere rechtliche Regelungen:* Aromen-VO Anlage 5 (Konservierungsstoffe); Leitsätze für Kartoffelerzeugnisse des Deutschen Lebensmittelbuches; Richtlinie für Backmittel (Schriftenreihe des BLL, Heft 79, 1974); Weinverordnung § 11 Absatz 4 (Behandlungsverfahren u. Behandlungsstoffe) und Anlage 6; Weinüberwachungsverordnung § 7 (Kellerbuch und Weinbuch); Verordnung (EG) Nr. 1493/1999 über die gemeinsame Marktorganisation für Wein vom 17. Mai 1999 (Amtsblatt der EG Nr. L 179) Anlage IV; Bedarfsgegenstände-VO Anlagen 2 und 3a; Kosmetik-VO Anlage 6 (Konservierungsmittel); Tabak-VO Anlage 1; Futtermittel-VO Anlage 3. – *E sorbic acid*

**Lit.:** [1] Das Wirtschaftseigene Futter **38**, 25–45 (1992). [2] Cosmet. Toiletries **108**, 65–69 (1993). [3] Pharm. Unserer Zeit **22**, 39–44 (1993). [4] Am. J. Enol. Vitic. **26**, 97–102 (1975). [5] J. Agric. Food Chem. **40**, 630–633 (1992). [6] Z. Lebensm. Unters. Forsch. **170**, 103–109, 110–114 (1980). [7] J. Liq. Chromatogr. **14**, 709–717 (1991). [8] Amtliche Sammlung, Nr. L 00.00-9, L 00.00-10. [9] Helrich (Hrsg.), Official Methods of Analysis (15.), Bd. 1, S. 1143f., 1156f., Arlington: AOAC 1990. [10] Renner, T.; Baer-Koetzle, M.; Scherer, A., *J. Chromatogr. A,* (1999) **847**, 127–133. [11] Hofer, K.; Jenewein, D., *Eur. Food Res. Technol.*, (2000) **211**, 72–76. [12] Urbanek, M.; Pospislova, M.; Polasek, M.; Sicha, J., *Chromatographia,* (2002) **55**, 333–337. [13] Dobiasova, Z.; Pazourek, J.; Havel, J., *Electrophoresis,* (2002) **23**, 263–267. [14] Boyce, M. C.; Spickett, E. E., *J. Liq. Chromatogr. Related Technol.*, (2000) **23**, 1689–1697. [15] Masar, M.; Kaniansky, D.; Bodor, R.; Johnck, M.; Stanislawski, B., *J. Chromatogr. A,* (2001) **916**, 167–174. [16] J. Chromatogr. **410**, 395–411 (1987). [17] Rastgi, S. C., *Contact Dermatitis,* (2000) **43**, 339–343. [18] Food Chem. Toxicol. **30**, 669–672, 843–851 (1992). [19] Food Chem. Toxicol. **30**, 1–7 (1992). [20] Food Addit. Contam. **7**, 671–676 (1990).
*allg.:* Beilstein EIV **2**, 1701 ▪ Belitz-Grosch-Schieberle (5.), S. 445 ▪ Blue List ▪ Merck-Index (13.), Nr. 8793 ▪ Sofos, J. N., In *Natural Food Antimicrobial Systems,* Naidu, A. S., Hrsg.; CRC Press: Boca Raton, (2000); S. 637–659 ▪ Ullmann (5.) **A4**, 386; **A9**, 244; **A11**, 563, 565, 567; **A18**, 148; **A24**, 507–513 – *[HS 2916 19; CAS 110-44-1, 10048-32-5 (Parasorbinsäure)]*

**D-Sorbit** (D-Glucit, Sorbit, E 420).

$C_6H_{14}O_6$, $M_R$ 182,17, farblose, mäßig hygroskopische, optisch aktive Nadeln mit süßem Geschmack, Schmp. 110–112°C (wasserfrei), Sdp. 295°C (4,7 mbar), sehr leicht löslich in Wasser, wenig löslich in kaltem Alkohol, löslich in Pyridin, Methanol, Essigsäure, Phenol. Der nach IUPAC/IUB als *D-Glucitol* bezeichnete D-Sorbit ist ein zu den *Hexiten gehörender 6-wertiger Alkohol (*Zuckeralkohol), der intramolekular relativ leicht ein oder zwei Moleküle Wasser abspaltet und cyclische Ether bildet (vgl. *Sorbitane). Die relative Süße beträgt etwa 0,4–0,6 (Saccharose = 1).

**Vorkommen:** Sorbit ist bis zu 10% in den Früchten der Eberesche (Vogelbeerbaum, *Sorbus aucuparia*) zu finden und hat von dieser seinen Namen erhalten. Besonders reich an Sorbit ist auch der Weißdorn (*Crataegus oxyacantha* L.). Sorbit kommt auch in Früchten von Rosaceen (Kernobst, Steinobst) vor. In Apfelsaft wurden z.B. Mengen von 300–800 mg/100 mL gefunden. Da andere Früchte, z.B. Beerenobst, Citrusfrüchte, Ananas, Banane kein Sorbit enthalten, eignet sich Sorbit als Indikatorsubstanz zum Verfälschungsnachweis bei Beerensäften (mit Kernobstsäften). Die Sorbit-Gehalte von Obst, die vom Gesamtzuckergehalt und Reifegrad abhängen, bzw. von Fruchtsäften sind in Literatur [1] und in den *RSK-Wert-Tabellen [2] zusammengestellt. Sorbit wird von den zur Branntweinbereitung eingesetzten Hefen nicht vergoren und täuscht daher bei der Zuckerbestimmung über den Extrakt einen zu hohen Zuckeranteil und damit eine zu hohe Branntweinausbeute vor. Sorbit kommt außerdem in verschiedenen Algen vor.

**Herstellung:** Erste technische Herstellung durch elektrolytische Reduktion von *Glucose, heute großtechnisch durch katalytische Hydrierung von D-Glucose. Die chemische Verwandtschaft von Sorbit zu Glycerol und den Glycolen einerseits und zu den Kohlenhydraten andererseits ist maßgebend für seine vielseitige Verwendung. Abgesehen von wenigen Ausnahmen kommt dabei die handelsübliche 70%ige wäßrige Lösung zum Einsatz ($D_{20}^{20}$ 1,2879, $n_D^{25}$ 1,4583).

**Biochemie:** Sorbit wird langsamer als Glucose resorbiert. Die Resorptionsrate liegt zwischen 50 und 80%. In der Leber wird Sorbit durch das Enzym Sorbit-Dehydrogenase zu D-*Fructose dehydriert und Insulin-unabhängig verstoffwechselt. Diese Reaktion wird auch zur enzymatischen Bestimmung von Sorbit benutzt. Durch die Bakterien der Mundflora wird Sorbit kaum angegriffen, so daß kariesfördernde Polysaccharide und Säuren kaum gebildet werden. Da Sorbit praktisch unvergärbar ist, ruft der Zuckeralkohol bei Magenempfindlichkeit kein Sodbrennen hervor. Nicht nur bei Ratten, sondern auch beim Menschen findet bei fortgesetzter Sorbit-Zu-

fuhr eine gesteigerte enterale Synthese von Vitamin $B_1$ (*Thiamin) statt. In größeren Mengen wirkt Sorbit leicht laxierend (nicht nach Gewöhnung).
*Verwendung:* Als *Zuckeraustauschstoff in brennwertverminderten Lebensmitteln, in Lebensmitteln für Diabetiker, in Süßwaren mit verminderter Kariogenität[3,4], als Feuchthaltemittel in Marzipan, Fondant und Backwaren. Sorbit ist koch- und backfest. In den letzten Jahren hat es jedoch wegen seiner geminderten Süßequalität (keine reine Süße, Nachgeschmack) an Bedeutung abgenommen. Sorbit ist Ausgangsstoff für die mikrobielle Sorbit-Sorbose-Oxidation und damit zur technischen Produktion von L-*Ascorbinsäure (Vitamin C). Sorbit wird auch zur Stabilisierung von Vitaminen, Enzymen, kosmetischen und pharmazeutischen Präparaten, als technischer Hilfsstoff in der Papier-, Leder- und chemischen Industrie (zur Synthese von Emulgatoren, Polyethern, Tensiden, Lacken oder Firnissen) eingesetzt.
*Recht:* E 420 Sorbit, Sorbit-Sirup.
*Zulassung:* Nach Anlage 2 (zu § 4 Abs. 1 und § 7) Teil A (Zuckeraustauschstoffe) der *Zusatzstoff-Zulassungsverordnung (ZZulV 1998) ist Sorbit ein Zuckeraustauschstoff, der zum Süßen von den in Spalte 3 der Anlage genannten Lebensmitteln (brennwertverminderte oder ohne Zuckerzusatz hergestellte Lebensmittel, Saucen, Senf, Erzeugnisse für besondere Ernährungszwecke, Nahrungsergänzungsmittel/Diätergänzungsstoffe in fester Form) ohne angegebene Höchstmengenbeschränkung (quantum satis, qs) zugelassen ist. Die Zulassung für Sorbit wird erweitert durch Anlage 4 Teil B (zu § 5 Abs. 1 und § 7) der ZZulV 1998. Danach ist Sorbit für Lebensmittel allgemein zugelassen, ausgenommen für bestimmte Lebensmittel, die in Teil A der Anlage genannt sind, oder gesonderter Regelungen in Teil C.
*Brennwert:* Nach Artikel 1 (*Nährwert-Kennzeichnungsverordnung) § 2 Punkt 3 der „Verordnung zur Neuordnung der Nährwert-Kennzeichnungsvorschriften für Lebensmittel" ist der Brennwert für alle mehrwertigen Alkohole aus rechtlicher Sicht einheitlich auf 10 kJ/g festgelegt.
*Reinheitsanforderungen:* Geregelt in der *Zusatzstoff-Verkehrsverordnung (ZVerkV 1998) nach Anlage 2 (zu § 3 Abs. 1) „Verkehrsbezeichnungen und Reinheitsanforderungen von für technologische Zwecke zugelassenen Zusatzstoffen" Liste B [Reinheitsanforderungen nach Richtlinie 95/31/EG vom 05.07.1995 (Amtsblatt der EG Nr. L 178, S. 1), geändert durch die Richtlinie 2001/52/EG vom 03.07.2001 (Amtsblatt der EG Nr. L 190, S. 18)] und Anlage 4 (zu § 4) „Zulassung als Trägerstoffe für Lebensmittelzusatzstoffe".
*Kenntlichmachung:* Sorbit gehört als Zuckeraustauschstoff zu den Süßungsmitteln. Der Zusatz eines Süßungsmittels ist bei Lebensmitteln in Verbindung mit der Verkehrsbezeichnung durch die Angabe „mit Süßungsmittel" kenntlich zu machen (§ 9 Abs. 2 der ZZulV 1998).
Tafelsüßen mit einem Gehalt an den Zusatzstoffen Sorbit, Mannit, Isomalt, Maltit, Lactit und Xylit und andere Lebensmittel mit einem Gehalt an diesen Zusatzstoffen von mehr als 100 Gramm in einem Kilogramm oder einem Liter dürfen nur in den Verkehr gebracht werden, wenn der Hinweis „kann bei übermäßigem Verzehr abführend wirken" angegeben ist (§ 9 Abs. 5 ZZulV 1998).
*Weitere rechtliche Regelungen:* Aromenverordnung Anlage 5 (zu § 3) „Lösungsmittel und Trägerstoffe"; Bedarfsgegenständeverordnung Anlage 2 (zu § 4 Abs. 1 u. § 6 Nr. 1) „Stoffe, die für die Herstellung von Zellglasfolien zugelassen sind", Teil A (Feuchthaltemittel für Zellglasfolie ohne Lackbeschichtung); Leitsätze für verarbeitetes Obst des Deutschen Lebensmittelbuches vom 25./26.06.1969 (BAnz. Nr. 21 vom 31.03.1970, S. 2; GMBl. Nr. 3, S. 29) in der Fassung vom 10.10.1997 (BAnz. Nr. 239a vom 20.12.1997, S. 18); Leitsätze für Ölsamen und daraus hergestellte Massen und Süßwaren des Deutschen Lebensmittelbuches vom 27.01.1965 (BAnz., Nr. 101 vom 02.07.1975, Beilage), geändert am 10.10.1997 (BAnz. Nr. 239a vom 20.12.1997, S. 15); Richtlinien für Backmittel (Schriftenreihe des BLL, Heft 79, 1974), III. Abschnitt „Bestandteile der Backmittel und deren Wirkung" Nr. 1d. Ein ADI-Wert ist nicht festgelegt. – *E* sorbitol

*Lit.:* [1]Souci et al. (4.), S. 737ff. und 895ff. [2]Verband der Deutschen Fruchtsaftindustrie, Hrsg., *RSK-Werte,* Verlag Flüssiges Obst: Schönborn, (1987). [3]Caries Res. **17**, 365 (1983). [4]Rymon-Lipinski u. Schiweck, S. 274ff. *allg.:* Beilstein EIV **1**, 2839 ▪ Belitz-Grosch-Schieberle (5.), S. 249, 802, 849 ▪ Biesalski, H. K.; Fürst, P.; Kasper, H.; Kluthe, R.; Pölert, W.; Puchstein, C.; Stähelin, H. B., *Ernährungsmedizin*, 3. Aufl.; Thieme: Stuttgart, (2004) ▪ Hager (4.) **6b**, 467–476; **7b**, 453–457, 568–570 ▪ Merck-Index (13.), Nr. 8797 ▪ Ullmann (7.) [CD-ROM, 2004] – *[HS 2905 44; CAS 50-70-4]*

**Sorbitane**    (Monoanhydrosorbite).    $C_6H_{12}O_5$, $M_R$ 164,16; Sammelbez. für 4-wertige Alkohole, die durch Entzug von 1 Mol Wasser aus D-*Sorbit durch Erhitzen unter dem katalyt. Einfluß von Säuren entstehen. 1,5-Anhydroglucit (= Polygalit; 1,5-Anhydro-D-sorbit) bildet sich dabei durch intramolekularen Ringschluss bei 140°C in Ggw. von Schwefelsäure; farblose Nadeln; Schmp. 142°C; hygroskopisch, löslich in Wasser. Durch Veresterung mit Fettsäuren (Laurin-, Öl-, Palmitin- od. Stearinsäure) entstehen entsprechende S.-Fettsäureester (*Sorbitanester*), die als *Tenside Bedeutung besitzen. Durch Verknüpfung von S. mit Polyoxyethylen (ethoxylierte Sorbitanester, s. Abb.) können die hydrophilen Eigenschaften der S.-Fettsäureester gesteigert werden. Derartige Produkte (als *Polysorbate* bezeichnet) kommen als sehr wirkungsvolle *Emulgatoren in den Handel. S.-Ester bzw. deren Polyoxyethylen-Verb. sind wirkungsvolle Emulgatoren u. Dispergierverbesserer u. können bei der Herst. sog. „Kaffeeweißer", bei der Herst. von Margarine, als Aufschlagmittel bei Schlagschaumprodukten, zur Teigverbesserung (z.B. Erhöhung des Krumenvol.), zur Verhinderung von Fettreifbildung bei Schokoladen u. zur Texturbesserung verwendet werden. Im Gegensatz zu einigen europ. Ländern (z.B. Dänemark, Norwegen,

UK), USA u. Kanada ist ihre Verw. in Deutschland für Lebensmittel bislang nicht erlaubt. Die $LD_{50}$-Werte der S.-Ester liegen meist bei >25–40 g/kg.

1,5-Sorbitanester

1,4-Sorbitanester

Ethoxylierter 1,5-Sorbitanester

– *E* sorbitans

Lit.: Beilstein EIII/IV **17**, 2640 ▪ Ullmann (5.) **A25**, 792 – [CAS 9005-67-8 (ethoxylierte)]

**Sorbitanester** siehe *Sorbitane.

**Sorbit-Sirup** siehe *Sorbit.

**Sorbole** siehe *Speierling.

**Sorbose** (*xylo*-2-Hexulose, Sorbin, Sorbinose).

L-Form          α-L-Pyranose-Form

$C_6H_{12}O_6$, $M_R$ 180,16, L-Form: orthorhombische Kristalle, Schmp. 165 °C, D. 1,612, $[\alpha]_D^{20}$ –43,2° ($H_2$O), in Wasser sehr leicht, in Ethanol wenig, in Ether unlöslich; D-Form: Schmp. 165 °C, $[\alpha]_D^{20}$ +42,9° ($H_2$O). Die Keto(hexo)se Sorbose kann in der L-Form vom Bakterium *Gluconobacter oxydans*[1] aus *Sorbit bzw. in der D-Form durch D-Tagatose-3-Epimerase[2] aus D-*Tagatose produziert werden. Sorbose kommt im enzymatischen Hydrolysat des Pektins der Schale der Passionsfrucht vor. Sorbose liegt in der α-L-Pyranose- und β-L-Pyranose-Form sowie in der α-L-Furanose- und β-L-Furanose-Form vor. Eine 4 molare wäßrige Lösung enthält bei 31 °C: 93% α-Pyranose, 2% β-Pyranose, 4% α-Furanose, 1% β-Furanose und 0,3% offenkettige Sorbose. Sorbose reduziert Fehlingsche Lösung und ist unvergärbar.
*Verwendung:* Als Zwischenprodukt bei der Synthese von *Ascorbinsäure (Beschreibung des Verfahrens siehe dort). Derivate von Sorbose können als Wachstumsregulatoren für Pflanzen und als Herbizide eingesetzt werden. Die D-Form ist synthetisch zugänglich. – *E* sorbose

Lit.: [1]Giridhar, R. N.; Srivastava, A. K., *J. Biosci. Bioeng.*, (2002) **94**(1), 34–38. [2]Itoh, H.; Sato, T.; Takeuchi, T.; Khan, A. R.; Izumori, K., *J. Ferment. Bioeng.*, (1995) **79**, 184–185. *allg.:* Beilstein EIV **1**, 4411 ▪ Ullmann (7.) [CD-ROM, 2004] – [HS 1702 90, 2940 00; CAS 3615-56-3 (D-Sorbose); 87-79-6 (L-Sorbose)]

**Sorghum** (Milokorn, Mohrenhirse). Zu den *Getreiden zählende, in Afrika heimische und dort als Breifrucht wichtige *Hirse-Art (*Sorghum bicolor* (L.) Moench, Poaceae), welche man heute in Afrika, Asien und in größerem Umfang auch in den USA kultiviert.
*Inhaltsstoffe und Verwendung: Sorghum*-Körner enthalten im Durchschnitt 11% Wasser, 70% Stärke, 11% Protein, 3,2% Fett, Mineralstoffe sowie geringe Mengen an Glucose, Gerbstoffen und Wachs. Die Zusammensetzung ist ähnlich der von *Mais, auch bezüglich des Vitamin-Gehalts; das in den Schalen der *Sorghum*-Körner enthaltene Wachs hat eine ähnliche Beschaffenheit wie *Carnaubawachs. Die in den USA kultivierte Hirseart *Sorghum milo* wird speziell zu Stärke verarbeitet, da diese der Maisstärke sehr ähnlich ist und wie diese Verwendung findet. Das gemahlene Korn wird in der Fermentationsindustrie verwendet. Außerdem dient *Sorghum* als Futtermittelzusatz, wobei jedoch der Gehalt an Tanninen die Futtermittelqualität mindern kann. Eine andere *Sorghum*-Art, die Zuckerhirse (*Sorghum saccharatum*), deren Stengel ca. 12% *Saccharose enthält, hatte in den USA früher Bedeutung für die Zuckergewinnung, wird aber heute hauptsächlich zu Sirup verarbeitet. *Sorghum* ist verwandt mit dem Zuckerrohr. In Südafrika wird daraus u.a. Bier (Hirsebier) gebraut.
Ebenso wie der Mais zählen die *Sorghum*- und die anderen Hirsearten zu den sog. $C_4$-Pflanzen. Junge, frische *Sorghum*-Pflanzen enthalten das *cyanogene Glycosid Dhurrin, das für Vergiftungen nicht nur bei Weidevieh verantwortlich ist, sondern auch beim Menschen, der das heute beliebte Keimgemüse aus *Sorghum* verzehrt – besonders die Keime haben einen hohen Gehalt an Dhurrin. – *E sorghum* (millet)

Lit.: Franke, W., *Nutzpflanzenkunde*, 6. Aufl.; Thieme: Stuttgart, (1997); S. 104f., 125f. – [HS 1007 00]

**Soricin** siehe *Ricinolsäure.

**Sorptionsisotherme.** Die Sorptionsisotherme beschreibt die Beziehung zwischen dem Wassergehalt und der *Wasseraktivität $a_w$. Letztere ist definiert als

$$a_w = \frac{p}{p_o} = \frac{RGF}{100}$$

mit p = Wasserdampfpartialdruck im Lebensmittel bei der Temperatur T; $p_o$ = Sättigungsdampfdruck des reinen Wassers bei der gegebenen Temperatur; RGF = relative Gleichgewichtsfeuchtigkeit bei gegebener Temperatur.
Aus dem Verlauf der Sorptionsisotherme resultieren drei Bereiche der Wasserbindung: Bei der Adsorption überzieht sich zunächst die trockene, innere Oberfläche monomolekular mit Wasser. Danach koordiniert diese Schicht weicher Wassermoleküle, bis eine Hydrathülle entsteht, die noch nicht beweglich ist und deshalb auch nicht gefrieren kann. Bei höheren Wasseraktivitäten kondensiert Wasser zunehmend in den Kapillaren. Die monomolekulare Belegung der inneren Oberfläche eines Lebensmittels mit Wasser wird durch den *BET-Punkt* (Autoren: Brunauer, Emmett, Teller) markiert (Tabelle, S. 1087).

Tabelle: Wassergehalt einiger Lebensmittel am BET-Punkt.

| Lebensmittel | Wassergehalt [g/100 g TS] |
|---|---|
| Stärke | 11 |
| Gelatine | 11 |
| Lactose, amorph | 6 |
| Dextran | 9 |
| Saccharose, kristallin | 0,4 |
| Kartoffeln (Stück) | 6 |
| Magermilchpulver | 3 |
| Rindfleisch, gefriergetrocknet | 4 |

Bedingt durch die Komplexität der Sorptionsvorgängen können die Isothermen nicht rechnerisch ermittelt werden, sondern müssen experimentell ermittelt werden. Differenziert wird zwischen der Sorptionskurve (Wassergehalt bei zunehmender relativer Feuchte) und der Desorptionskurve (Wassergehalt bei abnehmender relativer Feuchte). Meistens besteht eine deutliche Hysterese zwischen beiden Kurven (siehe Abbildung).

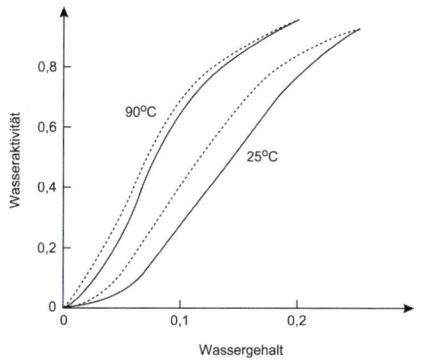

Abbildung: Sorptions- (...) und Desorptionsisothermen (__) für denaturiertes Eialbumin bei 25 und 90 °C; nach Literatur[1].

Sorptionsisothermen spielen in der Lebensmitteltechnik und in der Bauchemie bzw. -physik eine wichtige Rolle. – E sorption isotherm

*Lit.:* [1]Riedel, L., In *Handbuch der Lebensmittelchemie,* Schormüller, J., Hrsg.; Springer: Heidelberg, (1965); Bd. 1, S. 109ff.

**Sotolon** siehe *Hydroxyfuranone.

**Soxhlet-Henkel-Grade** (°SH). Säuregrad von *Milch, definiert als Verbrauch an mL 0,25 N Natronlauge für je 100 mL Milch. Frische Milch hat 6–7 °SH. Die Milch wird gegen Phenolphthalein bis zur schwachen Rotfärbung titriert. Der Säuregrad in °SH wird nach der Gleichung

$$\text{Säuregrad} = a \cdot \frac{100}{b}$$

(mit a = verbrauchte Menge Natronlauge in mL und b = Probenvolumen in mL) berechnet. Das Verfahren hat als Methode L 01.00-7: 2002-05 (Soxhlet-Henkel-Verfahren) Eingang in die *Amtliche Sammlung von Untersuchungsverfahren nach § 64 *LFGB (ex § 35 LMBG) gefunden. – E Soxhlet-Henkel degrees

*Lit.:* Amtliche Sammlung von Untersuchungsverfahren nach § 35 LMBG, L 01.00-7, Untersuchung von Lebensmitteln – Bestimmung des Säuregrades von Milch und flüssigen Milchprodukten, Beuth: Berlin, (05/2002)

**Soxhlet-Henkel-Verfahren** siehe *Soxhlet-Henkel-Grade.

**Spätlese** siehe *Wein-Qualitätsstufen.

**Spanischer Pfeffer** siehe *Paprika.

**Spanisches Ölsyndrom** siehe *toxic oil syndrome.

**Spargel.** Der in Europa, Nordafrika und Vorderasien heimische Spargel (*Asparagus officinalis* L., Liliaceae) ist eine mehrjährige, eingeschlechtig zweihäusige Pflanze, deren männliche Individuen ertragreicher sind. Aus den Wurzelstöcken treiben fleischige, beim Wachsen in einem Erddamm gelblich-weiße (weil *Chlorophyll-freie) Stengelsprosse (Weiß- oder Bleichspargel), die z. T. verholzt sein können. Am Licht verfärben sich die Spitzen durch *Anthocyan-Bildung erst blau, später infolge Chlorophyll-Bildung grünlich. Ernte der Sprossen im Mai und Juni durch Stechen, in wärmeren Gebieten (z. B. in Frankreich) bereits im April. Aus einem Wurzelstock werden innerhalb einer Vegetationsperiode bis zu sechs Sprosse gebildet.

*Zusammensetzung und Ernährungsphysiologie:* Spargel enthält im Durchschnitt je 100 g: 93,6 g Wasser, 1,9 g Proteine, 0,14 g Fett, 2,1 g verwertbare Kohlenhydrate (darunter Inulin-artige Fructane), 1,5 g Ballaststoffe, außerdem Provitamin A sowie die Vitamine $B_1$, $B_2$, $B_6$, C, E, Nicotinsäure, Panthothensäure und Folsäure. Der Nährwert beträgt 72 kJ/100 g (17 kcal). Spargel enthält außerdem größere Mengen der Aminosäure *Asparagin. Die harntreibende Wirkung des Spargels ist wahrscheinlich auf seinen Gehalt an *Saponin und einen relativ hohen Kalium-Gehalt zurückzuführen. Der nach dem Genuß von Spargel auftretende Spargelgeruch im Urin geht auf die Metabolite 2-Propenthiosäure-*S*-methylester und *S*-Methyl-3-(methylthio)thiopropionat und eine Reihe weiterer Schwefel-Verbindungen zurück[1,2]. Details zum Spargelaroma siehe *Gemüsearomen.

*Wirtschaft:* Die Spargel-Weltproduktion belief sich im Jahr 2002 auf 5,1 Mio. t, wobei auf Deutschland 51200 t entfielen. Spargel-Hauptanbaugebiete in Deutschland sind Niedersachsen, die Oberrheinische Tiefebene, Mittelfranken und der Niederrhein; Importe kommen v.a. aus den Niederlanden, Belgien, Frankreich und Griechenland. Neuerdings werden neben Bleichspargel, der in Form von Stangenspargel, Brechspargel, Spargelköpfen etc. in den Handel gelangt, auch ergrünte Stangen geeigneter Sorten (sogenannter Grünspargel) kultiviert. Letzterer wird v.a. in den USA und Japan dem Bleichspargel vorgezogen. – E asparagus

*Lit.:* [1]White, R. H., *Science,* (1975) **189**, 810–811. [2]Leitner, E., *Recent Res. Dev. Agric. Food Chem.,* (2001) **5**, 161–166. *allg.:* Belitz-Grosch-Schieberle (5.), S. 379–380, 749 ▪ Bendel, L., *Das große Früchte- und Gemüselexikon,* Albatros: Düsseldorf, (2002), S. 299–303 ▪ Franke, W., *Nutzpflanzen-*

kunde, 6. Aufl.; Thieme: Stuttgart, (1997); S. 208ff. ▪ Hager (5.) **4**, 396ff. ▪ Mitchell, S. C., *Drug Metab. Dispos.*, (2001) **29**, 539–543 ▪ Souci et al. (6.) – *[HS 0709 20]*

**Spargelaroma** siehe *Gemüsearomen.

**SPE.** Abkürzung für englisch solid phase extraction, siehe *Festphasenextraktion.

**Speck.** Nach den *Leitsätzen des Deutschen Lebensmittelbuches (Fleisch u. Fleischerzeugnisse) ist S. das unter der Haut des Schweines liegende Fettgewebe (Schweinefettgewebe) ohne Schwarte, auch mit Resten von Skelettmuskulatur. Bei der Wurstwarenherstellung wird der Speck weit überwiegend entschwartet verwendet (Ausnahme: manche Sorten von *Kochwurst und Sülzen).
Nach Herkunft kann man Kamm-, Rücken-, Schinken- u. Bauchspeck unterscheiden. Bei *Bauchspeck* ist Brust- u. Bauchmuskulatur eingeschlossen, während es sich bei *Rückenspeck* meist um reines Fettgewebe handelt. An S., der frisch od. behandelt (gesalzen, gepökelt od. geräuchert) an den Verbraucher abgegeben wird, haftet zumeist Schwarte. Gepökelter u. evtl. geräucherter Bauchspeck wird auch als *Frühstücksspeck* bezeichnet. *Schinkenspeck* (s.a. *Schinken) ist ein rohes *Pökelfleischerzeugnis, das aus einem Teilstück der Hüfte des Schweines hergestellt wird. *Bacon* ist ein in England u. den USA üblicher magerer gepökelter S., geräuchert od. ungeräuchert. Beim Braten kann es zur Bildung von *Nitrosaminen kommen.
*Zusammensetzung[1]: Bauchspeck* (durchwachsen), roh: 20% Wasser; 65% Fett; 9% Eiweiß; ca. 70 mg/100 g Cholesterol; Energiegehalt: ca. 2617 kJ bzw. 625 kcal/100 g;
*Rückenspeck:* roh: 13% Wasser; 82% Fett; 4% Eiweiß; ca. 60 mg/100 g Cholesterol; Energiegehalt: ca. 3100 kJ bzw. 760 kcal/100 g. – *E* back fat
**Lit.:** [1]Souci et al. (6.). – *[HS 0290 00, 0210 11, 0203 19]*

**Speierling** (Atlitze, Escheritze, Sorbole, Sperberbaum, Spierapfel, Spierling, Süße Eberesche, Zahme Eberesche). Der in Mitteleuropa und Südeuropa, in Kleinasien bis Transkaukasien heimische, heute fast in Vergessenheit geratene 15–20 m hohe Baum *Sorbus domestica* L. (Rosaceae) mit rissiger Borke, pyramidenförmiger Krone, der im Jungstadium leicht mit der Eberesche (*Sorbus aucuparia* L., Rosaceae) verwechselt werden kann, trägt unpaarig gefiederte Blätter, und aus den in Doldenrispen stehenden Blüten entstehen im Herbst gedrungene, birnenförmige 2–4 cm große und 10–20 g schwere Sammelbalgfrüchte, deren Farbe von grünlich, bronzefarben bis bräunlich reicht. Die sonnenzugewandte Seite erkennt man an der roten, durch *Anthocyane gefärbten Schale.
*Zusammensetzung:* Feste, unreife Früchte schmecken durch den hohen Gehalt an Tanninen adstringierend und sehr sauer. Reife Speierlinge haben eine weiche, teigige Textur, sind leicht adstringierend (0,5–4% Gerbstoffe) und haben ein mildes, leicht süß-säuerliches Aroma. Kennzeichnend sind weiterhin ein hoher Kalium-Gehalt, eine hohe Konzentration an organischen Säuren (vor allem *Äpfelsäure) und Vitamin C (40 mg/100 g Frischfrucht). Neochlorogensäure (syn. 3-Caffeoylchinasäure, siehe *Chlorogensäuren) konnte in Mengen von bis zu 1,5 g/kg Frischfrucht nachgewiesen werden (zum Vergleich: 2 mg/L in Apfelsaft)[1,2]. Flavanole werden bevorzugt in der Epidermis und den darunter liegenden Zellschichten gefunden[3].
*Verwendung:* Der Speierling kann zu Fruchtmus, mit Äpfeln, Birnen oder Quitten zu Konfitüre oder Gelee verarbeitet oder süßsauer eingelegt werden. Most, Wein und Essig sind weitere typische Produkte. Durch Zusatz von Speierlingsmost zu säurearmem Apfel- oder Birnenmost wird ein ausgewogenes Zucker-Säure-Verhältnis erreicht. In Apfelweinen trägt der Saft aus dem halbreifen Speierling in 1–5%igem Zusatz wegen des hohen Gerbstoffgehalts zur Klärung und Haltbarmachung bei. Ein Zusatz von 3% hat sich als optimale Dosage in Bezug auf eine Geschmacksaufwertung herausgestellt[4]. – *E* service berry, service berry apple
**Lit.:** [1]Ritter, G.; Hagenauer-Hener, U.; Dietrich, H., *Dtsch. Lebensm. Rundsch.*, (1994) **90**, 175. [2]Will, F.; Banaszczyk, J.; Plocharski, W.; Dietrich, H., *Obst Gemüse Kartoffelverarbeitung*, (2000) **85**, 238. [3]Feucht, W.; Christ, E.; Treutter, D., *J. Appl. Bot.*, (1994) **68**, 122. [4]Ritter, G.; Hausen, E.; Dietrich, H.; Koch, S.; Jakob, H., *Flüss. Obst*, (1993) **60**, 435.
*allg.:* Bendel, L., *Das große Früchte- und Gemüselexikon*, Albatros: Düsseldorf, (2002); S. 290 – *[HS 0810 90]*

**Speiklavendelöl** (Spiköl, FEMA 3033). Farbloses bis gelblich-grünes Öl mit einem frischen, krautig-camphrigen, lavendelartigen Geruch.
*Herstellung:* Durch Wasserdampfdestillation aus dem blühenden Kraut des Speik-/Spiklavendels, Großer Speik, *Lavandula latifolia*, der vorwiegend wild auf der Iberischen Halbinsel wächst. Haupterzeuger sind Spanien und Frankreich.
*Zusammensetzung:* Hauptbestandteile, die auch im wesentlichen den Geruch bestimmen, sind *Campher (ca. 15%), 1,8-Cineol (ca. 25%) und *Linalool (ca. 40%)[1,2].
*Verwendung:* Zur Parfümherstellung, für Seifenparfüms und krautig-frische Kompositionen (z.B. Herrennoten). Zu antioxidativen Eigenschaften siehe Literatur[3]. – *E* spike-lavender oil
**Lit.:** [1]Perfum. Flavor. **20**(3), 23 (1995). [2]Lawrence, B. M., *Perfum. Flavor.*, (2001) **26**(3), 66, 68–79. [3]Parejo, I.; Viladomat, F.; Bastida, J.; Rosas-Romero, A.; Flerlage, N.; Burillo, J.; Codina, C., *J. Agric. Food Chem.*, (2002) **50**(23), 6882–6890.
*allg.:* Bauer et al. (4.), S. 202 ▪ ISO 4719: 1999-12 ▪ Wichtl (4.), S. 332 – *[HS 3301 23; CAS 8016-78-2]*

**Speiseeis.** Durch VO vom 24.4.1995 mit Wirkung vom 4.5.1995 wurde die Begriffsbestimmung von Speiseeis in der VO über Speiseeis aufgehoben. Als Begriffsbestimmung für Speiseeis sind die in den Leitsätzen für Speiseeis und Speiseeishalberzeugnisse vom 19.10.1993, zuletzt geändert am 2.10.2001, genannten Definitionen anzusehen[1].
*Recht (Begriffsbestimmungen und Herstellungsanforderungen):* 1. Speiseeis ist eine durch einen Gefrierprozeß bei der Herstellung in einen festen oder pastenartigen Zustand, z.B. Softeis, gebrachte Zube-

reitung, die gefroren in den Verkehr gebracht wird und dazu bestimmt ist, in diesem Zustand verzehrt zu werden; im aufgetauten Zustand verliert Speiseeis seine Form und verändert sein bisheriges Gefüge. Speiseeis wird insbesondere hergestellt unter Verwendung von Milch, Milcherzeugnissen, Ei, Zuckerarten, Honig, Trinkwasser, Früchten, Butter, Pflanzenfetten, Aromen und färbenden Lebensmitteln. Abhängig von der jeweiligen Speiseeissorte und dem Geschmack werden auch andere Zutaten verwendet.

Bei Herstellung von Eiskrem, Fruchteiskrem, Einfacheiskrem und Eis mit Pflanzenfett werden die Ansätze pasteurisiert und homogenisiert. Nicht pasteurisierbare Zutaten werden den Ansätzen dieser Sorten erst nach der Pasteurisierung zugesetzt. Rücklauf von Ansätzen oder von Speiseeis wird erst nach erneutem Pasteurisieren wieder verwendet.

2. Speiseeis wird auch in Kombination mit anderen Lebensmitteln, z. B. Fruchtsoßen, Überzügen, Spirituosen und Waffeln und in verschiedenen Angebotsformen wie Sandwicheis, Eishörnchen oder Eistorte in Verkehr gebracht.

3. Halberzeugnisse für Speiseeis sind Zubereitungen, die zur Herstellung von Speiseeis, nicht jedoch zum unmittelbaren Verzehr, bestimmt sind.

*Speiseeissorten:* Die unter den nachfolgenden Verkehrsbezeichnungen (Kursivdruck) in den Verkehr gebrachten Speiseeissorten entsprechen mindestens den dort genannten Anforderungen (Prozentangaben beziehen sich auf das Gewicht).

1. *Kremeis, Cremeeis, Eierkremeis, Eiercremeeis:* enthält mindestens 50% Milch und auf einen Liter Milch mindestens 270 g Vollei oder 90 g Eigelb. Es enthält kein zusätzliches Wasser.

2. *Fruchteis:* der Anteil an Frucht beträgt mindestens 20%.

Bei Fruchteis aus Citrusfrüchten, anderen sauren Früchten mit einem titrierbaren Säuregehalt im Saft von mindestens 2,5%, berechnet als Citronensäure, beträgt der Anteil an Frucht mindestens 10%.

3. *Rahmeis, Sahneeis, Fürst Pückler Eis:* enthält mindestens 18% Milchfett aus der bei der Herstellung verwendeten Sahne (Rahm).

4. *Milcheis:* enthält mindestens 70% Milch.

5. *Eiskrem, Eiscreme:* enthält mindestens 10% der Milch entstammendes Fett.

6. *Fruchteiskrem, Fruchteiscreme:* enthält mindestens 8% der Milch entstammendes Fett und einen deutlich wahrnehmbaren Fruchtgeschmack.

7. *Einfacheiskrem, Einfacheiscreme:* enthält mindestens 3% der Milch entstammendes Fett.

8. *Eis mit Pflanzenfett:* enthält mindestens 3% pflanzliches Fett und ggf. einen deutlich wahrnehmbaren Fruchtgeschmack.

9. *„(Frucht-)Sorbet":* der Anteil an Frucht beträgt mindestens 25%. Bei Sorbets aus Citrusfrüchten oder anderen sauren Früchten mit einem titrierbaren Säuregehalt im Saft von mindestens 2,5%, berechnet als Citronensäure, beträgt der Anteil an

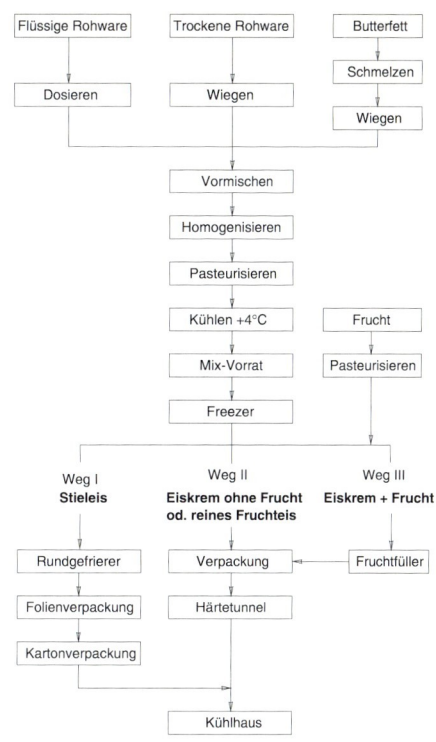

Abb.: Fließschema der Eiskrem-Herstellung.

Frucht mindestens 15%. Milch oder Milchbestandteile werden nicht verwendet.

10. *Wassereis:* Speiseeis mit einem Trockenmassegehalt von mindestens 12%, der von süßenden und/oder weiteren geschmackgebenden Zutaten stammt.

*Bezeichnung:* Wird in der Verkehrsbez. der Halberzeugnisse auf eine der beschriebenen S.-Sorten hingewiesen, erfüllt das nach Zubereitungsanleitung hergestellte Fertigerzeugnis die Anforderungen der angegebenen S.-Sorte.

Für die S.-Sorten Fruchteis u. „(Frucht-)Sorbet" können die verwendeten Früchte namengebend sein, wenn sie einzeln od. in der im Namen verwendeten Mischung den Mindestanforderungen genügen, z. B. *Erdbeereis, Erdbeersorbet.*

Bei Milcheis kann bei überwiegender Verw. von fermentierten Milchsorten (z. B. Sauermilch, Joghurt, Kefir) anstelle von Milch in der Verkehrsbez. darauf hingewiesen werden, z. B. *Joghurteis.*

*Herstellung:* siehe Abbildung oben. – *E* icecream

*Lit.:* [1]Leitsätze für Speiseeis und Speiseeishalberzeugnisse vom 19.10.1993 (BAnz. Nr. 101, S. 5990 vom 31.5.1995, GMBl. Nr. 19, S. 362 vom 12.6.1995), zuletzt geändert am 2.10.2001 (BAnz. Nr. 199 vom 24.10.2001, GMBl. Nr. 38, S. 754ff. vom 30.10.2001).
*allg.:* Bundesverband der Dtsch. Süßwaren-Industrie, Hrsg., *Süßwarentaschenbuch 2001*, BDSI: Bonn, (2001) ■ Stogo, M., *Ice Cream and Frozen Desserts*, John Wiley: New York, (1998) ■ Ullmann (5.) **A11**, 538, 569, 570 ■ Zipfel, C 100 *17*, 157; C 120 *2*, 112; *6*, 50 – *Organisation:* Bundesverband der Deutschen Süßwaren-Industrie, Schumannstr. 4–6, 53113 Bonn – [HS 2105 00]

**Speisefette und -öle** siehe *Fette und Öle.

**Speisefettsäuren** siehe *Fettsäuren, *Fette und Öle.

**Speisekleie** siehe *Kleie und *Mehl (Tabelle).

**Speisepilze.** Gruppe höherer *Pilze, die – abgesehen von einigen *Schlauchpilzen* (*Ascomyceten wie Morchel, Lorchel und *Trüffel) – aus der Klasse der *Ständerpilze* (*Basidiomyceten) stammen. Diese sogenannten Hutpilze werden nach der Gestalt ihrer Fruchtkörper unterschieden (Beispiel in Klammern): *Leistenpilze* und *Porlinge* (*Pfifferlinge, Austernseitlinge), *Lamellenpilze* (Champignon, Echter Reizker, Hallimasch, Perlpilz, Stockschwämmchen, Speisetäubling, Shiitake-Pilz), *Röhrenpilze* (Steinpilz, Butterpilz, Maronenröhrling, Birkenpilz, Rotkappe). Als Speisepilze werden die eßbaren Fruchtkörper der in Tabelle 1 auf S. 1091–1092 genannten Pilzarten in den Verkehr gebracht oder zu Pilzerzeugnissen verarbeitet.

Die Anforderungen an die Herstellung und Beschaffenheit von unverarbeiteten Speisepilzen (z.B. höchstens 0,5% Sandanteil) und Pilzerzeugnissen (unter anderem Pilzkonserven, getrocknete Pilze, Essigpilze, milchsauer vergorene Pilze, eingesalzene Pilze, tiefgefrorene Pilze, Pilzextrakte) sind Literatur[1] zu entnehmen. Einen Überblick zu Qualitätskriterien für Speisepilze sowie zu qualitativen Veränderungen in der Nachernteperiode gibt Literatur[2]. Ebenso werden Möglichkeiten der Konservierung von Speisepilzen (z.B. durch Vakuumkühlung, Behandlung mit antimikrobiellen Substanzen, Bestrahlung) diskutiert.

*Verwendung und Inhaltsstoffe:* Speisepilze werden roh (z.B. für Salate) oder nach Zubereitung (Frittieren, Braten, Kochen) verzehrt. Sie werden in Dosenkonserven, durch Tiefkühlen, Trocknen, Pulverisieren (Gewürz), Einlegen in Essig und andere Verfahren haltbar gemacht. Der Eiweißgehalt der Pilze wird oft überschätzt (lediglich 1/3 des Stickstoffs ist in Form von Eiweiß vorhanden), die Verdaulichkeit der Pilzproteine beträgt 60–70%. Angaben zum *physiologischen Brennwert schwanken zwischen 84 und 155 kJ (20–37 kcal) pro 100 g. An Mineralstoffen sind besonders Kalium- und Phosphor-Verbindungen zu erwähnen. Zum Gehalt an weiteren Mineralstoffen und Spurenelementen vgl. Literatur[3–6]. Bemerkenswert ist gelegentlich der Gehalt an *Trehalose, *Mannit und an den Vitaminen B und D. Genauere Angaben sind Tabelle 2 auf S. 1092 und bzgl. Fettsäure-Spektrum Literatur[7,8] zu entnehmen. Daten neuerer Untersuchungen zum Nährstoffgehalt von Speisepilzen siehe Literatur[9–12]. Darüber hinaus enthalten Speisepilze pharmakologisch interessante Inhaltsstoffe mit cancerostatischer Wirkung[13–16]. Zur antioxidativen Aktivität von Speisepilzextrakten vgl. Literatur[17,18].

*Toxikologie:* Einige Speisepilze enthalten Stoffe mit erheblichem toxikologischem Potential. Der Frühjahrslorchel (*Gyromitra esculenta*) enthält *Gyromitrin, das sowohl akut als auch chronisch toxisch ist[19]. Auch der Konsum von mangelhaft er-

hitzten Kahlen Kremplingen (*Paxillus involutus*) führt zu akuten Vergiftungen. Der Champignon (*Agaricus bisporus*) enthält 0,1–0,6 g/kg *Agaritin, das nach metabolischer Aktivierung ein carcinogenes Potential zu haben scheint[19–21]. Bei käuflicher Ware konnte jedoch keine mutagene Wirkung nachgewiesen werden[22]. Vielmehr scheinen die positiven Befunde im *Ames-Test die Folge von Artefaktbildungen zu sein[23]. Die Anreicherung von Schwermetallen (*Blei, *Cadmium, *Quecksilber) durch spezielle Schwermetall-bindende Proteine[24,25] hat dazu geführt, daß von seiten des damaligen BGA Verzehrsempfehlungen für Wildpilze[26] (pro Woche nicht mehr als 200–250 g, das entspricht 1 bis 2 Pilzmahlzeiten) ausgesprochen wurden. Zur Anreicherung von [137]Cs siehe auch Literatur[27]. Daten über Hg, Pb, Cd, Cu und Zn enthält Literatur[28,29]. Biogene Amine wurden in unterschiedlich behandelten Speisepilzen nur in geringen, als unbedenklich einzustufenden Mengen nachgewiesen[30]. Von der in einigen Pilzen nachgewiesenen *Blausäure geht ebenfalls keine Gesundheitsgefahr für den Verbraucher aus[31]. Einen Überblick über Morphologie, Taxonomie, Züchtung und Anbau von Speisepilzen gibt Literatur[32]. Biotechnologische und molekularbiologische Ansätze sind in Literatur[33,34] beschrieben. Auf spezifische Schutzbestimmungen des Bundesnaturschutzgesetzes und der Bundesartenschutz-VO sei verwiesen.

*Wirtschaft:* 2001 wurden in Deutschland 263110 t Pilze verbraucht, davon etwa die Hälfte als Frischware. Bei konservierten Pilzen wurde der Bedarf nur zu einem geringen Teil (14122 t) aus eigener Produktion gedeckt. – *E* edible mushrooms

*Lit.:* [1]Leitsätze des Deutschen Lebensmittelbuches (Pilze und Pilzerzeugnisse). [2]Aliment. Equipos Tecnol. **16**, 39–44, 69–73 (1997). [3]Kalac, P.; Svoboda, L., *Food Chem.*, (2000) **69**, 273–281. [4]Isiloglu, M.; Yilmaz, F.; Merdivan, M., *Food Chem.*, (2001) **73**, 169–175. [5]Demirbas, A., *Food Chem.*, (2001) **75**, 453–457. [6]Vetter, J., *Food Chem.*, (2003) **81**, 589–593. [7]Lebensm. Wiss. Technol. **20**, 133–136 (1987). [8]Z. Lebensm. Unters. Forsch. **196**, 224–227 (1993). [9]Manzi, P.; Gambelli, L.; Marconi, S.; Vivanti, V.; Pizzoferrato, L., *Food Chem.*, (1999) **65**, 477–482. [10]Petrovska, B. B., *Eur. Food Res. Technol.*, (2001) **212**, 469–472. [11]Diez, V. A.; Alvarez, A., *Food Chem.*, (2001) **75**, 417–422. [12]Mattila, P.; Salo-Vaeaenaenen, P.; Koenkoe, K.; Aro, H.; Jalava, T., *J. Agric. Food Chem.*, (2002) **50**, 6419–6422. [13]Mizuno, T., *Food Rev. Int.*, (1995) **11**, 7–21. [14]Mizuno, T.; Saito, H.; Nishitoba, T.; Kawagishi, H., *Food Rev. Int.*, (1995) **11**, 23–61. [15]Mizuno, T.; Sakai, T.; Chihara, G., *Food Rev. Int.*, (1995) **11**, 69–81. [16]Mattila, P.; Suonpaa, K.; Piironen, V., *Nutrition*, (2000) **16**, 694–696. [17]Fu, H.-Y.; Shieh, D.-E.; Ho, C.-T., *J. Food Lipids*, (2002) **9**, 35–46. [18]Cheung, L. M.; Cheung, P. C. K.; Ooi, V. E. C., *Food Chem.*, (2003) **81**, 249–255. [19]Lindner (4.), S. 74–79. [20]Lebensmittelchemie **44**, 133–139 (1990). [21]Food Add. Contam. **7**, 649–656 (1990). [22]Food Chem. Toxicol. **28**, 607–611 (1990). [23]Food Chem. Toxicol. **29**, 159–166 (1991). [24]Mitt. Geb. Lebensmittelunters. Hyg. **80**, 490–518 (1989). [25]Chem. Unserer Zeit **23**, 193–199 (1989). [26]Bundesgesundheitsblatt **28**, 247 (1985). [27]J. Agric. Food Chem. **37**, 568f. (1989). [28]Demirbas, A., *Food Chem.*, (2000) **68**, 415–419. [29]Alonso, J.; Garcia, M. A.; Perez-Lopez, M.; Melgar, M. J., *Arch. Environ. Contam. Toxicol.*, (2003) **44**, 180–188. [30]Food Chem. **58**, 233–236

Tabelle 1: Zusammenstellung der wichtigsten Speisepilze[1].

| Verkehrsbezeichnung | botanische Bezeichnung | Gruppe | Herkunft | Bemerkungen |
|---|---|---|---|---|
| Apfeltäubling | *Russula paludosa* Britz. | B | W | |
| Austernseitling, Austernpilz | *Pleurotus ostreatus* (Jacq.: Fr.) Kummer s.l., im weiteren Sinne verwandte Arten eingeschlossen | B | Z/W | |
| Birkenpilz* | *Leccinum scabrum* (Bull.: Fr.) S.F. Gray | R | W | * Hut fest (vorzugsweise nicht größer als 8 cm Durchmesser) |
| Brätling* | *Lactarius volemus* (Fr.) Fr. | B | W | * nur frisch, nicht konserviert, nicht getrocknet |
| Burgundertrüffel | *Tuber unicatum* | T | W | |
| Butterpilz | *Suillus luteus* (L.) S. F. Gray | R | W | |
| Chinesisches Stockschwämmchen (Nameko) | *Pholiota namenko* (T. Ito) S. Ito et Imai | B | Z | |
| Egerling | *Agaricus bitorquis* (Quél.) Sacc. | B | Z/W | |
| Elfenbeinröhrling | *Suillus placidus* (Bon.) Sing. | R | W | |
| Erdritterling | *Tricholoma terreum* (Schaeff.: Fr.) Kumm. | B | W | |
| Flockenstieliger Hexenröhrling* | *Boletus erythropus* (Fr.: Fr.) Kromth. | R | W | * roh giftig! |
| Frauentäubling | *Russula cyanoxantha* (Schaeff.) Fr. | B | W | |
| Gefelderter Grüntäubling | *Russula virescens* (Schaeff.) Fr. | B | W | |
| Goldröhrling | *Suillus grevillei* (Klotzch: Fr.) Sing. | R | W | |
| Grauer Ritterling | *Tricholoma portentosum* (Fr.) Quél. | B | W | |
| Grünling | *Tricholoma auratum* (Paul.) Gillet u. *Tricholoma flavovirens* (Pers.: Fr.) Lundell | B | W | |
| Hallimasch* | *Armillaria mellae* (Vahl: Fr.) Kummer | B | W | * nur Hüte mit 1 cm Stiel, roh giftig, wird auf dem Frischmarkt nicht verkauft |
| Herbsttrompete | *Craterellus cornucopioides* (L.) Pets. | S | W | auch als Gewürzpilz |
| Kaiserling* | *Amanita caesarea* (Scorp.: Fr.) Pers. | B | W | * roh giftig |
| Kalahari-Trüffel | *Terfezia pfeilii* Hennings | T | W | |
| Knoblauchschwindling, Mousseron | *Marasmius scorodonius* (Fr.: Fr.) Fr. | B | W | |
| Körnchenröhrling, Schmerling | *Suillus granulatus* (L.) O. Kuntze, im weiteren Sinne alle verwandten Arten | R | W | |
| Krause Glucke, Bärentatze | *Sparassis crispa* Fr. Wulf ex Fr. | S | W/Z | |
| Kulturchampignon[3-6] | *Agaricus bisporus* (Lge.) Imbach | B | Z | |
| Löwentrüffel | *Terfezia leonis* Tul. | T | W | |
| Maipilz | *Calocybe gambosa* (Fr.) Sing. | B | W | |
| Maronenröhrling | *Xerocomus badius* (Fr.) Kühn. ex. Gilb. | R | W | |
| Matsutake | *Tricholoma matsutake* (Ito et Imai) Sing. | B | Z | |
| Morchel, Speisemorchel, Spitzmorchel, Hohe Morchel | *Morchella esculenta* Pers. s.l. *Morchella conica* Pers. s.l. *Morchella elata* Fr. | S | W | |
| Mu-err-Pilz | *Auricularia polytricha* | S | W | |
| Nelkenschwindling*, Wiesenschwindling* | *Marasmius oreades* (Bolt: Fr.) Fr. | B | W | * nur Hüte |
| Ohrlappenpilz, Judasohr, Black fungus | *Hirneola auricula judae* (Bull.: Fr.) s.l. Berk., im weiteren Sinne verwandte Arten eingeschlossen | S | W/Z | |
| Perigord-Trüffel | *Tuber melanosporum* Vitt. | T | W | |
| Piemont-Trüffel, Weiße Piemont-Trüffel | *Tuber magnatum* Pico Vitt. | T | W | |
| Perlpilz* | *Amanita rubescens* (Pers.: Fr.) | B | W | * roh giftig |
| Pfifferling | *Cantharellus cibarius* Fr. | S | W | |
| Reifpilz, Runzelschüppling | *Rozites caperatus* (Pers.: Fr.) Karst. | B | W | |
| Reisstrohpilz, Scheidling | *Volvariella volvacea* (Bull.: Fr.) Sing. | B | Z | |
| Reizker | *Lactarius deliciosus* (L.) S. F. Gray s.l. | B | W | |
| Riesenträuschling, Kulturträuschling | *Stropharia rugosoannulata* Farlow | B | W/Z | |
| Rotfußröhrling | *Xerocomus chrysenteron* (Bull.) Quél. | R | W | |
| Rotkappe | *Leccinum versipelle* (Fr.) Snell s.l., im weiteren Sinne verwandte Arten eingeschlossen | R | W | |

| Verkehrsbezeichnung | botanische Bezeichnung | Gruppe | Herkunft | Bemerkungen |
|---|---|---|---|---|
| Safranpilz, Rötender Schirmpilz* | *Macrolepiota rhacodes* (Vitt.) Sing. | B | W | * nur Hüte |
| Parasol, Riesenschirmpilz* | *Macrolepiota procera* (Scop.: Fr.) Sing. | B | W | * nur Hüte |
| Samtfußrübling | *Flammulina velutipes* (Curt.: Fr.) Sing. | B | W/Z | |
| Sandröhrling* | *Suillus variegatus* (Sw.: Fr.) O. Kuntze | R | W | * Hut fest (vorzugsweise nicht größer als 6 cm Durchmesser) |
| Schafchampignon, Anisegerling | *Agaricus arvensis* Schaeff. | B | W | |
| Schafporling | *Albatrellus ovinus* (Schaeff.) Kotl. und Pouz. | S | W | |
| Semmelstoppelpilz | *Hydnum repandum* L. | S | W | |
| Shan Fu* (Igelstachelbart) | *Hericium erinaceus* (Bull.: ex Fr.) Pers. | S | W | * nur zum Trocknen |
| Shiitake | *Lentinus edodes* s.l. (Berk.) Sing. | B | Z | |
| Sommertrüffel | *Tuber aestivum* Vitt. | T | W | |
| Speisetäubling | *Russula vesca* Fr. | B | W | |
| Steinpilz | *Boletus edulis* Bull.: Fr. s.l., im weiteren Sinne alle Steinpilzarten | R | W | |
| Südlicher Schüppling | *Agrocybe aegerita* (Brig.) Sing. | B | Z/W | |
| Violetter Rötelritterling | *Lepista nuda* (Bull.: Fr.) Cke. | B | W | |
| Waldchampignon | *Agaricus silvaticus* Schaeff. | B | W | |
| Weiße Trüffel | *Choiromyces maeandriformis* Vitt. | T | W | |
| White Fungus* (Silberrohr) | *Tremella fuciformis* | S | W/Z | * nur zum Trocknen |
| Wiesenchampignon | *Agaricus campestris* L. | B | W | |
| Wintertrüffel | *Tuber brumale* Vitt. | T | W | |
| Ziegenlippe | *Xerocomus subtomentosus* (L.) Quél. | R | W | |

Die mit * gekennzeichneten Pilze dürfen nur mit Einschränkungen in Verkehr gebracht werden; Abkürzungen: B = Blätterpilz, R = Röhrenpilz, T = Trüffelpilz, S = sonstige Pilze; als Herkunft wird die Quelle der Ware – Z = Zuchtpilz oder W = Wildpilz – verstanden; bei beiden Herkünften = Z/W bzw. W/Z

Tabelle 2: Durchschnittliche Zusammensetzung einiger wichtiger Speisepilze.

| Mittelwerte (in 100 g eßbarem Anteil) | Wasser [g] | Eiweiß [g] | Fett [g] | Mineralstoffe [g] | Eisen [mg] |
|---|---|---|---|---|---|
| Birkenpilz | 88,5 | 2,5 | 0,6 | 1,1 | 1,6 |
| Butterpilz | 91,1 | 1,7 | 0,4 | 0,6 | 1,3 |
| Champignon | 90,8 | 2,8 | 0,2 | 1,0 | |
| Hallimasch | 89,0 | 1,6 | 0,7 | 1,0 | 0,9 |
| Morchel | 90,0 | 1,7 | 0,3 | 1,0 | 1,2 |
| Pfifferling | 91,5 | 1,5 | 0,5 | 0,8 | |
| Reizker | 89,9 | 1,9 | 0,7 | 0,6 | |
| Rotkappe | 92,3 | 1,4 | 0,8 | 0,7 | |
| Steinpilz | 88,6 | 2,8 | 0,4 | 0,8 | |
| Trüffel | 75,5 | 5,6 | 0,5 | 1,9 | 3,5 |

(1997). [31] Stijve, T.; De Meijer, A. A. R., *Dtsch. Lebensm. Rundsch.*, (1999) **95**, 366–373. [32] Crit. Rev. Food Sci. Nutr. **26**, 157–223 (1987). [33] Rai, R. D.; Ahlawat, O. P., In *Applied Mycology and Biotechnology*, Arora, D. K.; Khachatourians, G. G., Hrsg.; Elsevier: Amsterdam, (2002); Bd. 2, S. 87–121. [34] Horgen, P. A.; Castle, A., In *Agricultural Applications*, Kempken, F., Hrsg.; The Mycota Bd. 11; Springer: Berlin, (2002); S. 3–17.

**Speisequark.** Speisequark ist als *Standardsorte der Käsegruppe „*Frischkäse" in Anlage 1 zu § 7 der Käse-Verordnung definiert. Bei Frischkäsen, zu denen auch *Schichtkäse und *Rahm- bzw. Doppelrahm-Frischkäse gehören, ist nach § 6 der Käse-VO ein Wassergehalt in der fettfreien Käsemasse von über 73% gefordert. Speisequark darf nur aus Milch, Sahne, entrahmter Milch, oder daraus anfallender Molke hergestellt werden. Der Anteil des Molkeneiweißes darf 18,5% des Gesamteiweißgehaltes nicht überschreiten. Je nach Fettgehaltstufe sind eine Mindesttrockenmasse und ein Mindesteiweißgehalt festgelegt. Bei *Magerquark* sind dies 18 bzw. 12%, bei Quark der Fettstufe (40% Fett i. Tr.) 24 bzw. 8,7%.

Verkauft wird reiner Speisequark vorwiegend in der Magerstufe, sowie als *Fruchtquark* häufig mit 20% Fett i. Tr. oder als *Kräuterquark* mit 40% Fett i. Tr. (sind jeweils Speisequarkzubereitungen). In Deutschland wurden im Jahr 2000 311000 t Speisequark hergestellt. Insgesamt betrug die Frischkäseproduktion 759000 t.

**Herstellung:** Speisequark aller Fettgehaltstufen wird üblicherweise zunächst aus Magermilch hergestellt. Der Magerquark wird erst vor dem Abfüllen mit *Rahm (Sahne) auf den gewünschten Fettgehalt eingestellt.

Es unterscheiden sich die kaum noch angewandten *Sack*- u. *Fertigerverf.* vom ursprünglichen *Separatorverf.* (Verf. A, vgl. Abb. linker Teil) prakt. nur in der Art der Molkenabtrennung, die beim Separatorverf. mit einer Zentrifuge (Separator) erfolgt. Unterschiede in der Herst., die sich auch auf die Zusammensetzung u. die Konsistenz auswirken, bestehen dagegen zum sog. *Thermoquarkverf.* (B) u. zu den *Ultrafiltrationsverf.* (C u. D), die zur Verbesserung der Quarkausbeute entwickelt wurden. Beim Thermoquarkverf. wird die *Milch vor dem

Säuern u. Koagulieren etwa 5 min auf 90–95°C erhitzt. Dabei denaturiert der Großteil der Molkenproteine u. findet sich nach der Säure-Labfällung im Frischkäse u. nicht wie bei den alten Verf. u. Verf. A, bei denen die Milch lediglich pasteurisiert wird, in der *Molke. Für *UF-Quark* wird nur die bei Verf. A anfallende Molke ultrafiltriert (Abb.) u. das Retentat dem normalen Separatorquark zudosiert (C). Damit auch weiter S. ein aus Milch hergestelltes Produkt bleibt, wurde der Molkenprotein-Anteil durch die Käse-VO auf den für Milch charakterist. Molkenprotein-Anteil limitiert. Bei Verf. D wird gesäuerte Milch auf die Trockenmasse des S. ultrafiltriert.

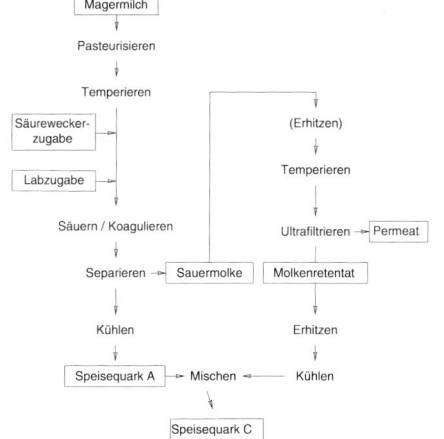

Abb.: Fließschema der Herstellung von Speisequark: 1. nach dem Sack-, Fertiger- od. Separatorverfahren ohne zusätzliche thermische Behandlung (linker Teil) u. 2. nach dem Separatorverfahren mit Ultrafiltration der Molke u. Zumischen des Retentats (Gesamtbild).

In der Konsistenz liefern die Verf. B, C u. D in Anbetracht des höheren Molkenprotein-Anteils, der zu Lasten des *Casein-Anteils geht, einen weicheren, geschmeidigeren u. daher zum direkten Verzehr bes. geeigneten S., während ein nach den alten Verf. u. Verf. A hergestellter S. mit derselben Trockenmasse, aber weniger Molkenproteine trocken wirkt, aber bessere Backeigenschaften aufweist. Bei allen bisher beschriebenen Verfahren fällt eine große Menge Sauermolke an, die nur schlecht verwertet werden kann. Daher wird die Magermilch beim sog. FML-Verfahren durch Nanofiltration eingeengt, wobei der Milch bereits etwa 2/3 der sonst üblichen Sauermolke als süßes Permeat entzogen wird. Das Konzentrat wird wärmebehandelt (80°C für 7 min), gesäuert und dickgelegt. Anschließend wird die saure Gallerte einer Ultrafiltration je nach geforderter Trockenmasse unterzogen. Ein nach diesem Verfahren hergestellter Speisequark enthält mit 0,26% deutlich mehr Calcium als ein herkömmliches Produkt (ca. 0,1% Calcium)[1]. Ausschließlich für Bäckereien hergestellter Quark besitzt eine höhere Trockenmasse.
*Eigenschaften:* S. ist milchig weiß bis rahmgelb, der Teig gleichmäßig weich, zart-geschmeidig bis

pastenartig, rein, milchsauer im Geschmack. Bei den DLG-Qualitätsprüfungen werden beurteilt: Aussehen, Konsistenz u. Gefüge, Geruch u. Geschmack. *Fehlerauswahl:* Im Gefüge – molkenlässig, grießig, mehlig, suppig; im Aussehen bzw. in Geruch u. Geschmack – schimmelig, hefig, gärig (Reinfektion bzw. falsche Lagerung), Kochgeschmack, brandig (zu intensive Wärmebehandlung bei Anw. des Thermoverf.), bitter, dumpf, schmirgelig (z.B. bei fetthaltigem S. in Packungen ohne Lichtschutz). – *E* quarg

*Lit.:* [1]Schkoda, P.; Kessler, H. G., *Dtsch. Milchwirtsch.*, (1997) **48**, 36.
*allg.:* Kessler, H. G., *Food and Bio Process Engineering – Dairy Technology*, 5. Aufl.; A. Kessler: Freising, (2002) – *[HS 0406 10]*

**Speisesalz.** Zur Herst. von *iodiertem Speisesalz darf Natrium- od. Kaliumiodat bis 25 mg *Iod/kg einschließlich des natürlichen Gehaltes zugesetzt werden. Der Mindest-Iod-Gehalt beträgt nach § 5a Absatz 2 der Zusatzstoff-Verkehrs-VO[1] 15 mg/kg. Die *Fluoridierung von Salz in einer Konzentration von 0,25 mg Fluorid je g Salz dient der Kariesprophylaxe und ist nach Ansicht des *BgVV[2] ohne Gesundheitsgefährdung möglich. Eine Fluorid-Zufuhr, die zur Skelettfluorose führt (10–25 mg Fluorid/Tag über mindestens 10 Jahre) kann durch die Verwendung von fluoridiertem Speisesalz nicht auftreten (erforderlicher Salzverzehr: 40–100 g Salz/Tag). Seit 1992 ist in Deutschland Speisesalz für den häuslichen Verbrauch im Verkehr, das sowohl fluoridiert als auch jodiert ist; auch mit *Folsäure angereichertes Speisesalz ist erhältlich. Zu fleischhygien. u. ernährungsphysiolog. Aspekten von Kochsalz, wie u.a. Kochsalz im Stoffwechsel, Kochsalz in Lebensmitteln, Toxikologie von Kochsalz, Salzgehalt u. sensor. Eigenschaften von Lebensmitteln, Kochsalz u. Blutdruck, Möglichkeiten der Reduzierung von Kochsalz siehe Literatur[3]. – *E* table salt

*Lit.:* [1]Zusatzstoff-Verkehrs-VO vom 10.07.1984 in der Fassung von 14.12.1993 (BGBl. I, S. 2092). [2]BgVV Pressemitteilung, 10/99, 1. Juli 1999. [3]Fleischwirtschaft **76**, 1014–1018, 1045 (1996).
*allg.:* Bundesinstitut für Risikobewertung (BfR), *Verwendung von Mineralstoffen in Lebensmitteln. Toxikologische und ernährungsphysiologische Aspekte, Teil II;* BfR-Wissenschaft 04/2004; BfR: Berlin, (2004); http://www.bfr.bund. de ▪ Ullmann (5.) **A11**, 571, 574 – *[HS 2501 00; CAS 7647-14-5]*

**Speisewürze** (Suppenwürze). Bez. für Proteinhydrolysate (englisch hydrolyzed vegetable proteins, Abk. HVP; flüssig, pastös od. pulverförmig), die zur Geschmacksverbesserung von Speisen u. zu Würzzwecken eingesetzt werden. Zur Herst. werden meist pflanzliche Proteine (Weizen- u. Mais-Kleber, Extraktionsschrot der Leguminosen Erdnuß u. Sojabohnen etc.) mit Salzsäure hydrolysiert. Das Hydrolysat wird dann mit NaOH od. Soda auf pH 4,8–5,8 gebracht, von unlösl. Bestandteilen befreit u. nach Behandlung mit Aktivkohle einer Reifung überlassen. Zusätze von Pflanzenextrakten u. -teilen (Suppenkräuter wie z.B. Liebstöckel, Gemüse, Pilze etc.)

sowie von Kochsalz u. *Geschmacksverstärkern sind üblich. Handelsübliche durch Eiweißaufschluß hergestellte S. (D. 1,265–1,27) hat etwa die Zusammensetzung: 50–52% Wasser, 27–31% organ. Stoffe u. 18–20% Mineralstoffe (davon 16–18% NaCl). Der Stickstoff-Anteil (3–4,5%) setzt sich hauptsächlich aus Aminosäure-Stickstoff zusammen (2,8–3,2%). Die so erhaltenen Produkte haben fleischähnlichen, bouillonartigen Geruch u. Geschmack. Ein für Würzen typ. Aromastoff ist das 3-Hydroxy-4-methyl-5-ethyl-2(5*H*)-furanon (s. *Hydroxyfuranone), das aus der Aminosäure *Threonin über 2-Oxobuttersäure gebildet wird. Zum Vork. von im Tierversuch cancerogenen *Chlorpropanolen in Speisewürzen siehe dort. Die Verordnung (EG) Nr. 466/2001 legt für 3-Chlorpropan-1,2-diol (3-MCPD) einen Grenzwert von 0,02 mg/kg HVP fest[1]. – *E* seasoning

*Lit.:* [1] Verordnung (EG) Nr. 466/2001 vom 08.03.2001 zur Festsetzung der Höchstgehalte für bestimmte Kontaminanten in Lebensmitteln (Amtsblatt der EG Nr. L 77, S. 1).

**Spektralpolarimeter** siehe *Rotationsdispersion.

**Spelzweizen** siehe *Dinkel.

**Sperberbaum** siehe *Speierling.

**Spermaceti** siehe *Walrat.

**Spermidin** [*N*-(3-Aminopropyl)-1,4-butandiamin].

$$H_2N-(CH_2)_3-NH-(CH_2)_4-NH_2$$

$C_7H_{19}N_3$, $M_R$ 145,25, Öl, Sdp. 128–130 °C (1,9 kPa), als Trihydrochlorid: Krist., Schmp. 256–258 °C, lösl. in Wasser, Ethanol. Biogenes Polyamin, das biogenet. aus *Putrescin gebildet wird u. selbst der Vorläufer von *Spermin ist. S. wurde zuerst im menschlichen Sperma entdeckt, ist jedoch in der gesamten Natur weit verbreitet (besonders in Zellen schnellwachsender Gewebe). Im Sperma ist S. an die Phosphat-Gruppen der Nucleinsäuren gebunden. S. ist für das Zellwachstum erforderlich. S. ist auch Bestandteil makrocycl. Spermidin-Alkaloide[1], von Lunarin, Inandenin u. verwandten Strukturen. – *E* spermidine

*Lit.:* [1] Bull. Chem. Soc. Jpn. **71**, 1221 (1998); Chirality **9**, 523 (1997).
*allg.:* Beilstein EIV **4**, 1300 ▪ Merck-Index (13.), Nr. 8816 ▪ Thomas, T.; Thomas, T. J., *Cell. Moll. Life Sci.*, (2001) **58**, 244–258 – [HS 2921 29; CAS 124-20-9]

**Spermin** [*N,N'*-Bis-(3-aminopropyl)-1,4-butandiamin, Gerontin, Musculamin, Neuridin].

$$H_2N-(CH_2)_3-NH-(CH_2)_4-NH-(CH_2)_3-NH_2$$

$C_{10}H_{26}N_4$, $M_R$ 202,34, hygroskop. Krist., Schmp. 55–60 °C, Sdp. 141–142 °C (66,5 Pa), leicht lösl. in Wasser, Ethanol. Das *biogene Amin S. kommt wie *Spermidin als Phosphat im menschlichen Samen u. a. Zellen vor u. ähnelt Spermidin hinsichtlich des Vork. u. der Eigenschaften. Weiter ist es als Bestandteil von Ribosomen u. der DNA bekannt. S. war einer der ersten Naturstoffe überhaupt, die physikochem. charakterisiert wurden (Krist. von S.-Phosphat aus Sperma)[1]. Die Strukturaufklärung erfolgte erst 250 Jahre später 1927. – *E* spermine

*Lit.:* [1] R. Soc. London Philosoph. Trans. **12**, 1048 (1678).

*allg.:* Beilstein EIV **4**, 1301 ▪ Merck-Index (13.), Nr. 8817 ▪ Thomas, T.; Thomas, T. J., *Cell Mol. Life Sci.*, (2001) **58**, 244–358 – [HS 2921 29; CAS 71-44-3]

**Spermöl** siehe *Walrat.

**Spheroidin** siehe *Tetrodotoxin.

**Sphingenin** siehe *Sphingosin.

**Sphingolipide.** Gruppenbez. für solche *Lipide, die *Sphingosin [(4*E*)-Sphingenin] als Alkohol-Komponente statt des bei Fetten u. Ölen vorliegenden Glycerols enthalten. Man kennt die Kohlenhydrat-haltigen *Glycosphingolipide* (Glycosphingoside, Oberbegriff: *Glycolipide) wie *Cerebroside, Ganglioside u. Sulfatide sowie die Phosphor-haltigen *Sphingophospholipide* (zu den *Phospholipiden gehörig), z. B. die Sphingomyeline u. die Inosit-Sphingophospholipide. Weder Kohlenhydrat noch Phosphor enthalten die *Ceramide (*N*-Acylsphingosine), die den beiden genannten Gruppen als Bausteine gemeinsam sind. Die S. werden im Golgi-Apparat synthetisiert u. sind bes. reichlich in der Hirnsubstanz u. im Myelin des Nervengewebes vorhanden, wo sie – wie auch in anderen Körperzellen – wichtige Funktionen im Aufbau von Membranen u. bei der Signaltransduktion, z. B. bei der Apoptose, erfüllen. Bestimmte Glycosphingolipide werden in Tumoren stärker produziert u. können daher als Tumorantigene dienen[1].

S. machen ca. 19–25% des Gesamtphospholipid-Gehalts in Vollmilch aus (ca. 150 mg/L). Die Bestimmung des Phospholipid/Sphingomyelin-Verhältnisses kann zum Nachweis eines Zusatzes pflanzlicher Phospholipide (z. B. Sojalecithin) zu Milchpulver herangezogen werden.

Störungen des S.-Stoffwechsels sind im allg. mit der Kumulierung eines spezif. S. im Körper verbunden. Derartige *Sphingolipidosen*[2] sind vererbbar u. auf Defekte bestimmter, in den Lysosomen gespeicherter Enzyme od. Aktivator-Proteine (der *Saposine*) zurückzuführen. – *E* sphingolipids

*Lit.:* [1] Chem. Biol. **4**, 97–104 (1997). [2] Brain Pathol. **8**, 79-100 (1998).
*allg.:* Bektas, M.; Spiegel, S., *Glycoconjugate J.*, (2003) **20**, 39-47 ▪ Claudy, A., *Pathol. Biol. (Paris)*, (2003) **51**, 260–263 ▪ Gulbins, E.; Kolesnick, R., *Oncogene*, (2003) **22**, 7070-7077 ▪ Pulfer, M.; Murphy, R. C., *Mass Spetrom. Rev.*, (2003) **22**, 332–364

**Sphingolipidosen** siehe *Sphingolipide.

**Sphingophospholipide** siehe *Sphingolipide.

**Sphingosin** [(2*S*,3*R*,4*E*)-2-Amino-4-octadecen-1,3-diol, D-(+)-*erythro*-*trans*-4-Sphingenin].

$C_{18}H_{37}NO_2$, $M_R$ 299,50, Krist., Schmp. 79–81 °C (80–84 °C), (Racemat: Schmp. 65–68 °C), kommt in der Natur nicht frei vor, ist jedoch wichtiger Bestandteil von *Cerebrosiden, Gangliosiden u. Sphingomyelinen[1]. Fettsäureamide, u. a. *N*-Octadecanoyl-S. (a) {$C_{36}H_{71}NO_3$, $M_R$ 565,96, Schmp. 97–98 °C (91–93 °C), $[\alpha]_D^{25}$ −3,1° ($CHCl_3$)}; N-Eicosanoyl-S. (b) ($C_{38}H_{75}NO_3$, $M_R$ 594,02); N-((Z)-13-Docosenoyl)-S. (c) ($C_{40}H_{77}NO_3$, $M_R$ 620,06) kommen im Blut u. in Hirnlipiden vor. Das 1-O-Glucosyl-S. (d) [*Glucopsychosin*, $C_{24}H_{47}NO_7$, $M_R$ 461,64] tritt als Metabolit des S. bei der Gaucher-Krankheit auf. Das gesätt. L-(−)-*threo*-2-Amino-1,3-octadecandiol (Konfiguration 2S,3S) (e) [$C_{18}H_{39}NO_2$, $M_R$ 301,51, Schmp. 108 °C, $[\alpha]_D^{28}$ −14,1° ($CHCl_3$)] ist in Cerebrosiden u. in pflanzlichem Gewebe verbreitet, ebenso D-*ribo*-2-Amino-1,3,4-octadecantriol (Konfiguration 2S,3S,4R) (f) [*Phytosphingosin*, 4-Hydroxysphinganin, $C_{18}H_{39}NO_3$, $M_R$ 317,51]. Zur Synth. siehe Literatur[2–14].

*Biosynthese:* Kondensation von L-Serin mit Palmitoyl-CoA u. Decarboxylierung → 2-Amino-3-oxo-4-octadecenol → Sphinganin → Sphingosin. – *E* sphingosine

*Lit.:* [1]Angew. Chem. Int. Ed. Engl. **38**, 1532–1568 (1999). [2]Angew. Chem. **98**, 722f. (1986). [3]Carbohydr. Res. **174**, 169–179 (1988). [4]Chem. Eur. J. **1**, 382 (1995). [5]J. Chem. Soc., Chem. Commun. **1991**, 820f. [6]J. Org. Chem. **59**, 7944ff. (1994). [7]Justus Liebigs Ann. Chem. **1995**, 755–764; **1996**, 2079. [8]Kontakte (Merck) **1992**, 11–28. [9]Synthesis **1995**, 868; **1998**, 1075–1091 (Review). [10]Synlett **1990**, 665f. [11]Tetrahedron **47**, 2835–2842 (1991). [12]Tetrahedron Lett. **35**, 9573ff. (1994); **39**, 3953 (1998). [13]Spec. Publ. R. Soc. Chem. **180**, 93–118 (1996). [14]Tetrahedron: Asymmetry **8**, 3237 (1997). *allg.:* Beilstein EIV **4**, 1894 ▪ Lagarde, M., *Pathol. Biol. (Paris)*, (2003) **51**, 241–243 ▪ Ledeen, R. W.; Wu, G., *J. Lipid Res.*, (2004) **45**, 1–8 ▪ Spiegel, S.; Milstieu, S., *Biochem. Soc. Trans.*, (2003) **31**, 1216–1219 ▪ Tettamanti, G.; Bassi, R.; Viani, P.; Riboni, L., *Biochimie*, (2003) **85**, 423–437 – [HS 2922 19; CAS 123-78-4 (S.); 2733-29-1 ((±)-S.); 2304-81-6 (a); 7344-02-7 (b); 54135-66-9 (c); 15639-50-6 (e); 554-62-1 (f)]

**Sphondin** siehe *Furocumarine.

**Spierapfel** siehe *Speierling.

**Spierling** siehe *Speierling.

**Spiköl** siehe *Speiklavendelöl.

**Spina bifida** siehe *Neuralrohr-Defekte.

**Spinat.** Gemüse aus den Blättern von *Spinacia oleracea* L. (Chenopodiaceae), das gekocht als Blatt-Spinat oder als Brei der durchgemahlenen Blätter verzehrt wird.

*Zusammensetzung und Ernährungsphysiologie:* Je 100 g frischer Spinat enthalten durchschnittlich 91,6 g Wasser, 2,5 g Eiweiß, 0,3 g Fett, 0,55 g Kohlehydrate (dazu 2,58 g Faserstoffe), Mineralstoffe: 1,51 g Na, 662 mg K, 106 mg Ca, 62 mg Mg, 3,1 mg Fe, 51 mg P, 27 mg S und 65 mg Cl. Der Eisengehalt wurde früher irrtümlich um das Zehnfache zu hoch (!) angegeben. Unter den Vitaminen ist der relativ hohe Gehalt an den Vitaminen B (z.B. $B_1$ 92 µg/100 g, $B_2$ 202 µg/100 g) und C (51 mg/100 g) sowie Provitamin A (52,0 mg/100 g) hervorzuheben; außerdem enthält Spinat 90 mg/100 g Äpfelsäure, 80 mg/100 g Citronensäure sowie je nach Erntetermin zwischen 0,44 und 1,6 g/100 g Oxalsäure, durch welche die Verwendung als Säuglings- und Kleinkindernahrung mit Einschränkung gese-

hen werden sollte. Unter den Carotinoiden dominiert *Lutein. Die Spinatpflanze besitzt die Fähigkeit, Nitrate zu speichern. Diese können durch enzymatische Einwirkung nicht nur bei der Lagerung oder beim Wiederaufwärmen zubereiteter und aufbewahrter Spinat-Mahlzeiten, sondern auch im Speichel zu *Nitriten reduziert werden. Besonders bei Säuglingen kann es nach der Resorption des Nitrits zu schweren Vergiftungen durch Methämoglobin-Bildung kommen. Weiterhin können Nitrite im sauren Milieu des Magensafts ggf. carcinogene *Nitrosamine bilden. Auch aus diesen Gründen ist Spinat als Säuglingsnahrung unzweckmäßig. Zusätzlich enthält er relativ große Mengen *Histamin.

*Wirtschaft:* Die Weltproduktion an Spinat im Jahr 2002 betrug 10,32 Mio. t, wobei allein auf China 7,81 Mio. t entfielen (Deutschland: 59400 t). – *E* spinach

*Lit.:* Bendel, L., *Das große Früchte- und Gemüselexikon*, Albatros: Düsseldorf, (2002); S. 304–306 ▪ Franke, W., *Nutzpflanzenkunde*, 6. Aufl.; Thieme: Stuttgart, (1997); S. 223ff. – [HS 0709 70, 0710 30]

**Spindel** siehe *Aräometer.

**Spiraeosid** siehe *Quercetin.

**Spirituosen.** In Deutschland unterliegen Herstellung und Handel von Alkohol jeglicher Art behördlicher Aufsicht. Die Herstellung von Spirituosen beruht allgemein auf der Destillation Ethanolreicher Flüssigkeiten. Entweder werden bereits vergorene Getränke (z.B. Wein, Bier) oder Zuckerlösungen, wie Fruchtsäfte, Melasse usw., nach vorhergehender Gärung verarbeitet; man kann aber auch von Stärke-haltigen und Inulin-haltigen Stoffen (Getreide, Kartoffeln, Topinambur) ausgehen, die nach vorherigem Dämpfen (zur Verkleisterung der Stärke) durch Malz (Grünmalz, Darrmalz; siehe *Bier), durch Kochen mit verdünnter Säure oder nach dem Amyloverfahren durch Verwendung von Schimmelpilz-Amylasen verzuckert und hierauf mit Hefe vergoren werden. Auch aus Sulfitablaugen und anderen Cellulose-Aufschlüssen läßt sich Alkohol gewinnen, doch dienen diese und andere Rohstoffe mehr der Herstellung technischen Ethanols (Laugensprit, Sulfitsprit).

Der Oberbegriff Spirituosen wird unterteilt in *Brände, *Liköre, Punschextrakte und alkoholische *Mischgetränke. Gewöhnliche Brände werden oftmals auch als *Schnäpse* bezeichnet, doch ist „Schnaps" eine volkstümliche (Dialekt) und sehr unspezifische Sammelbezeichnung für einfache Kornbrände und Obstbrände.

Der ursprünglichen Definition, nach der Spirituosen alkoholische Getränke sind, in denen aus vergorenen, zuckerhaltigen Stoffen oder in Zucker verwandelten und vergorenen Stoffen durch Destillation gewonnenes Ethanol als wertbestimmender Anteil enthalten ist, trifft grundsätzlich auch heute noch zu, ist jedoch durch die neue Formulierung des Begriffes in der Verordnung (EWG) Nr. 1576/89 präzisiert worden. Nach Artikel 1 Absatz 2 dieser Verordnung ist eine Spirituose die alkoholische Flüssigkeit, die zum menschlichen Verbrauch bestimmt ist, besondere organoleptische Eigenschaften besitzt und abgesehen vom Eierlikör mit 14% vol einen Mindestalkoholgehalt von 15% vol aufweist. Sie wird wie folgt gewonnen:

1.) entweder *unmittelbar durch Destillieren* – mit oder ohne Zusatz von Aromastoffen – aus natürlichen vergorenen Erzeugnissen und/oder durch Einmaischen von pflanzlichen Stoffen und/oder durch Zusatz von Aromastoffen, Zucker oder sonstigen Süßstoffen gemäß Absatz 3 Buchstabe a und/oder sonstigen landwirtschaftlichen Erzeugnissen in Ethanol landwirtschaftlichen Ursprungs und/oder Destillaten landwirtschaftlichen Ursprungs und/oder in Brand im Sinne dieser Verordnung;

2.) oder durch *Mischung einer Spirituose* mit:
– einer oder mehreren anderen Spirituosen;
– Ethanol landwirtschaftlichen Ursprungs, Destillaten landwirtschaftlichen Ursprungs oder Brand;
– einem oder mehreren alkoholischen Getränken;
– einem oder mehreren Getränken.

In Artikel 1 Absatz 4 finden sich dann die Begriffsbestimmungen der einzelnen Spirituosenarten wie a) *Rum, b) *Whisky oder Whiskey, c) Getreidespirituose, d) *Branntwein, e) Brandy oder *Weinbrand, f) Tresterbrand oder Trester, g) Brand aus Obsttrester, h) Korinthenbrand oder Raisin Brandy, i) *Obstbrand, j) Brand aus Apfel- oder Birnenwein, k) Enzian, l) Obstspirituose, m) Spirituose mit Wacholder (Wacholderbrand), n) Kümmel oder Spirituosen mit Kümmel, o) Spirituose mit Anis, p) Spirituose mit bitterem Geschmack oder Bitter, q) *Wodka, r) *Liköre, s) Eierlikör oder Advokat, t) Likör mit Eizusatz. Erzeugnisse, die nicht den aufgeführten Spezifikationen entsprechen, dürfen die von a) bis t) aufgeführten Bezeichnungen nicht tragen und müssen als *Spirituose* oder *alkoholisches Getränk* bezeichnet werden. – *E* spirits

*Lit.:* Kolb, E., *Spirituosen-Technologie*, Behr's: Hamburg, (2002) ▪ Verordnung (EWG) Nr. 1576/89 vom 29.05.1989 zur Festlegung der allgemeinen Regeln für die Begriffsbestimmung, Bezeichnung und Aufmachung von Spirituosen (Amtsblatt der EG Nr. L 160, S. 1–17) ▪ Verordnung (EWG) Nr. 1014/90 vom 24.04.1990 mit Durchführungsbestimmungen für die Begriffsbestimmung, Bezeichnung und Aufmachung von Spirituosen (Amtsblatt der EG, Nr. L 105, S. 9), zuletzt geändert durch Änderungsverordnung (EG) Nr. 2140/98 vom 06.10.1998 (Amtsblatt der EG Nr. L 270, S. 9) ▪ Verzeichnis der in Anhang II der Verordnung (EWG) Nr. 1576/89 genannten Spirituosen mit einem durch einzelstaatliche Bestimmungen vorgeschriebenen Mindestalkoholgehalt, der höher ist als der mit Artikel 3 Absatz 2 der Verordnung (EWG) Nr. 1576/89 für die jeweilige Kategorie festgelegte Alkoholgehalt (Amtsblatt der EG Nr. C 1 vom 04.01.1990, S. 14); geändert durch Änderung vom 03.03.1990 (Amtsblatt der EG Nr. C 52, S. 11) – *[HS 2208]*

**Spirsäure** siehe *Salicylsäure.

**Spirulina platensis.** Blaualge aus warmen Salzseen, wird in tropischen Ländern in offenen Anlagen in Massenkultur zur Gewinnung von *Einzellerprotein gezüchtet. Die Suspension ist wegen der Größe der Zellen (0,5 mm) gut filtrierbar und das Konzentrat wegen der dünnen Zellwände leicht zu trocknen und zu extrahieren. Zusammensetzung siehe Tabelle.

Tabelle: *Spirulina-platensis*-Suspension (in g/100 g Trockensubstanz).

| | |
|---|---|
| Rohprotein | 55–65 |
| Gesamtstickstoff | 11 |
| Lipide | 2–6 |
| Kohlenhydrate | 10–15 |
| Rohfaser | 1–4 |
| Asche | 5–12 |
| RNA | 3,9 |
| DNA | 1,2 |

Biologische Wertigkeit des Proteins 80–90% gegenüber Casein. Nachteil: 95 mg/kg Fluor und über 2% Purin. – *E* Spirulina platensis

*Lit.:* Costa, J. A.; Colla, L. M.; Duarte Filho, P. F., *Bioresour. Technol.*, (2004) **92**(3), 237–241 ▪ Präve (4.)

**Spitzbeere** siehe *Berberitze.

**SPME.** Abkürzung für solid-phase microextraction, siehe *Festphasenmikroextraktion.

**Sporen** siehe *Endosporen und *Exosporen.

**Sporternährung.** Spezielle Kostform, die auf die bes. Ernährungserfordernisse des Leistungssportlers unter Berücksichtigung der Sportart (Kraftsport, Ausdauersport) eingeht. Im Freizeitsport und Breitensport ist eine ausgewogene Ernährung z.B. nach den 10 Regeln der *DGE (Deutsche Gesellschaft für Ernährung) adäquat. Die Ernährung des Hochleistungssportlers richtet sich v.a. nach dem aktuellen Trainingszustand, so daß eine spezielle Vorwettkampfkost, Wettkampfkost u. Regenerationskost ausgearbeitet werden kann.

Sport kann bereits im Freizeitbereich zu deutlich erhöhten Energieumsätzen führen – grundsätzlich sollte die Energiebilanz ausgewogen sein. Im Leistungssport ist eine Energiezufuhr von 2500 kcal/Tag bei Männern und 2000 kcal/Tag bei Frauen bei täglichem intensiven Training als Minimum anzusehen.

Eine ausgeprägte Trennung der Ernährungsempfehlungen von Kraftsportlern bzw. Ausdauersportlern wird heute nicht mehr aufrechterhalten. Grundsätzlich gilt für die *Kohlenhydrat-Zufuhr eine Empfehlung von 60–65 Energieprozent, in der Regenerationsphase gegebenenfalls noch höher (IST-Zufuhr in Deutschland: durchschnittlich 45%). Während der Belastung sollten pro Stunde ca. 65 g Kohlenhydrate zugeführt werden. Vor und nach dem Wettkampf sollte ebenfalls Kohlenhydrat-reich gegessen werden.

Aufgrund des erhöhten *Aminosäure-Umsatzes im Sport gilt für die Eiweißzufuhr eine Empfehlung von 1,4 g/kg Körpergewicht, das Maximum liegt bei 2 g/kg Körpergewicht. Der Mehrbedarf ist im Ausdauerbereich höher als im Kraftbereich. Die tägliche Eiweißzufuhr liegt in Deutschland im Rahmen dieser spezifischen Empfehlungen (1,4 g/ kg Körpergewicht).

Grundsätzlich haben Sportler einen erhöhten Bedarf an Mineralstoffen, Spurenelementen, Vitaminen und Antioxidantien. Jedoch wird dieser Mehrbedarf durch eine ausgewogene Mehrzufuhr (= Ausgleich der Energiebilanz) abgedeckt. Nur in Einzelfällen sind Nahrungsergänzungen notwendig und sinnvoll.

Schon geringe Wasserverluste (ca. 2% des Körpergewichts) können die Leistungsfähigkeit beeinträchtigen. Deshalb steht der Flüssigkeitsausgleich im Sport im Vordergrund. Basis ist eine Zufuhr von 35 mL/kg Körpergewicht. Dazu muß der vermehrte Schweißverlust addiert werden. Während der Betätigung wird mit einer Zufuhr von 150–200 mL/halbe Stunde gerechnet. Die optimale Trinktemperatur liegt bei 5–10 °C, geeignet sind hypotone bis isotone Flüssigkeiten (siehe *isotonische Getränke). Gegebenenfalls kann das Getränk auch Kohlenhydrate enthalten, um die Energiebereitstellung zu gewährleisten.

Im Bereich der sogenannten ergogenen (leistungsfördernden) Substanzen konnte in Studien bislang nur für *Kreatin im Kurzintensivbereich eine Wirkung bestätigt werden.

Spezielle Sportlernahrungen sind mittlerweile vielfältig im Handel erhältlich. Sie sollten im Einzelfall auf ihre Eignung geprüft werden.

Eine Anpassung der Ernährung sollte sich jedoch nicht nur auf die Nährstoffe beschränken, sondern auch auf die besonderen Gegebenheiten jeder Sportart. Diese bestimmt vor allem auch die Mahlzeitenrhythmen und Trinkrhythmen des Sportlers.
– *E* sport food

*Lit.:* Deutsche Gesellschaft für Ernährung, Hrsg., *Ernährungsbericht 2000*, Deutsche Gesellschaft für Ernährung: Frankfurt/Main, (2000) ▪ Geiß, K.-R.; Hamm, M., *Handbuch Sportler-Ernährung*, Behr's: Hamburg, (2000) ▪ Schek, A., *Top-Leistung im Sport durch bedürfnisgerechte Ernährung*, Philippka Sportverlag: Münster, (2002) ▪ Deutsche Gesellschaft für Ernährung, Sektion Baden-Württemberg (DGE-BaWü) *Power auf Dauer – Sport und Ernährung*, 9. Ernährungsfachtagung der Deutschen Gesellschaft für Ernährung am 8. Oktober 2002

**Spritzpökelung** siehe *Pökeln.

**Sproßpilze** siehe *Hefen.

**Sprudel** siehe *Mineralwasser.

**Sprue** siehe *Zöliakie.

**Spülmittel** siehe *Geschirrspülmittel und *Weichmacher (2.).

**Spurenelemente.** Als Spurenelemente (Mikroelemente) werden anorganische Nahrungsbestandteile bezeichnet, deren Gehalt im Gewebe unter 50 ppm (unter 50 mg/kg Feuchtgewicht) liegt, deren Essentialität beim Menschen in einer Menge <50 mg/Tag experimentell nachgewiesen und deren Funktion biochemisch sichergestellt ist. Zur Abgrenzung der Spurenelemente von den *Mengenelementen und Ultraspurenelementen siehe *Mineralstoffe.

Zu den Spurenelementen zählen *Eisen, *Iod, *Fluor, *Zink, *Selen, Kupfer, Mangan, Chrom, *Molybdän, Cobalt und Nickel.

*Physiologie:* Die Bedeutung der S. liegt in ihrer Rolle als Bestandteile von Enzymen, Proteinen, Hormonen u. Vitaminen. Viele S. aktivieren Enzyme spezif., so daß sie nicht durch andere Mineralstoffe ersetzt werden können. S. können auch mehrere Funktionen haben (s. Tab.). Bei ihrem Mangel kommt es zur Reduzierung dieser Biokatalysatoren mit der Folge des verminderten Ablaufs wichtiger Bioreaktionen. Völliges Fehlen hat den Tod des Organismus zur Folge. Die Konz. der S. wird homöostat. kontrolliert u. geregelt, v.a. durch *Metallothioneine, die die Bindungsformen u. Transportformen der zweiwertigen Spurenmetalle darstellen. Zum Einfluß von Cadmium auf die S.-Homöostase siehe Literatur[1]. Die S. werden über Darm u. Niere ausgeschieden. Mit der Nahrung muß für eine entsprechende Zufuhr gesorgt werden. Im Laufe der Evolution ist bei Tier u. Mensch in dem Sinn eine Anpassung erfolgt, daß die Bilanz im allg. ausgeglichen ist.

*Resorption:* Resorptionsorte sind sowohl Magen als auch Darm, wobei spezielle Liganden und/oder Transportproteine für die Resorption essentiell sind. Da für bestimmte Personen, z.B. Menschen mit Resorptionsstörungen, wie sie nach Magenresektionen (Billroth I u. II) für Cobalt beschrieben sind, eine optimale Versorgung nicht immer gegeben ist, kann mit S.-Präp. eine Supplementierung (Nahrungsergänzung) erfolgen. Darüber hinaus ist zu beachten, daß die Resorption von z.B. Zink oder Eisen aus pflanzlichen Lebensmitteln durch die Anwesenheit von *Phytinsäure deutlich reduziert sein kann.

*Bedarf:* Während der Schwangerschaft und der Stillzeit ist der Eisen-, Zink-, Iod- und Fluor-Bedarf erhöht. Bei Heranwachsenden in den ersten beiden Lebensjahren und während der Pubertät besteht ein gesteigerter Bedarf an Eisen und Fluor, bei Sportlern an Eisen und Zink. Bei älteren Menschen wird angenommen, daß der Bedarf an S. konstant bleibt, während der Energieverbrauch geringer ist. In diesem Fall sind wegen verminderter Nahrungszufuhr die auch sonst marginal unterversorgten S. Eisen, Zink, Iod u. Fluor nicht immer ausreichend. Zur Versorgung von Vegetariern mit S. s. Literatur[2].

*Mangel:* Da der S.-Gehalt der Nahrung auch von der Geologie des Gebiets abhängt, kann es wie z.B. bei Iod u. Selen regional verbreitete Mangelkrankheiten geben. Unterernährung u. einseitige Ernährung führen ebenfalls zu S.-Mangel. Auf S.-Mangel zurückzuführende Mangelerscheinungen u. Mangelkrankheiten (s. Tab.) lassen sich durch Supplementierung der S. beheben. Wegen antagonist. Wirkung zwischen den S. kann es auch bei normaler Versorgung zu sog. sek. Mangelerscheinungen kommen. Weiterhin sind erblich bedingte Überversorgungen u. Unterversorgungen bekannt (z.B. Morbus Wilson, Menkes Syndrom). Der nationalen Verzehrstudie zufolge besteht nur bei Eisen (und auch bei dem Mengenelement Calcium), v.a. für Frauen, bei durchschnittlicher Ernährung die Gefahr eines Mangels[3].

Eine kalorienmäßig ausgewogene u. abwechslungsreiche Ernährung sichert im allg. eine ausreichende S.-Versorgung. Dabei muß berücksichtigt werden, daß die S. je nach der vorliegenden Verbindungsart od. in Abhängigkeit von begleitenden Komponenten unterschiedlich resorbiert werden (Bioverfügbarkeit)[4].

Zu Bedarf, Funktionen und Mangelkrankheiten der einzelnen Spurenelemente siehe Tabelle.

S. können in höheren Konz. tox. sein (Cobalt) u. als tox. eingestufte Elemente hat man später in geringer Konz. als essentiell erkannt. Klass. Beisp. ist das Selen, das bis 1957 ausschließlich als tox. betrachtet wurde, von dem heute aber bekannt ist, daß es in den Enzymen *Glutathion-Peroxidase, Iod-Thyronin-Deiodase u. Phospholipid-Hydroperoxid-Glutathion-Peroxidase als Selenocystein eine entscheidende Rolle in der Entgiftung von membranschädigenden Hydroperoxiden spielt[5], u. darüber hinaus immunmodulator.[6], antimutagene u. anticarcinogene Wirkung[7] besitzt.

Einen Rückblick zur Einteilung u. zur Physiologie u. Toxikologie der einzelnen S. gibt Literatur[8,9,10].

*Biotechnologie:* Für alle Mikroorganismen essentiell sind Eisen u. die Mengenelemente Calcium u. Magnesium, nicht für alle essentiell hingegen sind Mangan, Molybdän, Zink, Kupfer, Cobalt, Nickel, Selen, Vanadium, Bor, Wolfram u. andere. Die S. sind Bestandteile der Rezepturen für synthet. Nährmedien für die Kultivierung von Mikroorganismen u. Zellen. Die Bedürfnisse für S. sind im allg. nur qual. bekannt u. schwer nachzuweisen, da zahlreiche S. in genügender Menge als Verunreinigungen in den anderen Nährlsg.-Bestandteilen (Kohlenstoff-Quellen, Salze anderer Makroelemente), den Prozeßhilfsmitteln (Säuren, Basen, usw.) sowie Prozeßmedien (Wasser, Luft) enthalten sind bzw. aus dem Material der Kultivierungsgefäße (Glas, Metalle) herausgelöst werden. Zudem erfolgt die Aufnahme der S. in die Zelle häufig unspezifisch. Komplex zusammengesetzte Kohlenstoff-Quellen wie Abfallprodukte u. Nebenprodukte der chem. Ind. sowie der Landwirtschaft u. der Lebensmittel-Ind. weisen oft hohe Mineralstoff-Gehalte auf.

S. haben vielfache Funktionen im Mikroorganismus. Sie wirken als Coenzyme für zahlreiche Proteine; Mangan ist wichtig für die Sporulierung, *Bacillus-subtilis*-Sporen können bis zu 0,2 mmol Mangan enthalten; Selenocystein findet sich in Formiat-Dehydrogenase von *Escherichia coli* u. in Glycin-Reduktase von Clostridien; Nickel enthalten

Tab.: Spurenelemente: Bestand, Aufnahme, Empfehlung, Hauptfunktion, Mangelkrankheiten

| Element | Bestand | Aufnahme /Tag | Empfehlung /Tag[a] | Hauptfunktion(en) | Mangelkrankheiten beim Menschen |
|---|---|---|---|---|---|
| Eisen | 2–4 g | 11–13 mg | 10–15 mg | Bestandteil von Hämoglobin u. Myoglobin, Cytochromen, Oxidasen, Katalasen | Hypochrome, mikrozytäre Anämie |
| Iod | 10–20 mg | 120 µg | 200 µg | Bestandteil von Schilddrüsenhormonen | Hypothyreose, Kropfbildung, (Kretinismus) |
| Zink | 1,5–2,5 g | 5,3–8,5 mg | 7–10 mg | Bestandteil oder Aktivator von über 300 Enzymen und Proteinen | Akrodermatitis enteropathica |
| Selen | 10–15 mg | 30–41 µg | 30–70 µg[b] | Bestandteil von Glutathion-Peroxidase, Deiodasen, Thioredoxin-Reduktasen | Keshan-Krankheit (Kardiomyopathie) |
| Kupfer | 80–100 mg | 1,1–1,2 mg | 1–1,5 mg[b] | Bestandteil von Cytochrom c-Oxidase, Lysyloxidase (Kollagen-Bildung), Caeruloplasmin, Tyrosin-Hydroxylase, Superoxid-Dismutase | Menkes-Syndrom |
| Mangan | 10–40 mg | 2,5 mg | 2–5 mg[b] | Enzymbestandteil (Pyruvat-Carboxylase) und Enzymaktivator (Proteoglycan-Synthese) | Skelettveränderungen, neurologische Störungen, Defekte im Kohlenhydrat-Stoffwechsel, Wachstumsstörungen und Fertilitätsstörungen[c] |
| Chrom | 1,7 mg | 30–140 µg | 30–100 µg[b] | Bestandteil des postulierten Glucose-Toleranzfaktors | eingeschränkte Glucose-Toleranz, Hyperglykämie, periphere Neuropathie |
| Molybdän | 5–10 mg | 95 µg | 50–100 µg[b] | Enzymbestandteil (Xanthin-Dehydrogenase/-Oxidase, Aldehyd-Oxidase, Sulfit-Oxidase) | Erhöhte Atemfrequenz und Herzfrequenz, starke Kopfschmerzen, Koma |
| Cobalt | 1 mg | 10 µg | keine | Vitamin B$_{12}$-Bestandteil | Bei Vitamin B$_{12}$-Mangel: perniziöse Anämie |
| Nickel | 0,5 mg | 90–100 µg | 25–30 µg[b] | Bestandteil von Urease, Methyl-Coenzym-M-Reduktase, Hydrogenase, Kohlenmonoxid-Dehydrogenase | Wachstums- und Funktionseinschränkungen, Beeinflussung des Glucose-Stoffwechsels und Methionin-Synthese aus Homocystein[c] |
| Fluorid | 2–6 g | 0,4–0,6 mg | 2,9–3,8 mg[d] | Mineralisation von Knochen und Zähnen | Wachstums- und Fortpflanzungsstörungen |

[a] Für Jugendliche und Erwachsene
[b] Schätzwert
[c] Mangelerscheinungen beim Tier
[d] Richtwert für die Gesamtzufuhr aus Nahrung, Trinkwasser und Supplementen

die Enzyme Methyl-Coenzym-M-Reduktase, Kohlenmonoxid-Dehydrogenase u. zwei Hydrogenasen in den Methanbakterien[11,12] u. die Formiat-Dehydrogenase von *Clostridium thermoaceticum* scheint ein Wolfram-haltiges (Ultraspurenelement) u. Selen-haltiges Protein zu sein[13].

Von Bedeutung für die Unbedenklichkeitsprüfung mikrobieller Biomassen für die Tierernährung sind die Gehalte der sog. tox. S. Arsen, Quecksilber, Blei u. Cadmium[14].

*Analytik:* Meist mittels Neutronenaktivierungsanalyse (NAA), Atomabsorptionsspektrometrie[15,16] (AAS) od. Atomemissionsspektrometrie (AES). AES wird zunehmend als ICP-AES (inductively coupled plasma) od. als DIP-AES (direct current plasma) ausgeführt[17]. Die Empfindlichkeit liegt im unteren ppb-Bereich. Die analyt. Probleme liegen dabei mehr beim verlustfreien Aufschluß der Probe u. der Vermeidung von Kontaminationen als bei der Bestimmung selbst.

Für die Feststellung des Versorgungsstandes mit einigen S. hat sich die Konzentrationsbestimmung in den Haaren als brauchbare, aber störanfällige Meth. erwiesen.

*Recht: Nahrungsergänzungsmittel:* Die europaweit zugelassenen Spurenelemente sind in der Nahrungsergänzungsmittelverordnung (Anlagen 1 und 2 NemV) positiv gelistet. Das Bundesinstitut für Risikobewertung (*BfR) spricht sich allerdings nur für eine Verwendung der Spurenelemente Molybdän, Selen, Chrom, Kupfer, Zink, Eisen und Iod in *Nahrungsergänzungsmitteln aus; eine Verwendung der Elemente Mangan (nicht akzeptable gesundheitliche Gefahren), Fluor (Zufuhr bereits in nationalen Prophylaxeprogrammen geregelt), Nickel und Cobalt (lediglich als Zentralatom von Vitamin $B_{12}$ essentiell) wird dagegen abgelehnt[18]. Zu rechtlichen Aspekten s. auch *Mineralstoffe. – *E* trace elements

*Lit.:* [1]Toxicol. Lett. **54**, 77–81 (1990). [2]Bundesgesundheitsblatt **33**, 564–572 (1990). [3]Projektträgerschaft Forschung im Dienste der Gesundheit in der DLR (Hrsg.), Materialien zur Gesundheitsforschung, Bd. 18, Die Nationale Verzehrstudie (3.), Bonn: Verl. für neue Wissenschaft 1991. [4]Z. Ernährungswiss. **28**, 130–141 (1989). [5]Chem. Unserer Zeit **21**, 44–49 (1987). [6]Ärztl. Prax. **42**(7), 12–14 (1990). [7]Cancer Res. **50**, 1206–1211 (1990). [8]Pfannhauser, Essentielle Spurenelemente in der Nahrung, Berlin: Springer 1988. [9]Wolfram u. Kirchgeßner (Hrsg.), Spurenelemente u. Ernährung, Stuttgart: Wissenschaftliche Verlagsges. 1990. [10]Rev. Environ. Contam. Toxicol. 115, 125–150 (1990). [11]Naturwiss. Rundsch. **39**, 426–431 (1986). [12]Microbiol. Rev. **51**(1), 22–42 (1987). [13]Arch. Microbiol. **115**, 277–284 (1977); J. Biol. Chem. **258**, 1826–1832 (1983). [14]UNU Protein Advisory Group, Guideline No. 15: Food Nutr. Bull. **5**, 67 (1983). [15]Anal. Chem. 60, 2500–2504 (1988). [16]Welz, B.; Sperling, M., *Atomabsorptionsspektrometrie*, Wiley-VCH: Weinheim, (1997). [17]Z. Anal. Chem. **324**, 511 (1986); Spectrochim. Acta, Part B **43**(8), 881 (1988). [18]Bundesinstitut für Risikobewertung (BfR), *Verwendung von Mineralstoffen in Lebensmitteln. Toxikologische und ernährungsphysiologische Aspekte, Teil II*; BfR-Wissenschaft 04/2004; BfR: Berlin, (2004); http://www.bfr.bund.de. *allg.:* Biesalski, H. K.; Köhrle, J., Schümann, K., *Vitamine, Spurenelemente und Mineralstoffe*, Thieme: Stuttgart,

(2002); S. 261, 343 ▪ Deutsche Gesellschaft für Ernährung (DGE); Österreichische Gesellschaft für Ernährung (ÖGE); Schweizerische Gesellschaft für Ernährungsforschung (SGE); Schweizerische Vereinigung für Ernährung (SVE), *Referenzwerte für die Nährstoffzufuhr*, Umschau/Braus: Frankfurt am Main, (2000); S. 173 ▪ Ullmann (5.) **A11**, 504

**Spurpheromone** siehe *Pheromone.

**SP-Zahl** siehe *P-Zahl.

**Stabilisatoren.** Sammelbezeichnung für eine Vielzahl unterschiedlich wirkender sowie zusammengesetzter Stoffe, die bei unbeständigen Materialien eine chemische Veränderung (z.B. Zersetzung, Oxidation etc.) oder physikalisch-chemische Zustandsänderung (z. B. Koagulation, Absetzen usw.) verhindern.

*Anwendungen:*

– Alterungsschutzmittel sind stabilisierende Zusätze, z.B. in Kautschuk, Kunststoffen oder Mineralölen; hierzu gehören *Antioxidantien und Antiozonantien, Lichtschutzmittel und *UV-Absorber.

– Metallseifen dienen in Kunststoffen überwiegend der Erhöhung der thermischen Stabilität (z.B. als PVC-Stabilisatoren).

– zur Stabilisierung leicht zersetzlicher Peroxo-Verbindungen, z.B. zum Bleichen in Waschmitteln, dienen *Ethylendiamintetraessigsäure oder Magnesiumsilicat.

– Polymerisations-Inhibitoren stabilisieren reaktive Monomere gegen vorzeitige Polymerisation, überwiegend als Radikalfänger wirkend.

– Instabile kolloide Systeme wie Dispersionen, Emulsionen, Suspensionen, Schäume und dergleichen werden stabilisiert mittels Antiabsetzmittel, Dispergierhilfsmittel, *Emulgatoren, Schaumstabilisatoren.

– Metall-Desaktivatoren binden aktive Metall-Verbindungen zu katalytisch inaktiven Chelaten.

Von den vielfältigen Einsatzgebieten für Stabilisatoren seien außer den bereits genannten weitere beispielhaft aufgeführt: Anstrichmittel und Lacke, Textilhilfsmittel, Schmiermittel, Photographie, Explosivstoffe (Stabilisatoren zur Phlegmatisierung), Böden (Bodenstabilisatoren), Lebensmittel, Kosmetika und Arzneimittel.

*Recht:* Im Lebensmittelrecht versteht man unter Stabilisatoren eine Zusatzstoffklasse. *Lebensmittelzusatzstoffe dieser Stoffklasse ermöglichen es, den physikalisch-chemischen Zustand eines Lebensmittels ausreichend zu erhalten. Hierzu zählen sowohl Stoffe, die eine einheitliche Dispersion von zwei oder nicht mischbaren Phasen aufrechterhalten, als auch Stoffe welche die vorhandene Farbe stabilisieren, bewahren oder intensivieren. Konservierungsmittel zählen nicht zu den Stabilisatoren. Die Zulassung dieser Stoffe ist in der Richtlinie 95/2/EWG bzw. in der *Zusatzstoff-Zulassungsverordnung geregelt.

Stabilisatoren als Kunststoffadditive für Lebensmittelbedarfsgegenstände sind in der *Bedarfsgegenständeverordnung geregelt. – *E* stabilizers

*Lit.:* Domininghaus (6.) ■ Kirk-Othmer (4.) **11**, 827–830; **12**, 1071–1091 ■ Ullmann (5.) **A20**, 459–479 ■ Ullmann (7.); http://dx.doi.org/10.1002/14356007.a20_459 [Online, Juni 2000] ■ Zweifel, H., Hrsg., *Plastics Additives Handbook*, 5. Aufl.; Hanser: München, (2001); S. 141–484

**Stachelannone** siehe *Annone.

**Stachelbeere** (Heckenbeere, Krausbeere, Klosterbeere, Agrasel). Zum Beerenobst gehörende, weiße, gelbe, grüne oder durch *Anthocyane vom Cyanidin-Typ[1] gefärbte rote, kugelige, länglichovale bis eiförmige, kirschgroße Früchte des bis zu 2 m hohen Stachelbeerstrauches *Ribes uva-crispa* var. *sativum* L. (Saxifragaceae), die in hoher Sortenvielfalt (>500) in allen gemäßigten Klimazonen angebaut werden. Die transparente Schale ist fest und glatt, bisweilen mit Flaumhärchen besetzt.

*Zusammensetzung:* Das weiche, süß-säuerliche, pektinreiche Fruchtfleisch enthält kleine eßbare Samen, deren Lipid-Gehalt bei 18 Gewichtsprozent liegt[2]. Reife Stachelbeeren enthalten nach den Tafeltrauben den zweithöchsten Zuckergehalt unter den einheimischen Beerenobstarten. Der angenehm säuerliche Geschmack rührt von *Äpfelsäure und *Citronensäure her. An phenolischen Verbindungen konnten unter anderem *Catechin, Epicatchin, Protocatechusäure, 3′- und 5′-Caffeoylchinasäure (siehe *Chlorogensäuren), 3′-p-Cumaroylchinasäure, 3′-Feruloylchinasäure, *Quercetin- und Kaempferol-Glycoside identifiziert werden[1,3]. In unreifen Früchten wurden außerdem *Proanthocyanidine nachgewiesen[3].

100 g eßbare Anteile enthalten durchschnittlich: Wasser 87,3 g, Eiweiß 0,8 g, Fett 0,2 g, verwertbare Kohlenhydrate 8,5 g, Ballaststoffe 3 g, Mineralstoffe 0,5 g, Na 1,6 mg, K 203 mg, Mg 15 mg, Ca 29 mg, Fe 0,6 mg, P 30 mg, Vitamin C 35 mg, Oxalsäure 19 mg. Durchschnittliche Säurewerte (g/L) von Muttersaft: Gesamtsäure (berechnet als *Weinsäure) 21, Citronensäure 13,4, Äpfelsäure 7.

In methanolischen Extrakten der Stachelbeerstrauchblätter wurden Vorläufersubstanzen der isomeren *Vitispirane charakterisiert[4].

*Verwendung:* Stachelbeeren eignen sich zum Frischverzehr, gleichermaßen aber auch zur Herstellung von Kompott, Konfitüre, Gelee, Sirup, Kaltschalen, Fruchtsoßen, als Belegware für Kuchen und Torten. Süßmost, Dessertwein, Likör und Stachelbeergeist ergänzen die Produktpalette. Die Jahresproduktion in den Hauptanbauländern Deutschland, Polen, England, Ungarn, Tschechien, Belgien und den Niederlanden beläuft sich auf insgesamt 190000 t. – *E* gooseberry

*Lit.:* [1]Mazza, G.; Miniati, E., *Anthocyanins in Fruits, Vegetables, and Grains*, CRC Press: Boca Raton, FL, (1993); S. 102. [2]Traitler, H.; Winter, H.; Richli, U.; Ingenbllek, Y., *Lipids*, (1984) **19**, 923. [3]Herrmann, K., *Inhaltsstoffe von Obst und Gemüse*, Ulmer: Stuttgart, (2001); S. 33, 54, 55, 61, 62, 65, 71. [4]Humpf, H.-U.; Wintoch, H.; Schreier, P., *J. Agric. Food Chem.*, (1992) **40**, 2060. *allg.:* Bendel, L., *Das große Früchte- und Gemüselexikon*, Albatros: Düsseldorf, (2002); S. 308f. ■ Franke, W., *Nutzpflanzenkunde*, 6. Aufl.; Thieme: Stuttgart, (1997); S. 263f. ■ Herrmann, K., *Inhaltsstoffe von Obst und Gemüse*, Ulmer:

Stuttgart, (2001); S. 33, 54, 55, 61, 62, 65, 71 ■ Liebster, G., *Warenkunde Obst und Gemüse*, Hädecke: Weil der Stadt, (1999); Bd. 1, S. 271f. ■ Souci et al. (6.), S. 928f. – *[HS 0810 30]*

**Stachelbeere, Chinesische** siehe *Kiwi.

**Stachelbirne** siehe *Kaktusfeige.

**Stachydrin** siehe *Prolin.

**Stachyose** (Gal*p*α1-6Gal*p*α1-6Glc*p*α1-2βFru*f*, Lupeose, Cicerose).

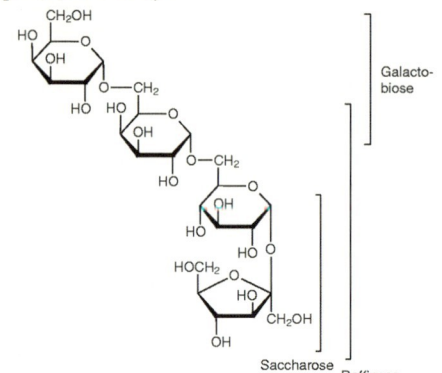

$C_{24}H_{42}O_{21}$, $M_R$ 666,58. Tetrasaccharid, schwach süß schmeckende Kristalltafeln, Schmp. 167–170°C, $[\alpha]_D^{20}$ +148° ($H_2O$), wasserlöslich, reduziert Fehlingsche Lösung nicht und liefert bei Hydrolyse 2 Moleküle D-*Galactose, 1 Molekül D-*Glucose und 1 Molekül D-*Fructose. Stachyose kommt reichlich in den Wurzelknollen von *Stachys tuberifera = Stachys affinis* (Knollenziest, Japanischer Ziest) und anderen Lippenblütlern, in Leguminosen, z.B. Sojabohnen und anderen vor. Bei Einwirkung von *Invertase entsteht Manninotriose und Fructose. Gewinnung durch Extraktion von Sojamehl. Stachyose wird im menschlichen Verdauungstrakt nicht resorbiert. – *E* stachyose

*Lit.:* Beilstein EV **17/8**, 405 – *[HS 2940 00; CAS 470-55-3]*

**Ständerpilze** siehe *Basidiomyceten.

**Stärke** (latein. Bez.: Amylum). $(C_6H_{10}O_5)_n$, $[\alpha]$ +200° ± 20° ($H_2O$), native Stärkekörner sind farblos, der Durchmesser beträgt 1–150 μm je nach Herkunft, z.B. Reisstärke 3–9 μm u. Kartoffelstärke 15–100 μm.

*Chemische Zusammensetzung und Aufbau:* Stärke gehört ebenso wie Glycogen od. Cellulose zu den Homoglycanen und ist ein Polykondensationsprodukt von D-*Glucose. Stärke besteht aus 3 verschiedenen D-Glucopyranose-Polymeren, der *Amylose, dem Amylopektin u. einer sog. Zwischenfraktion, die auch als anormales Amylopektin bezeichnet wird, sowie Wasser (ca. 20%, je nach Sorte u. Lagerungsbedingungen), kleineren Mengen Eiweiß, Fetten u. esterartig gebundener Phosphorsäure. Der Gehalt der Stärke an diesen Bestandteilen schwankt je nach Sorte. Höhere Pflanzen enthalten 0–40% Amylose bezogen auf die Trockensubstanz. Die Zwischenfraktion steht strukturell zwischen der Amylose u. dem Amylo-

Tab.: Eigenschaften der Stärken bestimmter Stammpflanzen.

| Stärke | Amylose-Gehalt [%] | Wassergehalt [%] | Verkleisterungstemperatur [°C] |
|---|---|---|---|
| Kartoffelstärke | 17–22 | 17–18 | 58–60 |
| Maisstärke | 0–42 | 10–15 | 63–70 |
| Reisstärke | 12 | 12 | 72 |
| Weizenstärke | 16–18 | 12 | 50 |

pektin. Bei analyt. Bestimmungen der Stärke wird die Zwischenfraktion meist dem Amylopektin zugerechnet.

*Amylose* besteht aus überwiegend linear α-1,4-glycosid. verknüpfter D-Glucose, $M_R$ $10^5$–$10^6$. Als Diffusionsamylose bezeichnet man den Teil der Amylose, der in Wasser bei Temp. <100 °C lösl. ist. Bei Temp. von 60–70 °C erhält man Diffusionsamylose, die frei ist von Amylopektin. Stärke mit mehr als 70% Amylose wird als Hochamylose-Stärke bezeichnet, z. B. Markerbsen-Stärke (70% Amylose) u. Amylomais-Stärke (>50% Amylose). Der Wassergehalt u. Amylose-Gehalt von Stärke wird durch NIR-Spektroskopie bestimmt. Die Ketten bilden Doppelhelices.

*Amylopektin* enthält neben den für Amylose beschriebenen α-1,4-Verknüpfungen auch in einer Menge von 4–6% α-1,6-Bindungen (Abb. 1). Der durchschnittliche Abstand zwischen den Verzweigungsstellen beträgt etwa 12 bis 17 Glucose-Einheiten. Die Molmasse von $M_R$ $10^7$–$10^8$ entspricht ca. $10^5$ Glucose-Einheiten, womit Amylopektin zu den größten Biopolymeren gehört. Die Verzweigungen sind derart über das Mol. verteilt, daß sich eine Büschelstruktur mit relativ kurzen Seitenketten entwickelt (s. Abb. 2). Zwei dieser Seitenketten bilden

steigen an. Stärke, die ausschließlich Amylopektin enthält (von bestimmten Mais- u. Kartoffelsorten), nennt man Wachsvarietäten (*Wachsstärken*).

Das Aussehen der Stärkekörner ist typ. für die jeweilige Stammpflanze (s. Abb. 3). Amylose liefert Komplexe, in denen organ. od. andere Mol. in der Helixstruktur eingelagert werden; mit Iod bildet sie den blau gefärbten Iod-Stärke-Komplex, dessen Absorptionsmaximum von der Kettenlänge der Amylose abhängig ist. Amylopektin bildet einen rötlich braunen Komplex mit Iod.

*Eigenschaften:* Unzerkleinerte Stärkekörner sind unlösl. in kaltem Wasser (<5 °C) u. Ethanol. In heißem Wasser quillt Stärke irreversibel unter Verkleisterung auf, an die sich eine Gelbildung anschließt (*Stärkeverkleisterung). Die erforderlichen Temperaturen liegen, abhängig von der Herkunft der Stärke, bei 60–70 °C. Die Fähigkeit der Stärke, Gele od. Pasten zu bilden, ist die Grundlage für die meisten Stärkeanwendungen. Chemikalien wie Natriumsulfat, Saccharose u. D-Glucose erhöhen die Gelbildungstemp., während Natriumnitrat, Natriumhydroxid u. Harnstoff sie erniedrigen.

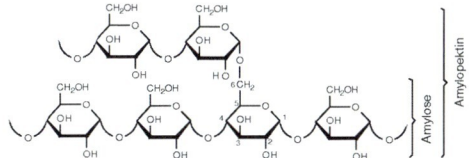

Abb. 1: Struktur des Amylopektin-Anteils der Stärke.

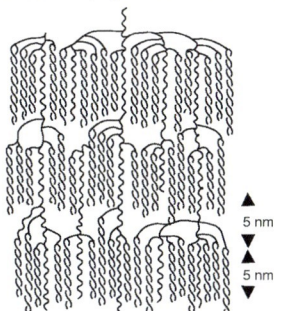

Abb. 2: Büschelstruktur von Amylopektin[1].

jeweils eine Doppelhelix. Durch die vielen Verzweigungsstellen ist Amylopektin in Wasser relativ gut lösl. u. wird enzymat. besser abgebaut. Mit steigendem Amylopektin-Gehalt nimmt die Kristallinität eines Stärkekorns zu u. die Verkleisterungsenergien

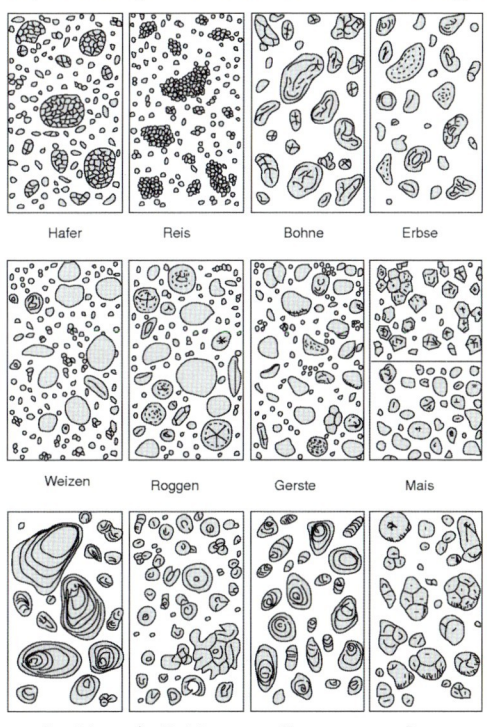

Abb. 3: Stärkekörner von verschiedenen Pflanzen (200fach vergrößert).

Zerkleinerte Stärkekörner verkleistern leichter u. sind chem. reaktiver. Underivatisierte Stärkekörner sind empfindlich, so daß abgekühlte Stärkegele ihre Viskosität durch mechan. Einflüsse leicht verlieren. In einer Stärkelösung lagern sich die ungeordneten Stärkemoleküle unter geeigneten Bedingungen zu geordneten krist. Strukturen zusammen, die sich schließlich aus der Lsg. abscheiden (*Retrogradation). Sie bestehen in der Regel nur aus Amylose eines Polymerisationsgrades von 50 bis 80 (kürzere u. längere Ketten sind wasserlösl.). Industriell kann man so Amylose von Amylopektin trennen. Amylose kann von Amylopektin auch durch Zusatz von *n*-Butanol zu einer heißen Stärkedispersion abgetrennt werden: Beim Abkühlen fällt der Amylose-*n*-Butanol-Komplex aus.

Stärke reduziert Fehlingsche Lösung nicht.

Bei Einwirkung von Säuren od. Enzymen wird Stärke über die Zwischenglieder *Dextrine, Gluco-Oligosaccharide, *Maltose u. *Isomaltose (bis zu Glucose sowie Reversionsprodukten derselben (*Panose, *Nigerose, *Kojibiose, *Gentiobiose) abgebaut. Mineralsäuren bewirken darüber hinaus einen weiteren chem. Umbau u. Abbau von Glucose u. Maltose usw., was die Entstehung von störenden, gelb bis rot gefärbten Huminstoffen zur Folge haben kann. Enzyme (Amylasen)[2] können die Stärke an verschiedenen Stellen des Mol. angreifen. Es sind dies insbes. α-*Amylase, β-*Amylase, sowie – zur „Entzweigung" – *Pullulanase, Isoamylase u. Amylo-1,6-glucosidase.

*Vorkommen:* Stärke ist ein Reservekohlenhydrat, das von vielen Pflanzen in Form von 1–200 μm großen Stärkekörnern in verschiedenen Pflanzenteilen gespeichert wird, z.B. in Knollen od. Wurzeln [*Kartoffeln, *Maranta (Arrowroot), *Maniok (Tapioka), *Süßkartoffel (Batate)], in Getreidesamen (*Weizen, *Mais, *Roggen, *Reis, *Gerste, *Hirse, Hafer, *Sorghum), in Früchten (*Kastanien, Eicheln, *Erbsen, *Bohnen u.a. Leguminosen, Bananen) sowie im Mark (Sago). Der Stärkegehalt ist sehr unterschiedlich (Angaben zum Stärkegehalt der Stammpflanzen siehe *Getreidekorn und die genannten Pflanzen). Die Stärke von *Getreide (s. die Abb. dort) befindet sich zusammen mit dem Kleber in den Zellen des Mehlkörpers eingeschlossen.

*Gewinnung:* Bei den Getreidearten muß die Stärke aus Samen- u. Proteinmatrix mechan. abgetrennt werden (Zerkleinern, Mahlen, Isolieren der Keime u. des Klebers, Waschen, Trocknen). Bei der Kartoffel werden die frei in den Zellen liegenden Stärkekörner durch Zerkleinern der Knollen u. Ausschwemmen mit Wasser abgetrennt.

*Stoffwechsel:* Stärke entsteht in den grünen Pflanzenteilen (Chloroplasten) durch enzymat. gesteuerte Polytransglucosidierung aus der bei der Photosynthese gebildeten D-Glucose unter Wasserabspaltung durch spezif. Enzyme. Die bes. in den Speicherorganen der Pflanzen befindlichen Leukoplasten speichern als sog. Amyloplasten die Reservestärke in Form von Stärkekörnern. Damit hat die Pflanze die Möglichkeit, die als Energievorrat

wertvolle Glucose ohne größere Veränderungen am Mol. in eine unlösl. u. damit osmot. unwirksame Form zu überführen, aus der sie sich jederzeit wieder mobilisieren läßt. Die Schichtung in den Stärkekörnern kommt dadurch zustande, daß Bereiche geringerer u. höherer Dichte einander abwechseln.

Durch Phosphorolyse wird Stärke in der Pflanze abgebaut. Dabei greifen die Phosphorylasen die Stärkemol. unter Abspaltung von Glucose u. Anlagerung von organ. Phosphat vom nichtreduzierenden Ende her an. Das prim. gebildete α-D-Glucose-1-phosphat kann direkt in Glucose-6-phosphat umgewandelt werden u. in dieser Form in die Glycolyse eintreten[3].

*Resorption von Stärke im tierischen Organismus:* In den Epithelzellen der Darmmucosa befinden sich *Glucoamylase, *Glucosidasen sowie entzweigende Enzyme, so daß in dieser Region Stärke- u. Dextrin-Reste sowie oligomere Zucker zerlegt u. sodann als Glucose resorbiert werden.

*Analytik:* Die quant. Analyse der Stärke u. ihrer Abbauprodukte bedient sich der Endgruppenbestimmung u. der *enzymatischen Analyse, die qual. der *Iodstärke-Reaktion od. der Periodsäure-Schiff-Reaktion. In Getreide, Brot u. Backwaren wird Stärke polarimetrisch bestimmt. Eine Meth. zur Bestimmung des Verhältnisses von Amylose u. Amylopektin in Stärke wird in Literatur[4] vorgestellt. Vielfach kann man die Herkunft der Stärkekörner schon aus ihrer Gestalt u. Größe unter dem Mikroskop erkennen (s. Abb. 3). Die kleinsten Stärkekörner sind 1–2 μm groß (Kornrade), die größten erreichen einen Durchmesser von nahezu 200 μm (0,2 mm) u. sind mit dem bloßen Auge als kleine, weiße Pünktchen zu erkennen, z.B. Kartoffelstärke 20–180 μm, Roggenstärke 40–55 μm, Weizenstärke 25–45 μm, Maisstärke 15–25 μm, Reisstärke 2–10 μm. Wie die Röntgenuntersuchung gezeigt hat, besitzen Stärkekörner krist. Struktur; sie bilden doppelbrechende Sphärokrist. mit radial gestellten, feinen Kristallnadeln.

*Ernährungsphysiologie:* Stärke ist im lebensmittelrechtlichen wie auch im physiologisch-chemischen Sinn ein verdauliches Kohlenhydrat, da es von den Verdauungsenzymen des Menschen (u.a. Säugetiere) gespalten, resorbiert u. als Energielieferant zur Aufrechterhaltung des Stoffwechsels verwendet wird. 1 g Stärke gibt abgerundet 17 kJ/4 kcal. Stärke ist mengenmäßig das wichtigste Nahrungsmittel des Menschen u. wird v.a. in Form von Kartoffeln, Brot, Teigwaren u. sonstigen Getreideprodukten verzehrt. Der tägliche Kohlenhydrat-Bedarf des Menschen liegt bei rund 350 g u. wird hauptsächlich als Stärke aufgenommen.

*Verwendung: Lebensmittelindustrie:* In der Lebensmittelindustrie wird Stärke in natürlicher u. chem. modifizierter Form, als Bestandteil von Getreideprodukten, als Verdickungs- u. Bindemittel eingesetzt, prinzipiell überall dort, wo Wasser gebunden u. eine bestimmte Struktur in Nahrungsmittel gebracht werden soll; z.B. zur Herst. von Puddings, Kindernährmitteln, Feinbackwaren, als Dickungs-

u. Bindemittel bei Suppen, Soßen, Mayonnaisen, Tunken, Cremefüllungen, Fischkonserven, bei der Süßwarenproduktion (Dragées u. Schaumzuckerwaren), als Formpuder, Füllmittel für Backpulver, Trägersubstanz für Aromastoffe, als Basis von Instant-Lebensmitteln. Durch saure Hydrolyse der Stärke oder durch enzymatischen Abbau mit α-Amylase od. Glucoamylase (*Stärke-Verzuckerung) kann z.B. *Glucose-Sirup, *Isomeratzucker, *Maltose-Sirup u.a. erzeugt werden. Entwicklungen zu neuen Stärkearten für Lebensmittel werden in Literatur[5] diskutiert. Zu Fettaustauschstoffen auf Stärkegrundlage s. Literatur[6].

*Pharmaindustrie:* Stärke dient als Hilfsstoff in galenischen Zubereitungen u. zum mol. Einschluß von Arzneimittelwirkstoffen, um diese verträglicher zu machen.

*Leichtindustrie:* Stärke wird zur Herstellung von Tapetenkleister und Klebstoffen, als Füllmittel in Papier (durchschnittlicher Stärkegehalt von Papier ca. 18,5 kg/t), als Schlichte u. zur Appretur von Textilien eingesetzt.

*Biotechnologie:* Stärkehaltige Rohstoffe werden als „erneuerbare Kohlenstoff-Quellen" für techn. Fermentationen (Enzyme, Antibiotika, Einzellerproteine, Ethanol, mikrobielle Polysaccharide, Aminosäuren usw.) eingesetzt.

*Modifizierte Stärke (u.a. mechan. beschädigte Stärke, extrudierte Stärke, Dextrine, *Quellstärke, *Stärkeester, oxidierte Stärke) wird mehr u. mehr in der Ind. genutzt. Unkonventionelle Meth. der Modifizierung von Stärke wie u.a. Bestrahlung von Stärke mit Neutronen-, Röntgen- od. γ-Strahlen, Verw. von UV-VIS-Strahlung, Modifizierung von Stärke durch Einfrieren, IR-Strahlung od. Mikrowellen sind in Literatur[7] zusammengestellt.

***Wirtschaftliche Bedeutung:*** Die weltweite industrielle Stärkeherst. beträgt 48,5 Mio. t/a[8]. Davon fallen 51% auf die USA, 17% auf die EU. Deutschland produziert etwa 1,4 Mio t/a. Industriell bedeutendster Rohstoff ist Mais. In den EU-Ländern wurden 2001 circa 55% der Stärke im Lebensmittel-, Süßwaren- und Getränkebereich verarbeitet. Weitere Anwendungsgebiete waren Papier (21%), Wellpappe (6%) und chemische Industrie (18%)[9]. – *E* starch

*Lit.:* [1] Starch/Stärke **43**, 375 (1991). [2] Moreno, A.; Saab-Rincón, G.; Santamaría, R. I.; Soberón, X.; López-Munguía, A., *Starch/Stärke*, (2004) **56**, 63. [3] Nultsch, W., *Allgemeine Botanik*, 11. Aufl.; Thieme: Stuttgart, (2001); S. 354f. [4] Starch/Stärke **48**, 338–344 (1996). [5] Alexander, R. J., *Cereal Foods World*, (1996) **41**, 796, 798. [6] Asia & Middle East Food Trade **13**, 20, 22 (1996). [7] Tomasik, P.; Zaranyika, M. F., *Adv. Carbohydr. Chem. Biochem.*, (1995) **51**, 243–318. [8] LMC International, *Evaluation of the Community Policy for Starch and Starch Products, Final Report 2002*; Studie im Auftrag der Europäischen Kommission; Kapitel 1; http://europa.eu.int/comm/agriculture/eval/reports/amidon/index_en.htm. [9] Fachverband der Stärke-Industrie e.V., *Zahlen & Fakten zur Stärke-Industrie, Ausgabe 2002*, Fachverband der Stärke-Industrie: Bonn, (2003).
*allg.:* Kirk-Othmer (4.) **22**, 699–719 ■ Ullmann (7.); http://dx.doi.org/10.1002/14356007.a25_001 [Online, Juni 2000] ■ http://www.lsbu.ac.uk/water/hysta.html – *[HS 1108 11– 1108 14, 1108 19; CAS 9005-25-8]*

**Stärkeacetate** siehe *Stärkeester.

**Stärkecitrate** siehe *Stärkeester.

**Stärkeester.** Sammelbezeichnung für Stärke-Derivate der allgemeinen Formel

| | |
|---|---|
| I | R = H, —SO$_3$Na |
| II | R = H, —PO(ONa)$_2$ |
| III | R = H, —C(S) —SNa |
| IV | R = H, —CO —CH$_3$ |
| V | R = H, —CO—CH$_2$—C(COOH)(OH)—CH$_2$—COOH |

Stärkeester werden aus Stärke (bzw. Stärkekörnern) durch Umsetzung mit Säureanhydrid bzw. Säurechloriden in Gegenwart von Alkali[1,2] hergestellt. Von den anorganischen Stärkeestern haben insbesondere die Stärkenitrate (R=NO$_2$), Stärkephosphate und Stärkexanthogenate, von den organischen Stärkeestern nur die Stärkeacetate und die Stärkecitrate Bedeutung erlangt.

*Stärkesulfate* (I): Stärkesulfate haben als wasserlösliche Substitute für das natürliche Antikoagulans Heparin vorübergehend Interesse gefunden.

*Stärkephosphate* (II): Herstellung durch Veresterung von Stärke in wäßriger Suspension mit Natriummetaphosphat. Es resultieren Monoester (siehe Abbildung) und (vernetzte) Diester der Stärke. Vor allem die Diester werden als Verdickungsmittel im Lebensmittelbereich eingesetzt, da sie schon bei sehr niedrigen Veresterungsgraden nicht retrogradierende wäßrige Lösungen bilden.

*Stärkexanthogenate* (III): Herstellung aus der Umesterung von Stärke mit Schwefelkohlenstoff in Gegenwart von Alkalien; werden in der Papierindustrie und bei der Herstellung von Elastomeren eingesetzt.

*Stärkeacetate* (IV): Wasserlöslich bis zu einem Acetyl-Gehalt von 25%, ab 40% löslich in organischen Lösemitteln; die Elektrolytempfindlichkeit der Stärkeacetate ist herabgesetzt und die Beständigkeit gegen Säuren gegenüber nativer Stärke erhöht. Die wäßrigen Lösungen der Stärkeacetate sind klar durchsichtig, Gelbildung und Retrogradation findet nicht statt. Unter den Stärkeacetaten haben insbesondere die partiell veresterten Produkte zur Herstellung von Filmen und Folien Verwendung gefunden. Triacetylierte Produkte, vor allem die des *Amylose-Anteils der Stärke, entsprechen in ihren Eigenschaften Celluloseacetaten. Stärkeacetat-Filme aus Amylose sind klarer, dehnbarer, biegsamer und fester als jene aus nicht modifizierten Produkten.

*Stärkecitrate* (V): Produkte, die mit Wasser Lösungen von hoher Gefrier-Tau-Stabilität und hoher Scherstabilität bilden.

*Stärkesuccinate* und *Stärkeadipate:* Diese Produkte weisen bei erniedrigter Quelltemperatur höhere Viskositäten auf als natürliche Stärke, und die erhaltenen Pasten sind klar. Stärkealkyl(alkenyl)succinate erweisen sich sowohl als gute Stabilisatoren als auch als gute Emulgatoren und werden zur Aromastabilisierung von Lebensmitteln vorgeschlagen. Mit Adipinsäure werden vornehmlich

Stärkeacetate zu vernetzten acetylierten Distärke-adipaten umgesetzt. Man erhält Produkte mit verbesserter Viskosität-Temperatur- und Viskosität-Scherkraft-Stabilität.

*Verwendung:* Bei tiefgefrorenen Produkten, vor allem Fertiggerichten, zur Verbesserung der Gefrier-Tau-Stabilität und Verhinderung der Synärese beim Auftauen; bei Dosengerichten zur Stabilisierung der Konsistenz, speziell bei Suppen und Soßen; bei Süßwaren zur Erzeugung und Stabilisierung der Konsistenz von Cremes, in Fruchtfüllungen (z.B. bei Pralinen); Instantprodukte; Knabbererzeugnisse; Schutzüberzüge bei leicht verderblichen Produkten.

*Recht:* Gemäß *ZZulV 1998 sind Monostärkephosphat (E 1410), Distärkephosphat (E 1412), phosphatiertes Distärkephosphat (E 1413), acetyliertes Distärkephosphat (E 1414), acetylierte Stärke (E 1420), acetyliertes Distärkeadipat (E 1422), Stärkenatriumoctenylsuccinat (E 1450) und acetylierte, oxidierte Stärke (E 1451) beschränkt zugelassen.

Gemäß Anlage 4 zu § 4 *VerkV 1998 sind folgende Stärke-Derivate als Trägerstoffe und Trägerlösemittel für Lebensmittelzusatzstoffe zugelassen: acetyliertes Distärkephosphat, acetylierte Stärke, acetyliertes Distärkeadipat, Stärkenatriumoctenylsuccinat und acetylierte, oxidierte Stärke.

*Weitere rechtliche Regelungen:*
– nach Anlage 5 zu § 3 Aromenverordnung zugelassene Zusatzstoffe: acetyliertes Distärkephosphat, acetylierte Stärke und acetyliertes Distärkeadipat.
– nach Anlage 1 Teil B der Tabakverordnung ist acetyliertes Distärkeadipat ein vorläufig zugelassener Stoff als Klebe-, Haft- und Verdickungsmittel für Zigarren, Strangtabak einschließlich schwarzer Rolltabak, Tabakfolien und Kunstumblatt sowie als Leim für Naht, Filterumhüllungen, Mundstücke und Filter-(Mundstücks-)belag für Zigaretten. – *E* starch esters

*Lit.:* [1]Fang, J. M.; Fowler, P. A.; Sayers, C.; Williams, P. A., *Carbohydr. Polym.*, (2004) **55**(3), 283–290. [2]Shogren, R. L., *Carbohydr. Polym.*, (2003) **52**(3), 319–326.
*allg.:* Houben-Weyl **E20/3**, 2151–2160 ▪ Marques, A. P.; Reis, R. L.; Hunt, J. A., *Biomaterials*, (2002) **23**, 1471–1478 ▪ Ullmann (7.); http://dx.doi.org/10.1002/14356007.a25_001 [Online, Juni 2004] – [HS 3505 10]

**Stärkeether.** Sammelbezeichnung für Stärke-Derivate der allgemeinen Formel

mit R = H, Alkyl, Aralkyl. Durch Veretherung der Hydroxy-Gruppen der Glucose-Einheiten der *Stärke erhaltene Produkte. Folgende Stärkeether haben praktische Bedeutung:

*Carboxymethylstärke* (Stärkecarboxymethylether) (I) : In Wasser bei 20 °C löslich; man erhält klare

Pasten mit hoher Viskosität; Grundstoff für abbaubare Tenside.

*Hydroxyethylstärken* (HES): Senkung der Verkleisterungstemperatur; Quellbarkeit in Wasser bei 20 °C. Man erhält durchscheinende Pasten, und es kommt weder zur Gelbildung noch zur Retrogradation. HES-Pasten haben hohe Gefrier-Tau-Stabilitäten und starke Resistenz gegen enzymatischen Abbau. Gegen Elektrolyteinflüsse ist HES unempfindlich. HES sind für die Lebensmittelverarbeitung in Deutschland und anderen europäischen Ländern nicht zugelassen; Verwendung im technischen Bereich.

*Hydroxypropylstärken*: Ähnliche Eigenschaften wie HES; für die Lebensmittelverarbeitung in Deutschland und anderen europäischen Ländern nicht zugelassen; Hydroxypropyldistärkephosphat ist in den Niederlanden für die Verwendung in Lebensmitteln zugelassen.

*Recht:* Gemäß *ZZulV 1998 sind Hydroxypropylstärke (E 1440) und Hydroxypropyldistärkephosphat (E 1442) beschränkt zugelassen.

Gemäß Anlage 4 zu § 4 *ZVerkV 1998 sind Hydroxypropylstärke und Hydroxypropyldistärkephosphat als Trägerstoffe und Trägerlösemittel für Lebensmittelzusatzstoffe zugelassen.

*Weitere rechtliche Regelung:* Hydroxypropylstärke ist nach Anlage 1 Teil B der Tabakverordnung ein vorläufig zugelassener Stoff als Klebe-, Haft- und Verdickungsmittel für Zigarren, Strangtabak einschließlich schwarzer Rolltabak, Tabakfolien und Kunstumblatt sowie als Leim für Naht, Filterumhüllungen, Mundstücke und Filter-(Mundstücks-)belag für Zigaretten. – *E* starch ethers

*Lit.:* Grote, C.; Lazik, W.; Heinze, T., *Macromol. Rapid Commun.*, (2003) **24**(16), 927–931 ▪ Houben-Weyl **E20/2**, 2138–2151 ▪ Ullmann (7.); http://dx.doi.org/10.1002/14356007.a25_001 [Online, Juni 2000] – [HS 3505 10]

**Stärkegummi** siehe *Dextrine.

**Stärkehydrolyse** siehe *Stärkeverzuckerung.

**Stärkephosphate** siehe *Stärkeester.

**Stärkesirup** siehe *Glucosesirup.

**Stärkesuccinate** siehe *Stärkeester.

**Stärkeverkleisterung.** Wird eine wäßrige Suspension von *Stärke erhitzt oder komprimiert, so beobachtet man bei einer kritischen Temperatur bzw. Druck eine tangentiale Quellung der Körper mit Verlust der Doppelbrechung, Änderung der Röntgenstruktur und abrupter Steigerung der Viskosität der Lösung. Diese Erscheinung wird Verkleisterung genannt und vollzieht sich innerhalb eines definierten Temperatur- oder Druckbereichs. Die Verkleisterungstemperatur und Verkleisterungsdruck, auch die vom Korn aufgenommene Wassermenge (Quellvermögen = Volumen der gequollenen Stärke zu nativem Stärkekorn), sind von der Art der Stärke abhängig.

Die irreversible Quellung der Stärkekörner beruht auf der Erweichung des intermicellaren Netzwerkes. Sie ist durch Zusätze wie Alkalihydroxid und

Alkalisalze, pH-Wert, Tenside und andere Behandlungen beeinflußbar. – *E* starch gelatination
*Lit.:* Belitz-Grosch-Schieberle (5.), S. 307–311 ▪ Rubens, P.; Heremans, K., *Biopolymers*, (2000) **54**, 524–530 ▪ Tegge (2.) ▪ Ullmann (7.) [CD-ROM, 2004]

**Stärkeverzuckerung** (Stärkehydrolyse). Industrieller Prozeß, bei welchem *Stärke durch Säure oder Enzyme in niedermolekulare Bestandteile, vornehmlich in D-Glucose, gespalten wird. Für die Verzuckerung sind grundsätzlich alle Stärkearten geeignet. Heute werden hauptsächlich Maisstärke, Weizenstärke und Kartoffelstärke eingesetzt. Man unterscheidet drei Hauptwege industrieller Verzuckerungsprozesse: Die Säurehydrolyse, die Säure-Enzym-Hydrolyse und die Enzymhydrolyse. Der Grad der Hydrolyse wird durch den DE-Wert (Summe der reduzierenden Zucker berechnet als Dextrose, siehe *Dextrine) angegeben.

Bei der säurekatalysierten Stärkeverzuckerung wird meistens Salzsäure und Schwefelsäure verwendet. Es finden eine Reihe von Nebenreaktionen wie die Bildung von Reversionsoligomeren, von *Anhydrozucker und von 5-(*Hydroxymethyl)furfural statt. Man unterscheidet zwischen dem diskontinuierlichen (Batch-)Verfahren, bei dem die Stärkemilch nach Einstellung der gewünschten Konzentration in meist verkupferten Autoklaven mit 0,1–0,3 Gewichts-% Säure (bezogen auf Stärke) auf Reaktionstemperaturen von 130–150 °C erhitzt wird. Nachher wird die Säure neutralisiert, mit Aktivkohle geklärt und mit Ionentauscher entsalzt. Danach erfolgt Eindampfung im Vakuum. Beim kontinuierlichen Prozeß erfolgen diese Operationsschritte in einem einzigen Reaktorsystem. Die Säureverfahren werden heute hauptsächlich bei der Herstellung von niedrig bis mittelmäßig verzuckerten Produkten angewendet. Diese kristallisieren nicht, da die Trockensubstanz aus verschieden großen Bruchstücken der Stärkemoleküle wie Oligomeren der Maltose und Isomaltose besteht. Höhere, aber nicht total abgebaute Hydrolysate werden einer Kristallisation überlassen, ohne daß die Mutterlauge abgetrennt wird. Dieses Produkt wird als Stärkezucker bezeichnet.

Die Stärkeverzuckerung mit spezifischen Enzymen löste weitgehend jene mit Säuren ab, da sie folgende Vorteile besitzt:
a) geringerer Energieverbrauch,
b) weniger Nebenreaktionen (Reversions- und Dehydratationsprodukte),
c) geringere Farbstoffbildung und niedrigere Salzgehalte und
d) höhere Spezifität bei der Spaltung zu Oligosacchariden und Glucose.

Es sind mehr al 17 verschiedene α-Glucanasen und α-Glucosidasen beschrieben, die Stärke oder Stärkeabbauprodukte als Substrat verwenden. Die wichtigsten davon sind α-*Amylase und β-*Amylase, Maltase, *Pullulanase und *Glucoamylase. Man arbeitet heute gewöhnlich in zwei Stufen. Eine 30–40 gewichtsprozentige Stärkesuspension wird nach Einstellung des optimalen pH-Wertes mit Hochtemperatur-beständiger α-Amylase (aus *Bacillus subtilis*

oder *Bacillus licheniformis*) vermischt und auf 85–110 °C erhitzt. Nach 30 min ist die Stärke zu niedermolekularen Dextrinen abgebaut, es werden DE-Werte von 10–15 erreicht. Durch Hydrolyse der Dextrine mit weiteren Enzymen wird *Maltodextrin, *Maltose-Sirup oder *Glucosesirup bzw. kristalline D-Glucose (Dextrose) erzeugt. In der Abbildung auf S. 1106 sind diese Produkte und deren Verwendung zusammengestellt.

Zur großtechnischen Herstellung von reiner D-Glucose wird zu den nach der ersten Stufe erhaltenen Dextrinen Pullulanase zur spezifischen Hydrolyse von α-1,6-Bindungen und Glucoamylase (Exo-Glucoamylase) zugesetzt, wodurch ein Abbau der Dextrine bis zur D-Glucose (Dextrose) stattfindet. Aus dem Glucose-Sirup kann mit *Glucose-Isomerase eine Mischung von 45% Fructose und 55% Glucose erzeugt werden (Produkt: *Isomeratzucker). Durch spezielle Anreicherungsverfahren kann der Fructose-Gehalt erhöht werden. Isoglucose-Sirup mit 55–60% Fructose wird als EFGS (englisch enriched fructose-glucose syrup) bezeichnet. Man erhält dabei ausschließlich α-D-Glucose entweder als Hydrat (kristallisiert aus Wasser) oder wasserfrei (kristallisiert aus Methanol oder Ethanol).

Werden bei der Verzuckerung der Dextrine ausschließlich Amylasen verwendet, so erhält man Maltose-Sirupe. Durch Kombination von α-Pilzamylasen und β-Amylasen erhält man ein Produkt, welches aus 72% Maltose, 18% Glucose und 10% Isomaltose besteht. Eine Kombination von Pullulanase mit α-Amylase ergibt ein Produkt mit einem Maltose-Gehalt von 90–95% in der Trockensubstanz. Maltodextrine sind Stärkeabbauprodukte mit weniger als 20 und mehr als 3 Oligomeren, sie werden durch speziellen Abbau von verkleisterter Stärkesuspension mit Bakterien-α-Amylase hergestellt. Sie bestehen aus ca. 2,4% Glucose, 7,5% Disacchariden, 10,8% Trisacchariden, 8% Tetrasacchariden, 6,9% Pentasacchariden und 49,4% Hepta- und höheren Sacchariden. Dieses Produkt eignet sich zur kalorischen Anreicherung von Diätmitteln und Stärkungsmitteln, als Trägersubstanz für Trockenaromen, Kristallisationshemmer und gibt z. B. bei Instantprodukten wie Trockensuppen, Desserts und Getränkepulver entsprechende Körper ohne Nachverdickung. Cyclodextrine können durch die Cyclodextrin-Glycosyltransferase aus *Bacillus macerans* erzeugt werden.

Stärkeverzuckerung wird großtechnisch ebenfalls in der Brauerei durchgeführt, hierbei basiert die Stärkeverzuckerung überwiegend auf den Enzymen des Getreides, die beim *Mälzen erzeugt wurden. – *E* saccharification of starch
*Lit.:* Belitz-Grosch-Schieberle (5.), S. 145 ▪ Guzman-Maldonado, H.; Paredes-Lopez, O., *Crit. Rev. Food Sci. Nutr.*, (1995) **35**, 373–403 ▪ Heiss (6.) ▪ Narziß, L., *Abriß der Bierbrauerei*, 7. Aufl.; Wiley-VCH: Weinheim, (2004) ▪ Ullmann (7.) [CD-ROM, 2004] ▪ Winnacker-Küchler (4.) **5**, 674

**Stärkeverzuckerungsenzyme** siehe *Stärke, α-*Amylase und β-*Amylase.

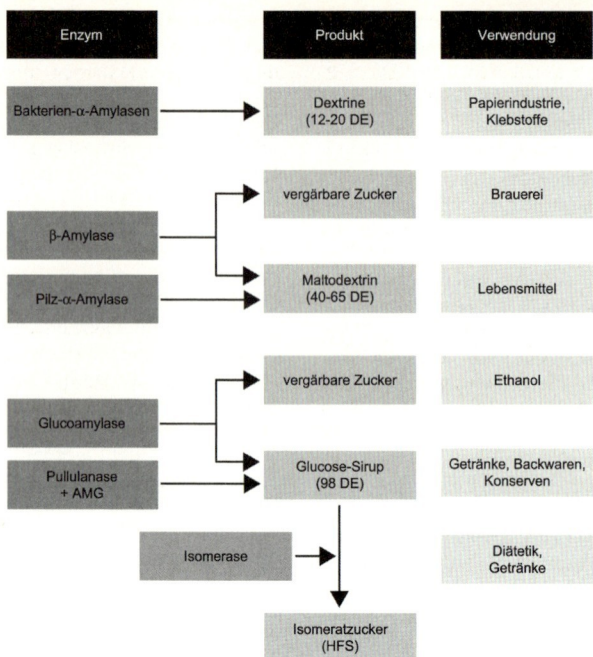

| Enzym | Produkt | Verwendung |
|---|---|---|
| Bakterien-α-Amylasen | Dextrine (12-20 DE) | Papierindustrie, Klebstoffe |
| β-Amylase | vergärbare Zucker | Brauerei |
| Pilz-α-Amylase | Maltodextrin (40-65 DE) | Lebensmittel |
| Glucoamylase | vergärbare Zucker | Ethanol |
| Pullulanase + AMG | Glucose-Sirup (98 DE) | Getränke, Backwaren, Konserven |
| Isomerase | | Diätetik, Getränke |
| | Isomeratzucker (HFS) | |

Abb.: Verarbeitung von Stärke; AMG = Amyloglucosidase, HFS = high fructose syrup.

**Stärkexanthogenate** siehe *Stärkeester.

**Stammwürze.** Bez. für den Extrakt des *Bieres vor der Gärung in g/100 g. Die Extrakthöhe ist hauptsächlich abhängig von der Malzschüttung. Der S.-Gehalt ist ein Maß für die „Stärke" eines Bieres u. ist für die verschiedenen *Biergattungen innerhalb enger Grenzen laut Vorläufiges Biergesetz vorgeschrieben.
Die analytische Bestimmung erfolgt über die Destillationsmethode oder die Refraktometer-Methode[1]. Bei ersterer wird der Alkohol abdestilliert und vom Destillat und vom Rückstand jeweils nach Aufwiegen auf eine Bezugsmasse der Alkohol- und der Extraktgehalt bestimmt. Aus diesen beiden Größen wird die Stammwürze nach folgender Gleichung errechnet:

$$W = \frac{(A \cdot 2{,}0665 + E_W) \cdot 100}{100 + A \cdot 1{,}0665}$$

mit A = Alkoholgehalt in g/100 g, $E_W$ = Extraktgehalt (wirklicher Extrakt) in g/100 g und W = Stammwürze in g/100 g.
Bei der Refraktometer-Methode wird im Kohlendioxid-freien Bier mittels Refraktometer die Brechzahl (R) und mittels Präzisionsdichtespindel die relative Dichte $d_4^{20}$ bestimmt. Aus einem Nomogramm können an Hand von Dichte und Brechzahl, Stammwürzegehalt, Extrakt- und Alkoholgehalt abgelesen werden. – *E* original extract
**Lit.:** [1] Amtliche Sammlung von Untersuchungsverfahren nach § 64 LFGB (ex § 35 LMBG) (L 36.00-4 und L 36.00-5). *allg.:* Mitteleuropäische Brautechnische Analysenkommission (MEBAK), *Brautechnische Analysenmethoden*, 4. Aufl.; MEBAK: Freising, (2002); Bd. II ▪ Zipfel-Rathke, A 411 § 8

**Stampfhonig** siehe *Honig.

**Standardsorte.** Begriff der Käse-Verordnung (§ 7, Anl. 1) und der Milcherzeugnis-Verordnung [§ 1 (1), Anl. 1].
1. Käse-Verordnung: Bestimmte *Käse innerhalb der sogenannten *Käsegruppen* dürfen mit der Bezeichnung einer Standardsorte nur in den Verkehr gebracht werden, wenn bestimmte Herstellungs-, Beschaffenheitsbedingungen und sortentypischen Eigenschaften eingehalten werden. Beispiele: Hartkäse (Emmentaler, Bergkäse); Schnittkäse (Gouda, Tilsiter); Weichkäse (Brie, Camembert).
2. Milcherzeugnis-Verordnung: Bestimmte *Milcherzeugnisse innerhalb der verschiedenen Milcherzeugnisgruppen dürfen mit der speziellen *Verkehrsbezeichnung (Bezeichnung) einer Standardsorte nur in den Verkehr gebracht werden, wenn bestimmte Herstellungsweisen und -merkmale sowie Angaben über die Zusammensetzung – insbesondere zum Fettgehalt – eingehalten werden. Beispiele: *Sauermilcherzeugnisse (Sauermilch – auch fettarm und entrahmt, Sauermilch dickgelegt); *Joghurterzeugnisse (Joghurt – auch fettarm und entrahmt, Joghurt mild); *Kefirerzeugnisse (Kefir – auch fettarm und entrahmt); *Buttermilcherzeugnisse (Buttermilch, Reine Buttermilch); Sahneerzeugnisse (*Kaffeesahne, *Schlagsahne). – *E* standard sort

**Stanole** siehe *Phytostanole.

**St. Antonius-Feuer** siehe *Ergot-Alkaloide.

**Staphylococcus** (von griechisch: staphyle = Traube, coccus = Kern, Beere). Gattung der Familie der Micrococcaceae (siehe auch *Micrococcus), der zur Zeit 19 Arten zugeordnet werden (nach

Bergey, siehe Literatur). Diese untergliedert man nach phänotypischen Eigenschaften und DNA/DNA-Verwandtschaftsgrad in 4 Gruppen: die *Staphylococcus-epidermidis-*, *Staphylococcus-saprophyticus-*, *Staphylococcus-simulans-* und *Staphylococcus-sciuri*-Gruppe. Die Leitart *Staphylococcus aureus* läßt sich neben einigen anderen nicht in eine dieser Gruppen einordnen. *Staphylococcus*-Zellen sind kugelförmig, unbeweglich und treten einzeln, paarweise sowie in Tetraden auf. Zellteilungen, die typischerweise in mehr als einer Teilungsebene erfolgen, lassen unregelmäßige Zellhaufen entstehen. *Staphylococcus* ist Gram-positiv und bildet keine Endosporen. Die Gattung hat eine chemoorganotrophe Ernährungsweise mit fermentativem und respiratorischem Stoffwechsel. Die meisten Arten enthalten Carotinoide. Abhängig von der jeweiligen Art werden Lactose oder D-Galactose auf dem D-Tagatose-6-phosphat-Weg abgebaut. Kohlenhydrate und/oder Aminosäuren dienen als Kohlenstoff- und Energiequelle. Eine Vielzahl von Kohlenhydraten wird unter aeroben Bedingungen unter Gasbildung verwertet; Glucose liefert als Hauptprodukt Essigsäure und Kohlendioxid. Unter anaeroben Bedingungen wird aus Glucose D- und/oder L-Lactat gebildet. *Staphylococcus*-Stämme sind resistent gegenüber *Lysozym und empfindlich gegenüber Lysostaphin. Antibiotikaresistente Stämme treten besonders in Krankenhäusern auf. Staphylokokken dienen als Wirtsbakterien für verschiedene Phagen. Gentransfer durch Transduktion, Transformation und Konjugation konnte bei einigen Arten gezeigt werden.

*Vorkommen:* Bevorzugt auf der Haut, in Hautdrüsen und auf Schleimhäuten von Warmblütern. In der Haut- und Mundflora des Menschen kommen als Hauptarten *Staphylococcccus epidermidis*, *Staphylococcus hominis*, *Staphylococcus haemolyticus* und auch *Staphylococcus aureus* vor. Verschiedene

Arten sind auf einer Vielzahl tierischer Produkte wie Fleisch, Milch und Käse zu finden oder kommen in Lebensräumen wie Boden, Sand, Staub, Luft und Wasser vor. Aufgrund der Salztoleranz sind Staphylokokken auf Pökellaken und auf der Oberfläche von Rohschinken anzutreffen. Zum Vorkommen der für Lebensmittel wichtigen Staphylokokken siehe Tabelle. Aus Abszessen und Wundinfektionen wurde *Staphylococcus aureus* 1881 von Ogston isoliert (Leitart). Diese Art verfügt über Koagulase, die eine Fibrin-Gerinnung durch Aktivierung des Prothrombins auslöst. Nach Invasion in das Gewebe verursacht *Staphylococcus aureus* Abszesse, Furunkel, Karbunkel und Wundinfektionen. Nach Eindringen in die Blutbahn kann es zu Sepsis (Blutvergiftung), Endokarditis und Lungenentzündung kommen. Darüber hinaus führt *Staphylococcus aureus* nach Verzehr von infizierten Nahrungsmitteln durch Ausscheidung hitzestabiler *Enterotoxine zu Nahrungsmittelvergiftungen. Die Gene für diese Enterotoxine sind oft auf Prophagen codiert. *Staphylococcus aureus* ist weiterhin für das „toxic-shock-Syndrom" bei jungen Frauen verantwortlich.

*Biotechnologie:* *Staphylococcus aureus* kann für die *Biotransformation des Antibiotikums Tobramycin zu 4-*O*-Adenyltobramycin eingesetzt werden. Außerdem dient dieser Organismus als Testsystem für das Screening auf bestimmte Antibiotika. *Staphylococcus aureus* produziert darüber hinaus eine Lipase mit einem pH-Optimum von 8,5 und einem Temperaturoptimum von 45°C. Gut funktionierende Transformationssysteme existieren vor allem für *Staphylococcus carnosus*.
Für Starterkulturen zur Herstellung von Pökelwaren und Rohwurst finden *Staphylococcus xylosus* und *Staphylococcus carnosus* Verwendung. Bei der Herstellung von Starterkulturen muß gewährleistet sein, daß weniger als eine Zelle *Staphylococcus au-*

Tabelle: Im Lebensmittelbereich wichtige *Staphylococcus*-Arten.

| Art | Vorkommen | Vermehrung | Bedeutung |
|---|---|---|---|
| *Staphylococcus aureus* | Eiter, Nasenschleim, Hände, Spüllappen, Schneidebretter etc., Fliegen und Schaben, in Rohmilch (*Staphylococcus*-Mastitis); zum Nachweis in Milch, Milchprodukten, Trockenmilcherzeugnissen, Käse, Fleischerzeugnissen, Speiseeis und Säuglingsnahrung siehe Literatur[1] | Temperatur mindestens 7°C, Toxinbildung beginnt bei 10°C, Optimum 35°C, maximal 47°C $a_w$ mindestens 0,86 pH mindestens 4,5 Abtötung durch Pasteurisieren; 20% Kochsalz in Lebensmitteln überleben die Keime bei −18°C bis 20°C mehr als 150 Tage | Verursacher von Lebensmittelvergiftungen; toxinbildende Stämme verursachen eine Staphylokokken-Vergiftung: 1–7 h nach Aufnahme von ~1 µg Toxin mit der Mahlzeit Erbrechen, Durchfall und Leibschmerzen, kein Fieber, Dauer 1 Tag, selten mehr; die *Staphylococcus-aureus*-Isolate sind Koagulase- und Hämolyse-positiv, resistent gegen Penicillin; Verursacherprodukte: eiweißreich, nicht oder nur schwach sauer, z.B. Fleisch- und Wurstwaren, Fleisch-, Kartoffelsalat, Konditorwaren mit Creme usw. |
| *Staphylococcus carnosus* *Staphylococcus xylosus* | | noch bei 15% Kochsalz gute Vermehrung Katalase-positiv, Nitrit-Bildung | zusammen mit *Milchsäurebakterien in *Starterkulturen zur Rohwurstherstellung (erhalten den Nitrit-Spiegel längere Zeit und fördern dadurch die *Umrötung; beseitigen das von der Begleitflora gebildete Wasserstoffperoxid) |

*reus* in $10^{11}$ Zellen der Starterkultur nachzuweisen ist.

**Recht:** Sicherheitsstufe nach Anhang IB der Gentechnik-Sicherheits-VO 1990: Die Arten der Gattung *Staphylococcus* sind in Risikogruppe 1 (z.B. *Staphylococcus simulans*) oder 2 (z.B. *Staphylococcus aureus*) eingestuft. – *E* Staphylococcus

*Lit.:* [1]BVL, Hrsg., *Amtliche Sammlung von Untersuchungsverfahren nach § 35 LMBG*, Beuth: Berlin, (Loseblattsammlung); http://www.methodensammlung-lmbg.de. *allg.:* Doyle, M. P.; Beuchat, L. R.; Montville, T. J., Hrsg., *Food Microbiology*, ASM Press: Washington, (2001) ▪ Hahn, H.; Falke, D.; Kaufmann, S. H. E.; Ullmann, U., Hrsg., *Medizinische Mikrobiologie und Infektiologie*, 4. Aufl.; Springer: Berlin, (2001) ▪ Kayser, F. H.; Bienz, K. A.; Eckert, J.; Zinkernagel, R. M., *Medizinische Mikrobiologie*, 10. Aufl.; Thieme: Stuttgart, (2001); S. 239ff. ▪ Schlegel (7.)

**Starkbier** siehe *Biergattung und *Bereinteilung.

**Starterkulturen.** Starterkulturen sind Präparationen lebender Mikroorganismen, die zur Inokulation von Fermentationsprozessen eingesetzt werden und im Fermentationssubstrat die gewünschte Stoffwechselaktivität entfalten. In der Regel vermehren sich die Organismen während der Fermentation[1]. In Lebensmittelfermentationen werden Starterkulturen verwendet, um Geschmack, Geruch, Konsistenz und/oder Haltbarkeit zu verbessern bzw. Biomasse oder bestimmte Stoffwechselprodukte zu gewinnen. Mit Hilfe von Starterkulturen werden etwa 35% unserer täglich verzehrten Nahrungsmittel hergestellt, z.B. Brot und Backwaren, Sauerkraut, Sauermilchprodukte, Käse, Rohwurst, Bier, Wein, Spirituosen, Kakao, Kaffee[2,3]. Starterkulturen für die Milchwirtschaft werden *Säurewecker[4,5] genannt, bei der Weinherstellung spricht man von Reinzuchthefen, bei bestimmten Brotsorten von Anstellgut oder *Sauerteig[6], bei Backwaren von Backhefe und in der Bierbrauerei von Stellhefe.

Von Starterkulturen abzugrenzen sind probiotische Kulturen (siehe *Probiotika), die in hoher Keimzahl im Lebensmittel vorliegen, jedoch keinen Einfluß auf die sensorische Qualität oder die Haltbarkeit des Lebensmittels haben, sowie Schutzkulturen, die zur Verlängerung der Haltbarkeit eingesetzt werden und weitere Qualitätsattribute des Produkts ebenfalls nicht oder nur geringfügig beeinflussen.

Bei der Herstellung unterscheidet man zwischen *Einstamm-, Einart-* und *Mischkulturen*. Die Animpfmenge sollte im allgemeinen $10^6$ Zellen pro g bzw. mL nicht unterschreiten, um Fremdorganismen nicht aufkommen zu lassen. Die lebenden Zellen sind als Suspension ($\sim 10^{11}$/mL), kompakte, schnittfeste Massen ($10^{12}$/g) oder als gefriergetrocknete Pulver im Handel und werden meist beim Anwender direkt eingesetzt. Gelegentlich werden sie auch unter scharfen Sicherheitsmaßnahmen gegen Kontaminationen auf die erforderliche Impfmenge innerbetrieblich vermehrt oder auch weiterkultiviert.

In der milchverarbeitenden Industrie kommen Starterkulturen bereits seit dem 19. Jahrhundert unter anderem zur Herstellung von Sauermilcherzeugnissen, Joghurt, Kefir, Käse, Quark und Sauerrahmbutter zur Anwendung. Die wichtigsten Stoffwechselleistungen der Starterkulturen in fermentierten Milchprodukten sind produktspezifisch die Säuerung, Proteolyse und Bildung von Aromastoffen, die Bakteriozin-Bildung und die Bildung von Exopolysacchariden zur Beeinflussung der Textur. Starterkulturen für fermentierte Milchprodukte werden oft auf ihre Resistenz gegen Phagen selektiert. Die typische Zusammensetzung von Starterkulturen ist produktspezifisch: *Lactobacillus delbrueckii* spp. *bulgaricus* und *Streptococcus thermophilus* in Joghurt; *Lactococcus lactis* und *Leuconostoc mesenteroides* für Sauermilchprodukte, Frischkäse und viele Käse, *Streptococcus thermophilus*, *Lactobacillus delbrueckii*, *Lactobacillus helveticus*, *Lactobacillus casei* unter anderem für Hartkäse (Emmentaler, Parmesan u.a.). In lange gereiften Hartkäsen tritt oft eine ausgeprägte Sekundärflora mit homo- und heterofermentativen Nicht-Starter-Milchsäurebakterien [non-starter-LAB (lactic acid bacteria)] auf, u.a. *Lactobacillus plantarum*, *Lactobacillus reuteri* und *Lactobacillus fermentum*. In Rotschmierekäsen entwickelt sich während der Reifung eine Oberflächenflora mit *Geotrichum candidum*, *Brevibacterium linens*, *Micrococcus* spp. und *Arthrobacter* spp. In Emmentaler Käse während der Reifung Wachstum von *Propionibacterium freudenreichii* spp. *shermanii* zur Aromabildung, Umsetzung von Lactat zu Propionsäure und Lochbildung. Auf schimmelgereiftem Käse werden *Penicillium camembertii* (Brie, Camembert) und *Penicillium roquefortii* (Roquefort, Stilton, Gorgonzola u.a.) eingesetzt. Die Schimmelkulturen fördern die Aromabildung durch extrazelluläre Enzyme (Proteasen, Lipasen) und den Abbau von Fettsäuren zu Aldehyden, Ketonen und Methylketonen. In weiteren fermentierten Milchprodukten wie z.B. Kefir und Kumys beruht die Fermentation auf einer gemischten Flora aus Milchsäurebakterien (vor allem *Lactobacillus* spp., *Leuconostoc* und *Lactococcus*) und Hefen (*Candida kefir*).

Zur Reifung von *Rohwurst werden Mehrartkulturen, bestehend aus Milchsäurebakterien und Mikrokokken oder Staphylokokken eingesetzt (z.B. Salami). Der Einsatz von Milchsäurebakterien dient der schnellen Säuerung (Ausbildung der Textur und Gewährleistung der hygienischen Sicherheit) und der Aromabildung während der Reifung; üblicherweise ein oder mehrere Stämme von *Lactobacillus curvatus*, *Lactobacillus plantarum*, *Lactobacillus sakei*, *Pediococcus acidilactici* und *Pediococcus pentosaceus*. *Kocuria varians* (früher: *Micrococcus varians*), *Staphylococcus xylosus*, *Staphylococcus carnosus* oder *Staphylococcus equorum* beschleunigen durch ihre Nitrat-Reduktase-Aktivität die *Umrötung und verhindern durch die Katalase-Aktivität das Ranzigwerden des Produktes während der Reifung; diese Organismen wachsen während der Reifung nicht oder nur in den Randschichten der Rohwurst mit hohem Sauerstoff-Partialdruck. In schimmelgereiften Rohwürsten wird zur Aromabildung und Bildung von Proteasen und Lipasen *Penicillium nalgiovense* eingesetzt, oft auch Wachstum der xerophilen Hefe *Debaromyces hansenii* auf der Oberfläche.

Brot und Backwaren werden weit überwiegend mit *\*Saccharomyces cerevisiae* zur Teiglockerung fermentiert. Der Einsatz von Sauerteig dient bei Roggenbroten der Hemmung endogener Amylase-Aktivität, in Weizen- und Roggenbroten wird durch Sauerteig eine verbesserte Krumenelastizität, verbesserte Aromabildung und verlängerte Haltbarkeit (mikrobieller Verderb und Altbackenwerden) erreicht. Starterkulturen für Sauerteigfermentationen setzen sich in Typ-I-Teigen aus Milchsäurebakterien (*Lactobacillus sanfranciscensis*, *Lactobacillus pontis*) und Hefen (*Saccharomyces exiguus* und *Candida holmii*) zusammen, in Typ-II-Teigen überwiegend Lactobacillen (*Lactobacillus reuteri*, *Lactobacillus frumenti*, *Lactobacillus pontis*, *Lactobacillus panis* u.a.).

Die Vergärung von Traubensaft zu Wein wird überwiegend durch das gezielte Beimpfen des vorher geklärten Mostes mit speziellen Weinhefen durchgeführt, um Fehlgärungen auszuschließen. *Oenococcus oeni* oder Lactobacillen werden während der Reifung zum biologischen Säureabbau (Malat-Gärung) als Starterkulturen zugesetzt. Bei der Bierherstellung erfolgt Fermentation mit obergäriger oder untergäriger Brauhefe (*Saccharomyces cerevisiae*); in der Regel wird ein Teil der Vorderwürze mit *Lactobacillus amylolyticus* fermentiert (Maische- oder Würzesäuerung).

Starterkulturen für die Sauerkrautherstellung, die Fermentation von Oliven sowie Silagestarter setzen sich ebenfalls überwiegend aus Lactobacillen zusammen.

In Südostasien wird *Aspergillus* spp. bei der Produktion von Shoyu, Miso u.a. als Starterkulturen zur Hydrolyse von Weizen und Sojaprodukten eingesetzt (siehe *\*Koji*). – *E* starter cultures

*Lit.:* [1]Hammes, W. P., In *1. Stuttgarter Rohwurstforum*, Buckenhüskes, H. J., Hrsg.: Gewürzmüller Publishers: Stuttgart, (1995); S. 29–42. [2]DFG (Hrsg.), Starterkulturen u. Enzyme für die Lebensmitteltechnik, Weinheim: VCH Verlagsges. 1987. [3]Z. Lebensm. Technol. Verfahrenstech. **44**, 331–338 (1993). [4]Kielwein, Leitfaden der Milchkunde u. Milchhygiene (3.), Berlin: Parey 1994. [5]Teuber, Grundriß der praktischen Mikrobiologie für das Molkereifach (2.), S. 84, Gelsenkirchen-Buer: Th. Mann 1987. [6]Spicher u. Stephan, Handbuch Sauerteig. Biologie, Biochemie, Technologie (5.), Hamburg: Behr's 1999.
*allg.:* Axelsson, L., In *Lactic Acid Bacteria, Microbiology and Functional Aspects*, Salminen, S.; Wright, A., von, Hrsg.; Marcel Dekker Inc.: New York, (1998); S. 1–72 ▪ Doyle, M. P.; Beuchat, L. R.; Montville, T. J., Hrsg., *Food Microbiology*, ASM Press: Washington, (2001) ▪ Gänzle, M. G., In *Mikrobiologie der Lebensmittel – Fleisch, Fisch, Feinkost*, Weber, H., Hrsg.; Behr's: Hamburg, (2003); S. 345–378 ▪ Hammes, W. P.; Hertel, C., *Meat Sci.*, (1998) **49**, S125–S138 ▪ Vogel, R. F.; Ehrmann, M. A.; Gänzle, M. G., *Antonie van Leeuwenhoek*, (2002) **81**, 631–638

**Stearate.** Bezeichnung für Salze und Ester der *\*Stearinsäure*. Die Ester sind die Bestandteile der Fette und fetten Ölen. Die Salze (*Stearinseifen*), besonders Calcium- und Magnesiumstearate, sind als Zusatzstoffe von Bedeutung.

Ca-Stearate und Mg-Stearate können unter Bildung einer cremeartigen Konsistenz große Mengen an Flüssigkeiten absorbieren.

*Verwendung:* Mg-Stearate und Ca-Stearate als Trennmittel, als Trägerstoffe für Farbstoffe und Aromastoffe und als Emulgatoren. In der Kosmetik sind die Alkali-Stearate gängige Haut- und Haarwaschmittel; die Erdalkali-Stearate werden z.B. als Pudergrundstoff zur Verbesserung der Gleitkraft und Deckkraft, als Verdickungsmittel und Stabilisatoren und in der Pharmaindustrie als Tablettenhilfsmittel verwendet.

*Recht:* Natriumstearate, Kaliumstearate, Calciumstearate (E 470a) und Magnesiumsearate (E 470b) sind nach *\*ZZulV* 1998 für Lebensmittel allgemein (ausgenommen bestimmte Lebensmittel) zugelassen ohne Höchstmengenangaben (*quantum satis*).

*Toxikologie:* Ca-Stearate und Mg-Stearate kommen in ionisierter Form im Magen-Darmtrakt der Menschen vor. Sie geben als normale Produkte des Metabolismus von Speisefetten keinen Anhalt für gesundheitliche Bedenken[1]. Zur Analytik siehe Literatur[2]. – *E* stearates

*Lit.:* [1]Classen et al., S. 193. [2]DAB **9**, 985f.
*allg.:* Beilstein EIV **2**, 1213f. ▪ Fiedler (3.), S. 1158 ▪ Blue List ▪ Ullmann (5.) **A10**, 245–276 – *[HS 2915 70]*

**Stearinsäure** (Octadecansäure).
$H_3C-(CH_2)_{16}-COOH$; $C_{18}H_{36}O_2$, $M_R$ 284,48, D. 0,845, Schmp. 69–71 °C, weiße Masse, Blättchen od. körniges, geschmack- u. geruchloses od. schwach talgartig riechendes Pulver. In Wasser fast unlösl., aber löslich in Laugen, in heißem Alkohol, Ether, Chloroform, Tetrachlormethan u. Schwefelkohlenstoff.

*Vorkommen:* Insbes. in den *\*Triglyceriden* tier. Fette neben *\*Palmitinsäure* die mengenmäßig dominierende gesättigte Fettsäure: Rindertalg (20–35%), Hammeltalg (15–30%), Schweineschmalz (12–18%), Butterfett (9–13%). Pflanzliche Öle u. Fette enthalten mit Ausnahme der Kakaobutter (30–37%) nur <7%. In der Ind. werden unter S. auch Gemische von festen Fettsäuren, die hauptsächlich S. u. Palmitinsäure enthalten, verstanden. *\*Stearate* sind Salze u. Ester der Stearinsäure.

*Verwendung:* Zur Herst. von Stearaten (Metallseifen), Kerzen, Modellmassen, Salbengrundlagen, Appreturen, Schmierfetten, Waschmitteln, Trennmitteln etc. S. wird in der Lebensmittel-Ind. in Form der *\*Stearate* verwendet, zum Recht siehe dort. – *E* stearic acid

*Lit.:* Beilstein EIV **2**, 1206 ▪ Gildemeister **3d**, 110f. ▪ Hager **2**, 1043f. ▪ Leitsätze für Speisefetten und Speiseöle vom 17.04.1997 (BAnz. Nr. 239a vom 20.12.1997, GMBl. Nr. 45 S. 864 vom 19.12.1997), geändert am 02.10.2001 (BAnz. Nr. 199 vom 24.10.2001, GMBl. Nr. 38 S. 754ff. vom 30.10.2001) ▪ Merck-Index (13.), Nr. 8882 ▪ Ullmann (5.) **A10**, 245–276 – *[HS 2915 70; CAS 57-11-4]*

**Stearinsäureester** siehe *\*Stearate*.

**Stearinseifen** siehe *\*Stearate*.

**Stefinen** siehe *\*Cystein-Proteasen*.

**Steinbeere** siehe *\*Preiselbeere*.

**Steinbutt** (*Psetta maximus*). Fast kreisrunder *Plattfisch mit den Augen auf der rechten Körperseite und knorpelartigen punktförmigen Höckern auf der Oberseite. Kommt in den europäischen Küstengewässern vor. Kann 1 m Länge und 25 kg Gewicht erreichen. Beliebter Speisefisch besonders in der Gastronomie. Fettgehalt um 3%. Wird heute in großen Mengen in der *Aquakultur erzeugt. Weltfischfang an Steinbutt betrug 2000 9123 t, die Ernte aus der Aquakultur 4785 t. – *E* turbot – *[HS 0302 29]*

**Steinfrucht** siehe *Obst.

**Steinhonig** siehe *Honig.

**Steinnuß** siehe *Walnuß.

**Steinobst** siehe *Obst.

**Steinobstwein** siehe *weinähnliche Getränke.

**Sterculia-Gummi** siehe *Karaya-Gummi.

**Sterculiasäure**    [8-(2-Octylcycloprop-1-enyl)octansäure].

$$H_3C-(CH_2)_6-CH_2-\underset{\triangle}{\phantom{x}}-CH_2-(CH_2)_6-COOH$$

Eine $C_{19}$-Cyclopropenfettsäure, die in der Javaolive (ca. 70%), Baobafett (ca. 5%), Kapokfett (ca. 3,5%), Baumwollsaatöl (ca. 0,3%) u. den Samen des Stinkbaumes (*Sterculia foetida*) vorkommt. $C_{19}H_{34}O_2$, $M_R$ 297,45.
**Toxikologie:** S. besitzt genau wie die *Malvaliasäure cocarcinogene Wirkung u. hemmt verschiedene Entgiftungsmechanismen der Leber (z. B. Cytochrom $P_{450}$-abhängige Monooxygenasen) sowie die Desaturase-Reaktion. Darüber hinaus unterbindet die S. die sexuelle Reifung u. erhöht den Cholesterol-Spiegel; s. a. *Malvaliasäure. – *E* sterculic acid
**Lit.:** Wültermann, E., *FEMS Microbiol. Lett.*, (2000) **190**, 45–50 – *[CAS 738-87-4]*

**Sterigmatocystin.**

$C_{18}H_{12}O_6$, $M_R$ 324,29, blaßgelbe Nadeln, Schmp. 246 °C (Zersetzung), $[\alpha]_D^{21}$ −387° ($CHCl_3$).
**Vorkommen:** *Mykotoxin aus vielen Schimmelpilzen, z. B. *Aspergillus versicolor*, *Aspergillus multicolor* und *Aspergillus flavus* sowie *Chaetomium*-Arten. Es wurde nachgewiesen in Maismehl, Weizen und Hafer sowie daraus hergestellten Produkten, Reis, Gewürzen, grünen Kaffeebohnen und verschimmeltem Hartkäse. Sterigmatocystin wird im Gegensatz zu den chemisch nahe verwandten *Aflatoxinen in den Pilzzellen gespeichert und erst nach Zerstörung des Mycels oder durch Autolyse freigesetzt. Die Toxinbildung wird durch Inhaltsstoffe der Zimtrinde gehemmt. Sterigmatocystin und sein Methylether sind biosynthetische Vorläu-

fer von Aflatoxin $B_1$, während die Dihydro-Derivate Vorstufen von Aflatoxin $B_2$ sind. Aus *Aspergillus*-Arten wurden auch der Methylether (a, $C_{19}H_{14}O_6$, $M_R$ 338,32), das 1,2-Dihydro-Derivat (b, $C_{18}H_{14}O_6$, $M_R$ 326,31), dessen Methylether (c, $C_{19}H_{16}O_6$, $M_R$ 340,33) sowie 10,11-Dimethoxysterigmatocystin (d, $C_{20}H_{16}O_8$, $M_R$ 384,34) isoliert.
**Toxikologie:** Sterigmatocystin wirkt wie Aflatoxin $B_1$ nach metabolischer Aktivierung (Bildung des 1,2-Epoxids, das sich kovalent an die DNS bindet) mutagen, carcinogen sowie lebertoxisch. $LD_{50}$ (Maus p.o.) 800 mg/kg, (Ratte p.o.) 120–160 mg/kg. Subakute Dosen von 10–100 mg/kg führen bei Ratten und Affen zu degenerativen cirrhotischen Veränderungen der Leber, Nekrosen, Hyperplasie und schließlich nach längerer Zeit zu Leberkrebs. Hemmung der RNA- und DNA-Synthese. In primären Affennieren-Zellkulturen übergroße, vielkernige Zellen durch Hemmung der Mitose.
Eine Gesundheitsgefährdung des Verbrauchers ist höchstens bei Produkten zu erwarten, die aus stark verschimmelten Rohmaterialien hergestellt wurden; sie wird aber als gering angesehen. – *E* sterigmatocystin
**Lit.:** Beilstein EV **19/10**, 575 ▪ DeVries, J. W.; Trucksess, M. W.; Jackson, L. S., Hrsg., *Mycotoxins and Food Safety*, Kluwer Academic/Plenum Publishers: New York, (2002) ▪ Weidenbörner, M., *Encyclopedia of Food Mycotoxins*, Springer: Berlin, (2001) – *[CAS 10048-13-2 (Sterigmatocystin); 17878-69-2 (a); 6795-16-0 (b); 21793-91-9 (c); 65176-75-2 (d)]*

**Sterilisation** (Sterilisierung, von lateinisch sterilis = unfruchtbar). Das Abtöten oder Entfernen aller Lebewesen und ihrer Dauerformen (z. B. Sporen) oder Viren aus einem Gut bzw. das Unfruchtbarmachen von höheren Organismen. „Steril" bedeutet demnach: unfruchtbar bzw. frei von vermehrungsfähigen biologischen Agenzien. In der Lebensmitteltechnologie wurde der Begriff „kommerzielle Sterilität" eingeführt, d. h. das Lebensmittel ist nicht frei von vermehrungsfähigen Mikroorganismen, jedoch sind alle Organismen bzw. deren Sporen abgetötet, die sich bei bestimmungsgemäßem Gebrauch vermehren können.
**Verfahren:** In der Praxis werden folgende Sterilisationsverf. angewendet:
1. *Heißluftsterilisation* (bei Objekten aus Glas, Asbest, Porzellan od. Metall, thermostabilen Pulvern, Fetten, Ölen, Paraffinen) mit od. ohne Luftumwälzung bei 180 °C mindestens 30 min.
2. *Dampfsterilisation* im Autoklaven für 15–20 min mit gespanntem Wasserdampf von mindestens 120 °C, entsprechend 1 bar Überdruck (Gegenstände aus Glas, Porzellan, Metall, Arbeitskleidung, Verbandstoffe, Asbest, Gummi, Tücher, Papier, thermostabile Lsm. u. Lsg.), sog. Autoklavierung.
3. *Sterilfiltration*: Wärmeempfindliche u. strahlungsempfindliche Flüssigkeiten werden – falls rechtlich zulässig – durch mit Ethylenoxid od. Propylenoxid, Ozon od. strömendem Dampf behandelte Membranfilter gesaugt, z. B. Salbengrundlagen od. kosmet. u. pharmazeut. Produkte. Bei der Herst. von Süßmost u. Fruchtsäften filtriert man

zur Sterilisation durch bes. feinporiges Material (Entkeimungsfiltration od. *EK-Filtration*). Sterilfiltration kann u. U. nicht alle Viren zurückhalten.

4. *Mikrobizide Gase und Kaltentkeimungsmittel*: Die Sterilisation von Verpackungsmaterialien sowie von partiell getrockneten Lebensmitteln oder Trockenprodukten, deren Sterilisation mittels Naßdampf technologisch schwierig zu bewerkstelligen ist, kann mittels Begasung mit mikrobiziden Gasen oder Kaltentkeimungsmitteln erfolgen. Gebräuchliche Mittel sind Ethylenoxid, Propylenoxid, Formaldehyd oder Dimethyldicarbonat. Bei der Anwendung von Kaltentkeimungsmitteln sowie mikrobizider Gase muß gewährleistet sein, daß diese Mittel sowie eventuell toxische Reaktionsprodukte aus den entsprechenden Lebensmitteln nach der Behandlung verschwinden.

5. Soweit rechtlich zulässig, findet großtechn. Anw. in der Nahrungsmittelind. u. Pharmazie auch die *Strahlensterilisation* durch UV-Entkeimung, Bestrahlung mit hochbeschleunigten Elektronen (Betastrahlen) u. mit Gammastrahlen. Für bes. Zwecke kann Ultraschall zur Sterilisation dienen. Zur Sterilisation von Arzneimitteln mit ionisierender Strahlung zugelassen sind Gammastrahlung von $^{60}$Co u. $^{137}$Cs, Röntgenstrahlung mit E < 5 MeV u. Elektronenstrahlung mit E < 10 MeV (§ 7 Abs. 2 Arzneimittelgesetz). Die max. zulässigen Energiedosen betragen 50 kGy[1], meist liegen sie um 30 kGy[2]. Sie wird heute bei medizin. Artikeln (z. B. Kunststoffspritzen, Transfusionsröhrchen aus Kunststoff, Weichgummiwaren u. a.), chirurg. Nahtmaterial u. medizin.-pharmazeut. Produkten, die für eine Sterilisation durch Hitze ungeeignet sind, durchgeführt[2,3]. Eine ausführliche Zusammenstellung der gebräuchlichen Sterilisationsverf. bei der Herst. von Arzneimitteln findet man in Literatur[4]. Die Wirksamkeit einer Sterilisation kann mit sog. Bioindikatoren verfolgt werden. Darunter versteht man besonders hitzeresistente, standardisierte Proben von Sporen von Mikroorganismen (im allg. *Bacillus stearothermophilus*), die bei zu geringen Temp. od. Einwirkungszeiten überleben würden. Spezielle chem. Thermoindikatoren dienen dazu, sterilisiertes u. nicht sterilisiertes Gut auch nach der Sterilisation voneinander unterscheiden zu können. Eine Prüfung auf Sterilität kann immer nur das Nichtvorhandensein von Keimen unter Prüfbedingungen nachweisen u. ist stichprobenbedingt eine reine Wahrscheinlichkeitsaussage. Zumeist ist die Gefahr von Kontaminationen während der Prüfung größer. Die Sterilisation unterliegt für die Herst. von pharmazeut. Produkten der Validierung.

Das Einwirken von Sterilisationsbedingungen auf Mikroorganismen führt zu einer Absterbekinetik, die häufig analog einer monomol. Reaktion mit einer kennzeichnenden, spezif. Inaktivierungskonstanten $[k_T$ (Zeit$^{-1}$)] beschrieben werden kann. $k_T$ ist Temp.-abhängig u. auf die Zellmasse = 1 bezogen. Je größer $k_T$, desto Temp.-empfindlicher sind die Mikroorganismen. Der Widerstand, den Keime einem Sterilisationsverf. entgegensetzen, wird durch den *D-Wert (Name von Dezimalreduktionswert) beschrieben. Der D-Wert ist der spezif. Inaktivierungskonstante umgekehrt proportional u. gibt für die gewählten Bedingungen die Zeit an, die zur Keimred. um eine Zehnerpotenz erforderlich ist. Die Abhängigkeit der spezif. Inaktivierungskonstanten von der Temp. ist im allg. durch eine der Arrhenius-Gleichung analoge Kinetik beschreibbar. Die prozeßbeschreibende Größe bei therm. Sterilisation ist der *F-Wert (Gesamtletalität), der sicherstellen soll, daß alle Mikroorganismen abgetötet sind. $F_0$ ist die für Vergleichszwecke definierte Zeit bei 121°C, nach der das Gut bzw. die Oberfläche auf den erforderlichen Keimgehalt reduziert wurde.

*Anwendung:* In der Lebensmitteltechnologie ist Sterilisation bei der Herstellung von Vollkonserven bzw. *UHT-Milch von Bedeutung, bei den hier angewandten Sterilisationsbedingungen überleben teilweise wenige Sporen einiger besonders thermoresistenter *Bacillus* spp. u. *Clostridium* spp., die jedoch bei üblichen Lagertemperaturen (<40°C) nicht auskeimen („kommerzielle Sterilität"). Die Sterilisation im Sinne von Unfruchtbarmachung, z. B. durch Chemosterilantien, wird gegen Insekten als biolog. Meth. des Pflanzenschutzes u. der Schädlingsbekämpfung angewandt, z. B. in dem sog. Autozid-Verfahren, das auch sterile insect release method, sterile male technique od. Sterilpartner-Verfahren genannt wird. – *E* sterilization

*Lit.:* [1]Verordnung über radioaktive oder mit ionisierenden Strahlen behandelte Arzneimittel (AMRadV) vom 26.02.1987 (BGBl. I, S. 502ff.). [2]Drawe, Angewandte Strahlenchemie, S. 87–92, Heidelberg: Hüthig 1973. [3]BMI (Hrsg.), Umweltradioaktivität und Strahlenbelastung, Jahresbericht 1980, S. 198, Bonn: BMI 1980. [4]Hager (5.) **2**, 775–788.

*allg.:* Doyle, M. P.; Beuchat, L. R.; Montville, T. J., Hrsg., *Food Microbiology*, ASM Press: Washington, (2001); S. 813ff. ▪ Kessler, H. G., *Food and Bio Process Engineering – Dairy Technology*, A. Kessler: Freising, (2002) ▪ Madigan, M. T.; Martinko, J. M.; Parker, J., *Brock Mikrobiologie*, Spektrum: Heidelberg, (2000) ▪ Wallhäußer, K. H., *Praxis der Sterilisation, Desinfektion, Konservierung*, 5. Aufl.; Thieme: Stuttgart, (1995) ▪ Winnacker-Küchler (4.) **7**, 254–258

**Sterilmilch.** In Sterilmilch wurden die Mikroorganismen, die während der garantierten Haltbarkeit heranwachsen könnten, abgetötet. Sterilisiert wird bei 109–120°C für ca. 40–20 min im Autoklaven (*Milch-Wärmebehandlung). – *E* sterilized milk

**Sterine** siehe *Sterole.

**Sterling-Verfahren** siehe *Zink (Herst.).

**Sternanisöl** (FEMA 2096). Farbloses bis gelbliches Öl; Erstarrungspunkt 15–18°C. Intensiv süßer, typischer, etwas krautiger Duft und Geschmack.

*Herstellung:* Durch Wasserdampfdestillation aus den frischen Früchten des Sternanis, *Illicium verum* (Illiciaceae).

*Zusammensetzung:* Hauptbestandteil und typisch für den organoleptischen Eindruck ist *trans*-*Anethol (bis 95%). Weitere Bestandteile sind *Limonen (0,4–10,4%), *Estragol (0,6–6,6%), *Linalool (0,5–2,3%), α-*Pinen (0,1–2,6%), p-Anisaldehyd (0,4–1,7%)[1].

*Verwendung:* In kleinen Mengen bei der Parfümherstellung in den unterschiedlichsten Duftrichtungen; zur Aromatisierung von Mundpflegeprodukten und Lebensmitteln wie Süßwaren, alkoholischen Getränken usw.; zur Herstellung von natürlichem, reinem Anethol durch Rektifikation. Ersatz für echtes *Anisöl aus *Pimpinella anisum.* – *E* star anise oil

*Lit.:* [1] Perfum. Flavor. **2**(3), 56 (1977); **9**(2), 26 (1984); **10**(6), 38 (1985); **11**(6), 43 (1986); **17**(2), 49 (1992).
*allg.:* Bauer et al. (4.), S. 220 ■ H&R, S. 140 ■ Roth, L.; Kormann, K., *Duftpflanzen, Pflanzendüfte*, ecomed: Landsberg, (1997); S. 263 ■ Teuscher, E., *Gewürzdrogen*, Wissenschaftliche Verlagsgesellschaft: Stuttgart, (2003); S. 372–375 ■ Wichtl (4.), S. 45–47 – *[HS 3301 29; CAS 68952-43-2]*

## Sternfrucht siehe *Karambole.

## Sterole (Sterine).

R[1], R[2] = H       : 5α-Cholestan (20R)
R[1] = H , R[2] = CH₃ : 5α-Ergostan (20R, 24S)
R[1] = CH₃ , R[2] = H : 5α-Campestan (20R, 24R)
R[1] = H , R[2] = C₂H₅ : 5α-Poriferastan (20R, 24S)
R[1] = C₂H₅ , R[2] = H : 5α-Stigmastan (20R, 24R)

Von *Cholesterol abgeleitete Gruppe natürlich vorkommender Steroide, die eine 3β-Hydroxy-Gruppe u. eine 17β-ständige aliphat., in der Regel aus 8–10 Kohlenstoff-Atomen bestehende Seitenkette aufweisen. Sie leiten sich im allg. von den steroiden Stammkohlenwasserstoffen 5α-Cholestan, 5α-Ergostan, 5α-Campestan, 5α-Poriferastan u. 5α-Stigmastan ab. S. treten in freier Form bzw. esterartig od. glycosid. gebunden als Zellbestandteile im Tier- u. Pflanzenreich verbreitet auf. Je nach Vork. unterscheidet man die *Zoosterole* des Tierreichs, die *Phytosterole* des Pflanzenreichs, die *Mykosterole* in Pilzen sowie die *marinen S.* in der Meeresfauna u. -flora. Auch in Bakterien wurden gelegentlich S. nachgewiesen. Arthropoden (Gliederfüßer), z.B. Insekten u. Crustaceen, benötigen S. als essentielle Nahrungsbestandteile, da diese Organismen zur Steroid-Biosynth. nicht befähigt sind.

Das wichtigste Zoosterol ist Cholesterol. In der Leber wird 7,8-Didehydrocholesterol gebildet, aus dem in der Haut photolyt. Cholecalciferol (s. *Vitamin D) entsteht. Darmbakterien wandeln Cholesterol in Koprostanin um. Auch Lanosterol, eine biosynthet. Vorstufe des Cholesterols, ist zu den Zoosterolen zu rechnen, ebenso die aus Invertebraten isolierten Ecdysteroide. In den meisten Pilzen, Flechten u. Algen kommt Ergosterol, das Hauptsterol der Hefen, vor. Ergosterol ist ein Provitamin D (s. *Vitamin D). Typ. Phytosterole allg. Verbreitung sind β-*Sitosterol u. Stigmasterol (der unverseifbare Anteil des Sojabohnenöls enthält 12–25% Stigmasterol). Aber auch Campesterol u. Cholesterol sind in Pflanzen, wenn auch in kleineren Mengen, generell nachzuweisen (siehe Tabelle 1).

Eine große Zahl weiterer Nebensterole findet man sowohl in Höheren als auch in Niederen Pflanzen u. Pilzen, so z.B. Brassica-, Porifera- u. Fucosterol. In Niederen Meerestieren (Schwämmen, Seesternen, Muscheln, Korallen usw.) findet sich eine große Vielfalt dieser u. weiterer S. mit z.T. komplizierter strukturierten Seitenketten, wie z.B. Gorgosterol[1]. Auch Cycloartenol u. die zahlreichen in Pflanzen vorkommenden Ecdysteroide sind ihrer Struktur nach Phytosterole, siehe dazu Abbildung und Tabelle 2 S. 1113.

S. u. deren Fettsäureester sind essentielle Bestandteile von Zellmembranen. Zur Biosynth. der S. siehe Literatur[2-4]. S., v.a. das Cholesterol, sind biosynthet. Vorläufer aller weiteren natürlichen Steroide. Die meisten S. lassen sich durch zahlreiche Farbreaktionen (z.B. Burchardt-Liebermann-Reaktion) nachweisen, die 3β-Hydroxysterol durch Digitonin od. Tomatin aus ethanol. Lsg. fällen. Einige S. (v.a. Cholesterol, β-Sitosterol, Stigmasterol u. Ergosterol) werden als industrielle Ausgangsverb. für die Synth. von Steroidhormonen (Corticosteroide, Gestagene, Androgene, Estrogene, Calcitriol) verwendet. – *E* sterols

*Lit.:* [1] Danielsson u. Sjövall (Hrsg.), Sterols and Bile Acids, S. 199–230, Amsterdam: Elsevier 1985; Pure Appl. Chem. **53**, 873–890 (1981). [2] Nes u. McKean, Biochemistry of Steroids and Other Isopentenoids, Baltimore: Univ. Park Press 1977. [3] Porter u. Spurgeon, Biosynthesis of Isoprenoid Com-

Tabelle 1: Mittlere Sterol-Zusammensetzung von Pflanzenölen[a].

| Verbindung | Sonnenblumen | Erdnuß | Soja | Baumwollsaat | Mais | Oliven | Palm |
|---|---|---|---|---|---|---|---|
| β-Sitosterol | 1961 | 1145 | 1317 | 3348 | 9187 | 732 | 252 |
| Stigmasterol | 236 | 145 | 564 | 17 | 499 | 0,5 | 42 |
| Campesterol | 242 | 278 | 563 | 276 | 2655 | 19 | 88 |
| Δ⁵-Avenasterol | 163 | 253 | 46 | 85 | 682 | 78 | 0,5 |
| Δ⁷-Stigmasterol | 298 | 0,5 | 92 | 0,5 | 96 | 0,5 | 51 |
| Δ⁷-Avenasterol | 99 | 34 | 63 | 18 | 102 | 30 | 0,5 |
| Brassicasterol | 0,5 | 0,5 | 0,5 | 0,5 | 0,5 | 0,5 | 0,5 |
| Cholesterol | 0,5 | 6,2 | 0,5 | 0,5 | 0,5 | 0,5 | 0,5 |

[a] Angaben in mg/kg

Cholesterol    Campesterol    β-Sitosterol

Stigmasterol    Brassicasterol    Poriferasterol    Fucosterol

Ergosterol

7,8-Didehydrocholesterol

Gorgosterol
(Gorgost-5-en-3β-ol)

Tabelle 2: Daten von Sterolen.

| | Summenformel | $M_R$ | Schmp. [°C] | $[\alpha]_D$ (CHCl$_3$) | CAS |
|---|---|---|---|---|---|
| 7,8-Didehydrocholesterol (Cholesta-5,7-dien-3β-ol) | $C_{27}H_{44}O$ | 384,65 | 150–151 | −113,6° | 434-16-2 |
| Koprostanol (Koprosterol, 5β-Cholestan-3β-ol) | $C_{27}H_{48}O$ | 388,68 | 96–100 | +26° | 360-68-9 |
| Ergosterol [Ergosterin, Provitamin D$_2$, (22E)-Ergosta-5,7,22-trien-3β-ol] | $C_{28}H_{44}O$ | 396,66 | 168 | −133° | 57-87-4 |
| Campesterol (Campesterin) | $C_{28}H_{48}O$ | 400,69 | 157–158 | −33° | 474-62-4 |
| β-Sitosterol (Sitosterin, Stigmast-5-en-3β-ol) | $C_{29}H_{50}O$ | 414,72 | 137–138 | −35° | 83-46-5 |
| Stigmasterol [Stigmasterin, (22E)-Stigmasta-5,22-dien-3β-ol] | $C_{29}H_{48}O$ | 412,70 | 170 | −57° | 83-48-7 |
| Brassicasterol [Brassicasterin, (22E)-Ergosta-5,22-dien-3β-ol] | $C_{28}H_{46}O$ | 398,67 | 148 | −64° | 474-67-9 |
| Poriferasterol [(22E)-Poriferasta-5,22-dien-3β-ol] | $C_{29}H_{48}O$ | 412,70 | 156 | −46° | 481-16-3 |
| Fucosterol [(24E)-Stigmasta-5,24(28)-dien-3β-ol] | $C_{29}H_{48}O$ | 412,70 | 124 | −38,4° | 17605-67-3 |
| Gorgosterol [Gorgosterin, (22R,23R,24R)-23,24-Dimethyl-22,23-methylen-cholest-5-en-3β-ol] | $C_{30}H_{50}O$ | 426,73 | 186,5–188 | −45° | 29782-65-8 |

pounds (2 Bde.), Chichester: Wiley 1981. [4]Zeelen, Medicinal Chemistry of Steroids, S. 43–71, Amsterdam: Elsevier 1990. *allg.:* Byrdwell, W. C., *Lipids*, (2001) **36**, 327 ▪ Goad, L. J.; Akihisa, T., *Analysis of Sterols*, Kluwer Academic: Amsterdam, (1997) ▪ Mann, R. K.; Beachy, P. A., *Biochem. Biophys. Acta*, (2000) **1529**, 188 ▪ Ohvo-Rekilä, H.; Ramstedt, B.; Leppimäki, P.; Slotte, J. P., *Prog. Lipid Res.*, (2002) **41**, 66 ▪ Plat, J.; Kerckhoffs, D. A.; Mensink, R. P., *Curr. Opin. Lipidol.*, (2000) **11**, 571 ▪ Parish, E. J.; Nes, W. D, *Biochemistry and Function of Sterols*, CRC Press: Boca Raton, (1997)

**Stevin** siehe *Steviosid.

**Steviosid** [13-(2-*O*-β-D-Glucopyranosyl-β-D-glucopyranosyloxy)-kaur-16-en-19-säure-β-D-glucopyranosylester, Steviosin, Stevin, Rebaudin]. $C_{38}H_{60}O_{18}$, $M_R$ 804,90, Kristalle (Prismen), Schmp. 238–239°C, $[\alpha]_D$ −39,3° (c 6/Wasser). Es ist in kal-

tem Wasser wenig (1 g/800 mL), in Ethanol besser löslich. Steviosid ist das Glycosid des Diterpen-Derivates Steviol mit der 100–300fachen Süßkraft von Saccharose aus den Blättern und Stengeln der aus Paraguay (Südamerika) stammenden Pflanze *Stevia rebaudiana* Bertoni, Asteraceae (Korbblütler), die heute vor allem in Ostasien kultiviert wird. Neben der Hauptkomponente Steviosid enthalten die Blätter mindestens 7 weitere Steviol-Glycoside. Eine weitere Hauptkomponente ist Rebaudiosid A, daneben sind Rebaudiosid C und Dulcosid A sowie die Minorkomponenten Rebaudiosid B, D, E und Steviolbiosid beschrieben[1]. 1 kg getrocknete Blätter enthalten ca. 60 g Steviosid, das enzymatisch in drei Moleküle Glucose und ein Molekül des Aglycons Steviol gespalten wird.

*Verwendung:* Stevia wird seit Jahrhunderten von der Urbevölkerung im Länderdreieck Paraguay, Brasilien und Argentinien zum Süßen von Mate-Tee und anderen Nahrungsmitteln verwendet[2]. Die Pflanze ist dort unter den Namen Caá-heé (Honigblatt) oder Yerba dulce bekannt. In Japan wird Steviosid als etablierter *Süßstoff (Anteil am Süßmittelmarkt liegt bei ca. 25%) für viele verschiedene Lebensmittel, z.B. Erfrischungsgetränke (vor allem Cola light), Tsukudani (eingelegter Fisch und/oder Meeresfrüchte) oder als Tafelsüße verwendet.

*Stoffwechsel:* Zur Biotransformation beim Menschen ist wenig bekannt. Aufgrund von tierexperimentellen Studien (vor allem bei der Ratte[3,4] beim Huhn[5], beim Schwein[6]) sowie aufgrund von *in-vitro*-Studien[1,4] geht man davon aus, daß das Glycosid Steviosid im Darm unter Abspaltung der Zuckerkomponenten zu einem großen Anteil zum Aglycon Steviol umgesetzt wird. Dieses kann im Darm resorbiert werden, ist (nach Konjugation) gallegängig und unterliegt einem enterohepatischen Kreislauf. Bei Inkubation von Steviosid mit faecaler Darmflora erfolgt Hydrolyse des Triglycosides über das Diglycosid Rubusosid und die beiden Monoglycoside zum Aglycon Steviol. Ein Abbau von Steviol durch die Darmflora wurde nicht beobachtet. Steviosid wird als Steviol-Konjugat sowohl mit den Faeces als auch mit dem Urin ausgeschieden. Detaillierte pharmakokinetische Untersuchungen fehlen.

*Toxikologie:* Die bisherigen toxikologischen Untersuchungen ermöglichen noch keine abschließende Beurteilung. Als kritisch wird die Biotransformation zu Steviol, das in verschiedenen *in-vitro*-Mutagenitätsassays eine mutagene Wirkung zeigte[7,8], angesehen.

Verschiedene Studien mit *Stevia-rebaudiana*-Extrakten berichten über Effekte auf das männliche Reproduktionssystem, wie reduzierte Spermatogenese, vermindertes Gewicht der Samenbläschen und interstitielle Zellwucherung in den Hoden[9,10]. Die Blätter von *Stevia rebaudiana* wurden von paraguayanischen Indianern in Tee als Kontrazeptivum für Männer benutzt[11]. Über Extrakte von *Stevia rebaudiana* (10 ml eines 5%igen Extrakts), die Ratten im Trinkwasser gegeben wurden, wurde berichtet, daß sie Perioden der Unfruchtbarkeit von bis zu zwei Monaten verursachten[12]. Eine zielgerichtete organische Toxizität auf das männliche Reproduktionssystem (siehe oben für Langzeit-Toxizitätsstudien), die schließlich auch die Fruchtbarkeit beeinflussen könnte, kann aufgrund der bisher durchgeführten Tierstudien nicht ausgeschlossen werden.

*Analytik:* Beschrieben sind Nachweisverfahren mittels DC, HPLC, UV- und MS-Detektion[13] sowie Kapillarelektrophorese[14].

*Recht:* Steviosid ist in der EU nicht als Süßstoff zugelassen. Der wissenschaftliche Lebensmittelausschuß der EU-Kommission (SCF) hat in einer Stellungnahme vom 17.06.1999 erklärt, daß die Sicherheitsstudien zu Steviosid nicht ausreichen, um eine Unbedenklichkeit zu belegen. Auch die Steviapflanze selbst sowie ihre (getrockneten) Blätter wurden von der EU-Kommission aus diesem Grund nicht als neuartige Lebensmittel oder Lebensmittelzutaten (Novel Food) zugelassen[15,16]. Offiziell darf Stevia-Extrakt als Süßstoff in Lebensmitteln in einigen südamerikanischen und asiatischen Ländern wie Brasilien, Südkorea oder Japan eingesetzt werden. In den USA ist die Verwendung von Steviosid als Süßstoff in Lebensmitteln von der Lebens- und Arzneimittelbehörde (FDA – Food and Drug Administration) verboten. Steviosid besitzt keinen *GRAS-Status, darf aber in den USA als *Nahrungsergänzungsmittel („dietary supplement") bzw. in Nahrungsergänzungsmitteln vermarktet werden. – *E* steviosine

*Lit.:* [1] Koyama, E.; Kitazawa, K.; Ohori, Y.; Izawa, O.; Kakegawa, K.; Fujino, A.; Ui, M., *Food Chem. Toxicol.*, (2003) **41**, 359. [2] Naturwiss. Rundsch. **27**, 231ff. (1974). [3] Cardoso, V. N.; Barbosa, M. F.; Muramoto, E.; Mesquita, C. H.; Almeida, M. A., *Nucl. Med. Biol.*, (1996) **23**, 97. [4] Koyama, E.; Sakai, N.; Kitazawa, K.; Izawa, O.; Kakegawa, K.; Fujino, A.; Ui, M., *Food Chem. Toxicol.*, (2003) **41**, 875. [5] Geuns, J.; Augustijns, P.; Mols, R.; Johan, G.; Driessen, B., *Agric. Food Chem.*, (2003) **51**, 1095. [6] Geuns, J. M.; Augustijns, P.; Mols, R.; Buyse, J. G.; Driessen, B., *Food Chem. Toxicol.*, (2003) **41**, 1599. [7] Pezzuto, J. M.; Compadre, C. M.; Swanson, S. M.; Nanayakkara, D.; Kinghorn, A. D., *Proc. Natl. Acad. Sci. USA*, (1985) **82**, 2478. [8] Matsui, M.; Matsui, K.; Kawasaki, Y.; Oda, Y.; Noguchi, T.; Kitagawa, Y.; Sawada, M.; Hayashi, M.; Yoshihira, K., *Mutagenesis*, (1996) **11**, 573. [9] Yamada, A.; Ohgaki, S.;Noda, T.; Shimizu, M., *J. Food Hyg. Soc. Jpn.*, (1985) **26**, 169. [10] Melis, M. S., *J. Ethnopharmacol.*, (1999) **67**(2), 157–161. [11] Mazei-Planas, G.; Kuc, J., *Science*, (1968) **162**, 1007. [12] Xili, L.; Chengjiany, B.; Eryi, X.; Reiming, S.; Yuengming, W.; Haoding, S.; Zhiyian, H., *Food Chem. Toxicol.*, (1992) **30**, 957. [13] Kolb, N.; Herrera, J. L.; Ferreyra, D. J.; Uliana, R. F., *J. Agric. Food Chem.*, (2001) **49**, 4538. [14] Mauri, P.; Catalano, G.; Gardana, C.; Pietta, P., *Electrophoresis*, (1996) **17**, 367. [15] Opinion of the SCF on Stevia Rebaudiana Bertoni Plants and Leaves, vom 17.06.1999; http://europa.eu.int/comm/food/fs/sc/scf/out36_en.pdf. [16] Entscheidung 2000/197/EC der Kommission vom 22.02.2000 über die Zulassungsverweigerung von Stevia rebaudiana Bertoni: Pflanzen und getrocknete Blätter als neuartige Lebensmittel oder neuartige Lebensmittelzutaten gemäß der Verordnung (EG) Nr. 258/97 des Europäischen Parlaments und des Rates (Amtsblatt der EG Nr. L 61 vom 08.03.2000). *allg.:* Geuns, J. M., *Phytochemistry*, (2003) **64**, 913 ▪ Hager (5.) **6**, 788ff. ▪ Merck-Index (13.), Nr. 8888 – *[HS 2938 90; CAS 57817-89-7]*

**Steviosin** siehe *Steviosid.

**Stickoxidmyoglobin** siehe *Fleischfarbe.

**Stickoxydul** siehe *Lachgas.

**Stigmasterin** siehe *Sterole.

**Stigmasterol** siehe *Sterole.

**Stinkfrucht** siehe *Durian.

**Stockfisch.** Bez. für einen getrockneten *Fisch, der aus geköpftem, ausgenommenem u. nicht gesalzenem Kabeljau, Schellfisch, Seelachs, Lengfisch od. Lumb (Brosme) hergestellt wird. Stockfisch wird in Nordeuropa (Island, Norwegen) und in Kanada sowie Grönland hergstellt. Die Fische sind ausgenommen, aber ungespalten od. in ihrer ganzen Länge so gespalten, daß die Hälften nur noch am Schwanz miteinander verbunden bleiben. Der S. ist in der Struktur trocken u. hart u. hat keine weichen Stellen in der Bauchhöhle u. an der Rückengräte. Der Wassergehalt beträgt nicht mehr als 18%.
*Gewässerter Stockfisch* wird durch Behandlung mit Trinkwasser unter Zusatz von Soda (Natriumcarbonat) u. gelöschtem Kalk (Calciumhydroxid) u. anschließendem nochmaligem Wässern für die Abgabe an den Verbraucher vorbereitet. Der pH-Wert des Preßwassers sollte geringer als 11,0 sein. Das Fleisch des S. ist hell, fest u. fast geruchlos. – E stockfish (split fish, dried without salt)
*Lit.:* Ludorff-Meyer, S. 133f. ▪ Leitsätze des Deutschen Lebensmittelbuches (Leitsätze Fisch) – *[HS 0305 51]*

**Stör** (*Acipenser sturio*). Früher ein *Fisch, der in allen europäischen Gewässern heimisch war. Der Stör lebt im Salzwasser, kehrt aber zum Laichen in die Flüsse zurück, wo die Jungfische nach dem Schlüpfen bis zu 3 Jahre bleiben. Heute besonders durch die Verwendung des Fisches für die *Caviar-Produktion sehr stark überfischt mit der Folge, daß der Fisch nur noch als seltener Gast auftritt. Kann bis zu 3,5 m lang werden und mehr als 300 kg Gewicht erreichen. Die FAO-Statistik weist für 2000 keine Fänge mehr aus. – *E* sturgeon – *[HS 0302 69]*

**Strahlenbelastung** siehe *ionisierende Strahlung.

**Strecker-Abbau** siehe *Maillard-Reaktion.

**Strecker-Aldehyde** siehe *Maillard-Reaktion.

**Streckschwingung** siehe *IR-Spektroskopie.

**Streptococcus** (Streptokokken, von griechisch: streptós = gewunden, verflochten, verkettet; kókkus = Kern, Körnchen). Bezeichnung für eine Gattung kugelförmiger bis ovaler, zu Ketten angeordneter Bakterien aus der Familie der Streptococcaceae. Streptokokken sind Gram-positiv, unbeweglich oder selten beweglich, sporenlos, fakultativ anaerob, Katalase- und Oxidase-negativ und verwenden homofermentative Milchsäure-Gärung zur Energiegewinnung. Einige Arten bilden in Gegenwart von Porphinoiden und Sauerstoff Cytochrome und Häm-abhängige Katalase. Streptokokken werden entsprechend der Gruppenpolysaccharide der Zellwand in Serogruppen eingeteilt (Lancefield-Serogruppen) und können nach ihrem Hämolyseverhalten (α-, β- oder γ-Hämolyse) typisiert werden.

Streptokokken enthalten drei Gruppen, hämolytische Streptokokken (z.B. *Streptococcus pyogenes* und *Streptococcus pneumoniae*) Oralstreptokokken (z.B. *Streptococcus mutans*) und *Streptococcus thermophilus*. Lactokokken und Enterokokken wurden früher zur Gattung *Streptococcus* gerechnet, siehe *Lactococcus und *Enterokokken.
Die Ernährungsweise der Streptokokken ist chemoorganotroph mit fermentativem Stoffwechsel. Neben den fakultativ anaeroben gibt es einige Arten (z.B. *Streptococcus mutans, Streptococcus pneumoniae*), die zum Wachstum zusätzlich Kohlendioxid benötigen, sowie einige obligat anaerobe Arten (z.B. *Streptococcus hansenii*). Unter aeroben Bedingungen setzen manche Arten Wasserstoffperoxid frei. Bei der Vergärung von Kohlenhydraten wird in der Hauptsache Milchsäure gebildet, Gase entstehen dabei nicht. Einige Arten vergären organische Säuren (Äpfelsäure und Citronensäure) sowie Aminosäuren (Serin und Arginin). Der Nährstoffbedarf der Streptokokken ist sehr komplex (z.B. Blut- oder Serumzusatz) und variabel. Viele Streptokokken produzieren Bakteriozine, von denen manche eine Vielzahl Gram-positiver Bakterien unterdrücken, während andere selektiv wirken und deshalb zur Bestimmung der Streptokokken-Arten herangezogen werden können. Die meisten Streptokokken sind empfindlich gegen eine Reihe antimikrobieller chemotherapeutischer Wirkstoffe, einschließlich Penicilline.
*Vorkommen:* Streptokokken besiedeln Darm und Schleimhäute von Mensch und Tier, intakte oder sich zersetzende Pflanzen. Oralstreptokokken haben ihr Habitat im Mund und Pharynx; sie bilden oft Biofilme, um sich auf Zähnen und Schleimhäuten anzusiedeln. *Streptococcus mutans* verursacht so Karies. Hämolytische Streptokokken haben ihr Habitat im Gastrointestinaltrakt, in Respirationsorganen und auf der Haut. Hämolytische Streptokokken sind z.B. Erreger von Lungenentzündung (*Streptococcus pneumoniae, Streptococcus pyogenes*), Angina, Scharlach, rheumatischem Fieber, Harnwegs- und Wundinfektionen. *Streptococcus agalactiae* verursacht Mastitis bei Milchvieh.
*Recht:* Sicherheitsstufe nach Anhang IB der Gentechnik-Sicherheits-VO 1990: Bis auf *Streptococcus gordonii* und *Streptococcus thermophilus* sind alle Streptokokken-Arten der Risikogruppe 2 zugeordnet.
*Biotechnologie:* *Streptococcus thermophilus* wird als *Starterkultur für Hartkäse und Joghurt verwendet. S*treptococcus thermophilus* überlebt die Pasteurisierung. Streptokokken-Stämme werden biotechnologisch zur Produktion von Dextran sowie Streptokinase eingesetzt. – *E* Streptococcus
*Lit.:* Doyle, M. P.; Beuchat, L. R.; Montville, T. J., Hrsg., *Food Microbiology*, ASM Press: Washington, (2001) ▪ Hahn, H.; Falke, D.; Kaufmann, S. H. E.; Ullmann, U., Hrsg., *Medizinische Mikrobiologie und Infektiologie*, 4. Aufl.; Springer: Berlin, (2001) ▪ Schlegel (7.), S. 296–304

**Streptokokken** siehe *Streptococcus.

**Strohrum** siehe *Rum.

**Strontium 90.** Künstliches Isotop des Erdalkalimetalls Strontium (chemisches Symbol Sr). Es entsteht als radioaktives Spaltprodukt bei Kernwaffenexplosionen und in Kernkraftwerken und ist ein β-Strahler ($E_{\beta max}$: 0,5 MeV; HWZ: 28,5 a); Umwandlung in β-aktives Yttrium 90 (HWZ: 64 h, $E_{\beta max}$: 1,5 MeV). Aufgrund der weltweit ansteigenden [90]Sr-Belastung der Atmosphäre schlossen die USA, die Sowjetunion und Großbritannien 1963 ein Teststop-Abkommen. Die bis heute durch Kernwaffen-Explosionen freigesetzte Gesamtaktivität beträgt etwa $6 \cdot 10^{17}$ Bq[1]. Die in der Bundesrepublik Deutschland pro Person mit der Nahrung durchschnittlich aufgenommene [90]Sr-Aktivität betrug 1963: 412 Bq, 1970: 138 Bq[2] und 1991 noch etwa 65 Bq. Wegen seiner chemischen Ähnlichkeit mit *Calcium (Ca) lagert sich [90]Sr vor allem bei Kindern in den Knochen ab und bestrahlt langfristig das Knochenmark, wodurch es zu Blutkrebs kommen kann.

*Nachweis:* Vorwiegend über die Gasionisation durch die β-Strahlung in sogenannten Proportionalzählern. Zur Bestimmung von [90]Sr über Flüssigszintillationsmessung siehe Literatur[3]. – *E* strontium 90

*Lit.:* [1]Kiefer, H.; Kölzer, W., *Strahlen und Strahlenschutz*, 3. Aufl.; Springer: Berlin, (1992). [2]Bundesministerium für Bildung und Wissenschaft, Umweltradioaktivität und Strahlenbelastung, Jahresbericht 1970, in: Schriftenreihe Kernforschung, Bd. 4, München: Verlag Greisbach und Sohn 1971. [3]Talanta **37**, 585 (1990). – *[HS 2805 19; CAS 7440-24-6; G 7]*

**Strukturierte Triglyceride** (Designer-Triglyceride, strukturierte Triacylglyceride). Unter strukturierten Triglyceriden versteht man *Triglyceride, deren natürliche Verteilung der Fettsäure-Reste an den primären Positionen des Glycerol-Gerüstes (sn-1, sn-2, sn-3) durch chemische, biochemische, pflanzenzüchterische oder gentechnische Maßnahmen gezielt verändert wurde, um diesen Fetten bestimmte lebensmitteltechnologische, biochemische oder physiologische Eigenschaften zu verleihen.

So können z.B. brennwertreduzierte Triglyceride (asymmetrische Triglyceride) durch Veresterung von Glycerol mit natürlich vorkommenden Fettsäuren von sehr unterschiedlicher Kettenlänge hergestellt werden. Eingesetzt werden zum einen kurzkettige Fettsäuren wie z.B. Essigsäure, Propionsäure oder Buttersäure sowie langkettige gesättigte Fettsäuren wie Behensäure (C 22:0). Der niedrigere Brennwert ergibt sich zum einen dadurch, daß kurzkettige Fettsäuren einen niedrigeren Brennwert haben als die langkettigen. Zum anderen dadurch, daß die Resorption der durch die Pankreaslipase freigesetzten Fettsäuren ab einer Mindestkettenlänge von C 18 beeinträchtigt ist, was auf die Bildung schwerlöslicher Calciumsalze zurückgeführt wird. Solche brennwertreduzierten Triglyceride zählen zu den *Fettsatzstoffen. Beispiele sind die in den USA zum Teil für bestimmte Lebensmittel zugelassenen Produkte *Salatrims (Abkürzung für short- and long-chain acyl triglyceride molecules) und Caprenin.

Durch gezielte Umesterung können des weiteren kakaobutterähnliche Produkte, mittelkettige Triglyceride (MCT-Fette) und Triglyceride mit physiologisch aktiven mehrfach ungesättigten Fettsäuren wie Arachidonsäure und Docosahexaensäure hergestellt werden.
Eine detaillierte Übersicht zu strukturierten Triglyceriden gibt Literatur[1,2]. – *E* structured triglycerides

*Lit.:* [1]Mukherjee, K.D.; Warwel, S., In *Fette in der Ernährung*; Schriftenreihe des Bundesministeriums für Ernährung, Landwirtschaft und Forsten, Reihe A: Angewandte Wissenschaft, Heft 464; Landwirtschaftsverlag: Münster-Hiltrup, (1997); S. 69–90. [2]Mukherjee, K.D.; Warwel, S., In *Fettersatzstoffe, Fettaustauschstoffe, Designer-Lipide*; Schriftenreihe des Bundesministeriums für Ernährung, Landwirtschaft und Forsten, Reihe A: Angewandte Wissenschaft, Heft 484; Landwirtschaftsverlag: Münster-Hiltrup, (1999); S. 79–114.

**Strukturproteine** siehe *Skleroproteine.

**Struma.** Lateinische Bezeichnung für *Kropf.

**Stutenmilch.** Stutenmilch enthält im Vergleich zu Kuhmilch weniger Fett und Eiweiß, jedoch mehr *Lactose (siehe Tabelle 1 bei *Milch). Stutenmilch enthält kein κ-*Casein[1,2]. Der Anteil an ungesättigten Fettsäuren am Gesamtfettsäure-Gehalt wird mit 54–61% angegeben, der Anteil mehrfach ungesättigter Fettsäuren ist gegenüber Kuhmilch viermal höher. Stutenmilch ist reich an *Linolensäure (16,6–20,2% des Fettsäure-Gehaltes), das Fett ist bereits bei 20°C flüssig. Niedriger als in Kuhmilch ist der Gehalt der meisten Vitamine. Der Vitamin-C-Gehalt (ca. 15 mg/100 mL) ist höher als der anderer Milcharten. Der Eisen-Anteil ist in der Regel höher als in Human-, Kuh- und Ziegenmilch, liegt aber unter dem Gehalt von Schafmilch.
Ein Stutenmilcherzeugnis ist der *Kumys.
Zum Nachweis (immunologisch) von Kuhmilch in der sehr teuren Stutenmilch siehe Literatur[3–5]. – *E* mare milk

*Lit.:* [1]Dairy Res. **56**, 61 (1989). [2]Malacarne, M.; Martuzzi, F.; Summer, A.; Mariani, P., *Int. Dairy J.*, (2002) **12**(11), 869–877. [3]Tierärztl. Umsch. **41**, 141 (1986). [4]Histochemistry **88**, 357 (1988). [5]Mayer, H. K.; Heidler, D.; Foissy, H., *Ernährung/Nutrition*, (1998) **22**(2), 62.
*allg.:* Souci et al. (6.) – *[HS 0401 20]*

**STX.** Abkürzung für Saxitoxin, siehe *Algentoxine.

**Subakute Toxizität.** Die Giftwirkung (Toxizität), die nach wiederholter Applikation über einen Zeitraum von bis zu 28 Tagen (in Abhängigkeit von der Lebenszeit) beobachtet werden kann. Die Prüfung auf subakute Toxizität vermittelt Informationen über Zielorgane und wesentliche toxische Wirkungen, wobei auch verzögert einsetzende Wirkungen, die Reversibilität von Effekten und adaptive Wirkungen (z.B. infolge Enzyminduktion) erkennbar sind. Analytische Erfassung der zu untersuchenden Substanz und ihrer Metaboliten kann weitere, wichtige Informationen liefern, die mit beobachteten Wirkungen in Beziehung gesetzt werden können mit der Ableitung eines NOELs[1,2]. Aufgrund der Ergebnisse aus den subakuten Toxizitätsstudien können die Dosen für subchronische Toxizitätsstudien (siehe *subchronische Toxizität) ausgewählt werden. – *E* subacute toxicity

*Lit.:* [1]Eisenbrand, G.; Metzler, M.; Hennecke, F. J., *Toxikologie für Naturwissenschaftler und Mediziner*, 3. Aufl.; Wiley-VCH: Weinheim, (2005). [2]Marquardt, H.; Schäfer, S. G., Hrsg., *Lehrbuch der Toxikologie*, 2. Aufl.; Wissenschaftliche Verlagsgesellschaft: Stuttgart, (2004).

**Subchronische Toxizität.** Toxizität eines Stoffs bei kontinuierlicher oder wiederholter Exposition für einen Zeitraum, der zwischen 1 und 3 Monaten liegt und nicht länger als 10% der Lebenszeit beträgt. Subchronische Toxizitätsstudien liefern Informationen über Zielorgane, Kumulationswirkungen, Adaptionseffekte, maximal tolerierte Dosen (MTD) und die höchste, schädigungslos vertragene Dosierung [NEL (no-effect-level), NOEL (no-observed-effect-level)][1]. – *E* subchronic toxicity

*Lit.:* [1]Eisenbrand, G.; Metzler, M.; Hennecke, F. J., *Toxikologie für Naturwissenschaftler und Mediziner*, 3. Aufl.; Wiley-VCH: Weinheim, (2005).

**Succinate** siehe *Bernsteinsäure.

**Sucralose** [(1,6-Dichlor-1,6-didesoxy-β-D-fructofuranosyl)-4-chlor-4-desoxy-α-D-galactopyranosid, 4,1′,6′-Trichlor-4,1′,6′-tridesoxy-galactosucrose].

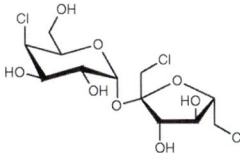

$C_{12}H_{19}Cl_3O_8$, $M_R$ 397,63. Farblose Kristalle. Leicht löslich in Wasser (283 g/L) und Ethanol (90 g/L). Generelle Bezeichnung für die als *Süßstoff zugelassene Trichlorgalactosucrose (Handelsname Splenda®), die 600–650mal süßer als Saccharose schmeckt. Sucralose besitzt eine hohe Hitzestabilität und kann auch beim Braten oder Backen verwendet werden. Zur Stabilität in Lebensmitteln siehe Literatur[1,2]. Weitere physikochemischen Eigenschaften beschreibt Literatur[3,4].

*Herstellung:* Sucralose ist durch kontrollierte Behandlung von Saccharose mit Sulfurylchlorid/Pyridin zugänglich.

*Toxikologie:* Sucralose ist in zahlreichen Studien auf gesundheitliche Unbedenklichkeit geprüft worden. Die toxikologischen Untersuchungen umfassen unter anderem die Pharmakokinetik an Ratte, Hund und Mensch, Studien zur Kurzzeittoxizität (Ratte, Hund), zur Mutagenität, Teratogenität, chronischen Toxizität und zur Cancerogenität sowie zur Neurotoxizität. Außerdem wurden Studien zum Umweltverhalten durchgeführt. Aus den Untersuchungen geht hervor, daß Sucralose sich durch eine geringe Toxizität auszeichnet und keine gesundheitlichen Bedenken für den Menschen bestehen. Der Süßstoff wird nach oraler Aufnahme in geringem Umfang resorbiert und nahezu unverändert mit Harn und Faeces wieder ausgeschieden. Eine detaillierte Zusammenfassung der Ergebnisse zur Pharmakokinetik, zum Metabolismus und zur

Toxikologie findet sich in der Zusammenfassung des Scientific Committee on Food (SCF)[5]. Weitere Ausführungen zur Toxikologie der Sucralose gibt Literatur[6,7]. Der ADI-Wert wurde auf der Basis dieser Untersuchungen auf 0–15 mg/kg Körpergewicht und Tag festgelegt[5,8]. Das *BgVV hat 1994 und 2001 eine Stellungnahme zu Sucralose abgegeben, siehe Literatur[9,10].

Sucralose wird als nicht-kariogen eingestuft. Zum Einfluß der Sucralose auf den Metabolismus der bakteriellen Mundflora und die Kariesentstehung siehe Literatur[11].

*Analytik:* Es sind verschiedene Methoden zum Nachweis und zur Quantifizierung von Sucralose beschrieben worden, unter anderem mittels HPLC[12] und Kapillarelektrophorese[13].

*Recht:* Sucralose war bisher nur in sehr wenigen Ländern (Mexiko, Australien, Kolumbien, Rußland und andere) zugelassen. In den USA erfolgte zum 01.04.1998 eine umfassende Zulassung. In der EU wurde Sucralose durch die Richtlinie 2004/46/EG[14] als Süßstoff E 955 zugelassen.

*Zulassung:* Zum Süßen von Lebensmitteln zugelassener Zusatzstoff. *Zusatzstoff-Zulassungsverordnung (ZZulV) Anlage 2 (zu § 4 Abs. 1 und § 7) Teil B (Süßstoffe).

*Reinheitsanforderungen:* Für technologische Zwecke zugelassener Zusatzstoff. *Zusatzstoff-Verkehrsverordnung (ZVerkV) Anlage 2 (zu § 3 Abs. 1) Liste B (Reinheitsanforderungen nach Richtlinie 95/31/EG vom 05.07.1995, Amtsblatt der EG Nr. L 178, S. 1, geändert durch Richtlinie 2004/46/EG vom 16.04.2004, Amtsblatt der EG Nr. L 113, S. 15).

*Kenntlichmachung:* § 9 ZZulV. Der Gehalt an einem Süßungsmittel in Lebensmitteln ist in Verbindung mit der Verkehrsbezeichnung durch die Angabe „mit Süßungsmittel" kenntlich zu machen. – *E* sucralose

*Lit.:* [1]J. Food Sci. **55**, 244–246 (1990). [2]Food Technol. **44**, 62–66 (1990). [3]J. Food Sci. **54**, 1646–1649 (1989). [4]Shamil, S.; Birch, G. G., *Lebensm. Wiss. Technol.*, (1992) **25**, 192–196. [5]Opinion of the SCF on Sucralose, vom 07.09.2000; http://europa.eu.int/comm/food/fs/sc/scf/out68_en.pdf. [6]WHO, Hrsg., *Toxicological Evaluation of Certain Food Additives and Contaminants*; WHO Food Additives Series 28; WHO: Genf, (1991); S. 219–228. [7]Grice, H. C.; Goldsmith, L. A., *Food Chem. Toxicol.*, (2000) **38**(2), 1–6. [8]WHO, Hrsg., *Evaluation of Certain Food Additives and Contaminants*; Technical Report Series 806; WHO: Genf, (1991); S. 21–23. [9]BgVV, *Süßstoff Sucralose (Trichlorogalactosucrose – TGS)*, Stellungnahme des BgVV vom 12.12.1994; http://www.bfr.bund.de. [10]BgVV, *Änderung der Richtlinie 94/35 über Süßungsmittel: Umfang der Zulassung von Sucralose*, Stellungnahme des BgVV vom 09.02.2001; http://www.bfr.bund.de. [11]J. Dent. Res. **69**, 1480–1484, 1485–1487 (1990). [12]Stroka, J.; Dossi, N.; Anklam, E., *Food Addit. Contam.*, (2003) **20**, 524–527. [13]Johns, P.; Dowlati, L., *J. AOAC Int.*, (2003) **86**, 79–85. [14]Richtlinie 2004/46/EG der Kommission vom 16.04.2004 zur Änderung der Richtlinie 95/31/EG hinsichtlich E 955, Sucralose, und E 962, Aspartam-Acesulfamsalz (Amtsblatt der EU Nr. L 114, S. 15).

*allg.:* Merck-Index (13.), Nr. 8965 – [CAS 56038-13-2]

**Sucrase** siehe *Invertase.

**Sucroseoctaacetat** siehe *Saccharoseester.

**Südfrüchte** siehe *Obst.

**Sülzwurst** siehe *Kochwurst.

**Süßer Geschmack.** Die Vorliebe für süße Geschmacksreize ist angeboren und spielt in der evolutionsbiologischen Entwicklung hinsichtlich des Auffindens kalorienreicher, zuckerhaltiger Nahrung eine wichtige Rolle. Der süße *Geschmack ist mit dem Vorkommen wichtiger Energielieferanten, den Kohlenhydraten, gekoppelt. Die Neigung zu Süßem bleibt während der ersten Lebensjahre erhalten. In dieser Zeit bevorzugen Kinder in Versuchsreihen die konzentriertesten Zuckerlösungen. Bei Jugendlichen gewinnt dann Salziges an Bedeutung. Präferenzen für Bitteres (siehe *bitterer Geschmack), z.B. Kaffee und Bier, werden durch Erlernen im Erwachsenenalter erworben.

Der süße Geschmack wird von strukturell sehr verschiedenartigen Verbindungen hervorgerufen. Shallenberger und Acree[1] postulieren ein AH/B-System, d.h. ein Säure/Base- oder Protonendonor/-akzeptor-System als gemeinsames und essentielles Strukturelement süßer Verbindungen, das mit einem komplementären System des Rezeptors über zwei Wasserstoff-Brücken in Wechselwirkung tritt. Kier[2] erweiterte dieses System zum AH/B/X-System durch die Annahme einer hydrophoben Wechselwirkung mit dem Rezeptor über eine unpolare Gruppe X. Diese unpolare Gruppe ist nicht essentiell, aber bestimmend für die Intensität des süßen Geschmacks. Das AH/B/X-System muß gewissen sterischen Anforderungen genügen. In Erweiterung des Shallenberger/Kierschen AH/B/X-Systems wird angenommen, daß alle sterisch geeigneten elektrophil/nucleophilen Systeme (e/n-Systeme) mit dem Rezeptor in Kontakt treten können, und daß ein hydrophober Kontakt nicht punktuell, sondern räumlich mehr oder weniger ausgedehnt erfolgt. Durch Superposition der e/n-Systeme von Verbindungen aus verschiedenen Stoffklassen mit Hilfe computergenerierter Moleküle können für die Geschmacksqualität „süß" erlaubte und verbotene Raumpositionen ermittelt werden. Man kommt auf diese Weise zu einem Grundmodell für süße Verbindungen und damit zu einer Beschreibung der Bindungsstelle eines schematischen Süßrezeptors. Die Superposition süßer und nicht-süßer Moleküle erlaubt auch eine Abschätzung der Dimensionen der als Bindungsstelle fungierenden hydrophoben Tasche eines schematischen Süßrezeptors. So wurde gezeigt, daß die für süße Oxathiazinondioxide erlaubten Abmessungen in der Ebene des Moleküls 0,50–0,62 nm (Länge vom Schwefel-Atom gemessen) und 0,62–0,69 nm (Höhe) nicht überschreiten. Ein Molekül mit den Abmessungen 0,72 · 0,91 nm ist nicht mehr süß.

Die molekulare Basis der Geschmackswahrnehmung ließ sich lange Zeit aufgrund mangelnder Kenntnisse der beteiligten Rezeptorproteine nicht untersuchen. Dies hat sich mit der Entdeckung des Süßrezeptor-Heteromers TAS1R2/TAS1R3[3,4] geändert. Diese unterscheiden sich von den TAS2R-Rezeptoren (siehe *bitterer Geschmack), gehören aber auch zur Genfamilie der G-Protein-gekoppelten Rezeptoren. Immer noch unverstanden ist, wie die Rezeptoren einerseits auf hohe Zuckerkonzentrationen (>0,1 M) und andererseits auf sehr niedrige Süßstoffkonzentrationen (0,000001 M) reagieren können. – E sweet taste

*Lit.:* [1]Beidler, L. M., Hrsg., *Handbook of Sensory Physiology*, Springer: Berlin, (1971); Bd. 4/2, S. 221. [2]Kier, L. B., *J. Pharm. Sci.*, (1972) **61**, 1394. [3]Hoon, M. A.; Adler, E.; Lindemeier, J.; Battey, J. F.; Ryba, N. J.; Zuker, C. S., *Cell*, (1999) **96**, 541–551. [4]Nelson, G.; Hoon, M. A.; Chandrashekar, J.; Zhang, Y.; Ruba, N. J.; Zuker, C. S., *Cell*, (2001) **106**, 381–390.

*allg.:* Amrein, H.; Bray, S., *Cell*, (2003) **112**, 283–284 ▪ Kim, U. K.; Breslin, P. A.; Reed, D.; Drayna, D., *J. Dent. Res.*, (2004) **83**, 448–453 ▪ Lindemann, B., *Nature (London)*, (2001) **413**, 219–225 ▪ Montmayeur, J. P.; Matsunami, H., *Curr. Opin. Neurobiol.*, (2002) **12**, 366–371 ▪ Scott, K., *Curr. Opin. Neurobiol.*, (2004) **14**, 423–427

**Süßholz** siehe *Lakritze, *Glycyrrhetinsäure und *Glycyrrhizin.

**Süßholzzucker** siehe *Glycyrrhizin.

**Süßkartoffel** (Batate). Die Süßkartoffel (*Ipomoea batatas* L. Lam., Convolvulaceae) ist im botanischen Sinne keine *Kartoffel; sie ist nur als Kulturpflanze bekannt. Die in Form und Farbe sehr vielgestaltigen Wurzelknollen sind ein wichtiges Nahrungsmittel in den Tropen und Subtropen Amerikas, Afrikas und Asiens. Unter günstigen klimatischen Verhältnissen kann sie auch in den gemäßigten Breiten gedeihen, dort wird sie jedoch eher selten angebaut. Wahrscheinlich ist die Süßkartoffel im nördlichen Südamerika durch Hybridisierung entstanden. Die Batate speichert in ihren Wurzelknollen vorzugsweise Stärke, sie enthält daneben jedoch noch so viel Zucker, daß sie süßlich schmeckt.

*Zusammensetzung:* 100 g eßbarer Anteil enthalten: 69,2 g Wasser, 1,6 g Eiweiß, 0,6 g Fett, 24,1 g Kohlehydrate (davon 19,5 g Stärke und 3,2 g Saccharose), 3,1 g Ballaststoffe sowie 1,1 g Mineralstoffe. Der Gehalt an Vitamin C beträgt 30 mg/100 g[1]. Die Süßkartoffel ist aufgrund ihres β-*Carotin-Gehalts eine wichtige Provitamin-A-Quelle in den Anbaugebieten[2–5].

*Verwendung und Wirtschaft:* Die Zubereitung erfolgt meist wie bei den Kartoffeln, d.h. gekocht oder gebraten. Die Knollen können auch zu Brot, Mehl und Stärke verarbeitet oder aber zu alkoholischen Getränken vergoren werden. Die Weltproduktion im Jahr 2002 betrug 136 Mio. t, wobei China (114 Mio. t), Uganda und Nigeria (je 2,5 Mio. t) sowie Indonesien und Vietnam (je 1,7 Mio. t) die Hauptanbauländer darstellten. – E sweet potato

*Lit.:* [1]Franke, W., *Nutzpflanzenkunde*, 6. Aufl.; Thieme: Stuttgart, (1997); S. 64ff. [2]K'osambo, L. M.; Carey, E. E.; Misra, A. K.; Wilkes, J.; Hagenimana, V., *J. Food Compos. Anal.*, (1998) **11**, 305–321. [3]Yamakawa, O.; Yoshimoto, M., *Acta Hortic.*, (2002) **583**, 179–185. [4]Mikherjee, P. K.; Ilangantileke, S., *Acta Hortic.*, (2002) **583**, 205–210. [5]Burns,

J.; Fraser, P. D.; Bramley, P. M., *Phytochemistry*, (2003) **62**, 939–947.
*allg.*: Bendel, L., *Das große Früchte- und Gemüselexikon*, Albatros: Düsseldorf, (2002); S. 46, 47 – *[HS 0714 20, 0706 90]*

**Süßkirsche** siehe *Kirsche.

**Süßkraft** siehe *Süßstoffe.

**Süßmandel** siehe *Mandel.

**Süßmolke** siehe *Molke.

**Süßmolkenpulver** siehe *Molkenpulver.

**Süßmost** siehe *Most.

**Süßorange** siehe *Orange.

**Süßrahmbutter** siehe *Butter.

**Süßreserve.** Bezeichnung für lagerfähigen Traubenmost (siehe *Most), der dem *Wein mit dem Ziel der nachträglichen Süßung nach der Gärung zugesetzt wird.
*Recht:* Süßreserve ist nach Weinrecht Traubenmost und unterliegt den gleichen Vorschriften. Weiter sind bei der Verwendung die gesetzlichen Rahmenbedingungen der Süßung zu beachten. Süßreserve darf maximal 1 % = 8 g/L Alkohol enthalten.
*Methoden:* Um den als Süßreserve verwendeten Traubenmost bis zur Süßung vor schädlichen Mikroorganismen und chemischer Oxidation zu schützen, werden nach allgemeinen Stabilisierungs- und Klärmaßnahmen (siehe *Weinbehandlung und Schönung) verschiedene Konservierungsmethoden angewandt:
– *Entkeimende Filtration* (kaltsterile Einlagerung): Nach der Vorbehandlung erfolgt eine entkeimende Filtration über Membran- oder Schichtenfiltration in einen sterilen Behälter. Zum Schutz vor Reinfektionen und chemischer Oxidation erfolgt die Zugabe von *Schwefeldioxid (25–100 mg/L);
– *Heißeinlagerung*: Bei der Heißeinlagerung wird die Süßreserve auf 75–78 °C erhitzt und in unsterile, wärmeunempfindliche Behälter gefüllt. Durch die Hitze werden die Behälter mit sterilisiert. Zum Schutz vor Reinfektionen erfolgt auch hier die Zugabe von Schwefeldioxid (25–100 mg/L). Je länger die Abkühlung dauert, um so größer sind die Qualitätseinbußen;
– *Kurzzeiterhitzung (KZE*, siehe *Pasteurisierung): Zur Bereitung größer Chargen wird der Most auf rund 87 °C erwärmt und nach mehrminütiger Heißhaltezeit auf Raumtemperatur rückgekühlt und unter sterilen Bedingungen in einen ebenso sterilen Tank gefüllt. Um Reinfektionen und chemische Oxidationen zu verhindern, erfolgt auch hier eine Zugabe von Schwefeldioxid (25–100 mg/L);
– *Seitz-Böhi-Verfahren*: Es wird die Süßreserve über Filtration gut vorklärt, über eine Imprägniereinrichtung mit 15 g/L Kohlendioxid versetzt und in einen Drucktank gefüllt. Dieses Verfahren beruht auf der Tatsache, daß Weinhefen bei einem Kohlensäure-Gehalt von 15 g/L sich

nicht weiter vermehren können. Je nach Temperatur und Füllhöhe im Tank wird der Sättigungsdruck bei Kellertemperaturen zwischen 6 und 10 bar liegen[1]. Da sich *Milchsäurebakterien und *Schimmelpilze durch diese Kohlendioxid-Atmosphäre in ihrem Stoffwechsel nicht beeinflussen lassen, wird ca. 200 mg/L Schwefeldioxid zur Konservierung zugesetzt;
– *Stummschwefelung*: Bei diesem vorwiegend in Kleinbetrieben eingesetzten Verfahren wird die vorbehandelte Süßreserve mit 1000–1500 mg/L Schwefeldioxid „stummgeschwefelt" und somit konserviert. Vor dem eigentlichen Süßungsschritt wird die Süßreserve entschwefelt;
– *Einlagerung unter Zusatz von *Sorbinsäure und Schwefeldioxid*: Die vorbehandelte, gut vorgeklärte Süßreserve wird mit 200–1000 mg/L Sorbinsäure versetzt, wobei zu beachten ist, daß in Verkehr gebrachte Weine einen Sorbinsäure-Gehalt von 200 mg/L nicht überschreiten dürfen[2]. Da Sorbinsäure nur gegen Hefen und Schimmelpilze wirkt, wird Schwefeldioxid bis zu 200 mg/L zum Schutz vor Bakterieninfektion zugesetzt. Kommt es doch zu einer Infektion, kann durch Milchsäurebakterien der sog. Geranienton (siehe *Weinkrankheiten) gebildet werden. Dieses Verfahren ist weniger von Bedeutung. – E grape must

*Lit.:* [1]Troost, G., *Technologie des Weines*, 6. Aufl.; Ulmer: Stuttgart, (1988). [2]VO (EG) Nr. 1493/1999 des Rates über die gemeinsame Marktorganisation für Wein vom 17. Mai 1999 (Amtsblatt der EG Nr. L 179, S. 1), Anhang IV Abschnitt 3.
*allg.*: Jakob, L., Hrsg., *Der Wein*, 10. Aufl.; Ulmer: Stuttgart, (1997); S. 63 ▪ Würdig- Woller, S. 150

**Süßstoffe.** Unter Süßstoffen versteht man Verbindungen synthetischer oder natürlicher Herkunft, die keinen oder im Verhältnis zur Süßkraft einen vernachlässigbaren physiologischen Brennwert besitzen (englisch non-nutritive sweeteners) und eine um ein Vielfaches höhere *Süßkraft* als Saccharose aufweisen. Die Süßkraft einer Verbindung ist durch die Verdünnung gegeben, bei der sie ebenso süß wie eine Saccharose-Lösung schmeckt (isosüße Lösung; meist 0,1 M = 4 %), d. h. eine 500fach verdünnte Lösung eines Süßstoffes schmeckt isosüß wie eine Saccharose-Lösung, wenn der Süßstoff eine Süßkraft von 500 hat. Die Süßkraft einiger Süßstoffe ist Tabelle 1, S. 1120 zu entnehmen.
Süßstoffe werden Lebensmitteln, Arzneimitteln, kosmetischen Mitteln und Futtermitteln mit dem Ziel zugesetzt, einen Süßgeschmack hervorzurufen. Voraussetzung ist nach Shallenberger und Acree[1] das Vorhandensein eines Protonendonor/-akzeptor-Systems $(AH_S/B_S)$ als molekulares Strukturelement, siehe *süßer Geschmack. Bestimmte sterische Voraussetzungen müssen erfüllt werden, damit über zwei Wasserstoff-Brückenbindungen eine Wechselwirkung mit dem komplementären $AH_R/B_R$-System des Rezeptors zustande kommen kann. Eine Erweiterung dieses Konzeptes geht davon aus, daß neben dem Strukturelement $AH_S/B_S$ in

Tabelle 1: Relative Süßkraft einiger Süßstoffe (zum Teil nicht zugelassen).

| Süßstoff | Süßkraft |
|---|---|
| *Saccharose | 1 |
| *Acesulfam-K | 80 – 250 |
| *Natriumcyclamat | 20 – 50 |
| *Glycyrrhizin | 50 |
| *Aspartam | 100 – 200 |
| Aspartam-Acesulfamsalz | etwa 350 |
| Dulcin | 70 – 350 |
| *Saccharin | 200 – 700 |
| *Steviosid | etwa 300 |
| Naringin-Dihydrochalkon (siehe *Flavanone) | 250 – 350 |
| *Sucralose | 600 – 650 |
| *Monellin | 1500 – 2500 |
| *Thaumatin | etwa 2000 |
| *Neohesperidin-Dihydrochalkon | 500 – 2000 |

bestimmter Position eine Gruppe X vorhanden sein muß, die eine hydrophobe Wechselwirkung mit dem Rezeptor gestattet („Dreieck des süßen Geschmacks"). Dieses Modell läßt sich dahingehend verallgemeinern, daß für die Erzielung eines süßen Geschmacks elektrophile/nucleophile Wechselwirkungen und ein hydrophober Kontakt zwischen Rezeptor(en) und Süßstoff-Molekül vorhanden sein müssen[2,3].

Zum Mechanismus der zellulären Signalübertragung von sensorischen Reizen siehe Literatur[4]. Die für den Süßgeschmack verantwortliche Rezeptorpopulation scheint heterogener Natur zu sein[5], siehe auch *süßer Geschmack.

Von den Süßstoffen zu unterscheiden sind die *Zuckeraustauschstoffe, deren Süßkraft oft im Bereich der Saccharose und darunter liegt, die sehr wohl einen physiologischen Brennwert besitzen und die, wie die Süßstoffe, Insulin-unabhängig metabolisiert werden, d.h. für Diabetiker geeignet sind. Zuckeraustauschstoffe besitzen, im Gegensatz zu Süßstoffen auf Grund der bedeutend höheren Einsatzkonzentration, textur- und körpergebende Eigenschaften. Durch die Kombination von Süßstoffen (z.B. Acesulfam-K und Aspartam) läßt sich ein sowohl qualitativer als auch quantitativer Synergismus erzielen, d.h. der Geschmack wird zuckerähnlicher und die Süßkraft verstärkt sich erheblich. Dieses Phänomen wird als „Multi-Sweetener-Konzept" bezeichnet.

Neben den zugelassenen Süßstoffen existiert eine Fülle von synthetischen Verbindungen, Naturstoffen und modifizierten Naturstoffen, deren süßer Geschmack bekannt ist, die aber aus toxikologischen, physikochemischen (mangelnde Stabilität), sensorischen (Geschmacksprofil von dem der Saccharose abweichend) oder Kostengründen nicht zur Marktreife gelangt sind. An der Neuentwicklung von Süßstoffen wird auch weiterhin intensiv gearbeitet.

*Synthetische Verbindungen:* 5-Nitro-2-propoxyanilin (Ultrasüß), Dulcin [(4-Ethoxyphenyl)harnstoff], 1,1-Diaminoalkane[6], sowie Arylharnstoffe und trisubstituierte Guanidine die bis zu 200000mal süßer als Saccharose schmecken sollen[7]. Über Struktur-Geschmacks-Untersuchung mit trihalogenierten Benzamid-Derivaten berichtet Literatur[8].

*Modifizierte Naturstoffe:* *Dihydrochalkone[9] und deren Amid-Analoga[10] (z.B. Naringin-Dihydrochalkon), ringsubstituierte Dihydrochalkone[11], *trans*-Oxime des Perillaldehyds (siehe *Perillaaldehyd), Suosan {Natrium-3-[3-(4-nitrophenyl)ureido]propionat}, Superaspartam (Verbindung von Suosan mit Aspartam), 3-(L-α-Aspartyl-D-alaninamido)-2,2,4,4-tetramethylthietan, Strukturanaloga von Aspartame ohne Phenylalanin (z.B. 1-(L-α-Aspartylamino)cyclopropancarbonsäure-propylester, wichtig für *Phenylketonurie-Patienten)[12] sowie N-(Formylcarbamoyl)aspartam[13] und N-L-α-Aspartyl-3-bicycloalkyl-L-alanin-methylester[14], Dipeptidester mit „inverser" Aspartam-Struktur[15], *Sucralose.

*Naturstoffe:* *Steviosid, Brazzein, *Monellin, *Thaumatin, Osladin, Hernandulcin, Miraculin, Phyllodulcin, Pentadin, *Glycyrrhizin.

Zur Physiologie und Toxikologie siehe die Einzelstichwörter.

**Toxikologie:** Die in Deutschland und der EU zugelassenen Süßstoffe sind entsprechend den international üblichen Anforderungen durch Expertengremien (*EFSA, Panel AFC) gesundheitlich bewertet worden. Auch das Bundesinstitut für Risikobewertung (*BfR) hat zu Süßstoffen im August 2003 eine Bewertung abgegeben, siehe Literatur[16].

**Analytik:** Mit der Reinheitsprüfung von Saccharin und Cyclamat befassen sich die Methoden nach § 64 *LFGB (ex § 35 LMBG) L 57.22.01 und 02. Zum Nachweis der zugelassenen Süßstoffe in Süßstofftabletten siehe L 57.22.99-1 bis 4. Die Bestimmung aller gängigen Süßstoffe kann mittels HPLC mit UV-Detektion erfolgen[17,18]. Eine weitere HPLC-Methode[19], die sich durch besondere Einfachheit auszeichnet, erlaubt den Nachweis der Süßstoffe neben Coffein, Sorbinsäure und Benzoesäure in einem Analysengang.

**Wirtschaft:** Auf Grund des geänderten Verwendungsmusters, weg von der diätetischen und hin zur allgemeinen Anwendung, ist der Bedarf an Süßstoffen in den letzten 15 Jahren erheblich gestiegen, wobei ca. 41% der deutschen Verbraucher (teilweise unbewußt) Süßstoffe verwenden. Zur Ausschöpfung der ADI-Werte siehe Literatur[20].

*Handelsnamen:* natreen® (Mischung von Natriumcyclamat mit Saccharin); Canderel® und Nutrasweet® (Aspartam); Sunett® (Acesulfam-K).

**Recht:** Die Richtlinie 94/35/EG[21] klassifiziert Süßstoffe nach Artikel 1 und Anhang 1 als Lebensmittelzusatzstoffe. In Anlage 2 Teil B der *Zusatzstoff-Zulassungsverordnung (ZZulV 1998)[22] zu § 4 Abs. 1 und § 7 sind die Süßstoffe Acesulfam K, Aspartam, Aspartam-Acesulfamsalze, Saccharin und Salze, Cyclamat und Salze, Sucralose, Thaumatin und Neohesperidin DC für die in dort aufgeführten Lebensmittel unter Beachtung der dort genannten Höchstmengen zugelassen. Gemäß § 9 Abs. 2 ZZulV ist die Verwendung von Süßungsmitteln in Lebensmitteln, ausgenommen Tafelsüßen, ausnahmslos durch den Hinweis „mit Süßungsmittel", bei mehreren Stoffen „mit Süßungsmitteln" in

Tabelle 2: Zugelassene Süßstoffe (EU).

| Kennnummer | Stoff | EWG-Nummer | ADI-Wert [mg/kg] |
|---|---|---|---|
| 1 | 2-Sulfobenzoesäureimid Saccharin-Natrium Saccharin-Kalium Saccharin-Calcium | E 954 | 0–5 |
| 2 | Cyclohexylsulfamidsäure Natriumcyclamat Calciumcyclamat | E 952 | 0–7 0–11 (JECFA) |
| 3 | Aspartam | E 951 | 0–40 |
| 4 | Acesulfam-Kalium | E 950 | 0–9 0–15 (JECFA) |
| 5 | Thaumatin | E 957 | „Acceptable" |
| 6 | Neohesperidin-Dihydrochalkon | E 959 | 0–5 |
| 7 | Aspartam-Acesulfamsalz | E 962 | * |
| 8 | Sucralose | E 955 | 0–15 |

\* Der ADI-Wert für Aspartam-Acesulfamsalz ist durch die bereits festgelegten ADI-Werte seiner Bestandteile Aspartam und Acesulfam abgedeckt.

Verbindung mit der Verkehrsbezeichnung kenntlich zu machen. Die Aufführung der spezifischen Namen der eingesetzten Süßstoffe ist nicht vorgeschrieben, aber möglich. Tafelsüßen und andere Lebensmittel, die Aspartam enthalten, dürfen nur mit dem Hinweis „enthält eine Phenylalanin-Quelle" in den Verkehr gebracht werden. Im Zutatenverzeichnis sind Süßstoffe mit dem Klassennamen „Süßstoff" gefolgt von der spezifischen Bezeichnung bzw. der E-Nr. aufzuführen. Die Reinheitsanforderungen an Süßstoffe sind der Anlage 2, Liste B der *Zusatzstoff-Verkehrsverordnung (ZVerkV) [23] zu entnehmen.
Nach Anlage 3, Nr. 3.2 der Futtermittel-Verordnung [24] sind Saccharin und Neohesperidin-Dihydrochalkon bis zu einer angegebenen Höchstmenge für bestimmte Tierarten und bis zu einem bestimmten Alter der Tiere als sogenannter „aroma- und appetitanregender Stoff" für Futtermittel zugelassen. Bei Kautabak, der Saccharin enthält, muß laut *Tabakverordnung der Gehalt an diesem Stoff durch die Angabe „mit Süßstoff Saccharin" kenntlich gemacht werden. – *E* sweeteners

*Lit.:* [1] Nature (London) **216**, 480 (1967). [2] Lebensmittelchem. Gerichtl. Chem. **41**, 77–82 (1987). [3] Getreide Mehl Brot **40**, 371–374 (1986). [4] Nature (London) **331**, 351, 354 (1988). [5] Chem. Senses **10**, 83 (1983). [6] J. Am. Chem. Soc. **107**, 5821 (1985). [7] New Sci. **1990**, 595. [8] Z. Lebensm. Unters.-Forsch. **190**, 319–324 (1990). [9] Lebensm. Wiss. Technol. **23**, 371–326 (1990). [10] J. Agric. Food Chem. **35**, 409–411 (1987). [11] J. Agric. Food Chem. **39**, 44–51 (1991). [12] Int. J. Pept. Protein Res. **30**, 498–510 (1987). [13] J. Agric. Food Chem. **39**, 154–158 (1991). [14] J. Agric. Food Chem. **39**, 52–56 (1991). [15] J. Agric. Food Chem. **38**, 1368–1373 (1990). [16] BfR, *Bewertung von Süßstoffen*, Information des BfR vom 21.08.2003; http://www.bfr.bund.de/cm/208/bewertung_von_suessstoffen.pdf. [17] J. Assoc. Off. Anal. Chem. **71**, 934–937 (1989). [18] Dtsch. Lebensm. Rundsch. **89**, 43–45 (1993). [19] Dtsch. Lebensm. Rundsch. **86**, 348–351 (1990). [20] Food Chem. Toxicol. **29**, 71f. (1991). [21] Richtlinie 94/35/EG des Europäischen Parlaments und des Rates vom 30.06.1994 über Süßungsmittel, die in Lebensmitteln verwendet werden dürfen (Amtsblatt der EG Nr. L 237, S. 3). [22] Zusatzstoff-Zulassungsverordnung vom 29.01.1998 in der Fassung vom 20.12.2002 (BGBl. I, S. 4695).

[23] Zusatzstoff-Verkehrsverordnung vom 29.01.1998 in der Fassung vom 24.06.2003 (BGBl. I, S. 1097). [24] Bekanntmachung der Neufassung der Futtermittel-Verordnung vom 23.11.2000 (BGBl. I, S. 1605).
*allg.:* aid-Infodienst Verbraucherschutz, Ernährung, Landwirtschaft e.V., Hrsg., *Zucker, Sirup, Honig, Zuckeraustauschstoffe, Süßstoffe*, 9. Aufl.; aid: Bonn, (2004) ▪ Baltes (5.) ▪ Belitz-Grosch-Schieberle (5.), S. 424–436 ▪ Lindner (4.), S. 188–192 ▪ Ullmann (5.) **A4**, 66; **A11**, 573

**Süßungsmittel** siehe *Süßstoffe und *Zuckeraustauschstoffe.

**Süßwaren.** Sammelbezeichnung für Lebensmittel, deren Geschmack u. Charakter im wesentlichen durch *Saccharose und/oder Zuckerarten od. *Zuckeraustauschstoffe geprägt sind. Unter Süßwaren werden in Deutschland auch von der Süßwarenindustrie produzierte, wenig süße oder salzige (würzige) Lebensmittel verstanden. Dies sind im einzelnen: Zuckerwaren, Schokolade u. Schokoladenwaren, Schokoladenhalberzeugnisse, Kakaoerzeugnisse, Dauerbackwaren, Knabberartikel, Speiseeis, Rohmassen u. angewirkte Rohmassen sowie Glasurmassen. Es existiert keine spezielle Rechtsvorschrift, vielmehr tritt der Begriff Süßwaren in den verschiedenen rechtlichen Bestimmungen auf. Zur Beurteilung werden die „Leitsätze für Ölsamen u. daraus hergestellten Massen u. Süßwaren", die „Begriffsbestimmungen u. Verkehrsregeln für Zuckerwaren u. verwandte Erzeugnisse" sowie die „Richtlinie für Invertzuckercreme" herangezogen. Relevante Verordnungen sind die *Lebensmittel-Kennzeichnungsverordnung, *Zusatzstoff-Zulassungsverordnung, *Aromen-Verordnung, Kakao-Verordnung, Milcherzeugnis-Verordnung, Zuckerarten-Verordnung, Honigverordnung. Die Süßwarenindustrie ist der viertgrößte Zweig der Lebensmittelindustrie in Deutschland (Umsatz 2000: 11,4 Mrd. €). – *E* sweets, confectionery

*Lit.:* Belitz-Grosch-Schieberle (5.), S. 955f. ▪ Bundesverband der Deutschen Süßwarenindustrie e.V. (BDSI), Hrsg., *Süßwarentaschenbuch*, Molberg: Bonn, (2001) ▪ Ullmann (5.) **A7**, 411 ▪ Zipfel, C 355, C 355e

**Süßwasserfische** siehe *Fisch und *Fischzucht.

**Sufu.** Mit Schimmelpilzen fermentierter und veredelter ostasiatischer Sojabohnenquark von der Konsistenz eines cremigen Käses, hergestellt vorrangig in China, aber auch in Japan (Teou-furu), Vietnam (Chao), Philippinen (Tahuli), Indonesien (Taokoan) und Thailand (Tao-hu-yi); siehe auch *Sojabohnenerzeugnisse.
*Herstellung:* 1. Stufe: Aus Sojabohnen wird durch Vermahlung mit Wasser *Sojamilch hergestellt. Nach Erhitzung und Abkühlung wird diese durch Zugabe von Calciumsalzen oder durch Säuerung zum Koagulieren gebracht. Durch Abpressen der Molke erhält man *Tofu.
2. Stufe: Tofu wird in Würfel geschnitten, mit einer angesäuerten Kochsalzlösung (6% NaCl; 2,5% Citronensäure) behandelt, erhitzt (15 min bei 100 °C), mit *Actinomucor elegans* oder anderen *Mucor*-Stämmen bzw. *Rhizopus*-Stämmen beimpft[1,2] und fermentiert. Pilzeigene Proteasen und Lipasen hydrolysieren das Sojaprotein bzw. Sojafett partiell und tragen somit zur Ausbildung des charakteristischen Aromas bei. Nach 2–7 Tagen sind die Würfel von einem weiß-gelblichen Mycel bedeckt (Pehtzes).
3. Stufe: Die Pehtzes werden mit einer Lake aus 12% Kochsalz, Reiswein sowie geschmackgebenden Zutaten versehen und einige Wochen oder Monate fermentiert.
Sufu kann anschließend unter Lakezugabe abgefüllt und sterilisiert in den Handel gebracht werden. Mit jeweils ca. 40% der Trockenmasse weist Sufu einen hohen Rohprotein-Gehalt und Fettgehalt auf. „Red sufu" entsteht durch Zugabe von rotem Reis (Ang-Kak, siehe *Monascus purpureus) zur Lake. Zu verschiedenen Sufu-Arten und deren Zusammensetzung in Abhängigkeit vom Produktionsprozeß siehe Literatur[3].
*Verwendung:* Sufu dient als würzende Beigabe zu ostasiatischen Speisen oder wird mit Gemüse und Fleisch gekocht, kann aber auch als käseähnliche Zutat für Cracker, Soßen, Dressings verwendet werden. – *E* sufu
*Lit.:* [1]Liu, K., *Soybeans*, Chapman & Hall: New York, (1997); S. 284–289. [2]Han, B.-Z.; Ma, Y.; Rombouts, F. M.; Nout, M. J. R., *Food Chem.*, (2003) **81**, 27–34. [3]Han, B.-Z.; Rombouts, F. M.; Nout, M. J. R., *Int. J. Food Microbiol.*, (2001) **65**, 1–10.
*allg.:* Steinkraus, K. H., *Compr. Rev. Food Sci. Food Saf.* [Online], (2002) **1**, 23–32; http://members.ift.org/IFT/Pubs/CRFSFS/

**3(6)-Sulfanylhexan-1-ol** siehe *Fruchtaromen (Passionsfrucht-, Guavenaroma) und *Weinaroma.

**3-Sulfanylhexylacetat** siehe *Weinaroma.

**3-Sulfanyl-3-methylbutan-1-ol** siehe *Weinaroma.

**4-Sulfanyl-4-methylpentan-2-on** siehe *Weinaroma.

**3-Sulfanylpropionsäureethylester** siehe *Fruchtaromen (Weintraubenaroma).

**Sulfatterpentinöl** siehe *Terpentinöl.

**Sulfat-Verfahren** siehe *Cellulose.

**Sulfat-Zellstoff** siehe *Cellulose.

**Sulfhydryl-Oxidasen** (EC 1.8.3.2). Gruppe von Metalloprotein- sowie Flavin-abhängigen Oxidoreduktasen, welche die Oxidation von Thiolen zu Disulfiden bei gleichzeitiger Reduktion von Sauerstoff zu $H_2O_2$ katalysieren[1]:

$$2R-SH + O_2 \rightarrow R-S-S-R + H_2O_2$$

Das Flavin-abhängige Enzym kommt in pflanzlichen, tierischen und mikrobiellen Geweben vor; es katalysiert die Bildung von Disulfiden in Proteinen und Peptiden wirksamer als die Oxidation von SH-Gruppen in kurzkettigen Substraten wie Cystein oder Glutathion. Die Bedeutung von Sulfhydryl-Oxidasen für biochemische Prozesse der Proteinstrukturierung wird intensiv studiert (vgl. PDB entry 1JR8, mitochondriale Erv2P Sulfhydryloxidase aus *Saccharomyces cerevisiae*)[2–5]. Das Enzym unterscheidet sich von der Glutathion-Disulfid-Oxidoreduktase (EC 5.3.4.1) und zeigt im übrigen keine Sequenz-Analogien zur Sulfhydryl-Oxidase aus *Aspergillus niger*.
Von praktischer Bedeutung ist das Vorkommen von Sulfhydryl-Oxidase in *Milch; ein techn. Prozeß zur Gewinnung aus Lab-Molke ist seit langem entwickelt. Es soll den oxidativen Kochgeschmack von *UHT-Milch beseitigen. Eine andere Anw. der S.-O. liegt in der Stabilisierung von schwachem *Gluten bei der Brotherstellung. – *E* sulfhydryl oxidase
*Lit.:* [1]Hoobert, K. L.; Sheasley, S. L.; Gilbert, H. F.; Thorpe, C., *J. Biol. Chem.*, (1999) **274**, 22147. [2]Lee, J.; Hofhaus, G.; Lisowski, T., *FEBS Lett.*, (2000) **477**, 62. [3]Gerber, J.; Muhlenhoff, U.; Hofhaus, G.; Lill, R.; Lisowski, T., *J. Biol. Chem.*, (2001) **276**, 23486. [4]Gross, E.; Sevier, C. S.; Vala, A.; Kaiser, C. A.; Fass, D., *Nat. Struct. Biol.*, (2002) **9**, 61. [5]Lange, H.; Lisowski, T.; Gerber, J.; Muhlenhoff, U.; Kispal, G.; Lill, R., *EMBO Rep.*, (2001) **2**, 715. – *[HS 3507 90; CAS 9029-39-4]*

**Sulfitation** siehe *Saccharose (Herstellung von Rohrzucker).

**Sulfite** siehe *Schwefeldioxid.

**Sulfit-Verfahren** siehe *Cellulose.

**Sulfit-Zellstoff** siehe *Cellulose.

**2-Sulfobenzoesäureimid** siehe *Saccharin.

**Sulfochinovose** siehe *Glyceroglycolipide.

**Sulfolipide** siehe *Glyceroglycolipide.

**Sulfonylharnstoff-Herbizide.** Sulfonylharnstoffe haben als orale Antidiabetika große Bedeutung erlangt. Nach der Entdeckung der herbiziden Eigenschaften dieser Substanzklasse begann ab 1975 eine intensive Entwicklung dieser neuen *Herbizide, wobei vor allem *ortho*-substituierte Benzolsulfonylharnstoff-Derivate, die am Stickstoff einen N-Heterocyclus (Pyrimidin oder Triazin) tragen, Bedeutung erlangten. Beispiele: Bensulfuron-methyl, Chlorsulfuron, Chlorimuron-ethyl, Metsulfuron-methyl, Triasulfuron, Thifensulfuron-methyl.

*Wirkung:* Sulfonylharnstoff-Herbizide sind sehr selektive Wirkstoffe mit einer ausgeprägten systemischen Wirkung gegen mono- wie auch dikotyle Pflanzen. Der Wirkungsmechanismus der Sulfonylharnstoff-Herbizide beruht auf einer Hemmung der Acetolactat-Synthase, womit die Biosynthese der Aminosäuren Valin und Isoleucin unterbunden wird. Bis zu 5000 Selektivitätsfaktoren beruhen auf den unterschiedlichen Fähigkeiten empfindlicher und unempfindlicher Pflanzenarten, die Sulfonylharnstoff-Herbizide schnell in polare Metaboliten umzuwandeln (β-Glucose-Konjugate). Herausragendes Merkmal der Sulfonylharnstoff-Herbizide ist ihre außergewöhnlich hohe Aktivität, die es erlaubt, mit sehr niedrigen Aufwandsmengen von größenordnungsmäßig 2–50 g/ha auszukommen.

*Toxikologie:* Aus toxikologischer Sicht sind die Sulfonylharnstoff-Herbizide nach gegenwärtigem Kenntnisstand günstig zu bewerten. Die $LD_{50}$ (Ratte akut-oral) liegt über 4000 mg/kg. Weder mutagene noch teratogene Effekte sind bekannt. Ebenso ist die Toxizität gegenüber Vögeln, Fischen und Insekten gering.

*Anwendung:* Sulfonylharnstoff-Herbizide können vielseitig eingesetzt werden; bevorzugt erfolgt die Anwendung im Nach- oder Vorauflaufverfahren im Getreideanbau, aber auch in Soja- und Rapskulturen sowie im Nichtkulturland. – *E* sulfonylurea herbicides

*Lit.:* Dinelli, G.; Vicari, A.; Catizone, P., *J. Chromatogr. A*, (1996) **733**, 337–347 ∎ Healy, C. E.; Heydens, W. F.; Naylor, M. W., *Regul. Toxicol. Pharmacol.*, (2004) **39**, 313–324 ∎ Sarmath, A. K., Sabadie, J., *J. Agric. Food Chem.*, (2002) **50**, 6253–6255 ∎ Wakabayashi, K.; Boger, P., *Pest Manag. Sci.*, (2002) **58**, 1149–1154

**Sulforaphan** siehe *Senföle.

**Sulforaphen** siehe *Senföle.

**Sulfotep** siehe *Organophosphor-Insektizide.

**Sultaninen** siehe *Rosinen.

**Sunett®** siehe *Acesulfam-K.

**supercritical fluid chromatography** (SFC). Bezeichnung für ein chromatographisches Verfahren, bei dem Gase ($CO_2$, $N_2O$, $CF_6$ etc.) im überkritischen Zustand als mobile Phase benutzt werden. Es werden auch gemischte Phasen benutzt, z.B. aus $CO_2$ und einem polaren organischen Lösemittel; weiterhin werden Additive (z.B. starke Säuren oder Basen) zur Optimierung der Peak-Form benutzt.

Die SFC wird vielfach als Bindeglied zwischen der *Gaschromatographie (GC) und der *HPLC angesehen. Vorteile gegenüber der GC sind in der geringeren Analysentemperatur zu sehen, wodurch das Auftreten thermischer Artefakte minimiert wird. Außerdem läßt sich die SFC über einen größeren Molmassenbereich und auch bei geringerer Flüchtigkeit der Probenkomponenten anwenden. Die wichtigsten Vorteile gegenüber der HPLC sind eine zum Teil gesteigerte Trennleistung sowie die Möglichkeit – in Ergänzung zu den üblichen HPLC-Detektoren – universell einsetzbare GC-Detektoren (z. B. Flammenionisationsdetektor) zu verwenden. Die Abbildung zeigt eine mögliche Gerätekonfiguration.

Die SFC kann über Schaltventile direkt mit der SFE (supercritical fluid extraction) gekoppelt werden.

Anwendungen sind z.B. die Analytik fettlöslicher Vitamine[1–2] sowie von Fetten und Ölen[3]; auch forensische und pharmazeutische Anwendungen sind beschrieben. – *E* supercritical fluid chromatography

*Lit.:* [1]Turn, C.; King, J. W.; Mathiasson, K., *J. Chromatogr. A*, (2001) **936**(1–2), 215–237. [2]Furr, H. C.; *J. Nutr.*, (2004) **134**(1), 281S–285S. [3]Andrikopoulos, N. K., *Crit. Rev. Food Sci. Nutr.*, (2002) **42**(5), 473–505.

*allg.:* Poole, C. F., *The Essence of Chromatography*, Elsevier: Amsterdam, (2003); S. 569–617

**Superoxid** siehe *Sauerstoff-Radikale.

**Superoxid-Dismutase** (Abk. SOD, Superoxid: Superoxid-Oxidoreduktase, EC 1.15.1.1). Sammelbez. für in allen *Aerobiern vorkommende Metallproteine, die als Oxidoreduktasen das Radikal-Ion Hyperoxid (Superoxid) in Wasserstoffperoxid u. Sauerstoff umwandeln:

$$2O_2^{\cdot-} + 2H^+ \rightarrow H_2O_2 + O_2$$

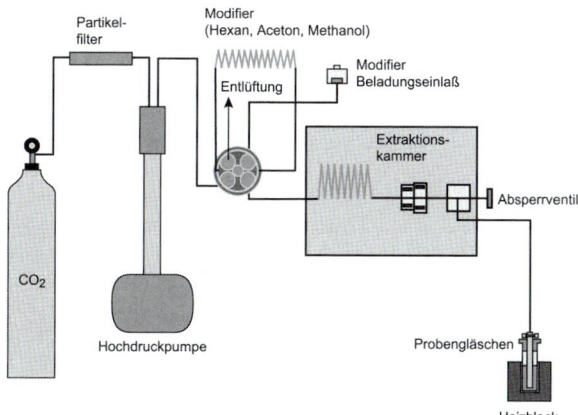

Abbildung: Geräteaufbau bei der SFC.

Am meisten weiß man über die SOD aus Rinder-erythrocyten (PDB entry 1CBJ). Das nicht blaue Kupferprotein mit $M_R$ 31300 enthält in seinen beiden ident. Untereinheiten je 151 (Mensch: 153) Aminosäure-Reste bekannter Sequenz sowie 1 Kupfer- u. 1 Zink-Atom u. ist sehr stabil gegen Denaturierung. Verschiedene solcher $Cu_2Zn_2$-SOD findet man in fast allen Geweben von Eukaryonten, Mangan- (PDB entries 1EN5 und 1EQW für das Enzym aus *Escherichia coli* bzw. *Salmonella typhimurium*) u. Eisen-SOD in Prokaryonten u. Pflanzen ($M_R$ ca. 40000) sowie in Leber-Mitochondrien ($M_R$ 80000).

Erst 30 Jahre nach der Entdeckung des *Erythrocupreins* (Cytocuprein, Hämocuprein, Hepatocuprein) stellte man fest, daß es im Stoffwechsel als SOD wirkt. Die SOD scheinen im Organismus für die Entgiftung tox. Sauerstoff-Spezies[1] verantwortlich zu sein, insbes. des Hyperoxids, das im Körper aus mol. Sauerstoff entsteht, z.B. durch *Xanthin-Oxidase bei Reperfusion (Wiederdurchblutung Sauerstoff-verarmten Gewebes), durch die NADPH-Oxidase der phagocytierenden Makrophagen u. neutrophilen Granulocyten bei Entzündungen (respiratory burst), durch *ionisierende Strahlung usw. SOD können als natürliche Strahlenschutz-Mittel aufgefaßt u. therapeut. als Antiphlogistika eingesetzt werden. SOD ist auch erforderlich zur Aktivierung der Ribonucleotid-Reduktase aus *Escherichia coli*. Mutation des SOD-Gens kann zu *amyotroph. Lateralsklerose* führen, einer fortschreitenden Degeneration motor. Nerven mit tödlichem Ausgang[2]. – **E** superoxid dismutases

*Lit.:* [1]Fridovich, I., *Adv. Mol. Cell Biol.*, (1998) **25**, 1. [2]Science **271**, 446f., 515–518 (1996).

*allg.:* Macmillan-Crow, L. A.; Cruthirds, D. L., *Free Radical Res.*, (2001) **34**, 325 ▪ Tsan, M. F., *Int. J. Mol. Med.*, (2001) **7**, 13 ▪ Ullrich, V.; Bachschmid, M., *Biochem. Biophys. Res. Commun.*, (2000) **278**, 1 – *[HS 3507 90; CAS 9054-89-1]*

**Suppenwürze** siehe *Speisewürze.

**Surimi.** Surimi ist zerkleinertes, mit Wasser gewaschenes Fischmuskelfleisch ohne Faserstruktur, das durch Zusatz von Polyphosphaten, Citraten und Sorbit einer Tiefkühllagerung zugänglich gemacht und vor allem in Japan hergestellt wird. Surimi selbst ist ein Halbfertigerzeugnis, das zu Erzeugnissen wie *Kamaboko* weiterverarbeitet werden muß. *Verwendung: Herstellung von Kamaboko:* Aus Surimi, das aus dem Fleisch des Alaska-Pollock (*Theragra chalcogramma*) und anderer magerer Fischarten gewonnen wurde, läßt sich unter Zusatz von bis zu 4% Saccharose, 4% Sorbit und 0,2% Polyphosphat ein Gel herstellen, das zu dünnen Fasern geschnitten wird. Nach Pressen in Formen erhält man Garnelenfleisch-ähnliche und Hummerfleisch-ähnliche Kamaboko-Erzeugnisse, die durch Zusatz von natürlichen und künstlichen Farbstoffen und Aromastoffen echtem Garnelenfleisch ähnlich sind. Sorbit läßt sich auch durch *Polydextrose®* oder *Palatinit®* ersetzen. Zur Zusammensetzung siehe Tabelle.

Tabelle.: Zusammensetzung von Kamaboko (Beispiel).

| | |
|---|---|
| Pollock-Paste | 77,0% |
| Brotkrumen | 7,5% |
| Mehl | 3,0% |
| Salz | 2,7% |
| Albumin | 2,5% |
| natürliche Gewürze | 1,5% |
| Saccharose | 0,3% |
| Pilgermuschelextrakt | 0,2% |

– **E** surimi

*Lit.:* Park, J. W., *Surimi and Surimi Seafood*; Food Science and Technology Series 101; Marcel Dekker: New York, (2000); S. 500 – *[HS 0304 90, 1604 20]*

**Surinamkirsche** siehe *Pitanga.

**Sushi.** Sushi ist eine ursprünglich aus Japan stammende Spezialität. Das Wort bedeutet sauer, säuerlich. Die Basis ist gekochter Reis, der mit gesüßtem Reisessig aromatisiert ist. Nach dem Abkühlen glänzt der Reis und ist leicht trennbar. Es gibt eine Vielzahl von Sushi-Gerichten. *Nigiri Sushi* sind dünne Scheiben von rohem Fisch, der mit Reis ummantelt ist oder auf geformter Reisunterlage liegt; *Hosomaki* sind dünne Sushi-Rollen und *Futomaki* dicke Sushi-Rollen. Für die Füllung der Rollen werden verschiedene zerkleinerte Gemüsesorten, roher, gekochter oder geräucherter Fisch, Garnelen, Weichtiere, Tofu und anderes verwendet. Die Rollen werden von einer dünnen Schicht Algen (*Nori*) umschlossen. Zu Sushi wird scharfer grüner Meerrettich (*Wasabi*), Sojasoße und süßsauer eingelegter Ingwer gereicht. Sushi ist eine fettarme, kalorienreiche und abwechslungsreiche Mahlzeit. Sushi ist entstanden aus einer Konservierungsmethode für Fisch, der von einer dicken Reisschicht bedeckt eingelegt und gelagert wurde. Werden rohe Meeresfrüchte verwendet, sollen diese zur sicheren Abtötung von Parasiten über Nacht (24 Stunden) bei mindestens −20°C tiefgefroren werden. – **E** sushi

*Lit.:* Park, J. W., Hrsg., *Surimi and Surimi Seafood*; Food Science and Technology Series 101; Marcel Dekker: New York, (2000)

**Swift-Test** (Swift-Stability-Test). Standardisierter Test (AOCS Tentative Method Cd 12–57) zur Bestimmung der Oxidationsstabilität von *Fetten und Ölen. Zur Durchführung wird das Fett auf 97,8°C temperiert, mit gereinigter Luft durchspült und entweder die Sauerstoff-Aufnahme, die UV-Absorption (*Linolsäure- bzw. *Linolensäure-haltige Fette) oder die Menge an gebildeten Peroxiden in Abhängigkeit von der Lagerdauer ermittelt. Zur Zeitersparnis wird häufiger diejenige Zeit bis zum Auftreten einer *Peroxid-Zahl von 20 (bei tierischen Fetten) bzw. 100 (bei pflanzlichen Fetten) ermittelt. Der Aussagewert des Swift-Test ist umstritten. In modifizierter Form (*Rancimat-Methode*) wird dieser Test auch zur Bestimmung der antioxidativen Aktivität benutzt. – **E** Swift test

*Lit.:* Ranalli, A.; Malfatti, A.; Cabras, P., *J. Food Sci.*, (2001) **66**, 592

**Synärese.** *Gele, d.h. Mischphasen, bei denen sich eine feste und eine flüssige Phase jeweils kontinuierlich durchdringen, sind tendenziell instabil, wenn zwischen den Phasen große Grenzflächenspannungen existieren (lyophobe Gele; Gegenteil: lyophile Gele, z.B. Gelatine/Wasser). Lyophobe Gele tendieren zur Phasentrennung als Folge des Zusammenwachsens und Verdichtens der Einzelphasen, also der Grenzflächenverkleinerung. Äußerlich sichtbar wird der Vorgang durch Austreten von Flüssigkeit, man spricht dann von Synärese. Sie ist häufig zu beobachten bei Speisequark, Joghurt, Ketchup, Senf etc., unter Umständen auch bei Emulsionen (Sahne). Essentiell ist Synärese bei der Herstellung von Käse, wo die Milchgallerte entwässert werden muß, siehe auch Literatur[1]. – *E* syneresis

*Lit.:* [1]Fox, P. F., McSweeney, P.; Cogan, T.; Guinee, T., Hrsg., *Cheese: Chemistry, Physics and Microbiology*, 3. Aufl.; Elsevier: London, (2004); Bd. 1. *allg.:* Ullmann (7.);http://dx.doi.org/10.1002/14356007.a25_747 [Online, Juni 2000]

**Syndets.** Kurzbezeichnung für den Begriff „synthetic detergents", der ursprünglich für alle synthetischen waschaktiven Substanzen verwendet wurde und inzwischen durch den Begriff *Tenside (anionische, kationische, nichtionische) ersetzt worden ist. In Stückform (bars) konfektionierte Syndet-Seifen sind alkalifreie, pH-neutrale oder schwach sauer eingestellte Produkte für Hautreinigung und Hautpflege. Sie enthalten keine Fettsäure-Salze, sondern synthetische Tenside wie Fettalkoholsulfate, Fettsäureisenthionate und Fettsäure-*N*-methyltauride usw. in Kombination mit Buildern, Weichmachern, Rückfettungsmitteln, Füllstoffen, Parfümölen und Farbstoffen. Flüssige Syndets enthalten zudem Verdicker, häufig auch Konservierungsstoffe und Antioxidantien. Combibars od. Compounds sind Gemische aus Syndet-Seifen und Alkaliseifen.

*Lit.:* Lundmark, L., *Cosmet. Toiletries*, (1992) **107**(12), 49–53 ▪ Parfüm. Kosmet. **74**, 26 (1993) ▪ Umbach (2.), S. 94–105

**Synergisten.** 1. Im Pflanzenschutz u. in der Schädlingsbekämpfung Bez. für Substanzen, die z.B. die Wirkung von Insektiziden um ein Vielfaches steigern können, ohne selbst insektizid zu sein. S., bes. Piperonylbutoxid, werden v.a. zusammen mit *Pyrethrum od. *Pyrethroiden eingesetzt. Seine Wirkung beruht darauf, daß es durch Hemmung von Monooxygenasen die Oxid. des Wirkstoffs verhindert u. so dessen Wirkungsdauer verlängert.
2. Im Lebensmittelbereich Bez. für a) Komplexbildner, die zusammen mit Antioxidantien Lebensmitteln zugesetzt werden, um Schwermetall-Spuren zu inaktivieren, die oxidative Veränderungen katalysieren können; – b) Verb., die verbrauchte Antioxidantien regenerieren. – *E* synergists

*Lit.:* Kamal-Eldin, A.; Appelqvist, L. A., *Lipids*, (1996) **31**, 671 ▪ Ray, D. E.; Forshaw, P. J., *J. Toxicol. Clin. Toxicol.*, (2000) **38**, 95

**Synigrin** siehe *Glucosinolate.

**Synourinöl** siehe *Ricinusöl.

**Syntane** siehe *Gerbstoffe.

**Synthesekautschuke** (Kurzzeichen SR). Aus Gründen der Verfügbarkeit und der zum Teil unbefriedigenden Eigenschaften der Naturkautschuke (NR), z.B. der Alterungsbeständigkeit, wurden schon frühzeitig Versuche aufgenommen, diese durch Kautschuke auf synthetischer Basis zu substituieren. Nach ersten Bemühungen, Isopren zu polymerisieren (um 1880), bezog man auch andere 1,3-Diene in die Untersuchungen ein. Dem Polymeren des 2,3-Dimethylbuta-1,3-diens (Methylkautschuk) folgten das Polybutadien (Buna®) und das Poly(2-chlorbuta-1,3-dien) (Chloropren-Kautschuk) sowie Synthesekautschuke, die durch Copolymerisation zweier oder Terpolymerisation dreier verschiedener Monomere entstehen. Schwierigkeiten bestanden lange darin, daß bei 1,3-Dienen während der Polymerisation meist sowohl 1,2- als auch 1,4-Addition auftritt und bei substituierten Vertretern (Chloropren, Isopren) noch die Möglichkeiten der 3,4-Addition sowie die der Kopf/Kopf-, Kopf/Schwanz- und Schwanz/Schwanz-Addition hinzukommen; zusätzliche Isomeriemöglichkeiten bestehen in der Stereochemie um die neugebildete Doppelbindung (1,4-*cis*- und 1,4-*trans*-Addition). Erst vor wenigen Jahren hat man gelernt, mit Hilfe der Ziegler-Natta-Katalysatoren Butadien oder Isopren stereospezifisch zu polymerisieren (*Stereokautschuke*); man kann so z.B. zu einem Polyisopren gelangen, das den gleichen Aufbau wie der Naturkautschuk aufweist (siehe Abbildung).

Abbildung: Stereochemie der Polyisoprene (Naturkautschuke).

Im folgenden sind die wichtigsten Synthesekautschuke aufgeführt (Kurzzeichen nach DIN ISO 1629: 2004-11 und/oder nach ASTM-D 1600):
– Styrol-Butadien-Kautschuk (SBR), der etwa 50% der Synthesekautschuk-Produktion der Welt ausmacht und eine höhere Abriebfestigkeit und Wärmebeständigkeit, aber geringere Elastizität als Naturkautschuk besitzt;
– Isoprenkautschuk (IR), der als Polyisopren mit 90–98% *cis*-Anteil dem Naturkautschuk naturgemäß am ähnlichsten ist;
– Polybutadien-Kautschuk (BR), dessen Elastizität und Aufnahmevermögen für Füllstoffe und Mineralöl höher, dessen Einreißfestigkeit und Beständigkeit gegen das Weiterreißen jedoch geringer als bei Naturkautschuk sind;
– Polychloropren (Chloropren-Kautschuk, CR), der flammwidrig und wesentlich alterungs-, öl-

und lösemittelbeständiger ist als Naturkautschuk oder auch Styrol-Butadien-Kautschuk;
- Nitrilkautschuk (NBR, Acrylnitril-Butadien-Kautschuk) mit guter Öl- und Benzinbeständigkeit sowie Hitze- und Abriebfestigkeit;
- Butylkautschuk (IIR) mit geringer Luft- und Gasdurchlässigkeit und guter Alterungs- und Wärmebeständigkeit;
- Brombutylkautschuk (BIIR) mit guter Haftung zu anderen Elastomeren und guter Hitzebeständigkeit;
- Ethylen-Propylen-Elastomere (EPM und EPDM) von besonders guter Alterungsbeständigkeit und hohem Aufnahmevermögen für Füll- und Streckmittel;
- Siliconkautschuk (P/VMQ) mit hoher Heißluft-, Ozon- und UV-Beständigkeit bei guter Tieftemperaturflexibilität und hohem elektrischem Durchgangswiderstand;
- Polyurethan-Kautschuk [Polyester-Urethan-Kautschuk (AU) und Polyether-Urethan-Kautschuk (EU)], der hauptsächlich zu Schaumstoff verarbeitet wird;
- Polyepichlorhydrin-Kautschuk (CO), der besonders alterungs-, öl- und benzinbeständig ist, während die Copolymeren mit Ethylenoxid (ECO) sich durch gute Tieftemperaturflexibilität auszeichnen.

Daneben gibt es noch Spezialsorten wie Thioplaste (Polysulfid-Kautschuk, besonders hohe Quellbeständigkeit), chlorsulfoniertes Polyethylen (CSM, besonders gute Oxidationsbeständigkeit), Ethylen-Vinylacetat-Copolymere (EVA, EVM, wetter- und kompressionsbeständig, für Dichtungen und Haftklebstoffe), Polynorbornen-Kautschuk (PNR, hohe Ölverstreckbarkeit und Kältebeständigkeit), Acrylat-Kautschuk (ACM und ANM, gute Beständigkeit gegen heiße Öle und aggressive Schmierstoffe), Fluorkautschuk (FPM, FKM, CFM, gegen Schmiermittel und hydraulische Flüssigkeiten bis $\gtrsim 200\,°C$ beständig), Polyphosphazene, insbesondere die Phosphonitril-Fluorelastomere (PNF, hohe Lösemittel- und Kältebeständigkeit, mechanische Festigkeit bei $-60\,°C$ bis $+200\,°C$), sowie thermoplastische Elastomere (TPE), die ohne Vulkanisation durch Spritzguß geformt werden können (Blockpolymere) und in der Schuh- und Klebstoffindustrie verwendet werden. Die Vernetzung der Synthesekautschuke zu Elastomeren (*Gummi) mit definierten Eigenschaften erfolgt nach unterschiedlichen Verfahren.

Eine detaillierte Übersicht über wichtige Synthesekautschuke gibt Literatur[1].

*Verwendung:* Größtes Einsatzgebiet für Synthesekautschuke ist die Herstellung von Reifen und Reifenprodukten.

*Recht:* Für *Bedarfsgegenstände aus Synthesekautschuke ist die stoffliche Zusammensetzung unter anderem in den Kunststoffempfehlungen des *BfR (Nr. XXI) geregelt[2]. Die dort genannten Anforderungen berücksichtigen insbesondere die in der Praxis vorkommenden Verwendungsbedingungen und erfassen den Langzeitkontakt ($>24$ h) in Kategorie 1, eine mittlere Kontaktzeit ($\leq 24$ h) in Kategorie 2, den Kurzzeitkontakt ($\leq 10$ min) in Kategorie 3 und einen zeitlich unbedeutenden Kontakt in Kategorie 4. In der Sonderkategorie sind die Anforderungen für die Bedarfsgegenstände aus Synthesekautschuke genannt, die bestimmungsgemäß beim Verzehr von Lebensmitteln verwendet werden bzw. bestimmungsgemäß oder vorhersehbar in den Mund genommen werden. Eine weitere, rechtsverbindliche Regelung ist in der *Bedarfsgegenstände-Verordnung (§ 5, Anl. 4) für *Beruhigungssauger und Flaschensauger aus elastomerem Material getroffen. – E synthetic (man made) rubber

*Lit.:* [1] Kunststoffe **77**, 1058 (1987). [2] Kunststoffempfehlungen des BfR; http://bfr.zadi.de/kse.
*allg.:* Elias (5.) **2**, 475 ▪ <Ullmann (7.); http://dx.doi.org/10.1002/14356007.a23_239.pub4 [Online, April 2004]

**Synthetische Pigmente** siehe *Pigmente.

**SZ.** Abkürzung für Säurezahl, siehe *Fettkennzahlen.

# T

**T.** In der Biochemie Abk. für *Threonin (IUPAC/ IUB-Regel 3AA-1) u. Ribosylthymin (od. Thymidin; Regel N-3.2) in Ein-Buchstaben-Notationen der *Aminosäuren bzw. Nucleoside.

**Tabakfermentation.** Bez. für bei den unterschiedlichen Tabaksorten nach der Trocknung der Blätter einsetzende u. zur Bildung der Geschmacks- u. Aromastoffe (Tabakaroma) führende chem. Veränderungen bzw. Umsetzungen. Der Verlauf der T. kann durch Temp. u. Feuchtigkeit gesteuert werden; für eine gute Fermentation ist ein langsamer Temp.-Anstieg erforderlich. Das Temp.-Maximum liegt bei 60 °C. Bei <10% $H_2O$ im Tabak ist keine Fermentation mehr möglich. Bei Gehalten zwischen 10–27% $H_2O$ bestimmen enzymat. Vorgänge die Reaktionen; >27% $H_2O$ werden zusätzlich Mikroorganismen aktiviert. Eine derart starke T. findet z.B. bei cellulosereichen Tabaken zum Abbau der Cellulose Anwendung.
Je nach Tabakart u. Verw. sind sowohl natürliche als auch künstliche T. gebräuchlich. Zu den Natur-T. gehören: Stapel-, Faß- u. Ballenfermentation. Als künstlicher Prozeß ist insbes. die *Kammerfermentation* wichtig. Die schon während der Trocknung eingeleiteten Veränderungen der Oberflächenstruktur u. Farbe der Blätter werden bei der T. durch weiteren Chlorophyll- u. Carotinoid-Abbau sowie Bildung von Bräunungspigmenten (Oxid. von *Polyphenolen) verstärkt.
Während die T. überwiegend bei der Tabakverarbeitung von Zigarren angewandt wird, trägt das Aging wesentlich zur Aromabildung in Zigarettentabaken bei. Im Unterschied zum Aging, das man als eine langsam ablaufende, milde T. bezeichnen kann, werden bei der eigentlichen Fermentation höhere Tabaktemp. u. höhere Feuchtigkeitsgehalte erreicht. Durch den Abbau von Kohlenhydraten, Proteinen werden u.a. $CO_2$, $NH_3$, lösl. Kohlenhydrate u. Aminosäuren sowie verschiedene Carbonsäuren (z.B. *Äpfelsäure, *Citronensäure) gebildet, die wiederum Substrate für Enzyme sein können od. auch dem Stoffwechsel von Mikroorganismen zugeführt werden. Der *Nicotin-Gehalt nimmt um 10–90% ab[1]. Der pH-Wert des Tabaks wird leicht alkalisch. – *E* tobacco fermentation
*Lit.:* [1] Voges, Tobacco Encyclopedia, S. 130f., Mainz: Mainzer Verlagsanstalt 1984.
*allg.:* Adv. Enzymol. **10**, 325f. (1950) ▪ Akehurst, Tobacco (2.), S. 353f., London: Longman 1981 ▪ Davis, D. L.; Nielsen, M. T., Hrsg., *Tobacco: Production, Chemistry and Tech-*

*nology*, Blackwell Science: Oxford, (1999); S. 19, 161 ▪ Tso, Production, Physiology and Biochemistry of Tobacco Plants, S. 130f., Beltsville: IDEALS 1990

**Tabakprodukt-Verordnung** (Abkürzung TabProdV). Die Tabakprodukt-Verordnung[1] dient der Umsetzung der Richtlinie 2001/37/EG[2] und enthält neben Begriffsbestimmungen (§ 1) Regelungen über die Festlegung von Höchstmengen für Teer-, Nicotin- und Kohlenmonoxid-Gehalte (§ 2), die Bestimmung des Meßverfahrens zur Ermittlung dieser Gehalte sowie der Anforderungen an die Prüflaboratorien, die die Messungen durchführen (§ § 3, 4); für die Prüflaboratorien ist eine Zulassung durch die zuständige Behörde erforderlich.
Eine Mitteilungspflicht für alle in den Tabakprodukten verwendeten Zusatzstoffe in der näher bezeichneten Form einschließlich einer Begründung für die Hinzufügung dieser Stoffe enthält § 5. Die Festlegung der Angabe der Teer-, Nicotin- und Kohlenmonoxid-Gehalte sowie einer Chargennummer oder einer sonstigen Kennzeichnung, die die Feststellung von Ort und Zeitpunkt der Herstellung ermöglicht, sowie von Warnhinweisen auf der Packung einschließlich der Form, in der diese Angaben zu erfolgen haben, regeln § § 6–8. § 9 sieht ein Verbot von Angaben vor, die den Eindruck erwecken, daß ein bestimmtes Tabakprodukt weniger schädlich sei als andere. In der amtlichen Begründung werden Angaben wie „leicht", „mild" genannt.
Die Tabakprodukt-Verordnung trat am 06.12.2002 in Kraft. Gleichzeitig trat die Verordnung über die Kennzeichnung von Tabakerzeugnissen und über Höchstmengen von Teer im Zigarettenrauch vom 29.10.1991 (BGBl. I, S. 2053; mehrfach geändert) außer Kraft.
Bezüglich des Inverkehrbringens von Tabakerzeugnissen sind unter anderem folgende Normen zu beachten: Tabaksteuergesetz, EG-Rohtabak-Durchführungsverordnung sowie die *Tabakverordnung.
*Lit.:* [1] Tabakprodukt-Verordnung (TabProdV) vom 20.11.2002 (BGBl. I, S. 4434). [2] Richtlinie 2001/37/EG vom 05.06.2001 zur Angleichung der Rechts- und Verwaltungsvorschriften der Mitgliedstaaten über die Herstellung, die Aufmachung und den Verkauf von Tabakerzeugnissen (Amtsblatt der EG Nr. L 194, S. 26).
*allg.:* Meyer, A. H., *Lebensmittelrecht*, C. H. Beck: München, (Loseblattsammlung); Nr. 8080

**Tabakrauch.** Die Entstehung von T. in u. um die Glutzone der Zigarette ist gut untersucht, wenn auch noch nicht vollständig aufgeklärt. In der Glutzone kommt es unter Verbrauch von Luftsauerstoff zur Oxid. von organ. Bestandteilen des Tabaks. In der anschließenden Sauerstoff-armen Zone finden Dest., Pyrolysen, Sublimationen, Verkohlungen u. Verschmelzungen statt. Während des Zuges (Abb. 1) werden die durch Hydrogenierung, Decarboxylierung u. Dehydratisierung entstandenen Substanzen im Tabakstrang weiter „stromabwärts" bei Temp. unter 300 °C kondensiert u. filtriert. In der Kondensations- u. Filtrationszone beginnt sich das Aerosol des *Hauptstromrauchs* zu bilden. In den Zugpausen (Abb. 2) finden während der Glimmphase im Bereich der *Glutzone* ebenfalls Verbrennungen, Pyrolysen u. Dest. statt. Dabei sind die physikal. Bedingungen gegenüber der Zugphase verändert. Der jetzt erzeugte Rauchstrom heißt *Nebenstromrauch*. Er steigt bedingt durch eine Konvektionsströmung ungefähr 3 mm vor der Brennlinie des Papiers senkrecht nach oben. Die Kondensation zu den Nebenstromrauchpartikeln erfolgt außerhalb der Glutzone u. damit außerhalb der Zigarette. In geringem Maße tragen zum Nebenstromrauch auch der Diffusionsstrom u. der Glimmstrom bei. Der Diffusionsstrom gelangt während der Züge aus der Glutzone u. durch das Zigarettenpapier nach außen, der Glimmstrom zwischen den Zügen am Mundteil (Filtermundstückbelag).

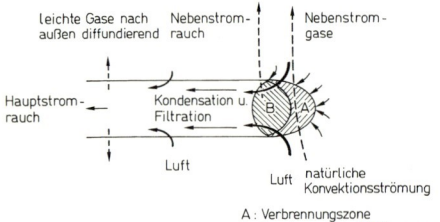

A : Verbrennungszone
B : Pyrolyse- u. Destillationszone

Abb. 1: Zonen einer brennenden Zigarette während des Zuges[1].

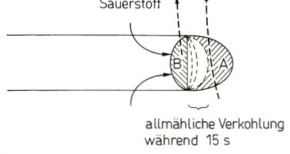

Abb. 2: Zonen einer brennenden Zigarette zwischen den Zügen.

Beim Ziehen an der Zigarette, wobei sich der Hauptstromrauch bildet, erreicht die Temp. in der Glutzone ca. 900 °C (Glimmtemp.), zwischen den Zügen fällt sie auf ca. 600 °C ab. Die Hochtemp.-Zone (900–600 °C) ist fast frei von Sauerstoff u. enthält ca. 8 Vol.-% Wasserstoff u. ca. 15 Vol.-% Kohlenmonoxid. Es folgen in Zugrichtung die Pyrolyse-/Destillationszone (600–100 °C) u. die Tieftemp.-Zone (<100 °C). Letztere weist ca. 12 Vol.-% Sauerstoff auf. Auf dem Weg zum Mundstück wird das Rauch-Aerosol durch Beiluft verdünnt. Am Mundstück beträgt die Temp. des Hauptstromrauchs je nach Stummellänge 25–50 °C. Beim

Abrauchen einer filterlosen Zigarette entstehen z.B. ca. 500 mg Hauptstromrauch. Dabei handelt es sich um ein komplexes Gemisch, von dem bis heute ca. 4000 Komponenten identifiziert u. z.T. auch quantifiziert sind. Unter Berücksichtigung der Luftbeimischung während der Züge besteht der Hauptstromrauch einer Zigarette zu 57,9% aus verdünnender Luft, zu 15,5% aus überschüssigem Stickstoff, zu 19,5% aus Gasphasenbestandteilen u. zu 8,2% aus Partikelphase.

Obwohl Hauptstrom- u. Nebenstromrauch, der zwischen den Zügen freigesetzt wird, qual. weitgehend aus den gleichen Verb. zusammengesetzt sind, sind ihre physikal., chem. u. biolog. Eigenschaften wegen der unterschiedlichen Konz. ihrer Bestandteile nicht vergleichbar. In Tab. 1 sind einige Unterschiede bei der Entstehung von Haupt- u. Nebenstromrauch aufgeführt.

Tab. 1: Unterschiede bei der Entstehung von Haupt- u. Nebenstromrauch.

|  | Hauptstromrauch | Nebenstromrauch |
|---|---|---|
| Temperatur [°C] | 700–950 | 600–800 |
| Partikelgröße [µm] | 0,1–1,0 | 0,01–0,1 |
| pH-Wert | 5,8–6,1 | 6,9–8,0 |
| verbrannte Tabakmenge [mg/Zigarette] | 190–290 | 320–680 |

Die Inhaltsstoffe des Hauptstromrauchs u. des Nebenstromrauchs sind gut untersucht. Sie sind in Tab. 2, S. 1129, unterteilt in Gasphasen- u. Partikelphasenbestandteile, zusammengefaßt.

Eine wichtige Substanzklasse im T. sind die bei der Pyrolyse u. a. aus Proteinen entstehenden Stickstoff-haltigen Verb. wie Ammoniak, Amine, Pyridine u. Stickstoff-Heterocyclen. Bisher sind im Hauptstromrauch der Zigarette ca. 280 aliphat. u. aromat. Amine sowie nichtaromat. Stickstoff-Heterocyclen identifiziert worden, s. Tab. 3, S. 1130. Der hinsichtlich Aroma u. Reizwirkung bestehende Unterschied zwischen Haupt- u. Nebenstromrauch ist teilw. darauf zurückzuführen, daß Nebenstromrauch Amin-reicher als Hauptstromrauch ist[3]. Über die pharmakolog. Wirkung u. die chron. Toxizität von einzelnen Aminen in der beim Rauchen aufgenommenen Dosis ist wenig bekannt. Einige Amine, z.B. 2-Naphthylamin (1,7–22 ng/Zigarette), 4-Aminobiphenyl (2,4–4,6 ng/Zigarette) erwiesen sich im Tierversuch als potente chem. Carcinogene, die Blasenkrebs verursachen können[4]. Im Hauptstromrauch konnten ferner etwa 320 *Pyridin*-Derivate identifiziert werden (s. Tab. 4, S. 1130). Für die meisten Verb. liegen jedoch keine quant. Angaben vor. Sie entstehen während der Glimmphase im Bereich der Glutzone u. gehen von dort bevorzugt in den Nebenstromrauch über[5], dessen organolept. Eigenschaften sie mitbestimmen. Pyridin (MAK-Wert 15 mg/m$^3$ bzw. 5 mL/m$^3$) u. seine Derivate reizen in hoher Konz. Haut u. Schleimhäute, sind aber in den beim Rauchen aufgenommenen Mengen im Gegensatz zu den Pyridinalkaloiden ohne bes. toxikolog. Bedeutung. Zi-

Tab. 2: Vorkommen von Rauchbestandteilen im Hauptstromrauch von Zigaretten sowie deren Neben-/Hauptstromrauchverhältnis[2,3].

| Bestandteil | Hauptstromrauch | Nebenstromrauch/Hauptstromrauch |
|---|---|---|
| *Gasphase* | | |
| Kohlenmonoxid | 10– 23 mg | 2,5 – 4,7 |
| Kohlendioxid | 20– 60 mg | 8 – 11 |
| Carbonylsulfid | 18 – 42 µg | 0,03 – 0,13 |
| Benzol | 12 – 48 µg | 10 |
| Toluol | 160 µg | 6 – 8 |
| Formaldehyd | 70 – 100 µg | 0,1 – 50 |
| Acrolein | 60 – 100 µg | 8 – 15 |
| Aceton | 100 – 250 µg | 2 – 5 |
| Pyridin | 16 – 40 µg | 7 – 20 |
| 3-Vinylpyridin | 15 – 30 µg | 20 – 40 |
| Cyanwasserstoffsäure | 400 – 500 µg | 0,1 – 0,25 |
| Hydrazin | 32 ng | 3,0 |
| Ammoniak | 50 – 150 µg | 40 – 170 |
| Methylamin | 17,5 – 28,7 µg | 4,2 – 6,4 |
| Dimethylamin | 7,8 – 10 µg | 3,7 – 5,1 |
| Stickoxide | 100 – 600 µg | 4 – 10 |
| *N*-Nitrosodimethylamin | 10 – 40 ng | 20 – 100 |
| *N*-Nitrosopyrrolidin | 6 – 30 ng | 6 – 30 |
| Ameisensäure | 210 – 478 µg | 1,4 – 1,6 |
| Essigsäure | 330 – 810 µg | 1,9 – 3,9 |
| *Partikelphase* | | |
| Partikel | 15 – 40 mg | 1,3 – 1,9 |
| Nicotin | 1,7 – 3,3 mg | 1,8 – 3,3 |
| Anatabin | 2,4 – 20,1 µg | 0,1 – 0,5 |
| Phenol | 60 – 140 µg | 1,6 – 3,0 |
| Catechol | 100 – 360 µg | 0,6 – 0,9 |
| Hydrochinon | 110 – 300 µg | 0,7 – 0,9 |
| Anilin | 360 ng | 30 |
| *o*-Toluidin | 160 ng | 19 |
| 2-Naphthylamin | 1,7 ng | 30 |
| 4-Aminobiphenyl | 4,6 ng | 31 |
| Benz[*a*]anthracen | 20 – 70 ng | 2,2 – 4 |
| Benzo[*a*]pyren | 20 – 40 ng | 2,5 – 3,5 |
| Cholesterol | 14,2 µg | 0,9 |
| γ-Butyrolacton | 10 – 22 µg | 3,6 – 5,0 |
| Chinolin | 0,5 – 2 µg | 8 – 11 |
| Harman | 1,7 – 3,1 µg | 0,7 – 1,9 |
| *N'*-Nitrosonornicotin | 200 – 3000 ng | 0,5 – 3 |
| 4-(Methylnitrosamino)-1-(3-pyridyl)-1-butanon | 100 – 1000 ng | 1 – 4 |
| *N*-Nitrosodiethanolamin | 20 – 70 ng | 1,2 |
| Cadmium | 100 ng | 3,6 – 7,2 |
| Nickel | 20 – 80 ng | 0,2 – 30 |
| Zink | 60 ng | 0,2 – 6,7 |
| Polonium-210 | 0,03 – 0,5 pCi | 1,06 – 3,7 |
| Benzoesäure | 14 – 28 µg | 0,67 – 0,95 |
| Milchsäure | 63 – 147 µg | 0,5 – 0,7 |
| Glycolsäure | 37 – 126 µg | 0,6 – 0,95 |
| Bernsteinsäure | 112 – 163 µg | 0,43 – 0,62 |

garettenfilter reduzieren den Gehalt an Pyridinen beträchtlich. 3-Vinylpyridin, ein Pyrolyseprodukt des *Nicotins u. spezif. für T., wird als Marker für die Gasphase von Environmental Tobacco Smoke (ETS) diskutiert. Zur Analytik des Hauptstromrauches siehe Literatur[6-9].

T. läßt sich in eine *Gasphase* u. eine *Partikelphase* unterteilen[10]. Die Gasphase ist der Anteil des T., der eine Rauchfalle, z.B. einen Cambridge-Filter passiert. Mehr als 90% des Hauptstromrauchs gehören zur Gasphase, wobei Stickstoff 59% u. Sauerstoff 13% des Gew.-Anteils ausmachen. Weitere Hauptbestandteile sind: Kohlendioxid (ca. 14%),

Kohlenmonoxid (ca. 3%), Wasser (ca. 1%), Argon (ca. 1%), $C_2–C_6$-Kohlenwasserstoffe (ca. 0,5%), Carbonyle (ca. 0,4%), Methan (ca. 0,3%) usw.[11]. Die Mengenbereiche relevanter Gasphasenbestandteile im Hauptstromrauch sind in Tab. 2 angegeben[12]. Die Gasphase des Nebenstromrauchs, an deren Bildung der innere Kern des Tabakstrangs maßgeblich beteiligt ist[13], ist wesentlich komplexer zusammengesetzt als die des Hauptstromrauchs[14]. Ursache dafür ist einerseits, daß mittel- u. schwerer flüchtige Substanzen im Hauptstromrauch v. a. partikelgebunden sind, während sie im Nebenstromrauch u. insbes. im ETS überwiegend flüchtig sind.

Tab. 3: Amine im Haupt- u. Nebenstromrauch von filterlosen amerikan. Blendzigaretten [µg/Zigarette].

| Amine | Hauptstromrauch (HS) | Nebenstromrauch (NS) | NS/HS |
|---|---|---|---|
| Ammoniak | 109 | 7350 | 67,5 |
| Methylamin | 23 | 129 | 5,6 |
| Dimethylamin | 8,9 | 40 | 4,1 |
| Trimethylamin u. Ethylamin | 19 | 105 | 5,5 |
| Propylamin | 2,6 | 8,5 | 3,3 |
| Butylamin | 1,2 | 3,5 | 2,9 |
| Pentylamin | 5,8 | 18 | 3,1 |
| Isopropylamin | 2,6 | 8,5 | 3,3 |
| Isobutylamin | 2,7 | 10 | 3,7 |
| Isoamylamin | 4,4 | 17,5 | 4,0 |
| Pyrrolidin | 12 | 24 | 2,0 |
| Methylpyrrolidin | 3,5 | 25 | 7,1 |
| Pyridin | 32,4 | 336 | 10 |
| 2-Acetylpyridin | 3,9 | 33 | 8,5 |
| 3-Acetylpyridin | 4,5 | 10,5 | 2,3 |
| 3-Ethylpyridin | 7,8 | 7,1 | 9,1 |
| 4-Ethylpyridin | 5,9 | 67 | 11,4 |
| 3-Ethyl-4-methylpyridin | 1,5 | 6,4 | 4,3 |
| 3-Vinylpyridin | 13,6 | 392 | 28,8 |
| 2,3'-Bipyridyl | 22,5 | 62 | 2,8 |
| Anilin | 0,36 | 10,8 | 30 |
| 2,5-Dimethylanilin | 0,09 | 2,4 | 26,7 |
| o-Toluidin | 0,16 | 3,0 | 18,8 |
| m-Toluidin | 0,03 | 2,1 | 70 |
| p-Toluidin | 0,03 | 1,7 | 56,7 |
| 1-Naphthylamin | 0,002 | 0,067 | 33,5 |
| 2-Methyl-1-naphthylamin | 0,003 | 0,12 | 40 |
| 2-Aminobiphenyl | 0,003 | 0,11 | 36,7 |
| 3-Aminobiphenyl | 0,005 | 0,13 | 26 |
| 4-Aminobiphenyl | 0,005 | 0,14 | 28 |
| Nicotin | 3135 | 5600 | 1,8 |
| Isochinolin | 1,8 | 6,5 | 3,6 |
| Myosmin | 26 | 187 | 7,2 |
| Nicotyrin | 5,6 | 65 | 11,6 |

Tab. 4: Vorkommen von Pyridinen im Haupt- u. Nebenstromrauch von filterlosen Zigaretten [µg/Zigarette][3].

| Pyridin u. Derivate | Hauptstromrauch (HS) | Nebenstromrauch (NS) | NS/HS |
|---|---|---|---|
| Pyridin | 21 – 26 | 188 – 225 | 7,3 – 10,8 |
| *Pyridin-Basen* | | | |
| 2,3-Lutidin | 2 – 3,8 | 8 – 23 | 4,1 – 6,1 |
| 2,4-Lutidin | 7,1 – 8,4 | 37 – 49 | 5,2 – 5,8 |
| 2,6-Lutidin | 14 – 16,5 | 59 – 152 | 4,2 – 9,2 |
| 3-Picolin | 30 – 36 | 156 – 198 | 4,4 – 6,6 |
| 4-Picolin | 8 – 8,8 | 24 – 30 | 3,0 – 3,4 |
| 2-Acetylpyridin | 3,8 – 4,0 | 27 – 37 | 6,8 – 9,7 |
| 3-Acetylpyridin | 3,8 – 5,1 | 10 – 11 | 2,0 – 2,9 |
| 3-Ethylpyridin | 2,9 – 4,2 | 29 – 37 | 6,9 – 13 |
| 3-Vinylpyridin | 13,2 – 14 | 332 – 451 | 24 – 34 |
| Nicotinonitril | 3,3 – 3,7 | 37 – 64 | 11 – 17 |
| 3-Pyridinol | 155 – 196 | 153 – 167 | 0,9 – 1,0 |
| *Pyridin-Alkaloide* | | | |
| Nicotin | 2940 – 3330 | 5380 – 5830 | 1,8 |
| Anatabin | 9,2 – 20 | <11 | 0,1 – 0,5 |
| Myosmin | 20 – 33 | 150 – 224 | 6,7 – 7,5 |
| Nicotyrin | 4,2 – 7,0 | 60 – 70 | 10 – 14 |
| 2,3'-Bipyridyl | 22 – 23 | 51 – 73 | 2,2 – 3,3 |

So befindet sich z. B. das im Hauptstromrauch zur Partikelphase gehörende Nicotin im Nebenstromrauch u. im ETS beinahe ausschließlich in der Gasphase. Zur Analytik von Gasphasenbestandteilen siehe Literatur[15] und zu Untersuchungen von Gasphasenreaktionen siehe Literatur[16]. Die biolog. Wirkung der Gasphase des T. ist noch nicht eindeutig geklärt. Es werden ihr u. a. cytotox. u. v. a. akut reizende Eigenschaften zugeschrieben. Untersuchungen zu DNA-Schädigungen und reaktiven Gasphasenkomponenten siehe Literatur[17,18].

Zur Partikelphase des T. zählen die nicht flüchtigen T.-Inhaltsstoffe, die auf einer Rauchfalle zurückgehalten bzw. niedergeschlagen werden

(DIN ISO 3308: 2000-12; DIN ISO 4387: 2000-12). Die Partikelphase wird oft als Gesamtkondensat (Total Particulate Matter, TPM) bezeichnet. Die Bestandteile der Partikelphase u. ihre prozentualen Anteile im Hauptstromrauch sind in Tab. 5 zusammengefaßt. Die Mengenbereiche einzelner Substanzen u. ihr quant. Verhältnis zwischen Nebenstromrauch u. Hauptstromrauch sind wiederum in Tab. 2 enthalten. Die Partikelgröße im ETS ist wie die im Nebenstromrauch mit 0,01–0,1 µm deutlich kleiner als im Hauptstromrauch, da wegen der großen Verdünnung keine Koagulation stattfinden kann u. zudem als Folge der Evaporation halbflüchtige Verb. in die Gasphase übergehen. T.-Partikel bzw. das T.-Kondensat sind im Ames-Test nach metabol. Aktivierung mutagen u. im Tierversuch cancerogen[20]. Das cancerogene Potential des T. ist nach dem gegenwärtigen Wissensstand im wesentlichen an die Partikelphase gebunden[4,21]. Die Massenbilanz einiger Hauptbestandteile des Hauptstromrauchs sind in Tab. 6 wiedergegeben[11,22].

Tab. 5: Zusammensetzung der Partikelphase des Hauptstromrauchs[19].

| Bestandteile | Anteil [%] |
| --- | --- |
| Wasser | 14 |
| Carbonsäuren | 13 |
| Aldehyde u. Ketone | 11 |
| Aliphat. u. aromat. Kohlenwasserstoffe | 10 |
| Alkohole | 8 |
| Nicotin | 6 |
| Nebenalkaloide | 3,5 |
| Ester | 3,5 |
| Phenole | 3,5 |
| Sonstige Verb. | 24,5 |

Tab. 6: Bestandteile der Gas- u. Partikelphase des Zigarettenrauchs.

| Rauchbestandteil | Vorkommen [mg/Zigarette] | Vorkommen [in % Gesamtgewicht] |
| --- | --- | --- |
| Partikelphase | 40,6 | 8,2 |
| Stickstoff | 295,4 | 59,0 |
| Sauerstoff | 66,8 | 13,4 |
| Kohlendioxid | 68,1 | 13,6 |
| Kohlenmonoxid | 16,2 | 3,2 |
| Wasserstoff | 0,7 | 0,1 |
| Argon | 5,0 | 1,0 |
| Methan | 1,3 | 0,3 |
| Wasserdampf | 5,8 | 1,2 |
| $C_2$–$C_6$-Kohlenwasserstoffe | 2,5 | 0,5 |
| Carbonyl-Verb. | 1,9 | 0,4 |
| Cyanwasserstoff | 0,3 | 0,1 |
| Sonst. Gasphasenbestandteile | 1,0 | 0,2 |

Die toxikolog. Eigenschaften des Hauptstromrauchs u. des Nebenstromrauchs wurden wegen ihrer Bedeutung für das gesundheitliche Risiko des Rauchers u. des Passivrauchers in vielfältiger Weise untersucht[8,23–35]. Sie können nach heutiger Kenntnis nicht auf einzelne Substanzen od. Substanzgruppen zurückgeführt werden. Die cytotox.

Wirkung des Nebenstromrauchs ist wesentlich geringer als die des Hauptstromrauchs[36]. Dies ist auf die Alterung des Nebenstromrauchs zurückzuführen. Das gentox. Potential, das im wesentlichen an die Partikelphase gebunden ist, ist mengenbezogen im Nebenstrom etwas höher als im Hauptstromrauch. Beim Passivrauchen wird jedoch von der Partikelphase im Vgl. zum Aktivrauchen weniger als ein Tausendstel aufgenommen. Neuere Untersuchungen zum pH-Wert des Tabakrauchs siehe Literatur[37–39]. Untersuchungen über die chemische und biologische Wirkung von Additiven (Soßierungsmittel, Feuchthaltemittel) weisen auf eine vermindernde Wirkung in mehreren Bioassays hin. – E tobacco smoke

*Lit.:* [1]Recent Adv. Tob. Sci. **6**, 184ff. (1980). [2]Beitr. Tabakforsch. Int. **12**, 63ff. (1983). [3]Beitr. Tabakforsch. Int. **12**, 199ff. (1984). [4]IARC, Hrsg., *Tobacco Smoking*; IARC Monographs on the Evaluation of Carcinogenic Risks to Humans 38; IARC: Lyon, (1985). [5]Beitr. Tabakforsch. Int. **11**, 229ff. (1982). [6]Lewis, D. A.; Colbeck, I.; Mariner, D. C., *Anal. Chem.*, (1994) **66**, 3525. [7]Di Luzio, C.; Morzilli, S.; Cardinale, E., *Beitr. Tabakforsch. Int.*, (1995) **16**, 171. [8]Safaev, R. D.; Zaridze, D. G.; Hoffmann, D.; Brunnemann, K.; Liu, Y., *Exp. Oncol.*, (1995) **17**, 71. [9]Forehand, J. B.; Dooly, G. L.; Moldoveanu, S. C., *J. Chromatogr. A*, (2000) **898**, 111. [10]Lauterbach, J. H., *Beitr. Tabakforsch. Int.*, (2000) **19**, 65. [11]Tob. Sci. **9**, 61ff. (1965). [12]Surgeon General, The Health Consequences of Involuntary Smoking, Rockville: U.S. Department of Health and Human Services 1986. [13]Beitr. Tabakforsch. Int. **9**, 126ff. (1977). [14]IARC Sci. Publ. **81** (Passive Smoking) (1987). [15]Jensen, N. J.; Sumper, T., *Beitr. Tabakforsch. Int.*, (1995) **16**, 95. [16]Cole, S. K.; Martin, P., *Analyst (London)*, (1996) **121**, 495. [17]Spencer, J. P. E.; Jenner, A.; Chimel, K.; Aruoma, O. I.; Cross, C. E.; Wu, R.; Halliwell, B., *FEBS Lett.*, (1995) **375**, 179. [18]Pryor, W. A., *Environ. Health Perspect.*, (1997) **105** (Suppl. 4), 875. [19]Recent Adv. Tob. Sci. **8**, 42ff. (1982). [20]J. Toxicol. Environ. Health **14**, 163ff. (1984). [21]Environ. Health Perspect. **50**, 247ff. (1983). [22]Kaneki, K.; Masuo, Y.; Okada, T., *Beitr. Tabakforsch. Int.*, (1989) **14**, 155. [23]Stohs, S. J.; Bagchi, D.; Bagchi, M., *Inhal. Toxicol.*, (1997) **9**, 867. [24]Spivack, S. D.; Fasco, M. J.; Walker, V. E.; Kaminsky, L. S., *Crit. Rev. Toxicol.*, (1997) **27**, 319. [25]Bombick, D. W.; Ayres, P. H.; Doolittle, D. J., *Toxicol. Methods*, (1997) **7**, 177. [26]Smith, C. J.; Livingston, S. D.; Doolittle, D. J., *Food Chem. Toxicol.*, (1997) **35**, 1107. [27]Coggins, C. R. E., *Toxicol. Pathol.*, (1998) **26**, 307. [28]Hecht, S. S., *J. Natl. Cancer Inst.*, (1999) **91**, 1194. [29]Smith, C. J.; Hansch, C., *Food Chem. Toxicol.*, (2000) **38**, 637. [30]Adlkofer, F.; Opitz, N., In *Suchtmedizin: Konzepte, Strategien und therapeutisches Management*, Uchtenhagen, A.; Zieglgänsberger, W., Hrsg.; Urban & Fischer: München, (2000); S. 39. [31]Smith, C. J.; Perfetti, T. A.; Rumple, M. A.; Rodgman, A.; Doolittle D. J., *Food Chem. Toxicol.*, (2000) **38**, 371. [32]Smith, C. J.; Perfetti, T. A.; Mullens, M. A.; Rodgman, A.; Doolittle, D. J., *Food Chem. Toxicol.*, (2000) **38**, 825. [33]Rodgman, A., *Beitr. Tabakforsch. Int.*, (2001) **19**, 361. [34]Simonato, L., et al., *Int. J. Cancer*, (2001) **91**, 876. [35]Coggins, C. R. E., *Inhal. Toxicol.*, (2002) **14**, 991. [36]Toxicol. Lett. **35**, 89ff. (1987). [37]Dong, J.-Z.; Glass, J. N.; Thompson, B. T.; Price, B. F.; Lauterbach, J. H., *Beitr. Tabakforsch. Int.*, (2000) **19**, 33. [38]Dixon, M.; Lambig, K.; Seeman, J. I., *Beitr. Tabakforsch. Int.*, (2000) **19**, 103. [39]Rodgman, A., *Beitr. Tabakforsch. Int.*, (2000) **19**, 117. *allg.:* Davis, D. L.; Nielsen, M. T., Hrsg., *Tobacco: Production, Chemistry and Technology*, Blackwell Science: Oxford, (1999); S. 398 ■ Rodgman, A., *Beitr. Tabakforsch. Int.*, (2002) **20**, 279

**Tabakverordnung.** Die Verordnung über Tabakerzeugnisse[1] regelt, welche Stoffe zum gewerbsmäßigen Herstellen mit welchem Verwendungszweck, bis zu welcher Höchstmenge und mit welcher Kenntlichmachung zugelassen werden (Anlage 1). Sie gibt an, welche Reinheitsanforderungen für diese zugelassenen Stoffe gelten (Anlage 1 und *ZVerkV) und enthält in Anlage 2 eine Verbotsliste für bestimmte Geruchs- und Geschmacksstoffe sowie für derartige Stoffe, die aus dort angegebenen Pflanzen oder Pflanzenteilen hergestellt worden sind. Zwei Ausnahmen ergeben sich aus § 2 (2) und (3); zum Herstellen von Schnupftabak dürfen *Campher bis zu 2 g/100 g und entcumarisierte *Tonkabohnen verwendet werden.
Zu den genauen Vorschriften über *Kenntlichmachung* und *Kennzeichnung* siehe § § 3 und 4 der Verordnung, die Angaben sind deutlich sichtbar in leicht lesbarer Schrift auf den Packungen etc. anzubringen (§ 3 Abs. 6). Die Verwendung der übrigen nach § 1, Anlage 1 zugelassenen Stoffe bedarf *keiner* Kenntlichmachung (§ 3 Abs. 7).
Bezüglich des Inverkehrbringens von Tabakerzeugnissen sind unter anderem folgende Normen zu beachten: Tabaksteuergesetz[2], EG-Rohtabak-Durchführungsverordnung[3] sowie die *Tabakprodukt-Verordnung.

***Lit.:*** [1]Verordnung über Tabakerzeugnisse (Tabakverordnung) vom 20.12.1977 (BGBl. I, S. 2831; mehrfach geändert). [2]Tabaksteuergesetz (TabStG) vom 21.12.1992 (BGBl. I, S. 2150; mehrfach geändert). [3]Verordnung zur Durchführung der gemeinsamen Marktorganisation für Rohtabak (EG-Rohtabak-Durchführungsverordnung) in der Fassung vom 08.08.2003 (BGBl. I, S. 1666). *allg.:* Meyer, A. H., *Lebensmittelrecht*, C. H. Beck: München, (Loseblattsammlung); Nr. 8060

**Tabasco**® siehe *Paprika.

**TabProdV.** Abkürzung für *Tabakprodukt-Verordnung.

**Tacalciol** siehe *Vitamin D.

**Taenia.** Gattung der Bandwürmer (Klasse Cestodes) mit den Vertretern *Taenia saginata* (Rinderbandwurm) und *Taenia solium* (Schweinebandwurm).
*Vorkommen und Entwicklungscyclus:* Der Mensch ist Endwirt für den Rinderbandwurm (*Taenia saginata*) und den Schweinebandwurm (*Taenia solium*). Die Infektion erfolgt über finnenhaltiges Rindbzw. Schweinefleisch, bei *Taenia solium* ist sie auch direkt durch die Bandwurmeier möglich (Mensch ist Zwischenwirt). Die Finne heftet sich mit Saugnäpfen an der Dünndarmwand an und wächst innerhalb 3–4 Monaten zum geschlechtsreifen Bandwurm heran. *Taenia saginata* wird 4–12 m lang und besteht aus dem Scolex, einem mit Haftorganen versehenen Vorderteil, und 1000–2000 Segmenten oder Proglottiden; *Taenia solium* erreicht eine Länge von 3–4 m. Die Proglottiden enthalten ca. 80000 Eier; distale Proglottiden lösen sich vom Bandwurm und werden rektal ausgeschieden. Die Lebensdauer der Bandwurms beträgt bis zu 20 Jahre. Wenn die monatelang lebensfähigen Eier von

Rindern (Schweinen) aufgenommen werden (Kontamination durch ungeklärtes Wasser u.a.), schlüpfen im Zwölffingerdarm Embryonen, die die Darmwand durchdringen und sich in der Muskulatur zu Finnen entwickeln. Diese Finnen (Zystizerken) sind ca. 0,5 cm groß, von einer Finnenkapsel umgeben und infektiös. Nach Verzehr von infiziertem, unzureichend erhitztem Rindfleisch (Schweinefleisch) löst sich die Finnenkapsel durch den Magensaft auf und der Bandwurmkopf (Scolex) heftet sich an der Dünndarmwand an; so schließt sich der Cyclus.
*Taenia* wird durch Erhitzen von Fleisch auf eine Kerntemperatur von 56 °C oder durch Gefrierlagerung bei unter −10 °C für mehr als 10 Tage abgetötet.
*Bedeutung: Taenia saginata* ist endemisch in weiten Teilen Afrikas und Zentralasiens (50–100% der Bevölkerung mit Bandwurm infiziert), in Mitteleuropa aufgrund der Fleischbeschau, der Abwasserreinigung und der Ernährungsgewohnheiten von wesentlich geringerer Bedeutung. In Europa wird zur Zeit von einer Befallsrate der Schlachtrinder von 0,5–5% ausgegangen. *Taenia solium* ist in Mitteleuropa und in islamischen Ländern ohne Bedeutung; in Zentralamerika, Zentralafrika und den nicht-islamischen Ländern Südostasiens sind 1–10% der Bevölkerung infiziert.
Die pathogene Wirkung adulter Bandwürmer ist gering, sie stellen Nahrungskonkurrenten dar. Das Einwandern reifer Proglottiden kann in seltenen Fällen zu Appendizitis oder Pankreatitis führen. Nach Infektion mit Bandwurmeiern können Larven von *Taenia solium* mit dem Blut in verschiedene Organe gelangen und starke entzündliche Reaktionen verursachen (Zystizerkose). – *E* Taenia

***Lit.:*** Doyle, M. P.; Beuchat, L. R.; Montville, T. J., Hrsg., *Food Microbiology*, ASM Press: Washington, (2001); S. 522ff. ■ Hahn, H.; Falke, D.; Kaufmann, S. H. E.; Ullmann, U., Hrsg., *Medizinische Mikrobiologie und Infektiologie*, 4. Aufl.; Springer: Berlin, (2001) ■ Krämer (4.), S. 108 ■ Selbitz, H.-J.; Bisping, W., *Tierseuchen und Zoonosen*, Gustav Fischer: Stuttgart, (1995) ■ Wenk, P.; Renz, A., *Parasitologie*, Thieme: Stuttgart, (2003)

**Täuschungsschutz.** Begriff des *Lebensmittel- und Futtermittelgesetzbuches (§ § 11, 19, 27, 33 LFGB), der, neben dem Schutz der Gesundheit den Schutz des Verbrauchers vor Täuschung als wesentliches Ziel des Gesetzes definiert. Für ekelerregende oder unter ekelerregenden Umständen gewonnene Lebensmittel besteht ein Verkehrsverbot (§ 11 Abs. 2 Nr. 1 LFGB). Nachgemachte Lebensmittel, geschönte oder nicht unerheblich wertgeminderte Lebensmittel dürfen ohne ausreichende Kenntlichmachung nicht in den Verkehr gebracht werden (§ 11 Abs. 2 Nr. 2). Ein Verkehrsverbot besteht auch für Produkte, die unter *irreführender Angabe (Bezeichnung oder Aufmachung) gewerbsmäßig in den Verkehr gebracht werden (§ 11 LFGB). Eine tatsächliche Täuschung des Verbrauchers braucht nicht gegeben zu sein, ebensowenig ein wirtschaftlicher Schaden. – *E* protection against fraud

*Lit.:* Fezer, K.-H., Meyer, A. H., *Lauterkeitsrecht, Kommentar zum Gesetz gegen den unlauteren Wettbewerb*, C. H. Beck: München, (2004); § 4, S4 ▪ Zipfel-Rathke, C 102, § 11

**Tafelsalz** siehe *Speisesalz.

**Tafeltraube** siehe *Weintraube.

**Tafelwasser.** T. wird gemäß der Mineral- u. Tafelwasser-Verordnung [§ 10 (2) MinTafWV] aus *Trinkwasser, natürlichem *Mineralwasser od. *Quellwasser u. mind. einer weiteren Zutat hergestellt. Als weitere Zutaten können u. a. verwendet werden: Natursole (natürliches salzreiches Wasser), Meerwasser, verschiedene Salze wie Natriumchlorid, Natriumhydrogencarbonat, Calciumcarbonat, sowie Kohlendioxid (§ 11 MinTafWV).
Für T. gelten die in der Trinkwasser-VO, Anl. 2, für *Trinkwasser (s. dort) festgesetzten Grenzwerte für chem. Stoffe (§ 11 MinTafWV). Die Grenzwerte Anl. 3 der Trinkwasser-VO haben im Unterschied zu Quellwasser für T. keine Gültigkeit. Mikrobiolog. gelten für T. dieselben Anforderungen wie für natürliches Mineralwasser u. Quellwasser.
*Recht:* Für die Kennzeichnung von T. gelten die Vorschriften der *LMKV. Der Zusatz von Meerwasser ist zu kennzeichnen. Bei T., das mind. 570 mg Natriumhydrogencarbonat pro Liter sowie Kohlensäure enthält, kann als Verkehrsbez. „*Sodawasser*" verwendet werden. Die früher üblichen Bez. *Selters* od. *Selterwasser* dürfen für T. ab 31.12.1992 nicht mehr verwendet werden. Weitere Kennzeichnungsvorschriften sind in § 15 MinTafWV festgelegt; dazu sowie zu mikrobiolog. u. chem. Anforderungen für eine Eignung von T. für die Säuglingsernährung s. *Quellwasser (zusätzliche Anforderung bei T.: Sulfat max. 240 mg/L). – *E* table water
*Lit.:* Belitz-Grosch-Schieberle (5.), S. 973ff. ▪ Mineral- u. Tafelwasser-Verordnung vom 01.08.1984 (BGBl. I, S. 1036; mehrfach geändert) ▪ Trinkwasser-Verordnung vom 21.05.2001 (BGBl. I, S. 959; mehrfach geändert) – *[HS 2201 10]*

**Tafelwein** siehe *Wein-Qualitätsstufen.

**D-Tagatose** (D-*lyxo*-2-Hexulose).

*keto*-D-Form                      α-D-Pyranose-Form

$C_6H_{12}O_6$, $M_R$ 180,16, Schmp. 134–136 °C, $[\alpha]_D^{20}$ −2,3° (c 2,2/$H_2O$), α-D-Tagatopyranose: Schmp. 162 °C, $[\alpha]_D^{25}$ −5°; durch Hefe nicht vergärbar, süß schmeckend; Phenylosazon: Schmp. 200–201 °C. Leicht löslich in Wasser.
Seltene, mit *Sorbose epimere Ketohexose aus Pflanzengummen, besonders des tropischen Baumes *Sterculia sefigera.* Tagatose kann auch aus *Lactose in hocherhitzter Milch entstehen. Die Synthese erfolgt durch alkalische Isomerisierung von D-*Galactose oder durch Oxidation von D-Al-

trit mit *Acetobacter suboxydans* oder durch enzymatische Isomerisierung von D-Galactose mit thermostabiler L-Arabinose-Isomerase[1].
Tagatose findet Verwendung als Low-calorie-Süßungsmittel. Tagatose hat den *GRAS-Status durch die U.S. Food and Drug Administration (FDA) erhalten[2]. – *E* D-tagatose
*Lit.:* [1]Ryu, S. A.; Kim, C. S.; Kim, H. J.; Baek, D. H.; Oh, D. K., *Biotechnol. Prog.*, (2003) **19**, 1643–1647. [2]Levin, G. V., *J. Med. Food*, (2002) **5**(1), 23–36 (Review).
*allg.:* Merck-Index (13.), Nr. 9121 – *[HS 2940 00; CAS 87-81-0 (D-Tagatose); 512-20-9 (α-D-Tagatose); 17598-82-2 (L-Tagatose)]*

**Tagetesöl** (FEMA 3040). Dunkelgelbes bis orangefarbenes, sehr oxidationsempfindliches Öl mit einem eigentümlich terpenig-aromatischen, bitterfruchtigen Geruch und Geschmack. Auch als Marigold Oil oder African Marigold Oil bekannt.
*Herstellung:* Durch Wasserdampfdestillation aus dem blühenden Kraut von *Tagetes minuta* L. (*Tagetes glandulifera* Schrank., Asteraceae). Herkunft hauptsächlich aus Zimbabwe, Südafrika und Indien neben z. B. Italien und Spanien.
*Zusammensetzung:* Hauptkomponenten sind (Z)-β-Ocimen (40–50%), Dihydrotageton {ca. 5–10%, $C_{10}H_{18}O$, $M_R$ 154,25, Sdp. 97–98 °C (0,5 hPa), $[\alpha]_D$ +1,5°}, (Z)-Tageton (ca. 5–10%), (Z)-Ocimenon (ca. 10–20%) und (E)-Ocimenon (ca. 5–10%)[1].

Dihydrotageton

*Verwendung:* Überwiegend zur Parfümherstellung, findet verbreitet Einsatz in betont blumig-fruchtigen Kompositionen, allerdings nur in sehr geringen Dosierungen; gelegentlich in Fruchtaromen und Citrusaromen. – *E* tagetes oil
*Lit.:* [1]Perfum. Flavor. **10**(5), 73; (6), 56 (1985); **17**(5), 131 (1992).
*allg.:* Bauer et al. (4.), S. 220 ▪ H&R, S. 202 ▪ Roth, L.; Kormann, K., *Duftpflanzen, Pflanzendüfte*, ecomed: Landsberg, (1997); S. 25 – *[HS 3301 29; CAS 8016-84-0 (Tagetes); 3338-55-4 (Dihydrotageton)]*

**Talcum** siehe *Talk.

**Talg.** Talg ist der Oberbegriff für ausgeschmolzene Fette verschiedener Tierarten wie *Rindertalg mit seinen Varianten oder *Hammeltalg. Feste, körnigkristalline, durch Spuren von Carotinoiden gelbe Fettmasse, die nur zum Teil zur menschlichen Ernährung geeignet ist. Ähnlich wie pflanzliche Fette enthalten tierische Talge überwiegend Fettsäuren mit gerader Anzahl von Kohlenstoff-Atomen.
Während die ungesättigten Fettsäuren in pflanzlichen Fetten nahezu ausschließlich in der *cis*-Form vorliegen, setzt sich der Ölsäure-Anteil im Rindertalg etwa zu ca. 90% aus *cis*- und 10% aus *trans*-Isomeren zusammen. Beim Schweinetalg (*Schweineschmalz) tritt nur 1% *trans*-Ölsäure auf. Charakteristisch für die tierische Herkunft des Fettes ist der Gehalt an einfach- und mehrfachverzweigten Fettsäuren (z. B. Tetramethylhexadecansäure, Margarinsäure), die auch eine ungerade Anzahl an C-

Atomen enthalten können. Diese in ihrer Gesamtmenge wenige % ausmachenden isomeren, homologen und auch in der Lage ihrer Doppelbindungen abweichenden Fettsäuren weisen gegenüber pflanzlichen Ölen auf einen wesentlich komplexeren Bildungsmechanismus hin. Andere Fettinhaltsstoffe, wie z. B. Tocopherole, Cholesterol, Kohlenwasserstoffe, Alkohole und Phosphatide bilden das Unverseifbare.

Unter den technischen Talgen kommt dem *Rindertalg (siehe dort) eine besondere Bedeutung zu. Das wesentliche Kriterium zur Trennung der Speisefette von technischem Talg ist die Säurezahl (<2 = 1% freie Fettsäuren) der unraffinierten Talge. Um die Verwendung von minderwertigen Talgen für Ernährungszwecke auszuschließen, verbietet die Lebensmittelgesetzgebung in den meisten Ländern eine entsäuernde Raffination oder Bleicherde-Behandlung.

*Herstellung:* Die technische Gewinnung von Talg erfolgt nach zwei Prinzipien, dem *Trockenschmelzverfahren* und dem *Naßschmelzverfahren.* Letzteres ergibt bessere Ausbeuten, arbeitet schonender und setzt sich daher zunehmend durch. Beim Naßschmelzverfahren werden ungenießbare Schlachthausabfälle mechanisch grob zerkleinert und mit Dampf auf 90 °C erhitzt. Hierbei werden Enzyme zerstört, sterilisiert und das Fett dem Gewebe entzogen. Die praktisch fettfreien Grieben werden mit Dekantierzangen vom sogenannten Leimwasser getrennt, aus dem das Fett durch Kühlung abgeschieden wird. Diese schonende Methode beeinflußt Säurezahl und Geruch des Talgfettes praktisch nicht. – *E* tallow

**Talin**® siehe *Thaumatin.

**Talk** (der Talk, das Talkum, Talcum, INCI-Bez.: Talc, E 553b). Natürliches, weit verbreitetes Magnesiumsilicat $Mg_3[(OH)_2/Si_4O_{10}]$ od. $3MgO \cdot 4SiO_2 \cdot H_2O$, zu den Dreischicht-(2:1-)Phyllosilicaten gehörendes Mineral, dessen dichtere Aggregate Speckstein heißen.

*Toxikologie:* Hinsichtlich des Arbeitsschutzes ist zu beachten, daß es beim Umgang mit Talk zu Silicose-ähnlichen Erkrankungen (Talkose), Bronchitis und erhöhtem Tuberkulose-Risiko kommen kann. Nach der MAK-Werte-Liste (2004) in Kategorie 3B (krebserzeugend) eingestuft. Außerdem muß bei der Verarbeitung u. Anwendung von Talk aus Tremolit-haltigen Lagerstätten (z. B. in Kalifornien), auf die Anwesenheit von Asbest geprüft werden. Einatmen von Talk-haltigem Staub (aus Pudern) kann bei Kindern zu Lungenreizungen und Atembeschwerden führen[1].

Als Trennmittel muß Talk frei von Asbestfasern sein. Fütterungsversuche mit Tieren ergaben, daß Talk weder resorbiert noch verstoffwechselt wird und weder teratogene noch mutagene Eigenschaften besitzt. Die $LD_{50}$ beträgt beim Kaninchen 5 g/ kg. ADI-Wert nicht festgelegt. Zur Analytik s. *Magnesium.

*Verwendung:* Sehr reiner, Asbest-freier T. wird in Arzneimitteln u. Kosmetika[1] als Pudergrundlage, als Puderrohstoff oder in Make-up-Präparaten als Weißpigment bzw. nach Anfärbung als Buntpigment, aber auch als Bindemittel in verschiedenen Tabletten verwendet. Im Lebensmittelsektor kommt Talk hauptsächlich als Trennmittel für Zuckerwaren, Glasur von Schälerbsen und bei der Kaugummiherstellung zur Anwendung.

*Recht:* Talkum (E 553b) ist gemäß *ZZulV (Anhang 4 Teil B) für bestimmte Lebensmittel mit Höchstmengen *quantum satis* bis 10 g/kg zugelassen. Zulässig ist ferner die Verwendung als Trägerstoff für Farbstoffe mit einer Höchstmenge von 5%. – *E* talc, talcum

*Lit.:* [1] Ind. Miner. (London) **335**, 52–63 (1995).
*allg.:* Blue List ▪ Fiedler (3.), S. 1204 ▪ Merck-Index (13.), Nr. 9127 ▪ Ullmann (5.) **A26**, 47–50 – *[HS 2526 10, 2526 20; CAS 14807-96-6]*

**Talkum** siehe *Talk.

**Tallharz** siehe *Kolophonium.

**Tamarillo** (Baumtomate). 60–80 g schwere, bis 6 cm große, länglich-eiförmige, beiderseits zugespitzte Beerenfrucht des bis zu 6 m hohen, aus Peru stammenden, in tropischen Hochländern besonders von Malaysia, Indonesien und Neuseeland verbreiteten immergrünen schnellwüchsigen baumartigen Strauches *Cyphomandra betacea* (Cav.) Sendtn. (syn. *Solanum betaceum* Cav., Solanaceae), der durch seine großen herzförmigen Blätter auffällt. Vereinzelt ist die Baumtomate auch im Mittelmeergebiet anzutreffen. Die nach Europa importierten Tamarillos stammen aus Brasilien, Kolumbien, Neuseeland, Ostasien und Kenia.

Die Früchte besitzen eine glatte, dünne Schale, die bei reifen Früchten gelbrot, gelborange oder dunkelrot sein kann. Das gelbe oder rote Fruchtfleisch ist morphologisch mit dem der Tomate vergleichbar und außen fest, nach innen hin geleeartig mit zahlreichen, weichen schwarzen Samenkernchen. Die Farbe der Früchte wird auf eine Mischung von *Anthocyanen[1] und *Carotinoiden[2] zurückgeführt. Neben Vitamin C (25–30 mg/100 g) sind die hohen Ballaststoffgehalte von 3–4% bemerkenswert. Weitere Angaben zu nichtflüchtigen Inhaltsstoffen sind Literatur[3–5] zu entnehmen. Aus dem Fruchtfleisch wurde außerdem ein biologisch aktives *Lektin isoliert und charakterisiert[6–8].

Während die Schale leicht bitter schmeckt, ist das Fruchtfleisch der Tamarillo herbsüß. Die Analyse der Aromastoffe zeigte eine mengenmäßige Dominanz von Estern und nichtterpenoiden Alkoholen mit den Hauptkomponenten (E)-*Hex-2-en-1-al, (Z)-*Hex-3-en-1-ol, *Eugenol, 4-Allyl-2,6-dimethoxyphenol, Ethylbutyrat, Methylbutyrat und Methylhexanoat[9,10].

*Verwendung:* Die Frucht kann ähnlich wie Tomaten frisch, in Obstsalat oder als Beilage zu Fleischgerichten verzehrt, aber auch geschält zu Kompott, Gelee oder Konfitüre, Chutney, Saft und Sirup verarbeitet werden. – *E* tamarillo, tree tomato

*Lit.:* [1] Mazza, G.; Miniati, E., *Anthocyanins in Fruits, Vegetables, and Grains,* CRC Press: Boca Raton, FL, (1993); S. 313f. [2] Richling, E., *Flüss. Obst,* (2000) **67**, 7. [3] Romero-Ro-

driguez, M. A.; Vasquez-Oderiz, M. L.; Lopez-Hernandez, J.; Simal-Lozano, J., *Food Chem.*, (1993) **49**, 23. [4]Romero-Rodriguez, M. A.; Vasquez-Oderiz, M. L.; Lopez-Hernandez, J.; Simal-Lozano, J., *Food Chem.*, (1994) **49**, 251. [5]Boyes, S.; Strubi, P., *N. Z. J. Crop Hortic. Sci.*, (1997) **25**, 79. [6]Eur. J. Cell Biol. **74** (Suppl. 46), 104 (1997). [7]Ordonez, R. M.; Isla, M. I., Vattuone, M. A.; Sampietro, A. R., *J. Enzyme Inhib.*, (2000) **15**, 583. [8]Sampietro, A. R.; Isla, M. I.; Quiroga, E. N.; Vattuone, M. A., *Plant Sci.*, (2001) **160**, 659. [9]Torrado, A.; Suarez, M.; Duque, C.; Krajewski, D.; Neugebauer, W.; Schreier, P., *Flavour Fragr. J.*, (1995) **10**, 349. [10]Wong, K. C.; Wong, S. N., *J. Essent. Oil Res.*, (1997) **9**, 357.
*allg.:* Bendel, L., *Das große Früchte- und Gemüselexikon*, Albatros: Düsseldorf, (2002); S. 47 ▪ Ebert, G.; Reppchen, A., *Naturwiss. Rundsch.*, (2001) **54**, 71 ▪ Franke, W., *Nutzpflanzenkunde*, 6. Aufl.; Thieme: Stuttgart, (1997); S. 237 ▪ Liebster, G., *Warenkunde Obst und Gemüse*, Hädecke: Weil der Stadt, (1999); Bd. 1, S. 74f. ▪ Seidemann, J., *Flüss. Obst*, (2001) **68**, 780

**Tamarindenkernmehl.** Der vermahlene Samen der Früchte des Tamarindenbaumes (*Tamarindus indica* L.). Die in Schoten befindlichen Samen enthalten ein Polysaccharid, das durch Extraktion mit heißem Wasser und Trocknung der Extrakte isoliert werden kann. Es enthält D-*Galactose, D-*Glucose und D-*Xylose im Verhältnis 1:3:2; das Vorkommen von L-*Arabinose ist noch unsicher. Die Struktur ist noch nicht vollständig geklärt. Es handelt sich um eine Kette aus β-(1→4)-verknüpften D-Glucose-Einheiten, an die sich in α-(1→6)-Stellung Seitenketten mit Einzelbausteinen aus D-Galactose, D-Xylose und D-Glucose anheften (vgl. Abbildung).

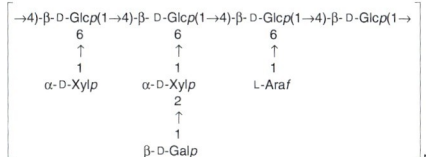

*Eigenschaften:* Tamarindenkernmehl ist in kaltem Wasser dispersibel unter Bildung eines zähen Schleimes, in der Hitze vollständig löslich, besitzt eine sehr gute pH-Beständigkeit und ist durch einwertige und zweiwertige Elektrolyte in der Rheologie nicht beeinflußbar. Eine 15%ige Lösung besitzt bei 25°C eine Viskosität von 0,5–0,8 Pa·s (500–800 cp). Tamarindenkernmehl-Gele sind kochfester als jene von *Pektin.
*Verwendung:* In den USA und in Deutschland als Zusatzstoff in der Lebensmittelverarbeitung nicht, in Japan dagegen zugelassen. Ferner wird es zur Formulierung von Wirkstoffen benutzt, um Wirkstoffe gezielt und kontinuierlich freisetzen zu können[1,2]. – *E* tamarind seed gum
*Lit.:* [1]Ghelardi, E.; Tavanti, A.; Celandroni, F.; Lupetti, A.; Blandizzi, C.; Boldrini, E.; Campa, M.; Senesi, S., *J. Antimicrob. Chemother.*, (2000) **46**(5), 831–834. [2]Sumathi, S.; Ray, A. R., *J. Pharm. Sci.*, (2002) **5**(1), 12.
*allg.:* Belitz-Grosch-Schieberle (5.); S. 303f. – [HS 1106 30]

**Tangerine** (bezeichnet nach dem marokkanischen Hafen Tanger). Zu den *Citrusfrüchten gehörende, meist kernlose Kleinstmandarine (*Citrus tangerina* Hort. bzw. *Citrus reticulata* Blanco var. *tangerina*),

die in den USA, Japan, Israel, Argentinien und Brasilien angebaut wird. Bei der Analyse von Tangerinenschalenöl hat man u.a. γ-Elemen, die α-*Sinensale und β-Sinensale sowie Thymolmethylether gefunden. – *E* tangerine
*Lit.:* Franke, W., *Nutzpflanzenkunde*, 6. Aufl.; Stuttgart: Thieme, (1997); S. 291 ▪ Liebster, G., *Warenkunde Obst und Gemüse*, Hädecke: Weil der Stadt, (1999); Bd. 1, S. 333 – [HS 0805 20]

**Tannase** (Tannin-Acylhydrolase, EC 3.1.1.20). *Enzym aus der Hauptklasse der Hydrolasen (Sub-Klasse Esterasen), das die Ester-Bindung in Gallo-Tanninen (Gruppe von pflanzlichen Gerbstoffen mit zu „Depsiden" veresterter Gallussäure als Grundkörper) spaltet[1]. T. ist – neben anderen Enzymen – an der Fermentation von Tee, Tabak, Kakao- u. Kaffeebohnen beteiligt. Mikrobielle T. wird v.a. in *Aspergillus-, Fusarium-, Rhizopus-, Bacillus-, Candida-, Trichoderma-* u. *Penicillium*-Stämmen gefunden[2–5]. T. ist ein dimeres *Glycoprotein. Die $M_R$ liegen – je nach Herkunft u. Bestimmungsmeth. – zwischen 192000 u. 200000[3].
*Verwendung:* V.a. in den USA wird versucht, *Bier od. *Wein durch Abbau der dunklen Tannin-Protein-Komplexe mittels an Nylon immobilisierter Tannase[6] aufzuhellen bzw. zu „schönen". Das Enzym wird ferner zur Aufhellung von Tee-Extrakten sowie zur Herst. von kaltwasserlösl. Instant-Tee vorgeschlagen (Auflösung des Coffein-Polyphenol-Komplexes)[7]. – *E* tannase
*Lit.:* [1]Aguilar, C. H.; Guitierrez-Sanchez, G., *Food Sci. Technol. Int.*, (2000) **7**, 373. [2]Bioprocess Eng. **11**, 239–243 (1994). [3]Schomburg et al. **3**, 3.1.1.20. [4]Sci. Aliments **10**, 807–816 (1990). [5]World J. Microbiol. Biotechnol. **12**, 217–220 (1996). [6]Abdel-Naby, M. A.; Sherif, A. A.; El-Tanash, A. B.; Mankarios, A. T., *J. Appl. Microbiol.*, (1999) **87**, 108. [7]EP 777972 A1, (1997); CAN 127: 64955; US 5952023 A, (1999); CAN 131: 184270; US 5925389 A, (1999); CAN 131: 87182.
*allg.:* Adv. Appl. Microbiol. **44**, 215–260 (1997) ▪ Bioprocess Eng. **14**, 159–162 (1996) ▪ Process Biochem. **32**, 135–139 (1997) – [HS 3507 90; CAS 9025-71-2]

**Tannennadelöle** siehe *Fichten- und Kiefernnadelöle.

**Tannin-Acylhydrolase** siehe *Tannase.

**Tapioka.** Aus der Sprache der brasilianischen Tupi-Indianer stammende Bezeichnung für partiell verkleisterte Maniokstärke. Tapioka besteht aus 17–22% *Amylose und 78–83% Amylopektin (siehe *Stärke). Tapioka wird als Verdickungsmittel in der Lebensmittelindustrie verwendet; siehe auch *Maniok und *Stärke.
Über optimale Bedingungen zum Fritieren eines Crackers aus Tapioka (Keropak), eines bekannten Snacks in Malaysia, berichtet Literatur[1]. Hinweise zur Emulgierfähigkeit oxidierter Tapiokastärke sind Literatur[2] zu entnehmen. Es wird angenommen, daß diese Eigenschaft auf die elektrostatische Abstoßung der nach Oxidation entstandenen Carboxy-Gruppen der Stärkeketten zurückzuführen ist. – *E* tapioca

*Lit.:* [1]Nair, V.; Chandaran, K.; Seow, C. C.; Sulebele, G. A., *Int. J. Food Sci. Technol.*, (1996) **31**, 249–256. [2]Konoo, S.; Ogawa, H.; Mizuno, H.; Iso, N., *J. Jpn. Soc. Food Sci. Technol.*, (1996) **43**, 880–886. *allg.:* Heiss (5.) ▪ Herrmann, K., *Exotische Lebensmittel*, 2. Aufl.; Springer: Berlin, (1987); S. 97 ▪ Zipfel, C 303 BII.7; C370 9, 17 – *[HS 1108 14; CAS 9005-25-8]*

**Taragummi** (Tarakernmehl, Peruanisches Johannisbrotkernmehl, E 417). Im Endosperm des Samens des Tarabaumes (*Cesalpinia spinosum*) vorkommendes *Galactomannan mit den Einzelbausteinen *Galactose und *Mannose im Verhältnis 1:3. Das Molekül besteht aus β-(1→4)-verknüpften D-Mannopyranose-Einheiten, an die sich seitlich D-Galactopyranosid-Einheiten und α-(1→6)-Bindungen anheften. Der Galactose-Anteil kann nach enzymatischem Abbau durch Endo-Mannanase aus *Aspergillus niger* mit Hilfe von high performance anion exchange chromatograpy (HPAEC) bestimmt werden[1].
Die physikalischen und chemischen Eigenschaften entsprechen weitgehend jenen von *Guar-Mehl und *Johannisbrotkernmehl. Taragummi ist in kaltem Wasser nicht vollständig löslich; die Lösungen besitzen eine signifikant höhere Viskosität als gleich konzentrierte Lösungen von Guar- oder Johannisbrotkernmehl. Ähnlich wie Johannisbrotkernmehl gibt Taragummi Gele mit *Xanthan, nur sind letztere schwächer und die Schmelzpunkte der Gele liegen tiefer. Auch bei *Agar und *Carrageen zeigt Taragummi synergistische Gelverstärkungen. Taragummi ist gesundheitlich unbedenklich[2] und in Deutschland als Lebensmittelzusatzstoff allgemein, ausgenommen bestimmte Lebensmittel, zugelassen (*ZZulV 1998 Anlage 4 Teil A). – *E* Tara gum

*Lit.:* [1]Daas, P. J.; Schols, H. A.; de Jongh, H. H., *Carbohydr. Res.*, (2000) **329**(3), 609–620. [2]Melnick, R. L.; Huff, J.; Haseman, J. K.; Dieter, M. P.; Grieshaber, C. K.; Wyand, D. S.; Russfield, A. B.; Murthy, A. S.; Fleischmann, R. W.; Lilja, H. S., *Food Chem. Toxicol.*, (1983) **21**(3), 305–311. *allg.:* Belitz-Grosch-Schieberle (5.) – *[HS 1106 30]*

**Tarakernmehl** siehe *Taragummi.

**Tarichatoxin** siehe *Tetrodotoxin.

**Taro.** In Südostasien heimisches und in tropischen Gegenden vielfach kultiviertes Knollengewächs (*Colocasia esculenta* L. Schott, Araceae). Taro ist auch unter einigen anderen Bezeichnungen bekannt, z. B. Eddo, Wasserbrotwurzel, Karibischer Kohl, Dasheen und Coco-Yam. Die Färbung der Knolle variiert von weiß, grau, rötlich bis violett. Die ausdauernde Sumpfpflanze benötigt humose, tiefgründige Böden und ein feuchtwarmes Klima.
*Zusammensetzung und Verwendung:* Die bis zu 4 kg schweren Wurzelknollen enthalten im Mittel 71% Wasser, 27% Kohlehydrate (v.a. Stärke), 1,5% Protein, 1,2% Mineralstoffe (v. a. K, Ca, Zn, P) und 0,2% Fett. Der Gehalt an *Ascorbinsäure beträgt 4,5 g/100 g, während *Niacin (4,6 g/100 g), *Thiamin (0,1 g/100 g) und *Riboflavin (0,03 g/100 g) Minor-Komponenten darstellen[1]. Der in kaltem Wasser lösliche Schleimstoff (76–130 g/kg

Trockenmasse) besteht hauptsächlich aus Arabinogalactan-Proteinen[2]. Die Taro-Knollen dienen der Bevölkerung als wichtiges, erst nach längerem Kochen oder Rösten bekömmliches Nahrungsmittel. Insbesondere im mikronesischen Raum genießt Taro eine hohe Akzeptanz und könnte aufgrund des Gehalts an Provitamin-A-Carotinoiden – hauptsächlich α- und β-Carotin – zum Ausgleich des dort bestehenden Vitamin-A-Defizits beitragen[3,4]. Die jungen, Calciumoxalat-haltigen Blätter werden als Gemüse verzehrt und als Zutat für die populäre „Callaloo-Suppe" verwendet[5]. – *E* taro, cocoyams, coco-yam, dasheen

*Lit.:* [1]Maga, J. A., *Food Rev. Int.*, (1992) **8**, 443–473. [2]Jiang, G.; Ramsden, L., *J. Sci. Food Agric.*, (1999) **79**, 671–674. [3]Englberger, L.; Schierle, J.; Marks, G. C.; Fitzgerald, M. H., *J. Food Compos. Anal.*, (2003) **16**, 3–19. [4]Englberger, L.; Aalbersberg, W.; Ravi, P.; Bonnin, E.; Marks, G. C.; Fitzgerald, M. H.; Elymore, J., *J. Food Compos. Anal.*, (2003) **16**, 219–236. [5]Lück, E., *Von Abalone bis Zuckerwurz*, Springer: Berlin, (2000); S. 138. *allg.:* Cambie, R. C.; Ferguson, L. R., *Mutat. Res.*, (2003) **523/524**, 109–117 ▪ Duangmal, K.; Owusu-Apenten, R. K., *Food Chem.*, (1998) **64**, 351–359 ▪ Franke, W., *Nutzpflanzenkunde*, 6. Aufl.; Thieme: Stuttgart, (1997); S. 78ff. ▪ Huang, A. S.; Titchenal, C. A.; Meilleur, B. A., *J. Food Compos. Anal.*, (2000) **13**, 859–864 ▪ Ivancic, A.; Lebot, V., *Pac. Sci.*, (1999) **53**, 273–285 ▪ Le Quach, M.; Melton, L. D.; Harris, P. J.; Burdon, J. N.; Smith, B. G., *J. Sci. Food Agric.*, (2001) **81**, 311–318 – *[HS 0706 90]*

**Tartrate.** Bez. für Ester u. Salze der *Weinsäure; wenn nur ein H-Atom der beiden Carboxy-Gruppen durch organ. Reste od. Metallatome ersetzt ist, spricht man von *sauren* od. *Hydrogen-T.* (z.B. *Kaliumhydrogentartrat). Die DL-T. nannte man lange Zeit *Racemate*, bis dieser Begriff den heutigen Bedeutungsinhalt erhielt.
*Verwendung:* Magnesium- u. Kalium-T. für diätet. Lebensmittel als Kochsalzersatz; Kalium-T. als Säuerungsmittel u. *Säureregulatoren; Natrium-T. darüber hinaus noch als *Chelatbildner bei der Lebensmittelverarbeitung, sie wirken u. a. synergistisch für *Antioxidantien; Kaliumnatrium-T. wird als *Kutterhilfsmittel verwendet.
*Recht:* Als *Lebensmittelzusatzstoffe dürfen nur die Salze der L-(+)-*Weinsäure (Näheres s. dort) verwendet werden. Folgende T. sind gemäß *ZZulV 1998, Anlage 4 Teil A und C begrenzt zugelassen: Natriumtartrate (Mono-, Di-) E 335, Kaliumtartrate (Mono-, Di-) E 336, Kaliumnatriumtartrat E 337, Calciumtartrat E 354. Als Kochsalzersatz ist Mg-T. gemäß *Diät-Verordnung eingeschränkt zugelassen (Anlage 3 zu § 9 DiätV). Die Reinheitsanforderungen der zugelassenen T. sind in der *ZVerkV 1998, Anlage 2 Liste B geregelt. Zur Analytik s. *Weinsäure. – *E* tartrates

*Lit.:* Beilstein EIV **3**, 1024, 1027, 1222 ▪ Ullmann (5.) **A11**, 568 – *[HS 2918 13]*

**Tartrazin** (Flavazin, Hydrazingelb O, Säuregelb, C.I. 19140, C. I. Acid Yellow 23, Food Yellow 4, E 102). $C_{16}H_9N_4Na_3O_9S_2$, $M_R$ 534,37. Lichtechtes, Hitze-, Alkali- u. Säure-beständiges, orange-gelbes Pulver od. Granulat. Gut lösl. in Wasser (mit reinem grünstichigen Gelb), in Ethanol <1 g/L lösl., in pflanzlichen Ölen unlöslich. $\lambda_{max}$ 426 nm (Wasser) E 1%/1 cm 530.

*Verwendung:* Zum Färben von Puddingpulver, Teigwaren, Zuckerwaren, Kunstspeiseeis, Brausen, Senf, Sirupen, aber auch von Arzneimitteln u. kosmet. Mitteln.

*Recht:* E 102 Tartrazin.

*Zulassung:* Zusatzstoff, der zum Färben von Lebensmitteln od. zum Erzielen von Farbeffekten bei Lebensmitteln zugelassen ist. *ZZulV 1998, Anlage 1 (zu § 3 Abs. 1 u. § 7) Teil B (Farbstoffe, die für bestimmte Lebensmittel zugelassen sind) u. Teil C (Lebensmittel, für die nur bestimmte Farbstoffe zugelassen sind).

*Reinheitsanforderungen:* Für technolog. Zwecke zugelassener Zusatzstoff. *ZVerkV 1998, Anlage 2 (zu § 3 Abs. 1) Liste B Reinheitsanforderungen nach Richtlinie 95/45/EG vom 26.7.1995, Amtsblatt der EG Nr. L 226 vom 22.9.1995, S. 1.

*Kenntlichmachung:* § 9 ZZulV 1998. Bei Lebensmitteln mit einem Gehalt an Farbstoffen durch die Angabe „mit Farbstoff" (§ 9 Absatz 1 Nr. 1, siehe auch § 9 Absatz 8 Nr. 2).

*Weitere Rechtsvorschriften:* Arzneimittelfarbstoffverordnung (AMFarbV). Bekanntmachung der Neufassung der Weinverordnung Anlage 4 (zu § 11 Abs. 5), Farbstoffe, die bei der Herstellung bestimmter Erzeugnisse zugesetzt werden dürfen. TabakV Anlage 1 Nr. 10.

*Toxikologie:* ADI-Wert der WHO (1964) u. des SCF (1983): 0–7,5 mg/kg. Beim Menschen kann T. Überempfindlichkeitsreaktionen hervorrufen, z.B. Nesselsucht bis hin zu Asthma[1,2]. Über Unverträglichkeit, z.B. bei atopischer Dermatitis, wurde berichtet[3]. Sämtliche bisher mit T. durchgeführten Langzeituntersuchungen an Nagern ergaben keinerlei Hinweise auf ein mutagenes, carcinogenes od. teratogenes Potential[4,5]. Verunreinigungen von T. mit toxikol. relevanten Verb. (Benzidine) im mg/g-Bereich sind jedoch beschrieben[6]. Zur Analytik s. Literatur[7–11] u. *Lebensmittelfarbstoffe. – *E* tartrazine

*Lit.:* [1]Food Chem. Toxicol. **26**, 73–78 (1988). [2]Bhatia, M. S., *J. Clin. Psychiatry*, (2000) **61**, 473–476. [3]Worm, M.; Vieth, W.; Ehlers, I.; Sterry, W.; Zuberbier, T., *Clin. Exp. Allergy*, (2001) **31**, 265–273. [4]Food Chem. Toxicol. **30**, 263–268 (1992). [5]Bertram, Farbstoffe in Lebensmitteln u. Arzneimitteln, S. 85f., Stuttgart: Wiss. Verlagsges. 1989. [6]Food Chem. Toxicol. **31**, 751–758 (1993). [7]Kirschbaum, J.; Pfalzgraf, S.; Krause, C.; Stössel, S.; Uchtmann, F.; Brückner, H., *Lebensmittelchemie*, (2001) **55**, 123–124. [8]Holcapek, M.; Jandera, P.; Zderadicka, P., *J. Chromatogr. A*, (2001), **926**, 175–186. [9]Chou, S. S.; Lin, Y. H.; Cheng, C. C.; Hwang, D. F., *J. Food Sci.*, (2002) **67**, 1314–1318. [10]Huang, H. Y.; Shih, Y. C.; Chen, Y. C., *J. Chromatogr. A*, (2002) **959**, 317–325. [11]Fuh, M. R.; Chia, K. J., *Talanta*, (2002) **56**, 663–671.

*allg.:* Beilstein EV 25/8, 222 ▪ Blue List ▪ Merck-Index (13.), Nr. 9160 – *[HS 3204 12; CAS 1934-21-0]*

**taste dilution analysis** siehe *Geschmacksverdünnungsanalyse.

**Tatar** siehe *Hackfleisch.

**TATCA.** Abkürzung für Trialkoxytricarballylat, siehe *Retrofette.

**Tau-Fluvalinat** siehe *Pyrethroide.

**Taurigor.** Wird schlachtfrisches Fleisch sehr rasch eingefroren, ohne daß die *postmortalen Veränderungen wie Abbau des Glycogens vorher stattfinden konnten, kommen die enzymat. Prozesse post mortem zum Stillstand. Beim Einfrieren u. Gefrierlagern werden jedoch Membranstrukturen zerstört. Wird solch rasch gefrorenes Fleisch aufgetaut, findet durch die Freisetzung von Calcium-Ionen aus defekten Membranen eine sehr rasche und weitgehende Muskelkontraktion statt, die als T. bezeichnet wird und unter Praxisbedingungen irreversibel ist. Die Sarkomeren verkürzen sich von ca. 2 µm auf 0,75–1,1 µm. Das Fleisch ist extrem zäh u. verliert in wenigen h 8–12% Tropfsaft. T. ist in seinem Ablauf u. Folgen mit *cold shortening zu vergleichen, nur tritt er im Kältebereich beim Auftauen bei –1°C ein. Die Eismatrix verhindert vorher eine Kontraktur. T. tritt in der Praxis nur bei schlachtwarm entbeinten Teilstücken bzw. bei Lämmern auf. Große Schlachttierkörper sind in der Praxis so rasch nicht einzufrieren. – *E* thaw rigor

*Lit.:* Nielsen, J.; Larson, E.; Flemming, J., In *Advances in Food Refrigeration*, Sun, D.-W., Hrsg.; Leatherhead Publ.: Leatherhead, Surrey, (2001); S. 403

**Taurin.** Der Trivialname „Taurin" ist in der Literatur doppelt besetzt mit 2-Aminoethansulfonsäure (1.) und (11*S*)-1-Oxoeudesm-4-en-12,6α-olid (2.):

1. *2-Aminoethansulfonsäure*, $C_2H_7NO_3S$, $M_R$ 125,14, monokline farblose und geruchlose Prismen, Schmp. 328°C, Zersetzung oberhalb 300°C, beim Erhitzen werden hochgiftige Dämpfe freigesetzt. In Wasser sehr gut löslich (65 g/L), unlöslich in Alkohol und Diethylether. Das Molekül besitzt zwei funktionelle Gruppen: eine saure Sulfon-Gruppe ($pK_{a1}$ 1,5) und eine basische Amino-Gruppe ($pK_{a2}$ 8,74), der isolektrische Punkt liegt bei pH 5,12.

*Vorkommen:* Taurin kommt im gesamten Tierreich ubiquitär vor sowie in den Samen von Leguminosen. Die Konzentrationen an freiem Taurin variieren sehr stark je nach Tierart und Gewebe, sind aber oft höher als die von freien Aminosäuren (mit Ausnahme der Glutaminsäure). Besonders hoch sind die Gehalte in marinen Invertebraten (300–800 mg/100 g), in Fischen (50–200 mg/100 g) und Muskelfleisch allgemein (30–160 mg/100 g). Freies Taurin stellt den Hauptanteil der Fraktion der freien Aminosäuren im Säugetiermuskel (z. B. 0,02–0,1% bezogen auf Frischgewebe im Falle von Rindermuskel)[1]. Eine umfangreiche Auflistung der Verbreitung von Taurin im Tierreich ist in Literatur[2] zu finden. Der Gehalt im menschlichen Plasma liegt zwischen 4 und 7,5 mg/L, in den Organen ist der Gehalt mit ca. 200–1400 mg/kg dagegen um ein Vielfaches höher. Höchste Taurin-Konzentrationen findet man im zentralen Nervensystem (ZNS)[3,4], in der Retina[5] und im Herz[6,7]. Im Plasma kann es nach Streßsituationen zu einer Abnahme kommen. Es wird angenommen, daß der Taurin-Gehalt im Körper eines gesunden Menschen von 70 kg Körpergewicht zwischen 30–70 g liegt, wobei davon ca. 75% in den Muskelzellen vorliegen. In Pflanzen wurde Taurin in der *Kaktusfeige *Opuntia ficus-indica* nachgewiesen.

*Gewinnung:* Die industrielle Synthese (siehe Abbildung) geht von den Rohstoffen Ethen, Ammoniak und Natriumsulfit aus und ist in der Abbildung dargestellt.

Weltmarktführer ist nach eigenen Angaben die chinesische Firma „Changshu Yudong Chemical Factory" mit ca. 4000 t/Jahr.

*Physiologie:* Im Organismus entsteht Taurin aus der Aminosäure *Cystein. Am bedeutendsten ist dabei der Weg über die Oxidation der Thiol-Gruppe von Cystein zur Cysteinsulfinsäure mit anschließender Decarboxylierung zum Hypotaurin. Dieses wird zum Endprodukt Taurin oxidiert. Dies wurde in Arbeiten an Katzen und Ratten erhärtet, wobei im Fall von Ratten in den ersten Tagen der Laktation eine mRNA für die Cysteinsäure-Decarboxylase auch im Milchdrüsengewebe exprimiert wurde und gleichzeitig eine hohe Taurin-Konzentration in der Muttermilch auftrat[8,9]. Weitere Versuche an Ratten ergaben, daß Ethanol-induziertes Taurin über Hypotaurin auch vermehrt aus Schwefel-haltigen Aminosäuren in der Leber gebildet wird[10]. Limitierender Faktor für die Biosynthese ist offenbar die organspezifische Aktivität des Enzyms Cysteinsulfinat-Decarboxylase sowie das ausreichende Vorhandensein des als Coenzym fungierenden Pyridoxalphosphates (Vitamin $B_6$). Dessen Mangel führt zu einer verringerten Taurin-Synthese. Über die tatsächliche Eigensynthese von Taurin beim Menschen gibt es keine gesicherten Zahlen. In einer Stellungnahme der Arbeitsgruppe „Sport und Ernährung" der *DGE wird ein Wert von 50–125 mg/Tag angegeben[11]. Auch die Aufnahme von

Taurin über die Nahrung kann nur geschätzt werden und beträgt zwischen 0–400 mg/Tag in Abhängigkeit von der Ernährungsweise. Nach Literatur[11] ist von einer Aufnahme nicht unter 200 mg/Tag auszugehen.

In der Galle ist Taurin an Cholsäure als Amid gebunden (Taurocholsäure). Die Aufnahme im Darm[12] und die Ausscheidung durch die Niere[13] tragen zur Taurin-Bilanz bei. Taurin ist beteiligt an der Modulation des Calcium-Flux, der neuronalen Erregbarkeit, der Osmoregulation und der Entgiftung von bestimmten Fremdstoffen. Es wirkt antioxidativ, stabilisiert Membranen und stimuliert die Glycolyse und Gluconeogenese. Für verschiedene Organe übt es Schutzfunktionen aus, z.B. Herz[14], Gefäße[15], Niere[13]. Die Bedeutung der Taurin-Zufuhr mit der Nahrung wird in zahlreichen Übersichtsarbeiten diskutiert (vgl. allgemeine Literatur); wahrscheinlich ist Taurin für einige Säuger essentiell, besonders im heranwachsenden Organismus. Taurin spielt eine wichtige Rolle bei der Entwicklung des Gehirns; im ZNS beeinflußt Taurin Transportvorgänge zweiwertiger Metall-Ionen, z.B. als Calcium-, Magnesium- und Zink-Modulator. Taurin-Mangel spielt möglicherweise bei Epilepsie, Mongolismus und Herzrhythmusstörungen eine Rolle oder führt zu abnormer Hirnentwicklung[16]. In hohen Dosen (3 oder 6 g/Tag) hat Taurin bei Patienten mit Hypertonie eine blutdrucksenkende Wirkung, obgleich der Wirkungsmechanismus unbekannt ist[16].

In Bakterien, Riesenkieselschwämmen und Rotalgen kommen neben Taurin auch *N-Monomethyltaurin*, $C_3H_9NO_3S$, $M_R$ 139,17, Prismen, Schmp. 241–242°C, löslich in Wasser, unlöslich in Alkohol, Ether, sowie *N,N-Dimethyltaurin,* $C_4H_{11}NO_3S$, $M_R$ 153,20, Schmp. 315–316°C, vor. *N*-Monomethyltaurin wird zur Kohlendioxid-Wäsche und als Waschmittelrohstoff (Natriumsalz) eingesetzt.

*Verwendung:* Taurin ist in relativ hohen Konzentrationen in sogenannten *energy drinks und neuerdings in großem Umfang auch in Sportlernahrung enthalten. Taurin soll in beiden Fällen leistungssteigernd wirken. Die Zusammenhänge sind jedoch nicht bewiesen. Taurin ist auch ein Zwischenprodukt bei der Herstellung von Farbstoffen, Arzneimitteln, Reinigungsmitteln etc. In Japan wird Taurin im Zuge einer homöopathischen und ganzheitlichen Behandlung bestimmter Krankheiten von Herz und Kreislauf angewandt. In Infusionslösungen zur parenteralen Ernährung ist Taurin in Konzentrationen zwischen 0,15 und 2 g/L als funktioneller Bestandteil enthalten. Da ein Taurin-Mangel bei Katzen schwerwiegende Folgen hat,

Ethen — Ethylenoxid — 2-Aminoethanol — 2-Aminoethyl-1-sulfat

Ethylenimin — Taurin

Abbildung: Industrielle Synthese von Taurin.

wird Taurin im allgemeinen bei Katzenfutter supplementiert.

*Toxikologie:* Der $LD_{50}$-Wert im Tierversuch zur akuten Toxizität liegt bei der Ratte bei über 5000 mg/kg Körpergewicht. Toxikologische Studien geben keinen Hinweis auf ein genotoxisches, teratogenes oder cancerogenes Potential von Taurin. Ausreichende Studien zur chronischen Toxizität gibt es jedoch nicht. Auch sind die Untersuchungen zur subakuten und subchronischen Toxizität lückenhaft. Nach Auffassung des Scientific Committee on Food (SCF) sind die verfügbaren Daten unzureichend, um einen „upper safe level" für die tägliche Taurin-Aufnahme festzulegen. Hierzu sind weitere Studien erforderlich. Auch sind potentielle Interaktionen zwischen Taurin und Coffein, die beide in energy drinks verwendet werden, nicht ausreichend untersucht[17,18].

*Recht:* Nach der *Aromenverordnung ist Taurin für Lebensmittel allgemein als Einzelsubstanz in einer Menge von 300 mg/kg im verzehrsfertigen Lebensmittel oder 500 mg/kg zusammen mit einer oder mehreren dort aufgeführten Aminosäuren als „Geschmacksbeeinflussender Stoff" (nach Anlage 5 zu § 3 Aromenverordnung) zugelassen.

Taurin ist nach Anlage 2 (zu den §§ 7, 7a und 7b) der *Diät-Verordnung ein Stoff (Kategorie 4), der diätetischen Lebensmitteln zu ernährungsphysiologischen oder diätetischen Zwecken zugesetzt werden darf. Für den Zusatz existiert keine Höchstmenge. Bei Säuglingsanfangsnahrung auf der Basis von Protein-Teilhydrolysaten muß der Taurin-Gehalt nach Anlage 10 Nr. 2.2 mindestens 10 µmol/ 100 kJ betragen. Dagegen ist die Verwendung von Taurin in Beikost nach Anlage 9 Nr. 3 der Diät-Verordnung nicht zugelassen.

Zu den rechtlichen Regelungen, die *energy drinks betreffen, siehe unter diesem Stichwort.

Nach Anlage 3 (Zusatzstoffe) der Futtermittel-Verordnung ist Taurin als Zusatzstoff für Futtermittel für Heimtiere zugelassen.

2. *(11S)-1-Oxoeudesm-4-en-12,6α-olid*, $C_{15}H_{20}O_3$, $M_R$ 248,32, Kristalle, Schmp. 118–119°C (109–110°C), $[\alpha]_D^{19}$ –120° (Ethanol). Sesquiterpenlacton aus *Artemisia*-Arten. Das Sesquiterpenlacton Taurin wirkt krampflösend[19] und dient in Form einer 0,6 mM wäßrigen Lösung zur fluorimetrischen Bestimmung von Cyanid[20] ($\lambda_{max}$ 460 nm). – *E* taurine

*Lit.:* [1] Belitz-Grosch-Schieberle, (5.). [2] Jacobsen, J.; Smith, L., *Phys. Rev.*, (1968) **48**, 424–511. [3] Brain Res. Rev. **12**, 167–201 (1987). [4] Prog. Neurobiol. **32**, 471–533 (1989). [5] Neurol. Neurobiol. **49**, 61–86 (1989). [6] Adv. Exp. Med. Biol. **217**, 371–387 (1987). [7] Heitaroh, Lombardini u. Segawa (Hrsg.), Taurine and the Heart, Boston: Kluwer Academic 1989. [8] Edgar, S. E.; Kirk, C. A.; Rogers, Q. R.; Morris, J. G., *J. Nutr.*, (1998) **128**, 751–757. [9] Hu, J.-M.; Ikemura, R.; Chang, K.-T.; Suzuki, M.; Nishihara, M.; Takahashi, M., *J. Vet. Med. Sci.*, (2000) **62**, 829–834. [10] Jung, Y. S.; Kwak, H. E.; Choi, K. H.; Kim, Y., *Adv. Exp. Med. Biol.*, (2003) **526**, 245–252. [11] DGE, Taurin in der Sporternährung, Stellungnahme des DGE-Arbeitskreises Sport und Ernährung vom 01.08.2001; http://www.dge.de/ modules.php?name=News&file=article&sid=294. [12] Eur. J. Clin. Invest. **27**, 873–880 (1997). [13] Amino Acids **11**, 1–13 (1996). [14] Gen. Pharmacol. **30**, 451–463 (1998). [15] Med. Hypotheses **46**, 89–100 (1996). [16] Nutr. Res. **8**, 955–968 (1988). [17] SCF, Opinion on Caffeine, Taurine and Glucurono-gamma-lactone as Constituents of so-called „Energy Drinks"; Stellungnahme vom 21.01.1999; http://europa.eu.int/comm/food/ fs/sc/scf/out22_en.html. [18] BgVV, Koffeinhaltige Limonaden mit mehr als 250 mg Koffein/L sowie mit Zusatz von Taurin, Inosit, Glucuronolacton und Guaranaextrakt; Stellungnahme vom 24.01.2002; http://www.bfr.bund.de/cm/208/koffeinhaltige_ limonaden.pdf. [19] Plant Med. Phytother. **15**, 144–148 (1981). [20] Anal. Sci. **2**, 491f. (1986).
*allg.:* Clin. Nutr. **16**, 103–108 (1997) – *[HS 2921 19 (1.); CAS 107-35-7 (2-Aminoethansulfonsäure); 107-68-6 (N-Monomethyltaurin); 637-95-6 (N,N-Dimethyltaurin); 23522-05-6 ((11S)-1-Oxoeudesm-4-en-12,6α-olid)]*

**Taurochenodesoxycholsäure** siehe *Gallensäuren.

**Taurocholsäure** siehe *Gallensäuren.

**Taurodesoxycholsäure** siehe *Gallensäuren.

**Tausendkorn-Gewicht** siehe *Getreidekorn.

**Taxiphyllin** siehe *cyanogene Glycoside.

**TBHQ.** Abkürzung für *tert*-*Butylhydrochinon.

**TBTA.** Abkürzung für Tributylzinnacetat, siehe *Tributylzinn-Verbindungen.

**TBTB.** Abkürzung für Tributylzinnbenzoat, siehe *Tributylzinn-Verbindungen.

**TBTCl.** Abkürzung für Tributylzinnchlorid, siehe *Tributylzinn-Verbindungen.

**TBTL.** Abkürzung für Tributylzinnlinoleat, siehe *Tributylzinn-Verbindungen.

**TBTM.** Abkürzung für Tributylzinnmethacrylat, siehe *Tributylzinn-Verbindungen.

**TBTN.** Abkürzung für Tributylzinnnaphthenat, siehe *Tributylzinn-Verbindungen.

**TBTO.** Abk. für Tributylzinnoxid, siehe *Tributylzinn-Verbindungen.

**TC.** Abk. für englisch total carbon, s. *TOC.

**TCA.** Abkürzung für 2,4,6-Trichloranisol (siehe *Weinfehler).

**TDA.** Abkürzung von englisch taste dilution analysis für *Geschmacksverdünnungsanalyse.

**TDI.** Abkürzung für englisch tolerable daily intake, siehe *ADI.

**Technische Hilfsstoff-Verordnung.** Die Technische Hilfsstoff-Verordnung (THV)[1] enthält eine Begriffsbestimmung über *Extraktionslösungsmittel (§ 1), regelt welche Extraktionslösungsmittel und *technische Hilfsstoffe bei der Herstellung von Lebensmitteln zu welchem Zweck zugelassen sind. Die THV enthält des weiteren Vorgaben zu den Höchstmengen (§ 3), Reinheitskriterien der Stoffe (§ 4), zur Kennzeichnung (§ § 5 und 6) sowie zu den Probenahmeverfahren und Analysemethoden (§ 6a).

*Lit.:* [1] Verordnung über die Verwendung von Extraktionslösungsmitteln und anderen technischen Hilfsstoffen bei der Herstellung von Lebensmitteln vom 08.11.1991 (BGBl. I, S. 2100; mehrfach geändert).

**Technischer Hilfsstoff.** Begriff des früheren Lebensmittelgesetzes (LMG, § 4b Nr. 3); im früheren *Lebensmittel- und Bedarfsgegenständegesetz (LMBG) und im jetzt gültigen *Lebensmittel- und Futtermittelgesetzbuch (LFGB) nicht mehr ausdrücklich verwendet, jedoch nimmt § 2 Abs. 3 Satz 3 Nr. 1 LFGB *Verarbeitungshilfsstoffe*, ein Synonym für technische Hilfsstoffe, vom Zusatzstoffbegriff aus. Nach der Legaldefinition in der Zusatzstoff-Rahmenrichtlinie 89/107/EWG[1] (dort Amtliche Anmerkung zu Art. 1 Abs. 3a) sind die „Stoffe, welche nicht selbst als Lebensmittelzutat verzehrt werden, die jedoch bei der Verarbeitung von Rohstoffen, Lebensmitteln oder deren Zutaten aus technologischen Gründen während der Be- oder Verarbeitung verwendet werden und die unbeabsichtigte, technisch unvermeidbare Rückstände oder Rückstandsderivate im Enderzeugnis hinterlassen können, unter der Bedingung, daß diese Rückstände gesundheitlich unbedenklich sind und sich technologisch nicht auf das Enderzeugnis auswirken" (= § 2 Abs. 3 Satz 3 Nr. 1 LFGB). Regelungen über die technischen Hilfsstoffe Kaliumpermanganat, Natriumhypochlorit und Wasserstoffperoxid unter Angabe des jeweiligen Verwendungszwecks enthält die *Technische Hilfsstoff-Verordnung (THV).

Die Bezeichnung „Hilfsstoffe" kennt auch die *Kosmetik-Verordnung (§§ 1, 2), die allgemein verbotene Stoffe (Anlage 1) und eingeschränkt zugelassene Stoffe (Anlage 2) vom Verbot oder der Beschränkung ausnimmt, sofern diese Hilfsstoffe aus den Kosmetika vollständig oder soweit entfernt sind, daß sie nur noch als technologisch unvermeidbare und technologisch unwirksame Reste in gesundheitlich unbedenklichen Anteilen im Endprodukt enthalten sind (§ 1 Satz 2 Kosmetik-VO).
– *E* technical aid

*Lit.:* [1]Richtlinie 89/107/EWG vom 21.12.1988 zur Angleichung der Rechtsvorschriften der Mitgliedstaaten über Zusatzstoffe, die in Lebensmitteln verwendet werden dürfen (Amtsblatt der EG Nr. L 40).

*allg.:* Meyer, A. H., *Lebensmittelrecht*, C. H. Beck: München (Loseblattsammlung); Nr. 600 und Nr. 770

**Tee.** Nach den Leitsätzen[1] stammt T. ausschließlich aus Blättern, Blattknospen u. zarten Stielen des T.-Strauches (*Camellia sinensis* Linnaeus, O. Kuntze), die nach den üblichen Verf. wie Welken, Rollen, Fermentieren, Zerkleinern u. Trocknen bearbeitet werden.

Daneben kennen die Leitsätze aromatisierten T., *teeähnliche Erzeugnisse, *Tee-Extrakte u. Kombinationen dieser Erzeugnisse. Zutaten u. Zusatzstoffe sind bis auf die Verw. von Aromen, Fruchtsäften, aromagebenden Trinkbranntweinen u. Natriumhydroxid bzw. Rieselhilfsmitteln (nur für T.-Extrakte) nicht üblich. Die Beschaffenheitsmerkmale der einzelnen T.-Sorten sind dem Abschnitt IC, die Bez. u. bes. Angaben dem Abschnitt ID bzw. IIA u. B der Leitsätze[1] zu entnehmen.

Danach ist *Schwarzer T.* ein fermentierter T., dessen Blätter nach den üblichen Verf. (s. bei Gewinnung) bearbeitet wurden. *Oolong-Tee* ist ein halb-fermentierter T., dessen Blätter nach Welken u. Rollen nur die Hälfte der sonst üblichen Zeit fermentiert u. anschließend getrocknet werden. *Grüner T.* ist ein unfermentiertes Erzeugnis, dessen Blätter blanchiert, gerollt u. unter Erhalt der natürlichen Blattfarbstoffe getrocknet werden. Grüner T. liefert helle, klare, bitter schmeckende Aufgüsse, die in Japan u. China (Haupterzeugerländer) mit Orangenblüten, Rosenblüten od. Jasminblüten aromatisiert werden. Für die Qualität des grünen T. spielt der Erntezeitpunkt eine entscheidende Rolle; die beste Qualität lässt sich in den meisten Anbaugebieten im April u. Mai erzielen. Gelber Tee steht zwischen grünem und Oolong-Tee. Eine Besonderheit ist der Pu-Erh-Tee, ein grüner Tee, der mikrobiell „fermentiert" wird.

Wie Kaffee wird auch T. zu Instant-Produkten verarbeitet. Beliebt sind sog. Aroma-T., die Mischungen von Schwarzem T. mit fruchtig-herben bis süßexot. Aromazusätzen sind; Beisp.: *Bergamottöl (Earl Grey), Mango, Passionsfrucht, Schwarze Johannisbeere, Vanille, Kirsche, Orange, Apfel od. Zitrone.

In Südamerika wird statt des Schwarzen T. der ebenfalls Coffein-haltige *Mate bevorzugt. *Coffein-frei sind die meisten teeähnlichen Erzeugnisse, wie z. B. der in Südafrika beliebte *Rotbusch Tee oder die traditionellen Kräuter- und Früchtetees (Fenchel, Melisse, Pfefferminze etc.).

*Gewinnung:* Von den beiden Arten *Camellia sinensis* (*Thea sinensis*) u. *Thea assamica* werden v. a. Hybriden der letzteren Art weltweit kultiviert, während *Thea sinensis* hauptsächlich in China u. Japan angebaut wird. Der T.-Strauch ist in Ostindien beheimatet; er wird heute in großem Umfang in China, Japan, Sri Lanka, Indien, Pakistan, Indonesien, Taiwan, Ostafrika u. Südamerika angebaut. In der Wildnis wächst der T.-Strauch zu einem bis zu 15 m hohen Baum heran; in den T.-Kulturen läßt man ihn nur 60–150 cm hoch werden, um die Blätter bequemer ernten zu können.

Der aus Samen, heute meist aus Setzlingen gezogene T.-Strauch liefert nach 4–5 Jahren die erste Ernte; er kann im Durchschnitt 60–70 Jahre lang genutzt werden. Gepflückt werden manuell „two leaves and a bud" (die beiden jüngsten Blätter und die Blattknospe). Das Pflücken der weißlich behaarten Blattknospen (pekko = Silberhaar, zu chines.: pek = weiß u. ho = unten; daher die Bez. *Pekoe* für verschiedene T.-Sorten) u. jüngsten Blätter erfolgt je nach Lage u. klimat. Verhältnissen 8–9 Monate im Jahr od. das ganze Jahr hindurch alle 8–10 Tage. In einigen Anbaugebieten wird Tee maschinell geerntet (ist derzeit aber die Ausnahme).

*Verarbeitung:* Die technolog. Aufbereitungsschritte des T. erfolgen im Gegensatz zum Kaffee in den Erzeugerländern. Die Herstellung von Instant-Tee (s. *Tee-Extrakt) oder entcoffeiniertem Tee (s. *Entcoffeinierung) findet auch in den Verbraucherländern statt, ebenso die Aromatisierung.

*Grüner Tee:* Bei dem traditionellen Verf. (in China u. Japan) werden die T.-Blätter zunächst auf Matten über siedendem Wasser od. durch trockene Hitze zur Enzyminaktivierung gedämpft, wodurch die enzymatische Oxid. der *Polyphenole (Gerbstoffe) verhindert wird u. *Chlorophyll erhalten bleibt (keine Fermentation wie bei schwarzem Tee). Anschließend wird ausgerollt u. an der Sonne getrocknet. Nach einem anderen Verf. wird das Erntegut unmittelbar nach dem Pflücken in rotierenden zylindr. Behältern unter Druck gedämpft u. in mehreren Stufen gerollt u. getrocknet. Grüner T. liefert sehr helle, klare, bitter schmeckende Aufgüsse. In Indonesien wird grüner T. teilw. abschließend bei 200 °C geröstet. Dieser geröstete grüne T. (*E* roasted green tea; Hoji-cha) unterscheidet sich im Aroma insbes. aufgrund der gebildeten Maillard-Produkte beträchtlich von grünem Tee.

*Schwarzer Tee:* Die *orthodoxe* Produktion umfasst die Schritte Welken, Rollen, Fermentieren, Trocknen und Sortieren (s. Tab. 1).

Tab. 1: Verfahrensschritte bei der konventionellen Technologie zur Herstellung von schwarzem Tee.

| Verfahrensschritt | Durchführung | Ergebnis |
|---|---|---|
| Welken – wither | Ausbreiten der Blätter in dünner Schicht (Welkhäuser, Welktrommeln); Dauer: 8–12 h bei 25–35 °C | a) Wassergehalt fällt von ca. 77% auf 60%; Zellwand wird permeabel u. flexibel; Blatt bricht nicht beim Rollen; b) zahlreiche chem. Reaktionen laufen ab |
| Rollen – rolling | zweistufiges maschinelles Bearbeiten der gewelkten Blätter: 1. 10–15 min ohne Druck; 2. 30–50 min unter Druck | Temp.-Anstieg infolge Reibung; Zellaufschluß; Zellsaft tritt aus; Vermischung von Zellinhaltsstoffen u. Einsetzen neuer enzymat. Reaktionen |
| "Fermentieren" – fermentation | etwa 5 cm dicke Blattschicht über 1–4 h bei 25–35 °C ausreichend mit Luftsauerstoff versorgen (Luftfeuchtigkeit, 95%) | enzymkatalyt. Oxid.-Reaktionen u. daraus resultierende Folgereaktionen (Catechin-Oxid.) |
| Trocknen – firing | in Kastentrocknern od. Etagentrocknern: Leitung von Heißluftstrom durch fermentierte Blätter. a) 10 min 90 °C, Produktfeuchte 20%; b) 15 min 70 °C, Produktfeuchte 5% | Reduzierung des Wassergehaltes; Enzyminaktivierung: Produktstabilität; therm. Aromastoff-Bildung (*Maillard-Reaktion) |

Beim Welken (meist ca. 8–12 h in Welktunneln, Verminderung des Wassergehaltes um 30%) kommt es zur Bildung von Aminosäuren durch enzymat. Protein-Hydrolyse und u.a. zur Entstehung

von Oxosäuren durch Transaminierung. Beide Stoffklassen sind Vorläufer für Aromastoffe.

Beim Rollen werden die Zellwände des T.-Blattes durch gegeneinander kreisende Metallplatten aufgebrochen, wobei sich die Enzyme und Substrate mischen. Anschließend wird das erhaltene, verklumpte Blatt („ballbreaker") abgesiebt. Der Feinanteil („1. Dhool") geht direkt in die Fermentation, während der Rest noch ein zweites u. drittes Mal gerollt u. gesiebt wird („2. u. 3. Dhool").

Im Verlauf der ca. ein- bis vierstündigen „Fermentation", die von Oxidations- u. Hydrolyseprozessen des beim Rollen ausgetretenen Zellsaftes begleitet ist, verfärbt sich das T.-Blatt kupferrot. Es kommt zur Bildung von Farbstoffen u. Aromastoffen, vorwiegend infolge Phenol-Oxid. von Flavanolen (s. *Catechine) zu *Theaflavinen u. *Thearubigenen durch Polyphenol-Oxidasen. Daneben spielt die Oxid. von Aminosäuren, Carotinoiden (Abbau) u. ungesätt. Fettsäuren eine Rolle. Die Bezeichnung Fermentation ist irreführend, sie stammt aus einer Zeit, in der die Beteiligung von Mikroorganismen angenommen wurde.

Auf dem Höhepunkt der Fermentation wird das T.-Blatt für 10–25 min getrocknet (Wassergehalt ca. 6%). Während des Trocknens kommt es zunächst zu einer Steigerung der Enzymaktivität, dann zu deren Inaktivierung. Der T. erhält seine schwarze Farbe durch Übergang von Chlorophyll in Phäophytin. Voraussetzungen sind höhere Temp. u. ausreichend saures Milieu; bei höheren pH-Werten kommt es zur Bildung unerwünschter brauner Produkte (Phäophorbide).

Durch Sortieren über Siebe unterschiedlicher Maschenweite erhält man Blatt-T., Broken-T., Fannings u. Dust.

Neben der beschriebenen orthodoxen Herstellungsweise gibt es andere Produktionstechniken. Die Rotovane-Maschine benutzt eine archimedische Schraube und zerkleinert das Blatt stärker als beim orthodoxen Prozess. Die *CTC-Produktion* (von englisch crushing, tearing, curling = Zerbrechen, Zerreißen, Rollen), die erheblich schneller verläuft u. hauptsächlich Fannings liefert, ist ebenfalls ein etabliertes Verfahren.

Das sogenannte Legg-Cut System benutzt Tabakschneidemaschinen durch die das Blatt in kurze Abschnitte zerschnitten wird.

Der Lawrie Tea Processor (LTP) ist im Prinzip eine Hammermühle. Das Zerschneiden wird in sehr kurzer Zeit durchgeführt.

Die Handelssorten von Schwarzem Tee werden unterschieden in *Flowery Orange Pekoe* und *Orange Pekoe* (Blattknospen u. bei Flowery das 1. Blatt, bei Orange Pekoe das 2. Blatt mit gelblich weißen Spitzen), *Pekoe* (die dritten Blätter), *Pekoe Souchong* (die vierten bis sechsten Blätter), außerdem *Broken* (gebrochene od. geschnittene Blätter der obigen Sorten), *Fannings* (Blattbruch u. Flaum ohne Stengel u. Stiele, bes. für Aufgußbeutel), *Dust* (T.-Staub) u. *Ziegel-T.* (mit Bindemitteln in Formen gepreßter T.-Staub).

**Vorkommen:** *Indien*: a.) *Assam*: Assam-T. (Doars-Terai-T.) liefert tiefdunkle, sehr ergiebige Aufgüsse mit kräftigem Geschmack. Indien-T. (Cachar u. Sylhet) sind meist von geringerer bis mittlerer Qualität, die häufig zum Verschneiden verwendet wird. – b.) *Vorderindien*: Darjeeling-T. sind hocharomat., blumige Hochland-T., die goldbraune Aufgüsse liefern.

*Ceylon*: Fein gedrehte T. mit je nach Höhenlage unterschiedlichen Qualitäten, die allg. helle Aufgüsse mit zartem Aroma liefern. Die wichtigsten Gebiete sind Uva (Hochland), Dimbula und Nuwara Eliya.

*China*: Bei hoher Sortenvielfalt sind China-T. im Aufguß goldgelb mit zartem Aroma u. leichtem Geschmack. In China gibt es zahlreiche Regionen (Anhui, Yunnan, Fujian) mit Teeanbau.

*Indonesien*: Java-T. u. Sumatra-T., die jeweils geschmacklich kräftige, dunkle Aufgüsse liefern u. so, wenn auch weniger aromat., den Assam-T. ähneln. Folgende Herkünfte sind zu unterscheiden: Gadeh-T. (dunkel, aromat.); Süd-Tjibeber-T. (dunkel, aromat.); Tjiandjoer-Bandong-T. (farbschwach u. aromaschwach); Süd Groet-T. (mittlere bis gute, kräftige Qualitäten); Süd-Soekaboemi-T. (aromat.); Ost-Java-T. (kräftig, aromat.).

*Japan*: Bekannte Sorten sind Coungou, Imperial, Gunpowder, Oolong u. Pekoe, die qual. hinter den chines. T. zurückstehen.

Die höchstwertigen Sorten stammen aus Darjeeling am Himalaja u. dem Hochland von Sri Lanka. Durch Mischungen entstehen die verschiedenen Geschmacksrichtungen (Chines. Mischung aus hochwertigen chines. T.; Russ. Mischung aus China-T., Ceylon-T. u. Darjeeling-T.; Ostfries. Mischung aus Assam-T., Java-T. u. Sumatra-T.; Englische Mischung aus Broken-Ceylon-T. u. Java-T.), die auch den Wasserverhältnissen angepaßt sein müssen – die Härte des Wassers hat einen erheblichen Einfluß auf die Qualität des T.-Aufgusses. Auch die Schiere auf dem Tee („tea scum") wird offenbar durch die Wasserhärte beeinflusst.

Auch in Afrika (vor allem in Kenia) und der Türkei wird Tee in größerem Umfang angebaut.

**Inhaltsstoffe:** Die chem. Zusammensetzung der T.-Blätter schwankt je nach Herkunft u. Behandlung beträchtlich; üblicherweise enthält Schwarzer T. 14–20% Gesamt-Polyphenole, 16,6% Proteine, 2–4% Coffein, 10,2% andere Stickstoff-Verb., 4,6% Oligosaccharide, 0,6% Stärke, 11,9% *Pektin, 7,9% Cellulose u. 6,1% Lignin.

Frische Blätter weisen im Wesentlichen die gleiche Zusammensetzung auf, jedoch enthält die Polyphenol-Fraktion deutlich mehr native Catechine, weniger Stickstoff-Verb. (8,7%, bei gleichem Coffein-Gehalt) sowie 0,8% Inosit. Mindestens 14 verschiedene Flavonolglycoside (Glycoside von Myricetin, *Quercetin) sind im Tee nachgewiesen und bestimmt worden. Die Gehalte liegen in der Summe bei etwa 0,5–2,0%, wobei Quercetin-3-*O*-rhamnoglycosid (Rutin) oft die Hauptkomponente ist[2–4]. Die Gehalte an Flavon-C-glycosiden liegen bei etwa 0,2% (Summe von Orientin, Isoorientin,

Vitexin, Isovitexin, Vicenin-2, Schaftosid, Isoschaftosid)[4].

Die Gehalte an *Proanthocyanidinen (Dimere und Trimere) liegen im grünen Tee in der Größenordnung von 1%, im schwarzen Tee bei ca. 0,5%. Bisflavanole sind im grünen Tee nur in geringer Menge vorhanden (ca. 0,05%), während im schwarzen Tee 0,5% enthalten sind[4].

Außerdem sind in T. noch relativ viel Oxalsäure (etwa 0,5%, im grünen Tee meist weniger)[5] u.a. Fruchtsäuren vorhanden, ferner Spurenelemente, darunter bes. viel Mangan, *Kalium u. *Fluor. T.-Blätter gehören zu den Fluor-reichsten Pflanzenprodukten, die vom Menschen genutzt werden. Die Fluorid-Gehalte liegen bei etwa 200 mg/kg im Blatt (10–515 mg/kg)[6].

Depside (insbes. Theogallin = Galloylchinasäure, *Chlorogensäuren, Cumaroylchinasäuren) sind in grünem und schwarzem Tee vorhanden. Die orangeroten Theaflavine sind charakteristische Bestandteile des schwarzen Tees. Die ebenfalls gefärbten Thearubigene sind weitere Oxidationsprodukte, die in schwarzem Tee in größerer Menge vorkommen, während sie in grünem Tee kaum vorhanden sind. Theaflavine und Thearubigene sind für die Farbe u. den adstringierenden Geschmack des schwarzen T. mitverantwortlich[7,8].

T. ist in der Lage, größere Mengen an *Eisen zu binden und kann u.U. die Ursache für Eisen-Mangelerscheinungen sein, besonders bei vegetarischer Ernährung, allerdings wird nach Literatur[9] der Einfluß des Tees häufig überschätzt.

Begleitstoffe des Coffeins sind neben anderen Purinen *Theobromin u. *Theophyllin. Außerdem enthält T. freie Aminosäuren, z.B. $N^5$-Ethylglutamin (*Theanin) u. verschiedene flüchtige Amine. Außer Oxalsäure finden sich im T. auch *Bernstein-, *Äpfel-, Gallus- u. Pektinsäuren (s. *Pektine) sowie β-*Carotin, *Lutein, α-*Cryptoxanthin, *Violaxanthin u.a. *Carotinoide. Eine Reihe von flüchtigen Substanzen ist für das *Teearoma verantwortlich.

Die anregende Wirkung des T. beruht auf seinem Gehalt an – früher in Unkenntnis seiner Identität auch *Thein* genanntem – Coffein. Bei Teebeuteln bleibt das Verhältnis Coffein zu Polyphenolen über die Zeit etwa konstant, allerdings werden die polymeren Verbindungen später extrahiert[10]. Daher kommt es, daß T., der längere Zeit „gezogen" hat, die Magennerven u. die Darmperistaltik beruhigt. Der durchschnittliche Coffein-Gehalt einer Tasse Schwarzen T. beträgt 40 mg (27–67 mg), der einer Tasse Kaffee 100 mg (64–176 mg). Eine Zusammenstellung über die Extraktion von Flavonoiden aus Teebeuteln ist in Literatur[10] beschrieben. Aus Teebeuteln wurden die Flavonolglycoside in 2 min zu etwa 70% freigesetzt, die Theaflavine und Catechine zu einem geringeren Prozentsatz (35–50%)[10].

Eine Übersicht über die Inhaltsstoffe im Tee gibt die Tabelle 2, S. 1143, wobei diese Werte nur der Orientierung dienen können. Wie bei allen Naturprodukten gibt es große Schwankungen in Abhängigkeit vom Anbauland und Anbaugebiet, der Pflückperiode u.v.a.m. Manche (schwarzen) Darjeeling Tees haben z.B. vergleichbare Gehalte an Catechinen wie grüne Tees.

Tab. 2: Wichtige Inhaltsstoffe des grünen und schwarzen Tees. Angaben in % des Trockengewichtes[3,4,11].

| | Grüner Tee | Schwarzer Tee |
|---|---|---|
| Gesamtphenole (Folin-Ciocalteu oder Folin-Denis) | 10,1 – 22,2 | 8,3 – 24,8 |
| Epigallocatechin-3-gallat (EGCG) | 4,28 – 12,83 | 0,07 – 7,1 |
| Epigallocatechin (EGC) | 1,45 – 5,19 | 0,01 – 1,35 |
| Epicatechin-3-O-gallat (ECG) | 0,82 – 5,47 | 0,31 – 2,31 |
| Epicatechin | 0,40 – 3,8 | 0,0 – 1,0 |
| Summe Catechine | 8,5 – 20,6 | 0,74 – 10,0 |
| Flavonol-glycoside* | 0,28 – 0,95 | 0,24 – 0,87 |
| Flavon-C-glycoside* | 0,005 – 0,14 | 0,02 – 0,12 |
| Bisflavanole | 0,05 | 0,65 |
| Proanthocyanidine | 0,8 | 0,5 |
| Theaflavine | Spuren | 0,2 – 2,5 |
| Theaflavinsäuren | 0 | Spuren |
| Thearubigene | ? | 15 |
| Coffein | 3 – 4 | 3 – 4 |
| Theobromin | 0,3 | 0,3 |
| Theophyllin | 0,3 | 0,03 |
| Gallussäure | 0,1 | 0,2 |
| Chlorogensäuren / Cumaroylchinasäuren | 0,5 | 0,5 |
| Oxalsäure | 0,5 | 0,5 |

*als Aglycone berechnet.

Tab. 3 zeigt beispielhaft die Zusammensetzung von schwarzem Tee u. einem daraus hergestellten Aufguß. Die Extraktionsausbeuten (lösliche Feststoffe) liegen in Abhängigkeit von Ziehzeit und Wassertemperatur meist bei bis zu 30%.

Tab. 3: Beispiel der Zusammensetzung von schwarzem Tee und daraus hergestelltem Aufguß.

| | Schwarzer Tee | Teeaufguß |
|---|---|---|
| phenol. Verb. | 5 | 4,5 |
| oxidierte u. polymerisierte Polyphenole | 25 | 15 |
| Proteine | 15 | Spuren |
| Aminosäuren | 4 | 3,5 |
| Rohfaser | 26 | 0 |
| andere Kohlenhydrate | 7 | 4 |
| Lipide | 7 | Spuren |
| Mineralstoffe | 5 | 4,5 |
| Coffein | 4 | 3,2 |
| Chlorophyll, Carotinoide | 2 | Spuren |
| Aromastoffe | 0,01 | 0,01 |

**Physiologie:** Die *Flavonoide des T. (v.a. EGCG) werden für zahlreiche physiologische Wirkungen (antioxidative, anticancerogene, blutzuckersenkende, anticariogene u.a.m.) verantwortlich gemacht[12–17]. Es gibt zahlreiche Publikationen über antioxidative Wirkungen *in vitro* und anticancerogene Wirkungen, sowohl aus in-vitro-Studien und Tierversuchen als auch aus epidemiologischen Studien. Insgesamt ist die Bewertung noch uneinheitlich.

Intensiv wird die Bioverfügbarkeit bearbeitet. Catechine sind offensichtlich nur zu einem geringen Anteil bioverfügbar[18]. In einer älteren Studie wird für T. eine „inadequate evidence" formuliert, die dahingehend zu interpretieren ist, daß die verfügbaren Studien keinen Schluß auf eine kausale Assoziation zwischen T.-Konsum u. Carcinogenese-Risiko zulassen. Auch eine neuere Übersicht[13] kommt zu ähnlichen Ergebnissen.

Weitere Studien legen einen Zusammenhang zwischen Flavonoid-Aufnahme (Tee als wichtige Quelle für Flavonoide) und einem verminderten Auftreten von Arteriosklerose nahe[19]. Zur antibakteriellen Wirkung von Tee s. Literatur[20]. Angaben zur Fettsäure-Verteilung u. zum Aluminium-Gehalt (bis 3% der Trockensubstanz von T.-Blättern) finden sich in Literatur[21,22].

Die Belastung von T. mit *Organochlor-Insektiziden (v.a. diese werden gefunden, da sie in den Anbauländern noch verwendet werden, Beisp.: DDT, Lindan, Hexachlorbenzol u. Dieldrin) sind deutlich rückläufig. Der Übergang in den T.-Aufguß schwankt in weiten Grenzen u. hängt entscheidend von der Lipophilie des untersuchten Insektizides ab[23].

**Analytik:** Der Gesamtphenol-Gehalt kann nach der Folin-Ciocalteu-Methode bestimmt werden. Für individuelle Gruppen von phenolischen Verbindungen gibt es für die Catechine (Flavanole) in grünem Tee einen ISO-DIS, bei dem die Catechine zusammen mit Gallussäure und Coffein (möglich sind auch Theogallin und Gallussäure) mittels HPLC getrennt und bestimmt werden können. Für zahlreiche weitere Inhaltsstoffe sind moderne Methoden (meist HPLC, aber auch CE) publiziert, z.B. für Flavonolglycoside, Flavon-C-glycoside, Theaflavine, Proanthocyanidine und Bisflavanole[4,11,24–27]. Die Thearubigene können derzeit nur als Summenparameter mittels Differenzbestimmung quantifiziert werden. Auf qualitätsbestimmende Parameter im T. ist entsprechend den Methoden nach § 64 *LFGB (ex § 35 LMBG) L 47.00-1 bis 7 zu untersuchen. Zum Nachw. von Schwermetallen u. zum Übergang dieser in den T.-Aufguß (30–40%) siehe Literatur[28,29].

**Wirtschaft:** Weltproduktion 2001 ca. 3 Mio. t. Produktionszahlen 2001 (in $10^3$ t): Indien: 854, VR China: 695, Kenia: 295, Sri Lanka: 295, Indonesien: 169, Türkei: 135, Japan: 86.

Der Tee-Import nach Deutschland in 2001 betrug 44 t, davon 19 t Verbrauch im Inland; aktuelle Zahlen finden sich auf der Homepage des Deutschen Teeverbandes. – *E* tea

*Lit.:* [1] Leitsätze für Tee, teeähnliche Erzeugnisse, deren Extrakte und Zubereitungen, in der Fassung vom 02.12.1998 (GMBl. Nr. 11, S. 228, 26.04.1999). [2] Finger, A.; Kuhr, S.; Engelhardt, U. H., *Dtsch. Lebensm. Rundsch.*, (1992) **88**, 69–73. [3] Engelhardt, U. H.; Lakenbrink, C.; Lapczynski, S., In *Caffeinated Beverages*, Parliment, T. H.; Ho, C.-T.; Schieberle, P., Hrsg.; ACS Symposium Series 754; American Chemical Society: Washington, DC, (2000); S. 111–118. [4] Lakenbrink, C., Dissertation TU Braunschweig, (2000). [5] Charrier, M. J. S; Savage, G. P.; Vanhanen, L., *Asian Pac. J. Clin. Nutr.*, (2002) **11**(4), 298–301. [6] http://www.teeverband.

de/texte/download/wit-1-2000_1.pdf. [7]Lebensmittelchemie **45**, 32f. (1991). [8]Lebensmittelchemie **43**, 58f. (1989). [9]http://www.teeverband.de/texte/download/wit2-98_2.pdf. [10]Lakenbrink, C.; Lapzczynski, S.; Maiwald, B.; Engelhardt, U. H., *J. Agric. Food Chem.*, (2000) **48**(7), 2848–2852. [11]Lapczynski, S., Dissertation TU Braunschweig, (2000). [12]Scholz, E.; Bertram, B., *Z. Phytother.*, (1995) **17**, 235–250. [13]Special Issue, *Crit. Rev. Food Sci. Nutr.*, (1997) **37**, 693–760. [14]IARC, Hrsg., *Coffee, Tea, Mate, Methylxanthines and Methylglyoxal*; IARC Monographs on the Evaluation of Carcinogenic Risks to Humans 51; IARC: Lyon, (1991); S. 207–271. [15]Higdon, J. V.; Frei, B., *Crit. Rev. Food Sci. Nutr.*, (2003) **43**(1), 89–143. [16]Yang, C. S.; Prabhu, S.; Landau, J., *Drug Metab. Rev.*, (2001) **33**(3–4), 237–253. [17]Nijveldt, R. J.; van Nood, E.; van Hoorn, D. E.; Boelens, P. G.; van Norren, K.; van Leeuwen, P. A., *Am. J. Clin. Nutr.*, (2001) **74**(4), 418–25. [18]Warden, B. A.; Smith, L. S.; Beecher, G. R.; Balentine, D. A.; Clevidence, B. A., *J. Nutr.*, (2001) **131**(6), 1731–1737. [19]Geleijnse, J. M.; Launer, L. J.; van der Kuip, D. A.; Hofman, A.; Witteman, J. C., *Am. J. Clin. Nutr.*, (2002) **75**(5), 880–886. [20]FEMS Microbiol. Lett. **152**, 169–174 (1997). [21]Food Addit. Contam. **7**, 101–107 (1990). [22]J. Agric. Food Chem. **39**, 1159–1162 (1991). [23]Food Addit. Contam. **8**, 497–500 (1991). [24]Engelhardt, U. H.; Finger, A.; Kuhr, S., *Z. Lebensm. Unters. Forsch.*, (1993) **197**, 239–244. [25]Kiehne, A; Engelhardt, U. H., *Z. Lebensm. Unters. Forsch.*, (1996) **202**, 48–54, 299–302. [26]Lee, B. L.; Ong, C. N., *J. Chromatogr. A*, (2000) **881**(1–2), 439–447. [27]Sakakibara, H.; Honda, Y.; Nakagawa, S.; Ashida, H.; Kanazawa, K., *J. Agric. Food Chem.*, (2003) **51**(3), 571–581. [28]Pharm. Ztg. **132**, 633–638 (1987). [29]Food Sci. **53**, 181–184 (1988). *allg.:* Belitz-Grosch-Schieberle (5.), S. 939–946 ▪ Heiss (4.), S. 371–376 ▪ Lindner (4.), S. 80–87 ▪ Wichtl (4.) ▪ Zipfel, C 100 *1*, 48; *14*, 18 – *[HS 0902]*

## Teeähnliche Erzeugnisse.

**Teeähnliche Erzeugnisse.** Bezeichnung für die nach den Leitsätzen[1] als teeähnliche oder aromatisierte teeähnliche Erzeugnisse benannten Produkte, die *nicht* aus Teilen der Pflanze *Camellia sinensis* Limaeus (Teestrauch, siehe *Tee) hergestellt werden.

*Herstellung:* Die Produkte stammen entweder aus Feldanbau (ca. 70 %) oder aus Wildsammlungen (ca. 30 %). Nach Trocknung und evtl. Fermentation allein oder in Mischung aus den Blättern, Blüten, Früchten oder Schalen von Pflanzen (z.B. Kamillenblätter, Pfefferminzblätter, Lindenblätter, Apfelschalen, Orangenschalen, Hagebutten, Malven, Fenchel).

*Eigenschaften:* Aufgrund des Gehaltes an *Polyphenolen (Gerbstoffen) können einige teeähnliche Erzeugnisse einen dem *Tee ähnlichen Geschmack aufweisen, wirken aber nicht anregend, da sie kein *Coffein enthalten (Ausnahmen: *Mate, *Guarana).

Aufgrund der Vielzahl der verschiedenen Produkte aus unterschiedlichen Pflanzenfamilien ergibt sich bei den teeähnlichen Erzeugnissen eine Vielzahl verschiedener Inhaltsstoffe und möglicher Wirkungen. Dienen Heilpflanzen (z.B. Kamille) zur Herstellung von teeähnlichen Erzeugnissen, können diese als Phytopharmaka betrachtet werden, obgleich sie rechtlich weiterhin als Lebensmittel einzustufen sind. In jüngerer Zeit werden zahlreiche pflanzliche Erzeugnisse (über 300) als teeähnliche Getränke in Verkehr gebracht[2]. Zur Abgrenzung

zwischen Lebensmitteln und Arzneimitteln s. Literatur[3,4].

Kritisch diskutiert wurden in neuerer Zeit die Gehalte an *Estragol und *Eugenolmethylether in Kräutertees, Früchtetees und Gewürzen[5,6].

*Analytik:* Die Untersuchung von teeähnlichen Erzeugnissen ist gemäß den Methoden nach § 64 *LFGB (ex § 35 LMBG) (L 47.00-1 bis 7) durchzuführen. Je nach den wertgebenden Bestandteilen gibt es zahlreiche weitere Publikationen, die sich mit den Inhaltsstoffen der Erzeugnisse befassen.

*Recht:* Teeähnliche Erzeugnisse werden nach ID-Nr. 3 der Leitsätze[1] mit der Art der verwendeten Pflanzen oder Pflanzenteile, auch in Verbindung mit dem Wort „Tee", bezeichnet, wenn das betreffende Erzeugnis von einer einzigen Pflanzenart stammt, z.B. Pfefferminze oder Pfefferminztee, oder aus zwei Pflanzenarten hergestellt ist, z.B. Hagebutte mit Hibiskus oder Hagebuttentee mit Hibiskus.

Wenn teeähnliche Erzeugnisse aus mehreren Pflanzenarten hergestellt sind, werden auch Sammelbezeichnungen in Verbindung mit dem Wort „Tee" verwendet, z.B. Kräutertee, Früchtetee oder teeähnliches Erzeugnis. Wenn darin eine Pflanzenart – ausgenommen Tee – mehr als die Hälfte des Gewichtes ausmacht und die Eigenart bestimmt, wird die Mischung nach dieser Pflanzenart in Verbindung mit dem Wort „Mischung" bezeichnet, z.B. Melissenmischung oder Melissentee-Mischung.

Bildliche Darstellungen entsprechen dem Erzeugnis.

Aromatisierte teeähnliche Erzeugnisse werden wie teeähnliche Erzeugnisse unter Hinweis auf die Aromatisierung bezeichnet, z.B. Kräutertee, aromatisiert oder Früchtetee, aromatisiert. Auf die Geschmacksrichtung wird hingewiesen, z.B. Aromatisierter Kräutertee – Schwarze Johannisbeere (Leitsätze ID-Nr. 4).

Wird auf die Mitverwendung von Tee hingewiesen, so wird der Gehalt an Tee in Prozent des Erzeugnisses angegeben.

*Wirtschaft:* Im Jahre 2002 wurden in Deutschland rund 34000 t Kräutertees und Früchtetees verbraucht. Die wichtigsten Monoprodukte waren Pfefferminze (17 %), Kamille (13 %), Hagebutte/Hibiskus (11 %), Fenchel (10 %), Rotbusch (6 %) und Hibiskus/Malve (4 %). Etwa ein Drittel (36 %) wurden als Mischungen verkauft[7]. – *E* tea substitute / herbal infusions

*Lit.:* [1]Leitsätze für Tee, teeähnliche Erzeugnisse, deren Extrakte und Zubereitungen, in der Fassung vom 02.12.1998 (GMBl. Nr. 11, 26.04.1999). [2]Wirtschaftsvereinigung Kräuter- und Früchtetees e. V., *Dtsch. Lebensm. Rundsch.*, (2000) **96**(5), 172–176. [3]Dtsch. Lebensm. Rundsch. **84**, 171–176 (1988). [4]Erbersdobler, H. F.; Meyer, A. H., Hrsg., *Praxishandbuch Functional Food*, Behr's: Hamburg, (1999); II, 6.1.5., S. 1–13. [5]http://www.europa.eu.int/comm/food/fs/sc/scf/out104_en.pdf. [6]http://www.gdch.de/oearbeit/press/2002/20.htm. [7]http://www.wkf.de. *allg.:* Belitz-Grosch-Schieberle (5.), S. 946 ▪ Zipfel, C 61 *14*, 31; C100 *14*, 18 – *[HS 1211 90]*

**Teearoma.** Flüchtige Verbindungen machen etwa 0,01–0,02% der Trockenmasse von *Tee aus. Schwarzer Tee liefert ca. 4–5 mal so viel Aromakonzentrat wie grüner Tee. Eine wesentliche Rolle als Aromavorläufer wird den in Tee nachgewiesenen Glycosiden zugesprochen[1,2]. Die für das Teearoma charakteristischen flüchtigen Stoffe, von denen bisher über 400 Verbindungen identifiziert wurden, werden im Verlaufe des Fermentationsprozesses bei der Herstellung von Tee gebildet. Stark vertreten sind Aromastoffe mit blumigen Noten, wie *Geraniol, *Linalool, *Citronellol, 2-*Phenylethanol und α-/β-*Jonon, sowie als Spurenstoffe (Z)-*Jasmon, Methyljasmonat, δ-*Jasminlacton und *Methylanthranilat. Wichtig sind außerdem Grünnoten wie *Hex-2-en-1-ol und Hex-3-en-1-ol, (E)-*Hex-2-en-1-al, (E)-Non-2-en-1-al, Hexanal und *Phenylacetaldehyd sowie die fruchtigen und heuartigen Akzente der $C_{13}$-Norisoprenoide α-/β-*Damascon, β-*Damascenon, *Theaspiran, Theaspiron und *Dihydroactinidiolid. 3-Methylnonan-2,4-dion ($C_{10}H_{18}O_2$, $M_R$ 170,25) mit ebenfalls heuartigen Noten tritt im schwarzen und im grünen Tee auf. Im grünen Tee sind gemäß Aromaextraktverdünnungsanalyse (Z)-Octa-1,5-dien-3-on ($C_8H_{12}O$, $M_R$ 124,18, Geruch: metallisch, geraniumartig), Sotolon (siehe *Hydroxyfuranone), (Z)-*Hex-3-en-1-al, β-Damascenon, (Z)-Hept-4-en-1-al und (E,Z)-*Nona-2,6-dien-1-al als wirksamste Aromastoffe anzusehen[3,4]. In beiden Teesorten treten auch fettige Noten, repräsentiert durch (E,E)-Deca-2,4-dien-1-al, und pilzartige Akzente, vertreten durch *Oct-1-en-3-on, auf[5]. Phenolische Verbindungen tragen wesentlich zum adstingierenden Geschmack von Tee bei[6]. – **E** tea flavo(u)r

*Lit.:* [1] Agric. Biol. Chem. **54**, 1023 (1990). [2] Sakata, K., In *Caffeinated Beverages*, Parliment, T. H.; Ho, C.-T.; Schieberle, P., Hrsg.; ACS Symposium Series 754; American Chemical Society: Washington, DC, (2000); S. 327–336. [3] Guth, H.; Grosch, W., In *Progress in Flavour Precursor Studies*, Schreier, P.; Winterhalter, P., Hrsg.; Allured: Carol Stream, IL, (1993); S. 401–407. [4] Yamanishi, T.; Kobayashi, A., In *Flavor Chemistry – Thirty Years of Progress*, Teranishi, R.; Wick, E. L.; Hornstein, I., Hrsg.; Kluwer Academic: New York, (1999); S. 135–145. [5] Belitz-Grosch-Schieberle (5.), S. 230, 943. [6] Ponce, E.; Taylor, A. J., In *Flavor Chemistry of Ethnic Foods*, Shahidi, F.; Ho, C.-T., Hrsg.; Kluwer Academic: New York, (1999); S. 197–209.
*allg.:* Ito, Y.; Sugimoto, A.; Kakuda, T.; Kubota, K., *J. Agric. Food Chem.*, (2002) **50**(17), 4878–4884 ▪ Kumazawa, K.; Masuda, H., *J. Agric. Food Chem.*, (1999) **47**(12), 5169–5172 ▪ Kumazawa, K.; Masuda, H., *J. Agric. Food Chem.*, (2002) **50**(20), 5660–5663 ▪ Saikia, P., Mahanta, P. K., *J. Agric. Food Chem.*, (2002) **50**(26), 7691–7699 – *[CAS 65767-22-8 ((Z)-Octa-1,5-dien-3-on); 113486-29-6 (3-Methylnonan-2,4-dion)]*

**Teebaumöl** siehe *Teesamenöl.

**Tee-Ersatz** siehe *teeähnliche Erzeugnisse.

**Tee-Extrakt** (Instant-Tee). Durch Wasserentzug eines wäßrigen *Tee-Auszuges hergestelltes Produkt. Das Hauptproblem bei der Herstellung von Tee-Extrakt aus schwarzem Tee ist die Bildung von unlöslichen Komplexen aus Polyphenolen und an-

deren Tee-Inhaltsstoffen („tea-cream"). Verschiedene Behandlungsverfahren, z.B. die Zugabe von Alkalihydroxiden zur Zerstörung dieser Komplexe oder die Abtrennung der Niederschläge sind möglich.
Tee-Extrakt dient als Grundlage für Zubereitungen von Lebensmitteln wie z.B. Zitronenteegetränk oder für „ready-to-drink beverages" wie Eistees verschiedenster Geschmacksrichtungen. – **E** instant tea – *[HS 2101 20]*

**Teesamenöl.** Fettes Öl, das aus den Samen von *Camellia sasanqua* THUNB. (Sasanqua-Öl) und *Camellia japonica* L. (Tsubaki-Öl), Theaceae, gewonnen und als Speiseöl (v.a. in Japan), in der Kosmetik und zu technischen Zwecken (Schmiermittel) verwendet wird. Die Herstellung erfolgt durch Pressen und Extraktion der getrockneten, gemahlenen und gedämpften Teesamen.
*Zusammensetzung:* Die Fettsäurezusammensetzung von Teesamenöl ähnelt der von *Olivenöl: *Palmitinsäure (4,9%), *Stearinsäure (1,2%), *Ölsäure (86,7%), *Linolsäure (6,9%)[1]. Der Sterol-Gehalt ist sehr gering, wobei als Hauptsterol Δ$^7$-Stigmasterol (50% der Gesamt-*Sterole) identifiziert werden konnte[2].
*Toxikologie:* Die Preßrückstände können aufgrund des hohen *Saponin-Gehaltes nicht in der Tierernährung verwendet werden.
*Analytik:* Erstarrungspunkt: −5 bis −10°C, IZ 86–91, VZ 192, $n_D^{40}$ 1,466–1,470. Eine Verfälschung von Olivenöl mit Teesamenöl ist bis zu einer Konzentration von 5% über die Fitelson-Reaktion oder anhand der Phytosterol-Zusammensetzung nachweisbar. Von Teesamenöl zu unterscheiden ist das *Teebaumöl*, das *etherische Öl des australischen Teebaums (*Melaleuca alternifolia* CHEEL, Myrtaceae), das nicht zu Speisezwecken dient, sondern aufgrund seines frischen Geruchs und seiner antiseptischen, antibakteriellen und antifungalen Eigenschaften (enthält bis zu 40% Terpinen-4-ol) in der Parfümerie und Kosmetik verwendet wird[3]; zur Toxikologie des Teebaumöls siehe *Lit.*[4]. – **E** tea-seed oil

*Lit.:* [1] Bockisch, M., *Nahrungsfette und Nahrungsöle*, Ulmer: Stuttgart, (1993); S. 262. [2] Fat Sci. Technol. **91**, 23–27 (1989). [3] J. Agric. Food Chem. **38**, 1657–1661 (1990). [4] Food Chem. Toxicol. **26**, 407 (1988).
*allg.:* Belitz-Grosch-Schieberle (5.), S. 633, 650 ▪ Roth, L.; Kormann, K., *Ölpflanzen – Pflanzenöle*, ecomed: Landsberg, (2000); S. 164, 165 ▪ Ullmann (5.) **A10**, 288; **A11**, 242 – *[HS 1515 90; CAS 68647-73-4]*

**Tee-Sorten** siehe *Tee.

**TEF.** Abkürzung für *Toxizitätsäquivalenzfaktor.

**Teig.** Bezeichnung für eine halbflüssige bis halbfeste Masse, die aus *Getreide-Mahlprodukten (*Mehl, Grieß, *Schrot) und Wasser – ggf. unter Zusatz weiterer Backmittel, Backzutaten und Backtriebmittel – durch Einwirkung mechanischer Energie (Kneten, Schlagen, Rühren) gebildet und zu *Backwaren oder *Teigwaren weiterverarbeitet wird. Man unterscheidet Teig nach Art der Rohstoffe (Weizen-, Roggenteig), nach der Herstel-

Tabelle: Gärführung biologisch gelockerter Teige.

| Teigbereitung | Teilen, Wiegen, Wirken | Formgebung | Einschieben in den Ofen | Backvorgang |
|---|---|---|---|---|
| | Teiggare (Teigruhe) 10–30 min | Zwischengare 5–10 min | Stückgare (Endgare) 20–50 min | Ofengare (Ofentrieb) 5–10 min |

lungs- und Bearbeitungsweise (Knetteig, Rührteig), nach der Art der *Teiglockerung (*Hefeteig, *Sauerteig) oder nach Fett- und Zuckeranteilen (schwerer, leichter Teig). Die physikalischen Eigenschaften von Teig (z.B. Viskosität, Elastizität, Gashaltevermögen) bestimmen weitgehend die Qualität der Backware (z.B. Porung der Krume, Volumen). Von der Struktur her ist ein Teig ein Schaum aus nicht miteinander kommunizierenden Gaszellen, die zunächst durch das Einschlagen von Luft entstanden und später durch die Wirkung der Gärgase vergrößert worden sind[1]. Die zeitlich genau abgestimmte Reihenfolge von Teigbereitung, Teigruhe, Teigteilung, Wirken, Zwischen- und Endgare wird als *Teigführung* bezeichnet.

Zwischen Hefeteigen (direkte, indirekte Teigführung) und Sauerteigen (mehrstufige Führung, reduzierte Führung) bestehen bezüglich der Teigführung erhebliche Unterschiede. Bei der Teigherstellung kommt es zu einem Aneinanderhaften von Mehlpartikeln über hydratisierte Protein-Stränge, die beim *Knetprozeß* gedehnt und zu Filmen ausgezogen werden. Diese Filme bilden in optimal entwickelten Teigen Membranen aus, welche jedoch beim „Überkneten" wieder zerstört werden. Vorgänge dieser Art lassen sich mit dem Raster-Elektronenmikroskop beobachten[2]. Beim Weizenmehl führt das Kneten zur Bildung des Klebers (siehe *Gluten), der für die elastischen Eigenschaft des Teigs verantwortlich ist. An diesem Vorgang sind *Prolamine, *Gluteline, *Lipide und *Pentosane beteiligt. Ausführlich wird in Literatur[1,3–5] auf die Chemie und Technologie der Teigbereitung eingegangen. Verfahren zur Beurteilung von Teigeigenschaften sind Messungen am *Farinographen und *Extensographen.

In der Technik wird die Bezeichnung „Teig" und der Begriff „Anteigen" vielfach im Zusammenhang mit Pigmenten, Druckfarben, Bindemitteln und zahlreichen anderen Feststoffen verwendet. Hier wie bei Brot- und ähnlichen Teigen spielt die Rheologie eine wichtige Rolle im Rahmen der technologischen Verarbeitung. – *E* dough, batter

*Lit.:* [1]Weipert, D., Hrsg., *Rheologie der Lebensmittel*, Behr's: Hamburg, (1993); S. 342ff., 352ff. [2]Z. Lebensm. Unters.-Forsch. **190**, 401–409 (1990). [3]Tscheuschner, H.-D., *Grundzüge der Lebensmitteltechnik*, Behr's: Hamburg, (1996); S. 345ff. [4]Klingler, R. W., *Grundlagen der Getreidetechnologie*, Behr's: Hamburg (1995); S. 151–157, 281. [5]Ternes, S. 569, 624.

*allg.:* Belitz-Grosch-Schieberle (5.), S. 680, 708–716 ▪ Ullmann (5.) **A4**, 339, 344 – *[HS 1901 20]*

## Teigherstellung siehe *Teig.

## Teiglockerung.
Bezeichnung für das Einbringen eines Gases in die Teigmasse, die dadurch im physikalischen Sinn zum Schaum wird. Teiglockerung kann auf einem biologischen, chemischen oder physikalischen Prinzip beruhen. Das Ausmaß der Teiglockerung hängt einerseits von der Gasbildung, andererseits vom Gashaltevermögen des *Teiges ab; Näheres siehe *Teiglockerungsmittel. – *E* dough leavening

*Lit.:* Belitz-Grosch-Schieberle (5.), S. 707f. ▪ Spicher, G.; Stephan, H., *Handbuch Sauerteig*, 5. Aufl.; Behr's: Hamburg, (1999)

## Teiglockerungsmittel
(Backtriebmittel). Bei der *Teig-Herstellung verwendete Mittel chemischer (Backpulver), biologischer (Backhefe, Sauerteig) oder physikalischer Natur (Wasserdampf), die durch Gasentwicklung (v.a. Kohlendioxid) die gewünschte lockere, poröse Konsistenz der *Backwaren hervorrufen (siehe Abbildung).

Die Teiglockerung von Weizenteigen für Feinbackwaren wird durch den Zusatz von *Backpulver, wie z.B. Ammoniumhydrogencarbonat, *Hirschhornsalz (Gemisch aus Ammoniumhydrogencarbo-

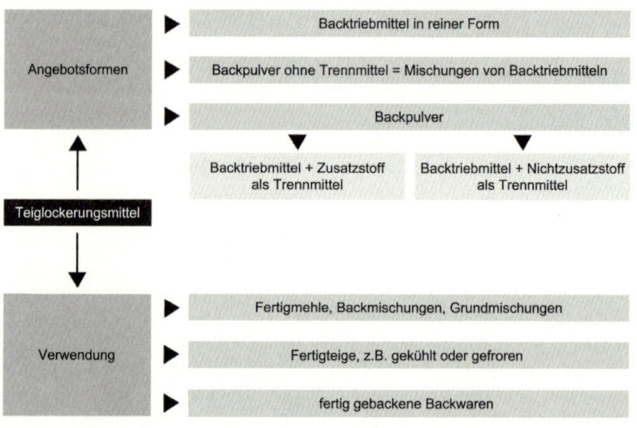

Abbildung: Angebotsformen und Verwendung von Teiglockerungsmitteln.

nat und Ammoniumcarbonat) oder Pottasche (Kaliumcarbonat) hervorgerufen, während zur Lockerung von Weizenteigen für Brote eher obergärige Hefen der Gattung *Saccharomyces cerevisiae* verwendet werden. Roggenteige lassen sich auch durch *Sauerteig-Gärung lockern. Weitere umfangreiche Erläuterungen zu Teiglockerungsmitteln sind Literatur[1,2] zu entnehmen. Nach Literatur[3] soll der Zusatz von Gluconaten zum Brotteig dessen spezifisches Volumen sowie die Teigstabilität erhöhen.

*Recht:* Bei der Verwendung von chemischen Teiglockerungsmitteln sind die Maßgaben der Anlagen 1 und 2 der *Zusatzstoff-Zulassungsverordnung sowie die Richtlinie für Backtriebmittel[4] zu berücksichtigen. – *E* leavening agents

*Lit.:* [1]Ternes, S. 560–564. [2]Tscheuschner, H.-D., *Grundzüge der Lebensmitteltechnik*, Behr's: Hamburg, (1996); S. 278. [3]J. Appl. Glycosci. **43**, 187–194 (1996). [4]Zipfel, C 309. *allg.:* Belitz-Grosch-Schieberle (5.), S. 708 ▪ Ullmann (5.) **A4**, 344–350 ▪ Zipfel, C 120 *2*, 51; C 309 – *[HS 2102 30]*

**Teigsäuerung** siehe *Sauerteig.

**Teigwaren.** Nach den Leitsätzen für Teigwaren[1], die 1999 die Teigwaren-Verordnung abgelöst haben, handelt es sich hierbei um beliebig geformte Erzeugnisse, die aus Getreidemahlerzeugnissen mit oder ohne Verwendung von Hühnereiern und/oder anderen Zutaten durch Einteigen, Formen (meist durch Extruder) und Trocknen ohne Anwendung eines Gär- oder Backverfahrens hergestellt werden. Sie werden zuweilen vor dem Trocknen mit heißem Wasser oder Wasserdampf behandelt. Dazu gehören auch Instantteigwaren, ausgenommen frittierte Erzeugnisse. Zur Herstellung von Instantteigwaren siehe Literatur[2]. Eine Unterscheidung von Teigwaren ist nach der Verwendung von Eiern (Eierteigwaren mit mindestens 100 g Vollei/

kg Mehl, eifreie Teigwaren), nach der Art des verwendeten Getreiderohstoffs (Weichweizen-, Hartweizen-, Roggen-, Vollkorn-, Mehrkornteigwaren) und nach der äußeren Form (*Nudeln, Makkaroni, Spätzle, Spaghetti) möglich. Besondere Vertreter sind Gemüse- und Sojateigwaren. Die Anforderungen an diese Erzeugnisse sind den Leitsätzen für Teigwaren[1] zu entnehmen. Einen Überblick über die Herstellung von Teigwaren mittels kontinuierlicher Extrusionsverfahren gibt Literatur[3,4]; zur konventionellen Herstellung vgl. Abbildung 1.

Der Herstellungsprozeß wird durch eine zweistufige Trocknung, die zu Wassergehalten zwischen 11 und 13% führt, abgeschlossen. Frische Teigwaren sind solche, die bei der Herstellung nicht oder nur angetrocknet werden. Sie werden zuweilen mit heißem Wasser oder Wasserdampf behandelt, auch pasteurisiert und gekühlt oder tiefgefroren. Teigwaren werden auch als Halbfertigprodukte, unter Schutzatmosphäre abgepackt, angeboten.

*Analytik:* Der hygienische Status von Eierteigwaren gab in der Vergangenheit häufiger Anlaß zu Bedenken, die v.a. auf die Verarbeitung angebrüteter bzw. verdorbener Eier zurückzuführen waren[5]. Die Verwendung solcher Eier ist analytisch über den Gehalt an 3-Hydroxybuttersäure und der Säurenzusammensetzung der Teigwaren erkennbar[6] [Methode nach § 64 *LFGB (ex § 35 LMBG) L 22.02/04-2]. Der Eigehalt von Teigwaren läßt sich aus dem *Cholesterol-Gehalt berechnen, wobei als Berechnungsgrundlage 200 mg Cholesterol pro Ei angenommen werden[7] (Methode nach § 64 LFGB L 22.02/04-1). Verfälschungen von Hartweizen-Mahlerzeugnissen mit Weichweizen sind elektrophoretisch nachweisbar[8]. Zu einzelnen Produktgruppen wie *Nudeln siehe dort. Wie aus der durchschnittlichen Zusammensetzung von Teigwaren zu entnehmen ist, sind Teigwaren eine gute

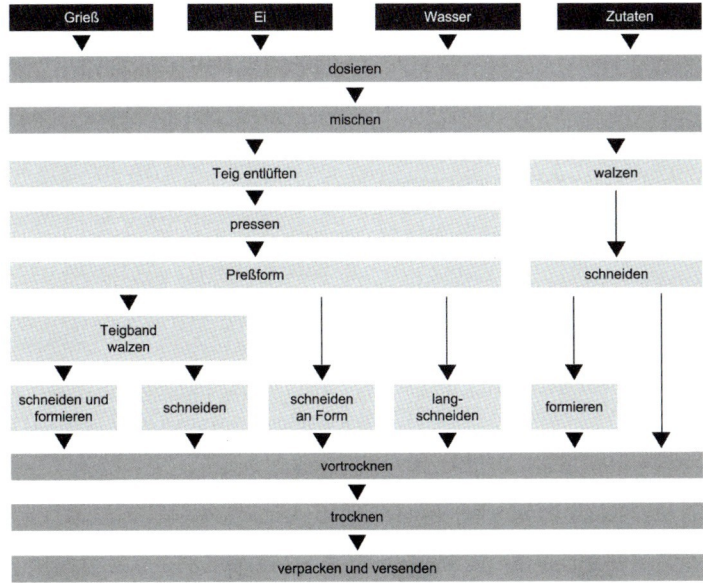

Abbildung 1: Technologie der Teigwarenherstellung.

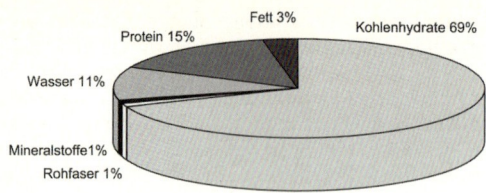

Abbildung 2: Durchschnittliche Zusammensetzung von Teigwaren.

Quelle für Kohlenhydrate und pflanzliche Proteine.

Der *physiologische Brennwert beträgt 1550 kJ/100 g. Teigwaren nehmen beim Kochen das 2- bis 3-fache des Trockengewichts an Wasser auf. – *E* farinaceous products

*Lit.:* [1]Leitsätze des Deutschen Lebensmittelbuches (Teigwaren) von 02.12.1998. [2]Klingler, R. W., *Grundlagen der Getreidetechnologie*, Behr's: Hamburg, (1995); S. 278. [3]Getreide Mehl Brot **45**, 156−159 (1991). [4]Ternes, S. 595−601. [5]Getreide Mehl Brot **43**, 216−222 (1989). [6]Dtsch. Lebensm. Rundsch. **85**, 183f. (1989). [7]Bundesgesundheitsblatt **31**, 394 (1988). [8]Getreide Mehl Brot **45**, 27−31 (1991).
*allg.:* Belitz-Grosch-Schieberle (5.), S. 726f. ▪ Heiss (3.) – *[HS 1902]*

**Teilentrahmte Milch** siehe *Milch (Milchsorten).

**Tempeh** (Tempe). Tempeh ist eines der gebräuchlichsten fermentierten Lebensmittel in Indonesien, Neuguinea, Malaysia, Surinam und benachbarten Ländern. Es wird vorwiegend aus *Sojabohnen (Tempeh kedelai; siehe auch *Sojabohnenerzeugnisse), aber auch aus *Okara (Tempeh gembus), Kokosnuß- bzw. Erdnußpreßkuchen, anderen getrockneten Bohnen, Getreide oder Mischungen daraus hergestellt.
*Herstellung:* Die traditionelle Herstellung umfaßt folgende Schritte: Die Sojabohnen werden 30 min gekocht, um den nachfolgenden Schälprozeß zu erleichtern. Die geschälten Bohnen werden über Nacht eingeweicht. Durch Milchsäure-Gärung sinkt der pH-Wert auf 4,5−5,5. Nach anschließendem Kochen (60 min) werden die Bohnen in dünner Schicht zur Abkühlung ausgebreitet. Nun wird mit einer *Starterkultur oder einem Inoculum aus einer früheren Charge beimpft. Die Sojabohnen werden in Bananenblätter oder perforierte Plastiksäcke gepackt. Die Fermentation erfolgt vor allem durch *Rhizopus -Arten (*Rhizopus oligosporus*, *Rhizopus oryzae*). Nach 18−48 h bei ca. 35 °C sind die Sojabohnen zu einer kuchenähnlichen Masse zusammengewachsen, die vollständig von weißem Mycel über- und durchzogen ist. Frisches Tempeh hat einen hefeähnlichen Geruch und ist ohne Kühllagerung, Erhitzung oder Trocknung nur wenige Tage haltbar.
*Zusammensetzung, Verwendung:* Bezogen auf die Trockensubstanz enthält Tempeh etwa 48% Protein, 25% Fett, 24% Kohlenhydrate und 3% Asche. Somit ist die Zusammensetzung ähnlich wie bei geschälten, gekochten Sojabohnen. Lediglich der Vitamingehalt, vor allem der B-Gruppe, ist deutlich erhöht. Durch Auslaugung beim Weichen und Ko-

chen der Sojabohnen ist deren Gehalt an antinutritiven Substanzen (*Phytinsäure, Oligosaccharide) gesenkt, was zu einem verbesserten ernährungsphysiologischen Wert des Endprodukts führt[1]. Im Gegensatz zu den meisten anderen fermentierten Sojaprodukten, die lediglich als Würzmittel eingesetzt werden, wird Tempeh als Hauptgericht oder Fleischersatz verwendet. In Scheiben geschnitten und fritiert, schmeckt Tempeh nußartig. – *E* tempeh

*Lit.:* [1]Stanton, W. R.; Owens, J. D., In *Encyclopedia of Food Sciences and Nutrition*, Caballero, B.; Trugo, L. C.; Finglas, P. M., Hrsg., 2. Aufl.; Academic Press: Amsterdam, (2003); Bd. 4, S. 2344−2351.
*allg.:* J. Nutr. **125**, 570S−572S (1995) ▪ Liu, K., *Soybeans. Chemistry, Technology, and Utilization*; Chapman & Hall: New York, (1997); S. 260−273 ▪ Präve (4.), S. 488 ▪ Rehm-Reed (2.) **9**, 529−533 ▪ Ruttloff et al., S. 160f. ▪ Steinkraus (2.), S. 12−79 ▪ Steinkraus, K. H., *Compr. Rev. Food Sci. Food Saf.* [Online], (2002) **1**(1), 23−32; http://members.ift. org/IFT/Pubs/CRFSFS/archive ▪ Steinkraus, K. H., In *Encyclopedia of Microbiology, 2.* Aufl., Lederberg, J., Hrsg.; Academic Press: San Diego, (2000); Bd. 2, S. 350−360 ▪ Yoneya, T., In *Handbook of Vegetable Preservation and Processing*, Hui, Y. H.; Ghazala, S.; Graham, D. M.; Murrell, K. D.; Nip, W.-K., Hrsg.; Marcel Dekker: New York, (2004); S. 251−272

**Temporäre Haarfärbemittel.** Temporäre *Haarfärbemittel sollen die vorhandene Haarfarbe nur vorübergehend verändern und durch einfaches Waschen mit einem Shampoo wieder entfernbar sein[1,2]. In der Praxis beträgt die Haltbarkeit zwischen ein und drei Haarwäschen. Um ein solches Färbeergebnis zu erzielen, wird in der Haarkosmetik auf Farbstoffe mit hohen Molmassen zurückgegriffen, die das Haarkeratin nicht nennenswert penetrieren können und hauptsächlich außen auf der Cuticula (Schuppenzellschicht) des Haares liegen.
Sie können aus verschiedenen chemischen Verbindungsklassen stammen, wie zum Beispiel den *Azofarbstoffen, Triarylmethan-Farbstoffen, Anthrachinon-Farbstoffen oder Indamin-Farbstoffen[3,4] sowie Polymeren mit chromophoren Seitenketten.
Während die Lichtechtheit wegen der gewünschten kurzen Haltbarkeit des Färbeergebnisses nur zweitrangige Bedeutung besitzt, ist die wichtigste Anforderung an temporäre Färbemittel die Abriebfestigkeit, um eine Verschmutzung von Kleidung und Bettwäsche zu verhindern. Dies erreicht man zum Teil durch Zusätze von Filmbildnern (zum Beispiel Vinylacetat/Crotonsäure-Copolymere) sowie gegebenenfalls polymeren quartären Ammonium-Verbindungen.
Als Anwendungsform kommen wäßrig-alkoholische Lösungen oder Lotionen, aber auch Schaum-Aerosole in Frage. Effekt-Haarsprays mit farbigen Pigmenten wie Glimmer (Mica) sind ebenfalls den temporären Färbemitteln zuzuordnen. – *E* temporary hair colors
*Lit.:* [1]Corbett, J. F., *Hair Colorants: Chemistry and Toxicology*; Cosmetic Science Monographs 2; Micelle Press: Weymouth, (1998); S. 40 f. [2]Zviak, C., In *The Science of Hair Care*, Zviak, C., Hrsg.; Dekker: New York, (1986); S. 241 f. [3]Johnson, J. C., *Hair Dyes*, Noyes Data Corporation: Park Ridge, (1973); S. 13 ff., 127 ff., 161. [4]Zollinger, H., *Color

*Chemistry*, VCH: Weinheim, (1987); S. 59 ff., 67 ff., 85 ff., 149 ff.
*allg.*: Anderson, J. S., In *Harry's Cosmeticology*, Gordon, H. R.; Rieger, M. M., Hrsg., 8. Aufl.; Chemical Publishing: New York, (2000); S. 670, 674–675 ■ Brown, K. C., In *Hair and Hair Care*, Johnson, D. H., Hrsg.; Cosmetic Science and Technology Series 17; Dekker: New York, (1997); S. 207–209 ■ Umbach (2.), S. 295 – [HS 3305 90]

**Tenkawangfett** siehe *Borneotalg.

**Tennecetin** siehe *Natamycin.

**Tenside.** Von latein.: tensio = Spannung abgeleitete Bez. für Verb., welche die Grenzflächenspannung herabsetzen.
T. sind amphiphile (bifunktionelle) Verb. mit mind. einem hydrophoben u. einem hydrophilen Molekülteil (s. Abb. 1). Der hydrophobe Rest ist zu-

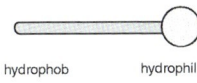

hydrophob        hydrophil

Abb. 1: Schemat. Bau von Tensiden.

meist eine – möglichst lineare – Kohlenwasserstoff-Kette mit acht bis 22 Kohlenstoff-Atomen. Spezielle T. haben auch (Dimethyl-)Siloxan-Ketten od. perfluorierte Kohlenwasserstoff-Ketten als hydrophoben Molekülteil. Der hydrophile Rest ist entweder eine neg. od. pos. elektr. geladene (hydratisierbare) od. eine neutrale polare Kopfgruppe. Grenzflächenaktive *Betaine od. Aminosäure-T. (amphotere od. zwitterion. T.) tragen neg. u. pos. geladene Gruppen in *einem* Molekül. Basiseigenschaften der T. sind die orientierte Adsorption an Grenzflächen sowie die Aggregation zu Micellen u. die Ausbildung von lyotropen Phasen.

*Einteilung:* T. werden nach der Art ihrer hydrophilen Kopfgruppen in Klassen eingeteilt (Tab. 1). Das kommerziell wichtigste T. überhaupt ist das lineare Alkylbenzolsulfonat (LAS), das aufgrund seines Preis-/Leistungsverhältnisses, seiner ökolog. Sicherheit u. der bei seinem techn. Einsatz gesammelten mehr als 30jährigen Erfahrung das Basis-T. (das sog. *workhorse*) für *Waschmittel (siehe auch dort) u. viele Reiniger darstellt. LAS mit dem sog. Euro Cut als Rohstoff ist ein Homologengemisch u. Isomerengemisch mit der durchschnittlichen Alkylkettenlänge $C_{11,6}$. In Abb. 2 sind die Formeln für ein Isomerengemisch mit der Alkylkettenlänge $C_{12}$ dargestellt.

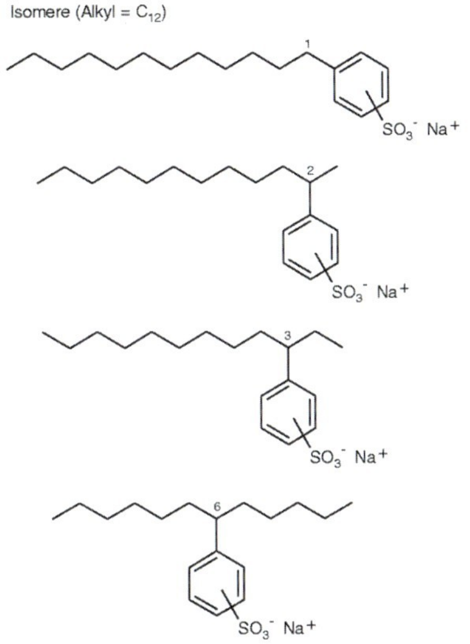

Isomere (Alkyl = $C_{12}$)

Abb. 2: Lineare Alkylbenzolsulfonate (LAS).

Tab. 1: Tensid-Klassen und typische Vertreter.

| Klasse | hydrophile Gruppe | typ. Vertreter |
|---|---|---|
| anion. T. (Anionics)[1] | $-COO^-$ | *Seifen |
| | $-SO_3-$ | Alkylbenzolsulfonate, Alkansulfonate |
| | $-OSO_3-$ | Alkylsulfate |
| | $-(CH_2-CH_2-O)_x-SO_3-$ (x = 1 bis 4) | *Alkylethersulfate |
| nichtion. T. (Nonionics, Niotenside)[1,2] | $-(CH_2-CH_2-O)_x-$ (x = 2 bis 20) (ggf. modifizierte) Zucker | Fettalkoholpolyglycolether, Alkylphenolpolyglycolether (APEO), (ethoxylierte) Sorbitanfettsäureester, (s. *Sorbitane), *Alkylpolyglucoside (APG), Fettsäureglucamide, Fettsäurepolyglycolester, Ethylenoxid-Propylenoxid-Blockpolymere, Polyglycerolfettsäureester, *Fettsäurealkanolamide |
| kation. T. (Kationics)[3,4] | $\overset{+}{N}$ $-\overset{+}{N}H_3$ | quartäre Ammonium-Verb. mit einer od. zwei hydrophoben Gruppen, (z.B. Cetyltrimethylammoniumbromid u. Cetyltrimethylammoniumchlorid) Salze langkettiger prim. Amine |
| amphotere T. (Ampho-T., Amphoterics)[5] | $-\overset{+}{N}-(CH_2)_y-COO^-$ y = 2 oder 3 $-N\rightarrow O$ | N-(Acylamidoalkyl)betaine N-Alkyl-β-aminopropionate bzw. N-Alkyl-β-iminopropionate Amin-N-oxide |
| Blockcopolymere[2,6–9] | $-(CH_2CH_2O)_x-[(EO)_x]$ in $(EO)_x(PO)_y(EO)_x$ (x, y > 10) | schaumarme T. (PO = Propylenoxid) |
| Polyelektrolyte[6–9] | | Komplexbildner, Flockungsmittel |

*Wirkung:* T. reichern sich in wäss. Lsg. an der Grenzfläche Flüssigkeit/Luft (englisch: liquid phase/vapor phase, L/V) an u. bewirken eine charakterist. Abhängigkeit der Oberflächenspannung σ von der Konz. c (Abb. 3). Gleiches trifft sinngemäß für die orientierte Adsorption an der Flüssig-flüssig-Grenzfläche zu (Abb. 3). Nach Überschreiten einer für das jeweilige T. charakterist. Konz., der *krit. Micell-Bildungskonz.* ($c_M$, auch als cmc od. c.m.c. abgekürzt), kommt es in der Volumenphase zur Ausbildung von – prim. kugelförmigen – Molekülaggregaten, den Micellen.

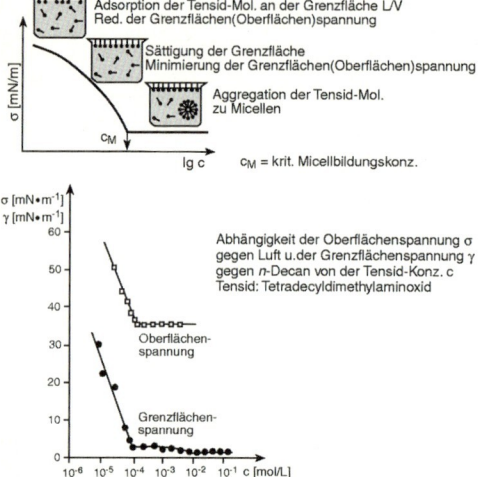

Abb. 3: Konzentrationsabhängigkeit der Oberflächenspannung bzw. Grenzflächenspannung.

*Analytik:* Die wichtigsten Aufgaben bei der Analytik von T. sind deren Bestimmung als Rohstoffe u. in Formulierungen („Bulk"-Analytik) sowie die Spurenanalytik in Umweltmatrices, wie Abwasser, stehenden u. fließenden Gewässern, Gewässersedimenten, Klärschlämmen u. Böden, u. bei der Überwachung von Rechtsvorschriften od. beim biolog. Abbau[10,11]. Nachdem über viele Jahre nur eine mit aufwendigen Trennungsgängen[12] verbundene Gruppenbestimmung von T.-Klassen als Summenparameter, z.B. durch Zweiphasentitration[13] möglich war, können heute durch Anw. modernster Kopplungstechniken v.a. in Verb. mit Hochleistungsflüssigchromatographie (HPLC) od. Ionenchromatographie u. Massenspektrometrie, aber auch durch Dünnschichtchromatographie od. Kapillarelektrophorese einzelne T.-Homologe u. T.-Isomere erfaßt werden. Die Spurenanalytik von T. setzt eine sorgfältige Probenvorbereitung u. Probenanreicherung voraus. Einen umfassenden Überblick zur T.-Analytik gibt Literatur[14,15]. Zum bes. einfachen Nachweis von T. mittels ionensensitiver Elektrode s. Literatur[16].

*Verwendung:* Zu Tensiden in *Waschmitteln siehe dort.

*In der Kosmetik:* Anion. T. mit den Gruppen –COONa, –SO₃Na od. –OSO₃Na, sind die wichtigsten T. im kosmet. Bereich. Der hydrophobe

Mol.-Teil besteht in der Regel aus mittelkettigen bis langkettigen Kohlenwasserstoff-Resten.

Betaine (amphotere T.) werden gern als Netzmittel, Schaummittel u. Emulgiermittel zur Herst. von Hautwaschmitteln u. Haarwaschmitteln verwendet. Alle im Handel erhältlichen T., die zur Herst. kosmet. Mittel geeignet sind – entsprechend den bestehenden Bestimmungen – weitgehend biolog. abbaubar. Sie sind auch auf ihre Hautverträglichkeit getestet, wobei berücksichtigt werden muß, daß die Hautverträglichkeit Abweichungen zeigt, sobald die entsprechenden T. in Kombination mit anderen Hilfsstoffen od. Wirkstoffen eingesetzt werden. Eine Meth. zur Überprüfung der Hautverträglichkeit von T. gibt Literatur[17]. Die Verträglichkeit läßt sich durch Mischung bestimmter T. od. durch Zugabe von Überfettungsmitteln bzw. von Antireizstoffen (anti-irritants) deutlich verbessern.

*Umweltaspekte:* T., die in Waschmitteln u. Reinigungsmitteln eingesetzt werden, gelangen nach Gebrauch ins Abwasser, u. je nach Abwasserbehandlung werden geringe bis größere T.-Restmengen in Fließgewässer eingeleitet. Aufgrund der großen Einsatzmenge sind T. als ubiquitäre Umweltchemikalien zu bezeichnen. Ein wesentlicher Faktor für den Mengeneintrag ist die biolog. Abbaubarkeit. Während aus natürlichen Fetten u. Ölen gewonnene T. leicht abbaubar sind, wiesen die ersten synthet. T. (verzweigte Alkylbenzolsulfonate) eine geringe Abbaubarkeit auf. Dies führte zu Schaumproblemen in Kläranlagen, auf Seen u. Flüssen. Dieses Problem konnte durch Entwicklung biolog. gut abbaubarer, sog. weicher T. gelöst werden. Das *Wasch- und Reinigungsmittelgesetz schreibt eine biolog. Abbaubarkeit von mind. 80% vor, die sich allerdings nicht auf den Totalabbau, sondern auf den Primärabbau bezieht (biologische Abbaubarkeit). – *E* surfactants (weniger üblich: surface active agents)

*Lit.:* [1] Stache (Hrsg.), Anionic Surfactants: Organic Chemistry, New York: Dekker 1995. [2] van Os (Hrsg.), Nonionic Surfactants: Organic Chemistry, New York: Dekker 1998. [3] Richmond (Hrsg.), Cationic Surfactants: Organic Chemistry, New York: Dekker 1990. [4] Rubingh u. Holland (Hrsg.), Cationic Surfactants: Physical Chemistry, New York: Dekker 1991. [5] Lomax (Hrsg.), Amphoteric Surfactants, 2. Aufl., New York: Dekker 1996. [6] Piirma (Hrsg.), Polymeric Surfactants, New York: Dekker 1992. [7] Bailey, Jr. u. Koleske (Hrsg.), Alkylene Oxides and Their Polymers, New York: Dekker 1991. [8] Nace (Hrsg.), Nonionic Surfactants – Polyoxyalkylene Block Copolymers, New York: Dekker 1996. [9] Holmberg (Hrsg.), Novel Surfactants, New York: Dekker 1998. [10] Schmitt, Analysis of Surfactants, New York: Dekker 1992. [11] Hauthal, H. G., *SÖFW J.*, (1998) **124**, 720–732. [12] Nachr. Chem. Tech. Lab. **43**, 1169–1176, 1176–1182 (1995). [13] Schulz, Titration von Tensiden u. Pharmaka, Augsburg: Verl. der chem. Industrie H. Ziolkowsky 1996. [14] Cozzoli, O., *Cosmet. Toiletries*, (1993) **108**, 71–84. [15] Schulz, R., *SÖFW J.*, (1997) **123**, 734–745. [16] Labor Praxis **17**(2), 44f. (1993); Tenside Surf. Deterg. **28**, 333–336 (1991). [17] Turowski, A.; Skrypzak, W.; Reng, A.; Jürges, P., *Parfüm. Kosmet.*, (1995) **76**(1), 16–27.

*allg.:* BUA-Stoffbericht, Nr. 206, Stuttgart: Hirzel 1997 ■ Domsch, A., *SÖFW J.*, (1999) **125**, 48–62 ■ Fiedler (5.), S. 1670–1677 ■ Schmitt, T. M., Hrsg., *Analysis of Surfact-*

*ants*, 2. Aufl.; Surfactant Science Series 96; Marcel Dekker: New York, (2001) ▪ Tenside Surf. Deterg. **33**, 94f. (1996) ▪ Ullmann (5.) **A25**, 747–817 ▪ Umbach (2.), S. 106–117, 221–226, 535 – *[HS 3402 11 (Anionics); 3402 12 (Kationics); 3402 13 (Nonionics); 3402 19 (Amphoterics)]*

**Tenuazonsäure**    [(*S*)-3-Acetyl-5-(*S*)-*sec*-butyl-tetramsäure].

$C_{10}H_{15}NO_3$, $M_R$ 197,23; hellbraune, viskose, gummiartige Substanz {Schmp. 74–75,5°C, $[\alpha]_D^{20}$ −121° ($CHCl_3$)}, die nach längerer Lagerzeit in die kristalline Isoform übergeht: Mit $FeCl_3$ in Ethanol rotbraun, mit 2,4-Dinitrophenylhydrazin gelb. Leicht löslich in organischen Lösemitteln, wenig löslich in Wasser. *Mykotoxin, das von verschiedenen *Alternaria* -Arten (*Alternaria alternata, Alternaria mali, Alternaria tenuis*), *Phoma sorghina, Pyricularia oryzae* und verschiedenen *Aspergillus* -Arten gebildet wird.

*Vorkommen:* Tenuazonsäure verursacht bei Pflanzen Krankheiten durch Hemmung der Protein- und Nucleinsäure-Biosynthese, z.B. Blattfäule und Braunfleckenkrankheit bei Reis und Tabak. Tenuazonsäure wirkt antiviral, insektizid und hemmt bei Säugetieren die Proteinsynthese; mit 1,25 mg/kg Körpergewicht über 3 Wochen bei jungen Hühnchen p.o. deutliche Schäden an verschiedenen Organen. $LD_{50}$ bei Mäusen 125 mg/kg, bei Affen >50 mg/kg. Tenuazonsäure kann in verschimmelten Tomaten und Äpfeln vorkommen sowie in daraus hergestellten Produkten. Zu Struktur-Wirkungsbeziehungen siehe Literatur[1]. – *E* tenuazonic acid

*Lit.:* [1] Phytochemistry **27**, 77–84 (1988). *allg.:* Aresta, A.; Cioffi, N.; Palmisano, F.; Zambonin, C. G., *J. Agric. Food Chem.*, (2003) **51** 5232–5237 ▪ Merck-Index (13.), Nr. 9226 ▪ Weidenbörner, M., *Encyclopedia of Food Mycotoxins*, Springer: Berlin, (2001) – *[CAS 610-88-8]*

**TEQ.** Abkürzung für toxic equivalency (quantity) = *Toxizitätsäquivalent.

**Teratogene** (griech.: teras = Mißgeburt). T. sind biolog., physikal. od. chem. Agenzien, deren Einwirkung auf ein sich entwickelndes Lebewesen vor der Geburt zu anatom. od. funktionellen Organschäden führt (*Teratogenese*), die also fruchtschädigend sind. T. können auf einen od. beide Elternteile vor der Zeugung, auf die Mutter während der Schwangerschaft od. direkt auf den werdenden Organismus während der pränatalen Entwicklung einwirken. Für die meisten T. besteht eine bes. hohe Empfindlichkeit während der Anlage der Organe in der Embryonalzeit. Zu den biolog. T. für den Menschen zählen z.B. die Verursacher von Röteln, Toxoplasmose u. Cytomegalie, zu den physikal. T. energiereiche Strahlung (Röntgenstrahlen, Neutronenstrahlen oder strahlende Isotope u. γ-Strahlen). Die wichtigsten Klassen der chem. T. sind Alkylantien (z.B. die Krebstherapeutika Cyclophosphamid u. Busulfan), Basenanaloga (z.B. 8-Azaguanin), Spindelgifte (Vinblastin) u. Enzymhemmstoffe

(z.B. Cytosinarabinosid). Diese Stoffe wirken über Genmutationen, Chromosomenschäden, Mitosehemmung od. Störung der DNA- u. Protein-Synth. direkt schädigend auf die Organe. Daneben können Substanzen auch durch Störung der Resorption von essentiellen Nährstoffen od. Vitaminen, od. durch Störung der Energieversorgung (z.B. Entkoppeln des oxidativen Phosphorylierung durch Dinitrophenol) als T. wirken. Während diese T. geringe Organspezifität (Organotropie) aufweisen, zeigen T. mit Rezeptor-vermittelter Wirkung häufig eine Organselektivität, z.B. männliche u. weibliche Sexualhormone od. Glucocorticoide. Von bisher ca. 3000 im Tierversuch getesteten chem. Substanzen waren ca. 900 teratogen. Für den Menschen gelten 30 chem. Stoffe als Teratogene. Am bekanntesten ist Thalidomid, am wichtigsten *Ethanol, dessen übermäßiger Genuß während der Schwangerschaft zum „fetalen Alkohol-Syndrom" mit reduziertem Geburtsgew., Gesichts- u. Schädelveränderung, verkleinertem Gehirn mit mentaler Retardierung u. psychomotor. Störungen führt. Auch hohe Dosen von Gestagenen, Cocain, Methylquecksilber u. von *Vitamin A od. synthet. *Retinoiden wirken beim Menschen teratogen, ebenso wie manche in Lebensmitteln vorkommenden Mykotoxine. Dagegen konnte die im Tierversuch beobachtete teratogene Wirkung von *Coffein beim Menschen nicht bestätigt werden. Listen von T. finden sich z.B. im Registry of Toxic Effects of Chemical Substances (RTECS), herausgegeben vom National Institute of Occupational Safety and Health der USA. Für Arbeitsstoffe wird das Risiko einer Fruchtschädigung in der MAK-Werte-Liste aufgeführt. – *E* teratogens

*Lit.:* Environ. Health Perspect. **94**, 265–268 (1991) ▪ Juchau, M. R., *Prog. Drug Res.*, (1997) **49**, 25–92 ▪ Kolb, V. M., Hrsg., *Teratogens: Chemicals which cause Birth Defects*, 2. Aufl.; Elsevier: Amsterdam, (1993) ▪ Riede, V. E.; Schäfer, H. E., Hrsg., *Allgemeine und Spezielle Pathologie*, 4. Aufl.; Thieme: Stuttgart, (1995); S. 299–328 ▪ Schardein, Chemically Induced Birth Defects, New York: Marcel Dekker 1985 ▪ Wells, P. G.; Winn, L. M., *Crit. Rev. Biochem. Mol. Biol.*, (1996) **31**, 1–40

**Teratogenese** siehe *Teratogene.

**Terbumeton** siehe *Triazin-Herbizide.

**Terbuthylazin** siehe *Triazin-Herbizide.

**Terbutryn** siehe *Triazin-Herbizide.

**Terpene** (Isoprenoide, Terpenoide). Von Terpentin, nach anderen Quellen von griechisch terpein = erfreuen abgeleiteter Sammelname für eine große Gruppe meist angenehm aromatisch riechender Naturstoffe, deren Gehalt an C-Atomen meist ein Vielfaches von 5 ist. Danach läßt sich das Kohlenstoff-Gerüst vieler T. durch Kopf-Schwanz-Verknüpfung aus Isopren-Einheiten $[H_2C=C(CH_3)-CH=CH_2]$ aufbauen. Im allg. versteht man unter der Bez. T. die sog. Monoterpene ($C_{10}$); sie entstehen durch Dimerisierung von aktivem Isopren über *Geranylpyrophosphat*. Höhere Isoprenoide mit 15, 20, 25, 30, 40 und mehr C-Atomen werden mit eigenen Namen belegt: Sesquiterpene ($C_{15}$, Grundsubstanz ist *Farnesylpyrophosphat*), Diterpene ($C_{20}$, für die Synth. treten vier Mol. Isopren unter Bildung von *Geranylgeranylpyrophosphat* zusammen), Sesterterpene ($C_{25}$), Triterpene ($C_{30}$), Tetraterpene ($C_{40}$) u. Polyterpene ($>C_{40}$ bis zu 1000 Isopren-Einheiten). Die Steroide leiten sich von einer Gruppe von Triterpenen, den Methylsterolen ab.

Im engeren Sinne meint man mit der Bez. T. die Terpen-Kohlenwasserstoffe $C_{10}H_{16}$ u. deren Hydrierungs- u. Dehydrierungsderivate, im weiteren Sinne auch die davon abgeleiteten Alkohole (T.-Alkohole), Ketone, Aldehyde u. Ester. Es gibt auch natürlich vorkommende T., deren Struktur nicht mit der Isopren-Regel in Einklang steht, sog. irreguläre Terpene.

Nahezu alle T. sind flüssig. Inzwischen erlaubt die Gaschromatographie die Trennung auch therm. sehr labiler T.; zur Charakterisierung einzelner T.

eignen sich spektroskop., opt., chiropt., chromatograph. u.a. Methoden.

***Biosynthese:*** Isopren selbst tritt als T.-Vorstufe nicht in Erscheinung; die T.-Biosynth. verläuft über *Isopentenyl-pyrophosphat* (IPP), bzw. die isomere Verb. 3,3-Dimethylallyl-pyrophosphat (DMAPP), die auf dem klass. Acetat/$(R)$-Mevalonat-Weg od. über $C_5$-Carbonylphosphat (1-Desoxy-D-xylulose-5-phosphat) entstehen (siehe Abb.)[1].

Danach entstehen *p*-Menthan-Derivate auf dem Wege Geranylpyrophosphat → Nerylpyrophosphat → α-*Terpineol → *p*-Menthene.

Aus den auf diese Weise gebildeten acycl. Kohlenwasserstoffen können durch Substitutionen, Oxid., Cyclisierungen, usw. eine Vielzahl von Verb. gebildet werden. Von T. abstammende Stickstoff-Verb., die Terpen-Alkaloide, werden zu den Alkaloiden gerechnet. Halogenierte T. wurden aus Algen isoliert. Auch Schwefel-haltige T. sind bekannt, Beisp.: Menthanthiole. Umlagerungen erzeugen untyp. Strukturen, z.B. die Chrysanthemyl-, Santo-

Abb.: Biosynthese von Monoterpen-Vorstufen: a) klassischer Biosyntheseweg der Terpene über Mevalonsäure, b) Nicht-Mevalonat-Route.

linyl- u. Artemisyl-Skelette. In einem alternativen Bildungsweg, der sog. Nicht-Mevalonat- oder Desoxyxylulosephosphat-Route (s. Abb.) reagieren Pyruvat und Glyceraldehyd-3-phosphat zu 2C-Methyl-D-erythritol-2,4-cyclodiphosphat und dann zu DMAPP und IPP. Auf diese Weise wird der Pool für die Mono- und Diterpen-Biosynthese aufgefüllt[2-5].

*Nomenklatur:* Für T. sind statt umständlicher systematischer Namen Trivialnamen u. bes. halbsystematische Namen üblich [IUPAC-Regeln A-71 bis 75, F u. RF (= Revidierte Regeln F, s. Literatur[6-8]); IUPAC/IUB-Regeln 3-S, Carot, Ret u. Pr] mit unsystemat. traditionellen Numerierungen der verzweigten Stammgerüste. Die Abb. zeigt Beisp. für acycl., mono-, bi- u. tricycl. Monoterpene mit 3- bis 6-gliedrigen Ringen. Eigene Namen haben viele höhere T.-Gerüste (s. Tab.) mit Unterschieden z.B. in Ringzahl u. -größe, Seitenkettenmuster od. Konfiguration. Die Namensvielfalt der T. erklärt sich aus der langen Geschichte dieser parfümist. u. pharmazeut. wichtigen Verb.-Klasse, ihren vielen Isomerie-Möglichkeiten, der Vielzahl der Organismen, von deren Namen T.-Namen abgeleitet wurden, u. aus der Neigung vieler T., durch Umlagerungen u. Ringöffnungen (z.B. bei gespannten Ringsyst.) neue Gerüste zu bilden.

*Funktion und Bedeutung:* Von mehr als 40000 beschriebenen T. kennt man die Strukturen; ihre biolog. Bedeutung u. Funktion sind jedoch nicht in allen Fällen bekannt. Sie kommen sowohl im Tierreich, speziell bei Insekten wie auch in Mikroorganismen, vor allem aber im Pflanzenreich vor. Mehrere Gruppen von T. haben Bedeutung als *Pflanzenwuchsstoffe (Phytohormone), Insektenhormone od. tier. Hormone od. als Insektenpheromone, die von den Tieren abgegeben werden, um mit ihren Artgenossen eine Kommunikation zu erreichen (Beispiele sind Ipsdienol sowie Wehrstoffe bei Termiten).

*Vorkommen:* In der Pflanzenwelt sind T. weit verbreitet. Sie treten v.a. als Bestandteile der aus Blüten, Blättern, Früchten, Rinden u. Wurzeln gewinnbaren *etherischen Öle – daher auch häufig in Gewürzen – in Erscheinung, wobei junge Pflanzen im allg. größere Anteile an T.-Kohlenwasserstoffen, ältere an T.-Alkoholen u.a. Oxid.-Produkten enthalten. Die in heißen Klimazonen von Nadelwäldern emittierten T.-Mengen (vgl. *Fichten- u. Kiefernnadelöle u. *Thujaöl) – schätzt man auf ca. 1 Mrd. t jährlich! In Meeresorganismen werden zahlreiche halogenierte T. gebildet.

*Gewinnung:* Neben zahlreichen Extraktionsverfahren sind für viele T. chem. Synth. bekannt. Auch die Gewinnung von T. durch pflanzliche Zellkulturen ist Gegenstand eingehender Untersuchungen. Weiterhin erscheinen auch Biotransformationen aussichtsreich, v.a. wenn Strukturselektivität gefordert ist. Für manche Anw. braucht man T.-freie etherische Öle; die Abreicherung an T. nennt man *Entterpenisierung.

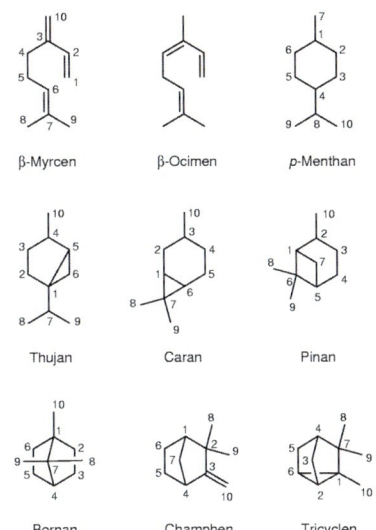

β-Myrcen         β-Ocimen         p-Menthan

Thujan           Caran            Pinan

Bornan           Champhen         Tricyclen

Tab.: Halbsystemat. Namen wichtiger Terpen-Gerüste.

| C-Gerüst | Terpene |
|---|---|
| | **C₁₀: Monoterpene** |
| acycl. | *Geraniol, Myrcen, Ocimen, Secologanin |
| monocycl. | Iridan, o-, m-, p-Menthan, *Menthol, *Menthon |
| bicycl. | Bornan, Fenchan, Caran, Pinan, Thujan |
| tricycl. | Tricyclen |
| | **C₁₅: Sesquiterpene** |
| acycl. | Farnesen, *Farnesol |
| monocycl. | Bisabolen, Curcumen, Elemene, Germacran, Humulen, Zingiberen, *Abscisinsäure |
| bicycl. | Cadinen, Caryophyllen, Driman, Eremophilan, Eudesmane, Guajan, *Trichothecen |
| tricycl. | Cedren, Coriolin, Hirsuten, Longifolen, Modhephen, Pleurotellol, Triquinane |
| | **C₂₀: Diterpene** |
| acyl. | *Crocetin, Geranylgeraniol, Phytansäure, Phytol |
| monocylc. | Cembren, *Retinal, *Retinol, Tretinoin |
| bicycl. | Clerodan, Ginkgolid, Labdan |
| tricycl. | Abietan, Pimaran, Lävopimarsäure, Pleuromutilin, Quassin (siehe *Quassinoide), Podocarpan, Taxan |
| tetracycl. | Gibberelline, Grayanotoxin, Kauran, Tiglian |
| | **C₂₅: Sesterterpene** |
| acycl. | Variabilin |
| monocycl. | Manoalid |
| tricycl. | Ophiobolan |
| pentacycl. | Retigeransäure |
| | **C₃₀: Triterpene** |
| acycl. | Squalan, Squalen |
| tricycl. | Ambrein, *Calciferole |
| tetracycl. | *Cucurbitacine, Dammarene, Lanostan, Onoceran, Tirucallan |
| pentacycl. | Friedelan, Lupan, Oleanan, Ursan |
| | **C₄₀: Tetraterpene = Carotine u. *Carotinoide** |
| acycl. | ψ,ψ-Carotin (*Lycopin) |
| monocyl. | β,ψ-Carotin (γ-*Carotin) |
| bicycl. | β,ε-Carotin (α-*Carotin), β,β-Carotin, (β-*Carotin), β,κ- u. κ,κ-Carotin (s. *Capsanthin) |
| | **>C₄₀: Polyterpene: Polyprenole** |

*Eigenschaften und Verwendung:* Techn. wichtige T.-Kohlenwasserstoffe sind die *Pinene, *Limonen, Cymol, 3-Caren u. *Camphen.

Parfümist. u. als Geschmacksstoffe bedeutende, natürlicherweise oft in veresterter Form vorliegende T.-Alkohole sind *Menthol, *Citronellol, *Geraniol, Nerol, *Linalool u. *Terpineol, während Borneol, Thujol, Sabinol, Myrtenol, *Thymol, Verbenol, Fenchol, Piperitol nur spezielle Bedeutung besitzen.

*Perillaaldehyd, Phellandral, *Citronellal, *Citral u. Myrtenal sind T.-Aldehyde, *Menthon, Piperiton, *Pulegon, *Carvon, *Thujon, Umbellulon, Verbenon, Chrysanthenon, *Fenchon u. *Campher sind T.-Ketone. Seltener treten Chinone (Thymochinon), Epoxide [Cineol, Menthofuran (s. *Pfefferminzöle), Linalooloxide, *Rosenoxid] od. Peroxide wie Ascaridol od. Artemisinin auf.

Das Diterpen Taxol® wird erfolgreich bei der Tumorbekämpfung eingesetzt. Das Sesquiterpen α-Santonin wurde zur Behandlung von Nervenleiden und Ascaridosen verwendet. Das Diterpenglucosid *Steviosid ist ein natürlicher Süßstoff mit der 100–300fachen Süßkraft der Saccharose.

T. finden Verw. als Ausgangsstoffe für die Synth. von Vitaminen u. Pharmazeutika, zur Herst. von peroxid. Katalysatoren u. von T.-Harzen, die entweder aus Polymeren der Pinene od. aus Terpen-Phenol-Kondensationsprodukten (Terpen-Phenol-Harze) bestehen, als T.-Lsm., bes. auf Basis von Dipenten (s. *Limonen) u. Pinenen, als Ersatz für Fluorkohlenwasserstoffe u. halogenierte Lösemittel. Früher wurden auch polychlorierte T. (z.B. Camphechlor) verwendet, dies ist heute jedoch aus ökolog. (kaum biolog. abbaubar) u. medizin. Gründen (Anreicherung im Fettgewebe) verboten. T. verfügen auch über pestizide u. allelopath. Wirkungen u. könnten in der Landwirtschaft Anw. finden[9]. Neben technischen und medizinischen Anwendungen liegt der Haupteinsatz in der Riechstoff-, Kosmetik-, Aroma- u. Essenzenindustrie. Für den Einsatz in Lebensmitteln werden seit der Antike die ausgeprägten u. intensiven Geruchs- u. Geschmackseigenschaften ebenso wie einzelne technolog. Eigenschaften (z.B. Konservierung) geschätzt. – **E** terpenes

*Lit.:* [1]Towers, G. H. N.; Stafford, H. A., Hrsg., *Biochemistry of the Mevalonic Acid Pathway to Terpenoids*, Plenum Press: New York, (1990). [2]Rohmer, M., *Nat. Prod. Rep.*, (1999) **16**, 565–574. [3]Strømgaard, K.; Nakanishi, K., *Angew. Chem.*, (2004) **116**(13), 1670–1691. [4]Parliment, T. H.; Croteau, R., Hrsg., *Biogeneration of Aromas*; ACS Symposium Series 317; American Chemical Society: Washington, DC, (1986); S. 134–156. [5]Eisenreich, W.; Schwarz, M.; Cartayrade, A.; Arigoni, D.; Zenk, M. H.; Bacher, A., *Chem. Biol.*, (1998) **5**(9), R221. [6]Gauglitz, G.; Moore, D. S., *Pure Appl. Chem.*, (1999) **71**(11), 2189–2204. [7]Minkin, V. I., *Pure Appl. Chem.*, (1999) **71**(10), 1919–1981. [8]Favre, A.; Hellwich, K.-H.; Moss, G. P.; Powell, W. H.; Traynham, J. G., *Pure Appl. Chem.*, (1999) **71**(7), 1327–1330. [9]Culter, H. G., Hrsg., *Biologically Active Natural Products*; ACS Symposium Series 380; American Chemical Society: Washington, DC, (1988); S. 250–261, 318–334.
*allg.:* Britton, G.; Liaaen-Jensen, S.; Pfander, H., Hrsg., *Carotinoids-Handbook*, Birkhäuser: Basel, (2004) ▪ Dewick, P. M., *Nat. Prod. Rep.*, (1999) **16**(1), 97–130 ▪ Kohlert, C.; Rensen, I., van; März, R.; Schindler, G.; Graefe, E. U.; Veit, M., *Planta Med.*, (2000), **66**(6), 495–505 ▪ Torssell, K. B. G., Hrsg., *Natural Product Chemistry. A Mechanistic, Biosyn-

thetic and Ecological Approach*, 2. Aufl.; Swedish Pharmaceutical Press: Stockholm, (1997); S. 251–312 ▪ Ullmann (7.); http://dx.doi.org/10.1002/14356007.a26_205 [Online, Juni 2000] ▪ Zechmeister **33**, 73–230; **34**, 253–262; **36**, 24–127; **44**, 189–242 – *Analytik:* Joulain, D.; König, W. A., *The Atlas of Spectral Data of Sesquiterpene Hydrocarbons*, EB-Verlag: Hamburg, (1998) – *Biosynthese:* Acc. Chem. Res. **23**, 70–77 (1990) (irreguläre Terpene) ▪ Chem. Eng. News (22.9.) **1997**, 7 ▪ Science **227**, 1811, 1815, 1820 (1997) – *Review* Fraga, B. M., *Nat. Prod. Rep.*, (2004) **21**, 669–693 ▪ Fraga, B. M., *Nat. Prod. Rep.*, (2005) **22**, 465–486 ▪ Kirk-Othmer (4.) **23**, 833–882 – *Synthese:* ApSimon **4**, 451–593; **7**, 275–454 ▪ Ho, T.-L., *Carbocycle Construction in Terpene Synthesis*, Weinheim: VCH Verlagsgesellschaft 1988 ▪ Roth, L.; Kormann, K., *Duftpflanzen, Pflanzendüfte*, ecomed: Landsberg, (1996); S. 18 ▪ Top. Curr. Chem. **148**, 153–194 (1988)

**Terpenoide** siehe *Terpene.

**Terpentinöl** (FEMA 3089). Lateinisch Terebinthinae aetheroleum. Farbloses bis hellgelbes, angenehm riechendes, giftiges *etherisches Öl, D. 0,853–0,867, Sdp. ca. 155–180°C, in Wasser unlöslich, in Alkohol löslich und mit Benzol, Chloroform, Ether und Ölen mischbar; FP. >32°C. Je nach Herkunft und Gewinnungsprozeß enthält Terpentinöl unterschiedliche Mengen an *Terpenen.

*Gewinnung und Einteilung:* T. wird aus lebendem oder abgestorbenem Holz bzw. Harz verschiedener Kiefernarten, z.B. *Pinus palustris* Miller („long leaf pine"), *Pinus caribea* („slash pine"), *Pinus sylvestris*, *Pinus nigra* Arnold u. *Pinus pinaster* Soland., gewonnen (vgl. *Fichten- und Kiefernnadelöle). Die ersten beiden Arten werden in den Südstaaten der USA, hauptsächlich Georgia, zur T.-Gewinnung genutzt, die letzte in Portugal. Je nach Verf. unterscheidet man drei Typen:

1. *Balsamterpentinöl*: Hergestellt durch Wasserdampfdest. aus dem ölhaltigen Harz („Balsamharz", „Terpentin"), das von den Kiefern bei Verletzung der äußeren Holzschichten als patholog. Erscheinung („Wundbalsam") aus den Stämmen ausgeschieden wird. Als Rückstand verbleibt das aus Diterpen-Harzsäuren bestehende *Kolophonium.

2. *Holzterpentinöl* (Wurzelterpentinöl, Wurzelharz, Holzkolophonium): V.a. in den USA durch Extraktion von Kiefernstubben u. -wurzeln mit Petrolether od. ähnlichem u. Rektifikation des erhaltenen Extrakts gewonnen. Die dabei gleichzeitig anfallende, vorwiegend Monoterpen-Alkohole enthaltende Fraktion ist das sog. *Pine Oil. Der Rückstand besteht aus Harzsäuren. Die durch trockene Dest. u. anschließende Fraktionierung erhältlichen Produkte werden als Kienöle u. *DDW-Terpentinöl* (destructively distilled wood turpentine) bezeichnet.

3. *Sulfatterpentinöl*: Fällt neben Tallöl als Nebenprodukt der *Cellulose-Gewinnung nach dem Kraft-Verf. an. Aus dem rohen Sulfat-T. müssen die geruchsaktiven Thiole durch Oxid. u. Fraktionierung entfernt werden. Es werden ca. 10 kg/t Zellstoff erhalten.

Balsam- u. Holz-T. spielen mengenmäßig im Vergleich zum Sulfat-T. nur eine untergeordnete Rolle.

*Zusammensetzung:* Alle Öle bestehen hauptsächlich aus α- (70% u. höher) u. β-*Pinen (bis 30%).

Einige Qualitäten enthalten auch noch 10–20% 3-Caren. Sulfat-T. ist auch eine Quelle für *Estragol, bzw. *Anethol, die in kleiner Menge darin vorkommen u. sich durch Rektifikation rein gewinnen lassen.
Zur Zusammensetzung derartiger T. s. Tab. 1; Spezifikationswerte verschiedener T. können der Tab. 2 entnommen werden.

Tab. 1: Zusammensetzung von T. unterschiedlicher Provenienz (Angaben in %).

|  | amerikan. | griech. | portugies. | sowjet. |
|---|---|---|---|---|
| α-Pinen | 65,6 | 96,5 | 77,9 | 59,8 |
| β-Pinen | 28,1 | 0,6 | 16,5 | 4,1 |
| 3-Caren | – | – | – | 24,1 |
| *Camphen | 1,7 | 0,9 | 1,2 | 1,4 |
| Dipenten (±-*Limonen) | 3,2 | 1,0 | 3,1 | 3,7 |
| p-Cymol | – | 0,3 | – | 2,8 |
| Andere Terpene | 1,4 | 0,7 | 1,3 | 4,1 |

*Toxikologie:* T. wirkt hautreizend, narkot. u. nierenreizend; wurde früher als Rubefaciens, zur Reizkörpertherapie u. veterinärmedizin. als Carminativum gebraucht; MAK-Werte-Liste 2005: krebserzeugend: Kategrorie 3A. Geringe Mengen, eingenommen od. durch Dämpfe eingeatmet, verursachen Veilchengeruch des Urins („Malerkrankheit"). Die sog. T.-Allergie wird in Verb. gebracht mit dem Gehalt an Caren u. α-Pinen, denen eine Ekzem-auslösende Wirkung zugeschrieben wird.
*Verwendung:* Balsam-T. wird in der Parfümindustrie hauptsächlich für techn. Parfümierungen (z.B. Reinigungsmittel u.ä.) eingesetzt. In der Medizin verwendet man es z.B. in Balneotherapeutika. Sulfat-T., bzw. die daraus gewonnenen Pinen-reichen Fraktionen, werden als Lsm. u. Grundstoffe für Polymere, Lackharze, Bohnerwachs, Schuhpflegemittel, Schmelzkleber usw. verwendet. Ein großer Teil wird zu synthet. Pine Oil hydratisiert. Durch Rektifikation werden reines α- u. β-Pinen erhalten, die als Ausgangsstoffe für die Synth. einer Reihe von Riech- u. Aromastoffen von Bedeutung sind, wie z.B. zur Herst. von *Campher[2,3]. – *E* (oil of) turpentine, spirits of turpentine
*Lit.:* [1]Bauer et al. (4.), S. 222. [2]Parfüm. Kosmet. **61**, 457 (1980). [3]Ohloff, S. 98.
*allg.:* Kirk-Othmer (4.) **17**, 665f. ▪ Roth, L.; Kormann, K., *Duftpflanzen, Pflanzendüfte,* ecomed: Landsberg, (1996); S. 264 ▪ Ullmann (5.) **A11**, 242f.; **A24**, 469ff.; **A27**, 267–280 – *[HS 3805 10; CAS 8006-64-2; G 3, III]*

**Terpineole.** $C_{10}H_{18}O$, $M_R$ 154,24. Bezeichnung für einige p-Menthenole. Man unterscheidet α-, β-, γ- und δ-Terpineol.

Tabelle: Daten zu Terpineolen.

|  | Schmp. [°C] | Sdp. [°C] | CAS | FEMA |
|---|---|---|---|---|
| α-Terpineol (p-Menth-1-en-8-ol) | 35 | 217–218 104 (1,5 kPa) | 7785-53-7 ((+)-(R)- Form) 10482-56-1 ((−)-(S)- Form) 98-55-5 (Racemat) | 3045 |
| β-Terpineol (p-Menth-8-en-1-ol) | 32–33 | 212–215 | 138-87-4 | 3564 |
| γ-Terpineol (p-Menth-4(8)-en-1-ol) | 68–70 | 218 | 586-81-2 |  |
| δ-Terpineol (p-Menth-1(7)-en-8-ol) |  | 218 | 7299-42-5 |  |

Terpineol

α-Terpineol ($[\alpha]_D^{20}$ +/−100,5°), das Terpineol schlechthin, kommt in beiden enantiomeren Formen im etherischen Öl verschiedener Pflanzen vor, z.B. in *Origanum-, Artemisia-, Cinnamomum-, Juniperus-* und *Mentha-*Arten, im Öl verschiedener *Pinus-*Arten, im Pine-Oil, Ingweröl, Pomeranzenöl, Lorbeeröl[1] und im Zypressenöl. β-, γ- und δ-Terpineol sind ebenfalls in etherischen Ölen enthalten. α-Terpineol wird durch säurekatalysierte Hydratisierung von Pinen synthetisch gewonnen. Hierbei wird als Zwischenprodukt Terpin gebildet. β-Terpineol duftet nach Hyazinthen und entsteht auch aus Terpin durch wasserentziehende Mittel.
*Verwendung:* Kommerzielles Terpineol, das überwiegend aus α-Terpineol und wenig β-Terpineol besteht, hat einen lang anhaltenden Fliederduft und wird zur Parfümherstellung verwendet. Das gleiche gilt für einige Terpineolester, besonders das Acetat. Terpineol dient auch als Flotationsschäumer. Zum Vorkommen in speziellen Teesorten siehe Literatur[2]. Zum Vorkommen in Citrus-Hybriden siehe Literatur[3]. Zum Herkunftsnachweis von fruchtsafthaltigen Getränken via Enantiomerenanalytik von α-Terpineol siehe Literatur[4]. – *E* terpineol

Tab. 2: Spezifikationswerte verschiedener T.[1].

| Parameter | Balsam | Holz-T. (Wasserdampfdest.) | Holz-T. (trockene Dest.) | Sulfat-T. |
|---|---|---|---|---|
| $D_4^{20}$ | 0,855–0,870 | 0,855–0,870 | 0,850–0,865 | 0,860–0,870 |
| $n_D^{20}$ | 1,465–1,478 | 1,465–1,478 | 1,463–1,483 | 1,465–1,478 |
| Destillat bis Sdp. 170 °C | 90 | 90 | 60 | 90 |
| Verdampfungsrückstand [%] | 2,5 | 2,5 | 2,5 | 2,5 |
| Säurezahl | 1 | 1 | 1 | 1 |

**Lit.:** [1]Kilic, A.; Hafizoglu, H.; Kollmannsberger, H.; Nitz, S., *J. Agric. Food Chem.*, (2004) **52**(6), 1601–1606. [2]Kim, K.-Y.; Chung, H.-J., *J. Agric. Food Chem.*, (2000) **48**(4), 1269–1272. [3]Umano, K; Hagi, Y.; Shibamoto, T., *J. Agric. Food Chem.*, (2002) **50**(19), 5355–5359. [4]Ruiz del Castillo, M. L.; Caja, M. M.; Herraiz, M., *J. Agric. Food Chem.*, (2003) **51**(5), 1284–1288.
*allg.:* Bauer et al. (4.), S. 56–57 ■ Beilstein EIV **6**, 251, 254 ■ Karrer, Nr. 299, 300, 301 ■ Roth, L.; Kormann, K., *Duftpflanzen, Pflanzendüfte*, ecomed: Landsberg, (1996); S. 465 ■ Ullmann (7.) [CD-ROM, 2004] – *[HS 2906 14]*

**α-Terpinylacetat** siehe *Kardamomenöl.

**1,3,5,7-Tetraazaadamantan** siehe *Hexamethylentetramin.

**Tetrachlorethen** (Tetrachlorethylen, Perchlorethylen, Per). $Cl_2C=CCl_2$, $C_2Cl_4$, $M_R$ 165,83. Farblose, Chloroform-artig riechende, nicht brennbare Flüssigkeit, D. 1,624, Schmp. $-23\,°C$, Sdp. $121\,°C$, in Wasser unlöslich, mit den meisten organischen Lösemitteln mischbar. Die Dämpfe wirken betäubend und reizen bei Konzentrationen über 100 ppm die Augen und die Atemwege. Kontakt mit der Flüssigkeit führt zu Reizung der Augen und der Haut. Die Flüssigkeit wird auch über die Haut aufgenommen und schädigt Leber und Nieren; laut *Trinkwasser-Verordnung beträgt der Grenzwert 0,025 mg/L; nach MAK-Werte-Liste (2004) ist Tetrachlorethen als krebserzeugend in Kategorie 3B eingestuft; WGK 3; TA Luft: Organische Stoffe, Klasse I (Massenkonzentration 20 mg/m³). Neben Trichlorethan, Chloroform und Tetrachlorkohlenstoff gilt es als mikrobiell nicht abbaubar.
*Verwendung:* Tetrachlorethen dient bevorzugt als Textilreinigungsmittel, als Extraktions- und Lösemittel für tierische und pflanzliche Fette und Öle sowie als Entfettungsmittel in der Metall- und Textilverarbeitung, zur Herstellung von Fluor-Verbindungen, zur azeotropen Trocknung, früher als Anthelmintikum. Die Verwendung in kosmetischen Mitteln ist verboten (*Kosmetik-Verordnung). – *E* tetrachloroethylene
**Lit.:** Beilstein EIV **1**, 715–718 ■ DIN 53978: 2005-03; Tetrachlorethen (Perchlorethylen) – Anforderungen und Prü-
fungen ■ Kirk-Othmer (4.) **6**, 50ff. ■ Merck-Index (13.), Nr. 9265 ■ Ullmann (5.) **A2**, 341; **A6**, 302–309, 373f. ■ Weissermel-Arpe (4.), S. 243f. – *[HS 2903 23; CAS 127-18-4; G 6.1, III]*

**Tetragenococcus.** Gattung der *Milchsäurebakterien. Tetragenokokken sind Gram-positive Kokken, fakultativ anaerob, Gärungsstoffwechsel (homofermentative Milchsäure-Gärung). Die wichtigste Art ist *Tetragenococcus halophilus* (früher: *Pediococcus halophilus*), Wachstum von $0->25\%$ NaCl, optimale NaCl-Konzentration 5–10%. *Tetragenococcus halophilus* wächst in Laken und gilt als Verursacher von Verderbnisreaktionen in Feinkostprodukten, Brühwürsten und anderen Fleischerzeugnissen. Bei der Herstellung von *Sojasoße (Shoyu) wächst *Tetragenococcus halophilus* während des Moromi-Stadiums der Fermentation zu hohen Keimzahlen und ist für die Säuerung verantwortlich; *Tetragenococcus* wird auch in anderen asiatischen Fermentationen, in welchen hohe Salzkonzentrationen vorherrschen, angetroffen. – *E* Tetragenococcus

**Lit.:** Gürtler, M.; Gänzle, M. G.; Wolf, G.; Hammes, W. H., *Syst. Appl. Bacteriol.*, (1998) **26**, 97–105 ■ Müller, G.; Holzapfel, W.; Weber, H., *Mikrobiologie der Lebensmittel, Lebensmittel pflanzlicher Herkunft*, Behr's: Hamburg, (1997); S. 490ff. ■ Stiles, M. E.; Holzapfel, W. H., *Int. J. Food Microbiol.*, (1997) **36**, 1–29 ■ Yokotsuka, T.; Sasaki, M., In *Microbiology of Fermented Food*, Wood, B. J. B., Hrsg.; Chapman and Hall: London, (1997); S. 351–415

**Tetrahydrocannabinole** (Abkürzung THC). $C_{21}H_{30}O_2$, $M_R$ 314,47. Farblose, halluzinogen wirksame Öle aus dem indischen Hanf (*Cannabis sativa* L. ssp. *indica*). Dieser wird zur Herstellung der Drogen Marihuana (getrocknete Spitzen der weiblichen Hanfpflanze) und Haschisch (braunes Harz aus den Blättern und Blütenständen der weiblichen Pflanze) genutzt. Hauptdroge ist dabei $\Delta^9$-Tetrahydrocannabinol, das in der (*6aR,10aR*)-Form [Sdp. 155–157 °C (6,65 Pa), Wasserlöslichkeit 2,8 mg/mL (23 °C), löslich in Ether] für die euphorisierende und halluzinogene Wirkung von Haschisch verantwortlich ist. Haschisch enthält 3–6%, Marihuana 1–3% $\Delta^9$-THC. Weitere Hauptinhaltsstoffe

$\Delta^1$-THC = $\Delta^9$-THC
$\Delta^6$-THC = $\Delta^{1(6)}$-THC = $\Delta^8$-THC

R = CH₂OH : 11-Hydroxy-Δ⁹-THC (11-OH-THC)
R = COOH : 11-Nor-Δ⁹-THC-9-carbonsäure (THC-COOH)

Abbildung: Δ⁹-THC und seine Hauptmetaboliten.

sind Cannabidiole und Cannabinol. Von vergleichbarer Wirkung ist $\Delta^8$-Tetrahydrocannabinol ($\Delta^6$-Tetrahydrocannabinol) [Sdp. 175–178 °C (13,3 Pa)], das nur in geringen Mengen vorkommt. Bei oraler Gabe beruht die psychotrope Wirkung zusätzlich auf dem Metaboliten 11-OH-THC.
Weitere Cannabinoide sind $\Delta^1$-*Tetrahydrocannabidivarol* {$C_{19}H_{26}O_2$, $M_R$ 286,40, $[\alpha]_D^{20}$ −128° (CHCl₃)}, dessen Pentyl-Seitenkette zur Propyl-Gruppe verkürzt ist, die $\Delta^1$-*Tetrahydrocannabinolsäuren A* und *B* ($C_{22}H_{30}O_4$, $M_R$ 358,46), die am C-Atom 2 (= 4′) u. 4 (= 6′) eine Carboxy-Gruppe tragen und $\Delta^1$-Tetrahydrocannabidivarolsäure, die sich von $\Delta^1$-Tetrahydrocannabidivarol nur hinsichtlich einer Carboxy-Gruppe in 2-Stellung unterscheidet. Die Tetrahydrocannabinole sind gemischten biosynthetischen Ursprungs. Sie werden aus Geranyldiphosphat und einem Polyketid-Vorläufer gebildet.
***Stoffwechsel und Toxikologie:*** Durch Rauchen von Marihuana werden etwa 20% des im Rauch aufgenommenen $\Delta^9$-THC ins Blut aufgenommen. Bei oraler Aufnahme von Haschisch gelangen nur etwa 6% des $\Delta^9$-THC ins Blut. Das stark lipophile $\Delta^9$-THC wird metabolisiert, im Gewebe angereichert (Verteilungsvolumen 10 L/kg) und unterliegt einem ausgeprägten enterohepatischen Kreislauf. Nach einer Woche sind erst 30% des $\Delta^9$-THC bzw. seiner Metaboliten ausgeschieden. Die vollständige Ausscheidung erstreckt sich über etwa einen Monat. Dabei werden 70% über den Darm (Hauptmetabolit: 11-OH-THC und THC-COOH) und 30% über die Nieren (Hauptmetabolit: glucuronidiertes THC-COOH) eliminiert[1,2].
$LD_{50}$ (Ratte oral) 666 mg/kg; (Ratte i.v.) 29 mg/kg. Eine Cancerogenitätsstudie über 2 Jahre ergab keinen Hinweis auf ein cancerogenes Potential von $\Delta^9$-THC in Ratten. Die Ergebnisse in Mäusen waren hingegen nicht eindeutig[3].
***Wirkung:*** Bis heute sind zwei Rezeptoren bekannt, an die THC bindet und welche die Wirkung von THC übermitteln. Der CB1-Rezeptor findet sich ausschließlich auf Zellen des Immunsystems und scheint damit für die psychoaktiven Wirkungen nicht verantwortlich zu sein. Besonders hohe Konzentrationen des CB2-Rezeptors finden sich vor allem auf Nervenzellen des Gehirns und des Rückenmarks. Die Existenz eines CB3-Rezeptors wird vermutet. Darüber hinaus kennt man körpereigene Stoffe, sogenannte *Anandamide, welche die Funktion von Cannabinoiden besitzen und ebenfalls an die Rezeptoren andocken[4]. $\Delta^9$-THC verfügt auch über entspannende, schmerzstillende und antiemetische Eigenschaften und wird deshalb begleitend bei der Chemotherapie von Krebserkrankungen eingesetzt (Dronabinol, Marinol). Es ist ein wirksames Antiasthmatikum, reduziert den Augeninnendruck (Glaukom-Therapie) und scheint auch antiepileptische Eigenschaften zu besitzen. Eine günstige Wirkung gegen Muskelkrämpfe bei Multipler Sklerose ist ebenfalls bekannt. Bei AIDS-Patienten wird es als Appetitstimulans eingesetzt. Bei sehr hohen Dosierungen ge-

hen die entspannenden, angenehmen Eigenschaften verloren und es kommt zu panischen Angstgefühlen und Paranoidität. Chronische Anwendung von THC führt zu einer mit Demotivierung einhergehenden Persönlichkeitsveränderung.
***Recht:*** Seit Hanf wieder als industrielle Nutzpflanze in Form Rauschmittel-armer Hanfsorten angebaut werden darf, werden Bestandteile der Hanfpflanze zunehmend zur Herstellung von Lebensmitteln eingesetzt, wie z.B. für Back- und Teigwaren, Speiseöl, Süßwaren, Wursterzeugnisse und Biere. Vor diesem Hintergrund wurden noch vom ehemaligen Bundesinstitut für gesundheitlichen Verbraucherschutz und Veterinärmedizin (*BgVV) THC-Richtwerte für Lebensmittel abgeleitet: 5 µg/kg für nicht alkoholische und alkoholische Getränke, 5000 µg/kg für Speiseöle, 150 µg/kg für alle anderen Lebensmittel. Die genannten Werte beziehen sich immer auf die verzehrsfertigen Lebensmittel und gelten für Gesamt-THC unter Einbeziehung von 11-Nor-$\Delta^9$-THC-9-carbonsäure (THC-Carbonsäure). Darüber hinaus wird empfohlen, für kosmetische Mittel nur solche Hanföle einzusetzen, die den genannten Richtwert für Speiseöle einhalten[5].
***Nachweis:*** Im Urin wird THC-Carbonsäure, ein wasserlöslicher und pharmakologisch unwirksamer Metabolit von THC, nachgewiesen. Im Blut kann sowohl THC direkt als auch die THC-Carbonsäure nachgewiesen werden.
Zu Screening-Zwecken erfolgt der Nachweis auf Cannabinoide durch Untersuchung von Urin mittels Immunoassay (cloned enzyme donor immunoassay, CEDIA oder Fluoreszenz-Polarisationsimmunoassay, FPIA). Das Testergebnis wird als positiv gewertet, wenn der jeweilige Schwellenwert (20–25 µg/L; Bezugsubstanz: THC-Carbonsäure) überschritten wird. Der Screening-Befund darf erst als gesichert positiv gewertet werden, wenn das Ergebnis durch ein anderes, spezifisch physikalisch-chemisches Meßverfahren (z.B. GCMS oder TLC) abgesichert wurde. Die gezielten quantitativen chromatographischen Bestimmungen aus Blut/Serum ermöglichen erst eine eindeutige Aussage, ob ein Straffälliger zur Tatzeit unter Einwirkung eines Betäubungsmittels oder Arzneistoffes gestanden hat und somit eine Beeinträchtigung der Fahrtüchtigkeit oder Einschränkung der Schuldfähigkeit in Betracht gezogen werden kann. Im Urin wird THC bei chronischem Konsum mehrere Wochen bis hin zu Monaten gefunden. Ein zurückliegender Konsum kann nicht von einem kurzfristigen unterschieden werden. Wird jedoch Tetrahydrocannabinol im Blut gefunden, kann von einer kurz (5–12 Stunden) zurückliegenden Anwendung ausgegangen werden. Die THC-Carbonsäure ist im Blut im Extremfall bis zu 25 Tagen nachweisbar. – *E* tetrahydrocannabinols

***Lit.:*** [1]Forth et al. (8.), S. 366. [2]Med. J. Aust. **145**, 82 (1986). [3]NTP (National Toxicology Program), *Toxicology and Carcinogenesis Studies of 1-Trans-Delta-9-Tetrahydrocannabinol in F344/N Rats and B6C3F₁ Mice (Gavage Studies)*; NTP Technical Report Series TR 446; NTP: Research Triangle

Park, (1996). [4]Zygmunt, P. M.; Peterson, J.; Andersson, D. A.; Chuang, H.; Sorgard, M.; Di Marzo, V.; Julius, D.; Högestätt, E. D., *Nature (London)*, (1999) **400**, 452. [5]BgVV-Pressedienst, 07/2000, Richtwerte für THC in hanfhaltigen Lebensmitteln; http://www.bfr.bund.de/cd/884.
*allg.*: Beilstein EV **17/4**, 421–426 ■ Eisenbrand, G., Hrsg., *Lebensmittel und Gesundheit II (Food and Health II)*; DFG-SKLM Mitteilung 7; Wiley-VCH: Weinheim, (2005) ■ Mechoulam, R.; Hanu, L., *Pain Res. Manage.*, (2001) **6**(2), 67–73 (Review) ■ Merck-Index (13.), Nr. 9283 ■ Vaughan, C. W.; Christie, M. J., *Med. J. Aust.*, (2000) **173**(5), 270–272 ■ Williamson, E. M.; Evans, F. J., *Drugs*, (2000) **60**(6), 1303–1314 (Review) – *[HS 2932 95; CAS 1972-08-3 (Δ⁹-Tetrahydrocannabinol); 5957-75-5 (Δ⁸-Tetrahydrocannabinol)]*

**Tetrahydrofuran-Fettsäuren** siehe *F-Säuren.

**Tetrahydroxyadipinsäuren** siehe *Galactarsäure.

**Tetrakaliumdiphosphat** siehe *Diphosphate(V).

**Tetramethrin** siehe *Pyrethroide.

**Tetranatriumdiphosphat** siehe *Diphosphate(V).

**Tetrodotoxin** (TTX, Tarichatoxin, Spheroidin, Fugu-Gift, Maculotoxin).

$C_{11}H_{17}N_3O_8$, $M_R$ 319,27, Krist., die sich >200 °C ohne Zers. dunkel färben, lösl. in verd. Essigsäure, wenig lösl. in Wasser, Ethanol u. Ether.
*Vorkommen:* Alkal. Neurotoxin (p$K_a$ 8,76), hauptsächlich aus den Ovarien u. der Leber von japan. Puffer-, Koffer- od. Kugelfischen (*Spheroides*-Arten, Tetraodontidae), aus Haut, Eiern, Muskeln u. Blut des kaliforn. Salamanders *Taricha torosa* u.a. Salamander- sowie Frosch-Arten (z.B. *Atelopus*-Arten), aus austral. Tintenfischen (*Octopus maculosus*) u. der japan. Elfenbein-Schnecke (*Babylonia japonica*). T. wird von diesen Organismen nicht selbst gebildet, sondern geht auf verschiedene marine Bakterien zurück. In Kultur konnten in einer *Alteromonas*-Art und verschiedenen marinen *Pseudomonas*- und *Vibrio*-Arten Tetrodotoxin und seine Analoga Epi- und Anhydrotetrodotoxin nachgewiesen werden. Man vermutet, daß diese Bakterien über die Nahrungskette in die Tiere gelangen und im Darm das Toxin produzieren, das dann hauptsächlich in den Ovarien und der Leber gespeichert wird. Die Konzentration ist kurz vor dem Laichen am höchsten. Dies läßt vermuten, daß die Akkumulation des Giftes durch den Fisch kontrolliert werden kann. Wahrscheinlich soll das Toxin die Eier vor Räubern schützen. So konnte gezeigt werden, daß Kugelfische, die in Aquarien geboren wurden, nicht toxisch waren. Entließ man sie in ihre natürliche Umgebung, wurden sie sehr bald giftig[1].
*Toxikologie:* T. ist äußerst giftig [LD$_{50}$ (Mensch p.o.) ~10–15 µg/kg], weshalb die in Japan sehr gern gegessenen Tetraodontidae nur von sorgfältig ausgebildeten Fugu-Köchen zubereitet werden. Trotzdem kommt es zu zahlreichen, teilweise tödlich verlaufenden Vergiftungen. In Deutschland dürfen Kugelfische nach der Fisch-Verordnung nicht in den Verkehr gebracht werden. Angeblich verursacht der geringe Tetrodotoxin-Gehalt im zubereiteten Fugu ein angenehmes Kribbeln in den Extremitäten in Verbindung mit einem Wärmegefühl und Euphorie. Erst oberhalb der letalen Dosis verschwindet das angenehme Gefühl. Der Tod tritt gewöhnlich durch Atemlähmung ein. T. blockiert die Natrium-Kanäle der Nervenzellmembranen u. ist neben Säugetieren auch für Reptilien, Amphibien, Vögel u. Fische toxisch[1]. T. wird vielfach zu Forschungszwecken in der Molekularbiologie und Neurochemie eingesetzt[2,3].
*Nachweis:* Zur Erfassung von Tetrodotoxin kann der Mäusetest (Mouse-Bioassay) eingesetzt werden. Da Kugelfische außer Tetrodotoxin auch PSP-Toxine (siehe *Algentoxine) enthalten können, wurde eine spezielle HPLC-Methode entwickelt, welche die Detektion von Tetrodotoxin neben PSP-Toxinen ermöglich[4–6]. – *E* tetrodotoxin
*Lit.:* [1]Marquard, H.; Schäfer, S. G.; McClellan, R.; Welsch, F., Hrsg., *Toxicology*, Academic Press: San Diego, (1999); S. 963. [2]FASEB J. **3**, 1906–1914 (1989). [3]J. Biol. Chem. **265**, 14043–14049 (1989). [4]Int. J. Environ. Pollut. **13**, 148–172 (2000). [5]Agric. Biol. Chem. **49**, 3077-3089 (1985). [6]Agric. Biol. Chem. **50**, 593–598 (1986).
*allg.*: Merck-Index (13.), Nr. 9318 – *[HS 3002 90; CAS 4368-28-9]*

**Textilien** (von lateinisch textilis = gewebt, gewirkt). Nach DIN 60000: 1969-01 Sammelbegriff für Textilfasern, textile Halb- und Fertigfabrikate und daraus hergestellte Fertigwaren, zu denen man nicht nur die umgangssprachlich als Textilien bezeichneten Fabrikate der Bekleidungsindustrie, sondern auch Teppiche und andere Heimtextilien sowie technischen Zwecken dienende textile Gebilde rechnet. Zu den textilen Halb- und Fertigfabrikaten im Sinne dieser Norm zählen ungeformte Gebilde wie die sogenannten Flocken, linienförmige Gebilde wie Bindfäden, Garne, Leinen, Schnüre, Seile, Zwirne sowie flächenförmige und raumfüllende Gebilde wie Filze, Gewebe, Vliesstoffe und Watten.
*Herstellung:* Die Verarbeitung vom Faserrohstoff bis zur textilen Fertigware umfaßt im wesentlichen folgende Bereiche:
a) Die Spinnverfahren dienen der Faden- und Garnbildung aus Naturfasern und Chemiefasern und deren Mischungen. Die Textur der Fasern und Garne kann durch Texturierung modifiziert werden.
b) Aus den Garnen werden textile Flächengebilde erzeugt, und zwar – entsprechend der Arbeitstechnik – z.B. durch Weben die *Webwaren* (Gewebe, Teppiche, Bobinets) mit ihrer klassischen Gewebebindung von Kett- und Schußfäden, durch Wirken und Stricken die sogenannten Maschenwaren (Sammelbezeichnung für Wirk- und Strickwaren), durch Klöppeln die Spitzen, durch Nadeln die Fil-

ze, Nadelfilz- und Nadelflorteppiche, die zusammen mit den Vliesstoffen zu den Textilverbundstoffen zu rechnen sind.

c) Garn- und Stückwaren werden im Verlauf ihrer Verarbeitung diversen mechanischen und chemischen Veredelungsprozessen unterworfen, z. B. Kämmen, Beschwerung, Imprägnierung, Krumpffrei- und Knitterfestausrüstung, Mercerisation, Färben und Bedrucken, Metallisierung, Texturierung usw., die der Verbesserung oder Modifizierung der natürlichen Eigenschaften der Fasern im Hinblick auf die spätere Verwendung dienen sollen.

Kriterien, nach denen der Gebrauchswert einer textilen Fertigware durch geeignete Textilprüfungsmethoden beurteilt wird, sind unter anderem: Festigkeit gegenüber Zug- und Berstkräften sowie gegen Scheuereinwirkung, Knittererholung in trockenem und nassem Zustand, und damit verbunden, das Wash-and-Wear-Verhalten, Widerstandsfähigkeit z. B. gegen elektrostatische Aufladung, Entflammbarkeit oder Regeneinwirkung, Chlor-Retention, Anschmutzverhalten, Luftdurchlässigkeit, Gewebedichte, Filz- und Krumpffreiheit, Quellfähigkeit, Hydrophilie, Hydrophobie und Oleophobie, Glanz, Griff, Wasch-, Schweiß- und Farbechtheit, Resistenz gegen mikrobielle Zersetzung usw.

Zur Wirtschaft siehe Literatur[1].

*Recht:* Textilien, die dazu bestimmt sind, nicht nur vorübergehend mit dem menschlichen Körper in Berührung zu kommen, sind *Bedarfsgegenstände. Sie unterliegen damit den Regelungen des *Lebensmittel- und Futtermittelgesetzbuchs (LFGB, vom 01.09.2005) und der *Bedarfsgegenständeverordnung (vom 10.04.1992). Bestimmte Stoffe sind bei der Herstellung von Textilien verboten (§ 3 Bedarfsgegenständeverordnung): die *Flammschutzmittel Tris(2,3-dibrompropyl)-phosphat (TRIS), Triethylenphosphorsäuretriamid (TEPA) und polybromierte Biphenyle (PBB) und die in der Verordnung aufgeführten carcinogenen *Azofarbstoffe.

Anlage 9 Nr. 2 der Bedarfsgegenständeverordnung schreibt die Kennzeichnung bei Textilien mit einem Massengehalt von mehr als 0,15 vom Hundert an freiem *Formaldehyd, die beim bestimmungsgemäßem Gebrauch mit der Haut in Berührung kommen und mit einer Ausrüstung versehen sind, vor: „Enthält Formaldehyd. Es wird empfohlen, das Kleidungsstück zur besseren Hautverträglichkeit vor dem ersten Tragen zu waschen."

Dem Wunsch des Verbrauchers nach einer zuverlässigen Beurteilung eines Kleidungsstückes will das Textilkennzeichnungsgesetz (vom 01.04.1969) Rechnung tragen. Dieses erlegt z. B. Herstellern und Händlern die Angabe der Faserbestandteile auf deutlich sichtbaren Warenetiketten auf. Manche textilen Produkte lassen sich aufgrund von Gütezeichen (Beispiel Wollsiegel) qualitätsmäßig einstufen. Nicht gesetzlich geregelt (Ausnahme: Österreich) ist dagegen bisher die Pflegekennzeichnung von Textilien; sie erfolgt freiwillig. Die international vereinbarten Symbole für die Pflegebehandlung auf den Etiketten der Textilien werden

von der „Arbeitsgemeinschaft Pflegekennzeichen für Textilien in der Bundesrepublik Deutschland", Frankfurt (Main), herausgegeben; sie geben Auskunft über die Behandlungsvorschriften für Waschen, Trocknen, Bügeln und das Chemisch-Reinigen. Seit Mai 2005 ist die aktualisierte Pflegekennzeichnungsnorm DIN EN ISO 3758: 2005-07 gültig; zur Bedeutung der Symbole siehe Literatur[2]. – *E* textiles

*Lit.:* [1] Verband Textil und Mode, Zahlen zur Textil und Bekleidungsindustrie; http://www.textil-online.de/deutsch/Konjunktur/K105.htm. [2] Arbeitsgemeinschaft Pflegekennzeichen für Textilien in der Bundesrepublik Deutschland; http://www.textil-mode.de/deutsch/Pflegekennzeichen/K210.htm.
*allg.:* ASTM Book of Standards, Vol. 07.01/02: Textiles, Philadelphia: ASTM (jährlich) ▪ Edwards, J. V.; Vigo, T. L., Hrsg., *Bioactive Fibers and Polymers*, CRC Press: Boca Raton, (2001) ▪ Fung, W., *Coated and Laminated Fabrics*, CRC Press: Boca Raton, (2002) ▪ Horrocks, A. R., *Handbook of Technical Textiles*, CRC Press: Boca Raton, (2000) ▪ Kirk-Othmer (4.) **23**, 882–951 ▪ Ullmann (7.) [Online, Juni 2000] ▪ Völker, U.; Brückner, K., *Von der Faser zum Stoff*, Handwerk & Technik: Hamburg, (2001)

**Textur** (von lateinisch textura = Gewebe, das Weben).

1. In der Textilchemie bedeutet Textur die richtungsgebundene Orientierung höherer Struktureinheiten von Makromolekülen, wie sie sich bei Textilfasern z. B. in Drehung, Wellung oder Kräuselung äußert.

2. Bei Lebensmitteln (Nahrungsmitteln) definiert man als Textur diejenigen Eigenschaften, die auf den Gefügebau der Lebensmittel zurückgehen, durch Tast- und Berührungssinne empfunden und in mechanischen oder rheologischen Fließeigenschaften ausgedrückt werden können. Die Textur kann mittels *Sensorik getestet werden. Eine Messung der physikalischen Eigenschaften, die z. B. beim Abbeißen und Kauen von Brot und anderen Backwaren, Fleisch etc. empfunden werden, ist mit den Mitteln der Rheologie möglich. Die gegebenenfalls mit Hilfe von Zusatzstoffen beeinflußbare Textur von Lebensmitteln ist von nahezu gleicher Bedeutung für deren Genußwert wie Geruch und Geschmack – man spricht hier geradezu von „Psychorheologie". Aus diesem Grund bemüht man sich beispielsweise, den aus Sojabohnen und anderen pflanzlichen Eiweißquellen hergestellten Produkten eine fleischähnliche Textur zu geben (vgl. *texturierte Proteine). – *E* texture

*Lit.:* Busch-Stockfisch, M., Hrsg., *Praxishandbuch Sensorik in der Produktentwicklung und Qualitätssicherung*, Behr's: Hamburg, (2002); S. 45ff. (Loseblattsammlung)

**Texturierte Proteine.** Seit Mitte der fünfziger Jahre hat man eine Reihe von Verfahren entwickelt, den in großer Menge in der Natur verfügbaren globulären Proteinen eine Faserstruktur zu verleihen. Bei geeigneter Prozeßführung resultieren kochfeste Produkte mit fleischähnlicher Textur, die unter anderem zur Streckung von Fleisch (englisch meat extender) und als *Fleischsurrogat (englisch meat analog) verwendet werden können. Protein-Quellen für die Herstellung texturierter Proteine sind z. B. Soja (englisch *textured vegetable proteins*, TVP, siehe auch *Sojabohnenerzeugnisse), Caseinate, Weizengluten, Baumwollsaat, Erdnuß, Sesam, Sonnenblumen, Saflor, Zein, Raps, Hefe, Molkenprotein, Blutplasma, Schlachtabgänge wie Lungen- und Magengewebe.

Bei der Texturierung erfolgt unter Lösung intramolekularer Wechselwirkungen eine Auffaltung der Peptid-Ketten globulärer Proteine und eine Stabilisierung der gestreckten Peptid-Ketten (β-Struktur) durch Ausbildung intermolekularer Wechselwirkungen (siehe *Proteine). Diese Strukturänderung kann im allgemeinen auf zwei Wegen erreicht werden:

– *Spinnprozeß:* Das Ausgangsprotein (>90%) wird in Wasser suspendiert und durch Zugabe von Alkali in Lösung gebracht, wobei das Protein eine Auffaltung erfährt. Die viskose Lösung wird durch eine Spinndüse in ein Fällbad gepresst. Das Fällbad enthält neben Säure (Phosphorsäure, Milchsäure, Essigsäure, Citronensäure, Salzsäure) meist ca. 10% Natriumchlorid, im Fall des Verspinnens von Lösungen aus Proteinen und sauren Polysacchariden auch Erdalkalisalze. Die Nachbehandlung erfolgt in einem Bad mit Bindemitteln (hitzekoagulierbares Protein, wie z. B. Eiprotein, modifizierte Stärke, andere Polysaccharide) zur Erhöhung der thermischen Stabilität, Aromastoffen und Fetten.

– *Extrusionsprozeß:* Das Ausgangsmaterial (Protein-Gehalt ca. 50%, z. B. Sojamehl) wird auf einen Wassergehalt von 30–40% eingestellt und mit Zusätzen (Kochsalz, Puffersubstanzen, Aromastoffe, Farbstoffe) versehen. Aromastoffe werden in Fett als Träger gegebenenfalls erst nach dem Extrusionsprozeß zugesetzt, um Verluste zu vermeiden. Die Masse wird in den Extruder, ein beheizbares zylindrisches oder konisches Gefäß mit einer rotierenden Schraube eingebracht, wo sich bei Temperaturen von 120–180 °C Drücke bis zu 3000–4000 kPa aufbauen. Die Masse wird dadurch in einen plastischen, viskosen Zustand überführt, in dem festes Material neben flüssigem, geschmolzenem Protein vorliegt. Es erfolgt Wassereinlagerung (Hydratation), partielle Auffaltung und Streckung der globulären Proteine und Anordnung der Protein-Stränge in Fließrichtung. Der Prozeßablauf wird unter anderem beeinflusst durch Schraubengeschwindigkeit und -geometrie (Scherkräfte), Wärmeleitfähigkeit und Viskosität des Materials sowie Verweilzeit im Extruder. Die geschmolzene Masse verläßt den Extruder, Wasserdampf entweicht bei der Druckentlastung und hinterläßt Vakuolen zwischen den verzweigten Protein-Strängen. Der Extrusionsprozeß ist kostengünstiger als der Spinnprozeß. Er führt aber nicht wie dieser zu gut definierten Fasern, sondern lediglich zu faserartigen Partikeln. Beim Extrudieren besteht, wie bei anderen lebensmitteltechnologischen Prozessen, eine Tendenz zum Hochtemperatur-Kurzzeitverfahren. – *E* textured proteins

*Lit.:* Lusas, E. W.; Riaz, M. N., *J. Nutr.*, (1995) **125**, 573S–580S

**TFA.** Abkürzung für *trans*-*Fettsäuren.

**Thamnidium elegans.** Sehr häufiger psychrotropher *Schimmelpilz der gemäßigten Zonen. Wachstum von −7 bis 27 °C mit einem Optimum bei 18 °C, *$a_w$-Wert >0,92. Der Pilz bildet während der Wachstumsphase viel Ethen, das die Alterung (Reifung) von Obst und Gemüse auf dem Transport bzw. im Lager stark beschleunigt. – *E* Thamnidium elegans

*Lit.:* Weidenbörner, M., *Lebensmittelmykologie*, Behr's: Hamburg, (1999)

**Thaumatin** (Talin®). *Süßstoff, der aus den Früchten des afrikanischen Strauches Katemfe (*Thaumatococcus danielli*, Marantaceae) gewonnen wird und eine Süßkraft von 2000–3000 (Saccharose = 1) aufweist.

Thaumatin besteht aus zwei strukturverwandten, bis auf fünf Aminosäure-Reste identischen Peptid-Ketten (T 1 und T 2) mit je 207 Aminosäuren ($M_R$: T 1 = 22209, T 2 = 22293), der isoelektrische Punkt liegt bei 12 (trennbar an Ionenaustauscherharzen). Bei T 1 sind von den 207 Aminosäure-Resten 5 Tripeptid-Sequenzen identisch mit solchen aus Monellin. Die in einem β-Turn lokalisierte Sequenz 57–59 wird als Teil der mit dem Geschmacksrezeptor für „süß" in Kontakt tretenden Struktur angesehen. Thaumatin ist gut löslich in Wasser, nicht hingegen in organischen Lösemitteln und relativ säurestabil. Die verzögert einsetzende Süßempfindung weicht etwas von derjenigen der Saccharose ab, außerdem wird ein länger anhaltender Lakritze-Nachgeschmack registriert. Thaumatin besitzt zudem *Umami-Eigenschaften.

*Gewinnung:* Seit den 70er Jahren durch wäßrige Extraktion des Samenmantels der Früchte (Anbau des Strauches in Ghana) mit nachfolgender Aufarbeitung; T. ist seitdem als Talin® (Firma Tate und Lyle, UK) im Handel. Da Anbau und Export des tiefgefrorenen Rohprodukts relativ aufwendig sind, wurden Untersuchungen zur biotechnologischen Gewinnung angestellt. Das aus der Pflanze isolierte Gen (624lp) wurde in verschiedenen Mikroorganismen kloniert und zur Expression gebracht. Durch verschiedene Manipulationen (unter anderem Ankopplung von speziellen Signalsequenzen an das pflanzliche Gen) ist es gelungen, Thaumatin als extrazelluläres Produkt zu gewinnen. Geeignete Wirte sind z. B. *Saccharomyces cerevisiae, Kluyveromyces lactis, Escherichia coli*. Auch wurde eine Verbesserung der Geschmackseigenschaften von Thaumatin durch Variation der Nucleotid-Sequenzen erzielt. Schließlich sind erste Versuche zur Expression rekombinanten Thaumatins durch transgene Pflanzen (mit *Agrobacterium rhizogenes* als Plasmid-Überträger) erfolgreich verlaufen.

*Verwendung:* Thaumatin wird in mehreren Ländern (Deutschland, Japan, USA, Kanada, UK) als Geschmacksverstärker für Kaugummi, diätetische (z. B. Diabetiker-)Erzeugnisse, pharmazeutische Produkte, Getränke und als Futtermittelzusatz eingesetzt.

*Recht:* E 957 Thaumatin.

*Zulassung:* Zum Süßen von Lebensmitteln zugelassener Zusatzstoff. *Zusatzstoff-Zulassungsverordnung (ZZulV) Anlage 2 (zu § 4 Abs. 1 und § 7) Teil B (Süßstoffe). Thaumatin nur als Geschmacksverstärker: ZZulV Anlage 4 (zu § 5 Abs. 1 und § 7) Teil B (Zusatzstoffe, die für bestimmte Lebensmittel zugelassen sind).

*Reinheitsanforderungen:* Für technologische Zwecke zugelassener Zusatzstoff. *Zusatzstoff-Verkehrsverordnung (ZVerkV) Anlage 2 (zu § 3 Abs. 1) Liste B (Reinheitsanforderungen nach Richtlinie 95/31/EG vom 05.07.1995, Amtsblatt der EG Nr. L 178, S. 1, geändert durch Richtlinie 2001/52/EG vom 03.07.2001, Amtsblatt der EG Nr. L 190, S. 18).

*Kenntlichmachung:* § 9 ZZulV. Der Gehalt an einem Süßungsmittel in Lebensmitteln ist in Verbindung mit der Verkehrsbezeichnung durch die Angabe „mit Süßungsmittel" kenntlich zu machen. Der Gehalt an einem Zusatzstoff, der als Geschmacksverstärker in Lebensmitteln verwendet wird, ist durch die Angabe „mit Geschmacksverstärker" kenntlich zu machen. – *E* thaumatin

*Lit.:* Crit. Rev. Food Sci. Nutr. **35**, 455–466 (1995) ▪ Food Technol. **50**(1), 74f. (1996) ▪ Goldberg u. Williams, S. 380f., 402–405 ▪ Nutr. Res. **16**, 1620ff. (1996) ▪ Ruttloff et al., S. 229f., 276f. ▪ Rymon-Lipinski u. Schiweck, S. 462ff. – [CAS 53850-34-3]

**THC.** Abk. für *Tetrahydrocannabinole.

**Theaflavine.** Sammelbez. für durch enzymat. Oxidation von *Catechinen über die entsprechenden *o*-Chinone entstehende Benzotropolon-Derivate des schwarzen *Tees (*Camellia sinensis*). Die Theaflavine sind für die orange-rote Farbe und den adstringierenden Geschmack des Teeaufgusses mit verantwortlich u. sind Bestandteil der Ausfällungen („Tea cream") bei kaltem Tee[1].
Es liegen 4 Hauptpigmente vor, die über 90% der gesamten Theaflavin-ähnlichen Verbindungen ausmachen (s. Tab. 1). Die Verbindungen und die Precursoren, aus denen diese während der Oxidation gebildet werden; sie sind in Tabelle 1 zusammengestellt. Die sauren, bräunlichen Pigmente nennt man *Thearubigene.
Weitere Verbindungen sind Isotheaflavin und Neotheaflavin, die Theaflavinsäuren und die Theaflagalline (s. Tab. 2, S. 1162).
Theaflavine liegen häufig als Gallate ($R^1$ u./od. $R^2$ = 3,4,5-Trihydroxybenzoyl) vor u. sind gut wasserlöslich. Ein neuer Typ von Tee-Pigmenten, welche durch chem. Oxid. von Epicatechin-3-*O*-gallaten entstehen, wird in Literatur[2] ausführlich beschrieben. Die Hauptkomponente dieser Oxid.-Produkte wird als *Theaflavat A* bezeichnet.

R¹ = R² = H: Theaflavin

R¹ = CO-⟨3,4,5-trihydroxyphenyl⟩; R² = H: Theaflavin-3-gallat

R¹ = H; R² = CO-⟨3,4,5-trihydroxyphenyl⟩: Theaflavin-3'-gallat

R¹ = R² = CO-⟨3,4,5-trihydroxyphenyl⟩: Theaflavin-3,3'-digallat

Theaflagalline         Theaflavinsäuren

R = CO-⟨3,4,5-trihydroxyphenyl⟩

Theaflavat A

Tab. 1: Haupt-Theaflavine in schwarzem Tee

| Produkt | $M_R$ | Summenformel | Precursor 1 | Precursor 2 |
|---|---|---|---|---|
| Theaflavin | 564,50 | $C_{29}H_{24}O_{12}$ | Epicatechin (EC) | Epigallocatechin (EGC) |
| Theaflavin-3-gallat | 716,60 | $C_{36}H_{28}O_{16}$ | Epicatechin (EC) | Epigallocatechingallat (EGCG) |
| Theaflavin-3'-gallat | 716,60 | $C_{36}H_{28}O_{16}$ | Epicatechingallat (ECG) | Epigallocatechin (EGC) |
| Theaflavin-3,3'-digallat | 868,71 | $C_{43}H_{32}O_{20}$ | Epicatechingallat (ECG) | Epigallocatechingallat (EGCG) |

Tab. 2: Theaflavine und Theaflavin-ähnliche Verbindungen in schwarzem Tee.

| Produkt | $M_R$ | Summenformel | Precursor 1 | Precursor 2 |
|---|---|---|---|---|
| Isotheaflavin | 564,50 | $C_{29}H_{24}O_{12}$ | Epicatechin (EC) | Gallocatechin (GC) |
| Neotheaflavin | 564,50 | $C_{29}H_{24}O_{12}$ | Catechin (C) | Epigallocatechin (EGC) |
| Epitheaflavinsäure | 428,35 | $C_{21}H_{16}O_{10}$ | Epicatechin (EC) | Gallussäure |
| Theaflavinsäure | 428,35 | $C_{21}H_{16}O_{10}$ | Catechin (C) | Gallussäure |
| Epitheaflavinsäure-3'-gallat | 580,45 | $C_{28}H_{20}O_{14}$ | Epicatechingallat (ECG) | Gallussäure |
| Epitheaflagallin | 400,34 | $C_{20}H_{18}O_9$ | Epigallocatechin (EGC) | Gallussäure |
| Theaflagallin | 400,34 | $C_{20}H_{18}O_9$ | Gallocatechin (GC) | Gallussäure |
| Epitheaflagallin-3-gallat | 552,44 | $C_{27}H_{20}O_{13}$ | Epigallocatechingallat (EGCG) | Gallussäure |

Zur Konfiguration an C2–C3 vergleiche Literatur[2,3].

**Analytik:** Theaflavine sind photometr. nach der Flavognost-Meth.[4], voltametr.[5] od. über HPLC mit Diodenarray-Detektion[4–7] bzw. Kapillarelektrophorese bestimmbar[3,7–10]. Die Gehalte im schwarzen Tee liegen meist zwischen bei 1–2,5% der Trockensubstanz[3]. Schwarze Tees aus Darjeeling haben oft Gehalte unter 0,5%.

**Physiologie:** Theaflavine haben eine starke antioxidative Wirkung, s. Literatur[11]. Weiterhin werden den Theaflavinen antimutagene Wirkungen zugesprochen[12]. Geringe Mengen an Theaflavinen sind bioverfügbar[10]. – **E** theaflavins

**Lit.:** [1]J. Sci. Food Agric. **63**, 77 (1993). [2]J. Sci. Food Agric. **74**, 401–408 (1997). [3]Lapczynski, S., Dissertation TU Braunschweig, (2000). [4]Z. Lebensm. Unters.-Forsch. **188**, 509–511 (1989). [5]Analyst (London) **113**, 479–482 (1988). [6]J. Sci. Food Agric. **53**, 411–414 (1990). [7]Wright, L. P.; Aucamp, J. P.; Apostolides, Z., *J. Chromatogr. A*, (2001) **919**(1), 205–213. [8]Lee, B. L.; Ong, C. N., *J. Chromatogr. A*, (2000) **881**(1–2), 439–447. [9]Horie, H.; Kohata, K., *J. Chromatogr. A*, (2000) **881**(1–2), 425–438. [10]Mulder, T. P.; van Platerink, C. J.; Wijnand Schuyl, P. J.; van Amelsvoort, J. M., *J. Chromatogr. B*, (2001) **760**(2), 271–279. [11]Rechner, A. R.; Wagner, E.; van Buren, L.; van De Put, F.; Wiseman, S.; Rice-Evans, C. A., *Free Radical Res. Commun.*, (2002) **36**(10), 1127–1135. [12]Gupta, S.; Chaudhuri, T.; Seth, P.; Ganguly, D. K.; Giri, A. K., *Phytother. Res.*, (2002) **16**(7), 655–61. *allg.:* Beilstein EV **19/7**, 216 ▪ Feldheim, Tee u. Tee-Erzeugnisse, S. 102–106, Berlin: Blackwell Wissenschaftsverl. 1994 ▪ Merck-Index (13.), Nr. 9344 – *[CAS 4670-05-7 (Theaflavin)]*

## Theanin ($N^5$-Ethyl-L-glutamin).

$$H_5C_2-NH-\overset{\overset{\text{O}}{\|}}{C}-CH_2-CH_2-\overset{\overset{\text{NH}_2}{|}}{\underset{\underset{\text{H}}{|}}{C}}\cdots COOH$$

$C_7H_{14}N_2O_3$, $M_R$ 174,19. *Aminosäure, die in *Tee (*Camellia sinensis*) vorkommt. Außer in Tee wurde die Verbindung bisher nur im Maronenröhrling (*Xerocomus badius*) und in zwei weiteren *Camellia*-Arten (*Camellia japonica* und *Camellia sasquana*) beschrieben[1]. Die Gehalte liegen für grüne und schwarze Tees meist zwischen 0,1 und 1%, es wurden aber auch Gehalte bis zu 3,6% gefunden[2,3]. Zur Bedeutung von Theanin als Stickstoff- und Kohlenstoff-Quelle in der Teepflanze siehe Literatur[4]. Analoge Verbindungen wie $N^4$-Ethyl-L-asparagin und $N^5$-Methyl-L-glutamin sind ebenfalls im Tee nachgewiesen worden. Beide Enantiomere des Theanins haben nach Literatur[5] einen ähnlichen Süßgeschmack und weisen nur einen geringen oder gar keinen Nachgeschmack auf. In wäßriger Lösung racemisiert Theanin langsam und wird besonders bei basischen pH-Werten hydrolysiert.

**Analytik:** Möglichkeiten zur Nutzung von D- und L-Theanin als Indikatorsubstanzen zur Ermittlung von Herkunft, Qualität und Behandlung von Tee werden in Literatur[5] vorgestellt. Demnach soll ein Zusammenhang zwischen der Teeart und dem nachweisbaren Gehalt an D-Theanin bestehen. Diese Erkenntnis könnte nach Literatur[5] als Basis für eine reproduzierbare wissenschaftliche Methode zur Einstufung oder/und Bewertung von Tee dienen. Des weiteren könnte der Hydrolysegrad von Theanin Aufschluß über Bedingungen bei Produktion, Lagerung und Verschiffung von Tee geben. Theanin kann mittels HPLC nach den Methoden der Aminosäure-Analytik oder mittels Kapillarelektrophorese[6] bestimmt werden. Als Derivate kommen z.B. die FMOC- oder OPA-Derivate in Betracht (siehe *Aminosäuren, Analytik). Die Trennung von D- und L-Theanin mittels HPLC an chiraler Phase ist beschrieben[6], ebenso die massenspektrometrische Detektion[7,8].

**Wirkung:** Für Theanin ist eine Reihe physiologischer Wirkungen beschrieben worden, unter anderem fand dessen Einfluß auf die Anteile Dopamin-abhängiger Transmitter im Gehirn besondere Aufmerksamkeit[9–13]. Metabolismusstudien (Ratte) führten zum Nachweis von Glutaminsäure und Ethylamin in verschiedenen Organen[14]. Angstlösende Eigenschaften wurden für L-Theanin beschrieben[15]. Zum Mechanismus der neuroprotektiven Wirkungen siehe z.B. Literatur[16,17]. Nach neueren Untersuchungen ist die Pharmakokinetik von L- und D-Theanin unterschiedlich[18]. Es gibt neuerdings zahlreiche Präparate, die z.B. als Nahrungsergänzungsmittel wegen der oben angegebenen Effekte insbesondere per Internet vertrieben werden. Das *BfR (Bundesinstitut für Risikobewertung) sieht einen Zusatz von isoliertem Theanin zu anderen Getränken aufgrund der unzureichenden Datenlage kritisch[1]. – **E** theanine

**Lit.:** [1]Bundesinstitut für Risikobewertung, Hrsg., *Getränke mit isoliertem Theanin*, aktualisierte Stellungnahme des BgVV, (08/2003); http://www.bfr.bund.de/cm/208/getraenke_mit_isoliertem_l_theanin.pdf. [2]Sepu **14**, 464–466 (1996). [3]Yamamoto, T.; Juneja, L. R.; Chu, D.-C.; Kim, M., *Chemistry and Applications of Green Tea*, CRC Press: Boca Raton, FL, (1997); S. 129–135. [4]J. Sci. Food Agric. **37**, 527–534 (1986). [5]J. Agric. Food Chem. **45**, 353–363 (1997). [6]Chen, C. N.; Liang, C. M.; Lai, J. R.; Tsai, Y. J.; Tsay, J. S.; Lin, J. K., *J. Agric. Food Chem.*, (2003) **51**(25), 7495–7503. [7]Desai, M. J.; Armstrong, D. W., *Rapid Commun. Mass Spectrom.*, (2004) **18**(3), 251–256. [8]Zhu, X.; Chen, B.; Ma, M.; Luo, X.;

Zhang, F.; Yao, S.; Wan, Z.; Yang, D.; Hang, H., *J. Pharm. Biomed. Anal.*, (2004) **34**(3), 695–704. [9]Biosci. Biotechnol. Biochem. **62**, 816–817 (1998). [10]Food Style 21 **3**, 41–44 (1999). [11]Fragr. J. **28**, 74–80 (2000). [12]Yokogoshi, H.; Terashima, T., *Nutrition*, (2000) **16**, 776–777. [13]Japan Fudo Saiensu **40**, 33–36 (2001). [14]J. Agric. Food Chem. **47**, 1593–1596 (1999). [15]Lu, K.; Gray, M. A.; Oliver, C.; Liley, D. T.; Harrison, B. J.; Bartholomeusz, C. F.; Phan, K. L.; Nathan, P. J., *Hum. Psychopharmacol.*, (2004) **19**(7), 457–65. [16]Nagasawa, K.; Aoki, H.; Yasuda, E.; Nagai, K.; Shimohama, S.; Fujimoto, S., *Biochem. Biophys. Res. Commun.*, (2004) **320**(1), 116–122. [17]Egashira, N.; Hayakawa, K.; Mishima, K.; Kimura, H.; Iwasaki, K.; Fujiwara, M., *Neurosci. Lett.*, (2004) **363**(1), 58–61. [18]Desai, M. J.; Gill, M. S.; Hsu, W. H.; Armstrong, D. W., *Chirality*, (2005) **17**(3), 154–62. *allg.*: Belitz-Grosch-Schieberle (5.), S. 864 – *[CAS 3081-61-6]*

**Thearubigene** (Thearubigine). Sammelbezeichnung für eine heterogene Klasse von Produkten, die bei der enzymatischen Oxidation von Flavanolen (*Flavonoide) entstehen und deren chemische Strukturen bei weitem noch nicht vollständig aufgeklärt sind. Neuere Untersuchungen weisen darauf hin, daß B-Ring verknüpfte Flavanole ein wichtiges Strukturelement der Thearubigene sind[1]. Thearubigene kommen im *Tee vor und sind für die rötlich-gelbe Farbe und den strengen Geschmack verantwortlich.

Thearubigene werden je nach Extraktionsverhalten in die drei Klassen SI, SIa und SII eingeteilt[2,3] und liegen oft Protein- oder Peptid-gebunden vor.

Thearubigene machen 10–20% der Trockensubstanz des Tees aus (bei grünem Tee deutlich weniger) und können mit *Theaflavinen und *Coffein Ausfällungen bilden, die als „tea cream" bezeichnet werden.

Thearubigene lassen sich derzeit analytisch nur als Summenparameter erfassen. Zur Analytik siehe Literatur[4,5]; siehe auch *Tee. – *E* thearubigens

*Lit.*: [1]Bond, T.; Davies, A. P.; Davis, A. L.; Lewis, J. R.; Degenhardt, A.; Engelhardt, U. H., *Lebensmittelchemie*, (2002) **56**, 11. [2]J. Chromatogr. **478**, 217–224 (1989). [3]J. Sci. Food Agric. **53**, 411–414 (1990). [4]J. Chromatogr. **542**, 115–118 (1991). [5]Lakenbrink, C.; Lapczynski, S.; Maiwald, B.; Engelhardt, U. H., *J. Agric. Food Chem.*, (2002) **48**(7), 2848–852. *allg.*: Belitz-Grosch-Schieberle (5.), S. 940f. ▪ Kirk-Othmer (4.) **23**, 756

**Thearubigine** siehe *Thearubigene.

**Theaspirane** (2,6,10,10-Tetramethyl-1-oxaspiro[4.5]-dec-6-en).

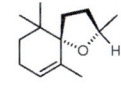

Hydroxytheaspiran    Epoxytheaspiran    (+)-Theaspiran A

(+)-Theaspiran B    (–)-Theaspiron A

$C_{13}H_{22}O$, $M_R$ 194,32. Sammelbezeichnung für eine Gruppe oxidierter Abbauprodukte des β-*Carotins; die Theaspirane stehen den *Jononen nahe.

Theaspiran A: natürliche (+)-Form, $[\alpha]_D^{22}$ +57,4° (Trichlormethan); (+)-Theaspiran B, $[\alpha]_D^{22}$ +113,7° (Trichlormethan). Die Theaspirane wurden ursprünglich im Tee entdeckt und treten häufig gemeinsam mit den entsprechendem (−)-Theaspironen A und B {$C_{13}H_{20}O_2$, $M_R$ 208,30, $[\alpha]_D^{22}$ −4,9° (Trichlormethan)} auf. Ihr Geruchseindruck wird als heuartig, erdig und grün beschrieben. Das (*Z*)-Isomere riecht frisch, grün, campherig-holzig, das (*E*)-Isomere Naphthalin-artig. In Fruchtaromen genügt 1 ppb im Endprodukt zur Aromaabrundung[1]. Von besonderer Wichtigkeit (Geruchsschwellenwert 0,2 µg/kg Wasser) sind, neben den genannten Theaspiranen A und B, auch *Hydroxytheaspiran* ($C_{13}H_{24}O_2$, $M_R$ 212,33) und *Epoxytheaspiran* ($C_{13}H_{22}O_2$, $M_R$ 210,32); dabei zeigt der Alkohol eine Patchouli-Note (siehe *Patchouliöl).

*Vorkommen und Verwendung:* Die flüchtigen Bestandteile des Blütenöls von *Osmanthus fragrans*, einer in Ostasien beheimateten Oleacee, sind eine besonders reichhaltige Quelle für diese organoleptisch interessanten cyclischen Ether (Osmanthusöl)[2]. Die Blüten werden in China zum Parfümieren des schwarzen Tees verwendet. Das Blütenabsolue ist ein kostbares Ausgangsmaterial für die Riechstoff- und Aromenindustrie. Theaspirane finden sich auch im Geraniumöl (*Pelargonium graveolens*, Geraniaceae); als Aromastoff wurden sie außerdem in Himbeeren[3], gelber Passionsfrucht[4], Quitten[5,6], Trauben[7] und Oliven[8,9] beschrieben. In Quitten bildet sich Theaspiran als Produkt der Hydrolyse von 4-Hydroxy-7,8-dihydro-β-ionol[10] und Theaspiron aus den glycosidisch gebundenen Precursoren 3-Oxo-α-ionol und Dihydrovomifoliol[11]. Zur Enantiodifferenzierung und Bestimmung der absoluten Konfiguration der isomeren Theaspirane vgl. Literatur[12]. Zum Vorkommen von Theaspiranen in Wein und Tabak und ihrer Bedeutung als Precursor für *Vitispirane siehe Literatur[13-15], zur Analytik siehe Literatur[16]. – *E* theaspiranes

*Lit.*: [1]Food Rev. Int. **1**, 99–148 (1985). [2]Helv. Chim. Acta **61**, 387 (1978). [3]Helv. Chim. Acta **54**, 1891 (1971). [4]J. Agric. Food Chem. **46**, 1076–1093 (1998). [5]Agric. Biol. Chem. **47**, 2495–2502 (1983). [6]J. Org. Chem. **51**, 491–495 (1986). [7]Sonego, L.; Lurie, S.; Zuthi, Y.; Kaplonov, T.; Ben-Arie, R.; Kosto, I., *J. Agric. Food Chem.*, (2002) **50**, 544–548. [8]Campeol, E.; Flamini, G.; Chericoni, S.; Catalano, S.; Cremonini, R., *J. Agric. Food Chem.*, (2001) **49**, 5409–5411. [9]Flamini, G.; Cioni, P. L.; Morelli, I., *J. Agric. Food Chem.*, (2003) **51**, 1382–1386. [10]J. Agric. Food Chem. **36**, 560–562 (1988). [11]Schreier (Hrsg.), Bioflavour '87, S. 255–273, Berlin: de Gruyter 1988. [12]J. Agric. Food Chem. **40**, 1188 (1992). [13]Lebensmittelchemie **45**, 7–10 (1991). [14]J. Agric. Food Chem. **36**, 1251–1256 (1988). [15]Flavour Fragr. J. **9**, 281–287 (1994). [16]Chem. Mikrobiol. Technol. Lebensm. **13**, 129–152 (1991). *allg.*: Beilstein EV **17/1**, 447 ▪ Belitz-Grosch-Schieberle (5.), S. 232 ▪ Ohloff, S. 157, 165–168 – *[CAS 66537-39-1 (Theaspiran A); 66537-40-4 (Theaspiran B); 24399-19-7 (Theaspiron A); 50763-74-1 (Theaspiron B); 53398-90-6 (Hydroxytheaspiran); 36431-72-8 (Epoxytheaspiran)]*

**Theaspiron** siehe *Theaspirane.

**Thein.** Veraltetes Synonym für *Coffein in Tee.

**Theobromin** (3,7-Dimethylxanthin, 3,7-Dihydro-3,7-dimethyl-1$H$-purin-2,6-dion). $C_7H_8N_4O_2$, $M_R$ 180,17.

*Eigenschaften:* Monokline, bitter schmeckende Nadeln, Schmelzpunkt 357°C, sublimiert bei 290–295°C, löslich in heißem Wasser, Alkalihydroxiden, konzentrierten Säuren, mäßig löslich in Ammoniak, schwer löslich in Ethanol, unlöslich in Chloroform. Theobromin bildet mit Säuren Salze, die sich in Wasser zersetzen, mit Basen dagegen stabilere Verbindungen. Theobromin ist das Hauptalkaloid des *Kakaos (*Theobroma cacao*), neben geringeren Mengen *Coffein. Zusammen mit den im Kakao enthaltenen Polyphenolen (siehe *Kakaokerne) und den beim Röstvorgang entstehenden Piperazindionen[1] wird Theobromin für den typisch bitteren Geschmack von Kakao verantwortlich gemacht.

*Vorkommen:* Theobromin findet man meist zusammen mit dem ebenfalls zur Verbindungsklasse der $N$-methylierten Xanthine gehörenden Coffein und *Theophyllin in den Samen oder Blättern einiger Genußmittel, z. B. auch Tee. In der Kakaobohne liegt Theobromin schwach an Tannin gebunden vor; es wird während des Fermentationsprozesses freigesetzt und wandert zum Teil in die Samenschale.

Tabelle: Theobromin-Gehalte in pflanzlichen Lebensmitteln.

| Lebensmittel | Anteil [%] |
|---|---|
| Tee, *Camellia sinensis* (L.) O. Kuntze | 0,05 |
| Kolabaum (Samen), *Cola acuminata* (P. Beauv.) Schott et Endl. | 0,1 |
| Mate-Tee, *Ilex paraguariensis* St.-Hil. | 0,1 – 0,2 |
| Kakaobaum (Samen), *Theobroma cacao* L. | 1,5 – 3 |

Der Theobromin-Gehalt in Kakaopulver liegt bei ca. 1,9%, 0,3–0,5% in Bitterschokolade und 0,1–0,2% in Milchschokolade. Eine Tasse Kakaogetränk bzw. Schokoladegetränk enthält 58–65 mg Theobromin[2].

*Gewinnung:* Die Gewinnung erfolgt aus den Kakaoschalen, die zwischen 0,4–1,3% Theobromin enthalten. Theobromin kann durch selektive Methylierung von 3-Methylxanthin oder durch mikrobielle Demethylierung von Coffein synthetisiert werden.

*Biosynthese:* Die Biosynthese in der Pflanze erfolgt aus Xanthosinmonophosphat (XMP), welches im Primärstoffwechsel bei der *de-novo*-Synthese der Nucleotide gebildet wird. Durch Methylierung, hydrolytische Abspaltung des Phosphoribose-Restes und erneute Methylierung entsteht Theobromin. Weitere Methylierung führt zum Coffein[3,4].

*Metabolismus:* Theobromin ist ein Abbauprodukt des Coffeins. Der enzymatische Abbau des Theobromins in der Leber verläuft über verschiedene Demethylierungs- und Oxidationsschritte wobei unter anderem 3-Methylharnsäure und 7-Methylharnsäure als Abbauprodukte auftreten können, die neben nicht umgesetztem Theobromin mit dem Harn ausgeschieden werden[5].

*Pharmakologie:* Die pharmakologische Wirkung des Theobromins beruht auf einer Steigerung der Diurese infolge erhöhter Nierendurchblutung und einer Stimulierung des Herzmuskels. Weiterhin wird die glatte Muskulatur, vorwiegend der Bronchien und Gefäße, relaxiert. Die das zentrale Nervensystem anregende Wirkung des strukturverwandten Coffeins fehlt hingegen. Theobromin wurde in der Humanmedizin hauptsächlich als Diuretikum eingesetzt und ist durch wirksamere Präparate verdrängt worden.

*Toxikologie:* Für die Aufnahme von mehr als 100 g Kakaopulver (dies entspricht ca. 1,5 g Theobromin) wurden akute sowie chronische Toxizitätserscheinungen beim Menschen beschrieben (Augenflimmern, Sehausfall, Pulsbeschleunigung und Kopfschmerzen). Untersuchungen zur Carcinogenität und Mutagenität hingegen ergaben keine Wirksamkeit. $LD_{50}$ (Ratte) 950 mg/kg. Literatur[5,6] informiert über toxikologische Aspekte.

*Nachweis:* Über den Nachweis (*Murexid-Reaktion) und die Analytik in Arzneistoffen informiert Literatur[7,8]. Die Bestimmung in Lebensmitteln ist in Literatur[9–11] beschrieben. – *E* theobromine

*Lit.:* [1]Pickenhagen, W.; Dietrich, P., *Helv. Chim. Acta,* (1975) **58**, 1078. [2]Apgar, J. L.; Tarka, S. M., In *Caffein,* Spiller, G. A., Hrsg.; CRC Press: Boca Raton, (1998); S. 163. [3]Rimpler, H., *Biogene Arzneistoffe,* 2. Aufl.; Deutscher Apotheker Verlag: Stuttgart, (1999); S. 265. [4]Ashihara, H.; Crozier, A., *Adv. Bot. Res.,* (1999) **30**, 269. [5]Eteng, M. U.; Eyong, E. U.; Akpanyung, E. O.; Agiang, M. A.; Aremu, C. Y., *Plant Foods Hum. Nutr.,* (1997) **51**, 231. [6]Hager (5.) 6, 943. [7]Hager (5.) 9, 847. [8]Adam, K. P.; Becker, H., *Analytik biogener Arzneistoffe – Pharmazeutische Biologie,* Wissenschaftliche Verlagsgesellschaft: Stuttgart, (2000); Bd. 4, S. 321. [9]Matissek, R.; Steiner, G., *Lebensmittelanalytik,* 3. Aufl.; Springer: Berlin, (2006). [10]Cunniff, P., Hrsg., *Official Methods of Analysis of AOAC International,* 16. Aufl.; AOAC International: Maryland, USA, (1997). [11]Bundesamt für Verbraucherschutz und Lebensmittelsicherheit (BVL), *Amtliche Sammlung von Untersuchungsverfahren nach § 35 LMBG,* Beuth: Berlin, (Loseblattsammlung). *allg.:* Beilstein EIV **26**, 2336 ▪ Kirk-Othmer (4.) **1**, 1081 ▪ Merck-Index (13.), Nr. 9353 ▪ Mutschler (8.) ▪ Ullmann (7.) [Online, August 2003] – *[HS 2939 90; CAS 83-67-0]*

**Theocin** siehe *Theophyllin.

**Theophyllin** (Theocin, 1,3-Dimethylxanthin, 3,7-Dihydro-1,3-dimethyl-1$H$-purin-2,6-dion).

R¹ = H , R² = CH₃ : Theobromin
R¹ = CH₃, R² = H : Theophyllin
R¹ = R² = CH₃ : Coffein

$C_7H_8N_4O_2$, $M_R$ 180,17, dünne, bittere Blättchen, Schmp. 270–274°C (Monohydrat), mäßig löslich in Wasser, Ethanol und Chloroform, sehr gut in hei-

Tabelle: Pharmakologische Eigenschaften von Theophyllin, verglichen mit Coffein und Theobromin.

| Derivat | Stimulierung des ZNS | Herzwirkung | Bronchodilatation und Vasodilatation | Skelettmuskel-stimulation | Diurese |
|---|---|---|---|---|---|
| Coffein | +++ | + | + | +++ | + |
| Theophyllin | +++ | +++ | +++ | ++ | +++ |
| Theobromin | – | ++ | ++ | + | ++ |

ßem Wasser, Alkalilaugen, Ammoniak, verdünnten Säuren. Purin-Alkaloid aus den Blättern des Teestrauches, enthalten im *Mate, *Ilex paraguariensis* (*Ilex paraguayensis*) und *Guarana (*Paullinia cupana*).

*Pharmakologie:* Die Methylxanthine Theophyllin, *Coffein und *Theobromin zählen zu den ältesten Arzneistoffen. In der Tabelle werden ihre pharmakologischen Eigenschaften verglichen.

Theophyllin verstärkt die Kontraktion des Herzmuskels, jedoch schwächer als Adrenalin und Strophanthin und von kürzerer Dauer als die Herzglycoside. Die Stimulierung des Zentralnervensystems ist vergleichbar mit derjenigen von Coffein. Die Plasmahalbwertszeiten von Theophyllin liegen bei 5 bis 9 h.

*Verwendung:* Theophyllin wird in Form wasserlöslicher Präparate (Aminophyllin, Theophyllin-Ethylendiamin und Theophyllin-Diethanolamin) oder Infusionen in beschränktem Umfang in der Therapie akuter Herzinsuffizienz genutzt. Aufgrund der gefäßerweiternden Wirkung von Theophyllin findet es Anwendung bei der Behandlung von Asthma bronchiale[1,2] und als Bestandteil von Gallenwegstherapeutika. In hohen Dosen kann Theophyllin Epilepsie-ähnliche Krämpfe auslösen. – *E* theophylline

*Lit.:* [1]Andersson u. Persson, Anti-Asthma Xanthines and Adenosine, Amsterdam: Excerpta Medica 1985. [2]Dtsch. Apoth. Ztg. **135**, 4143 (1995); **138**, 698 (1998).
*allg.:* Beilstein EV **26/13**, 529ff. ■ Forth et al. (8.), S. 156, 191–194, 549 ■ Hager (5.) **4**, 631; **6**, 54f.; **9**, 853 ■ Kirk-Othmer (4.) **6**, 199 ■ Merck-Index (13.), Nr. 9356 ■ Mutschler (8.), S. 115, 187–188, 613f. – [HS 2939 50; CAS 58-55-9]

**thermal energy analyzer** siehe *Detektoren.

**Thermisch oxidiertes Sojaöl** siehe *Oxystearin.

**Thermisierung** (von Milch). Eine Erwärmung gereinigter *Rohmilch auf 57–68°C im kontinuierlichen Durchfluß für mindestens 15 s (*Phosphatase-Probe positiv). Die Thermisierung bewirkt die Abtötung eines großen Teils der psychrotrophen und *coliformen *Bakterien. Dadurch entstehen weniger lipolytisch und proteolytisch wirkende, der Qualität von *Milch und Milchprodukten abträgliche thermoresistente Enzyme. Die Thermisierung wird angewandt, wenn an die Molkereien angelieferte Milch nicht direkt weiterverarbeitet wird. Sie kann das *Pasteurisieren nicht ersetzen, da unter den Bedingungen der Thermisierung mögliche krankheitserregende Bakterien nicht abgetötet werden. Der Prozess beeinflußt nicht den Geschmack und auch nicht die Gerinnungszeit bei der Dicklegung der Milch mit *Lab. – *E* thermization

**Thermoionischer Detektor** siehe *Detektoren.

**Thespesin** siehe *Gossypol.

**THF-Fettsäuren** siehe *F-Säuren.

**Thiabendazol** (Tiabendazol).

Common name für 2-(4-Thiazolyl)-1*H*-benzimidazol, $C_{10}H_7N_3S$, $M_R$ 201,24, Schmp. 297–298 °C; von Merck, Sharp & Dohme 1964 eingeführtes, breit wirksames systemisches *Fungizid zur protektiven und kurativen Anwendung in zahlreichen Kulturen.

*Anwendung:* Aufnahme durch Blätter und Wurzeln. Anwendung gegen Echten Mehltau bei Kernobst, zur Nacherntebehandlung von Rot- und Weißkohl sowie Kartoffeln gegen Lagerverluste, zur Wundbehandlung bei Obst- und Ziergehölzen. Gebräuchliche Anwendungsformen sind Suspensionskonzentrat (451 g/L), Räuchertabletten (12%) und Kombinationen mit anderen Fungiziden[1]. Thiabendazol findet auch als Anthelmintikum in der Human- und Veterinärmedizin Anwendung und als Konservierungsstoff (E 233) für Citrusfrüchte und Bananen.

*Recht:* In Deutschland als *Pflanzenschutzmittel allgemein zugelassen. Höchstmengen nach *Rückstands-Höchstmengenverordnung für Thiabendazol-Rückstände in speziellen Lebensmitteln: 0,01–6 mg/kg.

*Toxikologie:* $LD_{50}$ (Ratte oral) 3100 mg/kg, $LD_{50}$ (Kaninchen dermal) >2000 mg/kg[2]; ADI-Wert: 300 µg/kg[3]; nicht bienengefährlich; Fischtoxizität: $LC_{50}$ (96 h) für Regenbogenforelle 0,55 mg/L.

*Analytik:* Zum Nachweis von Thiabendazol siehe Literatur[4–8] (DC, HPLC, GC mit FID oder NP-Detektor, GC/MS). – *E* thiabendazole

*Lit.:* [1]Perkow. [2]Wirkstoffe iva (2.), S. 381. [3]FAO/WHO, Guide to Codex Recommendations Concerning Pesticide Residues, Part 2, Maximum Limits for Pesticide Residues, Preliminary Issue CAC/PR 2 – 1984, Rome: FAO/WHO 1984. [4]Amtliche Sammlung, Nr. L 00.00-15 und L 00.00-16. [5]DFG-Methode, Nr. S19 und 256 AIB. [6]Fresenius Z. Anal. Chem. **322**, 443 (1985). [7]Z. Lebensm. Unters. Forsch. **193**, 130, 545 (1991). [8]J. Assoc. Off. Anal. Chem. **73**, 368 (1990); **74**, 56 (1991).
*allg.:* Pesticide Manual (13.) – [HS 2934 10; CAS 148-79-8]

**Thiamin** (Vitamin B₁). Trivialname und internationaler Freiname für das in seinen physiologischen Eigenschaften als Vitamin B₁ bezeichnete 3-[(4-Amino-2-methyl-5-pyrimidinyl)-methyl]-5-(2-hydroxyethyl)-4-methylthiazoliumchlorid ($C_{12}H_{17}ClN_4OS$, $M_R$ 300,81). Im deutschen Sprachgebrauch wurde Thiamin früher häufig als *Aneurin* (von Anti-Polyneuritis-Vitamin) bezeichnet; 1932 wurde von Adolf Windaus aufgrund des Schwefel-Gehalts die Bezeichnung Thiamin festgelegt.

Abbildung: Thiaminchlorid-Hydrochlorid.

Das Thiaminchlorid-Hydrochlorid ($C_{12}H_{18}Cl_2N_4OS$, $M_R$ 337,27, siehe Abbildung) bildet farblose, rosettenförmig zusammengelagerte, monokline Nadeln von schwach fauligem Geruch und bitterem Geschmack, Schmelzpunkt 248 °C (Zersetzung), löslich in Wasser, Methanol, weniger in Ethanol, unlöslich in verschiedenen organischen Lösemitteln, im Alkalischen unbeständig. Thiamin-Monochlorid: $C_{12}H_{17}ClN_4OS$, $M_R$ 300,81; Kristallwasser, Schmelzpunkt 120–122 °C (Zersetzung); wasserfrei, Schmelzpunkt 163–165 °C (Zersetzung).

Thiamin ist empfindlich gegen Wärme und Oxidation, insbesondere in neutralem und alkalischem Medium. In Anwesenheit von schwefliger Säure und Sulfiten kommt es zur Spaltung der benzylischen Bindung des Thiamins und zum Wirkungsverlust. Verluste bei sachgemäßer Lagerung und Zubereitung von Lebensmitteln liegen bei pflanzlichen Lebensmitteln zwischen 10 und 30% und bei tierischen Lebensmitteln zwischen 10 und 70% (thermische Abbauverluste)[1].

*Vorkommen:* Thiamin kommt in pflanzlichem und tierischem Gewebe (besonders in Hülsen von Reis, in Getreidekörnern, Hefe, Leber, Eiern, Milch, grünen Blättern, Wurzeln und Knollen) sowie als Stoffwechselprodukt vieler Bakterien vorwiegend als Thiamindiphosphat (TDP) vor.

Wichtige Thiamin-Lieferanten sind Vollkornprodukte, da Keim und Aleuronschicht von Getreide ebenso wie das Silberhäutchen von Reis viel Thiamin enthalten. Von den pflanzlichen Lebensmitteln sind außerdem Leguminosen und Nüsse relativ reich an Thiamin. Unter den tierischen Produkten ist das Schweinefleisch der wichtigste Thiamin-Lieferant. Für die Bioverfügbarkeit ist es nicht entscheidend, in welcher Form Thiamin in der Nahrung vorliegt[2]. Zum Vorkommen siehe Tabelle 1.

*Funktion:* Wirkform von Thiamin ist Thiamindiphosphat (TDP), das als Coenzym wesentlicher Bestandteil vieler Enzyme ist. Insgesamt sind 25 enzymatische Reaktionen bekannt, an denen TDP beteiligt ist, in erster Linie am Kohlenhydratmetabolismus und Energiestoffwechsel. Schlüsselenzyme sind die mitochondriale Pyruvat-Dehydrogenase, die die Verbindung zwischen der Glycolyse und dem Citronensäure-Cyclus bildet, der α-Oxoglutarat-Dehydrogenase-Komplex (α-Ketoglutarat-Dehydrogenase) des Citronensäure-Cyclus und die cytosolische Transketolase im Pentosephosphat-Cyclus[4].

Weitere TDP-abhängige Enzyme sind im Abbau verzweigtkettiger Ketosäuren aus dem Aminostoffwechsel von Bedeutung (Übertragung eines „aktiven Aldehyds").

Tabelle 1: Thiamin-Gehalt einiger Nahrungsmittel[3].

| Nahrungsmittel | Thiamin-Gehalt [mg/100 g] |
|---|---|
| **pflanzlich** | |
| Obst | <0,1 |
| Broccoli | 0,1 |
| Erbsen, grün, gekocht | 0,2 |
| Reis, unpoliert | 0,4 |
| Weizenkleie | 0,6 |
| Sojamehl | 0,7 |
| Nüsse | 0,3–1,0 |
| Weizenkeime | 2,0 |
| Bierhefe, getrocknet | 12,0 |
| **tierisch** | |
| Milch und Milchprodukte | <0,1 |
| Fisch | 0,1–0,2 |
| Innereien | 0,3–0,5 |
| Schwein, Muskelfleisch | 0,9 |

Neben der coenzymatischen Funktion erfüllen phosphorylierte Thiamin-Verbindungen noch wichtige Aufgaben im Stoffwechsel des zentralen und peripheren Nervensystems. TDP scheint dabei an der Inhibierung nicht-enzymatischer Glycolisierungsprozesse beteiligt zu sein.

Die Wirkung von Thiamin kann durch synthetische Strukturanaloga, aber auch durch natürliche Thiamin-Antagonisten behindert werden. Dabei handelt es sich um sogenannte Thiaminasen, die das Thiamin-Molekül an der Methylen-Brücke spalten und unwirksam machen, gleiches gilt für die schwefelige Säure. Auch Chlorogensäure und andere Pflanzenphenole weisen Anti-Thiamin-Effekte auf (Zusammenhang zwischen Thiamin-Mangel in Südostasien mit dem weit verbreiteten Kauen der stark gerbstoffhaltigen Betelnuß).

*Ernährungsphysiologie: Resorption und Verteilung:* Die gastrointestinale Resorption findet nach vorheriger Dephosphorylierung hauptsächlich im proximalen Jejunum statt, in Konzentrationen unterhalb 2 µmol/L durch einen Natrium- und energieabhängigen aktiven Carriermechanismus entgegen dem Konzentrationsgefälle (Sättigungsmechanismus), oberhalb von 2 µmol/L durch passive Diffusion. Lipidlösliche Formen werden sehr gut und ausschließlich über passive Diffusion resorbiert. Während des mucosalen Transports finden Phosphorylierungs- und Dephosphorylierungsreaktionen statt. Die nachfolgende intrazelluläre Phosphorylierung ist der geschwindigkeitslimitierende Schritt im aktiven Transport in und durch die Mucosazelle (Natrium-unabhängig)[5]. Der Pfortadertransport findet vorwiegend in den Blutzellen statt, dort liegen über 90% des Gesamt-Thiamins als TDP vor. Nur ca. 10% des Thiamins wird im Plasma – in freier Form und auch Albumin-gebunden – transportiert. Der Gesamtblutspiegel liegt zwischen 5–12 µg/dL.

Die physiologische Bedeutung von Thiamin im Kohlenhydrat- und Energiestoffwechsel bewirkt, daß Thiamin sehr rasch nach der gastrointestinalen Aufnahme in Organe (Herz, Niere, Leber und Gehirn) verteilt wird. Der Gesamtkörperbestand an

Thiamin beträgt etwa 30 mg, etwa 40% davon befinden sich in der Muskulatur.

Freies Thiamin kann durch die Pyrophosphokinase in allen Organen unter ATP-Verbrauch durch die Übertragung eines Pyrophoshat-Restes zu TDP phosphoryliert werden.

*Ausscheidung:* Die Thiamin-Ausscheidung ist abhängig von der Höhe der Aufnahme. Im physiologischen Bereich wird der größte Teil über den Urin ausgeschieden. Neben freiem Thiamin können im Urin in geringen Mengen eine Vielzahl von Metaboliten (z.B. Thiazol, Pyrimidin) nachgewiesen werden. Bei einer hohen Thiamin-Aufnahme wird vermehrt nicht resorbiertes Thiamin über den Fäzes, aber auch über die Haut (typischer Körpergeruch, weshalb Thiamin zeitweilig als Insektenabwehrmittel propagiert wurde) ausgeschieden.

*Bedarf:* Der Bedarf steht in Relation zur Gesamtenergiezufuhr und nicht nur zur Kohlenhydrataufnahme, da TDP auch als Coenzym beim Fettsäureabbau und bei der oxidativen Decarboxylierung von verzweigtkettigen Aminosäuren fungiert.

Als Bezugsgröße für eine ausreichende Thiamin-Aufnahme werden, bezogen auf den Nährwert für Erwachsene, 0,54 mg/1000 kcal angesetzt. Die früher gebräuchliche internationale Einheit entsprach 3 mg Thiamin-Hydrochlorid.

*RDA-Empfehlungen und D-A-CH-Empfehlungen (*Referenzwerte für die Nährstoffzufuhr) zur Thiamin-Aufnahme siehe Tabelle 2.

*Mangel:* Klassische Avitaminose bei Mangel an Thiamin und Bestimmung des Mangels siehe *Beri-Beri.* Alkoholismus stellt in der Wohlstandsgesellschaft der Industrieländer die häufigste Ursache für einen Thiamin-Mangel dar (inadequate Nahrungsaufnahme und eingeschränkte Resorptionsfähigkeit).

Stadien eines Thiamin-Mangels:

1. Abnahme des Vitaminvorrats des Körpers, noch ohne nachweisbare Abnahme der Enzymaktivität.
2. Geringe Abnahme der Enzymaktivität, noch keine klinischen Anzeichen.
3. Abnahme der Enzymaktivität um 15–25% (unspezifische Symptome wie Appetitmangel, Reizbarkeit, Schlaflosigkeit; etwa zwischen der 2. und 4. Woche nach Entzug der Thiamin-Zufuhr).
4. Abnahme der Enzymaktivität um über 25%, Auftreten der für Beri-Beri typischen Symptome (etwa in der 4.–6. Woche nach Entziehung der Thiamin-Zufuhr)[6].

*Toxikologie:* Als wasserlösliches Vitamin zählt Thiamin zu den untoxischen Vitaminen. Thiamin-Monochlorid: $LD_{50}$ (Ratte i.v.) 118 mg/kg; Thiamin-Dichlorid: $LD_{50}$ (Maus i.v.) 89 mg/kg.

*Pharmakologie:* Therapeutischer Einsatz von 100–300 mg Thiamin/d bei allen neurologischen Systemerkrankungen.

*Verwendung:* Als Vitaminzusatz in Lebensmitteln, wobei die Gewinnung von Thiamin heute fast ausschließlich auf synthetischem Weg erfolgt.

*Analytik:* Die chemische Bestimmung von Thiamin erfolgt meist durch oxidativen Ringschluß in alkalischem Milieu zu *Thiochrom* ($C_{12}H_{14}N_4OS$, $M_R$

Tabelle 2: Empfehlungen für die Thiamin-Zufuhr in mg/d.

D-A-CH

| | ♂ | ♀ |
|---|---|---|
| Säuglinge | | |
| 0–4 Monate | 0,2 | |
| 4–12 Monate | 0,4 | |
| Kinder | | |
| 1–4 Jahre | 0,6 | |
| 4–7 Jahre | 0,8 | |
| 7–10 Jahre | 1,0 | |
| 10–13 Jahre | 1,2 | 1,0 |
| 13–15 Jahre | 1,4 | 1,1 |
| Jugendliche und Erwachsene | | |
| 15–19 Jahre | 1,3 | 1,0 |
| 19–25 Jahre | 1,3 | 1,0 |
| 25–51 Jahre | 1,2 | 1,0 |
| 51–65 Jahre | 1,1 | 1,0 |
| über 65 Jahre | 1,0 | 1,0 |
| Schwangere | | |
| ab 4. Monat | | 1,2 |
| Stillende | | 1,4 |

RDA

| | ♂ | ♀ |
|---|---|---|
| Säuglinge | | |
| 0–6 Monate | 0,2 | |
| 7–12 Monate | 0,3 | |
| Kinder | | |
| 1–3 Jahre | 0,5 | |
| 4–8 Jahre | 0,6 | |
| Jugendliche und Erwachsene | | |
| 9–13 Jahre | 0,9 | 0,9 |
| 14–18 Jahre | 1,2 | 1,0 |
| 19–30 Jahre | 1,2 | 1,1 |
| 31–50 Jahre | 1,2 | 1,1 |
| 51–70 Jahre | 1,2 | 1,1 |
| über 70 Jahre | 1,2 | 1,1 |
| Schwangere | | |
| ab 4. Monat | | 1,4 |
| Stillende | | 1,4 |

262,34, Schmelzpunkt 228 °C), einer 3-kernigen Verbindung, die intensiv blaue Fluoreszenz im UV-Bereich zeigt. Zum RP-HPLC-Nachweis von Thiamin und der entsprechenden Probenvorbereitung siehe Literatur[7–9]. Zur chromatographischen Bestimmung von Thiamin siehe Literatur[10].

*Status:* Zur Statusbestimmung beim Menschen wird Thiamin im Vollblut, Serum oder in Erythrocyten gemessen[11,12]. Außerdem eignet sich die Messung der Transketolase-Aktivität in Erythrocyten mit und ohne *in-vitro*-Zusatz von TDP. Bei Thiamin-Mangel ist die Stimulierung der Enzymaktivität höher als bei ausreichender Versorgung. – *E* thiamine

*Lit.:* [1] Bognàr, A., *Ernährung/Nutrition,* (1995) **19**, 411–416, 478–483, 551–554. [2] Gregory, J. F., III, *Eur. J. Clin. Nutr.* (1997) **51**, Suppl. 1, 34–37. [3] Souci et al. (6.). [4] Bayer et al., Vitamine in Prävention u. Therapie, S. 105–122, Stuttgart: Hippokrates 1991. [5] Rindi, G.; Laforenza, U., *Proc. Soc. Exp. Biol. Med.,* (2000) **224**, 246–255. [6] Manore, M. M., *Am. J. Clin. Nutr.,* (2000) **72**, Suppl., 598–606. [7] *Z. Lebensm. Unters.-Forsch.* **191**, 313-318 (1990). [8] *J. Food Comp. Anal.* **6**, 152–165 (1993). [9] *J. Assoc. Off. Anal. Chem.* **76**, 1156–1160,

1276–1280 (1993). [10]Methods Enzymol. **279**, 57–90 (1997). [11]Int. J. Vitamin Nutr. Res. **57**, 273–278 (1987). [12]Fidanza (Hrsg.), Nutritional Status Assessment, S. 235–241, Glasgow: Chapman and Hall 1991.
*allg.*: Beilstein EIII/IV **27**, 1764–1778; EV **27/8**, 31ff. ▪ Biesalski, H. K.; Köhrle, J.; Schümann, K., Hrsg., *Vitamine, Spurenelemente und Mineralstoffe*, 2. Aufl.; Thieme: Stuttgart, (2002); S. 85ff. ▪ Deutsche Gesellschaft für Ernährung (DGE); Österreichische Gesellschaft für Ernährung (ÖGE); Schweizerische Gesellschaft für Ernährungsforschung (SGE); Schweizerische Vereinigung für Ernährung (SVE), Hrsg., *Referenzwerte für die Nährstoffzufuhr*, Umschau/Braus: Frankfurt am Main, (2000) ▪ Hager (5.) **9**, 864–870 ▪ Institute of Medicine, Hrsg., *Dietary Reference Intakes for Thiamin, Riboflavin, Niacin, Vitamin B*$_6$*, Folate, Vitamin B*$_{12}$*, Pantothenic Acid, Biotine and Choline*, National Academy Press: Washington, DC, (1998) ▪ Luckner (3.), S. 439, 453 ▪ Merck-Index (13.), Nr. 9366 ▪ Methods Enzymol. **279**, 57–155 (1997) ▪ New J. Chem. **20**, 607–629 (1996) ▪ Singleton, C. K.; Martin, P. R., *Curr. Mol. Med.*, (2001) **1**, 197–207 ▪ Science **275**, 67–70 (1997) – *[HS 2936 22; CAS 67-03-8 (Thiaminchlorid-Hydrochlorid); 59-43-8 (Thiamin-Monochlorid)]*

**Thiobacillus** (von griechisch: theion = Schwefel; lateinisch: bacillum = Stäbchen). Am besten untersuchte Gattung der Schwefel-oxidierenden Bakterien.
Die meisten Thiobacillen leben aerob, haben eine obligat chemolithoautotrophe Ernährungsweise und fixieren Kohlendioxid im reduktiven Pentosephosphat-Cyclus (z.B. *Thiobacillus thiooxidans, Thiobacillus ferrooxidans*). Darüber hinaus besitzen verschiedene Arten die Fähigkeit, organische Substanzen als Energie- und/oder Kohlenstoff-Quelle zu nutzen (z.B. *Thiobacillus novellus, Thiobacillus intermedius*: fakultativ chemolithoautotroph), oder sind auf solche Kohlenstoff-Quellen angewiesen wie der chemolithoheterotrophe *Thiobacillus perometabolis*. Ihre Energie gewinnen die Thiobacillen aus der Oxidation reduzierter anorganischer Schwefel-Verbindungen zum Endprodukt Sulfat. Daneben können einige Arten ihre Energie durch Oxidation von Eisen(II)- zu Eisen(III)-Verbindungen gewinnen wie *Thiobacillus ferrooxidans*. Einige Thiobacillen sind besonders säuretolerant wie *Thiobacillus thiooxidans*, der große Mengen Schwefelsäure ausscheidet und noch 1N Schwefelsäure toleriert. Außerdem gibt es eine Reihe thermophiler Arten.
*Vorkommen:* Thiobacillen sind weit verbreitet in Salz- und Süßwasser sowie im Boden, insbesondere dort, wo oxidierbare Schwefel-Verbindungen in größeren Mengen vorkommen. So sind sie vor allem in Schwefel-Quellen, auf Schwefel-Ablagerungen und überall dort zu finden, wo Schwefelwasserstoff entsteht.
*Recht:* Sicherheitsstufe nach Anhang IB der Gentechnik-Sicherheits-VO 1990: Alle Arten der Gattung *Thiobacillus* gehören zur Risikogruppe 1.
*Biotechnologie: Thiobacillus ferrooxidans* wird bei der mikrobiellen Erzlaugung zur Gewinnung von Schwermetallen aus metallarmen Erzen sowie bei der mikrobiellen Entschwefelung eingesetzt. Darüber hinaus können mit Hilfe von Thiobacillen geruchsintensive Stoffe wie Methanthiol sowie Feststoffe wie Kautschuk, Beton, Glas und Cyanide abgebaut werden. – *E* Thiobacillus
*Lit.:* Madigan, M. T.; Martinko, J. M.; Parker, J., *Brock Mikrobiologie,* Spektrum: Heidelberg, (2000)

**Thiobarbitursäure-Test.** Ältere, zur Erfassung des Oxidationszustandes von Fetten entwickelte photometrische Methode[1]. Dabei werden die bei der *Autoxidation ungesättigter *Fettsäuren gebildeten Aldehyde mit Thiobarbitursäure zu roten bzw. gelben Farbstoffen umgesetzt. Die ermittelte *Thiobarbitursäure-Zahl* wird in mg *Malon(di)aldehyd/kg Fett angegeben, da man ursprünglich annahm, daß nur diese Verbindung Farbstoffe bildet. Man hat allerdings gezeigt, daß alle vorhandenen Aldehyde erfaßt werden. Der Test findet auch Anwendung im klinischen Bereich, unter anderem, um die Wirksamkeit von Antioxidantien (verminderte Bildung von TBARS = thiobarbituric acid reactive substances) zu beurteilen. – *E* thiobarbituric acid test
*Lit.:* [1]J. Biol. Chem. **174**, 257 (1948).
*allg.*: Guillen-Sans, R.; Guzman-Chozas, M., *Crit. Rev. Food Sci. Nutr.*, (1998) **38**(4), 315–330

**Thiobarbitursäure-Zahl** siehe *Thiobarbitursäure-Test.

**Thiochrom** siehe *Thiamin.

**Thiocyanate.** Bezeichnung für Salze und Ester der Thiocyansäure mit der allgemeinen Formel $M^ISCN$ ($M^I$ = einwertiges Metallion) bzw. $R–SCN$; vgl. *Isothiocyanate. Die meisten der anorganischen Thiocyanate sind farblose, in Wasser, Alkohol und Aceton, teilweise auch in Ether leicht lösliche, chaotrop wirkende Verbindungen mäßiger Toxizität.
*Vorkommen:* In der Natur spielen die Thiocyanate – verglichen mit den isomeren *Isothiocyanaten, besonders den *Senfölen – eine geringe Rolle. Kleinere Mengen sind in Meer-, Regen- und Trinkwasser, in der Luft[1] sowie in den menschlichen Körperflüssigkeiten enthalten, z.B. im Liquor, Harn, Serum und besonders im Speichel; in letzterem ist der Thiocyanat-Gehalt bei Rauchern im Mittel nahezu auf das Dreifache gegenüber Nichtrauchern erhöht. Durch das Enzym Rhodanase wird die Umwandlung von Cyanid zu Thiocyanat bewirkt. Das Thiocyanat-Ion verhindert die Aufnahme von Iod in die Schilddrüse. So kann z.B. bei übermäßigem Verzehr von Kohl wegen der enzymatischen Abspaltung von $SCN^-$ aus dem darin enthaltenen *Glucosinolat Glucobrassicin der sogenannte „Kohlkropf" (vgl. *Kropf) entstehen. Zu alimentärer Aufnahme, Analytik und biologischer Bedeutung siehe Literatur[2].
*Verwendung:* Die technologisch wichtigsten Thiocyanate sind Ammonium-, Natrium- und Kaliumthiocyanat. In der Textilindustrie werden sie als Hilfsmittel beim Färben und Bedrucken von Stoffen sowie zur Herstellung von Polyacrylnitril-Fasern gebraucht, in der chemischen und pharmazeutischen Industrie zur Herstellung von Kohlenoxidsulfid, organischen Thiocyanaten, Isothiocyanaten

(Senfölen), Herbiziden, Fungiziden und anderen Schädlingsbekämpfungsmitteln. Thiocyanate finden in der analytischen Chemie Verwendung zum Nachweis von Eisen-Ionen und zur Bestimmung der Rhodan-Zahl. – *E* thiocyanates

*Lit.:* [1]Lehmann, G.; Lehmann, B., *Lebensmittelchemie*, (2001) **55**, 116–117. [2]Weuffen, W.; Franzke, C.; Thuerkow, B., *Nahrung*, (1984) **28**, 341–355.
*allg.:* Beilstein EIV **3**, 299–319 ▪ Kirk-Othmer (4.) **23**, 319–323 – [HS 2838 00]

**Thiofanox** siehe *Carbamate.

**Thioglucosidase** siehe *Myrosinase.

**Thioglucosid-Glucohydrolase** siehe *Myrosinase.

**Thioglycolsäure** (Mercaptoessigsäure). $HS-CH_2-COOH$, $C_2H_4O_2S$, $M_R$ 92,12. Farblose, ölige, unangenehm riechende Flüssigkeit, D. 1,325, Schmp. −16 °C, Sdp. 104 °C (15 hPa), mit Wasser, Ethanol, Chloroform, Toluol u. Ether mischbar, wird leicht oxidiert (bes. bei Anwesenheit von Cu-, Fe- od. Mn-Spuren). $LD_{50}$ (Ratte oral) 250 mg/kg. Dämpfe der Flüssigkeit u. der wäss. Lsg. führen zu Reizung in hohen Konz. zur Schädigung der Augen, der Atemwege, der Lunge sowie der Haut; Lungenödem möglich; WGK 1. Hochkonz. T. kondensiert unter Bildung von Thiolactonen u. -estern, weshalb der T.-Gehalt beim Lagern abnimmt. Etwa 75%ige wäss. Lsg. sind am lagerstabilsten. In alkalischer Lösung ist Thioglycolsäure ein starkes Reduktionsmittel.
*Verwendung:* T. dient zur Herst. von Keratolytika, v.a. aber von *Thioglycolaten*, d.h. von Salzen u. Estern der T., wobei Natrium-, bes. aber Ammoniumthioglycolat für Kaltwellpräp. in der Dauerwellbehandlung (s. *Dauerwelle) u. zur Permanentverformung (Plissee) von Wollwaren, Calciumthioglycolat für Depilatorien verbreitete Verw. finden. Natriumthioglycolat wird in bestimmten mikrobiol. Nährböden eingesetzt, einige Thioglycolate in der Gerberei zum Enthaaren von Fellen. In der Textil-, Kunstharz- u. Kautschuk-Ind. benutzt man T.-Ester als Antioxidantien. In der Analytik dient T. zur Trennung von Al u. Fe sowie als Reagenz auf Eisen (Rotfärbung), Nitrit, U, V, Cr, Cu, Mo, Pd.
*Analytik:* Zum Nachweis u. zur Quantifizierung von T. in kosmet. Mitteln stehen sowohl titrimetr. (Iodometrie)[1] als auch gaschromatograph.[1] u. HPLC-Verf.[2] zur Verfügung. – *E* thioglycolic acid
*Lit.:* [1]Amtliche Sammlung, Nr. K 84.04-4. [2]Int. J. Cosmet. Sci. **3**, 34 (1981).
*allg.:* Beilstein EIV **3**, 600 ▪ Merck-Index (13.), Nr. 9410 ▪ Ullmann (5.) **A6**, 541 ▪ **A12**, 589 ▪ **A13**, 472, 479 ▪ Umbach, S. 259f. – [HS 2930 90; CAS 68-11-1; G 8, II]

**Thiol-Proteasen** siehe *Cystein-Proteasen.

**Thionein** siehe *Metallothionein.

**Thiram** siehe *Carbamate.

**Thiuramdisulfide** siehe *Carbamate.

**Thixotropiermittel.** Bez. für rheologische Additive, die Thixotropie bewirken; z.B. in Beschichtungsstoffen oder in *Gelen. Thixotropie ist eine rheologische Veränderung, wonach z.B. Gele sich nach Einwirkung mechanischer Kräfte (z.B. Rühren oder Schütteln) verflüssigen und beim Stehenlassen wieder in den Gelzustand zurückkehren.
*Verwendung in der Kosmetik:* T. stellen in kosmet. Mitteln, z.B. während der Lagerung, eine bestimmte Viskosität sicher, z.B. *Bentonite, Hectorite, Kaolin, *Kieselsäuren u. *Alginate, die aber bei Benutzung des kosmet. Mittels z.B. einer Zahncreme, insbes. in Ggw. von Wasser während des Putzvorganges sich in einen Slurry (Brei) verwandeln. Darüber hinaus geben T. dem Nagellack während der Lagerung eine ausreichend hohe Viskosität, die ein Absetzen der Pigmente verhindert. Durch Schütteln wird der Nagellack in eine streichfähige Lsg. verwandelt. Als T. in Nagellacken werden bevorzugt Reaktionsprodukte aus Benzyldimethylstearylammoniumchlorid u. dem Verdickungsmittel Hectorit verwendet. – *E* thixotropic agents
*Lit.:* Fiedler (5.), S. 1700 ▪ Remez, H., *Cosmet. Toiletries*, (1998) **103**(12), 70–82 ▪ Umbach (2.), S. 331

**Thr.** Abk. für L-*Threonin.

**Threarsäure** siehe *Weinsäure.

L-**Threonin** [(2S,3R)-2-Amino-3-hydroxybuttersäure; Kurzzeichen: Thr oder T].

*(2S,3R)-, L-Form*

$C_4H_9NO_3$, $M_R$ 119,12; Schmp. 251–257 °C (Zersetzung), $[\alpha]_D^{26}$ −33,9° ($H_2O$); $pK_S$ 2,15, 9,12, pI 5,64; löslich in Wasser [90g/L (20 °C)], Mineralsäuren, unlöslich in organischen Lösemitteln. Polare proteinogene essentielle Aminosäure mit zwei asymmetrischen Kohlenstoff-Atomen, 1935 von Rose aus Fibrin- und Casein-Hydrolysaten isoliert. Der durchschnittliche Gehalt in Proteinen beträgt 6,0%[1], z.B. im Ei 5,3%, Casein 4% und Gelatine 1,4%. Tagesdosis für Erwachsene etwa 0,5 g. Thr ist strukturell verwandt mit dem Zucker Threose (Name!). Genetischer Code: ACU, ACC, ACA, ACG.
*Stereoisomere:* Die nichtproteinogenen Stereoisomere von L-Thr kommen in Peptidlacton-Antibiotika vor: z.B. D-Thr [(2R,3S)-Form] in Azinothricin; D-Allothreonin [D-aThr, D-Erythronin, (2R,3R)-Form, Schmp. 276 °C (Zers.), $[\alpha]_D^{20}$ −9,0° ($H_2O$)] in Plipastatinen und Viscosin; L-Allothreonin [L-aThr, L-Erythronin, (2S,3S)-Form] in Telomycin; D- und L-aThr in Enduracidin A, Herbicolinen und Imacidin C.
*Stoffwechsel:* Thr gehört biogenetisch zur Asp-Gruppe und wird aus Asparaginsäure gebildet. Direkter Vorläufer ist L-*Homoserin, das via Cystathionin und Homocystein auch Methionin bildet. Homoserin wird zuerst von ATP durch Homoserin-Kinase (EC 2.7.1.39) in *O*-Phosphohomoserin und dann durch Thr-Synthase (EC 4.2.99.2) in Thr

umgewandelt. Der Abbau von Thr erfolgt zu Pyruvat.

*Physiologie und Bedeutung:* Thr ist die Ausgangsverbindung für die Biosynthese von *Isoleucin. Wie Serin ist Thr Bestandteil von Glycoproteinen, in denen Oligosaccharide über die Hydroxy-Gruppe der Aminosäuren gebunden sind. Ein Beispiel für Thr-reiche Glycoproteine sind die sogenannten *Gefrierschutzproteine, die die Gefriertemperatur des Blutserums von Fischen aus den Polarmeeren herabsetzen. Thr kommt auch häufig in freier Form vor; siehe auch *Serin.

*Verwendung:* Thr wird als Futtermittelzusatz verwendet. Mit Produktionsstämmen von *Escherichia coli* werden zur Zeit mehr als 15000 t/a Thr fermentativ hergestellt. Die Bakterienstämme sind in der Thr-Biosynthese dereguliert und für verschiedene Aminosäuren auxotroph. Es werden Thr-Konzentrationen von über 80 g/L und Ausbeuten von mehr als 40 g Thr/100 g Glucose erreicht. Die Säurehydrolyse von Thr führt zu 2-Oxobuttersäure, die zu dem für Speisewürzen typischen Aromastoff 3-Hydroxy-4-methyl-5-ethyl-2(5H)-furanon (siehe *Hydroxyfuranone) weiterreagiert. Die Bildung einer Reihe von flüchtigen Verbindungen im Zuge der *Maillard-Reaktion von Thr und Serin in Modellsystemen mit jeweils einem Zucker (Glucose, Fructose, Ribose) ist bekannt[2]. Auch ohne eine Zuckerkomponente als Reaktionspartner führt die Erhitzung von Serin oder Thr zur Bildung von flüchtigen, aromaaktiven Pyrazinen[3]. – *E* L-threonine

*Lit.:* [1]Biochem. Biophys. Res. Commun. **78**, 1018–1024 (1977). [2]Chen, J.; Ho, C.-T., *J. Agric. Food Chem.*, (1999) **47**, 643–647. [3]Shu, C.-K., *J. Agric. Food Chem.*, (1999) **47**, 4332–4335.
*allg.:* Beilstein EIV **4**, 3171f. ▪ Bull. Chem. Soc. Jpn. **67**, 1899 (1994) (Racematspaltung) ▪ Rehm-Reed (2.) **6**, 465–502 ▪ Merck-Index (13.), Nr. 9458 – *[HS 2922 50; CAS 36676-50-3 (racemisches Threonin); 72-19-5 (L-Threonin); 632-20-2 (D-Threonin); 80-68-2 (DL-Threonin); 28954-12-3 (L-Allothreonin); 24830-94-2 (D-Allothreonin); 144-98-9 (DL-Allothreonin)]*

## threshold of toxicological concern (TTC). Ein

pragmatisches Instrument der *Risikobewertung, das auf dem Prinzip der Festlegung eines Expositions-*Schwellenwertes für Stoffe in der Nahrung basiert, unterhalb dessen die Wahrscheinlichkeit für ein nennenswertes Gesundheitsrisiko des Menschen sehr gering ist. Das Konzept von Expositionshöhen ohne nachteilige gesundheitliche Wirkungen liegt auch der Vorgehensweise zur Festlegung der annehmbaren (duldbaren) Aufnahme (*ADI) für Stoffe mit bekanntem toxikologischem Profil zugrunde. Das TTC-Konzept stellt jedoch eine Erweiterung auf strukturell verwandte Stoffe dar, für die eine ausreichende toxikologische Datenbasis nicht vorhanden ist. Dem TTC-Konzept liegt das Bestreben zugrunde, begrenzte Ressourcen an Zeit, Kosten, Tierzahlen und toxikologischer Expertise auf wirklich relevante toxikologische Fragestellungen zu konzentrieren. Für die Bewertung der Anwendbarkeit des TTC-Konzeptes

wurden toxikologische Daten für eine große Anzahl lebensmittelrelevanter Stoffe unter Einschluß von Stoffwechsel und Verteilung, Neurotoxizität, Teratogenität, Entwicklungstoxizität, Allergenität, Immuntoxizität und Endokrintoxizität sowie unter Berücksichtigung von Strukturmerkmalen zugrunde gelegt. Das TTC-Konzept kann im Bereich niedriger Stoffkonzentrationen für Lebensmittel bei ungenügender toxikologischer Datenbasis dann eingesetzt werden, wenn eine zuverlässige Expositionsabschätzung vorliegt. Bei der Risikoabschätzung sollte schrittweise vorgegangen werden, wobei am Beginn eine sorgfältige Analyse schon vorhandener Kenntnisse zum jeweiligen Stoff stehen muß. Es folgt die Prüfung, ob möglicherweise genotoxische und/oder stark krebserzeugende Stoffe vorliegen. Nicht genotoxische Stoffe werden dann in einer Abfolge von Bewertungsschritten geprüft, die sich auf mögliche Risiken bei steigender Exposition beziehen. Das TTC-Konzept lag auch dem „threshold of regulation" von 1,5 µg/Person/Tag der FDA für sogenannte indirekte Lebensmittelzusätze (z.B. durch Migration aus Verpackungsmaterial) zugrunde und wurde von JECFA (Joint FAO/WHO Expert Committee on Food Additives) für die Bewertung von Aromastoffen übernommen. – *E* threshold of toxicological concern

*Lit.:* Kroes, R.; Galli, C.; Munro, I.; Schilter, B.; Tran, L.-A.; Walker, R.; Würtzen, G., *Food Chem. Toxicol.*, (2000) **38**, 255–312 ▪ Kroes, R.; Renwick, A. G.; Cheeseman, M.; Kleiner, J.; Mangelsdorf, I.; Riesma, A.; Schilter, B.; Schlatter, J.; van Schothorst, F.; Vos, J. G.; Würtzen, G., *Food Chem. Toxicol.*, (2004) **42**, 65–83 ▪ Munro, I. C.; Ford, R. A.; Kennepohl, E.; Sprenger, J. G., *Food Chem. Toxicol.*, (1996) **34**, 829–867 ▪ Munro, I. C.; Kennepohl, E.; Kroes, R., *Food Chem. Toxicol.*, (1999) **37**, 207–232 ▪ WHO, Hrsg., *Evaluation of Certain Food Additives and Contaminants*; Technical Report Series 837, 859, 884; WHO: Genf, (1993, 1995 bzw. 1999)

**Thujan-3-one** siehe *Thujone.

**Thujaöl** (Zedernblätteröl; FEMA 2267). In dem aus Nordamerika stammenden, in Europa vielfach als Zierstrauch kultivierten immergrünen Lebensbaum (*Thuja occidentalis*, Cupressaceae, auch Sumpfzeder, Gelbe oder falsche Weiße Zeder genannt) enthaltenes etherisches Öl, das aus dessen Blättern und Zweigen in den USA und Kanada in Ausbeuten von ca. 0,6–1% durch Wasserdampfdestillation gewonnen wird.

*Zusammensetzung:* Thujaöl ist eine farblose bis schwach gelbliche oder grünlich-gelbe Flüssigkeit von Campher-artigem Geruch und bitterem Geschmack, D. 0,915–0,935, unlöslich in Wasser, löslich in 70%igem Alkohol. Thujaöl enthält als Hauptbestandteil bis zu etwa 60% *Thujon, daneben *Fenchon, Bornylester, α-*Pinen, *Camphen.

*Verwendung:* Es wird in der Parfümerie zur Erzeugung von Holznoten eingesetzt. In größeren Konzentrationen wirkt Thujaöl aufgrund seines Gehalts an Thujon und dem ebenfalls in geringen Mengen enthaltenen Thujaplicin giftig, hautreizend und krampferzeugend, worauf eventuell die frühere mißbräuchliche Verwendung als Abortivum zu-

rückgeht. – *E* thuja oil, white cedar oil, cedar leaf oil
*Lit.*: Bauer et al. (4.), S. 181 – *[HS 3301 29; CAS 8007-20-3]*

**Thujone** (Thujan-3-one, 3-Sabinanone, 1-Isopropyl-4-methylbicyclo[3.1.0]hexan-3-one).

(–)-α-Thujon
(Thujon)

(+)-β-Thujon
(Isothujon)

$C_{10}H_{16}O$, $M_R$ 152,24, Öle mit *Menthol-ähnlichem Geruch, löslich in Alkohol und organischen Lösemitteln, unlöslich in Wasser. Bicyclische Monoterpen-Ketone mit Thujan-Struktur, die in zwei C-4-epimeren Formen in der Natur vorkommen: (1*S*,4*R*,5*R*)(–)-α-Thujon, Sdp. 83,8–84,1 °C (17 hPa), $[\alpha]_D$ –19,2° (unverdünnt). D. 0,9109; (1*S*,4*S*,5*R*) (+)-β-Thujon, Sdp. 85,7–86,2 °C (17 hPa), $[\alpha]_D$ +72,5° (unverdünnt). D. 0,9135. Sowohl die Bezeichnung α- und β-Thujon als auch Thujon und *Isothujon* sind in der Literatur bisweilen vertauscht.

*Vorkommen:* Sehr verbreitet in den etherischen Ölen der Asteraceae, Cupressaceae, Lamiaceae und Pinaceae. 40% (–)-α-Thujon sind im *Thujaöl (Thuja occidentalis*, Cupressaceae) und 58% (+)-β-Thujon im Rainfarn- (*Tanacetum vulgare*, Asteraceae), *Salbei- und *Wermutöl enthalten.

*Toxikologie:* Thujone sind starke Nervengifte, rufen epileptische Krämpfe hervor und können zu schweren psychischen Schäden führen. (–)-α-Thujon: $LD_{50}$ (Maus s.c.) 134,2 mg/kg; (–)-β-Thujon: $LD_{50}$ (Maus s.c.) 442,2 mg/kg; Isomerengemisch: $LD_{50}$ (Ratte oral) 500 mg/kg. Zum Metabolismus siehe Literatur[1,2]. Zur Variation in *Salvia officinalis* L. siehe Literatur[3].

*Verwendung:* Rainfarnöl schmeckt bitter und wurde zur Herstellung von bitteren Spirituosen (Klosterbitter, Kartäuser und dergleichen) verwendet. Da Rainfarnöl 58% (+)-β-Thujon enthält und seine Giftigkeit bekannt ist, ist sein Zusatz ebenso wie der Zusatz von Thujonen in Aromen verboten. Zum Vorkommen von Thujonen in Lebensmitteln siehe die Stellungnahme des Scientific Committe on Food (SCF) der europäischen Komission[4]. Im Anhang II der Richtlinie 88/388/EWG[5] wird der Maximalgehalt von Thujonen in Lebensmitteln und Getränken mit 0,5 mg/kg festgelegt (Ausnahmen: 5 mg/kg alkoholische Getränke mit nicht mehr als 25% Alkohol; 10 mg/kg alkoholische Getränke mit mehr als 25% Alkohol sowie 25 mg/kg für Lebensmittel mit Salbeizubereitungen und 35 mg/kg für Kräuterbitter). – *E* thujone

*Lit.*: [1] Höld, K. M.; Sirisoma, N. S.; Casida, J., *Chem. Res. Toxicol.*, (2001) **14**(5), 589–595. [2] Sirisoma, N. S.; Höld, K. M.; Casida, J. E., *J. Agric. Food Chem.*, (2001) **49**(4), 1915–1921. [3] Santos-Gomes, P. C.; Fernandes-Ferreira, M., *J. Agric. Food Chem.*, (2001) **49**(6), 2908–2916. [4] European Commission, Hrsg., *Opinion of the Scientific Committee on Food on Thujone*, SCF/CS/FLAV/FLAVOUR/23 ADD2 Final, (2003); http://europa.eu.int/comm/food/fs/sc/scf/out162_en.pdf. [5] Richtlinie 88/388/EWG vom 22.06.1988 zur Angleichung der Rechtsvorschriften der Mitgliedstaaten über Aromen zur Verwendung in Lebensmitteln und über Ausgangsstoffe für ihre Herstellung (Amtsblatt der EG Nr. L 184, S. 61).
*allg.*: Bauer et al. (4.), S. 217 ▪ Helv. Chim. Acta **80**, 623 (1997) (Synthese) ▪ Karrer, Nr. 563 ▪ Merck-Index (13.), Nr. 9469 ▪ Roth, L.; Kormann, K., *Duftpflanzen, Pflanzendüfte*, ecomed: Landsberg, (1996); S. 468 – *[HS 2914 29; CAS 546-80-5 (–)-α-Thujon; 471-15-8 (+)-β-Thujon]*

**Thunfisch.** Der Thunfisch gehört zur Familie der Makrelenfische (Scombridae). Thunfische sind stromlinienförmige Fische mit einem runden Körperquerschnitt und einer schlanken Schwanzwurzel. Thunfische sind die einzigen Fischarten, die in der Lage sind, ihre Körpertemperaturen über die Temperatur des sie umgebenden Wasser zu erhöhen (bis zu 14° C).
Die 7 wichtigsten Thunfischarten sind im Genus *Thunnus* zusammengefasst. Es handelt sich um *Thunnus thynnus*, den Roten Thun, *Thunnus alalunga*, den Weißen Thun oder Germon, *Thunnus albacares*, den Gelbflossen-Thun, *Thunnus maccoyii*, den Südlichen Blauflossen-Thun, *Thunnus obesus*, den Großaugen-Thun, *Thunnus atlanticus*, den Schwarzflossen-Thun, und *Thunnus tonggol*, den Langschwanz-Thun. Thunfische variieren stark in der Größe. *Thunnus thynnus* kann 4,5 m und ein Gewicht von 800 kg erreichen.
Auch *Katsumonus pelamis*, der Echte *Bonito*, wird als Thunfisch gehandelt. Die mit den Thunfischen verwandten Bonitos oder Pelamiden (Genus *Sarda*) wie *Sarda orientalis*, *Sarda sarda* oder *Sarda chilensis* müssen als solche bezeichnet werden und dürfen nicht unter der Bezeichnung Thunfisch vermarktet werden.
Thunfische haben einen hohen Proteingehalt (ca. 20%) und gehören zu den mittelfetten Fischarten (5–10% Fettgehalt). Wie in den wichtigsten Erzeugerländern am Mittelmeer, in USA und Japan wird der Thunfisch auch in Deutschland als Frischfisch angeboten. Für die Weltwirtschaft ist jedoch der Thunfisch als *Fischdauerkonserve von großer Bedeutung. Die Qualitätsanforderungen für Thunfisch-Dauerkonserven und Bonito-Dauerkonserven (in Aufguß oder Öl) sind im Codex Alimentarius Standard niedergelegt. – *E* tuna, tunny

*Lit.*: Codex Alimentarius, *Fish and Fishery Products*, 2. Aufl.; FAO/WHO: Rom, (2001); Bd. 9a ▪ Teubner, C., *Das große Buch vom Fisch*, Gräfe & Unzer: München, (2000) – *[HS 0302 31–0302 39]*

**THV.** Abkürzung für *Technische Hilfsstoff-Verordnung.

**Thymiancampher** siehe *Thymol.

**Thymianöl** (FEMA 3064). Aus verschiedenen Thymian-Varietäten stammende *etherische Öle, deren Zusammensetzung je nach Herkunft stark schwankt. Das Thymianöl weist als Hauptinhaltsstoffe die Phenole *Thymol und *Carvacrol auf, die bis zu 70% des Thymianöls ausmachen können.

Bei den Thymianölen überwiegt der Gehalt an (festem) Thymol gegenüber dem an (flüssigem) Carvacrol, während dies bei den Origanumölen umgekehrt ist. Thymianöl enthält neben durchschnittlich über 50% Thymol (wesentlich für den organoleptischen Eindruck) noch bis zu 20% p-Cymol sowie Gerbstoffe, Flavone[1] und glycosidisch gebundene Aromavorläufer[2-8]. Das echte Thymianöl ist eine farblose bis rotbraune Flüssigkeit von angenehm würzig-aromatischem, etwas medizinisch-scharfem Geruch und einem krautig-würzigen, etwas scharfem Geschmack, D. 0,894–0,930, schwach linksdrehend, sehr wenig löslich in Wasser, löslich in Alkohol.

*Vorkommen und Herstellung:* Hauptlieferanten für das eigentliche Thymianöl sind der Echte (*Thymus vulgaris*) und der Spanische Thymian (*Thymus zygis*). Daneben werden Thymianöle auch aus anderen Thymian-Varietäten gewonnen, z.B. aus Saturei-Thymian (*Thymus satureioides*) oder, spanisches *Majoranöl, aus dem spanischen Mastix-Thymian (*Thymus mastichina*, Waldmajoran), die aber wegen ihres strengen Geschmacks nicht als Ersatz für das echte Thymianöl dienen können.

Herstellung durch Wasserdampfdestillation aus dem blühenden Kraut; Erzeugerländer: Spanien, Frankreich, Nordafrika.

*Verwendung:* Zur Parfümherstellung; in vielen Parfüms mit betonter kräuterartiger Note (Herrennoten) vorhanden. Zur Aromatisierung von Lebensmitteln wie Saucen, Dressings, Fleischzubereitungen, Essiggemüsen usw., in Mundpflegepräparaten und in pharmazeutischen Präparaten wie Bronchologica, Expektorantien, Balneotherapeutika. Zu antioxidativen Eigenschaften siehe Literatur[9]. – *E* thyme oils

*Lit.:* [1]Biochem. Syst. Ecol. **9**, 293–295 (1981); **16**, 43–46 (1987). [2]J. Agric. Food Chem. **47**, 1911–1914 (1999). [3]Perfum. Flavor. **7**(2), 39 (1982). [4]Perfum. Flavor. **9**(2), 28 (1984). [5]Perfum. Flavor. **13**(6), 60 (1988). [6]Perfum. Flavor. **15**(5), 59 (1990). [7]Perfum. Flavor. **17**(5), 140 (1992). [8]Daferera, D. J.; Ziogas, B. N.; Polissiou, M. G., *J. Agric. Food Chem.*, (2000) **48**(6), 2576–2581. [9]Miura, K.; Kikuzaki, H.; Nakatani, N., *J. Agric. Food Chem.*, (2002) **50**(7), 1845–1851.
*allg.:* Bauer et al. (4.), S. 221 ▪ H&R, S. 203 ▪ Roth, L.; Kormann, K., *Duftpflanzen, Pflanzendüfte*, ecomed: Landsberg, (1996); S. 265–266 – *[HS 3301 29; CAS 8007-46-3]*

**Thymol** (Thymiancampher, 2-Isopropyl-5-methylphenol, p-Cymen-3-ol; FEMA 3066).

$C_{10}H_{14}O$, $M_R$ 150,21, gesättigter, monocyclischer Monoterpen-Alkohol. Farblose, würzig thymianartig riechende, brennend schmeckende Kristalle (Platten), D. 0,969, Schmp. 50–51 °C, Sdp. 233 °C, wenig löslich in Wasser und Glycerol, leicht löslich in Alkohol, Ether, Chloroform, Schwefelkohlenstoff, fetten Ölen und Natronlauge, mit Wasser-

dampf flüchtig. Das Alkylphenol Thymol wirkt stark antiseptisch und übertrifft hierin Phenol. Neben Thymol werden 3-Isopropyl-5-methylphenol als *sym*-Thymol (Schmp. 50–54 °C, Sdp. 241 °C), 4-Isopropyl-3-methylphenol als *p*-Thymol (Schmp. 112 °C) und 2-Isopropyl-3-methylphenol auch als *vic*-Thymol (Schmp. 70–71 °C) bezeichnet.

*Vorkommen:* Thymol ist zusammen mit seinem natürlich vorkommenden Isomeren *Carvacrol in den *Thymianölen der verschiedenen Thymian-, Majoran- und Origanum-Arten. verbreitet; besonders reich an Thymol ist Ajowan-Samenöl. Zur Korrelation zwischen chemischer Zusammensetzung und genetischer Herkunft von kommerziellen Thymianölen siehe Literatur[1].

*Herstellung:* Thymol wird heute synthetisch aus p-Cymol oder m-Kresol hergestellt.

*Toxikologie:* Schwellenwert in Wasser 50 ppb, $LD_{50}$ (Ratte oral) 980 mg/kg. Reines Thymol hat in hohen Dosen beim Menschen schwere Vergiftungen hervorgerufen[2]. Infolge seiner Schwerlöslichkeit wirkt es auf den Organismus viel weniger nachteilig als z.B. Phenol; es greift die Haut kaum an und ruft auch keine tieferen Ätzungen hervor.

*Verwendung:* Bei Verdauungsstörungen, Bronchitis, Keuchhusten, gegen Würmer, als Fungizid, zu Verbänden, Salben, Zahnpasten, als Konservierungsmittel für anatomische Präparate. Thymol wird in großem Umfang zur Herstellung von optisch aktivem Menthol durch katalytische Hydrierung und Racemattrennung (Verfahren von Haarmann & Reimer) verwendet[3,4]. Die inhibierende Wirkung von Thymol und anderer Phenole in etherischen Ölen auf die *LDL-Oxidation wird in Literatur[5] diskutiert. – *E* thymol

*Lit.:* [1]Echeverrigaray, S.; Agostini, G.; Atti-Serfini, L.; Paroul, N.; Pauletti, G. F.; Atti dos Santos, A. C., *J. Agric. Food Chem.*, (2001) **49**(9), 4220–4223. [2]Roth, L.; Kormann, K., *Duftpflanzen, Pflanzendüfte*, ecomed: Landsberg, (1996); S. 469. [3]Ullmann (5.) **A11**, 169. [4]Bauer et al. (4.), S. 126–127. [5]Teissedre, P. L.; Waterhouse, A. L., *J. Agric. Food Chem.*, (2000) **48**(9), 3801–3805.
*allg.:* Beilstein EIV **6**, 3334 ▪ Tetrahedron **38**, 3889 (1997) (Biosynthese) ▪ Ullmann (5.) **A1**, 199; **A8**, 558; **A11**, 195; **A19**, 317, 326f. – *[HS 2907 19; CAS 89-83-8 (Thymol); 3228-02-2 (p-Thymol); 3228-03-3 (sym-Thymol); 3228-01-1 (vic-Thymol)]*

**Thyreocalcitonin** siehe *Calcitonin.

**Thyreostatika.** Bezeichnung für zahlreiche, chemisch unterschiedliche Stoffe, die direkt oder indirekt die Synthese bzw. die Freisetzung der Schilddrüsenhormone [L-Thyroxin: $T_4$ (Tetraiodthyronin) und 3,3′,5-Triiod-L-thyronin: $T_3$] hemmen.
Die wichtigsten Thyreostatika lassen sich in vier Gruppen unterteilen:
1. *Iodisationshemmer*, die über eine Hemmung thyreoidaler Peroxidasen die Oxidation von Iodid zu *Iod und als Folge davon den Einbau von Iod in *Tyrosin vermindern. Zu dieser Gruppe gehören Thiouracil und seine Derivate Propylthiouracil und Methylthiouracil sowie die Thioimidazol-Derivate Thiamazol und Carbimazol.

2. *Iodinationshemmer*, die kompetitiv den Transport von Iodid in die Schilddrüse hemmen. Hierzu gehören Perchlorat, Nitrat und Thiocyanat.

3. *Iodide*, die durch Inhibition von Proteasen die Freisetzung von Schilddrüsenhormonen aus dem Thyreoglobulin hemmen.

4. „*Radioiod*" (*Iod 131, [131]I), das durch die Wirkung ionisierender Strahlen zu nahezu selektiver Zerstörung der Schilddrüse führt.

In Lebens- und Futtermitteln natürlich vorkommende, thyreostatisch wirksame Substanzen sind besonders als goitrogene Substanzen bekannt (z.B. *Goitrin).

*Anwendung:* In der Humanmedizin und bei Kleintieren in der Veterinärmedizin werden Thyreostatika bei Hyperthyreosen, Thyreotoxikosen und zur Operationsvorbereitung (Iodide) eingesetzt. Thyreostatika (wie z.B. Thiouracil, Methylthiouracil und Propylthiouracil sowie Thioimidazol-Derivate) wurden bis zum Verbot 1988 gelegentlich in der Tiermast zur Steigerung der Gewichtszunahme verwendet, da durch die Hemmung der Tätigkeit der Schilddrüse eine Senkung des Grundumsatzes (Energieumsatzes) bewirkt wird. Allerdings beruhte der Masteffekt in erster Linie auf verstärkter Wassereinlagerung und nicht auf vermehrten Ansatz von Fleisch und Fett[1].

*Rückstände:* Thiouracil-Derivate werden rasch resorbiert und verteilt, schnell abgebaut und ausgeschieden. Mit Rückständen (v. a. in der Schilddrüse) muß gerechnet werden, deren gesundheitliche Bedeutung zumindest von Fall zu Fall nicht außer acht gelassen werden darf[1].

*Analytik:* In der Allgemeinen Verwaltungsvorschrift über die Durchführung der amtlichen Untersuchung nach dem Fleischhygienegesetz wurde eine DC-Methode für Fleisch, Blutserum und Futtermittel festgeschrieben. Mit Hilfe dieser Methode wurde 1989 bei 1645 Stichproben eine Thyreostatika-haltige Probe entdeckt[2]. Alternativ wurden HPLC- und GC-Verfahren zum Nachweis von Rückständen entwickelt[3-5].

*Recht:* Nach § 1 in Verbindung mit Anlage 1 der *Verordnung über Stoffe mit pharmakologischer Wirkung ist die Anwendung von „Stoffen mit thyreostatischer Wirkung wie Thiouracile, Thioimidazole, Thiohydantoine für Einhufer, Rinder, Schweine, Schafe, Ziegen, Kaninchen, Geflügel, Haar- und Federwild für alle Anwendungsgebiete" ausgeschlossen. Daher gibt es auch keine zulässigen Höchstmengen; der Nachweis von Rückständen führt unabhängig von der Höhe des Befundes zur Strafverfolgung. Die mißbräuchliche Anwendung von Thyreostatika als Masthilfsmittel wird im Rahmen des Nationalen Rückstandskontrollplans überwacht[6]. – *E* antithyroid agents

*Lit.:* [1]DFG, Hrsg., *Anwendung von Thyreostatika bei Tieren, die der Lebensmittelgewinnung dienen*; Mitteilung IV der Kommission zur Prüfung von Rückständen in Lebensmitteln; Verlag Chemie: Weiheim, (1977). [2]Bundesgesundheitsblatt **1991**(1), 21–23. [3]Lebensmittelchem. Gerichtl. Chem. **40**, 1–2 (1986). [4]Hooijerink, H.; De Ruig, W. G., *J. Chromatogr. A*, (1987) **394**, 403–407. [5]Dtsch. Lebensm. Rundsch.

**82**, 146–148 (1986). [6]BVL, Nationaler Rückstandskontrollplan; http://www.bvl.bund.de.
*allg.:* Forth et al. (8.) ▪ Löscher (6.) ▪ Lüllmann, H.; Mohr, K.; Wehling, M., *Pharmakologie und Toxikologie*, 15. Aufl.; Thieme: Stuttgart, (2003); S. 364 ▪ Mutschler, E; Geisslinger G., Kroemer H.K.; Schäfer-Korting, M., *Arzneimittelwirkungen*, 8. Aufl.; Wissenschaftliche Verlagsgesellschaft: Stuttgart, (2001)

**Tiabendazol** siehe *Thiabendazol.

**TIC.** Abk. für engl.: total inorganic carbon, s. *TOC.

**Tiefenfiltration** siehe *Filtration.

**Tiefgefrorene Lebensmittel.** Lebensmittel, die durch Gefrierlagerung bei −18°C oder darunter konserviert wurden. Bei Gefrierlagerung sind chemische und biochemische Veränderungen des Lebensmittels stark verlangsamt, Wachstum von Mikroorganismen findet praktisch nicht mehr statt, die Mikroorganismen bleiben jedoch in der Regel lebensfähig. Verderb tiefgefrorener Lebensmittel kann durch örtlich unterschiedliche Austrocknung mit Verfärbung der Oberfläche erfolgen (Gefrierbrand). An tiefgefrorene Lebensmittel stellt die allgemeine Verkehrsauffassung der Leitsätze für tiefgefrorene Lebensmittel (enthalten in den *Leitsätzen des Deutschen Lebensmittelbuches) besondere Anforderungen: sachgerechtes verfahrenstechnisches Vorgehen, geeignete Vorrichtungen und Verpackungen. Die *Kerntemperatur* muß im thermischen Mittelpunkt mindestens *minus 18°C* betragen. Allenfalls bei der Entnahme aus dem Transportraum und während des Verkaufvorganges darf die Temperatur in der Randschicht auf minus 15°C ansteigen. Eine erneute Tiefgefrierbehandlung einmal angetauter oder aufgetauter Lebensmittel erfüllt nicht mehr diese Anforderungen.

Neben dem Hinweis „*tiefgefroren*" sind als gleichsinnige Bezeichnungen anzusehen: „*schnellgefroren*", „*tiefgekühlt*", „*Tiefkühlkost*" und „*aus der Tiefgefrierkette*" oder Aufmachungen mit dem Wortstamm „*Frost-*". Die Leitsätze gelten für alle Lebensmittel, ausgenommen „tiefgekühlte" Milch.

Spezielle Qualitätsanforderungen an bestimmte tiefgefrorene Lebensmittel sind des weiteren festgelegt in den Leitsätzen für tiefgefrorene Fische und Fischerzeugnisse bzw. für tiefgefrorenes Obst und Gemüse. Besondere lebensmittelrechtliche Regelungen finden sich in der Hackfleisch-Verordnung (§§ 2–5, 7), der Fleisch-Verordnung (§ 6) und innerhalb der Vermarktungsnormen für Geflügelfleisch, festgelegt in diversen VO der EWG; siehe auch die Stichwörter *Gemüseerzeugnisse (tiefgefrorenes Gemüse), *tiefgefrorenes Obst, *Fischverarbeitung (Landfrostung und Seefrostung von Fisch) und *tiefgefrorenes Fleisch. – *E* deep-frozen foods

*Lit.:* Doyle, M. P.; Beuchat, L. R.; Montville, T. J., Hrsg., *Food Microbiology*, ASM Press: Washington, (2001); S. 813ff. ▪ Tscheuschner, H.-D., Hrsg., *Gründzüge der Lebensmitteltechnik*, 3. Aufl.; Behr's: Hamburg, (2004)

**Tiefgefrorenes Fleisch.** Tiefgefrorenes Fleisch ist *Fleisch, das nach der Verordnung für *tiefgefrorene Lebensmittel eingefroren und gelagert wurde. Das Fleisch wird in Gefriereinrichtungen mit einer mittleren Geschwindigkeit von 1 cm pro h bis auf eine Kerntemperatur von mindestens −15 °C tiefgefroren und anschließend unter Beibehaltung der Gefrierbedingungen bei einer Endtemperatur von mindestens −18 °C aufbewahrt; zu den weiteren Anforderungen siehe *tiefgefrorene Lebensmittel. Zu den einzelnen Gefriertechniken (Gefrierhäuser, -kammern, Tiefkühltunnel, Kontakt- und Plattenfroster, flüssiger Stickstoff, Solebäder) siehe Literatur[1].

*Strukturelle Veränderungen:* Das *Wasserbindungsvermögen des Fleisches nimmt durch den Einfrierprozeß stark ab, die Aktivitäten verschiedener Enzyme werden durch freigesetzte Calcium- und Magnesium-Ionen in der Regel erheblich gesteigert. Auch die Enzymmuster können sich nach elektrophoretischer Trennung von Preßsäften aus gefrorenem oder frischem Fleisch so deutlich unterscheiden, daß frisches und *Gefrierfleisch* analytisch leicht zu unterscheiden sind[2] (siehe auch *Fleischerzeugnisanalyse). V.a. strukturgebundene Enzyme (z.B. Glutamat-Oxalacetat-Transaminase, GOT, siehe *Glutaminsäure), werden während des Gefrierprozesses in das Muskelplasma freigesetzt.

*Lagerfähigkeit:* Begrenzung durch lipoxidative Einflüsse. Beim Einfrieren organisieren sich die Wasser-Moleküle des Fleisches zu Kristallgittern. Diese Kristallgitter sind für Sauerstoff-Moleküle durchlässig, so daß ungesättigte Fettsäuren rascher als im frischen Fleisch oxidative Veränderungen erfahren können[3]. Von besonderer Bedeutung für die Wasserbindung bzw. die Zartheit oder Zähigkeit von aufgetautem Fleisch ist, ob Fleisch im Prä- oder Post-*Rigor-mortis-Zustand eingefroren wurde. Im Prärigorzustand besitzt Fleisch einen hohen ATP-Gehalt, durch den die Bildung von Actomyosin aus Actin und Myosin verhindert wird. Beim Auftauen von Prärigorfleisch erfolgt ein sehr rascher ATP-Abbau mit ebenso schneller Actomyosin-Bildung, die eine höhere Zähigkeit und eine verringerte Wasseraufnahme verursacht, weshalb Prärigorfleisch zum Einfrieren ungeeignet ist. Beim Einfrieren von Postrigorfleisch treten die nachteiligen Veränderungen nicht auf, Wasserbindung und Zartheit des Fleisches werden nur unwesentlich beeinflußt. – *E* frozen meat

*Lit.:* [1]Jul, M., *The Quality of Frozen Foods*, Academic Press: New York, (1984). [2]Gottesmann, P.; Hamm, R., *Z. Lebensm. Unters. Forsch.*, (1987) **184**, 115. [3]*Kühlen, Zerlegen, Kühllagerung, Reifung. Einfluß auf die Fleischqualität*, Band 15 der Kulmbacher Reihe, Bundesanstalt für Fleischforschung: Kulmbach, (1998).

**Tiefgefrorenes Gemüse** siehe *Gemüseerzeugnisse.

**Tiefgefrorenes Obst** (Obstgefrierkonserve, gefrorenes Obst). Sowohl für den Endverbrauch als auch zur Weiterverarbeitung wird *Obst tiefgefroren. Zur Gefrierkonservierung geeignet sind alle reifen Obstarten mit festem Fleisch wie Himbeeren, Heidelbeeren, Preiselbeeren, Erdbeeren (feste Sorten), dunkle Kirschen, Äpfel (zu Backzwecken) usw. Tiefgefrorenes Obst wird bei −18 bis −24 °C (hoher Zuckergehalt, der den Gefrierpunkt herabsetzt) gelagert und ist zwischen 2 bis 4 Jahre haltbar. Ein Unterbrechen der Kühlkette führt zum sofortigen Produktverlust. Beim Auftauen treten Textur- und Abtropfverluste auf.

Vor dem Einfrieren des Obstes wird in manchen Fällen, wie z.B. bei Birnen oder zum Teil bei Äpfeln, Aprikosen oder Pfirsichen, blanchiert, besonders wenn es zur Weiterverarbeitung zu Kompott bestimmt ist. Um unter anderem *enzymatische Bräunungen zu verhindern und zur Konsistenzerhaltung nach dem Auftauen wird zu den Früchten noch vor dem Einfrieren Zuckerlösung (30–50%ig) oder Zucker (1 Teil auf 4–10 Teilen Frucht) gegeben und bis zum Saftaustritt stehengelassen. Auch können *Ascorbinsäure und *Citronensäure zur Vermeidung einer Bräunung zugesetzt werden. Der Gefrierprozeß selbst muß rasch bei Lufttemperaturen ≤−30 °C ablaufen, damit mikrobiologisches Wachstum schnell ausgeschaltet, Konzentrationsverschiebungen im Fruchtgewebe vermieden und damit kleine Eiskristalle gebildet werden, die das Gewebe nicht schädigen. Frei „rollende Früchte" werden im Fließbett gefroren (IQF-Früchte). Früchte zur weiteren Verarbeitung in der Konfitürenindustrie werden ohne Zuckerzusatz in Blöcke gefroren; siehe auch *tiefgefrorene Lebensmittel. – *E* deep frozen fruit

*Lit.:* Surgelation **268**, 9–11, 13, 15–17 (1988).

**Tierartbestimmung** (Tierartidentifizierung, -differenzierung). Verfahren zur Ermittlung der tierartlichen Herkunft der vom Tier stammenden Lebensmittel, insbesondere von Fleisch[1], Fisch[2], Milch[3] und daraus hergestellten Erzeugnissen. Die Tierartbestimmung beruht auf dem analytischen Nachweis tierartspezifischer Komponenten (z.B. Proteine) bzw. auf charakteristischen Reaktionen mit diesen. Die Tierartbestimmung erfolgt durch serologische Methoden, *Enzymimmunoassay (ELISA), gaschromatographische Bestimmung des Fettsäure-Musters oder DNA-Analyse [polymerase chain reaction (PCR), DNA-Sequenzierung][4,5] oder *Elektrophorese. Beim Vorliegen von Tierkörperteilen ist eine anatomische und an Haaren oft eine histologische Tierartbestimmung möglich. Zur Überprüfung der Einhaltung lebensmittel- und handelsrechtlicher Bestimmungen zur Tierartkennzeichnung bei rohem und erhitztem Fleisch[6,7] sowie bei Milch, Milcherzeugnissen und Käse stehen amtliche Untersuchungsverfahren [*ELISA, PAGIF (Polyacerylamid-Gel isoelektrische Fokussierung), Standardelektrophorese und Fettsäure-Verteilungen] zur Verfügung. Die Tierartbestimmung hat durch *BSE erheblich an Bedeutung gewonnen. – *E* species identification

*Lit.:* [1]Patterson (Hrsg.), Biochemical Identification of Meat Species, London: Elsevier 1985. [2]Z. Lebensm. Unters. Forsch. **191**, 1–10 (1990). [3]Dtsch. Milchwirtsch. (Leipzig) **40**, 713–714 (1989). [4]Meat Sci. **27**, 119–128 (1990). [5]Lenstra, J. A.; Jacob, B.; Buntjer, J. B.; Frederik, W.; Janssen, F. W., *On the origin of meat – DNA techniques for species identifi-*

*cation in meat products,* Veterinary Sciences Tomorrow, Issue 2; http://www.vetscite.org/publish/articles/000012/print. html [Online, 2001]. [6]*Fleischwirtschaft* **70**, 102–107 (1990); **72**, 85–89 (1992). [7]Gizzi, G.; van Raamsdonk, L.W.; Baeten, V.; Murray, I.; Berben, G.; Brambilla, G.; von Holst, C., *Rev. Sci. Tech.*, (2003) **22**(1), 311–331.

*allg.:* Buchholz, M., *Versuche zur Gewinnung muriner monoklonaler Antikörper zum Tierartennachweis in Lebensmitteln unter Verwendung verschiedener Immunisierungs-Antigenaufbereitungen,* Dissertation FU-Berlin, (2003); S. 7–24; http://darwin.inf.fu-berlin.de/2003/67/kap2.pdf

**Tierfette** siehe *Fette und Öle.

**Tintendattel** siehe *Jujube.

**Tintenfische** (Kopffüßer, Cephalopoda). Zur Klasse der T. zählen die Ordnung der Zehnarmigen T. (Tintenschnecken, Decabrachia), zu welcher die *Kalmare* (Loliginidae) u. *Sepia* (Sepiidae) gehören, u. die Ordnung der Achtarmigen T. (Octobrachia), zu welcher der *Octopus* (Gemeiner Krake) zählt. Dieser besitzt im Gegensatz zu den Kalmaren keine feste innere Schale. T. werden frisch od. tiefgefroren angeboten u. können in vielfältiger Weise zubereitet werden (gekocht, gebraten od. als fritierte, panierte T.-Ringe). Angaben zu Gehalten an Schwermetallen s. *Fisch-Umweltschadstoffe. – E cephalopods

*Lit.:* Mosimann, A.; Hofmann, H.; Teubner, C., *Das große Buch der Meeresfrüchte,* Gräfe & Unzer: München, (1999) – [HS 0307 41]

**Tintennuß** siehe *Cashewnuß.

**Titandioxid** [Titan(IV)-oxid, INCI-Bez.: Titanium Dioxide, E 171, C.I. 77891]. $TiO_2$, $M_R$ 79,90. Die mit Abstand techn. bedeutendste Titan-Verb. tritt in drei Modif. auf, die in der Natur als *Anatas* (tetragonale Krist., D. 3,9, H. 5,5–6), *Brookit* (orthorhomb. Krist., D. 4,17, H. 5,5–6, Schmp. 1825°C) u. *Rutil* (tetragonale Krist., D. 4,26, H. 6–6,5, Schmp. 1830–1850°C, Sdp. >2500°C, stabilste Form des $TiO_2$) vorkommen.

*Toxikologie:* Titandioxid wird wegen seiner Unlöslichkeit prakt. nicht im Magen-Darm-Trakt absorbiert od. im Gewebe eingelagert. Es erwies sich sowohl in Kurzzeit- als auch Langzeitversuchen als ungiftig. Als Feinstaub MAK-Werte-Liste (2004): 1,5 mg/m$^3$ (alveolengängige Fraktion), Gruppe C (Schwangerschaft).

*Verwendung:* In der Anatas-Modif. u. insbes. in der Rutil-Modif. besitzt $TiO_2$ als ausgezeichnetes Weißpigment eine bes. techn. Bedeutung. Je nach Einsatzgebiet werden unterschiedliche $TiO_2$-Spezialtypen angeboten – man schätzt ihre Zahl einschließlich der verschiedenen Lieferformen auf >500. $TiO_2$ ist auch ein ausgezeichnetes Trübungsmittel für Email u. wird wegen seiner guten dielektr. Eigenschaften in der Elektroindustrie z.B. zu Kondensatoren verarbeitet. Auch synthet. Schmucksteine lassen sich aus $TiO_2$ herstellen. In der Chemie dient $TiO_2$ als Träger für Katalysatoren od. bei der Kjeldahl-Methode selbst als Katalysator.

Da $TiO_2$ ungiftig ist, wird es in Kosmetika (Sonnenschutzmitteln, Lippenstiften, Körperpudern,

Seifen, Perlglanzpigmenten, Zahnpasten) u. pharmazeut. Spezialitäten eingesetzt. Auch in der Lebensmittelindustrie ist $TiO_2$ zugelassen, als Weißpigment (10 g/100 kg) bei der Umhüllung von Salami, bei Zuckerwaren, Dragées, Gelatinekapseln, Tabakwaren (zur Erzeugung von weißer Asche), außerdem zum Tönen von Verpackungsmaterial.

*Recht:* $TiO_2$ (E 171) ist gemäß *ZZulV (Anlage 1 Teil A) für Lebensmittel allgemein ohne Höchstmengenbeschränkung (*quantum satis*) zugelassen. Bestimmte Lebensmittel sind aus Gründen des Täuschungsschutzes von dieser Erlaubnis ausgenommen, wie u.a. Brot, verschiedene Milchprodukte, Nudeln, Honig.

Zur Analytik s. *Lebensmittelfarbstoffe. – E titanium dioxide

*Lit.:* Blue List ▪ Eur. Chem. **1991**, Nr. 51–52, 6 ▪ Kirk-Othmer (4.) **19**, 12–18; **23**, 235–250 ▪ Winnacker-Küchler (4.) **3**, 367–373 – [HS 2823 00, 2614 00 (natürliches Titandioxid); CAS 13463-67-7 (Titandioxid); 12188-41-9 (Brookit)]

**TMW.** Abkürzung für *Trinkwasser-Maßnahmewert.

**TOC.** Abk. für engl.: *t*otal *o*rganic *c*arbon = gesamter organisch gebundener Kohlenstoff. Der TOC-Wert ist ein Maß für den Kohlenstoff-Gehalt gelöster und ungelöster organischer Substanzen in Wasser. Er liefert als summarischer Parameter keinen Hinweis auf die Art der organischen Substanz. Im Bereich des Abwassers ist der TOC-Wert zusammen mit dem *CSB-Wert eine wichtige Kenngröße für die Belastung mit organischen Stoffen. Durchschnittliche TOC-Konzentrationen in kommunalem Schmutzwasser liegen bei 200 mg/L[1].

Der TOC ist ein sogenannter Indikatorparameter nach § 7 i. V. mit Anlage 3 der *Trinkwasser-Verordnung[2]. Er muß „ohne anormale Veränderung" sein. Im Falle einer Abweichung resultiert daraus kein oder nur ein geringes gesundheitliches Risiko für den Verbraucher. Indikatorparameter zeigen indirekt eingetretene Veränderungen der Wasserqualität an. Im Falle des TOC wird angezeigt, ob organische, im Wasser unerwünschte Verbindungen vorhanden sind, da sie u.a. Mikroorganismen als Nährsubstrat dienen können. Sie können ferner mit Desinfektionsmitteln oder deren Produkten unter Bildung von Organohalogen-Verbindungen reagieren.

Die gebräuchlichsten Abkürzungen und Definitionen bei den Kohlenstoff-Bestimmungen sind in der Abbildung auf S. 1176 dargestellt. Die Abtrennung des analytisch störenden anorganischen Kohlenstoff-Anteils ($CO_2$, $HCO_3^-$, $CO_3^{2-}$) geschieht durch Ansäuern und anschließendes Begasen der Probe mit reinem Stickstoff. Bei dem Begasungsschritt können allerdings auch flüchtige organische Kohlenstoff-Verbindungen (VOC) entfernt werden. Ausgehend vom TOC erhält man den *DOC nach Abtrennung der ungelösten bzw. suspendierten organischen Kohlenstoff-Verbindungen (*POC) mittels Membranfiltration mit 0,45 μm Porenweite.

*Analytik:* Das Prinzip der Kohlenstoff-Bestimmung beruht auf der Oxidation des organisch ge-

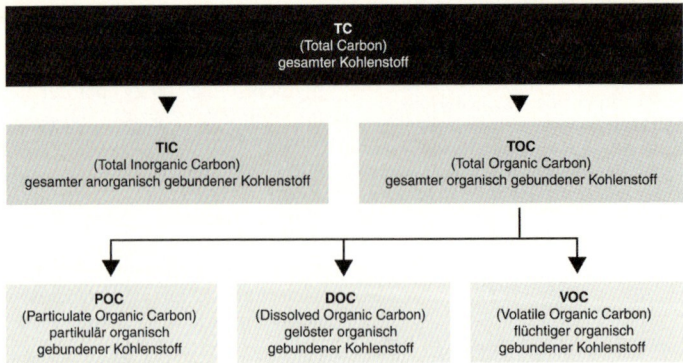

Abb.: Übersicht der gängigen Abkürzungen der Kohlenstoff-Bestimmung (nach *Lit.*[3−5]).

bundenen Kohlenstoffs zu Kohlendioxid und anschließender quantitativer Erfassung der Kohlendioxidmenge[4,5]. Vorher wird der anorganische Kohlenstoff durch Ansäuern und Austreiben entfernt oder getrennt bestimmt.

Die Oxidation erfolgt entweder thermisch mit Hilfe eines Katalysators oder nasschemisch durch Bestrahlung mit UV-Licht in Anwesenheit eines Oxidationsmittels (z.B. Peroxodisulfat).

Die quantitative Bestimmung des gebildeten Kohlendioxids wird entweder mit nicht dispersiver Infrarot-Spektrometrie, Wärmeleitfähigkeitsdetektion, Leitfähigkeitsmessung, Coulometrie oder nach Reduktion zu Methan durch Flammenionisationsdetektion durchgeführt.

Der TOC wird in mg/L angegeben. – *E* TOC

*Lit.:* [1]Klopp, R., In *Wasser und Gewässer*, Frimmel, F. H., Hrsg.; Spektrum Akademischer Verlag: Heidelberg, (1999); S. 376. [2]Verordnung über Trinkwasser und über Wasser für Lebensmittelbetriebe (Trinkwasser-Verordnung – TrinkwV) vom 21.5.2001 (BGBl. I, S. 959). [3]Huber, S. A.; Huber, W.; Frimmel, F. H., In *Wasserchemie für Ingenieure*, DVGW, Hrsg.; R. Oldenbourg-Verlag: München, (1993); S. 47–67. [4]Wasserchemische Gesellschaft, Hrsg., *Deutsche Einheitsverfahren zur Wasser-, Abwasser- und Schlammuntersuchung*, DEV H3, Wiley-VCH: Weinheim, (1998). [5]DIN EN 1484: 1997-08.

*allg.:* Ullmann (5.) **A28**, 22–25; **B6**, 474–478

**Tocopherolchinone** siehe *Tocopherole.

**Tocopherole.** Bezeichnung für in 2-Stellung mit einem 4,8,12-Trimethyltridecyl-Rest substituierte Chroman-6-ole (3,4-Dihydro-2*H*-1-benzopyran-6-ole). Von der IUPAC-IUB vorgeschlagener systematischer Name für eine Reihe von Naturstoffen mit Vitamin-E-Charakter. Angaben zu Funktion, Ernährungsphysiologie und Toxikologie siehe *Vitamin E.

Tocopherole sind schwach gelblich-rötliche, ölige Flüssigkeiten, unlöslich in Wasser, löslich in Fetten und Ölen sowie den üblichen Lösemitteln für Fette. Sie sind relativ stabil gegen Hitze, Säuren und Alkalien, werden von Luftsauerstoff nur langsam, jedoch in Gegenwart von Metall-Ionen wie $Fe^{3+}$, $Ag^+$ usw. besonders unter Lichteinwirkung rasch oxidiert. Die entstehenden Oxidationsprodukte, die Tocopherolchinone, zählen zu den *Biochinonen*. Dies sind polyprenylierte 1,4-Benzochinone

bzw. Naphthochinone, deren Prenyl-Ketten mehr oder weniger stark gesättigt sind. Hierzu gehören z.B. die Plastochinone, *Ubichinone, Bovichinone, *Vitamin K.

Man unterscheidet unter anderem α-, β-, γ-, δ-, ζ- und η-Tocopherole, α-, β- und γ-Tocotrienole, die noch über die ursprüngliche ungesättigte Prenyl-Seitenkette verfügen, sowie α-Tocopherolchinon und α-Tocopherolhydrochinon, bei denen das Pyran-Ringsystem geöffnet ist (siehe Abbildung und Tabelle, S. 1177).

Vor allem α-Tocopherol in der (2*R*,4′*R*,8′*R*)-Form (Trivialname: *RRR*-α-Tocopherol), aber auch β-, γ- und δ-Tocopherol, α-, β- und γ-Tocotrienol und verschiedene Tocopherolacetate und Tocopherolsuccinate besitzen Vitamin-E-Wirkung.

*Vorkommen:* Tocopherole kommen in vielen Pflanzenölen vor. Besonders reich sind die Samenöle von Soja, Weizen, Mais, Reis, Baumwolle, Luzernen und Nüssen, wobei jedoch bei der Raffination ein Teil verloren geht. Auch einige Früchte und Gemüse, z.B. Himbeeren, Bohnen, Erbsen, Fenchel, Paprika, Schwarzwurzeln und Sellerie enthalten Tocopherole. Geringe bis sehr geringe Konzentrationen findet man in den meisten Früchten und Gemüsearten und in tierischen Produkten wie Eier und Fisch; siehe auch *Vitamin E.

*Synthese: Biosynthese:* Tocopherole werden in Höheren Pflanzen, Algen und Bakterien aus Phytylpyrophosphat und Homogentisinsäure gebildet, tierische Organismen sind zur Synthese nicht befähigt und müssen Tocopherole mit der Nahrung zuführen[1,2].

*Industrielle Synthese:* Weltweit werden ca. 7000 t/a Tocopherole produziert, und zwar vorzugsweise durch Synthese des racemischen α-Tocopherol (*all-rac*-α-Tocopherol) aus Trimethylhydrochinon und dem aus Aceton über Linalool zugänglichen Isophytol[3−5].

*Verwendung:* Tocopherole wirken natürlicherweise als Antioxidantien in Fetten und Ölen. Neben ihrer Anwendung aufgrund des Vitamin-E-Charakters zur Durchblutungsförderung und Lipidsenkung werden sie veterinärmedizinisch als Futtermittelzusatzstoff eingesetzt. Hierfür werden in Eu-

Tabelle: Struktur und Daten von Tocopherolen.

| | $R^1$ | $R^2$ | $R^3$ | Konfiguration | Summenformel CAS | $M_R$ | Schmp. [°C] | Sdp. [°C] | optische Aktivität |
|---|---|---|---|---|---|---|---|---|---|
| **Tocopherole** | | | | | | | | | |
| α | $CH_3$ | $CH_3$ | $CH_3$ | $2R,4'R,8'R$ | $C_{29}H_{50}O_2$ 10191-41-0 59-02-9 | 430,71 | 2,5 – 3,5 | 140 (0,13 mPa) | $[α]_D^{25}$ +0,65° $(C_2H_5OH)$ |
| β | $CH_3$ | H | $CH_3$ | $2R,4'R,8'R$ | $C_{28}H_{48}O_2$ 148-03-8 16698-35-4 | 416,69 | | 200 – 210 (13 Pa) | $[α]_D^{20}$ +6,37° |
| γ | H | $CH_3$ | $CH_3$ | $2R,4'R,8'R$ (±)-Form | $C_{28}H_{48}O_2$ 7616-22-0 54-28-4 7540-59-2 | 416,69 | −2 bis −3 | 200 – 210 (13 Pa) | $[α]_{456}^{25}$ −2,4° $(C_2H_5OH)$ |
| δ | H | H | $CH_3$ | $2R,4'R,8'R$ | $C_{27}H_{46}O_2$ 119-13-1 5488-58-4 | 402,66 | | 250 (1,3 Pa) | |
| ζ₂ | $CH_3$ | $CH_3$ | H | $2R,4'R,8'R$ | $C_{28}H_{48}O_2$ 493-35-6 17976-95-3 | 416,69 | −4 | | |
| η | H | $CH_3$ | H | $2R,4'R,8'R$ | $C_{27}H_{46}O_2$ 91-86-1 78656-16-3 | 402,64 | | | |
| **Tocotrienole** | | | | | | | | | |
| α | $CH_3$ | $CH_3$ | $CH_3$ | $(E,E)$ $R-(E,E)$ | $C_{29}H_{44}O_2$ 1721-51-3 47686-42-0 58864-81-6 | 424,67 | 30 – 31 | | $[α]_D^{25}$ −5,7° $(CHCl_3)$ |
| β (ε-Tocopherol) | $CH_3$ | H | $CH_3$ | $R-(E,E)$ | $C_{28}H_{42}O_2$ 490-23-3 | 410,64 | | 140 (6,5 mPa) | |
| γ | H | $CH_3$ | $CH_3$ | $R-(E,E)$ $(E,E)$ | $C_{28}H_{42}O_2$ 14101-61-2 135970-12-6 | 410,64 | | | |
| **Tocopherolchinone** | | | | | | | | | |
| α | $CH_3$ | $CH_3$ | $CH_3$ | $3'R,7'R,11'R$ | $C_{29}H_{50}O_3$ 7559-04-8 | 446,71 | | 120 (2,6 Pa) | |
| **Tocopherolhydrochinone** | | | | | | | | | |
| α | $CH_3$ | $CH_3$ | $CH_3$ | $3'R,7'R,11'R$ | $C_{29}H_{52}O_3$ 14745-36-9 | 448,73 | | | |

Tocopherole

Tocotrienole

Tocopherolchinone

Tocopherolhydrochinone

ropa ca. 80% der Produktion, in den USA dagegen nur 50% verbraucht.

Vor allem wegen ihrer oxidationshemmenden Eigenschaft werden die Tocopherole technologisch genutzt. Die antioxidative Wirksamkeit steigt im Gegensatz zur Vitamin-E-Aktivität in der Reihenfolge von α-Tocopherol zu δ-Tocopherol. Lebensmitteltechnologisch werden neben natürlichen, stark α-Tocopherol-haltigen Extrakten (E 306) synthetische β-, γ- und δ-Tocopherole (E 307–309) verwendet. In den USA wird α-Tocopherol beispielsweise Räucherschinken zugesetzt, um die Bildung von Nitrosaminen zu hemmen[6]. Die Reinheitsanforderungen sind der Anlage 2, Liste B der *ZVerkV von 1998 zu entnehmen. Die Anwendungskonzentrationen betragen 100–500 mg/kg für Lebensmittel (Öle, Fette, Kakaoerzeugnisse, Margarine und andere) bzw. 1000 mg/kg für Essenzen und Kaugummi sowie Arzneimittel.

Auch in auf natürlichen Ölen basierenden Anstrichfarben und Kosmetika (z.B. Desodorantien) werden Tocopherole eingesetzt. In kosmetischen Mitteln gelangen α-Tocopherol und Tocopherolacetat zur Anwendung. Die Einsatzkonzentrationen schwanken zwischen 0,05 und 0,2%, wobei durch Zusatz an synergistisch wirksamem L-*Ascorbylpalmitat die antioxidative Potenz erheblich gesteigert wird. In natürlichen Ölfarben sind bis zu 1000 mg/kg enthalten.

*Analytik:* Neben der klassischen Emmerie-Engel-Reaktion kann Vitamin E polarographisch sowie durch GC und HPLC nachgewiesen werden[7-10].
– *E* tocopherols

*Lit.:* [1]Fett Wiss. Technol. **92**, 86–91 (1990). [2]Phytochemistry **26**, 2741–2747 (1987). [3]Helv. Chim. Acta **73**, 1068–1086; 1087–1107 (1990). [4]J. Org. Chem. **57**, 5783ff. (1992). [5]Synlett **1996**, 1041, 1045 (Synthese α-Tocopherol); **1997**, 208 (γ-Tocopherol). [6]Int. J. Vitamin Nutr. Res. **59**, 430–438 (1989). [7]Fette, Seifen, Anstrichm. **86**, 148–151 (1984). [8]Leenheer (Hrsg.), Modern Chromatographic Analysis of Vitamins, New York: Dekker 1992. [9]Anal. Biochem. **180**, 368–373 (1989). [10]Bourgeois, Determination of Vitamin E: Tocopherols and Tocotrienols, New York: Elsevier 1992.
*allg.:* Angew. Chem. Int. Ed. **38**, 2715 (1999) ▪ Beilstein EV **17/4**, 168f. (α-Tocopherol), 157 (β-Tocopherol), 158 (γ-Tocopherol), 132f. (δ-Tocopherol) ▪ Luckner (3.), S. 415ff. ▪ Methods Enzymol. **282**, 247–310 (1997) ▪ Schneider, C., *Mol. Nutr. Food Res.*, (2005) **49**, 7–30 (Review) ▪ Ullmann (6.) **38**, 145–155 – *[HS 2936 28]*

**Tocopherolhydrochinone** siehe *Tocopherole.

**Tocotrienole** siehe *Tocopherole.

**Toddy** siehe *weinähnliche Getränke.

**Tönungen** siehe *semipermanente Haarfärbemittel.

**Tofu.** Bezeichnung für einen Sojabohnenquark (ostasiatisches Lebensmittel). Je nach Wassergehalt und Textureigenschaften wird Tofu klassifiziert in „soft (silken)", „medium-soft", „firm" und „extra firm"; siehe auch *Sojabohnenerzeugnisse.
*Herstellung:* Geweichte Sojabohnen werden mit Wasser vermahlen (Verhältnis Wasser zu Sojabohnen 6:1 bis 10:1). Aus dieser Maische wird *Sojamilch durch Filtration vom unlöslichen Rückstand (*Okara) abgetrennt und anschließend 10 min gekocht, da durch Protein-Denaturierung die nachfolgende Dicklegung der Milch (Fällung der Sojabohnenproteine, siehe Literatur[1]) erleichtert wird. Alternativ kann auch eine Erhitzung der Maische vor der Filtration erfolgen. Nach Rückkühlung der erhitzten Sojamilch auf 70–80 °C werden Calciumsulfat oder Magnesiumchlorid zugegeben. Die Koagulierung ist nach ca. 30 min abgeschlossen. Diese kann auch durch allmähliches Ansäuern auf pH 5,8 nach Zugabe von Glucono-δ-lacton bei 80–95 °C (50 min) erfolgen. Je nach Tofu-Art wird gegebenenfalls das Gel durch Rühren gebrochen, um eine Entfernung der Molke durch Abpressen zu verbessern. Bei Soft-Tofu entfällt der Preßvorgang. Medium-soft-Tofu, der am häufigsten verwendet wird, enthält ca. 85% Wasser, 7,8% Protein und 4,2% Fett. Aufgrund seines hohen pH-Werts und hohen Wassergehalts ist Tofu leicht verderblich. Durch Abpacken unter Wasserzugabe und Pasteurisation kann die Haltbarkeit bei Kühllagerung auf 3–4 Wochen verlängert werden.
*Verwendung:* Tofu wird, zum Teil nach Würzen mit Sojasoße, in Suppen sowie gekocht mit Fleisch oder Gemüse bzw. fritiert verzehrt. Da Tofu einen niedrigeren Kaloriengehalt (höheres Protein-Fett-Verhältnis) besitzt und Lactose- sowie Cholesterol-frei ist, stellt er eine Alternative zu Fleisch und Käse dar. Auch in den westlichen Ländern gewinnt er als vegetarische Protein-Quelle zunehmend an Bedeutung. – *E* tofu, soybean curd

*Lit.:* [1]Ono, T., In *Encyclopedia of Food Sciences and Nutrition*, Caballero, B.; Trugo, L. C.; Finglas, P. M., Hrsg.; Academic Press: Amsterdam, (2003); Bd. 8, S. 5398–5402.
*allg.:* Steinkraus, K. H., In *Comprehensive Reviews in Food Science and Food Safety*[Online], (2002) **1**, 23–32; http://members.ift.org/IFT/Pubs/CRFSFS

**Toilettenreiniger** siehe *WC-Reiniger.

**Tokayer.** Berühmtester und bedeutendster *Wein Ungarns.
*Einteilung:* 1. *Tokayer Ausbruchwein (Aszu):* Die Weinspezialität wird durch den Zusatz *Botrytis-cinerea*-befallener Trockenbeeren zu frischem *Most hergestellt. Die Moste (300–350 g/L Zucker) vergären im langsam; die fertigen Weine gelangen nach 3–5-jähriger Faßreife mit 100–150 g/L Zucker und 80–120 g/L Alkohol in speziellen Tokayer-Flaschen in den Handel. Die Qualitätsstufen richten sich nach der Anzahl der zum Most zugesetzten, mit Trockenbeeren gefüllten Tragebutten (Puttonyos 12,5–15 kg) zum Göncerfaß (136 L), so daß man von drei- bis fünfbuttigem Ausbruchwein spricht. Die Rebsorten, aus denen Tokayer hergestellt wird, sind Furmint, Hárslevelü (Lindenblättriger) und Muskatóly (gelber Muskat).
2. *Tokayer Szamorodner:* Wein, der aus den im Tokayer-Gebiet üblichen Traubensorten Furmint und Harslevelü ohne Zusatz von Trockenbeeren hergestellt wird.
3. *Tokayer Essenzen:* Weine, die nur aus edelfaulen Trockenbeeren hergestellt werden und bei 50–60 g/L Alkohol 200–300 g/L Zucker enthalten. – *E* tokay (wines)

*Lit.:* Del Monego, M., *Warum der Wein korkt und andere Weingeschichten*, 2. Aufl.; Heel Verlag: Königswinter, (2004) ▪ Würdig-Woller, S. 732–734 – *[HS 2204 21, 2204 29]*

**tolerable daily intake** siehe *ADI.

**tolerierbare tägliche Aufnahme** siehe *ADI.

**Tomaten** (Liebes-, Paradies-, Goldäpfel, Paradieser). Rote, auch gelbe, meist flach kugelförmige, saftreiche Beerenfrüchte der in Südamerika heimischen einjährigen Nutzpflanze *Lycopersicon esculentum* Mill. var. *esculentum* (Solanaceae). In Europa wird die Tomate seit Ende des 16. Jahrhunderts als Zierfrucht, seit Ende des 19. Jahrhunderts auch als Gemüsepflanze kultiviert. Der Name Tomate leitet sich her von mexikanisch-indianisch „tomatl" = anschwellen. Manche Tomatensorten enthalten insektizide Wirkstoffe in den Blättern. Tomatenpflanzen können vom Tomaten-Mosaikvirus befallen werden. Gegen die Tomatenwelke (hervorgerufen durch *Fusarium-Arten) hilft Rufiansäure.
*Zusammensetzung:* Im Durchschnitt enthalten 100 g eßbare Tomatensubstanz: 94,2 g Wasser, 0,95 g Proteine, 0,2 g Fette, 2,6 g Kohlenhydrate,

0,95 g Faserstoffe, 24,54 mg Vitamin C, Tocopherol (930 µg) sowie Carotinoide (600 µg), 150 mg Apfelsäure, 390 mg Citronensäure, ferner geringe Mengen Oxalsäure, 268 mg K, wenig Na, Ca, Mg, Mn, Fe, Cu, P, S und Cl; der Nährwert bezogen auf 100 g beträgt 92 kJ. Im Fruchtfleisch unreifer grüner Tomaten sind noch geringe Mengen des giftigen Alkaloids *Solanin feststellbar; dessen Gehalt nimmt jedoch mit zunehmender Reife ab. In den Blättern findet man das antibiotisch wirkende Tomatin[1]. Die Färbung der roten Früchte wird hauptsächlich durch *Lycopin, daneben durch β-*Carotin, *Lutein, *Flavone und weitere Pigmente hervorgerufen[2,3]. Dem Lycopin wird eine wichtige Rolle bei der Prävention bestimmter Erkrankungen, unter anderem Prostatakrebs und koronare Herzkrankheiten, zugesprochen[4-8]. Die enzymatische Oxidation dieser Farbstoffe ist eine der Ursachen für das Braunwerden von Tomaten und ihrer Verarbeitungsprodukte, z.B. beim Lagern. Zu den Trägern des typischen Aromas siehe bei *Gemüsearomen.

*Verwendung und Wirtschaft:* Die runden, glatten, sogenannten *Kugeltomaten* werden für den Frischverzehr, die länglichen, gerippten, zum Teil auch platten Früchte für die Verwertungsindustrie bevorzugt. Schnittfeste Früchte mit nur wenigen „Herzkammern" werden auch als *Fleischtomate*, solche mit vielfächrigem Fruchtknoten (oft wäßrige Früchte) als *Suppentomate* bezeichnet. Die wichtigsten Erzeugnisse sind Tomatensaft, Tomatenpulver, Tomatenmark und Tomatenketchup; vgl. *Tomatenerzeugnisse. Die Weltproduktion an Tomaten belief sich im Jahr 2002 auf fast 108 Mio. t.

*Gentechnik:* Tomatenpüree aus gentechnisch modifizierten Tomaten wurde 1996 als erstes *genmodifiziertes Lebensmittel in England auf den Markt der EU gebracht (vgl. *FlavrSavr-Tomate). Angestrebt wurde die Verhinderung der Fruchterweichung im Verlauf der Reifung durch Unterdrückung der Polygalacturonase-Aktivität. Weitere, gentechnisch bearbeitete qualitative Eigenschaften bei Tomaten sind z.B. der *Vitamin- und der *Carotinoid-Gehalt. – *E* tomatoes

*Lit.:* [1]Friedman, M., *J. Agric. Food Chem.*, (2002) **50**, 5751–5780. [2]Shi, J.; Maguer, M., *Crit. Rev. Food Sci. Nutr.*, (2000) **40**, 1–42. [3]Shi, J.; Maguer, M., *Crit. Rev. Biotechnol.*, (2000) **20**, 293–334. [4]Giovannucci, E., *J. Natl. Cancer Inst.*, (1999) **91**, 317–331. [5]Heber, D.; Lu, Q.-Y., *Exp. Biol. Med.*, (2002) **227**, 920–923. [6]Rao, A. V., *Exp. Biol. Med.*, (2002) **227**, 908–913. [7]Weisburger, J. H., *Exp. Biol. Med.*, (2002) **227**, 924–927. [8]Willcox, J. K.; Catignani, G. L.; Lazarus, S., *Crit. Rev. Food Sci. Nutr.*, (2003) **43**, 1–18.
*allg.:* Franke, W., *Nutzpflanzenkunde*, 6. Aufl.; Thieme: Stuttgart, (1997); S. 235ff. ▪ Gassner, G., *Mikroskopische Untersuchung pflanzlicher Lebensmittel*, 5. Aufl.; Fischer: Stuttgart, (1989); S. 173ff. ▪ Herrmann, K., *Inhaltsstoffe von Obst und Gemüse*, Stuttgart: Ulmer (2001); S. 77–82 ▪ Herrmann, K., *Ind. Obst Gemüseverwert.*, (1998) **83**, 146–154, 178–185, 185–189 ▪ Souci et al. (6.), S. 772–774 – *[HS 0702 00]*

**Tomatenaroma** siehe *Gemüsearomen.

**Tomatenerzeugnisse.** Je nach Zerkleinerungsgrad wird unterschieden zwischen Tomaten, ganz (meist geschält), Tomatenstücken und Tomatenpüree. Weitere Produkte sind:
*Tomatenketchup:* Bezeichnung für ein aus Tomaten unter Zusatz von Essig, Zucker, Würzgemüse und natürlichen Gewürzen oder deren Auszügen hergestelltes *Würzmittel, das durch Erhitzen haltbar gemacht wird.
*Tomatenmark:* Fein passiertes, von Schalen und Samen befreites Tomatenpüree, meist doppelt oder dreifach konzentriert. Durchschnittliche Zusammensetzung: 86% Wasser, 2,3% Eiweiß, 0,5% Fett, 9,5% verwertbare Kohlenhydrate, 1,7% Mineralstoffe. Nährwert je 100 g: 215 kJ (51 kcal).
*Tomatensaft:* Ein aus Tomaten hergestellter Gemüsesaft (vgl. *Gemüseerzeugnisse). Zusammesetzung: 94% Wasser, 0,8% Eiweiß, <0,1% Fett, 3,4% Kohlenhydrate, 0,6% Mineralstoffe. Nährwert je 100 g Saft: 71 kJ (17 kcal). – *E* tomato products

*Lit.:* Barrett, D. M.; Garcia, E.; Wayne, J. E., *Crit. Rev. Food Sci. Nutr.*, (1998) **38**, 173–258 ▪ Gould, W. A., *Tomato Production, Processing & Technology*, CTI Publications Inc.: Baltimore, (1992) ▪ Hayes, W. A.; Smith, P. G.; Morris, A. E. J., *Crit. Rev. Food Sci. Nutr.*, (1998) **38**, 537–564 ▪ Schobinger, U., *Frucht- und Gemüsesäfte*, 3. Aufl.; Ulmer: Stuttgart, (2001); S. 84–90 ▪ Souci et al. (6.) ▪ Thakur, B. R.; Singh, R. K.; Nelson, P. E., *Food Rev. Int.*, (1996) **12**, 375–401 – *[HS 2002 10, 2002 90, 2103 20]*

**Tomatillo** siehe *Kapstachelbeere.

**Tonic Water.** Nach der Richtlinie für die Herst., Kennzeichnung u. Beurteilung süßer *alkoholfreier Erfrischungsgetränke[1] handelt es sich bei T. W. um eine *Limonade, die als geschmacks- u. farbgebenden Inhaltsstoff (bitterer Geschmack u. Opaleszenz) *Chinin od. Chinin-haltige Extrakte der Chinarinde enthalten darf. Nach Anlage 4 Aromen-VO[2] ist der Höchstgehalt an Chinin auf 85 mg/L begrenzt (Schweiz: 80 mg/L). Nach § 5 gleicher VO[2] ist die Verw. von Chinin durch den Hinweis „chininhaltig" kenntlich zu machen. Die Zusatzbez. „Bitter Lemon" bzw. „Bitter Orange" weisen auf die Mitverarbeitung von Zitronen- bzw. Orangenauszügen hin. Da Chinin unter Sonnenlichteinfluß einem schnellen photochem. Abbau zum 6-Methoxy-4-methylchinolin unterliegt, scheint die Lagerung von T. W. in Braunglasflaschen od. im Dunkeln empfehlenswert[3]. Zum polarograph. Nachw. von Chinin in T. W. siehe Literatur[4], eine *HPLC-Multimeth. beschreibt *Lit.*[5]. – *E* tonic water, quinine water

*Lit.:* [1]Zipfel, C 341. [2]Aromen-VO vom 22.12.1981(BGBl. I, S. 1625; mehrfach geändert). [3]Mitt. Geb. Lebensmittelunters. Hyg. **78**, 133–140 (1987). [4]Lebensm.-Ind. **27**, 29f. (1990). [5]Z. Lebensm. Unters.-Forsch. **189**, 422–425 (1989); **190**, 410–413 (1990).
*allg.:* Belitz-Grosch-Schieberle (5.), S. 842 ▪ Zipfel, C 381 2, 16–18a, 5, 19 – *[HS 2202 10]*

**Tonkabohnen.** Bezeichnung für die 3–4 cm langen, 1–2 cm breiten und 8–10 mm dicken, schwarzen Früchte des Baumes *Dipteryx odorata* (Schmetterlingsblütler) oder die kleineren, mehr braunen Bohnen von *Dipteryx oppositifolia*, die beide im nördlichen Südamerika heimisch sind. Beide Früchte riechen waldmeisterartig, schmecken bitterge-würzhaft und enthalten neben 1–3% *Cumarin ca. 25% Fett und Stärke sowie β-*Sitosterol. Zur mengenmäßig eingeschränkten Verwendung in Lebensmitteln siehe *Cumarin. 2-Undecylfuran hat man als Indikator für den Einsatz von Tonkabohnen vorgeschlagen[1]. Bei HPLC-Analysen wurden Cumarin, o-Dihydrocumarinsäure (Melilotinsäure) und Melilotinsäureethylester in einem Tonkabohnenextrakt nachgewiesen[2]. Zur Reduktion des Cumarin-Gehaltes mit Hilfe der Extraktion mit überkritischem Kohlendioxid siehe Literatur[3]. In neueren Arbeiten wurden Inhaltsstoffe mit Potential zur Chemoprävention gegen Krebs gefunden[4].

*Verwendung:* Zur Herstellung von Blumendüften, zum Parfümieren von Schnupftabak, ebenso früher als Waldmeisterersatz usw. – *E* tonka beans

*Lit.:* [1]Wörner, M.; Schreier, P., *Z. Lebensm. Unters. Forsch.*, (1991) **193**(1), 21–25. [2]Ehlers, D.; Pfister, M.; Bork, W.-R.; Toffel-Nadolny, P., *Z. Lebensm. Unters. Forsch.*, (1995) **201**(3), 278–282. [3]Ehlers, D.; Pfister, M.; Gerard, D.; Quirin, K.-W.; Bork, W.-R.; Toffel-Nadolny, P., *Int. J. Food Sci. Technol.*, (1996) **31**(1), 91–95. [4]Jang, D. S.; Park, E. J.; Hawthorne, M. E.; Vigo, J. S.; Graham, J. G.; Cabieses, F.; Santarsiero, B. D.; Mesecar, A. D.; Fong, H. H.; Mehta, R. G.; Pezzuto, J. M.; Kinghorn, A. D., *J. Nat. Prod.*, (2003) **66**(5), 583–587.
*allg.:* Beilstein EIV **6**, 3334 ▪ Bauer et al. (4.), S. 221–222 ▪ Karrer, Nr. 176 – *[HS 1211 90]*

**Topachinon** siehe *Tyrosin.

**Topinambur** (der oder die Topinambur, Erdartischocke, Jerusalem-Artischocke, Erdbirne, Erdapfel usw.; benannt nach dem brasilianischen Volk der Tupinamba). Ein zu den Asteraceae zählendes Wurzelgewächs, *Helianthus tuberosus*, das eng mit der Gartensonnenblume verwandt ist, bis zu 4 m hoch werden kann und kartoffelgroße Knollen (gelbe, braune oder rote Schale, weißes Fleisch) bildet. Topinambur wurde Anfang des 17. Jahrhunderts aus Amerika, wo er bereits von den Indianern angebaut wurde, nach Europa gebracht und insbesondere in Frankreich kultiviert. Ab Mitte des 18. Jahrhunderts wurde Topinambur von der *Kartoffel verdrängt. Zur Zusammensetzung siehe Tabelle.

Das Hauptkohlenhydrat von Topinambur ist *Inulin.

*Verwendung:* Die Knollen können wie Kartoffel gekocht oder geschmort zur menschlichen Ernährung verwendet werden, finden jedoch wegen ihres süßlich-faden Geschmacks (das Topinambur-Aroma soll auf β-Bisabolen zurückgehen) wenig Anklang. Topinambur wird in der Tierernährung eingesetzt und als Kaffee-Ersatzstoff verwendet.

Als nachwachsender Rohstoff (Topinambur liefert hohe Biomasseerträge, bis zu 40 t/ha) wird Topinambur zur großtechnischen Herstellung von Aceton-Butanol, Milchsäure, Fructose-Sirup und Ethanol (8–10 L Ethanol aus 100 kg Knollen) und damit auch zur Benzingewinnung eingesetzt. Zur Gewinnung von Ethanol wird Topinambur entweder durch Ausnutzung der pflanzeneigenen nativen Inulasen, oder nach Behandlung mit inulolytischen

Tabelle: Zusammensetzung von frischen Topinamburknollen (nach Souci et al., Literatur[1]).

| Inhaltsstoff | Menge/100 g eßbarer Anteil |
|---|---|
| Wasser | 78,9 g |
| Protein | 2,4 g |
| Fett | 0,4 g |
| Gesamtkohlenhydrat* | 16,5 g |
| Asche | 1,7 g |
| Kalium | 480 mg |
| Magnesium | 20 mg |
| Calcium | 10 mg |
| Eisen | 3,7 mg |
| Phosphor | 80 mg |
| β-Carotin | 12 µg |
| Vitamin $B_1$ | 200 µg |
| Vitamin $B_2$ | 60 µg |
| Nicotinamid | 1300 µg |
| Vitamin C | 4000 µg |
| Saccharose | 4 g |
| Inulin | 7–8 g |

* verwertbare Kohlenhydrate und Ballaststoffe.

filamentösen Pilzen oder unter Einsatz Inulase-bildender Hefen direkt vergoren oder ebenso wie stärkehaltige Rohstoffe einem thermischen Voraufschluß unterworfen. Für die Gewinnung von Fructose-Sirup sind chemische und enzymatische Hydrolyseverfahren gleichermaßen geeignet.

In manchen Gegenden Süddeutschlands wird Topinambur zur Gewinnung eines klaren, im Geschmack an Enzian erinnernden Schnapses (Borbel, Rossler) verwendet. Nach dem Branntweinmonopolgesetz zählt Topinambur zu den Obststoffen und ist ein gesetzlich zugelassener Rohstoff für Obstbrennereien. – *E* Jerusalem artichoke

*Lit.:* [1]Souci et al. (4.), S. 585.
*allg.:* Ullmann (7.) [CD-ROM, 2004] – *[HS 0714 90]*

**Torsionsschwingung** siehe *IR-Spektroskopie.

**TOS.** Abkürzung für *toxic oil syndrome.

**Tosylchloramid-Natrium** siehe *Chloramin T.

**Total Organic Carbon** siehe *TOC.

**total quality management (system)** siehe *Qualitätsmanagementsystem.

**Total volatile base nitrogen** siehe *TVB-N-Wert.

**Totenstarre** siehe *Rigor mortis.

**toxic oil syndrome** (Abkürzung: TOS; Spanisches Ölsyndrom). Mit Anilin denaturiertes Rüböl führte 1981 in Spanien zu ca. 20000 Erkrankungen und einigen hundert Toten. Ursache für die Vergiftung waren das Anilin selbst sowie seine Reaktionsprodukte mit den verschiedenen Ölinhaltsstoffen (z.B. Fettsäuren und Glucosinolaten)[1–4]. Die als „toxic oil syndrome" bekannt gewordene Krankheit basiert auf Schädigungen am Gefäßsystem, am Nervensystem, am Immun- und am endokrinen System. Vorrangig wurden im Anfangsstadium der Krankheit starke Muskelschmerzen, eine periphere Eosinophilie und Lungenödeme diagnostiziert. Als Spätfolgen hat man neurologische Veränderungen, Sklerodermie-artige Hautveränderungen und Gelenkkontrakturen festgestellt. Trotz intensiver Forschungen konnte bis heute die Pathogenese des TOS nicht geklärt werden. Laborbefunde deuten auf einen Autoimmunmechanismus für TOS hin, dafür sprechen auch die hohen Gehalte an löslichem Interleukin-2-Rezeptor[5,6].

*Lit.:* [1]Pestana, A.; Munoz, E., *Nature (London)*, (1982) **298**, 608. [2]Kilbourne, E. M.; Rigau Perez, J. G.; Heath, C. W., Jr.; Zack, M. M.; Falk, H.; Martin Marcos, M.; de Carlos, A., *N. Engl. J. Med.*, (1983) **309**, 1408–1414. [3]Rigau Perez, J. G.; Perez Alvarez, L.; Duenas Castro, S.; Choi, K.; Thacker, S. B.; Germain, J. L.; Gonzalez de Andres, G.; Canada-Royo, L.; Perez Gallardo, F., *Am. J. Epidemiol.*, (1984) **119**, 250–260. [4]Posada de la Paz, M.; Castro, M.; Kilbourne, E. M.; Diaz de Rojas, F.; Abaitua, I.; Tabuenca, J. M.; Vioque, A., *Food Chem. Toxicol.*, (1987) **25**, 87–90. [5]Gelpi, E.; Posada de la Paz, M.; Terracini, B.; Abaitua I.; de la Camara, A. G.; Kilbourne, E. M.; Lahoz, C.; Nemery, B.; Philen, R. M.; Solevilla, L.; Tarkowski, S., *Environ. Health Perspect.*, (2002) **110**(5), 457. [6]Gomez de al Camara, A.; Posada de la Paz, M.; Abaitua Borda, I.; Barainca Oyague, M. T.; Abraira Santos, V.; Ruiz Navarro, M. D.; Terracini, B., *J. Clin. Epidemiol.*, (1998) **51**(10), 867.

*allg.:* Marquardt, H.; Schäfer, S. G., Hrsg., *Lehrbuch der Toxikologie*, 2. Aufl.; Wissenschaftliche Verlagsgesellschaft: Stuttgart, (2004) ▪ Posada de la Paz, M.; Philen, R. M.; Borda, A. I., *Epidemiol. Rev.*, (2001) **23**(2), 231

**Toxizitätsäquivalent** (TE, TEQ). Angabe zur Toxizität von Gemischen verschiedener, aber nach gleichem Mechanismus additiv wirkender Gifte, z.B. Congeneren-Gemische der *Dioxine oder *polychlorierte Biphenyle. Das Toxizitätsäquivalent eines Gemisches ergibt sich als Summe der Konzentrationen bzw. der Massen der Einzelsubstanzen multipliziert mit ihren jeweiligen *Toxizitätsäquivalenzfaktoren (TEF). Toxizitätsäquivalente werden zur Grenzwert-Festlegung genutzt. – *E* toxic equivalent value

**Toxizitätsäquivalenzfaktor** (Toxizitätsfaktor, Abkürzung: TEF). Es gibt 75 verschiedene *PCDD- und 135 *PCDF-Kongenere (Dioxine und Furane), deren toxikologische Bewertung sehr unterschiedlich ist. Um die Toxizität komplexer *polychlorierter Biphenyl- oder *Dioxin-Gemische besser einschätzen zu können, wurden verschiedene wissenschaftliche Berechnungsmodelle etabliert. Grundlage aller Modelle ist die Annahme, daß die einzelnen Verbindungen grundsätzlich das gleiche Wirkungsprinzip aufweisen. Der überwiegende Teil der Schätzungen basiert auf Studien der Enzymaktivität, der akuten Toxizität, der Cancerogenität und auf Studien über die Auswirkungen auf die Reproduktion. Für die Abschätzung des Risikos, das von PCDD/F-Gemischen ausgeht, hat sich in den letzten Jahren das Konzept der *Toxizitätsäquivalente (TEQ) durchgesetzt. Dabei wird die Wirkstärke eines Kongeners in Relation zu 2,3,7,8-Tetrachlordibenzo[1,4]dioxin (2,3,7,8-TCDD), dem toxischsten Vertreter dieser Substanzklasse, angegeben. Der Toxizitätsäquivalenzfaktor von 2,3,7,8-TCDD wurde mit „1" festgelegt.

Der TEF entspricht dem Quotienten aus der Toxizität eines Stoffes und derjenigen der Vergleichssubstanz. Dazu werden z.B. die Quotienten der $LC_{50}$-Kehrwerte bzw. die Zahlenwerte, welche die Stärke der Bindung an den Ah-Rezeptor angeben, genutzt. Durch Multiplikation der einzeln ermittelten Kongenere mit dem entsprechenden Toxizitätsfaktor und Addition der so gewichteten Konzentrationswerte ergibt sich diejenige Konzentration, von der die gleiche toxische Wirkung ausgehen würde wie von 2,3,7,8-TCDD. Für *Carcinogene werden gelegentlich auch Benzol-Äquivalente angegeben.

*Einteilung:* Für die Berechnung der Toxizitätsäquivalente existieren unterschiedliche Modelle, die sich in den Toxizitätsäquivalenzfaktoren unterscheiden. So wurden in Deutschland zunächst die 1985 vom ehemaligen Bundesgesundheitsamt (BGA) in Zusammenarbeit mit dem Umweltbundesamt vorgeschlagenen Toxizitätsäquivalenzfaktoren (BUA/UBA-TEF) verwendet. Später hat man sich der weltweit üblichen Methode zur Berechnung der Toxizitätsäquivalente unter Verwendung der „internationalen Toxizitätsäquivalenzfaktoren" (I-TEFs) angeschlossen, die 1988 von der NATO/CCMS-Arbeitsgruppe vorgeschlagen wurden. Im Jahr 1990 wurden die sogenannten I-TEFs bei der Festlegung des Grenzwertes von 0,1 ng I-TEQ/m$^3$ für Dioxine und Furane in der Verordnung über Verbrennungsanlagen für Abfälle und ähnliche brennbare Stoffe auch in die 17. Bundes-Immissionsschutzverordnung übernommen. Seit 1997 liegt eine Liste mit teilweise veränderten Toxizitätsäquivalenzfaktoren für Dioxine und Furane und neuen Toxizitätsäquivalenzfaktoren für Dioxin-ähnliche, polychlorierte Biphenyle (PCB) vor. Diese Toxizitätsäquivalenzfaktoren wurden von der WHO-ECEH (World Health Organisation – European Center for Environment and Health) in Zusammenarbeit mit dem IPCS (International Programme on Chemical Safety) veröffentlicht.

Die Modelle zur Berechnung von Toxizitätsäquivalenten unterscheiden sich hauptsächlich in der Be-

Tabelle 1: Vergleich der verschiedenen Toxizitätsäquivalenzfaktoren von PCDD/F.

| Kongener | BUA/UBA-TEF | I-TEF | WHO-TEF |
|---|---|---|---|
| 2,3,7,8-TCDD | 1 | 1 | 1 |
| 1,2,3,7,8-PeCDD | 0,1 | 0,5 | 1 |
| 1,2,3,4,7,8-HxCDD | 0,1 | 0,1 | 0,1 |
| 1,2,3,7,8,9-HxCDD | 0,1 | 0,1 | 0,1 |
| 1,2,3,6,7,8-HxCDD | 0,1 | 0,1 | 0,1 |
| 1,2,3,4,6,7,8-HpCDD | 0,01 | 0,01 | 0,01 |
| OCDD | 0,001 | 0,001 | 0,0001 |
| 2,3,7,8-TCDF | 0,1 | 0,1 | 0,1 |
| 2,3,4,7,8-PeCDF | 0,1 | 0,5 | 0,5 |
| 1,2,3,7,8-PeCDF | 0,1 | 0,05 | 0,05 |
| 1,2,3,4,7,8-HxCDF | 0,1 | 0,1 | 0,1 |
| 1,2,3,7,8,9-HxCDF | 0,1 | 0,1 | 0,1 |
| 1,2,3,6,7,8-HxCDF | 0,1 | 0,1 | 0,1 |
| 2,3,4,6,7,8-HxCDF | 0,1 | 0,1 | 0,1 |
| 1,2,3,4,6,7,8-HpCDF | 0,01 | 0,01 | 0,01 |
| 1,2,3,4,7,8,9-HpCDF | 0,01 | 0,01 | 0,01 |
| OCDF | 0,001 | 0,001 | 0,0001 |

Tabelle 2: Toxizitätsäquivalenzfaktoren von polychlorierten Biphenylen.

| PCB-Kongener | WHO-TEF |
|---|---|
| 3,3',4',5-TCB | 0,0001 |
| 3,3',4,4'-TCB | 0,0001 |
| 3,3',4,4',5-PeCB | 0,1 |
| 3,3',4,4',5,5'-HxCB | 0,01 |
| 2,3,3',4,4'-PeCB | 0,0001 |
| 2,3,4,4',5-PeCB | 0,0005 |
| 2,3',4,4',5-PeCB | 0,0001 |
| 2',3,4,4',5-PeCB | 0,0001 |
| 2,3,3',4,4',5-HxCB | 0,0005 |
| 2,3,3',4,4',5'-HxCB | 0,0005 |
| 2,3',4,4',5,5'-HxCB | 0,00001 |
| 2,3,3',4,4',5,5'-HpCB | 0,0001 |

wertung der PCDD/F; das BUA/UBA-Modell berücksichtigt auch die nicht-2,3,7,8-chlorierten PCDD/F. Aufgrund der unterschiedlichen Gewichtung einzelner Kongenere sind die I-TEQ-Werte bei Humanproben etwa doppelt so hoch wie die BGA/BUA-TEQ-Werte, während sich bei Umweltproben in der Regel mit beiden Modellen in etwa gleich hohe Werte ergeben. Die WHO-TEQ-Werte liegen stets etwas höher als die I-TEQ-Werte. Basierend auf den überarbeiteten Werten wurde 1998 von der WHO-EHEC zusammen mit dem IPCS der Wert der tolerierbaren täglichen Aufnahme von PCDD/F (TDI-Wert) von ursprünglich 10 pg I-TEQ/kg Körpergewicht und Tag auf 1–4 pg WHO-TEQ/kg Körpergewicht und Tag gesenkt. – *E* toxic (toxicity) equivalency

*Lit.:* Berg, M., van den, et al., *Environ. Health Perspect.*, (1998) **106**, 775 ■ Dekant, W.; Vamvakas, S., *Toxikologie für Chemiker und Biologen*, Spektrum: Heidelberg, (1995); S. 205ff. ■ Fent, K., *Ökotoxikologie*, Thieme: Stuttgart, (1998); S. 145 ■ Jahresbericht 2001, Landesumweltamt Nordrhein-Westfalen ■ Johnke, B.; Menke, D.; Böske, J., *UWSF – Z. Umweltchem. Ökotox.*, (2001) **13**(3), 175 ■ Nachr. Chem. Tech. Lab. **47**, 313–316 (1999)

**Tragacanthinsäure** siehe *Tragant.

**Tragant** (Traganth, Tragacanth, E 413). Bezeichnung für das an der Luft gehärtete Exsudat aus Stämmen und Zweigen der zu den *Astragalus*-Arten gehörenden Sträuchern, speziell aus jenen von *Astragalus gummifer*, die in verschiedenen Gegenden Vorderasiens (Türkei, Syrien) und im Iran vorkommen.
Die Einzelbausteine von Tragant sind L-*Rhamnose, L-*Fucose, D-*Xylose, L-*Arabinose, D-*Galactose, D-*Glucose, D-*Galacturonsäure, im Verhältnis 2,0:2,8:8,3:24,5:7,0:7,6:23,2. Tragant besteht zu 60–70% aus einem in Wasser quellbarem, aber nicht löslichen Anteil (Bassorin) und zu 30–40%

aus einer wasserlöslichen Fraktion (Tragacanthinsäure). *Bassorin* (Traganthinsäure) ist aus L-Arabinose, D-Galactose, L-Rhamnose und dem Methylester der D-Galacturonsäure aufgebaut. Bausteine der *Tragacanthinsäure* (Tragacanthin, Traganthin) sind D-Galacturonsäure in der Hauptkette und D-Xylose, L-Fucose und D-Galactose in den Seitenketten (siehe Abbildung); $M_R$ 8,4 · 10$^5$.
Zu indischem Tragant, mit dem Tragant gelegentlich vermischt und verfälscht wird, siehe *Karaya-Gummi.

*Eigenschaften:* Gelbweiße Plättchen oder bandförmige bzw. strangförmige Stücke bzw. weißes, lockeres Pulver; Quellung in Wasser unter Aufnahme der 45–50fachen Menge des eigenen Gewichts; Bildung von zähen, hochviskosen Schleimen; beständig in der Konsistenz in einem Bereich von pH 2–8.
Federartiges Tragant gibt mit Wasser hochviskose Systeme (1%ige Lösung bei 3–4 Pa · s: 3000–4000 cP), bei blättchenartigen Sorten ist die Viskosität geringer; die Temperaturabhängigkeit der Viskosität ist niedrig. Tragant besitzt Emulgatorwirkung. Zum Recht als Zusatzstoff siehe *Verdickungsmittel.

*Verwendung:* Als unbedenkliches, ohne Mengenbegrenzung zugelassenes Verdickungsmittel (z. B. für Speiseeis), als Schutzkolloid und Emulsionsstabilisator in der Lebensmittelindustrie, in der pharmazeutischen Industrie als Bindemittel für Tabletten, Pillen, Dragées, Pastillen usw., in der Kosmetik als Grundlage für Zahnpflegemittel, Handlotionen und Hautcremes. Weitere Verwendungsmöglichkeiten für Tragant, der bereits 300 v.Chr. als Heilmittel benutzt wurde, sind gegeben bei der Herstellung von Tuschfarben, Appreturen in der Textilindustrie und Druckfarben. – *E* (gum) tragacanth

*Lit.:* Belitz-Grosch-Schieberle (5.), S. 300ff. ■ Ullmann (7.) [CD-ROM, 2004] ■ Whistler u. BeMiller (Hrsg.), Industrial Gums (3.), S. 330ff., San Diego: Academic Press 1993 – *[HS 1301 90; CAS 9000-65-1]*

**Traganth** siehe *Tragant.

**Tralles-Grade** siehe *Aräometer.

**Tralomethrin** siehe *Pyrethroide.

**Trane** siehe *Seetieröle.

**Transgene Lebensmittel** siehe *genmodifizierte Lebensmittel.

**Transmissible spongiforme Enzephalopathien** siehe *TSE.

**Transvasierverfahren** siehe *Schaumweine (Gärverfahren).

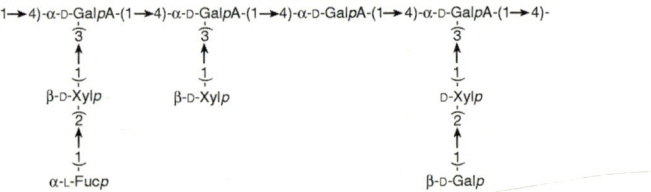

Abbildung: Bausteine der Tragacanthinsäure.

**Traube** siehe *Weintraube.

**Traubenkernöl** (Weintraubenkernöl, Drusenöl). Goldgelbes bis grünes, halbtrocknendes, süßlich-bitter schmeckendes Öl, das aus den zerkleinerten, ca. 12% T. enthaltenden Kernen der *Weintrauben (*Vitis vinifera* L., Vitaceae) durch Auspressen od. Extrahieren mit Hexan gewonnen wird; D. 0,912–0,93, Schmp. −10°C, VZ 176–195, IZ 130–160. Traubenkernöl enthält ca. 95% Fettsäureglyceride und ca. 1% Unverseifbares, wovon etwa die Hälfte auf Phytosterole entfällt. Für T. charakterist. ist das Triterpen *Erythrodiol* (Olean-12-en-3β,28-diol); zur Bestimmung siehe Literatur[1]. Die durchschnittliche Fettsäurezusammensetzung beträgt: *Linolsäure 65–70%, *Ölsäure 10–20%, *Palmitinsäure 8–10%, *Stearinsäure 3–5%.
*Verwendung:* Traubenkernöl gilt aufgrund seines hohen Linolsäure-Gehaltes als hochwertiges Speiseöl. Früher diente es mit Leinöl vermischt auch als Anstrichmittel, ferner zur Herst. von Linoleum, Seifen u. kosmet. Präparaten. T. wird auch zur Margarine-Herst. verwendet. – *E* grapeseed oil, grapestone oil
*Lit.:* [1] Pure Appl. Chem. **58**, 1023–1034 (1986).
allg.: Roth, L.; Kormann, K., *Ölpflanzen – Pflanzenöle*, ecomed: Landsberg, (2000); S. 154 ∎ Schieber, A.; Müller, D.; Röhrig, G.; Carle, R., *Mitt. Klosterneuburg*, (2002) **52**, 29–33 ∎ Ullmann (5.) **A10**, 176, 229 – [HS 1515 90]

**Traubenmost** siehe *Most.

**Traubenrosine** siehe *Rosinen.

**Traubensäure.** Historische Bezeichnung für racemische *Weinsäure (lateinisch: racemus = Weinbeere, Traubensaft).

**Traubensaft.** Nach Anhang I, Nr. 8 der VO (EG) Nr. 1493/1999 vom 17.05.1999 über die gemeinsame Marktorganisation von *Wein[1] handelt es sich bei Traubensaft um ein flüssiges, nicht gegorenes, aber gärfähiges Erzeugnis, das zu 100% aus frischen *Weintrauben oder durch Rückverdünnen von konzentriertem Traubenmost (siehe *Most, Halbkonzentrat, 45–48°Bx) gewonnen wird und in unverändertem Zustand verzehrt werden kann. Die Rebsorten der europäischen Art *Vitis vinifera* L., aus denen Traubensaft hergestellt werden darf, unterliegen einer besonderen Zulassung, ebenso die Verfahren zur Herstellung von Traubensaft (§ 2 Fruchtsaftverordnung[2] und EU-Fruchtsaft-Richtlinie[3]). Traubensaft und konzentrierter Traubensaft sind deutlich als solche zu bezeichnen. Diese Verpflichtung zu Angabe der Verkehrsbezeichnung enthält § 3 Abs. 1 Nr. 1 und § 4 LMKV[4], sachlich übereinstimmend mit § 3 Abs. 1 der Fruchtsaft-VO[2]. Die Bezeichnung von Weinen[1] ist auf Traubensaft nicht anwendbar.
Eine ausführliche Darstellung der Referenzrichtlinien über grundlegende Qualitätsanforderungen und die Richtwerte zur Beurteilung von Identität und Authentizität sind dem *Code of Practice[5] zu entnehmen. Ein vorhandener Alkoholgehalt von 1% vol wird geduldet. Nach den Leitsätzen für Fruchtsäfte[6] beträgt die Mindestdichte (Mostgewicht) von T. 55° bzw. 65° Oechsle (siehe *Mostgewicht), die Mindestsäure 6 g/L (als Weinsäure) und der höchstzulässige Sulfat-Gehalt nach dem Entschwefeln 350 mg/L. Nach einer Stellungnahme des Arbeitskreises lebensmittelchemischer Sachverständiger (ALS)[7] liegt der 5-(*Hydroxymethyl)-furfural-Gehalt (Erhitzungsindikator) von sachgemäß hergestelltem T. deutlich unter 10 mg/L. Zum Nachweis von Schwefeldioxid siehe Literatur[8,9].
*Zusammensetzung:* Zu freien Aminosäuren in Traubensaft siehe Literatur[10]; demnach liegt der Gehalt im allgemeinen unter 400 mg α-Aminosäure-Stickstoff (für freie Aminosäuren)/L Traubensaft. Der Aminosäure-Gehalt (Hauptverbindungen: Arginin, Prolin) hängt stark von der jeweiligen Sorte, dem Erntejahr und der Verarbeitungstechnologie ab; das Aminosäure-Muster ist nur sehr eingeschränkt zur Beurteilung von Traubensaft geeignet. Zur Kristallisation von *Tartrat im Traubensaft vor der Aufkonzentrierung zu einem Halbkonzentrat dient eine längere Kühllagerung bei 0°C, bei der das Tartrat ausfällt. Auch eine chemische Entsäuerung mit Calciumcarbonat ist möglich[11,12].
Die Erfassung der *Anthocyane in roten Traubensäften erfolgt über HPLC-MS[13,14]. *Catechine, Ellagsäure, Procyanidine (siehe *Proanthocyanidine) und *Flavonoide lassen sich gleichermaßen qualitativ und quantitativ erfassen[15–18]. Der Gehalt an *Resveratrol-Derivaten (Hydroxystilbene) in roten Traubensäften (durchschnittlich 3,1 mg/L) übertraf den in weißen Traubensaft (durchschnittlich 0,5 mg/L)[19]. Piceid (Resveratrol-3β-glucosid) wurde als Hauptvertreter unter den Resveratrol-Verbindungen identifiziert[20]. Eine Inaktivierung der Tyrosinase im Saft kann zum Erhalt der Stilben-Derivate beitragen[21]. Außerdem wurde ein Tryptophan-Glycokonjugat in Traubensaft charakterisiert[22]. Ein Befall durch wilde Hefen wie *Dekkera* sp. und *Brettanomyces* sp. fällt durch einen mäuseartigen Fehlgeruch auf[23]. Hingegen ist die Gefahr eines Befalls durch den thermoacidophilen Fruchtsaftverderber *Alicyclobacillus terrestris* im Vergleich zum Apfel- oder Orangensaft nur sehr gering[24].
Der Pro-Kopf-Verbrauch an Traubensaft in Deutschland ist seit 1993 bei 1,1–1,3 L/a weitgehend stabil und liegt damit weit unter dem von Apfelsaft, Orangensaft bzw. Multivitaminfruchtsaft[25]. Zur Verwertung der Reststoffe aus der Traubensaftherstellung siehe Literatur[26].
*Pharmakologie:* Die Anthocyane aus dem Traubensaft sind bioverfügbar und erscheinen unverändert im Urin und im Plasma. Die geringen Absorptionsraten stellen allerdings die physiologische Relevanz der Anthocyane in Frage[27–29]. Vielmehr bleibt zu prüfen, inwieweit Abbauprodukte der Anthocyane sowie andere phenolische Inhaltsstoffe eine systemische Wirkung im Humanmetabolismus entfalten, wie z.B. die Verzögerung der LDL-Oxidation[30] bzw. die Herabsetzung der Blutplättchenagglomeration[31]. – *E* grape juice
*Lit.:* [1] VO (EG) 1493/1999 über die gemeinsame Marktorganisation für Wein vom 17.05.1999 (Amtsblatt der EG

Nr. L 179, S. 39 und 68 ff.). [2]Fruchtsaftverordnung vom 28.05.2004 (BGBl. I, S. 1016). [3]Richtlinie (2001/112//EG) des Rates der europäischen Gemeinschaft über Fruchtsäfte und bestimmte gleichartige Erzeugnisse vom 20.12.2001 (Amtsblatt der EG Nr. L 010, S. 58), der die Richtlinie 93/77/EWG zum 12.07.2003 aufhebt. [4]Lebensmittel-Kennzeichnungsverordnung vom 22.12.1981 in der Fassung vom 15.12.1999 (BGBl. I, S. 2464). [5]AIJN, Hrsg., *AIJN-Code of Practice zur Beurteilung von Obst- und Gemüsesäften,* Verband der deutschen Fruchtsaftindustrie e. V.: Bonn, (1996) (ständige Aktualisierung). [6]Leitsätze des Deutschen Lebensmittelbuches (Leitsätze für Fruchtsäfte), zitiert in Zipfel, C 331a. [7]Bundesgesundheitsblatt **31**, 398 (1988). [8]Flüss. Obst **56**, 571–573 (1989). [9]Ferrarini, R.; Celotti, E.; Versari, A.; Galassi, S., *Food Addit. Contam.*, (2000) **17**, 973. [10]Am. J. Enol. Vitic. **47**, 389–402 (1996). [11]Confructa Studien **33**, 123–127, 130–133 (1989). [12]Schobinger, U., *Frucht- und Gemüsesäfte*, Ulmer: Stuttgart, (2001); S. 315. [13]Wang, H.; Race, E. J.; Shrikhande, A. J., *J. Agric. Food Chem.*, (2003) **51**, 1839. [14]Mazza, G., *Crit. Rev. Food Sci. Nutr.*, (1995) **35**, 341. [15]Arts, I. C.; Van de Putte, B.; Hollman, P. C., *J. Agric. Food Chem.*, (2000) **48**, 1752. [16]Fuleki, T.; Ricardo da Silva, J. M., *J. Agric. Food Chem.*, (2003) **51**, 640. [17]Talcott, S. T.; Brenes, C. H.; Pires, D. M.; Del Pozo-Insfran, D., *J. Agric. Food Chem.*, (2003) **51**, 957. [18]Talcott, S. T.; Lee, J.-H., *J. Agric. Food Chem.*, (2002) **50**, 3186. [19]Nikfardjam, M. P.; Schmitt, K.; Ruhl, E. H.; Patz, C.-D.; Dietrich, H., *Dtsch. Lebensm. Rundsch.*, (2000) **96**, 319. [20]Romero-Perez, A. I.; Ibern-Gomez, M.; Lamuela-Raventos, R. M.; de la Torre-Boronat, M. C., *J. Agric. Food Chem.*, (1999) **47**, 1533. [21]Gilly, R.; Mara, D.; Oded, S.; Zohar, K., *J. Agric. Food Chem.*, (2001) **49**, 1479. [22]Herraiz, T.; Galisteo, J., *J. Agric. Food Chem.*, (2002) **50**, 4690. [23]Grbin; P. R.; Henschke, P. A., *Aust. J. Grape Wine Res.*, (2000) **6**, 255. [24]Miller, S.; Hennlich, W.; Cerny, G.; Duong, H.-A., *Flüss. Obst*, (2001) **68**, 14. [25]http://www.fruchtsaft.net. [26]Schieber, A.; Stintzing, F. C.; Carle, R., *Trends Food Sci. Technol.*, (2001) **12**, 401. [27]Bub, J.; Watzl, B.; Heeb, D.; Rechkemmer, G.; Briviba, K., *Eur. J. Nutr.*, (2001) **40**, 113. [28]Frank, T.; Netzel, M.; Strass, G.; Bitsch, R.; Bitsch, I., *Can. J. Physiol. Pharmacol.*, (2003) **81**, 423. [29]Mülleder, U.; Murkovic, M.; Pfannhauser, W., *J. Biochem. Biophys. Methods*, (2002) **53**, 61. [30]Landbo, A.-K.; Meyer, A. S., *Int. J. Food Sci. Technol.*, (2001) **36**, 727. [31]Keevil, J. G.; Osman, H. E.; Reed, J. D.; Folts, J. D., *J. Nutr.*, (2000) **130**, 53.

*allg.:* Belitz-Grosch-Schieberle (5.), S. 845, 897 f. ■ Herrmann, K., *Inhaltsstoffe von Obst und Gemüse*, Ulmer: Stuttgart, (2001); S. 35, 54, 55, 62, 65 ■ Riu-Aumatell, M.; Lopez-Barajas, M.; Lopez-Tamames, E.; Buxaderas, S., *J. Agric. Food Chem.*, (2002) **50**, 4604 ■ Schobinger, U., *Frucht- und Gemüsesäfte*, Ulmer: Stuttgart, (2001); S. 75 f., 93, 315 ■ Ullmann (5.) **A4**, 42, 45, 47 ■ Würdig-Woller, S. 45 ■ Zipfel, C 403, 404 – *[HS 2009 61, 2009 69]*

**TrCDD, TrCDF** siehe *Dioxine.

**Treber.** Die unlösl., ausgelaugten Rückstände des *Malzes, die bei der Herst. von Bier anfallen u. hauptsächlich aus Spelzen u. unlösl. Eiweiß bestehen, werden als T. bezeichnet. Sie werden als Futtermittelzusatz verwendet (28% Protein, 8% Fett). – *E* spent grains

*Lit.:* [1]Narziß, L., *Abriß der Bierbrauerei*, 6. Aufl.; Wiley-VCH: Weinheim, (1995); S. 176 – *[HS 2303 30]*

**Trehalose** (α-D-Glucopyranosyl-α-D-glucopyranosid, Mycose, Mutterkornzucker). $C_{12}H_{22}O_{11}$, $M_R$ 342,3; süß schmeckendes *Disaccharid, in dem die glycosidischen C-Atome zweier Glucose-Reste miteinander verknüpft sind. Treha-

Trehalose = α,α-Trehalose    Isotrehalose = β,β-Trehalose

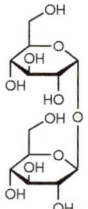

Neotrehalose = α,β-Trehalose

lose hydrolysiert beim Kochen mit Säuren, ist beständig gegen Alkalien und reduziert Fehlingsche Lösung nicht. Trehalose ist löslich in Wasser, heißem Ethanol, unlöslich in Ether. Trehalose ist isomer mit Saccharose.

Je nach der Art der Anomeren unterscheidet man drei Formen: α,α-Trehalose oder *Trehalose* (Schmp. 203 °C; $[\alpha]_D^{20}$ +197°), α,β-Trehalose oder *Neotrehalose* [Schmp. 210–220 °C, $[\alpha]_D^{20}$ +95° ($H_2$O)], β,β-Trehalose oder *Isotrehalose* (Schmp. 135–140 °C; $[\alpha]_D^{20}$ −40°, ist synthetisch zugänglich).

Aus Preßhefe gewonnene Trehalose dient als bakteriologischer Nährboden. Trehalose-diester wirken immunstimulierend[1].

*Vorkommen:* Sporen und Fruchtkörper von einigen Pilzen enthalten bis zu 7% Trehalose (bezogen auf TS). Trehalose kommt unter anderem in Honig (11% der Oligosaccharid-Fraktion) sowie in einigen Flechten und Algen vor. Im Tierreich spielt Trehalose im Stoffwechsel der Insekten eine ähnliche Rolle wie D-Glucose im Körper der Säugetiere; es ist außerdem das Reservekohlenhydrat in den Larven und Puppen von Insekten sowie bei Hefen, die über 20% ihrer TS als Trehalose akkumulieren können (Biosynthese und Beitrag von Trehalose zur Thermotoleranz bei *Saccharomyces*-Hefen, siehe Literatur[2]). Auch in einigen Bakterien wird Trehalose gefunden, vor allem in pathogenen Arten wie in *Corynebacterium diphteriae*, *Mycobacterium leprae* und *Mycobacterium tuberculosis*.

Trehalose ist für viele Mikroorganismen ein sogenanntes kompatibles Solut, d. h. eine intrazelluläre Schutzsubstanz gegen Austrocknung und hyperosmotischen Streß; auch bei der Gefriertrocknung wirkt Trehalose stabilisierend[3-5].

*Gewinnung:* Zur Isolierung aus Hefe siehe Literatur[6], durch enzymatische Synthese aus Maltose siehe Literatur[7]. Trehalose kann ausgehend von Stärke mit Maltooligosyl-Trehalose-Synthase (MTSase, EC 5.4.99.15) und Maltooligosyl-Trehalose-Trehalohydrolase (MTHase, EC 3.2.1.141) produziert werden[8]. – *E* trehalose

*Lit.:* [1]Med. Res. Rev. **6**, 243–274 (1986). [2]J. Biotechnol. **14**, 229–238 (1990). [3]Arch. Biochem. Biophys. **242**, 240 ff. (1985). [4]Plant Physiol. **78**, 430 ff. (1985). [5]Appl. Environ.

Microbiol. **56**, 1386–1391 (1990). [6]J. Am. Chem. Soc. **72**, 2059ff. (1950). [7]Hoshino, M.; Nishino, T.; Murao, S., JP 58216695 AA, (1983). [8]Kubota, M.; Sawatani, I.; Oku, K.; Takeuchi, K.; Murai, S., *J. Appl. Glycosci.*, (2004) **51**(1), 63.
*allg.:* Beilstein EV **17/8**, 3 ▪ Merck-Index (13.), Nr. 9655 – *[HS 2940 00; CAS 99-20-7 (α,α-Trehalose); 585-91-1 (α,β-Trehalose); 499-23-0 (β,β-Trehalose)]*

**Tremerogene** siehe *Pheromone.

**Tremortine** siehe *Penitreme.

**Trennemulsionen.** Bezeichnung für in der Lebensmittelindustrie gebräuchliche Emulsionen, die aus Wasser, Fett und *Emulgator bestehen und mit Pinseln oder Sprühapparaten aufgetragen werden. Anstelle von reinen Fetten oder Ölen dienen sie dazu, Backwaren voneinander bzw. von den Backblechen oder Backformen zu trennen.
Gegenüber den Fetten und fetten Ölen haben Trennemulsionen nicht nur den Vorteil großer Fettersparnis, sondern bieten auch die Möglichkeit der feineren Verteilung, da sie neben dem Emulgator (1–4%) nur 10–30% Fett bzw. Öl enthalten. Trennemulsionen sind milchig-trübe, viskose bis pastenartige Produkte. Als Emulgator wird überwiegend *Lecithin, aber auch Polyglycerolfettsäureester verwendet.
Zur Herstellung der vorwiegend in der Brotbäckerei verwendeten, meist fettärmeren O/W-Emulsionen dienen selbstemulgierende Fettsäuremonoglyceride und Fettsäurediglyceride. Für zuckerreiche Gebäcke werden etwas fetthaltigere Trennemulsionen vom Typ W/O eingesetzt, zu deren Herstellung man geblasene Öle als Emulgatoren benutzt.
*Zusammensetzung:* Myristinsäuretriglyceride, Palmitinsäuretriglyceride und Stearinsäuretriglyceride sowie Acetoglyceride auf der Basis von Speisefetten und Triglycerid-Öl/Lecithin-Gemische sind meist Grundlagen der Trennemulsionen.
*Recht:* Zur rechtlichen Beurteilung der als gesundheitlich unbedenklich betrachteten Trennemulsionen siehe *Trennmittel. – *E* releasing emulsions, tin greasing emulsions
*Lit.:* El-Nokaly et al. (Hrsg.), Microemulsions and Emulsions in Food, Weinheim: VCH Verlagsges. 1991 ▪ Lebensmittelchemische Gesellschaft der GDCh, Überzugsstoffe u. Trennmittel, Hamburg: Behr's 1990

**Trennfiltration** siehe *Filtration.

**Trennmittel.** Bez. für feste od. flüssige Stoffe, die die Adhäsionskräfte zwischen zwei aneinandergrenzenden Oberflächen (z. B. Formteil/Form) verringern, d. h. ihr Verkleben verhindern, indem sie zwischen beiden Oberflächen einen leicht trennbaren Film bilden (Abhäsivmittel). Allg. Eigenschaften von T. sind chem. Indifferenz, gutes Spreitungsvermögen, ein dem Verarbeitungsprozeß angepaßter Schmelzpunkt, geringe Flüchtigkeit u. bei Flüssigkeiten geringe Löslichkeit in der zu trennenden Substanz.
T. werden in Form von Dispersionen (Emulsionen od. Suspensionen), Sprays, Pasten, Pulvern u. permanenten, meist eingebrannten T.-Filmen angewendet. Letztere können durch Aufsprühen, Strei-

chen od. Eintauchen der Form erzeugt werden. Einen Sonderfall stellen die sog. internen T. dar, welche in das zu entformende Gut eingemischt werden u. sich entweder an der Oberfläche des Formteils (Formling) anzureichern vermögen od. eine schnellere Aushärtung der Oberfläche bewirken, so daß es zwischen Formenwand u. Formteil zu keinem Verbund kommen kann.
Die wichtigsten Klassen von T. sind: *Silicone, *Wachse, Metallseifen (Metall-Salze von Fettsäuren, wie Calciumstearat, Bleistearat, Magnesiumstearat, Aluminiumstearat, Zinkstearat, s. *Stearate), Fette, Polymere (Polyvinylalkohol, Polyester u. Polyolefine), Fluorkohlenwasserstoffe, anorgan. T. in Form von Pudern (wie Graphit, *Talk u. Glimmer).
*Verwendung in der Lebensmittelchemie:* In der Lebensmittelindustrie werden Trennmittel – auch in Gemischen mit anderen Mitteln wie Emulgatoren, Antioxidantien u. Konservierungsmitteln – eingesetzt, die entweder direkt auf die Oberfläche von Lebensmitteln gelangen (Produkt-T.) od. auf mit Lebensmitteln in Kontakt kommende Geräte od. Gefäße aufgebracht werden (Form-T.). T. zählen hier zu den speziellen technologischen Hilfsmitteln, die neben der Verbesserung u./od. Erhaltung der Rieselfähigkeit (Silicate), das Anhaften od. Ankleben eines Lebensmittels an einer Form, Unterlage, Umhüllung od. das Verkleben untereinander verhindern. Verwendung auch als Formtrennmittel in der pharmazeutischen und kosmetischen Industrie.
Zur Toxikologie u. Analytik s. die einzelnen Trennmittel wie thermooxidiertes Sojaöl (E 479b, s. *Oxystearin), *Magnesiumoxid (E 530), Natriumhexacyanoferrat (E 535) und Kaliumhexacyanoferrat (E 536, siehe *Hexacyanoferrat(II)-Salze), *Bienenwachs (E 901), *Candelillawachs (E 902), *Carnaubawachs (E 903), *Schellack (E 905), *mikrokristalline Wachse (E 907) und Wachsester (E 910).
*Recht:* Trennmittel sind nach der Legaldefinition in Anlage 7 zu § 5 Abs. 1 "ZZulV 1998 „Stoffe, die die Tendenz der einzelnen Partikel eines Lebensmittels, aneinander haften zu bleiben, herabsetzen". Trennmittel sind Zusatzstoffe; ihre Verwendung wird hauptsächlich durch die ZZulV 1998 geregelt.
*Weitere rechtliche Regelungen:* Regelung über Klassennamen in § 6 Abs. 4 Nr. 2 ZZulV 1998 in Verbindung mit Anlage 2 *LMKV. – *E* abherents, release agents, parting agents
*Lit.:* Blue List ▪ Classen et al., S. 195 ▪ Fiedler (3.) ▪ Kirk-Othmer (4.) **21**, 207–218 ▪ Ullmann (5.) **A23**, 67–72

**Trennsäule** siehe *Gaschromatographie.

**Trennstufenhöhe** siehe *HETP.

**Trester.** Bezeichnung für die gegorenen oder ungegorenen Preßrückstände aus Festbestandteilen, die beim Keltern von Früchten anfallen u. die als *Pektin-Quelle[1,2] (Apfel-T., Citrus-T.), Futtermittel u. zur Ethanol-Produktion[3] eingesetzt werden können.

*Trauben-T.* besteht zu 50% aus Beerenhülsen, zu 25% aus Kernen u. zu 25% aus „Kämmen" (Stielen) der Trauben. Aus 100 L Trauben-*Maische erhält man ca. 15–25 kg Trester. Trauben-T. kann zu Tresterbrand u. *Traubenkernöl verarbeitet werden. Nach Aufschwemmen mit Wasser u. anschließender Gärung läßt sich aus Trauben-T. ein *Tresterwein (Haustrunk) erzeugen, dessen kommerzielle Herst. allerdings untersagt ist. Gegenüber Tresterweinen bestehen erhebliche gesundheitliche Bedenken (hohe Methanol- u. Pestizid-Belastung). 100 kg T. ergeben 7–9 L 50%igen Alkohol, der erhebliche Mengen an *Fuselölen u. *Weinhefeöl enthalten kann. Zur Verteilung von flüssigen Fettsäuren siehe Literatur[4]. Gelegentlich dient T. auch als Ausgangsmaterial zur *Weinsäure- u. Tannin-Gewinnung; s.a. *Mostgewinnung.

Die unlösl., ausgelaugten Rückstände des Malzes, die nach dem Würze-Kochen in den Läutersystemen bei der Herst. von *Bier anfallen, werden als *Treber bezeichnet. – *E* marc

*Lit.:* [1]Lebensm.-Ind. **37**, 261 (1990). [2]Lebensm.-Ind. **38**, 7f. (1991). [3]J. Sci. Food Agric. **50**, 55–62 (1990). [4]Dtsch. Lebensm. Rundsch. **86**, 150f. (1990).
*allg.:* Würdig-Woller, S. 693–700 ▪ Zipfel, C 403 *1*, 21; *1*, 88–90; *52*, 60; *60*, 10 – *[HS 2308 90]*

**Triacetin** siehe *Glyceroltriacetat.

**1,2,3-Triacetoxypropan** siehe *Glyceroltriacetat.

**Triacylglyceride** siehe *Triglyceride und *strukturierte Triglyceride.

**Triacylglycerole** siehe *Triglyceride.

**Trialkoxytricarballylat** siehe *Retrofette.

**Triallat** siehe *Carbamate.

**Triarimol** siehe *Pyrimidin-Fungizide.

**Triatone** siehe *Triazin-Herbizide.

**Triatryne** siehe *Triazin-Herbizide.

**Triazin-Herbizide.** Sammelbezeichnung für eine Klasse von *Herbiziden hauptsächlich mit 1,3,5-Triazin-Gerüst sowie einigen 1,2,4-Triazinen. 1,3,5-Triazin-Herbizide lassen sich strukturell in drei Gruppen einteilen: *Triazine* (X = Cl) als Triazin-Herbizide der 1. Generation sowie *Triatone* (X = OCH₃) und *Triatryne* (X = SCH₃) als Vertreter der 2. Generation (siehe Tabelle).

Triazin-Herbizide sind in erster Linie Photosynthesehemmer[1] (wie *Phenylharnstoff-Herbizide), daneben sind einige andere Effekte auf biochemische Prozesse in Pflanzen beobachtet worden. Bezüglich Wirkungsspektrum, Wirkungsdauer, Selektivität und Abbaubarkeit im Boden verhalten sich die Triazin-Herbizide z. T. recht unterschiedlich. Die Ursachen dafür sind physikalisch-chemischer sowie biochemischer Natur, z. B. Wasserlöslichkeit bzw. Sorption an Böden (Tiefenwirkung) oder metabolische Inaktivierung (hohe Toleranz von Mais gegenüber Triazinen).

*Anwendung:* Mit Rücksicht auf diese Eigenschaften werden Triazin-Herbizide als Total-, Semitotal- und selektive Herbizide eingesetzt, in Europa hauptsächlich im Getreideanbau. Für Atrazin besteht allerdings in Deutschland ein vollständiges Anwendungsverbot; Propazin, Cyanazin, Simazin und Terbumeton dürfen in Wasserschutzgebieten nicht angewendet werden. Das 1,2,4-Triazin Metamitron wird wegen der hohen Toleranz von Zuckerrüben in dieser Kultur erfolgreich eingesetzt. – *E* triazine herbicides

*Lit.:* [1]ACS Symp. Ser. **181**, 37–55 (1982).

Tabelle: Triazin-Herbizide.

| Common name | X | R¹ | R² | Summenformel | $M_R$ | CAS |
|---|---|---|---|---|---|---|
| Simazin | Cl | $C_2H_5$ | $C_2H_5$ | $C_7H_{12}ClN_5$ | 201,65 | 122-34-9 |
| Atrazin | Cl | $C_2H_5$ | $CH(CH_3)_2$ | $C_8H_{14}ClN_5$ | 215,69 | 1912-24-9 |
| Propazin | Cl | $CH(CH_3)_2$ | $CH(CH_3)_2$ | $C_9H_{16}ClN_5$ | 229,71 | 139-40-2 |
| Cyanazin | Cl | $C_2H_5$ | $C(CH_3)_2-CN$ | $C_9H_{13}ClN_6$ | 240,70 | 21725-46-2 |
| Terbuthylazin | Cl | $C_2H_5$ | $C(CH_3)_3$ | $C_9H_{16}ClN_5$ | 229,71 | 5915-41-3 |
| Atraton | $OCH_3$ | $C_2H_5$ | $CH(CH_3)_3$ | $C_9H_{17}N_5O$ | 211,27 | 1610-17-9 |
| Secbumeton | $OCH_3$ | $C_2H_5$ | $CH(CH_3)-C_2H_5$ | $C_{10}H_{19}N_5O$ | 225,29 | 26259-45-0 |
| Terbumeton | $OCH_3$ | $C_2H_5$ | $C(CH_3)_3$ | $C_{10}H_{19}N_5O$ | 225,29 | 33693-04-8 |
| Desmetryn | $SCH_3$ | $CH(CH_3)_2$ | $CH_3$ | $C_8H_{15}N_5S$ | 213,30 | 1014-69-3 |
| Terbutryn | $SCH_3$ | $C_2H_5$ | $C(CH_3)_3$ | $C_{10}H_{19}N_5S$ | 241,35 | 886-50-0 |
| Methoprotryn | $SCH_3$ | $CH(CH_3)_2$ | $(CH_2)_3-OCH_3$ | $C_{11}H_{21}N_5OS$ | 271,38 | 841-06-5 |

| Common name | X | R¹ | R² | Summenformel | $M_R$ | CAS |
|---|---|---|---|---|---|---|
| Metribuzin | | $C(CH_3)_3$ | $SCH_3$ | $C_8H_{14}N_4OS$ | 214,28 | 21087-64-9 |
| Metamitron | | $C_6H_5$ | $CH_3$ | $C_{10}H_{10}N_4O$ | 202,21 | 41394-05-2 |

*allg.:* Abdel-Rahman, R. M., *Pharmazie*, (2001) **56**, 195–204 ▪ Birnbaum, L. S.; Fenton, S. E., *Environ. Health Perspect.*, (2003) **111**, 389–394 ▪ Sabik, H.; Rondeau, B., *J. Chromatogr. A*, (2000) **885**, 217–236 ▪ Scribner, E. A.; Thurman, E. M.; Zimmermann, L. R., *Sci. Total Environ.*, (2000) **248**, 157–167 – *[HS 2933 69]*

**Tributylzinn-Verbindungen** (TBT-Verbindungen). Tributylzinn-Verbindungen gehören zu den *Zinn-organischen Verbindungen. Die wichtigsten Vertreter dieser Gruppe sind Tributylzinnoxid (TBTO), Tributylzinnnaphthenat (TBTN) und Tributylbenzoat (TBTB).

*Verwendung und Recht:* TBT-Verbindungen sind Desinfektionsmittel und werden gegen Pilzbefall z.B. bei Textilien, Leder, Papier und Holz eingesetzt. In Deutschland werden sie jedoch seit Anfang der 90er Jahre nicht mehr für den Holzschutz verwendet. Die Europäische Kommission hat im Hinblick auf die Konvention der IMO (Internationale Maritime Organization) die Richtlinie 2002/62/EG erlassen. Diese verbietet ab dem 1. Januar 2003 die Anwendung und das Inverkehrbringen von Zinn-organischen Verbindungen als Biozide in anwuchsverhindernden Erzeugnissen[1]. Zinn-organische Verbindungen unterliegen in Deutschland nach § 15 der Gefahrstoffverordnung einem Herstellungs- und Verwendungsverbot.
TBT-Verbindungen werden weltweit immer noch zur Algen- und Schneckenbekämpfung in Schiffsanstrichen (Antifouling-Anstriche) sowie als Saatbeizmittel im Pflanzenschutz genutzt. Daneben sind sie als Verunreinigungen von mono- und diorganischen Zinn-Verbindungen, die hauptsächlich als Stabilisatoren und Katalysatoren für PVC verwendet werden, beinahe ubiquitär in der Umwelt vorhanden. Ein weiteres Einsatzgebiet ist die Verwendung als Synthese-Hilfsstoff. Aufgrund des Einsatzes von TBT-Verbindungen in Antifouling-Farben zeigen zahlreiche Untersuchungen eine deutliche Akkumulation in den Hafenbecken, Dockanlagen und an stark frequentierten Schiffahrtslinien. Auch in entfernteren Gebieten wurde TBT nachgewiesen.
TBT und andere TBT-organische Verbindungen sind persistent. Sie werden in der Umwelt nur schwer abgebaut und reichern sich daher in biologischen Systemen an. Über Lebensmittel maritimen Ursprungs (Fisch, Muscheln, Krabben) gelangt TBT in die Nahrungskette und wird vom Menschen aufgenommen. Auch in Textilien, z.B. Sportbekleidung, wurden TBT-Verbindungen eingesetzt, um die Entstehung von Schweißgeruch zu verhindern. In Windeln konnten sie ebenfalls nachgewiesen werden (siehe Stellungnahme des *BgVV vom 18.05.2000 in Literatur[2]).

*Toxikologie:* Abschließende Untersuchungen zur Pharmakokinetik liegen derzeit noch nicht vor[3]. Ersten Untersuchungen zufolge liegt die Absorption von TBT-Verbindungen aus dem Gastrointestinaltrakt zwischen 20–50%, während über die Haut der Säugetiere 10% aufgenommen werden[4]. Die absorbierten Substanzen verteilen sich anschließend in den Geweben, vornehmlich in Leber und Niere[4]. Die Biotransformation verläuft Cytochrom-P-450-abhängig von Tributylzinn über Di- und Monobutylzinn zu anorganischem Zinn. Die Ausscheidung von radioaktiv markiertem TBTO erfolgt bei Ratten nach oraler Aufnahme vor allem über die Leber biphasisch mit Halbwertszeiten von etwa 12–72 Stunden. Die Gesamtaktivität ist am höchsten in den Ausscheidungsorganen Niere und Leber. Eine Differenzierung von unverändertem TBTO und Metaboliten bei der Ratte ergab, daß in lipophilen Geweben (Fettgewebe und Restkörper) vor allem die Ausgangssubstanz und in Leber und Niere hauptsächlich die Metaboliten auftre-

Tabelle: Wichtige Tributylzinn-Verbindungen.

| Gefahren-symbol | Name / Eigenschaften | Summen-formel | $M_R$ | Sdp.°C (mbar, 20°C) [Schmp.°C] Löslichkeit in Wasser [mg/L] | Dichte [g/cm³] |
|---|---|---|---|---|---|
| T ☠ N | Tributylzinnoxid (TBTO) $(C_4H_9)_3Sn-O-Sn(C_4H_9)_3$ farblos-gelblich | $C_{24}H_{54}OSn_2$ | 596,07 | 173 (1,3) [< -45] 20–61 | 1,15–1,17 |
| T ☠ N | Tributylzinnacetat (TBTA) $(C_4H_9)_3Sn-O-CO-CH_3$ farblos-wachsartig | $C_{14}H_{30}O_2Sn$ | 349,08 | [80–83] <1 | 1,27 |
| T ☠ N | Tributylzinnbenzoat (TBTB) $(C_4H_9)_3Sn-O-CO-C_6H_5$ | $C_{19}H_{32}O_2Sn$ | 411,15 | ca. 135 (0,3) [20] | ca. 1,2 |
| T ☠ N | Tributylzinnchlorid (TBTCl) $(C_4H_9)_3Sn-Cl$ farblos-gelblich | $C_{12}H_{27}ClSn$ | 325,48 | 140 (13) [-16] 17 | 1,19–1,22 |
| | Tributylzinnfluorid (TBTF) $(C_4H_9)_3Sn-F$ | $C_{12}H_{27}FSn$ | 309,03 | >350 (extrapoliert) [240] | 1,25 |
| | Tributylzinnlinoleat (TBTL) $(C_4H_9)_3Sn-O-CO-C_{17}H_{31}$ | $C_{30}H_{58}O_2Sn$ | 569,47 | ca. 140 (0,5) [<0] | 1,05 |
| | Tributylzinnmethacrylat (TBTM) $(C_4H_9)_3Sn-O-CO-(CH_3)C=CH_2$ | $C_{16}H_{32}O_2Sn$ | 375,11 | >300 (extrapoliert) [16] | 1,14 |
| | Tributylzinnnaphthenat (TBTN) | | Ca. 500 | ca. 125 (0,5) [<0] | ca. 1,1 |

ten[5]. Beim Menschen konnte eine renale Ausscheidung von hauptsächlich Dibutylzinn-Metaboliten aus etwa 5,1–5,4% einer oral verabreichten Dosis TBTO festgestellt werden. Eine dermale Applikation von unverdünntem TBTO erbrachte eine Ausscheidung über die Nieren von 0,2% der aufgetragenen Dosis[3]. Die biologische Halbwertszeit liegt bei Säugern bei 23 bis 30 Tagen[4].

TBT ist akut toxisch und stark reizend an Auge und Haut. Bei exponierten Arbeitern traten durch Inhalation von Dämpfen oder Rauch Halsschmerzen, Husten und Würgereiz auf[5]. Jährliche Kontrolluntersuchungen von Organozinn-Arbeitern sowie Sonderuntersuchungen nach größeren Kontaminationen erbrachten keinen Hinweis auf systemisch schädigende Wirkungen von TBT-Verbindungen[5].

Akute inhalative Toxizität: $LD_{50}$ (Ratte 4 h): 65 mg/m$^3$ (TBTO) bzw. 152 mg/m$^3$ (TBTN). Akute orale Toxizität: $LD_{50}$ (Ratte) 112–194 mg/kg (TBTO). Untersuchungen zur Beeinflußung des Immunsystems ergaben einen Gewichtsverlust des Thymus bei Ratte und Maus sowie eine Suppression der Ig-E-Antwort und der Ig-G-Konzentration[3,5]. Bei einer Untersuchungen zur Cancerogenität von TBT fiel eine erhöhte Anzahl von gutartigen Tumoren der Hypophyse und des Nebennierenmarks auf. Weitere Tests konnten das mutagene Potential von TBT-Verbindungen nicht bestätigen. Man nimmt an, daß nicht-gentoxische Mechanismen (Suppression der Immunabwehr oder Störung der hormonellen Regulation) die Tumorbildung beeinflussen[5]. TBTO ist im Tierversuch nicht embryotoxisch[5]. Für Ratten wurde ein NOEL von 0,5 mg/kg Futter bezüglich des Immunsystems und von 5 mg/kg Futter bezüglich der allgemeinen Toxizität ermittelt. Diese Werte entsprechen 0,025 (Immuntoxizität) bzw. 0,25 mg/kg Körpergewicht (allgemeine Toxizität)[3]. Es ergibt sich daraus ein *TDI von 0,25 µg/kg Körpergewicht/Tag[6]. Eine gesetzlich festgeschriebene Höchstmenge für TBT-Verbindungen in Lebensmitteln gibt es derzeit noch nicht.

MAK-Wert (2004) für Tributylzinn-Verbindungen 0,05 mg/m$^3$ bzw. 0,0021 ppm; Spitzenbegrenzung I(1) (Stoffe, deren MAK-Wert auch kurzfristig, nicht überschritten werden darf); Schwangerschaft: Gruppe C (Risiko der Fruchtschädigung braucht bei Einhaltung des MAK-Wertes nicht befürchtet zu werden); WGK 3.

*Ökotoxikologie:* Triorganische Zinn-Verbindungen sind wegen ihrer hohen Ökotoxizität in Verbindung mit Persistenz und Bioakkumulation seit Jahren Gegenstand öffentlicher Diskussionen. TBT-Verbindungen erzeugen in geringsten Konzentrationen bereits meßbare endokrine Funktionsstörungen. Sie manifestieren sich durch pathomorphologische Veränderungen im Genitalbereich (Pseudohermaphrodismus oder Imposex-Effekte), die z.B. zur Sterilität von Schneckenpopulationen führen können. Die niedrigste Wirkungsschwelle wurde dabei an Purpurschnecken bei einer Konzentration von 1,2 ng/L TBT gemessen. Unabhängig von

ihrer endokrinen Wirkung zeigen triorganische Zinn-Verbindungen schon in sehr geringen Konzentrationen vor allem auf Fische toxische Effekte: NOEC von 10 ng/L in einer 90-Tagestudie an Süßwasserspezies (Poecilia reticulata), 2–4 µg/L in einer 28-Tagesstudie an Regenbogenforellen[7]. Im Gegensatz zu Säugern kommt es besonders bei Weichtieren und Fischen zu einer enormen Bioakkumulation an TBT-Verbindungen.

*Analytik:* Einen Überblick über den Nachweis von TBT-Verbindungen in Wasser, Sediment und Biota gibt Literatur[4]. Eine einheitliche Methode zur Ermittlung der Belastung von Bedarfsgegenständen und Lebensmitteln soll erarbeitet werden. – E tributyltin compounds

*Lit.:* [1]Richtlinie 2002/62/EG vom 09.07.2002 zur neunten Anpassung von Anhang I der Richtlinie 76/769/EWG des Rates zur Angleichung der Rechts- und Verwaltungsvorschriften der Mitgliedstaaten für Beschränkungen des Inverkehrbringens und der Verwendung gewisser gefährlicher Stoffe und Zubereitungen an den technischen Fortschritt (zinnorganische Verbindungen), (Amtsblatt der EG Nr. L 183, S. 58). [2]Bundesinstitut für gesundheitlichen Verbraucherschutz und Veterinärmedizin (BgVV), *BgVV Stellungnahme zu TBT und zinnorganischen Verbindungen in Höschenwindeln*, Stellungnahme vom 18.05.2000; http://www.bfr.bund.de/cm/217/tbt_windeln.pdf. [3]Beya, T. J., *Drug Metab. Rev.*, (1997) **29**, 1189. [4]Dobson, S.; Cabridenc, R., *Tributyltin Compounds*; Environmental Health Criteria 116; IPCS/WHO: Genf, (1990); http://www.inchem.org/documents/ehc/ehc/ehc116.htm. [5]Greten, H., *Gesundheitsschädliche Arbeitsstoffe – Toxikologisch arbeitsmedizinische Begründung von MAK-Werten*, Wiley-VCH: Weinheim, (fortlaufend). [6]Bundesinstitut für gesundheitlichen Verbraucherschutz und Veterinärmedizin (BgVV), *Tributylzinn (TBT) und andere zinnorganische Verbindungen in Lebensmitteln und verbrauchernahen Produkten*, Stellungnahme vom 06.03.2000, http://www.bfr.bund.de/208/tributylzinn_tbt_und_andere_zinnorganische_verbindungen.pdf. [7]Fachöffentliche Anhörung vom 14. März 2000 zu Produktion und Verwendung zinnorganischer Verbindungen in Deutschland, Bericht des Umweltbundesamtes und des Bundesinstituts für gesundheitlichen Verbraucherschutz und Veterinärmedizin (BgVV).
*allg.:* Beratergremium für umweltrelevante Altstoffe (BUA) der Gesellschaft Deutscher Chemiker (GDCh), Hrsg., *Tributyltin oxide*; BUA-Report 36; Hirzel: Stuttgart, (1994) ■ IPCS, Hrsg., *Tributyl Compounds*, IPCS-Group Poisons Information Monograph G018; IPCS/WHO: Genf, (1999); http://www.inchem.org/documents/pims/chemical/pimg018.htm – [HS 2931 00; CAS 56-35-9 (Oxid); 56-36-0 (Acetat); 4342-36-3 (Benzoat); 1461-22-9 (Chlorid); 1983-10-4 (Fluorid); 24124-25-2 (Linoleat); 2155-70-6 (Methacrylat); 85409-17-2 Naphthenat)]

**Trichinen.** *Trichinella spiralis* Raillet 1895 ist Auslöser der gefährlichen Trichinose des Menschen. Trichinen gehören zur Klasse der Fadenwürmer (*Nematoden). Geschlechtsreife Würmer leben im Dünndarm des Menschen oder anderer Trichinenträger (Darmtrichinen). Die unentwickelten Trichinen (Larven) dringen in Muskelfasern des Wirtes ein und kapseln sich dort ab (Muskeltrichinen). Befallene Muskelfasern verlieren die Querstreifung, die Muskeltrichinen werden dann von zerfallenem Muskelfaserinhalt umgeben. Nach Beendigung der Wachstumsperiode rollt sich der Parasit spiralig zusammen und wird abgekapselt. Später setzt Verkalkung ein. Trichinen können beim Schwein in verkalkter Kapsel 11 Jahre, beim Menschen sogar 30 Jahre entwicklungsfähig bleiben. Werden Muskeltrichinen mit rohem Fleisch (Muskulatur) aufgenommen, werden die Kapseln durch Magensaft aufgelöst, die Trichinen werden frei und der Kreislauf ist geschlossen.

*Vorkommen und Bedeutung:* Über die ganze Erde verbreitet, die Häufigkeit ist abhängig von Vorbeugungs- und Bekämpfungsmaßnahmen (obligatorische Trichinen-Untersuchung).

*Trichinenträger:* Fleisch- und Allesfresser – Mensch, Schwein, Dachs, Bär, Hund, Katze, Wolf, Fuchs, Marder, Sumpfbiber, Hamster, Iltis, Ratte, Maus.

*Infektion beim Menschen:* Inkubationszeit 1 – 30 Tage. Frühsymptome bestehen in Durchfällen (Darmtrichinen) und allgemeinen rheumatischen Beschwerden (Muskeltrichinen). Mortalität zwischen 0 – 30 %. Heilerfolge mit Cortison bzw. Corticotropin.

*Vorsorge:* Zur Untersuchung entnommene Muskelproben der Schlachttiere werden künstlich verdaut und das Sediment wird mit einem Stereomikroskop untersucht (Kap. III 1 der VwV zur Fleischhygiene-Verordnung). – *E* trichines

*Lit.:* Doyle, M. P.; Beuchat, L. R.; Montville, T. J., Hrsg., *Food Microbiology*, ASM Press: Washington, (2001) ▪ Hahn, H.; Falke, D.; Kaufmann, S. H. E., Ullmann, U., Hrsg., *Medizinische Mikrobiologie und Infektiologie*, 4. Aufl.; Springer: Berlin, (2001) ▪ Wenk, P.; Renz, A., *Parasitologie*, Thieme: Stuttgart, (2003)

**2,4,6-Trichloranisol** siehe *Weinfehler.

**1,1,1-Trichlor-2,2-bis(4-chlorphenyl)ethan** siehe *DDT.

**Trichlorgalactosucrose** siehe *Sucralose.

**2,4,4′-Trichlor-2′-hydroxydiphenylether** siehe *Triclosan.

**Trichodermin, Trichodermol** siehe *Trichothecene.

**Trichothecene.** Sammelbezeichnung für ca. 100 verschiedene *Mykotoxine, die von häufig auf Getreide parasitierenden oder saprophytierenden *Schimmelpilzen der Gattungen *Acremonium*, *Fusarium*, *Myrothecium*, *Stachybotrys*, *Trichoderma*, *Trichothecium* und anderen gebildet werden können.

Trichothecenen ist das 12,13-Epoxy-9-trichothecen-Ringsystem gemeinsam. Bekannt sind ca. 100 verschiedene Trichothecene, die aufgrund struktureller Unterschiede in vier Untergruppen eingeteilt werden:

– Gruppe A: Trichothecene ohne Sauerstoff-Funktion am C-Atom 8 (z. B. Trichodermol, Calonectrin, Scirpentriol);
– Gruppe B: Trichothecene mit Sauerstoff-Funktion, aber keiner Oxo-Funktion an C-8 (z. B. T-2-Toxin, HT-2-Toxin, Neosolaniol, Crotocin);
– Gruppe C: Trichothecene mit Oxo-Gruppe (z. B. *Nivalenol, Fusarenon-X, *Desoxynivalenol);

– Gruppe D: makrocyclische Trichothecene, die von C-4 zu C-15 eine Di- oder Triesterbrücke enthalten. Man unterscheidet Ether-Diester (Roridine) und Triester (Verrucarine) von Verrucarol. Auch die in Pflanzen vorkommenden Baccharinoide und Miotoxine gehören in diese Gruppe.

Trichothecene mit ungesättigter Ester-Seitenkette am C-4 gehören zu den Trichoverroiden, z. B. Trichoverrol A, Trichoverriton. Die Hydroxy-Gruppen an C-3, C-4, C-7, C-8 oder C-15 sind häufig verestert, meist mit Essigsäure (siehe Tabelle, S. 1190).

*Vorkommen:* Die Häufigkeit der Trichothecen-Funde in Deutschland ist klimabedingt von Jahr zu Jahr sehr unterschiedlich. In warmen, trockenen Jahren liegen die Werte niedrig. In *Futtermitteln* findet man sie in hofeigenen Mischungen häufiger als in Industriefutter. Bei Körnermais schneiden Proben aus Gerüsttrocknung und Silage am schlechtesten ab. Auch Tapioka, Sojaextraktionsschrot, Ackerbohnen, Heu und Getreidestroh können stark belastet sein. Während in Mais, Weizen, Gerste und anderen Getreidearten für den menschlichen Verzehr bis ca. 40 ppm gefunden wurden, lagen die ermittelten Werte bei Getreideerzeugnissen wie Weizenmehl, Grieß und Nudeln unter 1 ppm. Vereinzelt wurde auch über das Vorkommen in Hühnerfleisch und Eiern berichtet.

*Bedeutung:* Die Trichothecene verfügen über eine Vielzahl biologischer Eigenschaften, wie phytotoxische, insektizide, antifungische, antivirale und cytotoxische Wirkung. Alle Trichothecene sind Kontaktgifte (biologische Kampfmittel!) und zählen zu den wichtigsten Mykotoxinen. Trichothecene hemmen die Proteinbiosynthese in Säugetierzellen teilweise bei Konzentrationen von 1 ng/mL (z. B. Vertisporin in HeLa-Zellen). Verrucarin A hemmt das Wachstum von P-815-Mäusetumorzellen bei 0,6 ng/mL. Beispiele für Vergiftungen durch Trichothecene kennt man bei Rindern, Schweinen und Geflügel nach Fütterung mit verschimmeltem Mais in den USA („moldy corn toxicose"); ferner sind die Akakabi-Byo-Krankheit oder „bean hull toxicose" in Japan, „alimentary toxic aleukia" in der ehemaligen UdSSR und eine *Stachybotrys*-Vergiftung von epidemischem Ausmaßen 1944 im südlichen Ural zu nennen. Trichothecen-Intoxikationen sind mit Brechreiz, Diarrhoe, Anorexie, Ataxie, Leukocytose und nachfolgend schwerer Leukopenie, Entzündungen des Magen-Darm-Trakts, Zerstörung von Nervenzellen des zentralen Nervensystems, Hämorrhagie des Herzmuskels, Läsionen von Lymphknoten, Testes und Thymus sowie Gewebsnekrosen verbunden. Die $LD_{50}$-Werte (Maus i. p.) variieren von 0,5 mg/kg (Verrucarin) bis 23 mg/kg (Diacetylscirpentriol). Die Biosynthese der Trichothecene verläuft über Trichodien. – *E* trichothecenes

*Lit.:* Bennett, J. W.; Klich, M., *Clin. Microbiol. Rev.*, (2003) **16**, 497 – 516 ▪ Creppy, E. E., *Toxicol. Lett.*, (2002) **127**, 19 – 28 ▪ DeVries, J. W.; Trucksess, M. W.; Jackson, L. S., Hrsg., *Mycotoxins and Food Safety*, Kluwer Academic/Plenum Publishers: New York, (2003) ▪ Kimura, M.; Anzai, H.; Yama-

Tabelle: Struktur und Daten zu ausgewählten Trichothecenen.

| Trichothecen CAS | $R^1$ | $R^2$ | $R^3$ | $R^4$ | $R^5$ | $R^6$ | Summenformel | $M_R$ | Schmp. [°C] |
|---|---|---|---|---|---|---|---|---|---|
| Trichothecen (3-Scirpen) 114882-97-2 | H | H | H | H | H | H | $C_{15}H_{22}O_2$ | 234,34 | |
| Trichodermol 2198-93-8 | H | H | H | H | OH | H | $C_{15}H_{22}O_3$ | 250,34 | 116–119 |
| Verrucarol 2198-92-7 | H | H | H | OH | OH | H | $C_{15}H_{22}O_4$ | 266,34 | 155–158 |
| 3,4,15-Scirpentriol 2270-41-9 | H | H | H | OH | OH | OH | $C_{15}H_{22}O_5$ | 282,34 | 189–191 |
| T-2-Tetraol 34114-99-3 | H | OH | H | OH | OH | OH | $C_{15}H_{22}O_6$ | 298,34 | |
| Trichodermin 4682-50-2 | H | H | H | H | $OCOCH_3$ | H | $C_{17}H_{24}O_4$ | 292,37 | 45–46 |
| Monoacetoxyscirpenol 2623-22-5 | H | H | H | $OCOCH_3$ | OH | OH | $C_{17}H_{24}O_6$ | 324,37 | 172–173 |
| Diacetoxyscirpenol 2270-40-8 | H | H | H | $OCOCH_3$ | $OCOCH_3$ | OH | $C_{19}H_{26}O_7$ | 366,41 | 160–164 |
| Neosolaniol 36519-25-2 | H | OH | H | $OCOCH_3$ | $OCOCH_3$ | OH | $C_{19}H_{26}O_8$ | 382,41 | 171–172 |
| HT-2-Toxin 26934-87-2 | H | A | H | $OCOCH_3$ | OH | OH | $C_{22}H_{32}O_8$ | 424,49 | Öl |
| T-2-Toxin 21259-20-1 | H | A | H | $OCOCH_3$ | $OCOCH_3$ | OH | $C_{24}H_{34}O_9$ | 466,50 | 151–152 |
| Calonectrin 38818-51-8 | H | H | H | $OCOCH_3$ | OH | $OCOCH_3$ | $C_{19}H_{26}O_6$ | 350,41 | 83–85 |
| Crotocin 21284-11-7 | H | β-O– | | H | B | H | $C_{19}H_{24}O_5$ | 332,40 | 126–128 |
| Desoxynivalenol 51481-10-8 | =O | | OH | OH | H | OH | $C_{15}H_{20}O_6$ | 296,32 | 151–153 |
| Nivalenol 23282-20-4 | =O | | OH | OH | OH | OH | $C_{15}H_{20}O_7$ | 312,32 | 222–225 |
| Fusarenon-X 23255-69-8 | =O | | OH | OH | $OCOCH_3$ | OH | $C_{17}H_{22}O_8$ | 354,36 | 91–92 |
| Trichothecolon 2199-06-6 | =O | | H | H | OH | H | $C_{15}H_{20}O_4$ | 264,32 | 183–184 |
| Trichothecin 6379-69-7 | =O | | H | H | B | H | $C_{19}H_{24}O_5$ | 332,38 | 118 |
| CBD₂ 81662-72-8 | =O | | OH | OH | H | C | $C_{18}H_{24}O_8$ | 368,38 | |

A = $O–CO–CH_2–CH(CH_3)_2$

B = $O–OC–CH\overset{Z}{=}CH–CH_3$

C = $O–CO–CH(OH)–CH_3$

guchi, I., *J. Gen. Appl. Microbiol.*, (2001) **47**, 149–160 ▪ Opinion of the Scientific Committee on Food on *Fusarium* Toxins. Part 6: Group Evaluation of T-2 Toxin, HT-2 toxin, Nivalenol and Deoxynivalenol, vom 26.02.2002; http://europa.eu.int/comm/food/fs/sc/scf/index_en.html ▪ Opinion of the Scientific Committee on Food on *Fusarium* Toxins. Part 5: T-2 Toxin and HT-2 Toxin, vom 30.05.2001; http://europa.eu.int/comm/food/fs/sc/scf/index_en.html ▪ Opinion of the Scientific Committee on Food on *Fusarium* Toxins. Part 4: Nivalenol, vom 19.10.2000; http://europa.eu.int/comm/food/fs/sc/scf/index_en.html ▪ Sudakin, D. L., *Toxicol. Lett.*, (2003) **143**, 97–107

**Trichothecolon** siehe *Trichothecene.

**Triclosan.**

Internationaler Freiname für 2,4,4'-Trichlor-2'-hydroxydiphenylether, [5-Chlor-2-(2,4-dichlorphen-oxy)-phenol], INCI-Bezeichnung: Triclosan. $C_{12}H_7Cl_3O_2$, $M_R$ 289,55, ein weißes, kristallines Pulver mit schwachem, aromatischem Eigengeruch,

Schmp. 54–57 °C, Reinheit mindestens 98%, unlöslich in Wasser, mäßig löslich in verdünnter Natronlauge, löslich in den meisten organischen Lösemitteln, $LD_{50}$ (Ratte oral) 4530 bis >5000 mg/kg; gute Hautverträglichkeit, doch sind gelegentliche Sensibilisierungen möglich[1–3].

Triclosan wirkt gegen Gram-positive und Gram-negative Keime sowie gegen Pilze und Hefen. Triclosan wird zur Herstellung von desodorierend wirkenden Zubereitungen (Roll-on-Stifte, Sprays) und als Konservierungsmittel für Textilien verwendet. Die Einsatzkonzentrationen für kosmetische Mittel betragen ca. 0,15%.

*Analytik:* Zum gaschromatographischen Nachweis von Triclosan in kosmetischen Mitteln siehe Literatur[4]. Einen umfassenden Überblick zur Analytik gibt Literatur[5,6].

*Recht:* Triclosan ist als laufende Nr. 25 der Anlage 6 Teil A der *Kosmetik-Verordnung mit einer Höchstkonzentration von 0,3% zugelassen. Über Verunreinigungen von Triclosan mit chlorierten Dibenzodioxinen und Dibenzofuranen (siehe *Dioxine) im Ultraspurenbereich berichtet Literatur[7]. – *E* triclosan

*Lit.:* [1]Contact Dermatitis **1**, 293 (1973); **15**, 257 (1986). [2]Z. Haut Geschlechtskr. **137**, 210 (1977). [3]Int. Pharm. Abstr. **18**, Nr. 3, 0527 (1981). [4]Lebensmittelchem. Gerichtl. Chem. **39**, 73–85 (1985). [5]Zhou, J.; Sakr, A.; Lichtin, J. L., *Cosmet. Toiletries*, (1990) **105**, 47–51. [6]Mitt. Geb. Lebensmittelunters. Hyg. **83**, 492–508 (1992). [7]Nachr. Chem. Tech. Lab. **39**, 988–1000 (1991).

*allg.:* Fiedler (5.), S. 1730–1731 ▪ Kirk-Othmer (4.) **8**, 250f. ▪ Merck-Index (13.), Nr. 9731 – *[HS 2909 50; CAS 3380-34-5]*

**Tricyclovetiven** siehe *Vetiveröl.

**Triethylcitrat** (Citronensäuretriethylester, 2-Hydroxy-1,2,3-propantricarbonsäuretriethylester, E 1505).

$$H_2C-COOC_2H_5$$
$$HO-C-COOC_2H_5$$
$$H_2C-COOC_2H_5$$

$C_{12}H_{20}O_7$, $M_R$ 276,29, D. 1,137, Sdp. 294 °C, Sdp. 127 °C (1 hPa). Farblose, ölige Flüssigkeit von angenehm Ester-artigem Geruch; mischbar mit Alkohol u. Ether; in Wasser lösen sich 6,9%. T. kommt in der Natur nur in geringen Mengen vor (Erdnuß). T. ist als Lsm. od. Trägerstoff für Aromen zugelassen (nach der *Aromen-Verordnung Anlage 5 Nr. 3) sowie als *Lebensmittelzusatzstoff bei der Herst. von Trockeneiklar (*ZZulV 1998, Anlage 4 Teil B). In Kosmetika wird T. in *Desodorantien u. Intimsprays (*Intimpflegemittel) verwendet. Durch Ester-spaltende *Lipasen der Hautoberfläche wird T. gespalten u. führt so zu einer pH-Wert-Senkung, die eine Verminderung der Aktivität schweißzersetzender Bakterien zur Folge hat. Weiter wird T. auch als *Weichmacher in Kunststoffen mit Lebensmittelkontakt eingesetzt. – *E* triethyl citrate

*Lit.:* Beilstein EIV 3, 1276 ▪ Blue List – *[HS 2918 15; CAS 77-93-0]*

**Trieur.** Maschine, die stückige oder pulverförmige Lebensmittel (z. B. Kaffee) in einem Vorreinigungsschritt von Verunreinigungen befreit. Im Rahmen der Bierbrauerei dient der Trieur zur Entfernung von kugelförmigen Verunreinigungen aus der Braugerste. In der Getreidetechnologie dient der Trieur entweder der Entfernung kugelförmiger Unkrautsamen (Rundkorn-Trieur) oder der Abtrennung länglicher Getreidekörner, z. B. Hafer aus Weizen (Langkorn-Trieur). – *E* trieur

*Lit.:* Heiss (6.) ▪ Narziß, L., *Die Bierbrauerei*, 7. Aufl.; Wiley-VCH: Weinheim, (1999); Bd. 1 ▪ Tscheuschner, H.-D., Hrsg., *Grundzüge der Lebensmitteltechnik*, 3. Aufl.; Behr's: Hamburg, (2004)

**Triglyceride** (Triacylglyceride, Triacylglycerole). Sammelbez. für Ester des Glycerols (Glyceride), in denen alle drei Hydroxy-Gruppen mit *Fettsäuren verestert sind. T. sind die Hauptbestandteile natürlicher *Fette u. Öle, in denen meist gemischtsäurige Ester mit 2 bzw. 3 verschiedenen Fettsäuren vorliegen, z. B. Distearo-olein ($St_2O$) od. Stearo-oleo-linolein (StOL). Die Zahl Z der in einem Fett möglichen T. ergibt sich aus der Zahl n der im Fett vorkommenden Fettsäuren:

$$Z = \frac{n^3 + n^2}{2}$$

Sind die prim. Hydroxy-Gruppen des Glycerols mit zwei verschiedenen Fettsäuren verestert, so entsteht ein Chiralitätszentrum. Der stereospezif. Numerierung der Acyl-Reste wird das prochirale L-Glycerol zugrundegelegt. Die Bez. erfolgt mit dem Präfix sn. Die Positionen der Fettsäure-Reste werden anhand einer *stereospezif. Analyse* festgelegt.

sn-1-Palmito-2-oleo-3-stearin

Mit Pankreas-Lipase wird das T. (I) unter geeigneten Reaktionsbedingungen in das 1,2- (IIa) u. 2,3-Diacylglycerid (IIb) hydrolysiert. Diacylglycerid-Kinase phosphoryliert nur IIa nicht aber IIb. Zusätzlich wird das T. bis zum Monoacylglycerid (III) hydrolysiert. Verseifung u. Fettsäure-Analyse von I, IIb (IIa) u. III ergeben die Struktur des Triacylglycerids, siehe Abbildung, S. 1192.

*Eigenschaften:* T. sind polymorph, d. h. sie kristallisieren in verschiedenen Modif., die als γ, α, β′ od. β bezeichnet werden. Am stabilsten ist die β-Form („Stuhl"-Form, s. Schema). Der Schmp. der T. hängt von der Fettsäure-Zusammensetzung sowie von der Position im Glycerid-Mol. ab. Insbes. *cis*-ungesätt. Fettsäuren „stören" die regelmäßige Anordnung der Mol. im Krist., wodurch der Schmp. absinkt.

Mittelkettige T. (MKT od. MCT von englisch medium-chain triglycerides)[1–2] werden aus Gemischen mittelkettiger Fettsäuren mit 6 bis 12 C-Atomen, die aus Kokosöl od. Palmkernöl gewonnen wurden, hergestellt. Sie unterscheiden sich von normalen Fetten u. Ölen durch ihre bes. physikal. Eigenschaften, v. a. durch ihren niedrigen Schmp.

$$R^2-CO-O-\left[\begin{array}{l}O-CO-R^1\\O-CO-R^3\end{array}\right. \xrightarrow{\text{Lipase}} R^2-CO-O-\left[\begin{array}{l}O-CO-R^1\\OH\end{array}\right. + R^2-CO-O-\left[\begin{array}{l}OH\\O-CO-R^3\end{array}\right. \xrightarrow{\text{Lipase}} R^2-CO-O-\left[\begin{array}{l}OH\\OH\end{array}\right.$$

(I)                                    (IIa)                              (IIb)                                (III)

ATP
ADP   Diacylglycerid-Kinase

$$R^2-CO-O-\left[\begin{array}{l}O-CO-R^1\\O\\O-P-OH\\OH\end{array}\right.$$

(II)

Abbildung: Triacylglycerid-Hydrolyse und Phosphorylierung von Diacylglycerid.

von ca. 17–19 °C u. ihre Wasserlöslichkeit. Biolog. unterscheiden sich MCT von Fetten u. Ölen dadurch, daß sie als intakte Mol. im Darm resorbiert u. über die Portalvene direkt zur Leber transportiert werden, wo sie vorzugsweise der Energiegewinnung dienen. MCT werden für die Behandlung von Fettresorptionsstörungen eingesetzt.

Tab.: Schmelzpunkte (β-Form) von Triacylglyceriden.

| Triacylglycerid | Schmp. (°C) |
|---|---|
| Tripalmitin | 65,6 |
| 1,2-Dipalmito-olein | 34,8 |
| 1,3-Dipalmito-olein | 38,5 |
| Triolein | 5,5 |

**Biosynthese:** Die T. werden in höheren Pflanzen sowie auch in den Fettzellen von Säugetieren aus L-Glycerol-3-phosphat u. Fettsäureestern des Coenzyms A synthetisiert. In Pflanzen werden gewisse Regeln bei der Fettsäure-Verteilung eingehalten, (a) die prim. Hydroxy-Gruppen des Glycerols in 1- u. 3-Position sind vorzugsweise mit gesätt. Fettsäuren verestert, (b) *Öl- u. *Linolensäure sind häufig gleichmäßig über alle Positionen verteilt, (c) *Linolsäure nimmt die dann noch freien Positionen ein. Zur Analytik s. *Fette u. Öle. – E triglycerides

**Lit.:** [1] Applewhite (Hrsg.), Proceedings of the World Conference on Lauric Oils: Sources, Processing, and Applications, Champaign: AOCS Press 1994. [2] Lipid Technol. **1994** (3), 61. allg.: Ahmad, J., J. Cardiovasc. Risk, (2000) **7**, 339–346 ▪ Belitz-Grosch-Schieberle (5.), S. 162–170 ▪ De la Fuente, M. A., Food Sci. Technol. Int., (1999) **5**, 103–120 ▪ Hunter, J. E., Lipids, (2001) **36**, 655–668

**Triglycerid-Lipasen** siehe *Lipasen.

**Trimethylamin.** N(CH$_3$)$_3$, C$_3$H$_9$N, M$_R$ F+ 59,11. Farbloses, widerwärtig fisch- oder tranartig riechendes Gas, das sich leicht zu Xn einer farblosen Flüssigkeit kondensieren läßt, D. 0,6567 (0 °C), Schmp. –117 °C, Sdp. 2,9 °C, in Wasser und Alkohol mit alkalischer Reaktion sehr leicht löslich. Das Gas ruft Reizung der Augen und der Atemwege hervor, bei hohen Konzentrationen ist Lungenödem möglich (dieses kann mit einer Verzögerung bis zu zwei Tagen auftreten); MAK-Werte-Liste (2004) 4,9 mg/m$^3$, Schwangerschaft: Gruppe D; WGK 2.
**Vorkommen:** Trimethylamin entsteht beim biologischen Abbau von pflanzlichen und tierischen Stickstoff-haltigen Verbindungen wie Trimethylamin-N-

oxid, z. B. bei der Fäulnis, bei der trockenen Destillation von Zuckerrübenrückständen aus dem darin enthaltenen Betain. Es kommt in gebundener Form (meist als *Cholin) in zahlreichen Pflanzen und Pilzen vor. In Seefischen ist Trimethylamin weit verbreitet; der Geruch von Heringslake stammt hauptsächlich von Trimethylamin. Die Konzentration an Trimethylamin und anderen flüchtigen Stickstoff-Basen nimmt nach dem Tod des Fisches in Abhängigkeit von der Lagerzeit und den Lagerbedingungen zu und ist ein Maß für den Frischezustand. Die Zunahme der Trimethylamin-Konzentration resultiert aus einer Reduktion von Trimethylamin-N-oxid [(H$_3$C)$_3$NO; C$_3$H$_9$NO, M$_R$ 75,11] zu Trimethylamin nach dem Tod. Seefische enthalten 40–120 mg/kg Trimethylamin-N-oxid, Süßwasserfische zwischen 0–5 mg/kg (auch höhere Werte wurden beobachtet). Zum Mechanismus der Trimethylamin-Oxidation siehe Literatur[1], zur Analytik von Trimethylamin-N-oxid in Humanplasma siehe Literatur[2]. Zur Analyse von Trimethylamin sind HPLC-[3] und GC-MS-Methoden[4] beschrieben. – E trimethylamine

**Lit.:** [1] Scrutton, S., Nat. Prod. Rep., (2004) **21**, 722–730. [2] Bain, M.A.; Faull, R.; Fornasini, G.; Milne, R. W.; Schumann, R.; Evans, A. M., Anal. Biochem., (2004) **334**, 403–405. [3] Chafer-Pericas, C.; Herraez-Hernandez, R.; Campins-Falco, P., J. Chromatogr. A, (2004) **1023**, 27–31. [4] Namiesnik, J.; Jastrzebska, A.; Zygmunt, B., J. Chromatogr. A, (2003) **1016**, 1–9.
allg.: Beilstein EIV **4**, 134 ▪ Ullmann (5.) **A16**, 535 – [HS 2921 11; CAS 75-50-3; G 2]

**Trimethylaminoxid** siehe *Trimethylamin.

**1,3,7-Trimethylxanthin** siehe *Coffein.

**Trinkschokolade.** Die Bezeichnung Trinkschokolade bzw. auch Schokoladentrunk weist entweder auf ein Schokoladenpulver oder ein daraus hergestelltes Getränk hin. Anforderungen an den Mindestgehalt an Kakaopulver in den aus Zuckerarten und Kakaopulver bestehenden Produkten werden durch die Kakao-Verordnung[1] gestellt. – E drinking chocolate
**Lit.:** [1] VO über Kakao- und Schokoladenerzeugnisse vom 15.12.2003 (BGBl. I, S. 2738).
allg.: Taschenbuch für Lebensmittelchemiker **1**, 419 ▪ Zipfel C 370 § 1 214

**Trinkwasser.** Zum menschlichen Genuß u. Gebrauch bestimmtes Wasser, das bestimmten Anforderungen gerecht werden muß. Eine entsprechende Definition enthält auch § 3 der *Trinkwasser-Verordnung, wonach Trinkwasser u. a. alles Wasser ist, das im ursprünglichen Zustand oder nach Aufbereitung zum Kochen, zur Zubereitung von Speisen und Getränken oder zu bestimmten, dort aufgezählten häuslichen Zwecken dient.

*Trinkwasserqualität:* Die zu untersuchenden Parameter sind in folgende Gruppen eingeteilt:
1. organolept. Parameter;
2. physikal.-chem. Parameter;
3. Parameter für unerwünschte Stoffe;
4. Parameter für tox. Stoffe;
5. mikrobiolog. Parameter;
6. Parameter für Radioaktivität.

Die Bestimmungsmeth. für diese Parameter sind teilw. in der VO angegeben; internat. Empfehlungen zur T.-Güte werden von der WHO formuliert, s. a. *Lit.*[1]. Die physikal. Wasserbeschaffenheit wird v. a. durch die Temp. u. den Anteil an ungelösten Stoffen, organ. wie anorgan. Art, geprägt. Die ungelösten Stoffe beeinflussen v. a. die Trübung, die Farbe, u. U. auch den Geruch u. den Geschmack. Die gelösten Stoffe im T. sollen nicht in Mengen vorkommen, die physiolog. Wirkungen haben, wie z. B. in Heilwässern. T. soll aber einen gewissen Mindestgehalt an Salzen haben, denn salzarmes Wasser schmeckt fad u. führt nach neueren medizin. Erkenntnissen zur Steigerung des Zellinnendrucks u. zur Ausdehnung der Zellwände (Herzerkrankungen); stark salzhaltiges Wasser, wie Meerwasser, läßt die Zellen aufgrund der osmot. Wirkung einschrumpfen. Für die gesundheitliche Eignung eines Wassers für T.-Zwecke ist die hygien. Beurteilung, insbes. die mikrobiolog. Beschaffenheit wesentlich.

Die Anforderungen an T., die den Merkmalen eines einwandfreien *Grundwassers entsprechen, sind wie folgt definiert (DIN 2000: 1973-11 u. DIN 2000: 2000-10[2]):
1. T. muß frei sein von Krankheitserregern [stellvertretend für diese stehen *Escherichia coli* u. sog. *Coliforme* als Fäkalindikatoren] u. darf keine gesundheitsschädigenden Eigenschaften haben. An das von Ind., Gewerbe u. Haushalt zur Bereitung von Lebensmitteln u. zur Reinigung von damit in Berührung kommenden Geräten u. Gefäßen sowie an das zur Körperpflege verwendete Wasser sind die gleichen Anforderungen zu stellen wie an Trinkwasser.
2. T. muß keimarm sein.
3. T. soll seiner Herkunft nach appetitlich sein u. nach seiner äußeren Beschaffenheit zum Genuß anregen. Es soll daher farblos, klar, kühl, geruchlos u. geschmacklich einwandfrei sein.
4. Der Gehalt an gelösten Stoffen soll sich in gewissen Grenzen halten. Er soll bei bestimmten Stoffen (Eisen-, Mangan-, organ. u. Stickstoff-Verb. u. a.) so gering wie möglich sein.
5. T. soll möglichst keine Korrosion hervorrufen.
6. T. soll stets in genügender Menge u. mit ausreichendem Druck zur Verfügung stehen.
7. Nach Möglichkeit ist für die Wassergewinnung ein Wasser zu wählen, das allen an T. zu stellenden Güteanforderungen ohne Aufbereitung entspricht u. seiner Herkunft nach am wenigsten einer Gefahr durch zivilisator. Einflüsse ausgesetzt ist.
8. Dem Schutze des T. nach Menge u. Beschaffenheit gebührt gegenüber allen anderen konkurrierenden Interessen der Vorrang. Für alle Wassergewinnungsanlagen sind Schutzgebiete einzurichten (Wasserschutzgebiete).
9. Die Wasserversorgungsanlagen sind so zu gestalten, daß die nach der Planung erforderliche Wassermenge zur Verfügung gestellt werden kann u. das Wasser auf dem Wege von der Gewinnung bis zum Verbraucher nicht in seiner Beschaffenheit beeinträchtigt wird.

In der Trinkwasser-Verordnung[3] sind u. a. die Grenzwerte für chem. Stoffe u. die gültigen Kenngrößen u. Grenzwerte zur Beurteilung der Beschaffenheit festgelegt. Neu ist bei der aktuellen Trinkwasser-Verordnung die Notwendigkeit der Einhaltung der festgelegten Parameter am Austritt aus der Zapfstelle im Gebäude u. nicht wie bisher im Wasserwerk nach Abschluß der Aufbereitung. Die einzelnen Werte sind in den Tab. 1 bis 3, S. 1193–1195, enthalten. Die Einhaltung u. Kontrolle der mikrobiolog. u. chem. Parameter ist zwingend vorgeschrieben, bei den Indikatorparametern sind je nach örtlichen od. geolog. Gegebenheiten Ausnahmen möglich. Bei der Umsetzung kommt den örtlichen Gesundheitsbehörden eine wichtige Rolle zu, sie müssen auch Stoffe od. Organismen, für die keine Grenzwerte festgelegt sind, überwachen, wenn Verdacht auf überhöhte, potentiell gefährliche Konz. od. Keimzahl besteht.

*Vorkommen:* Als „Lieferanten" für T. kommen außer Quellen u. Bächen, die in dünnbesiedelten Gebieten im allg. ohne weitere Vorbehandlungen genutzt werden können, v. a. Grund- u. Oberflächenwasser, z. B. aus Seen, Talsperren u. Flüssen, in

Tab. 1: Mikrobiologische Parameter für die Trinkwasserbeurteilung.

Teil I:
Allgemeine Anforderungen an Wasser für den menschlichen Gebrauch

| Lfd. Nr. | Parameter | Grenzwert [Anzahl/100 mL] |
|---|---|---|
| 1 | *Escherichia coli* (*E. coli*) | 0 |
| 2 | Enterokokken | 0 |
| 3 | coliforme Bakterien | 0 |

Teil II:
Anforderungen an Wasser für den menschlichen Gebrauch, das zur Abfüllung in Flaschen oder sonstige Behältnisse zum Zwecke der Abgabe bestimmt ist

| Lfd. Nr. | Parameter | Grenzwert |
|---|---|---|
| 1 | *Escherichia coli* (*E. coli*) | 0/250 mL |
| 2 | Enterokokken | 0/250 mL |
| 3 | *Pseudomonas aeruginosa* | 0/250 mL |
| 4 | Koloniezahl bei 22 °C | 100/mL |
| 5 | Koloniezahl bei 36 °C | 20/mL |
| 6 | coliforme Bakterien | 0/250 mL |

Tab. 2: Chemische Parameter für die Trinkwasserbeurteilung.

Teil I:

Chemische Parameter, deren Konzentration sich im Verteilungsnetz einschließlich der Hausinstallation in der Regel nicht mehr erhöht

| Lfd. Nr. | Paramter | Grenzwert [mg/L] |
|---|---|---|
| 1 | Acrylamid | 0,0001 |
| 2 | Benzol | 0,001 |
| 3 | Bor | 1 |
| 4 | Bromat | 0,01 |
| 5 | Chrom | 0,05 |
| 6 | Cyanid | 0,05 |
| 7 | 1,2-Dichlorethan | 0,003 |
| 8 | Fluorid | 1,5 |
| 9 | Nitrat | 50 |
| 10 | Pflanzenschutzmittel und Biozidprodukte[1] | 0,0001 |
| 11 | Pflanzenschutzmittel und Biozidprodukte insgesamt[2] | 0,0005 |
| 12 | Quecksilber | 0,001 |
| 13 | Selen | 0,01 |
| 14 | Tetrachlorethen und Trichlorethen | 0,01 |

Teil II:

Chemische Parameter, deren Konzentration im Verteilungsnetz einschließlich der Hausinstallation ansteigen kann

| Lfd. Nr. | Parameter | Grenzwert [mg/L] |
|---|---|---|
| 1 | Antimon | 0,005 |
| 2 | Arsen | 0,01 |
| 3 | Benzo[a]pyren | 0,00001 |
| 4 | Blei | 0,01 |
| 5 | Cadmium | 0,005 |
| 6 | Epichlorhydrin | 0,0001 |
| 7 | Kupfer | 2 |
| 8 | Nickel | 0,02 |
| 9 | Nitrit | 0,5 |
| 10 | polycyclische aromatische Kohlenwasserstoffe | 0,0001 |
| 11 | Trihalogenmethane | 0,05 |
| 12 | Vinylchlorid | 0,0005 |

[1] Grenzwert gilt jeweils für die einzelnen Pflanzenschutzmittel und Biozidprodukte.
[2] Summe der nachgewiesenen Pflanzenschutzmittel und Biozidprodukte.

Frage. In Deutschland entstammte das T. zu 63,6% aus Grundwasser, zu 7,8% aus Quellwasser, zu 15,3% aus Uferfiltrat u. zu 13,5% aus Oberflächenwasser (Seen u. Flüsse). Zu den neueren Verf. der Süßwasser-Gewinnung gehören nicht nur die Meerwasserentsalzung, sondern in ariden Gebieten auch die T.-Rückgewinnung aus Abwasser. Spezielle Probleme stellt die T.-Beschaffung in wasserarmen, trop. Gebieten dar. Dazu wurden einfache Verf. entwickelt, die sich oft natürlicher, pflanzlicher Flockungsmittel (auf Protein- od. Polysaccharid-Basis) bedienen.
Angesichts des zunehmenden Bedarfs an T. – in Deutschland stieg von 1960 über 1970 bis 1983 der tägliche pro-Kopf-Verbrauch in Haushalten von 92 L über 118 L auf 147 L an u. sank bis 1996 ge-

ringfügig auf 132 L – besitzen alle Maßnahmen zum Schutz der bisher verfügbaren u. zur Erschließung neuer Quellen für T. erhebliche Bedeutung. Die gesetzlichen Grundlagen zur Deckung des lebensnotwendigen Bedarfs an T., Brauch- u. Löschwasser sind vom Gesetzgeber in Gesetzen u. VO (s. DIN 2000: 1973-11 u. DIN 2000: 2000[2]) niedergelegt worden.
**Analytik:** Als umfassende Sammlung von Analysenverf. zur Wasser-, Abwasser- u. Schlammuntersuchungen stehen die „Deutschen Einheitsverf." (DEV)[4] zur Verfügung. Darüber hinaus sind offizielle Verf. die Methoden nach § 64 *LFGB (ex § 35 LMBG) (L 59.00 bis L 59.13) zu nennen. Von gesundheitlicher Bedeutung ist der Nachw. sog. Trihalomethane (z.B. Chloroform) u. anderer Chlorungsprodukte, die im Verlauf der Haloform-Reaktion, z.B. aus *Huminstoffen[5,6], Aminosäuren[7] u. Chlor gebildet werden können (siehe auch *DNP). Zum mutagenen, carcinogenen und teratogenen Potential dieser Verb. siehe Literatur[8–11], zum Nachw. Lit.[12–14].
Durch die Verw. von Chlordioxid, Ozon und UV-Strahlen anstelle von Chlor läßt sich das Ausmaß der Haloform-Reaktion verringern. Die Entfernung von Haloformen aus dem T. ist möglich[15–17]. Einen Überblick zur T.-Untersuchung, die das gesamte Spektrum der modernen instrumentellen Analytik umfaßt (*GC, *HPLC, *AAS, ICP-*AES, ICP-*MS, Photometrie, *Ionenchromatographie u.a.), gibt Lit.[18,19].
Neuere Entwicklungen zur Bestimmung anorganischer Wasserinhaltsstoffe umfassen die kapillarelektrophoretischen Bestimmungen[20], die Miniaturisierung und Automatisierung durch Fließinjektion[21,22], die Atomfluoreszenzspektroskopie[23], die Plasma-Flugzeitmassenspektrometrie[24] und die Bestimmung von Bromat im Spurenbereich mittels Ionenchromatographie[25,26,27]. Bei der Untersuchung organisch-chemischer Verunreinigungen in Trinkwasser hat sich die Online-Festphasenextraktion mit anschließender GC-MS-Analytik bewährt[28]. So erfolgt beispielsweise die analytische Bestimmung von pharmazeutischen Wirkstoffen nach Festphasenanreicherung, Derivatisierung und GC-MS-Detektion[29]. Anthropogen bedingte Verunreinigungen mit Sulfonaten aus Wasch- und Reinigungsmitteln werden nach Zugabe eines Ionenpaarreagenzes nach Festphasenanreicherung und ionenchromatographischer Auftrennung bestimmt[30]. Zum Nachweis von Atrazin, einem *Triazin-Herbizid, das auf Grund seiner geringen Abbaubarkeit im Boden und der damit verbundenen potentiellen Anreicherung im Grund- und Trinkwasser verboten wurde[31], siehe Lit.[32]. Eine toxikologische Bewertung der Schadstoffe im Trinkwasser gibt Lit.[33], die Einstufung von vornehmlich im Verkehr befindlichen Stoffen nach ihrem wassergefährdenden Potential erfolgt in 3 Wassergefährdungsklassen (WGK)[34].
– E drinking water

**Lit.:** [1] EG-Richtlinie 98/83/EG vom 03.11.1998 (Amtsblatt der EG Nr. L 330, S. 32). [2] Normenausschuß Wasserwesen im deutschen Institut für Normung e.V., Hrsg., *Zentrale Trink-*

Tab. 3: Indikatorparameter für die Trinkwasserbeurteilung.

| Lfd. Nr. | Parameter | Einheit, als | Grenzwert/ Anforderung |
|---|---|---|---|
| 1 | Aluminium | mg/L | 0,2 |
| 2 | Ammonium | mg/L | 0,5 |
| 3 | Chlorid[a] | mg/L | 250 |
| 4 | Clostridium perfringens (einschließlich Sporen) | Anzahl/100 mL | 0 |
| 5 | Eisen | mg/L | 0,2 |
| 6 | Färbung (spektraler Absorptionskoeffizient Hg 436 nm) | $m^{-1}$ | 0,5 |
| 7 | Geruchsschwellenwert | | 2 bei 12 °C<br>3 bei 25 °C |
| 8 | Geschmack | | für den Verbraucher annehmbar und ohne anormale Veränderung |
| 9 | Koloniezahl bei 22 °C | | ohne anormale Veränderung |
| 10 | Koloniezahl bei 36 °C | | ohne anormale Veränderung |
| 11 | elektrische Leitfähigkeit[a] | µS/cm | 2500 bei 20 °C |
| 12 | Mangan | mg/L | 0,05 |
| 13 | Natrium | mg/L | 200 |
| 14 | organisch gebundener Kohlenstoff (TOC) | | ohne anormale Veränderung |
| 15 | Oxidierbarkeit | mg/L $O_2$ | 5 |
| 16 | Sulfat[a] | mg/L | 240 |
| 17 | Trübung | nephelometrische Trübungseinheiten (NTU) | 1,0 |
| 18 | Wasserstoffionen-Konzentration[a] | pH-Einheiten | $\geq$6,5 und $\leq$9,5 |
| 19 | Tritium[b,c] | Bq/L | 100 |
| 20 | Gesamtrichtdosis[b-d] | mSv/Jahr | 0,1 |

[a] Wasser sollte nicht korrosiv wirken. Die entsprechende Beurteilung, insbesondere zur Auswahl geeigneter Materialien im Sinne von § 17 Abs. 1, erfolgt nach den allgemein anerkannten Regeln der Technik.

[b] Die Kontrollhäufigkeit, die Kontrollmethoden und die relevantesten Überwachungsstandorte werden zu einem späteren Zeitpunkt gemäß dem nach Artikel 12 der Trinkwasserrichtlinie festgesetzten Verfahren festgelegt.

[c] Die zuständige Behörde ist nicht verpflichtet, eine Überwachung von Wasser für den menschlichen Gebrauch im Hinblick auf Tritium oder der Radioaktivität zur Festlegung der Gesamtrichtdosis durchzuführen, wenn sie auf der Grundlage anderer durchgeführter Überwachungen davon überzeugt ist, daß der Wert für Tritium bzw. der berechnete Gesamtrichtwert deutlich unter dem Parameterwert liegt. In diesem Fall teilt sie dem Bundesministerium für Gesundheit über die zuständige oberste Landesbehörde die Gründe für ihren Beschluß und die Ergebnisse dieser anderen Überwachungen mit.

[d] Mit Ausnahme von Tritium, Kalium-40, Radon und Radonzerfallsprodukten.

wasserversorgung, Leitsätze für Anforderungen an Trinkwasser, Planung, Bau, Betrieb und Instandhaltung der Versorgungsanlagen (DIN 2000), Beuth: Berlin, (2000). [3] Verordnung über die Qualität von Wasser für den menschlichen Gebrauch (Trinkwasser-Verordnung – TrinkwV 2001) vom 21.5.2001 (BGBl. I, S. 959). [4] Deutsche Einheitsverfahren zur Wasser-, Abwasser- und Schlammuntersuchung; VCH Verlagsgesellschaft: Weinheim, (Loseblattsammlung). [5] Frimmel, F. H.; Christman, R. F., Humic Substances and their Role in the Environment, John Wiley & Sons: Chichester, (1988). [6] Singer, P. C., J. Environ. Eng., (1994) 120, 727. [7] J. Food Sci. 55, 1714–1719 (1990). [8] Chemosphere 15, 549–556 (1986). [9] Water Chlorination 6, 361–372 (1990). [10] Craun, G. F., In The Handbook of Environmental Chemistry; Water Pollution, Hutzinger, O., Hrsg.; Springer: Berlin, (1991); Bd. 5, Teil A, S. 1. [11] Reif, J. S.; Hatch, M. C.; Bracken, M.; Holmes, L. B.; Schwetz, B. A.; Singer, P. C., Environ. Health Perspect., (1996) 104, 1056. [12] Analysis 15, 69–76 (1987). [13] Gonzalez, A. C.; Krasner, S. W.; Weinberg, H. S.; Richardson, S. D., In Proceedings of the Water Quality and Technology Conference of the American Water Works Association, American Water Works Associaton: La Verne, (2000); S. 735–753. [14] Koch, B.; Krofts, E. W.; Davis, M. K.; Schimpff, W. K., In Disinfection By-products: Current Perspectives, American Water Works Association: Denver, (1989). [15] Chem. Ind. (London) 14, 804ff. (1990). [16] Hoigné, J.; Bader, H., Water Res., (1983) 17, 173. [17] Langlais, B.; Reckhow, D. A.; Brink, D. R., Ozone in Water Treatment: Application and Engineering, Lewis Publishers: Chelsea, (1991); S. 27.

[18] Labor Praxis 15, 154–159; 248–252; 397–402; 469–479 (1991). [19] Willy-Hager-Stiftung, Hrsg., Literaturdaten zur Analyse von Wasserinhaltsstoffen, Willy-Hager-Stiftung: Stuttgart, (1989). [20] J. Anal. At. Spectrom. 12, 689–695 (1997). [21] DIN EN ISO 14403: 2002-07. [22] DIN EN ISO 15682: 2002-01. [23] DIN EN 13506: 2002-04. [24] Benkhedda, K.; Infante, H. G.; Ivanova, E.; Adams, F. C., J. Anal. At. Spectrom., (2000) 15, 1349–1356. [25] Salhi, E.; von Gunten, U., Water Res., (1999) 33, 3239–3244. [26] Delcomyn, C. A.; Weinberg, H. S.; Singer, P. C., J. Chromatogr. A, (2001) 920, 213–219. [27] Seubert, A.; Nowak, M., GIT Labor-Fachz., (1998), 193–199. [28] Dtsch. Lebensm. Rundsch. 93, 141–144 (1997). [29] Stan, H.-J.; Heberer, T.; Linkerhägner, M., Vom Wasser, (1994) 83, 57–68. [30] Lange, F.; Brauch, H.-J., Jahresber. Arbeitsgemeinschaft Rhein-Wasserwerke, (1993) 50, 69–83. [31] Pflanzenschutz-Anwendungsverordnung vom 10.11.1992 (BGBl. I, S. 1887). [32] Lebensmittelchemie 45, 70–71 (1991). [33] ADI-Verbraucherdienst 36, 9–16 (1991). [34] Katalog Wassergefährdender Stoffe; http://www.umweltbundesamt.de/wgs.
allg.: Allard, B., Hrsg., Water Pollution, Springer: Berlin, (1995) ■ Bretschneider, H.; Lechner, K.; Schmidt, M., Taschenbuch der Wasserwirtschaft, 7. Aufl., Parey: Berlin, (1993) ■ Dtsch. Institut für Normung (Hrsg.), Wassergewinnung, Wasseruntersuchung, Wasseraufbereitung (10.), Berlin: Beuth 2000 ■ Grohmann, A.; Hässelbarth, U.; Schwerdtfeger, W., Hrsg., Die Trinkwasserverordnung, 4. Aufl.; E. Schmidt: Berlin, (2002) ■ Hewlett-Packard (Hrsg.), Buch der Umweltanalytik, Bd. 2, Analytik u. Gewässerreinhal-

tung, Darmstadt: GIT 1991 ▪ Mattheß, *Die Beschaffenheit des Grundwassers*, 3. Aufl.; Borntraeger: Berlin, (1994) ▪ Mutschmann, J.; Stimmelmayr, F., *Taschenbuch der Wasserversorgung*, 13. Aufl.; Vieweg: Wiesbaden, (2000) ▪ Roques, H., Hrsg., *Chemical Water Treatment*, VCH Verlagsges.: Weinheim, (1996) ▪ Ullmann (5.) **A4**, 36; **A14**, 28 ▪ Zipfel, C 432 – *Zeitschrift:* Vom Wasser, Wiley-VCH: Weinheim, (seit 2005; 1927–2004 als Schriftenreihe) – *[HS 2201 10]*

**Trinkwasseraufbereitung.** Bez. für Verf. zur Reinigung von Oberflächen- u. Grundwässern zur Gewinnung von *Trinkwasser. Dies soll weder Krankheitserreger noch irgendwelche störenden chem. Verunreinigungen enthalten. Die wesentlichen Aufarbeitungsschritte sind wie folgt skizzenhaft zu beschreiben:

1. Wässer, aus denen Trinkwasser gewonnen wird, enthalten häufig Bakterien u. Viren, darunter evtl. auch Krankheitserreger, sowie u. U. Eier parasit. Würmer. Nur Grundwässer, die aus genügender Tiefe mit ausreichend mächtigen, filternden Deckschichten gewonnen werden, sind normalerweise so keimarm, daß sie keiner weiteren Entkeimung bedürfen. Während Oberflächenwässer grundsätzlich durch entsprechende Verf. entkeimt werden müssen, richtet sich die Notwendigkeit der Entkeimung eines Grundwassers danach, ob es mit Sicherheit zu jeder Zeit den hygien. Anforderungen entspricht (s. Trinkwasserqualität bei *Trinkwasser).

Die zur Entkeimung v. a. von Oberflächenwässern früher häufig u. in vielen Ländern noch bis heute angewendete *Hochchlorung* kann durch andere Verf. ersetzt werden. Dadurch vermeidet man nicht nur die Bildung unerwünschter u. z. T. schwer entfernbarer organ. Chlor-Verb., sondern erreicht auch eine bessere Trinkwasserqualität. Die wichtigsten Alternativen zur Hochchlorung beinhalten den Einsatz von *Ozon*. Die Hochchlorung war viele Jahrzehnte das Standardverf. zur Aufbereitung von Ammonium-haltigen u. auch sonst stärker belasteten Oberflächen- u. auch Grundwässern, da damit unabhängig von der Wassertemp. jederzeit eine vollständige $NH_4^+$-Oxid. u. eine sichere Abtötung aller Krankheitserreger zu erreichen war. Auch das Keimfreimachen durch *Silberung* wird bei der Einzelwasserversorgung angewandt. Zur Entkeimung kleinerer Mengen eignet sich z. B. die Sterilisation des Wassers durch Abkochen. Auch die UV-Bestrahlung ist für die T.-Entkeimung geeignet. Auf Reisen ist eine Desinfektion des T. mit Tetramethylammoniumiodid, durch Silberung od. Ultrafiltration möglich.

2. Trotz aller Fortschritte bei der Anw. von physikal.-chem. Reinigungsmeth. hat es sich bewährt, bei der Aufbereitung von stärker verunreinigten Oberflächenwässern auf eine *biolog. Reinigungsstufe* nicht zu verzichten. Die Bodenpassage wird für eine derartige Aufgabe zur Zeit am häufigsten angewandt. Biolog. Reinigungsvorgänge lassen sich aber auch in Filtern, u. zwar v. a. in Aktivkohlefiltern (Adsorptionswirkung), mit guter Wirksamkeit durchführen.

3. Bei der Flockung hat sich die energiekontrollierte Durchführung der Flockungsvorgänge in mehreren Stufen gegenüber der kombinierten Flockung u. Sedimentation in den unterschiedlich konstruierten „-atoren" durchgesetzt. Eine zusätzliche Bedeutung hat ferner die Flockungsfiltration gewonnen. Die Wirksamkeit von Filteranlagen konnte durch die heute allg. übliche Verw. von Mehrschichtfiltern mit unterschiedlichen Materialien u. mit möglichst strukturierter Oberfläche ebenfalls erheblich verbessert werden. Man kann durch Flockung u. Filtration aber keine echt gelösten Störstoffe entfernen, wie sie heute auch in vielen Grundwässern häufig gefunden werden, sondern muß dazu auf Adsorptionsverf. zurückgreifen.

4. Die adsorptive Reinigung in Aktivkohlefiltern wird in zunehmendem Umfang zur sicheren Entfernung aller störenden chem. Verunreinigungen, sowohl bei Oberflächenwässern als auch bei Grundwässern, angewendet. Die in solchen Fällen ablaufenden Vorgänge u. die dabei zu beachtenden verfahrenstechn. Grundlagen sind heute so weitgehend erforscht, daß eine optimale Dimensionierung u. ein sicherer Betrieb unter Einschluß der Reaktivierung möglich sind. Während die Mehrzahl der Wasserwerke in der Welt zur Entfernung von störenden organ. Spurenstoffen die Pulverkohledosierung bevorzugt, hat sich in Deutschland die Verw. von Aktivkohlefiltern mit speziellen, der jeweiligen Aufgabenstellung angepaßten Aktivkohlesorten weitgehend durchgesetzt u. auch schon seit vielen Jahren in zahlreichen Anlagen bewährt. Das gilt sowohl für Oberflächen- als auch für Grundwässer, wobei im letzteren Fall meist Halogenkohlenwasserstoffe wie Tri- u. Tetrachlorethen entfernt werden müssen. Die Entfernung solcher Stoffe im Zuge der T. hat den klass. Aufgabenkatalog – Entsäuerung, Enteisenung u. Entmanganung, Trübstoffentfernung, Ammonium-Oxid. u. Entkeimung – wesentlich erweitert. Nicht mehr allein der Schutz des Verbrauchers vor Krankheitserregern sowie der Schutz von Trinkwasserleitungen vor Korrosion u. Verstopfung stehen im Mittelpunkt der T., sondern auch die Beseitigung organ. wie anorgan. Spurenstoffe. In der Tabelle auf S. 1197 werden Aufbereitungsziele mit den zugehörigen Verf. genannt.

Den Zusatz von chemischen Hilfsstoffen zum Trinkwasser regelt die *Trinkwasser-Verordnung[1]. Gemäß § 11 dürfen nur Stoffe verwendet werden, die vom Bundesministerium für Gesundheit in einer Liste im Bundesgesundheitsblatt bekannt gemacht worden sind. Diese Liste wird vom Umweltbundesamt geführt und enthält Angaben über Verwendungszweck, Dosierung und Grenzwerte[2]. Nach § 5 der Trinkwasser-Verordnung ist eine Aufbereitung gegebenenfalls unter Einschluß einer Desinfektion obligatorisch, wenn hinsichtlich der mikrobiellen Belastung Tatsachen festgestellt werden, die zum Auftreten einer übertragbaren Krankheit führen können. – *E* drinking-water conditioning

*Lit.:* [1]Verordnung über Trinkwasser und über Wasser für Lebensmittelbetriebe (Trinkwasser-Verordnung – TrinkwV) vom 21.5.2001 (BGBl. I, S. 959). [2]Liste der Aufbereitungsstoffe und Desinfektionsverfahren gemäß § 11 TrinkwasserV 2001, Bundesgesundheitsblatt, (2002) **45**, 827–845.

Tabelle: Aufbereitungsziele u. zugehörige Verfahrensschritte bei der Trinkwasseraufbereitung.

| Aufbereitungsziel | Verfahren |
|---|---|
| Entsäuerung | Belüftung, Ca(OH)$_2$-Dosierung, Filtration über Marmor od. halbgebrannte Dolomite |
| Enteisenung, Entmanganung | Belüftung u. Filtration |
| Trübstoffentfernung | Filtration, Flockung |
| Ammonium-Oxidation | Knickpunktchlorung, biochem. Oxidation, Langsamsandfiltration, biolog. Aktivkohle-Filtration |
| Entkeimung | Dosierung von Cl$_2$, ClO$_2$, O$_3$, Iod, UV |
| Entfernung von anorgan. Spuren u. Radionukliden | Fällung, Flockung, Kationenaustausch |
| Entfernung organ. Verb. | Flockung u. Fällung |
| Entfernung organ. Halogen-Verb. | Adsorption an Aktivkohle |
| Ligninsulfonsäure u. Huminsäure | Adsorption an Al$_2$O$_3$, makroporöse Ionentauscher |
| Teilentcarbonisierung | Fällung mit Ca(OH)$_2$ od. NaOH, Ionenaustauscher |
| Teilentsalzung | umgekehrte Osmose, Destillation |
| P-Eliminierung | Fe-Fällung, Al$_2$O$_3$-Adsorption |
| Nitrat-Reduktion | Anionenaustausch, umgekehrte Osmose, biochem. Denitrifikation |

**Trinkwasserentkeimung** siehe *Trinkwasseraufbereitung.

**Trinkwasser-Leitwert** (Abkürzung TWL). Der Trinkwasser-Leitwert des Bundesinstituts für Risikobewertung (*BfR) ist die gesundheitlich lebenslang duldbare Höchstkonzentration des betreffenden, in Deutschland zugelassenen *Pflanzenschutzmittel-Wirkstoffs in Trinkwasser. Trinkwasser-Leitwerte werden in μg Wirkstoff pro Liter Trinkwasser angegeben und auf der Basis von *ADI-Werten berechnet. Dabei legt man 10% Ausschöpfung des ADI-Wertes bei einer täglichen Wasseraufnahme von 2 Litern und eine Körpermasse von 70 Kilogramm zugrunde. Als absolute Obergrenze werden vom BfR 1000 μg/L genannt[1]. Die Trinkwasser-Leitwerte sind vom BfR für ca. 300 Pflanzenschutzmittel-Wirkstoffe, für die in Deutschland ein Zulassungsantrag gestellt worden ist, einzeln in einer Liste aufgeführt[1]. Sie enthält den Namen des Wirkstoffs, die entsprechenden ADI-Werte der WHO und des BfR sowie die errechneten Trinkwasser-Leitwerte. Aufgeführt sind auch die *Trinkwasser-Maßnahmewerte des Umweltbundesamts (UBA). Weitere Erläuterungen zu Trinkwasser-Leitwerten sind der Literatur[2,3] zu entnehmen. – E drinking water guidance value

*Lit.:* [1]Bundesinstitut für Risikobewertung (BfR), *Pflanzenschutzmittel-Wirkstoffe: ADI-Werte und gesundheitliche Trinkwasser-Leitwerte*, Hinweise und Bemerkungen vom 04.12.2002; http://www.bfr.bund.de/cm/218/pflanzenschutzmittel_wirkstoffe. pdf. [2]Hilbig, V.; Pfeil, R.; Schellschmidt, B., *Bundesgesundheitsblatt*, (1993) **36**, 247–252. [3]Schellschmidt, B.; Dieter, H. H., *Bundesgesundheitsblatt*, (2000) **43**, 494–504.

**Trinkwasser-Maßnahmewert** (Abkürzung TMW). Die Trinkwasser-Maßnahmewerte des Umweltbundesamts (UBA) dürfen während der befristeten Überschreitung von Grenzwerten für *Pflanzenschutzmittel im Rahmen der durch § 9 der *Trinkwasser-Verordnung hiergegen zu treffenden Maßnahmen nicht überschritten werden[1]. Dazu werden die Wirkstoffe entsprechend ihrer Toxizität in die Kategoreien A, B und C eingeteilt, denen die Trinkwasser-Maßnahmewerte 1,0, 3,0 und 10 mg/L zugeordnet sind. Sie werden neben den *Trinkwasser-Leitwerten und den *ADI-Werten für ca. 300 Pflanzenschutzmittel-Wirkstoffe in Literatur[1] aufgeführt.

*Lit.:* [1]Bundesinstitut für Risikobewertung (BfR), *Pflanzenschutzmittel-Wirkstoffe: ADI-Werte und gesundheitliche Trinkwasser-Leitwerte*, Hinweise und Bemerkungen vom 04.12.2002; http://www.bfr.bund.de/cm/218/pflanzenschutzmittel_wirkstoffe. pdf.

**Trinkwasser-Verordnung.** Die Verordnung über die Qualität von Wasser für den menschlichen Gebrauch (Trinkwasser-Verordnung – TrinkwV 2001)[1] ist nach Art. 3 der Verordnung zur Novellierung der Trinkwasser-Verordnung vom 21.05.2001 am 01.01.2003 in Kraft getreten. Gleichzeitig ist die Trinkwasser-Verordnung in der Fassung der Bekanntmachung vom 05.12.1990 außer Kraft getreten. Die TrinkwV 2001 dient der Umsetzung der Richtlinie 98/83/EG des Rates vom 03.11.1998 über die Qualität von Wasser für den menschlichen Gebrauch. In der Verordnung sind sämtliche Anforderungen an die Gewinnung, die Verteilung und die Beschaffenheit von Wasser für den menschlichen Gebrauch (Trinkwasser und Wasser für Lebensmittelbetriebe; § 3 Nr. 1 TrinkwV 2001) bestimmt. Zweck der Verordnung ist es, die menschliche Gesundheit vor nachteiligen Einflüssen, welche sich aus der Verunreinigung von Wasser ergeben, das für den menschlichen Gebrauch bestimmt ist, durch Gewährleistung seiner Genußtauglichkeit und Reinheit zu schützen (§ 1 TrinkwV 2001). Gegenstand der Regelungen sind neben dem Wasser selbst auch Wasserversorgungsanlagen und Hausinstallationen. Die Trinkwasser-Verordnung gilt nicht für natürliches *Mineralwasser und *Heilwasser (§ 2 Abs. 1 TrinkwV 2001).

*Aufbau:* Nach den allgemeinen Vorschriften des 1. Abschnitts der Trinkwasser-Verordnung (§ § 1–3) sind dem 2. Abschnitt (§ § 4–10) die Anforderungen, denen *Trinkwasser in Bezug auf hygienische und chemische Parameter zu genügen hat, zu entnehmen. Der 3. Abschnitt (§ § 11–12) befaßt sich mit der Trinkwasseraufbereitung und den dafür zugelassenen Zusatzstoffen. Im 4. Abschnitt (§ § 13–17) sind die Pflichten des Unternehmers und des sonstigen Inhabers einer Wasserversorgungsanlage (Anzeige-, Untersuchungs- sowie besondere Handlungspflichten) und Vorschriften für Untersuchungsverfahren und Untersuchungsstellen sowie besondere Anforderungen bei der Neuerrichtung oder Instandhaltung von Anlagen geregelt. Die Überwachung durch das Gesundheitsamt ist Gegenstand des 5. Abschnitts (§ § 18–21). Weiterhin sind noch Vorschriften zu Straftaten und Ordnungswidrigkeiten sowie weitere Sondervorschriften enthalten.

*Analytik:* In der Trinkwasser-Verordnung, die sich sowohl auf das *Lebensmittel- und Futtermittelgesetzbuch (LFGB) als auch auf das Infektionsschutzgesetz stützt, sind die an Trinkwasser zu stellenden Anforderungen festgelegt (§ § 4–10). Nach § 4 Abs. 1 TrinkwV 2001 muß Wasser für den menschlichen Gebrauch frei von Krankheitserregern, genußtauglich und rein sein. Die wichtigste Anforderung, die *Abwesenheit von Krankheitserregern*, wird anhand der Untersuchung auf das Indikatorbakterium *Escherichia coli* überprüft (Grenzwert: in 100 mL Trinkwasser nicht nachweisbar). Dieser Grenzwert gilt auch für *Coliforme und Fäkalstreptokokken.

In Anlage 2 der Trinkwasser-Verordnung sind *Grenzwerte für chemische Parameter* aufgeführt; neben verschiedenen toxischen Schwermetallen wie Blei, Cadmium, Quecksilber, Arsen, Chrom, Nickel, Antimon und Selen sowie den Anionen Nitrat, Nitrit, Cyanid und Fluorid (vgl. auch *Fluoridierung) sind hier polycyclische aromatische Kohlenwasserstoffe (PAK), leichtflüchtige Chlorkohlenwasserstoffe, Pestizide und polychlorierte Biphenyle erfaßt. Die toxikologisch relevanten Grenzwerte basieren auf Untersuchungen über Dosis-Wirkungs-Beziehungen unter Berücksichtigung von Sicherheitsfaktoren bei einer angenommenen täglichen Trinkwasseraufnahme von 2,5 L über 70 Jahre. – *E* decree about drinking water

*Lit.:* [1]Trinkwasser-Verordnung 2001 (Artikel 1 der Verordnung zur Novellierung der Trinkwasser-Verordnung) vom 21.05.2001 (BGBl. I, S. 959; mehrfach geändert).
*allg.:* Zipfel-Rathke, C 430: Trinkwasser-Verordnung 2001

**TrinkwV.** Abkürzung für *Trinkwasser-Verordnung.

**Trioxan** siehe *Formaldehyd.

**Trisazofarbstoffe** siehe *Azofarbstoffe.

**Triticale** (Triticosecale). Aus Triticum und Secale gebildeter Name für züchterische Kreuzungen aus Durum-*Weizen und *Roggen. Die züchterischen Arbeiten begannen in den 50er Jahren mit dem Ziel, Winterhärte, Anspruchslosigkeit und Krankheitsresistenz des Roggens mit der Ertragsfähigkeit und den Backeigenschaften des Weizens zu verbinden. Für den Anbau hat sich bis jetzt nur der hexaploide Triticale durchgesetzt. Ähren und Körner nehmen im Aussehen eine Mittelstellung zwischen Weizen und Roggen ein, ebenso die chemische Zusammensetzung der Körner, vgl. *Getreidekorn. Der Protein-Gehalt liegt mit ca. durchschnittlich 14% höher als bei Weizen und Roggen. Die Hauptmängel von Triticale (genetische Instabilität, partielle Sterilität, Endosperm-Schrumpfung) führen zu erheblichen Ertragseinbußen und verhindern eine weite Verbreitung. Nur auf weniger guten Böden und in größeren Höhen erwies sich Triticale gegenüber Weizen und Roggen überlegen. Die Hauptanbaugebiete liegen in den GUS-Staaten, in den USA, in Mexiko, Kanada, Argentinien und in Südafrika. Wenn man Triticale in Mischungen mit Weizen verarbeitet, lassen sich mit Triticale-Mehlen befriedigende Backwaren herstellen. Unter Säuerung (mit *Sauerteig) verarbeitet, geben reine Triticale-Mehle gutes Brot. – *E* triticale

*Lit.:* Hoffmann, W., *Lehrbuch der Züchtung landwirtschaftlicher Kulturpflanzen*, 2. Aufl.; Blackwell: Berlin, (1997); Bd.2

**Trockenbeerenauslese** siehe *Wein-Qualitätsstufen.

**Trockeneiprodukte** siehe *Eiprodukte.

**Trockenfleisch(erzeugnisse)** siehe *Lufttrocknung.

**Trockengemüse** siehe *Gemüseerzeugnisse.

**Trockenmilcherzeugnisse.** *Definition:* Durch weitgehenden Wasserentzug getrocknete Milch-, Sauermilch-, Sahne- (Rahm-), Joghurt-, Kefir- und Buttermilcherzeugnisse. Unter Trockenmilcherzeugnissen sind die in der Anlage 1, Nr. IX der VO über Milcherzeugnisse[1] genannten Produktgruppen zu verstehen.
Folgende Standardsorten werden beschrieben:
– Pulver mit hohem Fettgehalt, sogenannte Sahnepulver, mindestens 42% Fett, hergestellt aus Milch und/oder Sahne, Sahnejoghurt bzw. Sahnekefir;
– Pulver mit mindestens 26% Fett, hergestellt aus Milch, Joghurt oder Kefir (Vollmilchpulver, Joghurtpulver, Kefirpulver);
– Pulver mit >1,5 und <26% Fett, hergestellt aus Milch, fettarmem Joghurt bzw. fettarmem Kefir;
– Pulver mit maximal 1,5% Fett, hergestellt aus Magermilch, Magermilchjoghurt bzw. -kefir (Magermilchpulver, Magermilchjoghurt-, -kefirpulver);
– Buttermilchpulver, maximal 15% Fett, maximal 7% Wasser.
Mit Ausnahme des Buttermilchpulvers darf der Wassergehalt maximal 5% betragen.
*Herstellung:* Zur Herstellung von *Milchpulver* wird Rohmilch gereinigt, im Fettgehalt eingestellt und erhitzt. Fetthaltige Erzeugnisse werden homogenisiert. Der Entzug des Wassers erfolgt zunächst über Eindampfung im Vakuum und anschließend über eine Sprüh-, Walzen- oder Gefriertrocknung (siehe Abbildung, S. 1199). Im Rahmen der Erhitzung und der Trocknung können die Molkenproteine partiell denaturiert und Maillard-Produkte gebildet werden[2].
*Eigenschaften:* Die Eigenschaften der Trockenmilcherzeugnisse werden von der Zusammensetzung sowie von den angewandten Fermentations- und Trocknungsverfahren beeinflußt (siehe Tabelle, S. 1199).
Ursache für die schlechte Benetzbarkeit von Sprühpulvern ist deren geringe Teilchengröße. Bevorzugt werden daher sogenannte Instantpulver, Sprühpulver, deren Teilchen durch Agglomerieren[3] vergrößert bzw. durch Aufsprühen von Lecithin hydrophiler wurden. Instantsprühpulver sind gut lös-

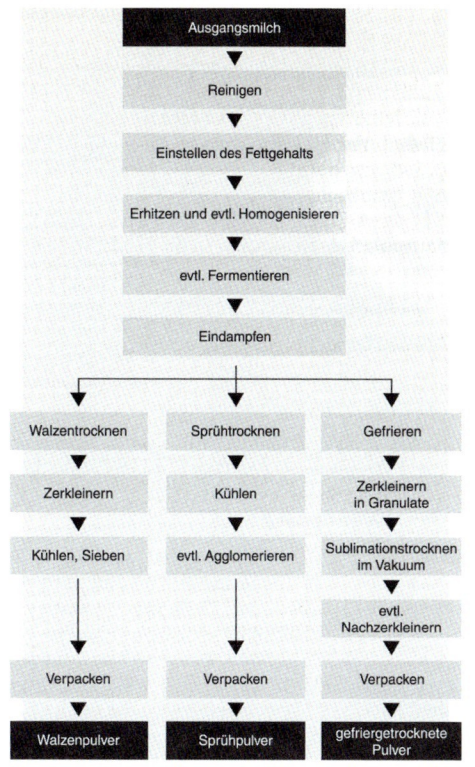

Abbildung: Vereinfachtes Fließschema für die Herstellung von Trockenmilcherzeugnissen.

Tabelle: Einfluß von Trocknungsverfahren auf Eigenschaften von Sprüh- und Walzenpulver.

|  | Walzenpulver | Sprühpulver |
|---|---|---|
| Löslichkeit (20 °C) | 85–99% | 98–100% |
| Sediment (nach DLG-Richtlinien) |  |  |
| – Vollmilchpulver | maximal 15 mL | maximal 0,5 mL |
| – Magermilchpulver | maximal 13 mL | maximal 0,5 mL |
| Benetzbarkeit | sehr gut | schlecht (außer bei Instantpulvern) |
| Bild im Mikroskop | blättchenförmig | kleine Kugeln |
| Freies Fett bei Vollmilchpulver | 91–96% | 3–14% |

lich, leicht benetzbar, sinken rasch, zerfallen leicht und lassen sich gut verteilen. Die Haltbarkeit von *Milchpulver* wird durch Zutritt von Feuchtigkeit und v.a. beim fetthaltigen Milchpulver durch Sauerstoff stark vermindert. Ein Wassergehalt des Milchpulvers über 3,5% kann, insbesondere in Verbindung mit hoher Lagertemperatur, zu Geschmacksveränderungen (alt, fischig, ranzig, v.a. durch Enzyme katalysiert), Bräunung, Verlust der Instanteigenschaften und Abnahme der Löslichkeit, insbesondere durch Kristallisation der Lactose zum wenig löslichen α-Lactosehydrat führen. Sauerstoff verursacht bei Vollmilchpulver stets Oxidationsgeschmack (Talgigkeit). Gute Milchpulverqualitäten für den menschlichen Verzehr müssen daher unter trockenem, inertem Gas, luft- und feuchtigkeitsdicht in Dosen, Gläsern oder geeigne-

ten Kunststoffverpackungen abgepackt werden (Haltbarkeit von Magermilchpulver ca. 1 Jahr, von Vollmilchpulvern ca. 6 Monate)[4].

Vorschriften für die Qualität von Trockenmilcherzeugnissen finden sich in der VO über Milcherzeugnisse[1] sowie in den Standards des Codex Alimentarius[5] und des Internationalen Milchwirtschaftsverbandes[6].

*Anwendung:* Trockenmilcherzeugnisse werden in den verschiedensten Bereichen der Lebensmittelverarbeitung, beispielsweise in der Herstellung von Backwaren (Brot, Kuchen), Speiseeis, Milcherzeugnissen, Süßwaren, Diät- und Dessertprodukten sowie Suppen und Soßen eingesetzt. Milchpulver findet darüberhinaus Anwendung in der Herstellung von Futtermitteln. – *E* dry milk products

*Lit.:* [1]VO über Milcherzeugnisse vom 15.07.1970 in der Fassung vom 23.06.2003. [2]Walstra, P.; Noomen, A.; Jellema, A.; Boekel, M. A. J. S. van, *Dairy Technology*, Marcel Dekker: New York, (1999). [3]Kessler, H. G., *Food and Bio Process Engineering – Dairy Technology*, A. Kessler: Freising, (2002). [4]Milchwissenschaft **44**(10), 607 (1989). [5]http://www.codexalimentarius.net/. [6]http://www.fil-idf.org/. – *[HS 0402]*

**Trockenobst** (Backobst, Dörrobst, Obsttrockenkonserve, Trockenfrüchte). Das Trocknen ist das älteste Verfahren zur Konservierung von *Obst. Diese Form der Haltbarmachung empfiehlt sich, wenn Produktionsspitzen während der Ernte abzufangen sind oder Obst aufgrund rein äußerlicher Mängel nicht den Qualitätsstandards von Frischware entspricht. Beim Trocknen wird der Wassergehalt der jeweiligen Frucht so weit abgesenkt, daß sowohl biochemische Prozesse verlangsamt werden, als auch die Gefahr des mikrobiologischen Verderbs eingeschränkt ist, wodurch eine verlängerte Haltbarkeit resultiert.

*Verarbeitung:* Nach unterschiedlicher Vorbehandlung kommen für das Trocknen von Obst die *Lufttrocknung* und *Sonnentrocknung* (Klimazonen mit hoher Sonneneinstrahlung), die *Warmlufttrocknung* [konvektive Trocknung; Temperaturen zwischen 75 °C (Eintrittsluft) und 65 °C (Austrittsluft) bei 15–20% relativer Luftfeuchtigkeit; Trocknerarten unter anderem Kammertrockner, Flächentrockner, Hordentrockner und Kanaltrockner] und die *Gefriertrocknung* in Frage.

*Kernobst* (z.B. Äpfel, Birnen, Quitten): Reinigen – Schälen – Entfernen des Kerngehäuses – in Stücke od. Scheiben schneiden – Trocknung (60–65 °C). Oftmals wird Citronensäure und Vitamin C zugesetzt oder geschwefelt, um Bräunungen zu vermeiden.

*Steinobst* (z.B. Aprikosen, Pflaumen, Pfirsiche): Kurzes Tauchen der Pflaumen in heiße verdünnte Natronlauge (maximal 3%) oder in 0,7% Kaliumcarbonat-Lösung (damit die Schalen wasserdurchlässiger werden) – Waschen – Anritzen der Schale – Trocknung (70–75 °C oder an der Sonne). Wechselweises Eintauchen der Aprikosen und Pfirsiche in heißes und kaltes Wasser zur leichten Entfernung der Haut – Halbieren – Entsteinen – Trocknung (65–70 °C oder an der Sonne). Schwefeln ist üblich.

*Beerenobst:* Es werden vor allem Weintrauben zu *Rosinen, Sultaninen und Korinthen getrocknet.

Auch tropische Früchte wie Ananas, Bananen, Datteln, Feigen und Mangos werden getrocknet angeboten.

Im Allgemeinen wird hellfarbenes Obst zur Farberhaltung geschwefelt. Nicht geschwefelt wird dunkelfarbenes Obst wie Datteln, Feigen, Pflaumen, die wegen ihres vergleichsweise hohen Wassergehalts durch Zusatz von Sorbinsäure haltbar gemacht werden (Zusatzstoff-Zulassungsverordnung). Die Schwefelung verhindert neben dem Farbverlust (Hemmung der enzymatischen Bräunung) den Befall durch Mikroorganismen und erhält durch seine reduktiven Eigenschaften oxidationsgefährdete Inhaltsstoffe. Das aktive Agens Schwefeldioxid zerstört auf der anderen Seite Thiamin (Vitamin $B_1$) und inaktiviert Folsäure. Ein bestimmter Personenkreis ist gegenüber geschwefelten Produkten empfindlich[1]. Bei einem Gehalt von mehr als 10 ppm ist das jeweilige Erzeugnis gemäß der Zusatzstoffzulassungsverordnung als „geschwefelt" (E 221–E 228) zu kennzeichnen[2]. Über den Gehalt an Schwefeldioxid in Handelsproben gibt Literatur[3] Auskunft.

*Zusammensetzung:* Trockenfrüchte, die je nach Produkt nur noch 16 bis maximal 20% Wasser enthalten, weisen eine mehrfache Konzentration der in der Frischware vorhandenen nichtflüchtigen und thermostabilen Inhaltsstoffe auf, wie z.B. Mineralstoffe, Zucker, Pektine und sind daher sehr energiereich. Vitamine und Aromastoffe sind hingegen abgereichert. Trockenobst muß luftig und trocken aufbewahrt werden, da weder eine weitere Austrocknung (Brüchigwerden) und Aromaverlust noch eine Wiederbefeuchtung (beschleunigter Verderb) erwünscht ist. Transparente Verpackungen dienen dazu, evtl. Befall mit Vorratsschädlingen zu erkennen.

Über die Zusammensetzung einiger Trockenfrüchte informiert die nachfolgende Tabelle[4].

*Verwendung:* Trockenobst wird hierzulande als Knabberartikel wie z.B. in Form von Studentenfutter oder Mischobst angeboten. Es dient auch als Zutat für Backwaren und ist häufig Bestandteil sogenannter Müslimischungen. Auch in Fruchtsoßen, Kompotten, seltener in Konfitüren sind Trockenfrüchte verarbeitet. – *E* dried fruits

*Lit.:* [1] Classen et al. (2.), S. 8, 166f. [2] Zusatzstoff-Zulassungs-VO vom 22.12.1981 in der Fassung vom 5.2.1998 (BGBl. I,

S. 229). [3] Taschan, H., *Obst Gemüse Kartoffelverarbeitung*, (2002) **87**, 3. [4] Belitz-Grosch-Schieberle (5.), S. 835.

**Trockenpökelung** siehe *Pökeln.

**Trockensauer** siehe *Sauerteig.

**Trockenvernetzungsverfahren** siehe *Pflegeleichtausrüstung.

**Trollinger** siehe *Weintraube.

**Trommsdorffs Reagenz** siehe *Iodstärke-Reaktion.

**Tropocollagen** siehe *Collagene.

**Tropoelastin** siehe *Elastin.

**Trp.** Drei-Buchstaben-Code für die *Aminosäure *Tryptophan.

**Trübung.** 1. Die Trübung ist ein Indikatorparameter für *Trinkwasser (Anlage 3 zu § 7 *Trinkwasser-Verordnung).
2. siehe *Weintrübungen.

**Trüffel.** 1. Wichtige *Speisepilze aus der Klasse der Ascomyceten (Schlauchpilze). Echte Trüffel (Tuberaceae) werden zur Ordnung Tuberales gezählt. Trüffel wachsen unterirdisch in Symbiose mit Eichenwurzeln und bilden 3–5 knollenförmige bis hühnereigroße Fruchtkörper mit würzig-kräftigem Aroma.

Folgende eßbare Sorten werden unterschieden: Wintertrüffel (*Tuber brumale* Vitt.): Von November bis März vor allem in Italien und Südfrankreich vorkommend; – Perigord-Trüffel, Französische Trüffel, Echte Trüffel (*Tuber melanosporum* Vitt.); – Sommertrüffel (*Tuber aestivum* Vitt.): Von August bis Februar im Rhein-, Elbe- und Odergebiet vorkommend. Wird als Gewürzpilz meist getrocknet gehandelt; – Burgundertrüffel (*Tuber uncinatum* Chatin); – Gekrösetrüffel (*Tuber mesentericum* Vitt.); – Großsporiger Trüffel (*Tuber macrosporum* Vitt.): Vorkommend von November bis Dezember. Im Wert der Sommer-Trüffel entsprechend; – Weiße Trüffel [*Choiromyces venosus* (Fr) Th. Fr.]: Vorkommend von Juli bis September, vor allem in Italien, Österreich, Ungarn; – Rotbraune Rasentrüffel (*Hydnotrya tulasnei* Berk. et Br.): Vorkommend von August bis Oktober; – Löwentrüffel oder Terfaz (*Terfezia leonis* Tul.), Lybische Trüffel (*Terfezia boudier* Chatin) und Afrikanische Trüffel (*Tirmania africana* Chatin) kommen alle in Afrika vor. Ferner *Terfezia hafizi* und *Terfezia clavereyi* Chatin aus dem Irak. – Weniger schmackhaft sind die Olivbraune Trüffel [*Tuber (Aschion)*

Tab.: Zusammensetzung einiger Trockenobstarten (g/100 g eßbarer Anteil).

| Obstart | Wasser | Stickstoff-Verbindungen (N×6,25) | Lipide | Kohlenhydrate, verwertbare | Ballaststoffe | Mineralstoffe | Vitamin C |
|---|---|---|---|---|---|---|---|
| Aprikosen | 17,6 | 5,0 | 0,4 | 48 | 17,7 | 3,5 | 0,011 |
| Datteln | 20,2 | 1,9 | 0,5 | 65 | 8,7 | 1,8 | 0,003 |
| Feigen | 23,7 | 3,5 | 1,3 | 55 | 12,9 | 2,4 | 0–0,005 |
| Pfirsiche | 24,0 | 3,0 | 0,6 | 53 | 12,8 | 3,0 | 0,017 |
| Pflaumen | 24,0 | 2,3 | 0,6 | 47 | 17,8 | 2,1 | 0,004 |
| Rosinen | 15,7 | 2,5 | 0,5 | 68 | 5,2 | 2,0 | 0,001 |

*excavatum* Vitt.], die Rotbräunliche Trüffel (*Tuber rufum* Pico), die Weißliche Trüffel (*Tuber borchii* Vitt., syn. *Tuber album* Bull.) und die Michaels-Löcher-Trüffel [*Geoporella michaelis* (Fischer) Soehner].
Die Aroma-Zusammensetzung der einzelnen Trüffelarten zeigt erhebliche Unterschiede. So sollen für *Tuber aestivum* eine Reihe von Alkoholen zusammen mit Schwefel-Verbindungen von Bedeutung sein[1]. 2,4-Dithiapentan, 2-Thiapentan und 2-Thia-3(*Z*)-penten tragen zum Aroma von *Tuber uncinatum* bei[2], 2-Methyl- sowie 3-Methylbutanal sollen aromawirksame Inhaltsstoffe von *Tuber melanosporum* sein[3]. Aufgrund des beachtlichen Verfälschungspotentials[4] werden heute sowohl auf der Protein- als auch auf DNA-Seite mit Hilfe geeigneter Techniken (unter anderem PCR) Methoden zur Authentizitätsbewertung erarbeitet[5-11].
2. Süßware, hergestellt aus sogenannter Trüffelmasse, einem schokoladenähnlichen Erzeugnis von besonderer Güte (Schokoladentrüffel). – *E* truffle

*Lit.:* [1]Ind. Aliment. 37, 518–524 (1998). [2]J. Essent. Oil Res. **10**, 483–488 (1998). [3]Flavour Fragr. J. **13**, 56–58 (1998). [4]Flavour Fragr. J. **16**, 1–6 (2001). [5]FEMS Microbiol. Lett. **153**, 255–260 (1997). [6]FEMS Microbiol. Lett. **180**, 147–155 (1999). [7]Mycologia **89**, 48–65 (1997). [8]Mycologia **92**, 326–331 (2000). [9]Mol. Phylogenet. Evol. **13**, 169–180 (1999). [10]J. Agric. Food Chem. **28**, 2608–2613 (2000). [11]Amicucci, A.; Guidi, C.; Zambonelli, A.; Potenza, L.; Stocchi, V., *J. Sci. Food Agric.*, (2002) **82**, 1391–1397.
*allg.: zu 1.:* Gassner, G., *Mikroskopische Untersuchung pflanzlicher Lebensmittel*, 5. Aufl.; Stuttgart: Fischer: Stuttgart, (1989); S. 371–373 ▪ Zipfel, C 325 **II**, 1, 4a und b – *zu 2.:* Zipfel, C 355 Vorb. 6, C 355c D.3.3 – *[HS 0709 52]*

**Trunkelbeere** siehe *Preiselbeere.

**Truthahnfleisch** siehe *Putenfleisch.

**Trypanothion** siehe *Glutathion.

**Tryptamin** [2-(3-Indolyl)-ethylamin, 3-(2-Amino-ethyl)-indol].

$C_{10}H_{12}N_2$, $M_R$ 160,22. Farblose Kristalle, Schmp. 118–120 °C, löslich in Alkohol und Aceton, unlöslich in Wasser, Ether, Benzol und Chloroform.
Als *biogenes Amin* kann Tryptamin durch Decarboxylierung von L-*Tryptophan entstehen. Es stimuliert die Kontraktion der glatten Muskulatur (z.B. Blutgefäße, Uterus) und wirkt bei Pflanzen wachstumsfördernd. Tryptamin kommt in tierischen und pflanzlichen Geweben vor, ferner als bakterielles Abbauprodukt. Natürlich vorkommende Tryptamin-Derivate sind *Serotonin, *Melatonin, die halluzinogen wirkenden Indol-Alkaloide Psilocybin und Bufotenin sowie weitere, ebenfalls halluzinogen wirkende Derivate wie *N,N*-Dimethyl-, *N*-Methyl- und 5-Methoxy-*N*-methyl-tryptamin, die in bestimmten südamerikanischen Urwaldbäumen vorkommen und deren Samen bzw. Rindenharz seit altersher von den dort heimischen Indianern zu Schnupfpulvern verarbeitet werden.

In Kakao wird Tryptamin (mit Serotonin und L-Tryptophan) als Vorläufer von neuroaktiven Tetrahydro-β-carbolin-Alkaloiden diskutiert[1]. Derivate von Tryptamin (*N,N*-Dimethyltryptamin) und Tyramin (*N*-Methyltyramin) wurden unter anderem in einem australischen Weidegras nachgewiesen und für den plötzlichen Tod von Schafen verantwortlich gemacht[2]. – *E* tryptamine
*Lit.:* [1]Herraiz, T., *J. Agric. Food Chem.*, (2000) 48, 4900–4904. [2]Skerritt, J. H.; Guihot, S. L.; Mc Donald, S. E.; Culvenor, R. A., *J. Agric. Food Chem.*, (2000) **48**, 27–32. *allg.:* Beilstein EV **22/10**, 45–47 ▪ Ullmann (5.) **A1**, 384f. – *[HS 2933 90; CAS 61-54-1]*

**tryptische Peptide** siehe *Peptide.

**L-Tryptophan** [2-Amino-3-(indol-3-yl)propionsäure, Indol-3-(α-aminopropionsäure); Kurzzeichen: Trp oder W].

L-Form

$C_{11}H_{12}N_2O_2$, $M_R$ 204,23, seidenglänzende, fluoreszierende Blättchen, Schmp. 290–295 °C (Zersetzung); Monohydrochlorid, $C_{11}H_{12}N_2O_2 \cdot HCl$, $M_R$ 240,69, Schmp. 257 °C (Zersetzung); $[\alpha]_D^{23}$ −31,5° ($H_2O$), $[\alpha]_D^{20}$ +2,4° (0,5 m HCl), in Wasser oder Alkohol kalt wenig (10 g/L bei 20 °C), heiß dagegen gut löslich, unlöslich in Trichlormethan, $pK_s$ 2,38 und 9,39, pI 5,88, empfindlich gegen Säuren und Oxidationsmittel. Tryptophan bildet Komplexe mit einer Reihe von Metall-Ionen. L-Tryptophan ist geschmacklos, D-Tryptophan süß. L-Tryptophan ist eine proteinogene essentielle Aminosäure. Unter den proteinogenen Aminosäuren ist der Gehalt von Tryptophan in Proteinen mit 1,1% am niedrigsten[1]. In je 100 g Protein sind an Tryptophan enthalten: In Blumenkohl 1,3 g, grünen Bohnen 1,0 g, Karotten 0,8 g, Kartoffeln 1,3 g, Kokosnüssen 2,1 g, Walnüssen, 1,0 g, Mais 1,3 g, Vollkornmehl 1,3 g, Kuhmilch 1,4 g, Fleisch 1,3 g, Fisch 1,0 g und Vollei 1,8 g. Ausgesprochen hoch ist der Tryptophan-Gehalt des *Lysozyms (7,8%). Der tägliche Mindestbedarf des Erwachsenen wird mit 0,25 g angegeben[1]. Genetischer Code: UGG.
*Biosynthese:* In Pflanzen und Mikroorganismen entsteht Tryptophan wie andere aromatische Aminosäuren auf dem Shikimisäure-Weg. Gemeinsame Zwischenverbindung für Tryptophan, Phenylalanin, und Tyrosin ist die Chorisminsäure aus der über Anthranilsäure und mehrere weitere Stufen Tryptophan entsteht. Im letzten Schritt wird die Seitenkette von 1-(Indol-3-yl)glycerol-3-phosphat gegen L-Serin ausgetauscht (katalysiert durch *Tryptophan-Synthase*[2,3], EC 4.2.1.20, $M_R$ 146000, ein Multienzymkomplex, der Pyridoxal-5′-phosphat als Coenzym enthält). Zur Regulation der Tryptophan-Synthese siehe Literatur[4].
*Abbau:* Der oxidative Abbau von Tryptophan verläuft durch Katalyse der *Tryptophan-2,3-Dioxygenase* (EC 1.13.11.11) zu L-Formylkynurenin [(*S*)-2-Amino-4-(2-formylaminophenyl)-4-oxobuttersäu-

re], weiter zu L-Kynurenin, 3-Hydroxy-L-kynurenin und -anthranilsäure und schließlich über Glutaryl-Coenzym A zu Kohlendioxid, andererseits auf Nebenwegen zu Anthranilsäure und L-Alanin, zu Indol und Brenztraubensäure (mittels Tryptophanase), zu Kynurensäure oder zu Xanthurensäure (4,8-Dihydroxychinolin-2-carbonsäure). In Insekten ist der Abbau zu Kohlendioxid über Glutaryl-Coenzym A blockiert; als Abbauprodukt kumulieren hier die Ommochrome (Augenpigmente bestimmter Insekten). Aus dem Darm nicht resorbiertes Tryptophan wird durch die Darmflora abgebaut zu Indican, *Skatol und anderen Indol-Derivaten.

*Physiologische Bedeutung:* Im menschlichen Stoffwechsel wird ein Teil des Tryptophans über Pyridin-2,3-dicarbonsäure (Chinolinsäure) zu *Nicotinsäureamid metabolisiert, siehe auch *Niacin. Mangelerscheinungen (*Pellagra) können nur bei Tryptophan-armer Ernährung auftreten. Phthalsäureester, die auf Grund ihrer verbreiteten Anwendung als Weichmacher ubiquitär vorkommen, erhöhen im Tierversuch den Anteil an Tryptophan, der zu Nicotinsäureamid umgesetzt wird, beträchtlich[5]. Ein weiterer Stoffwechselweg ausgehend von Tryptophan führt über 5-Hydroxytryptophan zu *Serotonin und *Melatonin. Mehr als 40 aromatische Metaboliten des Tryptophans konnten schon nachgewiesen werden. Von Tryptophan leitet sich auch eine neu entdeckte prosthetische Gruppe ab, das *Tryptophan-Tryptophyl-Chinon* (TTQ) der bakteriellen Methylamin-Dehydrogenase (EC 1.4.99.3)[6] (siehe Abbildung). Beim Katalyse-Mechanismus der Cytochrom-c-Peroxidase (EC 1.11.1.5) bildet sich intermediär ein Tryptophan-Radikal.

Abbildung: Tryptophan-Tryptophyl-Chinon im Protein-Verband, wo es aus zwei Tryptophan-Resten gebildet wird.

*Pathologie:* Störungen der Tryptophan-Resorption führen zur Hartnup-Erkrankung (siehe *Niacin), die sich in Pellagra-Symptomen äußert, in Defekten im Zentralnervensystem und in vermehrter Ausscheidung von Tryptophan-Abbauprodukten. Niedrige Serum-Tryptophan-Konzentrationen können über einen Mangel an Serotonin im Gehirn zu Depressionen führen[7]. Im Zusammenhang mit der Anwendung Tryptophan-haltiger Produkte kam es zuweilen zum Auftreten des Eosinophilie-Myalgie-Syndroms[8] (EMS), eines in Einzelfällen auch tödlich verlaufenden Zustandes erhöhter Zahl der eosinophilen Granulocyten in Verbindung mit Muskelschmerz, das jedoch auf Verunreinigungen in den beteiligten Tryptophan-Präparaten zurückzuführen zu sein scheint[9]. Letzteres gilt jedoch

nicht für die dermatologischen Veränderungen der Tryptophan-assoziierten eosinophilen Fasciitis.

*Nachweis:* Der Nachweis von Tryptophan kann anhand von Farbtests erfolgen, z.B. unspezifisch durch die Reaktion der Amino-Funktion mit Folins Reagenz (1,2-Naphthochinon-4-sulfonsäure). Spezifischere Nachweise beruhen auf Umsetzung des Indol-Ringes des Tryptophans zu farbigen Verbindungen, z.B. die Van-Urk-Reaktion mit 4-Dimethylaminobenzaldehyd (Ehrlichs Reagenz) in Eisen(III)-Ionen-haltiger konzentrierter Schwefelsäure oder die Reaktion nach Adamkiewicz-Hopkins (mit Glyoxylsäure/Schwefelsäure)[10]. Bei der auf der Säurehydrolyse von Proteinen basierenden Aminosäure-Analyse wird Tryptophan infolge seiner Säurelabilität nicht erfaßt. Es müssen deshalb spezielle Hydrolysebedingungen gewählt werden (z.B. Methansulfonsäure mit 0,2% Tryptamin, Hydrolyse unter alkalischen Bedingungen, Hydrolyse mit Enzymen). Ein Methodenvergleich findet sich in Literatur[11]. Beispiele für eine HPLC- und eine CE-Methode finden sich in Literatur[12,13].

*Herstellung:* 1. Durch chemische Synthesen, die z.B. von *Acrolein und Acetamidomalonester[14], von 2-Oxoglutarsäurephenylhydrazon, von Hydantoin, 3-Indolcarbaldehyd und Hippursäure, 3-Indolacetonitril oder Gramin ausgehen. Man erhält DL-Tryptophan, aus dem durch enzymatische Racematspaltung die natürliche L-Form gewonnen werden kann.

2. Durch die enzymatische Spaltung von entsprechenden, substituierten Hydantoinen. Diese sind über die Bucherer-Reaktion synthetisch zugänglich. Zahlreiche Bakterien bilden Hydantoinasen (EC 3.5.2.2), mit denen sie den heterocyclischen Ring spalten können. Eine *Flavobacterium*-Spezies ist in der Lage, DL-(Indol-3-ylmethyl)hydantoin hydrolytisch in L-Tryptophan umzuwandeln, siehe Literatur[15].

3. Umwandlung von geeigneten Vorstufen wie z.B. Anthranilsäure, *Indol oder *Serin: Anthranilsäure kann mit *Bacillus subtilis* und *Bacillus amyloliquefaciens* in L-Tryptophan umgewandelt werden, wobei L-Tryptophan-Konzentrationen von 40 g/L erreicht wurden[16,17]. Indol kann mit Brenztraubensäure und Ammoniak durch das Enzym Tryptophanase (L-Tryptophan-Indol-Lyase, EC 4.1.99.1) in L-Tryptophan umgesetzt werden[18]. Von Interesse ist auch die Synthese von L-Tryptophan aus Indol und Serin mit dem Enzym Tryptophan-Synthase (siehe oben unter Biosynthese). Tryptophan-Synthase kommt in verschiedenen Bakterien, Pilzen und höheren Pflanzen vor und katalysiert unter anderem die Reaktion:

$$\text{Indol} + \text{L-Serin} \rightarrow \text{L-Tryptophan} + H_2O$$

Auf diese Weise kann L-Tryptophan in hoher Konzentration (140–220 g/L) produziert werden[19]. Dieses Verfahren ist jedoch wegen der hohen Kosten der Ausgangsmaterialien zur Zeit unwirtschaftlich.

4. Die direkte mikrobielle Synthese von L-Tryptophan aus billigen Substraten ist zur Zeit die attrak-

tivste Methode. Da die Biosynthese von L-Tryptophan strenger Feedback-Inhibierung und Repression durch L-Tryptophan sowie regulatorischen Kontrollen durch die beiden anderen aromatischen Aminosäuren L-*Phenylalanin und L-*Tyrosin[20] unterliegt, müssen für eine effektive Fermentation Mutanten (*Brevibacterium flavum, Corynebacterium* und *Bacillus subtilis*) mit Auxotrophien für L-Phenylalanin und L-Tyrosin oder regulationsdefekte Mutanten (mit Resistenzen z.B. gegenüber Fluor-L-tryptophan, Methyl-L-tryptophan oder L-Tryptophan-hydroxamat) eingesetzt werden. Mit einer Mutante KY9229 aus *Corynebacterium glutamicum* kann L-Tryptophan von 35 g/L aus Zuckerrohrmelasse im Fed-batch-Verfahren produziert werden[21]. Mit einem rekombinanten Stamm von *Corynebacterium glutamicum* kann L-Tryptophan mit Konzentrationen von 50 g/L aus Saccharose erzielt werden[22]. Die geschätzte Jahresproduktion an Tryptophan, die hauptsächlich über Fermentation hergestellt wird, liegt zwischen 1000 und 8000 t, siehe Leuchtenberger (Literatur).

*Verwendung:* Anwendung in der Diagnostik von Vitamin-B₆-Mangelerscheinungen, in Infusionslösung für parenterale Ernährung, als Zusatz zu Eiweißhydrolysaten und in der Mikrobiologie sowie als *Futtermittelzusatzstoff. Fluoreszenzmessungen an Tryptophan-haltigen Proteinen erlauben oft Aussagen über elektronische Verhältnisse und Beweglichkeiten in diesen Makromolekülen. – *E* tryptophan

*Lit.:* [1]Klapper, M. H., *Biochem. Biophys. Res. Commun.*, (1977) **78**, 1018–1024. [2]*J. Biol. Chem.* **272**, 10616–10623 (1997). [3]Trends Sci. **22**, 22–27 (1997). [4]Mol. Microbiol. **26**, 1–9 (1997). [5]Fukuwatari, T.; Suzuki, Y.; Sugimoto, E.; Shibata, K., *Biosci. Biotechnol. Biochem.*, (2002) **66**, 705–710. [6]Biochem. J. **320**, 697–711 (1996). [7]*J. Psychopharmacol.* **11**, 381–392 (1997). [8]Nutr. Cancer **27**, 181–194 (1997). [9]Kochen, W.; Steinhart, H., Hrsg., *L-Tryptophan – Current Prospects in Medicine and Drug Safety*, de Gruyter: Berlin, (1994). [10]Eger, K.; Troschütz, R.; Roth, H. J., *Arzneistoffanalyse*, Deutscher Apothekerverlag: Stuttgart, (1999); S. 163, 491, 520, 523. [11]Analyst (London) **117**, 1875–1877 (1992). [12]Krasnova, I. N.; Kartsova, L. A.; Cherkas, Y. V., *J. Anal. Chem.*, (2000) **55**, 58–65. [13]Chen, G.; Cheng, J. S.; Ye, J. N., *Fresenius J. Anal. Chem.*, (2001) **370**, 930–934. [14]Ullmann (7.); http://dx.doi.org/10.1002/14356007.a02_057 [Online, März 2001]. [15]Enzyme Microb. Technol. **9**, 721–725 (1987). [16]Yajima, Y; Sakimoto, K.; Takahashi, K.; Miyao, K.; Kudome, Y.; Aichi, K., JP 2190182 AA, (1990). [17]Mayeno, A. N.; Gleich, G. J., *Trends Biotechnol.*, (1994) **12**, 346–352. [18]Agric. Biol. Chem. **48**, 2663–2668 (1984). [19]Hamilton, B. K.; Hsiao, H.-Y.; Swann, W. E.; Anderson, D. M.; Delente, J. J., *Trends Biotechnol.*, (1985) **3**, 64–68. [20]*J. Biotechnol.* **45**, 1–21 (1996). [21]Ikeda, M.; Katsumata, R., *Biosci. Biotechnol. Biochem.*, (1995) **59**, 1600–1602. [22]Biosci. Biotechnol. Biochem. **58**, 674–678 (1994).

*allg.:* Amino Acids **10**, 21–47 (1996) ▪ Beilstein EV **22/14**, 14–29 ▪ Crit. Rev. Biol. **15**, 73–103 (1995) ▪ GIT Fachz. Lab. **1996**, 339–344 ▪ Hager (5.) **9**, 1112–1118 ▪ Leuchtenberger, W., In *Biotechnology: A Multi Volume Comprehensive Treatise*, Rehm, H.-J.; Reed, G., Hrsg.; VCH-Verlagsgesellschaft: Weinheim, (1996); Bd. 6 (Products of Primary Metabolism, Roehr, M., Hrsg.), S. 465–502 ▪ Merck-Index (13.), Nr. 9868 ▪ Schwarcz, R.; Young, S. N.; Brown, R. R.; *Kynurenine and Serotonin Pathways: Progress in Tryptophan Research*, Kluwer Academic/Plenum Publ.: New York, (1991) ▪ Stryer 2003, S. 702ff., 747ff. – [HS 2933 99; CAS 73-22-3 (Tryptophan); 68942-25-6 (Monohydrochlorid)]

**Tryptophan-2,3-Dioxygenase** siehe L-*Tryptophan.

**Tryptophan-5-Monooxygenase** siehe *Serotonin.

**Tryptophan-Synthase** siehe *Tryptophan.

**Tryptophan-Tryptophyl-Chinon** siehe *Tryptophan.

**TSE.** Abkürzung für „transmissible spongiforme Enzephalopathien" (übertragbare schwammartige Gehirnerkrankungen) oder Prionenerkrankungen (siehe *Prionen, *Prion-Protein). Grundsätzlich sind TSE übertragbar, z.B. durch Injektion von verändertem infektiösem Prion-Protein PrP^Sc in das Gehirn nichtinfizierter Tiere; siehe auch *BSE.

*Definition:* Es handelt sich um Infektionskrankheiten mit tödlichem Ausgang. Zielorgan ist immer das Gehirn. Durch amyloide Proteinablagerungen, die hauptsächlich aus pathologischem PrP^Sc bestehen, sterben die Nervenzellen ab. Es entstehen schwammartige (spongiforme) Veränderungen und Löcher im Gehirn. Die Inkubationszeit verläuft ohne Symptome und umfaßt bei langlebigen Tierarten und Menschen mehrere Jahre bis Jahrzehnte. Die Krankheitsphase ist dagegen kurz und endet mit dem Tod. Die Übertragbarkeit von einer Spezies auf die andere ist abhängig von der Speziesbarriere, vom Erregerstamm, vom Infektionsweg und von der Infektionsdosis. Endgültig aufgeklärt ist noch keiner der Aspekte[1,2].

Zahlreiche Erscheinungsformen von TSE, sowohl beim Menschen (Tabelle 1, S. 1204) als auch bei Tieren (Tabelle 2, S. 1204) sind bekannt. Die Erkrankungen kommen allerdings selten vor. Die Creutzfeldt-Jakob-Krankheit (CJD) tritt weltweit mit einer jährlichen Häufigkeit von 1:1000000 auf. 80% der Patienten, meist älter als 60 Jahre, hatten nie Kontakt mit Prionen und erkranken spontan. 20% weisen Mutationen im Prion-Protein auf, die vererbt werden. Beim Gerstmann-Sträussler-Scheincker-Syndrom (GSS) und der fatalen familiären Schlaflosigkeit (FFI) ist ebenfalls ein Prion-Protein mit veränderter Aminosäure-Sequenz die Ursache. CJD-Erreger sind in einigen Fällen auch durch schlecht sterilisierte Operationswerkzeuge in der Neurochirurgie, durch Hornhauttransplantate oder Präparate von menschlichen Wachstumshormonen (isoliert aus Hirnanhangdrüsen von Leichen) übertragen worden. Kuru, eine weitere humane Prionenerkrankung, wurde in Papua-Neuguinea in der ersten Hälfte des 20. Jahrhunderts durch rituellen Kannibalismus (Verzehr der Hirne Verstorbener) übertragen[1,2].

Bei Schafen ist die sogenannte Traberkrankheit, Scrapie, seit Jahrhunderten bekannt. Bei Rindern trat die bovine spongiforme Enzephalopathie (*BSE) erstmals 1986 in Großbritannien auf.

*Risikobewertung:* Für die Entstehung und Verbreitung von BSE gibt es verschiedene Hypothesen:

Tabelle 1: Prionen-Erkrankungen beim Menschen[1].

| Krankheit | Herkunft und Verbreitung | Typische Symptome |
|---|---|---|
| Sporadische Creutzfeldt-Jakob-Krankheit (CJD) | Spontane Umwandlung des normalen Prion-Proteins ohne Mutation; Häufigkeit: 1:1000000 | Demenz, Verlust der Koordinationsfähigkeit, Gedächtnisverlust, unwillkürliche Bewegungen |
| Erbliche Form der CJD | Keimbahnmutationen im Gen für das Prion-Protein; 20 Varianten in verschiedenen betroffenen Familien | |
| Iatrogene CJD (erworben bei invasiver medizinischer Behandlung) | Infektion durch kontaminierte chirurgische Instrumente, Wachstumshormon und Hornhauttransplantate | |
| Gerstmann-Sträussler-Scheinker-Syndrom (GSS), erblich | Keimbahnmutationen im Gen für das Prion-Protein | Ataxie, progressive Demenz |
| Fatale familiäre Schlaflosigkeit (FFI) | Keimbahnmutationen im Gen für das Prion-Protein | Tödliche Schlaflosigkeit, autonome Dysfunktionen |
| Kuru | Infektion durch rituellen Kannibalismus (Papua-Neuguinea) | Ataxie, Zittern, Demenz, Inkoordination |
| Neue Variante der Creutzfeldt-Jakob-Krankheit (nvCJD) | Verzehr von BSE-infizierten tierischen Produkten | Depression, Ängstlichkeit, Ataxie, Gleichgewichtsstörungen, (Alter bei Krankheitsbeginn: 19–39) |

Tabelle 2: Prionenerkrankungen bei Tieren[1].

| Krankheit | Wirt | Herkunft und Verbreitung | typische Symptome |
|---|---|---|---|
| Scrapie (Traberkrankheit) | Schafe, Ziegen | Infektion von (genetisch) anfälligen Tieren, sporadisch (?) | Ataxie, Kratzen, chronische Auszehrung |
| Bovine spongiforme Enzephalopathie (BSE) | Rind | Infektion durch kontaminiertes (Scrapie?) Tiermehl, maternale Übertragung (?) | Ataxie, Unkoordiniertheit, Reiben |
| Feline spongiforme Enzephalopathie (FSE) | Hauskatze, Raubkatzen im Zoo | Infektion durch kontaminiertes Rindfleisch | Chronische Auszehrung, Reiben, Ataxie |
| Exotische Huftier-Enzephalopathie | Nyala-, Oryx-, Kudu-Antilope | Infektion durch kontaminiertes Rindfleisch | Unkoordiniertheit, Fallen, Ataxie |
| Transmissible Nerz-Enzephalopathie (TME) | Nerz | Infektion durch kontaminiertes Rindfleisch | Ataxie, Kratzen, Jucken, metabolische Auszehrung |
| Chronische Auszehrungskrankheit (CWD) | Wapiti Hirsch | Herkunft unbekannt, Verbreitung: USA, bis zu 15% des natürlichen Wildbestandes infiziert | metabolische Auszehrung, Jucken, Unkoordiniertheit |

Eine geht davon aus, daß bei der Verfütterung von Tierkörpermehl Scrapie-infizierte Schafe verwendet wurden. Durch die Umstellung des Herstellungsverfahrens könnten die Erreger nicht mehr ausreichend inaktiviert worden sein. Im November 2000 wurde erstmals bei einem in Deutschland geborenen Rind BSE festgestellt. Seitdem sind 399 gesicherte BSE-Fälle aufgetreten (Stand: 01.03.2006)[1]. Ebenfalls in Großbritannien wurde 1995 eine neue Variante der CJD (nvCJD) beobachtet. Bis März 2006 traten 160 gesicherte oder wahrscheinliche Fälle von nvCJD auf. Betroffen sind vorwiegend jüngere Menschen[2]. Ein Zusammenhang mit dem Auftreten von BSE wird vermutet, da sich der Krankheitsverlauf deutlich unterscheidet von spontaner CJD. Sowohl die histologischen Befunde als auch die biochemischen Eigenschaften des aus nvCJD isolierten PrP$^{Sc}$ entsprechen weitgehend den Befunden bei BSE. Eine Übertragbarkeit von BSE auf den Menschen durch Verzehr kontaminierter tierischer Produkte erscheint daher weitgehend gesichert[3,4]. Eine genetische Disposition scheint allerdings vorhanden zu sein[5,6]. Bisher zeigen alle nvCJD-Patienten einen bestimmten Genotyp im Codon 129 des Prion-Proteins, der sonst nur bei etwa 40% der Normalbevölkerung gefunden wird. Personen mit anderem Genotyp könnten erst später erkranken, d.h. Teilresistenzen aufweisen. Der Erreger der nvCJD läßt sich – im Gegensatz zur klassischen CJD – nicht nur in Gehirn und Rückenmark, sondern zusätzlich im lymphatisch-retikulären System (z.B. Mandeln, Lymphknoten, Milz) nachweisen[3,4]. Eine Übertragung der nvCJD durch Lymphocyten im Blut kann daher nicht ausgeschlossen werden, auch wenn bisher weltweit keine Übertragung von CJD oder nvCJD durch Blut oder Blutprodukte beobachtet wurde. Bei Bluttransfusionen dürfen daher seit dem 01.10.2001 nur noch Leukocyten-depletierte zelluläre Blutkomponenten in Verkehr gebracht werden, da der Erreger wahrscheinlich mit Leukocyten assoziiert ist[7]. – **E** transmissible spongiform encephalopathies

*Lit.:* [1]BMELV, Anzahl der bestätigten BSE-Fälle in Deutschland; http://www.bmelv.de. [2]Department of Health, Hrsg., *Monthly Creutzfeldt-Jakob Disease Statistics*, Department of Health: London, (März 2006). [3]Nachr. Chem. Tech. **49**, 454–461 (2001). [4]Wissenschaftliche Hintergrundinformationen zum Thema BSE, Stand: 15.02.2001, Bayerische Landesanstalt für Ernährung. [5]Spektrum Wiss. **2001**, Nr. 2, 16–17. [6]BgVV, Hrsg., *Die bovine spongiforme Enzephalopathie (BSE) des Rindes und deren Übertragbarkeit auf den Menschen* (Stand: 05.03.2001); http://www.bfr.bund.de. [7]Bekanntmachung über die Ergebnisse des Stufenplanverfahrens zur Einführung der Leukozyten-Depletion von zellulären Blutprodukten zur Transfusion, Bundesanzeiger Nr. 174 vom 18.08.2000.

**TTC.** Abkürzung für *threshold of toxicological concern.

**T-2-Tetraol** siehe *Trichothecene.

**T-2-Toxin** siehe *Trichothecene.

**TTX.** Abk. für *Tetrodotoxin.

**Tucanuß** siehe *Paranuß.

**Tumor-Promotor.** Substanzen, die den durch Mutagenese initiierten Prozeß der Tumorentstehung (Krebs) verstärken oder beschleunigen, werden als Tumor-Promotoren bezeichnet. Stoffe, die Tumorpromovierend wirken, können gleichzeitig auch Initiatoren sein.

Tumor-Promotoren sind befähigt, die Vermehrung von transformierten Zellen zu beschleunigen. Promotoren bewirken eine solche Hyperplasie z.B. durch Eingriffe in Signalketten des Zellwachstums oder eine regenerative Zellproliferation durch Abtöten von Zellen. Die Wirkung eines Promotors ist meist organspezifisch und erfordert, daß bestimmte Mindestmengen des Promotors wiederholt über einen längeren Zeitraum in nicht zu langen Zeitabständen verabfolgt werden (Initiations-Promotions-Modell der Carcinogenese, siehe Abbildung in *Carcinogene).

Typische Promotoren sind die Phorbolester wie z.B. das aus dem Samenöl (Crotonöl) des Wolfsmilchgewächses *Croton tiglium* isolierte 12-*O*-Tetradecanoyl-phorbol-13-acetat (Abkürzung TPA, $C_{36}H_{56}O_8$, $M_R$ 616,84):

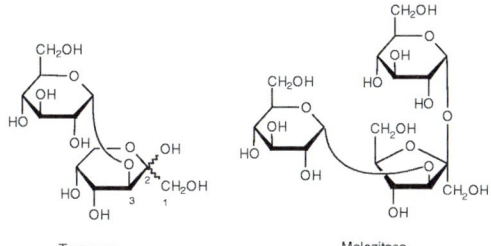

Die Wirkung des TPA beruht auf einer Aktivierung der Protein-Kinasen. TPA führt in Versuchstieren zur Krebsentstehung, wenn es zusammen mit einem mutagenen Initiator angewendet wird. TCDD (siehe *Dioxine), welches als carcinogen für den Menschen (MAK-Werte-Liste 2005: krebserzeugend: Kategorie 4; Schwangerschaft: Gruppe C) eingestuft wurde, sowie *polychlorierte Biphenyle sind Tumor-Promotoren der Leber. Diese Stoffe aktivieren den Ah-Rezeptor, wobei auch eine Reihe Fremdstoff-metabolisierende Enzyme verstärkt gebildet werden[1,2]. Ein weiterer Tumor-Promotor der Leber ist Phenobarbital im Initiations-Promotions-Modell an der Ratte[3,4]. Penobarbital führt hierbei sowohl zu einem mitogenen Stimulus als auch zur Hemmung apoptotischer Prozesse. Phenobarbital induziert u.a. die Cytochrom-P-450-Isoenzyme CYP2B1 und CYP2B2 im Nager[5].

Unterschiedlich von solchen auch bei relativ niedrigen Aufnahmemengen wirksamen Stoffen müssen Stoffe bewertet werden, die erst bei sehr hohen Aufnahmemengen promovierend wirken können. Beispielsweise fördern hohe Saccharin-Auf-

nahmemengen (im Bereich von mehreren Prozenten bezogen auf das Futter) die Tumorbildung in der Blase von männlichen Ratten, offenbar bedingt durch eine Reizwirkung im betroffenen Organ, welche bei den hohen Aufnahmemengen u.a. durch pH-Wert Verschiebungen, osmotische Effekte und die verstärkte Bildung spezifischer Proteine zustande kommt[6-8]. – *E* tumor promoters

*Lit.:* [1]Kunz, S.; Schrenk, D.; Schwarz, M.; Schilling, B.; Päpke, O.; Lehmler, H.-J.; Robertson, L.; Schmitz, H.-J., *Toxicol. Lett.* [Online, 19.01.2006]; in press. [2]Schrenk, D.; Buchmann, A.; Dietz, K.; Lipp, H.-P.; Brunner, H.; Sirma, H.; Münzel, P.; Hagenmaier, H.; Gebhardt, R.; Bock, K. W., *Carcinogenesis*, (1994) **15**, 509–515. [3]Kristiansen, E.; Clemmensen, S.; Olsen, P., *Pharmacol. Toxicol.*, (1989) **65**, 332–335. [4]Schulte-Hermann, R.; Schuppler, J.; Ohde, G.; Timmermann-Trosiener, I., *Carcinog. Compr. Surv.*, (1982) **7**, 99–105. [5]Schulte-Hermann, R.; Timmermann-Trosiener, I.; Schuppler, J., *Carcinogenesis*, (1986) **7**, 1651–1655. [6]Schoenig, G. P.; Goldenthal, E. I.; Geil, R. G.; Frith, C. H.; Richter, W. R.; Carlborg, F. W., *Food Chem. Toxicol.*, (1985) **23**(4–5), 475–490. [7]WHO, Hrsg., *Evaluation of Certain Food Additives and Contaminants*; WHO Technical Report Series 837; WHO: Genf, (1993); S. 17–19. [8]Althoff, J.; Cardesa, A.; Pour, P.; Shubik, P., *Cancer Lett.*, (1975) **1**(1), 21–24.
*allg.:* Canten u. Ruckpaul (Hrsg.), Tumorerkrankungen, Berlin: Springer 1998

**Turanose** (3-*O*-α-D-Glucopyranosyl-D-fructose).

**Turanose**                                        **Melezitose**

$C_{12}H_{22}O_{11}$, $M_R$ 342,30; süß schmeckende Kristalle, Schmp. 168 °C. Turanose zeigt *Mutarotation, $[\alpha]_D^{20}$ +22° → +75° ($H_2O$), ist leicht löslich in Wasser und Methanol, wenig löslich in Ethanol und reduziert Fehlingsche Lösung. In Kristallen als α-D-Glucopyranosyl-(1→3)-β-D-fructofuranose (β-Turanose) vorliegend[1,2]; Phenylosazon: Schmp. 205–206 °C.
Vorkommen im Honig und in Blütenpollen (4,7% der Oligosaccharid-Fraktion). Das mit *Saccharose isomere *Disaccharid Turanose wird durch Säuren und *Glucosidase in ein Gemisch seiner beiden Komponenten Glucose und Fructose zerlegt. Es ist durch partielle Spaltung des Trisaccharids *Melezitose erhältlich und konnte in Pollen nachgewiesen werden. – *E* turanose

*Lit.:* [1]Neuman, A.; Avenel, D.; Gillier-Pandraud, H., *Acta Crystallogr., Sect. B*, (1978) **34**, 242. [2]Allerhand, A.; Doddrell, D., *J. Am. Chem. Soc.*, (1971) **93**, 2779–2781.
*allg.:* Beilstein EV **17**/7, 213 ■ Merck-Index (13.), Nr. 9890 – [HS 2940 00; CAS 547-25-1]

**Turmeronole** siehe *Curcuma.

**Tutin** siehe *Honig.

**TVB-N-Wert.** Abkürzung für englisch total volatile basic nitrogen (flüchtiger Basenstickstoff). Der TVB-N-Wert, der sich aus der Bestimmung des gesamten flüchtigen basischen Stickstoffs errechnen läßt, wird zur Beurteilung des Verderbnisgrades von Fischen herangezogen. Prinzip der Methode ist die durch Alkali-Zusatz bewirkte Freisetzung leichtflüchtiger Amine, die nach saurer Aufarbeitung quantifiziert werden[1-3]. Nach einer Stellungnahme[4] der Arbeitsgruppe „Fische und Fischerzeugnisse" der Lebensmittelchemischen Gesellschaft sind auch Fische mit einem TVB-N-Wert über 34 mg/100 g verkehrsfähig, wenn sie sensorisch einwandfrei sind. TVB-N-Werte dienen somit der analytischen Absicherung sensorischer Befunde. Eine ausführliche Beschreibung ist der Methode nach § 64 *LFGB (ex § 35 LMBG) L 10.00-3 zu entnehmen. Nach der Entscheidung 95/149/EG[5] werden für bestimmte Fische Grenzwerte an TVB-N (25, 30 und 35 mg/ 100 g) festgelegt und Analysenvorschriften genannt.

*Lit.:* [1]Z. Lebensm. Unters.-Forsch. **189**, 309–316 (1989). [2]Fischwirtschaft **35**, 136–139 (1988). [3]Lebensmittelchemie **44**, 26–29 (1990). [4]Lebensmittelchemie **44**, 76 (1990). [5]Amtsblatt der EG Nr. L 097 vom 29.4.1995; S. 84–87.
*allg.:* Baixas-Nogueras, S.; Bover-Cid, S.; Vidal-Carou, M. C.; Veciana-Nogues, M. T.; Marine-Font, A., *J. Agric. Food Chem.*, (2001) **49**(4), 1681–1686 ▪ Huss, H. H., *Quality and Quality Changes in Fresh Fish*; FAO Fisheries Technical Papers 348; FAO: Rom, (1998) ▪ Leroi, F.; Joffraud, J. J.; Chevalier, F.; Cardinal, M., *J. Appl. Microbiol.*, (2001) **90**(4), 578–587 ▪ Periago, M. J.; Rodrigo, J.; Ros, G.; Rodriguez-Jerez, J. J.; Hernandez-Herrero, M., *J. Food Prot.*, (2003) **66**(2), 335–340

**TWL.** Abkürzung für *Trinkwasser-Leitwert.

**Typagen.** Das sind ausschließlich durch kalte Extraktionsverfahren hergestellte Auszüge mittels Lagerung von Weindestillat auf Eichenholz oder Eichenholzspänen sowie getrockneten Pflaumen, grünen (unreifen) Walnüssen, auch getrocknet, getrockneten Mandelschalen, auch geröstet, wobei das verwendete Weindestillat zu weniger als 94,8% vol destilliert worden ist. Typagen werden zur Geruchs- und Geschmacksabrundung bei der Herstellung von *Weinbrand verwendet[1]. Da bei der Herstellung des Erzeugnisses Deutscher Weinbrand die erwünschten Holzextraktstoffe durch die vorgeschriebene 12-monatige Lagerung des Weindestillates in Eichenholzfässern aus selbigen übergehen sollen, ist hier zur Geruchs- und Geschmacksabrundung nach § 2 Nr. 6 der Verordnung über bestimmte alkoholhaltige Getränke[1] nur die Verwendung von Typagen zulässig, die ausschließlich durch Lagerung von Weindestillat auf getrockneten Pflaumen, grünen (unreifen) Walnüssen, auch getrocknet, oder getrockneten Mandelschalen, auch geröstet, hergestellt wurden.

*Lit.:* [1]Verordnung über bestimmte alkoholhaltige Getränke (Alkoholhaltige Getränke-Verordnung – AGeV) vom 30.06.2003, BGBl. I, S. 1255.

**Tyr.** Drei-Buchstaben-Code für die *Aminosäure *Tyrosin.

**Tyramin** [4-(2-Aminoethyl)-phenol, veraltet: 4-Hydroxyphenethylamin].

$$HO-\langle\bigcirc\rangle-CH_2-CH_2-NH_2$$

$C_8H_{11}NO$, $M_R$ 137,18. Farblose, süßlich riechende, bitter schmeckende Blättchen oder Nadeln, Schmp. 161 °C (auch 164–165 °C angegeben), Sdp. 210 °C (75 hPa), leicht löslich in siedendem Alkohol, wenig löslich in kaltem Wasser, Benzol, Ether, Chloroform, Xylol.

*Bildung und Vorkommen:* Als *biogenes Amin entsteht Tyramin durch enzymatische Decarboxylierung von L-*Tyrosin (Enzym: Tyrosin-Decarboxylase, EC 4.1.1.25; Coenzym: Pyridoxal-5'-phosphat) im Organismus und bei der Fäulnis von Eiweiß. Tyramin ist in zahlreichen pflanzlichen und tierischen Geweben enthalten, z.B. in Mutterkorn, verschiedenem Obst[1] und Gemüse, Leber, Blut, Galle, Harn etc. Auch in Wein und Schokolade kommt Tyramin vor, sowie besonders reichlich in Käse (griechisch: tyros, daher der Name), dessen Genuß bei gleichzeitiger Behandlung mit Monoamin-Oxidase-Hemmern zu starken gesundheitlichen Beeinträchtigungen führen kann[2].

*Physiologie und Bedeutung:* Das Gewebshormon Tyramin steht in naher Verwandtschaft zu den Catecholaminen, wirkt jedoch (weil die Hydroxy-Gruppe in 3-Stellung fehlt) nur als indirektes Sympathikomimetikum: Indem es aus den Nervenenden des Sympathikus L-Noradrenalin freisetzt, wirkt es blutdrucksteigernd und uteruskontrahierend, aber gegebenenfalls auch Migräne-auslösend. Derivate des Tyramins (N-Methyltyramin) sowie des Tryptamins (N,N-Dimethyltryptamin) wurden unter anderem in einem australischen Weidegras nachgewiesen und für den plötzlichen Tod von Schafen verantwortlich gemacht[3].

*Verwendung:* Tyramin wird zum Nachweis von Phenol-Oxidasen und zur Synthese von Pharmaka eingesetzt. – *E* tyramine

*Lit.:* [1]Belitz-Grosch-Schieberle (5.), S. 800f. [2]Youdim, M. B. H.; Amrein, R.; Da Prada, M., Hrsg., *The Cheese Effect and New Reversible MAO-A Inhibitors*, Springer: Berlin, (1989). [3]Skerritt, J. H.; Guilut, S. L.; Mc Donald, S. E.; Culvenor, R. A., *J. Agric. Food Chem.*, (2000) **48**, 27–32.
*allg.:* Beilstein EIV **13**, 1788f. – *[HS 2922 29; CAS 51-67-2]*

**L-Tyrosin** [3-(4-Hydroxyphenyl)alanin, (*S*)-2-Amino-3-(4-hydroxyphenyl)-propionsäure; Kurzzeichen: Tyr oder Y].

$$HO-\langle\bigcirc\rangle-CH_2-\overset{H}{\underset{NH_2}{C}}-COOH$$

$C_9H_{11}NO_3$, $M_R$ 181,19, farblose, seidig glänzende Nadeln, D. 1,456, Schmp. 342–344 °C (Zersetzung), $[\alpha]_D^{22}$ –10,6° (1 m HCl). Schwer löslich in Wasser (0,38 g/L bei 20 °C), unlöslich in Alkohol, Ether, Aceton, löslich in Alkalien, Ammoniak und Säuren, $pK_s$ 2,20, 9,11 und 10,11 (Hydroxy-Gruppe), pI 5,65. L-Tyrosin ist fast geschmacklos oder etwas bitter, D-Tyrosin süß. Tyrosin bildet Komplexe mit einer Reihe von Metall-Ionen. Weitverbreitete, für den Menschen nichtessentielle proteinogene *Aminosäure. Durchschnittlicher Gehalt in Proteinen 3,5%[1]. Tyrosin-reich sind *Papain, *Casein, Seiden-Fibroin und Korallenproteine. Genetischer Code: UAU, UAC.

**Biosynthese:** Tyrosin gehört biosynthetisch der Shikimisäure-Familie an und entsteht in Pflanzen und manchen Mikroorganismen auf dem Biosyntheseweg: Shikimisäure → Prephensäure → L-Prätyrosin → L-Tyrosin. Im tierischen Organismus kann (essentielles) L-*Phenylalanin enzymatisch durch *Phenylalanin-4-Monooxygenase* (Phenylalanin-4-Hydroxylase, EC 1.14.16.1, Tetrahydrobiopterin als Coenzym) zu Tyrosin hydroxyliert werden. Der Ausfall der entsprechenden Hydroxylase resultiert in einem Tyrosin-Defizit, und es kommt zu der als Stoffwechselkrankheit gefürchteten *Phenylketonurie, die häufig wegen gleichzeitiger Blockierung der Tyrosinase mit Pigmentmangel einhergeht.

**Abbau:** Der Abbau von Tyrosin im Organismus verläuft in erster Linie über Transaminierung zu 4-Hydroxyphenylbrenztraubensäure (katalysiert durch Tyrosin-Aminotransferase, EC 2.6.1.5, Pyridoxal-5′-phosphat als Coenzym) und weiter unter Decarboxylierung und Hydroxylierung über Homogentisinsäure zu den Ketonkörpern Fumarsäure und Acetessigsäure. Daher zählt man Tyrosin zu den ketogenen Aminosäuren.

Das Herbizid Isoxaflutole verhindert diesen Abbau im pflanzlichen Stoffwechsel durch die Hemmung des Enzyms p-Hydroxyphenylpyruvat-Dioxygenase, das auch an der Biosynthese der Plastochinone und der *Tocopherole beteiligt ist. Dies führt zu einer Akkumulation von Phenylalanin und von Tyrosin im Organismus[2]. Eine Unterbrechung des Tyrosin-Katabolismus durch Hemmung des Enzyms Maleylacetoacetat-Isomerase wird mit der Toxizität von Dichloracetat (DCA), das häufig in der städtischen Trinkwasserversorgung nachgewiesen wird, in Verbindung gebracht[3,4].

**Biologische Bedeutung:** Modifizierte Tyrosin-Reste sind im aktiven Zentrum von Enzymen an der Katalyse beteiligt, so z.B. der 6-Hydroxydopachinon-(*Topachinon*-)Rest[5] der Kupfer-haltigen Amin-Oxidase (EC 1.4.3.6) aus Rinderplasma[6,7], der in 3-Position Thioether-artig mit einer L-Cystein-Seitenkette verknüpfte Tyrosin-Rest der Galactose-Oxidase (EC 1.1.3.9) von *Dactylium dendroides* und das Tyrosin-Radikalkation der Ribonucleotid-Reduktase aus *Escherichia coli*[8]. Tyrosin ist auch an Redox-Reaktionen im pflanzlichen Photosynthesezentrum beteiligt. Das am Aufbau der Insekten-Cuticula beteiligte Resilin enthält Querbrücken aus Tyrosin-Dimeren und -Trimeren. Daneben dient Tyrosin mit Hilfe des Enzyms *Tyrosinase zum Aufbau der für die Hautbräunung verantwortlichen Melanine. Ähnlich dürfte auch die Bildung der Sepia (Tinte des Tintenfischs) ablaufen. Weiterhin ist Tyrosin nach Hydroxylierung durch *Tyrosin-3-Monooxygenase* (Tyrosin-3-Hydroxylase, EC 1.14.16.2, ein Tetrahydropteridin als Coenzym) zu L-Dopa die Ausgangsverbindung für die Biosynthese des Neurotransmitters *Dopamin und der Hormone des Nebennierenmarks L-Noradrenalin und (R)-Adrenalin; durch Störungen im L-Noradrenalin- und *Serotonin-Haushalt hervorgerufene Depressionen zeigen sich im Blutbild

in einer Verschiebung des Gleichgewichts zwischen Tyrosin und L-*Tryptophan.

Ein anderer Stoffwechselweg im tierischen Organismus führt zu den Schilddrüsenhormonen 3,3′,5-Triiod-L-thyronin sowie L-Thyroxin. Die Phosphorylierung Protein-gebundener Tyrosin-Reste durch *Rezeptor-Tyrosin-Kinasen* spielt eine wichtige Rolle bei der Wirkung des Insulins und der Regulation des Zellwachstums durch Wachstumsfaktoren. Zur Behandlung von Kardiomyopathien in Folge einer Diabetes-Erkrankung wird der therapeutische Einsatz von Tyrosin-Kinase-Hemmern diskutiert[9]. Bestimmte Protein-Tyrosin-Kinase-Hemmer werden als Antitumormittel erprobt[10]. Eine Studie an Ratten hat gezeigt, daß die Phosphorylierung von Tyrosin-Resten bestimmter Biomembranen sowohl abhängig vom Alter als auch vom Ernährungsstatus ist[11].

In bestimmte Tyrosin-Reste einiger sekretorischer Proteine (Beispiele: Fibrinogen und der antihämophile Faktor A der Blutgerinnung) wird durch das im Golgi-Apparat lokalisierte Enzym *Tyrosylprotein-Sulfotransferase* (EC 2.8.2.20, ein Glycoprotein, $M_R$ 50000–54000) die Sulfatester-Funktion eingeführt. Diese Modifizierung scheint für die Funktion der betreffenden Proteine essentiell zu sein.

Im pflanzlichen Organismus ist Tyrosin Ausgangsverbindung der Alkaloide Mescalin, Morphin, Codein und Papaverin[12].

**Analytik:** Zum Tyrosin-Nachweis eignen sich die Xanthoprotein-, Millonsche und Pauly-Reaktion sowie Folins Reagenz[13]. Die quantitative Bestimmung des Phenylalanin-Tyrosin-Verhältnisses im Harn und Blut hat Bedeutung zur Erkennung der Phenylketonurie bzw. zur Überprüfung der bei dieser Erkrankung notwendigen Diät. Als neue Schnellmethode werden hierzu verstärkt gekoppelte MS-Techniken eingesetzt[14–18]. Für Tyrosin sind auch weitere Bestimmungsmethoden veröffentlicht, die zum Teil auf einer elektrochemischen Detektion[19] oder auch auf fluorimetrischen Methoden beruhen[20].

**Herstellung und Verwendung:** Heute gewinnt man die jährlich benötigten ca. 100 t Tyrosin (Angabe aus dem Jahr 1996[21]) hauptsächlich durch Extraktion aus Eiweißhydrolysaten. Die Aufarbeitung erfolgt über Ionenaustausch und Chromatographie. Zur enzymatischen Herstellung kann man sich des Enzyms β-*Tyrosinase (L-Tyrosin-Phenol-Lyase) bedienen, das L-Tyrosin in Brenztraubensäure, Phenol und Ammoniak spaltet und auch die gegenläufige Reaktion katalysiert:

Zellen von *Erwinia herbicola* werden durch Immobilisierung in Collagene widerstandsfähiger gemacht gegen den Kontakt mit phenolischen Verbindungen. Unter Einsatz dieser Immobilisate kann L-Tyrosin aus Phenol, Brenztraubensäure und Ammoniak hergestellt werden. Das Enzym ist auch in der Lage, aus anderen Phenol-Derivaten, z.B. Brenzcatechin, die entsprechenden aromatischen Aminosäuren, z.B. Dopa, zu synthetisieren[21]. In Ansätzen von nicht immobilisierten *Erwinia-herbicola*-Zellen wurden Titer von 110 g/L L-Dopa erzielt[22]. Tyrosinase-Behandlung kann auch zur Detoxifizierung und Entfärbung von Lösungen, die Phenole- bzw. Phenol-Derivate enthalten, eingesetzt werden[23].

Tyrosin bildet ein leicht zugängliches Ausgangsmaterial für die Synthese von Catecholaminen und von L-Dopa. – *E* tyrosine

*Lit.:* [1]Klapper, M. H., *Biochem. Biophys. Res. Commun.*, (1977) **78**, 1018–1024. [2]Aubert, S.; Pallett, K. E., *Plant Physiol. Biochem.*, (2000) **38**, 517–523. [3]Schultz, I. R.; Merdink, J. L.; Gonzalez, L. A.; Bull, R. J., *Toxicology*, (2002) **173**, 229–247. [4]Cornett, R.; James, M. O.; Henderson, G. N.; Cheung, J.; Shroads, A. L.; Stacpoole, P. W., *Biochem. Biophys. Res. Commun.*, (1999) **262**, 752–756. [5]Biosci. Biotechnol. Biochem. **61**, 410–417 (1997). [6]Science **248**, 981–987 (1990). [7]Eur. J. Biochem. **200**, 271–284 (1991). [8]Trends Biochem. Sci. **23**, 438–443 (1998). [9]Ren, J.; Davidoff, A. J., *Diabetes Metab. Res. Rev.*, (2002) **18**, 305–310. [10]Hori, H.; Nagasawa, H.; Ishibashi, M.; Uto, Y.; Hirata, K.; Saijo, K.; Ohkura, K.; Kirk, K. L.; Uehara, Y., *Bioorg. Med. Chem.*, (2002) **10**, 3257–3265. [11]Singh, T. D.; Shankar, R., *Int. J. Dev. Neurosci.*, (1999) **17**, 743–751. [12]Nuhn, P., *Naturstoffchemie*, S. Hirzel: Stuttgart, (1997); S. 641ff. [13]Eger, K.; Troschütz, R.; Roth, H. J., *Arzneistoffanalyse*, Deutscher Apothekerverlag: Stuttgart, (1999); S. 87, 321, 468. [14]Deng, C. H.; Deng, Y. H.; Wang, B.; Yang, X. H., *J. Chromatogr. B*, (2002) **780**, 407–413. [15]Namera, A.; Yashiki, M.; Nishida, M.; Kojima, T., *J Chromatogr. B*, (2002) **776**, 49–55. [16]Hardy, D. T.; Hall, S. K.; Preece, M. A.; Green, A., *Ann. Clin. Biochem.*, (2002) **39**, 73–75. [17]Ceglarek, U.; Müller, P.; Stach, B.; Bührdel, P.; Thiery, J., Kiess, W., *Clin. Chem. Lab. Med.*, (2002) **40**, 693–697. [18]Rolinski, B.; Arnecke, R.; Dame, T.; Kreischer, J.; Olgemöller, B.; Wolf, E.; Balling, R.; Hrabé de Angelis, M.; Roscher, A. A., *Mamm. Genome*, (2000) **11**, 547–551. [19]Chen, G.; Ye, J. N.; Cheng, J. S., *Chromatographia*, (2000) **52**, 137–141. [20]Wang, H. Y.; Hui, Q. S.; Liu, L. D.; Sun, Y.; Ma, L., *Spectrosc. Spectral Anal.*, (2000) **20**, 427–430. [21]Leuchtenberger, W., In *Biotechnology: A Multi Volume Comprehensive Treatise*, Rehm, H.-J.; Reed, G., Hrsg.; VCH: Weinheim, (1996); Bd. 6 (Products of Primary Metabolism, Roehr, M., Hrsg.), S. 465–502. [22]Kumagai, H., In *Encyclopedia of Bioprocess Technology*, Flickinger, M. C.; Drew. S. W., Hrsg.; Wiley: New York, (1999); Bd. 2, S. 821–823. [23]Ikehata, K.; Nicell, J. A., *Biotechnol. Prog.*, (2000) **16**, 533–540.

*allg.:* Beilstein EIV **14**, 2264–2267 ■ Hager (5.) **9**, 952f., 1126ff. ■ Merck-Index (13.), Nr. 9907f. ■ Stryer 2003, S. 702ff., 747ff. ■ Ullmann (5.) **A2**, 58, 63, 86; (7.); http://dx.doi.org/10.1002/14356007.a02_057 [Online, März 2001] – *[HS 2922 50; CAS 60-18-4]*

**Tyrosinase** (Phenolase). Bez. für eine Oxidoreduktase (Kupfer-Protein, $M_R$ 55000–65000), die unter Beteiligung von Sauerstoff sowohl als Monophenol-Monooxygenase (EC 1.14.18.1) L-*Tyrosin (Tyr) zu 3,4-Dihydroxy-L-phenylalanin (L-Dopa) hydroxyliert als auch als Catechin-Oxidase (*Phenol-Oxidase, EC 1.10.3.1) aktiv ist und als solche Catechine (1,2-Dihydroxyphenole, z.B. L-Dopa) zu 1,2-Chinonen (z.B. L-Dopachinon) oxidiert[1,2]. Mit Hilfe der T. dient Tyr über die Bildung des L-Dopachinons zum Aufbau der Melanine, der für die Hautbräunung verantwortlichen Pigmente[3]. Durch Blockierung der T. kann man Depigmentierung erreichen[4,5], z.B. mit Sommersprossenmitteln. Eine Übersicht über die RT-PCR-Analyse für Tyrosinase mRNA als Serummarker für metastatische Melanome gibt *Lit.*[6]. Zu pflanzlichen T. siehe Literatur[7]. – *E* tyrosinase

*Lit.:* [1]Solomon, E. I.; Sundaraman, U. M.; Machonkin, T., *Chem. Rev.*, (1996) **96**, 2563. [2]Decker, H.; Dillinger, R.; Tuczek, F., *Angew. Chem., Int. Ed. Engl.*, (2000) **39**, 1591. [3]Oetting, W. S., *Pigment Cell Res.*, (2001) **13**, 320. [4]Ohta, N.; Aoki, H.; Hirofumi, I. O., *Fragr. J.*, (2000) **28**, 24. [5]Blume, G.; Teichmüller, E.; Orndorf, S., *Agro-Food-Ind. Hi-Tech*, (2001) **12**, 9. [6]Tsao, H.; Madiminti, U.; Sober, A. J.; Bigby, M., *Arch. Dermatol.*, (2001) **137**, 325. [7]Phytochemistry **45**, 1309–1323 (1997). – *[HS 3507 90; CAS 9002-10-2]*

**Tyrosin-3-Monooxygenase, Tyrosin-3-Hydroxylase** siehe *Tyrosin.

**Tyrosylprotein-Sulfotransferase** siehe *Tyrosin.

# U

**Ubichinone** (Coenzyme Q, Mitochinone).

Die am weitesten verbreiteten und damit am besten untersuchten *Biochinone* (prenylierte Chinone aus Tieren und Pflanzen, vgl. *Vitamin K und *Tocopherole). Sie wurden unabhängig voneinander 1956 von Green und Morton entdeckt. Zu dieser Zeit war der Wert von Vitamin K in der Tierernährung bekannt, jedoch die Funktion anderer Chinone, die aus Tieren und Pflanzen isoliert worden waren, noch unbekannt. Mit der Entdeckung der Ubichinone änderte sich dies rasch. In fast allen Organismen können Ubichinone in größeren Mengen nachgewiesen werden, einzige Ausnahme sind Gram-positive Bakterien und Cyanobakterien. Grundgerüst ist das 2,3-Dimethoxy-5-methyl-1,4-benzochinon mit einer isoprenoiden Seitenkette (1–10 Dihydroisopren-Einheiten). Die Bezeichnung der Ubichinone kann zum einen nach der Anzahl der Isopren-Reste als Coenzyme Q-n ($Q_n$), zum anderen nach der Gesamtzahl der C-Atome in der Seitenkette als Ubichinon-5n (z.B. Ubichinon-50 = Coenzym $Q_{10}$) erfolgen, siehe Tabelle. Sie treten bevorzugt mit bestimmten Kettenlängen auf, z.B. in einigen Mikroorganismen und Hefen mit n = 6. *Escherichia coli* enthält Ubichinone von n = 1 bis n = 8, bei den meisten Säugetieren einschließlich des Menschen überwiegt Q-10. Q-9 wurde in Fischen gefunden, Q-11 und Q-12 in Ratten. In Niederen Pilzen (*Gibberella fujikuroi* und *Penicillium stipitatum*) findet sich Ubichinon-50 mit gesättigter terminaler Isopren-Einheit (38',39'-Dihydro-$Q_{10}$, $C_{59}H_{92}O_4$, $M_R$ 865,38, Schmp. 29 °C), ein Epoxy-ubichinon-50 in *Rhodospirillum rubrum* (die genaue Position der epoxidierten Doppelbindung ist nicht bekannt). In der Natur am weitesten verbreitet sind Ubichinon-30 und Ubichinon-50 (Q-6 und Q-10), z.B. im menschlichen Blutserum

und Harn, in Hefen, Kabeljau und Schimmelpilzen.
Ubichinone bilden farblose bis gelb-orange Kristalle und sind in organischen Lösemitteln und Fetten löslich. Unter Lichteinwirkung cyclisieren sie leicht zu *Ubichromenolen*:

Der menschliche Organismus stellt Q-10 aus Phenylalanin und Tyrosin selbst her, zur Biosynthese der Ubichinone siehe auch Literatur[1,2].
*Funktion:* Ubichinone befinden sich in der inneren Mitochondrienmembran und in bakteriellen Membranen, in deren Lipidschicht sie sich aufgrund ihrer Lipophilie frei bewegen können, und dienen als essentielle Elektronenüberträger und Protonenüberträger in der Atmungskette, wobei sie reversibel über die Semichinon-Stufe in die entsprechenden Hydrochinone (*Ubichinole*) übergehen. In eukaryontischen Plasmamembranen ist Ubichinon Bestandteil von Elektronentransportketten, die an der Übertragung von Wachstumssignalen beteiligt sind. Auch als natürliches Antioxidans spielt das Ubichinon-Redoxsystem eine wichtige Rolle beim Schutz der Membranen[3]. In phototrophen Bakterien übernehmen Ubichinone bei der Photosynthese die Funktion der Plastochinone der Höheren Pflanzen.
*Verwendung:* Verschiedene Ubichinone werden als sogenannte „Nutraceuticals" (= Nährstoffe mit pharmakologischer Wirkung) zur Chemoprävention von Herzerkrankungen verwendet. Am wichtigsten ist Q-10 neben Q-11, die bei Diabetes, Fettsucht, bei Erkrankungen des Periodontiums (Wurzelhaut der Zähne) verwendet werden. Mit der Zweckbestimmung der allgemeinen Verbesserung der körperlichen Fitness findet vor allem Q-10 Verwendung in Nahrungsergänzungsmitteln. – *E* ubiquinones

Tabelle: Daten einzelner Ubichinone.

| Ubichinon | Coenzym | n | Summenformel | $M_R$ | Schmp. [°C] | CAS |
|---|---|---|---|---|---|---|
| Ubichinon-30 | Q-6 | 6 | $C_{39}H_{58}O_4$ | 590,89 | 19–20 (16) | 1065-31-2 |
| Ubichinon-35 | Q-7 | 7 | $C_{44}H_{66}O_4$ | 659,01 | 31–32 | 303-95-7 |
| Ubichinon-40 | Q-8 | 8 | $C_{49}H_{74}O_4$ | 727,12 | 37–38 | 2394-68-5 |
| Ubichinon-45 | Q-9 | 9 | $C_{54}H_{82}O_4$ | 795,24 | 45 | 303-97-9 |
| Ubichinon-50, Ubidecarenon | Q-10 | 10 | $C_{59}H_{90}O_4$ | 863,36 | 50 | 303-98-0 |
| Ubichinon-50 (H10), Ubichinol | Q-10 (H-10) | 10 | $C_{59}H_{92}O_4$ | 865,38 | 29 | 992-78-9 |

*Lit.:* [1]Biochim. Biophys. Acta **1212**, 259–277 (1994). [2]Meganathan, R., *FEMS Microbiol. Lett.*, (2001) **203**, 131. [3]Pobezhimova, T. P.; Voinikov, V. K., *Membr. Cell Biol.*, (2000) **13**, 595.
*allg.:* Beilstein EIV **8**, 3288, 3295, 3305, 3313, 3319 ▪ Luckner (3.), S. 331, 454 ▪ Merck-Index (13.), Nr. 9911 – *Biochemie und Metabolismus:* Dallner, G.; Sindelar, P. J., *Free Radical Biol. Med.*, (2000) **29**, 285 – *Biosynthese:* Tetrahedron Lett. **38**, 6181 (1997) – *[HS 2914 69; CAS 605-94-7 (Fumigatinmethylether)]*

**Ubichromenole** siehe *Ubichinone.

**Überempfindlichkeit** siehe *Allergie.

**Überzugsmassen.** Überzugsmassen sind für die Herstellung von Backwaren und Konditoreierzeugnissen verwendete Zubereitungen, welche zum Überziehen der Produkte dienen. Dabei kann es sich je nach Rezeptur um Schokoladeüberzugsmasse, Fettglasuren oder Wasserglasuren handeln.
*Schokoladeüberzugsmasse:* Nach der Kakao-Verordnung enthält Schokoladeüberzugsmasse (auch *Kuvertüre* genannt) mindestens 31% Kakaobutter, 35% Gesamtkakaotrockenmasse und 2,5% fettfreie Kakaotrockenmasse (siehe *Schokoladenerzeugnisse, Tabelle 2). Grundbestandteile dieser Erzeugnisse sind Kakaobutter, Zuckerarten, Trockenmilchprodukte und Kakaobestandteile.
*Fettglasuren:* Bei *kakaohaltiger Fettglasur* ist der Kakaobutteranteil in der Rezeptur (von Schokoladeüberzugsmasse) durch andere z.T. gehärtete pflanzliche Fette, z.B. Erdnuß- oder Kokosfett, ersetzt. Durch das abweichende Schmelzverhalten der eingesetzten Fette erzielt man eine weichere Konsistenz der Überzüge verglichen mit Schokoladeüberzugsmasse. Die Verwendung von kakaohaltiger Fettglasur für Dauerbackwaren, Feinbackwaren und Speiseeis ist nur mit einer entsprechenden Kenntlichmachung „mit kakaohaltiger Fettglasur" nach den Leitsätzen für feine Backwaren (siehe *Leitsätze des Deutschen Lebensmittelbuches) zulässig[1]. Rechtsgrundlage ist § 11 Abs. 2 Nr. 2 *LFGB (ex § 17 Abs. 1 Nr. 2a LMBG)[2]. Die Herstellung von kakaohaltigen Fettglasuren entspricht einer vereinfachten Schokoladenherstellung[3]. Nach dem Vermischen und Kneten der Zutaten Zucker, Kakaopulver und Fett erfolgt ein Verflüssigungsprozeß unter Zugabe von Lecithin. Die Rezepturen, insbesondere die Auswahl des Speisefettes, richten sich nach den spezifischen Anforderungen der Endprodukte. Bei *Haselnußfettglasuren* sind die Kakaoanteile durch Haselnußmasse ersetzt. Weiterhin werden auch Fettglasuren ohne Kakaoanteil mit Milchbestandteilen hergestellt, welche durch den Zusatz von geschmacksgebenden Zutaten, z.B. Fruchtpulver, in verschiedenen Geschmacksrichtungen angeboten werden.
*Wasserglasuren*: Wasserglasuren werden hingegen unter Wasserzusatz hergestellt. Zu ihnen gehören einerseits Wasserglasuren mit Kakaozusatz (mindestens 5% Kakaobestandteile; künstliche Färbung ist nicht gestattet) und andererseits *Zuckerglasuren*, die unter Zusatz von Kakao, Schokolade, Kaffee, Ei, Milch, Honig, Malz, Butter, Karamel hergestellt und entsprechend bezeichnet oder mit Farbstoff gefärbt werden dürfen (nach der *ZZulV). – *E* cover coatings

*Lit.:* [1]Meyer, A. H., Hrsg., *Lebensmittelrecht*, Beck: München, (2004). [2]Zipfel-Rathke, C 370, § 14, 45. [3]Heiss, R., *Lebensmitteltechnologie – Biotechnologische, chemische, mechanische und thermische Verfahren der Lebensmittelverarbeitung*, 6. Aufl.; Springer: Berlin, (2003).
*allg.:* Both, G., *bmi aktuell*, (2001), Nr. 3, 8; http://www.backmittelinstitut.de ▪ Hoffmann, H.; Mauch, W.; Untze, W., *Zucker und Zuckerwaren*, 2. Aufl.; Behr's: Hamburg, (2002) – *[HS 1806 20 (kakaohaltige Fettglasur)]*

**Überzugsmittel.** Anlage 7 (zu § 5 Abs. 1) der *ZZulV 1998 definiert im Bereich der Zusatzstoffe für bestimmte technologische Zwecke Überzugsmittel (einschließlich Gleitmittel) als „Stoffe, die der Außenoberfläche eines Lebensmittels ein glänzendes Aussehen verleihen oder einen Schutzüberzug bilden". Es sind demzufolge feste oder flüssige Stoffe, die zum Umhüllen oder Überziehen von Lebensmitteln verwendet oder um Feuchtigkeitspenetration zu unterbinden bzw. zu verzögern oder Aromaverluste zu verhindern, zugesetzt werden. Außer bei Lebensmitteln finden Überzugsmittel in der Kosmetik weite Anwendung.
Beispiele für Überzugsmittel sind *Bienenwachs (E 901), *Carnaubawachs (E 902), *Candelillawachs (E 903), *Montansäureester, *Mastix, *Schellack (E 904).
*Recht:* ZZulV 1998 Anlage 7 und 4 Teil B und C. Regelung über Klassennamen „Überzugsmittel" in § 6 Abs. 4 Nr. 2 in Verbindung mit Anlage 2 *LMKV. – *E* coatings, edible films

*Lit.:* Belitz-Grosch-Schieberle (5.), S. 955 ▪ Blue List

**UF.** 1. Abkürzung für *Ultrafiltration,
2. Abkürzung für Unsicherheitsfaktor (englisch uncertainty factor), siehe *Sicherheitsfaktor.

**UF-Käse.** *Käse, die ganz od. teilw. aus ultrafiltrierter *Milch hergestellt werden [s. *Milcherzeugnisse (Membranverf.)]. Eine Ultrafiltration der Käsereimilch ist möglich bei allen sog. freien Käsesorten u. bei *Speisequark, nicht jedoch bei den übrigen *Standardsorten (s. *Käse). Durch die Ultrafiltration soll der Anteil der Molkenproteine u. damit die Ausbeute erhöht werden. – *E* UF-cheese

*Lit.:* Kessler, H. G., *Food and Bio Process Engineering – Dairy Technology*, A. Kessler: Freising, (2002)

**UHT-Milch** (von englisch ultra high temperature, ultrahocherhitzte Milch, H-Milch, haltbare Milch). *Konsummilch, die im kontinuierlichen Durchfluß auf mindestens 135°C erhitzt und unter aseptischen Bedingungen in sterile, mit Lichtschutz versehene Packungen abgefüllt wird (nach der Verordnung 92/46 EWG[1]). Nach der Milchverordnung 2000 (Anlage 6, 2.2) müssen die angewendeten Temperatur-Zeit-Bedingungen mindestens einem Sterilisationswert $F_0 = 3$ Minuten entsprechen. Um ein Aufrahmen während der garantierten Haltbarkeit weitgehend zu verhindern, ist UHT-Milch stets homogenisiert. Die UHT-Erhitzung erfolgt direkt oder indirekt (siehe Abbildung).

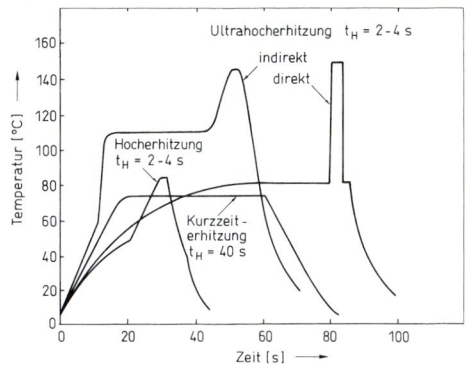

Abbildung: Temperatur/Zeitverläufe beim Erhitzen von Milch. $t_H$ = Heißhaltezeit.

Bei den direkten UHT-Verfahren (als *Uperisations-Verfahren Anfang der 50er Jahre in der Schweiz entwickelt) wird Wasserdampf direkt in die vorgewärmte *Milch unter Druck eingeleitet. Bei der anschließenden, ebenso schnellen Abkühlung im Vakuum (Entspannungsverdampfung, dabei entsteht Brüdendampf) wird der Milch ebensoviel Wasser entzogen wie beim Einleiten des Dampfes kondensierte, d.h. die so wärmebehandelte Milch ist in ihrem Wassergehalt nicht verändert. Gleichzeitig mit der Abkühlung im Vakuum wird die Milch entgast; damit werden flüchtige, geschmacklich meist ungünstige Bestandteile entfernt.

Bei den indirekten UHT-Verfahren kommt ein Wärmeträgermedium (Wasser, Dampf) nicht mit der Milch in direkten Kontakt. Als Trennflächen dienen bei Plattenwärmeübertragern Platten bzw. bei Rohrwärmeübertragern Rohrbündel. Die maximalen Erhitzungstemperaturen sind in der Regel niedriger und die Aufheiz- und Abkühlphasen länger als bei den direkten Verfahren. Bei einer Reihe von indirekten Verfahren folgt der UHT-Erhitzung ebenfalls eine Kühlung im Vakuum. Der kondensierte Brüdendampf wird in diesen Fällen der Milch wieder zugeführt. Durch eine Vorerhitzung bei Temperaturen um 90–95 °C und Heißhaltezeiten bis zu 2 min sollen die Molkenproteine weitgehend denaturieren (siehe auch *Milch-Wärmebehandlung). Damit wird die Ansatzbildung an den nachgeschalteten Erhitzerwandungen verringert.

Die Sterilisation des Verpackungsmaterials wird beim Durchlaufen eines $H_2O_2$-Bades und anschließender Erwärmung des inzwischen zum Schlauch verschweißten Kartons auf etwa 250 °C erreicht, wobei sich anhaftendes $H_2O_2$ vollständig zersetzt und bakterizider Sauerstoff entsteht. Evtl. in die Milch gelangtes $H_2O_2$ ist darin nur direkt nach der Abfüllung nachweisbar, da es rasch mit Milchinhaltsstoffen, bevorzugt Ascorbinsäure, reagiert.

*Eigenschaften:* Ebenso wie herkömmliche *Sterilmilch ist UHT-Milch steril. Die für UHT-Milch charakteristisch kurze Erhitzung auf hohe Temperaturen, die nur im Durchflußverfahren möglich ist, beeinträchtigt die Milchinhaltsstoffe und damit

die sensorischen und ernährungsphysiologischen Eigenschaften weit weniger als die zwar niedrigere Temperatur, dafür aber lange Heißhaltezeit bei der Sterilisation in der Flasche; siehe auch *Milch-Wärmebehandlung. War zwischenzeitlich auch bei UHT-Milch das Bestreben auf eine möglichst lange Haltbarkeit gerichtet, so steht heute wieder die Erhaltung der Qualität im Vordergrund. Dies kommt auch in den gesetzlichen Bestimmungen zum Ausdruck. Der in UHT-Milch häufig auftretende Altgeschmack wird in Zusammenhang gebracht mit der deutlichen Zunahme an Propanal, Pentanal und Hexanal[2], die umso stärker ist, je höher die Lagerungstemperatur ist[3]. Ein bitterer Geschmack in Verbindung mit einem erhöhten Nichtprotein-Stickstoff-Anteil kann bedingt sein durch proteolytische Restaktivität meist psychrotropher Keime, die auch für die gelegentliche Gelierung (Süßgerinnung) verantwortlich ist. Durch schnelle Verarbeitung bzw. *Thermisierung der Rohmilch kann dies verhindert werden. – *E* ultrahigh heated milk, UHT milk

*Lit.:* [1] EG-Richtlinie Nr. 92/46 vom 16.06.1992 (Amtsblatt der EG Nr. L 268). [2] Milchwissenschaft **46**(4), 223 (1991). [3] Mitt. Geb. Lebensmittelunters. Hyg. **80**, 467 (1989). *allg.:* Burton, IDF-Bull. **157** (1983) ■ Kessler, H. G., *Food and Bio Process Engineering – Dairy Technology*, A. Kessler: Freising, (2002) – *[HS 0401 100401 20]*

**UL.** Abkürzung für upper tolerable level, siehe *RDA.

**Ultrafiltrat** siehe *Ultrafiltration.

**Ultrafiltration** (Abkürzung UF). Bezeichnung für ein Trennverfahren für Lösungen makromolekularer Stoffe. Trennbereich: $M_R$ $10^3$ bis etwa $2 \cdot 10^6$, entsprechend etwa 0,001 bis 0,1 μm. Die UF, die Membran-Mikrofiltration und die *umgekehrte Osmose sind die wichtigsten, durch hydrostatischen Druck (UF: $10^5$–$10^6$ Pa) betriebenen Membrantrennverfahren. Sie werden oft unter dem Begriff Membranfiltration zusammengefaßt und unterscheiden sich vor allem durch ihre Trenngrenzen. Neben den Membranfiltrationsverfahren gibt es die Membrandiffusionsverfahren, z.B. Pervaporation. Das wesentliche Element aller Membrantrennverfahren ist eine Membran.

Membranmaterialien und Membrananordnungen sind bei allen Membrantrennverfahren ähnlich. Die Stofftrennung geschieht im allgemeinen bei Umgebungstemperatur ohne Zusatzstoffe, und die Lösungen bzw. Gemische werden weder thermisch noch chemisch belastet. Membrantrennverfahren sind deshalb umweltfreundlich und energiesparend. Nachteilig ist die mehr oder weniger rasche Verlegung der Membranoberfläche (Membran-Fouling, Deckschichtbildung).

Für die UF kommen vorwiegend asymmetrisch strukturierte, poröse Membranen verschiedener organischer und anorganischer Materialien wie Celluloseacetat, Polysulfone oder Keramik in Form von Schläuchen, Kapillaren, Hohlfasern und Flachmembranen zum Einsatz. Die technische Membrananordnung geschieht in sogenannten Modulen (Plat-

ten-, Wickel-, Rohr-, Kapillar- und Hohlfasermodul). Das Membranmodul ist das Herz einer UF-Anlage. Große Anlagen haben Membranflächen von mehr als $100\,m^2$ und eine Tagesleistung von über $500\,m^3$ Ultrafiltrat (auch als „Permeat" bezeichnet). Im Labor werden als Rührzellen ausgebildete Filtergeräte oder kleine Module benutzt. Die Rückhalterate von UF-Membranen wird als Ausschlußgrenze oder Trenngrenze (Cut-off-Charakteristik) bezeichnet, auf die Molmasse bezogen und in der Regel in Dalton angegeben. Filtriergeschwindigkeit (mit fallender Trenngrenze abnehmend): 0,5 bis $30\,m^3m^{-2}d^{-1}$ (bei $2\cdot10^5$ Pa Druckdifferenz).
*Verwendung:* Sowohl im Laboratorium als auch in der Prozeßtechnik zum Konzentrieren, Reinigen und Fraktionieren, z. B. in der Metallverarbeitung (Aufbereiten von Ölemulsionen, Recycling bei der Elektrotauchlackierung), in der Pharmaindustrie (Abtrennen von Pyrogenen), im Molkereibereich (Konzentrieren von Molkeeiweißstoffen, Aufkonzentrieren von Milch zur Käseherstellung), in der Medizin (Entgiften des Blutes in „künstlichen Nieren" = Hämofiltration, Dialyse), in der Biotechnologie (Konzentrieren und Reinigen von Fermentationsprodukten), im Umweltschutz (Prozeßabwasseraufbereitung, Rückgewinnung von Wertstoffen), allgemein zur Bereitung von Reinstwasser (Pharmazie, Elektroindustrie) und die Abtrennung des belebten Schlamms bei unter Druck betriebenen biologischen Kläranlagen, die zur Behandlung spezieller Abwässer eingesetzt werden können[1]. Verfahrensvarianten: Diafiltration, Elektro-UF, Micell-unterstützte UF. – *E* ultrafiltration

*Lit.:* [1]Maschinenmarkt **23**, 4–8 (1989).
*allg.:* Gasper, H.; Oechsle, D.; Pongratz, E., *Handbuch der industriellen Fest/Flüssig-Filtration*, Wiley-VCH: Weinheim, (2000) ▪ Gräf et al., Abwassertechnik in der Produktion, Augsburg: WEKA 1997 ▪ Kessler, H. G., *Food and Bio Process Engineering – Dairy Technology*, A. Kessler: Freising, (2002) ▪ Ullmann (6.) [CD-ROM, 1998] (Membrane and Membrane Separation Processes)

**Ultrahocherhitzung** siehe *Uperisation, *UHT-Milch und *Milch-Wärmebehandlung.

**Ultrakurzzeiterhitzung** siehe *Uperisation.

**Ultramarin-Pigmente.** Anorganische Buntpigmente, auf der Basis von Natriumaluminiumsilicaten, die in der DIN 55944: 2003-11 den *Silicat-Pigmenten* zugeordnet sind. Der Grundkörper ist ein weitmaschiges Gerüst aus $AlO_4$- und $SiO_4$-Tetraedern, das dem Mineral Sodalith ähnelt und in dessen Lücken Schwefel als farbgebende Komponente eingelagert ist. Die Zusammensetzung entspricht der allgemeinen Formel $Na_6Al_6Si_6O_{24}\cdot NaS_n$ (n = 2–4). Die Alkalimetall-Ionen sind wie bei den Zeolithen leicht austauschbar. Die Menge und die Oxidationsstufe des Schwefels bestimmen die Farbe der Ultramarin-Pigmente, die grün, blau, rot oder violett sein kann. „Gelber Ultramarin" gehört nicht zu den Ultramarin-Pigmenten und besteht aus Bariumchromat.
*Eigenschaften:* Ultramarin-Pigmente haben einen brillanten Farbton, sind lichtecht, gegen Alkalien

im allgemeinen gut, gegen Säuren weniger beständig, in denen sie sich unter Bildung von Schwefelwasserstoff und Entfärbung zersetzen.
*Verwendung:* Zum Einfärben von Kunststoffen, Lacken und Künstlerfarben, auch für Einbrennlacke und Pulverlacke.
Problematisch kann der Einsatz von Ultramarin-Pigmenten in lufttrocknenden Systemen in der Außenanwendung sein, z. B. für Fassadenfarben.
Aufgrund der toxikologischen Unbedenklichkeit sind Ultramarin-Pigmente auch für Kosmetika (*Kosmetik-Verordnung) und die Lackierung von Kinderspielzeug zugelassen.
In Druckfarben werden vor allem relativ farbstarke feinteilige Typen verwendet.
Große Mengen Ultramarin-Pigmente werden in der Waschmittelindustrie als optische Aufheller verwendet, wobei feine Pigmentteilchen auf den Fasern den Weißgrad erhöhen. Aber auch in vielen anderen Bereichen werden sie zur Korrektur des Gelbstiches eingesetzt.
Spezielle Anwendungen sind das Einfärben von Pflanzenschutzmitteln und in der Textilindustrie die Verwendung zur Garnmarkierung.
*Toxikologie:* $LD_{50}$ (Ratte p.o.) >5000 g/kg. Nicht haut- und schleimhautreizend; Ultramarin-Pigmente dürfen nicht mit Säure gemischt werden (Schwefelwasserstoff-Entwicklung). – *E* ultramarine pigments

*Lit.:* Blue List ▪ Ullmann (6.) [CD-ROM, Januar 2001] – [HS 3206 41; CAS 57455-37-5 (Ultramarinblau); 12769-96-9 (Ultramarinviolett und Ultramarinrot)]

**Ultra-Pasteurisation** siehe *Uperisation.

**Ultrarotspektroskopie** siehe *IR-Spektroskopie.

**Umami** (von japanisch umai = fleischig, köstlich, wohlschmeckend). Bezeichnung für eine Geschmacksqualität, die zusätzlich zu den vier klassischen *Geschmacks-Noten „salzig, süß, sauer und bitter" wirksam wird, und zwar weniger für sich allein („leicht salzig – süßsäuerlich") sondern als *Geschmacksverstärker. Umami wird deshalb auch als fünfter Grundgeschmack betrachtet, der durch *Natrium-L-glutamat oder durch Purin-5'-ribonucleotide (*Inosin-5'-monophosphat, Adenosin-5'-monophosphat und Guanosin-5'-monophosphat) hervorgerufen werden kann. Die Wirksamkeit der Purin-5'-nucleotide ist geringer als die von Natrium-L-glutamat. Auch das als *Süßstoff bekannt gewordene *Thaumatin besitzt Umami-Eigenschaften. Umami gehört z. B. zu den Schlüsselverbindung für das „Grundmuster Geschmack" in Fleisch[1]. Der thermisch induzierte Abbau von Umami-Substanzen läßt sich durch den Zusatz von anorganischen Salzen (Magnesiumchlorid, Calciumchlorid) verringern[2].
*Physiologie:* Die Mechanismen, die beim Umami-Geschmack zur Erregung der Geschmacksrezeptorzellen führen, ähneln denen des Süßgeschmacks (*süßer Geschmack). Auch hier spielt ein G-Protein gekoppelter Rezeptor die zentrale Rolle, der aus zwei verschiedenen Eiweißstoffen, dem Heteromer T1R1 und T1R3, aufgebaut ist. Interessant

ist dabei, daß sowohl beim Umami-Rezeptor als auch beim Süßrezeptor die Eiweißkomponente T1R3 Bestandteil ist. Wie bei den anderen metabotropen Geschmacksrezeptoren wird auch bei Umami das Signal über Phospholipase und TRPM5-Kanäle vermittelt[3,4].

Umami-Substanzen fördern Appetit und Verdauung[5], wirken auf den Blutdruck und erhöhen die Ausschüttung bestimmter Hormone (z.B. Insulin)[6]. Ein Zusammenhang zwischen dem Verzehr Natriumglutamat-haltiger Speisen und Beklommenheitssymptomen in Brust und Nackenbereich sowie Kopfschmerzen (*China-Restaurant-Syndrom*) ist wenig wahrscheinlich[7,8]. Umami-Substanzen können unangenehme Geschmacksnoten von Lebensmitteln vermindern oder einen Beitrag zur Harmonisierung von Geschmackseindrücken liefern. Die Reaktion von Umami-Substanzen mit Cystein und Glutathion führt zu Aromastoffen, die im *Fleischaroma beschrieben sind[9].

Zur rechtlichen Beurteilung und Analytik von Umami-Substanzen siehe *Geschmacksverstärker. – *E* umami

*Lit.:* [1]Fliedner u. Wilhelmi, Grundlagen und Prüfverfahren der Lebensmittelsensorik, S. 30, 31, Hamburg: Behr's 1993. [2]J. Agric. Food Chem. **38**, 593–598 (1990); **39**, 1098–1101 (1191). [3]Nelson, G., *Cell*, (2001) **106**, 381–390. [4]Nelson, G., Chandrashekar, J., Hoon, M. A., Feng, L., Zhao, G., Ryba, N. J. P., Zuker, C. S., *Nature (London)*, (2002) **416**, 199–202. [5]Physiol. Behav. **48**, 801–804 (1990). [6]Physiol. Behav. **48**, 905–908 (1990). [7]Food Chem. Toxicol. **24**, 351–354 (1986). [8]Geha, R. S., et al., *J. Nutr.*, (2000) **130**(4S), 1058S–1062S. [9]J. Agric. Food Chem. **39**, 1145–1148 (1991). *allg.:* Chaudhari, N., *Sensory Neuron*, (2001) **3**, 129–138 ▪ Kurihara, K., Kashiwayanagi, M., *Ann. N.Y. Acad. Sci.*, (1998) **855**, 393–397

**Umbellatin** siehe *Berberin.

**Umbelliferon** (7-Hydroxycumarin, 7-Hydroxy-2*H*-1-benzopyran-2-on, Hydrangin, Skimmetin).

$C_9H_6O_3$, $M_R$ 162,15, gelbe Nadeln, Schmp. 230–232°C (Sublimation), andere Angaben 223–224°C oder 227–228°C, leicht löslich in Alkohol, Chloroform, Eisessig. Umbelliferon-Lösungen fluoreszieren im UV bei 365 nm weiß. Beim Erhitzen entwickelt Umbelliferon *Cumarin-Duft.

*Vorkommen:* In der Süßkartoffel tritt Umbelliferon als Phytoalexin auf. Umbelliferon kommt sowohl frei als auch in der Form von Ethern und Glycosiden in vielen Pflanzen vor.

*Verwendung:* Umbelliferon dient als pH-Indikator im Bereich 6,5–8,9; in Form einer 0,1% wäßrigen Lösung als Fluoreszenz-Indikator zum Nachweis von Calcium- und Kupfer-Ionen. Es wird in Sonnenschutzmitteln und als optischer Aufheller für Textilien benutzt, ferner dient es als Laserfarbstoff, während synthetische 7-*O*-Glycoside zur fluorimetrischen Bestimmung von Glycosidasen eingesetzt werden. – *E* umbelliferone

*Lit.:* Beilstein EV **18/1**, 386 ▪ Bogan, D. P.; Keating, G. J.; Reinartz, H.; Duffy, C. F.; Smyth, M. R.; O'Kennedy, R.; Thornes, R. D., In *Coumarins: Biology, Applications and Mode of Action*, O'Kennedy, R.; Thornes, R. D., Hrsg.; Wiley: Chichester, (1997); S. 267–302 – *[HS 2932 29; CAS 93-35-6]*

**Umesterung.** Bezeichnung für eine Reaktion, bei der ein Ester in einen anderen übergeführt wird, z.B. durch Alkoholyse in Gegenwart von Säuren oder durch Einwirkung von zwei verschiedenen Estern bei höheren Temperaturen und in Gegenwart von Säuren oder Alkalien bzw. *Lipasen und Esterasen.

$$R^1{-}COOR^2 \;+\; R^3{-}OH \;\underset{-\,R^2{-}OH}{\overset{H^+}{\rightleftharpoons}}\; R^1{-}COOR^3$$

$$R^1{-}COOR^2 \;+\; R^3{-}COOR^4 \;\rightleftharpoons\; R^1{-}COOR^4 \;+\; R^3{-}COOR^2$$

Großtechnische Umesterungen finden statt bei der Herstellung von Zuckertensiden, von Monoglyceriden aus Triglyceriden, von Rapsölmethylestern als alternative Kraftstoffe aus Rapsöl-Triglyceriden, in der Margarineindustrie zur Herstellung von Fetten mit veränderten Eigenschaften (siehe *Fett-Umesterung), in der Kunststoffindustrie bei der Herstellung von Polyethylenterephthalat aus Dimethylterephthalat und von Polycarbonaten aus Kohlensäureestern. – *E* transesterification

*Lit.:* Belitz-Grosch-Schieberle (5.), S. 165 ▪ Ullmann (7.) [CD-ROM, 2004]

**Umgekehrphasen** siehe *HPLC.

**Umgekehrte Osmose** [Umkehrosmose, reverse Osmose (RO), Gegenosmose]. Die umgekehrte Osmose, die Membran-Mikrofiltration sowie die *Ultrafiltration sind die wichtigsten durch hydrostatischen Druck betriebenen Membran-Trennverfahren. Sie werden oft unter dem Begriff Membranfiltration zusammengefaßt und unterscheiden sich vor allem durch ihre Trenngrenzen.

Das Prinzip der umgekehrten Osmose, manchmal auch *Hyperfiltration* genannt, geht aus der Abbildung hervor: Die Umkehrung der normalen Osmose wird durch Überwindung des osmotischen Druckes durch Anlegen eines höheren Drucks erzwungen. Es wird dabei z.B. reines Wasser aus wäßrigen Lösungen durch eine semipermeable Membran abgetrennt und die Lösung aufkonzentriert. Im Gegensatz zu konkurrierenden Konzentrierverfahren (Eindampfen, Gefrierkonzentrieren) ist die umgekehrte Osmose im Energieverbrauch die günstigste Variante, im Vergleich zu Eindampfverfahren wird das Produkt nicht thermisch belastet. Membranmaterialien und Membranaufbau sind bei allen Membrantrennverfahren ähnlich. Die technische Membrananordnung geschieht in sogenannten Modulen, wobei Platten-, Wickel-, Rohr-, Kapillar- und Hohlfasermodule verwendet werden.

*Verwendung:* In großem Maßstab bei der Trinkwassergewinnung durch Meerwasserentsalzung und durch Aufbereitung von Brackwasser; bei Entgiftung und Recycling von Abwässern; bei Entfernung von Farbstoffen aus Abwässern der Textilfär-

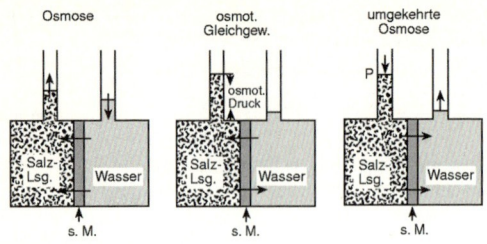

Abbildung: Osmose und umgekehrte Osmose (s. M. = se-mipermeable Membran).

berei; beim Aufbereiten von Kesselspeisewasser; bei der Gewinnung von hochreinem Wasser, z.B. für die Elektroindustrie und klinische Laboratori-en, für die pharmazeutische und kosmetische Indu-strie; bei der Rückgewinnung von Silber in der photochemischen Industrie; bei der Herstellung konzentrierter wäßriger Lösungen in der pharma-zeutischen Industrie und in der Nahrungsmittelin-dustrie, z.B. bei der Konzentrierung von Fruchtsäf-ten, Käsemolke und Magermilch, Tomatenpüree und zur Entalkoholisierung von Bier und Wein. – *E* reverse osmosis

*Lit.:* Kessler, H. G., *Food and Bio Process Engineering – Dairy Technology*, A. Kessler: Freising, (2002) ▪ Melin, T.; Rautenbach, R., *Membranverfahren*, 2. Aufl.; Springer: Ber-lin, (2003) ▪ Ullmann (6.) [CD-ROM, 1998] (Membranes and Membrane Separation Processes)

**Umkehrosmose** siehe *umgekehrte Osmose.

**Umkehrphasenchromatographie** siehe *Rever-sed-Phase-Chromatographie.

**Umrötung.** Entstehung der erwünschten roten Pökelfarbe (s. *Pökeln) in einem *Pökelfleisch-erzeugnis durch Zusatz von *Nitritpökelsalz; s.a. *Fleischfarbe u. *Myoglobin. In einem rohen Fleischerzeugnis (Rohschinken, Rohwurst) findet die U. während der Reifezeit statt, in einem erhitz-ten Fleischerzeugnis (Kochschinken, Brühwurst) während des Erhitzungsprozesses. – *E* reddening

**Undeca-1,3,5,8-tetraene.**

(3*E*,5*Z*,8*Z*)-Undeca-1,3,5,8-tetraen    (3*E*,5*Z*,8*E*)-Undeca-1,3,5,8-tetraen

Gruppe von isomeren ungesättigten Kohlenwasser-stoffen, $C_{11}H_{16}$, $M_R$ 148,34, von denen speziell das (3*E*,5*Z*,8*Z*)-Isomere eine extrem niedrige Geruchs-schwelle und ein frisch-fruchtiges Aroma aufweist; dieses Isomer wurde unter anderem in Ananas als *Aromastoff nachgewiesen[1]; siehe auch *Undeca-1,3,5-triene. Das isomere (3*E*,5*Z*,9*E*)-Undeca-1,3,5,9-tetraen hat man unter den aromabestim-menden Bestandteilen des Hopfens beschrieben[2]. – *E* undecatetraenes

*Lit.:* [1] J. Agric. Food Chem. **33**, 232–235 (1985). [2] Steinhaus, M.; Schieberle, P., *J. Agric. Food Chem.*, (2000) **48**, 1776–1783.

**Undeca-1,3,5-triene** (FEMA 3795).

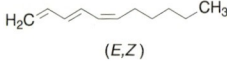

(*E*,*Z*)

Gruppe von (*E*,*Z*)-isomeren ungesättigten Kohlen-wasserstoffen, $C_{11}H_{18}$, $M_R$ 150,35, die als geruchsak-tive Spurenkomponenten das Aroma verschiede-ner Früchte (z.B. Ananas, Pfirsich, Passionsfrucht und andere[1]), von Hopfen[2] und des Galbanum-Öles[3] mit prägen. Das (3*E*,5*Z*)-Isomere besitzt eine würzig-balsamische, an Kiefernharz erinnern-de Geruchsnote und wird ab 0,001 bis 0,002 ng wahrgenommen[4], während das *all-trans*-Isomere eine tranig-fettige Geruchsnote aufweist und in der Geruchsschwelle um ca. das 1000fache höher liegt. Zur Synthese der einzelnen Isomeren siehe Litera-tur[5]. Die verschiedenen Undecatriene entstehen als Abbauprodukte aus mehrfach ungesättigten $C_{12}$-Fettsäuren[6,7]. Verschiedene Undecatrien-Iso-mere wurden auch als *Pheromone und Gameten-Lockstoffe von Braunalgen beschrieben[8].

*Verwendung:* Zur Erzielung Galbanum-artiger No-ten in der Parfümerie. Ferner Einsatz in fruchtigen und würzigen Lebensmittelaromen. – *E* undeca-1,3,5-trienes

*Lit.:* [1] J. Food Sci. **50**, 1655f., 1667 (1985). [2] J. Agric. Food Chem. **48**, 1776–1783 (2000). [3] Recherches **16**, 5 (1967). [4] J. Agric. Food Chem. **33**, 232–235 (1985). [5] Helv. Chim. Acta **58**, 1016–1037 (1975). [6] Eur. J. Biochem. **147**, 83 (1985). [7] Z. Naturforsch. Teil C **37**, 5 (1982). [8] Angew. Chem. **94**, 655 (1982).
*allg.:* Belitz-Grosch-Schieberle (5.), S. 368 – [CAS 16356-11-9]

**Uniflorine** siehe *Pitanga.

**Unkrautbekämpfungsmittel** siehe *Herbizide.

**Unsicherheitsfaktor** (USF) siehe *Sicherheits-faktor.

**Untergäriges Bier.** Bez. für eine nach Gärverf. u. der eingesetzten Hefe vom *obergärigen Bier zu unterscheidende Bierart, die als dunkles, mittelfar-biges od. helles, hefetrübes (naturtrübes) oder fil-triertes *Bier in den Handel gelangt. Biertypen wie Pilsener-, Lager- od. Exportbiere werden nach un-tergäriger Art gebraut; s.a. *Biereinteilung.

*Verfahren:* Am Ende der ca. 7-tägigen durch unter-gärige Hefen (siehe *Bierhefen) hervorgerufenen Hauptgärung (5–22 °C) setzt sich Hefe am Boden der Gärgefäße ab (*Unterhefe*, daher auch die Bez. „untergärig"); s. hierzu auch § 21 der Verordnung zur Durchführung des Vorläufigen Biergesetzes[1]. Der Bodensatz, der bei der in geschlossenen Tanks verlaufenden Nachgärung (0–3 °C, 2–8 Wochen) anfällt, wird als Geläger bezeichnet.

*Rechtliche Beurteilung:* Nach § 9 Absatz 1 des Vorläufigen Biergesetzes darf zur Bereitung von untergärigem Bier nur Gerstenmalz, Hopfen, Hefe u. Wasser verwendet werden. – *E* bottom-ferment-ed beer

*Lit.:* [1] Brauwelt **136**, 608–610, 798–800 (1996).
*allg.:* Belitz-Grosch-Schieberle (5.), S. 887 ▪ Baltes (4.) ▪ Narziß, L., *Abriß der Bierbrauerei*, 6. Aufl.; Wiley-VCH: Weinheim, (1995); S. 194, 213ff. ▪ Zipfel-Rathke, A 411 § 21, A 410 § 9

**Untypische Alterungsnote von Wein.** Die erst-mals beim Jahrgang 1990 beobachtete untypische Alterungsnote (UTA) zählt zu den häufigsten

Weinfehlern in Deutschland und inzwischen auch in anderen europäischen Anbaugebieten. Er führt zu erheblichen Qualitätseinbußen bei Weißwein mit entsprechenden wirtschaftlichen Folgen.

Die befallenen Weine weisen negative Veränderungen des Aromas auf, die im Gegensatz zur normalen Alterung schon im Jungweinstadium bzw. innerhalb eines Jahres nach der Gärung und Schwefelung auftreten können. Als der vermutlich für die Ausbildung der UTA verantwortliche Aromastoff wurde mit sensorischen und analytischen Methoden (GC-MS, Sniffing-GC-MS) 2-*Aminoacetophenon (AAP) erstmals durch Rapp[1] nachgewiesen. Die Schwellenkonzentration der sensorischen Wahrnehmung von AAP in Wein liegt zwischen 0,5 und 1,5 µg/L[2,3]. Während in sensorisch unauffälligen *Vitis-vinifera*-Weinen ein Grundgehalt von maximal 0,3 µg/L AAP nachgewiesen werden kann, beträgt der Gehalt in Weinen mit UTA mehr als 0,5 bis über 5 µg/L. Die sensorische Wahrnehmung von AAP wird dabei durch die Konzentration und Intensität der anderen Aromastoffe im Wein bzw. durch das Bukett signifikant beeinflußt[2,3].

Zu den auslösenden Faktoren zählen hoher Ertrag, mangelnde Versorgung des Bodens, Lese vor der physiologischen Reife, Trockenstreß und UV-Strahlung. Die Bildung der UTA ist jahrgangsabhängig und tritt vor allem bei sogenannten kleinen Weißweinen, auch Sektgrundweinen, mit frühem Lesetermin, bei hoher Ertragsbelastung und bei sonstigen Streßsituationen auf, welche die Traubenreife verzögern. In Rotweinen und Weinen mit später Lese und bei geringen Erträgen wurde UTA nur in bisher ungeklärten Ausnahmefällen festgestellt[4,5].

Aufgrund der chemischen Struktur wurde vermutet, daß AAP im Stoffwechsel von Tryptophan entsteht[2,3]. Detaillierte Studien konnten zeigen, daß AAP vor allem aus dem ubiquitär, d.h. auch im Traubenmost vorkommenden Wachstumshormon 1*H*-Indol-3-ylessigsäure (IAA) nach der Gärung und Schwefelung entstehen kann. Die Reaktion wird durch eine Cooxidation von schwefliger Säure und IAA gestartet, wobei Spuren von Sauerstoff in Superoxid- und/oder Hydroxyl-Radikale umgewandelt werden, welche Sulfit zu Sulfat und IAA nach Ringspaltung über 3-(2-Formylaminophenyl)-3-oxopropionsäure zu AAP abbauen[6-8] (siehe Abbildung). In Traubenmost wurde in Abhängigkeit vom Jahrgang vor allem gebundene IAA im Bereich von <12 bis zu 135 µg/L nachgewiesen; erst im gärenden Most wurde freie IAA mit Gehalten von bis zu 90 µg/L nachgewiesen, wobei auch die Bildung von IAA durch die Hefen diskutiert wird[9,10].

Die AAP-Bildung wird durch höhere Temperaturen (bereits ab 30°C), freie schweflige Säure sowie Sauerstoff-Eintrag beschleunigt; antioxidative Verbindungen, insbesondere Ascorbinsäure blockieren die Umsetzung von IAA zu AAP, ebenso ist vermutlich infolge einer höheren antioxidativen Kapazität, die AAP-Bildung in Rotweinen signifikant geringer bzw. langsamer[3,9,11,12].

Die Gefahr einer UTA-Bildung in Wein kann durch gezielte weinbauliche Maßnahmen, welche eine vollständige Ausreife der Trauben gewährleisten (geringer Ertrag, Lese bei Vollreife, Streßbeseitigung etc.) verhindert werden[4,5]. Da die UTA durch die Bedingungen der Traubenerzeugung verursacht wird, ist durch kellerwirtschaftliche Maßnahmen nur eine Verzögerung oder eine Verringerung der UTA-Ausprägung möglich, z.B. durch Verwendung von Reinzuchthefen, niedrige Gärtemperaturen, Zusatz von Ascorbinsäure nach der Schwefelung (Ascorbinsäure-Verfahren). Faßlagerung mit geringem Leerraum, kühle Lagerung nach der Abfüllung[11,12]. Die UTA-Neigung eines Weines kann bereits im Jungweinstadium mit dem Würzburger UTAFIX-Test[11,12] sensorisch geprüft werden. – *E* untypical ageing off-flavour

*Lit.:* [1]Christoph, N.; Bauer-Christoph, C.; Geßner, M.; Köhler, H. J.; Simat, T. J.; Hoenicke, K., *Wein-Wiss.*, (1998) **53**, 79–83. [2]Geßner, M.; Christoph, N.; Simat, T. J., In *Intervitis Interfructa 1998*, 5. Internationales Symposium: Stuttgart, (1998); S. 290–305. [3]Geßner, M.; Köhler, H. J.; Nagel-Derr, A.; Christoph, N.; Simat, T. J.; Krell, U., *Das Deutsche Weinmagazin*, (1999) **19**, 12–17. [4]Köhler, H. J.; Geßner, M.; Christoph, N., In *Deutsches Weinbau-Jahrbuch 2001*, Waldkircher Verlag: Waldkirch, (2001); S. 219–228. [5]Rapp, A.; Versini, G.; Ullemeyer, J., *Vitis*, (1993) **32**, 61–62. [6]Czech J. Food Sci. **18**, 52–54 (2000). [7]Hoenicke, K; Borchert, O.; Gruning, K.; Simat, T. J.; *J. Agric. Food Chem.*, (2002) **50**, 4303–4309. [8]Hoenicke, K.; Simat, T. J.; Steinhart, H.; Kohler, H. J.; Schwab, A., *J. Agric. Food Chem.*, (2001) **49**, 5494–5501. [9]Schwab, A., *Das Deutsche Weinmagazin*, (2001) **16/17**, 20–25. [10]Simat, T. J.; Hoenicke, K.; Geßner, M.; Christoph, N., *Mitt. Klosterneuburg*, (2004) **54**, 38–50. [11]Hoenicke, K.; Simat, T. J.; Steinhart, H.; Geßner, M.; Köhler, H. J.; Schwab, A.; Christoph, N., In *Intervitis Inter-*

Abbildung: Oxidativer Abbau von 1*H*-Indol-3-ylessigsäure (IAA) zu 2-Aminoacetophenon (AAP).

*fructa 2001*, 6. Internationales Symposium: Stuttgart, (2001); S. 113–123. [12]Schwab, A.; Christoph, N.; Köhler, H. J.; Geßner, M.; Simat, T. J., *Wein-Wiss.*, (1999) **54**, 114–119.

**Unverseifbares.** In der Analytik der natürlichen Fette und Öle gebräuchliche Bezeichung für Stoffe wie Sterole, Kohlenwasserstoffe, Wachse, Fettalkohole, Carotinoide usw., die der Verseifung widerstehen. Der bei natürlichen Fetten und Ölen im allgemeinen nur geringe Anteil an Unverseifbarem (0,2 bis 2%, eine Ausnahme stellt unter anderem *Sheabutter dar, die 3,6–10% Unverseifbares enthält) besteht bei tierischen Fetten hauptsächlich aus *Cholesterol, bei pflanzlichen aus Phytosterolen und fettlöslichen Vitaminen. Das Unverseifbare kann auch Fremdbestandteile (z.B. Mineralöle und Biozide) enthalten. Bei Tensiden bezeichnet man nach den DGF-Einheitsmethoden C-III 1a (Diethylether-Methode) und C-III 1b (Petrolether-Methode) als Unverseifbares die „Gesamtheit der fettlöslichen und wasserunlöslichen organischen Bestandteile, die durch Verseifungsreaktionen nicht in Salze überführt werden können", und als *Unverseiftes* die „verseifbare Substanz, die durch die Verseifungsreaktion nicht erfaßt worden ist". – *E* unsaponificable

*Lit.:* Deutsche Gesellschaft für Fettwissenschaft, Hrsg, *DGF-Einheitsmethoden*, 2. Aufl.; Wissenschaftliche Verlagsgesellschaft: Stuttgart, (Loseblattsammlung, Stand: März 2004)

**Uperisation** (von Ultra-Pasteurisation). Nach Anlage 6, Nr. 2.2 der Milchverordnung zugelassenes Verfahren zur Ultrahoch- (Ultrakurzzeit-)Erhitzung von *Milch. Das im Uperisator der Milch in Form von heißem Dampf zugeführte Wasser wird beim Rückkühlen im Vakuum wieder entfernt, so daß der Wassergehalt der Milch unverändert bleibt. Derart behandelte Milch (*UHT-Milch, H-Milch), die gleichzeitig entlüftet und homogenisiert wird, ist keimfrei (pasteurisierte Milch dagegen nur keimarm) und muß eine 15-tägige Lagerung bei 30°C nach aseptischer Abfüllung ohne nachteilige Veränderung überstehen. Anlagen zur Uperisation unterliegen besonderen Anforderungen und einer Zulassungspflicht (Anlage 7, Nr. 3.5., Milchverordnung). Als nachteilige Veränderungen während der Uperisation von Milch sind geringe Vitamin-Verluste (10–20%, nur bei *Folsäure mehr), Proteindenaturierung und die Bildung von Produkten aus der *Maillard-Reaktion (z.B. *Furosin und *Lysinoalanin, siehe auch *Pyridosin und *Milch) beschrieben[1]. Zur Enantiomerenverteilung spezieller aromaaktiver δ-*Lactone, deren Entstehung während der Uperisation von H-Milch diskutiert wird, siehe Literatur[2]. Zur Technologie der Uperisation und zur Herstellung von UHT-Suppen und Soßen siehe Literatur[3]. Anlagen zur Ultrahocherhitzung sind anschaulich Literatur[4] zu entnehmen; siehe auch *UHT-Milch. – *E* uperization

*Lit.:* [1]Milchwissenschaft **46**, 431–434 (1991). [2]Z. Lebensm. Unters.-Forsch. **192**, 209–213 (1991). [3]Dragoco Ber. **33**, 63–77, 78–83 (1988). [4]Sielaff, H., Hrsg., *Technologie der Konservenherstellung*, Behr's: Hamburg, (1996); S. 234, 260.
*allg.:* Belitz-Grosch-Schieberle (5.), S. 510, 511

**upper tolerable level** siehe *RDA.

**5-Ureidohydantoin** siehe *Allantoin.

**Urethan.** Von lateinisch: urea (= Harnstoff) und von Ethanol abgeleiteter Trivialname für Ethylurethan, Carbamidsäureethylester oder Ethylcarbamat (gängige Bezeichnung in der Alkohol-Industrie). Die Bezeichnung der Einzelverbindung wurde später auf die gesamte Verbindungsklasse der Urethane (Ester der Carbamidsäure, *Carbamate) ausgeweitet.

$$H_2N-\overset{\overset{\displaystyle O}{\|}}{C}-O-C_2H_5$$

$C_3H_7NO_2$, $M_R$ 89,09. Farblose Kristalle, sehr leicht löslich in Wasser (1 g in 0,5 mL), in Alkohol, Diethylether, Glycerol, Benzol und in Chloroform. Schmp. 48–50°C, Sdp. 182–184°C, FP. 92°C.

*Verwendung und Vorkommen:* Früher wurden Urethane als Anästhetika und Sedativa in der Therapie bestimmter Leukämieformen eingesetzt.

Urethan ist ein Zwischenprodukt in der chemischen Industrie. Zudem kann es aus Diethyldicarbonat in Gegenwart von Ammonium-Salzen entstehen. Bis 1973 wurde Pyrokohlensäurediethylester (Diethyldicarbonat) in der Getränkeindustrie zur sog. Kaltpasteurisation von Fruchtsäften, Wein und Bier verwendet (*Kaltentkeimung). Diethylcarbonat kann in wäßriger Lösung bei saurem pH und in Anwesenheit von $NH_4^+/NH_3$ Urethan (Ethylcarbamat) bilden, während mit *Dimethyldicarbonat Methylcarbamat entsteht (1–50 µg/L, besonders in Wein)[1]. Aus diesem Grund wurde 1973 der Zusatz von Diethylcarbonat in Getränken verboten. Als Folgepräparat setzt man Dimethyldicarbonat ein.

Inzwischen ist bekannt, daß Urethan auch natürlicherweise in Spirituosen und fermentierten Lebensmitteln wie Brot, Bier, Wein und Joghurt vorkommt. Es entsteht dort in ppb-Konzentrationen, vermutlich durch Reaktion von Carbamylphosphat mit Ethanol[2]. Die höchsten Konzentrationen wurden bisher in Steinobstbränden nachgewiesen (vgl. Tabelle). In Einzelfällen wurden Gehalte von über 10 mg/L festgestellt.

Tabelle: Urethan-Gehalte (Ethylcarbamat) in Lebensmitteln (in µg/L).

| Produkt | Urethan-Gehalt | Mittelwert |
|---|---|---|
| Steinobstbrände (Kirsche, Aprikose) | 100 – 20000 | 2000 |
| Sake | 10 – 900 | 130 |
| Bourbon Whisky | <30 – 350 | 90 |
| andere Whiskysorten | <10 – 170 | 40 |
| Gin, Wodka | <1 – 10 | <1 |
| Wein | <1 – 110 | 10 – 15 |
| Likörweine (Sherry, Malaga) | 10 – 250 | 50 |
| Bier | 0,3 – 18 | 1 |
| Sojasoße | <1 – 95 | 18 |
| Brot | <1 – 8 | 2 |
| Joghurt | 0 – 3 | <1 |
| Käse | <1 – 6 | <1 |

Die Urethan-Gehalte in Sake, Sojasoße und Whisky können überdurchschnittlich hoch sein[2-5]. Eine mögliche Ursache für die Kontamination von Bier mit Urethanen ist der Austritt von Azodicarbonsäureamid aus geschäumten Dichtungsmassen im Flaschenverschluß[6].

*Recht:* Aufgrund der Richtlinie 67/548/EWG vom 27. Juni 1967 in der Fassung der 9. Änderungsrichtlinie 99/33/EG vom 10. Mai 1999 und der 28. Anpassungsrichtlinie 2001/59/EG vom 6. August 2001 in die Cancerogenitätskategorie 2 (Stoffe, die als krebserzeugend für den Menschen angesehen werden) eingestuft. Das ehemalige Bundesgesundheitsamt (BGA) hatte als Richtwert für Spirituosen (Obstbrände) 0,4 mg/L empfohlen (in Kanada als einzigem Land der Welt rechtsverbindlich). Die Arbeitsgruppe „Kontaminanten" der DFG hat festgestellt, daß für Urethane kein Grenzwert genannt werden kann, unterhalb dessen gesundheitliche Bedenken mit Sicherheit ausgeschlossen werden können[7]. Die Grenzwertfestlegung wird außerdem durch die Licht-induzierte Bildung von Urethanen, auch nach dem Erwerb durch den Verbraucher, erschwert. Die obersten deutschen Gesundheitsbehörden haben sich darauf verständigt, daß Erzeugnisse, die den Richtwert um das Doppelte überschreiten (also Ethylcarbamat-Gehalte über 0,8 mg/L in Steinobstbränden), als nicht zum Verzehr geeignet und damit nicht verkehrsfähig einzustufen sind.

*Bildung in Lebensmitteln:* Urethan bzw. Ethylcarbamat entsteht aus der *Blausäure, die in den Kernen der Früchte enthalten ist, aus dem gebildeten Ethanol und anderen oxidierend wirkenden Inhaltsstoffen wie z.B. *Butan-2,3-dion (Diacetyl), 2,3-Pentandion und Methylglyoxal. In alkoholischen Destillaten wird die Bildung durch Lichteinfluß und Kupfer-Ionen katalytisch beschleunigt. Als Präkursoren werden hier sowohl peroxidierte Dicarbonyl-Verbindungen[8] als auch Carbamoylphosphat und Cyanide, die aus dem Stein enthaltenen cyanogenen Glycosiden freigesetzt werden, diskutiert[9]. Auch für die Bildung von Urethan in Whisky scheinen Cyanide eine zentrale Rolle zu spielen[10]. Einen umfassenden Überblick über mögliche Bildungswege von Urethan, aber auch zum Vorkommen und zur Toxikologie gibt Literatur[11]. Die höchste Aufmerksamkeit muß daher der Abtrennung der Blausäure dienen, sei es durch das Cyanurex-Verfahren nach Bauer-Christoph[12], durch Cyanid-Katalysatoren oder neuerdings durch das Dampfwäscher-Verfahren. Der Blausäure-Gehalt im frischen Destillat muß unter 1 mg/L liegen. Zur Reduzierung der Urethan-Gehalte in Steinobst-Destillaten werden verschiedene Maßnahmen empfohlen: Möglichst keine Beschädigung der Steine beim Einmaischen, Verwendung gesunder, sauberer Früchte, Zusatz von Reinzuchthefen, Vergärung bei niedrigen pH-Werten (Säureschutz), kurze Lagerzeit der Maische, Einhaltung einer Vergärungstemperatur zwischen 10 und 25°C, unmittelbare und langsame Destillation nach Abschluß der Gärung, häufige Reinigung der Brennblase zur Aktivierung der Kupferoberfläche, Abtrennung des Nachlaufs ab 50% vol[13] sowie die Lagerung des Destillats im Dunkeln und die Verwendung dunkler Flaschen für die Abfüllung[14]. Eine spätere Bildung durch Licht kann durch Bindung der Blausäure mittels zugesetzter Kupfer- oder Silbersalze[15] oder durch Zusatz von Ascorbinsäure unterdrückt werden[16]. Verschiedene Verfahren zur Herstellung Urethan-armer Destillate kommen bereits in der Praxis zur Anwendung.

*Toxikologie:* Die $LD_{50}$ (Maus oral) von Urethan beträgt 2500 mg/kg[15]. Die Induktion von Gefäß-, Haut- und Lungentumoren, Lymphomen und Hepatomen an einer Vielzahl von Nager-Spezies ist unabhängig von der Applikation gesichert[17], so daß Urethan als multipotentes Carcinogen bezeichnet werden kann. DNA-Addukte von Urethan, z.B. 1-$N^6$-Ethenoadenosin, 3-$N^4$-Ethenocytidin und $N^7$-(2-Oxoethyl)-guanin, wurden bei Ratte und Maus in allen untersuchten Organen nachgewiesen. Die Bildung des elektrophilen Agens (ultimales Carcinogen) erfolgt über die Zwischenstufe des Vinylcarbamates und anschließender Epoxidierung der olefinischen Doppelbindung[18,19]. Beide Oxidationen werden in der menschlichen Leber durch das Cytochrom P-450 2E3-Isoenzym katalysiert. Für den Menschen liegen bisher keine epidemiologischen Hinweise auf eine carcinogene Wirkung vor. Urethan wurde von der MAK-Kommission in Kategorie 2 (krebserzeugend) und Kategorie 3A (keimzellmutagen) eingestuft (MAK-Werte-Liste 2004). Im Falle der Lungen-Adenome wurde bei Mäusen eine Mutation im Codon 61 des C-Ki-ras Proto-Onkogens nachgewiesen[20]. Mit durch Urethan hervorgerufener Entwicklung von Adenoma der Lunge in reinrassigen Mäusen konnte gezeigt werden, daß für deren Entstehung mehrere Gene verantwortlich sind[21]. Darüber hinaus ist Urethan in bestimmten Tumor-Modellen als Promotor wirksam[22]. Hinweise auf Degeneration der Photorezeptoren, Gefäßschädigungen der Retina und des RPE (retinal pigment epithelium) durch Neovaskularisation wurden in Versuchen an der Ratte bestätigt. Eine veränderte Sauerstoff-Verteilung über die Netzhaut und die Choroidea könnte eine der Hauptursachen sein[23]. Über eine Hemmung der metabolischen Aktivierung durch Ethanol berichtet Literatur[24,25]. Ob dies für den Menschen zu einer Verminderung des Urethan-abhängigen Carcinogenese-Risikos führt, bleibt fraglich[26,27]. Die Angaben zum „covalent binding index" (CBI) schwanken zwischen 29 und 90. (Zum Vergleich: Das starke Carcinogen NDMA hat einen CBI von 6000). Der CBI ermöglicht eine Aussage über gebildeten DNA-Adduktmenge in Bezug zur Gesamt-DNA und zur applizierten Substanzmenge[28].

*Analytik:* Der Nachweis von Urethanen (Ethyl- und Methylcarbamat) ist gaschromatographisch mit verschiedenen Detektor-Systemen möglich[29,30]. – *E* urethan

*Lit.:* [1]WHO, Hrsg., *Toxicological Evaluation of Certain Food Additives and Contaminants*; WHO Food Additives Series 28; WHO: Genf, (1991); S. 247–273. [2]J. Agric. Food

Chem. **24**, 323–328 (1976). [3]Schweizerisches Bundesamt für Gesundheitswesen, Bulletin Nr. 47, Bundesamt für Gesundheitswesen: Bern, (1989); S. 634–643. [4]Food Addit. Contam. **6**, 383-389 (1989); **7**, 477–496 (1990). [5]Mitt. Geb. Lebensmittelunters. Hyg. **77**, 327–332 (1986). [6]Bundesgesundheitsblatt **34**, 24f. (1991). [7]DFG-Arbeitsgruppe „Kontaminanten", In *Lebensmittel und Gesundheit*, DFG-Senatskommission zur Beurteilung der gesundheitlichen Unbedenklichkeit von Lebensmitteln, Hrsg., Mitteilung 3; Wiley-VCH: Weinheim, (1998); S. 25. [8]Mitt. Geb. Lebensmittelunters. Hyg. **78**, 317–324 (1987). [9]Dtsch. Lebensm. Rundsch. **83**, 69, 344–349 (1987). [10]J. Inst. Brew. London **96**, 213–221, 223–232, 233–244, 245f (1990). [11]Mutat. Res. **259**, 325–350 (1991). [12]Adam, L.; Bartels, W.; Christoph, N.; Stempfl, W., *Brennereianalytik*, Behr's: Hamburg, (1995); Bd. 1, S. 162ff. [13]Kleinbrennerei **40**, 121 (1988). [14]BgVV, Hrsg., *Maßnahmen zur Reduzierung von Ethylcarbamat in Steinobstbränden*, Bundesinstitut für gesundheitlichen Verbraucherschutz und Veterinärmedizin (BgVV): Berlin, (1999). [15]Alkohol-Ind. **101**, 369 (1988). [16]Schweiz.Z. Obst Weinbau **123**, 661 (1987). [17]Berufsgenossenschaft der chemischen Industrie, Hrsg., *Toxikologische Bewertungen*, Loseblattsammlung der BG Chemie: Heidelberg, [18]Carcinogenesis **9**, 2197–2201 (1988). [19]Chem. Res. Toxicol. **4**, 413–421 (1991). [20]Mol. Carcinog. **3**, 287–295 (1990). [21]Cancer Res. **567**, 14 (1997). [22]Carcinogenesis **12**, 901–903 (1991). [23]Yu, D.-Y.; Alder, V. A.; Cringle, S. J.; Su, E.-N.; Burns, M., *Am. J. Physiol. Heart Circ. Physiol.*, (1998) **274**, H2009–H2017. [24]Drug Metab. Dispos. **16**, 355–358 (1988); **18**, 276–280 (1990); **19**, 388–393 (1991). [25]Food Chem. Toxicol. **25**, 527–531 (1987); **28**, 35–38 (1990). [26]Food Chem. Toxicol. **28**, 205–211 (1990). [27]Toxicology **68**, 195–201 (1991). [28]Mutat. Res. **65**, 289–365 (1979). [29]Z. Lebensm. Unters.-Forsch. **185**, 21–23 (1987). [30]J. AOAC Int. **71**, 509–511, 781–784 (1988); **72**, 873–876 (1989).
*allg.*: Christoph, N.; Bauer-Christoph, C., *Kleinbrennerei*, (1998) **50**, 9 ▪ Christoph, N.; Bauer-Christoph, C., *Kleinbrennerei*, (1999) **51**, 5 ▪ Classen et al., S. 120 ▪ J. Appl. Phys. **81**, 5 (1996) ▪ Kolb, E., *Spirituosen-Technologie*, Behr's: Hamburg, (2002); S. 81, 456 ▪ Merck-Index (13.), Nr. 9942 ▪ Nusser, R.; Gleim, P.; Tramm, A.; Adam, L.; Engel, K.-H., *Kleinbrennerei*, (2001) **53**, 6 ▪ Ullmann (5.) **A1**, 25; **A5**, 56 ▪ Würdig-Woller, S. 853 – *[HS 2924 19; CAS 51-79-6]*

**Urofuransäuren** siehe *F-Säuren.

**Urotropin** siehe *Hexamethylentetramin.

**Ursodesoxycholsäure** siehe *Gallensäuren.

**UR-Spektroskopie.** Abkürzung für Ultrarotspektroskopie, siehe *IR-Spektroskopie.

**Ursprungsbezeichnung** siehe *Herkunftsbezeichnung und *Wein-Qualitätsstufen.

**USF.** Abkürzung für Unsicherheitsfaktor, siehe *Sicherheitsfaktor.

**Ustomycetes** siehe *Brandpilze.

**UTA.** Abkürzung für *untypische Alterungsnote von Wein.

**UV-Absorber** (Lichtfilterstoffe, UV-Filter). Sammelbezeichnung für Verbindungen mit ausgeprägtem Absorptionsvermögen für Ultraviolettstrahlung, die als Lichtschutzmittel (UV-Stabilisatoren) sowohl zur Verbesserung der Lichtbeständigkeit von Anstrichen und Lacken, Kunststoffen und Kautschuken (als Alterungsschutzmittel), Gläsern

(UV-Filter), Verpackungsmaterialien und anderen technischen Produkten als auch als *Sonnenschutzmittel in kosmetischen Präparaten Verwendung finden.

Die wichtigsten UV-Absorber-Klassen sind 2-(2-Hydroxyphenyl)-2*H*-benzotriazole (1), z. B. in photograph. Schichten, (2-Hydroxyphenyl)-*s*-triazine (2), Hydroxybenzophenone (3) und Oxalanilide (4), die sich unter anderem in der Breite der Absorption (vor allem im Bereich von 290–400 nm) unterscheiden (Abbildung). Als UV-Absorber wirken auch in 3-Stellung Phenyl-substituierte Acrylate (Zimtsäure-Derivate), gegebenenfalls mit Cyano-Gruppen in 2-Stellung, Salicylate, organische Ni-Komplexe sowie Naturstoffe wie *Umbelliferon und die körpereigene Urocansäure. Bezüglich UV-Absorptionsspektren von organischen Molekülen siehe auch Literatur[1]. In der irdischen Lufthülle wirkt Ozon als UV-Absorber.

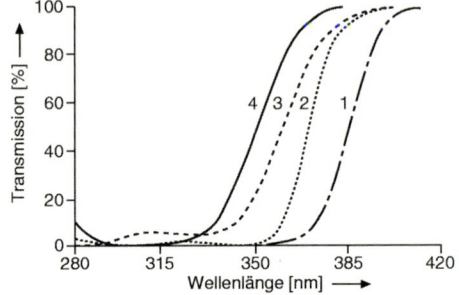

Abbildung: Transmissionsspektren verschiedener UV-Absorber-Klassen (zu 1–4 siehe Text) (c = 1,4 · 10$^{-4}$ mol/L in Chloroform, Schichtdicke: 1 cm).

Die Wirkungsweise der UV-Absorber beruht auf der Absorption des für die Polymermatrix schädlichen UV-Lichts und dessen rascher *strahlungsloser Desaktivierung* die bei den UV-Absorbern (1) bis (3) durch die Keto-Enol-Tautomerie erklärt wird.
*Verwendung:* In der Kosmetik hat man grundsätzlich zwei Einsatzgebiete der UV-Absorber (UV-Filter) zu unterscheiden: In Lichtschutzmitteln sollen sie die Haut vor der schädigenden Wirkung der Sonnenstrahlen bewahren (hemmen vor allem die Erythem-erzeugende bzw. Sonnenbrand-auslösende Wirkung der UV-B-Strahlung, siehe *Sonnenschutzmittel), im Produktschutz sollen sie die kosmetischen Präparate selbst und die in ihnen enthaltenen Farbstoffe und Wirkstoffe vor Veränderungen schützen. Die notwendigen Konzentrationen an UV-Filtern können bei Lichtschutzmitteln je nach dem erwünschten Lichtschutzfaktor bis zu 10% betragen, während sie im Produktschutz im allgemeinen um 0,1% liegen. Dementsprechend sind die Anforderungen an die Filtersubstanzen für Lichtschutzmittel höher als an die für den Produktschutz. Sie müssen chemisch und physikalisch stabil sein, dermatologisch und toxikologisch unbedenklich, dürfen keine photosensibilisierende Wirkung haben und sollten ausreichende Löslichkeit und Verträglichkeit mit den üblichen kosmetischen Grundlagen aufweisen. Derzeit zugelassene UV-

Filter sind in Anlage 7 Teil A und B der *Kosmetik-Verordnung mit den zulässigen Höchstkonzentrationen aufgeführt.

Zur Analytik siehe Literatur[2-4]. – *E* UV absorbers

*Lit.:* [1]Klessinger u. Michl, Lichtabsorption und Photochemie organischer Moleküle, Weinheim: VCH Verlagsges. 1989. [2]Fette, Seifen, Anstrichm. **86**, 37f. (1984). [3]J. Chromatogr. **587**, 325–328 (1991). [4]Dtsch. Lebensm. Rundsch. **89**, 7–10 (1993).

*allg.:* Levy, S., In *Handbook of Cosmetic Science and Technology*, Barel, A.; Paye, M.; Maibach, H. I., Hrsg.; Dekker: New York, (2001); S. 451–462 ▪ Rudolph, T., In *15. DGK-Symposium Köln, Kosmetischer Lichtschutz*; Deutsche Gesellschaft für Wissenschaftliche und Angewandte Kosmetik e. V., Hrsg; Verlag für chemische Industrie: Augsburg, (2003); S. 80–87 ▪ Umbach (2.), S. 153–154

**UV-Filter** siehe *UV-Absorber.

**UWG.** Abkürzung für *Gesetz gegen den unlauteren Wettbewerb.

# V

**V.** In der Ein-Buchstaben-Notation der IUB Symbol für die L-Form der Aminosäure *Valin.

**Vakuumpackung.** *Verpackungen bestimmter Sauerstoff-empfindlicher Lebensmittel werden nach dem Füllen und vor dem Verschließen evakuiert, um den vorhandenen Sauerstoff größtenteils zu entfernen und damit eine längere Haltbarkeit des Produktes zu erzielen. Beim Evakuieren werden die Packmittel großen Knick- und Faltbeanspruchungen ausgesetzt, müssen aber dennoch in der gesamten Fläche porenfrei bleiben. Für diesen Zweck werden unter anderem hochwertige Aluminium-Kunststoff-Verbundfolien verwendet. Typische Verbundfolien sind PP/PVDC, PE/PA oder PE/PET/PP. Wegen ihres verknitterten Aussehens werden Vakuumpackungen häufig mit einer Sekundärverpackung umgeben.
Übliche Einsatzbereiche sind gemahlener Kaffee, Fleisch, Wurst, Fisch, Käse. – *E* vacuum package
*Lit.:* Bleisch, G.; Goldhahn, H.; Schricker, G.; Vogt H., *Lexikon Verpackungstechnik*, Behr's: Hamburg, (2003) ▪ DIN 55405-5: 1988-02

**Val.** Abk. für L-*Valin.

**Valencen**        [(4α,5α)-1(10),11-Eremophiladien, FEMA 3443].

(+)-Valencen

$C_{15}H_{24}$, $M_R$ 204,36, Öl, Sdp. 94 °C (2,66 kPa), $[\alpha]_D^{20}$ +79,2° (CHCl$_3$), ist neben *Limonen, Myrcen und *Linalool ein Bestandteil (bis ca. 1,5% bei Valencia-Orangen) der für die Riechstoffindustrie mengenmäßig sehr bedeutenden *Orangenschalenöle[1,2]. Die Anwesenheit von (+)-Valencen unterscheidet Orangen- und Grapefruitöl von den übrigen *Citrusölen. Auch in Hybrid-Sorten wurde Valencen gefunden[3]. Das an C-4 und C-5 epimere *Eremophilen* [Öl, Sdp. 129,5°C (1,73 kPa), $[\alpha]_D^{24}$ −142,5° (unverdünnt)] findet sich im etherischen Öl von *Petasites* spp. Die Gruppe der Eremophiladiene ist mit weiteren Isomeren in etherischen Ölen vertreten. Durch Oxidation mit Chromaten wird Valencen in *Nootkaton, den typischen Geruchsträger des Grapefruitaromas überführt[4,5]. Derartige Metall-katalysierte Oxidationsprozesse haben zu Aromafehlern (Grapefruitgeschmack) von Orangensaft geführt, der in Weißblechkanistern gelagert wurde. Das Vorkommen von Valen-

cen ist auch für Olivenöle beschrieben[6]. – *E* valencene

*Lit.:* [1]Chem. Ind. (London) **1970**, 312. [2]Ohloff, S. 132. [3]Umano, K.; Hagi, Y.; Shibamoto, T., *J. Agric Food Chem.*, (2002) **50**(19), 5355–5359. [4]Chem. Ztg. **115**, 356, 358 (1991). [5]Tetrahedron Lett. **31**, 1943 (1990). [6]Flamini, G.; Cioni, P. L.; Morelli, I., *J. Agric. Food Chem.*, (2003) **51**(5), 1382–1386.
*allg.:* Beilstein EIV **5**, 1186 ▪ Belitz-Grosch-Schieberle (5.), S. 334, 377 ▪ Sharon-Asa, L.; Shalit, M.; Frydman, A.; Bar, E.; Holland, D.; Or, E.; Lavi, U., *Plant J.*, (2003) **36**, 664–674 – [CAS 4630-07-3 (Valencen); 10219-75-7 ((−)-Valencen); 10219-75-7 (Eremophilen)]

**Valenzschwingung** siehe *IR-Spektroskopie.

**Valin** [(*S*)-2-Amino-3-methylbuttersäure, (*S*)-α-Aminoisovaleriansäure; Kurzzeichen: Val oder V].

$C_5H_{11}NO_2$, $M_R$ 117,15, Schmp. 315°C (Zersetzung, in geschlossener Kapillare), $[\alpha]_D^{20}$ +6,3° (H$_2$O), +23,4° (1 m HCl), löslich in Wasser (85 g/L bei 20°C), unlöslich in Ether, Aceton, Benzol; pK$_s$ 2,32 und 9,62, pI 5,96. Proteinogene essentielle Aminosäure, die 1879 von P. Schutzenberger erstmals isoliert wurde. Valin ist Bestandteil fast aller Proteine; Gehalt in Getreide- und Fleischproteinen 5–7%, in Milch- und Eiproteinen 7–8%, in *Elastin mehr als 15%. Der durchschnittliche Gehalt von Proteinen beträgt 6,9%[1]. Der Tagesbedarf eines Erwachsenen beträgt etwa 1,6 g Valin. Genetischer Code: GUU, GUC, GUA und GUG.
*Biosynthese und Abbau:* In Mikroorganismen und Pflanzen bildet sich Valin in mehreren Schritten aus Brenztraubensäure, gehört also zur Pyruvat-Familie. Abgebaut wird Valin durch Transaminierung und oxidative Decarboxylierung zu Isobutyryl-Coenzym A und weiter über Propionyl-Coenzym A[2], (*S*)- und (*R*)-Methylmalonyl-Coenzym A zu Succinyl-Coenzym A, einem Zwischenprodukt des Citronensäure-Cyclus.
*Physiologische Bedeutung:* Valin ist für das normale Funktionieren des Nerven-Muskelapparates wichtig; bei unzureichender Valin-Versorgung beobachtet man Überempfindlichkeit, Bewegungsstörungen, Drehkrämpfe, Degeneration der Vorderhorn- und Muskelzellen. Ist der Katabolismus durch den Ausfall der oxidativen Decarboxylierung gestört, tritt die *Ahornsirup-Krankheit* auf. Im Stoffwechsel ist Valin die Ausgangssubstanz für Pantothensäure und einer der drei Aminosäure-

Bausteine für die Biosynthese der Penicilline. D-Valin kommt in einigen Peptid-Antibiotika, wie Gramicidinen, Actinomycinen[3], Amidomycin und Valinomycin vor.

*Herstellung:* Die Synthese kann durch Aminierung von 2-Brom-3-methylbuttersäure oder durch Strecker-Synthese erfolgen; zur notwendigen enzymatischen Racemattrennung wird das N-Acetyl-Derivat eingesetzt. Teile der jährlich erzeugten ca. 500 t[4] werden durch Extraktion von *Eiweiß-Hydrolysaten und durch *Fermentation mit geeigneten Bakterienmutanten gewonnen. Bei der Fermentation werden überwiegend Glucose-Lösungen eingesetzt und die größten Ausbeuten mit bestimmten Mutanten von *Corynebacterium glutamicum* bzw. *Brevibacterium lactofermentum* erzielt[5].

*Analytik:* Die Aminosäure-Analytik im Allgemeinen ist unter dem Stichwort *Aminosäuren beschrieben. Speziell für die verzweigten aliphatischen Aminosäuren Valin, Leucin und Isoleucin wurde eine CE-Methode zur enantiospezifischen Bestimmung in Nahrungsergänzungsmitteln für Sportler[6] sowie die Detektion mittels Tri-Enzym-Biosensor und Chemilumineszenz veröffentlicht[7]. Für die Analytik von Valin und anderen Aminosäuren im klinischen Bereich wurden kapillarelektrophoretische Methoden (z. B. aus dem Serum nach Derivatisierung mit 1-Fluor-2,4-dinitrobenzol[8]), Bestimmungen mittels Gaschromatographie gekoppelt mit massenspektrometrischer Detektion (z. B. aus dem Urin[9]) und HPLC-MS-Methoden (z. B. aus dem Plasma nach Derivatisierung mit O-Phthaldialdehyd[10]) veröffentlicht. – E valine

*Lit.:* [1]Klapper, M. H., *Biochem. Biophys. Res. Commun.*, (1977) **78**, 1018–1024. [2]Kamoun, P., *Trends Biochem. Sci.*, (1992) **17**, 175–176. [3]J. Am. Chem. Soc. **116**, 7971–7982 (1994). [4]Leyval, D.; Uy, D.; Delaunay, S.; Goergen, J. L.; Engasser, J. M., *J. Biotechnol.*, (2003) **104**, 241–252. [5]Ikeda, M., In *Microbial Production of L-Amino Acids*, Scheper, T.; Faurie, R.; Thommel, J., Hrsg.; Advances in Biochemical Engineering/Biotechnology 79; Springer: Berlin, (2003); S. 1–35. [6]Boniglia, C.; Carratu, B.; Sanzini, E., *J. Food Sci.*, (2002) **67**, 1352–1355. [7]Kiba, N.; Tachibana, M.; Tani, K.; Miwa, T., *Anal. Chim. Acta*, (1998) **375**, 65–70. [8]Shen, Z. J.; Sun, Z. M.; Wu, L.; Wu, K.; Sun, S. Q.; Huang, Z. B., *J. Chromatogr. A*, (2002) **979**, 227–232. [9]Namera, A.; Yashiki, M.; Nishida, M.; Kojima, T., *J. Chromatogr. B*, (2002) **776**, 49–55. [10]Eijk, H. M. H., van; Rooyakkers, D. R.; Soeters, P. B.; Deutz, N. E. P., *Anal. Biochem.*, (1999) **271**, 8–17.

*allg.:* Beilstein EIV **4**, 2659ff. ▪ Hager (5.) **9**, 1149ff. ▪ Merck-Index (13.), Nr. 9975 ▪ Stryer 2003, S. 702ff., 747ff. ▪ Ullmann (5.) **A2**, 58, 63, 74, 86; (7.); http://dx.doi.org/10.1002/14356007.a02_057 [Online, März 2001] – *[HS 2922 49; CAS 72-18-4]*

**Vanillaldehyd** siehe *Vanillin.

**Vanille** (FEMA 3104). Vanille (von spanisch vainilla = Schötchen) ist eine glänzend schwarzbraune, schotenähnliche, 12–25 cm lange und 5–10 mm breite, ein schwarzbraunes Mus enthaltende Kapselfrucht der Vanillepflanze, *Vanilla planifolia*, syn. *Vanilla fragrans* sowie der auf Tahiti heimischen *Vanilla tahitiensis*. Es handelt sich um tropische Schlingpflanzen, die zu den Orchideengewächsen (Orchidaceae) gehören. Vanilleschoten enthalten eine dunkle, pastenartige Masse, die mit kleinen schwarzen Körnern durchsetzt ist. Nach der Ernte werden die Vanilleschoten einem Fermentationsprozeß und anschließenden Trocknungs- und Konditionierungsprozessen, die mehrere Monate dauern können, unterworfen. Während der Fermentation wird durch enzymatische Spaltung aus dem geruchlosen Glucosid Vanillosid Glucose und freies *Vanillin gebildet[1]. Letzteres ist als Hauptaromakomponente in stark schwankenden Mengen von 0,5 bis zu ca. 3% (Durchschnittswerte von 1 bis 1,6%) in der fermentierten Vanilleschote enthalten und kristallisiert mitunter in Form feiner weißer Nadeln auf der Oberfläche der Kapselfrüchte. Daneben enthält Vanille als Begleitstoffe noch Vanillylalkohol, Zimtsäureester, 4-Hydroxybenzaldehyd, Butan-2,3-dion und Phenole neben nichtflüchtigen Verbindungen wie Glucose, Fructose und Saccharose (zusammen ca. 18%), Fett- und Wachsstoffe (ca. 8,7%), Cellulose (ca. 17%) und Mineralstoffe (ca. 4%). Manche Vanillespezies enthalten außerdem *Piperonal. Als weitere Aromakomponente wurden die auch in Traubensaft und Wein vorkommenden sogenannten *Vitispirane identifiziert. Der Geruch und Geschmack von Vanilleschoten ist von einer schweren Süße, etwas phenolisch, cremig, würzig-balsamisch, tabakartig[2]. Die Tahiti-Vanille zeigt ein stärker abweichendes organoleptisches Profil; es ist blumig-parfümartiger wegen eines merklichen Gehalts an *Anethol und p-Anisaldehyd.

Zu Inhaltsstoffen des Epicuticularwachses von Vanilleschoten siehe Literatur[3-8].

Zur Bioaktivität von Inhaltsstoffen siehe Literatur[9]; zur Toxikologie siehe Literatur[10].

*Analytik:* Neben der generellen Sichtung der Schoten[11] und einer Analyse der flüchtigen Inhaltsstoffe[12] ist für die Charakterisierung von wäßrig-alkoholischen Vanilleextrakte die Bestimmung der HPLC-Verhältniszahlen von Interesse[13-16]. In den letzten Jahren hat sich die Isotopenverhältnis-Massenspektrometrie (siehe *Isotopenverhältnisanalyse) zu einem wirksamen Werkzeug für den Herkunftsnachweis von Vanilleextrakten entwickelt[17-20].

Die Qualität ist auf dem amerikanischen Markt durch einen sogenannten Federal Standard of Identity geregelt[21].

*Verwendung:* Je nach Deklaration und gewünschtem Sensorikprofil werden neben der echten Vanille auch naturidentisches Vanillin, Vanille-Aromen und *Ethylvanillin in Lebensmitteln verwendet. Aus anwendungstechnischen Gründen werden vielfach Vanilleextrakte eingesetzt (z. B. Vanille-Tinktur, Vanille-Oleoresin, Vanille-Absolue). Neben Parfümerieanwendungen ist das Haupteinsatzgebiet dieser Produkte die Aromatisierung von Lebensmitteln. Vanille ist das beliebteste Gewürz für Schokolade und andere Süßwaren, Kuchen, Puddings, Süßspeisen, Speiseeis usw. Die Anwendung erfolgt häufig als Zubereitung aus Saccharose und zerkleinerten Vanillefrüchten oder -extrakt (*Vanillezucker*). Unter Vanillinzucker versteht man dagegen Saccharose mit Vanillin-Zusatz. In Milchprodukten kann Vanille durch die Einwirkung des Enzymes *Xanthin-Oxidase Vanillinsäure bilden[22,23]. Bei der Parfümherstellung werden Vanilleextrakte nur in hochwertigen, teureren Parfümkompositionen verwendet. Sie verleihen z.B. süß-blumigen und orientalischen Noten eine unübertroffene Fülle und Ausstrahlung. – *E* vanilla

*Lit.:* [1] Ruiz-Terán, F.; Perez-Amador, I.; López-Munguia, A., *J. Agric. Food Chem.*, (2001) **49**(11), 5207–5209. [2] Odoux, E.; Chauwin, A.; Brillouet, J.-M., *J. Agric. Food Chem.*, (2003) **51**(10), 3168–3173. [3] GIT Fachz. Lab. **1995**, 765–768. [4] H & R Contact **59**, 3–7. [5] H & R Contact **60**, 3–8. [6] Perfum. Flavor. **18**(2), 25 (1993). [7] Z. Lebensm. Unters.-Forsch. **199**, 38–42 (1994). [8] Ramaroson-Raonizafinimanana, B.; Gaydou, E. M.; Bombarda, I., *J. Agric. Food Chem.*, (2000) **48**(10), 4739–4743. [9] Sun, R.; Sacalis, J. N.; Chin, C.-K.; Still, C. C., *J. Agric. Food Chem.*, (2001) **49**(11), 5161–5164. [10] Food Cosmet. Toxicol. **20**, 849 (1982). [11] Ramaroson-Raonizafinimanana, B.; Gaydou, E. M.; Bombarda, I., *J. Agric Food Chem.*, (1999) **47**(8), 3202–3205. [12] Overdieck, R., *Dtsch. Lebensm. Rundsch.*, (1998) **94**(2), 53–59. [13] Sostaric, T.; Boyce, M. C.; Spickett, E. E., *J. Agric. Food Chem.*, (2000) **48**(12), 5802–5807. [14] International Organization of the Flavor Industry, IOFI Information Letter 1271, IOFI: Genf, (2000). [15] Scharrer, A; Mosandl, A., *Dtsch. Lebensm. Rundsch.*, (2001) **97**(12), 449–456. [16] Ehlers, D., *Dtsch. Lebensm. Rundsch.*, (1999) **95**(11), 463–466. [17] Koziet, J., *J. Mass Spectrom.*, (1997) **32**, 103–108. [18] Kaunzinger, A.; Juchelka, D.; Mosandl, A., *J. Agric. Food Chem.*, (1997) **45**, 1752–1757. [19] Krammer, G. E.; Gatfield, J.; Güntert, M.; Hilmer, J.-M.; Schmidt, C. O.; Sommer, H.; Werkhoff, P.; Kaulen, J., In *Frontiers of Flavour Science, Proceedings of the 9th Weurman Flavour Research Symposium*, Schieberle, P.; Engel, K. H., Hrsg.; Deutsche Forschungsanstalt für Lebensmittelchemie: Garching, (2000); S. 111–116. [20] Schmidt, C. O.; Gatfield, I.; Hilmer, J.-M.; Werkhoff, P.; Sommer, H.; Herbrand, K.; Meier, L.; Bertram, H.-J., *Perfum. Flavor.*, (2001) **26**, 8–14. [21] Todd, J., *Perfum. Flavor.*, (1998) **23**, 23–25. [22] Anklam, E.; Gaglione, S.; Müller, A., *Food Chem.*, (1997) **60**(1), 43–51. [23] Gassenmeier, K., *Lebensm. Wiss. Technol.*, (2003) **36**(1), 99–103.
*allg.:* Franke, W., *Nutzpflanzenkunde*, 6. Aufl.; Thieme: Stuttgart, (1997); S. 378 ff. – [HS 0905 00 (Vanille); 1302 19 (Vanille-Oleoresin); CAS 8023-78-7 (Vanille-Oleoresin); 8024-06-4 (Vanille-Absolue)]

**Vanillezucker** siehe *Vanille.

**Vanillin** (Vanillaldehyd, 4-Hydroxy-3-methoxy-benzaldehyd; FEMA 3107).

$C_8H_8O_3$, $M_R$ 152,14. Farblose, nach *Vanille riechende[1], an feuchter Luft allmählich zu Vanillinsäure oxidierende Nadeln, D. 1,056, Schmp. 81°C, Sdp. 285°C (in Kohlendioxid-Atmosphäre), 170°C (20 hPa), $pK_{s1}$ 7,40 (25°C); der Geruchsschwellenwert in Wasser liegt bei 20–200 ppb[2]. Vanillin ist wenig löslich in kaltem Wasser, leicht löslich in Alkohol und Ether und liefert mit Eisen(III)-chlorid-Lösung eine blauviolette Färbung. Vanillin findet sich am häufigsten (zu 1,5–4%) in Vanilleschoten (siehe *Vanille), ferner in kleinen Anteilen in Sty-

rax, in den Blüten der Schwarzwurzel, der Kartoffel, des Spierstrauchs und in verschiedenen Lebensmitteln. Auch der Geruch von altem, vergilbtem, stark holzhaltigem Papier geht auf Vanillin zurück. Nach Ubik[3] ist Vanillin ein von männlichen Wanzen (*Eurygaster integriceps*) sezerniertes Insektenpheromon. *Isovanillin* (4-Methoxy-3-hydroxy-benzaldehyd) ist im Gegensatz zu Vanillin nahezu geruchlos.

*Analytik:* Die Bestimmung von Vanillin kann – auch neben echter Vanille – auf vielerlei Wegen erfolgen, siehe auch Hager und DAB (Literatur). Eine Unterscheidung zwischen natürlichem und synthetischem Vanillin ist mittels Stabilisotopen-Analytik möglich[4].

*Herstellung und Lagerung:* Heute hauptsächlich aus dem Lignin der Sulfit-Ablaugen, gelegentlich auch aus *Guajakol und Glyoxylsäure früher auch aus Eugenol, Isoeugenol bzw. Coniferylalkohol[5,6]. Biosynthetisch ist Vanillin mit dem Phenylalanin-Metabolismus verknüpft, aus dem es über Hydroxybenzoesäuren durch Reduktion entsteht; die fermentative Herstellung aus Ferulasäure (siehe *Hydroxyzimtsäuren) oder *Eugenol ist möglich[7]; thermisch kann Vanillin neben anderen Phenolen, wie z.B. 4-*Vinylguajakol, aus Ferulasäure (aus Lignin) entstehen. Da Vanillin lichtempfindlich ist, sollte es in dunklen Flaschen aufbewahrt werden.

*Verwendung und Wirtschaft:* Vanillin dient – neben *Ethylvanillin – anstelle der teuren natürlichen Vanille in großem Umfang als Aromastoff für Schokolade, Süßwaren, Liköre, Backwaren und andere süße Lebensmittel sowie zur Herstellung von *Vanillinzucker* (vgl. dagegen Vanillezucker bei *Vanille). Der Vanillin-Gehalt von Holz, das zu Weinfässern verarbeitet wurde, trägt zur Aromatisierung von Wein bei[8]. Kleinere Mengen werden in Desodorantien, Parfüms und zur Geschmacksverbesserung von Pharmazeutika und Vitaminpräparaten verwendet. Vanillin ist auch Zwischenprodukt bei der Synthese von verschiedenen Arzneimitteln, z.B. L-Dopa, Methyldopa und Papaverin. Es ist außerdem Bestandteil von Günzburgs Reagenz zur Bestimmung der freien Salzsäure im Magensaft und (zusammen mit Alkalien oder Mineralsäuren) von Anfärbereagenzien für die Dünnschichtchromatographie von Aminosäuren, Steroiden, Phenolen und etherischen Ölen; es wird verwendet als Referenzsubstanz in der Mikroanalyse und in Form einer 1%igen Lösung zur gravimetrischen Bestimmung von Zirconium. Der Gesamtverbrauch lag 2004 bei 15000 t[9]. – *E* vanillin

*Lit.:* [1] Belitz-Grosch-Schieberle (5.), S. 364–366. [2] Perfum. Flavor. **16**(1), 1–19 (1991). [3] Naturwissenschaften **62**, 348 (1975). [4] John, T. V.; Jamin, E., *J. Agric. Food Chem.*, (2004) **52**, 7644–7650. [5] Rabenhorst, J.; Hopp, R., DE 3920039 A1, (1989). [6] Rabenhorst, J.; Hopp, R., EP 0761817 A2, EP 0761817 A3, EP 0761817 B1, (1996). [7] Haarmann, W., Kaiserliches Patentamt, Nr. 576, (1878). [8] Weinwirtsch. Tech. **1990**, Nr. 2, 23–29. [9] Margetts, J., In *Chemistry and Technology of Flavors and Fragrances*, Rowe, D., Hrsg.; Blackwell Publishing: Oxford, (2004); S. 192.

*allg.:* Beilstein EIV **8**, 1763 ▪ Hager (5.) **4**, 372, 397; **5**, 224, 699f., 704, 852; **6**, 603, 848f., 885f., 1144; **8**, 714f. ▪ Merck-Index (13.), Nr. 9998 ▪ Ohloff, S. 20 ▪ Ullmann (7.); http://dx.doi.org/10.1002/14356007.a11_141 [Online, Januar 2003] – [HS 2912 41; CAS 121-33-5]

**Vanillinzucker** siehe *Vanillin.

**Vanillylaceton** siehe *Zingeron.

**V.D.Q.S.** Abkürzung für Vin Délimité de Qualité Supérieure. Ursprungsbezeichnung für Weine höherer Qualität in Frankreich, siehe *Wein-Qualitätsstufen.

**Veilchenblätteraldehyd** siehe *Nonadien-1-ale.

**Velcorin®** siehe *Dimethyldicarbonat.

**Verarbeitungshilfstoff** siehe *technischer Hilfsstoff.

**Verbenaöl.** Zitronenartig riechendes blaßgelbes Öl, das in Frankreich, Spanien, Mittel- und Südamerika durch Wasserdampfdestillation aus dem Kraut der Echten Verbene (Zitronenstrauch, *Lippia citriodora = Lippia triphylla = Aloysia triphylla*, Verbenaceae = Eisenkraut-Gewächse) in einer Ausbeute von 0,07 bis 0,2% gewonnen wird, D. 0,89–0,92.
*Zusammensetzung:* *Citral, Geranial (zusammen ca. 40%), *Geraniol, Nerol (zusammen ca. 10%), Cineol, *Limonen, Myrcen und andere. Zur gaschromatographischen und enantioselektiven Terpen-Analytik siehe Literatur[1]; zur Authentizitätsbestimmung von Citral mittels [2]H/[1]H-Isotopenverhältnis-Massenspektrometrie (IRMS, siehe *Isotopenverhältnisanalyse) siehe Literatur[2]. Verbenaöl zeigt bakterizide Eigenschaften gegenüber *Heliobacter pylori*[3].
*Verwendung:* Zu Parfümzwecken, kann jedoch phototoxisch und dadurch sensibilisierend wirken. – *E* verbena (vervain) oil
*Lit.:* [1]Kim, N. S.; Lee, D. S., *J. Sep. Sci.*, (2004) **27**, 96–100. [2]Hör, K.; Ruff, C.; Weckerle, B.; König, T.; Schreier, P., *Flavour Fragr. J.*, (2001) **5**, 344–348. [3]Ohno, T.; Kita, M.; Yamaoka, Y.; Imamura, S.; Yamamoto, T.; Mitsufuji, S.; Kodama, T.; Kashima, K.; Imanishi, J., *Helicobacter*, (2003) **8**, 207–215.
*allg.:* Roth, L.; Kormann, K., *Duftpflanzen, Pflanzendüfte*, ecomed: Landsberg, (1996); S. 266 ▪ Ullmann (5.) **A11**, 214 ▪ Wichtl (4.) – [HS 3301 29]

**Verbrauchsdatum.** Das Verbrauchsdatum ist gemäß § 7a *LMKV als das Datum definiert, nach dessen Ablauf ein Lebensmittel *nicht* mehr in den Verkehr gebracht werden darf. Diesem Datum ist die Angabe „verbrauchen bis …" voranzustellen, ggf. sind zusätzlich die einzuhaltenden Aufbewahrungsbedingungen hinzuzufügen.
Eine besondere Regelung besteht für *Hackfleisch-Erzeugnisse. Für diese ist nach § 7 Hackfleisch-Verordnung (HFlV) ein Verbrauchsdatum unverschlüsselt mit den Worten anzugeben „verbrauchen bis spätestens…". Bei tiefgefrorener Ware muß darüber hinaus der Hinweis „nach dem Auftauen sofort verbrauchen" angebracht werden. Beachte im Gegensatz dazu die Definition des

*Mindesthaltbarkeitsdatums (MHD) gemäß § 7 LMKV. – *E* date of consumption

**Verbundfolien.** Sammelbezeichnung von Folien, die durch Kombination unterschiedlicher Materialien hergestellt werden. Untergruppe der Verbundwerkstoffe. Verbundfolien bestehen aus mindestens zwei Folien, die durch Extrusion, Coextrusion oder Laminieren/Kaschieren auf Kunststoffe, Pappe oder Papier, unter Umständen unter Verwendung von Klebstoffen, miteinander verbunden werden[1]. Verbundfolien besitzen eine Sandwichstruktur, bei der die unterschiedlichen Eigenschaften der verwendeten Materialien zu verbesserten Eigenschaften gegenüber den einzelnen Folie führen. Auch Beschichtungen können zur Optimierung von Verbundfolien beitragen.
*Verwendung:* Verbundfolien finden eine breite Anwendung in der Verpackung von Lebensmitteln, bei denen Eigenschaften wie Hitzebeständigkeit, Tieftemperaturfestigkeit, Undurchlässigkeit für bestimmte Gase, Wasserdampf oder geruchsaktive Verbindungen, Naßfestigkeit oder Fettdichtigkeit erwünscht sind[2]. Die Mindesthaltbarkeit einer Vielzahl von Lebensmitteln konnte bisher durch die geeignete Wahl von Verbundfolien verlängert werden.
Verbundfolien sind für die Entwicklung von aktiven Verpackungen[3], Verpackungen für *modified atmosphere packaging und intelligenten Lebensmittelkontakt-Materialien und -Gegenständen unerlässlich.
Verbundfolien werden auch bei Displays, Solarzellen oder in der Vakuumisolation eingesetzt.
*Recht:* Verbundfolien für Lebensmittel sind Bedarfgegenstände und unterliegen damit den Regelungen des *LFGB, der *Bedarfsgegenständeverordnung sowie der europäischen Verordnung 1935/2004/EG (siehe auch *EU-Bedarfsgegenständeverordnung). – *E* composite films, laminated films
*Lit.:* [1]Ullmann (7.); http://dx.doi.org/10.1002/14356007.a01_221 [Online, Juni 2000]. [2]Ullmann (7.); http://dx.doi.org/10.1002/14356007.a11_583.pub2 [Online, Januar 2003]. [3]Brody, A. L.; Strupinsky, E. R.; Kline, L. R., *Active Packaging for Food Applications*, Technomic: Lancaster, PA, (2001).
*allg.:* Fraunhofer-Institut für Verfahrenstechnik und Verpackung IVV, Freising; http://www.ivv.fhg.de

**Verderbsindikatoren von Fischerei-Erzeugnissen.** Als Verderbsindikatoren werden chemische, physikalische und sensorische Parameter herangezogen, die es gestatten, den Verderbsgrad von Fischereierzeugnissen verlässlich zu bestimmen.
Als chemische Verderbsindikatoren haben die Bestimmung des gesamten flüchtigen Basenstickstoffs (siehe *TVB-N-Wert) und von *Trimethylamin (TMA) die größte Bedeutung, da beide Messgrößen parallel mit fortgeschrittenem Verderb ansteigen.
Als physikalische Methode ist die Messung des pH-Wertes von Bedeutung, allerdings nur bei fortgeschrittenem Verderb, wenn der pH-Wert deutlich über 7,0 steigt. Auch die Messung der elektrischen Leitfähigkeit (bzw. des Widerstandes) durch

sogenannte Fischtester erlaubt nach fischartspezifischer Eichung eine zuverlässige Bestimmung des Verderbs.

Gute Verderbsindikatoren sind auch mikrobiologische Parameter wie die Gesamtkeimzahl oder die Zahl der sogenannten spezifischen Verderbsorganismen (SSO = Specific Spoilage Organisms) auf der Haut oder im Fischgewebe.

Am besten geeignet ist die sensorische Bestimmung des Verderbsgrades. Man unterscheidet zwischen einer äußeren Begutachtung von Augen, Kiemen, Haut, Schleim usw. und der Verkostung von gegarten Proben. Die Leistung eines trainierten, ausgebildeten Sensorikteams wird von keiner anderen Methode erreicht. – *E* spoilage indicators
*Lit.:* Olafsdottir, G.; Luten, J.; Dalgaard, P.; Careche, M.; Verrez-Bagnis, V.; Martinsdottir, E.; Heia, K., *Methods to Determine the Freshness of Fish in Research and Industry*; Proceedings of the final meeting of the Cobcerted Action „Evaluation of Fish Freshness"; IIR: Paris, (1998); S. 396

**Verdickungsmittel** [Dickungsmittel, Quell(ungs-) mittel, Gelbildner]. Bez. für meist organ., hochmol. Stoffe, die Flüssigkeiten (in der Regel Wasser, daher auch die Bez. *Hydrokolloide* für Verdickungsmittel) aufsaugen, dabei aufquellen u. schließlich (bis auf die anorgan. Verdickungsmittel) in zähflüssige echte od. kolloide Lsg. übergehen, vgl. *Gele. Die Verdickungsmittel sind oft begrifflich schwer von Bindemitteln, Flockungsmitteln, Gleitmitteln, Steifungsmitteln und Stabilisatoren abzugrenzen. Man benutzt Verdickungsmittel, um die Viskosität von Flüssigkeiten zu erhöhen bzw. die Thixotropie-Eigenschaften von Gelen zu verbessern. Deshalb spielen Verdickungsmittel eine Rolle bei der Herst. von vielen techn., kosmet., pharmazeut. oder diätet. Präp., z. B. von Cremes, Reinigungsmitteln, Appreturen, Druckfarben, Anstrichdispersionen, Klebstoffen, Papier, Lebensmittel, Schlankheitsmitteln (die organ. Verdickungsmittel sind eßbar, besitzen aber oft keinen Nährwert) und dgl.

Verdickungsmittel beeinflussen weitgehend die Konsistenz eines Lebensmittels bzw. einer Speise. Dies geschieht
a) durch die Erhöhung der Viskosität des Systems,
b) durch Ausbildung einer Gelstruktur u.
c) durch Herabsetzung der Oberflächenspannung (Emulgatorwirkung).

Hinsichtlich der einzelnen Phasen unterscheidet man: Stabilisierung von
a) Fest/Flüssig-Systemen (Suspensionen: z. B. Suppen, Fruchtnektare),
b) Flüssig/Flüssig-Systemen (Emulsionen: z. B. Dressings, Cremes) u.
c) Gas/Flüssig-Systemen (Schäumen: Bier, Milchprodukte).

Verdickungsmittel beeinflussen auch die pos. u. neg. Empfindungen, welche die Textur der Speise im Mund verursacht (mouth-feeling; z. B. weich, cremig, pappig etc.) u. damit den Genußwert einer Speise. Weitere Wirkungen der Verdickungsmittel sind:

a) Verminderung von Wasserverlusten durch dessen Bindung u. damit Verlängerung der Frischeperiode (z. B. Brot u. Backwaren),
b) Verhinderung der Krist. von Lebensmittelinhaltsstoffen (z. B. Zucker bei Eiscremes u. Tortenguß) u.
c) Verbesserung der mechan. Eigenschaften wie Festigkeit, Elastizität u. Gashaltevermögen (z. B. Teigwaren).

*Recht:* Die in der Tab. aufgeführten Stoffe sind nach der *ZZulV 1998 zugelassen.

Tab.: Liste der nach der ZZulV 1998 zugelassenen Verdickungsmittel.

| E-Nr. | Zusatzstoffname (Verkehrbezeichnung nach ZverkV) |
|---|---|
| E 400 | *Alginsäure |
| E 401 | Natriumalginat, siehe *Alginate |
| E 402 | Kaliumalginat, siehe *Alginate |
| E 403 | Ammoniumalginat, siehe *Alginate |
| E 404 | Calciumalginat, siehe *Alginate |
| E 405 | Propylenglycolalginat, siehe *Alginsäure |
| E 406 | *Agar-Agar |
| E 407 | *Carrageen |
| E 407a | Verarbeitete Eucheuma-Algen |
| E 410 | *Johannisbrotkernmehl |
| E 412 | Guarkernmehl, siehe *Guar-Mehl |
| E 413 | *Tragant |
| E 414 | *Gummi arabicum |
| E 415 | *Xanthan |
| E 416 | Karaya[*] (*Karaya-Gummi) |
| E 417 | Tarakernmehl, siehe *Taragummi |
| E 418 | Gellan |

Andere Verdickungsmittel wie *Stärke, Stärkephosphate (siehe *Stärkeester) u. *Gelatine gelten nicht als Zusatzstoffe u. fallen daher nicht unter die ZZulV 1998. Für diese gibt es ebenfalls keine Mengenbeschränkungen.
Zur Analytik s. *Dickungsmittelanalyse. – *E* thickeners, thickening agents
*Lit.:* Kirk-Othmer (4.) **5**, 551; **11**, 827–830; **15**, 494; **17**, 1071f. ▪ Mathur, N. K.; Mathur, V., *Trends Carbohydr. Chem.*, (2001) **7**, 185 ▪ Nussinovitch, A., *Mol. Nutr. Food Res.*, (2005) **49**(2), 195–213

**Verkehrsauffassung.** Die „Verkehrsauffassung" ist die Auffassung der am Verkehr mit Lebensmitteln beteiligten Kreise, namentlich Hersteller, Groß- und Einzelhändler sowie Verbraucher. Der oftmals verwendete Begriff „berechtigte Verbrauchererwartung" bringt dabei zum Ausdruck, was verständige Durchschnittsverbraucher unter Berücksichtigung redlicher Handelsbräuche erwarten (tatsächliche Verbrauchererwartung) bzw. erwarten dürfen (hypothetische Verbrauchererwartung); hierzu gehört eben nicht die Meinung von gut informierten Kreisen wie sachkundigen Lebensmittelchemikern oder die von Verbrauchern, die aufgrund gesundheitlicher Umstände bestimmte konkrete Erwartungen an ein Lebensmittel haben, etwa Diabetiker.

Normalerweise haben Verbraucher allerdings keine konkreten oder oftmals nur diffuse Vorstellungen über die Beschaffenheit eines Lebensmittels.

Verbraucher können sicherlich erwarten, daß ein Lebensmittel gesundheitlich unbedenklich und bekömmlich ist. Desweiteren dürfen Verbraucher darauf vertrauen, daß ein Lebensmittel den gesetzlichen Anforderungen oder den allgemein üblichen und in Fachkreisen anerkannten Anschauungen entspricht, auch wenn sie diese nicht in ihren Einzelheiten kennen oder sich sogar dessen bewußt sind, keine gesicherten Kenntnisse von der Beschaffenheit eines Lebensmittels zu haben.
Die Verkehrsauffassung über die Beschaffenheit eines Lebensmittels kann auf vielfältige Weise festgestellt werden (Anhörung von Sachverständigen, eigene Sachkunde des Gerichts, demoskopische Befragung); hierzu gehören: normative Bestimmungen, *Leitsätze des Deutschen Lebensmittelbuches, Handelsbräuche, anerkannte Leitsätze und Richtlinien, Lehrbücher sowie Rezept- und Kochbücher. – *E* trade conception
*Lit.:* Meyer, A. H.; Preuß, A.; Streinz, R., *Verkehrsauffassung im Lebensmittelrecht*, Behr's: Hamburg, (Loseblattsammlung)

**Verkehrsbezeichnung.** Nach § 4 der *LMKV ist die Verkehrsbezeichnung eines Lebensmittels die in den Rechtsvorschriften festgelegte Bezeichnung. „In Rechtsvorschriften festgelegt" sind Verkehrsbezeichnungen dann, wenn ihre Verwendung bindend vorgeschrieben ist, wie die in der Anlage 1 zur Konfitürenverordnung aufgeführten Bezeichnungen (z.B. „Konfitüre extra"). Imitate dürfen die verbindlich vorgeschriebenen Bezeichnungen nicht tragen (sonst Irreführung gemäß § 11 *LFGB).
Falls die Verkehrsbezeichnung fehlt, sind folgende Angaben erforderlich:
1. die nach allgemeiner *Verkehrsauffassung übliche Bezeichnung oder
2. eine Beschreibung des Lebensmittels und erforderlichenfalls seiner Verwendung, welche es dem Verbraucher ermöglicht, die Art des Lebensmittels zu erkennen und es von verwechselbaren Erzeugnissen zu unterscheiden.
Hersteller- oder Handelsmarken oder Phantasienamen können die Verkehrsbezeichnung nicht ersetzen.

**Vermouth.** Englische Bezeichnung für Wermutwein, siehe *weinhaltige Getränke.

**Verordnung über Höchstgehalte an Pestizidrückständen.** Mit der Verordnung (EG) Nr. 396/2005 über Höchstwerte für Pestizidrückstände[1] werden im Einklang mit den allgemeinen Grundsätzen der *Basis-Verordnung 178/2002[2] harmonisierte Gemeinschaftsvorschriften betreffend Höchstgehalte für Pestizidrückstände in oder auf Lebens- und Futtermitteln pflanzlichen und tierischen Ursprungs unter Berücksichtigung der guten Agrarpraxis (good agricultural practice) festgelegt. Die Verordnung sieht für die voraussichtlich auf dem Markt bleibenden Wirkstoffe (bislang 388) ein zweistufiges Verfahren vor. Zunächst werden vorläufige Höchstwerte auf dem niedrigsten Niveau,

das in allen Mitgliedstaaten auf der Grundlage der guten Agrarpraxis erreicht werden kann, festgelegt. Anschließend werden endgültige Höchstwerte auf der Grundlage von Empfehlungen der Europäischen Behörde für Lebensmittelsicherheit (*EFSA) bestimmt. Für die Wirkstoffe, die nicht mehr zugelassen sind, wird ein allgemeiner Rückstandshöchstwert von 0,01 mg/kg eingeführt.
Kontrollprogrammen für die Belastung von Lebensmitteln mit Pestizidrückständen wird eine größere Bedeutung eingeräumt (Monitoring, Jahresbericht über Pestizidrückstände; Artikel 26ff.). Bei Überschreitungen von Rückstandshöchstgehalten haben die Mitgliedstaaten die Möglichkeit, die Namen der betreffenden Inverkehrbringer zu nennen (name & shame; Artikel 30 Abs. 3).
Die Verordnung trat am 05.04.2005 in Kraft; die Kapitel II (Gemeinschaftsverfahren für Rückstandshöchstgehalt-Anträge), III (Rückstandshöchstgehalte für Erzeugnisse pflanzlichen und tierischen Ursprungs) und V (Amtliche Kontrollen, Berichterstattung und Sanktionen) gelten vom Ablauf von sechs Monaten nach der Veröffentlichung der letzten Verordnung zur Festlegung der Anhänge I, II, III und IV (Artikel 50).
Mit der Verordnung werden die bislang diesen Sachverhalt regelnden Richtlinien 76/895/EWG, 86/362/EWG, 86/363/EWG und 90/642/EWG im Interesse der Klarheit und Vereinfachung aufgehoben.
*Lit.:* [1] Verordnung (EG) Nr. 396/2005 des Europäischen Parlaments und des Rates vom 23.02.2005 über Höchstgehalte an Pestizidrückständen in oder auf Lebensmitteln pflanzlichen oder tierischen Ursprungs und zur Änderung der Richtlinie 91/414/EWG (Amtsblatt der EU Nr. L 70 vom 16.03.2005, S. 1). [2] Verordnung (EG) Nr. 178/2002 des Europäischen Parlaments und des Rates vom 28.01.2002 zur Festlegung der allgemeinen Grundsätze und Anforderungen des Lebensmittelrechts, zur Errichtung der Europäischen Behörde für Lebensmittelsicherheit und zur Festlegung von Verfahren zur Lebensmittelsicherheit (Amtsblatt der EG Nr. L 31 vom 01.02.2002, S. 1).

**Verordnung über neuartige Lebensmittel** (Novel-Food-Verordnung, Abkürzung NFV). Ziel der Verordnung (EG) 258/97 über neuartige Lebensmittel und neuartige Lebensmittelzutaten[1] ist es, neuartige Lebensmittel oder Lebensmittelzutaten eigenen Regelungen für das Inverkehrbringen und auch der Kennzeichnung zu unterwerfen. Die Verordnung unterwirft Novel Food dabei einem Verbotsprinzip mit Erlaubnisvorbehalt, d.h. diese Lebensmittel müssen vor ihrem Inverkehrbringen auf ihre Unbedenklichkeit geprüft und notifiziert oder genehmigt werden. Bevor Novel Food in der Europäischen Gemeinschaft in Verkehr gebracht werden, werden sie deshalb einer einheitlichen, an streng wissenschaftlichen Kriterien orientierten Sicherheitsprüfung unterzogen. Nach Artikel 3 Abs. 1 NFV dürfen aus dem Verzehr neuartiger Lebensmittel keine gesundheitliche Risiken für den Verbraucher resultieren. Die Produkte dürfen deshalb nur in den Verkehr gebracht werden, wenn folgende drei Voraussetzungen erfüllt sind: Die Produkte dürfen keine Gefahr für den Verbraucher darstellen, keine Irreführung bewirken und sich von konventionellen Produkten nicht so unterscheiden, daß sie bei normalem Verzehr Ernährungsmängel verursachen könnten. Im Rahmen der Sicherheitsprüfung werden die Produkte sowohl toxikologisch als auch ernährungsmedizinisch bewertet. Dabei spielt die Frage der substantiellen Äquivalenz, d.h. ob ein Erzeugnis einem bestehenden Lebensmittel im „wesentlichen gleichwertig" ist, eine entscheidende Rolle im Hinblick auf das vor der Markteinführung zu durchlaufende Notifizierungs- oder Genehmigungsverfahren.

Die NFV trat am 15.05.1997 in Kraft. Der Anwendungsbereich der NFV erstreckte sich früher auch auf Lebensmittel, die gentechnisch veränderte Organismen (GVO) sind oder aus solchen hergestellt wurden. Mit Inkrafttreten der Verordnung (EG) Nr. 1829/2003[2] sind diese Sachverhalte nun von dieser Verordnung und der Verordnung (EG) Nr. 1830/2003[3] erfaßt, siehe auch *genmodifizierte Lebensmittel.

„Lebensmittel und Lebensmittelzutaten" unterliegen dem Anwendungsbereich der NFV, wenn sie vor dem 15.05.1997, dem Tag des Inkrafttretens der NFV, „noch nicht in nennenswertem Umfang für den menschlichen Verzehr" in der Europäischen Gemeinschaft verwendet wurden und (kumulativ) das jeweilige Lebensmittel einer der 4 Fallgruppen der NFV zuzuordnen ist (Artikel 1 Abs. 2 a bis f NFV), namentlich (1. Fallgruppe) Lebensmittel mit neuer oder gezielt modifizierter primärer Molekularstruktur, (2.) Mikroorganismen, Pilze und Algen, (3.) Lebensmittel, die aus Pflanzen bestehen oder aus Pflanzen isoliert worden sind sowie aus Tieren isolierte Erzeugnisse sowie (4.) Lebensmittel, die hergestellt wurden durch neuartige Verarbeitungsverfahren, die zu bedeutenden Veränderungen der Zusammensetzung oder der Struktur des Lebensmittels führen.

Die Zulassung nach der oben angeführten Verordnung geschieht in der EG unter Beteiligung der jeweiligen nationalen zuständigen Behörden. Zuständige Lebensmittelprüfstelle zur Durchführung der Erstprüfungen im Sinne des Artikels 4 Absatz 2 der Verordnung 258/97 und zuständig für die Entgegennahme von Anträgen nach Artikel 4 Absatz 1 Satz 1 der Verordnung 258/97 vor dem erstmaligen Inverkehrbringen der Lebensmittel oder Lebensmittelzutaten sowie zuständige Stelle zur Übermittlung von Bemerkungen oder zur Erhebung von begründeten Einwänden im Sinne des Artikels 6 Absatz 4 Satz 2 der Verordnung 258/97 ist das Bundesamt für Verbraucherschutz und Lebensmittelsicherheit (*BVL). Das BVL im Benehmen mit dem Bundesinstitut für Risikobewertung (*BfR) ist der weitere zuständige für das Erstellen der Stellungnahmen über die Frage der wesentlichen Gleichwertigkeit von Erzeugnissen im Sinne des Artikels 3 Absatz 4 der Verordnung 258/97 (§ 1 Neuartige Lebensmittel- und Lebensmittelzutaten-Verordnung – NLV[4]).

Durchführungsvorschriften (§ § 1–3) sowie Regelungen über die Kennzeichnung ohne Anwendung gentechnischer Verfahren enthält die NLV (§ § 4–6).

*Lit.:* [1] Verordnung (EG) Nr. 258/97 des Europäischen Parlaments und des Rates vom 27.01.1997 über neuartige Lebensmittel und neuartige Lebensmittelzutaten (Amtsblatt der EG Nr. L 43 vom 14.02.1997, S. 1). [2] Verordnung (EG) Nr. 1829/2003 des Europäischen Parlaments und des Rates vom 22.09.2003 über genetisch veränderte Lebensmittel und Futtermittel (Amtsblatt der EU Nr. L 268 vom 18.10.2003, S. 1). [3] Verordnung (EG) Nr. 1830/2003 des Europäischen Parlaments und des Rates vom 22.09.2003 über die Rückverfolgbarkeit und Kennzeichnung von genetisch veränderten Organismen und über die Rückverfolgbarkeit von aus gentechnisch veränderten Organismen hergestellten Lebensmitteln und Futtermitteln sowie zur Änderung der Richtlinie 2001/18/EG (Amtsblatt der EU Nr. L 268 vom 18.10.2003, S. 24). [4] Verordnung zur Durchführung gemeinschaftsrechtlicher Vorschriften über neuartige Lebensmittel und Lebensmittelzutaten und über die Kennzeichnung von Erzeugnissen aus gentechnisch veränderten Sojabohnen und gentechnisch verändertem Mais sowie über die Kennzeichnung ohne Anwendung gentechnischer Verfahren hergestellter Lebensmittel (Neuartige Lebensmittel- und Lebensmittelzutaten-Verordnung – NLV) in der Fassung der Bekanntmachung vom 14.02.2000 (BGBl. I, S. 123; mehrfach geändert). *allg.:* Meyer, A. H., *Gen Food, Novel Food,* C.H. Beck: München, (2002) ▪ Meyer, A. H., *Lebensmittelrecht,* C. H. Beck: München, (Loseblattsammlung); Nr. 2100 ▪ Groß, D., *Die Produktzulassung von Novel Food,* Duncker & Humblot: Berlin, (2001) ▪ http://www.bfr.bund.de/cd/215

## Verordnung über Stoffe mit pharmakologischer Wirkung.

Die Verordnung über Stoffe mit pharmakologischer Wirkung[1] beruht auf der Ermächtigung des § 10 (4) *Lebensmittel- und Futtermittelgesetzbuch (LFGB). Mit der Verordnung soll der Schutz des Verbrauchers vor eventuellen Beeinträchtigungen der Gesundheit, die von Rückständen pharmakologisch wirksamer Stoffe ausgehen können, gewährleistet werden. Nach der amtlichen Begründung zu § 15 (des am 06.09.2005 außer Kraft getretenen) *Lebensmittel- und Bedarfsgegenständegesetz (LMBG) fallen unter diese Stoffgruppe *Arzneimittel und solche Zusatzstoffe zu *Futtermitteln, die einen besonderen Einfluß auf Beschaffenheit, Zustand und Funktion des Körpers ausüben können, vor allem die Nutzleistung steigern oder dem vorbeugenden Gesundheitsschutz dienen. Demnach gelten als pharmakologisch wirksame Stoffe alle Substanzen, die den Tieren aus therapeutischen, metaphylaktischen, prophylaktischen oder nutritiven Gründen verabreicht werden. Die Verordnung schließt die Anwendung einiger Stoffe wie *Antibiotika, Stoffe mit proteolytischer Wirkung und *Thyreostatika bei Tieren, die der Lebensmittelgewinnung dienen, generell oder zu bestimmten Zwecken aus (§ 1, Anlage 1). In § 2 wird genau vorgegeben, unter welchen Bedingungen und zu welchen Zwecken (z.B. Fruchtbarkeitsstörungen, Brunftsynchronisation) Stoffe mit estrogener, androgener oder gestagener Wirkung angewandt werden dürfen, wobei ein Einsatz zu Mastzwecken ausdrücklich verboten ist. Verkehrsverbote sind in § 3 enthalten; danach dürfen Lebensmit-

tel, die von Tieren gewonnen werden, denen Stoffe entgegen § 1, Anlage 1 oder entgegen § 2 zugeführt wurden, *nicht* in den Verkehr gebracht werden.
*Beachte:* In die Beurteilung der Rückstände pharmakologisch wirksamer Stoffe sind auch die Anforderungen der Verordnung (EWG) Nr. 2377/90[2] einzubeziehen.

*Lit.:* [1] Verordnung über Stoffe mit pharmakologischer Wirkung in der Fassung der Bekanntmachung vom 07.03.2005 (BGBl. I, S. 730; mehrfach geändert). [2] Verordnung (EWG) Nr. 2377/90 des Rates vom 26.06.1990 zur Schaffung eines Gemeinschaftsverfahrens für die Festsetzung von Höchstmengen für Tierarzneimittelrückstände in Nahrungsmitteln tierischen Ursprungs (Amtsblatt der EG Nr. L 224, S. 1; mehrfach geändert).
*allg.:* Meyer, A. H., *Lebensmittelrecht*, C. H. Beck: München, (Loseblattsammlung); Nr. 1500, 1520

**Verotoxine** (Abkürzung SLT, von englisch shiga-like toxins, siehe auch *Shiga-Toxin). Toxine, die von enterohämorrhagischen *Escherichia-coli*-Stämmen (siehe *EHEC) gebildet werden. Der Name Verotoxin leitet sich von der toxischen Wirkung auf Kulturen von Affennierenzellen (Verozellen) ab. Verotoxin sind neben Adhärenzfaktoren und Hämolysinen wichtige Pathogenitätsfaktoren von EHEC-Stämmen.
Eine rekombinante Form von Verotoxin aus *Escherichia coli* 0157:H7 wirkt stark tumorhemmend und wird zur Zeit klinisch geprüft. – *E* verotoxins

*Lit.:* Bettelheim, K. A.; Beutin, L., *J. Appl. Microbiol.*, (2003) **95**, 205–217 ▪ Buchanan, R. L.; Doyle, M. P., *Food Technol.*, (1997) **51**, 69–76 ▪ Cherla, R. P.; Lee, S. Y.; Tesh, V. L., *FEMS Microbiol. Lett.*, (2003) **228**, 159–166 ▪ Doyle, M. P.; Beuchat, L. R.; Montville, T. J., Hrsg., *Food Microbiology*, ASM Press: Washington, (2001); S. 193ff. ▪ Sandvig, K., *Toxicon*, (2001) **39**, 1629–1635

**Verpackung.** 1. Allgemeiner Begriff für die Gesamtheit der von der Wirtschaft eingesetzten Mittel und Verfahren zur Erfüllung der Verpackungsaufgabe.
2. Im engeren Sinne: Oberbegriff für die Gesamtheit der Packmittel und Packhilfsmittel.
a) Durch Vorsetzen der Packgutbenennung wird der Verwendungszweck der Verpackung gekennzeichnet (z. B. Obstverpackung = Verpackung für Obst).
b) Durch Vorsetzen der Packgutbenennung wird der Bestimmungszweck der Verpackung gekennzeichnet (z. B. Versandpackung = Verpackung für den Versand).
c) Durch Vorsetzen der Packstoffbenennung wird die Verpackung aus einem bestimmten Packstoff gekennzeichnet (z. B. Blechverpackung = Verpackung aus Blech).
Verpackungen für Lebensmittel, Kosmetika und Tabakerzeugnisse sind *Bedarfsgegenstände im Sinne des § 2 Abs. 6 *Lebensmittel- und Futtermittelgesetzbuch (LFGB). Somit gelten für sie alle lebensmittelrechtlichen Anforderungen, die sich aus diesem Gesetz oder dessen Folgeverordnungen für derartige Bedarfsgegenstände ergeben (§ § 30ff. LFGB, *Bedarfsgegenständeverordnung). Beson-

ders zu beachten ist zum Schutz der Gesundheit das Vermeiden einer Verwechslungseignung der Bedarfsgegenstände mit Lebensmitteln gemäß § 5 Abs. 2 Nr. 2 LFGB. Bezüglich der Verpackung von Lebensmitteln, kosmetischen Mitteln und Tabakerzeugnissen nach dem *Eichgesetz siehe Literatur[1,2]. – *E* packaging, package

*Lit.:* [1] DIN 55405-5: 1988-02. [2] Zipfel-Rathke, C 115, 7, 35.
*allg.:* Bleisch, G.; Goldhahn, H.; Schricker, G.; Vogt, H., *Lexikon Verpackungstechnik*, Behr's: Hamburg, (2003) ▪ Brody, A.; Marsh, K., *Encyclopedia of Packaging Technology*, Wiley: New York, (1997) ▪ Buchner, N., *Verpackung von Lebensmitteln*, Springer: Berlin, (1999) ▪ *RGV-Handbuch Verpackung*, Erich Schmidt: Berlin, (1999); Loseblattsammlung ▪ Verordnung über die Vermeidung und Verwertung von Verpackungsabfällen (VerpackV) vom 21. August 1998

**Verrucarol** siehe *Trichothecene.

**Verschmutzungsindikatoren.** Bei der Beurteilung von Trinkwasseranalysen Bez. für chem. Stoffe, die eine Verunreinigung mit Fäkalien anzeigen können. Zu den V. im engeren Sinne gehören Ammonium, Nitrit, Nitrat[1], Phosphat u. die Oxidierbarkeit (Grenzwerte nach *Trinkwasser-Verordnung s. dort).
*Oxidierbarkeit:* Maß für den Gehalt eines Wassers an organ. Stoffen. Nach DEV/DIN[2,3] wird die Oxidierbarkeit in *Trinkwasser mittels Kaliumpermanganat bestimmt („Permanganat-Index"). Die Oxidierbarkeit ist definiert als die Massenkonz. an Sauerstoff, die derjenigen an verbrauchten Permanganat-Ionen äquivalent ist, wenn die Wasserprobe unter definierten Bedingungen mit Permanganat behandelt wird.
Die im *Trinkwasser* natürlich vorkommenden organ. Verb., überwiegend Huminstoffe, werden bei diesem Verf. jedoch nur unvollständig oxidiert. Daher wird bei Trinkwasser neben der Oxidierbarkeit häufig auch die Bestimmung des *DOC vorgenommen. Der in der Trinkwasser-VO[4] (Anlage 3 zu § 7 TrinkwV) festgelegte Grenzwert für die Oxidierbarkeit beträgt 5 mg (berechnet als $O_2$)/L.
*V. im weiteren Sinne:* Chlorid, Nitrat u. Sulfat. Eine Erhöhung einzelner Parameter kann jedoch vielfältige Ursachen haben, entscheidend ist das Gesamtbild der chem. Analyse. Daneben sind spezielle Verunreinigungen aus gewerblichen bzw. industriellen Betrieben z. B. an erhöhten Konz. an Schwermetallen, polycyclischen aromatischen Kohlenwasserstoffen, leichtflüchtigen Halogenkohlenwasserstoffen (z. B. Tetrachlorethen), Pestiziden, Phenolen, Mineralölen od. Detergenzien zu erkennen; Grenzwerte s. *Trinkwasser-Verordnung. – *E* pollutional indicators

*Lit.:* [1] Hütter, L. A., *Wasser und Wasseruntersuchung*, 5. Aufl.; Salle und Sauerländer: Frankfurt/M., (1992). [2] Wasserchemische Gesellschaft, Hrsg., *Deutsche Einheitsverfahren zur Wasser-, Abwasser- und Schlammuntersuchung*, DEV H5, Wiley-VCH: Weinheim, (1996). [3] EN ISO 8467: 1995. [4] Verordnung über Trinkwasser und über Wasser für Lebensmittelbetriebe (Trinkwasser-Verordnung – TrinkwV) vom 21.5.2001 (BGBl. I, S. 959).
*allg.:* Höll, K., *Wasser*, 8. Aufl.; de Gruyter: Berlin, (2002)

**Verseifungszahl** siehe *Fettkennzahlen.

**Verteilungschromatographie.** Bezeichnung für ein 1941 von Martin und Synge (Nobelpreis für Chemie 1952) entwickeltes Verfahren der *Chromatographie.

Im Gegensatz zur *Adsorptionschromatographie beruht bei der Verteilungschromatographie die Trennung nicht auf Adsorptions-, sondern auf Verteilungsphänomenen (Nernstscher Verteilungssatz), d. h. die Stofftrennung erfolgt durch Verteilung der Substanzen zwischen einer flüssigen stationären und einer mobilen Phase. Als stationäre Phase wird eine Flüssigkeit meist durch Aufsaugen auf ein poröses festes Trägermaterial gebracht. Die flüssige mobile Phase (Elutionsmittel) darf mit der stationären Flüssigkeit nicht mischbar sein und diese nicht lösen; bei geringer Löslichkeit der stationären Phase im Elutionsmittel wird die mobile Phase vor der Trennung mit der stationären Phase gesättigt. Als Trägermaterial dient in erster Linie Kieselgel, das polare Lösemittel wie Wasser, Säuren, Alkohole und Glycole aufnehmen kann. Auch unpolare Lösemittel wie Kohlenwasserstoffe lassen sich nach Hydrophobisierung des Trägers durch Siliconisierung zur Verteilungschromatographie mit Umkehrphasen (englisch reversed phase, siehe *Reversed-phase-Chromatographie) heranziehen. Wird als stationäre Phase Wasser benutzt, so sind als mobile Phasen Cyclohexan, Chloroform und Essigester geeignet, bei Umkehrphasen besteht die mobile Phase meist aus Acetonitril- und Methanol-Wasser-Gemischen.

Weiterhin von Bedeutung ist die Verteilungschromatographie bei der *Gegenstromchromatographie (multiplikative oder Craig-Verteilung), die in ihren verschiedenen Ausführungsformen heute vielfache Anwendung zur Trennung und Isolierung von Naturstoffen findet.

*Verwendung:* Zur Trennung zahlreicher organischer Stoffe (z. B. Phenole, polycyclische Aromaten, Fettsäuren) sowie anorganischer Ionen. Die Verteilungschromatographie hat gegenüber der Adsorptionschromatographie große Vorteile infolge der Variationsbreite in der Wahl der beiden Phasen. – *E* partition chromatography

*Lit.:* Poole, C. F., *The Essence of Chromatography*, Elsevier: Amsterdam, (2003)

**very high-density lipoproteins** (VHDL) siehe *Lipoproteine.

**very low-density lipoproteins** (VLDL) siehe *Lipoproteine.

**Verzuckerung** siehe *Glucosesirup und *Stärkeverzuckerung.

**Vetiveröl.** Dickflüssiges, braunes bis rötlich-braunes Öl mit einem schweren, sehr haftfesten, erdigen, balsamischen Geruch.

*Herstellung:* Durch Wasserdampfdestillation aus den Wurzeln der tropischen Grasart *Vetiveria zizanioides* (Poaceae). Herkunft: Réunion („Bourbon"), Haiti, Indonesien, Brasilien, China, Indien. Die Weltjahresproduktion von Indonesien liegt bei etwa 100 t[1].

α-Vetivon (1)      β-Vetivon (2)      Khusinol (3)

R = CH₃  : Tricyclovetiven (4)
R = CH₂OH : Khusimol (5)
R = O    : Khusimon (6)

Isovalencenol (7)

*Biosynthese:* Die Biosynthese der beiden Strukturisomere α- und β-Vetivon geht von Eudesman-Sesquiterpenen aus.

*Zusammensetzung*[2-6]*:* Vetiveröl ist ein komplex zusammengesetztes Gemisch von Sesquiterpenoiden (Kohlenwasserstoffe, Alkohole, Ketone, Aldehyde, Säuren). Als Leitsubstanzen gelten α- (5–10%) und β-Vetivon (3–5%), Khusimol (10–15%) und Isovalencenol (5–10%), siehe Tabelle. Weil verschiedene Vetiver-Grasarten für die Ölproduktion Verwendung finden und sowohl frische als auch getrocknete Pflanzenteile destilliert werden, variiert die Qualität kommerzieller Öle stark.

*Verwendung:* Zur Parfümherstellung, hauptsächlich für sinnlich-maskuline Duftnoten. Für (−)- und (+)-

Tabelle: Bestandteile des Vetiveröls.

| Name [Synonyme] | Summenformel | $M_R$ | Schmp. [°C] [Sdp. (kPa)] | $[\alpha]_D$ | CAS |
|---|---|---|---|---|---|
| α-Vetivon [Isonootkaton, α-Vetiveron] (1)[a] | $C_{15}H_{22}O$ | 218,34 | 51 – 51,5 [152 – 153 °C (0,532)] | +225° ($C_2H_5OH$) | 15764-04-2 |
| β-Vetivon (2) | $C_{15}H_{22}O$ | 218,34 | 44 – 45,0 | −38,9° ($C_2H_5OH$) | 18444-79-6 |
| Khusinol (3) | $C_{15}H_{24}O$ | 220,35 | 87 | +174,4° ($CHCl_3$) | 24268-34-6 |
| Tricyclovetiven (4) | $C_{15}H_{24}$ | 204,36 | [120 – 122(1,3)] | +40,4° ($CHCl_3$) | 18444-94-5 |
| Khusimol (5) | $C_{15}H_{24}O$ | 220,35 | [173(1,9)] | +34° | 16223-63-5 |
| Khusimon (6) | $C_{14}H_{20}O$ | 204,31 | 78 | | 30557-76-7 |
| Isovalencenol (7) | $C_{15}H_{24}O$ | 220,35 | | | 22387-74-2 |

[a] α-Vetivon wurde lange Zeit fälschlicherweise als Hydroazulenon-Derivat angesehen.

β-Vetivone und die entsprechenden Methyl-Derivate wurde die Beziehung zwischen Struktur und Geruchseigenschaften wissenschaftlich untersucht. Ein großer Teil des Vetiveröl wird zu sogenanntem *Vetiverylacetat* verarbeitet, das wesentlich feiner riecht und vorwiegend die Acetate der veresterbaren Alkohole des Vetiveröls enthält; es wird als edle und elegante Holznote in feineren Parfüms verwendet. Zum Einsatz von Vetiveröl als Insektenabwehrmittel siehe Literatur[7–9], zu antimikrobiellen Eigenschaften siehe Literatur[10–12]. – *E* vetiver oil

*Lit.:* [1]Bauer et al. (4.), S. 224. [2]Parfums Cosmet. Arômes **84**, 61–66 (1988). [3]Sellier, N.; Cazaussus, A.; Budzinski, H.; Lebon, M., *J. Chromatogr. A*, (1991) **557**, 451–458. [4]Weyerstahl, P.; Marschall, H.; Splittgerber, U.; Wolf, D., *Flavour Fragr. J.*, (2000) **15**(3), 153–173. [5]Weyerstahl, P.; Marschall, H.; Splittgerber, U.; Wolf, D., *Liebigs Ann., Recl.*, (1997), Nr. 8, 1783–1787. [6]Weyerstahl, P.; Marschall, H.; Splittgerber, U.; Wolf, D., *Liebigs Ann. Chem.*, (1996), 1195–1199. [7]Spreitzer, H.; Piringer, I.; Holzer, W.; Widhalm, M., *Helv. Chim. Acta*, (1998) **81**(12), 2292–2299. [8]Spreitzer, H.; Piringer, I.; Pichler, A.; Holzer, W.; Schreder, P.; Widhalm, M., *Chirality*, (1999), **11**(1), 14–20. [9]Spreitzer, H.; Piringer, I.; Pichler, A.; Holzer, W.; Ruzicka, J.; Widhalm, M., *Chirality*, (1999), **11**(2), 133-138. [10]Maistrello, L.; Henderson, G.; Laine, R. A., *J. Econ. Entomol.*, (2001) **94**(6), 1532–1537. [11]Henderson, G.; Laine, R. A.; Heumann, D. O.; Chen, F.; Zhu, B. C. R., WO 2001028343 A1, (2001). [12]Hammer, K. A.; Carson, C. F.; Riley, T. V., *J. Appl. Microbiol.*, (1999) **86**(6), 985–990.
*allg.:* Merck-Index (13.), Nr. 10034 ∎ Ohloff, S. 169f. ∎ Ullmann (7.) [CD-ROM, 2004] – *[HS 3301 26]*

## Vetiverylacetat siehe *Vetiveröl.

## Vetivon siehe *Vetiveröl.

## VHDL. Abkürzung für englisch very high-density lipoproteins, siehe *Lipoproteine.

## Vibrations-Circulardichroismus siehe *Circulardichroismus.

## Vibrio. Etwa 30 Arten umfassende Gattung Gram-positiver, kommaförmiger bis schraubiger, beweglicher Stäbchen, aerob bis fakultativ anaerob. Vor allem zwei Arten, *Vibrio cholerae* und *Vibrio parahaemolyticus*, sind für *Lebensmittelvergiftungen verantwortlich (siehe Tabelle), darüber hinaus sind Lebensmittelvergiftungen durch *Vibrio vulnificus*, *Vibrio alginolyticus* und *Vibrio fluvialis* dokumentiert. *Vibrio parahaemolyticus* ist halophil und vermehrt sich am besten bei 2–4% NaCl. Mit Ausnahme von *Vibrio cholerae*, für den mehrere Übertragungswege bekannt sind, werden Vibrionen über kontaminierte Fische und Meeresfrüchte übertragen, vor allem in den Sommermonaten. Mehr als $10^4$ Zellen von *Vibrio cholerae* müssen aufgenommen werden, um eine Erkrankung auszulösen, bei anderen Vibrionen ist die Infektionsdosis wesentlich höher oder unbekannt. – *E* Vibrio

*Lit.:* [1]Forum Mikrobiol. **10**, 425–429 (1987).
*allg.:* Baumgart (4.), S. 185ff., 307ff. ∎ Doyle, M. P.; Beuchat, L. R.; Montville, T. J., Hrsg., *Food Microbiology*, ASM Press: Washington, (2001); S. 263ff. ∎ Fullner Satchell, K. J., *Microbes Infect.*, (2003) **5**, 1241–1247 ∎ Giraffa, G., *Int. J. Food Microbiol.*, (2003) **88**, 215–222 ∎ Hahn, H.; Falke, D.; Kaufmann,S. H. E.; Ullmann, U., Hrsg., *Medizinische Mikrobiologie und Infektiologie*, 4. Aufl.; Springer: Berlin, (2001) ∎ Krämer (4.)

## Vicilin. Eiweißstoff (Globulin) aus den Samen der *Linse, *Bohne, *Erbse, Wicke (*Vicia sativa*) u.a. Leguminosen. Vicilin hat einen geringen Schwefel-Gehalt, koaguliert bei 100°C, ist unlöslich in Wasser und ziemlich gut löslich in wäßriger Salzlösung. – *E* vicilin

*Lit.:* Belitz-Grosch-Schieberle (5.), S. 731

## Vinclozolin.

Common name für (±)-3-(3,5-Dichlorphenyl)-5-methyl-5-vinyl-2,4-oxazolidindion, $C_{12}H_9Cl_2NO_3$, $M_R$ 286,11, Schmp. 108°C, $LD_{50}$ (Ratte oral) >10000 mg/kg, von BASF 1976 eingeführtes selektives Kontakt-*Fungizid. Löslichkeit in Wasser: 2,6 mg/L

Tabelle: Lebensmittelvergiftungen durch *Vibrio*-Arten.

| Art | Vorkommen | Wachstum | Bedeutung |
|---|---|---|---|
| *Vibrio cholerae* | Wasser, besonders verunreinigte Küstengewässer und Meerestiere aus diesem Bereich. Überleben: auf trockenem Glas und Porzellan, das mit kontaminiertem Wasser gespült wurde, 4 h; auf Früchten oder Salat bei 30°C: 1–2 Tage; geräucherter Fisch (30°C): 2–4 Tage; Meerwasser 5–10°C: 60 Tage, 30°C: 10–13 Tage, Süßwasser 21°C: 12–50 Tage | Temperatur mindestens 8°C, Optimum 37°C, maximal 42°C. pH-Optimum bei 8,5–9. Abtötung: durch Pasteurisieren | Erreger der Cholera, Infektion geht fast immer von kontaminiertem Wasser aus; Infektionsdosis $10^6$ Keime im Trinkwasser, bei Lebensmitteln darunter; die Bakterien besiedeln das Dünndarmepithel, Ausscheidung des *Choleratoxins (Exotoxin), die Krankheit ist anzeigepflichtig[1] |
| *Vibrio parahämolyticus* | Küstengewässer mit >1% Kochsalz während der warmen Jahreszeit | Temperatur mindestens 5°C, Optimum 37°C, maximal 43°C. pH-Minimum bei 4,8. $a_W$-Minimum bei 0,94. Abtötung: durch Pasteurisieren | Erreger von Gastroenteritis, vor allem während des Sommers in Japan; hier verursacht die Art 60% der mikrobiellen Lebensmittelvergiftungen, Übertragung auf den Menschen bei Verzehr von rohem Fisch oder Muscheln, eventuell auch Trockenfisch und gesalzenes Gemüse. Infektionsdosis $10^6$–$10^7$ Keime pro Mahlzeit |

(20 °C). In wäßrigem und schwach saurem Medium stabil, zersetzlich in alkalischem Medium.

*Anwendung:* Zur Bekämpfung von Graufäule (*Botrytis cinerea*) im Wein-, Gemüse-, Hopfen-, Erdbeer- und Zierpflanzenanbau sowie gegen *Monilia*, *Sclerotinia* und *Phoma*. Gebräuchliche Anwendungsform: Spritzpulver (50%)[1]. Wirkung: hemmt das Auskeimen der Sporen.

*Recht:* In Deutschland als *Pflanzenschutzmittel allgemein zugelassen. Höchstmengen nach *Rückstands-Höchstmengenverordnung für Vinclozolin-Rückstände in speziellen Lebensmitteln: 0,05–40 mg/kg einschließlich der Abbau- und Reaktionsprodukte, die noch die 3,5-Dichloranilin-Gruppe enthalten, berechnet als Vinclozolin. Grenzwert im Trinkwasser nach der *Trinkwasser-Verordnung: 0,1 µg/L.

*Vorkommen:* Untersuchungen aus dem Lebensmittel-Monitoring-Programm 1995–1997 bei frischem Obst und Gemüse zeigen, daß Vinclozolin-Rückstände häufig angetroffen werden (in 1 bis 35% der untersuchten Proben), insbesondere bei Erdbeeren, Kiwis und Tafeltrauben. Höchstmengenüberschreitungen sind sehr selten.

*Toxikologie:* Hauptmetabolit bei Warmblüter ist N-(3,5-Dichlorphenyl)-2,3,4-trihydroxy-2-methylbutyramid. $LD_{50}$ (Ratte akut-oral) >15000 mg/kg, $LD_{50}$ (Ratte dermal) >5000 mg/kg; keine Reizwirkung auf Haut und Schleimhaut bei Kaninchen[2]; nicht bienengefährlich; Fischtoxizität: $LC_{50}$ (96 h) für Forelle 22–32 mg/L.

*Analytik:* Zum Nachweis von Vinclozolin siehe Literatur[3-6] (GC mit ECD- oder FID-Detektion, auch GC/MS). – *E* vinclozolin

*Lit.:* [1] Perkow. [2] Wirkstoffe iva (2.), S. 403. [3] Amtliche Sammlung, Nr. L 00.00-15 und L 00.00-16. [4] DFG-Methode, Nr. S8, S19 und 412. [5] Fresenius Z. Anal. Chem. **322**, 443 (1985). [6] Dtsch. Lebensm. Rundsch. **86**, 239 (1990).
*allg.:* Pesticide Manual (12.) – *[HS 2934 99; CAS 50471-44-8]*

## Vinifikation siehe *Weinbereitung.

## Vin mousseux (gazéifié) siehe *Schaumweine (Typen).

## Vinyldithiine siehe *Knoblauch.

## 4-Vinylguajakol (2-Methoxy-4-vinylphenol, Hesperetol; FEMA 2675).

$C_9H_{10}O_2$, $M_R$ 150,18, Sdp. 224 °C, Schmp. 9–10 °C (57 °C). Farbloses bis gelbliches, rauchig, nach Gewürznelken riechendes Öl oder Kristalle[1]. Geruchsschwelle in Wasser 10 ppb[2]. 4-Vinylguajakol entsteht thermisch oder fermentativ aus Ferulasäure (siehe *Hydroxyzimtsäuren)[3,4] und anderen Phenolcarbonsäuren und ist z.B. im Aroma von Bier, Brot, Tee, Kaffee[5,6], Popcorn und Wein[7,8] enthalten, sowie im Holzteer und geräucherten Lebensmitteln. – *E* 4-vinylguaiacol

*Lit.:* [1] Arctander, Nr. 1891. [2] Maarse, S. 515. [3] Lee, I.-Y.; Volm, T. G.; Rosazza, J. P. N., *Enzyme Microb. Technol.*, (1998) **23**, 261–266. [4] Karmakar, B.; Vohra, R. M.; Nandanwar, H.; Sharma, P.; Gupta, K. G., Sobti, R. C., *J. Biotechnol.*, (2000) **80**, 195–202. [5] Mayer, F.; Czerny, M.; Grosch, W., *Eur. Food Res. Technol.*, (2000) **211**, 272–276. [6] Czerny, M.; Grosch, W., *J. Agric. Food Chem.*, (2000) **48**, 868–872. [7] Ind. Bevande **28**, 13–19 (1999). [8] J. Biosci. Bioeng. **90**, 90–97 (2000). – *[CAS 7786-61-0]*

## 4-Vinylphenol (4-Ethenylphenol; FEMA 3739).

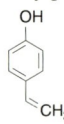

$C_8H_8O$, $M_R$ 120,15. Vinylphenol ist ein *Aromastoff vor allem in thermisch behandelten Lebensmitteln, z.B. in Bier, Popcorn, gekochtem Spargel, gekochten Sojabohnen und grünem Tee[1]. Vinylphenol besitzt eine stark rauchige Geruchsnote, die Geruchsschwelle liegt bei 10 ppb[2]. Es entsteht durch Decarboxylierung von *p*-Cumarsäure (*trans*-4-*Hydroxyzimtsäure) oder durch Einwirkung von Mikroorganismen auf Substrate wie z.B. Lignin. Es wird in Lebensmittelaromen, z.B. für Fleisch- oder Kaffeearomen verwendet. Zur Metabolisierung von Vinylphenol siehe Literatur[3]. Zur Analytik von Vinylphenol in alkoholischen Getränken siehe Literatur[4,5]. – *E* 4-vinylphenol

*Lit.:* [1] Kumazawa, K.; Masuda, E., *J. Agric. Food Chem.*, (1999) **47**(12), 5169–5172. [2] J. Agric. Food Chem. **36**, 1006–1009 (1988). [3] Carlson, G. P., *Toxicology*, (2002) **179**(1–2), 129–136. [4] Dominguez, C.; Guillen, D. A.; Barroso, C. G., *Anal. Chim. Acta*, (2002) **458**(1), 95–102. [5] Lopez, R.; Aznar, M.; Cacho, J.; Ferreira, V., *J. Chromatogr. A*, (2002), **966**(1–2), 167–177.
*allg.:* Beilstein EIV **6**, 3775 – *[CAS 2628-17-3]*

## Violaxanthin (Zeaxanthin-5*R*,6*S*:5′*R*,6′*S*-diepoxid, E 161e).

$C_{40}H_{56}O_4$, $M_R$ 600,88, Diepoxid des *Zeaxanthins, orangegelbe Krist., Schmp. 208 °C (auch 200 °C), $\lambda_{max}$ 418, 443, 472 nm ($C_2H_5OH$), $[\alpha]_D^{20}$ +38° ($CHCl_3$), lösl. in Alkohol, Ether u. Schwefelkohlenstoff.

*Vorkommen:* In pflanzlichen Geweben weitverbreitet, meist im µ/kg-Bereich vorkommendes Carotinoid, so in Orangen, Mandarinen (Früchte, Saft u. Schalen)[1-3], Pfirsichen, Pflaumen, Weintrauben, Feigen, Zuckermelonen, Mango[4,5], Kaki[6]; auch in den Schalen von Äpfeln[1] u. Kirschen[7], außerdem in Blütenblättern, grünen Blättern sowie in Algen. Sowohl *cis*- als auch *trans*-Form des V. werden als natürlich vorkommend beschrieben. Die enzymatische De-Epoxidierung zu *Zeaxanthin mittels Violaxanthin-De-Epoxidase[8] hat das Interesse zu molekularbiologischen Studien der Xanthophyllsynthese stimuliert[9,10]. Durch Photooxidation von V. erhält man den Pflanzenwuchshemmstoff Xanthoxin.

*Recht:* In Deutschland u. in der EU ist V. für Lebensmittel nicht zugelassen.

*Toxikologie:* Ein ADI-Wert wurde nicht festgelegt, da langjährige Erfahrung für die Unschädlichkeit von V. sprechen.

*Analytik:* Die in Früchten häufig mit Fettsäuren verestert vorkommenden V. werden wie bei anderen Carotinoiden über Auftrennung durch Säulenchromatographie, DC[1,4,5] od. HPLC bzw. HPLC-MS[11-13] durchgeführt; s. hierzu auch *Carotinoide. – *E* violaxanthin

*Lit.:* [1]J. Sci. Food Agric. **32**, 737–743 (1981). [2]Nelson u. Tressler, Fruit and Vegetable Juice Processing Technology, S. 35–81, Westport, Connecticut: AVI 1980. [3]Flüss. Obst **57**, 295–297 (1990). [4]Lebensm. Wiss. Technol. **22**, 100–103 (1989). [5]Int. J. Food Sci. Technol. **22**, 451–460 (1987). [6]Phytochemistry **24**, 29–32 (1985). [7]Gartenbauwissenschaft **50**, 88–90 (1985). [8]Eskling, M.; Emanuelsson, A.; Akerlund, H. E., *Adv. Photosynth. Respir.*, (2001) **11**, 433–452. [9]Dharmapuri, S.; Rosati, C.; Pallara, P.; Aquilani, R.; Bouvier, F.; Camara, B.; Guiliano, G., *FEBS Lett.*, (2002) **519**, 30–34. [10]Lin, R.; Li, L.; Kuang, T., *Chin. Sci. Bull.*, (2002) **47**, 915–917. [11]Gokmen, V.; Bahceci, S.; Acar, J., *J. Liq. Chromatogr. Related Technol.*, (2002) **25**, 1201–1203. [12]Clarke, P. A.; Barnes, K. A.; Startin, J. R.; Ibe, F. I.; Shepherd, M. J., *Rapid Commun. Mass Spectrom.*, (1996), **10**, 1781–1785. [13]Maoka, T.; Fujiwara, Y.; Hashimoto, K.; Akimoto, N., *J. Oleo Sci.*, (2002) **51**, 1–10.
*allg.:* Beilstein EV **19/3**, 463 ▪ Merck-Index (13.), Nr. 10059 – [HS 3203 00; CAS 126-29-4]

**Viomellein.** Dihydroisocumarin-*Mykotoxin.

$C_{30}H_{24}O_{11}$, $M_R$ 560, rotbraune Blättchen, Schmp. 275°C (Zersetzung); löslich in Methanol, Chloroform.

*Vorkommen:* Beim Wachstum von *Aspergillus ochraceus*, *Penicillium crustosum*, *Penicillium cyclopium* und *Penicillium viridicatum* zusammen mit *Ochratoxin und *Xanthomegnin auf Getreide. Nachgewiesen in Gerste, jedoch kaum untersucht[1,2].

*Toxikologie:* Schwaches Nephrotoxin, toxische Wirkung in Mäusen bei 450 mg/kg Futter. Bei Mäusen verursacht Viomellein herdförmige Lebernekrosen, nekrotisierende Cholangitis und Schäden der Gallengangepithelien. – *E* viomellein

*Lit.:* [1]Appl. Environ. Microbiol. **46**, 1311–1317 (1983). [2]DFG (Hrsg.), Ochratoxin A, Weinheim: VCH Verlagsges. 1990.
*allg.:* DeVries, J. W.; Trucksess, M. W.; Jackson, L. S., Hrsg., *Mycotoxins and Food Safety*, Kluwer Academic/Plenum Publishers: New York, (2002) ▪ Weidenbörner, M., *Lebensmittelmykologie*, Behr's: Hamburg, (1999)

**Vitamin A.** Sammelbezeichnung für *Retinoide, welche die biologische Aktivität von *all-trans*-*Retinol aufweisen und sich meist nur in der funktionellen Gruppe am endständigen Kohlenstoff-Atom und/oder durch *cis-/trans*-Isomerie an einer Doppelbindung unterscheiden. Eine einheitliche Wirkungsweise kann Vitamin A nicht zugeordnet werden, da die verschiedenen Derivate sehr unterschiedliche funktionelle Wirkungen zeigen (siehe unten).

R = $CH_2OH$; Retinol (Vitamin $A_1$)
R = $CH_2OH$, Doppelbindung $C_3/C_4$; 3,4-Didehydroretinol (Vitamin $A_2$; die biologische Aktivität von Vitamin $A_2$ beträgt beim Menschen 40% der des Vitamin $A_1$)
R = CHO; *Retinal (Vitamin-$A_1$-Aldehyd)
R = CHO, Doppelbindung $C_3/C_4$; 3,4-Didehydroretinal
R = COOH; *all-trans*-Retinsäure (Tretinoin)

Vitamin A ist in Gegenwart von Sauerstoff empfindlich gegen Hitze und Licht. Verluste von Vitamin A bei sachgemäßer Lagerung und Zubereitung von Lebensmitteln liegen bei 20%[1]. Die Vitamin-A-Aktivität der Provitamine wird auch in Abwesenheit von Sauerstoff durch Licht oder Hitze infolge Bildung von *cis*-Isomeren vermindert.

*Vorkommen:* Vitamin A kommt vorwiegend in tierischen Nahrungsmitteln (z.B. in der Leber) vor, in Form von Retinylestern. Diese tragen bei einer Mischkost wesentlich zur Vitaminbedarfsdeckung bei. In pflanzlichen Nahrungsmitteln kommt Vitamin A hauptsächlich in Form von Provitaminen (β-*Carotin, einige andere *Carotinoide, β-Apocarotinale) vor.

Die Verfügbarkeit von Vitamin A hängt stark von der Art der Zubereitung und mechanischen Zerkleinerung der Zellen ab. Darüber hinaus kann eine einseitige Ernährung z.B. mit rein pflanzlicher Kost zu einer unzureichenden Vitamin-A-Aufnahme führen.

Um zu einer einheitlichen Bewertung der Zufuhr und der Bedarfsdeckung zu kommen, werden die Provitamine als Retinol-Äquivalente berechnet:
1 mg Retinol-Äquivalent = 1 mg Retinol = 6 mg *all-trans*-β-Carotin = 12 mg andere Provitamin-A-Carotinoide = 1,15 mg *all-trans*-Retinylacetat = 1,83 mg *all-trans*-Retinylpalmitat.
Nur im pharmazeutischen Bereich wird Vitamin A noch in Internationalen Einheiten (IE) angegeben, wobei 1 IE 0,3 mg Retinol entspricht.
Zum Vorkommen von Vitamin A in Nahrungsmitteln siehe Tabelle 1, S. 1232.

*Funktion:* Die biologische Wirkung von Retinsäure und ihren Metaboliten (= biologisch aktive Form von Vitamin A) wird durch Interaktionen mit den nukleären Retinoid-Rezeptoren begründet. Die Retinoid-Rezeptoren wirken als Transkriptionsfaktoren durch Bindung an spezifische DNA-Sequenzen. Durch die Interaktionen der Retinsäure mit dem Kernrezeptor wird die Expression vieler Faktoren geregelt, die besonders in das Wachstum und die Differenzierung von Zellen und Geweben eingreifen (z.B. Cytokine, Interleukine). Vitamin A ist daher von großer Bedeutung für das Wachstum und die normale (fetale) Entwicklung des Menschen, für den Aufbau und die Resistenz der Haut und der Schleimhäute[3] sowie als Antioxi-

Tab. 1: Vitamin-A-Gehalt einiger Nahrungsmittel[2].

| Nahrungsmittel | Retinol-Äquivalente [mg Äquivalente/100 g] |
|---|---|
| **tierisch** | |
| Quark, 40% Fett i. Tr. | 0,1 |
| Camembert 45% Fett i. Tr. | 0,36 |
| Butter | 0,65 |
| Leberwurst, grob | 8,3 |
| Rinderleber | 18,0 |
| Schweineleber | 36,0 |
| **pflanzlich** | |
| Rosenkohl | 0,08 |
| Broccoli | 0,15 |
| Pfifferling | 0,21 |
| Aprikose | 0,37 |
| Zuckermelone | 0,78 |
| Spinat | 0,80 |
| Grünkohl | 0,86 |
| Karotte | 1,5 |

danz (Schutz vor freien Radikalen)[4]. Die Rolle als Regulator für die Zellvermehrung ist beschrieben[5]. Retinal wirkt als prosthetische Gruppe von *Rhodopsin (Chromoprotein, $M_R$ 28600), dem Sehpigment der Stäbchen. Durch Lichtquanten wird im Rhodopsin das 11-*cis*-Retinal in die stabile *all-trans*-Form umgewandelt und damit der Zerfall des Sehpurpurs eingeleitet (siehe auch *Retinal). Wie Untersuchungen gezeigt haben, handelt es sich bei dieser *cis-trans*-Isomerisierung um eine der schnellsten photochemischen Reaktionen (200 Femtosekunden)[6].

***Ernährungsphysiologie:*** *Resorption und Verteilung:* Vitamin A wird entweder in Form seiner Fettsäureester aus tierischen Nahrungsmitteln oder in Form seiner Provitamine aus pflanzlichen Nahrungsmitteln (meist β-Carotin) aufgenommen. Im Gegensatz zu den Provitaminen aus pflanzlichen Lebensmitteln (nur etwa 12%) werden die Fettsäureester aus tierischen Produkten fast vollständig resorbiert. Die gleichzeitige Gabe von Fett wirkt sich allgemein günstig auf die Resorptionsrate aus.

Die Resorption von β-Carotin erfolgt durch passive Diffusion. β-Carotin wird zu etwa 60–70% durch die Carotinoid-Dioxygenase der Darmschleimhaut nach oxidativer Spaltung der zentralen Doppelbindung 15,15′ in 2 Mol Retinal gespalten, zu Retinol reduziert und als Ester zur Leber transportiert. Die Umwandlung zu Retinol ist durch eine begrenzte Resorptionsrate und intestinale Biotransformation limitiert; sie ist ferner abhängig vom Vitamin-A-Status.

Die aus tierischen Produkten aufgenommenen Retinylester werden enzymatisch durch die Cholesterylesterase hydrolysiert; Retinol wird nach Umesterung in der Leber gespeichert (Speicherung von etwa 90% des gesamten Vitamin-A-Pools des Körpers). Der Lebervorrat kann bis zu 300 µg/g oder mehr betragen und den Bedarf bis zu einem Jahr decken. Die Abgabe von Vitamin A aus der Leberzelle in die Blutbahn und zum Wirkort erfolgt nach Hydrolyse des Retinylesters durch eine spezifische Retinylesterhydrolase. Dieses zunächst an ein zel-

luläres Retinol-bindendes Protein (CRBP) gebundene Retinol wird auf das intrazelluläre Apo-Retinol-bindende Protein (Apo-RBP) übertragen und als Holo-RBP nach Bindung an TTR (Transthyretin) in das Plasma sezerniert. Hat Vitamin A die Zielzelle erreicht, wird es nach Aufnahme ins Zellinnere von CRBP[7] gebunden, teilweise metabolisiert oder reverestert und in dieser Form gespeichert bzw. zu Retinsäure oxidiert.

*Bedarf:* Die D-A-CH-Empfehlungen (*Referenzwerte für die Nährstoffzufuhr) gehen von einem experimentell ermittelten Tagesbedarf von 0,6 mg Vitamin A aus, zu dem ein Zuschlag von 60% hinzugerechnet wird. Für Frauen wurde die empfohlene Zufuhr aufgrund des niedrigeren Plasmaspiegels geringer angesetzt. In der Schwangerschaft sollte jedoch ab dem 2. Schwangerschaftsdrittel die Vitamin-A-Zufuhr etwa ein Drittel höher sein, da Vitamin A für die Lungenentwicklung und -reifung des Fetus wichtig ist. Auch während der Stillzeit ist eine erhöhte Vitamin-A-Zufuhr von Bedeutung, da vom Säugling rund 0,5 mg Retinol-Äquivalente/d mit der Muttermilch aufgenommen werden. *RDA-Empfehlungen und D-A-CH-Empfehlungen zur Vitamin-A-Aufnahme siehe Tabelle 2, S. 1233.

*Mangel:* Der Beginn eines Vitamin-A-Mangels kann durch eine klinisch-chemische Diagnostik nicht erfaßt werden, da die Vitamin-A-Konzentration auch dann noch homöostatisch im Normalbereich (Normalwerte Retinol-Serumkonzentrationen: Kinder 25–40 mg/dL, Erwachsene 40–85 mg/dL) reguliert wird, wenn die Leber fast vollständig geleert ist. Eine Beurteilung der Bedarfsdeckung über den Plasmaspiegel ist daher sehr schwierig[8].

Verschiedene Erkrankungen, welche die Resorption des Vitamins beeinflussen oder einen erhöhten Verbrauch erfordern (z.B. Lebererkrankungen, Erkrankungen des Pankreas mit Fettabsorptionsstörungen, Alkoholismus, Fehlernährung, Personengruppen mit kritischer Versorgung, z.B. Neugeborene oder alte Menschen, Einnahme von Medikamenten wie z.B. Xenical, die die Resorption von Fett und fettlöslichen Vitaminen reduzieren) können besonders bei geringen Leberspeichern zu einem Vitamin-A-Mangel führen.

Die Nachtblindheit stellt das erste klinische Anzeichen dar, ebenso eine stark erhöhte Infektempfindlichkeit der Atemwege. Ein ausgeprägter Vitamin-A-Mangel (Symptomatik siehe Tabelle 3, S. 1233) äußert sich unter anderem in Form einer *Xerophthalmie* (Trockenheit des äußeren Auges mit Bitot-Flecken; von griechisch xeros = trocken und ophthalmos = Auge) mit einer anschließenden *Keratomalazie* (Geschwürbildung und Erweichung der Hornhaut) und nachfolgender Zerstörung des vorderen Augenabschnitts und Erblindung. Bei gleichzeitig auftretender Abwehrschwäche (infolge des Vitamin-A-Mangels) können selbst leicht verlaufende Infektionen zum Tod führen. Vitamin-A-Mangelzustände sind in den westlichen Industrieländern sehr selten. In den Ländern der dritten Welt gehört der ausgeprägte Vitamin-A-Mangel

Tabelle 2: Empfehlungen für die Vitamin-A-Zufuhr in mg-Äquivalente/d.

**D-A-CH**

| | ♂ | ♀ |
|---|---|---|
| **Säuglinge** | | |
| 0–4 Monate | | 0,5 |
| 4–12 Monate | | 0,6 |
| **Kinder** | | |
| 1–4 Jahre | | 0,6 |
| 4–7 Jahre | | 0,7 |
| 7–10 Jahre | | 0,8 |
| 10–13 Jahre | | 0,9 |
| 13–15 Jahre | 1,1 | 1,0 |
| **Jugendliche und Erwachsene** | | |
| 15–19 Jahre | 1,1 | 0,9 |
| 19–25 Jahre | 1,0 | 0,8 |
| 25–51 Jahre | 1,0 | 0,8 |
| 51–65 Jahre | 1,0 | 0,8 |
| über 65 Jahre | 1,0 | 0,8 |
| **Schwangere** | | |
| ab 4. Monat | | 1,1 |
| **Stillende** | | 1,5 |

**RDA**

| | ♂ | ♀ |
|---|---|---|
| **Säuglinge** | | |
| 0–6 Monate | | 0,4 |
| 7–12 Monate | | 0,5 |
| **Kinder** | | |
| 1–3 Jahre | | 0,3 |
| 4–8 Jahre | | 0,4 |
| **Jugendliche und Erwachsene** | | |
| 9–13 Jahre | 0,6 | 0,6 |
| 14–18 Jahre | 0,9 | 0,7 |
| 19–30 Jahre | 0,9 | 0,7 |
| 31–50 Jahre | 0,9 | 0,7 |
| 51–70 Jahre | 0,9 | 0,7 |
| über 70 Jahre | 0,9 | 0,7 |
| **Schwangere** | | |
| ab 4. Monat | | 0,8 |
| **Stillende** | | 1,3 |

[Ursache dafür kann auch PEM (protein energy malnutrition) sein, da durch den Poteinmangel die Bildung von Retinol-bindenden Proteinen eingeschränkt ist] zu den häufigsten Mangelerkrankungen und stellt die Hauptursache für die Erblindung und die hohe Kindersterblichkeit dar[9]. Viele Untersuchungen konnten zeigen, daß durch eine rechtzeitige Vitamin-A-Supplementierung die hohe Sterblichkeit stark reduziert werden könnte.

**Toxikologie:** Überdosierungen können zu Hypervitaminosen führen. Akute Vergiftungen (siehe Tabelle 4) wurden z.B. bei Polarforschern nach dem Verzehr von Eisbärleber beobachtet. Eine akute Vitamin-A-Intoxikation, wie sie nach einer Aufnahme von mehr als 300 mg (Erwachsener) oder von mehr als 100 mg (Kind) auftreten kann, führt unter anderem zu Kopfschmerzen, Erbrechen, Schwindel und Übelkeit.
Bei der chronischen Vitamin-A-Hypervitaminose (siehe Tabelle 5) kommt es – aufgrund einer längerfristigen Zufuhr von mehr als 15 mg/d bei Er-

Tabelle 3: Symptomatik des ausgeprägten Vitamin-A-Mangels.

**Sinnesorgane**
Auge: Störung der Dunkeladaption bis zur Hemeralopie, Erblindung
Ohr: Hörstörungen, erhöhte Vulnerabilität
Nase: herabgesetzte Geruchsempfindlichkeit
Zunge: Geschmacksstörungen
**Haut, Schleimhäute**
Eintrocknung bis Verhornung von Schleimhäuten, Atrophie von Speichel und Schleimdrüsen im Bereich von Trachea und Kehlkopf. Dadurch gehäuft: Gingivitis, Stomatitis, Bronchitis, Pneumonie (führen zu weiterer Abnahme der Vitamin-A-Speicher)
Atrophie des Darmepithels (Resorptionsstörungen)
**Blut**
hypochrome Anämie
**Knochen, Zähne**
Dentinationsstörungen
Wachstumsstörungen der Röhrenknochen
**ZNS**
Erhöhung des intrazellulären Druckes
Hydrozephalus bei Neugeborenen
**Keimdrüsen**
Störungen der Spermatogenese
**Teratogenität**
Mißbildungen insbesondere im Bereich des Hörorgans unterschiedlicher Ausprägung
Multiple Mißbildungen des Gastrointestinaltraktes und Urogenitaltraktes

Tabelle 4: Symptome einer akuten Vitamin-A-Intoxikation.

**Symptome**
gesteigerter Liquordruck (Kopfschmerzen)
Appetitlosigkeit, Erbrechen, Schwindel
Haarverlust, Schälreaktion der Haut
Müdigkeit bis hin zur Somnolenz
Hämorrhagien, Nasenbluten
**Labor**
Anstieg der Serum-Retinylester (je nach Dosis auch Anstieg des Serum-Retinols)
leichter Anstieg des Serum-Calciums
leichter (fakultativer) Anstieg der alkalischen Phosphatase

Tabelle 5: Symptome der chronischen Intoxikation.

Schälreaktion der Haut mit Rötung und Juckreiz
Schälreaktion im Bereich der Schleimhäute
Knochenschmerzen
gesteigerter Liquordruck mit Kopfschmerzen
Papillenödem
Schlafstörungen
Appetitlosigkeit und Gewichtsverlust
Müdigkeit
Hämorrhagien
Hepatomegalie
Anstieg der AP, SGOT (AST) und SGPT (ALT)

AP: alkalische Phosphatase; SGOT: Serum-Glutamat-Oxalacetat-Transaminase; SGPT: Serum-Glutamat-Pyruvat-Transaminase.

wachsenen oder 5 mg/d bei Kindern – zu Schlafstörungen, Appetitlosigkeit, Haarausfall, Knochenschmerzen oder Veränderungen des Skelettsystems (bei Kindern); diese Symptome sind allerdings nach Absetzten des Vitamins nach Tagen oder Wochen reversibel.

Der Retinylester-Plasmaspiegel (Normalwert 10–20 mg/mL, nüchtern) stellt im Gegensatz zur Plasmaretinol-Konzentration einen guten Indikator für eine Vitamin-A-Überdosierung (akut und chronisch) dar, bei einer Überdosierung kann eine Zunahme auf bis zu 100 mg/mL erfolgen.

Zum teratogenen Potential von Vitamin A bzw. der allein teratogen wirksamen Retinsäure sind umfangreiche Untersuchungen durchgeführt[10,11] und Empfehlungen ausgesprochen worden[12]: Die Vitamin-A-Zufuhr sollte gemäß D-A-CH-Empfehlung bei Schwangeren 3,0 mg pro Tag nicht übersteigen[13–15], zusätzlich darf bei Schwangeren keine Behandlung mit Retinsäure bei Akne vulgaris durchgeführt werden (Untersuchungen belegen, daß es beim Fetus im 1. Schwangerschaftsdrittel zu Fehlbildungen des Herzens, der großen Gefäße, des Gehirns und der Extremitäten kommen kann). Darüber hinaus hat das Bundesinstitut für Risikobewertung (*BfR) Frauen, die schwanger sind oder eine Schwangerschaft nicht ausschließen können, empfohlen, auf den Genuß von Leber zu verzichten. Untersuchungen der Vitamin-A-Gehalte in der Leber von Schlachttieren ergaben hohe Durchschnittsgehalte von 18–36 mg Vitamin A pro 100 g Frischgewicht, so daß mit einer Lebermahlzeit das 20–40fache der empfohlenen Tagesaufnahmemenge aufgenommen werden kann.

*Pharmakologie:* Verabreichung von Vitamin A zur Behebung von Vitamin-A-Mangelzuständen, vor allem in den Entwicklungsländern. Vitamin A wird in den Entwicklungsländern auch bei Masern verabreicht (beträchtliche Verringerung der Mortalität bei Masern).

*Analytik:* Die UV-Absorptionsmessung liefert nur bei Reinpräparaten zufriedenstellende Ergebnisse[16]. Mit Antimonchlorid in Chloroform ergeben Vitamin A und seine Ester eine charakteristische, kolorimetrisch auswertbare Blaufärbung (Carr-Price-Reaktion), β-Carotin wirkt als Störfaktor. Der Nachweis kann auch mittels Fluoreszenzmessung oder massenspektroskopisch erfolgen[17], im Serum oder Plasma wird Vitamin A heute meistens mittels HPLC nachgewiesen[18].

*Lit.:* [1]Bognàr, A., *Ernährung/Nutrition*, (1995) **19**, 411–416, 478–483, 551–554. [2]Souci et al. (6.). [3]Cancer Res. **50**, 2311–2315 (1990). [4]Irshad, M.; Chaudhuri, P. S., *Indian J. Exp. Biol.*, (2002) **40**, 1233–1239. [5]Freemantle, S. J.; Spinella, M. J.; Dmitrovsky, E., *Oncogene*, (2003) **47**, 7305–7315. [6]Science **254**, 412 (1991). [7]Annu. Rev. Nutr. **16**, 205–234 (1996). [8]Am. J. Clin. Nutr. **46**, 286–289 (1987). [9]Bhaskaram, P., *Nutr. Rev.*, (2002) **60**, 40–45. [10]Toxicol. Lett. **48**, 171–184 (1989). [11]Lancet **8579**, 238 (1988). [12]27. Bericht des wissenschaftlichen Lebensmittelausschusses der EG (SCF), Risiken einer Hypervitaminose A, vom 21. Juni 1991, EUR 14181 DE, Luxemburg 1992. [13]J. Org. Chem. **61**, 3542 (1996). [14]Deutsche Gesellschaft für Ernährung (DGE); Österreichische Gesellschaft für Ernährung (ÖGE); Schweizerische Gesellschaft für Ernährungsforschung (SGE); Schweizerische Vereinigung für Ernährung (SVE), *Referenzwerte für die Nährstoffzufuhr*, Umschau/Braus: Frankfurt am Main, (2000). [15]Deluca, H. F.; Tadikonda, P. K, US 5808120 A, (1998). [16]GIT Fachz. Lab. **35**, 218–220 (1991). [17]Fette, Seifen, Anstrichm. **81**, 40ff. (1979). [18]Fidanza (Hrsg.), Nutritional Status Assessment, S. 191–195, London: Chapman & Hall 1991.

*allg.:* Biesalski, H. K.; Köhrle, J.; Schümann, K., Hrsg., *Vitamine, Spurenelemente und Mineralstoffe*, Thieme: Stuttgart, (2002); S. 3ff., 309, 507, 667 ▪ Institute of Medicine, Hrsg., *Dietary Reference Intakes for Vitamin A, Vitamin K, Arsenic, Boron, Chromium, Copper, Iodine, Iron, Manganese, Molybdenum, Nickel, Silicon, Vanadium and Zink*, National Academy Press: Washington, DC, (2001) – *[HS 2936 21; CAS 68-26-8 (Vitamin A₁); 79-80-1 (Vitamin A₂)]*

**Vitamin A₁, A₂** siehe *Retinol und *Vitamin A.

**Vitamin-A₁(A₂)-Aldehyd** siehe *Retinal und *Vitamin A.

**Vitamin B₁** siehe *Thiamin.

**Vitamin B₂** siehe *Riboflavin.

**Vitamin B₅.** Synonym für *Pantothensäure.

**Vitamin B₆.** Sammelbezeichnung für alle Vitaminwirksamen 3-Hydroxy-2-methylpyridine: Pyridoxin, Pyridoxal und Pyridoxamin sowie ihre 5′-Phosphorsäureester (siehe Tabelle 1). Die Bezeichnung Vitamin B₆ ersetzt vollständig den alten Sammelbegriff „Pyridoxin". Alle Vitamin-B₆-Derivate sind in wäßrigen sauren Lösungen recht stabil, nicht jedoch in neutralen oder alkalischen Lösungen.

Pyridoxolacton

*Vorkommen:* In Pflanzen und den meisten Mikroorganismen entsteht Pyridoxal aus Acetaldehyd (bzw. dessen biologischem Äquivalent Glycin), Dihydroxyacetonphosphat und Glyceraldehydphosphat. Pyridoxal kann reversibel in die übrigen Vitamine umgewandelt werden.

Vitamin B₆ kommt in nahezu allen tierischen und pflanzlichen Geweben vor. In tierischen Lebensmitteln dominieren Pyridoxal und Pyridoxalphos-

Tabelle 1: Vitamin-B₆-Derivate.

| Verbindung | Abkürzung | $R^1$ | $R^2$ | Summenformel | $M_R$ |
|---|---|---|---|---|---|
| Pyridoxin | PN | $CH_2OH$ | H | $C_8H_{11}NO_3$ | 169,18 |
| Pyridoxin-5′-phosphat | PNP | $CH_2OH$ | $PO_3H_2$ | $C_8H_{12}NO_6P \cdot H_2O$ | 265,16 |
| Pyridoxal | PL | CHO | H | $C_8H_9NO_3$ | 167,16 |
| Pyridoxal-5′-phosphat | PLP | CHO | $PO_3H_2$ | $C_8H_{10}NO_6P$ | 247,15 |
| Pyridoxamin | PM | $CH_2NH_2$ | H | $C_8H_{12}N_2O_2$ | 168,20 |
| Pyridoxamin-5′-phosphat | PMP | $CH_2NH_2$ | $PO_3H_2$ | $C_8H_{13}N_2O_5P$ | 264,18 |
| 4-Pyridoxinsäure | | COOH | H | $C_8H_9NO_4$ | 183,17 |

phat, in pflanzlichen Nahrungsmitteln sind es vor allem Pyridoxin und Pyridoxamin und deren Phosphate. Zudem liegen in Pflanzen bis zu 50% des Vitamin B$_6$ als Glycosylate [5-O-(β-D-Glucopyranosyl)-pyridoxin] vor. Dies und andere Matrix-Effekte führen zu einer Bioverfügbarkeit aus pflanzlichen Lebensmitteln von maximal 80%.

Tabelle 2: Vitamin-B$_6$-Gehalte ausgewählter Nahrungsmittel (nach Literatur[1]).

| Nahrungsmittel | Vitamin B$_6$ [mg/100 g] |
|---|---|
| Schweinefleisch | 0,56 |
| Huhn | 0,53 |
| Hering | 0,45 |
| Hühnerei (Stück) | 0,05 |
| Kuhmilch | 0,04 |
| Broccoli | 0,28 |
| grüne Bohnen | 0,26 |
| Feldsalat | 0,25 |
| Kartoffeln | 0,31 |
| Bananen | 0,36 |
| Weizenbrot (Vollkorn) | 0,06 |
| Weizenkeime | 0,49 |
| Soja (Samen) | 1,00 |

**Stoffwechsel:** Nach Hydrolyse durch intestinelle Phosphatasen wird Vitamin B$_6$ durch passive Diffusion vorwiegend im oberen Jejunum resorbiert. An die Resorption schließt sich eine Rephosphorylierung (englisch: metabolic trapping) in der Darmmucosa an. An der basolateralen Seite der Mucosazellen werden die Pyridine wiederum dephosphoryliert und über das Blut zur Leber transportiert. Dort erfolgt eine schnelle Phosphorylierung mit anschließender Oxidation von PMP und PNP zu PLP. PLP und PMP können reversibel ineinander überführt werden.

Im Blut zirkulieren vorwiegend Albumin-gebundenes PL und PLP; PN und Pyridoxinsäure liegen frei vor. PLP wird außerdem an das Hämoglobin der Erythrocyten gebunden. Die Aufnahme in periphere Gewebe erfolgt durch extrazelluläre Dephosphorylierung und anschließendes metabolic trapping. Überschüssiges Pyridoxal wird im Gewebe zu 4′-Pyridoxinsäure oxidiert und über den Urin ausgeschieden.

Der Gesamtkörperbestand an Vitamin B$_6$ beträgt ca. 100 mg, 0,1% befinden sich im Blutkreislauf, 70–80% liegen im Muskel als PLP an Glycogen-Phosphorylase gebunden vor, die restlichen 20–30% verteilen sich auf verschiedene Gewebe; der Speicher in der Leber hält 2–6 Wochen vor.

**Funktion:** PLP (und in geringerem Maß PMP) fungiert als Coenzym zahlreicher enzymatischer Reaktionen des Lipid-, Neurotransmitter- und Nucleinsäure-Stoffwechsels, vor allem aber im Aminosäure-Stoffwechsel (Transaminierung, Decarboxylierung, Racemisierung). Die Aldehyd-Gruppe von PLP reagiert dabei mit der α-Amino-Gruppe einer Aminosäure unter Bildung einer Schiffschen Base und labilisiert damit (abhängig von der Enzymstruktur) eine der drei Bindungen am α-Kohlenstoff-Atom (siehe Abbildung). Bei

Aminotransferasen ist dies die Bindung a, bei Decarboxylasen die Bindung b und bei Aldolasen die Bindung c. Auch Reaktionen am β- und γ-Kohlenstoff-Atom können durch PLP-Enzyme katalysiert werden (z.B. Cystathionin-β-Synthase und Cystathionin-γ-Lyase im *Homocystein-Stoffwechsel). PLP wirkt außerdem als Phosphat-Puffer der Glycogen-Phosphorylase im Muskel.

Abbildung: Aus Pyridoxal-5′-phosphat und einer Aminosäure gebildete Schiffsche Base (nach Literatur[2]).

Weiterhin verbessert Vitamin B$_6$ die Immunfunktion und hemmt die Steroidhormon-abhängige Genexpression, wobei die Mechanismen noch nicht vollständig aufgeklärt sind.

**Ernährungsphysiologie:** *Bedarf:* Aufgrund seiner Funktion im Aminosäure-Stoffwechsel hängt der Vitamin-B$_6$-Bedarf von der Protein-Zufuhr ab. Die Deutsche Gesellschaft für Ernährung (*DGE) leitet ihre Empfehlungen von einem Quotienten von 20 µg Vitamin B$_6$ pro g empfohlene Proteinzufuhr ab und erhält die in Tabelle 3 dargestellten Werte.

Tabelle 3: Zufuhrempfehlungen für Vitamin B$_6$ (siehe Literatur[3,4]).

| Altersgruppen | DGE [mg/d] | | *RDA [mg/d] | |
|---|---|---|---|---|
| Säuglinge | 0–3 Monate | 0,1 | 0–6 Monate | 0,1 |
| | 4–2 Monate | 0,3 | 7–12 Monate | 0,3 |
| Kinder | 1–3 a | 0,4 | 1–3 a | 0,5 |
| | 4–6 a | 0,5 | 4–8 a | 0,6 |
| | 7–9 a | 0,7 | 9–13 a | 1,0 |
| | 10–12 a | 1,0 | | |
| Jugendliche und Erwachsene | | | | |
| männlich | 13–14 a | 1,4 | 14–50 a | 1,3 |
| | 15–18 a | 1,6 | >50 a | 1,7 |
| | 19–64 a | 1,5 | | |
| | >64 a | 1,4 | | |
| weiblich | 13–14 a | 1,4 | 14–18 a | 1,2 |
| | >14 a | 1,2 | 19–50 a | 1,3 |
| | | | >50 a | 1,5 |
| Schwangere | ab 4. Monat | 1,9 | | 1,9 |
| Stillende | | 1,9 | | 2,0 |

Die Zufuhr sollte in Schwangerschaft und Stillzeit erhöht werden, um einer häufig auftretenden Verschlechterung der Vitamin-B$_6$-Versorgung im letzten Schwangerschaftsdrittel zuvorzukommen und den Vitaminverlust über die Frauenmilch auszugleichen. Außerdem erhöhen verschiedene Medikamente wie Antikonvulsiva und Tuberkulostatika den Bedarf.

*Mangel:* Echter Vitamin-B$_6$-Mangel ist äußerst selten und wurde in den 50er Jahren bei Säuglingen beobachtet, die mit autoklavierter Milchnahrung ernährt wurden (Ausbildung von biologisch inaktivem Pyridoxin-Lysin-Komplexen) und konnte bei

Depletionsstudien/Repletionsstudien nachvollzogen werden.

Üblicherweise tritt ein Vitamin-B₆-Mangel gemeinsam mit Unterversorgung anderer Vitamine auf, Risikofaktoren sind geringe Nahrungsaufnahme (ältere Personen, Reduktionsdiät), Alkoholmißbrauch, Schwangerschaft.

Mangelerscheinungen äußern sich wenig spezifisch und ähneln im Frühstadium dem Niacin- und Riboflavin-Mangel (Entzündungen mit Schuppenbildung an Haut und Schleimhäuten). Fortgeschrittener Mangel hat Störungen des Nervensystems, Depressionen, erhöhte Infektanfälligkeit und hypochrome, nicht durch Eisen behandelbare Anämie zur Folge. Bei den oben genannten Säuglingen wurden Schreckhaftigkeit, EEG-Veränderungen und gelegentlich epilepsieartige Krämpfe beobachtet.

*Toxizität:* Die akute Toxizität von Vitamin B₆ ist relativ gering. Die LD₅₀ von Pyridoxin-Hydrochlorid, der üblichen Handelsform, liegt für Ratten bei 4–5 g/kg. Beim Menschen können jedoch nach Einnahme von über 1 g/d über mehrere Wochen periphere sensible Neuropathien mit teilweise irreversiblen Störungen auftreten; der Mechanismus ist unbekannt. Tagesdosen von unter 200 mg/d werden als sicher betrachtet.

*Pharmakologie:* Neben seiner Verwendung als Futtermittelzusatz in der Tierhaltung wird Vitamin B₆ beim Menschen in der Behandlung von Stoffwechseldefekten (Homocysteinurie, sideroblastische Anämie), als Antidot gegen Isoniazid-Vergiftung und gegen Übelkeit eingesetzt. Der Nutzen von Vitamin B₆ in der Therapie von Neuropathien, Karpaltunnel-Syndrom und Bluthochdruck ist dagegen nicht sicher erwiesen. Es tritt mit mehreren Medikamenten wie Isoniazid, Dopa, Theophyllin und Antikonvulsiva in Wechselwirkung, was die Bioverfügbarkeit sowohl dieser Verbindungen als auch des Vitamins verringert.

*Analytik:* Mikrobiologische Verfahren (z.B. unter Verwendung von *Neurospora sitophila* oder *Saccharomyces carlsbergensis*) werden meist nicht mehr angewendet. Zur Vitamin-B₆-Analytik sind heute HPLC-Verfahren etabliert[5,6], die jedoch auf Grund der Licht- und Hitzelabilität eine komplexe Probenvorbereitung voraussetzen.

*Status:* Während die Ausscheidung von 4′-Pyridoxinsäure im Urin die unmittelbar vorausgegangene Vitamin-B₆-Aufnahme wiederspiegelt, geben die PLP-Konzentration im Blutplasma (Mangel: <20 nmol/L) und der α-EAST-Wert (*in-vitro*-Stimulierung der Aspartat-Aminotransferase in Erythrocyten) Aufschluß über die mittelfristige Versorgung. Ferner werden der Methionin- und der Tryptophan-Belastungstest angewandt. Diese Tests beruhen darauf, daß bei unzureichender Vitamin-B₆-Versorgung der Methionin- bzw. Tryptophan-Abbau gestört ist und nach Zufuhr einer definierten Menge der jeweiligen Aminosäure erhöhte Konzentrationen von Homocystein im Plasma bzw. Xanthurensäure im Urin vorliegen.

*Geschichte:* Von György 1934 unternommene Fütterungsversuche an Ratten, die eine Vitamin-B-

Komplex-freie Diät erhielten, resultierten in vermindertem Wachstum und einer Pellagra-ähnlichen Dermatitis an den Extremitäten, weshalb der vermutete Wirkstoff zunächst den Namen Antidermatitis-Faktor oder Adermin erhielt. Pyridoxin wurde 1938 kristallin erhalten, die Konstitution klärten unabhängig voneinander Folkers und R.Kuhn 1939 auf. Pyridoxal und Pyridoxamin wurden 1942 von E. E. Snell gefunden. – *E* vitamin B₆

*Lit.:* [1]Souci et al. (6.). [2]Stryer 1996. [3]Deutsche Gesellschaft für Ernährung, Hrsg., *Referenzwerte für die Nährstoffzufuhr*, 1. Aufl.; Umschau/Braus: Frankfurt/Main, (2000). [4]Institute of Medicine, Hrsg., *Dietary Reference Intakes for Thiamin, Riboflavin, Niacin, Vitamin B₆, Folate, Vitamin B₁₂, Pantothenic Acid, and Choline*, National Academy Press: Washington, DC, (1998). [5]J. Chromatogr. **463**, 207–211 (1989). [6]Int. J. Assoc. Off. Anal. Chem. **76**, 1276–1280 (1993).
*allg.:* Beilstein EV **21/5**, 492 (PN); **21/13**, 44 (PL); **22/12**, 324 (PM) ■ Bender, D. A., *Br. J. Nutr.*, (1999) **81**, 7–20 ■ Frank, J., In *Vitamine, Spurenelemente und Mineralstoffe*, Biesalski, H. K.; Köhrle, J.; Schümann, K., Hrsg.; Thieme: Stuttgart, (2002); S. 70ff. – *[HS 2936 25]*

**Vitamin B₇** siehe *Biotin.

**Vitamin B₁₂** (Cobalamine, Antiperniziosa-Faktor, Extrinsic factor). Sammelbezeichnung für eine Gruppe von Verbindungen, die aus einem Corrin-Gerüst mit 3-wertigem Cobalt als Zentralatom und einem über D-Ribofuranose-3-phosphat α-glycosidisch gebundenen 5,6-Dimethylbenzimidazol-Rest bestehen. Letzterer kann jedoch auch, vor allem in Mikroorganismen, durch andere Stickstoff-Heterocyclen ersetzt sein wie z.B. 5-Hydroxybenzimidazol oder Adenin.

Das Cobalt-Ion ist derart fest gebunden, daß es bislang aus dem Corrin-Liganden nicht ohne dessen Zerstörung entfernt werden konnte. In verschiedenen Cobalaminen kann das Zentralatom durch milde Reduktionsmittel zu Cobalt(II) reduziert werden; das resultierende System heißt Cob(II)-alamin oder B₁₂ᵣ, ist an der α-Position unsubstituiert und paramagnetisch. Stärkere Reduktionsmittel reduzieren zu Cob(I)-alamin (auch: B₁₂ₛ, diamagnetisch; beide axiale Positionen unbesetzt).

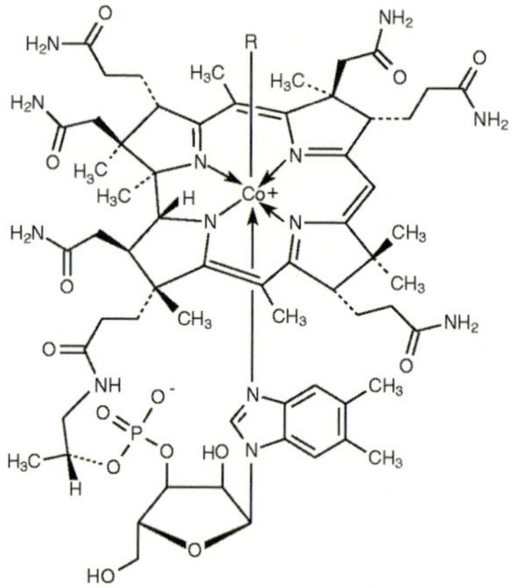

Abbildung 1: Grundform der Cobalamine, Rest R siehe Tabelle 1, S. 1237.

Tabelle 1: Trivialnamen der Vitamin-B$_{12}$-Derivate.

| –R | Bezeichnung | Summenformel | M$_R$ |
|---|---|---|---|
| –CN | Cyanocobalamin, B$_{12}$ | C$_{63}$H$_{88}$CoN$_{14}$O$_{14}$P | 1355,38 |
| –O$^+$H$_2$ | Aquocobalamin, B$_{12a}$ (konjugierte Säure von Hydroxocobalamin) | C$_{62}$H$_{90}$CoN$_{13}$O$_{15}$P | 1347,38 |
| –OH | Hydroxocobalamin, B$_{12b}$ | C$_{62}$H$_{89}$CoN$_{13}$O$_{15}$P | 1346,37 |
| –NO$_2$ | Nitritocobalamin, B$_{12c}$ | C$_{62}$H$_{88}$CoN$_{14}$O$_{16}$P | 1375,37 |
| –5′-Desoxyadenosyl | 5′-Desoxyadenosylcobalamin, Adenosylcobalamin, Coenzym B$_{12}$ | C$_{72}$H$_{100}$CoN$_{18}$O$_{17}$P | 1579,60 |
| –CH$_3$ | Methylcobalamin, Methyl B$_{12}$ | C$_{63}$H$_{91}$CoN$_{13}$O$_{15}$P | 1360,40 |

Abbildung 2: 5′-Desoxyadenosyl-Rest.

Der Aufbau des Corrin-Gerüstes ähnelt den Porphyrinen, jedoch sind 2 Ringe direkt miteinander verknüpft. Die 6. Bindungsstelle (sog. β-Position) von Cobalt kann mit verschiedenen Resten substituiert sein, von denen sich die Namen der jeweiligen Derivate ableiten.

Wichtigstes Industrie-Produkt ist Cyanocobalamin. Es kann im Körper in die physiologisch vorliegenden Derivate *Aquocobalamin* (Aquacobalamin), Hydroxocobalamin, *5′-Desoxyadenosylcobalamin* (Adenosylcobalamin, Coenzym B$_{12}$, internationaler Freiname: Cobamamid, Struktur siehe Abbildung 2) und *Methylcobalamin* umgewandelt werden. Adenosylcobalamin und Methylcobalamin sind die eigentlichen Wirkformen (Coenzymformen) beim Menschen, Aquocobalamin und Hydroxocobalamin sind Speicherformen.

**Synthese:** Zur Biosynthese von Vitamin B$_{12}$[1-7] sind ausschließlich Mikroorganismen wie z.B. *Propionibacterium shermanii* befähigt[1]. Zwei Syntheserouten sind bekannt, eine anaerobe und eine aerobe, die sich in der Art der Ringkontraktion und in Art und Zeitpunkt des Cobalt-Einbaus unterscheiden. Beide Routen benötigen ca. 20 Enzyme und lassen sich in je drei Hauptabschnitte gliedern:

1. Synthese von Uroporphyrinogen III aus 5-Amino-4-oxovaleriansäure (δ-ALA) über Porphobilinogen und *C*-Methylierung unter Verwendung von *S*-Adenosyl-methionin (SAM), wobei Präcorrin-2 entsteht.

2. Decarboxylierung, Ringkontraktion und Einbau von Cobalt unter Bildung von Adenosylcobyrinsäure, dem einfachsten Vertreter der natürlich vorkommenden Corrine.

3. Umwandlung der Adenosylcobyrinsäure in Adenosylcobalamin.

**Gewinnung:** In den 50er Jahren wurde Faulschlamm aus Kläranlagen, der 5–10 mg Vitamin B$_{12}$/kg enthält, zur Gewinnung herangezogen. Aus den bei der Antibiotika-Produktion anfallenden Mycelien wurden ebenfalls Cobalamine extrahiert. Zur Zeit dominieren Submersverfahren. Bei der Fermentation mit *Propionibacterium freudenreichii* oder *Propionibacterium shermanii* benutzt man Glucose oder Melasse sowie Maisquellwasser als Nährmedien, die mit Cobalt-Salzen und dem Precursor 5,6-Dimethyl-1*H*-benzimidazol (DBI) supplementiert werden. Wegen der Empfindlichkeit des Stammes gegenüber Sauerstoff und Vitamin-B$_{12}$-Feedback-Inhibierung wird ein zweistufiges Verfahren (erste Stufe anerob unter Bildung der Vorstufe Cobinamid, zweite Stufe semi-aerob zur Bildung von Cobalamin) verwendet, das eine Ausbeute >150 mg/L liefern kann. Im einstufigen aeroben Verfahren mit *Pseudomonas denitrificans* wird neben Cobalt-Salzen und DBI noch Betain zur Ausbeutesteigerung zugesetzt. Mit verbesserten Mutanten kann die Ausbeute ebenfalls bis auf >150mg/L gesteigert werden. Weltjahresproduktion ca. 10 t.

Natürlicherweise liegt Vitamin B$_{12}$ überwiegend als Adenosylcobalamin in den Bakterien vor. Bei der Extraktion des Zellmaterials setzt man Cyanid-Ionen zu, wodurch die Cobalamine in das stabile Cyanocobalamin umgewandelt werden.

**Vorkommen:** Da nur Mikroorganismen Vitamin B$_{12}$ synthetisieren können, ist der Mensch auf externe Quellen wie tierische und fermentierte pflanzliche Produkte, aber auch Verunreinigungen auf Lebensmitteln, angewiesen. Die nicht unwesentliche Cobalamin-Produktion der Dickdarmflora ist nicht verfügbar und wird mit dem Stuhl ausgeschieden. Die Vitamin-B$_{12}$-Gehalte einzelner Lebensmittel sind Tabelle 2 zu entnehmen.

Tabelle 2: Vitamin-B$_{12}$-Gehalt in Lebensmitteln (nach Literatur[8]).

| Nahrungsmittel | Cobalamin-Gehalt [µg/100 g] |
|---|---|
| Kuhmilch | 0,1–0,6 |
| Käse | 0,2–3,0 |
| Eier | 0,4–1,25 |
| Rindfleisch | 2–3 |
| Nieren (Rind) | 30 |
| Leber (Rind) | 60 |
| Hering | 14 |
| Kabeljau | 0,5–0,8 |
| grünes Blattgemüse | 0,01 |

**Stoffwechsel:** Im Magen durch Pepsin aus Proteinbindungen freigesetztes Vitamin B$_{12}$ wird an Haptocorrin gebunden, im Duodenum durch Pankreastrypsin wiederum freigesetzt und an das Glycoprotein *Intrinsic Factor (IF; hieraus leitet sich die Bezeichnung „Extrinsic Factor" für Vitamin B$_{12}$ ab) aus den Parietalzellen der Magenschleimhaut gebunden. IF ermöglicht die rezeptorvermittelte Resorption im Dünndarm (Ileum). Nur 1,5–2 µg Cobalamin können pro Mahlzeit auf diese Weise resorbiert werden. Liegen höhere Dosen vor, kann etwa 1% davon durch passive Diffusion in die Mucosazellen gelangen.

Das Vitamin wird in der Zelle vom IF gelöst, an das Transportprotein *Transcobalamin* (früher Transcobalamin II) gebunden und in dieser Form an das Blut abgegeben. Der Transcobalamin-Cobalamin-Komplex wird über Endocytose aufgenommen, Transcobalamin abgebaut und Cobalamin in das Cytoplasma freigesetzt.

In der Leber erfolgt der Umbau in die aktiven Coenzymformen Methylcobalamin und Adenosylcobalamin. Dort werden auch 60% des Körperbestandes von 2–5 mg gespeichert; weitere 30% des Speichers befinden sich in der Muskulatur.

Die Ausscheidung erfolgt zu ganz geringen Teilen (ca. 0,1 µg/Tag) unverändert mit Urin, Faeces und Schweiß, das meiste Cobalamin aus dem Faeces entstammt dem Stoffwechsel von Darmbakterien. 3–8 µg Cobalamin zirkulieren täglich im enterohepatischen Kreislauf.

*Funktion:* Methylcobalamin und Adenosylcobalamin agieren beim Menschen im Intermediärstoffwechsel bei drei Umsetzungen als Coenzym:

Methylcobalamin: Beim Menschen katalysiert die 5-Methyltetrahydrofolat-Homocystein-S-Methyltransferase (Methionin-Synthase, EC 2.1.1.13) die Remethylierung von *Homocystein zu *Methionin. Der Methylgruppen-Transfer erfolgt in 2 Schritten und ist in folgender Abbildung dargestellt.

Abbildung: Funktion von Vitamin B$_{12}$ in der Methionin-Synthese.
FH$_4$ = Tetrahydrofolsäure

Damit fungiert Methylcobalamin als Cofaktor beim Methylgruppen-Transfer. Durch die Methylgruppen-Übertragung im ersten Teilschritt wird Tetrahydrofolsäure freigesetzt, so daß erneut ein Akzeptor für C$_1$-Reste zur Bildung anderer *Folsäure-Derivate zur Verfügung steht.

Adenosylcobalamin ist Coenzym der *Methylmalonyl-CoA-Mutase* (EC 5.4.99.2), die beim Abbau von Propionsäure aus verzweigtkettigen und ungeradzahligen Fettsäuren, Threonin, Methionin und Isoleucin die Reaktion von Methylmalonyl-CoA zu Succinyl-CoA katalysiert und der Leucin-Mutase, die Leucin zu 3-Aminoisocapronat umsetzt.

*Ernährungsphysiologie: Bedarf:* Bei einer Bioverfügbarkeit von 50% und einem täglichen Verlust von 0,1 µg Vitamin B$_{12}$ würden rechnerisch 0,2 µg ausreichen, um den Bedarf zu decken. Die Deutsche Gesellschaft für Ernährung (*DGE) empfiehlt ein Vielfaches für die tägliche Aufnahme, damit ausreichende Cobalamin-Speicher für Mangelsituationen angelegt werden können und um in Schwangerschaft und Stillzeit eine hohe Nährstoffdichte zu gewährleisten, siehe Tabelle 3.

*Mangel:* Trotz durchschnittlicher Zufuhr von 6 µg/ Tag ist die Unterversorgung mit Vitamin B$_{12}$ der am häufigsten zu therapierende Vitamin-Mangel in

Tabelle 3: Zufuhrempfehlungen für Vitamin B$_{12}$[9,10].

| Personengruppe | Alter | empfohlene Zufuhr [µg/d] DGE/*RDA |
|---|---|---|
| Säuglinge | 0–3 Monate | 0,4/0,4 |
| | 4–11 Monate | 0,8/0,5 |
| Kinder/Jugendliche | 1–3 Jahre | 1,0/0,9 |
| | 4–6 Jahre | 1,5/1,2 |
| | 7–9 Jahre | 1,8/1,2 |
| | 10–12 Jahre | 2,0/1,8 |
| | 13–14 Jahre | 3,0/1,8 |
| Erwachsene | >15 Jahre | 3,0/2,4 |
| Schwangere | | 3,5/2,6 |
| Stillende | | 4,0/2,8 |

Deutschland. Zu unterscheiden ist dabei ein alimentärer Mangel durch vegane Lebensweise (auch voll gestillte Säuglinge vegan lebender Mütter) vom physiologischen Mangel, dessen Ursache mangelhafte Resorption des Vitamins (durch chronische Magen- oder Darmerkrankungen, zu geringe Bildung des IF) oder Darmparasiten wie Bandwürmer sein können. Anzeichen eines Mangels treten oft erst nach 5–7 Jahren auf, da aufgrund der geringen Umsatzrate von Cobalamin die Speicherkapazität der Leber sehr lange vorhält.

Die Symptomatik ist zweigeteilt. Zum Einen führt der Ausfall der Methionin-Synthase zu erhöhtem Homocystein-Spiegel, der als Risikofaktor für Arteriosklerose gilt, und durch mangelhafte Regeneration der Tetrahydrofolsäure zu Störungen der DNA-Synthese, was sich vor allem auf die Bildung der Erythrocyten auswirkt und zur makrozytären hyperchromen Anämie (perniziösen Anämie, daher die Bezeichung „Antiperniziosa-Faktor") führt. In dieser Hinsicht sind Folsäure-Mangel und Vitamin-B$_{12}$-Mangel nicht voneinander zu unterscheiden. Zum Anderen kommt es durch nicht endgültig geklärte Mechanismen, vermutlich Störungen in der Cholin-Synthese, Phospholipid-Synthese und Myelin-Synthese, zur Degeneration bestimmter Rückenmarksbezirke („funikuläre Myelose"), irreversiblen neurologischen Ausfällen und psychiatrischen Störungen.

*Verwendung:* Neben seiner Verwendung als Futterzusatz, um bei Jungtieren eine bessere Futterverwertung zu erreichen, wird Vitamin B$_{12}$ (v. a. Cyano- und Hydroxocobalamin) bei mehreren Indikationen beim Menschen eingesetzt. Dies sind meist Symptome des Vitamin-B$_{12}$-Mangels wie perniziöse Anämie und Neuritiden (Nervenentzündungen). Aber auch als Antidot bei Cyanid-Vergiftungen und als Analgetikum findet es seine Anwendung.

*Toxizität:* Bei oralen Gaben von bis zu 5 µg/Tag konnten bisher keine toxischen Effekte beobachtet werden[9].

*Analytik:* Kommerziell verfügbare Radioimmunoassays (RIA), bei denen gereinigter Intrinsic Factor als „Akzeptor" benutzt wird, erfassen Cobalamin („wahres" Vitamin B$_{12}$) sehr präzise[11]. Serum-Werte von 200–900 pg/mL gelten als normal, Werte unter 100 pg/mL „wahres" Vitamin B$_{12}$ kennzeichnen einen Mangel. Serum-Holotranscobalamin ist ebenfalls ein empfindlicher Indikator für einen Vitamin-$B_{12}$-Mangel, da es unter 20 pg/mL abfällt, bevor Serum-Vitamin $B_{12}$ betroffen ist. Als Funktionsparameter mit der höchsten Sensitivität gelten die Konzentrationen von Methylmalonat und Homocystein im Serum[12]. – *E* vitamin $B_{12}$

*Lit.:* [1] Chem. Ber. **1994**, 923–927. [2] Angew. Chem. **105**, 1281–1302 (1993); **107**, 421–452 (1995); Int. Ed. Engl. **32**, 1223–1243 (1993); **34**, 383–411 (1995). [3] Chem. Biol. **1**, 119 (1994). [4] Acc. Chem. Res. **26**, 15–21 (1993). [5] Heterocycles **47**, 1051–1066 (1998). [6] Science **264**, 1551–1557 (1994). [7] Martens, J.-H.; Barg, H; Warren, M. J.; Jahn, D., *Appl. Microbiol. Biotechnol.*, (2002) **58**, 275. [8] Souci et al. (6.). [9] Deutsche Gesellschaft für Ernährung, Hrsg., *Referenzwerte für die Nährstoffzufuhr*, 1. Aufl.; Umschau/Braus: Frankfurt/Main, (2000). [10] Institute of Medicine, Hrsg., *Dietary Reference Intakes for Thiamin, Riboflavin, Niacin, Vitamin $B_6$, Folate, Vitamin $B_{12}$, Pantothenic Acid and Choline*, National Academy Press: Washington, DC, (1998). [11] Fidanza (Hrsg.), Nutritional Status Assessment, London: Chapman u. Hall 1991. [12] Klee, G. G., *Clin. Chem.*, (2000) **46**, 1277–1283. [13] Angew. Chem. **108**, 179 (1996); Int. Ed. Engl. **35**, 167–170 (1996). [14] Angew. Chem., Int. Ed. Engl. **39**, 61 (2000). [15] Naturwissenschaften **61**, 513–525 (1974). [16] Nicolaou, S. 99–136. [17] Science **196**, 1410–1420 (1977). [18] Pure Appl. Chem. **33**, 145–177 (1973). [19] Helv. Chim. Acta **70**, 1115 (1987). *allg.:* Frank, J., In *Vitamine, Spurenelemente und Mineralstoffe*, Biesalski, H. K.; Köhrle, J.; Schümann, K., Hrsg.; Thieme: Stuttgart, (2002); S. 75ff. – *[HS 2936 26; CAS 68-19-9]*

**Vitamin C** siehe L-*Ascorbinsäure.

**Vitamin D.** Sammelbezeichnung für fettlösliche, von 7,8-Didehydrosterolen durch photochemische Ringöffnung und Isomerisierung abgeleitete Gruppe von Verbindungen mit mehr oder weniger ausgeprägter antirachitischer Wirkung, die häufig auch als *Calciferole* zusammengefaßt werden.
Vitamin D ist im strengen Sinne kein Vitamin, da der Organismus in der Lage ist, die Vitamere der *Cholecalciferol*-Reihe selbst zu synthetisieren (siehe unten), sondern muß eher als Hormon gesehen werden.

*Einteilung:* Vitamin D kann eingeteilt werden in (siehe auch Abbildung 1 und Tabelle 1):
- *Cholecalciferol* [Vitamin $D_3$, Calciol, antirachitisches Vitamin, „tierisches Vitamin D", 9,10-Seco-cholesta-5,7,10(19)-trien-3β-ol, Prä-Pro-Hormon]. Farblose Nadeln, unlöslich in Wasser, wenig löslich in Pflanzenölen, löslich in den üblichen organischen Lösemitteln, wird (im Unterschied zu 7,8-Didehydrocholesterol) nicht von Digitonin gefällt.
- *Ergocalciferol* [Vitamin $D_2$, Ercalciol, „pflanzliches Vitamin D", 9,10-Secoergosta-5,7,10(22)-tetraen-3β-ol]. Farblose Kristalle, unlöslich in Wasser, schwer löslich in pflanzlichen Ölen, löslich in den üblichen organischen Lösemitteln, wird (im Unterschied zu Ergosterol) nicht von Digitonin gefällt. Ergocalciferol besitzt bei Vögeln 1–3%, bei Säugetieren ca. 80% der Wirksamkeit von Cholecalciferol.
- *7,8-Didehydrocholesterol* (Provitamin $D_3$, Procalciol, Procholecalciferol) und *Ergosterol* (Provitamin $D_2$), die als Vitamin-D-Vorläufer gelten.
- Weitere Metabolite sind *Calcidiol* (25-Hydroxycholecalciferol, Calcifediol, Pro-Hormon), das Vitamin-D-Hormon *Calcitriol* [1α,25-Dihydroxycholecalciferol, Soltriol, 1α,25-Dihydroxy-Vit-

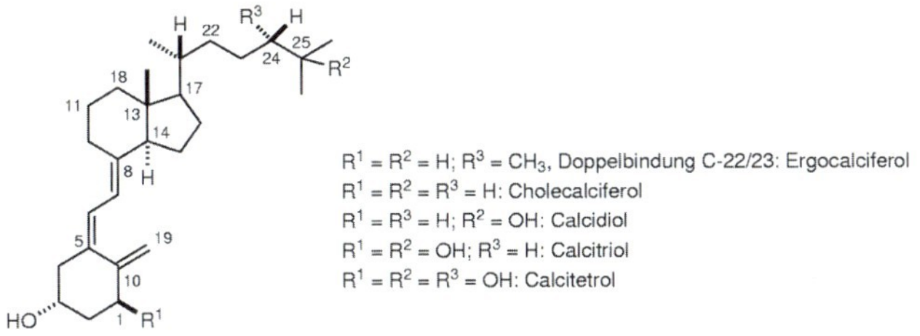

Abbildung 1: Calciferole

Tabelle 1: Daten einiger Vitamin-D-Metabolite.

| Steroid | Summen-formel | $M_R$ | Schmp. [°C] | $[\alpha]_D$ | CAS |
|---|---|---|---|---|---|
| **7,8-Didehydrocholesterol → Calcitriol:** | | | | | |
| (6Z)-Tacalciol (Prävitamin $D_3$, Präcalciol, Prächolecalciferol) | $C_{27}H_{44}O$ | 384,65 | Öl | | 1173-13-3 |
| Cholecalciferol (Vitamin $D_3$) | $C_{27}H_{44}O$ | 384,65 | 87–88 | +84,8° (Aceton) | 67-97-0 |
| Calcidiol (25-Hydroxycholecalciferol) | $C_{27}H_{44}O_2$ | 400,65 | Öl | | 19356-17-3 |
| Calcitriol (1α,25-Dihydroxycholecalciferol) | $C_{27}H_{44}O_3$ | 416,64 | 118–119 | +47,9° ($C_2H_5OH$) | 32222-06-3 |
| **Ergosterol → Ercalcitriol:** | | | | | |
| (6Z)-Ertacalciol (Prävitamin $D_2$) | $C_{28}H_{44}O$ | 396,66 | Öl | +43° (Benzol) | 21307-05-1 |
| Ergocalciferol (Vitamin $D_2$) | $C_{28}H_{44}O$ | 396,66 | 114,5–117 | +102,5° ($C_2H_5OH$) | 50-14-6 |
| Ercalcidiol (25-Hydroxyergocalciferol) | $C_{28}H_{44}O_2$ | 412,66 | 96–97 | +56,8° ($C_2H_5OH$) | 21343-40-8 |
| Ercalcitriol (1α,25-Dihydroxyergocalciferol, 1α,25-Dihydroxy-Vitamin $D_2$) | $C_{28}H_{44}O_3$ | 428,66 | 169–170 | +47,2° ($C_2H_5OH$) | 60133-18-8 |

amin $D_3$, 1$\alpha$(25)-Hydroxycholecalciferol], Abbaumetabolit 24$R$,25-Dihydroxycholecalciferol (Hydroxycalcidiol) und über 50 weitere Metabolite und synthetische Analoga.
– Als Vitamin $D_1$ wurde ursprünglich ein Wirkstoff bezeichnet, der sich später als Verbindung aus *Ergocalciferol* und Lumisterol erwies.
Wichtigste Handelsprodukte sind 1$\alpha$-Hydroxycholecalciferol, 25-Hydroxycholecalciferol und 1$\alpha$,25-Dihydroxycholecalciferol.

**Vorkommen:** Cholecalciferol (Vitamin $D_3$) ist weit verbreitet im Tierreich. Nennenswerte Mengen enthalten fette Seefische, Leber, Milch, Eigelb und vollfetter Käse (siehe Tabelle 2). Fischleberöle (Lebertran) erweisen sich als besonders Cholecalciferol-reich, da Meeresfische mit der Nahrung (Plankton, Algen, Diatomeen, Kleinkrebse) ver-

Tabelle 2: Cholecalciferol-Gehalt ausgewählter Lebensmittel[3].

| Lebensmittel | Cholecalciferol (µg/100 g eßbarer Substanz) |
|---|---|
| Leber (Rind) | 1,70 |
| Kabeljau | 1,30 |
| Makrele | 4,00 |
| Hering | 27,00 |
| Ei (Stück) | 1,74 |
| Kuhmilch (3,5% Fett) | 0,09 |
| Emmentaler (45% Fett i. Tr.) | 1,10 |
| Camembert (40% bzw. 50% Fett i. Tr.) | 0,28 bzw. 0,32 |

hältnismäßig viel Provitamin aufnehmen, dieses unter dem Einfluß des UV-Anteils des Sonnenlichts über Prävitamin $D_3$ in Cholecalciferol überführen und in der Leber anreichern. Überraschenderweise ließen sich auch in höheren Pflanzen gelegentlich Cholecalciferol und dessen Metabolite nachweisen, vor allem in sogenannten calcinogenen Pflanzen, durch die bei Tierfütterung pathologische Symptome ähnlich der Hypervitaminose D verursacht sein können, so Cholecalciferol im Goldhafer *Trisetum flavescens* und in der Luzerne *Medicago sativa* (in letzterer 0,1 µg/100 g Trockenmasse) sowie Cholecalciferol und die 3-*O*-Glucoside von Calcidiol bzw. Calcitriol in *Solanum malacoxylon*[1,2].

Ergocalciferol (Vitamin $D_2$) ist in kleinen Mengen in Fischleberölen und Pilzen zu finden.

**Synthese:** *Biosynthese:* Ausgangsverbindung der Biosynthese (siehe Abbildung 2, S. 1241) ist 7,8-Didehydrocholesterol, das in der Leber aus *Cholesterol gebildet wird und in der Haut von Mensch und Tier reichlich vorkommt. UV-B-Bestrahlung der Haut liefert (6$Z$)-Tacalciol, das thermisch zu Cholecalciferol isomerisiert. Cholecalciferol wird in der Leber zu Calcidiol oxidiert. Das an das DBP (*Vitamin-D-bindende Protein*, ein $\alpha$-Globulin) gebundene Calcidiol ist das eigentliche Prohormon (Speicherform des Vitamin-D-Hormons Calcitriol) und wird bei Bedarf unter Einfluß von *Parathyrin (PTH, Parathormon) in der Niere zu Calcitriol umgesetzt. Calcidiol und Calcitriol können am

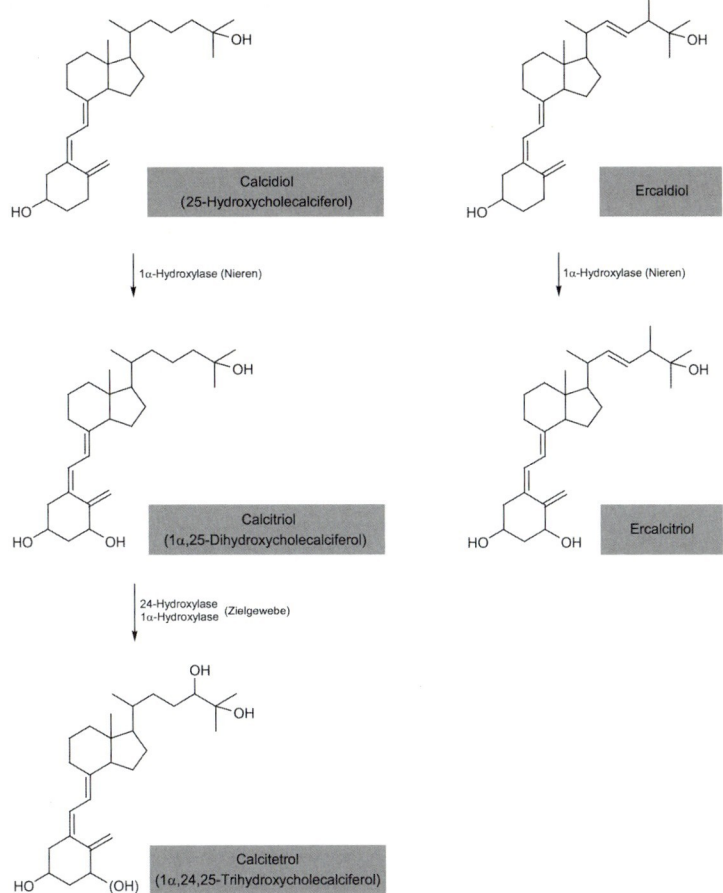

Abbildung 2: Vitamin-D-Biosynthese, modifiziert nach Literatur[4].

C24-Atom hydroxyliert werden, es entstehen 24,25-Dihydroxycholecalciferol bzw. 1α,24,25-Trihydroxycholecalciferol (Calcitetrol), die zumindest im Knochen über ein eigenes Wirkungsspektrum verfügen.

Auf analogem Weg entsteht aus Ergosterol Ergocalciferol, das weiter zu Ercalcitriol umgesetzt wird.

Auch $\Delta^{5,7}$-ungesättigte Sterole wurden als Ausgangsmaterial für die Gewinnung strukturmodifizierter Cholecalciferole geprüft, wie 22,23-Dihydroergosterol (für Vitamin $D_4$) sowie 7,8-Didehydrositosterol (Vitamin $D_5$), 7,8-Didehydrostigmasterol (Vitamin $D_6$) und 7,8-Didehydrocampesterol (Vitamin $D_7$). Die so gewinnbaren Cholecalciferol-Analoga zeigten sich jedoch kaum oder gar nicht wirksam.

*Industrielle Synthese:* Vitamin-D-Derivate werden technisch durch UV-Bestrahlung aus ihren Provitaminen hergestellt. Dabei bildet sich in einer photochemischen Valenzisomerisierung zunächst das entsprechende Präcalciferol, das sich thermisch zum Teil in das gewünschte Derivat umlagert.

*Biotechnologische Synthese:* Hauptquelle der biotechnischen Produktion von Ergosterol sind Hefen,

z.B. *Saccharomyces carlsbergensis, Saccharomyces cerevisiae, Saccharomyces fragilis, Candida utilis* und *Candida tropicalis*, die 1–3%, in einigen Fällen gar 8–10% der Trockenmasse an Ergosterol enthalten können. Zur extraktiven Gewinnung siehe Literatur[5]. Geringere Ausbeuten an Ergosterol erhält man bei der Kultivierung von Stämmen der Pilzgattungen *Trichoderma, Fusarium* und *Cephalosporium* (0,2–0,6 g/L).

*Funktion:* Das Vitamin-D-Hormon Calcitriol reguliert die Calcium- und Phosphat-Homöostase; klassische Zielgewebe sind Knochen, Dünndarm, Niere und Nebenschilddrüse. Es bindet im Zellkern an den Calcitriol-Rezeptor und reguliert damit die Transkription zahlreicher Gene.

Bei erniedrigtem Serum-Calcium-Spiegel bewirkt der Calcium-Sensor in der Nebenschilddrüse die Ausschüttung von Parathyrin (Parathormon), das die 1α-Hydroxylase in der Niere aktiviert. Calcidiol wird zu Calcitriol oxidiert, das über verschiedene Wege den Calcium-Gehalt im Serum erhöht: Es steigert die Calcium-Resorption im Dünndarm, die Demineralisierung der Knochen und die Calcium-Rückresorption und Phosphat-Elimination in der Niere. Für eine optimale Vitamin-D-Wirkung besonders in Bezug auf die Knochendichte ist daher eine adäquate Calcium-Zufuhr notwendig.

Weitere, „nicht-klassische" Effekte von Calcitriol sind Differenzierung von Hautepithelzellen, Immunmodulation, Modulation der Insulinsekretion und Regulation der neuromuskulären Verschaltungen. Insgesamt sind etwa 30 Zielorgane mit Calcitriol-Kernrezeptoren bekannt. Neuerdings werden jedoch auch Effekte des Calcitriols angenommen, die nicht über die Transkription der Gene vermittelt werden[6]. Zum eventuellen Einfluß auf Multiple Sklerose siehe Literatur[7].

Neben Calcitriol steigert auch Calcidiol in geringem Ausmaß die intestinale Calcium-Resorption. Zum Regelkreis der Calcium-Homöostase und Phosphat-Homöostase siehe Literatur[8].

***Ernährungsphysiologie:*** *Resorption:* 80% des zugeführten Vitamin D werden zusammen mit Nahrungsfett resorbiert und in Chylomikronen über die Lymphe zur Leber transportiert. Dort findet bei Bedarf ein Umbau zu Calcidiol statt, bevor dieses an DBP gebunden in den Blutkreislauf entlassen wird.

*Metabolisierung:* Der Hauptweg der Metabolisierung von Calcitriol erfolgt über 23- und 26-Hydroxylierung zu 23*S*,26-Dihydroxycalcitriol sowie dessen Weiteroxidation zu Calcitriol-26,23-lacton (siehe Abbildung 3). Wichtigstes Stoffwechselendprodukt ist *Calcitronsäure*[9], die mit dem Urin ausgeschieden wird.

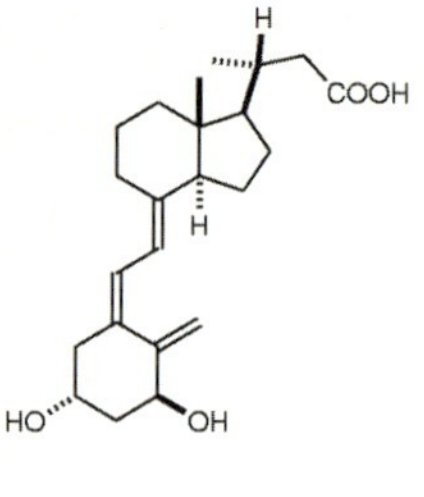

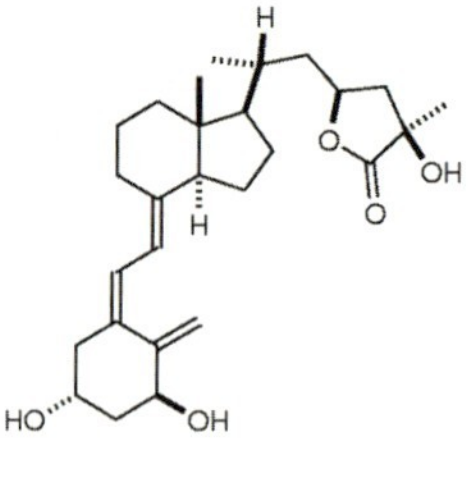

Abbildung 3: Calcitriol-Metabolite.

*Bedarf:* Der Bedarf an exogen zugeführtem Vitamin D ist abhängig von der Dauer und der Intensität der UV-B-Exposition. Diese reicht im Allgemeinen bei Säuglingen, Kleinkindern, bettlägerigen Senioren ganzjährig und bei der übrigen Bevölkerung im Winter jenseits der 40. Breitengrade nicht aus. Durchschnittlich werden in der menschlichen Haut bei normaler Sonneneinstrahlung 1–15 IE pro $cm^2$ gebildet (1 µg Cholecalciferol bzw. Ergocalciferol entsprechen 40 IE).

Ist eine nennenswerte Eigensynthese nicht zu erwarten, empfehlen Fachgesellschaften folgende Zufuhr von Cholecalciferol bzw. Ergocalciferol (siehe Tabelle 3).

*Mangel:* Leichter Vitamin-D-Mangel äußert sich durch das klinische Syndrom „Hypovitaminose D" mit erniedrigtem Calcidiol-Spiegel und erhöhtem PTH-Spiegel im Serum. Weitere Symptome sind Muskelschwäche, verstärkte Körperschwankungen

Tabelle 3: Empfehlenswerte Zufuhr von Vitamin D[10,11].

| Personengruppe | | Vitamin D-Zufuhr [µg/d] | |
|---|---|---|---|
| | | *DGE | AI[a] |
| Säuglinge | 0–12 Monate | 10 | 5 |
| Kinder und Jugendliche | | 5 | 5 |
| Erwachsene | <50 Jahre | 5 | 5 |
| | >50 Jahre | 5 | 10 |
| | >65 Jahre | 10 | 10 |
| Schwangere | | 5 | 5 |
| Stillende | | 5 | 5 |

[a] AI: adequate intake

und vermehrte Fallneigung als Ausdruck einer gestörten neuromuskulären Koordination.

Ausgeprägter Vitamin-D-Mangel führt im Kindesalter zum Krankheitsbild der Rachitis („Englische Krankheit") und im Erwachsenenalter zur sogenannten *Osteomalazie* und zur Verstärkung der Osteoporoseneigung. Grund ist eine Störung der Mineralisation der Knochengrundsubstanz infolge eines unzureichenden Angebots an Calcium und Phosphat (siehe Tabelle 4).

Tabelle 4: Ursachen und Folgen eines Vitamin-D-Mangels (modifiziert nach Literatur[12]).

**Mögliche Ursachen**

mangelnde UV-Bestrahlung (bei Säuglingen, Senioren, dunkel pigmentierten Menschen in nördlichen Ländern)

mangelnde orale Zufuhr (Muttermilch ist arm an Vitamin D)

mangelhafte Resorption durch Magenresektion oder Darmresektion, Sprue, exokrine Pankreasinsuffizienz, chronische Cholestase, Morbus Crohn oder Medikamente (Cholestyramin)

Störungen des Vitamin-D-Metabolismus durch Niereninsuffizienz (1α-Hydroxylase-Mangel), primäre biliäre Zirrhose (25-Hydroxylase-Mangel) oder Antikonvulsiva (Phenobarbital, Diphenylhydantoin)

Vitamin-D-Resistenz durch Mutationen in den Genen für den Vitamin-D-Rezeptor oder DBP

**Folgen eines ausgeprägten Mangels**

*Rachitis (wachsender Knochen beim Kind) von griechisch: Rachis = der Rücken:*
– Kraniotabes (Weichschädel)
– Verbiegung der Röhrenknochen (O-Beine) und der Wirbelsäule (Kyphoskoliose)
– Deformierungen des Brustkorbes (Hühnerbrust, Glockenthorax, rachitischer Rosenkranz)
– Auftreibung von Epiphysen und Metaphysen
– abgeplattetes Becke
– Zahnschmelzdefekte
*Osteomalazie (fertiger Knochen beim Erwachsenen):*
– Verbiegung der Röhrenknochen, des Brustkorbes, des Beckens und der Wirbelsäule
– Loosersche Umbauzonen (Pseudofrakturen) im Röntgenbild
– Muskelschwäche und Muskelschmerzen (Glutaeus, Adduktoren)
– Sekundärer Hyperparathyreoidismus

***Toxikologie:*** Vitamin D ist eines der wenigen Vitamine, bei denen es zu Überdosierungserscheinungen kommen kann, was bisher nur nach Einnahme von Präparaten bzw. fehlerhaft angereicherter Milch aufgetreten ist. Dabei wird ab Calcidiol-Serumspiegeln von über 200 nmol/L Calcium aus den Knochen mobilisiert (Hyperkalzämie) und in weichen Geweben, besonders in Nieren und Blutgefäßen abgelagert. Die Vitamin-D-Hypervitaminose äußert sich in häufigem Harndrang, Appetitlosigkeit, Übelkeit, Erbrechen, Kopfschmerzen, Schwäche, Gewichtsverlust, Muskelschwäche und -zuckungen, Hypertonie und schließlich Hemmung der Nierenfunktion.

*Therapie:* Neben Reduktion der Vitamin-D- und Calcium-Aufnahme wird durch vermehrte Flüssigkeitszufuhr und Diuretika die Urinmenge und damit die Calcium-Ausscheidung erhöht sowie in schweren Fällen Glucocorticoide (Hemmung des Knochenabbaus und der intestinalen Calcium-Resorption), *Calcitonin (Hemmung der intestinalen Calcium-Resorption und Steigerung der renalen Calcium-Ausscheidung) und Bisphosphonate (Hemmung des Knochenabbaus) verordnet.

*Verwendung:* Cholecalciferol und synthetisierte Analoga werden neben der Prophylaxe und Therapie von Rachitis und Osteoporose wegen ihrer proliferationshemmenden und differenzierungsfördernden Wirkung zur Behandlung der Psoriasis (Schuppenflechte) erfolgreich therapeutisch angewendet.

Bei Höheren Pflanzen sind für Cholecalciferol (bzw. dessen Metabolite) wachstumsregulatorische Aktivitäten festgestellt worden, vor allem Förderung der Adventivwurzelbildung[2].

*Analytik:* In Nahrungsmitteln und Futtermitteln mit Gaschromatographie oder HPLC[13-15], spektralphotometrisch bei 265 nm, colorimetrisch mit $SbCl_3$[16].

*Status:* Zur Beurteilung der Vitamin-D-Versorgung wird die Serumkonzentration von Calcidiol bestimmt. Die Wertigkeit dieses Parameters steigt in Kombination mit der Bestimmung von PTH im Serum. Calcidiol-Konzentrationen von 40 bis 20 nmol/L[4] (nach anderen Quellen 25–10 nmol/L[10]) und PTH-Konzentrationen über 5 pmol/L deuten auf unzureichende Vitamin-D-Versorgung hin, bei Calcidiol-Konzentrationen unter 20 nmol/L (<10 nmol/L) wird von Vitamin-D-Mangel gesprochen.

*Lit.:* [1]Science **194**, 853ff. (1976). [2]Physiol. Plant. **74**, 391–396 (1988). [3]Souci et al. (6.). [4]Jakob, F., In *Vitamine, Spurenelemente und Mineralstoffe*, Biesalski, H. K.; Köhrle, J.; Schümann, K., Hrsg.; Thieme: Stuttgart, (2002); S. 21ff. [5]Ratledge, in Rose (Hrsg.), Economic Microbiology, Bd. 2, S. 263–302, London: Academic Press 1978. [6]Trends Endocrinol. Metab. **9**, 419–427 (1998). [7]Proc. Soc. Exp. Biol. Med. **216**, 21–27 (1997). [8]Löffler, G.; Petrides, P. E., *Biochemie und Pathobiochemie*, 5. Aufl.; Springer: Berlin, (1997). [9]Nägele, K. S., Dissertation, Ludwig-Maximilians-Universität München, (2004); S. 5. [10]Deutsche Gesellschaft für Ernährung, Hrsg., *Referenzwerte für die Nährstoffzufuhr*, 1. Aufl.; Umschau/Braus: Frankfurt/Main, (2000). [11]Institute of Medicine, Hrsg., *Dietary Reference Intakes for Calcium, Phosphorous, Magnesium, Vitamin D, and Fluoride*, National Academy Press: Washington, DC, (1997). [12]Ernähr. Umsch. **33**, 306 (1986). [13]J. Chromatogr. **415**, 3054–3061 (1987). [14]Mitt. Geb. Lebensmittelunters. Hyg. **83**, 270–278 (1992). [15]Z. Lebensm. Unters. Forsch. **188**, 197 (1989). [16]Chem. Rev. **95**, 1877–1952 (1995).

*allg.:* Adv. Drug Res. **28**, 269–312 (1996) (Pharmakologie) ▪ J. Org. Chem. **63**, 2325 (1998) (Vitamin $D_3$); **64**, 3196 (1999) ▪ Leeper u. Vederas, Biosynthesis, Polyketides and Vitamins, Berlin: Springer 1998 ▪ Synthesis **1994**, 1383–1398; **1999**, 1209 ▪ Ullmann (5.) **A13**, 154–163 – [HS 2936 29]

**Vitamine.** Von Funk 1912 aus lateinisch: vita = Leben und Amin geprägte Bezeichnung, die sich zunächst auf das als „lebensnotwendiges Amin" erkannte *Thiamin (Vitamin $B_1$) bezog und die später auf alle Verbindungen ähnlicher Bedeutung ausgedehnt wurde, obwohl diese in den meisten Fällen keine Amine und chemisch sehr uneinheitlich sind.

Heute werden Vitamine definiert als organische Substanzen, die zur Aufrechterhaltung von Gesundheit und Leistungsfähigkeit des menschlichen Organismus notwendig sind und mit der Nahrung zugeführt werden müssen. Zur Stoffwechselregulation genügen täglich wenige µg bis mg, zur Prävention und Therapie bestimmter Krankheiten wird ein Vielfaches der Menge eingesetzt. Jedes einzelne Vitamin erfüllt bestimmte Aufgaben, die von einem anderen Vitamin nicht in gleicher Weise ausgeübt werden können. Für Vitamin-ähnliche Verbindungen, die noch nicht nachgewiesenermaßen essentiell für den Menschen sind, hat sich auch die Bezeichnung *Vitaminoide* eingebürgert; Beispiel: β-*Carotin, Liponsäure.

*Nomenklatur:* Die Bezeichnung der Vitamine nach dem Alphabet begann 1915, als in den USA zwei essentielle Bestandteile aus der Nahrung isoliert wurden, deren fettlösliche Fraktion mit A und deren wasserlösliche mit B bezeichnet wurde. Die Einteilung in *fettlösliche* und *wasserlösliche Vitamine* hat sich bis heute als zweckmäßig erwiesen, da bestimmte biologische Eigenschaften wie Vorkommen, Speicherungsfähigkeit im Organismus, Transport- und Ausscheidungswege sowie die Analytik davon abhängen.

Zur Zeit bekannte Vitamine sind:

*Die fettlöslichen Vitamine:* *Vitamin A, *Vitamin D, *Vitamin E und *Vitamin K.

*Die wasserlöslichen Vitamine:* L-*Ascorbinsäure (Vitamin C) und die Vitamine der B-Gruppe: *Thiamin (Vitamin $B_1$), *Riboflavin (Vitamin $B_2$, Vitamin G), *Niacin (Vitamin $B_3$), *Pantothensäure (Vitamin $B_3$, Vitamin $B_5$), *Vitamin $B_6$, *Biotin (Vitamin $B_7$, Vitamin H), *Folsäure, *Folate (Vitamin $B_9$, Vitamin $B_c$ oder Vitamin M) und *Vitamin $B_{12}$.

Zusätzlich zu den Vitaminen hat man auch *Antivitamine* definiert, worunter man Stoffe versteht, welche die Vitaminsynthese und/oder den Vitaminstoffwechsel stören. Bei diesen Vitamin-Antagonisten handelt es sich um Antimetabolite, die ein als Coenzym wirkendes Vitamin dadurch ausschalten, daß sie es von seinem Apoenzym verdrängen, sich an seine Stelle setzen und das Enzym dadurch hemmen. Charakteristisch ist, daß die Antivitamine durch höhere Dosen des entsprechenden Vitamins ihrerseits wieder verdrängt werden. Stoffe, die ein Vitamin chemisch zerstören (wie z. B. Thiaminase das Vitamin $B_1$), gehören somit nicht zu den Antivitaminen.

*Ernährungsphysiologie:* Die exogene Zufuhr der Vitamine – im allgemeinen im Bereich von µg/d bis mg/d – muß in wohlabgewogenem Verhältnis zueinander und zum Bedarf, je nach Nahrung, Art, Geschlecht, Alter, Arzneimittelzufuhr und äußeren Milieuverhältnissen erfolgen. Die Deutsche Gesellschaft für Ernährung (*DGE) hat Empfehlungen[1] zur durchschnittlichen Tageszufuhr (in den USA: *RDA[2-5]) veröffentlicht. Mangelhafte Vitaminversorgung ruft je nach Art des fehlenden Vitamins verschiedene spezifische Mangelkrankheiten (*Avitaminosen bzw. Hypovitaminosen) hervor, die unter den Namen *Beri-Beri, *Skorbut, Rachitis, *Pellagra usw. schon lange bekannt sind. Angesichts der Ernährungslage der modernen Industriegesellschaften sind zwar Avitaminosen selten geworden, doch können Hypovitaminosen als Krankheitsfolge (z. B. bei gestörter Fettverdauung oder Lebererkrankungen) oder bei einseitiger Ernährung auftreten. In Einzelfällen kann es auch zu Überdosierungserscheinungen (*Hypervitaminosen) kommen. Unzweckmäßige Behandlung der Lebensmittel kann zur drastischen Reduktion des Vitamingehaltes führen. Eine besonders Vitaminschonende Art der Konservierung von Lebensmitteln ist das Tiefkühlen. Stellvertretend können *Provitamine in den Lebensmitteln den Vitaminbedarf decken, wenn der Körper Enzymsysteme zu ihrer Umwandlung in Vitamine besitzt.

*Therapeutische Aspekte:* Die therapeutisch z. B. in Geriatrika, Roborantien, Tonika eingesetzten Vitamine werden entweder gezielt als Einzelsubstanzen gegeben oder als Multivitaminpräparate. Im Einzelfall ist nicht nur auf die Dosierung zu achten, sondern auch auf die Verträglichkeit mit ggf. gleichzeitig applizierten Arzneimitteln, die Resorption und Stoffwechsel der Vitamine beeinflussen können bzw. die ihrerseits durch Vitamine in ihren pharmakologischen Eigenschaften verändert werden. Prophylaxe läßt sich durch *Vitaminisierung* der Nahrungsmittel erreichen (siehe *Nahrungsergänzungsmittel).

*Bedeutung bei Tieren:* Das Vitaminverteilungsmuster ist artspezifisch, d. h. eine Substanz, die für eine Tierspezies Vitamincharakter besitzt, kann für eine andere Spezies durchaus entbehrlich sein (z. B. Vitamin C, siehe ʟ-*Ascorbinsäure). Die Ursache ist in genetisch bedingten Defekten zu suchen, und in bezug auf die Vitamine erweist sich der Mensch als ausgesprochene Defektmutante. Aber auch andere Tierarten müssen eine Reihe von Vitaminen mit der Nahrung zuführen, was vor allem bei Masttieren in der Wachstumsphase nicht ausreicht. Vitamine werden deshalb vielfach als Futtermittelzusatzstoffe eingesetzt. – *E* vitamins

*Lit.:* [1]Deutsche Gesellschaft für Ernährung (DGE); Österreichische Gesellschaft für Ernährung (ÖGE); Schweizerische Gesellschaft für Ernährungsforschung (SGE); Schweizerische Vereinigung für Ernährung (SVE), *Referenzwerte für die Nährstoffzufuhr*, Umschau/Braus: Frankfurt am Main, (2000). [2]Institute of Medicine, Hrsg., *Dietary Reference Intakes for Calcium, Phosphorous, Magnesium, Vitamin D, and Fluoride*, National Academy Press: Washington, DC, (1997). [3]Institute of Medicine, Hrsg., *Dietary Reference Intakes for Thiamin, Riboflavin, Niacin, Vitamin B₆, Folate, Vitamin B₁₂, Pantothenic Acid, and Choline*, National Academy Press: Washington, DC, (1998). [4]Institute of Medicine, Hrsg., *Dietary Reference Intakes for Vitamin C, Vitamin E, Selenium, and Carotenoids*, National Academy Press: Washington, DC, (2000). [5]Institute of Medicine, Hrsg., *Dietary Reference Intakes for Vitamin A, Vitamin D, Arsenic, Boron, Chromium, Copper, Iodine, Iron, Manganese, Molybdenum, Nickel, Silicon, Vanadium, and Zinc*, National Academy Press: Washington, DC, (2001). *allg.:* Biesalski, H. K.; Köhrle, J.; Schümann, K., Hrsg., *Vitamine, Spurenelemente und Mineralstoffe*, Thieme: Stuttgart, (2002) ▪ IUPAC-Nomenklatur; http://www.chem.qmw.ac.uk/iupac

**Vitamin E.** Sammelbezeichnung für die chemischen Verbindungen α-Tocopherol, β-Tocopherol, γ-Tocopherol, δ-Tocopherol und α-Tocotrienol, β-Tocotrienol, γ-Tocotrienol und δ-Tocotrienol. Nach Vorkommen und Wirksamkeit wichtigster Vertreter ist das α-Tocopherol, weshalb Angaben zu Gehalt und Bedarf an Vitamin E meist als α-Tocopherol-Äquivalente (α-TE) gemacht werden. Dabei entspricht 1 mg α-TE gleich 1 mg *RRR*-α-Tocopherol oder 2 mg *RRR*-β-Tocopherol oder 4 mg *RRR*-γ-Tocopherol oder 100 mg *RRR*-δ-Tocopherol oder 1,49 mg *all-rac*-α-Tocopherolacetat. 1 Internationale Einheit (IE) entspricht 1 mg *all-rac*-α-Tocopherolacetat. Angaben zu Struktur, chemischen Eigenschaften, technologischem Einsatz, Synthese und Analytik finden sich unter dem Stichwort *Tocopherole.

*Vorkommen:* Vitamin E ist nahezu ubiquitärer Bestandteil des unverseifbaren Anteils aller nativen Fette und Öle. Die weitaus reichsten Quellen sind Speiseöle, insbesondere Preßöle von Keimlingen und Samen (vgl. Tabelle 1, S. 1245).
Vitamin E ist wenig hitze-, dafür sehr licht- und sauerstoffempfindlich. Zubereitungsverluste treten daher meist bei unsachgemäßer Lagerung und beim Erhitzen in Gegenwart von Luftsauerstoff auf.

*Funktion:* Vitamin E wirkt als lipophiles Antioxidans. α-Tocopherol wird in biologische Membranen eingebaut; das Verhältnis zu *Arachidonsäure beträgt 1:1000 bis 1:500. In Membranen schützt es Membranfettsäuren vor Lipidperoxidation, indem es als Radikalfänger fungiert. Tocopherol wird durch Ascorbinsäure und die Selen-haltige *Glutathion-Peroxidase (EC 1.11.1.9) regeneriert. Darüber hinaus werden für Tocopherole eine Vielzahl von günstigen physiologischen Eigenschaften diskutiert, die bisher aber nicht zweifelsfrei nachgewiesen werden konnten, wie Reduzierung von Muskelschäden[1], Verzögerung diabetischer Spätschäden[2], Verminderung des Risikos der Kataraktbildung[3], Verminderung des oxidativen Streß bei Rauchern[4], anticarcinogene Effekte (Langzeitnahrungsergänzung mit α-Tocopherol kann das Risiko der Entstehung bestimmter Krebsarten vermindern)[5,6], Reduzierung von Cytostatika-bedingten

Tabelle 1: Mittlere Vitamin-E-Gehalte ausgewählter Lebensmittel (mg/100 g eßbarer Anteil).

| | α-Tocopherol | β-Tocopherol | γ-Tocopherol | andere | α-TE |
|---|---|---|---|---|---|
| pasteurisierte Trinkmilch | 0,08 | – | – | – | 0,08 |
| Frauenmilch | 0,52 | – | – | – | 0,52 |
| Hühnerei | 0,70 | – | 0,35 | – | 0,74 |
| Hering | 1,50 | – | – | – | 1,50 |
| Butter | 2,20 | – | – | – | 2,20 |
| Standardmargarine | 14,00 | – | – | – | 14,00 |
| Olivenöl | 11,90 | 0,10 | 0,76 | – | 12,00 |
| Maisöl | 25,10 | 0,65 | 55,80 | 2,45 | 30,90 |
| Weizenkeimöl | 192,00 | 50,80 | 30,40 | 6,80 | 215,40 |
| Haselnüsse | 26,00 | – | 1,90 | – | 26,48 |
| Spinat | 1,60 | – | 0,12 | 0,78 | 1,60 |
| Tomaten | 0,80 | – | 0,13 | – | 0,80 |
| Weizen, ganzes Korn | 1,00 | 0,38 | – | 2,92 | 1,40 |

Spätschäden und des Arteriosklerose-Risikos[7], protektive Wirkung gegen Hautschäden[8] und Haarschäden[9], Wirkung als Nitritfänger und Inhibierung der N-Nitrosamin-Bildung *in vivo*[10]. Zur Wechselwirkung von Tocopherolen mit freien Radikalen, Phospholipase A und Membranen siehe Literatur[11–14].

Nicht oxidative Mechanismen einer Vitamin-E-Wirkung sind eine beobachtete Modulation der Signaltransduktion in der Zelle, ein Einfluß auf die Gentranskription und auf Entzündungsprozesse. Letzteres wird vor allem durch die Wechselwirkung mit dem Arachidonsäure-Stoffwechsel erklärt (Hemmung der Thromboxan-Synthese, Erhöhung der Prostaglandin-Synthese)[15].

Tocopherolacetat, Tocopherolsuccinat, Tocopherolnicotinat und Tocopherolpoly(oxyethylen)succinat (internationaler Freiname: Tocofersolat) sind die üblichen Applikationsformen für die Anwendung als Vitamin E.

***Ernährungsphysiologie:*** *Resorption und Stoffwechsel:* Vitamin E wird im Dünndarm durch passive Diffusion resorbiert, in Chylomikronen (siehe *Lipoproteine) eingebaut und auf dem Lymphweg zur Leber transportiert. Die Bioverfügbarkeit liegt bei durchschnittlich 30% und ist abhängig von der Art des gleichzeitig verzehrten Nahrungsfetts, der Vitamindosis und vom Enzymstatus im oberen Dünndarm. Pankreaslipasen und Gallensäuren sind unabdingbar für die Verfügbarkeit von Vitamin E. In der Leber erfolgt ein Einbau in das Plasmalipoprotein VLDL, wobei das dafür zuständige Enzym, das α-Tocopherol-Transfer-Protein (α-TTP), hoch affin zum α-Tocopherol ist. Deshalb findet sich im Plasma vor allem α-Tocopherol; die anderen Tocopherole und Tocotrienole werden zu einem großen Teil über die Galle ausgeschieden. Die Verteilung an die Gewebe ist eng an den Lipoprotein-Stoffwechsel gebunden. Normalerweise findet man bei Erwachsenen im Plasma 1,1 mg/dL (25 μmol/L) Gesamt-Tocopherole bzw. 0,8 mg/dL (19 μmol/L) α-Tocopherol. Als Zeichen einer Unterversorgung gelten <0,7 mg/dL (16 μmol/L) Gesamt-Tocopherol und <0,5 mg/dL (12 μmol/L) α-Tocopherol. Der Hauptteil des Gesamtkörperbestands an Vitamin E ist im Fettgewebe und in der Muskulatur lokalisiert und unterliegt nur einem geringen Umsatz. Das α-Tocopherol im Plasma wird täglich vollständig umgesetzt. Die scheinbare Halbwertzeit von bis zu 70 Stunden erklärt sich durch die kontinuierliche Resekretion aus der Leber.

*Katabolismus und Ausscheidung:* α-Tocopherol-Radikale werden zum α-Tocopherolchinon oxidiert und anschließend zum α-Tocopherolhydrochinon reduziert. Weniger als 1% dieser Metabolite erscheinen im Urin, der Großteil des aufgenommenen α-Tocopherols wird über die Faeces ausgeschieden. Nicht-oxidative Metabolite sind 2,5,7,8-Tetramethyl-2-(2′-carboxyethyl)-6-hydrochroman (α-CEHC, siehe Abbildung), Verbindungen mit verkürzter Seitenkette aber intaktem Chroman-Ring.

Abbildung: α-CEHC.

Die in den 50er Jahren entdeckten Simon-Metabolite, Glucuronide und Sulfate von Tocopheronsäure und Tocopheronlacton, konnten nicht immer gefunden werden und scheinen Artefakte zu sein.

*Verzehrsempfehlungen und Bedarf:* Der Bedarf an Vitamin E hängt, wie die folgende Übersicht zeigt, von der Zufuhr an ungesättigten Fettsäuren (mg α-TE je g Fettsäure) ab:
– Monoen-Fettsäure: 0,06
– Dien-Fettsäure: 0,4
– Trien-Fettsäure: 0,6
– Tetraen-Fettsäure: 0,8
– Pentaen-Fettsäure: 1,0
– Hexaen-Fettsäure: 1,2

Zum Schutz der bei Stoffwechselvorgängen im Körper gebildeten Doppelbindungen vor Peroxidation geht die *DGE neben diesem Fettsäure-abhängigen Bedarf von einem Grundbedarf von 4 mg α-TE pro Tag aus. Die resultierenden Schätzwerte sind in Tabelle 2 auf S. 1246 dargestellt.

*Mangel:* Vitamin-E-Mangel ist beim gesunden Erwachsenen äußerst selten, tritt jedoch als Folge von Mutationen in den Genen für Apolipoproteine oder für das α-TTP auf, was zu schweren neuromuskulären Störungen führen kann. Betroffen sind auch Patienten mit Zystischer Fibrose und Pankreasinsuffi-

Tabelle 2: Schätzwerte für eine angemessene Zufuhr von Vitamin E.

| Personen-gruppe | Alter | DGE [mg α-TE/Tag] (männlich/weiblich) | *RDA [mg α-TE/Tag] |
|---|---|---|---|
| Säuglinge | 0– 3 Monate | 3 | 4 |
|  | 4– 11 Monate | 4 | 5 |
| Kinder | 1– 3 Jahre | 6/5 | 6 |
|  | 4– 6 Jahre | 8 | 7 |
|  | 7– 9 Jahre | 10/9 | 7 |
|  | 10– 12 Jahre | 13/11 | 11 |
|  | 13– 14 Jahre | 14/12 | 11 |
| Jugendliche und | 15– 24 Jahre | 15/12 | 15 |
| Erwachsene | 25– 50 Jahre | 14/12 | 15 |
|  | 51– 64 Jahre | 13/12 | 15 |
|  | >65 Jahre | 12/11 | 15 |
| Schwangere |  | 13 | 15 |
| Stillende |  | 17 | 19 |

zienz. Häufig ist Vitamin-E-Mangel bei Frühgeborenen, bei denen stark erniedrigte Plasmatocopherol-Werte, vermehrte oxidative Hämolyseneigung, hämolytische Anämien, Ödeme und verstärkte Erregbarkeit beobachtet werden können.

Bei Ratten und Mäusen führt ausgeprägter Vitamin-E-Mangel zu Fertilitätsstörungen. Dieses Symptom konnte beim Menschen bisher nicht beobachtet werden.

*Toxikologie:* Verglichen mit Vitamin A oder Vitamin D ist Vitamin E bei oraler Aufnahme relativ untoxisch. Als obere, nebenwirkungsfreie Grenze der Zufuhr werden 200 mg α-TE pro Tag angenommen, Tagesdosen bis 1000 mg gelten bei entsprechender Indikation als sicher. Allerdings können bei über 800 mg α-TE/Tag die Thrombocytenaggregation gehemmt und die Blutungszeit verlängert sein. Verstärkte *Vitamin-K-Mangelsymptome unter Antikoagulantien-Therapie mit *Cumarin-Derivaten oder bevorstehende Operationen sind daher anerkannte Kontraindikationen für die Megavitamin-Therapie. – *E* vitamin E

*Lit.:* [1]Z. Ernährungswiss. **30**, 89–97 (1991). [2]Fat Sci. Technol. **93**, 425–431 (1991). [3]Z. Ernährungswiss. **28**, 56–75 (1989). [4]Fat Sci. Technol. **92**, 456ff. (1990). [5]Bundesgesundheitsblatt **33**, 556–559 (1990). [6]Fat Sci. Technol. **93**, 128–131 (1991). [7]Fat Sci. Technol. **92**, 29–37 (1990). [8]Fat Sci. Technol. **91**, 295–312 (1989). [9]Fat Sci. Technol. **91**, 313ff. (1989). [10]Fat Sci. Technol. **93**, 271–275 (1991). [11]Am. J. Clin. Nutr. **53**, 702–722 (1991). [12]Annu. Rev. Nutr. **5**, 323–340 (1985). [13]Ann. N. Y. Acad. Sci. **570**, 121–135 (1989). [14]Free Radical Res. Commun. **8**, 299–306, 452–455 (1990). [15]Brigelius-Flohé, R.; Kelly, F. J.; Salonen, J. T.; Neuzil, J.; Zingg, J.-M.; Azzi, A., *Am. J. Clin. Nutr.*, (2002) **76**, 703 (Review).

*allg.:* Biesalski, H. K.; Esterbauer, H.; Schmidt, K. H., In *Vitamine, Spurenelemente und Mineralstoffe*, Biesalski, H. K.; Köhrle, J.; Schümann, K., Hrsg., 2. Aufl.; Thieme: Stuttgart, (2002); S. 14ff. ▪ Deutsche Gesellschaft für Ernährung (DGE); Österreichische Gesellschaft für Ernährung (ÖGE); Schweizerische Gesellschaft für Ernährungsforschung (SGE); Schweizerische Vereinigung für Ernährung (SVE), *Referenzwerte für die Nährstoffzufuhr*, Umschau/Braus: Frankfurt am Main, (2000) ▪ Institute of Medicine, Hrsg., *Dietary Reference Intakes for Viatmin C, Vitamin E, Selenium, and Carotenoids*, National Academy Press: Washington, DC, (2000) ▪ Schneider, C., *Mol. Nutr. Food Res.*, (2005) **49**, 7–30 (Review) ▪ VERIS Research Information Service, Vitamin E Fact Book, La Grange: VERIS 1994 ▪ VERIS Research Information Service; http://www.cognis.com/veris/verisdefault.htm ▪ Vitam. Miner. Spurenelemente **5**, 3–17 (1990); **6**, 98–111 (1991) ▪ Z. Lebensm. Unters.-Forsch. **196**, 329–338 (1993) – *[HS 2936 28]*

**Vitamin F** siehe *Linolsäure.

**Vitaminisierte Lebensmittel.** Vitaminisierte Lebensmittel sind solche Lebensmittel, deren Vitamin-Gehalt ganz oder teilweise auf einem Zusatz von natürlichen oder synthetischen *Vitaminen beruht.

Vitamine sind teilweise erfaßt von der „Verordnung über vitaminisierte Lebensmittel" vom 01.09.1942 (RGBl. I, S. 538; mehrfach geändert). Diese Verordnung unterscheidet zwischen *allgemein zugelassenen* Vitaminen (§ 1a), die keiner gesonderten Kenntlichmachung bedürfen (jedoch Aufzählung im Zutatenverzeichnis), und den *beschränkt zugelassenen* (sowie mengenmäßig begrenzten) Vitaminen A und D [§ 1b, Margarine- und Milchfetterzeugnisse, Lebensmittel der *Nährwert-Kennzeichnungsverordnung (NKV) § 6 (3)]. Vitaminisierte Lebensmittel dürfen mit einem Hinweis auf ihren Vitamin-Gehalt gewerbsmäßig nur in Fertigpackungen in den Verkehr gebracht werden.

Welche *Mindestmenge* eines Vitamins vorhanden sein muß, wenn ein Hinweis darauf erfolgt, ist in der Verordnung nicht geregelt. Nach einer Stellungnahme des Arbeitskreises lebensmittelchemischer Sachverständiger (ALS)[1] sollte mindestens 15% des Tagesbedarfs (nach der NKV) für das jeweilige Vitamin vorhanden sein.

*Beachte:* Die Verordnung über vitaminisierte Lebensmittel gilt nicht für *diätetische Lebensmittel, denn die *Diät-Verordnung enthält eine eigene Vitamin-Zulassung (Anl. 2) unter anderem für *bilanzierte Diäten, für Lebensmittel, die zur Verwendung als Mahlzeit oder anstelle einer Mahlzeit bestimmt sind, sowie für *Säuglings- und Kleinkinderlebensmittel. – *E* vitaminized foods

*Lit.:* [1]Meyer, A. H.; Preuß, A.; Streinz, R., *Verkehrsauffassung im Lebensmittelrecht*, Behr's: Hamburg, (Loseblattsammlung); IV R-3.

**Vitamin K.** Sammelbezeichnung für verschiedene Verbindungen mit Vitamin-K-Aktivität, die sich von *2-Methyl-1,4-naphthochinon* (Vitamin K$_3$, siehe unten) ableiten. Die in der Natur vorkommenden Vitamine K$_1$ und K$_2$ tragen in 3-Stellung eine isoprenoide Seitenkette mit 20 Kohlenstoff-Atomen (Phytyl-Rest) bzw. bis zu 35 Kohlenstoff-Atomen.

Vitamin K$_3$: R = H
Phthiokol: R = OH

Vitamin K$_{1(20)}$: R = CH$_2$—C=C—CH$_2$—[CH$_2$—CH$_2$—CH—CH$_2$]$_3$—H

Vitamin K$_{2(35)}$: R = [CH$_2$—C=C—CH$_2$]$_7$—H

Die Kettenlängen werden, auch zur Unterscheidung synthetischer Analoga, durch eingeklammerte Indizes charakterisiert. Zur Nomenklatur siehe Literatur[1].

*Vitamin K$_{1(20)}$* [2-Methyl-3-phytyl-1,4-naphthochinon, nach IUPAC/IUB-Vorschlag: Phyllochinon (Kurzzeichen: K), internationaler Freiname: Phytomenadion, pflanzliches Vitamin K], $C_{31}H_{46}O_2$, $M_R$ 450,70. Gelbes, viskoses Öl, D. 0,967, $[\alpha]_D^{25}$ −0,28° (Dioxan), kristallisiert bei −20°C, Schmp. −4°C, >100–120°C Zers., Sdp. 140–145°C (0,1 Pa), unlöslich in Wasser, wenig löslich in Alkohol, löslich in Aceton, Benzol, Ether und sonstigen Fettlösemitteln sowie in Pflanzenölen. Vitamin K$_1$ ist stabil gegen Luft und Feuchtigkeit, wird durch Licht und Erhitzen über 100°C bei Normaldruck zersetzt, es ist beständig gegen verdünnte Säuren, nicht jedoch gegen Alkalien und Reduktionsmittel. Die benzolische Lösung des Vitamin K$_1$ ist schwach linksdrehend, die alkoholische Alkali-Lösung nimmt über eine blau-violette allmählich eine tiefrote Färbung an. Diese Reaktion, bei der kleine Mengen Phthiokol entstehen, kann auch zur kolorimetrischen Bestimmung des Vitamin K$_1$ dienen. Neben Vitamin K$_1$ spielen die reduzierte Form Vitamin K$_1$H$_2$, $C_{31}H_{48}O_2$, $M_R$ 452,72 und das Vitamin K$_1$-Epoxid, ($C_{46}H_{46}O_3$, $M_R$ 466,70, farbloses Öl, weniger lichtempfindlich als Vitamin K$_1$) im Organismus eine Rolle (siehe Funktion).

*Vitamin K$_{2(35)}$* [3-all-trans-Farnesylgeranylgeranyl-2-methyl-1,4-naphthochinon, nach IUPAC/IUB-Vorschlag: Menachinon-7 (Kurzzeichen: MK-7), bakterielles Vitamin K], $C_{46}H_{64}O_2$, $M_R$ 649,01. Die Seitenkette besteht aus 7 Isopren-Resten – jahrzehntelang hielt man das natürliche Vitamin K$_2$ für eine Verbindung mit 41 C-Atomen, die also eine Farnesylfarnesyl-Seitenkette enthielte (Farnochinon, Vitamin K$_{2(30)}$, Menachinon-6). Erst Untersuchungen von Isler schafften hier Klarheit. Vitamin K$_{2(35)}$ (gelbe Kristalle, Schmp. 54°C) hat ähnliche Eigenschaften wie Vitamin K$_1$.

*Vitamin K$_3$* (2-Methyl-1,4-naphthochinon, Menadion, Menaphthon, früher auch Menachinon, $C_{11}H_8O_2$, $M_R$ 172,20, Schmelzpunkt 105–107°C) bildet ein hellgelbes, kristallines Pulver von schwachem, charakteristischem Geruch, reizt Haut und Atmungsorgane, ist unlöslich in Wasser, wenig löslich in Methanol und Ethanol, löslich in Ether, Chloroform und Aceton. An der Luft ist Menadion stabil, es wird photochemisch dimerisiert und durch Alkalien und Reduktionsmittel angegriffen. Wasserlöslich ist das Hydrogensulfit-Addukt.

Obwohl heute die Bezeichnung Vitamin K den beiden natürlichen Vitameren K$_{1(20)}$ und Vitamin K$_{2(35)}$ reserviert ist, sind noch einige abgeleitete Namen für Artefakte in Gebrauch: Vitamin K$_3$ für Menadion (siehe oben), Vitamin K$_4$ für 2-Methyl-1,4-naphthalindiol bzw. dessen Diacetat, Vitamin K$_5$ für 4-Amino-2-methyl-1-naphthol, Vitamin K$_6$ für 2-Methyl-1,4-naphthalindiamin, Vitamin K$_7$ für 4-Amino-3-methyl-1-naphthol. Zu den K-Vitaminen gehören auch die Methyl-substituierten Hydroxy-1,4-naphthochinon-Verbindungen Phthiokol und Plumbagin, bei welchen allerdings andere Wirkungen im Vordergrund stehen.

**Vorkommen:** Grüne Blattgemüse und Kohlsorten sind die Hauptnahrungsquelle für Vitamin K$_1$ (siehe Tabelle 1), daneben kommt es in bestimmten Pflanzenölen und tierischen Leberfetten vor. Nur geringe Mengen finden sich in sonstigen tierischen Nahrungsmitteln.

Tabelle 1: Vitamin K$_1$ in Lebensmitteln[2].

| Lebensmittel | Vitamin K$_1$ (Phyllochinon) [µg/100g] |
|---|---|
| Trinkmilch | <1 |
| Fisch | <1 |
| Muskelfleisch | <1 |
| Hühnerei | 2 |
| Spinat | 380 |
| Broccoli | 180 |
| Blattsalat | 35 |
| Karotten | 10 |
| Tomaten | 6 |
| Linsen | 22 |
| Sojaöl | 193 |
| Olivenöl | 55 |

Vitamin K$_2$ ist Stoffwechselprodukt bestimmter Gram-positiver Bakterien und kommt in fermentierten Lebensmitteln und in faulendem Fischmehl vor und wird von Darmbakterien des Menschen gebildet.

**Funktion:** Vitamin K$_1$ ist in Pflanzen und Cyanobakterien am Photosystem I beteiligt. Die K-Vitamine sind Cofaktoren bei der Biosynthese des Prothrombins und anderer Gerinnungsfaktoren, wo sie notwendig für die 4-Carboxylierung (γ-Carboxylierung) von L-Glutaminsäure-Resten und somit für die Calcium-Bindungsfähigkeit der Faktoren sind. Deshalb werden sie antihämorrhagische Vitamine (Antikoagulationsvitamine) genannt und zur Behebung von Blutungen (Hämorrhagien) eingesetzt. Auch Osteocalcin, ein für die Knochenentwicklung wichtiges Calcium-Ionen-bindendes Protein, Proteine der Wachstumsregulation und weitere Proteine mit noch unbekannter Funktion ent-

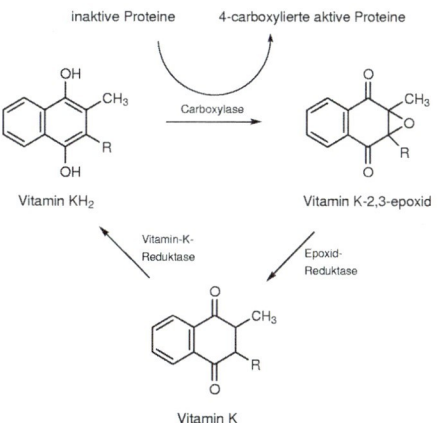

Abbildung: 4-Carboxylierung von Proteinen und Regenerationscyclus von Vitamin K (modifiziert nach Literatur[4]).

halten 4-Carboxy-L-glutamat-Reste; siehe auch Literatur[3].

Als Zwischenprodukte der Vitamin-K-abhängigen 4-Carboxylierung entstehen Vitamin KH$_2$ und Vitamin K-2,3-Epoxid.

Warfarin, Dicumarol und andere Cumarin-Derivate, von denen verschiedene als Rodentizide verwendet werden, sind als Antikoagulantien ausgesprochene Antagonisten für Vitamin K (dienen als Antidote bei entsprechender Intoxikation). Allerdings ist diese Wirkung an das Vorhandensein der Seitenkette an Position 3 gebunden; Menadion (Vitamin K$_3$), das zwar ausgeprägte antihämorrhagische Eigenschaften hat, ist gegen Cumarin-Derivate unwirksam.

*Ernährungsphysiologie: Resorption und Verteilung:* Die Resorption der fettlöslichen Vitamine K$_1$ und K$_2$ ist im Rahmen der Fettverdauung abhängig von Gallensäuren und Pankreasenzymen. Je nach Art der gleichzeitig verzehrten Fettsäuren und Hemmstoffen der Fettresorption beträgt die Absorptionsrate 10–80%. In Chylomikronen gelangen die Vitamere zur Leber und werden dort in VLDL eingebaut (siehe *Lipoproteine). Der Großteil des im Plasma zirkulierenden Vitamin K$_1$ und K$_2$ befindet sich in LDL. Die Speicherung erfolgt in der Leber (HWZ ca. 17 h, Speicherkapazität ca. 14 d).

Vitamin K$_3$ und andere wasserlösliche Derivate gelangen durch passive Diffusion ins Plasma. Nach endogener Umwandlung in Menachinon-4 findet es sich in allen Geweben, in der Leber aber nur in einem Anteil von etwa 2%.

*Bedarf:* Der Bedarf ist nur grob anhand der Plasmaprothrombin-Spiegel abschätzbar, zumal die Bestimmung des Vitamin-K-Gehalts in Lebensmitteln nicht unproblematisch ist und noch immer Unklarheit über den Anteil der Bakterien des Dickdarms bei der Vitamin-K-Versorgung herrscht. Die *DGE schätzt die adäquate tägliche Aufnahme auf 1 μg/kg Körpergewicht für alle Personen außer Neugeborene, siehe auch Tabelle 2.

Tabelle 2: Geschätzter täglicher Bedarf an Vitamin K[5,6].

| Bevölkerungsgruppe | Alter | DGE [μg/Tag] | *RDA [μg/Tag] |
|---|---|---|---|
| Säuglinge | 0–3 Monate | 4 | 2 |
| | 4–11 Monate | 10 | 2,5 |
| Kinder | 1–3 Jahre | 15 | 30 |
| | 4–6 Jahre | 20 | 55 |
| | 7–9 Jahre | 30 | 55 |
| | 10–12 Jahre | 40 | 60 |
| | 13–14 Jahre | 50 | 75 |
| Jugendliche und Erwachsene | 15–50 Jahre (männlich/weiblich) | 70/60 | 120/90 |
| | >51 Jahre (männlich/weiblich) | 80/65 | 120/90 |
| Schwangere | | 60 | 90 |
| Stillende | | 60 | 90 |

*Mangel:* Ausgeprägter Vitamin-K-Mangel führt zu einer Senkung des Blutspiegels an Prothrombin und anderen Gerinnungsfaktoren und damit zu Störungen der Blutgerinnung; er äußert sich in Blutungen im Unterhautzellgewebe, in der Muskulatur, im Darm und anderen Organen. Er tritt beim gesunden Erwachsenen nicht auf, nur bei Patienten mit chronischen Lebererkrankungen und Störungen der Fettresorption (z.B. Cholostase) oder nach Verabreichung von bestimmten Tuberkulostatika und Cumarinen.

Von besonderer Bedeutung sind die Hämorrhagien bei Neugeborenen, die als Morbus haemorrhagicus neonatorum bezeichnet werden. Sie können bei meist vollgestillten Neugeborenen in den ersten Lebenstagen bis Lebenswochen aufgrund des niedrigen Vitamin-K-Gehaltes der Muttermilch und der geringen Speicher beim Kind auftreten. Um diesem Phänomen vorzubeugen, wurde bis 1992 den meisten Neugeborenen eine prophylaktische Dosis Vitamin K parenteral verabreicht. Auf Grund eines Carcinogenese-Verdachts wurde dies geändert auf eine orale Gabe (siehe Toxikologie). Gegenwärtig wird die Existenz eines latenten Vitamin-K-Mangels diskutiert, da bei einem hohen Anteil der Bevölkerung durch Vitamin-K-Gaben die 4-Carboxylierung des Osteocalcins erhöht werden kann[2,4].

*Toxikologie:* Vitamin K scheint für den Erwachsenen sowohl bei akuter als auch bei chronischer Überdosierung wenig toxisch zu sein, sogar bei einer täglichen Gabe von 90 mg über 2 Jahre zeigten sich keine negativen Effekte[7]. Jüngsten Untersuchungen zu Folge scheint jedoch zwischen der parenteralen Applikation von Vitamin K bei Neugeborenen und Krebserkrankungen im Kindesalter eine positive Korrelation zu bestehen[8,9]. Daraufhin hat die Deutsche Gesellschaft für Kinderheilkunde eine Empfehlung zur Vitamin-K-Prophylaxe verfaßt (orale Applikation für gesunde Neugeborene, verminderte parenterale Applikation für Frühgeborene)[10]. Einen umfassenden Überblick zur Pharmakologie des Vitamin K gibt Literatur[11].

*Synthese:* Vitamin K$_1$ wird durch Synthese aus Phytol und Menadiol nach einem von Fieser 1939 entwickelten und von Isler 1954 verbesserten Verfahren hergestellt, Vitamin K$_2$ analog zu Vitamin K$_1$ unter Verwendung der entsprechenden Terpen-Verbindung als Seitenkette.

*Analytik:* Der biologische Nachweis durch Normalisierung der Gerinnungszeit des Blutes von Küken, Kaninchen oder Ratten, auch in Gegenwart von Dicumarol ist zu unspezifisch und durch modernere Tests abgelöst worden. Mittels HPLC können die verschiedenen Vitamin-K-Derivate quantitativ nachgewiesen werden[12,13].

Die Beurteilung der Vitamin-K-Versorgung erfolgt meistens mit Hilfe des Quick-Tests, bei dem die Verlängerung der Thromboplastin-Zeit ermittelt wird. Sensitiver ist allerdings die Bestimmung von untercarboxyliertem Prothrombin oder Osteocalcin im Serum oder die Ausscheidung weiterer carboxylierter Proteine, der Gla-Proteine, im Urin[2]. – *E* vitamin K

*Lit.:* [1] IUPAC; http://www.chem.qmul.ac.uk/iupac/misc/quinone.html. [2] Booth, S. L.; Suttie, J. W., *J. Nutr.*, (1998) **128**, 785. [3] Ferland, G., *Nutr. Rev.*, (1998) **56**, 223. [4] Jakob, F., In *Vitamine, Spurenelemente und Mineralstoffe*, Biesalski, H. K.; Köhrle, J.; Schümann, K., Hrsg., 2. Aufl.; Thieme: Stuttgart, (2002); S. 14ff. [5] Deutsche Gesellschaft für Ernährung (DGE); Österreichische Gesellschaft für Ernährung (ÖGE); Schweizerische Gesellschaft für Ernährungsforschung (SGE); Schweizerische Vereinigung für Ernährung (SVE), *Referenzwerte für die Nährstoffzufuhr*, Umschau/Braus: Frankfurt am Main, (2000). [6] Institute of Medicine, Hrsg., *Dietary Reference Intakes for Vitamin A, Vitamin K, Arsenic, Boron, Chromium, Copper, Iodine, Manganese, Molybdenum, Nickel, Silicon, Vanadium, and Zinc*, National Academy Press: Washington, DC, (2001). [7] Weber, P., *Nutrition*, (2001) **17**, 880. [8] Br. Med. J. **305**, 341 (1992). [9] Chem. Labor Biotech. **44**, 90 (1993). [10] Ernähr. Umsch. **40**, 132f. (1993). [11] Bundesanzeiger Nr. 59 vom 29.3.1989, S. 1614. [12] Fidanza (Hrsg.), Nutritional Status Assessment, S. 214–220, London: Chapman & Hall 1991. [13] J. Agric. Food Chem. **42**, 295–300 (1994). – *[HS 2936 29 (Vitamin K₁); 2914 69 (Vitamin K₂, Vitamin K₃); CAS 84-80-0 (Vitamin K₁); 863-61-6 (Vitamin K_{2(20)}); 2124-57-4 (Vitamin K_{2(35)}); 58-27-5 (Vitamin K₃)]*

**Vitaminoide** siehe *Vitamine.

**Vitamin PP** siehe *Niacin.

**Vitispirane** {6,9-Epoxy-3,5(13)-megastigmadiene, (*Z*)- und (*E*)-2,10,10-Trimethyl-6-methylen-1-oxaspiro[4.5]dec-7-en}.

$C_{13}H_{20}O$, $M_R$ 192,30, Öl, Sdp. 57–59°C (26,6 Pa). Natürliches Vitispiran ist eine Mischung der (6*R*)- und (6*S*)-Epimeren. Vorkommen im Aroma der Vanille[1], in Honig[2], Quitten[3], Äpfeln[4], Grapefruitsaft und Geraniumöl[5], in thermisch behandelten Traubensäften und in Wein; die Geruchsschwelle liegt bei 0,8 ppm in Wein[6].
Die Diastereomeren unterscheiden sich deutlich in ihrer Geruchscharakteristik: (*Z*)-Vitispiran riecht frisch, grün, mit einer blumig-fruchtigen Weinnote, während (*E*)-Vitispiran einen exotischen Blumenduft mit erdig-holzigem Unterton aufweist[7]. Vitispiran entsteht erst beim Erhitzen aus nichtflüchtigen glycosidischen Vorstufen[8–10]. Als biogenetische Vorstufe hat man unter anderem 3,4-Dihydroxy-7,8-dihydro-β-ionol beschrieben[11,12]. Über den Beitrag der Vitispirane am Rieslingaroma berichtet Literatur[3,13,14]; zur Bildung bei der Lagerung von Weinen siehe Literatur[15]; zur Enantiodifferenzierung siehe Literatur[16]; siehe auch *Theaspirane.
– *E* vitispiranes

*Lit.:* [1] Helv. Chim. Acta **61**, 1125 (1978). [2] Dtsch. Lebensm. Rundsch. **87**, 35f. (1991). [3] J. Agric. Food Chem. **36**, 1251–1256 (1988). [4] Lurie, S.; Pre-Aymard, C.; Ravid, U.; Larkov, O.; Fallik, E., *J. Agric. Food Chem.*, (2002) **50**, 4251–4256. [5] Helv. Chim. Acta **67**, 1198ff. (1984). [6] Vitis **17**, 274–287 (1978). [7] Food Rev. Int. **1**, 99–140 (1985). [8] Am. J. Enol. Vitic. **38**, 23–27 (1987). [9] J. Agric. Food Chem. **34**, 145–149 (1986). [10] J. Agric. Food Chem. **36**, 1251 (1988). [11] J. Agric. Food Chem. **40**, 1898 (1992). [12] Waldmann, D.; Winterhalter, P., *Vitis*, (1992) **31**, 169–174. [13] Lebensmittelchemie **45**, 7–10 (1991). [14] J. Agric. Food Chem. **39**, 1825–1829 (1991). [15] Ferreira, A. C.; Guedes de Pinho, P.; Rodrigues, P.; Hogg, T., *J. Agric. Food Chem.*, (2002) **50**, 5919–5924. [16] Phytochem. Anal. **4**, 235 (1993).
*allg.:* Beilstein EV **17/1**, 540 ▪ Ohloff, S. 137, 157, 168f. – *[CAS 65416-59-3]*

**VLDL.** Abkürzung für englisch very low density lipoproteins, siehe *Lipoproteine.

**VO (EG)** siehe *EU-Verordnung.

**Vollmilch** siehe *Milch (Milchsorten).

**Vollmilchpulver** siehe *Trockenmilcherzeugnisse.

**Voltammetrie.** Von Volt und *Amperometrie abgeleitete Bezeichnung für ein – nicht mit Voltametrie zu verwechselndes – Verfahren der *Elektroanalyse. Bei der Voltammetrie benutzt man eine in die Meßlösung eintauchende polarisierte Mikroelektrode und mißt die bei Spannungsänderungen gegen eine unpolarisierte Bezugselektrode sich einstellenden Ströme. Hierbei erhält man *Voltammogramme* in Form von *Stromspannungskurven*, die durch eine Stromspitze bei einem bestimmten Potential (Spitzenpotential) ausgezeichnet sind. Der Spitzenstrom stellt eine Meßzahl für die Konzentration des sogenannten Depolarisators in der Analysenlösung dar. Praktisch wird die Voltammetrie als sogenanntes direktes Verfahren (*Gleichstromvoltammetrie*, englisch direct current voltammetry, DCV) oder als sogenanntes indirektes Verfahren (*inverse Voltammetrie*; englisch stripping voltammetry) ausgeführt. Hierbei geht der eigentlichen Bestimmung eine Elektrolyse voraus, wobei zwischen beiden Verfahrensschritten Strom- und Spannungsrichtung umgekehrt werden; die Methode ist eines der empfindlichsten elektroanalytischen Verfahren. Peak-Potentiale einiger wichtiger Metalle bei der (inversen) Voltammetrie findet man z.B. in Literatur[1,2] und in Tabellenwerken; besonders zuverlässige Werte lassen sich durch sogenannte *Cyclovoltammetrie* gewinnen. Bei dieser Methode (auch *Dreiecksspannungsvoltammetrie* genannt) überlagert man einem Anfangspotential ein sich linear mit der Zeit änderndes Potential, das – nach Erreichen des so genannten Umkehrpotentials – unter den gleichen Zeitbedingungen wieder zum Anfangswert zurückgeführt wird. Als Leitsalze werden der Elektrolytlösung bei der Cyclovoltammetrie meist Alkalimetall-, Tetrabutyl- oder quartäre Ammonium-Verbindungen zugefügt. Von der nahe verwandten *Polarographie unterscheidet sich die Voltammetrie dadurch, daß bei ihr die Indikatorelektrode stationär, bei der Polarographie hingegen als Tropfen ausgebildet ist. Von der noch enger verwandten *Chronoamperometrie* unterscheidet sie sich nur dadurch, daß bei der Voltammetrie Stromspannungskurven, bei der Chronoamperometrie dagegen Strom-Zeit-Kurven aufgezeichnet werden. Eine unter Anwendung von Wechselspannung praktizierte Variante der Voltammetrie ist die *Wechselstromvoltammetrie* (englisch alternating current voltammetry, ACV), bei der einer linear bzw. stufenförmig ansteigenden Spannung eine Wechselspannung überlagert wird (Frequenz 50–100 Hz). Es gibt zahlreiche weitere

Varianten der Voltammetrie, z.B. die *Normalpuls-voltammetrie* (NPV), die *differentielle Pulsvoltam-metrie* (DPV) bzw. die *Pulsinversvoltammetrie* (DPIV, englisch DPASV und DPCSV), sowie die *Square-Wave-Voltammetrie* (SQV). Bei der *adsorpti-ven Stripping-Voltammetrie* (AdSV) wird der Analyt durch Adsorption an einer geeigneten Elektrode angereichert. Dabei wird zur Bestimmung von Me-tallen deren Komplexierung mit Liganden ausge-nutzt, die dann adsorptiv an einer Quecksilber- oder Kohle-Elektrode angereichert werden. Der Bestim-mungsschritt nach adsorptiver Anreicherung besteht dann fast immer in einer Reduktion der adsorbier-ten Spezies. Die AdSV wird für die Spurenanalytik von organischen Molekülen und von anorganischen Ionen eingesetzt. – *E* voltammetry

*Lit.:* [1] Analyt.-Taschenb. **1**, 103–147. [2] Pure Appl. Chem. **56**, 1095–1129 (1984).
*allg.:* Henze, G., *Polarographie und Voltammetrie Analysis*, Springer: Berlin, (2001) ▪ Thomas, F. G., Henze, G., *Intro-duction to Voltammetric Analysis*, CSIRO Publishing: Collingwood, Victoria, (2000) ▪ http://www.elach.de/voltammetrie.htm

**Vomitoxin** siehe *Desoxynivalenol.

**Vorläufig duldbare wöchentliche Aufnahme** (Abkürzung PTWI von englisch provisional tolera-ble weekly intake). Ein von der WHO ursprüng-lich eingeführter Empfehlungswert für Umwelt-kontaminanten, wie zum Beispiel Schwermetalle und einige Mykotoxine, die aufgrund ihres ubiqui-tären Vorkommens im Körper akkumulieren. Der PTWI entspricht der erlaubten menschlichen Ex-position mit Schadstoffen, die über den Verzehr von ansonsten gesunden und nahrhaften Nahrungs-mitteln aufgenommen werden. Als Basis für die to-lerierbare Aufnahmemenge wurde die Woche ge-wählt, um der Langzeitexposition Rechnung zu tragen[1]. Mittlerweile wurde dieses Konzept auch auf Substanzen ausgeweitet, die nicht im Körper akkumulieren oder die aus Verpackungsmaterial in Lebensmittel übergehen können. Festgelegt wer-den die PTWI durch die *JECFA. – *E* provisional tolerable weekly intake

*Lit.:* [1] Umweltmed. Forsch. Prax. **3**, 116 (1998).
*allg.:* Marquardt, H.; Schäfer, S. G., Hrsg., *Lehrbuch der To-xikologie*, 2. Aufl.; Wissenschaftliche Verlagsgesellschaft: Stuttgart, (2004)

**Vorratsschädlinge** siehe *Vorratsschutz.

**Vorratsschutz.** Als Teilgebiet des Pflanzenschut-zes Bezeichnung für alle Maßnahmen zur Eindäm-mung von Verlusten an Nahrungs- und Futtermit-telvorräten sowie an Saatgut, die durch Vorrats-schädlinge wie Käfer, Motten u.a. Insekten, Mil-ben und Nagetiere[1] sowie durch Pilze verursacht werden können. Als *Vorratsschutzmittel*, die vor al-lem in Mühlen, Silos, Lagerhäusern sowie Trans-portmitteln wie Schiffen (*Lagerschädlinge*) und Ei-senbahnwaggons angewendet werden, kommen nur solche Präparate aus der Gruppe der *Insektizide, *Akarizide, *Rodentizide und *Fungizide in Frage, die in oder auf den zu schützenden Vorräten keine gesundheitsgefährdenden Rückstände hinterlassen:

a) nicht-selektive, biozide *Fumigantien wie Me-thylbromid, *Blausäure, Zinkphosphid oder Calci-umphosphid. Die Verwendung von *Ethylenoxid zur Entwesung und Keimreduzierung wurde auf-grund der Rückstandsproblematik (Ethylenchlor-hydrin) 1980 verboten.
b) Insektizide aus der Gruppe der *Pyrethroide, ei-nige *Organophosphor-Insektizide sowie *Lindan. Bezüglich der Zulassung wird unterschieden zwi-schen einer Anwendung in leeren Lagern, Silos oder Containern und einer Anwendung bei einge-lagerten Gütern.
c) Eine sogenannte Abschlußspritzung von Obst oder eine Nacherntebehandlung mit Fungiziden dient der Vermeidung von Lagerfäulen.
d) Keimhemmungsmittel verhindern bei Kartoffeln das Auskeimen.
e) Gegen Nagetiere richten sich spezielle Rodenti-zide.
f) Tabak, Drogen und Heilkräuter können in Druckkammern mit Kohlendioxid behandelt wer-den.
Die *Saatgutbehandlung mit Beizmitteln zählt nicht zum Vorratsschutz, sondern stellt eine Saat-schutzmaßnahme dar. Sie dient der Bekämpfung samen-, boden- oder windbürtiger pilzlicher Krankheitserreger und erfolgt z.B. an Getreidekör-nern, Kartoffelknollen oder Gemüsesämereien be-reits vor deren Aussaat. – *E* stored products pro-tection

*Lit.:* [1] Mehlhorn, B.; Mehlhorn, H., *Zecken, Milben, Fliegen, Schaben – Schach dem Ungeziefer*, 3. Aufl.; Springer: Berlin, (1996).
*allg.:* Adler, C., *Bioland*, (2003) **2**, 33 ▪ Bundesamt für Ver-braucherschutz und Lebensmittelsicherheit, Hrsg., *Pflanzen-schutzmittel-Verzeichnis*, Saphir: Ribbesbüttel, (jährlich ak-tualisiert; Verzeichnis zugelassener Pflanzenschutzmittel); Teil 5; Online-Datenbank: http://www.bvl.bund.de ▪ Daten-bank Phytomed; http://www.bba.de/phytomed/phytomed.htm ▪ Elzen, G. W., Hardee, D. D., *Pest Manag. Sci.*, (2003) **59**, 770–776 ▪ Keilbach, R.; Fritzsche, R., *Die Pflanzen-schädlinge, Vorratsschädlinge und Materialschädlinge Mittel-europas*, Spektrum Akademischer Verlag: Heidelberg, (2002) ▪ Sellenschlo, U.; Weidner, H., *Vorratsschädlinge und Hausungeziefer*, Spektrum, Akademischer Verlag: Heidel-berg, (2003)

**Vorsorgeprinzip im Lebensmittelrecht.** Mit Inkrafttreten der *Basis-Verordnung 178/2002[1] gibt es gemeinschaftsweit eine einheitliche Grundlage für die Anwendung des Vorsorgeprinzips im Be-reich des Lebensmittel- und Futtermittelrechts (Artikel 7).
In bestimmten Fällen, in denen nach einer Auswer-tung der verfügbaren Informationen die Möglich-keit gesundheitsschädlicher Auswirkungen für Le-ben oder Gesundheit festgestellt wird, wissen-schaftlich aber noch Unsicherheit besteht, können vorläufige Risikomanagementmaßnahmen zur Si-cherstellung des in der Gemeinschaft gewählten hohen Gesundheitsschutzniveaus getroffen werden, bis weitere wissenschaftliche Informationen für eine umfassendere *Risikobewertung vorliegen (Artikel 7 Abs. 1; siehe auch Erwägungsgrund 21 der Basis-Verordnung). Maßnahmen, die danach

getroffen werden, müssen aber verhältnismäßig sein und dürfen den Handel nicht stärker beeinträchtigen, als dies zur Erreichung des in der Gemeinschaft gewählten hohen Gesundheitsschutzniveaus unter Berücksichtigung der technischen und wirtschaftlichen Durchführbarkeit und anderer angesichts des betreffenden Sachverhalts für berücksichtigenswert gehaltener Faktoren notwendig ist. Diese Maßnahmen müssen innerhalb einer angemessenen Frist überprüft werden, die von der Art des festgestellten Risikos für Leben oder Gesundheit und der Art der wissenschaftlichen Informationen abhängig ist, die zur Klärung der wissenschaftlichen Unsicherheit und für eine umfassendere Risikobewertung notwendig sind (Artikel 7 Abs. 2). Adressat dieser Vorgaben ist die Legislative und Exekutive, nicht aber die Judikative.

Die Vorgaben der Basis-Verordnung sind im Kontext der Rechtsprechung des *Europäischen Gerichtshofs (EuGH) zu sehen. Nach Auffassung des EuGH folgt aus dem Vorsorgeprinzip, daß eine vorbeugende Maßnahme nur dann getroffen werden kann, wenn das Risiko, ohne daß seine Existenz und sein Umfang durch zwingende wissenschaftliche Daten in vollem Umfang nachgewiesen worden sind, auf der Grundlage der zum Zeitpunkt des Erlasses dieser Maßnahme verfügbaren wissenschaftlichen Daten gleichwohl hinreichend dokumentiert erscheint (EuGH, „Pfizer Animal Health/ Rat", T-13/99, Egr. 142–144 und „Alpharma/Rat", T-70/99, Egr. 155–157). Somit genügt ein plausibles Gesundheitsrisiko, das aber vorliegen muß, damit ein Mitgliedstaat aufgrund des Vorsorgeprinzips Maßnahmen nach Maßgabe des Artikels 28 (ex 30) EG-Vertrag treffen kann (EuGH, „Kommission vs Dänemark", C-192/01, Egr. 49). Je größer im Übrigen die wissenschaftliche Ungewissheit ist, desto umfassender ist auch der Ermessensspielraum der Mitgliedstaaten, denen der Schutz der öffentlichen Gesundheit obliegt. Zum Grad der abstrakten Gefahr in Bezug auf die Festlegung von Höchstmengen stellte der EFTA-Gerichtshof fest, daß die Frage der Gesundheit zwar von den nationalen Stellen zu prüfen sei, daß hierfür aber rein hypothetische oder akademische Überlegungen nicht ausreichen (EFTA-Gerichtshof, „Surveillance Authority/Kingdom of Norway", E-3/00; EuGH „Kommission vs. Dänemark", C-192/01, Egr. 49; „Pfizer Animal Health/Rat", T-13/99, Egr. 139; „Alpharma/Rat", T-70/99, Egr. 152). Erheblich sind nur die spezifischen Auswirkungen des Vertriebs eines einzelnen Erzeugnisses, das eine bestimmte Menge an Nährstoffen enthält (EuGH „Kommission vs. Dänemark", C-192/01, Egr. 50). Zu berücksichtigen ist dabei die Gesamtwirkung der Marktpräsenz einer bestimmten Anzahl natürlicher oder künstlicher Versorgungsquellen eines Nährstoffes und der Möglichkeit bereits absehbarer künftiger zusätzlicher Quellen (EuGH, C-192/ 01, Egr. 50; „Pfizer Animal Health/Rat", T-13/99, Egr. 139; „Alpharma/Rat", T-70/99, Egr. 152). Es müssen die potenziellen negativen Auswirkungen eines vorgeschlagenen Stoffs für die Gesundheit

festgestellt werden. Dies setzt eine umfassende Abwägung des Gesundheitsrisikos (comprehensive risk assessment) auf der Grundlage neuester wissenschaftlicher Daten voraus (EuGH, C-192/01, Egr. 51), siehe auch *Risikoanalyse. – *E* precautionary principle

*Lit.:* [1] Verordnung (EG) Nr. 178/2002 des Europäischen Parlaments und des Rates vom 28.01.2002 zur Festlegung der allgemeinen Grundsätze und Anforderungen des Lebensmittelrechts, zur Errichtung der Europäischen Behörde für Lebensmittelsicherheit und zur Festlegung von Verfahren zur Lebensmittelsicherheit (Amtsblatt der EU Nr. L 31 vom 01.02.2002, S. 1).

**Vorzugsmilch** siehe *Rohmilch.

**Vulkanisationsbeschleuniger** (Vulkazite). Gruppe von Vulkanisationshilfsmitteln, die bei der Schwefel-Vulkanisation von Naturkautschuk und *Synthesekautschuk zu Gummi oder Elastomeren zugesetzt werden. Sie bewirken eine Verkürzung der Vulkanisationszeit, eine Verringerung der Vulkanisationstemperatur sowie eine Herabsetzung der Schwefel-Dosierung. Es handelt sich vor allem um Amin-haltige Substanzen, die zusätzlich eine Schwefel-Struktur enthalten können. Die Beschleuniger werden meistens in Kombination mit Aktivatoren, die als Schwefel-Überträger wirken, eingesetzt. Aktivatoren sind z.B. Antimon(II)-sulfid und Blei(II)-oxid oder verschiedene Zink-haltige Verbindungen wie Zinkoxid. Zur Funktion siehe auch Literatur [1].

Vulkanisationsbeschleuniger sind z.B.: Thiurame wie Thiram (Tetramethylthiuramdisulfid), Thiazole wie 1,3-Benzothiazol-2-thiol [2-Mercaptobenzothiazol (2-MBT)], Dithiocarbamate, Xanthogenate, Toluidine oder Aniline.

*Toxikologie:* Vulkanisationsbeschleuniger können während des Produktionsprozesses zu Nitrosaminen umgesetzt werden. Diese können beim Aushärtungsprozess in die Luft entweichen und eine Gesundheitsgefährdung für das in der Produktion tätige Personal darstellen [2]. Die im fertigen Produkt verbleibenden Nitrosamine können je nach Anwendung migrieren und in verpackte Güter wie Lebensmittel, Kosmetika und andere gelangen. Auch über den direkten Hautkontakt ist eine Migration möglich. Zur Toxikologie siehe *Nitrosamine.

Bestimmte Vulkanisationsbeschleuniger wie 2-MBT können als Sensibilisatoren allergieauslösend wirken.

*Analytik:* Nach Extraktion mit Methanol oder Aceton kann vor allem die HPLC für die qualitative und quantitative Bestimmung herangezogen werden [3].

*Recht:* Für Bedarfsgegenstände, die mit Lebensmitteln in Berührung kommen, sind die allgemeinen Anforderungen zu beachten, wonach Materialien und Gegenständen so herzustellen sind, daß sie unter normalen und vorhersehbaren Verwendungsbedingungen keine Bestandteile auf Lebensmittel in Mengen abgeben, die geeignet sind, die menschliche Gesundheit zu gefährden oder eine unvertretbare Veränderung der Zusammensetzung oder eine Beeinträchtigung der organoleptischen Eigenschaften des Lebensmittels herbeizuführen [4].

Die Kunststoffempfehlungen des *BfR legen den Stand der Technik dar, sind aber nicht rechtsverbindlich[5]. Darin werden für unterschiedliche Kategorien an Lebensmittelbedarfsgegenständen je nach vorhersehbarer Kontaktzeit bzw. für eine Sonderkategorie an Bedarfsgegenständen, die bestimmungsgemäß oder vorhersehbar in den Mund genommen werden, Vulkanisationsbeschleuniger mit entsprechenden Höchstmengen empfohlen.

Speziell bei der Herstellung von Beruhigungs- und Flaschensauger aus Elastomeren oder Gummi dürfen gemäß *Bedarfsgegenständeverordnung keine Verfahren angewendet werden, die bewirken, daß aus den Saugern N-Nitrosamine oder in N-Nitrosamine umsetzbare Stoffe in eine Speichellösung in einer Menge abgegeben werden, die mit festgelegtem Verfahren nachweisbar sind. Die Bestimmungsgrenzen sind für N-Nitrosamine bei 0,01 mg/kg und für N-nitrosierbare Stoffe bei 0,1 mg/kg festgelegt.

Für andere Bedarfsgegenstände, die in den Mund genommen werden, wie Spielwaren, Luftballons, Warzenhütchen, Beißringe und Gebißschutz werden als Richtwert für N-Nitrosamine gemäß Literatur[5] 10 µg/kg Bedarfsgegenstand empfohlen, für nitrosierbare Stoffe 0,1 mg/kg Bedarfsgegenstand bzw. für Luftballons 5 µg/dm$^2$. – *E* vulcanization accelerator

*Lit.:* [1]Oae, S., *Organic Sulfur Chemistry: Structure and Mechanism*, CRC Press: Boca Raton, (1991). [2]Zenzen, V.; Fauth, E.; Zankl, H.; Janzowski, C.; Eisenbrand, G., *Mutat. Res.*, (2001) **497**(1–2), 89–99. [3]Ullmann (7.); http://dx.doi.org/10.1002/14356007.a23_365.pub2 [Online, Oktober 2004]. [4]Verordnung (EG) Nr. 1935/2004 des Europäischen Parlaments und des Rates vom 27. Oktober 2004 über Materialien und Gegenstände, die dazu bestimmt sind, mit Lebensmitteln in Berührung zu kommen. [5]Kunststoffempfehlungen des BfR; XXI. Bedarfsgegenstände auf Basis von Natur- und Synthesekautschuk; http://bfr.zadi.de/kse/.

*allg.:* Mark, J. E., Hrsg., *Science and Technology of Rubber*, 3. Aufl.; Elsevier: Amsterdam, (2005)

**Vulkazite** siehe *Vulkanisationsbeschleuniger.

**VZ.** Abkürzung für Verseifungszahl, siehe *Fettkennzahlen.

# W

**W.** Ein-Buchstaben-Code für die Aminosäure *Tryptophan.

**Wacholderbeeröl.** Aus reifen getrockneten Wacholderbeeren (*Juniperus communis* L., Cupressaceae) gewinnt man durch Wasserdampfdestillation in Ausbeuten von 0,8–2% das farblose bis hellgelbe, dünnflüssige Wacholderbeeröl. D. 0,854–0,879, unlösl. in Wasser, lösl. in 95% Ethanol (Verhältnis 1:4) unter leichter Trübung.
*Aromastoffe:* W. riecht stark nach Koniferen (terpenartig) u. schmeckt aromat.-bitter. Als Hauptbestandteile des *etherischen Öls wurden α-Terpinen u. sein Oxid.-Produkt α-Terpinen-4-ol sowie α-*Pinen (36%), Myrcen (13%), Caryophyllen, 3-Caren u. Sabinen identifiziert. Den Einfluß des Anbaugebietes, des Zeitpunktes der Ernte u. der zur Extraktion verwendeten Pflanzenteile auf die Zusammensetzung der ether. Öle untersucht *Lit.*[1]. Zur Zusammensetzung von ether. Ölen aus den Blättern der Wacholderpflanze siehe Literatur[2]. Diesbezüglich finden sich als Hauptkomponenten Sabinen (19,4–31,3%), *trans*-Sabinylacetat (7,6–24,3%), β-*Thujon (4,5–25,8%) sowie Terpinen-4-ol (3,4–13%). Bei Studien zur antimikrobiellen Aktivität ergab sich als Hauptkomponente α-*Terpineol (88,4%) (s. *Lit.*[3]).
*Verwendung:* In der Medizin als Diuretikum u. in der kosmet. Ind. sowohl als Riechstoff für Herrenparfums als auch für Haut- u. Haarpflegepräparate. Die Verw. von W. zur Herst. von Lebensmitteln (speziell alkohol. Getränken wie Gin u. Steinhäger) ist nach Artikel 26 der Begriffsbestimmung für *Spirituosen[4] unzulässig. Zur rechtlichen Beurteilung von „Spirituosen mit Wacholder" (Wacholder, Genever, Gin) ist die VO (EWG) 1576/89 (Spirituosen-VO)[5], Artikel 1, Absatz 4, Buchstabe m) heranzuziehen.
*Anbaugebiete:* Italien (Toskana), Jugoslawien, Spanien, Südfrankreich u. Norddeutschland (Lüneburger Heide). – *E* juniper berry oil

*Lit.:* [1]Phytochemistry **44**, 869–873 (1997). [2]J. Essent. Oil Res. **8**, 677–680 (1996). [3]Flavour Fragr. J. **11**, 71–74 (1996). [4]Zipfel, C 419. [5]VO (EWG) Nr. 1576/89 zur Festlegung der allg. Regeln für die Begriffsbestimmung, Bez. u. Aufmachung von Spirituosen.
*allg.:* Bauer et al. (4.) ▪ ISO 8897: 1991-09 ▪ Ullmann (5.) **A11**, 230; (4.) **20**, 281 – [HS 3301 29; CAS 8012-91-7]

**Wachse.** Phänomenologische oder warenkundliche Bezeichnung, die in der Regel folgende Eigenschaften aufweisen: bei 20°C knetbar, fest bis brüchig hart, grob bis feinkristallin, durchscheinend bis opak, jedoch nicht glasartig; über 40°C ohne Zersetzung schmelzend, schon wenig oberhalb des Schmelzpunktes verhältnismäßig niedrigviskos und nicht fadenziehend, stark temperaturabhängige Konsistenz und Löslichkeit, unter leichtem Druck polierbar. Wachse unterscheiden sich von ähnlichen synthetischen oder natürlichen Produkten (z.B. Harzen, plastischen Massen, Metallseifen usw.) hauptsächlich darin, daß sie in der Regel etwa zwischen 50 und 90°C, in Ausnahmefällen auch bis etwa 200°C, in den schmelzflüssigen, niedrigviskosen Zustand übergehen und praktisch frei von aschebildenden Verbindungen sind. Wachse bilden Pasten oder Gele und brennen in der Regel mit rußender Flamme.
Wachse schützen die Oberfläche von Blättern, Stengeln, Samen und Früchten (Obst) gegen Austrocknung sowie gegen Mikroorganismenbefall. Bei der Fettgewinnung aus ungeschälten Ölsaaten gehen Wachse in das Rohöl über und können unerwünschte Trübungen verursachen, z.B. *Cerotylcerotat* [H$_3$C–(CH$_2$)$_{24}$–CO–O–CH$_2$–(CH$_2$)$_{24}$–CH$_3$, C$_{52}$H$_{104}$O$_2$, $M_R$ 761,39] in Sonnenblumenöl. Sie müssen daher bei der Fettraffination entfernt werden.
*Einteilung:* Nach ihrer Herkunft teilt man die Wachse in drei Klassen ein (siehe Tabelle).
*Zusammensetzung:* Nach einer Neuformulierung eines Sonderausschusses der Deutschen Gesellschaft für Fettwissenschaft ist der Begriff Wachse im engeren Sinne eine Sammelbezeichnung für

Tabelle: Einteilung der Wachse.

| Klasse | Untergruppe | Beispiele |
|---|---|---|
| natürliche Wachse | pflanzliche Wachse | *Carnaubawachs, *Candelillawachs, Espartowachs, Guarumawachs, Japanwachs, Korkwachs, Montanwachs, Ouricurywachs, Reiskeimölwachs, Zuckerrohrwachs |
| | tierische Wachse | *Bienenwachs, Bürzeldrüsenfett, Wollwachs, Schellackwachs (siehe *Schellack), *Walrat |
| | Mineralwachse | Ceresin, Ozokerit |
| chemisch modifizierte Wachse | Hartwachse | hydrierte Jojobawachse, Montanesterwachse, Sasolwachse |
| synthetische Wachse | | Polyalkylenwachse, Polyethylenglycolwachse |

Ester langkettiger Fettsäuren (C$_{24}$–C$_{36}$) mit langkettigen Alkoholen [C$_{15}$–C$_{36}$; z. B. Cetyl-(C$_{16}$H$_{33}$OH) und Stearylalkohol (C$_{18}$H$_{37}$OH)], die verbreitet in Pflanzen und Tieren vorkommen [1].

Hauptbestandteile natürlicher rezenter („nachwachsender") Wachse, wie Bienen- oder Carnaubawachs, sind Ester langkettiger Fettsäuren (Wachssäuren) mit langkettigen Fettalkoholen, Triterpen- oder Steroidalkoholen. Diese Wachsester enthalten auch freie Carboxy- und Hydroxy-Gruppen, welche das Emulgiervermögen der sogenannten Wachsseifen bewirken. Natürliche fossile Wachse, z. B. aus Braunkohle oder Erdöl, bestehen ebenso wie Wachse aus der Fischer-Tropsch-Synthese oder Polyethylenwachse hauptsächlich aus geradkettigen Kohlenwasserstoffen; erstere können aber je nach Provenienz auch verzweigte oder cycloaliphatische Kohlenwasserstoffe enthalten. Häufig werden diese „Kohlenwasserstoff"-Wachse durch nachträgliche Oxidation oder – im Fall der Polyolefinwachse auch durch Comonomere – mit Carboxy-Gruppen funktionalisiert.

*Herstellung:* Die Gewinnung der natürlichen Wachse erfolgt meist durch Extraktion mit nachfolgender Reinigung (Filtration), Bleichung und Konfektionierung. Durch chemische Weiterverarbeitung wie Oxidation, Veresterung und Verseifung erhält man teilsynthetische Wachse, z. B. auf der Basis von Montanwachs.

Vollsynthetische Kohlenwasserstoff-Wachse, zu denen Fischer-Tropsch-(FT-)Wachse und die Polyolefinwachse zu zählen sind, stellt man aus den in der Kohlevergasung und petrochemisch gewonnenen Rohstoffen nach Hoch-, Mittel- und Niederdruckpolymerisationsverfahren her. Fettsäuren (C$_{16}$–C$_{22}$) stellen die Grundlage für Mono-, Bis- und Polyamidwachse dar.

*Verwendung: Kosmetische und pharmazeutische Industrie:* zur Herstellung von Salbengrundlagen, Dentalwachsen, Suppositorien, Brillantinen, Epilierwachsen, Lippenstiften, Hautpflegemitteln, Haarentfernungsmitteln.

*Kunststoffindustrie:* als Gleitmittel.

*Lacke und Druckfarben:* Aufgrund ihrer unterschiedlichen chemischen Zusammensetzung können Wachse in Lacken und Druckfarben vielfältige Aufgaben übernehmen. In flüssigen Lacken wirken sie als rheologische Additive, d. h. sie stabilisieren z. B. die Orientierung von Effektpigmenten oder steuern das Absetzverhalten von Pigmenten und Füllstoffen.

*Landwirtschafts- und Lebensmittelindustrie:* als Trennmittel, Käsewachs, Melkfette, als Weichmacher bei Kaugummi, Baumwachs, Wachsüberzüge auf Früchten.

*Pflegemittelindustrie:* zur Herstellung von Selbstglanz-, Schuh- und Fußbodenpflegemitteln, Polituren für Möbel- und Autopflegemittel.

Ferner zur Herstellung von Wachskreiden, als Schmierstoffe, Korrosionsschutzwachs; in der Leder- und Textilindustrie (z. B. für Batikarbeiten), in der Bleistift- und Elektroindustrie; bei der Herstellung von Kerzen, Abguß- und Knetmassen sowie Wachswaren aller Art, für Zündholzimprägnierungen, Verpackungsmaterial, Kohlepapier sowie beim Imprägnieren von Holzfaserplatten.

Wachshaltige Präparate kommen in den Handel in Form von Pasten auf Lösemittelbasis, rieselfähigen Pulvern, Dispersionen in organischen Lösemitteln, flüssigen oder pastösen Emulsionen mit oder ohne Lösemittel, Wachsüberzügen (Papier, Folien), Mischungen mit Kunststoffen oder als Wachsaerosole. Der weltweite jährliche Verbrauch an Wachs (inklusive Paraffin und *mikrokristallinen Wachsen) beträgt nach Literatur [2] ca. 3,4 Mio. t.

*Analytik:* Nach Extraktion der Wachse mit organischen Lösemitteln (z. B. Hexan, Chloroform, Dichlormethan) erfolgt die Aufreinigung üblicherweise durch Säulenchromatographie, z. B. an Silicagel oder Sephadex LH-20, und Elution mit Lösemitteln steigender Polarität. Daneben wurden auch dünnschichtchromatographische Verfahren beschrieben. Die Charakterisierung wird zumeist durch GC oder HPLC mit massenspektrometrischer Detektion vorgenommen [3,4].

*Toxikologie:* Die meisten Naturwachse sind im menschlichen und tierischen Organismus unverdaulich und untoxisch; dies gilt auch für teilsynthetische Wachse auf der Basis von Montanwachsen. Laut CIR Expert Panel der CTFA können alle fossilen und synthetischen Wachse, die zur Herstellung auch kosmetischer Mittel verwendet werden, in den Konzentrationen, die für die Herstellung kosmetischer Mittel vorgeschlagen worden sind, als safe bezeichnet werden [5,6]. – *E* waxes

*Lit.:* [1] Fette, Seifen, Anstrichm. **76**, 135 (1974). [2] Ullmann (7.); http://dx.doi.org/10.1002/14356007.a28_103 [Online, Juni 2000]. [3] Li, S.; Parish, E. J., *Food Sci. Technol.*, (1998) **88**, 89–114. [4] Parish, E. J.; Boos, T. L.; Li, S., *Food Sci. Technol.*, (2002) **117**, 103–131. [5] J. Am. Coll. Toxicol. **3**, Nr. 3, 43 (1984). [6] Chem. Abstr. **101**, Nr. 22, 197928 (1984).

*allg.:* Deutsche Gesellschaft für Fettwissenschaft, Hrsg., *DGF-Einheitsmethoden*, 2. Aufl.; Wissenschaftliche Verlagsgesellschaft: Stuttgart, (Loseblattsammlung, Stand: März 2004); Abteilung M: Wachse und Wachsprodukte

**Wachse, mikrokristalline** siehe *mikrokristalline Wachse.

**Wachsstärke** siehe *Stärke.

**Wachstumsregulatoren** siehe *Pflanzenwuchsstoffe.

**Wärmeleitfähigkeitsdetektoren** siehe *Detektoren.

**Walkerde** siehe *Bleicherden.

**Walnuß** (Welsche Nuß, Steinnuß). Der von der fleischig-ledrigen, grünen, ungenießbaren, unregelmäßig aufreißenden Außenschale (Exokarp) befreite Steinkern des in Europa, Asien und vor allem in den USA (Kalifornien) kultivierten, bis zu 30 m hohen und bis zu 300 Jahre alten Walnußbaumes (*Juglans regia* L., Juglandaceae). Die aus zwei Schalenhälften (Endokarp) bestehende, rundlich oder ovale, stark gerunzelte, hellbraune bis dunkelbraune Nußfrucht enthält den bernsteinfarbenen bis weißen 2–4 lappigen eßbaren Samenkern (Embryo), der von einem vor Sauerstoff schützenden, dunklen Häutchen umgeben ist.

*Zusammensetzung:* 100 g genießbarer Anteil Walnuß ohne Schale enthalten unter anderem 15 g Protein, 63 g Fett, 14 g Kohlenhydrate, 4 mg Na, 545 mg K, 70 mg Ca, 430 mg P, 2 mg Fe, 15 mg Vitamin C, ferner Vitamine A, $B_1$, $B_6$ und E; Nährwert (bezogen auf 100g) 2950 kJ (705 kcal). Zur Bestimmung von Tocopherolen siehe Literatur[1]. Erwähnenswert ist auch das Spurenelement Selen, das über die Aminosäure Methionin an Proteine gebunden vorliegt[2]. Bei der Analyse des Gehalts an freien Aminosäuren wurde Alanin als Hauptverbindung identifiziert[3]. Eine eingehendere Untersuchung hingegen stellt Glutaminsäure und Asparaginsäure als Hauptkomponenten heraus[4]. Zur Charakterisierung der für das Auftreten von Allergien verantwortlichen Protein-Fraktionen siehe Literatur[5-7]. Auch von einer Kontaktallergie ist berichtet worden[8]. Die Lipid-Fraktion besteht im wesentlichen aus neutralen Lipiden, vor allem Triglyceriden[9], deren Fettsäure-Muster durch einen hohen Anteil an primär mehrfach (75%) ungesättigten Fettsäuren (91%) gekennzeichnet ist[4]. Walnüsse haben einen milden, nußartigen, mitunter süßlichen Geschmack. Die Analyse der Flavonoide ergab 4,5 g Myricetin/kg eßbarem Anteil[10]. Die Senkung des Tannin-Gehalts, der für die Adstringenz von Walnüssen verantwortlich ist, läßt sich neben der inzwischen in Deutschland verbotenen Alkalibehandlung auch durch eine Lagerung über 21 Tage bei 25°C erreichen[11]. Die Anfälligkeit der Walnuß gegenüber *Aflatoxin-Bildnern soll im Vergleich zur Pistazie und der Mandel geringer ausgeprägt sein[12].

*Verwendung:* Walnüsse müssen nach der Ernte im Oktober sofort getrocknet werden. Bei 10°C und 60% relativer Luftfeuchtigkeit sind sie bis zu einem Jahr lagerfähig. Walnüsse stehen in den USA an dritter Stelle des Pro-Kopf-Verbrauches von Nüssen. Verwendet werden:
1. Frischnüsse, die in frischem Zustand, von der bitteren Samenschale befreit, als Schälnüsse verzehrt oder zu Likör verarbeitet werden.
2. Getrocknete Nüsse (Trockennüsse), d.h. luftgetrocknete Ware.
3. Grüne Nüsse (Frischnüsse, Schälnüsse), d.h. noch unreife, grüne Nüsse mit noch nicht erhärteter Steinschale. Sie dienen unter anderem zur Herstellung von Nußlikör und von Hydrojuglon-haltigem (Schalenöl) Nußöl (Oleum juglandis nucum infusum) sowie zur Herstellung von Haarfärbemitteln bzw. Hautbräunungsmitteln (Juglon).
4. Nußkerne, ausgelöst.
5. Bruchware, für Konditoreien (Konfekt, Walnußkrokant, Lebkuchen, Makronen), Bäckereien (Walnußbrot), die Speiseeisindustrie und Ölmühlen (*Walnußöl, syn. Nußöl).
Handelswalnuß mit über 20% schlechter Nüsse gilt als verdorben. Walnüsse mit Spuren an Schönungsmitteln (Schwefeldioxid, Wasserglas), die zur Bleichung (Reduktion des Tannin-Gehalts) eingesetzt

werden, dürfen nicht mehr in den Handel gebracht werden.
Das Holz des Walnußbaumes ist ein wertvoller Rohstoff für die Möbelindustrie. – *E* walnut

*Lit.:* [1] Dtsch. Lebensm. Rundsch. **95**, 278–282 (1999). [2] Kannamkumarath, S. S.; Wrobel, K.; Wrobel, K.; Vonderheide, A.; Caruso, J. A., *Anal. Bioanal. Chem.*, (2002) **373**, 454. [3] Mapelli, S.; Brambilla, I.; Bertani, A., *Tree Physiol.*, (2001) **21**, 1299. [4] Sze-Tao, K. W. C.; Sathe, S. K., *J. Sci. Food Agric.*, (2000) **80**, 1393. [5] J. Allergy Clin. Immunol. **101**, 807–814 (1998). [6] Curr. Opin. Pediatr. **12**, 567–573 (2000). [7] Robothan, J. M.; Teuber, S. S.; Sathe, S. K.; Roux, K. H., *J. Allergy Clin. Immunol.*, (2002) **109**, 143. [8] Bonamonte, D.; Foti, C.; Angelini, G., *Contact Dermatitis*, (2001) **44**, 101. [9] Tsamouris, G.; Hatziantoniou, S.; Demetzos, C., *Z. Naturforsch., Teil C*, (2002) **57**, 51. [10] Lugasi, A.; Hóvári, J., *Acta Aliment.*, (2002) **31**, 63. [11] Sze-Tao, K. W. C.; Schrimpf, J. E.; Teuber, S. S.; Roux, K. H.; Sathe, S. K., *J. Sci. Food Agric.*, (2001) **81**, 1215. [12] Mahoney, N.; Molyneux, R. J.; McKenna, J.; Leslie, C. A.; McGranahan, G., *J. Food Sci.*, (2003) **68**, 619.
*allg.:* Franke, W., *Nutzpflanzenkunde*, 6. Aufl.; Thieme: Stuttgart, (1997); S. 252 – [*HS 0802 31, 0802 32*]

**Walnußöl** (Nußöl). Fettes, farbloses bis leicht gelbliches, trocknendes Öl von angenehm nußartigem Geruch u. Geschmack, das durch kaltes Pressen ölhaltiger *Walnüsse, den Samen des Walnußbaums, *Juglans regia* L., Juglandaceae, (Ölgehalt ca. 60%) erhalten wird. W. findet Verw. als wertvolles Speiseöl u. als Grundlage für Heilsalben u. Ölfarben (ähnlich dem *Mohnöl)[1].

*Analytik:* D. 0,920–0,924, IZ 156 (143–162), VZ 192 (186–197). Fettsäurespektrum: 16:0 7%; 18:0 2%; 18:1 16,5%; 18:2 60,0%; 18:3 14%. Eine Identifizierung von W. ist anhand des *Tocopherol-Spektrums möglich (α-Tocopherol 2–4%, β-Tocopherol nicht nachweisbar, γ-Tocopherol 81–89%, δ-Tocopherol 8–14%)[2]. Der Gesamttocopherol-Gehalt beträgt 440 mg/kg. Zum Gesamtsterol-Gehalt (ca. 200 mg) u. zum Sterol-Spektrum siehe Literatur[3,4]; s.a. *Walnuß. – *E* walnut oil

*Lit.:* [1] Vollmer u. Franz, Chemie in Hobby u. Beruf, S. 86f., Stuttgart: Thieme 1991. [2] Fat Sci. Technol. **93**, 519–526 (1991). [3] Fat Sci. Technol. **91**, 23–27 (1989). [4] Oliveira, R.; Rodrigues, M. F.; Beruardo-Gil, M. G., *J. Am. Oil Chem. Soc.*, (2002) **79**, 225–230.
*allg.:* Kirk-Othmer (4.) **7**, 587 ▪ Ullmann (5.) **A18**, 51 – [*HS 1515 90; CAS 8024-09-7*]

**Walöl** siehe *Seetieröle.

**Walrat** (der oder das, Singular; weißer Amber, Spermaceti, Cetin, Cetaceum). Weiße, wachsartige, schuppig-blättrige Masse von eigenartigem Geruch, die sich in der Kälte aus dem Öl-Wachs-Gemisch abscheidet, das aus den Kopfhöhlen, Rückgratknochen und dem Speck des Pottwals erhalten wird. Durch Abpressen gewinnt man das *Spermöl* (Walratöl), das wiederum durch Hydrieren in sogenanntes synthetisches Walrat überführt werden kann.

Walrat besteht im wesentlichen aus Cetylpalmitat, daneben aus Estern der Laurinsäure, Myristinsäure und Stearinsäure mit Myristylalkohol, Cetylalkohol und Stearylalkohol; D. 0,938–0,945, Schmp. 42–50°C, VZ 120–136, IZ 3–4,4, unlöslich in Wasser, löslich in Chloroform, Ether, Petrolether, Schwefelkohlenstoff und heißem Alkohol. Walrat kann durch Stearin oder Talg verfälscht sein.

*Verwendung:* Früher als Salbengrundlage für kosmetische Präparate, als Zusatz zu Kerzen, Appreturmitteln, Seifen, Pomaden und dergleichen, medizinisch in Kühlsalben; Walrat spielte auch eine Rolle als Ausgangsmaterial für die Gewinnung von 1-Hexadecanol. Heute ist aus Gründen des Artenschutzes für Pottwale die Verwendung von Walrat in der EU und in den USA verboten. Als Walratersatz bieten sich hydriertes *Jojobaöl oder synthetische *Wachse mit vergleichbaren physikalischen Eigenschaften in der Kosmetikindustrie und Cetylpalmitat in der Pharmaindustrie an.

*Recht:* Aufgrund des Washingtoner Artenschutz-Abkommens sind seit dem 01.01.1982 Import und Verwendung von Walerzeugnissen unter anderem in der EU und in den USA nicht mehr zugelassen. Walrat ist kein zugelassener Zusatzstoff. – *E* spermaceti

*Lit.:* Ullmann (5.) **10**, 263 – *[HS 1521 90]*

**Waltran** siehe *Seetieröle.

**Wanzendill** siehe *Koriander(öl).

**Wasabi** siehe *Sushi.

**Waschmittel.** Bezeichnung für die beim Waschen von Textilerzeugnissen benötigten, in Form von Pulvern, Granulaten, Perlen, Tabletten, Pasten, Gelen oder Flüssigkeiten (in einigen Ländern auch von Stücken) handelsüblichen Formulierungen aus verschiedenen funktionellen Inhaltsstoffen, die im allgemeinen in wäßrigen Lösungen (*Waschflotte*) meist in Waschmaschinen eingesetzt werden. Waschmittel werden überwiegend als Vollwaschmittel mit universeller Einsatzbreite (*Universalwaschmittel*) formuliert, daneben als Buntwaschmittel (Colorwaschmittel) für farbige Textilien und als Feinwaschmittel „für alles Farbige und Feine", z.B. für Seide, Wolle oder Gardinen. Spezielle Formulierungen dienen der Handwäsche, auch auf Reisen.

*Wirkung:* Die Waschmittelwirkung besteht in einem komplexen Zusammenspiel physikalisch-chemischer und chemischer Vorgänge. Das Leistungsvermögen moderner Waschmittel wird heute durch fünf Gruppen von Inhaltsstoffen bestimmt: *Tenside, anorganische polymere *Gerüststoffe (Builder), die zusammen mit verschiedenartigen funktionellen organischen Polymeren die Gruppe der Waschmittel-Polymere bilden, Bleichsysteme, Waschmittel-Enzyme und – je nach Leistungsprofil – wahlweise weitere funktionelle Komponenten wie optische Aufheller (Weißtöner) und Weichspüler-Wirkstoffe.

Voraussetzungen für jedwede Reinigung sind das Benetzen des zu reinigenden Gutes mit der Waschflotte und die sogenannte Umnetzung, d.h. der Austausch einer Grenzfläche fest/flüssig (Faser/Öl oder Fett) bzw. fest/fest (Faser/Partikelschmutz) durch eine neue Grenzfläche fest/flüssig (Faser/Waschflotte). Benetzen und Umnetzen werden durch grenzflächenaktive Stoffe, die Tenside, bewirkt. Zwischen Faser, Schmutzteilchen und Tensid bildet sich eine elektrochemische Doppelschicht sowie zwischen Faseroberfläche und bewegter Lösung aufgrund elektrokinetischer Erscheinungen das sogenannte Zeta-Potential aus. Die bereits in reinem Wasser vorliegende Aufladung der Schmutzteilchen der Fasern wird durch Aniontenside (siehe *Tenside) und Gerüststoffe wesentlich erhöht, wodurch die Abstoßung zwischen Schmutz und Faser verstärkt wird. Der abgelöste flüssige Fett- und Ölschmutz wird durch die von den Tensiden gebildeten Micellen solubilisiert und somit in der Waschflotte gehalten. Partikelschmutz wird durch Adsorption von Tensiden elektrisch aufgeladen und infolge der Abstoßung der einzelnen Teilchen in der Waschflotte dispergiert, so daß eine Wiederablagerung (Redeposition) auf dem Gewebe unterbleibt.

Die durch den Gehalt an Calcium- und Magnesium-Ionen verursachte Wasserhärte bleibt eines der beim Waschen immer zu beachtenden Probleme, um das Ausfällen unlöslicher Salze und damit das Verkrusten von Textilien und Waschmaschinenteilen zu vermeiden. Nachdem die Phosphate, besonders Pentanatriumtriphosphat (auch Tripolyphosphat genannt), über Jahrzehnte die beste Lösung für dieses Problem waren, mußten sie wegen der zunehmenden Eutrophierung (Überdüngung) stehender und langsam fließender Gewässer durch andere Stoffe ersetzt werden. Heute dominiert anstelle des – in einigen Ländern und Regionen noch immer eingesetzten – Pentanatriumtriphosphats, das auch eine synergistische Wirkung gegenüber Tensiden zeigt, eine Kombination von Zeolith A (Natriumaluminiumsilicat), Polycarboxylaten und Soda (Natriumcarbonat) als leistungsfähiges Buildersystem. Inzwischen sind auch vielfältige Alternativen auf dem Markt. Beim Waschen, das durch die jeweilige „Mechanik" wesentlich unterstützt wird, laufen darüber hinaus vielfältige andere Teilvorgänge ab, darunter der oxidative (Bleiche) und der enzymatische Abbau bestimmter Verschmutzungen. Die wichtigsten Teilprozesse des Waschens sind in der Abbildung 1 zusammengefaßt.

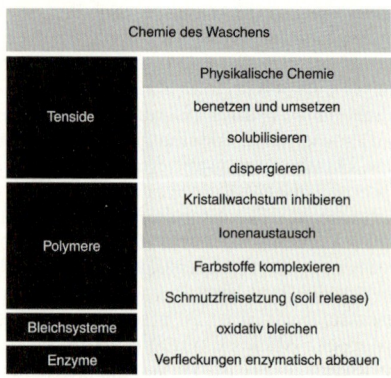

Abbildung 1: Teilprozesse des Waschens.

*Inhaltsstoffe: Waschmittel-Tenside:* Die petrochemisch zugänglichen linearen Alkylbenzolsulfonate (LAS) bleiben aufgrund ihres hervorragenden Preis-Leistungs-Verhältnisses, ihrer ökologischen Sicherheit, der mehr als 30jährigen Erfahrung und der weltweiten Verfügbarkeit auch auf längere Sicht die wirtschaftlich bedeutendsten Waschmittel-Tenside[1]. Der klassischen synergistischen Tensidkombination aus LAS und Fettalkoholpolyglycolethern[2], bei denen wegen des besseren Leistungsprofils ein niedrigeren Temperaturen ein Trend zum Einsatz von Produkten mit niedrigerem Oxethylierungsgrad auszumachen ist, stehen heute auch Formulierungen mit einem höheren Anteil an Tensiden auf Basis nachwachsender Rohstoffe, wie Fettalkoholsulfaten, gegenüber. Doch ist es aus Kostengründen zu keiner tiefgreifenden Substitution gekommen. Neue Zuckertenside bieten aufgrund günstiger ökologischer Eigenschaften eine weitere Alternative in Formulierungen vor allem für Flüssigprodukte. So sind *Alkylpolyglucoside (APG) und Fettsäureglucamide (GA) Bestandteile von Flüssigwaschmitteln und manuellen Geschirrspülmitteln, APG auch von Kosmetika. In Japan spielen α-Olefinsulfonate und Estersulfonate (Methylestersulfonate, MES) in Waschmittelformulierungen eine gewisse Rolle. Alle in Deutschland für Wasch- und Reinigungsmittel eingesetzten Tenside übertreffen hinsichtlich ihrer biologischen Abbaubarkeit, die vor allem wegen der aquatischen Toxizität von erheblicher Bedeutung ist, seit langem die gesetzlichen Anforderungen. Die Ansprüche an umweltgerechte Rohstoffe gehen heute jedoch über eine gute biologische Abbaubarkeit weit hinaus. Im Rahmen einer ganzheitlichen Betrachtungsweise spielt auch die Frage nach der Herkunft der Rohstoffe, nach ihrer Herstellung und nach möglichen Begleitstoffen eine immer größere Rolle. Die wichtigsten in Europa eingesetzten Tenside waren inzwischen Gegenstand einer Sachbilanz als Teil einer Ökobilanz[3]. In Würdigung aller vorliegenden Fakten und Untersuchungsergebnisse wurde 1997 vom Beratergremium für Altstoffe (BUA) der Gesellschaft Deutscher Chemiker (GDCh) im Konsens mit den zuständigen Behörden festgestellt, daß von den für die Herstellung von Waschmitteln eingesetzten wichtigsten Tensiden keine Gefährdungen für die Umwelt ausgehen[4].

*Waschmittel-Polymere:* Zeolithe sind mit ihrem Ionenaustauschvermögen die dominierende Grundkomponente heutiger Gerüststoffsysteme. Zeolithe (kristalline, unlösliche Natriumaluminiumsilicate) besorgen vor allem die Wasserenthärtung und adsorbieren auch Partikelschmutz. Im Fall der mit Zeolith A formulierten Buildersysteme verbessern Polycarboxylate (Cobuilder) zudem die sogenannte Austauschkinetik, indem sie die Calcium- und Magnesium-Ionen rascher als der Zeolith aufnehmen und an diesen als eine Art Speicher weitergeben (Carrier-Funktion). Außerdem verhindern sie durch Adsorption an Kristallkeimen deren Wachstum (Threshold-Effekt). Soda bildet die – früher

ebenfalls von den Phosphaten gelieferte – Alkalireserve für die Waschkraft. In den letzten Jahren hat sich das Angebot an solchen Waschmittel-Zeolithen erweitert, die ihrerseits bereits eine günstigere Austauschkinetik und zudem, wie Zeolith P, eine verbesserte Verträglichkeit mit dem Bleichmittel Natriumpercarbonat sowie das bei den Herstellungstechnologien für Kompaktwaschmittel erforderliche hohe Feuchtigkeits- und Tensidaufnahmevermögen (Zeolithe P und X) aufweisen. Eine interessante Alternative zu den Zeolith-Systemen bieten die amorphen wasserfreien Natriumsilicate und die Schichtsilicate, die auch als alleinige Gerüststoffe eingesetzt werden können.

Außer den Polycarboxylaten finden sich in aktuellen Waschmittelformulierungen weitere organische Polymere: *Polyvinylpyrrolidone oder Polyimidazole als Farbübertragungsinhibitoren und lösliche oligomere Terephthalsäureester als Schmutzabweiser (Soil-Release-Polymere, englisch soil repellents). Im Zusammenhang mit den unten erwähnten Weichpflegern sind zusätzlich auch spezielle Schutzpolymere von Interesse.

*Bleichsysteme:* Hierfür werden in Waschmitteln nur Komponenten zur oxidativen Entfernung farbiger Verunreinigungen, wie Obst- und Teeflecke, eingesetzt. Der generelle Trend, bei niedrigeren Temperaturen zu waschen, sowie die Zunahme des Anteils an gegenüber Baumwolle oder Leinen temperaturempfindlicheren Mischgeweben machten den Einsatz von Bleichaktivatoren nötig, da das in Europa seit Jahrzehnten verwendete Bleichmittel *Natriumperborat erst oberhalb 60 bis 70 °C wirksam ist[5]. Im Zuge der Entwicklung der Kompaktwaschmittel wurde das lange übliche Natriumperborat-tetrahydrat zeitweise durch das teurere Natriumperborat-monohydrat ersetzt. Nachdem die Stabilisierung von Natriumpercarbonat durch Bor-freies Beschichten (Coating) gelungen ist, wird dieses – auch wegen der dadurch möglichen Gewichtseinsparung – nach und nach die Perborate aus den Formulierungen verdrängen. Natriumpercarbonat ist zudem bifunktionell: Nach Verbrauch des Peroxids (*Sauerstoffbleiche*) verbleibt Soda, so daß diese als Gerüststoff nicht gesondert zugesetzt werden muß.

Die Wirkung der aktivierten Bleiche bei oder unterhalb 60 °C beruht – bei Verwendung von *N*-Acetyl-Verbindungen als Bleichmittelaktivatoren – auf der Bildung des Peressigsäure-Anions (Peroxyessigsäure) in der Waschflotte, das ein höheres Oxidationspotential als das durch Hydrolyse aus Perborat freigesetzte Hydroperoxid-Anion hat. Zur Übertragung der Acyl-Gruppe auf das Hydroperoxid-Anion eignen sich das auf dem europäischen Markt dominierende *N,N,N',N'*-Tetraacetylethylendiamin (TAED) und das in den USA und Asien bevorzugte *p*-Nonanoyloxybenzolsulfonat (NOBS). In dem aus NOBS und Perborat in der Waschflotte gebildeten Peroxynonansäure-Anion halten sich Hydrophilie und Lipophilie eine so gute Balance, daß das Bleichvermögen trotz der gegenüber dem TAED-System geringeren Aktivsauerstoff-Werte in der Flotte insgesamt vergleichbar ist. In den USA, Südeuropa und einigen anderen Ländern spielt die – vom Waschvorgang getrennte – Chlor-Bleiche noch eine gewisse Rolle. Bleichmittel sind nur in festen Waschmitteln enthalten. In Flüssigwaschmitteln, die im allgemeinen Wasser enthalten, ist es bisher noch nicht gelungen, eine Formulierung zu finden, in der das Bleichsystem stabil eingearbeitet werden kann.

*Optische Aufheller:* Optische Aufheller oder Weißtöner sind organische Substanzen, die in Lösungen oder auf einem Substrat UV-Licht (Tageslicht im Spektralbereich 300–430 nm) absorbieren und den größten Teil der absorbierten Energie als blaues Fluoreszenzlicht zwischen 400 und 500 nm wieder emittieren. Auf diese Weise wird nicht nur ein etwaiger Gelbstich von Textilien (auch von Papier oder Kunststoffen) farblich kompensiert, sondern durch die additive Wirkung tritt ein „strahlendes" Weiß in Erscheinung. Mit dem wachsenden Anteil farbiger Textilien und dem damit verbundenen größeren Marktanteil von Colorwaschmittel ist die Bedeutung von optischen Aufhellern in Waschmittelformulierungen zurückgegangen.

Die seit 1941 bis heute verwendeten heterocyclisch substituierten (1,3,5-Triazin-2-ylamino)stilbene werden für Textilien aus Baumwolle, Regeneratfasern und Polyamid eingesetzt. Für Polyester-Gewebe eignen sich z.B. substituierte Divinylstilbene. Neben diesen Verbindungen werden in Waschmitteln auch Distyrylbiphenyle oder Bis(1,2,3-triazol-2-yl)stilbene eingesetzt. Wie am Beispiel der Distyrylbiphenyle gezeigt werden konnte, unterliegen solche Inhaltsstoffe, die primär unter den z.B. für Tenside üblichen Bedingungen biologisch nicht abgebaut werden, einem raschen Photoabbau. Die kürzerkettigen Spaltprodukte dieses Photoabbaus sind dann biologisch wieder gut abbaubar; siehe auch *optische Aufheller.

*Waschmittel-Enzyme:* Enzyme sind zur Entfernung bestimmter Schmutzarten unverzichtbar. Der Einsatz von Proteasen, Amylasen, Cellulasen und teilweise auch Lipasen ist Stand der Technik[5]. Ausbeute, Leistungsvermögen und Stabilität dieser Enzyme werden durch Genetic bzw. Protein Engineering weiter verbessert.

*Weichspüler und -pfleger:* Weichspüler werden überwiegend nach dem eigentlichen Waschvorgang in einem Spülgang eingesetzt (*Wäschenachbehandlungsmittel*), da die kationischen Wirkstoffe mit LAS und anderen anionischen Tensiden nicht kompatibel sind (2-in-1-Produkte, d.h. Formulierungen mit ausschließlich nichtionischen Tensiden als Waschmittel-Tensiden und Weichspülerwirkstoffen, haben sich am Markt nicht durchgesetzt). Als Wirkstoffe für Weichspülerformulierungen dienen heute praktisch ausschließlich Esterquats, die das früher verwendete Distearyldimethylammoniumchlorid (DSDMAC) wegen seiner unzureichenden biologischen Abbaubarkeit ersetzt haben.

*Andere funktionelle Inhaltsstoffe:* Während zur Schaumregulierung der Waschflotte früher langkettige Seifen (Behenate) dienten, werden heute eher

geringe Anteile an *n*-Paraffinen oder speziellen Siliconen eingesetzt. Cellulose-Derivate, besonders Carboxymethylcellulose (siehe *Celluloseether), sind in Waschmittelformulierungen noch als *Vergrauungsinhibitoren* (Antiredepositionsadditive) und *Schmutzträger* zu finden. Wasserglas wird als Korrosionsschutzmittel verwendet. Phosphonate dienen durch Bindung von Übergangsmetall-Ionen, wie Kupfer-, Mangan- und Eisen-Ionen, als *Stabilisatoren für Bleichmittel. Durch Einsatz von Parfümölen werden während des Waschvorgangs auftretende Laugengerüche überdeckt und der Wäsche ein angenehmer Geruch mitgegeben. Stellmittel wie Natriumsulfat, welche die Rieselfähigkeit der Pulver begünstigen, sind in Kompaktwaschmitteln nicht oder nur in geringen Mengen enthalten. Als neue Inhaltsstoffe für Waschmittel gibt es auf Textilien aufziehende UV-Absorber, die beim Tragen leichter (Sommer-)Kleidung Schutz gegen UV-Strahlung bieten.

Weitere funktionelle Inhaltsstoffe in Waschmitteln sind z.B. Anticakingmittel in Waschpulvern, die das Zusammenbacken verhindern, sowie Lösevermittler für Flüssigwaschmittel (z.B. Xylolsulfonate).

*Herstellung:* Nach anfänglicher Nutzung einfacher Trockenmischverfahren (Tennen-Verfahren) wurden Waschmittel seit etwa 1920 über Jahrzehnte durch Sprühtrocknung hergestellt. Dazu wurde eine pumpfähige Mischung der thermisch stabilen Inhaltsstoffe (slurry) mittels Düsen am Kopf eines Sprühturms zerstäubt, in dem im Gegenstrom heiße Verbrennungsgase entgegengeführt wurden. Das resultierende, leicht lösliche sogenannte Turmpulver (Hohlkugeln) mit Schüttdichten bis maximal 650 gL$^{-1}$ wurde nach Zugabe der thermisch instabilen Bestandteile, wie Bleichmittel und Bleichaktivatoren, Enzyme und gegebenenfalls Parfümöle, zum Fertigprodukt aufbereitet. Mit der Entwicklung der ersten Kompaktwaschmittel in den 1980er Jahren wurde das Turmpulver zusätzlich mechanisch agglomeriert, was durch Walzenkompaktierung, Brikettieren (mittels profilierter Walzenpressen) oder Granulation gelang[6]. Mit der weiteren Verdichtung der Waschmittel zu sogenannten Superkonzentraten oder -kompaktaten (Schüttdichten 600–950 gL$^{-1}$) kommen die aus der Kunststoffverarbeitung bekannte Extrusion mit anschließender Verrundung der mittels rotierender Schnittmesser primär gewonnenen Zylinder zu perlförmigen Granulaten (Megaperls®) und spezielle Ausführungsformen der Granulation in Trommel-, Teller-, Mischer- und Wirbelschichtgranulatoren (sogenannte Non-Tower-Technologien) zum Einsatz. Seit 1998 sind Waschmittel auch in Form von Zweischicht-Tabletten (Tabs), die auf Rundläuferpressen hergestellt werden, mit Dichten zwischen 1000 und 1300 gL$^{-1}$ oder als andere Formkörper auf dem Markt.

Fertigungsabhängige Eigenschaften bei der Herstellung von Waschmitteln sind neben dem Schüttgewicht Rezepturgenauigkeit, Löslichkeit, Einspülverhalten in die Waschmaschine, Riesel- und

Klump- sowie Rückstandsverhalten, Lagerstabilität und nicht zuletzt die „Ästhetik" (Sensorik und Verpackung des Produkts).

Auch bei den Flüssigprodukten[7] kommt es zu einer weiteren Differenzierung der Angebotsformen. So gelangen zunehmend Gele (als „Hightech-Pasten") auf den Markt, bei deren Herstellung besonders die rheologischen Eigenschaften der Mischung beherrscht, die Rezepturbestandteile äußerst präzise dosiert und die Ansatzreihenfolgen streng eingehalten werden müssen. Daneben gibt es aktuell bereits vorproportionierte Flüssigwaschmittel auf dem Markt, die sich in Folien befinden, die sich während des Waschprozesses auflösen.

*Umwelt:* Da die meisten Inhaltsstoffe der Waschmittel nach deren bestimmungsgemäßem Gebrauch unverändert in den Abwasserpfad gelangen, müssen sie in Kläranlagen biologisch abgebaut oder durch Fällung beziehungsweise Adsorption aus dem Abwasser entfernt werden[8]. Aus diesem Grund war die Produktgruppe frühzeitig Gegenstand der Umweltgesetzgebung und die Schonung der Wasserressourcen – vor allem aus globaler Sicht – ein wichtiger Schwerpunkt. In die dadurch ausgelösten Innovationen wurde in den letzten Jahren auch die Verpackung mit einbezogen. Die durch innovative Produktentwicklung und technologischen Fortschritte ermöglichte Reduzierung von Dosierung und Packmittelverbrauch in den letzten 10–15 Jahren ist durch den dadurch – außer bei Tensiden – verminderten Stoffeintrag in die Umwelt und die Einsparung von Transport(energie)- und Lagerkosten ein wichtiger Beitrag zur Schonung der Umwelt, was auch der gesunkene Pro-Kopf-Jahresverbrauch an Waschmitteln in Deutschland von 10,6 (1989) auf 7,6 kg (2001) belegt. Gegenüber den klassischen, herkömmlichen Pulverwaschmitteln ist bei den seit 1989 auf dem Markt befindlichen Kompaktwaschmitteln eine erheblich verringerte Dosierung erforderlich. Sie wurden überwiegend ersetzt durch die ab 1994 erhältlichen Superkompaktwaschmittel (siehe Abbildung 2).

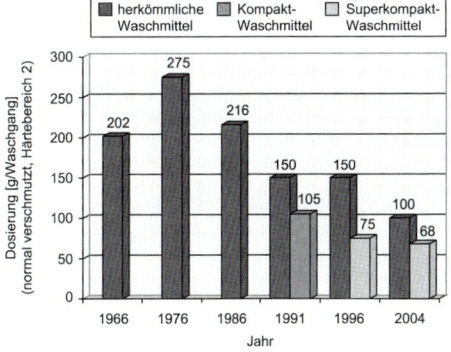

Abbildung 2: Dosierempfehlung eines pulverförmigen Vollwaschmittels 1966 bis 2004 (nach Literatur[9]).

Im Projekt HERA (Human and Environmental Risk Assessment on Ingredients of Household Cleaning Products) werden Risikobewertungen für Inhaltsstoffe von Wasch- und Reinigungsmitteln erstellt, die auch die gesundheitliche Absicherung enthalten[10]. Am 01.12.2004 hat A.I.S.E. die Charter for Sustainable Cleaning[11] als freiwillige Initiative der Europäischen Wasch- und Reinigungsmittelindustrie gestartet. – *E* detergents, washing agents

*Lit.:* [1]Stache, H., Hrsg., *Anionic Surfactants – Organic Chemistry*; Surfactant Science Series 56; Marcel Dekker: New York, (1995). [2]Os, N. M., van, Hrsg., *Nonionic Surfactants – Organic Chemistry*; Surfactant Science Series 72; Marcel Dekker: New York, (1997). [3]Tenside Surf. Deterg. **32**, Nr. 2 u. 5 (1995). [4]Gesellschaft Deutscher Chemiker, Hrsg., *Ökotoxikologie ausgewählter Tenside für den Wasch- u. Reinigungsmittelbereich*; BUA-Stoffbericht 206; Hirzel: Stuttgart, (1997). [5]Ee, J. H., van; Misset, O.; Baas, E. J., Hrsg., *Enzymes in Detergency*; Surfactant Science Series 69; Marcel Dekker: New York, (1998). [6]Showell, M. S., Hrsg., *Powdered Detergents*; Surfactant Science Series 71; Marcel Dekker: New York, (1998). [7]Lai, K.-Y., Hrsg., *Liquid Detergents*; Surfactant Science Series 67; Marcel Dekker: New York, (1997). [8]Schwuger, M. J., Hrsg., *Detergents in the Environment*; Surfactant Science Series 65; Marcel Dekker: New York, (1997). [9]Wagner, G., *Waschmittel*, 3. Aufl.; Wiley-VCH: Weinheim, (2005); S. 68. [10]HERA (Human and Environmental Risk Assessment); http://www.heraproject.com. [11]A.I.S.E., Charter for Sustainable Cleaning; http://www.sustainable-cleaning.com.

*allg.:* Glathe, S.; Schermer, D., *Chem. Unserer Zeit*, (2003) **37**, 336–346 ■ Wagner, G., *Waschmittel – Chemie, Umwelt, Nachhaltigkeit*, 3. Aufl.; Wiley-VCH: Weinheim, (2004) – *[HS 3402 20, 3402 90]*

**Waschmittelgesetz** siehe *Wasch- und -Reinigungsmittelgesetz.

**Wasch- und Reinigungsmittelgesetz** (Abkürzung WRMG). Kurzbezeichnung für das Gesetz über die Umweltverträglichkeit von Wasch- und Reinigungsmitteln[1]. Das WRMG soll dem Schutz der Gewässer dienen und eine Verbesserung der Umweltverträglichkeit von *Waschmitteln und Reinigungsmitteln (Reiniger) erreichen. Es enthält in größerem Umfang Bestimmungen, die vorsorgenden Charakter im Hinblick auf den Gewässerschutz haben. So schreibt das WRMG insbesondere vor, daß alle auf den deutschen Markt gebrachten Wasch- und Reinigungsmittel beim Umweltbundesamt (UBA) gemeldet werden müssen (§ 9 WRMG). Aufgrund von Ermächtigungen im WRMG wurden die Tensidverordnung (TensidV) und die Phosphat-Höchstmengenverordnung (PHöchstMengV) erlassen. Relevant für Wasch- und Reinigungsmittel, die zu den *Bedarfsgegenständen zählen, sind auch das dem gesundheitlichen Schutz des Verbrauchers dienende *Lebensmittel- und Futtermittelgesetzbuch (LFGB) und das Chemikaliengesetz (ChemG, vgl. § 1 Abs. 4 WRMG) sowie die aufgrund des ChemG erlassenen Rechtsverordnungen.

Das Europäische Parlament und der Rat haben am 31.03.2004 die neue europäische Detergenzienverordnung 648/2004/EG[2] verabschiedet und damit die fünf vorhandenen Richtlinien über die biologische Abbaubarkeit von grenzflächenaktiven Substanzen in Detergenzien ersetzt. In der Detergenzienverordnung wird der Begriff Detergenzien ähnlich definiert [Art. 2 Nr. 1 VO (EG) Nr. 648/2004] wie der Begriff der Wasch- und Reinigungsmittel im jetzigen deutschen Wasch- und Reinigungsmittelgesetz (§ 2 Abs. 1 WRMG).

Die Detergenzienverordnung ist am 08.10.2005 in Kraft getreten und gilt für alle Wasch- und Reinigungsmittel einschließlich Weichspüler und Waschhilfsmittel, die ab dem 08.10.2005 in der Europäischen Union (EU) hergestellt oder in die EU eingeführt werden. Daraus ergibt sich die Notwendigkeit, das WRMG in zentralen Punkten zu ändern. Die deutsche Tensidverordnung wird hinfällig. Andere Regelungen des WRMG zu Bereichen, die nicht von der Detergenzienverordnung geregelt werden, können dagegen bestehen bleiben. Dies gilt insbesondere für die Phosphat-Höchstmengenverordnung.

Ergänzt wird die Gesetzgebung durch Selbstverpflichtungen der Industrie – inzwischen zumeist auf europäischer Ebene (europäischer Waschmittelverband A.I.S.E.) – zum Verzicht auf den Einsatz bestimmter Inhaltsstoffe. Zu nennen ist die freiwillige Zusage zur Meldung des Einsatzes von technischen Waschmittel-Enzymen in Wasch- und Reinigungsmitteln an die Behörden ab 1997. Die Initiativen der Industrie zur Verminderung der Umweltbelastungen durch das Waschen setzen außerdem auf die Verbraucheraufklärung in Zusammenhang mit dem europaweiten „Kodex für die umweltgerechte Handhabung von Haushaltswaschmitteln"[3]. Durch die Detergenzienverordnung (648/2004/EG) werden zahlreiche dieser freiwilligen Initiativen der Hersteller aufgegriffen.

*Kennzeichnung:* Wasch- und Reinigungsmittel dürfen nur in den Verkehr gebracht werden, wenn auf den Verpackungen Angaben über die wichtigsten darin enthaltenen Stoffe (Duftstoffe, optische Aufheller und Konservierungsmittel) aufgedruckt sind. Genauere Angaben zur Zusammensetzung der Wasch- und Reinigungsmittel finden interessierte Verbraucher künftig im Internet. Dort werden Inhaltsstoffe von Wasch- und Reinigungsmitteln mit ihren *INCI-Bezeichnungen aufgelistet, und zwar in absteigender Reihenfolge ihres Anteils im Endprodukt. In der Regel wird die Internetadresse, über die diese Inhaltsstoffliste erreichbar ist, auf den Verpackungen angegeben.

Bei Phosphat-haltigen und anderen wasserenthärtende Mittel enthaltenden Erzeugnissen müssen nach der jeweiligen Wasserhärte abgestufte Dosierungsempfehlungen gegeben werden.

*Überwachung:* Die gewerbsmäßigen Hersteller und Vertreiber von Wasch- und Reinigungsmitteln müssen dem Umweltbundesamt (UBA) die jeweiligen Rahmenrezepturen mitteilen. Für die Überwachung, die den Ländern obliegt, gelten dem Wasserhaushaltsgesetz entsprechende Bestimmungen. Die Länderbeauftragten für den Vollzug des Wasch- und Reinigungsmittelgesetzes haben 2003 einen Leitfaden für analytische Untersuchungen[4] zusammengestellt und veröffentlicht. Der Leitfaden enthält Empfehlungen zur Durchführung der analytischen Überwachung von ausgewählten Parametern in Wasch- und Reinigungsmitteln. – *E* detergent law

*Lit.:* [1]Gesetz über die Umweltverträglichkeit von Wasch- und Reinigungsmitteln (Wasch- und Reinigungsmittelgesetz – WRMG) in der Fassung vom 05.03.1987 (BGBl. I, S. 875; mehrfach geändert). [2]Verordnung (EG) Nr. 648/2004 des Europäischen Parlaments und des Rates vom 31.03.2004 über Detergenzien (Amtsblatt der EU Nr. L 104, S. 1). [3] http://europa.eu.int/comm/enterprise/chemicals/legislation/detergents/reports/final.htm. [4] http://www.umweltbundesamt.de/uba-info-daten/daten/wasch/download/Analytik-Leitfaden.pdf.
*allg.:* Glassl, B., *Z. Stoffrecht (StoffR)*, (2005), Nr. 3, 104 ■ http://europa.eu.int/comm/enterprise/chemicals/legislation/detergents ■ http://www.umweltbundesamt.de/uba-info-daten/daten/wasch/gesetze.htm

**Wasser** (Wasserstoffoxid). $H_2O$, $M_R$ 18,015.

*Eigenschaften, physikalisch-chemische:* In reinstem Zustand ist W. eine klare, geruch- u. geschmacklose, farblose – in dicker Schicht jedoch ebenso wie Eis bläulich schimmernde – Flüssigkeit, Schmp. $0\,°C = 273,15\,K$; Sdp. $100\,°C = 373,15\,K$; durch den Schmelzpunkt (Gefrier- od. Erstarrungspunkt) u. Siedepunkt des W. bei 1013 hPa ist die Celsius-Temperatur-Skale festgelegt. $1\,cm^3$ W. von $4\,°C$ besitzt die Masse von $1\,g$; Eis von $0\,°C$ hat die D. 0,9168. Das (berechnete) Litergew. des Wasserdampfes beträgt unter Normalbedingungen ($0\,°C$ u. 1013 hPa) 0,8038 g; seine D. ist 0,6244 (wenn die D. von Luft von $0\,°C$ mit 1 angenommen wird), seine krit. Temp. $373,98\,°C$, der krit. Druck 22,05 MPa, die krit. D. 0,322, das krit. Molvol. 0,056 L/mol. Beim Tripelpunkt des W. liegen flüssiges W., Eis u. Wasserdampf im nonvarianten Gleichgew. nebeneinander vor; als zugehörige Temp. ist $273,16\,K = 0,01\,°C$ definiert worden – der „wahre" Tripelpunkt liegt bei $0,0099\,°C$ u. 611,3 Pa.

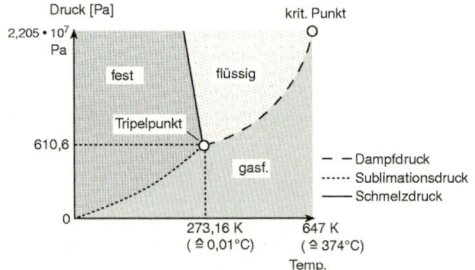

Abb. 1: Zustandsdiagramm von Wasser.

Abb. 1 zeigt vereinfacht das Zustandsdiagramm von Wasser. Da es mehrere Eis-Modif. gibt (s. unten), sind zahlreiche weitere Tripelpunkte bekannt, z.B. zwischen flüssigem W. u. zwei festen Eisphasen u. zwischen drei Eis-Modifikationen. Die molaren kryoskop. bzw. ebullioskop. Konstanten betragen $1,86\,°C$ bzw. $0,51\,°C$. Weitere Daten des W. (im allg. bei 25 °C u. 1013 hPa) sind: Spezif. Wärmekapazität $4,1855\,J/g \cdot K$, Bildungsenthalpie 285,89 kJ/mol, Schmelzenthalpie 6,010 kJ/mol (bei 0 °C), Verdampfungsenthalpie 40,651 kJ/mol (bei 100 °C), Sublimationsenthalpie 51,13 kJ/mol (bei 0 °C) Oberflächenspannung 71,96 · $10^{-3}$ N/m, Viskosität 0,8937 mPa · s. Die elektr. Leitfähigkeit 0,0635 μS/cm ist ein Maß für die Reinheit des W.; schon geringe Zusätze verändern die Leitfähigkeit erheblich. Die sehr große Dielektrizitätskonstante (ε = 80,18) ist fast die höchste unter den Flüssigkeiten.

Die in mancher Hinsicht anomalen Eigenschaften des Wassers lassen sich auf die Struktur des $H_2O$-Mol. zurückführen, in dem die beiden Wasserstoff-Atome unter einem Winkel von 104,5° angeordnet sind (Abb. 2a). Aufgrund der unterschiedlichen Elektronegativitäten von Sauerstoff (3,44, nach Pauling) u. Wasserstoff (2,20, nach Pauling) ist die O,H-Bindung polarisiert, d. h. die beiden entgegengesetzten elektr. Pole fallen in ihrer räumlichen Lage nicht zusammen, so daß das W.-Mol. einen Dipol bildet. In der Elektronendichteverteilung überlappen zwei sp³-Hybridorbitale des Sauerstoff-Atoms mit den s-Orbitalen der Wasserstoff-Atome zu σ-Bindungen, etwa wie die Darst. des Molekülorbitals in Abb. 2b zeigt; die an den Bindungen nicht beteiligten sp³-Hybridorbitale enthalten die freien Elektronenpaare.

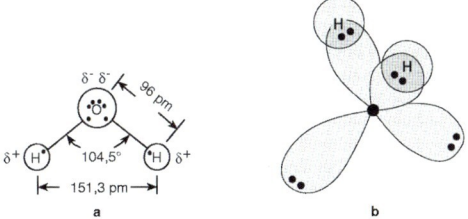

Abb. 2: Struktur (a) u. Molekülorbitale (b) von Wasser.

Das aus der Polarisation resultierende Dipolmoment wurde zu μ = 1,85 Debye bestimmt, u. die Differenz der Elektronegativitätswerte erteilt der ansonsten kovalenten Bindung einen partiellen Ionen-Charakter. Diese u. die daraus resultierenden dielektr. Eigenschaften erklären die Eignung des W. als Lsm. für polare Stoffe, die elektrolytische Dissoziation gelöster Salze, Basen u. Säuren, die Neigung zur Komplex-Bildung (Aquotisierung u. $H_2O$-Austausch), die Solvatation (Hydratation; die Bildung von Hydraten kann mit Erwärmung od. Abkühlung verbunden sein), die Fähigkeit zur Ausbildung von Wasserstoff-Brückenbindungen u. damit v. a. auch die Struktur des flüssigen Wassers. Eine Reihe von Eigenschaften heben das W. aus der Gruppe der Wasserstoff-Verb. der dem Sauerstoff benachbarten Elemente heraus: Während alle einkernigen Wasserstoff-Verb. der Nichtmetalle Gase sind, ist W. als einzige flüssig (hypothet. Schmp. −100 °C, hypothet. Sdp. −80 °C); während viele dieser „Hydride" tox. sind, ist W. völlig ungefährlich u. bildet sogar den Hauptbestandteil der Körperflüssigkeit aller Organismen; während sich fast alle Flüssigkeiten beim Gefrieren zusammenziehen u. sich dadurch ihre D. erhöht, dehnt sich W. beim Erstarren aus; vgl. Tab. 1.

Tab. 1.: Dichte des Wassers zwischen 0 u. 20 °C.

| Temp. [°C] | Dichte [g/mL] |
|---|---|
| 0 (Eis) | 0,9168 |
| 0 (Wasser) | 0,99984 |
| 4 | 1,000000 |
| 10 | 0,99970 |
| 20 | 0,99821 |

Das D.-Maximum (Vol.-Minimum) des W. liegt bei 4 °C. Diese Eigenschaft ist von außerordentlicher Bedeutung für in der Hydrosphäre vorliegende Verhältnisse und für das Leben. Sie bewirkt nicht nur, daß Eis auf flüssigem W. schwimmt, daß es Eisberge gibt (von denen aufgrund der D.-Differenz zwischen Eis u. Meerwasser nur 12% sichtbar sind) u. daß – zusammen mit der geringen Wärmeleitfähigkeit des Eises – Gewässer von der Oberfläche her, nicht aber bis zum Grund gefrieren (Überlebenschance für Organismen), sondern auch, daß gefrierende Wasserleitungen etc. platzen u. Gesteine mit W.-Einschlüssen gesprengt werden können. W. ist mischbar mit den niederen Alkoholen, Glycolen, cycl. Ethern, Aminen, Carbonsäuren u. Aceton, in den höheren Homologen nimmt die Löslichkeit mit steigender C-Zahl ab, u. in unpolaren Flüssigkeiten wie Kohlenwasserstoffen u. Halogenkohlenwasserstoffen ist es prakt. unlösl., desgleichen in aliphat. Ethern u. Estern. Bei Raumtemp. ist W. kaum dissoziiert: Die Dissoziationskonstante bei 25 °C beträgt $K_w = 10^{-14}$ mol² · L⁻² (p$K_w$ = 14), d. h. in 10000 m³ W. ist nur 1 Mol W. (18 g) in ca. 1 g Protonen (H⁺ bzw. [$H_3O^+$]) u. ca. 17 g Hydroxid-Ionen (OH⁻) zerfallen. Beim Erwärmen auf 100 °C nimmt $K_w$ zu ($10^{-12,265}$ mol² · L⁻²). $K_w$ steigt auch unter Druck u. beträgt $10^{-12,21}$ mol² · L⁻² bei 25 °C u. 10 kbar. Nach Brønsted darf W. als amphoter, d. h. (als äußerst schwache) Säure u. als (äußerst schwache) Base zugleich gelten.

Die Löslichkeit von Gasen in W. ist unterschiedlich: $H_2$, $N_2$, $O_2$ lösen sich nur wenig, $CO_2$, $NH_3$, $H_2S$, $SO_2$ erheblich mehr. In das Kristallgitter von Eis werden kaum gelöste Stoffe eingelagert, so daß auch das aus Meerwasser abgeschiedene Eis beim Auftauen nahezu reines W. liefert (Prinzip eines der Verf. zur Meerwasserentsalzung).

***Physiologie:*** Für die Organismen ist W. unentbehrlich: Als Löse-, Transport- u. Quellungsmittel ermöglicht W. die zahlreichen chem. u. kolloidalen Zellreaktionen. Der durchschnittliche W.-Gehalt des erwachsenen Menschen beträgt ca. 70%. Der tägliche W.-Umsatz beläuft sich auf etwa 2,5 L: Als Trinkflüssigkeit werden ca. 1200 mL, mit dem W.-Gehalt der Nahrungsmittel ca. 1000 mL aufgenommen, u. als Oxid.-Produkt des Stoffwechsels entstehen ca. 300 mL; ausgeschieden werden als Harn ca. 1500 mL, als Schweiß 600 mL, durch die Atemluft 300 mL u. im Kot 100 mL. Die Regulation des mit dem Elektrolyt-Haushalt gekoppelten W.-Haushalts erfolgt durch das RAS-Syst., Vasopressin, Mineralcorticoide u. andere die Tätigkeit der Nieren beeinflussende Hormone. Das W. regelt auch die Körpertemperatur, indem es durch Verdunsten an der Hautoberfläche Wärme entzieht. Größere W.-Verluste können bei starkem Fieber, Diarrhoe, Erbrechen, Ödemen u. Verbrennungen auftreten.

Für standortgebundene Pflanzen ist W. von bes. Bedeutung. Im Gegensatz zum W. ist das Erdreich für Pflanzen entbehrlich. Frische, grüne Wiesenpflanzen bestehen zu 70–80% ihres Gew. aus W., Wassermelonen zu 93%, Gurken zu 96%, Kürbisse, Rhabarber u. Kopfsalat jeweils zu 95%. Eine Sonnenblume dunstet an einem klaren, sonnigen Tag etwa 1 L W. ab, eine Birke mit 200000 Blättern 60–70 L, ein Hektar Buchenwald mit 400 Bäumen im Lauf einer Vegetationsperiode etwa 3,6 Mio. L W.; das wären etwa 60% der Niederschläge, wenn man eine Niederschlagsmenge von 600 mm zugrunde legt. Bei künstlicher Bewässerung benötigt man 500 t W., um 1 t Getreide zu ernten. Das Wachstum der Pflanzen, von denen sich ein Vegetarier ernährt, erfordert mehrere hundert L W. pro Tag. Für die Produktion eines Hühnereis werden ca. 480 L W. benötigt, für 1 kg Rindfleisch 31 m³.

*Vorkommen:* Für die W.-Versorgung des Menschen (Haushalt, Ind. u. Landwirtschaft) stehen als Süßwasser nur die Vorräte in Seen, Flüssen od. im Grundwasser zur Verfügung.

*Trinkwasser ist das wichtigste Lebensmittel. W. kommt als Hauptbestandteil in vielen Lebensmitteln vor (s. Tab. 2). W. kann auch bei der Herst., Bearbeitung, Abfüllung od. Verpackung von Lebensmitteln unmittelbar od. mittelbar mit diesen in Berührung kommen, auch dieses W. muß Trinkwasser-Qualität besitzen.

Entzug des Wassers od. Bindung durch Erhöhung der Kochsalz- od. Zucker-Konz. führt bei einer Reihe von Lebensmitteln zu einer erhöhten Lagerstabilität (Hemmung vieler Reaktionen, Hemmung des Wachstums von Mikroorganismen; s.a. *Wasseraktivität). Durch physikal. Wechselwirkungen mit Proteinen, Polysacchariden, Lipiden u. Salzen leistet das W. auch einen wesentlichen Beitrag zur Textur; s.a. *Lit.* [1].

Tab. 2: Wassergehalt von Lebensmitteln.

| Lebensmittel | Wasser [Gewichts-%] |
| --- | --- |
| Fleisch | 65–75 |
| Milch | 87 |
| Gemüse, Obst | 70–90 |
| Brot | 35 |
| Getreidemehle | 12–14 |
| Kaffeebohnen, geröstet | 5 |

*Gewinnung:* Bei der Gewinnung von *Trink-* u. *Brauch-W.* greift man auf die natürlichen W.-Vorräte zurück. Natürliches W., selbst Regen- u. Schnee-W., ist jedoch keinesfalls chem. rein, sondern enthält gelöste u. suspendierte organ. u. anorgan. Stoffe. Bei *Mineralwässern (Tafelwässer) u. solchen Quellwässern, die direkt als *Trinkwasser brauchbar sind, ist ein Gehalt an mineral. Bestandteilen aus gesundheitlichen u. geschmacklichen

Gründen erwünscht, nicht jedoch die Anwesenheit organ. Substanzen, insbes. solcher anthropogener Herkunft.

*Wasseraufbereitung:* Unter dem Begriff W.-Aufbereitung faßt man die Maßnahmen zur Gewinnung von Trink-W. u. von Brauch-W. für industrielle u. landwirtschaftliche Zwecke zusammen, d.h. von W. für chem. Reaktionen, als Lsm., als Kesselspeisewasser zur Dampferzeugung u. Heizung, zur Kühlung u. Klimatechnik, zur Bewässerung usw. Die Wahl der einzelnen Verf.-Schritte richtet sich sowohl nach der zukünftigen Verw. als auch nach der Beschaffenheit des zu reinigenden Wassers. Gängige Trinkwasseraufbereitungsverfahren sind Aktivkohle-Adsorption, Belüftung, Chlorung, Denitrifikation, Enteisenung und Entmanganung, Enthärtung, Entkeimung (Desinfektion), Entsäuerung, Filtration, Flockung, Fluoridierung, Oxidation, Ozonung und Phosphatierung, siehe *Trinkwasseraufbereitung.

***Analytik:*** Im Zusammenhang mit der W.-Aufbereitung u. Abwasserbehandlung hat sich eine eigenständige Analytik entwickelt, die von den Meth. der Mikro- u. Spurenanalyse Gebrauch macht, vgl. *Lit.* [2]. In *Lit.* [3] finden sich neben ausführlichen Beschreibungen der chem., physikal. u. biolog. W.-Untersuchungsmeth. auch allg. Angaben über die verschiedenen W.-Arten, ihre Inhaltsstoffe u. deren Schadwirkungen sowie Informationen über W.-Gesetzgebung u. Normen. Zu den wichtigsten Parametern der W.-Analytik gehören der biochem. u. der chem. Sauerstoff-Bedarf (*BSB u. *CSB) eines W., der Gehalt an organ. Materie (vgl. *TOC) u. an organ. Halogen-Verb. (*AOX), der Keimgehalt, die Konz. einzelner Anionen u. Schwermetalle, Trübung (Detritus), Leitfähigkeit u. pH. Biolog. Untersuchungen werden mit Mikroorganismen (Algen), Kleinkrebsen (Daphnien) u. Fischen (Goldorfen) vorgenommen.

*Verwendung:* Als Nahrungs-, Reinigungs- u. Lösemittel, Löschwasser, Kühlmittel, Kesselspeisewasser u. Wärmeübertragungsmittel, zur Energiegewinnung durch Wasserkraft, als Transportmittel, als Moderatorflüssigkeit in Reaktoren, zur Bewässerung usw. – *E* water

*Lit.:* [1]Belitz-Grosch-Schieberle (5.), S. 4. [2]Deutsche Einheitsverfahren zur Wasser-, Abwasser- u. Schlammuntersuchung, Weinheim: Wiley-VCH (seit 1960). [3]Hütter, Wasser u. Wasseruntersuchung (6.), Frankfurt: Salle-Sauerländer 1994.
*allg.:* Babcock, Handbuch des Wassers (9.), Essen: Vulkan 2000 ■ Hancke, Wasseraufbereitung, 5. Aufl., Berlin: Springer/VDI 2000 ■ Höll, K., *Wasser. Nutzung im Kreislauf. Hygiene, Analyse und Bewertung,* 8. Aufl.; de Gruyter: Berlin, (2002) ■ Kirk-Othmer (4.) **25**, 361–614 ■ Mutschmann, J.; Stimmelmayr, F., *Taschenbuch der Wasserversorgung,* 13. Aufl.; Vieweg: Wiesbaden, (2002) ■ Ullmann (5.) **A28**, 1–101 – *[HS 2201 90, 2501 00; CAS 7732-18-5]*

**Wasseraktivität.** Parameter, um wäßrige Lösungen und Feststoffe (Lebensmittel) bezüglich der Verfügbarkeit des Wassers für chemische, biochemische und mikrobielle Reaktionen zu vergleichen. Die Wasseraktivität wird als $a_w$-Wert angegeben und ist definiert als der Quotient aus der Konzentration an Wasser in der Dampfphase im Luftraum über dem Material und der Wasserkonzentration im Luftraum über reinem Wasser bei einer bestimmten Temperatur. Die Wasseraktivität entspricht $\frac{1}{100}$ der relativen Gleichgewichtsfeuchtigkeit (RGF).

Die Beziehung zwischen Wassergehalt und Wasseraktivität eines Lebensmittels wird durch dessen Sorptionsisotherme dargestellt. Abnehmende Wasseraktivität bremst zunächst das Wachstum von Mikroorganismen, dann folgen enzymatische Reaktionen und schließlich nicht-enzymatische Bräunung.

$a_w$-Werte einiger Lebensmittel: Leberwurst 0,96; Trockenfrüchte 0,72–0,80; Honig 0,75.

Da der Wasserbedarf der verschiedenen Organismen gut bekannt ist, läßt sich aus dem $a_w$-Wert eines Lebensmittels eine Aussage zur Haltbarkeitsdauer ableiten (Faustregel): Lebensmittel mit einem $a_w$ über 0,95 einige Tage, $a_w$ um 0,85 ein bis zwei Wochen, unter 0,75 ein bis zwei Monate, unter 0,65 ein bis zwei Jahre und unter 0,60 unbegrenzt haltbar. Die Angabe bezieht sich jedoch nur auf den mikrobiellen Verderb und sagt nichts über abiotische Veränderungen aus. – *E* activity of water

*Lit.:* Krämer, J., *Lebensmittel-Mikrobiologie*, 3. Aufl.; UTB: Darmstadt, (2002)

**Wasserbestimmung.** Es gibt zahlreiche Bestimmungsmethoden für Wasser bzw. für die Trockenmasse[1]. In Lebensmitteln ist die einfachste Methode die Trocknung im Trockenschrank bei 103 °C, wobei die Probe vorher und nachher gewogen wird. Als Variante steht die Trocknung im Vakuumtrockenschrank zur Verfügung (meist bei 70 °C oder darunter), bei der die Veränderungen des Analysenmaterials geringer sind. Weitere Trocknungsmethoden sind die Infrarottrocknung und die Mikrowellentrocknung (siehe *Mikrowellenerhitzung). Andere physikalische Methoden zur Wasserbestimmung sind die *NIR- und die *NMR-Spektroskopie. Prinzipiell möglich, aber bedeutungslos, ist die Wasserbestimmung mittels Gaschromatographie. Indirekte Methoden werden in einigen Fällen angewandt, so die Pyknometrie (Dichte), die Refraktometrie (Brechungsindex) und die Konduktometrie (elektrische Leitfähigkeit). Eine spezielle Anwendung zum Nachweis der Wässerung von Milch ist die Kryoskopie[2,3].

Die wichtigste chemische Methode ist die *Karl-Fischer-Titration. Früher wurden auch die Carbid-Methode und die Acetylchlorid-Methode angewandt[4]. Offizielle Methoden sind unter anderen Trocknungsverfahren[5] und Karl-Fischer-Titration[6,7].

*Lit.:* [1]Maier, S. 18ff. [2]*Schweizerisches Lebensmittelbuch* [CD-ROM], Eidgenössische Drucksachen- und Materialzentrale: Bern, (2004); Kapitel I (Milch). [3]Amtliche Sammlung, Nr. L 01.00-44. [4]Schormüller, J., Hrsg., *Handbuch der Lebensmittelchemie*, Springer: Berlin, (1967); Bd. II/2. [5]Amtliche Sammlung, Nr. L 13.05-1. [6]Amtliche Sammlung, Nr. L 46.02-1. [7]Amtliche Sammlung, Nr. L 46.03-5.

**Wasserbindungsvermögen des Fleisches.** Eigenschaft des Fleisches, Wasser festzuhalten. In Fleisch wird das Wasser durch die Proteine „gebunden". Das Wasser/Eiweißverhältnis [genannt Federzahl; s.a. *Fleischerzeugnisanalyse] liegt bei Rind- u. Schweinefleisch zwischen 3,3 u. 3,6, wobei Muskelunterschiede größer sind als die Tierartunterschiede. Das meiste Wasser im Fleisch (ca. 80%) wird durch die Myofibrillen gebunden (sog. immobilisiertes Wasser). Bei der Herst. von *Brühwürsten nehmen die myofibrillären Proteine eine zentrale Stellung für das W. ein. Gequollene u. gelöste myofibrilläre Proteine bilden ein dreidimensionales Netzwerk (Gel), das ein Wasser/Eiweißverhältnis von 5–6 aufweisen kann.

*Analyse:* Im unerhitzten Zustand wird der Tropfsaft gemessen (sog. *Safthaltevermögen* als Form des W.; Zentrifugier- bzw. Saugmeth. od. Pressen auf Papier = Filterpapierpreßmeth.). Beim Erhitzen wird v. a. durch Schrumpfung der myofibrillären Proteine u. des Collagens Wasser als Kochverlust abgegeben. Protein-Denaturierung (Verlust nativer Struktur) selbst zeigt nur einen geringen Einfluß auf das Wasserbindungsvermögen. – *E* water holding capacity

*Lit.:* Honikel, K. O., In *Analytik bei Fleisch – Schnell-, Schätz- und Meßmethoden*, Bundesanstalt für Fleischforschung, Hrsg.; BAFF: Kulmbach, (1999); S. 167

**Wasserentkeimung** siehe *Trinkwasseraufbereitung.

**Wasserglasuren** siehe *Überzugsmassen.

**Wasserhärte** siehe *Härte des Wassers.

**Wasser-in-Öl-Emulsion** (W/O-Emulsion). Nach DIN 53900 ist eine Wasser-in-Öl-Emulsion eine *Emulsion, deren kontinuierliche Phase in Wasser unlösliche Flüssigkeit ist, so daß die äußere Phase Öl und die innere Phase Wasser ist (Butter, Salben).

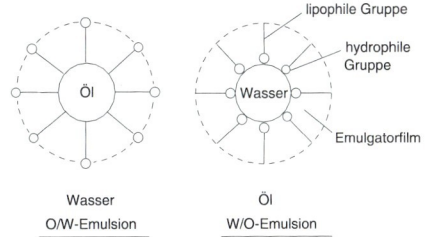

Abbildung: Schematische Darstellung einer W/O-Emulsion und einer O/W-Emulsion.

– *E* water in oil emulsion

*Lit.:* Umbach (2.), S. 510–513

**Wasserlimone** siehe *Passionsfrüchte.

**Wassermelone** (Arbuse). Die Wassermelone (*Citrullus lanatus* [Thunb.] Matsum et Nakai ssp. *vulgaris* var. *vulgaris*, syn. *Citrullus vulgaris* Schrad., Cucurbitaceae) stammt ursprünglich aus den Steppengebieten Süd- und Zentralafrikas. Unter der glatten, grünen, 1–4 cm dicken, ledrigen Schale der rundlichen, elliptischen oder walzenförmigen, bis zu 20 kg schwere Wassermelone befindet sich ein hell- bis dunkelrotes oder gelbes (Ananas-Wassermelone), durch *Lutein und *Lycopin gefärbtes Fruchtfleisch, das zahlreiche spitz-ovale, leicht abgeplattete, schwarzbraune, eßbare Samen enthält. Ein hoher Wassergehalt (90–95%), eine schwache Süße und ein mildes Aroma kennzeichnen den erfrischenden Charakter. An wertgebenden Inhaltsstoffen sind Vitamine vom B-Typ[1] und *Carotinoide[1,2,3] erwähnenswert, in geringerem Maße auch *Flavonoide[4,5]. Das spezifische Aroma wird auf C-9-Aldehyde und C-9-Alkohole zurückgeführt[1].

Wassermelonen werden heute in den Tropen und Subtropen sowie im Mittelmeerraum angebaut. Anbauschwerpunkt ist Vorderasien mit etwa 40 Millionen Tonnen (75% der Weltproduktion), v.a. China, Türkei, Iran und die südlichen GUS-Staaten. USA, Korea, Japan, Mexico, Brasilien, Spanien, Italien und Griechenland sind weitere Produzenten.

*Verwendung:* Die Wassermelone wird überwiegend roh verzehrt und eignet sich als Zutat von Obstsalaten oder in Eiskrem. – *E* water melon

*Lit.:* [1]Herrmann, K., *Inhaltsstoffe von Obst und Gemüse*, Ulmer: Stuttgart, (2001); S. 88, 132, 139. [2]Breithaupt, D. E.; Bamedi, A., *J. Agric. Food Chem.*, (2001) **49**, 2064. [3]Davis, A. R.; Fish, W. W.; Perkins-Veazie, P., *J. Food Sci.*, (2003) **68**, 328. [4]Vinson, J. A.; Su, X.; Zubik, L.; Bose, P., *J. Agric. Food Chem.*, (2001) **49**, 5315. [5]Lugasi, A.; Hovari, J., *Acta Aliment.*, (2002) **31**, 63.
*allg.:* Franke, W., *Nutzpflanzenkunde*, 6. Aufl.; Thieme: Stuttgart, (1997); S. 271 ▪ Kalt, W., *Hortic Rev.*, (2001) **27**, 269 – *[HS 0807 11]*

**Wasserstein** siehe *Härte des Wassers.

**Wasserstoffperoxid** (Hydrogenium peroxidatum, INCI-Bez.: Hydrogen Peroxide, veraltete Bez.: Wasserstoffsuperoxid). $H-O-O-H$, $M_R$ 34,015.
*Eigenschaften:* Reines W. ist eine farblose, mit Wasser mischbare u. in vielen organ. Lsm. lösl. Flüssigkeit. D. 1,71 (fest, $-20\,°C$), 1,45 (flüssig, $20\,°C$), Schmp. $-0,41\,°C$, Sdp. $150,2\,°C$ (101,3 kPa), krit. Temp. $457\,°C$, krit. Druck 20,99 MPa. Die Viskosität liegt mit 1,249 mPa · s bei $20\,°C$ nicht wesentlich höher als die des Wassers (1,002 mPa · s); in wäss. Lsg. werden jedoch Wasserstoff-Brückenbindungen ausgebildet, welche diejenigen in den reinen Komponenten an Stärke übertreffen. Dieser Effekt zeigt sich in der Mischungswärme u. hat u.a. die erhöhte Viskosität zur Folge.
Wäss. 3%iges od. 30%iges $H_2O_2$ (Literatur[1]) – im Handel bis zu 70%iges $H_2O_2$ – ist eine wasserklare, farblose u. geruchlose Flüssigkeit, die ganz schwach sauer reagiert (schwächer als Kohlensäure) u. bes. in der Wärme, im Licht, in Ggw. von Staub, Schwermetallen u. Alkalien (z.B. Ammoniak od. den aus Glas freiwerdenden Alkalien) allmählich in Wasser u. Sauerstoff zerfällt, der in statu nascendi bleichend u. desinfizierend wirkt.
W. kann sowohl oxidierend als auch (gegenüber stärkeren Oxid.-Mitteln) reduzierend reagieren. W. bildet zahlreiche Peroxohydrate, von denen einige, wie

z.B. Natriumpercarbonat u. Percarbamid („festes W."), als Bleichmittel u. Antiseptikum Verw. finden.
*Vorkommen:* In tier. od. pflanzlichen Geweben wird W. durch Enzyme wie die Oxidasen gebildet u. durch andere Biokatalysatoren wie *Katalasen bzw. Peroxidasen unter Abgabe von Sauerstoff bzw. unter Substrat-Oxidation zersetzt.
In der Natur entsteht $H_2O_2$ in kleinen Mengen bei biolog. Vorgängen wie Atmung, Gärung, Oxid. der Harnsäure durch Uricase, aus reaktiven Sauerstoff-Spezies[2] wie dem Hyperoxid-Radikal unter dem Einfluß von *Superoxid-Dismutasen usw.
Zur Bedeutung von W. auf die Umwelt s. Literatur[3].
*Toxikologie:* Höher konzentrierte W.-Lösungen und W.-Dämpfe wirken stark ätzend auf Haut und Schleimhäute, insbesondere auf die Atemwege und die Augenschleimhaut. Eingenommen führt W. zu inneren Blutungen; MAK-Wert (2004): $1,4\ mg/m^3$. $H_2O_2$ hat eine WGK von 1 bei einer Fischtoxizität von $LC_{50}$ 30–35 mg/L (Goldorfe) sowie Algentoxizitäten und Daphnientoxizitäten von 7,3 mg/L bzw. 2,3 mg/L. In den USA wurde Wasserstoffperoxid im Federal Register (CFR 21, 1993) als *GRAS eingestuft.
In neueren Studien wird auf die Bedeutung von $H_2O_2$ als „second messenger" bei der Lymphocyten-Aktivierung und bei oxidativem Stress berichtet; s. hierzu Literatur[4,5].
*Nachweis:* Der Nachweis von $H_2O_2$ erfolgt durch die intensive Gelbfärbung von Titanoxidsulfat-Lösung infolge Bildung von Titanperoxosulfat oder durch die vorübergehende Blaufärbung (infolge Bildung von $CrO_5$) mit Kaliumdichromat-Lsg. und verdünnter Schwefelsäure; die Blaufärbung kann durch Extraktion mit Ether, Ethylacetat od. Pentanol stabilisiert werden. Die Bestimmung erfolgt im allg. durch oxidimetr. Titration mit Kaliumpermanganat gemäß

$$2KMnO_4 + 5H_2O_2 + 3H_2SO_4 \rightarrow$$
$$K_2SO_4 + 2MnSO_4 + 8H_2O + 5O_2$$

mit Iodid od. Cer(IV)-sulfat. Kleinste $H_2O_2$-Mengen in Luft lassen sich durch photometr. Bestimmung mit Titan(IV)-chlorid erfassen.
Messtechniken zur Bestimmung von $H_2O_2$ mittels Chemilumineszenz und zur fluorimetrischen Erfassung in isolierten Mitochondrien finden sich in Literatur[6]. Zur amtlichen Bestimmung s. Literatur[7].
*Verwendung:* Zum Bleichen von Holz, Textilien, Papier, Ölen, Fetten, zur Herst. von Bleichmitteln für die Waschmittel-Ind. (insbes. von *Natriumperborat) u. für Reinigungsmittel u. Desinfektionsmittel (u.a. für hitzeempfindliche Lebensmittelverpackungen), Kosmetika (Haarbehandlungsmittel, Blondiermittel, Kaltwellenfixierer, Färbemittel u. Hautbleichmittel), in der chem. Ind. als Ausgangsprodukt für Epoxide, Peroxid-Katalysatoren, Glycerol, Weichmacher, Alkyl-Peroxide u. Acyl-Peroxide, Peroxocarbonsäuren.
Im Rahmen des Umweltschutzes verwendet man $H_2O_2$ zunehmend anstelle von $Cl_2$ u. Cl-haltigen Oxid.-Mitteln zur Reinigung, Entgiftung u. Des-

odorierung von Abwässern, Trinkwasser u. Schwimmbadwasser, zur Zellstoffbleiche sowie zum Deinking von Altpapier.

Verd. (3%ige) wäss. Lsg. wurden früher zur Munddesinfektion benutzt, doch wird von dieser Verw. zunehmend abgeraten.

*Recht: Zulassung:* Im Lebensmittelsektor ist Wasserstoffperoxid nur als Bleichmittel für Stärken, Gelatine und Fischmarinaden (Anlage 5 der Verordnung über *technische Hilfsstoffe) zugelassen.

*Reinheitsanforderungen:* *ZVerkV 1998 Anlage 2 Liste C mit Verweis auf DAB.

*Weitere rechtliche Regelungen:* Weinverordnung Anlage 5; Kosmetik-Verordnung Anlage 2 (zu § 2). – *E* hydrogen peroxide

*Lit.:* [1] Ph. Eur. **1997**, S. 1824f. [2] Pharm. Unserer Zeit **17**, 71–80 (1988). [3] Jacobi, S., In *Proceedings of the First Conference on Green Propellants for Space Propulsion*, Perry, M., Hrsg.; ESA Special Publication SP-484; European Space Agency: Noordwijk, (2001); S. 74–81. [4] Van Asbeck, B. S.; Sprong, R. C.; Van der Bruggen, T.; Van Oirschot, J. F. L. M.; Borleffs, J. C. C., In *Oxidative Stress in Cancer, AIDS, and Neurodegenerative Diseases*; Monatagnier, L.; Olivier, E.; Pasquier, C., Hrsg.; Oxidative Stress and Disease Series 1; Marcel Dekker: New York, (1998); S. 97–112. [5] Reth, M., *Nat. Immunol.*, (2002) **3**, 1129–1134. [6] Barja, G., *J. Bioenerg. Biomembr.*, (2002) **34**, 227–233. [7] Amtliche Sammlung, Nr. K 84.04-2.

*allg.:* Blue List ▪ Hager (5.) **1**, 185–190 ▪ Merck-Index (13.), Nr. 4819 ▪ Ullmann (5.) **A13**, 443–466 ▪ Umbach (2.), S. 270f., 288ff. – *[HS 2847 00; CAS 7722-84-1; G 5.1, I, II]*

**Wasserstoffsuperoxid** siehe *Wasserstoffperoxid.

**Wasserwelle** siehe *Dauerwelle.

**WC-Reiniger** (Toilettenreiniger). Produkte als Pulver, Tabletten oder Flüssigkeiten zur Reinigung von WC-Becken und Urinalen, enthalten zumeist organische Säuren (z. B. *Citronensäure) oder Natriumhydrogensulfat, seltener Amidoschwefelsäure oder *Phosphorsäure zur Entfernung von Kalkablagerungen oder sogenannten Urinsteinen. Zum Teil ist Natriumhydrogencarbonat zugesetzt, aus dem mit dem Säureanteil Kohlendioxid freigesetzt wird und das dadurch einen zusätzlichen „Sprudeleffekt" bewirkt. Zur Zusammensetzung siehe Tabelle.

Tabelle: Zusammensetzung von WC-Reiniger.

| Bestandteile | WC-Reiniger | |
|---|---|---|
| | Pulver (Konz. in %) | flüssig (Konz. in %) |
| anionische Tenside | 1–2 | – |
| nichtionische Tenside | – | 0–10 |
| organische Säuren, saure Salze | 5–10 | 3–30 |
| anorganische Säuren, saure Salze | 25–90 | – |
| Natriumhydrogencarbonat | 0–30 | – |
| Neutralsalze | 0–30 | – |
| Cellulose | 1 | – |
| Farbstoff | <1 | <1 |
| Duftstoff | <1 | <1 |
| Verdickungsmittel | – | 0–5 |
| Wasser | – | ad100 |

*Spülreiniger* zum Einhängen in das WC-Becken oder den Spülkasten geben geringe Mengen an Säure, Tensid oder Duftstoff ab und verlangsamen dadurch das Ansetzen von Verschmutzungen. – *E* toilet cleaners

*Lit.:* Hauthal, H. G., In *Reinigungs- und Pflegemittel im Haushalt*, Hauthal, H. G.; Wagner, G., Hrsg.; Verlag für chemische Industrie: Augsburg, (2003); S. 207–212 – *[HS 3402 20, 3402 90, 3808 40]*

**weak affinity chromatography** siehe *Affinitätschromatographie.

**Wegwarte** siehe *Zichorien und *Chicorée.

**Weichkäse.** Nach § 6 der deutschen Käse-Verordnung[1] wird *Käse nach dem Wassergehalt in der fettfreien Käsemasse (Wff, siehe *Käse) in 6 Gruppen eingeteilt.

Die Gruppe der Weichkäse muß mehr als 67% Wff aufweisen. Zu den Standardsorten der Weichkäse gehören nach Anlage 1 zu § 7 der Käse-VO Camembert, Brie, Romadur, Limburger und Münsterkäse. Die ersten beiden Sorten sind nach der Reifung gleichmäßig mit Schimmel (vorwiegend *Penicillium candidum*) bedeckt, während die übrigen Sorten eine gelbbraune bis rötliche bzw. gelblich-rote (Münsterkäse) Schmiere (meist mit *Brevibacterium linens*) aufweisen. Die ca. zweiwöchige Reifung verläuft von außen nach innen und ist durch eine Vielzahl chemischer und mikrobiologischer Veränderungen geprägt (siehe *Käse). – *E* soft cheese

*Lit.:* [1] Käse-Verordnung vom 14.04.1986 (BGBl. I, S. 412; mehrfach geändert). – *[HS 0406 90]*

**Weichmacher** (Weichmachungs-, Plastifikations-, Plastifizierungs-, Elastifizierungsmittel).

1. Bezeichnung für flüssige oder feste, indifferente organische Substanzen mit geringem Dampfdruck, überwiegend solche esterartiger Natur, welche ohne chemische Reaktion, vorzugsweise durch ihr Löse- und Quellvermögen, unter Umständen aber auch ohne ein solches, mit hochpolymeren Stoffen in physikalische Wechselwirkung treten und ein homogenes System mit diesen bilden können (DIN 55945: 1999-07). Weichmacher verleihen den mit ihnen hergestellten Gebilden bzw. Überzügen bestimmte angestrebte physikalische Eigenschaften, wie z. B. erniedrigte Einfriertemperatur, erhöhtes Formveränderungsvermögen, erhöhte elastische Eigenschaften, verringerte Härte und gegebenenfalls gesteigertes Haftvermögen. Sie gehören zu den Kunststoffadditiven. Die Kurzbezeichnungen von Weichmachern sind in der DIN EN ISO 1043-3: 2000-01 geregelt.

In ähnlicher Weise sind Weichmacher (zurückgehend auf einen Vorschlag von Huggins[1]) nach ASTM D 883: 2000 definiert. Hiernach wird ein Weichmacher in einen Stoff eingebaut, um dessen Bearbeitbarkeit, Flexibilität und Dehnungsvermögen zu verbessern. Der Übergang zwischen Lösemitteln und Weichmachern ist fließend.

*Eigenschaften:* Ein idealer Weichmacher soll geruchlos, farblos, licht-, kälte- und wärmebeständig, unhygroskopisch, wasserbeständig, nicht gesundheitsschädlich, schwer brennbar und möglichst wenig flüchtig, neutral reagierend, mit Polymeren und Hilfsstoffen mischbar sein und ein gutes Gelierverhalten aufweisen. Im Gegensatz zu Lösemitteln haben Weichmacher einen hohen Siedepunkt (>250 °C); sie verdunsten daher bei der Herstellung von Kunststoffen nicht, sondern vereinigen sich mit den organischen Filmbildnern (z.B. PVC, Polyvinyl-Produkte, Cellulosenitrate, Harze, Kautschuk, Leinöl) zu physikalisch gleichmäßigen, meist flexiblen Massen. Die drei wichtigsten Weichmachereigenschaften gegenüber Hochpolymeren sind Verträglichkeit, Geliervermögen und weichmachende Wirksamkeit.

Für einige Eigenschaftskriterien von Weichmachern gibt es Prüfnormen: DIN 53400: 1988-06 für physikalische und chemische Kennzahlen; DIN EN ISO 3681: 1998-06 für Verseifungszahl (VZ); DIN EN ISO 2114: 2002-06 für Säurezahl (SZ).

Eine besonders für die Anwendung von weichgemachten Kunststoffen wichtige Eigenschaft der Weichmacher ist ihre Fähigkeit zur Migration (Wanderung), die durch Diffusions-, Dampfdruck- und Konvektionsvorgänge zustande kommt, und die sich vor allem bei Berührung des Kunststoffs mit anderen flüssigen oder festen Stoffen bemerkbar macht. Der Weichmacher dringt in den anderen Stoff (meist sind es andere polymere Kunststoffe) ein. Die Weichmacher-Migration spielt besonders für die physiologische Unbedenklichkeit von Lebensmittelverpackungen eine Rolle. Mit Rücksicht auf den Umweltschutz sind die *polychlorierten Biphenyle (PCB) als Weichmacher nicht mehr in Verwendung.

**Wirkung:** Weichmachung (Plastifizieren) bedeutet die Verschiebung des thermoplastischen Bereiches zu niederen Temperaturen. In den gewünschten thermoelastischen Zustand kann man Thermoplaste entweder durch eine Copolymerisation (innere Weichmachung) oder, was in der Praxis überwiegend angewandt wird, durch Zusatz von Weichmachern (äußere Weichmachung) bringen.

Bei der *inneren Weichmachung* durch die Copolymerisation von z.B. Vinylchlorid mit Comonomeren mit raumfüllenden Seitengruppen (Acrylsäuremethylester etc.) werden die Abstände der einzelnen Makromoleküle erweitert, die intermolekularen Anziehungskräfte verringert und die Kettenbeweglichkeit erhöht.

Bei der *äußeren Weichmachung* treten die polaren Gruppen (Dipole) des Weichmachers mit den polaren Gruppen des Kunststoffs in Wechselwirkung. Dabei schieben sich die kleinen, beweglichen Weichmacher-Dipole zwischen die Kettenmoleküle des Kunststoffs und binden sich an deren Dipole. Die Kettenmoleküle werden dadurch aufgelockert und beweglicher; gleichzeitig nehmen Weichheit und Dehnung des weichgemachten Kunststoffs zu und die Zugfestigkeit vermindert sich.

Bei der Verarbeitung von PVC werden die Weichmacher in Primär-, Sekundärweichmacher oder Extender eingeteilt. *Primärweichmacher* (dazu gehö-

ren *Phthalsäureester, Trimellit(h)säureester, Phosphate und Polymerweichmacher) lassen das Polymer im Bereich üblicher Verarbeitungstemperatur in kurzer Zeit einwandfrei gelieren, sind allein verwendbar und schwitzen aus dem Kunststoff nicht aus. *Sekundärweichmacher* [Adipate (siehe *Adipinsäure), Azelate, Sebacinsäureester und Alkylfettsäureester] zeigen dagegen geringeres Geliervermögen und begrenzte Verträglichkeit mit dem Polymerisat, so daß die Kombination mit einem Primärweichmacher zweckmäßig ist. *Extender* (aromatische Kohlenwasserstoffe und Chlorparaffine) gelieren nur sehr schlecht und neigen zu starkem Ausschwitzen.

**Einteilung:** Die wichtigsten Weichmacher, die mit Hinweisen auf eventuelle Gesundheitsrisiken (z.B. Trikresylphosphat) behandelt sind, lassen sich in neun größere Gruppen einteilen (DIN EN ISO 1043-3: 2000-01):

– *Phthalsäureester (Phthalate);
– Trimellit(h)säureester (Trimellitate) mit (überwiegend) linearen $C_6$- bis $C_{11}$-Alkoholen;
– Acyclische (aliphatische) Dicarbonsäureester: Ester der Adipinsäure wie Dioctyladipat, Diisodecyladipat, Dibutylsebacat, Dioctylsebacat;
– Polymerweichmacher: Polyester aus Adipin-, Sebacin-, Azelain- und Phthalsäure mit Diolen;
– Phosphorsäureester (Phosphate): Trikresylphosphat, Triphenylphosphat;
– Fettsäureester: Butyloleat oder Butylstearat, Methyl- und Butylester der acetylierten Ricinolfettsäure, Fettsäureglycolester etc.;
– Hydroxycarbonsäureester: Citronensäureester sind wegen ihrer Ungiftigkeit für Lebensmittelumhüllungen und für Lacke auf Lebensmittelverpackungsmaterial von Bedeutung: Tributyl-*O*-acetylcitrat für PVC-Folien im Nahrungsmittelgewerbe, Triethyl-*O*-acetylcitrat für Cellulose-Produkte. Von ähnlichen Eigenschaften sind entsprechende Weinsäureester, die ebenso wie die Citrate auch Anwendung in der pharmazeutischer Technologie finden, sowie Milchsäureester;
– Epoxyweichmacher: Epoxidierte Fettsäure-Derivate, insbesondere Triglyceride und Monoester, Beispiele: Ester der Epoxystearinsäure und epoxidierte Sojaöle (EPSO), Leinöle (EPLO);
– Polymidweichmacher: Benzolsulfonamide, *p*-Toluolsulfonamide.

Außer diesen Hauptgruppen gibt es noch viele andere Weichmacher; siehe DIN EN ISO 1043-3: 2000-01.

**Toxikologie:** Zur Toxikologie von *Phthalsäureestern siehe dort. Die Ester der Adipinsäure lösen keine akut oder chronisch toxischen Effekte aus. Die Ester der Azelainsäure sind ungiftig. Die Ester der Sebacinsäure sind akut oral und dermal untoxisch. Epoxidierte Soja- und Leinöle sind zwar nicht akut toxisch, da diese aber aus Dichtmassen von Twist-Off-Deckeln migrieren können, stehen sie unter besonderer Beobachtung. Der TDI (siehe *ADI) von epoxidiertem Sojaöl (ESBO) liegt bei 1 mg/kg Körpergewicht. Empfindliche Personen können Kontaktallergien entwickeln. Triphenylphosphat ist an der Ratte oral ungiftig und an Ratten sowie Hühnern nicht neurotoxisch. Bei Katzen, einer besonders empfindlichen Spezies für neurotoxische Stoffe, wurden Paralysen beschrieben. Trikresylphosphat (technische Zusammensetzung) kann bei oraler Aufnahme zu peripheren Lähmungserscheinungen führen.

*Analytik:* Bestimmungsmethoden sind die Gaschromatographie mit Hilfe von Flammenionisationsdetektoren und Elektroneneinfangdetektoren[2,3].

*Anwendung:* Für Kunststoffe und Materialien mit Lebensmittelkontakt werden als Weichmacher z.B. Citrate, Adipinate, Phthalate und Phosphate angewendet. Fetthaltige Lebensmittel können die Migration von Weichmachern in ein Lebensmittel fördern und werden daher für den Kontakt mit weichmacherhaltigen Kunststoffen nicht empfohlen. In Kosmetika haben Weichmacher die Aufgabe, die Flexibilität von Filmbildnern (z.B. in Haarfestigern, Haarsprays, Nagellacken) zu erhöhen und damit zugleich die Haftung des Filmes auf einem Untergrund zu verbessern bzw. das Brüchigwerden des Filmes und seine Abschuppung von der Unterlage (Haar, Nagel) zu verhindern. In diesem Einsatzbereich finden Fettsäureester, Ester organischer Säuren (z.B. Citrate, Lactate, Adipate), ethoxylierte *Wollwachsalkohole, *Silicone, *Ricinusöl, Polyethylenglycol, *Sorbit und *Campher Verwendung. Auch Seifenstücke können durch Zusatz von Weichmachern vor Rißbildung und Versprödung geschützt werden.

Bei der Herstellung von Tabakerzeugnissen werden Weichmacher für Farben und Lacke zum Bedrucken von Zigarettenpapier, -filtern, Filterumhüllungen, Mundstücken und Filter-(Mundstücks-)belägen verwendet. *Glyceroltriacetat (Triacetin) ist z.B. bei der Filterherstellung von Bedeutung, weil es die Klebefähigkeit der Celluloseacetat-Fasern erhöht und bei Zimmertemperatur (20 °C) aushärtet, so daß eine besondere Trocknung der Filterstäbe nicht erforderlich ist. Der Anteil der Weichmacher am Gesamtgewicht der Zigaretten beträgt in der Regel 5 bis 8%.

*Recht:* Die Anwendung von Weichmachern in Materialien mit Lebensmittelkontakt ist zumindest für beschichtete Zellglasfolie in der *Bedarfsgegenständeverordnung reglementiert. Für alle übrigen Materialien und Gegenstände, die dazu bestimmt sind, mit Lebensmitteln in Berührung zu kommen, gilt, daß keine Bestandteile auf Lebensmitteln in Mengen abgegeben werden dürfen, die geeignet sind, die Gesundheit zu gefährden oder eine unvertretbare Veränderung der Zusammensetzung der Lebensmittel herbeizuführen oder organoleptische Beeinträchtigungen des Lebensmittel herbeizuführen[4]. In den Kunststoff-Empfehlungen des *BfR ist aufgeführt, welche Arten und Mengen von Weichmachern derzeit als unbedenklich und technisch unvermeidbar gelten[5].

Für Tabakerzeugnisse ist die Verwendung von Weichmachern in der *Tabakverordnung geregelt. In der Anlage 1 Tabakverordnung zugelassen sind

für Farben und Lacke zum Bedrucken von Zigarettenfiltern, Filterumhüllungen, Mundstücken und Filter-(Mundstücks-)belag lediglich Glycerolacetate. Vorläufig bis Ende 2006 zugelassene Weichmacher für die gleiche Anwendung sind a) Acetyltributylcitrat bis zu 10% des Erzeugnisses und b) Saccharoseacetatisobutyrat (siehe *Saccharoseester) bis zu 10%.

Da einige Phthalsäureester als reproduktionstoxisch eingestuft werden, ist Spielzeug, das dazu bestimmt ist, von Kindern unter 3 Jahren in den Mund genommen zu werden und bestimmte Phthalate enthält, in der gesamten EU verboten[6].

2. Von Weichmachungsmitteln spricht man auch bei der Textilkonfektionierung. Als Textilhilfsmittel sollen sie den damit behandelten Textilien den gewünschten weichen „Griff" verleihen. Zur Avivage bzw. zu Appretur-Zwecken dienen z.B. Fettsäure-Kondensate, PE-Dispersionen und Silicon-Emulsionen. Wäscheweichspülmittel (Weichspüler) werden nach dem Waschvorgang eingesetzt. Sie haben antistatische Eigenschaften, setzen die Wasseraufnahmefähigkeit der Fasern herab und beschleunigen dadurch den Trocknungsvorgang. Unter den Wirkstoffen dominierte bis Anfang der 90er Jahre das Kationtensid Dimethyldistearylammoniumchlorid (quartäre Ammonium-Verbindung). Dieses ist allerdings biologisch nicht sehr leicht abbaubar und konnte über die Klärschlammausbringung in Ackerböden wiedergefunden werden[7]. Inzwischen wurde dieses Produkt durch das nahezu 100% biologisch abbaubare Triethanolamin-Esterquat ersetzt. Daneben kommen auch nichtionische *Tenside (z.B. *Ethylenoxid-Addukte an Stearinsäure) in Betracht (höhere Dosierung notwendig). Weichspülmittel-Komponenten werden auch direkt in Waschmittelzubereitungen eingearbeitet, um ein sich weich anfühlendes Waschgut zu erhalten.

In der Gerberei werden Weichmacher beim Zurichten des Leders eingesetzt, um die Elastizität des Leders zu erhöhen. Papiermassen setzt man Fettsäure-Derivate, Polyether, Polyglycole, Polyetheralkohole oder Wachsdispersionen zu, um diese geschmeidig, satinierbar und saugfähig zu machen. – E 1. plasticizers, 2. fabric softeners, textil softeners

*Lit.:* [1] J. Polym. Sci. **8**, 257 (1952). [2] Hummel, D. O., *Atlas of Plastics Additives*, Springer: Berlin, (2002). [3] Lietrop, B., van; Castle, L.; Feigenbaum, A.; Boenke, A., *Spectra for the Identification of Additives in Food Packaging*, Kluwer Academic Publishers: Dordrecht, (1998). [4] Verordnung (EG) Nr. 1935/2004 des Europäischen Parlaments und des Rates vom 27. Oktober 2004. [5] Kunststoffempfehlungen des BfR; http://bfr.zadi.de/kse/. [6] Entscheidung 1999/815/EG der europäischen Kommission vom 7. Dezember 1999. [7] Berenbold, H., *Tenside Surf. Deterg.*, (1990) **27**, 34ff.
*allg.:* Ullmann (7.); http://dx.doi.org/10.1002/14356007.a20_439 [Online, Juni 2000] ■ Zweifel, H., Hrsg., *Plastics Additives Handbook*, 5. Aufl.; Hanser: München, (2000)

**Weidendornbeere** siehe *Sanddorn.

**Weihrauch** siehe *Räuchermittel.

**Wein.** *Definition:* „Erzeugnis, das ausschließlich durch vollständige oder teilweise *alkoholische Gärung der frischen, auch eingemaischten *Weintrauben oder des Traubenmostes (siehe *Most) gewonnen wird" [Verordnung (EWG) Nr. 1493/ 1999[1]].

*Zusammensetzung: Kohlenhydrate:* Da die meisten Stämme der Hefe *Saccharomyces cerevisiae* glucophil sind, überwiegt bei zunächst äquimolaren Anteilen Glucose und Fructose nach der Gärung die Fructose im Restzucker[2,3]. Aufgrund der gesetzlichen Beschränkung des Zusatzes von Saccharose (Anreicherung) ist deren analytischer Nachweis von besonderem Interesse. Da Saccharose schnell und vollständig enzymatisch invertiert wird, wird der Saccharose-Zusatz indirekt über das $^{13}C/^{12}C$- oder das D/H-Isotopenverhältnis in Ethanol und Restzucker nachgewiesen, siehe Literatur[4] und *Isotopenverhältnis-Analyse (SNIF-NMR).

*Säuren*[5-9] aus Trauben/Most oder durch Gärung:

– *Weinsäure: aus Trauben, wird z.T. als Weinstein (= *Kaliumhydrogentartrat) oder Calciumtartrat ausgeschieden;
– *Äpfelsäure: aus Trauben, Abbau durch Hefe oder Bakterien;
– *Milchsäure: L(+)-Isomer bis ca. 6 g/L aus dem Abbau von Äpfelsäure (*biologischer Säureabbau), D(−)-Isomer aus dem Hefestoffwechsel bis maximal 1 g/L;
– Brenztraubensäure/2-Oxoglutarat: aus Trauben, Gärungsprodukt v.a. bei Stickstoff-Mangel, bindet schweflige Säure;
– *Bernsteinsäure: Gärungsnebenprodukt, bis ca. 1,8 g/L als Zwischenprodukt der Angärphase, im Wein 0,2–0,7 g/L;
– *Essigsäure: Gärungsnebenprodukt, 0,3–0,6 g/L, auch Acetat-Bildung zu Ethyl-, Propyl-, Isoamylacetat;
– *Citronensäure: aus Trauben und durch Gärung, bis ca. 0,5 g/L;
– D-*Gluconsäure/D-*Glucuronsäure: Indikator für *Botrytis*-Befall, *Edelfäule;
– *Fumarsäure: aus Trauben, durch Prozesse der Weinbereitung vollständig verbraucht;
– Shikimisäure: aus Trauben, durch Prozesse der Weinbereitung nicht verbraucht, bis ca. 0,2 g/L.

Zur analytischen Bestimmung werden enzymatische und HPLC-Methoden eingesetzt. Eine Übersicht zu den chromatographischen Verfahren gibt Literatur[10].

*Flüchtige Säure:* Analytischer Parameter zur Bestimmung der wasserdampfflüchtigen Essigsäure (und z.T. weiterer flüchtiger Carbonsäuren), Höchstmenge als Essigsäure nach Verordnung (EWG) Nr. 1493/1999, Anhang V[1]: 18 mval/L = 1,08 g/L bei teilweise gegorenem Most, Weiß- und Roséwein sowie 20 mval/L = 1,2 g/L bei Rotwein, 30 mval = 1,8 g/L bei Eis- oder Beerenauslese und 35 mval/L = 2,1 g/L bei Trockenbeerenauslese, erhöhte Gehalte weisen auf *Weinkrankheiten hin.

*Stickstoff-Verbindungen:* Im fertigen Wein sind Gesamtstickstoff-Gehalte von etwa 200–600 mg/L vorhanden, die sich wie folgt aufteilen[11]: Protein-Stickstoff: 30–40 mg/L; Amino-Stickstoff (Aminosäuren und biogene Amine): 30–200 mg/L; Amid-Stickstoff (Asparagin, Glutamin): 2–20 mg/L; Ammonium-Stickstoff: >100 mg/L.

Besonderes Interesse fanden die *biogenen Amine. Erstmals entdeckt wurde *Histamin in Wein 1954 und als Ursache für „Kater-Symptome" wie Kopfweh, Übelkeit und Sodbrennen angesehen. Hupf[12] konnte nach umfangreichen Erhebungen keinen Zusammenhang zwischen der Konzentration biogener Amine und Verbraucherbeschwerden über Gesundheitsstörungen feststellen. Histamin kommt in Weißweinen und Schaumweinen in Mengen <1 mg/L vor, in Rotwein im Mittel bis 3,5 mg/L. Neben Histamin wurden insbesondere in Rotwein noch 15 weitere, z.T. physiologisch wirksame biogene Amine nachgewiesen. Eine Übersicht findet sich in Literatur[9]; zur Analytik siehe Literatur[13].

*Aromastoffe (Bukett):* Man unterscheidet originäre Traubenbukettstoffe, sekundäre Traubenbukettstoffe (entstehen beim Verarbeiten der Trauben), Gärbukettstoffe und Lager-/Alterungsbukettstoffe. Das *Weinaroma hängt primär von der Rebsorte (siehe *Weintraube) ab, wird aber auch durch Bodenbeschaffenheit, Mikroklima, Reife und Gesundheitszustand der Trauben bei der Lese beeinflußt. Beispielhaft sind diese Einflüsse beim Riesling erkennbar, der je nach Anbaugebiet ein analytisch nachweisbar verschiedenes Aroma ausprägen kann.

*Mineralstoffe/Spurenelemente*[14]: Über den Summenparameter Asche wird der Gesamtgehalt an Mineralstoffen in Wein ermittelt. Er beträgt bei deutschen Weinen zwischen 1,8 und 4,0 g/L. Hauptbestandteile der Asche sind: $K^+$ (ca. 0,6–1,2 g/L), $Mg^{2+}$ (60–140 mg/L), $Ca^{2+}$ (60–140 mg/L, bis 400 mg/L bei *Entsäuerung mit $CaCO_3$), $Na^+$ (5–30 mg/L, bei K/Na-Verhältnis <20 Verdacht auf unerlaubte Ionenaustauscherbehandlung zur Weinsteinstabilisierung), $PO_4^{3-}$, $SO_4^{2-}$ (stark erhöht bei gegipstem Wein), $Cl^-$ (20–90 mg/L, erhöht bei unerlaubtem NaCl-Zusatz), $NO_3^-$ 5–20 mg/L. Einen Einfluß auf den Mineralstoffgehalt hat der Boden, der je nach geologischer Beschaffenheit, Verwitterungszustand und pH-Wert zu unterschiedlicher Aufnahme je nach Rebsorte durch die Wurzel führt. Weine sehr trockener und heißer Jahrgänge enthalten weniger Mineralstoffe als solche regenreicher Jahrgänge. Hinzu kommen sekundäre Einflüsse durch die Art der Düngung und die Most- und Weinbehandlung. So kann z.B. eine Bentonit-Behandlung zu einer Erhöhung des Natrium-Gehaltes führen. Spurenelemente verursachen unter Umständen *Weintrübungen. Eine umfassende Darstellung der Mineralstoffe (Gehalte zwischen 10 und 1000 mg/L, z.B. Kalium, Magnesium, Calcium, Natrium), der Spurenelemente (Gehalte zwischen 1–10 mg/L, z.B. Eisen, Bor, Zink; 0,1–1 mg/L, z.B. Fluor, Iod, Strontium; 0,01–0,1, z.B. Brom, Lithium, Barium; 0,001, z.B. Silber) und der Ultraspurenelemente (Gehalte ≤0,001 mg/ L) enthält Würdig-Woller und Bergner-Lemperle (siehe allgemeine Literatur). In der Weinverordnung[15] sind für bestimmte Spurenelemente die folgenden Grenzwerte festgesetzt: Kupfer 2 mg/L, Zink maximal 5 mg/L, Bor maximal 80 mg/L (berechnet als Borsäure), Blei maximal 0,25 mg/L, Cadmium maximal 0,01 mg/L, Arsen maximal 0,1 mg/L, Fluor maximal 1,0 mg/L bzw. 3,0 aus mit Kryolith behandelten Rebpflanzungen, Brom 1,0 mg/L. Monitoring-Studien zum Vorkommen toxischer Spurenelemente, insbesondere Blei und Cadmium, sind in Literatur[16,17] beschrieben.

*Phenolische Verbindungen:* Der Gehalt an phenolischen Verbindungen kann für die Weinqualität bestimmend sein. Sie beeinflussen den Geschmack und die Farbe eines Weines. Während Lagerung und Alterung treten tiefgreifende Änderungen auf. Die im Wein vorkommenden phenolischen Verbindungen (Polyphenole) lassen sich folgenden Verbindungsgruppen zuordnen:
1. Phenolsäuren: Benzoesäure-Derivate (z.B. Gallussäure), Zimtsäure-Derivate (z.B. Kaffeesäure);
2. Stilbene: cis/trans-*Resveratrol, cis/trans-Piceide (z.B. Resveratrol-3β-glucosid)
3. *Flavonoide: *Anthocyane, Flavonole (siehe *Flavonoide), Flavanole (siehe *Flavone), *Proanthocyanidine und dimere Proanthocyanidine.
Analytisch wird der Gehalt an Phenolen (Gesamtphenol-Gehalt) des Weines pauschal mit der Konventionsmethode nach Folin-Ciocolteau bestimmt. Sie beruht auf der Messung der Absorption der mit Phosphorwolframsäure/Phosphormolybdänsäure in alkalischer Lösung versetzten Weinprobe bei 750 nm. Sie wird u.a. als Folin-Ciocolteau-Index dimensionslos angegeben (FCI = Extinktion · 20)[18]. Eine weitere Möglichkeit der Erfassung dieser Verbindungsgruppe ist die Messung der UV-Absorption bei 280 nm. Die Gesamtphenol-Gehalte von Rotweinen sind im Mittel 10-fach höher als von Weißweinen[18]. Der Gehalt hängt von der Traubensorte, den Wachstumsbedingungen, der Weinbereitung (Erhöhung durch starkes Auspressen) und der Kellerbehandlung ab.
Dominante Vertreter unter den Phenolcarbonsäuren sind Gallussäure, Kaffeesäure und Kaffeoyl-Weinsäure (Caftarsäure)[18]. Die Stilbene sind *Phytoalexine, die zur Abwehr von Pilzinfektionen in den Traubenbeeren gebildet werden. Zur Bioaktivität siehe *Resveratrol. Die Gehalte nehmen von Weiß- über Rosé- zum Rotwein zu[19].
Bei phenolischen Komponenten aus Wein handelt es sich um sehr potente Antioxidantien. In den 90er Jahren bestand daher die Auffassung, daß regelmäßiger Weingenuß die gefäßschädigende LDL-Oxidation (siehe *Lipoproteine) vermindern kann und so der Arteriosklerose und speziell Koronarerkrankungen entgegenwirkt[20,21]. Wesentliche epidemiologische Untersuchungen in jüngster Zeit lieferten eine kritische Bewertung bzgl. eines Beweises dieser protektiven Wirkung der Weinphenole gegen Herz-Kreislauf-Erkrankungen. Inwieweit Weinphenole im menschlichen Organismus entscheidend zur Prävention in Herz-Kreislauf-Krankheiten beitragen, wird in Frage gestellt. Vielmehr erscheint es beim Stand des Wissens ratsam, Wein

in mäßigem Umfang (neben anderen phenolischen Lebensmitteln) zur Vorbeugung gegen chronische Erkrankungen aufzunehmen, siehe Übersichtsartikel zum *French Paradoxon[22].
*Ethanol:* Die Alkoholgehalte sind in Anhang II der Verordnung (EG) Nr. 1493/1999[1] wie folgt definiert:
Vorhandener Alkoholgehalt (% vol): die Volumeneinheiten reinen Alkohols, die bei einer Temperatur von 20°C in 100 Volumeneinheiten des Erzeugnisses enthalten sind.
Potentieller Alkoholgehalt (% vol): die Volumeneinheiten reinen Alkohols, die durch vollständiges Vergären des in 100 Volumeneinheiten des Erzeugnisses enthaltenen Zuckers gebildet werden können.
Gesamter *Alkoholgehalt (% vol): die Summe des vorhandenen und des potentiellen Alkoholgehalts.
Natürlicher *Alkoholgehalt (% vol): der Gesamtalkoholgehalt des Erzeugnisses vor jeglicher Anreicherung.
Dazu erforderlich sind folgende Angaben für die Umrechnung Alkohol/Zucker:
g/L Alkohol · 0,1267 = % vol Alkohol,
% vol Alkohol · 7,89 = g/L Alkohol,
g/L vergärbarer Zucker · 0,470 = g/L Alkohol,
g/L Alkohol · 2,13 = g/L vergärbarer Zucker (Invertzucker),
g/L Saccharose · 0,95 = g/L Invertzucker.
Der Alkoholgehalt (vorhandener Alkoholgehalt) kann je nach Jahrgang, Art und Qualitätsstufe zwischen 7 und 15% vol schwanken. Weiterhin gelten für Tafel- und Landwein ein Mindestwert von 8,5% vol (Weinbauzone A und B), 9,0% vol (übrige Weinbauzonen) sowie ein Höchstwert von 15% vol für den Gesamtalkohol [siehe Verordnung (EG) Nr. 1493/1999, Anhang I[1]]. 7,0% vol gelten für *Qualitätswein b.A. und Qualitätswein mit Prädikat als Mindestwert und 5,5% vol für Beerenauslese, Trockenbeerenauslese und Eiswein (siehe Weingesetz, § 17[23]). Weiteren rechtlichen Beschränkungen ist die Erhöhung des Alkoholgehaltes durch die Anreicherung mit Saccharose, konzentriertem Traubenmost oder rektifiziertem Traubenmostkonzentrat (RTK) unterworfen. Voraussetzung ist, daß das Lesegut eine Mindestreife, d.h. einen Mindestzuckergehalt aufweist, der als „natürlicher Alkoholgehalt" ausgedrückt wird (in Deutschland in °Oe, siehe *Mostgewicht) und daß durch die Anreicherung ein für die einzelnen Gebiete und Weinarten vorgeschriebener Gesamtalkoholgehalt nicht überschritten wird (letzteres gilt nicht für Qualitätswein b. A.). Die natürlichen Mindestalkoholgehalte und die Anreicherungsspannen sind abgestuft nach Weinbauzonen in der Verordnung (EG) Nr. 1493/1999, Anhang V[1] geregelt (siehe *Weinanbau). Eine verbindliche Tabelle zur Umrechnung von °Oe in % vol enthält die Weinverordnung, Anlage 8[15]. Der aus naturwissenschaftlicher Sicht unverständliche Bezug der verschieden definierten Größen, potentieller, gesamter und natürlicher Alkohol, bei denen jeweils vorhandener Zucker in Alkohol umgerechnet wird auf einen fiktiven Alkoholgehalt in

Volumenprozent (% vol), hat allein praktische Gründe. Es ist zur Festlegung und der Einhaltung der Bedingungen der Anreicherung mit Ausgangswert (Mindestgehalt an potentiellem Alkohol, ab dem ein Wein angereichert werden darf), Anreicherungsspanne und Anreicherungshöchstgrenze (nur für Tafelwein) unabdingbar, unabhängig vom aktuellen Zucker/Alkohol-Verhältnis eine einheitliche Größe zu verwenden.

Die Angabe des vorhandenen Alkoholgehaltes in Volumenprozent auf dem Weinetikett ist nach Verordnung (EG) Nr. 1493/1999, Anhang VII[1] und Verordnung (EG) Nr. 753/2002, Artikel 3[24] verbindlich vorgeschrieben. Er wird in vollen und gegebenenfalls halben Einheiten angegeben und darf vom Analysenwert nicht um mehr als 0,5% vol, bei über 3 Jahre gelagerten Flaschenweinen, *Schaumwein, *Perlwein und *Likörwein nicht um mehr als 0,8% vol abweichen.

Die Verordnung (EWG) Nr. 2676/90[25] enthält in der Anlage die gemeinschaftlichen Untersuchungsverfahren, die für Handelsgeschäfte und Kontrollmaßnahmen eingesetzt werden. Es wird nach Referenzmethoden und gebräuchlichen Verfahren unterschieden. Letztere sollen ab August 2005 außer Kraft treten.

*Höhere Alkohole:* Gehalt 150–700 mg/L, Entstehung aus Zuckern, z. T. aus Amino- und Fettsäuren des Mostes; die Monoterpenalkohole sind bereits in den Trauben enthalten. Beitrag zum Weinaroma, insbesondere durch die mengenmäßig wichtigsten Vertreter, die sogenannten *Fuselöle (2-Methylpropan-1-ol, 2- und 3-Methylbutan-1-ol und 2-Phenylethanol), die frei und verestert in Gärungsprodukten vorkommen. Butan-2-ol kommt als Stoffwechselprodukt von Milchsäurebakterien in höheren Anteilen nur in verdorbenen Weinen vor (Indikator).

Diethylenglycol (siehe *Glycole) kommt nicht natürlich vor, wurde aber Mitte der 80er Jahre in Österreich zur Vortäuschung höherer Qualität (Extrakterhöhung) unerlaubterweise zugesetzt.

*Glycerol ist das bedeutendste Nebenprodukt, das die Hefe im Verlauf der alkoholischen Gärung von Traubenmost bildet. Abhängig vom Stickstoff-Gehalt des Mostes, der Gärtemperatur und dem Vergärungsgrad entstehen 6–10 g/L[26]. Daneben wird Glycerol auch durch *Botrytis cinerea* (*Edelfäule) bereits in der Weintraube gebildet, so daß Weine aus edelfaulem Lesegut deutlich mehr Glycerol enthalten. Sogenanntes Mostglycerol aus edelfaulem Lesegut kann über einen über 0,3 g/L liegenden Gehalt an Gluconsäure erkannt werden[27]. Glycerol verleiht dem Wein als wesentlicher Bestandteil des zuckerfreien Extraktes (siehe *amtliche Weinanalyse) Körper und Fülle, ein Grund, weshalb es immer wieder zur gesetzwidrigen Verbesserung Weinen zugesetzt wird. Der Nachweis wird über den erhöhten *Glycerol-Faktor* (GF) geführt, der definiert ist als:

$$GF = \frac{\text{Glycerol (g/L)} \cdot 100}{\text{Alkohol (g/L)}}$$

Seine natürliche Schwankungsbreite liegt bei Weinen, die nicht aus edelfaulem Lesegut hergestellt wurden, zwischen 8–10[28]. Bei über 12 liegenden Werten wird von einem Zusatz ausgegangen[29]. Auf Grund der hohen Streubreite können geringe Zusätze und Zusätze zu Wein mit niedrigen Ausgangswerten damit nicht erkannt werden. Nach Literatur[30] ist es gelungen, diesen Nachweis sicher über die GC/MS-Bestimmung von 3-Methoxipropandiol oder cyclische Diglycerole, die als Nebenprodukte bei der technischen Glycerol-Herstellung entstehen, nachzuweisen. Mit dieser Methode gelang in den Jahren 1999–2001 bzw. 1997 der Nachweis einer Reihe von Fälschungen bei hochwertigen italienischen und auch deutschen Weinen. Glycerol-Faktoren <6 werden als Indikator für Alkoholzusätze beurteilt, wobei gleichzeitig der *2,3-Butandiol-Faktor* (BF)

$$BF = \frac{\text{2,3-Butandiol (g/L)} \cdot 1000}{\text{Alkohol (g/L)}}$$

deutlich unter dem Normalwert liegt[31]. Der direkte Nachweis von Alkoholzusätzen wird mittels des $^{14}C$-Gehaltes ermittelt.

Der sogenannte *Gluconsäure-Faktor*[27] [Gluconsäure (g/L) · 100/Mostglycerol (g/L)] weist bei Werten unter 6 sowie bei gleichzeitig weniger als 0,3 g/L Gluconsäure und einem Glycerol-Faktor von mehr als 10,5 ebenfalls auf unerlaubten Glycerol-Zusatz hin.

*Acetale:* Für das Weinaroma wichtige Minor-Komponenten, die als Kondensationsprodukte (auch cyclische) von Aldehyden mit Alkoholen zu Beginn der Gärung ein Maximum erreichen und danach wieder abnehmen.

*Reduktone:* Natürliche reduzierende Verbindungen (bis ca. 20 mg/L), die freie schweflige Säure vortäuschen können.

Zur Weinherstellung siehe *Weiß- und Roséweinbereitung, *Rotweinbereitung, *Säuerung, *Weinbehandlung und Schönung. Zu Bezeichnungen und Güteklassen von Wein siehe *Weinarten und *Wein-Qualitätsstufen. Zu weiteren Aspekten siehe *Amtliche Weinanalyse, *Weinfehler, *Weinkrankheiten sowie die Textstichwörter.

*Recht:* Die zur Herstellung von Wein eingesetzten oenologischen Verfahren und Behandlungen, die Beschreibung der einzelnen Erzeugnisse des Weinbaues, ihre Bezeichnung und Aufmachung unterliegen dem *Weinrecht, das EG-weit gilt. Maßgeblich ist die Ratsverordnung Nr. 1493/1999 über die gemeinsame Marktorganisation für Wein (GMO)[1] und die Kommissionsverordnung Nr. 753/2002[24] mit Durchführungsbestimmungen. Daneben besteht im nationalen Bereich das Weingesetz[23], die Weinverordnung[15], die Weinüberwachungsverordnung[32] und Bestimmungen nach Landesrecht. Neben den marktordnenden Regelungen enthält die GMO eine Liste mit Begriffsbestimmungen für Erzeugnisse des Weinbaus, die Definitionen der Alkoholgehalte und der Weinbauzonen (A, B, C Ia, C Ib, C II, C IIIa und C IIIb, siehe *Weinanbau). Aufgeführt sind die zugelassenen oenologischen

Verfahren, d. h. physikalische Verfahren (z. B. thermische Behandlung), Zusatz von Stoffen (z. B. Schwefeldioxid, Sorbinsäure) und die Anwendung von Weinbehandlungsstoffen (z. B. Gelatine, Bentonit, Enzyme). Für die Behandlungen sind z. T. Grenzwerte festgelegt. Die Maximalgehalte für SO$_2$ sind abgestuft je nach Weinart und Qualitätsstufe (160 mg/L Rotwein bis 400 mg/L Beerenauslese), siehe auch *Weinbehandlung und Schönung. Die Anreicherung wird begrenzt auf den je nach Weinbauzone abgestuften mindestens einzuhaltenden Ausgangswert des natürlichen Alkohols des anzureichernden Erzeugnisses und den Anreicherungsspannen, die ebenfalls nach Weinbauzonen von 2% vol (Weinbauzone C) bis 3,5% vol (Weinbauzone A) reicht. Ferner geregelt sind die Verfahren der Anreicherung mit Saccharose, konzentriertem Traubenmost und rektifiziertem Traubenmostkonzentrat. Zugelassen sind auch die teilweise Konzentrierung, die Umkehrosmose und die Konzentrierung durch Kälte). Zugelassen werden unter bestimmten Bedingungen die *Säuerung und Entsäuerung sowie die Süßung (nur mit Traubenmost). Geregelt sind außerdem die Herstellung von Schaumwein und Likörwein.

Die GMO unterscheidet die Qualitätsstufen Tafel- und Qualitätswein b. A. (Q. b. A.) (siehe auch *Wein-Qualitätsstufen). Voraussetzung für Q. b. A. ist eine vom Mitgliedstaat abgegrenzte Fläche der Erzeugung, die Verwendung zugelassener Rebsorten sowie die Erzeugung und Herstellung innerhalb des Anbaugebietes. Die Mitgliedstaaten begrenzen die Hektarerträge. Ferner geregelt sind die Bezeichnung und Aufmachung. Es wird unterschieden zwischen obligatorischen Angaben, bestehend aus der *Verkehrsbezeichnung, dem Nennvolumen, dem vorhandenen Alkohol, der Los-Nummer sowie Name oder Firma sowie die Gemeinde und den Mitgliedstaat des Abfüllers.

Die Verkehrsbezeichnung für Tafelweine besteht aus „Tafelwein" und je nach Erzeugung gegebenenfalls ergänzt um den Mitgliedstaat, in dem er erzeugt wurde, den Begriff „Verschnitt von Weinen aus mehreren Ländern der Europäischen Gemeinschaft" oder „In ... aus in ... geernteten Trauben hergestellter Wein". Zugelassen unter bestimmten Voraussetzungen sind auch Angaben zur geographischen Einheit und die Bezeichnung von „Landwein" (D), „Vin de pays" (F) oder „Indicatione geografica tipica" (IGT) (I) und weiterer an Stelle von Tafelwein.

Bei Q. b. A. besteht die Verkehrsbezeichnung aus „Qualitätswein b. A." und aus dem Namen des bestimmten Anbaugebietes.

Fakultative Angaben sind der Vermarktungsbeteiligte, die Art des Erzeugnisses (Weiß, Rot, Rosé), Erntejahr, Rebsorte, Geschmacksangaben, Hinweise auf eine Auszeichnung, ergänzende traditionelle Begriffe [z. B.: Badisch Gold, Liebfrauenmilch (D); Ausstich (A); Grand Cru, Edelzwicker (F); Amarone (I)], Name des Betriebs, Hinweis auf die Ab-

füllung (z. B. Erzeugerabfüllung). Zusätzlich bei Q. b. A. kann eine geographische Einheit angegeben werden, die kleiner ist als das bestimmte Anbaugebiet.

Der Begriff „Wein" ist besonders geschützt. Er darf nur für Erzeugnisse des Weinbaus verwendet werden. Ausnahmsweise können die Mitgliedstaaten die Verwendung in Verbindung mit dem Namen einer Frucht zur Bezeichnung von durch Gärung anderer Früchte als Weintrauben hergestellten Getränke (*weinähnliche Getränke) zulassen. In Deutschland ist das geschehen durch die alkoholhaltige Getränke-Verordnung (AGeV)[33]. Weitere Regelungen zur Kennzeichnung enthält die Kommissionsverordnung Nr. 753/2002[24] und zu den oenologischen Verfahren die Kommissionsverordnung Nr. 1622/2000[34].

Das nationale deutsche Recht enthält das Weingesetz[23], u. a. eine Festlegung der für Qualitätswein bestimmten Anbaugebiete (siehe *Weinanbau), Definitionen der Qualitätsweine b. A. und der Qualitätsweine mit Prädikat und Detailregelungen zur Bezeichnung von Landwein und zu geographischen Bezeichnungen. Ferner geregelt ist die Überwachung (Befugnisse der Weinkontrolleure) sowie der Hektarhöchstertrag. Auf der Grundlage der Ermächtigung durch das Weingesetz enthält die Weinverordnung u. a. Bestimmungen zur Durchführung der Qualitätsweinprüfung, eine Liste der Tafel- und Landweingebiete sowie Definitionen der Begriffe „Classic", „Selection", „Liebfrauenmilch", „Moseltaler", „Hock", „Riesling-Hochgewächs" und „Cremant". Ferner sind die für aromatisierte weinhaltige Getränke zugelassenen Zusatzstoffe aufgeführt, Reinheitsanforderungen für Weinbehandlungsstoffe definiert sowie Höchstmengen an Spurenelementen, bestimmten Organochlor-Verbindungen und Rückstände an Pflanzenbehandlungsmitteln bei Wein aufgeführt.

Die Weinüberwachungsverordnung[32] regelt u. a. die Pflichten zur Weinbuchführung, Ausstellung der Begleitdokumente und zur Abgabe einer Erntemeldung. Ferner festgelegt ist, daß Drittlanderzeugnisse bei Einfuhr einem Zulassungsverfahren durch die Zolldienststellen unterworfen sind. Dies besteht u. a. darin, daß eine stichprobenweise Untersuchung und Prüfung durch zugelassene staatliche Laboratorien erfolgt.

*Wirtschaft:* Die gesamte Weltproduktion betrug 2001 $264,73 \cdot 10^6$ hL, davon entfiel auf die Europäische Gemeinschaft $186,74 \cdot 10^6$ hL[35], siehe auch die Tabelle, S. 1272. – *E* wine

*Lit.:* [1] Verordnung (EG) Nr. 1493/1999 vom 17.05.1999 über die gemeinsame Marktorganisation für Wein (Amtsblatt der EG Nr. L 179, S. 1). [2] Wucherpfennig, K.; Otto, K.; Huang, Y. C., *Weinwirtsch. Tech.*, (1986) **122**, 254. [3] Bailer, J., *Mitt. Klosterneuburg*, (1990) **40**, 76. [4] Guillou, C.; Jamin, E.; Martin, G. J.; Reniero, F.; Wittkowski, R.; Wood, R., *Bull. OIV*, (2001) **74**, 26. [5] Dtsch. Lebensm. Rundsch. (1975) **71**, 20–26. [6] Hochbach, B.; Woller, R., *Wein.-Wiss.*, (1978) **33**, 114–126. [7] Radler, F.; Lang, E., *Wein-Wiss.*, (1982) **37**, 391–399. [8] Z. Lebensm. Unters. Forsch. **179**, 228–231 (1984). [9] Mitt. Höheren Bundeslehr-Versuchsanst. Wein-Obstbau, Klosterneuburg, Gartenbau, Schönbrunn, Ser. A **27**, 4–10 (1977).

Tabelle: Weinproduktion nach Ländern 2001/2000 und 1990 (Quelle: Office International de la Vigne et du Vin, Paris[35]).

| Länder | Weinproduktion 2001 [1000 hL] | Weinproduktion 2000 [1000 hL] | Weinproduktion 1990 [1000 hL] | Veränderung 2001/2000 [%] | Veränderung 2001/1990 [%] |
|---|---|---|---|---|---|
| Frankreich (F) | 53389 | 57541 | 65529 | –7,2 | –18,5 |
| Italien (I) | 50093 | 51620 | 54866 | –3,0 | –8,7 |
| Spanien (E) | 30500 | 41692 | 38658 | –26,8 | –21,1 |
| USA (USA)* | 19200 | 23300 | 15852 | –17,6 | 21,1 |
| Argentinien (RA) | 15835 | 12538 | 14036 | 26,3 | 12,8 |
| Australien (AUS) | 10163 | 8064 | 4446 | 26,0 | 128,6 |
| Deutschland (D) | 8891 | 9852 | 8514 | –9,8 | 4,4 |
| Portugal (P) | 7789 | 6694 | 11372 | 16,4 | –31,5 |
| Südafrika (ZA) | 6471 | 6949 | 8988 | –6,9 | -28,0 |
| Chile (RCH) | 5658 | 6419 | 3978 | –11,9 | 42,2 |
| Ungarn (H) | 5406 | 4299 | 542 | 25,8 | –1,2 |
| Rumänien (RO) | 5090 | 5456 | 5900 | –6,7 | –13,7 |
| Griechenland (GR) | 3477 | 3558 | 3525 | –2,3 | –1,4 |
| Österreich (A) | 2531 | 2338 | 3166 | 8,3 | –20,1 |
| Bulgarien (BG) | 2260 | 3305 | 2925 | –31,6 | –22,7 |
| Jugoslawien (YU) | 2100 | 1973 | ** | 6,4 | ** |
| Kroatien (HR) | 1950 | 1891 | ** | 3,1 | ** |
| Mexiko (MEX) | 1411 | 1305 | 1669 | 8,1 | –15,5 |
| Ukraine (UA) | 1296 | 788 | ** | 64,5 | ** |
| Schweiz (CH) | 1113 | 1276 | 1313 | –12,8 | –15,2 |
| Mazedonien (MK) | 1000 | 1000 | ** | 0,0 | ** |
| Slowenien (SLO) | 645 | 463 | ** | 39,3 | ** |
| Neuseeland (NZ) | 530 | 601 | 545 | –11,8 | –2,8 |
| Zypern (CY) | 503 | 570 | 600 | –11,8 | –16,2 |
| Tunesien (TN) | 321 | 411 | 268 | –21,9 | 19,8 |
| Türkei (TR) | 265 | 230 | 236 | 15,2 | 12,3 |
| | | | | | |
| Welt / World | 264730 | 280415 | 282897 | –5,6 | –6,4 |
| Europa /Europe | 186741 | 203516 | 224929 | –8,2 | –17,0 |
| EU / European Union | 156822 | 173459 | 182641 | –9,6 | –14,1 |

\* nur Kalifornien
\*\* keine Angaben

[10] Bergner, K.-G.; Lemperle, E., *Weinkompendium*, 3. Aufl.; Hirzel: Stuttgart, (2001); S. 225–228. [11] Bergner, K.-G.; Lemperle, E., *Weinkompendium*, 3. Aufl.; Hirzel: Stuttgart, (2001); S. 212–212, 215–217. [12] Hupf, H.; Jugel, H., *Dtsch. Lebensm. Rundsch.*, (1992) **88**, 382. [13] Tarrach, F., *Dtsch. Lebensm. Rundsch.*, (1995) **91**, 73. [14] Jakob und Eschnauer, Mineralstoffe im Wein – Oenologische und Gesundheitsbezogene Auswirkungen, In: Deutsches Weinbaujahrbuch, 43. Jahrgang, S. 173–183, Waldkirch: Waldkircher Verlagsanstalt 1992. [15] Weinverordnung in der Fassung der Bekanntmachung vom 14.05.2002 (BGBl. I, S. 1583). [16] Anonymus, *Weinwirtsch. Tech.*, (1992) **128**, 6. [17] Andrey, D.; Beuggert, H.; Ceschi, M.; Corri, C.; De Rossa, M.; Hermann, A.; Klein, B.; Probst-Hensch, N., *Mitt. Geb. Lebensmittelunters. Hyg.*, (1992) **83**, 711. [18] Vivas, N.; Vivas de Gaulejac, H.; Nonier, M. F., *Bull. OIV*, (2003) **76**, 281. [19] Romero-Pérez, A. I.; Lamuela-Raventós, R. M.; Waterhouse, A. L.; De la Torre-Boronat, M. C., *J. Agric. Food Chem.*, (1996) **44**, 2124. [20] Frankel, E. N., *Lancet*, (1993) **341**, 454. [21] Frankel, E. N., *Lancet*, (1993) **341**, 1103. [22] Böhm, H., *Ernähr. Umsch.*, (2000) **47**, 44 und 92 (Teil 1 und Teil 2). [23] Weingesetz in der Fassung der Bekanntmachung vom 16.05.2001 (BGBl. I, S. 985). [24] Verordnung (EG) Nr. 753/2002 vom 29.04.2002 mit Durchführungsbestimmungen zur Verordnung (EG) Nr. 1493/1999 des Rates hinsichtlich der Beschreibung, der Bezeichnung, der Aufmachung und des Schutzes bestimmter Weinbauerzeugnisse (Amtsblatt der EG Nr. L 118, S. 1). [25] Verordnung (EWG) Nr. 2676/90 vom 17.09.1990 zur Festlegung gemeinsamer Analysenmethoden für den Weinsektor (Amtsblatt der EG Nr. L 272, S. 1). [26] Belitz-Grosch-Schieberle (5.), S. 906. [27] Würdig-Woller, S. 645. [28] Bergner, K.-G.; Lemperle, E., *Weinkompendium*, 3. Aufl.; Hirzel: Stuttgart; (2001); S. 243. [29] Eder, R.; Brandes, W., *Weinanalyse im eigenen Betrieb: Grundparameter*, Ulmer Verlag: Stuttgart, (2003); S. 73. [30] Lampe, A.; Kreisel, A.; Burkhard, A.; Bebiolka, T.; Brzezina, T.; Dunkel, K., *Dtsch. Lebensm. Rundsch.*, (1997) **93**, 103. [31] Hupf, H.; Sparrer, D.; Schlicht, C., *Dtsch. Lebensm. Rundsch.*, (1997) **93**, 10. [32] Weinüberwachungsverordnung in der Fassung vom 14.05.2002 (BGBl. I, S. 1624). [33] Verordnung über bestimmte alkoholhaltige Getränke (Alkoholhaltige Getränke-Verordnung – AGeV) in der Fassung vom 30.06.2003 (BGBl. I, S. 67). [34] Verordnung (EG) Nr. 1622/2000 vom 24.07.2000, Durchführungsbestimmungen über die gemeinsame Marktorganisation für Wein und zur Einführung eines Gemeinschaftscodex der oenologischen Verfahren und Behandlungen (Amtsblatt der EG Nr. L 194, S. 1). [35] http://www.oiv.int.
*allg.:* Bergner, K.-G.; Lemperle, E., *Weinkompendium*, 3. Aufl.; Hirzel: Stuttgart, (2001) ▪ Koch, J.-J., *Weinrecht-Kommentar*, 4. Aufl.; Deutscher Fachverlag: Frankfurt, (Loseblattsammlung) ▪ Meyer, A. H., Hrsg., *Lebensmittelrecht*, C. H. Beck: München, (Loseblattsammlung) ▪ Schevardo, W., Koy, J., *Weinrecht der Europäischen Gemeinschaft, der Bundesrepublik Deutschland und der Bundesländer*, Walhalla und Praetoria: Regensburg, (Loseblattsammlung) ▪ Würdig-Woller – *[HS 2204]*

**Weinähnliche Getränke.** Alkoholhaltige Getränke, die durch teilweise oder vollständige *alkoholische Gärung aus Fruchtsaft, Fruchtmark oder Fruchtmaische hergestellt werden; Rohstoffe können auch Rhabarberstengel, Malzauszüge oder Honig sein, nicht jedoch Weintrauben und daraus hergestellte Erzeugnisse des *Weinrechts[1]. Herstellung, Beschaffenheit und sonstige Merkmale sowie Bezeichnung und Aufmachung sind in den sogenannten „Leitsätzen für weinähnliche und schaumweinähnliche Getränke" weiter geregelt[2], diese Normativbestimmungen enthalten beispielsweise auch Angaben über Mindestgehalte an Säuren, Alkohol und Extrakt sowie Höchstgehalte an flüchtigen Säuren (vgl. Tabelle).

Perlwein- und schaumweinähnliche Getränke sowie sonstige weiterverarbeitete Erzeugnisse (z.B. Mischungen wie Fruchtweinbowlen, Fruchtschorle, Fruchtglühwein oder auch alkoholfreie und alkoholreduzierte Erzeugnisse) unterliegen ebenfalls speziellen rechtlichen Regelungen[1,2]. In Analogie zu Perlwein bzw. Schaumwein aus Trauben müssen Fruchtperlweine usw. einen Kohlendioxid-Überdruck von mindestens 1 bar und höchstens 2,5 bar aufweisen, Fruchtschaumweine usw. einen Überdruck von mindestens 3 bar. Desgleichen dürfen alkoholfreie Erzeugnisse höchstens 0,5% vol vorhandenen Alkohol aufweisen, alkoholreduzierte Erzeugnisse dürfen höchstens 4% vol Alkohol enthalten.

Weinähnliche Getränke werden unter Sammelbegriffen („Fruchtwein", „Beerenwein") in den Handel gebracht, bei Erzeugnissen aus einer Fruchtart ist auch deren Name in Verbindung mit „....wein" (ggf. „....-perlwein" oder „....-schaumwein") möglich. Die Bezeichnung *Wein allein ist hingegen dem Erzeugnis aus vergorenen Weintrauben vorbehalten.

Die Verarbeitung des Obstes sowie die Vergärung und der Ausbau der Fruchtweine verläuft weitgehend nach den Grundsätzen der Traubenweinbereitung. Die Verwendung von Hefe, Zuckerarten und Wasser ist überwiegend zulässig und üblich, vielfach werden auch Gärsalze (Ammoniumsalze) und Genußsäuren (Äpfelsäure, Milchsäure und/oder Citronensäure bis 3 g/L) zugesetzt. Zur Konservierung dürfen *Schwefeldioxid und *Sorbinsäure bis zu einer Höchstmenge von jeweils 200

mg/L verwendet werden. Wie bei der Traubenweintechnologie sind auch hier verschiedene Schönungs- und Klärungsverfahren gebräuchlich (vgl. *Weinbehandlung und Schönung). Zu den Weinähnlichen Getränken im weiteren Sinne werden auch Reiswein (Sake), Palmwein, Agavenwein, Ahornwein und dergleichen gezählt.

*Einteilung:*

**A) Erzeugnisse aus Äpfeln und/oder Birnen** [ggf. auch unter Mitverwendung von *Speierling (*Sorbus domestica* L.), Eberesche und/oder Quitte (Kernobstweine)]:

*1. Apfelwein:* Aus frisch gekeltertem oder pasteurisiertem Apfelmost oder aus rückverdünntem Apfelsaftkonzentrat. Anreicherung des Apfelmostes ist erlaubt bis maximal 55°Oe (entsprechend 6,7% vol potentiellem Alkohol). Eine Säuerung ist möglich, für ein frisches und spritziges Erzeugnis sorgt der Zusatz von bis zu 2 g/L Kohlendioxid. Ein Wasserzusatz zu Apfelwein ist verboten.

Der typische *Frankfurter Äpfelwein* (geschützte Herkunftsbezeichnung; mundartlich „Äbbelwoi") entsteht aus frisch gekelterten Mosten (45–65°Oe, 4–8 g/L Gesamtsäure) durch Vergärung mit der wilden Mikroflora des Obstes. Die dadurch vorherrschenden Apiculatus-Hefen bilden viel 3-Methylbutylacetat und andere Ester der Essigsäure, die zusammen mit dem beim *biologischen Säureabbau durch Milchsäurebakterien-Tätigkeit entstehende *Butan-2,3-dion und *Acetoin das charakteristische Geruchs- und Geschmacksbild prägen. Beim Säureabbau sinkt der Gehalt an Gesamtsäure und die sauer schmeckende Äpfelsäure wird zur weniger sauren Milchsäure abgebaut. Frankfurter Äpfelwein wirkt dadurch auch ohne *Restzucker mild; er wird oftmals etwas trübe („bauernhell") angeboten.

Bei Vergärung von pasteurisiertem Apfelmost mit *Saccharomyces*-Reinzuchthefe und gleichzeitiger Unterdrückung des Säureabbaus entsteht ein völlig

Tabelle: Mindest- bzw. Höchstgehalte an Alkohol, Extrakt, nichtflüchtiger und flüchtiger Säure von weinähnlichen Getränken.

| Erzeugnis | vorhandener Alkohol [% vol] mindestens | zuckerfreier Extrakt [g/L] mindestens | nichtflüchtige Säure[1] [g/L] mindestens | flüchtige Säure[2] [g/L] maximal |
|---|---|---|---|---|
| Erzeugnisse aus Äpfeln und Birnen | | | | |
| – Apfelwein, Birnenwein | 5 | 18 | 4 | 1,0 |
| – Most nach Landesbrauch | 4 | 12 | 3 | 1,0 |
| – Apfelwein (teilvergoren), Apfelcidre | 2[3] | 16 | 4 | 1,0 |
| – Birnenwein (teilvergoren), Birnencidre | 2[3] | 16 | 4 | 1,0 |
| – Apfeltischwein, Birnentischwein | 8[4] | 16 | 4 | 1,0 |
| – Apfeldessertwein, Birnendessertwein | 12 | 16 | 4 | 1,2 |
| Erzeugnisse aus anderen Früchten | | | | |
| – Fruchtwein (inklusive Rhabarberwein) | 5,5 | 16 | 5 | 1,2 |
| – Fruchtdessertwein | 12 | 16 | 6 | 1,2 |
| Erzeugnisse auf Basis von Honig | | | | |
| – Honigwein, Met | 5,5 | 16 | | 1,2 |

[1] berechnet als Weinsäure
[2] berechnet als Essigsäure
[3] maximal 4,5% vol
[4] maximal 11% vol

anderer Apfelweintyp mit markanterer (Äpfel-) Säure, die nicht selten durch Restsüße geschmacklich abgerundet wird.

*Cidre* ist ein französischer Apfelwein aus der Normandie und Bretagne mit einem hohen Mineralstoffgehalt (ca. 3 g/L) und ca. 60 g/L (= 7,6% vol) Alkohol. Es gibt den süßen, schäumenden *Cidre doux*, der in der Gärung gestoppt wird und die trockene, perlende, etwas alkoholreichere Variante *Cidre brut*. Ein Teil des Cidre wird weiterverarbeitet und zu Apfelbranntwein (Calvados) destilliert.

2. *Birnenwein:* Herstellung analog Apfelwein, meist aus Birnensorten, die den hohen Ansprüchen als Tafelobst nicht genügen. Wegen des niedrigen Säuregehaltes der Birnen empfiehlt es sich, Äpfel hinzuzunehmen, wodurch auch Bakterienkrankheiten (z.B. Lind- und Zähwerden, siehe *Weinkrankheiten) entgegengewirkt wird. Zur analytischen Differenzierung kann der Gehalt an Prolin herangezogen werden: während Birnen zwischen 30 und 250 mg/L Prolin enthalten, finden sich in Äpfeln max. 15 mg/L[3]. Eine Teilentfernung des meist hohen Gerbstoffgehaltes mit Gelatine (siehe *Weinbehandlung und Schönung) verbessert die natürliche Klärungsbereitschaft und rundet den Birnenwein geschmacklich ab. Die Anreicherung bis 55°Oe ist zulässig, Wasserzusatz ist verboten.

3. *Most nach Landesbrauch:* Erzeugnis aus Äpfeln und/oder Birnen, das (im Gegensatz zu Apfel- und Birnenwein) unter Verwendung von höchstens einem Drittel Wasser hergestellt wird und das dadurch in seinen Alkohol- und Extraktwerten entsprechend niedriger liegt (siehe Tabelle). Die wirtschaftliche Bedeutung liegt hauptsächlich im süddeutschen Raum, ein Großteil davon wird als Haustrunk (Schwäbischer, Württemberger oder Badischer „Most") verbraucht.

4. *Apfel-/Birnentischwein:* Erzeugnisse, bei denen ebenfalls ein Wasserzusatz möglich ist, jedoch ist er hier auf maximal 10% begrenzt. Durch Zuckerzusatz vor der Gärung liegt der Alkoholgehalt im Endprodukt zwischen 8 und 11% vol (siehe Tabelle). Die Bedeutung von *Apfel-* und *Birnentischwein* beschränkt sich im wesentlichen auf Sachsen und Sachsen-Anhalt.

**B) Erzeugnisse aus anderen Früchten und Rhabarber:** Diese werden regelmäßig aus mit Wasser verdünnten und gezuckerten Muttersäften (ggf. auch aus Fruchtmark oder Fruchtmaische) hergestellt. *Fruchtweine* dürfen bis maximal 25% vol Apfel- oder Birnenwein enthalten.

1. *Steinobstwein* (Kernobstwein): Meist aus Sauerkirschen mit 7–12 g/L Säure und 55–70°Oe (evtl. Zusatz von Süßkirschen); Aprikosen, Pfirsiche und Schlehen sind ebenfalls geeignet. Entstielte *Kirschen* werden gemahlen oder zerquetscht, ohne die Kerne zu beschädigen (ansonsten Bittermandelgeschmack). Die Maische wird unter Zusatz von Reinzuchthefe angegoren, abgepreßt und ggf. nach Zugabe von Gärsalz und Zucker zu Ende vergoren. Die Lagerung des klaren Kirschweins auf Flaschen verfeinert den Geschmack.

2. *Beerenwein:* Vorwiegend aus Johannisbeeren (meistens rote), Stachelbeeren, Erdbeeren, Brombeeren, Heidelbeeren, Himbeeren, Preiselbeeren oder Holunderbeeren. Bei *Johannisbeerenwein* erfolgt aufgrund des niedrigen Zuckergehaltes (50–80 g/L) und des hohen Säuregehaltes (20–30 g/L) der Johannisbeeren eine „nasse" Anreicherung der Maische mit Zuckerwasser (z.B. 500–750 g Zucker in 1–1,5 L Wasser gelöst, werden zu 1 L Maische zugesetzt). Die Vergärung erfolgt mit Reinzuchthefe unter Zusatz von Gärsalz. Beim *Heidelbeerwein* (Heidelbeeren mit 25–45°Oe und 8–12 g/L Säure) wird zur Erzielung einer kräftigen Farbe die angereicherte Maische vergoren.

3. *Sonstige Fruchtweine:* Aus Früchten oder Fruchtbestandteilen; meist unter Zugabe von Zuckerwasser, Gärsalz und Reinzuchthefe vergoren. *Hagebuttenwein* wird aus den roten Fruchtkörpern der wilden Rose (Hagebutte) hergestellt. *Orangenwein* wird aus dem Saft geschälter Früchte (45–55°Oe, 8–12 g/L Säure) gewonnen und ggf. mit geringen Mengen Orangenschalenöl aromatisiert. Der vor allem in den nordischen Ländern übliche *Rhabarberwein* wird aus den gedämpften und gemahlenen Stielen bereitet; die in großen Mengen enthaltene Oxalsäure fällt während der Gärung aus oder wird anschließend mit Calciumcarbonat weitestgehend ausgefällt. *Tamarindenwein* wird aus dem süßsauren Fruchtmark der in vielen Tropenländern beheimateten Tamarinde (*Tamarindus indica*, Indische Dattel) hergestellt.

**C) Fruchtdessertweine:** Sie sind alkohol- und zuckerreich, wodurch sich die Ähnlichkeit zu *Likörwein ergibt; sie werden aus den verschiedensten Früchten (auch Äpfel und Birnen) hergestellt. Im Unterschied zu den Likörweinen werden Fruchtdessertweine jedoch nicht mit Alkohol aufgespritet. Teilweise werden sie nur wenig (50 mg/L *Schwefeldioxid) oder überhaupt nicht geschwefelt und kommen deshalb vielfach in ein oxidatives Stadium. Dabei entsteht eine braunrote Farbe und ein oft Portwein-ähnliches Aroma. Zusammensetzung: 12 bis über 16% vol Alkohol, 16 bis über 30 g/L zuckerfreier Extrakt, 0–80 mg/L Gesamt-Schwefeldioxid.

**D) Fruchtperlweine:** Diese Gruppe umfaßt Fruchtweine mit einem Überdruck an (meist zugesetzter) Kohlensäure von mindestens 1 bar und höchstens 2,5 bar. Vom äußeren Erscheinungsbild her ähneln sie dem *Perlwein aus Trauben.

**E) Fruchtschaumweine:** Sie sind von ihrer Beschaffenheit her ebenfalls Fruchtweine, jedoch mit einem Kohlensäure-Überdruck von mindestens 3 bar, womit sie dem *Schaumwein entsprechen. Imprägnieren mit Kohlensäure ist üblich, gärungsfremde Kohlensäure muß jedoch kenntlich gemacht werden[1]. Der Begriff „Sekt" (z.B. „Erdbeersekt") darf in der Bezeichnung nicht verwendet werden.

**F) Sonstige weinähnliche Getränke:**

1. *Honigwein* (Met): Eines der einfachsten und ältesten alkoholischen Getränke, schon in frühgeschichtlicher Zeit, unter anderem bei den Germa-

nen, verbreitet. Honigwein ist ein Erzeugnis, das aus einem Teil Honig und höchstens zwei Teilen Wasser ohne Zusatz von Zuckerarten oder anderen süßenden Zutaten hergestellt wird, der Zusatz von Gewürzen (auch Hopfen) sowie von höchstens 3 g/L Citronensäure ist üblich[2]. Der Gehalt an vorhandenem Alkohol muß mindestens 5,5% vol betragen (siehe Tabelle). Mischungen mit Fruchtwein („Honigfruchtwein"), mit Fruchtsaft sowie Weiterverarbeitung zu „Honigschaumwein" (mindestens 3 bar Überdruck) sind möglich.

*2. Ahornwein:* Aus dem Saft der im Norden der USA und in Kanada häufig vorkommenden Ahornarten (*Acer saccharum, Acer saccharinum, Acer negundo*) hergestelltes alkoholisches Getränk.

*3. Palmwein* (anglo-indische Bezeichnung: Toddy): Aus dem zuckerhaltigen Saft verschiedener Palmenarten hergestelltes alkoholisches Getränk. Durch die Gärung entsteht das milchig-trübe *Lagmi* (afrikanischer Palmwein, der ausnahmsweise vom Koran erlaubt ist; Alkoholgehalt 3–4%), das sich dann zu einem herben Wein (*Kaicham*) mit meist mäßigem Alkoholgehalt und teils viel flüchtiger Säure klärt.

*4. Agavenwein:* Durch Vergären des zuckerhaltigen Saftes besonders der in Süd- und Mittelamerika heimischen *Agave americana* hergestelltes, milchig-weißes Getränk mit etwa 50 g/L Alkohol. Nationalgetränk der Mexikaner.

### G) Alkoholische Getränke aus Getreidearten:

*1. Malzwein, Maltonwein:* In Anlehnung an die Bierherstellung aus Auszügen von geschrotetem Malz mit Reinzuchthefe hergestellt. Bei der Bereitung von Malzwein werden weder Zucker noch Säure zugesetzt. Die Malzauszüge werden vergoren zu einem Erzeugnis mit 6–7% vol Alkohol und 3–4 g/L Milchsäure. Malzwein wird hauptsächlich zur Malzessigherstellung verwendet. Bei der Bereitung von Maltonwein wird das Malz bis zur 1,8-fachen Menge mit Zucker angereichert und gesüßt. Der mit Zucker versetzte Malzauszug wird durch Milchsäure-Gärung angesäuert (6–8 g/L Milchsäure) und anschließend vergoren. Maltonwein ähnelt den Fruchtdessertweinen, ist jedoch von diesen durch den charakteristischen Malzgeschmack zu unterscheiden.

*2. *Sake:* In Ostasien, vor allem in Japan hergestellter, meist warm getrunkener Reiswein.

*3. Bouza (Boza):* Meist aus Hirse, unter Umständen auch aus Mais, Reis, Weizen oder Gerste durch alkoholische und Milchsäure-Gärung in Ägypten, dem vorderen Orient und der Türkei hergestellt. Das gemahlene und gesiebte Getreide wird in Wasser 5–10 h unter Rühren erwärmt, abgekühlt, mit Wasser verdünnt und erneut gesiebt. Dazu wird 20–22,5% Saccharose hinzugefügt, mit 2–3% „Starter" (Rückstand bereits hergestelltem Bouza) versetzt und 1 Tag bei 15–25 °C zu einem weißen bis cremefarbenen Getränk vergoren.

*4. Pombe:* Aus Hirse – ggf. der speziellen Art *Sorghum saccharatum* – nach Verzuckerung hergestell-

tes Getränk, dessen Vergärung durch *Schizosaccharomyces pombe* erfolgt.

### H) Alkoholische Getränke aus Milch:

Eher *Sauermilcherzeugnisse als alkoholische Getränke aus im Fettgehalt eingestellter oder entrahmter Frischmilch, die mit speziellen Mikroorganismen einer alkoholischen und einer Säuregärung unterworfen wurde. Durch den Säuerungsprozeß flocken die Eiweißstoffe der Milch aus und werden teilweise abgebaut. Derart fermentierte Getränke sind von leicht sämiger Konsistenz, schwach alkoholhaltig und durch den Kohlendioxid-Gehalt etwas moussierend, Beispiele: *Kumys und *Kefir (Näheres siehe dort). – *E* wine-like beverages

*Lit.:* [1]Verordnung über bestimmte alkoholhaltige Getränke in der Fassung der Bekanntmachung vom 30.06.2003 (BGBl. I, S. 1255). [2]Leitsätze für weinähnliche und schaumweinähnliche Getränke in der Fassung vom 27.11.2002 (Bekanntmachung vom 23.01.2003, GMBl., S. 150). [3]Jakob, L.; Hamatschek, J.; Scholten, G., *Der Wein,* 10. Aufl.; Ulmer: Stuttgart, (1997); S. 362.

*allg.:* Kolb, E.; Demuth, G.; Schurig, U.; Sennewald, K., *Fruchtweine,* 8. Aufl.; Ulmer: Stuttgart, (1999) ▪ Würdig-Woller; S. 746

**Weinanbau.** Auf der nördlichen Erdhalbkugel dringt der Weinbau bis über den 50. Breitengrad hinaus vor (vgl. deutsche Anbaugebiete Ahr, Mittelrhein, Saale-Unstrut, Sachsen), auf der Südhalbkugel stehen Reben noch am 39. Breitengrad (z.B. Neuseeland, Chile). Die günstigsten Lebensbedingungen findet die Weinrebe generell in den warmgemäßigten Zonen.

Von 1950 bis 1980 nahmen die globale *Rebanbaufläche* und besonders die Weinproduktion stetig zu, danach trat mit Ausnahme einiger Länder der neuen Weinwelt (z.B. Australien, Neuseeland, Chile) eine weltweite Abnahme ein – gleiches gilt für den *Weinverbrauch* der Weltbevölkerung (Tabelle 1). Auch der Pro-Kopf-Verbrauch ist (vor allem in der Erzeugerländern selbst) in den letzten Jahren teils stark gefallen und lag 2001 in folgender Höhe[1]: Luxemburg 58,6 L, Frankreich 57,1 L, Italien 53 L, Portugal 46,8 L, Schweiz 42,9 L, Spanien 34,6 L, Ungarn 32,4 L, Argentinien 32,1 L, Österreich 30,7 L und Deutschland 24,4 L.

Tabelle 1: Rebfläche, Weinproduktion und -verbrauch der Weltbevölkerung[2,3,4].

| Jahr | Rebfläche [1000 ha] | Weinproduktion [Mio. hL/Jahr] | Weinverbrauch [Mio. hL/Jahr] |
|---|---|---|---|
| 1951–1955 | 8845 | 210,6 | |
| 1971–1975 | 9961 | 313,1 | 280,4 |
| 1976–1980 | 10213 | 326,0 | 285,7 |
| 1981–1985 | 9823 | 333,6 | 280,7 |
| 1986–1990 | 8837 | 304,2 | 239,9 |
| 1991–1995 | 8159 | 264,6 | 225,6 |
| 1996–2000 | 7744 | 272,3 | 225,1 |
| 2001 | 7889 | 264,1 | 227,4 |

Der geringe prozentuale Anteil von Asien (Tabelle 2, S. 1276) an der Weinproduktion (0,9%) zeigt deutlich die hohe Verwertung der Trauben zu anderen Produkten (Tafeltrauben, *Rosinen, *Traubensaft). Vergleichbares gilt auch für einige Mit-

Tabelle 2: Verteilung der Rebfläche und der Weinprodukti-on auf die Erdteile (1990)[3].

| | Rebfläche | | Weinproduktion | |
|---|---|---|---|---|
| | [1000 ha] | [%] | [1000 hL] | [%] |
| gesamt | 8698 | 100 | 296691 | 100 |
| Afrika | 388 | 4,5 | 10192 | 3,4 |
| Amerika | 854 | 9,8 | 46668 | 15,7 |
| Asien | 1328 | 15,3 | 2679 | 0,9 |
| Europa | 6064 | 69,7 | 232216 | 78,3 |
| Ozeanien | 64 | 0,7 | 4936 | 1,7 |

gliedstaaten der Europäischen Union (z.B. Spanien, vgl. Tabelle 3). Mit einer Rebfläche von rund 104000 ha hält Deutschland einen Anteil von knapp 3% der Europäischen Union und gut 1% der Welt.

Tabelle 3: Verteilung der Rebfläche und Weinproduktion in der Europäischen Union der 15 Mitgliedstaaten (2001)[1,4].

| | Rebfläche | | Weinproduktion | |
|---|---|---|---|---|
| | [1000 ha] | [%] | [1000 hL] | [%] |
| Spanien | 1235 | 34,5 | 30500 | 19,5 |
| Frankreich | 914 | 25,5 | 53389 | 34,0 |
| Italien | 908 | 25,3 | 50093 | 31,9 |
| Portugal | 248 | 6,9 | 7789 | 5,0 |
| Griechenland | 122 | 3,4 | 3477 | 2,2 |
| Deutschland | 104 | 2,9 | 8891 | 5,7 |
| Österreich | 49 | 1,4 | 2531 | 1,6 |
| restliche EU | 2 | 0,1 | 152 | 0,1 |
| gesamt | 3581 | 100 | 156822 | 100 |

Innerhalb Deutschlands verteilen sich Anbaufläche und Weinproduktion im Jahr 2003 entsprechend Tabelle 4 auf die Anbaugebiete.

Tabelle 4: Rebflächen und Weinmosternte der bestimmten Anbaugebiete Deutschlands (2003)[1].

| | Rebfläche [ha] | Weinmosternte [1000 hL] |
|---|---|---|
| Rheinhessen | 26171 | 2323 |
| Pfalz | 23394 | 2064 |
| Baden | 15944 | 1070 |
| Württemberg | 11459 | 898 |
| Mosel-Saar-Ruwer | 9533 | 850 |
| Franken | 6005 | 418 |
| Nahe | 4221 | 296 |
| Rheingau | 3167 | 237 |
| Saale-Unstrut | 652 | 27 |
| Ahr | 529 | 31 |
| Mittelrhein | 495 | 30 |
| Sachsen | 446 | 17 |
| Hessische Bergstraße | 444 | 28 |

Die Weinbaugebiete der Europäischen Union werden in sieben von Norden nach Süden angeordnete *Weinbauzonen* unterteilt. Entsprechend den klimatischen Bedingungen sind bestimmte oenologische Verfahren in den einzelnen Zonen teils unterschiedlich geregelt. So ist in den nördlichen Weinbauzonen eine *Entsäuerung und eine höhere Anreicherung möglich, in den südlichen Zonen hingegen die *Säuerung (Tabelle 5).

Der Begriff Lage ist die weinrechtliche Bezeichnung für eine bestimmte Rebfläche (Einzellage) oder die Zusammenfassung solcher Flächen (Großlage), aus deren Erträgen gleichwertige *Weine gleichartiger Geschmacksrichtungen hergestellt werden können und die in einer oder mehreren Gemeinden desselben bestimmten Anbaugebietes gelegen sind. Eine Lage darf in der Regel in die

Tabelle 5: Übersicht über die Weinbauzonen der EU[5].

| Zone | Mitgliedstaat bzw. Region | Mindestmostgewicht [% vol bzw. °Oe] | | maximale Anreicherungsspanne | | Obergrenze der Anreicherung für Tafelwein[d] | | | Entsäuerung erlaubt | Säuerung erlaubt |
|---|---|---|---|---|---|---|---|---|---|---|
| | | Tafelwein | Qualitätswein | [% vol] | [g/L] | Weinart | [% vol] | [g/L] | | |
| A | Deutschland (außer Baden), Luxemburg, Belgien, Niederlande, Großbritannien | 5,0 / 44 | 7,0[a] / 57[a] | 3,5[c] | 28[c] | Weißwein / Rotwein | 11,5 / 12,0 | 91 / 95 | ja | nein |
| B | Baden, Österreich, nördliches Frankreich | 6,0 / 50 | 7,5[b] / 60[b] | 2,5[c] | 20[c] | Weißwein / Rotwein | 12,0 / 12,5 | 95 / 99 | ja | nein |
| C Ia | Mittel- und Südwestfrankreich, Küste Nordspaniens, Teile Portugals | 7,5 / 60 | 8,5 / 67 | 2,0 | 16 | jede | 12,5 | 99 | ja | nein |
| C Ib | Teile Norditaliens | 8,0 / 63 | 9,0 / 70 | 2,0 | 16 | jede | 12,5 | 99 | ja | nein |
| C II | Südfrankreich, Nordspanien, Nord- und Mittelitalien | 8,5 / 67 | 9,5 / 73 | 2,0 | 16 | jede | 13,0 | 103 | ja | ja |
| C IIIa | Teile Griechenlands | 9,0 / 70 | 10,0 / 76 | 2,0 | 16 | jede | 13,5 | 107 | ja | ja |
| C IIIb | Mittel- und Südspanien, Teile Südfrankreichs, Süditalien, Teile Portugals und Griechenlands | 9,0 / 70 | 10,0 / 76 | 2,0 | 16 | jede | 13,5 | 107 | nein | ja |

[a] Für die bestimmten Anbaugebiete Mosel-Saar-Ruwer, Ahr, Mittelrhein, Sachsen, Saale-Unstrut, Moselle luxembourgeoise, England und Wales ist das Mindestmostgewicht auf 6% vol/50°Oe festgesetzt.
[b] Für Baden ist das Mindestmostgewicht auf 8% vol/63°Oe festgesetzt.
[c] Im Falle der Anreicherung durch teilweise Konzentrierung beträgt die maximale Anreicherungsspanne einheitlich 2,0% vol/ 16 g/L.
[d] Obergrenzen für die Anreicherung von Qualitätswein b. A. sind weder im EU-Recht noch im nationalen Recht festgelegt.

Weinbergsrolle nur eingetragen werden, wenn sie insgesamt mindestens 5 ha groß ist. Die Zusammenfassung mehrerer Lagen, aus deren Erträgen Weine gleichartiger Geschmacksrichtung hergestellt werden können und die in nahe beieinanderliegenden Gemeinden desselben bestimmten Anbaugebietes gelegen sind, wird *Bereich* genannt.

Ein *bestimmtes Anbaugebiet* (Abkürzung: b. A.) ist eine weinrechtlich definierte geographische Einheit, in der Weine mit besonderen Qualitätsmerkmalen erzeugt werden und dessen Name zur Angabe der Herkunft eines *Qualitätsweines b. A.* benutzt werden darf. Die Namen der 13 bestimmten Anbaugebiete in Deutschland ergeben sich aus Tabelle 4.

Als *Hektarhöchstertrag* wird in Deutschland die von den weinbautreibenden Ländern festgelegte maximale Menge an Weinbauerzeugnissen bezeichnet, die je Hektar Ertragsrebfläche in den Verkehr gebracht werden darf. Diese zulässige Vermarktungsmenge kann nach Anbaugebiet, Rebsorte und Qualitätsstufe unterschiedlich festgesetzt werden und liegt für deutsche Qualitätsweine b. A. überwiegend zwischen 90 und 150 hL je Hektar. Übersteigt die Erntemenge in einem Betrieb den Hektarhöchstertrag um nicht mehr als 20%, so darf die Mehrmenge über das Erntejahr hinaus überlagert, als Traubensaft verwertet oder zu Trinkalkohol destilliert werden. Übermengen von mehr als 20% müssen zu Industriealkohol destilliert werden[6].

Ziel dieser Regelungen ist die Verbesserung der Weinqualität, die Anpassung des Angebots an die Nachfrage, die gleichmäßige Marktbeschickung, die langfristige Sicherung der Winzereinkommen und die Kostenverminderung durch Extensivierung. – *E* winegrowing, viniculture

**Lit.:** [1]Deutsches Weininstitut, Deutscher Wein: Statistik 2004/2005; http://www.deutscheweine.de. [2]Office International de la Vigne et du Vin (OIV), *Situation et Statistiques du Secteur Vitivinicole Mondial 2001*, Supplément au Bulletin de l'OIV, OIV: Paris, (2002); http://www.oiv.int. [3]Bull. OIV **64**, 893–954 (1991). [4]Organisation Internationale de la Vigne et du Vin (OIV), *Note de Conjuncture Mondial 2004*, OIV: Paris, (2004); http://www.oiv.int. [5]Verordnung (EG) Nr. 1493/1999 des Rates über die gemeinsame Marktorganisation für Wein vom 17.05.1999 (Amtsblatt der EG Nr. L 179, S. 1). [6]Weingesetz in der Fassung der Bekanntmachung vom 16.05.2001 (BGBl. I, S. 985).

*allg.:* Grainger, K.; Tattersall, H., *Wine Production: Vine to Bottle*, Blackwell: Ames, IA, (2005)

**Weinanbaufläche** siehe *Weinanbau.

**Weinaroma.** Im Weinaroma sind bisher ca. 800 Inhaltsstoffe bekannt, deren Beitrag zum Weinbukett zu einem beachtlichen Teil erforscht ist. Man unterscheidet zwischen *primären Aromastoffen*, welche in den Trauben vorkommen, *sekundären Aromastoffen*, die während der *Weinbereitung (Vinifikation) entstehen, sowie *tertiären Aromastoffen*, die im Rahmen der Lagerung (insbesondere der Faßlagerung) gebildet werden.

Quantitativ und qualitativ dominieren im Weinaroma Ethylester und Acetate. Von diesen weisen Ethyl-, 3-Methylbutyl- und Hexylacetat sowie

Hexan- und Octansäureethylester höhere Aromawerte auf (Bukettstoffe). *Weinlacton[1] und (R)-4-Nonanolid (siehe *Lactone) sollen in Spätburgunder und Merlot, *Whiskylacton in faßgelagerten Weinen und Sotolon (siehe *Hydroxyfuranone) in *Botrytis*-infizierten Weinen (z.B. Süßweine aus der Region Sauternes) von Bedeutung sein.

Zur Sortendifferenzierung von Weißweinen eignet sich das Verteilungsmuster der Monoterpen-Verbindungen[2,3].

In sogenannten Semillon-Weinen ist *(3S,5R,6S,9)-7-Megastigmen-3,6,9-triol*[4] ($C_{13}H_{24}O_3$, $M_R$ 228,33) eine wichtige Aromakomponente. *Vitispiran und Dimethylsulfid findet man in gereiften Weißweinen. Vor allem in Rotweinen spielen verschiedene Phenole, z.B. *4-Ethylphenol* ($C_8H_{10}O$, $M_R$ 122,17) und *4-Ethylguajakol* ($C_9H_{12}O_2$, $M_R$ 152,19) eine Rolle.

Von besonderem Interesse sind Schwefel-Verbindungen wie z.B. *4-Sulfanyl-4-methylpentan-2-on* ($C_6H_{12}OS$, $M_R$ 132,22, FEMA 3997), *3-Sulfanyl-3-methylbutan-1-ol* ($C_5H_{12}OS$, $M_R$ 120,21, FEMA 3854), *3-Sulfanyl-hexan-1-ol* ($C_6H_{14}OS$, $M_R$ 134,24, FEMA 3850) sowie *3-Sulfanylhexylacetat* ($C_8H_{16}O_2S$, $M_R$ 176,27, FEMA 3851), welche in Sauvignonblanc-Weinen nachgewiesen wurden[5,6]. Neben 4-Sulfanyl-4-methylpentan-2-on wurden weitere Schwefel-Verbindungen in Scheurebe-Weinen nachgewiesen[7].

Neben den flüchtigen Aromastoffen sind glycosidisch gebundene Verbindungen als (geruchlose) Aromavorläufer interessant[8]. Die Verteilung der aromaaktiven Verbindungen verändert sich durch den Stoffwechsel der Hefe während der Gärung[9] und anschließend durch Sauerstoff-Einfluß bei der Lagerung[10]. In manchen oxidativ gereiften Weinen kann *Methional eine wichtige Rolle spielen[11]. In Portwein wurden Dimethylsulfid, 2-Sulfanylethanol, Methionol, Dimethylsulfon sowie 3-Hydroxy-4,5-dimethyl-2(5*H*)-furanon als wichtige Aromastoffe nachgewiesen[12,13]. Darüberhinaus tragen heterocyclische Acetale mit Glycerol und Acetaldehyd zum typischen sensorischen Profil bei[14]. Die Korrelation von analytischen und sensorischen Daten zur Bewertung von einzelnen Aromastoffen in Weinen wird stetig verbessert[15,16]. Diese Methoden können auch zum Nachweis von *Aromafehlern genutzt werden.

2-*Aminoacetophenon wird als Ursache für die *untypische Alterungsnote von Wein (UTA) angesehen. Tryptophan und seine Metabolite, insbesondere 1*H*-Indol-3-ylessigsäure, werden als Vorstufen für die Bildung dieser Fehlnote verantwortlich gemacht[17,18]. *N*-Heterocyclen, z.B. 2-Ethyltetrahydropyridin, 2-Acetyltetrahydropyridin und 2-Acetyl-1-pyrroline, werden mit dem sog. „Mäuseln" des Weines (Geruch nach Mäuseurin, siehe *Weinkrankheiten) in Verbindung gebracht[19]. Andere Verbindungen, die einen Fehlgeschmack hervorrufen, z.B. Benzothiazol, stammen möglicherweise aus anthropogenen Quellen[20]. Die Wechselwirkungen zwischen *Anthocyanen und den Aromastoffen von Rotweinen sind ein weiterer Parameter für die umfassende Betrachtung der Aromafreisetzung[21,22].

Zum Korkgeschmack siehe *Weinfehler. – *E* wine flavo(u)r

*Lit.:* [1]Guth, H., *Helv. Chim. Acta*, (1996) **79**, 1559–1571. [2]Rapp, A., *Nahrung/Food*, (1998) **42**(6), 351–363. [3]Rapp, A.; Suckrau, I.; Versini, G., *Z. Lebensm. Unters. Forsch.*, (1993) **197**, 249–254. [4]Sefton, M. A.; Francis, I. L.; Williams, P. J., *Aust. J. Grape Wine Res.*, (1996) **2**, 179. [5]Tominaga, T.; Guimbertau, G.; Dubourdieu, D., *J. Agric. Food Chem.*, (2003) **51**(4), 1016–1020. [6]Tominaga, T.; Baltenweck-Guyot, R.; Peyrot des Gachons, C.; Dubourdieu, D., *Am. J. Enol. Vitic.*, (2000) **51**(2), 178–181. [7]Krammer, G. E.; Güntert, M.; Lambrecht, S.; Sommer, H.; Werkhoff, P.; Kaulen, J.; Rapp, A., In *Chemistry of Wine Flavor*, Waterhouse, A. L.; Ebeler, S. E., Hrsg.; ACS Symposium Series 714; American Chemical Society: Washington, (1998) S. 53–65. [8]Skouroumounis, G. K.; Sefton, M. A., *J. Agric. Food Chem.*, (2000) **48**(6), 2033–2039. [9]Patel, S.; Shibamoto, T., *J. Agric. Food Chem.*, (2002) **50**(20), 5649–5653. [10]Silva Ferreira, A. C.; Guedes de Pinho, P.; Rodrigues, P.; Hogg, T., *J. Agric. Food Chem.*, (2002) **50**(21), 5919–5924. [11]Escudero, A.; Hernández-Orte, P.; Cacho, J.; Ferreira, V., *J. Agric. Food Chem.*, (2000) **48**(9), 4268–4272. [12]Silva Ferreira, A. C.; Rodrigues, P.; Hogg, T.; Guedes de Pinho, P., *J. Agric. Food Chem.*, (2003) **51**(3), 727–732. [13]Silva Ferreira, A. C.; Barbe, J.-C.; Bertrand, A., *J. Agric. Food Chem.*, (2003) **51**(15), 4356–4363. [14]Silva Ferreira, A. C.; Barbe, J.-C.; Bertrand, A., *J. Agric. Food Chem.*, (2002) **50**(9), 2560–2564. [15]Peyrot des Gachons, C.; Tominaga, T.; Dubourdieu, D., *J. Agric. Food Chem.*, (2000) **48**(8), 3387–3391. [16]Martí, M. P.; Mestres, M.; Sala, C.; Busto, O.; Guasch, J., *J. Agric. Food Chem.*, (2003) **51**(27), 7861–7865. [17]Hoenicke, K.; Borchert, O.; Grüning, K.; Simat, T. J., *J. Agric Food Chem.*, (2002) **50**(15), 4303–4309. [18]Hoenicke, K.; Simat, T. J.; Steinhart, H.; Köhler, H. J.; Schwab, A., *J. Agric. Food Chem.*, (2001) **49**(11), 5494–5501. [19]Costello, P. J.; Henschke, P. A., *J. Agric. Food Chem.*, (2002) **50**(24), 7079–7087. [20]Bellavia, V.; Natangelo, M.; Fanelli, R., *J. Agric Food Chem.*, (2000) **48**(4), 1239–1242. [21]Dufour, C.; Sauvaitre, I., *J. Agric. Food Chem.*, (2000) **48**(5), 1784–1788. [22]Kotseridis, Y.; Baumes, R., *J. Agric. Food Chem.*, (2000) **48**(2), 400–406.

*allg.:* Clarke, R. J.; Bakker, J., *Wine Flavour Chemistry*, Blackwell Publishing: Oxford, (2004) – *[CAS 123-07-9 (4-Ethylphenol); 2785-89-9 (4-Ethylguajakol); 182699-77-0 (Weinlacton); 19872-52-7 (4-Sulfanyl-4-methylpentan-2-on); 34300-94-2 (3-Sulfanyl-3-methylbutan-1-ol); 136954-20-6 (3-Sulfanylhexylacetat); 51755-83-0 (3-Sulfanyl-hexan-1-ol)]*

**Weinarten.** Als Weinarten im engeren Sinne werden nach Farbe und spezieller Bereitungsart (siehe *Weinbereitung) unterschieden:

*Weißwein:* Aus weißen Trauben hergestellter Wein, dessen Farbe je nach Rebsorte und Bereitungsart von blaßgelblich, teils mit grünen Reflexen, über goldgelb bis zu tiefgolden variieren kann.

*Rotwein:* Wein aus Rotweintrauben, deren Schalen (Beerenhäute) zum Zweck der Farbstoffextraktion mitverarbeitet worden sind. Der Farbton reicht von hellem ziegelrot und bis tiefem blau-violett. Durch die besondere Bereitungsart enthalten Rotweine meist deutlich mehr Gerbstoffe als Weiß- oder Roséweine. Einige rote Rebsorten („Färbersorten") sind auch im Saft tiefrot gefärbt. Zur Farbverstärkung werden daraus hergestellte Deckrotweine gelegentlich farbschwachen Rotweinen im Rahmen des bezeichnungsunschädlichen Verschnitts in kleinen Anteilen zugesetzt.

*Roséwein:* Wein aus hellgekelterten Rotweintrauben von blaß- bis hellroter Farbe. Im Gegensatz zur Rotweinbereitung werden die roten Trauben oder Beeren hierfür direkt gekeltert, wodurch es nur zu einer geringen Farbstoffextraktion aus den Beerenhäuten kommt. Sehr schwach und schonend abgepreßtes Lesegut liefert praktisch farblosen Most („Blanc de Noirs"), der in Frankreich u.a. zur Bereitung von Champagner verwendet wird. In Deutschland darf Roséwein als *Weißherbst* bezeichnet werden, wenn er aus einer einzigen roten Rebsorte stammt, diese zu mind. 95% hell gekeltert wurde und es sich um Qualitätswein b. A. handelt.

*Rotling:* Blaß- bis hellroter Wein, der durch gemischte Kelterung von Weiß- und Rotweintrauben hergestellt worden ist. Außer für Rotling ist der Rot-Weiß-Verschnitt bei der Weinbereitung verboten. Statt der Bezeichnung Rotling darf der Begriff *Schillerwein* gebraucht werden, wenn es sich dabei um einen *Qualitätswein b. A. aus Württemberg handelt. Eine weitere Erscheinungsform von Rotling-Qualitätswein ist Badisch Rotgold aus dem Anbaugebiet Baden, welcher ausschließlich aus den Rebsorten Grauburgunder und Spätburgunder gekeltert sein muß.

Als Weinarten im weiteren Sinne sind an speziellen Bezeichnungen üblich:

*Heuriger:* Österreichische Bezeichnung für Wein des letzten Jahrgangs, der in „Heurigen-Lokalen" als Schoppenwein ausgeschenkt wird. Durch seinen Kohlensäure-Gehalt wirkt der Wein spritzig.

*Jungfernwein:* Meist hochwertiger Wein aus dem Ersterrag einer Rebanlage, üblicherweise geerntet im 2. oder 3. Standjahr.

*Meßwein:* Nach der Meßweinverordnung der deutschen katholischen Bistümer von 1976 dürfen inländische (einfache) Qualitätsweine sowie Qualitätsweine mit Prädikat, jedoch keine Tafel- oder Landweine (siehe *Wein-Qualitätsstufen) und auch kein *Likörwein, bei der Eucharistiefeier verwendet werden; zugelassen sind auch vergleichbare ausländische Weine, sofern sie ein Zeugnis über Herkunft und Art des Weines sowie ein kirchenamtliches Leumundszeugnis über die Erzeuger- und Lieferfirma besitzen. Für den (evangelischen) Abendmahlswein fehlen spezielle Vorschriften. Koscherer Wein unterscheidet sich stofflich zwar nicht von normalem Wein, jedoch muß er von der Traubenlese bis zur Flaschenfüllung von religiösen, gesetzestreuen (männlichen) Juden nach den jüdischen Speisegesetzen unter Aufsicht eines Rabbiners bereitet worden sein[1,2].

*Diabetikerwein:* Wein mit maximal 4 g/L Glucose, maximal 20 g/L Gesamtzucker, maximal 12% vol vorhandenem Alkohol und maximal 150 mg/L gesamter schwefliger Säure. Seit der 1995 erfolgten Anhebung des Gesamtzuckergehaltes auf 20 g/L können auch natürlich restsüße Weine mit höherem Fructose-Gehalt als Diabetikerwein vermarktet werden. Die Gehalte an Gesamtzucker, Glucose und Fructose sowie der Alkohol-Brennwert und der physiologische Gesamtbrennwert müssen zusätzlich auf dem Etikett angegeben werden, ferner ist der Hinweis „Für Diabetiker geeignet – nur nach Befragen des Arztes" erforderlich[2].

Keine Weinarten, sondern weiterverarbeitete Erzeugnisse eigener Art sind *Perlwein sowie alkoholfreier/alkoholreduzierter Wein. – *E* kinds of wine

*Lit.:* [1]Koch, H.-J., *Weinrecht Kommentar*, 4. Aufl.; Deutscher Fachverlag: Frankfurt am Main, (2002); Loseblattsammlung, Stichwort: Kultwein. [2]Weinverordnung in der Fassung der Bekanntmachung vom 14. Mai 2002 (BGBl. I, S. 1583).
*allg.:* Ambrosi, H., *Wein von A bis Z*, Gondrom: Bindlach, (2002).

**Weinbauzonen** siehe *Weinanbau.

**Weinbeere** siehe *Weintraube.

**Weinbeeröl** siehe *Weinhefeöl.

**Weinbehandlungsstoffe** siehe *Weinbehandlung und Schönung.

**Weinbehandlung und Schönung.** Verfahren, die der Stabilisierung, d.h. der Haltbarkeit der Weine auf der Flasche dienen und nachträgliche *Weintrübungen verhindern. Es dürfen ausschließlich nach der Verordnung (EG) Nr. 1493/1999[1] zugelassene *Weinbehandlungsstoffe* in den angegebenen Höchstmengen zugesetzt werden. Die Reinheitsanforderungen sind in EG-Verordnungen verbindlich festgelegt[1,2]. Für den Verkehr in Drittländern gelten die Empfehlungen der *OIV (Internationale Organisation für Rebe und Wein)[3].

*Verfahren: 1. Physikalische:*
a) Filtration, gegebenenfalls mit Filterhilfsmitteln, z.B. Kieselgur (Diatomeenerden, die als Ablagerung von Kieselalgen entstanden sind), soweit diese keine unerwünschten Rückstände hinterlassen.
b) Erwärmung und Kühlung zur Begünstigung der Ausscheidung kältelabiler (Kristallisationsausscheidungen) und wärmelabiler Stoffe (Proteine) sowie zum Abtöten von Keimen.
c) Wasserentzug (Mostkonzentrierung) und Entschwefelung von Süßreserve.
*2. Chemische:*
a) Klär- und Stabilisierungsverfahren (*Schönung*) mit Stoffen, die die Trubstoffe entweder durch Absorption an sich binden und zum Absetzen bringen oder durch Oberflächenanziehung entfernen. Man unterscheidet feinverteilte *Schönungsmittel (Bentonit, Aktivkohle, Weinhefe) und gelöste Schönungsmittel, die durch einen Weinbestandteil ausgeflockt werden (Hausenblase, Speisegelatine, Kieselsol, Kaliumhexacyanoferrat). Zunehmend werden auch Schönungsmittel auf pflanzlicher Basis entwickelt, die insbesondere Gelatine wegen der BSE-Problematik ersetzen können. Durch die OIV wurden erstmals 2004 pflanzliche Proteine zugelassen, die ausschließlich aus Weizen gewonnen werden[3]. Nach Literatur[4] machen sich Proteine aus Soja und Lupinen bei so behandelten Weinen durch einen Eigengeschmack bemerkbar.
Als *Blauschönung* bezeichnet man den Zusatz von Kaliumhexacyanoferrat (siehe *Hexacyanofer-

rat(II)-Salze) zur Entfernung von Schwermetallen wie Eisen, Zink, Mangan, Kupfer usw., die zu unerwünschten Trübungen (Schwarzer oder Grauer Bruch) führen können. Das Kaliumhexacyanoferrat(II) überführt zunächst das Eisen in lösliches Berliner Blau:

$$K_4Fe(CN)_6 + FePO_4 \rightarrow KFe_4 \cdot Fe(CN)_6 + K_3PO_4.$$

Durch überschüssiges Fe(III) wird es in unlösliches Berliner Blau umgewandelt:

$$3KFe \cdot Fe(CN)_6 + 3FePO_4 \rightarrow Fe_4 \cdot Fe(CN)_6 + K_3PO_4.$$

Den behandelten Wein läßt man 1–3 Wochen vom Blautrub absetzen und filtriert ihn. Der Bedarf an Kaliumhexacyanoferrat muß vorab bestimmt werden und der behandelte Wein auf überschüssiges Kaliumhexacyanoferrat sowie freies Cyanid analysiert werden. Zur Verhinderung von Eiweißtrübungen wird die *Bentonit-Schönung angewandt. Als Ersatz für die Blauschönung zur Entfernung von Metallspuren sind synthetische Polymere in der Entwicklung[5].
*Metaweinsäure*, ein Polymerisat der *Weinsäure, verhindert für 3–6 Monate die Weinstein-(*Kaliumhydrogentartrat-)Ausscheidung, zerfällt dann jedoch wieder in die natürliche Weinsäure und die behandelten Weine sind labiler als zuvor.
Bei der *Gelatine-Tannin-Schönung* beruht die Fällung auf den Wechselwirkungen der positiv geladenen Gelatine mit den negativ geladenen Polyphenolen (Tannine).
b) Beseitigung von Geruchs- oder Geschmacksfehlern durch Zusatz von Kupfersulfat (bei Böcksern, siehe *Weinfehler) bis zu 20 mg/L bei maximal 1 mg/L im behandelten Wein; Aktivkohle (bei Maische-, Ester-, Rahngeschmack) oder Kieselsol (oft zusammen mit Gelatine bei hohen Gerbstoffgehalten).
c) Zugabe von Konservierungsstoffen: Schweflige Säure unterdrückt sogenannte Wilde Hefen (*Apiculatus*-Hefen) und Bakterien (Milchsäure- und Essigsäurebakterien) und wirkt vermehrungshemmend auf die Weinhefe (*Saccharomyces*), was sich in einer Gärverzögerung äußert. Zum *Schwefeln* wird *Schwefeldioxid oder festes Kaliumsulfit ($K_2S_2O_5$) im Rahmen der gesetzlich festgelegten Höchstmengen verwendet[1]. Erlaubt sind folgende Höchstgehalte an gesamter Schwefliger Säure:
– Weiß- und Roséwein <5 g/L Restzucker: 210 mg/L, >5 g/L Restzucker: 260 mg/L;
– Rotwein <5 g/L Restzucker: 160 mg/L, >5 g/L Restzucker: 210 mg/L;
– Spätlese 300 mg/L;
– Auslese 350 mg/L;
– Beeren-/Trockenbeerenauslese/Eiswein 400 mg/L;
– Diabetikerwein 150 mg/L.
In wäßrigen Lösungen liegt Schweflige Säure als Schwefeldioxid (assoziiert mit $H_2O$), als $HSO_3^-$ und als $SO_3^{2-}$ vor. Keimhemmend wirkt nur die assoziierte Form, die je nach pH 1–10% ausmacht. $HSO_3^-$ ist für die Bindung an Weinbestandteile mit Keto- oder Aldehyd-Gruppen verantwortlich (ge-

bundene Schweflige Säure), $SO_3^{2-}$ für den Oxidationsschutz. Die Reaktion des $SO_3^{2-}$ mit Sauerstoff wird begünstigt durch Schwermetalle.

*Sorbinsäure darf in der EG bis zu 200 mg/L zugesetzt werden[1] und wirkt gut gegen Hefen und Schimmelpilze, dagegen kaum gegen Bakterien. Die Konservierungswirkung beruht auf der Hemmung der Dehydrogenase, von SH-Enzymen der Enolasen und der Reaktion mit Coenzym A. Durch Reduktion zu Sorbinol und anschließender Bildung von 5-Ethoxyhexa-1,3-dien kann es zum sogenannten Geranienton kommen (siehe *Weinfehler).

Nicht zugelassene Konservierungsstoffe (in Deutschland):
– Allylisothiocyanat gegen Kahmhefen;
– Diethyldicarbonat aus dem beim Abbau Diethylcarbonat (Alkoholyse) das toxikologisch relevante Diethylurethan entstehen kann;
– Halogenessigsäuren (gesundheitsschädliche Enzymhemmstoffe);
– Natriumazid, 5-Nitro-2-furyl-acrylsäure;
– Natamycin und Actidion (Antibiotikum).

Dimethyldicarbonat (DMDC) ist seit 2004 im Internationalen Oenologischen Kodex enthalten[3]; mit der Zulassung auf EU-Ebene ist in Kürze zu rechnen. Zum analytischen Nachweis von Halogenessigsäuren und 5-Nitro-2-furyl-acrylsäure siehe Literatur[6]. – *E* wine treatment and clarification

*Lit.:* [1]Verordnung (EG) Nr. 1493/1999 des Rates über die gemeinsame Marktorganisation für Wein vom 17.05.1999 (Amtsblatt der EG Nr. L 179, S. 1). [2]Verordnung (EG) Nr. 1622/ 2000 der Kommission vom 24.07.2000 mit Durchführungsbestimmungen zur Verordnung (EG) Nr. 1493/1999 über die gemeinsame Marktorganisation für Wein und zur Einführung eines Gemeinschaftskodex der oenologischen Verfahren und Behandlungen (Amtsblatt der EG Nr. L 194, S. 1). [3]Office International de la Vigne et du Vin (OIV), *Codex Oenologique International*, OIV: Paris, (2002); http://www.oiv.int. [4]Fischleitner, E.; Wendelin, S.; Eder, R., *Mitt. Klosterneuburg*, (2002) **52,** 69–88. [5]Eder, R.; Schreiner, A.; Schlager, G.; Wendelin, S., *Proceedings of the XXVII^th World Congress of Vine and Wine* (Bratislava, Juni 2002), OIV: Paris, (2002). [6]Farrè, R.; Font, G.; Fuster, A., *J. Chromatogr.*, (1988) **445,** 264–267.

*allg.:* Boulton, R. B.; Singleton, V. L.; Bisson, L. F.; Kunkee, R. E., *Principles and Practices of Winemaking*, Kluwer Academic Publishers: Boston, (1999) ■ Würdig-Woller, S. 244–307

**Weinbereitung** (Vinifikation). Weinbereitung umschreibt den Verarbeitungsprozeß, in welchem Trauben über Traubenmost zu Wein verarbeitet werden. Je nach *Weinart wird zwischen *Weiß- und Roséweinbereitung und *Rotweinbereitung unterschieden. – *E* vinification

**Weinbrand.** Weinbrand (Brandy) ist entsprechend der Verordnung (EWG) Nr. 1576/89 eine *Spirituose, die aus *Branntwein (Destillationsgrenze 86% vol) mit oder ohne Weindestillat, das zu weniger als 94,8% vol destilliert ist, gewonnen wird, sofern dieses Destillat höchstens 50% des Alkoholgehaltes des Fertigerzeugnisses nicht übersteigt[1]. Die Mitverwendung von 50% Weindestillat, das bis

zu weniger als 94,8% vol destilliert wurde, ist also möglich, wenn auch nicht handelsüblich.

Die Destillation erfolgt in zwei Schritten, wobei beim ersten Brennvorgang der sogenannte Rohbrand und beim zweiten Brennvorgang der Feinbrand erhalten wird. Der Gehalt an flüchtigen Bestandteilen muß mindestens 125 g/hL reiner Alkohol betragen und der Höchstgehalt an Methanol ist auf 200 g/hL reiner Alkohol begrenzt[1]. Die Lagerung und Reifung des kristallklaren Destillates muß mindestens 1 Jahr betragen, bei Verwendung von Eichenfässern unter 1000 Liter mindestens 6 Monate. Üblicherweise werden Fässer aus Limousin-Eiche mit einem Fassungsvermögen von 350 Litern verwendet. Durch den Zutritt von Luftsauerstoff durch die Poren im Faß entstehen Aromastofe, die dann mit den Extraktstoffen aus dem Holz dem Weindestillat seinen typischen Charakter verleihen[2]. Die Verschiedenheit der in den einzelnen Fässern enthaltenen Destillate wird durch das Egalisieren ausgeglichen, wozu der Inhalt der Fässer in großen Bottichen vermischt wird; anschließend geht die Reifung in den kleinen Fässern weiter. Der nächste Schritt der Harmonisierung erfolgt bei der Komposition der entsprechenden Marke, d. h. der Ausmischung verschiedener Destillate, was auch als Vermählung (*Mariage*) bezeichnet wird. Dies ist notwendig, da der Verbraucher beim Kauf seiner Marke auch immer ein gleichartiges Produkt haben will. Nach dieser Prozedur kann die Mischung mit den sogenannten *Typagen abgerundet werden. Abschließend wird mit enthärtetem Trinkwasser der Alkoholgehalt auf mindestens 36% vol herabgesetzt (Deutscher Weinbrand 38% vol[3,4]).

Die wichtigsten Produktionsländer sind neben Frankreich und Deutschland die Mittelmeerländer Italien, Spanien und Griechenland. – *E* brandy

*Lit.:* [1]Verordnung (EWG) Nr. 1576/89 vom 29.05.1989 (Amtsblatt der EG Nr. L 160). [2]Kolb, E., *Spirituosen-Technologie*, Behr's: Hamburg, (2002); S. 47ff., 447ff., 533, 557. [3]Verordnung über bestimmte alkoholhaltige Getränke (AGeV) vom 30.06.2003 (BGBl. I, S. 1255). [4]Koch, J., Hrsg., *Getränkebeurteilung*, Ulmer: Stuttgart, (1986); S. 205–230. – [HS 2208 20]

**Weinessig.** Nach Verordnung (EG) Nr. 1493/1999 (Gemeinsame Weinmarktordnung)[1], Anhang I, Nr. 19 darf *Essig, der ausschließlich durch Essigsäure-Gärung aus *Wein hergestellt wird u. einen Säure-Gehalt von mindestens 60 g/L (berechnet als *Essigsäure) aufweist, als W. bezeichnet werden. Entsprechend § 1, Absatz 3 der Essig-VO[2] unterliegt W. ausschließlich den weinrechtlichen Bestimmungen, so daß bei der Herst. von W., entsprechend der Weinbereitung, genau Buch zu führen ist (s. *Lit.*[3]).

*Herstellung:* Im Verlauf der mikrobiellen Oxidation (v.a. durch *Acetobacter*-Arten) entstehen aus dem Weinalkohol Essigsäure u. kleinere Mengen an Gärungsnebenprodukten (z.B. *Propionsäure). Eine Spezialität unter den W. ist der *Balsamico*, der nach traditionellen Verf. (mehrere Reifungs- u. Konzentrierungsschritte) in der Gegend von Modena hergestellt wird[4].

*Analytik:* Qualitätsbestimmend im W. sind die Gehalte an Essigsäure u. flüchtigen Säuren[5]. Eine Unterscheidung zwischen W., Obstessig u. Balsamico ist anhand des Glycerol-Gehaltes möglich[4]. Gärungsessig u. Syntheseessig sind anhand des $^{12}C/^{13}C$-Isotopenverhältnisses zu unterscheiden; Gärungsessig enthält 5% mehr $^{13}C$ als synthet. Essig. Als einfache Qualitätssicherungsmaßnahme wird für Rotweinessig eine Farbmessung vorgeschlagen[6]. Die Anw. einer spektrophotometr. Meth. zur Bestimmung von Procyanidin in W. ist *Lit.*[7] zu entnehmen. – *E* wine vinegar

**Lit.:** [1] Verordnung (EG) Nr. 1493/1999 des Rates vom 17. Mai 1999 über die gemeinsame Marktorganisation für Wein (Amtsblatt der EG Nr. L 179, S. 1). [2] Verordnung über den Verkehr mit Essig u. Essigessenz vom 25.04.1972 in der Fassung vom 13.03.1990 (BGBl. I, S. 1053). [3] Wein-Überwachungs-Verordnung vom 09.05.1995 (BGBl. I, S. 630). [4] Agric. Biol. Chem. **52**, 25–30 (1988). [5] J. Assoc. Off. Anal. Chem. **74**, 346–350 (1991). [6] Ind. Obst Gemüseverwert. **76**, 42–51 (1991). [7] Talanta **44**, 119–123 (1996).
*allg.:* Zipfel, A 402a, C 386, C 403 – *[HS 2209 00]*

**Weinfehler.** Unerwünschte Veränderungen des *Weines* in Aussehen (Farbveränderungen, *Weintrübungen*), Geruch und Geschmack durch chemische oder physikalische Vorgänge oder durch Aufnahme fremder Stoffe. Durch Mikroorganismen verursachte Veränderungen werden als *Weinkrankheiten* bezeichnet (z. B. Essigstich, Geranienton). Eine scharfe Trennung zwischen beiden ist nicht immer möglich. Man unterscheidet Farbfehler, Geruchs- und Geschmacksfehler und Weintrübungen, Näheres zu *Weintrübungen* siehe dort.
Unter Farbfehler wird das von Temperatur, pH-Wert und Sauerstoff-Gehalt abhängige *Braunwerden* (Brauner Bruch)[1] von Rotweinen verstanden, das auf Reaktionen zwischen *Anthocyanen und *Polyphenolen (Catechinen) beruht. Der *schwarze Bruch* entsteht durch Reaktion von Fe(III) mit phenolischen Substanzen.
Typische Geruchs- und Geschmacksfehler werden folgendermaßen charakterisiert:
*Korkgeschmack*[2] führt bei ca. 2% aller mit Naturkork verschlossenen Weine zu einem muffig-schimmeligen Geschmack, der unter anderem durch *2,4,6-Trichloranisol* (1,3,5-Trichlor-2-methoxybenzol, Abkürzung TCA, $C_7H_5Cl_3O$, $M_R$ 211,48, dominierende Komponente, Konzentration >20 ppt), welches in Chlor-gebleichten Korken mikrobiell gebildet werden kann, durch Sesquiterpene, *Geosmin, $(-)-(R)$-*Oct-1-en-3-ol und Methylisoborneol verursacht wird. Andere Autoren rechnen den Korkgeschmack chlorierten Cyclohexanen vom Typ des *Dieldrins (Pestizid in Korkeichenplantagen) oder bestimmten Inhaltsstoffen des Mycels von *Armillariella mellea* (Hallimasch) zu, einem Basidiomyceten, welcher die Rinde von Korkeichen (*Quercus suber*) befällt[3].
Als *Böckser* werden Weinfehler bezeichnet, die durch Schwefel-Verbindungen mikrobiologischen und/oder chemischen Ursprungs verursacht werden. Bei Stickstoff-Mangel greift die Hefe Proteine an, wobei Schwefel-haltige Abbauprodukte der

Aminosäuren und vor allem Schwefelwasserstoff freigesetzt werden[4]. Dies kann durch Zusatz von Ammoniumsalzen verhindert werden. Zugesetztes *Schwefeldioxid oder zur Mehltaubekämpfung eingesetzter „Netzschwefel" können ebenfalls Quellen der Schwefelwasserstoff-Bildung sein. Neben der mikrobiologischen kann auch eine rein chemische Reduktion (z. B. durch Kronkorken und Aluminium-Verschlüsse) eintreten. Zur Entfernung von Schwefelwasserstoff und Mercaptanen ist die Weinbehandlung mit Kupfersulfat geeignet. Das durch Anwendung des inzwischen nicht mehr zulässigen Insektizides Orthen® aus Acephat entstehende Dimethyldisulfid verursacht ab 0,1–12 µg/L einen bleibenden *Orthen-Böckser*[5].
*Luftgeschmack* (Luft-, Sherryton) tritt bei Weinen auf, die nach der Gärung nicht rechtzeitig geschwefelt und aufgefüllt wurden. Luftsauerstoff oxidiert freies und teilweise an *Acetaldehyd gebundenes Schwefeldioxid, so daß Acetaldehyd (Geschmacksschwelle 10 mg/L) frei wird. Acetaldehyd entsteht bei Schwefeldioxid-Mangel auch durch Oxidation von Ethanol.
Der *Metallgeschmack* wird verursacht durch erhöhte Gehalte an aus Gefäßen stammenden Metallen (z. B. Kupfer, Aluminium), die zum Teil durch Kellerbehandlungsmethoden (z. B. Blauschönung, siehe *Weinbehandlung und Schönung) entfernt werden können.
Der *Rappengeschmack* (rauh, kratzend) entsteht durch das Auslaugen von Geschmacksstoffen aus den Rebenstielen (Kämme, Rappen), wenn die *Maische weißer Trauben längere Zeit vor der Gärung steht.
Der *Styrol-Geschmack* (Kunststoffgeschmack) entsteht bei Lagerung von Wein in nicht genügend ausgehärteten und gedämpften Polyestertanks[6]. Die Geschmacksschwelle von Styrol liegt bei 0,1–1 mg/L. Durch Kohleschönung (siehe *Weinbehandlung und Schönung) kann der Fehlton entfernt werden.
*Frostgeschmack* (grasiger Geschmack mit Geruch nach Bratäpfeln, verbunden mit Braunfärbung) entsteht, wenn Weine aus frostgeschädigten Trauben gewonnen werden. Zur Vorbeugung werden die Moste geschwefelt, gekohlt und stark vorgeklärt; der Wein wird der Blauschönung unterworfen.
*Faulgeschmack* tritt bei naß- bzw. sauerfaulem Lesegut auf; der Faulton ist abhängig von der Art der vorhandenen Schimmelpilze.
*Fuchsgeschmack* („foxy") ist die unerwünschte Aromanote früherer Hybridreben (Hybridwein), die von den amerikanischen Wildformen der *Vitis labrusca* abstammen. Aromaaktiv sind hier unter anderem *Methylanthranilat und 2-*Aminoacetophenon[7].
*Muff- und Schimmelgeschmack* erhält ein Wein durch Berührung mit verschimmelten Fässern oder Geräten. Aromakomponenten wie Oct-1-en-3-ol, *cis*-Oct-2-en-2-ol oder Octan-3-ol werden meist von *Penicillium* -Arten produziert. Früher zur Oberflächenbehandlung als Fungizid eingesetztes

*Pentachlorphenol hinterließ unter Umständen einen ähnlichen Fehlgeschmack.

Die *untypische Alterungsnote von Wein (UTA) zählt zu den häufigsten Weinfehlern in Deutschland und inzwischen auch in anderen europäischen Anbaugebieten. Sensorisch wird bei Weinen mit UTA das Aroma mit Begriffen wie „Akazienblüte", „Bohnerwachs", „Hybridnote", „unsauber", „fehlende Fruchtigkeit und Rebsortenart" beschrieben; die Weine haben zumeist eine bittere, gerbende Geschmacksnote.

Die folgende Tabelle faßt häufig beobachtete, unerwünschte Aromanoten und die dafür verantwortlichen chemischen Verbindungen zusammen.

Tabelle: Unerwünschte Aromanoten („Off-Flavour") des Weines[8,9].

| Aromanote | verursachende Komponente(n) |
|---|---|
| Böckser | Schwefelwasserstoff |
| „Orthen"-Böckser | Methanthiol, Dimethyldisulfid |
| grün, grasig | Hexanal, Hexen-1-ale, Hexenole |
| Kartoffelkeimton | 2-Isopropyl-3-methoxypyrazin |
| grüne Paprika | 2-Isobutyl-3-methoxypyrazin |
| Erdbeerton | 4-Hydroxy-2,5-dimethyl-3-($2H$)-furanon >150 µg/L |
| „Fox"-Ton (Fuchsgeschmack) | Methylanthranilat, 2-Aminoacetophenon |
| Holzton | 3-Methyl-$\gamma$-octanolid |
| Korkton, Muffton | 2,4,6-Trichloranisol, Geosmin, 2-Methylisoborneol, Oct-1-en-3-ol, 4,5-Dichlorguajakol, Chlorvanillin |
| Pilzton | Oct-1-en-3-ol |
| Untypische Alterungsnote (UTA) | 2-Aminoacetophenon >1 µg/L |
| Medizinton | 4-Vinylphenol und 4-Ethylguajakol >800µg/L |
| Kerosin-/Petrolnote | 1,1,6-Trimethyl-1,2-dihydronaphthalin >300µ/L |

– **E** defects in wine

*Lit.:* [1]Jakob, L., *Lexikon der Önologie*, 3. Aufl.; Meininger: Neustadt, (1995), S. 79–80, 82. [2]Kugler, D.; Rapp, A., *Dtsch. Lebensm. Rundsch.*, (1997) **93**, 174. [3]Alles über Wein **1998**, Nr. 6. [4]Rauhut, D., *Qualitätsmindernde schwefelhaltige Stoffe im Wein – Vorkommen, Bildung, Beseitigung*; Geisenheimer Berichte 24; Gesellschaft zur Förderung der Forschungsanstalt Geisenheim: Geisenheim, (1996). [5]Rauhut, D.; Dittrich, H.-H., *Weinwirtschaft*, (1991) **41**, 18. [6]Hupf, H.; Jahr, D., *Dtsch. Lebensm. Rundsch.*, (1990) **86**, 167. [7]Rapp, A.; Versini, G., *Vitis*, (1996) **32**, 61–62. [8]Würdig-Woller, S. 611. [9]Belitz, H.-D.; Grosch, W.; Schieberle, P., *Lehrbuch der Lebensmittelchemie*, 5. Aufl.; Springer: Berlin, (2001); S. 911.
*allg.:* Clark, R. J.; Bakker, J., *Wine Flavour Chemistry*, Blackwell Publishing: Oxford, (2004) ▪ Eder, R., *Weinfehler – Erkennen, Vermeiden, Beheben*, Eugen Ulmer: Stuttgart, (2000)

**Weingeist.** Historischer Name für *Ethanol.

**Weingesetz** siehe *Wein und *Weinrecht.

**Weinhaltige Getränke.** Getränke auf Basis von *Wein, *Perlwein, *Schaumwein, *Likörwein etc. werden unterschieden in (nicht aromatisierte) weinhaltige Getränke[1] im engeren Sinne (einzig bedeutendes Beispiel: Schorle) sowie in die aromatisierten Vertreter, die sich nach Zusammensetzung, Alkoholgehalt etc. weiter untergliedern in aromatisierte Weine (Wein-Aperitifs), aromatisierte weinhaltige Getränke und aromatisierte weinhaltige Cocktails, siehe Tabelle 1.

Die aromatisierten Getränke werden durch Vermischen (auch der Ausgangsstoffe untereinander) hergestellt, wobei in der Regel keine Gärung erfolgt. Wasserzusatz und Färbung sind teils zulässig und üblich, eine Aromatisierung ist begriffswesentlich[2–4].

Spezielle Erscheinungsformen von *aromatisiertem Wein* sind unter anderem:

*Wermutwein* (synonym: Wermut, englische Bezeichnung *Vermouth*): Erzeugnis, dessen charakteristisches Aroma durch die zwingende Verwendung

Tabelle 1: Kategorien aromatisierter Getränke auf Basis von Wein etc.[2].

| | aromatisierter Wein (Wein-Aperitif) | aromatisiertes weinhaltiges Getränk | aromatisierter weinhaltiger Cocktail |
|---|---|---|---|
| Alkoholgehalt | 14,5–22% vol | 7–14,5% vol | unter 7% vol |
| Alkoholzusatz | Vorgeschrieben | verboten (mit Ausnahmen) | verboten |
| Ausgangsstoffe | – Wein<br>– Perlwein<br>– Schaumwein<br>– Likörwein<br>– mit Alkohol stumm gemachter Traubenmost | – Wein<br>– Perlwein<br>– Schaumwein | – Wein<br>– Traubenmost |
| Anteil an Wein etc. | mind. 75% | mind. 50% | mind. 50% |
| Aromatisierung | – Würzkräuter, Gewürze<br>– geschmackgebende Lebensmittel<br>– natürliche Aromen | – Würzkräuter, Gewürze<br>– geschmackgebende Lebensmittel<br>– natürliche Aromen<br>– naturidentische Aromen | – Würzkräuter, Gewürze<br>– geschmackgebende Lebensmittel<br>– natürliche Aromen<br>– naturidentische Aromen |
| Beispiele | – Wermut(wein)<br>– Bitterer aromatisierter Wein<br>– Aromatisierter Wein mit Ei | – Glühwein<br>– Sangria<br>– Clarea<br>– Zurra<br>– Maiwein, Maitrank<br>– Kalte Ente<br>– Bitter Soda | – Weincocktail<br>– aromatisierter Traubenperlmost |

geeigneter, insbesondere aus *Artemisia*-Arten (Wermutkraut und andere) gewonnener Stoffe erzielt wird. Näheres zu den wesentlichen Aromastoffen siehe unter *Wermut und *Absinth. Zur Süßung sind nur karamelisierter Zucker, *Saccharose, Traubenmost (siehe *Most, auch konzentriert) und rektifiziertes Traubenmostkonzentrat zugelassen. Die Bezeichnungen *bianco* und *rosso* beziehen sich nicht auf die Farbe der für den Grundwein verwendeten Weintrauben, sondern auf die Farbe der Kräutermischung. Die Herkunftsbezeichnungen *Vermouth de Chambéry* und *Vermouth de Torino* sind den im jeweiligen Gebiet hergestellten Wermutweinen vorbehalten.

*Bitterer aromatisierter Wein*: Charakteristikum ist sein bitteres Aroma, wobei der hauptsächlich verwendete Aromastoff in der Bezeichnung anzugeben ist („mit X aromatisierter bitterer Wein"). Bei Wein mit Chinarinde (sog. *Chinawein*) erfolgt die Aromatisierung im wesentlichen mit maximal 300 mg/L Chinarinde und bei *Bitter vino* mit Enzian, während *Americano* im wesentlichen mit Beifuß und Enzian aromatisiert ist.

*Aromatisierter Wein mit Ei* enthält mindestens 200 g/L Zucker und 10 g/L Rein-Eigelb. Besteht das Erzeugnis zu mindestens 80% aus Marsala-Wein (siehe *Likörwein), so kann es als *Cremovo* bezeichnet werden. *Cremovo zabaione* enthält zusätzlich mindestens 60 g/L Rein-Eigelb.

Die wichtigsten Vertreter der *aromatisierten weinhaltigen Getränke* sind in Tabelle 2 zusammengestellt; sofern nicht anders vermerkt, muß der Anteil an Wein etc. mindestens 50% betragen.

Ausländischem *Glühwein* wurde früher teils Wasser zugesetzt, seit Februar 1998 ist diese Praktik verboten. Eine unzulässige (Teil-)Entalkoholisierung kommt auf Weihnachtsmärkten etc. dann vor, wenn das Getränk über längere Zeit offen heiß gehalten oder gar gekocht wird. Nürnberger Glühwein und Thüringer Glühwein müssen im jeweils genannten Gebiet ihren Charakter und ihre endgültigen Eigenschaften erhalten haben, d.h. dort nach dortigen Rezepten hergestellt worden sein, die Herkunft der Grundweine ist jedoch nicht näher reglementiert.

An Erzeugnissen der Kategorie *aromatisierte weinhaltige Cocktails* sind zu nennen:

*Weinhaltiger Cocktail* (Weincocktail): Aromatisiertes Getränk aus *Wein und/oder Traubenmost mit maximal 10% konzentriertem *Traubensaft und einem Zuckergehalt von weniger als 80 g/L (berechnet als *Invertzucker).

*Aromatisierter Traubenperlmost:* Getränk mit maximal 4% vol vorhandenem Alkohol, das ausschließlich aus Traubenmost hergestellt wird und bei dem die Kohlensäure vollständig der Gärung der verwendeten Erzeugnisse entstammt.

Weitere, nicht näher reglementierte aromatisierte Erzeugnisse auf Basis von Wein etc. sind beispielsweise *Kräuterwein*, *Punschextrakte*, die sogenannte *Schorle süß* und die üblicherweise als *Bowlen* bezeichneten aromatisierten Getränke (meist mit Zusatz von Fruchtstücken). *Kir* ist das nach dem Bürgermeister Félix Kir (1876–1968) von Dijon benannte Mischgetränk aus ca. 4 Teilen trockenem Weißwein auf 1 Teil Crème de Cassis (Likör aus schwarzen Johannisbeeren), *Kir royal* hat *Schaumwein statt Weißwein als Grundlage. Die zunehmend auch im deutschsprachigen Raum als wine cooler bezeichneten Erfrischungs- und Party-

Tabelle 2: Charakteristika verschiedener aromatisierter weinhaltiger Getränke.

| | Grundzusammensetzung | Aromatisierung | Besonderheiten |
|---|---|---|---|
| Glühwein | Rotwein (oder Weißwein unter Kenntlichmachung); Mischungen von Rot- und Weißwein sind nicht erlaubt | – hauptsächlich *Zimt und/oder Gewürznelken | – Wasserzusatz verboten<br>– wird heiß getrunken |
| Sangria | Rotwein | – natürliche Citrusfruchtextrakte oder -essenzen<br>– mit oder ohne Saft dieser Früchte<br>– ggf. gewürzt | – darf Fruchtfleisch- oder Schalenbestandteile von Citrusfrüchten enthalten<br>– vorhandener Alkoholgehalt kleiner als 12% vol<br>– Färbung verboten |
| Clarea | Weißwein | wie Sangria | wie Sangria |
| Zurra | Sangria oder Clarea, Zusatz von *Weinbrand oder *Branntwein | | – Fruchtstücke möglich<br>– vorhandener Alkoholgehalt 9 bis 14% vol |
| Bitter Soda | Bitter vino, Zusatz von Kohlensäure-haltigem Wasser | | – bitterer Geschmack<br>– vorhandener Alkoholgehalt 8 bis 10,5% vol |
| Kalte Ente | Mischung von *Wein, *Perlwein und *Schaumwein (auch mit zugesetzter Kohlensäure) | – natürliche Zitrone oder deren Extrakte | – Schaumweingehalt mind. 25% |
| Maiwein | Wein | – Waldmeister (*Asperula odorata* synonym: *Galium odoratum*) oder dessen Extrakte | – Waldmeistergeschmack<br>– max. 10 mg/L *Cumarin |
| Maitrank | trockener Weißwein, ggf. mit Zuckerzusatz | – Waldmeister (*Asperula odorata* synonym: *Galium odoratum*) oder dessen Extrakte<br>– Orangen und/oder andere Früchte | – Waldmeistergeschmack<br>– max. 10 mg/L Cumarin |

getränke aus Wein und Saft oder Sirup verschiedenster Früchte bestehen etwa zur Hälfte aus Wein und haben daher Alkoholgehalte von etwa 4– 7% vol, siehe auch *Mischgetränke. – *E* wine-based drinks

*Lit.:* [1] § 2 Weingesetz in der Fassung der Bekanntmachung vom 16. Mai 2001 (BGBl. I, S. 985). [2] Verordnung (EWG) Nr. 1601/91 des Rates zur Festlegung der allgemeinen Regeln für die Begriffsbestimmung, Bezeichnung und Aufmachung aromatisierten Weines, aromatisierter weinhaltiger Getränke und aromatisierter weinhaltiger Cocktails vom 10. Juni 1991 (Amtsblatt der EG Nr. L 149, S. 1). [3] Weinverordnung in der Fassung der Bekanntmachung vom 14. Mai 2002 (BGBl. I, S. 1583). [4] Aromenverordnung vom 22. Dezember 1981 (BGBl. I, S. 1625).
*allg.:* Koch, H.-J., *Weinrecht Kommentar*, 4. Aufl.; Deutscher Fachverlag: Frankfurt am Main, (2002); Loseblattsammlung, Stichwort Aromatisierte Getränke

**Weinhefen, gentechnisch modifiziert** (Gentechnisch veränderte Weinhefen). Der Einsatz gentechnischer Methoden bei der Hefespezies *Saccharomyces cerevisiae* führt zu einer zunehmenden Zahl an rekombinanten *Hefe-Stämmen. Die eingeschleuste DNA (mikrobieller, pflanzlicher oder tierischer Herkunft) codiert Enzyme, welche die Weinherstellung vereinfachen (Beispiel: Abbau filtrationshemmender Stoffe) oder die Weinqualität erhöhen könnten (Beispiel: Freisetzung von Aromastoffen, Bildung von Glycerol)[1–3]. Entsprechende Forschungsarbeiten erfolgen in den sogenannten „Alten" (europäische Anbaugebiete) wie auch in den „Jungen Weinbauländern" Südafrika, Australien, USA. Bis Mitte 2003 wurde in keinem weinbautreibenden Land ein Antrag zum Inverkehrbringen eines gentechnisch veränderten Weinhefe-Stammes gestellt. – *E* wine yeasts, genetically modified

*Lit.:* [1] Grossmann, M.; Pretorius, I. S., *Wein-Wiss.*, (1999) **54**, 61–72. [2] Pretorius, I. S., *Yeast*, (2000) **15**(8), 675–729 (Review). [3] Pretorius, I. S.; Bauer, F. F., *Trends Biotechnol.*, (2002) **20** (10), 426–432.

**Weinhefeöl** (Cognacöl, Weinbeeröl, Oenanthether). Durch Wasserdampfdestillation in Ggw. von Schwefelsäure erhält man aus dem Weingeläger ein je nach Konz. u. Zusammensetzung unangenehm bis fruchtig riechendes *etherisches Öl (D. 0,872–0,89), das als W. bezeichnet wird. Daneben kann W. auch durch eine spezielle Dest.-Technik bei der Herst. von Tresterbrand (s. *Trester) abgeschieden werden.
*Zusammensetzung:* Ester (v. a. der Octan- u. Decansäure mit Ethanol u. Methylbutanolen) u. freie Fettsäuren (Heptan-, *Laurin- u. Tetradecansäure) sind die Hauptinhaltsstoffe des Weinhefeöls.
*Verwendung:* Zur Aromatisierung billiger Trinkbranntweine, Liköre u. Parfümessenzen. Der Zusatz zu *Weinbrand gilt als Verfälschung, siehe Literatur[1]. – *E* oil from wine lees
*Lit.:* [1] Lindner (4.), S. 71.
*allg.:* Ullmann (5.) **A28**, 471 – *[HS 3301 29]*

**Weinkrankheiten.** Durch Mikroorganismen verursachte, unerwünschte Veränderungen, die bis zur Ungenießbarkeit des *Weins führen können. Der *Essigstich*[1], der mit der Bildung geruchlich und geschmacklich unangenehmer Mengen *Essigsäure (flüchtige Säuren) verbunden ist, stellt die häufigste Weinkrankheit dar. Verursacher sind *Essigsäurebakterien (*Gluconobacter*, *Acetobacter*) und *Milchsäurebakterien (*Leuconostoc*, *Lactobacillus*, *Pediococcus pentosaceus*). Luftzutritt, Ethanol-Mangel bei gleichzeitig vorhandenem Restzucker, geringe Schwefeldioxid-Gehalte, erhöhte Temperaturen und erhöhter pH-Wert begünstigen die Essigsäure-Bildung. Nach der Gemeinsamen Weinmarktordnung der EG[2] darf der Gehalt an flüchtiger Säure bei Weiß- und Roséwein 1,08 g/L (18 Milliäquivalent) und bei Rotwein 1,20 g/L (20 Milliäquivalent) nicht übersteigen.

Die *Weinsäure-Zersetzung* ist ein überwiegend in Rotwein vorkommender Tartrat-, zum Teil auch Glycerol-Abbau bei gleichzeitigem Anstieg der Gehalte an Milchsäure und flüchtiger Säure. Sie wird verursacht durch *Lactobacillus*-Arten und ist begleitet von Trübung, Farbveränderung (schmutzig-braun) und unangenehmem Geruch/Geschmack. Begünstigt wird die Krankheit durch warme Lagerung und niedrigen Säuregehalt.

Die eher seltene *Glycerol-Zersetzung*[3] tritt bevorzugt bei säurearmen (Gerbstoff-/Phenol-reichen) Rotweinen auf. Dabei bauen Bakterien (wenig verbreitete Eigenschaft bei Milchsäurebakterien) unter Anstieg der titrierbaren Gesamtsäure und Rückgang des zuckerfreien Extraktes *Glycerol ab. Wie erstmalig bei *Leuconostoc mesenteroides* gezeigt, kann der Glycerol-Abbau zur Bildung von Acrolein[4] (*Acrolein-Stich*) führen. Die Reaktion des Acrolein mit phenolischen Inhaltsstoffen, insbesondere *Anthocyanen, kann das Bitterwerden von Rotweinen bewirken.

Milchsäurebakterien können in säurearmen Weinen durch *Butan-2,3-diol-Bildung den sogenannten *Milchsäure-Stich* hervorrufen. Der Geschmacksfehler wird auch als Lind-, Sauerkraut-, Rüben- oder Abbauton bezeichnet. Begünstigt wird die Krankheit durch hohe Lagertemperaturen und zu langes Verbleiben auf der Hefe; viel Alkohol, Säure, Schwefeln und Kühlen wirken ihr entgegen. Bei Anwesenheit von Fructose geht der Milchsäure-Stich durch heterofermentative Milchsäurebakterien unter Mannitol-Bildung in den *Mannit-Stich* (süßsauer, kratzender Geschmack) über. Da Mannitol keiner weiteren Zersetzung unterliegt, erhöht sich der Extraktgehalt stark.

Der durch die streng anaeroben Buttersäurebakterien (*Clostridium) hervorgerufene *Buttersäure-Stich* (Geruch nach ranziger Butter) kommt relativ selten vor. Befallen werden nur stark entsäuerte *Moste (pH 4,2–4,4). Zuckerabbauende Clostridien bilden neben Buttersäure auch Essigsäure, Kohlendioxid, Aceton, Butan-1-ol und Propan-2-ol.

Das *Mäuseln* (Geruch nach Mäuseharn, widerlicher Geschmack) ist ebenfalls eine relativ seltene, aber schwere Weinkrankheit, die meist von einem Essigstich begleitet ist. Bei Obstweinen tritt sie häufiger auf. Hohe Lagertemperaturen und verspätetes Abstechen von der Hefe begünstigen die durch Milchsäurebakterien (*Oenococcus* und *Lactobacillus*, bislang nicht gezeigt für *Pediococcus*) und Hefen (*Brettanomyces*) hervorgerufene Krankheit. Zwei Isomere des *2-Acetyltetrahydropyridins* (siehe Abbildung, II) wurden als Verursacher des Mäuseltons identifiziert.

Der Geruchsschwellenwert des Enamins (siehe Abbildung, I) beträgt in Wasser 1,6 ppt. Als wichtige Vorstufe fungiert L-Lysin in Gegenwart von Ethanol[5].
Eine saubere kellertechnische Behandlung der Weine stellt den besten Schutz vor derartigen Fehltönen dar.
Das *Kahmigwerden des Weines* wird durch *Kahmhefen der Gattungen *Candida*, *Metschnikowia*, *Pichia* und *Hansenula*, die meist zahlreich in Mosten vorkommen, ausgelöst. Diese Hefen nehmen an der Angärung teil und werden dann durch die gärkräftigeren *Saccharomyces*-Arten unterdrückt. Bei Sauerstoff-Zufuhr können noch im Wein vorhandene Kahmhefen sich entwickeln und eine „Kahm"-Haube auf der Oberfläche bilden. Durch die ausgeprägte Aerobiose können diese Hefen auf durchgegorenen zuckerfreien Weinen Ethanol als Energie- und Kohlenstoff-Quelle in Gegenwart von Sauerstoff nutzen und Acetaldehyd, Essigsäure und Ethylacetat bilden.
Das *Zähwerden der Weine* ist eine eher harmlose Erkrankung bei säurearmen Weinen und Obstweinen, die hauptsächlich durch *Pediococcus*-Arten hervorgerufen wird. Der Wein wird dickflüssig-schleimig und schmeckt fade, ohne daß das Bukett wesentlich in Mitleidenschaft gezogen wird. Als Vorkehrungsmaßnahmen sind Mostschwefelung mit guter Vorklärung und ein rechtzeitiger Abstich von der Hefe geeignet.
Ein *Geranienton*[6] entsteht bei mikrobiellem Abbau (*Leuconostoc oenos*, *Leucobacillus*) der als Konservierungsmittel zugesetzten Sorbinsäure (maximal 200 mg/L) zu 5-Ethoxyhexa-1,3-dien (Geschmacksschwelle 0,1 µg/L). Dabei wird Sorbinsäure zunächst reduziert und zum Teil zu Hexa-3,5-dien-2-ol isomerisiert. Dieses ergibt mit Ethanol unter Wasserabspaltung 5-Ethoxyhexa-1,3-dien.
Der *Esterton* entsteht durch wilde Hefen (*Kloeckera*, *Hansenula*, *Brettanomyces*) und kann unangenehme Geschmacksnoten durch hohe Konzentrationen an Essigsäureethylester, -isobutylester oder -isoamylester verursachen[7]. Durch Zusatz von Reinzuchthefen (*Saccharomyces cerevisiae*) können wilde Hefen weitgehend unterdrückt werden. – *E* wine diseases

*Lit.:* [1]Mitt. Höheren Bundeslehr-Versuchsanst. Wein-Obstbau, Klosterneuburg, Gartenbau, Schönbrunn, Ser. A **27**, 18–22 (1977). [2]Verordnung (EG) Nr. 1493/1999 des Rates vom 17.05.1999 über die gemeinsame Marktorganisation für Wein (Amtsblatt der EG Nr. L 179, S. 1). [3]Syst. Appl.

Microbiol. **203**, 1–10 (1984). [4]Arch. Biochem. Biophys. **97**, 538–543 (1962). [5]Grbin, P. R.; Costello, P. J.; Herderich, A. J.; Markides, A. J.; Henschke, P. A.; Lee, T. H., In *Proceedings of the Ninth Australian Wine Industry Technical Conference*, Winetitles: Underdale, SA, Australia, (1996). [6]Ediger,W. D.; Splittstoesser, D. F., *Am. J. Enol. Vitic.*, (1986) **37**, 34. [7]Würdig-Woller, S. 387, 410.

**Weinlacton** [3a,4,5,7a-Tetrahydro-3,6-dimethyl-2(3*H*)-benzofuranon, *p*-Menth-1-en-9,3-olid].

$C_{10}H_{14}O_2$, $M_R$ 166,22. Aromastoff mit süßlichem, kokosartigem Geschmack. Bisher in verschiedenen Weißweinsorten (z.B. Gewürztraminer, Riesling, Scheurebe)[1,2] sowie in Orangensaft[3], Basilikum[4] und schwarzem Pfeffer[5] nachgewiesen. Von den möglichen 8 Stereoisomeren konnte in Weißweinen nur das (3*S*,3a*S*,7a*R*)-Isomer nachgewiesen werden[1,2]. Dieses Isomer besitzt eine Geruchsschwelle von 0,00001–0,00004 ng/L Luft und zählt so zu den hochpotenten Aromastoffen[1]. Als biosynthetische Vorstufen werden (*E*)-2,6-Dimethyl-6-hydroxy-octan-2,7-diensäure bzw. das entsprechende Glucosid beschrieben[6–8]. – *E* wine lactone

*Lit.:* [1]Helv. Chim. Acta **79**, 1559–1571 (1996). [2]J. Agric. Food Chem. **45**, 3022–3026 (1997). [3]Flavour Fragr. J. **13**, 49–55 (1998). [4]Kruse, H.-P.; Rothe, M., Hrsg., *Flavour Perception – Aroma Evaluation*; Proceedings of the 5th Wartburg Aroma Symposium; Universität Potsdam: Bergholz-Rehbrücke, (1997); S. 233–242. [5]Eur. Food Res. Technol. **209**, 16–21 (1999). [6]Vitis **36**, 55–56 (1997). [7]J. Agric. Food Chem. **46**, 1474–1478 (1998). [8]Takeoka, G.; Güntert, M.; Engel, K.-H., Hrsg., *Aroma Active Compounds in Foods*; ACS Symposium Series 794; American Chemical Society: Washington, DC, (2001); S. 21–32. – *[HS 2932 29; CAS 57743-63-2]*

**Weinprämierungen** siehe *Wein-Qualitätsstufen.

**Wein-Qualitätsstufen.** In der Europäischen Union wird der *Wein in zwei große Güteklassen/Qualitätsstufen unterteilt: in Tafelwein (einschließlich Landwein) und in *Qualitätswein b. A.[1]. Letzterer wird nach verschiedenen Systemen weiter unterteilt, in Deutschland in (einfachen) Qualitätswein und in Qualitätswein mit Prädikat. In der Tabelle auf S. 1286 sind die für die einzelnen Qualitätsstufen und Prädikate in den deutschen Weinbauzonen (siehe *Weinanbau) vorgeschriebenen natürlichen Mindestalkoholgehalte (siehe *Alkoholgehalt, natürlicher) aufgeführt. Es handelt sich dabei um die jeweils niedrigsten Mindestgehalte, je nach Rebsorte (siehe *Weintraube) und Anbaugebiet (gegebenenfalls dessen Untergliederungen) gelten im Einzelfall höhere Anforderungen.
Die jeweils geltenden Beschränkungen hinsichtlich Hektarhöchstertrag, gesamter schwefliger Säure, Alkoholgehalt etc. sind zu beachten. Im Einzelnen gilt:
*Tafelwein* muß in der Europäischen Union aus klassifizierten Keltertraubensorten hergestellt sein.

Tabelle: Qualitätsstufen und natürliche Mindestalkoholgehalte deutscher Weine[1,2].

| Qualitätsstufe | natürlicher Mindestalkoholgehalt (% vol) | |
|---|---|---|
| | Weinbauzone A | Weinbauzone B |
| Tafelwein | 5,0 | 6,0 |
| Landwein | 5,5 | 6,5 |
| Qualitätswein | 7,0 (teilweise 6,0) | 8,0 |
| Qualitätswein mit Prädikat Kabinett | 9,5 (teilweise 9,0) | 10,0 |
| Qualitätswein mit Prädikat Spätlese | 10,0 | 11,4 |
| Qualitätswein mit Prädikat Auslese | 11,1 | 13,4 |
| Qualitätswein mit Prädikat Beerenauslese | 15,3 | 17,5 |
| Qualitätswein mit Prädikat Eiswein | 15,3 | 17,5 |
| Qualitätswein mit Prädikat Trockenbeerenauslese | 21,5 | 21,5 |

Nach evtl. Anreicherung ist ein vorhandener Alkoholgehalt von mindestens 8,5% vol, ein Gesamtalkoholgehalt von maximal 15% vol und eine Gesamtsäure von mindestens 3,5 g/L (berechnet als *Weinsäure) vorgeschrieben.

Als *Landwein* bezeichnet man einen qualitativ gehobenen Tafelwein aus Weintrauben eines umschriebenen Raums (in Deutschland insgesamt 19 Gebietsnamen wie z.B. Pfälzer oder Schwäbischer Landwein) mit gebietstypischem Charakter. Landwein ist immer trocken oder halbtrocken.

*Qualitätswein bestimmter Anbaugebiete* (*Qualitätswein b. A., Q.b.A., Synonym: Qualitätswein) muß aus geeigneten Rebsorten der Art *Vitis vinifera* eines einzigen bestimmten Anbaugebietes (z.B. „Franken" oder „Baden") stammen und dort zu Qualitätswein verarbeitet worden sein. Er muß auf Antrag eine Amtliche Prüfungsnummer erhalten haben und in Aussehen, Geruch und Geschmack frei von Fehlern sein[3]. Qualitätswein muß mindestens 7% vol vorhandenen Alkohol und mindestens 9% vol Gesamtalkoholgehalt aufweisen. Eine Anreicherung ist im Rahmen der weinrechtlichen Bestimmungen erlaubt. Weiße Qualitätsweine der bestimmten Anbaugebiete Nahe, Rheinhessen, Rheinpfalz und Rheingau dürfen als *Liebfrauenmilch* oder Liebfraumilch bezeichnet werden, wenn sie zu mindestens 70% aus Trauben der Rebsorten Riesling, Silvaner, Müller-Thurgau oder Kerner hergestellt, von der Geschmacksart dieser Rebsorten bestimmt und nicht mit einer Rebsortenangabe versehen sind. Ihr Geschmack muß lieblich sein, d.h. der Restzuckergehalt beträgt bis zu 45 g/L.

Mit dem Begriff *Classic* können Qualitätsweine mit definiertem Profil dann versehen werden, wenn sie aus gebietstypischen, klassischen Rebsorten gewonnen wurden, der natürliche Mindestalkoholgehalt des Leseguts mindestens 1% vol über dem für das betreffende Gebiet vorgeschriebenen gelegen hat und der Restzuckergehalt maximal 15

g/L beträgt. Eine Jahrgangs- und Rebsortenangabe ist erforderlich, außer dem bestimmten Anbaugebiet sind keine weiteren Herkunftsangaben zulässig. Classic-Weine sind somit Erzeugnisse mit gehobenem Qualitätsanspruch, die in Bezug auf Geschmacksprofil und Bezeichnung leicht wieder erkennbar sind.

Als *Riesling-Hochgewächs* darf ein weißer Qualitätswein bezeichnet werden, wenn er ausschließlich aus Riesling-Trauben hergestellt worden ist, eine Qualitätszahl von mindestens 3,0 erreicht hat und der natürliche Mindestalkoholgehalt um mindestens 1,5% vol über dem für das bestimmte Anbaugebiet vorgeschriebenen gelegen hat.

Der Begriff *Selection* ist hochwertigen Qualitätsweinen aus klassischen, gebietstypischen Rebsorten vorbehalten, die aus ertragsreduzierten (maximal 60 hL/ha) und handgelesenen Rebflächen stammen. Das Lesegut muß einen natürlichen Alkoholgehalt von mindestens 12,2% vol aufgewiesen haben, außer bei der Rebsorte Riesling sind Selections-Weine im Restzuckergehalt „trocken". Die typischen sensorischen Merkmale von Selection müssen im Rahmen der Qualitätsweinprüfung gesondert bestätigt worden sein, in der Etikettierung ist die Angabe von Rebsorte, Jahrgang und Einzellage erforderlich.

Qualitätswein b. A. darf als „*Qualitätswein mit Prädikat*" in Verbindung mit einem der Begriffe *Kabinett, Spätlese, Auslese, Beerenauslese, Trockenbeerenauslese* oder *Eiswein* bezeichnet werden, wenn ihm das betreffende Prädikat auf Antrag unter Zuteilung einer Amtlichen Prüfungsnummer zuerkannt worden ist. Die verwendeten Weintrauben müssen in einem einzigen Bereich geerntet und in dem bestimmten Anbaugebiet verarbeitet worden sein, zu dem der Bereich gehört. Eine Anreicherung ist bei Qualitätsweinen mit Prädikat verboten. Die Abgabe abgefüllter Qualitätsweine mit dem Prädikat *Kabinett* (vorhandener Alkohol mindestens 7% vol) darf nicht vor dem auf die Ernte folgenden 1. Januar, bei anderen Qualitätsweinen mit Prädikat nicht vor dem auf die Ernte folgenden 1. März erfolgen. Die Trauben für Weine mit der Bezeichnung *Spätlese* müssen über die Anforderungen für Kabinett hinaus in einer späten Lese und in vollreifem Zustand geerntet worden sein. Weine der Kategorie *Auslese* werden aus vollreifen oder edelfaulen Weintrauben hergestellt. *Beerenauslesen* werden aus edelfaulen, vom Pilz *Botrytis cinerea* befallenen oder wenigstens überreifen Trauben gewonnen. Die Weine sind meist kräftig goldgelb (als Weißwein) und dessertweinartig süß bei relativ niedrigem Alkoholgehalt (vorhandener Alkohol mindestens 5,5% vol). Auch durch den hohen Gehalt an zuckerfreiem Extrakt wirken die Weine sehr nachhaltig und sind lange lagerfähig. *Trockenbeerenauslesen* werden aus weitgehend eingeschrumpften, edelfaulen Weinbeeren hergestellt und zeichnen sich durch hohe Gehalte an Zucker, Glycerol und zuckerfreiem Extrakt (bis 120 g/L) aus. Die Trauben sind teilweise sehr saftarm und müssen vor dem Abpressen länger eingemaischt werden. Die nur langsam ablaufende Gärung wird durch Zusatz von *Thiamin (Vitamin B) unterstützt. Der Gehalt an vorhandenem Alkohol muß auch hier mindestens 5,5% vol betragen. Als *Ausbruch* bezeichnet man in Österreich und Ungarn Weine, die ähnlich den Beeren- und Trockenbeerenauslesen erzeugt werden.

Die durch den Pilz *Botrytis cinerea* hervorgerufene *Edelfäule der Weintrauben wird begünstigt durch besondere klimatische Bedingungen.

Für *Eiswein* müssen die Weintrauben in gefrorenem Zustand geerntet und gekeltert werden. Da ein Teil des Wassers als Eis abgepreßt wird, wird ein hochkonzentrierter Most mit viel Zucker und Säure erhalten. Der Begriff Eiswein darf nur verwendet werden, wenn je nach Anbaugebiet ein *Mostgewicht von mindestens 110 bis 128 °Oe (Gesamtalkoholgehalt 15,3 bzw. 18,1% vol) erreicht wurde. Hierfür sind in der Regel Lesetemperaturen unter −6°C erforderlich. Es sind Weine mit hoher Qualität, die sich von den Beerenauslesen meist durch die betontere Säure abheben.

Offizielle *Weinprämierungen* finden für Qualitätsweine und Qualitätsweine mit Prädikat statt, wobei zwischen den einzelnen Gebietsweinprämierungen und der von der Deutschen Landwirtschaftsgesellschaft (DLG) ausgerichteten Bundesweinprämierung unterschieden wird. Es müssen bestimmte Vorbedingungen für die Teilnahme erfüllt und bestimmte Qualitätszahlen für die einzelnen Preise (Silber, Gold etc.) erreicht werden. Die Auszeichnungen können auf den Flaschen angebracht werden.

In Frankreich wird für Qualitätsweine aus bestimmten Anbaugebieten die Bezeichnung „*Appellation d'Origine Contrôlée*" (A.O.C.) verwendet. Für die gesetzliche Festlegung dieser Gebiete wurden geeignete Rebflächen abgegrenzt und besondere Vorschriften erlassen über Bestockung, Rebschnitt, Hektarertrag, zugelassene Rebsorten, Mindestmostgewichte, Weinbereitungsmethoden sowie analytische und sensorische Mindestanforderungen an den Wein. Eine weitere *Ursprungsbezeichnung* für französische Qualitätsweine ist „*Vin Delimité de Qualité Supérieure*" (V.D.Q.S.), die ab 1945 insbesondere in den südlichen französischen Weinanbaugebieten (Provence, Languedoc etc.) als Ergänzung zur A.O.C.-Regelung eingeführt wurde und in ähnlicher Weise reglementiert ist. Dennoch genießen die V.D.Q.S.-Weine weniger Ansehen, weshalb ihr Anteil zugunsten des A.O.C.-Systems zurückgeht.

Die *Bordeaux-Weine* bezeichnen vorwiegend eine Reihe Rotweine verschiedener Qualität, ferner auch etliche Weißweine, darunter den berühmten Sauternes (süß, goldgelb) aus edelfaulen Trauben (siehe *Botrytis cinerea). Statt aus nur einer Traubensorte bestehen die Bordeaux-Weine aus einer Mischung von 3–4 Sorten, was zusammen mit dem Mikroklima und den unterschiedlichen Böden die Vielfalt der dort erzeugten Weine ausmacht. Das Bordeaux-Gebiet ist nach dem Appellationssystem in über 50 groß- und kleinräumige Untergebiete

weiter unterteilt, Spitzenlagen und die daraus erzeugten Weine sind zusätzlich durch *Cru*-Prädikate ausgezeichnet. So wurden z.B. die Gewächse des Médoc 1855 in 1ers, 2èmes, 3èmes, 4èmes und 5èmes Crus classés klassifiziert, gefolgt von Cru Exceptionnel etc., in Saint-Émilion beginnt die Reihe mit Premier Grand Cru classé, es folgen Grand Cru classé und Grand Cru.

Für die Rotweine des Anbaugebietes *Beaujolais* (70 km lange Region im südlichen Teil Burgunds) bedeutet die Klassifizierung Grand Cru zusätzlich zum Namen der Anbaugemeinde die erste Qualitätsstufe, gefolgt von der Bezeichnung Beaujolais-Villages und Beaujolais supérieur (10% vol Gesamtalkohol) bzw. Beaujolais (9% vol Gesamtalkohol). Die Beaujolais-Weine werden heute meist sehr jung (teils als Primeur ab Mitte November des Lesejahrgangs) vermarktet und getrunken.

Für den *Chablis*, einen Weißwein der Rebsorte Chardonnay aus den nördlichen Teil Burgunds, gibt es die vier Qualitätsstufen Grand Cru, Premier Cru, Chablis, Petit Chablis.

In Italien wurden D.O.C.-Zonen („*Denominazione di Origine Controllata*") zur Klassifizierung festgelegt. Ein bekannter D.O.C.-Wein ist der *Chianti* aus der Toskana, Chianti classico stammt aus dem engeren Gebiet in den Provinzen Florenz und Siena, mindestens drei Jahre gelagerte Weine höherer Qualität dürfen die Angabe *Riserva* tragen. Die italienische Spitzenkategorie D.O.C.G. („*Denominazione di Origine Controllata e Garantita*") wird nur Weinen aus besonders hochwertigen D.O.C.-Zonen zuerkannt. – E categories of wine quality

*Lit.:* [1] Verordnung (EG) Nr. 1493/1999 des Rates über die gemeinsame Marktorganisation für Wein vom 17. Mai 1999 (Amtsblatt der EG Nr. L 179, S. 1). [2] Weingesetz in der Fassung der Bekanntmachung vom 16. Mai 2001 (BGBl. I, S. 985). [3] Weinverordnung in der Fassung der Bekanntmachung vom 14. Mai 2002 (BGBl. I, S. 1583).

*allg.:* Ambrosi, H., *Wein von A bis Z*, Gondrom: Bindlach, (2002) ▪ Koch, H.-J., *Weinrecht*, 4. Aufl.; Deutscher Fachverlag: Frankfurt am Main, (2002); Loseblattsammlung

**Weinrecht.** Auf der Basis der Verordnung (EG) 1493/99 vom 17.05.1999 über die gemeinsame Marktorganisation für Wein (Amtsblatt der EG Nr. L 179, S. 1) ist das Weinrecht weitgehend in zahlreichen EG-Verordnungen gemeinschaftlich geregelt. Nachstehende nationale Regelungen ergänzen das Gemeinschaftsrecht:

– Weingesetz in der Fassung der Bekanntmachung vom 16.05.2001 (BGBl. I, S. 985; mehrfach geändert);

– Weinverordnung in der Fassung der Bekanntmachung vom 14.05.2002 (BGBl. I, S. 1583);

– Verordnung über die Erhebung der Abgabe für den Deutschen Weinfonds (Weinfonds-Verordnung) vom 09.05.1995 (BGBl. I, S. 630, 666; mehrfach geändert);

– Wein-Überwachungsverordnung in der Fassung der Bekanntmachung vom 14.05.2002 (BGBl. I, S. 1624; mehrfach geändert);

– Verordnung zur Durchsetzung des gemeinschaftlichen Weinrechts in der Fassung der Bekannt-

machung vom 07.08.2001 (BGBl. I, S. 2159; mehrfach geändert).
Zu weiteren Verordnungen und Regelungen siehe auch *Wein (Recht). – *E* wine legislation
*Lit.:* Koch, H.-J., *Weinrecht-Kommentar,* 4. Aufl.; Deutscher Fachverlag: Frankfurt a. M., (Loseblattsammlung) ▪ Meyer, A. H., *Lebensmittelrecht,* C. H. Beck: München, (Loseblattsammlung); Nr. 7000–7900 ▪ Zipfel-Rathke, Bd. I, A 400–423; Bd. V, C 400 und 401

**Weinsäure** (2,3-Dihydroxybutandisäure, 2,3-Dihydroxybernsteinsäure, Threarsäure, Weinsteinsäure).

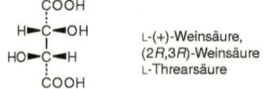

L-(+)-Weinsäure,
(2R,3R)-Weinsäure
L-Threarsäure

$C_4H_6O_6$, $M_R$ 150,09. W. tritt in 3 stereoisomeren Formen auf: Die Enantiomere L-(+)-W. [sog. natürliche W. (2R,3R)-Form, Schmp. 169–170 °C, $D_4^{20}$ 1,7598] und die D-(−)-W. [(2S,3S)-Form, Schmp. 169–170 °C, $D_4^{20}$ 1,7598]; und die optisch inaktive *meso*-Form [(Diastereomer) Erythrarsäure, Schmp. 159–160 °C, $D_4^{20}$ 1,666 (andere Angabe 1,737)].
*Eigenschaften:* W. ist eine starke Säure (pK$_{a1}$ 2,98, pK$_{a2}$ 4,34, andere Angabe: pK$_{a1}$ 2,93, PK$_{a2}$ 4,23, jeweils bei 25 °C), in wäss. Lsg. von erfrischendem Geschmack, gut lösl. in Wasser (die L-Form besser als das Racemat), Methanol, Ethanol, 1-Propanol, Glycerol, schwer lösl. in Ether, unlösl. in Chloroform.
W. reduziert Diamminsilber-Ionen in ammoniakal. Lsg., bildet bei vorsichtigem Erhitzen Anhydride, die beim Kochen in Wasser wieder in W. übergehen. Bei weiterem Erhitzen tritt unter Aufblähung u. Entwicklung von Karamelgeruch Verkohlung ein. Bei der trockenen Dest. von W. entsteht Brenztraubensäure.
Die DL-(±)-Form von W. (*racem. W., Traubensäure,* Vogesensäure, Schmp. 205–206 °C) kommt nicht in der Natur vor, bildet sich jedoch in geringen Mengen bei der Weinherst. bzw. neben *meso*-W. durch Erhitzen von L-W. in Natronlauge; es war das erste Racemat (latein. racemus = Weinbeere, Name!), das in seine Antipoden aufgetrennt werden konnte (s. u.).
Die Salze der W. heißen *Tartrate (latein. Bez. für W.: acidum tartaricum).
W. komplexiert Schwermetall-Ionen wie Kupfer, Eisen u. Blei (z. B. Fehlingsche Lösung). Die Biosynth. der W. in Trauben geht von Glucose bzw. Fructose aus u. verläuft wahrscheinlich über 5-Oxogluconsäure bzw. Ascorbinsäure. Im Stoffwechsel von Tier u. Mensch werden (2R,3R)-W. u. *meso*-W. oxidativ zu Glyoxylat bzw. Hydroxypyruvat abgebaut.
*Vorkommen:* Die L-Form kommt in vielen Pflanzen u. Früchten vor, in freier Form u. als Kalium-, Calcium- od. Magnesium-Salz; z. B. im Traubensaft teils als freie W., teils als *Kaliumhydrogentartrat, das sich als Weinstein zusammen mit Calciumtartrat nach der Gärung des Weins abscheidet.
D-W., die auch als unnatürliche W. bezeichnet wird, ist in der Natur sehr selten, sie findet sich in

den Blättern des westafrikan. Baumes *Bauhinia reticulata.*
Die in Chicoree u. Endivien enthaltenen Diester der (+)-W. mit Kaffeesäure werden als *Chicoreesäuren* bezeichnet, z. B. (R,R)-W.-dikaffeoylester, $C_{22}H_{18}O_{12}$, $M_R$ 474,38, Schmp. 206 °C, [α]$_D$ +384° (CH$_3$OH).
*Herstellung:* L-(+)-W. wird aus den bei der Weinbereitung anfallenden Rückständen wie Faßweinstein (Gemisch aus K-Hydrogentartrat u. Ca-Tartrat), Weinhefe u. weinsaurem Kalk z. B. mit Calciumchlorid od. Calciumhydroxid gewonnen. Hieraus werden mit Schwefelsäure W. u. Gips freigesetzt, W. ist damit ein Nebenprodukt der Weinerzeugung.
DL-W. bzw. *meso*-W. erhält man bei der Oxid. von Fumarsäure od. Maleinsäureanhydrid mit Wasserstoffperoxid, Kaliumpermanganat, Persäuren, in Ggw. von Wolframsäure in techn. Maßstab. In kleinen Mengen kann man D-W. aus racem. W. mit *Penicillium glaucum,* das nur L-W. abbaut, erhalten.
*Toxikologie:* L-(+)-W.: ADI-Wert [JECFA 1973]: 30 mg/kg; LD$_{50}$ (Hund oral): 5000 mg/kg. DL-W. kann sich als Ca-DL-Tartrat in den Nieren abscheiden. (+)-W.: LD$_{50}$ (Maus i.v.) 485 mg/kg.
*Analytik:* Zur Analytik von Weinsäure gibt es eine Vielzahl von Methoden, die von der herkömmlichen enzymatischen und kolorimetrischen Bestimmung über die Anwendung Tartrat-selektiver Elektroden[1], HPLC[2,3,4], GC[4] sowie FTIR-Spektroskopie[5,6] bis hin zu Kapillarzonenelektrophorese[7,8] und Elektrospray-MS-Techniken[9] reichen. Auch zur enantioselektiven Analytik sind verschiedene Techniken beschrieben worden: Außer der indirekten Analyse via Diastereomerensalze[10] sind dies direkte Techniken wie z.B. HPLC mit CD-Dektion[11], GC-Analyse an chiraler Phase[12], Ligandenaustausch-Chromatographie[13] und Ligandenaustausch-Kapillarelektrophorese[14].
*Verwendung:* In der Textilindustrie beim Färben u. Drucken als Säure u. Reduktionsmittel [z. B. um das sechswertige Chrom-Ion des Kaliumdichromats zum Cr(III)-Ion zu reduzieren], zu Anilinschwarzfärbungen, zum Avivieren u. Griffigmachen von Seide u. Kunstseide.
In der Lebensmittelindustrie zur Bereitung von Speiseeis, Kunsthonig, Obstprodukten, Backpulver, Brausepulver, Limonaden, Süßspeisen, Gelees u. Konditorwaren, als Säuerungsmittel, Säureregulator u. Synergist zu Antioxidantien. Über ihre Wirkung u. Anw. bei der Herst. von Fleischwaren s. Literatur[15].
*Metaweinsäure* (E 353, ein Polymerisat der Weinsäure), für die verschiedene Konstitutionen (als cycl. Dimeres vom Lactid-Typ, als etherartig gebundenes Trimeres, als oligomerer Ester) angegeben werden, wird dem Wein zur Vermeidung unerwünschter Weinsteinausscheidung zugesetzt.
Ferner in der Galvanotechnik, zur Glasversilberung, zum Metallfärben, zur Herst. von Fehlingscher Lösung, Brechweinstein, Weichmachern, als Puffer; als Hilfsstoff für Lacke; zur techn. Herst. von Brenztraubensäure usw.

Im Laboratorium benutzt man die opt. aktive W. u. Derivate wie die $(-)$-$O^2,O^3$-Dibenzoyl-L-weinsäure zur Racemattrennung u. zur Herst. chiraler Bausteine (Synthons) für die organ. Synth.[16,17]

Tartrate sind als Kochsalzersatzmittel u. Kutterhilfsmittel, Einkristalle als piezoelektr. Wandler geeignet.

***Recht:*** L-$(+)$-Weinsäure (E 334) ist, wie alle natürlich vorkommenden Genußsäuren, gemäß *ZZulV ohne Höchstmengenbeschränkung (*quantum satis*) für Lebensmittel allgemein zugelassen. Der Zusatz von racemischer Weinsäure, D-$(-)$-Weinsäure und *meso*-Weinsäure zu einem Lebensmittel ist verboten. Außer L-$(+)$-Weinsäure finden auch deren Salze [Natriumtartrat (E 335), Kaliumtartrat (E 336), Kalium-Natriumtartrat (E 337), Calciumtartrat (E 354)] vielfältige Anwendung im Lebensmittelbereich. – ***E*** tartaric acid

*Lit.:* [1] Sales, M.; Goreti, F.; Amaral, C. E. L.; Delenue Matos, C. M., *Fresenius J. Anal. Chem.*, (2001) **369**, 446 – 450. [2] Kordiz-Krapez, M.; Abram, V.; Kac, M.; Ferjancic, S., *Food Technol. Biotechnol.*, (2001) **39**, 93 – 99. [3] Cunha, S. C.; Fernandes, J. O.; Ferreira, I. M. P., *Eur. Food Res. Technol.*, (2002) **214**, 67 – 71. [4] Jham, G. N.; Fernandes, S. A.; Garcia, C. F.; Araujo da Silva, A., *Phytochem. Anal.*, (2002) **13**, 99 – 104. [5] Dubernet, M.; Dubernet, M., *Rev. Fr. Œnol.*, (2000) **181**, 10 – 13. [6] Dubernet, M.; Dubernet, M.; Dubernet, V.; Coulomb, S.; Lerch, M.; Traineau, I., *Rev. Fr. Œnol.*, (2000) **185**, 18 – 21. [7] Castineira, A.; Pena, R. M.; Herrero, C.; Garcia-Martin, S., *J. High Resolut. Chromatogr.*, (2000) **23**, 647 – 652. [8] Soga, T.; Imaizumi, M., *Electrophoresis*, (2001) **22**, 3418 – 3425. [9] Toa, W. A.; Wu, L.; Cooks, R. G., *Chem. Commun.*, (2000) 2023 – 2024. [10] Kokila, L.; Cai, S.; Chen, K., *Chin. J. Chem. Eng.*, (2002) **10**, 244 – 248. [11] Zerbinati, O.; Aigotti, R.; Daniele, P. G., *J. Chromatogr. A*, (1994) **671**, 281 – 285. [12] Kaunzinger, A.; Wüst, M.; Gröbmiller, H.; Burow, S.; Hemmrich, U.; Dietrich, A.; Beck, T.; Hener, U.; Mosandl, A., *Lebensmittelchemie*, (1996) **50**, 101 – 103. [13] Gubitz, G.; Mihellyes, S., *J. High Resolut. Chromatogr.*, (1994) **17**, 733 – 734. [14] Kodama, S.; Yamamoto, A.; Matsunaga, A.; Hayakawa, K., *J. Chromatogr. A*, (2001) **932**, 139 – 143. [15] Fleischerei **41**, 533 – 535 (1990). [16] Helv. Chim. Acta **64**, 687 – 702, 1467 – 1487 (1981). [17] Seebach u. Hungerbühler, in Scheffold (Hrsg.), Modern Synthetic Methods, Bd. 2, S. 91 – 172, Frankfurt: Sauerländer-Salle 1980.

*allg.:* Beilstein EIV **3**, 1219 ▪ Blue List ▪ Kirk-Othmer (4.) **5**, 768; **13**, 1071; **23**, 745 ▪ Merck-Index (13.), Nr. 9158, 9159 ▪ Ullmann (5.) **A13**, 508; **A18**, 180 – *[HS 2918 12; CAS 87-69-4 (L-(+)-Weinsäure); 147-71-7 (D-(−)-Weinsäure); 147-73-9 (meso-Weinsäure); 133-37-9 (DL-Weinsäure); 6537-80-0 ((R,R)-Weinsäuredikaffeoylester)]*

**Weinsäure-Zersetzung** siehe *Weinkrankheiten

**Weinstein** siehe *Kaliumhydrogentartrat.

**Weinsteinsäure** siehe *Weinsäure.

**Weintraube** (umgangssprachlich für Weinbeere, siehe unten). Die zur Familie der Rebengewächse (Vitaceae) gehörende Art *Vitis vinifera* L. umfaßt alle wichtigen, in Europa durch Selektion und Kreuzung von Wildreben entstandenen kultivierten Ertragsrebsorten. In Nordamerika sind die Rebsorten anderer *Vitis*-Arten [*Vitis labrusca* L. (Fuchsrebe), *Vitis rotundifolia* Michx. (Muskadinerrebe), *Vitis riparia* Michx. (Uferrebe), *Vitis rupestris* (Sandrebe)] verbreitet, die wegen ihrer Reblausresistenz auch in Europa als Pfropfunterlage verwendet werden. Die Bezeichnung Weintraube umfaßt im engeren botanischen Sinne den gesamten Fruchtstand, der aus *Weinbeeren* und *Rappen* (Kämmen) besteht. Die Beeren wiederum setzen sich aus der Beerenhaut, dem Fruchtfleisch und den Kernen zusammen. Die in Rispen („Trauben") wachsenden runden oder ovalen Beeren enthalten in jedem der beiden Fruchtfächer 1 – 2 birnenförmige, 5 – 8 mm lange Samen (Kerne). Die Kerne (3 – 4 % des Beerengewichts) enthalten unter anderem 10 – 20 % Öl und 5 – 9 % Gerbstoffe. Einige Kultursorten sind samenfrei. Die Farbskala der Weintrauben reicht von grünlich, gelb, bernsteinfarben, rot, blau bis schwarzblau. Blaurote und rote Farben entstehen durch unterschiedlich hohe Konzentrationen an *Anthocyanen. Aus den reifen Beeren läßt sich durch Einmaischen oder Keltern mit den üblichen kellertechnischen Verfahren nach alkoholischer Gärung *Wein erzeugen. Zur Weinbereitung sind in Deutschland nur die in der Tabelle auf S. 1290 genannten *Rebsorten* zugelassen.

Die wichtigsten Traubenproduktionsgebiete liegen in den Winterregengebieten Europas, Kaliforniens, Chiles, Südafrikas und Australiens. Hauptweinanbaugebiete in Deutschland sind Ahr, Baden-Württemberg, Franken, Hessische Bergstraße, Mittelrhein, Mosel-Saar-Ruwer, Nahe, Rheingau, Rheinhessen, Rheinpfalz und Saale-Unstrut.

Nach VO (EG) 1493/1999[2] werden Weintrauben nach der Verwendung als *Keltertrauben* (Weinbereitung), *Tafeltrauben* (Verzehr in frischem Zustand) oder *Trauben zur besonderen Verwendung* (zur Erzeugung von *Traubensaft, getrockneten Trauben oder Branntwein aus Wein) klassifiziert. Sie sind auf insgesamt 23 anbauwürdige Sorten beschränkt, wovon die meisten nicht zur Weinbereitung empfohlen oder zugelassen sind.

***Zusammensetzung:*** Gewicht und chemische Zusammensetzung der Weintrauben schwanken je nach Sorte, Jahrgang und Reifegrad. Durchschnittsgehalte in 100 g eßbarem Anteil: Wasser 81,1 g, Eiweiß 0,7 g, Fett 0,3 g, verwertbare Kohlenhydrate 16 g, Glucose 7,4 g, Fructose 7,5 g, Saccharose 0,5 g, Ballaststoffe 1,6 g (wasserunlösliche Ballaststoffe 1,2 g), Mineralstoffe 0,5 g, Na 2 mg, K 192 mg, Mg 9 mg, Ca 18 mg, Fe 0,5 mg, P 20 mg, Vitamin C 4,2 mg, *Äpfelsäure 540 mg, *Citronensäure 23 mg, *Weinsäure 530 mg.

Im Verlauf der Reifung nehmen der Säure- und Wassergehalt ständig ab, während der Zuckergehalt zunimmt. Die Konzentration an Äpfelsäure sinkt dabei stärker als die Weinsäure. Das Traubenaroma setzt sich aus vielen Komponenten wie Aldehyden, Alkoholen, Säuren, Estern usw. zusammen. Quantitative Unterschiede charakterisieren die verschiedenen Sorten. Bukettsorten sind durch erhöhte Gehalte an Terpen-Alkoholen und Terpen-Oxiden gekennzeichnet. Über die Aromazusammensetzung von Weintrauben siehe Literatur[3]. Zu den Schlüsselkomponenten der Weintrauben zählen weiterhin Hydroxyzimtsäureester, Hydroxybenzoesäure-Verbindungen, *Catechine

Tab.: Weiße und rote Rebsorten, die in Deutschland zugelassen sind, geordnet nach Anbaufläche (Auswahl)[1].

| Rebsorte | Reifezeit | Ertrag | Mostgewicht | Säure | Charakter des Weines |
|---|---|---|---|---|---|
| **Weißwein** | | | | | |
| Müller-Thurgau | früh | hoch | mittel | gering | leicht, mild, blumig, dezentes Muskatbukett |
| Riesling | spät | mittel | mittel | hoch | rassig, fruchtig, elegant |
| Silvaner | mittelspät | hoch | mittel | mittel | kräftig, teils fruchtig, teils breit |
| Kerner | mittelspät | mittelhoch | hoch | mittel | gehaltvoll, rassig, fruchtig |
| Scheurebe | mittelspät | mittel | mittel | hoch | kräftig, rassig, feines, rieslingähnliches Bukett |
| Bacchus | mittelfrüh | hoch | mittelhoch | mittel | blumig, fruchtig, würziges Muskatbukett |
| Ruländer | mittelspät | mittelhoch | hoch | mittel | körperreich, wuchtig |
| Morio-Muskat | mittelfrüh | hoch | gering | mittel | leicht, blumig, kräftiges Muskatbukett |
| Faber | früh | mittelhoch | hoch | mittel | voll, blumig, fruchtig |
| Huxelrebe | früh | mittelhoch | mittelhoch | mittel | leicht, blumig, fruchtig |
| Gutedel | mittelfrüh | hoch | mittel | mittelgering | leicht, mild, neutral, sehr bekömmlich |
| **Rotwein** | | | | | |
| Blauer Spätburgunder | mittelspät | mittelhoch | hoch | mittel | vollmundig, gehaltvoll |
| Portugieser | mittelfrüh | sehr hoch | gering | gering | leicht, mild, neutral |
| Trollinger | spät | hoch | mittel | mittel | leicht, frisch, rassig, neutral |
| Müllerrebe (Schwarzriesling) | mittelfrüh | mittelhoch | hoch | hoch | kräftig |
| Dornfelder | Mittelspät | hoch | mittel | mittel | gehaltvoll, farbkräftig |
| Lemberger | Spät | mittel | mittel | hoch | leicht, fruchtig, säurebetont, neutral |

und *Proanthocyanidine, Flavonolglycoside, *Anthocyane (keine Pelargonidin-Derivate)[4] und das Hydroxystilben-Derivat *Resveratrol[3,5]. Zur antioxidativen Aktivität und den gesundheitsfördernden Wirkungen von Weintrauben und daraus hergestellten Produkten geben Literatur[6-10] Auskunft.

**Verwendung:** Die Weltproduktion von Weintrauben beläuft sich auf über 60 Mio. Tonnen, wovon rund 85% zur Weinproduktion dienen. Der übrige Anteil geht als Tafeltraube in den Frischmarktsektor (ca. 10%) oder wird zu Traubensaft, Branntwein oder *Rosinen verarbeitet. Trauben zum Frischverzehr werden unter anderem aus Australien, Afrika und Chile importiert. Weintrauben sind im Gegensatz zu Tafeltrauben dünnschalig. Mit *Edelfäule Botrytis cinerea befallene und überreife Weintrauben bilden die Grundlage zur Herstellung von Beerenauslesen, während aus Weintrauben, die am Stock gefroren sind, Eiswein erzeugt wird (= Qualitätsweine mit Prädikat, siehe *Wein-Qualitätsstufen). Aus den Kernen kann *Traubenkernöl gewonnen werden, aus den Beerenhäuten durch Extraktion mit Alkohol Anthocyane und Anthocyanidine (Oenin)[11], die als Lebensmittelfarbstoffe (E 163) für bestimmte Lebensmittel zugelassen sind (Anlage 6, Liste A und B der Zusatzstoff-Zulassungs-VO[12]). Zudem können phenolische Verbindungen, Ethanol, Weinsäure und Citronensäure aus dem Traubentrester (siehe *Trester) als Wertstoffe gewonnen werden[13,14].

**Analytik:** Einen allgemeinen Überblick zu chemischen Methoden der Charakterisierung von Weintrauben gibt Literatur[15,16]. Die Bestimmung freier und gebundener Aromastoffe wird in Literatur[17] beschrieben. Die ermittelten Gehalte werden mit den Hauptinhaltstoffen des Weins (Zucker, Säuren, Polyphenole, Saftgehalt) ins Verhältnis gesetzt. Die Qualität von Rotwein steht in direktem Verhältnis zur Konzentration an Polyphenolen und Po-

lysacchariden. Zur Analytik dieser Verbindungen siehe Literatur[18-20]. Die Ermittlung der Identität von Weintrauben mittels DNA-Profil ist Literatur[20] zu entnehmen. Kontaminanten wie Pestizidrückstände[21,22], Aflatoxine[23] oder *Alternaria-Toxine[24] sind mittels HPLC und LC-MS erfaßbar. – *E* grape

**Lit.:** [1] Würdig-Woller, S. 24f. [2] VO (EG) 1493/1999 über die gemeinsame Marktorganisation für Wein vom 17.05.1999 (Amtsblatt der EG Nr. L 179, S. 1). [3] Herrmann, K., Inhaltsstoffe von Obst und Gemüse, Ulmer: Stuttgart, (2001); S. 35f. [4] Mazza, G., Crit. Rev. Food Sci. Nutr., (1995) **35**, 341. [5] Riv. Vitic. Enol. **49**, 51–56 (1996). [6] J. Agric. Food Chem. **45**, 1638–1643 (1997). [7] Protegente, A.; Pannala, A. S.; Paganga, G.; Van Buren, L.; Wagner, E.; Wiseman, S.; Van de Put, F.; Dacombe, C.; Rice-Evans, C. A., Free Radical Res., (2002) **36**, 217. [8] Kalt, W., Hortic. Rev., (2001) **27**, 269. [9] Leonard, S. S.; Cutler, D.; Ding, M.; Vallyathan, V.; Castranova, V.; Shi, X., Ann. Clin. Lab. Sci., (2002) **32**, 193. [10] Vinson, J. A.; Su, X.; Zubik, L.; Bose, P., J. Agric. Food Chem., (2001) **49**, 5315. [11] Vitis **26**, 65–78 (1987). [12] Zusatzstoff-Zulassungs-VO vom 29.01.1998 (Anlage 1). [13] Schieber, A.; Stintzing, F. C.; Carle, R., Trends Food Sci. Technol., (2001) **12**, 401. [14] Torres, J. L.; Varela, B.; García, M. T.; Carilla, J.; Matito, C.; Centelles, J. J.; Cascante, M.; Sort, X.; Bobet, R., J. Agric. Food Chem., (2002) **50**, 7548. [15] AIJN, AIJN-Code of Practice zur Beurteilung von Obst- und Gemüsesäften, Verband der deutschen Fruchtsaftindustrie e.V.: Bonn, (1996) (ständige Aktualisierung). [16] Riv. Vitic. Enol. **49**, 65–68 (1996). [17] J. Agric. Food Chem. **45**, 1729–1735 (1997). [18] Escarpa, A.; Gonzalez, M. C., Crit. Rev. Anal. Chem., (2001) **31**, 57. [19] Revilla, E.; Ryan, J.-M., J. Chromatogr. A, (2000) **881**, 461. [20] Ital. J. Food Sci. **8**, 13–24 (1996). [21] Cabras, P.; Angioni, A., J. Agric. Food Chem., (2000) **48**, 967–973. [22] Castro, R.; Moyano, E.; Galceran, M. T., J. AOAC Int., (2001) **84**, 1903. [23] Battilani, P.; Pietri, A., Eur. J. Plant Pathol., (2002) **108**, 639. [24] Scott, P. M.; Kanhere, S. R., Mycotoxin Res., (2001) **17**, 9.

**allg.:** Franke, W., Nutzpflanzenkunde, 6. Aufl.; Thieme: Stuttgart, (1997); S. 267ff. ■ Herrmann, K., Inhaltsstoffe von Obst und Gemüse, Ulmer: Stuttgart, (2001); S. 35, 54, 55, 62, 65 ■ Souci et al. (6.), S. 930–932 ■ Zipfel, A 402a, C403 ■ http://www.deutscheweine.de ■ http://www.wein.de – [HS 0806 10]

**Weintraubenaroma** siehe *Fruchtaromen.

**Weintraubenkernöl** siehe *Traubenkernöl.

**Weintrübungen.** Feststoffausscheidungen, die im Faßwein problemlos und normal, auf der Flasche jedoch als *Weinfehler zu beurteilen sind. Nach deren chemischer Natur unterschiedet man verschiedene Arten von Trübungen:

*Eiweißtrübungen* (Ausscheidung von Eiweiß), bläulich-opalisierende Ausscheidungen, die durch Metalle, Gerbstoffe, Erwärmung und pH-Veränderungen ausgelöst werden. Methoden zur Vermeidung sind die spontane Eiweißausscheidung sowie die *Bentonit-Behandlung. Mit dem *Bentotest*, einem Phosphormolybdänsäure enthaltenden Eiweißreagenz, können alle Trübungen verursachenden Proteine und Polypeptide erfaßt und so der Bentonit-Bedarf zu deren Entfernung ermittelt werden.

*Kupfertrübungen* sind sehr feinverteilte, meist gelblich gefärbte Trübungen, die nach heutigen Vorstellungen aus kolloidem Kupfer(II)-sulfid (CuS) mit einem mehr oder weniger großen Anteil an kolloidem metallischen Kupfer bestehen. Ab 0,3–0,5 mg/L können Kupfertrübungen auftreten. Sie entstehen durch Reduktion, so daß hohe Gehalte an freiem *Schwefeldioxid oder *Ascorbinsäure begünstigend wirken. Charakteristisch ist die Nachweisreaktion mit Wasserstoffperoxid ($H_2O_2$), die zum Verschwinden der Trübung führt. Dabei wird CuS zu $CuSO_4$ und elementares Cu direkt zu $Cu^{2+}$ oxidiert. Durch Blauschönung (siehe *Weinbehandlung und Schönung) und in jüngster Zeit auch mittels synthetischer, polymerer Komplexbildner wie Divergan HM® können Kupfertrübungen verhindert werden[1].

*Eisentrübungen* erscheinen als weißlich-graue Schleier (grauer, weißer Bruch) aus schwerlöslichen Fe(III)-phosphat oder seltener als blau- bis schwärzlich-grüne Verfärbungen (schwarzer Bruch) aus hochmolekularen Fe(III)-Verbindungen mit kondensierten Gerbstoffen (z.B. Leukoanthocyanen). Entscheidend ist die Konzentration an dreiwertigem Fe, so daß durch die Reduktionsmittel Schweflige Säure und Ascorbinsäure sowie durch photochemische Reduktion (Lichteinwirkung) Eisentrübungen verhindert werden können. Wegen der guten Löslichkeit des Fe(III)-phosphats bei niedrigem pH-Wert und durch Komplexbildung von Fe(II) und Fe(III) bei steigendem pH-Wert ist mit Eisentrübungen nur zwischen pH 2,7 und 3,7 (Maximum bei pH 3,3) zu rechnen. Mittels Blauschönung (siehe *Weinbehandlung und Schönung) und in jüngster Zeit auch mittels synthetischer, polymerer Komplexbildner (Divergan HM®) kann überschüssiges Fe wirkungsvoll entfernt werden[1].

*Hefetrübungen:* sich streifig absetzende Trübung in nicht steril abgefülltem Wein mit Kohlendioxid-Entwicklung, die durch unsterile Arbeitsweise bei der Abfüllung durch Nachgärung auf der Flasche auftreten können.

*Bakterientrübungen:* durch säureabbauende Bakterien, die zu einer schleimig oder seidig glänzenden Trübung mit geringer Kohlendioxid-Entwicklung und Geschmacksveränderung führt.

*Gerbstofftrübungen* entstehen durch Oxidation und anschließende Kondensation von Polyphenolen zu hochmolekularen braunen Verbindungen, die zunächst noch kolloid gelöst sind, mit zunehmender Molekülgröße aber ausfallen. Am bekanntesten sind Gerbstoffausscheidungen bei Rotwein. Die Bildung des braungefärbten Depots beruht auf der Kondensation der durch Hydrolyse aus den Anthocyanen entstehenden Anthocyanidine unter Abspaltung von Methanol. Gerbstofftrübungen können durch gezielte Schönungsmaßnahmen verhindert werden[2]. Dazu werden hauptsächlich Proteine verwendet. – *E* turbid of wine

*Lit.:* [1]Eder, R.; Schreiner, A.; Schlager, G.; Wendelin, S., *Proceedings of the XXVII[th] World Congress of Vine and Wine* (Bratislava, 2002), OIV: Paris, (2002). [2]Fischleitner, E.; Wendelin, S.; Eder, R., *Mitt. Klosterneuburg*, (2002) **52**, 69–88.
*allg.:* Dietrich, H., *Dtsch. Weinbau*, (2004), Nr. 16/17, 14–20 ▪ Eder, R., *Weinfehler*, Österreichischer Agrarverlag: Wien, (2000) ▪ Würdig-Woller, S. 419 ff

**Wein-Überwachungsverordnung** siehe *Wein und *Weinrecht.

**Weinverbrauch** siehe *Weinanbau.

**Weinverordnung** siehe *Wein und *Weinrecht.

**Weißblech.** Aus unlegiertem Stahl gewalztes Blech bis 0,5 mm Dicke, mit einer Reinzinn-Auflage von mindestens 20 g/m² durch Feuerverzinnen bzw. mindestens 5 g/m² bei elektrolytischem Verzinnen[1]. Das für den Überzug verwendete Zinn hat einen Reinheitsgrad von mindestens 99,75%.

In der Verpackungsindustrie liegen die Haupteinsatzbereiche von Weißblech in der Herstellung von Getränkedosen (z.B. für Bier, Süßgetränke), Konservendosen (z.B. für Obst, Gemüse) und Aerosoldosen (z.B. für Haarspray, Sahne, Lacke). Zum Schutz des Füllgutes und zur Vermeidung von Korrosion wird das Weißblech mit einer Schutzschicht lackiert. – *E* tinplate

*Lit.:* [1]DIN EN 10203: 1991-08.
*allg.:* DIN 55405-2: 1988-02 ▪ Fraunhofer Gesellschaft e. V., *Verpackungstechnik*, Hüthig: Heidelberg, (2001); Loseblattsammlung ▪ Rationalisierungs-Gemeinschaft „Verpackung" (RGV), Hrsg., *RGV-Handbuch Verpackung*, Erich Schmidt: Berlin, (1999); Loseblattsammlung – [HS 7212 10]

**Weißei** siehe *Eiklar.

**Weiße Schokolade** siehe *Schokoladenerzeugnisse.

**Weißfisch** siehe *Magerfisch.

**Weißkohl, Weißkraut** siehe *Kohlarten.

**Weißschimmelkäse** siehe *Schimmelkäse.

**Weißtöner** siehe *optische Aufheller.

**Weiß- und Roséweinbereitung.** Bei Weiß- und Roséweinen (*Weißweinbereitung*, *Roséweinbereitung*) wird in die Teilprozesse Traubenverarbeitung, Mostbehandlung, Gärung, Weinausbau und Abfüllung differenziert.

*Traubenverarbeitung:* Die mit der Hand oder Maschinen geernteten Trauben (Lese) gelangen über unterschiedlichste Transportsysteme vom Weinberg zur Weiterverarbeitung ins Kelterhaus. Je nach Rebsorte, Reife und Gesundheitszustand der Trauben, dem zu erzeugenden Weintyp und nicht zuletzt der betriebseigenen Verarbeitungskapazität stehen verschiedene Verfahrensabläufe zur Verfügung:

– Bei der Ganztraubenverarbeitung gelangen die Trauben ohne weitere Verarbeitungsgeräte, wie z.B. Pumpen, vom Transportsystem über Fließbänder oder direkt über Kippsysteme auf die Kelter. Diese Vorgehensweise findet Anwendung, wenn überreifes bzw. mikrobiell vorgeschädigtes Traubenmaterial verarbeitet werden soll; weiter bei der Roséweinbereitung, um den reinen Pulpsaft zu gewinnen, damit die roten Farbstoffe, die vorwiegend in der Beerenhaut lokalisiert sind, nicht in den Saft übergehen (siehe *Rotweinbereitung).

– Bei der Maischeverarbeitung werden die Trauben über Traubenmühlen (Traubenquetschen) gequetscht oder meist über eine Abbeermaschine von den Traubenstielen (Kämme, Rappen) befreit und anschließend gequetscht. Die so entstandene *Maische gelangt je nach Weintyp und Verarbeitungskapazität sofort auf die Kelter oder wird einer Maischestandzeit von wenigen Stunden bis mehreren Tagen unterzogen. Diese Maischestandzeit dient vor allem bei aromatischen Rebsorten wie z.B. Gewürztraminer oder Muskateller zur verstärkten Extraktion der in der Beerenhaut lokalisierten Aromastoffe. Durch den Zusatz von Enzympräparaten kann eine Beschleunigung der Extraktion erreicht werden, weiter soll sich die Preßbarkeit verbessern. Bei großen Anlieferungsmengen in Großkellereien und Genossenschaften ermöglicht die Maischestandzeit eine Bevorratung und Vorentsaftung der Maische und damit eine arbeitswirtschaftlichere Arbeitsweise. Der Transport der Maische im Kelterhaus kann durch Pumpen, Schnecken, Förderbänder oder auch mit Behältern erfolgen, die mehr oder weniger mechanische Belastung für die Maische bedeuten.

Je nach Fäulnisgrad und Maischestandzeit wird der Maische schweflige Säure in Form von Kaliumdisulfid zugesetzt, um ein spontanes Angären durch die natürliche Mikroflora der Trauben (*Apiculatus*-*Hefen oder „wilde Hefen" der Gattung *Kloeckera*, *Hansenispora*, *Hansenula anomala* und *Candida*) zu verhindern.

Die Trauben bzw. die Maische gelangt direkt oder nach einer Maischestandzeit auf die Kelter, wo mittels pneumatisch, hydraulisch oder mechanisch erzeugtem Druck eine Phasentrennung (fest/flüssig) des Traubenmaterials in *Trester und *Most erreicht wird.

*Mostbehandlung:* Der von der Kelter ablaufende Most kann weiteren Behandlungsmaßnahmen unterzogen werden (siehe auch *Weinbehandlung und Schönung):

– Enzym-Einsatz, zur Verbesserung der Mostvorklärung und Filtrierbarkeit durch Abbau des Protopektins, zur Verbesserung der Farbausbeute erhitzter Rotweinmaische (siehe *Rotweinbereitung);

– Zusatz von Eiweiß-haltigen bzw. Eiweiß-artigen Schönungsmittel, zur Verminderung negativer Geschmackskomponenten und Gerbstoffe, die durch zu starke Beschädigung der Beerenhaut in den Most gelangen;

– die Kohleschönung, zur Verminderung negativer Geschmackskomponenten, die durch Umweltbedingungen (Fäulnis, Frost u.a.) auf die Trauben, die Maische oder den Most gelangen (siehe *Weinfehler);

– *Bentonit, zur Entfernung von thermolabilem Eiweiß, welches im Weinstadium zu *Weintrübungen führen kann;

– Schweflige Säure; zur Verhinderung einer spontanen Angärung durch die natürliche Mikroflora der Trauben.

Nach den eventuell durchgeführten Mostbehandlungen muß der Most vorgeklärt (entschleimt) werden. Dadurch wird er vom Trub (Süß-, Most- oder Entschleimungstrub) getrennt. Dieser Trub besteht u.a. aus Pflanzenbestandteilen, Zellgewebe, Weinstein und eventuell Behandlungsmitteln usw. Dieser Mostvorklärung durch Sedimentation (Absetzenlassen, Entschleimen), Separation, Flotation oder Filtration können weitere Mostbehandlungen folgen:

– die Kurzzeiterhitzung (siehe *Pasteurisieren) dient der Inaktivierung von Mikroorganismen und Enzymen, um unerwünschte Prozesse wie Oxidation (durch Oxidasen), Fehlgärung und Verfärbung zu verhindern;

– die Anreicherung zur Erhöhung des natürlichen Zucker/Alkoholgehaltes in unreifen Jahrgängen;

– die Korrektur des Säuregehaltes durch *Entsäuerung in unreifen und *Säuerung in überreifen Jahrgängen.

*Gärung:* Nach der *Mostbehandlung* werden meist Reinzuchthefen zugesetzt und der Most bei ca. 20 °C vergoren (*Gärverfahren*). Nach einigen Wochen erfolgt der *1. Abstich*, sprich die Abtrennung des *Jungweins* von der abgesetzten Hefe, um geruchlich und geschmacklich nachteilige Veränderungen (Hefeböckser) zu verhindern. Der Jungwein wird nun geschwefelt und einige Zeit gelagert (in Holz-, Metall-, Kunststoff- oder Glasbehältern); es beginnt der 3–9 Monate dauernde Weinausbau.

*Weinausbau:* Bei der *Faßlagerung* in Holzfässern wird einerseits das Reifen/Altern des Weines beschleunigt, andererseits werden aromawirksame Stoffe (Lactone, Phenole), die dem Wein ein typisches Bukett verleihen, aus dem Holz herausgelöst (siehe *Barrique-Ausbau). Der Weinausbau wird begleitet von Vorgängen wie Kristallisationsausscheidungen, biologischem Säureabbau und Weintrübungen. Durch Behandlung und Schönung des Jungweins mit zugelassenen Weinbehandlungsstoffen werden bei Bedarf Mängel und Weinfehler beseitigt. Da die meisten Weine durchgegoren sind (kein vergärbarer Zucker mehr vorhanden), kann zur Korrektur des Geschmacks eine Süßung vorgenommen werden. Eine Alternative zur Erhaltung einer gewünschten Restsüße ist das *Abstoppen der alkoholischen Gärung* durch Kühlung, Sterilfiltration oder Zugabe von schwefliger Säure nach voriger Klärung oder durch den Kohlensäuredruck bei der sog. gezügelten Gärung in Drucktanks. Nach dem nun folgenden *2. Abstich* wird filtriert, auf Flaschen gefüllt und etikettiert. Tafelweine und Landweine dürfen direkt, Qualitätsweine erst nach Erhalt einer amtlichen Prüfungsnummer in den Verkehr gebracht werden; siehe auch *Wein-Qualitätsstufen. Der Weinausbau erfolgt für bestimmte Rebsorten „reduktiv", bei Rotweinen eher „oxidativ". Gut ausgebaut ist ein reintöniger, harmonischer und insbesondere sortentypischer Wein. – *E* vinification, white and rosé wine making, pink wine making

*Lit.:* Boulton, R. B.; Singleton, V. L.; Bisson, L. F.; Kunkee, R. E., *Principles and Practices of Winemaking*, Kluwer Academic Publishers: Boston, (1999)

**Weißwein** siehe *Weinarten.

**Weißweinbereitung** siehe *Weiß- und Roséweinbereitung.

**Weizen** (*Triticum* L.). In verschiedenen Kulturarten weltweit verbreitetes und bedeutendes Brot-*Getreide und nach Reis die wichtigste Getreideart für die menschliche Ernährung. Man unterscheidet nach der Anzahl der Chromosomen die diploide *Einkornreihe* (2n = 14, Spelzweizen mit flachen Ähren und glasigen, oft rötlichen Körnern), die tetraploide *Emmerreihe* (2n = 28) und die hexaploide *Dinkelreihe* (2n = 48). Weltweit von Bedeutung als Brotweizen sind heute aus der Dinkelreihe der Nacktweizen (ca. 90% des Weltanbaus) und aus der Emmerreihe der *Durumweizen*, ein zum Hartweizen gehörender, begrannter, raschwüchsiger Sommerweizen (<500 mm Jahresniederschlag) mit vorwiegend glasigem Mehlkörper. In einigen Regionen wird noch der bespelzte *Dinkel* angebaut, ein sehr robuster Winterweizen mit hohem Klebergehalt, bei dem die Körner in den Spelzen fest eingeschlossen sind und daher durch einen besonderen Arbeitsgang (Gerbgang) entspelzt werden müssen. Aus Dinkel wird auch *Grünkern* gewonnen, indem man das Korn, unreif geerntet, teils über Holzkohlefeuer gedörrt, dann drischt und entspelzt.
Die wichtigsten Anbaugebiete sind in der Tabelle aufgeführt. Die chemische Zusammensetzung des Weizenkorns ist bei *Getreidekorn (Tabelle 2) aufgeführt.
Die Sonderstellung des Weizen beruht auf seiner Backfähigkeit, für die vor allem *Gluten aus dem Endosperm verantwortlich ist. Das Aleuron-Protein dagegen beeinflußt die Backeigenschaften nicht. Es ist zu 50% wasserlöslich und enthält im unlöslichen Anteil 80% des *Phytin-Phosphors.
*Zusammensetzung:* 100 g Weizenvollmehl enthalten durchschnittlich 12,6 g Wasser, 12,1 g Protein,

Tabelle: Durchschnittliche Produktion von Weizen im Jahr 2001 (Literatur[1]).

| Land | Erntemenge [1000 t] | Fläche [1000 ha] | Ertrag [kg/ha] | Erntemenge [%] |
|---|---|---|---|---|
| China | 93500 | 24399 | 3832 | 16,0 |
| Russische Föderation | 46871 | 20920 | 2241 | 8,0 |
| Ukraine | 21333 | 6880 | 3101 | 3,7 |
| USA | 53278 | 19689 | 2706 | 9,1 |
| Indien | 68458 | 24963 | 2742 | 11,7 |
| Frankreich | 31695 | 4782 | 6600 | – |
| Kanada | 21282 | 10971 | 1940 | 3,7 |
| Deutschland | 22838 | 2896 | 7900 | – |
| UK | 11576 | 1636 | 7100 | – |
| EU | 91713 | 16727 | 5483 | 15,7 |
| **Welt** | **582692** | **213817** | **2725** | **100** |

2,1 g Fett (0,4 g gesättigte und 1,7 g ungesättigte Fettsäuren), 69,4 g Kohlenhydrate und 2,1 g Ballaststoffe sowie Mineralstoffe (in mg): Calcium 50, Eisen 10, Magnesium 160, Phosphor 360, Kalium 520, und Vitamine (in mg): *Thiamin 2,0, *Riboflavin 0,7, *Niacin 4,2, Vitamin B$_6$ 0,9. *Nährwert: 1390 kJ (331 Kcal). *Nicotinsäure ist allerdings Teil eines unverdaubaren Komplexes mit *Polysacchariden (Niacytin) und steht für den Organismus daher nicht zur Verfügung. Die Weizen-Kohlenhydrate bestehen aus 95,8% *Stärke, 2,4% *Pentosanen und Polyosen, 1,5% Zucker und 0,3% *Cellulose. Hartweizen (*Triticum durum*), der vorwiegend für die Teigwarenproduktion genutzt wird, enthält ca. 30% mehr β-*Carotin als der für Backwaren genutzte Weichweizen. Bei einseitiger Ernährung mit *Phytinsäure-reichen Weizenprodukten können Zink- und Eisen-Mangelerscheinungen auftreten; im Weizenbrot ist Phytinsäure jedoch kaum mehr enthalten, da mikrobielle Phytasen diese hydrolysieren. Weizenkeime enthalten ein *Lektin (Weizenkeim-Agglutinin, englische Abkürzung WGA)[2]. Die Weizen-Proteine lassen sich in 4 Fraktionen trennen (*Osborne-Fraktionen, in Klammern die historischen, Weizen-spezifischen Namen): In der Aleuronschicht (vgl. Abbildung bei *Getreidekorn) *Albumin (Leukosin) und *Globulin (Edestin) und im Kleber die Reserveproteine der *Prolamine (Gliadin) und *Gluteline (Glutenin), die für die Viskoelastizität eines *Teigs aus Weizenmehl verantwortlich sind[3]. Einen Überblick über die funktionellen Eigenschaften von Weizen-*Gluten gibt Literatur[4]. Im Laufe der Reifung auftretende Veränderungen in der Protein-Fraktion beschreibt Literatur[5]. Effekte und Auswirkungen von Weizenallergien sowie Gluten-Intoleranz werden in Literatur[6] diskutiert.
*Verwendung:* Hauptprodukte von Weizen sind Mehl und Grieß, die zu Brot und Backwaren bzw. zu Teigwaren verarbeitet werden. Ferner dient Weizen zur Herstellung von Nährmitteln, Stärke, Malz, Kaffee-Ersatzstoffen und alkoholhaltigen Getränken (Bier, Kornbranntwein).
Weizen enthält Proteine wie z.B. *Gliadin, die *Zöliakie auslösen können. Durch Umstellung der

Nahrung auf *Gluten-freie Diät können an Zöliakie Erkrankte geheilt werden. Weizenkleber wird
für Speisewürze, Glutaminsäure und Diabetikerge-
bäck, Weizenkeime und Weizenkleie zur Herstellung von Extrakten und Ölen (Weizenkeimöl) verwendet. – *E* wheat

*Lit.:* [1]FAO; http://www.fao.org/. [2]Nachr. Chem. Tech. Lab.
**38**, 14–23 (1990). [3]Z. Lebensm. Unters.-Forsch. **187**, 27–34
(1988). [4]J. Cereal Sci. **23**, 1–18 (1996). [5]Z. Lebensm. Unters.-Forsch. **191**, 99–103 (1990). [6]Food Ind. **49**, 3 (1996). –
*[HS 1001 10, 1001 90]*

**Weizenkeimöl.** Fettes, goldgelbes *Getreidekeimöl, das aus den bei der Mehlgewinnung aus
Weizenkörnern (*Triticum aestivum* L., Poaceae)
anfallenden Keimlingen (Ölgehalt 8–11%) durch
Pressen oder Extraktion gewonnen wird. Weizenkeimöl riecht charakteristisch nach Getreide; es
gelangt z.T. auch raffiniert in den Handel.
*Zusammensetzung:* Zum Fettsäure-Muster der Triglyceride siehe die Tabelle. *Unverseifbares 3,5–
6% (*Tocopherole: 2,5 g/kg; *Sterole: 1,7 g/kg[1]).

Tab.: Verteilung der Fettsäuren im Triacylglycerid-Anteil
von Weizenkeimöl.

| Fettsäure | Schwankungsbreite [%] |
|---|---|
| C 14:0 | <0,1 |
| C 16:0 | 13–20 |
| C 16:1 | <0,1 |
| C 18:0 | <2,0 |
| C 18:1 | 13–21 |
| C 18:2 | 55–60 |
| C 18:3 | 4–10 |
| C 20:0 | <0,2 |
| C 20:1 | <0,2 |
| C 20:2 | <0,1 |
| C 22:0 | <0,1 |
| C 22:1 | <0,2 |

*Analytik:* VZ 179–190, IZ 115–129, SZ 6–20; Erstarrungspunkt: 0°C; $n_D^{40}$ 1,469–1,478; $D_{25}^{25}$
0,925–0,933. Neben dem Fettsäure-Spektrum dient
das charakteristische Tocopherol-Muster (α-Tocopherol 1,3 g/kg; β-Tocopherol 710 mg/kg; γ-Tocopherol 260 mg/kg; δ-Tocopherol 270 mg/kg) zur
Identifizierung von Weizenkeimöl[2]. Zur Belastung
von Weizenkeimöl mit *polycyclischen aromatischen Kohlenwasserstoffen und zum Nachweis von
Furanfettsäuren siehe *Lit.* [3,4].
*Verwendung:* Zur Gewinnung von Speiseölen hat
Weizenkeimöl keine Bedeutung. Aufgrund des hohen Tocopherol-Gehalts ist es ein beliebtes Diätöl,
das allerdings wegen des hohen *Linolsäure-Ge-
halts nur kürzere Zeit haltbar ist. In der Kosmetik
wird Weizenkeimöl als Salbengrundlage und zur
Herstellung von Haut- und Haarpflegemitteln verwendet. Vermahlene Weizenkeime sind als Mischung mit Walnußschalen-Abrasiven häufig
Grundlage für Gesichtspackungen und mechanische Hautreinigungsmittel. – *E* wheat germ oil

*Lit.:* [1]Fat Sci. Technol. **91**, 23–27 (1989). [2]Fat Sci. Technol.
**93**, 519–526 (1991). [3]GIT Fachz. Lab. Suppl. **1989**, Nr. 2,
16–21. [4]Fat Sci. Technol. **93**, 249–255 (1991).

*allg.:* Merck-Index (13.), Nr. 10100 ▪ Ullmann (5.) **A10**, 226
– *[HS 1515 90; CAS 8006-95-9]*

**Weizenkleie.** Das Mühlennachprodukt, welches
beim Vermahlen von *Weizen in Mengen um 15%
anfällt, wird als Weizenkleie bezeichnet. Weizenkleie ist protein- und ballaststoffreich und wird
heute in aufbereiteter Form als Nahrungsergänzungsmittel im Rahmen der Vollwertkost, auch wegen des hohen Vitamin-Gehaltes (*Vitamin E und
*Folsäure), verwendet. Darüber hinaus ist Weizen-
kleie ein mildes Laxans. Ungereinigte Weizenkleie
ist ein wertvolles Futtermittel.
Zur Identifikation glycosidisch gebundener *Flavonoide in Weizenkleie siehe Literatur[1]. Zum möglichen Einsatz von Weizenkleie als Anticarcinogen
siehe Literatur[2,3]. Methoden zur Entfernung von
Phytaten (vgl. *Phytinsäure) werden in Literatur[4]
verglichen; siehe auch *Kleie. – *E* wheat bran

*Lit.:* [1]Cereal Chem. **65**, 452–456 (1988). [2]J. Agric. Food
Chem. **45**, 661–667 (1997). [3]Biosci. Biotechnol. Biochem.
**60**, 2084f. (1996). [4]Food Chem. **58**, 5–12 (1997). –
*[HS 2302 30]*

**Weizenmehl** siehe *Mehl.

**Weizenstärke** siehe *Stärke.

**Wellpappe** siehe *Pappe.

**Welsche Nuß** siehe *Walnuß.

**Welschkohl** siehe *Kohlarten.

**Welschkorn** siehe *Mais.

**Werbung** siehe *krankheitsbezogene Werbung.

**Wermut.** Unter W. versteht man im botan. Sinne
das W.-Kraut, d.h. die oberird. Pflanzenteile von
*Artemisia absinthium* (Asteraceae), einem in Südeuropa, Nordafrika u. Asien weit verbreiteten, ver-
ästelten Halbstrauch mit silbrig behaarten Blättern
u. Trieben u. kugeligen, gelben Blütenköpfchen,
der vielfach in großem Maßstab angebaut wird.
Daneben bezeichnet W. auch den aus Wein u.
Weinextrakten hergestellten Vermouth od. Wermutwein (siehe *weinhaltige Getränke), aus dem
man (mit Gin) Martinis (Cocktails) mixt. Schließlich meint man im Jargon mit „W." auch den mit
*Wermutöl hergestellten Trinkbranntwein (*Absinth), der das gesundheitlich bedenkliche *Thujon
enthält.
Im W.-Tee ist Thujon aufgrund seiner Wasserunlös-
lichkeit nicht enthalten, dagegen finden sich *Flavone, das Proazulen Artabsin u. die *Bitterstoffe
Absinthin u. Anabsinthin (Sesquiterpenlactone),
weshalb der *Tee als Amarum, Stomachikum u.
Carminativum sowie als Cholagogum dienen kann.
Ein Teil der genannten Flavone liegt im W.-Kraut
glucosid. gebunden vor. Auch Syringasäure-, Va-
nillinsäure- u. *p*-Hydroxy-benzoesäureglucoside hat
man nachgewiesen[1]. Bestimmte *Artemisia*-Arten
(z.B. Beifuß, Estragon u. Zitwer) finden arzneiliche u./od. gewürzliche Verw.; andere Arten (*Artemisia chinensis, Artemisia indica, Artemisia moxa*)
finden in China u. Japan Anw. zur Moxibustion, u.
*Artemisia annua* enthält in ihren Samen ein gegen

Malaria wirksames 1,2,4-Trioxan-Derivat (Qinghaosu)[2]. Die aus Südostafrika stammende *Artemisia afra* ist stark *Campher-haltig u. dort eine populäre Droge gegen Erkältungen u. Fieber. – *E* wormwood

*Lit.:* [1]Z. Lebensm. Unters.-Forsch. **187**, 444–450 (1988). [2]J. Med. Chem. **31**, 645, 713 (1988). – *[HS 1211 90]*

**Wermutöl** (Absinthöl; FEMA 3116). Dunkelgrünes bis braunes oder blaues, stark riechendes, kratzend bitter schmeckendes etherisches Öl, das aus den oberen Sproßteilen und Laubblättern des Wermutkrauts (*Artemisia absinthium* L.; FEMA 3114) in Ausbeuten von ca. 0,3–1% durch Wasserdampfdestillation gewonnen wird; D. 0,895–0,955, löslich in Alkohol und Ether.
*Zusammensetzung:* Wermutöl enthält *Thujon (40–70%) und Thujylalkohol (in freier Form und verestert) neben Absinthin, Phellandren, Cadinen, *Pinen, Azulenen, Cineol, *Salicylsäure und anderen. Zur Analytik und den antifungalen sowie antioxidativen Eigenschaften von Wermutölen siehe Literatur[1,2].
*Verwendung:* In der Gewürz- und Parfümindustrie, medizinisch als Carminativum und Anthelmintikum; siehe auch *Wermut und *Absinth. – *E* wormwood oil

*Lit.:* [1]Chiasson, H.; Belanger, A.; Bostanian, N.; Vincent, C.; Poliquin, A., *J. Econ. Entomol.*, (2001) **94**, 167–171. [2]Kordali, S.; Cakir, A.; Mavi, A.; Kilie, H.; Yildirim, A., *J. Agric. Food Chem.*, (2005) **53**, 1408–1416.
*allg.:* Lachenmeier, D. W.; Emmert, J.; Sartor, G., *Dtsch. Lebensm. Rundsch.*, (2005) **101**, 100–104 ▪ Ohloff, S. 183 ▪ Zipfel, C 381 2, 10–12 – *[HS 3301 29; CAS 8008-93-3]*

**Wermutwein** siehe *weinhaltige Getränke.

**Westindische Kirsche** siehe *Acerola.

**Whiskey.** Der Name Whisky wird in Irland und Amerika „Whiskey" geschrieben und steht daher für die Erzeugnisse dieser Länder.

**Whisky** (Whiskey). Entsprechend der Verordnung (EWG) Nr. 1576/89[1] ist Whisky oder *Whiskey die Spirituose, die durch Destillieren von Getreidemaische gewonnen wird, die durch die in ihr enthaltenen Malzamylasen mit oder ohne andere natürliche Enzyme verzuckert, mit Hefe vergoren, zu weniger als 94,8% vol so destilliert worden ist, daß das Destillationserzeugnis das Aroma und den Geschmack der verwendeten Ausgangsstoffe aufweist und die mindestens drei Jahre lang in Holzfässern mit einem Fassungsvermögen von 700 Litern (oder weniger) gereift ist. Frisch destillierter Whisky ist farblos. Infolge der Faßlagerung entsteht durch die Extraktion von Inhaltsstoffen eine goldgelbe bis goldbraune Farbe; der Mindestalkoholgehalt beträgt 40% vol. Zur Farbverbesserung wird gelegentlich auch *Zuckercouleur zugesetzt. Whisky gehört zu den weltweit bekanntesten und vor allem in den angelsächsischen Ländern beliebtesten Getreidebranntweinen[2,3]. Die Hauptsorten sind der irische und der schottische Whisky sowie die amerikanische Bourbon Whiskey. Die Bezeichnung Scotch Whisky und Irish Whiskey sind nach der

VO (EWG) Nr. 1576/89 geschützt. Diese geographischen Angaben sind den Spirituosen vorbehalten, bei denen die Produktionsphase, in der sie ihren Charakter und ihre endgültigen Eigenschaften erhalten, in dem genannten geographischen Gebiet stattgefunden hat. Diese Angaben können durch die Zusätze „Malt" oder „Grain" ergänzt werden.
*Herstellung und Einteilung:* Je nach Typ (Malt Whisky, Grain Whisky, Blended Whisky) werden zur Herstellung von Whisky unterschiedliche Rohstoffe und Verfahren eingesetzt.
Schottischer Malz-Whisky (*Malt Whisky*) wird ausschließlich aus gemälzter Gerste hergestellt. Der Vorgang des Mälzens dauert 2–3 Tage. Die Darre verfügt über einen pagodenartigen Kamin, dem Wahrzeichen einer Whisky-Brennerei. Mit Torf, dem natürlichen Brennmaterial der schottischen Moore wird die Darre befeuert. Ihr Rauch verleiht dem fertigen Erzeugnis das typische Aroma. Das Malz wird grob gemahlen und zur Verzuckerung der Stärke bei 60°C eingemaischt. Nach der Gärung erfolgt zweifache Destillation in Kupfer-Apparaturen mit den charakteristischen schwanenhalsförmigen Destillationsaufsätzen. Bei der ersten Destillation wird der Mittellauf abgetrennt, der Rest in die Destillationsblase zurückgegeben und erneut abgebrannt.
*Grain Whisky* wird aus Weizen oder Mais hergestellt und zur Stärkeverzuckerung unter Druck gekocht. Versetzt mit einem Anteil an Gerstenmalz wird anschließend die Würze hergestellt, die nach der Gärung mittels einer kontinuierlich arbeitenden Destillationsapparatur, der sogenannten Coffey- oder Patent Destille, die über zwei Kolonnen verfügt, gebrannt wird.
In kühlen, trockenen überirdischen Lagerhallen werden Malt Whisky und Grain Whisky in speziellen Fässern für längere Zeit gereift. Verwendet werden Fässer aus Eiche oder solche, in denen bereits Sherry reifte. Die vorgeschriebene Lagerzeit beträgt mindestens 3 Jahre, viele Erzeugnisse reifen 5 bis 15 Jahre oder länger, wobei durch die poröse Wand ein Luftaustausch stattfindet, der mit zu den Reifungsvorgängen beiträgt.
Malt Whisky ist durch einen hohen Gehalt an *Fuselölen aromareich. *Single Malt Whisky* ist ein Malt Whisky, der aus einer einzigen Destillerie stammen muß.
Schottischer Getreide-Whisky (*Grain Whisky*) ist in seinen Eigenschaften dem Korn verwandt.
*Blended-Whisky*-Sorten sind Verschnitte aus Getreide- und Malz-Whisky (z.B. Blended Scotch), der Hauptanteil des in Schottland hergestellten und konsumierten Whisky. Ein Blend ist eine fein abgestimmte Mischung unterschiedlichster Sorten verschiedener Reifung, die 6 bis 8 Monate erneut lagert (marriage). Das gegebenenfalls auf der Flasche angegebene Alter gibt die Lagerdauer der jüngsten Komponente wieder.
Amerikanischer Whiskey (*Bourbon*) hat seinen Ursprung in der Stadt Bourbon im Staat Kentucky. Die Maische wird aus Mais (laut Verordnung mindestens 51%, in der Regel aber 60 bis 70%) unter

Zusatz von Roggen, Gerste oder Weizen (die sogenannten *small grains*) durch Verzuckerung mit
Gerstenmalz hergestellt. Nach der Gärung erfolgen
eine zweistufige Destillation und die Lagerung traditionell in angekohlten Eichenfässern.

Weitere amerikanische Sorten sind *Corn Whiskey*
(mindestens 80% Maisanteil), sowie *Rye Whiskey*
und *Wheat Whiskey*, hergestellt mit überwiegendem Roggen- bzw. Weizenanteil. Die EU hat sich
im Spirituosenabkommen mit den USA vom
09.06.1994 verpflichtet, die Bezeichnungen *Tennes-
see Whiskey/Whisky*, *Bourbon Whiskey/Whisky* und
*Bourbon* als eigenständige Verkehrsbezeichnungen
anzuerkennen.

*Irish Whiskey* nach irischen Vorschriften darf aus
20–50% gemälzter Gerste und einem Rest unge-
mälztem Hafer, Weizen oder Roggen hergestellt
werden. In Irland kommt überwiegend Malz-Whisky zum Verkauf. Das gekeimte Getreide wird in
geschlossenen Öfen getrocknet, so daß im Unterschied zum Schottischen Whisky Malz nicht mit
Rauch in Berührung kommen kann.

***Analytik und Aromastoffe:*** Eine Abschätzung der
Lagerzeiten von Whisky ist anhand der Gehalte an
phenolischen Aldehyden und *Phenolcarbonsäuren, den Abbauprodukten herausgelöster Holzin-
haltsstoffe, möglich[4,5]. Die Klassifizierung einzelner Whisky-Sorten und Arten ist anhand der Aro-
mastoffanalyse[6,7] oder mittels Curie-Punkt-Pyroly-
se/Massenspektrometrie möglich[8]. Zum Nachweis
von Methanol und Fuselölen siehe Literatur[9]. Die
Gehalte an *Urethan liegen zwischen 10 und
350 ng/g[10].

Von den Aromastoffen liefern vor allem die beiden Isomeren der als Quercus- oder *Whiskylacton
bezeichneten Verbindung einen entscheidenden
Beitrag zum Whisky-Aroma[11]. Im Eichenholz liegen 77% (−)-(4S)-cis- und 23% (+)-(4R)-trans-
Whiskylacton vor. Anhand ihrer Verteilung läßt
sich erkennen, ob einem Whisky Quercus-Lacton
als naturidentischer Aromastoff zugesetzt wurde[12].
Zum Einfluß des Holzes auf das Aroma von Whisky siehe Literatur[13].

***Toxikologie:*** Zur Belastung von Whisky mit *Nitrosaminen (z.B. NDMA <2 µg/kg) siehe Literatur[14]. Nach Literatur[15] wird der Whisky-Konsum in
Zusammenhang mit dem Krebsrisiko diskutiert;
der geringe Gehalt der in Whisky enthaltenen
*PAH sollte aber nicht dafür verantwortlich zu
machen sein. Der physiologische Brennwert von
Whisky beträgt 10460 kJ/L. – *E* whisky (GB, Kanada), whiskey (Irland, USA)

Tab.: Daten zu Whisky- u. Cognaclacton.

*Lit.:* [1]Verordnung (EWG) Nr. 1576/89 vom 29.05.1989 zur
Festlegung der allgemeinen Regeln für die Begriffsbestimmung, Bezeichnung und Aufmachung von Spirituosen
(Amtsblatt der EG Nr. L 160). [2]Kolb, E., *Spirituosen-Technologie*, Behr's: Hamburg, (2002); S. 108ff., 533. [3]Begriffs-
bestimmungen für Spirituosen, abgedruckt in Zipfel, C 419.
[4]Z. Lebensm. Unters. Forsch. **186**, 130–133 (1988). [5]Le-
bensm. Wiss. Technol. **19**, 469ff. (1987). [6]J. Sci. Food Agric.
**45**, 347–358 (1988). [7]J. Food Sci. **54**, 1351–1354, 1358
(1989). [8]Nachr. Chem. Tech. Lab. **39**, 836–840 (1991). [9]J.
Assoc. Off. Anal. Chem. **74**, 248–256 (1991). [10]Food Addit.
Contam. **6**, 383–389 (1989). [11]Z. Lebensm. Unters. Forsch.
**185**, 1–4 (1987). [12]Lebensmittelchem. Gerichtl. Chem. **42**,
22f. (1988). [13]Food Rev. Int. **5**, 39–99 (1989). [14]Tricker, A.
R.; Preussmann, R., *Mutat. Res.*, (1991) **259**, 277–289.
[15]Lancet **348**, 1731 (1996).
*allg.:* Demyttenaere, J. C. R.; Martínez, J. I. S.; Verhé, R.;
Sandra, P.; de Kimpe, N., *J. Chromatogr. A*, (2003) **985**, 221–
232 ■ Jack, F., *J. Inst. Brew. London*, (2003) **109**(2), 114–
119 ■ Lee, K. Y. M.; Paterson, A.; Birkmyre, L.; Piggot, J.
R., *J. Inst. Brew. London*, (2001) **107**, 315–332 –
*[HS 2208 30]*

**Whiskylacton** (3-Methyl-4-octanolid, 5-Butyl-4-
methyl-4,5-dihydrofuran-2(3*H*)-on, Quercus-Lacton; FEMA 3803).

(+)-(4*R*)-*trans*-W.

(−)-(4*S*)-*cis*-W.

(relative Konfiguration)

Cognac-Lacton

W. ist ein charakterist. *Aromastoff von Whisky,
der während der Lagerung in Holzfässern aus dem
dafür verwendeten Eichenholz extrahiert wird. W.
existiert in zwei Diastereomerenpaaren, wobei das
in Eichenholz natürlich vorkommende cis/trans-
Paar die (3S,4S)- bzw. (3S,4R)-Konfiguration aufweist[1]. Geruchscharakter von *trans*: Kokos-Note,
süß – von *cis*: Holzartig, Kokos-Note; Geruchsschwelle (in 30%igem Alkohol) von *trans*: 67 ppb
– von *cis*: 790 ppb, s. a. *Lit.*[2]. W. spielt auch bei der
Alterung von Wein im Holzfaß eine Rolle[3]. Zur
exakten Bestimmung eignet sich die Isotopenverdünnungsanalyse[4]. Zum Vork. in alkohol. Getränken s. Übersicht in Literatur[5]. Das homologe 3-
*Methyl-4-nonanolid* (Cognaclacton) wurde in Cognac nachgewiesen[6]. Zur Synth. dieser Lactone siehe Literatur[7]. – *E* whisky lactone, oak lactone

| | Summen-formel $M_R$ | Konfigu-ration | Sdp. [°C] | Drehwerte in Methanol | CAS | FEMA ADDIT |
|---|---|---|---|---|---|---|
| Whiskylacton (Quercus-Lacton a) | $C_9H_{16}O_2$ 156,22 | (3S,4R) trans | 67–68 (800 Pa) | $[\alpha]^{25}D$ + 84,5° | 80041-01-6 | 3803 |
| Whiskylacton (Quercus-Lacton b) | | (3S,4S) cis | | $[\alpha]^{15}D$ − 87° | 80041-00-5 | |
| Cognaclacton | $C_{10}H_{18}O_2$ 170,25 | (3S,4R) trans | 80 (800 Pa) | $[\alpha]_D$ + 83° | 114485-30-2 | |

*Lit.:* [1]Z. Lebensm. Unters.-Forsch. **185**, 1–4 (1987); **188**, 517–520 (1989). [2]Justus Liebigs Ann. Chem. **1986**, 2112–2122; Maarse, S. 501–504. [3]J. Agric. Food Chem. **42**, 1971–1974 (1994); Am. J. Enol. Vitic. **48**, 509–515 (1997); Aust. J. Grape Wine Res. **4**, 67–73 (1998). [4]Food Rev. Int. **12**, 105–130 (1996). [5]J. Chromatogr. A **857**, 239–246 (1999). [6]Charalambous (Hrsg.), Analysis of Foods and Beverages, S. 275, New York: Academic Press 1978; Chem. Pharm. Bull. **40**, 2579 (1992); Heterocycles **36**, 1017 (1993); J. Heterocycl. Chem. **35**, 485 (1998) (Synth.). [7]J. Org. Chem. **60**, 5628–5633 (1995); **63**, 1102 (1998); Tetrahedron **52**, 3905–3920 (1996); Tetrahedron: Asymmetry **9**, 1165 (1998). *allg.:* Beilstein EV **17/9**, 85 – *[HS 2932 29; CAS 39212-23-2]*

**Wild.** Jagdbare Wildtiere, die für den menschlichen Verzehr bestimmt sind, und solche, die als Lebensmittel keine Bedeutung haben (Luchs, Wildkatze, Wiesel usw.). Wild, das als Lebensmittel Verwendung findet, wird in *Haarwild* und *Federwild* unterteilt.

Tabelle: Einteilung von Wild.

1. *Haarwild* (Säugetiere):
   – Rehwild
   – Rotwild
   – Dam- und Sikawild
   – Schwarzwild (Wildschweine)
   – Elche
   – Muffel-/Stein- und Gamswild
   – Hasen und Wildkaninchen = Ballenwild
   – Nutria (Sumpfbiber)
2. *Federwild* (Wildgeflügel):
   – Rebhühner
   – Fasanen
   – Wildtauben (Ringel- und Türkentauben)
   – Wildenten und -gänse
   – Schwimmenten (Stock-, Krick- und Knäckenten)
   – Tauchenten (Tafelenten)
   – Auerhahn
   – Birkhuhn
   – Schnepfen
   – Wachteln

*Eigenschaften: Rehwild:* rotbraunes, kurzfaseriges, saftiges Fleisch, wertbestimmende Teilstücke sind Rücken, Keule und Schulter.
*Rotwild:* dunkel- bis schwarzbraunes, aromatisches Fleisch. Junge Tiere liefern zartes Fleisch, mit zunehmendem Alter nimmt die Zähigkeit zu. Während der Brunftzeit hat das Fleisch von Hirschen einen ausgeprägten Geschlechtsgeruch.
*Damwild:* rotbraunes, saftiges Fleisch, zarter und marmorierter als Fleisch von Rotwild, stammt häufig aus Gehegehaltung (Tiere im Alter von 12–18 Monaten).
*Schwarzwild:* dunkelrotes, sehr saftiges, hocharomatisches Fleisch, besonders zart von Jungtieren; wenig marmoriert. Bei älteren Tieren ist eine ausgeprägte Fettschicht vorhanden; in der Rauschzeit ist das Fleisch mit einem unangenehmen Geruch und Geschmack behaftet.
*Hasen:* braunrotes, zartes, mildes Fleisch, je nach Alter und Lebensraum ist die Qualität des Fleisches sehr unterschiedlich. Das Fett entwickelt bei der Lagerung leicht einen ranzigen Geschmack (Fettverderb).

*Wildkaninchen:* helles, zartes, z.T. leicht süßliches Fleisch mit feinem Aroma.
*Rebhühner:* mageres, hocharomatisches Fleisch.
*Fasanen:* helles, langfaseriges Fleisch; weniger saftig als Rebhuhn.
*Wildtauben:* zartes Fleisch.
*Wildenten:* mageres, kerniges Fleisch.
*Wachteln:* zartes, feinfaseriges Fleisch.
*Wildgänse:* etwas fettreicheres, kerniges Fleisch.
Auch das Fleisch weniger bekannter, außereuropäischer Wildarten (Antilopenarten, Känguruh, Elefant usw.) zählt zu Wildfleisch.

Das Fleisch der einzelnen Wildarten ist im Hinblick auf Aussehen, Geruch und Geschmack verschieden. Meist zeigt das Fleisch eine dunkelrote bis rotbraune Farbe, die z.T. auf unzureichende Ausblutung zurückzuführen ist. Geruch und Geschmack werden bestimmt von Nahrungsangebot, Geschlechtscyclus, Alter und der Jahreszeit des Erlegens.

Der Verbrauch von Wild in Deutschland ist nur gering, er beträgt ca. 500 g/Kopf und Jahr. Neben frei lebendem gewinnt auch Wild aus landwirtschaftlicher Gehegehaltung immer mehr an Bedeutung.

*Zusammensetzung:* Wildfleisch besitzt durchschnittlich einen hohen Protein- und einen niedrigen Fett-Gehalt. Die Zusammensetzung des Fleisches einzelner Wildarten ähnelt der der entsprechend domestizierten Schlachttiere.

*Recht:* Im allgemeinen gelten für Wild die Bestimmungen für den Handel mit Fleisch schlachtbarer Haustiere mit gewissen Einschränkungen. Nach dem Fleischhygienegesetz ist für Haarwild eine Fleischuntersuchung und bei Wildschweinen eine Untersuchung auf *Trichinen vorgeschrieben. Für Wild aus Gehegen ist auch eine Schlachttieruntersuchung/Fleischuntersuchung notwendig. Nach dem Bundesjagdgesetz darf Wild nur in bestimmten Jahreszeiten, die von den einzelnen Bundesländern festgelegt werden, erlegt werden.

*Verwendung:* Reh-, Rot-, Dam- und Schwarzwild werden vorwiegend in Teilstücken gehandelt. Dabei sind Keule, Rücken und Schulter zum Braten, Hals, Brust und Bauch vorwiegend zum Schmoren bestimmt. Hasen, Wildkaninchen und Wildgeflügel werden auch als ganze Tiere zum Braten angeboten. Durch Marinieren (*Marinaden) kann bei Wildfleisch der strenge Wildgeschmack gemildert und auch die Zartheit verbessert werden. Außerdem ist Marinieren eine Möglichkeit zur Dekontamination von Fleisch. – *E* game

*Lit.:* aid-Infodienst; http://www.was-wir-essen.de/abisz/wildfleisch.cfm

**Wildfrüchte** siehe *Obst.

**Wimperntusche** (Maskarapräparate). Die Wimperntuschen enthalten sogenannte Haftstoffe in fester oder auch in emulgierter Form, z.B. Glycerolmonostearat, Isopropylstearat, *Bienenwachs, Propylenglycol (siehe *Glycole), Fettsäureester, Paraffine, 1-Hexadecanol, Wollwachs-Derivate, *Polyvinylpyrrolidon, Acryl- u. Methacrylsäureester-Polymerisate. Eingesetzt werden Schwarzpigmente oder Braunpigmente, verschiedene *Eisenoxid-Pigmente, ferner öllösliche Farbstoffe. Der lipophile Charakter von Wimperntusche wird durch den Zusatz von Siliconölen erzielt.

Aufgrund des hohen Infektionsrisikos am Auge sind zur Konservierung von Wimperntusche Quecksilber-haltige Wirkstoffe zugelassen, da diese einen besonderen Schutz gegen *Pseudomonas aeruginosa* bieten. Thiomersal ist dabei als laufende Nr. 16 der Anlage 6 Teil A der *Kosmetik-Verordnung und Phenylquecksilber als laufende Nr. 17 dieser Anlage geregelt. Der Gesamtquecksilber-Gehalt beim Einsatz von Thiomersal und/oder Phenylquecksilber darf 0,007% nicht überschreiten. Bei Verwendung von Thiomersal ist der Warnhinweis „enthält Ethylquecksilberthiosalicylat", beim Einsatz von Phenylquecksilber der Warnhinweis „enthält Phenylquecksilber-Verbindungen" obligatorisch. – *E* mascara

*Lit.:* Braunagel, A., *SÖFW J.*, (2001) **127**(6), 64–69 ▪ Braunagel, A., *SÖFW J.*, (2002) **128**(7), 79–82 ▪ Hager (5.) **1**, 169–171 ▪ Umbach (2.), S. 319–324 – *[HS 3304 20]*

**Wintergrünöl** (Gaultheriaöl; FEMA 3113). Etherisches Öl, das in 0,7%iger Ausbeute durch Wasserdampfdestillation aus den Blättern des in Nordamerika und Kanada heimischen immergrünen Strauches Wintergrün (*Gaultheria procumbens*, Ericaceae) nach vorausgegangener Mazeration gewonnen wird.

Gaultherin

Hierdurch wird das Glycosid *Gaultherin* {Monotropitosid, $C_{19}H_{26}O_{12}$, $M_R$ 446,41, Schmp. 180°C, $[\alpha]_D$ −58,2° ($H_2O$)} enzymatisch in Salicylsäuremethylester und das Disaccharid Primverose gespalten. Auch die amerikanische Zuckerbirke (*Betula lenta*), die Schlangenwurzel oder Kreuzblumen, Mädesüß oder Spierstaude sind reich an Gaultherin. Wintergrünöl ist ein farbloses bis gelbliches Öl von starkem, angenehm aromatisch-würzigem Geruch, D. 1,174–1,187, das bis zu 99% aus Salicylsäuremethylester (siehe *Salicylsäureester) besteht. *Verwendung:* Äußerlich zur Einreibung gegen Rheuma, zur Aromatisierung von Kaugummi, als mildes Antiseptikum in Mundpflegemitteln, in der Parfümerie in blumigen Duftnoten. Die Blätter des Wintergrün werden in Amerika auch für Tee verwendet (*Kanadischer Tee*). Zur Analytik von Salicylsäuremethylester in Pharmazeutika siehe Literatur[1]. – *E* wintergreen oil

*Lit.:* [1]Krzek, J.; Czekaj, J. S.; Rzeszutko, W., *Acta Pol. Pharm.*, (2003) **60**, 343–349.

*allg.:* Ullmann (5.) **A18**, 211 ▪ Wichtl (4.) – *[HS 3301 29; CAS 90045-28-6 (Wintergrünöl); 490-67-5 (Gaultherin)]*

**Winterkohl** siehe *Kohlarten.

**Wirsing** siehe *Kohlarten.

**Wissenschaftliche Ausschüsse/Komitees der Europäischen Kommission.** Die Arbeit der Europäischen Kommission zu Fragen der Verbrauchergesundheit und Lebensmittelsicherheit aber auch zu Tiergesundheit und Tierschutz, Pflanzenschutz und Umweltschutz wurde bis 2003 durch die Arbeit wissenschaftlicher Ausschüsse unterstützt. 1997 wurden durch die Beschlüsse der Kommission (97/404/EC) und (97/579/EC) die wissenschaftlichen Ausschüsse „Lebensmittelsicherheit" (SCF), „Futtermittel", „Tiergesundheit und artgerechte Tierhaltung", „Veterinärmedizinische Maßnahmen im Zusammenhang mit der öffentlichen Gesundheit", „Pflanzen", „Kosmetische Mittel und für den Verbraucher bestimmte Non-Food-Erzeugnisse" (SCCNFP), „Arzneimittel und Medizinprodukte" und „Toxikologie, Ökotoxikologie und Umwelt" eingesetzt. Der wissenschaftliche Lenkausschuß (SSC) unterstützte die Kommission bei der Aufgabe, wissenschaftliche Gutachten einzuholen und koordinierte die Arbeit der von der Kommission eingesetzten Ausschüsse.

Für Fragen der Lebensmittelsicherheit ist nun die *EFSA zuständig. – *E* scientific commitees

**Wodka.** Der Begriff bedeutet auf russisch Wässerchen. Nach der Verordnung (EWG) Nr. 1576/89[1] die Spirituose, die aus Ethanol landwirtschaftlichen Ursprungs entweder durch Rektifikation oder durch Filtrieren über Aktivkohle – gegebenfalls mit anschließender einfacher Destillation – oder gleichwertiger Behandlung gewonnen wird, welche die organoleptischen Merkmale der verwendeten Ausgangsstoffe selektiv abschwächt. Durch Zusatz von Aromastoffen können dem Erzeugnis besondere organoleptische Eigenschaften, insbesondere ein weicher Geschmack verliehen werden. Der Alkoholgehalt beträgt mindestens 37,5% vol. Zur Herstellung werden hauptsächlich Gerste, Roggen, Weizen oder Kartoffeln verwendet. Zur Aromatisierung wird dem Erzeugnis vor allem bei polnischen Produkten ein *Cumarin-haltiger Büffelgrashalm zugefügt. Der Cumarin-Gehalt darf maximal 10 mg/kg nach der *Aromenverordnung betragen. Ein neues Verfahren zur Herstellung von Wodka ist patentiert[2]. – *E* vodka

*Lit.:* [1]Verordnung (EWG) Nr. 1576/89 zur Festlegung der allg. Regeln für die Begriffsbestimmung, Bezeichnung u. Aufmachung von Spirituosen vom 29.5.1989 (Amtsblatt der EG Nr. L 160/1–17). [2]Filippova, I. V.; Filippova, N. L., US 5618573A (1997).

*allg.:* Kolb, E., Hrsg., *Spirituosen-Technologie*, Behr's: Hamburg, (2002); S. 122–127 – *[HS 2208 60]*

**W/O-Emulsion** siehe *Wasser-in-Öl-Emulsion.

**Wollwachsalkohole** (INCI-Bezeichnung: Lanolin Alcohols). Sammelbezeichnung für die unverseifbare Fraktion des Wollwachs. Wollwachsalkohole sind gelbbraune, ziemlich harte, in der Wärme plastische Massen, Schmp. 54–60°C, D. 0,965, VZ 12–35, IZ 30–45, SZ 1–2, Aschegehalt maximal 0,3%. Zusammensetzung und Eigenschaften siehe Literatur[1] sowie folgende Aufstellung[2]: 25,2% *Cholesterol, 2,7% Lanosterol, 2,2% Dihydrolanosterol und 29,5% aliphatische einwertige Alkohole ($C_{16-22}$), ferner autoxidierte Terpene. Wollwachsalkohole sind unlöslich in Wasser, Aceton oder Ether, leicht löslich in 90%igem Ethanol, Dichlormethan und anderen Lösemitteln. Die Wollwachsalkohole nehmen selbst kein Wasser auf, verleihen aber z.B. Vaseline oder anderen geeigneten Kohlenwasserstoffen ein hohes Wasseraufnahmevermögen. Die Wollwachsalkohole werden daher vornehmlich zur Herstellung von Salbengrundlagen, aus denen Wasser-in-Öl-Emulsionen hergestellt werden, und als Emulgatoren verwendet[3,4].

Die durch schonende Acetylierung zugänglichen *acetylierten Wollwachsalkohole* (INCI-Bezeichnung: Acetylated Lanolin) sind schwach gelb gefärbte, fast geruchlose Produkte, Schmp. 30–40 °C, OHZ maximal 5, VZ 110–135. Die acetylierten Wollwachsalkohole haben keine Emulgator-Eigenschaften mehr, können aber die hautpflegenden Eigenschaften von Öl-in-Wasser- oder Wasser-in-Öl-Emulsionen deutlich verbessern. Sie können ferner als Überfettungsmittel in z.B. Hautwasch- und Reinigungsmitteln oder Haarwaschmitteln Verwendung finden. In Kompaktpudern sind sie gute Bindemittel. Die Hautverträglichkeit der acetylierten Wollwachsalkohole ist gut. – *E* wool wax alcohols

*Lit.:* [1]J. Am. Oil Chem. Soc. **56**, 651 (1979); Chem. Abstr. **91**, Nr. 8, 59152 (1979). [2]Ann. Pharm. Fr. **33**, 243 (1975); Chem. Abstr. **84**, Nr. 12, 79645 (1976). [3]J. Soc. Cosmet. Chem. **22**, 421 (1971). [4]Pharm. Ind. **34**, 378 (1972). *allg.:* Fiedler (5.), S. 1814–1816 – *[HS 1505 00; CAS 8027-33-6, 61788-48-5 (acetylierte Wollwachsalkohole)]*

**WONF.** Abkürzung für die in den USA gebräuchliche Bezeichnung „with other natural flavo(u)rs" (mit anderen natürlichen Aromastoffen), die eine Kategorie natürlicher *Aromen darstellt, die Mischungen natürlicher *Aromastoffe unterschiedlicher Herkunft enthalten, und nicht nur einen einheitlichen Aromaextrakt. WONF-Aromen sind kompositiv aus natürlichen Einzelbausteinen (aroma chemicals) erarbeitete Aromen. So kann z.B. ein „natural apple flavor with other natural flavors" aus anderen Quellen isolierte oder biotechnologisch erzeugte natürliche Aromastoffe enthalten. Nach Literatur[1] lautet die Definition für WONF: Foods contain „both a characterizing flavor from the product whose flavor is simulated and other natural flavors which simulates, resembles or reinforces the characterizing flavor" must be labelled „with other natural flavor". Im Getränkebereich wird diese Definition von dem Status „from the named fruit" (FTNF) deutlich unterschieden.

*Lit.:* [1]Salzer, U.-J.; Jones, K., In *Flavourings*, Ziegler, E.; Ziegler, H., Hrsg.; Wiley-VCH: Weinheim, (1998); S. 663.

**WRMG.** Abkürzung für *Wasch- und Reinigungsmittelgesetz.

**Wuchsstoffe** siehe *Pflanzenwuchsstoffe.

**Wuchsstoffherbizide** siehe *Herbizide und *Auxine.

**Würze.** 1. Bierwürze. Bez. für den von unlösl. Bestandteilen befreiten, im Sudhaus gewonnenen Extrakt aus *Malz. Nach dem Maischen erhält man die *Vorderwürze*, nach deren Verdünnung mit den Nachgüssen die *Pfannevollwürze*, nach dem Kochen mit Hopfen die *Ausschlagwürze*, nach dem Abkühlen die *Kühl-Mitte-Würze* und nach der Trubabscheidung die *Anstellwürze*.

*Würzebereitung:* Dabei unterscheidet man Maischen, Abläutern, W.-Kochen u. W.-Behandlung. Beim *Maischen* wird zunächst das geschrotete (d.h. in speziellen Mühlen gemahlene) Malz mit dem Brauwasser vermischt. Anschließend erfolgt in einem Temp.-Zeit-Programm (Maischverf.) eine gezielte enzymat. Umwandlung von Malzinhaltsstoffen. Der wichtigste Vorgang ist hierbei der vollständige Abbau der Stärke (*Amylose, Amylopektin) zu vergärbaren Zuckern (Glucose, Maltose, Maltotriose) u. nicht vergärbaren Dextrinen durch die α- u. β-Amylasen des Malzes. Das Temp.-Optimum der Maltose-Bildung liegt bei 60–65 °C, dasjenige der Dextrin-Bildung bei 70–75 °C, hierdurch hat man den Endvergärungsgrad der W. je nach Biertyp weitgehend in der Hand. Nach dem Läutern u. Aussüßen der Treber (Vorderwürze u. Nachgüsse) mit heißem Brauwasser (78 °C) kocht man die W. (Pfannevollwürze) 60–100 min unter Zugabe von Hopfen (150–500 g/hL je nach Biertyp), zu ihrer Konz. (Verdampfung von ca. 6–10% der Ausgangsmenge, Einstellung des *Stammwürze-Gehaltes), Keimfreimachung, Koagulation von Eiweißstoffen, Isomerisierung der Hopfenbitterstoffe sowie Bildung u. Verdampfung von Aromastoffen. Die gekochte u. gehopfte Würze (Ausschlagwürze) wird anschließend vom Trubstoffen befreit (Whirlpool, Filtration). Nach dem Kühlen der W. (Kühl-Mitte-Würze), üblicherweise in Plattenwärmetauschern, erfolgt eine partielle Entfernung des *Kühltrubs sowie eine intensive Belüftung zur Sauerstoff-Versorgung der Hefen (Anstellwürze).

*Zusammensetzung:* Der Extraktgehalt von Ausschlag- u. Anstellwürze entspricht der Stammwürze des *Bieres u. schwankt demnach je nach *Biergattung u. technolog. Gegebenheiten zwischen 2,5 u. 19% (siehe auch *Biereinteilung), die Vorderwürze liegt 3–6% darüber, die Pfannevollwürze 1–1,5% darunter. Der Extrakt der W. besteht zu ca. 90% aus Kohlenhydraten, davon 60–70% vergärbar (7–9% Glucose u. Fructose, 2–3% Saccharose, 42–47% Maltose, 11–13% Maltotriose), ca. 0,8% Stickstoff-haltigen Substanzen (Aminosäuren, Peptide, Proteine), ca. 2% Mineralstoffen, 0,2–0,3% Gerbstoffen, 0,02–0,07% Bitterstoffen (je nach Biertyp) sowie Spuren von Vitaminen. Der pH-Wert liegt in der Ausschlagwürze zwischen 5,0 u. 5,8 u. ist abhängig vom eingesetzten Malz, dem Maischverf., bes. aber vom Brauwasser. Er kann beim Maischen od. vor dem Kochen durch die nach dem Reinheitsgebot erlaubte biologische

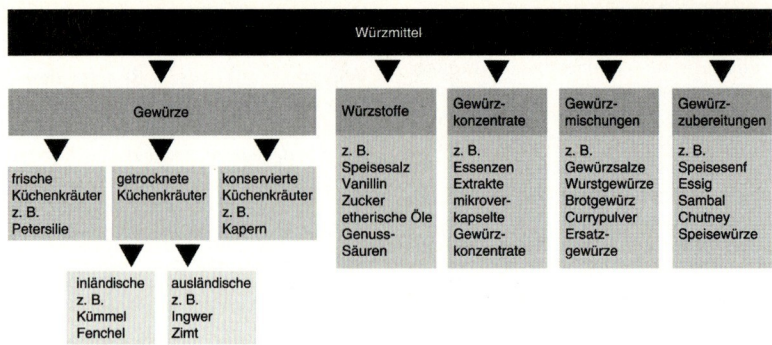

Abbildung: Einteilung der Würzmittel.

Säuerung nach unten korrigiert werden, da niedrige pH-Werte enzymat. Abbau u. Eiweißausscheidung begünstigen.

2. Bez. für alle der Geschmacksverbesserung von Speisen dienenden flüssigen od. pastösen Zubereitungen wie *Speisewürze u. *Gewürze, *Fleischextrakte in Fleischbrühwürfeln u. im weitesten Sinne für Würzsoßen (Relishes, Dressings). Während der Herst. von W. aus pflanzlichen Rohstoffen (Weizenkleber, Sojaschrot), im allg. durch saure Hydrolyse, kann es zur Bildung von *Chlorpropanolen kommen, Näheres zum Vorkommen und zur Toxikologie siehe dort. Zur Technologie der W.-Herst. s. Literatur[1]. – **E** 1. malt liquor, wort, 2. seasoning

*Lit.:* [1]Heiss (4.), S. 80–84.

*allg.: zu 1.:* Belitz-Grosch-Schieberle (5.), S. 886ff. ▪ Narziß, L.; Back, W., *Abriß der Bierbrauerei*, 6. Aufl.; Wiley-VCH: Weinheim, (2005) – *zu 2.:* Belitz-Grosch-Schieberle (5.), S. 589ff. ▪ Zipfel-Rathke, C 240; C 380 II, 35

**Würzen** siehe *Speisewürze.

**Würzmittel.** Sammelbegriff für natürlich vorkommende, verarbeitete od. synthet. hergestellte Stoffe unterschiedlicher Zusammensetzung, die den Geruch u. Geschmack anderer Lebensmittel verbessern u. sich darüber hinaus auch günstig auf den Stoffwechsel des Menschen auswirken können (siehe Abbildung). – **E** seasoning

*Lit.:* GIT Fachz. Lab. **37**, 226–231 (1992)

**Wundethylen** siehe *Pflanzenwuchsstoffe.

**Wursthüllen.** Äußere Umhüllungen von Brät und Wurstmassen werden als Wursthüllen bezeichnet. Sie können als Schlachtabgänge (Speiseröhre, Magen, Darm) von Tieren stammen oder künstlich hergestellt werden (*Kunstdärme*), siehe *Därme. Des weiteren sind die Empfehlungen der Kunststoffkommission des Bundesinstituts für Risikobewertung (*BfR) bezüglich Kunstdärmen zu beachten[1]. – **E** sausage casing (skin)

*Lit.:* [1]Kunststoffempfehlungen des BfR, XLIV. Kunstdärme; http://bfr.zadi.de/kse.

*allg.:* Zipfel-Rathke, C 100 *1*, 61; *2*, 68; *5*, 24a – *[HS 0504 00, 3917 10]*

**Wurstreifung** siehe *Rohwurst.

**Wurstwaren.** W. (Würste u. wurstartige Erzeugnisse) sind in den *Leitsätzen des Deutschen Lebensmittelbuches (Fleisch u. Fleischerzeugnisse) definiert als bestimmte, unter Verw. von geschmackgebenden u./od. technolog. begründeten Zutaten zubereitete schnittfeste od. streichfähige Gemenge aus zerkleinertem Fleisch, Fettgewebe sowie sortenbezogen teilw. auch anderen zum menschlichen Genuß bestimmten Tierkörperteilen. W. werden unterteilt in *Rohwürste, *Brühwürste u. *Kochwürste u. gelangen geräuchert od. ungeräuchert in Hüllen od. Behältnissen od. auch ohne Hülle in den Verkehr. *Fleischerzeugnisse, die als Pasteten, Rouladen od. Galantinen (Erzeugnisse in Behältern od. Hüllen, die mit Aspik überzogen sind od. Aspik-Teile enthalten) bezeichnet sind, sind nur dann W., wenn sie die Merkmale von Brühwürsten od. Kochwürsten aufweisen. Küchenfertig vorbereitete od. tafelfertig zubereitete Fleischerzeugnisse wie Fleischklopse, Küchenpasteten gelten nicht als W.; s.a. die Abb. bei *Fleischerzeugnisse. – **E** sausage

**Wurzelharz** siehe *Kolophonium.

# X/Y

**Xanthan** (INCI-Bezeichnung: Xanthan Gum, E 415).

Mikrobielles, anionisches Polysaccharid, das von *Xanthomonas campestris* unter geeigneten Kulturbedingungen ausgeschieden wird. Es enthält D-*Glucose, D-*Mannose, D-*Glucuronsäure, Acetat und Pyruvat im molaren Verhältnis 28:30:20:17:5,1–6,3. Die Hauptkette besteht aus β-1,4-gebundenen Glucose-Einheiten (*Cellulose-Kette). An jedem 2. Glucose-Rest hängt eine 3-gliedrige Seitenkette.
Die $M_R$ variiert von $2 \cdot 10^6$ bis $12 \cdot 10^6$ (je nach Herstellungsbedingungen und Stamm-Material). Xanthan nimmt in wäßriger Lösung relativ starre, regelmäßige, helikale Strukturen an. Es können Einfachhelices wie auch Doppelhelices vorliegen. Xanthan löst sich gut in heißem und kaltem Wasser. Dabei bilden die Helices ein dreidimensionales Netzwerk, welches hohe Viskositäten verursacht. Xanthan ist stärker pseudoplastisch als andere bekannte Hydrokolloide und bildet Gele mit hoher Gefrier-Tau-Stabilität. Im Mund erzeugt es einen günstigen Geschmackseindruck, da es weder schleimig noch klebrig ist („mouth feeling", geschmacksneutral). Mit Johannisbrotkernmehl und Guar-Mehl bildet es ebenfalls feste Gele. Viskosität (1%ige Lösung bei 1 Pa · s): 1000 cP. Xanthane besitzen sehr geringe Temperaturabhängigkeit; Stabilität in weitem pH-Bereich (1–11), hohe Pseudoplastizität. Mit dreiwertigen Kationen ($Fe^{3+}$, $Al^{3+}$) ist Xanthan aus Lösung fällbar.
*Herstellung:* Xanthan wird mit *Xanthomonas campestris* hergestellt[1]. Als Substrat dient Glucose oder hydrolysierte Stärke unter Zusatz von Nährsalzen und organischen Stickstoff-Quellen.
*Biochemie:* Im menschlichen Verdauungstrakt wird Xanthan von körpereigenen Enzymen nicht zerlegt. Es gelangt somit in distale Darmabschnitte

und wird von der dort angesiedelten Mikroflora partiell abgebaut[3].
*Verwendung:* Im Lebensmittelsektor dient Xanthan als Kochsalz-verträgliches Verdickungsmittel und Geliermittel. Es wird in Marmeladen, Gelees, Konfitüren, Mayonnaisen, Soßen, Puddings, energiearmen Erfrischungsgetränken (insbes. zur „Körpergebung"), Speiseeis und Backwarenfüllungen eingesetzt. Ähnliche Funktionen erfüllt es in Farben, Kosmetika, Bohrschlämmen (als Bohrhilfsmittel) und bei der Erdölförderung. Xanthan rangiert in der Reihe wirtschaftlich interessanter mikrobieller Polysaccharide direkt hinter den Dextranen.
– *E* xanthan (gum)
*Lit.:* [1]Chaitali, M.; Kapadi, M.; Suraishkumar, G. K.; Gudi, R. D., *Biotechnol. Prog.*, (2003) **19**, 1190–1198. [2]Shu, C. H.; Yang, S. T., *Biotechnol. Bioeng.*, (1991) **37**, 567. [3]Omoto, T., *Foods Food Ingred. J. Jpn.*, (2003) **208**, 935.
*allg.:* Ullmann (7.); http://dx.doi.org/10.1002/14356007.a21_a25.pub2 [Online, März 2003] ▪ http://www.lsbu.ac.uk/water/hyxan.html – *[CAS 11138-66-2]*

**Xanthin** siehe *Purine.

**Xanthin-Dehydrogenase** siehe *Xanthin-Oxidase.

**Xanthin-Oxidase** (Abk. XOD, Xanthin:$O_2$-Oxidoreduktase, EC 1.17.3.2.). *Enzym der Hauptklasse der Oxidoreduktasen, katalysiert die Oxid. von Xanthin mit mol. Sauerstoff zu Harnsäure u. Wasserstoffperoxid. X.-O. (sog. Schardinger-Enzym) wird meist aus Milch gewonnen ($M_R$ 275000), ist ein komplexes Metalloflavoprotein mit einem Molybdän-, einem *FAD- u. zwei Schwefel-Eisen-Zentren des Ferredoxin-Typs in jeder seiner unabhängigen Untereinheiten (PDB entry 1FO4). Zum Mechanismus der Katalyse und zur Rolle der Mo-C-Bindungen bei der Xanthin-Oxidase-Reaktion siehe Literatur[1–3]. X.-O. besitzt relativ niedrige Spezifität für das Substrat u. den Elektronenakzeptor. Neben mol. Sauerstoff können Farbstoffe wie Methylenblau, 2,6-Dichlorphenolindophenol u. a. als Elektronenakzeptoren dienen. X.-O. wird in Frischesensoren eingesetzt, um die Frische von Fisch u. Fleisch schnell zu bestimmen.
Als Inhibitoren der XOD wirken sehr viele, strukturell unterschiedliche Verbindungen. Auch der Ersatz von Molybdän durch Wolfram inaktiviert das Enzym.
*Pathologie:* XOD entsteht durch reversible Oxid. von Thiol-Gruppen od. bei *Ischämie* (Sauerstoff-Mangel infolge Minderdurchblutung) durch Proteolyse aus einer *Xanthin-Dehydrogenase* (XDH,

EC 1.1.1.204), die NAD$^+$ statt Sauerstoff als Elektronen-Akzeptor verwendet[4-7]. Bei der *Reperfusion* (Wiederdurchblutung) ischäm. Gewebes kommt es durch vermehrte Bildung von Hyperoxid zu Schädigungen; u.a. werden XOD-Inhibitoren therapeut. eingesetzt[8]. Bei Mangel an XOD wird Hypoxanthin u. bes. Xanthin im Urin ausgeschieden (*Xanthinurie*). – *E* xanthine oxidase

*Lit.:* [1]Bray, R. C.; Lowe, D. J., *Biochem. Soc. Trans.*, (1997) **25**, 762. [2]Xia, M.; Ilich, P.; Dempski, R.; Hille, R., *Biochem. Soc. Trans.*, (1997) **25**, 768. [3]Lowe, D. J.; Richards, R. L.; Bray, R. C., *Biochem. Soc. Trans.*, (1997) **25**, 774. [4]Blake, D. R.; Stevens, C. R.; Sahinoglu, T.; Ellis, G.; Gaffney, K.; Edmonds, S.; Benboubetra, M.; Harrison, R.; Jawed, S.; Kanczler, J.; Millar, T. M.; Winyard, P. G.; Zhang, Z., *Biochem. Soc. Trans.*, (1997) **25**, 812. [5]Schachter, M.; Foulds, S., In *Ischaemia-Reperfusion Injury*, Grace, P. A.; Mathie, R. T., Hrsg.; Blackwell Science: London, (1999); S. 137. [6]Parks, D. A.; Skinner, K. A.; Skinner, H. B.; Tan, S., *Pathophysiology*, (1998) **5**, 49. [7]Parks, D. A.; Skinner, K. A.; Tan, S.; Skinner, H. B., In *Reactive Oxygen Species in Biological Systems*, Gilbert, D. L.; Colton, C. A., Hrsg.; Kluwer Academic/Plenum Publishers: New York, (1999); S. 397. [8]Borges, F.; Fernandez, E.; Roleira, F., *Curr. Med. Chem.*, (2002) **9**, 195. – *[HS 3507 90; CAS 9002-17-9]*

## Xanthinurie siehe *Xanthin-Oxidase.

## Xanthohumol {1-[2,4-Dihydroxy-6-methoxy-3-(3-methyl-but-2-enyl)-phenyl]-3-(4-hydroxyphenyl)-propenon, 3′-[3,3-Dimethylallyl]-2′,4′,4-trihydroxy-6′-methoxychalkon, Abkürzung XN}.

Xanthohumol                    Isoxanthohumol

Tabelle: Physikochemische Daten.

| | |
|---|---|
| Summenformel | $C_{21}H_{22}O_5$ |
| $M_R$ | 354,40 |
| Schmp. | 172 °C |
| Löslichkeit in $H_2O$ | 0,0013 g/L (23 °C) bzw. 0,0011 g/L (8 °C) |
| Löslichkeit in Ethanol: $H_2O$ (5:95) | 0,0035 g/L (23 °C) bzw. 0,0018 g/L (8 °C) |

Der Begriff Xanthohumol leitet sich ab von „xanthos" (griechisch gelb) und „humulus" (lateinisch Hopfen). Es handelt sich um ein prenyliertes Pflanzenpolyphenol, das den Chalkonen zugeordnet wird und bisher ausschließlich im Hopfen nachgewiesen werden konnte[1]. Das dort in den Lupulindrüsen der weiblichen Blütenstände („Hopfenzapfen") zu findende XN weist im Reinzustand eine gelbliche Farbe auf und wird unter Temperatureinfluß, z.B. während des Brauvorgangs und im alkalischen Milieu zu *Isoxanthohumol* (früher: Humulol) umgelagert. In den Hopfenzapfen sind 0,2 bis 1,0 Gew.-% XN zu finden. In handelsüblichen Bieren konnten bis zu 0,7 mg XN/L nachgewiesen werden. Modifikationen im Brauverfahren durch Verwendung spezieller Hop-

fenprodukte und Hefestämme, späte Zugabe des Hopfens während des Brauens und rasches Abkühlen der Bierwürze ermöglichen inzwischen, unter Einhaltung des Deutschen Reinheitsgebots, den XN-Gehalt je nach Biersorte auf mehrere mg pro Liter zu steigern.

XN ist eine potentiell chemopräventive Substanz gegen Krebs, die in allen Phasen der Krebsentstehung (Initiation, Promotion, Progression) eingreifen kann[2]. In früheren Untersuchungen konnte bereits gezeigt werden, daß prenylierte Flavonoide aus Hopfen den Fremdstoffmetabolismus *in vitro* beeinflussen. Sie hemmen verschiedene Cytochrom-P-450-Enzyme und induzieren die NAD(P)H:Chinon-Reduktase (QR) in Leberkrebszellen der Maus, was auf eine chemopräventive Aktivität hindeutet[3,4]. Daneben wurden antioxidative, antiproliferative und cytotoxische Effekte in verschiedenen Krebszellinien beschrieben[5,6]. Hopfen wurde immer wieder mit einer phytoestrogenen Wirkung in Verbindung gebracht; in dieser Hinsicht hat man 8-Prenylnaringenin als aktives Prinzip identifiziert[7], während XN eine rein antiestrogene Aktivität besitzt[2], die auch im Tiermodell bestätigt werden konnte.

XN inaktiviert als Radikalfänger reaktive Sauerstoff-Spezies (Hydroxyl-, Peroxyl- und Superoxidanion-Radikale) besser als das wasserlösliche Vitamin-E-Derivat Trolox[2]. Ferner hemmt XN die Peroxynitrit-induzierte Lipid-Peroxidation; dies wird durch die Reaktivität der α,β-ungesättigten Keton-Stuktur erklärt[8]. Das entzündungshemmende Potential von XN beruht auf einer Hemmung der konstitutiv exprimierten Cyclooxygenase 1, aber auch der während der Tumorentstehung induzierbaren Cyclooxygenase 2. XN verhindert ferner in Lipopolysaccharid-stimulierten Mausmakrophagen die Aktivierung der induzierbaren Stickstoffmonoxid-Synthase (iNOS) und die Produktion von Stickstoffmonoxid. Neben den antiestrogenen Eigenschaften trägt die Hemmung der DNA-Synthese und die Induktion von Apoptose und Zelldifferenzierungsprozessen zur Zellwachstumshemmung bei. Untersuchungen in einem Mausbrustdrüsen-Organkulturmodell (MMOC) lieferten den ersten Nachweis für eine chemopräventive Wirksamkeit von XN: Es verhinderte in nanomolaren Konzentrationen das Auftreten carcinogeninduzierter Läsionen[2]. Die antiangiogene und antiinvasive Wirkungen von XN wurden bei wissenschaftlichen Kongressen von verschiedenen Gruppen vorgestellt[9-11], wobei erstmals auch eine Hemmung des Tumorwachstums in Mäusen berichtet wurde[12].

Neben diesen Ansätzen zur Prävention und möglicherweise Therapie von Tumoren zeigte XN auch Wirkung gegen Osteoporose in einem Knochenresorptionstest *in vitro*[13]. Neue Untersuchungen berichten von einem möglichen präventiven Einfluß auf die Entstehung von Atherosklerose über eine Hemmung der Triglycerid- und Apolipoprotein-B-Sekretion in einer humanen Leberkrebszellinie[14]. Zusätzlich besitzt XN antivirale Eigenschaften gegenüber verschiedenen DNA- und RNA-Viren[15] und hemmt die Entwicklung von *Plasmodium falciparum*, einem Erreger der Malaria[16].

Neuere Untersuchungen beschäftigen sich in größerem Umfang mit dem Metabolismus von XN. In verschiedenen *in-vitro*-Studien unter Verwendung von Lebermikrosomen oder Mikroorganismen[17-19] und in einer *in-vivo*-Studie[20] wurden bisher über 20 Metabolite von XN beschrieben, die überwiegend ein modifiziertes Chalkon-Grundgerüst aufweisen.

Wenig ist bisher über die Bioverfügbarkeit, Verteilung und Wirksamkeit von XN *in vivo* bekannt. In Untersuchungen an Ratten konnte gezeigt werden, daß XN in Konzentrationen bis 1000 mg/kg Körpergewicht peroral gut verträglich ist. In kinetischen Studien zur Bioverfügbarkeit wurde bei einer oralen Dosis von 1000 mg/kg Körpergewicht vier Stunden nach Applikation im Plasma eine Maximalkonzentration von 0,09 µg/mL gemessen. Als Hauptmetabolit wurde Xanthohumol-4'-O-glucuronid identifiziert, das in einer ca. 10fach höheren Konzentration vorlag. Im Gegensatz dazu konnte in einer weiteren Bioverfügbarkeitsstudie nach oraler Applikation von bis zu 500 mg/kg Körpergewicht im Plasma kein XN nachgewiesen werden[21]. – *E* xanthohumol

*Lit.:* [1]Stevens, J. F., *J. Am. Soc. Brew. Chem.*, (1998) **56**(4), 136–145. [2]Gerhäuser, C.; Alt, A.; Heiss, E.; Gamal-Eldeen, A.; Klimo, K.; Knauft, J.; Neumann, J.; Scherf, H.-R.; Frank, N.; Bartsch, H.; Becker, H., *Mol. Cancer Ther.*, (2002) **1**(11), 959–969. [3]Henderson, M. C.; Miranda, C. L.; Stevens, J. F.; Deinzer, M. L.; Buhler, D. R., *Xenobiotica*, (2000) **30**, 235–251. [4]Miranda, C. L.; Aponso, G. L.; Stevens, J. F.; Deinzer, M. L.; Buhler, D. R., *Cancer Lett.*, (2000) **149**, 21–29. [5]Miranda, C. L.; Stevens, J. F.; Ivanov, V.; McCall, M.; Frei, B.; Deinzer, M. L.; Buhler, D. R., *J. Agric. Food Chem.*, (2000) **48**, 3876–3884. [6]Miranda, C. L.; Stevens, J. F.; Helmrich, A.; Henderson, M. C.; Rodriguez, R. J.; Yang, Y. H.; Deinzer, M. L.; Barnes, D. W.; Buhler, D. R., *Food Chem. Toxicol.*, (1999) **37**, 271–285. [7]Milligan, S. R.; Kalita, J. C.; Heyerick, A.; Rong, H.; De Cooman, L.; De Keukeleire, D., *J. Clin. Endocrinol. Metab.*, (1999) **84**, 2249–2252. [8]Stevens, J. F.; Miranda, C. L.; Frei, B.; Buhler, D. R., *Chem. Res. Toxicol.*, (2003) **16**, 1277–1286. [9]Vanhoecke, B. W.; Depypere, H. T.; De Beyter, A.; Sharma, S. K.; Parmar, V. S.; De Keukeleire, D.; Bracke, M. E., *Pure Appl. Chem.*, (2005) **77**(1), 65–77. [10]Vanhoecke, V. W.; Depypere, H. T.; De Keukeleire, D.; Bracke, M. E., *The Anti-Invasive Effect of Xanthohumol, a Prenylated Chalcone present in Hops (Humulus lupulus L.) and Beer*, Annual Meeting of the Belgian Association for Cancer Research, Januar 2004, Brüssel, Belgien; Abstract Nr. 42; http://www.bacr.be/2004/Abstracts%2020041.pdf. [11]Fassina, G.; Vené, R.; Menotti, A.; Morini, M.; Noonan, D. M.; Buhler, D. R.; Albini, A., *Antiangiogenic Properties of Xanthohumol*, 22. International Conference on Polyphenols, 25.–28.08.2004, Helsinki, Finnland. [12]Bertl, E.; Klenke, F.; Sckell, A.; Becker, A.; Bartsch, H.; Gerhauser, C., *Xanthohumol, a Potential Chemopreventive Agent Derived from Hop (Humulus lupulus L.) Inhibits Angiogenesis and Tumor Growth in vivo*, 95. Annual Meeting of the American Association for Cancer Research (AACR), 27.–31.03.2004, Orlando, Florida, USA. [13]Tobe, H.; Muraki, Y.; Kitamura, K.; Komiyama, O.; Sato, Y.; Sugioka, T.; Maruyama, H. B.; Matsuda, E.; Nagai, M., *Biosci. Biotechnol. Biochem.*, (1997) **61**, 158–159. [14]Casaschi, A.; Maiyoh, G. K.; Rubio, B. K.; Li, R. W.; Adeli, K.; Theriault, A. G., *J. Nutr.*, (2004) **134**, 1340–1346. [15]Buckwold, V. E.; Wilson, R. J.; Nalca, A.; Beer, B. B.; Voss, T. G.; Turpin, J.

A.; Buckheit, R. W., 3rd; Wei, J.; Wenzel-Mathers, M.; Walton, E. M.; Smith, R. J.; Pallansch, M.; Ward, P.; Wells, J.; Chuvala, L.; Sloane, S.; Paulman, R.; Russell, J.; Hartman, T.; Ptak, R., *Antiviral Res.*, (2004) **61**, 57–62. [16]Herath, W.; Ferreira, D.; Khan, S. I.; Khan, I. A., *Chem. Pharm. Bull.*, (2003) **51**, 1237–1240. [17]Yilmazer, M.; Stevens, J. F.; Deinzer, M. L.; Buhler, D. R., *Drug Metab. Dispos.*, (2001) **29**, 223–231. [18]Yilmazer, M.; Stevens, J. F.; Buhler, D. R., *FEBS Lett.*, (2001) **491**, 252–256. [19]Herath, W. H.; Ferreira, D.; Khan, I. A., *Phytochemistry*, (2003) **62**, 673–677. [20]Nookandeh, A.; Frank, N.; Steiner, F.; Ellinger, R.; Schneider, B.; Gerhauser, C.; Becker, H., *Phytochemistry*, (2004) **65**, 561–570. [21]Avula, B.; Ganzera, M.; Warnick, J. E.; Feltenstein, M. W.; Sufka, K. J.; Khan, I. A., *J. Chromatogr. Sci.*, (2004) **42**, 378–382. – *[CAS 569-83-5 (Xanthohumol); 6754-58-1 (Isoxanthohumol)]*

## Xanthomegnin.

$C_{30}H_{22}O_{12}$, $M_R$ 574,50, gelbrote Kristalle, ab 264°C (Zersetzung). Von verschiedenen Pilz-Arten (z.B. *Trichophyton*, *Penicillium*, *Aspergillus*) produziertes Hydroxynaphthochinon, das auf dem Polyketid-Biosyntheseweg entsteht und häufig mit seinen Vorläufern (z.B. *semi*-Vioxanthin, Vioxanthin, Viomellein) zusammen vorkommt. Xanthomegnin ist ein *Mykotoxin; es wirkt antibakteriell und insektizid und beeinflußt die oxidative Phosphorylierung in Rattenlebermitochondrien. Xanthomegnin kommt sporadisch auf Getreideprodukten vor, ca. 50% der mit *Ochratoxin A kontaminierten Getreideproben sollen auch mit Xanthomegnin kontaminiert sein. Ein Beitrag zur Entstehung von Nierenkrankheiten bei Menschen zusammen mit Ochratoxin A und *Citrinin wird diskutiert. $LD_{50}$ (Maus oral) 450 mg/kg Futter. – *E* xanthomegnin

*Lit.:* DeVries, J. W.; Trucksess, M. W.; Jackson, L. S., Hrsg., *Mycotoxins and Food Safety*, Kluwer Academic/Plenum Publishers: New York, (2002) ▪ Weidenbörner, M., *Encyclopedia of Food Mycotoxins*, Springer: Berlin, (2001) – *[CAS 1685-91-2]*

## Xanthophylle.
Gruppenname für Hydroxy-, Epoxy- u. Oxo-Derivate von *Carotinoiden. Viele der als Farbträger zahlreicher Naturprodukte (Blüten, Blätter, Eigelb, Fette u. Öle) fungierenden X. tragen Trivialnamen, die auf …xanthin enden (z.B. *Canthaxanthin, Citranaxanthin, Flavoxanthin, Rhodoxanthin, Rubixanthin, *Zeaxanthin). Die natürlich vorkommenden X. sind meist *all-trans*-Verb.; die X. in reifen Früchten können auch verestert vorliegen. Xanthophylle zeigen antioxidative Wirksamkeit[1,2]; einige sind *Provitamin-A wirksam. Zur Analytik[3], insbesondere auch für Bioverfügbarkeitsstudien[4], wird die HPLC eingesetzt.

*Recht:* E 161a Flavoxanthin, E 161b Lutein, E 161c Cryptoxanthin, E 161d Rubixanthin, E 161e Violaxanthin, E 161g Canthaxanthin. Lutein (E 161b) und Canthaxanthin (E 161g), nicht aber die anderen vorgenannten Carotinoide, sind als Farbstoffe für bestimmte Lebensmittel zugelassen (Anlage 1 Teil B *ZZulV 1998). Bei einem ernährungsphysiologisch bedingten Einsatz in einem Lebensmittel sind beide Stoffe dagegen nicht zulassungspflichtig gemäß §§ 2, 6 *LFGB; siehe auch Begriffsdefinition für *Lebensmittelzusatzstoffe.

Xanthophylle gelangen auch als Futtermittelzusätze (Geflügel, Fische) in die menschliche Nahrungskette. – *E* xanthophylls

*Lit.:* [1] Pérez-Gálvez, A.; Minguez-Mosquera, M. I., *Biochim. Biophys. Acta*, (2002) **1569**, 31. [2] Higashi-Okai, K.; Yamazaki, M.; Nagamori, H.; Okai, Y., *J. Univ. Occup. Environ. Health*, (2001) **23**, 335. [3] Barua, A. B., *J. Chromatogr. A*, (2001) **936**, 71. [4] Barua, A. B.; Olson, J. A., *J. Nutr.*, (2001) **131**, 3212.
*allg.:* Barlett, H.; Egerjesi, F., *Ophthalmic. Physiol. Opt.*, (2003) **23**, 383–399 ▪ Krinski, N. I., *J. Nutr.*, (2002) **132**, 540S–542S ▪ Zaripheh, S.; Erdman, J. W., Jr., *J. Nutr.*, (2002) **132**, 531S–534S – *[HS 3203 00]*

**Xanthotoxin** (9-Methoxy-7*H*-furo[3,2-*g*][1]benzopyran-7-on, 8-Methoxypsoralen, 8-MOP, Meloxin; internationaler Freiname: Methoxsalen).

$C_{12}H_8O_4$, $M_R$ 216,18. Farblose Nadeln oder Prismen, Schmp. 148°C, schmeckt bitter mit einem kribbelnden Nachgeschmack, unlöslich in kaltem, wenig löslich in heißem Wasser, Ether, löslich in siedendem Alkohol, Aceton, fetten Ölen. Xanthotoxin kommt in dem afrikanischen Baum *Fagara xanthoxyloides*, in der Gartenraute (siehe *Rautenöl) *Ammi majus*, Engelwurz, und anderen Umbelliferae vor; in *Pastinak-Wurzeln wirkt es als *Phytoalexin. Xanthotoxin ist für wechselwarme Tiere giftig. Ebenso wie andere *Furocumarine ruft es eine Sensibilisierung der Haut gegenüber UV-Strahlen hervor, woraufhin verstärkt Hautbräunung eintritt. Xanthotoxin wird in Verbindung mit langwelliger UV-Strahlung bei der Photochemotherapie von Psoriasis und Vitiligo eingesetzt (PUVA-Therapie, siehe *Psoralen). Psoriasis-Patienten, welche eine lebenslange PUVA-Behandlung erhalten, haben jedoch ein signifikant erhöhtes Risiko, Hautkrebs zu entwickeln[1]. Zudem findet Xanthotoxin therapeutische Anwendung bei der extrakorporalen Phototherapie zur Behandlung von T-Zell-Lymphomen und zur Immunmodulation[2,3]. Der Verwendung von Xanthotoxin in bräunenden Sonnenschutzmitteln steht jedoch die phototoxische Wirkung im Wege, die aus photochemischen Reaktionen des Xanthotoxin mit Nucleinsäuren resultiert. Cytochrom P-450 wird durch reaktive Xanthotoxin-Metabolite, welche kovalent an das Apoprotein binden, desaktiviert[4]. Xanthotoxin inhibiert den Abbau von Coffein im Blut[5]. Es ist für humane Lymphocyten bei einer Konzentration von 100 µM cytotoxisch. – *E* xanthotoxin

*Lit.:* [1] Gasparro, F. P., *Am. J. Clin. Dermatol.*, (2000) **1**, 337–348. [2] Dall'Amico, R.; Murer, L., *Transfus. Apheresis Sci.*, (2002) **26**, 197–204. [3] Oliven, A.; Shechter, Y., *Blood Rev.*, (2001) **15**, 103–108. [4] J. Pharmacol. Exp. Ther. **236**, 364 (1986); **254**, 720–731 (1990). [5] Clin. Pharmacol. Ther. **42**, 621 (1987). *allg.:* Beilstein EV **19/6**, 15 – *[HS 2932 29; CAS 298-81-7]*

**XDH.** Abkürzung für Xanthin-Dehydrogenase, siehe *Xanthin-Oxidase.

**Xeres** siehe *Sherry.

**Xerogele** siehe *Gele.

**Xerophthalmie** siehe *Vitamin A.

**XOD.** Abkürzung für *Xanthin-Oxidase.

**Xylanasen.** Bez. für den *Hemicellulasen zuzuordnende *Enzyme, die *Xylan* ("Holzgummi") hydrolysieren.

Xylane sind *Polysaccharide aus 1,4-β-glycosid. verknüpften D-Xylopyranosen mit kurzen, unterschiedlich zusammengesetzten Seitenketten. Im Mol. können auch (vorrangig in den Verzweigungen) Arabinose, *Glucose, *Galactose od. *Glucuronsäure sowie Acetyl- u. Methyl-Gruppen enthalten sein. Xylane sind Bestandteile vieler Laub- u. Nadelhölzer sowie in Stroh, Kleie, Pflanzengummi usw. anzutreffen. Manche Xylane enthalten zusätzlich bestimmte polymere Kohlenhydrate (z.B. Stärke) im Mol.-Verband.

Infolge ihrer Strukturvielfalt erfordert der vollständige Abbau der überwiegend verzweigten Xylane die komplexe Wirkung verschiedener X. (mit Endo- od. Exo-Mechanismen), so z.B.: I. Endo-1,4-β-D-Xylanase (1,4-β-D-Xylan-Xylanohydrolase, EC 3.2.1.8, PDB entries 1TIX und 1GOK [*Thermoascus aurantiacus*], 1ENX [*Trichoderma reesei*], 1EOW [*Streptomyces lividans*], 1B31 [*Penicillium simplicissimus*]); II. Endo-1,3-β-Xylanase (1,3-β-D-Xylan-Xylanohydrolase, EC 3.2.1.32); III. Xylan-1,4-β-Xylosidase (Xylobiase, β-Xylosidase, Exo-1,4-β-Xylosidase; 1,4-β-D-Xylan-Xylohydrolase, EC 3.2.1.37). Endo-X. werden bezüglich ihrer Fähigkeit unterschieden, L-Arabinosyl-Seitenketten u. kurze oligomere Bruchstücke od. aber vorrangig Xylose freizusetzen. Die $M_R$ der X. mikrobieller Präp. liegen bei 14000–32000 (I), 11000–23000 (II) bzw. 102000–190000 (III). Darüber hinaus kommen in pflanzlichen Cellulase-Syst. auch Esterasen vor, die Acetylxylan deacetylieren u. die mit den X. beim Abbau von Acyl-Gruppen zusammenwirken. Der Abbau Xylan-haltiger Hemicellulosen erfolgt jeweils in synergist. Zusammenwirkung mit anderen Enzymkomponenten.

***Vorkommen:*** In zahlreichen Mikroorganismen: *Bakterien (*Cellulomonas-*, *Streptomyces*-Arten, Pansenbakterien, *Bacillus subtilis*); *Hefen (*Aureobasidium pullulans*, *Cryptococcus albidus*, *Trichosporon cutaneum*); Cellulase-bildenden *Schimmelpilzen (*Aspergillus niger*, *Aspergillus japonicus*, *Aspergillus fumigatus*, *Trichothecium roseum*, *Trichoderma reesei*, *Trichoderma harzianum*, *Penicillium janthinellum*). Auch in handelsüblichen Cellulase-Präp. sind oft X. enthalten. Die hohe Zahl molekularbiologischer Studien[1–10] zeigt die wirtschaftliche Bedeutung der Xylanasen.

***Gewinnung:*** Für die Herst. von techn. X.-Präparaten werden u.a. verwendet: *Trichoderma reesei* (I), *T. harzianum* (I), *T. viride* (III), *Aspergillus niger*

(I, III), *A. terreus* (II), *Bacillus pumilus* (I), *B. coagulans* (I), *B. subtilis* (I). Diese enthalten stets auch verschiedene Cellulasen u. Hemicellulasen als Begleitaktivitäten.

*Verwendung:* In der Zellstoff- u. Papier-Ind. zur Unterstützung des Holz-Aufschlusses u. der Zellstoff-Bleiche (partieller Ersatz Chlor-haltiger Bleichmittel), als Komponenten für Verdauungspräparate (Aufschluß von pflanzlichen Ballaststoffen) und vielfältig im Backwarenbereich zur Verbesserung der Backfähigkeit von Roggenmehlen aufgrund partiellen enzymatischen Abbaus der Pentosane[11]. – *E* xylanases

*Lit.:* [1]Outtrup, H.; Dambmann, C.; Olsen, A. A.; Bisgard-Frantzen, H.; Schulein, M.; Jorgensen, P. L., US 5770424A 19980623 (1998); CAN 129: 72609. [2]Charnock, S. J.; Bolam, D. N.; Turkenburg, J. P.; Gilbert, H. J.; Ferreira, L. M. A.; Davies, G. J.; Fontes, C. M. G. A., *Biochemistry*, (2000) **39**, 5013. [3]La Grange, D. C.; Pretorius, I. S.; Claeyssens, M.; Van Zyl, W. H., *Appl. Environ. Microbiol.*, (2001) **67**, 5512. [4]Saloheimo, M. L. A.; Siika-Aho, M.; Tenkanen, M.; Penttila, M. E.; Bower, B. S.; Clarkson, K., WO 0149858 A1 20010712 (2001); CAN 135: 103489. [5]Emalfarb, M. A.; Punt, P. J.; Van Zeijl, C. M. J., WO 0179507 A2 20011025 (2001); CAN 135: 340190. [6]Sung, W. L., WO 0192487 A2 20011206 (2001); CAN 136: 32692. [7]Cho, K. H.; Yoon, K. H.; Kim, D. W.; Oh, H. G.; Lee, E. H., WO 0196531 A1 20011220 (2001); CAN 136: 36492. [8]Nuyens, F.; Van Zyl, W. H.; Iserentant, D.; Verachtert, H.; Michiels, C., *Appl. Microbiol. Biotechnol.*, (2001) **56**, 431. [9]Hernandez, A.; Copa-Patino, J. L.; Soliveri, J., *DNA Seq.*, (2001) **12**, 167. [10]Srivastava, P.; Mukherjee, K. J., *Prep. Biochem. Biotechnol.*, (2001) **4**, 389. [11]Beg, Q. K.; Kapoor, M.; Mahajan, L.; Hoondal, G. S., *Gen. Microbiol. Biotechnol.*, (2001) **56**, 326. – *[HS 3507 90; CAS 9025-57-4 (I); 9025-55-2 (II); 9025-53-0 (III)]*

## Xylit (Zusatzstoff E 967, *xylo*-1,2,3,4,5-Pentanpentol, Xylitol).

Zu den Pentiten (5-wertige Alkohole) gehörendes Polyol, $C_5H_{12}O_5$, $M_R$ 152,14, in Wasser leicht, in Alkohol wenig löslich, süß schmeckende Kristalle mit metastabiler (Schmp. 61 °C) und stabiler Form (Schmp. 94 °C); Xylit ist nicht optisch aktiv (*meso*-Form). Es kommt in geringen Mengen in einigen eßbaren Pilzen sowie in Obst und Gemüse vor. Xylit ist ein Zwischenprodukt beim Glucuronsäure-Abbau in der Leber.

*Herstellung:* Die Herstellung von Xylit erfolgt durch katalytische Hydrierung von *Xylose.

*Physiologie[2]:* Die Resorption von Xylit erfolgt im Dünndarm durch passive Diffusion, wobei die Resorptionsrate (~50%) stark von der vorliegenden Dosis abhängt. Geringe Dosen werden bedeutend besser resorbiert als hohe. Orte der Metabolisierung sind vor allem die Leber (80–85%) und in geringem Umfang auch die Erythrocyten, in denen aus Xylit Milchsäure gebildet wird. Die Hauptmetaboliten sind der Abbildung zu entnehmen. Probleme bei einer parenteralen Xylit-haltigen Ernährung als Folge einer Oxalstein-Bildung in der Niere wurden beschrieben.

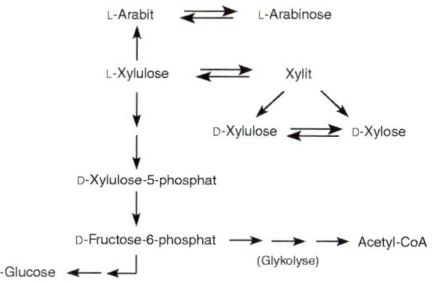

Abbildung: Human-Metabolismus von Xylit (vereinfacht).

*Glucose wird nur in sehr geringem Umfang gebildet, so daß der Metabolismus von Xylit als nahezu Insulin-unabhängig bezeichnet werden kann (wichtig für Diabetiker). Da Xylit bei hoher Dosierung laxierend wirkt, werden folgende Toleranzschwellen angegeben[3].

Tabelle: Toleranzschwellen (in g) für die Xylit-Dosierung.

| | Erwachsener | Kind (jeweils nicht adaptiert) |
|---|---|---|
| Einzeldosis | 20 | 10 |
| Tagesdosis | 50 | 30 |

Ein ADI-Wert für Xylit ist nicht spezifiziert; der SCF (Wissenschaftlicher Lebensmittelausschuß der EG) hat Xylit unter Berücksichtigung der laxierenden Wirkung für „akzeptabel" erklärt.

Xylit besitzt die gleiche Süßkraft wie *Saccharose, hat aber aufgrund seiner hohen Lösungswärme von −23,27 kJ/mol (Saccharose 6,21 kJ/mol) beim Auflösen in der Mundhöhle einen kühlenden Effekt. Dies macht man sich bei einigen Süßwaren (sog. Eisbonbons oder Fondantmassen) zunutze. Aufgrund des minimalen Einflusses von Xylit auf den pH-Wert der Plaque wirkt Xylit nicht kariogen bzw. sogar antikariogen, was den Einsatz in zahnschonenden Kaugummis rechtfertigt[4]. Hierzu liegen umfangreiche WHO-Studien vor.

*Verwendung:* Als *Zuckeraustauschstoff in Lebensmitteln und als Feuchthaltemittel z. B. für Zahnpasta (Einsatzkonzentration neben anderen Polyolen um 5%). *Handelsname:* Bonadent®.

*Recht:* Xylit, Xylitol, E 967.

*Zulassung:* Nach Anlage 2 (zu § 4 Abs. 1 und § 7) Teil A (Zuckeraustauschstoffe) der *Zusatzstoff-Zulassungsverordnung (ZZulV 1998) ist Xylit ein Zuckeraustauschstoff, der zum Süßen von den in Spalte 3 der Anlage genannten Lebensmitteln (brennwertverminderte oder ohne Zuckerzusatz hergestellte Lebensmittel, Saucen, Senf, Erzeugnisse für besondere Ernährungszwecke, Nahrungsergänzungsmittel/Diätergänzungsstoffe in fester Form) ohne angegebene Höchstmengenbeschränkung (quantum satis, qs) zugelassen ist. Die Zulassung für Xylit wird erweitert durch Anlage 4 Teil B (zu § 5 Abs. 1 und § 7) der ZZulV 1998. Danach ist Xylit für Lebensmittel allgemein zugelassen, ausgenommen für bestimmte Lebensmittel, die in Teil A der Anlage genannt sind, oder gesonderter Regelungen in Teil C.

*Brennwert:* Nach Artikel 1 (*Nährwert-Kennzeichnungsverordnung) § 2 Punkt 3 der „Verordnung zur Neuordnung der Nährwert-Kennzeichnungsvorschriften für Lebensmittel" ist der Brennwert für alle mehrwertigen Alkohole aus rechtlicher Sicht einheitlich auf 10 kJ/g festgelegt.

*Reinheitsanforderungen:* Geregelt in der *Zusatzstoff-Verkehrsverordnung (ZVerkV 1998) nach Anlage 2 (zu § 3 Abs. 1) „Verkehrsbezeichnungen und Reinheitsanforderungen von für technologische Zwecke zugelassenen Zusatzstoffen" Liste B [Reinheitsanforderungen nach Richtlinie 95/31/EG vom 05.07.1995 (Amtsblatt der EG Nr. L 178, S. 1), geändert durch die Richtlinie 2001/52/EG vom 03.07.2001 Amtsblatt der EG Nr. L 190, S. 18)] und Anlage 4 (zu § 4) „Zulassung als Trägerstoffe für Lebensmittelzusatzstoffe".

*Kenntlichmachung:* Xylit gehört als Zuckeraustauschstoff zu den Süßungsmitteln. Der Zusatz eines Süßungsmittels bei Lebensmitteln in Verbindung mit der Verkehrsbezeichnung durch die Angabe „mit Süßungsmittel" kenntlich zu machen (§ 9 Abs. 2 der ZZulV 1998).

Tafelsüßen mit den Zusatzstoffen Sorbit, Mannit, Isomalt, Maltit, Lactit und Xylit sowie andere Lebensmittel mit einem Gehalt an diesen Zusatzstoffen von mehr als 100 Gramm in einem Kilogramm oder in einem Liter dürfen nur dann in den Verkehr gebracht werden, wenn der Hinweis „kann bei übermäßigem Verzehr abführend wirken" angegeben ist (§ 9 Abs. 5 ZZulV 1998).

*Analytik:* Zum Nachweis von Xylit stehen enzymatische und verschiedene chromatographische bzw. ionenchromatographische Methoden[5,6] zur Verfügung. – *E* xylitol

*Lit.:* [1] Winnacker-Küchler (4.) **7**, 371. [2] Dtsch. Med. Wochenschr. **1980**, 997. [3] Bundesgesundheitsblatt **33**, 578–581 (1990). [4] Zucker Süßwaren Wirtsch. **41**, 360–365 (1988). [5] Dtsch. Lebensm. Rundsch. **73**, 182–187 (1977). [6] Merck Spectrum **1989**, Nr. 2, 25–26; Sonderheft Chromatographie **1991**, 44–45.
*allg.:* Beilstein EIV **1**, 2832 ▪ Hager (5.) **9**, 1216 ▪ Merck-Index (13.), Nr. 10140 – *[HS 2905 49; CAS 87-99-0]*

## Xylitol siehe *Xylit.

## Xyloglucane.
Bezeichnung für Heteropolysaccharide, welche aus Ketten mit (1→4)-verknüpften β-D-*Glucose-Einheiten bestehen, an die sich in 0–6-Stellung α-D-*Xylose-Reste heften. Xyloglucane befinden sich vergesellschaftet mit *Cellulose und *Pektin in der Primärwand von Pflanzenzellen. Zusätzlich können noch weitere Zucker wie β-D-*Galactose oder α-L-*Fucose mit den Xylose-Resten (gewöhnlich in 0–2-Stellung) verknüpft sein. Diese Art der Verknüpfungen erhöhen die Stabilität der Primärwand der Pflanzenzellen[1]. Xyloglucane sind Bestandteile des sogenannten Amyloids, das sind Reservestoffe, die im Samen einer Reihe von Pflanzengattungen (Leguminosae, Annonaceae, Primulatees etc.) vorkommen und die sich mit einer Iod-Kaliumiodid-Lösung blau einfärben lassen. Das bekannteste Xyloglucan ist *Tamarindenkernmehl. Weitere Xyloglucane findet man in den Samen von weißem Senf, Raps, Jojoba und Bohnen,

im Hüllmaterial von Rapssamen und im Kambialgewebe sowie in der Rinde von Bäumen (z.B. Espe). – *E* xyloglucanes

*Lit.:* [1] Peña, M. J.; Ryden, P.; Madson, M.; Smith, A. C.; Carpita, N. C., *Plant Physiol.*, (2004) **134**, 443–451.

## Xylolmoschus siehe *Moschus-Xylol.

## D-Xylose (Holzzucker).

R = CHO : D-Xylose    α-D-Xylopyranose
R = CH₂OH : Xylit

$C_5H_{10}O_5$, $M_R$ 150,13; farblose Nadeln oder Prismen, süß schmeckend (Süßwert 67, bezogen auf Saccharose = 100), Schmp. 144°C; leicht löslich in Wasser, löslich in Pyridin und heißem Ethanol. Reduziert Fehlingsche Lösung, zeigt spezifische Pentose-Reaktionen und *Mutarotation. Xylose kommt in Pyranose-, Furanose- und Aldehyd-Form vor. In Kristallen liegt D-Xylose als α-D-Xylopyranose vor: Schmp. 153°C, $[\alpha]_D^{20}$ +94° → +19° ($H_2O$); 4-Nitrophenylhydrazon: Schmp. 158°C; Osazon: Schmp. 164°C; L-Xylofuranose: Schmp. 144°C; α-L-Xylopyranose: Schmp. 146–150°C, $[\alpha]_D^{20}$ −75° → −19° ($H_2O$); β-DL-Xylopyranose: Schmp. 129–131°C. Die L-Formen sind keine Naturstoffe.

Eine wäßrige Lösung von Xylose enthält z.B. bei 31°C 36,5% α-Pyranose, 63% β-Pyranose, <1% α-Furanose und β-Furanose und 0,02% Aldehyd. Beim Erhitzen mit verdünnter Schwefelsäure bildet sich *Furfural.

Xylose wird von Bäckerhefe nicht vergoren, eine Reihe von Bakterien und Hefen (*Torula, Monilia*) bauen Xylose ab. D-Xylose wird vom menschlichen Stoffwechsel schlecht verwertet und größtenteils ausgeschieden.

*Vorkommen:* In Pflanzen, besonders Holz, weitverbreitete Pentose, kommt allerdings nicht in freier Form, sondern in Xylanen und in Glycosiden (z.B. Primverose), zusammen mit Cellulose in zahlreichen Laubhölzern und Nadelhölzern, Stroh, Kleie, Pflanzengummen, Erdnußsamen und Baumwollsamen, in Schalen von Aprikosenkernen etc. vor. Spuren freier Xylose findet man in Wein.

*Herstellung:* Technisch kann Xylose bei der Holzverzuckerung und aus Abfällen der Cellulose-Produktion erhalten werden, ebenso durch Isolierung aus Xylan oder aus Maiskolben (saure Hydrolyse).

*Verwendung:* Durch Reduktion von Xylose gewinnt man den als Zuckeraustauschstoff verwendbaren *Xylit. Auch Xylose selbst wäre als Süßungsmittel geeignet, hat aber nur zwei Drittel der Süßkraft von Saccharose und wirkt außerdem abführend. Xylose dient auch zur Herstellung von Industriealkohol[1]. – *E* xylose

*Lit.:* [1] Sanchez, S.; Bravo, V.; Moya, A. J.; Castro, E.; Camacho, F., *Process Biochem.*, (2004) **39**, 673–680.
*allg.:* Beilstein EIV **1**, 4223–4229 ▪ Merck-Index (13.), Nr. 10142 – *[HS 1702 90, 2940 00; CAS 6763-34-4 (α-D-Xylopyranose); 2460-44-8 (β-D-Xylopyranose); 37110-85-3 (β-D-*

*Xylofuranose); 58-86-6 (D-Xylose); 609-06-3 (L-Xylose); 7296-58-4 (α-L-Xylopyranose)]*

**Xylose-Isomerase** siehe *Glucose-Isomerase.

**Xylose-Ketol-Isomerase** siehe *Glucose-Isomerase.

**D-Xylulose** (D-*threo*-2-Pentulose).

CH$_2$OH
H — C — OH
HO — C — H
C = O
CH$_2$OH

D-Xylulose

HO CH$_2$OH
O
HO    OH

D-*threo*-2-Pentulose

$C_5H_{10}O_5$, $M_R$ 150,13; Sirup, $[\alpha]_D^{27}$ −32,6°; reduziert Fehlingsche Lösung. Bildung aus D-*Xylose durch Erhitzen mit Pyridin[1], aus D-Arabit und Enzympräparaten aus *Acetobacter suboxydans*[2], aus D-Xylose und D-Xylose-Isomerase-Präparaten von *Lactobacillus pentosus* und *Pseudomonas hydrophila* bzw. immobilisierten *Acinetobacter calcoaceticus*-Zellen[3,4]. Osazon: Schmp. 160–163°C. D-Xylulose-5-phosphat ist ein Zwischenprodukt im Stoffwechsel von Xylose. L-Xylulose kommt im Urin bei Pentosurie vor, vermutlicher Precursor: D-*Glucuronsäure. 1-Desoxy-D-xylulose-5-phosphat (DXP) ist ein Zwischenprodukt der Thiamin-(Vitamin-B$_1$-)Biosynthese[5]. – *E* xylulose

*Lit.:* [1]Methods Carbohydr. Chem. **1**, 94 (1962). [2]Biochem. J. **83**, 8 (1962). [3]J. Biol. Chem. **204**, 1011 (1953). [4]Pronk, J. T.; Bakker, A. W.; Van Dam, H. E.; Straathof, A. J. J.; Scheffers, W. A.; Van Dijken, J. P., *Enzyme Microb. Technol.*, (1988) **10**, 537. [5]Dorrestein, P. C.; Zhai, H.; Taylor, S. V.; McLafferty, F. W.; Begley, T. P., *J. Am. Chem. Soc.*, (2004) **126**, 3091–3096.

*allg.:* Beilstein EIV **1**, 4256 – *[CAS 5962-29-8]*

**Y.** Ein-Buchstaben-Code für die Aminosäure *Tyrosin.

**Yerba-Mate** siehe *Mate.

**Yersinia enterocolitica.** *Enterobakterien, Stäbchen, Gram-negativ, Oxidase-negativ, fakultativ anaerob. Zur Gattung *Yersinia* gehören neben *Yersinia enterocolitica* die humanpathogenen Arten *Yersinia pestis* (Erreger der Beulenpest), *Yersinia pseudotuberculosis* und *Yersinia ruckeri. Yersinia enterocolitica* ist eine heterogene Art, die nach physiologischen Eigenschaften und Serogruppen eingeteilt wird.
Vermehrung: Temperatur mindestens 1°C (Kühlschrank!), Optimum 28°C, maximal 44°C; pH 4–10. Abtötung durch Pasteurisieren.
*Vorkommen:* Ersinia enterocolitica kommt im Gastrointestinaltrakt von Tieren vor, auch in Insekten und Vögeln. Wichtigstes Reservoir für menschliche Infektionen sind Schweine. *Yersinia enterocolitica* kann über längere Zeit im Boden, (Ab-)Wasser und anderen überleben. Tierische Lebensmittel (Fleisch, Geflügel, Eier, Milch und Milchprodukte einschließlich Eiscreme) sind die wichtigsten Quellen für Lebensmittelvergiftungen mit *Yersinia enterocolitica*. Die Übertragung von Mensch zu Mensch ist selten, da die Virulenz nach Wachstum bei 37°C geringer ist als nach Wachstum bei 20–25°C.
*Bedeutung:* Erreger akuter Durchfallerkrankungen. Zahlenmäßig liegen *Lebensmittelvergiftungen durch *Yersinia enterocolitica* nach *Salmonella und *Campylobacter* (z.B. *Campylobacter jejuni*) an 3. Stelle. *Yersinia enterocolitica* ist von besonderer Bedeutung, da das psychrotrophe Bakterium auf kühlgelagerten Lebensmitteln wächst und in gefrorenen Lebensmitteln über längere Zeit überlebt.
*Vergiftungssymptome:* 7–10 Tage nach der Aufnahme der Keime Enteritis und/oder Kolitis mit Durchfall, Bauchschmerzen und leichtem Fieber. Dauer im allgemeinen 2–4 Wochen. Die Erreger können die Darmwand durchdringen, was nicht selten zu mehr oder weniger schweren Folgekrankheiten wie Arthritis, Knotenrose, Lymphknotenentzündungen aber auch Hepatitis oder Sepsis führen kann.
*Recht:* Sicherheitsstufe nach Anhang IB der Gentechnik-Sicherheits-VO 1990: *Yersinia enterocolitica* ist in Risikogruppe 2 eingestuft. – *E* Yersinia enterocolitica

*Lit.:* Baumgart (4.), S. 168 ▪ Doyle, M. P.; Beuchat, L. R.; Montville, T. J., Hrsg., *Food Microbiology*, ASM Press: Washington, (2001) ▪ Frederiksson-Ahomaa, M.; Korkeala, H., *Clin. Microbiol. Rev.*, (2003) **16**, 220–229 ▪ Hahn, H.; Falke, D.; Kaufmann, S. H. E.; Ullmann, U., Hrsg., *Medizinische Mikrobiologie und Infektiologie*, 4. Aufl.; Springer: Berlin, (2001) ▪ Kayser, F. H.; Bienz, K. A.; Eckert, J.; Zinkernagel, R. M., *Medizinische Mikrobiologie*, 10. Aufl.; Thieme: Stuttgart, (2001); S. 300–303 ▪ Krämer (4.) ▪ Putzker, M.; Sauer, H.; Sobe, D., *Clin. Lab.*, (2001) **47**, 453–466 ▪ Sharma, S.; Sachdeva, P.; Virdi, J. S., *Appl. Microbiol. Biotechnol.*, (2003) **61**, 424–428

**Ylang-Ylang-Öle.** Aus den Blüten des Kanangabaumes (*Cananga*-Arten) werden je nach Blütenvarietät und Destillationstechnik unterschiedlich zusammengesetzte etherische Öle gewonnen.
1. *Ylang-Ylang-Öl* (FEMA 3119): Gelbliche bis dunkelgelbe Öle mit einem typisch strahlenden, narkotisierend-süßen, blumigen, jasminartigen Geruch.
*Herstellung:* Durch Wasserdampfdestillation aus den Blüten des Ylang-Ylang-Baumes [*Cananga odorata* (DC.) Hook. F. et Thomson spp. *genuina*, Annonaceae], der auf Madagaskar, den Komoren und Nosy Bé kultiviert wird. Die Weltjahresproduktion für die Comoren liegt bei ca. 70–80 t (verschiedene Qualitäten) sowie für Madagaskar bei ca. 20–25 t.
*Zusammensetzung[1-5]:* Bei der Destillation werden normalerweise 4 Fraktionen erhalten: Extra, I, II und III. Gelegentlich wird noch eine erste Fraktion mit der Bezeichnung „Extra Superior" gewonnen. In den ersten Fraktionen sind die für den typischen Ylang-Geruch verantwortlichen Komponenten am stärksten vertreten, z.B. (−)-*Linalool (bis ca. 7–24%), *p-Kresolmethylether* (4-Methylanisol, $C_8H_{10}O$, $M_R$ 122,17, bis ca. 15–16%,), Methylbenzoat (bis ca. 4–9%) und Benzylacetat (bis ca. 5,5–17,5%).

Weitere Inhaltsstoffe sind Geranylacetat (2,5–14%) sowie Benzylbenzoat (ca. 4,3%) und kleine Anteile Methylanthranilat (0,1%). Im Verlaufe der Destillation nimmt der Gehalt an diesen Komponenten ab, und in zunehmendem Maße werden Sesquiterpen-Kohlenwasserstoffe wie Caryophyllene, Germacren D, *trans,trans*-α-Farnesen usw. gewonnen. Für den Geruch sind Spurenverbindungen wie *p*-Kresol, *Eugenol und Isoeugenol von Bedeutung.

*Verwendung:* Ein Parfümbaustein mit einer großen Anwendungsbreite, hauptsächlich eingesetzt in Kompositionen mit betonter blumig-warmer Note.
2. *Kanangaöl* (Canangaöl, FEMA 2232): Hellgelbes bis dunkelgelbes, leicht viskoses Öl mit einem süß-blumigen, warmen, etwas holzigen Geruch, der schwerer und haftfester ist als der von Ylang-Ylang-Öl.

*Herstellung:* Durch Wasserdampfdestillation aus den Blüten einer hauptsächlich auf Java wachsenden Unterart des Ylang-Baumes, *Cananga odorata* spp. *macrophylla*. Die Weltjahresproduktion liegt zwischen 50 und 100 t. Haupterzeugerländer sind Indonesien, Comoren und Reunion.

*Zusammensetzung[1–5]:* Qualitativ ähnelt Kanangaöl den späten Fraktionen des Ylang-Ylang-Öls, allerdings enthält es neben 2-Phenylethanol, Geraniol, Nerol und Nerolidol noch größere Mengen der Sesquiterpen-Kohlenwasserstoffe, aber nur sehr wenig Methylbenzoat und Benzylacetat. In den Blättern und Ästen von *Cananga odorata* wurden die Lactone *Isosiphonodin* ($C_5H_6O_3$, $M_R$ 114,10) und *Canangon* (6-Hydroxy-1-oxo-2-oxaspiro[4.5]dec-7-en-8-carbaldehyd, $C_{10}H_{12}O_4$, $M_R$ 196,20) nachgewiesen[6]. In den Früchten von *Cananga odorate* wurden cytotoxische Verbindungen wie z.B. das Sesquiterpen-Alkaloid *Cananodin* (6,7,8,9-Tetrahydro-5*H*-cyclohepta[*b*]pyridin-8-methanol, $C_{15}H_{23}NO$, $M_R$ 233,35) nachgewiesen[7].

Isosiphonodin          Canangon          Cananodin

*Verwendung:* Ähnlich wie Ylang-Ylang-Öl. Wegen des geringeren Ester-Gehalts ist Kanangaöl besser für den Einsatz in Seifenparfüms geeignet. – *E* ylang-ylang oil (1.), cananga oil (2.)

*Lit.:* [1] Perfum. Flavor. **1**(1), 4 (1976). [2] Perfum. Flavor. **11**(5), 118 (1996). [3] Perfum. Flavor. **14**(3), 79 (1989). [4] Lawrence, B., Perfum. Flavor., (1995) **20**(2), 49–59. [5] Brophy, J.; Goldsack, R.; Forster, P., *J. Essent. Oil Res.*, (2004) **16**(2), 95–100. [6] Caloprisco, E.; Fourneron, J.-D.; Faure, R.; Demarne, F.-E., *J. Agric. Food Chem.*, (2002) **50**(1), 78–80. [7] Hsieh, T.-J.; Chang, F.-R.; Chia, Y.-C.; Chen, C.-Y.; Chiu, H.-F.; Wu, Y.-C., *J. Nat. Prod.*, (2001) **64**(5), 616–619.
*allg.:* Bauer et al. (4.), S. 225f. ■ ISO 3063: 2004-11, Öl von Ylang-Ylang ■ ISO 3523: 2002-08, Canagaöl – *[HS 3301 29; CAS 8006-81-3 (Ylang-Ylang-Öl); 68606-83-7 (Kanangaöl); 104-93-8 (p-Kresolmethylether); 109765-92-6 (Isosiphonodin); 393579-99-2 (Canangon); 349113-15-1 (Cananodin)]*

**Yoghurt** siehe *Joghurterzeugnisse.

**Yuvianuß** siehe *Paranuß.

# Z

**Zähwerden der Weine** siehe *Weinkrankheiten.

**Zahncremes** (Zahnpasten). Creme- od. pasten-
förmige Formulierungen zur Reinigung u. Pflege
der Zähne (*Zahnpflegemittel). Sie enthalten
Putzkörper, Feuchthaltemittel, Hydrokolloide, die
als Bindemittel fungieren, Verdickungsmittel,
Schaummittel/Tenside, Süßstoffe (z.B. Saccharin
oder Acesulfam K), antimikrobiell wirksame Stoffe, Konservierungsmittel, Farbmittel u. Aromen.
Darüber hinaus ist der Zusatz kariesprophylakt.
wirksamer Substanzen, insbes. von Fluoriden, z.B.
Natrium-, Kalium-, Zinn- u./od. Aluminiumfluori-
den, ferner Natriummonofluorphosphat u. verschiedenen „Aminfluoriden" üblich. Die *Fluor-
Verb. haben die Eigenschaft, mit dem Hydroxylapatit, dem wesentlichen Bestandteil des Zahn-
schmelzes, im Sinne einer Austauschreaktion
$[Ca_5(PO_4)_3OH \rightarrow Ca_5(PO_4)_3F]$ einen Fluorapatit zu
bilden, von dem bekannt ist, daß er weniger säure-
lösl. ist als der Hydroxylapatit. Dies scheint jedoch
nicht der originäre Mechanismus der kariostat.
Wirkung von Fluorid zu sein. Vielmehr scheint die
Fällung von Calciumfluorid u.a. Komponenten
(Phosphate, Carbonate) an der Zahnoberfläche
eine erhebliche Rolle zu spielen[1]. Die Eigenschaften der verschiedenen Bestandteile von Z. sind
*Lit.*[1] zu entnehmen.
**Putzkörper** (15–60%): Schleif- u. Poliermittel, die
Zahnbelag (Plaque) schonend, d.h. unter möglichst
geringem Zahnschmelz- (Enamelum-) bzw. Zahn-
bein-(Dentin-)Abrieb, vom Zahnschmelz entfernen
sollen und damit die mechanische Reinigungswir-
kung der Zahnbürste unterstützen. Diese Parameter lassen sich durch verschiedene Testsysteme
(RDA, von englisch radioactive dentine abrasion;
REA von englisch radioactive enamel abrasion
oder PCR von englisch pellicle cleaning ratio)
messen[2,3]. In Frage kommen insbesondere gefällte
*Kieselsäuren, Calciumcarbonat, Calciumphospha-
te, Calciumdiphosphat, Aluminiumoxid etc. Organische Putzkörper auf Polymethacrylat-Basis gewinnen zunehmende Bedeutung.
**Feuchthaltemittel** (bis 40%): Schützen die Zahncremes während der Lagerung vor dem Austrocknen und wirken konsistenzgebend, z.B. *Glycerol,
*Sorbit, *Xylit, Propylenglycol und Polyethylengly-
cole.
**Binde- und Verdickungsmittel** (ca. 1%): Zur Einstellung der Viskosität und der Erzielung einer cremigen Konsistenz des Zahncremestranges enthalten Zahncremes Verdickungsmittel auf organischer

(*Alginat, *Tragant, *Xanthan, modifizierte Cellulosen, *Carrageene u.a.) u. anorganischer (*Bentonit, pyrogene Kieselsäure, Magnesium-Aluminium-
Silicate) Basis.
**Schaummittel/Tenside** (bis 2%): *Natriumdodecylsulfat (Natriumlaurylsulfat), Fettsäure-Salze und
-sarkosinate (Natriumlauroylsarkosinat) und andere. Aniontenside sowie Betaine setzen die Oberflächenspannung herab und begünstigen die gleichmäßige Verteilung und reinigende Wirkung einer
Zahncreme. Darüberhinaus sind sie entscheidend
für das „mouth feeling" einer Zahncreme.
**Konservierungsmittel/antimikrobiell wirksame**
**Stoffe:** Eine klare Differenzierung zwischen diesen
beiden Stoffklassen ist nicht möglich, wobei den
Konservierungsstoffen eher die Aufgabe zufällt,
das Produkt vor mikrobiellem Befall zu schützen,
während antimikrobiell wirksame Stoffe eher beim
Gebrauch der Zahncreme wirken. Beispiele für
Konservierungsmittel: 4-*Hydroxybenzoesäureester, *Sorbinsäure oder *Benzoesäure und ihre
Salze; Beispiele für antimikrobiell wirksame Stoffe: *Triclosan, Zink-Salze (besonders Zinkcitrat
und Zinkchlorid), *Chlorhexidin, *Cetylpyridiniumchlorid u.a.
**Süßungsmittel** (bis ca. 0,3%): Zur Geschmacksverbesserung, besonders *Saccharin, *Acesulfam-K,
*Natriumcyclamat und Calciumcyclamat, *Sorbit
u.a.
**Aromatisierungsmittel** (bis ca. 1,5%): Durch den
Zusatz von Aromen (häufig etherische Öle natürlichen Ursprungs) wird der Geschmack von Zahncremes verbessert und eine Frischeleistung erzielt,
wobei *Pfefferminzöle u. Krauseminzöle in Europa
und *Wintergrünöle in Amerika die höchste Akzeptanz finden; insbes. bei Kinderzahncremes werden auch Fruchtaromen eingesetzt.
**Farbstoffe:** Zum Färben von Zahncremes kommen
sowohl wasserlösliche organische Farbstoffe (z.B.
in Gel-Zahncremes) als auch wasserunlösliche Pigmente (z.B. in mehrfarbigen Streifen-Zahncremes)
zum Einsatz.
**Spezielle Wirkstoffe** (soweit nach Lebensmittel-
Gesetz und Kosmetik-VO zulässig): Zur Karies-
prophylaxe dienen Fluor-Verbindungen wie Natriumfluorid, Natriummonofluorphosphat, Zinn(II)-
fluorid und verschiedene „*Aminfluoride". Antibakterielle Stoffe (siehe oben) beugen dem Aufbau
von Zahnbelag (Plaque) vor und unterstützen damit die Prophylaxe gegen Karies und Zahnfleischentzündungen (Gingivitis). Der Zahnsteinneubildung sollen z.B. Natriumricinoleat und (1-

Hydroxyethyliden)-diphosphonsäure sowie Diphosphate, Polyphosphate oder Zink-Salze entgegenwirken; eine Entfernung schon gebildeten Zahnsteines ist jedoch mit Zahncremes nicht möglich, sondern nur vom Zahnarzt auf mechanischem Wege zu erreichen. Weitere Zusätze können sein: osmotisch wirkende Meeressalze zur Kräftigung des Zahnfleisches; Adstringenzien wie Aluminium- oder Zink-Verbindungen; zahnfleischpflegende Stoffe wie *Allantoin, Azulen, (−)-α-Bisabolol, Vitamin A u. Vitamin E; Strontium-Verbindungen (Strontiumchlorid od. -acetat) oder Kalium-Verbindungen zur Pflege schmerzempfindlicher Zähne. Enzyme wie *Papain sowie Diphosphate und Polyphosphate werden in sogenannten Zahnweißer-Zahncremes eingesetzt, die verfärbte Beläge von den Zähnen entfernen bzw. einem Neuaufbau von Verfärbungen entgegenwirken. Eine Sammlung von Rezepturbeispielen sowie Angaben zur Analytik und Prüfung von Zahncremes finden sich in Umbach (*Lit.*).

**Recht:** Z. sind, da sie bestimmungsgemäß zur Reinigung u. Pflege in der Mundhöhle angewendet werden, Kosmetika im Sinne des § 2 Abs. 5 *LFGB. Die zur Verw. in Z. zugelassenen Fluoridhaltigen Stoffe (zulässige Höchstkonz. 0,15%) berechnet als Fluor sind der Anl. 2 Tl. A der *Kosmetik-Verordnung zu entnehmen. Die Kommission für kosmet. Mittel [heute beim Bundesinstitut für Risikobewertung (*BfR)] hat folgende Maximalkonz. an Schwermetallen in Z. für techn. einhaltbar erklärt[2]:

| | |
|---|---|
| Arsen | 0,5 mg/kg, |
| Antimon | 0,5 mg/kg, |
| Blei | 1,0 mg/kg, |
| Cadmium | 0,1 mg/kg, |
| Quecksilber | 0,2 mg/kg. |

**Analytik:** Einen umfassenden Überblick zur Analyse von Z. gibt *Lit.*[5]. Die Identifizierung oberflächenakt. Substanzen gelingt durch Ionenchromatographie[6], während sich Aromastoffe in Z. durch Head-space-GC charakterisieren lassen[7]. Zum Nachweis der Süßstoffe siehe Literatur[8]. Gesamtfluorid u. Alkalichlorate sind entsprechend der in *Lit.*[9] beschriebenen Meth. zu bestimmen. – *E* toothpastes

**Lit.:** [1]Labor Praxis **15**, 38–43 (1991). [2]Henkel Ref. **23**, 98–102 (1987). [3]Stookey, G. K.; Burkhard, T. A.; Schemehorn, B. R., *J. Dent. Res.*, (1982) **61**(11), 1236–1239. [4]Bundesgesundheitsblatt **33**, 177 (1990). [5]Fresenius Z. Anal. Chem. **289**, 177–197 (1978). [6]Dtsch. Lebensm. Rundsch. **84**, 185–189 (1988); Fresenius Z. Anal. Chem. **331**, 435–438 (1988). [7]J. Chromatogr. **455**, 143–149 (1988). [8]Int. Z. Lebensmitteltechnol. Verfahrenstechnik **41**, 649–654 (1990). [9]Amtliche Sammlung, Nr. K 84.06.01–1 bis 3.
*allg.:* Hager (5.) **2**, 191–197 ▪ Ullmann (5.) **A 18**, 209–214 ▪ Umbach (2.), S. 193–207 – *[HS 3306 10]*

**Zahnfreundliche Lebensmittel.** Mit der Aufschrift „zahnfreundlich" bzw. dem Signet „Zahnmännchen mit Schirm" (Abbildung) sind Süßigkeiten, wie z.B. Bonbons, Schokolade und Kaugummis und auch Produkte aus der Apotheke, z.B. Hustensäfte oder Hustenbonbons gekennzeichnet, die nachweislich keine Karies an den Zähnen verursachen. Sie enthalten weder Zucker noch sonstige zahnschädigende Substanzen, wie beispielsweise Fruchtsäuren; der süße Geschmack wird durch die Verwendung von Zuckeraustauschstoffen und Süßstoffen erreicht.

Abbildung: Zahnmännchen mit Schirm.

Das „Zahnmännchen mit Schirm" wird von der Aktion zahnfreundlich e.V.[1], einer gemeinnützigen Vereinigung von Wissenschaftlern, Zahnärzten, Ärzten, Ernährungsberatern, Vertretern der Krankenkassen sowie Firmen vergeben.

In Prüfverfahren wird nachgewiesen, daß die Lebensmittel keine Schäden an den Zähnen verursachen. Diese Verfahren beinhalten z.B. den so genannten *Plaque-Test*. Bei diesem Test darf der pH-Wert im Mund während des Verzehrs der Süßwaren und bis 30 Minuten danach nicht unter 5,7 abfallen. Bei tieferen pH-Werten kann der Zahnschmelz von der Mundflüssigkeit angegriffen werden. – *E* toothfriendly products

**Lit.:** [1]Aktion zahnfreundlich e.V.; http://www.zahnmaennchen.de.

**Zahnmännchen** siehe *zahnfreundliche Lebensmittel.

**Zahnpasten** siehe *Zahncremes.

**Zahnpflegemittel.** Bezeichnung für eine umfangreiche, den Mundpflegemitteln zugehörige Gruppe von *Zahncremes (oder -pasten), Gelen, Pulvern, *Mundspüllösungen, *Mundwässern, Zahnpflegekaugummis, Zahnbürsten, Zahnseide etc., die bei der Pflege der Zähne im Rahmen der Mundhygiene sowohl therapeutische als auch kosmetische Funktionen erfüllen. Die wesentlichen Aufgaben der Zahnpflegemittel bestehen in der mechanischen u. chemischen Reinigung der Zähne und Zahnzwischenräume, dem Aufhellen der Zähne, der Prophylaxe von Zahn- und Zahnfleischerkrankungen wie Karies, Gingivitis und Parodontitis sowie der Beseitigung bzw. Überdeckung von Mundgeruch; hierbei leisten mechanische Hilfsmittel wie insbes. Zahnbürsten (mechanisch oder elektrisch) sowie Zahnseide und -hölzchen, Mundduschen und dgl. wertvolle Dienste. In tropischen Ländern noch verbreitet ist die Zahnpflege durch Kauen von *Zahnhölzern*, die Saponine, Alkaloide, Tannine und antimikrobiell wirksame Verbindungen enthalten können; Beispiel: Nimbaum, Ratanhiawurzel. Zum mechanischen Entfernen von Speiseresten dienende *Zahnstocher* werden meist aus dem Holz von Kiefern, Pappeln, Weiden und Balsa gefertigt. Ebenfalls zu den Zahnpflegemitteln muß man die *Gebißpflegemittel* (*Zahnprothesenreinigungsmittel und Zahnprothesenhaftmittel) rechnen, mit denen Zahnprothesen über Nacht gereinigt werden bzw.

Haftfähigkeit und Sitz der Prothese verbessert wird. – **E** dental hygiene products, dentifrices
*Lit.:* Ullmann (5.) **A18**, 209–214 ▪ Umbach (2.), S. 193–210

**Zahnprothesenreinigungsmittel** (Gebißreiniger). Tabletten oder pulverförmige Zubereitungen, die nach Auflösen in Wasser angewendet werden. Sie enthalten Tenside, die Beläge von den Prothesen abheben und die Schmutzpartikel in Lösung halten (z.B. Alkylarensulfonate, Alkylsulfate), *Polyphosphate, *Chelatbildner (z.B.: Citrate, Edetate, Polycarbonsäuren), Peroxo-Verbindungen (z.B. *Natriumperborat und Kaliumperoxodisulfat), aus denen in wäßriger Lösung 1–4% aktiver Sauerstoff zur Keimabtötung freigesetzt wird, organische Säuren (Citronensäure oder Weinsäure), Enzyme (Proteasen zum Abbau von Proteinablagerungen oder Carbohydrasen zum Abbau von Kohlenhydraten), Farb- und Aromastoffe. Meist wird der chemische Reinigungsprozeß physikalisch durch einen Sprudeleffekt (aus Natriumhydrogencarbonat mit einer schwachen Säure freigesetztes Kohlendioxid) unterstützt.
Zur Herstellung in Tablettenform werden zusätzliche Hilfsstoffe (z.B. Sprengmittel) verwendet.
*Recht:* Z. wurden früher nach § 4 (2) *LMBG den Kosmetika gleichgestellt, unterliegen aber nun wie Haftpulver als Zubehör zu Zahnprothesen dem Medizinprodukterecht. – **E** denture cleansers
*Lit.:* Hager (5.) **2**, 196f. ▪ Umbach (2.), S. 211–217

**Zahn- und Mundpflegemittel** siehe *Zahnpflegemittel, *Zahncremes, *Mundspüllösungen, *Mundwässer und *Zahnprothesenreinigungsmittel.

**Zander** (*Stizostedion lucioperca*). Im Süßwasser lebender Raubfisch, der in Nordwesteuropa und Nordasien weitverbreitet ist. Wird bis 120 cm lang und bis 15 kg schwer. Beliebter Speisefisch und Sportfisch. Stammt heute überwiegend aus Wildfängen, *Aquakultur ist jedoch im Wachsen (2000: 363 t, davon 200 t in Frankreich), siehe *Barsch. – **E** pikeperch – *[HS 0302 69]*

**Zeanin.** Gelegentlich gebrauchte Bezeichnung für die *Glutelin-Fraktion von *Mais. Das in Wasser, Salzlösung und wäßrigem Alkohol unlösliche Zeanin enthält etwa die Hälfte der Reserveproteine des Maiskornes (Anteil am Gesamtprotein: ca. 45%). Es wird aus Maismehl (Gehalt: 2,6 g/100 g) gewonnen. Die dominierenden Aminosäuren sind *Glutamin (16%), *Prolin (12%) und *Leucin (11%); *Tryptophan kommt nur spurenweise, *Lysin dagegen in nennenswerten Mengen (2,4%) vor. Zeanin enthält teilweise hochmolekulare Proteinaggregate; die durch Reduktion der Disulfid-Bindungen erhaltenen Monomere sind in wäßrigem Alkohol und teilweise in Wasser löslich. Die erste Gruppe (Zein II) besteht aus den sog. C- und D-Zeaninen mit Molmassen von ca. 15000 bzw. 10000 (vgl. *Zein). Die zweite, wasserlösliche Gruppe enthält die sog. RSP-Fraktion (reduced soluble protein). Die Hauptkomponenten weisen stark unterschiedliche Aminosäure-Zusammensetzungen und Molmassen auf. – **E** zeanin
*Lit.:* White, P. J.; Lawrence, A., *Corn: Chemistry and Technology*, 2. Aufl.; American Association of Cereal Chemists (AACC): St. Paul, (2003)

**Zeaxanthin**   [(3*R*,3′*R*)-β,β-Carotin-3,3′-diol; C.I. 75137].

$C_{40}H_{56}O_2$, $M_R$ 568,89, orangegelbe Krist. von stahlblauem metall. Glanz, Schmp. 215 °C (andere Angabe 207 °C), lösl. in Petrolether, Methanol, Essigester, unlösl. in Wasser; $\lambda_{max}$ 452, 483 nm, opt. inaktiv.
*Vorkommen:* In der Natur häufig vorkommender *Carotinoid-Alkohol (s.a. *Xanthophylle). Das gelbe Pigment Z. ist z.B. in Mais (*Zea mays*, Poaceae), aus dem es 1939 von P.Karrer erstmals isoliert wurde, in Gerste, im Eidotter, in Krustentieren, Fischen, Vögeln, Pilzen u. Bakterien[1] enthalten, teilw. od. vollständig verestert in vielen Blüten u. Früchten, z.B. von Krokus, Safran, Hagebutten, Paprika, Orangen usw. Z. bildet zusammen mit dem isomeren *Lutein das gelbe Pigment des Eidotters. Mit diesem ist es Bestandteil des Macula-Pigments[2–4] der Retina des Menschen. Das Dipalmitat von Z. *Physalien* ($C_{72}H_{116}O_4$, $M_R$ 1045,71, rote Krist., Schmp. 98–99 °C) ist der rote Farbstoff von *Physalis*-Arten (Pfaffenhütchen, Sanddorn, Judenkirsche). Es kommt auch in *Lycium*-Arten (Solanaceae), *Asparagus officinalis* (Liliaceae) und anderen Pflanzen vor, häufig als Glycoside[5]. Im Roten Paprika (*Capsicum annuum*) findet sich *5,6-Dihydro-5β,6α-dihydroxyzeaxanthin* ($C_{40}H_{58}O_4$, $M_R$ 602,89, gelbe Krist., Schmp. 174 °C). Durch photochem. Oxid. entstehen aus Z. *Violaxanthin, Xanthoxin, *Capsorubin und andere.
*Verwendung:* Z. wird zum Färben von Fetten, als wasserdispergierbares Handelspräparat zum Färben von Heiß- u. Kaltgetränken, Cremes u. Puddings verwendet, außerdem als Futtermittelzusatz zur Eidotter- u. Broilerpigmentierung eingesetzt. Zur Anwendung im Bereich der Prävention altersbedingter Makuladegeneration (AMD) siehe *Xanthophylle und zitierte Allgemeinliteratur. Zur Analyse von Zeaxanthin werden die HPLC und Massenspektrometrie eingesetzt[6,7].
*Recht:* Zeaxanthin ist abhängig von seinem konkreten Einsatz in einem Lebensmittel, Zusatzstoff (i.S.d. § 2 *LFGB) oder (zulassungsfreier) Nicht-Zusatzstoff.
Zum Färben ist Zeaxanthin nicht als Zusatzstoff zugelassen.
Bei einem ernährungsphysiologisch bedingten Einsatz in einem Lebensmittel [seine Anwendung zur diätetischen Behandlung bzw. zur Risikoreduktion der altersbedingten Makuladegeneration (AMD) wird diskutiert[3]] ist Zeaxanthin nicht zulassungspflichtig; siehe auch Begriffsbestimmung für *Lebensmittelzusatzstoffe.

Zur Analytik s. *Lebensmittelfarbstoffe. – *E* zeaxanthin

*Lit.:* [1]J. Appl. Bacteriol. **70**, 181–191 (1991). [2]Landrum, J. T.; Bone, R. A., *Arch. Biochem. Biophys.*, (2001) **385**, 28. [3]Schalch, W., *Ernährung/Nutrition*, (1999) **23**, 53. [4]Junghans, A.; Sies, H.; Stahl, W., *Arch. Biochem. Biophys.*, (2001) **391**, 160. [5]J. Nat. Prod. **60**, 371 (1997). [6]Dachtler, M.; Glaser, T.; Kohler, K.; Albert, K., *Anal. Chem.*, (2001) **73**, 667. [7]Breithaupt, D. E.; Schwack, W., *Eur. Food Res. Technol.*, (2000) **211**, 52.

*allg.:* Beilstein EIV **6**, 7017 ▪ J. Org. Chem. **63**, 35–44 (1998) ▪ Johnson, E. J., *Nutr. Clin. Care*, (2002) **5**, 56–65 ▪ Krinsky, N. L.; Landrum, J. T.; Bone, R. A., *Annu. Rev. Nutr.*, (2003) **23**, 171–201 ▪ Merck-Index (13.), Nr. 10171 ▪ Mozaffarieh, M.; Sacu, S.; Wedrich, A., *Nutr. J.*, (2003) **2**, 20 ▪ Sies, H.; Stahl, W., *Int. J. Vitam. Nutr. Res.*, (2003) **73**, 95–100 – *[HS 3203 00; CAS 144-68-3 (Z.); 144-67-2 (Physalien)]*

**Zedernblätteröl** siehe *Thujaöl.

**Zedernholzöl.** Unter dem Begriff Zedernöle (Cedernöle) werden Öle aus verschiedenen Koniferen-Arten zusammengefaßt. Neben dem *Thujaöl (Zedernblätteröl) sind verschiedene Zedernholzöle bekannt. Je nach Provenienz unterscheidet man bei den in der Parfüm- und Riechstoffindustrie verwendeten Zedernholzölen folgende Typen:

1. *Amerikanische Zedernholzöle:* D. 0,940–0,960, unlöslich in Wasser, löslich in 90%igem Alkohol und in Ether. *Virginia-Zedernholzöl* ist ein leicht dickflüssiges, gelbliches Öl mit einem weichen, holzigen, süßen und balsamigen Geruch nach Bleistiftholz. *Texas-Zedernholzöl* ist ein dickflüssiges, rötliches bis bräunliches Öl mit einem dem Virginia-Zedernholzöl ähnlichen Geruch. Oft kristallisiert ein Teil des enthaltenen Cedrols aus.

*Herstellung:* Beide Öle werden durch Wasserdampfdestillation aus dem Holz verschiedener *Juniperus*-Arten (Cupressaceae) gewonnen: Virginia-Zedernholzöl aus der „southern red cedar", *Juniperus virginiana*, die hauptsächlich im Südosten der USA wächst, Texas-Zedernholzöl aus hauptsächlich in Texas wachsenden Arten wie z.B. *Juniperus mexicana* und *Juniperus deppeana*. Früher war das Virginia-Zedernholzöl ein Nebenprodukt bei der Verarbeitung des Zedernholzes zu Kleiderschränken, Kisten und Bleistiften. Heute wird der größte Teil der auf ca. 1500–2000 t (2001) geschätzten Jahresproduktion in Texas destilliert[1].

2. *Chinesisches Zedernholzöl:* Klares, bewegliches, meist gelbliches Öl mit dem typischen Zedernholzgeruch, aber mit einer viel rauchigeren und speckigeren Note als die amerikanischen Öle.

*Herstellung:* Durch Wasserdampfdestillation aus dem Holz der Chinesischen Trauerzypresse *Chamaecyparis funebris* (Cupressaceae). Die Jahresproduktion soll ca. 200–300 t (2001) betragen. Zur Extraktion mit überkritischem Kohlendioxid siehe Literatur[2].

*Zusammensetzung*[3–5]*:* Hauptkomponenten der zuvor genannten Zedernholzöle sind die Sesquiterpen-Verbindungen α-Cedren (ca. 10–25%), β-Cedren, Thujopsen (ca. 20–35%) und Cedrol (ca. 20–40%, im chinesischen Öl nur 10–15%). Durch

Acetylierung ist die Umsetzung zu weiteren, wichtigen Riechstoffen wie Cedrylmethylketon möglich.

3. *Atlas-Zedernholzöl:* Gelbliche bis bräunliche Flüssigkeit mit süßlich aromatischem, leicht holzigem Geruch; $d_{25}^{25}$ 0,925–0,940, $n_D^{20}$ 1,5060–1,5160, $[\alpha]_D^{20}$ +50° bis +77°; löslich in 5 Volumen 95%igem Ethanol.

*Herstellung:* Atlas-Zedernholzöl wird durch Wasserdampfdestillation des Holzes von *Cedrus atlantica* (Cedri atlanticae aetheroleum) gewonnen.

*Zusammensetzung:* Hauptgeruchsträger ist α-Atlanton ($C_{15}H_{22}O$, $M_R$ 218,34), außerdem γ-Atlanton und δ-Cadinen.

α-Atlanton                    γ-Atlanton

*Verwendung:* Zedernholzöle finden breite Verwendung bei der Parfümherstellung; die Rektifikation führt zu Ausgangsmaterialien für weitere Parfümrohstoffe, z.B. Cedrolmethylether[6] und Cedrylacetat[7] aus Cedrol, Acetylcedren[8] aus dem Gemisch von Cedren/Thujopsen und Cedrenepoxid[9] aus α-Cedren. Zur Verwendung als Insektenrepellent siehe Literatur[10,11], für den Einsatz in antimikrobellen Formulierungen siehe Literatur[12]. Zum Einsatz von Zedernholzöl als Interleukin-4-Inhibitor siehe Literatur[13]. – *E* cedarwood oil

*Lit.:* [1]Bauer et al. (4.), S. 181–182. [2]Eller, F. J.; King, J. W., *Phytochem. Anal.*, (2000) **11**(4), 226–231. [3]Perfum. Flavor. **5**(3), 63 (1980). [4]Perfum. Flavor. **16**(5), 79 (1991). [5]Lawrence, B. M., *Perfum. Flavor.*, (1998) **23**(5), 55–56, 58–60, 62–68. [6]Bauer et al. (4.), S. 59. [7]Bauer et al. (4.), S. 74. [8]Bauer et al. (4.), S. 70. [9]Ohloff, S. 171. [10]Blum, M.; Roitberg, M., US 005885600 A, (1999). [11]Kumar, D.; Shukla, Y. N.; Tiwari, S.; Bansal, R. P.; Kumar, S., WO 2001076373 A1, (2001). [12]Iyer, L. M.; Whitfield, D. F.; Scott, J. R., WO 1998044901 A1, (1998). [13]Nonomura, M.; Hori, K.; Ichikawa, Y.; Fukuda, K.; Nojiri, H.; Takema, Y., *Aroma Res.*, (2002), **3**(1), 51–56.

*allg.:* ISO 4724: 2004-06, Zedernholzöl, Typ Virginia ▪ ISO 4725: 2004-05, Zedernholzöl, Typ Texas ▪ ISO 9843: 2002-05, Chinesisches Zedernholzöl ▪ Ohloff, S. 170 – *[HS 3301 29; CAS 8000-27-9, 85085-41-2 (Virginia-Zedernholzöl); 91722-61-1 (Texas-Zedernholzöl); 85085-29-6 (Chinesisches Zedernholzöl); 68916-71-8 (Atlas-Zedernholzöl); 108645-54-1 ((–)-(E)-α-Atlanton); 26294-59-7 ((+)-(E)-α-Atlanton); 56192-70-2 ((Z)-α-Atlanton); 532-66-1 (γ-Atlanton); 108549-48-0 ((Z)-γ-Atlanton); 108549-47-9 ((E)-γ-Atlanton)]*

**Zedernöle** siehe *Zedernholzöl und *Thujaöl.

**Zedernüsse** siehe *Pinienkerne.

**Zein.** Bezeichnung für die *Prolamin-Fraktion von *Mais und deren Protein-Komponenten. Mit ca. 48% Anteil am Gesamtprotein ist Zein das wichtigste Reserveprotein von Mais. Es wird durch Extraktion mit wäßrigem Alkohol, z.B. 70%igem Ethanol oder 55%igem Propan-2-ol aus Maismehl (Gehalt ca. 2,8%) oder Maiskleber gewonnen. Die Gelbfärbung beruht auf restlichem *Zeaxanthin.

Zein ist unlöslich in Wasser und Salzlösung, löslich in wäßrigem Alkohol, Essigsäure, Diethylenglycol oder phenolischen Lösungen. In der Aminosäure-Zusammensetzung dominieren *Glutamin (ca. 19%), *Leucin (ca. 19%), *Alanin (ca. 14%) und *Prolin (ca. 10%); *Lysin und *Tryptophan fehlen. Zein besteht aus einer Reihe von Komponenten (Zein I oder α-Zein), die zwei Gruppen mit Molmassen von ca. 22000 (A-Zein) und 19000 (B-Zein) zugeordnet werden können. Die Aminosäure-Sequenzen zeigen, daß beide Gruppen in den N-terminalen Domänen und den mittleren Domänen, die von wiederkehrenden Sequenzen bestimmt sind, homolog sind und in den C-terminalen Sequenzen voneinander abweichen.
Als Zein werden außerdem die erst nach Reduktion der Disulfid-Bindungen mit wäßrigem Alkohol extrahierbaren Komponenten aus der *Zeanin-Fraktion bezeichnet (Zein II oder β-Zein). Sie gehören zwei verschiedenen Gruppen an (C-Zein, $M_R$ ca. 15000 und D-Zein, $M_R$ ca. 10000). In den Werten einiger Aminosäuren (z.B. Glycin, Methionin, Leucin) weichen sie von A- und B-Zein deutlich ab.
*Verwendung:* In Klebstoffen, zum Überziehen von Papier, Dragees, Lebensmitteln, zur Herstellung von Emulsionen, Druckfarben und Eiweißfasern (Zeinfasern, Kurzzeichen: ZE), zur Gewinnung von Glutaminsäure. – *E* zein
*Lit.:* White, P. J.; Lawrence, A., *Corn: Chemistry and Technology*, 2. Aufl.; American Association of Cereal Chemists (AACC): St. Paul, (2003)

## Zellulose siehe *Cellulose.

## Zentrale Chiralität siehe *Chiralität.

## Zeolithe siehe *Waschmittel.

## Zibarte siehe *Pflaumen.

## Zibeben siehe *Rosinen.

## Zibet
(FEMA 2319). Zibet (von arabisch zabad = Schaum) ist ein durch Ausdrücken („curetage") des Analbeutels gewonnenes Sekret der Zibetkatze, zu der man die folgenden Arten zählt: *Civettictis civetta* (= *Viverra civetta*, Afrikanische Zibetkatze), *Viverra zibetha* (Asiatische Zibetkatze) und *Viverricula indica* (Chinesische Zibetkatze). Zur Gewinnung von Zibet werden die Tiere in Gefangenschaft gehalten. Hauptproduzent ist Äthiopien mit ca. 2 t/a. Frisch entnommenes Zibet ist eine helle bis gelbe, salbenartige Masse, die an der Luft zunehmend dunkler und härter wird.
*Zusammensetzung[1]:* Zibet-Absolue besteht zu mehr als der Hälfte aus Fettsäuren. Wesentlicher geruchsgebender Bestandteil ist das makrocyclische Keton *Zibeton, das zu ca. 3–5% enthalten ist. Weitere Inhaltsstoffe sind *Skatol, Indole, Cyclotetradecanon, Cyclotetradecenon, Cyclopentadecanon, Muscone, Cyclopentadecenon, Cyclohexadecanon, Cyclohexadecenon, Cycloheptadecanon, Cyclooctadecanon, Cyclooctadecenon, Cyclononadecanon, Cyclononadecenon, Cyclopentadecanolid (Thibetolid®, Exaltolid®), 1,3-Dimethylindol.

*Verwendung:* Als Parfümingredienz; für die Verwendung in Parfümölen bereitet man eine alkoholische Lösung (Zibet-Tinktur) oder extrahiert das rohe Zibet mit einem geeigneten Lösemittel wie Ethanol oder Aceton. Das Produkt (Zibet-Absolue) ist eine viskose, graue bis grau-braune Masse mit einem starken animalisch, moschusartigen, leicht fäkalen Geruch. Zibet wird wegen seines hohen Preises nur in kleinen Mengen in teuren Parfüms verwendet. – *E* civet
*Lit.:* [1] Ohloff, S. 199.
*allg.:* Lawrence, B. M.; Mookherjee, B. D.; Willis, B. J., Hrsg., *Flavors and Fragrances: A World Perspective*; Developments in Food Science 18; Elsevier: Amsterdam, (1988); S. 587 • Ullmann (7.); http://dx.doi.org/10.1002/14356007.a11_141 [Online, Januar 2003] – *[HS 0510 00; CAS 68991-27-5]*

## Zibet-Katzenbaumfrucht siehe *Durian.

## Zibeton
[(Z)-9-Cycloheptadecen-1-on, Civeton].

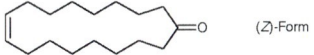
(Z)-Form

$C_{17}H_{30}O$, $M_R$ 250,41, farblose, flüchtige, widerwärtig (süß-animalisch nach Moschus) duftende Kristalle, Schmp. 32,5 °C, Sdp. 103 °C (6,7 Pa), D. 0,917, in Wasser kaum, in Alkohol löslich. Zibeton ist der Hauptgeruchsträger von *Zibet, in sehr großer Verdünnung ähnelt sein Duft dem von *Moschus. Zibeton ist auch synthetisch, z.B. aus Aleuritinsäure (siehe *Hydroxyfettsäuren) zugänglich. Das (E)-Isomer schmilzt bei 37–38 °C. Zibeton wurde 1915 erstmals von Sack aus Zibet isoliert[1]; Strukturaufklärung und Synthese gelangen Ruzicka 1926[2,3]. Zibeton wird in der Parfümindustrie als Fixateur verwendet. Im Vergleich zu (R)-(−)-*Muscon besitzt Zibeton einen deutlich intensiveren Moschus-Charakter und zählt zu den wirtschaftlich bedeutsamen Moschus-Verbindungen[4]. – *E* civetone
*Lit.:* [1] Sack, E., *Chem. Ztg.*, (1915) **39**, 538. [2] Helv. Chim. Acta **9**, 230 (1926). [3] Helv. Chim. Acta **10**, 695 (1927). [4] Kraft, P., In *Chemistry and Technology of Flavors and Fragrances*, Rowe, D., Hrsg.; Blackwell Publishing: Oxford, (2004); S. 146.
*allg.:* Merck-Index (13.), Nr. 2359 • Ullmann (7.); http://dx.doi.org/10.1002/14356007.a11_141 [Online, Januar 2003] – *[HS 2914 29; CAS 74244-64-7 (9-Cycloheptadecen-1-on); 542-46-1 ((Z)-Form); 1502-37-0 ((E)-Form)]*

## Zichorien
(Gemeine Wegwarte, *Cichorium intybus* L.). Zur Familie der Korbblütler (Asteraceae) gehörende, in Sibirien, Vorderasien und Nordafrika beheimatete, in Mitteleuropa auf trockenen Böden und an Wegrändern (vgl. deutscher Name) anzutreffende Pflanze mit hellblauen Blüten. Zwei Varianten der Zichorien werden kultiviert, zum einen die *Salat-Zichorie* oder *Chicorée (Cichorium intybus* var. *foliosum* Hegi), deren gebleichte und getriebene Blattknospen als aromatisch-bitter schmeckender Wintersalat oder gedünstet als Gemüse verzehrt werden. Die zweite kultivierte Variante ist die sogenannte *Wurzel-* oder *Kaffee-Zichorie (Cichorium intybus* var. *sativum* Lam. et DC.).
*Zusammensetzung:* Je 100 g Chicorée haben einen Nährwert von 67 kJ (16 kcal), im Mittel enthält das

Winter-Gemüse 94,4 g Wasser, 1,3 g Proteine, 0,2 g Fette, 2,4 g Kohlenhydrate (davon 1,3 g Faserstoffe), ferner die Vitamine $B_1$, $B_2$, C, Nicotinsäure und Spurenelemente. Die Wurzel- oder Kaffee-Zichorie enthält in der graubraunen Wurzel (Radix Cichorii) *Inulin, *Cholin, etherisches Öl, Harze, Bitterstoffe (Lactucopicrin), Gerbstoffe etc., nach dem Rösten auch Harman-Alkaloide.

*Verwendung:* In gemahlenem Zustand dien(t)en die gerösteten Zichorien-Wurzeln als *Kaffee-Ersatzstoffe; umgangssprachlich wird das Röstgut ebenfalls als *Zichorienkaffee* bezeichnet („Blümchen-Kaffee"). Medizinisch ist Zichorie bereits seit alters her als „Blutreinigungsmittel" und Stomachikum im Gebrauch. Zu ebenfalls kultivierten Verwandten der Wegwarte gehören der Endiviensalat (*Cichorium endivia* L.), welcher als Salat, aber auch als Gemüse (Eskariol-Endivie) geschätzt wird, und der rotblättrige Radicchio (Roter Endivie, Roter Chicorée). Von letzterem züchtete die niederländische Firma Bejo-Zaden eine Gen-modifizierte Sorte, die gegen das Breitband-Herbizid Glufosinat-Ammonium resistent ist[1]. Mit den Zichorien entfernt verwandt sind Lattich (verschiedene *Lactuca*-Arten) und *Schwarzwurzel (*Scorzonera hispanica* L.). – *E* chicories

*Lit.:* [1]Opinion of the Scientific Committee on Plants regarding Chicory Derives from genetically modified male, sterile, Glufosinat tolerant Parental Lines (RM3-3, RM3-4 and RM3-6) notified by Bejo Zaden: http://europa.eu.int/comm/food/fs/sc/scp/out30_en.html.
*allg.:* Bais, H. P.; Ravishankar, G. A., *J. Sci. Food Agric.*, (2001) **81**, 467–484 ▪ Cabezas, M. J.; Rabert, C.; Bravo, S.; Shene, C., *J. Food Sci.*, (2002) **67**, 2860–2865 ▪ Franke, W., *Nutzpflanzenkunde*, 6. Aufl.; Thieme: Stuttgart, (1997); S. 111ff., 221ff. ▪ Hager (5.) **4**, 865–871 – *[HS 0601 20, 1212 99]*

**Zichorienkaffee** siehe *Kaffee-Ersatzstoffe und *Zichorien.

**Ziegenfleisch.** In Deutschland angebotenes Z. stammt meist von jungen Ziegenlämmern (2–4 Monate, Schlachtkörpergew. 8–10 kg). Die Zusammensetzung ist ähnlich der von Lammfleisch (s. *Schaffleisch), die Farbe ist etwas dunkler.
Zur Zusammensetzung siehe die Tabelle.

Tabelle: Durchschnittswerte für Ziegenfleisch[1].

| | Probenzahl | Wasser [%] | Fett [%] | Cholesterol [mg/100 g] |
|---|---|---|---|---|
| Kotelett | 40 | 79,2 | 2,3 | 58 |
| Unterschale | 38 | 80,4 | 2,0 | 70 |
| Leber | 38 | 75,9 | 3,3 | 214 |

Bei Ziegen ist nur eine sehr geringe Ausbildung von subcutanem u. intermuskulärem Fettgewebe zu beobachten. – *E* chevon, goat meat
*Lit.:* [1]Park, Y. W.; Kouassi, M. A.; Chin, K. B., *J. Food Sci.*, (1991) **56**, 1191.
*allg.:* Branscheid, W.; Honikel, K. O.; Lengerken, G., von; Troeger, K., Hrsg., *Qualität von Fleisch und Fleischwaren*, Deutscher Fachbuchverlag: Frankfurt/Main, (1998) ▪ Souci et al. (6.) – *[HS 0204 50]*

**Ziegenkäse.** *Käse aus *Ziegenmilch. Bei der Herstellung sind einige von der Kuhmilch abweichende Eigenschaften der Ziegenmilch zu berücksichtigen: kürzere Labgerinnung, weicherer Bruch, schlechtere *Synärese[1]. Der typische Geschmack der Milch, der weitgehend an das Fett gebunden ist, geht auch in den Käse über, wenn die Milch insgesamt verkäst wird, was meist der Fall ist. Ziegengeruch und -geschmack sind besonders aufdringlich bei Gelb- und *Rotschmierekäse. Das Angebot an Ziegenkäse ist vielfältig. Häufig wird gleich im Milcherzeugerbetrieb verkäst.
Der Altenburger Ziegenkäse, der früher ausschließlich aus reiner Ziegenmilch hergestellt wurde, wird inzwischen, wie viele andere Käse auch, mit einem Gemisch aus Kuh- und Ziegenmilch produziert (kennzeichnungspflichtig!).
*Analytik:* Für den Nachweis von Kuhmilch in Ziegenkäse stehen sehr empfindliche elektrophoretische und immunologische Methoden zur Verfügung[2,3]. – *E* goat milk cheese
*Lit.:* [1]Kammerlehner, Labkäse-Technologie, Bd. II, Gelsenkirchen-Buer: Mann 1988. [2]Amtliche Sammlung, Nr. L 01.00-39. [3]Berner, Bestimmung von Kuhmilch in Schaf-, Ziegen- u. Büffelmilchkäsen unter Berücksichtigung der Käsereifung, Dissertation, TU München-Weihenstephan 1990.

**Ziegenmilch.** Die Milchleistung der Ziege beträgt 3–4 L/d. Im Gehalt an Fett, Gesamt-Stickstoff, Lactose und Trockenmasse unterscheidet sich Ziegenmilch nur wenig von Kuhmilch (siehe auch Tabelle 1 bei *Milch). Ziegenmilch enthält jedoch weniger *Casein, besonders $\alpha_{s1}$-Casein (aber mehr β-Casein) und mehr Nichtprotein-Stickstoff. Der Anteil an essentiellen Aminosäuren ist höher. Das Fett ist reicher an kurzkettigen Fettsäuren (besonders Decansäure). Ziegenmilch ist ärmer an Citronensäure, d.h. *Butan-2,3-dion- und Gasbildung sind in fermentierten Produkten aus Ziegenmilch schwächer. Ziegenmilch besitzt nur etwa ein Achtel der Phosphatase-Aktivität der Kuhmilch, d.h. die *Phosphatase-Probe bedarf zum Nachweis einer ausreichenden Kurzzeiterhitzung der Anpassung. Die Lipase-Aktivität in Ziegenmilch ist hoch. Ziegenmilch ist unter Ultrahocherhitzungsbedingungen wenig stabil (Sedimentbildung).
Ziegenmilch wird zu Hart-, Schnitt- und vor allem Weichkäse verarbeitet. Joghurt aus Ziegenmilch ist weich, es sei denn, die Ziegenmilch wird ultrafiltriert. 2002 wurden weltweit 12,3 Mio. t Ziegenmilch erzeugt.
*Analytik:* Der Nachweis von Kuhmilch in Ziegenmilch bzw. Ziegenkäse erfolgt durch isoelektrische Fokussierung (IEF) der Caseine bzw. Kreuzimmunelektrophorese. – *E* goat milk
*Lit.:* [1]Amtliche Sammlung, Nr. L 01.00-39 ▪ IDF, Hrsg., *World Dairy Situation*; IDF-Bulletin Nr. 378; International Dairy Federation: Brüssel, (2002) ▪ Souci et al. (6.) – *[HS 0401 20]*

**Zierin** siehe *cyanogene Glycoside.

**Zierquitte** siehe *Scheinquitte.

**Zimt** [Cane(e/h)l, Kane(e/h)l]. Bez. für die getrocknete, zumeist von Kork- u. prim. Rinden-

schicht ganz od. teilw. befreite Rinde junger Stämme, Äste od. Wurzelschößlinge verschiedener trop. *Cinnamomum*-Arten (Lauraceae), die im südostasiat. Raum weit verbreitet sind. Als wichtigste Handelssorten sind zu nennen:
1. *Ceylon-Z.* (edler, echter Z.) von dem v. a. auf Sri Lanka u. Java, aber auch auf den Seychellen, Madagaskar, Martinique, Jamaica, in Cayenne u. Brasilien kultivierten *Cinnamomum zeylanicum*; die geschmacklich feinste u. deshalb teuerste Z.-Rinde, die zur Anw. als Stomachikum, Geruchs- u. Geschmackskorrigens offizinell ist.
2. *Padang-Zimt* (Burma-Z., Java-Z., Fagot-Z.) von dem aus Indonesien stammenden u. v. a. auf Sumatra angebauten *Cinnamomum burmannii*, der die Hauptmenge des bei uns verwendeten Z. stellt.
3. *Chines. Z.* (gemeiner Z., Cassia-Z.) aus der Zweigrinde des in Südostchina heim., auch auf den Sundainseln, in Vietnam, Japan u. an der Malabarküste kultivierten *Cinnamomum cassia (aromaticum)*; im dtsch. Handel selten.
Andere, weniger geschätzte Sorten sind Seychellen-, Philippinen- u. der auf den Molukken gewonnene Cuilawan-Zimt. Zur selben Pflanzenfamilie gehört auch der bis 40 m hoch wachsende *Campher-Baum (Cinnamomum camphora)*. Z. besitzt einen aromat.-würzigen Geruch, süßlichen, z. T. feurig brennenden Geschmack u. ist meist gelblich bis dunkelbraun gefärbt. Die Z.-Rinden enthalten unterschiedliche Mengen an *etherischen Ölen (1,5–3,5%) [Zimt(rinden)öl, s. a. *Zimtöle, 2.], die 2% *Eugenol u. als geschmacksgebenden Stoff *Zimtaldehyd (ca. 75%) enthalten. Z. enthält neben dem Zimt(rinden)öl (Ceylon-Z.: 1–1,5%; Padang-Z.: bis 3,5%; Chines. Z.: 1–2%) *Stärke, *Kohlenhydrate, Calciumoxalat (bis 6%) sowie Schleim- u. *Gerbstoffe.
*Analytik:* Z.-Pulver kann mikroskop. analysiert werden, wobei Verfälschungen durch Holzmehl, Kakaoschalen od. Baumrinde (heute selten) leicht zu erkennen sind. Die Varietäten des Z. lassen sich mittels *Chromatographie anhand der Inhaltsstoffe der ether. Öle unterscheiden.
*Verwendung:* Als Gewürz für Kompott, Süßspeisen, *Curry-Pulver, Glühwein sowie in Feinbackwaren u. *Schokoladen. – *E* cinnamon

*Lit.:* Franke, W., *Nutzpflanzenkunde*, 6. Aufl.; Stuttgart: Thieme (1997); S. 357f. ▪ Hall, G.; Siewek, F.; Gerhardt, U., *Handbuch Aromen und Gewürze*, Behr's: Hamburg, (1999) ▪ Zipfel, C 380 II, 6 – *[HS 0906 10, 0906 20; CAS 8007-80-5]*

## Zimtaldehyd (Cinnamaldehyd, 3-Phenylprop-2-enal, 3-Phenylacrolein, FEMA 2286).

$H_5C_6–CH=CH–CHO$, $C_9H_8O$, $M_R$ 132,15. Gelbliche, stark nach Zimt riechende, wasserdampfflüchtige, ölige Flüssigkeit. D. 1,0497, Schmp. −7,5 °C, Sdp. 253 °C (*trans*-Isomeres), unlöslich in Wasser, mischbar mit Alkohol, Ether, Chloroform, Ölen; WGK 2 (Selbsteinstufung), $LD_{50}$ (Ratte oral) 2220 mg/kg. Zimtaldehyd wird an der Luft zu Zimtsäure oxidiert, ist gegen Licht, Wärme, Alkalien und einige Metalle empfindlich und zeigt die üblichen Aldehyd- und Olefin-Reaktionen. Zimtaldehyd ist antifungal und antibakteriell wirksam[1,2] sowie ein Inhibitor Cyclin-abhängiger Kinasen[3].

*Vorkommen: trans*-Zimtaldehyd: Im Ceylon-Zimtrindenöl (65–75%), *Cassiaöl (75–90%), Zimtblätteröl (siehe *Zimtöle), Patchouli-, Lavendel- und Jasminöl. In verschiedenen Lebensmitteln wurden Gehalte im Spurenbereich bis >300 ppm mittels GC-MS bestimmt[4]. Zum Vorkommen in Eichenholz-Qualitäten für die Weinherstellung siehe Literatur[5]. Das *cis*-Isomer kommt als Nebenkomponente von *trans*-Zimtaldehyd in verschiedenen etherischen Ölen vor[6]. Zur photochemischen Bildung von *cis*-Zimtalkohol siehe Literatur[7].

*Herstellung und Biosynthese:* Aus Cassiaöl mit Hilfe von Natriumhydrogensulfit-Lösung oder synthetisch aus Benzaldehyd, Acetaldehyd und Natronlauge. Methoden zur biotechnologischen Gewinnung von Zimtaldehyd nutzen die Laccase-katalysierte Oxidation (Laccase aus *Trametes hirsuta*)[8] oder die Lipase-katalysierte Umsetzung von Styrenen mit Wasserstoffperoxid[9]. Zur Authentizitätskontrolle wird die $^2$H-NMR-Spektroskopie herangezogen[10]; zur Biosynthese siehe Literatur[11].

*Verwendung:* Zur Herstellung des Zimtalkohols und Folgeprodukten sowie Benzaldehyd. Für künstliches Zimtöl, in Gewürzen, Aromen und eingeschränkt in der Parfümerie [wegen sensibilisierender Eigenschaften nur mit mindestens gleichen Mengen (+)-Limonen oder Eugenol]. Die europäische Gesetzgebung fordert, daß parfümierte Produkte in Bezug auf den Gehalt von 24 Verbindungen (darunter Zimtaldehyd und Zimtalkohol) mit hautreizenden Eigenschaften geprüft werden sollen[12]; für die Quantifizierung wurden analytische Methoden entwickelt[13–15]. In der Dünnschicht- und Papierchromatographie wird Zimtaldehyd in ethanolischer Salzsäure als Anfärbereagenz für Indol-Derivate, in Acetanhydrid-Schwefelsäure für Steroid-Sapogenine benutzt. Weitere Anwendungen im Pflanzenschutz. – *E* cinnamaldehyde

*Lit.:* [1] Biosci. Biotechnol. Biochem. **64**, 1061–1063 (2000). [2] J. Food Safety **15**, 337–347 (1995). [3] Bioorg. Med. Chem. Lett. **10**, 1819–1822 (2000). [4] Friedmann, M.; Kozukue, N.; Harden, L. A., J. Agric. Food Chem., (2000) **48**(11), 5702–5709. [5] Cadahía, E.; Munoz, L.; Fernández de Simón, B.; García-Vallejo, M. C., J. Agric. Food Chem., (2001) **49**(4), 1790–1798. [6] Raina, V. K.; Srivastava, S. K.; Aggarwal, K. K.; Ramesh, S.; Kumar, S., Flavour Fragr. J., (2001) **16**(5), 374–376. [7] Dennis, K. J.; Shibamoto, T., J. Toxicol. Cutaneous Ocul. Toxicol., (1990) **9**(2), 149–157. [8] Niku-Paavola, M.-L.; Viikari, L., J. Mol. Catal. B, (2000) **10**(4), 435–444. [9] Gatfield, I.-L.; Hilmer, J.-M., EP 1061132 A1, (2000). [10] Riv. Ital. EPPOS **1993**, 255–268. [11] Belitz-Grosch-Schieberle (5.), S. 959f. [12] Richtlinie 2003/15/EG des Europäischen Parlaments und des Rates vom 27.02.2003 zur Änderung der Richtlinie 76/768/EWG des Rates zur Angleichung der Rechtsvorschriften der Mitgliedstaaten über kosmetische Mittel (Amtsblatt der EU Nr. L 66, S. 26–35). [13] Debonneville, C.; Chaintreau, A., J. Chromatogr. A, (2004) **1027**(1–2), 109–115. [14] Chaintreau, A.; Joulain, D.; Marin, C.; Schmidt, C. O.; Vey, M., J. Agric. Food Chem., (2003) **51**(22), 6398–6403. [15] Shellie, R.; Marriott, P.; Chaintreau, A., Flavour Fragr. J., (2004) **19**, 91–98.

*allg.:* Bauer et al. (4.), S. 109–110 ▪ Beilstein EIV **7**, 984 ▪ Hager (5.) **4**, 887f. ▪ Merck-Index (13.), Nr. 2319 ▪ Ullmann (7.) [CD-ROM, 2004] – *[HS 2912 29; CAS 104-55-2 (Zimtaldehyd); 14371-10-9 ((E)-Zimtaldehyd); 57194-69-1 ((Z)-Zimtaldehyd)]*

**Zimtöle.** Blätter und Rinde des Zimtbaumes ergeben zwei unterschiedlich zusammengesetzte Öle: Zimtblätteröl und Zimtrindenöl.

Herkunftsländer sind die Seychellen, Sri Lanka, Südindien, Madagaskar und die Komoren. Herstellung durch Wasserdampfdestillation aus den Blättern oder der Rinde des Ceylon-Zimtbaumes[1-4] *Cinnamomum verum* J. Presl (*Cinnamomum zeylanicum*). Nicht zu verwechseln mit Kassiazimtöl (*Cassiaöl), das aus *Cinnamomum cassia* (*aromaticum*) gewonnen wird.

Die chemische Zusammensetzung der aus verschiedenen Pflanzenteilen gewonnenen etherischen Öle variiert stark: das Wurzelöl ist reich an Campher, das Rindenöl ist reich an (*E*)-Zimtaldehyd, das Blätteröl weist hohe Eugenol-Werte auf, das Blütenöl enthält (*E*)-Essigsäurecinnamylester und das aus den Früchten gewonnene Öl enthält hohe Sesquiterpen-Anteile.

1. *Zimtblätteröl* (FEMA 2292): Warmer, würziger Geruch nach Zimt und Nelken; warmer, würziger Geschmack.

*Zusammensetzung[4-7]:* Rötlich-braune bis dunkelbraune Flüssigkeit; Hauptbestandteil ist *Eugenol (ca. 70%); typische Begleitkomponenten sind *Linalool (2%), *Zimtaldehyd (2%), *Safrol (2%), Eugenylacetat (2%, siehe *Eugenol) und Benzoesäurebenzylester (4%). Zimtblätteröl aus Sri Lanka ist durch folgende Parameter charakterisiert: $d_{20}^{20}$ 1,037–1,053; $n_D^{20}$ 1,5270–1,5400; $[\alpha]_D^{20}$ −2,5° bis +2°.

*Verwendung:* Zur Parfümherstellung für würzigorientalische Noten; zur Herstellung von geruchlich hochwertigem Eugenol; zur Aromatisierung von Lebensmitteln wie Süßwaren, Erfrischungsgetränken, Likören usw.

2. *Zimtrindenöl* (FEMA 2291): Starker, warmer, würzig-süßer Duft nach Zimt; süßer, würziger Geschmack. Gewinnung durch Wasserdampfdestillation der getrockneten, von äußeren Teilen befreiten Ast- und Zweigrinden.

*Zusammensetzung[4-7]:* Hellgelbe Flüssigkeit; Hauptbestandteil ist Zimtaldehyd (um 75%); typische Nebenbestandteile sind Linalool (3%), Eugenol (2%) und Essigsäurecinnamylester (5%). Zimtrindenöl aus Sri Lanka ist durch folgende Parameter charakterisiert: $d_{20}^{20}$ 1,010–1,030; $n_D^{20}$ 1,5730–1,5910; $[\alpha]_D^{20}$ −2,0° bis +0°.

*Toxikologie:* Zimtrindenöl ist als potentielles Kontaktallergen in Nahrungs- und kosmetischen Mitteln beschrieben. Bei oraler Aufnahme wirkt Zimtöl erregend auf Nerven und Muskeln (vor allem am Uterus).

*Verwendung:* Zur Parfümherstellung für warme, orientalische Noten; zur Aromatisierung von Lebensmitteln wie Süßspeisen, Süß- und Backwaren, Likören und Erfrischungsgetränken (Cola-Limonaden); in der Medizin in Carminativa und wegen seiner antimikrobiellen Wirkung in Mund- und Rachentherapeutika. Das antioxidative Potential von Zimtöl wurde in verschiedenen Arbeiten studiert[8]. Die Bioaktivität von Zimtöl wird im Zusammenhang mit Glucose- und Insulin-Metabolismus sowie Typ-II-Diabetes diskutiert[9,10]. – *E* cinnamon oils

*Lit.:* [1] Perfum. Flavor. **2**(3), 53 (1977). [2] Perfum. Flavor. **3**(4), 55 (1978). [3] Lawrence, B., *Perfum. Flavor.*, (1994) **19**(2), 63–76. [4] Lawrence, B., *Perfum. Flavor.*, (2002) **27**(3), 48–69. [5] Perfum. Flavor. **3**(4), 55 (1978). [6] Lawrence, B., *Perfum. Flavor.*, (1994) **19**(3), 59. [7] Charalambous, Hrsg., *Spices, Herbs and Edible Fungi*; Developments in Food Science 34; Elsevier: Amsterdam, (1994); S. 411–425. [8] Lee, K.-G.; Shibamoto, T., *J. Agric. Food Chem.*, (2002) **50**(17), 4947–4952. [9] Broadhurst, C. L.; Polansky, M. M.; Anderson, R. A., *J. Agric. Food Chem.*, (2000) **48**(3), 849–852. [10] Anderson, R. A.; Broadhurst, C. L.; Polansky, M. M.; Schmidt, W. F.; Khan, A.; Flanagan, V. P.; Schoene, N. W.; Graves, D. J., *J. Agric. Food Chem.*, (2004) **52**(1), 65–70.

*allg.:* Bauer et al. (4.), S. 184, 185 ▪ ISO 3524: 2003-11, Zimtblatt-Öl, Typ Sri Lanka ▪ Karl, C., In *Flavourings*, Ziegler, H.; Ziegler, E., Hrsg.; Wiley-VCH: Weinheim, (1998); S. 191f. ▪ Murcia, M. A.; Egea, I.; Romojaro, F.; Parras, P.; Jimenez, A. M.; Martinez-Tome, M., *J. Agric. Food Chem.*, (2004) **52**(7), 1872–1881 ▪ Wichtl, M., Hrsg., *Teedrogen und Phytopharmaka*, 4. Aufl.; Wissenschaftliche Verlagsgesellschaft: Stuttgart, (2002); S. 137–139 – *[HS 3301 29; CAS 84649-98-9, 8015-96-1 (1.); 8015-91-6 (2.)]*

**Zineb** siehe *Carbamate.

**Zingeron** [Zingiberon, Vanillylaceton, 4-(4-Hydroxy-3-methoxyphenyl)butan-2-on; FEMA 3124].

$C_{11}H_{14}O_3$, $M_R$ 194,22, farblose, scharf schmeckende Kristalle, Schmp. 40°C, Sdp. 187–188°C (1,9 kPa), wenig löslich in Wasser, löslich in Ether und verdünnten Alkalien. Zingeron ist der Scharfstoff im Oleoresin des *Ingwers, aus dem es isoliert werden kann. Verwendung als Aromastoff. Zur Toxikologie siehe Literatur[1,2], zu reizenden Eigenschaften siehe Literatur[3], zur fermentativen Herstellung mit Hilfe von Hefen oder Pilzen siehe Literatur[4] und zur Analyse via Kopplung Flüssigchromatographie-Massenspektrometrie (LC-MS) siehe Literatur[5,6]. – *E* zingerone

*Lit.:* [1] Mikulasova, M.; Bohovicova, I., *Biologia (Bratislava)*, (2000), **55**(3), 229–234. [2] Sax (8.), VFP100, AAR500, RBU000. [3] Prescott, J.; Stevenson, R. J., *Physiol. Behav.*, (1996) **60**(6), 1473–1480. [4] Joulan, D.; Fuganti, C., WO 1996021739 A1, (1996). [5] De Wasch, K.; de Brabander, H. F.; Impens, S.; Okerman, L.; Kamel, C., In *Biologically-active Phytochemicals in Food*, Pfannhauser, W.; Fenwick, G. R.; Khokhar, S., Hrsg.; RSC Special Publication 269; Royal Society of Chemistry: Cambridge, (2001); S. 134–139. [6] Perez-Coello, M.; Sanz, J.; Cabezudo, M. D., *Chromatographia*, (1998) **47**(7/8), 427–432.

*allg.:* Beilstein EIV **8**, 1866 ▪ Merck-Index (13.), Nr. 10221 – *[HS 2914 50; CAS 122-48-5]*

**Zingiberon** siehe *Zingeron.

**Zink** (chem. Symbol Zn). Metall. Element, Ordnungszahl 30, Atomgew. 65,39. Natürliche Isotope (Häufigkeit in Klammern): 64 (48,6%), 66 (27,9%), 67 (4,1%), 68 (18,8%), 70 (0,6%).

*Vorkommen:* Der Anteil des Zinks an der obersten, 16 km dicken Erdkruste wird auf 120 ppm geschätzt; damit steht Zink in der Häufigkeitsliste der Elemente an 24. Stelle in der Nähe von Strontium, Vanadium u. Kupfer.

*Verteilung in der Umwelt:* Zink ist in Form von mineral. Stäuben in der Atmosphäre enthalten. Pflanzen können es daraus od. durch die Wurzeln aufnehmen. Im Meerwasser findet man mit der Tiefe zunehmende Zink-Konzentrationen. Bestimmte Quallenarten reichern Zink auf das 32000-fache des umgebenden Meereswassers an. Abwässer u. Oberflächenwässer sind gegenüber Meerwasser durch die Korrosion verzinkter Teile bzw. durch industrielle Emissionen wesentlich höher belastet. Da Zink stark an Klärschlamm adsorbiert wird, sind dessen Gehalte bes. hoch. Einen Überblick über die in Umweltproben gefundenen Zink-Konz.[1] gibt die Tabelle.

Tab.: Zink-Konz. in Umweltproben. Die Angaben zu Feststoffen beziehen sich auf die Trockenmasse.

| | |
|---|---|
| Atmosphäre ländliche Gebiete | $0,05\ \mu g/m^3$ |
| Atmosphäre einer Kleinstadt | $0,2-1\ \mu g/m^3$ |
| Atmosphäre einer Großstadt | $0,2-2\ \mu g/m^3$ |
| Atmosphäre in einem Industriegebiet | $0,5-4\ \mu g/m^3$ |
| Pflanzen | $1-40\ mg/kg$ |
| nicht kontaminierte Böden | $10-300\ mg/kg$ |
| Meerwasser | $0,003-0,6\ \mu g/L$ |
| Abwässer u. Oberflächenwässer | bis mehrere $100\ \mu g/L$ |
| Trinkwasser | bis $200\ \mu g/L$ |
| stehendes Wasser in verzinkten Rohren | $2-5\ mg/L$ |
| Kläranlagenablauf | bis $1\ mg/L$ |
| Klärschlamm | bis mehrere $1000\ mg/kg$ |

*Lebensmittel*[2,3]: Von Ausnahmen abgesehen weisen tierische Lebensmittel höhere Zink-Gehalte mit höherer Bioverfügbarkeit auf. Besonders Zink-reich sind Austern und Weizenkeime (>50 mg/kg Frischgewicht), gefolgt von Muskelfleisch (Rind, Kalb, Schwein, Geflügel) und Innereien (Leber, Nieren, Herz) (20–50 mg/kg Frischgewicht). Als mäßig Zink-haltig gelten Eier, Milch, Käse, Fisch, Karotten und Vollkornbrot (5–20 mg/kg Frischgewicht), während Obst, grüne Gemüse, Hülsenfrüchte, Fette und Weißbrot unter 5 mg/kg Frischgewicht aufweisen Zur Bioverfügbarkeit von Zink siehe Literatur[4].

*Physiologie:* Zink ist ein für Menschen, Tiere, Pflanzen u. Mikroorganismen lebensnotwendiges, nach Eisen das zweithäufigste *Spurenelement*[5].

*Resorption:* Zink wird im proximalen Abschnitt des Dünndarms im Mittel zu 20% resorbiert. Dabei wird aus pflanzlichen Lebensmitteln mit 5–10% deutlich weniger Zink absorbiert als aus tierischen mit 30–40%. Während Proteine sowie Schwefel-haltige Aminosäuren und Histidin die Zink-Resorption begünstigen, wird sie durch pflanzliche Inhaltsstoffe wie Phosphate, Phytate u. Oxalate vermindert. Besonders effektiv wird Zink aus der Muttermilch aufgenommen. Nach der Mahlzeit werden vergleichsweise große Mengen an Zink hauptsächlich über die Pankreassekrete abgegeben; ein Teil davon wird je nach Zink-Status

wieder rückresorbiert. Studien mit stabilen Zink-Isotopen haben ergeben, daß dies der wahrscheinlich wichtigste Weg der Zink-Homöostase und der schnellen Adaptation an die Zink-Versorgung ist. So variieren die Zink-Gehalte der Fäzes sowohl mit der Zink-Absorption als auch mit dem Zink-Status um bis zu eine Größenordnung, wobei eine niedrige Zink-Versorgung mit einer hohen intestinalen Rückresorption einhergeht.

*Verteilung:* Nach der Absorption erfolgt der Transport im Blut zur Leber. Der Plasma-Zink-Spiegel beträgt 100–140 µg/100 mL. Hierbei ist Zink an unterschiedliche Transportproteine gebunden, darunter $\alpha_2$-Makroglobulin (Zink nicht austauschbar), Albumin (Zink austauschbar) und Transferrin (Zink leicht austauschbar). Die Verteilung von Zink im Körper wird von der Leber spezifisch durch die Bindung an und Freisetzung aus *Metallothionein reguliert. Alle Gewebe enthalten Zink. Angereichert ist es in Leber, Muskel, Knochen, Haaren, in Iris u. Retina des Auges, im Pankreas u. den Keimdrüsen, mit den höchsten Konz. in den Testes. Als kleines, hydrophiles und hoch geladenes Ion kann Zink biologische Membranen nicht durch passive Diffusion überwinden. Eine steigende Anzahl von Zink-Transportern wurden in den letzten Jahren identifiziert und charakterisiert, die für die Zink-Aufnahme in unterschiedlichen Organen, den Efflux und die Zink-Speicherung in intrazellulären Vesikeln verantwortlich sind.

*Biochemische Funktionen:* Zink ist Bestandteil von mehreren hundert Enzymen. Hierzu gehören die Carbonat-Dehydratase, eine Reihe von Dehydrogenasen, wie die Alkohol-, Glutamat-, Malat- u. die Lactat-Dehydrogenase, die alkal. Phosphatase sowie die Superoxid-Dismutase. Weiterhin aktiviert Zink Enzyme wie Arginase, Enolase, Lecithinase u. Dipeptidasen. Darüber hinaus ist Zink Bestandteil von Insulin und von sogenannten Zinkfinger-Proteinen, in denen Zink durch vier Cysteine und/oder Histidine komplexiert wird; hierdurch entsteht die Faltung von Proteindomänen, die an DNA-Protein-Wechselwirkungen, aber auch Protein-Protein-Wechselwirkungen beteiligt sind. Derartige Zink-bindenden Domänen sind Bestandteile von Transkriptionsfaktoren, darunter Steroidhormon-Rezeptoren, DNA-Reparaturproteinen und Tumorsuppressor-Proteinen wie p53. Somit spielt Zink eine entscheidende Rolle bei der Aufrechterhaltung der Stabilität des Genoms. Ferner besitzt Zink antioxidative Eigenschaften, u.a. durch die Induktion von Metallothionein[6] und durch die Verdrängung von Eisen aus oxidationsanfälligen Liganden; dies resultiert u.a. auch in einer membranstabilisierenden Wirkung. Darüber hinaus ist eine ausreichende Zink-Versorgung wichtig für eine optimale Funktion des Immunsystems. Zink spielt eine wichtige Rolle in der Wundheilung: Man nimmt an, daß Vitamin A als wesentlicher Faktor der Gewebeheilung nur in Ggw. ausreichender Zink-Mengen verwertet werden kann. Einen Überblick über die biolog. Rolle des Zinks gibt Literatur[7,8].

Zink scheint auch eine Rolle beim Nachtsehvermögen mancher Säugetiere zu spielen; so liegen in der Aderhaut (Tapetum lucidum) von Mardern 3% der Cysteine an Zink gebunden vor, bei Seehunden sind es bis zu 19%.

*Ernährungsphysiologie:* Der Bestand an Zink eines Erwachsenen liegt bei 2–3 g. Täglich werden mit der Nahrung 10–15 mg aufgenommen; die mittlere Resorptionsrate liegt bei ca. 30%. Die D-A-CH-Zufuhrempfehlungen[9] betragen bei männlichen Jugendlichen und Erwachsenen 10 mg/Tag, bei weiblichen Jugendlichen und Erwachsenen 7 mg/Tag. Damit liegt im Allgemeinen eine ausreichende Zink-Versorgung vor. Allerdings enthält der Körper keine großen Zink-Speicher, die bei einer Mangelversorgung mobilisiert werden könnten.

*Mangel:* Zink-Mangel kommt bei Malabsorptionssyndromen wie Akrodermatitis enteropathica, parenteraler Ernährung sowie einer Behandlung mit Chelatbildnern vor. Symptome des ernährungsbedingten Zink-Mangels sind Appetitlosigkeit, erhöhte Infektanfälligkeit, Hautentzündungen, Haarausfall, Potenzstörungen, Durchfall, fetale und kindliche Entwicklungsstörungen sowie Skelettdeformationen.

*Nahrungsergänzungsmittel:* Die zur Anreicherung von *Nahrungsergänzungsmitteln europaweit zugelassenen Stoffverbindungen von Zink sind in der Nahrungsergänzungsmittelverordnung (Anlagen 1 und 2 NemV) positiv gelistet. Unterschiedliche Gremien, darunter die D-A-CH[9], raten davon ab, die tägliche Zink-Zufuhr 40 mg überschreiten zu lassen. Die *EFSA legt den UL-Wert auf 25 mg/Tag fest. In den meisten Mitgliedsstaaten der EU werden in Nahrungsergänzungsmitteln 15 mg/Tag akzeptiert. Das Bundesinstitut für Risikobewertung (*BfR) spricht sich für eine Obergrenze von 2,25 mg/Tag in Nahrungsergänzungsmitteln aus (keine Supplementierung bis zum vollendeten 17. Lebensjahr).

*Toxikologie:* Die tox. Grenzen von metall. Zink u. Zinksalzen liegen weit höher als bei anderen essentiellen Spurenelementen, wie z.B. Kupfer. Die orale Aufnahme von 1–2 g Zinksalzen wie Zinkchlorid od. Zinksulfat (entsprechend 275 bzw. 550 mg Zink) führt beim Menschen zu einer akuten, aber vorübergehenden Übelkeit wenige Minuten nach der Aufnahme. Die Symptome können Unpäßlichkeit, Schwindel, zugeschnürter Hals, Erbrechen, Kolik u. Durchfall einschließen. Zinkchlorid u. Zinksulfat können sich bilden, wenn saure Lebensmittel wie Salate, Früchte, Säfte in verzinkten Behältern zubereitet bzw. aufbewahrt werden. Einmaliges Einatmen von Zink(oxid)-Dämpfen verursacht das sog. Gießfieber, das jedoch nach ca. 24 h ohne bleibende Schäden zurückgeht. Chron. Zink-Vergiftungen sind außer im Fall des Zinkchromats u. der Zinkoxid-Stäube nicht sicher bekannt. Einige Pflanzenkrankheiten (Rosettenkrankheit, Zwergwuchs, Chlorophyll-Defekt) können durch sehr geringe Zink-Gaben geheilt werden; Dosen >100 mg/L Nährlsg. sind jedoch bereits schädlich. Die Zink-Toleranz von Pflanzen

wird auf Komplexierung durch Maleinsäure u. Citronensäure zurückgeführt. Äußerlich rufen größere Mengen von Zinksalzen (z.B. Zinkchlorid) Verätzungen hervor.

Für einige Fischarten (u.a. die Regenbogenforelle) liegt die $LC_{50}$ (48–96 h) bei 1–10 mg/L, für andere bei 80 bis über 100 mg/L. Im Tierversuch beträgt die orale $LD_{50}$ 1000 bis 2500 mg/kg. Zink wird im Tiergewebe nicht akkumuliert.

*Nachweis:* Feste, Zink-haltige Verb. geben nach Vermischung mit Soda beim Erhitzen mit dem Lötrohr (Reduktionsflamme) auf der Kohle einen in der Hitze gelben, in der Kälte weißen Beschlag von Zinkoxid; wird dieser mit wenig Cobaltnitrat-Lsg. befeuchtet u. von neuem erhitzt, so färbt er sich (bei Anwesenheit von Zink) grün [Cobaltgrün (Rinmanns Grün)]. In der Eisen- u. Stahlindustrie wird auch die Voltammetrie praktiziert, heute vielfach als sog. Cyclovoltammetrie. Genormt ist auch die Bestimmung mit der ICP-OES[10]. Qual. u./od. quant. gravimetr. od. photometr. Bestimmungen lassen sich mit einer Reihe von Reagenzien vornehmen, z.B. mit 2-Chinolincarbonsäure, Dithizon (bei 540 nm[11]), Zincon, 8-Chinolinol, Xylenolorange, Natrium-diethyldithiocarbamat, 3,3′-Dimethylnaphthidin u.a.[12]. Bes. zur Bestimmung von Zink in biolog. Materialien[13] geeignete quant. Meth. beruhen auf Atomabsorptionsspektrometrie[14,15] bei 213,9 nm u. Neutronenaktivierungsanalyse. Zur Bestimmung von Zink in Mineralwasser od. in organ. Lebensmittelfarbstoffen siehe Literatur[16].

*Recht:* Zinkchromate sind krebserzeugende Gefahrstoffe; ihre Zubereitungen müssen entsprechend der Gefahrstoffverordnung gekennzeichnet sein. Zinkcyanid, Zinkarsenit u. Zinkarsenat sind in WGK 3, Zinkchlorat u. Zinkphosphid in WGK 2 eingestuft. Der Grenzwert der *Trinkwasser-Verordnung für Zink wurde wegen fehlender Toxizität aufgegeben; der Richtwert beträgt 5 mg/L. Der MAK-Wert (2005) für Zinkoxid-Rauch, gemessen als alveolengängiger Aerosolanteil, ist 1 mg/m$^3$. Klärschlamm, der landwirtschaftlich genutzt werden soll, darf nach der Klärschlammverordnung nicht mehr als 2500 mg/kg Zink enthalten. – *E* zinc

*Lit.:* [1] Merian (Hrsg.), Metals and Their Compounds in the Environment, S. 1309ff., Weinheim: VCH Verlagsgesellschaft 1990. [2] Souci et al. (6.). [3] Biesalski, H. K.; Köhrle, J.; Schümann, K., *Vitamine, Spurenelemente und Mineralstoffe*, Thieme: Stuttgart, (2002). [4] J. Anim. Sci. **71**, 119–123 (1993). [5] Z. Ernährungswiss. **35**, 123–142 (1996). [6] Chem. Unserer Zeit **23**, 193–199 (1989). [7] Spektrum Wiss. **1993**, Nr. 4, 54–61. [8] Dtsch. Apoth. Ztg. **128**, 996–1001, 1040–1046 (1988). [9] Deutsche Gesellschaft für Ernährung (DGE); Österreichische Gesellschaft für Ernährung (ÖGE); Schweizerische Gesellschaft für Ernährungsforschung (SGE); Schweizerische Vereinigung für Ernährung (SVE), *Referenzwerte für die Nährstoffzufuhr*, Umschau/Braus: Frankfurt am Main, (2000). [10] DIN EN ISO 11885: 1998-04. [11] Official Methods of Analysis of the Association of Official Analytical Chemists (AOAC) (15.), S. 270, Arlington/Virginia: AOAC 1990. [12] Fries-Getrost, S. 397–407. [13] Townshend (Hrsg.), Encyclopedia of Analytical Science, S. 5656ff., London: Academic Press 1995. [14] IARC Sci. Publ. **71**, 421–428 (1986). [15] Official Methods of Analysis of the Association of Official Analytical Chemists (AOAC) (15.), S. 272, Arlington/Virginia: AOAC 1990. [16] Amtliche Sammlung, Nr. L 57.09-1 u. 59.11-6. *allg.*: Bundesinstitut für Risikobewertung (BfR), *Verwendung von Mineralstoffen in Lebensmitteln. Toxikologische und ernährungsphysiologische Aspekte, Teil II*; BfR-Wissenschaft 04/2004; BfR: Berlin, (2004); http://www.bfr.bund. de ▪ Forth et al. (7.), S. 659f. ▪ Kirk-Othmer (4.) **25**, 789–853 ▪ Kruse-Jarres, J. D., *LaboratoriumsMedizin*, (1999) **23**, 141 ▪ Laity, J. H.; Lee, B. M.; Wright, P. E., *Curr. Opin. Struct. Biol.*, (2001) **11**, 39 ▪ Maret, W., *J. Nutr.*, (2003) **133**, 1460 ▪ McCall, K. A.; Huang, C.; Fierke, C., *J. Nutr.*, (2000) **130**, 1437 – [*HS* 79..; *CAS* 7440-66-6; *G* 4.3]

**Zinkiodidstärke** siehe *Iodstärke-Reaktion.

**Zink-Pyrithion** (Zink-bis[2-pyridinolat]-*N,N'*-di-oxid, 2-Pyridinthiol-1-oxid, Zinksalz, INCI-Bezeichnung: Zinc Pyrithione).

$C_{10}H_8N_2O_2S_2Zn$, $M_R$ 317,7, ein fast weißes Pulver, Schmp. 240°C (Zers.), unlöslich in Wasser, wenig löslich in organischen Lösemitteln, stabil im pH-Bereich 4–8. Zink-Pyrithion wird auch als wäßrige Suspension zur Verfügung gestellt.
*Eigenschaften:* Zink-Pyrithione besitzen antimikrobielle Eigenschaften und werden als Wirkstoffe in *Antischuppenmitteln verwendet. Für diese Anwendung kommen die Natriumsalze auf Grund ihrer stärkeren Reizwirkung sowohl am Auge als auch an der Haut nicht in Frage.
*Toxikologie:* Zink-Pyrithione besitzen schwach irritative Eigenschaften an der Haut verschiedener Tierspezies. Ein schwach allergenes Potential der Zink-Pyrithione ist beschrieben [1,2]. An Humanhaut zeigen Zink-Pyrithione keinen Einfluß auf die Proliferation [3]. Akute Toxizität $LD_{50}$ (Ratte oral) 200 mg/kg; (Ratte dermal) >3400 mg/kg. Dermale Resorption (Schwein) bis 5%.
*Analytik:* Zum Nachweis von Zink-Pyrithion in kosmetischen Mitteln (z.B. HPLC auf RP-Phase) mit UV-Detektion siehe Literatur [4,5,6].
*Recht:* 1-Hydroxypyridin-2(1*H*)-thion-Zinksalz ist als laufende Nr. 4 der Anl. 2 Tl. B der *Kosmetik-Verordnung für Mittel, die wieder abgespült werden, bis 1,0% und für andere Mittel bis 0,2% zugelassen. Der Einsatz von Zink-Pyrithion in Erzeugnissen, die an der Mundhöhle angewendet werden, ist verboten. – *E* zinc pyrithione
*Lit.:* [1] Food Chem. Toxicol. **29**, 57–64 (1991). [2] Contact Dermatitis **12**, 50 (1985). [3] Arch. Dermatol. Res. **277**, 118 (1985). [4] J. Liq. Chromatogr. **11**, 3403 (1989). [5] J. Chromatogr. **291**, 434–438 (1984). [6] Wang, H., *Electroanalysis*, (2000) **12**, 227. *allg.*: Fiedler (5.), S. 1834 ▪ Hager (5.) **1**, 176f. ▪ Umbach (2.), S. 233–234 – [*HS* 2933 39; *CAS* 13463-41-7]

**Zinnfluoride.** (a) *Zinn(II)-fluorid* (INCI-Bezeichnung: Stannous Fluoride). $SnF_2$, $M_R$ 156,69, farblose, monokline Prismen, in Wasser schwer löslich, entsteht beim Auflösen von Zinn in Flußsäure. Zinn(II)-fluorid wird Zahn- u. Mundpflegemitteln als Kariesprophylaktikum zugesetzt. Zinn(II)-fluorid fördert die Remineralisation der Zahnhartsubstanz [1]. Auch der Plaque-Metabolismus wird durch Zinn(II)-fluorid beeinflußt [2,3]. Die Plaque-hemmen-

de Wirkung beruht höchstwahrscheinlich auf der Bindung des Zinn(II)-Ions an SH-Gruppen in Enzymen der Mikroorganismen [4]. In wäßriger Lösung ist Zinn(II)-fluorid nur gebunden stabil, z.B. mit *Aminfluorid.
*Recht:* Zinn(II)-fluorid ist als laufende Nr. 35 der Anlage 2 Teil A der *Kosmetik-Verordnung mit einer Höchstkonzentration von 0,15% berechnet als Fluor für Mundpflegemittel zugelassen. Der Hinweis „Enthält Zinn(II)-fluorid" ist obligatorisch.
(b) *Zinn(IV)-fluorid*, $SnF_4$, $M_R$ 194,70. Farblose, strahlig kristalline, hygroskopische Massen, D. 4,78, bei 705°C Sublimation, gut löslich in Wasser, bildet Hexafluorostannate (IV), $M_2^I[SnF_6]$ ($M^I$ = einwertige Metallionen). – *E* tin fluorides
*Lit.:* [1] Debbrecht, M.; Geurtsen, W., *Dtsch. Zahnärztl. Z.*, (1996) **51**, 219. [2] Arweiler, N.; Netuschil, L.; Reich, E., *J. Dent. Res.*, (2000) **79**, 257. [3] Mengel, R.; Wissing, E.; Schmitz-Habben, A.; Florès-de-Jacoby, L., *J. Clin. Periodontol.*, (1996) **23**, 372. [4] Bowen, W. H., *Z. Stomatol.*, (1990), Suppl. 5, 19.
*allg.*: Kirk-Othmer (4.) **11**, 451–454; **24**, 124f. ▪ Ullmann (5.) **A27**, 75 – [*HS* 2826 19; *CAS* 7783-47-3 (a); 7783-62-2 (b)]

**Zinn-organische Verbindungen.** Sammelbezeichnung für Metall-organische Verbindungen mit einer oder mehreren Sn–C-Bindungen, die sich mit wenigen Ausnahmen vom vierwertigen Zinn ableiten.
*Toxikologie:* Die Zinn-organischen Verbindungen sind fest oder flüssig. Insbesondere die Vertreter mit kleinen Alkyl-Resten sind sehr toxisch und schädigen gegebenenfalls das Myelin ($R_3$Sn-Verbindungen), siehe dazu *Tributylzinn-Verbindungen), siehe Literatur [1]. Aufgrund ihrer Toxizität werden Trimethylzinn-Verbindungen technisch nicht mehr hergestellt. Der auf Sn bezogene allgemeine MAK-Wert für Zinn-organische Verbindungen beträgt 0,1 mg/m³ (gemessen als einatembare Fraktion), Schwangerschaft: Gruppe D (MAK-Werte-Liste 2005). Eine Risikoabschätzung Zinn-organischer Verbindungen in verbrauchernahen Produkten und Lebensmitteln mit toxikologischer Bewertung und Expositionsbetrachtung findet sich in der Stellungnahme des *BgVV vom 06.03.2000 in Literatur [2].
*Vorkommen:* In der Natur vorkommende Zinn-organische Verbindungen sind durch Biomethylierung (enzymatische Methylierung) entstanden. Zur Problematik der Zinn-organischen Verbindungen in der Umwelt, z.B. in Flüssen und Fließsedimenten, und den damit verbundenen Gefahren für die darin lebenden Organismen und das Trinkwasser siehe Literatur [3,4].
*Verwendung:* Als Konservierungsmittel und in Desinfektionsmitteln sind Zinn-organische Verbindungen nicht mehr von nennenswerter Bedeutung, wohl aber bei Verwendung als Antifouling-Wirkstoffe (79%) und als Wirkstoffe in Holzschutzmitteln (20%), siehe dazu auch *Tributylzinn-Verbindungen. Jedoch ist auch auf diesen bedeutenden Anwendungsgebieten der Verbrauch von Zinn-organischen Verbindungen aufgrund ihrer Ökotoxizi-

tät rückläufig. Die restriktive Verwendung von Zinn-organischen Verbindungen als Antifouling-Wirkstoffe wird zwar zu einer merklichen und baldigen Abnahme der Konzentrationen in Gewässern führen, nicht aber in gleichem Maße zu einer Abnahme der an Sedimenten adsorbierten Zinn-organischen Verbindungen. Monoalkylzinn-Verbindungen werden zur Beschichtung von Glas und zur Hydrophobierung von Textilien verwendet; zu Zinn-organischen Verbindungen in Imprägniermitteln für Lederwaren und Textilien siehe die Stellungnahme des *BgVV vom 02.12.2002 in Literatur[5]. Eine Abschätzung möglicher Risiken durch Zinn-organische Verbindungen in Höschenwindeln findet sich in einer Stellungnahme des BgVV vom 18.05.2000[6]. Manche Mono- und besonders die Dialkylzinn-Verbindungen sind Stabilisatoren für Polyvinylchlorid, Katalysatoren für die Herstellung von PUR-Schaumkunststoffen und RTV-*Siliconen sowie Veresterungskatalysatoren. Die Trialkylzinn-Verbindungen sind Desinfektionsmittel und fungizide Schutzmittel für Textilien, Leder, Papier, Holz und dergleichen.

Im *Pflanzenschutz* haben sich pflanzenverträgliche Zinn-organische Verbindungen als protektive und kurative Blatt-*Fungizide und als Beizmittel zur *Saatgutbehandlung durchgesetzt. Vor allem Fentinhydroxid und Fentinacetat sind breit wirksam im Reis-, Kartoffel-, Rüben-, Obst- und Gemüseanbau. Pflanzenunverträglichkeiten sind bei Weinreben, Hopfen, Zierpflanzen und Gewächshausanwendungen beobachtet worden. Zur *Rückstandsanalytik* in pflanzlichen Lebensmitteln werden die genannten Wirkstoffe vom Typ $R_3Sn-X$ mit $H_3C-MgCl$ zu $R_3Sn-CH_3$ umgesetzt und gaschromatographisch bestimmt[7].

*Analytik:* In der Analytik der Zinn-organischen Verbindungen werden neben der *Atomabsorptionsspektrometrie auch häufig Gas- und Dünnschichtchromatographie sowie die *NMR-Spektroskopie eingesetzt; zur komplexometrischen Bestimmung eignet sich 1-(2-Thiazolylazo)-2-naphthol. – *E* organotin compounds

**Lit.:** [1]BIA-Report, Gefahrstoffliste 1998 (Gefahrstoffe am Arbeitsplatz), S. 606, Sankt Augustin: Hauptverband der gewerblichen Berufsgenossenschaften (HVBG) 1998 und dort zitierte Literatur. [2]Bundesinstitut für gesundheitlichen Verbraucherschutz und Veterinärmedizin (BgVV), *Tributylzinn (TBT) und andere zinnorganische Verbindungen in Lebensmitteln und verbrauchernahen Produkten*, Stellungnahme vom 06.03.2000; http://www.bfr.bund.de. [3]Buch der Umweltanalytik, Bd. 2, Darmstadt: GIT-Verlag 1991. [4]Merian (Hrsg.), Metals and Their Compounds in the Environment, S. 1243–1260, Weinheim: VCH Verlagsgesellschaft 1991 (umfassende Übersicht über Zinn und seine Verbindungen in der Umwelt). [5]Bundesinstitut für gesundheitlichen Verbraucherschutz und Veterinärmedizin (BgVV), *Organozinnverbindungen in Imprägniermitteln für Lederwaren und Textilien*, Stellungnahme vom 02.12.2002; http://www.bfr.bund. de. [6]Bundesinstitut für gesundheitlichen Verbraucherschutz und Veterinärmedizin (BgVV), *BgVV Stellungnahme zu TBT und zinnorganischen Verbindungen in Höschenwindeln*, Stellungnahme vom 18.05.2000; http://www.bfr.bund.de. [7]DFG-Methode, Nr. S24.

*allg.:* Birchenough, A. C.; Barnes, N.; Evans, S. M.; Hinz, H.; Krönke, I.; Moss, C., *Mar. Pollut. Bull.*, (2002) **44**, 534–543 ▪ Champ, M. H., *Sci. Total Environ.*, (2000) **258**, 21–71 ▪ Konstantinou, I. K.; Albanis, T. A., *Environ. Int.*, (2004) **30**, 235–248 ▪ Meador, J. P., *Rev. Environ. Contam. Toxicol.*, (2000) **166**, 1–48 ▪ Ullmann (5.) **A27**, 76f. – [HS 2931 00]

**Ziram** siehe *Carbamate.

**Zirbelnuß** siehe *Pinienkerne.

**Zirkoniumlactat** siehe *Lactate.

**Zirkulardichroismus** siehe *Circulardichroismus.

**Zitrone** (Citrone). Frucht des Zitronenbaumes [*Citrus limon* (L.), Burm. f. Rutaceae], wird in Mittelmeerländern, Kalifornien, West- u. Ostindien in verschiedenen Sorten kultiviert. Der Zitronenbaum kann das ganze Jahr über blühen und Früchte tragen, so daß Blüten, unreife und reife Früchte gleichzeitig an einem Baum anzutreffen sind. Die Früchte werden grün geerntet u. reifen bei der Lagerung; zur Konservierung der Schale gegen Mikroorganismen werden *Biphenyl, 2-*Biphenylol u. *Thiabendazol verwendet. Zitronen gehören zu den wenigen Früchten, bei denen der Zuckergehalt weit unter dem Säuregehalt liegt. Ihr durchschnittlicher Vitamin-C-Gehalt beträgt 50 mg/100 g Frucht. Der pH-Wert des Saftes liegt bei 2,2 und ist v.a. durch den hohen Citronensäure-Gehalt von 3,5–7% bedingt. Die Schale enthält ether. Öle (s. *Zitronenöl), *Bitterstoffe (*Limonin)[1], Hesperidin u. a. Flavonglycoside, Gerbstoffe u. *Cumarine. Zitronenöl wird aufgrund des hohen Terpen-Gehaltes eine antioxidative Wirkung zugesprochen[2]. Aus Zitronen isolierte C-Glucosylflavone erwiesen sich als antioxidativ wirksam[3]. Im Test mit HL-60-Zellen ist Apoptose-Induktion durch Citrus-Flavonoide beobachtet worden[4]. Auch für die Citrus-Cumarine hat man chemopräventive Wirksamkeit (Inhibierung von Radikalen) postuliert[5]. Das Aroma des Zitronensaftes unterscheidet sich von dem der Schale bzw. des Zitronenöles im wesentlichen durch eine große Zahl säurekatalysierter Reaktionsprodukte der Monoterpene u. Sesquiterpene[6].

*Verwendung:* In Limonaden, Salatwürze, Punsch, zur Gewinnung von Zitronensaft u. Zitronenöl, Pektin, Citronensäure usw. Die Schale – frisch gerieben od. getrocknet – ist ein beliebtes Küchengewürz für Kompotte, Back- u. Süßwaren etc. Aus der Schale der wesentlich größeren Zedratzitrone (*Citrus medica* L. var. *bajoura*) wird durch Kandieren das in manchen Backwaren geschätzte Citronat hergestellt. Reststoffe aus der Zitronensaft- und Zitronenölproduktion sind u.a. Schalen und Samen. Zur Verwertung dieser Reststoffe gibt *Lit.*[7] Auskunft. Im Gegensatz zu Apfelpektin ist das aus dem Mesokarp gewonnene Citrus-Pektin weiß und eignet sich daher für die Herstellung transparenter Gele. – *E* lemon, citron

**Lit.:** [1]Lota, M.-L.; De Rocca Serra, D.; Tomi, F.; Jacquemond, C.; Casanova, J., *J. Agric. Food Chem.*, (2002) **50**, 796. [2]Song, H.-S.; Ukeda, H.; Sawamura, M., *Food Sci. Technol. Res.*, (2001) **7**, 50. [3]J. Agric. Food Chem. **45**, 4619–4623 (1997). [4]Biosci. Biotechnol. Biochem. **64**, 1075–1078

(2000). [5] J. Agric. Food Chem. **47**, 3151–3157 (1999). [6] Mookherjee u. Mussinan (Hrsg.), Essential Oils, S. 199–228, Wheaton: Allured Publ. Corp. 1981; J. Agric. Food Chem. **30**, 685–688 (1982). [7] Schieber, A.; Stintzing, F. C.; Carle, R., *Trends Food Sci. Technol.*, (2001) **12**, 401.
*allg.:* Liebster, G., *Warenkunde Obst und Gemüse*, Hädecke: Weil der Stadt, (1999); Bd. 1, S. 352 ▪ Maarse, S. 319f. ▪ Ohloff, S. 134f. – *[HS 0805 50]*

**Zitronenmelisse** siehe *Melissenöl.

**Zitronenöl** (FEMA 2625). Leicht bewegliches, hellgelbes bis grünlich-gelbes Öl mit einem frischen, strahlenden Geruch nach geriebenen Zitronenschalen u. frischem, bitter-saurem Geschmack.
*Herstellung:* Durch mechan. Verf. („Pressen", s. *Citrusöle) aus der Schale der Zitronenfrucht (*Citrus limon*). Hauptproduzenten sind Italien, USA, Argentinien, Israel u. Spanien. Die Weltjahresproduktion liegt bei 3000 t.
*Zusammensetzung*[1]*:* Hauptbestandteile sind (+)-*Limonen (ca. 65%), β-*Pinen (ca. 10%) u. γ-Terpinen (ca. 10%). Wesentliche geruchs- u. geschmacksgebende Komponente ist *Citral (ca. 3–5%, Geranial u. Neral). Zum Versuch der Authentizitätsbewertung anhand des $^2$H/$^1$H-Verhältnisses von Citral siehe Literatur[2].
*Verwendung:* C. findet vielfältige Verw. bei der Parfümherst., v.a. in Kompositionen mit betonter Frische wie frischen Eaux de Toilette u. Eaux de Cologne. Wegen eines geringen Gehaltes an *Furocumarinen wird C. in Parfümölen aber nur mit Einschränkungen verwendet[3]. Die überwiegende Menge der C. wird für die Aromatisierung von Lebensmitteln wie Erfrischungsgetränken, Süßwaren, Backwaren usw. verbraucht. Hierfür werden meist konzentrierte C., die einen geringeren Anteil an Terpenkohlenwasserstoffen enthalten, eingesetzt (*Citrusöle). In der Medizin wird C. z.B. in Karminativa u. Rhinologica verwendet. – *E* lemon oil
*Lit.:* [1] Perfum. Flavor. **16** (2), 17 (1991); **17** (1), 45 (1992); **19** (3), 64; (6), 29 (1994); Flavour Fragr. J. **9**, 105 (1994); **10**, 33 (1995); **13**, 329–334 (1998); Ital. J. Food Sci. **11**, 361–370 (1999). [2] Flavour Fragr. J. **16**, 344–348 (2001). [3] J. Chromatogr. A **672**, 177 (1994).
*allg.:* Bauer et al. (3.), S. 179 ▪ Ohloff, S. 133 ▪ Teuscher, E., *Gewürzdrogen*, Wiss. Verlagsges.: Stuttgart, (2003); S. 104 – *[HS 3301 13; CAS 8008-56-8]*

**Zitronensäure** siehe *Citronensäure.

**Zöliakie** (Coeliakie). *Gluten-induzierte Enteropathie, intestinaler Infantilismus, von griechisch „koilia" = Bauchhöhle. Im Säuglings- und Kindesalter auftretende Erkrankung der Dünndarmschleimhaut. Die bei Erwachsenen auftretende Zöliakie wird als endemische Sprue bezeichnet.
Zöliakie führt zu einer Schädigung der für die Resorption der Nahrungsbestandteile notwendigen Schleimhautoberfläche. Dadurch kommt es zu einer Störung der Resorption aller Nährstoffe einschließlich der Vitamine, die zu Durchfällen, Unterernährung, Vitamin- und Eisen-Mangel etc. führt. Ursache für die Schleimhautschädigung ist die Aufnahme von *Prolaminen der Getreidearten Weizen (*Gliadin), Roggen (*Secalin) und Gerste

(*Hordein); im *Avenin des Hafers sind die immunogenen Sequenzen des Gliadins nicht gefunden worden[1].
Zur *Pathogenese* der Zöliakie ist bekannt, daß sie von Peptiden ausgelöst wird, die aus den Prolaminen durch die Einwirkung proteolytischer Enzyme des Magen-Darm-Traktes entstehen. *In-vivo*-Untersuchungen zeigen, daß das Peptid G8 aus α-Gliadinen (Sequenzposition 56″75) eine Zöliakiespezifische Schädigung der Darmschleimhaut hervorruft. Dieser Sequenzabschnitt hat eine starke stimulierende Wirkung auf T-Lymphocyten von Zöliakie-Patienten[2]. Die einzige Therapie ist eine lebenslange, strikte Einhaltung einer *Gluten-freien Diät, bei der die entsprechenden Getreidearten durch *Mais, *Hirse und *Reis ersetzt werden. – *E* celiac disease, nontropical sprue
*Lit.:* [1] Kilmartin, C.; Lynch, S.; Abuzakouk, M.; Wieser, H.; Feighery, C., *Gut*, (2003) **52**, 47–52. [2] Fraser, J. S.; Engel, W.; Ellis, H. J.; Moodie, S. J.; Pollock, E. L.; Wieser, H.; Ciclitira, P. J., *Gut*, (2003) **52**, 1698–1702.
*allg.:* Alaedini, A.; Green, P. H., *Ann. Intern. Med.*, (2005) **142**, 289–298 ▪ Robins, G.; Howdle, P. D., *Curr. Opin. Gastroenterol.*, (2004) **20**, 95–103 ▪ Robins, G.; Howdle, P. D., *Curr. Opin. Gastroenterol.*, (2005) **21**, 152–161

**Zoosterole** siehe *Sterole.

**Zucchini** (Gemüsekürbis, Gurkenkürbis, Kleinfrüchtiger Gartenkürbis, Kleinfrüchtiger Sommerkürbis, Kleinkürbis, Kürbisgurke). Der Begriff „Zucchini" ist das Diminutiv zum italienischen „Zucca" = *Kürbis. Damit bedeutet Zucchini Minikürbis bzw. kleiner Kürbis. Zucchinis stammen aus Mexiko und sind im 15. Jahrhundert nach Europa eingeführt worden. Sie sind eine Convarietät des *Gartenkürbis. Bis zu den 70er Jahren wurden Zucchinis in Italien, Spanien, Frankreich und Israel angebaut und haben erst danach Verbreitung in Deutschland gefunden.
Zucchinis (*Cucurbita pepo* L. convar. *giromontiina* Greb., Cucurbitaceae) zählen zu den Fruchtgemüsen und sind aus botanischer Sicht Beerenfrüchte. Das Fruchtfleisch ist weiß bis hellgrün und im Vergleich zur Gurke durch einen geringeren Wassergehalt gekennzeichnet, woraus eine festere Textur resultiert. Zucchinis zeichnen sich durch rasches Wachstum, große dunkelgrüne Blätter und hohe Frostempfindlichkeit aus. Freilandware ist typischerweise an weißen Flecken auf der Zucchinihaut erkenntlich. Zucchinis werden unreif geerntet, damit die weißen Samen weich und leicht verzehrbar sind. Idealerweise sollten Zucchinis für den Verzehr eine Länge von höchstens 25 cm und ein Gewicht von maximal 250 g aufweisen. Sie haben dann einen leicht nussigen bis neutralen Geschmack und sind leicht verdaulich. Größere Zucchinis haben ein mitunter schwammiges Gewebe, entwickeln einen leichten Bittergeschmack und haben eine sehr feste Schale.
*Zusammensetzung:* Zucchinis bestehen aus 92% Wasser, 1,8% Protein, 0,4% Fett, 0,1% Stärke, 0,7% Glucose, 0,8% Fructose, 0,2% Saccharose und 1% Ballaststoffen. Letztere setzen sich aus 0,82 g wasserunlöslichen und 0,26 g wasserlöslichen

Ballaststoffen zusammen. Kalium ist mit 360 mg/100 g das Hauptmineral, gefolgt von Magnesium und Calcium mit jeweils 25 mg/100 g.

*Äpfelsäure stellt mit 296 mg/100 g die Hauptsäure dar, gefolgt von *Citronensäure mit 21 mg/100 g, 8 mg *Bernsteinsäure/100 g und 4 mg *Chinasäure/100 g.

Erwähnenswert sind *Niacin mit 300 μg/100 g, *Vitamin B$_6$ mit 150 μg/100 g und *Thiamin mit 120 μg/100 g eßbarem Anteil. *Ascorbinsäure-Gehalte werden mit 20 mg/100 g angegeben[1].

Das *Carotinoid-Muster in 100 g setzt sich aus 0,180 mg β-*Carotin, 0,017 mg α-*Carotin und Spuren von β-*Cryptoxanthin zusammen[1], wobei diese fast ausschließlich in der Schale zu finden sind. In der gelbschaligen Zucchini wurden 560 μg/100 g Carotinoidester gefunden. Neben β-Carotin konnten außerdem *Lutein, *Violaxanthin und *Zeaxanthin als Carotinoide detektiert werden[2].

In den Samen wurden Trypsin-Inhibitoren (siehe *Protease-Inhibitoren) gefunden[3]. Außerdem wurden potentielle Allergene in Zucchinis detektiert[4]. In den Blättern wurde eine Nitrit-Reduktase charakterisiert und Hydroxylamin-Reduktase-Aktivitäten nachgewiesen[5,6].

*Verwendung:* In sehr jungem Zustand eignen sich Zucchinis roh als Salatgemüse, gekocht als Vorspeise und Suppeneinlage, gebraten oder gedünstet als Gemüsebeilage zu Fleischgerichten. In tierischen Fetten gebraten entwickeln Zucchinis einen herben Beigeschmack, weswegen sie nur in pflanzlichen Ölen zubereitet werden sollten. Auch die Blüten der Zucchinis sind eßbar und dienen in der gehobenen Gastronomie zu Dekorationszwecken oder werden frittiert angeboten. – *E* vegetable marrow, zucchini

*Lit.:* [1]Herrmann, K., *Inhaltsstoffe von Obst und Gemüse,* Ulmer: Stuttgart, (2001); S. 86, 132, 139, 141. [2]Breithaupt, D. E.; Bamedi, A., *J. Agric. Food. Chem.,* (2001) **49**, 2064. [3]Leluk, J.; Otlewski, J.; Wieczorek, M.; Polanowski, A.; Wilusz, T., *Acta Biochim. Pol.,* (1983) **30**, 127. [4]Karamloo, F.; Wangorsch, A.; Kasahara, H.; Davin, L. B.; Haustein, D.; Lewis, N. G.; Vieths, S., *Eur. J. Biochem.,* (2001) **268**, 5310. [5]Hucklesby, D. P.; Hewitt, E. J., *Biochem. J.,* (1970) **119**, 615. [6]Hucklesby, D. P.; James, D. M.; Banwell, M. J.; Hewitt, E. J., *Phytochemistry,* (1976) **15**, 599.

*allg.:* Bendel, L., *Das große Früchte- und Gemüselexikon,* Albatros: Düsseldorf, (2002); S. 348 ■ Franke, W., *Nutzpflanzenkunde,* 6. Aufl.; Thieme: Stuttgart, (1997); S. 241 ■ Liebster, G., *Warenkunde Obst und Gemüse,* 2. Aufl.; Hädecke: Weil der Stadt, (2002); Bd. 2, S. 285f. ■ Murkovic, M.; Gams, K.; Draxl, S.; Pfannhauser, W., *J. Food Comp. Anal.,* (2000) **13**, 435 ■ Sommerburg, O.; Keunen, J. E.; Bird, A. C.; Kuijk, F. K., van, *Br. J. Ophthalmol.,* (1998) **82**, 907

**Zucker** (von Sanskrit Sarkara = Sand, Kies). Umgangssprachlich versteht man unter Z. v.a. die in Anlage 1, Nr. 1 bis 3 der Zuckerartenverordnung[1] genannten Erzeugnisse (raffinierter Z., Z. u. Weißzucker sowie Halbweißzucker) u. damit das *Disaccharid *Saccharose. Für den Gesetzgeber umfassen die Begriffe „Zucker" bzw. „Zuckerarten" auch die unter Nr. 4 bis 11 beschriebenen Produkte, die als Flüssigzucker, Invertflüssigzucker, In-

vertzuckersirup, *Glucosesirup, getrockneter Glucosesirup, Dextrose (kristallwasserhaltig u. kristallwasserfrei, s. D-*Glucose) u. *Fructose bezeichnet werden. Ein Bleichen von Z. od. der Zusatz opt. Aufheller ist in Deutschland nicht zulässig.

Zu weiteren Handelsprodukten siehe *Saccharose. Fachsprachlich versteht man unter *Zuckern* (Plural) organ. Verb. mit einer – Halbacetal-bildenden – Carbonyl- u. mehreren Hydroxy-Gruppen im Mol., also *Polyhydroxyaldehyde* (*Aldosen) bzw. *-ketone* (*Ketosen). Bei den *Monosacchariden spricht man oft von *einfachen Zuckern.* *Disaccharide (wichtigstes Beispiel: Saccharose = der Zucker, s. oben), Trisaccharide u. höhere *Oligosaccharide (mit bis zu 10 Monosaccharid-Einheiten) faßt man gelegentlich als *zusammengesetzte Zucker* zusammen. Als *Pseudo-Zucker* bezeichnet man Z., bei denen das Ring-O-Atom der Pyranose durch eine Methylen-Gruppe ersetzt ist, als *Desoxyzucker bzw. *Aminozucker solche, bei denen eine CH(OH)-Gruppe durch eine CH$_2$- bzw. CH(NH$_2$)-Gruppe ersetzt ist[2,3].

Unter Holz- od. *Stärkeverzuckerung versteht man die techn. Hydrolyse dieser Stoffe zu ihren monomeren Bausteinen[4].

Nicht alle Z. schmecken süß. Für die Ausbildung des *süßen Geschmackes müssen bestimmte strukturelle Voraussetzungen erfüllt sein[5,6]. Im allg. spricht man heute im vorliegenden Zusammenhang nicht mehr generell von der Chemie der Z., sondern verweist auf *Kohlenhydrate, *Monosaccharide, *Oligosaccharide.

*Eigenschaften, Vorkommen und Herstellung:* s. *Saccharose.

*Analytik:* Zum Nachw. u. zur Quantifizierung von Z. in Lebensmitteln stehen enzymat., polarimetr., dünnschichtchromatogr. u. naßchem. Meth. (z.B. Luff-Schoorl) für eine Reihe von Lebensmitteln (Milch, Kondensmilch, Speiseeis, Fruchtsaft usw.) zur Verfügung (Methoden nach § 64 *LFGB, ex § 35 LMBG). Darüber hinaus sind gaschromatograph., ionenchromatograph.[7,8] u. *HPLC-Verf.[9] etabliert. Zur Detektion eignet sich im GC nach entsprechender Derivatisierung (z.B. Silylierung) ein universeller Detektor (z. B. *FID), während in der HPLC refraktometr. u. elektrochem. Detektoren üblich sind. Neuerdings gelangen auch Lichtstreudetektoren[10] u. Enzymdetektoren[11] zum Einsatz. Einen Überblick über die Analytik von Z. geben die als Periodika erscheinenden Sitzungsberichte der ICUMSA[12] (International Commission for Uniform Methods of Sugar Analysis). Zu neuen Meth. der Verfolgung des Kristallisierungsprozesses bzw. zu Farbmessungen in Z. siehe Literatur[13].

*Physiologie:* Die kariogene Wirkung des Z. ist unbestritten[14,15], wobei der Grad der Vergärbarkeit eine entscheidende Rolle für das kariogene Potential der einzelnen Zuckerarten spielt[16,17]. Nicht die pro Tag aufgenommene Menge an Z., sondern die Verweilzeit in der Mundhöhle u. die Häufigkeit des Zuckerverzehrs sind die entscheidenden Parameter in der Genese der Karies. Die Z.-Clearance

ist für Getränke bedeutend kürzer als für feste Lebensmittel (z.B. Zuckerwaren). Die kariogene Potenz von Z. ist anhand tierexperimenteller Testungen od. durch Plaque-pH-Telemetrie zu erfassen[18]. Die Entstehung von Karies kann jedoch nicht auf einen Nährstoff allein zurückgeführt werden. Vielmehr müssen dazu u.a. Bakterien (besonders *Streptococcus mutans*) vorhanden sein, deren Stoffwechselprodukte zahnschädigende Substanzen (vor allem Säuren) im Mund freisetzen[19]. Anfang 1999 wurden die Ergebnisse der Dritten Deutschen Mundgesundheitsstudie (DMS III), die federführend durch das Institut der Deutschen Zahnärzte (IDZ) in der deutschen Bevölkerung durchgeführt wurde, veröffentlicht. In dieser wird auch ausführlich über die Rolle des Z. bei der Kariesentstehung berichtet[20]. Aussagen über eine krankheitsbegünstigende Wirkung des Z. (z.B. „Vitamin-B$_1$-Räuber") sind unter wissenschaftlichen Aspekten nicht haltbar. Einen umfassenden Überblick zu diesem Themenkomplex gibt *Lit.*[21]. Danach ist zu bedenken, daß Z. ein Lebensmittel mit hoher Energiedichte ist, das weder essentielle Nährstoffe noch Ballaststoffe enthält. Die Verw. alternativer Produkte wie Honig od. Obstdicksäfte ist aus zahnmedizin. Sicht ebenfalls bedenklich (gleiches kariogenes Potential bei hoher „Klebrigkeit"). Z. allein hat bei der Entwicklung von Übergew. keine spezif. Wirkung, kann aber wie jedes Lebensmittel dazu beitragen. Übergew. begünstigt die Ausbildung bestimmter *Diabetes-Formen, an deren Entwicklung Z. aber nicht kausal beteiligt ist. Eine ernährungswissenschaftliche Beurteilung zum Thema „Z. in unserer Ernährung" ist *Lit.*[22] zu entnehmen; dabei werden u.a. Themen wie Z.-Resorption u. Insulin-Ausschüttung, Diabetes, Fettstoffwechsel u. Karies diskutiert. Entsprechend dieser Beurteilung wird der Zusammenhang zwischen Z.-Konsum u. daraus möglicherweise resultierenden gesundheitlichen Nachteilen gegenüber dem diesbezüglichen Einfluß anderer Nährstoffe überschätzt. Die Deutsche Gesellschaft für Ernährung (DGE) hatte in ihren „Empfehlungen für die Nährstoffzufuhr" im Jahre 1991 erstmals einen Richtwert für die Saccharose-Zufuhr (10% der Energiezufuhr) angegeben[23].
Inzwischen ist man von dieser Festlegung abgekommen. Aufgrund neuerer Forschungen empfiehlt das Expertengremium der WHO/FAO vielmehr, eine Kohlenhydrat-Zufuhr von mindestens 55 Energieprozent, wobei auf ein breites Spektrum an Kohlenhydrat-Quellen geachtet werden sollte. Dieser Empfehlung schlossen sich die Deutsche Gesellschaft für Ernährung (DGE), die Österreichische Gesellschaft für Ernährung (ÖGE), die Schweizerische Gesellschaft für Ernährung (SGE) und die Schweizerische Vereinigung für Ernährung (SVE) an. Sie gaben im Jahre 2000 die D-A-CH-Referenzwerte (Buchstabenabkürzungen der beteiligten Länder) als Empfehlungen für die Nährstoffzufuhr heraus, in denen Z. als einzelner Nährstoff nicht mehr aufgeführt ist[24].
Zu Verbrauch und wirtschaftlichen Aspekten siehe Literatur[25-28]. – *E* sugar

*Lit.:* [1] Verordnung über einige zur menschlichen Ernährung bestimmte Zuckerarten (ZuckArtV) vom 23.10.2003 (BGBl. I, S. 2098). [2] Suami, T., *Pure Appl. Chem.*, (1987) **59**, 1509–1520. [3] Lee, C.-K., *Adv. Carbohydr. Chem. Biochem.*, (1987) **45**, 199–352. [4] Chem. Labor Betr. **39**, 165–169 (1988). [5] Koivistoinen u. Hyvönen, Carbohydrate Sweeteners in Foods and Nutrition, S. 61 ff., New York: Academic Press (1980). [6] Shallenberger, R. S., *Advanced Sugar Chemistry*, Ellis Horwood: Chichester, (1982). [7] Maier, H. G., *GIT Suppl. Lebensmittelchemie* (1989), Nr. 2, 32–38. [8] Togami, T. W.; Poulsen, B. J.; Batalo, C. W.; Rolls, W. A., *BioTechniques* (1991) **10**, 650–655. [9] GIT Fachz. Lab. **33**, 624–630 (1989). [10] Henkel Ref. **25**, 78–83 (1989). [11] Kümmerke, W.; Dremel, B. A. A.; Schaffar, B. P. H.; Floßdorf, J.; Wangsheng, Y.; Schmid, R. D., *Lebensmittelchemie* (1990) **44**, 106. [12] ICUMSA Publication Department (Hrsg.), Sugar Analysis, Colney, Norwich: British Sugar PLC Research Laboratories. [13] Nielsen, B. C., *Int. Sugar J.*, (1996) **98**, 521–527. [14] Schraitle, R.; Siebert, G., *Zahngesundheit und Ernährung*, Hanser: München, (1987). [15] Glinsman, W. H.; Irusquin, H.; Park, Y. K., *J. Nutr.*, (1986) **116**, 1–216. [16] DGE, Hrsg., *Ernährungsbericht 1988*, Henrich: Frankfurt, (1988); S. 34. [17] AID-Verbraucherdienst **37**, Nr. 1, 6–11 (1992). [18] J. Dent. Res. **65**, 1473–1544 (1986). [19] Reich, E., *Wissenschaftlicher Pressedienst „Moderne Ernährung heute"*, concept-computer: Bad Breisig, (2000); Nr. 3. [20] Institut der Deutschen Zahnärzte, Hrsg., *Dritte Deutsche Mundgesundheitsstudie (DMS III)*, Deutscher Ärzte Verlag: Köln, (1997). [21] Z. Ernährungswiss. **29**, Suppl. 1, 1–68 (1990). [22] Bitsch, R.; Frank, T., *Zuckerindustrie* (1996) **121**, 954–956. [23] DGE, Hrsg., *Empfehlungen für die Nährstoffzufuhr*, 5. Aufl.; Umschau: Frankfurt a. M., (1991). [24] DGE, Österreichische Gesellschaft für Ernährung, Schweizerische Gesellschaft für Ernährung, Schweizerische Gesellschaft für Ernährungsforschung, Hrsg., *Referenzwerte für die Nährstoffzufuhr*, Umschau: Frankfurt a. M., (2000). [25] Int. Sugar J. **99**, 18, 29–30, 154, 161–162 (1997). [26] Baratta, M., Hrsg., *Der Fischer Weltalmanach 1998*, Fischer: Frankfurt a. M., (1997); S. 1067–1070. [27] Forschung im Dienste der Gesundheit (FDG), Hrsg., *Die Nationale Verzehrsstudie*, Wirtschaftsverlag NW: Bonn, (1991). [28] DGE, Hrsg., *Ernährungsbericht 2000*, Henrich: Frankfurt a. M., (2000); S. 18. *allg.:* Bartens, A., *Zuckerwirtschaft Europa 2006*, Bartens: Berlin, (2006) ■ Heiss (4.), S. 251–261 ■ Hoffmann, H.; Mauch, W.; Untze, W., *Zucker und Zuckerwaren*, 2. Aufl.; Behr's: Hamburg, (2002) ■ Mintz, S. W., *Die süße Macht. Kulturgeschichte des Zuckers*, 2. Aufl.; Campus: Frankfurt a. M., (1992) ■ Ullmann (5.). **A5**, 79–93 ■ Zipfel, C 355, C 355e

**Zuckeracetate** siehe *Saccharoseester.

**Zuckeralkohole.** Gruppenbez. für krist., gut wasserlösl. Polyhydroxy-Verb., die durch Red. der Carbonyl-Gruppe aus *Zuckern entstehen. Zu den *Monosaccharid-Z. (allg.: $C_nH_{2n+2}O_n$) zählen die für Lebensmittel wichtigen Verb. *Xylit (ein Pentit), D-*Sorbit (auch D-Glucit, ein Hexit) u. D-*Mannit (ein Hexit), zu den *Disaccharid-Z. (allg.: $C_nH_{2n}O_{n-1}$) *Maltit, *Palatinit® u. *Lactit. Z. sind wegen der fehlenden Carbonyl-Gruppe reaktionsträger als Zucker. Man unterscheidet bei diesen im allg. krist., wasserlösl. Polyolen nach der Anzahl der im Mol. enthaltenen Hydroxy-Gruppen Tetrite, Pentite, *Hexite usw. Beim Erhitzen findet keine Karamelisierung, mit Eiweiß-Bestandteilen keine Bräunung (*Maillard-Reaktion) statt. Die meisten Monosaccharid-Z., z.B. Adonit (Ribit), Arabit, (Dulcitalactit), Erythrit, Glycerol, D-Mannit (Hexit), D-Sorbit (Glucit), Threit, Xylit (Pentit), kommen in geringen Mengen in der Natur vor, Disaccharid-Z. sind rein synthet. Produkte. Lebensmittelrechtliche Regelung s. *Zuckeraustauschstoffe. Z. werden von Bakterien der Mundflora nur wenig abgebaut, daher sind sie weniger kariogen als Zucker. Die Resorption erfolgt langsamer als bei Zucker u. unvollständig, daher belasten sie den Blutglucose-Spiegel weniger, verursachen jedoch in höheren Dosen osmot. Durchfälle. Z. (vgl. *Sorbit, *Xylit, *Mannit, *Lactit, *Maltit, *Palatinit®) haben gegenüber Zuckern verminderte physiolog. Brennwerte (8–10 kJ/g). Eigenschaften u. denkbare Einsatzmöglichkeiten des bisher in Deutschland nicht zugelassenen Zuckeraustauschstoffes Erythrit werden in *Lit.*[1,2,3] ausführlich diskutiert.

*Verwendung:* Für kosmetische Produkte und in der Verpackungsindustrie werden Z., insbesondere Sorbit und Glycerol, als Feuchthaltemittel eingesetzt. In der Lebensmittelindustrie sind die Z. Glycerol, Isomalt, Lactit, Maltit, Mannit, Sorbit und Xylit gemäß den Bestimmungen der *ZZulV für Lebensmittel allgemein (Glycerol) oder für bestimmte Lebensmittel zugelassen. Sie werden dabei entweder als Feuchthaltemittel (Glycerol, Sorbit) oder wegen ihres süßen Geschmacks als *Zuckeraustauschstoffe angewendet. – *E* sugar alcohols

*Lit.:* [1] Confect. Prod. **62**, 6–7 (1996). [2] ZFL – Z. Lebensmittelwirtsch. **47**, 66–68 (1996). [3] Goossens, J.; Gonze, M., *Food Market. Technol.*, (1997) **11**, 8–14.

**Zuckeraustauschstoffe.** Zuckeraustauschstoffe und *Süßstoffe werden gemeinsam als Süßungsmittel bezeichnet. Im Gegensatz zu den intensiv schmeckenden Süßstoffen werden Zuckeraustauschstoffe technologisch wie *Saccharose eingesetzt, d.h. sie besitzen „Körper" und einen *physiologischen Brennwert (*nutritive* Zuckeraustauschstoffe). Die Süßkraft liegt bei etwa 0,3–0,9 (siehe Tabelle 2; Saccharose = 1). Der physiologische Vorteil der Zuckeraustauschstoffe im Vergleich zu Saccharose liegt in der Insulin-unabhängigen Metabolisierung (Diabetiker) und in der zum Teil verminderten kariogenen Wirkung. Zuckeraustauschstoffe besitzen in der Regel nur eine geringe Kariogenität. Für einige Zuckeraustauschstoffe (z.B.

*Xylit) ist eine antikariogene Wirkung beschrieben[1]. Es ist zu beachten, daß *Maltit nicht für Diabetiker geeignet ist. Fructose weist ein ebenso hohes kariogenes Potential wie Saccharose auf.

*Rechtliche Beurteilung:* Reinheitsanforderungen für Zuckeraustauschstoffe finden sich in der *Zusatzstoff-Verkehrsverordnung (ZVerkV 1998). Die Zulassung zur Verwendung zur Herstellung von Lebensmittel allgemein wird in der *Zusatzstoff-Zulassungsverordnung (ZZulV 1998) geregelt. Der Gehalt an einem Zuckeraustauschstoff ist in Verbindung mit der Verkehrsbezeichnung durch die Angabe „mit Süßungsmittel" kenntlich zu machen (§ 9 Abs. 2 ZZulV 1998). Enthalten *Diabetiker-Lebensmittel mehr als 10 Hundertteile im verzehrfertigen Erzeugnis an Zuckeraustauschstoffen, ausgenommen Fructose, ist folgender Hinweis anzubringen: „Kann bei übermäßigem Verzehr abführend wirken" (§ 9 Abs. 5 ZZulV 1998). Zur Chemie der bisher zugelassenen Zuckeraustauschstoffe vgl. die Textstichwörter und Tabelle 1.

*Brennwert:* Nach Artikel 1 (*Nährwert-Kennzeichnungsverordnung) § 2 Punkt 3 der „Verordnung zur Neuordnung der Nährwert-Kennzeichnungsvorschriften für Lebensmittel" ist der Brennwert für alle mehrwertigen Alkohole aus rechtlicher Sicht einheitlich auf 10 kJ/g festgelegt. In anderen Ländern wie USA, Kanada und Japan sind für die einzelnen Zuckeraustauschstoffe unterschiedliche Brennwerte festgelegt worden, die zwischen 6,7 und 12,5 kJ/g liegen.

*Toxikologie:* *ADI-Werte können für Polyole sinnvollerweise nicht erstellt werden[2]. Der wissenschaftliche Lebensmittelausschuß der EG-Kommission (SCF) hat alle in Tabelle 1 genannten Zuckeraustauschstoffe für akzeptabel erklärt, wobei für Verzehrmengen unter 20 g/Person/d keine laxierenden Effekte zu erwarten sind. Dieser vergleichsweise geringe „Nachteil" ist unter Berücksichtigung der Vorteile (kalorische Mindernutzung, antikariogene Wirkung[3]) vertretbar. Zur weiteren gesundheitlichen Bewertung vgl. Literatur[4].

Tabelle 1: In Deutschland zugelassene Zuckeraustauschstoffe.

| Verkehrsbezeichnung (E-Nummer) | Summenformel | chemische Bezeichnung | Handelsname |
|---|---|---|---|
| *Mannit (E 421) | $C_6H_{14}O_6$ | D-Mannit (Mannitol) | – |
| *Xylit (E 967) | $C_5H_{12}O_5$ | Xylit (Xylitol) | Bonadent® |
| *Sorbit, Sorbit-Sirup (E 420) | $C_6H_{14}O_6$ | D-Sorbit (D-Sorbitol, D-Glucit) | – |
| *Isomalt (E 953) | $C_{12}H_{24}O_{11} \cdot H_2O$ | | – |
| *Maltit, *Maltit-Sirup (E 965) | hydrierte spezielle Glucose-Sirupe, hydrierte Maltose-Sirupe $C_{12}H_{24}O_{11}$ | Dimere und Oligomere der D-Glucose, die endständig zu Sorbit hydriert sind. | Lycasin® 80/55 Finnmalt® Maltidex® (flüssig) Malbit® (fest) |
| *Lactit (E 966) | $C_{12}H_{24}O_{11} \cdot H_2O$ | Lactitol (4-*O*-β-D-Galactopyranosyl-D-sorbit) | Lacty® |

*Fructose ist in Tabelle 1 nicht aufgeführt, denn sie ist kein *Lebensmittelzusatzstoff.
*Polydextrose, die teilweise zu den Zuckeraustauschstoffen gerechnet wird, ist ebenfalls nicht aufgeführt, da sie selbst nicht süß schmeckt (der Süßgeschmack ist nur durch Süßstoffzusatz zu erzielen) und eher als sog. „bulking agent" (Füllstoff) wirkt.

Tabelle 2: Zuckeraustauschstoffe und süße Kohlenhydrate: Süßkraft und Herstellungsprozess (nach Belitz-Grosch-Schieberle).

| Name | relative Süße [bezogen auf Saccharose] | Ausgangsmaterial/Herstellungsprozeß |
|---|---|---|
| Saccharose | 1,00 | Isolierung aus Zuckerrüben oder Zuckerrohr |
| Glucose | 0,5 – 0,8 | Hydrolyse von Stärke mit Säuren und/oder Enzymen (α-Amylasen + Glucoamylasen) |
| Fructose | 1,1 – 1,7 | a) Hydrolyse von Saccharose und chromatographische Trennung des Hydrolysats b) Hydrolyse von Stärke zu Glucose, Isomerisierung und chromatographische Trennung |
| Mannit | 0,4 – 0,5 | Hydrierung von Fructose |
| Sorbit | 0,4 – 0,5 | Hydrierung von Glucose |
| Xylit | 1,0 | Hydrierung von Xylose |
| Glucose-Sirup (Stärke-Sirup) | 0,3 – 0,5 | Hydrolyse von Stärke mit Säuren und/oder Enzymen, Zusammensetzung je nach Prozeßführung sehr unterschiedlich (Glucose, Maltose, Maltotriose, höhere Saccharide) |
| Glucose/Fructose-Sirup (Isoglucose, high fructose corn syrup = HFCS) | 0,8 – 0,9 | Isomerisierung von Glucose mit Glucose-Isomerase zu Glucose/Fructose-Gemisch, Konversionsgrad 45 – 50% (siehe *Isomeratzucker) |
| Hydrierter Glucose-Sirup | 0,3 – 0,8 | Hydrierung von Stärkehydrolysaten (Glucose-Sirup), Zusammensetzung je nach Ausgangsmaterial sehr unterschiedlich (Sorbit, Maltit, hydrierte Oligosaccharide) |
| Maltit-Sirup | | Hydrierung von Maltose-Sirup |
| Maltit | ca. 0,9 | Hydrierung von Maltose |
| Isomalt | 0,45 | Isomerisierung von Saccharose zu Isomaltulose (Palatinose), Hydrierung zu Epimerengemisch |
| Isomaltit | 0,5 | Hydrierung von Isomaltose |
| Lactit | 0,3 | Hydrierung von Lactose |

**Herstellung:** Angaben zur Herstellung und zur Sensorik sind Tabelle 2 auf S. 1326 zu entnehmen (Vergleichssubstanzen: Saccharose und Glucose).

**Verwendung:** Zuckeraustauschstoffe werden bei der Herstellung brennwertverminderter Lebensmittel, in wenig bis nicht kariogenen Süßwaren oder in diätetischen Lebensmitteln eingesetzt. Monosaccharid-Zuckeralkohole werden wegen ihres Kühleffektes zur Herstellung von sog. Eisbonbons, zur Feuchthaltung von Marzipan, Gebäck oder kosmetischen Produkten eingesetzt. Zur Verwendung der Einzelstoffe vgl. auch die jeweiligen Textstichwörter.

**Analytik:** Die Zuckeraustauschstoffe als Stoffgruppe können mit enzymatischen[5], ionenchromatographischen[6,7], ionenaustauschchromatographischen[8] und dünnschichtchromatographischen Methoden analytisch erfaßt werden.

**Physiologie:** Polyole werden im Dünndarm nicht wie Glucose oder Fructose über aktive Transportmechanismen aufgenommen, sondern wesentlich langsamer und unvollständig über passive Diffusion resorbiert. Der nicht resorbierte Teil der Zuckeraustauschstoffe gelangt in den Dickdarm, wo eine bakterielle Vergärung unter Bildung von Methan, Wasserstoff und kurzkettigen Fettsäuren stattfindet. Die Resorptionsrate ist für die einzelnen Zuckeraustauschstoffe sehr verschieden. Sie beträgt für Sorbit ca. 50–80%, für Mannit und Xylit ca. 50%, während Lactit überhaupt nicht resorbiert wird[9]. Einzel- und Tagesdosen der Zuckeraustauschstoffe von 20 bzw. 50 g werden meist gut vertragen; bei übermäßigem Verzehr treten dagegen osmotische Durchfälle auf. Bei regelmäßiger Aufnahme erfolgt eine Adaption der Darmflora an das Substrat. Eine Zusammenfassung der ernährungsphysiologen Aspekte ist Tabelle 3 auf S. 1326 zu entnehmen (Saccharose und Glucose dienen hier als Vergleichssubstanzen). – **E** sugar substitutes

**Lit.:** [1] Süßwaren **41**, 12 – 14 (1997). [2] Bundesgesundheitsblatt **33**, 578 – 581 (1990). [3] Großklaus, D., Hrsg., *Einsatz von Zuckersubstituenten im Kampf gegen Karies;* bga-Schriften 1/88; MMV-Verlag: Berlin 1988; [4] Hildebrand et al. (Hrsg.), Gesundheit und Umwelt '86, bga-Schriften 12/86, S. 51–55, Berlin: MMV-Verlag 1986. [5] Dtsch. Lebensm. Rundsch. **73**, 182–187 (1977). [6] Merck Spectrum **1989**, Nr. 2, 25–26; Sonderheft „Chromatographie" **1991**, 44–45. [7] Bio-Techniques **10**, 650–655 (1991). [8] Jpn. J. Toxicol. Environ. Health **42**, 417–421 (1996). [9] Wolever, T. M. S; Piekarz, A; Hollands, M; Younker, K, *Can. J. Diabetes* (2002) **26**, 356–362.

*allg.:* Baltes (3.), S. 176–184 ∎ Belitz-Grosch-Schieberle (5.), S. 249, 424, 848–854 ∎ Ullmann (5.). **A25**, 413; **A26**, 23 ∎ Zipfel, C 20; C 120

**Zuckercouleur.** Zuckercouleur bezeichnet eine Mischung verschiedener Stoffe von bräunlicher Färbung, wie sie auch beim Erhitzen von stärkehaltigen bzw. zuckerhaltigen Lebensmitteln entstehen, etwa beim Backen und Braten (siehe *Maillard-Reaktion). Bei der Herstellung von Zuckercouleur werden diese Bräunungsreaktionen unter kontrollierten Bedingungen durchgeführt.

**Herstellung:** Ausgangsprodukte für Zuckercouleur sind Kohlenhydrate wie Saccharose, Glucose oder Invertucker. Unter Zusatz von Bräunungsbeschleunigern und Säure, Schwefeldioxid, Natriumsulfit

Tabelle 3: Ernährungsphysiologische Aspekte von Zuckeraustauschstoffen und süßen Kohlenhydraten (nach Belitz-Grosch-Schieberle).

| Name | Resorption | Verwertung im Stoffwechsel | Einfluß auf Blutzuckerspiegel und Insulin-Sekretion | Bemerkungen |
|---|---|---|---|---|
| Saccharose | aktiv nach Hydrolyse | Hydrolyse zu Glucose und Fructose | mäßig groß | kariogen |
| Glucose | aktiv | Insulin-abhängig in allen Geweben | groß | weniger kariogen als Saccharose |
| Fructose | aktiv | 80% in der Leber | gering | beschleunigt Umsatz von Alkohol in der Leber |
| Sorbit | Diffusion | Oxidation zu Fructose | klein | leicht kariogen, laxierend |
| Mannit | Diffusion | partielle Verwertung in der Leber | klein | leicht kariogen, laxierend |
| Xylit | Diffusion | vorwiegend in der Leber, in Erythrocyten | klein | nicht kariogen, wahrscheinlich antikariogen, etwas laxierend |
| hydrierter Glucose-Sirup | nach Hydrolyse: Glucose aktiv, Sorbit durch Diffusion | Hydrolyse zu Glucose und Sorbit | unterschiedlich je nach Zusammensetzung | leicht kariogen, etwas laxierend |
| Isomalt | keine | partielle Hydrolyse zu Glucose, Sorbit und Mannit | wahrscheinlich gering | nicht kariogen, laxierend |
| Isomaltit | keine | partielle Hydrolyse zu Glucose, Sorbit und Mannit | ohne | Nebenwirkungen unbekannt, stark laxierend |
| Lactit | keine | partielle Hydrolyse zu Galactose und Sorbit | ohne | Nebenwirkungen unbekannt, stark laxierend, nicht kariogen |
| Maltit | nach Hydrolyse: Glucose aktiv, Sorbit durch Diffusion | langsamer aber vollständiger Umsatz | wahrscheinlich gering | Nebenwirkungen unbekannt, laxierend, nicht kariogen |

sowie Ammonium-Verbindungen werden Zuckercouleur durch kontrollierte Hitzeeinwirkung (120–150°C) hergestellt (siehe Tabelle). Primär entsteht eine Vielzahl reaktiver Spaltprodukte (z.B. *Furfural, Glyoxal), die dann unter Farbvertiefung und Einbau von Stickstoff-Verbindungen polymerisieren bzw. kondensieren können (siehe *Melanoidine und *Maillard-Reaktion). Die Molmasse dieser farbgebenden Verbindungen schwankt zwischen 5000 und 10000 Dalton[1]. Einen Überblick der Zuckercouleur gibt die Tabelle.

*Toxikologie:* Die ADI-Werte der einzelnen Zuckercouleur-Klassen sind der Tabelle zu entnehmen.
Neben 4-*Methylimidazol erscheint das 2-Acetyl-4-(1,2,3,4-tetrahydroxybutyl)-1*H*-imidazol (THI) (Antipyridoxin-Faktor) aus toxikologischer Sicht interessant[2,3]. Eine Übersicht über Mutagenitätsstudien von E 150a gibt Literatur[4].

*Analytik:* Zum Nachweis der einzelnen Zuckercouleur-Klassen sind HPLC[5] und Kapillarelektrophorese[6] geeignet. Die massenspektrometrische Zuckeranalyse[7] sowie die Oligosaccharid-Analytik hat Interesse gefunden[8].

*Verwendung:* Zum Färben von obergärigem Bier und zur Herstellung sog. „Farbbiere", als Lebensmittelfarbstoff für Branntwein, Essig, Fleischbrühwürfel, Würzsoßen (z.B. Worcester-Sauce) und Limonaden (z.B. Cola-Getränke). Eine Anwendung in kosmetischen Mitteln ist bei Beachtung der allgemeinen Reinheitsanforderungen nach der Kosmetik-VO möglich; siehe auch 4-*Methylimidazol, *Karamel und *Lebensmittelfarbstoffe.

*Recht:* *Zulassung:* Zuckercouleur ist gemäß *ZZulV 1998 für Lebensmittel allgemein ohne Höchstmengenbeschränkung als Farbstoff zugelassen (*quantum satis*). Bestimmte Lebensmittel dürfen jedoch nicht mit Zuckercouleur gefärbt wer-

Tabelle: Klassifizierung von Zuckercouleur.

| E-Nr. | Bezeichnung. | Bräunungsbeschleuniger | ADI-Wert [mg/kg Körpergewicht] |
|---|---|---|---|
| 150a | einfaches Zuckercouleur | $Na_2CO_3$, $K_2CO_3$, NaOH, KOH, Essigsäure, Citronensäure und Schwefelsäure | nicht festgelegt |
| 150b | Sulfitlaugen-Zuckercouleur | $SO_2$, $H_2SO_4$, $Na_2SO_3$, $K_2SO_3$, NaOH, KOH | 200 |
| 150c | Ammoniak-Zuckercouleur | $NH_3$, $(NH_4)_2CO_3$, $Na_2CO_3$, $K_2CO_3$ sowie die entsprechenden Hydroxide, Schwefelsäure | 200 |
| 150d | Ammonsulfit-Zuckercouleur | $NH_3$, $SO_2$, Ammoniumsulfit, Natriumsulfit und Kaliumsulfit, Kaliumcarbonat und Kaliumhydroxid, Schwefelsäure | 200 |

den, um vor Täuschung zu schützen (z.B. Brot); Näheres siehe Anlage 1 Teil A und Teil C ZZulV 1998.

*Reinheitsanforderungen:* \*ZVerkV 1998 Anlage 2 (zu § 3 Abs. 1) Liste B Reinheitsanforderungen nach Richtlinie 95/45/EG vom 26.07.1995 (Amtsblatt der EG Nr. L 226 vom 22.09.1995, S. 1; geändert).

*Kenntlichmachung:* § 9 ZZulV 1998. Bei Lebensmitteln mit einem Gehalt an Farbstoffen durch die Angabe „mit Farbstoff"; siehe auch § 9 Abs. 8 Nr. 2. § 6 Abs. 4 Nr. 2 in Verbindung mit Anlage 2 \*LMKV.

*Weitere rechtliche Regelungen:* Leitsätze Erfrischungsgetränke und Leitsätze Fische der Deutschen Lebensmittelbuch-Kommission; Weinverordnung, Anlage 4; Kosmetik-Verordnung, Anlage 3; Tabak-Verordnung, Anlage 1. – *E* caramel colour

*Lit.:* [1] Z. Lebensm. Unters.-Forsch. **188**, 540–544 (1989). [2] Food Chem. Toxicol. **26**, 195–203 (1988). [3] Pyne, S. G., *ACGC Chem. Res. Commun.*, (2000) **11**, 108–112. [4] Harigaea, Y.; Takimoto, H.; Tohia, S.; Hata, S.; Kondo, J.; Miwa, Y.; Nagasawa, Y., *Nippon Shokuhin Kagaku Gakkaishi*, (2000) **7**, 28–34. [5] Ciolino, L. A., *J. Agric. Food Chem.*, (1998) **46**, 1746–1753. [6] Royle, L.; Radcliffe, C. M., *J. Sci. Food Agric.*, (1999) **79**, 1709–1714. [7] Ratsimba, V.; Garcia Fernandez, J. M.; Defaye, J.; Nigay, H.; Voilley, A., *J. Chromatogr. A*, (1999) **844**, 283–293. [8] Defaye, J.; Garcia Ferandez, J. M., *Zuckerindustrie*, (1995) **120**, 700–704.
*allg.:* Belitz-Grosch-Schieberle (5.), S. 257 ▪ Blue List ▪ Kamuf, W.; Nixon, A.; Parker, O., In *Natural Food Colorants*, Lauro, G. J.; Francis, F. J., Hrsg.; IFT Basic Symposium Series 14; Marcel Dekker: New York, (2000); S. 253–272 – [HS 1702 90]

**Zuckererbsen** siehe \*Erbsen.

**Zuckerester** siehe \*Saccharoseester.

**Zuckerether.** Gruppenbezeichnung für Mono-, Di-, Tri- und andere Oligosaccharide, deren Hydroxy-Gruppen verethert sind – Verbindungen, die an der anomeren Hydroxy-Gruppe organische Reste tragen, bezeichnet man allerdings als \*Glycoside. In der Natur kommen Zuckerether z.B. als Methylether in *Digitalis*-Arten und *Strophanthus*-Arten und anderen Cardenolid-haltigen Pflanzen vor. – *E* sugar ethers

**Zuckerfreier Extrakt.** Analytische Kennzahl zur Weinbeurteilung, welche aus dem Gesamtextrakt und dem reduktometrisch bestimmten Zuckergehalt ermittelt wird (der Wert 1 entspricht 1 g/L nicht vergärbarer Arabinose).

Zuckerfreier Extrakt (g/L) = Gesamtextrakt (g/L) – reduzierende Zucker (g/L) + 1

Der zuckerfreie Extrakt besteht aus nicht flüchtigen Säuren, Glycerol, Stickstoff-Verbindungen, Gerb- und Farbstoffen und Mineralstoffen. Bei trockenen Weinen entspricht diese Kennzahl dem Gesamtextrakt. Um auch bei restsüßen Weinen über einen vergleichbaren Summenparameter zu verfügen, wurde der zuckerfreie Extrakt eingeführt. Er ist Bestandteil der amtlichen Prüfungsanalyse, hat aber wegen der Bindung an die Bestimmung der reduzierenden Zucker mittels klassi-

scher reduktometrischer Verfahren und der großen natürlichen Schwankungsbreite inzwischen keine nennenswerte Bedeutung mehr in der Weinbeurteilung.

Der Kennwert findet jedoch noch Anwendung in der Fruchtsaftanalytik und als analytisches Qualitätskriterium in den Leitsätzen für weinähnliche und schaumweinähnliche Getränke[1]; siehe auch \*amtliche Weinanalyse. – *E* sugarfree extract

*Lit.:* [1] BMEVL, Hrsg., *Deutsches Lebensmittelbuch, Leitsätze 2003*, Bundesanzeiger-Verlag: Köln, (2003); S. 367.
*allg.:* Würdig-Woller, S. 636

**Zuckerglasuren** siehe \*Überzugsmassen.

**Zuckerhirse** siehe \*Hirse und \*Sorghum.

**Zuckerkrankheit** siehe \*Diabetes.

**Zuckermelone** (Melone). Die ursprünglich aus dem tropischen und subtropischen Westafrika stammende Zuckermelone (*Cucumis melo* L., Cucurbitaceae) wird mit einer Weltproduktion von 16 Millionen Tonnen vorwiegend in Asien (60%, v.a. China, Türkei, Iran), in den USA, in Spanien, Mexiko, Rumänien, Marokko, Japan, Italien und in Frankreich angebaut. Die beinahe kopfgroßen, ovalen bis runden Beeren sind eher mit der \*Gurke als mit der \*Wassermelone verwandt und erreichen ein Erntegewicht von bis zu 4 kg. Im Vergleich mit der Wassermelone ist ihr Zuckergehalt mit 6–15% höher, ihr Wasseranteil jedoch mit 90% niedriger. Die Fruchtfleischfarbe reicht von grün über gelb bis schwach rötlich. Besonders die orange- bis rotfleischigen Sorten weisen einen hohen Provitamin-A-Gehalt auf. Die kleinen, spitzovalen, beidseitig abgeplatteten Samen sind nur in der zentralen Fruchthöhle lokalisiert und lassen sich mit einem Löffel leicht entfernen. Aufgrund der Fruchtmerkmale unterscheidet man drei Hauptgruppen: die Cantaloup-, bzw. Kantalup-Melone (*Cucumis melo* L. var. *cantalupensis*, Cantalupensis-Gruppe), die Netzmelone (*Cucumis melo* L. var. *reticulatis*, Reticulata-Gruppe) und die Wintermelone (syn. Honigmelone, *Cucumis melo* L. var. *inodorus*, Inodorus-Gruppe). Die Kantalupe (syn. Warzenmelone; engl.: musk melon) weist eine stark wulstige Oberfläche mit Längsrillen auf und besitzt ein durch β-\*Carotin gefärbtes, pfirsichfarbenes Fruchtfleisch[1]. Die Analyse der flüchtigen Inhaltsstoffe mittels GC-MS ergab 38 verschiedene Verbindungen von der Frischfrucht, von denen 25 als Aroma-aktiv eingestuft wurden, darunter 2-Methyl-3-buten-2-ol und Butan-2,3-diol[2]. Selbst bei einer Lagerungstemperatur von 4°C sind die aliphatischen und aromatischen Ester starken Abbaureaktionen unterworfen[3]. Die Netzmelone (engl.: net melon) mit einem durch \*Lutein gelb-rötlich gefärbten Fruchtfleisch[4] zeigt auf ihrer hellbraunen Oberfläche netzartig angeordnete Korkleisten und ist weniger haltbar als die Kantalup-Melone. Die Honigmelone (engl.: honeydew melon) besitzt eine glatte Schale mit nur schwach ausgeprägten Längsrillen. Die Schale kann unabhängig vom jeweiligen Reifegrad rötlich, gelb oder weiß sein. Die Honigmelone enthält kein Vitamin A, sie besitzt jedoch hohe Konzentrationen an Vitamin C[1]. Die Samen bestehen zu 32% aus Lipiden und zu 19% aus Proteinen, zur detaillierten Zusammensetzung vgl. Literatur[5]. Weitere Angaben zu Inhaltsstoffen siehe auch Literatur[1,6]. – *E* melon

*Lit.:* [1] Herrmann, K., *Inhaltsstoffe von Obst und Gemüse*, Ulmer: Stuttgart, (2001); S. 87, 132, 139. [2] Jordan, M. J.; Shaw, P. E.; Goodner, K. L., *J. Agric. Food Chem.*, (2001) **49**, 5929. [3] Lamikanra, O.; Richard, O. A., *J. Agric. Food Chem.*, (2002) **50**, 4043. [4] Breithaupt, D. E.; Bamedi, A., *J. Agric. Food Chem.*, (2001) **49**, 2064. [5] De Mello, M. L. S.; Bora, P. S.; Narain, N., *J. Food Compos. Anal.*, (2001) **14**, 69. [6] Vinson, J. A.; Su, X.; Zubik, L.; Bose, P., *J. Agric. Food Chem.*, (2001) 49, 5315.
*allg.:* Bendel, L., *Das große Früchte- und Gemüselexikon*, Albatros: Düsseldorf, (2002); S. 211 ▪ Franke, W., *Nutzpflanzenkunde*, 6. Aufl.; Thieme: Stuttgart, (1997); S. 270 ▪ Kalt, W., *Hortic. Rev.*, (2001) **27**, 269 – *[HS 0807 19]*

## Zuckerrohr
(*Saccharum officinarum*, Familie Poaceae = Gramineae = Süßgräser). Zählt trotz einer Höhe von 2–4 m u. einer Dicke von 4–6 cm zu den Gräsern. Die harte Außenwand ist glatt und je nach Sorte hellgrün bis rotbraun gefärbt. Die Halme bestehen aus 10–40 Zwischenknotenstücken (Internodien), die das saftige, faserige süße Mark enthalten. Z. wurde wohl ursprünglich im südpazifischen Raum kultiviert u. wird heute bes. in Süd- u. Mittelamerika (Brasilien, Kuba), großen Teilen Asiens, Afrikas (außerhalb der Trockengebiete) sowie in Ost-Australien u. Ozeanien angebaut. Z. stellt noch vor der *Zuckerrübe den bedeutendsten Rohstoff für die Gewinnung von Zucker (*Saccharose) dar (Weltrohzuckererzeugung 2001 laut FAO-Statistik 132,9 Mio. t, davon ca. 66% aus Z.). 2001 wurden weltweit 1273 Mio. t Zuckerrohr erzeugt.
Z. enthält ca. 70–80% Wasser, 12–17% Saccharose, 9–15% Rohfaser, 1,5% Stickstoff-Verb., 0,5–0,7% anorgan. Bestandteile, 0,5% Fette u. 0,3–0,8% Invertzucker.
Zur Gewinnung siehe *Saccharose.
*Biotechnologische und gentechnische Aspekte:* Z. wird vegetativ vermehrt. Gepflanzt werden Sproßstücke od. Pflanzen aus der Gewebekultur. In der Züchtung wurden unter Nutzung der somaklonalen Variation virusresistente Linien gewonnen[1]. Effektive Pflanzentransformation[2] erlaubt die gentechn. Erzeugung von Z. mit Resistenz gegen Insekten, Bakterien u. Viren[3]. Verbräunung des Preßsaftes soll durch Hemmung des Enzyms Phenoloxidase mittels Antisense-Technik erreicht werden[3]. – *E* sugar cane

*Lit.:* [1] Oropeza, M.; Garcia, E., *In Vitro Cell. Dev. Biol. Plant*, (1996) **32**, 26–30. [2] Bower, R.; Birch, R., *Plant J.*, (1992) **2**, 409–416. [3] Dookun, A., *AgBiotech News Information*, (1998) **10**, 75N–80N. – *[HS 1212 99]*

## Zuckerrübe
(*Beta vulgaris* spp. var. *altissima* und *saccharifera* Alefeld, Familie Chenopodiaceae – Gänsefußgewächse). Neben *Zuckerrohr die einzige wichtige Quelle von *Saccharose (zur Gewinnung siehe dort). Die Z. ist eine der jüngsten Kulturpflanzen, gezüchtet aus einer *Beta-vulgaris*-Wild-

form, in der erstmals 1747 Rohrzucker nachgewiesen wurde. In der 1. Hälfte des 19. Jh. erfolgte die Selektion von Formen mit erdständigem Rübenkörper u. die Ausbreitung des Anbaus über die gemäßigten Klimazonen vornehmlich der Nordhalbkugel zwischen 30° u. 60°N. Entscheidend für die rationelle Produktion war die Einführung monokarpen Saatguts, wodurch das manuelle Vereinzeln der jungen Pflanzen entfiel, u. der Einsatz selektiver *Herbizide. 2001 wurden laut FAO-Statistik in den Hauptproduktionsländern Durchschnittserträge zwischen ca. 46,5 (USA) u. 62,5 t/ha (Frankreich) bei einer Gesamtproduktion von 229,4 Mio. t erzielt. Maximalerträge in Europa liegen bei 92 t/ha (Portugal), die maximalen bereinigten Weißzuckererträge[1] bei 19,55 t/ha (Frankreich). Zur züchter. Verbesserung vornehmlich von Krankheitsresistenz werden auch Wildarten der Gattung *Beta* in Kreuzungsprogramme einbezogen. Gentechn. Arbeiten haben zu im Freiland erfolgreich getesteten Z. mit *Rhizomania*-Resistenz geführt[2]. Weitere Ziele gentechn. Arbeiten sind Virusresistenz[3], Nematodenresistenz[3], Zuckergehalt, Lagerfähigkeit u. die Nutzung des Rübenkörpers für das Phytofarming, z.B. für die Produktion von Polyfructanen[4]. – *E* sugar beet

*Lit.:* [1] Comité Européen des Fabricants de Sucre, CEFS-Statistik: http://www.cefs.org. [2] Vortr. Pflanzenzüchtg. **43**, 210–218 (1998). [3] http://www.gnis-pedagogie.org/pages/docbio/chap2/4.htm. [4] Sevenir, R., *Nature Biotechnol.*, (1998) **16**, 843–846. – *[HS 1212 91]*

## Zucker-Säure-Verhältnis
(Brix-Säure-Verhältnis, Ratio). Während Wachstum und Reife von Früchten verändert sich deren Zucker-Säure-Verhältnis. Daher dient es der Beurteilung des Reifegrads und der Festlegung des optimalen Erntezeitpunkts. Andererseits unterliegt das Zucker-Säure-Verhältnis während der Lagerung weiterer Veränderungen, weswegen es bei der Eingangskontrolle in fruchtsaftherstellenden Betrieben zur Bewertung der Rohwarenqualität herangezogen wird. Zu den Parametern, die die sensorische Qualität von *Fruchtsaft bestimmen, zählt neben Farbe, Aroma und Zuckergehalt auch das Zucker-Säure-Verhältnis. Um einen geschmacksharmonischen Saft zu erhalten, sollte dieses, bezogen auf die Gehaltsangabe g/L, bei 10:1 bis 16:1 liegen. Äpfel und Weintrauben haben ein sehr ausgeglichenes Zucker-Säure-Verhältnis von durchschnittlich 12:1–18:1. Weicht das natürliche Zucker-Säure-Verhältnis von den erwünschten Werten ab, so muß eine Geschmackskorrektur vorgenommen werden. Maßnahmen zur Herstellung eines konsumgerechten Produktes können den Verschnitt mit säurereicher bzw. -armer oder süßer Rohware derselben oder einer anderen Frucht oder der Zusatz von Zucker und/oder Genußsäure (z.B. *Citronensäure) und/oder Wasser sein. So wird beispielsweise im Falle von säurereichen Früchten wie Johannisbeeren, Brombeeren oder Sauerkirschen durch Zusatz von Wasser und Zucker ein *Fruchtsaftgetränk hergestellt. – *E* ratio, sugar-acid ratio

*Lit.:* Schobinger, U., Hrsg., *Frucht- und Gemüsesäfte*, 3. Aufl.; Ulmer: Stuttgart, (2001); S. 94, 100, 442

**Zunge** siehe *Geschmack und *Innereien.

**Zurra** siehe *weinhaltige Getränke.

**Zusatzstoffe** siehe *Lebensmittelzusatzstoffe und *Futtermittelzusatzstoffe.

**Zusatzstoff-Verkehrsverordnung** (Abkürzung ZVerkV 1998). Die Verordnung über Anforderungen an Zusatzstoffe und das Inverkehrbringen von Zusatzstoffen für technologische Zwecke vom 29.01.1998 (BGBl. I, S. 230, 269; mehrfach geändert) regelt, unter welchen Voraussetzungen *Lebensmittelzusatzstoffe, den Zusatzstoffen gleichgestellte Stoffe und wie Zusatzstoffe verwendete Stoffe (die in Anlage 1 genannten Stoffe) in den Verkehr gebracht und zur Herstellung von Lebensmitteln verwendet werden dürfen. Sie listet Vorschriften über allgemeine und besondere Reinheitsanforderungen, Kennzeichnung und Kenntlichmachung sowie Warnhinweise auf. Sie enthält außerdem spezifische Verwendungs- und Verkehrsverbote, z.B. für Nitrite.

**Zusatzstoff-Zulassungsverordnung** (Abkürzung ZZulV 1998). Die Verordnung über die Zulassung von Zusatzstoffen zu Lebensmitteln zu technologischen Zwecken vom 29.01.1998 (BGBl. I, S. 230, 231; mehrfach geändert) gibt – von einigen Spezialregelungen abgesehen – die globale Zulassung von *Lebensmittelzusatzstoffen für das gewerbsmäßige Herstellen und Behandeln von Lebensmitteln sowie deren Kenntlichmachung an. Sie enthält spezifizierte Zulassungen für Konservierungsmittel einschließlich Schwefeldioxid, Lebensmittelfarbstoffe und andere Zusatzstoffe, aufgeführt in getrennten Anlagen (1–6), unter Angabe, welche Zusatzstoffe für welche Lebensmittel ggf. bis zu welcher Höchstmenge zugelassen sind. Bei den *beschränkt zugelassenen Zusatzstoffen* ergibt sich die Beschränkung aus dem zulässigen Verwendungszweck oder der genannten Höchstmenge. Die Kenntlichmachung (§ 9) der Zusatzstoffe ist detailliert geregelt, sie unterscheidet sich im Umfang danach, ob die Ware offen oder in Fertigpackungen vorliegt. Kenntlichmachung bei Versandhandel, Gemeinschaftsverpflegung sowie auf Speise- und Getränkekarten ist besonders zu beachten. Unberührt davon bleibt das *Zutatenverzeichnis der *LMKV.

**Zutat.** Nach § 5 der *Lebensmittel-Kennzeichnungsverordnung (LMKV) gilt jeder Stoff, einschließlich der *Lebensmittelzusatzstoffe, als Zutat, welcher bei der Herstellung eines Lebensmittels verwendet wird und welcher unverändert oder verändert im Enderzeugnis vorhanden ist. Besteht eine Zutat eines Lebensmittels aus *mehreren* Zutaten (zusammengesetzte Zutat), so gelten auch diese als Zutaten des Lebensmittels. Alle Zutaten sind gemäß § 3 LMKV bei Fertigpackungen im *Zutatenverzeichnis anzugeben.
Als Zutaten gelten *nicht* (vgl. § 5 Abs. 2 LMKV):

1. Bestandteile einer Zutat, welche vorübergehend entfernt und später in gleicher Menge wieder hinzugefügt werden;
2. Stoffe der Anlage 2 der *Zusatzstoff-Verkehrsverordnung (ZVerkV 1998), Aromen, Enzyme sowie Kulturen von Mikroorganismen, sofern sie im Enderzeugnis keine technologische Wirkung mehr ausüben;
3. Verarbeitungshilfsstoffe (§ 2 Abs. 3 Satz 3 Nr. 1 *LFGB, siehe *technischer Hilfsstoff);
4. Lösemittel und Trägerstoffe für Nr. 2, sofern sie nur in technologisch notwendigen Mengen verwendet werden;
5. Extraktionslösemittel (*Extraktionslösungsmittel). – *E* ingredient

**Zutatenverzeichnis.** Das Zutatenverzeichnis (§ 3 Abs. 1 Nr. 3, § 6 *LMKV) ist Teil der Kennzeichnung von *Lebensmitteln in Fertigpackungen und besteht aus einer Aufzählung der *Zutaten (§ 5 LMKV) des Lebensmittels in absteigender Reihenfolge ihres Gewichtsanteils zum Zeitpunkt ihrer Verwendung bei der Herstellung des Lebensmittels. Bei dem voranzustellenden Hinweis muß das Wort „Zutaten" genannt sein. Die Zutaten sind mit ihrer *Verkehrsbezeichnung (§ 6 Abs. 3, § 4 LMKV) anzugeben. Wird eine Zutat besonders hervorgehoben oder ist eine Zutat von wesentlicher Bedeutung für die Charakterisierung des Lebensmittels, so muß außerdem die mengenmäßige Angabe dieser Zutat erfolgen [*quantitative ingredient declaration (QUID), § 3 Abs. 1 Nr. 6, § 8 LMKV]. Die Angabe von in den Anlagen 1 und 2 der LMKV vorgegebenen Klassennamen soll das Zutatenverzeichnis teils vereinfachen, teils übersichtlicher gestalten. Die in Anlage 1 aufgeführten Klassennamen *können* angegeben werden (§ 6 Abs. 4 Nr. 1 LMKV). Die in Anlage 2 aufgelisteten Klassennamen (z.B. „Farbstoff" oder „Trennmittel") *müssen* dagegen nach § 6 Abs. 4 Nr. 2 LMKV gefolgt von der jeweiligen Verkehrsbezeichnung oder der *E-Nummer genannt werden.
*Lit.:* Hagenmeyer, M., *LMKV – Lebensmittelkennzeichnungsverordnung, Kommentar,* C. H. Beck: München, (2001) ● Meyer, A. H., *Lebensmittelrecht – Leitfaden für Studium und Praxis,* Wissenschaftliche Verlagsgesellschaft: Stuttgart, (1998)

**ZVerkV.** Abkürzung für *Zusatzstoff-Verkehrsverordnung.

**Zweckbestimmung.** Lebensmittelrechtlicher Begriff, der sich insbesondere aus den Begriffsbestimmungen der § 2 *LFGB für Lebensmittel, Zusatzstoffe, Kosmetika und Bedarfsgegenstände sowie aus § 2 AMG für Arzneimittel ergibt.
Beruhend auf der allgemeinen *Verkehrsauffassung ist für eine Zuordnung neben der Zusammensetzung oder Eignung eines Produktes im konkreten Einzelfall auch der *überwiegende Verwendungszweck* maßgeblich; vereinzelt kann die subjektive Zweckbestimmung durch den Hersteller oder Inverkehrbringer zur entsprechenden Zuordnung führen. – *E* expediency

**Zwergorange** siehe *Kumquat.

**Zwergpomeranze** siehe *Kumquat.

**Zwergzitrone** siehe *Kumquat.

**Z-Wert** siehe *D-Wert.

**Zwetschge** siehe *Pflaumen.

**Zwieback.** Knusprige, durch zweifaches Erhitzen hergestellte Dauerbackware. Nach dem Backen im Stück folgt ein Rösten der aus dem sogenannten Einback abgeteilten Scheiben. Je nach Anteil der Teigzutaten unterscheidet man verschiedene Sorten (Kinder-, Butter-, Nähr- und Eierzwieback)[1]. Als Backtriebmittel wird dem Teig in der Regel Hefe zugesetzt. Eifreier Zwieback besteht im Durchschnitt aus 8,5% Wasser, 9,2% Protein, 4,3% Lipiden, 73,1% verwertbaren Kohlenhydraten, 3,5% Ballaststoffen und 1,4% Mineralstoffen (ca. 0,6% Natriumchlorid). Zwieback wird aufgrund seiner guten Verdaubarkeit hauptsächlich in der Krankenkost eingesetzt. Zwieback wird aber auch mit pikanten oder süßen Auflagen (zum Beispiel Makronenmasse oder Fondant) angeboten. – *E* rusk

*Lit.:* [1]BMVEL, Hrsg., *Deutsches Lebensmittelbuch, Leitsätze 2003*, Bundesanzeiger-Verlag: Köln, (2003); Leitsätze für Feine Backwaren.
*allg.:* Souci et al. (6.), S. 626 – *[HS 1905 40]*

**Zwiebeln** (Küchenzwiebel, Bolle). Aus Mittelasien stammende, seit prähistorischer Zeit genutzte und heute weltweit verbreitete, knollig aufgetriebene Sprosse von *Allium cepa* L. var. *cepa* (Liliaceae). Der Name leitet sich ab von lateinisch „cepa" über „cepolla" (Zwiebelchen) und mittelhochdeutsch „zwibolle". Das Zwiebelfleisch ist weiß, gelblich oder grünlich, die Schale silberweiß, gelb, rosa, rot oder violett gefärbt.
*Zusammensetzung:* Je 100 g enthalten durchschnittlich: 87,6 g Wasser, 1,3 g Eiweiß, 0,3 g Fett, 5,8 g verwertbare Kohlenhydrate (vor allem Glucose, Fructose, Saccharose; keine Stärke!), 3,1 g Ballaststoffe und 0,6 g Mineralsalze (unter anderem 175 mg Kalium) und 51 mg Schwefel. Nährwert: 126 kJ (30 kcal). Die charakteristischen Inhaltsstoffe der Zwiebel sind Derivate schwefelhaltiger *Aminosäuren wie 5-Methyl-1,4-thiazin-3-carbonsäure-1-oxid (*Cycloalliin*), *Alliin, S-Propyl- und S-Methylcysteinsulfoxid. Das tränenreizende Prinzip ist dabei (*Z*)-Propanthial-*S*-oxid (II), das beim Zerkleinern des Gewebes aus (+)-*S*-((*E*)-1-Propenyl)-ʟ-cystein-(*R*)-sulfoxid (I) durch Einwirkung des Enzyms *Alliinase (Coenzym: Pyridoxalphosphat) entsteht (vgl. Abbildung).
Für das Aroma der rohen Zwiebel sind *Alkylthiosulfonate* (III) von Bedeutung, während bei der gekochten Zwiebel *Propyl-* und *Propenyldisulfide* (IV) und Propenyltrisulfide dominieren (vgl. Abbildung). Nach dem Rösten sind Dimethylthiophene aromabestimmend. Weitere Aroma-Vorläufersubstanzen sind neben (I) noch *S-Methyl-* und *S-Propyl-ʟ-cystein-S-oxid*. Die Biosynthese von (I) erfolgt aus Valin und Cystein. Unter den phenoli-

Abbildung: Schema der Bildung der charakteristischen Zwiebelinhaltsstoffe.

schen Verbindungen dominieren Glucoside des *Quercetins, vor allem das Quercetin-4'-*O*-glucosid (Spiraeosid)[2,3], während Kämpferol-Derivate in weitaus geringeren Mengen vorkommen. Einen Überblick über weitere Aromastoffe der Zwiebel gibt Literatur[1].
*Verwendung und Wirtschaft:* Zwiebeln sind weltweit verbreitet. Sie werden in der Küche für Fonds, als Würzgemüse für Suppen und Fleischgerichte, als Zwiebelgemüse oder als Salatbeigabe verwendet. Während bei uns kleinere, scharf schmeckende Zwiebeln bevorzugt werden, sind andernorts (z.B. Italien, England) großwüchsige und mild schmeckende Sorten beliebt. Neben getrockneten Zwiebeln, Röstzwiebeln, Zwiebelpulver und -salz gibt es noch sogenannte Silberzwiebeln. Das sind kleinere (bis 28 mm dicke), geschälte und in Essig eingelegte Zwiebelchen wie sie in „Mixed Pickles" [vgl. *Gemüseerzeugnisse (Essiggemüse)] Verwendung finden. Weitere zum Würzen genutzte Zwiebel-Arten sind die Schalotte (*Allium cepa* L. var. *ascalonicum*), die Echte Perlzwiebel (*Allium porrum* L. var. *sectivum*) sowie die Winterzwiebel (*Allium fistulosum* L.). Die Weltproduktion an Zwiebeln betrug 2002 ca. 52 Mio. t. Zur Verwertung der bei der Verarbeitung anfallenden Reststoffe siehe Literatur[4]. – *E* onion

*Lit.:* [1]Maarse, S. 205–207. [2]Hertog, M. G. L.; Hollman, P. C. H.; Katan, M. B., *J. Agric. Food Chem.*, (1992) **40**, 2379–2383. [3]Price, K. R.; Rhodes, M. J. C., *J. Sci. Food Agric.* (1997) **74**, 331–339. [4]Schieber, A.; Stintzing, F. C.; Carle, R., *Trends Food Sci. Technol.*, (2001) **12**, 401–413.
*allg.:* Belitz-Grosch-Schieberle (5.), S. 775–776 ▪ Bendel, L., *Das große Früchte- und Gemüselexikon*, Albatros: Düsseldorf, (2002); S. 355–359 ▪ Franke, W., *Nutzpflanzenkunde*, 6. Aufl.; Thieme: Stuttgart (1997); S. 204–206, 388–391 ▪ Griffith, G.; Trueman, L.; Crowther, T.; Thomas, B.; Smith, B., *Phytother. Res.*, (2002) **16**, 603–615 ▪ Herrmann, K., *In-*

*haltsstoffe von Obst und Gemüse*, Ulmer: Stuttgart, (2001); S. 104–106 ▪ Souci et al. (6.) – *[HS 0703 10]*

**Zygosaccharomyces rouxii** (*Saccharomyces rouxii*). *Zygosaccharomyces rouxii* sowie nahe verwandte Arten sind osmotolerante Hefen, die in Honig, Flüssigzucker, Marzipanrohmasse, Pralinen, Marmeladen, Traubenmost- und Fruchtsaftkonzentraten, Sirupen und ähnlichem vorkommen. Minimaler *$a_w$-Wert von *Zygosaccharomyces rouxii* ist 0,65. Nach langer Ruhezeit können die Zellen stark zu gären beginnen und so viel Gas bilden, daß Dosen oder Gläser platzen. – *E* Zygosaccharomyces rouxii

*Lit.:* Baumgart (4.), S. 370 ▪ Casey, G. D.; Dobson, A. D., *Int. J. Food Microbiol.*, (2004) **91**, 327–335 ▪ Krämer (4.) ▪ Müller, G.; Holzapfel, W.; Weber, H., *Mikrobiologie der Lebensmittel, Lebensmittel pflanzlicher Herkunft*, Behr's: Hamburg, (1997) ▪ Weidenbörner, M., *Lebensmittelmykologie*, Behr's: Hamburg, (1999)

**Zymomonas mobilis.** Gram-negatives, polar begeißeltes, stäbchenförmiges Bakterium, anaerob bis mikroaerophil, Katalase-positiv, Oxidase-negativ, Glucose und Fructose werden zu Ethanol, etwas Milchsäure und Kohlendioxid vergoren. Keine Vergärung von Maltose. Bei reichlichem Angebot von Fructose werden *Levane gebildet. Vermehrung: Temperaturoptimum 30 °C; pH-Optimum 4,5–6,5, pH-Minimum 3,5.

*Vorkommen:* *Zymomonas mobilis* wurde erstmals aus Pulque, dem gärenden Saft der Agave (*Agave americana*) isoliert. In Pulque und Palmwein als Gärungsorganismus sowie bei der unkontrollierten Kakaofermentation. In Fruchtweinen und Cidre neben Hefen. *Zymomonas mobilis* ist häufig mit Essigsäurebakterien vergesellschaftet.

*Bedeutung:* *Zymomonas mobilis* ist für die technische Ethanol-Produktion von großem Interesse und wird auch für die biotechnische Produktion von Gluconat und Sorbit eingesetzt. *Zymomonas mobilis* ist wie die Hefe *Saccharomyces cerevisiae* in der Lage, aus Glucose Ethanol und $CO_2$ zu bilden. Die Umwandlung erfolgt in *Zymomonas mobilis* über den KDPG-Weg, bei dem nur 1 Mol ATP pro Molekül Glucose entsteht. Mit *Zymomonas mobilis* können aus Glucose Ethanol-Ausbeuten nahe des theoretischen Maximums von 0,51 g Ethanol/g Glucose erreicht werden. Gegenüber *Saccharomyces cerevisiae* verfügt *Zymomonas mobilis* über eine höhere Gärrate, hat jedoch eine geringere Toleranz gegenüber Ethanol (10%). Das Bakterium ist gegenüber Infektionen sehr empfindlich, weshalb nur eine quasi-sterile Prozeßführung angewendet werden kann. Aufgrund seiner sehr geringen Osmotoleranz können preiswerte technische Substrate wie Melassen nicht vergoren werden, da bei ihrem Einsatz nur geringe, technisch uninteressante Ethanol-Konzentrationen erhalten werden können. Genetische Modifizierungen des Stoffwechsels haben jedoch *Zymomonas mobilis* in die Lage versetzt, Pentose und Xylose mit hoher Ausbeute in Ethanol umzuwandeln. *Zymomonas mobilis* ist wegen seiner *Acetaldehyd-Bildung am Verderb von Wein beteiligt. – *E* Zymomonas mobilis

*Lit.:* Dien, B. S.; Cotta, M. A.; Jeffries, T. W., *Appl. Microbiol. Biotechnol.*, (2003) **63**, 258–266

**ZZulV.** Abkürzung für *Zusatzstoff-Zulassungsverordnung.